DICTIONNAIRE GÉNÉRAL

ET RAISONNÉ,

OU

RÉPERTOIRE ABRÉGÉ DE LÉGISLATION, DE DOCTRINE

ET

DE JURISPRUDENCE,

EN MATIÈRE CIVILE, COMMERCIALE, CRIMINELLE,

ADMINISTRATIVE ET DE DROIT PUBLIC;

Avec renvoi à la *Jurisprudence générale du Royaume*, et analyse des auteurs et des discussions des lois,

SUIVI DE DEUX TABLES, L'UNE DES ARTICLES DES LOIS APPLIQUÉES, L'AUTRE CHRONOLOGIQUE DE TOUTES LES DATES DES ARRÊTS, LOIS, ORDONNANCES ET DÉCISIONS, RENVOYANT NON SEULEMENT A LA JURISPRUDENCE GÉNÉRALE DU ROYAUME, MAIS ENCORE AUX RECUEILS DE M. SIREY, DU PALAIS ET DE M. MACAREL;

PAR ARMAND DALLOZ JEUNE, Avocat à la Cour royale de Paris,

ET PAR PLUSIEURS AVOCATS ET JURISCONSULTES.

DÉDIÉ

A M. DALLOZ AÎNÉ, SON FRÈRE,

AVOCAT AUX CONSEILS DU ROI ET A LA COUR DE CASSATION, MEMBRE DE LA LÉGION-D'HONNEUR, AUTEUR DE LA JURISPRUDENCE GÉNÉRALE DU ROYAUME.

9E ET DERNIÈRE LIVRAISON. — TABLES.

PARIS,

AU BUREAU DE LA JURISPRUDENCE GÉNÉRALE DU ROYAUME, RUE DES BEAUX-ARTS, 5.

1837.

EXPLICATION

Des abréviations employées dans la table chronologique des dates.

A. 10. 400. . . *signifie*	Recueil alphabétique de M. Dalloz aîné, tome 10, p. 400.
P. 20. 1. 500.	Recueil périodique de MM. Dalloz, tome 20, 1re partie, p. 500.
M. R. 12. 600. n. 7. . .	Merlin, Répertoire, tome 12, p. 600, n. 7.
M. Q.	Merlin, Questions alphabétiques.
S. 20. 1. 510.	Sirey, tome 20, 1re partie, p. 510.
J. 35. 500.	Journal du Palais, tome 35, p. 500.
D. G. Enreg. 3000. . . .	Dictionnaire général de M. Armand Dalloz, à l'article Enregistrement, n. 3000.
Req.	Arrêt de la chambre des requêtes.
Civ. c.	Arrêt de la chambre civile qui casse.
Civ. r.	Arrêt de la chambre civile qui rejette.
Cr. c.	Arrêt de la chambre criminelle qui casse.
Cr. r.	Arrêt de la chambre criminelle qui rejette.

EXEMPLE.

15 janv. 1820, civ. c. Paris, A. 12. 400; P. 20. 1. 430; S. 21. 1. 210. P. 35. 590. M. P. 14. 650; D.G. Enreg. 3000. Oblig. 900.

Signifie.

Arrêt du 15 janvier 1820, de la chambre civile de la cour de cassation, qui casse un arrêt de la cour royale de Paris, rapporté 1° dans la Jurisprudence générale du royaume, de M. Dalloz aîné, Recueil alphabétique, au tome 12, page 400; 2° dans le Recueil périodique de MM. Dalloz, t. 20, 1re partie, p. 430; 3° dans le Recueil de M. Sirey, tome 21, 1re partie, p. 210; 4° dans le Journal du Palais, t. 35, p. 590; 5° dans le Répertoire de Merlin, t. 14, p. 650; 6° dans le Dictionnaire général et raisonné d'Armand Dalloz, jeune, aux articles Enregistrement, n. 3000, et Obligations, n. 900.

TABLE CHRONOLOGIQUE

DES DATES DES ARRÊTS, LOIS, ORDONNANCES ET DÉCISIONS

Rapportés dans la Jurisprudence générale du royaume (Recueil alphabétique et périodique), dans les Recueils de Sirey, le Journal du Palais, dans le Répertoire et dans les Questions de droit de M. Merlin, dans la Jurisprudence du Conseil d'Etat, etdans le Recueil des Décisions du Conseil d'Etat par M. Macarel; et enfin, cités dans le Dictionnaire général et raisonné, avec renvoi à tous ces ouvrages.

Nota. Pour l'explication des abréviations, voyez la page qui précède.

Cette table est indépendante de celle des articles des Codes, Lois, Ordonnances, etc., qui sont cités dans le Dictionnaire général, etqui fait suite à celle-ci

1790.

MAI.

3 Décr.A8.462,n.3;B16.53;D.Féodalité.26.
9 Décr.A8.462,n.3;B16.53;D.Féodalité.26.
17 Décr.A8.538;D.Féodalité.297.
21 Décr.A8.538;D.Féodalité.297.

JUILLET.

29 Loi.A11.132,n.1.

AOUT.

6 Décr.A6.458,n.2;D. Etrangers.9.
20 Loi.A3.226,n.2;D.Eau.395.
21 Loi.A12.1083,n.3;B28.449.
22 Loi.A12.1083,n.3.
24 Décis.min.D. Animaux. 4.
— Loi. A1.433;D. Appel civil.52.
— Loi.A12.981,n.10;D. Voirie.60.
— Loi.A12.998,n.8;B28.312,n.8;D. Voirie.293.

OCTOBRE.

21 Loi.A11.132,n.4.

NOVEMBRE.

4 Loi.A11.132,n.6.
— Loi.A11.132,n.4.
6 Loi.A11.132,n.6.
10 Loi.A11.132,n.4.
12 Décr.A8.462,n.3;B16.53;D.Féodalité.26.
14 Décr.A8.462,n.3;B16.53;D.Féodalité.26.
19 Décr.A8.462,n.3;B16.53;D.Féodalité.26.

DÉCEMBRE.

18 Décr.A8.462,n.3;B16.53;D.Féodalité. 26.
22 Loi.A12.981,n.1;D.Voirie.71.
23 Décr.A8.462,n.3;B16.53;D.Féodalité.26.
29 Décr.A8.462,n.3;B16.53;D.Féodalité.26.

1791.

JANVIER.

3 Décr.A8.462,n.3;B16.53;D.Féodalité.26.
7 Loi.A2.251;B5.277.

AVRIL.

8 Décr.A6.458;D.Etrangers.9.
13 Décr. A8.462,n.3;B16.53;D. Féodalité.26.
20 Loi.A3.40,n.1;B5.40.
— Décr.A8.462,n.3;B16.53;D. Féodalité.26.

MAI.

5 Loi.A11.132,n.7.
15 Loi.A11.132,n.7.
25 Loi.A2.252;B5.278.

JUILLET.

19 Loi.A6.326,n.4; D. Vente admin. 359.
22 Loi. A12.998,n.8;B28.312,n.8;D. Voirie.293.
28 Loi.A6.326,n.

AOUT.

3 Loi.A8.815,n.2 et 3.
26 Civ.c.A6.760;B.12.431;D. Effets pub. 29.

1793.

SEPTEMBRE.

18 Décr.A8.462,n.3;B16.53;D. Féodalité. 26.
20 Loi.A12.84,n.1;B28.449.
29 Loi.A8.727.

OCTOBRE.

6 Loi.D.Animaux. 25.26.27.29.
— Civ.c.A11.50,n.;P3.1.2;B.22.13;J1.5;D.Discipline 93.
— Loi.A3.225,n.4;D. Eau. 357.
— Loi.A.3.226,n.3;D. Eau. 395.397.
9 Décr.A8.462;n.3;B16.53;D. Féodalité. 26.
12 Loi.A12.84,n.1.
14 Loi.A8.811,n.1;D. Garde nationale.3.
— Civ.c.A3.347;P3.14;S.20.1.467;B.5.388;J1.3;D. Comp. commerciale. 172.

1792.

JANVIER.

12 Ch.réun.c.P3.1.5.

FÉVRIER.

3 Déc.A8.811,n.2.
16 Chamb.réun.c.A3.166;P3.1.6;B5.184.D.Compét.adm.
18 Civ.c.P3.1.8;S.1.1.1.

JUIN.

17 Déc.A8.811,n.3.

AOUT.

3 Civ.c.A12.446,n.1-1; P3.1.10; B26.303; S.1.1.4;D.Succession.473.
19 Décr.A8.462,n.3;B16.53;D. Féodalité. 26.

SEPTEMBRE.

14 Loi.A3.40,n.2;B5.40.
15 Civ.c.A1.37;P1.15; S1.1.8; B1.42; J1.12.D. Absent.23.
— Civ.c.A9,640; P3.1.11; S.1.1.12; Jur. des cours souv.4 232;818,271;J1.9;D.Jugem.467.
28 Civ.r.A2.54;P1.326;B3.55;D.Ass.mar.635.
30 Loi.D.Brevet d'inv.8.

OCTOBRE.

24 Loi.A11.133,n.1.

DÉCEMBRE.

7 Civ.c.A8.126; P3.1.12;S1.1.18;B15.146; J1.17;D.Faillite.520.
20 Cr.c.A3.621,n.1; P1.927, et3.1.15; B6.239,n.1; J1.21; D.Complicité.40.

1793.

JANVIER.

5 Loi.A6.336,n.5.

MARS.

1 Loi.A11.132,n.5.
19 Loi.A8.817,n.2.

MAI.

12 Loi.A12.1083,n.1;B28.448.
25 Civ.c.A1.203;P1.76;B1.234;S1.1.23;J1.23;D. Actes de l'état civil.89.170.

JUIN.

6 Loi.A11.133,n.1.

AN II.

7 Civ.c.P3.1.16;S1.1.34;M.R.16.129;J1.28.
11 Décr.A3.41,n.1;B5.41.
17 Civ.c.A10.699,n.1;P2.845,n.1;B21.162;D.Preuve litt. 1105.

JUILLET.

17 Décr.A8.463,n.1;D. Féodalité.23.30.32.
— Décr.D.Mariage.204.

AOUT.

1 Décr. Armoirie.11.
— Loi.A11.133,n.2.
3 Loi.A11.133,n.3.
12 Décr.D. Mariage.204.
15 Loi.A11.133,n.4.
16 Loi.A11.133,n.4.
17 Loi.A11.133,n.4.
24 Loi.A11.133,n.4.

SEPTEMBRE.

5 Loi.A11.133,n.1.
14 Loi.Armoirie.11.
17 Décr.D.Mariage.204.

AN II.

VENDÉMIAIRE.

18 Loi.D.Armoirie.11.

BRUMAIRE.

17 Loi.A3.115,n.4.
29 Civ.c.A10.721,n.1; P3.1.17. et 2.851,n.2; B21.196; D. Preuve test.41.

FRIMAIRE.

14 Civ.c.A11.539,n.2;P3.1.18;B23,345;D. Rec. de juges. 101.
16 Loi.A12.981,n.1;D. Voirie.71.
23 Civ.c.P3.1.19;D. Deg. de jurid.528.
24 Civ.c.A8.730;P3.1.20;B10.393;S1.1.36;J1.30; D. Test. 454.
— Loi.A.11.133,n.3

NIVÔSE.

1 Cass.A1.428;D. Appel civ.28.
2 V. 2 nivôse an 9.A7.698.
11 Déc.A3.115,n.4.
21 Civ.c. A12.857,n.1-1; P2.1455; B28.75; S1.1.40; D. Vente.265.266.
26 Décr.A3.115,n.4.

PLUVIÔSE.

12 Civ.c. A7.52; P3.1.23; B13.52;S20.1.491; J1.34; D. Enreg.368.402.
19 Civ.c.A7.332,n.1. et 1.402; P3.1,24;B17.377,n.;S20.1. 458.
— Civ.c.A1.402;P2 59;B2.2;S20 1.458;D.Timbre.335.
21 Civ.c.A12.857,n.1.
25 Ch. réun.A2.553;P3.1.25; B4.142;S1.1.50;M.R.6.845. 17.470;J1.38;D. Chose jugée.124.
26 Civ.c.A7.413,n.1;P3.1.30;B14.26,n.1;J.1.46.

VENTÔSE.

4 Civ.c.A4.708;P3.1.31;B8.335;J1.47;D.Deg.de jur.226.
11 Loi.D.Absence.382.
28 Décr.A3.115,n.4.

GERMINAL.

3 Décr.A8.462,n.3;B16.53;D.Féod.26.

AN III.

6 Civ.c.A3.709;P3.1.52;B6.336;S20.1.481;J1.49;D.Conciliat.75.
11 Cass.A1.428,n.;D.Appel civ.28.
17 Civ.c.A11.537,n.1;P3.1.33;B23.342;J1.52; D. Rec. de juges.95.

FLORÉAL.

3 Civ.c.A1.331;P1.116;B1.446;D. Timbre.44.334.
13 Civ.c.P3.1.34;D.Mariage.280.
18 Civ.c.A10.68,n.1; P2.694,n.3. et 3.1.34; B19.217; D. Mariage. 280.

PRAIRIAL.

6 Civ.c.A1.116;P3.1.35;B1.137;S20.1.450;J1.54; D. Acquiesc.428. Défense.193.
11 Civ.c.A1.803;P3.1.36;B2.469;J1.56;D. Arbitrage.973.
13 Civ.c.P3.1.37; J1.60;D.Exploit.721.
14 Civ.c.A9.361,n.1-1.et10.565,n.2-1;P3.1.38;B17.428,n.1.et 20.515;Jur.des cours souv.4.359;J1.61;D.Offres.193.Purge des priv.15.
— Civ.c.D. Louage.126.
18 Civ.c.A11.411,n.3;P3.1.39;B21.472;J1.64;D.Min.pub.242.
— Ord.A12.596,n.1;B27.101,n.1.
21 Décr.A3.115,n.4.
24 Civ.c.S7.2.777;D.Louage.126.

MESSIDOR.

3 Civ.c.A5.468; P3.1.40; B10.86; S1.1.60; D.Port. disp. 677.
23 Cr.c.A1.409;P1.129;B2.10;D.Forêts.1027. V.3.A5.468.
— Loi.A8.817,n.2.
29 Civ.c.A9.521,n.2;P3.1.42. et 2.520,n.5;B18.93;J.1.78; D. Instruct. par écrit.43.
— Civ.c.A11.40,n.;P3.1.42;B.21.471;D.Min. pub.135.

THERMIDOR.

12 Civ.c.A6.327;P3.1.44. et 11.572;B11.372;D. Vente ad. 524.
13 Civ.c.A11.40,n.1;P3.1.43;B21.471;D.Jugem.329.Min. pub.135.
17 Civ.c.P3.1.44;S20.1.466.
26 Civ.c.P3.1.46;S1.1.67.

FRUCTIDOR.

4 Civ.c.A1.460;P3.1.47;B2.71;D. Appel civ.206.
8 Civ.c.A1.441. et 1.382;P3.1.48;B2.49;D.Appel civ.80.
9 Civ.c.A1.803;P3.1.48;B2.460;J1.67;D.Arbitrage.974.
15 Cr.c.A8.784,n.2; P3.1.50; B16.416;J1.80;S20.1.482;D. Forêts.848.
16 Loi.D. Absence.382.

AN III.

VENDÉMIAIRE.

1 Civ.c.A1.195;P3.1.51;D. Acquiesc.170,179.
18 Civ.c.A1.134;P3.1.51;B1.188; S20.1.469;J1.82;D. Acquiesc. 179,410.Cassat. 407.Req. civile.20.

FRIMAIRE.

4 Civ.c.A1.460;P1.162;B2.72;D. Acquies.168.Appelciv. 218.323.
— Civ.c.A12.308,n.1;P3.1.54;B.26.89;J1.87; D. Succes. irrég.13.
— Civ.c.A.10.470,n.1;P3.1.52; B20.335; S1.1.71;J1.84;D. Obligat.535.
14 Civ.c.A1.460,n.
22 Décr.A8.811,n.3.
25 Civ.c.D.Jugem. par défaut.208.

NIVÔSE.

9 Civ.c.A1.91;P3.1.55;B1.102;J1.87;D.Acquies.213,318.
15 Civ.c.A12.852,n.1;P3.1.57. et 2.1455;B28.70; J1.90; D.Appel civ. 507. Vente.132.
22 Civ.c.A12.910,n.2-1;P2.1475;B28.170;S1.1.74;D. Rescis. 216.
26 Civ.c.A11.40,n.;P3.1.43 n.;B21.471;D. Min. pub.135.
27 Civ.c.A1.460.n.

PLUVIÔSE.

9 Décr.A8.811,n.5.
17 Civ.c.P3.1.59;S20.1.475.—15.1.53.
24 Civ.c.A6.589;P3.1.60;B12.232;S.1.1.75;J1.94;D.Effets de comm.175.
25 Civ.c.A.5.504;B10.128;S1.1.78;D. Donat.48.Usufruit. 105.

FLORÉAL.

24 Loi.A11.133,n.3.

PRAIRIAL.

10 Décr.A8.811,n.3.
28 Loi.A8.811,n.3;D.Garde nat. 5.

MESSIDOR.

3 Loi.A11.133,n.5.
24 Civ.r.P3.1.300;D. Emigrés.228.
25 Loi.A11.133,n.6.
27 Bruxelles.A12.283.

AN IV.

THERMIDOR.

20 Loi.A3.115,n.4.

FRUCTIDOR.

8 Civ.c.A2.475;P3.1.65;B4.76;S1.1.79;J1.99; D. Choses. 146.
14 Loi.A11.153,n.18.
23 Civ.c.P3.1.61;J1.101.
25 Civ.c.A12.781,n.6;P2.1435;B27.425; D. Emancip.46.
29 Civ.c.A9.617. et 11.39,n.2;P3.1.65. et 2.550;B18.237. et 21.470;MQ3.187;D.Jugement.528.Min. pub.152.

JOURS COMPLÉMENTAIRES.

4 Civ.c.A6.89.

AN IV.

VENDÉMIAIRE.

10 V. au 14.A2.466.

BRUMAIRE.

17 V. au 17 brum. an 14.

FRIMAIRE.

5 Paris.A11.502,n.1;P2.1009,n.7; B22.452; D. Prescrip. civ. 971.
12 Loi.A11.153,n.7.
— Paris.D. Vente.515.
18 Req.A12.161,n.2.
26 Civ.c.A12.648,n.3;P3.1.66; B27.184;S15.1.58;J1.104; D.Tierce opposit. 3.

NIVÔSE.

3 Loi.A11.133,n.8.
7 Civ.c.A1.432; P3.1.67;B2.37; S20.1.461;J1.106;D.Appel civ.34.
11 Civ.c.A3.710.
22 Civ.c.A1.511;P3.1.68;B2.152;D.Appel civ.228.
— Civ.c.D.Appel civ.425.

PLUVIÔSE.

11 Civ.c.A3.710;P3.1.69;B6.339;S20.1.474;J1.112;D.Conciliation.11.
15 Loi.D. Agens de change.212,228.
19 Civ.c.P3.1.71;D.Vente publique.136.
25 Civ.c.A3.504.

VENTÔSE.

3 Civ.c.A9.725; P3.1.72; B18.392; S20.1.482; J1.112;D. Jug. par déf. 308.
22 Civ.c. A3.208; P3.1.73; B5.234; S20.1.464; J1.122; D. Compét. adm.347.
24 Req.V.24 ventôse an 11.A4.738.
28 Loi.A6.326,n.;D.Ventes adm.339.
— Loi.A11.133,n.9.

GERMINAL.

7 Loi.A11.133,n.10.
13 Civ.c.A9.938,n.15;P3.1.74;B19.53;D. Louage.762.
15 Loi.A11.133,n.23.
— Loi.A11.138,n.11.
17 Civ.c.A12.666,n.1-1;P3.1.75;B27.218;S15.1.56;J1.121, et 105;D.Tierce oppos.210.

FLORÉAL.

6 Loi.A6.326,n.

PRAIRIAL.

12 Civ.c.A12.861,n.2-1;P3.1.77. et 2.1457;B28.84;J1.126; D. Vente. 410.
21 Loi.A3.115,n.4.

MESSIDOR.

2 Civ.c.A2.398;P3.1.78. et 1.501;B3.446;S1.1.82;J1.128; D.Caution.85.
3 Civ.c.A12.763,n.21;P3.1.79; B27.575; S1.1.83; J1.131; D.Tutelle.554.
13 Civ.c.A11.511,n.3; P2.1100,n.3; B23.297; S7.2.780;D. Récidive.18.
16 Civ.c.A1.427;P3.1.81;B2.31;S20.1.461;J1.108; D.App. civ.28.
21 Civ.c.P3.1.82;S1.1.87;MQ4.443;J1.134;D.Oblig.solid. 36.Rente.390.
23 Civ.c.A10.312,n.2;P3.1.83; B20.91; S1.1.90; MR1.208; J1.138.
— Civ.c.A10.582,n.2-1;P3.1.84;B20.511;J1.156;D.Offre. 160.
26 Civ.c.P3.1.86.
28 Loi.A12.981,n.1;D.Voirie.71.
29 Loi.A11.133,n.12.

THERMIDOR.

2 Loi.A11.133,n.23.
5 Loi.A11.133,n.13.
10 Arr.A6.346,n.4;D. Dom. de l'état.93.
20 Loi.A12.579,n.1;B27.74,n.1.
26 Civ.c.A1.489;P3.1.86;B2.106;S20.1.470;J1.140;D.Appel civil.315. Chose jugée. 32.

AN V.

FRUCTIDOR.

7 Civ.c.A6.471;P1.1595;B12.92;S1.1.92; D.Etrang.197.
16 Civ.c.A9.951,n.2;P3.1.87;B19.75. et 24.142;D.Louage à cheptel.60.
25 Ch.réun.c.A5.11;P1.1277;B9.8;S7.2.1090;D.Dénonc. calomn.75.
29 Civ.c.A8.428;P2.268;B16.15; S7.2.982; D. Faux incid. 16.89.214.

JOURS COMPLÉMENTAIRES.

4 Civ.c.A6.89;P3.1.88;B11.97;S1.1.96;J1.143; D.Portion dispon.52.58.

AN V.

VENDÉMIAIRE.

13 Civ.c.A8.652,n.1;P.3.1.89; B16.270; J1.147; D.Filiat. nat.168.
16 Loi.A8.811,n.2.
17 Civ.c.A10.721,n.3; P3.1.91. et 2.852,n.2;B21.198;J1. 153;D.Preuv. test.58.
22 Cr.c.A11.511;P2.1100,n.2;B23.297;S7.2.1162; D.Récidive.13.
26 Civ.c.A11.282,n.1.1; P3.1.92; B22.416; J.1.155; D. Prescrip.666.
29 Cr.c.A5.21;P1.1282; B9.20; S7.2.1090; D.Dénonc. calom.70.
— Loi.A3.15,n.4;P.1.676.

BRUMAIRE.

6 Loi.D.Absence.382.
21 Loi.A.12.1083,n.2;B28.449.
23 Civ.c.A12.648,n.5;P3.1.93;B27.184;J.1.158;D.Tierce-opp.184.217.
29 Civ.c.A10.313,n.6; P3.1.94.2.747; B20.93;J1.158; D. Dot.191.

FRIMAIRE.

18 Req.A12.161,n.2;P2.1284;B25.398; S1.1.99;J1.598;D. Substit. 39.

NIVÔSE.

2 Civ.r.A8.440,n.1.
7 Civ.c.P3.1.98.
8 Civ.c.A8.669; P3.1.99;B16.289;J.1.166;D.Fil. nat.117.
14 Req.A12.927,n.1;P2.1483;B28.300; S7.2.924; J1.167; D.Transp. de créance.243.
16 Civ.c.P3.1.100;J1.170;D.Mineur.46.
21 Civ.c.A3.328; P3.1.102; B5.373; D.Compét. comm. 26.
22 Civ.c.A1.481;P1.171; B2.95;S1.1.99;D.Appel civ.275. 279.

PLUVIÔSE.

5 Amiens.P20.2.44,n.
15 Loi.A11.133,n.14.
16 Loi.A11.133,n.15.
18 Cr.r.A9.498,n.1.5;B18.49.
24 Civ.c.A3.21; P3.1.105;B5.18; S20.1.463. et 1.681.; J1. 172;D.Commune.89.424.

VENTÔSE.

9 Civ.c.A1.440; P3.1.105;B2.48; J1.176;D.Appel civ.78. Jugement.295.
14 Civ.c.A8.525;P2.285;B16.124;S1.1.100;J1.179; D.Féodal.259.Louage à cult. perpét. 8.
29 Civ.c.P3.1.106.

GERMINAL.

3 Loi.A11.133,n.19.
5 Civ.c.A3.78; P.3.1.107; B5.23; J1.183; S7.2.838;MQ1. 431;D.Comm.393.
28 Cr.c.A12.976,n.4.1; P2.1503; B28.283;S7.2.761;D.Enf. aband.17.

FLORÉAL.

7 Civ.c.A1.679; P3.1.108; B.2.328; S1.1.104; J1.184; D. Arbitrage.271.654.662.
16 Civ.c.A1.120; P3.1.109; B1.141; S20.1.451; J1.187; D. Acquiesc.401.

PRAIRIAL.

2 Loi.A3.116,n.2.
21 Cr.c.A5.22,n.;P.1.1282;B9.20,n.
29 Cr.c.A.3.619;P1.926;B6.238;D.Complicité.22.

MESSIDOR.

3 Civ.c.A6.251; P3.1.111; B11.285; S1.1.106; J1.190;D. Don. entre ép.122.
5 Loi.A11.133,n.16.
8 Civ.c.A3.129;P1.718;B5.142;J1.194;D.Commune.450.
9 Civ.c.A1.382; P3.1.113; B1.447; S20.1.458; J1.37; D. Appel civ.551.
17 Loi.A.11.133,n.24.
21 Civ.c.A.3.718;P3.1.116; B6.349;S20.1.474;J.1.208;D. Conciliat.125.
— Civ.c.P3.1.114;J1.202.
22 Req.A3.334; P3.1.117; B.9.383;S1.1.110; M.R.10.636; J1.208;D.Portion disp.250.Rap. à suc. 90.

AN VI.

24 Cr.c.A5.22;P1.1282;B9.20,n.
— Civ.c.A11.793,n.2,n.1;P2.1210;B24.324;D.Surenchère.227.

THERMIDOR.

4 Civ.c.A7.780; P3.1.119. et 2.156; B14.474; S20.1.492; J1.212;D.Exploit.236.
5 Civ.c.A5.50;P3.1.122;B9.53;S20.1.484;J1.213;Dépôt.24.
— Civ.c.A8.652,n.2; P3.1.120;B16.270,n.2; D.Filiat.nat.173.
— Civ.c.A11.763,n.2.
15 Civ.c.A4.726; P3.1.124; B8.357; S7.2.899; MQ2.96; D. Dég. de jurid.497.
17 Civ.c.A1.769;P1.300. et 3.1.125; B2.453;D.Arbitrage.1005.
25 Civ.c.A11.763,n.2;P3.1.126;B24.268;D.Surench.46.
— Loi.A8.811;n.5;D.Garde nat.5.

FRUCTIDOR.

1 Civ.c.A9.620;P2.551;B18.241;D.Jugem.295.
3 Civ.c.A4.725; P1.1247; B8.356; J1.219 n.;D.Degré de jurid.477.
9 Loi.A11.133,n.24.
13 Loi.A8.811,n.5;D.Garde nat.5.
19 Cr.c.A5.552;P1.895;B.6.164;S7.2.845;D.Compét.crim.576.

AN VI.

VENDÉMIAIRE.

9 Loi.A7.506,n.2.
— Arr.A3.229,n.2;P1.755;D.Eau.324.
12 Civ.c.A11.238,n.1;P3.1.129; B22.344;J1.222; D.Prescrip.65.
14 V.14.vent. an 6.A1.808.
17 Civ.c.P3.1.130;D.Prescrip.511.
19 Civ.c.A5.355; P3.1.133; B9.406; S.1.1.112; J.1.229; D. Port. disp.91.

BRUMAIRE.

1 Civ.c.A3.80;P3.1.134;B3.85;S1.1.115;J1.231;D.Commune.322.401.
16 Civ.c.A1.680;P1.287;B2.327;S1.1.118;J1.232;D.Arbitrage.280.514.
— Cass.D.Lois.63.66.
26 Loi.A11.133,n.21.
28 Civ.c.A.3.19;P1.681;B.5.17;D.Commune.214.220.229.

FRIMAIRE.

11 Loi.A11.133,n.17.
— Civ.c.A12.696,n.2.1; P3.1.135; B27.272; S1.1.121; J1.254;D.Mineur.28.
24 Civ.c.A6.66;P3.1.157;B11.59;S1.1.123;D.Legs.6.

NIVÔSE.

1 Civ.c.A9.944,n.1.1; P2.675,n.3; B19.63; D. Louage Emphit.13.
3 Civ.c.A12.850,n.1.1;P3.1.137. et 2.1453; B28.67; S1.1.126;J1.237;D.Vente.94.
7 Civ.c.P3.1.139;D.Enreg.956.982.
8 Civ.c.A8.438;P3.1.140;B12.54;J1.240;D.Douanes.359.
15 Req.A3.89; P1.707; B5.35; D.Commune.426.429.430. Régl. de juges.67.
16 Loi.A11.133,n.20.
21 Civ.c.A4.727;P1.1248.et3.1.141;B8.357;S20.1.495;J1.243;D.Degré de jurid.498.
23 P3.1.489.
26 Arr.A8.815,n.3.
27 Civ.c.A3.130; P3.1.142; MQ2.509; B5.142; J1.196; D. Commune.450.
29 Civ.c.A10.287,n.5;P2.740,n.1;B20.52;D.Communauté.1164.
— Cass.A9.851,n 12;D.Lois rétroact.114.

PLUVIÔSE.

13 Loi.A11.133,n.22.
17 Civ.c.A5.308;P3.1.143; B9.355; J1.245; D.Disp. entre-vifs.252.
19 Civ.c.A8.530; P3.1.144; S1.1.129; J1.250; B16.151; D. Féod.262.
28 Cr.c.A12.1016,n.2;P2.1507,n.

VENTÔSE.

1 Civ.c.A3.292;P1.779;B5.529;D.Compét.civ.420.
3 Arr.A3.226,n.2;D.Eau.395.
8 Civ.c.A12.512,n.2;P.3.1.145;B26.415;S1.1.131;D.Partage.286.Port.disp.90.
9 Civ.c.A2.551;P1.566;B4.162;S1.1.134;D.Chose jugée.242.Lois.56.
13 Civ.c.A9.894,n.2;P2.656,n.1;B18.643;D.Lois.324.
14 Civ.c.A1.508; P1.308; B2.475; S7.2.887; D.Arbitrage.982.Demande nouv.95.
15 Civ.c.A12.855,n.1;P3.1.147.et2.1454;B28.74;S1.1.136; J1.252;D.Vente.239.241.
— Civ.c.A1.428,n.;D.Appel civ.28.
19 Civ.c.A3.355;P2.19.D.Enreg.
— Civ.c.A7.153;P2.19.
— Arr.A3.224,n.8;S21.2.46;D.Eau.332.
28 Civ.c.A10.583, n.2.2; P3.1.149; B20.514; J.1.255; D. Offre.161.
29 Civ.c.A2.551.

AN VII.

GERMINAL.

19 Civ.c.A7.153;P2.19;B.13.148;D.Enreg.1459.1460.
22. Civ.c.A12.670,n.1-1; P3.1.150; B27.226; S1.1.139; J1.256.
23 Sect. temp. cass.A2.537; B4.145; D.Chose jugée.119.169.
28 Cr.c.A12.976,n.4;D.Enfant abandonné.17.

FLORÉAL.

2 Civ.r.A2.278; P3.1.152; B3.509; S20.1.468; J1.262; D. Cassation.227.
— Loi.A7.506,n.
3 Civ.c.A11.146,n.1-1; P3.1.153; P22.180; S1.1.142; J1.263;D.Patente.76.
14 Civ.c.A1.428,n.;D.Appel civ.28.
16 Civ.c.A8.464; P3.1.155; P16.56; S1.1.146; J1.266; D. Féod.34.

PRAIRIAL.

4 Civ.c.A1.428,n.;D.Appel civ.28.
25 Civ.c.A1.94; P3.1.156; B1.106; S20.1.449; J1.268; D. Acquiesc.136.152.

MESSIDOR.

9 Cr.c.A9.662;P2.565,n.;B18.304,n.
10 Civ.c.A8.594;B5.204.
16 Civ.c.A5.33; P1.1284; B9.53; S1.1.148; D.Déportat.31.32.

THERMIDOR.

19 Civ.c.A3.20;P.1.682;B5.18;D.Commune.229.
24 Civ.c.A7.535; P3.1.157; S20.1.510; B14.175; J1.270; D. Timbre.292.

FRUCTIDOR.

1 Civ.c.A6.588,n.2;P3.1.158; S1.1.151; B12.232,n.2;J.1.274;D.Effets de comm.171.
8 Civ.c.A1.473;P3.1.160;B2.86;D.Appel civ.250.
21 Civ.c.A9.19;P2.415;B17.14;D Huissier.169.
— Civ.c.A10.507,n.1;P3.1.162;B20.592;S1.1.155;J1.273; D.Condition.31.
29 Civ.c.A10.622,n.2.1;P3.1.163;S1.1.156;B21.40;J1.275; D.Compensation.44.

AN VII.

VENDÉMIAIRE.

2 Cr.c.A1.85,n.;B1.99.
— Sect. temp.A7.787;P2.159;B14.482;D.Exploit.235.
— Cr.c.A2.127;P1.566;B3.136.
— Cr.c.A2.188,n.;P1.403;D.Autor. mun.536.
— Cr.c.A2.170,n.;P1.593.
— Cr.c.A2.170,n.;P.1.395;B3.184,n.
— Cr.c.A2.170,n.;P.1.393;B3.184,n.;D.Autor. mun.646.
— Cr.c.A2.187;P1.405;B3.203;D.Autor. mun.536.
3 Cr.c.A1.77;P1.23;B1.90;D.Instr. crim.450.
— Cr.c.A1.157;P1.61;B1.183;D.Acquiesc.468.Témoin.355.
— Cr.c.A12.603,n.10; P2.1373; B27.114; D.Tém.faux.52.
4 Civ.c.P3.1.165;S1.1.160;D.Obl.253.254.
5 Civ.c.A4.674; P1.1219; B8.296; D.Degré de jurid. 286.
— Civ.c.A5.341;P3.1.166;B9.390;S1.1.151;J1.298;D.Portion disp.142.
6 Civ.c.A3.716;P1.976;B6.347;D.Conciliat.72.
— Civ.c.A8.655,n.1;P2.503;B16.274,n.
7 Cr.c.A2.583; P1.591; B4.200; S7.2.650; D.Complicité.220.
— Sect. temp. cass.A3.451;P1.840;B6.52.95;Comp. crim.215.Instruct. crim.343.
— Cr.c.A8.405;P2.261;B.15.472;D.Faux.439.
8 Civ.c.A4.440;P1.1154;B8.35;D.Cour d'ass.1089.
— Cr.c.A4.429;P1.1147;B8.23;D Cour d'ass.402.
— Cr.c.A8.405; P2.261; B15.472; D. Faux. 416.422. Témoin.343.
9 Cr.c.A4.453;P1.1159;B8.50;D.Cour d'ass.1171.
— Cr.c.A2.348;P1.475;B3.389;D.Cass.1022.1070.
— Cr.c.A6.411,n.5;B12.24,n.;J1.1368;D.Douanes.135.
— Cr.c.A11.165,n.13;P2.959,n.4;B22.213;D.Peine.242.
11 Civ.c.A4.675; P1.1219; B8.297; D.Degré de jurid.288. Notaire.203.
— Civ.c.A12,99,n.1. et 2.743; P3.1.167; B4.383,25.289; S1.1.163,12.1.145;MR2.537;D.Abus de conf.53.Société.576.Commiss.45.Mandat.558.
— Civ.c.A.11.40,n.2; P2.919,n.3; B21.471; D.Min. pub 232.
12 Civ.c.A6.553,n.1;P3.1.169; B12.190,n.1; S1.1.165; D. Effets de comm.8.9.
15 Cr.c.A2.238;P1.425;B3.262;D.Bigamie.4.8.
16 Cr.c.A4.451,n.;B8.48,n.1;D.Cour d'ass.1165.
— Civ.c.P3.1.174. V. au 26.
18 Civ.c.A7.217;P2.53;B13.245;D.Enreg.1842.
— Civ.c.A11.68,n.2;P2.924,n.3;B22.45;D.Tribunal.45.
19 Civ.c.A8.668,n.1; P3.1.170; S1.1.168; MR5.281; B16.289,n.1;J1.284;D.Filiat.nat.126.
— Civ.c.A11.135,n.10;P2.947,n.4;B22.161;D.Pap.m.14.
— Civ.c.A11.39,n.3;P2.919,n.4,B21.471;D.Jug.327.Min.pub.133.
— Civ.c.A11.68,n.;B22.45;D.Tribunal.45.
21 Cr.c.A1.84;P1.29;B1.98;D.Inst. crim.457.
22 Cr.c.A2.326;P1.467;B3.384;D.Cassat.581.582;Procès-verbal.585.

AN VII.

— Cr.c.A6.450;P1.1386;B12.68;D.Douanes.427.
— Cr.c.A6.450,n.2;P1.1386,n.2;B12.68,n.2.
— Cr.c.A9.490,n.1;P2.507;B18.38;D.Instruct. crim.19.
23 Cr.c.A4.451,n.;P2.1379,n.;B8.38,n.1;D.C.d'ass.1165.
— Sect.temp.A4.429;P1.1147.et2.1379,n.;B8.23;D.Cour d'ass.1103.
— Cr.c.A12.962,n.7;P2.1496;B27.139. et28.260;D.Homicide.82.
— Cr.c.A12.617,n.;P2.1379,n.;A27.139,n.
24 Civ.c.A3.290;P1.751;B5.249;D.Contrib. direct.202.
— Civ.c.A3.65;P1.699;B5.68;D.Communes.350.
— Civ.c.A9.653, n.1et2;P2.563, n.3.et3.1.172;S1.1.170; B18.292;MP16.100;D.Autorisat. de femme.309.Frais et dépens.12.
26 Civ.c.A2.715;P3.1.175;S1.1.173;B4.350;J1.288;D.Act. de commerce.227.
— Civ.c.A5.374;P1.1322. et 3.1.175; S1.1.171; B9.488;D. Legs.79.
— Civ.c. A12.696,n.22;P3.1.174. V. au 16. B27.272; D. Mineur.29.
27 Cr.c.A4.348;P1.1119;B7.380;D.Cour d'ass.491.506.
— Cr.c.A4.347;B1.1119;B7.379;D.Cour d'ass.491.506.
— Sect.temp.A4.454;P1.1159;B8.52; D. Cour d'ass.1175.1185.
28 Sect.temp.A4.454;P1.1159;B8.51;D.Cour d'ass.1182.
— Cr.c.A4.451,n.;B8.48,n.1;D.Cour d'ass.1165.
— Cr.c.A4.451,n.;B8.48,n.1;D.Cour d'ass.1165.
29 Cr.c.A11.162,n.1;P2.957;B22.208;D.Peine.166.

BRUMAIRE.

1 Civ.c.A11.372,n.4;P2.1043,n.4;S7.2.1134;B23.56;D. Prises maritimes.75.
3 Civ.c.A4.788;P1.1270;B8.428;D.Dem. nouv.13.
— Civ.c.A11.68,n.;B22.45;D.Tribunal.45.
4 Cr.c.A4.505;P1.1175;B8.107;D.Cour d'ass.1611.1627.
— Cr.c.A4.471;P1.1164;B8.71;D.Cour d'ass.1584.
— Sect.temp.A3.56;P1.695;B5.58;D.Commune.362.
— Cr.c.A11.163,n.7;P2.958,n.2;B22.210;D.Jugement.398.Peine.172.
5 Cr.c.A3.621,n.1;P1.927;B259,n.1;D.Complicité.40.
6 Cr.c.A4.762;P1.1261; B8.399;D. Frais et dépens.363.Jugement.133.
— Cr.c.A1.214;P1.80;B1.248;D.Actionpub.66.Jugement.398.
— Cr.c.A9.515,n.2;P2.515,n.1;B18.76;D.Instr.crim.392.Témoin.279.
— Cr.c.A1.85,n.;B1.99.
7 Civ.c.A6.415;P1.1368;B12.25;D.Douanes.252.
8 Civ.c.A3.147;P1.725;S1.1.174;B5.162;D.Comm.736.
9 Cr.c.A11.61,n.;B22.31,n.;D.Jugement.55.
— Civ.c.A3.20,n.;P1.681;B5.17,n.
11 Civ.c.A7.319;P2.87;B13.562;D.Enreg.2295.
— Cr.c.A3.631;P1.935;B6.250;D.Complicité.217.
12 Cr.c.A1.84,n.
13 Sect.temp.A4.448;P1.1158;B8.45;D.Cour d'ass.994.
— Loi.A7.807,n.1.
— Cr.c.Bul.cr.an7,n.89;D.Concussion.4.
14 Cr.c.A11.24,n.;B;D.Juge.114.
17 Cr.c.A4.771;P1.1263;B8.409;D.Délit rur.17.Lois.424.
— Cr.c.A4.771,n.;B8.409,n.
— Cr.c.A9.666.
18 Cr.c.A3.445;P1.837;B6.45;D.Comp.cr.152.
19 Cr.c.A2.238;P1.425;B3.263;D.Bigam.5.4.Témoin.348.
— Cr.c.A8.401;P2.260;B15.467;D.Faux.405.
— Cr.c.A1.564.n.;B2.195,n.;D.Appel correct.119.
21 Civ.c.A1.477;P3.1.175;S1.1.176;B2.91;D.App civ.266. Deg. de jurid.83.
22 Civ.r.A9.613,n.3;P2.549,n.2;B18.252,n.1.
— Civ.c.A11.146,n.1-4;P2.951,n.1;B22.181,n.4;D.Patente.66.
24 Cr.c.A4.502; P1.1175et4; B8.106; D. Cour d'ass.1176.1600.1644.
— Cr.c.A11.32,n.2;P2.917,n.3.et1.430,n.;B21.488;D.Action pub.72.
25 Cr.c.A9.515,n.2;P2.515,n.2;B18.76;D.Instr.crim.393.
— Cr.c.P1.1390.
26 Cr.c.A4.481,n.4;B8.48,n.3;D.Cour d'ass.1172.
— Cr.c.A4.353;P1.1113;B7.365;D.Cour d'ass.244.
— Cr.c.A6.426;P1.1374;B12.41;D.Douanes.277.Procès-verbal.549.
27 Civ.c.A6.786;P1.1498;S1.1.180;B12.462;D.Emigr.107.
29 Civ.c.A11.369,n.13;P2.1040,n.15;S7.2.1123;B23.51;D. Prises maritimes.69.96.

FRIMAIRE.

3 Civ.c.A1.85;P1.27;B1.96;D.Instr.crim.457.Cour.d'ass.1174.
— Sect.temp.A3.472;P1.854;B6.76;D.Comp.crim.251.
— Déc.A3.77,n.1.
4 Civ.c.A3.20,n.;P1.681;B5.17,n.
5 Civ.c.A12.284,n.1;P3.1.177;B26.37;S1.1.182; D.Succession.162.
6 Civ.c.A3.221;P1.752;B5.249;D.Contr. directes.202.
— Civ.c.A11.146,n.1.2;P2.950,n.1;B22.181;D.Pat.90.
7 Sect.tem.A4.281,n.;P1.1089;B7.305,n.1.
— Cr.c.A1.416;P1.136;B2.19;D.Amnistie.24.64.
— Cr.c.A9.664,n.2; P2.566,n.1; B18.306; D.Frais et Dépens.362.
8 Cr.c.A4.451,n.4;B8.48,n.3;D.Cour d'assises.1172.

— Cr.c.A4.439,n.2; P1.1163,n.2; B14.315. et 8.35,n.2; D. C.d'ass.1117.
— Cr.c.A7.649;P2.113;B14.215;D.Excuse.110.
— Cr.c.A8.406;P2.262;B15.472,D.Faux.416.
9 Cr.c.A4.451,n.;B8.48,n.3;D.Cour d'ass.1172.
— Cr.c.A3.620;P1.927;B6.239;D.Complicité.40.88.
— Cr.c.A8.446;P2.270;B16.35;D.Faux-incid.281.
11 Civ.c.A6.23; P1.1343; B11.21; D.Respons.358.Testam. 832.834.
— Civ.c.A11.364,n.,n.2; P2.1035,n.4; B23,40; S7.2.1127; D.Prises maritimes.54.79.91.
12 Civ.c.A1.499;P.3.1.178;B1.230;S1.1.183;J1,293;D,Actes de l'état civil.73.
13 Civ.c.A9.335;P2.473;B17.394;D. Hypothèques.109.
15 Cr.c.A3.585;P1.909;B6.201;D.Compét. crim.669.
— Cr.c.A9.521,n.1; P2.519,n.1; B18.86; D.Instruc. crim. 514.551.Témoins.344.
— Civ.c A11.106,n.2;P2.934,n.2;B22.109.
17 Civ.c A6.658,n.1; P3.1.95; B12.314,n.1; D. Effets de commerce.715.
— Civ.c.A11.157,n.,n.21; P2.948,n.3; B22.105; S1.1.380; D.Pap.mon.30.
18 Civ.c.A1.680;P1.257;B2.328;D.Arbitrage.281.781.
— Civ.c.A11.61 n.;B22.31,n.
19 Civ.r. A2,787; P3.1.180; B4.434; S1.1.496; J1.290; D. Commissaire.256.
22 Cr.c A4.499;P1.1174;B8.102;D.Cour d'assises.1570.
— Sect.temp.A4.270;P1.1087;B7.294;D.Compét. crimin. 577.Contumace.65.
— Loi.A7.6,n.1;P21.1.235;B13.2;S1.2.744.
— Loi.A8.763;D.Enreg.
25 Civ.c.A9.827;P2.631;B12.544.
— Cr.c.A11.29,n.;B21.454,n.;D.Instruct.crim.561.
— Cr.c.A9,758,n 2;D.Jug. par déf.534.
24 Civ.c.A11.68,n.;B22.45;D.Trib.43.
25 Civ.c.A11.565,n.7; P2.1036,n.9; B23.43; S7.2.1125; D. Prisesmaritimes.59.80.110.
26 Cr.c.A11.109;P2.936;B22.114.
27 Cr.c.A4.285;P1..1091;B7.310;D. Cour d'assises.81.
— Cr.c.A1.85,n.;B1.99.
28 Cr.c.A11.29,n.;B21.453.
29 Cr.c.A8,787,n.2;P2.391;B16.414;D.Forêts.909.
— Civ.c.A2.170;P1.393;B3.184;D.Autor.mun.608.610.
— Cr.c.A6.450,n.1;P1.1386;B12.63,n.1.

NIVÔSE.

2 Civ.c.A1 676;P1.254;B2.323;D.Arbitrage.421.
— Civ.c.A1.433;P1.146;J1.295;B2.38;S1.1.185;D.Appel civil.38.Enreg.2468.
— Civ.c.A11.61,n.,n.2;P2.922,n.6;B.22.32; D. Instruct. par écrit.15.Jugement.44.
— Cr.c.A11.61,n.,n.4;P2.922,n.5;B22.31;D.Jugem.55
3 Civ.c. A11.146,n.1.3;P2.950;n.2;B22.181;D.Patent.78.
4 Cr.c.A7.577;P2.102;B.14.226;D.Évasion.16.
— Cr.c.A8.446;P2.271;B16.35;D.Faux incid.282.
5 Cr.c.A9.606,n.5.8;P2.546,n.8;B18.221; D.Jour fér.75.
6 Cr.c.A1.586;P1.219;B2.221;D.Appel correct.497.
— Cr.c.A9.491,n.2;P2.508,n.9;B18.40;D.Instr.crim.34.
— Cr.c.A9.606,n.5.6;P2.546,n.6;B;D.Jour férié.83.
— Cr.c.A11.82,n.1.1;P2.926;B22.69,n.3;D.Tribunal.186.
7 Civ.c.P3.2.167.—V. 11 pluv. A5.776.
— Civ.c.A6.615;P3.1.181;B12.262;D.Effet de com.284.
— Civ.r. A6.625,n.1; P3.1.182; B12.274,n.1; J1.297; S1.1.187;M9.86;D. Effet de commerce.612.
— Civ.c.P3.1.185.
— Civ.c.A11.931,n.1; P3.1.183; S1.1.488; B25.83; J1.297; D.Divorce.35.36.
8 Civ.c.A7.210;P2.32;B13.236;D.Enreg.1814.
— Civ.c.A2.358;P1.481;B3.402;D.Cass.1028.
9 Civ.c.A11.373,n.9; P2.1043,n.9; B23.57; D. Prises maritimes.71.
11 Civ.c.P3.1.187;S1.1.494.
— Cr.c.A4.348; P1.1119; B7.380; D. Acquiesc.453. Cour d'ass.507.Mandat.d'expropr..50.63.
— Cr.c.A4.290,n.;P1.1092;B7.316,n.1.
— Cr.c.A9.607,n.5.12;P2.547,n.12;B18.222,n.1; D. Jour férié.86.
— Cr.c.A9.607,n.1;B.18.220,n.2;D.Jour férié.94.
12 Cr.c.A4.464;P1.1162;B8.63,n.;D.Cour d'ass.1527.
— Civ.c.A9.613;P2.549;B18.232; D.Jugement.29. Public. des jugemens.42.
13 Sect.temp.A4.348; P1.1119; B7.380; D.Cour d'ass.491. 506.
— Cr.c.A9.608,n.2.8;P2.548,n.7;B18.225;D.Jour fér.113.
14 Civ.c.A9.523,n.3;P2.520;B18.92;D. Instr. par écrit.14.
17 V. au 21.
— Sect.temp.A4.615;P1.1194;B8.227; D. Deg. de juridic. 20.51.
— Cr.c.A9.606,n.5.9;P2.547,n.9;B18.221;D.Jour fér.67.
— Cr.c.A9.607,n.,n.5.14;P2.547,n.14;B18.222,n.
— Cr.c.A9.607,n.,n.2.1;P2.548;n.;B18.223,n.
— Cr.c A9 605,n.5.8;P2.546,n.8;B18.220;D.Jour fér.82.
18 Cr.c.A11.424,n.14;P2.1073,n.14,n.;B23.151;D.Procès-verbal.557.
19 Cr.c.A8.697,n.3.1;B16.223. et 20.52;D.Concussion.3.
— Cr.c.A9.605,n.5.1;P2.546.n.1;B18.219;D.Jour fér.65.
— Cr.c.A11.165,n.1.4;P2.959,n.5;B22.214;D.Frais et dépens.351.Peine.296.
22 Civ.c.A3.86;P1.705;B5.93;D.Commune.328.393.404. 405.

AN VII.

— Civ.c.A9.695,n.2;P2.575,n.2;B18.345; D.Jug. par déf. 39.
23 Civ.c.A2.497;P1.545;B4.102;D.Chose jugée.97.
— Civ.c.A9.942,n.1; P3.1.186;B19.60;J1.299;S1.1.190;D. Louage.254. Louage emphytéotique.6.
24 Cr.c.A9.607,n.2.1;P2.548,n.;B18.223,n.
— Cr.c.A6.429,n.1;P1.375,n.1;B12.44,n.1.
25 Cr.c.A4.318,n.;B7.346,n.1;D.Cour d'ass.295.
— Cr.c.A9.608,n.2.4;P2.548,n.3;B18.224;D.Jour fér.96.
26 Cr.c.A9.516,n.3;P2.516,n.3;B18.78;D. Instr. cr.420.
— Cr.c.A11.28,n.;B21.451,n.1;D.Instr. hypoth.356.
— Cr.c.A6.454,n.1;P1.1390;B12.76,n.1.
27 Civ.c.A9.361;P2.479;B17.428,n.2;S1.1.192,n.;D.Purg. des priv.14.
29 Civ.c.A4.176.
— Civ.c.P3.1.186;S1.1.190.

PLUVIÔSE.

1 Cr.c.A4.451,n.4;B8.48,n.;D.Cour d'ass.1172.
— Cr.c.A12.962,n.2;P2.1496;B28.260;D.Homicide.14.15. 83.
3 Cr.c.A4.329;B7.358;D. Cour d'ass.232.233.
— Cr.c.A1.80;B1.26. et 2.1497,n.;B1.93;D.Inst. cr.484.
— Cr.c.A12.1037,n.1;P2.1512;B28.368;D.Péage.14.
— Cr.c.A.12.963,n.;P2.1496,n.;B28.261,n.;D.Tentat.5.
4 Civ.c. A11.371,n., n.2; P2.1042,n.2; B23.54; D. Prises maritimes.70.81.82.83.
— Civ.c.A11.352,n.1;P2.1024,n.1;B23.20;D.Pris.mar.20.
8 Cr.c.A11.428.n.;B23.155,n.1.
9 Cr.c.A4.366;P1.1124;B7.400;D.Cour d'assises.621.
— Cr.c.A6.420;P1.1372;B12.33,D.Douanes.188.
11 Civ.c. A5.776; P3.1.187;S1.1.194; B10.446;J1.303; D. Testament.593.
12 Civ.c. A11.372,n.,n.5; P2.1043,n.5; B23.56; D. Prises marit.84.
— Req A12.205,n.2;P2.1293;B25.472;D.Subst.268.
13 Civ.c.A1.675;P1.253;B2.321;D.Arbitrage.417.
14 Cr.c.A4.763;P1.1261;B8.406;D.Délit rural.91.
— Cr.c.A1.159;P1.63;B1.185;D.Acquittement.18.
15 Cr.c.A4.290,n.;P1.1093;B7.316,n.1.
— Cr.c.A4.452,n.;B8.49,n.2;D.Cour d'ass.1181.
— Cr.c.A4.452,n.;B8.49,n.3;D.Cour d'ass.1182.
— Cr.c.A9.607,n.5;P2.547,n.14;B.18.222,n.
— Cr.c.A12.965,n.3.1;P2.1498;B28.265;D.Homicide.64.
16 Civ.c.A7.780; P3.1.188; B14.174; D. Domicile.43. Exploit.234.
— Cr.c.A6.397;P1.1362;B12,7;D.Douanes.31.
— Cr.c.A1.85,n.;B99.
17 Civ.c.A11.364,n.,n.3; P2.1035,n.5; B23.41; S7.2.1130; D.Prises maritimes.33.55.61.
19 Civ.c.A.3.23;P1.685;B5.21;D.Communes.473.
— Civ.c.A.8.471;P2.278;B16.64;D.Féodalité.63.
21 Cr.c.A4.295;P1.1094;B7.319;D.Cour d'ass.436.
22 Cr.c.A4.566;B8.174;D.Défense.74.
— Cr.c.A3.632;P2.935;B6.252;D.Complicité.218.
— Loi.A7.206,n.1;B13.250.
— Cr.c.A12.1017,n.1.1;P2.1508;B28.329.
24 Civ.c. A2.354; P3.1.189; B3.396; S20.1.468; J1.304; D. Cassation.977.
— Civ.c.A11.69,n.2.1; P2.924,n.6; B22.46; D.Juges suppléans.34.
— Civ.c.A3.20,n.;P1.682;B5.18,n.
27 Cr.c.A4.290,n.;P1.1092;B7.316,n.1.
28 Cr.c.A9.515,n.2;P2.515,n.2;B.18.77;D.Instr.cr.393.
29 Cr.c.A12.1037,n.1;P2.1512;B28.368,n.;D.Péage.14.
— Cr.c.A11.425,n.;P2.1072;n.

VENTÔSE.

1 Civ.c.A8.16;B15.14;D.Fabriques.7.
— Déc. de la rég.A7.330,n.11;D.Enreg.2344.
2 Civ.c.A7.21;P2.1;B13.17;D.Enreg.18.
— Civ.c.A3.80; P1.703.8.1.237; B5.86;J1.485;D. Arbitrage.718.Commune.393.Jugement.370.
4 Cr.c.A4.290;P1.1092;B7.315;D.Cour d'assises.127.
— Cass.A6.782;B12.457,n.1;D.Emigré.82.
— Cr.c.A9.606,n.5.10;P2.547,n.10;B18.221; D. Jour férié.108.
5 Cr.c.A9.515,n.2;P2.515,n.4;B18.77;D.Compét.cr.300. Instr. cr.418.
— Cr.c. A11.425,n.11; P2.1072,n.9; B23.147; D. Procès-verbal.524.569.582.
6 Cr.c A4.452,n.;B8.49,n.1;D.Cour d'ass.1178.
— Cr.c.A3.140;B9.161;D.Désertion.23.
7 Civ.c.A7.709; P2.126; 14.380; S7.2.947;D. Exploit.31. Preuve test.240.
— Civ.c.A7.830;B14.833;D.Huissiers.224.
8 Civ.c.A1.806;P1.307;B2.473;D.Arbitrage.1001.
11 Sect.temp.A7.330;P2.58;B13.374;D.Enreg.2345.
— Civ.c.A7.330;P2.58.
— Cr.c.A12.617,n.;P2.1379,n.;B27.139,n.
12 Cr.c.A4.290;P1.1092;B7.315;D.Cour d'assises.127.
— Cr.c.A4.503;P1.1175;B8.407;D.Cour d'ass.1592.1645.
13 Cr.c.A3.494; P1.865; B16.100,n.; S1.1.197; D. Compét, crim.368.
— Cr.c.A1.573;P1.210;B2.205;D.Appel correct.143.
— Cr.c.A7.542;B14.164.
14 Loi.A6.297,n.1;B11.330,n.1.
— Civ.c.A8.526;P2.285;B16.126;S1.1.202;D.Féod.245.
18 Cr.c.A4.296,n.;P1.1096;B7.322,n.1.
— Cr.c.A3.479;P1.858;B6.84;S7.2.1076;D.Compét.ad.60. Compét. crim.327.

AN VII.

— Cr.c.A3.598;P1.914;B6.215;D.Compét. crim.681.
— Cr.c.A4.464.P.1.1162;B8.64;D.Cour d'assises.942.
21 Loi.A7.474,n.1;B14.102.
— Loi.A7.483,n.1.
— Civ.c.A8.587;P3.1.190;B16.195;S1.1.204;J1.306;D.Filiation légit.170.
23 Civ.c. A11.362,n.,n.5; P2.1034,n.5; B23.38; D. Prises maritimes.39.
24 Cr.c.A4.452,n.4;B8.48,n.3;D.Cour d'assises.1172.
— Cr.c.A3.478;P1.857;B6.83;D.Compét. crimin.321.
— Cr.c.A9.607,n.5.15;P2.547,n.15;B18;D. Jour fér.111.
— Cr.c.A9.608,n.2,7;P2.548,n.6;B18.224;D.Jour fér.110.
— Cr.c.A11.428,n.23;P2.1076,n.23; B23.156; D. Procès-verbal.557.
25 Cr.c.A2.610,n.;P1.607;B4.229,n.; D. Chose jugée.397. 398.
— Cr.c.A12.965,n.;P2.1498,n.;B28.265,n.;D.Homic.64.
26 Cr.c.A3.571;P1.905;B6.186;D.Compét. crim.643.
28 Civ.c.A9.827,n.1;P2.631,n.1;B18.545;D.Lois.342.

GERMINAL.

7 Cr.c.A4.290,n.;P1.1092;B7.316,n.1.
— Cr.c.A4.296,n.;P1.1096;B7.322,n.1.
— Cr.c.A12.962,n.4;P2.1496;B28.260;D.Homicide.78.
— Cr.c. A12.964,n.2;P2.1497;B28.265; D.Homicide.54. Témoin.448.
8 Cr.c.A11.427,n.22;P2.1076,n.22; B23.155; D.Douanes. Procès-verbal.555.
9 Cr.c.A4.290,n.;P1.1092;B7.316,n.1.
— Cr.c.A4.290;P1.1092;B7.316,n.1.
— Cr.c.A4.428,n.;P1.1147;B8.23,n.;D.Cour d'ass.1024.
— Cr.c.A3.494,n.;P1.865;B6.100,n.;D.Compét.crim.368.
— Cr.c.A11.146,n.,n.5;P2.951,n.2;B22.182.
11 Civ.c.A3.8;P1.672;B5.4;D.Commune.25.
14 Cr.c.A4.293,n.;P1.1094;B7.319,n.2;D. Cour d'ass.132.
— Cr.c.A7.656;B14.325;D.Excuse.125.
— Cr.c.A9.872,n.2.4;P2.659,n.9;B18.608.
15 Civ.c.A2.514;P1.552;B4.121;D.Chose jugée.125.
16 Cr.c.A4.280;P1.1089;B7.305;D.Cour d'ass.21.
— Cr.c.A4.452,n.4;B8.48,n.3;D.Cour d'ass.1172.
— Civ.c.A1.383;P3,1.192;B1.447;J.1.307;D.App.civ.552.
— Cr.c.A9.607,n.2.1;P2.548,n.;B18.223,n.
— Cr.c.A12.1037;P2.1512,n.;B28.368;D.Péage.14.
19 Cass.c.A11.375,n.1;P2.1035,n.7;B23.62 et 42;D.Prises maritimes.115.
— Civ.c.A11.364,n.4;P2.1046,n.1;B23.42;D.Prises marit. 60.85.
21 Cr.c.A4.452,n.4;B8.48,n.3;D.Cour d'assises.1172.
— Cr.c.A8.758; P24.1.292; B16.350; S24.1.385; D.Forêts. 146.
— Cr.c.A1.8,n.;B1.99.
22 Cr.c.A.296,n.;P1.1096.
— Cr.c.A12.962,n.3;P2.1496;B28.260;D.Homicide.84.
23 Cr.c.A4.290,n.;P1.1092;B7.316,n.1.
— Cr.c.A4.318;P1.1107;B7.346;D.Cour d'assises.295.
24 Civ.c. A11.372,n.8; P2.1043,n.8; B23.57; S7.2.1126; D. Prises marit.92.
25 Civ.c.A3.471;P1.731;B5.191;D.Fonctionn.publ.180.
— Civ.c.A9.523,n.1.1;P2.519,n.2;B.18.92;D.Instruc. par écrit.13.
26 Civ.c.A8.538;P2.288;B16.141;S1.1.205;D.Féod.289.
27 Cr.c.A4.296,n.;P1.1096;B7.322,n.1.
— Cr.c.A3.581;P1.908;B6.197;S1.1.199;D.Compét.crim. 661.
— Cr.c.A9.635,n.2,n.;P2.553;B18.263,n.1; D. Motifs des jugem.223.
28 Cr.c.A4.503;P1.1175;B8.408;D.Amnist.27. Cour d'ass. 1019.
29 Cr.c.A4.296,n.;P1.1096.
— Cr.c.A4.281,n.;P1.1089;B7.305,n.1.

FLORÉAL.

1 Civ.c.A9.828;P2.631;B18.546;D.Lois.246.
2 Civ.c.A1.492;P3.1.192;B2.109;M2.34;J1.308;D. Appel civil.334.
— Civ.c.A11.372,n.,n.6; P2.1043,n.6; B23.56;S7.2.1132; D. Prises maritimes.88.
4 Civ.c.A4.566;B8.174;D.Défense.75.
— Cr.c.A2.527;P1.467;B3.364;D.Cassation.563.568.
5 Cr.c.A4.296,n.;P1.1096;B7.322,n.1.
— Cr.c.A3.478;P1.856;B6.82;D.Compét. crim.320. Cour d'assises.471.
6 Cr.c.A4.452,n.4;B8.48,n.3;D.Cour d'assises.1172.
— Cr.c.A1.416;P1.136;B2.19;D.Amnistie.62.
— Cr.c.A11.63,n.,n.2;P2.923,n.2;B.23.35;D.Jugem.55.
12 Cr.c A4.455,n.; P1.1159; B8.52,n.; D.Cour d'ass.1175. 1183.
— Cr.c.A3.480;P1.859;B6.85;D.Compét. crim.328.
15 Instr.A8.811,n.3;D.Garde nationale.5.
16 Civ.c.A3.203;P3.1.193; B5.229; S20.1.464; D.Compét. administr.325.
17 Cr.c.A4.292;P1.1093;B.7.318;D.Cour d'ass.134.
— Cr.c.D.Confiscation.4
18 Cr.c.A4.284;P1.1090;B7.309;D.Cour d'assises.87.
— Cr.c.A4.571;P4.1189;S1.1.200; B8.480; J1.310; D. Défense.115.
— Cr.c.A4.558;P1.1186;B8.166;D.Défense.21.
— Cr.c.A11.517,n.2;P2.1103,n.3;B23.306;D.Récidiv.119. 119.
19 Cr.c.A4.451,n.;B8.48,n.1;D.Cour d'assises.1166.

21 Civ.c.A3.171;P1.731;B5.191;D. Fonctionn. publ.182.
22 Cass.A11.569,n.12;P2.1040,n.12;B23.50;D.Prises maritimes.67.96.
23 Civ.c. A8.539,n.1;P3.1.194;S1.1.207;B16.142,n.1; J1.313.
25 Cr.c.A2.347;P1.474;B3.388;D.Cass.1083.Instr.cr.450.
— Civ.c.A6.413;P1.1370;B12.25;D.Douanes.107.
26 Cr.c.A3.638;P1.940;B6.259;D.Acquitt.34.Complicité.75.
— Cr.c.A8.813,n.1;P2.410;B16.447;D.Gard.nation.1056.
28 Civ.c.A11.365,n.,n.6;P2.1036,n.8;B23.42;S7.2.1131;D.Prises maritimes.64.87.97.99.
29 Civ.c.A10.508,n.2.1.P3.1.195;B20.394;J1.314;D.Caution.45.46.
— Civ.c.A12.526,n.1; P3.1.196;B26.437;S1.1.208;J1.315;D,Rescis.101.

PRAIRIAL.

1 Cr.c.A4.290,n.;P1.1092;B7.316,n.1.
2 Cr.c.A3.447;P1.837.
— Arrêté.A6.334,n.6.
— Cr.c.A3.447;B6 448;D.Compét.crim.188.
3 Cr.c.A4.290,n.;P1.1092;B7.316,n.1.
4 Civ.c.A2.293;P1.453;B3.326;S7.2.943;D.Cass.366.
5 Civ.c A12 851,n.2;P3.1.197.et2.1453;B28.68;S20.1.449 J1.240;D. Vente.99.
6 Loi.A7.510;n 1.
7 Cr.c A3.557;P1.898;B6.170;D.Compét.crim.627.Instr.crim.430.
8 Civ.c.A2.535;P3.1.198;B4.144;S1.1.213;J1.316;D.Chose jugée.253.
— Civ,c.A3.552;P1.895;B6.165;S1.1.210;D.Comp.cr.577.
— Cr.c.A9.607,n.2.1;P2.548,n.;B18.223,
— Cr.c.A12.1018,n.2;P2.1508;B28.340;S1.1.211.
9 Cr.c.A4.452,n.4;B8.48,n.; D.Cour d'assises.1172.
— Cr.c.A6.457,n.1;P1.1390;B12.76,n.1;D.Douanes.435.
— Civ.c.P.3.1.200.
11 Civ.c. A11.570,n.2; P3.1.199;S1.1.215;B23.403;J1.321;D.Rente.359.360.
14 Cr.c.A1.571;P1.209,n ;B2.202,n.;D Appelcorrect.152.
— Cr.c.A3.481;P1.860;B6.86;D.Compét. crim.330.331.
15 Cr.c.A9.607,n.5.13;P2.547,n.13;B18.222,n.1; D.Jour férié.90.
16 Cr.c.A4.559,n.;P1.1186;B8;166;D.Défense.21.
— Cr.c.A4.296,n.;P1.1096;B7.322,n.1.
— Cr.c.A7.420;P1.1372;B12.33;D.Douanes.192.
— Cr.c.A10.797,n.1;P2.874,n.1;B21.525;D.Exploit.193.Responsabilité.489.
— Douanes.A11 424,n.14;P2.1073,n.,n.14.
17 Req.A1.518,n.
18 Civ.c.A9.827,n.1;P2.631.
— Civ.c.S1.1.217;D.Min.pub.94.Success.448.
19 Civ.c.A2.403;P3.1.201;B3.432;S1.1.219;J1.319;D.Cassation.69 et Caution.123.
— Civ.c A9.687;P2.574;B18.334;D.Frais et dépens.329.
— Civ.c.A10.293,n.,n.15;P2 743,n.5;B20.62;S1.1.221; D. Communauté.1183.
21 Cr.c.A4.452,n.4;B8.48,n 3;D.Cour d'ass.1172.
— Cr.c.A4 444;P1.1155;B8 40;D.Cour d'ass.966.
— Cr.c.A2.575;P1.585;B4.191;D. Chose jugée.315.
— Cr.c.A9.637,n.1.1;P2.554,n.1; B18.267; D.Jugement.414.
22 Loi.A7.475,n.1;B14.103.
— Cr.c.A8.774,n.2;P2.580;B16.398;D.Forêts.684.
23 Cr.c.A4.296,n.;P1.1096;B7,322,n.1.
— Cr.c.A8.774,n.2.
27 Cr.c.A4.335;B7.566;D.Cour d'ass.267.
— Cr.c.A3.633;P1.935;B6.253;D.Complicité.58.
— Cr.c.A8.594;J1.324.
29 Décret.A7 272,n.10;D.Enreg.2044.

MESSIDOR.

1 Civ.c.A6.447,n.2; P.1.1384; B12.65,n.1; D.Douanes.405.415.
— Civ.c.P3.1.128;J1.178;D.Lois.379.
3 Civ.c A3.749;P1.979;B6 385;D.Cont. par corps.157.
4 Cr.c.A4.296,n.;P1.1096;B7.322,n.1.
— Cr.c.A9.665,n.1.2;P2.567,n.1.
6 Cr.c.A2.576,n.;P1.586;B4.192,n.;D.Chose jugée.315.
— Cr.c.A11.163,n.;P2.957;B22.208;D.Peine.168.
— Délib.A7.494,n,24;D.Transcrip.102.
7 Civ.c.A2.542;P3.1.202; B4.152; S1.1.222; MR2.317;J1.325;D.Chose jugée.149.
9 Civ.c.A6.398;P1.1363;B12.8;D.Douanes.43.44.
— Civ.c.A8.559;B16.142,n.1.
11 Cr.c.A4.464,n.;P1.1162;B8.63,n.; D.Cour d'ass.1327.
— Cr.c.A4.428,n.;P1.1147; B8.23,n.; D.Cour d'ass.1024.
— Cr.c.A9.515,n.2; P2.515,n.2; B18.77; D. Inst. cr.393.
— Cr.c.A11 63,n.4;P2.923,n.4;B22.35;D.Jugement.55.
12 Cr.c.A4.296,n.;P1.1096;B7.322,n.1.
— Cr.c.A4.464;P1.1162;B8.64;D.Cour d'ass.1309.
15 Cr.c.A4 296,n.;P1.1096;B7.322,n.1.
— Cr.c.A6 427;P1.1375;B12.42;D.Douanes.269.
— Cr.c.A12 963,n.;P2.1496,n.;B28.261;D.Tentative.5.
16 Civ.c. A11.371,n.1-1; P2.1042,n.1; B23.54; D. Prises marit.76.
— Loi.A8.817,n.4.
17 Cr.c.A4.296,n.;P1.1096;B7.322,n.1.
— Cr.c.A4.296,n.;P1.1096;B7.322,n.1.
— Cr.c.A2.289;P1.451;B3.322;S1.1.224;D.Cassation.341.Jugement.398.
— Cr.c.A2.576,n.1;P1.586;B4.192,n.;D.Chose jugée.315.
— Cr.c.A7.527;P2 90;B14 164;D.Timbre.327.332.
— Cr.c.A12 963,n.; P.2.1496,n.; B28.261,n.;D.Tentat.5.
18 Cr.c.A4.503;P1.1100;B7 330;D.Cour d'ass.202.
— Cr.c.A3.585;P1.910;B6 202;D.Compét. crim.669.674.
— Cr.c.A7.651;B14.318;D.Autor. mun.205; Jour férié.110; Peine.296;Excuse.119.
— Cr.c.A7.651;B14.318;D.Excuse.40.
19 Cr.c.A4.761;P1.1260;B8.597;D.Délit rural.87.
— Cr.c.A2.576,n.1;P1.586;B4.192,n.;D.Chose jugée.315.
— Cr.c. A2.630;P1.612;B4.253;S7.2.827;D.Chose jugée.438.
— Paris.A6.668.
— Civ.c.A.3.20,n.;P681;B3.17,n.
21 Civ.c A6.422;P1.1574;B12.56;D.Douanes.190.209.
22 Civ.c.A1.207; P3.1.203; B1,240; S1.1.226; J1.327; D. Action civ.41.56.
24 Cr.c.A8.406;P2.262; B15.473; D.Faux.416.426. D.Inst. crim.458.
— Cr.c.A9.515;P2.515,n.1;B18.77;D.Instruc. crim.393.
— Civ.c.A9.500,n.1.5;P2.510,n.3;B18.56,n.
25 Cr.c.A12.601,n.1-1;P2.1372;P27.109; D.Témoin.371.379.
27 Civ.c.A9.19,n.3;P2.416;B17.15,n.4;S1.1.227; D.Huiss.169.
— Civ.c.A12.308,n.2; P3.1.204;B26.89; S1.1.228; J1.330;D.Success. irrég.14.
28 Civ.c.A3.208;P1.747,B3,235;D.Compét.administ.348.349.
— Civ.c.A3.750;P1.980;B6.385;D.Contr. par corps.157.
29 Civ.c. A4.176;P1.1058;B7.191;D.Poudres et salp.11.

THERMIDOR.

1 Cr.c.A.4.293,n.;P1.1094;B7.319,n.2;D.Courd'ass.132.
— Cr.c.A4.290,n.;P1.1092;B7.316,n.1.
— Cr.c.A.4.318,n.;B7.346,n.1;D.Cour d'ass.295.
— Cr.c.A1.85,n.;B1.99.
2 Cr c A9.500,n.1.4;P2.510,n.3;B18.56;D.Mandat d'exécut.59.
4 Civ c.A3.120;P3.1.206;B3.131;S1.1.231;MR2,608;J.1.332;D.Commune.426.
7 Cr.c.A4.293,n.;P1.1094;B7.319,n.2;D.Cour d'ass.132.
— Cr.c A4 290,n.;P1.1092;B7.316,n.1,
— Cr.c.A4.452,n.4;B8.48,n.3;D.Cour d'ass.1172.
— Cr.c.A12.965,n.4;P2.1498;B28.266; D.Homicide.65.
— Cr.c.A3.480,n.;B6.85,n.1;P.1.859,n.1;D.Compét.crim.328.
8 Cr.c.A4.296,n.;P1.1096;B7.322,n.1.
— Cr.c.A9.665,n.1-1.
— Cr.c.A9.665,n.1-1.
12 Civ.c.A3.141;P1.721;B3.185;D.Commune.783.794.
15 Civ.c.A2.497; P3.1.207; B4.103; D. Action poss.266. Chose jugée.99.
— Civ.c.A1.511,n.
14 Civ.c.A9.500,n.1.3,n.;P2.510,n.2;B18.56,n.
15 Cr.c.A4.290,n.;P1.1092;B7.316,n.1.
— Cr.c.A3.473; B1 854; B6.76; D.Compét. crim.252. Exploit.592.
— Cr.c.A11.63,n.;D.Jugement.55.
16 Cr.c.A.4.761;P1.1260;B8.398;D.Délit rural.19.92.132.
— Déc.A8.810,n.4;D.Forêt.1052.
17 Civ. c.A3.193;P1.742;B3.218;S7.2.793;J1.333;D.Compét. adm.210.
— Civ.c.A5.503; P3 1.209; B10.126; S1.1.235; J1.333; D. Donation.93.
19 Civ.c.A12.400,n.1;B26.227;D.Rapport à success.19.
21 Cr.c.A4.296;P1.1096;B7.322,n.1.
— Cr.c.A2.587;P3 1.210.8.2.93;B4.204;S1.1.236;D.Chose jugée.345.
— Cr.r.A9 608,n.2.9; P2 548,n.8; B18.225; D.Jour férié.103.
— Cr.c.A11.29,n.;B21.454;D.Inst. cr.361.
22 Cr.c.A4.499;P1.1173;B8.102;D.Cour d'ass.1569.
— Cr.c.A4.496;P1.1173;B8.100;D.Cour d'ass.1645.
24 Civ.c.A11.371,n.3;P2.1042,n.3;B23.55; S7.2.1133; D. Prise marit.56.89.
28 Cr.c.A4.318,n.;B7.346,n.1;D.Cour d'ass.295.
Cr.c.D.Liberté prov.11.
29 Cr.r.A2.655;P3.1.212,S1.1.239.
— Cr.c.A5,494,n.;P1.865;B6.100,n.;D.Compét.crim.368.
— V. 15 therm.A2.497;J1.338.

FRUCTIDOR.

4 Cr.r.A4.452,n.4;B8.48,n.3;D.Cour d'ass.1172.
— Cr.c.A2.576,n.;P1.586;B4.192,n.;S7.2.1077; D.Chose jugée.315.
— Cr.c. A9.490,n.1; P2.507,n.3.2; B18.38; D. Instruct. crim.19.
— Cr.c.A1.164;P1.65;B1,190;D.Acquitt.32.
5 Cr.c.A4 451,n.;B8.48,n.2.
— Cr.c.A4.452,n.4;B8.48,n.3;D.Cour d'ass.1172.
— Cr.c.A4.309;P1.1102;B7.336;D.Cour d'ass.354.
6 Cr.c.A.4.668;P1.1187;B.8.177;D.Défense.107.
— Cr.c.A3.135;B9.185 et 48.22;D.Désertion.35.
— Cr.c.A9.605,n.5.3; P2.546,n.3; B18.220; D.Jour férié.71.
— Cr.c.A9.605,n.5.2; P2.546,n.2; B18.219; D.Jour férié.66.
— Cr.c.A1.85,n.;B99.
11 Cr.c.A4.296,n.;P1.1096;B7.322,n.1.
— Cr.c.A4.290,n.;P1.1092;B7.316,n.1.
12 Cr.c.A4.452,n.4;B8.48,n.3;D.Cour d'ass.1172.
— Cr.c.A11.28,n.1;P2.914,n.6;B21.451;D.Instruct.crim.356.Min. pub.53.
— Cr.c.A1.84,n.
15 Cr.c.A1,565;P1.206;B2.196;S7.2.786;D.Appel correct.105.
— Cr.c.A9.761;P2.594,n.;B18.448;D.Jugem. par déf.546.
16 Civ.c.A6.228,n.1;P3.1.213;B11.257,n.1;S7.2.932. et 1.1.241;J1.541;MQ1.603;D.Contrat de mariage.71.
17 Cr.c.A4.290,n.;P1.1096;B7.322,n.1.
— Cr.c.A4.451,n.;B8.48,n.2.D.Cour d'ass.1167.
— Cr.c.A12.965,n.9,P2.1496;B28.261;D Tentative.5.
19 Cr.c.A3.586 n.;P1.910;B6.202;D.Comp. crim.669.674.
— Cr.c.A1.80;P1.26;B1.94;D.Instruct. crim.454.
— Cr.c.A9.500,n.1. 6; P.2.510,n.5;B18.57;D.Cour d'ass.1025.1280.Mandat d'exéc.61.
25 Cr.c.A4.297,n.;P1.1096;B7.322,n.1.
— Cr.c.A1.425;P1.140;B2,29;D.Amnistie.59.65.
— Cr.c.A9.489,n.1;P2.507,n.1;B18.38;D.Inst. crim.11.
26 Cr.c.A9.500,n.1.6;P2.510,n.5;B18.57.
— Cr.c.A11.109,n.1;P2.938,n.1;B22.114;D.Presse.561.
— Cr.c.A11.539,n.2; P2.1114,n.5; B23.545; D. Récus. de juges.162.
27 Civ.c.A2.223;P1.417;B3.246;S1.1.243;D.Frais et dépens.323.
— Civ.c.A3.716;P3.1.214;B6.346;S1.1.243;D.Concil.57.
— Civ.c.A11.68,n.3;P2 924,n.4;B22.45;D.Trib.49.
28 Civ.c.A11.379,n.2;P2.1048,n.1;B23.69;D.Prises marit.98.166.

AN VIII.

VENDÉMIAIRE.

2 Cr.c.A4.318,n.;B7.346,n.1;D.Cour d'ass.293.
— Cr.c.A4.347; P1.1149; B7.578; D.Cour d'ass. 496. Témoin.345.
— Cr.c.A9.500,n.,n.5;P2 510,n.4;B18.56;D.Mand. d'exé.60.
— Cr.c.Bull.cr.D.Confiscation.4.
3 Cr.c.A2.376,n.1;P1 586;B4.192,n.;D.Chose jugée.315.
— Cr.c.A3.594;P1.940;B6.210;D.Compét. crim.701.
— Cr.c.A12.603,n.10;P2.1373.
6 Civ.c.A6.403;P1.1364;B12.13;D, Douanes.66. Procès-verb.523.586.612.646.
7 Cr.c.A4.290,n.;P1.1092;B7.316,n.1.
8 Cr.c.A3 612; P1.922; B6.230; D.Complicité.93.97.169. Instruct. crim.184.Témoin.351.
— Civ.c.A1.751; P1.280; B2.410; S2.2.526: D.Arbitrage.783.
9 Cr.c.A4.488;P1.1171;B8.90;D.Cour d'ass.1434.
— Cr.c.A7.575,n.1.
— Cr.c.A7.644;B14.308;D.Excuses.96.
11 Civ.c.A6.409,n.2; P1.1366; B12.21,n.1; S7.2.1048; D. Douanes.122.
12 Civ.c.A3.220;P1.751;B5.248;D.Contr. directes.201.
— Civ.c.A11.366,n.,n.9; P2.1037,n.9;B23.44; S7.2.1131; D.Prises marit.62.
14 Cr.c.A8.337;P2.259;B15 593;D.Faux.146.
— Cr.c.A12.617,n.;P2.1579,n.;B27.139,n.
16 Cr.c.A2.348;P1.478;B3.390;D.Cass.1074.
— Cr.c.A3.6;P1.1276;B9.2;D.Déni de justice.11.
17 Cr.c A3.143;P3.1.215;B5.158;S1.1.245;J1.345;D.Commune.766.
— Civ.c.A3.20,n.;P1.682;B3.18,n.
21 Cr.c.A4 318,n.;B7.346;D.Cour d'ass.295.
— Cr.c.A4.293;P1.1093;B7.319;D.Cour d'ass.132.
— Cr.A4.346;P1.1118;B7.377;D.Cass.1001. Cour d'ass.294 489.492.
— Cr.c.A8.813,n.1,n.2; P2.410;B16.448;D. Garde national.1058.
22 Int. de la loi.A9.512,n.1-1;P2 514,n.1;B18.71;D.Instr. crim.344.349.
— Cr.c.D.Instruct, crim.524.
23 Cr.c.A1.84,n.
— Cr.c.A4.285,n.;P1.1091;B7.311;D.Cour d'ass.84.
— Cr.c.A4.285;P1.1091;B7.311;D.Cour d'ass.84.
— Cr.c A4.563;P1.1123;B7.597;D.Cour d'ass.593.
— Cr.c.A3.615; P1.924; B6.234; D. Complicité. 119.120. Témoin.350.
24 Civ.c.A11.372,n.7; P2.1043,n.7; B23.57; S7.2.1134;D. Prises marit.77.
26 Civ.c.A4.734;P1.1250;B8 365;D.Degrés de jurid.536.
— Civ.c.A4.708; P3.1.217;B8.336; S1.1.247; MQ2.100; D. Degrés de jurid.410.
— Civ.c.A.7.702;P3.1.218;B14.380;J1.544.D.Expl.546.
— Civ.c.A11.59,n.1;P3.1.216;B22.28;S1.2.433;MQ3.186;J1.346; D.Jugement.138.
— Civ.c.P3.1.218.
27 Cr.c.A4.559;P1 1186;B8.166;D.Défense.22.
— Cr.c.A9 607,n.2.1;P2.548,n.;B18.223,n.
28 Cr.c.A9.607,n.2,P2.548.
29 Cr.c.A2.266;P.1.438;B3.294;S1.1.248;D.Cass.96.

BRUMAIRE.

1 Civ.c.A3.180;P1.737;B5.204;D.Compét. admin.139.
2 Civ.c.A6.76;P3.1.219; B11;81; S1.1.250; D. Legs.130. Révoc.259.
3 Civ.c.A2.552;P1.556;B4.165;D.Chose jugée.235.Compét. admin.61.

— Civ.c.A6.553; P3.1.220; B12.190,n.2; S1.1.252; J1.330; D. Effets de comm. 10.
— Cr.c.A11.164,n.;P2.958,n.;B22.211;D.Peine. 172.
4 Cr.c.A4.292;P1.1093;B7.318;D.Cour d'ass.134.
— Cr.c.A1.83; P1.27; B1.07; S25.1.151; D.Instrac. crim. 152;Cour d'ass.1173.1187.
— Cr.c.A1.85,n.;B1 99.
5 Cr.c.A1.156;P1.59;B1.182;D.Acquiesc.456.
6 Cr.c.A2.576,n.1;P1.586;B4.192,n.;D.Chose jugée.315.
— Cr.c.A4.462;P1.1161;B8.61;D.Cour d'ass.1506.
— Cr.c.A4.404; P1.1157; B7.444; D.Cour d'ass.906.Témoin.347.
— Cr.c.A12.1069,n.5.
7 Civ.c.A6.447; P1.1384; B12.68; S7.2.920; D.Douanes. 406.
8 Civ.c.A11.363,n.1; P2.1034,n.4;B23.40;D.Prise marit. 82.
11 Cr.c.A4.428;P1.1147;B8.22;D.Cour d'ass.1024.
— Civ.c.A5.22; P1.1282; B9.20; S1.1.254; J1.351; D.Dénonc. calomn.71.
— Cr.c.A12.1016,n.1-1;P2.1507;B28.337.
12 Cr.c.A4.363;B7.396;D.Cour d'ass.593.
— Cr.c.A4.297,n.;P1.1096;B7.322,n.1.
13 Cr.c.A4.304,n.;P1.1100;B7.331,n.;D.Cour d'ass.276.
— Cr.c.A9.500,n.1.6;P2.511;B18.57.
— Cr.c.A12.603,n.12;P2.1573;B27.415;D.Témoin.407.
14 Cr.r.A4.785.
16 Civ.c.A12.279,n.2;P3.1.221.et 2.1302;B26.29;S1.1.256; J1.352;D.Success.130.131.
17 Cr.c.A4.291,n.;P1.1092;B7.316,n.1.
— Cr.c.A4.504;P1.1176;B8.108;D.Cour d'ass.1628.
— Cr.c.A4.784;P1.1268;B8.423;S1.1.258;D.Délit rur.126.
— Cr.c. D.Inst. crim.522.
18 Cr.c.A4.291,n.;P1.1092;B7.316,n.1.
19 Cr.c.A4.762; P1.1260; B8.398; S1.1.260; D.Délit rural. 92.
— Cr.c.A1.575;P1.210;B2.206;D.Appel correct.137.
— Cr.c.A9.491,n.2;B18.40;D.Instruct.crim.26.
— Cr.c.A11.29,n.;B.21.454,n.;D.Instruct. crim.361.
21 Cr.c.A5.22.
23 Civ.c.A6.594; P1.1362; B12.3; D. Douanes. 33.27.395. Procès-verb.569.
24 Cr.c.A4.439;P1.1153;B8.35;D.Cour d'ass.1117.1527.
— Cr.r.A4.785;P1.1268;B8.424;D.Délit rural.402.
— Cr.c.A7.543;P3.1.225;B14.184;S1.1.261;J1.354;MR.4. 845;D.Escroq.66.
25 Cr.c.A4.297,n.;P1.1096; B7.331,n. et 322,n.1;D.Cour d'ass.276.
— Cr.c.A4.304,n.;P1.1100.
— Cr.c.A9.607,n.5.14,n.;P2.547,n.14,n.;B18.222.
26 Cr.c.A3.480,n.;P1.859,n.1;B6.85,n.1;D.Compét.crim. 328.
28 Civ.c.A2.552; P3.1.224; B4.163; S1.1.264; J1.356; D. Chose jugée.237.

FRIMAIRE.

1 Cr.c.A9.608,n.2.5;P2.548;B18.224;D.Jour férié.97.
— Cr.c.P1.438.
2 Cr.c.A4.303,n.;P1.1100;B7.330,n.;D.Cour d'ass.202.
— Cr.c.A11.63,n.,n.5;P2.923,n.5;D.Jugement.55.
— Cr.c.A12.962,n.1;P2.1.496;B28.259;D.Homicide.80.
— Cr.c.A6.427;P1.1375,n.1;B12.42,n.1; D.Douanes.259.
4 Civ.c.A6.553,n.3; P3.1.225;B12.190,n.3;S1.1.266;MQ. 3.183;D.Effets de comm.13.
— Civ.c.A9.613;P2.549;B18.231;D.Jugement.118.
5 Civ.c.A1.791;P1.301;B2.455;S7.2.1072. et 1.1.268;J1. 358;D.Arbitrage.987.988.
6 Civ.c.A7.694;P2.123;B14.371;D.Huissier.196.
— Civ.c.A10.407,n.1-1; P3.1.226; B20.240; S1-1.270; J1. 361;D.Nantiss.132.
— Cass.D.Mandat.274.
7 Cr.c.A11.517,n.6; P2.1014,n.8; B22.476; D.Prescrip. cr.98.
8 Cr.c.A4.303,n.;P1.1100;B7.330,n.;D.Cour d'ass.202.
— Cr.c.A1.84,n.;B16.406,n.5;D.Procès-verb.284.
11 Loi.A6.333,n.5.
— Loi.A6.326,n.4;D.Vente ad.359.
— Loi.A6.332,n.7.
14 Cr.c.A4.306;P1.1101;B7.333;D.Cour d'ass.290.
15 Cr.c.A4.451,n.4;B8.48,n.3;D.Cour d'ass.1172.
— Cr.c.A5.482;P1.861;B6.87;D.Compét.crim.336.337.
— Civ.c.A5.355;B9.406;D.Port. disp.92.
16 Cr.c.A4.318,n.;B7.346,n.1;D.Cour d'ass.295.
17 Civ.c.A3.220;P1.751;B3.248;D.Contr. directes.201.
19 Civ.c.A3.251;P3.1.226;B5.260;S1.1.271;J1.364;D.Eau. 451.
— Civ.c.A6.448,n.1; P1.1384; B12.66,n.1; S1.2.219; J1. 363;D.Douanes.407.
20 Arr.A3.162,n.
21 Cr.c.A4.291,n.5;P1.1092;B7.316,n.1.
22 Loi.A6.326,n.5.
— Cr.c.A6.427,n.1.
23 Cr.c.A4.451,n.;B8.48,n.2;D.Cour d'ass.1167.
— Cr.c.A1.595,n.;P1.226,n.;B2.231,n.;D.Appel correct. 226.
24 Civ.c.A3.88;P3.1.227; B5.95;S1.1.272;J1.365;D.Commune.432.
26 Req.A7.453;P2.79;B14.76;D.Enreg.2938.
27 Cr.c.A4.293,n.;P1.1094;B7.319,n.;D.Cour d'ass.132.
— Cr.r.A9.489,n.3;P2.507;B18.38;D.Instr.crim.18.

— Cr.c.A9.665;P2.567;D. Frais et Dépens.545.
— Cr.c.A11.517,n.7;P2.1014,n.9;B22.477;D. Prescript. cr.99.
28 Cr.c.A3.440;P3.1.228;B6.40;S1.1.263;J1.356; D. Compét. crim. 178.
— Cr.c.A5.6;P1.12.77;B9.2;D. Déni de justice. 10.
— Le navire la Maria Arendz. A11.353,n.

NIVÔSE.

1 Civ.c.A4.704;P3.1.229;B8.532;S7.2.899;J1.417;D.Degré de jurid.402.
— Civ.c.A3.44;P1.688. et 3.1.59;B5.45;D.Commune.326. 328.
— Civ.c.A9.694,n.1;P2.575,n.3; B18.345; S7.2.1032; D. Jugem. par défaut. 41. Jugem. prép. 73.151.
3 Civ.c.A7.634;P2.111;B14.297;S2.2.527;D.Except.398.
4 Req.A12.189,n.1;B25.446;S1.1.274;J1.367; D. Substitution.184.
5 Cr.c.A4.451,n.4;B8.48,n.3;D.Cour d'ass.1172.
— Cr.c.A4.304;P1.1100;B7.331;D.Cour d'ass.276.
— Arr.A3.236,n.3.
6 Cr.c.A4.304,n.;P1.1100;B7.331,n.;D.Cour d'ass.276.
— Cr.c.A4.367,n.;B7.400,n.1;D.Cour d'ass.621. V. 5 niv. A7.634.
8 Cr.c.A4.291;P1.1092.
11 Cr.c.A4.303,n.;P1.1100;B7.330,n.;D.Cour d'ass.202.
— Cr.c.A2.108;P1.353;B3.114;D.Attentat à la pud.79.
— Cr.c.A5.456;P1.844;B6.57;D.Jugem.398.
12 Cr.c.A9.490,n.5;P2.507;B18.39;D.Inst.crim.23.
— Cr.c.A11.164,n.;P2.958,n.
14 Civ.c.A9.699,n.1;P3.1.250;B18.353;J1.373;D. Jugem. 116. Jugem. par déf.67.
15 Civ.c.A10.525,n.1;P2.794,n.2,et 3.1.251;B20.420;S1.2. 220;J1.575;D.Oblig. à terme.10.Pap. monn.420.
18 Cr.c.A2.291,n.;P1.1092;B7.316,n.1.
19 Cr.c.A4.449,n.;P1.1158;B8.45; D. Cour d'ass.369.992.
— Cr.c.A4.367,n.;B7.400,n.1;D.Cour d'ass.621.
23 Cr.c.A11.198,n.27;P3.1.232;B22.271;S5.1.364. et 1.2. 221;MR9.248;J1.376;D.Pérempt.220. Repr. d'inst.15.
26 Cr.c.A4.281,n.;P1.1087;B7.305,n.1.
— Cr.c.A4.356;B7.388,n.2;D.Cour d'ass.534.
— Cr.c.A4.367;P1.1124;B7.401,n.;D.Cour d'ass.628.
— Cr.c.P1.1089.
28 Civ.c.A5.304;P3.1.232;B9.348;S1.1.292;D.Disp.entre-vifs.254.
— Civ.c.A11.428,n.26;B12.3,n.1. et 23.157; D. Douanes. 40.45.Procès-verbal.570.573.
29 Civ.c.A4.176,n.;P1.1058,n.;B7.191; D.Poudres et salpêtres.11.
— Civ.c.S1.1.280;D.Rente.227.

PLUVIÔSE.

1 Cr.c.A11.116,n.22;P2.939,n.1;B22.123;D. Presse.557.
2 Cr.c.A2.103;P1.352;B3.109;D. Attent. à la pud.82.85. 86. Mandat d'ex.59.
3 Cr.c.A3.605;P1.917;B6.223;S1.2.850;D.Compét. crim. 787.Instr. crim.495.
7 Cr.c.A4.451,n.4;B8.48,n.3;D.Cour d'ass.1172.
9 Cr.c.A3.586;P1.910;B6.202;D.Compét. crim.670.672.
— Cr.c.A6.410,n.4;P1.1367;A12.22,n.4;D. Douanes.135. 439.
11 Civ.c.A3.194;P1.743;B5.219;D.Compét. adm.232.
— Civ.c.A6.343;P1.1355;B11.392;D.Dom. de l'état.96.
13 Civ.c.A3.181;P1.737;B5.204;S.2.2.528;D.Compét. admin.136.
— Civ.c.D.Tribunal.50.
14 Cr.c.A4.304,n.;P1.1100;B7.331,n.;D. Cour d'ass. 276.
— Cr.c.A4.451,n.;B8.48,n.2;D.Cour d'ass.1167.
— Cr.c.A4.367;P1.1124;B7.401;D.Cour d'ass.628.
15 Cr.c.A1.84,n.
16 Cr.c.A4.367,n.;B7.400,n.1;D.Cour d'ass.621.
— Cr.c.A1.84;P1.28;B1.97;D.Instr.crim.448.
17 Civ.c.A11.583,n.1,n.1;P3.1.235;B23.425;S1.1.282;J1. 375;D.Retenue.30.
19 Civ.c.A1.749;P1.721;B2.380;D. Arbitrage.662.
21 Cr.c.A11.162,n.2;P2.957,n.3;B22.208;D.Peine.126.
23 Cr.c.A4.306;P1.1101;B7.333;D.C. d'ass.280.294.613.
— Cr.c.A4.367;P1.1124;B7.401,n.;D.Cour d'ass.628.
25 Civ.c.A5.472;P1.752;B5.192;S7.2.1044;D.Compét. admin.105.
27 Cr.c.A2.576,n.1;P1.586,n.;B4.192,n.;D.Chosejug.315.
28 Cr.c.A4.313;B7.347;D.Cour d'ass.295.
— Loi.A6.326,n.5;S1.2.118.
— Loi.A1.15,n.5. et 3.191,n.8;P1.676;S1.2.118.
— Cr.c.A6.416,n.;P1.1367,n.4;B12.22,n.4;D.Douan.133.
— Loi.A3.15,n.1;P1.677;S1.2.118.
— Loi.A12.988,n.5;B28.296;D.Voirie.151.

VENTÔSE.

1 Civ.c.A7.68;P3.1.237;B13.71;J1.376;D.Enreg.603.
— Civ.c.A5.295;P3.1.236;B8.338;S1.1.283;D.Disposition entre-vifs.226.
3 Req.A5.355;B9.407;D.Port. dispon.400.
— Civ.c.A7.35;B13.31;S2.2.829;D.Enreg.58.
— Civ.c.A3.20,n.;P1.681,n.;B5.17,n.
7 Civ.c.A3.89;P1.706;B5.98;D.Commune.432.
— Civ.c.A11.89,n.1;P2.924,n.5;B22.46;D.Tribunal.50.
8 Civ.c.A4.708;P3.1.238;B8.536;S2.2.551. et 1.2.222;MQ 2.96;J1.418;D.Degré de jurid.196.

— Cr.c.A6.394,n.1;B12.4,n.1.
— Civ.c.A11.447,n.10;P2.951,n.6; B22.183; S1.2.222; D. Partage.103.
9 Req.A7.453;P.2.79;B14.77;D.Enreg.2939.
— Civ.c.P3.1.239;S1.2.225;J1.379.
11 Cr.c.A2.576,n.1;P1.586;B4.192,n.;D.Chosejugée.315.
— Cr.c.A4.306;P1.1101;B7.334;D.Cour d'ass.340.
— Cr.c.A8.301;P2.229;B15.250;D.Faillite.1346.
12 Cr.c.A4.451,n.;B8.48,n.2;D. Cour d'ass.1167.
13 Cr.c.A2.576,n.1;P1.586;B4.192,n.;D.App. correct.57. Chose jugée.315.
— Cr.c.A4.452,n.4;B8.48,n.3;D.Cour d'ass.1172.
— Cr.c.A4.452,n.4;B8.48,n.3;D.Cour d'ass.1172.
— Civ.c.A7.33.
— Cr.c.A1.576;P1.213;B2.209;D.Appel correct.57.
— Cr.c.A11.29,n.;B21.454,n.;D.Instr. crim.361.
14 Cr.c.A8.337.
— Civ.c.A6.448;P1.1385;B12.66;D.Douanes.437.
— Civ.c.A11.580,n.3,n.1;P3.1.241; B23.424;S1.1.285;J1. 384;D. Rente.318.
— Civ.c.A11.583,n.2;P3.1.240;B23.425;S1.1.284;J1.383; D. Retenue.10.14.
15 Civ.c.A4.183;P1.1059;B7.198.
17 Cr.c.A4.455,n.;P1.1159;B8.52,n.;D.C. d'as.1175.1185.
— Cr.c.A4.291,n.;P1.1092;B7.316,n.1.
18 Cr.c.A4.452,n.;P9.2.73;B8.49,n.3;D.Cour d'ass.1182.
19 Cr.c.A4.293;P1.1094;B7.319;D.Cour d'ass.132.
22 Civ.c.A10.459; P3.1.242; S1.2.225; MQ1.547;B19.360; D. Succ. irrég.151.
23 Déc.A11.324,n.2.
— Civ.c.A12.142,n.1;P3.1.244;B25.363;S1.1.287;J1.385; D. Société comm.256.
27 Loi.A11.2,n.1;D. Huissier.14.
— Civ.c.P3.1.245;S1.1.289.
28 Civ.c.A4.705;P3.1.247;B8.535;S7.2.898;J1.419;MQ2. 97;D.Deg. de jurid.405.
— Cr.c.A9.607,n.2.1;B18.223;D. Jour férié.95.
— Civ.c.A10.554,n.1.1;P3.1.246.et 2.799;S2.2.532. et 1. 1.290;B20.464; J1.387;D. Office. 34.35.

GERMINAL.

1 Cr.c.A4.213;P1.1068;B7.231;D.Or et Argent.99.
— Cr.c.A4.297,n.;P1.1096;B7.322,n.1.
— Cr.c.A5.29;B9.29;D.Déportation.50.51.
2 Cr.c.A1.582;P1.216;B2.215;D. Appel correct.131.178.
— Cr.c.A5.455;P1.843;B6.57.
— Cr.c.A6.457,n.1;P1.1390;B12.76,n.1.
— Déc.A7.467,n.7;D. Enregistr.1505.
4 Civ.c.A7.609; P3.1.248; B14.267; S1.2.243; J1.388; D. Exception.211.
5 Civ.c.A6.318;P1.1354;B11.361;D. Ventes admin. 311.
6 Civ.c.A1.817;P1.311;B2.485;D. Arbitrage.662.995.
— Civ.c.A6.423;P1.1374;B12.37;D.Douanes.218.219.
8 Cr.c.A2.608;P1.605;B4.227;D.Chose jugée.596.
— Cr.c.A6.839,n.2;B12.524,n.1;D. Emig.356.
9 Cr.c.A4.297,n.;P1.1096;B7.322,n.1.
— Cr.c.A4.474;P1.1164;B8.74;D.Cour d'ass.1595.
— Cr.c.A1.423;P3.1.249;B2.28;S1.1.291;J1.390;D.Amnistie.59.66.
12 Civ.c.A6.360;P1.1357;B11.400;D. Dom. de l'état.69.
14 Cr.c.A7.543;B14.185;D.Escroquerie.98.
— Av.cons d'état.A12.580,n.2;B27.75,n.1;D.Tém.157.
15 Cr.c.A8.421,n.1;B16.7,n.1;D.Faux incid.103.
16 Cr.c.A8.301;P2.230;B15.351;D.Faillite.1346.
23 Cr.c.A8.303,n.;P2.250;B15.351.
27 Cr.c.A4.297,n.;P1.1096;B7.322,n.1.
28 Cr.c.A4.428;P1.1147;B8.22;D.Cour d'ass.1022.
— Sect.temp.A3.481;P1.859;B6.86;D.Comp.crim.329.

FLORÉAL.

3 Arr.A3.495,n.6.
12 Civ.c.A11.384,n.1.1;P2.1052,n.1;B23.77;D.Prises marit.182.
17 Cr.c.A2.315;P1.462;B3.352;D.Cassation.61.65.84.
18 Cr.c.A11.219,n.2;P2.984;B22.310;D.Témoin.250.
19 Cr.c.A4.301;P1.1099;B7.328; D. Cour d'ass. 194.195. Instr.crim.220.307.
— Cr.c.A4.301;P1.1098;B7.328;D.Cour d'ass.191.193.
21 Civ.c.A7.242;P2.38;B13.275;D.Enreg.1900.
— Civ.c.A7.322;P3.1.250;B13.363;J1.390;S1.1.245;D. Enreg.2283.
— Civ.c.A7.278;P2.47;B13.315;D.Enreg.2122.
— Cr.c.A7.694;P3.2.40;B14.370;D.Huiss.169.
— Déc.min.de la just.A11.884,n.2;S1.2.169.
22 Civ.c.A1.127;P1.47;B1.150;S2.2.533;D. Acquiesc. 208. 270.
— Civ.c.A1.459,n.;D.Appel civ.208.
23 Cr.c.A4.695; P3.1.251; B8.520; S1.1.295; J1.415; MQ2. 94;D.Degré de jurid.385.
— Civ.c.A7.22,n.;P2.1;B13.18,n.;D.Enreg.20.
— Civ.c.A7.22,n.;P2.1;B13.18,n.;D.Enreg.20.
24 Req.A7.325;B13.368.
25 Cr.c.A4.367,n.;B7.400,n.1;D.Cour d'ass.621.
26 Cr.c.A4.454;P1.1159;B8.51;D.Cour d'ass.1184.
— Cr.c.A9.804,n.1;P2.655;B18.657;D.Lois.319.
— Cr.c.A12.962,n.6;P2.1496;B28.260;D.Homicide.86.
27 Cr.c.A7.644;B14.308;S7.2.946;D.Excuses.95.
— Cr.c.A6.770;B12.444,n.;D.Emig.48.
28 Cr.c.A4.498;P1.1173;B8.101;D.Cour d'ass.1366.
— Cr.c.A4.454,n.;P1.1159;B8.51;D.Cour d'ass.1184.

— Cr.c.A9.894,n.1;P2.655,n.1;B18.638,n.;D.Lois.519.
29 Cr.c.A4.291,n.;P1.1092;B7.316,n.1.
— Cr.c.A4.504;P1.1176;B8.108;D.Cour d'ass.1618.
— Cr.c.A11.498,n.1;P2.1091,n.1; B23.270;D.Quest.pr.7.

PRAIRIAL.

2 Req.A12.922,n.1; P3.1.252; B28.194; S1.1.297;J1.391; D.Transport de créance.134.
3 Arr.A6.353,n.1;D.Ventes admin.111.
5 Civ.c.A6.769; P3.1.253; B12.442; S1.1.298; J1.592; D. Emigrés.15.
6 Cr.c.A4.296;P1.1090;B7.322;D.Cour d'ass.96.
— Cr.c.A6.402;P1.1364;B12.15;D. Douanes. 67. Procès-verbal.543.
— Cr.c.A9.606,n.5.7; P2.546,n.7;B18.220; D. Jour férié. 84.98.
8 Cr.c.A4.319,n.;P1.1108;B7.348,n.; D. Cour d'ass. 198.
— Cr.c.A3.605;P1.918;B6.223;S1.2.477;J1.394;D.Compétence crim.787. Instr. crim.495.
9 Cr.c.A1.595; P1.226; B2.231; J2 8; S1.2.245; D. Appel correct.232.Procès-verbal.627.
— Conseil des prises.A11.270,n.17;P2.1041,n.17;B23.52; S1.2.186;D.Prises marit.86.101.127.
12 Civ.r.A4.732;P1.1250;B8.364;S1.2.246;J1.408; D. Degré de jurid.535.
— Civ.c.A1.511,n.;B2 132;J1.408.
— Civ.c.D.Appel civ.425.
13 Conseil des prises.A11.592,n.4;P2.1036,n.3;B23.91;S1.2.194;D.Prises marit.254.
— Avis cons. d'état.A5.140,n.1.
14 Req.A11.190,n.2;P3.1.253;B25.448;S1.1.299; J1.397; D.Substitution.488.195.
15 Cr.c.A11.36,n.;P2.919;B21.463,n.;D.Cassation.73.
— Cr.c.A11.429,n.28,n.1;P.2.1077,n.1.4;B23.158;J1.399; D.Proc.-verbal.608.
— Cr.c.A12.859,n.1.1;P2.1447;B28 44;D.Vagabondag.5.
16 Cr.c.A3.557;P1.898;B6.169;D.Compét. crim.592.
— Arr.A6.354,n.2;D. Vente admin.150.
— Cr.c.A4.445;P1.1156;B8.42;D.Cour d'ass.958.
17 Cr.c.A2.316;P1.464;B4.353;D.Cassation.61.Trib.165.
— Cr.c.A2.516;P1.463;B5.353;D.Cassation.61.
18 Cr.c.A3.448;P1.858;B6.49;D.Compét. crim.168.
— Cr.c.A3.479;P1.857;B6.83;D.Compét. crim.322.323.
19 Cr.c.A1.596;P1.226;B2.231;D.Appel correct.252.
— Cr.c.A5.11;P1.1277;B9.8;D.Dénonciation calomn.7.
— Cr.c.A11.429,n.28.n.2;P2.1077,n.11;B23.158;D.Proc.-verbal.608.
21 Civ.c.D.Exploit.554.
24 Nancy.A2.296.
— Civ.c.A4.731,n.5;P1.1249;B8.362,n.1;J1.405;S1.2.250; D.Degré de jurid.528.
— Civ.c.P3.1.256;P22.459,n.1;S1.2.249;J1.404.
28 Cr.c.A5.183;P1.1342;B9.211;D.Distract.16.
— Avis cons. d'état.A11.173,n.1;S.1.2.150.
— Cr.c.A1.85,n.;B1.99.
29 Cr.c.A5.29;B9.28;S7.2.1235;D.Déport.7.8.
— Cons. des prises.A11.392,n.6;P2.1036,n.5;B23.95;S1.2.198;D.prises marit.254.
— Cons. des prises.A12.664,n.32;P2.1392;B27.214,n.1; D.Tierce-oppos.63.

MESSIDOR.

2 Rennes.A1.804.
3 Cons. des prises.A11.368,n.11;P2.1038,n.11;B23.48; S2.2.498;D.Prises marit.58.68.90.100.
4 Civ.c.A2.494;P1.545;B4.99;D.Chose jugée.86.93. Exploit.375.882.
5 Cr.c.A4.505;P1.1176;B8.109;D.Cour d'ass.1485.
— Cr.c.A4.297.
— Cr.c. A6.420,n.1; P1.1373; B12.34,n.1; S1.2.524; D. Douanes.20.
7 Cr.c.A2.297;P1.1096;B7.522,n.1.
— Cr.c.A9.515,n.1;P2.513,n.3;B18.77;D. Instruct. crim. 396.417.
— Cr.c.A9.608,n.2.10;P2.548,n.9;B18.225;D. Jour férié. 114.
— Cr.c.P3.1.258;S1.1.301;MR3.559;D.Cour d'ass.622.
8 Cr.c.A2.348;P1.474;B3.389;D.Cassation.1084.
— Cr.c.A4.451,n.;B8 48,n.1;D.Cour d'ass.1165.
— Cr.c.A1.216;P3.1.263;B1.250; S1.1.309; J1.429; D.Action civ.26.Délit.12.
9 Cr.c.A7.342; B14.306; D.Cour d'ass.1622.Excus.72.75.
— Cr.c.A7.642,n.2.
— Cr.c.A9.665,n.1.1.
— Cr.c. A11.430,n.3; P2.1077,n.3; B12.60,n.1. et 23.160; D. Procès-verbal.610.
Cr.c.P1.1381.
11 Civ.c.A3.55;P1.694;B5.58;D.Commune.336.
— Caen.r.A2.808.
12 Civ.c.A4.685;P1.1223;B8.306;J1.413;D.Degré de juridiction.340.
— Arr.A9.778;D.Manuf.444.
14 Civ.A4.688;P1.1225;B8.314;S1.1.234;J1.411;D. Degré de jurid.548.
15 Cr.c.A4.318;P1.1107;B7.346;D.Cour d'ass.295.
— Cr.c.A2.576,n.1;P1.586;B4.194,n.;D.Chose jugée.315.
— Cr.c.A9.894,n.1;P2.655;B18.658,n.;D.Lois.319.
16 Rouen.A9.48,n.2; B17.50,n.2; S.7.2.1135; J1.422; D. Privilége.195.
17 Cr.c.A4.291,n.;P1.1092;B7.316,n.1.

— Cr.c.A4.460;P1.1161;B8.58;D.Cour d'ass.1252.
— Cr.c.A4.428;P1.1147;B8 22;D.Cour d'ass.1024.
18 Cr.c.A4.291,.n.;P1.1092;B7.316,n.1.
— Cr.c.A12,952,n.1.1;P3.1.257 et 2.1492; B28.242; S1.2.256;MQ3 540;J1423;D.Action publ.4.
19 Cr.c.A4.291,n.;P1.1092;B7;316,n.1
— Cr.c.A8.306.et 12.608,n.6;P3.1.259;B15.475.et 27.124; S1.1.302;MR1.20.D Faux 115.Témoign. faux.5.
— Cr.c.A9.757;P2.592;B18.445;S1.2.237; D. Jugem. par défaut.316.
— Cr.r.A11.537,n.; P2.1141.et 1.260; B23.343,n.1; S1.2.257;MR11.92.
— Cr.c.D.Presse.333.
21 Civ.c.A3.59;P1.697;B5.62;S1.1.305;D.Arbitrage.1010. Commune.335.
— Civ.c.A1.59,n.;P1.697,n.
24 Paris.A12.364,n.2;P2.1314;B26.166;D.Succession.433.
— Civ.c.A11.694,n.1;P2.1172;B24.145;D Sais.-imm.243.
26 Cr.r.A8.302;P3.1.262;B15.351; S1.1.306;MQ1.284; J1.426;D.Faillite.1375.1376.1377.
— Cr.c.A6.457;B12.76,n.1;J.1.427;D.Douanes.436.
— Arr.A6.797,n.8.
— Déc. cons. des prises. A11.370,n.14; P2.1040,n.13 et 14;B23.51;S2.2.490;D.Prises marit.51.
— Cr.c.A11.63,n.5;P2.923,n.5;B22.36;S1.2.434;J1.347;D. Jugem.55.
— Cr.c.A12.617,n.3;B27.159;D.Tentative.22.
— Cr.c.P1.1390.
27 Cr.c.A4.319,n.;P1.1108;B7.348,n.;D. Cour d'ass.298.
— Cr.r.A3.20;P1.682;B5.18;S1.2.259;D.Commune.228.
— Cr.r.A7.544;B14.185;S7.2.945;D.Escroquerie.87.
28 Cr.c.A4.566;B8.174;D.Défense.74.
— V. 8 mess.A1.216.
29 Cr.c.A4.781;P1.1266;B8.420;D.Délit rural.23.24.
— Civ.c.A4.176;P1.1058.
— Cr.r.A1.388;P1.418;B1.484;S7.2.813;D. Cassation.357.
— Cr.c.A3.416,n.;P1.821;D.Compét. crim.68.
— Arr.A6.797,n 1,n.8.
— Cr.c.A9.616,n.3;P3.1.265;B18.237;S1.1.261;MQ1.642; J1.430;D.Jugem.256.
— Cr.c.P3.1.264;S1.1.310;J1.432;D.Témoin.247.

THERMIDOR.

2 Civ.c.A8.38;P3.1.270;B15.41;J1.436;S1.1.316;D.Faillite.81.
— Req.A10.794,n.1;B21.322;S1.1.315;D.Responsabilité. 131.456.
— Req.A2.277;P1.448;B3.307;J1.434;S1.1.312;D.Cassat. 237.
— Req.A3.369;P3.1.266;B9.442;S1.1.318; D.Portion disponible.98.
— Civ.r.A11.881,n.2;P2.1126,n.4.et 3.1.266;B23.421;S1.1.514;J1.435;D.Rente.397.
— Req.A2.787;P3.1.267;B4.434;S1.1.315;J1.292;D.Commiss.245.311.
3 Av. cons. d'état.A8,n.3.
— Rouen.A2.437.
— Req.A1.525;P1.487;B2.148;J1.309; D. Appel incid.37.
4 Bordeaux.A2.399.
— Cr.c.A9.894,n.1;P2.655,n.1;B18.638,n.;D.Lois.319.
6 Cr.c.A8.320;B15.373;D.Fausse monnaie.24.
— Cons. des prises.A11.366,n.8;P2.1037,n.8; B23.44;S2.2.484;D.Prises marit.65.78.
— Cr.c. A6.410,n.1.4; P1.1367; B12.22,n.4; S1.1.323; D. Douanes.133.
7 Cr.c.A3.51;P1.1286; B9.54; D. Abus de confiance. 87. Dépôt.4.
— Cr.c.A3.586;P1.910;B6.202;D.Compét. crim.671.
— Cr.r.P3.1.271;S1.2.266;J1.439;D.Faux.73.
8 Cr.c.A.12.1047,n.1;P3.1.273;B28.584;S1.1.326; D.Vol. 52.
— Cr.c.A1.574;P1.214;B2.206;S1.2.265;D.Appel correct. 127.144.Douanes.203.
— Déc. min.A7.486,n.4.
— Cr.r.A6.449;P1.1385;B12.67;S1.2.262;J1.444;D.Douanes.38.39.92.251.377.
— Bordeaux.A6.583;P1.1457;B12.226,n.1;J1.452;D.Effet de comm.153.
— Cr.c.P3.1.272;S1.1.327;J1.440;D.Lois rétr.242.
— Cr.c.A11.530,n.2;B;D.Récus. de juges.2.
9 Arr.A6.326,n.3.
— Cr.c.A9.886,n.1.21;A3.1.274; B18.187; S1.1.328; MR6.303;D.Intervention.21.
11 Civ.c.A2.553;P1.567;B4.465;D.Chose jugée.260.
12 Civ.c.A4.758; P1.1255; B8.370; S1.2.251; D. Degré de jurid.591.
13 Civ.c.A3.722;P1.976;B6.354;D.Conciliation.4.
— Paris.A6.685;J1.448;S1.2.649.
14 Civ.c.P3.1.275;S1.1.329;J1.450.
15 Cons. des prises.A11.364,n.4;P2.1035,n.6; B23.42; D. Prises marit.65.
16 Cr.c.A9.668,n.1.2;P2.567,n.1.
— Cr.c.A9.607,n.2.1;P2.547,n.1;B18.223;D. Jour fér.93.
— Cons. des prises.A11.365,n.10;P2.1037,n.10;B23.45;S2.2.478;D.Prises marit.66.72.74.
17 Arr.A6.335,n.4.
— Cr.r.A8.407;P2.202;B15.474;S1.2.266;D.Faux.254.
— Cr.c.A6.423;P1.1374;B12.37;D.Douanes.165.216.
— Civ.c.A6.427,n.1;P1.1375;B12.42,n.1;D. Douanes.269.

18 Cr.c.A4.505;P1.1176;B8.109;D.Cour d'ass.1168.1621.
— Cr.c.A3.482;P1.860;B6.87;D.Compét. crim.257.355.
19 Cr.c.A4.291,n.P1.1092;P7.316,n.1.
— Cr.c.A2.295; P3.1.276; B3.328; S1.2 267; MQ3.560; J1.435;D.Cassation.548.
— Déc.A11,578,n.1;P2.1047,n.4;B23.67;S2 2.469;D.Prises marit.147.
21 Req.A3.332;P1.805;B5.411;S8 2.180;D.Compét.comm. 344.
— Civ.c.A1.128; P3.1.277; B1.150; S1.2.269; MQ1.92; J1.456;D.Acquiesc.20.273.
— Civ.c.A6.571;P1.1357;B11.425;S1.1.321;J1.460; D. Domaine cong.14.
23 Arr.A6.797,n.;D.Emigrés.169.
24 Civ.c.A4 629;P1.1197;B8.243;S1.2.270;J1.420;D.Degr. de jurid.57.
— Civ.r.A3.713;P3.1.278;B6.346;S1.1.334;D.Concil.66.
26 Cr.c.A4.342;P1.1115;B7.375;D Cour d'ass.464.
— Cr.c.A4.369;P1.1188;B8.170; D.C. d'ass.1613.Défense 109.
27 Cons. des prises.A11.361,n.1; P2.1055,n.1; B23.36; S1.2.218;D.Prises marit.36.
28 Cr.c.A9.316,n.1;P2 516,n.1;B18 78;S1.2.426,n.;D.Instruct. crim.410.Récus. de juges.63.
— Cr.c. A11.418,n.1; P2.1068,n.1; B23.137; D. Défense. 173.Douanes.191.Proc.-verb.508.
— Cr.c.A11.530,n.2; D.Récus. de juges.2.
29 Cr.c.A4.464;P1.1162;D.Cour d'ass.1327.
— Cr.c.A1.329;P1.401;B1.381;S1.2.473; J1.401; D. Agent dipl.21.Lois.288.
— Cr.c.A7.573;P3.1.279;B14 221;S1.1.536;J1.466;D.Condamnation.30.Evasion.30.
— Loi.A6.326,n.
— Cr.c.A9.894,n.1;P2.655,n.1;B18.658;D.Lois.319.
— Cr.c.A11.418,n.1.

FRUCTIDOR.

1 Civ.c.A6.446;P1.1383;B12.64;S1.2.631;J1.373;D.Douanes.370.408.409.
2 Civ.c. A3.144; P1.723; B5.159; S2.2.536; D.Commune. 775.Compét. admin.122.Degré de jurid.550.
— Besançon.A8.419;P2.264;B16.4;D.Faux incid.54.
3 Bordeaux.A2.780; P1.661; B4.426; S1.2.689; J1.407; D. Commissionnaire.287.
— Bordeaux.A2.750; P1.646; B4.392; J1.469; D.Commissionnaire.139.
4 Bordeaux.A2.61;P23.2.145,n.1;B3.63;S1.2.693; J1.471; D.Assur. marit.124.
— Civ.c.A3.55;P1.694;B5.57;D.Commune.333.
— Paris.A7.745;B14 597;S3.2.456;D. Exploit.787.
— Civ.c.A11.605,n.1,n.1;P2.1136,n.15; B23.466; D. Req. civ.80.
6 Cr.r.A2.272;P1.444;B3.301;S7 2 812;D.Cassation.145.
— Cr.r.A6.441;P1.1380;B12.58;D.Douanes.373.
7 Cr.c.A7.644; B14.309; D. Action publ. 21. Cour d'ass. 1270.Excuse.95.
— Arr.A6.332,n.4.
— Décr.A6 342,n.3;D.Ventes admin.196.
— Cr.c.A11.219,n.2;P2.984,n.3;B22.311;S7.2.1093;D.Témoin.250.
— Cr.c.A11.883,n.2;B24.474;S1.2.189.
— Cr.c.A1.365,n.;P1.206,n.;D.Appel correct.105.
9 Bordeaux. A2.59; P1.321; B3.38; S1.2.695; J1.474; D. Assur. marit.532.533.
— Cr.c.A6.598;P1.1363;B12 9;D.Douanes.530.
— Arr.A6.334,n.2;D. Ventes admin.150.
11 Civ.r.A1.814;P1.309;B2.481;S1.1.337;J1.479; D. Arbitrage.984.
— Paris.A6.594;P1.1454;B12.238;S1.2.244;J1.480;D. Effets de comm.219.
13 Civ.c.A4.795;P1.1273;B8.436;D. Dem. nouv.9.
— Civ.c.A1.632;P3.1.280;B1.272;S1.1.339;J1.483;D. Arbitrage.65.535.Renvoi.124.
14 Metz.A11.471,n.1.
15 Arr.A6.334,n.8.
16 Cr.c.A4.293,n.;P1.1094;B7.319,n.2;D.Cour d'ass.132.
— Cr.c.A4.284;P1.1090;B7.369;D.Cour d'ass.57.58.
17 Cr.c.A7.343;B14.185;D. Escroquerie.10.
21 Civ.c.A1.459,n.;D. Appel civil 208.
23 Civ.c.A4.743;P1.1255;B8.576;D. Dég. de jurid.609.
— Req.A3.375;P3.2.95;B9.429;S1.1.341;D.Legs.87.
24 Civ.r.A10.408,n.1-4;P2.777,n.1;B20.242;S1.1.345; D. Nantiss.142.146.
26 Cr.r.A8.301;P2.229;B15.550;S1.2.495;D.Faillite.1402.
— Cr.c.A10.782,n.;P8.867,n.;B21.297.
27 Civ.c.A9.525,n.10;D.Instr. par écrit.23.
28 Cr.c.A4.297,n.3;P1.1096;B7.322,n.1.
29 Cr.c.A4.455,n.;P1.1139;B8.52,n.;D.C.d'ass.1175.1185.

JOURS COMPLÉMENTAIRES.

2 Civ.c.P3.1.298.

AN IX.

VENDÉMIAIRE.

2 Cr.c.P3.1.398.
3 V.13.A1.330.

7 Cr.c.A9.491,n.1;P2.508,n 8;B18.40;D.Inst. crim. 27.
9 Cr.c.A11.423,n.11;P2.1073;B23.147.
— Cr.c.A11.616,n.1;P2.1139,n.1;B24.2;S1.1;D.Révis.15.
11 Inst. minist.A6.317,n.1.
— Cr.c.A8.694,n.2;P2.346;B16.320,n.1;S7.2.971;D.Fonc. pub.128.
12 Civ.c.A1.437;P1.148;B2.44;S7.2.785;D.Appel civ. 66.
— Civ.c.A6.417;B12 30,S7.2.1163;D. Douanes.171.
13 Civ.c.A4.177;P1.1058;B7.191;D.Poudres et salp.11.
— Civ.c.A3.221;P1.752;B5.249;D.Cont.dir.202.
— Req.c.A1.330;P1.101;B1.382;S7.2.945; D. Agent dip. 40. Lois. 288.
14 Req.A3.79;P3.1.281;B5.84;S7.2.841. et 1.1.345;MQ1. 430;J1.486;D.Commune.398.
— Civ.c.A6.58;P3.1.283;B11 59;S1 1.348;D. Legs. 4.
15 Ch.réun.A11.570,n.2 2;B23.403.
16 Cr.c.A1.393;P1.120;B1 460;D.Jugem.407.Peine.82.
— Cr.c.A11.498,n.;P2.1092,n.;B23.271,n.1;D.Quest. pr. 41.
17 Cr.c.A4.486;P1.1170;B8 88;D.Cour d'ass 704.
— Cr.c.A4.454,n.;P1.1159.B8.52,n.; D.C. d'as.1175.1185.
19 Cr.c.A9.788,n.2,P2.602,n.5;B18.491;D.Lib. prov.56.
21 Civ.c.A7.196,n.P23;1145,n.2;B15.220,n.
— Req.A11.134,n.5.P2.947,n.2;B21.159;S1.1.350;D.Pap. monnaie.17.
22 Civ.c.A7.454;P2.80;B14.78;D.Enreg.2947.
23. Civ.c.A3.55;P1.694;B5.57;D.Commune.333,334.
— V.24 vend.A1 56.
24 Civ.c.A3.56;P1.694;B5.58;D.Commune.333,334.
— V.12 vend. A1.437.
26 Cr.c.A3.460;P1.849;B6.69;D.Compét. crim. 274.
— Cr.c.A3.447;P1.387. et 1.857;B6.47;D.Compét.cr.159
— Cr.c.A6.448;P1.1383;B12.66;D. Douanes.93.
— Cr.c.A9.499,n.1.1;P2.509,n.5;B18.55;D.Mand. d'exéc. 47.
— Cr.c.A1.561,n.;B2.195,n.;D.Appel correct.110.
27 Cr.r.A2.275;P1.446;B3.304;D.Cassation.204.
— Cr.c.A4.781;P1.1267;B8.421;D.Délit rural.21.Tribun 29.
— Inst. min. A6.317,n.1.
— Cr.c.A6.421,n.1;P1.1373;B12.35,n.1.
— Cr.c.A11.402,n.8;P2.1060,n 6;B23.108;D.Procès-verb. 150.
— Cr.c.A12.603,n.1-8;P2.1372;B27.113;D.Témoin.405.
28 Cr.c.A3.631;P1.934;B6.251;D.Complicité.56.57.67.
— Cr.c.A7.578;P3.1.284;B14.227;S1.1.352;D.Evas.44.
— Cr.c.A11.223,n.1;P2.985,n.2;B22.346;D.Poids et mes. 56.
29 Cr.c.A12.603,n.8.

BRUMAIRE.

1 Civ.c.A1.686;P1.260; B2.334; S7.2.1061.921; D. Arbitrage.485.Commune.215.
— Req.A10.754,n.1-2.
3 Civ.r.A10.158,n.,n.1; P3.1.285; B19 360; S1.1.353; D. Divorce.2.Mariage.668.
— Civ.r.P6.1.34;MQ2.123;J1 489;D.Portion dispon.294.
5 Cr.c.A8.665,n.1-2;P2.867,n.1.
6 Cr.c.A12.1069,n.1.5;P2.1530,n.3;B28.423,n.1; D.Vol. 226.
7 Cr.c.A9.67,n.1;P2.555,n.1;B18.263;D.Motifs des jug. 277.
— Cr.c.A11.498,n.2;P2.1092,n.2;B23.270;D.Quest.pr.10.
8 Cr.c.A1.565;P1.206;B2.196;S1.1.275;D.Ap. cor.106.
— Cr.c.A7.642;B14.506; D. C. d'ass. 1622, Excuse.72,73.
— Cr.c.A9.499,n.1.1;P2.510;B18.55.
9 Cr.c.A3.662;P1.955;B6.286;D.Complicité.219.
— Cr.c.A11.29,n.;B21.454,n.;D. Instruc.crim.562.
11 Req.A1.432;P1.145;B2.38;S1.2.455;D.Appel civ.37.
— Req. A12.102,n.5; P3.1.287; B25.295; S1.2.645; MQ3. 262;J1.490;D.Société.397.
12 Req.A7.228;P3.1.290; B13.257; S1.2.644;MQ3.485;J1. 494;D.Enreg. 1887.
— Civ.r.A12.281;B26.30;D. Success.129.
— Req.A10.554,n.1,2;P3.1.988;B20.465;S1.2.646;J1.491; D. Office.56 57.
13 Req.A2,553;P3.1.291; B4.164; S1.1.358; MQ1.388;J1, 496;D.Chose jugée.266.
14 Civ.r.A12.542,n.3. et 9.191; P3.1.292; B17.226. et 26. 413;S1.1.360;J1.499. et 1,503;D.Partage.288.
15 V. 17 germ.
16 Cr.c.A.1.393;B1.460.
17 Cons. des prises.A11.352,n.2;P2.1024,n.2;B23.20;S2. 2.504;D.Prises maritim.22.
18 Cr.c.A8.302;P2.250;B15.552;D. Faillite.1404.
19 Cr.c.A11.63,n 3;P2 923.n.3;B22.35;D.Jugement.55.
21 Civ.c.A4.708; P1.1256;B8 557; S2.2.434. et 1.2.274; D. Degré de jurid.322.407.
— Req.A1.449; P1.154; B2.88; S1.1.565; J1.504; D.Appel civ.101.102.
— Cr.c.A8.17,n.1.
— Req.P3.1.294;S1.2.579. et 7.2.1152;MQ1.273. et 4.245; D.Louage.763.
— Civ.P12.1.145;MR4 720;D.Enreg.1297.
22 Req.A7.170;P2 25;B13.190;S1.2.282;D.Enreg.1489.
23 Civ.c.A3 56;P1.694;B5.58;D.Commune.333.334.
— Cass.D.Retenue.33.
24 Req.A1.451;P3.1.295;B2.61;S1.2.545. et 1.2.418;MQ1. 85;J1.510;D.Appel civ.142.Domicile.51.Interdict.105.
25 Déc.A6.335,n.8.

26 Cr.c.A2.269;P1.441;B3 298;D.Cassation.56.
28 Cr.c.A2.376,n.1;P1.586,n.;B4.192,n.;D Chose jug 315.
— Cr.c.A1.396; P3.1.297. et 1.122; B1.464; S1.1.364; D. Amende.91.
29 Cr.c.A3 229;P1.755;B5.280;D.Eau.514.
— Cr.c.A6 453;P1.1389;B12,75;D.Compét. crim.328.Procès-verbal.606.607.

FRIMAIRE.

1 Civ.c.A4.671;P1.1216;B8.291;D.Degré de jurid.282.
— Civ.c.A7.485;P3.1.298;B13.207;S2.2.455. et 1.2.652;J1. 515;D.Enreg.1637.
— Req.A7.530;P3.1.299;B13.575;S1.2.612;D. Enreg.2526.
2 Req.A9.707;P2.596;B18.457;S1.2.275;J1.516;D. Appel civ.84.Jugem. prép.89.
3 Req.A5.277; P3.1.301; B5.313; S1.2.641; MQ1.214; J1. 520; D.Compét. civ.42.72.
— Req.A9 701,n.2;P2.577,n.2. et 3.1.503;B18.356,n.;S1. 2.640;MQ3.544;D. Jugem. par défaut.94.
— Req. A11.506,n.1. et 597,n.2; P2,1132,n.4. et 3.1.300; B22.457;S.1.2.277. et 1.1.366;MQ1.344;J1.518;D.Prescript. civ.1006.Req. civ.21.
— Civ.c. A11.142,n.,n.46; P2.949,n.4;B22.174; D. Papier monnaie,45.
4 Civ.c.A11.69,n.1;P2.924.
5 Nimes.A8.152;P22.2.168,n.9,n.;B15.177;S3.2.433; J1. 523;D.Faillite.682.Compét. comm. 215.
6 Cr.c.A6.420;P1.1373;B12.54;D.Douanes.200.
7 Cr.c.A6.442,n.1;P1.1380;B12.59,n.1;D. Douanes. 381.
8 Cr.c.A8.405,n.1;P2.261;B15.472,n.1.
— Déc.A7.440,n.10;D.Enreg.2970.
9 Cr.c.A9.759,n.1; P2.593,n.5; B18.446; D. Jugem. par défaut.551.
11 Req.A2,273;P1.444;B3.502;S7 2 814;D. Cassation.141.
— Req.A5.649; P3.1.304; S1.2.279. et 1.1.369; MQ1.494. et 5.231;J1.525;D.Cassat.916.Testam.190.
— Req.A7.610; P3.1.304;B10.292. et 14.267; S1.2.279. et 1.1.369; MQ1.494. et 5.231;J1.556;D.Exception.298.
— Civ.c. A12 551,n.1;P3.1.305; B26.147; S1.1.371; MQ2. 651;J1.529;D.Success.305.
— Req. A12.781,n.7; P3.1.306; B27.425; S1.2.278. et 1.1. 367; MQ1.665. et 4.349;J1.534 et 527;D.Emancip.48.
— Bruxelles.A1.458.
12 Paris.A11.481,n.2.
16 Cr.c.A4.567,n.1;B7.400,n.1;D.Cour d'ass.621.
— Cr.c.A7.656;B14.524;S1.1.376;D.Excuse.129.
17 Cr.c.A3.663;P1.956;B6.287;D.Complicité.226.
— Cr.c.A6.441;P1.1380;B12.58;D.Douanes.572.576.
19 Arr.A6.335,n.7.
21 Poitiers.A5.552;B9 403;S1.2 678;D. Port. dispon. 153.
— Arr.A6.858,n.,n.3;D.Emigré.566.
— Req.A9.619;P2,551;B18.240;S1.2.280;J1.542; D.Jugement.15.
22 Req.A3.382;P3.1.509;B5.441. et 4.374.n.;S1.2.636;MQ 5.260;J1.515;D.Commerç.22.Compét. comm.544.
— Req.A3.293; P3.1.510; B5 532;S1 2 639; MQ2.315; J.1. 547;D.Compét. civ.455.454.
— V. 22 brum A6.170.
23 Civ.c.A4 792; P1.1271; B8.455; S2.2.436. et 1,2.283;J1. 409;D.Demande nouv.102.
24 Civ.c.A11.209,n.2;P2.978,n.5. et 3.1.314; B22.291; S1. 1.377;J1.553;D.Péremption.513.
— Cr.régl. de jug.A11.590,n.1,n.1; P2.1129,n.1; B23 437; J1.551;D.Renvoi.54.
— Civ.c.A1.481,n.;S1.2.284.
25 Civ.c.A6 717;P3.1.308;B12.381,n.;S1.1.374; J1,555; D. Effet de comm.737.
26 Cr.c.A4 319,P1.1108;B7 348;D.Cour d'ass.274.299.
28 Cr.c.A4.297,n.;P1.1096;B7.322,n.1.

NIVÔSE.

1 Req.A4.659;B8.278;D.Degré de jurid.161.221.
— Req. A1.755;P1 281; B2.414; S6.1,107. et 1.2.517; J1. 559;D.Arbitrage.829.
— Cr.c.A8.694,n.1; P2,316; B16,520,n.1; S7.2.971,n.; D. Fonctionn. publ.120.
— Req.A12.83,n.2;P3.1.342; B25.264; S1,1.381; MR5 590; et Q2.107;J1.561;D.Preuve testim.330.Société.100.
— Req. A12.281,n.1; P3.1.344; B26.55; S1.2.648; J1.557; MQ3.99;D.Success.129.
2 Req. A2.508; P3.1.317; B4 115; S1.2 657; MQ3.308;J1. 563; D.Chose jugée.411.
— Req. A7.098; P2,125; B14,376; S1.2.476; J1.565; D.Exploit.132.
4 Civ.c. A3.746; P3.1.318; B6 383; S3.1.518. et 1 1.382; MQ1 579. et 4.656;J1.569,567 et 526;D.Contrainte par corps.155.
5 Civ.c.A12.332,n.1;P3.1.319;B26.117;S1.1.385;J1.570; D.Success. irrég.415.
6 Cr.c.A4.319,n.;P1.1108;B7 328,n.;D.Cour d'ass.298.
— Cr.c.A4.319;P1.1107;B7.348;D.Cour d'ass.298.1281.
— Cr.c. A3.456; P1.844; B6.58; D. Compét. crim.431.191. 222.223.
7 Cr.c.A1 563;P1.205;B2.195;D. Appel correct.105.
8 Déc. min. des fin.A7.426,n.16;D.Enreg.2896.
9 Civ.r.A1.91;P3.1.55;D.Acquiesc.215.
11 Req.A3.604;P1.917;B6.222;S1.2.285;D.Compét. crim. 771.
— Civ.r.A8.361;P1.1321;B9.413;D.Port. dispon.58.
— Req.A12.282,n.;B26.53,n.

— Req.A12 823;P3.1.321;B26.453;S1.1.386;J1.574; MQ3. 629;D.Rescis.96.97.
12 Civ.c.A7.587,P3.1.322;B14.259;S1.2.653;J1.579;D.Exception.186.
— Req.A6.788;P1.1490,B12.464;S1.1.388; J1.576; D.Emigré.118.
14 Arr.A6.858,n.2,n.3;D.Emigré.566.
— Civ.c.A10.781,n.7; P2.867,n.4; B21.296; S1.2.286; J1. 566;D.Except.180.
15 Ch.réun.c. A6.409,n.2; P1.1366; B12.21,n.2; D.Douanes.150.147.
— Cr.c.A6.427,n.1;P1.1375;B12 42,n.1;D.Douanes.269.
17 Cons. des prises.A11.593,n.;S1.2.198.
18 Cr.c.A4.220;P1.1070;B7.253;D.Or et argent.112. Procès-verbal.447.
21 Civ.c.A1.811;P3.1.323;B2.478;S2.2.457. et 1.1.394;J1. 582;D.Arbitrage.979.
— Req A8 587;P3.1.324; B16.496; S1.1.392; MQ2.254;J1 580;D.Filiat. légit.171.
— Civ.r.A9.725,n.1;P3.1 326;B18.592,n.;S1.1.390; MQ3. 552;J1.413;D.Jugem. par défaut.307.314.
— Civ.c.A11.156,n.14;P3.1.525;B22.162;S1.2.654;D.Pap. monn.25.
22 Civ.r.A5.197;P1.584;B9.227;J1 584;D.Condition.89.
— Req.A5.219;P3.1.528;B9.252;S.1.1.484;MR.4.651.MQ 5.217;J1.587;D.Disp. entre vifs.23.
— Req.A10.409,n.,n.2; P2.777,n.2; B20.243; J1.561; D. Nantiss.142.
24 Paris.A6.619; P1.1460; B12.267; S1.2.610; D.Effets de comm.317.
28 Cr.c.A3.636.P1.938;B6.250;D.Complicité.87.Vol.50.
29 Cr.c.A6.409,n.2;P1 1367;B12.21,n.;D.Douanes.130.
— Cr.c.A6.440,n.1;B12.57;S7.2.919.
— Cr.c.A6.442;P1.1380;B12.59;D.Douanes.385.
— Cr.c.A3.486,n.;P1,859;B6.85,n.1;D.Compét.crim.328.

PLUVIÔSE.

1 Req.A8.411;B15.478;S1.2.287;D.Faux.476.479.482.
— Req.A9.497,n.1.4.et 2.262;P2.508,n.1;B18.48;D.Compét. crim.13.48.
— Arrêté des consuls;D.Griefs.12.
— Req.A10.585;B20.209;S1 2.497;D.Mines.5.
2 Civ.c.A4.630; P1.1199; B8.244; D.Compét. crim.445. Degré de juridic.61.
4 Riom.r.A5.400.
— Bordeaux.A6.213.
— Rouen.c.A9.531,n.1.
— Nimes.P1.590;D.Compét. civ.154.
— Nimes.S1 2.528;D.Exploit.514.
5 Paris.A12.877,n.2; P2.1463; B28.115; S1.2.542;J1.592; D.Garantie.90.
7 Arr.A6.356,n.4.
— Cr.c.A11.428,n.25; P2.1076,n.25; B23.156; D.Procès-verb.574.
12 Req.A6.786;P1.1498; B12.462;S1.2.291;D.Jug.sup.95. Emigré.103.
— Req.P3.1.328;S1.1.397;J1.595;D.Institut.269.
13 Paris.S1.2.611;J1.599;D.Success.502.
14 Bordeaux.A6.215; P1.1551;B11,240; S1.2.568; D.Don. par cont.86.89.
15 Civ.c.A2.557;B4.147;D.Chose jugée.119.169.
— Cr.c.A9.828,n.1;P2.631,n.2.1;B18.545;D.Lois.242.
— Ch.réun.cass.A12.670,n.1-1; P3.1.330; B27.226; S1.1. 401;MQ3.575;D.Chose jugée.169.Tierce-opp.238.
— Besançon.A1.60.
17 Cr.c.A3.646;P1.915;B6.267;D.Complicité.152.153.
— Arr.A6.325,n.1;D.Vente admin.392.
18 Cr.c.A9.499,n.1.2;P2.510,n.1;B18.56;D.Mandat d'exé. 49.
— Besançon.A1.61.
19 Cr.c.A4.293,n.;P1.1094;B7.319,n.1;D.Cour d'ass.152.
21 Aix.A1.740.
— Civ.r.A11.607,n.1,n.2;P2.1137,n.2;B23.469;S16.1.200; J1.600;D.Req. civ.95.97.
25 Civ.c.A3.713; P1.1.515;B6.342;S1.2.671;MR.11.329;D. Conciliat.30.
— Cons. des prises.A11.577,n.2;P2.1047,n.2;B23.68;S1. 2.293;D.Prises marit.131.
— Bruxelles.A11.652;P2.1154,n.7;B24.68;D.Saisie-exéc. 110.
27 Cr.c.A3.657;P1,950. et 3.1.332;S20.1.475. et 1.1.404;B. 6.280;D.Complicité.197.200.201.
29 Bordeaux.A9.961,n.1; P2 679,n.4; B19.89; D. Mandat. 173.
— Ord.Cons. d'état.A3.203,n.1;D.Compét. adm.330.

VENTÔSE.

1 Bordeaux.A1.800;P1.304;B2.465;J1.601;S1.2.587; D. Arbitrage.977.
— Req.A6.251;P3.1.419;B11.285; S1.2.317. et 1.1.405;D. Donat. entre époux.110.
12 Req.A1.457; P1.160; B2.68; J1.604; S1.2.295; D.Appel civ.199.D.Appel incid.73.
— Civ.A9.825; P3.1.335; B18.541; S.1.1.407; MR7.531;D. Lois.237.239.
— Req.A12.70,n.2.1;P2.1260;B25.241;S1.2.674;J1.605;D. Servitudes.697.
3 A6.320,n.2.

4 Civ.c.A8.486;P2.279;B16.80;D.Féodal.101.
— Loi.A8.417,n.5.
5 Rennes,A9.814.
6 Cr.c.A4.297,n.;P1.1096;B7.322,n.1.
— Cr.c.A7.652;B14.318;D.Excuse.128.
— Cr.c.12.954,n.2;P2.1495;B28.246;D.Homicide.20.
7 Cr.c.A4.657,n.;B7.400;D.Cour d'ass.621.
— Colmar.c.A2.660.
11 Cr.c.A4.636;P3.1.357; B8.252; S1.1.413; MQ2.98; J1.608;D.Degré de jurid.113.
— Req.P3.1.336;S1.2.427;MQ2.640;J1.606.
12 Paris.A11.474,n.1;P2.1085,n.2; B23.229;S1.2.629; J1.610;D.Propriété littér.61.138.
13 Civ.c.A1.468;P1.167;B2.81;D.Appel civ.243.
— Déc.cons.des prises.A11.352,n.3;P2.1024,n.3;B23.20;S1.2.296;D.Prises marit.42.
14 Civ.c.A3.192;P1.742;B5.217;D.Trav. publ.148
16 Cr.c.A8.783;P2.388;B16.409;D.Forêts.796.
— Cr.c.A6.433;P1.1378;B12.31;D.Douanes.333.
17 Cr.c.A4.297,n.;B1.1096;B7.322,n.1.
— Cr.c.A3.265;P1.771;B5.299;D.Régl. de juges.97.98.
— Riom.r.A1.135.
19 Req.A11.593,n.1; P2.1130,n.1; B23.443;67.2.1183;J1.613;D.Rep. d'inst.6.
21 Req.A1.30;P3.1338; B1.34; S1.1.416;MR16.92;MQ.1.1;J1.615;D.Absence.4.
22 Req.A2.399;P1.501;B3.447;S1.2.675.et 1.1.418;J1.622;D.Caution.85.Communauté.779.780.
23 Civ.c.A7.23.
— Besançon.A1.768.
— Arr.A6.858,n.,n.3;D.Emig.366.
25 Paris.r.A2.498.
— Instruct. régl.A7.357,n.23;D.Enreg.2524.
26 Cr.c.A4.330;P1.1111;B7.359;D.Cour d'ass.212.
— Cr.c.A3.631;P1.934;B6.231;D.Complicité.88.
— Cr.c.A11.505,n.1; P2.1097,n.1; B23.283,n.1; D.Quest. prov.34.
27 Cr.c.A3.316;P1.892;B6.158;D.Compét. crim.556.
— Loi.A7.14,n.1;B13.10.
— Cr.r.A11.481,n.2; P2.1087;B23.242;S1.2.557;D.Propr. littér.115.126.
— Loi.A7.402,n.3;S1.2.801;D.Enreg.2730.
28 V.27 vent.A1.546.

GERMINAL.

1 Civ.r.A7.832;P2.171. et 1077;B14.536. et 23.259;S1.2.302;D.Exploit.7.Procès-verb.608.
— Cass.A11.429,n.1-1;P2.1077;B23.259;S1.2.299; D.Procès-verb.618.
2 Civ.c.A4.686;P1.1223; B8.309;S1.2.305; J2.1; D.Degré de jurid.341.
— Civ.r.A10.179,n.1; P2.217,n.4; B19.394; S1.2.429; D.Contrat de mariage.48.
— Civ.c.A10.572, n.2.1; P3.1.342; B20.490;S1.2.657;J2.2;D.Imputation.20.
4 Civ.c.A4.685;P1.1223;B8.308,n.D.Degré de jurid.340.
— Civ.c.A3.172;P1.732;B5.192;D.Compét. admin.106.
9 Arr. des consuls.S1.2.513;D.Office.33.
11 Civ.r.A7.77;P3.1.343;B13.82;S1.2.660;MQ3.490. et 6.594;J2.3;D.Enreg.793.
— Civ.r.A8.419;P2.264;B16.3;D.Faux inc.53;Motifs des jug.212.
— Civ.c.A9.680,n.2.1; P2.571,n.3; B18.526; S7.2.896;D.Frais et dép.242.
12 Civ.c.A5.314;P1.1520. et 2.283;B9.360. et 16.110;S1.2.305;J2.5;D.Féodalité.191.Partage d'asc.10.
— Civ.c.A7.587;B14.239;S2.2.459. et 1.2.308.304;J1.579;D.Jug. prép.14.Exception.183.
— Civ.c.A9.768,n.
13 Civ.c.P3.1.545;S1.2.658;MQ3.9;D.Délégation.6.
14 Bruxelles.A8.819; P2.411; B16.455;S4.2.580;D.Hospices.89.
— Civ.c.A6.665;B.12.321;D.Effets de comm.490.520.
15 Civ.c.A2.342;P1.472;B3.383;S1.2.309;D.Cass.668.
16 Cr.c.A6.410,n.4;P1.1368; B12.23,n.4; D.Douanes.133.134.
17 Cr.c.A2.422;P1.511;B4.17;D.Cautionn. de fonct.14.
— Arr.A6.838,n.1.
18 Cr.c.A1.212;P3.1.346; B1.240;61.1.423;J2.7;D.Action Pub.61.
22 Civ.r.A.6.783;P3.1.547;B12.459;S1.1.425; MQ2.343;J.2.9;D.Emigré.91,92.
23 Civ.c.A11.306,n.4; P2.1010,n.2;B22.458; S1.2.424; D.Prescrip. civile.1027,1028.
— Civ.r.A12.925,n.2-1; P2.1482; B28.197; S1.2.311; D.Transp.182.
24 Bruxelles.A3.360;P1.799.
— Nancy.A1.480.
25 Cr.c.A6.420;P1.1273;B12.34;D.Douanes.167,201.
26 Cr.c.A4.569;P1.1188;B8.178;D.Défense.107.
— Cr.c.A8.407;P2.262;B15.474;D.Faux.413.
— Cr.c.A9.666;P2.567;B18.308;D.Frais et dépens.413.
27 Cr.c.A4.221;P1.1070;B7.240;D.Or et argent.124.
— Arr.A6.355,n.2;D.Ventes adm.115.
— Caen.A10.52,n.2-1.
— Sect.r.A11.500,n.1;P2.1093,n.1;B23.274,n.1;D.Qest. pr.21.
28 Cr.c.A8.520;B15.374;D.Fausse monn.29.
29 Cr.c.A11.101,n.1;P3.1.349;B22.99;S1.1.428;D.Presse.175.287.

FLOREAL.

1 Civ.r.A1.89;P1.31;B1.103;J2.11;D. Acquiesc.303.306. Deg. de jurid.11.
— Civ.r,A7.830;B14.833;S1.2.312;J2.14;D.Huiss.224.
2 Civ.c.A3.145;P1.725;B5.160;S1.2.499;D.Commun.775.782,788.Deg. de jur. 235,350.
— Civ.c.A3.175;P1.734;B5.195;D.Compét. civ.351.
— Civ.r.A7.834;P3.1.361;B14.538;S1.2.314;MQ2.218;J2.18;D.Exploit.896.897.
3 Civ.c.A4.685;P1.1223,n.;B8.508,n.;D.Deg. de jur.340.
— Civ.c.P3.1.350;S20.1.466;D.Compensat.127.
— Poitiers.D.Jug. prép.101,102.
4 Civ.c.A1.138;P1.54;B1.162;S2.2.440; D.Acquiesc.190. Jugem. prép.160; Motifs des jugem. 3.
— Poitiers. D.Jugem. prép.101.102.
7 Cr.c.A4.367;P1.1124;B7.401. et 546,n.1;D.Cour d'ass.294.293.646.
— Cr.c.A4.318,n.1;P1.1124.
— Cr.c.A1.871,n.;P1.209,n.;B2.202,n.;D.Appel correct.152.
— Bruxelles.A9.252;P2.454,n.1;B17.274,n.1;S4.2.808.
— Bruxelles.A10.405,n.1.2;P2.775,n.2;B20.236;J2.19;D.Nantiss.109.
9 Cr.c.A9.516,n.5;P2.516,n.5;B18.79; D.Appel correct.167.Dénonc. calomn.16.
— Cr.c.A11.450,n.4;P2.1078,n.4;B23.161; D. Proc.-verb.616.
11 Civ.c.A7.22;P2.2;B13.18;S1.2.320;D.Enreg.19.
— Civ.c. A6.428; P3.1.352; B12.42; S2.2.518. et 1.2.663;MQ2.271;J2.23;D.Douanes.261.
— Civ.c.A11.41,n.2;P2.920,n.2;B21.471;D.Min. pub.250.
— Civ.c.A11.427,n.20; P2.1075,n.20; B23.155; J2.21; D.Procès-verbal.563.608
— Cr.c.A12.1037,n.2;P2.1512;B28.369;D.Péage.15.
12 Bordeaux.S1.2.703;D.Obligat.645.
13 Civ.c.A7.107;P2.15;B13.118;D.Enreg.1014.
— Req.A3.185;P1.740;B5.209;D.Action possessoire.279. Compét. admin.169.
— Civ.r.A1.137; P1.52; B1.161; D. Acquiesc. 39.188. Jugem. prép.87.
14 Rouen.A2.410;P1.506;B4.4;57.2.1207;D.Caution.190. Oblig. solid.142.
— Civ.c.A1.729,n.;B2.384,n.;D.Arbitrage.662.
— Civ.r.A6.632;P3.1.353;B12.282;S1.1.429;MR4.604;J2.26;D.Effet de comm.572.
— Civ.c.A11.140,n.40; P2.949,n.2; B22.171; S1.1.432;J2.28;D.Pap. monn.42.
15 Paris.A6.247;P1.1352;B11.280;S1.2.561;D.Donat. entre époux.86.
16 Cr.c.A4.364;P1.1125;B7.397;D.Cour d'ass.617.
— Civ.c.A7.697;P2.125;B14.575;S2.2.442.
— Civ.c.D.Enreg.678.
17 Cr.c.A4.498;P1.1175;B8.102; D. Cour d'ass.1567. Témoin.342.
— Cr.c.A10.781;P3.1.355;B21.295;S1.1.434;J2.30; D.Jugem.398.Responsab.16.
18 Cr.c.A2.87;P1.543;B3.92;D.Attentat à la pud.3.
— Cr.c.A5.227;P1.754;B5.257;D.Eau.485.
— Poitiers,A9.354,n.1;P2.530; B18,157,n.1; S1.2.681; D.Dispos. entre vifs.18.
19 Cr.c.A8.303;P2.230;B15.352;D.Faillite.1530,1535.Inst. crim.445.
— Cr.c.A1.85,n.;B99.
21 Grenoble.A11.797,n.31;P2.1212;B24.353;D.Saisie-imob.1106.
22 Nanci.A2.299.
— Civ.r.A1.135;P1.52;B1.158;S1.2.322;J2.32;D.Acquies.175.
23 Civ.r. A7.319,11.142,n.50. et 580,n.3; P3.1.356; B13.362. et 23.421; S1.1.441; MQ1.180. et 2.413; J2.31; D.Enreg.2265.2287.Pap.monn.26.Rente.598.
— Req.A3.168;P1.729;B5.185;D.Appel correct.1.Compétence admin.94.95.
— Civ.c.A5.750. et 6.758; P1.1492. et 24.1.316,n.; S1.2.664. et 7.2.935;MQ2.525;D.Contr. par corps.159.Eff. pub.108.
26 Cr.c.A4.319,n.;P1.1108;B7.348;D.Cour d'ass.298.
— Bourges.A11.21,n.15;B21.440;D.Jugem.68.69.
27 Bruxelles.A3.710;P1.974;B6.558;S4.2.540;D.Conciliation.77.
— Cr.c.A6.442,n.;P1.1381;B12.59,n.1;D.Douanes.579.
28 Cr.c.A11.163,n.3;P2.957,n.4;B22.208;D.Peine.168.
— Cr.c.A11.163,n.,n.3;P2.957,n.4;B22.208;D.Peine.168.
— Bordeaux.A11.920,n.1;B25.63;S1.2.702;D.Divorc.32.
— Cr.c.A11.29,n.;B21.434,n.;D.Instr. crim.361.
29 Arr.A6.534,n.2;D.Vente admin.130.
— Cr.c.A9.765,n.1;P2.596;B18.451;S1.2.474;D.Jugement par déf.533.

PRAIRIAL.

2 Civ.r.A12.270,n.1;P3.1.358;B26.14;S1.1.442;MR5,682.J2.37;D.Étranger.16.
3 Civ.c.A1.431;P1.145 et 3.1.539; B2.36; S1.2.666;J2.45;D.Appel civ.32.Preuve testim.342.
— Civ.c.A10.792,n.1;P2.871,n.1;P21.516;S1.1.447;D.Responsab.109
— Civ.c. A10.756,n.1; P2.857,n.1; B21.223; S1.1.447; D.Preuve testim.232.
— Civ.c.A12.915,n.1,n.1;P3.1.360;B28.179. et 2.41;S1.1.444;J2.41;D.Transp. de créance.30.
4 Civ.c.A9.625;P2.552;B18.245;S1.1.449; J2.56; D.Jugement.569.
6 Cr.c.A4.226;P1.1072;P7.245;D.Octroi.173.
7 Cr.c.A4.367,n.;B7.400,n.1;D.Cour d'ass.621.
— Req.A5.599.
— Cr.c.A7.649;P2.114;B14.315;D.Excuse.101.
— Cr.c.A12.839,n.3,n.3;P2.1448;B28.45; D.Vagabond.7.
— Cr.c.A12.839,n.3.n.2;P2.1448;B28.45.
— Cr.c.A12.839,n.3;P2.1448;B28.45;D.Vagabondage.7.
8 Cr.c.A4.281;P1.1080;B7.305,n.1.
— Déc.min.A7.439,n.4;S1.2.566;D.Enreg.2949.
9 Cr.c.A3.512;P1.877;B6.120;D.Compét. crim.425.
— Cr.c.A3.510;P1.874;B6.118;D.Compét.crim.418.
— Cr.c.A6.451,n.1;P1.1376; B12.46,n.1; S1.2.508; J2.44; D.Action civ.28.Douanes.229.
12 Civ.c.A1.525;P1.187;B2.148;D.Appel incid.37.
13 Civ.c.A7.386;P2.68;B13.438;S2.2.507; D.Enreg.2586.
— Civ.c.A8.17;B15.15;S1.2.507;J2.45;D.Fabrique.8.
— Civ.c.A6.445;P1.1383;B12.63;D.Douanes.391.596.
15 Bourges.A1.492.
16 Cr.c.A3.507;P1.871;B6.114;D.Compét. crim.408.
— Cr.c.A11.116,n.23;P2.939,n.2; B22.125; D.Presse.566.567.
— Cr.c.A12.839,n.4;P2.1448;B28.45;D.Vagabondage.8.
17 Cr.c.A4.452;P1.1158;B8.49;D.Cour d'ass.1026.1241.
— Cr.c.A3.646,n.;P1.945; B6.267,n.1; D. Complicité.152.153.
— Cons. des prises.A11.350,n.1;P2.1022,n.1;B23.15;S1.2.324;D.Prises marit.9.
18 Cr.c.A4.297,n.;P1.1096;B7.322,n.1.
— Cr.c.A12.840,n.8;P2.1449;B28.47; D.Vagabondage.9.
— Cr.c.A12.839,n.2;P2.1448;B28.45;D.Vagabondage.6.
19 Cr.c.A4.291,n.;P1.1092;B7.316,n.1.
— Cr.c.A3,515;P1.877;B6.121;D.Compét. crim.425.
20 Civ.r.A10.581,n.1;P2.807,n.5;B20.505;D.Offre.121.
— Bordeaux.A.3,n.1.
— Arrêté.A10.60,n.6;D.Mariage.232.
22 Civ.c.A7.758;P3.1.562; B14.448; S1.2.368; MQ2.36;D.Cassat.434.Délai.68.Exploit.716.
— Civ.c.A8.510,n.1;B16.408,n.1;S1.2.667; D.Féodal.183.
— Bruxelles.A12.282,n.
— Civ.r.P3.1.363;J2.46.
23 Civ.c.A7.331;P2.59;B13.378;S1.2.303;J2.48; D.Enreg.905.2323.2324.
— Civ.r.A8.105;B15.121;S1.1.453;D.Faillite.594.
24 Req.A3.162;P1.726;B5.179;D.Compét. admin.62.
— Paris.A12.707,n.2; P2.1412; B27.290; S1.2.678; D.Tutelle.97.
25 Bourges.r.A8.420.
26 Cr.c.A11.430,n.2;P2.1077,n.2;B23.160;D.Procès-verbal.609.
27 Cr.c.A3.448;P1.858;B6.48; D.Compét. cr.170.201.203.
— Arr. du cons.A12.1034,n.2;S1.2.532.
— Cr.c.A12.839,n.3,n.4;P2.1448; B28.45, D.Vagab.7.
— Arr. du gouv.A12.981,n.11;D.Voirie.61.
28 Cr.c.A3.519;P1.883;B6.129;D.Compét. crim.472.477.
— Riom.A12.174,n.1.
29 Cr.c.A2.175;P1.398;B3.189;D.Autorité munic.589.
— Cr.c.A1.559;P1.202;B2.189; D. Appel corr.67.139.161.

MESSIDOR.

1 Civ.r.A1.804;P1.304;B2.470;D.Arbitrage.975.
3 Civ.c.A1.686;P1.261;B2.334;S2.2.445;D.Arbitrag.501.
— Civ.r.A5.315;B9.361;D.Portion dispon.630.
— Bruxelles.A5.351.
— Civ.c.A8.685,n.61; P2.313; B16.307,n.6; D.Fonctionn. pub.242.
— Civ.c.A6.447; P1.1384; B12.65;S2.2.444. et 1.2.268;J2.49;D.Douanes.404.
— Poitiers, A9.956,n.1; P2.678,n.3; B19.81; S1.2.550; D.Charte.132.
4 Civ.c.A7.23,n.1.
— Civ.c.A1.471;P1.168;B2.84;S1.2.326;D.Appel civ.246.
6 Cr.c.A3.551;P1.895;B6.163.
— Cr.c.A3.451;P1.840;B6.52;D.Compét. crim.207.
— Cr.c.A3.508,n.;D.Compét. crim.411.
7 Cr.c.A1.165;P1.66;B1.192;D.Acquitt.35.
— Cr.c.A11.498,n.4;P2.1092,n.4;B23.270;D.Quest. préalable.11
— Cr.c.A4.366,n.;P1.1124;B7.400,n.1;D.Cour d'ass.622.
8 Cr.r.A8.337; P6.1.204; P15.393; MQ2.538; J2.50; D.Faux.240.
9 Angers.D.Inscript.hypoth.212.
11 Civ.c.A11.455,n.2;P3.1.365;B23.198;S1.1.455;J2.51;D.Propriété.142.143.Vente admin.168.
12 Civ.c.A7.705 et 9.756; P2.127. et 592;B14.381. et 18.440;S2.2.444;J2.53;D.Jugem. par défaut.221.
— Bruxelles.A8.532.
— Civ.c.A6.833,n.4;P1.1441;B12.190,n.4;S2.2.547;D.Effet de comm.6.11.
13 Civ.c.A4.686;P1.1224; B8.309; S.1.2.514; D.Degré de jurid.342.
— Req.A1.87;P3.1.366;B1.63;S1.1.460;MQ1.492;J2.61;D.Absence.451.Min. pub.173.
— Civ.c.A7.515;B14.151;D.Timbre.56.
— Toulouse.A11.881,n.2.1;B24.493;D.Scellé.41.
— Civ.r.P3.1.367;S1.1.456;J2.54.
14 Cr.c.A7.226;B13.255;S1.1.461;D.Enreg.1881.
— Cr.c.A5.369;P1.1330;B10.194;S7.2.915;D.Donation.57.

— Civ.c.A8.684;B16.307,n.
— Civ.c.A12.512,n.1; P3.1.369; B26 412; S1.1.461; MQ3.489;J2.62;D.Partage.301.
— Civ.c.P3.1.369;S7.2.1072;MQ3.528.
16 Cr.c.A4.761;P1.1258;B8.388;D.Degré de jurid.656.
— Cr.c.A3.514;P1.879;B6.123;D.Compét. crim.434.
— Nîmes.r.A6.556.
17 Cr.c.A4 339,n.;B7.370;D.Cour d'ass.423.
— Cr.c.A7.573;P2.99;B14.221;D.Evasion.29.
18 Cr.c.A1.83;P1.27;B1.96;D.Instr. crim.446.
— Cr.c.A1.188;P1.61;B1.184;D.Acquitt.11.
— Décis.min.A7.486,n.4.
19 Cr.c.A4.339;B7.370,n.1;D.Cour d'ass.423.
— Paris.c A7.689.
— Dijon,c A1.37.
— Colmar.c.A2.523.
21 Civ.r.A2.634; P3.1.370; B4.258; S1.1.465;MQ2.544;J2.63;D.Chose jugée.431.
— Req.A1.818; P1.311;B2.486; S1.2.329; J2.69; D. Arbitrage.991.
— Civ.c A9.767,n.1.2; P2.596,n.1; B18.458; S1.2.512; J2.67;D.Jugem. prép.97.
22 Civ.c.A3.63;P1.698;B5.67;S1 2 509;D.Commune.560.
— Civ.r.A9.399,n.1.1; P5.1.572; B18.646; S2.1.11; MQ4.650;J2.70;D.Lois.354.
— Civ.r.A12.111; P3.1.372; B25.300; MQ4.650; J2.70;D.Société comm.17.33.
23 Civ.c.A1.472,n.;P1.169,n.;B2.86,n.; D.Appel civ.246.
— Civ.c.A3.558;P1.798.et3.1.374;B5.411;S2.2.446. et 1.2.672; J2.75;D.Compét. comm.246.
— Civ.c.A9.690,n.2; P2.575,n.1;B18.339,n.1;S1.1.465;D.Jugem. par défaut.10.
— Civ.c.A12.404,n.1;P3.1.375;B26.252; S1.1.467;MR10.657;J2.74;D.Rapport.37.
— Civ.c.A9.864,n.40;D.Loi rétroact.161.
24 Civ.c.A1.472,n.;P1.169,n.; B2.86,n.; D.Appel civ.246.
— Civ.c.P3.1.375;S1.1.469.
26 Cr.c.A4.366,n.;P1.1124;B7.400,n.1; D.Cour d'ass.622.
27 Cr.c.A3.500;P1.871;B6 114;D.Compét. crim.407.
— Cr.c.A3.452;P1.840;B6.53; D.Comp. crim.207.Jugem.142.
— Cr.c.A3.508,n.;D.Compét. crim.411.
28 Cr.c.A3.473;P1.855;B6.76;D.Compét. crim.253.
29 Cr.c.A4.281,n.;P1.1089;B7.305,n.1.
— Cr.c.A4.281;P1.1089;B7.305,n.1.
— Cr.c.A4.281;P1.1089;B7.305,n.1.
— Cr.c.A5 507;P1.872;B6.114;D.Compét crim.409.410.
— Arr.A6.325,n.1;S1.2.585;D.Ventes admin.392.

THERMIDOR.

1 Civ.c.A3.60;P1.697;B5.63;D.Commune.335.
5 Civ.c.A7.178; P3.1.378;B13.109;S2.1.39; MQ2.27; J1.86;D.Enreg.1495.
— Cr.c.A7.457,n.1; P3.1.379; B14.81,n.1;MQ2.416;J2.87.
— Civ.r.A12.508,n.1; P3.1.376; B26.403; S1.1.471; MQ3.636.637;J2.83;D.Partage.73.238.
4 Civ.r.A6.372;P1.1358;B11.426;S1.2.485;D.Dom. cong.45.
— Civ.r.A12.697,n.3;P3.1.380. et 2.1409; B27.273; S1.1.473;MQ3 440;J2.89;D.Mineur. 48.
6 Cr.c.A4.297;P1.1096;B7.322,n.1.
7 Cr.c A4.751;P1.1258;B8.587;D.Degré de jurid.336.
— Cr.c.A3.508,n.;D.Compét. crim.411.
— Arr.A12.580,n.1;B27.74,n.2;S1.2.555.
8 Bruxelles.A9.15,n.,n.4; P2.414; B17.9,n.4; D.Saisie-exécution.244.
— Cr.c.A11.537,n.2; P2.1111,n.3; B23.343; D. Récus. de juges.100.
— Cr.c.A3.508,n.;D.Compét.crim.411.
9 Cr.c.A9.513;P2.518;B18.73;S7.2.289;D.Comp.civ.547.
— Déc. cons. des prises.A11.355,n.2;P2.1027;B23.25;S1.2.331;D.Prises marit.41.
— Cr.c.A2.350;P1.476;B3.391;D.Cassat.978.
— Cr.c.A3.508.n.;D.Compét. crim.411.
11 Civ.c.A9.524,n.1.1;P3.1.381; B18.94; S7.2.1159; MQ4.266;J2 92;D.Instruct. par écrit.41.
12 Civ.c.B3.747;P1.978;A6.382;J2.93;D.Cont. par corps.150.
— Req.A6.383;B11.439;D.Domicile.89.
14 A8.747,n.1;P2.360;B16.361,n.2;D.Forêts.361.
— Civ.r.A6.668;P1.1471;B12.324;S2.1.17;J2.97;D.Effets de comm.491.
— Req.P3.1.382;S1.2.388. et 1.1.473; MQ.1.285;J2.95; D.Success. bénéf.22.
16 Cr.c.A3.508,n.;D.Compét. crim.411.
17 Cr.c.A3.508,n.;D.Compét. crim. 411.
18 Cr.c.A12.1022,n.1;P2.1509;B28.348; D.Aut. mun.285.
— Besançon. A1.62.
— Cr.c.A4 366,n.;P1.1124;B7.400,n.1;D.Cour d'ass.622.
19 Cr.c.A1.416;P1.135;B2.19;D.Amnistie.56.58.95.
— Arr.A6.838;S1.2.565;D.Emigré.366.
21 Civ.c.A7.698; P2.125; B14.376; S7.2.1096; D Expl.124.181.
22 Req.A9.756; P2.592; B18.441; S1.2.337; J2.103; D.Jug. par défaut.112.
— A9.361,n.,n.3; P2.479; B17.428,n.3; S1.2.614; D.Purge des priv.5.
— Civ.r.A10.576,n.3.1; P2.804,n.6. et 3.1.383; B20.499; S1.2.386; MQ.1.270; J2.105;D.Offre.51.
— Civ.r.S2.1.24;J2.99;D.Preuve test.280.

25 Civ.c.A11.142,n.47; P2.249. et 949,n.5;B22.174; S1.1.478;D.Papier monn.74.
24 Civ.c.A11.581,n.4;P3.1.384;B23.422;S1.1.479;D.Rentes.400.
26 Cr.c A4.291,n.;P1.1092;B7.316,n.1.
— Cr.c.A6.410,n.3;P1.1567;B12.22,n.3;D.Douanes.132.
— Paris.A12.716,n.1; P2.1414; B27.309; S1.2.618; J2.107; D.Emanc.16.Mineur.57.Tutelle.138.254.
— Nancy.A2.296.
27 Cr.c.A3.508,n.;D.Compét. crim.411.
28 Cr.c.A4.367,n.;B7.400,n.1;D.Cour d'ass.621.
— Cr.c.A3 473;P1.855;B6 77;D.Compét. crim.254.
— Bruxelles.A9.943,n.1; P2.675,n.1;B19.62;S4.2.443;J2.111;D.Louage emphyt.69.
— Cr.c.A3.508,n.;D.Compét. crim 411.
29 Cr.c.A2.147; P1.558; B5.125; D.Autorité mun.92.103. Jugem.398.
— Cr.c.A3.455;P1.845;B6 57;D.Compét. cr.191.195 216.
— Paris.J2.113;S1.2.627;D.Prop. indust.27.Vente.111.
— Lyon.J2.115;S1.2.606;D.Communauté.749.

FRUCTIDOR.

1 Civ.r.A10.304,n.6; P3.1.386;B20.86;S2.1.6;MQ3.228;J2.120;D.Cass.626.Dot.87.Port. disp.407.
2 Civ.c.P9.2.27;S2.1.33;D.Timbre.159.
5 Civ.c.A6.350,n.1;B11.400,n.1;D.Dom. de l'état.69.
15 Arr.A6.325,n.1;S1.2.591;D.Ventes admin.324.
— Arr.A6.329,n.9;S1.2.591.
— Arr. A6.460,n.4;D.Etranger.101.
6 Cr.c.A3.504;P1.869;B6.114;S2.1.26;D. Comp. cr.401.405.
— Arr.A6.325,n.1.
— Arr.A6.329,n.2.
7. Cr.c.A3.502; P1.867; B6.109; S2.1.28; D Comp.cr.397.447.
— Cr.c.A9.522; P2.519; B18.86; S2.1.28; D.Compét.civ.7. Cour d'ass.794.
8 Cr.c.A3.514;P1.878;B6.122;D.Comp. crim.433.
— Orléans.c.A6.805.
— Cr.c.A12.1018,n.3;P2.1508;B28.340.
— Cr.c.A3.508,n.;D.Compét.cr.411.
9 Cr.c.A4.568;B8.176;D.Défense.156.
— Cr.c.A4.340,n.;B7.370;D.Cour d'ass.423.
— Cr.c.A3.508,n.;D.Compét. crim.411.
— Ord. cons. d'état.A3.203,n.1;D.Compét. adm.330.
11 Civ.c.A1.526;P1.188;B2.149;D.Appel inc.43.54.
— Req.A7.525,n.1;B14.162,n.1.
— Civ.c.A9.700;B18.355;S1.2.484;D.Jug. par déf.89.
12 Civ.c.A12.659,n.37; P3.1.388; B27.206; S2.1.20; MQ3.561;J2.124;D.Tierce-opp.125.
13 Req.A12.29,n.1;P3.1.391;B25.176;S20.1.407;J2.132;D.Servitude.218.Usage.142.
— Civ.r.A12.118,n.3; P2.1273; B25.322; S1.2.50; D.Lois personn.55.56.Société comm.120.
14 Civ.c.A1.808;P1.308;B2.475;D.Arbitrage.1002.
— Civ.c.A1.729,n.;P1.271,n.;B2.330,n.
— Civ.c.A1.472,n.; P1.169,n.;B2.86,n.;D.Appel civ.246.
— Bruxelles.A1.749,n.2. et 6.749,n.;B6.585,n.;S4.2.441.
— Req.P5.1.130,n.; S9.1.72;MR3.706;MQ3.488; D.Servitude.220.
15 Déc.A7.402,n.2;D.Enreg.2729.
16 Cr.c.A4.290;P1.1092;B7.316;D.Cour d'ass.128.
— C.c.A4.577;P24.1.198,n.;B7.412;D.Cour d'ass.690.
17 Cr.c.A4.297,n.;P1.1096;B7.382,n.1.
— Arr.A6.334,n.8.
— Cr.c.A8.681,n.2;P2.310; B16.303,n.2; D.Fonct. pub.227.
— Cr.c.A8.681,n.1; P2.310; B16.303,n.1; D.Fonct. pub.226.
— Cr.c.A11.164,n.11;P2.956,n.6;B22.211;S2.1.57;D.Peine.174.
— Cr.c.A1.84,n.
18 Cr.c.A3.572;P1.905;B6.187;D.Compét. crim.648.
— Req.A5.304;P3.1.393;B9.348;S1.1.482; D. Disp. entre vifs.254.
— Cr.c.A6.451;P1.1387;B12.70;S7.2.981;D.Douanes.416.431.
— Cr.c.A3.508,n.;D.Compét.crim.411.
19 Cr.c.A1.593,n.;P1.211;D.Appel correct.225.
— Arr.A6.325,n.1;D.Ventes adm.392.
21 Civ.c.A.4.632;P3.1.395. et 13.1.548;B8.248;S1.2.522;MQ2.92;D.Degré de jurid.94.
— Civ.c.A1.790; P.1.300;B2.453;S1.2.335; D.Arbitrage.1005.1006.
— Civ.r.A9.872,n.1;P3.1.394;B18.609,n.1;S1.1.485; MQ.1.340;J2.154;D.Cass.420.Lois rétroact.2205.
23 Civ.c.A3.72;P1.700;B5.77;D.Commune.352.
26 Cr.c.A1.576;P1.213;B2.209;D.Appel correct.135.
27 Cr.r.A4.401; P1.1137; B7.441; S2.1.63; D.Cour d'ass.1296.
— Arr. des consuls.S1.2.605;D.Séquestre.52.
28 Cr.c.A2.667;P1.623;B4.296;D.Colonies.98.
29 Cr.c.A5.508,n.;D.Compét. crim.411.

AN X.

VENDÉMIAIRE.

2 Civ.c.A5.776; P3.1.396; B10.446; MQ4.629; J2.135; S2.1.42;D.Testam.77.580.

— Civ.r.A6.555,n.2; B12.192,n.1; S2.1.34; D.Effets de comm.26.
3 Req.A3.143; P1.724; B5.162; S2.1.37; J2.137; D.Commune.747.
— Civ.r.A12.272,n.1;B26.18;S2.1.75;J2.138;D.Etranger.40.42.
4 Req.A8.486; P2.279. et 3.1.399; B16.80; S2.1.129; J2.620;D.Féodalité.101.
— Rouen.A9.590,n.1-1.
— Civ.c.A12.620,n.1;P2.1345; B26.427; S2.2.321; D.Rescision.86.
6 Cr.c.A3.494;P1.865;B6.100;S2.1.91; D.Compét. crim.368.
— Cr.c.A12.561,n.2.2;P2.1356;B27.42; D.Voies de fait.69.
7 Cr.c.A2.349;P1.476;B3.590;S2.1.159;D.Cass.1073.
— Cr.c.A1.84,n.
8 Cr.c.A4.397;P1.1133;B7.435;S2.1.64;D.Cour d'assises.881.1279.
— Cr.c.A4.319,n.;P1.1108;B7.348,n.; D.Cour d'ass.298.
— Cr.c.A3.511;P1.876;B6.119; D.Compét. crim.422.
— Cr.c.A9.615;P2.550;B18.234;D.Publ. des jugem.51.
— Cr.c.A3.508,n.;S2.1.159;D.Compét. crim.411.
9 Cr.c.A7.544;P2.1299;B14.186;S2.1.148;J2.144; D.Escroquerie.64.
— Civ.c.A12.147,n.2;P2.1299;B25.373;S2.2.372; D.Stellionat.16.
— Cr.c.A4.270;P1.1087;B7.294;S2.2.371;J2.143; D.Contumace.68.
11 Civ.c.A2.734;P1.641;B4.374; D.Actes de comm. 171. Compét. comm.115.
— Civ.c. A1.793; P1.302; B2.457; S2.2.323; D. Arbitrage.782.1009.
— Civ.c.A8.818;P2.411;B16.454;S2.1.54; D.Hospices.82. Fabriques.149.
13 Req.A2.788;P1.666;B4.433;S2.1.72; D.Commiss. 257. Dépôt.122.
— Civ. c. A7.194; P2.28 et 23.1.143; B15.217; S2.2.325; D. Enreg.1706.
— Civ.r.A1.453;P1.146;B2.39;D.Appel civ.53.
— Déc. cons. des prises.A11.374,n.2; P2.1043,n.2; B23.61;S2.2.454;D.Prises marit.408.
— Req.A12.105,n.1;B25.300;D.Sociétés comm.7.
— Civ.c.A12.1040,n.1.1;P3.1.400.et2.1514;B28.372; S7.2.1253.
14 Civ.c A7.515; P2.88.et3.1.401; B14.151; D.Timbre.60.
17 V.au 18.
— Arrêté D.Comm.111.
18 Cr.c.A3.646;P1.945;B6.267;D.Complicité.132.133.
— Cr.c.A7.545;P2.92; B14.187; S2.1.89; D.Escroq.59.
21 Civ.r.A5.388.et4 788; P3.1.402; B9.444.et8.428; S7.2.971,890.et2.2 406;MQ1.149,2.334. et 605; J2.150.152; D.Appel civ.524. Demande nouv.88.92. Portion disp.75.78.84.
22 Civ.c.A4.674;P1.1216;B8.291;S7.2.917;D.Deg. de jurid.280.
— Civ.c.A3.98;P1.711;B5.106; S2.2.327; J2.155; D.Cass.1014. Commune.296.302.For.377. Except. 228. Expl.169.
— Civ c.D.Vente.257.
24 Req.A3.183;P1.738;B5.207;S2.1.73;D.Comp.adm.153.
26 Cr.c.A3.594;P1.911;B6.211.
— Cr.c.A12.561,n.2.
— Cr.c.A1.564,n.
27 Cr.c.A4.281,n.;P1.1089;B7.305,n.1.
— Cr.c.A4.281,n.;P1.1089;B7.306,n.1.
— Cr.c.A4.281,n.;P1.1089;B7.305,n.1.
— Cr.c.A3.508;P1.872;B6.115;S2.2.374; D.Comp.cr.412.
— Cr.c.A3.508,n.;D.Compét. crim.412.
28 Cr.c.A2.115.P1.557;B3.121;S20.1.500;D.Aut. mun.45.
— Cr.c.A2.170;P1.393;B3.183;D.Autor. munic.646.
— Civ.c.A9 300,n.1.3;P2.510;B18.36;D.Mandat d'ex.50.
29 Cr.c.A4.270.
— Cr.c.A11.26,n.13;B21.446;S2.1.92;D.Min.pub.26.

BRUMAIRE.

1 Civ.r.S2.1.117;D.Oblig.567.
2 Civ.c.A7.527;P2.91;B14.165;S2.2.332;D.Timbre.170.
— Civ.r.A7.535;P6.1.539;B14.175;S2.1.114;MR4.898;J2.160;D.Timbre.252.
3 Civ.c. A1.512; P23.2.179,n.1; B2.132; S7.2.783; MQ1.122;J2.166;D.Appel civ.427.
4 Civ.c.A4.720;P1.1245;B8.350;D.Degré de jurid.22.
— Civ.r.A7.835;P2.172;B14.539;S2.1.121; J2.169; D.Exploit.65.
7 Cr.c.A4.451,n.;B8.48,n.2.
— Cr.c.A8.321,n.1;D.Fausse monn.10.
— Cr.c.A3.508,n.;D Compét. crim.411.
8 Cr.c.A3.508,n.;D Compét.crim.411.
9 Bruxelles.A11.945,n.2.1;B25.110;S4.2.396;D.Divorce.142.
12 Arr.A6.838,n.4.n.4;D.Emigré.370.
13 Req.A7.666; P2.118; B14.336; S2.1.133; J2.171; D.Expertise.124.210.
— Civ.c.A6.553.n.3;P1.1441;B12.190,n.3;S2.1.111;D.Eff. de comm.6 Lois.241.
— Civ.c.A11.209,n.3; P2.979,n.6; B22.292; S7.2.1101; D.Péremption.312.
— Arr.A3.236,n.4;S2.2.5.
— Civ.c.D.Contr. par corps.102.

14 Civ.c.A7.280;P2.48;B13.316;D.Enreg.2052.
— Civ.c.A1.729;P1.270;B1.385;S2.2.535;D.Arbitrag.662.
16 Cr.r.A2.317;P1.464;B3.354; S2.1.95; D.Cassat.62.Cour d'ass.1271.
— Cr.c.A6.415;P1.1370;B12.26;D.Douanes.408.
17 Orléans.A6.255,n.
— Décis. du cons. des prises. A11.535,n.4; P2.1025; B23. 20;S2.2.460;D.Prises marit.21.
19 Cr.r.A8.320;P2.235;B15.374;S2.1.152;D.Fausse monnaie.15.
21 Civ.c.A4,734;P1.1251;S2.1.82;J2.173; D. Degré de jurid.535.
— Besançon.A1.790.
22 Civ.c.A5.121; P3.1.404; B5.131; S20.1.471; J2.179; D. Commune.483.
— Douai.A8.526
— Req.A6.336. et 12.909,n.2;P1.1355. et 2.175; B11.383. et 28.169;S2.137;D.Lois rétroact.14. Rescis.200. Ventes admin.165.166.
23 Civ.r.A2.286;P3.1.406; B5.318, S2.1.123; MQ1.350; J2.182;D.Cassat.320.
— Civ.c.A3.729; P3.1.404; B6.362; S20.1.475; J2.180; D. Contr. par corps.54.
— Instr.gén.A7.402,n.2;D.Enreg.2729.
24 Bruxelles.A1.451.
— Besançon.A1.714.
25 Civ.c.S2.1.141;D.Exploit.468.
27 Cr.c.A3.515;P1.879;B6.123;D.Compét. crim.436.
— Cr.c.A3.508;P1.872,n.;B6.115,n.
— Arr.A6.326,n.18;S2.2.10;D.Ventes admin.306.
— Cr.r.A11.537,n.3; P2.1111,n.4; B23.343; D. Récus. de juges.104.
28 Rej.A6.356.
29 Cr.c.A1.578;P1.214;B2.213;D.Appel incid.88.
— Cr.c.A3.515;P1.879;B6.124;D.Compét. crim.436.
— Arr.A6.326,n.18.

FRIMAIRE.

1 Civ.c.A3.60; P3.1.407; B5.64; S2.1.142, et 7.2.1244; D. Commune.556.
— Civ.c.A7.527;P2.91;B14.165;D.Timbre.230.
— Bruxelles.A6.702,n.n.7;P1.1477. et 22.2.169,n.11;B12. 364,n.7;S4.2.384;D.Eff. de comm.675.
— Civ.r.S3.2.1;D.Monnaie.25.
— V. au 2.
2 Req.A2.352;P1.478; B3.394; S7.2.816; J2.188;D.Cass. 1100.Req. civ.11.
— Rouen.A2.199;P1.407;B3.216;S7.2.799;J2.188;D.Avaries.12.13.
— Civ.r.A11.618,n.2;P2.1140,n.1;B24.6; S2.1.161;J2.184; D.Saisie-arrêt.4.
4 Civ.c.A7.287;P2.50;B13.324;D.Enreg.2144.
— Civ.c.A9.766,n.1.29;B18;D.Jugem. prép.144.
6 Liége.r.A4.734.
— Civ.c.A7.546;P2.92;B14.188;D.Action publ.56.Escroquerie.65.
— Cr.c.A6.441,n.1;P1.1380;B12.58,n.1; D.Douanes.374.
7 Cr.c.A2.259;P1.425;B3.263;D.Bigamie.35. Cour d'ass. 1084.1164.
8 Bourges.c.A4.789.
9 Cr.c.A9.874,n.1,1;P2.639,n.10;B18.612;S2.1.128.
11 Req.A5.544,n.1;S2.1.140;D.Donat. déguisée.9.
— Civ.c.P3.1.408;S2.1.145.
12 Civ.r.A4.791; P1.1271; B8.432; S2.1.101; D. Demande nouv.101.Office.180.
— Req.A10.586,n.2,2;B20.515;D.Offre.194.
— C.cass.P22.2.10,n.
14 Req.A5.399;B10.8;S2.1.167; D. Donat. par cont. 202. Port. dispon.165.
— Civ.c.A9.826,n.;P2.190;B18.542;S2.1.105;D.Lois.230. 237.239.
— Civ.c.A9.826,n.;B18.542.
15 Cass.A6.445,n.3;S2.1.155.
— Sect. réun.c.A11.419,n.5;P2.1069;n.5;B23.140;D.Procès-verbal.497.515.524.552.557.590.
— Sect. réun.A6.445,n.3;P1.1381;B16.60,n.2.
16 Cr.c.A2.265;P1.437;B3.293;D.Compét. cr.474.
17 Bruxelles.A9.698,n.2;P2.576;B18.353;S4.2.445;D.Jug. par défaut.66.
— Cr.c.A3.503,n.;D.Compét. cr.411.
19 Cr.c.A9.506,n.2.1;P2.512,n.1;B18.64;D. Instr. cr.218. 454.
21 Poitiers.A5.352.
— Req.A6.583;B11.439;S2.1.171.
22 Civ.c.A2.254;P1.433;B3.281;S2.1.173;J2.192;D. Brev. d'invent.121.
23 Avis du cons.A6.370,n.1.
— Civ.c.A9.768,n.,n.5;P2.597,n.3;B18.459;S7.2.1031;J2. 198;D.Jug. prép.104.
24 Req.A2.558;P1.571;B4.170;D.Chose jugée.270.
— Req.A10.546,n.1;P2.797,n.4; B20.449; S2.1.181; D.Répétition.44.
— Civ.c.A10.607,n.2.1;P3.1.409;B21.12; J2.201; D.Délégation.11.
25 Sect.réun.c.A5.495; P3.1.411; B10.116; S2.1.182; J2. 204;D.Donation.15.
26 Cr.c.A3.459;P1.846;B6.61;D.Compét. cr.270.
— Cr.c.P1.437.
27 Liége.A6.350.
29 Colmar.c.A6.414.

NIVÔSE.

1 Civ.r.A1.804;P1.304;B2.470;D.Arbitrage.975.
— Rouen.c.A9.768,n.4.
— Civ.c.A1.428,n.
2 Civ.r.A11.554,n.2; P2.1052,n.2; B23.78; S2.1.187; D. Prise marit.199.
3 Paris.A6.631,n.1; P1.1464; B12.281,n.1; S2.2.115; D. Effets de comm.348.
— Req.A1.511,n.;B2.132;S2.1.190.
— Civ.c.S2.1.190;D.Appel civ.425.
4 Civ.c.A7.22;P2.2;B13.19;D.Enreg.21.
— Civ.c.A7.320;P2.57;B13.365;S2.2.337;D.Enreg.2256.
5 Arr.A3.219,n.12.
7 Paris.A9.912; P2.6.63,n.2; B19.9; S2.2.117; J2.205; D. Louage.117.173.
8 Cr.c.A4.297,n.;P1.1096;B7.322,n.1.
— Cr.c.A9.512,n.12;P2.514,n.2;B18.71;D.Inst.cr.344.
— Cr.c.A11.84,n.,n.3;P2.928,n.1; B22.72; D.Juge supp. 168.
9 Paris.A6.847,n.4; P1.1509; B12.534,n.4; S.3.2.453; D. Enquête.50.
— Paris.A1.756,n.
11 V.4.A7.320.
— Req.A8.681,n.3;P3.1.413;B16.304,n.5;S2.1.193; MR4. 514;D.Fonct.pub.229;Presse.572.
— V.11.pluv.A1.457.
12 Civ.r.A7.829;P3.1.414;B14.532;S2.2.422;MQ2.671; J2. 218;D.Huiss.35.
13 Civ.c.A1.125;P3.1.415;B1.147;S2.2.340;J2.223;D.Acquiesc.29.156.
— Civ.c.A9.579,n.1;B18.175;S7.2.1073;J2.225; D.Interr. sur faits.137.
— Poitiers.A11.579,n.1;P2.1125,n.2;B23.418;S2.2.120;J 2.219;D.Rente.406.
— Paris.A12.445,n.1-1;S3.2.3.
— Arr.A11.888,n.1;S2.2.12.
— Paris.A9.690,n.3;B18.539;D.Jug. par défaut.11.
14 Civ.c.A817.n.
— Civ.c.A6.788; P3.1.416; B12.465; S2.1.196; MQ2.349; J2.228; D. Emigré.112.113.
— Toulouse.c.A9.856,n.1.2.
15 Civ.c.A6.572,n.1.
18 Cr.c.A4.302,n.;B7.329,n.1;D.Cour d'ass.196.
— Paris. A6.660,n.1; P1.1471; B12.316,n.1; D. Effets de comm.484.
— Paris.r.A12.878,n.2.
19 Colmar.A10.364,n1-1;P2.765,n.3;B20.185; S7.2.918; J 2.236;D.Dot.479.
Cr.c.A12.1018,n.4;P2.1508;B28.340;S7.2.825.
21 Civ.c.A8.559;B16.142;D.Féodalité 299.300.
— Carteron.A10.217,n.,n.2;P2.723,n.4;B19.454;D.Remploi.37.38.
22 Civ.r.A6.226; P1.1351; B11.255; S2.1.200; J2.239; D. Don. par cont.229.231.
— Civ.r.A11.389,n.1; P2.1054,n.1; B23.87; S7.2.1128; D. Prises marit.167.220.
23 Req.A1.818; P3.1.420; B2.487; S2.1.101; D.Arbitrage. 992.
— Dijon.r.A9.591,n.1.2.
24 Civ.c.A9.551,n.1; P3.1.424; B18.100; S2.1.105; MR.10. 150;J2.241;D.Interdit.12.
25 Civ.c.A2.474;P1.551;B4.75;S7.2.909;J2.249;D.Chose. 98.
— Caen.c.A5.357.
— Décret.A6.838,n.,n.3;D.Emigré.366.
— Civ.r.A10.754,n.1; P3.1.422; B21.252;S2.1.207;J2.243; D.Commerçant.120.Présomp.96.
26 Civ.c.A3.479;P1.858;B6.84;D.Compét. cr.325.326.
27 Cr.c.A1.593,n.; P1.211,n.; S2.2.375; D.Appel correct. 225.
— Cr.c.A3.614;P1.879;B6.123;D.Compét. cr.435.
— Cr.c.A11.111,n.7;P2.936,n.2;B22.116;D.Presse.563.
— Bruxelles.c.A1.462.
— Cr.c.Int. de la loi.
28 Cr.A6.421,n.1;P1.1373;B12.35,n.1.
29 Cr.c.A4.223;P1.1071;B7.241;D.Or et argent.128.130.
— Paris.c.A9.232;P2.454;B17.274,n.2;S2.2.305;J2.252.
— Douai.r.A10.193,n.1.

PLUVIÔSE.

1 Civ.c.A7.67;P3.1.424;B13.70;S2.1.210;D.Enreg.171.
— Paris.A9.945,n.1-1; P2.675,n.4; B19.64; S2.2.302; J2. 254;D.Louage emphyt.41.47.
— Toulouse.D.Dot.89.
2 Civ.c.A3.178;P1.736;B5.204;S2.2.342;D.Compét.adm. 149.
3 Rouen.A3.229;P1.754;B5.258;D.Eau.478.
— Req.A7.601;P2.106. et 3.1.426;B14.257;S2.2.429;MQ. 4.298;J2.257;D.Exception.149.
— Civ.r.A8.38;B15.42;S2.1.214;D.Faillite.82.
— Civ.c.A8.502;P2.282;B16.99;D.Féodalité.158.
— Req.A8.525;P2.284. et 3.1.425;B16.123;S2.1.215;MQ4. 364; J2.259; D.Féod.232.Jug.137.Dom. de l'état.27.
— Cr.c.A12.1037,n.3;P2.1512;B28.369;D.Péage.16.
— Bruxelles.A11.946,n.6.1;B23.111;S4.2.185;D.Divorce. 130.151.
4 Limoges.r.A5.195.
— Civ.c.A7.417;P2.72;B14.30;D.Enreg.2799.
— Req.A11.78,n.2; P2.925,n.6; B22.61; S3.2.601;D.Juge supp.148.

6 Cr.r.A12.1051,n.1; P3.1.357; B27.392; S6.1.10. et 2.2. 553;J2.261;D.Lois.35.Vol.77.
7 Paris.r.A2.499.
— Cr.c.A4.297,n.;P1.1096;B7.322,n.1.
— Paris.A10.552,n.2.2; P2.803,n.4; B20.491; S2.2.122; D. Imputation.21.
— Cr.c.A11.500,n.2;P2.1094,n.2;B23.274;D.Quest.prov. 21.
— Cr.c.A12.1068,n.1; P2.1550,n.; B28.420; S2.2.377; D. Vol.221.
— Cr.c.A9.471;B18.12,n.1;D.Incendie.3.
8 Paris.A2.392;P1.499;B3.440;S2.2.318;J2.268;D.Preuve litt.1088.
— Paris.A10.532,n.2; P23.2.159,n.; B20.432;S2.2.319;J2. 264;D.Oblig. solid.97.
— Limoges.c.A10.497,n.2.
— Paris.A11.240,n.3; P2.993,n.2; B22.347; S7.2.1109; D. Prescrip.80.
— Paris.A11.269,n.1; P23.2.159,n.; B22.396; S2.2.319; D. Prescrip.443.
9 Cr.c.A1.72; P1.19; B1.85; S2.2.378; J2.270; D.Inst.cr. 294.
— Arr.A7.404,n.11;S2.2.114;D.Enreg.2762.
10 Cr.r.A12.1051,n.2;P2.1520;B28.392;S6.1.7;D.Vol.782.
11 Civ.c.A2.276; P1.447; B3.305; D.Arbitrage.661.Cass. 255.
— Civ.c.A1.437;P1.149;B.2.45;S2.1.216;J2.216;D.Appel civ.60.
— Civ.c.A6.699;P3.1.428;B12.561;S2.1.217;MQ4.215; J2. 274;D.Effets de comm.665.
12 Req.A3.282;P1.776;B5.317;D.Compét. civ.348.
— V. 2 pluv. A1.178.
13 Paris.A12.504,n.3; P2.1342; B26.400; S7.2.1087;D.Partage.179.
14 Civ.c.A3.141; P1.721; B5.156;S2.1.220;J2.278;D.Commune.793.
— Cass.A12.1037,n.1;P2.1512;B28.369;D.Péage.17.
15 Dijon.r.A8.117.
16 Cr.c.A11.30; P2.916,n.7; B21.455; D.Compét. cr.184. Inst. cr.363.Jug.308.
— Besançon.A12.921,n. et 19.921,n.1; P2.1479; B28.189; D.Garantie.404.405.406.
17 Cr.c.D.Liberté prov.11.
18 Cr.c.A12.1037,n.3,n.;P2.1512,n.;B28.369;D.Péage.16.
20 Colmar.r.A8.524,n.2.
21 Civ.c.A3.284;P1.777;B5.319;D.Compét. civ.379.391.
— Paris.A6.797,n.1;B12.475,n.1;S3.2.552;D.Emigré.176.
— Civ.r.P3.1.587.
22 Req.A5.181; P3.1.429; B5.205; S2.1.224; MQ4.37; D. Compét. adm.137.
— Civ.c.A8.209;P2.215;B15.242;S2.1.222;D.Faillite.939. 940.
— Paris.A6.806,n.1; P1.1502; B12.485,n.1; S2.2.305; J2. 279;D.Emigré.205.Oblig.692.
23 Civ.c.A1.601;P1.227;B2.237;D.Arbitrage.130.
24 Paris.A1.627; P1.234; B2.266; S.2.2.112; D.Arbitrage. 228.
— Civ.c.A8.17,n.1.
26 Paris.A2.692;P1.627;B4.322;S2.2.507; J2.284; D.Actes de comm.189.
— Paris.A8.39;P22.2.148,n.11;S2.2.281;B15.43;J2.281;D. Faillite.83.
— Cr.c.A8.794,n.1;P2.597;B16.424,n.1;D.Forêts.830.
— Cr.c.A8.784;P2.389;B16.411;D.Forêts.844.
— Cr.c.A12.840,n.9;P2.1449;B28.47;D.Vagabondage.10.
27 Disc.A7.26,n.6;D.Enreg.255.
28 Cr.c.A8.305;P2.231;B15.353;D.Faillite.1378.1379.
29 Paris.A3.813; P1.1002; B6.461; S2.2.314; J2.287;D.Acquiesc.56.Cont. par corps.39.
— Paris.A11.936,n.1; P2.1255; B23.93; S3.2.209; D.Divorce.49.127.
— Colmar.D.Respons.260.

VENTÔSE.

1 Paris.A1.132;P1.58;B1.176;D.Acquiesc.283.
— Civ.c.A12.134,n.1;P3.1.434;B28.352;S2.2.770;MQ1.18. et5.444; J2.289;D.Cass.692.Sociétécomm.208.Tutelle. 613.
2 Civ.c.A11.794,n.5; P3.1.434. et 2.1210; S2.2.345; B24. 326;J2.300;D.Surenchère.228.
3 Paris.A1.745;P1.275;B2.400;D.Arbitrage.759.Exception.343.
— Civ.c. A6.445,n.1; P1.1363; B12.62,n.1; S2.2.345; D. Douanes.394.
— Req.A11.155,n.25; P2.947,n.1; B22.158; S7.2.1170; D. Papier monnaie.12.
— Cr.c.A11.424,n.12; P2.1073,n.12;B23.148;S7.2.886;J2. 502;D.Procès-verbal.566.578.
— V. au 3 ventôse an 11.
— Civ.c.A6.439,n.1;B12.56,n.1;D.Douanes.569.
4 Civ.r.A7.278;P2.46;B13.311;S2.1.236;J2.307;D.Enreg. 2077.
— Amiens.c.A9.362,n.,n.8.
— Civ.c.A10.554,n.1-1;B20.465;D.Office.35.
— Liége.A10.403,n.1;P2.699,n.2;B19.270;S7.2.1049;3.2. 458;J2.308;D.Mariage.546.556.
6 Sect. réun.r.A9.333,n.; P3.1.436; S2.1.239;B17.594,n. 1;MQ3.267;J2.315;D.Hypothèque.109.
7 Cr.c.A9.490,n.2;P2.507,n.3;B18.59;D.Inst. cr.22.
— Cr.c.A4.366,n.;P1.1124;B7.400,n.1;D.Cour d'ass.622.

8 Cr.c.A4.136;P1.1043;B7.147;D.Octroi.19.
— Cr.c.A3.553;P1.893;B6.165;D.Compét. cr.578.
— Rennes.c.A3.147;P1.723;B5.165;D.Commune.626.
— Cr.c.A9.515,n.2-2;P2.514,n.4;B18.73;D.Inst. cr.369. Jug.401.Peine.178.
9 Cr.c.A4.291;P1.1092;B7.317,n.;D.Cour d'ass.128.
11 Poitiers.r.A12.843,n.1-1;P2.1450;B28.53;S2.2.126;J2.317;D.Vente.28.
12 Civ.c.A11.158,n.26;P2.948,n.4. et 3.1.440;B22.166;J2.324;Papier monnaie.68.
13 Civ.r.A1.432;P1.148;B2.37;D.Appel civ.35.
14 Civ.c.A11.140,n.39;P2.949;B22.170;D.Papier monnaie.41.
— Civ.c.A11.334,n.;B23.336,n.1;D.Récusat. de juges.69.
16 Cr.c.A4.297,n.;P1.1080;B7.322,n.1. et 306,n.1.
— Cr.c.A4.281,n.;P1.1096.
17 Montpellier.r.A1.522.
18 Cr.c.A4.467;P1.1162;B8.67;D.Témoin.346.
— Cr.c.A4.345;P1.1118;B7.376;D.Cour d'ass.268.484.
19 Arr.A6.346,n.3;S2.2.21.
— Arr. du gouvernement A8.723.
— Poitiers.r.A10.698,n.2.
21 Civ.r.A11.138,n.,n.29;P3.1.328;B22.167;S2.1.225;J2.636;D.Papier monn.39.
22 Civ.c.P3.1.441;S2.2.348;MQ2.475.
23 Req.A2.222;P3.1.442;B3.244;S2.2.453;MQ1.252;J2.332;D.Avoué.153.
— Req.A3.231;P3.1.445;B3.264;S2.2.416;MQ1.643. et 6.122;J2.328;D.Eau.454.Propriété.51.
— Req.A3.50;P1.597;B3.63;S2.2.350;J2.327;D.Commune.335.
— Civ.c.A7.516;B14.151;D.Timbre.61.
— Civ.c.A7.531;P2.92;B14.169;D.Timbre.95.
— Req.A7.797;P3.1.443;B14.494;S2.2.408;MQ2.217;J2.325;D.Domicile élu.89.
24 Civ.c.A7.135;P2.49;B13.130;S2.2.350;J2.557;D.Enreg.1298.1299.
— Civ.c.A7.366;P2.66;B13.415;D.Enreg.2308.
— Civ.c.A7.135.
— Civ.c.A7.366.
— Req.A6.747;P3.1.447;B12.417;S2.2.409;MQ1.520;J2.334;D.Effets de commerce.895.
— Civ.r.S3.2.573;D.Juifs.15.
— Bordeaux.S7.2.948;D.Rapport à succ.283.
25 Paris.A3.747;P1.979;B6.385;S2.2.583;J2.338;D.Cont. par corps.155.
26 Rouen.c.A6.499.
28 Cr.c.A3.169;P1.729;B5.186;D.Compét. admin.101.
— Req.P3.1.448;S2.2.415;MQ2.374;J2.343;D.Voies de fait.49.
29 Cr.c.A4.272,n.;P1.1087;B7.296,n.;S2.2.581;J2.346;D.Contumace.62.
— Cr.c.A1.558;P1.200;B2.187;S2.2.381;D.Appel correct.84.
— Cr.c.A8.405,n.1;P2.261;B.15.472,n.1.

GERMINAL.

1 Req.A6.454;P1.1389;B12.73;S7.2.801;D.Douanes.421.422.
— Civ.c.A9.697;P2.576;B18.349;D.Jug. par défaut.53. Exploit.908.
— Civ.c.P3.1.450;S2.2.351;D.Transact.114.
2 Civ.c.A2.535;P3.1.451;B4.145;J2.353;S2.2.542;D.Chose jugée.213.
— Req.A1.551;P1.190;B2.186;S7.2.1167. et 2.2.542;D.Appel incid.7.
— Bordeaux.c.A6.789,n.1.
— Civ.c.A9.769,n.,n.6;P2.597,n.4;B18.460;D.Jug. prép.96.
— Civ.c.A10.508,n.2.2;P2.792,n.1;B20.395;S2.2.353;D.Condition.150.
— Montpellier.c.A12.70,n.2.
3 Req.A4.653;P13.1.545;B8.248;S2.2.544;MQ2.93;J2.555;D.Degré de jurid.94.
— Nîmes.c.A7.695.
— Req.A1.511,n.;B2.152.
— Req.S2.1.244;D.Don déguisé.15.
— Civ.c.D.Appel civ.425.
4 Rouen.c.A6.499.
— Civ.c.A6.783.
— Amiens.c.A12.308,n.1.
5 Civ.c.A10.497,n.2;B20.379.
— Paris.c.A12.366,n.2.
6 Cr.c.A2.574;P1.585;B4.90;S7.2.826;D.Chose jugée.314.
— Rouen.A2.200;P1.407;B3.216;D.Avaries.74.
— Cr.c.A8.774,n.1;P2.377;B16.394;S7.2.806;772;D.Forêt.664.
— Cr.c.A12.536,n.1;P2.1347;B27.2;D.Supp. de titres.5.
— Paris.A11.943,n.24;B25.105;S.2.2.285;D.Divorce.48.50.115.Exploit.151.
9 Cr.c.A9.516,n.2;P2.516,n.2;B18.78;D.Inst. cr.411.
— Cr.c.P24.1.293;S24.1.386;D.Forêt.221.
11 Civ.c.A1.428,n.;P4.1.207;S7.2.842. et 3.2.14.
12 Req.A2.342;P1.473;B3.383;S2.2.541;J2.365;D.Cass.669.
13 Paris.A9.567;P2.851;B18.154;S2.2.308;J2.366;D.Interdict.203.
— Rouen.A10.793,n.1;P2.872,n.1-1;B21.321;D.Respons.481.Serm. décis.156.

AN X.

— Civ.c.A10.576,n.2.1;P2.804,n.4. et 3.1.453;B20.478;S7.2.1083;J2.374;D.Offre.40.
— Civ.c.A11.583,n.1,n.5;P3.1.452;B23.426;S2.2.351;MQ1.659;J2.376;D.Retenue.6.
— Civ.c.A6.782;P1.1495;B12.458;D.Emigré.89.
14 Civ.c.A4.728;P1.1249;B8.358;D.Degré de jurid.502.
17 Cr.c.A6.402,n.5;B12.15,n.1;D.Douanes.270.
— Cr.c.A9.788,n.1;P2.601,n.4;B18.490;S2.2.385;D.Liberté prov.35.45.
— Cr.c.A11.424,n.;P2.1075,n.
18 Cr.c.A1.168;P1.68;B1.196;S7.2.999;D.Frais et dépens.350.Jugem.390.
— Cr.c.A12.1023,n.2;P2.1509;B28.548;S7.2.984;D.Autorité mun.514.
— Déc. min. fin.;D.Radiat. hypoth.44.
19 Décis. min.A1.785,n.1;D.Arbitrage.891.
21 Civ.r.A3.748;P1.979;B6.385;S5.2.574;J2.341;D.Cont. par corps.155.
— Civ.c.A5.159;P3.1.454;B9.183;J2.381;S14.1.191;D.Désist.131.
— Civ.c.P3.1.456;S20.1.487;MQ1.159;J2.379;D.Procès-verbal.625.
22 Civ.c.A10.218,n.,n.4;P2.723,n.6;B19.455;S2.2.355.
— Paris.S2.2.153;D.Vente pub.153.
23 Civ.c.A10.617,n.1;P3.1.461;B21.29;S.7.2.1095;J2.383.D.Oblig.490.Remise de la dette.38.
— Req.A11.923,n.11;P3.1.457;B25.68;S2.1.249;MQ2.268;J2.387;D.Divorce.145.
25 Civ.c.A3.61;P3.1.462;B3.64;MQ3.460;J2.393;D.Commune.456.
— Civ.r.A7.796;P2.161;B14.493;S2.2.555;J2.396;D.Domicile élu.79.
26 Rouen.A11.731,n.5;P.2.1186;B24.212;D.Saisie-imm.652.664.
27 Paris.A11.380,n.2;P2.1048,n.1.2;B25.69;S2.2.156;D.Prises marit.169.
— Cr.c.A11.226,n.17;P2.988,n.1;B22.322;D.Poids et mesures.39.
29 Cr.c.A11.583,n.1.8;B23.426;S7.2.1188;J2.398.
30 Req.A10.329,n.;B19.475,n.;S2.2.558.

FLORÉAL.

1 Civ.c.A9.827;P2.651;B18.544;S7.2.1043;J2.409;D.Lois.231.
— Civ.c.A9.814;B18.526.
2 Cr.c.A11.33,n.1;P2.917,n.4;B21.458;D.Action pub.40.41.Cour d'ass.1085.
3 Cr.c.A5.91;B.9.103;D.Abus de confiance.39.
4 Cr.c.A4.280;P1.1089;B7.304;D.Cour d'ass.21.
— Cr.c.A3.648;P1.946;B6.270;S2.2.384;D.Compl.140.152.
— Cr.c.A11.424,n.14;P2.1075,n.14;B25.149;D.Procès-verbal.557.
— Civ.c.P3.1.464;S2.1.273;J2.411;D.Douanes.410.
6 Civ.r.A7.454;P2.79;B14.77;J2.415;D.Enreg.2940.
— Civ.c.A4.687;P1.1224;B8.510,n.;D.Degré de jurid.343.
— Req.A6.412;P1.1370;B12.26;S2.1.237;D.Douanes.166.
— Civ.r.J2.418;D.Exploit.165.
— Paris.S2.2.287;D.Exploit.535.
7 Civ.c.A7.77;P2.9;B13.82.
— Req.A2.278;P1.448;B3.308;S7.2.1051;D.Cass.247.
— Civ.c.A6.447;P1.1384,n.;B12.65,n.1;S2.1.275.
— Req.A6.836,n.1;B12.544,n.1;S7.2.956. et 3.2.572;D.Enquête.98.179.
8 Angers.A6.802;P1.1800;S2.2.142;B12.491;D.Emigré.190.
9 Turin.A9.767;P.2.596;B18.456;D.Jug.prép.98.
— Sect. réun.r.A6.663;P3.1.465;B12.525,n.1;S2.2.411;MQ1.195;J2.421;D.Effets de comm.490.
10 Cr.c.A7.650;P2.114;B14.316;D.Instruct. hypoth.354.Peine.172.Excuse.409.Inst. cr.351.
— Cr.c.A11.164,n.,n.8;P2.958;B22.210;D.Peine.172.
— Paris.A11.608,n.2,n.1.
11 Cr.c.A1.216;P1.60;B1.250;S7.2.485;D.Action civ.25.28.
— Cr.c.A11.424,n.14;P2.1075.
— Cr.c.S7.2.854;D.Confiscation.41.
13 Rouen.A8.177;P2.203;B15.206;D.Faillite.798.
— Req.A7.232;P2.37;B13.262;S2.1.243;J2.444;D.Enreg.1966.
— Civ.c.A11.59,n.3;P2.919,n.4;B21.471;S2.2.387;D.Jug.527.Min. pub.133.
— Civ.c.A12.281,n.1;B26.52;S2.1.292;J2.442;D.Success.129.
14 Req.A3.83;P1.692;B3.55;S2.2.546;J2.446;D.Commune.314.598.
— Req.A8.420;P2.265;B16.5;S3.2.604;J2.449;D.Cass.432.Faux incid.56.
— Civ.r.A6.671;P3.1.470;B12.330,n.1;S2.1.285;J2.453;D.Effets de comm.520.
15 Loi.A6.321,n.5;S2.2.103.
16 Cr.c.A4.281,n.;P1.1089;B7.306,n.1.
— Paris.A10.550,n.2;P2.800,n.2;B20.471;S2.2.170;J2.452;D.Paiement.167.
17 Cr.c.A3.582;P1.908;B6.198;S7.2.1160;D.Compét. cr.662.663.
— Cr.c.A11.428,n.23. et 11.424,n.14;P2.1076. et 1075,n.14;B25.156;D.Procès-verbal.557.

AN X.

18 Cr.c.A4.760. et 5.180;P1.1289. et 11.1314;B8.397. et 9.208;S7.2.980;D.Délit rural.97;Destruct.67.
— Cr.c.A4.593,n.;D.Appel correct.225.
— Cr.c.A1.593,n.;P1.241,n.;D.Appel correct.225.
20 Civ.c.A2.496;P25.2.97;B4.101;D.Acquiesc.254.Chose jugée.96.
— Paris.A10.465,n.2-2;P25.2.97,n.2;B20.526;S7.2.817;D.Oblig.456.
— Civ.r.A10.584,n.1-1;P3.1.472;B20.513;S5.1.361. et 2.2.556.419;J2.455;D.Offre.172.
21 Civ.c.A4.713;P1.1259;B8.342;D.Degré de jurid.437.
— Civ.c.A2.561;P1.574;B4.175;D.Chose jugée.244.
— Req.A8.514;P1.1520;B9.561;J2.461.
— Civ.r.A7.835;P3.1.475;B14.539;S2.1.286;MR3.222;J2.465;D.Exploit.20.65.
— Req.A12.356,n.1;P3.1.473;B26.153;S2.2.420. et 557;MQ2.646. et 3.225;J2.457;D.Success.318.
22 Civ.c.A1.450;P1.155;B2.59;S7.2.1108;D.Appel civ.138.
— Req.A6.384;P1.1560;B11.440;J2.466;D.Domicile.68.
— Civ.c.A8.472;P2.278;B16.65;D.Féodalité.64.
— Civ.c.A6.786;P3.1.477;B12.462;S7.2.1009;MQ3.129;D.Emigré.108.
— Besançon.A10.247,n.1.4;P24.2.8,n.;B19.300.
23 Cr.c.A4.281,n.;P1.1089;B7.306,n.1.
— Paris.r.A9.901,n.1;B18.648;S2.2.245;D.Rescis.78.
— Civ.c.P3.1.479;S2.1.265;J2.468;D.Lois.89.
25 Paris.A11.59,n.1;B21.470;S2.2.585;D.Min.pub.264.
— Civ.c.S2.2.583;D.Témoin.222.
27 Civ.r.A7.748;P2.147. et 3.1.481;B14.455;S2.1.301;J2.474;D.Offre.184.Exploit.801.
28 Req.A6.384,n.5;P1.1560;B11.441,n.1;S2.1.265.
29 Civ.c.A6.318;P3.1.484;B11.562;S20.1.465;J2.479;D.Vente adm.270.
— Paris.A8.594.
— Cr.c.A12.1057,n.5;P2.1512;B28.369;D.Péage.18.
— Civ.r.D.Exploit.291.
30 Cr.r.A2.265;P1.438;B3.293;S2.2.386;D.Compét. cr.474.
— Paris.A1.426;P1.141;B2.50;S2.2.290;J2.481;D.Appel civ.29.
— Paris.A7.673;B14.545;J2.484;D.Expertise.193.

PRAIRIAL.

1 Cr.c.A6.394,n.1;B12.4.5,n.
— Cr.c.A9.638,n.,n.2;P2.555;B18.268;D.Jug.402.
2 Avis du cons. d'état.D.Agent de change.13.Courtier.40.
3 Paris.A10.668,n.1-1;P2.802,n.1;B20.485;S2.2.186;J2.487;D.Subrog.119.
4 Civ.c.A2.494;P1.542;B4.98;S7.2.829;D.Acquiesc.200.Chose jugée.80.
6 Req.A9.10;P2.412. et 3.1.488;B17.5;MQ2.672;J2.497;D.Huiss.254.
— Req.A10.228,n.,n.2;P3.1.485;B19.475;S2.1.278;MQ1.369;J2.490;D.Sépar. de biens.54.
8 Cr.c.A6.414;P1.1570;B12.27;D.Douanes.157.
— Paris.A12.129,n.1;P2.1277;B25.324;S2.2.192;D.Soc. commerciale.177.178.
9 Civ.r.A1.368;P1.418;B1.464;S7.2.843;D.Cass.357.
— Paris.A6.380,n.1;B11.456,n.1;D.Domicile.46.
10 Paris.A8.527;P2.238;B15.382;D.Faux.16.
11 Colmar.A2.278.
— Civ.c.A7.528;P2.91;B14.166;D.Timbre.59.142.
— Civ.r.A8.668;P3.1.491;B16.288,n.1;S2.1.287;J2.514;D.Filiat. nat.11.
— Civ.r.P3.1.489;S2.1.307;J2.498.
12 Paris.A2.343;P1.559;B4.155;D.Chose jugée.200.
— Civ.c.A1.798;P3.1.490;B2.459;S2.1.316;MQ1.156;J2.502;D.Arbitrage.989.
— Req.A5.35;P1.1284;B9.35;S2.305;J2.504;D.Départ.41.
— Civ.c.A6.428;P1.1378;B12.45;S2.2.357;D.Douanes.259.
— Civ.r.A11.419,n.3;P2.1069,n.4;B25.138;S2.1.289;D.Procès-verbal.405.
13 Civ.c.A4.687;P1.1223;B8.510;S2.2.359;D.Degré de jurid.345.
— Civ.c.A7.417;P2.72;B14.31;D.Enreg.2794.2796.
14 Paris.A9.191,n.1;P2.446;B17.225,n.1;S2.2.293;J2.506;D.Hypoth. conv.22.
15 Cr.c.A11.163,n.4;P2.957,n.5;B22.209;D.Peine.169.
18 Civ.c.A4.185;P1.1060;B7.201,n.;S2.2.560;D.Voitures pub.25.
— Civ.c.A10.730,n.3.1;P2.704,n.3;B19.515;D.Autorisat. de femme.97.
19 Civ.c.A4.671;P1.1217;B8.292;D.Degré de jurid.281.
— Req.c.A4.506;P1.1176;B8.110;S2.2.387;D.Cass.77.292.1040.Cour d'ass.1423.1613.1620.
20 Civ.c.A7.465,n.1;P2.80;B14.79,n.1.
21 Besançon.A9.351,n.1;P2.478;B17.416,n.1;D.Hypoth.196.
— Poitiers.A10.549,n.1;P2.798,n.1;B20.485;S2.2.197;J2.516;D.Paiement.53.
— Cr.c.A12.555,n.1;P2.1354;B27.31;S21.1.162;D.Rébellion.26.27.
22 Cr.c.A8.407;P2.262;B15.474;S7.2.979;D.Faux.456.
— Rouen.A10.579,n.2.1;P2.767,n.6;B20.494;D.Douaire.61.
25 Cr.c.A8.734,n.1;P2.351;B16.345;D.Forêts.148.
25 Req.A7.358;P2.65;B13.406;S2.1.319;D.Enreg.2505.

— Civ.r.A3.768. et 7.761;P1 983. et 2.184;B6.409. et 14. 451;S2.1.321; D.Domicile élu.96. Except.188. Exploit. 698.Contr. par corps.181.
26 Civ.c.A4.672;P1.1217;B8.292;D.Degré de jurid.279.
— Civ.c.A6.588;P1.1483 et 3.1.495; B12.232;S2.1.339;D. Effets de comm.171.
27 Arr.S2.2.206;D.Agent de change.31.
29 Turin.A6.819,n.1; P2.411; B16.455; S3.2.566;D.Hosp. 100.
— Paris.A12.652,n.20;P2.1386;B27.192;S25.2.248. et 2.2. 295;J2.529;D.Tierce-opposit.89.
30 Cr.c.D.Faux.266.

MESSIDOR.

2 Civ.c A4.675; P1.1219; B8.296; D.Compét. civ.48.Degré de jurid.287.
— Civ.c.A10.584,n.3;P3.1.494;B20.314;S20.1.474;J2.532; D.Offre.179.
— Turin. A10.171,n.1.4; P2.718,n.7; D.Donation entre époux.37.Douaire.18.
5 Turin.A2.417;P1.509;B4.12;S3.2.365;D.Caution.232.
— Req.A11.134,n.,n.6; P3.1.495; B22.159; S3.1.5;D.Pap. monnaie.18.
5 Cr.c.A4.497; P1.1175; B8.100;D.Cour d'ass.1177.1546.
— Cr.c.A11.127,n.1; P2.944,n.5; B22.147; S7.2.1016; D. Presse.349.
— Paris.A11.871,n.3;B24.466;D.Saisie-immob.1715.
— Paris.S2.2.210;J2.533;D.Success.406.
6 Paris.P2.447;B17.252;S3.2.463;D.Hypoth. conv.36.
9 Civ.c.A11.165,n.5;P2.957,n.6;B22.209;D.Peine.167.
11 Req.c.A3.175;P1.754;B5.195;S7.2.843;D.Compét.adm. 115;Dette pub.39.
— Civ.c.A3.20,n.;P1.682;B5.18,n.
12 Agen.A11.844,n.1;P2.1232;B24.419;D.Saisie-imm.999.
15 Rouen.A10.300,n.2,n.1;P2.745,n.2;B20.74;D.Dot.60.
— Rouen.A12.401,n.2.
— Besançon.A12.770,n.1.1; P2.1431; B27.406; D.Tutelle. 640.
— Colmar.A3.749,n.;B6.585,n.;S.3.2.606.
15 Rouen.A12.652,n.19.
16 Civ.c.A2.221; P1.418; B3.246; S20.1.502; MQ1.234; J2. 538.D.Exploit.635.
— Req.A3.16; P1.678; B3.43; S7.2.853; D.Commune.112. 703.
— Civ.c.A6.531,n.1;B11.401.n.1;D.Domaine de l'état.97.
17 Civ.r.A10.667,n.4;P3.1.497;B21.406; S2.1.345; J2.540; D.Preuve litt.624.
18 Req.A3.481;P1.758;B5.203;J2.543;D.Comp. adm.437.
— Cr.r.A6.357;P1.1558;B11.585;S2.1.338;J2.541; D.Ventes adm.167.
— Civ.r.A6.652;P5.1.111; B12.506,n.1; MR4.599;D.Effets de commerce.446.450.
19 Cr.c.A8.397,n.1;P2.260;B15.463,n.1;D.Faux.579.
— Nîmes.r.A12.939,n.1-1.
21 Cr.c.A4.281 n.;P1.1089;B7.305,n.1.
— Rouen.A9.41;P2.418;B17.41;D.Privilége.103.
23 Req.A1.790,n.;P3.1.498;B2.454;S2.2.425;MQ1.157;J2. 534.
— Civ.c. A12.1038,n.6; P2.1515; B28.370; S7.2.1236; D. Péage.19.
24 Civ r.A5.45; B9.44; J2.557;S5.1.8;D.Déportat.42.Emigré.227.228.
— Avis du cons.A8.322,n.1;B16.122,n.2;P.2.284.
26 Cr.c.A11.500,n.3;P2.1094,n.5;B23.274;D.Quest.pr.21.
27 Cr.c.A7.643;B14.309;S2.2.598.
— Cr.c.A8.405;P2.261;B15.472;D.Faux.149.434.158.
— Cr.c.A9.516,n.4;P2.516,n.4;B18.79;D.Inst. cr.424.
30 Req.A7.392;P2.68;B13.445;D.Enreg.2654.
— Montpellier.r.A2.521;B4.129;D.Poss.222.
— Civ.c.A11.136,n.16;P2.948;B22.163;S3.1.1.

THERMIDOR.

1 Civ.r.A10.780,n.3; P3.1.504; B21.294;J2.559;S2.1.349; D.Compét. civ.142.Responsab.72.75.
— Civ.c.A11.136,n.18;B22.164;S7.2.1167;D.Papier monn. 29.
— Civ.c.A11.156,n.16;P2.948,n.1;B22.163;S3.1.1; D.Pap. monn.98.
2 Poitiers.A2.201;P1.409;B3.218;S2.2.224;D.Avaries.34.
— Civ.c.A3.691; P1.969; B6.321; S7.2.340;D.Compte courant.33.34.
5 Cr.c.A4.559;P1.1186;B8.166;D.Défense.56.
— Cr.c.A5.540;P1.875;B6.148;D.Compét. crim.420.
— Rouen.A11.688,n.2;P2.1169;B24.151;D.Saisie-immob. 180.
7 Civ.r.A1.768;P1.273;B2.428;D.Arbitrage.812,848.
— Civ.c.A10.699,n.3.2; P3.1.503; B21.363; S2.1,353; J2. 588;D.Preuve littérale.1109.1157.
— Poitiers.S2.2.200;D.Port. dispon.62.
— Arrêté du gouv.S2.2.253;D.Pension.30.
8 Civ.r.A10.130,n.3.2;P2.704,n.4; B19.346; S7.2.967; D. Autorisat. de femme.96.218.224.Avoué.125.Transact. 52.
9 Avis du cons. d'état.S2.2.288;J.802,n.9;D.Lois.403.
10 Cr.c.A7.643;B14.310;D.Excuse.98.
— Toulouse.A10.125,n.2.2.
— Cr.c.A11.110,n.3;P2.938,n.3; B22.114; D. Presse. 558, 556.
12 Cr.c.A11.220,n.2;P2.985,n.3;B22.312;D.Action civ.98.
15 Décr.A6.858,n.,n.3;D.Emig.366.

— Rouen.A12.652,n.1.19; P2.1386; B27.192; S7.2.804; D. Tierce-opposit.78.
— Cass.A1.428,n.;S2.2.537;D.Appel civil.28.
16 Civ.r.A7.685;P1.1231. et 2.123; B14.360. et 8.322; S2. 2.545;J2.578;D.Deg. de jurid.395.Expertise.287.
— Civ.r.A7.685.
— Req.A11.627,n.1;P3.1.502;B24.22; S2.2.361; MQ5.516; J582;D.Saisie-arrêt.302.
17 Cr.c.A11.94,n.5;P2.929,n.2;B22.86;S2.2.400;D.Presse. 205.
— Paris.A12.774,n.5;P2,1452;B27.415;S2.2.401;J2.583;D. Tutelle.656.
18 Cr.c.A1.168;P1.68;B1.196;D.Frais et dépens.550.
19 Poitiers.A3.251,n.;S2.2.214;D.Dispos. entre vifs.124.
— Poitiers.A11.922,n.8;P25.2.31 n.; B25.66;S2.2.214; D. Disposit. entre vifs.117.Divorce.10,145.
20 Paris.A9.644,n.1;B18.277;D.Jugement.248.
22 Civ.c.A2.296;P1.455;B5.330; D.Appel civ.317. Cassat. 225.311.Jugem. par déf.219.Exploit.175,871.
— Lyon.c.A8.471.
23 Req.A6.588,n.3;P1.1433;S7.2.1151;D.Effets de comm. 172.
— Civ.r.A6.809,n.1; P3.1.505; B12.489,n.1; S3.1.33; J2. 595;D.Emigré.226.
— Paris.A10.429,n.1;P2.604;B20.273;S2.2.300;D.Not.463.
24 Cr.c.A4.453;P1.1159;B8.50;D.Cour d'ass.1170.
— Cr.c.A4.350;P1.1111;B7.559,n.1;D.Cour d'ass.212.
25 Paris.r.A10.586,n.2.3;S3.2.286.
26 Paris.A9.664,n.1;P2.558,n.5;B18.277;S7.2.879.
— Poitiers.A10.785;P2.869,n.; B21.504; S2.2.222;J2.606; D. Responsab.177.
29 Req.A2.224;P1.418;B5.247;S2.1.385;D.Exploit.653.
— Civ.c.A8.453;P3.1.508;B15.178;S3.1.74;J2.608;D.Faillite.679.
— Req.A6.486;P2.279;B16.81;S7.2.1177; et 3.1.12;J2.618; D.Féodalité.101.
— Req.A8.526;P2.285;B16.126;S3.1.17;D.Féod.236.
— Req.P3.1.540;S2.1.361;J2.615.
— Cass.D.Rég. de juges. 36.
30 Civ.c. A6.424; P1.1374; B12.38;S7.2.948; D. Douanes. 214.
— Déc.min.A7.216,n.12;D.Enreg.1875.

FRUCTIDOR.

2 Cr.c.A4.350;P1.1111;B7.559,n.1;D.Cour d'ass. 212.
3 Bruxelles.c.A4.604.
6 Req.A12.668,n.9;P3.1.512;B27.222;S2.2.426;MQ3.576; J2.624;D.Compét. adm.566. Tierce oppos.46.205.232. 237.
7 Cr.c.A8.656.
— Civ.c.A6.439; P3.1.514; B12.55; S2.2.565; MR3.62; J2. 629;D.Douanes.351.
— Civ.c.A11.138,n.31;P2.948,n.6; B22.163. et 23.148; D. Papier-monnaie.57.
— Civ.c.A11.424,n.12;P2.1075,n.12;S7.2.919.
8 Cr.c.A4.291,n.;P1.1092;B7.317,n.;D.Cour d'ass.12.
— Paris.A11.262,n.2;P2.998,n.2;B22.385;J2.630.
— Cr.c.A11.28,n.;B21.451,n.1;D.Inst. crim.336.
— Bruxelles.S4.2.391;D.Arbitrage.392,452.
9 Cr.c.A11.500,n.n.3; P2.1094,n.; B23.274; D.Quest. pr. 21.
— Arr.A3.191,n.8;S2.2.268.
10 Paris.S2.2.404;D.Port. disp.63.
12 Req.A2.755.et 6.656;P3.1.316;B4.396.et 12.312;S2.2.431; MQ2.389;J2.638;D.Commiss.165.Effets de comm.479.
— Req.A1.246; P3.1.515; B.1.285; S2.2.429;MQ1.477;J2. 635;D.Action poss.315.
— Req.A6.253,n.3;B11.286,n.2;J1.635.
— Poitiers.A12.861,n.3; P2.1458; B28.85,n.1; S2.2.250; D. Vente.404.
— Cass.D.Donation entre époux.108.
13 Paris.c.A2.661;P1.648;B4.287;D.Chose jugée.481.
— Req.A10.97,n.1.1;P3.1.518;B19.259;S2.1.376;MQ539.J 2.640;D.Acte de l'état civ.15;Mariage.536.555.
— V. au 12.
— Civ.c.D.Timbre.30.
14 Toulouse.A1.801.
— Civ.c.A8.466;P2.276;B16.38;S3.1.37;D.Féodalité.49.
— Civ.c.A12.219,n.1;P2.1295;B25.491;S2.2.364;D.Substitution.322.
— Arr.A8.817,n.3;S2.2.270.
15 Civ.c.A4.291,n.;P1.1092;B7.317,n.;D.Cour d'ass.128.
16 Civ.c.A11.347,n.8;P2.1014,n.10; B22.477; D.Prescrip. cr.100.
18 Paris.A12.606,n.3;P2.1594;B27.218;S3.2.454;D.Tierce-opposit.218.
20 Civ.c.A12.855,n.2;P3.1.524;B28.72;J2.650;D.Oblig.40. Transp. de créances.45.Vente.148.
— Cass.A1.428,n.;S2.2.367;D.Appel civ.28.
21 Décret.A6.227,n.;D.Ventes adm.305.
— Civ.r.A12.891,n.3. et 11.139,n.32; P3.1.527. et 530;B 28.138. et 22.168;S7.2.1168;MQ3.596;S2.657. et 653;D. Papier monn.35.Vente.602.
— Civ.r.P3.1.528.
22 Cr.c.A3.480,n.;D.Compét.cr.330.
23 Cr.c.A4.795;P1.1273;B8.437.
— Cr.c.A4.297,n.5;P1.1096;B7.322,n.1.
— Cr.c.A9.635,n.,n.2;B18.265; P.2.555,n.2; D.Motifs des jug.222.
27 Civ.c.A11.798,n.1;P3.1.532;B27.333;S3.1.24; D.Saisie-imm.1104.

29 Req.P3.1.523;B15;S2.2.425. et 3.1.256,n.;D.Div.33.
30 Circ. de la régie.S2.2.278;D.Sequestre.54.

AN XI.

VENDÉMIAIRE.

1 Rouen.A2.384;B3.450.
2 Cr.c.A6.427,n.1; P1.1375; B12.42,n.1; D.Douanes.269.
5 Req.A3.795;P1.995;B6.440;S3.2.226;D.Cont. p. corps. 555.556.
— Civ.r.P3.1.534; S3.1.50; MQ3.150; D.Intérêts de capitaux.136.75.76.
6 Civ.c.A11.142,n.18; P2.949,n.6; B22.175; S3.2.254; D. Papier monn.46.
— Req.A11.261,n.1; P2.998,n.1; B22.383;S3.1.128;D.Degré de jurid.555.Prescrip.361.
— Req.A11.273,n.1. et 10.642;P2.823,n.2. et 3.1.537;B21. 66. et 22.497; S20.1.480. et 3.1.19; MR15.634; J3.1; D. Nullité.319.Presc.515.
— Civ.c.A7.412,n.;P2.71;B14.28,n.;S3.2.232.
8 Arr.A6.326,n.17;D.Vente admin.380.
— Cr.c.A1.85,n.;B1.99.
9 Cr.c.A4.281,n.;P1.1089;B7.305,n.1.
— Paris.A9.562,n.2;D.Lois rétroac.254.
12 Req.A6.384; P1.1360; B10.441,n.1;S3.1.21;J3.6;D.Domicile.68.
— Civ.c.A11.564,n.1; P2.1125,n.1; B23.391;S3.2.236; J3. 3;D.Rente.216.
13 Req.A5.496; P1.1527; B10.119; S3.1.30; J3.16; D.Donation.22.
— Req.A11.261,n.2; P3.1.538; B22.384; S3.1.28; J3.14; D. Prescrip.368.
— Civ.c.A11.424,n.12;P2.1075,n.12.
— Civ.c.A11.424,n.12;P2.1075,n.14,n.
14 Civ.c.A3.749; P3.1.540; B6.374; S3.1.151; MR3.65; D. Cont. par corps.301.
19 Civ.c.A1.259;P3.1.542;B1.277;S20.1.456;J3.26;D.Action possess.133.
— Civ.r.A6.474;P3.1.541;B12.97;S3.1.42;J3.28;D.Etranger.208.
— Req.P4.1.85.
20 Civ.c.A4.731,n.;P1.1249;B8.362;D.Degré de jurid.528.
— Req.A7.261; P2.44; B13.295; S3.1.97; J3.30; D.Enreg. 1995.
— Arr.A6.326,n.17;D.Ventes admin.380.
21 Req.A2.536; P1.556; B4.147; S3.2.586; D.Chose jugée. 119.176.
— Civ.r.A2.276;P1.447;B5.306;S3.1.86;D.Cass.505.
— Req.A9.590,n.1. et 11 684,n.4;P2.541,n.1. et 3.1.543; B18.195. et 24.123; S2.2.503. et 3.2.505; MQ3.178.117;J 3.33; D.Intervention.105. Emigré.137. Offres réelles. 38.Saisie-imm.187.1582.
— Civ.c.A10.667,n.1; P2.830,n.4; B21.106; D.Preuve litt. 626.
— Req.A1.182,n.;P1.738.
22 Cr.c.S3.2.382.
24 Req.A4.757.
25 Civ.c.A9.898,n.1;P3.1.559;B18.641,n.;D.Lois.355.
26 Civ.c.A4.725;P1.1247;B8.555;D.Degré de jurid.494.
— Civ.c.A3.62; P3.1.549; B5.65; MQ1.447; J3.40; D.Commune.356.
— Civ.r.A12.451,n.1; P3.1.546; B26.310; S3.1.89; J3.48;D. Oblig.person 16.Success.474.497.502.
27 Req.A6.641;P3.1.555;B12.297;S3.1.65;MR4.599;J3.52; D.Effets de comm.375.418.449.
— Civ.c.A9.545,n.,n.3;P2.475. et 3.1.551;B17.408,n.3;S3. 1.46;J3.54;D.Hypoth.165.
29 Cr.c.A4.350;P1.1111;B7.559,n.1;D.Cour d'ass.212.
30 Cr.c.A11.164,n.10;P2.958,n.3;B22.211;D.Peine.174.

BRUMAIRE.

3 Civ.r.A1.325;P1.99; B1.577; S3.1.58; J3.56;D.Agent de change.165.
4 Civ.c.A1.139;P1.54;B1.162;D.Acquiesc.491.
— Civ.c.A9.763,n.1.3; P2.597,n.2; B18.458;S3.1.54;D.Jugement prép.72.
5 Civ.c.A10.201,n.1; P2.721,n.2; B19.429;S3.2.240;J3.62; D.Cassation.907.Communauté.233.
— Civ.r.S3.526;J3.64;D.Exploit.186.
6 Cr.c.A4.762,n.;P1.1260;B8.599,n.;D.Délit rural.92.
— Cr.c.A4.284,n.;P1.1089;B7.303,n.1.
— Cr.c.A7.659;B14.502;D.Instruct. cr.457.Excuse.34.
7 Cr.c.A4.498;P1.1173;B8.402;D.Cour d'ass.1568.
8 V. 8 mess.A1.182.
— Avis du cons. d'état.S3.2.37;D.Actes de l'ét. civil.18.
9 Lettre min.S2.2.278;D.Séquestre.54.
11 Civ.c.A4.744;P1.1239;B8.342;D.Degré de jurid.458.
— Civ.r.A5.582; P1.1532; B10.222; S3.1.117; J3.74; D.Retour conv.24.
— Civ.c.A9.767,n.1-1;P3.1.554; B18.457;S3.1.77; MQ1.69 J3.76;D.Jugement prép.403.
— Req.A12.445,n.1-1; P3.1.555.578; S3.1.70;D.Cass.668. Success.465.466.
12 Cr.c.A1.404;P1.426;B23;D.Forêts.1028.
— Civ.r.A9.46;P2.419;B17.47;S9.2.1149;D.Privilége.156.
— Req.A11.175,n.1-1; P2.963,n.1. et 3.1.556; B22.229;S3. 2.511. et 1.68;D.Péremp.18.
— Arr.A3.133,n.2;S3.2.58.
— Avis du cons. d'état.S3.2.37;D.Actes de l'état civil.18. 130.

13 Cr.c.A4.785;P1.1269;B8.425;D.Jugement.598.Délit rural.105.
— Cr.c.A2.436;P1.515;B4.52;D.Chasse.102.
— Cr.c.A1.405; P3.1.557; B2.7; S3.2.451;MQ1.48;J3.83;D.Forêts.1028.
— Cr.c.A5.664,n.;P1.937,n.2.
— Cr.c.A8.777,n.2;P2.382;B16.401;D.Forêts.724.
14 Civ.c.A12.1016,n.2;P2.1507;B28.337;S3.2.390.;D.Voirie.560.
17 Civ.c.A4.709;P1.1236;B8.337;D.Degré de jurid.413.
— Civ.c.A2.486; P1.539;B4.90; S7.2.827;D.Appel civ.456. Chose jugée.14.
18 Req.A3.51; P1.691; B3.53;S7.2.1195.841; J3.91; D.Audience solenn.3.4.Commune.314.323.324.328.
— Req.A6.626;P1.1461;B12.275; S3.1.140;J3.86;D.Effets de comm.614.
— Colmar.A11.643,n.1,n.1; P2.1149,n.1; B24.53; S7.2.98; D.Saisie-brandon.27.
19 Civ.c.A3.172;P1.371;B5.191;D.Comp. admin.407.408.
— Liége.A9.40,n.1.2;B17.40,n.1;S7.2.1137;P2.418;D.Privilége. 99.
— Arr.A6.525,n.1;D.Ventes admin.392.
20 Cr.c.A9.655,n.,n.3;P2.553,n.3;B18.265;Motifs des jug.269.
21 Cr.c.A12.615,n.3; P2.1377; B27.151; S3.2.391; D.Tém. faux.57.
25 Civ.r.A3.81; P1.705. et 704; B5.87; D.Commune.329.331.598.
26 Civ.c.A3.81;P1.705;B4.88;S3.2.246;J3.96.
27 Cr.c.A3.515;P1.879;B6.124;D.Compét. cr.437.438.
— Déc A6.327,n.;D.Vente adminis.368.
— Cr.c.A9.475.n.2; P2.506; B18.15,n.1; S3.391; D.Incendie.20.
— Cr.c.A11.401,n.3; P23.1.346,n.;B23.407; S3.2.392; J3.103;D.Procès-verbal.120.
— Cr.c.D.Garde champêtre.8.
28 Nîmes.A1.792; P1.501; B2.456; S3.2.509; D.Arbitrage.920.986.
29 Civ.c.A11.142,n.,n.49; P2.950,n.7; B22.175; D.Papier monnaie.47.
— Paris.P22.2.132,n.2;S3.2.441;D.Filiat. légit.146.

FRIMAIRE.

1 Civ.c.A3.400; P3.1.562; B10.8; S3.1.123; MR7.174; J3.104.
— Civ.r.A6.7,85,n.,n.3;P3.1.563; B12.460,n.,n.;S3.1.106; J3,109;D.Emigré.96.
3 Civ.c.A4.650;P1.1199;B8.244;D.Degré de jurid.238.
— Civ.r.A7.850;P2.171;B14.534;S3.1.255;D.Huissier.225.
— Civ.c.A11.580,n.1; P3.1.565; B23.419;J3.114;D.Rente.592.
4 Cr.c.A4.786,n.;P1.1269;B8.426,n.1;D.Délit rural.105.
— Cr.c.A3.448;P838;B6.49;S7.2.1014;D.Compét.cr.145.
— Cr.c.A11.115,n.13; P2.937,n.5; B22.122; S7.2.1014; D.Presse.570.
— Avis du conseil d'état.S3.2.97; D.Actes de l'état civil.57.
5 Décret.A6.326,n.;D.Ventes admin.368.
6 Civ.r.A12.288,n.1;P3.1.567;B26.43;J3.117;S21.458;D.Succession.183.
8 Civ.r.A2.304; P1.1255. et 3.1.568; B3.338. et 8.377;S3.1.153;J3.119;D.Cass.503;D.Degré de jurid.610.
— Civ.r.A4.661;P1.1211;B8.280;J3.122;D.Degré de jurid.215.Success. bénéficiaire.196.
— Civ.c.A4.744;J3.119.
— Bull. civ.D.Procès-verbal.613.
9 Civ.r.A7.732;P2.140;B14.446;D.Exploit.151.165.
— Rouen.A6.257;B11.292;D.Donat. entre époux.118.
— Arrêté des consuls.S3.2.43;D.Rente. 410.
10 Paris.A11.549,n.3. et 9.628;P2.556;B18.253. et 23.365. P1.1116;S3.2.438;J3.126;D.Motifs des jug. 10.
11 Cr.c.A2.616;P1.611;B4.258;S3.2.393;J3.137;D.Chose jugée.417.418.
— Agen.c.A2.746.
— Avis du conseil d'état.S3 2.97;D.Actes de l'état civ.57.
— Décis. min.A7.26,n.4;D.Enreg.186.
12 Cr.c.A4.440; P1.1154; B8.56; S7.2.1153; D.Cour d'ass.1090.
— Civ.c.A8.686,n.1; P2.313; B16.309,n.1; D.Fonct. pub.253.
16 Civ.r.A5.48;P1.1285;B9.50;S3.1.147;J3.129;D.Déport.27.Domicile.55.Exploit.512.
17 Civ.r.A1.147; P3.1.569;B1.171;P3.1.401;J3,136;D.Acquiesc.198.Cass.24.
— Arr.A6.326,n.19;D.Ventes admin.307.
18 Cr.c.A4.281,n.;P1.1089;B7.505,n.1.
19 Nîmes.P23.2.8,n.1;S3.2.296;J3.127.
— Nîmes.D.Lois rétroact.87.
22 Civ.c.A7.198;P2.30. et 3.1.570;2.252;B13.222;S3.2.282; MR4.145. et suiv.;J3.138;D.Enreg.1566.
— Civ.c.A10.583,n.2;P2.808,n.1;B20.512;D.Offre.167.
— Civ.r.A11.834,n.1; P3.1.571; B23.333; S3.1.198; MQ4.286;J3.1.140;D.Récusation de juges.43.69.
23 Req.A7.359; P3.1.572; B13.407; S3.1.100;MR4.754;J3.146;D.Enreg.2548.
— Req.A6.625; P3.1.573; B12.274; S3.1.125;J3.142;D.Effets de comm.612.613.
— Turin. A10.648.n.1; P2.824,n.2; B21.82; S3.2.605; D.Preuve litt. 127.
— Civ.c.A12.907,n.1,n.1; P2.1474; B28.164;D.Vente.857.875.
24 Civ.c.A7.694;P2.123;B571;S3.2.254;J3.145.
— Paris.A11.475.
25 Cr.c.A4.177;P1.1058;B7.192;S7.2.1107; D.Frais et dépens.562. Poudres et salp.19.
— Cr.c.A12.962,n.2.1;P2.1496;B28.259;D.Homicide.81.
26 Cr.c.A11.500,n.3;P2.1094,n.;B23.274; D.Quest. pr.21.
29 Civ.c.A6.320; B11.364,n.1;S3.2.255; J3.148;D.Ventes adm.272.
30 Civ.c.A4.731,n.;P1.1249; S3.2.258; D.Degré de jurid.528.
— Req.A11.262,n.5; B22.586; S3.2.435; J3.156; D.Presc.374.

NIVÔSE.

2 Paris.A2.691;P1.626;B4.321;S19.2.406;J3.160;D.Commerçant.48.
— Rouen.A11.689,n.1; P2.1170; B24.132; S3.2.231; J2.3.158;D.Saisie-imm.196.1568.
3 Cr.c.A4.764;P1.1264;B8.401;D.Délit rural.13.
— Cr.c.A3.468;P1.851;B6.71;S3.2.395;D.Compét. cr.244.290.
— Cr.c.A8.681,n.4;P2.511;B16.304,n.4;S3.2.396; J3.165; D.Fonct. publics.228.
— Paris.A10.714,n.2.2;P2.849,n.1;B21.485;S3.2.241; J3.161;D.Ratificat.114.
4 Turin.A10.767,n.1;P2.861,n.5;B21.275;D. Avoué.100. Serment déc. 65.
7 Civ.r.A7.836;P2.172;B14.540;S3.2.553;D.Exploit.56.
8 Civ.c.A11.606,n.2,n.1;P2.1138,n.6.
— Rouen.A2.384.
— Civ.c.A2.261;D.Brevet d'inv.87.
9 Poitiers.A8.163;P22.2.170,n.15; B15.190; S3.2.518. et 264;J3.169;D.Faillite.708.722.
— Cr.c.A11.394,n.1;P2.1057,n.2;B23.95;S3.2.397;D.Procès-verbal.8.
10 Cr.c.A4.178;P1.1058;B7.192;D.Poudres et salp.19.
— Cr.c.A3.169; P1.730; B5.187; S3.2.399;J3.175;D.Comp. admin.103.
11 Dijon.A10.488,n.1; P2.788,n.4; B20.562; S3.2.212; D.Intérêts de capit.31.
12 Cr.c.A4.761,n.
13 Civ.c.A7.276,n.;P2.46. et 3.1.374;B13.512,n.;S3.2.264; J3.176.
— Paris.A10.583,n.3.
— Civ.r.A11.581,n.5; P2.1126,n.5; B23.422; J3.178; D.Rente.396.
— Nîmes.S7.2.1190;D.Saisie-exécut.111.
14 Civ.r.A2.299;P1.457;B3.334;S4.1.9;J3.180;D.Cass.506.555;Exploit.889.
— Req.A7.392;P2.69;B13.443.
— Civ.c.A10.593,n.,n.1;P2.771,n.3; B20.216;S3.2.266;D.Mines.148.
15 Req.A7.368; P3.1.375; B13.417;S3.1.154; MR4.768;J3.185;D.Enreg.2490.
— Civ.c.A1.511,n.;B2.132.
— Civ.c.J3.183;D.Appel civ.230.425.
18 Colmar.A10.250,n.1;P2.731,n.2;B19.503;S3.2.673.
— Paris.A12.80,n.1;P2.1263;B25.260;S7.2.1199; D.Servitudes.786.
— Colmar.A11.815,n.1,n.1; P2.1219; B24.566; D. Saisie-imm.1099.1451.Comm.427.
20 Civ.c.A4.733;P1.250;B8.365;D.Degré de jurid.534.
— Civ.c.A6.550;P1.1357;B11.400;S3.1.116;D.Domaine de l'état.114.
— Civ.c.A6.551,n.1; B11.401,n.1; J3.188; D.Domaine de l'état.97.
21 Req.A1.606;P1.231;B2.243;S7.2.1055;D.Arbitrage.211.
— Civ.r.A7.705;B14.581;D.Exploit.474.
22 Cr.c.A12.1037,n.3,n.;P2.1512,n.
— Civ.c.A4.685; P1.1223,n.; B8.308,n.;S3.2.269;D.Degré de jurid.340.
— Amiens.c.A9.769,n.,n.9.
— Cr.c.A12.1038,n.7;P2.1513;B28.570;D.Peage.20.
— Cr.c.A12.1037,n.3,n.;P2.1512,n.;B28.569;D.Peage.16.
23 Cr.c.A2.229; P1.421; B3.252;S3.2.401; J3.191; D.Animaux.13.
— Cr.c.A1.584;P1.217;B2.218;S3.2.399; D.Appel correct.191.
— Cr.c.A1.213,n.;D.Action publ.61.
24 Cr.c.A4.226;P1.1072;B7.245;D.Octroi.174.
— Cass.A10.804,n.11;S3.2.401;D.Respons.646.
25 Paris.P23.2.54,n.;S7.2.1220.
27 Civ.r.A7.79;P2.10;B13.85;S7.2.920. et 3.1.199; D. Enreg.702.
— Civ.r.A9.765,n.1;P2.596,n.2. et 3.1.624;B18.458;S3.2.499;MQ1.371;J3.352;D.Jugem. prép. 134.
28 Civ.c.A2.261;P3.1.577;B3.288;S3.1.142. et 3.1.167;MR 1.877;J3. 195.
29 Paris. A11.543,n.2; B23.532,n.1; S7.2.905. et 772; D. Référé.57.
— Toulouse.D.Acquiesc.28.377.429.
30 Cr.c.A2.89;P1.344;B3.94;S3.2.403; J3.197; D.Attentat à la pudeur.8.
— Bourges.A6.213,n.1;B11.239,n.2.
— Paris.A6.59;P1.1346;B11.62;S7.2.1171;J3.199.
— Arr.A6.358,n.,n.5;D.Emig.567.

PLUVIÔSE.

2 Paris.A6.400;P1.1347;B11.110;J3.204.
— Paris.A6.113;P1.1347;B11.124;S3.2.506;J3.201;D.Rente.401.402.
— Req.A11.608,n.2,n.1;P2.1138,n.6;B23.471;S4.1.154;D.Jugement.56.511.Nullité.156.Req. civ.85.116.
— Inst. de la régie.A1.736,n.
— Arrêté des consuls D.Juifs.12.
3 Req.A11.608,n.2,n.1;P2.1138;B23.471;S4.1.154; D.Jugement.56.511.Nullité.156 Req.civ.85.116.
4 Civ.c.A9.768,n.,n.4; P3.1.578; B18.459; S3.2.272; J3.206;MQ1.63;D.Jug. prép.60.
5 Civ.c.A7.55; P3.1.579; B13.56; S3.2.274;MQ2.409; J3.207;D.Enreg.153.
— Civ.c.A5.292;P1.780;B5.330;S3.2.275;J3.208;D.Comp. civ.315.
6 Req.A1.627; P3.1.582; B2.267;S3.1.351. et 2.9;J3.212; D.Arbitrage.227;Lois.512.
— Civ.c.A5.545;P3.1.585;B10.177;S3.1.201;D.Donat.dég.10.17.
— Req.A8.421;P2.266. et 3.1.580; B16.7; S3.1.225;J3.214; D.Faux incid.103.168.
7 Cr.c.A4.291,n.;P1.1092;B7.516,n.1.
— Paris.A11.198,n.1.27;P2.972.n.3;B22.272.
8 Ord. cons. d'état.A3.205,n.1;D.Compét. adm.330.
11 Req.A2.287;P1.450;B3.319;J3.220;D.Cass.512.
— Req.A12.190; P3.1.585; B25.448; S3.1.129; J3.217; D. Substitution.189.
12 Civ.r.A9.359;B17.426;J3.221;S3.1.217;J3.221;D.Purge des priv.4.
13 Douai.r.A2.49.
— Civ.c.A7.689;B14.365;S3.1.172;D.Expertise.580.
— Civ.c.A6.550,n.5;B11.401,n.1;S3.2.278; D.Domaine de l'état.114.
— Req.A12.191,n.2; P2.1290; B25.449;S3.1.132;J3.225;D. Substitution.190.
14 Cr.c.A3.664;P1.957; B6.288; S3.2.403; D.Complic.227.228.
— Paris.A7.610;B14.268;S3.2.256;J3.254;D.Except.236.
— Cr.c.A6.414; P1.1370;B12.27;S3.2.404; J3.253;D.Douanes.146.
15 Dijon.A11.651,n.1,n.1.P2.1155,n.2; B24.67; S7.2.1191; J3.236;D.Saisie-exéc.60.
16 Civ.c.A6.519;P4.1.514;B11.362;S3.2.280; MQ1.286; J3.241;D.Vente adm. 272.
— Sect. réun. c.A6.411,n.5;P1.1368;B12.23,n.5;S3.2.406; D.Douanes.135.
— Paris.A6.881,n.2; P1.1520; B12.575;S3.2.233;J3.239;D.Enquête.308.511.
— Lyon.A11.706,n.3;P2.1177;B24.164;D.Saisie-imm.520.329.
18 Req.A7.78;P2.9;B13.85.
— Civ.c.A3.239;P1.757;B5.270;S3.2.282;J3.245;D.Conflit.165.
19 Civ.c.A7.80; P3.1.591; B13.85; S3.1.193; MQ3.111; J3.247;D.Enreg.752.
20 Req.A3.203;P1.745;B5.229;D.Compét. adm.325.
21 Cr.c.A2.105;P1.353;B3.111;D.Attentat à la pudeur.89. Cour d'ass.880.
— Paris.A3.507;P1.781;B5.550;S7.2.1217;D.Compét. civ.231.
— Cr.c.A1.575;P1.212;B2.207;D.Appel correct.158.
22 Cr.c.A5.649; P1.947; S3.2.412; B6.271; D.Complicité.140.152.
— Cr.c.A12.606,n.1,n.1; P2.1574; B27.119; S3.2.410; J3.250;D.Tem. faux.22.
23 Arrêté.A6.858,n.4,n.14;D.Emig.570.
25 Civ.c.A1.461;P1.465;B2.73;S3.2.11; D.Appel civ.231. Liége S4.2.393;D.Autor. de femme.212.
26 Civ.c.A2.277; P3.1.599;B3.307; S3.1.233; MR2.58; J3.261;D.Cassation.236.694.
— Civ.r.A4.704;P1.1234;B8.322; S3.2.432; J3.257; D.Degré de jurid.398.
— Paris.A3.176;P1.735;B5.196;S3.2.259;D.Compét. adm.127.128.
— Req.A8.521;P3.2.597; B16.121; S7.2.805. et 825; MQ1.276;J3.252;D.Féodalité.225.
— Req.A8.523,n.2;P3.1.595;B16.123,n.2;S3.1.161; MQ1.373;J3.259;D.Féodalité.255.
— Civ.r.A11.280,n.2;P3.1.599;B22.412;S3.1.233; MR2.58; D.Prescrip.571.
— Paris.A12.714, n.7; P2.1413;B27.306; S3.2.470;D.Emigré.155.Tutelle.153.179.
27 Civ.r. A2.287; P3.1.600; B3.319; S7.2.846.4.1.1; MQ1.348;J3.264;D.Cassation.315.317.
— Paris.A9.562,n.4;P2.479;B17.429,n.4;S3.2.259; D.Purge des priv.10.
— Civ.r.A12.877,n.1.1; P3.1.600;B28.114;S7.2.846; MQ1.348;J3.262;D.Garantie.54.55.
— Décr.A7.402,n.2;D.Enreg.2729.
28 Cr.c.A3.562;P1.902; B6.175; D.Compét. crim.552.617.618.
29 Cr.c.A2.89;P1.344;B3.94;D.Attentat à la pudeur.23.
— Cr.c.A8.683; P2.312; B16.306,n.3; D.Fonction. publ.243.
— Paris.A12.344,n.1;P2.1511;B26.138;S7.2.1216;D. Success.239.292.
30 Avis du conseil d'état.A8.496,n.1; B16.93;S3.2.62.
— Paris.A12.510,n.1;P2.1344;B26.406;S3.2.215; D.Partage.258.

VENTÔSE.

2 Req.A4.734; P1.1250;B8.366; S3.2.512; J3.272; D.Déf.220;Degré de jurid.536.

— Req.A1.322;P3.1.604;B1.371;S3.1.482;M2.252; J3.267; D.Adultère.110.
— Civ.c.A7.454,n.; P2.80. et 3.1.602; B14.78; S3.2.288; MQ486.
— Req A10.193, n.1.1; P2.719,n.2; B19.417; S3.2.589; D. Communauté.840.
— Paris.A12.916,n.2.1;P2.1477;S3.2.305;J3.270; B28.181; D.Transport de créance.92.
Civ.c.A9.946. et 11.583,n.7;P3.1.603;B19.65.28.181. et 23.426;S3.1.241; MR3.130;J3.265; D.Louage emphyt. 41.43.Retenue.15.
3 Civ.c.A7.87;P2.11;B13.93; S3.2.294; J3.278; D.Enreg. 832.2489. Success.32.
— Civ.c.A7.178;P2 26;B13.199;S3.2.291;J3.277;D.Enreg. 1496.
— Civ.c.A8.669;P3.1.606;B16.288;S3.1.485;J2.303;D. Filiation nat.14 126.
4 Civ.c.A4 720;P1.1244;B8.350; J3.290; D.Cass.308.516. Degré de jurid 464.
— Req.A7.135;P2.19;B13.150,n.—S3.1.256;J3.290.
— Req.A7.624;P3.1.608;B14.285;S1.179;J3.283;D.Garantie.524.
— Civ.r.A7.830;P2.171;B14.534;S7.2.847; D.Exploit.883.
— Civ.c.A6.350,n.3;B11.401,n.1; D. Domaine de l'état. 114.
— Civ.c.A6.350,n.3;D.Domaine de l'état.114.
— Civ.c.A6.856;P2.304;B16.274;D.Filiat. nat.25.Jugem. préparat.90.
— Civ.c A12.282,n.;B26.33;S3.2 297.
5 Cr.c.A4.350;P1.1111;B7.359;D.Cour d'ass.212.879.
— Cr.c.A6.431;P1.1376;B12.46;D.Douanes.309.
6 Décis. min.A7.76,n.1;D.Enreg.853.
— Cr.c.A9.665,n.n.4; P2.566,n.2; B18.307; S3.2.413; D. Frais et dépens.361. Instr.crim.411.
— Req.A10.642,n.1.
7 Civ.c.A10.747,n.1; P3.1.609; B21.240; S3.1.228; MQ4. 126; J3.291;D.Preuve test 507.
— Turin.A11.40;P2.919,n.4;B21.171; D.Jugem.327. Min. pub.133.
9 Paris.A9.44,n.1;B17.45,n.1; S3.2.279;J3.299; D.Privilége.188.
— C.cass A10.379,n.1; P2.767,n.5; B20.193; S7.2.918;J3. 298;D.Douaire.37.
10 Poitiers.A11.931,n.2; P2.1253;B25.84; S3.2.486; D.Divorce.20.
11 Req.A11.272.n.1.2;P2.1001,n.2;S7.2.1172.990.3.2.546. 532;B22.404;D.Prescript.569.
— Req.A12.218,n.1;P2 1294;B25.490; J3.305; D.Communauté.957.Substitution.319.
— Civ.c.A11.607,n.1.n.1;P3.1.613;B23.468;S3.1.257;MQ. 4.451;J3.301;D.Req. civ.93.
— Civ.c.A11.609,n 2; P3.1.613; B23.472; S3.1.257; MQ4. 451;J3.303.Req civ.116.
12 Cr.c.A4.761;P1.1260;D.Délit rural. 87.
— Cr.c.A11.29,n.;B21.434,n.;D.Instruct. crim.361.
— Paris.A3 311;D.Tutelle.529.
13 Cr.c.A2.94;P1.347;B3.100;D.Attentat à la pudeur.84. Instruct. crim.30,s.45.Cour d'ass.1036.
— Cr.c.A4.524;P3.1.616;S20.1.477;MQ5.527; D.Courtier. 117.
— Cr.c.A4.272;P1.1087;B7.295;S3.2 414;J3.315;D.Contumace.62.
14 Arr.A12.989,n.7; B28.391,n.7;D.Voirie.161.
16 Req.A10.577,n.1.4; P2.805,n.3;B20.500;D.Offre.56.
— Civ.c A10.383,n.1;P3.1.619;B20.512; S3.1.249; J3.317; D.Offre.165.
18 Paris.A12.650,n.13;P2.1384;B27.189; J3.320;S3.2.250; D.Absence.198. Tierce opposition.169.
— Civ.r.A8.569,n.1; P3.1.614; B16.176,n.1;S3.1.519;J.3. 306; D.Cassation.625;Filiation légit.119.
19 Cr.c.A4.786,n.2;P1.1269;B8.426,n.1;D.Délit rural.103.
— Turin A1.603; P1.229; B2.240; S4.2.620; D.Arbitrage. 137.205.
— Cr.c.A1.372; P1.210; B2.204; D.Appel correct.53.117. 111.
— Paris.A6.113; P1.1347; B11.124; S3.2.247; J3.288; D. Legs.352.
20 Paris.A12.803,n.3; P2.1439;B27.464; S3.2.277; J3.322; D.Usufruit 444.
21 Rouen.A10.375,n.1; P2 765,n.2; B20.196; D. Douaire. 14.
23 Req.A11.820,n.1;P3.1.620;B24.375;S3.1.223;J3.324;D. Rep.d'inst.17. Saisie-imm.1498.
— Req.A10.385,n.2;P20.209;D.Mines.5,s.32.520.
24 Civ.r.A7.837;B3.1.621;P14.542;S3.1.251; J3.326;MQ2. 485;D.Exploit.465.
— Civ.r.A9.613,n.2;P2.549,n.2.1; B18.231,n.2; S3.2.639; D.Jugement.118.
— Paris.A9.330,n.1;P2.473;B17.391,n.1; S3.2.216;J3.327; D.Hypoth.93.
— Req.A4.737;P1.1253;B8.370;S3.1.214;D.Degré de juridiction.575.
— Cr.c.D.Contr. ind.248.
25 Civ.r.A6.233;P3.1.622;B11.263;S3.1.277; MQ3.137;J3. 338;D.Donation entre époux.51.
— Req.A9.766,n.1;P3.1.625;B18.455;S3.1.215;MQ1.372;J 3.331;D.Jugem prépar 135.Preuve test.9.
— Nîmes.A10.372,n.1; P2.764,n.6; B20.189; S4.2.529; D. Paraphernalité.15.16.
— Paris.A11.771,n.2; P2.1205; B24.284; D.Surenchère. 107.251.
— Loi.A10.667,n.1.1;S3.2.65.
26 Cr.c.A2.558; P1.593; B4.206; S7.2.828; D.Chose jugée. 352.
27 Cr.c.A12 615,n.1,n.1; P2.1378; B27.133; S3.2.415; D. Tém. faux.69.
30 Rej.A12.116,n.1;P2.1272;B25.319;S16.1.167; J3.338;D. Société comm.100.
— Paris.A12.865,n.1-1;P2.1459;B28.92;J3.337; D.Vente. 477.

GERMINAL.

1 Paris.A1.640;B2.282;S7.2.1203;D.Arbitrage.93.108.
— Req.A11.597,n.3;P3.1.626;B23.450;S3.2.335;MQ4.452; J3.340;D.Req.civ.25.151.
2 Req.A3.182; P1.738;B3.206; S3.1.246; D.Compétence admin.152.
3 Paris.A9.279,n.2;P2.462;B17.330,n.2;S3.2.270;D.Souscript. hypoth.46.
4 Cr.c.A3.510;P1.875;B6.118;D.Compét. crim.419. Déc. min. Enreg.186.
7 Civ.r.A7.471,n.;P3.1.632;B14.98,n.;S3.1.354;MQ2.414; J3.347.
— Civ.c.A6.592; P3.1.630; B12.236; S3.1.268; J3.350; D. Effet de comm.173.174.
8 Civ.r.A3.693;P1 970;B6.522;S4.1.150; D.Compte courant.36.Mandat.71.
— Req.A7.442;P2.76;B14.63;S4.1.20;J3.353;D.Enregistr. 2972.
— Rouen.A8.620,n.1;B16.233;S7.2.931;D.Success. irrég. 116.
— Besançon.A10.407,n.1.3; P2.776,n.3;B20.240; D.Nantiss.133.134.
— Inst.A7.402,n.2;S3.2.154;D.Enreg.2729.
9 Civ.c.A4.709;P1.1236;B8.337;D.Degré de jurid.412.
— Paris.A4.796;P1.1274;B8.438;D.Dem. nouv.73.
— Civ.r.A11.857,n.1.1;B24.440;D.Saisie-imm.1059.
10 Cr.c.A3.663;P1.955;B6.287;S3.2.419;D.Complic.219.
— Cr.c.A9.490.n.2;P2 507,n.4;B18.39;D.Instr.crim.21.
11 Paris.A2.710; P1.634; B4.344; S3.2.380; J3.356; D. Comm.33.
— Cr.c.A2.127;P1.366;B3.137;D.Autorité mun. 184.216.
— Loi.A10.415,n.1;S3.2.118.
12 Cr.c.A11.616,n.2;P2.1140,n.2;B24.2;D.Révision 22.
14 Civ.c.A6 417,n.1; P1.1572; B12.30,n.1; S3.2.304; D. Douanes.172.
— Civ.c.A7.455;P2.80;B14.79;S3.2.505; J3.360; D.Enreg. 2815.2941.
15 Poitiers.A11.568,n.1;P2.1123,n.6; B23.397;J3.362; S3. 2.484;D.Rente.238.
— Civ.r.A11.715,n.1;P3.1.654; S3.1.284; J3.364;B24.181; D.Saisie-imm.420.1359.
16 Paris.A3.368;P1.802; B3.423;S3.2.281; J3.372; D.Compét. comm.312. Saisie-arrêt.191.
— Civ.r.A11.208,n.1; P3.1.636. et 2.1278; B22.291; S3.1. 274.52.502;MQ37;J3.377.
— Rouen.A11.807,n.1,n.1; B24.351; S3.2.224; J3.374; D. Saisie-imm.1359.1389.
— Civ.r.A12.130,n.2; P3.2.636. et 2.1278; B23.346; S3.1. 234;D.Société comm.186.
17 Paris.A1.132;P1.50;B1.155;S7.2.1184; D.Acquiesc.23. 441.
— Paris.A5 397,n.;B10.5,n.1;D.Don. par contr.197.
18 Décr.D.Contrainte.4.
19 Paris.A11.546,n.1; P2.114,n.3; B23.358; S7.2.1165; J3. 386;D.Référé.58.
— Nîmes.A12.857, n.2; P2.1455; B23.358. et 28.73; S3.2. 303;J3.384;D.Droit civ.92.
22 Cr.r.A9.11;P2.412;B17.4;S3.1.296; J3.388; D.Discipline.139.
— Cass.A8.867.n.3;D.Lois rétroact.182.
23 Civ.c.A7.481;P3.1.658;B14.110;S3.2.306; MR6.488;J3. 391;D.Greffe.23. Enreg.2894.
— Civ.c.A6.320,n.2;B11.364,n.1;D.Ventes adm.272.
24 Paris.A9.448, n.,n.2; P2.501; B17.531,n 3; S4.2.10; D. Rad. hyp.87.
— Cr.c.A11.498,n.4;P2.1092,n.;B23.271,n.1;D.Quest.pr. 11.
25 Cr.c.A3.173;P1.733;B5.193;D.Compét. admin.121.
28 Req.A5.360;P3.1.639; B9.412; S3.2.448; MR16.274; J3. 3934;D.Portion dispon.152.154.
— Paris.A11.654,n.1; P2.1154,n.12; B24.69;S3.2.253; J3. 399;D.Saisie-exéc.71.72.
29 Civ.c.A7.361;P3.1.645; B13.409; S7.2.816. et 3.2.311; MQ1.349. et 2.22;J3.409. et 406;D.Enreg.789 2520.
— Paris.A3.720;P1.976;B6.352;S7.2.848;D. Conciliat.96.
— Civ.c.A9 362,n.,n.3; P2.480. et 3.1 645; B17.429,n.5;S 3.2 308;MQ3.286;J3.401.
30 Civ.r.A2.498; P3.1.646;B4.104; S3.2.579. et 7.2.1168; MQ1.385;J3.412;D.Chose jugée.100.
— Paris.A5.218;B9.251;S3.2.273; J3.418; D.Disp. entre-vifs.21.99.
— Civ.c.A11.140,n.12;B22.172;S7.2 1163;D.Papier-monnaie.13.
— Paris.A12.949,n.2;P2.1490; B28.238;J3.415; D.Vérific. d'écrit.98.
— Bruxelles.A11.871,n.1; B24.465; S21.2.228; D.Saisie-immob.1699.

FLORÉAL.

1 Paris.A5.533;P1.1529;B10.160;S3.2.298; J3.425;D.Donation.255.256.257.258.Respons.300.
2 Cr.c.A8.305;P2.231; B15.335; D.Faillite.1333.Jugem. 463.
— Cr.c.A9.474;P22.2.155,n.;B18.15;S3.2,416; MR6.48; D. Incendie.26.
— Cons. des prises.A11.360,n.1.1; P2.1052,n.1; B23.34; S3.2.15;D.Prises marit.31.32.
3 Arrêté.A6.858,n.4,n.5;D.Émigré.370.
— Paris.D.Garantie.189.
6 Colmar.A3.17; P1.679; B5.14; S3.2.597; D.Commune. 218.Motif de jug.12.Exploit.276.
— Req.A5.195; P23.1.91,n.1; B9.224;S3.1.237;J3.431; D. Condition.64.65.
— Douanes.A11.424,n.12;P2.1073,n.
7 Req.A10.293,n.1;P2.743,n.2;B20.70;J3.433;D.Dot.10.
— Civ.c.A11.339,n.37;P3.1.648;B22.169; S3.1.356;J3.440; D.Appel civ.113.Papier-monn.59.
— Civ.c.A11.138,n.30;P2.948,n.5; B22.169. et 167; D.Papier-monnaie.33.
8 Cr.c.4.356,n.;B7.389,n.;D.Cour d'ass.534.
9 Cr.c.A3.557;P1.899;B6.170;S3.2.420;D.Compét. crim. 599.
— Loi.A8.763;S3.2.173;D.Forêts.398.
— Paris.A9.657;P2.564;B18.297;S7.2.889;J3.441; D.Frais et dépens.40.Dem. nouv.403.
— Paris.A10.580,n.1.1; P2.807,n.3; B20.504; S3.2.290;J3. 442;D.Offre.96.
12 Civ.c.A8.164;P3.1.650;B15.190;S3.2.312;J3.444;D.Faillite.731.
— Civ.c.A1.512,n.;B2.132.
— Civ.c.;D.Appel civ.425.
13 Décr.A6.327,n.2;D.Vente adm.325.
— Paris.P22.2.125,n.5.
14 Req.A3.505. et 6.144; P1.1328. et 3.1.653; B10.128. et 11.161;S3.2.544. et 478; MQ2.233,3.234; J3.448; D.Donat.49.68.Révoc.10.
— Cons. des prises.A11.361,n.2;P2.1032,n.2;B23.55;D. Prises marit.33.
— Req.S3.2.544;D.Usufruit.105.
15 Paris.A8.234;B15.293;S7.2.1189.961;J3.461;D.Faillite. 1088.
— Cr.c.A12.976,n.;P2.1503;B28.263,n.; D.Enfant aband. 17.
16 Cr.c.A4.784;P1.1268;B8.424;S3.2.421;D.Délit rur.127.
— Cr.c.A4.364;P1.1123;B7.397;D.Cour d'ass.609.
— Cr.c.A1.417;P1.136;B2.20;S4.2.12;D.Amnis.37.61.97.
— Cr.c.A12.1038,n.8; P2.1515; B28.370;S4.2.43;D.Péage. 21.Presse.335.
17 Sect. réun.A2.267.6.414;P1.439.1370;B3.293. et 12.26; S3.2.421.3.446;MQ3.336;P3.1.651; D.Cassation;51.102. Douanes.164.
— Sect. réun.A8.331;P2.286; B16.132; S17.1.393.3.2.515; D.Féodalité.263.264.Jugement.509.
— Bruxelles.A10.727,n.1.
19 Civ.r.A1.373.
— Besançon.A8.747,n.1; P2.360; B16.361, n.1; D.Forêts. 359.360.
20 Civ.c.A4.687;P3.1.656;B8.310;S3.2.323;J3.468;D.Degr. de jurid.343.
— Civ.c.A3.752;P3.1.655;B6.388;S3.2.519;J3.467;D.Contrainte par corps.209.
— Turin.A7.759;P2.150;B14.448;D.Exploit.543.747.
— Civ.c.P3.1.658;S3.2.320;MQ3.122.
21 Civ.c.A1.729;P1.271;B2.380;S3.2.325;D.Arbitr.662.
— Civ.r.A3.364;P3.1.661;B9.417;S3.1.317;J3.470;D.Port. dispon.52.
— Civ.c.P3.1.660;S3.1.327; J3.471;D.Degré de jurid.592.
22 Civ.c.A1.380.
— Cr.c.A3.6. et 11.28,n.4;P1.1277. et 2.915,n.2; B9.3. et 21.451;D.Instr. crim.356.Déni de just.13.Presse.336.
— Décis.A6.327,n.;D.Ventes admin.315.
— Paris.A12.951,n.3.1;P2.1492;B28.241; J3.472;D.Vérif. d'écrit.116.
23 Cr.c.A2.608;P1.606;B4.228;D.Chose jugée.396.
26 Civ.c.A12.288,n.;P3.1.662;S3.2.325;MQ3.89.
27 Civ.c.A1.91; P1.84; B1.105; D.Acquiesc.215.318;Resc. 251.
— Circ. min.A11.401,n.10;D.Procès-verbal.424.
28 Civ.c.A4.751,n.;P1.1249;B8.362,n.1;D.Degré de jurid. 528.
— Req.A10.103,n.n.2; P3.1.663; B19.270; S3.2.528; MQ3. 345;J3.475;D.Mariage.529.548.549.
— Déc.A6.327,n.;D.Ventes admin.370.
30 Poitiers.A11.581,n.6;P2.1126,n.6;B23.422;S3.2.487; D. Rente.393.

PRAIRIAL.

1 Agen.A4.628;P1.1197;B8.242;D.Degré de juridic. 16.
3 Civ.c.A3.45;P1.688; B3.45;S3.2.327; D.Commune.338. 351.Lois.412.
— Civ.r.A6.345; P1.1383; B.12.63; S3.1.299; D.Douanes. 399.400.
— Paris.A11.845,n.1,n.1; P2.1393; B23.357; S7.2.974; D. Référé.20.
— Paris.A12.668,n.8; P2.1113,n.5. et 1393; B27.222; D. Tierce opposit.221.
— Req.S3.2.483;J3.487.
4 Civ.c.A3.560;P1.799;B3.413;S3.2.329;J3.489; D.Comp. comm.268.
— Civ.c.A8.655,n.1;P2.303;B16.274,n.1;S3.2.331.
5 Civ.c.A1.492; P1.176. et 3.1.666; B2.110;S3.1.315;J3.

490;D.Appel civ.334.

— Paris.A12.158,n.2;P2.1280;B25.558;S16.2.79;D.Société comm.225.

6 Cr.c.A4.330;P1.1111;B7.360;D.Cour d'ass.212.

7 Turin.A4.669;P1,1216;B8.289;S7.2.875;D.Degré de jurid.255.

— Civ.c.A11.475,n.3; P3.1.667; B25.233; S7.2.875; MQ1.612;J3.492;D.Cass. 101. Propriété litt.114.116.

8 Cr.c.A4.752;P1.1258;B8.388;D.Degré de jurid.636.

— Cr.c.A1.206; P1.78;B1.239; S7.2.1094; D.Action civ.65. Action pub.96.

— Cr.c.A4.394;B7.398;S7.2.1073;D.Cour d'ass.605.

— Cr.c.A1.837;P1.199;B2.185;S7.2.771;D.Appel correct. 72.

10 Req. A4.748; P1.1256; B8.381; D. Degré de jurid.312. Preuve test.205.

— Req.A10.582,n.2.1; P2.798,n.4; B20.460; S3.1.585; D. Paiement.89.

11 Req.A5.748;P1.979;B6.383;D.Contr. par corps.155.

— Sect.cr.P1.830

12 Req.A6.347;P1.1555;B11.397;D.Domaine de l'état.64. 78.126.127.

— Civ.c.A10.32,n.2;P3.1,679;B19.191;S3.1.321;MQ.3.348; J3.502;D.Mariage.191.254.

— Cr.c.A11.482,n.1; P4.1.1; B25.244; D.Peine.17.Propr. littér.93.94.126.

13 Paris.A11.679,n.2;B24.113;J3.511; D.Saisie-imm.125. 759.

14 Colmar.A1.729;P1.271;B2.380; S3.2.585; D.Arbitrage. 663.768.

15 Poitiers.A10.655,n.1; P2.825,n.3; B21.91; S3.2,308; D. Preuve litt.211.

— Civ.c.A11.45;P2.920,n.6;B22.4;S3.1.289;D.Discipline. 16.17.

— Rouen.A2.384;B3.150;D.Appel civ.315.Caution.103.

16 Cr.c.A4.330.

17 Civ.c.A2.360;P1.75; B4.172; S7.2.827;D.Chose jugée. 234.

— Civ.c.A7.332,n.;P2.59;B13.377,n.;S3.2.334.

18 Avis du conseil d'état. A6.304;n.1; B22.135; D.Naturalis.17.Etranger.86.

— Req.A11.798,n.2,n.1;P4.1.19;B24.355; S4.2.10. et 3.2. 444;MR14.422;J3.515;Saisie-imm.1091.

19 Civ.c.A7.276;P2.46;B13.312;S3.2.535; D.Enreg. 2076.

— Civ.c.A11.49,n.2;P4.13;B22.11;S3.2.536;MQ2.662;J3. 516;D.Discipl.57.

— Cr.c.A11.498;P2.1092,n.3;B23.270;D.Quest. Prov. 10.

— Civ.r.A9.591,n.1.2; P2.312,n.2; B18.195; S7.2.928. et 770; D.Acquiesc.10.Arbitrage.1064.Interv.80.103.

21 Cr.c.A4.548;P1.1185;B8.154;D.Défense.3.

— Angers.A3.715;P1.975;B6.346. et 2.218.

— Angers.A3.715.

— Angers.A10.69,n.12;P2.695,n.3;B19.248;S7.2.848. et 6. 2.398;D.Conciliation.55;D.Mariage.295.

— Poitiers.A10.764,n.1; P2.861,n.2; B21.269;S3.2.476;D. Serment.59.

Cr.c.A2.439,n.;P8.2.65,n.;B4.36,n.1;S7.2.824.

— Sect. cr.P1.516.

— Cr.c.A2.439;P1.516;D. Chasse.87.

22 Arr.A6.326,n.;D.Ventes adm.315.

23 Arr.A6.326;D.Ventes adm.333.

— Civ.c.P3.523;S3.2.337;D.Garantie.24.

25 Req.A1.769; P3.1.687; B2.430; S3.1.303; MQ2.579; J3. 533;D.Arbitrage.868.Hypoth. judic.55.

— Req.A3.334;P3.1.691;B5.408;S3.1.341;J3.529;D.Comp. comm.258.

— Paris.A10.690,n.1. et 12.86,n.11; P2.1452. et 841,n.1; B21.455. et 28.58; S7.2.1248. et 923; J3.532; D.Preuve litt.981.Vente.65.

26 Civ.c.A2.323;P1.553;B4.132;D.Chose jugée.40.41.42.

— Civ.c.A1.525;P3.1.695;B2.148;S3.1.310; J3.537;D.Appel incid.37.

— Civ.c.A11.48.n.2; P3.1.693; B22.10; S3.1.291; MQ2.861; J3.516;D.Compét. adm.64.Discipline.36.

27 Cr.c.A3.625;P1.929;B6.244;D.Complicité.81.

29 Civ.c.A11.470,n.1; P4.1.31; B25.222; D.Propriété litt. 51.52.

MESSIDOR.

1 Civ.r.A11.946,n.7.1; P3.1.696;B25.112; S5.1.331;MQ2. 463;J3.543;D.Div.146.147.

2 Civ.r.A6.140; P3.1.701; B11.137; S3.1.306; J3.538; D. Lois.51.54.Revoc.12.

— Paris.A10.283,n.2.1;B20.85;S7.2.1171. et 1045; J3.552. D.Communauté.1135.1142.Remploi.121.Sép. de biens. 205.

3 Civ.c.A7.434,n.;P2.80;B14.78,n.

— Civ.r.A6.436;P1.1379;B12.52;S4.1.19;J3.555; D.Douanes.332.

4 Cr.c.A4.325; P1.1161; B8.151; S4.2.76. et 5.2.424; D. Courtier.94.

— Cr.c.A4.308;P1.1178;B8.112;D.Cour d'ass.1620.

— Cr.c.A1.160;P1.63;B1.186;D.Acquitt.47.

— Cr.c.A1.160;P1.63;B1.186;D.Acquitt.46.

— Cr.c. A11.507,n.9; P2.1099,n.7; B23.287; S4.2.84; D. Quest. pr.74.

— Cr.c.A11.307,n.;P2,1099,n.7;B23.287.

— Cr.c.A11.307,n.;P2,1099,n.;B23.287.

— Cr.c.A7.346; P2.93; B14.189; S3.2.425; D.Escroquerie. 47.

— Paris.A12.442,n.3,6.12;P2.1500;B25.376;S7.2.1210;J3. 556;D.Stellionnat.29.

AN XI.

6 Paris.A11.583,n.3; P2.1126,n.7; B23.425; S7.2.1198. et 789; D.Retenue.21.

— Paris.D.Preuve litt.958.

7 Paris.A7.604;P2.462;B14.502; S7.2.911; D.Domic. élu. 409.

— Req.A12.474,n.1;B25.420;D.Substitution.109.

8 Req.P3.1.710;S7.2.901;MQ2.136.

— Civ.A3.162;P1.758;B5.205;S3.2.339;D.Compét. admin. 137.

— Req.A3.712;P1.975. et 3.1.706;B6.342. et 11.222;S3.1. 364. et 7.2.847; MQ1.326. et 2.78; J3.558; D.Conciliat. 23.Partage d'asc.7.9.

— Civ.r.A5.718; P3.1.704; B10.379; S4.1.18; MQ5.240; J3. 561; D.Testament.414.

9 Civ.c.A12.737,n.1,n.1; P4.9. et 2.1436; B27.455; S.4.1. 29;J3.562;D.Usufruit.299.300.303.Usufruit légal.36.

10 Civ.c.A4.616;P1.1194;B8.228;D.Degré de jurid.33.

— Civ.r.A6.564; P3.1.712; S3.1.370; B12.205; MR7.402;D. Exploit.446.

— Civ.r.A7.857; P3.1.712; B14.542; MR7.402; J3.570; D. Effets de comm.24.81.

11 Riom. A9.432,n. et 11.268,n.1; P2.497. et 2.999,n.9;B 17.312,n. et 22.393; S7.2.11; D.Hypoth.343.Prescript. 471.474.

12 Cr.c.A8.83;P1.1296;B9.95;Abus de confiance.30.

13 Civ.c.A4.685;P1.1225;B8.308,n.;D.Degré de jurid.340.

— Civ.c.A7.328;P2.91;B14.466;D.Timbre.444.

— Civ.c.A6.344;P1.1355;B11.593;D.Dom. de l'état.45.

— Montpellier.A12.316,n.1.

— Civ.r.A11.332,n.2;P2.1109,n.3. et 4.1.6;B23.334;S4.2. 40;D.Récusat. de juges.27.

16 Civ.r.A7.834;P2.171;B14.538;D.Exploit.898.

17 Civ.c.A7.350;P2.64;B13.397;S3.2.340;D.Enreg.2237.

— Req.P3.1.714;MQ5.24;J3.379;D.Substitution.124.

19 Trib. de Paris. A11.877,n.2.1; B24.478; S4.2.34; D. Scellé.8.

20 Sect. réun.c.A6.442; P1.1381. et 440;B12.30;S6.2.816. 4.2.10;D.Douanes.46.380

22 Civ.c.A7.351;P2.59;B13.376;S3.2.341;D.Enreg.2337.

— Civ.c.A1.376;P1.114;B1.440;S3.2.545;D.Amende.31.

— Civ.r.A5.619,n.1.

— Paris.A10.402,n.1-1; P2.774,n.4; B20.253;S7.2.872;J3. 587;D.Nantiss.114.

— Req.A11.261,n.3;P3.1.747;B22.381;S3.2.407;J3.583; D. Prescrip.364.

24 Civ.c.A4.619;P1.1195;B8.232;S3.2.944;J3.589;D.Degré de jurid.40.

— Cr.c.A3.541;P1.890;B6.152;D.Compét. cr.545.549.550. 553.Cass.293.

— Amiens.A9.477;B18.20;S7.2.1013;D.Incendie.30.

— Civ.c.A11.155,n.,n.9; P2.947,n.5; B22.161; D.Papier-monn.19.

25 Civ.c.A11.64,n.2;P2.923,n.7;B22.38;D.Jug.91.

27 Cr.c.A4.467; P1.1162; B8.67; D.Cour d'ass. 1365. Témoin.346.

— Req.S3.2.600;D.Cass.252.Substitut.139.

29 Civ.r.A2.254;P4.1.85;B3.383;S4.2.44;MR1.874. et 875. J3.594;D.Brevet d'inv.109.121.

— Civ.c.A7.217;P2.32;B13.244;S3.2.545;D.Enreg.1876.

— Req.A5.595;P4.1.65;B10.236;S4.1.21;MQ1.420;J3.590; D.Donation.464.471.

— Req.A6.626,n.2; B11.364,n.1; S4.2.667; D.Vente adm. 272.

— Req.A10.450,n.1;P3.1.720;B20.304; S3.2.323; MQ3.399; J3.597;D.Oblig.174.

30 Req.A5.620; P3.1.727; B10.367; S3.2.342; MQ3.448;J3. 606;D.Testam.88.

— Dijon.A6.255.

— Civ.r.A6.253;P3.1.722;B11.287;S3.1.545; MQ4.636; J3. 600;D.Donat. entre époux.109.112.

— Civ.c.A9.641;P2.556;B18.272;S5.2.547;D.Jug.301.

— Poitiers.D.Respons.598.

THERMIDOR.

1 Civ.c.A1.438; P4.1.21; B2.45; S4.1.42. et 5.2.548;MQ3. 842;D.Appel civ.67.

— Civ.r.A6.558; P3.1.751; B12.196;S3.1.366;MQ1.318;J3. 616;D.Effets de commerce.55.Saisie.7.

— Req.A11.658,n.1,n.1; P2.1156,n.24; B24.76; S15.1.509. 3.1.382;J3.612;D.Saisie-exécut.170.176.179.

— Civ.c.A9.945; P2.674,n.2; B19.61; S3.2.550; D.Louage emphyt.62.

2 Cr.c.A11.510,n.1;P4.1.21;B23.292;S7.2.845;MR10,524; J2.615;D.Compét. civ.349.

3 Cr.c.A12.607,n.3;P2.1374;B27.126;S3.2.428;D.Témoignage faux.5.

— Cr.r.A3.505; P4.1.22; B6.112; S4.2.21; D.Compét. cr. 402.414.

— Cr.c.A4.765;P1.1264;B8.399;D.Délit rural.20.

6 Req.A2.821; P3.1.733; B4.129; S3.2.338; MQ4.304; D. Chose jugée.195.

— Civ.c.A9.722,n.1,n.1; P2.381,n.1. et 4.1.24; B18.387. et 3.619; S7.2.1239. et 4.1.102; J3.619; D. Jugem. par défaut.297.

7 Civ.c.A4.635; P13.1.545; B8.248;S3.2.556;D.Degré de jurid.94.

— Civ.c.A11.59,n.1.2; P3.1.738; B22.28; S3.1.381;J3.621; D.Jug.159.

— Civ.c.D.Inst. par écrit.20.

8 Req.A6.381;P3.1.758;B11.436;S3.1.568;MR4.17.18;J3. 624;D.Domicile.62.D.Droit civ.19,20.

AN XI.

— Civ.c.A9.566;P2.484;B17.455;S3.2.355;J3.623; D.Insc. hypoth.218.Domic. élu.75.Purge.101.944.

— Req.A11.346,n.1;P2.1022,n.1;B23.8;S3.1.364; D.Prise à partie.35.

9 Paris.A1.858;P1.109;B1.419;D.Alimens.16.212.

10 Cr.c.A4.331;P1.1111;B7.360;D.Cour d'ass.224.

13 Civ.c.A1.441;P4.1.28;B2.48;S4.2.41. et 3.2.357; D.Appel civ.79.

— Paris.A8.126;P2.495;B15.147;S7.2.852;D.Faillite.546.

— Bruxelles.A10.65,n.1;P2.695,n.2;B19.211;S4.2.513;J3. 628;D.Contr. par corps.92.Mariage.258.263.267.278. 321.

— Trèves.S7.894;D.Mandat.458.Responsabilité.30.

14 Civ.c.A6.589,n.3;P3.1.714,n.; B12.232,n.1; S3.2.359;D. Effet de comm.172.

— Poitiers.A10.747,n.2;P2.858,n.2; B21.241; S3.2.495; D. Preuve testim.515.

— Req.A10.291,n.,n.12;P2.742,n.4; B20.59; S4.1.109.3.2. 581;D.Communauté.1181.

15 Req.A1.756. et 1.815;P1.282. et 4.1.28;B2.483. et 315; S6.1.107.4.1.26;MR2.682;D.Arbitrage.824.1063.

— Civ.r.A12.842,n.3.1; P3.1.740. et 2.1450;B28.52; S4.1. 83;MR14.498;J3.631;D.Aveu.62.Rescis.238.

— Montpellier.A12.316, n.1; B26.101; S7.2.972; D.Acquiesc.373.Dem. nouv.50.Jugem. prov.6. Success.irrég.37.51.165.

16 Cr.r.A2.270;P1.441;B3.398;J3.654;D.Cassation.118.

— Paris.A11.794,n.2.1;P2.1211;B24.527; S3.2.461; D.Surenchère.241.

— Cr.c.A12.962,n.5;P2.1496;B28.260;D.Homicide.85.

17 Cr.c.A11.164, n.12; P2.959,n.1; B22.211; S3.2.429; D. Peine.177.

18 Sect. réun.A6.394,n.1;P1.1362;B12.4,n.1;S3.2.430.

19 Paris.A11.306,n.2; P2.1009,n.8; B22.458;S7.2.1114; D. Prescript. civ.1021.

20 Arr.A6.326,n.17;D.Ventes adm.383.

— Civ.c.A9.64,n.1;P4.1.69;B17.69,n.1;S4.2.44.

21 Paris.A3.67;P1.1290;B9.72;S7.2.897;J3.634; D.Dépôt. 106.

— Civ.c.A7.690;P3.1.742;B14.366;S3.2.361;J3.638;D.Expertise.380.

22 Req.A1.840;B2.282;D.Arbitrage.93.108.Conciliat.5.

— Civ.c.A11.440,n.11;P4.1.74; B22.171; S3.2.363;J3.639; D.Cassat.874.911.Papier-monnaie.39.56.

— Trèves.A9.232,n.3.1;P2.454;B17.275,n.3;S7.2.1000.

23 Poitiers.A3.243; P1.1344. et 23.2.29; B9.279;S3.2.492; J3.642;Disposition entre-vifs.109.Transac.103.

— Poitiers.A3.346; B10.179,n.1;S3.2.490;J3.844; D.Dom. dég.40.

— Cr.c.A9.513.11.28,n.3; P2.514. et 915,n.3; B18.73. et 24.452;D.Instr. crim.356.360.

25 Amiens.A9.350,n.1.3;P2.528;B18.131;D.Interdit.200.

28 Req.A6.41;P3.1.744;B11.42;S3.1.378;MQ3.282;J3.646; D.Testament.885.886.

— Paris.A10.515,n.1.1; P2.792,n.2;B20.406; S3.2.354; D. Condition.169.

— Req.A12.304,n.1;P3.1.749;B26.67; S3.2.350; MQ4.511; D. Retour légal.59.60.

29 Civ.c.A3.222;P1.753;B5.250;S3.2.368;D.Contr. direct. 201.

— Req.A6.350;P4.1.30;B11.400;S7.2.1170.1154;MQ3.514; J3.650;D.Domaine de l'état.67.

— Déc.A6.327,n.;D.Ventes adm.369.

— Cass.A11.510,n.2; P4.1.30; B23.292; S7.2.1170.1154; MQ3.514;D.Quest. prov.94.

— Civ.c.A11.471,n.1; P4.1.34; B23.225;S4.1.53; MR5.408; D.Propriété litt.10.11.54.

30 Poitiers.P3.652;S3.2.493;D.Courtier.111.Resp.598.

FRUCTIDOR.

1 Cr.c.A.2.231;P1.422;B3.254;D.Animaux.21.

— Cr.c.A3.650;P1.948;B6.272;D.Complicité.133.

2 Rennes.A8.438; P2.270; B16.26; J3.653;D.Faux incid. 123.125.

4 Req.A7.78;B13.85;S4.1.17.

— Civ.c.A1.510;P3.1.751;B2.131;S3.2.369; D.Appel civ. 425.

— Civ.c.A3.155;P3.1.752;B5.148;S4.2.40. et 22.2.81; MQ 2.119;D.Commune.673.674.

— Paris.A3.266.

— Cr.c.P2.9.

5 Civ.c.A6.401; P1.1363; B12.12; S7.2.940.3.2.370; D. Douanes.81.

6 Civ.r.A9.365,n.,n.6; P2.480;B17.350,n.6; S3.2.444; D. Purge des priv.11.

— Req.A11.700,n.2;P4.1.38;B24.155;S4.2.22;D.Saisie-immobilière.234.508.686.

— Paris.D.Possess.253.

— Paris.D.Communauté.1678.

7 Bruxelles.A9.557;P2.552;B18.155;S4.2.251;D.Interdit. 5.181.182.

8 Cr.c.A2.441;P1.518;B4.38;S17.1.88;D.Chasse.112.127.

— Paris.A11.480,n.1; P2.1087,n.1; B23.241; S4.2.15; D. Propriété littéraire.113.

— Riom.D.Don. par contr.102.

9 Arr.A6.838,n.,n.4;D.Émig.368.

— Paris.A12.444,n.1;P2.1327;B26.302;D.Success.461.

11 Civ.r.A4.666;P3.1.754; B8.266; S4.1.25; J3.656; D.Degrés de jurid.243.

— Civ.c.A1.491;P4.1.41;B2.106;S4.2.23;D.Appel civ.524.

— Req.A7 822;P5.468;B14 523;S7.2.945;D.Exploit.518.
— Req.A8.526,n.1;P4.1.152;B16 127,n.;S.2.23.
— Civ.r.A11.798,n.1;B24.234;D.Saisie-imm.1104.
12 Paris.A2.690;P22.2.143,n.11;B4.320;S7.2.958. et 17.2. 161;J3.657;D.Commerçant.13.
— Civ.c.A8.655,n.1;P2.303. et 5.1.755;B16.274 n.1.
— Req.A10.586,n.2.3;P2.808,n.6;B20.515;S4.1.93;J3.659; D.Offre 195.
— Civ.c.A11.147,n.,n.9;P2.951,n.5;B22.485;S3.2.371; D. Patente.117.
— Civ.c.A11.580,n.1,n.;B23.420.
13 Civ.c.A5.295;P3.1.757;B9.359;S4.2.29.3.2.372;MR7. 611,n;J3.661;D.Disposition entre-v.fs.229.
— Civ.c.A10.674,n.1;P4.1.44;B21.445;S4.2.22;MR3.117;J 3.664;D.Preuve litt.790.
— Req.A10.700,n.2;P4.1.75;B21.464;S4.2.25;J3.662;D. Preuve litt.1111.
— Décis.A11.350,n.3;P2.1023,n.4;B23.16;S3.2.29;D.Prises maritimes.11.
— Paris.A11.952,n.7;S7.2.906;D.Divorce.71.
— Civ.c.A1.441.
— Amiens.A11.932,n.6;P2.1254;B23.96. et 86;S7.2.903; D.Divorce.17.71.
14 Cr.c.A9.660,n.2.1;P2.564,n.2;B18.504;D.Frais et dépens.347.348.
— Paris.P6.1.453;S2.33;D.Inventaire.82.
15 Cr.c.A1.558;P1.201;B2.188;D.Appel correct.53.
18 Civ.c.A11.146,n.,n.6;P4.1.75;B22.182;S4.2.58;MR9. 84;D.Patente.125.
19 Civ.c.A3.296;P4.1.77;B3.329;S4.2.28;D.Cassation.499.
— Cr.c.A1.170.
20 Civ.r.A7.837;P4.1.47;B14.542;S4.2.24;MQ2.486;D.Exploit.410.
— Civ.c.A6.805;P4.1.97;B12.485;S4.1.81;D.Émigré.204.
— Req.P5.1.57;S7.2.879.4.1.81.
22 Cr.c.A12.1016,n.2;P2.1057,n.;B28.337;D.Voirie.560.
23 Civ.c.A6.252;P4.1.78;B11.280;S4.1.72;MQ2.225;J3. 666;D.Donation entre époux.106.107.
— Civ.c.A10.650,n.1;P4.1.81;B21.83;S4.1.75;MQ4.626; D.Preuve litt.173.
— Req.A8.463;P2.276;B16.55;S3.2.640;D.Féodalité.23.
— Civ.c.P4.1.102;S3.2.373. et 4.2.60;MQ2.623.
— Civ.r.P4.1.47;S4.2.24;MQ2.486;J3.671.
27 Civ.c.A4.732;P1.1250;B8.364;J3.673;D.Degré de jurid.533.
— Civ.c.A7.748;P4.1.105;B14.436;S4.2.53;D.Exploit.760. 605.
— Civ.c.A10.584,n.3;P2.808,n.4;B20.514.
— Civ.r.D.Exploit.762.
28 Cr.c.A9.874,n.2;P2.650;B18.612;S7.2.993.
29 Cr.c.A3.170;P1.731;B5.188;D.Compétence admin.98.
— Cr.c.A.8.800,n.2;P2.402. et 3.1.758;B16.432,n.2;S7.2. 808;MQ2.52;J3.676;D.Forêts.888.

AN XII.

VENDÉMIAIRE.

4 Traité.A7.583,n.;D.Exception.21.
7 Décr.A11.551,n.;P2.1024,n.;D.Prises marit.11.
— Décr.A6.327;D.Ventes adm.376.
8 Arr.A6.325,n.1;D.Ventes adm.324.
— Civ.c.A11.798,n.2.
10 Civ.c.A8.655,n.1;P2.303;B16.274,n.1;S4.2.649.
— Req.A11.141,n.43;P2.949,n.3. et 4.1.109;B22.172;S4. 1.103;D.Papier-monnaie.44.
11 Cr.c.A4.330;P1.1111;B7.359,n.1;D.Cour d'assises.212.
17 Civ.r.A3.369;P1.1322;B9.422;S4.2.287;D.Testament. 86.89.
18 Civ.c.A4.689;P1.1225;B8.313;D.Degré de jurid.353.
— Civ.c.A7.136;P2.49;B15.151;S4.2.648;D.Enregistrement.1471.
— Civ.c.A11.798,n.1;B24.334;S4.2.649;J4.1;D.Saisie-immobilière.1104.
19 Req.A2.670;P4.1.416;B4.297;S4.2.761. et 45;MR2.462; J4.6;D.Acquiescement.223.356.Colonies.59.60.132.
— Civ.c.A4.685;P1.1225;B8.309.D.Degré de jurid.340.
— Req.A1.803;P4.1.113;B2.469;S4.2.45;MQ5.379;D.Arbitrage.973.
— Req.A8.472;B16.65;S4.1.54;J4.3;D.Féodalité.65.
— Civ.c.A9.769,n.,n.7;P2.598;n.5;B18.460;D.Jugement préparatoire.105.106.
— Civ.c.A11.158,n.28;P4.1.114;B22.167;S4.1.100;D.Papier-monnaie.32.
— Arr.A8.817,n.4;S4.2.206.
20 Cr.c.A2.175;P4.1.88;B3.190;S4.2.35;J4.10;D.Autorité municipale.594.Frais et dépens.362.
21 Cr.c.A8.761,n.3;P2.372;B16.381,n.;S4.2.666;D.Forêts.562.
24 Civ.c.A4.690;P1.1226;B8.314;S4.1.105;J4.14;D.Degré de juridiction.354.
— Civ.r.A6.715;P4.1.145;B12.579;S4.1.146;MR4.609;J4. 12;D.Effet de commerce.732.
— Req.A9.535;P2.522. et 4.1.90;B18.108;S4.1.65;MR6. 127;J4.17;D.Interdict.24.82.
— Req.A11.629.693,n.6;P4.1.96;B24.26.142;S4.2.22;J4. 19;D.Saisie-arrêt.159.Saisie-immobilière.225.
— Req.A11.594,n.10;B23.443;D.Reprise d'instance.35.
25 Civ.c.A7.759;P4.1.119;B14.448;S4.2.55;D.Exploit.685.
— Civ.c.A7.807;P4.1.141;B14.506;S7.2.921. et 4.1.97.4. 2.55;J4.20;D.Délai 124.Domicile élu.73.115.Exception.220.Exploit.737.
26 Civ.c.A3.714;P4.1.124;B6.543;S4.2.86;D.Conciliation. 54.
— Req.A8.253;B15.271;D.Compétence civile.262 *bis*.
— Req.P4.1.93;S7.2.973;MQ2.463;J4.23;D.Arbitrage. 967.Cassation.116.
— Cr.r.P5.2.27.
— Cr.c.S4.2.20.762;D.Amnistie.14.
— Décr.A12.1013,n.12;D.Voirie.555.

BRUMAIRE.

1 Civ.c.A12.527,n.2;P4.1.170. et 2.1346;B26.439;S4.1.61; D.Rescision.104.
— Req.A14.75,n.5;D.Tribunal.81.
3 Civ.r.A2.754;P1.649;B4.597;S16.1.214;J4.31;D.Commissionnaire.85.
— Req.A3.366;P4.1.126;B5.420;S4.2.28;J4.33;D.Compétence comm.298.
— Turin.A7.694;P2.123;B14.574;D.Huissier.204.
— Civ.c.A3.20,n.;P1.681,B5.17,n.;J4.29.
5 Arr.A6.325,n.1.D.Ventes adm.324.
— Cr.r.P4.1.147;S4.2.75;D.Procès-verbal.145.
10 Civ.c.A8.471;P4.1.140;B16.63;S4.1.46;MQ.2.394;J4.36; D.Féodalité.59.
— Req.A9.18;P2.414. et 4.1.128;B17.12;MQ2.675;J4.41; D.Compétence civile.131.Huiss.172.Discipline.58.
11 Cr.c.A4.382;P1.1130;B7.417;S4.2.47;D.Cour d'assises. 675.
— Civ.r.A10.698,n.2;P2.844,n.3. et 4.1.176;B21.161;S4. 2.26;D.Preuve litt.1068.1119.
— Paris.A11.744,n.1;P2.1193;B24.250,n.3;S7.2.948;J4. 44;D.Saisie-immob.884.
— Req.A9.766,n.;D.Jugement préparatoire.135.
12 Cr.c.A4.451,n.;B8.48,n.2;D.Cour d'assises.1167.
— Arr.A6.325,n.1;D.Ventes adm.524.
13 Civ.r.A11.535,n.4;P2.1110,n.10. et 4.1.138;B23.340;S 4.1.64;J4.46;D.Réc. de juges.79.
— Lettre min.A11.759,n.1;D.Saisie-immob.1184.
16 Req.A7.121;P2.16;B13.134;S4.2.20;J4.50;D.Enregistrement.1259.
— Req.A3.217;P4.1.197;B5.245;S4.1.216;D.Culte.38.
— Req.A10.708;P2.847;B21.174;S4.1.58;J4.48;D.Preuve litt.1403.
17 Civ.r.A2.298;P1.457;B3.331;S4.2.27;J4.53;D.Exploit. 867.
18 Cr.c.A8.537;P4.1.135. et 6.1.208;B15.394;S4.2.44;MQ 2.539;J4.54;D.Faux.275.
19 Cr.c.A12.607,n.4;P2.1374;B27.121;S4.2.205;D.Témoignage faux.6.
20 Civ.c.A11.829,n.1,n.1.
22 Req.A1.452;P1.156;B2.62;S4.2.282;J4.57;D.Appel civ. 150.365.Saisie-arrêt.116.
— Déc.A6.327,n.;D.Ventes adm.374.376.
— Req.A9.680,n.2;P2.571,n.4. et 4.1.159;B18.326;S4.2. 31. et 20.1.484;D.Frais et dépens.243.
— Civ.r.A10.131,n.3.5;B19.347;S4.2.30;J4.62;D.Autorisation de femme.195.
23 Civ.c.P4.1.136;S4.2.32;MQ5.526;D.Portion dispon.64.
— Civ.c.A4.663;P1.1213;B8.282;S4.2.29;J4.64;D.Degré de jurid.220.415.
— Civ.c.A1.427;P1.142;B2.32;D.Appel civ.28.Degré de jurid.416.
— Paris.A6.644;P1.1467;B12.297;S4.2.741;J4.69;D.Effet de comm.444.
— Lett.min.A11.759,n.1;D.Saisie-immobilière.1184.
24 Civ.c.A1.508;P1.181;B2.128;S7.2.932;D.Appel civ. 403.
— Civ.r.A3.769;P4.1.165;B6.410;S4.1.129;MR12.712;J4. 70;D.Contrainte par corps.182.
— Metz.A12.724,n.8.1;P2.1418;B27.323;S13.2.303;D.Tutelle.118.
— Paris.D.Exploit.352.719.
25 Besançon.A11.598,n.1,n.2.
— Cr.c.A8.753.et 800,n.5;P2.565;B16.432.et 570;J2.401; D.Faux.375.Forêts.415.889.
— Cr.c.A6.411;P1.1368;B12.24,n.6;D.Douanes.136.
29 Civ.c.A7.28;P4.1.61;B13.25;S4.1.148;MR4.703;D.Enreg.175.
— Civ.c.A2.405;P1.504;B3.454;S7.2.821;D.Caution.198.
— Req.A5.707;P1.918;B6.224;S7.2.858;J4.79;D.Compét. crim.787.
— Req.A6.75;P4.1.163;B11.81;S4.1.49;J4.77;D.Port.disponible.119.
30 Req.A3.563;P1.902;B6.477;S4.2.685;J4.85;D.Compét. crim.619.

FRIMAIRE.

1 Civ.c.A3.197;P1.744;B5.222;S4.1.68;J4.91;D.Acquiescement.227.440.Cassation.440.Commune.643.644.
— Req.A1.801;P4.1.147;B2.467;S4.2.45;J4.85;D.Arbitrage.978.981.
— Civ.r.A12.903,n.3.1;P4.1.173;B28.168;S4.1.79;MQ2. 505;J4.87;D.Vente.844.
2 Cr.c.A3.662;P1.935;B6.286;D.Complicité.203.
— Cr.c.A3.602;P1.915;B6.219;S7.2.860;D.Compétence crim.772.Concussion.9.
— Cr.c.A8.305;P2.231;B15.355;D.Faillite.1354.
— Cr.c.A8.280;P2.255;B15.443;S4.2.207;J4.95;D.Faux. 138.
3 Cr.c.A2.127,n.;P1.365,n.;B3.136,n.;D.Autorité mun. 93.96.
— Civ.r.A1.209;P4.1.149;B1.243;S4.2.74;MR5.121;J4.96; D.Action publ.76.
— Cr.c.A3.444;P1.835;B6.43;D.Compét. crim.157.182.
— Paris.A8.154,P2.199;B15.179;S7.2.986;J4.98;D.Faillite.671.
— Cr.c.A6.428;P1.1375;B12.43;S4.2.671;D.Douanes. 284.285.
4 Paris.A12.936,n.1;P2.1495;B28.214;S4.2.738;D.Vente publ. de navires.2.
7 Req.A8.467;P4.1.150;B16.59;S4.2.69;MQ3.521;J4.101; D.Féodalité.39.
— Req.A12.877,n.2.1;P2.1463;B28.116;S4.1.286;J4.103; D.Garantie.95.108.
— Amiens.A10.37,n.1.2;B19.171.
8 Civ.c.A7.28;P4.3.;B13.26.S4.2.661;D.Enreg.176.2047.
— Civ.c.A1.675;P1.253;B2.521;S4.2.662;J4.115;D.Arbitrage.418.Commune.143.
— Civ.c.A9.642;P2.557.et 4.1.152;B18.274;S4.1.170;J4. 123;D.Jugement.7.
— Civ.c.P4.1.180;S4.1.120;J4.118.
— Req.P4.1.207;S4.1.177;MQ2.345;J4.108.
9 Cr.c.A2.161,n.;P1.388;B3.173,n.;D.Peine.158.
— Cr.c.A12.601,n.2;P2.1372.B27.109;D.Témoin.435.
10 Cr.c.A8.358;P2.239;B15.394;D.Faux.486.
11 Cr.c.A2.584;B4.201.
— Cr.c.A3.736;P4.1.154;B6.370;S4.2.250;D.Contr. par corps.394.
13 Civ.c.A7.695;P4.1.156;B14.372;S4.2.80;J4.124;D. Huissier.204.
— Req.A11.142,n.51;P2.950,n.8.et 4.1.193;B22.176;S4. 2.668,et 89;D.Papier-monnaie.48.
— Civ.c.P4.1.196;S4.2.93;MR6.183;J4.122;D.Douanes. 366.
14 Req.A1.140;P4.1.167;B1.164;S4.2.69;J4.126;D.Acquiesc.189.
— Civ.c.A7.457,n.1;B14.81,n.1.
— Ferrand.A9.769,n.;B18;D.Jugement prép.95.
— Req.A10.216,n.1;P2.723,n.3;B19.453;S4.2.27;D.Remploi.15.
— Civ.r.A9.103;P4.1.279;B17.1117;S4.2.151;MR16.399;J 4.127;D.Privilége.511.
— Paris.A10.853,n.1;P2.900,n.14;B21.419;S5.2.386;D. Ordre.600.601.
16 Cr.c.A4.452,n.;B8.49,n.4;D.Cour d'ass.1183.Crim. 563.
— Cr.c.A3.546;P4.1.189;B6.158;S4.2.87;MR3.497;J4.135; D.Compét.
— Cr.c.A1.593,n.;S4.2.676;J4.134;D.Appel correct.225.
— Avis du cons. d'état.A6.315;D.Domaine engagé.36.
17 Cr.c.A4.451,n.;B8.48,n.2;D.Cour d'ass.1167.
— Amiens.P23.2.91,n.3;S4.2.86. et 5.2.144,n.;J4.140;D. Mariage.127.
20 Req.A7.68;P2.7;B13.71;S4.2.48;D.Enreg.635.
— Civ.c.A11.829,n.1.1;P4.1.168. et 2.1226;B24.590;S8.1. 550. et 4.2.83;D.Saisie imm.129.959.
21 Bourges.A1.286;P1.92;B1.332;S4.2.65;J4.142;D.Adoption.48.
22 Paris.A3.844;P1.1002;B6.458;S4.2.719;J4.146;D.Contrainte par corps.624.
— Toulouse.A10.116,n.1;P2.701,n.2;B19.286;S4.2.67;J4. 144;D.Mariage.610.
— Civ.c.A12.742,n.57;P24.2.30.n.12. et 2.1425;B27.355;S 4.2.658;D.Tutelle.446.
24 Civ.c.A2.426. et 7.55;P4.1.191;B4.21. et 13.56;S4.1. 159;MR2.109;J4.151;D.Cautionn. de fonct. Si Enreg. 413.
— Cr.c.A2.247;P1.451;B3.272;S7.2.806;D.Bigamie.30.
— Agen.A7.663;P2.117;B14.332,n.1;D.Expertise.67.
— Lettre du cons. d'état.S4.57;D.Sequestre.53.
25 Nîmes.A10.173,n.1.2;P2.714,n.2;B19.585;S4.2.552;D. Contrat de mariage.124.
27 Paris.A8.465;P2.201;B15.192;S7.2.762;D.Acquies.374. Faillite.694.
— Paris.A10.532,n.1;P2.795,n.2;B20.432;S7.2.1207;J4. 160;D.Mandat.211.Oblig. solid.93.
29 Civ.c.A3.6;P9.2.59;B5.3;J4.165;D.Commune.25.
— Paris.A6.114;P1.1347;B11.125;S7.2.1038;J4.162;D. Legs.408.
30 Cr.c.A1.81;P4.1.185;B1.95;S4.2.64;J4.169;D.Cass.43. Inst. cr.453.Presse.334.
— Décret.A6.327,n.;D.Ventes admin.371.
— Dijon.A6.86;P1.1348;B11.93;S4.2.660;J4.168;D.Legs. 174.

NIVÔSE.

1 Cr.c.A12.599,n.8;P4.1.198. et 2.1371;B27.408;S4.2.91. J4.175;D.Témoin.320.
— Civ.c.P4.1.497;D.Transaction.440.
2 Arr.A10.431,n.1;S4.2.231.
— Avis du cons. d'état.A11.145,n.3;D.Patente.70.
— Civ.r.P4.1.326;S4.1.225;J4.174;D.Effets de comm.905.
4 Civ.c.A7.320.
— Civ.r.P4.1.241;S4.2.262. et 78;J4.181.
5 Civ.c.A7.362;P4.1.199;B15.410;MQ2.409;S4.2.52.765; J4.161;D.Enreg.2521.

— Req.A1.550;P1,109;B1.420;S4.2.50;D.Alimens.211.
— Arr.A6.326,n.;B11.370;D.Vente admin.365.
— Civ.c.A8.668,n.1;B16.288,n.1;S4.2.763. et 51;D.Filiat. nat.124.
— Civ.c.P.4.1.234;S4.2.89;MQ2,399;D.Domaine eng.30.
6 Lyon.A5.547.
— Civ.c.A11.137.n.,n.20; P4.1.201; B22.164; S4.1.190; D. Papier-monn.76.
— Civ.c.D.Commune.215.
7 Paris.A7.598; P2.105; B14.252;S4.2.716; J4.183; D.Exception.127.
— Cr.c.A6.421;P4.1.205;B12.53;S4.2.91. et 347;MR10.73; D.Douanes.197.
9 Cr.r.D.Tribunal.66.
— Cr.r.A8.538; P2.259; B15.594; S4.2.62. et 6.1.224; D. Faux.211.
— Amiens.A8.638,n.1; P22.2.182,n.5; B16.254,n.1; S7.2. 957;MR16.355;D.Filiat. nat.15,77.
— Cr.c.A8.685.n.1;P2.515;B16.508,n.1;D.Fonct.pub.251.
— Paris. A12,776,n.2,n.1; P2.1432; B27.419; S4.2.71; D. Emancip.14.
11 Civ.c.A11.143,n.,n.53;P2.950,n.9;B22.176;S4.2.658;D. Papier-monn.53.
12 Civ.c.A7.276;P4.1.229;B13.312;S4.1.583;J4,203;D.Enreg.2025.2076.
— Req.A7.582;P2.102;B14.233;S4.2.49;D.Except.48.51.
— Civ.r.A8.535; P4.1.277; B17.137; S4.1.143; MQ3.475;D. Féodalité.253.280 282.Min. pub.82.
— Civ.r.A10.291,n.,n.15; P4.1.216; B20.60; S4.1.207; J4. 185;D.Exécut. des jug. et actes.Communauté.1182.
13 Civ.r.P23.1.217,n. et 4.1.234;MQ4.501;S4.1.225.
— Paris.A10.58 ,n.5;P2.808;B20.512;J4.193;D.Offre.170.
14 Cr.c.A8.686,n 1;P2.515;B16.509,n.;S4.2.60.
15 Douai.A1.20;P1.10;B1.26;S4.2.83;D.Absence.150.
— Cr.c.A8.381;P2.255. et 4.1.211. et 6.1.209;B13.443;S4. 2.102;MR5.122;D.Faux.263.
17 Cass.A9.864,n.44;D.Lois rétroact.166.
18 Req.A4.661;P1.1212;B8.280;S4.2.64;D.Degré de jurid. 213.
— Civ.c. A7.353; P2 69; B13.566,n.1; S4.2.764. et 143; J4. 198;D.Enreg.679.895 Success. vacc.21.
— Req. A3.188;P1.742;B3.212;S4.2.51;J4.204; D.Compét. admin.109.Honoraires.54.
— Civ.r.A7.337. et 8.421. et 9.700; P4.1.228; B14.542. et 16.7. et 18.555 n. et 3.57;S4.1.222; MQ2.483;J4.202;D. Faux incid.54.72.Jug. par defaut.89.Exploit.446.
— Paris.P23.1.91,n.2;S4.2.104;J4.200;D.Condition.86.
— Limoges.A4.666.
— Req.A2.278;P1.446;B3.309;S4.2.59;J4.214; D.Cass.229.
— Req.A8.486; P2.279. et 6.1.940; B16.81;S5.2.443;MQ4. 387;J4.206;D.Feodalité.102.162.
— Paris.A6.669,n.1; P1.1467; B12.561,n.1; S7.2.1149. et 962. et 4.2.735;J4.209;D. Effets de comm.662.
— Req.A12.102,n.1;B25.452;S4.1.141;J4.216;D.Substitution.205.
— Req.A12.847,n.9.1;P3.1.223;B28.62; S4.2.58; J4.210;MQ2.494;D.Oblig.854.
20 Civ.c. A8.280; P4 1.537; B15.517; J4.222; S4.2.764. et 145. et 7.2.938;MR4.470;J4 222;D.Enreg.2053.
22 Cr.c.A3.573;P4.1.214;B6.277;S4.2.107;J4.225; D.Compét. cr.257.
— Cr.r.A9.753,n.1;P2.593,n.3;B18.445;S4.2.62; D.Délai. 87.573.Jugem. par défaut.540.
— Cr.c.A12.102,n.4;B25.295;S4.2 107;D.Société.201.
25 Civ.c.A7 278; P2.48; B13.315;S4.2.75;J4.229;D.Enreg. 2068.2104.
— Civ.c.A1.428;P4.1,536;B2.33;S4.1.221;J4.231; D.Appel civ.51.
— Bruxelles.A5.566,n.; P1.1524; B6.419,n.1; S5.2.552;D. Portion disp.158.
27 Civ.c.A3.48;P1.690;B5.49;D.Commune.326.
— Civ.r.A10.687,n.1-1; P2.858,n.4; B21.159; S4.2.296;J4. 255;D.Preuve litt.942.Transcript.17.
28 Cr.c.A1.571,n.; P1.209,n.; B2.202,n; D.Appel correct. 152.
— Bruxelles.A5.702;P1.1536;B10.362;D.Testament.375.
— Cr.c. A11 223,n.2 ; P2.983,n.1 ; B22.316; D. Poids et mesures.57.
— Cr.c.A11.193,n.1; P4.1.206; B23.263; J4.239; D.Quest. pr.63.
30 Déc.A6.327,n.;D.Ventes adm.325.

PLUVIÔSE.

2 Bruxelles.A11.491,n.1;P2.1090,n.3;B23.258;S4.2.85;D. Domicile.47.Puiss. patern.59.
— Civ.r.A12.401,n.1.2;P4.1.263;B26.228;S4.1.161;J4.240; D.Partage d'asc.29.Rap. à succ.33.34.
3 Civ.c.A4 637; P1.1201; B8.253;S4.1.213;J4.243;D.Degré de jurid.120
— Civ.c.A4.629;P1.1193;B8.244;D.Degré de jurid. 411.
— Civ.c.A9.700,n.1;P4.1.212;B18.353;S4.1.188;J4.242;D. Jug. par defaut.89.
— Civ.c.A3.285;P1.777;B5 320;D.Compét. civ.367.380.
4 Civ.c.A7.252;P2.37;B13.262;S4.2 76;D.Enreg.1902.
— Req.A3.255;P1.765;B5.287;S4.2.100;D.Régl. de juges. 11.
— Req.A3.163;P4.727;B5.180;S4.2.270;D.Comp. adm.65.
— Civ.c.A5 351; P4.1.239; B9.401; S4.2.673. et 90;D.Portion disp.157.
— Arr.A6 525,n.1;D.Vente adm.524.

— Req.P4.1.195;S4.2.93.
— Civ.r.P4.1.241;D.Récusat. de juges.2.
6 Turin.A2 404;P1.503;B3.453;S4.2.638;D.Caution.115.
— Turin. A8.233 ; P22.2.159,n.1 ; B15.271; S4.2.530; D Compét. comm.200.
— Cr.c.A8.413;P2.265;B15.481;D.Faux.485.
— Cr.c.A8.413;P2.265;B15.481;D.Faux.485.
7 Paris.A11.945,n.33;B25.109;S7 2.905;D.Div.155.
— Metz.A11.928,n.3;P2.1252;B25.79;D.Divorce.24.
9 Civ.c.A7.661;P4.1.227;B14.529;D.Expertise.90.
— Civ.c.A6.327; B11,372; S7.2.794. et 4.2.507;D.Ventes adm.524.
10 Req.A2.49; P1,524; B3.49;S4.2.69;D.Assur. marit.621. 622.
— Paris.A12.67,n.1;P2.1259;B25.259;S4.2.727;J4.253; D Servitude.643.644.
— Req.A11.597,n.1; P2.1132,n.3. et 4.1.272; B23,450;S4. 2.112. et 1.256;J4.247;D.Req. civ.13.
— Civ.r.A11.809,n.1; P4.1.244; B24.334; S4,1.219;J4,249; D.Saisie-imm.1370.
12 Paris.A11.279,n.1; P2 1005,n.5; B22.414;S7.2.1116;J4. 256;D. Prescription.624.
13 Déc.A6.327,n.;D. Ventes admin.346.
14 Cr.c A2.592;P1.596. et 4.1.250;B4.210;S4.2.766. et 92; MR8.614;MQ3.448;J4.259;D.Chose jugée.371.
— Lyon.A9.853;B18.555;D.Lois.263.
— Cr.c.A11.160,n.1;B22.204;S4.2 765. et 138.
— Cr.c.A11.32,n.1;P21.457;J4.261;D.Action pub.67.
— Déc. min. fin.A6.76,n.17;D.Enreg.883.
16 Paris.A12 533,n.2; P2.1310; B26.118;S4.2.106;D.Succ. irrég.117.
17 Civ.c.A11.610,n.2; P4.1.247; B23.475;S4.1.217;J4.263; D.Requête civ.136.
18 Civ.c.A1.548;P4.1,231;B2.159;S4.2.84;J4.265; D.Appel civ.488.
— Req.A6.859;P5.2.7;B12.524;S4.2.99;J 4.275;D.Emigré. 355.
— Civ.c.A6 499;P4.1.502;B12.127;S4.1.267;MQ3.194; J4. 267;D.Etrangers.253.
— Cr.c.A11.34;B21 460,n.1.
— Req.A11.686,n.1; P2.1167; S4.2.78; B24.126; D.Saisie-imm.154.
— Req.A3.519; P1,785; B5.563; S4.2.103; D.Compét. civ. 253;Domicile.4.Faillite.74.
19 Cr.c. A8.687,n.2 ; P2.314 ; B16.511,n.2 ; S4.2.677; D. Fonct. pub.268.
20 Cr.c.A2.139; P1 575; B3.150; S4.2.680;J4 276;D.Autorité municip.133.503.306.307.508.512.
— Cr.c.A3.505;P1.870;B6.112;D.Compét. cr. 402.
— Cr.r.A9.791; P4.1.252; B18,494; S4.2.123; MR4.863; D. Liberté prov.5.29.
— Bruxelles.A10.126,n.1;P2.705,n.6;B19.507;S4.2.91; D. Autorisat. de femme.47.
— Cr.c.P4.1.237;S4.2.104;D.Compét. cr.413.
— Bruxelles.A6.466,n.2;P1.1393;D.Etranger.131.
23 Civ.c.A1 690; P1.261; B2.338; S4.2.682;J4.279;D.Arbitrage.540.
25 Paris.A2.1119;P1.510;B4.13;D.Caution.233.
— Civ.c.A9.930; P2.668,n.6; B19.38; S4.2.310; J4.280; D. Louage.591.
26 Cr.r.A10.781.n.6; P2.867,n.3 et 4.1.269; B21,296; S20. 1 487;J4.284;D.Jug.225.Respons.14.
27 Angers.A12.484,n.1;P2.1559;B26.563; D.Retrait succ. 6.11.
28 Déc.A6 536,n.;D.Ventes admin.368.
— Agen A10 152,n.,n.8;P2.706,n.5; B19.319; S4.2.766. et 7.2 763;J4 285;D.Aut. de femme.202.
30 Civ.c.A7 457. et 458; P2.81; B14.80;J.4.288;D.Enreg. 2544.2711.2942.2946.2948.2981.—V. Lois.103.
— Bordeaux.A8.669;P2.506;B16.290,n.1;D.Filiat.nat.12.

VENTÔSE.

1 Civ.c.A2.475;P1 552;B4.76;D.Chose.96.
— Civ.c.A6.372;P1.1358;B11.426;D.Domaine cong.9.
— Civ.c A9.769,n.;B18.460;D.Jug. prép. 407.
— Paris.A12.931,n 6; P2 1484; B28.208;S7.2.1036;J4.291; D Ventes pub. 76.
2 Civ. c.A5 285;P1.778;B5 321;D.Compét. civ.375.874.
— Req.A6.96;P1.1547;B11.97;S4.2 234;D.Legs.200.
— Nimes.A9.221,n.,n.2; P2.451; B17.262,n.2;S7.2.1232;J 4 295;D.Inscript. hypoth. et priv.16;Vente.226.
— Civ.c. A12 308 n.1; P5.2.1; B26.89; S20.1.467. et 17.1. 545; MR2 66; J4 305; D.Cassation. 31.182. Success. irrég. 17.
— Nimes. A11.821,n.7; P2.1222; B24.376; D.Saisie-imm. 976.1591.
3 Bruxelles.A6.754;P1.1486;B12.401;S5.2.571;J4.307; D. Effets de comm.797.
4 Cr.c.A7.391;P4.1.268;B13.444; S4.2.145. et 768. et 7.2. 779;MR4 770;J4 309;D. Enreg.2656.
— Paris A10.98,n.1,n.2;P2 698,n.4;B19.261;S4.2.723; J4. 510;D.Mariage.537.538.
7 Civ.c.A°.514;P4.1.328;B16.113; S4.1.236; MQ3.292;J4. 318;D.Féodalité.205 206.
— Nimes.A9.41,n.1; P2.418; B17.41,n.1; S4.2.515;J4.320; D.Privilége.147.
8 Req A3.241;P1,759;B5.272;S4.2.125;J4.322; D.Conflit. 192.
— Civ.c.A8.467 ; P4.1.256 ; B16.59 ; S4.1.171; J4.324; D. Féod.41.

9 Paris.A12.492,n.2;P2.1540;B26.577;S7.2.1259. et 4.2. 121;D.Retrait succ.65.
— Loi.A3.116,n.;S4.2.288.
10 Paris.A9.264.n.1.3; B17.315,n.3; S4.2.704; D.Inscript. hypoth.45.
— Paris A11.933.n.8;P2.1254;B25.86; S4.2.95; D.Div.43.
11 Paris.A1.305;P1.93. et 6.1 662;B1 354;S4 2.143;J4.328; D.Adoption.52.116.Lois rétroact.73.
— Cr.c.A3.510;P1 874;B6.117;D.Compét. cr.416.
— Cr c.A3 443;P1.834;B6.42;S4.2.687; D.Compét.cr.128.
— Cr.c.A3.442;B6.42;D.Compét.cr.127.
— Cr.c.A8.336;P2 259;B15.392;S4.2.686. et 123;J4.336;D. Faux.153.
— Cr.c.A8.443;P2 263;B15.480;D.Faux.481.
— Cass.A9.864,n.44;D.Lois rétroact.166.
12 Paris A9.404;P2.489;B17,480;S7,2.1229; J4.337; D.Hypoth.79.
— Bruxelles.A10.156,n.2,2;P2.741,n.8;B19.556;S7.2.969; D.Commerçant.116.
— Paris.A11.751,n.2;P2.1186;B24.212;S7.2.950;D.Saisie-imm.653.
— Turin.A8.234,n.;P22.2.159.n.1;B15.272,n.;S4.2.532,n.
14 Grenoble.A8.634,n.2;P2.299;B16.249,n.2;S4.2.125;J4. 342;D.Filiat. nat.21.34.53 54.Success. irrég.27.
— Décr.A6.858,n.2,n.3;D. Emigré.366.
— Bruxelles A9.717,n.1;P2 580,n.1;B18.379;S5.2.380;J4. 340;D Jug. par défaut.253.Oblig 735.
15 Civ.c.A6.80 ,n.,n.3;P4.1.441;B12.486.n.; S4.2.168; J4. 345;D. Emigré.207.
— Besançon.A9.542,n.1-1;P2.525,n.1;B18.117; S4.2.655; D.Interdict 83.
— Req.A9 575,n.1-1; P2.554,n.2; B18.165; S4.2.408; J4. 350;D.Interr. sur faits.6.
— Civ.c.A11.135,n.,n.12; P4.1.274; S4.1.288; B22.162;J4. 347;D.Papier-monn.27.
16 Nimes.A5.366,n.;B6.419,n.1.
— Turin.A7.781; P2.156; B14,474; S4.2.551; D. Exploit. 257.826.
— Civ.c A8 632;P4.1.570;B16.133;S4.1.289;D.Féodalité. 53.268.269.
— Req.S4.2.109;J4 355;D.Renvoi.44.
— Cr.c.A11.65,n 11;B22.40;D.Jugement.107.
17 Cr c.A2.608;P1.606;B4.228;D.Chose jugée.397.398.
— Cr.c.A1.168;P1.68;B1.193; S4.2.94;D.Frais et dépens. 350.
— Cr.c.A3.416;P1.824;B6.12;S4.2.314; D.Compét. cr.68. 243.
— Cr.c.A3.597;P1.913;B6.214;S4.2.87;D.Compét. cr.695.
— Cr c.A3.482;P1.861;B6.87;S4.2.770. et 95;D.Compét. cr.334.
— Cr.c A1.564,n.; P4.1.291; B2.193,n.; S4.2.94; D.Appel correct.110.
18 Cr.c.A4.272;P1.1087;B7.296;S4.2.688; J4.358; D.Contumace.71.
— Cr.c A8,338;P4.1.297. et 6.1,204;B15,394;S4.2.128;J4. 359;D.Faux.274.
— Cr c.P4.1 292;S4.2.771. et 138;J4.356;D.Min. pub.66.
— Civ.c.P4.293;D.Enreg.680.
— Aix.D.Assur. marit.419 420.
19 Sect. réun.c.A4.524;P3.1 619,n.;B8.129;S4.2.241.
— Sect. réun. c.A3.736; B6.370; S4.2.251; D.Contr. par corps.394.
— Sect. réun. c.A6.397; P1.1363; B12.7;D.Douanes. 28. 205.
— Paris.A9.226,n.1,n.1;P2 457;B17.268,n.1;S4.2.709;J4. 363;D.Inscript. hypoth.14.
21 Civ.r.A10.620,n 1. et 11.137,n.23;P4.1.285;B21.32. et 22.165,S4.2.96. et 1.193;MQ3.604;J4.368;D.Compensat.12.
22 Req.A1.660;P1.244; B2.304; S4.2.240;J4.371;D.Arbitrage.590.
— Civ.r.S4 1.257;D.Effets de comm.319.
24 Cr.c.A7.639;B14.303;S4.2.93;D.Excuse.35.
25 Cr.c.A2.148;P1.381;B3.160;S4.2.280;D.Autorité municipale.408.409.
— Turin.A8 127;P22.2.166,n.2;B15.148;S4.2.578;D.Faillite.615.567.580.581.
— Aix.A8.636,n.1;P2.304;B16.275,n.1;D.Filiation naturelle.26.
— Cr.c.A12.1081,n.28;P2.1538,n.23;B28.445;S4.2.690;D. Vol.308.
— Cr.c.A12.1024,n.45;D.Voirie.733.
28 Turin.A9.645,n.,n.5;P2.558,n.6;B18.278;S4.2.536; D. Jugement.207.
— Civ.c.A10.555,n.1.3;P2.799;B20.465;D.Office.58.
29 Turin.A3.277;P1774;B5.312;S4.2.616;J4.376;D.Compétence civ.46.
— Lyon.A8.659,n.1.2;P22.2.182;B16.256,n.1;S4.2.652;J 4.383;D.Filiat. nat.102.
— Bourges.P6.2.52;D.Saisie-immob.47.
30 Civ.c.A4.731,n.;P1.1249; B8.362,n.1; D.Degré de jurid.528.
— Amiens.A10.69,n.1; P2.695,n.1; B19.217; J4.386; D. Mariage.291.
— Riom.A12.753,n.22;P2.1426;B27.376;S6.2,384;J4.385; D.Tutelle.552.

GERMINAL.

1 Cr.c.A4.469;P1.1165;B8.69;D.Cour d'ass.1405; Tém. faux.65.

— Cr.c.A2.173;P1.396;B3.187;D.Autorité municip.557 853.Défense.74.
— Arr.A6.526,n.17;D.Ventes adm.380.
— Cr.c.A8.686;P2.513;B16.309,n.
3 Turin.A1.690;P1.262; B2.339; S4.2.588; D.Arbitrage. 533.
— Paris.A12.813,n.3; P6.2.92 22.2.124,n.4; B28.7; S4.2. 97;J4.389.D.Lois rétroact.83.85.Usufruit lég.15.
5 Déc.A6.326,n.7;D.Ventes adm.369.
— Civ.r.A10.497,n.1;P2.790;B20.379;D.Oblig.704.
7 Civ.c.A7.218; P2.55; B13.245; S4.2.683; D.Enreg.62. 1836.
— Civ.c.A7.207,n.;P2.55;B13,337,n.
— Req A9.222,n.,n.3;P4.1.293;B17.262,n.3; S4.2.143; D. Inscript. hypoth. et priv.11.
— Paris.A10.419,n.1; B20.260; S4.2.120; J4.396; D.Nom. 35.65.72.
8 Cr.c.A4.295,n.;P1.1094;B7.319,n.2.
12 Civ.c.A8.497;P2.281.et 4.1.318;B16.93;S4.2.159; MQ4. 357;J1.4.402;D.Féodalité.138.
13 Req.A2.285;P1.450;B3.317;S4.2.111; D.Cassation.318.
— Req A7.805;P4.1.298;B14.503;S4.1.253 255.4.2.111.7. 2.1165;MQ4.290;J4.406; D.Domicile.82; Dom.élu.127. Exploit.647.Réc. de juges.6.
— Civ.c.A9.901,n.1; P4.1.366; B18.648; S4.2.077; J4.410; D.Lois.202 370 Rescis.78.
— Req.A11.297,n.1;P4.1.417; B22.441; S7.2.970; J4.405; D.Prescript.885.892.
14 Civ.r.A4.655;P1.1209;B8.274;S4.2.140;D.Degré de jurid.112.
— Civ.c.A11.385,n.1;P2.1051,n.1; B23.76; S4.2.684; D. Prises marit.174.
15 Paris.A1.295; P6.1.662; B1.343; S4.2.114; J4.315; D. Adoption.31.
16 Cr.c.A8.538;P2.240;B13.395;S4.2.691;D.Faux.244.
— Cr.c.P4.1.314;D.Compét. crim.413.
17 Paris.A8.587,n.1;B16.195,n.1;J4.2.127;D.Filiation légit.183.
— Turin.A12.914,n.2;P2.1477;B28.179;S4.2.557;D.Transport de créance.22.
— Paris.A2.293,n.;P1.453;B5.325,n.; S4.2.148; D.Cassation.368.
19 Civ.c.A7.179;P4.1.413;B13.200;S4.2.164;J4.418;D.Enregistr.1497.
— Paris.A5.243;P1.1313;B9.279; S4.2.772.435; J4.421; D. Dispos. entre-vifs.111.49.
— Civ.c.A11.141,n.43;P4.1.340;B22.173;S4.2.771.142; D. Papier-monnaie.73.
— Req.P4.1.332;S4.1.284;D.Divorce.60.
20 Civ.r.A2.271;P1.443;B4.300;S41.350;D.Cassation.184.
— Req.A4.746; P4.1.357; B8.379;S20.1.460; D.Degré de jurid.596.
— Civ.c.A8.498;P2.281.et 4.1.317,n.;B16.94;S4.2.230; D. Féodalité.139.
— Civ.r.A11.794,n.4;P2.1210;B24.326;D.Surench.229.
21 Civ.c.A7.201.et 1.141;P4.1.357.et 8.2.12;B1.165.et 15 225;S8.1.133.et 4.2.175;MR4.696; J4.432;D.Acquiesc. 12.Enreg.1687.2830.
— Req.A10.124,n.2.1; P4.1.343; B19.305; S4.2.142; MR1. 527.16.231;J4.436;D.Autor. de femme.71.Lois rétroactives.59.
— Turin.A1.785; P1.298; B2.448; S6.2.499; D.Arbitrage. 915.883.
— Cr.c.A1.571; P1.209.et 4.1.344; B2.203; S4.2.466; J4. 437;D.Appel correct.184.
— Cr.c.A9.512,n.2.1;B18.72;D.Instruction crim.330.356.
24 Turin.A7.754;P2.141;B14.420;J4.438;D.Exploit.477.
26 Civ.c.A1.462;P4.1.321;B2.74;S4.2.694;J4.440;D.Appel civ.232.275.
27 Req.A10.163,n.1;P4.317; B19.375; S7.2.99; MR8.420;J 4.442;D.Portion dispon.99.Lois rétroact.114.
28 Req.A6.769;P1.1494.et 4.1.393;B12.442; S4.1.304; MQ 3.453;J4.445;D.Emigré.20.
— Paris.A10.601,n.1.2;P2.814,n.1; B21.3; S7.2.1155; J4. 457;D.Novat.54.
— Civ.r.A12.143,n.1;P2.1282;B25.365;S5.1.65;J4.463; D. Société-comm.318.342.
29 Cr.c.A3.509;P1.874;B6.117;D.Compét. crim.417.
— Besançon.A10.150,n.2;P2.710,n.4; B19.348; S4.2.872; D.Autorisat. de femme.325.

FLOREAL.

2 Req.P5.1.359.
3 Paris.A5.230;B9.264;J4.463;D.Disposit. entre-vifs.69.
4 Civ.r.A9.829,n.1.2;P2.631,n.3;B18.547.
— Civ.c.A11.136.n.,n.13;P4.1.345; B22.162; S4.1.243; D. Papier-monnaie.66.
5 Dijon.A8.894.
— Civ.c.A12.70,n.2;P2.1260;B25.244;S4.1.247; J4.467;D. Servitudes.681.
6 Cr.c.A2.615;P4.1.360;B4.237;S4.2.174;J4.472;D.Chose jugée.411.
7 Paris.A1.344; P6.2.171; B1.403; S4.2.132; D.Alimens. 135.161.
— Cr.c.A1.206;P1.78;B1.273;D.Action civ.53.
— Cr.c.A8.789,n.1;P2.392;B16.417;D.Procès-verb.282.
— Cr.c.P4.1.362;S7.2.1048;D.Douanes.131.
— Cr.r.P4.1.423;S4.2.773.et 115;D.Juge suppl.166.
8 Déc.A6.326.627,n.;D.Ventes adm.368.369.
— Rouen.A9.531,n.3;P2.521,n.4;B18.101;S4.2.665;D.Interdit.13.182.

— Arr.A3.195,n.5;S4.2.340.
— Besançon.A10.107,n.; P2.776,n.; B20.240,n.; D.Nantissement.134.
11 Amiens.A8.652,n.3;P22.2.182; B16.270,n.3; S4.2.132; D.Filiation natur.176.
12 Bruxelles.A1.360.et 11.663.et 873;P1.140.et 2.1159;S 7.2.1193.777;D.Alimens.215.Matière somm.51.Saisie-exécut.262.Scellé.31.
— Civ.r.A8.117; P4.1.512; B15.136; S5.1.46; D.Faillite. 482.
— Paris.A6.687; P1.1476; B12.547; S7.2.926; D.Effet de commerce.597.
12 Poitiers.A12.528,n.4; P2.1346; B26.440; S4.2.502; J4. 482;D.Rescision.121.
— Cr.c.A12.1037,n.3,n.;P2.1512,n.; B28.369; D.Communauté.565.Péage.46.
— Cass.A8.794,n.2;D.Forêts.878.
13 Cr.c.A4.466;P1.1162;B8.66;D.Cour d'ass.1346.
— Paris.A.12.268,n.1;P2.1301;B26.13;S4.2.752;J4.485;D. Acte de l'état civ.94.Success.55.
15 Cr.c.A2.5;P4.1.435;S4.2.160; MR3.400;B3.2; D.Armes. 48.Douanes.223.
— Cr.c.A8.531;P2.255;B15.444;D.Faux.79.455.
— Déc.A6.327,n.;D.Ventes adm.375.
— Cr.c.A9.490,n.4;P2.508,n.7;B18.39;S4.2.208; D.Instr. crim.24.
— Civ.c.A11.130,n.17; P4.1364; B22.165; S4.1.313;MQ3. 617;D.Papier-monnaie.28.
— Sect. réun.A4.429,n.26.27;P4.1.453;B23.187;S4.1.277; J4.489;D.Procès-verbal.570.
— Cr.c.P1.313,n.
17 Civ.c.A8.317;P4.1.405;B16.146;S4.2.238; MQ3.202;J4. 494;D.Féodalité.217.218.219.
— Paris.A12.320,n.3;P2.1508; B26.405;S4.2.429; D.Paiement.92.
— Req.A11.756,n.3;P4.1.330;B24.256;S4.2.171;J4.492;D. Saisie-imm.1161.
— Paris,D.Mineur.50.
18 Nîmes.A1.296; P6.1.662; B1.343; S4.2.548; J4.416; D. Adoption.31.
— Cr.c.A11.477,n.2;P4.1.475;B23.255;S5.1.40; MQ4.195; D.Propriété litt.100.
19 Civ.r.A1.373; P1.113;B1.437;S4.2.153;J4.500; D.Cass. 930.Conciliation.135.
— Civ.r.A12.878,n.2; P4.1.442; B28.116; S4.1.376; MR5. 465;J4.502;D.Garantie.93.160.Vente publ.68.69.
21 Cr.c.A3.509;P1.874;B6.117; D.Compétence crim.416.
— Cr.c.A6.421;P1.1373;B12.35,n.1;S7.2.992.4.2.210.
— Turin.A11.925,n.16; P2.1249; B25.72; S5.2.9; D.Divorce.78.Lois rétroact.65.
22 Cr.c.A3.665;P1.905;B6.178; D.Compétence crim.628.
— Nîmes.A7.671; P2.1477;B14.343;S5.2.37;D.Expertise. 174.Rescis.241.
— Cr.c.A8.593;P4.1.432.et 6.1.212;B15.458; S4.2.692; J4. 509;D.Faux.556.
24 Civ.c.A4.797;P1.1274;B8.438;S4.2.695;J4.510;D.Degré de jurid.535.Demande nouv.57.
— Paris.A9.356,n.,n.3;P2.479; B17.422,n.3; S7.2.884; D. Hypoth.225.
25 Req.A3.184;P1.739; B5.208; S4.2.146; D.Compét. admin.159.
— Turin.A9.618,n.2;P2.859,n.7; B18.239,n.1; D.Jugem. 119.344.384.
— Req.A10.169,n.1-1;P4.1.456;B18.381;S4.1.262;MR17. 631;D.Contrat de mariage.74.
26 Déc.A6.320,n.3;D.Ventes adm.367.
27 Cr.c.A1.466;P1.67;B1.193;D.Acquitt.40.
— Cr.c.A8.414;P2.263;B15.482;D.Faux.461.
— Paris.A11.753,n.1;B24.245,n.5;S7.2.978;D.Saisie-immob.955.
28 Paris.A6.373;B11.453;S4.2.698;D.Domicile.48.
— Paris.A11.607,n.4,n.1; P2.1137, n.3; B23.469; D.Req. c.v.104.

PRAIRIAL.

1 Req.A1.225;P4.1.421;B1.261. et 17.534; S20.1.472; D. Action personn.20.Conclusions.25.
— Civ.c.A9.317;B17.376;S4.2.703;D.Transcript.7.
— Req.A9.451;P2.505,B17.535;S24.1.80;D.Rad. hypoth. 116.
— Civ.c.P4.1.448; S4.1.317; MQ3.666; J4.521;D.Forêts. 331.
— Civ.r.P5.2.31;D.Cassation.438.
2 Civ.c.A4.710;P1.1237; B8.538;D.Degré de jurid.431.
— Req.A5.266;P1.771;B5.300;D.Régl. de juges.96.
— Lyon.A9.530,n.2;P2.521,n.1;B18.99;S4.2.656;D.Interdict.14.
— Req.A12.466,n.1; P23.1.301,n.;B26.333;S4.1.387; MQ 4.2;J4.523;D.Séparation de patrimoine.110.
— Poitiers.A11.930,n.7; P2.1283; B25.81;D.Divorce.18. Séparat. de corps.402.
3 Civ.c.A7.82; P4.1.549; B13.82; S5.1.45; MR2.402; J4. 527;D.Enreg.403.
— Nîmes.A1.296; P6.1.662; B1.343;S4.2.548; J4.418; D. Adoption.31.
— Civ.c.A7.759; P2.150; B14.449; S4.2.706; D.Délai.122. 123.Exploit.730.
— Bruxelles.A11.674.n.3,n.1;P2.1463;B24.105;S5.2.267; D.Hypoth. judic.76.Saisie-imm.67.

— Rouen.A12.510,n.2;P2.1344;B26.407;S5.2.1; D.Partage.259.260.261.Expertise.105.
— Req.P4.1.218;D.Tribunal.66.
4 Cr.c.A2.348;P1.475;B3.389.D.Cassation.1085.
— Arr.A6.325,n.1;D.Ventes adm.524.
— Cr.c.A9.512,n.1.5;P2.514,n.3; B18.72; D.Instr. crim. 346.
— Amiens.P20.2.44,n.;S5.2.273;D.Séparat. de biens.82. 84.85;Séparat. de corps.160.
6 Poitiers.A10.408,n.4.4;P2.777,n.4; B20.241; S4.2.541; D.Nantiss.138.139.
— Req.P4.1.426;S4.2.172.
7 Déc.A6.326,n.17;D.Ventes adm.380.
8 Paris.A9.580,n.1.15; P2.537,n.7; B18.176; J4.531; D. Interr. sur faits.108.
— Paris.A9.141; P2.439; B17.463; S4.2.707; D.Hypoth. lég.103.
— Aix.A10.672,n.2;P2.831,n.2;B21.115;S5.2.70;D.Preuve litt.669.731.
9 Civ.c.A7.333,n.;P2.60; B13.377,n.; J4.536; D. Enreg. 895.Success. vac.21.
— Req.A6.588;P4.1.450; B12.251; S4.2.141; D.Effets de comm.171.
— Orléans.A12.725,n.9;P2.1418;B27.323,n.1; D.Tutelle. 272.
— Paris.A10.450,n.2.1; P2.783,n.3; B20.305;S4.2.174;J4. 535;D.Oblig.175.
10 Poitiers.A5.546,n.1; B10.170,n.1; S4.2.375; D.Donat. dég.10.
— Liége.c.A9.270.
— Civ.c. A11.145,n.54;P2.950,n.10; B22,177; D. Papier-monn.54.
— Civ.c.A12.677,n.5; P2.1396; B27.258; J5.537; D.Transact.96.
11 Paris.S7.851;D.Commiss.-priseur.17.
12 Cr.c.A3.508;P1.873;B6.116;D.Compét. cr.416.
— Cr.c.A3.509;P1.873;B6.116;D.Compét. cr.416.
— Liége.A5.493; P1.1527; B10.114; S5.2.447; J4.541; D. Donation.10.95.27 .272.277.
— Cr.c.A1.485,n.;B2.89.
13 Cr.r.A2.581;P5.2.3;B4.201;S4.1.308;MR2.679; D.Chose jugée.353.Complicité.105.
— Civ.c.A7.759;P2.150;B14.449;D.Exploit.723.
— Déc.A6.327,n.;D.Ventes admin.572.
14 Civ.r.A12.939,n.1-1;P2.1480;B28.220;D.Echange.38.
15 Civ.c.A3.232;P24.1.415;B5.262;S5.1.50;D.Eau.464.
— Req.P5.2.17;S7.2.1164;D.Récus. de juges.3.
16 Bruxelles.A1.295;B1.349;S5.2.41;D.Adoption.31.
— Civ.c.A3.23; P4.1.458; B5.21; S4.1.280; MQ1.468; D. Commune.174.
— Req.A1.451; P4.1.453; B2.61;S4.2.141. et 545;J4.547; D.Appel civ.144.
— Civ.c.A6.788; P1.1498. et 4.1.498; S4.2.236; MQ1.75;B 12.464;J4.557;D.Emigré.295.
— Civ.c.A12.1041,n.4;P2.1514;B28.573;S4.1.282;D.Voitures pub.13.103.
— Req.P5.1.139;S5.1.97;MR4.466;J4.548.
— Civ.c.D.Transaction.118.
17 Civ.c.A7.55; P4.1.418; B13.56; S4.2.171; J4.558;D.Enreg.369.
— Civ.c.A3.750. et 1.477;P1.980. et 5.2.44;B2.91. et 6. 385; S4.2.713; D.Appel civ.270; Délai.105.Contrainte par corps.157.
— Paris.A12.875,n.1; P2.1461; B28.111; S7.2.951; D.Garantie.35.205.246.Ordre.387.
— Nîmes.S4.2.753;D.Donat. entre époux.16.
18 Orléans.A12.727,n.12; B27.327; S7.2.1243; D.Tutelle. 217.236.
— Avis du cons. d'état.A11.922,n.9;B25.67;S4.2.379. et 155;D.Divorce.8.
— Cr.c.P4.1.459;S4.2.168;J.4.561;D.Presse.350.
— Cr.c.P4.1.454;S4.2.185;MR.6.100.
19 Cr.c.A2.141;P1.377;B3.152;D.Autoritémun.263.Frais et dépens.362.
— Cr.c.A2.128; P1.366; B3.137; D.Autorité munic.174. 257.Frais et dépens.382.
— Cr.c.A4.2.180; P1.1089; B7.305; S4.2.140; D.Actes de l'état civil.44.Cour d'ass.21.
— Cr.c.A8.399;P2.260;B15.464;D.Faux.394.
— Paris.A11.678,n.2;P2.1164;B24.112;S2.400;J4.562; D. Saisie-imm.114.
— Paris.A12.741,n.48;P2.1423;B27.353;S7.2.1242;D.Tutelle.420.
22 Req.A2.274;P1.443;B3.303;S4.2.148;D.Cassat.208.
— Civ.c.A8.491; P2.281; B16.87; S4.2.714; D.Féodalité. 149.152.
23 Civ.c.A4.719; P1.1243; B8.348; S7.2.900; D.Degré de jurid.437.
— Req.A1.218; P4.1.430; B1.253; S4.1.369;J4.565;D.Action mobil. et immob.9.
— Déc.A6.326,n.;D.Ventes admin.367.
— Déc.A6.327,n.;D.Ventes admin.325.
— Déc.A8.11,n.32;D.Fabriques.107.
24 Civ.c.A4.619;P1.1295;B8.232;S7.2.781;D.Degré de jurid.40.
— Paris.A9.886,n.1.22;P2.540,n.13;B18.187;D.Intervention.61.
— Civ.r.A10.576,n.3.2;P2.805,n.1;B20.499;D.Offre.53.
25 Cr.c.A.4.444;P1.1153;B8.41;D.Cour d'ass.95.956.
— Cr.c.A4.296;P1.1096;D.Cour d'ass.95.
— Cr.c.A4.281,n.;P1.1089;B7.305,n.1.

— Cr.c.A4.281,n.;P1.1080;B7.305,n.1.
— Cr.r.A3.240;P1.758;B5 270;D.Conflit.166.
— Bruxelles A7.69.;B14.372;D.Huiss.176.
— Paris.A12 874,n 4.1; P22.2.154,n.; B28.110;S7.2,953;J 4 567;D.Garantie.69.
26 Civ.c.A8.655.n.1;P2.393;B16 274,n.1.
27 Bruxelles.A5 762; P1.1344; B10.430;S5.2.36;D.Testament.22.538.
28 Dijon.A12.726,n 3; P2.1419; B27.325; S4.2.166;D.Tutelle.250.
29 Req.A10.151,n.1-1; P4.1.586;B19.348;D.Autorisat. de femme.333.
30 Déc.A6.327,n.;D.Ventes admin.368.

MESSIDOR.

1 Civ.c.A7.68;P2 7;B13.72;J4 573;D.Enreg.624.
— Civ.c.A7.392;P2.69;B13.447;D.Enreg.2665.
— Paris.A5 152;B9.176;S4.2 161.
3 Cr.c.A8.339;P2.240;B15.395;D.Faux.80.
— Lyon.A11.829,n.2;D.Saisie-imm.659.
4 Cr.c.A9.871,n.2.1; P2.638,n.6; B18.607; S7.2.845; J4.573.
6 Civ.c.A4.668; P1.1215; B8.288; J4.575; D.Degré de jurid.259.
— Civ.r.A9.363,n.,n.7; P2.481; B17.430,n.7;S4.2.448;J4.579;D Purge des priv.12.
— Bordeaux.A12.700,n.3;P2.1410;B27.281;S4.2.150; J4.576;D.Tutelle.18.127.266.267.
7 Civ.c.A4.746;B8.579;S4.2.721;D.Degré de jurid.596.
— Civ.c.A8.817;P4.1.456;B 6.453;S4.2.170. et 721; MQ4 351;D.Féodalité.97.Hospices.26.
— Civ.c.A8.492; P6.1.287; B16.88; S4.1.384; MQ4.332; D.Féodalité.132.
— Civ.c.A9 927;P4.1.460. et 465;B19.35;S4.2.169. et 774; MQ4.480;J4.587;D.Louage.760.
8 Civ.c.A5 57;P1.695;S4.2.435;D.Commune.337.
— Civ.c.A8 655,n.1;P2.303;B16 274,n.1.
— Req.A12.904,n.2;P4.1.466;B28.160;S4.1.352;D.Vente.845.
9 Cr.c.A8.597;P5.2.9. et 6.1.216;B15.462;S4.2.217;MR5.145;D.Faux.378.
— Paris.A9 455,n.1; P2.502; B17.539,n.1; S7.2.1021; J4.589;D.Respons.190.
10 Cr.c.A2.589;P4.1.501;B4.207;S4.1.370;D.Chose jugée.344.
— Cr.r A8.596; P4.1.519; B16.205; S4.1.318;MQ4.245;J4.591;D Filiat. légit.201.249.
— Cr.c.A8.599; P2.293 et 4.1.528. et 6.1.208; B16.210, S4.1.366;MQ4.259;J4.603.D.Filiat lég.225.
— Cr.r.A8.600,n.;P2.293;B16.241,n.;S4.2.281;J4.598.
— Cr.c Bull. cr.D.Filiat. lég. 222.
11 Cr.c.A5 646;P1.946;B6.268;D.Complicité.40.137.
— Cr c.Bull cr.D.Confiscation.5.
12 Bruxelles.A11.943,n 27; B25.106; S7.2.1063; D.Div.109.
13 Req A3.179;P4.1.505;B3.202;S4.2.505;MQ450;J4.606; D.Compét. admin.143.150.
— Paris.A7.610;B14 268;S7.2.1067;D.Exception.289.
— Civ.c.A6 320;B11.364;S4 2.154;D.Domaine de l'ét.26.
— Civ.c.A12.282,n.;B26 33;S4.2.729.
14 Paris.A10.851,n.10; P2 899,n.7; B21.415; S4.2.700; J4.608;D.Ordre.214.
— Nîmes.A10.459,n.;P2.781,n.8;B20.288;S5.2.55. et 4 2 546;D.Not.491.
15 Civ.r.A11.139,n.36;P4.1.467;B22.169;D.Papier monn.58.
— Civ.r.A11.143,n.55;P4.1.471;B22.177;D.Papier monn.21.
— Req.A11.712,n.3; P4.1.470. et 2.1180;B24.178;D. Saisie-imm.471.
— Paris.A12.705. et 726,n.1; P2.1419. et 1412;B27.288. et 326,n.1;S4 2 171;D Tutelle.83.268.
16 Cr.c.A3.631;P1.934;B6 251;D.Complicité.54.134.
— Cr.A8.394,n 1;P2.259;B15.459.n.1.
18 Cr.c.A4.508; P1.1178; B8.415; S4.2.699; D.Cour d'ass.1614.
— Cr.c.A4.572;P4.1.509;B8.181;J4.611;D.Avocats.125.
— Cr.c A1.206 et 7.148.n.1;P4.1.508. B1.239 et 15.173, n.1;S4.2.152. et 775. et 7.2.1092;MR.6.499;J4.642;D. Action civ 42.Chose jugée.418.
— Besançon.r A6.487.P.6.1.443;D.Etranger.264.
21 Req A1 429;P1.144;P2.34 S4 2.161;D.Appel civ. 30.
— Déc. min. des fin.A7.76.n 17;D.Enreg.885.
22 Civ.r.A2.285; P4.1.547; S7.2.1232. et 4.2.156; D.Cassat.319.
— Civ.r.A7.516,P4 1.547;B3.317. et 14.152;D Timb. 51.
— Paris.A10 828,n 3;P2 888,n.3;B21.377;D.Ordre.313.
— Civ r.A11 383,n.;S7 2.1188.
— Civ c.A11.101,n.,n.2;P4 1.533;B22.99;S4.2 157. et 186 7.2 1232. et 4 2.1256 MQ4.439;D.Presse.288.
23 Cr.c.A3.584; P4.1.510; B6 200;S4.2.701;D.Compét.cr 667.675.
— Cr.c A1.554;P4.1.512;B2.185;S4.2.151. et 2.776;D.Appel correct.17.
— Paris.A10.819,n 2;P2 885,n.5;B21.360;D.Ordre.194.
24 Paris.A1 346;P1.105;B1.405;D.Alimens.41.
25 Turin.A11.928,n.1;P2 1251;B25.78;D.Divorce.28.101.
27 Req.A3.713;P4.1.515;B6.342;S4.1.358;D.Conciliat.30.

— Amiens.A8.667;S5.2.7.
28 Paris.A8.154; P22 2.166,n.4; B15.179;S7.2.851;J4 614; D.Faillite.650.
— Poitiers.P22.2.182,n.;S5.2.19;D.Filiat. nat.176.
29 Paris.A1.323; P1.98; B1.375; S 4.2.152. et 7.2.774;J4 616;D.Agent de change.100.165.
— Civ.c.A5 356; P4.1.587; B9.407; S4.1.321;MQ5.314;J4 617;D.Lois rétroact.35.Port. disp.100.
— Paris A10.64,n.1;P2.692,n.9;B19.210;S4.2.172;D.Mariage.255.
— Req.P4.1.514;D.Ventes admin.324.
30 Cr.c.A8.784;P2.389;B16.411;D.Procès-verb.183.

THERMIDOR.

1 Cr.c.A7.656;B14.319;S7.2.1023;D.Aut.mun. 405.207.
— Cr.c.A8.776,n 1;P2.382 B16 400;D.Forêts.948.
— Cr.c A11.128,n.,n.2; P5.2.6; B22.147; S4.2.305;MR6.109;J4.624;D Presse 232.235.
— Cr.c.A12,1043,n.2; P5.2.10; B28.378; S3.1.102;D.Vol.27.
— Cr.c.P4.1.566;S7.2.775;D.Peine.171.
4 Civ. c.A5 356; B9.408; D.Lois rétroact. 35.Port. disp.100.
— Civ.r.A9.241;P4.1.550;B17.286,n.4;S7.2.1217. et 1022, MQ5.125;J4.626;D.Insc. hyp.125.Jug. préparat.100.
— Montpellier. A9.769,n.n.8; P2.598,n.6; B18.460; S7.2.1031. et 4.2.179;J4.625.
— Civ.c.A5.356; P1.1321; B9.409; S5.2.471; D.Port. disp.100.
5 Civ.r.A6.778; P5.1.15; B12.453; S5.1.35; MR.5.640; D.Emigré.71.
— Req.A6.795;P4.1.570;B12.472,n.1;S5.1.92;MQ4.268;D.Emigré.49.132.153.
6 Civ.c.A7.144;P2.21. et 4.1.516; B13.160; S4.2.328; MR 4.721;J4.635;D.Enreg.1416.
— Civ.c.A11.240,n.1;P4.1.12;B22.347; S5.1.71; D.Prescr.83.
— Toulouse.A11.529,n.3;P2.1108,n.5;B22.327; S5.2.6;D.Rempl.101.
— Req.P5.1.77;S7.2.928;D.Div.148.
7 Poitiers.A3.357. et 300; P1.797; B5.348. et 410; S4.2.496;D.Compét. civ.234.Compét. comm.240.
— Cr.c.A3.445;P1.836 B6.45;D.Compét. cr.153.
— Cr.c.A1.417;P 5.2.15;B2.20,S4.2.776;D.Amnistie.63.
— Cr.c.A9.471,n.3;B18.12,n.1;D.Incendie.4.
— Cr.c.A9.471,n.3;B18.12,n.
— Paris.A12.182,n.1;P6.2.182;B25.433;S5.2.11;D.Substitution.151.
8 Besançon.A9.725,n.; B18.592,n.; D.Jug. par défaut.311.
— Avis cons. d'état.A3.740,n.;S4.2.186.
— Déc reg.A7.27,n.6;D.Enreg.242.
9 Paris.D.Autorisation de femme.134.
11 Civ.r.A12.388,n.6; P2.1319; B26.210;D.Success. bén.129.130.Vente pub.70.
— Liège.P5.2.25;S4.2.184.
12 Civ.r.A 7.831; P4.1.563; B14.534;S5.1.147. et 2.817;J 4.640;D.Exécution des jug. et actes.29.Exploit.886.
— Décis. min.A7.169,n.18;D.Enreg. 1553.
13 Civ.c.A7.228,P2.34;B13.258;D.Enreg.1885.
— Civ.r.A1.95; P5.2.11; B1.107; S4.2.173; MR1.59;D.Acquiesc.444.
— Amiens.A6.131; P1.1349; B11.145; S7.2.974. et 5.2.18; D.Exécut. testam.85.
— Req.A9.251;P6.1.49. et 5.877;A17.298;S5.1.89;J4.641; D.Inscrip. hypoth.47.358.
— Civ.c.A12.900,n.1;P2.1472;B28.152;S7.2.822;D.Rés.6.
— Civ.D.Exploit.884.
14 Nîmes.A2.560. et 12.911,n.2.1; P1.573. et 2.1470, B4 172 et 28.472;S7.2.826. et 5.2.76; D Chose jugée.248, 6.Délai.91.Expertise.173. Garantie.190. Rescis.246. Lois rétroact.209.
— Cr.r A3.505;P5.2.5,B6.113;S7.2.909;MR2.22; D.Comp.cr.403.
— Cr.c.A8.412; P2.263. et 5.2.7. et 6.1.15; B15.480; S7.2.977;D.Faux.470.
— Cr c.A11.317,n.5; P2.1014,n.7; B22.476; S4.2.702; D.Prescrip. cr.96.
15 Cr.c A7.650;B14.316;D.Excuse.89.101.
— Liége.A11.844,n.4; B24.420; D.Saisie-immob.667.758.1006.1007.1008.
16 Colmar.A1.7;P1.4;B1.8;S7.2.936. et 5.2.47; D.Absent.89.98.
— Colmar.A3.790; P1.993; B6.435; S5.2.62;D.Contr. par corps.546.
18 Civ.c.A3 444;P1.836;B6.45;S4.2.339;D.Comp. civ.143. Contrainte.14.
— Req A6 495; P1.1406. et 5.1.42; B12.123; S5.1.73; J4.644;D.Etranger.270.
— Req.A9.829,P2.631;B 8.550 S4.2.368;J4.643.
— Civ.c.P5 2.5.S5.1 71;MQ4 459.
19 Civ.c.A2.407;P1.504;B5.456;D Caution.118.
— Civ.r.A5.562;P4.1.553;B9.415;S5.1.1; D.Port. disp.58.114.
— Civ.c.A7.458;P2.82;B14 80.;D Enreg.
— Civ c.A6.330;P1.1354;B11.576;S4.2.303;D.Ventes admin.63.

— Req.A6.783,n.1;P1.1496;S7.2.853;B12.458;D.Emigré.90.
— Colmar.A10.718,n 1; P2.850,n.2; B21.190; S4.2.177;D.Preuve test.17.Lois rétroact.206.
— Req.A11.818,n.1,n.1; P2 1221; B24.371; S4.2.181; D.Saisie-imm.1065.
20 Civ.r.A4.617; P5.1.61; B3,229; J4.650; S5.2.155; MR5.574;D.Degré de jurid.39.
— Civ r A7.851,n ;P4.1.565,n.
— Civ.c.A6.402; P1 1363; B12.15,n.1; S7.2 940; D Douanes.59.Procès-verb 535.539.
— Civ.c.A10.125,n.2.2; P4 1.586; B19.305; S4 2.160;MR 16.251;D.Autor. de femme.72 Rétroact.59.
— Dijon.A12.492,n.,n.2;P6.2.205 et 2.1341;B26.377;S5.2.441;J4.647.D.Retrait succ.64.
21 Cr.c.A3.435;P4.1.576;B6.55;S4.2.178;J4.652; D.Comp.cr.193.218.
— Cr.c.A8.412,n.1;B15 480,n.1;P2.263.n.1;D.Faux.470.
— Bruxelles.A12.70,n.2;P2.1260;B25.244;S5.2.51;D.Servitudes 685.
— Cr.c P5.1.3.
22 Cr.c.A6.808;P4.1.568;B16.442;S4.2.405;MQ4,487,J4.656;D.Forêts.975
23 Paris.A3.250;P1.762;B5.282;S7.2.944. et 855; J4.657; D Compét. civ.491. Domicile élu.106. Etranger.140. Régl. de juges.6.
25 Civ.r.A2 288;P5.2.17;B3.320;S7.2.814. et 12.191;MR2.77;J4.659;D.Cass.306.500.
— Req.A2.273 P5.2.20. et 1.435;B3.302;S7.2.815;J4.660; D.Cass.200.204.
— Req A3.248;P5.2,12;B5.281;S7.2.879;D.Régl.de juges.59.Degré de jurid 341.
— Paris.A3 148;P1 726;B5.163;S7.2.857;D.Respons.406.
— Déc.A6.301;D Dom. eng.35.
— Cass.D Régl. de juges.32.
26 Paris.A4.791; P1.1270; B8.431; J4.661;S7.2 864;Dem. nouv.51.
— Civ.r.A9 610;P5.1.201;B18.227;S5.1.140;MQ5.101;MR 17.166;D Jug.386.
— Cr.c.A11.468,n.1;P4.1.578; B23.220; S4.1 355; J.4.662; D Propriété litt.37.Usurpation de titres.8.
— Req.P4.1.585 S5 2 11;D.Lois.218.
27 Déc.A6.838,n.,n.4;D.Emigré.368.
28 Bruxelles.A12.306,n.1;B26.73;S5.2.39;D.Success.195.
— Paris. A11.697,n.1; P2.1174; B24.149; D.Saisie-imm.273.
— Toulouse.D.Lois rétroact.172.
29 Nîmes.A5.248; P1 1314; B9 285; S7.2.1201. et 5.2.35. et 4.2.545;D.Disp. entre-vifs.110.119.
30 Déc.A6.838,n., n.4;D.Emigré.370.372.

FRUCTIDOR.

2 Civ.c.A4.731;P1.1249;B8.362;D.Degré de jurid.528.
— Civ.c.A5.557.
— Civ.r.A10.544,n.1.3; P5.2.33. et 36;B20.448; S7.2.945; D.Répétitions.9.
— Cass.A9.858,n.21;D Lois rétroact.35.
3 Bruxelles.A5.726;P1.1333;B10.389;S13.2.349; D.Test.361 446.
— Nîmes. A12.139,n 21; P2.1280; B25.360; S4.2.548; J4.665;D.Société comm.262.
4 Civ.c A1.604, P5.1.27; B2.240; S5.1.54;J4.672,D.Arbitrage 156.
— Bruxelles.A1.685;P1.260;B2.333;S5.2.535;D.Arbitrage.496.542.
— Civ.c.A3.715.
— Req.A3.569.
— Req A11 141,n.45;P5.1.6; B22.174;S4.1.362; D.Papier monn.63.
— Riom.A12,726,n.2; P2.1419; B27.325;S6.2.183;J4.670; D Tutelle.256.
— Paris.P23.2.27,n.
5 Cr c.A8.397;P2.260;S4.2.307;B15.465;J4.679;D.Faux.379.
— Paris.A12.117,n.1;P2,1273;B25.321; D.Société comm.104.
— Grenoble.A11.575,n.1; P22 2.97; B23.408;S5.2.49; D.Rente.336.
— Metz.A11.724,n.8.
— Cr.r.P5.2.18;S4.2.183.
— Paris.P5 2.25,n.
6 Civ.c A3.715;P5.1.5;S5.1.63;J4.674. et 683. V. au 10.
— Paris.J4.674;D Tierce-opp.136.
— Civ r.P.5.1.3.;D Papier-monnaie.
7 Cr.r.A2 306;P5.2 19;B3.340;S4 1.374;D.Cass.467.
— Déc.A6.327.D.Ventes adm.325.
— Cr.c.A11.498,n.4; P2.1092,n.; B23.271,n.1; D Quest. pr.11.
— Turin.A12.812,n.2.1;P7.2.37;B28.5;S7.2.37. et 5.2.20; D.Lois rétroact 82 Usufruit légal.15.
— Cr.c.A2.608. P1.606;B4.228;S4 2.712;J4.684; D.Chose jugée.397.398.
9 Bordeaux.A11.933,n.11;P5 2.8; B25.88; S4.2.189; J4.685;D.Adultère.65.Divorce.41.
— Civ.c.A7.277,n.;B13.313,n.;S4.1.382.
— Civ.c.A7.373; P2.66; B15.125; S.4.2.736; J4.669; D.Enreg.2499.
— Civ.c.A7.277;B13.313,n.

10 Req.A6.839,n.2;P5.2.7;B12.524,n.2;S7.2.1153;D.Emigré.356.
— Civ.c.A9.769,n.,n 9. et 7.699;P5.2.26. et 33;B18.460. et 14.376;D Jugem. prép.86 Exploit.181.
— Paris.A9 683,n.1;P2 538,n.4,B18.181;D Interv.17.
— Civ.c.A3 715; P5.1.5; B6 344;S5.1.63;J4.683;D.Conciliation.54.
— Req.A3.569;P5.2 4;B6.183;S7.2.856. et 4.2.177; MR3.490;D.Compét. cr.630.
— Req P5.1.187;S7.2.1116.
11 Req.A2 671;P5 2.37;B4.299;S5.2.53;D.Colonies.146.
— Civ c.A4.737;B8.369;D.Degré de jurid.592.
— Rouen. A8.424; P2.266; B16.10; S7.2.966; J4.690; D. Faux incid.76.250.290.
— Civ.c.A8.655,n.1;P2.303;B16.274,n.1.
— Aix.A9.438,n.,n.3; B17.520,n.1; S5.2.424; D.Lois rétroact.142.Réd. des hypoth.65.
— Civ.c A10.814,n.2;P4.1.562; B21.252;S5.2.26; J4.695; D.Ordre.117.
— Req A11.920,n.2;P5.1.75;B25.63;S4.2.689;D.Divorce.33.
12 Nimes.A1 537;P5.2.11;B1.395;S5.2.13; J4.698; D.Alimens.117.Puiss.pat.41.
— Poitiers.A10.689,n.1;P2 840,n.2;B21.143;S4.2.500;J4 2.500;D.Preuve litt.95.
— Cr.c.A10.737,n.2;P5.1.21;B21.225;S4.2.717; MR3.819; J4.704;D.Preuve test.246.
14 Turin.A5.688; P1.1335. et 5.2.25; B10.545; J4.709;D. Testament 360 398.
— Paris.A6.777,n.,n.2; P1.1495;B12.451,n.2; S5.2.17;D. Emigré.53.
— Paris.A9.446,n.1; P2.500; B17.528,n.1; S7.2.1022; J4. 705.D.Red. hypoth.71.
— Paris.A12.312 n.2;B26.95;D.Success.310.
16 Civ.c.A1.303;P5.1.8;B1.351; S4.1.389; J4.716;D.Lois rétroact.73.
— Civ.c A9.90;P5.1.507;B17.101,n.1;S6.1.17;D.Hypoth. légale.99.Privilége.463.
— Req.A12.247,n.1;P2.1298;B25.534;S4.2.387;D.Substitut.511.579.
17 Req.A4 635;P1.1200;B8.249;S4.2.192;D.Degré de jurid.97.
— Req.A3.199;P1.744. et 5.2.23;B5.225;S7.2.798;D.Compét. admin.162.
— Civ.c.A10.554,n.1;B20.465;S4.2.740;D.Office.35.
— Civ.c.A1.127,n.;B1.149,n.1;D.Acquiesc.31.
18 Req A11.137,n.22; P5.2.24; B22.165; D.Papier-monnaie.52.
— Civ.c.A12.366,n.2;P5.1 52;B26.173;S5.1.61;D.Succes. bénéf.141.
19 Cr.c.A8.687;P2.314;B16.510,n.;D.Fonct. publ.259.
— Req.A11.590,n.3; P2.1129,n.2. et 25.438; B23.438; D. Renvoi.73.
20 Cr.c.A5 90; P1.1296 et 5.1.221; B9.105;S5.1.20; MQ5. 148;J4 717;D.Abus de confiance.57.
21 Cr.c.A9 655,n.,n.4;P2.554,n.4;B18.264;S4.2.512.
22 Arr.A6.3 5,n.1;D. Ventes adm.324.
23 Civ.c.A4.738;P1.1253;B8.370; D.Degré de jurid 591.
— Civ.r.A4.617,n.;P5.1.6;B8.230,n.;S5.2.156; D.Degré de juridic.39.
— Civ.c.A7.321;B13.364;S4 2 742;D.Enreg.2257.
— Civ.r.A1 525;P5 2.47.42;B2.149;S7.2.764;D.Appel incident.37.
— Civ.r.A7.828;B14.532;D Exploit.895.
26 Cr.c.A4.264;P1.1086.B7.287;S4.2.720;D.Contum.54.
27 Cr.c.A8.687,n.2;P2.314;B16.311,n.1; D.Fonct. publ. 267.
28 Cr.r A1.579; P5.2.22; B2 212; S20.1.461;D.Appel correct.168.
— Cr.c.A8 410; P5.1.49;B15.477; S7.2.1028.5.2.46; MR5. 173;D.Faux.480.483.

JOURS COMPLÉMENTAIRES.

2 Déc.A6.301;D.Dom. engagés.55.

AN XIII.

VENDÉMIAIRE.

5 Cons. des prises.A11.389,n.,n.2; P2.1054,n.2. et 5.2. 48;B23.87;S4.2 536;D.Prise marit.216.
9 Civ.r.A7 287;P2.50 B13 325;S5.2.13;D Enreg.2140.
— Civ.c A7.277;P2.47;B13.313;D.Enreg 2075.
— Req.A2.718;P5.1.64;B4.385;S5 2.246. et 5.1.78. et 75; J5.1;D.Actes de comm 226;D.Degré de juridic 225
— Civ.r.A11.302,n.1;P2 1009,n.5. et 5.2.58,B22.450;MQ 4.358;S5 2.659;D.Prescript.861.
— Civ.c.A1 434,n.
10 Civ.c.A7.7 6;P5.1.151; B4.351; MR3.14;J5.5; D.Actes de comm 232.
— Req.A6 582;P1.1389;B11.438;S7.2.911;J5.7; D.Domicile.13.14.
11 Civ.r.A1.431. et 3.360; P5.2 21.27; B2 37. et 5.414; MR3.16;J5.9.D.Appel civil.33.Compét. comm.265.
12 Cr.c A1.1269;B8.425;D.Délit rural.103.
— Cr.r.A1.163,P5 2.24;B1.490;S7.2.764;J5.13;D.Acquittement.31.
— Cr.r.A8.407;P2 262. et 5.2.29;B15.474,n.1;J.5.10.
— Cr.r.A12.1024,n.1;P5.2.55;B28 380;D.Voirie.718.736.
13 Bruxelles.A9.929,n.2 1; P2.668,n.4; B19.57; S5.2.60. 43;J5.14;D.Louage.495.
— Req.S5.2.27;D Actes de comm.247.
— Turin.D.Lois rétroact.152.
— Déc.A12.991,n.18;B28.503.n.18;D.Voirie.185.
15 Besançon.A11.928,n.2;P2.1251;B25.78; D.Divorce.19. 125.Séparat de corps.18.
16 Civ.r.A7.822;P5.1.56;B14.523. et 18.237,n.1;S5.2.108; D Exploit.7.
— Civ.c.A9 617,n 3;P5 2.25;S5.2.28.108;J5.16;D.Jugem. 528.
17 Civ.r.A1.450;P5.2.55;B1.175;J5 20;D.Acquiesc.209.
— Civ.c.A3.45; P5.1.59; B5.46;S5.1.80; J5.17; D.Comm 338.
— Civ.r A9.694,n.,n.2;P2.575,n.5.et 5.2.16; B18.346;S7. 2.1032;MQ5 581.6.436,n.; J5.19; D.Cassation.646.Jugem. par défaut.49.
20 Cr.c.P5.2.20;S5.2.9;J5.22;D.Peine.172.
23 Civ.r.A8.501;P2.282;B16.98;S5.2.29. et 1.57;D Féodalité.151.152.155.
— Civ.c.A8.534;P2.287;B16.136;S7.2.940.
— Déc min.fin ; D.Purge.159.
24 Civ.r.P5.1.88; S5.1.57; MQ5.189; J5.23; D.Féodalité. 220.
25 Civ.c.A11.921,n.4;P5.1.97. et 2.1249; B25.64;S5.1.31; D.Divorce 61.
26 Cr.c.A4.786,n.2; P1.1270; B8.426,n.1; D.Délit rural. 103.
— Cr.c.A2.178;P5.2.30;B3.193;S7 2.1105;MQ4 54; J5.31.
— Cr.c.A2.168;P1.592;B3.182;D.Autor. mun.623.
— Cr.r.A8.687 et 11.212,n.1,n.4;P2 515. et 5 2.25.27;B. 22 300. et 16 511;S7.2.1046;MR9.504; J5.30; D.Fonct. publ.278.Plainte.9.
27 Cr.c.A3.439;P1 832;B6 38;D.Compét. crim.162.
— Cr.c.A8 761; P5.1.101; S7.2.809; MR5.355; B16.380, n.;J5.32;D.Forêts.545.951.

BRUMAIRE.

1 Req.A2.671;P5.2.37. et 5.2 54;B4.299;S5.2.54;D.Colonies.147.
— Req.A1.381;P5.2.50;B1.451;S7.2.779;D.Cassation.183. 194.
— Req.A5.592;P5.1.81;B10 242;S5.1.55; MQ5.284.593;J 5 56.et 41;D.Lois rétroact.179 Testam.22.
— Civ.r.A7.699;B14 376,n.;D Exploit.181.
— Civ.r A7.850;P5.2.28;B14 553;S7.2.917; MR3.222; J5. 38;D.Huiss 224.
— Cr.c.A11 517,n.1; P2.1102,n.12.et5.2.65,et1.255;B23. 505; J5.38; D Récidive.103.
— Req.A9.961,n.; P2 679, n 5 et 5.2.45.15.2.667; B19.89; S20.1.499.et5.2.667;J5.37; D.A.Autorisat. de femme. 104.Mandat.303.
2 Req.A4.530;P5 2.39;B8.136;S7.2.1188;D.Courtier.112.
3 Cr.c.A3.558;P1.900;B6.171;S5.2.385;J5.46;D.Compét. crim 603.
— Cr.c.P5 2.54;S20.1.496. et 5.2.583;J5.47;D.Cour d'assises.1623.
4 Cr.c.A3.452;P1.840;B6.53;D.Compét. crim.203.
— Cr.c.A12.1013,n.1 1;P5.2.41. et 2.1303;B28.333; J5.49; D.Voirie.537.
5 Cr.c.A2.876,n.1;P1.586. et 5.2.38;B4.192,n.;J5.52;D. Chose jugée 515.
— Cr r.A4.367;P5 2.40;B7.400;S7.2.1036.5.2.27;J5.51;D. Cour d'ass.623.
— Cr.c.A9 597,n.1-1;B18.204 D.Jeu par.24.
— Cr.c.A11.217,n.3;P2 985,n.3. et 5.2.59;B22.308;MR6. 507;D Cassation.407.
— Cr.r.A11.475,n.1;P2.1085,n.3. et 5.2.42;B23.230;S5.2. 63. et 26;J5 55;D.Propriété litt.76.77.
7 Civ.c.A1.744. P5 2.29; B2.401 ; S7.2.787.et 5.2.31;D. Arbitrage 409.756.
— Civ.r.A7 705;P2.127;B11.383;J5.54;D.Exploit.838.
8 Cr.c.A12 953,n.2; P5.2.49. et 2.1493; B28.245; S20.1. 495;J5 56;D Excuse.3.
9 Civ.c.A6 738;P5 1.68;B12.405;S7.2.1061.5.1.82;D.Effet de comm 854 857.859.
— Civ.c.A9.856,n.1.2;B18.291;S7.2.1187.
— Req.A12.340,n.1;P5.1.66 et 2.1511;B26.127;S5.2.661; J5 59;D.Success irrég.166.
— Civ.c.A11 583,n 6; P5.1 106; B23.426; S7.2.1188.5.1. 124;MR6.465;J5.60.D.Retenue 10.19.
10 Déc.A6.326.n 17;D. Ventes adm.384.
14 Civ.c.A4.182; P1.1058; B7.197; S7.2.1256; D.Voitures publ 15.
— Req.A3.180; P5.1.73; B5.203; S5.1.215; MR9.450; D. Compét. admin 143.
— Civ.c.A3.95; P5.1.153; B3.102; MQ5.350;J5.63; D.Acquiesc 91.Commune.295;Forêt.377.
— Civ.r.P5.2.31.201;J5.71.
— Déc.A7.319 n 14;D Enreg.2518.
15 Civ.c.A7.696;P5.2.40;B14.373;S7 2.1001;D.Huiss.170.
— Req A12.377 n 2; P5.1.104 et 2.1517; B26.192; S5.2. 657;MR1.750;D.Success. bénéf.62.
— Req.P5 1.99 S7.2 867;D.Papier-monnaie.24.
— Déc.A7.329,n.14;D.Enreg.23 8
16 Civ.c.A3.268; P5 1.72; S7.2.980.1165.1012; J5.76; D. Régl. de juges.56
— Civ.r.A7.481,n.1;B14.110,n.1;D Greffe.23.
— Req.A12.404,n.4,n.2;P5.1.69; B26.235;S5.1.84; MR10; J5.72;D.Lois rétroact 161.Rapport à success.36
— Civ.r A4 754;P5.1.109;B8.356; S20.1.480; D Degré de jurid.535.
20 Nimes.A10.313,n.,n.6;P2.762,n.4. et 23.2.62,n.; S4.2. 537.
— Nimes.A10 557,n.1;P2.747,n.6.et23.2,62,n;B20.168.et 95;S4.2.537;D Dol.382.
21 Req.A3.185;P5.2.00;B5.207;S7.2.797;J5.78;D.Compétence.140.
22 Civ.r.A1.347.3.99.7.611.752; P5.2.57.58; B1.172.14. 269;S5.1.225.237.et 2 67. et 52;J5.81;D.Acquiesc.199. Cassation.24.Except.228.Exploit.168.
23 Civ.c.A7.436; P5.1.184; S5.1.157; MR4.741; D.Enreg. 2935.2943.
— Civ.c.A10 671,n.2;P5.1.128. et 2.851;S5.2.58;B21.114; J5.94;D Preuve litt.750.
— Paris.A10.574,n.1; P2.803,n.1; B20.489; J5.90; D.Imputation 7.
24 Metz A9.549,n.1-1;P2.527,n.1;B18.429;S5.2.80;J5.97; D Interdit.90.92.Tutelle.182.
— Metz.A12.723,n.1.6; P2.1418; B27.324; S6.2.5; D.Tutelle.180.
— Nimes.A12.728,n.2.16; P2.1419; B27.328; D.Lois rétroact 88.Tutelle.495.
25 Cr.r.A8.595;P5.1.345;B16.204 S5.1.108; J5.98; D.Filiat. légit.228 Jugement.114.
26 Paris.A2.572,n.2;B3.417,n.;D.Caution 94.
28 Paris.A8.128;P2.195;B15.150;S5.2.588;D Faillite.553.
— Cass.r.A12.87,n.2;P2.1265;B25.270;S7.2.1205; J5.104; D Société civ.42.
— Civ.c. 5.2 46;D.Voitures publ.22.
29 Civ.c.A6 644;P5.1.111;B12 293;S5.2.449; MR4.599;J5. 111;D.Effet de comm.414.422.
— Req.A0.523,n.2,n ;P5.1.119. et 2.520;B18.92,n.
— Req A11.191,n.1-1;P2.968,n.2.et 5.2.70; B22.258; MR 9.246;J5.108;D.Pérempt.174.
30 Civ.c.A3.145;P1.724;B3.161;S5,2.62;D.Commune.775. 780.
— Req.A10.492,n.1;P5.2.45,B20 569;D.Int. de cap.97.
— Req A12.33 n.1;P2.909,n.6. et 5,1.130; B25.183; S5.2. 664;D.Usage.140.
— Colmar.A11 693,n.7;P2.1172;B24.142;S5.2.407;D Saisie-imm.224.226.253.659.

FRIMAIRE.

1 Cr.c.A3.609;P1.607;B4.229; D.Chose jugée.597 598.
— Civ.r.A9.780,n.,n.2 P2 600,n.1. et 5 2.48;B18.483;S5. 2.61;MR1 373.D.Liberté indiv 13.15
— Bruxelles.A11.940,n.15.S5 2.64;D.Divorce.94.
2 Paris.A9.342,n.4. et 10 378.n 1;P2.475. et 766,n.2;B 17.405,n.4.et 20.192;S7.2.922;D.Hypoth.114.Douaire. 46.
— Cr.r.P5.2.62;MR10.437.
— Cr.r.P5 2.66;S5.2.96;J5.115.
3 Cr.c.A7 578;P5 2 54;B14.228;D.Évasion.17.
— Cr.c.P5.2.67;S5.2.385;D Frais et dépens 362.
6 Req.P5.2.47; S5.1.134; MR14.294; J5.120; D.Tutelle. 544.
— Req.A3.167;P1.728;B5.184;D Compét. admin.93.
— Civ.r.A5.687 et 1.527;P5.2.95.97; B2.150. et 6.314;S7. 2.763 5.2.668;J5.116;D.Appel incident.44.45.Compte courant.38.
— Req.A1 458;P5.1.116;B2.69. et 14.482;S5 2.647;D.Appel civ 208 Exploit.245.
— Req.A6.390,n.1;P1.1361. et 5.1.126;B11.448,n.3;S5.2. 233;MR4.21.22;D.Domicile élu.11.
— Req.A9 579; P2.536. et 5.2.74; B18.177; S5.2.680; J5. 118;D.Interr. sur faits.147.
— Besançon.12.74,n.1; P2.1262; B25.250; D.Servitudes. 749.
— Req.A11.650,n.2,n.1;P5 1.126;B24.63; S5.2.253;MR4. 21.22;J5.121;D.Saisie-exécut.46.
— Req.P5.2.46;D.Saisie-imm.665.
7 Civ.c.A8.515;P5.1.123; B16.114;S5.2.57; D Féodalité. 204.
— Civ.c.A9.722,n.2.1; P2.581,n.2. et 5.2.50; B18.388;D. Jugement par défaut.
— Civ.c.A4.723;;P1.1250;B8.363; S5.2.476; J5.125;D.Degré de jurid.533.
— Civ.c.P5.1.244;S5.2.474; MR4.83;J5.124;D.Don. dég. 18.
— Civ.c.P5.1 109;S20.1.481;D.Évocation.
8 Req.A3 167;P1 728;B5 184,D Compét. admin.91.
— Cr.r.A3 585;B6.201; S5.2.35.35; D.Compét. crim.667. 675.
— Req A5 544; P5.1.244; B10 176; S5.1.253; MR4.83; J5. 126;D Don déguisée.9.12.
— Nimes.A12.768,n 4;P24.2.29,n. et 2.1451,B27.404;S5. 2 477;D.Tutelle.636. Vente 47.425.
— Nancy.A12 306,n.1;B26 73;S5.2.78;D.Success.195.
9 Cr.c.A3.445;P1 837;B6.46;D.Compét crim.154.155.
— Paris.A3.342;P1.795;B5.390;S5.2.106;D.Compét.commerc 183
— Cr.r.A1 210;P5.2.55;B1.243;S5.1.159;MR5.121;J5.128; D.Action publ 76.
— Déc.A6.326.n.17;D.Ventes adm.380.
— Décr.A6.838,n.,n.4;D Emigré.369.
— Cr.c.A11.109,n.2.1;P2.935,n.2. et 5.2.68;B22.114;J5. 130;D.Presse.560.

— Cr.c.A11.419,n.4;P2.1069,n.4. et 5.2.69;B23.139;S7.2.1251;MR4.330;J5.151;D.Procès-verbal.499.
— Décr.D.Usage.108.
10 Cr.r.A2.310;P5.2.70;B3.345;S5.2.96;MR2.51;J5.137;D.Cassation.251.
— Cr.c.A3.217;P5.2.56;B5.245;J5.156;D.Culte.18.
— Paris.A10.262,n.,n.2;P2.734,n.1;B20.17;S5.2.576;J5.132;D.Communauté.652.
11 Cr.c.A11.450,n.1;B23.172,n.1;S13.1.453.
13 Aix.P23.2.8,n.2;D.Lois rétroact.90.
— Turin.D.Lois rétroact.210.
15 Cr.c.A4.445;P1.1155;B8.41;S5.2.578;D.Compét. crim.524.Cour d'ass.957.
— Cr.c.P5.2.63; S7.2.1143; MR10.72; J5.140; D.Procès-verbal.384.
16 Cr.r.A9.758,n.2;P2.593,n.4.5.2.52;B18.445; S5.2.71.7.2.1053;MR3.380;J5.137;D.Jugem. par défaut.542.
— Agen.A6.558,n.2;B12.172,n.1; S5.2.428;D.Droit civil.96.
17 Civ.c.A4.733.
— Colmar.A11.669,n.3,n.1;P24.2.153. et 2.1461;B24.94;S5.2.72;J5.141;D.Saisie imm.97.37.
19 Req.A3.342; P5.2.61;B5.390;S5.2.238;MR3.16; J5.145;
— D.Compét. comm.42.
— Aix.A12.693,n.2;P6.2.92;B27.267;S5.2.121; MR16.242;D.Lois rétroact.91.Mineur.8.
20 Req.A2.430; P5.2.98; B4.25; S7.2.825; MR2.217; D.Chasse.7.
— Civ.c.A3.556;P5.1.168;B5.408;S5.1.452;MQ3.429; J.5.147;D.Compét. comm.238.
— Civ.c.P5.1.249.
21 Civ.c.A7.69;P5.1.182;B13.72;S5.2.42;MR4.729; J5.150;D.Enreg.656.
— Req.A6.788; P5.2.73; B12.465,n.1;S5.1.308; MR4.209;D.Emigré.119.
— Bruxelles.A10.31,n.2; P2.687,n.1; B19.165; S5.2.52;D.Acte respectueux.23.36.66.
— Req.A11.138,n.,n.25; P2.948,n.3; B22.466; D.Papier-monnaie.62.
— Paris.A12.475,n.1;P2.1537; B26.352; S5.2.398; D.Partage.72.Tutelle.86.
— Nimes.P23.2.8,n.2;S5.2.76;MR16.244;D.Lois rétroact.91.92.
22 Cr.r.A7.709;P2.128;B14.388;D.Huiss.181.
— Cr.c.A8.340;P2.240;B15.396;S7.2.959;D.Faux.492.
— Paris.A9.271,n.1;P2.460;B17.321,n.1; S5.2.591;J5.152;D.Inscript. hypoth.244.
— Cr.c.A11.500,n.3;P2.1094,n.;B23.274;D.Quest. pr.21.
— Cr.c.A11.498,n.4; P2.1092,n.; B25.271,n.1; D.Quest.pr.11.
23 Req.P5.1.186;J5.155;S5.2.675;D.Société (preuve).
— Cr.c.A2.593;P1.597. et 5.2.66;B4.211;S7.2.1065. et 5.2.48;MR8.615;D.Chose jugée.572.
— Metz.A5.65;P1.1289;B9.70;S6.2.1;J5.158;D.Dépôt.116.
— Paris.A10.261,n.2; P2.733, n.4; B20.15; S7.2.833; D.Comunauté.705.
— Cr.c.S2.48; D.Délit.5.
24 Nimes.A9.407,n.,n.9;P2.489; B17.483,n.2; S4.2.656;D.Hypoth.267.
— Cr.c.A11.419,n.,n.5;P2.941,n.2. et 5.2.60;B22.131;S5.2.74;MR6.116;J5.160;D.Presse.717.
— Cr.c.S5.2.300;D.Témoin.194.
25 Req.A12.118,n.4;P2.1275;B25.323; D.Soc. comm.119.
26 Civ.c.A7.23; P5.2.66; B13.19;S2.470; MR10.95;J5.162;D.Enreg.22.Procès-verbal.409.
— Civ.c.A4.182,n.;P1.1058;B7.197,n.; D.Voitures publ.15.
— Req.A9.279,n.2.2; P2.462; B17.331,n.2; S7.2.1005; D.Cassation.956.Inscript. hypoth.259.
— Civ.r.A10.126,n.2.1;P5.2.56;B19.307;S7.2.790;J5.161;D.Autorisat. de femme.80.
27 Civ.c.A5.350;P1.1321;B9.409;S5.2.471;D.Portion disp.100.
— Civ.r.A9.74; P5.1.315; B17.82,n.1;S5.2.251; MR4.350;J5.163;D.Privil.364.
— Civ.c.A11.38,n.1.3;P2.919,n.5. et 5.1.199;B21.486;S7.2.1058;MR8.247;J5.165;D.Min. publ.197.
— Civ.c.A8.455, n.13; P5.1.192; S7.2.960; MR6.170; D.Faux incid.161.185.
— Décis. min.A7.544,n.6;D.Enreg.2430.
28 Req.A5.596;P5.2.72;B10.237; S5.1.184; J5.167; D.Donation.483.496.Substitut.328.
— Req.A5.787;P5.2.143;B10.459;S5.1.338; MR13.623; D.Testam.618.
— Req.A6.778;P5.1.178; B12.449; S5.1.106; J5.169; D.Emigré.38.67.
29 Cr.c.A3.547;P5.2.56;B6.159;S7.2.943.5.2.559;MR2.55.3.496;D.Compét. crim.559.
— Aix.A11.909,n.10;P2.1247;B25.45; S5.2.68; J5.174; D.Séparat. de corps.165.
— Cr.r.A3.505;B6.113;D.Compét. crim.404.
— Cr.r.P5.2.54;D.Cassation.269.
30 Cr.c.A2.159,n.; P5.2.73. et 1.388; B3.171; D.Autorité mun.475.Voirie.753.184.270.
— Cr.c.A2.128; P5.2.64; B3.138; S7.2.1048;MR14.679;J5.176;D.Autor. municip.184.270.
— Cr.c.A4.137;P1.1044;B7.147;D.Octrei.107.
— Nimes.A10.359,n.1-1; P2.763,n.1;B20.170;S5.2.87;D.Dot.539.

AN XIII.

NIVÔSE.

1 Cr.c.A10.783,n.14; P5.2.78;B21.299;S5.2.97;MR5.309;J5.179;D.Frais.401.404.Respons.27.
— Paris.A11.285,n.1; P2.1003,n.6; B22.422; S5.2.610;D.Prescript.725.Séparat. de patrimoine.39.40.56.
— Cr.c.P5.2.150;D.Douanes.365.
3 Civ.c.A7.332; P2.60; B13.377; S5.2.450;D.Enreg.679.895.
— Req.A2.34;P1.317;B3.33;S7.2.789;D.Assur. marit.498.
— Civ.c.A7.436;P2.74;B14.55;D.Enreg.753.
— Paris.S7.2.916. et 5.4.87;D.Dot.303.
4 Cr.c.A11.241,n.;P2.979,n. et 5.2.77;B22.296,n.1;MR4.388.
5 Paris.A8.422;P2.266;B16.8; J5.195;D.Faux incid.71.
— Civ.c.A6.789,n.1;P5.1.270;B12.465,n.1;S5.2.451;MR4.547;J5.203;D.Emigré.114.
— Req.A6.791;P5.1.189;B12.468; S5.1.104;MR13.775;J5.181;D.Emigré.140.
— Civ.c.A6.667,n.;P5.1.175;B12.325,n.5;S6.1.332; MR1.412;J5.884;D.Effet de comm.493.526.
— Paris.A10.267,n.1-1; P2.753,n.1; B20.9; S7.2.836; J5.199;D.Communauté.674.
— Civ.c.A5.20,n.;P1.681;B5.17,n.;D.Commune.
6 Cr.r.A11.425,n.14;P2.1074. et 5.2.87;B23.150;J5.209;D.Procès-verbal.554.562.Exception.290.
— Cr.c.P5.1.239;MR3.144;D.Contrefaçon.
7 Cr.r.A2.275;P5.2.77. et 1.446;B3.504;S5.2.93;J5.214;D.Cassation.203.
— Cr.r.A11.110,n.,n.5; P5.2.81; B22.115; S7.2.1015; D.Presse.558.
— Civ.c.A11.424,n.13;P2.1073,n.13; B23.149; D.Procès-verbal.634.
8 Civ.c.A10.565;P5.1.232;B20.481;J5.217;D.Subrog.68.Exploit.868.
10 Cr.c.A3.7;P5.2.144;B5.3;S5.1.246; MQ5.499;J5.230; D.Commune.23.
— Civ.c.A10.292,n.14; P5.1.159; B20.61; S5.1.154; MQ5.553;J5.225;D.Communauté.1177.Lois rétr.34.
12 Civ.c.A7.115;P5.1.256; B13.127; S5.2.459; MR4.77;D.Enreg.1130.1161.
13 Poitiers. A7.818; P2.167; B14.518; S5.2.651;J5.237;D.Dom. élu.111.
— Paris.A9.517,n.2;B17.376,n.1;S5.2.101;D.Transcrip.7.
14 Cr.c.A4.529;B7.558;D.Cour d'assises.252.
— Cr.c.A4.283;P1.1090;B7.308;D.Cour d'assises.57.
— Poitiers.A6.164;S5.2.88;D.Legs. Révocation.
— Cr.c.A12.616,n.5;P5.2.78. et 2.1379;B27.136;S5.2.104;MR5.188;J5.238;D.Tém. faux.70.
— Cr.c.A12.1038,n.8,n.;P2.1515,n.;B28.37;D.Péag.21.
— Turin. A12.918,n.2; P2.1478; B28.184; S5.2.552; D.Transport de créance.151.
— Cr.c.A11.214,n. et 5.277;B22.296;MR4.388;S5.2.340;D.Art de guérir.135.
— Déc. min fin. et just.D.Purge.189.
15 Paris.A1.445;P1.450;B2.51;S7.2.785; J5.259; D.Appel civ.89.
— Bruxelles.A9.929,n.2.6;P24.2.134,n.;B19.37; S5.2.554;D.Louage.536.
— Inst. de la régie.A10.848,n.9;B21.410;S5.2.195; D.Ordre.588.
17 Req.A4.666; P5.2.88; B8.285; S5.1.195. et 2.115; MR3.584;J5.251;D.Dég. de jurid.15.248.
— Req.A2.655; P5.1.285; B4.289; S5.1.205; MR2.342;J5.253;D.Chose jugée.474.
— Civ.c.A8.510; P5.1.285;B16.108; S20.1.462. et 6.1.334;MR1.386;J5.246;D.Féodalité.183.184.
— Décr.A6.838,n.4;D.Emigré.369.
— Cr.r.A11.472,n.1;P5.1.278;B23.226;S5.2.252;MR5.110;J5.242;D.Propriété littéraire.56.57.106.
18 Req.P5.2.85;S7.2.818;J5.257;D.Caution (armateur).
19 Colmar.A10.726,n.;P2.853,n.;S5.2.666;J5.258;D.Preuve testim.
20 Cr.c.A11.121,n.1; P.2.944,n.1; B22.141; S7.2.910; D.Presse.337.
— Aix.A11.777,n.3,n.1;P2.1206;B24.294; S5.2.68; J5.260;D.Surenchère.156.157.
21 Cr.c.A2.159,n.;P1.388;B3.171;D.Aut. mun.475.
— Cr.c.A1.400; P5.2.80; B1.467; S7.2.919; MR.4.322; D.Amende.55.
— Bruxelles. A1.360; P1.110; B1.421;S5.2.100;J5.262;D.Alimens.218.
— Cr.c. A11.425,n.14. et 428; P2.1074. et 1075,n.; B23.156,n.4. et 150;D.Procès-verbal.556.
— Paris. A11.797; P24.2.12,n.; B24.332,n.; S7.2.971; D.Oblig.823.Surenchère.254.
24 Civ.c.A7.80;P2.10;B15.86;S5.2.456;J5.268; D.Enreg.752.
— Civ.c.A4.185,n.; P1.1060. et 5.2.76; B7.201; S20.1.511;D.Voitures pub.25.109.
— Civ.c.A7.458;P2.82;B14.80;V. au 1er août 1808.
— Civ.r.A7.689;P5.2.106;B14.566;D.Expertise.380.
— Civ.r.A7.668;P5.2.105;B14.539;D.Expertise.146.
25 Req.A12.405,n.3; P5.1.495; B26.231; S5.1.129; MR10.656;J5.275;D.Rapport à succes.18.35.
26 Civ.c.A4.650;P1.1198;B8.244;D.Deg. de jurid.60.
— Nimes.A1.449;P1.455;B2.59;S5.2.468;J5.278; D.Appel civ.101.Jug. prépar.108.
— Req.A3.246;P1.764;B5.278;D.Rég. de juges.45.
— Civ.c.A5.49;P1.690;B5.50;D.Commune.327.
— Req.A10.459,n.1.2;P.2.781,n.9;B20.289;D.Not.492.

AN XIII.

— Paris.A11.703,n.5;P2.1175;B24.159;S5.2.566;J5.280;D.Saisie-imm.302.
28 Paris.A9.207,n.2.1;J5.282;D.Hypoth. conv.81.
— Cr.c.D.Concussion.8.

PLUVIÔSE.

1 Besançon.D.Adoption.31.
2 Bruxelles.A6.151; P1.1349; B11.145; S5.2.544;D.Exécut. test.71.
— Décr.A6.526,n.17;D.Ventes adm.380.
— Poitiers.A9.38,n.2;P2.422;B17.62,n.2;S5.2.670;J5.286;D.Privilège.330.
5 Civ.c.A4.709;P1.1256;B8.557;D. Deg. de jurid.97.414.
— Req.A3.569;P1.904;B6.184;D.Compét crim.650.
— Nimes.A7.672;B14.544;S5.2.496; J5.291; D. Expertise.217.
— Civ.c.A9.770,n.,n.11;P5.1.555;B18.464;J5.293. D.Jug. prépar.36.
— Civ.r.P5.2.69;D.Compét. civ.134.
— Poitiers.S5.2.625;D.Lois rétroact.210.
4 Civ.c.A4.274; P1.1087; B7.295;S5.2.567;J5.301;D.Contumace.58.
— Besançon.A9.532,n.4; P2.522,n.1; B18.102; S5.2.307; J5.297;D.Interdit.23.
— Cr.c.A12.1011,n.1.1;P2.1505;B28.353;S20.1.472. et 17.1.88;D.Voirie.472.560.
5 Cr.c.A2.176;P1.398;B3.190;D. Autor. mun.595.
— Cr.r.A1.466;P5.2.85;B1.495;S5.2.265;D.Acquittement.
— Cr.c.A7.652;B14.519;S7.2.811;D.Aut. mun.585.
— Poitiers.A10.139,n.1.1;P2.707,n.3;B19.529;S5.2.81;J5.502;D.Autorisat. de femme.215.
— Amiens.A11.909,n.9;P2.1246;B25.44;S5.2.445; D. Sép. de corps.151.170.
6 Bordeaux. A9.446,n.; P2.500; B17.529,n.; S5.2.66; J5.327;D.Rad. hypoth.71.
8 Civ.c.A4.672;P1.1217;B8.293;D.Deg. de jurid.273.
— Civ.c.A4.789;P5.1.275; B8.450; S7.2.890; MR8.680; J5.334;D.Dem. nouv.10.
— Req.A3.570;P1.904;B6.184;D.Compét. crim.629.
— Req.A3.811;P5.2.102;B6.458;S20.1.502;J5.340; D.Contrainte par corps.624.638.640.
— Civ.c.A6.345,n.1;P5.2.79;B11.594,n.1; S5.1.220; MR3.860;D. Dom. de l'état.38.59.
9 Civ.c.A1.405. et 3.05; P5.1.296;B1.125. et 5.51;D. Acquiesc.73. Cassation.258.Commune.326.
— Civ.r.A7.734;P2.140. et 5.2.81;B14.419;S5.2.99;J5.545;D. Exploit.467.
— Agen.A12.172,n.2;P6.2.184;B25.415; S7.2.1212. et 5.2.303;J5.347;D.Substitution.100.102.
10 Civ.c.A7.149;P2.22;B13.166;D.Enreg.1422.1423.2768.
— Req.A6.616;P5.2.79;B12.264;S7.2.1086;J5.355;D.Effets de comm.318.
— Civ.c.A7.154;P5.2.83;B13.148; S7.2.956; J5.357; D.Enreg.1463.
— Req. A9.777,n.1,n.2;B18.474,n.;D.Jug. prép.169.
— Civ.c.A11.755,n.1,n.1; P5.2.68. et 2.1199; B24.254; S5.2.90;J5.359;D. Saisie-imm.1160.
11 Cr.c.A4.786;P1.1269;B8.426;D. Délit rural.103.
— Poitiers.A1.9; P1.4; B1.40;S5.2.322;J5.362;D. Absent.40.49.
— Cr.c.A12.412,n.1;P2.263,n.1;B15.48;D. Faux.470.
12 Cr.c.A2.610;P5.2.84;B4.229;S5.2.547; D. Chose jugée.399.
— Cr.c.A2.239;P1.426;B.5.265;S5.2.189;D.Bigamie.6.
— Cr.c.A1.240;P5.2.86; B1.244; S5.1.158; J15.366; D.Action pub.78. Inst. crim.467.
— Nimes. A5.545,n.2; B10.477,n.2; S5.2.481; D. Portion disponible.53.
— Nimes.A7.672; P2.1477; B14.343. et 23.173; S5.2.91;D.Rescision.247.
— Cr.r.A11.84,n.1; P5.2.89; B22.71; S7.2.1218; D.Juge suppl.167.
13 Paris.A11.650,n.2;P2.1152,n.15;B24.63;S7.2.1191;J9.387;D.Saisie-exéc.47.219.
— Besançon.A11.885,n.1.5; P2.1253; B25.5; S5.2.348;D.Sép. de corps.7.
15 Req.A2.56;P5.2.84;B4.173;S5.2.119;MR2.348;D.Chose jugée.294.
— Turin.A6.34;B11.34;D.Testament.840.852.872.
— Civ.c.A10.72,n.1;P5.1.288;B19.222;D.Mariage.342.
— Bordeaux.A12.721,n.2; P2.1416;B27.317;S7.2.103;J5.370;D.Tutelle.257.278.
— Paris. A12.412; n.1,n.1; P23.2.19,n.; B26.248; S13.2.330;D.Rapp. à succ.84.
— Loi.A12.774,n.1;B27.407;S8.2.67;D.Tutelle.
— Rej.D.Mandat.225.
16 Req.A2.566; P1.578; B4.280; S6.1.41; D.Chose jugée.298.Compét. cr.338.
— Req.A3.498; P5.2.75;B6.105;S6.1.41. et 5.1.186;MR5.551;D.Amnistie.132.141.143.Compét. cr.588.
— Req.A8.502; P2.282. et 5.2.100; B16.100;S7.2.971;J5.372;D.Féodalité.189.
— Req. A11.850,n.; P5.2.91; B24.430; J5.381; D.Saisie-imm.1689.
— Civ.c.P5.2.106;S5.1.189; MR4.613;J5.373;D.Effets de comm.893.
17 Civ.c.A7.333;P2.80;B13.377,n.;D.Enreg.695.
— Req.A5.375;P5.1.241;B9.429;S5.1.173;J5.391;D.Legs.93.

— Civ.c. A11.614,n.3; P2.1139,n.9; B23.473,n.1; D.Req. civ.160.
18 Cr.r.P5.2.93;S7.2.789;D.Assassinat, Viol.
19 Cr.c.A1.361; P5.2.90; B1.423; S5.2.147; MR1.205; J5. 398;D.Contr. par corps 645.
— Cr.c.A10.758,n.;P5.2.91;B21.226;S20.1.486;MR.3.820; J5 396;Preuve test.246.
20 Bruxelles.A12.857,n.2.1;P2.1455;B28.78; S5.2.511; D. Lois rétroact.65.Mineur.44.
22 Turin.A3.771; P1.984;B6.412; S5.2.514; D.Contr. par corps.287.
— Civ.r.A8.619,n.2; P5.2.95;B16.455;S7.2.797;J5.405;D. Hospices.92.141.
— Req.A6.798;P5.1.246;B12.476;S5.1.181. et 301;J5.404; D.Emigré.181.182.155.Mort civile.113.114.
23 Bruxelles.A5.720;B10.382;S5.2.525;D.Testament.435.
24 Req.A1.98. et 11.953,n.10;P5.2.92;B1.110. et 25.87; S5.1.221;J5.407;D.Acquiesc.48.Divorce.42.
25 Cr.r.A2.315,n.;P5.2.89;B3.352;S20.1.469;D.Cass.64.
— Déc.A6.327,n.;D.Ventes admin.325.
— Cr.c.A11.483,n.1; P5.1.239; B23.246;D.Propriété litt. 131.132.
— Aix.A11.761,n.1,n.1; P2.1201; B24.264;D.Surenchère. 70.
26 Cr.r.A12.698,n.5; P5.2.109;B27.107; S7.2.1221;D.Témoin.314.
— Cr.r.A12.1052,n.2; P5.1.537; B28.393; S6.1.12; MR2. 680;J5.409;D.Vol.78.
Cr.c.P5.2.85;S5.2.112;D.Récidive.
27 Déc.A6.326,n.17;D.Ventes admin.384.
30 Poitiers.A9.930,n.2.5;P2.669,n.1;B19.38; S5.2.632. et 140;J5.411;D.Louage.154.
— Dijon. A11.894.n.2.1; P2.1258; B25.15; S13.2.289; D. Sép. de corps.50.

VENTÔSE.

1 Civ.c.A4.637;P1.1201;B8.253;S5.2.456; J5.422; D.Degré de jurid.121.
— Civ.c.P5.1.319;S5.2.455;D.Div.39.
— Req.P5.2.84;S5.2.688;J5.420;D.Conciliat.31.
2 Cr.r.A6.440,P5.2.98,B12.57,n.2;S20.1.498;D.Douanes (Trib. spécial).
— Cr.r.A11.226.n.18; P2.988,n.2; B22.322; S7.2.1106; D. Poids et mesures.58.
— Cr.c.A11.509,n.;P2.1099,n.;B23.290;D.Quest. préj.58.
3 Paris.A4.815;P1.310;B2.483;J5.427;D.Arbitrage.1051.
— Nimes. A9.694,n.2; P2.575,n.4; B18.546; S4.2.558; D. Jug. par défaut.50.
— Cr.c.A11.498,n.4. et 12.1015,n.2;P2.1092,n. et 2.1505; B23.271,n.1. et 28.334; D. Evasion.31; Quest. pr... Voirie.538.584.
4 Turin.A12.285,n.1;B26.59;S5.2.618;D.Success.173.
7 Civ.r.A5.520; P5.1.305;B9.374; S5.1.193; D.Donation. 65.Par contrat de mar.33.223;Port. disp.129.
8 Req.A5.311;P5.2.92;B9.357,S5.2.688; D. Disp. entre-vifs.294.
— Liége.A9.448,n.1;P2.504;B17.551,n.1;D.Radiat. hyp. 89.
— Civ.c.A11.816,n.3;P5.1.302;B24.367;S5.2.464;MR3.12, J5.429;D.Saisie-imm.1439.1440.1453.
9 Cr.c.A6.455;P5.2.103;B12.74;J5.434;D.Douanes.430.
10 Paris.A1.628;P1.255;B2.267;D.Arbitrage.234.990.
— Turin.A10.758,n.;P2.862,n.;D.Serm. décis.30.
12 Colmar.A11.72,n.1; P2.925,n.4; B22.51; S5.2.669; J5. 456;D.Juges suppl.82.
13 Req.A6.328; P5.2.102; B11.572; S7.2.794;MR9.458;J5. 450;D.Ventes admin.134.
— Civ.r.A6.580; P5.1.517; B12.222; S7.2.1246; J5.437;D. Effets de comm.145.
— Paris.A9.263,n.1; B17.311,n.1.2; S5.2.556; J5.442; D. Inscr. hyp.42.Transp. de créance.52.
14 Civ.c.A7.200; P5.2.82; B13.223; S20.1.476; J5.452; D. Enreg.1660.1661.2690.
— Civ.c.A7.235;P2.37;B13.263;D.Enreg.1901.
— Civ.c.A7.281; P5.2.106; B13.518; MR4.469; J6.481; D. Enreg.2085.
15 Req.A6.807;P5.1.522;B12.487;S5.1.503;J5.456; D.Inscrip. hyp.42.Emigré.212.
— Civ.c.A12.719,n.1;P5.2.98;B27.314;S5.1.183; D.Tutelle.209.
— Paris.S5.2.550;J5.466;D.Preuve litt.1060.
16 Cr.c.A8.414; P5.2.102; B15.482; S5.2.344;MR3.497;D. Faux.461.
— Poitiers.A9.254,n.;B17.501,n.;S5.2.642;J5.469;D.Inscrip. hyp.48.
— Cr.r.A11.21,n.2; P5.2.100; B21.440; S7.2.779. et 7.2 902;J5.474;D.Instruct. cr.43.
— Cr.c.A11.500,n.4;P2.1094,n.4;B23.275; D.Quest. préjud.22.
17 Cr.c.A4.229; P1.1072;B7.248;S7.2.924;J5.475;D.Cont. ind.558.
— Cr.c.A4.223; P1.1071; B7.242,n.; S5.2.344,n.;Procès-verb.449.
— Cr.c.A4.223;P1.1071;B7.241;S5.2.345; D.Or et argent. 119.Procès-verbal.449.
18 Turin.A10.625,n.1; P2.820,n.2; B29.43; S5.2.519; J5. 476;D.Compensat.61.
20 Civ.r. A4.617; P5.2.95; B8.230; S5.2.156; D.Degré de jurid.39, s.
— Paris. A2.772; P1.657; B4.418; J5.486; D.Commissionnaire.505.

— Paris.A6.666;P25.2.21;B12.325,n.2;S6.2.970,J5.480;D. Effets de comm.315.
21 Req.A5.266; P5.2.90; B5.500;S5.2.110;J5.261;D.Régl. de juges.103.
— Civ.c.A5.428; P5.1.297; B10.41;S5.1.247;MR.4.152;J5. 491;D.Port. disp.68.
— Civ.c.A11.141,n.44; P5.2.108; B22.173; S7.2.1168; D. Papier-monn.75.
22 Civ.r.A7.678; P5.2.107; B14.350; J5.493; D.Expertise. 288.
— Req.A6.797,n.1; P5.1.367; B12.475,n.1; S5.1.304; D. Emigré.176.
23 Cr.r.A7.30;P5.2.104;B13.28;S5.2.252;J5.509;D.Enreg. 246.
— Cr.c.A4.302; P5.2.101; B7.329; S7.2.1035; MR4.764; D. Cour d'ass.196.
— Cr.c.A3.517,n.; B6.125,n.;S5.2.364;J5.508; D.Compét. cr.440.
— Poitiers.A6.132;P1.1349;B11.146;J5.501;D.Exéc. test. 127.
— Cr.c.A6.431;P1.1376;B12.46,n.1;D.Douanes.300.301.
— Cr.r.D.Juge supp.167.
24 Cr.r.A5.584;P5.2.111;B6.200;D.Compét. cr.673.
— Cr.c.A8.794,n.;P2.597;B16.424,n.;D.Forêts.851.
— Cr.c.A11.520,n.1;P5.2.122;B22.483;S20.1.501;D.Presc. cr.109.
25 Paris.A1.99;P1.37;B1.111;D.Acquiesc.49.
27 Cr.c.P5.2.212;J5.510;D.Or et argent.115.119.
28 Req.A6.50,B11.51;S7.2.1223;J5.521. et 516;D.Testam. 909.
— Civ.r.A11.753,n.2;P5.2.111. et 110;B21.250;J5.512; D. Saisie-imm.954.
30 Paris.A10.535,n.1; P2.796,n.1; B20.433; S5.2.561; J5. 522;D.Oblig. solid.116.

GERMINAL.

1 Paris.A2.771; P1.657; B4.416; S5.2.564; J6.4;D.Commis.222.
2 Paris.A10.675,n.2. et 852;P2.833,n.2. et 899,n.8;B21. 415. et 119; S7.2.876; J6.4; D. Oblig.825. Ordre. 546. Preuve litt.799.
— Sect.réun.c A11.45,n.2; P5.1.325. et 2.96; B22.5;S6.1. 257,J6.10;D.Discipline.9.66.
4 Req.A5.266;P5.1.362; B9.306; S5.1.341;J6.32; D.Disp. entre-vifs.163.304.
— Paris.A8.635;P2.300;B16.250;S5.2.100;J6.18; D.Filiat. nat.18.62.Succ.irrég.50.
— Civ.c.A9.658; P5.1.340; S7.2.895; MR3.555;D.Frais et dépens.318.
— Civ.c.A11.60,n.,n.5;P5.2.100;B22.30;J6.29; D.Jugem. 30.53.
— Civ.c. A11.606,n.1; P2.1136,n.13. et 5.2.152; B23.467; S5.2.453;J6.27;D.Req. civ.84.
— Req.A11.756,n.1,n.4; P5.2.123; B24.255; S7.2.800; J6. 36;D.Saisie-imm. 1178.
5 Civ.c.A7.188;B5.2.104;B13.210;S5.2.461;MR4.676;J6. 38;D.Enreg.1638.1656.
— Civ.r.A8.507,n.5,P5.1.451;B16.105,n.5;S7.2.1178; MR 2.120;D.Féodalité.171.
— Civ.c.A8.497;P2.281. et 5.1.332;B16.94;MR11.448;D. Féodalité.139.
6 Civ.c. A11.138,n.,n.27; P5.2.140; B22.166; D. Papier-monn.71.
— Civ.c.A12.265,n.1;P5.1.341;B26.6;S6.1.85;D.Success. 34.
7 Cr.c.A3.602;P5.2.113;B6.219;S7.2.859; D.Compét. cr. 773.774.
— Cr.c.A12.1051,n.8;P5.2.125;B28.391;J6.82;D.Vol.21.
8 Cr.c.A6.329,n.;B7.359,n.;D.Cour d'ass.252.
— Paris.A6.589,n.2;P1.1453;B12.233,n.2;S5.2.649;J6.43; D.Effets de comm.175.202.
— Paris.A11.752,n.3; P22.2.172,n.1; B24.212; S7.2.1192; D.Saisie-imm.654.
— Cr.c.P5.2.121;S8.1.182;MR5.588;J6.48;D.Action pub. 114.
9 Agen.A1.171;P1.70;B1.190;S5.2.146;J6.50;D.Actes de l'état civil.134.
— Paris.A3.805; P1.1001; B6.453;S5.2.575;J6.59;D.Cont. par corps.611.710.
— Civ.c.A11.732,n.4; P2.1186. et 5.1.244;B24.212;D.Saisie-imm.650.
11 Req.A8.502;P2.282. et 5.2.124;B16.99;S5.2.148;MR2 126;D.Féodalité.154.
12 Civ.c.A5.400; P5.2.137; B10.9; MR7.176;J6.61;D.Don. par cont.202.Port. disp.163.
— Bordeaux.A10.151,n.1.2; P2.711,n.6; B19.349; S5.2. 408;D.Aut. de femme.334.
14 Cr.r.P5.2.118;J6.64;S20.1.483;D.Forêts.853.
— Cr.r.A1.576;P1.212. et 5.2.113;B2.208; S20.1.462; J6. 100;D.Appel correct.148.
— Req.A1.338; P5.2.120; B1.306;S5.1.285;J6.66;D.Alim. 71.120.
— Cr.c.A8.380;P2.255;B15.445;S7.2.965;D.Faux.341.
— Cr.c.A8.381; P6.1.206; B15.444; S7.2.965;MR5.142;D. Faux.70.
— Cr.c.A11.411,n.; P5.2.123; B13.479; S20.1.477. et 5.2. 338;D.Faux.477.
— Cr.c.A6.444;P1.1382;B12.61;Douanes.378.
— Cr.r.A11.107,n.2.2;P2.934,n.3. et 5.2.114;J6.84; B22. 110;S20.1.495;D.Presse.547.

— Cr.c.A11.503,n.16;P2.1096,n.16;B23.280;D.Quest. pr. 23.55.
15 Colmar.A3.142;P1.721;B5.157;S5.2.652; D.Commune. 784.785.796.
— Bordeaux.A9.543,n.1;P2.526,n.2;B18.119; S5.2.107; J 6.72;D.Interdit.93.
— Besançon.A10.409,n.,n.3;P2.778,n.1;B20.243;D.Nantiss.143.
— Turin.A11.929,n.4;P2.1252;B25.79;S5.2.554; J6.70;D. Divorce.27.
16 Paris.A6.461;P6.2.70;B12.82;S5.2.563;J6.77; D.Etranger.189.
— Besançon.A11.886,n.2.3;P2.1234;B25.5;D.Divorce.19.
18 Civ.c.A4.718; P1.1243; B8.348; S7.2.900; D. Degré de jurid.467.493.
— Paris.A1.187;P1.74;B1.217;S5.2.678;D.Actes de l'état civil.88.90.Donation.76.
— Civ.c.A7.471; P5.2.118; B14.97;S5.2.463;MR4.735;J6. 85;D.Enreg.3024.
— Req.A9.222,n.4; P2.451; B17.263,n.4; D. Inscrip. hypoth.5.
— Civ.r.A9.364,n.,n.9;P2.482;B17.431,n.9;S5.2.158;MR 3.9;J6.87;D.Purge.16.
— Civ.c.A11.428,n.24; P2.1076,n.24; B23.156; D.Procès-verbal.572.
— Montpellier.A12.912,n.6;D.Lois rétroact.240.
19 Civ.c.A7.185;P2.27;B13.207;D.Enreg.1657.
20 Bordeaux.A6.579,n.1; P1.1559;B11.435,n.1;S5.2.124;J 6.91;D.Domicile.34.
— Paris.A12.321,n.4;P2.1508; B26.106;S7.2.933; D.Success. irrég.54.149.
21 Bruxelles.A1.20; P1.11; B1.26; S7.2.701; J6.94; D.Absence.130.
— Req.A6.807,n.,n.4;P5.1.565; B12.487,n.4; S5.2.660. et 5.1.303;D.Emigré.208.
— Civ.c.P5.2.116;D.Presse.572.
22 Cr.c. A4.147; P1.1049; B7.159; D. Procès-verbal.392. 453.Tabacs.56.60.
— Cr.c.A1.399;P5.2.107;B1.467;D.Amende.95.
25 Req.A7.281;P5.2.125;B13.318;S7.2.1247;MR4.709; J6. 101;D.Enreg.2082.
— Déc.A6.326,n.17;D. Ventes admin.380.
— Req.A11.936,n.2; P5.2.135; B25.93; S13.1.421. et 5.1. 337;D.Divorce.49.
27 Req.A4.739; P5.1.557; MQ6.633; J6.102; D.Degré de jurid.556.
— Req.A11.173,n.1.2;P5.2.125; B8.371. et 23.223; D.Péremp.7.32.
— Bruxelles.A11.945,n.34;B25.109;S7.2.907; D.Divorce. 129.
28 Aix.A4.638;P1.1201;B8.254;S5.2.136; D.Degré de jurid.121.
— Paris.A3.530;P1.788;B5.377;S5.2.567, J6.105; D.Compét. civ.10.Cont. par corps.25.288.
— Cr.c.P6.1.216; S5.1.514; MR5.127; D.Faux (signature sociale).
29 Cr.c.A9.497,n.1.3;P2.508,n.10;B18.48; D.Compét. cr. 46.Instr. cr.160.
30 Nimes.A1.814; P1.310; B2.482; S4.2.597;D.Arbitrage. 994.1080.

FLORÉAL.

2 Civ.c.A7.380;P5.2.145;B13.451;S5.2.462;MR4.774; J6. 111;D.Enreg.1650.
— Req.A9.351,n.2; P5.1.359; B17.416,n.2; J6.108; J20.1. 452;D.Hypoth.193.Saisie-imm.147.
3 Req.A1.469; P5.1.343; B2.82; S5.2.193; D.Appel civ. 244.245.437.Emigré.396.
— Civ.r.A10.554,n.2.2; B19.193; S5.1.345;J6.112;D.Don. entre époux.58.Mariage.195.205.557.
— Req.P5.1.515;S7.2.904;MR5.749;D.Divorce.53.56.
4 Civ.c.A7.288;P2.50;B13.326;D.Enreg.2050.
— Civ.c.A7.335;P2.60;B13.377;D.Enreg.895.
— Civ.c.A9.856,n.1.1;P5.1.355;B18.591; D.Lois rétroact. 131.
— Civ.c.A3.20,n.;P1.681;B5.17;D.Commune.214.220.
5 Déc.A6.327,n.;D.Ventes admin.325.
— Bruxelles. A9.643,n.1,n.1; B18.275; S5.2.584; D. Acquiesc.45.Appel civ.405.Jug.177.
— Cr.r.A11.480,n.2; P5.2.131; B25.241; S5.2.141; MR3. 112;J6.119;D.Demande nouv.151.Propr. litt.122.123.
6 Cr.c. A4.356,n.; B7.388,n.2; S5.2.126; D. Cour d'ass. 534.
— Paris.A10.301,n.2.3; P2.745,n.3; B20.76; S7.2.218; D. Dot.61.
— Cr.r.P5.2.138;D.Contrefaçon.
7 Paris.A12.713,n.5; P2.1415; B27.304; S5.2.603; D.Tutelle.123.195.
8 Req.P5.1.455; S5.1.321; MR5.888;D.Inscript. hypoth. et priv.6.
9 Montpellier.A8.652,n.4; P22.2.179,n.2; B16.270,n.4;S 5.2.603. et 361;D.Filiat. nat.89.167.
— Req.A8.519; P2.284; B16.418; S7.2.1175; D.Féodalité. 187.221.Lois.173.
— Bruxelles.A9.345,n.,n.4; P6.2.198; B17.409,n.4; S7.2. 782. et 854;J6.121;D.Hypoth.157.164.
— Bruxelles.A11.39,n.2;D. Min. pub.260.
9 Civ.r.P5.2.126;S7.2.1045. et 927;D.Portion disp.55.
— Paris.A11.41,n.;B21.472,n.;S5.2.560;D.Min. pub.244.
10 Nimes.A3.23;P1.684;B5.21;S5.2.503;D.Commune.175.

— Paris A6.701,n.; P1 1477; B12.565,n.5; S5.2.634;D.Effets de comm.676
— Civ.r.A6 797; P5.1.568; B12.475; S5.1 306; D.Emigré. 176.
— Civ.c.A9.697;P4.2.129;B18.350; D.Jug. par défaut.58.
— Montpellier A9.653,n..n.2; P2.562,n 4; B18.292; S5.2. 135;J6 126;D.Frais et dépens 12.Jugem.497.
— Trib A2.74;D.Assur. marit.544 547.
11 Nimes.A1.69;P1.52;B1.404;D Acquiesc 314.341.
— Civ r.A7.690; P5.2.115; B.14.366; S5.1.239;D.Expertise.381.
— Bruxelles A9 551,n.2; P2 528; B18.153; S7.2.1025; J6. 131;D.Interdit.117.
12 Cr.c.A4.147;P1.1049. et 5.2.127;B7.159,n.1;S7.2.1221; D.Tabacs.60
— Cr.c A5.509;P1.873;B6.117;D.Compét. cr.416.417.
— Cr.c.A7.54;P2.93;B14.190;D Escroquerie.74.
— Cr.r A8.542; P6.1.224; B15.599; S5.2.204; MR5.111;D. Faux.256.
13 Paris.A8.590;P2.295;B16.200;S7.2.765;J6.138;D.Filiation légit.116.
13 Civ r.P5 1.480; S5.1.345; MR5.168; D.Cont. de mariage.67.Mariage.196.
— Req.P5.2 138;S5.2 170;J.6.137:D.Enreg.2668.
14 Cr.c.A4.154;P5.2.153;B7.167;S7.2.1221;D.Tabacs.404.
— Cr c.A1.70;P5.2 142;B1.83;S7.2.894;MR3.571; D.Abus de confiance.92.
— Sect. réun.r A8 657; P5.1.425; B16.275;S5.1.521;MR4. 698;J6 145;D.Filiation nat 9.10.19.21.
— Turin.A10.18,n.1; P8.2.113; B19.159; S6 2.5;J6.150;D. Mariage.237;Promesse de mariage.11
16 Turin.A8 209;P2.213;B15.245;S5.2.540;D.Faillite.527.
— Rouen.A9.541,n.2;P23.2.84,n.;S5.2.113;J6.158; D.Autor. de femme.59.
— Civ.c.A11 799,n.2; P5.2.141; B24.335;S5.2.508;MR.14. 422;J6.155;D Saisie imm.1091.
17 Rouen.A2.293;P1.453;B3.526 S5.2.116;J6.160; D.Cass. 586.
— Paris.A7 737;P2.142.B14.422;S7.2.912;D.Exploit.155.
— Civ.r.A7.829;P2.170;B14.552;S8.1.502 et 5.2.242; J6. 164;D Emancip.61.Exploit.394
18 Civ r.A8.653,n.5; P5.1.385; B16.271,n.5; S5.1 278; MR 4.709;J6 165 D.Filiat. nat.37.171.182.
— Req.A6.770; P5.1.422; B12.445; S7.2.928; MR13.75;D. Emigré.30.Substitut.364.
— Paris.A9 364,n.,n.8;P2 482;B17.431,n.8;S7.2.1045;J6. 176;D.Purge des priv 15.
— Bordeaux.P22 2.182;S5.2.149;D Filiat.nat.178.
19 Cr.c A4.346;P1.1118;B7.378;D Cour d'ass.453.493.
— Cr.c.A4.329;B7.359,n.4;D.Cour d'ass.232.
— Civ.r A10.751,n.1;P5.2.147;B21.247;S5.1 288; J6.181; D.Présompt 10.
— Nimes.A12.527,n 3;P23.2 114,n.2; B26 439;S7.2.1088. 4.2.624; D.Portion disponible.759.762.Rescis.68.105. 149.
20 Cr.c.A4.451,n.;B8.48,n.2:D.Cour d'ass.1167.
— Cr.c.A3 408; P1.816;B6.3; S7.2.998; D Compét. crim. 49.Instruc. crim.456 Cour d'ass.623.
23 Civ.c.A7.79,n.;B15 84;D.Enreg.747.
— Civ.r.A8.512,P2.283;B16.110; S7.2.1064; D.Féodalité. 192.
— Req.P5.2.138; S5.2.170; MR4.770; D.Contrainte.12.V. au 13.
24 Civ.r.A7.98;P5.1.369;B13.108;S5.2.667;J6.185; D.Enreg.1437.
— Civ.c. A7.227; P5.2.129;S7.2.929; B13.256; MR4.713; J6.183;D.Enreg.1888.
— Req.A6.712;P5.1.371;B12.376,n 1;S5.2.658;MR10.289; D.Effet de comm 700.Prescript.626.
— Req A6.776; P5.1.597; B12.450;S5.1.301. et 310; MR1. 512;D.Emig.51.
— Req.A9.777,n.1,n 1;P5 1.440;B18.474;S7.2.1033;MR2. 49;D Jugem préparat.163.
— Paris.A11.686,n.2;P2.1167;B24.127;S5.2.338;D.Saisie immob.101.
25 Req.A12 31,n.3;P2.908 n.3;B25.179; D Cassation.912. Servitude.221.
— Req A12.125,n.2;P5.2.160;B25.332;S16.1.169;D.Société comm.164.
26 Cr.c.A2 114; P1. 357; B3.121; D.Autorité mun.37.Jugement.398.
— Cr r.A8 451,n.1;P5 2 132;B16.41,n.1; S20.1.496;MR6. 152;D.Faux incid.273.
— Cr.c.A12.1067,n 8;P5.2.139. et 2.1529,n.8;B28.420;S5. 2 340;D. Vol 203.
— Cr.c.A11.321,n.; P2 1016,n. et 5.2.128;B22.484; MR9. 501;D Prescript. crim.110.
— Cr.c.P5.2.135;S7.2.1082;MR3.467; D.Forêts.407.566.
— Cr.c.A11.509,n.;P2.1099,n.;B23.290;D Question préjudicielle 58.
27 Cr r.A4.230,P1.1072;B7.249; D.Contr. ind.539.616.
— Paris:A8.647,n.1;P22.2.182;B16.264;S7.2.765; D.Filiation nat.70.
— Turin.A9.769,n.10;P2,598,n.7; B18; D.Jugem. préparatoire.87.
— Req.A12.130,n.3;P5.2 134;B25.346;S5.2.676;J6.188. et 190;D.Société comm.187.
— Bruxelles.S5.2.517;J6.190;D.Séparat. de corps 79.
28 Bourges.A6.132;P1.1349;B11.146; S6.2 394;J6.196;D. Exécut. testam.109.
— Bruxelles.A12.749,n.3;P2.1425;B27.568; S5.2.376; J6. 193;D.Tutelle.495
30 Civ.c A4 721;P21.1245;B8.351;D.Degré de jurid.489.
— Req A9.252; P6.1.52; S5.2.421; B17.299; MR5.486; J6. 198;D.Inscript. hypoth.48.

PRAIRIAL.

1 Civ.c.A1.497;P5.1.364;B2 103; S5.1.273;J6 203;D.Appel civ.106.
— Civ.c.A1.7;P5.1 438;B1.6;S5.1.327 D Absent.21.88.
— Civ.r.A6.305 P5.2.158; B11.346;MR5.847; D.Domaine engagé.53.
— Turin.A10.86,n.1;P2.697,n.1;B19.245; D.Mariage.447. 466.
— Caen.A10.37,n.,n.4;P6.2.129.132;B19.170;S5.2.143;D. Acte respect 37.
— Req A11.689,n 2;P5.1.443;S7.2.1192; B24.132; J6.206; D.Saisie-imm.194.301.
— Agen.P25.2.90,n.1;D.Acte respect.39.
2 Civ.r.A6.565;P5.1.447;B12.205;S5.1.381; MR4.602; J6. 211;D Effet de comm 82.414.446.
— Colmar.A9.550,n.3; P2.521,n.2; B18.100; S5.2.188; D. Interdit.15.48.
4 Liége A10.498,n.1; P2.791,n.1; B20.381;S7.2.877; J6. 214;D.Oblig 715.Vente.55.
5 Cr.c.A12.591,n.2;P2.1570;B27.94; S5.2.541;D.Parenté. 16.Témoin.191.
7 Turin.A5.368; P1.1321; B9 421; S6.2.17;D.Port. disp. 117.156.Rapport à success.91.
— Req.A7.587; P23.2.49,n.; B14.240. et 7.2.1260; S7.2. 887;MR3.347;D.Exception 89.
— Agen.A12 813,n.4;P6.2.86. et 94;B28.7;S5.2.477. et 7. 2.1260; MR16.231 237.239; D.Lois rétroact.81.85.Tutelle.13.Usufruit légal.16.
— Instr. min.A12 903,n.7;B28.205,n 7;D.Voirie.209.
8 Req.A8.464. et 7.703. et 9.945,n.1.2;P5.2.157;B14.381. et 16.56. et 19 64;S2.764.et 929; D.Exploit.22.Louage emphyt.14 Féodalité.55.
— Poitiers.A6.498,n.;P5.2 71; B12 126,n.1; S6.2.40; MR 16.338;J6.217;D.Etrang.98 249.
— Req.A10 165,n.1.2; P5.1.407;B19.375; S5.1.533; MR5 416;J6.225;D Lois rétroact.114.Portion disp.42.43.
— Agen A10.686,n.1.2;P2.838,n.3;B21.159;D.Preuve litt. 949.950.
— Civ.r.A12.123,n.1;P5.2.156;B25.332;S7.2.1204,J6.220; D.Société comm.138.
— Cr.c.P6.1.219 D.Faux.
9 Civ.r.A5 803;P5.1.593;B6.450;S7.2.870.5.2.134;D.Contrainte par corps.485 580.
— Montpellier.A12.702,n.1,n.1;P2.1411;B27.282;S2.315; D.Tutelle.46 162 271.297.
— Caen.A9.271;B17.321,n.;D Inscript. hypoth.241.
10 Cr.c.A4.185;P1.1060; B17.200; S6 2.1255 ;D.Voitures publ.111,112.125.
— Angers.A9.530;P2 520; B18.103; S6.2.396; D.Interdit. 17.
11 Cr.c.A11.84,n.1,n.2; P2.927,n.4; B22.71; S5.2.372; D. Juge supp 167.
— Paris.A12.928,n.1-1;P8 2 68;B28.201;S7.2.925; J6.229; D.Transport de créance.239.
12 Cr.c.P5.2.157;S5.1.209;D.Faux.
14 Civ c.A4.712;P1.1238 B8 340;D Degré de jurid.440.
— Civ.c.A6.255; P5.1.400; B11.290;S5.1.340; MR4.44; D. Donation entre époux.117.
— Req A6 795,n.2; P5.1.445; B12.473,n.2; S7 2.906; D. Emigré.48.154.
— Civ.c.A10.166,n.1.3; P5.1.411; B19.375; S5.1.333; D. Portion disp.41.
— Req.A11.931,n.3;P5.1.511;B25.81;S7.2.908;MR3.806; D.Divorce.37 118
— Paris S5.2.570;D.Rente.212.
15 Civ.r.A7.396;P5.2.146;B1.42; S5.2.266;J6.232; D.Enreg 2681.
— Paris.A5.60;P1.1287;B9.64;S6 2 381;J6.233; D.Dépôt. 65.
16 Civ.c.A7 186;P2.28;B13.208;D.Enreg.1638.1639.
— Req.A1 899;P5.2.154,B2.487;MR2 48;J6.237; D.Arbitrage (cassation).
— Req A9.777,n 1 2;B18.474,n.;D.Jugem. prép.163.
— Civ.c.A12.677,n.1.4; P5.2.145; B27.237; S7 2.1230;J6. 238; D.Transact.31.
— 17 Req A12.851,n.5;P5 2 142;B28.69;S8.1.545. et 5.2. 672;J6.240;D.Vente 103.
— Paris.S7.2.765;D.Acquiesc.295.
— Décr.A12.1015,n.10;D.Voirie.527.
18 Liége.A1.20;P1.40; B1.26;S6.2.19; J6.243;D.Absence. 150.
— Cr.c.A3.517;P1.881. et 2.240;B6.126. et 15.395; S7.2 843;D.Compét. crim.443.
— Cr.c.A3.511;P1.876;B6.119;D.Compét. crim.421.
— Cr.c.A8.339;P1.881;D.Faux.105.
19 Nimes.A12 705,n.2; P2.1412; B27.285; S6.2.30. et 4.2. 592;D.Tutelle.55.
— Cr.c.A12.1040,n.2;P2.1514; B28.372; D.Voitures publiques.7.
— Civ.c.A10.162,n.1.1;S7.2.816.V.au 16;D.Autorisation de femme 515.
20 Cr.c.A11.500,n.3; P2.1094,n.; B23.274,n.; D.Quest. prov.21.
21 Civ.c.A7.249;P2.40;B12.282;D.Enreg.2006.
— Paris.A3.729; P22.2.144; B6.365;S5.2.573. et 160;J6. 245;D.Contr. par corps.113.
— Civ.r.A6.797,n.,n.2; P5.2.130;B12.475,n.2; MR3.864; D.Emigré.78.79.
— Req.P6.2.108;S5.2.430 et 6.2.128;D.Contr. par corps. 484.
22 Grenoble.A11 668,n.1;P6.2.232. et 2.1161;B24.94;S7. 2.949;D.Saisie-imm 52.
— Req.A11.794,n.2;P5 1.404; B24 327;S5.1.285; J6.249; D.Surenchère.242.243.
— Paris A10.120,n.1;P6.2.227.228;B19.296; S6.2.15; J6. 252;D.Mariage 638.
23 Paris.A4.600,P1.1192;B8.211;S7.2.800;D.Avocats.121.
— Civ.r A9.364,n 10; P5.1.467; B17.432,n.10; S7.2.917; MR7 428;D.Purge des priv.7.
— Bruxelles.P22.2.126,n.8;S5.2.623; D.Faillite (revendication).
24 Nimes.A5.402; P1.1323; B10.12;S5.2.483; D.Don. par contr.201.Min. publ.35.
— Cr.c.A8.340;P2.241;B15.393;D.Faux.94.
— Cr.c.A12.841,n.1.13;P2.1449;B28.49;D.Vagabondage. 21.
— Amiens.A10.679,n.5 690,n.2.712,n.5;P2.835,n.3; B21. 129;S7.2.923;D.Preuve litt.841.982.Ratificat 45.46.
25 Cr.c.A4.118;P1.1035;B7.127;D.Contr. ind.500.
— Décr.A6.527;D. Ventes adm.525.
— Riom.A9.227,n.;P2 453;B17.268;D.Rad. hypoth.91.
— Paris P7.2 4;S7.2 4;MR16 357; D.Filiation natur.
26 Metz.A12.742,n.49;B27.354;S7.2.1242;D.Tutelle.421.
28 Civ.c.A4.715;P1.1241;B8.344;D.Degré de jurid.448.
— Req.A6.254; P5 1.419; B11.288; S7.2.915; MR4.41;J6. 261;D.Donation entre époux.109.
— Req.A8.620;P5.1.461;B16.233; S5 1.357;MR13.745. et 16.370;J6.257;D.Filiation adultér.10.Dispos. entre-vifs. Testament.31.
29 Besançon.A8.560;P6.2.76;B16.166;S5.2.331;J6.267;D. Filiat. légit.57.68.
— Req.A10.734,n.1;P2.856,n.1. et 5.1.417; B21.221;S5.1. 331;MR9.723;J6.265; D.Preuve testim.180.216.
— Rouen.A11.114,n.14; P2 937,n.4; B22.122; D.Presse. 573.
— Dijon.A9 934,n.3.1; P2.669,n.3; B19.39; S6.2.51; D. Louage 759.
— Paris.S13.2 290;D.Tutelle.11.
— Douai.A9.853,n.19;D.Lois rétroact.126.
30 Civ.c.P5.1.373;S5.1.216;MR3.762.
— Civ.c.A2.332;P5.1.495;B3.371;S7.2.1202;D.Cassation. 693.
— Civ.c.A2.333;P2.738,n.1;B3 372. et 2.42;S5 2.497;J6. 331;D Cassation.695.Communauté.999.
— Req.A5 544,n.1;P5.2.186; B10.176, n.1; D.Donat. déguisée.9.
— Bruxelles.A10.214,n.1 1; P2.722,n.4; B19.451; S7.2. 1075;D.Communauté.312.324.

MESSIDOR.

1 Liége.A2.407;P1.505;B4.3;D.Caution.179.180.
— Cr.c.A4.343;P1 1117;B7.375;D Cour d'assises.472.
— Cr.c.A1.160,P5.2.162; B1.187; S20.1.451; D.Acquittement.18.
— Cr.c.A3 451;P1.842;B6 55;D.Compét. crim.218.
— Cr c.A3.452;P1.841 B6.53;D.Compét. crim.203.
— Cr.c.A12.601,n.4;P5.2.146;B27.110;S5.2.255;MR3.566; D.Témoin (lecture)
— Req.P5.2.153;MR1.719;D.Filiation naturelle.
2 Cr c.A11.505 n.2; P5 1.415; B23.283; S5.1.318;MR1. 124;J6.275;D.Quest. prov.45.
— Cr.r.P5.2.155;S5.2.234;MR5.498;J6.278;D.Délit rural. 134.
— Civ.c.P5.2.152; S5.2.373;MR10.101; D.Procès-verbal. 212.
3 Bruxelles.A1.129;D Dépôt.55.
5 Civ r.A2.201;P5.2.163.33;B3.218;S16.1.215.72.761;J6 280,D.Avaries.90.
— Req.A5 43;P5.1.572;B9.45;S5.1 40; D.Déportat.49.
6 Civ c.A3.558;P1.798;B5.412;D.Compét comm.252.
— Paris A8.151;P2.196;B15.152;S5.2.500;D.Faillite.516. 517.557.589.
— Req A10.491,n.2;P5.2.155;B20.368;S5.2.687;D.Int. de cap.92.
— Civ.r.A11.691,n.2,n.1;P5.2.161;B24.139;S6.1.26;MR5. 885;J6.282;D Saisie-imm 220.
— Turin.A12.699,n.1,n 1, P2.1409;B27.280; S5.2.174;D. Lois rétroact.81.Tutelle.15.
7 Nimes A9.939,n.1.6; P2.671,n.3; B19.53; S5.2.473;D. Louage.761.
8 Cr.c.A4.293,n.;P1.1094; B7.319,n.2;D.Cour d'assises. 132.
— Cr.c.A.4.293,n.;P1.1094;B7.319,n.2;D.Cour d'assises. 132.
— Cr.c.A5.10; P5.2.147; B9.7;S7.2.892; MR3.543; D.Dénonciation.28.
— Cr.c.A8 408; P5.2.147;B15.475; S7.2.892; MR3.543;D. Faux 423 424.
— Civ.c.A9 838,n.21;D.Lois rétroact.34.
9 Déc A6.527,n.;D. Ventes adm.525.
— Paris A10 411,n.1;B19.284;S5.2.291;D.Mariage.577.
— Cr.c.A11 481,n.1;P5.2.145;B23.242; MR3.112; J6.284; D.Propriété litt.120.
— Cr.c.A12.592,n.6;B27.94;D.Témoin.246.

— Paris.A11.945,n.1.3;P2.701,n.1;B19.284. et 25.110;D. Divorce.144.

10 Rouen.A10.285,n.1-1; P2.758,n.2; B20.48; D.Communauté.1157.

— Bruxelles.S5.2.614.Lois rétroact.198.

12 Civ.c.A7.278;P2.47;B13.314;D.Enreg.2048.2049.

— Turin.A1.651;P1.242;B2.294; S13.2.446; J6.285;D.Arbitrage.329.1108.

13 Civ.c.A7.212;P5.2.151;B13.238;S5.2.487; MR4.766;J6.293;D.Enreg.1801.

— Req.A3.305; P5.1.478.5.2.241; B5.547;J6 288;D.Compét. civ,228.

— Déc.A8.484;n.1;B16.79,n.1;S7.2.111.

— Civ.r.A11.292,n.1;P5.1.475;B26.57;S6.1.54;MR12.61;J6.302;D.Partage.164.Retour légal.22.

— Bruxelles.A12.477,n.1; P6.2,64; B26.353; S6.2.58; J6.294;D.Partage 91.

— Cr.r.D.Faux.86.

— Trib. de Paris.D.Substitution.203.

14 Civ.c.A7.277;P2.46;B13.313;D.Enreg.505.2076.

— Civ.r.A9.717,n.2;P5.2.166;B18.380; S7.2.1074; J6.306; D.Hypoth.175.Jugem. par défaut.256.

— Req.A9.345,n.,n.5;P2 476;B17.409,n.5;S7.2.1096.771; D.Hypoth.173.232.316.Conv. 51.Inscript. hypoth.49. Int. de cap.24 Jugem.366.Paiement.156.Prescription. 636.Prêt.210.

15 Req.A5.544,n.1;P5.2.486;B10.476,n.1,D.Don. dég.9.

— Cr.c.A7.645.B14.310;D.Excuse.81

— Bordeaux.A9.645,n.,n.2;P2.558,n.2;B18.275;S7.2.941; D.Jugement.468.

— Rej.A12.910,n.2-2;P2.1475;B28.170;D.Rescis.201.

16 Cr.r.A6.450;P5.2.155; B12.68; S20.1.489; D.Douanes. 94.

— Décr.A12.991,n.19;B28.303,n.19;D.Voirie.188.

17 Bordeaux.A2 293;P1.453; B3.326; S7.2.817; D.Cassat. 367.

— Nîmes.A2.212;P1.415;B3.231;S5.2.495;D.Avoué.114.

18 Montpellier.A9.558; P2.524;B18.112; J6.309; D.Interdit.52.56.

19 Cr c.A8.446;P2.271;B16.35:D.Faux incid.293.

— Req.P5.2 467:S7.2.1020;D.Divorce 29.

20 Civ.c.A7.276,n.;P2.46;B13.312,n.;D.Enreg.503.

— Turin.A10.446; P2.710,n.2; B19.542; S7.2.790; D.Autorisat. de femme.46.232.278.Lois rétroact.59.

— Colmar.A11.937,n.4;P2.1255;B25.94,n.1; S7.2.907; D. Divorce.67.

— Req.A5.493;P5.2.169; B10.115;S7.2.916; D.Donation. 11.Transcript. des don.38.

21 Civ.c.A.4.673;P1.1218;B8.293;D.Degré dejuridiction. 270.

— Civ.c.A4.721;P1.1245;B8 351;S7.2.900;D.Degré de jurid.490.

— Req.A11.198,n.28; P5.2.156; B21.272; S5.1.364;MR9. 218;D.Pérempt.107.

22 Toulouse.A5.174;P1.1310;B9.201;D.Désistem.166.

— Aix.A11.239,n.1; P2.995,n.1; B22.343; S5.2.187; D. Prescript.78.

— Cr.c.A11.300,n.5;P2.1094,n.;B23.274,n.;D.Quest. pr. 21.

— Cr.c.A12.608,n.3;P5.2.150; B27.121; MR5.185; D.Témoignage faux.6.

— Cr.c.P5.2.154;D.Promesse de mariage.8.

— Avis du cons. d'état.A6.315;D.Domaine engagé.36.

24 Cr.c.A4.100;P1.1032;B7.107;S5.2.369;P5.2.162;D.Tabacs.128.

— Cr.c.A3.474;P5.1.858;B6.78;S20.1.486;J6.343;D.Compét. crim.255.

— Cr.c.A3.474;P1.853.et 2.93;B6.78.et 14.190;S20.1.502; D.Compét. crim.258.Escroquerie.102.

— Cr.r.A5.136; P5.2.159; B9.185; S7.2 862; MR2.859;D. Désertion.26.

— Turin.A9.829,n.1; P6.2.55; B18.547; S6.2.60; D.Lois. 247.

— Nîmes.A11.706,n.1;P2.1177; B24.167;S5.2.479; D.Saisie immob.321.

26 Civ.c.A4.616; P1.1195; B8.229; S7.2.781; D.Degré de jurid.34.

27 Cr.c.A3.32;P1.682;B5.20;D.Commune.229.

— Bourges.A12.660,n.2,n 3;P2.1389;B27.208; D.Tierce-opposition

— Colmar.A10.679,n.8;S7.2.1210;D.Preuve litt.837.

28 Civ.c.A7.285;P6.2.3;B13.522;J6.315;D.Enreg.2028.

— Civ.r.A10.620,n.1.2;P6.2.1;B21.33;S6.1.75;MR2.636;J6.317;D.Compensat.14.

— Req.A12.310,n.1;P5.1.454;B26.92;S5.1.289. et 5.2.4; MR1.751;J6.310;D.Success. irrég.25.

— Cr.c.A12.1016,n.2;P2.1507,n.;B28.337;D.Voirie.560.

— Civ.c.P5.2.152;S5.1.378;D.Papier-monnaie.60.

29 Cr.c.A3.616,n ; P1.945;B6.267,n.1;D.Complicité.132. 133.

— Cr.c.A8.341;P6.1.206;B15.398; S7.2.964; MR2.864;J6. 349;D.Faux.244.

— Bruxelles.A12.890,n.1.1;P2.1468;B28.135; S5.2 538;J6.320;D.Garantie.301.

30 Nîmes.A12.518,n.2;P6.2.230;B26 425;D.Rescis.70.

— Paris.A5.208;P22.1.337;S5.2.210;D.Disposition entre-vifs.8.

— Nîmes.A6.560,n.1; B12.198,n.1; S4.2.629; D.Effet de comm.51.

THERMIDOR.

1 Cr.c.A4.382;P5.2.164;B7.417;S5.2.158; D.Cour d'ass. 676.

3 Civ.r.A12.831,n.4; P5.1.564; B28.68; S6.1.60; D.Vente.102.

4 Req.A5.61;P5.2.184;B9.66;S6.1.48;D.Dépôt.78.

— Bruxelles.A5.95;B9.110;D.Désaveu.43.125.

— Agen.A9.439,n.; B17.521; S5.2.185; D.Lois rétroact. 142.

5 Req.A4.659. et 5.122; P1.1211. et 5.2.178. et 1.1505; B9.139. et 8.278;S7.2.897;MR3.602; D.Degré de jurid. 206.Désaveu.144.

— Civ.c.A2.334;P5.1.498;B3.372;S5.2.501;J6.329;D.Cassation.696.

— Req.A5.603;P5.2.187; B10.246; MR13.628; D.Testam. 620.

— Civ.c.A6.787;P1.1498;B12.463,n 1;S5.2.501;D.Emigré. 120.

— Req.P5.2.172;J6.333;D.Exploit.461.

6 Req.A7.29; P5.2.177; B13.26; S5.2.259;MR.4.771; J6. 345;D.Enreg.170.

— Req.A5.622;P5.2.173; B10.269; S6.1.30; MR13.743;J6. 336;D.Testament.97.

— Req.A8.536;P2.287;B16.158;S7.2.925.795; D.Compét. admin.273.Féodalité.284.

— Paris.P22.2.118;n.12; S7.2.1079; J6.340;D.Ordre.383. 393.396.425.

7 Cr.r.A3.475; P5.1.560; B6.70; S7.2.893; MR3.570; J6. 347;D.Compét. crim.259.Suppr. de titres.12.

8 Cr.c.A1.552;P5.1.517;B2.181;S7.2.1030;J6.353;D.Appel correct.31.

— Cr.c.A3.483;P1.841;B6.54;S7.2.793; D.Compét. crim. 217.

— Cr.c.A7.550;P5.2.181;B14.193;S20.1.492; MR4.845;D. Escroquerie.67.

— Cr.c.A6.401; P5.2.185; B12.4; S7.2.920; MR4.817; D. Douanes.65.

— Bruxelles.A11.252,n.1;P2.995,n.4;B22.364; S5.2.528;J6.350;D.Poss.35.223.

— Cr.c.A12.1016,n.2;P2.1507,n.;B28.537;D.Voirie.560.

— Cr.r.P6.2.3;S20.1.486;MR2.861;D.Désertion.28.

10 Req.A5.702;P1.1337. et 5.1.486;B10.362;S5.1.370;MR 13.609;J6.356;D.Cassat.1102.Testament.375.

— Req.A7.625;P5.2.175;B14.286;J6.356;D.Garantie.550.

— Civ.r.A10.679,n.2;P5.1.534;B21.128;S7.2.1050. et 6.1. 24;MR12.619.14.496;D.Preuve litt.838.842.

— Req.P6.2.9;MR3.60;J6 360;D.Domaine de l'état.125.

11 Req.A5.755; P5.2.170; B10.422; S5.2.1251.1224.1225; MR13.629.636;D.Testament.455.619.

— Bruxelles.A11.801,n.2; P2.1214; B24.340;S5.2.546;D. Saisie-imm.1221.

12 Civ.c.A7.521;P2.57:B13.364;D.Enreg.2258.

— Civ.r.A11.175,n.4;P2.963,n.3;B22.230;S5.2.367;D.Péremption.13.

13 Req.A5.376; P6.1.80; B9.431; S6.1.114; MR2.504; D. Legs.82.

— Cr.c A8.386;P6.1.207;B15.450,n.1;S5.2.213;MR5.155; D.Faux.

— Cr.c.A8.412,n.1;P9.265;B15.480,n.1;D.Faux.

— Paris.A9.666,n.2;P2.567,n.2;B18.308,n.2;S5.2.207;J6. 364;D.Frais et dépens.108.

— Caen.A10.373,n.1-1;P2.764,n.2;D.Douaire.6.7.

— Cr.r.P5.2 166;S7.2.1015;MR6 121;D.Presse.575.

— Civ.c.D.Exploit.884.

— Décr.A6.754,n.9;D.Effet publ.40.

— Déc.A8.9,n.18;D.Fabriques.73.

14 Cr.c.A7.550;P5.2.182;B14.193;S20.1.449; MR4.846;J6 365;D.Escroquerie.69.

— Cr.c.A12.1011,n.2. et 11.503,n.17; P2.1096,n.17. et 1503;B28.333;S7.2.792;D.Voirie.473.

15 Rennes.P6.2.235; S6.2.177; D.Donation entre époux. 78.

— Besançon.A4.601;P1.1172; B8.212; S7.2.800; D.Honoraires.28.

— Grenoble.A8.634,n.1;P2.299. et 22.2.179;B16.249,n.1; S7.2.1240.933.765; MR16.360; J6.367; D.Filiation naturelle.53.

17 Aix.A5.405;P1.1524;B10.15; S7.2.1183; J6.373; D.Donation.99.D.Donat. par contr.192.

— Aix.A5.556,n.;P1.1530;B10.190;D.Donation.285.

— Paris A9.612,n.1.2;P2.549,n.1-1;B18.230;S5.2.342;J6. 371;D.Jugem.382.

— Req.A12.5,n.1-1; P5.1.504; B23.136; D.Lois rétroact. 278.Servitudes.4.

18 Civ.c.A4.719;P1.1244;B8.349;D.Degré de jurid.467.

— Req.A5.380; P5.1.531; B9.435; S5.1.28; MR6.338; D. Portion disponible.95.

— Civ.c.A3.20,n.;P1.684;B5.17,n.;D.Commune.

— Civ.r.P5.2.186;D.Domaine de l'état.44.

— Req.P6 2.7;S7.2.1244;D.Présompt.84.

19 Civ.c.A7.38;P5.2.183;B13.37;J6.376;D.Enreg.311.

— Civ.c.A7.362,n.;P2.65;B13.414,n.;D.Enreg.896.2522.

— Civ.r.A4.617;B8.230;S7.2.781;D.Degré de jurid.59.

— Req.A1.150;P5.2.171;B1.176; S20.1.450;J6.382; D.Acquiesc.209.

— Civ.c.A7.450;P5.1.509;B14.72;S20.1.498;J6.380;D.Enreg.2925.

20 Req.A9.587,n.1.25; P2 540,n.14. et 5.1.541. et 5.2. 179;B18.187;S20.1.484. et 7,2.816;MR14.322;D.Intervention 59.

21 Cr.r.A2.281;P5.2.164;B3.511.D.Cassation.245.

— Paris.A6.840;B12.527;D.Emigré.371.Partage.7.

— Cr.c.A12.592,n.5; P5.2.176;B27.94; S7.2.1225;J6.384; D.Témoin.248.

22 Civ.r.A4 178; P5.2.175;B7.193; D.Poudres et salp.31. Procès-verbal.455.

— Cr.r.A4.293;P1.1094. et 5.2.170;B7.519;D.Cour d'ass. 158.

— Cr.r.A11.160,n.2;P5.2.173;B22.204;D.Peine.151.

24 Civ.c.A7.384; P5.2.165;S7.2.939;MR3.383;B13.436;J6. 388;D.Enreg 2595.

— Civ.c.A7.429; P2.73; B14.47; J6.388; D.Enreg. 2840. 2869.

— Civ.c.A11.921,n.7;B25.65;S5.2.576;D.Divorce.52.

— Req.P5.2.192;MR9.758;S20.1.486; D.Preuve test.267.

25 Angers.A8 660,n.1; P2.305; S7.2.971. et 778;B16.279, n.2;D.Filiat. nat.230.

— Paris.A9.411,n.1 ; P2.491; B17.488,n.1; S7.2.1026. et 5.2.631;D.Inscript. hypoth.361.Prescript.859.

— Req.A10.380,n.1-1; P5.1.522; B20.201; S6.1.20; MR5. 439;D.Douaire.65.

— Civ.c.A12.937,n.1; P2 1485; B28.217;S5.2.505; J6.389; D.Echange.7.Rente.105.

26 Civ.c.A7,234;P2.37;B13.264;J6;D.Enreg.2011.

28 Metz.A12.1005,n.5;P2.1503;B28.322;S6.2.44;J6.394;D. Voirie.400.

29 Cr.r.A2.515;P5.2.176;B3.551;D.Cass.97.

30 Arr.A6.325,n.1;D.Ventes admin.324.

FRUCTIDOR.

1 Req.A5.243; P5.1.549; B9.280;S6.1.57; J6.397;D.Disp. entre-vifs.107.

— Turin.P22.2.124,n.5;S5.2.510;D.Usufruit légal.80.

2 Rouen.A10.794,n.2; P2.873,n.1; B21.522;D.Commiss. 260.266.

— Req.P5.2.192;S7.2.814;D.Preuve test.291.

3 Civ.r.A1.155; P5.2.189; S7.2.765; B1.159;D.Acquiesc. 166.

— Bruxelles. A7.796; P6.2.160; B14.493; D.Domicile élu. 67.

— Req.A10.856,n.1;P5.2.191;B21.422;J6.401;D.Disp. par cont.32.Rég. de juges.2.

— Nîmes.A12.694,n.2;P6.2.92;D.Lois rétroact 91.

— Montpellier S6 2.57;D.Lois rétroact.89.

4 Agen.A9.439,n.;P6.2.198;B17.521,n.;D.Réduct. d'hypoth.66.

— Req.A12.807,n.3; P5.1.500; B27.462,n.1; S6.1.18; J6. 403;D.Usufruit.603.

5 Turin.A9.770,n.,n.15;P2.598,n.8;B18.462;S5.2.509;D. Jug. prép.55.

— Paris.A10.218,n.,n.3; P2.723,n.5;B19.454;S7.2.917;D. Remploi.49.

— Caen.A10.379;P2.567,n.7;B20.201;D.Douaire.

— Colmar. A12.900,n.2; P2.1472; B28.155; S5.2.644; J6. 406;D.Vente.807.

6 Nîmes.A7.665;B14.335;S5.2.504;D.Expertise.125.

— Cr.c.A12 552,n.10;P2.1351;B27.26; S7.2.1160; D.Compét. cr.460.

— Turin.S7.2.912;D.Exploit.539.

8 Cr.c.A3.81;P1.704;B5.86;D.Commune.326.593.599.

— Civ.c.A6.114; P1.1317. et 5.2.172; B11.126;S7.2.1083; MR7.550;J6.410;D.Legs.331.

— Civ.c.A8.497;P5.2.177;B16.93;MR11.451;D.Féodalité. 138.

— Bruxelles.A11.931,n.10; P2.1255;B25.82; S7.2.904;D. Divorce.31.

9 Req.A5.34;P5.1.572. et 587;B9.34;S7.2.1065;D.Déportat.35.

— Paris.A10.112,n.1;P2.701,n.1;B25.67;S5.2.216;D.Mariage.577.

— Paris.A12.534,n.3. et 12.781;P6.2.235; B26.449. et 27. 427;S6.2.406;D.Emancip.57.Rescis.157.

— Paris.A11.925; P2.701,n.; B19.285;S5.2.216;J6.413;D. Divorce.9.140.

— Civ.c.A9.700,n.1.2; P5.2.188; B18.355,n.; S5.2.507; D. Jug. par défaut.89.

10 Civ.c.A11.175,n.,n.3;P2.963,n.2;B22.230;S7.2.1102. et 5.1.367;D.Péremp.14.

— Civ.c.P5.2.180;S6.1.51;MR7.779;D.Communaux (marais).

11 Paris.A2.208;P1.411;S5.2.320;B3.227;D.Office.41.

— Cr.c.A3.618; P1.926; B6.236; D.Cass.1024.Complicité. 26.

— Cr.r.A8.341;P2.242. et 6.1.217;B15.398;S6.2.620;MR5. 156;J6.417;D.Faux.215.

— Paris.A9.681,n.,n.5;P2.572,n.5;B18.327,n.1;S7.2.895; D.Frais et dépens.226.244.

— Paris.A12.569,n.1;P2.1315;B26.178;D.Success. bénéf. 42.

— Paris.A11.543,n.1; B23.332; S15.2.198. et 7.2.884; D. Référé.7.

— Rouen. A11.945,n.1.4; P6.2.173; B25.111; S6.2.52. et 374;D.Divorce.85.

— Civ.c P5.1.145; D.Cassat.32.Caution.116.Délégat.15.

— Req P6.1.18;S6.1.142;D.Remploi.

— Amiens.S7.2.865:J6.416;D.Tutelle.133.

12 Cr.c.A4.303;P1.1100;B7.530;D.Cour d'ass.203.204.

— Cr.c.A4.291,n.5;P1.1093;B7.517,n.;D.Cour d'ass.128.

— Bruxelles.A3.815; P1.1004; B6.463; S5.2.586; D.Cont. par corps.716.

— Paris.A10.775,n.1; P6.2.99; B21.286; S7.2.799;J6.421; D.Aven.67.Serment déc.110.
— Bordeaux.A10.34 n.2;P2 688,n.2;B19.168;S7.2.769, et 6.2.400;J6.426;D.Acte respectueux.27.90 95.
13 Cr.r.A1.877;P6.2.4;B2.210;S5.2.435;D.Appel correct. 56.
— Paris.A1.328; P1.400; B1.357; S24.2.547, et 2.276; J6. 439;D.Agent de ch.75.
— Cr.r.A9 879,n.2. et 7.549;P5.1.838;B18 445. et 14.191; S7.2.1053. et 1057. et 6.1.22; MR3 381. et 4.850; J6. 433;Jugem. par déf.342 Escroquerie.43.68.
— Paris. A10.819,n.2. et 9 74 ; P2.423. et 885,n.4; B21. 360. et 17.78;S5.2.317 J6.433;D.Ordre.194.Privil.353.
— Paris.A12.397,n.1;B26.222;D.Success. vac.22.
15 Nancy A5.738;B10.405;S7.2.894; D.Legs.144.Testam. 188.
— Req.A12.309,n.2;P6.1.92. et 2.1306; B26.90; S6.1.119; D.Success. irrég.18.
16 Req.A9.90; P6.1.59; B17.101; S5.2.439. et 263; MR5. 830;D.Garantie.43.Privilége.462.
— Civ.A3.20;P1.682;B5.18,n.;D.Commune.
— Civ.c.P5.1.525;D.Péremp.12.
— Déc.A6.338,n.4;D.Emigré.372.
17 Req.A5 59;P5.1.568;B11.62;D.Legs 83.89.
18 Cr.c. A3.607. et 5.145; P1.919; B9.166. et 6.225; S7.2. 858;D.Compét. cr.806.Désertion.60.
— Req.A5.490; P5.1.862; B10.111;S7.2.891; MR3.519;D Contrat de mariage.72.Donation. 248 Don. par cont. 224.227.
— Req.A5.678;B10.333;S7.2.1037. et 916;J6.449; D.Testament.507.
— Cr.c.A8.340; P2.241. et 6.1.221; B15.397;D.Faux.195 196.474.
— Req.A6.82;P6.2.15. et 24;B11.88;S7.2.1057. et 6.1.83; MR13.779;D.Legs.153.Partage d'asc.6.
— Cr.c.A11.517,n.2. et 160,n.3;P5.2.180;B22.205. et 23. 306;J6.452;D.Peine.141.Récidive.112.
19 Bruxelles.A9.936,n.2.2; B19.49; S5.2.549; J6.455; D. Louage.750 751.
20 Cr.c.A4.265. et 3.595; P1.911.1066; B6.212. et 7.288; S6.1.95;D Compét. cr.682.685.Contumace.53.
— Cr.c.A5.145;B9.166;D.Désertion 60.
— Cr.c.A3.607,n.;P1.920,n.;B6 225,n.; D.Comp. cr.806.
22 Civ.c.A1.807; P5.1.545; B2.473; S6.1.71; MR3.593;J6. 455;D.Arbitrage.980.1029.
23 Req.A3.561; P1.901. et 5.1.539; B6.175;S7.2.774;MR2. 651;J6.461;D.Compét.cr 26.615.
24 Req.A8 688;P2.318;B16.312;D.Fonct. pub.435.
— Req A10.159,n.1.2. et 12.290,n.4;P6.1.35; B19.360. et 26.47;S6.1.85;MR8.536;D.Mariage.669.Success.188.
25 Cr.c.A11.160,n.11;P2 955,n.4;B22.283;D.Autor. mun. 694.Peine.150.
— Req A9.831,n.1; P6.1.11; B18.552;S5.2.416; D.Loi (erreur);Demande nouv.
— Req.A10.812,n.1;P6.1.5;B20.401;S6.1.80;MR2.409;J6. 463;D.Condition.167
— Cass.D.Or et argent.127.
26 Cr.c.A4.340;B7.370;D.Cour d'ass.424.
— Avis du cons. d'état.A6.842. et 838,n.4,n.15; S6.2.48. et 5.2.437. et 436;D.Emigré.370.374.Action civ.29.
27 Turin.S7.2.1055;D.Ventes pub.15.20.

AN XIV.

VENDÉMIAIRE.

2 Sénat.-cons.A8.812,n.5;D.Garde nat.6.
4 Paris.A1 544; P6.2.173; B1.403; S6.2.109; D.Alim.43.
7 Civ.r.A10.777,n.1;P2.864,n.3;B21.290;D.Serment décisoire.166.168.
8 Req.A1 262; P6.1.9;B.1.305; S6.1.75;J6.469; D.Action posses.124.
— Civ.c.A7.362;P6.2.33; B13.411; S6.2.707; MR2.643;J6. 470;D.Enreg.2545.
— Req.A6 233; P6.1.27; B11.263; S6.2.603; MR4.133; D. Donation entre époux.8.9.
— Civ.c.S6.2.713;D.Louage.257.
— Civ.c.A8.436,n.19;D.Faux incid.185.
9 Civ.r.A7.374; P6.2.85; B13.424; S6.2.770. et 112;MR4. 757;J6.474;D.Enreg.2540.Privil.352.
10 Rouen.A1.363;P1.412;B1.424;S7.2.869; D.Contr. par corps.666.
— Civ.c.A2.456;P6.1.31; B4.55;S6.1.65;MR5.392; J6.478; D.Choses.18.
— Req.A1.752;P6.2.14;B2.410;J6.475;D.Arbitrage.784.
11 Cr.c.A4.397;P6.2.5; B7.435; S6.2.503; J6.476; D.Cour d'assises.881.
— Cr.c.A11.121,n.7;P6.2.8;B22.135; MR6.113;S7.2.1013; D.Presse 574.718.
12 Cr.c.A3.547;P1.892. et 6.2.11; B6.159; S7.2.860; MR3. 497;D.Compét. crim.560.574.
15 Req A7.267;P6.2.6;B13.302;S6.2.735;D.Enreg.1967.
16 Req A2.734,n.;P1.650;B4.398,n.;S6.2.147.
17 Req.A11.921,n.3;P6.1.21.et 2.1249;B25.64;S6.2.892;D. Div.51.52.
18 Rej A4.271;P6.2.20;B7.295;S6.2.706;D.Contumace.64. Mort civile.93.
23 Req.A3.241;P6.2.32;B5.273.1.759;MR2.794; J6.481;D. Conflit.192.
24 Civ.c.P6.2.23;S6.1.78; D.Pap.-mon.67.Tutelle.513.

AN XIV.

25 Cr.c.A4.340,n.;B7.370,n.1;D.Cour d'assises.425.
— Cr.c.A4.281,n.;P1.1089;B7.305,n.1;D.Cour d'ass.
— Paris.A11.695,n.1; P2.1175; B24.145;S6.2.478; J6.484; D.Saisie imm.249.
26 Cr.c.A4.508;P1.1478;B8.113;D.Cour d'assises.1625.
— Cr.c.A11.84,n.1;P6.2.16;B22.71;J6.486;D.Juge suppl. 167.
— Cr.c A12.966,n.1; P2.1498; B28.266; D.Substance vénéneuse.4.
— Cr.r.P6.1.212;S6.2.754;D.Faux (passeport).
27 Cr.c.A12.551,n.3;P6.2.16. et 2.1351;B27.25;MR10.744; D.Compét.crim.454.
— Cr.c A12.551,n.3; P6.2.27; B27.25; S7.2.1161;D.Compétence crim.452.
29 Civ.c.A11 583,n.4; P2.1126,n.8; B23 425; D.Retenue. 29.
— Req.A3.247;P6.2.23;B5.279;J1.761;D.Régl. de juges. 46.
30 Civ.r.A11.139,n.33; P6.2.12;B22.168; S6.2.686;D.Papier-monnaie.37.

BRUMAIRE.

2 Cr.r.A5.144;P6.2.17;B9.166;S7.2.861; MR2.864; D.Désertion.57.
3 Cr.c.A4.281,n.;P1.1089;B7.305,n.1; D.Cour d'assises.
— Cr.c.A12.552,n.8;P6.2.27,n.et 2.1351;B27.26;S6.2.516; D.Compétence crim.458.
4 Cr.c A.4.237,n.;B7.257,n.; S20.1.490; D.Contr. indir. 566.Lois.405
— Cr.c.A4.237,n.;B7.257,n.;D.Contr. ind.566.Lois.405.
— Cr.c.A4.786,n.;P1.1269.1270;P6.2.31;B8.426,n.1;S7.2. 1099;D.Délit rural.103.
— Cr.c.A7.710. et 11.501,n.7;P2.129.1095,n.7;B14.390. et 23.275.S7.2.829;D.Exploit.845.Action publ.23.Quest. préj.64.
— Cr.c.A11.501,n.6; P2.1094,n.6; B23.275; Qpr 24.
7 Avis du cons. d'état.A11.383,n.2; P2.1052,n.2; D.Prises marit.175.176.
8 Req A7.308;P2.54;B13.549;S6.2.904;J6.491; D.Enreg. 2204.Expertise.369.370.
— Req.A6.556;P6.1.45;B12.192;S6.2.618;D.Effet de commerce.26.
— Décis. min.D.Comptab.86.
9 Cr.r.A11.171,n.,n.5;P6.2.22;B22.122;S6.2.704;D.Peine.346.
11 Cr.c.A3.661;P6.2.22; B6.285;S6.1.105;J6.494; D.Complicité.210.
— Cr.c.A5.136;P6.2.17;B9.156;S7.2.863;J6.489;D.Désertion.24.
13 Req.A7.337;P6.2.37; B13.383; S6.2.775; J6.499;D.Enreg.2599.
— Req.A9.319; P6.1.46; B17.378; S6.1.92; MR.5.883; J6. 501;D.Transcript.9.
— Req.A11.899,n.1; P6.1.70;B25.27; S6.1.111; J6.496;D. Séparat. de corps.88.106.
15 Req A5.55;P6.1.39;B10.186;S6.2.697;MR4.84;J6.505; D.Donat. dég.10.58.
16 Cr.c.A4.340,n.;B7.371,n.1;D.Cour d'assises.424.
— Cr.c.A3.520;P1.883;B6.129;S6.2.508;D.Compét. crim. 478.
— Req.A11.470,n.1;P6.2.25;B23.223;S6.2.923;MR310;D. Propriété litt.
17 Cr.c.A5.137;P6.2.18;B9.157; S7.2.863;J6.490;D.Désertion.40.
— Cr.c.A11.421,n.6; P2.1070,n.6; B23.142; S7.2.1251;D. Procès-verbal.500.516.521.544.571.579.
18 Avis du cons. d'état.A8.763; S6.2.52; D.Forêts.593. 1051.
20 Besançon.A1.345;P6.2.59;B1.404;S6.2.55; D.Alimens. 12.
— Civ.c.A4.693;P1.1227;B8.317;D.Degré de jurid.200. 370.
— Req A10.584,n.1.2;P6.2.28; B20.513; S20.1.475;D.Offre.173.
— Civ.c.A11.598,n.1,n.1; P6.2.32; B23.454; S7.2.883;J6. 509;D.Req. civ.41.
21 Civ.r.A5.386;P6.1.84;B9.442;S6.2.700;MR4.92;D.Port. disp.38.81.
— Req.A8.476;P2.279. et 6.1.306;B16.69;S6.1.250;D.Féodalité.95.99.
— Req.A8.492;B16.88;D.Féodalité.133.
22 Cr.c.A7.202;P6.2.24; B13.226;S6.2.715; MR4.605; J6. 512;D.Enreg.1684.
— Civ.c.A7.450;P2.79;B14.75;D.Enreg.2026.
— Avis cons. d'état.A8.777,n.2;P2.382;B16.402;D.Forêts.
— Circ.S13.2.297;D.Actes de l'état civil.130.
— Civ.c.A12.1041,n.;B28.373;D.Voitures publ.105.
24 Cr.c.A11.130, n.9; P2.946,n.8; B22.131; S7.2.1014; D. Presse.230.
— Cr.c.A2.159,n.;P1.388,n.;D.Autorité municip.475.
— Civ.c.A9.615;P2.550,n.2;B18.254; D.Publ. des jugem. 58.
27 Civ.r.A3.121; P6.2.51; B5.152; D.Cassation.239.Commune.488.
— Req.P6.1.89;S6.2.696;J6.515;D.Forêts.548.
28 Civ.c.A3.33;P6.2.45; B5.32; S6.1.88;MR2.800;D.Commune.132.
— Req.A10.671,n.1; P6.1.67; B21.112;S6.2.614;D.Cassation.781.Oblig.803.Preuve litt.668.

AN XIV.

— Req. A11.41,n.1; P2.920,n.1; B24.471; S7.2.1060; D. Min. pub.236.
30 Sect. réun.A4.182; P1.1058; B7.197; S7.2.815; D.Cass. 384.Voitures publ.4.104.

FRIMAIRE.

1 Cr.c.A4.462;P1.1161,B8.61;D.Cour d'ass 1307.
— Paris.A2.775;P1.659;B4.421;S7.2.1184; J6.516;D.Commissionnaire.312.
— Cr.r.A4.199;P6.2.46; B7.215; S6.2.748.77; MR8.123;J6. 524;D.Or et argent.93.
— Cr.c.A7.639;B14.303;D.Excuse.36.
2 Cr.c.A11.66,n.1; P6.2.53; B22.48; S6.2.719; J6.522;D. Juge suppl.16.24.
— Cr.c.A11.584,n.2; P2.1127,n.1; B23.427; D.Degré de jurid.637.
4 Req.A9.258,n.3. et 411,n.2; P6.1.154; B17.506,n.2. et 488;S6.1.209; J6.523; D.Inscript. hypoth.293.382.Ordre.226.
5 Req.A7.589;P6.1.137; B14.241;S6.2.785; MR14.475;J6. 529;D.Exception.69.Vente.50.356.
— Req.A6.463;P6.2.21; B12.84; S6.1.140;MR5.595. et 12. 746;D.Etranger.130.
6 Civ.r.A1.245;P6.2.43;B1.284;S7.2.772;J6.536;D.Action posses.43.
— Civ.c.A7.311;P6.2.29;B13.352;S6.1.108;MR5.28;J6.537; D.Acquiesc.134.Expertise.117.378.
— Req.A6.198;P1.1350;B11.223;D.Partage d'asc.8.12.
— Civ.c.A12.100,n.2;P6.2.21;B25.290; S6.1.110;MR5.523. et 12.716. V. au 5; D.Société civ.404.
— Rouen.A12.952,n.2;P2.1492; B28.241;S6.2.502; J6.533; D.Vérif.d'écrit.116.
— Bruxelles.S7.2.766;D.Acte de l'état civil.
8 Cr.r.A4.204;P6.2.34; B7.220; S6.2.716.76;MR8.123;D. Or et argent.51.
— Cr.c.A1.592; P6.1.42; B2.227;S20.1.462; D.Appel correct.213.
— Cr.c A11.505,n.3;P2.1097,n.1;B23.284;D.Procès-verb. 319.Quest. pr.55.
9 Cr.c.A4.271,n.; P1.1087. et 6.2.41.39; B7.295,n.;S6.2. 519.80;J6.538;D.Contumace.58.
— Cr.c.A1.564;B2.195;S6.2.519;D.Appel correct.140.
— Besançon.A9.654,n.,n.4; P2.562,n.6; B18.293; D.Frais et dépens.16.
11 Paris.A2.400; P1.502; B3.448; S6.2.33; D.Caution.86. Lois rétroact.160.
— Req.A12.82,n.2;P6.2.29;B25.252;D.Servitude.596.
— Req.A12.199,n.1;P6.1.97;B25.459; S6.1.136; MR4.234; D.Substitution.240.
— Civ.c.P6.1.72;D.Div.57.
— Req.P6.1.76;S6.1.97;D.Div.102.
12 Civ.c.A1.106;P1.40; B1.126;S7.2.940.et 6.2.766;D.Acquiesc.75.321;D.Commune.136.Except.229.
— Req.A3.760; P6.2.46; B6.400;S6.1.159; J6.547; D.Contrainte par corps.276.
— Colmar.A9.644,n.,n.2; P6.2.62; B18.277; S6.2.523.83;J 6.544;D.Exécut. des jugem.101.102.
— Bruxelles.A11.936,n.3;P6.2.81; B25.93;S6.2.69;D.Div. 77.80.84.103.111.
13 Civ.c.A4.654;P1.1208;S7.2.899;D.Degré de jurid.165.
— Civ.c P6.2.41;S7.2.779;D.Div.58.
— Angers.A10.121. et 12.751; P2.702. et 2.1421; B27.53. et 19.298; S7.2.1243. et 969; D.Mariage.651.Sépar. de corps.167.Tutelle.334.
14 Cr.r.A2.231; P9.1.83; B3.254; S6.1.127; J6.549;D.Animaux.29.
— Cr.c.A3.469;P1.852;B6.72;D.Compét. cr.286.
— Cr.c.A5.139;B9.160;D.Désertion.38.
— Req.A10.721,n.2;P6.1.141;B21.197;S7.2.923;MR4.359. et 16.210;D.Preuve test.53.
— Cr.c.D.Confiscation.29.
15 Cr.c.A4.213;P1.1067. et 6.2.68;B7.230;S6.2.317;MR6. 125;D.Or et argent.97.
— Cr.r.A8.807; P6.2.30; B16.441; S6.2.712; J6.551;D.Forêts.983.
16 Déc.A6.326,n.17;D.Ventes admin.584.
— Paris.A9.211,n.2,n.1; P2.449;B17.250,n.1;S7.2.958;D. Hypoth. conv.114.
— Agen.A11.489,n.3;P6.2.169. et 68;B23.255;S6.2.49;D. Alimens.12.Puiss. patern.17.
— Cr.c.P6.2.45;S7.2.807;MR3.463;J6.554; D.Forêts.788.
— Cr.c.P6.2.39;D.Procès-verbal.177.
— Déc.A3.227,n. et 133,n.11;D.Eau.455.
18 Civ.c.A11.938,n.9;P6.1.173. et 2.1256;S6.1.177; MR3. 808;D.Divorce.82.106.108.110.126.
19 Paris.A1.359; P6.2.174; B1.420; S6.2.110; D.Alimens. 214.
— Civ.c.A7.233,n.;P2.37;B13.263,n.;D.Enreg.
— Req.A5.724;P6.1.130;B10.383;S6.1.155;MR13.658; J6. 558;D.Testament.133.
— Besançon.A6.215;P1.1351;B11.242;D.Don.par cont.96.
— Civ.c.A10.727,n.1; P6.1.151; B21.209; S6.1.183; MR2. 486;J6.555;D.Preuve test.136.
— Req.A11.437,n.49; P6.2.39; B22.164;S6.1.155;D.Pap.-monn.51.
20 Civ.c.A7.81;P2.11;B13.87; S6.2.764; D.Enreg.754.813.
— Civ.c.A7.79; P2.10. et 6.1.134; B13.84;S7.2.988;MR3. 455;D.Enreg.747.
— Civ.c.A7.361;P2.65;B13.410;D.Enreg.2520.
— Nimes.A3.362; P6.2.117; B10.197; S6.2.315. et 107;J6. 562;D.Donation.349.Oblig.846.848.

— Civ.r.A7.442;P2.76;B14.64;S6.2.248;D.Enreg.2972.
— Req.A7.685; P6.2.46; B14.359; S7.2.977; D.Expertise. 251.
— Trêves.A6.577;P1.1449;B12.219;S8.2.172. et 7.2.1042; D.Effets de comm.128.
— Civ.c.A9.318,n.1-1; P6.1.62; B17.377,n.1; S6.1.122;MR 5.882;D.Transcr.3.
— Bruxelles.A11.905; P6.2.187. et 1243; B25.37; D.Divorce.96.Sépar. de corps.122.
21 Cr.c.A3.513;P1.878;B6.122;D.Compét. crim.431.
— Décr.A6 838,n.,n.2;D Emigré.365.
22 Cr.c.A4.531,n.;P1.1111;B7.361,n.1; D.Cour d'ass.224.
— Cr.c.A4.351,n.;P1.1111;B7.361,n.1;D.Cour d'ass.224.
— Cr.c.A4.302;P1.1100;B7 329;D.Cour d'ass.196.
— Aix.A12.520;P6.2.235. et 2.1348;B26.427;S7.2.1056;D. Rescis.85.
— Paris.A12.386; P23.2.113,n.; B26.206,n.1; S7.2.99; D. Success. bénéf.115.
23 Cr.r.A4.145; P6 2.38; B7.154; S6.2.714; J6.564; D.Octroi.55.
— Cr.c.A3.440;P1.833;B6.39;D.Compét. crim.197.
— Cr.r.A11.95,n.3;P6 2.44;B22.88;S6 2.720;D.Press.183.
— Nîmes.P6.2.68;S6.2.82;D.Rente.179.297.
24 Cr.r.A.11.472,n.10;B23.214,n.10;D.Propr. litt.55.
25 Civ.c.A3.65; P1.698; B5.66; S5.2.767; D.Acquiesc.92. 168.Commune.372.
— Caen.A12.306,n.;B26.75; D.Success.193.
26 Civ.c.A7.194; P6.2.70; B15.217; S7.2.938; MR4.709; D. Enreg.1708.
— Req.A10.815,n.2; P6.1.117; B21.354; S6.2.777;J6.566; D.Ordre.109.
— Req.P6.1.66;S7.2.891;MR3.531;Transaction (partage).
27 Civ.c.A2.495;P1.544;B4.100;D Chose jugée.95.
— Civ.c.A7.197; P2.29;B13.221; S6.2.765; D.Enreg.1714. 1715.
— Req. A10.816,n.2;B21.354;J16.568;D.Ordre.108.
— Nîmes.S6.2.279;D.Rente.115.303.
28 Cr.c.A4 342;P1.1115;B7.373;D.Cour d'ass.447.
— Paris.A5.230;P6.2.107;B9.265;J6.569; D.Disp. entre-vifs.72.
— Cr.c.A12,617,n.;P2.1379,n.;B27.139,n.;D.Tentat.30.
29 Cr.c.A4.243,n.9;P1.1077;B7.2 5,n.;D.Cont.ind.596.
— Cr.r.P6.2.40;S6.1.157;MR3.109;D.Propr. litt.60.133.
30 Paris.A1.352; P6.2.170. et 1.108; B1.412; S7.2.776;D. Alimens.137.
— Turin.A5.714;P1.1557;B10.375;S6.2.65; D.Testament. 390.398.448.462.
— Avis du cons. d'état.A6.682;S6.2.73;D.Chasse.128.
— Turin.A10.767,n.5;P2.862,n.1. et 6.2.100;B21.276;S6. 2.922;D.Serment déc.25.
— Bruxelles.A11.178,n.2;P2.964;B22.230;D.Péremp. 41.

NIVÔSE.

2 Req.A11.78,n.1;P6.2.50;B22.61;S6.2.689. et 93;J6.578; D.Tribunal.88.
— Req.A12.366,n.1; P6.1.106; B22.61. et 26.173;S6.2.93; J6.578;D.Dot.76.Success. bénéf.7.
— Aix.A12.524,n.1; P6.2.234. et 2.1346; B26.434; S13.2. 325;D.Rescis.93.94.
3 Req.A4.264;P1.1086;B7.288;D.Contumace.48.
— Bruxelles.A6.500;P6.2.72;B12.128;D.Etranger.235.
— Agen.A12.802,n.2,n.1; P6.2.125; B27.465;S6.2.111;J6. 581;D.Usufruit.441.
5 Cr.c.A12.1062,n.1-1;P2.1526,n.1;B28.412;S6.2.514; D. Vol.165.
6 Cr.c.A11.173,n.2.1;P2.962,n.2;B22.226;D.Peine.188.
— Cr.c.A12.598,n.4;P2.1371;B27.107;J6.582;D.Témoin. 315.
— Cr.c.P6.2.58;S6.2.531;MR3.489;D.Forêts.793.
7 Cr.c.A4.242;P1.1075;B7.262;D.Cont. ind.610.
— Cr.c.A3.209;P1.747;B5.23;D.Compét. admin.350.
— Cr.c.A8.784,n.;P2.389;B16.411;D.Forêts.842.843.
9 Req.A9.376; P6.1.110; B17.446; S6.2.763; MR2.901;J6. 584;D.Purge.41.
— Paris.S7.2.972;D.Action possess.383.
— Cr.c.S6.1.222;D.Témoin.318.
10 Turin.A10.768,n.1; P6.2.101; B21.277;S6.2.87; D.Serment déc.30.31.
— Req. A11.678,n.1; P6.1.104; B24.112;S6.2.695. et 78; MR3.137;J6 588;D.Saisie-imm.112.
— Civ.c.A8.506; P6.1.124; B16.103;S6.1.148;MR2.175; D. Féodalité.169.
— Cr.c.P6.1.179;D.Papier-monn.36.

MESSIDOR.

1 Civ.r.A8.654,n.6;B16.272,n.6;P5.2.153; D.Filiat. nat. 170.174.182 (date erronée).

1805.

FÉVRIER.

24 Riom.A11.230,n.1;B22.364;D.Possess.179.Usage.84.

MARS.

20 Colmar.A11.680,n.4.2;B24.116;D.Saisie-imm.158.684.

OCTOBRE.

25 Avis du cons. d'état.A1.396;P1.225; D.Appel correct. 225.

1806.

JANVIER.

1 Aix.A12.814,n.1; P22.2.124,n.7; B28.8; D.Usufruit légal.35.
2 Cr.c.A4.215;P1.1068;B7.253;D. Or et argent.38. Procès-verbal.472.
— Cr.c.A8.801,n.1;B16.453,n.1;D. Forêts.911.
— Cr.c.A8.784,n.7;P2.389;B16.411;D. Forêts.842.843.
— Cr.c.P6.2.67;S6.2.518;MR3.4.52;J7.1;D. Forêts.853.
3 Cr.c.A4.213;P1.1068;B7.251;S6.2.520;D.Or et argent. 83.
— Cr.r.A1.575;P6.2.58;B2.208; S6.2.920; D. Appel corr. 160.
— Cr.c.A11.29,n.1;P2.946,n.2; B21.453; D. Frais et dépens.362. Inst. crim. 361.
— Cr.c.A12.1070,n.3; P2.1550; S6.2.520; B28.424; D. Vol. 231.
4 Colmar. A8.254; P22.2.125,n.2; B15.296; S6.2.972; D. Faillite.1089.1090.1091.
— Turin.A12.700,n.2;P2.1409;B27.281;S6.2.94.
— Cr.c.A2.342,n.;P1.519,n.1;D. Chasse.128.
5 Colmar.D. Appel civ.180.Domicile élu.101.
6 Paris.A5.342;P10.2.124;B9.391; J7.2; D. Port. dispon. 160.
7 Civ.c.A4.642;P6.2.57;B.8.259;S6.2.98;D.Deg. de jurid. 127.Juge suppl.104.
— Req.A6.487;P6.1.113;B12.114;S6.1.129;MR.6.619;J7.5. D. Emigr.45. Etranger.246.247.
— Colmar.A11.799,n.1-1;B24.335;S6.2.987; D.Saisie-immob.1099.1100.
8 Req.A1.346;P6.1.155;B1.405;S6.2.768. et 68;MR3.842; D.Alimens.40.
— Liége.A5.196;B9.226;D.Condition.78.
— Civ.r.A8.369;P6.1.145;B16.175; S6.1.307;MR7.210; J7. 8;D. Filiat. légit.145.
— Rej.A11.306,n.1;P6.2.54;B22.437; S7.2.1120; J7.18; D. Prescrip.
9 Cr.c.A4.291;P1.1092;B7.316,n.1;D.Cour d'ass.128.
— Rouen.A7.808;P2.164;B14.506; S6.2.514; J7.21; D. Délai.78; Dom. élu. 119.Exploit. 690.
— Cr.r.A8 342;P6.1.225. et 2.242;B15.399; S3.2.756; MR 5.155;J7.20;D.Faux.213.
— Paris.A12.591,n.3;B26.215;S6.2.211;D. Success. bénéf. 181.
— Orléans.D. Exploit.551.
— Cr.c.S6.2.525. D. Témoin. 349.
10 Cr.c.A1.212;P6.2.53;B1.246; S6.2.541; D. Action pub. 61. Amende. 77.
— Cr.c.A4.202;P1.1064;B7.218;D. Or et argent.61.65.
— Cr.c.A5.194;P1.743;B5.219;S6.2.534; D. Compét. adm. 214.
— Cr.c.A9.640,n.1;P2.556,n.5;B18.271;S6.2.530;D.Jugement.477.
— Cr.c.A11.497,n.1;P2.1091,n.5;B23.269; S6.2.527;J7.24; D. Quest. préjud.
11 Turin.A1.752; P1.272; B2.387; S6.2.907; D. Arbitrage. 612.664.
13 Civ.c.A7.178;P6.2.80. et 2.27;B13.199;S6.2.521; J7.25. D. Command. (délai).
— Décr.A6.858,n.1,n.2; D. Emig. 385.
— Colmar.A11.628,n.2;P2.1142,n.8;B24.25;S15.2.174; D. Saisie-arrêt. 8.
— Civ.c.A4.749;P1.1244;D. Degr. de jurid.467.
14 Colmar.A11.756,n.2;B24.256;S7.2.948;J7.27;D. Saisie-imm.1165.
— Délib.D.Radiat. hypoth.52.
15 Civ.c.A3.754;P6.2.51;B6.392;S6.1.192;J27.30; D.Cont. par corps.175.
— Liége.A10.614,n.,n.1;P2.817,n.1;B21.28; D.Remise de la dette.51.
16 Cr.c.A1.204;P6.2.57;B1.236;D.Action civ.37.
— Aix.A10.572,n.1;P2.805,n.5;B20.490;S6.2.81;D.Imputation 16.
— Cr.r.P6.1.226; S6.1.224; MR5.52;J7.52; D.Faux (huissier).
17 Ord.A6.326,n.17;D.Ventes admin.380.
18 Rouen.A2.72;P1.335;B3.76; S6.2.490; D.Assur. marit. 448.
— Avis du cons. d'état.P6.2.75;D.Cassation.423.
19 Paris.A12.659,n.34; P2.1589; B27.205; D. Tierce-opp. 110.
20 Civ.c.A5.199; P6.1.236;B9.229;S6.1.161;MR14.547;J7. 33;D.Cass.190.Chose jugée.282.Condition.80.81.90.95
— Civ.c.A8.467;P2.276;B16.59;S6.1.198;D.Féodalité.43.
21 Civ.c.A7.38,n.;P6.2.81; B13.37,n.;S20.1.470;D.Enreg. 312.
— Civ.c.A10.601,n.1-1;P6.1.143;B21.3;D.Novat.15.19.
22 Req.A6.465;P6.1.160;B12.86;S6.1.257;MR4.886; J7.39; D.Etranger. 142.151.
— Req.A9.115,n.1;P6.1.187;B17.130,n.1;S6.1.193; MR12. 474;D.Privilége.550.551.
— Civ.r.A10.842,n.1;P6.1.168;B21.401;S6.1.202;MR4.23; J7.45;D.Ordre.193.451.
— Civ.c.A12.829,n.1,n.;P6.2.63;B28.32;S6.2.90;J7.52; D. Vacances.7.
— Civ.c.A3.20,n.;P1.681;B5.17,n.;D.Commune.214.
— Req.A11.72,n.2 et 588,n.;P6.2.61. et 2.1128,n.6;B22. 80. et 23.434,n.1;S7.2.1167;Juge supp.12.Renvoi.40
23 Paris.A10.806,n.1; P6.2.156; B23.191; S6.2.138; J7.53; D.Condition.28.
24 Cr.c.A4.572;P1.1190;B8.181;D.Défense.147.
— Colmar.A10.558,n.1-1;P23.2.48,n.;B20.469;S6.2.974.et 404;D.Paiement.143.
25 Cr.c.A4.243,n.; P1.1077; B7.265,n.; S6.2.542;D.Cont. ind.596
— Cr.c.P6.2.95;S6.2.86;J7.56;D.Cour d'ass. (débat).
27 Req.A2.69;P1.332;B3.72.
— Paris.A5.491. et 10.685,n.1;P1.1327. et 2.838,n.1;B21. 137. et 10.112;S7.2.924. et 912;J7.61;D.Donation.113. Preuve litt.950.1010.1018.
28 Montpellier. A8.636,n.1; P6.2.209; B16.252,n.1; S6.2. 391. et 161; MR16.71;J7.64;D.Filiat. nat.7.16.17.82.
29 Civ.c.A1.518;P6.2.65;B2.140;S20.1.490;J7.70; D.Appel civ.488.
— Civ.c.A3.754;P6.2.52;B6.394;S20.1.492. et 6.2.822; J7. 31;D.Contr. par corps.177.
— Riom.D.Lois.103.
30 Cr.c.A11.84,n.2;P2.927,n.4;B22.72;D.Juges supp.167.
— Agen.P6.2.183;D.Substitution.
31 Avis du cons. d'état. A5.704,n.; P6.2.75; B10.364;S6. 2.74;D.Testament.375.
— Déc.A6.326,n.17;P2.772,n.2;D.Ventes admin.380.
— Décr.A10.394,n.2;B20.218;D.Mines. 30.
— Décr.D.Mines.149.

FÉVRIER.

1 Turin.A6.30; P6.2.113; B11.50; S6.2.99;J7.75;D.Testament.858.
— Turin.A12.155,n.1;P6.2.185;B25.390;S6.2.401; D.Substitution.6.9.
— Cr.c. A11.425,n.14; P6.2.79. et 2.1074; B23.150; S7.2. 1143;MR10.70;D.Procès-verbal.511.554.
— Besançon. A11.888,n.1; B23.9;S6.2.402;D.Séparat. de corps.16.25.64.
2 Déc.A6.326,n.17;D.Ventes admin.380.
3 Req.A1.226;P6.2.83; B1.263; S6.2.705;J7.76; D.Action personn.11.
— Civ.c.A9.188; P6.1.192; B17.221;S6.1.179;J7.77;D.Hypoth. jud.71.
4 Req.A9.696;P6.1.255;B18.348;S6.2.956;J7.80; D. Faillite.746.Compét. comm.439.Jug. par défaut. 59. Exception.96.
— Bruxelles.A12.75,n.3; P6.2.196; B25.252; S13.2.558;D. Aveu.77.Servitudes.706.
5 Nîmes.A5.404; P1.1328; B10.14; S6.2.370; D.Don. par cont.188.
— Req.A8.476; P6.1.299; B16.69; S6.2.936; MR6.557; D. Féodalité.98.
— Civ.c.A12.372,n.1;P22.2.151;B26.180;S6.2.525;D.Success. 281. Success.bén.41.
— Civ.c.A3.20,n.;P1.681;B5.17,n.;D.Commune.214.
6 Cr.c.A7.551;P6.2.95;B14.194;S7.2.942;D.Escroq.75.
— Cr.r.A7.551;P6.2.96;B14.194;S6.2.782;J7.85;D.Escroquerie (compét.).
— Paris.A6.132;P1.1349;B11.147;S6.2.515; J7.87; D.Exécution. testam.66.
— Cr.c.A8.785,n.2;B16.412,n.;D.Procès-verbal.330.
— Cr.c.A8.785,n.2;P6.2.98;B16.412;S6.2.550;MR10.96; J7.88;D.Procès-verbal.330.
7 Cr.r.A2.268;P6.2.95;B3.296;S20.1.469;D.Cass.98.
— Paris.A10.201,n.2;P2.721,n.3;B19.429;S6.2.251; J7.90; D.Communauté.198.
— Cr.r.A11.220,n.1;P2.984,n.5;B22.311;S7.2.1091;D.Action pub.50;Appel correct.79.
8 Paris.A9.705,n.2;P2.578,n.5;B18.362;S6.2.498; D.Jug. par défaut.169.
9 Cr.c.A5.22,n.;B9.20,n.;P1.1282;D.Dénonc. calom.70.
10 Req.A2.263;P6.1.252;B3.290;S6.1.218;D.Brevet d'inv. 17.
— Trèves. A5.366; P1.1321; B9.418; S6.2.438; D.Portion disp.158.
— Déc.A6.329,n.4;B11.374;D.Ventes admin.423.
— Aix.A8.631,n.1; P7.2.1; B16.246,n.1; S7.2.1; J7.97; D. Filiat. nat.29.74.
— Civ.r.A8.476; P6.1.310; B16.70; S6.1.186; MR5.238; D. Féodalité.81.94.
— Civ.c.A8.508;P6.1.295;B16.106;S7.2.1174;MR2.113; D. Féodalité.174.175.
— Trèves.A9.89; P2.427; B17.101,n.1;S7.2.1138;D.Privilége.158.
— Grenoble.A10.29,n.2;P2.686;B19.160;D.Acte respectueux.4.
— Déc.A8.15,n.66;D.Fabriques.215.
11 Civ.c.A7.380;B13.432,n.;D.Enreg.
— Req.A1.748;P1.279;B2.405;S7.2.787;D.Arbitrage.761.
— Nîmes.A5.718; P1.1537. et 6.2.215; B10.379;D.Testam. 414.436.
— Civ.r.A8.810;P6.2.84;B16.109;D.Féodalité.186.
— Req.A10.816,n.;P6.2.405; S6.2.774; B21.355; D.Ordre. 108.
12 Req.A1.541;P6.2.97;B2.168; S6.2.917; J7.108; D.Appel incid.37.71.
— Civ.c.A3.218. et 6.320,n.2;P6.1.195;B5.246. et 11.364, n.1;S7.2.791;D.Fabriques.195.Ventes admin.272.
— Req.A6.553,n.6;P6.274;B12.190,n.6;S6.2.924; D.Effets de comm.10.12.
— Aix.A9.256,n.1.1; B17.304,n.1; S6.2.81; J7.104; D.Hypoth. légal.253.Inscript. hypoth. 26.
— Paris. A10.451,n.2.2; P2.785,n.4; B20.305; J7.106; D. Oblig.176.

— Paris.A11.607,n.2; P2.1137,n.1; B23.469, S6.2.243; D. Req. civ.91.
— Civ.r.P6.2.97;S6.2.769;D.Divorce.14.
13 Cr.c.A4.158;P1.1053;B7.171;D.Tabacs.66.
— Cr.c.A4.224;P6.2.106;B7.242;S6.2.551;D.Or et argent. 134.
— Bordeaux.A3.304; P1.1319; B9.349; S6.2.376; D. Disp. entre-vifs.259.
— Aix.A9.408,n.1;P2.490,B17.485,n.1;S6.2.127;D.Hypot. 303.304.
— Cr.c.A11.517,n.2;P2.1103,n.1;B23.305;D.Récidive.105.
— Civ.c.A12.980,n.3;D.Voirie.48.
14 Turin.A12.222,n.1; P2.1296; B25.496;S6.2.926;D.Substitution.353.
15 Colmar.A2.628; P1.611; B4.251; S6.2.976; D.Chose jugée.427.
— Amiens.A10.63,n.,n.4;P2.692,n.8;B19.240;S6.2.411;D. Mariage.323.
17 Civ.c.A7.38;P6.2.81;B13.36;S20.1.470;D.Enreg.312.
— Civ.c.A3.47;P1.689; B5.48; S6.2.543; D.Commune.369. 370.
— Civ.c.A7.516;P2.88;B14.152;D.Timbre.22.
— Civ.c.A11.404,n.;P6.2.57,n.;D.Juge suppl.104.
— Turin.P6.2.114;S6.2.97;MR17.621;J7.110.
18 Req.A2.724; P6.1.253; B4.362; S6.1.220; MR4.500; J7. 113;D.Actes de comm.22.Effets pub.4.
— Avis du cons. d'état.A9.759,n.2; B18.446; S6.2.106;D. Jug. par défaut.552.
— Paris.A11.940,n.14;S6.2.572;B25.100;D.Div.66.93.
19 Bruxelles.A7.793,n.;P7.2.47;S7.2.47;D.Exploit.483.
— Civ.c.A8.497;P6.1.297;B16.70;S6.2.124;D.Féod.103.
— Civ.r.A10.592,n.1-1;P6.2.148;B20.524;S6.2.773;J7.115; D.Cession de biens.52.
20 Cr.c.A8.414; P6.1.227. et 2.265; B15.482; MR5.156; D. Faux.80.467.
— Cr.c.A11.121,n.8;P2.941,n.4;B22.135;D.Presse.719.
— Cr.r.P6.1.228;S6.2.768;D.Faux (compét.).
21 Cr.c.A4.185; P1.1060; B7.200; D.Contr. ind.22.Voitures publ.126.
— Orléans. A11.777,n.3; P6.2.121; S6.2.142; B24.294; D. Surenchère.159.
22 Turin.r.A5.704;P6.2.115; B10.242; S6.2.612. et 137. et 13.2.298;MR17.636.
— Turin.A5.600;P6.2.213;S6.2.610.et105;B10.242;D.Testament.23.
24 Paris.A5.174;P1.1310;B9.200;S6.2.219;D.Désist.155.
— Req.A6.652;P6.1.249;B12.306;S6.2.915; D.Dém. nouv. 68.Effets de comm.450.
25 Déc.A6.838,n.,n.4;D.Emig.369.
— Req.A9.350;P6.1.331;B17.415;S20.1.454;P7.117;D.Hypoth.201.Saisie-immob.142.
26 Req.A5.601; P6.1.229; B10.1.243;S6.1.214;MR6.765;J7. 126;D.Legs (confirmation).
— Civ.c.A9.90,n.3; P6.1.259; B17.102,n.1; S7.2.990;MR5. 471;J7.121;D.Privilège.462.
27 Cr.c.A4.144;P1.1047;B7.156;D.Octroi.74.75.198.
— Cr.c.A3.452;P6.2.106;B6.54;S16.1.289;J7.130;D.Compét. cr.192.203.
29 Cr.c.A11.26,n.2.

MARS.

3 Req.A3.698;P6.1.265;B6.325;S6.2.959;D.Compte courant.35.
4 Civ.c.A5.148;B9.170;S6.2.546;D.Désist.46.
— Turin.A5.705; P6.2.214; B10.565; S6.2.509; J7.132; D. Testament.58.391.
— Req.A6.799,n.1;P6.1.317;B12.477,n.1;S6.2.92; D.Emigré.188.375.376.
— Turin.S6.2.909;D.Preuve test.133.
5 Civ.c.A3.54;P1.693;B5.56;D.Commune.323.393.394.
6 Civ.r. A8.686,n.2; P6.2.154; B16.309,n.2; S6.2.902; D. Fonct. pub.254.255.
— Rouen.P6.2.129;S6.2.104;D.Acte respectueux.
7 Cr.c.A2.583;P1.591;B4.200;D.Désertion.33.
— Nîmes.A12.252,n.1;P6.2.187;B25.540;S6.2.165;D.Substitution.551.
— Turin. A9.931,n.3.2; P2.669,n.1; B19.40; S6.2.565; D. Louage.755.
8 Turin.A9.864,n.11;D.Lois rétroact.166.
10 Req.A10.757,n.1;P6.2.103;B21.258;D.Aveu.61.
11 Paris.A2.731,n. et 6.580;P1.1451;B4.371. et 12.223;S6. 2.503;D.Actes de comm.30.Effets de comm.151.
— Civ.c.A12.91,n.1; P6.1.268; B25.275; S7.2.1214;J7.136; D.Société.298.
12 Paris.A5.470;P1.1325;B10.88;S6.2.267; J7.151; D.Portion disp.670.
— Civ.c.A5.635;P6.1.337;B10.283;S6.1.282;MR17.757;D. Testament.167.
— Civ.c.A9.679,n.10;P2.598,n.7;S6.2.556;B18.461; D.Jugem. prép.87.
— Cass.D.Lois.103.
13 Cr.c.A4.249. et 1.557; P6.2.121; B2.186.et 7.271; S7.2. 1089;D.Appel correct.73.Octroi.157.
— Cr.c.A1.575;P1.212;B2.207;D.Appel correct.159.163.
— Cr.c. A7.553; P6.2.124; B14.196; S7.2.941; MR4.848;D. Escroquerie.71.81.
— Amiens.A12.487,n.1;P6.2.205;B26.369; D.Retrait suc. 15.
— Agen.P6.2.136;D.Révoc.324.
14 Cr.c.A5.142;B9.165;S6.2.561;D.Désertion.31.

— Paris.A11.937,n.5;P2.1256;B25.94;S6.2.528;D.Div.68.
15 Turin.A5.330; P1.1320. et 6.2.161; B9.378;S6.2.117. et 457;J7.157;D.Port. disp.131.
— Bruxelles.A12.713,n.4; P2.1413; B27.304; S7.2.866;D. Tutelle.151.190.304.
17 Civ.c.A3.20,n.;P1.681;B5.17,n.;D.Commune.214.
— Civ.c.A7.140;P2.20;B13.155;D.Enreg.2058.
— Req.A1.754;P6.2.111;B2.413;S6.2.916;MR2.682; D.Arbitrage.532.830.849.
— Bruxelles.A9.100;P6.2.159;B17.113;S7.2.1185. et 1139; J7.169;D.Privilége.492.
— Bordeaux. A11.927,n.16; P2.1251; B25.75; S6.2.90; D. Div.81.
— Civ.c.A3.20;P1.681;B5.17,n.1;D.Commune.214.
18 Civ.c A1.434;B2.39;S6.2.557;P1.147;D.Appel civ.53.
— Req.A3.126; P6.2.133; B5.158; S6.2.913; D.Commune. 554.
— Civ.c.A7.463; P6.1.345; B14.88; S6.2.569;J7.172;MR4. 763;D.Enreg.2985.
— Turin.A6.847,n.1;P1.1509;B12.533,n.1;J7.172; D. Enquête.16.
19 Civ.c.A7.351; P6.2.127; B13.398; S20.1.480; MR12.737; D.Impôt.32.
— Colmar.A12.585,n.13;P2.1367;B27.84;D.Enquête.214.
— Civ.c.A3.20,n.;B5.17,n.;P1.681;D.Commune.214.
20 Civ.c.S6.1.263;D.Lois rétr.95.
22 Turin.A5.706; P6.2.215; B10.366; S6.2.558. et 134; D. Testament.69.592.398.
— Sect. réun.c. A11.923,n.15;P6.1.275; B23.69;S6.1.225; MR785.787;J7.178;D.Divorce.4.34.Lois.280. Lois personn.14.
24 Turin.A6.91; P10.2.44; B11.99;S6.2.131. et 553;MR11. 437;J7.186;D.Legs.131.203.Rapp. à succ.87.94.
— Cr.c.A8.345;P2.242;B15.400;S6.2.562;D.Faux.252.
— Req.A11.568,n.4;P6.1.343;B23.398;S6.1.289;J7.183; D. Rente.245.
— Déc.A3.233,n.3;D.Action possess.276.
— Cr.c.A8.343;P6.1.411;B15.400;J7.164;D.Faux.85.
25 Civ.r.A2.76;P6.1.368,B3.79;S6.2.935;MR9.392;J7.193; D.Assur. marit.7.492.
— Bruxelles.A5.685; P1.1335. et 6.2.115; B10.341;S13.2. 51. et 6.2.125;J7.199;D.Testament.351.597.726.
— Req.A10.700,n.2; P6.1.325. et 2.845,n.3; B21.165; J7. 190,D.Preuve litt.1063.
26 Cr.c.A4.153;P1.1051;B7.165;D.Tabacs.110.111.
— Civ.c.A8.669,n.3;P6.2.109;B16.289,n.1;S6.2.570; MR5. 249;D.Action.120.Filiat. nat.196.
— Req.A9.168;P6.2.102;B17.196;S6.2.758;D.Hypoth. lég. 249.Inscrip. hypoth.333.
27 Aix.A1.355; P6.2.175; B1.415; S6.2.146; J7.202; D.Alimens.142.
— Paris.A5.96;S7.2.959;B9.110;D.Désaveu.59.
— Cr.r.A8.382; P6.1.407; B15.445; S6.1.312;MR5.139;J7. 166;D.Faux.343.
— Colmar.A9.946,n.1.3; P2.676,n.1; B19.65; S6.2.984; D. Louage emphyt.44.
28 Cr.c.A8.765,n.3;P2.374;B16.386;D.Forêts.606.
— Nîmes.A9.116,n.3;P6.2.155; B17.132,n.3; S7.2.1196. et 1007;D.Privilége.552.
— Turin.A10.229,n.,n.3;P2.725,n.1;B19.473;S6.2.669. et 135;D.Mariage.641.Séparation de biens.35.210.
— Angers.A12.945,n.2.1;P2.1489;B28.235;D.Vérific. d'écriture.52.83.
29 Paris.A5.589;P1.1332. et 23.2.3,n.1;B10.230;S7.2.912; D.Donation.421.435.
— Cr.c.A8.756,n.1;P2.367;B16.374;D.Forêts.190.464.
— Cr.c.A11.26,n.2;P2.914,n.3;B21.448;D.Min. pub.25.
31 Aix.A5.739;P6.2.216;B10.404;S13.2.338;D.Testament. 490.
— Turin.A5.754; P6.2.218; B10.398; S6.2.897; D.Testam. 460.
— Civ.r.A6.778,n.1;P6.1.320;B12.453,n.1;S6.1.265; MR5. 641;D.Emigré.71.
— Req.A12.279,n.; P6.2.110; B26.29;D.Succession.152.
— Paris.A11.693,n.1;P2.1172;B24.143;S6.2.241;J7.204;D. Saisie-imm.229.262.263.

AVRIL.

1 Civ.c.A1.250;P6.2.113; B1.291; S6.1.273; J7.209;D.Action possess.120.
— Civ.c.A3.97;P1.710;B5.104; D.Acquiesc.91.Commune. 293.Forêts.377.
— Cr.c.P7.2.71;S7.2.71;D.Tém. faux.28.
2 Civ.c.A7.29;P6.2.133;B13.27;S7.2.880;MR4.710; D.Enreg.208.209.
— Req.A9.919,n.1; P6.1.329; B19.19; S6.1.247; J7.210;D. Louage.550.
— Civ.c.A3.20,n.;P1.681;B5.17,n.;D.Commune.214.
3 Cr.c.A4.318;P1.1107;B7.347;D.Cour d'ass.296.
— Riom.A12.743,n.59; P2.1423; B27.356; D.Tutelle.429. 430.
— Cr.c.A2.442,n.;B4.59,n.1;D.Chasse.112.
4 Bruxelles.A9.320;P2.470;B17.379,n.8;S7.2.1003; D.Inscript. hypoth.13.176.318.360.374.Transcript.12.
— Cr.c.A11.31,n.2; P6.2.120; S6.1.279; J7.213; D.Action pub.24.Appel correct.80.
7 Req.A6.23; P6.1.355; B11.22; S6.1.287; MR.13.684. et 699;D.Testament.823.895.
8 Civ.r.A6.24;P1.1344;B11.23; D.Legs.8.Testament.795. 826.867.895.

9 Civ.c.A12.950,n.1;P6.2.123;B28.206;S6.1.275; D.Ventes pub.30.
— Civ.c.A3.20,n.;P1.681;B5.17;D.Communes.214.
10 Cr.r.A2.158; P6.2.124; B3.170,n.; S6.2.895; D. Autor. mun.520.Jugem.224.
— Cr.r.A4.184;P1.1060;B7.199;D.Voitures pub.161.
— Déc.A6.326,n.17;D.Ventes admin.384.
11 Cr.r. A8.306. et 12.111,n.2; P6.2.152; B15.356. et 25. 511;S6.2.894;J7.215;D.Faillite.1356.Société comm.19.
12 Paris.A5.123;S7.2.901.902;D.Désaveu.11.
— Paris.A7.770;P2.154;B14.462;S6.2.213;J7.217; D.Expl. 384.397.
— Civ.c.A6.302;P1.1353;B11.343;D.Domaine eng.43.
— Bruxelles.A6.72;P1.1346;B11.77;S7.2.994; D.Legs.59.
— Liége.A9.384,n.1;P2.486;B17.456,n.1;D.Purge.133.
14 Civ.r.A2.355;P6.1.416;B5.397;S6.1.329;J7.222;D.Cass. 1107.
— Grenoble.P6.2.152;S6.2.158;Disp. testam. (prêtre).
15 Req.A9.226; P6.1.560; P17.267; S6.2.771;J7.224;D.Inscript. hypoth. et priv.15.
— Riom.A9.657,n.1;B18.291;S6.2.495;D.Frais et dépens. 83.Désist.53.
16 Turin.A5.694;B10.351;S6.2.736;J7.235;D.Testam.459.
— Grenoble.A5.293;P6.2.152;S6.2.158;D.Disposit. entre vifs.95.222.269.
— Civ.c.A12.405,n.3;P6.1.334;B25.501; S7.2.1204; MR12. 683;J7.229;D.Société comm.8.
— Cr.c.P7.2.102;S7.2.102;J7.227;D.Forêts.479.
— Cr.c.P7.2.71;S7.2.71;J7.235;D.Audience.37.
17 Cr.c.A5.168;P1.729;B5.186;D.Compét. admin.96.
— Turin.A5.811;B10.486;S6.2.887;D.Testam.750.
— Cr.r.A11.227,n.1; P2.889,n.4; B22.325; S7.2.1105; D. Poids pub.9.
— Bruxelles.A12.194,n.2; P2.1292; B25.454; S6.2.271;J7. 256;D.Substitution.210.
18 Colmar. A2.218; P1.416; B5.239; S6.2.979; J7.245; D. Avoué.101.
— Cr.r.A7.551;P6.1.349; B14.193; S7.2.1059. et 936. et 6. 2.581; MR1.295. et 2.654; D. Appel civ. 527. Défense. 178.Lois.291.Min. pub.64.Escroq.95.96.
— Colmar.A9.217,n.1; P2.450; B17.257,n.2; S6.2.981; D. Hypoth. conv.132.
— Colmar.A10.765,n.1;P2.862,n.;S6.2.988;J7.245.
— Colmar.A11.542,n.1; P2.1021,n.1; B23.2; S6.2.965; J7. 238;D.Prêt.50.
— Liége.P6.2.202;S6.2.260. et 185;J7.241;D.Rente.177.
19 Cr.c.A9.513,n.1; P2.514,n.5; B13.73;D.Exécution des jugem. et actes.216.Instruct. crim.345.Mandat d'exécut.21.
— Turin. A12.912,n.4; P7.2.14; B28.173; S7.2.14. et 6.2. 609;D.Lois rétroact.210.Rescis.242.
— Turin. P6.2.217; D. Disp. entre-vifs.204. Testam.556. 615.
21 Paris.A2.420; P1.511; B4.14; S7.2.819; D.Caution.125. 234.
— Civ.c A7.441; P2.154. et 2.75;B14.62;S6.2.589; D.Enreg.703.2814.2830.2898.2923.
— Paris.A10.433,n.1.2;P2.780,n.3; B20.279;S17.2.162. et 6.2.473;J7.246;D.Honoraires.58.Mandat.212.
— Circ. du grand juge.D.Acte de l'état civil.26.
22 Civ.r.A9.852,n.2;P6.2.128;B18.552;S6.1.277;MR7.545. et 17.165;J7.250;D.Lois.267.
— Bruxelles.A10.67,n.1; P6.2.157; B19.213;S6.2.157;MR 17.243;J7.255;D.Mariage.270.320.
— Décision des ministres.D.Comptab.86.
23 Angers.A9.531,n.2;P2.521,n.5;B18.101;D.Interdit.16.
— Paris.A11.904; P6.2.188; B25.37; S6.2.248; J7.261; D. Sép. de corps.123.
24 Cr.c.P6.1.410;MR8.143;D.Mendiant.18.
— Loi.A4.164,n.6;D.Sel.12.
25 Cr.c.A2.107;P6.2.129;B3.114;S6.2.564; D.Attentat à la pudeur.80.81.
— Cr.c.A3.286;P1.778;B5.322;D.Compét. civ.350.376.
— Turin.A5.695;B10.353;S6.2.650. et 189;D.Testam.353.
— Cr.c.A9.473,n.7;B18.15,n.7;D.Incendie.21.
26 Bruxelles.A11.945,n.5.1;P6.2.145;B25.111;S7.2.1222. et 1210. et 6.2.430;J7.262;D.Div.86.139.
28 Besançon.A9.654,n.3;P2.562,n.5;B18.293;S7.2.894; D. Autor. de femme.304.Frais et dépens.13.
— Req.A11.280,n.1;P6.1.384;B22.412;S7.2.1109; D.Prescript.644.
29 Paris.A7.752;P2.1476;B14.417;S6.2.243;D.Oblig. personn.98.Exploit.176.Rescision.255.
— Nîmes.A5.762;P6.2.219;B10.430;S13.2.299; D.Testam. 361.535.
30 Civ.c.A1.802; P6.2.141; B2.468; S6.2.599; D.Arbitrage. 980.
— Req.A6.812;P6.1.381;B12.492; S6.1.254; D.Intérêts de capitaux.163.Emigré.233.
— Trèves. A10.160,n.1; P6.2.149; B19.362; S6.2.139; J7. 274;D.Mariage.673.
— Civ.r.A6.530,n.2;P6.1.498, et 1.1426;B12.163,n.1; S6. 1.291;MR11.249;D.Mort civ.87.
— Cr.r.P6.1.498;D.Religionn. fugitif.

MAI.

1 Cr.c.A5.136,n.;P1.1304 B9.156,n.;D.Désertion.41.
— Cr.c.P6.2.141;S6.2.567;D.Procès-verbal.481.
2 Turin.A10.460,n.1; P2.784,n.1; B20.320; S6.2.628; D. Oblig.375.

— Amiens.A12.591,n.1;B26.214;S6.2.172;J7 280;D.Succ. bénéf.159.
— Cr.r.A11.414,n.20; P6.2.140; B23.152; S6.2.911;MR10. 90;D.Procès-verbal.442.
5 Civ.c.A7.393; P22.1.199,n. et 2.69; B13 447;S6.2.647; D.Contrainte.13.Enreg.2666.
— Req A8.538,n.1; P6.1.385. et 2.388; B16.141,n.1;S6.2. 983;D.Féodalité 288.
6 Civ.c.A10.393,n.1.2;P6.2.142;B20.217;S6.2.601; MR8. 198;D.Mines.153.
— Turin. A9.910,n.2; P2.662,n.2; B19.6; S6.2.661; J7. 282;D.Louage.122.123.Preuve litt.1019.
3 Civ.c.A7.592; P2.68; B13.445; S6.2.605;D.Enreg.2658. 2682.
— Civ.c.A7.383; P2.67;B13.435; S6.2.606; D.Enreg.2588. 2593.
— Civ.c.A3.97;P1.710;B3.103; D.Acquiesc.91.Commune. 295.Forêts 377.
— Amiens.A6.86; P1.1346; B11 93; S7.2.1037; J7.289; D. Acte conserv.3.Inventaire.15.Legs.175.176.177.
— Rouen.A12.858,n.2; P2.1456; B28.78; J7.284; D.Droit civ.88.89.90.91.
8 Cr.c.A3.584;P6.2.144;B6.200;S7.2.844; D.Compét. cr. 668.674.
— Civ.c.A9.523;D.Instr. sur délib. (délai).
9 Cr.r.A1.549; P6.2.141; B2.177;S6.2.896;D.Appel corr. 19.105.
— Cr.c.A3.514; P6.2 143; B6.122; S7.2.879. et 6.2.568;D.
— Compét. crim.432.
— Cr.c.A8.783,n.3;P2.388;B16.409;D.Forêts. 769.
12 Civ.c.A7.463;P2.84;B14.88;D.Enreg.2986.
— Civ.r.A6 770,n.,n.2; P6.1.363; B12.443,n.2; S6.1.270; MR4.542;J7.292;D.Emigré.18.
— Paris.A10.629,n.1;P2.822,n.1;S6.2.505;J7.294;D.Compensation.103.
13 Req.A8 468;P2 274;B16.60;S6.2.691;D.Féod.41.42.
— Civ.c.A9.523,n.2.1;P2.519,n.3;B18 92;S7.2.1159. et 6. 2.618;D Instruct. par écrit 13.43.
14 Req A1.218. et 11.667,n.2; P6.1.419; B1.234. et 24. 94;S6.1.331; J7.298; D.Action mob. et immob.10.Hypoth.40.Saisie-imm.21.
16 Cr.r. A7.482; P6.2.143; B14.111; S6.2.920; J7.301; D. Greffe.117.
— Cr.r.A8.381;B15.445;S6.2.776,n.1;D.Faux.78.
— Déc.A6.327,n.2;D.Ventes admin.369.
— Déc.A6.346,n.3;D.Dom. de l'état 65.
17 Cr.c.A11.499,n.6; P2.1092,n.6; B23.271; D. Question préj.14.
— Cr.c.A12.552,n.11;P2.1351;B27.27;D Compét. cr. 461.
— Turin.A12.693,n.1,n.1;P23.2.8,n.2;B27.267;S7.2.1047; D.Lois rétroact.88 Mineur.6.7.
— Cr.c.D.Concussion.14.
18 Nimes.A1.537;P24.1.83,n.2;B2.163;S9.2.119;J7.503;D. Appel incid.10.
— Req.A12.843,n.2; P6.1.388; B28.52,S6.2.729;MR9.684; J7.307;D.Vente.16.
— Déc.A8.11,n.32;D.Fabriques.107.
19 Paris. A6.751; P1.1488. et 22.2.88; B12.422,n.1; S7.2. 1214;J22.92;Effets publ.20.33.
— Turin.D.Appel civ.276.
20 Civ.c.A9.569;P6.1.374;B18.157;D.Interdit.176.177.
— Civ.c.A12.512,n.2;P6.1.433. et 2.1306;B26.95;S6.2 623; MR1.721;J7.340; D.Lois rétroact.40.Success.310.Success. irrég.26.
21 Civ.c.A7.532,n.;P2.60;B13.377,n.;D.Enreg.2342.
— Civ.c.A7.264;P2.44;B13 299;D.Enreg.1979.
— Civ.c.A7.363; P2.68; B13 412; S6.2.652; D.Enreg.789.
— 2526.
— Civ.c.A7.563;P2.65;B13.412;S6.2.656;D.Enreg.2529.
— Bruxelles.A12.701,n.15;P2.1440;B27.279;S6.2.304;J7. 317;D.Tutelle 34.43.
— Civ.c.P7.2.104:S7.2.104;D.Fonct. pub.258.
22 Cr.c.A8.343;P2.242;B15.400;S6.2.576;J7.321; D.Faux. 210.
— Cr.c.A8.393;P2.259;B15.458;D.Faux.358.
— Bordeaux.A10.29,n.1;P23 2.90,n.1;B19.160;S7.2.1050. et 769. et 768;J7.322; D.Acte respect.4. Lois.411.Mariage.223.248.
23 Cr.c.A2.612; B1.422. et 1.232; P1.609; D.Chose jugée. 404.
— Cr.c.A5 136,n.;P1.1304;B9.156,n.;D.Désertion.36.
— Cr.r.A7.550; P6.2.164; B14.494;S6.2.903; MR4.847; D. Escroquerie.46.
— Besançon. A12.320,n.1. et 360; P2.1307. et 1.111;B26. 104;S7.2.776;D.Alimens.216.Success.irrég.53.
24 Pau.P6.2 193;S6.2.151;Success.-irrég.
26 Turin.A2.391;P9.2 169;B3.438;S6.2.661;D.Caution.63. Preuve litt.964.
— Req.A4.274; P1.1088;B7.298;S17.1.523. et 7.1.522; D. Compét. crim.9.Contumace.59.
— Req.A10.704,n.2;P6.1.589;B21.170;S6.2.948;MR9.712; D.Preuve litt.1239.
27 Rouen.A2.479; P1.533;B4.81;S6.2.129;J7.331; D.Choses.155.
— Req A7.94,n.; P2.12; B13.401,n.; S6.2.670; D.Enreg. 770.
— Aix. A11.626,n.1; P2.1142,n.5;B24.22; D.Saisie-arrêt 110.
28 Req.A2.461;P1.526,n.;B4 61;D.Choses.26.
— Turin.A2.385;P1.494. et 7.2.28;B3.431;S7.2.28. et 6.2. 634;D.Caution.240,242.243.Contr. par corps.44.57.
— Civ.c.A12.120,n.1; P6.1.441; B25.340;S6.1.314; MR12. 666;D.Société comm.200.201.
29 Cr.c.A4.451,n.;B8.48,n.2;D.Cour d'ass.1167.
— Turin.A7.611;B14.269;S7.2.782. et 763;D.Except.221.
— Cr.c. A11.429,n.,n.6; P2.945,n.4; B22.149; D.Presse. 350.
— Liége.P6.2 220;S6.2.174;J7.333;D.Testament.877.
30 Cr.r.A4.185;P1.1061;B7.201;D.Voitures pub.112.
— Cr.c.A4.243,n.5; P1.1077; B7.263,n.; D. Contrib. ind. 596.
— Cr.c.A1.410;P1.130;B2.12;D.Or et argent.117.

JUIN.

2 Civ.r.A4.200; P1.1063;B7.216,n.; S6.2.660;D.Or et argent.42.
— Req.A6.233; P6.1.460; B11.262; S6.2.968;MR.1.414;D. Don. entre époux.97.
— Bruxelles.A10.799,n.1;P9.2.218;B21.327;S15.2.205;D. Respons.541.
— Bruxelles.A11.740,n.2;B24.172;D.Saisie-imm.376.
3 Colmar.A.5.75; P1.701; B5.80;S6.2.991; D.Commune. 385.
— Civ.c.A6.445; P1.1383; B12.62; S6.2.662; D.Douanes. 592.
— Civ.c.A9.704; P6.1.556; B18.360; S7.2.1074; J7.535;D. Jugem. par déf.nt.181.
4 Civ.r.A7.760;P6.1.390. et 2.151;B14.450; S6.2.942;MR 5.20;J7.338;D.Délai.67 Exploit.702.
5 Cr.c.A5.156;P1.1304;B9.156;D.Désertion.41.
— Cr.c.A5.136;P1.1504;B9.156,n.;D.Désertion.41.
— Paris.A11.860,n.1;B24.445;D.Surenchère.361.
6 Cr.c.A1.156;P1.89;B1.181;D.Acquiesc.457.
— Cr.c.A3.646,n.; P1.945; B6.267,n.1; D.Complicité.132. 153.
— Cr.c.A7.711;P6.2.164;B14.390;D.Exploit.573.
— Req.A9.341,n.1-1; P6.1.431; B17.404,n.1;S7.2.1046;D. Hypoth.117.
7 Bruxelles.A10.79,n.1;P2.696,n.1;B19.234; S6.2.351; D. Mariag.395.396.
9 Sect. réun.c.A7.198; P.2.50; B13.222; S6.2.664; D.Enreg.1566.
— Sect.réun. c.A5.137;B9.158;S7.2.861; D.Désertion.29.
10 Civ.c.Besançon.A6.770,n.1; P6.1.503; B12.443,n.1;S6. 1.367;MR4.536;D.Emigré 20.183.
— Req.A6.534,n.21;B12.166;D.Mort civ.114.
— Civ.c.A11.137,n.24;P6.1.513;B22.166;S6.2.667;D.Emigré.297.Papier-monnaie.72.
11 Trèves.A9.270,n.14; P2.598,n.9; B18.463; S7.2.907;D. Jug. prép.38.
— Nimes.A10.120,n.1; P6.2.227; B19.296; J7.345; D.Mariage.638.
— Civ.c.A10.75,n.1;P6.1.399. et 2.695,n.6;B19.223;S6.2. 674;MR8.90;D.Mariage.345.
— Liége.A12.410,n.;P2.1321,n.;B26.244,n.;D.Port. disp. 527.Rapp. à Succes.72.
— Civ.c.P6.1.469;S6.1.344;MR5.397;J7.348; D.Fruits.24.
12 Cr.r.A4.201;P1.1063;B7.217; D.Or et argent.139.Procès-verbal.477.
— Paris.A1.786;P1.282;B2.415;J7.349; D.Arbitrage.825.
— Req.A12.358,n.1; P6.1.421; B26.155;S7.2.1148. et 974; D.Succession.350.351.Nullité.243.Prescript.664.
13 Cr.r.A1.210;P6.2.272;B1.243;S6.1.484. et 7.2.1093;B7. 333;D.Action pub.79.
— Décr.A12.991. et 220;B28 505,n.20;D.Voirie.189.
14 Bruxelles.A5.235. et 683;P7.2.17;B9.271. et 6.540;S6. 2.158. et 7.2.17;J7.355;D.Disp. entre-vifs.91.Testam. 328.
16 Bordeaux.A8.604,n.1;P7.2 53;B16.215,n.1;S7.2.53; D. Filiat. nat.22.Légitimat.13. Success. irrég.53.
— Civ.c.A10.407,n.1.2; P2.776,n.2; B20.240; S7.2.780;D. Nantiss.130.135.
17 Civ.c.A6.421;P6.2.151;B12.55;S7.2.1095;MR2.281; D. Douanes.189.
— A11.265,n.2;P2.999,n.6;B22.390; S6.2.358; J7.556; D. Prescript.399.
18 Civ.r.P6.1.426;S6.1.325;J7 361;D.Propriété.52.
19 Cr.c.A3 602;P1.915;B6.220;S6.2.578;D.Compét.crim. 775.
— Cr.c.A1.572. et 2.173;P6.2.176. et 6 2.172;S7.2.786; J 2.204;D.Appel correct.141.
— Déc.A8.9,n.16;D.Fabriques.63.
20 Cr.c.A4 331;P1.1111;B7 361,n.1;D.Cour d'ass 224.
— Cr.c A8.790;P2.394;B16.421;D.Procès-verbal.274.
— Cr.c.A11.506,n.4;P2.1097,n.2;B23.285;D Quest. préj. 36.
21 Paris.A2.480;P1.534;B4.81;S6.2.222;J7.366;D.Choses. 162.Effets pub.5.
23 Déc.A6.326 n.17;D.Vente adm.382.
— Req.A12.643,n.1;P6.1.412;B27.177;S6.2.949;MR8.793; J7.574;D.Tierce opposit.4.
— Déc A6.303;B11.344,n.1;D.Dom. eng.39.
24 Req.A6.389. et 7.155;P6.1.450;B11.446;S6.2.708 et 7.2. 770;MR4.358. et 16.194;J7.580; D. Domic. élu.82.151. Enreg.1455.Preuve litt.848.
— Bruxelles.A9.770. et 772,n.;B18;S7.2.1055; J7.377; D. Jug. prép.56.91.
25 Bruxelles.A5.686;P7.2.18;B10.543; S7.2.18;D.Testam. 331.397.726.
— Civ.c.A7.451;P2.79;B14.73;D.Enreg.2927.
— Pau.A9.570,n.1;P2.532,n.2;B18.139; S12.2.387; J7.382; D.Interdit.206.
— Bruxelles. A11.255,n.1; B22.572; S6.2.334; J7.384; D. Prescrip.242.
— Rouen. A10.321,n.19; P2.752,n.17; B20.108; D. Dot (aliénation, option).
26 Cr.c.A4.446;P1.1156;B8.42;S6.2.580;D.Cour d'ass.960.
— Cr.c.A9.534;P6.1.483; B18.107; S6.1.356; MR5.198; D. Interdit. 25
— Rouen.A12.98,n.2; P6.2.189; B25.288; S7.2.1203; J7. 387;D. Société.414.
— Nimes.A9.916,n.2; P2.664,n.7; B19.15; S.6.2.480; D. Louage.237.
27 Cr.c.A8.372;P2.254;B15.4;D.Faux.299.344.
— Riom. A10.70,n.2.1; P2.695,n.5; B19.219, D.Mariage. 314.
28 Déc.D.Min.pub.147.
30 Civ.c.A7.281;P2.49;B13.318;D.Enreg.2051.
— Civ.c.A7.568;P6.1.415;B13.418; S7.2.1249. et 15.1.74; MR4.770;J7.394; D.Enreg.2493.
— Civ.c.A1.473; P6.1.470; B2.87; S6.1.346; D.Appel civ. 251.252.
— Req.A3.101;P6.1.488;B5.109; S6.1.363; D. Commune. 298.
— Civ.c.A7.446;P6.2.151;B14.68; S6.1.336; MR3.317; J7. 391; D. Enreg.2921.
— Arr.A6.525,n.1;D.Vente adm.524.
— Décr.A12.1024,n.11;D.Voirie.720.

JUILLET.

1 Civ.c.A5.67;P6.1.466;B9.72;S6.1.341;J7.396; D.Dépôt. 97.105.
— Bordeaux.A11.903,n.2;P6.2.238; S6.2.182; MR12.457; D.Sép. de corps.103.
2 Civ.r.A12.913,n.1; P6.1.481; B28.175;S6.1.555; MR10. 52;D.Rescis.264.Vente.221.
3 Cr.c.A2.161,n.; P1.388; B3.173,n.;D. Lois.147. Peine. 153.
— Cr.c.A5.654;P1.945; B6.276; S7.2.846; D. Complicité. 159.
— Déc.A6.327,n.;S7.2.797;D.Vente adm.525.
— Cr.c.D.Faux.342.
4 Décr.P32.3.61;D.Pension.52.
5 Paris.A9.409,n.2;P2.490;B17.483,n.2;S6.2.930; D.Hypoth.507.308.Rente.369.
6 Déc.min.A7.216,n.10;D.Enreg.1871.
8 Civ.c.A8.552;P2.287;B16.133;S6.2.676;D.Féod.265.
— Besançon.A10.616,n.1; P2.818,n.1; B21 29; D. Preuve litt.1032.Rem. de la dette.66.77.
— Colmar.A12.70,n.4;P2 1261;B25.246;S6.2.992;D.Servitude.693.
9 Civ.c.A3.209;P1.748;B5.236;S6.2.682;D.Compét. adm. 344.367.Lois.143.
— Req A5.68;P6.1.464;B9.74;S7.2.896; J7.408; D.Dépôt. 88.99.
— Req.A5.790;P6.1.455;B10.462;S6.1.350; MR13.667; D. Révocat.98.Testam.641.
— Paris.P6.2.197;S6.2.184;D.Servitudes.157.
10 Cr.r.A2.592; P1.596; B4.209; S6.2 757;J7.410; D.Chose jugée.343.
— Cr.r.A,8.343;P2.242;B15 401;S6.2.677;D.Faux.488.
11 Grenoble. A12.497,n.1; P7.2.47; B26.386; S7.2.47; J7. 411;D.Retr. succ.101.
12 Cr.c.A2.607; P1.605; B4.226; S7.2.872;D.Chose jugée. 594.
— Cr.c.A5.138; P7.2.70; B9.158; S7.2.70; J7.415;D.Désertion.32.
— Bruxelles.A9.47;P2.419;B17.49;S6.2.289; D.Privilége. 196.
— Colmar.A10.121,n.2.1; P2.702,n.1; B19.298; S7.2.1151; D.Domicile.31.Mariage.648.652.
— Bruxelles.P6.2.190;S6.2.167;D.Adoption.130.
— Circ. min. int.D.Commune.111.
13 Décr.A6.327;D.Ventes adm.336.
14 Req.A11.897,n.6.1; P6.1.474; S6 2.563; MR1.281; B23. 24;J7.416;D.Sépar. de corps.67.166.
15 Civ.c.A7.333,n.;P2.60;B13.377,n.;D Enreg.679.895.
— Civ.c.A1.428;P1.143;B2.32;S7.1.328. et 6.2.709;D.Appel civ.28.
— Civ.c.A7.528;P2.91;B14.166;S6.2.698;D.Timbre 182.
— Req.A6.26; P6.1.456; B11.25; S6.2.967; MR13.684; D. Testament.821.
— Turin.A10.766,n.2; P2.801,n.4; B21.275; S7.2.1198; D. Serment déc.16.
16 Civ.c.A.3.180;P1.757;B5.203;S6.2.726; D.Compét. admin.144.
— Civ.c.A7.536;P6.1.541;B14.176;S7.2.926;MR14.51; J7. 419;D.Timbre.249.
— Civ.c.A10.125. et 11.40,n.1.2; P6.1.472; B19.306;S6.1. 349; MR1.511. et 8.249;D.Autor. de femme.76.Jugem. 327.Min.pub.133.
17 Cr.c.A1.391;P1.223;B2.226;D.Appel correct.209.
— Paris.A5.689;P6.2.221;B10.347;S6.2.191;MR17.699; D. Testam.545.435
— Cr.r.A2.286;P1.450;B3.318;D.Cassation.348.
— Poitiers.P7.2 12;S7 2.12;J7.420; D.Louage (indemn.).
18 Cr.c.A4.152;P1.1051;B7 165;S7.2.852;D.Commissionnaire.200.212.213.Patente.96.Tabacs.108.109.
— Cr.c.A1.593,n.;D.Appel correct.225.
— Cr.c.A3.453;P1.842;B6 55;D.Compét.crim.218.

— Cr.c.A5.158;P7.2.69;B9.158;MR2.859;J7.415;D.Désertion.29.
19 Turin.A11.650,n.5; P2.1144,n.13; B24.28; S15.2.63;D.Saisie-arrêt.148.
— Agen.A11.752,n.5;P2.1197;B24.248;S7.2.950;D.Saisie-imm.204.
20 Cr.c.P16.1.476;S16.1.249;D.Procès-verb.258.
21 Civ.c.A4.117;P1.1035;B7.127;S6.2.726; D.Contr. ind. 178.
— Req.A5.768;P6.1.458;B10.437; S6.2.950;MR12.630;J7.426;D.Testam.548.
— Civ.r.A11.846,n.4; P6.1.485; B24.307;S6.1.359;J7.423; D.Saisie-imm.1454.1455.
22 Civ.c.A4.696;P1.1229; B8.320; S6.2.728; J7.430; D.Degré de jurid.585.
— Civ.r.A7.695;P6.1.476;B14.371;S6.1.338. et 2.14. et 8.1.243;MR5.754;J7.431;D.Huiss.204.
— Req.A12.912,n.5;B28.173;S6.2.338;D.Rescis.244.
— Regl.A12.1012,n.5;B28.328,n.5;D.Voirie.491.
23 Liége.A5.813;P7.2.21;B10.488;S7.2.21;J.7.442;D.Testam.715.
— Civ.r.A11.346,n.2; P6.1.492; B23.8; S6.2.145. et 6.1.486;MR9.785; J7.434; D.Prise à partie.11.52.Responsabilité.78.
24 Cr.c.A4.291,n.;P1.1092;B7.316,n.1; D.Cour d'ass.128.
— Cr.c.A5.621,n.;P1.927;B6.259,n.1;D.Complicité.40.
25 Caen.A5.745;P6.2.221;B10.410;D.Testam.492.
— Turin.A5.615;B10.260;S6.2.665;J7.444; D.Testam.75.
— Cass.D.Cassation.536.
26 Cr.c.D.Concussion.40.
28 Req.A7.199; P6.1.515; B15.223; S6.1.584;MR4.148;J7.446;D.Enreg.1567.
— Civ.c.A6.398;P1.1363;B12.8;S6.2.731;D.Douanes.29.
— Liége.D.Testament.649.
29 Civ.r.A7.558;P6.1.542;B14.179;S6.2.939;MR14.38;D.Timbre.281.
— Colmar.A10.20,n.1.5;P2.684,n.4;B19.145;D.Promesse de mariage.38.
— Poitiers.A11.892,n.1;P6.2.257. et 2.1238;B25.15;S6.2.191;J7.449;D.Divorce.25.
30 Nîmes.A1.483;P1.472;B2.98;S7.2.782;D.Appel civ.280.
— Req.A5.592;P6.1.548;B9.448;S7.2.902;D.Port. disp.30.31.Substitution.334.Succession.356.
— Civ.c.A11.941,n.20; P6.1.710; B25.103; S6.1.525; MR3.809;D.Div.69.116.117.121.
31 Agen.A10.147,n.1;P11.2.17;B19.345;S7.2.790;D.Autor. de femme.257.
— Poitiers.A9.922;P7.2.13,n.1-1;B19.26;S7.2.13;J7.453;D.Louage.412.

AOUT.

1 Cr.c.A11.114,n.6;P2.938,n.2;B22.123;D.Presse.365.
2 Paris.A1.336;P1.402;B1.394;D.Alimens.7.118.
— Req.A11.665,n.4;P2.1160;B24.89;D.Saisie-gag.15.
4 Civ.c.A4.200;P1.1065;B7.246;S6.2.731;D.Or et argent.42.
— Turin.A1.629; P1.237; B2.269; S6.2.637; D. Arbitrage.255.334.958.Preuve litt.1019.Interrog. sur faits.40.
— Req.A7.655; P6.1.526; B14.298; S6.2.954;MR2.635;J7.454;D.Exception.3.
— Civ.r. P6.1.554; S6.1.592; MR5.426; D.Communauté.1168.
5 Civ.c.A7.202;P2.31;B13.226;D.Enreg.1688.
— Toulouse.A9.140,n.3;B17.162,n.5;Hypoth. lég.72.
— Civ.c.A10.463,n.1;P2.785,n.2;B20.322;D.Oblig.435.
6 Nîmes.A8.465,n.1;B16.56,n.1;S6.2.486;D.Féod.43.
— Nîmes.A10.19,n.1; P2.683,n.2; B19.141; S6.2.476; J7.462;D.Promesse de mariage.16.48.
— Bordeaux.A11.451,n.2;P2.1083,n.2;B23.193;S6.2.175;J7.455;D.Propriété.77.
— Bruxelles.A11.945,n.32;P9.2.170;B25.109;S7.2.905;J7.460;D.Div.132.
— Civ.r.P6.1.529;MR4.67;D.Don. par cont.189.
7 Cr.c.A4.333;P1.1115;B7.365;D.Cour d'ass.187.
— Cr.c.A4.331,n.;P1.1111;B7.361,n.1; D.Cour d'ass.224.
8 Cr.c.A8.344;P2.245;B15.401;S6.2.580;D.Faux.240.
— Cr.c.A8.383;P2.255;B15.446;S7.2.979;D.Faux.84.
— Paris.A9.407,n.4;P2.490;B17.483,n.4; S6.2.236; D.Hypoth.253.Rente.370.
9 Décret. A8.678,n.1. et 8.679,n.2; D. Fonct. pub. 203.206.
— Bruxelles.D.Hypoth. jud.33.
10 Civ.c.A3.527;P1.786;B5.372;S6.2.733;D.Comp. comm.18.
11 Civ.c. A4.185; P1.1060; B7.201; S6.2.735; D. Voitures pub.25.409
— Paris.A10.876,n.2-2; P2.804,n.5; B20.498; S6.2.228;J7.465;D.Offre.39.
12 Req.A4.668; P6.1.527; B8.288; S6.2.955; MR3.592;J7.467;D.Degré de jurid.257.
— Req. A5.590; B10.4; D.Don. par cont.200.Port. disp.164.
13 Civ.c.A10.676,n.2; P6.1.561; B21.121; S6.2.961;MR.3.155;D.Preuve litt.777.
— Bruxelles.A10.117,n.1. et 173,n.1.3;P7.2.28; B19.386. et 291;S7.2.835. et 28; J7.472; D.Contrat de mariage.110.Mariage.628.648.
— Angers.A8.613; P7.2.49; B16.225; S7.2.1104. et 49;J7.469;D.Légitimat.6.Disp. entre-vifs.260.
14 Cr.c.A8.394;P2.259;B15.459;D.Faux.362.

16 Pau.A1.457;P1.160;B2.68;D.Appel civ.200.212.
— Cr.r.A8.394,n.2;B15.460,n.1;S7.2.963;D.Faux.362.
— Cr.c.A11.128,n.,n.5; P2.948,n.3; B22.149; D. Presse.330.
18 Req.A8.427;P6.1.523;B16.13;S6.1.588;J7.475; D.Faux incid.55.
19 Civ.c.A7.779,n.;P6.1.604;B15.84,n.;S6.1.451;MR5.453;D.Enreg.747.
— Poitiers.A12.504,n.2; P2.1342; B26.399; S6.2.227; D.Partage.175.176.
— Civ.r.A12.926,n.4,n.1; P7.1.74; B28.199; S7.1.74;MR4.597;D.Transport de créance.135.211.
— Civ.c.A3.20,n.;P1.681;B5.17,n.;D.Commune.214.
— Décision de la régie.A7.337,n.11;D.Enreg.2406.
20 Civ.c.A7.149.P2.22;B13.166;D.Enreg.1300.
— Req.A5.604; P6.1.558; B10.247; S13.1.455;MR13.746;D.Testament.30.
— Civ.c.A11.209,n.1; P2.979,n.5; B22.292; S7.2.1100; D.Pérempt.317.
21 Cr.c.A1.84;P1.29;B1.98;D.Instruct. crim.459.
— Cr.c.A8.394;P2.259;B15.459;D.Faux.359.
— Déc.A7.26,n.6;D.Enreg.257.
22 Cr.r.A2.247; P6.2.224; B5.272; S6.2.925; J7.484; D.Bigamie.33.
— Cr.c.A4.151;P1.1030;B7.163;D.Procès-verb.382.
— Paris.A3.821;B1.1006;B6.471;S6.2.259; J7.485;D.Cont. par corps.770.
— Cr.c.A5.141; P6.2.207; B9.162; S6.2.487; MR2.862; D.Désertion.20.
— Metz.A10.544,n.2; P2.797,n.2; B20.447; S7.2.1054. et 941;J7.479;D.Répétition.52.
— Cr.c.A12.966,n.3;P2.1499;B28.267,n.1;D.Subst. vén.5.
— Turin.S6.2.665;D.Actes de comm.196.
25 Civ.c.A4.616;P1.1195;B8.229;S7.2.781;D.Degré de jurid.55.
— Req.A8.559; P6.1.627; B16.164; S6.2.952;J7.489;D.Filiat. légit.67.92.101.102.
26 Civ.c.A7.250;P2.40;B13.282;S7.2.959;D.Enreg.1963.
— Civ.r.A5.597;P6.1.532;B10.5;S6.1.581;MR4.68;D.Port. disp.166.
— Turin.A6.191; B11.214; S6.2.778; J7.496; D.Legs.437.Révoc.335.
— Liége.A11.847,n.1;B24.424; D.Rente.280.Saisie-imm.687.1018.
27 Civ.c.A1.448; P1.153;B2.57; S6.2.740; D.Appel civ.21.
— Civ.c.A5.7;P1.1277;B9.3;S6.2.740;D.Appel.21.Jugem.8.Déni de justice.8.
— Turin.A5.678;B10.334;S6.2.653;D.Testament.300.
— Dijon.D.Lois.103.Lois personn.14.
28 Cr.A12.1059,n.2;P2.1523,n.2;B28.405;D.Vol.129.
29 Grenoble.A8.597; P7.2.15; B10.6; S7.2.15;D.Don. par cont.205.209.Port. disp.167.
— Cr.c.A7.555; P6.1.606; B14.197; S6.1.438; MR4.847;D.Escroquerie.76.
— Cr.r.A7.710;P2.129;B14.39;S7.2.829;D.Exploit.957.
— Liége.A6.40,n.;P1.1545;B11.40,n.; D.Testam. 523.877.
— Poitiers.A6.144;P8.2.145;B11.162;S9.2.105. et 6.2.205;D.Révoc.24.27.
30 Bruxelles. A9.542,n.1; P2.525,n.2; B18.117; S15.2.519. et 6.2.283;D.Interdit.72.73.
— Angers.A10.378,n.3;P7.2.11;B20.199;S7.2.11;D.Donaire.49.
31 Déc.A6.797,n.4. et 338,n.3;D.Emig.171.366.

SEPTEMBRE.

1 Civ.c.A7.285;P2.49;B13.323;S7.2.938;D.Enreg.2029.
— Civ.c.A7.234;P2.37;B13.264;D.Enreg.1904.
— Civ. c.A3.356; P1.797; B.3.409; S6.2.743; D. Compét. comm.238.
— Civ.r.A10.602,n.1.5; P7.1.46; B21.4;S7.1.46; D.Novat.29.
2 Req.A10.339,n.1.2;P6.1.621. et 2.765,n.2;B20.182;S6.1.461;MR4.194;D.Dot.465.470.
— Civ.c.A11.606,n.2; P2.1136,n.14; B23.467; D.Req. civ.81.
3 Civ.r.A7.137; P6.1.544; B13.152; S6.1.594; MR4.675;D.Enreg.1479.
— Req.A8.647. et 12.774,n.4;P6.1.633. et 577;B27.414. et 16.263; S6.1.409. et 474; MR2.879. et 3.250; J7.499; D.Filiat. nat.72.Tutelle.301.
— Req.A9.115,n.1;B17.130;D.Privilége.550.
4 Lyon.A9.940,n.1-1;P2.672,n.3;B19.55; D.Louage.719.
5 Cr.c.A1.81;P1.26;B1.94;S7.2.762;D.Instruct. cr.455.
— Cr.c.A4.222;P1.1070;B7.240; D.Or et argent.119.Procès-verbal.456.
— Cr.r.A9.962,n.1-1; P7.2.32; B19.90;S7.2.32;D.Mandat.199.
6 Cr.c.D.Cont. indirect.639.Procès-verbal.255.419.
8 Civ.r.A12.463,n.1;P2.1331;B26.530;S6.2.403;J7.505;D.Sép. de patrimoine.62.75.
9 Civ.c.A4.642; P1.1204; B8.258; S7.2.899; D.Degré de jurid.146.
— Req.A10.566,n.1.2;P6.1.550;B20.481;S6.1.401; J7.515;D.Subrog.69.
— Req.A12.492,n.2;P6.1.553;B26.378;S8.1.523;J7.509;D.Retrait succ.64.
— Req.A11.737,n.1,n.1;P6.1.551;B24.221; D.Saisie-imm.666.750.
— Déc.S14.2.409;D.Louage admin.16.
11 Cr.c.A12.964,n.3;P2.1497;B28.263;S7.2.1025;D.Homicide.55.

12 Cr.c.A12.615,n.4;P2.1377;B27.132; D.Témoign. faux.54.
16 Décr.A9.470,n.12;B18.11,n.7;S14.2.409; D.Contr. dir.269.
18 Déc.S14.2.410;D.Concession.8.Ventes admin.455.
19 Décr. du cons. d'état. A12.1024,n.58; D.Autor. mun.526.560.Voirie.705.
20 Turin. A11.927,n.1; P2.1251; B25.75; S6.2.621; D.Divorce.11.
— Paris.A11.859,n.1;B24.444;D.Surenchère.554.572.

OCTOBRE.

1 Paris.A10.153,n.1;P2.706,n.6;B19.320;S7.2.813; D.Actes de comm.228.Autor. de femme.202. Compét. commerc.30.
2 Cr.r.A8.413;P6.2.224. et 2.263;B15.481;S6.2.900;MR5.152;D.Faux.275.462.
— Paris.A9.42;P7.2.30;B17.43,n.1;S7.2.30;J7.515;D.Privilége.130.
— Civ.r.P9.2.41;S6.2.733;D.Procès-verb.217.
— Cr.c.A8.326;B14.381,n.7;D.Faux.26.
3 Cr.c.A3.518;P1.882;B6.127;D.Compét.cr.445.471.
— Cr.c.A8.344; P6.1.655; B15.402; S7.2.963; MR5.138;D.Faux.242.
6 Req.A2.656; P6.1.594; B4.289; S6.1.444; MR2.343; D.Chose jugée.474.
— Civ.c.A2.578; P6.1.591; B5.425; S6.1.428; MR2.93; D.Caution.64.
— Civ.c.A7.611;P2.107. et 6.2.225;B14.269;S20.1.460; D.Exception.255.
— Civ.r.A6.625,n.1,n.2; P6.1.641; B12.274,n.2;S6.1.457;MR10.277;D.Effets de comm.612.661.
8 Civ.c.A3.169;P23.1.274,n.;B5.187;MR8.722;D.Compétence admin.102.
— Civ.c.A8.69;P6.1.614;B15.78;S6.2.744; D.Faillite.297.
9 Cr.c.P6.1.651;S7.2.1153. et 881; MR3.439; D.Action publ.5.
10 Cr.c.A2.442,n.1;B4.39,n.1;S17.1.88.7.2.824;D.Chasse.112.127.
13 Civ.c.A7.257; P2.42;B13.290; S7.2.925; D.Enreg.2002.2003.
— Civ.c.A3.561; P6.1.625; B5.414; S6.1.471; D.Compét. comm.266.
— Civ.c.A7.262;P7.2.52;B14.87;S7.2.52;MR4.740;J7.522;D.Enreg.2297.
— Rouen.A9.75,n.3;P2.424,n.6;B17.83,n.3;S7.2.1156;D.Privil.385.386.
14 Civ.c.A1.691;P6.1.616;B2.340;S6.1.452; MR3.594; J7.518;D.Arbitrage.555.
— Req.A7.598;P2.105. et 6.1.659; B14.252; S6.1.480;MR2.690;D.Exception.140.
— Civ.c.A12.666,n.4;P2.1394;B27.219;D.Tierce opposit.210.
— Req.P6.1.582; S6.2.597. et 6.1.415. et 24.1.251; MR1.368. et 2.637. et 3.283;D.Tutelle.444.473.
15 Civ.c.A7.178;P2.27; B13.199; S7.2.849; J7.525; D.Enreg.1499.
16 Cr.c.A8.372;P6.1.653; B15.434;S6.2.582; MR5.119;J7.524;D.Action publ.77.Faux.61.64.
17 Cr.c.A12.1043,n.1-1; P2.1515; B28.378;S7.2.1187; D.Vol.25.
21 Déc. min.A494,n.26;D.Transcrip. hypoth.105.
22 Civ.c.A3.97;P1.711,B5.105;D.Acquiesc.91.Commune.295.Forêts.377.
23 Cr.r.A2.292. et 11.467,n.1; P1.452. et 2.1084,n.1;B3.325. et 23.223;D.Cassation.356.Propriété litt.46.
— Cr.c.A4.161;P1.1055;B7.175;D.Contr. ind.31.
— Cr.c.A4.281,n.;P1.1089;B7.305,n.1.
— Cr.r.A11.230,n.3;P2.990,n.5;B22.330; D.Voitures publiques.55.
— Liége.A12.194,n.1;P2.1291; B25.453; D.Substitution.208.
— Cr.r.S6.2.687;D.Appel correct.23.
24 Cr.c.A5.177;P1.134;B9.204;D.Destruct.88.
— Cr.c.A8.790,n.4;P2.393; B16.419,n.;S7.2.1144; D.Procès-verbal.283.
— Cr.c.A8.791,n.8;P2.394;B16.420,n.;D.Proc.-verb.291.
— Cr.c.A8.801,n.2;P2.402; B16.453,n.2;S7.2.208; D.Forêts.1013.
— Cr.c.A11.118,n.1;P2.940,n.1;B22.130;D.Presse.720.
25 Déc.A6.327,n.;D.Ventes adm.325.
— Déc.A11.145,n.4;D.Patente.68.
27 Civ.c.A4.714; P1.1240; B8.343; D.Degré de jurid.439.
— Civ.c.A7.361,n.;B13.409,n.2;D.Enreg.2520.
— Civ.r.A3.748;P6.1.610;B6.384;S6.1.433; D.Contr. par corps.156.158.
28 Civ.c.A7.561,n.;B13.409,n.1;D.Enreg.2520.
29 Civ.c.A7.221;P6.1.645;B13.249;S20.1.505;MR4.704;D.Enreg.1865.1866.
— Civ.r.A7.325;P6.1.601; B13.369; S6.1.467; J7.528; D.Enreg.2309.2310.2367.
— Civ.c.A3.20,n.;P1.681;B5.17,n.;D.Commune.214.
30 Cr.c.A4.153;P1.1031;B7.165;D.Tabacs.103.
— Cr.c.A8.805,n.1;P2.406; B16.438; S6.2.585; D.Forêts.1015.
31 Cr.c.A4.566;S7.2.800;D.Défense.75.
— Cr.c.A4.115;P1.1034; B7.124; S7.2.902; D.Contr. ind.528.

NOVEMBRE.

3 Req.A11.53,n.1;P6.2.225; B22.19; S6.2.914; MR2.162;D.Discipline.141.186.Min.pub.106.

4 Civ.c.A1.715;P1.1240;B8.344;D.Degré de jurid.445.
— Civ.c.A3.20,n.;P1.681;B5.17,n.;D.Commune.214.
5 Civ.r.A1.227;P6.1.699;B1.264;S6.1.512. et 509;D.Action personn.41.
— Civ.c.A7.79,n.;P2.10;B13.85,n.;D.Enreg.747.
— Civ.r.A5.324;P7.1.1;B9.372;S7.1.1;D.Don. par contr. 82.Port. disp.133.
— Civ.c.A11.850,n.2,n.1;B24.430;S6.2.750;J7.538;D.Saisie-imm.1689.
— Civ.c.P6.1.657;S8.1.548.et 6.2.750; D.Saisie-immobil. (moyen nouveau).
6 Cr.c.A4.58;P1.1020;B7.61;D.Cont. ind.19.186.187.
— Cr.c.A11.393,n.1;P2.1057,n.1-1;B23.97;D.Procès-verbal.6.
— Cr.r.A12.608,n.7;P6.1.708; B27.124; S6.1.523; MR5.185;J7.543;D.Tém. faux.18.
7 Cr.c.A4.117;P1.1035;B7.127;S7.2.811;D.Contr. indir.499.
— Cr.c.A9.20;P23.1.95; B17.15; S20.1.510; MR5.755; D.Huiss.183.
— Cr.c.A11.500,n.;P2.1094,n.;B23.274,n.; D.Discipline. 163.Quest. pr.21.
8 Grenoble.A12.957,n.2; P2.1486;B28.218; D.Echange. 15.
11 Civ.c.A7.466;P2.85;B14.92;S7.2.1109;D.Enreg.3009.
— Req.A10.752,n.2;P6.1.637;B21.250; S7.2.1117;D.Présompt.94.
— Req.A11.591,n.1;B23.440;D.Renvoi.107.
12 Déc.A6.327,n.;D.Ventes adm.325.
— Cr.c.A11.175,n.,n.5;P2.963,n.4;B22.230; D.Péremp.5.
— Req.A11.347,n.3;P2.1022,n.2; B23.11;D.Prise à partie.6.7.
— Bruxelles.A11.677,n.2,n.1;P2.1164;B24.110;D.Saisie-imm.97.
— Civ.c A11 689,n.3; P7.1.145;B24.135;S7.1.145; D.Saisie-imm.200.
— Bruxelles.A12 742,n.50;B27.344; S7.2.1242;J7.548;D.Tutelle.431.
— Déc.A3.117,n.1;P1.714,n.1; B5.127,n.1; S14.2.411; D.Commune 517.
13 Cr.c.A12.615,n.5;P2.1377;B27.152;S20.1.510;D.Tém. faux.59.
14 Cr.c.A8.789,n.2;P2.392;B16.417;S7.2.1144; D.Procès verbal.280.
— Cr.c.A9.473;B18.15,n.7;S7.2.1010;D.Incendie.22.
— Cr.c.D.Témoin.190.
18 Civ.c.A7.179;P2.27;B13.200;D.Enreg.1500.
— Civ.c.A7.467;P2.85;B14.92;D.Enreg.2995.
— Rennes.A6.249,n.1;P6.2.236;B11.282,n.1;S6.2.179;J7.550;D.Don. entre époux.21.
— Req.A9.570;P6.1.639;B18 159; S13.1.411; MR9.722;D.Interdit.183.184.Lois rétroact.107.206.
— Civ.r.P6.1.635;S6.1.477; MR14.403; D.Usufruit légal. 107.108.
19 Cr.c. A11.500,n.3; P2.1094,n.; B23.274; D.Quest. pr 21.
20 Cr.c.A4.786,n.2; P1.1270; B8.426,n.1; D.Délit rural. 103.
— Cr.c.A4.509;P1.1178;B8.113;D.Cour d'ass.1630.
— Cr.c.A3.647;P1.946; B6.268;S7.2.1102; D.Complicité. 135.
— Cr.c.A8 790,n.;P2 394;B16.419,n.;D.Procès-verb.284.
21 Cr.c.A4.786,n.;P1.1270;B8.426,n.1;D.Délit rural.103.
— Bruxelles.A6.735; P22.1.328; B12.402,n.1; S7.2.241; MR17.411;D.Effet de comm.800.
— Cr.c.A11.107,n.2.3;P2.934,n.4;B22.110;S16.1.258;D.Outrage (partie civile).
22 Civ.c.D.Conciliation.126.
23 Bruxelles A12 745,n.62; P2.1424;B27.360; S7.2.1242; D.Désist.23.Tutelle.432.
24 Req.A1.286;P6.1.662;B1.335;S6.2.586;J7.555;D.Adoption.124.
— Civ.c.A7.242;P2.32;B13.239;S7.2.937;D.Enreg.1787.
— Liége.A5.700;P1.1336. et 7 2.22;B10.395;S7.2.22;MR 17.561; D.Testament.364.555.649 661.
— Civ.c.A10.257,n.5;P2.732,n.5;B20.9; D.Communauté. 470.
26 Req.A3.242;P1.759;B5.273;S6.2.594;D.Conflit.192.
— Turin.A10.712,n.2; P2.847,n.2; B21.180; S6.2.752; D.Ratification.91.
— Montpellier.A10.351,n.,n.3;P7.2.55; B20.160;S7.2.55; J7.863;D.Remploi.125.
27 Cr.r.A8.771,n.2; P2.377;B16.394; S7.2.806; D.Forêts. 669.
— Cr.r.A8.771,n.;P2.377,n.;B16.594;D.Forêts.669.
28 Cr.c.A8.785,n.3; P2.390;B16.412; S7.2.1147; D.Appel correct.135.Forêts.820.Procès-verbal.204.298.
— Paris.A9.417,n.,n.2;P2.494; B17.495,n.1; S6.2.276; D.Inscript. hypoth.383.
— Civ.r.A9.514;P2.518;B18.74;S7.2.1142;D.Instr. crim. 579.
— Bruxelles.A10.356,n.1-1;P2.796,n.2;B20.139;D.Oblig. divis.20.

DÉCEMBRE.

1 Montpellier.A8.657,n.1;P2.304;B16.276,n.1;S7.2.778; D.Filiat. nat.208.210.
— Req.A12.487,n.1;P6.1.689;B26.369;S6.2.943;MR4.425; J7.566;D.Retrait success.12.44.50,71.73.80.91,122.
2 Req.A7.397;B14.3;D.Enreg.2721.

— Req.A10.596,n.1.2;P7.1.42;B20.530;S7.1.42;D.Cession de biens.65.
— Colmar.A11.679,n.3; P2.1165; B24.114; S7.2.1192; J7. 575;D.Saisie-imm.118.
— Civ.c A4.227.3.196. et 9.913,n.1; P1.1072.1.743. et 2. 663,n.7; B7.245.5.221. et 19.10;S7.2.797;D.Compét. adm.258.Louage adm.15.Octroi.183.
3 Req.A6.696;P7.1.15;B12.558;S7.1.15;D.Effet de commerce.181.661.
— Nîmes.A9.851,n.1; P2.637,n.1; B18.587; S7.2.719; D.Juifs.16.
— Liége.A10.405; P7.2.8; B20.236; S7.2.8; MQ6.240;J7. 576;D.Nantiss.109.Vente.314.
4 Cr.r.A4.243;P1.1077;B7.264;D.Contr. ind.606.608.
— Cr.c.A8.776,n.5;B16.101,n.;D.Forêts.711.
— Cr.c.A11.411,n.4;P2.1061,n.4;B23.125; D.Procès-verbal.411.418.
— Cr.c.P365;D.Forêts.20.
5 Cr.c.A4.200;P1.1065;B7.216;D.Or et argent.30.
— Cr.c.A3.506;P1.870;B6.113;S6.2.596;D.Compét. crim. 406.
— Cr.r.A5.83;P6.1.675;B9.96;S6.1.489;MR.3.570;J7.578; D.Abus de confiance.53.
— Turin.A6.35;P1.1345; B11.35;S6.2.760; D.Testament. 783.825.828.855.
6 Paris.A3.330;P1.787;B5 376;S6.2.250;D.Appel civ.51. Comp. comm.141.Contr. par corps.199.
— Besançon.A5.722;P1.1337;B10.384;D.Testament.432.
— Civ.r.P7.1.12;S7.1.12;MR3.715; D.Discussion (détenteur).
8 Civ.c.A7.81;P2.11;B13.87;D.Enreg.735.755.
— Civ.c.A3.24;P1.684; B5.22; S7.2.788; D.Commune.91. 169.534.Lois rétroact.211.
— Civ.c.A3.20,n.;P1.681,n.;B5.17,n.;D.Commune.214.
— Civ.r.A9.42.et 11.637,n.4.et 9.952,n.1;P7.1.52;B19.75. 17.42. et 24.76; S7.1.52;MR2.270; J7.587; D.Louage à cheptel.67.Privilége.132.Saisie-exécut.146.
9 Bruxelles.A1.383; P1.116; B1.448; S7.2.779; D.Appel civ.546.
— Civ.c.A3.146;B5.162;P1.724;D.Commune.779.
— Civ.c.A3.20,n.;P1.681;B5.17,n.;D.Commune.214.
10 Civ.c.A1.229;P6.1.702;B1.266;S6.1.515;D.Action personn.51.Exploit.793.
— Civ.c.A7.313;P2.66;B13.554;D.Enreg.2187.
— Req.A3.519;P6.1.706; B5.364; S6.1.521; MR12.740.14. 190;J7.591;D.Compét. civ.254.
— Trèves.A5.702; P1.1336; B10.361; S6.2.318; D.Testam. 366.
— Civ.c.A7.467;P2.86;B14.92;S6.2 751;D.Enreg.3005.
— Req.A9.427; P6.1.676; B17.506;S6.1.493; D.Cass.680. Hypoth.374.Lois.65.64.67.Ordre.375.
11 Cr.c.A1.578;P1.214;B2.214;D.Appel correct.166.
— Cr.c.A8.345; P8.1.318; B15.402;S7.2.979; MR5.165;D.Faux.133.238.
— Bruxelles.A9.43,n.1; P2.419; B17.44,n.1; S7.2.243;J7. 597;D.Privilége.143.
— Bruxelles.A11.559,n.2;P2.1120,n.2;B23.382; S6.2.265; J7.594;D.Rente.184.
— Rouen.A12.888,n.1;P9.2.217;B28.133; S7.2.10; J7.601; D.Garantie.292.
12 Déc.A5.118,n.6; P1,714,n.6; B5.128,n.6; S14.2.415; D.Commune.502.
— Déc.A9.63,n.3.21;D.Privilége.318.
15 Req.A14.94,n.3.2. et 11.55,n.2;P6.1.680;B22.86. et 19; S6.1.499; MR3.709; J7.533; D.Discipl.160.206.Presse. 234.235.
16 Toulouse.A5.709; B10.370; S7.2.273; J7.605;D.Testament.393.
— Turin.A8.242; P23.2.102,n.1-1; B15.283; S6.2.657; D.Faillite.1049.
— Paris.A6.711,n.;B12.375,n.;S7.2.1043;D.Protêt (délai. augmentation).
— Req.A9.551;P7.1.12;B17.415;S7.1.12;MR3.715; D.Hypoth.195.197.Saisie-imm.65.146.
17 Turin.P7.2.39;S7.2.39;D.Rente.140.
18 Paris.A10.556,n.2; P2.799,n.5; B20.465; S3.2.476; D.Paiement.132.
— Besançon.A12.727,n.14;P2.1419;B27.328;S7.2.1243;D.Tutelle.260.
19 Turin.A2.382;P1.491;B3.428;S6.2.781;D.Caution.102.
— Cr.c.A11.230,n.1;P2.989,n.2; B22.329. et 23.161;S7.2. 1255;D.Voitures publ.74.
— Cr.r.A11.430,n.5;P2.1078,n.5; B23.161; S7.2.922.920; D.Appel correct.85.Compét. cr.776.Douanes.228.262 Procès-verbal.613.
— Cr.c A12.552,n.6;P2.1351;B27.26; S7.2.1161; D.Compétence crim.456.
22 Civ.c.A7.455;P2.80;B14.78;D.Enreg.2946.
— Civ.c.A7.463;P2.84;B14.88;D.Enreg.2986.
— Civ.c.A9.187;P7.1.109;B17.220;S7.1.109; MR5.828;J7 607;D.Exécut. des jugem. et actes.45.Compét. civ 41.Hypoth. judic.66.
— Civ.c.P8.2.10;D.Enreg.545.
23 Paris.A6.640;P1.1466; B12.292,n.4; S7.2.1245. et 6.2. 898;D.Effet de comm.369.
— Req.A9.122;P7.1.35. et 2.437;B17.139;S7.1.35;D.Hypoth.77.
— Civ.r.A11.774,n.2;P7.1.65;B24.289; S7.1.65;J7.612;D.Acquiesc.296.Surenchère.258 278.279.
— Bruxelles.P7.2.42;S7.2.42;D;Communauté.1170.
24 Bruxelles.A9.128,n.1;P7.2.45. et 2.437;B17.146,n.1;S

7.2.45. et 6.2.215;D.Hypoth. lég.26.
26 Cr.c.A1.408;P1.128;B2 9;D.Forêts.1030.
— Cr.c.A1.407;P1.127;B2.8;D.Forêts.1029.
— Cr.c.A8.776,n.2;P2.382,n.2;B 6.400;D.Forêts.707.
— Nîmes.A12.483,n.1; P2.1338; B26.360. et 7.613; S7.2. 1086;D.Partage.137.
— Cr.r.P7.2.24;S7.2.24;D.Fonct. publ.29.
27 Cr c.A1.571,n.;P1.209,n.;B2.202,n.;D.Appel correct. 152.
— Cr.c.A8.399;P7.2.25;B15.465;S7.2.25;D.Faux.476.
— Turin.A9.242,n.,n.5;P2.455;B17.287,n 5; S6.2.746;D.Inscript. hypoth.105 123.435 Lois entr.136.
30 Civ.c.A7.393;P2.69;B13.446;D.Enreg.2667.
— Nîmes A10.70,n.1; P2.695,n.4; B19.218; S7.2.1050;D.Mariage.308.

1807.

JANVIER.

2 Cr.c.A5.737;P8.2.40;B6.371; S7.1.837; MR1.374;J8.3; D.Compét. crim.106.Contr. par corps.404.
— Cr.c.A8.345;P2.243;B15.402;S7.2.689;D.Faux.241.
— Req.A10.602,n.1.4;P7.1.61;B21.5;S7.1.61;J8.1;D.Novat.73.
3 Décr.A6.858,n.2,n.3;D.Emig.366.
4 Req.A11.776,n.4,n.2;P9.1.47. et 2.1206;B24.293;S9.1. 237;MR13.334;V au 4 janv. 1809;D.Surenchère.153.
— Civ.c.D.Enreg.2546.
5 Rouen.A1.381;P7.2.27;B1.446;S7.2.27.D. Appel civil. 540.
— Bruxelles.A8.668,n.2; P7.2.62; B16.288,n.2; S7.2.62;J 8.6;D.Filiat. nat.132.
— Trèves. A10 167,n.11; P2.713,n.5; B19.378; S7.2.202; D.Contrat de mariage.408.
— Req.A12 219,n.2;P7.1 23. et 2.1295; B25.492;S7.1.23; MR4.627;D. Enfant.5 Substitution.526.
6 Paris. A2.480;P1.34; B4.82; S7.2.1052;J8.8;D.Choses. 156.
— Req.A2.241;P7.1.222;B3 260;S7.1.222;D.Bigamie.16.
— Décr.A6.858,n.4; P2 1167; S14.2.434;D.Emig 368.
— Décr.A11.683,n.1;P2.1167;B24.112,n.6; S14.2.439; D.Saisie-imm.131.
— Décr.S6.1.25;D. Compét. adm.274.
— Décr.D.Comptabilité 84.
— Décr.D.Ventes admin.283.
— Décr.S6.1.25;D.Ventes admin.404.
7 Req.A9.700,n.,n.3;B18.353,n.;D.Jugem. par déf.89.
8 Cr.c.A11.406,n.14;P2.1062,n.8; B23.116; S16.1.207;D.Procès-verbal.213.
— Cr.c.A9.512,n.;B18.71,n.;D.Défense.
9 Bruxelles.A9.188;P2.445;B17.222;S7.2.532;D.Hypoth. judic.32.69.
10 Paris.A11.887,n.4;P2.1234;B25.7;S7.2.1200;D. Divor. 26.
11 Cr.c.P17.1.22;D.Procès-verbal (affirmation).
12 Toulouse. A9.115,n.2,n.1; P2.435; B17.151,n.1 ; S7.2. 280;D.Privilége.549.
— Req.A9.700,n.,n.3;B18.555,n.;S7 2.69; D. Jugem. par défaut.89.
— Req A9.859,n.2.1;P7.1.45;B18.595;S7.1.45;D.Lois rétroact.156.
13 Req.A6.90;P7.1.121;B11.98;S7.1.121;MR10 683; J8.12; D.Legs.199.Rapp. à succ.110.
14 Civ.c.A7.611;P7.2.61;B14.270;S7.2.61;MR8.664;J8.14; D.Exception.255.
— Cr.r.P9.2.41;D.Procès-verbal.217.
15 Cr.c.A4.433;P1.1150;B8.28;D.Cour d'ass. 1037.
— Req A9.188,n 2;P7.1.114;B17.222,n.1;S7.1.114;D.Hypoth. judic.71.
— Cr.c.A11.31,n.3. et 9.517;P2.917,n.2. et 517;B21.456. et 18.79;S7.2.233;D.Action pub.35.46. Compét. crim. 308.Inst. crim.433.Min. pub.366.
— Cr.c.D Voies de fait 65.
16 Cr.c.A3.452,n.;P1.841;B6.53;S7.2.217;D. Comp. crim.
— Paris A6.383 n.1;B11.439 n 1. et 16.10;D.Domicile.60.
— Besançon.A8.424;P2 267;B16.10;D. Faux incident.49. 160. Jugem. pap déf. 203.
— Paris.A9.727,n.1; P2 582,n.2; B18.395; D. Jugem. par défaut.518.
— Cr.c.A12.609,n.8;P2.1575;B27.123; S7.1.353; D. Tém. faux.31.
— Cr.c.S7.1.549;D.Confiscation.45.
— Cr.c.D.Confiscation.4.
17 Turin.A3.576;P1.803;B5.452;S8.2.52; D. Compét. civ. 135.Compét. comm.123.
— Nîmes.A11.923,n.11;B25 68;S7.2.641; D.Alimens.199. Divorce.3.
19 Turin.A1.185;P1.74;B1.244;J8.16;D.Acte de not.22.
— Req.A10.167,n.1.2; P7.1.115; S7.1.115; MR.13.590; D.Dispos. entre vifs.152.
— Req.A10.141,n.1;P7.1.115; B19.378. et 333; S7.1.115; MR13 590;D Autorisat de femme.141.
— Trèves. A10.736,n.1; P2.856,n.3 ; B21.223; S7.2.766. 1119.1120;J8.16;D.Preuve test.203.
— Turin.P22.2.123,n.1;S7.2.659;D.Usufruit lég.105.
— Civ.c S8.1.12;D.Féodalité.91.
20 Civ.c.A4.633;P1.1199;B8.249;D.Deg. de jurid.94.
— Req.A7.124;P7.1.142;B13.158;S7.1.142; D. Contrat de mariage.68.Enregist.1119.
— Turin.A5.463;P1.1325;B10.80;S7.2.700;J8.25; D. Portion disponible.567.

— Civ.c.A10.362,n.1; P7.1.49; B20.184; S7.1.49; D. Dot. 497.
— Bruxelles.A10.767,n.2; P7.2.48; B24.275; S7.2.658. et 48; MR16.734; J8.21; D. Serment décis.22.
— Req.A12.598,n.1; P7.1.59; B26.224; MR3.294; D.Succes. vacante.26.
— Agen.A11.942,n.25; B25.105; S7.2.346; D. Divorce.124.
21 Req.A2.774; P7.1.158; B4.420; S7.1.138; J8.55; D. Commiss.211.537.
— Civ.r.A3.242; P7.2.60; B5.273; S7.2.60; D. Conflit. 192.193.
— Nîmes.A9.244,n.1; B17.289,n.1; S7.2.329; J8.28; D.Faillite.53.54.
— Civ.r.A11.829,n.2; A2.1226; B24.392; S8.1.550; J8.49; D. Saisie-imm.1001.1643.1644.
22 Cr.c.A4.331; P1.1111.B7.361,n.1; D.Cour d'ass.224.
— Cr.c. A.8.345; P2.243; B15.403; S7.2.691. et 1.555; D. Faux.471.
— Cr.c.A8.415; P8.1.287; B15.483; S7.1.552; MR5.155; D. Faux. 466.
— Req.A6.815; P7.1.76; B12.193; S7.1.76; J8.57; D.Emigré. 257.
— Cr.c.A8.328; P2.238; B15.382; S7.2.235; D.Faux.36.
23 Cr.c.A7.645; B14.310.D.Excuses.96.
— Cr.c.P24.1.295; S7.2.808; MR3.450; D.Forêts.253.
24 Bruxelles.A10.474,n.2; 23.2.100,n ; B20.342; S7.2.258; D.Oblig,590.
25 Arr.A6.525,n.; D.Vente admin.324.
— Décr.A6.469,n.8.3; B18.10,n.7,n.3; S14.2.428; D.Contr. directes.250.
— Décr.A3.221,n.1; S6.1.29; D.Action possess.276.
— Déc.S14.2.427; D.Hospices.114.
26 Req.A6 779; P7.1.123; B12.455; S7.1.123; D.Emigré.74.
— Req.P7.1.207; S7.1.207; D. Vente.99.107.
27 Civ.c.A6.305; P1.1355; B11.547; D. Dom. eng.57.
— Besançon.A10.152,n.3,n.7; P2.706,n.4; B19.319; D. Autorisat. de femme.126.204.Preuve litt.1066.
— Bruxelles.A10.732,n.2.1; P2.835,n.4; B21.216; S7.2.249; D.Preuve test.159.
— Req.P7.1.128; S7.1.128; MR8.383; D.Société civ.10.
— Cr.r.P7.2.75; S7.2.75. et 235; MR3.272; J8.40; D.Bigam. 56.
28 Req.A2.56; P7.1.152; B3.57; S7.1.152; J8.46; D. Assur. marit.417.
— Civ.r.A5.368; P1.1322. et 9.1.256,n.; B9.421; S8.1.125; D.Port. disp.116.
— Lyon.A9.159; P2.498; B17.521,n.2; S7.2.349; D. Réd. des hypoth.70.
— Cr.c.P8.1.288; D.Faux (intention, huissier).
29 Cr.c.A5.619; P1.926; B6.258; S7.1.511; D.Complicité.24.25.52.74.
— Cr.c.A8.546; P2.245; B15.403; S7.2.695; D.Faux.492.
— Rouen.A8.132; P22.2.166,n.2; B15.153; S7.2.851; J8.49; D.Faillite.20.21.
30 Cr.c.A4.39; P1.1015; B7.40; D.Cont. ind.90.
— Cr.c.A5.138; B9.159; D. Désertion.39.
— Cr.c.A11.102,n.,n.5; P2.951,n.5; B22.100; S8.1.325; D. Presse.289.
— Cr.c.A12.1016,n.3; P2.1507; B28.357; S7.2.825; J8.54; D. Voirie.561.
31 Paris.A8.659,n.1; S7.2.799; D.Aveu.105.
— Paris.A9.455,n.1.2; P2.503; B17.540,n.2; S7.2.1024; D. Respons.191.

FÉVRIER.

1 Civ.c.A11.925,n.14; P7.1.82; B25.72; S7.1.82; MR3.804; D.Divorce.5.6.
— Bruxelles.A5.571; D. Donation. 9.
2 Req.A5.636; B10.285; D.Testament.164.
— Req.A11.580,n.2; P2.1126,n.5; B23.420; S7.2.1180; J8.55; D.Rente.394.
— Civ.c.A11,925,n.14; B25.72,n.1; D.Divorce.5.6.
3 Req.A1.611; P7.1.254.et2.1210; B2.249; S7.1.254; D.Arbitrage.197.309.310.
4 Civ.c.A7.108; P2.15; B13.420; S8.1.39; D.Enreg.987.
— Civ.c.A7.303; P2.54; B13.343; S8.1;38; D.Enreg.2199.
— Trèves. A1.359; P1.110; S7.2.252; D.Alimens.208.Divorce.83.134.
— Trèves A3.384; P1.806; B5.443; S7.2.277; D. Compét. comm.560.
— Req.A5.228; P7.1.217; B5.257; S7.1.217; MR3.253; J8.62. D.Eau.407.
— Civ.c.A6.547,n.1; P1.1353; B11.397,n.1; D.Dom. de l'état.64.
— Civ.c.A11.209,n.5; P2.979,n.4; B22.292; S8.1.40; J8.66; D.Péremp.311.
5 Cr.c.A4.27; P1.1009; B7.27; D.Cont. ind.54.Procès-verbal.424.
— Grenoble.A8.576; P7.2.84; B16.183; S7.2.84; MR16.586; J8.58; D.Actes de l'état civil.99.102. Filiat. légit.121.132.147.
— Cr.r.A11.151,n.2; P2.952,n.2; B22.189; S7.2.74; J8.68; D.Pêche.30.
6 Cr.c.A2.140; P1.376; B3.151; D.Autorité mun.405.
— Rouen.r.A2.69; J8.70; D.Assur. marit.345.
— Cr.c.A11.119,n.,n.2; P2.941,n.1; B22.134; S8.1.326; D. Presse.721.
— Cr.c.A8.787; P2.391; B16.414,n.11; D.Forêts.1012.
7 Bruxelles.A5.686; P1.1335; B10.343; S7.2.253; D.Testament.535.

1807.

— Riom.A5.740; B10.405; S7.2.203; D.Testam.488.
— Turin.A12.483,n.3. et 5.464; P2.1339; B26.361. et 10.82; S13.2.332. et 15.2.205; D. Interrog. sur faits. 47. Partage.141.Portion disp.591.Serment.57.
— Paris.A12.914,n.1; B21.182. et 28.178; S7.2.654; J8.77; D.Ratif.8.Transport de créances.3.
— Civ.r.P23.2.117.
— Paris.A9.874,n.6; D.Lois rétroact.257.
9 Paris. A11.572,n.2,n.2; P2.1124,n.11; B23.406; S7.2.1179; J8.82; D.Rente.340.
10 Bordeaux.A9.859,n.2-2; P2.638,n.4; B18.596; S8.2.136; D.Lois rétroact. (rente viagère).
— Paris.A10.577,n.1.5; P2.805,n.4; B20.500; D.Offre.63.
— Décret.D.Comptabilité.29.
11 Civ.c.A7.109; P2.16; B13.120; S7.2.732; J8.91; D.Enreg. 958.2469.
— Turin.A2.402; P1.502; B3.451; S7.2.547; D.Caution.95.
— Civ.c.A3.752; P7.1.166; B6.389; S7.1.166; MR4.617; J8.89; D.Contr. par corps.208.
— Nîmes.A6.119; P10.2.46; B11.151; S7.2.635; D.Legs.489.
12 Nîmes.A9.705. et 715,n.1-1; P2.577,n.4; B18.361; S7.2.353; D.Jugem. par défaut.116.229.Exploit.680.
13 Cr.c.A4.27,n.; P1.1009; B7.27,n.; D.Contr. ind.54.
— Cr.c.A3.469; P1.852; B6.72; D.Appel correct.75.Compét. cr.280.
— Paris.A9.641,n.1; B18.272; S7.2.690; D.Jugem.504.
16 Poitiers.A1.444,n.; B2.52,n.; P1.151; S15.2.199; D.Appel civ.90.92.
— Avis du cons. d'état.D.Appel civ.256.
— Décr.A675,n.; D.Expertise.195.
17 Civ.r.A5.797; P1.168; B6.442; S7.1.168; MR12.347; J8.93.Contr. par corps.353.
— Civ.c.A5.606; P7.1.97; B10.249; S7.1.97; J8.96; D.Testam.43.44.
— Civ.c.A7.523; P2.89; B14.161; S7.2.757; D.Timbre.336.
— Bruxelles.A6.743; P1.1487; B12.412; S7.2.702; D.Effets de comm.868.
— Bruxelles.A9.286,n.; B17.359,n.; S10.2.260; D.Inscript. hypoth.319.
18 Civ.c.A7.297; P2.52; B13.336; D.Enreg.216.
— Civ.c A10.780,n.4; P7.2.26; B21.293; S7.2.26; D.Amnistie.16.113.114.
— Nîmes.A12.648,n.7; P2.1385; B27.184; S7.2.358; D.Tierce-opposit.159.
19 Cr.c.A4.256; P1.1083; B7.279; S7.2.919; D.Contr. indir. 627.652.Procès-verbal.578.579.
— Cr.c.A3.444. et 11.116,n.24; P7.2.74; B6.44. et 22.126; S7.2.74. et 16.1.289; MR6.100; D.Compét. cr.186.Presse.568.
— Cr.c.A1.401; P7.2.78; B2.1; S7.2.936. et 78; MR4.387. et 6.418; J8.106; D.Art de guérir.10.Excuse.115.
— Cr.c.A7.646; B14.310; D.Excuse.96.
20 Besançon.A5.151; D.Désist.39.
— Agen.A12.301,n.1; P2.1305; B26.67; S7.2.1189. et 204; D.Retour légal.14.59.
— Turin.A9.570,n.1.2. et 12.723,n.7; P2.535,n.3. et 1418; B18.160. et 27.321; S7.2.652; D.Interdit.187.Tutelle. 183.184.
23 Civ.c.A7.250; P2.40; B13.283; S7.2.938; D.Enreg.1987.
— Civ.r.A7.597; P2.70; B14.4; S7.2.236; J8.108.D.Enreg. 2687.
— Turin.A9.962,n.; P2.679,n.6; B19.90; S7.2.818; J8.111. D.Lois rétroact.172.Mandat.200.
— Aix.A11.757,n.2; P2.1199; B24.257; S15.2.158; J8.118; D. Saisie-imm.1189.
— Req.A12.912,n.2.6; P7.1.151; B28.174; S7.1.151; MR16.282; D.Lois rétroact.210.Rescis.243.
— Montpellier.A12.888,n.2; P2.1467; B28.134; S7.2.298; D.Garantie.295.307.365.Rescis.245.
— Civ.c.A3.798; P7.1.170; B6.443; S7.1.170; J.8.115; D. Contr. par corps.567.762.
24 Civ.c.A3.64; P1.699; B3.68; D.Commune.344.
— Paris.A5.22; P1.1282; B9.24; S7.2.639; D.Fonct. pub.18. Dénonc. calomn.46.
— Turin.A6.160; P1.1350; B11.180; S7.2.205; J8.125; D.Révoc.87.
— Bruxelles.A12.168,n.1; P2.1286; B28.410; S7.2.692; D. Substitution.71.86.
— Décret.A12.991,n.19; B28.303,n.19; D.Voirie.188.
26 Cr.c.A3.519; P1.883; B6.128; D.Compét. cr.426.476.
— Bruxelles.A1.628; P1.235; B2.268; S7.2.323. et 187; D. Arbitrage.232.
— Civ.c.A8.795,n.4; P2.398; B16.426; S13.1.464; J8.141; D.Forêts.864.Prescript. crim.105.
— Req.A10.677,n.1; P7.2.79. et 2.834,n.1; B21.123; S7.2.79; D.Preuve litt. 800.
— Req.A12.707,n.1; P7.1.156; B27.291; S7.1.156; MR14.256; J8.128; D.Tutelle.100.
27 Bordeaux.A1.520; P1.97; B1.371; S7.2.163; J8.132; D. Adultère.74.Divorce.18.
— Cr.r.A2.248; B3.273; D.Bigamie.52.56.
— Turin.A6.61; B11.64; S7.2.637; Donat. par cont. de mariage (rétroactivité, condition).
— Besançon.A11.534,n.2; P2.1109,n.5; B23.336; D.Réc. de juges.54.
— Cr.c.P7.2.77; S7.2.77; D.Commune.572.
— Cass.S8.1.273; D.Cont. par corps.750.
28 Cr.c.A3.503; P1.868; B6.110; S8.1.324; D.Cassation.571. Compét. cr.398.399.446.
— Paris.A3.807.S7.2.643; D.Exploit.266.740.

1807.

MARS.

2 Req.c.A3.210; P1.748; B5.237; D.Compét. admin.351.
— Civ.r.A8.507; P2.282. et 7.1.173; B16.105; S7.1.173; D. Féodalité.171.
— Montpellier.A11.26,n.; P2.914,n.; B21.447,n.1; D.Min. pub.31.
3 Aix.A5.153; P1.1305; B9.176; S15.2.205. et 14.2.458; D. Désist.64.
— Civ.c.A6.322; P7.2.58; B11.366; S7.2.58. et 7.2.796; MR 9.442; J8.142; D. Ventes admin.312.
— Req.A12.513,n.1; P7.1.270; B26.414; S7.1.270; D.Partage.297.Rescis.128.
4 Civ.c.A7.144; P2.21; B13.161; D.Enreg.1441.1442.
— Civ.c.A7.79,n.; P2.10; B13.85,n.D.Enreg.747.
— Civ.c.A7.142; P2.20; B15.158; S7.2.237; D.Enreg.1394.
— Civ.c.A7.267; P2.46; B13.302; S7.2.738; D.Enreg.1981.
— Civ.c.A7.411; P7.2.88; B14.20; S7.2.88; MR4.775; J8.165; D.Enreg.2751.2779.
— Civ.c.A9.700; B18.335; S7.2.227; D.Jug. par défaut.89.
5 Cr.c.A4.106,n.; P1.1033; B7.114,n.; S7.2.809; D.Contr. ind.473.
— Cr.c.A8.790,n.5; P2.394; B16.419,n.; S16.1.220. et 7.2.1144; D.Procès-verbal.284.
— Cr.c.A11.410,n.2; P2.1061,n.2; B23.114; D.Procès-verb. 416.
— Cr.c.A12.553,n.14; P2.1352; B27.28; D.Compét.cr.465.
— Req.A4.640; P7.1.191; B8.256. et 23.124; S7.1.191; MR3.588; J8.146; D.Degré de jurid.137.
6 Cr.c.A4.515; P1.1118; B7.377; D.Cour d'ass.485.
— Cr.r.A8.346; P2.244; B15.403; S7.2.237; D.Faux.216.452.Fonct. pub.224.
— Décret cons. d'état.S14.2.448; D.Cassation.319.
— Bourges.D.Exploit.885.
7 Bruxelles.A9.254,n.; B17.501,n.; S7.2.721; D.Inscr. hyp.48.
8 Cr.c.P7.2.158; S7.2.158; D.Cour d'ass. (juré).
9 Liége.A11.568,n.2; P2.1123,n.7; B23.397; S7.2.260; D. Rente.239.
10 Arr.A6.325,n.1; D.Ventes admin.324.
— Décret.A6.838,n.2,n.3; D.Emig.366.
— Décret.A9.466,n.5; B18.6,n.1; S14.2.443; D.Contr. dir. 151.
— Ord. cons. d'état.A3.203,n.1; D.Comp. adm.330.
— Décret cons. d'état.S16.2.228; D.Chose jugée.47.
— Décret.S14.2.430; D.Compét. adm.275.
— Décret cons. d'état.D.Rente.427.
11 Req.A2.374; P7.1.214; B3.419; S7.1.214; MR4.210. et 8.148; J8.148; D.Caut.35.
— Req.A3.376; P7.2.73; B5.451; S7.2.73; MR10.266; J8.152; D.Compét. civ.22.
— Turin.A9.291,n.4; P2.465; B17.345,n.4; S7.2.674; D.Inscript. hypoth.203.314.
— Bruxelles.A10.124,n.1; P2.703,n.2; B19.303; S7.2.262; D.Mariage.656.
— Angers.A10.265,n.1-1; P2.734,n.2; B20.21; S7.2.505; D. Communauté.741.
— Civ.c.A12.676,n.1,n.1; P2.1593; B27.235; S7.2.1235; D. Transact.61.
— Colmar.A12.928,n.1.2; P2.1485; B28.201; S7.2.281; J8.154; D.Appel civ.263.Success.481.Transport de créance.240.
12 Req.A1.176; P7.1.261; B1.204; S7.1.261; J8.158; D.Actes de l'état civil.130.
— Cr.c A12.553,n.; B27.28,n.1; D.Compét. cr.465.
13 Cr.c.A8.414; P2.264; B15.483; S7.2.699; D.Faux.463.
14 Turin.A5.680; B10.336; S7.2.662; J8.164; D.Testam.509.
16 Civ.r.A2.362; P7.1.147; B3.403; S7.1.147; MR3.750; J8.167; D.Cassat.995.996.Frais et dépens.168.
— Décret.A5.135,n.12; D.Commune.
— Décret.S16.2.230; D.Comptabilité.29.
— Avis du cons. d'état.S16.2.217; D.Dette pub.48.
— Décret du cons. d'état.S16.2.218; D.Douanes.75.
— Décret du cons. d'état. Mac.3.133,n.3; S14.2.452; D. Comp. admin.118.
17 Riom.A5.673; B10.328; S7.2.1227; J8.175; D.Testam. 276.
— Rej.A6.752,n.1; P1.1489; B12.425,n.1; D.Effets pub.56.57.58.
— Civ.c.A9.188,n.2; P7.1.151; B17.222,n.1; S7.1.154; D. Hypoth. judic.71.
— Toulouse.A9.715,n.2; P2.579,n.3; B18.374; D.Jugem. par défaut.192.214.
— Req.A9.123; P7.1.158; B17.140; S7.1.158; MR5.865; D. Hypot.70.71.
— Req.A11.586,n.2,n.2; P2.1128,n.5; B23.432; D.Renvoi. 19.
— Besançon.A14.354; D.Faux incid.159.
18 Civ.c.A5.68; P1.1290; B9.74; S7.2.740; D.Dépôt.110.111.
— Décret.A6.329,n.5; D.Ventes admin.432.
— Req.A10.500,n.1; P7.1.241; B20.382; S7.1.241; J8.181; D.Oblig.708.745.
— Civ.c.A11.303,n.3; P17.1.105; B22.153; S7.2.1109; D. Prescript. civ.982.
— Nîmes.S7.2.1182; D.Rapp. à succ.51.
19 Cr.r.A6.452; P1.1387; B12.71; D.Douanes.99.126.243.266.425.Procès-verbal.522.
— Aix.A12.704,n.1,n.1; B27.286; S7.2.167; J8.186; D.Tutelle.74.
20 Rouen.A12.935,n.2; B28.213; S7.2.1249; J8.192; D.Vente pub. de meubles.57.

— Cr.c.A9.504,n.2;B18.60;D.Inst. cr.183.
— Cr.c.A9.475,n.8; P7.2.100; B18.16,n.8; S7.2.100;D.Incendie.28.
21 Cr.c.A5 607; P1.919; B6.225;S7.2.239; J8.195;D.Compét. cr.789.
— Cr.c.A7.554;B14 198;S7.2 95;D Escroquerie.19.
— Cr.c.A8.687,n.2;B16.311,n.1;D.Fonct. pub.267.
— Cr.c.A8.785,n.2;P2.589;B16.412;D.Procès-verb.167.
— Cr.c.P7.2.95;S7.2.95;MR4.849; J8.198; D.Escroquerie (fausse qualité).
— Décret.A5.225,n 6;D.Eau.369.
— Décret.A12.991,n.20;B28.303,n.20;D.Voirie.189.
23 Décret.A12.1014,n.5;P2.1505;B28 334;D.Voirie.539.
— Avis du cons. d'état.A11.19;D.Juge.47.
24 Civ.r.A1.106; P7.1.239; B1.125; S7.1.239. et 2.812. et 788;MR2.596;D.Acquiesc.75.74.172.
— Civ.c.A3.85; P1.705; B5.88; S7.2.839. et 812; D.Arbitrage.1015.Cass.179.Commune.361.393.594.
— Bruxelles.A9.936,n.1; P2.670,n.5; B19.48;S7.2.276;D.Louage.338.
— Turin.A12.85,n.4;P2.1264;B25.266;S7.2.641;D.Société civ.295.
— Req.A11.886,n.2,n.; P7.2.57; B23.432; S7.2.57; MR3.244;J8.199;D.Renvoi.19.
25 Décret.A9.469,n.9;B18.10,n.1;S14.2.455;D.Contr. directes.251.
— Rouen.A9.586,n.1;P2.340,n.12;B18.186;J8.200; D.Intervention.29.
— Req.A12.678,n.7;P7.2.199;B27.259;S7.1.199;MR14.75; J8.205;D.Transact.106.107.
— Décret.A5.219,n.10;D.Cont. direct.201.
— Décret du cons. d'état.D.Vaine pâture.14.
— Décret.A12.1024,n 45;S14.2.454;D Voirie.726.733.
26 Cr.c.A4.103;P1 1035;B7.113;D.Contr. ind.455.
— Cr.c.A8.394;P2 289;B15.459;S7.2.701;D.Faux.360.
27 Bruxelles.D Exploit.141.
28 Cr.c.A5.440;P7 2.93;B6.40; S7.2.93. et 705;MR14.208; D.Compét. cr.177.198.
— Cr.r.A12.1070,n 1-1;P2 1531,n.1;B28.425; D.Vol.247.
— Cr.c.P7.2.99;S7.2.99;D.Appel correct.201.
— Décret.A5.224,n.9;D.Eau.355.
— Décret min. just.D.Preuve litt.332.
30 Bruxelles.A7.612;B14.270; D.Divorce.112.Exception.401.
— Bruxelles.A7.801; P2.162; B14.498;S7.2.270;J8.214;D.Domicile élu.98.Rad. hypoth.95.
— Bruxelles.A11.943,n.26; P2.107; B25.106; S7.2.266;D.Divorce.112.
31 Décret.A11.332,n.5;P2.1024;B23.18;D.Prises marit.13.
— Req.A12.226,n.1; P7.1.193; B25 504; S7.1.193; MR13.88;J8.216;D.Substitut 370.
— Civ.r.P7.2.68;S7.2.68;D.Déf.204.
— Instruct.D.Acte de notoriété.72.

AVRIL.

1 Civ.c.A4.731;P1.1249;B8.562;D.Degré de jurid.529.
2 Cr.r.A2 242; P7.2.129; B5.266; S7.2.129; MR6.151. et 152;J8 221;D.Bigamie.14.
— Cr.r.A8.347; P2.244. et 7.2.130; B15 404; S7.2.130; D.Faux.118.
— Cr.c.A6.457; P7.2.137; B12.77; S7.2.137; MR4.352; D.Douanes.438.
4 Turin.A6.146;B11.163;S7.2.644;J8.228;D.Révoc.24.
6 Civ.c.A4.718;P1.1245;B8.348;D Degré de jurid.467.
— Aix.A1.364; P1.111; B1.422; S7.2.645; J8.237; D.Alimens.155.217.
— Civ.c A1.450;P1.144;B2.55;S7.2.243;D Appel civ.59.
— Paris.A12 534,n.1; P2.1347;B26 448;S7.2.1041;J8.240; D.Rescision.63.149.
7 Civ.r.A4.644;P1.1204; B8.261; D. Degré de jurid.150.164.
— Civ.c.A7.88;P2.12;B13.94;D.Enreg.736.
— Paris.A5.774; P1.980; B6.416; S7.2.680; D.Contr. par corps.458.
— Turin.A10 772,n.1; P2.863,n.3; B21.281; S7.2.646; D.Serment déc.96.
— Req.A12.24,n.1; P7.1.183; B25.466;S7.1.183;MR3.249; J8.487;D.Servitude.172.
— Civ.r.P7.1.311; S7.1.311; MR4.544;D.Compét. admin.276.
— Sect. réun.c.S8.1.15;D.Enreg.915.
8 Req.A7.602; P7.1.359;B14.258;S7.1.359;J8.246;D.Exception.460.
— Turin.A10 768,n.;P2.862,n.; S6.2.900;D.Serment décisoire.
— Civ.c.A12.677,n.1.6;P7.1.189. et 2.1396;B27.258;S7.1.189;J8.248;D.Transact.97.
9 Req.A7.583; P7.1.308;B14.255;S7.1.308;MR16.159;J8.254;D.Exception.21.26.
— Riom.A9.174; P24.1.436,n.; B17.204; S7.2.646; MR17.69;J8.251;D.Hypoth. judic.44.
— Req.P7.1.178;S7.1.178;D.Présomp.27.Preuve litt.779.
10 Cr.c.A4.772;P7.2.135;B8.440;S7.2.135;MR7.797;D.Délit rural.62.
— Cr.c.A4.105;P1.1055;B7.114;D.Cont. ind.172.
— Cr.c.A4.186; P1.1061; B7.202; S7.2.1254; D. Voitures pub.14.
— Cr.c. A11.412,n.11; P2.1066,n.11; B25.128; D.Procès-verbal.406.
— Cr.r.A11.416,n.25;B25.155;S7.2.1146;D.Except.521.

— Cr.c.A11.506,n.5; P2.1097,n.5; B25.285; S7.2.705; D.Quest.pr.55.
— Cr.c.A12.553,n.15; B27.28; S7.2.1160; D. Compét. cr.463.
— Cr.r.P7.2.105;S7.2.105;D.Récidive.
— Cr.c.D.Procès-verbal.289.
11 Paris.A8.25;P22.2.147;B15.21;S7.2.705;D.Faillite.28.
13 Aix. A8.225; P2.215; B15.202; S8.2.95; D.Cession de biens.69 95.Faillite.1006.1025.1360.
— Turin.A6.82; P10.2.47; B11.89; S7.2.664; D.Legs.157.158.
— Civ.c.A2.620. et 6.329. et 11.364,n.1;D.Ventes admin.272.
14 Civ.c.A7.388;P2 68;B13.441;S7.2.1248;D.Enreg.2568.
— Paris.A11.658,n.3,n.1;P2.1155,n.16;B24.71;S15.2.174; D.Saisie-exéc.222.
— Cass.D.Timbre.300.
15 Colmar.A1.446; P1.181; B2.54; S7.2.785;J8.256;D.Appel civ.7.
— Civ.r.A7.374;P7.1.246;B13.428;S7.1.246;MR4.758; J8.259;D.Enreg.2532.
— Req A8.495;P7.1.337;B16.88;S7.1.337;D.Féodalité.76.
16 Cr.r.A4.408; P11.40; B7.448; S8.1.311. et 7.2.1027. et 901;D.Cour d'ass.924.925.
— Cr.c.A4.281,n.1;P1.1089;B7.305,n.1;D.Cour d'ass.21.
— Cr.r.A11.214,n.2; P2.981,n.3; B22.362; D. Action civ.119.
— Paris.A11.895,n.1;P8.2.125;B25.21;S7.2.661;J8.266;D.Sép. de corps.72.95.
17 Cr.r.A8.795,n.; P7.2.150; B16.425,n.; S7.2.150; MR5.458;J8.271;D.Forêts.855.
— Req.A6.841,n.1; P7.1.311; B12.527,n.1; V.7 avril; D.Emigré.122.577.
— Colmar.A10.852,n.5;P2.889,n.4;B21.381,n.; D.Ordre.369.
— Paris.A12 84,n.2; P2.1264; B25.264; S7.2.1201; D.Société civ.85.
— Cr.c. P7.2.144; S7.2.144; D. Instr. cr. (directeur du jury).
18 Paris.A5.760;P1.985. et P7.1.318;B6.400;S7.2.687;J8.420;D.Contr. par corps.278.
20 Civ.c.A7.251;P2.40;B13.285;D.Enreg.1969.
— Civ.r.A5.102; P1.711; B5.110; S7.2.1250;D.Commune.299
— Civ.c.A7.451;P2.79;B14.74;S7.2.740;D.Enreg.28.29.
21 Civ.c.A4.655; P1.1209; B8.275;S7.2.898;J8.274;D.Degré de jurid.191.
— Civ.c.A4.691;P1.1226;B8.314;D.Degré de jurid.353.
— Civ.r.A2.311;P7.2.86;B3.346; S7.2.86; J8.278;D.Cass.441.
— Turin. A10.645,n.1; P2 823,n.3; B21.69; S7.2.668; D.Preuve litt.62.
— Décret A11 332,n.5;P2.1024,n.5;B23.18;S16.2.260; D.Prises marit.13.
22 Bruxelles.A1.337;B1.418;S7.2.537,J8.283;D.Alimens.108.
— Bruxelles.A1.293;S7.2.174;J8.282;D.Adoption.31.
— Civ.c.A1.804; P1.505; B2.471; S7.2.741; D.Arbitrage.975.
— Civ c.A9.270;P7.1.254;B17.320;S7.1.254;MR5.869; J8.288;D.Inscrip. hypoth.241.
— Civ.r.A9 105,n.1;P7.1.250;B17.117,n.1;S7.1.250;MR5.876 J8.277;D.Privilège.491.
— Colmar.A11.906,n.1;P2.1244;B25.40;S15.2.559; D.Sépar. de corps.132.
— Décret cons. d'état.D.Comptab.37.
23 Bruxelles.A5.366;P1.1321;B9.419;S7.2.272;D.Portion disp.158.
— Cr.c.A7 554;P2.93;B14.198;D.Escroquerie.62.
— Décret.A6.526,n.17;D.Vente admin.380.
— Décret.A8.484,n.2;B16.79,n.2;S7.2.80;D.Féodalité.
— Décret.A6.838,n.,n.4;D.Emigré.368.
23 Décret.A6.858,n.,n.3;D.Emigré.366.369.
— Orléans.A9.771,n.;D.Jugem. prép.37.
— Cr.c.A12.552,n.9;P2.1551;B27.26;S7.2.1160; D.Comp. cr.489.
— Req.A11.763,n.1,n.1; P7.1.298; B24.268; S7.2.298;MR 15.351;D.Surenchère.55.250.
— Déc.A5.227,n.2;D.Eau.439.
— Paris.P7.2.63;S7.2 63.
— Déc.A5.195,n.1;S14.2.442;D.Compét. admin.110.
— Déc. cons. d'état.S16.2.249;D.Cont. ind.192.
— Ord. cons. d'état.S16.2.252;D.Péage.33.
— Déc.D.Comptab.87.
— Ord.A5.303;D.Compét. admin.330.
— Décr. cons. d'état.S16.2.230;D.Ventes admin.58.
— Décr.D.Ventes admin.318.
— Décis.D.Vaine pâture.12.
24 Cr.c.A4.761;P1.1260;B8.397;D.Délit rural.87.
— Cr.c.A4.59;P1.1020;B7.62;D.Cont. ind.178.
— Cr.c.A4.216;P1.1068;B7.233;S7.2.991;D.Or et argent.36 37.
— Poitiers.A5.62;P1.1288;B9.66;S7.2.655;J8.296; D.Dépôt.36.37.
— Cr.c.A7.555;P2.95;B14.199;D.Escroquerie.29.
— Metz.A6.847,n.,n.3;P1.1509;B12.534,n.3; D.Enquête.44.
— Cr.c.S7.2.707;D.Liberté prov.11.
— Cr.c.A9.787,n.;B18.480;D.Liberté prov.27.
25 Colmar.A7.773; P2.751; B14.466; S7.2.751; J8.300;D.Exploit.407.

— Paris.A9.073,n.1-1;P2.680,n.7;B19.108;D.Mandat.529.
— Décr.A12.991,n.20;B28 303,n.20;D.Voirie.189.
27 Civ.c.A4.722;P1.1246;B8.35°;D.Degré de jurid.468.
— Civ.c.A7.93,n.;B13.100,n.;S7.2.742;D.Enreg.61.725.
— Civ.c.A7.303;P2.53;B13.345;S7.2.742;D.Enreg.2182.Expertise.359.360.
— Req.A2 498. et 3.247. et 12.665,n.56; P1.545.761; B5.279. et 4.104;S7 2.245;D.Chose jugée.65.66. Régl. de juges.46.Tierce-opposition.41.
— Civ.c.A5.170. et 9.640; P1.1309. et 2.556,n.4; B9.196. et 18.272;S7.2.240;D.Jugem.469.Désist.136.
28 Bruxelles.A3.177;P1.735;B5.200;S7.2.559;D.Compét. admin.146.
— Dijon.A6.379;P1.1358;B11.434;S7.2.284; D.Domicile.57.38.39.
— Civ.c.A10.758,n.2; P8.1.354; B21.259; S7.2.810; MR2.777;D.Aveu.65.
29 Civ.c.A7.228,n.;P17.1.148;B13.258,n.;S7.2.745;MR4.720.
— Civ.c.A7 578;P7.1.252;B13.426;S7.1.252;MR4.759; J8.263;D.Enreg.2531.
— Poitiers.A1.24;B1.27;P1.11;S7.2.647; D.Absence.130.
— Poitiers.A12.803,n.2.3; P2.1459; B27.466,S7.2.647;J8.302;D.Absence.130.Usufruit.445.
30 Cr.c.A4.291,n.;P1.1093,B7.317,n.;D.Cour d'ass.128.
— Cr.c.A8.795,n.4;P2.398;B16.426;D.Forêts.861.
— Bruxelles.A9.714;P2.579;B18.575;S7.2.284;J8.314; D.Jugem. par défaut.196.
— Req.A2.635. et 9.576. et 10.729,n.1;P7.1 401;B18.21.212; S7.1.401. et 2.880. et 1119. et 799; MR2.325; J8.314;D.Preuve test.153.Chose jugée.435. Interrog.54.Preuve testim.183.
— Cr.c.A7.578;B14.228;S7.2.709;D.Evasion.45.

MAI.

1 Cr.c.A8.393;P2.259;B15.460;D.Faux.369.
— Paris.A12.750,n.1;P7.2.89;B27.353;S7.2.708. et 89;D.Tutelle.309.
— Colmar. A12.938,n.2; P2.1486; B28.219; S7.2.787; D.Echange.30.
2 Paris.A1.155. et 9.285,n.1.2; P22.2.119,n.3. et 2.464; B1.180. et 17.338,n.2; S7.2.1077. et 1022; D.Acquiesc.294.Compensation.144.Inscript. hypoth.280.
— Nîmes.A10.175,n.1.4;P2.715,n.3;B19.386;S7.2.657; D.Communauté.537.Contrat de mariage.127.
— Angers. A12.352,n.2; P2.1313; B26.148; S7.2.996; D.Success.307.
— Turin.A10.487,n.1;B20.360; S8.2.89; D.Prêt.209.Intérêts.9.
4 Civ.c.A7.286; P2.50;B13.323;S7.2.744; D.Enreg.2017.2036.
— Req.A5.700; P7.1.224; B10.359; S7.1.224; MR6.735;J8.317;D.Test.364.
— Req. A12.287,n.5; P7 1.518; B26.42; S7.1.518; D.Lois rétroact.166.Succession.174.
— Cr.c.P7.2.81;S7.2.81;MR8.745;D.Fonct. pub.44.
5 Req.A5.301;P7.1.284;B9.345;S7.1.284;J8.322; D.Disp. entre-vifs.249.Don déguisée.3.
— Req.A11.945,n.1-1; P7.1.304; B25.110;S7.1.304;MR4.275;D.Div.141.
— Civ.r.P7.2.116;S7.2.116;D.Curateur (créancier).
6 Civ.c. A4.713; P1.1238; B8.341; S7.2.345; D.Degré de jurid.441.
— Civ.c. A8.503. et 11.569,n.5; P2.1124. et 2.282; B16.100. et 23.399; S7.2.745; D.Appel civ.201. 452. Féod.160.Enquête.279.Rente.223.
7 Metz.A11.890,n.1-1;P2.1236;B25.112;S7.2.907. et 649; D.Sép. de corps.21.81.
8 Cr.c.A11.74,n.,n.2; B22.54; D.Fonct. publ.175.Instr. crim.95.
— Cr.c.A9.504; P7.2.134; B18.59; S7.2.134; D.Mandat d'exécut 40.
— Bruxelles.A11.911,n.1.2; B25.49; S7.2.295; J8.325;D.Puiss.pat.29.Séparat. de corps.149.175.
— Cr.c.A12.552,n.;B27.27,n.1;D.Compét. crim.437.
9 Cr.c.A4.251,n.;P1.1080;B7.273; D.Contrib. indir.589.
— Cr.c.A1.587;P7.2.133; B2.222; S7.2.133. et 119;MR10.107;D.Action publ.25.Appel correct.80.200.Procès-verbal.222.
— Cr.c.A8.793,n.; P2.396; B16.423,n.; J8.330; D.Forêts.806.
— Colmar.A10.584,n.2;P2.808,n.3; B20.513; S7.2.760;D.Offre.108.176.
— Cr.c.A11.412,n.7; P2.1065,n.7; B23.147; S7.2.544; D.Procès-verbal.412.
— Cr.c.A12 598,n.6;B27.108;D.Témoin.317.
— Avis du cons. d'état.D.Inscript. hypoth 422.
11 Req.A3.262;P7.2 87;B5.296;S7.2.87;J8.332;D.Régl. de juges.91.
— Req.A5.301; P7.1.267;B5.342; S7.1.267; MR7.173; J8.333;D.Compét. civ 229.
— Aix.A5.734; B10.398; S7.2.294; J8.356; D.Testament.466.467.
— Civ.c.A7.456; P2.80; B14.80; S7.2.745; D.Enreg.2345.2945.
— Arr.A6 525,n.;D.Émigré.366.Ventes admin.524.
— Décr.A6.838,n.2,n.3;D.Emigré.366.
— Décr.A6.838,n.4,n.14;S8.2.14;D.Emigré.370.
— Ord. cons. d'état S16.2.281;D.Marché de four.65.
— Déc A6.527,n.;D.Ventes adm.368.

13 Bruxelles.A1.463;P1.165;B2.75;S7.2.288;D.Appel civ 234.Degré de jurid 180 Lois rétroact.226.
— Civ.c.A7.818; P2.167; B14.519;S7.2.746; D.Dom. élu. 111.
— Trèves.A6 462; P1.1393; B12.83,n.1;D.Etranger.102. 104.114.118.
— Req.A6.808,n.,n.2; P1.1505; B12.488,n.2; D.Émigré. 217.220.
— Req.A10.436,n.1; P7.2.109; B20.286; S7.2.109; MR8. 638;J8.358;D. Discipline.243.251.
14 Cr.c.A4.154;P1.1050;B7.163; D.Procès-verbal.332.Tabacs.69.
— Req.A12 908,n.1.904,n.3;P7.1.355.350; B28.166.161;S 7.1.355 350;MR5.48. et 49;D. Vente.846.
15 Cr.c.A3.513;P1.877;B6.121;S7.2.248;D.Compét. crim. 480.
— Bruxelles.A9.835,n.1; B18.108,n.1; S7.2.706; D.Interdit.58.
— Nimes.D.Exploit.743.
16 Colmar.A6.663,n.,n.2;B12.319,n.2; D.Effet de comm. 686.
— Civ.c.A8.687;B16.311;D.Fonct. publ.261.
18 Req.A3.293;P7 1.287;B9.356;S7.1.287;J8.344;D.Disp. entre-vifs.90.216.218.
— Bruxelles A12.306,n.;B26.75;D.Success.193.
— Bruxelles.A11.878,n.4; B24.479; S15.2.202.7.2.300; D. Scellé.54.59.75.
19 Turin.A7.788; P2.159; B14.484; S7.2.650;D.Domicile. 85.
— Nimes.A9.438;B17.520;S7.2.185; D.Lois rétr.142. Réd. des hypoth.65 69.
20 Turin.A2.708;P1.633;B3.342;S7.2.672;D.Commerçant. 82.
— Bruxelles.A5.198;B9.228;S7 2.308;D.Condition.84.
— Turin A9 972,n.2; P2 680,n.6; B19.108; S7.2.671; D. Mandat.481.
— Bruxelles.S7.2 766;D.Partage.146.
21 Req.A9.344; P7.1.278; B17.408; S7.1.278;MR3.422;J8. 344;D.Hypoth.160.
— Cr.c A12.351,n.2;P2.1352,n.et 1350; B27.23; S7.2 714; D.Compét. crim.453.
— Toulouse.A12.922,n.6; P2.1480; B28.191; S7.2.320;D. Garantie.423.424.Indication de paiement.4.
— Cr.c.A8 677,n.4.1;B16.300;S7.2.105.7.2.712;D.Fonct. publ.198.
— Cr.c.A12.553,n.;B27.28,n.1.
22 Cr.c.A4.60,n.;P1.1020,n.1;B7.63,n.1;D.Contrib. ind. 179.
— Cr.c.A4.223;P1.1071;B7.242;S7.2.251; J8.349;D.Or et argent.119.
— Cr.c.A8.398;P2.260. et 8.1.284; B15.463; S20.1.493, et 7.2.250;D.Faux.577.
— Montpellier.A10.303,n.3-3; P24.1.234,n. et 2.745,n.4; B20.84;S7.2.916;D.Dot.84.
— Montpellier.A11.765,n.2,n.1; P22.2.132,n.1; B24.272; D.Surenchère.65.
— Cr.c.A4.223,n.1;P1.1071;B7.241,n.1;S7.2.1148.229;J8. 348;D.Procès verbal.449.
25 Civ.c.A3.203;P1.745. et 7.2.159;B5.250;S7.2.159;MR9. 444; D.Compét.admin.325.
— Paris.A6.668,n.1;B12.325;S7.2.799; D.Effet de comm. 492.
— Civ.c.A9 675;P2 871;B18.320;S7.2.747;J8.556; D.Exécut. des jugem. et actes.55.Frais et dépens.160.
— Req.A11.150,n.,n.10;P7.2.97;B22.152;S7.2.97;J8.357; D.Presse 360.
— Décr.A12.991,n.19;B28.303,n.19;D.Voirie.188.
26 Civ.c.A7.79;P2.10. et 7.1.276; B13.84; S7.1.276. et 5. 484;J8.360;D.Enreg.747.
— Civ.c.A7.322;P7.2.93; B13.365; S7.2.93; MR4.767; J8. 365;D.Enreg.2280.2284.
— Civ.c.A3.137;P1.741;B3.211; S7.2.748; D.Compét. admin.171.
— Civ.c.A9 418,n.1.2; P7.1.281; B17.495,n.2; S7.1.281; MR6.256;D.Hypoth 298.
— Req.A12 750;P7.1.356; B27.569; S7.1.356; D.Tutelle. 505.509.564.
— Civ.c.A11.818,n.2;P2.1221; B24.371; S7.2.748; J8.363; D.Saisie-imm.174.1066.
— Req.A11.938,n.9;P7.1.339. et 2.1256;B25.97;S7.1.484; D.Divorce.82.106 108.110.126.
27 Civ.c.A1.474;P1.169;B2.88;S8.1.272; D. Appel civ.251.
— Paris.A5.338; B9.587; S7.2.693; J8.367; D.Lois rétroact.168.Port. disp.124.
— Rouen.A5.574;B10.329;S7.2.631;J8.379;D.Testament. 270.273.
— Req.A5.704;P7.1.342;B10.364;S7.1.342; D.Testament. 387.
— Cr.c.A9.474,n.1.2;B18.16;S7.2.1010;D.Incendie.29.
— Cr.r.A12.1044,n.3;P2.1516;B28.579; S7.2.1238;D.Vol. 39.
— Civ.c.A4.693;P1.1227;B8.317;D.Degré de jurid.335.
28 Cr.c.A4.340,n.;B7.371,n.1;D.Cour d'ass.424.
— Bruxelles.A3.370;P1.802;B5.425; S7.2.292; D.Compétence comm.511.
— Cr.c.A3.230;P1.763;B5.259;S17.1.324.7.2.716; D.Eau. 346.
— Req.A9.94,n.1.4;P7.1.295;B17.106,n.4; S7.1.295;MR5. 876;D.Privilége.469.
— Cr.c.A12.852,n.2; P2.1351; B27.26,n.;S7.2.1161;D.Rébellion (menaces).

1807.

29 Cr.c.A3.654;P1.936;B6.254;S7.2.846;D.Complicité.28.
— Cr.c.A6.396;P1.1362; B12.6; S7.2.919; D.Douanes.27. 36.
— Cr.c.A8.726,n.3;P2.544;B16.336;D.Forêts.541.
30 Nimes.A9.188,n.1;P2 445;B17.221,n.1;S7.2.274;D.Hypoth. judic.65.
— Décis.D.Transcript. hypoth.86.
31 Arr.A6.523,n.1;D.Ventes adm.324.
— Décr. cons. d'état.S16.2.262;D.Autorité mun.28.
— Ord. cons. d'état.S1.90;Mac.1.91;D.Octroi.184.

JUIN.

1 Avis cons. d'état.A7.403,n.1;S7 2.111;D.Douanes.18
— Paris.A9.150,n.1; P24 2.82;B17.173,n.1; J8.590;D.Hypoth. lég.139.
— Paris.A10.858,n 2; P2.901,n.3; B21.426; S15.2.175;D. Distrib. par contr.188.
— Civ.c.A11 816,n.2; P2.1219; B24.366; S7.2.749;J8.396; D.Saisie-imm.1439.1452.
— Paris.A11.669,n.2;P24.2.184;B24.96; S7.2.666; J8.393; D.Saisie-imm.34.
— Déc. cons. d'état.S16.2.264;D.Douanes.354.
— Déc.S16 2 265;D.Comptab.70.
— Déc. cons. d'état.S16.2 267;D.Responsab.647.
2 Req.A9.932,n.3-3; P7.2.142;B19.41; S7.2.142; D.Louage.754.
3 Trèves.A12.925,n.1; P2.1481; B28.196; S7.2.304; D. Transp. de créance.186.
4 Bruxelles.A2.691; P1.626; B4.321; S7.2.312; D.Commerç.48.
— Nimes.A9.383,n.1; P2.486; B17.434,n.1; S7.2.704; J8. 405;D.Purge.85.
— Cr.c.A11.257,n.1;P7.2.122;B22.341;S7.2.122;MR6.446; J8.407;D.Poste.59.
— Paris.A11 690,n.5;P2.1170;S7.2.951;B24.133;D.Saisie-imm.206.930.971.
— Déc.A3.117,n.;D.Communes.
5 Cr.c.A8.347;P2.245;B15.405;D.Faux.489.
6 Cr.c.A4.85,n.;B7 91,n.1;D.Contrib. indir.320.
— Cr.c.A2 148;P7.2.123;B3.160;S7.2 123;MR10.63;D.Autorité mun.135.117.Fonct. publ.48.
— Cr.c.A8.375; P8.1.299; B15.433; S8.1.455; MR7.419;D. Faux.500.
— Grenoble.A9.920,n.2.1;P2.668,n.4;B19.22;S7.2.207;D. Louage.212.
— Cr.c.A11.394,n.2; P2.1057,n.3; B23.93; D.Procès-verbal.83.
— Turin.A11.148,n.,n.13;P2.932,n.2; B22.185; S7.2.705; D.Vente.419.
— Avis du cons. d'état.D.Acte de l'état civil.23.
— Decr.S6.1 108;D.Féodalité.202.
— Décr. cons. d'état.S16.2.270;D.Dom. eng.37.
— Décr.S16.2.271;D.Maires.14.
— Décr. cons. d'état.S16.2.272;D.Marché de four.65.
8 Bruxelles.A9 711,n.1-1;P2.578,n.5; B18.372; S7.2.314; D.Jugem. par défaut.188.
— Cr.c.A1.560;P1.202;D.Appel correct.81.
10 Req.A3.761;P7.1.318;B6.401;S7.1.318;MR3.72;J8.422; D.Contr. par corps.276.
— Trèves.A5.719; B10.381; S7.2.341; D.Testament.411. 668.
— Nimes.A6.271;P23.2.2,n.;B11.308; S7.2.1156. et 757;J8.423;D.Portion dispon.259.254.
— Bruxelles.A9.871,n.1; B18.607; S7.2.319; D.Lois rétroact.218.
— Civ.c.A12.368,n.1; P7.1.291; B26.175; S7.1.291; MR5. 638;J8.411; D.Inventaire.36.Exploit.293.Success. bénéf.28.
11 Arrêté.A6 525,n.1;D.Vente adm.324.
— Cr.r.A8.683,n.;P2.512;B16.306,n.; S17.1.525; D.Min. pub.147.
— Cr r.A12.691,n.4;B27.94;S17.2 514;D.Témoin.192.
12 Cr.c.A5.156;B9.156;D.Désertion.36.
— Cr.c.A8.347;P2.245;B15.405;S7.2 253;D.Faux.273.
— Req.A9.227; P7.1.345; B17.269; S7.1.345; D.Hypoth. conv.7.Rente.371.
— Metz.A12 40,n.1;P22.2.131,n.3 et 4;B25.195;S7.2.188; J8.450;D.Servitude.284.288.
— Cr.c.A11.501,n.5; P2.1094,n.5; B23.275; D.Quest. pr. 25.
— Cr.c.S7.2.359;D.Procès-verbal.595.
13 Bruxelles.A3.774;P1.986;B6.417; S7.2.869; J8.433;D. Contr. par corps.466.497.502.
— Paris.A7.770;P2 154;B14.462;S7.2.670; D.Exécut. des jugem. et actes.150.Exploit 370.
— Paris.A12.364,n.2;P2.1315; B26.167; S7.2.749; D.Success.434.Success. vac.20.
— Besançon.A12.846,n.1;P2.1440;B28.10;D.Usufruit légal.50.
14 Turin.A7.754;P22.2.159;B14.459;S7.2.677; MR16.264; D.Exploit.614.
— Turin.A9.865,n.36;S7.2.676;D.Lois rétroact.182.
15 Bruxelles.A7.754;P22.2.159;B14.443;S7.2.340;J8.436; D.Exploit.634.
16 Civ.c.A4.712;P1.1238;B8.341;D.Degré de jurid.442.
— Nimes.A1.744; P1.275; B2.402; S7.2.289; D.Arbitrage. 758.
— Req.A6.351;P7.2.108; B11.401;S7.2.108; MR9.717; D. Domaine de l'état.115.124.

1807.

— Civ.r.A6.620;P7.1.385;B12.268; S7.1.385;MR7.408;D. Effet de comm.299.
— Paris.A12.870,n.7;P2.1460;B28.100;S7.2.1051; J8.443; D.Vente.552.559.560.
— Caen.P10.2.39;D.Séparat. de corps.178.
— Déc.A3.1.191,n.5;D.Émigré.368.
17 Bruxelles.A8,641,n.8;P22.2.180 et 181,n.2;B16.258,n. 8;S7.2.325;D.Filiat. nat.90.207.
— Colmar.A11.814,n.1;P2,1219; B24.364; D.Saisie-imm. 1427.1428.
— Colmar.A12.777,n.1; P2.1433; B27.420; S15.2.164; J8. 446;D.Emancip.6.
18 Cr.c.A4.331,n.;P1.1111;B7.361,n.1;D.Cour d'ass.224.
— Cr.c.A4 281,n.;P1.1089;B7.305,n.1;D.Cour d'ass.22.
— Cr.c.A3.655;P1.937;B6.255;D.Complicité.29.Instruct. crim.407.
— Cr.c.A3.609;P1.921;B6.227;S7.2.859;D.Compét. crim. 810.
— Req.A3.500; P7.1.425; B5.342; S7.1.425;MR3.660; J8. 450;D.Comp. civ.253.Partage.166.Success. bénéf.94.
— Angers.A8.558,n.1;B16.163,n.1;S7,2.901;D.Filiation.
— Cr.c.A11.498,n.5; P2.1092,n.5; B23.271; D.Quest. pr. 110.
— Cr.c.A1.560,n.; P7.2.148. et 1.203; B2.190; S7.2.148; MQ1.88;D.Appel correct.81.
— Cr.c.P7.2.124;S7.2.124;MR13.422;D.Témoin (récusation).
19 Montpellier.A3.814;P1.1003; B6.462;S15.2.42; D.Acquiesc.56.Contr. par corps.27.28.58.465.504.750.
— Caen.A11.914,n.3;B23.49; S7.2.477;D.Puiss.pat.30.Sépar. de corps.177.
— Cr.c.A12.839,n.5;P2.1448;B28.46;D.Vagabondage.11.
— Cr.r.P7 2.125;S7.2.125;D Forêts.39.
20 Turin.A11.935,n.15; P2.1255; B25.91; S7.2.688; D.Divorce.47.
21 Décr.A6.838,n.2,n.3;D.Émigré.366.
— Bruxelles,A2.468,n.;S7.2.1052;D.Choses.54.
22 Bruxelles.A11.636,n.2,n.1;P2.1156,n.20;B24.75;D.Saisie-execut.147.
23 Paris.A3.336,P1.791;B5.383;S7.2.671; D.Compét.com. 33.Contr. par corps.205
— Civ.c.A8.518;P8.2.13;B16.117; S8.1.270; MR13.496;D. Féodalité.222.
24 Civ.c.A9.43;P7.1.289;B17.47;S7.1.289; J8.457; D.Privilége.153.
— Req.A9.809,n.1;P7.2.121. et 2.617,n.1; B18.519; S7.2. 121;D.Lois.
— Trèves P8.2.68; S9.2.255; J8.156; D.Transport de créance.259.
25 Cr.r.A4.184; P1.1060; B7.199; D.Procès-verbal.419. Voitures publ.24.107.108.
— Bruxelles.A10.667,n.2; P2 850;B21.107;S15.2.5.et7.2. 345;D.Preuve litt.627.
— Paris.A12.393,n.1; P2.1319; B26.215; S7.2.996; D.Success. bénéf.200.201.
— Cr.c.A8.382;P2.255;B15.445;D.Faux.331.
26 Cr.c.A4.39;P1 1015;B7.41;D.Contr. ind.116.128.
— Cr.c.A4.356,n.;B7.389,n.;D.Cour d'ass.534.
— Bruxelles.A7.775;P2.154;B14.465;S8.2.48; D.Exploit. 478.
— Aix.A9.341,n.1.2;P2.475;B17.404,n.2;S7.2.508;D.Hypoth.113.246.
27 Bruxelles A1.435. et 3.774; P1.147.986; B2.41. et 6. 417;S7.2.170;J9.378;D.Appel civ.54.Contr. par corps. 703.704 709.
— Bruxelles.A10.752,n 2;D.Preuve litt.1005.
28 Turin A3.7;P1.1277;B9.3;S8.2.49;D.Déni de just.6.
29 Liége.A1.519;P1.183; B2.141; S7.2.346; D.Appel civ. 502.
— Gênes.A12.407,n.8.2; B26.239,n.; S7.2.313; D.Rap. à suc.42.
30 Req.A3.243;P1.760.et 8.2.74;B5.276;S8.1.229;D.Avocat.292. Compét. comm.404.Exception.202.Régl. de juges.59.
— Civ.r.A10.206,n.1;P7.1.398;B19.442;S7.1.398. et 2.897; MR12.443;MQ2.105;J8.459;D.Degré de jurid.151.Sép. de biens.182.
— Civ.c.A12.737,n.21;P2.1422;B27.344;S8.1.278; D.Tutelle.385.

JUILLET.

1 Civ.c.A10.790,n.1;P2.870,n.1-1; B21.313; S8.1.276; D. Responsabil.47.
— Cass.D.Enreg.110.
2 Cr.c.A3.446; P7.2.158; B6.46; S7.2.158; D.Compét.cr. 149.193.Jugem.398.
— Toulouse.A5.779;P1.1541;B10.449;S7.2 318;J8.460;D. Partage.97.Ratif.174.Testam.59.603.
— Cr.r.A11.482,n.3; P7.1.465; B23.243; S7.1.465; MR13. 465;J8.469;D.Propriété litt.104.124.
— Déc.A3.16,n.1;P1.677;D.Com.157.
— Avis du cons. d'état.D.Acte de l'état civil.23.
— Décr.S16.2.276;D.Féodalité.202.
— Bourges.A9.699,n.;B18.353;D.Jugem. par défaut.68.
— Cass.D.Enreg.110.
3 Cr.c.A8.382;P8.1.282;B15.446;S7.2.718;MR5.140; J8. 350;D.Faux.345.
— Rouen A9.652,n.2.1; P2.861,n.4; B18.238; S7.2.1260. 1140;D.Exécut. prov.78.

— Cr.c.A11.129,n.,n.7; P2.915,n.6; B22.150; D.Presse.350.
— Cr.r.A11.394,n.5; P2.1037,n.6; B23.97; S7.2.1182; D.Procès-verbal.46.
— Pau.A11.643. et 10.524,n.6,n.1; P2.1149. et 794,n.1,n.2; B24.31.20.419; S14.2.256; D.Domicile.79. Oblig. à terme.27. Saisie foraine.6.
4 Pau.D.Exécut. prov.81.
6 Civ.c.A9.94,n.; P7.1.481; B17.406,n.5; S7.2.1157. et 8.1.42; MR5.860; D.Privilége.470.475.482.
7 Civ.c.A8.506; P7.2.115; B16.104; S7.2.115; D.Féodalité.170.212.
8 Bruxelles.A4.602; P1.1195; B8.215; S7.2.527; D.Honoraires.31.
— Aix.A4.9.P1.5; B1.11; S8.2.50; J8.471; D.Absence.168.
— Turin.A5.154; P1.1505; B9.179; S7.2.685; D.Désistem.115.
— Req.A9.970,n.1-1; P7.1.371; B19.104; S7.1.371; MQ1.362; D.Mandat.220.
— Nîmes.A11.932,n.5; P2.1284; B25.86; S7.2.541; D.Divorce.123.
— Décr.A12.991,n.10; B28.305,n.12; D.Voirie.168.
9 Cr.c.A4.540,n.; B7.571,n.1; D.Cour d'ass.424.
— Cr.r.A8.348; P2.245. et 8.1.285; B15.406; S9.1.66. et 7.2.966; D.Faux.255.
— Cr.c.A10.801,n.1; P7.1.461; B21.350; S7.1.461; MR3.435; J8.478; D.Respons.497.571.
— Cr.c.A11.498,n.2; P7.2.153; B25.268; S7.2.153; MR3.467; D.Quest. pr.57.
— Bruxelles.A11.847,n.2; B24.428; D.Saisie-imm.1019.
10 Cr.c.A2.438; P1.515. et 6.2.156; B4.34; S8.1.449; MR1.63,n.; D.Chasse.79.Presse.208.
— Cr.c.A3.513; P1.877; B6.121; S8.1.446; D.Comp. cr.427.
— Bruxelles.A3.559; P1.798; B5.412; S8.2.77; D.Compét. commerc.256.
— Cr.c.A9.615,n.2; P2.550,n.1-1; B18.234; S8.1.451; D.Publ. des jugem.52.
— Cr.c.A11.114,n.17; P2.938,n.3; B22.125; S8.1.451; D.Presse.569.
11 Paris.A4.657; P1.1210; B8.276; D.Degré de jurid.212.
12 Colmar.A5.660; P1.1535. et 10.1.31,n.; B10.513; S15.2.337; MR17.770; D.Testam.225.231. Vérific. d'écrit.103.
13 Civ.c.A5.290; P1.779; B5.328; S8.1.271. et 7.2.1029; J8.482; D.Comp. civ.406.
14 Req.A7.116; P7.1.374; B13.129; S7.1.374; MR4.145; D.Enreg.1151.
— Bruxelles.A7.738; P2.145; B14.424; S10.2.508. et 7.2.341; J8.484; D.Exploit.208.
— Turin.A10.83,n.1; P2.697,n.2; B19.239; S8.2.45; D.Mariage.436.507.560.
15 Civ.r.A10.127,n.5; P7.2.128. et 22.2.132,n.5; B19.310; S7.2.128. et 8.1.49; MR4.170; J8.495; D.Autor. de femme.39. Désist.18.
— Req.A12.24,n.2; P7.1.470; B25.167; S7.1.470; J8.490; D.Servitudes.175.
— Rouen.A11.795,n.5,n.1; P2.1211; B24.328; S7.2.171; D.Surenchère.341.542.
— Nîmes.D.Exploit.745.
16 Cr.c.A4.540,n.; B7.571,n.1; D.Cour d'ass.424.
— Rouen.A10.152,n.2; B19.332; S7.2.191; D.Commerç.98.
— Limoges.P22.2.124,n.5; S13.2.290; D.Usufruit légal.94.
18 Paris.A9.439,n.1; P2.498; B17.521,n.1; S7.2.184; D.Lois rétroact.142. Réd. des Hypoth.68.
20 Bruxelles.A6.145; P1.1349; B11.161; S7.2.673; J8.232; D.Révoc.24.
— Civ.c.A5.20,n.; P1.681; B5.17,n.; D.Commune.214.
— Civ.c.A5.187,n.; P1.741; B5.212,n.; D.Compét. admin.171.
— Ord. cons. d'état.D.Marché de fournitures.256.
21 Paris.A9.322,n.1-1; P2.471; B17.381,n.1; S7.2.179; D.Hypoth.249. Transcript.14.
— Rouen. A12.494,n.1; P30.2.165; B26.380; S8.2.49; J8.497; D.Retr. succ.83.
22 Civ.c.A4.658; P1.1202; B8.254; D.Degré de jurid.121.
— Civ.c.A7.260; P2.43; B13.294; D.Enreg.1982.
— Civ.c.A7.561; P2.64; B13.399; S7.2.1030; D.Enreg.2227.
— Civ.c.A6.247; P7.1.561; B11.280; S7.1.561; MR4.157; J8.500; D.Don. entre époux.76.99.
— Civ.r.A6.722; P1.1483; B12.388; S7.2.1150; D.Effets de comm.692.
— Req.A10.98,n.1; P7.1.520; B19.262; S7.1.520; MR8.56; J8.504; D.Mariage.531.540. Tutelle.188.
— Civ.c.A11.147,n.,n.11; P2.951,n.7; B22.184; S8.1.284; D.Patente.105. Exploit.126.
— Civ.r.A12.468,n.2; P2.1534; P26.540; D.Interrog. sur faits.33.34. Partage.45.47. Société civ.365.
23 Cr.r.A2.266; P1.438,n.1; B3.294; S17.1.342; D.Cassat.42.
— Cr.c.A4.230; P1.1073; B7.249; S16.1.195. et 7.2.257; D.Contr. ind.540.
— Cr.c.A4.280; P1.1089; B7.308; D.Cour d'ass.21.
— Cr.c.A3.447; B6.48; S16.1.255. et 8.1.445; D.Jugem.598. Délit rural.84. Compét. cr.161.
— Paris.A8.39; P22.2.188,n.12; B15.35; S10.2.525; D.Faillite.86.
— Décr.A9.468,n.12; D.Contr. directes.228.
— Cr.c.A11.402,n.5; P8.2.156. et 2.1059,n.5; B23.108; S16.1.255. et 8.1.445; MR6.70; D.Procès-verbal.118.
25 Bruxelles.A9.462,n.,n.5; P23.2.175,n.2; B17.189,n.3; S7.2.1008; D.Hypoth. légale.166.
28 Rouen.A11.680,n.5; P2.1166; B24.117; S7.2.551; J8.510; D.Saisie-imm.158.
29 Civ.r.A8.828; P2.268. et 7.1.588; B16.15; S7.2.260. et 7.1.588; J8.494.
— Bruxelles.A12.31,n.4; P2.908,n.1; B25.180; S8.2.42; D.Servitude.224.
— Req.A11.590,n.2; P7.2.120; B23.158; S7.2.120; D.Renvoi.63.
30 Cr.c.A1.466; P1.66; B1.193; S8.1.447; D.Acquitt.56.
— Cr.c.A4.55,n.; D.Cont. ind.22.88.
— Cr.c.A4.102,n.; P1.1032; B7.110,n.; S7.2.1251; D.Contr. ind.432.
— Paris.A10.575,n.5; P2.765,n.5; B20.196; S7.2.918; D.Douaire.26.
— Cr.r.A11.125,n.5; P2.944,n.5; B22.145; S7.2.1182; D.Presse.176.
— Pau.A12.705,n.1; P2.1412; B27.285; S12.2.378; D.Tutelle.48.
31 Cr.c.A4.102,n.; P1.1032; B7.110,n.; S17.1.328. et 7.2.1048; D.Confiscation.38. Contr. ind.432.
— Cr.c.A4.91; P1.1031; B7.98; S8.1.448; D.Contr. ind.386.
— Cr.c.A4.258; P1.1085; B7.281; D.Cont. ind.55.
— Cr.r.P8.2.41; D.Procès-verbal.217.

AOUT.

3 Aix.A1.338; P23.2.50,n.1; B1.396; S8.2.109; J8.525; D.Alimens.119.
— Bruxelles.A1.507; P1.181; B2.127; S7.2.208; D.Appel civ.301.
— Paris.A7.804; P2.163; B14.502; D.Domicile.24. Except.250; Exploit.264.
— Civ.c.A9.518,n.1.2; B17.377,n.2; S7.1.496; D.Transc.8.
4 Civ.c.A7.304; P7.2.117; B13.341; S7.2.117; MR4.756; D.Enreg.2168.
— Civ.c.A7.362; P2.68; B13.411; S8.1.290; D.Enreg.896.2522.
— Paris.A10.835,n.1; B21.389,n.1; D.Ordre.404.
— Paris.A11.26,n.1; P2.913,n.6; B21.447; S7.2.1219; J8.526; D.Min. pub.31.
— Avis du cons. d'état.D.Preuve litt.1314.
5 Req.A5.576; P1.906; B6.191; D.Compét.cr.651. Régl. de juges.125.
— Civ.r.A7.723; P7.1.376. et 2.127; B14.405; S7.2.127. et 1.576; MR5.251. et 3.222; D.Filiation nat.170.
— Montpellier.A7.755; P2.150; B14.444; D.Exploit.631.
— Cr.r.A8.654,n.7; P7.1.376. et 2.127; B16.273,n.7; S7.2.127. et 1.576; MR5.251; D.Filiat. nat.170.
— Civ.r.A6.473; P7.2.124; B12.98; S7.2.124; MR4.551; J8.555. et 3.222; D.Etranger.213. Exploit.320.
— Montpellier.A11.629,n.2; P2.1143,n.10; B24.26; S15.2.155; D.Saisie-arrêt.147.
6 Cr.c.A4.509; P1.1178; B8.114; D.Cour d'ass.1665.
— Cr.c.A7.556; P2.93; B14.200; S7.2.718; D.Escroq.21.
— Req.A6.655; P7.1.452; B12.284; S7.1.452; MR4.617; J8.556; D.Effets de comm.403.
— Cr.c.A11.29,n.9; P2.916,n.1; B21.455; D.Ministère pub. (audition).
— Cr.r.P8.1.285; S9.1.86; D.Faux.272.
7 Sect. réun.c.A7.199; P2.30; B13.224; S7.2.750; D.Enreg.1660.1661.2090.
— Civ.c.A7.459; P2.83; B14.80; D.Enreg.3059.
— Civ.c.A7.856. et 9.828,n.1.2; P2.651,n.2. et 126; B14.542. et 18.545; S7.2.126. et 8.1.282; D.Lois.241. Exploit.448.
— Bruxelles.A9.699,n.2; P2.576,n.2; B18.354; S8.2.267. et 47; J8.557; D.Jugem. par défaut.69.
— Paris.A11.551,n.1; P2.1117,n.3; B23.568; S7.2.1165. et 8.3.267; D.Référé.74.
8 Cr.c.A4.566; P7.2.165; B8.174; S8.1.56; D.Défense.74.
— Cr.r.A2.315; P7.2.185; B3.351; S8.1.56; D.Cass.61.
— Paris.A3.285; P1.778; B5.321; S14.2.109; D.Compét. civ.97. Exception.178.
— Pau.A11.65,n.1; P2.923,n.8; S7.2.162; B22.59; D.Jugem.98.
10 Civ.c.A7.465,n.; P2.85; B14.91,n.; S7.2.265; D.Enreg.2987.
— Paris.A12.130,n.1; P2.1278; B25.546; S7.2.1205; D.Société comm.202.
— Civ.c.A12.652,n.18; P2.1385; B27.191; S8.1.281. et 7.2.262; D.Tierce-opp.147.179.
— Paris.S7.205; D.Société civ.30.
11 Paris.A8.226; P2.246; B15.263; S16.2.207; J8.541; D.Cession de biens.94. Faillite.1011.1027.
— Décr.S16.292; D.Compét. admin.295.
12 Req.A10.620,n.2-2. et 11.646,n.2,n.1; P7.1.433; B21.33. et 24.56; S7.1.453; J8.544; D.Compensation.131. Contr. par corps.777. Saisie-exéct.4. Lois.253.
— Colmar.A11.546,n.2; P2.1114,n.6; B23.358; S13.2.193; D.Référé.55.
— Avis du cons. d'état. A3.153,n.1. et 154,n.1; P1.677,n.3; D.Communes.111.
13 Cr.c.A2.6; P7.2.190; B3.2; S7.2.788; MR10.757; D.Armes.19.
— Angers.A5.699; P1.1356; B10.558; S7.2.683; D.Testam.561.714.
— Cr.r.A8.383; P8.1.286; B15.146; S7.2.959; J8.551; D.Faux.344.
— Cr.c.A8.447,n.2. et 8.425; P7.2.185; B16.56. et 12,n.2; S8.1.104; D.Faux incid.157.277.
— Req.A11.767,n.1; P7.1.450; B24.377; S7.1.430; MR13.556; D.Surenchère.328.
— Cr.c.S7.2.264.
— Cr.c.D.Forêts.770.
14 Cr.c.A1.216; P1.80; B1.250; S8.1.27; D.Action pub.126. Excuse.19.
— Cr.c.A4.155; P1.1051; B7.168; D.Tabacs.65.112.
— Cr.c.A7.556; P2.93; B14.200; D.Escroquerie.92.93.94.100.
— Bruxelles.A7.816; B14.516; S.8.2.46; Domicile élu.144.
— Cr.c.A8.449; P7.2.189; B16.38; S8.1.47; MR178; D.Faux incid.255.
— Cr.c.A12.598,n.1-1; P2.1571; B27.104; S7.2.1225; D.Témoin.304.
16 Bruxelles.A5.625; P1.1533; B10.272; D.Testam.109.
17 Civ.c.A6.646; P8.1.38; B12.299; S8.1.16; MR4.602. et 603; D.Effets de comm.466.
— Nîmes.A10.844,n.5; P2.894,n.15; B21.403; S7.2.675; D.Ordre.402.466. Lois rétroact.226.
— Paris.A11.594,n.2; P2.1131,n.6; B23.446; D.Rep. d'ins.44.
18 Civ.c.A1.99; P7.1.558. et 7.1.515; B1.111; J8.548; D.Acquiesc.47.
— Req.A5.122; P7.2.174; B9.140; S7.1.481; D.Désaveu.151.155.177.
— Arr.A6.525,n.1; D.Ventes admin.321.
— Décr.A6.527,n.; D.Ventes admin.336.
— Décr.A12.656,n.1.50; P2.1388; B27.200; S16.2.285; D.Tierce-opp.100.
— Décr.A5.224,n.9; D.Eau.333.
— Décr.S1.56; D.Compét. admin.277.
— Décr.S16.2.292; D.Compét. adm.295. Patente.123.
— Ord. cons. d'état.S16.2.255; D.Louage admin.40.
— Déc. cons. d'état.A5.178; B5.201; S16.2.290; D.Marché de fournit.314. Compét. admin.142.
— Décr.S16.2.291; D.Comptab.69.
— Déc.S16.2.283; D.Propriété.194.
— Déc. cons. d'état.S16.2.281; D.Propriété.235.
19 Turin.A1.444; P1.150; B2.52; S15.2.198; D.Appel civ.90.92.
— Req.A5.687; P7.1.428; B10.344; S7.1.428; MR13.651; D.Testam.555.
— Turin.A9.587,n.1.24; P2.540,n.15; B18.188; S9.2.118. et 7.2.709; D.Intervention.56.
— Civ.c.A9.654,n.1; P2.563,n.1; B18.294; J8.560; D.Frais et dépens.11.
— Paris.A11.771,n.1,n.1; P23.2.54. et 2.1205; B24.285; S7.2.1219; V.19 août 1809; J8.554; D.Surenchère.87.263.
— Bruxelles.P25.2.63,n.2; S13.2.334; J8.562; D.Testam. olog. (lettre).
— Déc. cons. d'état.D.Rente.425.
20 Nîmes.A1.339; P1.103; B1.397; S7.2.755; D.Alimens.199. Dot.151.
— Ord. cons. d'état.D.Marché de fourn.256.
21 Cr.c.A4.540,n.; B7.571,n.1; D.Cour d'ass.424.
— Besançon.A4.447; P1.153; B2.56; D.Appel civ.19.20.
— Turin.A7.818; P2.167; B14.518; S7.2.690; D.Domicile élu.111.
— Cr.c.A8.583; P2.255; B15.446; S7.2.721; D.Faux.264.
— Cr.c.A11.147,n.,n.7; P2.951,n.5; B22.182; S17.1.324. et 7.2.1100; D.Patente.127.
22 Nîmes.A7.800; P2.162; B14.497; S.7.2.677; D.Domicile élu.50.
— Bruxelles.A9.712,n.1; B18.373; D.Jugem. par déf.198.
23 Déc. cons. d'état.D.Servitudes.809.
24 Liége.A5.236; P1.1313; B9.271; D.Jugem.151. Disposit. entre-vifs.81.
— Bruxelles.A9.940,n.1-1; P2.662,n.5; B19.6; S7.2.663; D.Louage.155.
25 Civ.c.A2.562; P1.574. et 8.1.467,n.; B4.174; D.Chose jugée.288.
— Bruxelles.A5.815; P1.1004; B6.464; S7.2.677; D.Contr. par corps.691.
— Paris.A7.717; P2.132; B14.399; D.Appel civ.156. Exploit.657.
— Req.A8.468; P2.277. et 7.1.565; B16.61; S7.1.489; D.Féodalité.51.
26 Civ.c.A4.689; P1.1226; B8.314; D.Degré de jurid.353.
— Civ.c.A7.464; P2.85; B14.89; S8.1.594. et 7.2.938; D.Enreg.2918.
— Nîmes.A9.681,n.1.4; P2.572,n.6; B18.327; S7.2.726; D.Frais et dépens.338.
— Civ.c.A11.38,n.1; P7.1.437. et 2.919,n.2; B21.465; S7.1.437; MR8.211; J8.572; D.Min. pub.198.
— Civ.c.A12.746,n.1.68; P7.1.437; B27.361; S7.1.457; MR8.211; D.Tutelle.210.455.
27 Req.A3.406; P7.2.145; B5.468; S7.2.145; MR4.904; D.Compét. civ.14.
— Paris.A7.781; P2.156; B14.475; S7.2.994; D.Exploit.252.
— Cr.r.A8.594; P8.1.291; B15.460; J8.352; D.Faux.562.
— Bruxelles.A9.169,n.1; B17.128,n.2; S7.2.542; D.Hyp. légale.221.
— Cr.r.A9.602,n.2; P7.2.186; B18.245; S7.2.1028. et 8.1.60; MR5.203; D.Jour férié.40.42.
28 Cr.c.A4.762; P1.1261; B8.599; D.Délit rural.16.
— Cr.c.A2.153; P1.586; B3.168; D.Autor. mun.155.188.165.
Cr.c.A4.340,n.; B7.371,n.1; D.Cour d'ass.424.
— Cr.c.A11.597; P2.1058,n.10; B23.101; S7.2.1141; D.Procès-verbal.87.
29 Turin.A6.556,n.2; P1.1142; B12.194,n.1; S8.2.79; D.Effets de comm.42.
— Bruxelles.A10.261,n.1; P2.735,n.5; B20.15; S8.2.68. et 7.2.544; D.Communauté.703.

— Turin.A12.412,n.2;P2.1322;B26.219;S7.2.695;D.Rapp. à succ.88.
— Turin.A12.804,n.1,n.1;P23.2.68,n.1;B27.467;S7.2.715; J8.578;D.Usufruit.462.
30 Civ.c.P7.1.546.
31 Paris.A9.285,n.1.3;B17.338,n.3;S7.2.1022;D.Inscript. hypoth.281.

SEPTEMBRE.

1 Civ.c.A6.743;P1.1487;B12.412. et 12 233,n.1;S7.2.752; D Effets de comm.175.
2 Civ.c.A5.401; P1.1325; B10.40; S7.2.268; D.Don. par cont.205.
— Req.A9.973,n.,n.2; P7.1.450; B19.109;S7.1.450;MR7. 762;D.Emigré.60.Mandat 178.514.
3 Cr.c.A2.140;P1.381;B3.161;D.Aut. mun.419.420.
— Cr.r.A8.684,n.9;P7.2.192;B16.308,n.9;S7.2.774. et 8. 1.202;D.Fonct. pub.235.
— Cr.c.A12 970,n.3;P8.2 30. et 1601;B28.273; S20.1.501; D.Voies de fait.11.13.
4 Cr.r.A8.374;P8.1.294;B15.436;S9.1.90. et 7.2.906; MR 5.157;D.Faux.297.298.
— Cr.c.A8.398;P2.260;B15.465;D.Faux.137.
5 Loi.A9.69,n.1;B17.76,n.1. et 75,n.2; S8.2.22. et 33;D. Inscript. hypoth. 427.Privilége.370.
6 Cr.c.P8.2.17;S7.2.788 et 7.2.1141;D.Forêts.32.
7 Civ.c.A7.152;P2.22;B13.169;S8.1.406;D Enreg.1426.
— Civ.c.A5.85;P1.693;B5.37;D Commune.318.
8 Civ.r.A9.256; P7.1.516; B17.303; S8.1.92;MR5.870;J8. 580;D.Inscrip. hypoth.170 245.
— Req.A10.717,n.1;P7.1.258. et 2.850,n.1;B21.189;S7.1. 455;D.Preuve litt.933.Preuve test.6.
— Req.A11.588,n.2,n.4; P7.2.146; B23.455; S7.2.146; J8. 585;D.Renvoi.41.
— Req.A5.261;B5.294;D.Régl. de juges.61.
9 Cons. des prises.A11.576,n.1;P2.1046,n.2;B23.65; S7. 2.1124,n 1;D.Prises marit.122.
— Avis du cons. d'état.A6 301;B11.342;D.Domaine.
— Cr.c.D.Forêts.518.
10 Cr.r.A8.575; P3.1.292; B15.437; S8.1.179; MR5.159; D. Faux.295 296.
— Cr.c.A8.504;P2.289;B15.460;S7.2.723;D.Faux.300.
— Ord. cons. d'état D.Agent diplomatique.53.
— Cr.c.S8.1.48;D.Témoin 186.
11 Cr.r.A1.397; P8.2.17; B1.465; S8.1.32. et 7.2.861;MR4. 862;D.Amende.91.
— Cr.r.A7.587,n.4. et 2.683; P2.312; B14.201. et 16.306, n.4;S7.2.270;D.Fonct. pub.284 Escroq.56.57.99.
— Cr.c.A6.395;P1.1362;B12.4;D.Douanes.33.35.
12 Cr.c.A12.1067,n.1.3;P8.2.45;B28.420;S8.1.260;D..Vol. 225.
— Avis du cons. d'état. A8.769,n.9; S8.2.69; D. Forêts. 668.
15 Loi.A3.219,n.6;D.Compétence.
16 Loi.A12.989,n.8;B28.301,n.8;D.Voirie.165.
— Loi.A12.1029,n.6;D.Marais.39.
17 Déc.A7.293,n.3;D.Enreg.2159.
25 Déc.A6.326 n.17;D.Ventes admin.380.
30 Déc.A6.326,n.17;D.Ventes admin.380.
— Déc.A6.838,n.,n.4;D.Emigré.369.

OCTOBRE.

1 Cr.r.A4.202;P1.1064;B7.218;D.Or et argent.66.
— Cr.c.A8.419;P2.271;B16.38;D.Faux incid.272.283.
2 Cr.c.A8.794 n.2;P2.397;B16.424,n.2;D.Forêts.832.
— Cr.c.A8.805;P2.405;B16.437;D.Forêts.935.
5 Civ.c.A7.81;P2.10;B13.86;D.Enreg.756.
— Civ.c.A3.20,n. P1.684;B5.17,n.;D.Commune.214.
6 Civ.r.A4.617; P7.2.179; B8.229; S20.1.456; J8.592; D. Degré de jurid.40.
— Civ.c.A12.920,n.1; P7.1.487; B28.188; S7.1.540; MR5. 469;D.Garantie.387.388.
7 Paris.c.A9.775.
— Req.A11.720.n.1,n.1; P7.1.504; B24.190; S8.1.81; J8. 596;D.Saisie imm.500.
— Déc. cons. d'état.S7.2.254. et 16.2.297;D.Propriété.64.
8 Cr.r.A8.348;P8.1.289;B15.406;S8.1.169. et 7.2.958; MR5.460;J8.606;D.Faux.204.
— Req.A12.864,n.2;P7.1.520;B28.90;S8.1.95;MR8.15; D. Vente.465.
9 Cr.c.A8.738,n.3; P24 1.294; B16.350; S24.1.386;MR11. 45;D.Forêts.217.
12 Civ.c.A10.124,n.2.1;B19.303,D.Autoris. de femme.71.
13 Civ.c.A9.548; P7.1.473; B18.127;S7.1.475;MR6.428. et 14.206;J8 610;D.Interdit 89.91.
— Req.A9.588,n.1.3; B18.190; S8.1.304; J8.603; D.Intervention.90.
15 Cr.c A11.495,n 1-1; P8.2.17; B22.245; S8.1.166; MR9. 209;D.Peine 208 270.
— Cr.r A11.592,n.1; P2.1130,n.7; B23.441;S7.2.1181; D. Renvoi.77 100.
— Cr.c.A12.552,n.12;P2.1332;B27.27; S7.2.1160;D.Compét. crim.462.
— Cr.c.A12.1018,n.5;P2.1508;B28.541;S20.1.472. et 7.2. 272;D.Voirie.575.
— Solution A7.337.n.8;D. Enreg.2591.
16 Turin.A1.441;P1.150;B2.51;S15.2.199,D.Appel civ.90.
— Cr.c.A8.784.n.;P2.389,n.;B16.410,n.;D.Forêts.763.
— Cr.c.A11.496;B23.268;D.Quest. pr.108.

1807.

19 Civ.c.A6.187;D.Révocation.325.343.
— Paris.A11.665,n.2;P9.2.16;B24 89;D.Saisie gag.41.
20 Civ.c.A5.93;P8.2.57;B9.228. et 14.547;S8.1.124;MR8. 616;D.Condition.81.
— Civ.r.A10.168,n.1.14;P7.1.492;B19.379;S7.1.545;MR5. 426;D.Portion disp.45.
21 Req.A1.257; P7.1.505; B1.299; S8.1.37; MR12.590;J8 619;D.Action possess.169.
— Civ.r.A11.921,n.3;P8.1.80.et 2.1249;B23.65; S8.1.148; D.Divorce.119.
22 Req.A4.698; P7.2.176. et 8.1.74;B8.323; S8.1.74. et 7 2.897;MQ2.105;MR6.606;D.Degré de jurid.389.393.
— Cr.c.A1.591.11.63,n.5;P8.2.107;B2.226;S17.1.56.et7.2, 1158 283;MR6.606; D.Appel correct.210.211.Jugem. 55.
— Civ.r.P8.2.1;S8.1.127; J8.623; D.Autorisat. de femme (cassation).
23 Cr.r.A4.448;P1.1157;B8.45;D.Cour d'assises.953.
— Cr.c.A4.83;P1.1028;B7.89; D.Contr. ind.313.315.Procès-verbal.394.446.
— Cr.c.A11.165,n.1.2;P9.1.195. et 2.959,n.3; B22 213;D. Peine.209.
— Cr.c.A11.422,n.9;P2.1071,n.7;B23.145;D.Douanes.87. Procès-verbal.514.561.
24 Cr.c.A2.341; P8.2.45; B3.382; S8.1.257; D.Cassation. 677.
28 Req.A1.353;P7.1.509;B1.389;S8.1.48;D.Alimens 7.
— Civ.c.A3 204; P8.2 12; B3.231; S8.1.135; MR9.441; D. Compét. adm.331.
— Civ.c.A4.687,n.;B8.511;D.Degré de jurid.343.
29 Req.A3.302;P7.1.512;B5.344; S8.1.83; J8.624; D.Compét. civ.240.Exception.164.Success. bénéf.115.Faillite.869.
30 Cr.c.A4.39,n.; P1.1015,n.1; B7.41,n.1; D.Contr. ind. 116.
— Cr.c.A8.756,n.1; P8.2.27; B16.347; S7.2.1158; MR10. 512;D.Forêts.853.
— Cr.c.A11.496,n.3; P2.1091,n.3; B23.267; D.Quest. pr. 108.

NOVEMBRE.

1 Décr. cons. d'état.D.Commune.271.
2 Civ.r.A7.364;P7.2 167; B13.413;S8.1.53; MR8.626;J8. 630;D.Enreg.2481.
— Civ.c.A7 207;P2.31;B13.232;S8.1.405;D.Enreg.1729.
— Civ.r.A11.801,n.3; P7.1.552; B24.541;S8.1.75; J8.653; D.Saisie-imm.1221.1222.1223.Vente publ.47.
3 Civ.r.A2 298.et7.286;B3.352.et 15.324;S7.2.818.et8.1. 168;MR5.33;J8.628;D.Expl.181.912.Enreg.2022.
— Rouen.A1.780; P1.296; B2.442; S8.2.41; D.Arbitrage. 934.Exécut. prov.80.
— Besançon.D.Lois.311.
4 Req.A6.165;P1.1350;B11.183;D.Révoc. 122.
— Req.A10.37,n.1.2; P7.1.524; B19.171; S8.1.57; MR12. 729 et 12,252;J8.636;D.Mariage.302.312.Acte respect. 22.36.
5 Req.A4.790;P7.2.171;B8.431;S8.1.195;MR8.683;D.Demande nouv.11.Vente.804.
— Cr.c.A4.45,n.;P1.1016,n.;B7.47,n.;D.Contr. ind.144.
— Cr.c.A8.784,n.3;P8.2.25. et 2 389;B16.410;S8.1.156.et 7.2.729;MR9.130;D.Forêts.763.
— Cr c.A8.784,n.3;P8.2.25. et 2.389;B16.410;S8.1.156. et 7.2.729.MR9.130;D.Forêts.763.
— Req.A9.376; P8.1 1; B17.446; S8.1.97; D.Purge.47.71. Transcript.31.
6 Cr.c.A2.228;P1.420; B3.251; S7.2.729; D.Animaux.9. Autor. mun.583.
— Cr.c.A4.331;P1.1111;B7.361,n.1;D.Cour d'ass.224.
— Cr.c.A8.785,n.1;P2.388;B16.409;S7.2.1141; D.Forêts. 774.
7 Cass.D.Rente.136.
10 Décr. cons. d'état.S1.130;D.Contrainte.4.
11 Civ.r.A5.65;P8.1.99;B5.69;S8.1.161;D.Commune.343. Vente.287.
12 Cr.c.A1.461;P1.64;B1.137;D.Acquitt.19.
— Civ.c.A12.1014, n.4; P2.1094,n.; B28.534; D.Quest. préj.21.Voirie.840.
13 Cr.c.A4.40;P1.1015;B7.41;D.Contr. ind.118.
— Cr.c.A4.39,n.1;P1.1015;B7.41,n.1;D.Contr. ind.116.
— Décr. cons. d'état.S16.2.300;D.Péage.64.
— Civ.c.S8.1.62;D.Success.123.
15 Besançon.P8.2.156;S8.2.97;MR10.404; J8.645; D.Usufruit légal.50.
17 Civ.r.A10 491,n.1; P7.1.869; B20.367; S8.1.108; MR6. 357;D.Intér. de cap.83 87.
18 Civ.c.A4.641;P7.2.177; B8.257; S8.1.59; MQ2.100; J8. 648;D.Degré de jurid.142.
— Turin.A6.879,n.1; P1.1519; B12.572,n.1; S7.2.718; D. Enquête.268 285.
19 Cr.r.A7.67;P2.7;B15.70;S7 2.960.265;D.Enreg.172.
— Cr.r.A2.247;P1.431; B5.275; S15.1.389; D.Bigamie.28. 29.31.
— Cr.c.A4 222;P1.1070; B7 240;D.Or et argent.124.
— Cr.r.A7.649;P2.114. et 8.2.9; B14.318; S8.1.25; D.Excuse. 101.
— Cr.r.A12.615,n.2; P2,1378; B27.135;S7.2.289;D.Tém. faux.66.67.70.74.
— Cr.c.P9.2.78;D.Forêts.976.
20 Cr.c.A8.348; P8.1.312; B15.406; S8.1.293. et 7 2.976; MR5.164;D.Faux.155.156.469.471.

1807.

— Cr.c.A8.450;P2.271; B16.40; S7.2.299; D.Faux incid. 283.
— Bruxelles.A10.280,n.2; B20.40; S7.2.346; D.Communauté.971.
23 Civ.c.A17.234. et 235;P7.2.160; B15.265; S8.1.35; D. Enreg.1927.
— Trèves.A2.404;P1.303;B3.453;D.Caution.114.
— Civ.c.A1.402; P8.1.11;B2.3;S8.1.135; MR6 419,n.; D Timbre.53.
— Civ.c.A12.286,n.2;B26.40;D.Success.173.
23 Civ.r.A12.160,n.;P2.1283;B25.597;S8.1.105;D.Substitution 33.34.37.
— Civ.c.A4.722;P1.1246;B8.352;D.Degré de jurid.469.
24 Colmar.A8.228; P2.216. et 22.2.99,n.; B15.264; S15.2. 208;D.Faillite.1020.
— Cr.r.A11.219,n.2;P2.984,n.1;B22.310;S7.2.302; D.Action civile.81.84.Témoin.250.
— Nîmes.A9.716,n.1;P11.2.16;B18.377,n.;D.Jugem. par défaut.230.
25 Req.A6.633;P8.1.40;B12.284,n.1;S8.1.23; MR4.613;D. Effet de comm.400.
— Civ.c.A11.860,n.2.1; B24.462; S8.1.100; J8.658; D.Surenchère.457.
26 Paris.A2 694;P1.627; B4.323; S8.2.55; J8.632; D.Commerçant.14.
— Pau.A6 685; P1.1474; B12.545; S8.2.216; D.Effet de comm.304.
— Pau.A10.557,n 2.1; P14.2.89; B20.466; S12.2.380; D. Paiement.138.
— Rennes.A11.838,n.8;D.Récusat.108.
28 Turin.A1.336;P1.102;B1.395;D.Alimens.7.118.
30 Civ.c.A7.70;P2.8;B15.74;D.Enreg.59 890.
— Civ.c.A7.281;P2.40;B13.284;D.Enreg.2010.
— Civ.c.A7.517; P2.88; B14.153; S8.1.370. et 7.2.753;D. Tierce-opposit.23.Timbre.23.
— Req.A10.425,n.1;P7 2.172;B20.265;S8.1 85; MR8.628; D.Notaire.31.
— Civ.c.A11.293,n.1.2;P7.2.169;B22.439;S8.1.36;D.Prescript.865.

DÉCEMBRE.

1 Paris.A12.196,n.1;P2.1292;B25.455;S7.2.1211;D.Substitution.217.
2 Civ.c.A4.695;P7.2.175; B8.317; S8.1.72; MQ2.103; J8. 660;D.Degré de jurid.567.
— Civ.r.A1.180; P8.1.53; B1.218; S8.1.140; MR8.81; D. Acte de l'état civil.27.Mariage.563.562.
— Req.A5.35;P8.1.94;B9.35;S8.1.157;D.Déportation.37. 44.
— Bruxelles A10.687,n.2;P2.859,n.1;B21.140;S8.2.78;D. Preuve litt 957.997.1020.1022.
— Décis. min.A11.549,n.2;P2.1116,n.2;B25.362; S8.2.5; D.Référé.52.
3 Cr.c A4.340,n.;B7.371,n.1;D.Cour d'ass.424.
— Cr.c.A3.517;P1.880;S7.2.730;D.Compét. crim.441.
— Req.A5.696;P7.1.181;B10.354;S8.1.103; MR17.703;J8. 662;D.Dispos. entre-vifs.27.Testament.555.
— Cr.c.A8.415;P2.264;B6.125. et 15.483;D.Faux.468.
— Aix.A8.629,n.2;P22.2.185,n.;B16.244,n.2;S7.2.693; D. Filiat. nat.28.32.
— Bruxelles.A9.191,n.2.1;B17.226,n.1;S13.2.333; D.Inscript. hypoth.192.202.
4 Cr.c.A4.319;P1.1107;B7.347;D.Cour d'ass.297.
— Colmar.A7.185;P2.157;B14.477;D.Exploit.431.
— Cr.c.A11.410,n.3;P2.1064,n.5; B23.124; D.Procès-verbal.419.
— Cr.r.A2.290,n.;P1.431;B3.322,n.; S17.1.342; D.Cassation.334.
— Cr.c.P8.2.36;S8.1.261;D.Instruct. crim. (compét.).
— Paris S7.2.1240;D.Tutelle.12.47.
5 Rouen.A2.57;P1.327;B3 59;S8.2.8;D.Assur. maritime. 405.
7 Civ.r.A9.228;P7.1.561; B17 270; S8.1.1; D.Hypoth.44. 45.
— Nîmes.A11.638,n.2,n.1;P2.1128,n.7; B23.434; D.Renvoi.41.
8 Colmar.A11.929,n.3;P2.1252;B25.80; S10.2.531; D.Divorce.23.
9 Bruxelles.A1.520;P1.185. et 9.2.59;B2.142; S14.2.154; D.Appel civ.498.508.
— Rouen.A7.631;P2.110; B14.295; S8.2.8; J8.569; D.Exception.345.547.
10 Cr.c.A2.159,n.;P1.388;B3.171,n.; D.Autorité municipale.475.
— Cr.c.A1.401;P1.124;B2.2;S16.1.289;D.Peine.295.
— Cr.r.A3.605;P1.917;B6.222; S7.2.865.310; D.Compét. crim.779.
— Req.A10.580,n.1.2;P7.2.185;B20.504;S8.1.94; D.Offre. 97.
— Cr.r.A11 94,n.2;P8.2.99.et 2.929,n.1;B22.85;S8.1.396; MR6.104;D.Presse.154.
11 Cr.c.A1.401;P1.124;B2.2;S16.1.290;D.Peine.295.
— Angers.A6.164;P1.1550;B11.184;S9.2.3;J8.671; D.Révocation.129.
— Cr.r.P8.2.49;S8.1.264.et 17.1.325;MR10.75;D.Procès-verbal.594.
12 Bruxelles.A1.94;P1.36;B1.105;D.Acquiesc.322.Honoraires.22 Degré de jurid.104.
— Turin.A9.958,n.1;P2.670,n.1;B19.83;S7.2.716;D.Mandats.86.

— Rouen.A10.166,n.1.6;P2.712,n.4; B19.570; S10.2.501. et 8.2.7;D.Contrat de mariage.106.
— Bruxelles.A11.803;n.2;P2.1214;B24.344;D.Saisie-immob.1259.
13 Riom.A12.380,n.1; B26.197; S13.332; J8.673; D.Success. bénéf.77.
— Civ.c.S8.1.162;D.Lois rétroact.192.
14 Paris.A3.802;P1.998;B6.448;S10.2.512; J8.675;D.Contrainte par corps.618.
15 Paris.A1.712;P1.268;B2.363;S7.2.788;D.Arbitrage.61.437.491.492.
— Req.A5.333;P8.1.34;B9.382;S8.1.116;J8.680;D.Rap.à succ.31.
— Bruxelles.A12.753,n.57;P2.1422;B27.349; S7.2.711;D.Tutelle.371.
— Avis du cons. d'état.A9.299,n.1;D.Inscript. hypoth. 402.
16 Req.A1.20;P8.1.129;B1.23;S8.1.253; MR16.31;J8.684; D.Absence.150.
— Trèves.A5.538;P23.1.429,n.1;B10.167;S8.2.73;D.Dommage int.11.Don man.11.
— Req.A8.62. et 9.930;P8.1.66. et 8.1.66;B15.69. et 19.39;S8.1.162;J8.686;D.Faillite.257.Louage.473.
— Turin.A9.319,n.1.3; P2.469;B17.378,n.5; S7.2.717;D.Hypoth.236.Transcript.15.
17 Req.A9 240,n.1.2;P8.2.5;B17.285,n.2;D.Inscript. hypoth.127.Rad. hypoth.109.
— Cr.c.A11.28,n.1.2;P2.914,n.7;B21.481;D.Frais et dépens.302.Instruct. crim.356.
— Décr.A11.355,n.5;S8.2.60.
— Aix.A12.395,n.1; P23.2.147,n.; B26.219; S7.2.667; D.Success. vac.5.
— Besançon.A12.728,n.13;P2.1419;B27.328;D.Tutelle.
— Req.P8.2.6;S8.1.125;MR6 252.
18 Cr.c.A4.186;D.Contrib. ind.
— Cr.r.S7.2.1144.
— Pau.S14.2.100;D.Preuve litt.708.
— Cr.r.D.Procès-verbal.272.
19 Cr.c.A1.596;P8.28;B2.252;S7.1.556; D.Appel correct. 234.
— Cr.c.A6.429;P1.1375;B12.44;S7.2.731;D.Douanes.252.
— Cr.r.P8.1.298;S8.1.166;MR5.168,J8.353;D.Banque de France.2.
21 Civ.c.A6.808; P8.1.17;B12.488;S8.1.115; MR5.670;MQ 6.87;D.Emigré.224.
— Bruxelles.A9.191,n.2.1;B17.226,n.1;S13.2.353;D.Inscript. hypoth.192.202.
22 Civ.c A7.56,n.;B13.57,n.;S8.1.376.7.2.754.
— Req.A7 602;P8.2.31;B14.258;S20.1.483;J8.692; D.Exception.155.
— Décis. min.A9.605,n.2;P2.546,n.2;B18.215,n.1.
— Turin.A10.549,n.2; P2.798,n.2; B20.436; S7.2.728; D.Paiem(n°.40.
— Bruxelles.A11.776,n.4,n.1; P2.1206; B24.293; S8.2.49; D.Surenchère.153.
23 Civ.r.A1.142;P8.2.12;B1.166;S8.1.156;D.Acquiesc.14. 343.
— Req.A7,599;P8.2.26;B14.253;S9.1.67. et 7.2.1044; MR 7.503;J8.693;D.Exception.154.
— Cr.r.A11.230,n.1; P2.990,n.1; B22 330; S7.2.1252; D.Voitures publ.52.
— Cr.c.A12.624,n.4;P8.1.69; B27.151; S8.1.27; D.Escroquerie.30.87.
— Nimes.A12.791,n.2;P2.1435;B27.444;S7.2.687; D.Usufruit.146.
— Civ.c.D.Régl de juges.5.
24 Colmar.A9.11,n.2.1;P2.412;B17.4,n.1;D.Frais et dépens.283.Discipline.152.
— Req.A10.40,n.1; P8.1.42. et 2.695, n.5; B19.219,n. et 175;S7.2.1018;MR17.253;D.Acte respectueux.23.24.
— Colmar.D.Huiss.124.
26 Cr.c.A4.761;P1.1260;B8.398;D.Délit rural.88.
— Cr.c.A4.761,n.;P1.1260;D.Délit rural.87.
— Cr.c.A4.255;P1.1082;B7.277,n.;D.Contr. ind.626.Procès-verbal.446.
— Cr.c.A8 383;B15.447;D.Faux.348.
— Cr.c.A8.328;P2.238;B15.3?8;D.Faux.21.
— Cr.c.A8.685,n.2;P8.2.33;B16.308,n.2;S7.2.326. et 8.1.201;MR5 477;D.Fonct. publ.209.252.
— Paris.A9.110,n.1;P2.454;B17.488,n.; S7.2.1003;D.Privilége.523.
— Paris.A9.412,n.; P2.492,n.; B17.125,n.1; S8.2.63.7.2.1137;D.Inscript. hypoth.379.
— Cr.c.A12.1061,n.1.n.;P2.1525,n.;B28.108;D.Vol.150.
26 Cass.D.Greffier 6.
— Bruxelles.D.Exploit.349.
27 Besançon.A11.817,n.2,n.1; P2.1220; B24.368; S15.2.190;J8.703;D.Saisie-imm.1467.
28 Req.A3.259;P8.2.1;B5.292;S8.1.136;D.Régl. de juges. 22.62.
— Req A11.96,n.,n.7;P8.2.2;B22.89;S7.2.1017. et 8.1.77; MR6.105;D.Presse.207.
— Civ.c.A11.939,n.13;P8.1.7;B25.99;S8.1.110;MR3.812; D.Divorce 65.99.
30 Civ.r.A3.211;P8.2.37;B5.238;S9.1.67;MQ4.65;D.Compét. admin.345.
31 Cr.c.A4.102,n.;P1.1032;B7.108.110,n.;D.Contr. indir. 432.Tabacs.128.
— Cr.c.A4.255;P1.1082;B7.277;D.Contr. indir.626.Procès-verbal.446.

— Bruxelles.A8.254; P22.2.140,n.5; B15.272; S7.2.1258. 985.944;D.Compét. civ.286.287.288.313.
— Agen.A11.703,n.1;P2.1175;B24.158;D.Saisie-immobilière.304.
— Paris.A9.715,n.9;D.Jugem. par défaut.245.

1808.

JANVIER.

2 Paris.A10.151,n.1.3;P23.2.172,n.2;B19.349; S7.2.791; D.Autorisat. de femme.341.
— Rennes.A10.246,n.1-1;P2.729,n.1;B19.498;S8.2.105;J 9.1.
— Paris.A12.947,n.6; P2.1490; B28.237; S8.2.65;J9.2; D.Vérif. d'écrit.65.
— V. 12 janv. A2.403.
— Civ.c.P8.1.45;S8.1.111.
4 Agen.A1.23; P1.11; B1.27; S13.2.299.7.2.929; D.Absence.150.
— Req.A10.743,n.1. et 12.673,n.2; P8.1.125; B21.235. et 27.232; S8.1.249; J9.5; D.Cassation.764.Présompt.95. Preuve.55.Preuve testim.331.Témoin.71.
— Req.A12.910,n.2;P8.2.28; B28.170; S9.1.64; MR7.385; D.Rescis.204.
— Décr.P33.3.11.
5 Nimes.A9.649,n.3,n.1;P2 559,n.5;B18.285; D.Exécut. prov.61.
— Req.A11.183,n.1-1; P8.1.28; B22.244; S8.1.119; MR9. 249;J9.8;D.Pérempt.80.85.87.
6 Civ.r.A8.651. et 653;P8.1.49; B16.260; S9.1.86;MR16. 360;J9.12;D.Filiat. nat.38.177.
— Nimes.A6.852;P1.1511,n.1; B12.539,n.1;S14.2.424;D.Enquête.78.
— Req.A10.122,n.14;P8.1.105;B19.299; D.Cassation.796. Mariage.654.Séparat. de biens.199.
— Bruxelles.A12.882,n.1; P23.2.112,n.1; B28.122;S10.2. 489;J9.17;D.Garantie.140.
— Agen.A3.200.
7 Nimes.A1.50.
— Cr.c.A4.106;P1.1053;B7.114;D.Contr. ind.436.
— Cr.r.A4.259;P1.1075;B7.259;D.Contr. ind.619.
— Bruxelles.A1.491;P1.175; B2.108; S10.2.502; J9.24;D. Appel civ.515.Jugem. par défaut.207.
— Cr.c.A8.350; P8.1.307; B15.408; S9.1.85; MR11.52; D.Faux.199.
— Cr.c.A8.698;P2 98;B16 325;D.Concussion.16.
— Bruxelles.A6.707; P1.1479; B12.370,n.1; S8.2.175;J9. 22;D.Effet de comm.708.727.
— Besançon.A12.84,n.1;P2.1264;B25.264;D.Société civ. 95.
— Cr.c.A12.615,n.;P9.2.101; B27.135; S9.1.161; D.Tém. faux.70.
8 Cr.c.A8.795,n.2;P8.2.36;B16.426; S8.1.256; D.Forêts. 866.
— Trèves.A11.900,n.13;P2.1241;B25.28;S8.2.15.
— Paris.A12.391,n.2; P23.2.114,n.1; B26,114; S10.2.504. et 7 2.997;J9.26; D.Saisie-imm.132.135.Success.bénéfic.160.
9 Cr.c.A2.341;P8.2.45;B3.382;S8.1.257;D.Cass.677.
— Cr.r.A1.215; P8.2.47; B1.247; S9.1.68. et 7.2.1060; D.Action publ.95.
— Paris.A5.799;P1.997;B6.444;S10.2.508.7.2.873; J9.33; D.Contr. par corps.507.717.
— Bruxelles.A10.385,n.;B21.389,n.1;D.Ordre.404.
— Riom.A12.652,n.16;P9.2.109.et 2.1385; B27.191;S13 2. 508;J9.36;D.Interdit.77.Dispos. entre-vifs.9. Tierce-oppos.146.
10 Orléans.A11.336,n.6;P25.339;D.Rec. de jugem.90.
11 Civ.r.A1.386; P8.2.15; B1.452; S8.1.126; D.Cassation. 193.
— Civ.r.A1.129;P22.2.150,n.3.4; B1.151; S8.1.187;J9.40; D.Acquiesc.222.280.Dépôt.50.
— Bruxelles.A6.617; P1.1459; B12.265; S8.2.95; D.Actes de comm 107.Effet de comm.307.
— Req.A11.128,n.,n.3;P2.945,n.1; B22.148; S8.1.473;J9. 38;D.Presse.356.
— Paris.P8.2.117;S8.2.85;D.Droit civ.50.Filiation adultér. 22.49.Mariage.356.425.481.Péage. 34.
— Décr.A5.120,n.1;P1.746,n.1; B5.130,n.1;S16.2.503;D.Commune.545.
— Décret du cons. d'état.S16.2.305;D.Conflit.153.
— Décret.S16.2.302;D.Péage.54.
— Avis du cons. d'état.S8.2.99;D.Pension.51.
— Déc.A8.14,n.08;D.Fabriques.199.
— Ord.A12.1000,n.11;B28.522,n.11;D.Voirie.424.
— Décr.A12.1024.n.42;D.Voirie.715.
12 Civ.c.A2.405; B3.451; S8.2.91; D.Cassation.625.Caution.124.
— Colmar.A5.718; P1.1337; B10.580; S10.2.547;D.Testament.414.436.
— Req.A10.123,n.25;P8.1.77;B19.501; S8.1.145;MR8.27; J9.42;D.Mariage.653.
— Besançon.A12.490,n.1;P2.1339;B26.372;D.Retrait success.34.37.
— Nimes.A9.719,n.2; B18.383,n.; D.Jugem. par défaut. 274.
— Turin.A10.487; B20.360; S8.2.91; D.Prêt.209.Int. de cap.9.

— Bruxelles.S10.2.545;D.Filiat. nat.63.Preuve litt.89.
13 Civ.c.A7.413,n.;P8.2.11;B14.25,n.;S8.1.154; D.Enreg. 2780.
14 Besançon.A1.544;P1.105. et 23.2.50,n.2; B1.403;S9.2.161. et 7.2.777;J9.48;D.Alimens.124.
— Paris.A1.727;P1.270;B2.382;S8.2.71; D.Arbitrage.429.
— Nimes A8 450;P2.269;B16.16;D.Faux incid.20.
15 Cr.r.A2.310,n.1;S17.1.342;D.Cassation.251.
— Paris.A3.253;P1.766;B5.263;S10.2.545;D.Eau.466.
— Colmar.A9.356,n.1,n.2;B17.398,n.2; S10.2.537;D.Hypoth.143.
— Cr.c.A11.102,n.,n.4;P2.931,n.1;B22.101; S9.1.162; D.Presse.290.
— Paris.A11.735,n.2,n.1; P2.1183;B24.217; S7.2.048; D.Saisie-imm 724.
16 Cr.c.A1.65;P8.1.119;B1.72;S8.1.223; MR11.540. et 15. 195;J9.49;D.Abus de conf.50.93.Action civ.16.Mandat. 143.
— Bruxelles.A5.686;P1.1355;B10.343;S10.2.503; D.Test. 331.445.
— Cr.c.A12.598,n.5;P2.1371;B27.108,n.1;D.Témoin.316.
17 Orléans.A9.774,n.11;B18;D.Jugem. prép.58.
18 Civ.c.A7.413,n.;B14.25,n.;S8.1.445.154;D.Enreg.2780.
— Aix.A6.42;P1.1345;B11.45;S10.2.521;J9.54; D. Dispos. entre vifs.67.Testament.887.
— Req.A11.21,n.1;P8.2.56;B21.140;S8.1 263; D.Juge.65. Jugem.67.
— Civ.r.A12.209,n.1;P8.1.163; B25.478; S8.1.254; MR13. 77; J9.60;D.Substitution.276.
— Bruxelles.A11.849,n.1,n.1; B24.427; J9.52; D. Saisie-imm.1022.1554.
— Besançon.P23.1.327.n.;S7.2.773;D.Lois rétroac.75.
19 Paris.A3.813;P1.1003;B6.461;S8.2.55;J9.65; D. Contr. par corps.732.733.
20 Civ.c.A7.251;P2.40;B13.284;D.Enreg.1510.1988.
— Civ.c.A4.731;P1.1249; B8.362,n.1; D. Degré de jurid. 528.
— Civ.c.A7.465;P2.85;B14.90;S8.1.444;D.Enreg.2987.
— Bruxelles.A7.809;P22.1.451;B14.507;S10.2.505;D. Domicile élu.25.Exploit.349.
— Bruxelles A6.578,n.1; P1.1451; B12.220,n.1; S8.2.175; D.Effets de comm.128.
21 Cr.c. A3.603; P1.915; B6.220; S9.1.162. et 7.2.857; D. Compét. crim.777.
— Poitiers.A11.905;P2.1243;B25.38;S13.2.300; D.Sépar. de corps.
22 Cr.r.A4.406;P1.1158; B7.446; S8.1.511; D. Cour d'ass. 920.
— Paris. A8.228;P2.217;B15.265;S8.2.57; D. Faillite. 544. 685.
— Paris.A8.40;P22.2.148,n.9;B15.44;S7.2.955; D.Faillite. 87.
— Cr.c.A8.770;P2.576;B16.393;S7.2.772;D.Forêts.643.
— Cr.c.A12.965,n.;P2.1498,n.; B28.265,n.; D. Homicide. 64.
— Déc. cons. d'état.S1.143 et S.c.1.143;D.Compét. adm. 263.
— Déc. cons. d'état.S16.2.311;D.Forêts.609.
— Décr. cons. d'état.S16.2.307;D.Interr. sur faits.11.
— Cr.c.D.Cour d'ass.1180.
— Déc.A3.179;D.Compét. adm.151.
— Déc.A5.224.n.10;S8.2.100;D.Eau.554.
— Avis cons d'état. A9.380,n.; S8.2.81; D.Inscript. hyp. 422.
23 Paris.A3.802;P1.998;B6.448; S14.2.215; D. Contr. par corps.578.618.
— Paris.A12.479,n.1;P2.1557;B26.356;S7.2.1245. et 1084. D.Partage.104.Portion dispon.356.
25 Paris. A3.775; P1.987; B6.418; S8.2.70; D. Contr. par corps.451.452.Exploit.247.
— Rouen A5.674;P22.1.75;B10.529;S13.2.351; MR11.507; D.Testam.277.278.
— Liége.A10.166,n.1.4;P2.712,n.5;B19.376;S10.2.527; D. Cont. de mariage 105.
— Cr.c.A11.241,n.2;P23.2.7;B22.348;S7.2.1110; D.Presc. 89.
— Rouen.A11.572,n.2,n.3; P22.2.97. et 2.1124; B23.407; S8.2.72;D.Rente.540.
— Liége.A9.852,n.17;D.Lois rétroact.121.
26 Civ.r.A2.457;P8.1.63. et 2.526;B4.55;S9.1.65; D. Choses.19.20.Vente.442.
— Paris.A5.817;B10.493; S10.2.495; D. Substitution. 82. Testam. 710.
— Civ.c.A8.129;P8.1.90;B15.450;S8.1.174;D.Faillite.554.
— Req. P8.1.105; S7.2.1195. et 8.1.209; MR9.458. et 12. 116;J9.71;D.Communauté.974.Contrat de mariage. 6. Séparat. de biens.7.
27 Turin.A9.573,n.1.7;P2.535,n.1;B18.168; D. Interrog. sur faits.38.97.98.
— Nimes.A9.532.n.1;P8.2.165; B18.103,n.1; S8.2.358; J9 86;D.Interdit.29.
— Cr.c.A11.231,n.1; P9.2.80; B22.551; S9.1.107;D.Voitures pub.50.
— Req.A2 69;P1.332;S7.2.789;D.Assur. mar.345.
— Trèves.P8.2.137;S8.2.214;J9.77;D.Mariage.56.
— Rennes.S15.2.204;D.Contr. par corps.537.
— Civ.r.S7.2.830;J9.85;D.Vente. 316.
28 Cr.c.A2.439;P1.516. et 8.2.62;B4.35;S8.1.257;D.Chasse.21.87.
— Cr.c.A2.121,n.;P1.361,n.;B3.150,n.; S9.1.167; D. Autor. mun. 15.16.47.

— Bruxelles. A1.583; P1.116; B1.448; S8.2.209; D.Appel civ.344.
— Besançon.A1.509;D.Adoption.29.121.122.
— Cr.c. A8.808,n 5,n 2; P2.407. et 9.2.75; B16.442; S9.1 165;D.Forêts.819.980.
— Cr.c.A11.519,n.1;P23.1.260;B22.481;S9.1.165. et 13.1. 464;MR9.487;D.Prescript.103.107.
— Req.A12.318,n.;P8.1.73;B26.103;S8.1.151;D.Demande nouv.50.Succ. irrég 37.
— Aix A12.803,n.2;P23.2.69,n.2. et 2.1440; B27.467; S7. 2.1245;J9.88;D.Usufruit.463.
29 Rennes.D Exécution prov.76.
30 Metz.A2.209;P1.412; B3.228; S7.2.801; D. Avoué. 176. 177.178.179.187.
— Cr.r.A4.216;P1.1069;B7.234;S8.1.371; D.Or et arg. 36. 40.
— Bruxelles. A9.418,n.,n.3; P2.494; B17.495,n.3; S10.2. 524;D.Hypoth.62.
— Bruxelles.A10.150,n.1-1;P22.2.146,n.; B19.347;S10.2. 491. et 7.2.1253. et 924;D.Autor. de femme.319. Transport de créance.94.248.
— Cr.r. A11,219,n.1; P2.984,n.; B22.310; D. Cour d'ass 1451.
— Turin.A11.641,n.2,n.1;P2.1148,n.18;B24.47;D.Dispos. entre vifs.168.Saisie-arrêt.257.
— Cr.c.A11.501;P2.1095,n.8;B23 276;S8.1.323;D. Quest. préj.65.
— Civ.c.A12.1014,n.4;P2.1506,n.;B28.335; D. Quest. pr. 21, Voirie.540.

FÉVRIER.

1 Turin.A8.516;P1.804;B16.115;D.Féod.207.
— Civ.r.A9.25;P8.2.45;B17.18;S8.1.211;J9.91; D. Huiss. 203.
2 Sect. réun. A7.1477;P2.22. et 8.2.24;B15.163;S8.1.143; MR9.46;D.Enreg.1443.
— Sect. réun.A12.128,n.;P8.1.198; B25.340;S8.1.183;MR 12.666;D.Société comm.200.201.
— Paris. P22.1.431; S7.2.784; J9.92.93; D. Domicile élu (appel).
— Déc.A3.226,n.4;D.Eau.399.
— Déc. cons. d'état. S16.2.514;D.Commune.740.
— Décr.A12,991,n.20;B28,303,n.20;S16.2.513;D. Voirie 189.
3 Rennes.A1.458;P1.161;B2.69; S8 2.107; D. Appel civ. 210.445 Appel incident 8.
— Civ.c.A11.793,n 2;P2.1210;B24.325;S8.1.129;D.Surenchère.231.232.
— 4 Cr.c.A1,84;P1.1028;B7.90;D.Cont. ind.514.
— Req A3.706;P8.1.60; B10.566; S8.1.173; MR13.617; J9. 97;D.Testament.375.385.
— Aix.A9.911,n.1.6;P2.662,n.5;B19.8;S7.2.805;D.Louag. 140.
— Paris.A9.14,n.1-1. et 5.110;P2.413;B17 7,n.1. et 9.126; J9.95; D. Désaveu.14.
— Req.P8.1.57;S8.1.153;D.Domicile élu.99.
— Rouen. P9.2.165,n.; S9.2.359; D. Contrat de mariage (rétroactivité).
5 Cr.c.A2.587; P8.1.90; B4.204; S8.1.348; MR8.609; J9. 100.
— Cr.c.A3.415;P1.821;B6.11;D.Compét. crim.68.
— Cr.c.A7.711;P2.129;B14.391;S16.1.263;D.Exploit.372. 958.
— Cr.r.A8.349;P8.1.306;B15.407;S9.1.88. et 7.2.966;MR 8.606;J9.104;D.Faux.269.276.
— Trèves.A10.19,n.1.2;P8.2.113;B19.142. et 138,n.1;S8. 2.169;MR17.301;J9.103;D.Promesse de mariage 17.
8 Paris.A7.800,n.;P2.162;B14.497,n.1; S7.2.968.912; D. Autoris. de femme.7.Dom. élu.110.
— Paris.P22.2.126,n.7;S8.2.100;D.Vente.588.
9 Turin.A1.540;P1.495;B2.167;D.Appel incid.75.
— Req.A5.704;P1.1337;B10.364;S13.2.448; D.Testament. 375.
— Req.A10.744,n.2; P8.1.133; B.21.256; S8.1.214; MR6. 174;J9.106;D.Preuve testim.15.116.281.
— Civ.r.S8.1.204;D.Substitution.395.
10 Civ.r.A6.306;P1.1553;B11.548; S8.1.190; D.Dom. engagé.54.
— Paris.S8.2.289;D.Inscript. hypoth.463.
— Cr.r.A4.92;P1.1031;B7.99; D.Contr. ind.377.395.Procès-verbal.403.504.
— Toulouse.A3.777; P1.988; B6.420;S13.2.191; D.Contr. par corps.487.622.
— Cr.c.A7.710;P2.129;B14.390;S9.1.233;D.Exploit.937.
— Cr.c.A8.376;P8.1.304;B15.438;S7.2.934;D.Faux.149.
11 Rouen.A6.574,n.2;P1.1448;B12.212,n.1; S7.2.1069;D. Compét. comm.142;D.Effet de comm.101.
— Décr.A6.838,n.,n.5;D.Emigré.367.
— Req.P8.2.40;S8.1.262;D.Forêts.336.
— Paris.A6.492;P11.1.468;B12.119;S11.1.301;MR15.408. et 16.692;D.Lois personn.9.19.23.
— Paris.S8.2.114;D.Propriété.135.
— Paris.S8.2.78;D.Répétition.31.
12 Cr.c.A2.230;P1.422; B3.254; S9.1.234; D.Animaux.18. 19.
— Cr.c.A2.11;P8.2.62;B3.8;S8.1.258;MR9.401,n.;J9.118; D.Armes.13.Chasse.79.
— Cr.r.A4.27,n.;P1.1010;B7.28,n.;D.Contr. ind.254.255.
— Bruxelles.A8.631;P2.299. et 12.1.111; B16.246; D.Filiation natur. 28.Preuve litt.91.

— Cr.c.P8.2.63;S8.1.251;J9.121;D.Pêche.105.
13 Bruxelles.A5.793;B10.474.465;S9.2.154. et 7.2.1036;D. Testament.660.665.
— Paris.A12.102,n.1;P2.1267; B25.294; S7.2.1203; D.Société civ.411.
14 Aix.A5.221;P8.2.180;B9.254; S8.2.315; MR17.628; J9. 123;D.Dispos. entre-vifs.12.47.48.
— Décr.A6.838,n.,n.4;D.Emigré.
— Req.P8.1.62,n.; MR13.617; D.Testament (écriture, mention).
15 Req.A1.618; P8.1.111; B2.256; S8.1.196; MR8.800;J9. 127;D.Arbitrage.186.187.194.544.949.
— Rouen.A5.737;P1.1338; B10.402; S8.2.137; J9.126;D. Testament 491.
16 Paris.A1.230;P1.84; B1.268; S7.2.1044.798.771; D.Action personn.24.
— Bordeaux.A1.486; P1.173; B2.101; S8.2.153; D.Appel civ.287.
— Besançon.A5.169;P1.1309;B9.195;D.Amnistie.105.Désist.7.Emigré.104.
— Caen.A9.439;P2.498,n. et 9.2.40;B17.521,n.;S9.2.29;J 9.153;D.Lois rétroact.142.
— Colmar.A12.749,n.75; P25.2.135,n.2. et 2.1424; B27. 367;S10.2.565;D.Tutelle.478.
— Civ.r.A11.888,n.2.1; P8.1.137;B25.10;S8.1.179; MR12. 447;J9.137;D.Séparat. de corps.15.
17 Paris A1.702;P1.280;B2.411;S8.2.189;J9.143; D.Arbitrage.785.
— Civ.c.A6.198;P8.1.88;B11.223; S9.1.66;MR9.56,n.; D. Partage d'asc.13.
18 Aix A7.718;P2.132;B14.400;S8.2.109;D.Exploit.92.
— Req.A9.240,n.; P8.1.145; B17.285,n.; S8.1.222; MR6. 255;D.Inscript. hypoth.124.
— Req A9.603. et 7.495,n.1-1,P8.2.59;B14.128.et 18.216; S8.1.255;D.Jour férié.54.Transcript.17.
— Paris.A10.694,n.1; P2.842,n.2; B21.154; S7.2.786; J9. 145;D.Preuve litt.1134.1162.
— Cr.c.A4.236;P1.1074;B7.256;D.Contr. ind.568.
— Cr.c.A11.413,n.3.22;B23.133;S7.2.1146;D.Procès-verbal.431.
— Déc. min.A7.343,n.2;D.Enreg.2408.
19 Cr.c.A4.429;P1.1148;B8.24;D.Cour d'ass.1029.
— Cr.c.A4.429;P1.1147;B8.23;D.Cour d'ass.1028.
— Cr.c.A8.786,n.8;P2.390;B16.314;S16.1.215; D.Procès-verbal.214.
— Bruxelles.A6.599;P1.1457; B12.244; S14.2.146. et 7.2. 1150;D.Effet de comm.178.
— Paris A12.509,n.1;P2.1343; B26.405; S8.2.130; D.Partage.180.256.Expertise.171.
— Cr.c.A12.1018,n.6; P2.1508; B28.341; S7.2.1013.9.1. 235;D.Quest. préj.143.Voirie.580.
— Cr.c.D.Procès verb.345.
20 Nîmes.A9.93,n.1;P2.428;B17.104,n.1;S4.2.517; D.Privilége.466.
— Turin.A10.769,n.2; P2.862,n.4; B21.278; D.Exécution prov.9.Serment.135.Serm.déc.31.56.
— Grenoble.D.Degré de jurid.447.
23 Civ.c.A7.221;B13.249; S8.1.164; D.Enreg. (subrogation, caution).
— Aix.A9.957,n.2;P2.678,n.1; B19.82; S9.2.274; D.Mandat.478.
— Bruxelles.A10.144,n.1-1; P2.709,n.5; J9.149; D.Autorisat. de femme.183.
24 Civ.r.A7.39; P8.2.40; B13.38; S8.1.259; D.Enreg.515. 316.
— Civ.c.A1.267;P1.89;B1.310;S8.1.493.494;J9.150;D.Action possess.10.
— Civ.c.A7.420;B14.34;D.Enreg.2827.
— Rennes.A8.229;P2.217;B15.266. et 25.330; D.Faillite. 1040.
— Trèves.A10.391,n.2; P2.809,n.3;B20.523; S8.2.140;D. Cession de biens.50.51.
— Rennes.A12.122,n.2;P2.1276;D.Société comm.136.
25 Cr.c.A4.74;P1.1024;B7.79;D.Contr. ind.297.
— Paris.A3.785;P23.2.108,n.2;B6.429; S8.2.107; J9.154; D.Contr. par corps.441.601.
— Déc.A6.331,n.4;D.Domaine.
— Cr.r A9.660,n.3; P2.564,n.3; B18.302; S17.2.318.1.93; D.Frais et dépens.555.
— Aix.A11.713,n.1,n.1; P10.2.82; B24.178; S8.2.279; J9. 152;D.Saisie-imm.463.
— Nîmes.A11.897,n.5.1;P2.1240;B25.23;J9.155;D.Sép. de corps.62.
— Civ.c.A8.687;B16.311;D.Fonction. publ.261.
— Bruxelles.S10.2.489;D.Etranger.6.
— Déc. cons. d'état.S16.2.315;D.Comptabilité.84.
— Civ.c.D.Lois rétroact.254.
26 Grenoble.A2.466;P1.526;B4.66;D.Choses.72.
— Besançon A7.749;P2.148;B14.437;D.Exploit.778.
— Paris.A7.761,n.1.S8.2.144;D.Exploit.
— Cr.c.A8.350; P2.245; B15.406; S9.1.177; D.Faux.228. 487.493.
— Colmar.A11.944,n.31;B25.119;S10.2.551;D.Div.132.
27 Cr.c A4.27;P1.1009;B7.27;S8.1.370;D.Contr. ind.254. 255 Procès-verb.376.
— Cr.r.A4.167;P1.1056.B7.181;D.Jeu de cartes.13.
— Cr.c.A6.424,n.1; B12.39,n.1; S17.1.328; D.Douanes. 241.
— Paris.A9.654,n.2; P2.863,n.2; J9.157; D.Frais et dépens.22.

— Cr.c.A11.506,n.6; P2.1098,n.4; B23.286; D.Quest. pr. 39.
— Turin.A11.638,n.3;P2.1147,n.14;B24.44; S13.2.174;D. Saisie-arrêt.227.
— Cr.c.A4.106;P1.1033;B7.115;D.Contr. ind.342.
— Bruxelles.A11.830,n.3;P2.1196;B24.394; D.Saisie-immob.1638.

MARS.

1 Paris.A7.761,n.;S8.2.144;J9.158;D.Exploit.
— Paris.A11.288,n.2; P8.2.79; B22.150; S8.2.146. et 7.2. 1118;D.Fruits.67 Prescript.871.Propriété.160.
— Avis cons. d'état.A8.485; P8.2.59;B16.79; S8.2.134;D. Féodalité.247.
— Décr.D.Acte de notoriété.69.
— Déc.D.Armoiries.12.
— Décis. min. fin. et just.A7.411,n.10;D. Enreg.2791.
— Décr.A12.259,n.8;S10.2.51;D.Majorat.11.13.15.18.19. 22.28.35.
— Décr.D.Expropriation publique.110.
2 Civ.c.A8.493; P8.2.58; B16.89; S8.1.137.20.1.485; D. Féodalité.134.
— Req.A10,690,n.5.et 11.904,n.1;P8.1.116.133;B21.115.et 25.36;S8.1.252; J9.160;D.Preuve litt.814.985. Sép. de corps.74.111.112.
3 Cr.r.A4.43;P1.1015;B7.45;D.Contr. ind.99.100.
— Cr.r.A11.232,n.1; P2.991,n.2; B22.352; S7.2.1252; D. Voitures publ.42.87.
— Cr.r.A4.216;P1.1069;B7.254;D.Or et argent.36.40.
4 Cr.c.A8.814,n.4; P2.410; B16.451,n.1. et 16.449; D. Garde nat.1059.
— Cr.c.A12.551,n.4; P2.1351; B27.25;D.Compét.cr.455.
— Trèves.A11.249,n.8.1;B25.116,n.1;D.Serment.137.
5 Paris.A12.702,n.2;P2.1411; B27.283;S8.2.124; D.Tutelle.
7 Civ.c.A7.504; P8.2.42;B15.343; S8.1.212; MR4.738;J9. 163;D.Enreg.2203.2204 Expertise.377.
— Civ.c A4.170;P1.1057;B7.184;S8.1.400;D.Sel.15.
— Req.A5.656; P1.1534. et 18.1.163;B10.284; MR17.760; D.Testament.166.
— Civ.c.A7.529;P2.91;B14.167;D.Timbre.154.
Besançon.A8.748,n.4; P2.361; B16.363;D.Forêts.339. 362.
— Décr.A8.485,n.1;P8.2.59;D.Féodalité.
— Agen.A11.187,n.1-1; P2.967,n.1; B22.251; D.Péremp. 98.
7 Civ.c.S8.1.488;D.Enreg.1977.
— Décis. cons. d'état.S16.2.316;D.Trésor pub.6.
8 Civ.c.A7.398;P2.70;B14.4;D.Enreg.2691.
9 Civ.r.A7.376;P8.2.43;B13.427;S8.1.252;J9.164; D.Enreg.2541.
— Req.A8.183. et 9.76,n.1; P2.205. et 8.1.168; B15.212. et 17.84,n.1; S8.1.206; MR15.302; D.Faillite.852.Privilége.366.
— Paris.A12,901,n.1; P2.1472; B28.156; S8.2.157;D.Vente.898.
10 Cr.r.A2.285,n.;P1.450;B3.317;S17.1.345;D.Cassat.387.
— Req. A5.341; P8.1.122; B9.390; S8.1.577; MR8.581; D. Port. disp.61.
— Paris.A11.793,n.1; P2.1209;B24.323; S15.2.200;D.Surenchère.140.141.
— Req.P8.1.156; S8.1.231; MR16.78; D. Filiat. nat.137. 222.
— Bruxelles.A10.799,n.;P9.2.218;B21.328,n.; S15.2.205. et 14.2.488;D.Respons.541.
— Limoges.S8.2.153;D.Effets de comm.103.
11 Cr.c.A4.246; P1.1077; B7.267; S7.2.780; D.Contr. ind. 612.
— Req.A8.659,n.1;D.Filiation.
— Cr.c.A8.727,n.2;P2.345;B16.337,n.;D.Forêts.43.
— Bruxelles.r.A9.567;B18.165;S8.2.203;D.Lois rétroact. 94.
12 Besançon.A11.609,n.3; P2.1139,n.7; B23.472; D.Req. civ.114.
— Paris.A12.880,n.1;P23.2.83,n.3. et 2.1464;B28.119;S7. 2.989;D.Garantie.123.
— Turin.A9.645;P2.558,n.7;B18.475;S9.2.110; D.Jugem. 194.
13 Limoges.P8.2.105;D.Filiat. adult.43.
14 Trèves.A1.435; P8.2.178. et 1.147; B2.41;S7.2.897;D. Appel civ.54 Ordre.563.
— Décr.A6.326,n.17;D.Ventes admin.384.
15 Bruxelles.A2.381;P1.490;B3.426. et 19.55; D.Caution. 72.117.
— Req.A1.219;P8.1.217;B1.254;S8.1.353;D.Action mob. et imm.2.Except.254.
— Bruxelles.A9.940,n.1.2; P2.672,n.4;B19.55;S10.2.536. et 8.2.200;D.Louage.741.
16 Angers.A10.231,n.1;P11.2.216,n.;B19.476;S8.2.520;J 9.166;D.Sépar. de biens.20.
17 Cr.c.A2.129;P1.366; B3.138; D.Autor. munic.122.362. Procès-verbal.48.
— Cr.c.A1.550;P8.2.89;B2.177;D.Appel correct.19.105.
— Rouen.A3.178;P1.735;B5.204; D.Compét. admin.145.
— Req.A11.128,n.5; P8.1.98;B22.148;S8.1.473;D.Presse. 356.
— Rouen.A11.943,n.25; B25.105; S8.2.134. et 7.2.908; D. Div.75.
— Cr.c.P8.2.89,S9.1.85; MQ1.105; D.Jugem. par défaut (appel, opposition).

— Cr.r.P8.1.508;S9.1.85;D.Faux.352.
— Déc.A10.748,n.8;S8.2.111;D.Juifs.19.20.
18 Cr.c.A4.351;P1.1080;B7 273;D.Contr. ind.380.
— Cr.c.A4.281,n.;P1.1089;B7.305.n.1;D.Cour d'ass.
— Cr.r.A8.384,B15.447;D.Faux.348.
— Besançon.A11.696,n.,n.1; P23.2.25,n.; B24.148; S15.2.178;J9.178;D.Saisie-imm.370.258.503.861.
— Paris.A11.535,n.3; P2.1110,n.9; B25.558; D.Récus. de juges.64.
— Cr.c.A11.412,n.8;P2.1065,n.8;B25.127;D.Procès-verb.414.
— Turin.A12.493,n.5;P9.2.9;B26.378;S8.2.301;J9.174;D.Retr. succ.66.68.
— Cr.r.A9.638. et 660;P8.2.89; B18.268. et 301;S9.1.85;MR9.72;D.Frais et dépens.349.Jug.415.
19 Turin.A4.541;P1.193;B2.167;D.Appel incid.75.
— Turin. A7.814; P2.165; B14.515; D. Domicile élu. 57. Exception.256.265.
— Décr.A9.471,n.2;B18.12;S16.2.321;D.Commune.709.
— Paris.A9.258,n.1;B17.305,n.2;S8.2.127; D.Hypoth. et Privilége.
— V. au 29.
— Déc.A3.924,n.4. et 230,n.1;S16.2.319;D.Eau.313.
21 Civ.r.A3 756; P8.2.75; B6.595; S8.1.225; D.Contr. par corps.226.
— Req.A6.617;P8.1.184; B12.265; S8.1.245; MR8.651;D. Effets de comm.296.320.
— Paris.A11.691,n.1,n.3;P2.1171;B24.139;S8.2.161 et 7.2.949;J9.182;D.Saisie-imm.334.
— Req A12.405,n 5; P8.1 205; B26.234; S8.1.413; MR10.658;D.Lois rétroact.161 Rapp. à succ.21.58.284.
— Paris.A9.385,n.;B17 487,n.;D.Purge.102.
— Rennes.c.P8.2.169;D.Séparation de corps.200.
— Req.P8.2.80;S8.1.250;D.Compét. cr. (délit distinct).
— Civ.c A9.864,n.40;D.Lois rétroact.161.
22 Civ.c.A7.320; P2.57;B13.365; S8.1.495; J9.184;D.Enreg.2268.
23 Civ.c.A4.687;P1.1224;B8.311;D.Degré de jurid.344.
— Besançon.A9.14,n.,n.5;P2.414; B17.8,n.5;D.Respons.385.
— Civ.c.A11.302,n.2; P8.2.67; B22.450; S8.1.407;D.Prescrip.860.
24 Cr.c.A4.281,n.;P1 1089;B7.305,n.1;D.Cour d'ass.
25 Bruxelles.A1.133;P1.50;B1.156;S12.2.205;D.Acquies.42.195.379.Compét. civ.220.
— Toulouse.A4.266. et 3.749;P9.2.41. et 1.54; D.Contumace.50.
— Paris. A1.698; P1.265; B2.348; S9.2.189; D.Arbitrage.446.
— Cr.c.A3.596; P1.912; B6.213;D.Compét. crim.698.699.707.708.
— Besançon.A5.245; P1.1314. et 23.2.30,n.2; B9 282;S9.2.14;MR16.158;J9.187;D.Disp. entre-vifs.152.154.
— Rouen. A11 130,n.,n.11 ; P2.946,n.3 ; B22.152 ; S7.2.1027;D.Presse.352.
26 Cr.c.A4.104; P1.1033; B7.112; S8.1.390; D.Contr. ind.474.
— Paris.A10.836,n.3;P2.891,n.3;B24.391;D.Ordre.423.
— Colmar. A11.683,n.2. et 10.668,n.1; P24.2.70,n.; B21.108. et 24.122;S13.2.44;D.Preuve litt.645.Saisie-imm.189.
— Cr.c.A11.411,n.4; P2.1065; B23.135;D.Procès-verbal.419.
— Paris.S7.2.1002;J9 190;D.Inscript. hypoth.237.
27 Toulouse.A3.570;P1.1331. et 8.2.85;B10.208;S8.2.166;J9.201;D.Transcript. des donat.35.
28 Grenoble A1.295;B1 342;D.Adoption.31.
— Req A3.298;B5.337;D.Compét. civ.11.
— Civ.c.A7.699; P2.126; B14.376; S8.1.225; J9.198;D.Exploit.181.
— Civ.r.A12.886,n.3; P2 1465; B28.128; S8.1.339. et 8.1.215;J9.197;D.Garantie.264.
29 Civ.r.A4.706;P8.2.65;B8.353;S8.1.438; D.Degré de jurid.400.
— Nimes.A6.852,n.1;P1.1511;B12.540,n.1;S14.2.424,n.1;J9.199;D.Enquête.78.
— Civ.c.A10.152,n.1.2;P8.1.151;B19.349; S8.1.213. et 7.2.1066;MR1.528;J9 204;D.Aut. de femme.250.316.
— Req.P8.1.201;S8.1.348;D.Divorce (compét.).
30 Civ.c.A7.220;P2.34;B13.248;D.Enreg.1854.
— Civ.c.A7.286;P2.49;B13.319;S8.2.522;D.Enreg.2141.
— Civ.c.A7 471;P8 2.65;B14 98;S8.1.439;MR9.661. et 17.444;D.Enreg.3014.Prescript.440.
— Turin.A7.813;B14.512;S9.2.308;D Domicile élu.29.
— Civ.c.A8.501;P2 282;B16.98;S8.1.526;D.Féodalité.150.
— Paris.A10 618,n.1-1,P2 818,n.2;B21.50; S7.2.1209; J9.206;D.Remise de la dette.81.
— Décr.A11.4,n.2;S8.2.145;D.Juge supp.77.
— Bourges.A11.850,n.1;B24.429;D.Saisie-imm.905.931.1576.1691.
— Angers.P9.2.39;D.Audience sollenn.(sépar. de corps).
— Décr.A11.63;D.Jugement.74.
31 Limoges.A8.616;B16.229;S8.2.162;D.Filiat. nat.127.
— Orléans.D.Inventaire.57.

AVRIL.

1 Civ.c.A3.518;P1.88;B6.127;D.Compét. crim.448.451.
— Avis cons. d'état.A7.533,n.1;B14.172;S8.2.174; D.Enreg.
— Cr.c.A8.755,n.12;P2.367;B16.573;D.Forêts.424.
— Cr.c.A8.408; P8.2.109; B15.475; S7.2.987;MR13.405;D.Faux.445 449
— Civ.c.A11.302,n.3;P2.1009,n.6; B22.450; D.Prescript.893.
— Cr.c.A11.947,n.1.2;B25.113;D Serment.4.
— Cr.c. A9.760,n.7; P8.2.108; S9.1.89. et 7.2.888; MR8.767;D.Jugem. par défaut.556.
— Avis du cons. d'état.D.Preuve litt.827.
— Décr.D.Com.154.
2 Paris. A8.227; P2.216; B15.265; S8.2.141; D. Faillite.1012.Cession de biens 56.
— Paris. A11.776,n.4,n.2; P2.1206; B24.294; D. Surenchère.153.
4 Civ.c.A2.669;P1.625;B1.296;S8.1.523; D.Colonies.105.
— Turin.A1.663; P1.247; B2.507; S9.2.263; D.Arbitrage.556.721.
— Bruxelles.A9.571,n.1.3; P2.533,n.4; B18.160; S8.2.209; D.Interdit.215.
— Req.A11.675,n.2; P8.1.182; B24.106; S8.1.572; MR17.816;J9.209;D.Saisie-imm.70.
— Liége.A12.864,n.1; P2.1458; B28.90; S12.2.208; J9.212; D.Vente.463.
— Civ.r.A11.934,n.12;P8.1.180;B25.89;S8.1.257; D.Adultère.65.Div.39.40.
— Paris.S8.2.295;D.Success.
5 Civ.c.A7.297;P8.2.71;B13.337;S8.1.522. et 7.2.1063;MR4.737;D.Enreg.2168.
— Civ.c.A4.679;P1.1220;B8.301;D.Degré de jurid.302.
— Riom.A5.740;B10.405;D.Testam.489.
— Nîmes.A7.785;P2.158;B14.480;S14.2.296;J9.214;D.Exploit.457.
— Civ.c.A9.257; P8.1.477; B17.280; S8.1.216;MR6.249;D.Chose jugée.155.Inscript. hypoth.104.440.
— Rennes.A12.587,n.1.26;P2.1369;B27.87;D.Témoin.
— Civ.c.P8.1.160; S8.1.239; MR2.594; D. Commune (revendication, étranger).
6 Turin.A1.194;P10.2.22;B1.224;S10.2.65;J9.217; D.Actes de l'état civil.31.32.33.34.36.Amende.55.Mariage.131.132.133.Excuse.116.
— Req.A3.298; P8.2.62; B5.336; S8.1.241; D.Exception.152.172.
— Civ.c.A3.47;B5.48;P8.1.160;D.Commune.339.
— Civ.c.A12.694,n.2; P8.1.172; B27.268; S8.1.241; MR7.554;D.Mineur 8.
— Colmar. A12.844,n.1 ; P2.1451; B28.54; S10.2.549; D.Vente.20.197.
— Liége.A9.712;B18.373;D.Jugem. par défaut.189.
7 Cr.c.A8.755,n.5; P2.362; B16.346; S9.1.384; D. Forêt.151.
— Cr.c. A11.440,n.1; P2.1064,n.1; B23.124; S8.1.384; D. Procès-verbal.391.
— Aix.A11.807,n.2;P2.1215;B24.351;S15.2.159;D.Saisie-imm.1560.
8 Angers.A5.561; P1.1330; B10.197; S8.2.219; J9.224;D.Retrait succes.59.Transcr. des don.35.
— Cr.c.A8.796,n.4; P2.399; B16.427; S9.1.386; D.Forêts.859.
9 Besançon.A12.715,n.10;P9.2.109. et 2.1414; B27.309;S9.2.158. et 7.2.867;J9.227;D.Interdit.186.Tutelle.124.
— Bruxelles.A12.666,n.1,n.5; P8.2.149; S9.2.407. et 7.2.1228;B27.219;J9 229.
— Besançon.A11.893,n.2.2;B25.17; D.Séparat. de corps.8.45.117.
10 Civ.c.A12.1041,n.;B28 573;D.Voitures pub.103.
11 Civ.c. A7.145; P2.21; B13.161;S7.2.1234; D.Enreg.79.1444.1445.
— Déc.A6.326,n.;D.Domaine nat.
12 Civ r.A7.93; P8.2.64; B13.100; S8.1.265; MR6.831; D.Enreg.769.
— Civ.c.A7.52;P2.5;B13.52;D.Enreg.371.
— Civ.c.A7.140;P2.20;B13.156;S8.1.322;D.Enreg.1368.
— Req.A3.260;P8.2.61;B5.293;S20.1.503;D.Régl. de juges.63.
— Civ.r.A7.829; P8.1.487; B14.533; S8.1.244; J9.231; D.Huiss.35.
— Turin.A9.555,n.1; B2.529,n.1;B18.135; S9.2.243;D.Interdit.220.
— Grenoble.A12.652,n.1.22;P2.1386;B27.191; D.Tierce-opposit.79.
13 Turin.A2.383;P1.492;B3.429;S12.2.371;J9.243; D.Caution.407.
— Turin.A5.241; P9.2.60;B9.277;S9.2.77;D.Dommages-intérêts (empêchement de tester).
— Inst. min.A7.486,n.3;D.Enreg.
— Civ.c.A6.801; P8.1.193; B12.478; S8.1.385;MR4.545;D.Emigré.179.
— Bruxelles.A9.571,n.1.3; P2.533,n.4;B18.160; S8.2.209; J9.248;D.Interdit.215.
14 Cr.c.A9.498,n.1.6;P2.509,n.2;S9.1.385;B18.50;D.Compét. cr.412.Instruct. cr.216.
15 Cr.r.A4.204;P1.1064;B7.221;D.Or et argent.19.52.96.
— Cr.c.A3.603; P1.916; B6.221; S9.1.381; D.Compét. cr.411.418.780.
— Cr.c.A8.727,n.2;P2.345;B16.537,n.2;D.Forêts.43.
— Cr.c.A6.424;P8.2.101;B12.38;S9.1.89. et 7.2.922. et 17.1.328;D.Douanes.241.242.
— Cr.c.A11.506,n.7; P2.1098,n.3; B23.286; S16.1.196; D.Quest. pr.72.
— Cr.c A1.550,n.;S9.1.381;D.Appel correct.19.
— Cr.c.A4.236,n.1;D.Cont. ind.568.
16 Bruxelles.A9.260,n.;P2.457;B17.308,n.;S10.2.564; D.Inscrip. hypoth.194.
— Pau.S10.2 256;D.Saisie-exécut.199.
18 Civ.c.A6.842,n.2; P8.2.102; B12.527,n.2; S8.1.267;MR9.690;D.Émig.572.
20 Civ.c. A3.99; P8.2.75; B5.109; S8.1.519; MR14.165; D. Commune (triage).
— Req.A6.379,n.2. et 7 890; P8.2.72; B11.434,n.1. et 14.242;S8.1.321;MR10.300;J9.250;D.Domicile.36.Except.199.
— Turin.A10.730,n.6; P9.2.25; B21.214; S9.2.309; MR16.444.J9.252;D Preuve litt.1169.
21 Cr.c.A2.156;P1.386;B3.168;D.Autor. mun.464.466.
— Bruxelles.A5.257;P1.1313. et 25.2.107,n.1;B9.272;S8.2 246;J9.259;D.Disposit. entre-vifs.82.
— Cr.c A8.395;P2.259;B15.461;S8.1.504;S7.2.966;J9.256;D.Faux.258.
— Cr.c.A8.801,n.2;B16.433,n.1;D.Forêts.911.
— Cr.c A11.28,n.,n.3; P2.915,n.1; B21.451;S16.1.288;J9.255;D.Instruct. cr.556.
22 Cr.c.A4.531;P1.1111;B7.361,n.1;D.Cour d'ass.224.
— Cr.c.A3.608; P8.2.132; B6.227; S8.1.304. et 9.1.383;D. Compét. cr.809.
— Req.A12.493,n.5;P8.1.227;B26.378;S8.1.525;J9.202;D. Autorisat. de femme.80.Retrait success.65.
23 Cr.c.A4.108;P1.1033;B7.116;D.Contr. ind 461.
— Cr.c. A11.414,n.3.18 ; P2.1067,n.17; B23.131 ; Procès-verbal.383.384.437.438.
— Cr.c. A12.1069,n.4; P8.2.131;S8.1.472;B25.351. et 28.423;D.Vol.117.
— Colmar.A11.542,n.1.6;P2.1113;B23.351;D.Récusat. de juges.131.132.
24 Civ.c.D Enreg.929.
— Déc.S10 2 289;D.Compét. admin.151.
25 Décr.A3.179,n.1;D.Compétence.
— Bruxelles.A4.673; P1.1218; B8.294; D.Degré de jurid.277.
— Civ.c.A7.463;P2.85;B14.91;D.Enreg 2987.
— Civ.c A7.412;P8.2 66;B14.22,n.;S9.1.47. et 7.2.1159;J9.268;D. Enreg.2776.
— Paris.A6.706;P1.1478;B12.369;S8.2.191;J9.265; D.Effets de comm.651.
26 Civ.c.A7.105;P2.15;B13.116;D.Enreg.927.928.
— Req.A1.307; P8.1.208; B1.355; S8.1.353; D.Adoption.85.134.Partage.194.Port. disp.36.
— Req. A11 606,n.2,n.2; P8.2.73; B23.467; S8.1.522; D.Req. civile.89.
— Req.P8.1.224;S9.1.47;MR9.218;J9.269; D.Oblig. pein.17.
— Avis du cons. d'état.A3.117,n.;B5.127;D.Commune.
27 Civ.c.A3.86; P8.1.237; B5.92; S8.1.409; MR2.594; D. Commune.393.395.
— Req.A5.427;P8.1.229,B10.40;S8.1.414;D.Portion disp.64.65.
— Trèves A6 642;P1.1466;B12.295;S8.2.174; D.Effets de comm.437.
28 Riom.A3.804;P1 999;B6.451;S15.2.194;J9.275;D.Contrainte par corps.613.
— Turin.A12.148,n.2.5;P2.1299;B25.374;S12.202; D.Stellionat.28.
— Cr.r.P8.2.134;S8.1.501;D.Témoin.194.
29 Cr.c.A8.797,n.2; P2.400; B16.429; D. Forêts.771.876.877.
— Cr.c. A11.321,n.1; P2.1015,n.3; B22.484; S9.1.413; D. Lois rétroact.254.Prescript. cr.110.115.

MAI.

2 Civ.c.A2.542;P1.559. et 25.2.90,n.1; B4.152; S9.1.168; D.Chose jugée.173.
— Civ.c.A7.252; P8.2.67; B13.285; S8.1.320; MR9.55; D. Enreg.1970.
— Req.A6.283;P1.1552. et 8.1.219;B11.321;S8.1.361;MR8.550;D.Portion disp.303.
— Civ.c. A8.488. et 5.19; P8.2.77. et 8.97; B16.83; S8.1.312. et 9.1.168; MR11.452; D. Commune.214.220.229. Féodalité.105.Exploit.108.
— Paris.A10.783,n.13; P2.868,n.8; B21.299; S7.2.977. et 910. et 818;D.Responsab.74.
— Paris.A10.469,n.1;P2.786,n.4;B20.332;D.Oblig.500.
— Civ.r.P8 2.90;D.Cassation.205.
3 Rouen.A2.718;P1.654;B4.351;D.Actes de comm.228.
— Civ.c.A3.719; P8.1.234; B6.550; S8.1.310; MR1.886;J9.276;D.Autorisat. de femme.26.42.Conciliat.104.
— Nîmes.A7.782;P2.156;B14.475;D Domicile.86.
— Liége.A7.806;P2.165;B14.504;D.Domicile élu.122.Exploit.255.
— Colmar.A8.431;B16.18;S10.2.557;D.Faux incid.101.
— Liége.A11.719,n.2,n.1;P2.1182;B24.189;D.Saisie-imm.492.668.
4 Civ.c.A3.286;P1.779. et 8.2.93;B5.322;S20.1.481. et 7.2.897;D.Compét. civ.365.372.
— Besançon.A6.873,n.2,n.1;P1.1518;B12.565,n.1; D.Enquête.235.
— Civ.c.A12.874,n 2; P8.1.230. et 2.1461; B28.110; S8.1.558. et 20.1.494;MQ2.622;J9.279;D.Garantie.68.
5 Cr.c.A2.569. et 3.515; P1.580; B4.185. et 6.424; S9.1.415;D.Chose jugée.305.Compét. cr.439.
— Bruxelles. A4.670; P1.1216;B8.290;D.Degré de jurid.264.
— Cr.c.A3.515;P1.880;D.Compétence.

— Bruxelles. A10.30,n.1; P8.2.171; B19.161; S9.2.84;J9. 285;D.Acte respect.60.
— Angers.A11.942,n.21; B25.404; S12 2.377;D Sépar. de corps.68.
— Paris.S8.2.256;D.Actes de comm. 183.
— Cr.c.A11.40,n.;D.Min. pub.125.
6 Liége.A12.777,n.2;P9.2.23;B27.420;S9.2.56;J9.286; D. Emancip.6.
— Cr.r.D.Instruct. cr.370.
7 Cr.c.A4.254;P1.1082;B7.277;D.Contr. ind.22.84.
— Cr.c. A11.321,n.; P2.1016,n.; B22.484; D.Prescrip. cr. 110.
— Déc. A11.380,n.3; P2.1049,n.3; B23.70; S16.2.328; D. Prises marit.159.
— Civ.c.P8.1.273;S8.1.385;D.Révoc.128.
— Ord. cons. d'état. S1.138. et 16.2.326; D.Compét. admin.385.
9 Civ.c.A7.252;P2 41;B13 283;S9.1.169;D.Enreg.1545.
— Civ.c.A6.164;B11.184;D.Révoc.124.
— Bruxelles. A12.140,n.1; P2.1281; B25.561; S9;2.16; D. Société comm.274.
— Rouen.A11.719,n.3;P10.2.81. et 9.2.71,n.;B24.189;S8. 2.219;MR12.262,n.;D.Saisie-imm.504.
10 Civ.c.A4.171,n;P1.1057;B7.185,n.;D.Sel.10.
— Civ.c.A4.171,n.;P1.1057;D.Sel.10
— Bruxelles.A6.684;P1.1473,B12.543;S8.2.337;J9.290;D. Effets de comm.381.
— Paris.A6.126,n.1; B11.139,n.1;S7.2.973; D.Exécuteur testam.147.
11 Civ.r.A2.273;P8.2.90;B3.303;P1.448; D.Cassation.202.
— Civ.c.A7.242;P2.38;B13.274;D.Enreg.1930.
— Paris.A12.3 4,n.2; P2.1311; B26.159; S7.2.892;D.Success.234.
12 Rouen.A1.295;B1.342;S8.2.219;J9.293;D Adopt.31.
— Riom.A11.720,n.3;P23.2.126,n.;B24.191;S15.2.180. et 7.2.888;J9.291;D.Saisie-imm 487.530.559 576.721.
— Orléans.A11.771,n.2;P2.1205;B24.276;D.Surench.88.
— Rouen.A6.538,n.2;B12.172,n.1;S8.2.218;D.Dr. civ.96.
13 Cr.c.A4 158;P1.1053;B7.171;D.Compét. cr.45. Tabacs. 146.
— Cr.c.A4.244. et 8.328; P1.1068; B13.383. et 7.231; D. Faux.27.Or et argent.101.
— Besançon. A8.25; P2.173; B18.25; D.Faillite.33.67.68. 69.70.
— Liége.A6.115;P1.1348;B11.126;D.Legs.249.352.
— Cr.c.A8.806,n.4;P2.406;B16.439;D.Forêts.929.
14 Turin.A7.760; P8.2.152;B14.450; S9.2.107. et 7.2 888; D.Délai.39.Exploit.733.
— Paris.A9 446,n.n.2; P2.500; B17.529,n.2;S8.2.227;J9. 296;D.Rad. hypoth 73.74.
— Turin.A12.669,n.12; P2.1305; B27.285; D.Tierce-opp. 194.
16 Civ.c. A6.777; B12.481; S8.1.239. et 8.1.297; MR8.58; D Emigré.38.144.Mort civile. 71.
— Paris. A12.132,n.3;B25.349;S8.2.223;D.Société comm 185.
— Déc.D.Usage.108.
17 Rouen.A9.667;P2.568;B18.310;D.Frais et dépens.107.
— Req.A10.762,n.1;P8.1.357;B21.265; S8.1.435; D.Aveu. 35.108.
— Req.A11.606,n.;P8.2.73;B23.469;D.Req. civ.89.
18 Civ.c.A9.403; P8.1.255; B17.480; S8.1.291; D.Hypoth. 265.
— Req.A9.671;P8.2.76;B18.316;S8 1.315;J9.301;D.Frais. 122.134.
— Cr.c.S8.1.391;D.Contr. ind.44.
— Civ.c S8.1.398;D.Exploit.223.
— Cr.c.D.Exploit.808.
19 Pau.A8.26,n.1;P22 2.140,n.6;B13.26;S8 2.259;D.Compét. comm.201.
— Liége A9.19;P2.415;B17.14,n.1;D.Huiss.169.
— Cr.c.A12.609,n.9;P2.1375;B27.126;D.Tém. faux.55.
20 Cr.c.A8.351;P2.246;B15.409;D.Faux.490.
— Paris.A8.574,n.1;P22.2.132,n.2;B16.181,n.1;S8.2.204; MR16.574;J9 303;D.Filiat. légit.154.
— Cr.c.A12.609,n.11;P2.1375;B27.126; S9.1.417; D.Tém. faux.29.
21 Besançon.A5.732;D.Lois rétroact.179.
— Nîmes.A11.695,n.8,n.1;P2.1173;B24.146; S15.2.138,n. 2;D.Saisie-imm.252.905.906.1564.
— Nîmes.A11.746,n.2,n.1;P2.1194;B24.237; D.Saisie-immob.1566.
23 Civ.c.A7.323;P2.57;B13.366;S9.1.42;D.Enreg.2261.
— Civ.c.A7.253;P2.41;B13.286;D.Enreg.1971.
— Civ.c.A1.381;P9.2.152;B1.446; S9.1.265; MR14.31; J9. 313;D.Timbre 44.334.
— Civ.r.A7.612;P8.2.78;B14.271;S8.2.216. et 8.1.294; D. Degré de jurid.245.Exception.239.
23 Paris.A9.684;P2.573;B18.330;S18.2.12. et 8.2.267; J9. 308;D.Frais et dépens.223.
— Req.A12.172,n.1; P8.1.376; B23.416; S8.1.418; MR13. 128;D.Substitution.401.403.
— Paris.A11.838,n.2,n.1;P2.1231;B24.409; D.Saisie-immob.1530.1605 1636.
24 Paris.A8.70; P22.2.161,n.3.6; B15.78; S8.2.197; D. Faillite.251.252.
— Civ.c.A6.284. et 8.1.328;B11.522; S8.1.328; J9.314;D. Commun.1048 Port. disp.338.
— Req.A6.808,n 2.1; P8.1.267; B12.488,n.2; S8.1.545;D. Emigré.217.220.

— Besançon.A10.29,n.1;P2 685,n.1; B19.160;S7.2.770;D. Acte respect.4.98.
— Déc. min.A7.346,n.17;D.Enreg.2462.
25 Bordeaux.A5.370;P9.2.13;B9.423;S9.2.2; D Port. disp. 134.
— Colmar.A6.573,n.2;P1.1448;B12.213,n.2; S8.2.334; J9. 321;D.Effet de comm.112.
— Req.A9.937,n.1-1;P8.1.320;B19.49,S9.1.80;J9.318; D. Louage.692.
— Paris.A9.683;P2.572;B18.328;S8.2.262;J9.323;D.Frais et dépens.209.Exception.180.
— Turin.A11.930,n.9;P9.2.15; B25.82; S10.2.534; MR16. 234;D.Div.30.Lois rétroact.65.
— Req.A11.896,n.1.4;P8.1.270;B23.23;S8.1.412;D.Sépar. de corps.61.
27 Cr.c.A4.786,n.;P1.1269;B8.426,n.1;D.Délit rural.103.
— Paris.A1.24;P1.11;B1.27;S8.2.193;D.Absence.152.155.
— Cr.c.A5.612;P1.922,B6.231;D.Complicité.112.
— Trèves.A9.940,n.1-1; P2.672,n.3; B19.55; S8.2.509; D. Louage.719.
— Cour d'Aix.A9.658;P2.564;B18.297;D.Conciliation.15. Frais et dépens.66.
— Orléans.A11.200,n.,n.5;P2.973,n.5;B22,276,n.1;D.Jugem. préparat.41.Péremp.246.
— Cr.c.A4 92;P1.1051;B7.99;D.Contr. ind.399.
28 Bruxelles.A2.692;P1.627. et 9.2.37;B4.522;S9.2.33;D. Commerçant.48.Exception.407.
— Cr.c.A5.317;P1.881;B6.426;S9.1.416;D.Compét. crim. 442.
— Cr.c.A7.557;P8.1.393;B14.202; S8.1.285; MR4.852; J9. 327;D.Escroquerie.70.
— Paris.A9 578,n.8;P2 536,n.1;B18.173;S14 2.559;D.Interrog. sur faits.91.
29 Liége.A6.39;P1.1345;B11.40;S9.2.245;J9.239;D.Testament.523.877.
— Paris.A10.117,n.2 ;P2.701,n.3; S8.2.199; B19.292; J9. 329; D.Mariage.627.
— Avis cons. d'état.A3.117,n.;B3.127; S8.2.255; D.Commune.
30 Paris.A6.464;P9.332;B12.36;S8.2.211;D.Étranger.144. 149.
31 Bruxelles.A5.688;P1.966; B6.314; S8.2.281;D.Compte courant.28.
— Colmar.A5.781; P1.991; B6.425; D.Contr. par corps. 467.
— Aix.A9.695,n.1;P9.2.109; B18.540;S8.2.280; J9.337;D. Jugem. par défaut.50.
— Décr.S1.169;D.Dette publ.24.

JUIN.

1 Req.A7.293;P2.52;B15.334;S8.1.374;D.Enreg 2159.
— Civ.r.A11.393,n.2; P2.1150,n.2; B23.444; S8 1.341;D.
— Rep. d'inst.11.
— Ord. cons d'état D.Comptabilité.12.
— Orléans.A9.772,n.6;D.Jugem. préparat.41.
2 Poitiers.A5.245;P1.1314; S8.2.232; D.Disposit. entre-vifs.108.114 251.
— Paris.A6.662;P1.1471; B12.318. et 9.282; S8.2.212; D. Effet de comm.734.
— Req.A9.372,n.1;P8.2.108;B18.609;S9.1.87;MR9.144;D. Cass.420.Lois rétroact.226.
— Aix.A11.593,n.2,n.1; P2.1150,n.3; B23.444; D.Rep. d'inst 12.
3 Besançon.A1.202;P9.2.210;B1.233;J9.349; D.Actes de l'état civil.35.59.
— Cr.c.A4.43;P1.1013;B7.45;D.Contr. ind.132.
— Paris.A1.613;P1.251;B2.250;J9.339; D.Arbitrage.142. 162.
— Cr.c.A8.320;P2,235;B15.374;D.Fausse monnaie.11.
— Turin.A9.930,n.1; P2.669,n.2; B19.39; S12.2.338; D. Louage.529.
— Cr.c.A11.499,n.7; P2.1093,n.7; B23 272; D.Quest. pr. 15.
— Cr.r.A12.644,n.1;P8.2.128;B27.178;S8.1.432;D.Tierce-oppos.12.
— Cr.c.A12.970,n.5; P2.1501; B28.273,n.1; D.Voies de fait.16.
5 Cr.c.A3.046,n.;P1.943; B6.267,n.1; D.Complicité.132. 133.
7 Civ.r.A1.764; P1.290; B2.424; S8.1.314; D.Arbitrage. 528 827.
— Colmar.A10 159,n.1;P9.2.10;B19.361;S9.2.108; D.Mariage.671.677.
— Civ.c.A5.460;P8.1.542; B10.77; S8.1.364; MR6.524;D. Don. par cont.180.Port. disp.627.
— Déc. min.A7.354.n.6;D.Enreg.2480.
8 Civ.c.A4.234;P1.1074;B7.254; S9.1.288; D.Contr. ind 251.554.
— Req.A6.283;P8.1.343; B11.321; S8.1.439; MR8.568; D. Port. disp.302.
— Civ.c P8.2.111;D Div.99.
9 Cr.c.A2.6;P1.312;B3.2;S9.1.416;D.Armes.48.
— Cr.c.A3.508;P1.872;B6.116;S9.1.416;D.Compét. crim. 415.
— Req.A5.69;P1.700;B5.73;D.Cassat.856.Commune.349.
— Cr.c.A8.796,n.4;P2.398; B16.426; S9.1.416; D.Forêts. 854.456.
— Cr.c.P8.2.129;S8.1.480;D.Procès verb.483.
10 Cr.c.A4.59;P1.1020;B7.62;D.Contr. ind.180.

— Bruxelles.A1.435,n.;P8.2.180,n.;D.Appel civ.84.
— Cr.c.A8.799;P8.2.151; B16.451;S8.1.540; MQ2.58; J9. 347;D.Forêts.890.
— Turin.A10.588,n.1;P2.809,n.1;B20.507; D.Cession de biens.3.
11 Turin.A2 419;P9.2.171;B4.13;D.Caution.235.
— Cr.r.A9.891,n.1;P8.1.406;B12 634,n.1; S9.1.90. et 10. 1.217;MQ.2.53;D.Lois.287.
— Avis du cons. d'état.A12.385,n.1; D.Success. bénéf. 107.
13 Civ.c.A5.350; P8.2.112; B5.412; S9.1.80. et 7.2.1154; MR10.506;D.Compét. comm.253.254.
— Civ.r.A6.799;P8.1.278; B12.477; S8.1.343; D.Émigré. 185.
— Liége.A9.456,n.,n.3;P2.503;B17.540,n.3; D.Respons. 222.
— Besançon.A12.890,n.2;D.Vente.
14 Civ.r.A7.520;P8.2.110;B14.157;S8.1.401;MR14.56; J9. 348;D.Timbre.130.
15 Paris.A2.84;P1.663;B4.450; S8 2.221; D.Commissionnaire.295.Enreg.1132.
— Req.A7.122;P2.17. et 8.1.348;B13.135;S8.1.416; MQ2. 430;J9.350;D.Enreg.358.1255.
— Turin.A1.25;P1.12; B1.28; S10.2.538; D.Absence.132. 135.
— Aix.A1.746; P1.277; B2.404; S15.2.204; D.Arbitrage. 1118.
16 Décr.A3.203,n.1;D.Comp. adm.350.
— Décret.S16.2.349;D.Commune.14.
— Déc.S16.2.348;D.Théâtre.108.
— Arrêt cité.D.Demande nouvelle.113.
17 Limoges.A5.781; P22.2.175,n.2; B10 452; S8.2.218;J9. 356;D.Preuve litt.452.Testament.587.
— Paris.A12.924,n.1-1;P2.1481; B28.194,n.1; S10.2.538; J9.353; D.Transport de créance.146.
— Décr.D.Tierce-opp.101.
18 Paris.A5.562; P1.1531; B10.198; S8.2.226; J9 359; D. Transcrip. des don.28.
— Paris.A8.154;P22.2.166,n.1;B15.180;S8.2.261; J9.357; D.Faillite.651.
— Bruxelles.A6.576,n.1; P1.1450; B12.217,n.4; S8.2.241; D.Effet de comm.119.
— Limoges.A9.71,n.1; P2.423; B17.78,n.1; S9.2.137; J9. 363;D.Privil.352.
— Limoges.A10.313,n.8; P2.747,n.7. et 9.2.11; B20.94; S 12 2.268. et 9.2 326;D.Dol.261.
19 Bourges.A12.587,n.27;P2.1369; B27.88;D.Enquête.59.
20 Civ.c.A3.46;P1.689;B5.47;S9.1.286; D.Commune.338. 356.
— Civ.c.A7.785; P8.1.322; B14.479;S9.1.81; MQ2.485,n.; J9.365;D.Exploit.471.Faux.221.
21 Civ.r.A8.17; P8.2.126, B15.15; S8.1.429; D.Fabrique. 155.
— Aix.A9.614,n.1; P2.549,n.3; B18.233; D.Publ. des jugemens.25.
— Civ.c.A12.775,n.1; P2.1432; B27.415; S9.1.186; D.Tutelle.687.
— Civ.c.P9 200;S9.1.276;D.Enreg.7.21.
— Besançon.P9.2 38; S9.2.11; Inscript. hypoth. (domicile).
22 Civ.c.A7.90;P2.12;B13.97;S9.1.276;D.Enreg.722.
— Civ.c.A3.280;P8.1.447;B.5.313;S8.1.532;MR10.264;D. Compét. civ 44.363.365.
— Civ.r.A8.493;P8.1.387;B16.89; S8.1.542; MR11.496;D. Féodalité.120.
— Bruxelles.A12.149,n.9;P2.1282;S8.2.277; B25.364;J9. 371;D.Société comm. 207.
— Nîmes.A11.718,n.4;P10.2.81.et 9.2.71;B24.188;S15.2. 182.139. et 14.2.250;J9.367;D.Saisie-imm.410.438.502. 598.616 657.952.
— Limoges.S12.2.205;D.Comptab.25.
23 Cr.c.A4.950,P1.1079;B7.272;D.Contr. ind.352.
— Cr.c.A11.321,n ;P2.1016,n.;D.Lois rétroact.234.Prescript. crim.110.
— Cr.c.A12.553,n.15; P2.1552; B27.28; D.Compét crim. 466.
24 Déc.A7.495,n.4;D.Transcrip. hypoth.39.
— Cr.c.A6.436;P1.1379;B12 52; S20.1.488;D.Douane.89. 354.
— Paris.A9.861.n.1.2; P2.534,n.2; B18.147; S8.2.269; D. Interdit.160.
— Décr.A3.203,n.1;D.Compét. adm.330;S.16.2.356.
— Déc.A3.227,n.2 D.Eau 439.
— Déc.A3.117,n.2; P1.714,n 2; B5.128,n.2; S16.2.358;D. Commune.498.
— Déc.A3.119,n.17;B5.129,n.17;S16.2.349;D.Commune. 524.
— Déc.A3.119,n.19 ; P1.716,n.19. et 715,n.17; B5.129,n. 19;S16.2 359;D.Commune.510.525.
— Déc. cons. d'état.S16.2.354;D.Impôt.5.
— Circul. du grand juge.S8.2.288;D.Ordres royaux 33.
— Déc. cons. d'état.S16.2 358;D.Péage 65.
— Déc. cons. d'état.S16 2.353;M1.169;D.Comptab.105.
— Déc. cons. d'état.S16 2.357;D.Responsab.95.
25 Besançon.A12 529.n.1; P9.2.190; B26.112; J9.374; D. Success. irrég. 87.
27 Rouen.A12.927,n.2;D.Vente.
— Déc. min. A7.346,n.17;D.Enreg.2462.
28 Civ.c.A2.554; P1.568 et 8.1.469; B4.165; S8.1.457; MR 13.230;D.Cassation.903.Chose jugée.170.264.265.268. Emig.176.373.

— Civ.r.A4.107. et 3.170.V. le suiv.;B7.116;S.8.1.470;D. Compét. adm.99.Liquides.11.12.
— Civ.c.A4.234;P8.2.141;B5.189 et 7.234;S9.1.289 et 8. 1.470;MR9.340;D.Contr. ind.553.
— Req.A6.775,n.1;P8.1.368;B12.449,n.1;S9.1.84. et 7.2. 1001;D.Emig.39.243.
— Paris.A12.946,n.3;P2.1490;B28.237;S8.2.304;D.Vérif. d'écrit.64.
29 Civ.r.A2.725; P8.1.360; B4.362; S8.1.428; D.Actes de comm.22.Eff. pub.4.
— Bruxelles.A3.775; P9.2.77; B6.418; S11.2.468 et 9.2. 153;J9.381;D.Contr. par corps.450.505.588.698.
— Bruxelles.A5,99;P1.1298;B9.113; S16.2.9; D.Désaveu. 60.Désist.56.
30 Paris.A7.808;P22.1.431;B14.507; S7.2.784; J9.583; D. Domicile élu.17.
— Cr.r.A8.353;P2.247;B15.412;S10.1.238;D.Faux.259.

JUILLET.

1 Cr.c.A2.140; P1.376; B3.151; D.Aut. munic.406.Lois. 147.
— Cr.c.A8.688,n.2;P2.315. et 8.2.160;B16.311; S8.1.537; D.Fonct. pub.280.
— Trèves.A10.11,n.1; P2.681,n.2; B19.130; S11.2.401;D. Mariage.57.
— Cr.c.A10.130,n.2;P8.1.441;B19.313; S8.1.528; J9.384; D.Autoris. de femme.51.339.
2 Bordeaux.A1.455;P24.1.286;B2.65;D.Appel civ.153.
— Nîmes.P9.2.58; S9.2.61; D.Exéc. des jugemens et actes.145 Saisie-imm 256.Transport de créance.124. 125.
3 Bruxelles.A9,323,n.; B17.383,n.; S10.2.510;D.Trans-crip.24.
4 Civ.c.A7.53;P2.5;B15.53;S9.1.282;D.Enreg.372.
— Rouen.A1.501; P1.179; B2.120;S15.211; J9.380;D.Appel civ.375.
— Civ.c.A9.914,n.2; P2.664,n.6; B19.11; S9.1.278; D. Louage adm.39.
5 Turin.A2.379;P1.490;B3.324;S12.2.377;D.Caution.57.
— Req.A3.298;P8.227;B5.337;S8.1.426; J9.559;D.Comp. civ.160.Exception.175.
— Liége.A9.587,n.1.25; P2.540,n.16; B18.188; D.Intervention.54.
— Req.A10.776,n.1; P8.1.366; B21.288; S8.1.433; MR12. 498;J9.393;D.Serment déc.130.
6 Bruxelles.A4.650;B8.268,n.2; S9.2.17;D.Degré de juridiction.168.
— Turin.A1.473;P23.2.180,n.3;B2.89; S12.2.374; J9.395; D.Appel civ.259.433.
— Req.A6.255; P8.1.352; B11.289; S9.1.87. et 7.2.915; MQ2.222;D Don. entre ép.111.
7 Besançon.A1.428;P1.143;B2.33;D.Appel civ.28.
— Besançon.A7.705;P2.127;B14.384;D.Exploit.11.539.
— Orléans.A9.773,n.;D.Jugement préparatoire.28.
8 Cr.c.A4.256;B7.278;S16.1.290;D.Contr. ind.578.
— Cr.c.A4.231;P1.1073;B7.251;D.Contr. ind.550.
— Bruxelles.A1.497;P1.178;B2.115;S10.2.539; J9.402;D. Appel civ.332.347.
— Cr.c.A8.384; P8.2.154; B15.448; S9.1.94; MR5.141;D. Faux.548.
— Limoges.A6.144;P8.2.145;B.11.162; S8.2.234; J9.401; D.Révoc.24.27.
— Paris.S8.2.251;D.Saisie-arrêt. 56.
9 Turin.A1.803;P1.305;B2.471;S12.2.413; J9.404;D.Arbitrage.1024.
— Avis cons. d'état.S8.2.957;D.Comptab.71.
11 Bruxelles.A8.639,n.1;P9.2.1; B16.255,n.1;S9.2.202;D. Filiat. nat 24.76.
12 Bruxelles.A3.173;P1.732;B5.192;D.Compét.
— Civ.r.A3.33;P1.686;B5.53;S9.1.267;D.Commune.92.
— Déc.A7.475,n.2;B14.103;D.Greffe.
— Paris.A11.911,n.2; B25.49; S10.2.488; J9.408;D.Puiss. pat.29.
— Req.P9.2.16;S9.1.275;D.Intérêts de cap.56.
— Bourges.P33.2.9,n.4;D.Vente.552.
— Déc.A7.346,n.47;D.Enreg.2462.
13 Besançon.A1.459;P1.162;B2.71;D.Appel civ.202.227.
— Civ.r.A5.791;P1.1342;B10.463;S9.1.156. et 7.2.1222;D. Testam.642.
— Civ.r.A8.425;P8.2.177; B16.11; S9.1.122; D.Faux inc. 43.50.Jugement.27.
— Nîmes.A9.289; P2.464; B17.543,n.2;S10.2.544; D.Inscript. hypoth.24.307.Preuve litt.459.
— Paris.A9.560; P22.2.97; B18.146; S9.2.221;D.Interdit. 161.Rente.339.
— Req.A10.758,n.2;B21.260;J9.410;D.Aveu.65.
— Besançon.A12.890,n.12;P2.1468;B28.135;S9.2.298;J9. 413;D.Garantie.302.
14 Bruxelles.A12.210,n.1; P11.1.313; B25.479; S9.2.7; D. Substitut. 371.372.
— Cr.c.P8.2.155;S9.1.97.et 7.2.1161;D.Récidive (délai).
— Aix.S9.2.314;J9.415;D.Filiat. légit.194.
15 Cr.r.A8.697,n.2;B16.324;S17.1.321;D.Concussion.21.
— Angers.A10.204.n.1; P2.721,n.6; B19.43; S9.2.34; D. Communauté.243.
— Nancy.A11.950,n.2;P9.2.6;B25.119;S9.237;MR12.509; D.Serment.125.
— Turin.P9.2.37;D Lois rétroact.221.
16 Besançon.A10.808,n.1; P2.881,n.1; B21.542; D.Ordre. 61.62.
17 Avis du cons. d'état.A3.117,n.;B5.127; D.Commune.
— Décr.A12.991,n.20;B28.303,n.20;D.Voirie.189.
18 Civ.c.A7.39;P2.3;B15.3.37;D.Enreg.316.
— Cass.A6.326,n.;D Ventes adm.324.
— Civ.c.A6.321; P8.2.150; B11.364,n.1; S9.1.96.283; D. Ventes adm.272.
— Bruxelles.A10.38,n.1.3;P8.2.171; B19.172; S9.2.85;D. Acte respect.36.43.72.
— Angers.A11.909,n.11; P8.2.163; B25.45; S9.2.117; D. Sép. de corps.165.186.
— Civ.r.S8.1.381;J9.429;D.Obligations.493.
19 Grenoble.A11.736,n.4; P2.1189; B24.219; D.Saisie-imm.719.
— Rennes.A9.619,n.11;D.Jugement.284.
20 Bruxelles.A1.25;P9.2.59;B1.28; S9.2.160;D.Absence. 132.135.
— Req.P8.2.135;S8.1.521;D Poids et mesures.57.
— Civ.c.A11.859,n.3;P8.1.381;B24.;S8.1.402;MR1.115;D. Saisie-imm.1229.
— Paris.P9.2.76;J9.430;D.Degré de jurid. (compét.).
— Avis du cons. d'état.D.Comptabilité.71.
21 Cr.c.A4.103; P8.2.160; B7.112; S8.1.533; MR2.542; D. Contr. ind.475.
— Cr.r.A4.251;P1.1079;B7.272;D.Contr. ind.42.
— Bordeaux.A12.749, n.2.1; P9.2.71; B27.314; S8.2.268; J9.433;D.Tutelle.194.
— Civ.c.A11.859,n.3 20;B24.443;D.Surenchère.379.
— Cr.c.A12.1050,n.1.5;P2.1519;B28.390;D.Vol.227.
22 Cr.c.A4.128,n.;B7.138;D.Cont. ind.220.
— Cr.c.A4.201;P1.1065;B7.217;S8.1.380; D.Or et arg.70.
— Cr.c.A3.640;P1.921;B6.228;D.Compét. cr.811.
— Cr.c.A8.683,n.5;P9.2.101. et 8.2.154;B16.304,n.5; MR 8.128;D.Fonct. pub.244.
— Décr.A6.838,n.,n.4;D.Emigré.368.
— Cr.r.A11.422,n.7;B25.144;S17.1.322;D.Procès-verbal. 501.558.
— Cr.c.A12.1018,n.7;P2.1509;B28.341;D Voirie.876.
23 Turin.A10.164,n.1;P9.2.105;B19.372;S9.2.322;D.Contrat de mariage 98.100.Douaire.11.
25 Civ.c.A4.712; P1.1238; B8.341; J9.435; D.Degré de jurid.440.
— Cr.c.A8.397,n.;P2.260;B15.463,n.1;D.Faux.379.
26 Aix.A1.26;P9.2.50;B1.29;S12.2.359;D.Preuve.20.
— Req.A5.696;P8.1.371;B10.355; S8.1.382. et 9.1.369. et 7.2.1224; MR13.618; D.Substitution.119.255; Testam. 358.397.
— Civ.c.A7.613;P8.1.426;B14.271;S8.1.500;MR9.668; J9. 440;D.Domicile.28.Exception.238.
— Req.A6.376;P8.1.471;B11.433;S8.1.481;MR16.186; J9. 437;D.Domicile.36.Exception.190.Success. bénéf.9.
27 Civ.c.A4.726; P1.1248; B8.856; S10.1.146; J9.442; D. Degré de jurid.478.
— Civ.c.A3.286;P1.779;B5.325;D.Compét. civ.381.
— Liége. A9.647,n.2.1; P2.358,n.8; B18.280; S9.2.65; D. Exécution des jugem. et actes.181.
— Civ.c.A12.1036,n.1;P2.1512;B28.363;S9.1.374; D.Eau. 276.
— Rouen.A12.927,n.1.2; P9.2.108; B28.200; S9.2.157; D. Transport de créance.245.
28 Cr.c.A8.351;P2.246;B15.410;S12.1.176;D.Faux.274.
— Toulouse.c.A8.557;P2.288;B16.161;S8.2.317;J9.443;D. Filiat. légitime.37.94.Filiat. nat.116.
— Bruxelles.A9.418,n.,n.4;P2.494;B15.409. et 17.496,n; 4;S9.2.124;D Hypoth.28.
— Req.A10.248,n.1;P2.730,n.6;B19.501.
— Civ.r. A12.106,n.5; P2.1269; B25.503; D.Société commerc.7.
— Cr.c.P9.2.101;S20.1.493;MR5.110. Faux (acte civil).
— Cr.c.P8.2.154;J9.452;D.Fonctionn. (autorisat.).
— Décr.A12.1024,n.38;D.Autorité mun.247.Voirie.706.
29 Cr.c.A2.179; P1.399; B3.194;D.Autor. mun.686.Poids publ.6.
— Cr.c.A4.59;P1.1020;B7.63;D.Cont.ind.166.
— Cr.c.A4.128,n.;P8.2.170;B7.138,n.;S7.2.1104. et 1161; MQ2.639;D.Cont. ind.220.
— Paris.A11.307,n.1; P2.1010,n.3; B22.459; S8.2.263; D. Prescrip.403.
— Besançon.A12.84; P2.1264,n.; B25.264; D.Société civ. 95.

AOUT.

1 Civ.c.A1.492;P1.176;B2.109;D.Appel civ.330.
— Civ.c.A7.457;P2.84;B14.80;D.Enreg.3039.
— Bruxelles.A10.109,n.1;P8.2.184;B19.278;S8.2.273;MR 16.783;J9.457;D.Mariage.571.
2 Req.A2.78;P1.339;B3.82;S7.2.789;D.Assur. marit.573. 595.
— Civ.c.A7.202; P23.1.569; B15.227;S10.1.150;J28.57;D. Enreg.1685.
— Civ.c.A7.398; P2.70; B14.5; S7.2.953. et 939;D.Enreg. 2711.2720.2725.
— Civ.c.A3.749; P8.2.130; B6.384; S8.1.520; MR3.67; D. Cont. par corps.155.
— Aix.A3.342;P1.793;B5.390;S9.2.4; D.Comp. comm.79. 181.
3 Civ.c.A7.79;P2.10;B15.85;S10.1.147;D.Enreg.2980.
— Civ.r.A3.150; P8.1.403; B5.142; S8.1.484;MQ2.514;J9. 463;D.Commune.480.
— Civ.c.A3,749;B6.384;D.Contr. par corps.155.
— Trèves.A7.590;P10.2.115;B14.245;S7.2.973;J9.465;D. Exception.64.
— Civ.c.A11.282,n.3; P2.1003,n.4; B22.416; S9.1.129;D. Prescrip 681.
— Req.A12.428,n.2; P8.1.598; B26.274; S8.1.490; MR11. 311;D Success.204.
— Req.A5.760; P8.1.390; B10.428; S8.1.557;MR13.535. et 657;D.Testam.291.511.
— Bruxelles.P9.2.71;S13.2.319;J9.462;D.Interdit.40.
— Ord. cons. d'état.S16.2.386;D.Marché de fourn.313.
— Déc.A8.15,n.66;D.Fabriques.215.
4 Besançon.A1.503; P9.2.71; B1.352; S9.2.264;D.Acte de l'état civil.62.Adoption.120.Tutelle.7.
— Besançon.A5.99;B9.114;D.Désaveu.59.65.
— Aix.A10.86,n.1.2;P2.698,n.2;B19.244; S9.2.261; D.Mariage.461.Partage.71.
— Cr.c.A12.617,n.1;P9.2.100;B27.58;D.Compét. cr.475.
5 Cr.c.A4.260;P1.1085;B7.282;D.Contr. ind.628.
— Gênes.A7.741;P9.2.76;B14.427; S9.2.108; D.Expl.156.
— Cr.c.A12.617,n.2;P9.2.100;B27.138;D.Tentative.4.
— Cr.r.D.Confiscation.27.
7 Bourges.A4.698;P1.1251;B8.324;S25.2.72; D.Degré de jurid.392.
8 Civ.c.A6.400; P1.1565;B12.40;S9.1.128,n.;D.Douanes. 51.
— Cr.r.A10.667,n.1-1;P2.850.et 8.1.400;B21.107;S8.1.486; D.Preuve litt.626.
— Pau.A10.680,n.1; P11.2.218; B21.129; S12.2.64;J9.467; D.Preuve litt.824.
— Req. A12.165,n.2; P8.1.418; B25.407; S8.1.505; MR15. 145;J9.468; D. Appel civ.114.Avou.15.Cassat.791.Jugem.348.Substitution.68.341.
9 Turin.A7.763;P9.2.29;B14.455;S11.1.60;D.Expl.665.
— Bruxelles.A6.34; P1.1344;B11.35; S9.2.63. et 7.2.1224; J9.472;D.Testam.855.
— Bruxelles.A11.881,n.1-1;B24.482;D.Invent.68.Exécut. testam.65.Scellé.15.
10 Liége.A4.713;P1.1239;B8.542;D.Degré de jurid.444.
— Metz.A9.713,n.1-1;P2.579,n.1-1;B18.373;D.Huiss.249. Jugem. par défaut.208.
— Grenoble.A11.691,n.2,n.2; P9.2.78; B24.140;S9.2.109; D.Saisie-imm.355.
— Civ.c.A4.172;P1.1057;B7.186;D.Sel.8.20.21.
— Civ.c. P8.2.111; S8.1.281; J9.473; D. Tierce-opposit. (ayant-cause).
— Bruxelles.D.Appel civ.156.
11 Cr.c.A2.255; P1.425; B3.259;S25.1.130. et 7.2.1186;D. Animaux.30.
— Cr.c. A4.398. et 569; P8.2.143; B7.456. et 8.178; S8.1. 430;D.Cour d'ass.897.Défense.123.
— Cr.c.A3.516;B6.125;S20.1.478;D.Compét. cr.440.
— Req.A8.658;P8.1.415;B16.253;S8.1.499; D.Filiat. nat. 64.175.
— Décr.A9.470,n.2.1;S16.2.387; D.Contr. direct.274.Impôt.29.
— Paris.A9.272,n.2.1;P2.464;B17.322,n.4;S10.2.545. et 8. 2.287;J9.480;D.Inscript. hypoth.267.
— Décr. A10.394,n.1.5; P2.772,n.1; S16.2.389; D.Mines. 156.
— Décr.A10.392,n.2. et 394; P2.771,n.2; B20.215. et 218; S16.2.392;D.Mines.6.75.134.174.
— Req.A12.508,n.2;P8.1.462;B26.405;S8.1.529;J9.482; D. Partage.332.234.
— Bruxelles. A11.908,n.6; P22.2.114. et 2.1246; B25.45; S9.2.47;D.Sépar. de corps.159.
— Cr.c.P9.2.22;B18.10,n.5. et 21;D.Instruct. cr.160.
— Décr.A3.224,n.4. et 230,n.1;D.Eau.313.
— Décr.S16.2.387;D.Compét. admin.123.
— Décr.S16.2.389;D.Féodalité.208.
— Décr.A7.128,n.4;D.Enreg.1367.
— Décr.A12.1003;B28.318;D.Voirie.401.
— Décr.A3,133,n.3;D.Commune.111.
12 Cr.c.A2.550; P1.477; B3.392; S15.1.464;D.Cassat.1017. Prescription cr.105.108.
— Nîmes.A5,524; P1.1328; B10.150; S9.2.51; D.Donation. 91.183.275.
— Cr.c.A11.415,n.23;B25.134;S16.1,293; D.Procès-verb. 436.
— Civ.c.A11.921,n.6;P2.1249;B25.65;S8.1.278; D.Div.54.
15 Décis.min. fin D.Pêche.155.
16 Décr.A6.550,n.19;D.Ventes admin.445.
— Rouen.A10.285,n.1;B20.48;D.Communauté.1157.
— Civ.c.A11.598,n.1,n.2; P9.2.31; B23.455; S9.1.375; J9. 484;D.Req. civ.
— Bruxelles. A12.891,n.2; P2.1468; B28.157; S9.2.5; D. Vente.586.
— Décr.A3.118;P1.714,n.7;S16.2.394;D.Commune.518.
— Décr. du cons. d'état.S1.186. et 16.2.394; D.Compét. admin.313.
— Décr. du cons. d'état.S1.86;D.Fonct. pub.373.
17 Aix.A1.201; P1.76; B1.232;S9.2.272;J9.487;D.Actes de l'état civil.133.
— Civ.c.A10.701,n.1;B8.1.409;B21.168;S8.1.492; J9.485; D.Preuve litt.1081.
— Nîmes.A12.161,n.5;P2.1284;B25.399;S10.2.554;D.Substitution.40.45.46.78.
18 Paris.A1.342; P1.104; B1.401; S12.2.208; J9.496;D.Alimens.87.
— Paris.A9.583,n.1.8;B18.181;D.Intervention.63.
— Req.A9.587,n.1.25;P8.1.456;B18.188;S8.1.553; J9.490; D.Intervention.119.140.

— Cr.c.A11.521,n.1; P2.1016,n.; B22.484; D.Prescrip. cr. 110.
— Req.A11.801,n.1-1; P8.1.443; B24.540; S8.1.541; J9.494; D.Saisie-imm.1225.1227.
— Cr.c.P8.2.102; D.Quest. préjud.
19 Cr.c.A4.520; P1.1110; B7.359; D.Cour d'ass.234.236.
— Paris.A9.418,n.5; B17.496,n.5; S9.2.25; D.Hypoth. légale.21.
— Cr.c.A11.171,n.1; P9.2,22; B22.222; S20.1.501; D.Peine. 380.
— Paris.A11.740,n.1; P2.1190; B24.225; S7.2.950; J9.501; D.Saisie-imm.807.1265.
— Cr.c.P8.2.176; S9.1.128; D.Fonct. pub.271.
— Cr.c.P9.2.92; MR4.585; D.Peine (prison).
— Décr.A5.15,n.6; P1.677,n.5; D.Commune.
— Paris.S9.2.11; J9.499; D.Exception.264.
20 Colmar.A5.779; P1.989; B6.422; S9.2.106; J9.511; D.Contrainte par corps.454.455.
— Nîmes.A5.685; P1.1332; B10.223; S10.2.565; D. Retour conv.22.
— Turin.A6.858,n.2; P1.1512; B12.547,n.1; S14.2.455; D.Enq.116.216.
— Paris.S8.2.284; D.Vente.40.41.
22 Bruxelles. A10.449,n.1; P2.783,n.1; B20.303; S10.2.529; D.Oblig.171.
23 Civ.c.A4.171; P8.2.189; B7.188; S20.1.504; D.Sel.11.
— Turin.A6.185; P9.2.101; B11.208; S9.2.374; D.Révoc. 325.343.
— Civ.c.A9.206; P8.1.412; B17.244; S8.1.489; MR16.442; MQ3.118; J9.514; D.Hypoth. com.80.
— Paris.A11.751,n.1; P2.1196; B24.246; S8.2.310; D.Saisie-imm.1038.
24 Besançon.A9.725,n.; B18.392,n.; D.Jugem. par défaut.311.
— Civ.c.A7.366; P8.2.151; B15.415; S8.1.541; MR6.628, J9. 519; D.Enreg.2509.
— Colmar.A1.646; P1.241; B2.288; S7.2.1203; D.Arbitrage. 106.
— Bourges.A7.815; P2.166; B14.513; D.Domicile élu.30.31.Scellé.46.
— Bourges.A9.745,n.5; B18.372,n.; D.Jugement par défaut.214.
— Civ.c.A12.271,n.1; P8.1.327; B26.16; S9.1.352; MR15. 221; J9.515; D.Etranger.38.
25 Cr.c.A1.384; B1.449; D.Amende.84.Appel correct.97.
— Cr.c.A5.230; P1.756; B5.260; S9.1.291; D. Compét. cr. 209.Délit rural.114.Eau.317.
— Cr.c.A8.739; P24.1.294; B16.351; S9.1.290; MQ4.272; MR11.40; D.Forêts.265.276.462.
— Cr.c.A8.742; P8.2.192; B16.353; S9.1.109; D.Forêts.265. 277.
— Cr.r.A12.644,n.1,n.2; P10.1.116; B27.179; S9.1.292. et 7.2.1076; MR8.818; D.Tierce-opp.12.
— Bourges.A11.772,n.5,n.1; P2.1205; B24.265; D.Surenchère.97.100.
— Liége. A11.644,n.2; B24.419; D.Saisie-imm. 978.1005. 1057.
— Cr.c.P8.2.192; D.Forêts.277.278.
26 Cr.c.A4.74; B7.79,n.; S20.1.489; D.Contr. ind. 277.
— Paris.A9.416,n.,n.2; P2.500,n.2; B17.529,n.2; S8.2.19; J9.523; D.Rad. hypoth.75.
— Cr.c.A10.181,n.1-1; P2.714,n.5; B19.349; D.Autorisat. de femme.333.
— Besançon. A12.715. et 718,n.8; P9.2.193; B27.517. et 515; S7.2.865. et 868; J9.520; D.Tutelle.125.144.269.
— Besançon.D.Exploit.593.
27 Besançon. A12.644,n.2; P2.1582; B27.179; D. Tierce-opposit.21.
28 Décr.A12.991,n.20; B28.303,n.20; D.Voirie.189.
30 Req.A5.284; P.8.1.428; B9.526; S8.1.482; MR12.643; J9. 526; D.Disp. entre-vifs.204.
— Paris.A10,818,n.2; P2.884,n.3; B21.559; D.Ordre.180.
— Civ.r.A12.14,n.2-2; P2.904; n.7. et 9.1.145; B25.151; S9.1.248; J9.537; D.Servitude.68.
— Civ.c.P8.2.176; S7.2.1112; MR9.665; J9.542; D.Contr. directes 50.
— Req.P8.1.521; S9.1.45; J9.534.
— Civ.c.A2.487; P8.1.465; B4.91; S8.1.545; J9.550; D.Chose jugée.17.Sép. de biens.175.
31 Paris.A2.790; P1.667; B4.457; S8.2.278; J9.551; D.Commiss.240.241.269.Exception.150.
— Civ.c.A7.123; P2.18; B13.436; D.Enreg.1256.
— Civ.c.A7.464; P2.84; B14.89; S10.2.146. et 7.2.975; D. Enreg.2986.
— Rennes.A8.671; P8.2.172; S8.2.305; D.Filiat. nat.143.
— Bruxelles. A9.530; P2.473, et 9.2.14; B17.590; S9.2.45; J9.545; D.Transcript.30.
— Turin.P9.2.38; S13.2.559; D.Donat. à cause de mort.10.

SEPTEMBRE.

1 Req.A2.308; P8.1.455; B4.1; S8.1.451; MR13.35. et 16. 258; J9.555; D.Caution.162.163.
— Req.A10.137,n.2.1; P2.707,n.1; B19.327; D.Autorisat. de femme.131.
2 Cr.c.A4.342; P1.1116; B7.575; D.Cour d'ass.448.
— Cr.c.A9.615,n.2; P2.550,n.3; B18.235; D.Publ. des jugem.53.
3 Cr.r.A7.30; P9.2.64; B13.28; S7.2.1147; MR10.65; D.Enreg.165.
— Déc.A6.327; D.Ventes admin.325.

1808.

— Cr.c.A8.754; P9.2.5; B16.375; S9.1.147; MR14.343; D. Forêts.487.
— Cr.c.A8.784,n.4; P2.589; B16.410; D.Forêts.762.
— Cr.r.A11.595,n.1; P2.1057,n.7. et 9.2.54; B23.98; S7.2. 1147; MR10.65; D.Procès-verbal 31.
— Décr. A5.178,n.1; D.Compét. adm.145.
— Déc. cons. d'état. S17.2.19; D.Respons.178.
4 Bruxelles.A12.1044,n.7.1; P2.1516; B28.379; D.Vol.32.
5 Civ.c.A7.98,n.1; S7.2.1023; D.Enreg.
— Civ.c.A9.284; P8.1.475; B17.557; S8.1.536; MQ3.116; D. Inscript. hypoth.877.
— Civ.c.P8.2.189; S9.1.127; MQ4.107; D.Prescript. (délai, fermage).
— Civ.c.A11.502,n.; P2.109,n.; B22.450,n.; D.Prescript. 893.
6 Civ.c.A2.755; P8.2.159. et 1.642; B4.374; S8.1.527; D. Actes de comm.125.
— Arr.A5.180,n.1.; D.Compét.
7 Civ.c.A1.233; P8.1.459; B1.271; S8.1.555; MR12.595; J9. 570; D.Action possess 245.
— Civ.c.A7.770; P8.1.438; B14.462; S8.1.505; MR12.454; J9. 564; D.Exploit.371.
— Req.A6.463; P8.1.449; B12.83; S8.1.455; D.Etranger.95. 93.114.Exception.131.
— Req.A9.554,n.1; P8.1.456; B18.106; S8.1.468; MR10.1. 152; J9.567; D.Interdit 41.Lois.309.
— Civ.r.A11.297,n.1.2; P8.2.160; B22.441; S9.1.94. et 7.2. 1113; D.Prescript 887.
— Décr. A5.119,n.15; P1.715,n.15; B5.129,n.15; D.Commune.516.
8 Req.A7.94; P2.12. et 8.2.182; B13.101; S9.1.142. et 7.2. 1064; J9.572; D.Enreg.770.994.
— Cr.c.A4.255; P1.1082; B7.277; D.Contr. ind.576.Procès-verbal.445.
— Cr.c.A5.559; P1.900; B6.172; S9.1.293; D.Compét. cr. 609.
— Cr.c.A11.231,n.2; P2.991,n.1; B22.352; S9.1.293; D.Voitures pub.44.
9 Cr.c.A5.608; P1.920 et 1.1087; B6.226. et 7.295,n.; S8. 1.474; D.Cassat.557.Compét. cr.808.Contumace.38.
10 Avis du cons. d'état.A7.94,n.2; B13,101,n.2; S10.2.503; D.Enreg. (legs).
— Déc. du cons. d'état. S1.295. et 17.2.27; D.Comptabilité.28.
— Décr.S17.2.23; D.Eau.87.
— Décr.S17.2.26; D.Concession.58.
13 Bruxelles.A5.795; P10.2.3; B10.465; D.Testam.648.657. 660.
14 Paris.A1.780; P8.2.191; B2.445; S8.2.283; J9.576; D.Arbitrage.935.
— Paris. A3.581; P1.805; B5.459; S14.2.177; D. Compét. comm.334.
15 Paris.A5.71; B9.77; S9.2.26; D.Dépôt.128.
16 Ord.A12.989,n.6; B28.300; D.Voirie.157.
20 Paris.A8.227,n.; P2.216; B15.264,n.; D.Faillite.1012.
28 Bruxelles.P9.2.37; S9.2.24; D.Compét. civ. (prorogat.).
29 Paris.A7.761; P2.151; B14.452; S7.2.883; J9.577; D.Délai. 66.Enquête.149.

OCTOBRE.

3 Civ.c.A1.96; P8.1.482; B1.107; S8.1.538; MR12.625; J9. 580; D.Acquiesc.130.132.Enquête.219.321.
4 Req.A7.121; B2.47; B13.134; D.Enreg.1257.
— Req.A3.381; P8.1.495; B5.459; S9.1.28; J9.583; D.Comp. comm.343.364.Exception.95.
5 Civ.c.A7.88; P9.2.16; B15.95; S9.1.118; MR3.300; D.Enreg.873.
— Civ.c.A4.629; P1.1183; B8.243; D.Degré de jurid.58.
— Req.A4.731; P1.1249. et 8.1.487; B8.363; S8.1.359; J9. 589; D.Degré de jurid.519.
— Req.A1.608; P8.1.554; B2.245; S9.1.74; J9.586; D.Arbitrage.165.216.217.
— Paris. A10.256,n.1.4; P8.2.188; B20.8; S7.2.1066. et 9.2. 58; J9.591; D.Communauté.184.Inventaire.52.
— Civ.c.A11.602,n.2; P2.1154,n.7; B23.460; S10.1.158; D. Req. civ.58.
6 Req.A1.309; P8.1.511; B1.353; S9.1.21; D.Adoption.175.
— Cr.c.A12.564; P2.1557,n.1,n.1; B27.46; S9.1.294; D.Tapage.8.
— Paris. A11.825,n.2; P2.1223; B24.380; D. Saisie-imm. 1546.
7 Cr.c.A2.7; P1.513; B3.5; D.Armes.49.
— Cr.c.A5.605; P1.917; B6.222; S9.1.295; D.Comp.cr.781.
— Cr.c.A11.517,n.9; P2.1114,n.11; B22.477; D.Prescript. cr.101.
— Cr.c. A12.583,n.17; P2.1552; B27.29,n.1; S9.1.295; D. Compét. cr.468.
8 Turin.A11.930,n.8; B25.82; S9.2.44; D.Div.30.
— Cr.c.A4.763; P1.1261; S9.1.296; D.Délit rural.95.
— Cr.c.A5.455; P1.845; B6.66; D.Compét. cr.919.
— Cr.c.A11.29,n.2; P2.916,n.5; B21.484; S16.1.264; D.Instruction cr.359.
9 Cr.c.A11.541,n.5; P2.1112,n.9; B23.549; D.Réc. de juges.55.409.
10 Civ.c.A7.235; P2.57; B13.265; D.Enreg.1928.
— Civ.r.A8.522; P2.284. et 9.1.84; B16.122; S9.1.119; MR14.576; D.Féodalité.228.229.Louage à complant.4.
— Décis. min.D.Liberté prov.59.
11 Civ.c.A4.727; P8.2.190; B8.358; S8.1.535; J9.601; D.Degré de jurid.499.

1808.

— Civ.c.A4.162; P8.1.491; B7.175; S9.1.30; MR3.506; J10. 845; D.Contrib. ind.579.
— Bruxelles.A9.572,n.1-1; P2.353,n.1; B18.162; S12.2.195; J9.595; D.Interr. sur faits.20.
— Civ.c.A11.850,n.2; P8.1.477; B24.430; S8.1.552; J9.597; D.Saisie-imm.660.
— Déc. min. fin. S10.2.356; D.Rad. hypoth.45.
12 Civ.c.A7.255; P2.37; B15.266; D.Enreg.1905.
— Civ.r.A1.384; P9.2.22; B1.450; S20.1.459; MR4.715; D. Requête civ.155.
— Civ.c.A7.255; P2.41; B13.286; S10.1.119; D.Enreg.1968.
— Civ.c.A7.465; P2.85; B14.90; D.Enreg.350.2984.
— Civ.c.A9.322,n.1.2; P8.1.480; B17.381,n.2; S8.1.542; J9. 602; D.Transcript.5.
13 Cr.c.A2.445; P1.320; B4.41; S17.1.88; D.Chasse.114.
— Cr.c.A4.598; P1.1155; B7.436; D.Cour d'ass.882.
— Cr.c.A9.506; n.2-2; P2.512,n.2; B18.64; D.Instruct. cr. 219.
— Décis. min.D.Lib. prov.39.
14 Riom.A3.786; P23.1.33,n.1; B6.430; S12.2.193; J9.606; D. Contr. par corps.495.520.617.
17 Civ.c.S10.1.120; D.Sel.9.
18 Civ.r.A11.580,n.4; P2.1049,n.4. et 8.1.498; B23.71; S9.1. 27; J9.611; D.Prises marit.168.
19 Civ.r.A7.380; P8.1.516; B15.432; S9.1.46; J9.619; D.Enreg.2259.
— Civ.c.A7.413; B14.23,n.; S10.1.120; D.Enreg.2780.
— Paris.A8.185; P2.206; B15.215; S9.2.21; J9.618; D.Faillite.813.
— Civ.c.A6.187; P8.1.557; B11.210; S9.1.51; MR16.53; J9. 612; D.Révoc.317.
— Décr.A6.838,n.4; D.Emigré.368.
— Décision du cons. des prises.A11.361,n.1.2; P2.1033,n. 2; B23.36; D.Prises maritimes.57.
— Décr. cons. d'état.S17.2.29; D.Eau.590.Concession.52.
20 Cr.r.A4.79; P1.1025; B7.85; D.Cont. ind.506. Procès-verbal.439.
— Cr.c.A11.412,n.12; P2.1066,n.12; B23.428; Procès-verb. 404.
21 Cr.r.D.Procès-verbal 320.
22 Déc.A6.331,n.8; S8.2.336; D.Dom. nat.
— Déc.A3.225,n.10; S1.209; D.Eau.587.
— Avis du cons. d'état. A7.518,n.11; S9.2.17; D. Enreg. 3208.
23 Arr.A6.525,n.1; D.Ventes admin.324.
24 Bruxelles.A5.776; P1.987; B6.419; S10.2.550; D.Contr. par corps.449.
— Civ.c. A6.400,n.1; P8.2.190; B12.11,n.1; S9.1.128; D. Douanes.51.
— Civ.r.A9,770,n.,n.12; P8.1.559; B18.462; S9.1.36; D.Jugem. prép.94.151.
25 Civ.c.A7.310; P8.1.536; B13.352; S10.1.468; D.Expertise.357.
— Civ.c.A7.264; P2.45; B13.299; S10.1.167; D.Enreg.1985.
— Civ.c.A7.335; P2.60; B15.378; S10.1.169; J9.627; D.Enreg.2321.
— Req.A4.617; B8.250; D.Degré de jurid.59.
— Req.A8.479; P8.1.515; B16.73; S11.1.323. et 7.2.1199; MB11.498; J9.624; D.Féodalité 55.56.
— Civ.c.A11.297,n.1.3; P2.1007,n.3; B22.441; S10.1.149; D.Prescript.897.
— Civ.c.P8.1.507; S9.1.24; MR17.53; D.Délai.42.99.
— Déc. min.A7.512,n.4; D.Timbre.68.
26 Civ.c.A4.720; P1.1244; B8.350; D.Degré de jurid.475.
— Req.A1.552; P8.1.517; B2.187; S9.1.98; J9.609; D.Appel incid.28.71.75.Dem. nouv.106.
— Civ.c.A10.686,n.2; P9.1.61; B21.189; S9.1.154; MQ2. 310; J9.628; D.Preuve littérale.951.
— Civ.c.P8.1.493; S9.1.21; MR2.595; D.Commune.340.
— Trib.D.Assur. maritime 425.
27 Cr.c.A4.281,n.; P1.1809; B7.305,n.1; D.Cour d'ass.
— Déc.A6.327,n.; D.Ventes adm.325.
— Décr.A12.1019,n.2; D.Voirie.587.
— Décr.A12.1024,n.41; D.Voirie.710.
28 Cr.c.A4.281,n.; P1.1089; B7.305,n.1; D.Cour d'ass.
— Cr.c.A4.281,n.; P1.1089, B7.305,n.1; D.Cour d'ass.
— Circ.min.A1.767,n.1; S9.2.10; D.Arbitrage.874.880.
29 Cr.c.A12.603,n.7; P2.1372; B27.113; D.Témoin.280.
— Cr.c.A12.1083,n.6; B27.448; D.Tribunal.66.Vol.148.

NOVEMBRE.

2 Civ.c.A4.727; P1.1248; B8.358; S10.1.118; D.Degré de jurid 500.
— Civ.c.A7.529; P2.92; B14.167; D.Timbre.355.
— Toulouse.A9.712,n.2; P9.2.86; B18.375; S14.2.407; D. Jugem. par défaut.199.
— Cons. des prises.A11.384,n.3; P2.1052,n.3; B23.278; S7.2.1121; D.Prise marit.197.
3 Cr.c.A.4,60,n.; P1.1020,n.1; B7.63,n.; D.Contr. ind. 177.
— Cr.c.A.8.685,n.9; P2.983,n.2; B16.309,n.2; D.Fonct. publ.272.
— Cr.c.A11.217,n.9; P2.315; B22.307; D.Intervention.84.
— Cr.r.A12.1053,n.2; P2.1520; B28.395; D.Vol.67.
— Req.P9.2.13; S9.1.150; MR13.651.
4 Cr.c.A7.514; B14.186; D.Escroquerie.88.
— Cr.c.A11.394,n.2; P2.1057,n.8; B23.97; S17.1.322; D. Procès-verbal.14.
— Cr.c.A12.1025,n.2; B28.350; D.Voirie.726.728.738.

7 Toulouse.A8.229;P2.217. et 9.2.86;B15.266;S9.2.240. V. au 17;J9.644;D.Faillite.1028.1029.
8 Civ.r.A7.836;P9 2.63;B14.541;S9.1.146;MR3.805;J56. 318;D.Exploit.59.
— Civ.c.P8.2.192 S9.1.109.
9 Civ.r.A1.482;P8.1.551;B2.37; S9.1.63. et 20.1.481;J9. 629;D.Appel civ 280.301.302.
— Riom.A7.741;P2.145;B14.427;D.Exploit.158.
— Limoges.A9.719;P2 580;B18.382;S9.2.213; J9.631; D. Jugem. par défaut.267.274.
— Civ.c.A5.20,n.;P1.682;B5.17,n.;D.Commune.214.220. 229.
— Req.P8.2.161;S9.1.23;MR11.94.
10 Cr.c.A9.757,n.2;P2.593,n.2;B18.443;D.Jugem. par défaut.518.524.
— Metz.A11.437,n.1,n.2;P21.2.84; B23.174; S21.2 134;D. Propriété.25.
— Cr.r.A12.838,n.1,n.1;P2.1447; B28.413; S7.2.1155; D. Mendians.17.
— Bruxelles.S9.2.43;D.Lois rétroact.222.
11 Civ.c.A1.374,P1.114;B1.438;D.Conciliation.141.
— Cr.c.A4.67;B7.74,n 1 D.Contr. ind.461.
— Cr.c.A3.456;P1.844;B6.58;D.Compét. crim.215.223.
— Dec.A6.327,n.;D.Vente adm.325.
— Cr.r.A11.400,n.1;P2.1059,n.12;B23.105; S7.2.1143; D. Procès-verb.99.
12 Loi.A9.68,n.1;B17 74,n.1;D.Hypoth.
14 Décr.A11.676,n.1; B17.304,n.3; D.Inscript. hypoth. 172.
— Civ.c.A11.755,n.2;P8.1.525;B24.254;S9.1.29;D.Saisie-imm.1157.1163.1169.
— Civ.c.A11.851,n.3;B24.431;D.Saisie-immob.660.
— Rouen.P9 2.101;S9 2.186.
15 Civ.c.A7.218;P2 33;B13.246;D.Enreg.1857.
— Civ.r.A3.8;P8.2.175,B5;S9.1.107;D.Commune.59.
— Loi.A7.508,n.;B13.549;S9.2.28;D.Enreg.
— Nimes.A6.179;B11.201;S9.2.39; D.Etranger.15.Révoc. 267.268.
— Civ.c.A6.812,n.1;P9.1.6;B12.493,n.1; S9.1.145; MR11. 425;D Emigré.254.
— Bruxelles.A12.918,n.1;P2.1478;B28.177; S7.2.1128;D. Transport de créance.108.
— Colmar.A12.957,n.4;P2.1455;B28.77;S11.2.42; J9.653; D.Vente 263.264.
16 Riom.A7,751;P2.149;B14.440;D.Exploit.613.
— Civ.r.A8.658;P9.2.17;B16.254; S9.1.110; D.Filiat. nat. 13.83.217.
— Besançon.A11.638,n.5;P2.1147,n.10;B24.42; D.Saisie-arrêt.236.
17 Req.A1,8;P8.1.532;B1.19; S9.1.104;J9.636;D.Absence. 22.173.
— Riom.A5.762;P1.1341. et 9.2.201;B10.431;S9.2.75;J9. 659; D.Testament.361.364.
— Liége.A7.765;P2.152;B14.453;D.Exploit.658.
— Cr.c.A11.416,n.26;B23.135;S7.2.1146;D.Procès-verb. 468.
— Toulouse.P9.2.86;S9.2.240. V.au 7;J9.645.
18 Cr.r.A2.154;P1.585;B3 467;D.Autorité man.438.
— Cr.c.A8.331;P2.246;B15.410;S9.1.398;D.Faux.491.
— Nimes.A9.719,n.3.1;P9.2 77;B18.383;S9.2.156; MR17. 234;D.Jugem. par défaut.274.
— Cr.c.P9 2.41;S20.1 457;MR10.99;D.Procès-verb.220.
— Cr.c.S9.1.397;D.Presse.619.
21 Civ.c.A3.185; P9.2.28; B5.209; S10.1.414; D.Compét. admin.172.173.
— Civ.c.A7.735;P8.1.489;B14.420;S9.1.40;MR12.711; J9. 648;D.Exploit.196.
— Civ.c.A6.320,n.2;B12.364,n.1;D.Ventes adm.272.
— Civ.r.A10.80,n.1; P8.1.543; B19.235; S9.1.45; D.Mariage.400.
22 Req.A5.495;P8.1.554; B10.117;S9.1.106; J9.650;D.Donation.13.Enreg 2188.
— Toulouse A5.554;P9.2.112;B10.186;D.Don. dég.27.
— Riom.P9.2.77;S9.2.121;D.Compét. comm.263.277.
— Décis. min. des fin.S10.2.510;D.Enreg.2245.
23 Civ.c.A1 255;P8.1.548;B1.597;S9.1.35; MR12.591; J9. 652;D.Action possess.159.
— Civ.r.A6.779;P8.1.537; B12.454;S9.1.43; D.Appel civ. 547.Emig.41.42.
— Besançon.A12 736,n.20;B27.344;D.Tutelle.384.
— Paris.A11.823,n.3;P9.2.40. et 2 1225;B24.380;S9.2.26; J9.656;D.Saisie-imm.1545.1550.
— Toulouse P9.2.108;D.Usufruit.483.
— Décr.A3 219,n.9. et 220,n.1;D.Contr. dir.262.
— Déc. cons. d'état.S1.214;D.Retenue.16.
24 Req.A5.545,P8.1.580;B10.177; S9.1.99; MR12.647; D. Don. dég.17.
— Civ.c.A11.218,n.1;P2.983,n.4; B22.309; S20.1.510. et 9.1.390;D.Action civ.87.
— Riom.A12.648,n.8;P2.1384; B27.183; D.Tierce-oppos. 161.
— Cr.c.A12.610,n.12; P9.2.162. et 2.1375; B27.125; S9.1 398;D.Tém. faux.20.
— Cr.c.A9 512,n.9;D.Instruct. crim.350.
25 Cr.c.A8.601. et 352,n.1;P9.1.247; B15.410; MR10.306; D.Faux.268.Filiat. lég.223.
— Cr.c.A11.617,n.2; P2.1379; B27.139,n.1; S9.1.399; D. Tentative.30.
26 Paris.A6.618;P1.1460;B12.266;S9.2.22;J9.659;D.Dem. nouv.41.Effet de comm.523.831.
— Liége.A6.859,n.1.3,P1.1513;B12.548,n.3;D.Enq.123.
— Colmar.A9.643,n.,n.3;P2.558,n.3; B18.275; S7.2.1260. 1139;J9.658;D.Appel civ.22.Jugem.526.
— Décr.A3.46,n.1;P1,677;D.Com.157.
— Déc.A3.119,n.16; P1.715,n.16; B5.129,n.16; S1.215;D. Commune.524.
— Circ. min.A9.662,n.13;D.Frais et dépens.423.
28 Bruxelles.A3.374; P9.2.37; B5.430; S9.2.24.V. au 28 sept.;D.Compét. civ.58.
— Liége.A11.684,n.5;P10.2.32;B24.123;S16.2.109. et 10. 2.341;D.Saisie-imm.178.
— Décis. min.A7.402,n.4,D.Enreg.2741.
29 Civ.c.A4.738;P1.1253; B8.370; S10.1.116; D.Degré de jurid.592.
— Toulouse.A2.213;B3.232;D.Avoué.116.
— Paris.A1.664;P1.248;B2.309;S9.2 28;D.Arbitrage.368.
— Paris.A6.120; P1.1348; B11.132; S9.2 36; D.Legs.490. Portion disp.673.
— Rouen.A9.586,n.1.19;P9.2 76; B18.186; S12.2.208; MR 16.534;J9.661;D.Intervention.30.
— Toulouse.A11.614,n.2; P9.2.113; B23.480; S13.2.6; D. Req. civ.183.
30 Metz.A3.386;P1,807;B5.446;S7.2.885;J9.663; D.Comp. comm.375.376.

DÉCEMBRE.

1 Riom.A1.226;P1.83;B1.262;S12.2.197;J9.665;D.Action personn.42.
— Paris.A11.878,n.1.6;B24.479;S9.2.155;D.Scellé.72.
— Cr.c.P9.2.63;D.Récidive.
2 Cr.r.A11.102,n.,n.5; P2.952,n.2;B22.104;S7.2.1015;D. Presse.291.
— Cr.r.A11.482,n.2; P10.1.117; B23.244;S10.1.253; MQ1. 633;J9.667;D.Propriété litt.107.
— Cr.r.P10.1.121,n.;S10.1.253;MQ1.634.
— Civ.r.A5.748,n.1.
— Pau.A6.145,n.;B11.162,n.1;S9.2.105;J9.669; D.Révoc. 24.27.
— Turin.A1.556. et 11.626,n.2; P24.2 74;B1.416. et 24. 22;S15.2.82;D.Alimens.133.Saisie-arrêt.111.
5 Req.A8.524;P2.285. et 9.1.3;B16.124;S9.1.121; MR14. 499,D.Féodalité.237.
6 Civ.c.A7.180;P2.27;B13.201;S10.1.171; D.Enreg.1321.
— Rennes.A9.640,n.;B18.272;D.Jugem.469.
— Turin.A10.756,n.1; P10.2.21; B21.258, S14.2.113; J9. 678,D.Aveu 9.40.
— Civ.c.A11,115,n.18;P9.2.34;B22.123; S20.1.496; MQ3. 21;J9.675;D.Presse.375.
— Req.A11.541,n.5;P9.2.30;B23.350; S9.1.113; J9.684;D Récusat.109.
7 Req.A1.334; P8.1.583; B1.390;S9.1.38; J9.689; D.Alimens.79.99.
— Civ.c.A2.526;P9.1.40;B4.134;S9.1.49;MR8.319;J9.685; D.Chose jugée.220.221.
— Trib.D.Assur. maritim.425.
8 Cr.c.A4.244;B7.264;D.Contr. ind 614.
— Nimes.A5 491;P1.1327; B10.412; S10.2.550;J9.695; D. Don. dég.21.
— Besançon.A7.739; P2.144; B14 425; D.Exploit.11.120. Présompt.18.Preuve.23.
— Cr.r.A8.687,n.4; P2.514; B16.311,n.4; S17.1.523; D. Fonct. publ.266.
— Paris.S9 2.27;D.Possession.234.
9 Cr.c.A3.218; P9.2.162; B5.246; S9.1.401; MR2.159; D. Fabriques.50.225.
— Cr.r.A8.353;P2.247;B15.411;S10.1.138;D.Faux.257.
— Paris.A6.575,n.3;P1.1449;B12.217,n.3;S9.2.25;D.Effet de comm.119.
— Besançon.A6.878,n.1; P1.1518; B12.571,n.1; D.Enquête.270.271.272.
— Cr.r.A10.410,n.2.1;P2.778,n.4;B20.246;D.Nantiss.148.
— Cr.r.A11 95,n.,n.4; P2.929,n.3; B22.88; S10.1.237; D. Presse.250.
— Turin.A12.734,n.2; P9.2.70;B27.330; S10.2.540; D.Tutelle.527.328.
10 Colmar.A5.497; P1.1327; B10.120; S9.2.161;J9.696;D. Donation.23.25.
— Bourges.A11.776,n.2;P2.1206; B24.295; S13.2.199; J9. 698;D.Surenchère.145.
11 Déc.A3.118,n.3;P1.714,n.3; B5.128,n.3; D.Commune. 501.
— Décr. du cons. d'état.S1.224;D.Comptabil.38.
12 Civ.c.A7.338;P9.2 4; B13.583; S9.1.145; MR14.545;J9. 700;D.Enreg.2284.2395.
13 Paris.A1.699;P9.2.39;B2.348;S9.2.188;J9.710; D.Arbitrage.446.
— Colmar.A5.527;P1.1329. et 9.2.108;B10.153;S9.2.319; J9.712;D.Donation.184;Transcrip. des don.14.35.
— Civ.r.A9.320,n.,n.6. et 10.842;P2.471. et 8.1.571;B21. 402. et 17.379;S9.1.69;J9.701;D.Inscript. hypoth.220. Ordre.386.Transcript.43.
— Bruxelles.A9 232,n.1.4;P2.454;B17.275,n.4;S10.2.528; J9 717;D.Hypoth.
— Bruxelles.A9 857,n.2.1;P2.658,n.3; B18.593;S9.2.230; J9.703;D.Lois rétr.136.
— Req.A11.941,n.19;P9.1.32; B23.1.102; S9.1.123;D.Div. 76.
— Civ.c.P8.1.576;S9.1.72;D.Vaine pâture (clôture).
— Décr.D.Comptabilité.49.89.
14 Bruxelles.A1.821; P9.2.39; B2.142; S9.2.55; D.Appel civ.499.508.Purge des priv.6.
— Civ.r.A10.842,n.2; B17.579,n.6. et 21.402; J9.701; D. Ordre.452 Purge.6.
— Req.A11.139,n.34. et 7.685; P9.2.16; B14.360. et 22. 169;D.Papier-mon.64.Expertise.382.
— Rouen.S9.2.317;J9.721;D.Vente.704.
15 Cr.c.A4.137;P1.1045;B7.143;D.Octroi.115.
— Cr.c.A1.570;P1.208;B2 202;D.Appel correct.152.
— Cr.c.A3.646; P1.945; B6.268; S9.1.403; D.Complicité. 132.133.
— Cr.c.A7.768;P9.2.35;S9.1.225. et 20.1.490;MR3.412;D. Contrib. ind.602.Exploit.722.
— Civ c.A12.30,n 2;B25.178;J9.726;D.Servitude.219.
16 Cr.c.A2.266,n.;P1.438;B3.294; S17.1.342;D.Cassation. 42.
17 Besançon.A7.766;P2.153; B14.457; S15.2 180. et 13.2. 188; D.Exploit.700.728.Saisie-imm.426.Transport de créance.57.
— Paris.A8.130,n.; P2.269,n.; B16.17,n.; D.Faux incident.20.
— Turin.A10.136,n.1-1; P10.2.17; B19.324; D.Autorisat. de femme.124.
19 Civ.c.A7.347;P2.62;B13.393; S9.1.231; D.Enreg.2412. 2433.2434.
— Grenoble.A1 293;B1.342;D Adoption.31.
— Civ.c.A3.58;P1.696;B5 60;D.Commune.337.
20 Civ.c.A2.257;P9.1 49; B3.234; S9.1.209; MR1.875; J9. 750;D.Brevet d'invention.21.121.
— Civ.c A7.326; P2.58;B13.370; S10.1.170; J9.729;D.Enreg.2511.
— Riom.A11.270,n.1-1;P2.1000,n.1;B22.396,S9.2.123;D. Prescrip.429.
21 Civ.c.A7.265;P2.45;B13.300;S10.1.172; D.Enreg.1989.
— Rouen.A1.738;P9.2.38;B2.394;S9.2.64;J9.733;D.Arbitrage.645.
— Civ.c.A8.554;P2.287;B16.136; S10.1.173; D.Féodalité. 271.
— Besançon.A9.703;P2.578;B18.362; D.Jugem. par défaut.173.
— Décr.A3.120,n.2;P1.710,n.2; B5.130,n.2; S1.231; D. Commune (partage).
— Décr.S1.233;D.Forêts.553.
— Déc. du cons. d'état.S17.2.39;D.Exprop.publ.246.
— Déc. cons. d'état.S1.230;D.Concession 12.
— Décr.A12.091,n.49;B28.303,n.49;D.Voirie.189.
22 Cr.c.A4.100;P1.1632;B17.103;D.Contr. ind 420.
— Liége A1.493;P9.2.77;B2.111; S9.2.209; J9.736;D.Appel civ.359.
— Paris.A5.758; B10.402; S10.2.552. et 9.2.22; D.Testament.495.
— Cr.c.A8.352;P2.246;B10.411;D.Faux.267.458.
— Cr.r.A9.617,n.4; P2.550,n.6;B18.258,n.1; S9.1.506;D. Jugem.429.
— Cr.r.A11.223,n.3;P2.986,n.9;B22.316;D.Poids et mesures.172.
— Cr.r.A12.1043,n.3;P2.1515;B28.379; S7.2.1167;D.Vol. 28.
23 Riom.A11.570,n.2,n.1; P9.2.108; B23.403; D.Rente. 358.
— Orléans.A11.823,n.4;P2.1225;B24.380; D.Saisie-imm. 1545.1554.
24 Caen.A12.742,n.51;P11.1.26;B27.354;D.Tutelle.435.
— Paris.A11.618,n.3,n.1;P2.1140,n.2, et 9.2.37; B24.7;S 9.2.50;D.Saisie-arrêt.10.
26 Civ.r.P9 2.41. et 9.1.80; S20.1.470. et 9.1.181;J9.743; D.Cassation.873.Effet de comm.149.
27 Bourges.A1.495; P1.178; B2.112; S9.2.503; J9.738;D. Appel civ.361.
— Req A6.861,n.1. et 7.731;P9.2.12; B12.950. et 14.425, n.1;S9.1.161;J9.746;D.Enquête.126.Exploit.292.
— Paris.A12.320,n.2;P2.1307; B26.105; S9.2.260; D.Success. irrég.52.
28 Agen.A5.423;P9.2.49;B10.35; S10.2.7;J9.747; D.Port. disp.432.
— Riom.A7.703; B14.382; S12.2.201; J9.750; D.Exploit. 543.
— Civ.c.A9.221,n.; P9.1.28; S9.1.133; MR13.332; D.Inscript. hypoth.18.
— Civ.c.A10.836,n.5; P9.1.34; B21.391; S9.1.151; MR12. 638;D.Ordre.431.
— Liége.A11.722,n.2;B24.195;D.Saisie-imm.593.
— Agen.A12.409,n.1,n.1; P10.2.12;B26.243;S10.2.7; J9. 745;D Rap. à suc.69.70.
— Rennes.D.Appel civ.420.
29 Gênes.A1.639;P1.241;B2.280;D.Arbitrage.94.403.
— Cr.c.A3.173;P1.733;B5.193;D.Compét. adm 126.
— Cr.c.A8.352;P2.246;B15.411;S10.1.222;D.Faux.93.
— Cr.r.A9.761; P2.591; B19.449; D.Jugem. par défaut. 574.
— Nimes.A10.564,n.1-1;P2.763,n.4;B20.185; S9.2.253;D. Dot.480.Testament.193.
— Cr.c A11.413,n.16; P2.1067,n.16; B23.130; D.Contr. ind.623.Procès-verb.386.
— Req.P9.2 28;S9.1.306;MR13 241;D.Domaine de l'état (absent, émigré).
30 Florence.A4.649;P1.1206; B8.266; D.Degré de jurid. 170.
— Nimes.A10.297,n.,n.4;P2.745,n.1;B20.73;S10.2.559;D Dot.34.Vente publ.8.
31 Colmar.A1.502;P10.2 19;B2.122;S14.2.387. et 9.2.213; MR17.252;D.Appel civ.381.

— Colmar.A9.721,n.5;B18.385; S9.2.213; D.Jugem. par défant.274.

1809.

JANVIER.

2 Civ.c.A8.507;P9.2.7;B16.104;S7.2.815. et 9.1.341;MQ 2.597;MR13.497;D.Féodalité.212.
— Paris.P9.2.40,D.Domicile élu.117.
— Paris.P9.2.40,D Domicile élu.16.
3 Civ.c.A7.376;P9.2.38; B13.427; S9.1.140; MR4.758; D. Enreg.2533.
— Paris,A7.809;P2.164;B14.508;S9.2.306;D.Domicile élu. 24.Exploit.462.
— Bruxelles.A6.703;P9.2.119;B12.366; S9.2.293; D.Effet de comm.682.683.
— Civ.c.A10.581,n.2;P9.1.65;B20.505; S9.1.133;MR8.751; D.Offre.120.
— Décr.A3.227,n.2;D.Eau.439.
— Civ.c.S10.1.134;D.Rente.111.
4 Req.A11.776,n.4; P9.1.47; S9.1.257; MR13.334;J10.1; D. Surenchère.
— Angers.A12.24,n.3.1;P2.907,n.3; B25.168;S9.2.294;D. Servitude.174.
— Avis du cons. d'état.A9.468;D.Cont. direct 58.
5 Paris.A1.463;P1.139. et 1.165;B2.76;D.Appel civ.234.
— Cr.c.A3.351;P1.894;B6.163;S10.1.311;D.Compét. criminélle.571.
— Civ.c.A9.383;P9.1.20;B17.455;S9.1.130;D.Purge.43.
— Req A12.164,n 1;P9.1.402; B25.406;S9.1.529;MR13.1. 23;J10.6;D.Substitution.63.
— Cr.c.A11.501,n.9. et 12.1016,n.1;P9.2.43;B25.277. et 28.538;S7.2.925;D.Eau.33.Quest. pr.21.Voirie.569.
— Aix.A11.748,n.5; P14.1.600; B24.240. et 279; S9.2.251; J10.11;D.Saisie-imm.946.
— Liége.A11.768,n.3,n.1; P23.2.53,n.1; B24.279; S12.2. 207;J10.4;D.Surenchère.347.548.
— Paris.P9.2.40;S9.2.306; D.Exploit.965.
— Cr.r.P9.2.18;B25.406;S9,1.131. et 7.2.884;MQ2.651;D. Délai.8.
6 Cr.c.A1.424;P9.2.45. et 1.139;B2.28; S9.1.223; V.au7; J10.15;D.Amnistie.58.67.Complicité.95.
— Cr.c.A8.449; P9.2.69; B16.39; S9.1.266. et 10.1.328; MQ3.52;J10.14;D.Faux inc.285.
7 Civ.c.A6.346,n.1;B11.395,n.1;D.Dom. de l'état.38.39. 41.
7 Paris.A9.671;P2.570; B18.516; D.Frais et dépens.125. Responsabil.82.
9 Toulouse.A1.707; P10.2.12; S9.2.239; D.Contr. par corps.570.
— Civ.c.A7.613;P9.2.5; B14.272; S9.1.152; MR9.669;J10. 17;D.Exception 240.
— Turin.A7.768;B14.460;D.Exploit.646.726.
— Bruxelles.A11.481,n.1;P2.788,n.1;B20.352;S10.2.532; D.Oblig.603.
— Riom.P9.2.109;D.Interdiction.
— Décr.A3.211,n.2;D.Compét. adm.346.
10 Civ.r.A3.278;P9.1.8;B5.314; S9.1.170; MR10.265; J10. 22;D.Compét. civ.41.358.
— Turin.A5.650; P10.2.50; B10.312; MR17.772;D.Testament.228.235.
— Civ.c.A10.675,n.1;P9.1.17;B21.120;S9.1.159;MR3.117; J10.19;D.Preuve litt.792.
— Colmar.A10.751,n.13;S10.2.228;D.Juifs.37.47.
11 Req.A4.735;P9.1.14;B8.367; S9.1.93; J10.25; D.Action possess.322.Compét. civ.100.Deg. de jurid. 542.
— Civ.r.A3.22;P1.683;B5.20;S15.1.309;D.Commune.219. 656.
— Rennes.A1.796,n.;D.Arbitrage.1098.
— Paris.A12.498,n.1-1; P2.1341; B26.387; D.Retrait suc. 8.98.
12 Cr.c.A4.430;P1.1148;B8.24;D.Cour d'ass.1030.
— Riom.A10.562,n.1;P2.800,n.5; B20.474; S12.2.200; D. Subrog.28.
— Cr.c.A11.213,n.1; P2.980,n.1; B22.300; D.Plainte.19. Prescrip. crim.30.
— Cr.c.A11.223,n.4;P2.986,n.3;B22.317;D.Poids et mes. 95.
— Liége.A11.769,n.1; P2.1204; B24.280; D.Surenchère. 322.
— Cr.c.A11.947,n.1-1;P9.2.43;B25.113;S10.1.308. et 7.2. 1198;D.Serment.3.
13 Liége.A5.75; P10.2.33; B9.84; S12.2.211;D.Référé.49. Sép. de corps 163.Sequestre.31.34.
— Cr.c.A12.599,n.1; P2.1372; B27.105,n.1; S10.1.337;D. Témoin.337.
14 Paris.A3.818; P1.1005; B6.467; S9.2.215;D.Contr. par corps.292.
15 Arr.A6.525,n.1;D.Ventes adm.324.
— Req.A11.43,n.1;D.Min. pub.293.
— Décis.A3.207,n.1;D.Compét. adm.
— Déc.A3.227,n.7. et 134,n.1;D.Eau.455.
— Décr. cons. d'état.S1.240;D.Rente.415.
— Décr. cons. d'état.S17.2.100;D Commune.706.
— Ord.A12.1012,n.6;B28.328,n.6;D.Voirie.494.560.
17 Req.A1.609; P9.1.88; B2.247; S9.1.215; D.Arbitrage. 202.252.311.
— Req.A8.525; P9.1.51; B16.125; S9.1.150; MQ2.171; D. Féodalité.242.

— Liége.A10.594,n.1.2;P2.811,n.1;B20.628;S10.2.529;D. Cession de biens.42.
— Bruxelles.A10.63,n.3;P9.2.145; B19.209;S9.2.268;J10. 35;D.Mariage.251.
— Paris.A11.180,n.1-2;P2.965,n.4; B22.239; S9.2.267; D. Péremp.54.
— Req.A12.199,n.1;P9.2.16;B25.460;S9.1.305; D.Substitution.240.
— Avis du cons. d'état.A8.485,n.2;B16.79,n.2; D.Féod. 247.
18 Civ.c.A5.700; P1.1336. et 9.1.22; B10.358; S9.1.129; MR13.637;J10.37;D.Testament.361.
— Civ.c.A11.302,n.; P1009,n.; B22.450,n.; D.Prescript. 893.
— Déc. min. just.D.Preuve litt.149.
19 Cr.r.A2.571;P1.581;B4.186;D.Chose jugée.306.
— Cr.c.A4.44;P9.2.64;B7.46;S10.1.311;D.Contr. ind.88. 106.223.454.
— Cr.c.A8.449,n.;B16.39,n.;S10.1.328;D.Faux inc.285.
— Cr.c.A9.665;B18.307,n.;D.Frais et dépens.362.
— Cr.c.A11.412,n.10; P2.1066,n.10; B23.128; D.Procès-verb.407.
— Bruxelles.A11.308,n.1; P2.1011,n.1; B22.461; S10.2. 557;D.Prescrip. civ.1041.
— Req.P9.1.25;S9.1.157;MR11.457;D.Féodalité.84.
— Cr.c.A8.449;P9.2.70,n.;MQ3.52;D.Faux inc.285.
— Cr.r.S7.2.1115;J10.39;D.Prescrip. crim.92.
20 Cr.c.A4.92;P1.1031;B7.99;D.Contr. ind.397.
— Angers.A10.36.n.2; P2.688,n.5; B19.170; D.Acte respectueux.19.38.
— Paris.A11.840,n.3,n.2; P2.1231; B24.412; S15.2.185; D. Saisie-imm.1620.
— Orléans.A11.905,n.1.3;B25.36;D.Sép. de corps.104.
21 Angers.A1.486;P1.174; B2.102;S9.2.304;D.Appel civ. 294.Faux inc.124.Lois rétroact.215.
— Rouen.A8.130,n.;P8.1.90;B15.151,n.;S9.2.298;D.Faillite.554.
— Liége.A9.298,n.5;B17.353,n.1;D.Inscrip. hypoth.230. 231.308.347.Paiement.115.
— Riom.A12.491,n.2;P2.1340;B26.373;S13.2.324;J10.40; D Retrait suc.35.
22 Avis du cons. d'état.A11.583,n.8;B23.426;D.Retenue. 15.
23 Civ.r.A7.212;P9.2.7;B15.239;S9.1.146. et 9.2.5;M14. 54;J10.48;D.Enreg.1803.2850.3026.Prescrip.415.
— Paris.A5.499;P1.1327;B10.122;S12.2.353;J10.42;D.Donation.101.
— Riom.D.Autor. de femme.353.
25 Liége.A4.713;P1.1239;B8.342;D.Deg. de jurid.443.
— Besançon.A7.661,n.2;P2.116;B14.330;D.Expertise.89.
— Liége.A7.741;P2.145;B14.427;D.Exploit.133.
— Bruxelles.A8.26; P22.2.141,n.9; B15.27; S9.2.296; D. Faillite 6.13.
— Req.A12.514,n.2;P9.1.58;B26.415;S9.1.139;J20.53;D. Partage.298.
26 Cr.c.A4.72;P1.1024;B7.77;D.Contr. ind.273.
— Cr.c.A4.341;P1.1115;B7.372;D.Cour-d'ass.465.
— Cr.c.A4.224;P9.2.84;B7.242;S10.1.375;MR8.134; D.Or et argent.120.Procès-verb.471.
— Décr.A3.119,n.20;P1.746,n.20;B5.129,n.20;S1.252;D. Commune.513.
— Décr. cons. d'état.S17.2.107;D.Contr. dir.76.
— Décr. cons. d'état.S1.250;D.Impôt.16.
— Décr. cons. d'état.S17.2.108;D.Lois.421.
— Décr.S17.2.107;D.Militaire.18.Ordres royaux.18 Pension.171.
— Rennes.D.Exception.94.
27 Grenoble.A5.332;P1.1321; B9.580; S11.2.222; D.Don. par cont.182.Port. dispon.131.
— Cr.c.A12.976,n.3; P2.1502; B28.282; S10.1.512; D.Enfant aband.4.
28 Cr.c.A8.384; P9.1.101; B15.448;S9.1.205;MR5.123,n.; J10.62; D.Faux.338.
— Paris.A10.851,n.1;P9.2.39;B21.380; S15.2.188; J10.64; Ordre.307.
— Pau.A10.109,n.1;P9.2.39;B19.279;S9.2.241;MR16.785. et suiv.;J10.58;D.Mariage.571.
— Cr.c.P9.2.101;S20.1.483;D.Forêt.9.81.
30 Civ.c.A7.208;P9.2.216;B13.234; S10.1.55; MR1.408;D. Enreg.1812.
— Avis du cons. d'état.A7.175,n.1; S9.2.163; D.Enreg. 1542.
— Arr.A6.525,n.1;D.Ventes adm.324.
— Civ.c.A6.418;P1.1372;B12.31; D.Douanes.176.
— Décr. cons. d'état.S17.2.101;D.Traitement.29.
— Avis du cons. d'état.A8.732,n.2;D.Forêt.107.
— Décr.A12.1046,n.12;D.Voirie.554.
31 Civ.r.A12.265,n.2;P9.2.32;B26.8;S9.1.275; D.Success. 35.393.
— Besançon.A12.499,n.1;P2.1341;B26.388; S13.2.362;D. Retrait suc.62.106.

FÉVRIER.

1 Bruxelles.A10.769,n.1; P2.862,n.3; B21.278; S9.2.217; J10.66;D.Serment déc.33.69.
— Civ.c.P9.1.68;S9.1.155;D.Féodalité.40.
2 Req.A1.177;P9.1.70;B1.205;S9.1.221; J10.76; D.Actes de l'état civ.127.
— Cr.c.A4.32;P1.1010,B7.34;D.Contr.ind.445.

— Req.A1.228;P9.1.56; B1.266; S9.1138; MR14.511;J10. 70;D.Action personn.43.Compét. civ.158.
— Req.A7.386; P2.68; B13.438; S9.1.226; D.Enreg.2569. 2580.
— Déc.A7.480,n.1;S9.2.72;D.Enreg.
— Déc.A6.326,n.;D.Vente adm.348.
— Déc.A8.485.n.1;P9.2.82;D.Féodalité.247.
— Cr.r.A11.534,n.2;P9.2.100;B23.530;S9.1.224;MR11.86, n.;D.Rec. de juges.50.
— Déc.A6.574;D.Domaine cong.21.
— Décr cons. d'état.S17.2.108; D.Mandat.387.Oblig. 247.
— Cr.r.D.Témoin.257.
3 Paris.A12.117,n.2; P2.1273; B25.321;S9.2.242; J10.72; D.Oblig. sol.50.Société comm.344.
— Cr.c.A12.824,n.1.20;P9.1.106;B28.24; S9.1.206;MR14. 412;D.Usure.66.
4 Besançon.A1.489;P1.175;B2.105;D.Appel civ.503.
— Bruxelles.A5.795;P10.2.4;B10.466;S9.2.301;MQ6.785; J10.75;D.Testament.656.
— Bruxelles.A10.156,n.2;P9.2.175; B19.355; D.Commerçant.114.115.
— Rennes.A12.885,n.14;P2.1367;D.Enquête.92.
6 Civ.c.A2.788;P9.1.127;B4.455;S9.1.175;MR14.700;J10. 81;D.Commiss.257.
— Liége.A12.571,n.2;P2.1358;B27.57;D.Témoin.145.
7 Civ.r.A7.447;B14.69;D.Enreg.2922.
— Nîmes.A6.161;P9.2.33;B11.181;S9.2.253;MR17.550;D. Révoc.62.74.
— Décr.A6.315,n.1;B11.358,n.1; S9.2.290; D.Dom. eng. 99.
— Turin.A8.425;P2.267;B16.12; S14.2.408; D.Faux inc. 48.157.Req. civ.88.
— Req.A12.396;P9.2.20;B26.221;S9.1.141;J10.90;D.Success. vac.8.9.
— Civ.r.A12.529,n.1;P23.2.114;B26.442;S9.1.210; MR14. 91. et suiv.;D.Rescis.113.127.Transac.33.
— Décr.A3.182,n.1. et 15,n.10;P1.677;D.Compét.
— Décr.P1.738;S17.2.110;D.Marché de fournit.297.
— Décr.S17.2.111;D.Maires.15.
— Décr.A6.459,n.3;D.Étranger.57.
8 Civ.r.A7.836;P9.2.17;B14.541;S20.1.492. et 9.1.160; MR3.222;D.Exploit.81.
9 Req.A5.735;B10.399;D.Testament.464.
— Cr.c.A8.681,n.5; P2.311; B16.304,n.5; D.Fonct. publ. 230.Presse.338.
— Cr.c.A9.665,n.;B18.307,n.;D.Frais et dépens.362.
— Paris.A10.853,n.1; P9.2.77; B21.385;S15.2.187;J10.92; D.Ordre.383.468.
— Cr.c.A11.214,n.1;P2.981,n.2; B22.301; D.Action civ. 60.
— Turin.A11.842,n.1;P10.2.90;B24.415;S15.2.187;D.Saisie-imm.1629.1630.
10 Cr.c.A4.298;P1.1098;B7.525; S7.2.1056;J10.99;D.Cour d'ass.114.486.
— Cr.c.A2.444;P9.2.85;B4.41;S10.1.264. et 7.2.824;MQ1. 370;J10.98;D.Chasse.406.
— Cr.c.A3.492;P1.863;B6.98;S10.1.258;D.Compét. crim. 369.370.
— Besançon.A1.509;P1.182;B2.120;D.Appel civ.413.423.
— Cr.c.A11.498,n.4; P2.1092,n.; B23.271,n.1; D.Quest. pr.11.
— Cr.c.A11.500,n.5; P2.1094,n.; B23.274,n.; D.Question pr.21.
— Paris.A12.951,n.3;B28.241;S12.2.337;J10.96;D.Vérif. d'écrit.113.
— Cr.c.A1.81,n.;P1.26,n.;B1.94;D.Instr. crim.454.
— Bruxelles.A12.172,n.1;B25.415;S12.2.546;D.Substitution.96.276.
— Cr.c.D.Confiscation.21.
— Orléans.S9.2.400;D.Effet de comm.460.
11 Bruxelles.A9.580,n.1.16; P2.537,n.8; B18.177; S14.2. 41;J10.101;D.Interrog.133.
— Besançon.A11.536,n.6;B23.359;D.Réc. de juges.93.
13 Bruxelles.A2.402; P9.2.173; B3.450;S10.2.551;MR16. 727;D.Autor. de femme.219.Caution.52.Mandat.175.
— Civ.c.A7.297;P10.1.211. et 10.2.53;B13.357,n.; S10.1. 145; MR4.737;J10.108;D.Enreg.2172.
— Civ.r.A9.174; P9.1.85; B17.204; S9.1.134; D.Hypoth. judic.45.
14 Paris.A1.656;P9.2.76;B2.311;S9.2.67; J10.118;D.Arbitrage.388.
15 Bruxelles.A11.622,n.2,n.1;B24.14; D.Saisie-arrêt.54.
— Liége.A8.819,n.3; P2.411; B16.455; D.Hospices.109. Sép. de biens.82.
16 Grenoble.A6.715;P1.1482;B12.380; S11.2.188; D.Effet de comm.753.
— Req.A8.519,n.1;P2.284;B16.118;S9.1.351;D.Féodalité. 213.214.
— Req.A8.519; P2.284; B16.148; S9.1.347; D.Féodalité. 213.214.
— Paris.A9.247,n.3; P2.456. et 9.2.38;B17.293,n.2; S9.2. 208;J10.115;D.Inscript. hypoth.33.34.
— Bruxelles.A11.697,n.2; P10.2.84; B24.149,n.1; S15.2. 179;D.Saisie-imm.258.
— Bruxelles.A10.168; B19.379,n.; S9.2.125; D.Communauté.1171.Port. disp.45.
— Décis. min.A7.38,n.5;D.Enreg.266.
— Décis. min.A9.185.n.4;D.Frais.194.
17 Cr.c.A4.40,n.;P1.1015;B7.42.n.;D.Contr. ind.118.

— Paris.A2.477;P24.1.257,n.;B4.79; S9.2.249; D.Choses.135.
— Cr.c.A7.559;P9.2.58;B14.203;S9.1.251;MR4.846;D.Escroquerie.78.
— Liége.A8.230;P2.217;B15.267;D.Faillite.1024.
— Req.A12.19,n.1;P2.905;n.2;B25.161;S9.1.316;D.Servitude.135.183.
— Cr.c.A11.498;P2.1092,n.;B23.271,n.1; D.Quest. pr.11.
— Cr.c.A12.1050,n.21;P9.2.167;B28.444;S10.1.85;MR14.725,n.;D.Vol.510.
— Cr.c.A3.441;P1.833; B6.41; D.Jugement.142.Compét. crim.179.
— Rennes.D.Exploit.752.
18 Rouen.A8.639,n.3;P2.301;B16.256,n.3;S9.2.199;D.Filiation nat.78.215.
— Paris.A9.592,n.1.4;P2.543,n.3. et 23.2.8; B18.197; S9.2.247;D.Intervention.78.Prescript.562.
— Bruxelles.A10.100,n.1.2;P9.2.115;B19.264; J10.122;D.Mariage.541.579.
20 Req.A4.266. et 5.749,n.;P9.2.41. et 9.1.54; B6.384,n. et 7.289; S9.1.124; J10.133; D.Contr. par corps.156.Contumace.50.Jugement.181.Papier-monnaie.55.
— Civ.c.A7.411;P2.71;B14.21;D.Enrég.2785.
— Paris.A6.286;P1.1353; B11.325; S9.2.257; J10.130; D.Port. disp 350.
21 Civ.c.A7.312;P2.56;B13.351;D.Enreg.2197.
— Civ.c.A1.742;P1.274; B2.398; S10.1.145; D.Arbitrage.715.
— Riom.A10.503,n.3.4; P2.745,n.5; B20.84; S10.2.72; D.Dot.85.
— Civ.r.P9.2.18; S9.1.149; MR3.319; J10.136; D.Enreg.2922.
22 Turin.A11.949,n.1-1;P9.2.87;B25.118;S9.2.328;MR12.509;D.Serment.128.
— Grenoble.A5.680;B10.336;S9.2.299;J10.145; D.Testament.290.
— Req.A3.711;P9.2.21;B6.339;S9.1.151; J10.139; D.Conciliation.14.
— Paris.A5.698;P1.972;B6.326;S9.2.149; D.Compte courant.10.11.
— Angers.A9.601,n.1;P2.545,n.3;B18.211; S9.2.244; J10.140;D.Jeu-pari 51.54.55.
— Colmar.A9.592,n.1.5;P9.2.40;B18.197; S14.2.455; J10.137;D.Intervention.108.112.116.117.
— Riom.A10.336,n.,n.2;P2.758,n.1;B20.149; S12.2.198;J10.147;D.Dot.161.
— Cass.D.Fonct. publ.32.
23 Cr.c.A3.510;P1.874;B6.117; D.Compét. crim.418.428.
— Cr.r.A8.685,n.;P2.312;S17.1.323;D.Fonct. publ.235.
— Bruxelles.A6.862,n.1; P13 2.29; B12.552,n.1; S12.2.352;J10.150;D.Enquête.147.
— Bruxelles.A9.578,n.1.7; P2.535,n.8; B18.172; S14.2.436;D.Interreg.83.
— Paris.A12.82,n.1;P2 1265;B25.263;D.Société civ.8.
— Req.A12.1014,n.1;P2.1506;B28.335;S11.1.283; D.Voirie.546.551.
24 Agen.A10.504,n.1;P11.2.46;B20.87;D.Dot.90.
— Cr.c.A10.130,n.1; P2.704,n.2. et 10.1.117; B19.312; S10.1.192;MR1.523;D.Autorisat. de femme.49.Mandat.258.
— Civ.c.P9.2.57,n.;D.Preuve litt. (surcharge).284.407.494.
— Cr.c.A8.353;P2.247;B15.412;S12.1.175;D.Faux.194.
— Cr.c.A8 385;P2.246;B15.448;D.Faux.346.
— Cr.c.A8.808,n.3;P9.2.75;B16.442;S9.1.228; MR11.812;D.Forêts.977.
25 Arr.A6.325,n.1;D.Ventes adm.324.
— Bordeaux.A11.711,n.4;P10.2.83;B24.176;S13.2.181;D.Saisie-imm.397.775.
— Amiens.P9.2.195; S10.2.90; J10.151; D.Inventaire.84.86.Succession bénéf.17.
— Colmar.A10.750,n.12;S11.2.9;D.Juifs.29.
— Paris.S10.2.40;D.Propriété industr.29.
27 Civ.c.A8.479;P9.1.149;B16.72;S9.1.242; MQ1.370; MR17.251;D.Féodalité.78.
— Turin.A9.728;P9 2.72. et 23.1.447,n.2; B18.396; S7.2.1081;J10.156;D.Jugem. par défaut.520.
— Bruxelles.A10.156; P9.2.175; B19.356; S9.2.209; J10.154;D.Commerçant.115.
28 Déc.A3.217,n.1.et 224,n.5. et 229,n.2;D.Eau.322.324.
— Déc. cons. d'état.S17.2.113;D.Eau.208.538.
— Décret cons. d'état.A3.217,n.;S17.2.112;D.Fabriques.191.
— Décr.A12.1013,n.12;D.Voirie.535.

MARS.

1 Civ.r.A1.347;P9.1.76; B1.406;S9.1.152; D.Alimens.39.45.
— Civ.c.A7.141;P2.20;B13.156;S10.1.121; D.Enreg.1301.1302.
— Paris.A3.701;P23.2.119,n.2;B6.329;S12.2.299;D.Compulsoire.35.
— Civ.r.A5.496;P9.1.124; B10.118; S9.1.185; MR14.539;J10.159;D.Donation.14.
2 Cr.c.A.4.54;P1.1049;B7.57;D.Contr. ind.181.451.
— Req.A3.289;P9 2.85;B5.326;D.Compét. civ.397.
— Cr.c.A8.353;P2 247;B15.412;D.Faux.260.361.
— Cr.c.A8.601,n.1; P9.1.247; B16.212,n.1;S9.1.300; J10.166;D.Filiat. légit.223.
— Cr.r.A9.757,n.1; P2.593,n.1; B18.442; D.Jugem. par défaut.315.

— Req.A10.536,n.1.2;P9.2.64;B20.439;S20.1.186;D.Obligat. divis.34.
— Cr.c.A12.148,n.2;P9 1.245;B25.374;S9.1.299;MR4.849;J10.163;D.Stellionat.17.
— Paris.A11.785,n.1-1; P2.1209; B24.314; S9.2.238; J10.170;D.Surenchère.11.104.
— Cr.c.P9.2.68;S9.1.289;MR9;J10.174;D.Pêche.9.
3 Cr.c.A4.59;P1.1020;B7.65;D.Contr. ind.177.
— Cr.r.A4.121;P1.1058,n.;B7.150,n.;V.9; D.Contr. ind.518.
— Cr.c.A4.265;P1.1086;B7.288;S10.1.349;D.Contumace.12.
— Cr.r.A4.120;P1.1037;B7.150;D.Contr. ind.518.
— Cr.c.A6.456; P9.2.110; B12.75; S10.1.349; MR4.352;D.Douanes.453.
— Caen.A10.334,n.15; P10.1.459; B20.132; S10.1.372;MQ5.591.et 6.661;MR10.329;J11.818; D.Lois rétroact.65.
— Cr.c.A11.498,n.4;P2.1092,n.;B23.271,n.1;S10.1.350;D.Quest. pr.11.
— Cr.c.A11.415,n.21;B23.133;D.Procès-verbal.423.
4 Liége.A8.515,n.1;B16.114,n.1;D Féodalité.204.
— Déc.A12.991,n.20;B28.503,n.20;D.Voirie.169.
— Décr. cons. d'état.S17.2.115;D.Mines.7.
6 Civ.c.A1.380;P1.115;B1.444;S10.1.124;J10.181;D.Notaire.272.
— Civ.r.P9.1.91;D.Ordre.385.
7 Civ.c.A7.377;P2.66;B13.428;S10.1.129; D.Enreg.2487.
— Civ.r.A10.853,n.1;P9.1.91;B21.386;S9.1.155;J10.176;D.Ordre.384.468.
— Aix.A11.943,n.28;B25.107;S9.2.335;D.Div.115.
— Décr. cons. d'état.S1.265. e 17.2.117;D.Rente 412.
8 Bruxelles.A12.8,n.2;P2.903,n.2;B25.142;D.Servitude.19.
— Grenoble.A11.639,n.5,n.1;D.Saisie-arrêt.226.
— Req.P9.1.95; S9.1.328; MR13.356; J10.182; D.Surenchère (indivisib.).
9 Bordeaux.A2.589; P1.497; B3.456; D.Caution.81.Tutelle.69.
— Req.A5.102;P9.1.595;B5.111;S9.1.438;MR14.166; J10.186; D.Cassation.647.Commune.297.298.300.505.327.Deg. de jurid.572.
— Rennes A10.655,n.2; P2.825,n.4; B21.91; S9.2.216; D.Preuve litt.226.
— Cr.c.A12.611,n.17; P2.1376; B27.127,n.1; S9.1.252; MR12.787;D.Complicité.119,s.Tém. faux.35.Témoin.550.
— Bordeaux.P9.2.230;S7.2.873;D.Contr. par corps.41.
10 Cr.c.A4.59,n.1;P1.1015;B7.41,n.1;D.Contr. ind.116.
— Cr.r.A4.217; P1.1069; B7.235; D.Or et argent.26.29.Procès-verb.476.
— Paris.A9.407,n.3; P9.2.101,n.1; B17.485,n.3;S9.2.315;D.Hypoth.295.
— Paris.A12.572,n.6;P9.2.137. et 141.1559;B27.59;S14.2.453;J10.188;D.Témoin.101.121.
— Bruxelles.P10.2.1;D.Hypoth. lég. (inscription).
— Décr.A3.120,n.4; P1.717,n.4; B5.150,n.4; S1.262; D.Commune.547.
— Déc.A10.391,n.13;D.Mines.71.
11 Cr.c.A4.59,n.;P1.1015,n.1; B7.41,n.1; D.Contr. indir.116.
14 Req.A1.57; P9.2.52; B1.66; S9.1.143;J10.189;D.Culte.110.Tierce-oppos.160.
— Bourges.A7.764;P9.2.76;B14.455; S9.2.206; D.Exploit.669.
— Décr.A6.327,n.;D.Ventes adm.325.
— Bourges.A9.715,n.2;B18.374;D.Jugement par défaut.209.
— Civ.c.A11.282,n.4;P9.1.370;B22.417;S10.1.94;J10.192;D.Prescript.709.
— Req.A6.12;B11.9;D.Testament.788.789.
15 Bordeaux.A5.129;P1.1303;B9.147;D.Descente sur les lieux.21.22.
16 Cr.c.A4.86;P1.1029;B7.92;D.Contr. ind.349.
— Cr.c.A4.44;P1.1015;B7.46;D.Contr. ind.119.
— Req.A3.516;P10.1.255;B5.559;S10.1.276;MQ2.516;J10.198;D.Compét. civ.277.Faillite.72.
— Cr.r.A3.609;P9.2.110; B6.227; S20.1.473; MR2.849; D.Compét. crim.809.
— Nancy.A10.849,n.1;B21.410;D.Ordre.535.
— Cr.c.A11.30,n.1; P2.916,n.6; B21.454; S10.1.354; J10.202;D.Instr. crim.364.
— Rennes.A9.732,n.1;P2.584,n.1;B18.403;S9.2.220;J10.195;D.Jugem. par déf 333.
— Ord.A12.1006,n.11;B28.322,n.11;D.Voirie.424.
17 Cr.r.A4.44;P1.1016;B7.46;D.Contr. ind.108.
— Décr.A6.327,n.;D.Ventes adm.325.
— Décr.A6 504,n.2-2;D.Naturalis.47.
18 Req.A12.661,n.40;P2.1390. et 1211;B27.209;S9.1.144;D.Tierce-oppos.127.
— Req.A11.794,n.1;P2.1211. et 1390;B24.327. et 27.209;D.Surenchère.330.
— Bruxelles.A12.859,n.5; P2.1486; B28.82; S12.2.358;D.Vente.555.
— Cr.r.A1.567;P9.1.225;B2.198;S9.1.271;D.Appel incid.79.82.Appel correct.212.Chose jugée.306.307.
20 Paris.A12.658,n.33;B27.204;S9.2.393;D.Tierce-opposition.98.
— Besançon.P9.2.165;J10.203;D.Délai.24.
21 Civ.c. A10.59;P9.1.141. et 9.2.36;B19.174;S9.1.199. et 201;J10.206. et 210;D.Acte resp.46.Jug. prép.74.165.
22 Liége.A7.794;P2.161;B14.490;D.Exploit.493.

— Civ.c.A6.476; P9.1.122; B12.100; S9.1.202; MQ2.453; J10.609;D.Contr. par corps.246.347.349.382.Lois rétroact.255.
— Req.A10.503,n.1;P9.1.109; B20.387; S9.1.208;J10.212;D.Oblig.835.
— Paris A9.722,n.;B18.387;D.Jugem. par défaut.296.
23 Cr.r.A4.45;P1.1016 n.;B7.47,n.;D.Contr. ind.108.
— Cr.c.A4.245;P9.2.99;B7.264; S10.1.351; MR1.303; J10.226;D.Contr. ind.609.
— Req.A3.315;P22.2.140,n.7;B5.358;S10.1.276;MQ2.520;D.Compét. civ.279.
— Limoges.A6.145;P1.1349;B11.162;S9.2.501; D.Révoc.24.
— Cr.c.A12.963,n.10;P2.1497;B28.261;S9.1.287;D.Compét. crim.473.
— Bordeaux.A12.878,n.3; P2.1464; B28.118; J10.215; D.Garantie.98.99.
24 Nîmes. A3.561; P1.799. et 22.2.125,n.1; B5.415;S12.2.202;D.Compét. comm.267.
— Trèves A5.772;P9.2.143;B6.413;S9.2.598;D.Contr. par corps.288.
— Arr.A6.325,n.1;D. Ventes admin.324.
— Déc.A6.326,n.9;D.Ventes admin.378.
— C.r.A8.795; P9.2.118; B16.424; S9.1.411; D.Forêts.855.865.
— Cr.c.A8.448;P9.2.69;B16.37;S9.1.266;MQ3.49; D.Faux incid.278.279.
— Décr.A3.15,n.9;D.Commune.118.
— Décr.A12.1013,n.10;D.Voirie.527.
25 Rouen. A10.846,n.1; P9.2.213; B21.407; S9.2.399; J10.228;D.Ordre.536.
27 Grenoble.A1.295;B1.342;D.Adoption.31.
28 Liége.A5.619; P1.1335; B10.264; S9.2.330; D.Lois rétroact.179 Testam 82.
— Rouen. A6.647; B13.501; S9.2.412; D.Effets de comm.471.
— Grenoble.A11.839,n.2; P2.1231; B24.410; D.Saisie-immob.1605.
29 Nîmes.A6.852,n.1;D.Enquête.78.
— Civ.c.A11.391,n.3; P9.1.135. et 2 64; B23.91; S9.1.488; MR12.1;D.Compét. comm.469.Prises marit.238.
30 Cr.c.A7.559;P9.1.220;B14.204;S9 1.203;D.Escroq.65.
— Bruxelles. A6.567,n.1; P1.1445; B12.207; n.1;S9.2.276;D.Effets de comm.353.
— Cr.r.A11.404,n.6; P2.1060,n.2; B23.113; S17.1.322; D.Procès-verb.217.
31 Cr.c. A8.800,n.1; P2.402. et 9.2.99; B16.432,n.1; S7.2.807;D.Forêts.891.
— Trèves.A10.198,n.1-1;P2.721,n.1;B19.427;S9.2.406;D.Communauté.185.

AVRIL.

1 Rouen.P10 261;D.Inscript. hypoth.511.
— Cons. des prises. A11.351,n.4;B23.16; D.Prises marit.42.
4 Bordeaux.A12.396,n.2;P9.2.227;B26.218;S13.2.333;D.Success. vac.10.
5 Turin.A10.766,n.1; P2.861,n.5; B21.274; D.Arbitrage.858.Serment déc.47.
— Rennes.A12.122,n.;P2.1276;B25.331; S9.2.211; D.Faillite.1040.Société comm.136.
5 Nîmes.A11.746,n.2; P2.1195; B24.237; D.Saisie-imm.904.
— Civ.c.P9.1.151;S9.1.217;MQ1.249;J10.237.
6 Req.A5.787;P9.2.47;B10.459;S9.1.225. et 7.2.1222;MR13.402;J10.252;D.Testam.616.
— Cr.c.A8.577; P9.1.534; B15.440; S9.1.429; J10.245; D.Faux.83.301.
— Paris.A6.635,n.,n.2; P10.2.54; B12.286,n.2; S10.2.45;J10.244;D.Effets de comm.585.
— Req. A9.196; P9 2.42. et 1.118; B17.252; S9.1.182. et 277;MQ2 713; D.Hypoth. conv.33.46.129; Preuve litt.118.
— Cr.c.A12.591,n.1.n.1;P9.1.477;B27.93;S9.1.136;MR13.417;J10.241;D.Parenté.15.Témoin.288.
— Cr.c.A12.1068,n.1; P2.1530,n.1; B28.420; S10.1.354;D.Vol.221.
— Civ.c.D.Mariage.168.
7 Cr.c.A4.260; P1.1085; B7.285; S20.1.490. et 10.1.22;D.Cont. ind.143.366.Procès-verb.432.
— Cr.c. A2.145,n.; P9.2.66; B4.154,n.; S10.1.352; MR10.756;J1.378;D.Autorité mun.356.
— Cr.c.A2.143;P1.378. et 9.2.66;B3.154;S10.1.352. et 21;MR10.756;D.Autor. mun.529.556.2403.
— Cr.c. A11.413,n.3; P2.1066,n.15;B23.129;S20.1.457. et 10.1.22;MQ4.161;Procès-verb.405.
— Cr.c.A11.508,n.12,n.1; P2.1099; B23.289; S16.1.197;D.Quest. pr.58.
— Trèves.A11.713,n.2;P10.2.85;B24.178;S14.2.270;J10.255;D.Saisie-imm.464.1629.
— Cr.c.A12.553,n.16;P2.1352; B37.29; S10.1.352; D.Compét. crim.467.
— Cr.c S10.1.353.D.Forêts.979.
8 Paris.A1.728;P11.2.32; B2.383; S14.2.152. et 12.2.355;J10.259;D.Arbitrage.583.607.627.
— Grenoble. A5.409; P1.1323; B10.10;S11.2.208;D.Don. par cont.207.
— Paris.A11.199,n.1-1;P2.973,n.1;B22.275;S12.2.298; D.Péremp.232.
— Avis cons. d'état.A11.265,n.1;D.Prescript.400.

— Décr.A3.191,n.8;D.Trav. pub.144.
— Décr. cons. d'état.S1.271;D.Dom. eng.36.37.91.
— Décr.S17.2.120,D Eau.89.
8 Ord. cons. d'état.S17.2.121; D Marché de fourn.251.
— Décr. cons. d'état.S17.2.122;D.Propriété.65.
10 Paris.P9.2.65;S9.2.272;D.Juif.41.
— V.au 18.
11 Req.A1.382; P9.2.42; B1.446; S14.1.152; D.Appel civ. 541.
— Toulouse.A5.589;P9.2.184;B10.230;S14.1.330;J10.262; D.Sép. de corps.198.
— Rouen.A9.577,n.1-4; P2,533, n.4; B18.174;S12.2.311;J10.104;D.Interrog. sur faits.72.75.Jugem.81.
— Déc. min.D.Preuve litt.145.
12 Grenoble. A8.555; P9.2.121; B16.157; S9.2.288; MR7.263;J10.268;D.Filiat. légit.61.62.
— Montpellier.A9.772,n.1;P2.599,n.1;B18.466;S14.2.455; J10.266;D.Jugem. préparat.26.
— Trèves.A11.713,n.2; P10.2.85; B24.178;S14.2.270;J10.285;D.Saisie-imm.464.1629.1630.
13 Cr.c.A2.327,n.;S10.1.358;D.Cassat.583.
— Paris. A10.434,n.22; P2.781,n.4; B20.279; S17.2.161;J10.278;D.Honoraires.38.
— Ordonn.A3.491,n.8. et 225,n.2;D.Trav.pub.144.Eau.355.
— Décr.A12.989,n.7;B28.390;S1.167;D.Voirie.158.
— Déc.A12.991,n.19;B28.303,n.19;D.Voirie.188.
— Déc.A12.1024,n.39.42;D.Voirie.708.715.
14 Cr.c.A4.235;P1.1073;B7.253;D.Cont. ind.292.545.
15 Paris.A2.673; P10.2.116; B4.525; S16.2.75; J10.291;D. Actes de comm.23.
— Paris.A9.256,n.1.2; P10.2.68; P17.304,n.2; S10.2.67;J10.282;D.Inscript. hypot.188.Ordre 97.
— Riom. A12.740,n.40; P10.2.11; B27.350;S12.2.288; D. Tutelle.21.403.
— Bruxelles.A11.761,n.2;P2.1201;B24.265;S14.2.62;J10.289; D Surench. 290.296.
17 Paris.A7.737;P2.143;B14.423;D.Except.294.Expl.215.
— Paris.S10.2.70;D.Péremp.181.
18 Civ.r.A7.91; P9.2.53; S9.1,246; MR13.298; J10.295; D. Absence.130. Enreg.753
— Turin.A5.809; P10.2.6; B10.484; S10.2.85; D.Testam. 696.
— Civ.r.A12.503,n.2;B26.399;S15.1.194;D.Partage.163. Paris.A1.764;P1.297;B2.447;D.Arbitrage.229.797.
— Req.A5.303;P9.2.47;B5.545;S9.1.226;J10.294; D.Compét. civ.241.
— Req.P9.2.84;D.Tutelle.17.
— Paris.D.Pérempt.181.
— Déc. min.D.Preuve litt.618.
19 Paris.A2.789;P1.667;B4.436;S9.2.394;D.Commiss.259.289.Contr. par corps.48.
— Trèves.A2.700;P10.2.115; B4.531; S9.2.408; MR17.229; D.Commerçant.32.Juifs.50.
— Cr.r.A7.158; P1.1334. et 9.2.79; B13.177;S14.1.184;D. Enreg.2107.
— Liége.A5.627; P1.1335;B10.275; D.Legs.414.415. Testam.113.114.137.
— Req.A5.755;P9.1.157;B10.422;S9.1.244;MR13.657;J10.298;D.Testam.507.
— Trèves.A9.729,n.,n.3; P2.583,n.4; B18.398; S11.2.216; D.Jugem. par défaut.523.
— Civ.c.A11.297,n.4;P9.2.83;B22.442;S9.1.503;D.Prescr.888.Serment déc.134.
— Orléans.A11.835,n.1,n.1;B24.404;D.Saisie-imm.1290.
— Civ.c.P9.1.181;S9.1.238;MQ1.101; D.Prescript. (arrérages de rentes).
20 Bruxelles. A5.155; P1.1303; B9.176; S12.2.338; D.Acquiesc.137 Désist,76.161.
— Req.A5.558;P9.1.563;B9.409;S9.1.447;MR14.5; D.Disposit. entre-vifs.
— Aix.A6.146; P1.1350; B11.163; S13.2.342; D.Révoc.24.28.Testam.383.449.
— Cr.c.P9.1.433;S9.1.463;J10.308;D.Prescript. cr.31.
— Décr.D.Compét. admin.117.
— Bruxelles.S12.2.197;J10.304;D.Success.128.
21 Cr.c.A4.80;P1.1026;B7.36;D.Cont. ind. 303.304.
— Cr.c.A4.45;P1.1016;B7.47,S16.1.291. 10.1.356;D.Cont. ind.145.
— Cr.r.A8.385; P9.2.174; B17.449; S10.1.21; J10.247; D. Faux.54.
— Cr.c.A8.447,n.2;B16.57,n.2; S10.1.357;D.Faux incid. 279.
— Angers.A9.448,n.,n.2;P2.501,n.2;B17.534,n.2;J10.310; D.Rad. hypoth.90.
21 Rouen.A10.166,n.1.5; P9.2.164; B19.376; S9.2.327. et 218;J10.32;D.Communauté.1172.Contrat de mariage.106.
22 Liége.A1.435,n.;P1.147;B2.40;S12.2.359;D.Appel civ. 56.
— Paris.A11.745,n.5; P2.1194,n.; B24.236; S11.2.445; D. Saisie-imm.893.
25 Angers.A9.325,n.;B17.385;S13.2.137;D.Transcr.24.
— Décr.A3.134,n.1;D.Commune.
24 Civ.c.A7.346;P9.2.46;B13.392;S9.1.222;MR11.580,n.;J10.316;D.Enreg.2454.
— Civ.c.A3.7;P9.2.59;B5.4;S9.1.260;MR2.589;D.Commune.23.83.84.
— Civ.r.A10.661,n.2;P9.2.56;B21.99;S9.1.252;J10.313;D. Preuve litt.284.467.494.
25 Paris.P23.2.725,n.;D.Péremption (interruption).
26 Req.A11.798,n.2;P9.2.53;B21.472. et 24.333;S9.1.248; J10.318;D.Min. pub.252;Saisie-imm.1108.
27 Aix.A11.757,n.2,n.1; P2.1199; B24.257; S9.2.237; J10.319;D.Saisie-imm.1193.
— Liége.A11.867,n.1.2; B24.459; D.Saisie-immob.1025; Surenchère.383.435.
— Cr.c.A12.583,n.;B27.28,n.1;D.Rebellion.
28 Cr.c.A2.615;P9.1.532;B4.257;S9.1.427;J10.249;D.Chose jugée.412.
— Paris.A3.107;P1.712;B5.116;D.Commune.403.434.
— Cr.c.A8.555; P9.1.523; B15.414; S9.1.428; J10.251; D. Faux.174.
— Trèves.A10.750,n.4; P2.859,n.1; B21.246;S10.2.6.1;D. Juifs.36.50.Effets de comm.128.
— Cr.c.A11.405,n.11; P2.1061,n.6; B23.115;S16.1.224;D. Procès-verbal.235.
29 Paris.A8.425,n.2;B16.42,n.2;S14.2.407; D.Faux incid. 157.
— Paris.A11.834,n.1;P23.2.38,n.2;B24.401;S13.2.155; D. Saisie-imm.205.1511.1515.
— Avis du cons. d'état.A12.132,n.1;D.Société.
— Décr.A11.631,n.5; B24.28;S17.2.126; D. Saisie-arrêt. 265.
— Déc. cons. d'état.S17.2.127;D.Féodalité.209.
— Déc. cons. d'état.S1.277;D.Hospices.115.
— Décr. cons. d'état.S17.2.176;D.Impôt.23.
— Bordeaux.S9.2.517;D.Lois rétroact.122.
— Paris,S13.2.358;J10.329;D.Oblig.867.
— Déc. cons. d'état.S17.2.125;D.Etab. pub.64.
— Bordeaux.A9.853,n.18;D.Lois rétroact.122.

MAI.

1 Civ.c.A7.559; P9.2.55; B14.180; S9.1.250; J10.337; D. Timbre.276.
— Civ.c.A6.559;P9.1.200;B12.197;S9.1.174;MQ3.264;J10.331;D.Effets de comm.54.
2 Paris.A12.150,n.9;P2.1300;B25.378;S12.2.355;D.Stellionat.19.
3 Civ.c.A7.305; P9.2.54; B13.344; S9.1.247; J10.338; MR13.357;D.Enreg.2200.
— Civ.c.A9.854,n.1; P9.1.165; B18.387; S9.1.267; MR6.408;D.Intérêts de cap.17.Lois rétr.127.
— Riom.A10.121,n.2-2; P2.702,n.2; B19.298; D.Mariage. 650.
— Besançon.A11.625,n.2;B24.15; D.Jugem. par défaut. 158.Saisie-arrêt.52.
— Turin.A12.660,n.38; P2.1390; B27.208; S10.2.301; D. Tierce-oppos.126.
— Civ.r.A11.940,n.17; P9.1.176; B25.101; S9.1.254; J10.341;D.Div.88.
4 Bruxelles.A1.781;P10.2.57;B2.443;S10.2.568;J10.345; D.Arbitrage.937.
— Req.A1.753;P9.1.190;B2.411; S9.1.257;J10.345; D.Arbitrage.786.
— Toulouse.S9.2.408;D.Vente.604.
— Décr.A12.260,n.12;D.Majorat.36.
5 Colmar.A7.672;P1.182,n.1;B14.344;D.Expertise.213.269.
— Cr.c.A.7.712; P2.150; B14.394; S10.1.358; D.Exploit. 518.
— Cr.c.A7.712,n.;P2.150. et 9.1.358;S9.1.436;J10.347;D. Exploit.518.
— Riom.A9.477,n.1; P24.2.76; B18.20; S10.2.56; MR16.422;D.Incendie.55.
— Colmar.A12.17,n.2; P2.904,n.8; B25.155; S10.2.61; D. Servitude.112.
— Angers.A11.738,n.2;P22.2.172,n.5. et 2.1188;B24.217; S15.2.205;D.Saisie-imm.732.
— Colmar.A1.509,n.;D.Appel civ.414.
6 Riom.A8.623; P1.1333; B10.270; D.Deg. de jurid.194. Testament.104.
— Riom.A9.174,n.1; P24.1.437,n.;B17.205,n.1;S10.2.39; MR17.70;J10.354;D Hypoth. judic.47.
— Florence.A11.588,n.2,n.2; P2.1128; B23.435; D.Renvoi.41.
— Bruxelles.A5.196;P9.2.155;B9.226; S9.2.341; J10.348; D.Condition.7.
7 Aix.A6.379;P10.2.54;B11.435,n.1;D.Domicile.29.
8 Civ.c.A1.382; P9.2.51; B1.446; S9.1.256; J10.358; D. Amende.12.
— Civ.r.A7.399;P9.2.59;B14.6;S9.1.273;MQ1.52;J10.356; D.Amende.58.Enreg.2716.
— Civ.c.A7.447,P2.77;B14.69; S10.1.133; J10.360;D.Enreg.2952.
— Civ.c.D.Enreg.2686.
9 Nîmes. A3.358; P10.2.120; B5.411; D.Compét. comm. 246.247.248.
— Limoges.A6.140;P1.1349;B11.157; S9.2.323;D.Révoc. 47.
— Req.A6.802,n.1; P9.1.183; B12.480,n.1; S9.1.258; D. Emigré.180.
— Bruxelles.P10.2.119;D.Exploit.260.
10 Req.A5.159;P9.1.216;B9.184;S9.1.264;D.Deg. de jurid.580.Désist.1126.
— Req.A8.62;P9.1.186;B15.70;S9.1.259;J10.362;D.Faillite.259.260.
— Bruxelles.A9.160; P10.2.1; B17.187; D.Hypoth. lég. 161.199.
— Turin.A12.735,n.6;B27.341;S12.2.372; D.Tutelle.348.
— Colmar.A11.819,n.3;P2.1221;B24.372;D.Saisie-imm. 262.267.1480.
— Grenoble.A9.773;D.Jugem. préparatoire.15.
12 Cr.c.A2.159,n.; P1.388; B3.171,n.; J10.366; D.Autor. mun.475.
— Liége.A5.226; B9.260; D.Disp. entre-vifs.56.Nullité.238.
— Déc.A8.732;D.Forêt.407.
— Cr.c.A11.28,n.61; P2.915,n.4; B21.452; D.Acquiesc. 437.Instr. crim.356.
13 Cr.c.A4.251;P1.1079;B7.273;S10.1.351;D.Contr. ind. 379.
— Paris.A6.386;P1.1361;B11.443; S10.2.56; D.Domicile. 19.65.
— Décr. cons. d'état.S17.2.178;D.Eau.90.
— Décr. cons. d'état.S17.2.180;D.Propriété.62.
14 Req.P9.1.164;B10.370;S9.1.255;MR13.700;J10.370.
15 Paris.A1.478;P1.170;B2.92;D.Appel civ.271.
— Civ.r.A9.257;P9.1.406;B17.504; S10.1.22;MR6.228,n.; J10.576;D.Inscrip.hypoth.169.174.192.
16 Civ.c.A3.204; P9.1.180; B5.230; S9.1.236; D.Compét. adm.325.
— Req.A6.381;P9.2.84;B11.437; S20.1.487; MR16.183;D. Domicile.80.97.
— Civ.c.A8.643. et 9.778,n.1; P9.1.241. et 9.2.64; B16.256. et 18.476;S9.1.377. et 10.1.275;MQ2.595;J10.388; D.Filiat. nat.60.79.108.121.215.Jugem. prép.165.
— Paris.J10.381;D.Appel civ.420.
17 Civ.c.A7.162;P9.2.134;B13.181;S10.1.284. et 15.1.130; MR15.249;J9.298;D.Enreg.1385.1386.1388.2847.2988.3015.3016.
— Arr.A6.325,n.1;D.Ventes adm.324.
— Civ.c.A6.814,n.1;P9.1.207. et 1.1505;B12.495,n.1; S9.1.279;MR6.789;J10.395;D.Emigré.238.
— Req.A9.91,n.2; P9.1.212; B17.102,n.2; S9.1.261; MR5.881;D.Action personn.10.Privilége.464.
— Bruxelles.A11.560,n.3;P2.1120,n.3;B23.383;S9.2.402; D.Rente.178.
— Rennes.A11.713,n.9;D.Saisie-imm.466.
— Déc.A8.13,n.66;D.Fabriques.222.
— Déc.A12.991,n.19;B28.303,n.19;D.Voirie.188.
18 Cr.c.A1.406;P9.1.193;B2.7;S9.1.274;MQ1.30;D.Forêt. 1034.
— Paris.A1.503; P10.2.19; B2.123; S14.2.388; J10.398;D. Appel civ.381.
19 Besançon.A5.750;P1.1338;B10.394;S9.2.331. et 2.1206; J10.402;D.Legs.7.Ratification.157.159.Révoc.94.Testament.42.389.435.
— Paris.A11.777,n.2; P22.1.413,n. et 2.1206; B24.295; S12.2.194;J10.390;D.Surenchère.165.
— Cr.c.S10.1.360;D.Presse.618.
20 Turin.A1.112. et 5.120;P10.2.64;B1.132. et 9.138;S10.2.258;D.Acquiesc.329.Désaveu.159.
— Req.A3.457;P1.846;D.Compét. crim.203.
— Paris.S72.936;J10.1006;D.Privilége.430.
— Décr. cons. d'état.S1.289;D.Propriété.251.263.
21 Bruxelles.A9.543,n.1; P9.2.109; B18.118;D.Audience solenn.6.Interdit.80.
22 Amiens.A10.843,n.; P9.2.196; B21.403,n.1; S14.2.75; J10.410;D.Ordre.453.
— Toulouse.A11.636,n.1,n.1;P2.1145,n.3;B24.38;D.Saisie-arrêt.272.
— Cass.D.Or et argent.123.
23 Déc. min. just.A7.267,n.11;D.Enreg.2081.
24 Bruxelles.A1.59; P1.16. et 9.2.109; B1.44; S9.2.382; MR16.5;D.Absence.384.391.393.
— Bruxelles.A10.518,n.1;P2.793,n.2;B20.440; S10.2.567; D.Condition.193.Intérêts de cap.18.
— Req.P9.2.111;J10.412;D.Eff. de comm.136.
25 Cr.c.A4.168;P1.1050;B7.184;D.Jeu de cartes.19.
— Civ.c.A11.602,n.1,n.1;P2.1134,n.8;B25.462;S15.2.120; D.Req. civ.54.55.
26 Orléans.A9.563,n.11;P2.482;B17.432,n.11;S10.2.57;D. Purge.17.
— Orléans.A11.743,n.1; P2.1192; B24.230,n.2; D.Saisie-imm.887.869.
27 Colmar.A12.862,n.4; P2.1458; B28.86; S7.2.1267; D. Vente.376.
28 Civ.r.A8.598;P9.1.346;B16.208; S9.1.455; J10.414; D. Filiat. légit.175.
— Décr.A3.225,n.5;D.Eau.362.
— Déc.A8.14,n.68;D.Fabrique.200.201.
30 Liége.A7.764;B14.455;D.Exploit.669.
— Civ.c.A8.488; P9.2.82;B16.83; S10.1.255; D.Féodalité. 105.
— Avis cons. d'état.A11.736,n.2; P2.1189; B24.220; S9.2.393;D.Saisie-imm.774.
31 Bruxelles.P10.2.114;D.Compét. comm. (garde-magasin, exception).
— Civ.r.A1.756;P1.283;B2.416;S9.1.353;J10.421;D.Arbitrage.826.864.
— Bruxelles.A7.625.P9.2.219;B14.236;S10.2.33;J10.424; D.Garantie.498.518.
— Liège.A6.856,n.2;B12.544,n.1;D.Enquête.99.
— Req.A11.777,n.2;P9.2.99;B24.274; D.Surenchère.158.

JUIN.

1 Metz.A9.771,n.1.1; P9.1.271; B18.465; S9.1.304; MQ3.156;J10.426;D.Jug. prépar.47.

— Paris.A10.847; P22.2.119,n.1; B21.409; S12.2.354; D. Ordre.392.
— Besançon.A11.26,n,2;P2.914;n.1;B21.447;D.Min. pub. 30.36.
2 Cr.c.A8.385; P2.256; B15.449; S9.1.284; D.Faux.121. 122.
— Paris.A8.613,n.2;P9.2.153;B16.226;S12,2.357;J10.427; Filiat. nat.48.Légitimat 29.
— Orléans,A11.648,n.1; P2.1152,n.10; B24.60; D.Saisie-exéc.40.
— Cr.c,D.Procès-verbal.344.
3 Cr.c.A8.793,n.1;P2.396;B16.425,n.1;D.Forêts.805.
4 Décr.A6.315;B11.358,n.2;S9.2.381;D.Dom.eng.35.36. 90.
— Déc.A3.225,n.10;D.Eau.387.
— Décis. cons. d'état.D.Transact.20.
5 Caen.P9 2.232;D.Exploit.670.
6 Civ.c.A1.576. et 7.399;P1.145. et 2.70;B1.440. et 14.6; S10.1.256;D.Amende 126.Enreg.2708.
— Cr.c.A4.171;P1.1057;B7.185;S10.1.263;D.Sel.10.
— Civ.c.A7.348; P2 63. et 9.2.110; B.15.395; S10.1.257; MQ3.526;D.Enreg.2457.
— Paris A8.618,n.1;P9.2.188;B16.231,n.1;S10.2.310;J10. 433;D.Filiat. nat 127.
— Civ.c.A9.76;P9.1.230;B17.83;S9.1.268;J10.457;D.Privilége.391.
— Bruxelles.A9.418; B17.496,n.7; S14.2.62; D.Hypoth. 248.
— Civ.c.A12.396,n.3;P9.1.259; S9.1.262;B26.221;D.Success. vac.12.
— Instr. gén.A7.494,n.24;D.Transcrip. hyp.102.
7 Turin.A3.248;P10.2.27;B9 287;S10.2.46;MR16.274. et 17.814;J10.444;D.Legs.46.98.Disp.entre-vifs.119.120. 123.Lois rétr.179.185.Testament.22.82.
— Civ.r.A10.646,n.1;P9.1.252;S7.2.767. et 856;MQ3.53; J10.440;D.Confusion.30.Preuve littérale.59.Sequestre.56.
— Rouen A10.787,n.5; P9.2.221; B21.307; S9.2.403;J10. 454;D.Responsabilité 232.355.
— Paris.A11.548,n.1; P23.2.136,n.1; B23.563; S12.2.289; J10.450;D.Référé.27.28.
— Civ.c,D.Exploit.895.
— Besançon.D.Inventaire.54.
8 Riom.A1.616; P10.2.63; B2.283; S10.2.253;J10.462;D. Arbitrage.149.646.
— Req.A10.74,n.1;P9.1.263;B19.286;S9.1.378; MQ3.359; MR16.742. et suiv.;J10.466;D.Mariage.347.367.386. 389.
— Cr.c.A11.518,n.10; P9.2.151; B22.478; S9.1.433; MR9. 651;D.Prescrip. crim.97.
— Bordeaux.A11.586,n.1;P2.1127,n.4;B23.431; S9.2.297; D.Renvoi.12.16.36.
— Cr.c.A1.680;P10.1.128;B2.214;S10.1.253;D.Appel correct.185.186.
9 Cr.c.A4.248;P1.1079;B7.270;D.Or et argent.140.
— Riom.A10.234,n.1; P2.726,n.4; B19.480; S12.2.345;D. Sép. de biens.64.
— Poitiers.A11.722,n.1,n.1;P10.2.85; B24.194;S15.2.205; D.Saisie-imm.594.693/695.
— Poitiers.A11.842,n 2;P10.2.82;B24.416;D.Saisie-imm. 1626.
— Cr.c.P9.2.148;S9.1.437;D Liberté provisoire.12.
— Nimes.S10.2.632;D.Oblig.368.
10 Rouen A10.333,n.,n.13;P2.756,n.6. et 9.2.165,n.;B20. 129;S9.2.337;D.Dot.290.Douaire.30.
11 Colmar.A9.384,n.2; P2.486; B17.456,n.2; D.Purge des priv.40.
12 Civ.r.A1.243;P9.2.118;B1.282;S14.1.89;J10.473; D.Action possess.214.Réc. de juges.24.
— Civ.c.A3.98;P1.711;B5.405; S10.1.252; D.Acquiesc.91. Commune.295.Forêts.1877.
— Civ.c.A8.687,n.1;P9.1.257; B16.510,n.3.1; S9.1.263;D. Fonct. publ.261.
— Paris.A11.695,n.2,n.2;P10.2.68;B24.447;D.Saisie-imm. 252.
13 Req.A10.815,n.1;P2.883,n.7. et 9.1.238; B21.353;S9.1. 292;D.Action personn.31 Ordre.321.
— Liége.A11.722,n.5; P2.1183; B24.195; D.Saisie-imm. 593.622.
— Bruxelles.A11.724,n.2;P10.2.81;B24.198;S10.2.362;D. Saisie imm.535.
— Paris.A8.663;P2.306;B16.283,n.1; S12.2.356; J10.475; D.Filiat. nat.20.
— Paris.S9.1.282. et 10.2.49;J10.479;D.Aveu.38.42.
— Décis. min. fin.D.Référé,69.
14 Civ.c.A7.298;P10.1.211;B13.337;S10.1.283;MR4.739;J 10.406;D.Enreg.2183.
— Civ.c.A6.418,n.1;P1.1372;B12.31,n.1;D.Douanes.177.
— Déc.P17.2.122;B11.342,n.1;D.Dom. eng.84.
16 Cr.c.P9.2.461;S10.1.20;J10.482; D.Action publ.36.
— Cr.r.A4.230;P1.1073;B7.249;D.Contr. ind.541.542.
— Cr.c.A2.510;P1.607;B4.250;D.Chose jugée.400.
— Besançon.A1.710;P1.1237; B8.338; D.Degré de jurid. 117.
— Cr.c.A3.195; P9.1.360; B5.249;S9.1.436; MR11.331; D. Compét. admin 235.
— Turin.D.Lois rétroact.182.
17 Colmar.A2.708;P10.2.114; B4.341; S14.2.370; D.Actes de comm.118.
— Bruxelles.A9.47;P2.419;B17.48;S14.2.145;D.Privilége. 163.

— Nimes.A10.155,n.2;P2.711,n.7;B19.355;S10.2.558;J10. 483;D.Commerçant.103.
— Décret cons. d'état.S1.291;D.Eau.91.
— Décret cons. d'état S17.2.481;D.Presse.794.
18 Avis cons. d'état.A3.117,n.;B5.427; S7.2.793; D.Communes.
19 Civ.r.A7;228;P9.2.136; B15.258; S7.2.939; MR4.714;D. Enreg.1889.2751.3021.
— Douai.A8.166;P22.2.160,n.1;B15.193;S7.2.984; D.Faillite.732.
20 Req.A3.157;P1.845. et 9.2.178; B6 59; S10.1.7. et 7.2. 1240;MR14.202;D.Compét. crim.205.
— Paris.A7.741;P2.145;B14.427;D.Exploit.435.
— Toulouse.A6.273;P10.2.14;B11.309;S10.2.15; J10.484; D.Portion dispon.261.265.
— Liége.A11.747,n.1,n.1;P2.1193; B24.259; D.Saisie-immob.934.
21 Req.A9.542,n.,n.3; P9.2.100; B17.405,n.3; D.Hypothèque.122.
— Req.P9.2.100;D.Jug. sup.90.
— Besançon.D.Exploit.787.791.802.
— Cass.D.Transcript. hypoth.31.
22 Paris.A3.793;P1.995;B6.438;S10.2.375;J10.496;D.Contrainte par corps.548.549.
— Paris A7.797;P2.161;B14.491;S10 2 79;D.Domic. élu.9.
— Cr.c.A8 813,n.3; P9 2.147; B16.451,n.1. et 448; S9.1. 430;MQ2.635;D.Garde nat.164.1057.
— Besançon.A9.232,n.15; P22.2.177,n.1; B17.273,n.5; S 13.2.318;MQ6.438;J10.491;D.Hypothèque.
— Cr.c.A11.98,n.,n.17; P10.1.116; B22.94; S10.1.190;J 10.494; D.Presse.241.
23 V. au 22.
24 Civ.r.S10.1.40;D.Émancip.30.
26 Civ.r.A5.565;P9.1.249. et 2.183; B9.417; S9.1.300; MR 6.361;J10.502;D.Port. disp.114.
— Paris.A6.862,n.;P1.1515;B12 551,n.2;D.Enquête.55.
— Civ.c.A12.526,n.1; P9.1.259; B26.111; S9.1.557; MQ4. 462;J10.505;D.Success. irrég.40.69.
— Req.D.Succes. irrég.59.
27 Civ.c.A7.87;P2.12;B13.94;S10.1.254;D.Enreg.833.
— Civ.c.A7.34;P2.6;B13.54;D.Enreg.497.498.
— Civ.c.A7.304;S10.1.249;D.Enreg.2200.
— Civ.r.A6.473,n.3. et 7.89; P9.2 114; B12.99,n.1. et 13. 95; S9.1.413. et 7.2.944; D.Enreg.959.1773.Étranger. 212.Exploit.319.
— Bruxelles.A10.695,n.1; P2.843,n.2;B21.155; S9.2.407; D.Compét. comm.239.Preuve litt.1075.
— Rennes.A9.575,n.;D.Interrog. sur faits.37.
— Décis. min.D.Enreg.2611.
28 Nimes.A11.744,n.2,n.1;P23.2.138,n.1; B24.234;S10.2. 565;D.Saisie-imm.863.
29 Riom.A1.279;P1.91;B1.323; S15.2.147; D.Action possess.401.
— Agen.A9.257; P2.456; B17.505,n.4; S10.2.509; D.Inscript. hypoth 27.279.
— Rennes.A9.713,n.3.1; B18.374; D.Jugem. par défaut. 216.
— Bruxelles.P9.2.77;D.Comp. civ.169.
30 Civ.c.A7.510,n.;S15.1.74;D.Expertise.357.
— Cr.c.A1.158;P1.61;B1.184;D.Acquittem.12.Cour d'assises.225.
— Paris.A10.775,n,2;P2.864,n.1;B21.288;D.Serment déc. 121.

JUILLET.

1 Déc.A6.327,n.;D.Ventes adm.325.
— Paris.A10.336,n.1,18; P9.2.165, § 2; B20.154; D.Dot. 221.226.
2 Nimes.A11.688,n.1; P2.1169; B24.130; D.Saisie-imm. 89.950.
— Déc.A3.225,n.2;D.Eau 355.
— Rennes.A11.702,n 20;B24;D Saisie-imm 538.
3 Bruxelles A11,662,n.1;P2.1158,n.8;B24.83;S13.2.175. D.Saisie-exécution.252.247.
4 Riom.A8.27. et 35; P10.2.69. et 22.2.147,n.2 et 3; B 15.27;S14.2.185;J10.515;D.Faillite.29.76.157.
— Civ.c.A8.527; P2.286; B16.127;S9.1.387; D.Féodalité. 248.
— Colmar.A10 787,n.8; P9.2.221; B21.308; S9.2.405;J10. 459;D.Respons.357.356.
5 Bruxelles.A1.101; P1.58; B1.115; S13.2.408; D.Acquiesc.51.403.Communauté.199.Séparat. de corps.84. 134.139.
— Civ.c.A8 528,n.1;P9.2.128; B16.429,n.1; S9.1.392; D. Féodalité.249.250.
— Civ.c A8.528;P9.2.128;B16.428;S9.1.391;D.Féodalité. 249.250.
— Req.A7.590. et 9.647;P9.1.281; B14.243;S9.1.409; MQ 2.31;J10.522;D.Dem. nouv.93.Exécut. des jugem. et actes.182.Except.194.
— Nimes.A9.745;P2.588; B18.425; S11.2.432;J10.521;D. Jugem. par défaut 432.
— Colmar.A11.263,n.6;P2.999,n.5;B22.386;D.Prescript. 365.366.
— Nimes.A11.524,n.3;P2.1105,n.2; B23.317; S12.2.365;J 10.516;D.Remplacement.33.34.
— Turin.A11.637,n.1,n.1;P2.1146,n.6; B24.41; D.Saisie-arrêt.135.
— Déc. min A8.345,n.2;D.Enreg.2408.
6 Cr.c.A8.450;P2.271;B16.40;D.Faux incid.253.

— Cr.c.A8.743,n.3;B16.556;S10.1.326;J10.524;D.Forêts. 267.
— Cr.c.A12.1028,n.3; P9.2.159; B28.351; S9.1.424; MR2. 256;D.Voirie.726.728.758.
— Cr.c.D.Voirie.174.
7 Décr.A6.546,n.3;D.Dom. de l'état.65.
— Cr.c.A11.67,n.2;P2.924,n.2;B22.42;S16.1.292; D.Juge supp.20.
— Colmar.A11.666,n.4;P2.1160;B24.89; S16.2.96; D.Saisie-gagerie.22.
— Paris.A12 648,n.1.9;P2.1384;B27.185;J10.527;D.Tierce-opp.173.
— Cr.c.P9.2.223; S10.1.327. et 85; MQ3.445; D.Compét. crim.194.
8 Turin.A1.645;P10.2.59; B2.287; S10.2.4; D.Arbitrage. 68.
— Pau.A6.461;P9.2.191;B12.62;D.Étranger.106.
— Gênes.A9.895,n.2;S12.2.265;D.Exploit.152.
— Avis cons. d'état.A7.519,n.14;D.Enreg.2318.
10 Bruxelles.A7.626;B14.287;S10.2.53;D.Garantie.500.
— Paris.A1.763;P1.289;B2.423;S12.2.574; J10.531; D.Arbitrage.832.881.
— Toulouse.A3.390; P23.2.63,n.1; B5.450; S14.2.363; D. Compét. comm.414.
— Civ.r.A10 228,n ; P9.1.336; B19.474; S10.1.45; MQ4. 587;D.Aveu.53.Mariage.618.Séparat. de biens.53.
12 Angers.A3.898; P1.1336; B10.356; D. Testam.72.352. 422.
— Bruxelles.A7.759;P2.150;B14.449;S12.2.365; J10.539; D.Délai.124.Exploit.739.
— Civ.c.A8.527; P2.285; B16.127; S9.1.393; D.Féodalité. 251.
Bruxelles.A6.649;P1.1468;B12.303;S9.2.399; D. Effets de comm.469.
— Req.A11.763,n 2;P9.1.361;B24.269; S10.1.74;J10.536; D.Surenchère.58.
— Civ.c.A1.701;B2.351;D Arbitrage.449.Compét.comm. 270.Degré de jurid.541.
— Bruxelles.P9.2.220;J10.541;D.Garantie (délai).
13 Cr.c.P10.1.3;S10.1.10;D.Prescript. crim.28.32.
14 Cr.c.A8.792;P2.395;B16.422;D.Procès-verb 274.
— Paris.A6.502;P1.1406;B12.150;S12.2.359;D.Étranger. 256.
— Angers A9.394,n.5;P10.2.60; B17.467,n.5;S13.2.171;J 10.546;D.Purge.191.Ordre,71.
— Grenoble.A11,808,n.4; P2.1216; B24.353; S10.2.366;J 10.543;D.Saisie-imm.1357.
— Paris.D.Appel civ.65.
— Cr.c.S9.1.464;D.Prescript. cr.29.
15 Turin. P10.2.135; S10.2.279; D.Appel civ.92. Saisie-arrêt.156.194.
— Colmar.S14 2.89;D.Conciliation.144.
18 Civ.r.A1.346;P9.1.297;B1.406;S9.1.402;D.Alimens.44. 165.167.
— Gênes.A3.603; P14.2.9; B10.245;S13.2.351;D.Testam. 22.
— Colmar.A3.497;P1.1327;B10.119;S11.2.478;J10.558;D. Donation.21.24.
— Grenoble.A9.649;P2.559,n.4; B18.285; D.Exéc. prov. 19.
— Décr.A3.219,n.9 et 10;D.Cont. direct.201.
— Décr. cons. d'état.S1.295;D.Rente.418.
— Décr.S17.2.183;D.Cont. direct.202.
19 Bruxelles.A2.604,n.;B4.223,n.1;D.Chose jugée.381.
— Req.A1.200; P9.1.509; B1.231; S10.1.110; J10.557; D. Actes de l'état civil.147.148.169;D.Filiat. légit.153.
— Paris.A6.117,n.; P1.1348; B11.129; S10.2.78; D.Legs. 478.479.
— Besançon.A6.779;B12.455,n.;D.Emigré.71.
— Civ.c.A2.340. et 5.389;P9.1.300.et 2.135;B9.445;S14.1. 160. et 01.403;J10.551; D.Cassat.914. Partage.52.Req-civ.Success 175.355.
20 Cr.c.A8.354;P10.1.145;B15.413;S10.1.216;MQ2.539;D. Faux.275.
— Req A6.179;P9.1.269;B11.202;S9.1.303;MR6.756,n.; J 10.565;Révoc.289.282.
— Req.A6.40;P9.1.257;B11.40;S9.1.370;J10.561;Testam. 877.
— Liége.A1.505; P10.2.19; B2.125; J10.566; D.Effets de comm.807.
21 Cr.c.A440,n.;P1.1015;B7.44,n.;D.Contr. ind.116.128.
— Cr.c.A4.128;P1.1038;B7.158;D.Contr. ind.185.229.
— Cr.c.A8.527,n.3;P2.351;B16.346;D.Forêts.169.
— Paris.A11.944,n.29;S10.2.59;B25.108;D.Div.95.114.
22 Bruxelles.A9.577,n.1.2;P2.535,n.5; B18.171; D.Interrog. sur faits 65.75.
— Grenoble.A9.771,n.;B18.468;D.Jugem. prép.47.
— Paris.A10.606,n.3;P2.829,n.2;B21.105;S12.2.298;J10. 575;D.Preuve litt.623.
— Pau.P12.2.18;S10.2 52;D.Exploit.644.
— Civ.c.P9.1.275;S9.1.394; V.12; D.Compét. comm.262.
24 Riom.A3.582; P1.1532; B10.222; S10.2.341; D.Retour conv.28.
— Paris.A6.634; P1.1465; B12.284; S7.2.935; D.Effets de comm.388.
— Paris.A9.966,n.1.4; P2.680,n.4; B19.97;S14.2.169;J10. 577;D.Mandat.299.
25 Gênes.A1.481;P1.172. et 12.2.8;B2.90;S12.2.74;D.Appel civ.278.
26 Colmar.A3.53;P1.1286;B9.36;D.Dépôt.15.

— Civ.r.A7.626; P9.1.305; B14.287; S9.1.412;J10.580;D. Garantie.528.
— Pau.A7.790;P2.159;B14.486;D.Exploit.433.601.
— Civ.r.A9.711,n.,n.2;B18.372;D.Jugem. par déf.188.
27 Cr.c.A8.354;P2.248;B15.413;S10.1.328;D.Faux.243.
— Paris.A11.868,n.1;B21.459;J10.583;D Surench.456.
28 Cr.c.A8.738,n.4.1; P24.1.295; B16.350; D.Forêts.213. 268.
— Cr.c.A8.806;B16.440;D.Forêts.1037.
— Paris.A11.904,n.2.1;P2.1243;B25.37;J10.589;D.Sépar. de corps.115.
29 Bruxelles. A1.494; P1.177; B2.111; S7.2.978; D.Appel civil.359.Exploit.665.
— Bruxelles.A6.76;P10 2.51;B11.82;J10.595;D.Legs.125.
— Riom.A8.641,n.5; P22.2.182; B16.257,n.5; S10.2.266;J 10.586;D.Filiat. nat 95.Success. irrég.33.
— Turin.A12 748.n.72; P10.2.66; B27.365;S10.2.225;J10. 592;D.Tutelle.467.468.
— Civ.r.P9.2 150;S16.1.160;D Lois rétroact. (opposit.).
— Civ.c.S20.1.502;D.Forêts.268.
31 Bruxelles.A3.348;P10.2.117. et 1.796;B5.398;S7.2.975; D.Compét. comm.150.291.
— Civ.r.A6.243; P9.1.273; B11.276; S9.1.408;MR11.290;J 10.598;D.Don. entre époux.64.
— Rennes.D.Jugement.121.

AOUT.

1 Req.A1.250; P9.1.330; B1.290;S10.1.95;D.Action possess.123.
— Besançon.A1.766;P1.291;B9.426;D.Arbitrage.810.
— Rouen.A9.293,n.,n.2;P2 465;B17.347,n.2;S10.2.68; D. Inscript. hypoth.298.
— Civ.c.A12.370,n.1;P1.390;B26.179;S10.1.8;J10.602;D. Success.218.261.Success.bénéf.38.
— Riom.P22.2 183,n 6;S10 2.263;D Filiat. nat.179.
2 Paris.A2.802;P10.2.72;V.22;B4.451;S10.2.168;J10 607; D.Commiss.367.Privilége.198.
— Civ.c.A7.256;P24.1.55,n.;B13.266;S10.1.251;D.Enreg. 1906.
— Bruxelles.A6.153;P10.2.52;B11.147;S15.2.549; D.Exécut. testam.87.88.
— Turin.A11.547,n.6;P2.1114,n.9;B25.359;S15.2.197; D. Référé.60.
— Besançon.A12.1014,n.15; P2.1506; B28.335; D.Voirie. 540.
— Grenoble P10 2.117;S10.2.48;D.Compét. comm.460.
3 Cr.c.A4.545; P9.1.507; B8.150; S9.1.393; MQ3.183; D. Jour férié.14.Jugem.398.
— Trêves.A5.168;P1.1509;B9.195;S7.2.921; D.Acquiesc. 192.Compét. civ.55.Désist.51.
— Cr.c.A8.386;P9.1.420;B15.450;S9.1.454;D.Faux.87.
— Agen.A9.854,n.1;P10.2.63;B18.587;D.Intérêts de cap. 17.
— Liége.A9.265,n.;B17.302,n.;D.Inscript. hypoth.178.
— Req.A11.614,n.3;P9.2.131;B23.480;S14.1.129;J10.611; D.Req.civ.183.
— Req.A10.407,n.;P2.776,n.;B20.240,n.;D.Nantissem.
4 Cr.c.A4.47;P1.1047;B7.49;D Cont. ind.101.575.
— Paris.A8.441; P15.2.39; B16.29; S14.2.417; J10.612; D. Faux incid.168.169.
— Cr.c.A11.30,n.,n.3;P2.916,n.4;B21.484;D.Inst. cr.366.
— Cr.c.A11.500,n.3;P2.1094,n.;B23.275,n.; D.Quest. pr. 21.
— Cr.c.A12.1017,n.1.3; P2.1508; B28.338; D.Voirie.559. 566.
5 Paris.A5.279;P1.775;B5.315;S10.2.190;D.Compét. civ. 1...
— Paris.A5.751; P1.980; B6.387; J10.617; D. Contr. par corps.201.
— Avis cons. d'état.A7.349,n.1;D.Enreg.
— Colmar.c.A6.389;P1.1362;B11.446;S12.2.369;D.Domicile élu.70.81.
— Décr. cons. d'état.S1.298;D.Hospices.27.
7 Florence.A10.727,n.;D.Preuve test.328.
— Turin.A11.648,n.4,n.1;P2.1152,n.15;B24.60;D.Saisie-exécution.24.
— Turin.A11.664,n.3;P2.1160;B24.88;S15.2.15; J10.621; D.Saisie-exécution.25.
— Paris.A11.906,n.2;P2.1244;B25.40; D.Sépar. de corps. 137.
— Civ.r.P9.2.155;S10.1.249;MR16.171;D Exploit.466.
8 Paris.A1.534;D.Appel incid.19.20.
— Civ.r.A11.838,n.1-1; P9.1.293; B24.408;S9.1.400; J10. 634;D.Appel civ.287.Saisie-imm.1297.1612.
— Civ.c.A7.338; P9.2.136; B13.384;S10.1.251;J10.622; D. Enreg.2580.
— Paris.A5.162;P23.2.44,n.2;B9.187;S14.2.437;D.Désist. 119.141.Appel incid.18.
— Paris.A8.40;P22.2.148;B15.44;S17.2.155;D.Faillite.30. 98.
— Turin.A9.476;P11.2.57;B18.18;S11.2.114;MR16.421;J 10.624;D.Incendie.39.40.44.
— Limoges.A10.323,n.1-1;P2.753,n.1;B20.112; S9.2.386; D.Dot.193.195.269.
— Bruxelles. A11.593,n.2,n.2; P2.1131,n.4; B25.445; D. Repr. d'inst.10.13.
9 Civ.c.A7.69;P2.7;B13.72;S10.1.255;D.Enreg.657.
— Civ.c.A3.200;P9.1.310;B5.226;S9.1.411;D.Compét. admin.278.

1809.

— Paris.A8.427; P9.2.132; B16.13; S7.2.1241. et 1107;D. Faux-incid.94.
— Bruxelles. P10.2.31; B10.640; S12.2 551; J10.640; D. Vente.623.
10 Cr.c.A2.607;P9.1.457;B4.227; S10.1.61. et 280. et 7.2. 1064;MQ3.520;D.Chose jugée.395.
— Paris.A1.621. et 732; P1.273; B2.388;D.Arbitrage.656. 637.
— Déc.A6.326,n.9;D.Ventes admin.378.
— Poitiers.A6 770,n.,n.5;P1.1494;B12.444,n.3; S10.2.17; D.Emigré.16.34.133.155.
— Paris.A10.853,n.2; P2.900,n.15; B21.419; S13.2.198;D. Ordre.599.
— Paris.A12.377,n.3;P2.1517;B26.193; S10.2.191; D.Success. bénéf.65.
— Cr.c.A11.510,n.3;D.Compét. cr.449.
— Aix.A12.764,n.42;P2.1429;B27.395;S9.2.383; D.Tutelle.594.
— Req.A11.915,n.2; P9.1.313; B25.55;S10.1.96;MQ4.379; J10.542;D.Lois rétroact.163.Sépar. de corps.191.
10 Paris.A1.622;P13.1.5;D.Arbitrage.184.
11 Paris.A5.670; B10.525; S10.2.139;D.Legs.173.Testam. 260.
— Cr.c.A8.555;P2.248. et 9.2.214; B15.414; S10.1.87;MQ 2 553;D.Faux.206.Notaire.376.
— Cr.r.A9.896,n.1;B18.205;S10.1.92;D.Jeu-pari.17.
— Lyon.A9.177; P2.444; B17.208,n.1; S12.2.400; D.Hyp. judic.15.
— Angers. A12.567,n.1; P10.2.58; B26.175; D. Success. bénéf.193.
— Dijon.A8.270;P2.227;B15.514;S7.2.987; D.Faillite.292. 1146.
— Req.A9.807;P3.1.322;D.Inscrip. hypoth.42.
— Ord.A12.1019,n.2;D. Voirie.588.
12 Florence.A3.812; P1.1002; B6.459;S12.2.379;J10.647; D.Contr. par corps.728.731.735.
— Nîmes.A5 776;B10.447;D.Testam.70.581.
— Paris.A12.94,n.2;P2.1266; B25.281; D.Société civ.390. 391.
— Cr.r.A12.1061,n.1;P2.1525;B28.408;D.Vol.148.
14 Civ.c.A10.631,n.1;P9.1.343; B21.51; S9.1.425; J10.650; D.Compensat.142.
— Paris.A11.197,n.22; P2.971,n.6; B22.270; D.Pérempt. 211.
— Turin.P12.2.16;S10.2.229;J10.654;D.Appel incid.71.
— Civ.r.P9.2.156;D.Enreg.2853.
— Bordeaux.P11.2.115;S11.2.85;D.Cassat.999.
16 Nîmes A1.507; P12.2.12; B2.126; MR17.556; D.Appel civ.399.
— Civ.c.A8.470; P9.1.393; B16.65; S10.1.8; MQ4.409; D. Féodalité.59.
— Civ.c.A6.606; P9.1.285; B12.253; S9.1.407; J10.639; D. Effets de comm.252.
— Pau.A10.422,n.1-1; P10.2.26; B20.265; S14.2.390; J10. 657;D.Notaire.61.
— Req.P9.2 168;D.Exécut. des jugem. et actes.183.
— Pau.P9.2 232;D.Exploit.670.
— Civ.c.P9.2.136;S13.1.440;D.Timbre.24.
— Orléans.D.Min. pub.255.
17 Paris.A3.309;P1.783;B5.352;J10.664;D.Comp.civ.223.
— Cr.c. A3.449; P1.839; B6.50; S10.1.294. et 7.2.850; D. Compét. cr.165.
— Florence.A6.463,n.1;B12.84,n.1;D.Etranger.95.
— Req. A6.776,n.,n.2; P9.2.156; B12.450,n.2; S13.1.421; MQ3.462;D.Emigré.44.
— Agen. A11.343,n.2; P10.2.63,n.; B25.4; S10.2.297; D. Prêt.221.
18 Cr.c.A2.129;P1.367;B3.139;D.Autor. mun.293.294.
— Cr.c.A4.784; P10.1.384; B8.424;S10.1.369. et 294;MQ 2.59;J10.666;D.Délit rural.135.
— Cr.c.A8.779,n.3;P2.584;B16.404; S10.1.295; D.Forêts. 740.
— Décr.A6.326,n.;D.Ventes admin.378.
19 Nîmes. A2.722; P1.636. et 24.2.21,n.1; B4.360; S10.2. 848;D.Actes de comm.111.
21 Civ.c.A3.25; P23.1.349,n.; B5.23;S10.1.288; MR7.673, n.;D.Commune.168.
— Besançon.A7.815;P2.165;B14.515;D.Domicile élu. 38.
— Toulouse.A9.648,n.,n.2;P2.559,n.1;B18.281; D.Exéc. des jugem. et actes.188.
22 Civ.c.A7.174; P23.1.161;B13.195; S10.1.287; MR2.477; D.Enreg.1542.
— Agen.A6.808,n.,n.2; P1.1503; B12.486,n.2; D.Emigré. 206.
— Nîmes.A10.513,n.1-1;P10.2.13;B20.403;S10.2.553;J10. 672;D.Condition.165.Offre.186.
— Agen.A11.270,n.,n.2; P2.1000,n.2; B22.397;S10.2.299; D.Prescript.462.582.
— Turin.A11.185,n.;D.Pérempt.81.87.
— Turin.A11.181,n.1;P2.966,n.3;B22.241; D.Péremp.70.
— Paris.V.2.
23 Turin.A1.440; P10.2.20. et 1.150; B2.47;S10.2.64; J10. 678;D.Appel civ.77.
— Riom.A8.32;P13.2.7;B15.35;S7.2.954;D Faillite.14.
— Rouen A9.116,n.,n.2; P10.2.40; B17.131,n.2; D.Privilége.555.
— Req.A10.856,n.2;D.Dist. par cont.30.
— Req.A10 251,n 2;P9.1.340; B19.477;S9.1.484;J10.675; D.Séparation de biens.48.52.
— Req.A10.699,n.2; P2.845,n.2; B21.162; D.Preuve litt. 1102.

1809.

— Civ.r.P9.2.163;S10.1.56;D.Dist. par cont.30.31.
24 Req.A2.539; P1.471; B3 378; S10.1.284; D.Cassation. 854.904.936.Papier-mon.78.
— Civ.c.A5.300,n.; S7.2.1105. et 839; D.Dispos. entre-vifs.
— Liége.A9.291,n.1.2;P10.2.100;B17.344,n.2; S10.2.372. et 7.2.934;MR16 436;D.Inscript. hypoth.286 313.
— Aix.A12.719,n.2; P2.1415; B27.314; S13.2.290; D.Tutelle.166.250.
25 Bruxelles.A8.41;P22,2.141,n.10; B15.45; S7.2.955; D. Faillite.88.
— Cr.c.A8.776,n.4;P2.382;B16.400;D.Forêts.712.
— Grenoble.A10.545,n.1;P2.797,n.3;B20.448; S10.2.353; D.Répétition.58.
— Besançon.A10.595,n.1.3; P2.811,n.2; B20.529; D.Cession de biens.43.44.Effet de comm.803.
— Liége.A11.911,n.1;P10.2.39; B25.49; D.Puiss. pat.28. Séparat. de biens.174.
26 Aix.A11.386,n.1;P22.2.128,n.12.13,14; B23.81; S14.2. 201;D.Prise maritime.205.209.
— Paris.S10.2.189;J10.680;D.Hypoth.35.36.
— Turin.S10 2.138;D.Responsabil.92.
27 Nîmes.A9.750,n.1;D.Jugem. par défaut.448.
28 Civ.c.A7.320;P2.57;B13.363,n.;D.Enreg.
— Civ.c.A7.516;P9.2.136;B14.152; MR9.661. et 14.35; D. Timbre.22.24.
— Civ.c.A7.524; P9.2.152; B14.162; S9.1.429;J10.688;D. Timbre.134.159.
— Civ.c.A9 775; P9.1.326; B18.471; S9.1.434; J10.685;D. Jug. prép.84.
— Agen.A11.540,n.3; P10.2.132; B23.347; S10.2.303; D. Réc. de juges.15.106.113.
29 Liége.A5.190;B9.219;D.Condition.62.
— Déc.A6.531,n 3;D.Domaine.
— Déc.A9.468,n.6; B18.8,n.5; S17.2.187; D.Contrib. directes.215.
— Déc.A8.812,n.6. et 3.215,n.1;D.Comp. adm.377.
— Déc.S1.307;D.Louage adm.43.
30 Turin.A5.426; P1.1525; B10.39; S10.2.204; D.Portion dispon.230.
— Paris.A6.694,n.1;P1.1476;B12.353,n.1;S10.2.81;D.Effet de com.632.723.
— Colmar.A9.644,n.,n.5; B18.277; S14.2.249; D.Jugem. par déf.189.
— Aix.A9.207,n.1,n.1; P2.448; B17.245,n.1; S10.2.82;D. Hypoth. comm 82.
— Bruxelles.A12.171,n.1;B25.414;S10.2.220;D.Substitution.94.
— Civ.r.A11.613,n.3;P9.1.324;B23.477;S9.1.426;J10.689; D.Req. civ.161.169.
— Limoges.P22.1.415,n 2;S12.2.195;D.Surenchère.
— Orléans.D.Jugem. par défaut.25.
31 Nîmes.A1.521. et 6.696,n.1; P10.2.94; B2.143. et 12. 358,n.1; S10.2.234. et 223; J10.692; D.Appel civ.503. 509.Effet de comm.639.
— Req.A8.412;P9.2.181; B15.479; S9.1.453; MQ2,549; D. Faux.476.

SEPTEMBRE.

1 Cr.c.A4.134,n.;D.Contr. ind.206.
— Cr.c.A4.65;P1.1022;B7 69;D.Contrib. ind.160.
— Cr.c.A8.743,n.4;B16.357;S16.1.226; D.Procès-verbal. 237.
— Cr.c.A11.405,n.8;P2.1061,n.4;B23.113;D.Procès-verbal.221.
4 Civ.c.A7.753;P2.149. et 9.1.319;B14.441;S9.1.421; MQ 1.124;J10.694;D.Exploit.635.
5 Civ.c.A3.131;P9.1.425; B5.143; S10.1.5; MQ2.514; D. Commune.453.
— Civ.c.A7.444;P2.77;B14.65;S10.1.271;D.Enreg.2969.
7 Cr.c.A3.446;P10.1.380;B6.47; S10.1.296; MR14.204;D. Comp. cr.156.
— Req.A10.75,n.1;B19.228;S7.2.927;J10.699;D.Mariage. 347.389.
8 Cr.r.A4.182;P1.1058;B7.197;D.Voitures publ.16.105.
— Cr.c.A1.586;P1.219;B2.220; D.Appel correct.128.198.
— Cr.c.A3.664;P1.957;B6.288;D.Complicité.228.
— Cr.c.A8.769; P9.1.384; B16.392; S10.1.299. et 1;MR3. 336 et suiv.;D.Forêts.651.
— Turin.A11.767,n.2; P2.1204; B24.277; S15 2.203; J10. 703;D.Surenchère.110.
— Cr.c.A11.102,n.6; P2.932,n.3; B22.101; S10.1.298; D. Presse.286.
11 Bruxelles.A4.682;P12.2.1;B8.305;J10.707;D.Degré de jurid.335.
— Civ.c.A7.325;P2.58;B13.366;D.Enreg.2228.2254.2296.
— Civ.c.A5.815; P9.1.367; B10.488; S9.1.417; J10.704;D. Testament.715.716.
12 Civ.c.A3.121;P9.2.158; B5.152. et 14.541; S14.1.99. et 10.1.287;MR7 784;D.Commune.491.
— Civ.r.A7.837;S10.1.287. et 14.1.99;D.Exploit.111.
— Civ.c.A7.519;P9.2.166;B14.156; S10.1.86; MR14.30;D. Timbre.116.
13 Civ.c.A8.727; P9.1.380;B10.390; S10.1.292. et 9.1.438; MQ3.243, et 6.767;J10.708;D.Testament.445.507.
— Civ.c.A9.741,n.1;P9.1.373,B18.419;S9.1.419;MQ2.31; J10.714;D.Jugement par défaut.408.
16 Paris.A12.663,n.48; P2.1391; B27.213; D.Tierce-opp. 188.
20 Déc.A6.326,n.17;D.Ventes adm.380.

— Déc.A6.526,n.17;D.Ventes adm.573.
— Paris.A11.871,n.3;B24.466;D.Saisie-imm.1715.
— Déc.A5.737,n.;S9.2.410;D.Contrainte par corps.
— Déc.A3.219,n.16;D.Contr. directes.264.
— Déc.S17.2.188;D.Forêts.551.557.
— Décr S17.2.189;D.Hospices.99.
21 Paris.A9.686;P2.574;B18.354;D.Frais.315.
27 Bruxelles.A11.560,n.4; P2.1120,n.4; B23.383; S12.2.350;D Rente.185.
— Paris.A11.831,n.3;P10.2.72. et 2.1228;B24.396;S10.2.260;J10.717;D.Saisie-imm.1283.
28 Paris.A9.650,n.,n.2; P2.560,n.1; B18.286; D.Exécut. prov.20.

OCTOBRE.

3 Rome.A11.547,n.7;P2.1115,n.10;B23.359; J10.720; D. Référé.67.
5 Cr.r.A4.183;P1.1059;B7.199;D.Contr. ind.110.Voitures publ.8.
— Cr.r.A4.50,n.;P1.1017;B7.53,n.;D.Contr.ind.109.
— Cr.c.A4.281,n.;P1.1089;B7.305,n.1;D.Cour d'ass.21.
— Paris.A12.718,n.2; B27.313; S12.2.347; D.Tutelle.139.244.
7 Arr.A6.325,n.1;D.Ventes adm.324.
— Décr.A6.858,n.,n.3;D.Emig.366.
— Cr.c.A11.115,n.20;P2.938,n.4;B22.124;D.Presse.559.
— Cr.c.A11.110,n.6; P2.936,n.1; B22.116; S7.2016; D. Presse.559.
8 Cr.c.A8.786,n.6;P2.390;B16.413;D.Forêts.
9 Civ.c.A7.201;B13.225;D.Enreg.1640.
— Civ.c.A7.310,n.;D.Expertise.557.
10 Cr.c.A9.876;P2.639,n.12;B18.614;D.Lois.
— Décis.min.S10.2.58;D.Huiss.120.
11 Civ.r.A1.466; P9.1.378;B2.78; S10.1.76; D.Appel civ. 216.236.550.
12 Cr.c.A4.293;B7.319,n.2;D.Cour d'ass.132.
— Cr.c.A11.409,n.25;P2.1065,n.15;B23.122;S17.1.524;D. Procès-verbal.285.
— Req.P9.2.179;MQ5.549;D.Vol (escalade).
13 Cr.c.A8.398;P10.1.413; B15.464; S17.1.94. et 10.1.306; D.Faux.175.
— Cr.c.A8.762,n.7;P10.1.415; B16.582; S10.1.305; D.Forêts.473.
— Décr.A3.230,n.1;D.Comp. crim.209.
— Déc. cons. d'état.M.1.320;D.Comptab.106.
— Décr.S17.2.192;D.Ventes adm.43.
— Ord. cons. d'état.S17.2.494;D.Voirie.740.
15 Déc.A3.224,n.5. et 227,n.2; S1.325; D.Eau.322.324.439.
16 Civ.c.A10.56,n.,n.4;P10.1.466;B19.197;S10.1.60;MR8.54;J10.724;C.Culte.14.Mariage.202.203.238.
17 Civ.c A9.115;P9.1.399;B17.130;S10.1.34; MQ4.594;D. Privilége.550.551.558.
— Décr.A3.224,n.4;J10.752;D.Eau.313.
18 Req.A11.297,n.5;P9.1.433; B22.442;S10.1.37; D.Prescript.894.895.
— Civ.r.A5.711;P9.1.441; B10.371; S10.1.57; J10.735;D. Legs.118.Dispos. entre-vifs.54 Testament.397.441.
19 Paris.A10.42,n.1;P10.2.66;B19.477;S10.2.271. et 29.2.231,n.;J10.745;D.Acte respect.57.108.Comp. civ.186. Mariage.297.
— Req.A11.388;P9.1.530;B23.84;S10.1.113;MQ4.140;J10.742;D.Prise marit.210.211.
— Cr.c.S10.1.302;D.Procès-verbal.316.
— Cr.c.J10 747;D.Procès-verbal.358.
20 Cr.c.A4.114;P1.1034;B7.123;S10.1.303; D.Contr. ind. 465.
— Bruxelles.A7.754,n.1;D.Exploit.631.
— Cr.c.A11.414,n.17;B23.130;D.Procès-verbal.387.
21 Avis cons. d'état.A7.207,n.1;S11.2.45;D.Enreg.
23 Civ.c.A3.174; P9.2.212. et 215,n.; B5.194; S10.1.59. et 288;MQ1.463;J10.748;D.Compét. admin.124.
24 Gênes.A1.811;B2.479;S14.2.171;J10.748;D.Arbitrage. 1053.
— Douai.A6.579;P10.2.61; B12.222; S7.2.929; D.Effet de com.142.
25 Req.A6.521;B11.565;S7.2.797;J10.75; D.Ventes adm. 376.377.
26 Req.A8.471;P2.277;B16.64;D.Féodalité.60.61.
— Req.A6.480;B12.105;D.Contr. par corps.351.352.376.
27 Cr.c.A2.590; P1.594; B4.208; S10.1.261; J10.742; D. Chose jugée.353.
28 Req.P9.1.428;S9.1.462;J10.754; D.Etranger (arrestation provisoire).
— Angers.A3.350;P10.2.26;B5.401;S10.2.273; D.Compét. comm.226.
29 Décr.A6.326,n.17;D.Ventes adm.380.
— Décr.A3.181,n.1;D.Comp. adm.136.
30 Civ.c.A7.147;P2.22;B13.164;D.Enreg.1446.1447.
— Civ.r.A7.136;P9.2.199;B13.151;S10.1.6;D.Enreg.1466. 1467.
— Civ.c.A7.106; P9.2.226; B13.117; S10.1.82; D.Enreg. 930.
31 Civ.r.A1.527;P9.1.460. et 437. et 5.553;B2.150. et 10.187;S10.1.61. et 9.1.452; MQ2.241; J10.758; D.Appel incid.46.Don. dég.18.38.

NOVEMBRE.

2 Cr.c.A11.402,n.6; P2.1059,n.4; B23.108; S10.1.304; D. Procès-verb.123.
3 Riom.A6.848;P1.1510;B12.535;S14.2.266;D.Enq.297.
— Cr.c.A11.407,n.18; P2.1062,n.10; B23.119; S10.1.504; J10 761;D.Procès-verb.166.
4 Cr.c.A4.94,n.;P1.1031;B7.101,n.;D.Contr. ind.398.
— Cr.c.A4.94,n.;B7.101,n.;D.Contr. ind.398.
— Cr.c.A4.94,n.;P1.1031;D.Contr. ind.398.
— Paris.A2.728; P10.2.59; B4.366; S7.2.1152; D.Actes de comm.65.
6 Civ.r. A1.701; P1.266; B2.351; S10.1.38; D.Arbitrage. 503.579.
7 Turin.A5.715;B10.376;S14.2.258; D.Testament.401.
— Civ.c.A11.143,n.32;P9.1.501;B22.176;S10.1.95;D.Pap.-monn.49.
8 Turin.A6.619;P10.2.62; B12 267;S16.2.70;D.Effets de comm.504.
— Civ.r.A9.128; P9.1.474; B17.146; S10.1.75; J10.762;D. Hypoth. lég.25.
— Req.P9.2 207;S10.1.42;D.Compét. crim.267.
— Douai.V. au 9.
9 Douai.A5.770;P10.2.10;B10.439;S14.2.14. et 12.2.407; MR17.563. V. au 8; D.Preuve litt.456.Testament.347. 555 605.606.
— Req.A8.585;P9.1.489;B16.194; S10.1.77;J10.765;MQ3. 236;D.Filiat. légit.107.195.Prescrip.570.
— Bruxelles.A10.767,n.2;P2.862,n 2;B21.276; S12.2.368; D.Serment déc.26.
10 Colmar.A10.450,n.1;P2.783,n.2;B20.504;D.Oblig.174.
12 Arr.A6.525,n.1;D.Ventes adm.324.
— Déc.S1.334;D.Compét adm.279.
13 Civ.c.A8.684,n.7;P9.2.214;B16.507,n.7;S7.2.774.et 10.1.56;MQ1.41;D.Fonct. pub.245.
— Civ.c.A11.839,n.1; P9.1.422; B23.344; S10.1.80;MR11.88;J10.772;D.Rév. de juges.121.
14 Civ.c.A7.256;P2.37;B13.267;S10.1.291; D.Enreg.1907.
— Req.A1.516; P10.1.105; B2.157; S10.1.186; J10.779;D. Appel civ.438.
— Civ.c.A3.772; P9.1.481; B6.414; S10.1.64; J10.781; D. Contr. par corps.235.239.
— Bruxelles.A12.168,n.3; P2.1286; B25.411; S10.2.238; J10.776;D.Substitution.75.
17 Décr.A6.326,n.17;D.Ventes adm.384.
— Déc. min. fin.D.Preuve litt.332.
18 Colmar.P23.2.180,n.4;S14.2.87;D.Appel civ.238.562. Exception.399.
19 Riom.A10.178,n.1-1;P2.716,n.1;B19.392;S14.2.79;J10.783;D.Contrat de mariage.46.
20 Rome.A4.650;P1.1207. et 11.2.220;B8.268;J10.785; D. Deg. de jurid.168.
— Bruxelles.A4.640; P12.2.2; B8.256; D.Deg. de jurid. 137.
— Paris.A9.162,n.3; B17.189,n.3; S7.2.1028; D.Hypoth. lég.166.
— Besançon.A9.668;P2.568;B18.511;D.Frais.110.
— Toulouse.A11.748,n.4;P22.2.173,n.1; B24.241; S14.2.80;D.Saisie-imm.249.
— Bruxelles.P12.2.19;D.Exploit.631.
— Décr. cons. d'état.S11.2.4;D.Forêts.101.
21 Civ.c.A9.198;P9.1.518;B17.233;S10.1.73. et 65;MQ3.74;D.Hypoth. conv.60.378.Inscrip. hypoth.394.Lois. 253.
22 Riom.A6.577; P10.2.126 bis; B12.248; S7.2.1208; J10.795;D.Contr. par corps.254.Eff. de comm.476.
— Civ.c.A9.411,n.3. et 11.139,n.38; P2.492;B17.488,n.3. et 22.170;S7.2.1169;D.Inscript.hypoth.379.Pap.-mon. 31.40.
— Riom.A10.894,n.1.2;P2.811,n.1;B20.528;S14.2.111;D. Cess. de biens.42.
— Req.P9.2.223;S10.1.88;J10.793;D.Presse.558.571.
— Civ.c.P9.1.478;S7.2.1169;MQ3.628; J10.788;D.Hypot. (intérêts).
25 Req.A5.366;P1.1321 et 9.1.482;B9.419;S10.1.49;MR9. 561;J10.797;D.Port. disp.158.Lois rétr.183.
— Liége.A7.706;P2.128;B14.385;D.Exploit.814.
— Req.P9.2.213;S15.1.454;D.Compét. adm.(maire).
24 Cr.c.A3.618;P10.1.54; B6.237; S10.1.308. et 142;MR2. 676;J10.801;D.Complicité.20.176.
25 Colmar.D.Exploit.705.
27 Aix.A11.934,n.13;P2.1254;B25.89;S11.2.60;D.Div.74.
— Bruxelles.S10.2.207;D.Prêt.179.
28 Req.A9.603,n.1.2;P9.1.497; B18.216; S10.1.83; MR.17. 36;J10.803; D.Acquiesc.297.Jour férié.59.Ordre.388. Surenchère.315.
— Décis. min. fin.P9.2.226.
— Ord.A3.227,n.2;D.Eau.459.
— Décr.A3.120,n.5;P1.713,n.3;B5.130,n.3; D.Commune. 537.549.
— Bruxelles.S12.2.366;D.Oblig. divis.21.
— Décis.min.A8.781,n.11;D.Procès-verbal.234.
29 Paris.A1.692;P1.263;B2.541;D.Arbitrage.535.565.
— Turin.A7.801; P2.162; B14.498; S14.1.393; D.Domicile élu.102.
— Bruxelles.A9.933,n.2; P2.670,n.1; B19.45; S10.2.97;D. Louage.581.
— Req.A12.710,n.1-1;P9.1.486;B27.298;S10.1.62;J10.809; D.Tutelle.171.
— Paris.P23.2.175,n.3;D.Hypoth. lég.180.
— Déc. min. fin.D.Transcript. hyp.54.
30 Bruxelles.A7.799;P2.162;B14.496; S10.2.247;D.Domicile élu.78.Transports de créance.86.
— Pau.A7.817;P2.167;B14.517;S12.2.349; D.Domic. élu. 117.Exploit.134.
— Bruxelles.A11.246,n.2;P23.2.7; B22.356; S10.2.232; D. Prescrip.124.
— Cr.c.A11.537,n.2;P10.1.414;B23.353; S10.1.309;MR11. 92;D.Récusat.
— Colmar.S10.2.195;D.Surenchère.390.

DÉCEMBRE.

1 Paris.A2 728; P10.2.15; B4.367; S7.2.1152; D.Actes de comm.65.
— Cr.c.A2.129;P1.367;B3.139;S10.1.309;D.Autorit. mun. 301.302.Peine.152.
— Cr.c.A8.447,n.1;B16.37,n.1;D.Faux incid.278.
2 Riom.S.12.2.380;D.Donation.331.
— Paris.A7.677,n.14;D.Expertise.252.
4 Trèves.A7.745;P22.2.160,n.;B14.432;S10.2 62; D.Exploit.659.
— Civ.c.A7.749; P2 148. et 9.1.307; B14.457; S10.1.76; MQ1.126;J10.817;D.Exploit.778.
— Turin.A6.855,n.1;P1.1511;B12.541,n.1;S14.2.251;J10. 815;D.Enquête.62.
5 Civ.c.A9.249; P9.1.503; B17.271; S10.1.89; MQ2.711; J10.825;D.Inscrip. hypoth.326.327.
— Besançon.A10.659,n.1; P10.2.65; B21.96; S10.2.260; J10.823;D.Preuve litt.423.
— Aix.A12.498,n.2;P10.2.78;B26.386; S12.2.379; D.Retr. succ.99.100.108.
— Paris.A11.870,n.2;B24.463;J10.820;D.Surenchère.450. 455.
6 Pau.A6 849,n.2; P1.1510; B12.557,n.2;S14.2.423; J 831;D.Enq.72 119.
— Colmar.A9.771,n.2;P10.2.118;B18.465;D.Jugem. prépar.39.42.
— Bruxelles.A12.160,n.1;P2.1287;B25.412; S10.2.217;D. Substitution.76.347.348.
— Turin.A11.723,n.4;P10.2 89. et 2.1183;B24 195;S10.2. 240;MR12.265,n.; J10.838; D.Saisie-imm.312.382.496. 593.
7 Cr.c.A3.443;P1 835;B6.43;S10.1,257;D.Comp. cr.142.
— Agen.A5.130; P1.1303; B9.148;S10.2.328; D.Descente sur les lieux.19.
— Cr.c.A5.159;B9.159;S10.1.272;D.Désertion.59.
— Limoges.A5.799; P23.1.332; B10 475; S15.2.335; J.10. 834;D.Filiat. nat.134.Testam.663.747.
— Cr.c.A8.685,n.2;P2.313,n.;B16.509;S10.1.262;D.Fonctionn. pub.272.
— Rouen.A9.92; P2.428. et 10.2.25;B17.103;S9.2.317. et 10.2.85;D.Priv.466. Vente.752.
— Req.A11.133,n.25.2; P10.1.66; B22.158; S10.1.180. et 131;D.Papier-monn.13.23.
— Paris.A11.875,n.1;B24.471;D.Scellé.3.
8 Sect. réun. A2.602; P10.1.146; B4.221; 10.1.202;MQ3. 519;J10.857;D.Chose jugée.380.
— Civ.c.A11.48,n.1;B22.9;D.Discip.12.67.
11 Civ.r.A6.491; P10.1.258; B12 118; S10.1.241;D.Conciliat.12.Dem. nouv 23.Etranger.290.
— Nîmes.S14.2.81; D.Compensat.63.Hypoth.310.Purge. 39.Success.487.
12 Bruxelles.A1.765;P10.2.55;B2.425;S10.2.216; D.Arbitrage.842.
— Turin.A9,577,n.1.3. et 10.671; P11.2.16; B18.171. et 21.114;D.Exécut. des jug. 103. Interrog. sur faits.73.
— Paris.A12.571,n.1,n.1; P2.1358; B27.57; S13.2.202; D. Témoin.21.
— Paris.A11.908;P2.1244; B25.40; D Sép. de corps. 137.
— Req.A1.205; P10.1.40; B1.238; S10.1.122; J10.840; D. Action civ.34. Respons.614.
13 Civ.r.A1.304; P9.1.328; B1.353; S10.1.82;D.Adoption. 123.
— Civ.c.A7.23; P10.1.88; B13.19; S10.1.124; MR7.553;D. Enreg.23.
— Civ.c.A7.299;P10 1.83;B13.358;S10.1.145;MR4.738;D. Enreg.1552.2173.2187.
— Civ.c.A7.352; P10.1.65; B13.599; S10.1.158;MQ3.188;J 10.859;D.Enreg.2219.2743.2744.
— Paris.A10.844,n.3;P22.2.119,n.6;B21.404; S15.2.170;J 10.841;D.Ordre.301.
— Bruxelles.A12.187,n.1; P2.1290; B25.440; S10.2.227;J 10.848;D.Substitution.155.177.
— Rennes.A1.752,n.;P1.247,n.;B2.387;D.Arbitrage.357. 704.712.
14 Cr.c.A3.643; P1.944; B6.264;S10.1.260; D.Complicité. 23.Dénonciat.7.
— Req.A5.538;P9.1.535;B9.387;S10.1.64;J10.850; D.Portion disp.159.
— Rennes.D.Appel civ.345.
15 Paris.A8.132;P2.197;B15.154;S7.2.985;D.Faillite.573.
— Sect. réun. A9.238,n.1-1;P10.1.21;B17;283,n.1;S10.1. 98;MQ3.91;J10.853;D.Inscript. hypoth.104.440.
16 Paris.A1.770; P10.2.35; B2.431; S16.2.70. et 10.2.198; MQ6.475;D.Arbitrage.930.
— Liége.A7.824;P2.169;B14.526;D.Domicile élu.33. Exploit.561.
— Liége. A11.853,n.1,n.1; P2.1230; B24.399; D. Saisie-imm.1145.1625.
17 Décr.A6.326,n.17;D.Ventes admin.380.
— Décr.A6.327,n.;D.Ventes admin.325.
— Déc.S1.345;Mac.1.345;D.Comptab.66.
18 Civ.c.A3.46;P1.689;B5.47;D.Commune.341.
— Civ.c.A3.20,n.;P1.682;B5.17,n.;D.Commune.214.220. 229.

19 Civ.c.A7.288;P2.50;B13.326;D.Enreg 2128.2129 2346.
— Civ.c. A7.411,n.3. et 413,n 1; B14.26,n 1. et 21,n.1;S 10.1.288. et 138;D.Enreg.2768.2770.2772.
— Civ.c.A7 517;P2.88;B14.153;D.Timbre.25.
— Décr A6.326,n.17;D.Ventes admin.384.
— Agen.A10.712,n.2; P2.848,n.1; B21.181; S10.2.371;D. Ratification.77.
— Aix.A10.312,n..n.4;P2.747,n.4;S10.2.259;D.Dot.337.
— Paris.A11.630,n.2;P2.1144,n.15. et 22 2.169,n.13;B24. 30;D.Saisie-arrêt.189.
— Req.A9.244,n.;P10.1.15;B17 289,n.;S10.1.101;MQ5.1. 132;J10.856;D.Inscript. hypoth 60.106.
— Décis. min. fin. D.Transcript. hypoth.66.
20 Bruxelles.A10.851,n ;B21.381,n.;S10.2.255; D.Ordre. 367.
21 Agen A8.431;P2.270;B16.18;D Faux incid.29.
— Rennes.A6.852,n.1;P1511;B12 540;D.Enquête 78.
— Cr.c A9.475,n.1;P2.506;B18.15,n.1;D.Incendie.15.
— Bruxelles.A10.139,n.1.2; P2.708,n.1. et 10.2.71; B19. 330;D.Autor. de femme.220.
— Agen. A10 310,n.1; P2.746,n.1; B20.89; S10.2.351; D. Communauté.757.
— Bruxelles.S7.2.988;D.Mandat.175.
22 Cr.c.A4.151;P1.1050;B7.164;S10.1.262;D.Tabacs.68.
— Cr.c.A3.321;P1.884;B6.131; S10.1.262; D.Compét. cr. 482.
— Paris.A9.105;B17 119,n.1;S10.2.192;D Privilége.506.
23 Besançon.A5 148;D Désistement.25.
— Bruxelles. A7,591; P10.2.116; B14.244; S10.2.261; D. Exception.84.
— Bruxelles.A6.620,n.2;P10.2.91;B12.269,n.1;S10.2.273; D.Effets de comm.299.
— Colmar.A10,151,n.5;P2.705,n.1;B19.316;S10.2.268; D. Autorisat. de femme.198.Preuve litt.839.Preuve test. 169.
— Riom.A11.729,n.1,n.1; P11.2.11, B24.207; J10.860; D. Saisie-imm.573.627.
24 Trêves.A10.751,n.14;D Juifs 46.
26 Riom.A5 818;P15 2.53. et 10.2 167;B10.494;S13.2.339; J10.862;D.Testam.703.
— Florence.A12 667,n.6;P2.1594;B27.220;D.Tierce-opp. 225.
27 Civ.c.A7.237;P2.57;B13.267;D.Enreg.1908.
— Poitiers.A9 858,n.2;P10.2.41;B18.593;S10.2.41;MR16. 260;D Lois rétroact.136.
— Rouen.A10.143,n.2; P2.709,n.2; B19.356;D.Autor. de femme.112.
— Req.A12.306,n.1;P10.1.27;B26.71;S10.1.102;MQ5.117; J10.860;D.Success.193.
— Toulouse. A11.679,n.1,n.1;P2.1165;B24 113;D.Saisie-imm 119.
— Agen.S10.2.334;D.Compét. admin.174.
— Poitiers.A9.857,n.25;D.Lois rétroact.136.
28 Cr.c.A4.257;P1.1084;B7.280;D.Contr. ind.25.
— Cr.c.A2.448;P1.321;B4.46;D.Chasse.138.
— Cr.r.A8.355;P11.1.19;B15.414;S11.1.14;MQ5.127;J10. 872;D.Faux.270.389.
— Bruxelles. A12.450,n.8;P2.1500;B25.378;S10.2.209;D. Garantie.50.Stellionat.14.
— Cr.c.A12.1016,n.2; P2.1507,n.; B28.537; S10.1.265; D. Voirie.560.
— Déc. min. fin.P9.2.226;D.Timbre.72.
30 Paris. A10.770,n.2; P2.865,n.1; B21.280; D.Serment déc.51.

1810.

JANVIER.

1 Turin.A12 865,n.2;B28.92;D.Oblig.67.Vente.174.175
2 Paris.A9.810,n.,n.2;P2 617,n.2;B18.521; S10.2.194; D. Souveraineté (comp.).
— Paris. A11.801,n.1; P2.1214; B24 345; D. Saisie-imm. 1265.
3 Req.A2.231;P10.1.38;B3.255;S10.1.109;MR5.540; J11. 1;D.Animaux.24.
— Angers.A3.385; P10.2.60;B5.441;S14.2.199;MR16.678; J11.6;D Compét. comm.344.364.Régl. de juges.42.
— Civ.r.A12.251,n.1;P10.1.70;B25.540;S10.1.152;D.Substitut.547.548.
— Req.A8 731;P1.1338. et 10.1.111; B10.395; S10.1.184; MR17.698;D.Testam.456.
— Req A10.814,n.1.2; P10.1.169; B21.352; S10.1.240; D. Ordre.114.
— Pau.P11.2.16;D Désaveu.29.
4 Cr.c.A4 36,n.;P1.1012;B7.37,n.;D.Cont. ind.259.
— Paris.A3.792;P1.994;B6.437;S15.2.193;J11.8; D.Contr. par corps.539 541.
— Cr.c.A11.499,n.8; P2.1093,n.8;B23.273;S10.1.277;J11. 11;D.Quest.pr.12.
5 Colmar.A1.343;P1.103; B1.401;S12.2.352. et 11.2.22;J 11.12.D.Alimens.96.
— Besançon.A6.220;P1.1381; B11.248;S15.2.346; D.Don. par cont.127.142.
— Sect. réun.A8.742,n.1; P10.1.375; B16.353; S10.1.359. et 277;MQ4 273;D.Forêts.245.Procès-verb.175.176.
— Cr.c.A11.420,n.;P2.1070;B23.130;S10.1.279;D.Procès-verbal.
6 Paris.A10.928,n.2;P2.887,n.2;B21.576;D.Ordre.552.

— Paris.A12.449,n.6;P2.1500;B25.376;J11.14; D.Stellionat.30.
8 Turin.A7.819;P2.168;B14.520; S14.2.592; D.Domicile élu.103.
— Décr.A6.326,n.17;D.Ventes admin.384.
— Rennes.D.Appel civ.545.
— Décr. cons. d'état.S1.350;D Compensation.5.
9 Req.A2.706; P10.1.41; P4.340; S10.1.125; D. Actes de comm.127.
— Turin. A10.424,n.2.1; P10.2.123; B20.268;S17.2.161;J 11.16;D.Notaire.234.
— Aix.A10.145,n.1-1;P10.2.79;B19.341;S11.2.468; D.Autor. de femme.251.Interv.48.Mari.6.Partage.95.
— Civ.r. P10.1.49; S10.1.139;MR11.389;J11.18.D.Rente. 179.
10 Civ.c.A3.293;P10.1.13;B3.531;S20.1.497. et 10.1.97; MQ5.483;J11.25;D.Compét. civ.421.
— Req. A5.25. et 7.614; P10.1.56; B5.21. et 11.272; S10. 1122; MQ1.468; J11.32; D.Commune.177.183.Except. 208.257.Péremept.1.
— Riom.A10.787,n.6;P11.2.52;B21.307;S11.2.477. et 344; J11.29;D.Respons.285.324.340.
— Bruxelles.A10.487,n.1;P2.788,n.3;B20.361;S10.2.343; D.Intérêts de cap.9 Prêt.209.
— Turin.A12.273,n.1;P2.1302;B26.19;S14.2.225; D.Lois. 164.Etranger.40.
— Req.A12.57,n.1; P10.1.125; B25.221; S10.1.176; MQ4. 617;J11.21;D.Servitudes.525.
— Agen.A11.803,n.1; B24.344; S15.2 182; D.Saisie-imm. 1268.
11 Cr.c.A4.77;P1.1025;B7.82;D Cont. ind.417.
— Besançon.A7.756;P2.141;B14.421; D.Exploit.113. Société civ.342.375.
— Bordeaux.A6.706;P1.1479; B12.369; S11.2.84; D.Effets de comm.620.
— Paris.A10.650,n 3; P2.835,n.4; B21.130; S14.2.149; D. Preuve litt.879.
12 Turin.A10.438,n.2; P10.2.125; B20.287;S10.2.385;J11. 37;D.Discip.241.
— Rennes.A11.547,n.8;P2.1115,n.11;B23.560,n.1; D.Référé.54.
— Rennes.A12 579,n.28;P2.1364;B27.72;D.Témoin.59.
— Trêves.A9.732,n.1;P2.584,n.1;B18.403;D.Jugem. par défaut.333.
— Rennes.D.Conclusions.30.
13 Bruxelles.A12.97,n.1;P23.2.60,n.1;B25.288;S10.2.215; J11.38;D.Société civ.320.
— Paris.A11.646,n.1.n.1; P2.1151,n.1; B24.56; D.Saisie-exécut.8.
— Paris.A12 887,n.1-1; P2.1466; B28.129;J11.39; D.Garantie.260.
— Cass.A9.866,n.1;D.Lois rétroact.179.
15 Civ.r.A7.856;P2.172;B14.341;D.Exploit.58.
— Cr.c.A8.733,n.4;P2.352;B16.546;D.Forêts.170.
— Riom.A9.289,n.;B17.345,n.; D.Inscript. hypoth.306.
— Bourges.A11.696,n.1;P2.1174;B24.148;D.Saisie-imm. 336.
16 Civ.r.A10.287,n.,n.6; P10.1.44; B20.53; S10.1.162;J11. 48;D.Communauté.1166.
— Req A12.938,n.1-1;P10.1.152;B28.218;S10.1.204; J11. 50;D.Echange.20.
17 Nîmes.A4.746,n.1;S14.2.293;J11.57;D.Degré de jurid. 896.
— Civ.c.A4.27;P1.1010;B7.28;D Contr. ind.211.
— Turin.A3 371;P10.2.122,*bis*. et 804;B3.426;S10.2.273; J11.61;D.Compét. comm.320.Jugem. par défaut.447. Saisie arrêt.67.
— Req.A5.814;P10.1.84;B10.490;S10.1.135;MQ5.238;J11. 84;D.Jugem. prép.135.143.Testam.717.
— Rennes D.Assur. marit.49.
— Bruxelles.S11.2.38;J11.59;D.Preuve test.265.
18 Paris.A1.120;P1.45;B1.141;D.Acquiesc.140.447.
19 Turin.A10.371,n.1; P2.784,n.5; B20.189; S11.2.79; D. Autor de femme.180.Paraphernalité.10.
— Cr.c.A11.406,n.14;P2.1062;B23.117;S16.1.207; D.Procès verbal.213.
20 Paris.A1.453;P1 146;B2.38;S14.2.576;D.Appel civ.46.
— Nîmes.A5.635; P10.2.73; B10.281; S10.2.231; MR17.1. 664 et 687;J11.64;D.Testam.131.142.143.
— Turin.A1.555,n.9;P10.2.143;B18.159; S11.2.3; J11.68; D.Interdit.153.
22 Paris.A1.383;P1.117;B1.449;S14.2.406; D.Tierce-opp. 230.
— Civ.c.A8.461;P10.1.31;B10.78. et 11.479;S10.1.117; MR11.102;J11.82;D.Disposit. entre-vifs.102.
— Grenoble.A8.777,n.;P22.2.175,n.1;B10.448,n.1;S11.2. 161;D.Preuve litt.433.
— Civ.r.A7.784;P2.157. et 10.1.45; S10.1.117. et 107; MQ2.488,n.;J11.76;D.Exploit.440.
— Paris.A9.456,n.,n.4;P2.504. et 10.2.130;B17.640,n.4;S 12.2.14. et 16; J11.72; D. Conserv. des hypoth. 56. Dém. nouv.42.Responsab.219.
23 Bruxelles.A4.628;P12.2.2;B8.242; D.Deg. de jurid.76.
— Civ.r. A1 529; P10.1.79; B2.152; S10.1.169; J11.87; D. Appel incid.56.
— Liége.A5.526;P1.1528;B10.152;D.Donation.188.239.
— Req A7.809;P2.164;B14.308;S10.1.130; MR12.245; MQ 2.489;J11.91;D.Domicile élu.24.Exploit.462.
— Req. A6.150; P10.1.59; B11.168; S10.1.126; J11.94; D. Dem. nouv.104.Preuve litt.90.Révoc.26.

24 Turin.A9 94,n.,n.2;P2.429;B17.105,n.2; S11.2.247; D. Privilége.468.
— Bruxelles. A10.675,n.1; P10.2.65; B21.117; D.Preuve litt.714.
25 Cr.c.A3.458;P1.831;B6.38;D Compét. cr.124.146.
— Paris.A3.787;P1.992;B6.431;J11.98;D.Cont. par corps. 495.583.
— Req.A3.145;P10.1.110;B5.158;S20.1.482; MQ4.483;D. Commune.789.
— Besançon.A7.725,n.1;B14.408;J11;D.Exploit.178.
— Besançon.A7.762;B14.453;D.Jug. par défaut.113. Lois rétroact.214.
— Cr.c.A8.736,n.1;P2.352;B16.347;S16.1.296; D.Forêts. 188.
— Rennes.A9.578,n.1.6;P2.555,n.7;B18.173; D.Interrog. sur faits.46.
— Cr.c.A12.1019,n.8;P2.1509;B28.542;D.Voirie.581.
— Cr.c.A11.507,n.;P2.1098;B23.287;D.Quest. pr.72.
26 Trêves.A3.408;P1.816;B5.466;D.Compét. comm.455.
— Riom.A1.786; P11.2.88;B2.449; S12.2.432; D.Arbitrage.895.908.
— Sect. réun.A8.329;P10.1.420;B15.585;D.Faux.27.
— Cr.c.A11.428,n.14;P2.1076,n.;B23.156,n.1;D. Procès-verbal.556.
— Cr.c.A12.839,n.6;P2.1448;B28.46;D.Vagab.12.14.
— Cr.c.A11.425,n.14. et 428,n.;P2.1074; B25.156,n.1. et 150;S16.1.231;D.Procès-verb.556.
28 Rennes. A12.941,n.2; P2.1487; B28.229; D. Vérificat. d'écrit.13.
— Nimes.A9.537,n.1;P2.474;B17.400,n.1;S14.2.96;D.Degrés de jurid.342.Hypoth 98.Success.438.
29 Civ.r.A9.212;P10.1.491;B17.251; D.Hypoth. conv.116.
30 Riom.A1.173; P11.2.78; B1.204;MR16.307;J11.109;D, Actes de l'état civil.434.
— Paris.A2.548;P1.564;B4.158;D.Chose jugée.194.Louage.493.
— Req.A7.617; P10.1.63; B14.276; S10.1.152; J11.104;D. Except.232.
— Paris.A12 68,n.2;P2.1259;B25.239; S13.2.327; J11.102; D.Servitude.646.
— Turin. A11.760,n.2; P2.1201; B24.264; S15.2.148; J11 106;D.Surenchère.294.

FÉVRIER.

1 Grenoble.A9.322,n.;B17.381,n.;D.Transcript.5.
— Paris.A11.600,n.4; P2.1153,n.4; B25.459; S11.2.286;D. Req. civ. 54.105.
— Cr.c.A11.425,n.14;P2.1074;B23.151;S16.1.250; D.Procès-verbal.529.556.562.620.
2 Cr.c.A4.368;P1.1125;B7.402;D.Cour d'ass.629.
— Riom.A10.356,n.1;P2.762,n.3;B20.167;S14.2.99;D.Autorisat. de femme.209.Communauté.203.Dot.262.
— Décr.D.Oblig.247.
3 Paris.A1.499;P12.2.1;B2.118; S12.2.212; D.Appel civ. 595.
4 Paris D.Exploit.544.
5 Civ.r.A7.237;P2.38;B13.268;S10.1.300; D.Enreg.1942.
— Civ.r.A7.213;P10.1.77; B13.240; S10.1.137; MQ5.530;J 11.125;D.Enreg.1792.
— Trêves.A1.705; P11.2.26; B2.355; S14.2.154; D.Arbitrage.78.
— Trêves.A7.746; P2.146; B14.435; S12 2.567; D.Exploit 593.
— Turin.A7.746;P15.2.25.et16.437;D.Exploit.593.
— Civ.c.A8.505;P10.1.68;B16.100; J11.110; D.Féodalité. 161.
— Toulouse.A11.195,n.,n.15;P2.970,n.3;B22.266; D.Pérempt.199.
— Paris.A12.903,n.2; P2.1473; B28.160; S10.2.395; D. Vente.840.
— Req.A1.429;P10.1.162;S10.1.224;J11.112; D.Cass.417.
6 Montpellier.A1.150; P1.48; B1.153; S14.2.351; D.Acquiesc.430.Interr. sur faits.5.
— Agen.A7 802;P12.2.12;B14.399; S14.2.193; MR16 200. et 17.560;D.Jugem. par défaut.462.493.Délai.74.Domicile élu.2.102.Exploit.703.
— Décr. cons. d'état.S1.352;D.Privilége.294.
7 Turin.A1.712; P11.2.27; B2.364; D.Arbitrage.188.189. 566.722.1101.
— Bruxelles.A8.230;P10.2.111;B15.268;S10.2.206;D.Cession de biens.91.Faillite.999.
8 Cr.c.A1 84,n.;D.Instr.crim.457.
— Cr.c.A4.75;P1.1024;B7.80;D.Contr. ind.296.
— Cr.c.A4.60;P1.1021;B7.63;S16.1.292;D.Contr. ind.22. 179.182.
— Paris.A3.702; P1.974;B6.530; S15.2.200; D.Compulsoire.28.Preuve litt.1298.
— Req.A6.811;P1.1503. et 10.1.165; B12.491; S10.1.224. et 225;D.Emigré.229.230.231.
— Grenoble.A9.108,n.,n.2; P10.2.92;B17.122,n.2; S10.2. 382;D.Privilége.484.496.
— Bourges.A10.405;P11.2.116;B20.236; S12.2.20. et 11. 2.480;MQ6.241;J11.123;D.Nantiss.109.Vente.314.
8 Cr.c.A11.51,n.1; P2 917,n.1; B21.455, D.Cour d'ass. 786.
9 Cr.c.A8.687,n.3; P2.314; B16.311,n.1; D.Fonct. publ. 277.
— Civ.c.A8.600; P2.294; B16.211; S11.1.57; J11.125;D. Filiat. légit.225.

— Turin.A11.706,n.4,n.1;P2.1177;B24.165;S10.2.325;D. Saisie-imm.545.562.1629.1630.

— Orléans.A11.806,n.3;B24;D.Saisie-imm.1342.

— Avis du cons. d'état.A7.518,n.9;B.Enreg.2304.

10 Colmar.P12 2.10;D.Appel (délai).

12 Besançon.A7.726;P2.156;B14.409;D.Délai.95.Exploit. 15.49.170.664;D.Preuve litt.1088.

— Cr.c.P10.1.423; S10.1.512; J11.128; D.Faux incident (prescription).

13 Civ.r.A8.535,n.1;B16.137,n.1;S10.1.301; D.Féodalité. 270.281.

— Nîmes.A10.514,n.10; P2.748,n.9; B20.94; S11.2.23; D. Hypoth. conv.3.

— Turin.A12.155,n.2;B23.591;S13.2.528;D.Substitution. 6.7.8.

— Bruxelles.P22 2.167,n.6.

14 Req.A6.488;P10.1.236;B12.115; S10.1.243; J11.152;D. Etranger.259.

— Civ.c.A12.136,n.1; P10.1.72; B25.355; S14.1.105; J12. 109;D.Société comm.221.

— Rouen.A12 751,n.1;P2.1420;B27.555;S12.2.424;D.Tutelle.275.

— Turin.A11.896,n 2.1;P10.2.164;B25.21; D.Séparat. de corps.63.

— Req.P10.1.92;S10.1.189; J11.155; D.Désistement (autor. de femme).

15 Paris.A5.543;P10.2.118;B5.591;S7.2.1231; J11.141; D. Comp. comm.181.286.Jugem. par défaut.95.

— Req.A1.429;P10.1.162;B2.34; S10.1.224;J11.112.V. au 8;D.Appel civ.43.

— Req.A7.785;P10.1.113; B14.478; S10.1.206,n.2; MQ2. 487;J11.84;D.Exploit.439.

— Req.A8.408;P10.1.122; B15.476; S10.1.174; MQ2 565;J 11.139;D.Faux incid.102.105.

— Req.A9.259,n.1-1;P10.1.129;B17.307,n.1;S10.1.179;MQ5.110;J11.157; D.Inscript. hypoth.170.

— Grenoble.A12.577,n.22; P2.1363; B27.70; D.Témoin. 43.

— Bruxelles.S16.2.87;D.Acte de notoriété.3.

16 Colmar.A1.479;B2.93;S14.2.155; D.Appel civ.276.Degré de jurid.125.

— Turin.A8.242;P11.2.97;B15.283;D.Faillite.1050.

— Rennes.A1.700;B2.349;D.Arbitrage.444.

17 Bruxelles.A9.245,n.1.2; P22.2.141,n.10; B17.290,n.2; S10.2.235;D.Inscript. hypoth.111.Faillite.1412.

— Douai.A12.42,n.1;P10.2.108;B25.199; S13.2.29; MR14. 838;J11.145;D.Servitude.296.

— Bruxelles.P13.2.77.n.;S14.2.45;D.Remplacem.35.

— Rennes.D.Exploit.752.

18 Orléans.A9.771;B18.405;D.Jugem. préparatoire.47.

19 Bruxelles.A6.85;P11.2.65;B11.91;S11.2.45;J11.149;D. Legs.166.

— Nîmes.A6.649,n 1;P1.1468; B12.304,n.1; S10.2.221; D. Effet de comm.459.

— Liége.A10.851,n.2;P2.889,n.3;B21.381,n.;S10.2.272; J 11.147;D.Ordre.368.

20 Civ.c.A3.715;P10.1.91; B6.545; S10.1.188; J11.162;D. Conciliation.62.

— Req.A5.150;B9.172;D.Autor. de femme 41.Désist.22.

— Paris A8.597,n.1; P10.2.155; B16.207,n.1; S10.2.240; J 11.156;D.Filiat. lég.215.Dom. int.5.

— Civ.c.A9.207,n.1.2; P10.1.107; B17.245,n.2; S10.1.178; MR6.259,n.; J11.151; D.Hypoth. conv.73.81.92. Inscript. hypoth.346.

— Liége.A10.791,n.1;P2.870,n.2.1;B21.313;D.Responsabilité 88.125.

— Limoges.A9.705,n.;B18.362,n.;D.Jugem. par défaut. 117.

— Civ.c.P10.1.81;S10.1.205;MR6.469;D.Usure.59.

21 Bruxelles.A3.675;P1.960;B6.298;D.Compte 105.

— Civ.r.A9.230;P10 1.269;B17.272;S10.1.209;J11.167; D. Inscript. hypoth.40.Délég.21.

— Riom.A9.259,n.;B17.545,n.;D.Inscript. hypoth.506.

— Civ.r.A10.466.n.2; P10.1.89; B20.528; S10.1.173; J11. 164;D Oblig.478.

— Paris.S7.2 922;D.Exploit.353.

22 Paris.A1.118. et 3.767;P1.43.983,B1.140. et 6.408;D. Acquiesc.94.Contr. par corps.281.

24 Bruxelles.A9.972,n.1;P2.680,n.5;B19.107;S11.2.54;D. Mandat.502.

25 Turin.A10.660,n.1-1; P10.2.137; B21.97; S11.2.6; D. Preuve litt.449.

— Bruxelles.A11.707,n.3; P2.1178; B24.166.109; S10.2. 248; J11.170; D.Exploit.262. Saisie-imm.345.348.367. 593.1612.

26 Trèves.A7.820; P10.2.120; B14.520;S7.2.921;J11.173; D.Domicile élu.103.

— Civ.c.A8.480; P10.1.135;B16.74;S11.1.69. et 10.1.187; MQ5.521;D.Féodalité.47.

— Besançon.A9.539; P2.524; B18.113; D.Interdit.60.65. 84.

— Montpellier.A10.830,n.2; P2.889,n.2; B21.379; S15.2. 206;J11.176;D.Ordre.345.Séparat. de patrimoine.42.

— Riom.S14.2 102;J11.175;D.Preuve test.55.

27 Req.A4.6;P10.1.98;B7.6;S10.1.183;J11.178; D.Contrat à la grosse.75.111.

— Douai.A8.55; P10.2.69; B15.61. et 31,n.1; S10.2.259;J 11.181;D.Faillite.130.

— Bourges.A6.537;P11.2.31;B11.584;S11.2.1; J11.184;D. Ventes adm.170.

— Civ.c.A6.624;P10.1.93; B12.272; S10.1.151; D.Effet de comm.606.

— Req.A10.849,n.1;P2,896,n.4;B21.410;D.Ordre.557.

— Liége.A12.405,n.6; P10.2.77; B26.236; S10.2.261; D. Rap. à suc.13.40.

— Besançon.P10.2.105;J11.185;D.Remploi.54.

28 Montpellier.A4 792; P1.1271; B8.435; S14.2.591; D. Dem. nouv.114.

— Turin.A1.476;P12.2.3;B2.90;S11.2.453;J11.197; D.Appel civ.261.267.

— Req.A6.556;P10.1.265; B12.195; S10.1 289;J11.188; D. Effet de comm.40.

— Decr.A9.469,n.8.1;B18.9,n.7,n.1; S1.354;D.Contr. directes.249.

— Montpellier.A9.717,n.; P2.580,n.; B18.379; D.Jugem. par défaut.253.

— Bruxelles.A10.693,n.1;P11.2.158; B21.155; S11.2.265; D.Preuve litt.1126.1127.1153.

— Bruxelles.A12.84,n.5;P23.2.60,n.2; B25.265; S14.2.93; D.Société civ.86.

— Rouen.A11.851,n.1;B24.452;D.Saisie-imm.335.1572.

— Rouen.A11.851,n.; B24.159,n.1; S11.2.243;J11.195;D. Saisie-imm.535.144.

— Décret cons. d'état.S10.2.58;D.Lib. du comm.62.

MARS.

1 Bruxelles.A1.715;P11.2.31;B2.566;S10.2.598. et 12.2 586;J11.204;D.Arbitrage.561.

— Cr.c.A5.504;P1.869;B6.111;S11.1.56;D.Compét.cr.400.

— Req.A9.257,n.3;P10.1.131. et 118;B17.304.n.5; S10.1. 180. et 185;J11.202;D.Inscript. hypoth.189.

— Req.A7.749;P2.148;B14.458;D.Exploit.778.

— Paris.A11.821,n.9;P2.1225; B24.578;D.Saisie-immob. 1555.1593.

2 Colmar.A10.125,n.1.5;P2.705,n.4. et 11.2.19;B19.506; S11.2 190;D.Autorisat. de femme.525.

3 Bruxelles.A1.523;P1.186;B2.145;S11.2.165;J11.206;D. Appel civ.512.

— Déc.A7.495,n.1;D.Enreg.

— Colmar.A10.780,n.2; P2.866,n.2; B21.293; S10.2.253;J 11.209;D.Contumace.29.Respons.19.22.25.

— Bruxelles.A12.140,n.2;P2.1281;B25.562; S7.2.1206; D. Société comm.235.

— Paris.A11.604,n.1;P2.1135,n.11; B23.464; D.Req. civ. 49.50.68.82.147.162.

— Paris.A1.444,n.;P1.451;D.Appel civ.92.Frais.170.530. Référé.81.

— Déc.D.Armoiries.13.

4 Bruxelles.P11.2.181.V. au 5;D.Saisie-imm.35.

5 Civ.c.A1.515;P10.1.144;B2.134; S10.1.222; J11.214;D. Appel civ.431.

— Grenoble.A8.655,n.8;P22.2.179,n.1;B16.275,n.8;S10. 2.134;MR16.69;D.Filiat. nat.180.181.

— Bruxelles.A11.669,n.2; P11.2.181. et 2.1162.V. au 4; B24.96; J56.268. et 11.213;D.Saisie-imm.33.40.

6 Paris.A10.232,n.1;P10.2.127;B19.478;J11.220;D.Séparation de biens.42.

7 Bruxelles.A4.722;P12.2.4; B8.352; D.Degré de jurid. 474.

— Turin.A9.117,n.;P2.435. et 10.2.168; B17.152,n.; S10 2.344;D.Privilége.553.

— Turin.A12.921,n.3;P2.1480; B28.190; S10.2.535;D.Garantie.415.

8 Req.A9 809,n.2.1;P10.1.170;B18.520;S10.1.245;D.Lois (réunion).

— Grenoble.A11.639,n.5.1;P2.1148,n.16; B24.45; D.Saisie-arrêt.226.

— Loi.A12.984,n.14;D.Voirie.67.

9 Rennes.A1.786,n.1;D.Arbitr.893.

10 Cr.c.A4.202;P1.1065;B7.218;D.Or et argent.66.

— Paris.A8.587,n.1;B16.182,n.2;D.Filiat. légit.172.181.

— Paris.S10.2.189;D.Ordre.403.

12 Civ.c A7.771;B14.463;S10.1.208;D.Exploit.360.

— Agen.A11.720,n.2;P11.2.7;B24.190;S14.2.214;J11.222; D.Saisie imm.447.

— Instruction.A11.754,n.2; P2.1188; B24.217; D.Saisie-imm.710.

— Civ.c.A11.774,n.1,n.1;P10.1.137;B24.288;S10.1.208;D. Surenchère.89.

13 Civ.c.A2.562;P1.575;B4.175;D.Chose jugée.240.

— Civ.c.A3.235; P10.1.149; B5.265; S10.1.215; MR1.72;J 11.229;D.Lois.143.Eau.452.453.468.

— Bruxelles.A1.445;P11.2.146;B2.55;S11.2.291; J11.226; D.Appel civ.95.134.

— Paris.A5.97;P1.1298;B9.111;S14.2.263;J11.233; D.Désaveu.45.

— Bruxelles.A5.771;P1.1341;B10.441;D.Preuve litt.442. Testament.565.

— Avis.A9.605,n.1; P2.546,n.1; B18 214; S10.2.167; D. Jours fériés.

— Besançon.A9.838,n.2.1;P10.2.105;B12.594; D.Lois rétroact.136.

— Avis du cons. d'état.A11.615,n.1; P2.1159,n.8; B23. 474,n.2;S10.2.303;D.Req. civ.154.

— Bordeaux.D.Lois rétroact.136.

14 Trèves.A3.596; P23.2.64,n.1; B5.457; S12.2.376; D. Compét. comm.4.21.

— Req.A3.519. et 7.783;P10.1.213;B5.363. et 14.477;S10. 1.250;J11.234;D.Compét. civ.255.Exploit.754.

— Req.A3.317;P10.1.141. et 1.785;B5.361;S10.1.207; J11 241;D.Compét. civ.251 252.

— Req.A8.186;P2.207. et 10.1.175; B15 246;S14.1.140. et 249. et 10 1.219; MR5.156,n.;J11.237; D.Retr. suc.86. 90.Faillite 843.Tierce-opp.113.

— Civ.c.A12.495,n.1;P10.1.181;B26.381;S10.1.230; MR4. 444;D.Retr. success.93.

15 Req.A4 526;P10 1.196; B8.132; S10.1.240; J11.247; D. Agent de change.117.Courtier.89.

— Cr.c.A2.441;P1.518;B4.58;D.Chasse.112.127.

— Cr.c.A2 12;P1.514;B3 8; S11.1.60; J11.249; D.Armes. 13.

— Cr.c.A5.139 B9.160;D.Désertion.39.

— Cr.c.A5.142;B9.163;S11.1.58;J11.252; D.Désertion.30.

— Cr.c.A11.161,n.1; P2 955,n.2; B22.205; S11.1.59; D. Peine.129.

— Bruxelles.A11.451,n.1; P10.2.77; B23. 93;S10.2.230;J 11.245;D.Propriété.82.91.92.

— Bruxelles.P10.2.102; S10.2.258; MR17.563; D.Testament (signature, mention).

16 Nîmes. A11 752,n.5,n.1; P10.2.90. et 1187; B24.215; J 11.253;D.Saisie-imm.697.

— Décr.S10.2.284;D.Eau. 70.

17 Turin.A11.729,n.2;P2.1185;B24.207;J11.254;D.Saisie-imm.625.

— Colmar.A8 29;P22.2.147,n.4;B15.31;S10.2.202;D.Faillite.31.58.59.60.131.

— Cr.c.A2.176;P1.399;B3.191;D.Autor. mun.571.572.

— Cr.c.A11.403,n.10;P2.1061,n.5;B23.115; S16.1.231; D. Procès-verbal 218.

18 Cr.c.A12.1025,n 4;P2.1510;B28.551;D.Voirie.734.

— Civ.c.P10.1.103;S10.1.181;MR1.111;J11.260; D.Répétition.34.

19 Turin.A6.147;P11.2 60;B11.165;S14.2.57; D.Révoc.24. 40.

— Déc.A6.838,n.4;D.Emigré.

— Florence.A9.580,n.1.11;P2.537,n.6; B18.176; D.Interrog. sur faits.127.

— Décr.A11.385,n.4;P2.1053,n.4;B23.79; S1.357;D.Prise marit.185.

— Décr.A8.741,n.8;D.Forêt.262.

20 Civ.r.A3.807;P10.1.132;B6.455; S10.1.194; J11.265; D. Contr. par corps.453.702.707.

— Pau.A1.485;P1.175;B2.98;S10.2.254; J11.267; D.Appel civ.280.

— Déc.A1.326,n.17;D.Ventes adm.380.

— Colmar.A10.749,n.2. et 7.804;P2.858,n.3;B21.244. et 14.502; S10 2.237; D.Commerçant.37.Juifs.33.Domicile élu 94.102.

— Paris.A12 661,n..n.2;P2.1390; B27.209; S15.2.172; D. Tierce-oppos.125.

— Bruxelles.D.Partage.157.

21 Paris.A2.688;P1 624. et 22.2.142,n.12. et 15;B4.318;S7. 2.974;D.Commerçant.10.Faillite.1417.

— Bruxelles.A6.590; P10.2.104;B12.233;S10.2.286.et 257; D.Effet de comm.202.350.

— Liége.A9.19,n.,n.2; P2.416; B17.14,n.3; D.Contr. par corps.40.Huiss.168.

— Req.A10.569,n.1;P2.802,n.2;B20.486;S11.1.6;J11.269; D.Subrog.122.

— Besançon.A11.749,n.5;B24.242;D.Saisie-imm.945.

22 Req.A1.385;P1.117;B1.451;J11.274;D.Req.civ.154.

— Liége.A5.719;B10.380;S11 2.40;D.Testament.409.

— Cr.c A8.784,n.9;P2.389;B16.411;D.Forêts.969.

— Rennes.A8.664,n.3;P10.2.101; B16.284,n.3; S10.2.255; D.Filiat. nat.225.

— Rouen.A6.859,n.1;P24.2 9,n.,n 3; B12.548,n.1; S11.2. 64;D.Req.123.

— Req.A10.752,n.2; P10.1.416; B21.250; S10.1.362;MQ4. 44;D.Lois rétr.107 206.Présomp.109.Vente.814.

— Bruxelles.A10.667,n.2;P10.2.99; B21.107; S10.2.335;J 11.272;D.Exécut. des jugem.47.64.

— Cr.c.A11.613,n.1; P2.1139,n.; B23.474,n.2; J11.274;D. Req. civ.154.

— Orléans.P25.2.158,n.4;D.Jugem. par défaut.73.

23 Cr.r.A11.472,n.2;P11.1.78;B23.227; S20.1.476. et 11.1. 16;MQ4.207;J11.279;D.Propriété litt.58.

24 Bruxelles.A2.375;P1.487;B3.420;D.Caution.59.

— Bruxelles.A5.121;B9.158;S14.2.543; J11.285; D.Désaveu.30.136.

— Colmar.A7.754;B14.445;S12.2.578;J11.283;D.Exploit. 635.

— Bruxelles.A8.41; P11.2.131; B15.46; S11.2.89; D.Faillite.99.100.

26 Civ.c.A5.385; P10.1.223; B9.440; S10.1.247; D.Port. disp.82.

— Riom.A5.764; P13.2.52; B10.452; S11.2.91; D.Testament.388.389.474.559.

— Agen.A12.721,n.1,n.1;P10.2.131; B27.316; S11.2.87.et 7.2.857;J11.289;D.Tutelle.192.

— Riom.A11.827,n.2.n.1; P2.1224; B24.387; S15.2.165; J 11.287; D.Saisie-imm.1588.

27 Besançon.A11.247,n.1; P2.995,n.1; B22.357, n.1; D. Prescript.227.

28 Req.A7.571;P10.1.164;B13.421;S10.1.233;J11.292;D. Enreg.2494.

— Bruxelles.A5.308;P1.1320;B9.353; S10.2.207;J11.303; D.Disp. entre-vifs.282.

— Req.A6.692; P10.1.185; B12.352; S10.1.236; MQ4.235. 537;J11.293;D.Eff. de comm.632.634.

— Req.A9 680,n.1. et 11.951,n.5;P10.1.206;B18.325;S10.1.240. et 226; MQ4.597; J11.297; D.Frais.206.230.231. Serment.121.
— Bruxelles.A11.912,n.4;P10.2.103;B25.121 et 50,S10.2.362;D.Puiss. pat.30.Sép. de corps.177.209.
— Bruxelles.A11.875,n.3-1;P10.2.111;B24.475;S10.2.299; D.Inventaire.79.134.Référé.16.Scellé.19.
— Colmar.A7.585,n1; B14.234,n.1; S10.2.288; D.Exception.21.
— Bruxelles.S14.2.362;D.Contrat de mariage.20.
29 Riom.A12.344,n.3;P22.2.151,n.;B26.139;S11.2.325;D. Success.242.
30 Cr.c.A4.96; P1.1052; B7.104; S20.1.490; D.Contr. ind. 400.
— Cr.c.A4.58;P1.1017;B7.50;D.Contr. ind.22.102.
— Paris.A11.637,n.2,n.1; P2.1146,n.7; B24.41; S15.2.14; D.Saisie-arrêt.154.
— Cr.c.A12.1016,n.2;P2.1507,n.;B28.337;D.Voirie.560.
31 Liége.A7.823;P2.169;B14.525;D.Exploit.273.
— Colmar.A9.126,n.2;P10.2.127;B17.143,n.1; S10.2.201; D.Hypoth. lég.20.
— Toulouse.A12.891,n.2;P2.1470;B28.142; S11.2.451; D. Garantie.378.Vente.666.

AVRIL.

2 Liége.A9.668,n.1;P10.2.130;B3.240. et 18.311,n.1;S10.2.369;J11.508;D.Frais et dépens.110.
— Agen. A10.20,n.1.3; P10.2.133; B19.142; S11.2.118; J 11.309;D.Promesse de mariage.34.
— Turin.A11.948,n.5.1;B25.116;D.Serment.
— Limoges.P22.2.124,n.3;S13.2.290;D.Usufruit légal.94.
3 Riom.A1.102;P1.40; B1.121;S11.2.314; J11.511; D.Acquiesc.66.Dot.219.
— Liége A7.614;P2.107;B14.273;D.Exception.238.
4 Paris.A5.610;B10.954;D.Testament.46.
— Req.A8.494;P2.281;B16.90;S10.1.302;D.Féodal.135.
— Req.A9.454. et 7.635; P10.1.159; B14.298. et 17.539; S10.1.218;J11.514;D.Inscrip. hypoth.241.261.Exception.378.Responsab.211.
— Pau.A12.313,n.2;P10.2.106;B26.98;S10.2.239;J26.407; D.Success. irrég.33.40.59.
— Bruxelles.A11.711,n.1; P2.1179; B24.175; J11.312; D. Saisie-imm.386.
— Rennes.A11.720,n.5;P2.1183;B24.186;S15.2.10;D.Saisie-imm.510.611.
— Orléans.A12.574,n.11;P2.1360;B27.63;D.Témoin.135.146.
— Lyon.A12.521,n.1; P24.2.163,n.; B26.428; S13.2.290; J11.319;D.Rescis.88.
— Agen.A11.840,n.2;P2.1232;B24.413;S14.2.281;J11.321; D.Exception.230.Saisie-imm.1621.1622.
— Nîmes.A11.748,n.5;P10.2.86;B24.241; S14.2.73; D.Saisie-imm.739.945.
5 Req.A12.962,n.12;P2.1590;B27.211; S11.1.1;D.Expertise.264.Tierce-opp.113.233.
6 Cr.c.A4.87,n.;P1.1030,n.;B7.53,n.;D.Contr. ind.362.
— Cr.c.A4.50,n.;P1.1017,n.;B7.53,n.;D.Contr. ind.110.
— Cr.c.A4.50,n.;P1.1017,n.;D.Contr. ind.110.
— Colmar.D.Appel civ.420.
7 Bruxelles.A3.766;P11.2.94;B6.406;S10.2.287;J11.327; D.Contr. par corps.276.
— Décr. cons. d'état. S1.389; D.Commune.277.Forêts. 558.
9 Rennes.A1.26;P1.12;B1.30;S10.2.246; J11.330; D.Absence.153.
— Civ.r.A7.434;P2.74;B14.55;D.Enreg.2855.
— Req.A12.462,n.1;P2.1331; B26.329; S11.1.18; J11.339; D.Sép. de patrimoine.50.
— Riom.A11.754,n.2,n.1; P11.2.210. et 2.1208; B24.307; J11.336;D.Surenchère.221.
10 Paris.A1.150; P1.58; B1.174; D.Acquiesc.121.224.404. Exploit.36.Tierce-opp.59.
— Req.A8.160;P10.1.192;B15.186; S10.1.233; J11.344;D. Action civ.47.Faillite.662.
— Paris.A10.137,n.1.2;P10.2.124;B19.326;J11.347;D.Autor. de femme.207.
11 Bruxelles.A7.406; P2.71; B14.14; S11.2.449; D.Enreg. 2754.
— Arr.A6.525,n.1. et 11.370;D. Ventes adm.313.324.
— Bordeaux.A9.325,n.1.2;P11.2.170; B17.385; S11.2.87; J11.350;D.Hypoth.83.138.Transcript.24.
— Civ.c.A9.854,n.1; P10.1.155; B18.588; S10.1.205; MR6.469;D.Intérêts de cap.17.
— Bruxelles.A10.36,n.1; P2.688,n.4; B19.170; S10.2.304; D.Acte respect.116.
— Paris.A11.543,n.5; B25.353; S14.2.216; D.Référé.64. Jugement.189.
— Déc.S7.2.798;D.Dette publ.41.
— Décr.A12.1006;B28.321;D.Voirie.321.
12 Cr.c.A1.166;P1.67;B1.194;D.Acquitt.39.
— Pau.A10.147,n.2;B19.292;S10.2.241;D.Mariage.627.
— Req.A9.777,n.2;P2.600,n.8;B18.474;S10.1.274;J11.356; D.Jugem. prép.164.
— Toulouse.A11.723,n.;B24.197;D.Saisie-imm.593.
— Bruxelles.A11.723,n.;D.Saisie-imm.593.
— Bruxelles.P10.2.107;S10.2.310;J11.353;D.Preuve litt. 189.Testament.734.Notaire (clerc).
— Cr.c.A11.63;P10.1.177;B22.40;S10.1.234;MQ3.644;J11.364;D.Jugement.93.97.

1810.

13 Paris.A1.605;P1.230;B2.242;J11.370; D.Arbitrage.212.536.
— Cr.c.A3.519;P1.882;B6.128;S11.1.61;D.Compét. crim. 429.
— Cr.c.A8.806,n.3; P2.406; B16.459; S11.1.62; D.Forêts. 908.
— Cr.c.A11.316,n.4; P11.1.164; B22.475; S11.1.63; MR3.461;J11.368;D.Prescrip. crim.90.
— Besançon.A11.820,n.2;P2.1222;B24.375;D.Saisie-imm. 76.
14 Bruxelles.A3.240;P1.758;B5.271; S11.2.68; J11.381;D. Conflit.168.
— Turin.A5.707;B10.367; S10.2.277;D.Conflit.167.Testament.383.398.
— Toulouse.A11.632,n.1;P2.1143,n.1; B24.32;S15.2.173; J11.383;D.Saisie-arrêt.196.
— Paris.S14.2.72; J11.373; D.Preuve litt.1282.Ratification.18.
15 Turin.A6.273;P10.2.133; B11.310; S11.2.109; J11.385; D.Portion dispon.247.
16 Déc.A6.326,n.;D.Ventes adm.311.
— Pau.A10.592,n.2.1;P10.2.74;B20.523;S10.2.236, et 11.2.80;D.Cess. de biens.33.
17 Civ.c.A1.805;P1.306; B2.471; S11.1.119; D.Arbitrage. 850.851.973.Compte.137.
18 Turin.A3.310;P10.2.135;B5.353;S10.2.330; D.Compét. civ.224.
— Civ.r.A6.307; P1.1354; B11.349; J11.400;D.Dom. eng. 52.
— Req.A6.879,n.2;P10.1.208;B12.572,n.1;S10.1.243; J11.392;D.Enq.289.
— Rennes.A12.587,n.2.26;P2.1369;B27.88;D.Enq.59.
19 Req.A6.881,n.1;P10.1.194;B12.575,n.1;S10.1.228; J11.395;D.Enq.311.
— Cr.c.A11.103,n.7;P2.932,n.4;B22.102;D.Presse.292.
— Cr.c.A12.966,n.2; P2.1499; B28.266; S11.1.64; D.Compét. crim.475.
20 Cr.c.A4.121;P1.1038;B7.130;D.Contr. ind.487.
— Loi.A11.8,n.1;D.Organis. jud.
21 Rouen.A8.249;P2.221. et 11.2.134;B15.290; S11.2.413; J11.397;D.Commissionnaire.61.Faillite.1065.
— Loi.A10.386,n.1;S10.2.177;D.Mines.
— Bruxelles.A11.577,n.1-1; P11.2.26; B23.414; J11.400; D.Rente.567.
— Ord. cons. d'état.D.Pension.135.
23 Cr.c.A12.617,n.;P2.1379,n.;B27.139,n.;D.Tentative.
24 Turin.A7.741;P2.145; B14.428; S14.2.190; J11.407;D. Exploit.145.
— Arr.A6.525,n.1,D.Ventes adm.324.
— Turin.A12.791,n.1;B27.443;D.Usufruit.129.
— Turin.A9.417;P11.2.41;B17.493;S14.2.519; J11.404;D. Hypoth.64.65.
25 Bruxelles.A8.260; P10.2.129; B15.303; S10.2.272; J11.409;D.Faillite.1120.
26 Bruxelles.A1.440;P1.1709;B2.47;S14.2.44; J11.414;D. Appel civ.77.
— Cr.c.A5.51; P11.1.145; B9.54; S11.1.65; MR3.571; J11.412;D.Abus de confiance.45.Dépôt.20.
— Cr.c.A11.122,n.11; P2.942,n.3; B22.137; S11.1.62; D. Presse.722.
28 Bruxelles.A2.791; P11.2.39; B4.438. et 9.79; S11.2.21; J11.417;D.Commiss.251.
— Paris.A9.926,n.3.2;P2.667,n.4;B19.33; S12.2.578; J11.420;D.Louage.327.
— Turin.A11.825,n.2;D.Aveu.140.
29 Liége.A11.702,n.2,n.1;P2.1175;B24.157;D.Saisie-imm. 227.610.
30 Civ.c.A2.258; P10.1.209; B3.285; S10.1.229; MR1.876; J11.423;D.Brevet d'invention.121.
— Civ.c.A8.28; P10.1.198; B15.28; S10.1.233;J11.425; D. Faillite.37.
— Limoges.D.Appel civ.127.

MAI.

1 Turin.A9.560,n.1.13;P2.537,n.5; B18.176; D.Interrog. sur faits.90.Serment déc.59.
— Paris.P23.2.24;S15.2.168;J11.429;D.Surenchère.449.
2 Civ.c.A7.310; P2.56; B13.352; S11.1.117; D.Expertise. 357.
— Toulouse.A7.591;P2.103;B14.244;D.Excep.186.
— Req.A9.683; P10.1.207; B18.329; S10.1.242; MQ5.169; J11.307;D.Frais et dépens.198.
— Civ.c.A10.774,n.1; P10.1.189; B21.286; S10.1.246;J11.436;D.Serment déc.125.
— Civ.c.A10.854,n.2;P10.1.191; S10.1.244; B21.419; J11.433;D.Ordre.607.
— Paris.A10.141,n.1.4; P23.2.133,n.; B19.353; S10.2.313; D.Autor. de femme.171.
3 Paris.A11.605,n.2; P2.1156,n.12; B23.466; D.Req. civ. 69.102.
— Cr.c.A12.956,n.1;P2.1495;B28.249;D.Homicide.39.
4 Cr.c.A1.421; P1.137; B2.25; S11.1.289; D.Amnistie.58.60.68.70.
— Poitiers.A9.598,n.1-1; P10.2.97; B18.206; S10.2.367; J11.439;D.Jeu-pari.30.
— Besançon.A12.705,n.2;B27.287,n.1;D.Tutelle.72.
— Cr.c.A2.12,n.;P1.315,n.;S11.1.66;D.Armes.13.14.15.
5 Turin.A1.14; P11.2.5; B1.16; S11.2.95; MR10.15; J11.442;D.Absence.221.222.

1810.

— Turin.A12.714,n.6;P11.2.33;B27.305; S11.2.37; D.Tutelle.126.201.220.514.618.
— Paris.P11.2.53;S11.2.345;D.Vente publ.126.
8 Civ.c.A7.380;P10.1.205;B13.432,n.;S20.1.491;J11.448; D.Enreg.
— Civ.c.A7.413,n.;B14.26,n.;D.Enreg.2769.
— Req.A8.579; P10.1.243; B16.187; S10.1.239; MR16.589.590;J11.450;D.Filiat. légit.148.
— Paris.A6.858,n.;B12.547,n.;D.Enq.115.
— Paris.A6.858,n.;B12.547,n.;D.Enq.115.
— Civ.r.A9.522; P10.1.258; B17.382; S10.1.265; D.Chose jugée.164.Oblig. personn.29.Tierce-opposit.87.Transcription.21.
— Agen.A9.126,n.2;P10.2.121;B17.143,n.1; S11.2.167; D. Hypoth. lég.20.
— Bruxelles.A10.592,n.1.2;P2.809,n.4;B20.524;S7.2.973; J11.454;D.Cession de biens.55.
— Besançon.A11.717,n.1;P2.1181;B24.185; D.Exploit.13. Saisie-imm.452.476.593.734.
— Req.A11.907; P10.1.200; B25.40;S10.1.229;J11.445;D. Sép. de corps.168.
9 Florence.A5.307;P1.781;B5.349;S12.2.415;D.Compét. civ.236.
— Rennes.A5.97;B9.111;D.Agréé.13.21.Désaveu.57.141.
— Aix.A7.727;P2.157;B14.410;S10.2.257;D.Expl.46.52.
— Bruxelles.A9.594,n.1.11;P2.544,n.5;B18.200; J11.456; D.Interv.130.
— Rennes.A11.784,n.3,n.1; P2.1208;B24.293,n.1;D.Surenchère.226.
10 Paris.A9.558,n.1.2;P11.2.73,n.; S14.2.266; B18.143;D. Interdit.214.
— Bruxelles.A11.836,n.2.n.1; P11.2.8; B24.405; J11.458; D.Saisie-imm.257.1012.
— Paris.A11.728,n.3;P11.2.181. et 24.2.71; B24.206;S15.2.146;MQ6.251;J11.462; D.Saisie-imm.65.609.737.738.760.
— Orléans.A11.650;P2.1153;B24.64;D.Saisie-exéc.55.
— Cass.A11.593,n.12;D.Procès-verbal.29.
11 Cr.c.A2.130;P1.568;B5.140;S11.1.15;D.Autorité mun. 194.284.Procès-verbal.49.
— Cr.c.A4.190;P1.1062;B7.206;D.Voitures publ.147.148.
— Paris.A6.632;P10.2.144;B12.285;S7.2.950;D.Effets de comm.596.Nantiss.55.
12 Bruxelles. A9.344,n.1-1; B15.210,n.1. et 17.408,n.1; S15.2.170. et 13.2.365;D.Hypoth.165.
— Bruxelles. A11.676,n.4; P11.2.9;B24.108;S15.2.170. et 13.2.365;J11.466;D.Saisie-imm.184.245.587.
— Paris. P11.2.54; D.Tiers-acquéreur (paiement, créancier).
14 Civ.c.A8.616;P10.1.279;B16.229;S10.1.272;MQ3.646;J 11.468;D.Filiat. nat.127.
— Paris.A8.424,n.1;B16.10,n.1;S14.2.305;D.Faux inc.49.
— Turin.A6.619,n.2; P11.2.42;B12.268,n.1;S11.2.50;J11.479;D.Effets de comm.292.303.
15 Liége.A10.595,n.2;P2.773,n.1;B20.221;S11.2.54. et 7.2.993;J11.481;D. Nantiss.6.
16 Civ.c.A4.45; P1.1016; B7.47; S11.1.121; D.Contr. ind. 144.
— Décr.A6.638,n.,n.4;D.Emigré.
— Req.A6.700;P10.1.261;B13.362,n.3;S10.1.282;J11.484; D.Effets de comm.673.
— Décr.A9.469,n.12.1; B18.10,n.1.4; S7.2.794; D.Contr. directes.208.
— Paris.A11.638,n.1,n.1;P2.1147,n.12;B24.43; S12.2.532; D.Saisie-arrêt.248.
— Civ.c.A3.20,n.;P1.682;B5.17,n.;S11.1.121;D.Commune.214.220.229.
— Paris.P23.1.227,n.;S15.2.32.
— Décr.A3.207,n.1;D.Compét.
— Décr.A3.222,n.;D.Contr. directes.231.
— Décr. du cons. d'état.S1.372;D.Cons. d'état.76.Comptabilité.40.
— Décr. A9.805,n.13;D.Lois.143.
— Décr. du cons. d'état.S1.369;D.Mines.178.
17 Cr.c.A4.390; P1.1132; B7.427; S11.1.71; D.Cour d'ass. 768.
— Req.A9.220,n.3;P10.1.355;B17.261,n.2;S7.2.1004; MQ 3.493;D.Cassat.16.Inscript. hypoth.8.18.
— Riom.A11.178,n.1.3;P2.964,n.2;B22.234;S11.2.314; D. Pérempt.30.
— Rouen.A12.587,n.2;P2.1369. et 13.2.31;B27.86;D.Enquête.131.
18 Cr.c.A1.587;P1.220;B2.221;D.Appel correct.199.
— Cr.c.A8.356;P2.248;B15.415;D.Faux.247.
— Paris. A6.873,n.2. et 11.008; P1.1518. et 2.1244; B12.565,n.2. et 25.58; J11.487; D. Enquête. 254. Sép. de corps.140.
— Cr.c.A11.461,n.3; P2.956,n.3; B22.205; D.Cassat. 136. Peine.322.
— Cr.c.A12.653,n.2.22;P2.1586;B27.198;D.Tierce-opposit.79.
— Cr.c.A12.1064,n.1; P2.1527,n.4;B28.414;S7.2.1098;D. Vol.178.
19 Florence.A7.752;P2.149;B14.441;D.Exploit.636.
— Paris.A12.368,n.3. et 867,n.2;P11.2.155. et 153;B28.95.96;D.Garantie.179.Vente.517.528.529.530.531.
21 Besançon.A7.746;P2.146;B14.433; D.Jugem. par déf. 241.Exploit.197.
— Rouen.A6.84;P10.2.127;B11.91;D.Legs.160.
— Bruxelles. A9.719,n.3.2; P2.580,n.3. et 11.2.87; B18.383;J11.503;D.Jug. par déf.268.

— Civ.r.A10.142,n.1;P10.1.317;B19.283; S10.1.324; MQ3. 375. et 668; J11.497; D.Lois rétroact.58.Mariage.392. 530.387.589.590.
— Civ.c.V. au 28.
22 Req.P10.1.204;S10.1.248;J11.505;D.Compét. cr.130.
25 Bruxelles. A4.723; P12.2.4; B8.553; D.Degré de jurid. 479.
— Paris.A3.304;P1.780. et 10.2.128;B5.346;S15.2.170;J11. 540;D.Compét. civ.244.
— Civ.c.A3.741; P10.1.241; B10.406; S11.1.122. et 10.1. 232; MR13.641;J11.507;D.Testam.488.
— Turin.A5.788; P13.2.61; B10.460; S11.2.55;D.Testam. 632.
— Décr.A6.838,n.2;D.Emigr.364.
— Liége.A11.690,n.4;P2.1170;B24.401; D.Saisie-immob. 199.
— Liége.A11.834,n.2.1;P2.1230;D.Saisie-imm.1517.
— Décr.P32.5.17;D.Enreg.8.
— Décr.A3.133,n.13;D.Commune.
— Déc. du cons. d'état.S1.377;D.Commune.691.
24 Paris.A2.231;P1.422;B3.254;S11.2.23;J11.513; D.Animaux.20.
— Rouen.A1.811;P10.2.127;B2.478;J11.514;D.Arbitrage. 1074.
25 Cr.r.A4.75; P1.1024; B7.80; D.Cont. ind.78.Liquides. 13.Procès-verbal.377.
— Bruxelles.A5.153;P14.2.100;S14.2.330;J11.529; D.Désistem.66.72.Exploit.516.
— Cr.c.A8.752;P2.365. et 15.1.187;B9.476. et 16.368;S11. 1.215. et 24.1.404;MR9.128;J11.523;D.Forêts.407.593. 610.613 614.Lois.147.
— Lyon.D.Prescr.592.
— Riom.S11.2.520;J11.526;D.Success.404.
26 Bruxelles.A3.214;P1.750; B5.241;S11.2.50;D.Compét. admin.378.Contrainte.3.
— Colmar. A10.167,n.1.8; P2.713,n.1; B19.377; D. Lois rétroact.116.139.
— Angers.A10.284,n.,n.2;B20.46; S11.2.457; D.Communauté.1141.1145.
— Bruxelles.A10.536,n.1.3;P11.2.45;B20.439; S11.2.558; D.Oblig.816. Oblig. divis.35.
— Turin.A11.831,n.1,n.1;P2.1227;B24.394; S10.2.281; D. Saisie-imm.1286.
— Rennes.D.Except.218.
27 Décr.A12.991,n.19;B28.503,n.19;D.Voirie.188.
28 Paris.A1.762;P1.289;B2.422;J11.516;D.Arbitrage.828. 875.941.
— Aix.A8.573,n.1;P22.2.133,n.3;B16.180,n.1; S11.2.227; MR16.579;D.Filiat. légit.149.
— Civ.c.A8.671; P10.1.502; B16.292; S10.1.195;MQ3.394. et 669;V. au 21;D.Actes de l'état civil.101.Filiat. nat. 118.145.146.
— Riom.A11.232,n.1;P2.996,n.1;B22.369;S11.2.322; J11. 534;D.Prescript.56 245.292.
— Civ.c.P10.1.215;S10.1.225;MQ4.6;J11.531;D.Monnaie. 47.
29 Paris.A1.326; P11.2.105; B1.378;S11.2.25; J11.539; D. Agent de ch.96.141.166.Effets pub.106.
— Douai.A10.648,n.2;P10.2.124; B21.83; S11.2.359; J11. 545;D.Preuve litt.121 Responsab.267.346.
30 Civ.c.A4.600;P10.1.264;B8.212;S10.1.281; J11.546; D. Conclusions.14.Except.248.
— Bruxelles.A1.715; P11.2.32; B2.567; S16.2.84;J11.518; D.Arbitrage.405.488.561.853.
— Turin.A9.556,n.1.2;P2.478;B17.422,n.2;S10.2.338;J11. 550;D.Hypoth.215.
— Trèves.A10.688,n.1; P11.2.136;B21.142; S7.2.924;J11. 548;D.Preuve litt.970.
— Bruxelles. P10.2.131; S10.2.397; J11.553; D. Tutelle. 135.

JUIN.

1 Cr.c.A4.510,n.;B7.570,n.1;D.Cour d'ass.423.
— Paris.A3.816; P1.1004; B6.464; S15.2.195;D.Cont. par corps.737.
2 Paris.P2.1190;B24.226,n.1;D.Saisie-imm.807.
— Cr.c.S11.1.210;D.Autor. mun.696.
3 Riom.P11.2.165;D.Ordre, Purge.
4 Civ.c.A10.453,n.1; P10.1.403; B20.309;S10.1.377;J11. 555;D.Oblig.195.207.237.241.
5 Civ.c.A2.355;P1.481;B3.398;D.Cassat.981.1006.
— Déc.A6.327,n.;D.Ventes admin.325.
— Déc.A6.331,n.3;D.Domaines.
— Civ.c.A11.241.n.3;P10.1.262;B22.397;S10.1.282; MR9. 498,n.;J11.560;D.Prescript.88.
— Besançon. A12.429,n.1,n.1; P2.1326; D.Rapp. à succ. 193.
6 Civ.r.A9.567; P10.1.337; B18.155; S10.1.338;MQ4.164; J11.568;D.Interdit.175.Lois rétroact.41.94.
— Req.A9.266;P10.1.275;B17.315;S10.1.290; J11.563; D. Inscript. hypoth.210.Dem. nouv.70.
— Turin.A10.831,n.2; B21.381,n.; S10.2.281; J11.573;D. Lois rétroact.94.Ordre.367.
— Civ. r.S11.1.5;D.Interdit.209.
7 Req.A4.635;P10.1.548;B8.250;S11.1.35;MR3.580; J11. 578;D.Degré de jurid.106.
— Paris.A3.798; P10.2.168; B6.444; S7.2.876; J11.579;D. Contr. par corps.566.
— Req.A7.602; P10.1.249; B14.259; S10.1.270;MQ.5.419; D.Frais et dépens.91.Except.171.

— Civ.r.A9.873,n.1.2; P10.1.298; B18.611; S10.1.315; D. Juifs.24.26.
— Bourges.A10.849,n.2; P2.896,n.15; B21.411; D.Ordre. 510.
— Gênes.A6.30;P1.1344;B11.30;S11.2.174;D.Testament. 854.857.
8 Cr.c.A2.167;P1.391;B3.180;D.Autor. mun.605.615.
— Turin.A10.725,n.1;P2.852,n.4;B21,200;D.Preuve test. 66.67.
— Colmar.A10.751,n.13;S12.2.381;D.Juifs.37.
— Décr. du cons. d'état.D.Saisie-arrêt.267.
9 Bruxelles.A6.227; P1.1351; B11.255; S11.2.55;D.Don. par cont.232.
— Liége.A9.311;B17.369;D.Inscript. hypoth.414.466.
— Turin.P12.2.72;S11.2.445.
11 Civ.r. A5.631; P10.1.270; B10.279; S10.1.289;J11.584; D.Testam.149.155.
— Rouen.A9.289;B17.343,n.;D.Inscript. hypoth.306.
— Civ.c.A9.611; P10.1.268; B18.229;S12.1.460;MQ5.278; D.Jugem.141.
— Bourges.A11.841,n.3;P2.1232;B24.413; D.Saisie-imm. 1621.
— Décr. cons. d'état.A3.178,n.1;D.Comp. adm.145.
— Cr.c.D.Cassation.120.
— Arr.A6.325,n.1;D.Ventes admin.324.
12 Civ.c.A4.720;P1.1244;B8.349;D.Degré de jurid.467.
— Civ.c.A1.517; P10.1.292; B2.138;S10.1.317;J11.589;D. Appel civ. 461.Délai.89.
— Turin.A12.869,n.4;P11.2.113;B28.98;D.Vente.532.
— Civ.c.P10.1.267;S10.1.293;D.Cassation (requête civ.).
13 Bruxelles.A2.761;P11.2.77;B4.405;S11.2.117; D.Commissionn.65.66. Compét. civ.285.
— Colmar. A6.638,n.1,n.2; P1.1466; B12.290,n.2; S10.2. 585;D.Effets de comm.363.
— Nîmes.A9.716;P11.2.16;B18.577;S14.2.208;J11.591;D. Jugem. par défaut.250.
— Pau.A12.410,n.1,n.1;P10.2.125;B26.244;S11.2.19;J11. 593;D.Port. dispon.527.534.
14 Grenoble. A6.152; P11.2.63; B11.170; S11.2.20;MR16. 610;D.Révoc.39.84.
— Req.A11.782,n.1-1; P2.1207; B24.305; D.Surenchère. 177.
15 Florence.A4.667; P1.1214; B8.236; D.Degré de jurid. 244.
— Cr.c.A4.76;P1.1025;B7.81;D.Contr. ind.341.345.
— Arr.A6.325,n.1;D.Vente admin.324.
16 Liége.A5.208;P11.2.4;B9.239;S11.2.70;J13.136;D.Disposit. entre vifs.8.
— Colmar. A5.494; P1.1527; B10.116; S11.2.36;D.Donat. 12.
— Civ.c. P10.1.365; S11.1.164;V.au 19;J11.599; D.Appel civ.57.
— Avis du cons. d'état.A10.659.n.42;D.Preuve litt.424.
17 Cr.c.A12.966,n.2;P2.1499;B28.267;S11.1.123; D.Subst. ven.7.
18 Civ.c.A2.341;B3.581;D.Cass.688 Intérêts de cap.44.
— Limoges.A6.671; P1.1473; B12.329; S12.2.381;D.Effets de comm.521.
— Poitiers.A9.526,n.;B17.386;D.Transcript.28.
— Poitiers.A11.681,n.6; P10.2.125. et 2.1166; B24.117;S 10.2.374;D.Saisie-imm.138.140.148.
— Paris.A11.629,n.1; P2.1143,n.9; B24.26;S14.2.420;J11. 602;D.Saisie-arrêt.119.
— Besançon. A12.770,n.2; P2.1431; B27.406; D. Tutelle. 641.642.615.
19 Civ.c.A4.618; P10.1.365; B8.231;S11.1.164. et 29.1.82; V. au 16;D.Degré de jurid.42 54.
— Req.A6.561; P10.1.344; B12.200; S10.1.374;J11.603;D. Effets de comm.61.
— Req. A10.726,n.2; P10.1.314; B21.207; S10.1.318; J11. 606;D.Preuve test.334.
20 Civ.r.A7.161;B13.180;D.Enreg.1387.
— Civ.c.A1.374;P1.114;B1.438;D.Conciliat.136.
— Civ.c.A7.482; P10.1.369;B14.111;S10.1.347;MR4.593;J 11.610;D.Greffe.125.
— Req.A6.572;P10.1.299;B12.213;S10.1.313; MR16.654;J 11.612;D.Commerçant.139.Effets de comm.108.
— Bruxelles.A12.803,n.2;P11.2.3. et 2.1439;B27.464;S11. 2.44;J11.615;D.Usufruit.443.
21 Turin. A9.929,n.2.3; P2.1114; B19.37; S11.2.235; J11. 620;D.Louage.495.
— Cr.c. A4.291; P1.1093; B7.317,n.; S11.1.213; D. Cour d'ass.128.
— Bruxelles. A5.660; P11.2.64; B10.314;S11.2.49;D.Testam.227.
— Liége.A7.749;P2.147;B14.437;D.Exploit.790.
— Cr.c.A8.356;P2.248;B15.445; D.Faux.102.107.211 472.
— Req.A6.695; P10.1.329; B12.555;S10.1.323;MQ4.226;J 11.621;Effets de comm.639.649.
— Besançon. A11.670,n.4,n.1;P11.2.121. et 2.1162; B24. 98;S12.2.8;J11.617;D.Saisie-imm.23.42.1271.
22 Cr.r.A4.153;P1.1051;B7.166;D.Tabacs.18.19.
— Arr.A6.525,n.1;D.Ventes admin.324.
— Déc.A6.327,n.;D.Ventes admin.325.
— Besançon.A9.208,n.1.3;P2.448;B17.246,n.3;S11.2.378; J11.626;D.Acquiescem.439;D.Hypoth. conv.89.
— Cr.c.A12.616,n.4;P2.1379;B27.136;D.Tém. faux.70.
— Colmar.A11.845,n.2; P2.1232; B24.418;D.Saisie-imm. 1627.1674.
— Cr.r.S11.1.214;D.Contr. ind.404.
— Déc. du cons. d'état. S1.380;D.Concession.7.

23 Paris.A9.738,n.2;P2.580,n.3;B18.414;S14.2.212;D.Jugem. par défaut.374.
— Colmar.A9.732,n.1;B18.403;D.Jugem. par déf.333.
— Florence.A7.661,n.1;B14.329,n.1; D.Conciliat.28.Expertise.98.
— Paris.J1810.et2.345;D.Req. civ.92.
24 Turin.A11.525,n.4; P2.106,n.3; B23.319; S14.2.80; D. Remplaçant.56.
25 Civ.c.A1.672;P1.252;B2.318; D.Acquiesc.113.218.363. Arbitrage.201.411.414.
— Bruxelles A7.765;P2.152;B14.456;D.Exploit.686.
— Turin.A6.865,n.3; P13.2.25; B12.556,n.1;S13.2.286;D. Enquête.152.155.
— Turin.A12.703,n.3;P11.2.34;B27.284;S12.2.417;D.Tutelle.60.625.
— Rennes.A1.679,n.;P1.257,n.;B2.326; D.Arbitrage.269. Exploit.885.
26 Civ.r.A2.50;P10.1.273;B3.29;S14.1.111;D.Assur. marit.680.
27 Paris.A3.733. et 1.501; P1.180. et 12.2.77; B2.121. et 6.367;S15.2.11. et 11.2.486; D.Appel civil.376.Exécution des jug.79.Contr. par corps.33.122.
— Nîmes.A5.257; P1.1316; B9.295; S11.2.72;D. Disposit. entre-vifs.138.139.140.
— Civ.c.A7.627. et 6.657;P2.109. et 10.1.447;B12.513. et 14.288; S10.1.380; MR8.837; J11.637; D.Garantie.545. 550;Jugem. prép 81.Effets de comm.715.
— Bruxelles.A7.790;P2.159;B14.485;D.Exploit.409.
— Liége.A6.855,n.1;P1.1312;B12.543,n.1; D.Enquête.92.
— Req.A10.235,n.2;P2.726,n.5;B19.482;D.Sép. de biens. 94.
— Req.A10.584,n.1-1; P10.1.381; B20.207;S10.1.348;J11. 629;D.Mat. somm.47.
— Paris.A11.914,n.10.1;B25.54;S15.2.11. et 11.2.486;J11. 651;D.Puiss. patern.51.Sép. de corps.180.
28 Bruxelles. A7.793. et 6.575,n.1; P1.1448; B12.214,n.1. et 14.489; S10.2.598. et 594; D.Comp. comm.151. Eff. de comm.111.Exploit.494.
— Cr.c.A8.556;P2.248;B15.416;D.Faux.209.459.
— Req.A9.148; P10.1.557;B17.171;S10.1.541; J11.640;D. Hypoth. lég.119.
— Rouen.A9.199,n.1-1;P10.2.141;B17.255,n.1;S10.2.307; MQ5.582. et 6.458;D.Hypoth. conv.60.Lois.253.
— Req. A9.583,n.1.7; P10.1.501; S11.1.28; B18.181; J11. 642;D.Intervention.57.
— Civ.c.P10.1.382;S10.1.254. et 369.
29 Colmar.P11.2.37;S11.2.60;D.Juifs.51.52.
— Civ.r.P10.1.503;S11.1.29;D.Enreg.177.
— Cr.c.A8.451;P2.272;B16.40;D.Faux incid.254.284.
— Orléans.A12.662,n.43;P2.1590;B27.211;D.Tierce-opp. 114.
30 Florence.A7.821;P2.168;B14.522;D.Exploit.298.
— Bruxelles.A6.646; B12.300,n.2; S12.2.137;D.Effets de comm.469.
— Rouen.A10.627,n.1;P2.821,n.2;B21.41; S11.2.111;J11. 645;D.Compensation.86.
— Liége.S10.2.536;D.Conciliat.55.

JUILLET.

2 Bruxelles. A4.673; P12.2.4; B8.294;D.Degré de jurid. 276.
— Gênes.A1.778;P11.2.151;B2.440;S11.2.209;J11.648;D. Arbitrage.428.862.Exploit.453.
— Bruxelles.A7.821;P11.2.157;B14.522;S12.2.2; J11.650; D.Exploit.563.
— Rennes.A9.592,n.15;B18.198;D.Interv.141.147.148.
— Paris. A11.843,n.5; P2.1232; B24.417; D.Saisie-imm. 1631.
— Turin. A11.737,n.2; P2.1189; B24.221; D. Saisie-imm. 151.677.741.1421.
— Limoges.A11.987,n.6; P11.2.108; B25.95; S11.2.236;D. Div.65.70.Sép. de corps.48.
3 Req.A3.251; P10.1.455; B5.283; S20.1.505; D.Régl. de juges.23.
— Civ.c.A12.670,n.2;P10.1.549;B27.227;S10.1.545; MR8. 820;J11.654;D.Tierce-opp.239.
4 Civ.r.A7.213;P2.32;B13.259;D.Enreg.1791.
— Aix.A2.755;P1.650;B4.398;S12.2.31;D.Commiss.405.
— Paris.A10.852,n.5;P2.899,n.9;B21.416;D.Ordre.560.
— Civ.c.A10.477,n.1; P10.1.559; B20.347; S10.1.376; MR 15.644;D.Oblig.657.
— Colmar.A11.650,n.3; P2.1152,n.16; B24.63; S11.2.32;J 11.687;D.Saisie-exéc.55.
— Aix.A12.659,n.1.36;P2.1589;B27;205; D.Intervention. 33.Tierce-opp.123.
— Turin.A11.525,n.;P2.1106,n.;B23.319,n.2;D.Remplacem.36.
5 Cr.c.A4.60;P1.1020,n.;B7.63,n.;D.Cont. ind.177.
— Paris.A1.705;P1.267;B2.356;S14.2.141;J11.659; D.Arbitrage.425.
— Req.A8.481;P10.1.624;B16.75;S11.1.11;MQ4.426; J11. 661;D.Féodalité.52.
— Req.A8.594,n.2; B16.90,n.2; S.7.2.1177; D.Féod.135.
— Bruxelles.A10.844,n.2;D.Ordre.465.
— Arr.S14.136;D.Exception.165.
6 Cr.c.A3.211;P1.748;B5.259;S7.2.796; D.Compét. adm. 354.
— Décr.A8.688,n.2;D.Fonct. pub.
— Déc. cons. d'état.S1.384;D.Compét. admin.245.
— Décr. cons. d'état.A1.385;S1.385;D.Impôt.24.

— Paris.A8.8,n.11;J11.651;D.Fabriques.56.
— Décr. cons. d'état.S1.387;D. Ventes admin.53.
— Décr.D.Ventes admin.54.
7 Paris.A11.530,n.2;P2.1117,n.1;B23.366;D.Référé.82.
9 Agen A7.726;P2.133;B14.409;D.Exploit.780.
— Rennes. A9.650,n.1; P2.560,n.2; B18.286; D. Exécut. Prov.38.
— Turin.P10.2.123,*bis*;D.Garantie (caution) Intérêts.
10 Civ.c.A7.279,P10.1.364;B13.513;S11.1.171;MR14.394; J11.665;D.Enreg.2068.2105.
— Civ.c.A8.490;P10.1.551;B16.86;S10.1.346;MQ4.396;D. Féod.93.
— Paris.A6.701,n.,n.6;P11.2.43;B12.364,n.6; D.Effets de comm.672.
11 Bruxelles.A4.681;P12.2.5;B8.303;J11.670;D.Degré de jurid.314.
— Bruxelles. A5.517; P11.2.23; B10.142; J11.666; D.Donat.120.307.
— Arr.A6.525,n.1;D.Ventes admin.324.
— Paris.D.Exploit.344.
12 Cr.r.A4.559;P1.1187;B8.166;S17.2.313;D.Défense.30. 59.
— Bruxelles.A7.766;P2.152;B12.437;S14.2.108;J11.676; D.Exploit.686.
— Cr.c. A11.215,n.2; P2.982,n.5; S11.1.72; B22.303; D. Plainte.30.
— Cr.c.A11.103,n.9;P2.933,n.1;B22.105;D.Presse.293.
— Req.A11.185,n.,n.3;P10.1.401;B22.248;S10.1.368; J11. 673;D.Péremption.82.86.
— Cr.c. A12.593,n.11; B27.97; S16.1.285; J11.678; D.Témoin.240.
— Req.A11.951,n.3.1;P10.1.370;B25.120;S10.1.329;MQ4. 609;J11.679;D.Serment.125.
13 Cr.c.A2.442;P10.1.426;B4.39;S10.1.297;MR14.225,n.;J 11.681;D.Chasse.129.
— Paris.D.Action.78.
14 Nîmes.A9.910,n.1.3;P24.2.176;B19.7;S33.2.74,n.; J11. 690;D.Louage.145.
— Paris.A10.470,n.2; P2.786,n.5; B20.336; S14.2.15;J11. 683;D.Oblig.539.
— Bruxelles. A11.681,n.7; P11.2.11; B24.124;S11.2.41;J 11.687;D.Ordre.566.Saisie imm.211.212.
16 Trèves.A4.745; P1.1256;B8.378; S11.2.257; J11.695;D. Frais et dépens.71.Degré de jurid.601.
— Avis du cons. d'état.A7.345,n.1;D.Enreg.2551.
— Paris.A9.582,n.1-1;P2.538,n.1-1;B18.180;D.Interv.64.
— Civ.r.A9.555,n.1; P10.1.539; B18.140; MQ5.163; J11. 698;D.Interdit.133.
— Déc.A8.14,n.68;S10.2.334;D.Fabriques.198.
17 Civ.c.A3.800; P10.1.348; B6.456; S10.1.370;J11.707;D. Contr. par corps.594.646.
— Req.A3.63; P1.698; B5.66; D.Commune.556.Dom. de l'état.46.
— Civ.r.A10.763,n.1;B21.268;S10.1.327;J11.704;D.Serm. 55.Conciliat.113.
— Turin. A10.117. et 118,n.2; B19.292; S12.2.414; D.Mariage.627.
— Ord. cons. d'état.D.Comptabilité.50.
18 Pau.A8.643,n.1; P10.2.151; B16.260,n.1; S11.2.12;MR 16.74;D.Filiat. nat.60.
— Bruxelles.A6.714;P1.1481; B12.378; S14.2.100; D.Eff. de comm.688.
— Bruxelles.A12.726,n.4;P11.2.14;B27.326;S11.2.435;D. Tutelle.70.279.
19 Cr.c.A1.422; P1.158; B2.26; S11.1.212;D.Amnistie.58. 60.68.70.
— Req.A6.56; P10.1.385; B11.59; S10.1.351; MQ5.265;D. Legs.19.
— Req.P10.1.411,n.;D.Act. possess.102.
20 Paris.A3.677; P1.963;B6.303;D.Agent de ch.73.Compte.82.145.
— Cr.c.A8.750;P2.363;B16.365;S11.1.67;D.Forêts.446.
21 Bruxelles. A6.269; P11.2.12; B11.305; S11.2.533; J11. 715;D.Portion disp.235.
22 Grenoble. A10.826,n.1; P2.886,n.4;B21.372;D.Ordre. 278.
23 Paris.A1.819;P1.312;B2.488;J11.660;D.Arbitrage.860.
— Bruxelles.A11.601,n.1;P2.1153,n.5;B23.459;S14.2.404; J11.724;D.Avocats.131.Req. civ.37.
— Déc.A11.321,n.1;D.Prescript. crim.115.
24 Civ.c.A7.310,n.;D.Expertise.357.
— Civ.c.A7.289;P2.50;B13.327;D.Enreg.1885.2131.
— Civ.r.A1.237;P10.1.412;B1.299;S10.1.334;MQ5.596. et 6.746;J11.733;D.Action possess.166.
— Colmar.A1.751;P11.2.30;B2.409;D.Arbitrage.436.815. Cont. par corps.185.
— Rennes.A7.719;P2.155;B14.401; S14.2.134; D.Exploit. 568.
— Turin.A11.809,n.2.1;P2.1216;B24.333;S11.2.51; D.Demande nouv.19.Saisie-imm.1365.1277.1527.
— Toulouse.P11.2.80;S11.2.105; MR16,68; D.Filiat. nat. 189.
— Bruxelles.S16.2.88;D.Acte de notoriété.3.
25 Rennes.A1.811;P23.2.33,n.;B2.479;S12.2.404;J11.758; D.Arbitrage.940.1040.
— Grenoble.A5.773;P22.2.176;B10.443;S11.2.460. et 377; D.Testam.370.578.
— Montpellier.P11.2.88;D.Domicile élu.19.
26 Cr.c.A1.423;P1.159;B2.27;D.Amnistie.72.
— Liége.A8.266;P11.2.15;B15.310; S7.2.956; J11.741; D. Faillite.1141.

1810.

— Cr.c.A8.738,n.1; P2.354; B16.349;S11.1.403;D.Forêts. 157.158.
— Req. A12.746,n.2,n.1; P10.1.373. et 2.1415; B27.310;S 10.1.353; MR14.265; V. au 16; D. Parenté.22. Tutelle. 135.136.
— Req.P10.1.367;S10.1.348;D.Lois rétroact.82.
27 Sect.réun.c.A7.222;P10.1.494;B13.249;S8.1.161. et 20. 1.505 et 506;MR4.706;D.Enregistrem.
— Sect. réun. A2.603;P10.1.522;B4.222;S11.1.54; D.Chose jugée.380.
— Trèves. A3,362; P10.2.113; B5.415; S11.2.467. et 7.2. 1252;D.Comp. com.274.
— Turin.A12.283,n.1;P2.1303;B26.35; S11.2.228; D.Success.152.
— Riom.r.A11.848,n.3;P13.1.394;B24.426;D.Saisie-imm. 1141.
28 Bruxelles.A6.714;P1.1482;B12.378; S14.2.77; D.Effets de comm.612.619.655.
30 Paris.A9.66,n.1; P11.2.43; B17.72,n.1; S11.2.408; J11. 742;D.Privilége.319.322.323.
— Arr.c.A12.118,n.5;P2.1274;B25.323;S11.1.91;D.Etranger.241.Société comm.118.
— Turin.A11.543,n.4;B23.355;S15.2.197; D.Référé.9.46.
31 Bruxelles.A4.670;P12.2.5;B8.290;J11.671; D.Degré de jurid.262.
— Colmar.A9.529,n.2.1;P11.2.17. et 189;B19.311; S11.2. 206;MR16.107;D.Autor. de femme.9.256.
— Rennes.D.Exploit.766.
— Déc. min. fin.D.Transcript. hyp.149.

AOUT.

1 Paris.A2.708;P1.632;B4.342;S14.2.146;J11.745; D.Actes de comm.214.Commerçant.49.
— Req. A2.213; P10.1.431; B3.232; S14.1.81; J11.746; D. Avoué.117.Désaveu.46.Exploit.541.
— Trèves.A1.145;P11.2.130;B1.170;S9.2.125. et 11.2.225; MR16.516; D.Acquiescem.243. Appel civil.420. Communauté.256.Juifs.48.
— Rennes.A1.557; P1.191. et 23.2.45,n.4; B2.163; S14.2. 368;J11.748;D.Appel civ.455.Appel incident.10.
— Rouen.A7.794; P2.161; B14.490; S14.2.132;J11.751;D. Exploit.493.
— Req.A6.874; P10.1.479; B12.215; S13.1.453; MR16.658; D.Jugem.352.Effets de comm.110.
— Civ.c.A9.428;P10.1.433;B17.507;S10.1.519; MR10.687, n.;D.Hypoth.350.Prescript. civ.1066.
— Liége.A9.921,n.1-1; P2.667,n.1. et 11.2.135; B19.24;S 11.2.119;D.Louage.415.
— Bruxelles.A9.717,n.2;P2,580,n.2;B18.380;S11,2.86; D. Jugem. par défaut.261.
— Angers.A10.150,n.1.2; P12.2.32; B19.348; S14.2.144;M Q6.378;D.Autoris. de femme.319.
— Paris.D.Exploit.349.
2 Cr.c.A1.551; P1.197.198; B2.179. et 180; S11.1.118;D. Appel correct.29.74.
— Req.A6.807;P10.1.427;B12.486;S10.1.379;D.Emig.209.
— Cr.r.A1.552,n.;P1.198,n.;B2.180,n.;D.Forêts.159.
3 Cr.c.A4.459;P1.1154;B8.35;D.Cour d'ass.1085.1179.
— Cr.c.A2.188; P11.1.58; B3.204; S11.1.55; MQ5.586;D. Autor. mun.530.552.Lois.147.
— Cr.c.A8.386;P2.256;B15.430;D.Faux.82.
— Cr.c.A12.1025,n.4;P2.1510;B28.352;D.Voirie.731.
— Trib. de Turin.P11.2.22;S11.2.59;J11.754;D.Oblig.19.
— Besançon.A3.156,n.;B9.180,n.;D.Désist.113.
4 Turin.A9.853,n.2; P11.2.207; B18.135; D.Interdit.111. 112.
— Liége.A9.262,n.3;P2.459;B17.310,n.2;D.Inscript. hypoth.185.191.196.250.275.321.
— Paris.A10.854,n.1; P2.890,n.2; B21.387; D.Ordre.591. 476.554.
— Turin. A12.532,n.1; P11.2.117; B26.446; S11.2.73; D. Rescis.158.
— Caen.A11.942,n.3;B23.51;S10.2.485; D.Puiss. patern. 30.Sépar. de corps.179.
— Limoges.D.Testament.374.
6 Civ.c.A7.110;P10.1.372;B13.121;S10.1.357; M4.751; D. Enreg.979.
— Paris.A1.664;P11.2.20;B2.309; S16.2.82; D.Arbitrage. 377.378.
— Montpellier.A11.548,n.2; P23.2.157,n.2; B23.365; S15. 2.198;J11.759;D.Référé.27.30.
— Douai.D.Lois personn.17.
— Paris.S12.2.415;J11.757;D.Servitudes.606.
7 Req.A4.171; P1.1057; B7.185; D.Preuve test.122.124. Sel.7.
— Req.A6.27; P10.1.377;B11.26;S10.1.353; MR13.696. et 17.729. et 750;J11.761;D.Testam.802.522.
— Civ.c.A12.358,n.2; P10.1.429; B26.157; S10.1.380; MR 11.547;D.Succession.352.
— Paris.A11.886,n.2.5;P2.1234;B23.6;J11.634;D.Presse. 359;Respons.364.Sép. de corps.10.118.
— Déc.A3.237,n.13. et 240,n.2;D.Compét.
— Décr. du cons. d'état.S1.390; D.Autor. mun.29. Concession.19.
— Décr.A12.1021,n.28;D.Voirie.686.
8 Turin.A1.524;P1.167;B2.146;S14.2.422; D. Appel civ. 467.
— Bruxelles.A7.768;B14.460;S14.2.76;D.Exploit.724.
— Nîmes.A11.524,n.3;P2.1105;B23.818;S13.2.49;D.Remplacem.53.

1810.

— Rennes.A11.907,n.2;P2.1245;B25.42,n.1;D. Sépar. de corps.157.
— Riom.A4.639;P12.2.2;B8.256;D.Degré de jurid.139.
9 Bruxelles. A6.636; P11.2.21; B12.291,n.1;S11.2.116;J 11.767;D.Effets de comm.368.
— Nîmes.A9.752,n.1;P2.584,n.1; B18.402; D.Jugem. par défaut.333.
10 Cr.c.A4.86;P1.1029;B7.92;S11.1.124;D.Cont. ind.358.
— Liége.A7.806;P2.163;B14.504; D.Dom. élu.125.Expl. 340.
— Trèves.A9.748,n.2;P11.2.145;B18.429;S11.2.224; J11. 769;D.Jugem. par défaut.234.457.
— Cr.c.A11.412;P2.1066,n.9; B23.127; S11.1.128; D.Procès-verbal.388.
11 Gênes.P11.2.56;D.Saisie-imm.593.
— Paris.P23.2.157,n.3;D.Référé.
13 Trèves.A1.336;P23.2.50,n.3;B1.393;S11.2.59;J11.774; D.Alimens.62.
— Civ.c.A1.252; P10.1.408; B1.293;S10.1.333;MQ4.622;J 11.733;D.Action possess.162.
— Riom.A10.119,n.1;B19.294;S13.2.259;D.Mariage.657.
— Civ.c.A12.231,n.1;P10.1.464;B25.514; S11.1.31; MR5. 215;D.Substit.403.
— Montpellier.A11.655,n.4;P2.1135,n.17;B24.71; D.Saisie-exécut.223.
— Paris.A11.836,n.2. et 872,n.1;P2.1230;B24.466. et 405; S13.2.166;D.Saisie-imm.1504.1505.1731.1732.
14 Bruxelles.A9.755,n.,n.5;P11.2.152; B18.439; S11.2.86; D.Jugem. par défaut.491.
16 Cr.c.A3.454;P1.842;B6.56;S11.1.104;D.Compét. crim. 147.218.
— Cr.r.A11.93,n.8;P2.929,n.4;B22.88;S17.1.522;D.Presse.206.
— Florence.A11.606,n.3;P2.1136,n.16;B23.468;S15.2.34; D.Req. civ.26.86.
— Douai.A11.788,n.1,1;P10.2.181;B24.315;S11.2.83;J11. 776;D.Surenchère.2.22.
— Req.S10.1.310;D.Renvoi.84.
17 Paris.A7.739;P2.143;B14.424; S14.2.128; D.Domic.94. Exploit.116.340.
— Liége.A9.274,n.1.2. et 9.286,n.2.1;B17.359,n.2.1. et 524,n.2;D.Inscript. hypoth.249.319.
— Paris. A12.505,n.2; P12.2.89; B26.401; S11.2.442;J11. 779;D.Communauté.546.Partage.196.
18 Turin.A5.638;P11.2.66;B10.322;S11.2.149;J11.780; D. Testam.257.
— Liége.A10.736,n.;P2.856;D.Preuve testim.294.
— Décr.A11.15,n.1;S10.2.376;D.Organis. jud.
— Poitiers.A12.927,n.2.2;P11.2.169;B28.200; S11.2.125; D.Transport de créance.234.244.
— Décr.A3.223,n.1;D.Eau.353.
— Déc.A5.191;D.Trav. pub.92.
— Décr.A12.981,n.15;D.Voirie.69.
— Dijon.A12.709,n.2;D.Jugem. par défaut.200.
20 Bruxelles. A3.818; P11.2.3; B6.468; S11.2.69;D.Cont. par corps.292.
— Montpellier.A9.734; P14.2.8; B18.406; S13.2.283;J11. 788;D.Jugement par défaut.337.367.
— Riom.A10.841,n.2;P12.2.11;B21.400;S14.2.270; D.Ordre.443.
— Paris.A11.545,n.2;P2.1113,n.1;B23.537;D.Référé.20.
21 Pau.A4.662;P1.1212;B8.281;S14.2.92; J11.793; D.Degré de jurid.213.
— Paris. A3.367; P1.800; B5.422; S14.2.239; D. Compét. comm.299.
— Bruxelles.A9.32;P2.417. et 11.2.209;B17.50;S11.2.360; D.Privilége.20.
— Civ.r.A9.176;P10.1.515; B17.207; S11.1.29; J11.794;D. Hypoth. jud.16.
— Paris.A10.832,n.;B21.385,n.1;D.Ordre.380.
— Paris.A11.723,n.3;P2.1183;B24.196;S14.2.196; D.Saisie-imm.593.1710.1711.
— Aix.P11.2.98;D.Sépar. de patrimoine.22.
— Bruxelles.P11.2.75;S15.2.192;J11.790;D.Exploit.688.
22 Paris.A2.720; P1.636; B4.356; S14.2.212; D.Actes de comm.195.Compétence comm.143.
— Bruxelles.A1.689;P11.2.56; B2.337;S14.2.45; D.Arbitrage.480.
— Civ.c.A5.549;P10.1.459;B10.181;S10.1.371; MR12.647; D.Don. dég.13.14.
— Avis du cons. d'état.A7.424,n.1; S11.2.14;D.Enreg. 2841.
— Rennes.A7.734;P2.140;B14.419; S14.2.128; D.Exploit. 165.178.
23 Cr.c.A4.428; P1.1147; B8.23;S11.1.116; D.Cour d'ass. 1027.
— Cr.c.A3.444;P1.826;B6.44;S11.1.122;D.Compét. crim. 183.190.
— Bruxelles.A12.68,n.1; P22.2.131,n.4; B25.240; S11.2. 256;D.Servitude.655.
— Req.A11.535,n.1; P10.1.651; B23.337; S11.1.27; MQ5. 162;D.Réc. de juges.57.
— Bruxelles.A11.828,n.4;P11.2.162;B24.389;S15.2.165; J 11.800;D.Saisie-imm.953.1585.
— Paris.A11.768,n.4,n.1;P2.1204;B24.279; S15.2.157; D. Surenchère.313.325.
24 Civ.r.A4.237;P1.1074;B7.287;D.Contr. ind.391.392.
— Paris.A5.155;P1.1306;B9.179;S14.2.138;D.Désist.113.
— Paris.A7.723;P2.134; B14.405; S14.2.129; J11.809; D. Exploit.83.

— Nimes.A7.752;P13.2.25;B14.441;S12.2.29. et 14.2.198; J11.804;D.Exploit.638 Saisie-imm.1469.
— Cr.c.A8.451,n.1;B16.41,n.1;D.Faux incid.275.
— Turin.A6.859,n.1,n.2;P24.2.9,n.1;B12.548,n.2; S14.2.253;J11.804;D.Enq.123.
24 Riom.A9.211,n.,n.2;P13.2.94;B17.250,n.2;S13.2.221;J11.816;D.Hypoth. conv.115.Paiement.155.
25 Besançon.A9.531;P11.2.55;B18.405;S11.2.336;J11.844; D.Interdit.37.
— Paris.A10.577,n.1.3;P2.805,n.2;B20.499; S14.2.240; D.Offre.54.
— Bordeaux.A10.127,n.1;P11.2.188; B19.309; S11.2.185; D.Autorisat. de femme.82.
— Bruxelles.A10.144,n.1.2;P11.2.20;B19.338; S11.2.207; D.Autorisat. de femme.181.184.Lois personn.35.
— Colmar.A11.577,n.2,n.2;P2.1125,n.1. et 10.2.165;B23.415;S11.2.32;J11.812;D.Rente.365.366.
— Bruxelles.A12.753,n.23;P12.2.90; B27.376; S11.2.422; D.Tutelle.522.565.
27 Civ.c.A2.400;P10.1.535;B[illegible];S11.1.40;MQ5.509;J11.821; D.Caution.87.88.
— Agen.A6.271;P1.1352. et 12.2.81;B11.307;S11.2.112;J11.389;D.Portion dispon.244.
— Civ.r.A8.488; P2.281; B16.83; S10.1.532; D.Féodalité.96.
— Paris.A9.965,n.1-1;P11.2.58;B19.96;D.Mandat.294.
— Civ.c.A10.534,n.1.5-5; P10.1.459; B20.152; S10.1.572; MQ5.591. et 6.661;MR10.529;J11.818;D.Lois rétroact.62.Dot.287.
— Cass.D.Lois rétroact.100.
28 Civ.c.A1.436;P10.1.456; B11.159;S14.1.60; J11.825;D.Acquiesc.421.Act. poss.17.277.317.
— Civ.r.A7.784;P10.1.476;B14.479; S10.1.584; MR5.53;J11.850;D.Exploit.439.
— Paris.A6.586,n.1;P1.1364;B11.442,n.1;D.Domicile.73.
— Poitiers.A8.640,n.4;P11.2.82;B16.257,n.4,S13.2.290; J11.827;D.Filiat. nat.103.
— Poitiers.A8.636;P11.2.83; B16.252; J11.829; D.Filiat. nat.84.
— Orléans.A11.771,n.2; P2.1205; B24.277,n.3; D.Surenchère.257.
— Rennes.D.Frais et dépens.271.
29 Liége.A7.825;P2.169;B14.526; D.Domicile élu.32.Exploit.60.82.
30 Cr.c.A4.87,n.;P1.1029,n.;S11.1.132;D.Contr. ind.362.
— Florence.A8.427;P11.2.136;B16.14;D.Faux incid.36.
— Paris.A8.428;P2.268;B16.14; S14.2.319; D.Faux incid.87.154.
— Cr.c.A11.498,n.4; P2.1092,n.; B23.271,n.1;S11.1.144; D.Quest. pr.11.
— Paris.A11.639,n.4; P2.1148,n.15, et 11.2.72;B24.44; S15.2.109;J11.853;D.Saisie-arrêt.225.228.
— Paris.A11.554,n.5; P2.1110,n.7; B23.537; D.Réc. de juges.54.
— Bruxelles.J11.835;S14.2.378;D.Exploit.230.
31 Colmar.A2.583;P1.492;B3.429;J11.857;D.Caution.404.
— Colmar.A3.809;P11.2.99;B6.457;S14.2.91. et 11.2.78; D.Contr. par corps.519.721.
— Cr.c.A5.441;P1.833;B6.40;S11.1.135;D.Comp. cr.179.180.292.
— Limoges.A3.231;B9.265;S11.2.461;D.Disp. entre-vifs.66.68.
— Cr.c.A8.447,n.2; B16.37,n.2; S11.1.103; J11.858; D.Faux incident.279.
— Paris.A9.103,n.1; P23.2.101,n.2; B17.117,n.1; S17.2.397;J11.840; D.Appel civ.426.Autorisat. de femme.54.55. Inscript. hypoth. 68.69.85.292. Privilége.216.488.490.Tutelle.605.
— Rennes.D.Jugem. par défaut.132.

SEPTEMBRE.

3 Civ.r.A7.171;P10.1.451; B13.191; S11.1.26; MR4.698;J11.845;D.Enreg.1518.
— Civ.r.A7.172;B13.193,n.;D.Enreg.1518.
— Civ.c.A7.352;P2.59;B13.376;D.Enreg.2542.
— Civ.r.A7.443;P2.76;B14.64;D.Enreg.2973.
— Civ.c.P10.1.554;MR3.753;D.Divorce.
4 Lyon.A3.787;P11.2.131;B6.452;S11.2.229. et 7.2.929;J11.851;D.Contr. par corps.495.536.Huissier.96.
— Civ.c.A5.35;P10.1.477; B9.36; S12.1.209; MR3.562;D.Déportat.30.38.
— Lyon.A9.737,n.1;P11.2.74;B18.411;S14.2.211;J11.846; D.Jugem. par défaut.362.
5 Civ.c.A3.755; P10.1.520; B6.395; S11.1.52; J11.858;D.Contr. par corps.494.
— Déc.A6.327,n.;D.Ventes adm.525.
— Civ.r.A6.791,n.1; P10.1.512; B12.468,n.1; S13.1.418; MR16.483;D.Inscript.hypoth.122.Emigré.141.
— Décr.A9.465,n.3;B18.5,n.1;D.Respons.163.
— Décr.A12.688,n.1; P2.1404; B25.258; S1.396; D.Trav. publ.62.
— Décr.A3.191,n.7.
— Décr. du cons. d'état.S1.397;D.Contr. directes.279.
7 Cr.r.A2.306;P1.459;B3.341;D.Cassation.460.488.
— Cr.c.A8.357;P2.248;B15.417;S11.1.126;D.Faux.48.
— Cr.c.P11.1.224;S11.1.126;MR11.47;D.Forêts.266.
10 Besançon.A11.600,n.3; P2.1132,n.7; B23.458; D.Req. civ.32.
11 Décr.A6.838,n.4;D.Émigrés.
12 Paris.A10.383,n.2; P11.2.16; B20.207; S14.2.331; D.Frais et dépens.210.Mat. som.31.
14 Turin.A1.524;P1.187;B2.147;S14.2.422;J11.854;D.Appel civ.467.Saisie-immob.203.
21 Décret.A7.485,n.1;D.Enreg.
— Avis du cons. d'état.A7.557,n.2;S11.2.13;D.Enreg.
22 Rouen.A10.841,n.2.1;P2.893,n.11;B21.599;S15.2.488; J11.855;D.Ordre.439.
23 Arr.A6.323,n.1;D.Ventes adm.524.
— Déc.A3.191,n.3. et n.8;S1.401;D.Trav. publ.118.
— Déc. du cons. d'état.S1.408;D.Expropr. publ.26.
— Décr.A3.225,n.8;S1.406;D.Eau.376.
26 Paris.A11.871,n.3;B24.466;D.Saisie-imm.1715.
29 Décr.A5.134,n.1;D.Communes.

OCTOBRE.

1 Civ.c.A5.801;P10.1.498;B10.475;S11.1.21; J11.863;D.Testament.284.666.
— Civ.c.A9.260,n.1.2;P10.1.441; B17.507,n.2; S10.1.385; MR6.226,n.;J11.856;D.Inscript. hypoth.193.
2 Civ.c.A7.366;P2.54;B13.347;D.Enreg.2208.
— Civ.c.A7.285;P2.49;B13.320;D.Enreg.2086.2811.
— Civ.c.A7.346;P10.1.558,B13.393;S20.1.495;MR4.764;J11.866;D.Enreg.2447.
— Paris.A9.719,n.2;B18.385;D.Jugem. par défaut.274.
3 Civ.c.A1.274;P10.1.496;B1.319; S11.1.23; J11.874; D.Action possess.20.
— Civ.c.A7.322;P11.1.33;B13.365;S20.1.500;MR3.768;V. au 5 nov.;D.Enreg.2278.2281.
— Req.A3.351;P10.1.460;B5.402; S10.1.381; MQ3.522;D.Compet. comm.226.
— Civ.c.A6.399;P1.1303;B12.10;D.Douanes.54.
— Paris.A9.687,n.1;P11.2.16;B18.334,n.1;S14.2.133;J11.873;D.Frais et dépens.
— Paris.A11.637,n.2,n.2;P2.1146. et 24.42; D.Saisie-arrêt.154.
— Civ.c.A11.927,n.2; P10.1.481; B25.76; S11.1.8; MQ5.573. et 6.151;D.Divorce.12.
— Cr.c.P11.1.253;J11.872.
4 Cr.c.A6.396,n.2;P1.1362;B12.6;S11.1.123;D.Douanes.
— Cr.c.A12.970,n.6; P2.1501; B28.273; S11.1.124; D.Action publ.3.
5 Cr.c.A4.87,n.;P1.1029;D.Contr. ind.362.
— Cr.r.A2.599; P1.601; B4.218; J11.879;D.Chose jugée.368.
— Rome.A1.782;P12.2.47;B2.445; S12.2.465; J11.879; D.Arbitrage.1099.Autorisat. de femme.63.380.
— Cr.c.A9.396,n.1.2;B18.203;S11.1.133;D.Jeu pari.15.
— Civ.r.A11.751,n.2;B24.210;D.Saisie-imm.637.
6 Arr.A6.323,n.1;D.Ventes adm.524.
— Déc.A10.392,n.1;D.Mines.75.78.162.
— Déc.A10.392,n.1;D.Mines.75.78.162.
— Déc.A10.392,n.1;D.Mines.75.78.162.
— Déc.A10.392,n.1;D.Mines.75.78.162.
8 Civ.c.A7.537;P10.1.505;B14.177; S11.1.30; MR14.42;J11.882;D.Timbre.286.
— Décret.A7.692,n.2.3;B14.368,n.3;S1.417;D.Expertise.415.
— Décr.A9.469,n.11; B18.10,n.3; S1.415; D.Contr. directes.246.
— Décr.A9.470,n.6.2; B18.11,n.2; S1.416; D.Contr. dir.252.
— Décr.A3.219,n.10;D.Contr. directes.201.
9 Civ.c.A7.261;P2.44;B13.295;S11.1.71;D.Enreg.1996.
— Cr.c.A11.300,n.3;P2.1091,n.;D.Quest. pr.21.
10 Civ.c.A7.266;P10.1.475;B13.300;S11.1.36; J11.883; D.Enreg.1641.1960.
11 Cr.c.A2.569;P10.1.532; B4.183; S11.1.10; MQ5.598. et 6.824;D.Chose jugée.304.Jugem.398.
— Cr.c.A9.638,n.,n.4;P10.1.527;B18.268;S11.1.13; MQ5.599. et 6.826;D.Jugem.403.
15 Décr.A9.975,n.1;B19.114.118,n.18;S11.2.17; D.Manufacture.70.86.109.
— Décr. du cons. d'état.D.Ventes adm.468.
16 Civ.c.A7.243;P2.38;B13.274;D.Enreg.1931.2868.
— Civ.r.A9.323,n.1;P10.1.490; B17.582,n.1; S11.1.25; D.Transcrip.22.
17 Req.A4.795;P10.1.559;B2.459;S11.1.37;J11.885;D.Arbitrage.1076.
— Civ.r.A9.366;P2.483.et 11.1.105;B17.429;S11.1.155;D.Purge des priv.18.19.68.
18 Cr.c.A4.340,n.;B7.371,n.1;D.Cour d'ass.424.
— Décr. du cons. d'état.S1.422;D.Contrainte.16.
20 Ord. (Date fausse. V.20 oct. 1820).
22 Décr.A6.838,n.,n.4;D.Emig.368.
— Décr.A3.191,n.3;D.Compet.
— Décr. du cons. d'état.D.Oblig.179.486.
— Déc. du cons. d'état.S1.424;D.Servitudes.779.
— Déc. D.Trav. publ.47.
23 Civ.c.A11.203,n.4;P10.1.510;B22.281; S11.1.35; MR9.255;J11.888;D.Pérempt.267.
24 Civ.c.A7.42;P2.4;B13.41;D.Enreg.984.2516.
26 Cr.c.A4.203;P1.1064;B7.219;D.Or et argent.64.
— Cass.D.Commard.n.10.D.Forêts.108.
28 Cr.c.A3.444;P1.834;B6.41;D.Compét. crim.180.
29 Civ.c.A6.389;P10.1.306;B11.447;S10.1.378; MR16.193; J11.897;D.Domicile élu.100.
— Civ.c.A10.742,n.2;P11.1.3;B21.255;S11.1.50;MR9.740; J11.902;D.Preuve test.271.
— Civ.c.A11.305,n.1; P10.1.492; B22.486; S11.1.23;MR9.587;J11.893;D.Prescript.civ.1002.1019.
30 Civ.r.A10.770,n.3; P10.1.553; B21.281;S11.1.38; MR12.501;J11.906;D.Serment déc.5.
— Paris.D.Frais et dépens.336.

NOVEMBRE.

2 Cr.c.A8.737;P24.1.301;B16.349;S24.1.389;MR1.123;D.Forêts.224.225.
3 Cr.c.A3.476;P11.1.87; B6.80;S11.1.248;MR3.472;J11.909; V. 3 oct.;D.Compét. crim.260.
— Bruxelles.A7.523. et 11.704,n.2;P2.1176; B24.160; D.Saisie-imm.105.155.327.544.658.662.678.685.1173.
— Civ.c.P11.1.53;S20.1.500; MR3.768; V. au 5 oct.;J11.907.
— Cr.c.A8.725;P2.544;B16.524;D.Forêts.11.
6 Trèves.A11.816,n.1; P2.1220; B24.567; S13.2.172; D.Saisie-imm.1459.
7 Civ.c.A6.102. et 12.445;P10.1.557;B11.112; S12.1.238; J11.913;D.Legs.287.Success.467.
— Req.A12.209,n.1;P10.1.548;B25.478;S13.1.456; MR13.85;J11.912;D.Substitution.
8 Civ.c.A6.424;B12.59;D.Douanes.217.
— Req.A6.439;P10.1.545;B12.55,n.1;S7.2.922; MR4.320; J11.916;D.Douanes.359.
— Décr. cons. d'état.S1.426;D.Péage.43.
9 Cr.c.A4.80;P1.1025;B7.85;D.Contr. ind.306.
— Cr.c.A4.152;P1.1050;B7.164;D.Tabacs.123.
— Cr.c.A11.413,n.25;B23.134;S16.1.293;D.Procès-verb.
— Cr.c.A12.970,n.3;P2.1500;B28.273;D.Voies de fait.17.
— Cr.c.A11.110,n.3.1;P2.935,n.;B22.114;D.Presse.556.
10 Turin.A9.962,n.2-2; P11.2.185; B19.89; S11.2.234; D.Mandat.174.
12 Civ.r.A7.89; B13.960; D.Communauté.400.Enreg.834.
— Civ.c.A7.529;P2.92;B14.168;D.Timbre.304.
— Civ.r.A6.798,n.1; P11.1.172; B12.476,n.1; S11.1.70; D.Emigré.153.184.
— Décr. cons. d'état.D.Marché de four.257.
— Req.A6.534,n.21;B12.466;D.Mort civ.114.
13 Décr.D.Com.86.
14 Civ.c.A2.746; P11.1.9; B4.386; S11.1.37; MR12.38; J9.919;D.Commissionnaire.155.Faillite.1068.
— Req.A3.606;P1.918;B6.224;D.Compét. crim.389.787.
— Trèves.A9.729,n.3; P2.585,n.4; B18.598; S11.2.262;D.Jugem. par déf.323.
— Rennes.A7.660,n.2;D.Expertise.72.
15 Limoges.A1.805;P1.481;B2.125; S14.2.588; J11.923;D.Appel civil.381.
— Décr.A12.686,n.1;P2.1402;B27.254;S1.435;D.Travaux pub.119.
— Décr. cons. d'état.S1.429;D.Impôt.3.
— Décr. cons. d'état.S11.2.204;D.Ventes adm.468.
16 Cr.c.A2.126;P1.365;B3.136;D.Aut. mun.93.96.
— Cr.c.A4.93;P1.1031; B7.100; S20.1.489; D.Contr. indir.299.387.
— Colmar.A6.872,n.1;P1.1517;B12.564,n.;S11.2.265;J11.924;D.Enq.226.
17 Paris.A9.584,n.1.9;P2.538,n.6;B18.182; J11.927;D.Intervention.44.
— Liége.A9.326,n.1;B17.386,n.1;D.Hypoth. judic.48.Inscrip. hypoth.138.Transcrip.19.
— Paris.A11.679,n.4;P2.1165; B24.114;J11.932; D.Saisie-imm.124.
— Rouen.P11.2.35;S11.2.86;J11.950.
19 Civ.c.A5.550;P11.1.58; B10.1.185;S11.1.76; MR12.648; J11.935;D.Don. dég.10.18.
— Bruxelles.A10.594,n.1.2; P2.614,n.1; B20.528; S14.2.110;D.Cess. de biens.42.
— Rennes.A1.786;D.Arbitrage.893.
20 Bruxelles.A9.910,n.1.2; P2.662,n.4;B19.6; D.Louage.139.628.
21 Req.A7.764;P10.1.549;B14.455;S11.1.48. et 162,n.;J11.937;D.Exploit.660.
— Liége.A9.408;P2.490;B17.484,n.6;D.Hypoth.268.
22 Req.A5.208;P11.1.27.49;B9.240;S11.1.54.73;MR15.558; J11.940.949; D.Dispos. entre-vifs.8.25.32.Exploit.706.
— Cr.c.A12.955,n.3;P2.1494;B28.247;S11.1.238;D.Homicide.89.
— Bruxelles.P13.2.59;D.Tutelle.27.
— Décr. cons. d'état.S1.436;D.Poste.7.Rad. hyp.47.
23 Besançon.A4.682; P1.1221; B8.304; D.Degré de jurid.325.
— Cr.c.A4.211,n.;P1.1067.et 11.1.84;B7.228,n.; S11.1.88; MR8.124;D.Or et argent.55.
— Cr.c.A4.244,n.;P11.1.94;B7.265,n.;S11.1.56; MR1.305; J11.952;D.Contr. ind.614.
— Cr.c.A4.243;P11.1.94;B7.265;D.Contr. ind.605.614.
— Cr.c.A8.451;P2.272,n.;B16.41;D.Faux incid.263.275.
— Turin.A9.526;B17.385;S11.2.284;D.Transcrip.28.
— Cr.c.A11.425,n.10;P2.1072,n.8; B23.147; S16.1.258;D.Procès-verb.530.
— Colmar.A12.454,n.1;P2.1328;B26.313;S11.2.77;D.Success.524.
24 Décr.A10.394,n.3; P2.772,n.3; B20.218; D.Mines.176.177.
— Décr. cons. d'état.D.Compensation.10.
26 Civ.r.A7.334;P2.60;B13.379;S11.1.254; J11.936; D.Enreg.960.2332.
— Civ.c.A1.398. et 4.227; P11.1.85;B1.467. et 7.246;S11.1.85;D.Amende.81.Octroi.176.177.

— Civ.c.A3.785; P10.1.529; B6.433; S12.1.183; MR12.639; J11.954; D.Contr. par corps.468.
— Civ.c.A7.481; P2.79; B14.74; D.Enreg.2953.
— Besançon.A11.736, n.1, n.1; P2.1189; B24.217; D.Appel incid.62.Saisie-imm. 452.723.
27 Colmar.A9.624; P2.553; B18.247; S14.2.175; D.Jugem. 285.
— Cr.r.A12.1046, n.4; P2.1517; B28.382; D.Vol.48.49.
— Déc. min.A7.216; D.Enreg.1874.
28 Besançon.A8.528, n.2; B16.129, n.1; D.Féodalit.254.255. 256.
— Paris.A11.608, n.2; P2.1137, n.4; B23.469; S14.2.406; D.Req. civ.105.
— Bruxelles.A11.876, n.1-1; B24.477; S11.2.264; D.Inventaire.13.Scellé.9.
29 Rennes.A9.772, n 7; D.Jugem. prép.33.
30 Cr.c.A2.7; P1.313; B3.3; D.Armes.50.
— Cr.c.A3.642; P1.944; B6.263; D.Complicité.24.110.Cour d'ass.725.
— Riom.A12.153, n.14; P2.1301; B23.384; J11.961; D.Dot. 424.Stellionat.31.34.38.
— Cr.c.A11.616, n.3; P11.1.86; B24.2; S11.1.86; MR12.105; D.Révision.8.
— Cr.c.A12.592, n.10; P11.1.18; B27.93; S17.2.315. et 11.1.49; MR13.431; J11.957; D.Témoin.275.
— Cr.c.A12.963, n.11; P2.1497; B28.261; D.Homicide.97.

DÉCEMBRE.

1 Bruxelles.A9.374, n.1.3. et 12.673, n.1; P11.2.460. et 13.2.16; B18.166. et 27.231; S11.2.282. et 12.2.19; J11.971; D.Interr. sur faits.41.91.118.Transact.26.
— Cr.c.A11.151, n.6, P2.952, n.4; B22.190; S16.1.194; J11.964; D.Pêche.24.
— Paris.A12.240, n.1; P11.2.56; B28.170; D.Rescis.205.
— Colmar.A11.278, n.2; P12.2.74; B22; J11.967; D.Prescrip.347.
3 Turin.A2.696; P1.628. et 11.2.99; B4.327; S11.2.173; D.Actes de comm.86.Commerçant.25.Contr. par corps. 177.Degré de jurid.170.
— Montpellier.A7.790; P2.159; B14.483; S14.2.130; J11.973; D.Exploit.412.
4 Riom.A6.213; P23.2.21, n.1; B11.259; S13.2.348; D.Don. par cont.75 80.117.
— Civ.r.A11.946, n.1-1; P11.1.25; B23.56; S11.1.46; J11.974; D.Sép. de corps.191.Lois rétr.163.
— Paris.A11.901, n.6; P12.2.27; B23.30; S11.2.433; J11.377; D.Sép. de corps.92.
— Avis du cons. d'état.A8.182; S13.2.346; D.Faillite. 866.
— Rome S13.2.87; D.Preuve litt.809.
5 Bourges.A3.530; P1.792; B5.384; D.Comp. com.38.
— Civ.c.A1.753; P11.1.133; B2.338; S11.1.135; J11.980; D.Arbitrage.613.
— Paris.A9.459, n.2; P11.2.110; B17.545, n.1; S11.2.239; D.Responsabilité.192.
— Req.A11.545, n.8; P2.113, n 1; B23.536; S15.1.199; D.Exéc. des jugem.107.Référé.43.
— Civ.c.P11.1.23; S11.1.85; MR4.678. et 679; J11.979; D.Enreg.1663.
6 Bruxelles.A4.635; P1.1200.et 12.2.5; B8.251; J11.673; D.Degré de jurid.105.
— Rennes.A11.631, n.1; D.Saisie-arrêt.180.
— Aix.A3.742; P11.2.100; B10.407; D.Testament.475.
7 Cr.c.A4.84; P1.1028; B7.90; D.Contr. ind.39.316.326.
— Cr.c.A4.48; P1017; B7.51; D.Contr. ind.123.233.
— Cr.c.A8.805, n.2; P2.406; B16.438; S11.1.250; D.Forêts. 947.
— Cr.c.A11.30, n.4; P2.916, n.5; B21.454; D.Instr.crim.358. Comp cr.147.
— Déc.A8.18, n.66; D.Fabrique.220.
8 Bruxelles A3.735; P11.2.101; B10.399; MR17.569; D.Testament.463.550.
— Turin.A10.232, n.2.1; P11.2.167; B19.478; S11.2.270; D.Sép. de biens.42.
9 Avis du cons. d'état.A8.12, n.38; S11.2.143; D.Fabrique.125.
— Avis du cons. d'état.A8.182; S13.2.346; D.Faillite.867.
— Déc.A7.513, n.9; D.Timbre.66.
10 Caen.A8.90; P2.187; B15.103; D.Faillite.211.Compét. adm.379.
— Civ.c.A10.722, n.2; P11.1.46; B21.198; S11.1.82; MR9.743; J11.983; D.Preuve test.31.
— Liége.A12.447, n.2; P2.1327; B26.305; D.Fruits.66.Partage.212.
— Avis du cons. d'état.A8.182, n.2; S13.2.346; D.Faillite. 867.
11 Ord.A6.838, n.2, n.3; D.Emig.367.368.
— Avis du cons. d'état.A9.249; B17.295, n.1; D.Hypoth.
— Civ.c.A10.238, n., n.6; P11.1.60; B19.486; S11.1.77; J11.986; D.Sép. de biens.126
— Req.A12 742, n.51; P11.1.28; B27.384; S11.1.52; MR14.292, n.; J11.989; D.Tutelle.424.597.
— Liége.A12.931, n.2; P2.1492; B28.240; S14.2.343; J11.990; D.Vérif. d'écrit.111.
12 Req.A5.370; P11.1.35; B10.208; S11.1.33; MR4.136; J11.992; D.Transcrip. des don.44.55.
— Metz.A9.674, n.2; P2.870, n.2; B18.319; D.Frais et dép. 163.173.
— Civ.r.A10.714, n.2-2; P11.1.63; B21.183; S11.1.80; D.Ratification.115.

— Paris.A12.103, n.6; P2.1268; B23.293; D.Société civ.410.
— Req.P11.1.30; S11.1.53; MR15.136; D.Oblig.562.
— Rennes.D.Jugem. prép.22.
13 Req.A2.604; P11.1.223; B4.223; S11.1.237; J11.996; D.Chose jugée.386.
— Cr.c.A1.413; P1.133; B2.15; S11.1.251; D.Amnistie.88. Forêts.1018.
— Cr.c.A6.412, n.7; P1.1569; B12.24, n.7; S11.1.250; D.Douanes.137.
— Liége.A6.631; P1.1464; B12.294 et 281; S11.2.332; D.Eff. de comm.348.367.
— Bruxelles.A9.175, n.1; P24.1.437, n.; B17.20, n.2.16; S11.2.321; MR17.69; D.Hypoth. judic.49.
— Bruxelles.A9.651, n.2; P2.560, n.5; B18.287; S11.2.331; D.Exéc. prov.49.
14 Cr.c.A1.413; P1.133; B2.16; S11.1.251; D.Amnistie.87.
— Lyon.A5.162; P1.1306; B9.187; D.Désist.108.
— Turin.A11.802, n.2; P2.1214; B24.342; D.Saisie-imm. 1249.
— Turin.A9.919; P2.665, n.2; B19.19; S11.2.232; D.Louage. 400.
— Paris.A11.890, n.1.2; P11.2.107; B25.13; S14.2.236; J11.1002; D.Sép. de corps.22.
— Rennes.A11.631, n.1; P2.1144, n.16; B24.31; D.Saisie-ar. 179.
— Cr.c.P11.1.95; S11.1.139; J11.999; D.Forêts.274.288.
15 Colmar.A10.64, n.1 2; P2.692, n.10. et 11.2.74; B19.210; S11.2.93; MR17.247; J11.1005; D.Mariage.256.257.
— Nîmes.A10.418, n.1; P2.779, n.1-1; B20.259; S11.2.260; D.Nom.36.66.80.
— Liége.A12.943, n.1-1; P2.1488; B28.232; D.Vérif. d'écr. 29.33.
17 Turin.A10.155, n.2; P11.2.187; B19.320; S14.2.231; J11.1007; D.Autor. de femme.191.192.
— Rouen.A12.731, n.1; P2 1421; B27.334; D.Tutelle.275.
18 Req.A1.819; P11.1.62; B2.488; S11.1.86; MR17.626; J11.1013; D.Arbitrage.965.
— Lyon.A10.17; P2.685; B19 138; D.Promesse de mariage.7.
— Montpellier.A11.623, n.3; B24.15; D.Saisie-arrêt.37.51.
— Req.A12.848, n.5; P11.1.68; B28.63; S11.1.83; J11.1010; D.Vente.81.
— Bruxelles.A12.847, n.2; P2.1452; B28.62; S12.2.139; D.Oblig.879.Tierce-opp.47.Vente.85.
— Décr.A3.15, n.10; D.Com.160.
19 Besançon.A5.212; B9.244; S11.2.331; D.Dispos. entre-vifs.8.19.
— Civ.c.A5.684; P11.1.55; B10.340; S11.1.75; MR13.654; J11.949; D.Testament.329.
— Besançon.A8.83; P2.184; B15.94; D.Faillite.345 346.
— Paris.A9.772, n.2; P2.599, n.2; B18.467; S14.2; 380; D.Jugement préparatoire.19.23.
— Montpellier.A9.771, n.2; B18.465; D.Jugement préparatoire.42.
— Civ.c.A10.357; P11.1.43; B20.168; S11.1.39; MR4.211. et 10.329; J11.1014; D.Hypoth. conv.19.Lois rétroact.63. Dot.288.393.
— Colmar.A12.666, n.2; P2.1393; B27.218; D.Intervention. 91.Tierce-opp.207.
— Civ.c.P10.1.64; D.Enreg.2771.
20 Bruxelles.A3.801; P11.2.96; B6.446; S15.2.194; J11.1017; D.Contr. par corps.563.
— Bruxelles.A11.619, n.1; P11.2.89; B24.8; S11.2.433; J11.1018; D.Saisie-arrêt.21.
— Cr.c.S11.1.244; J11.965; D.Pêche.106.
21 Riom.D.Oblig.846.
22 Turin.A12.175, n.1; P11.2.126; B25.421; S11.2.429; D.Substitution.64.67.113.114.115.
— Nîmes.A11.877, n.1.3; B24.478; D.Scellé.10.
23 Nîmes.A9.289, n.1; P11.2.47; B17.343, n.1; S11.2.79; MR16.439; D.Inscrip. hypoth.306.
24 Bruxelles.A8.42; P2.174. et 13.2.12; B15.47; D.Faillite. 84.
— Déc.A3.11, n.1. et 16, n.1; P1.677; D.Com.28.157.
— Déc.S1.447; M1.447; D.Octroi.189.
26 Civ.c.A3.88; P11.1.65; B5.94; S11.1.88; M2.7.779; D.Commune.199.320.414.
— Paris.A8.83; P11.2.133; B15.93; S11.2.181; D.Faillite. 516.Intérêts de capit.11.
— Avis du cons. d'état.A9.249, n.1; S11.2.159; D.Hypoth.
— Paris.A8.83; P11.2.133; B15.93; S11.2.181; D.Faillite. 316.334.Intérêts de capit.11.
27 Bruxelles.A1.639; P11.2.168; B2.280; S11.2.298; J11.1020; D.Arbitrage.94.403.
— Nîmes.A6.87; P1.1347; B11.94; S11.2.240; J11.1021; D.Inventaire.13.Legs.173.
— Cr.c.A11.416, n.24; B23.134; D.Procès-verb.441.
— Orléans.A11.844, n.3; P2.1232; B24.419; D.Saisie-imm. 999.1029.
— Cr.c.P11.1.99; S11.1.138; MR9.165; J11.966; D.Pêche. 27.99.
— Cassat.D.Exécut. des jug. et actes.37.
28 Cr.c.A4.150; P1.1049; B7.162; D.Contr. ind.30.Tabacs. 64.
— Lyon.A7.727; P2.138; B14.411; S14.2.136; D.Exploit.53.
— Cr.c.A11.230, n.2. et 4.187; P2.989, n.3. et 1.1061; B7.202. et 22.329; S11.1.117; D.Voiture publiq.76.
— Lyon.A11.740, n.3; P2.1191; B24.226; S15.2.154; D.Saisie-imm.833.834.
— Paris.A12.818, n.2; P11.2.68. et 1112; B28.13; J11.1024; D.Usufruit légal.97.

29 Turin.A3.710. et 12.241; P13.2.51; B10.370. et 23.530; S12.2.101; MR7.691. et 738; D.Substitut.360.469.Testament.501.
— Nîmes.A7.724; P2.155; B14.407; S14.2.155; J36.319; D.Exploit.57.
— Gênes.A6.30; P1.1344; B11.30; S11.2.177; D.Testament. 835.
— Turin.P12.2.52; D.Substitution.281.Tutelle.634.
— Colmar.P22.1.469, n.; S11.2.448; D.Renvoi.20.
— Décr.A3.162; D.Compét.
— Déc.A6.838. et 840, n.4; S11.2.152; D.Emigré.
— Décr. du cons. d'état.S1.453; D.Comptab.59.
— Décr. du cons. d'état.S1.452; D.Comptab.80.
31 Turin.A3.11; P1.675; B5.8; S11.2.406; D.Commune.39. 84.
— Turin.A10.406, n.1; P2.776, n.1; B20.238; S11.2.182; D.Nantiss.103.Serment.158.
— Florence.A11.588, n.2; P2.1128; B23.435, n.3; D.Renvoi. 41.
— Civ.c.A12.51, n.2; P11.1.74; B25.212; S11.1.81; MR14.685; J11.1026; D.Lois.200.Servitude.446.

1811.

JANVIER.

2 Req.A3.9; P1.673; B3.6; D.Cassation.223.Commune.27.
— Lyon.A10.861, n.1; P2.902, n.2.1; B21.431; S15.2.185; D.Dist. par cont.136.
— Montpellier.A10.126, n.2-2; P23.2.173, n.4; B19.308; S14.2.211; D.Autor. de femme.80.Jugement par déf.182. Exploit.725.
— Colmar.A11.524, n.3; P2.1105; B23.318; S11.2.108; J12.1; D.Remplac.33.
— Aix.P13.2.60; D.Legs.38.
3 Req.A2.571; P1.582; B4.187; D.Chose jug.308.Renvoi. 85.
— Cr.c.A3.517; P1.881; B6.126; D.Compét. crim.444.
— Nîmes.A9.552, n.1; P11.2.108; B18.133; S11.2.378; J12.6; D.Interdit.126.
— Cr.c.A12.609, n.10; P11.1.150; B27.126; S11.1.186; D.Tém. faux.55.
— Grenoble.A12.793, n.1; P2.1435; B27.444; S13.2.306; J12.5; D.Usufruit.180.
4 Turin.A10.234 n.1.2; P12.2.19; B19.480; S16.2.91; D.Sép. de biens.65.110.
— Liége.A12.724, n.9; P2.1418; B27.322; S11.2.333; J12.8; D.Tutelle.159.222.
5 Caen.A12.426, n.1-1; P23.2.39; B26.27; S13 2.337; MR10.670; J12.11; D.Rapp. à succ.172.179.
— Paris.A11.856, n.4; B24.139; D.Saisie-imm.1027.1028.
7 Rennes.A8.155; P13.2.5; B15.180; S11.2.462; D.Faillite. 657.
— Liége.A9.218, n., n.5; P11.2.173; B17.258, n.5; D.Hypoth. conv.61.133.Inscrip. hypoth.301.
— Turin A12.729, n.2; P2.1420; B27.331; S11.2.272; D.Tutelle.307.
8 Dijon.A5.784; P22.2.175, n.3; B10.435; S11.2.439; J12.15; D.Testament.431.608.
— Req.P11.1.143; S11.1.162, n.; J12.14; D.Exploit 670.
9 Trèves.A7.809; P2.164; B14.508; S11.2.315; D.Domicile élu.24.Exploit.462.
— Turin.A12.483, n.2; P11.2.119. et 2.1338; B26.360; S11.2.184; D.Partage.76.139.
— Rennes.A12.944, n.4; P2.1489; B28.233; D.Vérif. d'écriture.7.
— Turin.P11.2.102; S11.2.250; J12.18; D.Jugement par défaut.271.
10 Req.A8.765, n.1; P2.374; B16.386; S21.1.221; J12.21; MQ 6.109; D.Forêts.605.
— Nîmes.A10.595, n.1.4; P2.811, n.3; B20.529; S14.2.111; D.Cess. de biens.35.45.82.
— Bruxelles.S11.2.332; D.Respons.517.
12 Turin A6.873, n.1; P1.1517; B12.365, n.1; S14.2.254; J12.68.D.Enq.229.230.
— Rennes.A9.583, n.1.2; P2.538, n.2; B18.180; D.Intervention.55.
14 Civ.r.A3.69; P11.1.269; B5.73; S11.1.223; D.Commune. 347.368.398.454.456.
— Cr.c.A11.531; B23.330; S11.1.247; D.Réc. de juges.8.
15 Caen.A9.539; P2.524; B18.112; S12.2.206; J12.26; D.Interdit.57.
— Civ.c.A12.311, n.1; P11.1.91; B26.94; S11.1.137; D.Succ. irrég.25.
— Liége.A11.565, n.1; P2.1125, n.3; B23.388, n.1; D.Rente. 231.
— Metz.A12.586, n.20; P2.1368; B27.86; D.Enq.108.
16 Civ.c.A7.109; P2.16; B13.121; D.Enreg.931.943.988.
— Civ.c.A1.220; P11.1.117; B1.255. et 9.201; S11.1.143; MR3.626; D.Action.12.
— Liége.A1.115; P11.2.161; B1.134; J12.28; D.Acquiesc. 333.
— Civ.c.A5.174; P11.1.117; S11.1.143; MR3.626; J12.31; D.Désist.154.
— Besançon.A7.697; P2.124; B14.374; D.Huiss.19.Jugem. par déf.372.Exploit.185.
— Civ.c.A9.662; P11.1.90; B18.364; S11.1.139; MR5.312; J12.29; D.Frais et dépens.429.

— Paris.A11.841,n.3;P2.1232;B24.413;S16.2.17;D.Saisie-imm.1621.
— Req.P11.1.172,n.;D.Enreg.717.
— Civ.r.A7.91;B15.99,n.;D Enreg.717.
17 Req.A1.631;P11.1.121;B2.271;S14.1.126;J12.34;D.Arbitrage.248.Transact.48.
— Req.A6.69; P11.1.71; B11.73; S13.1.425; MR7.313; D. Legs.100.441.
— Rome.A9.655;P2.563,n.3;B18.294;S14.2.200;J12.54;D. Frais et dépens.39.
— Paris.A10.845,n.1;B21.402;D.Ordre.453.454.
18 Limoges.A3.777; P1.988; B6 420; S15.2.191; J12.56; D. Contr. par corps.443.
— Liége.A12.899,n.3,P2.1471;B28.137,n.1; D.Vente.760.
— Paris.P11.2.205;S11.2.81;D.Prescript. crim.50.Rente. 405.
— Rennes.D.Exploit 674.
— Turin.S12.2.281;J12.38;D.Vente.648.
19 Liége.A4 727;P1.1248;B8.358;D Degré de jurid 499.
— Bruxelles.A1.338; P12.2.42; B1.392; S11.2.317; D.Alimens.57.79.80.179.
— Turin.A9.442,n.1; B17.524,n.1; S13.2.359; J12.40; D. Rad. hyp.19.
— Décr.A11 353,n.5;P2 1028,n.8;B23.22;S1.456;D.Prises maritimes.16.
— Orléans.A11.807,n.2;P2.1218;D.Saisie imm.
20 Ord.A6.782,n 2;D.Emig 85.
21 Bordeaux.A11.828,n.8; P11.2.123; B24.389; S11.2.166; J12.43;D.Saisie-imm.1559.
22 Civ.r.A4.736; P1.1251. et 11.1.124; B8 368; S11.1.134; J12.54;D.Degré de jurid.544.
— Montpellier.A3.402;P1.815;B5.463; S14.2.364; D.Compét. comm.443.Exception.100.
— Req.A8.168;P11.1.137;B16.174; S11.1.200; D.Filiation légit.185.189.196.
— Rome.A9.672,n.1;P11.2.193;S11.2.361;J12.46;D.Frais et dépens.149.158.
23 Riom.A8 66;P1.1289;B9.71;J12.31;D.Dépôt.60.
— Req A5.810;P11.1.114;B10 485;S11.1.243;MR13.391;D. Etranger.45.Testament.696.
— Paris.A8.412;P2.270;B16.31; S14.2.332;D.Faux incid. 224.
— Bordeaux.A10.859. et 7.707;P11 2.122;B14.386. et 21. 396;S11.2.160;D.Ordre.446.Exploit.822.
— Décr.D.Culte.15.
24 Cr.r.A8.357; P11.1.231; B13.417; S11.1.89; J12.61; D. Faux.201.219.
— Décr.A12.1029,n.6;B28.357;D.Voirie.
— Décr.A12.834,n.2;P2 1444;B28.37;S1.457;D.Marais.
— Décr.D.Actes de l'état civil.38.
— Décr.D.Com.154.
— Décr.A12.1030,n.;D.Marais.61.
25 Cr.c.A2.156;P1.386;B5.169;S11.1.284; D.Autor. mun. 412.
— Cr.c.A4.102.et 257,n.;P1.1052 et 1082;B7.110.n.et 279; S12.1.65;D.Contr. ind.91.432.
— Turin A9.123. et 161,n.1;P2 441,n.11;B17.188. et 140, n.1;S12.2.288;D.Hypoth.70.Hyp.légale.167.192.200.
— Cr.c.A9.757,n.;B18.442;D.Jug. par déf.515.519.
26 Bordeaux.A9.742; P2.587,n.7; B18.419; S11.2.263; D. Jug. par déf.409.Lois rétr.225.
— Rome.A10.781,n.8; P2.867,n.5; B21.296; S14.2.422;D. Exéc. des jug. et actes.179.
28 Civ.c.A7.141;P2.20;B13.157;D.Enreg.411.1410.
— Florence.A3.366;P1.800;B5.421;S14.2.363; D.Compét. comm.297.
29 Bruxelles.A4.531;P1.1181;B8.157; S12.2.403; D.Courtier.54.
— Civ.c.A1.51. et 11.682,n.1;P11.1.151;B1.59. et 24.119; MR5.41 n.;D.Absence.441.Saisie-imm.60.
— Req A3.397; P11.1.89; B3.458; S11.1.142; D.Compét. comm.419.
— Nîmes.A1.496;P12.2.9;B2.114;S11.2.434;D.Appel civ. 346.
— Liége.A9.260,n ; B17.308,n.; D.Inscrip. hypoth.192. 202.
30 Turin.A1.493;P12 2.6;B2.111;J12.63;D.Appel civ.340.
— Trèves.A7.825;P11.2.216;B14.527;S11.2.398;J12.64;D. Exploit.317.
— Paris.A12.43,n.1;P22.2.151,n.6;B25.200;S13.2.522;D. Servitudes.306.
— Déc.D Usufruit légal 45.
31 Liége.A3.27;P1.684;B5 26;D.Commune.167.
— Cr.c.A5.8;P1.1277;B9.5;S17.1.324;D.Déni de just.9.
— Rennes.A3.155,n.;P1.1305;D.Désist.83.
— Cr.c.A8.350,n 1;D Faux.27.
— Cr.c.A8.775,n.2;P2.380;B16.399.D Forêts.690.
— Paris.A6.872,n.2; P1.1517; B12.564,n.1; S14.2.213; D. Enq.227.
— Paris.A12 379,n.30;P2.1564;B27.73;J12.65;D.Témoin. 150.
— Nîmes.S11.2.428;D.Preuve test.206.

FÉVRIER.

1 Cr.c.A4.93;P1.1031;B7.100; S20.1.490;D.Contr. indir. 392.
— Cr.c.A1.552;P1.198;B2.180;S11.1.246;J12.70; D.Appel correct.30.
— Florence.A9.589,n.1.6;B18.192; S14.1.388; J12.71; D. Intervention.92.

— Turin.A9.742; P2.587; B18 420; S11.2.289; J12.72; D. Exéc. des jugem. et actes.124.Jugem. par déf.413; Exploit.967.
— Aix.A9.126,n.,n.2;P2.437;B17.144,n 2;S14.2.97;J12.76; D.Hypoth. lég.36.37.
— Nîmes.S11.2.441;D.Fonct. pub.293.
2 Décr.A11.750,n.3;P2.1196;B24.245,n.1;D.Saisie-imm.
— Bruxelles.A11.830,n.2.1; P2.1227; B24.393; D.Saisie-imm.1503.1556.1681.
— Rennes.D.Appel civil.222.
3 Civ.c.V. au 5.
— Paris.D.Saisie-imm.248.
4 Bruxelles.A4.659;P12.2.6;B8.253; J12.87; D.Degré de jurid.133.
— Civ.r.A1.152. et 11.825,n.1;P11.1.245;B1.177. et 24. 383;S11.1.224; J12.80; D.Acquiesc.221.287.390.Saisie-imm.1053.1654.
— Paris.A3.678; P1.964; B6.304; S14.2.132; J12.81; D. Compte.79.Domicile élu.108.Exploit.143.
— Montpellier.A7.794;P2.161; B14.490; S14.2.133; D.Exploit.200.496.
— Bordeaux.A10.238,n.,n.4; P11.2.224; B19.486; S11.2. 263; D.Sép. de biens.124.
— Bruxelles.P11.2.84;S11.2.199;D.Filiat. nat.31.157.Tutelle.647.
5 Civ.c A7.348; P2.63. et 11.1.134; B13.594; S11.1.132; J12.78;D.Enreg.2443.
— Req.A7.768;B14.494;D.Domicile élu.10.
— Bruxelles.A9.713,n.4; B18.375; S11.2.427; J12.96; D. Jugem. par déf.213.
— Req.A9.726; P11.1.136; B18.393; S11.1.134; J12.88; D. Jugem. par déf.309.Délai.37.
— Req.A11.696,n.3;P11.1.111;B24.147;S11.1.98; J12.92; D.Saisie-imm 252.287.
— Metz.A12.588,n.28;P2.1370;B27.88;D.Enq.282.236.
6 Montpellier A7.791;P11.2.223;B14.486;D.Exploit.461.
— Rennes.A12.122,n.1;P2.1275;B25.330;D.Société com. 134.
— Décr. cons. d'état.D.Vaine pâture.13.
7 Req.A9.691; P11.1.187; B18.340; S11.1.213; J12.98; D. Jugem. par déf.16.
— Req.A12.75,n.1;P13.1.468;B25.251;S13.1.463;D.Servitude.691.
— Cr.c.A12.840,n.10; P2.1449; B28.48; D.Vagabondage. 13.
— Orléans.Dict. du not.,n 112;D.Vente pub 102.
8 Cr.c.A2.266;P1.438;B3.294;S17.1.432;D.Cassat.42.
— Cr.r.A11.541,n 5;P11.1.102;B23.350;S11.1.153; MR11. 95;J12.100;D.Réc. de juges.109.
— Bordeaux A9.259,n.2.1;B17.305;S11.2.252;D.Inscript. hypoth.193.
9 Cr.c.A4.49;P1.1017;B7.52;D.Contr. ind.93.
— Cr.c A3.645. et 8.807;P11 1.416;B6.267. et 16.440;S11. 1.247; MR1.125. et 2.677; J12.102; D.Complicité.135. Forêts.1039.
— Cr.c.A8.786,n.5;B16.413;D.Procès-verb.182.210.
— Bull. cr.D.Procès-verb.341.
— Paris.A11.746,n.5;B24.230;D.Saisie-imm.909.
10 Liége.D.Lois rétr.127.
11 Paris.A7.662;P2.416;B14.330; S11.2.449; D.Expertise. 44.
— Turin.A10.610,n.1.3;P12.2.111;B21.16; S12.2.282;J12. 105;D.Délég.24.
— Paris.A11.191,n.1.2;P2.968,n.5;B22.258;S14.2.345;J12. 103;D Pérempt.147.238.
— Paris.A12.137,n.;B25.357;S12.2.25; J12.109; D.Société comm.221.
— Turin.A12.860,n.1-1;P2.1456;B28.82;S12.2.86;D.Vente.639.
— Turin.P11.2.168,n. et 2.1241;D.Sép. de corps.88.
— Turin.P29.2.187,n.;D.Délégat.29.
12 Req.A3.398;P11.1.303;B5.459;S11.1.265;MR7.412;MQ 6.525;J12.135;D.Compét. comm.344.436.
— Civ.c.A8.70;P11.1.128;B15.79;S11.1.141;MR2.637;J12. 127;D.Faillite.250.
— Civ.c.A9.443;P11.1.158;B17.525; S11.1.157;MR11.118, n.;J12.121; D.Rad. hyp.23.
— Paris.A10 33,n.1.3; P12.2.56; B19.69; S11.2.471; J12. 118;D.Acte resp 92.
— Turin.A11.900,n.3.1;P12.2.26. et 2.1241;B25.29;S11.2. 436;J12.181;D.Sép. de corps.90.
13 Bruxelles A3.214;P1.750;B3.242;S11.2.524;D.Compét. adm.382.383.
— Riom.A3.127; P1.717; B5.139; MQ6.66; D.Commune. 526.531.548.
— Bruxelles.A8.167; P2.201; B15.194; S11.2.483; D.Faillite.603.678.728.
— Trèves.A9.747,n.1; B18.427; S11.2.452; D.Jugem. par déf.437.
— Bruxelles.A11.654,n.3,n.1; P2.1155,n.14; B24.70; D. Saisie-exéc.223.
— Rennes.A4 793,n 2;D.Dem. nouv.14.
14 Req.A7 91;P11.1.170;B13.98;S13.1.417;MR13.297;J12. 138;D.Enreg.717.
— Cr.c.Voy. 14 janvier.
15 Cr.c.P11.1 146;S11.1.187;MR9.133.
— Cr.c.A4.100,P1.1032;B7.108;D.Contr. ind.421.
— Cr.c.A4 40,n.;P1.1015;B7.42,n.;D.Contr. ind.118.
— Déc.A6.326,n.15;D. Ventes adm.384.
— Cr.c.A8.776; P11.1.144; B16.401; S11.1.243; MR1.351; J12.142;D.Forêts.717.

— Cr.c.A11,538,n.3;P11.1.423;B23.344;S11.1.355. et 253; MR11.91;J12.140;D.Réc. de juges.104.
— Cr.c.A12.598,n 2;P2.1371;B25.345.et 27.107;S16.1.296. J12.146;D.Témoin.304.
— Poitiers.A12.733,n.4;P2.1421;B27.337; S11.2.211; J12. 143;D.Tutelle.322.
— Cr.c.S11.1.374;J12.155;D.Forêts.14.
16 Turin.A5.258;P1.1316;B9.296;S12.2.278;D.Dispos.entre-vifs.148.Donation.364.
— Décr.A9.465,n.3;B18.5,n.1;D.Responsabil.183.
— Décr. cons. d'état.S1.467;D.Marché de fourn.33.260.
— Ord. cons. d'état.S1.468;D.Respons.184.
— Décr.A12.1006;B28.321;D.Voirie.411.
18 Caen.A1.295; B1.343;S12.2.293; J12.156; D.Adoption. 31.
— Florence.A5.168;P1.1307;B9.188;D.Désist.163.
— Paris.A1.493. et 11.298,n.6;P2.1008,n.4;B22.443;S11. 2.244;D.Appel civil.334.Prescript.890.
19 Req A6.797,n.1;P11.1.407;B12.473;S11.1.526;D.Emig. 176.
— Besançon.A11.705,n.1;P11.2.174,n.1; B24.161;S13.2. 177;J12.160;D.Saisie-imm.319.
— Civ.r.A12.447,n.1,n.1; P11.1.168; B26.305; S11.1.188; J12.157;D.Garantie.15.Oblig. divis.26.
20 Bruxelles.A9.310,n.1.2; P13.2.19; B17.367,n.2; S13.2. 371;MR16.464; D.Inscript. hypoth.444.Délai.21.
— Bruxelles.A9.260,n.2.1; P22 2.120,n.1; B17.308,n. et 226,n.1;S11.2.375;D.Inscript. hypoth.192.202.
— Req.A10.742,n.1;P11.1.126; B21.232; S11.1.141;MR17. 454;J12.165;D.Preuve test.268.
21 Cr.c.A11.500,n.3;P2.1094,n.;B23.255,n.;D.Quest. pr. 21.
22 Cr.c.A4.72;P1.1024;B7.77;D.Contr. ind.278.
— Cr.r.A4.137;P1.1044;B7.148;D.Motifs des jug.261.Octroi.61.163.Procès-verb.440.
— Cr.c.A8.753,n.7;P11.1.149;B16.370;S11.1.188. et 24.1. 406;MR17.271;D.Forêts.127.445.
— Orléans.A12.574,n.15;P2.1361;B27.64;D.Témoin.126.
— Bruxelles.A12.1010,n.1; P2.1504; B28.331; D.Voirie. 677.678.
— Req.A11.606;P8.2.73;B23.468,n.;D.Req. civ.89.
23 Cr.c.A2.12;P1.314;B3.9;D.Armes.13.14.15.
— Déc.A6.325,n.1;D.Ventes adm.392.
— Déc.A6.838,n.2;D.Emig.564.
— Cr.c.Bull.cr.28.D.Confiscation.21.
25 Cr.c.A4.759;P1.1259; B8.393. V. au 15;D.Délit rural. 18.
— Décr.A6.332,n.10;D.Domaines.
— Paris.P12.2.28;D Sép. de corps.26.
— Rouen.S11.2 255;D.Prud'homme.13.
27 Avis du cons. d'état.A7.272,n.1-1; S11.2.293; D.Enr. 2046.
— Besançon.A10.372,n.1; P11.2.217; B20.189; S11.2.356; D.Autor. de femme.299.Remploi.54.
— Avis du cons. d'état.A11.15,n.1;S11.2.191;D.Organ. judic.
— Rennes.D.Exploit.804.
28 Req.A2.702;P11.1.239;B4.333; S11.1.234;D.Commerçant.33.Juifs.43.
— Cr.c.A12.622,n.3;B24.148;D.Tentative.24.
— Cr.c.A12.610,n.13;B27.125.S17.1.89; D.Tém. faux.27.
— Montpellier.A11.818,n.4; P2 1221; B24.370; S16.2.112; D.Jour férié.55.Saisie-imm.777.779.1468.1541.

MARS.

1 Cr.c.A2.42;P1.427;B3.267;D.Bigamie.20.21.23.
— Rouen.A5.111;P11.2.149;B9.127;S11.2.233;J12.170;D. Désaveu.7.31.
— Cr.c.A11.408,n.;P2.1065,n.13;B23.121;D.Procès-verb. 162.
— Rome.P11.2.223. et 9.684;J12.173;D.Frais et dépens. 291.
2 Turin.A9.380,n.1; P11.2.181. et 12.2.52; B17.451,n.1; S11.2.371;J12.176;D.Purge.108.126.Surenchère.144.
— Lyon.A9.717,n.; P2.580,n.; B18;D.Jugement par déf. 264.
4 Bruxelles.A1.142; P1.55; B1.166; S14.2.329; D.Acquiesc.256.
— Paris.A6.263;P1.1352;B11.299;S11.2.192;D.Donat. entre époux.128.
— Civ.r.A10.597,n.1.4;P11.1.166; B20.223; S11.1.185; D. Nantiss.11.12.
— Nîmes.A11.584,n.9;P2.1126,n.9;B23.486; S11.2.368;D. Retenue.23.
5 Req.A2.772;P11.1.191; B4.417; S11.1.178; J12.180; D. Commis.213.
— Req.A2.401; P11.1.174; B3.450; S11.1.180;D.Caution. 87 88.
— Civ.c.A3.752, P11.1.273; B6.389; S11.1.255; J12.183; D.Contr. par corps.212.
— Civ.c.A7.187,n.;D Enreg.1150.1668.1709.
— Civ.c.A7.411,n.3. et 413;B14.26,n. et 25,n. et 21,n.1; D.Enreg.2780.
— Colmar.A11.176,n.1-1;P2.964,n.1; B22.252; S14.2.349; D.Péremp.22.
— Déc. cons. d'état.D.Forêts.127.
— Décr. cons. d'état.S1.471;D.Ventes adm.163.
— Ord A12.1012,n.6;B23.328,n.6;D. Voirie.494.560.
6 Paris.A1.780; P1.299; B2.449;S12.2.321; D.Arbitrage. 893.

— Trèves.A7.811;B14.511; S12.2.140. et 11.2.384;D.Domicile élu.18.
— Bruxelles.A10.818,n.1;P2.884,n.2;B21.358; S15.2.186; D.Ordre.158.159.509.
— Civ.c.P11.1.248;S11.1.105;MR5.452;D.Portiondispon. 45.
— Lyon.D.Autor. de femme.277.
7 Paris.A6.758; P1.1492; B12.429; S11.2.457; J12.190;D. Eff. pub.50.
— Req.A9.102;P11.1.256;B17.116; S11.1.225; J12.188;D. Privilége.478.485.
— Gênes.A10.15,n.1.2;P11.2.129; B19.133; S11.2.195;MR 16.415;J12.485;D.Mariage.58.
8 Cr.c.A4.177. et 10.802,n.;P12.1.256;B7.191. et 21.334; S11.1.374;MR12.345,n.;J12.192;D.Poudres et salp.12. Respons.581.
— Turin.A8.714;P12.2.6.et 49;B2.365;S11.2.409;J12.195; D.Arbitrage 460.573.574.851.1040.
— Cr.c.A1.414;P1.153;B2.16;S11.1.372;D.Amnistie.2.85.
— Aix.A5.690; P1.1555; B10.347; D.Testament.358.345. 346.508.
— Décr.A3.195,n.2;D.Compét.
— Décr.A3.219,n.11;B10.347;D.Contr. dir.202.
— Décr. cons. d'état.S1.476;D.Autor. mun.283.
— Décr. cons. d'état.S1.372;D.Théâtre.37.
9 Cr.c.A8.293;P11.1.208; B15.341; S17.1.56. et 11.1.145; MR15.267;J12.198;D.Faillite.1302.1322.1325.
— Paris.A8.573;P11.2.157;B16.180; S11.2.93; D.Filiation lég.150.
— Turin.A8.473,n.1; P12.2.5,n.;B16.66,n.1;S12.2.78,n.; D.Féodalité.66.252.
— Paris.A9.966,n.1;P11.2.184;B19.97; S11.2.217; D.Mandat.320.
— Bruxelles.A9.775,n.2.1;P12.2.7;B18.467;S14.2.579;MR 16.515;J12.205;D.Jugem. prép.59.
— Bruxelles.A10.499,n.2;P2.791,n.2; B20.582;S11.2.324; D.Oblig.755.
— Bruxelles.A11.876,n.1-1; B24.477; S11.2.255; J12.207; D.Inventaire.14.
— Paris.A11.815,n.2.2;P24.2.78,n.;B24.365;S15.2.167;D. Saisie-imm.1425.
— Cr.c.A2.616,n.;D.Chose jugée.413.
11 Civ.c.A8.611;P11.1.175;B16.225;S11.1.129;MR13.265; J12.211;D.Légitimat.27.
— Pau.A10.647,n.2.1. et 12.782,n.; P12.2.68. et 12.2.93; B21.80.et 27.428;J12.215;D.Donat.171.Preuvelitt.117. 664.676.Emancipat.51.62.Oblig.348.
— Paris.A10.626,n.1;P2.820,n.3;B21.48;J12.221;D.Compensation.72.
— Paris.A12.184,n.2; P11.2.125; B25.435; S11.2.471; J12. 217;D.Substitution.467.
— Civ.c.D.Exploit.868.
12 Déc.A6.346,n.3;D.Dom. de l'état.65.
— Req.A9.160;P11.1.228; B17.187; S11.1.227; J12.228;D. Hypoth. lég.162.200.220.
— Paris.A10.162,n.3;P12.2.21;B19.371;S11.2.447;D.Mariage (contrat de).
— Paris.A11.658,n.2;P2.1147,n.13;B24.43;S11.2.459;J12. 225;D.Saisie-arrêt.249.252.
— Besançon.A11.752,n.2;P2.1200;B24.258;D.Saisie-imm. 1005.1190.
— Décr. cons. d'état.D.Marché de fourn.277.
13 Florence.A5.351;P1.796;B5.403; S14.2.363;D.Compét. comm.208.
— Turin.A5.359. et 6.562,n.3; P11.2.202; B5.387. et 12. 201,n.3;S12.2.74;MR16.629. et 253;J12.231;D.Compét. comm.166.Inscrip. hypoth.255.Eff. de comm.61.
— Liége.A9.412,n.4;P2.192; B17.488,n.4; D.Inscrip. hyp. 366.Sép. de patrimoine.35.81.
14 Lyon.A9.519,n.4; P2.470; B17.378,n.4; S11.2.454; D. Transcrip.16.
15 Cr.c.A4.87,n.;P1.1030;D.Contr. ind.562.
— Paris.A1.446;P1.151;B2.53;S14.2.364;D.Appel civ.4.
— Cr.c.A11.105,n.,n.10; P11.1.188; B22.103; D.Presse. 284.
— Cr.c.A1.535,n.;D.Appel correct.3.4.
16 Bruxelles.A6.134; P11.2.120; B11.148. et 19.22; S12.2. 41;MR16.385;J12.247;D.Exéc. testam.26.90.Inventaire.660.Scellé.14.
— Turin.A9.920,n.2.2; P2.665,n.5; B17.140; S11.2.353; J12.241;D.Louage.225.
— Turin.A9.287,n.1;P11.2.176;B17.540; S11.2.423;D.Acquiesc.230.Inscrip.hypoth.53.300.Louage.709.Transcript.6.
17 Cr.c.V. au 15.
18 Civ.c.A5.164;P1.1307; B9.189; D.Féodalité.145.Désist. 140.147.
— Paris.A11.956,n.16;P2.1255; B25.92; S11.2.243; D.Div. 46.
— Civ.c.P11.1.143,n.; S11.1.160; MR15.172; D.Exploit. 670.
19 Rennes.A2.414; P1.507. et 25.2.125,n.1; B4.8;J12.257; D.Caution.212.
— Arr.A6.325,n.1;D.Ventes adm.324.
— Décr.A6.838,n.3.n.11;D.Emig.370.
— Civ.c.A10.622,n.1-1;P11.1.246; B21.39;S11.1.256;MR2. 634;D.Compensation.54.
— Décr.A11.385,n.5;P2.1053,n.5; B23.79; D.Prise marit. 198.
— Paris.A12.88,n.2;P2.1265;B25.270; S14.2.456;J12.253; D.Société civ.53.

— Bourges.A11.752,n.1,n.1;P2.1197; B24.249; D.Saisie-imm.1071.
— Bordeaux.A12.870,n.6; P2.1460; B28.100;;S11.2.166;J 12.255;D.Vente.541.575.
— Turin.A9.742.n.2;B18.418;D.Jugem. par déf.440.
— Ord. cons. d'état.S1.481;D.Culte.25.
— Colmar.A10.750,n.12;D.Juifs.29.
— Avis du cons. d'état S1.480;D.Concession.10.
— Décr. cons. d'état.D.Rente.422.
— Décr. cons. d'état.S1.482;D.Saisie-arrêt.266.
20 Req.A3.329;P11.1.186; B5.375; S11.1.193; J12.181; D. Compét. comm.113.
— Bruxelles.A11.296,n.2.1;P13.2.15;B22.439;D.Prescrip. 870.
— Bruxelles.P12.2.70. et 83; S11.2.316; D.Donation.192. Preuve litt.190.
— Civ.c.P11.1.203;S11.1.199;J12.260;D.Deg. de jurid.
— Bruxelles.D.Testament.739.
21 Cr.c.A5.92;P1.1297. et 11.1.185;B9.105; S11.1.192;MR 3.569,n.;J12.262;D.Abus de confiance.60.
— Lyon.A6.642;P11.2.162; B12.295; S11.2.226; D.Eff. de comm.429.
— Rome.A11.243,n.2;P2.981,n.1;B22.301;S12.2.54;D.Action civ.62.Plainte.31.
22 Bruxelles.A10.467,n.13; P2.713,n.6; B19.373; S12.2. 268;J12.265;D.Portion dispon.
— Limoges.A11.246,n.1;P23.2.7;B22.355; S11.2.253; J12. 268;D.Prescrip.119.120.
— Agen.A11.800,n.1,n.1;P2.1213;B24.357;D.Saisie-imm. 1236.
23 Paris.A3.399;P1.813;B5.460;S11.2.442;D.Compét.com. 433.
— Cr.c.A1.414;P1.134; B2.17; S11.1.373; D.Amnistie.86. Forêts.187.238.
— Bruxelles.A8.512;P12.2.54;B15.364; S11.2.280;D.Faillite.1413.1419.Huiss.32.
— Bruxelles.A6.26;P1.1345; B11.48; S12.2.94; J12.274;D Testament.861.
— Turin.A10.231,n.3;P12.2.22;B19.477;D.Sép. de biens. 11.
— Cr.c.A11.164,n.9;P2.958,n.4;B22.214;D.Peine.175.
— Cr.c.A11.409,n.24;P2.1063,n.14;B23.122;S17.1.524;D. Procés-verb.256.
— Nimes.A11.525,n.4; P2.1106; B23.319; S11.2.445; D. Remplacement.56.
25 Paris.A9.143;P2.439;B17.165;S11.2.128;D.Hypoth.lég. 106.
— Paris.A11.761,n.2;P2.1201;B24.265; D.Surenchère.71. 191.
— Avis du cons. d'état A12.1084,n.1.2; B28.450; S12.2. 101. et 11.2.291;D.Vol.350.
26 Civ.c.A4.746;P1.1250;B8.380;D.Deg. de jurid.605.
— Liége.A6.615,n.2;B8.440. et 12.263,n.2;D.Eff.de com. 280.
— Amiens.A12.323,n.;P2.1509;B26.108;D.Success.irrég. 59.
27 Civ.c.A7.107;P11.1.412;B13.118;S11.1.249. et 348;MR 5.526;J12.280; D.Enreg.909.952.
— Besançon.A6.749;P1.1487;B12.419;D.Compét. comm. 16.Eff. de comm.909.
— Grenoble.A10.827,n.2;P2.887,n.6; B21.373; D.Ordre. 277.
— Paris.A11.769,n.2; P11.2.149; B24.280; S11.2.164;J12. 275;D.Surenchère.73.
28 Aix.A1.175; P1.73; B1.203; J12.291; D.Actes de l'état civil.129.
— Cr.c.A3.511;P1.876. et 11.1.197;B6.119; S11.1.193; D. Compét. crim.423.
— Bruxelles.A6.700; P11.2.147; B12.362,n.4; S11.2.296; J12.287;D.Eff. de comm.669.Faillite.255.
— Cr.c.A11.591,n.1;P2.1129,n.3;B23.440;D.Renvoi.77.
29 Cr.r.A2.598;P1.600;B4.217;D.Chose jugée.561.
— Besançon.A12.202,n.1; P11.2.125; B25.467; S11.2.364; D.Substitution.259.
— Cr.c.A11.422,n.8;P12.1.254;B23.145;S11.1.375;D.Procès-verb.303.
— Liége.A12.943,n.1.2;P2.1488; B28.252;D.Vérif. d'écr. 29.33.
— Cr.c.A8.791,n.9; P2.394; B16.420; D.Forêts.1071.Procès-verb.292.
— Décis. cons. d'état.SC1.486;D.Rente.419.
— Ord. cons. d'état.D.Ventes adm.388.

AVRIL.

1 Civ.r.A6.582;P11.1.535;B12.225; S11.1.205;J12.293;D. Eff. de comm.152.Enreg.152.
— Paris.A9.683,n.1;P2.52,n.1;B18.329;S14.2.382;D.Frais et dépens.211.
2 Req.A4.620; P12.1.158; B8.234; S12.1.149; J12.299;D. Deg. de jurid.56.
— Paris.A5.71;P1.1291; B9.78; S14.2.100; J12.302;D.Dépôt.131.
— Civ.c.A7.080;P11.1.207;B14.353;S11.1.169; MR15.549; J12.300;D.Frais et dépens.235.
— Req.A9.286;P11.1.193;B17.379;S11.1.195;J12.304; D. Inscript hypoth.342.
— Rouen.P25.2.133,n.3; D.Faillite.1094.1132.Novation. 48.
3 Civ.c.A7.241;P2.38;B13.272;S11.1.253;D.Enreg.1910.

— Angers.A12.741,n.17;P12.2.95;B27.353;S15.2.2;D.Tutelle.116.
4 Req.A8.406; P2.191; B15.123; S21.1.261; MQ6.31;J12. 313;D.Faillite.423.
— Cr.c.A8.727,n.6;P2.344;B16.356;D.Forêts.13.938.
— Req.A9.263,n.1;B17.311,n.1.2;D.Inscript. hypoth.42. Transport de créance.52.
— Bruxelles.A10.40,n.1.4;P12.2.57; B19.175; J12.310;D. Acte respect.44.
— Cr.c.A11.218,n.2;P2.983,n.5;B22.309;S20.1.500;D.Action civ.88.
— Cr.c.P11.1.199;S11.1.195;MR14.751;D.Vol.V. 23 nov.
— Cr.c.P11.1.254; S11.1.243; MR4.911;J12.308;D.Peine. Vol.
5 Cr.c.A4.255;P1.1073;B7.255;D.Tabacs.137.
— Cr.c.A2.161;P1.389;B3.174;D.Aut. mun.473.483.
— Cr.c.A4.76;P1.1025;B7.82;D.Contr. ind.415.617.
— Cr.c.A4.65;P1.1022;B7.69;D.Contr. ind.164.
— Liége.A9.576,n.19;P14.2.108; B18.169; S14.2.544; MR 16.529;D.Interrog. sur faits.55.57.
— Turin.A11.192,n.6;P12.2.54;B22.260;S14.2.347;MR17. 529;D.Pérempt.156.
— Cr.c.A11.418,n.2; P2.1068,n.2; B23.138; S11.1.376; D. Douanes.124.Procès-verb.502.560.
— Cr.c.P11.1.199;S11.1.204;MR5.465;D.Forêts.240.
6 Colmar.A1.509;P1.182;B2.129;S14.2.380; J12.316;D. Appel civ.414.
— Rouen.A12.414,n.2;B25.515; S12.2.33; J12.319; D.Société comm.12.
— Paris.A11.932,n.7;P12.2.29.et 2.1254;B25.86;S21.2.14; D.Divorce.16.
8 Paris.A12.944,n.6;B28.253;D.Vérif. d'écrit.21.
— Cass.S12.279;D.Enreg.1640.1671.
— Civ.r.S12.1.279;D.Enreg.2300.
9 Civ.r.A7.172;P2.25;B13.195,D.Enreg.1518.
— Turin.A7.707;P11.2.224;B14.387;S12.2.180;D.Exploit. 25.
— Déc.A6.847,n.1;D.Emig.248.
— Civ.c.A9.287; P11.1.206; B17.340; S11.1.204; D.Inscript. hypoth.502.
— Req.A10.749,n.;B21.192,n.;S11.1.184;D.Lois rétr.107. 206.
— Décr.S1.489;D.Hospices.118.
— Bruxelles.D.Inscript.hypoth.492.
— Req.A9.850,n.8;D.Lois rétroact.107.
10 Civ.c.A4.723;P11.1.204;B8.554;S11.1.202; J18.352; D. Degré de jurid.480.Exploit.160.877.
— Metz.A11.26,n.,n.3;P2.914,n.2; B21.418; D.Min. pub. 34.
— Turin.A12.84,n.3;P25.2.65,n.;B25.266;S13.2.352;J12. 323;D.Société civ.586.
— Turin.A12.713,n.3;B27.304;S12.2.281;J12.333;D.Tutelle.150.
— Décr.A12.989,n.8;B28.59;D.Voirie.165.
11 Req.A7.228;B13.258,n.;D.Enreg.1887.
— Cr.c.A3.512,n.;P1.876;B6.120;D.Compét. crim.423.
— Req.A6.8;P1.1342;B11.4;D.Action.30.Testament.770.
— Cr.c.A13.991,n.2,n.2;P2.1370;B27.94;S17.2.314;D.Parenté.16.Témoin.191.
— Cr.c.A4.281,n.;P1.1089;B7.305,n.1;D.Cour d'ass.21.
12 Cr.c.A4.248;P12.1.253;B7.269;S11.1.376; MR10.77. et 12.1.239;D.Contr. ind.615.
— Paris.A8.85;P2.185;B15.97; S12.2.76; J12.335; D.Faillite.355.
— Décr.A8.733;D.Forêts.
— Cr.A11.413;P2.1067,n.15;B23.130; D.Procès-verb.393.
— Décr. du cons. d'état.S1.491;D.Forêts.645.646.
13 Bruxelles.A5.798;P13.2.56;B10.472;S12.2.18;J12.338; D.Testament.664.682.753.
— Bruxelles.A12.922,n.2; P2.1481; B28.91; S12.2.94; D. Exécut. des jugem. et actes.40.Garantie.453.
14 Civ.r.A7.175,n.;D.Enreg.1518.
— Nanci.A10.127,n.5;P2.703,n.7;B19.308;D.Autoris. de femme.11.78.Mariage.659.
15 Paris.A9.434,n.1;P2.499,n.1;B17.527,n.1;S11.2.472; J 12.542;D.Rad. hyp.24.105.Tierce-oppos.155.
— Rennes.A11.42,n.1; P2.920,n.3; B21.472; J12.326; D. Min. pub.243.
— Paris.A11.568,n.3;P2.1123,n.8;B23.398;S11.2.203; D. Rente.252.
16 Déc.A3.226,n.5;D.Eau.403.
17 Req.A5.559; P11.1.195; B10.194; S11.1.201; D.Transcript. des don.13.15.
— Civ.c.A7.800;P2.162; B14.497; D.Domicile élu.97.104. Oblig. person.30.
— Req.A7.603;P2.108. et 11.1.222; B14.260; S20.1.453;J 12.372;D.Exception.173.
— Turin.A12.861,n.3.1; P25.2.52,n.1; B28.81,n.4; S12.2. 155;D.Vente.405.
18 Cr.c.A1.213; P22.1.428; B1.247; S17.1.528; D.Action publ.61.Amende.76.
— Cr.c.A3.549;P1.894. et 19.1.253,n.;B6.160;D.Compét. crim.560.
— Req.A9.731;P11.1.265;B18.401;S11.1.252;MR8.760,n.; J12.349;D.Jugem. par défaut.350.
— Cr.c.A11.162,n.,n.4; P2.957,n.1; B22.207; D.Compét. crim.790.Cour d'ass.1087.
19 Cr.c.A4.68;P1.1025;B7.72;S12.1.9;D.Contr. ind.272.
— Cr.c.A4.59;P1.1018,n.1;B7.41,n.1; D.Contr. ind.116.
— Cr.r.A8.307,n.;B15.357,n.;S16.1.212; D.Faillite.1354.
— Cr.c.A8.453;P2.273;B16.43;D.Faux incid.257.

— Cr.c.A8.452;P2.275;B16.42;D.Faux incid.267.275.Instruct. crim.357.
— Turin.A6.870,n.3;P1.1546;B12.562;S15.2.173;D.Enq.117.208.
— Rennes.A11.543,n.1;P2.1024,n.2;B23.3; S13.2.116; D.Prêt.217.
— Turin.A11.867,n.1-1;P12.2.8;B24.458; S12 2.190; J12.352; D.Jugem. par défaut.145.Saisie-imm.1422.Surenchère.436.
20 Bruxelles.A6.615;P11.2.204;B12.263;S11.2.414;D.Effet de comm.268.
— Bruxelles.A11.765,n.1;P24.1.233. et 2.1203;B24.271;S13.2.42;J12.553;D.Surenchère.60.
— Bruxelles.A11.771,n.3; P2.1205; B24.284; D.Surenchère.109.
— Paris.P12.2.84;S11.2.178.J12.356;D.Rap. à suc.235.
22 Civ.c.A1.436; P1.148. et 11.1.200; B2.42; S11.1.162;J12.359; D.Appel civ.57.
— Ord. cons. d'état.D.Marché de fourn.307.
23 Civ.r.A1.244;P11.1.326;B1.283;S11.1.512; J12.362; D.Actionpossess.199.Eau 169.
— Paris.A10.624,n.2; P2.819,n.2; B21.43; S11.2.220; D.Compensation.55.
24 Req.A7.173;B13.193;D.Enreg.1519.
— Nanci.P23.2.172,n.2;S12.2.443;MR16.97;D.Autorisat. de femme.
25 Cr.c.A2.585;P1.592;B4.202; S12.1.10; D.Chose jugée.335.
— Paris.P1.524.et 11.2.112; B1.575; S11.2.370;J12.368;D.Agent de change.180.
— Nimes.A5.625;P1.1333;B10.271; J12.365; D.Legs. 206.Testament.103.
— Cr.c.A11.162,n.;P2.957;D.Compét. crim.790.
— Bordeaux.S11.2.481;D.Lois rétroact.136.
26 Paris.A2.704;P1.651. et 11.2.221;B4.557;S11.2.369;D.Commerçant.46.Faillite.304.Loterie.21.
— Cr.c.A2.294;P1.454;B3.327.D.Cass.173.241.396.
— Cr.c.A7.560;P2.94;B14.205;S11.1.379;D.Escroquerie.58.
27 Cr.c.A8.453;P2.275;B16.43;D.Faux incid.261.
— Cr.c.A8.451,n.1;B16.41,n.1;D.Faux incid.273.
— Cr.r.S16.1.25;D.Forêts.849.
29 Cr.r.A8.509;P11.1.497;B16.107;S12.1.39; D.Féodalité.11.177.
— Liége.A8.639,n.2;P2.501;B16.256,n.2; D.Filiation naturelle 104.
30 Civ.c.A1.50; P11.1.254; B1.58; S11.1.256; D.Absence.430.
— Montpellier.A1.536;B2.161; S14.2.381; J12.383;D.Appel incid.50.
— Riom A6.222,n.1; B11.250,n.1; S16.2.71; D.Don. par contr.151.
— Civ.c.A9.674,n.1;P11.1.255; B18.319; S11.1.181; MR3.731;J12.379. et 376;D.Frais et dépens.154.
— Liége.A10.28,n.1; B19.154; J12.377; D.Mariage.119.120.
— Req.A10.334,n.1.11;P11.1.259;B20.131; S11.1.253;MR10.330;J12.373;D.Lois rétroact.63.Dol.291.452.
— Civ.c.A11.682,n.2;B24.119;D.Saisie-imm.64.

MAI.

1 Civ.c. A1.507; P11.1.324; B2.127; S11.1.217; D.Appel civ.402.
— Req.A1.607; P11.1.242; B2.244; S11.1.244;J12.588;D.Arbitrage.206.208.
— Rouen. A9.939,n.2.1; P11.2.219; B19.59; S12.2.56;D.Louage.137.725.
— Bruxelles. A9.690,n.3.1; P13.2.21; B18.340;D.Jugem. par défaut.14.
— Req. A12.60,n.1; P11.1.340; B25.229; S11.1.325; J12.384;D.Servitudes.564
— Colmar. A12.905,n.2; P2.1473; B28.162;S11.2.458; D.Vente 861.
2 Cr.c.A11.147,n.,n.6; P2.951,n.4; B22.183; D.Patente.126.
— Paris.A11.625,n.1;P11.2.150;B24.19;S14.2.213; D.Saisie.76 77.
— Req.A12.655,n.28;P2.1387;B27.198;S11.1.165;D.Tierce-opp.71.
— Cr.c.A12.1025,n.3;B28.351,n.1;S11.1.579; J12.391; D.Voirie.726.728.
— Rome.P11.2.147;S11.2.298;J12.388;D.Jugem. par défaut.75.Délai.128.
3 Cr.c.A2.174;P1.397;B3.188;D.Autor. mun.647.
— Cr.c.A2.173;P1.397;B3.188;D.Autor.mun.573.574.
— Cr.r.A3.438;P1.831; B6.37; S17.1.524; D.Compét. cr.123.200.Instruct. cr.374.
— Cass.A12.857,n.27;D.Lois rétroact.136.
6 Civ.r.A9.356,n.1-1; P12.1.53; B17.398,n.1; S12.1.43;J12.396;D.Hypoth.144.
— Paris.A12.385,n.8;P12.2.28;B27.80;D.Enq.60.61.
— Lyon.P12.2.97.
— Avis du cons. d'état.A11.19;D.Juge.39.
7 Rouen.P23.2.154,n.1;D.Acquiesc.319.321.
8 Bordeaux. A11.680,n.1; P2.206,B15.213;B24.135;S11.2.441; J12.402; D. Faillite.855. Saisie-imm.428.1853.Vacances.22.
— Paris.A3.314. et 8.63;P11.2.152; B15.70 et 3.357;S14.2.160;J12.399;D.Compét. civ.281.Scellé.75.

— Douai.A6.292;P13.2.57. et 22.2.82;B9.534;J12.405; D.Disposit. entre-vifs.214.215.Faillite.571.
— Civ.c. A9.118,n.2; P2.435; B17.134,n.1; S15.1.164; D.Privilége.574.
— Liége. A9.365,n.,n.3; P2.487; B17.456,n.3; D.Purge.129.131.
— Req.A9.116,n.4;P2.435. et 11.1.267;B17.132,n.4; S11.1.175; D.Privilége.553.
— Besançon.A10.18,n.1.2;P11.2.199;B19.140;J12.406;D.Promesse de mariage.12.25.
— Civ.r.A10.718,n.2;P2.850,n.3. et 11.1.433; B21.190; S11.1.269;D.Preuve test.18.19.Lois rétroact.206.
— Civ.c S11.1.202;D.Degré de jurid.476.Exploit.875.
9 Cr.r.A4.489; P11.1.274; B8.91; S11.1.197; MR6.694; J12.408;D.Cour d'ass.1509.
— Liége. A9.296,n.,n.3;P2.466;B17.350,n.3. et 3.233;D.Inscript. hypoth.184.351.332.
— Paris. P11.2.160; S11.2.281; J12.413; D. Contr. par corps.413.
— Déc.A3.77,n.1;D.Commune.263.392.
— Liége.A3.207;P1.747;B5.233;D.Compét. admin. 335.
10 Cr.c.A1.424;P1.140;B2.29;S12.1.73;D.Amnistie.58.69.Complicité.96.
11 Turin. A7.742; P14.2.48; B14.428;S14.2.127;D.Domicile élu.129.Exploit.209.
— Colmar. A12.657,n.31; P2.1588; S11.2.457; B27.202; D. Tierce-opposit.95.
13 Florence.A5.336;P12.2.85;B9.385;S13.2.9; D.Partage d'ascend.4.Port. disp.125.126.170.
— Turin.A12.711,n.3; P12.2.95; B27.301;D.Tutelle.174.175.
14 Req.A7.420; P11.1.172; B14.36;S11.1.236;J12.417; D.Enreg.2818. Req. civ. 4.
— Req.A1.618,n.1; P11.1.263; B16.231; S14.1.111;MR16.365;J12.418;D.Filiat. nat.127.
15 Nimes.A7.766;P22.2.56;B14.438;S13.2.189;J12.421;D.Expl.700.728.Saisie-imm.426. Transp. de créance.57.
— Paris.A12.143,n.2;P2.1282;B25.306;S14.2.146; D. Société comm.319.
— Civ.c. P11.1.282; S11.1.257; MR13.337; J12.422; D.Oblig. solidaire.39.
— Paris.S11.2.266;D.Lois rétroact.193.201.
16 Cr.c.A3.234; P12.1.355; B5.265;S12.1.70; S12.1.70. et 308; MR14.198.D.Eau.481.
— Bruxelles.A9.963,n.1.3;P2.680,n.1;B19.90;D.Mandat.204.
— Lyon.A12.725,n.1; P2.1418; B27.325; S11.2.56; D.Tutelle.239.
17 Cr.c.A2.130;P1.368;B3.140;S12.1.71; D.Autorité mun.168.169.
— Cr.c.A7.560;P2.94;B14.205;S12.1.68; D.Faux.340.Escroquerie.17.
— Paris.A6.590; P1.1483; B12.234; S12.2.13;J12.424;D.Effets de comm.199.
— Ord.A9.982,n.1;B19.120,n.1;D.Manufact.152.
— Rennes.A9.524,n.1.2; P2.520,n.4; B18.94; D.Instruct. par écrit.40.
— Cr.c.A3.234,n. et 5.265,n.;B13.449,n.;S12.1.69;D.Jugement.226
— Rouen.P11.2.218;S12.2.32;D.Lois rétroact.116.Louage.758.
18 Paris. A2.388; P1.496. et 11.2.152; B5.454; J12.425;D.Caution.74.
— Paris.A3.754;P1.981;B6.302;D.Contr. par corps.170.
— Bruxelles.A10.256,n.1.2;P2.752,n.3;B20.7;S14.2.200;D.Communauté.490.
19 Déc.A3.191,n.8;D.Travaux pub.114.
— Déc. du cons. d'état.S1.495;D.Manufact.31.
— Ord.A12.1006,n.11;B28.322,n.11;D.Voirie.424.
20 Paris.P11.2.221;D.Compét. comm.335.
21 Civ.c.A1.742;P1.274;B2.399;D.Arbitrage.717.718.
— Civ.r.A9.175,n.1;P11.1.288;B17.205;S11.1.261; MR17.70;J12.429;D.Hypoth. judic.49.
22 Civ.c. A2.423; P11.1.293;B4.17;S11.1.262; MQ5.58;D.Cautionn. de fonct.15.Comptabilité.108.
— Civ.c.A7.257;P.2.42;B13.291;S12.1.26; D.Enreg.2002.2003.
— Civ.c.A9.620,n.3;P11.1.311,n.;B18.242,n.1;D.Jugem.309.355.
24 Civ.r.A4.234;P1.1074;B7.254;D.Cont. ind.17.
— Cr.c.A7.620;P2.109;B14.280;S12.1.32; J22.434; D.Exception.313.Forêts.802.
— Cr.c.A8.741,n.1; P2.335; B16.353; S12.1.72;D.Forêts.247.
— Paris.A12.871,n.3;P2.1559;B27.58;D.Témoin.25.122.
— Cr.r.A12.841,n.15; P2.1450; B28.50; D.Vagabondage.25.
— Cr.c.S12.1.63;D.Témoin.302.
25 Décret.A12.685,n.11;P2.1399;B27.249;S1.398;D.Trav. pub.120.121.
— Décret.D.Invalides.7.
— Décr.A3.191,n.3;D.Compét.
27 Douai.A8.35;P13.2.6;B15.58;S12.2.10;D.Faillite.17.
28 Civ.c.A3.370;P11.1.292;B5.124;B12.18,n.1; S11.1.261;MR3.18.62;J12.498;D.Comp. comm.278.
— Civ.c.A6.404;P1.1365;B12.14;D.Douanes.69.362.
29 Sect. réun.c.A4.39,n.1;P1.1015. et 12.1.378;B7.41,n;;S12.1.67;J12.437;D.Contr. ind.116.117.
— Civ.c.A7.793;P2.160. et 11.1.301; B14.489; S11.1.264;MR1.177. et 16.196;J12.439;D.Exploit.498.
— Décr.A9.193,n.1;D.Hypoth.

— Décret du cons. d'état.D.Dom. de l'état.33.34;S1.500.
30 Paris. A1.94; P11.2.165; B1.103; J12.447; D.Acquiesc.321.
— Turin.A10.55,n.2.3;P2.690,n.6;B19.193;S12.2.241;J12.443;D.Mariage.200.207.208.209.210.
31 Colmar. A9.655,n.5; P23.1.146,n.; B18.291;S14.2.257;D.Frais et dépens.57.
— Orléans.A11.532,n.;P2.1109,n.;B23.354,n.1;D.Récus. de juges.18.

JUIN.

1 Turin. A9.383,n.,n.4;P12.2.31;B17.457,n.4;S12.2.209;J12.448;D.Purge.102.
— Paris.A11.547,n.9;P2.1115,n.12;B23.360;S11.2.470;D.Référé.87.
— Rennes.D.Exploit.348.
3 Cr.c.A4.761,n.1;P1.1260;D.Délit rural.87.
— Civ.c.A1.691;P1.263;B2.340;D.Arbitrage.554.
— Florence.A1.652;P1.243;B2.295; S14.2.84; J12.452;D.Arbitrage.535.548.811.859.
— Civ.r. A9.261; P2.458; B17.308; D.Appel civ.450.459.Inscript. hypoth.186.195.202.
4 Rennes. A12.661,n.,n.3; P2.1390; B27.209; D.Tierce-opp.125.
5 Civ.c.A7.536; P2.92. et 11.1.347;B14.176;S11.1.348; J12.454; D.Timbre.249.285.
— Civ.c.A9.826,n.1;P11.1.384; B18.542; S11.1.273;MR7.540;D.Lois.237.
— Rennes.A9.713,n.,n.3;P2.579,n.2;B18.374;D.Jug. par défaut.207.
6 Req.A7.40;P11.1.302;B13.39;S11.1.356;MR7.495; J12.462;D.Enreg.267.
— Cr.c.A1.389;P11.1.322;B1.455; S11.1.312. et 16.1.504;J12.460;D.Douanes.295.
— Cr.c.A2.612;P1.610; B4.232;S12.1.73;D.Chose jugée.403.
— Req.A3.73;P1.701;B5.77;D.Commune.131.221.353.Jugem. prép.9.136.
— Cr.c.A6.455;P1.1389;B12.74;S12.1.61;D.Procès-verb.604.
— Cr.c.A6.456;B12.76;S12.1.68;D.Douanes.454.
— Cr.c.A11.115,n.,n.19; P12.1.309; B22.124;S21.1.212;J12.462;D.Presse.564.Respons.499.575.
— Aix.A12.309,n.1;P2.1306;B26.91;S12.2.215;D.Success. irrég.21.
— Req.A9.666,n.3; P2.357,n.3; B18.309; D.Compensat.50.Frais et dépens.105
— Req.P11.1.307;S11.1.264;MR15.364;J12.458;D.Surenchère.454.
— Ord.A12.1006,n.11;B28.522,n.11;D.Voirie.424.
7 Cr.c.A7.560;P2.94;B14.205;S12.1.67;J12.464;D.Escroquerie.58.
— Cr.c.A12.550,n.2; P11.1.344; B27.24; S11.1.525;MR15.94;J12.465;D.Rébellion.8.
8 Riom. A10.811,n.2; P2.881,n.2;B21.336;S12.2.109. et 11.2.379;J12.466;D.Ordre.149.150.
10 Civ.c.A5.727;B10.391;D.Testament.445.307.
— Paris.A7.782;P14.2.71;B14.476; S14.2.134; J12.472;D.Domicile.87.
11 Civ.c.A2.427;P11.1.294;B4.18; S17.2.161. et 11.1.248;MR12.225;J12.474;D.Cautionn. de fonctionn.35.
— Rome.A9.684,n.5; P11.2.159; B18.551; S11.2.362;J12.175; D.Frais et dépens.291.
— Civ.c.A9.620;P11.1.310;;B18.241; S11.1.268;MR8.411;J12.476;D.Jugem.309.355.
— Bruxelles.P22.2.127,n.11;D.Actes de comm.187.
— Civ.c.D.Timbre.145.
12 Civ.r.A7.220;P11.1.281;B13.248;MR4.735;J12.491; D.Enreg.1869.
— Civ.r.A7.219;P2.33. et 11.1.278; B13.247; S11.1.257;MR4.729;D.Enreg.1868.
— Civ.c.A7.350;P11.1.311; S11.1.267; J12.477; D.Enreg.2457.
— Civ.c.A9.361,n.1;P11.1.309; B17.428,n.1; S11.1.265;MR5.842;D.Purge des privil.4.
13 Cr.c.A2.131;P1.369;B3.141;S12.1.64;D.Autorité mun.256.D.Voirie.174.
— Cr.c.A2.151;P1.568;B3.140;S12.1.62;D.Autorité mun.291.292.
— Cr.c.A4.291;P1.1092; B7.316; S12.1.71;D.Cour d'ass.128.
— Cr.c.A5.654;P1.956;B6.254;S17.1.91;D.Complicité.27.
— Liége.A8.504;P2.282;B16.101;D.Féodalité.156.
— Req.A6.515;P11.1.550;B12.145; S11.1.290; MR11.252;D.Dr. civ.42.
14 Cr.r.A2.94;P1.346;B3.100;D.Attentat à la pudeur.35.
— Colmar.A10.440,n.2.1;P11.2.220;B20.289; S17.2.161;J12.485;D.Not.493.
— Colmar.A11.686,n.4; B24.127; D.Saisie-imm.88.175.1489.
15 Rennes.A8.119;P2.193;B15.138; S13.2.199; D.Faillite.466.
16 Req.A11.565,n.3. et 12.661,n.; P11.1.370; B23.392. et 27.209;S11.1.537; MR2.608; J12.487; D.Louage à culture perpét.12.Rente.271.278.Tierce-oppos.125.
17 Civ.c.A7.220;P11.1.278;B13.247; S11.1.238; D.Enreg.1868.
— Rennes.A2.202;P1.409;B3.219; S13.2.176; J12.491; D.Avaries.71.

18 Décret.A7.476;P12.2.152;B14.104;D.Greffe.19.
— Civ.c.A9.873,n.1-1;P12.1.288,n.;B18.609; D.Juifs.39.
— Liége.A9.296,n.; P2.466; B17.350,n.; D.Inscript. hypoth.330.
— Paris.A11.813,n.2,n.1;P2.1218;B24.361,n.2; S15.2.166; J12.494;D.Saisie-imm.1409.
— Décr.A9 662,n.13;S11.2.299;D.Frais et dépens.425.
19 Req.A6.794;P11.1.305;B12.472;S11.1.220; MR8.50,n.; J12.496;D.Emigré.149.
— Civ.r.A9.873,n.1-1; P11.1.285; B18.610; S11.1.266; D. Juifs.59.
— Metz.A12.585,n.5;P2.1365;B27 79;D.Enquête.181.
— Bruxelles.A11.094; P2.1172; B24.145; D.Saisie-imm. 229.262.263.
— Décr.A8.8,n.12;D.Fabriques.48.
20 Cr.c.A12.1083,n.5;B27.448;S17.1.326; D.Cour d'ass. 1058.
21 Rennes.A5.702; P25 2.118,n.1; B6.330; S13.2.200; D. Compulsoire.4.
22 Décr.SC1.305;D.Forêts.559.
— Déc.A8.15,n.66;D.Fabriques.225.
— Ord. du cons. d'état.D.Voirie.47.
24 Civ.c.A7.99;P2.14;B13.109;D.Enreg.835.
— Civ.c.A7.220,n.;P2.53;B13.248 n.;D.Enreg.1868.
— Civ.c.A7.289;P2.81;B13.327;D.Enreg.2134.
— Civ.c.A5.728;P11.1.296;B10.391;S11.1.259; MR13.642; J12.497;D.Testament.443.507.
— Décr. du cons. d'état.D.Trésor publ.5.
25 Req.A1.439;P11.1.414; B2.46;S11.1.241; J12.501; J12. 501;D.Appel civ.71.
— Bruxelles.A1.519.P1.185; B2.141; S14.2.240; D.Appel civ.499.
26 Liége.A2.785;P1.665;B4.432;D.Commissionnaire.296.
— Civ.c.A4.259;P1.1085;B7.281;S12.1.74;D.Contr. ind. 36.
— Paris.A7.800. et 11.650,n.4;P11.2.161;B14.497. et 22. 253;S15.2.14; J12.505; D.Domicile élu.56.Contr. par corps.593.
— Bourges.A11.183,n.,n.6; P2.967,n.3; B22.152; D.Pérempt.106.125.
— Orléans.A11.873,n.3;B24.469;D.Saisie de rentes.49.
— Bruxelles.P11.2.191; S12.2.431; J12.507; D.Notaire. 371.Vente publ.5.
27 Bruxelles.A4.667;P1.1215;B8.287;D.Degré de jurid. 249.Exploit.402.
— Cr.c.A1.209;P11.1.335; B1.242; S11.1.327; MR9.160;J 12.512;D.Action publ.86.
— Cr.r.A3.267;P1.771;B5.301;S12.1.60;D.Régl. de juges. 114.
— Paris.A10.859,n.3;P2.902,n.6;B21.427;J12.509;D.Dist. par cont.73.
— Cr.c.A11.120,n.6;P11.1.364;B22.153; S11.1.338; MR6. 117. et 612; J12.513; D.Acquitt.2.Jugem.109.Presse. 723.724.725.
— Civ.c.A12.210,n.1; P11.1.313; B25.479; S11.1.316; MR 15.83;J12.516;D.Substitution.279.368.376.
— Cr.c.A11.616,n.3;B24.2;D.Révision.8.
— Cr.c.P11.1405.;S11.1.318; MR3.464; D.Compét. crim. 205.
— Sect. réun.P11.1.321;S11.1.300;MR11.752;D.Vol.
— Cr.r.D.Faux.262.
28 Cr.r.A4 560;P1.1187;B8.167;S17.2.313; D.Défense.54.
— Cr.c.A8.775;P2.381;B16.399;S12.1.96;D.Forêts.691.
— Cr.c.A6.426;P1.1374;B12.41;S12.1.79;D.Douanes.299.
— Paris.A12.191,n.3;P2.1290;B25.450;S11.2.326;D.Substitut.191.330.
— Cr.r.A2.290,n.;P1.451,n.;B3.323,n.;S17.1.342; D.Cassation.329.
29 Paris.A1.330; P11.2.102; B1.382;S12.2.12;J12.519;D. Agent diplom.24.Lois.288.
— Grenoble.A10.841,n.1;P2.893,n.11;B21.399;D.Ordre. 439.
— Déc. du cons. d'état.SC1.508;D.Ventes adm.284.

JUILLET.

1 Civ.c.A7.537;P11.1.346;B14.177; S11.1.328; MR14.41; J12.455;D.Timbre.303.
— Paris.A12.360,n.1;P11.2.196;B26.161; S11.2.598; J12. 521;D.Success.390.
2 Rennes.A2.769;P1.656; B4.414; S15.2.103; J12.527;D. Commissionnaire.189.
— Caen.A11.734,n.1; P11.2.192; B24.215; S11.2.583; D. Saisie-imm.702.
— Civ.c.A10.834,n.1.3;P11.1.319; B21.388; S11.1.318. et 12.1.75;J12.525;D.Lois rétroact.226.Ordre.404.
— Besançon.P11.2.195; D.Lois rétroact.82.Usufruit légal.82.
3 Liége.A4.662;P1.1212;B8.281;D.Degré de jurid.215.
— Civ.r.A7.365;P11.1.361;B13.414;S11.1.334;J12.529;D. Enreg.2483.
— Civ.c.A8.480;P11.1.356; B16.74; S11.1.321; J12.533;D. Féodalité.57.
— Florence.P12.2.78;J12.532;D.Contr. par corps.336.
4 Cr.r.A4.284;P1.1090;B7.509;S17.2.519; D.Cour d'ass. 60.
— Rennes.A5.567;P1.801;B5.422;D.Compét. comm.322. 323.Arbitre.895.
— Cr.c.A8.521;P2.235;B17.376;S12.1.109;D.Fausse-monnaie.10.

— Bruxelles.A8.641,n.6;P22.2.182,n.4;B16.257,n.6;S12. 2.274;J12.546;D.Actes de l'état civil.47.Filiat. nat. 97.Tutelle.440.
— Décr.A9.851,n.12;D.Lois rétroact.114.
5 Liége.A4.683;P1.1222;B8.303;D.Degré de jurid.329.
6 Grenoble.A5.366; P1.1321; B9.420; J12.540; D.Port. dispon.158.Rap. à suc.91.
— Rome.A11.543,n.7; P11.2.211; B25.353; S14.2.189; D. Référé.10.
7 Grenoble.A5.289;P13.2.43;B9.297;S13.2.4;J12.544;D. Dispos. entre-vifs.145.
8 Rouen.A6.726,n.1;P1.1485; B12.392,n.1; S12.2.97; D. Effets de comm.658.659.765.
— Ord.A12.682,n.3;P2.1598;B27.249;D.Trav. publ.69.
— Liége.A12.951,n.2;P2.1402; B28.240; D.Vérif. d'écrit. 115.
9 Paris.A1.469,n.;P1.169;B2.82;D.Emigré.296.
— Nanci.A1.499;P12.2.15;B2.118;J12.550; D.Appel civ. 395.
— Paris.A10.251,n.,n.2; P11.1.216; B19.477; S13.2.339; J 12.549;D.Séparation de biens.23.
— Bruxelles.A11.723,n.7;P11.2.190;B24.197;S13.2.183;J 12.535;D.Saisie-imm.552.
— Req.A9.289;P11.1.328; P11.1.328; B17.341; S11.1.320; MR16.439;J12.553;D.Inscript. hypoth.506.
— Req.P11.1.351;S11.1.328;D.Juifs.38.46.
— Bruxelles.D.Révoc.128.
— Déc.A7.77,n.18;D.Enreg.890.
10 Liége.A7.699;P2.126. et 12.2.34;B14.377;S12.2.289;D. Huiss.80.
— Req.A10.127,n.1; P11.1.393; B19.309; S11.1.344; J12. 561;D.Autorisat. de femme.81.
12 Metz A9.274,n.1;P2.462;B17.324,n.1;S12.2.62; D.Inscript. hypoth.246.
14 Déc A3.224,n.7;SC1.514;D.Eau.351.
— Décret du cons. d'état.SC1.512;D.Impôt.17.18.
— Décr. du cons. d'état.D.Marché de fourn.34.
15 Civ.c.A6.492;P11.1.468;B12.119;S11.1.304; MR15.408. et 16.692; D.Légitimat.10.Dispos. entre-vifs.122. Etranger.274.275.277.Legs.154.
— Cr.c.P11.1.312,n.;D.Enregistrement.
— Cass.A9.878,n.6;D.Lois personn.6.
16 Bruxelles.A1.437; P12.2.11; B2.43; J12.572; D.Appel civ.62.
— Civ c.A7.809;P11.1.342;B14.507;S11.1.319; MR1.268;J 12.568;D.Domicile élu.25.
— Civ.c.A7.518;P11.1.349;B14.154;S11.1.324; J12.457;D. Timbre.108.
— Paris.A10.837,n.2;P2.891,n.5;B21.392;S11.2.381; J12. 570;D.Ordre.432.
17 Bordeaux.A5.801;P12.2.78;B6.447;S11.2.482;J12.574; D.Contr. par corps.573.
— Bruxelles.A5.364; B9.416; D.Lois personn.60.Port. dispon.58.106.155.
— Civ.r.A7.418;P11.1.446;B14.31;S11.1.363;MR8.763,n.; D.Enreg.2822.
— Civ.r.A7.695;P12.1.20; B14.572; S12.1.29; J12.575; D. Huiss.201.
— Civ.c.A8.489; P11.1.449; B16.84; S11.1.377; D.Féodalité.62.106.Dom. de l'état.4.
— Paris.A9.242,n.5.1;P21.2.70,n.;B17.287,n.;S11.2.487; MR16.471;J12.576;D.Inscript. hypoth.105.
— Colmar.P12.2.75;D.Poss.206.Servitudes.745.
18 Besançon.A2.563; P1.576; B4.176; D.Chose jugée.94. 243.
— Cr.c.A8.786,n.7;P2.390;B16.313;D.Procès-verbal.180.
— Besançon.A8.442;P11.2.63;B16.31;S14.2.320; J12.580; D.Faux incid.166.
— Besançon.A11.724,n.3;P11.2.164. et 2.1184;B24.198;S 13.2.181;J12.557;D.Saisie-imm.528.530.552.593.
— Cr.r.A12.1065,n.2;P2.1527;B28.412,D.Rôle.166.
— Cr.c.A3.597;P1.913;B6.214;S12.1.78;D.Compét. crim. 711.712.
19 Cr.c.A4.66;P1.1023;B7.70;S20.1.489;D.Cont.ind.161. 333.368.564.
— Cr.c.A11.63,n.,n.5;P2.923,n.5;S17.1.56;D.Jugem.55.
20 Paris.A10.827,n.1;P11.2.200;B21.373;S13.2.169. et 11. 2.585;D.Ordre.272.Success. bénéf.71.
21 Turin A9.927,n.2.2; P3,668,n.1; B19.51; S12.2.271;D. Louage.506.
— Civ.c.P13.1.441;D.Port. disp.346.
— Civ.c.P11.1.494;D.Féodalité.168.
22 Civ.c. A12.679,n.10; P12.1.3; B27.241; S12.1.41; J.12. 586;D.Transact.95.
— Paris.S11.2.589;J12.584;D.Filiat. nat.216.
23 Civ.A8.507,n.2;B16.105,n.2;S12.1.76;D.Féod.170.
— Bruxelles.A10.695,n.4;P2.843,n.4;B21.156; S12.2.105. J12.590;D.Preuve litt.1077.
— Colmar.A10.719,n.4; P2.851,n.4;B21.192;S12.2.99;D. Oblig. solid.66.Preuve test.23.
— Req.A11.751,n.2;P11.1.490. et 2.1196; B24.247;S12.1. 25;J12.594;D.Saisie-imm.1482.
— Inst.A9.619,n.10;D.Jugem.288.
24 Civ.c. A1.290; P11.1.373; B1.337; S11.1.329; J12.596; D.Adoption.125.
— Civ.c.A .439;P1.175;B2.105;D.Appel civ.309.
— Liége.A7.824. et 825;P2.169;B14.527. et 525; D.Expl. 28.560.574.
25 Paris.A2.693;P11.2.215;B4.324;S11.2.597; J12.604; D. Commerçant.14.

— Cr.r.A2.242;P1.427;B3.267;S13.1.390;J12.597;D.Bigamie.23.2021.
26 Cr.c.A1.85;P11.1.466; B1.99;S11.1.281;D.Instruc. cr. 464.
— Liége. A11.546,n.3; P2.1114,n.7; B25.358,n.1; D.Référé.50.57.
— Civ.r.A2.290,n.;P1.452;B3.323,n.;S17.1.342; D.Cassat. 329.
— Cr.c.P216;D.Peine.196.
28 Paris.A6.390,n.1; P1.1561; B11.447,n.1; S14.2.150; D. Domicile élu.66.
— Rennes. A12.860,n.4; P2.1457; B28.84; S13.2.98; J12. 606;D.Vente.352.
— Bruxelles.D.Exploit.387.
29 Bruxelles.A8.621,n.1;P12.2.44;B16.231,n.1;S11.2.484; MR16.369;J12.607;D.Filiat. adult.16.
— Paris.A11.628,n.1;P2.1142,n.7;B24.25;D.Saisie-arrêt. 95.
— Déc.A3.77,n.1;D.Com.263.392.
30 Civ.c.A2.671;P11.1.380;B4.299;S11.1.345;MR7.556;D. Colonies.148.Lois.424.
— Paris.A6.583;P1.1360;B11.449;S12.2.8;D.Domicile.10.
— Bordeaux. A10.312,n.,n.3; P2.747,n.3; B20.91;S11.2. 479;D.Dot.357.
— Paris.A11.64,n.1;P2.923,n.6;B22.38; S14.2.192; D.Jugem.89.
— Besançon. A12.743,n.58; P11.2.186; B27.356;J12.615; D.Tutelle.459.
31 Rennes. A11.913.n.7.1; B25.52. et 18.198; S13.2.101; D.Puiss. patern.33.Sép. de corps.66.
— Bruxelles.A4.532;B8.158;S12.2.104;D.Courtier.34.
— Rouen A7.631;P2.110;B14.293;D.Exception.350.
— Bruxelles.A7.666;P2.118;B14.336;D.Expertise.281.
— Liége.A7.723;P2.134;B14.406; D.Lois personn.68.Pérempt.280 Exploit.72.121.188.600.Success. bénéf. 63.
— Rennes.A9.593.n.1.6;B18;D.Interv.115.
— Rennes.A10.185,n.1;P2.749,n.1;B19.91;S13.2.109;J12. 616;D.Communauté.60.
— Besançon.A5.95,n.11;D.Désaveu.66.
— Limoges.D.Min. pub.150.

AOÛT.

1 Cr.c.A2.13;P11.1.453;B3.10;S11.1.376; J12.648; D.Armes.16.
— Turin.A3.340;P12.2.17;B5.388; S12.2.262; D.Compét. comm.170.249;D.Degré de jurid.137.
— Req.A5.274;P11.1.409;B9.315;S13.1.427. et 421;MR8. 403;D.Emigré.21.Mort civ.53.
— Paris.A5.423; P11.2.168; B10.35; S13.2.284;J12.619;D. Inventaire.190.Portion disp.609.
— Cr.c.A8.775;P2.381;B16.399;S12.1.88;D.Forêts.730.
— Rouen.A8.526,n.1;B16.127,n.1;S12.2.76; D.Féod.246.
— Req.A6.784,n.;P1.1497;B12.359,n.2; D.Emigré.86.87. 88.
2 Colmar.r.A4.655;P12.2.18;B8.275; D.Degré de jurid. 199.
— Cr.c.A7.561;P2.95. et 11.1.442; B14.206; S11.1.288. et 380;D.Escroquerie.61.
— Lyon.A11.755,n.2;P2.1199;B24.254;S12.2.20;J12.620; D.Saisie-imm.1161.
— Limoges.P22.2.52,n.1;D.Action.97.
3 Rome. A9.720,n.,n.4; P2.580,n.4; B18.385; S12.2.11;J 12.621;D.Jugem. par défaut.271.
— Paris.A10.842,n.;B21.401,n.1;S12.2.7; J12.714; D.Ordre.443.
— Déc.A3.225,n.5;D.Eau.362.
4 Req.A7.352;P13.1.465;B13.399;S13.1.445; J12.622; D. Enreg.2219.
— Déc.A3.226,n.9;D.Eau.309.422.423.
— Déc. du cons. d'état.SC1.516;D.Forêts.349.
— Décret du cons. d'état.SC1.518;D.Mines.19.
— Ord. du cons. d'état.SC1.520;D.Mines.56.
— Déc. du cons. d'état.SC1.515,D.Propriété.199.
5 Paris A3.691; B6.348; P1.966; S14.2.371; D.Actes de comm.208.Compte courant.30.
— Besançon. A5.722; P1.1337; B10.384; D.Ratificat.173. Testam.71.423.
— Turin.A7.707;P2.128.B14.586;S12.252;D.Expl.99.
6 Req.A3.346;P11.1.397. et 2.4; B5.394; S11.2.62. et 11. 1.341;MR836;J12.626;D.Comp. comm.193.
— Bruxelles.A9.325,n.;B17.383,n.;S12.2.252; D.Transcript.22.
— Req.A11.201,n.,n.8;P2.974,n.3;B22.277;S14.1.217; D. Pérempt.265.
— Paris.A11.880.n.1;B24.471;D.Inventaire.83;Scellé.57.
7 Civ.c.A1.673;P1.282;B2.319;D.Arbitrage.411.
— Bruxelles. A9.921,n.1.2; P2.667,n.2;B19.25; S12.2.22; J12.635;D.Louage.419.
— Paris. A11.678,n.3; P11.2.225; B24.43; S14.2.216; J12. 628;D.Saisie-imm.115.116.
— Liége.A11.620,n.2;B24.9;D.Saisie-arrêt.21.38.
— Civ.c.A1.452,n. et 11.854,n.2; P11.1.399. et 654; B24. 436;S11.1.342;MR12.292,n. et 15.102. et 515;MQ6.15; J12.629; D.Acquiesc.283.Saisie-imm.1051.1056.1556. 1637.
8 Cr.r.A2.243; P1.428; B3.268; S13.1.388;J12.601;D.Bigamie.24.
— Nimes.A1.56;P12.2.63;B1.65;S12.2.159. et 158;D.Absence.443.
— Cr.c.A4.281;P1.1089;B7.306;D.Cour d'ass.22.

— Liége.A9.295,n.1-1;P2.466;B17.350,n.1; S12.2.253; D. Inscript. hypoth.329.
— Cr.c.A12 1075,n.7;P11.1.489;B28.434;S12.1.53; MR14. 758;D.Vol.289.
— Cr.c.A12.1057,n.1-1;P12.1.307;B28.402; S12.1.80; MR 14.779;D.Vol.130.
— Bruxelles.A2.469;B4.70;S12.2.273; J1.527; D.Choses. 49.Legs.491.
9 Cr.r.A4.297;P1.1097. et 11.1.464;B7.323;S15.1.270;D. Cour d'ass 98.
— Cr.c.A10.782,n.10;P2.268,n.7;B21.297; D.Respons.18.
— Paris. A11 745,n.1; P2.1195; B24.256; S11.2.444;J12 641;D.Délai.13.Saisie-imm.894.
— Paris.A12.771.n.1-1;P12.2.99;B27.408;S11.2.475; J12 637;D.Tutelle.649.
— Paris.S12 2.38;D.Testam.450.
10 Paris.A8.138; P12.2.36; B15.164; S12.2.107;D.Faillite. 863.588 615.639.
— Bordeaux.A6.385;P1.1361;B11.441;S12.2 72; D.Domicile.75.Success. bénéf.8.
— Cr.r.A9.598,n.1.2; P11.1.484; B18.206; S11.1.335;J12. 650;D.Loterie.19.
— Turin A10.302,n 3.1;P22.2.152,n.1.3.4;B20,35; S12.2. 274;D.Dot.55 75.82.
— Gênes.r.P22.2.124,n.6; S12.2.444; J12.654; D.Tutelle. 35.
11 Déc.A3.227,n.2;D.Eau.439.
12 Cr.A2.271,n.;D.Cassat.
— Bruxelles.A8.184;P13.2.12;B15.214;S14.2 148. et 12.2. 270;D.Faillite.855.
— Civ.r.A6.65;P12.1.65;B11.68;S11.1.357;MR6.753;J12. 658;D.Legs.60.65.66
— Besançon.P12.2.31;D.Hypoth. judic.
13 Paris.A5.652;P22.2.176;B10.504;S13.2.332; D.Testam. 158.
— Bruxelles.A9.686,n.,n.2; P2.573,n.4; B18.333; S12.2. 149;J12.662; D.Frais et dépens.17.507. Lois rétroact. 237.
— Bruxelles.A9.77,n.2;P15.2.10;B17.85,n.2; J12.664; D. Privilége.567.
— Paris.A10.318,n.,n.1; P2.751,n.16; B103; S12.2.38; D. Dot.454.455.
— Bruxelles.A10.730,n.4;P2.855,n.1;B21.213; S12.2.277; D.Preuve litt.1166.Preuve test.138.
— Paris.A10.858,n.2; P25.2.127,n.; B25.425; S15.2.176;J 12.668;D.Distr. par contr.72.
— Décr. du cons. d'état.SC4.526;D.Lib. du comm.18.
14 Cr.r.A7.173;B13.193,n.;J2 26;D.Enreg.1518.
— Civ.c.A2.544;P1.560;B4.154;S12.1.360;D.Chose jugée. 207.212.
— Grenoble.A5.741;P1.1339;B10.406;D.Oblig. divis.110. Exploit.367.Testam.473.748.
— Civ.c.A7.457,n.;B14.81,n.1;D.Enreg.29 2.
— Req.A10.280,n.,n.2;P2.737 n.2 2. et 11.1.430; B20.41; S11.1.353;D.Communauté 954,970.982;Conciliat.27.
— Douai.A12.323.n.1;P2.1308;B26.407; S12.2.1; J12.673; D.Success. irrég.59.
— Turin.A12 930,n.4;P12.2.101;B28.207; S13.2.6; D.Saisie-imm.50.
— Req.D.Compét. civ.11.
16 Cr.c.A2.327;P11.1.427;B3.365; S21.1.258. et 11,1.350; MQ6.139;J12.676;D.Cassat.583.686; D.Compét. crim. 205.
— Paris.A5.348; P12.2.79; B5.399; S11.1.455; P1.796; D. Comp. comm.150 Domicile.63.Etranger.80.
— Aix.A9.215,n.,n 4;P15.2.89;B17.255,n.4;S15.2.126;D. Hypoth. conv 68.123.124.
— Cr.c.A11.511,n.1;P2.1100,n.1;B23.296;S21.1.214;J12. 685;D.Récidive.8.Respons.496.
— Besançon.A11.958,n.8; P12.2.29;S12.2.106;B25.96;D. Div.64.72.73.
— Metz.A10.564,n.1;P2.801,n.2;B20.476; J12.678; D.Subrog.64.
— Cr.c.D.Procès-verbal.343.
— Décret.A12.991,n.12;D.Voirie 63.
17 Cr.r.A4.509. et 3.613;P11.1.504;B6.231. et 8.144;S12. 1.36;J12.689;D.Complicité.80.Cour d'ass.1659.
— Cr.c. A8.686,n 3; P2.314; B16.310,n.1; D.Fonct. pub. 259.
— Gênes. A6.750; P1.1486; B12.397;S13.2.23;J12.691;D. Effets de comm.785.
— Limoges.A9.584,n.1.13;B18.183;D.Intervent.73.74.
— Paris. A11.752,n.4; P2.1197; B24.248; D. Saisie-imm. 1486.
18 Avis du cons. d'état.A11.373,n.1;P2.1044,n.1;B23.58; D.Prises marit.102.
— Bruxelles.A6.438,n.1;B12.54,n.1;D.Douanes.358.
19 Besançon.A5.149;B9.171,n.1;D.Désist.31.
— Civ.c.A7.412,n.;P2.71;B14.22,n.;D.Enreg.2771.
— Déc.A6.838,n.,n 3;D.Emigré.
— Bordeaux.A6.878,n.2;P13.2 29;B12.571,n.2; S12.2.65; J12.696;D.Enq.269.
— Civ.c.A10.602,n.1.5;P11.1.463;B21.5; S13.1.451; MR8. 649;J12.694;D.Novat.53.
20 Req.A6.474; P11.1.413; B12.98; S11.1.562; J12.699;D. Etranger.209;Exploit.319.
— Bordeaux.A12.728,n.2;B27.331;S11.2.479; J12.697; D. Tutelle.298.
— Rennes.A12.865,n.1-1; P2.1458; B28.87; S13.2.114; D. Garantie.133.
21 Civ.r.A7.254;P2.41;B13.287;D.Enreg.60.1954.1955.
— Douai.A3.212;P1.749;B5 259;D.Comp. adm.365.
— Req.A1.529;P1.189;B2.153; S21.1.263;MQ6.6;D.Appel incid.37.53.
— Rennes A9.106;P2.431;B17.420;S13.2.111;D.Privilége. 497.
— Req.A12.119,n.6;P2.1275; B23.323; S21.1.265; MQ6.6. J12.701; D.Saisie-comm.113.
— Metz.A11 744,n.2,n.1;P2.1193; B24.234;D.Saisie-imm 156 862 891.
— Limoges.P22 2.32,n.;S12.2.312;J12 703; D.Vente.718.
22 Cr.c.A9 759,n.2; P11.1.461; B18.446; S12.1.22; MR14 227,n.;J12.7 0;D.Jugem. par déf.543.
— Cr.r.A12.622,n.1;P2.1380;B27.147; S17.1.90; D.Tentative.32.
— Paris A11.745,n.2;P2.1195;B24.235;D.Saisie-imm.436. 623.866.
23 Lyon.A4.649;P1.1206;B8.267; S12.2.386,n.30;J12.712; D.Deg. de jurid.170.Eff. de comm.161.
— Paris.A5.688; P1.1355. et 12.2.10; B10.345; S12.2.7;D. Testament.334.
— Cr.r.A8.416;P2.264;B15.484;S11.1.366;D.Faux.475.
— Civ.c.A1.462;D.Appel correct.196.
24 Civ.c A4.80;P1.1026;B7.86;D.Contr. ind.166.307.
— Cr c.A6 412,n.8; P1.1369. et 12.1.442; B12.24,n.8;S12. 1.211;D.Douanes 138.
— Cr.c.A9.786.n.1; P12.1.445; B18.488; S12.1.212; J12 748;D.Lib. prov.14.
— Rennes.A12.587,n.23;P2.1369;B27.87;J12.716;D.Enq. 128.
25 Lyon.P13 2.19;D.Saisie-imm.1161.
26 Bruxelles.A10.145,n.1.3; P2.710,n.1; B19.338; S12.2. 264;D.Autor. de femme.52.256.
— Liége.A12.8,n.2;P2.903,n.3;B25.143;D.Servitude.20.
27 Paris.A6.63;P1.1346;B11.67;S11.2.488;D.Legs.56.
— Req.A8 658; P14.1.455. et 2.80;B16.276; S12.1.13; MR 16.362;J12.729; D.Filiat. nat.183.190.209.227.Preuve litt.719.
— Paris.A11.727,n.2;P2.1185;B24.203;S15.2.190;J12.720; D.Saisie-imm.581.1091.
— Liége.A6.142;B11.159;D.Révoc.52.53.
— Décr. cons. d'état SC1.529;D.Ventes adm.92.
28 Liége.A2 769; P1.633; B4.343; J12.784; D.Contr. par corps.19 Commerçant.52.
— Turin.A4.641;P13.2.24;D.Acquiesc.271.Deg.de jurid. 166.
— Civ.c.A7.810;P11.1.420; B14.509;S11.1.349;J12,707;D. Domicile élu.20
— Caen.A9.388;P2.488;B17.460;D.Purge.193.
— Bruxelles.A11.827,n.4;P2.1106; B23.320; S12.2.251;D. Remplacement.36.
— Civ.c.A12.671,n.3; P11.1.457; B27.228; S11.1.352; D. Tierce-opp.240.
— Cr.c.A12.553,n.;B27.29,n.1;D.Comp. crim.469.
29 Bordeaux.A1.174;P1.72;B1.202; S12.2.39; J12.736; D. Actes de l'état civil.128.
— Cr.r.A4.382;P1.1130;37.418;D.Cour d'ass.687.
— Cr.r.A5.459;P1.846;B6.62;S12.1.215;D.Compét. crim. 313.
— Paris.A11.720,n.4; P2.1185; B24.191;S17.2.314;D.Saisie-imm.486.
— Cr.c.A12.592,n.7,n.1;P2.1370;B27.95;D.Témoin.225.
— Besançon.A9.209; P12.2.55. et 2.280; B17.246; S33.2. 526,D.Hypoth. conv.96.Ordre.439.447.
— Angers.S14.2.437;D.Preuve litt.766.
30 Metz.A9 752,n.1; P2.584,n.1; B18.403; D.Jugem. par déf.333.
— Aix.A1.27;P1.14;B1.31;S12.2 27;D.Absence.140.
— Gênes.A10.133,n.1;P2.706,n.7; B19.323;S12.2.181; D. Autor. de femme.122.
— Nîmes.A10.434,n.1;P2.781,n.5; B20.280; S12.2.159;D. Honoraires.64.
— Rennes.A10 529,n.3;P2.794,n.4;B20.425; D.Obl.solid. 55.
— Paris.A11.630,n.1;P2.1144,n.14; B24.30; S14.2.420; D. Saisie-arrêt 140.
— Cr.c.A8.812;P2.409;B16.447. et 451,n.1;S21.1.230;MQ 6.315;D.Garde nat.883.Lois.147.
31 Colmar.A9.129,n.1. et 10.240; P12.2.25; B19.490; D. Hypoth. lég.22.Saisie-imm.1102.
— Colmar A10.240,n.1; P12.2.24; B19.490;S16.2.89;J12. 738;D.Sép. de biens.135.172.Port. dispon.40.

SEPTEMBRE.

1 Décr. cons. d'état.SC1.530;D.Marché de fourn.219.
— Décr. cons. d'état.D.Expropr. pub.243.
2 Civ.c.A1.687;P11.1.444;B2.338; S11.1.362; J12.740;D. Arbitrage.787.Expertise.211.
— Déc.A6.341,n.1;D.Domaines.
— Civ.r.A8.483;P11.1.498;B16.77; S12.1.40;D.Féodalité. 80.
3 Civ.c.A4.81;P1.1027;B7.87;D.Contr. ind.329.330.
— Civ.c.A7 832. et 10.334,n.1; P11.1.418. et 255,n.;B14. 536. et 20.139;S11.1.346; J12.744; D.Dot.287.Exploit. 248.888.
— Grenoble.A11.853,n.1,n.1;B24.434;D.Saisie-imm.423. 643.1577.1585.
— Avis du cons. d'état.A12.1049,n.2;D.Voirie.588.
4 Civ.r.A4.634;P11.1.465;B8.249;S12.1.11. et 11.7.49; MR5 580;D.Deg. de jurid.97.
— Req.A8.562. et 7.591; P2.104. et 12.1.96; B14.244. et 16.467; S12.1.157; MR7 281; J12.747; D.Filiat. lég.25. 26.Lois personn.11.17.20.37.Etranger.176.Exception. 68.
— Civ.c.P11.1.476;D.Juifs.39.
5 Rome.A2.733; P1.639; B4.372; S12.2.165; D.Actes de comm.140.Commerçant.21.Deg. de jurid 554.
— Cr.r.A4 597;P1 1135;B7.435;D.Cour d'ass.877.
— Cr.c.A1.545;P12.1.35;B2.172;S20.1.510. et 27.1.144.et 11.1.335. et 12 1.225; MR14 211,n.; J12.751; D.Appel correct.5.4.
— Cr.r.A12.1066,n.5;P2.1529,n.;B28.419.n.1; D.Vol.200.
6 Cr.c.A3.549; P12.1.155; B6.161; S12.1.213; MQ6.535;J 12.753;D.Compét. crim.567.
— Cr.c.A8.807,n.1;P2 407;B16 440;D.Forêts.1040.
— Cr.c A1.215. et 7.544. et 8.699;P11.1.514;B1.249. et 14. 186. et 16.327;S12.1.29;J12.756;D.Action pub.57. et 116.Corruption 13.17.Escroquerie.89.Vol.51.
9 Civ.c.A10 380,n.11,n.2; P12.1.12; B20.202; S12.1.51;J 12.757;D.Douaire.63.64.
— Décr. cons. d'état SC1.533;D.Comptab.407.
10 D.Int. de cap.175.
11 Civ.r.A7,559;P2.61. et 12.1.76;B13.384;S12.1.127;J12. 761;D.Enreg 2400.
— Civ.c.A7.23;P2 2;B13.20;D.Enreg 23.24.
— Civ.c.A7.107;P11.1.486;B13.119;S20.1.499;MR13.300; D.Enreg.1015.
12 Ajaccio A9.685,n.1;P2.573,n.1;B18.332; S14.2.22;J12. 768;D.Frais et dépens.299.
— Décr.A11.676,n 2;S12.2.160;D.Commune.
— Cr.r.A12.1079,n.17;P2.1537,B28 442;D.Vol.310.
— Décr.A3.133,n.10. et 134,n.3;B24.108.
— Décr. cons. d'état SC1,537;D.Intervention.23.
13 Cr.c.A4.281;P1.1089;B7.305,n.1;D.Cour d'ass.21.
— Cr.c.A3.428;P12.1.10;B6.26;S12.1.62;J12.769;D.Compét. crim.72.
— Cr.c.A11.65,n.5;P2 923,n.5;S17.1.56; D.Jugement.55.
— Cr.c.A3.430,n.;B6.28,n.1;D.Compét. crim.72.75.Inst. crim.251.
— Cr.r.A2 577,n.;B4.193,n.1;D.Chose jugée.318.
16 Avis du cons. d'état.A7.486,n.4;D.Enreg.
— Déc.A3.225,n.1;D.Eau.353.
— Déc.A8.14,n.68;D.Fabrique.197.
— Décr.A12 881,n.2;D.Voirie.72.
18 Turin.A2.475;P1.532;B4.76;D.Choses.147.Saisie-exécut.141.
23 Civ.r.A7.94; P2.13; B13.104; S13.1.422; D.Enreg.771. 787.2651.
— Déc.A3.227,n.2;D.Eau.439.
25 Paris.A3.819; P1.1005; B6 468; S12.2.299; D.Contr. par corps.292.
— Turin.A1.506;P12.2.17;B2.126;J12.775;D.Appel civil. 384.
— Décis. min.A4.297,n.2;D.Cour d'ass.98.
30 Décr.A9.469,n.12.2;B18.10,n.2;SC1.542;D.Contr. dir. 209.
— Décr.A12.1039,n.1;D.Marais.22.
— Décr.A3.222,n.1;D.Contr. dir.231.
— Décr. cons. d'état.SC1.541;D.Comptabilité.20.
— Décr.A9.851,n.12;D.Lois rétr.114.

OCTOBRE.

1 Gênes.D.Inv.125.129.
2 Turin.A9 328,n.1; P2.472; B17.589; S12.2.257; D.Inscript. hypoth.121.124.Transcript.30.
— Turin A1.483,n.; P1.473,n.;B2.99,n.; S14.2.120;D.Appel civ.281.
3 Déc.A6.796,n.1;SC1.544;D.Emigr.167.
— Déc.A11 617,n.5;B24.3;S12 2.136;D.Révision.4.
— Déc.A3.178,n.1;D.Compét. adm.145.
— Décis. du cons. d'état.SC1.543;D.Marché de fourn. 314.
— Décr.A12.1013,n.10;D.Voirie.527.
4 Cr.c A8.690;B16 315;S12.1.159; MQ6.312; J12.776; D. Fonct. publ.421.Frais et dépens.359.
— Rennes.A7.651;P2.110;B14.293;D.Exception 363.
7 Civ c A7.832;P11.1.481;B14.535; S12 1.10; MR16.90;J 12.777;D.Autorisat. de femme.22.Exploit.332.
— Bruxelles.A6.574,n.2; B12.216,n.2; S12.2.135; D.Effet de comm.115.
9 Civ.c.A7.229;P2.54. et 12.1.145;B13.259;S12.1.110;MR8.449;D.Enreg.1890.
— Civ.c.A4.759;P11.1.502;B8.372;S12.1.15; MR10.260; J 12.781;D.Degré de jurid 557.
— Req.A11.242,n.4; P2.993,n.2; B22.549; D.Offre.174. Prescript.93.
10 Cr.c.A2.319;P12.1.50;B3 586;S12.1.55; MR9.240; J12. 784;D.Cassation.67.Excuse.60.
— Cr.c.A3 520; P12.1.19; B6.129; S12.1.216; D.Compét. crim.479.
— Décret.A3.162,n.;D.Compét.
— Décret du cons. d'état.SC1.546; D.Impôt.19.Tribunal.262.
12 Cr.r.A2.318. et 2.596;P12.1.212; B3.353. et 4.214,n.1; S12.1.185; MR15.476; J12.785; D.Cassation.68.Chose jugée.357.
— Cr.c.A3.524; P12.1.45; B6.134; S12.1.258; MR5.176;D. Compét. crim.487.
— Cr.r.A2.596,n.;D.Chose jugée.364.
— Cr.c.D.Peine.264.

11 Civ.c.A10.434,n.2; P11.1.477; B20.280; S12.1.354; J12.792; D.Honoraires.585.Enreg.2611.
16 Civ.r.V. au 17.
17 Cr.c.A4.773; P1.64; B8.411; J12.805; D.Délit rural.55.
— Cr.r.A1.211; P12.1.205; B1.245; S12.1.202; J12.787; D.Action pub.80.
— Cr.c.P12.1.455; S12.1.216; MR7.805; J12.805; D.Vol.218.
— Civ.r.A5.328; P12.1.222; B9.376; S12.1.469; J12.795; D.Don. par contr.206.Port. disp.150.170.
18 Cr.r.A2.284; P12.1.114. et 12.1.806; B5.15; S12.1.355; MR9.131; D.Cassation.263.266.
— Cr.r.A8.321; P12.1.108; B15.375; S12.1.122; D.Compét. crim.483.Fausse monnaie.40.
— Cr.r.A4.321; P1.1109; B7.550; S17.2.320; D.Cour d'ass.315.
19 Avis du cons. d'état.A11.149,n.2; D.Pêche.
— Civ.r.S12.1.48; D.Jugem. par défaut.86.
21 Civ.r.A7.301; P2.53; B13.544; D.Enreg.2163.
— Civ.c.A7.158; P2.19; B13.153; S12.1.229; J12.809; D.Enreg.2266.
22 Civ.c.A7.339; P12.1.78; B13.385; S12.1.37; J12.763; D.Enreg.2362.
— Civ.c.A7.242; n.; B12.275,n.; D.Enreg.1914.1915.
— Civ.c.A1.114; P11.1.509; B1.154; S11.1.364; J12.814; D.Acquiesc.25.93.175.Degré de jurid.55.
— Turin.P13.2.21,n.; D.Appel civ.281.
— Req.S11.1.369; J12.811; D.Servitude.722.
23 Paris.A11.746,n.1; P2.1194; B24.236; D.Saisie-imm.344.350.409.450.914.1063.
— Déc. du cons. d'état.S12.2.144; D.Contrainte.18.
— Déc. du cons. d'état.D.Impôt.45.
24 Cr.r.A2.693; P1.597; B4.211; D.Chose jugée.355.
— Cr.c.V. au 14 novembre.
25 Nimes.A4.650; P1.1207; B8.268; S13.2.492; J12.847; D.Degré de jurid.168.
— Cr.r.A4.297; P1.1097; B7.324; D.Cour d'ass.98.
— Cr.c.A5.649; P1.947; B6.271; S12.1.224; D.Complicité.140.152.
— Cr.c.A8.790,n.6; P2.394; B16.419; D.Procès-verbal.286.
— Cr.c.A9.510; P12.1.152; B18.58; S12.1.230; MR15.523; J12.771; D.Compét. crim.72.Instr. crim.254.256.
— Civ.c.V. 25 oct.1814.
— Cr.c.A12.1075,n.2; P12.145. et 2.1534,n.2; B28.455,n.1; S12.1.74 D.Vol.289.
— Cr.c.P12.1.340; S12.1.112; MR10.109; D.Procès-verbal.274.
— Décr. du cons. d'état.D.Impôt.45.
— Arr.S14.345; D.Exception.169.
— Décr. du cons. d'état.S1.548; D.Contrainte.18.
28 Civ.c.A7.834. et 2.302; P11.1.508; B3.537. et 14.838; S12.1.12; J12.819; D.Exploit.878.897.
— Civ.c.A7.848; P2.167. et 11.1.506; B14.519; S12.1.16; MR9.669; J12.820; D.Domicile élu.115.
29 Avis du cons. d'état.A9.173; B17.203,n.1; D.Hypoth.
— Civ.r.A10.160,n.2; P12.1.22; B19.363; S12.1.46; MR8.534,n.; J12.823; D.Mariage.678.
30 Req.A1.51; P12.1.101; B1.62; S12.1.95; J12.828; D.Absence.438.439 Min. pub.252.
— Civ.c.A11.70,n..n.6; P12.1.51; B22.48; S12.1.226; MR6.605; J12.831; D.Juge supp.104.
— Req.A12.931,n.5; P2.1484; B28.208; D.Saisie-immob.50.
31 Req.A2.605; P1.610; P11.1.492; B4.222; S12.1.41; MR.514; J12.831; D.Chose jugée.379.
— Cr.r.S12.1-1; D.Compét. crim.256.

NOVEMBRE.

2 Cr.c.A4.466; P12.1.123; B8.66; S12.1.95. et 17.2.316; MR6.693,n.; J12.834; D.Cour d'ass.1349.
— Cr.c.A8.413; P2.265. et 12.1.189; B15.481; S12.1.230; D.Faux.488.
— Cr.r.A1.211; P12.1.212,n.; B1.245; D.Action pub.80.
4 Civ.r.A5.557; P12.1.32; B10.425; S12.1.55; MR13.660; J12.840; D.Révoc.24.Testament.515.
— Civ.r.A7.785; P11.1.510; B14.479; S12.1.52; J12.837; D.Exploit.439.
— Décr.A3.199; SC1.550; D.Comp. adm.512.
5 Civ.c.A7.295; P12.1.107; B15.335; S12.1.111; MR14.539; D.Enreg.2161.
— Civ.c.A1.706; P12.1.40; B2.357; S12.1.18; MR12.712; J12.845; D.Arbitrage.436.441. et 442.
6 Civ.c.A7.615; P2.168. et 22.2.159,n.; B14.273; S12.1.226; MR8.663; D.Exception.305.
— Colmar.A12.661,n.55; P2.1392; B27.215; S12.2.315; D.Tierce-opposition.14.
7 Rouen.A1.95; P1.56; B1.105; S14.2.282; D.Acquiescem.321.
— Cr.r.A8.306; P12.1.261; B15.356; S11.1.371; J12.850; D.Faillite.1554.
— Cr.c.A12.1061,n.2; P2.1525,n.4; B28.409; D.Vol.
— Cr.r.D.Action pub.415.
8 Cr.r.A3.432; P1.827; B6.31; S16.1.452; D.Compét. crim.87.
— Cr.r.A7.638; P2.112; B14.304; D.Excuse.18.
— Cr.c.A8.726,n.4; P2.344; B16.336; D.Forêts.482.
11 Civ.c.A7.840; P12.1.75. et 2.61; B13.385; S12.1.152; J12.765; D.Enreg.2381.
— Civ.c.A3.205; P1.746; B5.231; S12.1.227; D.Compét. adm.352.

1811.

— Civ.c.A9.474; P12.1.139; B17.200; S12.1.452; MR5.858; J12.851; D.Hypoth. lég.9.
— Toulouse.A11.176,n.7; P2.965,n.6; B22.231; D.Péremp.11.
12 Civ.c.A7.195; P2.28; B13.215; D.Enreg.1662.
— Civ.r.A4.297; P12.1.75; B1.345; S13.1.424; D.Adoption.127.129.
— Avis du cons. d'état.A12.580,n.1; B27.78,n.3; D.Témoin.159.
— Décr. du cons. d'état.SC1.556; D.Marché de fourn.238.
13 Civ.A4.618; P12.1.81; B8.231; S12.1.148; J12.858; D.Degré de jurid.43.
— Req.A5.391; P12.1.230; B8.451; S13.1.567. et 20.1.472; MR14.491; J12.944; D.Comp. com.361.389.414.
— Paris.A9.456,n.,n.4; P2.504; B17.540,n.4; S12.2.16; J12.861; D.C. des hypoth.37.
— Metz.A11.105,n.,n.12; P2.970,n.2; B22.265; D.Péremp.200.
— Bruxelles.A12.505,n.1; P2.1542; B26.400; S12.2.453; J12.854; D.Communauté.657.
14 Req.A1.48; P12.1.83; B1.20; S12.1.83; MR16.16; V. au 22; J12.868; D.Absence.162.
— Cr.c.A1.164. et 2.285; P12.1.135 et 163; B1.191. et 5.316; S12.1.151. et 353; J12.866. et 8.864; D.Acquitt.32.Cassation.261.Mineur.69.
— Cr.r.A4.298; P1.1098; B7.325; S17.1.541; D.Cour d'ass.104.
— Cr.r.D.Cassation.543.
15 Cr.r.A4.441; P1.1155; B8.67; S17.2.314; D.Cour d'ass.1436.
— Cr.c.A3.565; P1.903; B6.179; S17.1.90; D.Compét. crim.626.
— Cr.c.A3.582; P12.1.169; B6.198; S12.1.231; MR15.350; D.Compét. crim.666.
— Trèves.A4.652; P1.245; B2.293; S13.2.350; D.Arbitrage.1116.
— Cr.r.A7.712; P2.130; B14.393; S17.1.88; D.Exploit.959.
Paris.A6.220; P1.1351; B11.248; S13.2.343; J12.871; D.Don. par contr.465.
— Limoges.A10.840; P14.2.50; B21.398; S14.2.83; J12.724; D.Ordre.417.448.449.475.
16 Paris.A5.23; P1.1285; B9.21; S12.2.185; D.Dénonc. calom.45.
— Besançon.A12.765,n.40; P2.1429; B27.394; D.Tutelle.583.
18 Turin.A5.763; B10.434; S12.2.375; D.Testam.533.535.
— Civ.c.A11.69,n.2; P12.1.81; B22.46; S12.1.27; MR16.546; J12.876; D.Juge supp.31.51.
19 Civ.c.A7.84; P2.11; B13.90; D.Enreg.742.
— Liége.A5.619; P1.1533; B10.266; D.Port. disp.59.Révoc.125; Substitution.120 Testam.82.
— Civ.c.A6.349; P1.1357; B11.399; D.Dom. de l'état.66.71.72.80.
— Civ.c.Besançon.A10.831,n.1; P12.1.46; B21.381; MR12.511; J12.878; D.Ordre.367.
20 Civ.c.A10.457,n.,n.1; P12.1.181; B20.284; S12.1.128; MR15.506,t.15,p.507; D.Discip.222.242.250. Min. pub.117.
— Metz.A10.820,n.1; P2.885.n.7; B21.361; D.Ordre.197.
21 Cr.c.A5.417; P12.1.143; B6.12; S12.1.135; MR14.216,n.; J12.885; D.Compét. crim.110.258.
— Cr.r.A5.564; P1.903; B6.477; S17.1.90; D.Compét. crim.621.
— Orléans.A12.605,n.5; P2.1440; B27.467; D.Usufruit.473.
22 Cr.r.A4.238; P12.1.125; B7.258; S12.1.108; J22.888; D.Contr. ind.560.593.
— Cr.c.A1.395; P1.122; B1.462; D.Peine.500.Tapage.29.
— Décret.A6.315,n.1; B11.558,n.3; SC1.558; D.Dom. eng.94.
— Paris.A11.623,n.4. et 12.94,n.1; P2.1266; B24.15. et 25.280; D.Saisie-arrêt.58.Société civ.6.
— Cr.c.A12.824,n.19; P12.1.128; B28.24; S17.1.24. et 12.1.88; MR14.415; J12.894; D.Vente.71.Usure.71.
— Cr.c.A8.783; P12.1.191; B16.409; S12.1.239; MR7.751; D.Forêts.771.
— Cr.c.P12.1.192; S12.1.232; MR8.851; D.Vol.
— Colmar.A6.667; P23.2.22,n.; B12.325,n.; S14.2.148; J12.891; D.Commerçant.27.Effets de comm.494.
— Décr.D.Vente pub. de meubles.54.
23 Décr.A11.353,n.6; P2.1025,n.6; B25.22; D.Prises marit.19.
— Cr.r.A12.1074,n.18; P2.1533,n.1; B28.452; D.Vol.289.
— Civ.c.P12.1.184; S13.1.422; MR6.832; J12.895; D.Enreg.772.2092.
24 Req.Rennes.P12.1.83; S12.183; MR16.16; V. au 14; D.Acte de notoriété.79.
25 Civ.c.A7.175; P2.26; B13.196; D.Enreg.1501.1507.
— Bruxelles.A6.93; P1.1347; B11.104; D.Legs.235.
— Civ.c.A11.789,n.1; P12.1.88; B24.317; S12.1.85; MR13.339; J12.898; D.Surenchère.119.
— Bruxelles.S12.2.256; D.Mines.158.
26 Bruxelles.A4.650; P1.1207; B8.268; S12.2.386; D.Degré de jurid.168.
— Amiens.r.A3.681; J12.901; D.Success. irrég.76.
27 Civ.c.A2.406; P12.1.129; B3.454. S12.1.125; MR22. et 800; J12.906; D.Cassat.199.Tierce-opp.106.
— Civ.c.A6.760; P1.1493; B12.452,n.1; D.Effets pub.29.
— Paris.A9.598,n.1.4; P23.2.96,n.1; B18.208; S12.2.60; D.Jeu-pari.32.Preuve litt.943.

1811.

— Lyon.A11.617,n.1; B24.110; S13.2.215; J12.913; D.Saisie-imm.94.178.
— Civ.r.A11.758,n.1; P12.1.195; B24.223; S12.1.171; MR12.282; J12.917; D.Saisie-imm.742.743.753.
— Limoges.A12.914,n.3; P2.1477; B28.179; S14.2.103; D.Transport de créance.40.
28 Cr.c.A4.205; P1.1064; B7.222; D.Or et argent.78.79.
— Bruxelles V. au 3 déc.
— Cr.c.A2.549; P12.1.186; B3.391; S12.1.240; MR14.549; D.Cass.1071.
29 Cr.r.A4.584; P12.1.474; B7.421; S20.1.477; MR12.95; J12.926; D.Cour d'ass.696.697.725.
— Cr.r.A4.357; P1.1121; B7.390; D.Cour d'ass.556.
— Aix.A10.128,n.1; P2.704,n.1; B19.310; D.Autorisat. de femme.205 Preuve litt.51.
— Cr.c.A12.599,n.9; P12.1.202. et 2.1552; B27.109; S12.1.240. et 17.2.248; J12.923; D.Témoin.353.
— Cr.r.A12.1071,n.4; P2.1531; n.4; B28.426; D.Vol.266.
30 Cr.r.A2.275,n.2; B3.504,n.; J11.456; D.Cassat.203.
— Turin.A1.149; P1.57; B1.173; S14.2.42; J12.933; D.Acquiesc.210.
— Cr.c.A4.157; P1.1053; B7.170; D.Procès-verb.422.Tabacs.102
— Paris.A1.738; P23.2.34,n.1; B2.394; S14.2.24; J12.930; D.Arbitrage.647.
— Cr.c.A8.453; P2.274; B16.44; D.Faux incid.258.
— Cr.c.A8.793,n.1; P2.396; B16.425,n.1; D.Forêts.805.
— Lyon.A10.121,n.1; P2.701,n.4; B19.297; S12.2.63; J12.929; D.Mariage.646.
— Cr.c.A11.406,n.13; P12.1.126; B23.116; S12.1.76; MR3.307; J12.953; D.Procès-verb.225.
— Cr.c.D.Procès-verb.542.
— Déc.SC1.562; D.Trav. pub.72.

DÉCEMBRE.

1 Civ.c. V. au 17.
2 Civ.c.A12.899.n.6; P12.1.62; B28.151; S12.1.56; MR15.646; J12.705; D.Action.96.Vente.703.
— Trèves.A1.191,n.; P24.2.36,n.; MR16.109; D.Mariage.387.
3 Nimes.A10.45,n.1; P13.2.49; B19.183; S12.2.438; MR16.295; J12.938; D.Mariage.165.
4 Req.A2.274; P1.445; B3.303; MQ6.55; D.Cassat.206.
— Civ.c.A1.308; P1.181; B2.128; D.Appel civ.404.
— Req.A7.727; P12.1.60; B14.411; S12.1.89; MQ6.10; J12.946; D.Exploit.73.
— Req.A6.182; P12.1.139; B11.171; S12.1.129; MR12.160; J12.939; D.Révoc.37.
— Bruxelles.A11.831,n.2; P2.1228; B24.395; D.Saisie-immob.1597.
5 Cr.c.A4.307; P1.1101; B7.334; D.Cour d'ass.340.
— Cr.r.A4.298; P1.1097; B7.324,n.; D.Cour d'ass.98.
— Besançon.A7.689,n.; B14.364,n.2; D.Expertise.546.
— Bruxelles.A6.187. et 60,n.6. et 11.829; P2.908; B15.217; S12.2.284; J12.947; D.Faillite.247.248.823.824.Saisie-imm.1586.1587.
— Cr.c.A11.173,n.2.3. et 9.833; P2.962,n.4; B18.555; S22.227; D.Lois.269.Peine.190.
— Cr.r.A11.514,n.4; P2.1101,n.1; B23.297; D.Récidive.20.
— Req.A11.739,n.; B24.224,n.4; D.Saisie-imm.753.
— Cr.r.A12.1078,n.9; P2.1535,n.7; B28.440; D.Vol.310.
— Liége.A12.656,n.1.29; P2.1588,n.26; B27.200; D.Reprise d'inst.3.Tierce-opposit.88.
— Nancy.P22.2.142,n.16; S12.2.382; MR16.488; D.Inscript. hypoth.109.
— Décret. du cons. d'état.D.Forêts.127.
6 Cr.c.A5.146; B9.168; D.Désertion.59.
— Bruxelles.A5.817; B10.493; S12.2.250; D.Testam.701.
— Colmar.A10.10,n.1; P2.681,n.1; B19.128; S12.2.89; J12.950; D.Mariage.50.
— Amiens.A11.876,n.4.1; P12.2.35; B24.476; D.Scellé.37.
9 Paris.A9.102,n.2; B17.116,n.2; S12.2.447; D.Privilége.493.
— Civ.c.A1.261,n.; D.Appel civ.237.
10 Bruxelles.A6.856,n.2; B12.544,n.1; D.Enq.99.209.
— Turin.A1.481,n.; P1.173,n.; B2.99; S14.2.120; D.Appel civ.281.
11 Florence.A7.819; P2.168; B14.519; S14.2.142; J12.962; D.Domicile élu.113.
12 Aix.A7.615; P2.108; B14.274; S13.2.205; J12.975; D.Exception.259.
— Arr.A6.325.n.1; D.Ventes admin.324.
— Gênes.A9.701; P12.2.140; B18.356; S13.2.12; J11.971; D.Jugem. par défaut.104.
— Nimes.A9.55,n.1; P2.421,n.2; B17.58; S13.2.376; J12.964; D.Privilége.220.468.
— Liége.A10.633,n.1; P2.823.n.3; B21.55; D.Compensat.66.154.
— Paris.A12.801,n.1,n.1; P14.2.17; B27.458; S13.2.318; J12.969; D.Usufruit.375.
— Orléans.D.Jugem. par défaut.429.
— Décr.A12.1006,n.8; B28.321; D.Voirie.411.
13 Cr.c.A8.726,n.5; P12.1.294; B16.336; S12.1.263; D.Forêts.1014.
— Cr.c.A8.799,n.1; P2.401; B16.431; D.Forêts.1035.
— Cr.c.A11.124,n.2; P12.1.289; B22.142; S12.1.241; D.Presse.340.
— Agen.A12.212,n.1; P12.2.119; B25.483; D.Substitution.280.

16 Paris.A1.324;P1.98;B1.376;S14.2.160;J12.980;D.Agent de change.171.
— Liége.A5 726;P1.1538;B10.389;D.Testament.442.
— Civ.r.A8.6.1;P2 299. et 12.1.114;B16.246;S12.1 81; MR16.405;J12.977;D.Filiat. nat.28.Preuve litt.91.
— Trèves.A6 852,n.3; P1.1511; B.2.540,n.1;S14.2.541;J12.982;D.Enquête.82.
— Civ c.A11.934,n.14; P12.1.117; B25.59; S12.1.89; D. Div 45.
— Décr.A12.986,n.3. et 988,n.13. et 1020,n.10; D.Voirie.21.116.144.598.
17 Civ.c.A7.184;P12.1.179. et 193;B13.206;S12.1.144;MR15.651;V. au 1;J12.987;D.Enreg.1651.1667.
— Montpellier.A7.766; P2.152; B14.457; S14.2.392; J12.994;D.Exploit.686.
— Civ.r.A6 861.n.3; P12.1.164; B12.554,n.1;S12.1.145;J12.988;D Enquête.146.260.
18 Civ.c.A7.108,n.;B13.120,n.;D.Enreg.806.
— Civ r.A7.207;P2.32;B13.232;S12.1.136; D.Concession.22 Enreg.1530.1730.
— Civ.c.A7.255;P2.42;B13 288;D.Enreg.1962.
— Besançon.A1.745; P1.276; B2.402; D.Arbitrage.724.729.757.1064.1078.1119.
— Civ.c.A6.417;P1.1372;B12.30;D.Douanes.175.
— Bruxelles.A10.254,n.1;P2.751,n.1;B20.6;S12.2.184;D.Communauté.468.
— Bruxelles.A12.803,n.4;P12.2.35;B27.465; S13.2.59. et 12.2.145;J12.996;D.Usufruit.445.446.
19 Cr.r.A4.299;P1.1098;B7.325; S17.2.319; D.Cour d'ass.117.
— Cr.c.A2.95;P12.1.270;B3.401;S20.1.512;D.Attentat à la pudeur.67.
— Bruxelles D.Substitution.113.
20 Cr.c.A4.150;P1.1039;B7.140;D.Contr. ind.225.226.
21 Besançon.A6.580;P1.1452;B12.223; D.Effet de comm.146.350.
22 Déc.A6.796,n.1;SC1.565;D.Émig.467.
— Déc.A3.226,n.5 et 237,n.5;D.Eau.403.
23 Lyon.A2.476;P1.553;B4.77;S13.2.307;D.Choses.114.
— Gênes.A5.663,n.;B10.316,n.; J12.1004;D.Testement.259.
— Paris.A8.185;P2.207;B15.216;S16.2.125. et 14.2.144;J12.667;D.Faillite.817.
24 Civ.c.A6.889,n.1,n.3;P12.1.167; B12.549,n.2.1;S12.1.147;MR8.664;J12.992;D.Enquête.152.
— Limoges.A10.237,n.2 2;P16.2.140;B19.485; S14.2.12;J12.1006;D.Séparat. de biens.130.
— Limoges S14.2.61;D Exploit.791.
26 Cr.r.A2.275;P1.146;B3.304,n.;D.Cassation.203.
— Rennes.A9.578,n.1.5;P2.555,n.6;B18.172;D.Interrog. sur faits 81.Juge.50.
— Cr.c.A12.1077,n.5;P2.1555,n.4;B28.439;D.Vol.303.
— Cr.r.A4.322,n.;P1.1108.et 1105;B7.338.351;S17.2.319;D.Cour d'ass.345.358.
— Cr.c.A11.956,n.1.7;B25.131,n.2;D.Serment.84.90.
— Bruxelles.A11.900,n.1.3;P2.1241;B25.29;S12.2.250;D.Séparat. de corps.90.
— Paris.A9.644,n.5;B18.277;D.Jugement.205.
— Bruxelles.A10.679,n.8;S12.2.289;D.Preuve litt.837.
27 Liége.A2.734; P1.640; B4.373; S13.2.142; D.Actes de comm 144.Comp. comm.104.
— Cr.r.V. au 27.
27 Cr.c.A8.795;P2.398. et 12.1.274;B16.425;S12.1.199; MR8.348;D.Acte respect.111.Forêts.863.
— Liége.A11.205,n.7; P2.976,n.2; B22.284; J12.1018; D.Péremp.281.
— Cr.r.A4.357. et 11.81.219,n.1; P2.928,n.2; B7.390. et 22.309.72;S13.1.418; MQ6.558; D.Action civ.5.71.80.Cour d'as.101.556.1451.Juge supp.169.
28 Paris.A8.610;P2.295;B16.222;S12.2.67;J12.1015;D.Légitimat.51.32.33.
30 Req A3.315;P22.2.141,n.8;B3.359; S12.1.166; D.Compét. civ.280.
— Cr.c.A10.426,n.1-1;P12.1.183,n.; B20.269; D.Notaire.528.
31 Paris.A3.371; P1 802; B5.426. et 18.426; S12.2.65; D.Compét. comm.511.Jugem. par défaut.465.
— Bruxelles.A6.857,n.1; P15.2.30;B12.546,n.1;J12.984;D.Enq.115.
— Lyon.A9.719,n.1;B18.583;D.Jugem. par défaut.277.
— Caen A11.490,n.5; P2.1089,n 2; B23 257; S12.2.280; J12.1019;D.Domicile.44.Puiss. pat.55.

1812.

JANVIER.

2 Bruxelles.A9.330;B17.390,n.;S12.2.505; D.Transp.30.
— Rennes.A10.577,n.1.6; P2.808,n.5; B20.500; D.Offre.58.
3 Cr.r.A2.289;P16.1.144. et 4.51;B3.322;S16.1.8;MR15.93;J13.2;D.Cassation.333.
— Paris.A12.764,n.43; P2.1430;B27.396;S12.2.48; D.Tutelle.595.
— Cr.c.A11.957,n.20.1;P12.1.273;B25.133;S12.1.237;J13.1;D.Serment.90.99.
— Déc.A3 224,n.4;D.Eau.313.
4 Paris.A1.461; P1.163; B2.73; S14.2.385; D.Appel civ.215.
— Cr.c.A2.354;P1.478; B3.393; S20.1.501; D.Cassation.985.Vol.233.
— Turin.A1.103; P12 2.116; B1.122; S13.2.322; J13.7;D.Acquiesc.53.Interdit.198.
— Cr.c.A4.61;P1.1022;B7.65;D.Contr. ind.176.
— Cr.c.A4.150,P1.1039;B7 140;D.Contr. ind.224.
— Cr.r.A4.322;P1.1109;B7.351; S17.1.320; D.Cour d'ass.316.364.
— Cr.c.A7.568;P12.1.312;B14.214;S12.1.304; MR6.609; J13.3;D.Escroquerie.37.
— Rouen.A9.340,n.1;P12.2.84;B17.402,n.1;J13.6;D.Hypoth.111.
— Paris.D.Appel civ.538.
6 Paris.A8 44;P13 2 15;B15.49;S12.2.45; D.Faillite.402.
— Civ.c.A11.708,n.5;P12.1.177;B24.167;S12.1.54; MR12.260;n.;J13.12;D.Saisie-imm.344.346.347.
7 Nîmes.A1.536; P15.2.92; B2.162;S14.2.371; J13.16;D.Appel incident.6.
— Paris.A1.488;P12.2.62;B2.104;S12.2.148;D.Appel civ.308.Exécut. des jugem.104.
— Civ.c.A7.764;P12.1.249;B14.455;S12 1.169; J13.19; D.Exploit.689.
— Rennes.A9.749,n.7;D Jugem par défaut.460.
— Paris S12.2.57;D.Vente.520.
8 Aix.A8.554,n.1;P22.2.135,n.4;B16.158,n.1;S12.2.214;D.Filiation légitime 61.62.
— Req.A6.655;P1.1469;B12.308;S12.1.30;D.Effet de commerce.448.
— Civ.c.A6.748;P12.1.954;B12.417;S12.1.30; J13.20; D.Effet de comm.897.898.
— Paris.A12.592,n.1;B26.215;D.Success. bénéf.209.
— Rennes.D Appel civ.420.
— Req.S12.1589;MQ6.271;D.Agent diplom.29.
— Rennes.D.Exception.94.
9 Cr.c.A1.86;P12.1.556;B1.100;S12.1.245;J13.25; D.Instruct. crim.465.
— Req.A8.55;P12.1.172;B15.61;S12.1.150,J13.23;D.Faillite.161.
— Bruxelles.A6.590,n.,n.2;P1.1561;B11.447,n.2;J13.27;D.Domicile élu.12.
— Bruxelles.A12.112,n.4; P2.1271; B25.512; D.Société comm.18.
10 Cr.r.A4.483;P1 1169;B8.85;D.Cour d'ass.1458.
— Nanci.A6.859;P1.1513;B12.548,n.1; S14.2.341; J13.29; D.Enquête 126.
— Turin.A9.157,n.2; B17.158,n.1; S12.2.448; J13.86; D.Hypoth. lég.112.
— Cr.c.A12.610,n.14; P12.1.288; B27.126; S12.1.340; D.Tém. faux.25.
— Douai.A12.899,n.4;P2.500,n., et 2.1471;B28.150;S12.2.370;J13.35;D.Rad. hypoth.55.Vente.786.
— Douai.A9.445,n.;B17.527,n.; J13.35; D.Rad. hypoth.106.
11 Bruxelles.A8.246; P2.220; B15.287; S13.2.226; D.Choses.76.Privilège.170.181.
12 Bruxelles.A1 496;P13.2.20;B2.114; S14.2.361; J13.42; D.Appel civ.543.
— Angers.A11.541,n.4;P17.2.16; B23.348;D.Réc. de juges.130.
— Decr. du cons. d'état.SC2.6;D.Lois rétroact.42.
— Décis. du cons. d'état.SC2.7;D.Saisie-arrêt.26.
13 Bordeaux.A10.787,n.7;P12.2.103; B21.308; S13.2.241; J13.41;D.Respons.355.
14 Lyon.A9.530,n.1;P13.2.51;B18.99;S13.2.12;MR17.590;D.Interdit 21.
— Colmar.A10.126,n.3;P23.2.172,n.3;B19.308;S12.2.442;MR.16.97;D.Autorisat. de femme.79.Mariage.659.
— Solut A7.206,n.9;D.Enreg.1798.
15 Civ.c.A1.622;P13.1.3;B2.261;S12.1.113;MR12.724;J13.48;D.Arbitrage.181.Cassation.625.Société civ.401.
— Req.A1.763;P12.1.187;B2.425;S12.1.149;J13.47;D.Arbitrage.554.853.879.
— Civ.r.A2.367;P18.1.35;B3.410;S22.1.151;D.Cassation.988.989.991.
— Metz.A5.124;P1.1303;B9.142;D.Désaveu.160.
— Bruxelles.A9.385,n.,n.5;P15.2.90;B17.457,n.5;S14.2.398;D.Purge.98.
— Req.A11.43.n.1;P2.920,n.4;B21.472; D.Min. pub.294.
— Cass.A9 836.n.11;D.Lois rétroact.16.
16 Cr.r.A4.375;P1.1127;S17.2.317;D.Cour d'ass.737.
— Cr.r.A4.275; P12.1.353; B7.299; S12.1.277; MR3.441;J13.54;D.Contumace.60.
— Cr.c.P12.1.397;S12.1.328;J13.58;D.Serment.67.
17 Nîmes.A2.503; P1.548;B4.109; S13.2.251; D.Chose jugée.74.
— Cr.c.A2.351;P1.477;B3.393;S17.1.83;D.Cassation.984.
— Cr.r.A5.185;P1.1312;B9.211;D.Destruct.42.
— Grenoble.A5.246;P1.1314;B9.283;S13.2.11;J13.69;D.Dispos. entre-vifs.1155.
— Nîmes.A8.141;P13.2.3;B15.164; S14.2.281; J13.66; D.Faillite.595.
— Colmar.A10.597,n.1-1;P23.1.443,n.;B20.552;S13.2.22;D.Cession de biens.62.85.
— Cr.c.A3.520,P12.1.454;B6.150;S12.1.327;MR11.20; D.Compét. crim.480.
— Trèves.P24.2.117.
Déc.A3.230,n.1;D.Compét.
— Décis. du cons. d'état.SC2.11;D.Ventes adm.97.
18 Liége.A9.53,P2.420;B17.57;D.Privilège.210.
20 Trèves.A1.538;P23.2.51,n.4;B1.398;S12.2.275;D.Alimens.97.
— Bordeaux.A11.673,n.1;P12.2.105; B24.103; J13.72;D.Saisie imm.49.393.487.512.
21 Metz.A4.703;P1.1255;B8.329;S14.2.375;D.Deg. de jur.396.Min. pub.99.
— Civ.r A7.125;P12.1.245;B13.159;S20.1.488.et 12.1.158;D.Enreg.773.
— Civ.c A1.387;P1.117;B1.455; S17.1.343. et 12.1.160;D.Cassat.541.
— Civ.c.A1.145;P12.1.255;B1.167; S12.1.184; MR9.732;J13.75;D.Acquiesc.241.Enreg.2142.
— Req.A5.745;P1.1339;B10.108;D.Testament.487.
22 Déc.A6.542,n.8;D.Domaines.
— Civ.r.A8 609;P12.1.253;B16.221; S12.1.161;MR6.848;J13.79;D.Filiat. lég.80.Légitimat.8.21.
— Nîmes.A9.857,n.1.1;P2.637,n.2;B18.592; S13.2.222;D.Rente.260.
— Turin.A10.808,n.1;P2.880,n.1;B21.538;D.Ordre.59.
23 Cr.c.A4.148,n.1.P1.1049;B7.160;D.Tabac.58.
— Cr.r.A4.322;P1.1109;B7.351; S17.1.320; D.Cour d'ass.516.
— Bruxelles.A11.595,n.3,n.2; P2.1151,n.5; B23.449;S12.2.261;J13.85;D.Req. civ.7.
24 Cr.r.A2.290,n.;P1.451;B3.322,n.;D.Cassat.334.
— Cr.c.A4.95;P1.1031;B7.101;D.Contr. ind.398.
— Cr.c A8.761,n.1;P2.372;B16.380;D.Forêts.685.
— Civ.r.A11.709,n.;B24.169,n.1;D.Saisie-imm.558.
25 Paris.A9.354;P22.2.138,n.;B17.395;S12.2.232; D.Hyp.108.
26 Civ.c.A12.221,n.1;P13.1.167;B25.495; D.Substitution.342.
27 Paris.A1.35;P1.14;B1.39;S12.2.92; J13.92; D.Absence.145.
— Bruxelles.A9.255,n.; B17.302,n.; D.Inscript. hypoth.178.
— Civ.c.A10.455,n.2.1;P12.1.216;B20.281;S12.1.198;MR8.629;J13.86;D.Honoraires.117.
— Civ.c.P12.1.239;S12.1.244; MR8.835; J13.89; D.Eff. de comm.472.Preuve litt.1148.
28 Civ.c.A8.494;P2.281;B16.90;D.Féodalité.130.
— Paris.A9.31;P2.417;B17.29;S13.2.192; J13.99;D.Privilége.14.15.54.
— Colmar.A10.90,n.1.5; P2.684,n.4; B19.143; J13.97; D.Promesse de mariage.21.38.
— Limoges.D.Exploit.672.
29 Civ.c.A9.854;P12.1.281;B18.589; S12.1.209; D.Intérêt de cap.17.
— Civ.c.A10.662,n.1; P12.1.229; B21.99; S17.2.161; J13.102;D.Preuve litt.495.
— Cr.c.P16.1.396;D.Vol.252.
30 Liége.A3.397;P1.813;B5.487;D.Compét. comm.421.
— Déc.A3.191,n.8;D.Travaux pub.114.
— Turin.D.Appel civ.347.
— Décr.SC2.19;D.Marché de fourn.264.
— Décr.A12.1014,n.12;D.Voirie.545.
31 Cr.c.A4.132;P1.1041;B7.142;D.Contr. ind.22.225.227.
— Cr.c.A4.548;P1.1119;B7.580;S12.1.326; D.Cour d'ass.509.Tribunal.204.
— Cr.r.A4.297,P1.1096; B7.323; S17.2.319;D.Cour d'ass.97.150.
— Paris.A6.657,n.1;P1.1470;B12.312;S12.2.393;D.Eff. de comm.478.
— Bruxelles.A11.827,n.2; B24.388; S15.2.163; J1.103; D.Saisie-imm.1588.

FÉVRIER.

1 Colmar.A5.771; P1.1341; B10.441; J13.104; D.Preuve litt.438.Ratification.150.Testament.73.561.672.
— Paris.A8 645,n.1; P22.2.182. et 181,n.3; B16.263,n.1; S12.2.161;D.Filiat. nat.44.52.
— Colmar.A8.431;P2.270;B16.18; S14.2.328; D.Faux inc.44.
— Trèves.A6.581,n.1;P1.1452;B12.223,n.1;S16.2.105; J13.107;D.Eff. de comm.146.147.
— Paris.A12.635,n.26;P2.1587;B27.197;D.Tierce-opp.85.86.
2 Déc.A10.197,n.1;B19.410;S12.2.196; D.Communauté.123.
— Turin.A3.261;P1.769;B5 295;S14.2.550, et 12.2.196;D.Régl. de juges.7.
— Décr.SC2.23;D.Marché de fourn.289.
— Décr. cons. d'état.SC2.21;D.Servitudes.811.
3 Civ.c.A3.89;P1.707;B5.93; D.Communes.426.429.430.
— Caen.A6.839,n.3;B12.525;D.Émigré.
— Paris.A11.734,n.2; P22.2.172; B24.215; S14.2.23; J13.108;D.Saisie-imm.703.
4 Civ.c A7.559;P2.65. et 12.1.219; B13.407; S12.1.177;J13.152;D.Enreg.2514.
— Civ.r.A7.661;P2.115;B14.329;S12.1.196; D.Expertise.88.
— Liége.A7.806;P2.163;B14.504;D.Domicile élu.125.Exploit.322.
— Cr.c.A11.168,n.;B22.218;D.Peine.257.262.
— Cr.r.A11.168,n.2; P2.900,n.1; B22.218; S16.1.53; D.Peine.257.262.
— Avis du cons. d'état.A12.551,n.1;B27.22;S12.2.145;D.Sûreté pub.
5 Gênes.A1.92;P1.35;B1.104. et 18.148;D.Acquiesc.213.318.Interdict.162.
— Req.A8.284;P12.1.250;B15.331;S12.1.200; J13.111; D.Faillite.1250.

— Civ.c.A9.873,n.1.1;P12.1.247;B18.610;S12.1.228;MR9.728;D Juifs.39.
— Civ.r.A10.452,n.1; P2.783,n.5; B20.507; S12.1.153; D. Oblig.203
6 Bruxelles.A3.337;P1.792;B5.385;S13.2.240;D.Compét. comm.160.
— Bruxelles.A6.868,n.1.3; P13.2.28; B12.560,n.3; S14.2.342;J13.119;D.Enq.174.
— Cr.c.A12.619,n.1;P12.1.337;B27.143; S12.1.97; MR13.468;J13.113;D.Rapp. de titres.15 Tentative.12.21.
7 Cr.c.A1.164;P1.66;B1.191;S1.1.320;D.Acquitt.32.
— Cr.c.A7.562;P2.95. et 12.1.466;B14.207;S12.1.318;J13.123;D.Escroquerie 28.
— Cr c.A7.646;P12.1.439,B14.311; S12.1.320; J13.122;D. Excuse.85.
— Cr.c.A11.958,n.1.1;B25.134;S12.1.302;D.Serment.106.
8 Cr.c.A8.401,n.1;P2.260. et 12.1.353; B15.468,n.1;S12.1.319;J13.126;D.Faux.402.
10 Civ.c.A7.387;P2.68;B13.440;S12.1.174; D.Enreg.2553.2580.
— Civ.r.A1.254;P12.1.244;B1.294;S13.1.3; J13.127;D.Action possess 163.Prescrip. civ.1076.
— Turin.S14.2;D.Parenté.4.Success.153.
— Décr.A12.1021,n.28;D.Voirie.686.34.
11 Ord.A6.326,n.13;D.Vente adm.345.
12 Req.A1.655;P1.244;B2.299;S14.1.155;D.Arbitrage.48.329.336.726.1109.
— Liége.A5.248;B9.263;J13.139;D.Dispos. entre-vifs.61.
— Caen A9.314; B17.372; S13.2.290; D.Inscrip. hypoth.432.Privilége.511.
13 Turin.A1.479;P1.171;B2.95;D.Appel civil.213.277.
— Cr.c A8.727,n.7;P2.344;B16.337;D.Forêts 918.
— Cr.c.A8.362; P2.251; B15.423; S12.1.327; J13.141; D. Faux.157.
14 Cr.c.A12.1075,n.5;P2.1534;B28.433; S12.1.331;D.Vol.289 bis.
— Cr.c.A12.1076,n.5;P2.1534,n.1; B28.334; S12.1.330;D. Vol.289.
— Cr.c.A12.954,n.1.1;P12.1.395; B28.245;S17.2.317.et 12.1.331;MR16.387;J13.143;D.Homicide.17.
15 Liége.A6.865,n.2; P1.1514; B12.555,n.1; D.Enquête.151.
— Liége.A10.603,n.1.6;P2.814,n.2;B21.6;D.Novat.56.
— Metz.A10.819,n.3;P2.888,n.4;B21.372;D.Ordre.315.
— Lyon.A12.712,n.1,n.1; P2.1412; B27.302;S13.2.289;D. Mineur.47.Tutelle.152.
— Bruxelles.P13.2.19. et 31.1.354; S13.2.51; J13.145; D. Ratification.14.
16 Metz.A9.544,n.1;B18.120; S12.2.389; D.Interdit.94.95. Tutelle.195.206.
17 Civ.c.A4.744;P12.1.263;B8.377; S12.1.193; J13.147; D. Deg. de jurid.231.594.
— Toulouse.A11.734,n.2;P22.2.172,n.6;B24.216,n.1;S12.2.291;D.Saisie-imm.703.
— Bordeaux.A12.894,n.1-1; P2.1470; B28.142; S12.2.391; D.Vente.661.
18 Req.A5.698;P1.1336;B10.357;D.Testament.357.444.
— Décr.A9.978,n.23;B19.115,n.1;SC2.26;D.Manuf.100.
— Décr. cons. d'état.SC2.27;D.Marché de fourn.258.
19 Liége.A7.734;P2.141;B14.420; D.Exploit.189.
— Civ.r.A9.581;P12.1.313;B18.177;S12.1.241;J13.151;D. Interr. sur faits.109.136.Présompt.109.
— Liége.A10.736,n.;P2.856,n.;D.Preuve test.194.
— Paris.A11.550,n.2;P2.1117,n.2; B23.366; D.Référé.68.72.
— Paris.A11.865,n.1-1;B24.454;D.Surenchère.384.
20 Cr.c.A1.582; P12.1.399; B2.216; S12.1.335;MR8.122;J13.155;D.Appel correct.179.187.
— Paris.A1.435;P1.147;B2.40,n.;S14.2.385;D.Appel civ.56.
— Cr.c.A4.218;P1.1069;B7.236;D.Or et argent.31.
— Cr.c.A8.800,n.3;B16.432.n.5;D.Forêts.881.
— Cr.c.A8.790,n.4; P2.393; B16.419,n.;D.Procès-verbal.283.
— Cr.c.A8.775,n.5;B16.399;D.Forêts.721.
— Liége.A6.861,n.2;P1.1513;B12,551,n.2;D.Enq.314.
— Cr.r.A11.404,n.5; B23.42; S17.1.322; D.Procès-verb.215.
— Liége.A12.870,n.5;P13.2.28; B28.99;S13.2.37; D.Appel civ.108.Vente 556.
— Cr.c.A11.959,n.; P12.1.398;B25.135;S12.1.333; J13.59; D.Serment 106.
— Cr.c.P12.1.403;S12.1.334;MR9.150. et 10.104.
21 Cr.c.A4.405;P12.1.383;B7.445; S12.1.337; J13.157; D. Cour d'ass.904.
— Cr.c.A11.151,n.3;P2.952,n.3. et 12.1.404;B22.189;S12.1.337;MR9.164;D.Pêche.31.
— Cr.c.A2.290,n.;P1.451;B3.322,n.;S17.1.342; D.Cassat.334.
22 Bruxelles.A5.651;P13.2.58;B10.303; J13.158;D.Testament.205.210.211
— Paris.A5.597,n.1;J13.162;D.Donat.510.512.
— Colmar.A7.615;B14.2 4;S14.2.306;D.Exception.260.
24 Civ.c A6.590;P12.1.327;B12.254; S12.1.137;MR10.302;J13.165;D.Eff. de comm.199.
— Rouen.A9.91,n.,n.3; P2.420; B17.105,n.3; S12.303; D. Privilége.467.
— Paris.A12.145,n.1;B25.369;D.Société comm.344.
25 Civ.c.A1.490;P12.1.285; B2.107; S12.1.207; J13.167;D. Appel civ.315.
— Req.A2.457;P12.1.619.et 1.526;B4.56;S13.1.180;MR14.537;J13.170;D.Choses.21.Forêts.264.Vente.569.
26 Nîmes.A1.616; P1.232; B2.254; J13.175; D.Arbitrage.145.
— Civ.c.A7.313;P12.1.266;B13.357;S12.1.201; MR9.662;J13.178;D.Enreg.2187.
— Civ.c.A9.924,n.1.4;P12.1.290;B19.28;S12.1.214;MR12.744;J13.179;D.Louage.295.
— Limoges.A9.720,n.,n.5;P2.581,n.5;B18.365;S14.2.119;J13.182;D.Jugem. par déf.271.277.
— Turin.A10.728.n.1.3;P2.854,n.1;B21.211;S13.2.45;J13.184;D.Deg. de jurid.252.Preuve litt.909.Preuve test.134.
27 Cr.r.A4.472; P1.1164; B8.73; D.Cour d'ass.1595.Vol.522.
— Cr.r.A2.576;P1.586;B4.192; S16.1.456;D.Chose jugée.318.
— Req.A2.488; P12.1.365; B4.93; S12.1.249; D.Chose jugée.43.
— Cr.c.A1.74; P1.20; B1.86;S12.1.540;MQ6.1; D.Compét. crim.93.
— Cr.c.A4.383;P1.1130;B7.418; S17.2.317; D.Cour d'ass.714.
— Cr.r.A4.298,n.;P1.1097;B7.324,n.;D.Cour d'ass.98.
— Grenoble A9.578,n.1.8;P2.536,n.;B18.173,n.;D.Interrogat. sur faits et art.
— Cr.r.A11.408;P2.1065,n.12;B23.120; S17.1.324; D.Procès-verb.253.
— Civ.c.A11.348,n.4;P2.1022,n.3; B23.12; D.Prise à partie.41.
28 Paris.A7.592;P13.2.8;B14.245;S14.2.360;J13.188;D.Exception.91.
— Cr.c.A11.119,n.,n.5;P12.1.274;B22.132; S12.1.343;MR6.119;D.Dr. polit.44.Presse.725.726
— Cr.r.A12.1080,n.23;P2.1538,n.20; B28.444;D.Vol.304.
— Cr.c.A11.989,n.;B25.135;S12.1.342;D.Serment.106.
29 Cr.c.A4.510;P1.1178;B8.115;D.Cour d'ass.1624.
— Paris.A1.149;P1.57;B1.174;S12.2.416;D.Acquiesc.216.
— Orléans.A7.657,n.;B14.325;D.Expertise.14.
— Civ.r.A11.404,n.5;P2.1060; B23.112, S17.1.322; D.Procès-verb.215.
— Ord.A12.993,n.7;B28.305,n.7;D.Voirie.211.

MARS.

1 Bruxelles.A12.585,n.1;B27.84,n.1;D.Enq.147.
2 Civ.r.A9.261,n.4;P12.1.302; B17.309,n.4; S12.1.257;MR6.257;J13.197;D.Inscript. hypoth.182.
— Paris.A10.378,n.4.1;P2.766,n.3; B20.200; S12.2.469;D. Douaire.54
— Paris.A12.482,n.1;B26.359;S12.2.432;J13.189;D.Partage.135.134.293.
3 Déc.A12.991,n.19;B28.303,n.19;SC2.28; D.Voirie.188.
4 Civ.c.A1.464;P12.1.257;B2.77;S12.1.194; MR17.416;D. Appel civ.235.248.
— Douai.A12.369,n.2;P2.1315;B26.176;S12.2.392;D.Success. bénéf 29.
— Orléans.A12.889,n.1; P2.1467; B28.131,n.3; D.Garantie.328.
5 Paris.A2.781;P1.661;B4.427; S13.2.17; D.Commissionnaire.287.Dem. nouv.41.
— Liége.A3.186; P1.740; B5.210; D.Compét. admin.175. Deg. de jurid.223.
— Rennes.A8.580;P13.2.32;B16.188;S13.2.49; MR16.576; D.Filiat. légit.152.Mariage.334.
— Cr.c.A6.446;P1.1385;B12.63;D.Douanes.401.
— Liége.A11.291,n.1.2;P2.1005,n.2;B22.433;D.Prescrip.745.
— Cr.c.A11.959.n.;B25.135;D.Serment.106.
6 Cr.c.A1.397;P1.129;B1.465;D.Lib. du comm.15.
— Cr.c.A1.423;P1.139; B2.27; S12.1.378; D.Amnistie.60.71.Complicité.96
— Cr.c.A4.570;P1.1188;B8.179;S17.2.315;D.Défense.110.
— Cr.c A4.473;P1.1163;B8.73; S12.1.344; D.Cour d'ass.1419.
— Cr.c.A7.652;P2.115;B14.319;D.Désertion.44.45.
— Cr.r.A12.604,n.14;P2.1573;B27.115,n.1;D.Tém.444.
— Cr.c.A12.614,n.6;P2.1377;B27.152; S20.1.490;D.Tém. faux.60.
7 Gênes.A1.109;P1.41;B1.129; S14.2.259; J13.208;D.Acquiesc.116.126.346.
— Caen.A5.44;P1.1285;B9.46;S12.2.203;D.Déportat.46.
— Colmar A9.46;P12.2.114;B17.47; S12.2.300;J13.204;D. Nantiss.27.Privilége.153.
— Bordeaux.A12.867,n.2.1;P2.1459;B28.94;S12.2.391;D. Vente.525.
8 Trib. de Neufchâteau.D.Enreg.2530.
9 Paris A9.314,n.1-1; P2.1.270,n.; B17.372,n.1; S12.2.408;MR16.471; J13.211;D.Inscrip. hypoth.435.
— Bordeaux.A1.174;P1.72; B1.202;S12.2.421; J13.215;D. Actes de l'état civil.118.
— Besançon.A11.525,n.5; P13.2.66; B23.320; J13.215;D. Remplacement 38.
10 Civ.r.A7.366;P12.1.298;B13.416; S12.1.242; B23.320;J13.217;D.Enreg.2510 Frais et dépens.178.
— Paris.A10.475,n.2.1;P23.2.99;B20.346; S13.2.184; J13; D.Obl 618.
— Besançon.A10.363,n.1-1;B20.185;D.Dot.467.
— Civ.c.A11.294,n.2 et 12.339,n.3;P12.1.385;B22.426. et 26.158;S12.1.329;D.Nullité.241.Success.332.
— Paris.A9.742;B18.418;D.Jugem. par déf.411.
11 Civ.c.A7.419; P12.1.295; B14.33; S12.1.255; D.Enreg.2827.
— Req.A6.382;B11.438; S12.1.217; J13.219; D.Domic.93. Exploit.310.
— Colmar.A6.6 8,n.; B12.302,n.1; S12.2.311. et 308; D. Eff. de comm.457.
— Civ.c.A9.544,n.2;P12.1.516;B18.121;S13.1.418. et 12.1.217;MR11.11. et 14.244.J13.249;D.Interdit.96.
— Civ.c.A10.659,n.3;P12.1.300; B21.96;S12.1.353;MR12.635;J13.254;D.Preuve litt.425.426.
— Trèves.A10.844,n.2;P2.894,n.14; B21.404; J13.230;D. Ordre.507.
— Cr.c.A9.661,n.9;D.Frais et dépens.450.
12 Cr.r.A4.570;P1.1189;B8.179;S17.2.315;D.Défense.110.
— Paris.A6.694,n.,n.2; P1.1476; B12.356,n.2; S13.2.32;J13.236;D.Eff. de comm.632.
— Paris.A9.545,n.,n.2; P2.475; B17.408,n.2; S13.2.124;J13.228;D.Hypoth.167.
— Orléans.A12.860,n.2; P2.1457; B28.83,n.1; D.Vente.800.
— Rennes.A12.582,n.;B27.77,n.1;D.Enquête.196.
— Grenoble.D.Délai.13.
13 Cr.c.A3.642; P12.1.486; B6.264; S12.1.376; J13.259;D. Complicité.21.110.Cour d'ass.725.
— Cr.r.A4.298,n.;P1.1097;B7.324;D.Cour d'ass.98.
13 Cr.r.A3.267; P13.1.69; B5.301; S13.1.209; J13.243;D. Réglem. de juges.120
— Bruxelles.A9.727.n.;B18.394;D.Jugem. par déf.315.
— Cr.c.A11,97,n.3,n.11; P2.930,n.6; B22.91; S12.1.381;J13.241;D.Presse.240.
— Déc.A8.812,n.6;D.Garde nat.6.
14 Nîmes.A1.289;P13.2.41;B1.336;J13.246; D.Adopt.126.
16 Rouen.A12.925,n.2;P12.2.65. et 2.1482; B28.197; S12.2.335;J13.254;D.Transport de créance.227.
— Liége.A2.745;P1.645;B4.384; D. Appel incid.47.Commissionnaire.49.147.
— Paris. A3.357; P1.797; B5.410; S14.2.105; D. Compét. comm.242.
— Toulouse. A10.404;P24.2.50,n.; B20.234;S24.2.14;J27.145;D.Nantiss.110.
— Trèves.S13.2.251;J13.251;D.Huiss.227.
17 Bruxelles.A3.753;P1.981;B6.390;J13.258;D.Appel civ.8.Contr. par corps.214.218. Saisie-conservatoire.5.
— Civ.r.A7.95;P2.14;B13.105; S13.1.425; J13.257; D.Enreg.771.787.2651.
— Bruxelles.A3.349; P13.2.20; B5.400; S14.2.369;J1.796; D.Compét. comm.150.
— Req.A3.248; P12.1.369; B5.280;S12.1.304;MR16.679;J13.262;D.Compét. comm.434.Régl. de juges.47.
— Déc.A6.326,n.3;B11.370;D.Vente admin.365.
— Cr.r.A11.880,n.3;B24.482;D.Scellé.35.65.
18 Civ.c.A3.750;P12.1.359;S12.1.303;D.Contr. par corps.161.
— Paris. A9.574,n.1.4; P14.2.23; S14.2.33; B18.166; J13.269;D.Interrog. sur faits.45.
— Civ c A11.747,n.;P12.1.362;B24.238; S12.1.335; MR12.285;J13.271,n.;D.Saisie-imm.905.907.
19 Cr.c.A4.493;P1.1172;B8.96;D.Cour d'ass.1520.
— Cr.r.A4.484;P1.1170;B8.86;D.Cour d'ass.1468.
— Paris. A2.4 1; P1.512; B4.26; S12.2.323; J13.278; D. Chasse.11.
— Cr.c.A2.577; P1.587; B4.193; S16.1.456. et 12.1.384;D. Chose jugée.318
— Req.A5.171; P12.1.319; B9.197,S12.1,247;MR7.506. et 15.536;J13.264;D.Faillite.256.Désist.137.
— Liége.A7.707;P2.128;B14.386;D.Exploit.415.
— Req.A6.387; P12.1.352; B11.444; S13.1.22;MR16.190;J13.274;D.Domicile.104.
— Cr.c.A11.959,n.;B25.135;D.Serment.106.
— Cass.A7.337,n.7;D.Enreg.2388.
20 Cr.c. A1.567; P1.207; B2.198;S12.1.383;D.Appel correct.113.
— Cr.c.A1.560; P1.202; B2.190; S12.1.392; D.Appel correct.81.
— Paris.A1.708; P1.267; B2.359; S12.2.322; D.Arbitrage.556.Contr. par corps.186.
— Cr.c. A4.510; P1.1178; B8.115; S12.1.384; J13.285; D. Cour d'ass.1596.1649.
— Cr.c.A2.96;P1.348;B3.102; D.Attentat à la pud.67.68.
— Cr.c.A4.82; P1.1027; B7.87; D.Contr. ind.318.321.322. Procès-verb.402.
— Cr.c.A4.148; P1.1049; B7.160; S12.1.382;D.Tabacs.58.130.
— Cr.r.A4.310. et 322,n.5;P1.1103;B7.351,n. et 358;S17.2.319;D.Cour d'ass.315.358.
— Turin.A9.652,n.,n.2; P2.561,n.5; B18.289; J13.280;D. Exécut. prov.36.45.
— Cr.r.A11.404.n.;P2.1060.B25.113;S17.1.322.
— Orléans. A12.906,n.2; P2.1474; B28.154,n.1;D.Vente.826.827.
21 Turin.A11.608,n.1;P2.1137,n.5. et 13.2.107;S14.2.309;J13.286;D.Émancip.65.Req. civ.111.121.125.182.
— Cass.D.Min. pub.47.
23 Civ.c.A7.289; P12.1.316; B13.328; S12.1.262;D.Enreg.2130.2339.
— Civ.c.A7.309;P12.1.351;B13.351;S12.1.264;J13.288; D. Expertise.366.
— Civ.c.A12.73,n.1;P2.1261;B25.249;D.Servitudes.738.
24 Civ.r.A4.662; P12.1.408; B8.281;S12.1.325;MQ6.352;J13.291;D.Degré de jurid.215.

— Rennes.A8.313;P13.2.3;B15.266;S14.2.61; et 12.2.513; MR16.488,D.Commerçant.15.Faillite.1410.1415.
— Civ.c.A8.488;B16.83;D.Féodalité.105.
— Avis du cons. d'état. A9.175,n.1; B17.205,n.1; D.Hypoth. et priv.
— Paris.A12.845,n.1; P22.2.124,n.2; B28.10; S12.2.329;J 13.289;D.Usufruit légal.46.
— Rennes.A7.659,n.2;D.Expertise.54.
25 Civ.c.A7.54;B13.55;S12.1.225;D.Enreg.573.
— Civ.c.A7.794; P12.1.324; B14.490; S12.1.336;MR6.627, n.;J13.298;D.Expertise 484.
— Civ.r.A7.831;P2.171. et 12.1.326. et 336;B14.534;S12. 1.317. et 336; MR16.90; J13.299; D.Autor. de femme. 27.Exploit.329.
— Bruxelles.A10.675,n 2;P2.833,n.1;S13.2.331;B21.121; J13.294;D.Preuve litt.795 794.
— Loi.A12.979,n.3;D Voirie.21.
26 Cr.c.A3.525; P12.1.495; B6.135; S13.1.57; MR6.125;D. Compét. cr.488.
— Cr.c.A1.404;P1.126;B2.5;D.Douanes.265.287.
— Cr.r.A4.449;P1.1158;B8.46;D.Cour d'ass.993.
— Déc.A6.796,n.1. et 838,n.2;D.Emigré.167.366.
— Déc.A9.465,n.5;B18.5,n.2; SC2.46; D.Contr. directes. 136.
— Déc.A11.145,n.,n.8;SC2 51;D.Patente.25.
— Bruxelles.A11.758,n.4;P2.1200;B24.258; D.Saisie-immob.1191.
— Cr.r.A12:1059,n.2;P2.1524;B28.406;D.Vol.139.
— Cr.r.A12.965,n.1; P2 1497; B28.262;D.Cassat.657.Homicide.52.
— Décret du cons. d'état. SC2.50;D.Domaine de l'ét.22.
— Déc. du cons. d'état.SC2.41;D.Louage admin.25.
— Ord. du cons. d'état.SC2.40;D.Eau.79.
— Décr.SC2.32;D.Marché de fourniss.308.
— Déc. du cons. d'état.SC2.48;D.Respons.519.
— Bruxelles.S14 2.78;J13.301;D.Vente.306.
— Décr. du cons. d'état.SC2.43;D.Ventes admin.59.
27 Cr.c.A1.595;P2.1352. et 1.226;B2.231,n.;S16.1.305; D. Appel correct.226.
— Cr.c.A8.587;P2.237.B15.451;S12.1.383;D.Faux.547.
— Req.A10.662,n.2;P2.827,n.3. et 12.1.585;B21.100;S12. 1.369; MR10.720; J13.502; D.Date.42.Preuve litt.509. 683.Ratif.42.
— Déc.A3.195,n.2;D.Compét.
28 Cr.c.A4.158;P1.1044;B7.149;D.Octroi.32.
— Cr.c.A3.437;P1.830;B6.57;S17.1.87;D.Compét. cr.125.
— Cr.c A7.562;P2.95;B14.207;S12.1.383;D.Escroq.27.48.
— Cr.c.A11.125,n.5;P12.1.485;B22.142;S12.1.359;MR11. 573;D.Presse.177.
— Décret.A7.128,n.4;D Enreg.1366.
29 Amiens.A1.558,n.;B2.164,n.1;D.Appel incid.11.
30 Rennes. A10.855,n.1; B21.421; P2.900,n.1-1; Distrib. par contrib.36.
— Civ.c.A11.61,n.,n.3; P12.1.381; B22.32;S12.1.190;MR 6.607;D.Jugem.44.
— Déc.A3.11,n.1;SC2.64;D.Comm.28.
— Arr.A12.988,n.6;B28.298;D.Voirie.131.

AVRIL.

1 Turin. A5.437; P13.2.68; B10.81; S13.2.92;J13,307;D. Appel incid.24.Port. disp.445.
— Civ.r.A7.827;P2.170. et 12.1.357;B14.529;S12.1.318;MQ6.128;J13.312;D.Exploit.390.
— Rennes.A8.473;B16.66;P2.278;S13.2.150;D.Féod.71.
— Civ.c.A9.645,n.n.7;P12.1.371,n.6;B18.278; S14.1.110. et 12.1.318;MQ6.128;J13.312;D.Jugem.198.
— Civ.c.A2.561,n.1;P1 573,n.1;B4.172;D.Chose jugée.
2 Cr.c.A3.454;P1.842;B6 56;S12.1.394; D.Comp. cr.218.
— Cr.c. A2.294; P1.454; B3.328; S12.1.593; J13.316; D. Cass.390.
— Cr.c.A1.86;P1.29;B1.100;D.Instruct. cr.465.
— Cr.c.A9.906,n.1-1;B18.655;S12.1.393;D.Loterie.25.
— Turin.A11.839,n.3; P2.1231; B24.410; D.Saisie-imm. 1605.
— Paris.A12.826,n.21;P2.1442;B28.26;S12.2.316;D.Usure.67.
— Cr.c.A.11.959,n ;B25.135;D.Serment.106.
3 Cr.r.A2.97;P1.349;B3.103;D.Attentat à la pud.74.
— Cr.c.A5.441;P1.1304;B9.161;S12.1.401;D.Désert.22.
— Paris.A11.797,n.1;P14.2.31;B24.331;S14.2.41;J13.317; D.Surenchère.270.271.
4 Caen.A5.664; B10.318; S12.2.336; J13.322;D.Testam. 235.
— Déc.A6.333,n.3;D.Domaines.
6 Paris.A11.764,n.1;B24.260;S14.2.24;D.Surench.49.
7 Bruxelles.A7.816;P13.2.23; B14.516; D.Domicile élu. 42.Saisie-arrêt.275.
— Turin. J13.325;D.Jour. des av.14.371.
8 Civ.c.A2.343;P12.1.488;B3.384;S12.1.360; J13.333; D. Cass.674.Chose jugée.87.165.
— Req.A2.661,n.1-1. et 1.3;P1.1. et 618; B1.3. et 4.288; J13.329;D.Absent.43.49.51.Chose jugée.148.481.
— Civ.c.A7.70;B13.74;D.Enreg.606.
— Civ.c.A4.34,n.; P1.1010,n.1; B7.55,n.1; D.Contr. ind. 500.
8 Liége.A6.142;P1.1349;B11.159;D.Révocat.52.53.
— Cr.c. A11.430,n.28,n.4; P2.1077; B23.160; D. Procès-verb.608.618.
9 Cr.c.A2.7;B3.4;S12.1.400;D.Armes.56.
— Cr.c.A9.497,n.1.4;P2.508,n.1-1;B18.49;MQ6.136; J13. 337;D.Compét. cr.13.

1812.

— Cr.c.A11.956,n.9.1;B25.131;S17.2.315;D.Serment. 85.
10 Cr.c.A1.545; P1.194; B2.172;S12.1.394;J13.342; D.Appel correct.3.4.
— Déc.A6.334,n 6;S20.1.474;D.Domaines.
— Cr.c.A11.959,n.;P2.365;B25.135;D.Serment.106.
— Déc.A3.225,n.1;D.Eau.353.
— Cr.c.A8.753,n.5;P2.365;B16.370;D.Forêts.412.415.
— Décr.A12.1024,n.39;D.Voirie.708.
11 Limoges. A12.585,n.16; P2.1567; B27.84; D.Enquête. 147.
— Paris.J13.343;D.Témoin.158.
12 Toulouse. A2.644; P16.2.25; B4.268;S16.2.14;J13.346; D.Chose jugée.458.
— Déc. A3.191,n.8. et 224,n.2. et 226,n.9,n.10,n.11. et 227,n.1-1 et 9;S12.2.206; D. Trav. pub.114. Eau.309. 422.425.
13 Nîmes.A2.734; P1.640; B4.373; S14.2.103; D.Actes de comm.173.
— Grenoble.A11.603;P2.1134,n.9;B25.463;D.Req. civ.65.
— Cr.c.A11.514,n.1;B23.301,n.1.
— Civ.r.S12.1.276;J13.353;D.Saisie-imm.55.
14 Civ.c.A2.390;P1.498;B3.436;D.Caution.80.
— Colmar.A5.71;P1.1291;B9.78;D Dépôt.152.
— Bourges. A10.556,n.3; P2.800,n.1; B20.466;D.Paiem. 134.
— Caen.A10.373,n.1-1; P2.764,n.2; B20.194; D.Douaire. 6.7.
— Nîmes.A12.659,n.2.3.6; P13.2.92; B27.206; S13.2.216; J13.355;D.Tierce-opposit.123.
— Colmar.A11.745,n.2;P2.1192; B24.231; D.Saisie-imm. 879.
— Rennes.A1.778,n.;D.Arbitrage.428.862.
— Décr.A12.1003,n.1;B28.318;D.Voirie.401.
15 Caen.A3.738;P1.977; B6.372; S12.2.334; D.Contr. par corps.395.
— Arr.A6.839,n.3;B12.525;D.Emigré.
16 Sect. réun.A4.205;P1.1064;B7.222;S12.1.396; D.Or et argent.78.79.
— Cr.c.A12.555,n.2; P2.1354; B27.32;S21.1.466. et 13.1. 593;D.Rebellion.30.
17 Cr.c.A8.789,n.3;P2.392;B16.418;D.Procès-verb.279.
— Rennes.A11.41,n.2; P2.920,n.2; B21.472;S15.2.207;D. Degré de jurid.317. Min. pub.251.
— Cr.r.A12.1079,n.17,n.;P2.1557,n.;B28.442;D.Vol.310.
— Décr.SC2.58;D.Commune 660.
— Nîmes.D.Exploit.445.
— Décis.A10.60,n.4;D.Mariage.224.
18 Cr.r.A3.521;P1.884;B6.131;S17.1.90;D.Compét. crim. 481.
— Cr.c.A3.521;P1.884;B6.130;S17.1.346. et 90; D.Comp. crim.481.
— Cr.c. A4.430; P1.1148; B8.24; S12.1.397; J13.364; D. Cour d'ass.973.1099.1104.Vagabondage.24.
— Cr.r.A2.582;P1.591;B4.199; S17.1.25;J13.368;D.Chose jugée.332.
— Civ.r.A6.803,n.1;P1.1501. et 13.1.9; B12.482,n.1; S13. 1.157;J13.361;D.Contrat de mariage.119.Emigré.190. 191.Renonciation.
— Cr.c. A11.957,n.1.21; B25.133; S12.1.397; J13.366; D. Serment.100.
— Florence.A9.675,n.13;D.Frais et dépens.169.
20 Bruxelles.A7.718;P13.2.22;B14.399;D.Exploit 923.
— Cr.c.A11.27,n.1;P2.914,n.5;B21.448; S16.1.307; D.Jugem.426.Min. pub.45.
— Caen. A12.453,n.1; P2.1328; B26.312; S12.2.330; J13. 369;D.Success.314.
— Nîmes.A11.836,n.1;B24.405;D.Saisie-imm.1604.
— Metz.D.Exploit.753.
21 Agen.A4.678;P1.1220;B8.300;D.Degré de jurid.294.
— Civ.c.A6.850;P12.1 377;B12.538,n.1;S12.1.187;MR14. 420;J13.375;D.Enq.74. Vacances.19.
— Civ.c.A11.533,n.1;P12.1 387; B23.334; S12.1.341; MR 11.86,n.;J13.371;D.Réc. de juges.35.
— Paris. S13.2.206; J13.377; D.Port. disp. 552. Rapp. à succ.112.
22 Nîmes.A6.101;P13.2.100;B11.110; S13.2.220; J13.589; D Disposit. entre-vifs.
— Lyon.A10.32,n.2.1; P2.687; B19.165;D.Acte respect. 56.66.
— Bruxelles.A10.684,n.1;P2.837,n.1;B21.136; S13.2.15; J13.381;D.Preuve litt.1021.
— Liége.A12.107,n.6; P2.1270;B25 304;D.Société comm. 22.
— Caen.A11.917,n.1.4; B25.57; S13.2.69; J13.385;D.Sép. de corps.200.
23 Paris.A1.457;P1.160;B2.67;S14 2.31; D.Appel civ.151.
— Cr.c.A1 69; P1.17; B1.81; S12.1.398; D.Abus de confiance.88.
— Lyon.A5.745;P1.1540;B10.411; D.Testam.331.484.677.
— Cr.c.A7.653;B14.320;D.Désertion.47.48.
— Cr.r.A12.603,n.9; P2.1375; B27.144,n.1; S17.2.513;D Témoin.358.
— Cr.r.A12.1066,n.5;P2.1529;B28.419;D.Vol.200.
— Déc.A3.225,n.5;D.Eau.362.
— Nîmes.D.Exploit.765.
24 Cr.r.A4.284;P1.1091;B7.309;D.Cour d'ass.62.
— Limoges.A7.811; B14.510; S14.2.389;D.Domicile élu. 20.
— Cr.c.A8.358;P2.249;B15.417;S12.1.399;D.Faux.254.
— Cr.c.A8.695,n.1,n.2; P2.317; B16.321; D. Acquitt.28. Fonct. pub.137.Vol.15.

— Rouen.A9.218,n.4;P2.451;B17.258,n.1;S13 2.370;J13. 393;D.Compte-courant.25.Hypoth. conv.140.
— Cr.c.A3.611,n.2;D.Complicité.98.
25 Liége.A4.683;P1.1222;B8.305;J13.400; D.Jugem. par défaut.360.Degré de jurid.351.
— Req.A12.902,n 2; P12 1.607;B28.457;S13.1.250;MR15. 659;J13.396; D.Jugem.486. Offre.126. Vente.854.855. 876.
— Déc.A3.225,n.5 et n.8;D.Eau.362.376.
— Déc. du cons. d'état.SC2.62;D Commune.265.
— Déc. du cons. d'état.SC2.63;D.Respons.518.
27 Bruxelles.A5.106;B9.122;D.Désaveu.81.
— Douai.A5.800;P1.1342. et 13.2.63;B10.475; S12.2.587; J13.402;D.Testam.663.
— Civ.r.A6.600; P1.1458; B12.245; S13.1.290; J13.411;D. Effets de comm.235.
— Civ.c.A9.355; P12.1.417; B17.597; S12.1.300;MR14.21, n.;J13.408;D.Hypoth.
— Turin.A9.726,n.1; S13.2.248; B18 393,n.; J13.406; D. Jugem. par défaut.311.
— Caen.A10.446,n.1; P2.782,n.1; B20.297; S12.2.294; D. Oblig.78.79.
— Turin.A11.556,n.4;P2.1118,n.3;B23.576;S13.2.554;D. Rente.148.
28 Civ.c.A4.121;B7.151;D.Contr. ind.482.485.
— Civ c.A7.764;B14.455;S13.1.29;D.Exploit.689.
— Liége.A11.202,n.12;P2.975,n.2; B22.279; D.Pérempt. 34.
29 Civ.c.A7.290;P12.1.455;B13.528;S13.1.41; J13.416; D. Enreg.1352.2158.
— Paris.A8.64;P22.2.160,n.2; B15.71; S14.2.147; D.Faillite.227.
30 Cr.c.A3.642,n.;B6.263,n.1;D.Complicité.91.
— Cr.c.A4.485; P1.1170; B8.87; S13.1.72; D. Cour d'ass. 1470.
— Cr.c.A2.312;P13.1.480;B3.348;S13.1.69; MR12.770; D. Amnistie.13.Cass.452.Lois.174.186.
— Bruxelles. A3.344; P1.794;B5.392; D.Commerçant.42. Comp. comm.181.Effets de comm.385.
— Paris.A6.649,n.;P1.1468; B12.304,n.1; S12.2.422; J13. 419;D.Effets de comm.459.
— Besançon.A12.942,n.;B28.231;D.Vérific. d'écrit.31.

MAI.

1 Cr.c.A 1.595,n.; P2.1352,n.1. et 226; B2.231,n.;S16.1. 306;J13.427;D.Appel correct.226.
— Turin. A1.766; P1.291; B2.426; J13.421; D.Arbitrage. 876.881.
— Cr.c.A4.482;P1.1169;B8.84;S13.1.74; J13.426; D.Cour d'ass.1457.
— Cr.c A4.49;P1.1017;B7.51;D.Cont. ind.103.
— Cr.c.A8.387;P2.257;B15.451;S13.1.73;D.Faux.235.
— Nancy.A9.192;P12.2.102;B17.226;S13.2.50;J19.422;D. Hypoth. conv. 20.Oblig.319.
— Caen.A10,731,n.2; P2.855,n.3; B21.215; S12.2.327;D. Preuve litt.1003.
— Paris.D.Don. dég.20.
2 Liége.A11.559,n.1;P2.1120,n.1;B23.384; D.Rente.176.
— Civ.c. P12.1.545; S13.1.20; MR12.156; J13.428;D.Testam.892.
4 Paris.A3.816;P1 1004;B6.465;D.Contr. par corps.741.
— Rennes.A8.442;P13.2.69;B16.31;S13.2.101;J13.454;D. Faux incid.153.
— Bourges.A6.861,n.2;P1.1513;B12.550,n 2;D.Enquête. 134.
— Civ.c. A9.213,n.1,n.1; P12.1.414; B17.253,n.1;S12.1. 324; MR11.591;J13.440; D. Hypoth. conv.117.Rente. 180.
— Civ.c.A9.720,n.,n.3;P12.1.400;B18.384; S12.1.348; MR 8.761;J13.439;D.Jugem. par défaut.271.
— Déc. du cons. d'état.SC2.65;D.Enseign.65.
5 Nîmes.A9.137; P2.438; B17.157; S12.2.449;J13.448;D. Hypoth. lég.112.
— Req.A9.451;P13.1.76;B17.535; S13.1.251; D.Rad. hypoth.111.
— Civ.r.A12.406,n.7;P12.1.497;B26.237;S13.1.17; MR10. 658;J13.444;D.Lois rétroact.161.Rapp. à succ.40.81.
— Civ.c.A9.864,n.40;D.Lois rétroact.161.
6 Aix.A1.617;P1.235;B2.256;S13.2.205;D.Arbitrage.193.
— Civ.c.A8.758;P1.1339. et 12.1.394;B10.403;S12.1.333; MR13.647;J13.456;D.Testam.445.451.
— Req.A5.652;P1.1334;B10.304;D.Testam.160.212.
— Civ.c.A7.764;B14.455;D.Exploit.669.
— Req.A9 451,n.2;P12.1.502;B17.535,n.1; S13.1.31;J13. 457;D.Cass.379.Rad. hypoth.114.Régl. de juges.74.
— Bruxelles.A12.766,n.2;P13.1.584;B27.401; D.Lois rétroact.174.
— Bourges. A11.828,n.6; P2.1225; B24.390; Saisie-imm. 360.
— Orléans.A12.847,n.3;P2.1452;B28.62;D.Vente.58.
— Civ.c.Bull. civ.39 D.Confusion.28.
8 Avis du cons. d'état. A9.135; B17.135,n.1; S12.2.328; D.Purge.167.
— Cr.c.A12.1067,n.1;P2.1529,n.9;D.Vol.222.
— Cr.c.A12.1063,n.2;P2.1527;B28.415,n.1;S13.1.77.
— Avis du cons. d'état. A9.30,n.; S12.2.328; D.Inscript. hypoth.422.
9 Cr.c.A2.610;P1.608;B4.230;D.Chose jugée.401.
— Cr.c.A2.581; P1.590; B4.198; D.Action pub.82. Chose jugée.323.

— Liége. A6.598; P1.1455; B12.242; D. Effets de comm. 187.189.
— Limoges. A9.227; P2.455; B17.268,n.2; S12.2.409; D. Rad. hypoth.91.
— Paris.A11.625,n.1;B24.16;D.Saisie-arrêt.44.
— Limoges.D.Garantie.254.
— Civ.c.A12.985,n.15;B28.295;D.Voirie.103.
11 Bruxelles. A1.497; P1.179; B2.116; J13.470; D. Appel civ.392.
— Paris. A8.147; P2.199; B15.171; S14.2.147; D.Faillite. 630.
— Bourges.A10.225,n.1;P2.724,n.3;B19.469; D.Communauté.405.
— Rouen.J13.462;D.Intérêts de capitaux.43.Vente.628.
12 Civ.c.A1.350; P12.1.405; B1.410;S12.1.324;MR16.81;J13.476;D.Alimens.185.
— Bourges.A8.188;P2.209;B15.218;D.Faillite.836.Saisie-imm.1539.
— Civ.c.A9.681; P12.1.589; B18.527;S13.1.37;J13.472;D.Cass.431.Frais et dépens.238.249.
13 Rennes.A1.792;P1.302;B2.456;S15.2.101;D.Arbitrage.1096.
— Rennes.A11.948,n.1-1;B25.105;D.Serment.
14 Rennes.A1.478;P1.470;B2.92;S15.2.102;D.Appel civ.272.
— Paris.A8.514;B15.567;S12.2.339; D.Faillite.1423.1424.
— Cr.c.A8.800,n.5;P2.402;B16.455; S20.1.494; D.Forêts.882.
— Paris.A10.588,n.2; P22.2.144,n.; B20.518;S12.2.339;J13.479; D.Cession de biens. 8. Comp. comm.11(*bis*). Preuve litt.1115.
— Cr.c.A11.51,n.;B21.456,n.1;S20.1.504;D.Instr.cr.311. Cour d'ass.786.
15 Cr.r.A3.418;P1.822;B6.15;S17.2.276; D.Comp. cr.110.
— Cr.r.A1.561;P1.1204;B2.191;D.Appel correct.65.
— Cr.c.A1.381;P1.216;B2.214;S13.1.77;J13.482;D.Appel correct.188.
— Aix.A1.470;P1.167;B2.84;S13.2.360; D.Appel civ.244.557.
— Bruxelles.A1.134;P1.51;B1.157;S14.2.385;D.Acquiescem.228.383.Jug. par défaut.600.
— Bourges.A11.846,n.6;B24.423;D.Saisie-imm.1137.
16 A10.696,n.6;P14.2.92; B21.157; S12.2.318; J13.483; D. Preuve litt.1078.
— Paris.A11.752,n.5;P2.1197;B24.248,n.1;D.Saisie-imm.1501.
17 Rouen. A9.941,n.1; P2.673,n.2; S12.2.310; B19.56;D. Louage.722.
18 Civ.r.A3.342; P12.1.508; B9.392; S13.1.12;J13.486;D. Lois rétroact.166.Portion disp.143.
— Rennes.A8.515,n.1; B16.112,n.1; S15.2.121; D.Féod.193.
— Liége.P13.2.45;J13.485;D.Testament.544.
— Déc.A3.224,n.6;D.Eau.325.
19 Limoges.A12.187,n.26;P2.1369;B27.88,n.1;D.Enq.59.
20 Civ.c.A6.47;P1.1345;B11.48;D.Testam.890.891.
— Civ.c.A6.780;P12.1.414;B12.455;S12.1.357;D.Emig.37.
21 Cr.c.A3.664; P1.957; B6.289; D. Complicité.252.Cour d'ass.1540.1482.
— Cr.c.A3.521; P1.884; B6.130; S13.1.67;D.Compét. cr.180.
— Cr.r.A4.773;P1.1265;B8.414;D.Délit rural.56.57.
— Cr.r.A4.406;P1.1138;B7.447; S17.2.314; D.Cour d'ass.912.
— Besançon.A7.740;P2.144;B14.426; D.Exploit.117.138. Restis.202.
22 Déc.A3.133,n.5;D.Communes.
— Cr.c.A2.328;P13.1.197;B3.367. et 18.264;S16.1.512. et 13.1.68; MR6.610; J13.490; D.Cassat.845.Compét. cr.272.Motifs des jugem.244.266.320.
— Cr.c.A4.84;P1.1029;B7.91;D.Cont. ind.519.
— Cr.c.A4.129;P1.1038;B7.139;D.Contrib. ind.195.
— Cr.r.A4.285;P1.1091;B7.310; S17.2.319; D.Cour d'ass.62.
— Agen.A7.662;P2.117;B14.331;D.Expertise.69.
— Colmar.A10.754,n.2;P2.854,n.3;B21.252; S14.2.82; D. Présompt.107.
23 Amiens.A11.846,n.8;P22.1.514,n.1;B24.423;D.Saisie-imm.940.1138.1260.1572.1687.Surenchère.336.
— Rennes. V. au 26.
25 Civ.r.A12.457,n.2; P12.1.473; B26.320;S12.1.365;J13.494;D.Sépar. de patrimoine.28.
— Déc. A12.1029,n.4;D. Marais.33.
— Besançon.D.Exploit.709;741.742.
26 Rennes.A9.706;P13.2.67; B18.362; D.Jugem. par déf.175.Mat. somm.24 Surenchère.151.188.189.
— Civ.c.A9.856,n.1-1;P12.1.452;B18.591;S12.1.332; J13.494;D.Lois rétroact.131.
— Civ.c.A10.168,n.14;P12.1.452;S12.1.332; MQ6.289; D. Portion disp.45.
— Cass.A9.856,n.1;D.Lois rétroact.131.
27 Civ.c.A11.253,n.3;P13.1.173; B22.370; S13.1.85; MR9.548;J13.495;D.Prescript.241.295.
— Rennes.A12.31,n.5;P2.908,n.5;B25.180; S13.2.102; D. Appel civ.528.Partage.35.Servitudes.225.
28 Cr.c.A4.457;P1.1161;B8.55;D.Cour d'ass.1265.
— Cr.r.A4.291;P1.1093;B7.317; S17.2.319; D.Cour d'ass.129.
— Cr.r.A4.291;P1.1093;B7.317;D.Cour d'ass.129.
— Cr.r.A4.282;P1.1090;B7.307;D.Cour d'ass.25.
— Déc.A6.350,n.16;D.Ventes admin.444.

— Décr.A6.333,n.3. et 341,n.1;D.Domaines.
— Arr.A6.325,n.1;D.Ventes admin.524.
— Cr.c.A8.806,n.6;P2.407;B16.439;D.Forêts.1004.
— Déc.A5.217,n.1;D.Communes.
— Bruxelles.J13.499;D.Oblig.177.
— Décr. du cons. d'état.SC2.71;D.Rente.421.
— Jug. du trib. de la Seine.A7.318,n.12; D.Enreg.2514.
— Déc.A7.217,n.;D.Fabriques.194.
— Déc. du cons. d'état. SC2.69; D.Propriété.162.Ventes admin.115.
29 Cr.c.A4.500; P1.1174; B8.104;S13.1.46; D.Cour d'ass. 1586.
— Cr.r.A4.282;P1.1090;B7.307; S17.2.319; D.Cour d'ass. 25.
— Paris.A10.828,n.2;P2.888,n.2;B21.377;D.Ordre.514.
30 Civ.c.A2.594;P1.598;B4.212;S13.1.47; D.Chose jugée. 364.
— Cr.c.A5.139;B9.1;S13.1.49;J13.508;D.Désertion.27.
— Bruxelles.A9.275;P13.2.75;B17.325,n.2;MR16.266; D. Inscript. hypoth.255.256.
— Bruxelles.A12.419,n.4,n.1;P2.1325;B26.263; S13.2.46; D.Rapp. à succ.125.
— Cr.r.A12.1054,n.5.1;P2.1521;B28.398;D.Vol.107.
— Bruxelles.A9.364,n.40;D.Lois rétroact.101.
31 Décr.A3.133,n.5;D.Commune.

JUIN.

1 Turin.A3.673. et 2.147;P1.152. et 961;B2.33. et 6.398; S14.2.425;D.Appel civ.9.Compte.103.
— Douai.A3.788;B10.459;J13.517;D.Testam.582.624.
— Civ.c.A1.694;P12.1.471;B2.342;S12.1.349; MR14.88; J13.515;D.Arbitrage.521.1100.
— Paris.J13.509;D.Propriété.216.
— Rouen.S14.2.424;J13.520;D.Saisie-imm.344.554.559.
2 Paris.A7.761; P2.151; B14.454; S12.2.345;D.Délai.67. Exploit.699.
— Req.A8.178;P12.1.534; B15.207; S13.1.429; J13.521;D. Faillite.745.
— Besançon.D.Exploit.444.
3 Civ.c.A10.708;P12.1.577;B21.175;S13.1.26;J13.524; D. Aveu.99.150.Greffier.30.Preuve litt.1420.
— Civ.r.A11.660,n.2; P12.1.455; B24.81; S12.1.362; J13.529;D.Contr. par corps.595.Saisie-exécut.51.240.
— Civ.c.A3.20,n.;P1.682;B5.17,n.;S13.1.65; D.Com.214.220.229.
— Colmar.S14.2.424;D.Saisie-imm.344.554.559.
4 Cr.c.A4.488; P1.1171; B8.91; S13.1.50; D. Cour d'ass. 1486.
— Cr.c.A4.408;P1.1140;B7.449;S13.1.49;J13.531; D.Cour d'ass.928.
— Cr.r. A4.340,n.; P1.1114; B7.371; S17.1.320; D. Cour d'ass.453.
— Cr.r. A8.685,n.2; P2.313; B16.309,n.1; S17.1.323; D. Fonct. pub.271.
— Cr.c.A11.956,n.7.1;B25.131,n.2;D.Serment.84.90.
4 Cr.c.A8.696;P2.317;B16.323;S13.1.50;D.Concuss.17.
5 Cr.c.A4.37;P1.1030;D.Contr. ind.362.
— Cr.c.A7.579;B14.228;D.Evasion.46.
— Rennes.A10.842,n.;B21.401,n.1;D.Ordre.443.
— Cr.c.A12.559,n.2;B27.6;D.Sûreté pub.
— Bourges.A11.734,n.4;P2.1187;B24.216; D.Saisie-imm. 252.590.703.
— Cr.c.A12.559,n.2;D.Attentat. 8.
6 Trèves.A6.880,n.2;P1.1519;B12.373,n.2;D.Enq.293.
— Paris.A10.812,n.2;P2.882,n.3;B21.348;D.Ordre.141.
7 Paris.D.Jugem. par défaut.356.
8 Civ.r.A7.418;P22.1.455,n.;B14.32;D.Enreg.2822.
Civ.r.A12.207,n.1; P12.1.477; B25.477; S12.1.363;J13.531;D.Substitution.88.272.
— Paris.A11.715,n.2;P2.1181;B24.182; S13.2.243; D.Saisie-imm.425.453.469.476.593.
8 Bourges.A9.922,n.1.2; P2.667,n.1; B19.26; D.Caution.166.Louage.410.
— Civ.c.A12.180,n.12;B25.431;D.Substit.172.
9 Civ.c.A3.186; P1.740; B5.210; D. Comp. admin.50.176.177.
— Req.A10.467,n.1;P23.2.98;B20.329;S12.1.253;D.Aveu.66.Oblig.484.485.507.
10 Paris. A1.808; P1.507; B2.474; S12.2.424;J13.543; D. Arbitrage.1030.
— Req.A7.497;P12.1.481; B14.129; S13.1.215. et 45; J13.547;D.Transcript. hypoth.91.92.
— Civ.r.A7.825;P12.1.448;B14.521;S13.1.36; J13.526; D. Exploit.277.
— Paris.A6.377,n.2;P1.1518; B12.370,n.1; S13.2.18; J13.554;D.Enq.268.285.
— Paris.A9.208,n.3;P2.448; B17.246,n.3; S12.2.405; J13.537;D.Acquiescem.439.Hypoth. conv.89.
— Liége. A11.842,n.3; P2.1218; B24.360; D. Saisie-imm. 1387.
— Bruxelles.A12.803,n.1,n.2; P2.1439;B27.465;S13.2.46; D.Usufruit.
11 Liége.A3.583;P1.807;B5.442;D.Compét. comm.314.
— Bruxelles A9.461; P2.506; B17.547; S13.2.218; D.Responsab.225.
— Liége.A10.476,n.1;P2.787,n.3; B20.344; S13.2.208; D. Obl.640.
— Cr.r.A11.518,n.2; P2.1103,n.5; B25.307; S17.1.326. et 91;D.Récidive.118.

— Bruxelles.A12.717,n.5;P13.2.91;B27.311;S13.2.290;D. Parenté.21.Tutelle.137.
— Orléans.A12.889,n.2;P2.1468; B28.132,n.1; D.Garantie.314.
— Paris.S12.2.398;D.Etranger.85.
12 Cr.c.A2.328;P1.468;B3.366;D.Cassat.88.
— Cr.r. A4.282,n.;P1.1090; B7.307,n.; S17.2.319;D.Cour d'ass.25.
— Besançon. A7.681; P2.122; B14.536; D.Expertise.259. Preuve test.14.
— Liége.A7.815;P2.166;B14.514; D.Domicile élu.44.121. Exploit.205.
— Liége.A11.642,n.1;B24.49;D.Saisie-arrêt.261.262.
— Cr.c.A12.614,n.7; P2.1377; B27.155;S13.1.51;J13.548; D.Tém. faux.64.Compét. cr.660.
— Limoges.A11.842,n.4;B24.415;D.Saisie-imm.1623.
13 Cr.c.A7.654;P2.115;B14.521;D.Recrutement.36.
— Turin.A11.869,n.1; P13.2.13; B24.462; S14.2.283;J13.549;D.Saisie-imm.1150.Surenchère.455.
— Ord.A12.989,n.6;B28.300;D. Voirie.157.
15 Déc.A7.509,n.2;D.Enreg.
— Déc.A7.691,n.3;B14.368,n.3;SC2.75; D.Manuf.40. Expertise.405.
— Déc.A6.342,n.5;D.Domaine.
— Bourges. A9.922,n.12; P2.667,n.2; B19.26; D.Louage.410.
— Paris.A11.890,n.3.1; B25.13,n.1; S13.2.84; D.Séparat. de corps.24.
— Décr. du cons. d'état.SC2.82;D.Ventes admin.274.
— Décr. du cons. d'état.SC.2.76;D.Ventes admin.526.
— Arr. du cons. A12.1013,n.8; B28.529,n.8; SC2.73; D. Voirie.508.
16 Civ.c.A8.482;P12.1.444;B16.76;S12.1.358; D.Féod.51.
— Florence. A11.820,n.3; P2.1222; B24; D. Saisie-imm. 1529.
— Besançon. A12.944,n.7; P2.1489;B28.254;D.Vérificat. d'écrit.8.
17 Colmar. A5.213; B9.243; S13.2.43; D.Disposit. entre-vifs.8.19.
— Civ.c.A8.145;P12.1.456;B15.468;S12.1.346;J13.555; D. Faillite.592.612.
— Rennes.A9.727,n.3;B18.395,n.;D.Jugem.par déf.331.
— Bruxelles.A10.669,n.3; P2.830,n.4; B21.110;S13.2.67; J13.554;D.Preuve litt.693.
— Civ.r.A11.723,n.6;P12.1.428;B24.196;S12.1.314;MR12.268;J13.559;D.Saisie-imm.593.
— Trèves. A11.163,n.1-1; P24.2.117; B22.244;S13.2.194; MR17.319. et 348;D.Pérempt.31.93.
18 Cr.r.A5.412;P1.818;B67;D.Compét. cr.49.
— Metz. A2.731; P1.641; B4.370; S12.2.417; D. Actes de comm.27.
— Cr.r.A4.298,n.;P1.1097;B7.324,n.;D.Cour d'ass.98.
— Cr.c.A4.310;P1.1105;B7.358;S16.1.329; D.Cour d'ass. 361.
— Besançon.A7.676,n.1;B14.348;D.Expertise.221.
— Bruxelles.A10.557,n.2.1;P14.2089;B20.497; S13.2.232; J13.561;D.Paiement.138.
— Cr.c.A11.322,n.;P2.1017,n.;D.Prescript. cr.113.
— Cr.r.A11.514,n.1;P24.1.109;B23.300;MR11.23;D.Récidive.44.
— Cr.r.A12.1058,n.2;P2.1523;B28.405;S13.1.51,n.1; J13.562;D.Vol.126.
— Civ.c.D.Lois rétr.254.
19 Bruxelles.A11.693,n.;P2.1172,n.;B24.143,n.;D.Saisie-imm.
20 Cr.c.A3.430,n.;B6.28,n.1;S13.1.57; D. Compét. cr.72.75.Instr. cr.251.
— Cr.c. A12.975,n.1-1; P2.1501; B28.278; S13.1.61; D. Voies de fait.10.
— Cr.c.A2.131;P1.369;B3.141;D.Aut. mun.394.
— Déc.A6.542,n.5;D.Domaines.
— Déc.A6.518,n.2;B11.361;SC2.86;D.Ventes admin.289. 300.
— Déc.A6.326,n.8;B11.371;D.Ventes admin.351.
— Déc.A6.329,n.10;SC2.92;D.Ventes admin.479.
— Cr.c.A11.512,n.4; P2.1101,n.5; B23.298; S13.1.66; D. Récidive.36.
— Décr.A12.686,n.2;P2.1402;B27.254,n.1;SC2.65;D.Travaux pub.122.
— Cr.r.A2.290,n.;P1.451;B3.323,n.;S17.1.342; D.Cassat. 327.
— Déc.A5.191,n.3;D.Compét.
— Décr. du cons. d'état.SC2.93;D.Cons. d'état.50.Trav. pub.193.
— Décret du cons. d'état.SC2.89;D.Eau.262.
— Déc.A8.8,n.12;D.Fabriques.48.
— Décr.D.Ventes admin.509.
22 Civ.c.A1.436;P12.1.450; B2.43; S12.1.368; J13.574;D. Appel civ.57.63.Excepl.204.
— Civ.c.A6.711;P1.1480. et 12.1.435;B12.374; S12.1.355; MR10.292;J13.564;D.Effets de comm.585.701.
— Civ.c.A12.201;P12.1.557;B25.402; S13.1.24;MR13.426,n.;J13.567;D.Cassat.707.Substitution.246.
— Riom.A4.645;D.Degré de jurid.153.
23 Civ.c. A3.170; P1.730; B5.188; S13.1.136; J13.577; D. Compét. admin.100.
— Req.A6.601,n.2;P1.1459;B12.247,n.1;S13.1.277; D.Effets de comm.237.
— Paris.A9.573,n.1.5;P2.534,n.1;B18.164; D.Interrogat. sur faits.28.

— Civ.c.A9.321,n.7;P12.1.614;B17.580,n.7;S13.1.142; MR14.101,n.;D.Subrog.74.Transcript.40.
— Cr.D.Cassat.1072.
— Paris.J13,579;D.Privilége.60.
24 Paris. A3.692;P1.987; B6.520; S13.1.156. et 12.2.403;J13.585;D.Compte courant.22.
— Bruxelles.A3.671;P13.2.76;B6.296;D.Compte.51.
— Trèves. A1.682; P1.259; B2.329; S13.2.200;J13.592;D.Arbitrage.284.
— Colmar.A1.354; P1.408; B1.415; S13.2.16; J13.588;D.Alimens.135.
— Civ.c.A7.764;B14.455;S13.1.124;D.Exploit.669.
— Civ.c.A6.659; P12.1.425; B12.290;S12.1.338; MR7.407,n.;D.Effets de comm.368.
— Civ.c.A10.575,n.1;S12.1.289;B20.497;J13,581;D.Offre.51.
25 Douai.A11.769,n.2;P2.1204; B24.279; D.Surench.526.
— Cr.r.A3.665; P1.958; B6.290; S17.1.92; D.Complicité.234.
— Cr.c.A4.109;P1.1033;B7.118;D.Contr. ind.452.
— Bruxelles.P13.2 77;S14.2.46;D.Remplacem.25.
— Paris.A8.119;P14.2.82;B16.158;S14.2.187;J13.597; D.Exploit.497.Faillite.497.
— Civ.c.A8 360; P2.250; B15.419; S13.1.62; D.Faux.178.265.
— Grenoble.A9,391,n.;P24.250,n.;B17.464,n.; D.Purge.177.
— Req.A3.528. et 12.741,n.48;P12.1,465;B27.352;S12.1.40; MR17.183; J13.594; D.Tutelle.412.413.Donat.491.492.
— Besançon.A11.521,n.2; P2.1504,n.3; B23.312; D.Remplacem.19.
26 Cr.r.A2.268;P1.440;B3.297;S12.1.288;D.Cassat.106.
— Gênes.A1.109,n.; S14.2.260; J13.209; D. Acquiescem.537.
— Cr.c. A3.140. et 7.635; B0.140. et 14.320; S13.1.62;D.Désertion.38.43.
— Cr.c.A8.691;P25.1.347;B16.310,n.;S13.1.65;D.Frais et dépens.359.
— Liége.A9.90,n.1,n.2;P2.428; B17.404,n.2; D.Privilége.459.
— Bruxelles.A11.758,n.3;P2.1190;B24.223;D.Ordre.558;Saisie-imm.771.
27 Cr.c.A3.442;P1.838;B6.41;S13.1.63;D.Comp. cr.180.
— Cr.c.A4.218;P1.1069;B7.238;D.Or et argent.20.131.
— Paris.A8.650,n.1;P13.2.65;B16.268,n.4;S12.2.418; MR17.601;J13.603;D.Filiat. nat.154.205.
— Cr.c.A9.665,n.;B18.307,n.;S13.1.64;D.Frais et dépens.562.
— Caen. A12.782,n.1-4; B27.427; S14.2.394; D.Emancip.60.
— Cr.c. A11.400,n.3; P23.1.547; B24.270; S13.1.64; J13.606;D.Frais et dépens.359.Procès-verb.428.
28 Florence. A11.197,n.24; P15.2.7; B22.270;S14.2.349;J13.607;D.Pérempt.215.
29 Paris.A9.245,n.1-1;P22.2.142,n.14;B17.290,n.1; S13.2.5;J13.608; D.Hypoth. lég. 124.135. Inscript. hypoth.109.
— Douai.A11.840,n.2; P2.1112,n.8; B23.347; J13.614; D.Rec. de juges.110 129.
— Civ.c.P13.1.54;MR8.685;D.Div.128.
30 Civ.c.A9.749;P12.1.479;B18.430;S12.1.561;J13.617;D.Jug. par déf.444.
31 Liége.A6.615,n.1;B12.262,n.1;D.Effets de comm.284.

JUILLET.

1 Civ.c.A4.617;P12.1.475;B8.230;S12.1.351;J13.622; D.Degré de jurid.44.
— Turin. A11.603,n.2; P14.2.69; B23.463; S14.2.274; D.Req. civ.60.
2 Cr.r.A4.478;P1.1166;B8.79;S17.2.317;D. Cour d'assis.1451.
— Cr.c.A4.385;P1.1131;B7.421;S13.1.84;J13.625; D.Cour d'assises.718.
— Cr.r.A4.212;P1.1067;B7.229;D.Or et argent.94.
— Cr.r.A4.286P1.1091; B8.311; S13.1.400.408; D. Cour d'assises.61.83.
— Ord.A9.978,n.22;D.Manufacture.99.
— Metz.A9.268,n.1;P13.2.58; B17.317,n ; S12.2.388; MR16.430;J13.624;D.Inscript. hypoth.212.
— Nîmes.A10.609,n.1.2;P2.816.n.1; S16.2.355; D. Délégat.26.
— Cr.c.A11.485,n.8;P2,932,n.5; B22.502; S13.1.65; J13.626;D.Presse.270.317.
— Déc.A3.226,n.4;SC2.95;D.Eau.399.
3 Liége.A4.674;P1.1219;B8.295; D.Acquiesc.440. Degré de jurid.284.
— Paris.A3.124; B9.142; S14.2.42; J13.628; D. Désaveu.170.
— Liége.A8.43;P2.174;B15.47;D.Faillite.85.101.291.
— Paris.A8.669,n.2;P2.306;B16.290,n.2; D. Filiat. nat.155.
— Bruxelles.A6.874,n.1;P1.1449; B12.216,n.4; S14.2.45;J13.631;D.Effets de comm.109.
— Cr.r.A11.478,n.1;P2.1086,n.2; B23.237;S12.1.265;J13.633;D.Propriété littér.101.142.
4 Cr.c.A3.458;P1.846;B6.60;S16.1.306;D. Compét.crim.203.
5 Civ.c.A9.837,n.25;P12.1.537; B18.594;S12.1.281; MR11.406;J13.638;D.Lois rétroact.156.
6 Civ.c.A7.303;P2.154. et 12.1.484;B13.344; S12.1.345; MR13.358;J13.658;D.Enreg.2200.
— Civ.c.A1.260;P13.1.287;B1.392;S13.1.81; MR12.594; J13.655;D.Action possess.313. Degré de jurid. 39.
— Agen.A7.724;P2.138;B14.408;D.Appel civil.70.Conciliation.16;Exploit.84.602.
— Paris.A8.582;P2.291;B16.490;S13.2.41; J13.641; D.Filiat. légit.74.
— Civ.r.A9.726;P12.1.469;B18.393; S12.1.366; MR17.38; J13.648;D.Jugem. par défaut. 315.
— Civ.r.A9.604,n.1.5;B18.218; S12.1.366; D. Jour férié.53.
— Nîmes.A11.692,n.3;P14.2.54; B24.140; S13.2.259; J13.650;D.Saisie-immob.240.253.543.
— Paris.P22.2.172,n.2;S13.2.152;D.Saisie-imm.925.
7 Civ.c.A3.630;B6.305;S13.1.80;MR14.88,n.;D.Compte.83.
— Paris.A9.735,n.1;B16.408;J13.661;D.Jugem. par déf.347.
8 Req.A1.260;P1.86;B1.303; S12.1.298; J13.663; D. Action possess. 181.
— Civ.r.A8.552;P12 1.568;B16.156; S12 1.377; MR7.242; J13.667;D.Filiation légitime.41.86.88.
— Orléans D.Exploit.30.
9 Cr.c. A12.967,n.1-1; P2.1499; B28.269; S13.1.68; J13.674;D.Voies de fait.39.
— Cr.c.A12.1071,n.6;P2.1551;B28.426;D.Vol.268.
— Req.A1.430;P12.1.336;B2.55; S13.1.47; J13.678; D.Appel civ.41.Enreg.2755.
— Cr.r.A4.510;P1.1179;B8.116;D.Cour d'ass.1467.
— Liége.A10.752,n.1;D.Preuve testim.137.
— Cr.r.A4.489;D.Cour d'ass.1510.
— Cr.r.A2.271,n.;P1.442;B3.299,n;D.Cassation. 105.
— Cr.r.A4.283;P1.1094;B7.310;S13.1.400; D.Cour d'ass.62.
— Req.A12.313. et 3.343;P1.1321. et 12.1.563. et 2.1307; B9.393;S13.1.29;MR15.640; J13.675; D. Donat. entre époux.57.Lois rétroact.166.Portion dispon.144.
10 Orléans.A9.575,n.1.4;P14.2.106;S14.2.101;J13.679;D.Interrog. sur faits.24.
— Cr.c.A12.1079.n.14;P13.1.153. et 2.1536;B28.441;S13.1.66;MR14.766;D.Vol.313.
11 Déc.A7.692,n.1;B14.368,n.3.1;SC2.102; D. Expertise.414.
— Déc.A6.797,n.1,n.8;D.Emig.174.
— Rennes.A9.583,n.1.3;P2.338,n.3;B18.180;D.Interven.79.Jugement.187.
— Paris.A10.726,n.3;P2 853,n.3;B21.208; S13.2.25; J13.680;D.Preuve testim.328.
— Paris.A11.752,n.6; P2.1197; B24.248; S13.2.197; J13.684;D.Saisie-imm.1497.
— Décr.SC2.106;D.Forêts.332.
— Décr. du cons. d'état.SC2.108;D.Ventes adm.14.
— Ord. du cons. d'état.D.Ventes adm.210.
— Décr. du cons. d'état.SC2.104;D.Trésor public.7.
12 Colmar.A12.22,n.1;P14.2.17;B25.165; S14.2.6. D. Servitude.155.
— Metz.A11.679,n.6;B24.114;D.Saisie-imm.125.
13 Bruxelles.A9.159,n.1;B17.185,n.1;J13.687; D. Hypothèque légale.166.
14 Paris.A9.675;P2.671; B18.320; S14.2.199; J13;692; D. Frais et dépens.157.
— Grenoble.A11.668,n.2;P2.1161;B24.94; D.Saisie-imm.29.665.
— Décr. du cons. d'état.SC2.114;D.Marchés de fournit.47.
— Déc.A8.688,n.;D.Fonctionn. pub.249.
— Ord. du cons. d'état.D.Ventes adm.108.
— Décr. du cons. d'état.SC2.112;D. Marchés de fourn.34.
— Arr.A6.325;D.Ventes adm.392.
— Agen.A4.691P1.1227;B8.318;D.Deg. de jurid.356.
15 Req.A3.245;P1.760;B5.277;D.Avocat.291.292.293.Réglem. de juges.39.
— Req.A6.245;P1.1352;B11.277; D. Donat. entre époux.67.69.
— Besançon.A9.407;P2.432;B17.122; D. Degré de jurid.351.Privilége.300.
16 Cr.r.A4.468;P1.1165;B8.68,n.;S13.1.422;D.Cour d'as.1373.
— Cr.r.A4.468;P1.1163,B8.68; S13.1.422; D. Cour d'ass.1373.
— Cr.r.A4.406;P1.1138;B7.447;S17.2.314;D.Cour d'ass.819.
— Cr.c.A9.780,n.3.1;B18.483;D.Huiss.40.
— Cr.c.A12 592,n.7,n.2;P2.1370;B27.95;S17.2.314;D.Témoin.225.
— Lyon.A12.521,n.1,n.2;P2.1345;B26.429;D.Rescis.88.
— Civ.r.P19.1.71,n.1;D.Contr. de mar.Condition.
17 Cr.c.A3.650;P1.948;B6.272;D.Complicité.140.152.
— Cr.r.A9.518,n.1.5.et 12.1079;P2.517,n.3;B18.85. et 28.443;D.Instruct. crim.498.Vol.310.
20 Civ.c.A2.473;P1.530;B4.74;D.Choses.59.
— Bruxelles.A9.550,n.1.2; P2.528,n.2. et 13.2.56; B18.129;S13.2.67;J13.698;D.Interdit.99.
— Civ.c.A10.481,n.1;P2.787,n.4; B20.352; S13.1.86; J13.693;D.Obl.690.Peine.173.
21 Bruxelles.A5.369.P13.2.75;B5.423;S14.2.159;J13.700; D.Compét. comm.309.310.Scellé.53.
— Civ.r.A3.132;P1.718;B5.144;D.Commune.455.457.
— Riom.A9.706,n.1;P2.578,n.2;B18,362; S14.2.210; J13.702;D.Jugem. par défaut.175.
— Turin.A10.405;P2.775,n.2;B20.256,S13.2.223; D.Nantiss.409.Vente.314.
— Colmar.S13.2.241;J13.698;D.Garantie.191.192.195.
22 Civ.c.A12.374,n.1; P2.1516; B26.189; J13.704; D.Succession bénéf.34.
— Paris.A12.799,n.1,n.1;P2.1438; B27.457; S12.2.401;D.Usufruit.341.
23 Cr.r.A2.290,n.;B3.323,n.;D.Cassation.328.
— Cr.r.A2.290,n.;P1.541;B3.323,n.;S17.1.342;D.Cassation.328.
— Cr.c.A11.956,n.1.11;B25.132;S17.2.13; D.Serment.88.
— Besançon.A3 803;P1.999;B6.449;D.Contr. par corps.612.619.
— Cr.c.A4.511;P1.1179;B8.116;D.Cour d'ass.1637.
— Cr.c.A3.524;P1.885;B6.134;S13.1.48;D.Compét. crim.486.
— Besançon.A8.83,n.2;B15.95;D.Faillite.347.
— Req.A9.290;P12.1.604;B17.343;S13.1.257; MR16.456;J13.708;D.Inscript. hypoth.317.
— Nanci.A9.726,n.2;P2.582,n.1;B18.394; S14.2 197; J13.710;D.Jugem. par défaut.313.Ordre.440.
— Req.A11.81,n.1;P12.1.606; B22.65; S13.1.286; MR.8.146;D.Trib.148.
— Gênes.A12 693,n.6;P2.1409; B27.275; S14.2.76; D.Mineur.31.Saisie-imm.51.
— Paris.A11.796,n.1-1. et 775,n.2.4;P2.1205. et 1212; B24.330. et 291;D.Surenchère.264.
24 Rennes.A12.950,n.1; P2.1491; B28.239; D.Vérif. d'écrit.108.
— Douai.A11.930,n.7;P2.1255;B25.81;S13.2.35; J13.715; D.Divorce.18.Séparat. de corps.102.
25 Cr.c.A4.86;P1.1029;B7.93.
— Arr.D.Abus de confiance.68.Contr. ind.350.
— Cr.c.A4.237,n.;B7.257,n.; D.Contr. ind.566.Lois.403.
28 Gênes.A11.674,n.2; P2.1163; B24.105; D.Saisie-imm.51.
— Civ.c.A7.407;P2.74;B14.18;S13.1.87;D.Enreg.2759.
— Montpellier.A7.727;P2.158;B14.414;S14.2.135; D.Exploit.53.
— Cr.c.D.Instruct.crim.408.
29 Req.A11.348,n.8;P12.1.583;B23.12;S13.1.32;MQ6.181; J13.720;D.Prise à partie.44.
— Req.A12.32,n.6;B25.181;D.Servitude.226.
— Req.A12.720,n.3;J13.719;D.Tutelle.225.
— Liége.A11.939,n.11;S14.2.267;D.Div.107.
— Bruxelles.A12.796,n.2;P2.1430;B27.452; S14.2.63;J13.717;D.Louage.81.Usufruit.193.
30 Cr.c.A3.433; P1.827; B6.51;S13.1.75; D.Comp. crim.83.
— Liége.A6.420;P1.1348;B11.133;D.Legs.493.
— Cr.c.A11.522,n.2; P2.1017,n.2; B22.486; S13.1.75; D.Prescript. crim.34.115.
— Amiens.A11.832,n.2;P2.1229; B24.397; D.Saisie-imm.1121.1128.
— Cr.c.A12.844,n.14;P2.1430;B28.49; S13.1.74; D.Vagabondage.22.
— Trib. de Gand.S13.1.75;D.Fonct. publ.36.
31 Cr.r.A3.698;P1.914;B6.215;D.Compét. crim.726.
— Cr.r.A2.284,n.;B3.315,n.;D.Cassat.273.477.
— Cr.c.A4.231;P1.1076;B7.250,n.;D.Contr. ind.545.
— Cr.c.A4.231;P1.1075;B7.250; S16.1.194; D.Contr. ind.545.
— Cr.r.A5.85;P1.1296;B9.97;D.Abus de confiance.39.55.58.
— Décret du cons. d'état.SC2.119; J13.721; D.Echange.45.

AOUT.

1 Colmar.A7.767;P2.183;B14.459;S14.2.132; J13.724; D.Délai.71.Exploit.715.
— Turin.D.Port. disp.330.
3 Paris.A6.384,n.1; P1.1360; B11.440,n.1; S12.2.446; D.Domicile.11.
— Civ.c.A6.372;P1.1558;B11.427;S13.1.67;D.Dom. cong.18.
— Paris.A10.847,n.3; P2.895,n.1-1;B21.408; J13.727; D.Ordre.331.
— Paris.A11.776,n.3; P2.1206; B24.293; J13.725; D.Surenchère.148.
— Bruxelles.A12.921,n.2;P2.1480; B28.190;D. Garantie.411.412.
— Civ.c.P12.1.610;S13.1.249;MR16.289. et 548;D.Etranger.279.
4 Besançon.A9.292,n.3;P2.465;B17.346,n.1;D.Inscript. hypoth.190.193.203.Purge des priv.20.
— Liége.A12.452,n.1;P2.1327;B26.511;D.Success.509.
5 Req.A7.716;P12.1.567;B14.398;S13.1.8;MR16.91;J13.728;D.Autoris. de femme.64.Exploit.333.
— Nîmes.A7.739; P2.144; B14.423; S14.2.305. et 133; D.Exploit.122.
— Req.A8.64;P12.1.601;B15.72;S20.1.493;MR14.533;J13.730;D.Faillite.261.
— Civ.c.A11.727,n.3,n.1;P13.1.103; B24.204; S13.1.88;J13.735;D.Saisie-imm.417.586.1584.
— Req.P12.1.595; S13.1.58; MR14.409; D.Lois rétroact.82.84.Usufruit légal.108.
— Cr.c.A11.77,n.9;D.Cass.421.
— Rennes.D.Exploit.323.

6 Rennes.A9.574,n.1.4;D.Interrog. sur faits.42.
— Cr.c.A11.403,n.1;P2.1060,n.7;B23.110; S17.1.322; D. Procès-verbal.119.
— Cr.c.A12.553,n.;B27.29,n.1;D.Comp. crim.469.
7 Cr.c.A8.387;P2.257;B15.451;D.Faux.233.
— Décr.SC2.124;D.Commune.535.
— Déc. du cons. d'état.SC2.125;D.Tabac.138.
8 Paris.A8.230;P2.217;B15.267;S13.2.57;D.Faillite.1007.1024.
— Bourges.A11.832,n.2,n.1; P2.1228; B24.397; D.Saisie-imm.1040.1121.1128.
10 Bourges.A10.814,n.,n.1;P2.883,n.5;B21.351;D.Ordre.105.106.
11 Nîmes.A12.183,n.1; P15.2.91; B25.435; S14.2.85; J13.744;D.Substitution.154.346.
— Aix.A1.347;P1.406;B1.407;S13.2.369;D.Alimens.188.
— Req.A6.795; P12.1.566; B12.473; S13.1.50; D.Emigré.151.
— Paris.A10.821,n.1;P22.2.120,n.1.2;B21.362; S13.2.121; J13.742;D.Ordre.239.242.529.
— Nîmes.A11.659,n.1;P2.1157,n.2;B24.79; D.Saisie-exécution.198.
12 Civ.r.A12.883,n.2.1;P13.1.171; B28.126;S13.1.202; MR12.597;J13.747;D.Garantie.261.265.Vente.267.268.
— Limoges.D.Absent.91.
13 Cr.c.A4.776;P1.1266;B8.414;S13.1.75;J13.756;D.Délit rural.46.
— Amiens.A6.237;P1.1352;B11.267;D.Don. entre époux.34.35.
— Gênes.A6.609,n.,n.2;P15.2.22; B12.372,n.2; S16.2.4;J13.757;D.Effet de comm.694.695.
13 Cr.r.A12.592,n.9;P2.1570;B27.85;D.Témoin.218.
— Bruxelles.A11.907,n.1; P2.1245; B25.41; J13.762; D. Sép. de corps.150.
— Caen.A12.794,n.2;P2.1435; B27.148; J13.754; D.Usufruit.197.
— Cr.c. A11.957,n.1.17; B25.133; S17.2.313; D.Témoin.410.
14 Cr.c.A3.526;P1.886;B6.136;S13.1.76;D.Comp. cr.491.
— Cr.c.A4.50;P1.1017;B7.52;S20.1.489;D.Cont. ind.409.
— Cr.c.A4.310;P1.1103;B7.338;D.Cour d'ass.361.
— Cr.c.A12.557,n.1;P2.1348;B27.3;S13.1.77;D.Supp. de titres.8.
— Paris.A12.758,n.31; P2.1428; B27.385; S12.2.434; J13.765;D.Résol.29.Tutelle.569.
17 Civ.c.S13.1.89;D.Effets de comm.56.
— Cr.r.D.Compét. crim.90.
18 Paris.A9.245;B17.290,n.;S13.2.14;D.Inscript. hypoth.109.
— Déc.A7.343,n.3;D.Enreg.2416.
19 Caen.A5.800;P1.1342; B10.474; S13.2.115; D.Testam.663.
— Civ.r.A10.332,n.1.11;P13.1.55;B20.128;S13.1.5;MR10.524;J13.768;D.Lois rétroact.63.Dot.282.289.
20 Bruxelles.A6.576,n.6,P1.1450;B12.248,n.5;S14.2.177; D.Effets de comm.119.365.
— Cr.c.A9.665,n.2;P2.562;B18.505;S21.1.229;J13.773; MQ6.313;D.Frais et dépens.359.
— Cr.r.A2.271,n.;P1.442;B3.299,n.1;D.Cassat.165.
— Orléans. A11.646,n.2; P2.1151,n.2; B24.57; D.Saisie-Exécut.10.
— Req.A3.163;P1.727;B5.180;S13.1.83;MQ6.115;D.Compét. admin.66.
— Sect. réun.c.A2.7;P13.1.162;B3.4;S13.1.14;MR10.758; J13.774;D.Armes.56.
— Liége.A8.637;P2.301;B16.252;D.Filiat. nat.223.224.
21 Cr.c.A8.378;P2.254;B15.440;D.Faux.132.
— Cr.r.A8.600,n.1; B16.211; S17.1.60; D.Filiat. lég.224.
— Agen.A4.662;P1.1212;B8.281;D.Degré de jurid.213.
22 Turin.A8.72;P22.2.161,n.4;B15.81; S16.2.121; D.Faillite.168.329.Jugem. par défaut.227.
— Bruxelles.A8.46;P13.2.1;B15.50;S16.2.120; D.Faillite.89.103.170.
— Cr.c. V. au 27.
— Civ.c.A12.861,n.2;P13.1.114;B28.85; S13.1.9; J13.751; D.Cassat.708.Vente.372.373.
— Cr.c.A1.595;P1.226;D.Appel correct.232.
— Décr.A12.1005,n.1;B28.318,n.1;D.Voirie.401.
24 Rouen.A12.209,n.2;P2.1294;B25.479;S14.2.1; J13.782; D.Substitut.239.272.276.278.
— Décr. A11.453,n.1; P2.1080,n.1; B23.166; SC2.134; D. Procès-verb.623.
— Nîmes.A11.653,n.3,n.2;P2.1155,n.16;B24.71;D.Saisie-Exécut.22?.
— Décr. du cons. d'état.SC2.153;D.Servitudes.810.
— Décr.SC2.128;D.Jugem. adm.8.
25 Riom.A1.498;P1.179;B2.116;J13.801;D.Appel civ.592.
— Civ.c.A1.267;P12.1.599;B1.310;S12.1.350; J13.795; D. Action possess.200.
— Besançon.A8.150;P2.195;B15.151; D.Faillite.524.555.596.608.
— Rouen.A8.673,n.2;P13.2.17; B16.294,n.2; J13.802; D. Filiat. lég.165.Filiat. nat.144.
— Nîmes.A11.684,n.8;P14.2.55. et 2.1167;B24.124;S14.2.93;J13.798;D.Saisie-imm.332;182.183; V. au 5.
— Req.A8.588;P13.1.42;B16.197; S12.1.405; J13.784; D. Cass.626. Filiat. légitime.131.183. Jugem. prép.76.
— Rennes.A9.668,n.;B18.311,n.;D.Frais et dépens.110.
— Riom.A4.645,n.3;D.Degré de jurid.157.
— Civ.r.A12.414,n.1. et 3.374,n.;P23.2.19; B26.951,n.1. et 9.428; S12.1.386. et 2.1322; J13.788; D.Filiat. nat.152.Rapp. à succ.85.92.
26 Req.A1.608; P12.1.555; B2.245; J13.805;D.Arbitrage.209.
— Paris.A9.740,n.1; B18.411,n.; J13.811; D.Jugem. par défaut.404.
— Angers.A9.142;P2.459;B17.164,n.2;S13.2.38; J13.806; D.Hypoth. lég.100.
— Orléans.A9.748,n.,n.2;P2.589;B18.429; D.Jugem. par défaut.453.
— Rennes.A9.628,n.10;D.Motifs des jugem.217.
27 Cr.c. A2.577; P1.587; B4.194; S16.1.307; J13.817; D. Chose jugée.318.
— Civ.r. A4.459. et 483; P1.1161. et 1169; B8.57. et 84;S17.2.316;D.Cour d'ass.1266.1457.
— Cr.r.A2.274,n.;P1.445;B3.303,n.1;S17.1.343;D.Cassat.207.
— Cr.c.A5.324;P1.885;B6.134;D.Compét. cr.185.
— Req.A6.500;P12.1.590;B12.128;S13.1.226;MR12.761;J13.813;D.Etranger.237.
— Cr.r.A12.622,n.1,n.1. et 3.435,n.2;P2.1580;B27.148; S17.1.89;D.Compét. cr.90.Tentative.17.
— Rennes.A11.948,n.1-1;B25.113;D.Serment.
— Gênes.D.Exploit.709.
28 Cr.r.A5.183;P1.1313;B9.212;D.Destruct.57.
— Colmar.A7.729;P2.139;B14.413;S14.2.392; D.Expl.66.
— Cr.r.A9.602,n.2.3;P1.207. et 2.545,n.1-1;B18.216,n.1; S17.1.325;D.Jour férié.51.
— Cr.c. A11.405,n.12; P2.1061,n.7; B23.115; D. Procès-verbal.226.227.
— Metz.A11.949,n.9.1;B23.117;D.Serment.
— Cr.r.A1.566;B2.197;D.Appel correct.112.
29 Gênes. A11.770,n.1; P2.1205; B24.282;S14.2.272;J13.819;D.Délai.61.Surench.75.
— Paris.S14.2.440;D.Caution.76.
— Bordeaux.D.Délai.64.
31 Colmar. A10.240,n.2; B17.148,n.1; D. Mariage (cont. de).
— Nîmes.A11.181,n.3;P2.996,n.1;S14.2.346;B22.240;J13.823;D.Pérempt.42.
— Colmar.A10.240,n.1;B17.148;D.Mariage (contr. de).

SEPTEMBRE.

1 Civ.r.A5.607;P13.1.17;B10.251;S13.1.133;MR12.158; J13.824;D.Révoc.67.Testam.37.45.46.
2 Civ.c.A1.665;P1.249;B2.310;S13.1.84;J13.830;D.Arbitrage.369.473.
— Civ.r.A7.296;P13.1.58;B13.535;S13.1.421; J13.832; D. Enreg.2160.
— Req.A8.313;P12.1.624;B15.565;MR14.493; J13.829; D. Faillite.1417.
— Déc.A6.329,n.2;D.Ventes admin.519.
— Metz.A11.707,n.2;P2.1178;B24.166,n.1;D.Saisie-imm.354.356.362.367.368.371.
— Civ.r.D.Enreg.62.
3 Cr.r.A4.401;P1.1137;B7.441;D.Cour d'ass.892.
— Cr.A5.652. et 8.360;P1.934. et 2.250;B6.252.et 15.420; S13.1.153;J13.834; D.Faux.280.457.Complicité.21.60. Cour d'ass.587.729.1186.Témoin.189.
— Req.A3.505; P13.1.101; B5.345; S13.1.257; J13.856;D. Compét. civ.242.
— Cr.r.A4.282;P1.1090;B7.307; S13.1.384; D.Cour d'ass.39.
4 Cr.r.A4.434;P1.1150;B8.29;D.Cour d'ass.1047.
— Cr.r.A11.484,n.1;P2.1088,n.1;B23.246; S21.1.288; MQ87;D.Propriété litt.137.
— Cr.c. A11.502,n.11; B23.277; S13.1.155; J13.838; D. Quest. pr.66.
— Cr.r.A12.1077,n.16;P2.1555,n.12;B28.437;D.Vol.289.
— Cr.c.A12.1055,n.4;P2.1521;B28.399;D.Vol.105.
5 Cr.c.A2.149; P1.382; B3.161; S13.1.155; D. Aut. mun.424.Fonct. pub.74.
— Cr.c.A2.249; P1.432; B3.274;S13.1.154; J13.859; D.Bigamie.57.Prescript. cr.114.
— Cr.c.A12.1076,n.9;P2.1534;B28.435; S13.1.157; D.Vol.291.
— Cr.c.P25.1.510,n.;S13.1.158;MR12.502;D.Preuve test.260.
— Cr.c.A1.545,n.;D.Appel correct.3.4.
9 Paris.A11.545,n.9;P2.1113,n.2;B23.356;D.Référé.44.
10 Req.A11.747,n.3;P12.1.622;B24.239,n.1;S13.1.228; D. Saisie-imm.905.907.
— Req.A3.681; P13.1.60; B6.306; S13.1.984; J13.842; D. Compensat.74.Compte.127.Effets de comm.425.
— Cr.r.A3.627;P1.931;B6.247;D.Complicité.83.
— Cr.r.A4.478;P1.1166;B8.79;D.Cour d'ass.1451.
— Cr.r.A4.285;B7.310,n.1;D.Cour d'ass.62.
— Cr.c.A8.388;P2.257;B15.452;S13.1.457;D.Faux.326.
— Cr.c. A11.169,n.2; P2.960,n.2; B22.219; S20.1.458; D. Peine.281.
11 Paris.A4.651;P1.1207; B8.268; S13.2.192; D.Degré de jurid.168.
— Cr.c.A8.685,n.8. et 686; P2.313; B16.309,n.; D.Fonct. pub.272.
12 Cr.c.A11.957,n.1.19;B23.133;S17.2.247;D.Serm.96.
— Cr.c.A1.77;P1.23;B1.89;S13.1.156;D.Complicité.211. Instruct. cr.298.
— Cr.r.A1.559;P1.201;B2.188;S16.1.456;D.Appel correct.59.
— Cr.r.A3.629;P1.932; B6.249; MQ6.77; D.Complicité.37.38.45.100.111.Cour d'ass.755.
— Bruxelles. A6.684; P1.1473; B12.347; S14.2.386; J13.846;D.Jugem. prép.46.Effets de comm.585.
— Cr.c.A12.838,n.2;P2.1447;B28.44;D.Mendians.20.21.
14 Décis. min.A6.556,n.14;D.Amnistie.149.
— Turin.J13.282;D.Exécut. des jugem. et actes.206.
18 Paris. A11.654,n.2; P2.1153,n.15; B24.71; D. Saisie exécut.224.
20 Déc.A6.329,n.2. et 2.501,n.;J13.842; D. Ventes adm.265.
22 Déc.A8.14,n.68;D.Fabriques.196.
25 Circul.A9.506,n.1;D.Instr. crim.
25 Bruxelles.A10.67,n.1; P2.694,n.1;B19.214; MR17.243; D.Mariage.278.320.

OCTOBRE.

1 Cr.c.A3.526;P1.886; B16.137; S13.1.160; D.Compét. crim.490.
— Cr.r.A4.340;P1.1114;B7.371;D.Cour d'ass.435.
— Cr.c.A12.1076,n.8;P2.1534;B28.435;S13.1.160; D.Vol.289.
— Décis. min.A6.556,n.14;D.Amnistie.149.
2 Cr.c.A4.468;P1.1163; B8.68; S17.2.316; D.Cour d'ass.1375.
4 Req.A8.660;P13.1.25;B16.279;S13.1.139;MR16.73;J13.854;D.Filiat. nat.80.214.215.
5 Civ.c.A3.282;P1.777;B5.318;D.Compét. civ.551 *bis*.
— Civ.r.A11.731,n.2;P13.1.571; B24.210; S16.1.163; J13.858;D.Saisie-imm.649.
6 Civ.c.A8.504;P13.1.99;B16.101; S12.1.402; MR11.438; D.Féodalité.157.Rente.261.
7 Civ.c.A1.515;P13.1.97;B2.136;S13.1.82;J13.862;D.Appel civ.436.Autorisat. de femme.347.
— Arr.A6.325,n.1;SC2.146;D.Ventes adm.324.
— Déc.A6.541,n.1;D.Domaines.
— Civ.c.A9.271;P13.1.124;B17.321;S12.1.111; MQ6.444;J13.860;D.Inscript. hypoth.42.261.
8 Cr.r.A4.410;P1.1141. et 23.1.342; B8.2; MR13.418; D. Cour d'ass.822.823.Témoin.200.
— Cr.r.A4.291;P1.1093;B7.317;D.Cour d'ass.129.
— Cr.r.A12.1055,n.5;P2.1521;B28.399;D.Vol.102.137.
— Cr.c.A3.430;B6.28,n.1;S13.1.175;D.Compét. crim.72.75.Instr. crim.151.
9 Cr.c.A4.311;P1.1103;B7.358; D.Cour d'ass.361.
— Paris.A10.849,n.1.5; P2.897,n.1; B21.411; D.Saisie-imm.108.
— Cr.r.A12.1072,n.8;P2.1532;B28.428;D.Vol.267.
— Cr.c.A2.581,n.;P1.590; B4.198,n.; S17.2.277; D.Chose jugée.323.
10 Cr.c.A11.512,n.2;P2.1101,n.3; B23.295. et 298; D.Récidive.23.
12 Civ.r.A5.282;P13.1.106; B9.323; S13.1.58; J13.867; D. Disposit. entre-vifs.213.Distr. par contr.69.
13 Civ.c.A2.353;P1.481;B3.398;S13.1.112;J13.874;D.Cassation.1007.
— Douai.A8.192; B15.223; S13.2.44; J13.870; D.Faillite.838.848.
— Civ.c.A10.135,n.1;P13.1.108; B19.223; S13.1.143; MR12.398;J13.864;D.Autorisat. de femme.122.
— Civ.r.A11.823,n.1,n.1;P13.1.156; B24.381; S13.1.42; J13.876;D.Saisie-imm.1123.1124.1125.1575.
14 Civ.c.A2.356;P13.1.46;B3.399;S13.1.144; D.Cassation.1008.
15. Cr.r.A4.375;P1.1127;B7.410;S17.2.317; D.Cour d'assises.737.
— Cr.r.A8.682,n.6; P2.312; B10.305,n.6; S17.1.325; D. Fonct. publ.231.
— Cr.c.A12.1079,n.16; P2.1537,n.14; B28.442; S13.1.159; D.Vol.310.
16 Cr.c.A4.77;P1.1025;B7.83;D.Contr. ind.334.338.
— Cr.c.A4.51;P1.1018;B7.55;D.Contr. ind.104.
— Cr.c.A4.53;P1018;B7.56,n.;D.Contr. ind.104.
— Nîmes.A8.55;P13.2.8;B15.58;S14.2.238;D.Faillite.18.
— Cr.c.A11.217,n.1; P2.983,n.1; B22.307; S16.1.232; J13.881;D.Action civ.79.
20 Civ.c.A6.846; P16.1.169; B12.535; S13.1.145; D.Enquête.11.
— Cr.c.A11.847,n.9;B24.424;D.Saisie-imm.1139.
— Civ.c.A5.554; P1.1350; B10.188; S13.1.141; D.Donat. dég.18.
21 Civ.r.A5.746;P13.1.188;B10.412;MR13.648;J13.885;D. Testament.478.
— Paris.A11.547,n.10;P2.1115,n.13;B23.360;S15.2.196; J13.883;D.Référé.65.
22 Cr.r.A4.358;P1.1122;B7.391;D.Cour d'ass.557.
— Cr.r.A4.284;P1.1090;S17.2.319;D.Cour d'ass.60.
— Req.A3.92;P1.709;B5.99;S12.1.403;D.Commune.416.
— Cr.c.A8.361; P2.251; B15.421; S13.1.185; D.Faux.145.193.Preuve litt.86.
— Cr.c.A8.388; P2.257; B15.452; S13.1.184; D.Abus de confiance.8.Faux.338.
— Cr.c.A11.107,n.1.2. et 1.596;P13.1.120;B22.110;S13.1.183;J13.891;D.Presse.512.
— Trèves.S13.2.187;J13.886;D.Exploit.712.727.
23 Cr.r.A4.284;P1.1090;B7.509;S17.2.319; D.Cour d'ass.60.
— Cr.c.A5.182;P1.1311;B9.217;D.Destruct.76.
— Cr.c.A9.871,n.5;P2.639,n.8;B18.607;D.Lois.

— Cr.c.A11.313,n.1;P2.1013.n.1; B22.471; S13.1.186; D. Délit rural.119.Prescript. crim.69.
— Cr.r.A11.617,n.6;B24.4;S17.1.344;D.Révision.14.
— Paris.A3.251;P1.762;B5.284;S14.2.345; D.Régl. de juges.16.
24 Liége.A10.68,n.2;P2.695,n.4;B19.217; D.Mariage.283.
26 Civ.c.A7.262;P2.44;B13.296;S13.1.130;D.Enreg.1997.
— Civ.r.A11.199,n.52 1;P2.972,n.5;B22.274; S13.1.132; J13.893; D.Péremp.150.151.
27 Req.A2.504;P13.1.137;B4.110;D.Chose jugée.76.
— Civ.c.A6.803,n.,n.3;P1.1502; B12.482,n.2; D.Emigré.190.195.196.578.
28 Civ.c.A4.29;P13.1.267;B7.30;S20.1.501;MR14.592;J13.895;D.Contr. ind.212.
29 Cr.r.A1.167; P13.1.80; B1.194; S13.1.242; J13.899; D. Chose jugée.356.
— Cr.c.A3.658;P1;S17.1.96. et 13.1.190. et 20.1.312; MR 14.703;D.Complicité.223.
— Cr.c.A5.82;P13.1.49;B1.2. et 9.94;S13.1.190; J13.896; D.Abus de confiance.27.64.Vol.56.57.
30 Cr.c A3.525;P1.885;B6.136;S13.1.190; D.Compét. criminelle 489.
— Cr.c.A4.500;P1.117;B8.103; S20.1.480; D.Cour d'ass.1585.
— Cr.c.A11.73,n.1;P2.925,n.5; B22.52; S13.1.205; D.Tribunal.65.
— Cr.c.A12.575,n.1-1; P2.1502; B28.281; S13.1.191; J13.904;D.Enfant aband.12.

NOVEMBRE.

1 Civ.c.P13.1.165;D.Enreg.1932.
2 Civ.c.A10.743,n.2-2;P13.1.111;B21.234;S13.1.146;MR 9.741;J13.906;D.Incident.6.Obl.205. Preuve test.272. Vente.859.
3 Civ.c.A8.732;P13.1.90;B16.341;S13 1.152;MR13.358; J13.911;D.Forêts.263.Vente.580.
— Civ.c.A10.702,n.2; P13.1.82; B21.167; S13.1.35;MR16.117;J13.909;D.Preuve litt.1159.Preuve test.54.
— Civ.c.P13.1.66;S13.1.148;D.Juifs.38.
— Civ.c.A10.751,n.14;D.Juifs 46.
4 Orléans.A9.748,n.2;P2.589;B18.429;D.Jugem. par défaut.453.
— Civ.r.A9.859,n.2.1;P13.1.421;B18.593; S13.1.597; MR 11.407,n.;D.Lois rétroact.136.
5 Cr.r.A4.459. et 9.783. et 12.599;P2.601. et 1372. et 1.1161. et 17.2.213;B8.57. et 12.484. et 27.105,n.2;S17.2.213; D.Cour d'ass.1266.Liberté individ.50. Témoin.376.
— Cr.r.A2.697; P13.1.75; B4.328; S13.1.187; D.Actes de comm.90.
— Cr.r.A2.271;P1.442;B3.299,n.1;D.Cassation.165.
6 Cr.c.A4.775;P1.1266;B8.414;S13.1.192;D.Délit rural.60.
— Cr.c.A1.74,P1.21;B1.88;D.Compét. crim.25.35.
— Cr.c.A4.158; P1.1053; B7.172; D.Procès-verb.424.Tabacs.117.
— Rouen.A8.210;P2.214;B15.244;S16.2.124; J13.918; D. Faillite.942.
— Cr.c.A8.361;P2.51;B15.421;D.Faux.234.
— Cr.r.A11.168,n.;B22.218;S16.1.54;D.Peine.257.262.
7 Cr.c.A3.140;B9.161;S13.1.194;D.Désertion.21.
— Cr.c.A8.362; P2.251; B15.422; S13.1.192; J13.920; D. Faux.249.
— Cr.r.A12.1059.n.1;P2.1524;B28.403;D.Vol.136.
9 Paris.A1.781;P13.2.72;B2.444; S13.2.115; J13.931; D. Arbitrage.936.
— Civ.c.A6.738;P13.1.332; B12.406;S13.1.149;MR9.572;J13.922;D.Eff. de comm.854.857.
— Liége.A9.928,n.2.5;P2.668,n.2; B19.35;D.Louage.468.
— Civ.r.A10.807,n.2; P16.1.31; B21.359; S16.1.187; J13.927;D.Ordre.41.
10 Paris.A4.532; P14.2 7; B8.138; S13.2.302; J13.933; D. Courtier.131.138.
— Civ.c.A3.9;P1.673;B5.5; S13.1.149; J13.939; D.Action possess.273.Commune.51.
— Req.A6.707;P13.1.116; B12.370; S13.1.252; MQ6.209;J13.936;D.Eff. de comm.709.710.
— Civ.c.A6.842,n.3;P13.1.127;B12.528,n.3;S13.1.1;MR9.447;D.Emig.574.
— Colmar.A11.546,n.2,P2.1114;B23.337;D.Référé.20.
11 Req.A9.149;P24.1.227;B17.173;D.Appel incid.63.Hypoth. lég.125.
— Civ.c.A7.340;P2.62;B13.586;S13.1.151;J13.943;D.Enreg.2394.
— Civ.r A8.254;P2.225. et 13.1.50;B15.297;S13.1.52;MR 14.526,n.;J13.944;D.Faillite.1083.1157.
— Paris.A9.192;P2.446;B17.227;J13.948;D.Hypoth. convent.26.
— Civ.c.A9.291;P13.1.151; B17.350,n.; S13.1.151;MR16.400;D.Inscrip. hypoth.328.
— Paris.A12.662,n.46;P2.1391;B27.212; J13.951; D.Tierce-opp.177.
— Civ.r.A12.853,n.1;B28.71;D.Vente.137.
— Paris.S13.2.34;D.Obl.664.
12 Cr.c.A2.157,n.;B3.170,n.;D.Aut. mun.552.
— Cr.c.A2.157;P1.387;B3.169;D.Aut. mun.552.
— Cr.r.A2.271,n.;P1.442;B3.299,n.1;D.Cass.165.
— Cr.c.A8.699,n.3;P2.319;B16.327;D.Fonct. pub.80.
13 Cr.c.A4.62;P1.1022;B7.65;D.Contr. ind.173.
— Cr.c.A8.808,n.2;P2.407; B16.442,n.1; S13.1.205; D.Forêts.984.
— Cr.r.A11.515,n.;B25.299,n.1;D.Récidive.36.
14 Limoges.D.Exploit.380.
16 Caen.A6.264;P1.1352;B11.299;S13.2.63;D.Donat.entre époux.116.
— Paris.A10.818,n.5;P2.884,n.4;B21.559;D.Ordre.174.
— Limoges.A11.216,n.3;P2.982,n.7;B22.306; S17.2.64;D. Action civ.70.
— Corse.D.Ventes pub.45.
17 Agen.A4.684;P1.1222;B8.307;D.Deg. de jurid.327.
— Civ.c.A3.241;P1.759;B5.272;S13.1.210;D.Conflit.178.
— Rouen.A9.745,n.;P2.588,n.;B18.425;D.Jugem.par déf.433.
— Civ.c.A12.220,n.1;P13.1.481. et 2.1296;B25.494;S13.1.145;D.Substitution.329.Transact.78.
— Nimes.S13.2.189;J13.888;D.Exploit.687.
18 Liége.A3.750; B6.386; S14.2.5; D.Contr. par corps.161.
— Bourges.A6.708;P1.1480;B12.572,n.1;D.Eff.de comm.707.
— Civ.r.A2.279;P13.1.84;B3.309;S13.1.218;MQ6.198;J13.965;D.Cassat.222.Eff. de comm.408.
— Civ.c.A6.650; B12.304; J13.960; D.Eff de comm.454.462.
— Civ.c.A1.208;P15.1.95;B1.241;S13.1.176;D.Action civ.47.Faillite.658.
— Trèves.A5.774;P22.2.176,n.5;B10.443; S13.2.556; MR 17.561;J13.966; D. Respons.349. Testament.553.570.576.
— Caen.D.Lois rétr.136.
19 Bruxelles.A6.639,n.1;B12.291,n.1;S13.2.196;D.Eff. de comm.368.
— Req.A11.734,n.5; P13.1.119; B24.219; S13.1.225; J13.969;D.Saisie-imm.703.
— Bruxelles.D.Inventaire.13.
20 Nancy.A1.486;P1.173; B2.102; J13.972; D.Appel civ.287.
— Cr.c.A4.258;P1.1084;B7.280;S13.1.200; D.Contr. ind.26.28.
— Rennes.A10.383,n.1.1;P2.768,n.2;B20.206;D.Mat.som.39.
— Cr.r.A12.1067,n.7;P2.1529;B28.416;D.Vol.201.
21 Paris.A2.702; P1.630; B4.334; S13.2.269; D.Commerçant.81.
— Cr.r.A2.287;P1.450;B3.320;S16.1.7;J13.977; D.Cassat.337.
— Cr.r.A8.303;P22.2.144;B15.353;S16.1.31. et 17.2.317; MR15.281. et 97; D.Chose jugée.323.Faillite.1351.1353.
— Paris.A10.791,n.2; P2.871,n.2; B21.314; S14.2.336; D. Contr. par corps.98.
22 Civ.c.P13.1.246;S13.1.411;D.Enreg.1491.
23 Besançon.A5.426;P1.1325;B10.58;D.Port. dispon.225.226.
— Nancy.A7.704;B14.382;S14.2.131; J13.986; D.Exploit.544.Tierce-opp.49.
— Civ.c.A10.488,n.2;P13.1.94;B20.364; S13.1.177; D.Intérêts de cap.41.
— Civ.r.A12.112,n.3;P13.1.72. et 2.1271; B25.311;S16.1.171;MR12.700;J13.983;D.Société comm.15.
— Caen.A12.766,n.2,n.1; P2.1431; B27.401; S13.2.71; D. Tutelle.618.620.
— Civ.c.A12.572,n.7;P13.1.142;B27.60; S13.1.174;MR13.424;J13.990;D.Témoin.129.
— Paris.A11.802,n.2.1;B24.342;S13.2.141; D.Saisie-imm.1248.
24 Rouen.A10.229,n.,n.5;P13.2.41; B19.474; D.Mariage.660.Sép. de biens.59.211.
25 Trèves.A11.840,n.2;P2.1251; B24.412; J13.995;D.Saisie-imm.1616.
— Civ.c.A2.370;P1.483;B3.414;S13.1.177;J13.992;D.Caution.4.5.Quest. pr.95.
26 Cr.r.A3.665; P1.958; B6.290; S17.1.91; D.Complicité.234.
— Cr.r.A2.307;P1.460;B3.342;S16.1.17;D.Appel correct.18.Cassat.487.
— Paris.A8.168;P22.2.169; B15.495; S13.2.191;J13.1000; D.Faillite.697.
— Cr.r.A8.412;P2.263;B15.480;D.Faux.478.
— Cr.r.A11.97,n.12;P2.950,n.7;B22.92; S17.1.96;D.Presse.194.195.
— Toulouse.P25.2.108,n.1;S22.2.52;D.Halage.8.
27 Cr.r.A3.497;P16.1.173;B6.104;S16.1 59;MR15.549;J13.1003;D.Compét. crim.587.
— Cr.c.A7.563;P2.96;B14.208;D.Escroquerie.49.
— Cr.c.A7.564;P2.96;B14.209; S13.1.211; D.Escroquerie.77.
— Cr.c A6.412,n.9;P1.1369;B12.24,n.9;D.Douanes.159.
— Paris.A10.845,n.1;P2.894,n.13;B21.404;D.Ordre.485.
28 Bruxelles.A2.719; P1.635; B4.355; S13.2.244; D.Actes de comm.204.Eff. de comm.868.
— Cr.r.A3.268;P1.772;B5.503;S13.1.212;D.Faux.20.Rég. de juges.113.
— Cr.c.A8.322;P2.236;B15.375;S13.1.198;D.Fausse monnaie.26.
— Limoges.D.Exploit.825.
30 Civ.c.V. au 22.
— Civ.c.A2.372;P15.1.551;B3.417;S16.1.140;J13.1008;D. Cautionn.29.
— Paris.A11.646,n.3;P2.1151,n.5; B24.57;D.Saisie-exéc.11.
— Cass.A9.836,n.11;D.Lois rétr.16.

DÉCEMBRE.

1 Civ.c.A7.244;P2.39;B13.275;D.Enreg.1932.
— Cr.r.A7.535;P2.60;B13.378;D.Enreg.2322.
— Civ.r.A12.379,n.1; P13.1.92; B26.197; S14.1.159; J13.1011;D.Success. bénéf.77.Usufruit.460.
2 Civ.c.A10.468,n.2.1;P13.1.62;B20 350;S13.1.33;MR12.653;J13.1014;D.Hypoth. conv.127.Oblig.496.
3 Cr.c.A3.652; P1.949; B6.274; S13.1.208; J13.1020; D. Complicité.157.
— Aix.A5 708;P1.1337.et 25.2.60,n.1;B10.369;S13.2.374; J13.1020;D.Testament.384.669.
— Cr.c.A8.454;P2.274;B16.44;D.Faux incid.262.263.274.
— Bruxelles.A10.844,n.1;P13.2.44;B21.403; J13.1024;D. Ordre.465.
— Nimes.A11.631,n.; P2.1144,n.16; B24.31; D.Saisie-arr.180.
— Cr.r.A11.959,n.2;P16.1.537; B23.134;S20.1.508. et 16.1.424;MR13.438;J13.1023;D.Serment.107.
4 Cr.c.A3.616;P1.924; B6.255; S13.1.213; D.Complicité.119.120.Témoin.350 Témoin faux.35.
— Cr.c.A3.526,n.;P1.886;B6.136;S13.1.201;D.Compét.cr.491.
— Cr.c.A2.454;P1.525;B4.53;D.Chasse.409.
— Cr.c.A4.244;P1.1077;B7.265;D.Contr. ind.598.
— Caen.A5.815; P1.1342; B10.491; S13.2.65;J13.1027; D Testament 708.
— Cr.c.A6.412,n.;B12.23,n.;D.Douanes.159.
5 Turin.A1.456;P1.160;B2.67;D.Appel civ.166.
— Colmar.A10.831. et 845,n.3; P2.894,n.17; B21.381. et 405,n.;D.Ordre.53.367.514.
— Rennes.A11.732,n.1;P2.1187; B24.213; D.Saisie-imm.670.
7 Bruxelles.A4.724;P1.1246;B8.355;S13.2.221;J13.1034; D.Degré de jurid.483.
— Bruxelles.A5.111;P11.301; B9.127; J13.1031; D.Désaveu.12.124.
— Rouen.A9.175,n.1;P24.2.64;B17.205,n.2.1;S13.2.367;J13.1035;D.Hypoth. judic.49.
8 Caen.A8.178; P2.204; B13.207; S13.2.98; J13.1038; D. Faillite.759.
— Déc.A6.342,n.5;D.Domaines.
— Colmar.A10.155,n.1;P2.707;B19 524;S13.2.224;D.Autoris. de femme.122.
— Civ.r.A11.565,n.4; P2.1125,n.5; B23.396; S13.1.94; D. Rente.259.Retenue.31.
— Civ.c.A12.528,n.5;B22.349. et 26.441;S13.1.179; MR9.496,n.;D.Prescrip.84.93.Rescis.106.124.160.
9 Civ.r.A6.721;P15.1.564;B12.586;S16.1.208; D.Effet de comm.598.744.
— Limoges.A11.831,n.2; P2.1227; B24.395; J13.1041; D. Saisie-imm.1286.1595.1596.1680.
— Bruxelles.A12.807,n.2;P13.2.95;B27.470; S13.2.205; J13.1039;D.Usufruit.572.
— Civ.c.S13.1.181;D.Contr. par corps.106.Oblig.556.
10 Cr.r.A4.320;P1.1108;B7.348;S17.2.320; MR16.554; D. Cour d'ass.300.
— Cr.c.A3.428;P1.823;B6.23;S13.1.206;D.Compét. crim.117.
— Déc.A6.838,n.4,n.17;D.Emig.570.
— Liége.A9 311,n.3.1;P2.468; B17.369,n.3.1; D.Inscript. hypoth.458.
— Req.A10.129,n.1-1;P13.1.224; B19.312; S14.1.196; MR 16.93;J13.1046;D.Autorisat. de femme.20.
— Bruxelles.A11.246,n.5; P2.994,n.2. et 2.1017,n.; B22.356;S13.2.247;D.Prescrip.127.
— Orléans.A11.664,n.4,n.1; P2.1160; B24.87,n.2; D.Saisie-gagerie.6.
— Limoges.A7.767; B14.458; S14.2.417; D.Exploit. 700.728.Saisie-immob.426.Transport de créance.57.
— Cr.c.A11.522,n.;P2.1017,n.;D.Prescript. crim.113.
— Bruxelles.S13.2.370;J13.1044;D.Preuve test.71.
11 Cr.c.A3.576;P21.1.74;B6.192; S13.1.206; MQ6.147; D. Compét. crim.651.Régl. de juges.123.
— Liége.A5.189;B9.218;D.Condition.108.Rap. à suc.40.
— Paris.A6.265;B11.300;S15.2.52;J13.1048;D.Don. entre époux.132.
— Cr.c.A8.753,n.22;P2.365;B16.370;D.Forêts.450.
— Cr.c.A8.775,n.3,P2.381;B16.399; S13.1.193; D.Forêts.686.
— Cr.c.A8.786,n.9;P2.391;B16.414; S13.1.193; D.Forêts.675.
12 Caen.A10.33,n.1;P23.2.91,n.2;B19.165;S13.2.157;J13.1057;D.Acte respect.74.75.83.88.
— Cr.c A12.1077,n.3;P2.1555,n.3;B28.488;D.Vol.301.
— Besançon.A9.747,n.1;D.Jugem. par défaut.347.
15 Civ.r.A1.248; P13.1.312; B1.287;S20.1.456; D.Action poss.229.
— Bordeaux. A9.800,n.2-2; P2.658,n.4; B12.585; S13.2.214;D.Lois rétroact. (rente viagère).
— Bruxelles.A10.64,n.2; P2.695,n.1; B19.211;S13.2.258; J13.1060;D.Mariage.260.
16 Liége.A5.749;P1.1340;B10.415; D.Jugem.370.Testam.76.480.551.
— Besançon.A11.856,n.2; P13.2.104; B24.408; D.Preuve litt.895.Saisie-imm. 90.169.170.217.365.369.374.1012.1609.

— Req.A3.392;P1.810;B5.452; D.Compét. com.389.414.
— Liége.A6.642,n.2;B12.295,n.1;D.Effets de comm.429.
— Colmar.A9.739,n.2;P2.586,n.4;B18.414;D.Jugem. par défaut.378.
17 Cr.c.A4.216; P1.1069; B7.234;D.Or et argent.52.Procès-verbal.474.
— Cr.r.A2.245;P1.450;B3.270;D.Bigamie.26.27. D.Faux. 74.396.Cour d'ass.1219.
— Colmar.A5.76;P1.1295;B9.86;D.Sequestre.26.33.
— Req.A9.254,n.12;B17.501,n.2; D.Inscript. hypoth.50. 202.
— Req.A12.296,n.1;P2.1504;B26.65;S13.1.409; J13.1066; D.Retour légal 36.
— Amiens.A11.817,n.2-2; P2.1230; B24.369;J13.1070;D. Saisie-imm.1294.1470.
— Paris.P23.2.57,n.3;S18.2.13.
18 Paris.A3.366; P14.2.4; B5.421; S13,2.287; D. Compét. comm.305.
— Colmar.A8.179;P2.204;B15.208;S16.2.111; D.Faillite. 757.
— Cr.r.A8.696,n.3; P2.317; B16.323; S17.1.96; D.Fonct. publ.141.
— Cr.c.A12.1065,n.5;P2.1527,n.5;B28,413; S15.1.194; D. Vol.177.
— Cr.c.A11.116,n.23.1;P2.959,n.3;B22.127;S15.1.195; D. Jugem.398.Presse.588.
— Cr.c.S17.1.95;D.Huiss.116.
— Civ.c.S17.1.346;D.Renvoi.71.
— Colmar.S16.2.88;D.Vente.587.
19 Agen.A4.658;P1.1210;B8.276;D.Degré de jurid.207.
— Colmar.P17.2.13;S17.2.237;D.Forêts.510.
— Rennes.D.Faux incid.115.
— Paris S14.2.320;D.Except.311.
20 Déc. A6.797,n.7. et 838,n.3; SC2.150; D.Emigré.173. 366.
— Déc.A3.135,n.3;D.Communes.
21 Paris.A9.918,n.1;P2.664,n.10. et 13.2.103;B19.17;S13. 2.264;J13.1079;D.Incendie.34.Responsab.96.
— Turin.A10.591;P23.1.375,n.; B20.522. et 23.385; S16. 2.155. et 14.2.4; J13.1075; D.Cess. de biens.61. Stellionn.45.
— Civ.c.A11.309,n.1;P2.1011,n.3;B22.463;S13.1.182;J13. 1077;D.Prescript. civ.1061.1062.
— Caen.A11.768,n.2; P23.2.53,n.1;B24.279;S13.2.101;D. Surenchère.317.
— Paris.A5.521;P13.2.97;B10.146; S13,2.260. et 13.1083; D.Donation.121.145.146.162.
— Rennes.A11.651,n.1.2; P2.1153,n.3; B24.67; D.Saisie-exécut.107.
— Paris.S13.2.88;D.Légitimation.27.
— Cass.A9.862,n.28;D.Lois rétroact.143.
22 Limoges.A1.122;P1.46;B1.145; S14.2.374; D.Acquiesc. 415.Appel civ.224.
— Civ.c.A5.378; P13.1.569; B9.432;S13.1.183;D.Legs.80. 84.
— Paris.P15.2.76;S13.2.142;J13.1086;D.Rente.385.
— Décr.S13.2.304;D.Invalides.7.
23 Trèves.A11.708,n.1,n.1;P2.1178;B24.166;S14.2.12; D. Saisie-imm.359.
— Rennes.A12.662,n.47;P2.1391; B27.212;D.Tierce-opp. 178.
24 Cr.r.A2.284,n.;B3.313,n.;D.Cassat.275.477.
— Cr.r.A2.294,n.;B3.327;S17.1.326;J1.484;D.Cass.397.
— Bruxelles.A11.309,n.;B22.464,n.1; S13.2.247; D.Prescript.901.
— Cr.c.A12.623,n.1,n.1;P2.1381; B27.58; D.Coalit.10.11.
25 Décr. du cons. d'état.SC2.1.154;D.Contrainte.11.
— Décr.SC2.153;D. Ventes admin.36.
26 Cr.c. A3.649. et 650; P1.946.947;B6.271;S13.1.197; D. Complicité.140.152.
— Cr.c. A8.401,n.1; P2.260; B15.468,n.1; S13.1.198; D. Faux.402.
— Déc.A6.797,n.8;D.Emigré.
— Bruxelles. A10.69,n.2; P13.2.50;B19.248; S13.379;MR 17.250;D.Mariage.505.
27 Déc.A6.797,n.1,n.8;D.Emigré.
— Déc.SC2.155;D.Tierce-opp.245.
28 Civ.c.A1.386;P13.1.537;B1.452;S13.1.184. et 20.1.468; J13.1093;D.Cassat.531.
— Civ.r.A6.28; P15.1.247; B11.27; S13.1.269;MR13.697;J 13.1094;D.Testam.819.
29 Agen.A4.790;P1.1270;B8.431;D.Dem. nouv.12.15.
— Décr.A6.796,n.1;D.Emigré.
— Limoges.A11.653,n.3;P2.1153,n.18; B24.72; D.Saisie-arrêt.117.Saisie-exécut.227.
— Déc.A3.226,n.1;D.Eau.393.
— Décis. du cons. d'adm.A2.162;D.Amnistie.124.
— Décr. du cons. d'état.S13.2.309;D.Conseil d'état.76.
— Décr.SC2.164;D.Marché de fourn.304.
— Décr. du cons. d'état.SC2.159;D.Pêche.51.
30 Civ.r. A1.810; P13.1.243; B2.477; S13.1.415; D.Arbitrage.951.1007.
— Liége.A4.694;P1.1228;B8.319;D.Degré de jurid.374.
— Nîmes.r.A1.296;B1.343;D.Adoption.31.
— Limoges.A7.751;P2.148;B14.439;S14.2.126; D.Exploit. 619.
31 Cr.c.A1.70;P1.18;B1.82;D.Abus de confiance.46. Lois rétroact.239.
— Cr.r.A8.420;P2.269;B16.17;S16.1.32;D.Faux incid.21.
— Cr.r.A11.951,n.1.1;B25.121,n.1;S17.2.313;D.Serment. 122.

JANVIER.

2 Cr.r.A4.291,n.;P1.1073;B7.317,n.;D.Cour d'ass.129.
— Cr.c. A12.1077,n.1-1; P2.1535; B28,437;S13.1.222; D. Vol.300.301.
3 Déc.A6.341,n.1;D.Ventes admin.316.
— Déc.A6.342,n.;D.Domaines.
— Déc.SC2.174;D.Dette pub.45.Rentes sur l'état.2.
— Déc.D.Mines.121.
— Déc.SC2.177.
4 Bruxelles.A1.446;P1.152;B2.54;J14.1;D.Appel civ.10.
— Besançon.A5.722,n.1;D.Testam.71.425.
— Civ.c.A6.860,n.12;P13.1.195;B12.549,n.2; S13.1.303; J 14.3;D.Enquête.152.187.
— Rennes. A11.714,n.1,n.1; P2.1180;B24.179; D.Saisie-imm.454.502.593.636.963.973.1592.
5 Déc.A6.334,n.3;D.Domaines.
— Aix.A12.150,n.10;P2.1300,B23.379; S13.2.261; D.Stellionnat.15.
— Déc.A9.979,n.1;B19.116,n.1;SC2.181;D.Manuf.59.
— Déc.A3.224,n.9;D.Eau.333.
— Décret du cons. d'état. SC2.183;D.Navigation.44.
— Déc. du cons. d'état.SC2.184;D.Propriété.61.
6 Civ.c.A2.45; P13.1.185; B3.46; S13.1.99; MR9.374; D. Assur. marit.616.617.
— Req.A8.47;P22.2.147,n.5;B15.52;S14.1.188; J14.15; D. Faillite.104.
— Orléans.A12.906,n.1;P2.1474; B28.153; D.Preuve litt. 373.Respons.329.Vente.36.824.
— Déc.A3.227,n.2. et 234,n.1. et 238,n.4;SC2,185;D.Eau. 459,453.
7 Cr.c.A2.266,n.;P1.438;B3.294;S17.2.318;D.Cassat.54.
— Cr.r.A4.320;P1.1106;B7.349; S17.2.320; MR16.554; D. Cour d'ass.300.
— Cr.c.A9.875,n.2-2;P13.1.289;B18.613;D.Lois.
— Cr.c.A11.322,n.;P2.1017,n.;D.Prescrip.crim.113.
— Amiens.A11.824,n.2; P2.1224; B24.382; J14.20;D.Saisie-imm.748.749.1575.
— Cr.r.D.Action civ.50.
8 Cr.c.A4.387;P1.1131;B7.423;D.Cour d'ass.722.
— Liége.A3.213;P1.749;B5.240;D.Compét. admin.353.
— Rennes.A10.151,n.3.4; P2.705,n.2; B19.317; D.Autor. de femme.199.
— Sect. réun.A10.168,n.1.14;P14.1.97; B19.379; D.Port. disp.45.
— Décr. du cons. d'état.SC2.187;D.Cont. dir.279.
— Cr.r.S13.1.468;J14.24;D.Destruct.101.
9 Cr.r.A2.266,n.;P1.438;B3.294,n.;S17.1.314; D.Cassat. 124.
— Nîmes.A1.797;P14.2.1;B2.462;S13.2.284;D.Arbitrage. 953.
— Bruxelles.A5.794;B10.466;S13.2.159;MQ6.785;J14.31; D.Testam.656.
— Bruxelles.A10.686,n.1;P14.2.52;B21.158;S14.2.49; MR 16.206;D.Preuve litt.999.
11 A6.329,n.6;B11.374;SC9.193;D.Ventes admin.417.
— Déc.A6.329,n.1;D.Ventes admin.519.
— Déc.A6.331,n.1;D.Domaines.
— Douai.A9.755,n.1,n.1;P2.591,n.1-1;B18.431. et 14.36; S14.2.157;D.Jugem. par défaut.484.
— Rennes. A10.847,n.1; P2.896,n.3; B21.408; D. Ordre. 254.286.337.524.539.
— Déc. du cons. d'état.SC.2.193;D.Commune.272.
— Décr.A3.15,n.10;D.Com.160.
— Décr.A3.227,n.2;D.Eau.439.
— Décr. du cons. d'état.SC2.190;D.Ventes admin.334.
— Décr.SC.2.198;D.Ventes admin.379.
12 Liége.A5.191;B9.220. et 92;D.Exécut. test.122.Condition.68.Etranger.2.Séquestre.32.
— Limoges.A12.267,n.1;P13.2.97;B26.10;S13.2.261; J14. 59;D.Succession.46.51.60.61.
— Paris.A11.754,n.2,n.1;P2.1198;B24.252; S13.2.174; D. Ordre.25.Saisie-imm.1111.1112.
— Décret.S13.2.308;D.Dom. de l'état.18.
13 Bruxelles.A3.692;P1.967; B6.319; S16,2.80; D.Compte courant.21.Contr. par corps.272.
— Civ.r.A10.414,n.1;P13.1.145;B20.234;S13.1.97; MR10. 194;J14.57;D.Nom et prénom.19.20.21.
— Caen.A10.333,n.,n.11; P2.755,n.5; B20.129; S13.2.99; D.Dot.292.
— Civ.r. A11.819,n.4; P2.1222; B24.372; D. Saisie-imm. 646.1481.
— Cass.V.28 fév.1811.
— Décret du cons. d'état.SC2.203;D.Eau.261.
— Ord.A12.1006,n.11; B28.322,n.11; SC2.205; D.Voirie. 424.
— Décr.A12.1013,n.10;D.Voirie.527.
14 Ord.A9.982,n.5;B19.120;D.Manufact.132.
15 Nancy.A1.142;P1.56; B1.166; J14.71; D.Acquiesc.257. Enquête.88.
— Aix.A7.627;P2.140;B14.288;S16.2.65; D.Comp. comm. 331.
— Déc.A6.334,n.5;D.Domaines.
— Caen.A6.383,n.2; P14.2.77; B12.226,n.2; S14.2.159. et 13.2.104;J14.60;D.Effets de comm.153.
— Bruxelles.A9.162,n.,n.2;P23.2.174,n.1;B17.189,n.2; S 13.2.197;D.Hypoth. lég.166.
— Paris.A9.151,n.6. et 10.822,n.; P24.2.86; B17.176,n.6;

S13.2.103; J14.64; D.Hypoth. lég.124.135.Ordre.178. 331.532.
— Déc.A12.686,n.3; P2.1402; B27.254; SC2.207;D.Trav. pub.124.
— Cr.c.A12.1062,n.3;P2.1526;B28.411;S15.1.227; D.Vol. 460.
— Colmar. A12.843,n.2; P2.1450; B28.53; S14.2.293; D. Vente.21.53.385.
— Déc.D. Actes de l'état civil.40.
— Déc.S13.2.302;D.Confusion.29.
— Ord. du cons. d'état.SC2.209;D.Cons. d'état.80. Ventes admin.335.
— Bruxelles.D.Degré de jurid.256.
— Décis. du cons. d'état. A8.687,n.; P2.314,n.;B16.511 n.;D.Fonct. pub.277.
16 Bruxelles.A6.879,n.2;P1.1519;B12.572,n.2; S13.2.240. et 14.2.370;J14.7;D.Enq.287.
17 Déc.A6.334,n.6;D.Domaines.
— Déc.A3.77,n.1;D.Commune.265.392.
18 Civ.c.A5.610;P13.1.190;B10.254;S13.1.104; MR13.767; J14.76;D.Serment.63.Testam.54.
— Déc.A6.329,n.9;SC2.219;D.Ventes admin.480.
— Déc.A9.466,n.3;B18.8,n.2;SC2.223;D.Cont. dir.188.
— Déc.A9.469,n.8.2;B18.10,n.7,n.2;SC2.229.
— Déc. du cons. d'état.SC2.252;D.Fonct.pub.301.
— Déc.SC2.215;D.Jugem. par défaut.590.
— Déc. du cons. d'état.S1.227;SC2.226;D.Enseign.66.
— Déc.D.Ventes admin.189.
19 Cr.r.A4.320;P1.1108;B7.349,n.;D.Cour d'ass.300.
— Cr.A4.320;D.Cour d'ass.300.
— Rouen.A3.331;P1.789;B5.578;S14.2.35;J14.86;D.Compét. comm.47.62.
— Bruxelles.A8.607,n.1; P2.295; B16.218,n.1; J14.84;D. Légitimat.20.
— Civ.c.A6.756;P13.1.208;B12.403;S13.1.110; MR9.573;J 14.80;D.Effets de comm.805.
20 Rennes.A7.752;P2.149;B14.440;D.Exploit.626.
— Angers.A12.14,n.1;P2.904,n.6;B25.150;S13.2.65; J14. 91;D.Servitudes.67.
— Liége.D.Acte respect.112.
— Décis. du cons. des prises.D.Naufrage.11.
21 Liége.A2.726; P24.2.22,n.2,n.2; B4.364; S14.2.312; D. Actes de comm.163.
— Cr.c.A1.165;P1.66;B1.192;S13.1.228;D.Acquitt.32.
— Bruxelles.A6.575,n.1;B12.217,n.1;D.Effets de comm. 119.
— Rennes.A12.584,n.11;P2.1366;B27.32; D.Témoin.152.
— Cr.c.A12.1077,n.2;P2.1535,n.2;B28.458;D.Vol.301.
— Cr.r.A8.696,n.3;P2.317; B16.322; S17.1.95; D.Abus de conf.66.Fonct. pub.142.
— Déc.A12.982,n.10.13. et 989,n.7. et 991,n.19. et 1006, n.8. et 1013,n.10. et 1024,n.39. et 44; B28.300,n.7. et 303,n.19. et 321; D.Voirie.60.67.159.165.188.414.527. 708.720.
22 Trèves. A1.310; P14.2.12; B1.539; S14.2.3; J14.97; D. Adoption.69.
— Cr.c.A4.383;B7.419;D.Cour d'ass.747.
— Cr.c.A1.378; P1.214; B2.211;S16.1.311;J14.99; D.Appel correct.114.
— Cr.c. A8.363,n.1; P2.251; B15.423,n.1; S13.1.250; D. Faux.157.
— Cr.r.A12.618,n.1;P2.1380;B27.141;S17.1.89; D.Tentative.26.
— Cr.r.A12.1072,n.9; P13.1.250; B28.428; S13.1.224; MR 14.745;J14.101;D.Mandat.264.Vol.280.
— Décr. du cons. d'état.SC2.244;D.Péage.29.
— Décr. du cons. d'état.SC2.238;D.Rente.414.
23 Cr.c. A1.214;P1.79. et 2.374;B1.247. et 16.386; S13.1. 229;D.Action pub.119.Cassat.343.Forêts.600.822.
— Cr.r.A4.148;P1.1035;B7.128;D.Contr. ind.501.504.
— Cr.c.A8.778;P2.383;B16.403;D.Forêts.7.38.
— Cr.c.A8.770,n.4;P2.376,n.1;B16.393;S20.1.494; D.Forêts.654.
— Décr.A6.858,n.,n.3;P1.749;SC2.245;D.Emigré.366.
— Paris.A7.917,n.1.2;P2.664,n.9;B19.15;S11.2.278; J14. 104;D.Louage.528.
— Caen.A10.52,n.2;P2.687; B19.165; D.Acte respect.36. 66.
— Bruxelles.A11.179,n.1.3;P2.964,n.5;B22.236; J14.103; D.Péremp.38.
— Décr.A3.213,n.1. et 228,n.3;D.Compét. admin.365. Eau.562.
— Décret du cons. d'état.SC2.248;D.Culte.39.
— Décret du cons d'état.SC2.249;D.Servitudes.232.
25 Civ.c.A2.218;P13.1.234;B3.240;S13.1.319; J14.111; D. Frais et dépens.250.
— Turin.A1.699;P1.266;B2.349;S14.2.24; J14.108; D.Arbitrage.446.
— Déc.A6.341,n.1;D.Domaines.
— Cr.r.A12.1045,n.3;P2.1516;B28.382;D.Vol.14.
26 Req.A9.107,n.1-1; P13.1.263; B17.121; S13.1.333;J14. 122;D.Privilége.478.
— Rennes. A11.201,n.,n.9; P2.974,n.4; B12.278; D. Péremp.146.252.258.
— Req.A12.33,n.2;P14.1.275;B25.183;S14.1.212;J14.118; D.Usage.163.
— Rennes. A12.950,n.2; P2.1491; B28.239;D.Vérif. d'écritures.109.
27 Caen.A5.569;P13.2.70; B10.207; S13.2.102; J14.126; D. Transcript. des don.44.

28 Cr.r.A1.562;P1.205;B2.403;J14.134;D.Appel correct.61.
— Cr.r.A1.561;P1.204;B2.192;S16.1.456;J14.132;D.Appel correct.60.69.
— Agen.A4.794;P1.1272;B8.455;D.Dem. nouv.22.
— Metz.A5.759;P13.2.98;B10.420;S13.2.87;MR17.719;J14.130;D.Testament.514.
— Cr.c.A8.734,n.9;P2.566;B16.371;D.Forêts.409.
— Cr.c.A3.430,n.;B6.28,n.1;D.Compét. crim.75.
— Déc. du cons. d'état;D.Commune.666.
— Cr.c.D.Tribunal.175.
29 Cr.r.A4.522,n.310;P1.1109. et 1105;B558. et 755;S97.2.519;D.Cour d'ass.315.558.
— Cr.c.A2.125,n.;P1.364;B3.155,n.;D.Autor. mun.597.598.
— Poitiers.A5.76;P13.2.100;B9.84;S13.2.218;J14.155;D.Sequestre.25.
— Rennes.A9.639,n.1;P2.656,n.1;B18.270,n.1;D.Jugem.487.
— Cr.r.A2.271;P1.442;B3.299,n.;D.Cassation.165.
30 Bruxelles.A10.38,n.1.5;P14.2.27.et 1.19.160;B19.172;S14.2.17. et 13.2.580;D.Acte respectueux.29.54.
— Colmar.A11.587,n.2,n.1;P15.2.95;B23.452;S14.2.291;D.Renvoi.20.
31 Décr. du cons. d'état.SC2.254;D.Dette publ.26.

FÉVRIER.

1 Civ.c.A7.57;B13.57;J14.140;D.Enreg.546.
— Déc.A6.526,n.17;D.Ventes adm.581.
— Déc.A6.858,n.,n.3;D.Emig.366.
— Turin.A9.755;P2.591,n.;B18.458;S14.2.140;D.Jugem. par défaut.486.
— Civ.c.A9.893,n.2;P13.1.130;B18.645;S13.1.145;MR11.348;J14.141;D.Lois.350.Etranger.22.
— Décr. du cons. d'état.SC2.259;D.Compét. admin.244.
Décr. du cons. d'état.SC2.262;D.Ventes adm.463.
2 Civ.c.A7.242;B13.273,n.1;D.Enreg.1914.1915.
— Civ.r.A2.501;P13.1.229;B3.355;S13.1.400;J14.149;D.Cassation.506.583.Exploit.889.
— Cr.r.A10.530,n.1;P15.1.545;B20.426;S16.1.134;D.Oblig. solid.59.
— Grenoble.A11.203,n.5;P2.975,n.5. et n.4;B22.281;D.Pérempt.268.
3 Bruxelles.A1.529;P1.188;B2.183;J14.158;D.Appel incident.48.
— Civ.c.A3.761;P13.1.209;B6.401;S13.1.201;MR15.142;J14.156;D.Contr. par corps.276.
— Civ.c.A3.589;B9.441;S13.1.322;D.Port. disp.49.
— Caen.A6.841,n.2;P23.1.412,n.;B12.526,n.2;S13.2.117;D.Compét. adm.517.Droits civ.21.Emig.56.558.359.
— Trèves.A9.734,n.1;P2.584,n.3;B18.405;S14.2.185;J14.451;D.Jugem. par défaut.357.
— Décr.A12.981,n.10. et 989,n.7. et 991,n.19;B28.301.303;D.Voirie.60.159.165.188.
4 Cr.c.A4.148;P13.1.259;B7.160;S13.1.115;D.Tabacs.61.65.67.
— Bruxelles.A9.572,n.1.2;P14.2.107;B18.162;S14.2.316;MR17.561;J14.164;D.Interrog. sur faits.2.
— Cr.c.A11.957,n.19.1;B25.155;D.Serment.96.
— Cr.r.S16.1.210;D.Douanes.330.Pêche.245.
5 Rennes.A8.420;P2.265;D.Faux incid.57.
— Bordeaux.A6.489;P1.1404;B12.116;S13.2.111;D.Etranger.220.
— Cr.c.A11.221,n.1;P2.985,n.4;B22.513;D.Frais et dépens.375.
— Cr.c.A11.520,n.3;P2.1104,n.1;B23.310;D.Recrutement.136.
— Metz.A12.944,n.2;B28.254;D.Vérif. d'écrit.56.
— Cr.c.A5.130,n.;P13.1.275;B6.28,n.1;S17.2.275;D.Compét. crim.75.
6 Paris.A1.524;P1.186;B2.146;S14.2.15;J14.172;D.Appel civ.545.
— Paris.A11.720,n.6;B24.191;J14.168;D.Saisie-imm.489.
7 Décr.A6.797,n.1;D.Emigré.
— Décr.A5.225,n.2;D.Eau.355.
— Décr. du cons. d'état.SC2.270;D.Ventes adm.241.
— Décr.A12.1006,n.8;B28.321;D.Voirie.411.
8 Civ.c.A7.70. et 7.209;P13.1.541;B13.238. et 13.75;S16.1.120;D.Enreg.568.2692.2693.
— Cr.r.A7.296;B13.335;D.Enreg.2174.
— Civ.c.A7.384;B13.435;D.Enreg.2594.
— Paris.A12.150,n.11;P13.2.401;B25.379;S13.2.268;D.Caution.92.Stellionat.22.
— Civ.c.S13.1.317;D.Saisie-imm.5.
— Cass.A874,n.3;D.Lois rétroact.235.
9 Civ.r.A9.754,n.2;P13.1.329;B18.329. et 437;S13.1.426;J14.176.et 181;D.Frais et dépens.194.203.Jugem. par défaut.485.Enquête.58.
— Rennes.D.Conciliat.88.
10 Civ.r.A7.226;P13.1.505;B15.256;S13.1.424;J14.182;D.Enreg.1951.
— Paris.A8.164;P22.2.170,n.14;B15.191;S13.2.249;J14.184;D.Faillite.735.
— Civ.c.A8.495;P2.281;B16.91;MR11.456;J14.186;D.Cassation.186.187.Féodalité.75.124.125.
— Limoges.A12.471,n.1;P2.1555;B26.342;S13.2.122;D.Partage.19.307.Prescript.665.
11 Paris.A1.15;P1.9;B1.17;S13.2.159;J14.191;D.Absence.218.

— Paris.A8.219;P23.2.110;B15.254;S14.2.282;D.Faillite.985.
— Déc.A6.529,n.7;D.Ventes adm.417.
— Req.A9.244;P22.2.142,n.17;B17.289;D.Inscript. hypoth.107.
— Req.A12.21;P13.1.253;B25.164;S13.1.100;J14.187;D.Propriété.260.Servitude.140.
12 Cr.r.A4.435;P1.1150;B8.50;S17.2.318;D.Cour d'ass.1046.
— Bordeaux.A1.459;B2.71;S13.2.303;D.Appel civ.214.
— Cr.c.A2.308. et 11.55;P1.461. et 23.1.387;B3.343;S16.1.29;MR15.203;D.Cassation.350.468.Discipl.81.
— Cr.c.A3.522;P13.1.236;B6.132;S13.1.232;MR17.703;J14.198;D.Cassation.469.Compét. crim.484.
— Cr.c.A3.422;P1.823;B6.19;D.Compét. crim.114.
— Rennes.A7.725;P2.136;B14.408;D.Jugem. préparat.18.Exploit.514.779.
— Cr.c.A11.515;P2.1101,n.6;B25.209;S17.1.344;D.Cass.451.Récidive.37.45.
— Cr.c.A12.1054,n.3;P2.1521;B28.397;S13.1.246;J14.204;D.Vol.94.
13 Bourges.A11.832;P2.1228;B24.396;D.Saisie-imm.995.997.
— Décr.D.Ventes adm.418.
14 Décr.A6.797,n.3. et 858,n.5;D.Emigré.169.568.
— Nîmes.A10.785,n.2;P14.2.51;B21.304;S14.2.64;J14.207;D.Responsabilité.242.274.
— Déc.A3.191,n.3;D.Compét.
— Déc.A12.637,n.4;P2.1403;B27.255;SC2.274;D.Trav. publ.125.
— Déc. du cons. d'état.SC2.277. et 2.278;D.Concession.56.
15 Civ.r.A7.496;P13.1.498;B14.126;D.Transcript.21.
— Civ.c.A12.475,n.1;P13.1.208;B26.345;S13.1.316;J14.210;D.Partage.34.
16 Agen.A10.741,n.1;P14.2.58. et 2.858;B21.252;S14.2.409;J14.158;D.Preuve test.227.Appel incid.48.
— Pau.A3.705;P1.1000;B6.452;D.Contr. par corps.608.614.
— Civ.c.A7.456;P13.1.808;B14.55;S13.1.425;J14.213;D.Enreg.2899.
— Civ.c.A8.495;P2.281;B16.91;S13.1.513;MR11.456;D.Féodalité.122.
— Colmar.A11.660,n.1;P2.1158,n.4;B24.80;D.Saisie-exécution.104.205.
— Liége.A11.547,n.11;P2.1145,n.14;B25.560;D.Référé.42.
17 Civ.c.A.255;B14.289;D.Enreg.1956.
— Trèves.A9.747;P16.1.44;B18.380;S16.2.335;J14.185;D.Jugem. par défaut.263.
— Civ.c.A12.75,n.2;P13.1.493. et 2.1261;B25.249;MR12.592;J14.214;D.Servitude.739.
— Caen.A12.496,n.1;P2.1341;B26.383;D.Retr. suc.95.
— Décr.A12.1013,n.10;D.Voirie.527.
18 Cr.r.A8.363;P2.251;B15.425;S16.1.264;D.Faux.96.
— Cr.c.A8.387,n.;B15.451,n.1;S13.1.258;D.Faux.235.
— Civ.c.A8.455;P2.275;B16.46;S13.1.247;J14.218;D.Faux incid.266.
— Aix.A10.347,n.1;P14.2.5;B20.454;S13.2.275;J14.216;D.Dot.232.329.
— Bruxelles.A12.321,n.4;P13.2.87;B26.107;S13.2.225;J14.227;D.Success. irrég.55.
— Cr.r.A11.951,n.4.1;B25.121,n.1;S17.2.518;D.Serment.122.
— Cr.c.A3.616,n.1;J14.235;D.Complicité.120.Tém. faux.57.58.
10 Cr.c.A1.394;P1.225;B2.229;S17.1.37. et 16.1.343. et 13.1.260;D.Appel correc.87.226.
— Agen.A4.681;D.Degré de jurid.348.
— Cr.c.A4.773;P1.1265;B8.411;S13.1.250;D.Délit rural.49.53.90.Lois.341.
— Cr.c.A3.607;P1.920;B6.225;D.Compét. crim.807.
21 Cr.c.A11.83;P2.927;S17.2.217;D.Tribunal.168.
22 Déc.A6.341,n.1;D.Domaines.
— Décr.A9.608,n.2.6;P2.548,n.5;S13.2.368.*bis*.360;D.Jour férié.84.Eau.65.
— Civ.c.A10.489,n.2;P13.1.521;B20.365;S13.1.453;J14.237;D.Action.9.Intérêts de cap.66.Partage.227.
— Décr. cons. d'état.SC2.280;D.Litispendance.5.
— Décr.A8.6,n.4;D.Fabriques.14.
23 Colmar.A1.353;P14.2.13. et 1.8. et 1.408;B1.414;S14.2.3;D.Alimens.53.125.155.
24 Civ.r.A5.36;P13.1.524;B9.37;S16.1.128;J14.248;D.Déportat.54.
— Req.A7.615;P2.108;B14.274;S14.1.158;J14.256;D.Except.218.
— Colmar.A8.218;P23.2.110;B15.253;S16.2.106;D.Faillite.982.
— Riom.A11.681,n.7;P14.2.79;B24.118;S14.2.174;J14.248;D.Saisie-imm.130.
— Cr.c.D.Tribunal.179.
25 Cr.c.A2.266,n. et 5.185;P1.438;B5.204. et 9.167;S16.1.1. et 13.1.259;MQ6.4. et 58.92;D.Appel correct.35.109.Cassat.54.Désertion.55.56.
— Cr.r.A1.75;P1.22;B1.88;S13.1.261;J14.265;D.Compét. crim.93.
— Pau.A2.793;P14.2.73;B4.441;S14.2.206;J14.259;D.Commissionnaire.275.278.
— Bruxelles.A12.587,n.23;P2.1569;B27.87;D.Enq.32.
— Cr.r.A4.559;P1.1187;B8.167;S17.2.313;D.Défense.51.

26 Orléans.A12.945,n.2;P2.1477;B28.180;D.Transport de créance.89.
27 Cr.c.A4.258;P1.1084;B7.281;D.Contr. ind.27.
— Cr.c.A7.646;P2.143;B14.511;S13.1.248;D.Excuse.79.80.
— Paris.A8.193;P2.210;B15.224;S13.2.288;J14.265;D.Faillite.850.
— Paris.A10.596,n.1;P2.812,n.2;B20.501;S16.2.107;D.Cess. de biens.14.15.
— Cr.c.A12.1079,n.18;P2.1537,n.16;B28.442;D.Vol.511.
— Cr.r.A12.1080,n.1.19;P2.1537;B28.443;D.Vol.510.
28 Cass.D.Mandat.192.
— Paris.D.Remplacement.30.

MARS.

1 Bruxelles.A3.790;P1.993;B6.435;S14.2.183;J14.268;D.Contr. par corps.518.
— Déc.A6.525,n.2;D.Ventes adm.402.
3 Req.S13.1.259;D.Quest. pr.47.
4 Liége.A10.845,n.,B21.403;D.Ordre.453.
— Besançon.A11.800,n.2;P2.1213;B24.557;D.Saisie-im.1237.
— Cr.c.A12.1083,n.4;B28.448;S20.1.511;D.Vol.344.
5 Cr.c.A2.184,n.;P1.402;B3.200,n.;J14.276;D.Autoris. mun.666.668.669.671.
— Cr.c.A8.307;P2.232;B15.257;S13.1.340;J14.277;D.Faillite.1558.1591.Jugement.109.115.
— Orléans.A9.725,n. et 744,n.;B18.422,n.;D.Jugem. par déf.302.414.
— Cr.c.A11.225,n.15;P2.987,n.3;B22.521;S13.1.368;D.Poids et mesures.78.
6 Bruxelles.A2.704;P14.2.76;B4.338;S14.2.190.et 191;D.Commerçant.44.
— Civ.r.V. au 10.
— Colmar.S13.2.373;D.Preuve litt.1005.
8 Nimes.A4.643;P1.1204;B8.259;S14.2.585;J14.279;D.Deg. de jurid.145.
— Civ.r.A10.665,n.1;P2.829,n.1;B21.103;D.Preuve litt.537.
9 Bruxelles.A2.481;P1.555;B4.82;S14.2.304;D.Choses.153.
— Paris.A1.225;P1.83;B1.261,n.1;S14.2.136;J14.282;D.Action personn.21.
— Liége.A5.747;P1.1540;B10.413;D.Testament.485.
10 Req.A3.516;P22.1.159,n.;B5.360;D.Compét. civ.283.
— Liége.A9.482;P1.536;B4.84,D.Choses.57.
— Civ.r.A5.45;P15.1.489;B9.47;S15.1.513;D.Déportat.47.
— Civ.r.A6.781,n.1;B12.456,n.1;S16.1.30;D.Emigré.77.Etranger.109.Tutelle.168.
— Angers.A10.51,n.1;P23.2.90,n.4;B19.163;S13.2.65;D.Acte respect.69.
11 Paris.A1.119;P1.44;B1.140;S14.2.378;D.Acquiesc.108.356.Appel civ.204.
— Cr.c.A3.423;P1.825;B6.20;D.Compét. crim.111.
— Bruxelles.A6.859,n.1.2;P24.2.9,n.,n.2;B12.548,n.2;S14.2.527;J14.42;D.Enq.125.
— Paris.A9.150,n.,n.2;P24.2.83;B17.174,n.2;S13.2.161;J14.286;D.Hypoth. lég.99.140.Ordre.267.
— Cr.r.A2.271;P1.442;B3.299;D.Cassat.165.
12 Cr.c.A4.474;P1.1165;B8.75;S13.1.345;D.Cour d'ass.1425.
— Cr.c.A3.416;P1.821;B6.12;S13.1.348;D.Compét. crim.69.
— Cr.c.A9.663,n.;B18.307,n.;D.Frais et dépens.362.
— Cr.c.A11.169,n.2;P2.960,n.3;B22.219;S13.1.345;J14.295;D.Peine.282.
— Bourges.A6.718,n.2;B12.377,n.1;D.Effet de comm.704.
13 Req.A1.340;P13.1.314;B1.399;S13.1.457;MR16.62,n.;J14.298;D.Alimens.192.Usufruit légal.63.
— Paris.A8.106;P14.2.1;B15.122;S13.2.306;J14.297;D.Faillite.404.
— Besançon.A11.697,n.3;P2.1174;B24.149;D.Exéc. des jugem. et actes.54.65.Saisie-imm.218.
14 Civ.c.A7.539;P2.92;B14.180;D.Timbre.277.
15 Civ.c.A4.656;P13.1.512;B8.274;S13.1.428;J14.301;D.Deg. de jurid.198.
16 Liége.A8.235;P2.218;B15.273;D.Faillite.912.Compét. comm.219.
— Civ.c.A9.94;P13.1.277;B17.405;S13.1.222;MR13.45;D.Privilége.471.
— Civ.c.A9.731;P2.584. et 13.1.261;B18.401;S13.1.214;MR15.179;J14.304;D.Jugem. par déf.355.
— Req.A10.249,n.1-1;P2.731,n.1;B19.502;S14.1.160;J10.308;D.Autor. de femme.155.
— Colmar.A10.651,n.2-2;P14.2.20;B21.85;S14.2.5;J14.306;D.Preuve litt.186.665.Respons.306.
— Limoges.A10.383,n.,n.3;P2.769,n.3;B20.206;D.Frais et dépens.242.
— Aix.A10.67,n.1.2;P2.794;B17.214;S14.2.10;MR17.242;D.Mariage.278.320.
17 Colmar.A1.444;P22.2.166,n.5;B2.52;S14.2.140;D.Appel civ.95.Faillite.652.
— Req.A2.638;P13.1.433;B4.262;S13.1.262;MR15.486;MQ6.75;J14.310;D.Chose jugée.455.462.
— Req.A3.213;P13.1.292;B9.216;S13.1.395;J14.317;D.Dispos. entre-vifs.8.10.11.
— Civ.r.A9.260,n.3;P2.457;B17.308,n.3;D.Inscrip. hyp.192.202.238.254.

— Rouen.A12.314,n.;P23.2.130;B26.99;S13.2.230;MR17.601;J14.319;D.Success. irrég.33.80.
— Paris.A11.724,n.1,n.1;B24.197;J14.170;D.Saisie-imm.277.551.
18 Cr.r.A4.354;P1.1114;B7.364;S17.1.320;D.Cour d'ass.252.
— Cr.r.A4.285;P1.1091;B7.340;S17.2.319;D.Cour d'ass.62.
— Cr.r.A2.311,n.1;P1.401;S17.1.343;D.Cassat.255.
— Déc.A6.342,n.5;D.Domaines.
— Déc.A6.341,n.1;D.Domaines.
— Déc.A6.796,n.1;D.Emigrés.
— Paris.A11.348,n.6;P2.1022,n.4;B23.246. et 13;S13.2.325;D.Prise à partie.8.
— Paris.A11.539,n.3;P2.1112,n.6;B25.346;S16.2.97;J14.115;D.Réc. de juges.125.
— Cr.r.A12.1048,n.2;P2.1518;B28.385;S17.2.277;D.Abus de confiance.29.Cassat.361.Vol.62.
— Ord.A3.196,n.1;D.Compét.
— Cr.r.A2.271;P1.442;B3.299;D.Cassat.165.
— Cr.r.D.Compét. crim.90.
— Décr.A12.901,n.19. et 1022,n.32. et 1024,n.42;B28.303,n.19;D.Voirie.188.693.712.
19 Cr.r.A2.578;P1.587;B4.194;S13.1.454;J14.324;D.Chose jugée.321.Inst. crim.249.
— Cr.c.A3.429;P16.1.428;B6.27;MR15.825;D.Compét. crim.77.
— Cr.c.A8.790,n.4;P2.393;B16.419,n.;S15.1.324;D.Procès-verbal.285.
— Liège.A9.295;P2.466;B17.350,n.2;D.Inscrip. hypoth.330.
— Turin.A12.926,n.3;P2.1482;B28.198;D.Appel incid.41.Transport de créance.191.
20 Paris.A6.647,n.,n.3;B12.301,n.3;S16.2.97;J14.328;D.Effets de comm.445.
— Rouen.A10.18,n.1.3;P2.685,n.1;B19.140;S15.2.114;D.Promesse de mariage.31.
— Colmar.A12.474,n.1;P2.1336;B26.346;S14.2.7;D.Partage.58.
— Cass.D.Commune.20.
22 Nîmes.A3.778;P1.958;B6.422;S14.2.278;J14.334;D.Contr. par corps.439.730.
— Civ.r.A3.769;P13.1.225;B6.411;S13.1.386;MR12.715;J14.330;D.Contr. par corps.183.Expertise.284.285.Société civ.174.
— Décr.A11.15,n.2;D.Organ. jud.
— Décr.A12.684,n.12;P2.1400;B27.230;SC2.300;D.Travaux publics.64.130.
— Décr. du cons. d'état.SC2.302;D.Tabac.139.
23 Bordeaux.A11.641,n.2;P14.2.2;B24.48;S13.2.299;J14.336;D.Saisie-arrêt.259.
— Cr.c.A12.617,n.4,n.1;P2.1379;B27.139;D.Homicide.93.
— Civ.r.A11.872,n.1.9;P15.1.498;B24.467;S15.1.420;J14.336;D.Saisie-imm.1735.1739.
24 Civ.c.A7.128;P15.1.511;B13.138;S15.1.427. et 14.2.2;J14.340;D.Enreg.1202.
— Colmar.A8.641,n.7;P14.2.15;B16.257,n.7;S14.2.2;MR16.557;J14.346;D.Filiat. nat.65.98;Tutelle.646.Promesse de mariage.18.
— Civ.c.A8.504;P2.282;B16.102;S13.1.246;J14.342;D.Féodalité.163.
— Civ.c.A10.622,n.1,2;P2.818,n.3;D.Compensat.55.
25 Rennes.A7.776;P2.154;B14.468;D.Exploit.363.
— Liège.A6.756,n.1,n.2;P1.1487;B12.405,n.2;D.Effets de commerce.815.827.
— Cr.r.A11.168,n.2;P2.960,n.1;B22.218;S16.1.55;D.Peine.257.262.
— Bruxelles.A11.919,n.1.7;B25.61;J14.349;D.Divorce.138.Lois rétroact.104.Sépar. de corps.204.210.
— Ord.A3.216,n.1;D.Compét. adm.
— Cr.c.A1.542;B2.171;D.Appel correct.3.4.Loterie.30.1
26 Cr.c.A2.88;P13.1.290;B3.95;S13.1.256;D.Attentat à la pudeur.6.
— Cr.r.A3.623;P1.927;B6.243;D.Complicité.47.
— Rennes.A7.682;B14.356;D.Expertise.253.
— Cr.c.A8.388;P13.1.270;B15.453;S13.1.285;D.Faux.60.
— Cr.c.A9.906,n.2.1;P13.1.281;B18.656;S13.1.241;MR15.438;D.Loterie.32.Jugem.527.
— Cr.c.A11.105,n.15;P13.1.272;B22.106;S13.1.416;D.Presse.309.313.
— Cr.c.A11.96,n.6;P13.1.269;B22.89;S13.1.391;MQ6.433;D.Presse.182.
— Paris.A12.190,n.1;P2.1290;B25.448;S13.2.360;J14.353;D.Substitution.185.Usufruit.185.
— Cr.r.A12.1064,n.2.1;P2.1527,n.1;B28.415;D.Vol.185.186.
27 Amiens.A8.423;P2.266;B16.9;S14.2.336;J14.359;D.Faux incident.77.
— Paris.A11.939,n.10;B25.98;S14.2.109;D.Div.105.
28 Paris.A11.782,n.3;P2.1207;B24.303;D.Surench.171.
29 Civ.c.A6.637;P13.1.309;B12.289;S13.1.214;MQ6.200;J14.364;D.Effets de commerce.362.364.
— Montpellier.P13.2.85;D.Hypoth.lég.38.39.
30 Turin.A3.372;P16.2.19;B5.427;S14.2.436;J14.367;D.Compétence comm.317.318.
— Civ.c.A7.443;P2.76;B14.65;J14.366;D.Enreg.2979.
— Req.A8.602;P13.1.308;B.16.211;MR13.323;J14.369;D.Filiat. lég.226.227.
— Civ.c.A11.546,n.4;P2.1114,n.8;B23.358;D.Référé.30.57.
31 Civ.r.A8.516;P2.283. et 1.804;B16.115;S16.1.9;MR15.39;D.Féodalité.207.
— Turin.A6.567,n.2;P1.1445;B12.207,n.2;S14.2.181;D.Effets de comm.81.406.
— Rouen.A6.592,n.;P1.1455;B12.236,n.1;S13.2.257;D.Effets de comm.199.
— Civ.c.A12.820,n.5;P13.1.227;B28.15;S13.1.215;MR11.568;J14.374;D.Intérêts de capitaux.25.Rente.44.45.Usure.11.12.

AVRIL.

1 Cr.c.A2.572;P1.583;B4.188;S13.1.311;D.Chose jugée.309.Jug.476.Presse.589.
— Cr.c.A3.439;P1.832;B6.38;S13.1.318;D.Compét. crim.150.180.199.
— Cr.r.A9.505,n.1;P2.511,n.5;B18.63;D.Compét. crim.55.Inst. crim.197.200.
— Cr.c.A11.97,n.3.9;P2.929,n.5;B22.90;S17.1.322. et 55. et 13.1.324;D.Presse.181.
— Cr.c.A12.1075,n.4;P2.1534,n.3;B28.434;S13.1.320;D.Vol.289.
— Cr.c.A12.1067,n.2;P2.1529,n.10;B28.420;D.Vol.222.
— Orléans.A12.848,n.4;P2.1452;B28.64,n.1;D.Vente.69.
— Cr.r.A11.951,n.1.4;B25.121,n.1;S17.2.515;D.Serment.122.
— Cr.r.A2.271;P1.442;B3.299;D.Cassation.165.
2 Cr.c.A4.28;B7.28;S13.1.312;D.Contrib. indirect.253.547.
— Nîmes.A4.655;P1.1209;B8.273;S16.2.119;D.Degré de jurid.201.
3 Rennes.A11.200,n.3;P2.973,n.3;B22.276,D.Pérempt.233.
4 Liège.A3.330;P22.2.140. et 1.787;B5.377;S14.2.185;D.Compét. comm.40.Contr. par corps.204.Preuve litt.1082.
5 Civ.c.A1.459;P1.161;B2.70;S13.1.385;J14.385;D.Appel civ.214.
— Paris.A1.330;P14.2.105;B1.383;S14.2.306;J14.387;D.Agent diplom.22.Lois.288.Possession.108.Vol.19.
— Rennes.A7.781;P2.156;B14.475;D.Exploit.342.
— Civ.r.A10.251,n.1;P15.1.508;B19.505;S17.1.426;J14.379;MQ6.185;D.Douaire.
— Déc.A8.812,n.6;D.Garde nation.
6 Civ.r.A8.439;P13.1.303;B16.27;S13.1.314;MR.15.388;J14.380;D.Faux incid.117.125.
— Colmar.A10.258,n.,n.2;P2.733,n.2;B20.18;S15.2.66;J14.396;D.Communauté.681.
— Req.A12.314,n.2;P13.1.231;B26.99;S13.1.161;MR15.626;J14.392;D.Succession irrég.53.
7 Rennes.A7.684,n.1;D.Expertise.
— Déc.A6.329,n.8;S13.2.292;D.Ventes adm.525.
— Civ.c.A9.125;P13.1.326;B17.143;S13.1.505;MR15.396;MQ6.418;D.Hypoth. lég.18.
— Orléans.A5.94;D.Désaveu.47.
— Civ.r.S13.1.374;J14.400;D.Mandat.5.
— Ord.A12.989,n.7;B28.301,n.7;D.Voirie.162.
8 Cr.c.A4.244;P1.1077;B7.265;S20.1.490;D.Contr. ind.604.
— Bruxelles.A1.6;P1.3;B1.7;S14.2.16;J14.404;D.Absent.72.73.
— Cr.c.A3.521;P1.884;B6.131;S17.1.346. et 90;D.Comp. crim.75.481.
— Caen.S14.2.431;J14.406;D.Exploit.67.
9 Civ.c.A12.1082,n.2;P2.1539,n.2;B28.447;S17.1.96;D.Vol.341.
— Cr.c.A4.87;P1.1029;B7.93;D.Contr. ind.356.357.396.
— Cr.c.A3.624;P1.928;B6.243;S13.1.320;D.Complicité.143.
— Cr.c.A5.155;B9.155;S13.1.321;D.Désertion.37.
— Colmar.A8.285;P22.2.126,n.5. et 6;B15.532;S16.2.102;D.Faillite.1259.
— Cr.c.A8.779,n.5;P2.384;B16.404;D.Forêts.747.
— Cr.c.A8.725. et 726,n.;P13.1.303;B16.334. et 338;S20.1.494;J14.408;D.Forêts.544.
— Cr.c.A11.172,n.1.2;P2.962,n.1;B22.225;S13.1.325;D.Peine.380.382.
— Paris.A11.783,n.2;P13.2.94. et 2.1208;B24.306;S13.2.208;J14.410;D.Surenchère.183.210.
10 Paris.A4.675;P15.2.108;B8.297;S15.2.31;D.Domicile élu.80.
— Circ. min. de la just.A9.663,n.1;B18.300,n.1;D.Frais.
12 Civ.c.A1.273;P1.90;B1.317;J14.412;D.Action posses.22.
— Sect. réun.cass.A3.658;P1.951;B6.281;D.Complicité.223.
— Paris.D.Conclusion.15.
13 Paris.A10.670,n.3.1;P14.2.94;B21.111;S14.2.254. et 255;J14.419;D.Preuve littér.693.
— Rennes.A11.196,n.17;P2.971,n.2;B22.268;D.Pérempt.209.
— Cr.c.A11.915,n.1;P14.2.57;B25.55;S14.2.91;J14.416;D.Lois rétroact.67.
14 Rouen.A8.146;P22.2.167,n.7;B15.168;S13.2.258;MR15.276;D.Faillite.604.609.
— Déc.A6.341,n.1;D.Domaines.
— Décr. du cons. d'état.SC2.307;D.Compét. admin.246.
— Décr.A12.989,n.7;B28.201,n.7;D.Voirie.159.
15 Cr.r.A5.82;P1.1296;B9.94;S17.1.24;J14.429;D.Abus de confiance.40.65.
— Rennes.A7.781;P2.156;B14.478;D.Exploit.542.
— Trèves.A10.406,n.1.3;P14.2.26;B20.237;S14.2.11;MQ6.238;J14.425;D.Nantiss.108.116.
— Nanci.A11.940,n.18;P14.2.28;B25.101;S14.2.43;D.Div.87.90.91.92.97.98.
— Cr.r.A12.1082,n.30;P2.1538,n.25;B28.446;D.Vol.309.
— Cr.r.A12.1079,n.17;P13.1.329. et 2.1537,n.;B28.442;S13.1.322;MR14.771;D.Vol.310.
— Cr.c.A12.1078,n.8;P2.1535,n.6;B28.440;D.Vol.310.313.
— Cr.r.A2.271;P1.442;B3.299;D.Cassation.165.
16 Cr.r.A12.1059,n.1.3;P2.1524,n.4;B28.405;D.Vol.132.
— Rennes.A7.786;P2.158;B14.481;D.Exploit.241.411.
— Douai.A8.165;P14.2.81;B15.192;S14.2.286;J14.430;D.Faillite.693.
— Cr.r.A12.1076,n.1.12;P2.1534,n.8;B28.436;D.Vol.289.
— Cr.c.A12.1055,n.3.5;P2.1521;B28.398;S20.1.512;D.Vol.104.
19 Cr.r.A12.1076,n.14;P2.1534;B28.436;D.Vol.289.
20 Req.A5.651,n.1;B10.305;J14.331;D.Testament.209.
21 Civ.c.A2.345;P15.1.68;B3.386;S15.1.135;MR15.631;J14.441;D.Cass.675.676.Req. civ.10.
— Bruxelles.A2.211;P1.414;B3.250;S15.2.45;J14.450;D.Avoué.69.
— Req.A3.759;P13.1.297;B6.399;S18.1.566;D.Contr. par corps.279.
— Req.A10.328,n.,n.7;P14.1.408;B20.120;S14.1.132;MR15.605;D.Lois rétroact.63.Dot.271.
— Civ.c.A12.6,n.2;P14.1.601;B25.157;S15.1.44. et 13.1.385;MR14.682;J14.456;D.Lois.200.Servitudes.5.
— Colmar.S14.2.192;J14.457;D.Serment.26.
22 Cr.c.A4.560;P22.1.421,n.;B8.167;S13.1.344;J14.458;D.Défense.23.
— Bruxelles.A2.409;B4.2;D.Caution.164.
— Cr.c.A1.398;P1.123;B1.465;S16.1.330. et 13.1.348;D.Autorité municip.559.Peine.90.
— Liège.A5.772;P1.1341;B10.441;D.Testament.564.
— Cr.c.A8.727,n.8;P2.344;B16.337,n.,D.Forêts.918.
— Cr.c.A10.785,n.1.5;P2.868,n.9;B21.300;S16.1.250;D.Respons.28.
— Cr.c.A11.322,n.;P2.1017,n.;D.Prescript. crim.113.
— Cr.c.A11.314,n.1;P2.1013,n.2;B22.47;S15.1.477;J14.460;D.Prescript. crim.55.91.112.
— Colmar.A10.751;P15.2.65;S15.2.125;D.Juifs.37.
— Civ.c.D.Lois rétroact.254.
23 Cr.c.A2.698;P1.628;B4.329;S16.1.165;D.Commerçant.31.
— Cr.c.A.8.363;P2.252;B15.424;S13.1.349;J17.467;D.Complicité.98.Faux.254.
— Cr.r.A8.696,n.4;P2.317;B16.322;D.Fonct. publ.152.
— Aix.A9.966,n.1.2. et 6.616;P2.680,n.3;B19.96. et 12.2.64;S13.2.277;D.Effet de comm.271.Mandat.297.298.
— Nîmes.A10.346,n.1;P13.2.89;B20.154;J14.463;D.Dot.230.
— Cr.c.A11.237,n.2;P2.992,n.6;B22.340,n.2;S17.1.321;D.Poste aux lettres.63.
— Cr.c.S17.1.321;D.Concuss.18.
24 Colmar.A8.75;P22.2.161,n.3;B15.84;S16.2.122;J14.469;D.Faillite.523.
26 Nîmes.A4.643;P1.1204;B8.260;S14.2.385;D.Degré de jurid.145.
— Civ.c.A6.815,n.1,n.2;P15.1.494;B12.497,n.2;S15.1.418. et 13.1.270. et 27;MQ6.415;D.Emigré.244.
— Paris.A10.824,n.1;P2.886,n.3;B21.370;J14.473;D.Ordre.205.255.287.
— Nîmes.A11.200,n.4;P2.975,n.4;B22.276;S16.2.122;J14.472;D.Pérempt.145.242.
27 Civ.c.A3.148;P13.1.257;B5.164;S20.1.470;D.Commune.725.
— Toulouse.A5.777;P22.2.174,n.3;B10.447;S22.2.468;MR17.168;D.Preuve litt.455.Testament.591.
— Turin.A6.870,n.1;P1.1516;B12.561,n.1;S14.2.344;D.Enquête.189.
— Colmar.A12.717,n.1;P14.2.49;B27.312;S14.2.48;J14.478;D.Tutelle.429.474.
— Civ.c.S13.1.387;J14.476;D.Exploit.679.681.
28 Req.A1.245;P13.1.319;B1.285;S13.1.392;MR185,n.;J14.414;D.Action possess.531.Séquestre.28.
— Civ.r.A4.45;P1.1016;B7.47;S13.1.275;J14.487;D.Contrib. ind.142.
— Limoges.A1.619;P1.234;B2.258;S16.2.88;J14.485;D.Arbitrage.174.178.
— Civ.c.A5.758;P1.982;B6.598;D.Contr. par corps.262.
— Limoges.A10.201,n.2.2;P2.721,n.4;B19.429;S14.2.92;J14.487;D.Communauté.197.
— Rennes.A10.585,n.1;P2.808,n.5;B20.514;D.Jugem. prép.153.Offre.182.191.
— Aix.A11.555,n.2,n.1;P2.1117;B23.574;S13.2.279;D.Rente.149.
— Nîmes.P23.2.5,n.2;S16.2.127;J14.483;D.Donation.422.
29 Cr.c.A1.165;P1.66;B1.192;S13.1.360;D.Acquitt.52.
— Cr.r.A4.341;P1.1118;B7.372;S17.1.320;D.Cour d'ass.435.
— Req.A2.500;P1.546;B4.106;D.Chose jugée.67.
— Cr.c.A1.163,n.;B1.189,n.;D.Acquitt.21.
— Cr.r.A2.271;P1.442;B3.299;D.Cassation.165.
30 Cr.c.A4.139;P1.1054;B7.172;S13.1.350;D.Tabacs.13.14.
— Cr.c.A3.469;P1.853;B6.73;S13.1.349;J14.489;D.Compét. crim.292.
— Rennes.A7.765;P2.152;B14.456;D.Exploit.677.

— Besançon.A11.703,n.4,n.1;P2.1176;B24.189; D.Saisie-imm.514.

MAI.

1 Paris.A9.546,n.;S13.2.193;B18.128;D.Interdit.96.
— Paris.A12.776,n.1,n.1;P2.1452;S13.2.230; B27.418; D. Emancip.11.
3 Caen.A9.721,n.,n.6; P15.2.31; B18.385;S14.2.436;J14. 495;D.Jugem. par défaut.279.
4 Colmar.r.A2.701;P15.2.64;S13.2.124;D.Juifs.45.
— Caen.A7.792;P15.2.41;B14.487;S14.2.400; J14.501; D. Exploit.451.
— Paris. A12.40,n.2; P22.2.131,n.1. et 2;B25.196; S14.2. 88;D.Servitudes.286.287.
— Liége.A12.283,n.5;P2.1303;B26.34;J14.498; D.Succession.180.
5 Bruxelles.A2.739; P1.648; B4.379. et 4.324;S11.2.182; D.Actes de comm.58.
— Bruxelles. A2.705; P14.2.76,n.; B4.538; S14.2.190; D. Commerçant.44.
— Civ.r.A9.287,n.1; B17.340,n.1; S15.1.301; D.Inscript. hypoth.295.
— Bourges.A12 583,n.6;P2.1366;B27.80;D.Enquête.135.
— Orléans.A12.857,n.5;P2.1455; B28.78; D.Jugem. par défaut.414.Dr. civ.93.
— Paris.D.Purge.189.
6 Cr.r.A4.520;P1.1108;B7.559,n.7;D.Cour d'ass.500.
— Turin.A3.276; P14.2.46; B5.309; S14.2.47; D. Compét. civ.354.
— Bruxelles. A3.805; P1.999; B6.448; D.Contrainte par corps.612.619.
— Bruxelles.A5.795;B10.467;S14.2.372;MQ8.785;D.Testam.656.
— Bruxelles.A6 880,n.2;P1.1520;B12.574,n.1; S14.2.181. et 365;D.Enq.501.
— Cr.c.A9.617;P2.551;B18.257;S13.1.345;D.Jugem.41.
— Paris.A11.192,n.4;P2.968,n.5;B22.259; J14.513; D.Péremp.152.Prescrip.361.
— Cr.c.A11.322,n.1;P2.1016,n.4; B22.485; S13.1.346; D. Cour d'ass.1511.Prescript. crim.113.
— Bruxelles.A11.877,n.1.4;B24.478;D.Inventaire.69.
— Rennes.D.Instruct. par écrit.61.
— Rouen.S14.2.89;J14.508;D.Pérempt.125.
— Civ.c.D.Lois rétroact.254.
7 Cr.r.A12.1044,n.6.1;P2.1516;B28.379;D.Vol.31.
— Cr.c.A4.94; P1.1031; B7.101; S13.1.339;D.Contr. ind. 589.393.
— Cr.c. A4.156; P1.1052; B7.168; D.Acquiesc.158.Chose jugée.312.Procès-verbal.454.Tabacs.97.
— Nîmes. A1.110; P1.42; B1.130;J14.516;D.Acquiescem. 109.119.330.334.Jugem.208.
— Cr.c.A8.453,n.;P2.274;B16.44,n.;D.Faux incid.261.
— Cr.c.A12.553,n.18;P2.1352;B27.29; S13.1.340; D.Compét. crim.469.
— Nîmes. A11.743,n.3, P2.1192; B24.252; D.Saisie-imm. 876.
8 Décr. du cons. d'état.SC2.312;D.Poids et mesures.62.
— Décr. du cons. d'état.SC2.311;D.Expropriat. pub.27.
10 Rouen. A8.36; P22.2.140,n.3; B15.40; S14.2.176; J14. 519;D.Compét. comm.31.Faillite.75.
— Décr.A6.341,n.1;D.Dom.
— Déc.A9.468,n.15;B18.9,n.7; SC2.518; D.Contr. direct. 229.
— Civ.r.A12.747,n.71;P13.1.516;B27.364;MR14.61,n.; D. Tutelle.462.
11 Civ.c. A4.698; B8.324;S13.1.332;J14.520;D.Appel civ. 63.Jugem.153.Degré de jurid.389.Presse.575.
— Cass.A1.436,n.;D.Appel civ.57.
— Bourges.P31.2.92,n.;D.Exploit.617.
— Avis du cons. d'état.A7.404,n.10;D.Enreg.2761.
12 Civ.c.A3.58;P1.696; B5.60; S13.1.337; MR14.336,n.; J 14.530;D.Commune.321.357.404.
— Req.A7.733; P13.1.300; B14.418; MR12.261,n.; S14.1. 277;J14.525; D.Exploit. 177. Saisie-imm. 105.353.358. 1356.
— Paris. A10.561,n.1; B20.183; S14.2.31; D.Compensat. 15.Complicité.150.Dot.489.Respons.24.
— Civ.c.D.Exploit.174.
13 Cr.r.A1.319;P1.96;B1.370;J14.537; D.Adultère.29.75. 83.90.
— Cr.c. A1.397; P1.122; B1.464; S13.1.365; J14.537; D. Amende.91.
— Req.A5.192;P13.1.278;B9.222;D.Condition.69.
— Cr.c. A9.661,n.2; P2.565,n.3; B18.303; D.Frais et dépens.370.
— Cr.c.A3.430;B6.28,n.1;D.Compét. cr.75.
— Besançon.D.Cont. par corps.483.
— Colmar.J14.535;D.Vente.96.
14 Cr.c.A4.431; P1.1149; B8.26;S17.1.161;D.Cour d'ass. 1048.1049 1065.
— Cr.c.A3.463;P1.848;B6.65;D.Compét. crim.307.
— Cr.c.A2.270,n.;P1.442;S17.1.343;D.Cassat.162.
— Cr.c.A3.137;B9.157;S13.1.352;D.Désertion.42.
— Cr.c.A3.179;P1.1311;B9.207;D.Destruct.70.
— Cr.c.A3.180;D.Destruct.70.
— Bourges.A8.95.n.2;B15.109,n.1;D.Faillite.183.
— Lyon.A6.280;P1.1353;B11.325; S13.2.344; J14.542; D. Port. disp.371.
— Cr.c.A8.793,n.2;P2.396;B16.425;D.Forêts.828.
— Nîmes.S13.2.122;D.Notaire.274.275.
— Aix.J14.540;D.Ventes.815.
15 Déc.A6.341,n.1;D.Domaines.
— Paris.A9.538;P2.523;B18.112;S14.2.23; J14.546; D.Interdit.53.
— Décr.A12.682,n.6;P2.1398;B27.247;D.Trav. pub.80.
— Décr.A12.687,n.5;P2.1403;B27.255;D.Trav. pub.126.
— Déc. A3.178,n.1. et 15,n.10. et 3.191,n.3; P1.677; D. Compét. admin.145.
— Déc.S13.2.365;D.Actes de l'état civil.39.
— Décr. du cons. d'état.SC2 330;D.Hospices.30.
— Déc. du cons. d'état.SC2.328;D.Tabacs.140.
— Décr.A12.991,n.19. et 1015,n.12;B28.303,n.19;D.Voirie.186.535.
17 Paris.A1.693; P1;264; B2.342; S14.2.247;D.Arbitrage. 521.1100.
— Paris.A1.151; P1.58; B1.176; J14.547; D.Acquiesc.39. 419.Exception.98.
— Décr. du cons. d'état.SC2.333;D.Contr. ind.207.
— Décr. du cons. d'état.SC2.334;D.Trav. pub.143.
— Ord.A12.1022,n.31;D.Voirie.690.
18 Civ.c.A1.271;P1.89;B1.316; S13.1.355; J14.551; D.Action possess.362.
— Req.A8.193;P2 210;B15.225;S13.1.233; D.Faillite.858.
— Nîmes.A8.148; P14.2.63; B15.172; S14.2.137. et 15.2. 119;J14.558;D.Faillite.556.576.625.658.
— Civ.c. A6.639,n.1,n.2; P13.1.324; B12.291,n.1; S13.1. 336;J14.556;D.Effets de comm.368.413.497.
— Caen.A9.408,n.5; P15.2.4; B17.484,n.5; S14.2.399; D. Hypoth.258.Rente.372.
— Turin.A10.837,n.5;P2.891,n.6;B21.392;D.Ordre.431.
— Colmar.A10.508,n.1; P2.791,n.4; B20.394; S15.2.131;J 14.548;D.Condition.128.Vente.184.
— Civ.c.A12.745,n.60;P13.1.531. et 2 1424; B27.357;S13. 1.326;J14.553;D.Tutelle.453.
19 Limoges. A3.338; P23.2.108,n.1; B5.388;S16.2.69; MR 16.651;J14.569;D.Compét. comm.157.
— Montpellier.A3.294;P1.1310;B9.337;S14.2.90;J14.576; D.Disp. entre-vifs.221.223.
— Déc.A6.330,n.1.8;D.Ventes admin.442.
— Turin.A6.118;P1.1348; B11.129; S14.2.56; J14.563; D. Legs.480.
— Civ.c. A9.614; P15.1.355; B18.252; S15.1.368. et 14.1. 112;J14.567;D.Publ. des jugem.24.41.
— Aix.A12.12,n.1;P14.2.18;B25.147;S14.2.9; J14.571; D. Servitudes.62.
— Cr.r.A12.1047,n.1-1;P2.1517;B28.384;D.Abus de confiance.28.Vol.58.60.61.
20 Paris.A4.651;P15.2.23;B8.268,n.1;S14.2.269; D.Degré de jurid.168.
— Cr.c.A3.433. et 411,n.10;P1.828;B6.32;D.Compét. cr. 79.
— Rennes.A7.719;P2.133;B14.401;D.Exploit.106.
— Cr.c.A8.453,n.2;B16.44,n.1;P2 274,n.1;D.Faux incid. 259.
— Cr.r.A12.1061,n.3;P2.1526,n.5;B28.409;D.Vol.155.
21 Cr.c.A4.89,n.;P1.1030;B7.93,n.;D.Cont. ind.354.
— Cr.c.A8.322;P2.236;B15.376;S21.1.260;D.Fausse-monnaie.32.
— Colmar.A12.143,n.3;P2.1285;B25.367; S15.2.154; J14. 580;D.Société comm.320.
— Orléans.A11.646,n.4;B24.57;D.Saisie-exécut.15.
— Orléans. A11.664,n.4,n.2; P2.1151,n.4; B24.87; D.Saisie-gagerie.5.
— Paris. A12.518,n.1; P15.2.25; B26.424; S14.2.269;J14. 583;D.Communauté.563.Rescis.65.164.
— Cr.c.A12.1059,n.1;P2.1523,n.3;B28.404;D.Vol.153.
— Montpellier.D.Exploit.486.
22 Paris.A1.730; P15.2.2; B2.380; S14.2.118; J14.593; D. Arbitrage.642.672.882.
— Montpellier. A4.791; P1.1270; B8.451; S14.2.591;J14. 596;D.Dem. nouv.12.
— Déc.A6.341,n.1;D.Domaines.
— Ord.A6.342,n.2;D.Ventes admin.193.
— Décr.A6.838,n.,n.8;D.Emigré.366.
— Liége.A10.842,n.2;B21.401,n.1;D.Ordre.443.
— Paris.A12.519,n.1;B26.103;S13.2.523; J14.590; D.Success.310.Success.-irrég.45.
— Cr.c.A12.826,n.23;P2.1443;B28.27; J14.586; D.Usure. 81.
— Ord.A3.227,n.2;D.Eau.
— Décr. A3.120,n.5; B5.151,n.5; P1.717,n.5; SC2.348; D. Commune.339.540.
— Avis du cons. d'état.A7.404,n.10;D.Enreg.2761.
24 Civ.c.A1.266; P1.88; B1.308; S13.1.337; J14.505;D.Action possess.467.
— Bourges.A5.333;P1.1321;B9.381;D.Port. dispon.131.
— Bordeaux.A3.611;B10.256;S15.2.108;J14.597;D.Testament.48.
— Limoges.D.Caution.93.Purge des priv.8.Dot.405.
— Limoges.S14.2.26;D.Sép. de biens.205.
25 Civ.c.A2.563;P1.375;B4.176;S14.1.227;J14.604;D.Chose jugée.236.
— Liége.A10.394,n.1.3;P2.771,n.4;B20.218;D.Mines.156.
— Amiens.A12.60,n.2; P2.1257; B25.229; S14.2.98; J14. 602;D.Servitude.560.
— Aix.A12.939,n.2;P2.1486;S13.2.364;D.Echange.40.
— Rouen.A6.492; P16.1.477; B12.119; S16.1.343. et 13.2. 253;MR16.530;J18.350;D.Lois personn.19.
— Riom.A11.697,n.2;B24.149;J14.605.
26 Civ.r.A1.812;P15.1.560;B2.479;S14.1.4;J14.611;D.Arbitrage.56.1045.
— Avis du cons. d'état.A7.404,n.1;S26.2.317. et 24.2.185; D.Enreg.
— Paris.A8.193,n.;P2.210; B15.225,n; S14.2.173;D.Faillite.850.
— Civ.c.A8.505;P13.1.400; B16.102;S13.1.413;MR11.499; J14.608;D.Féodalité.163.Ordre.224.
— Bruxelles.A10.850,n.4;P2.897,n.2;D.Ordre.223.
— Avis du cons. d'état.A3.133,n.3;B14.12;D.Comm.111.
28 Cr.r.A4.568. et 12.604,n.18; B8.177. et 27.115; S17.2. 515;D.Défense.111.Témoin.445.
— Déc.A6.341,n.1;D.Domaines.
— Trèves.A11.932,n.4;P2.1254;S14.2.20;D.Acquiesc.246. Adultère.51. Divorce.21.22.79. Séparat. de corps.69. 70.
— Cr.r.A2.271;P1.442;B3.299;D.Cassat.165.
29 Cr.c.A4.224;P1.1071;B7.243;D.Or et argent.136.
— Cr.r.A2.573;P1.383;B4.189;S13.1.327; J14.614;D.Chose jugée.315.
— Décr.A6.836,n.,n.3.17.et 838,n.2;SC2.353;D.Emigrés. 366.367.370.
— Paris.A10.695,n.2;P14.2.05;B21.175;S14.2.78;J14.622; D.Preuve litt.1074.
— Cr.r.A11.97,n.13;P2.930,n.8;B22.92;D.Presse.204.
— Grenoble.A11.639,n.; P2.1148;B24.45;D.Saisie-arrêt. 296.
— Colmar.A1.746,n.1;P1.276;D.Arbitrage.724.
— Décr. cons. d'état.SC2 383;D.Dom. pub.7.
— Décr. cons. d'état.SC2.350;D.Etranger.833.
— Paris.J14.625;D.Preuve test.212.
— Décr. cons. d'état.SC2.352;D.Ventes adm.36.
— Ord.A12.984,n.8;D.Voirie.88.
31 Civ.c.A7.209;B13.258;D.Enreg.406.
— Civ.c.A8.550;P1.1529;B10.184;S13.1.330;D.Don. dég. 10.18.
— Paris.A10.852,n.14. et 20.817; P2.859,n.10. et 15.2.1; B21.417; S14.2.264; J14.632; D.Dist. par cont.114.Ordre.164.458.575.591.Vente.612.
— Rennes.A10.860,n.1;P2.902,n.1;D.Dist. par cont.77.

JUIN.

1 Civ.r.A7.57;P2.6. et 14.1.197;B13.58;J15.1; D.Enreg. 384.
— Rennes.A8.149;B9.171;D.Désist.30.
2 Civ.c.A7.84;B13.90;D.Enreg.758.
— Civ.c.A6.85; P1.1346; B11.92; S13.1.341; D.Legs.150. 151.Rap. à succ.50.51.
— Liége.A10.168,n.14;B19.379;MQ6.299;D.Port. dispon. 45.
3 Cr.c.A4.160;P1.1055;B7.173;D.Tabacs.15.16.
— Cr.c.A4.53;P1.1019;B7.56;D.Contr. ind.95.
— Cr.r.A2.293,n.;P1.455. et 1.472;B3.327;S13.1.456. et 17.1.343;J15.5;D.Cass.588.
— Rennes.A7.723;P2.136;B14.408; D.Jugem. prépar.18. Exploit.779.
— Cr.r.A11.407,n.,n.5; P1.472; B22.111; S13.1.436; D. Presse.512.
4 Cr.c.A3.526;P13.1.384;B6.136;J15.9;D.Compét. crim. 492.
5 Paris.P14.2.3,n.;S13.2.288;D.Vente.624.
6 Décis. cons. d'état.A9.914,n.1-1;P2.663,n.1;B19.5;D. Louage adm.9.
— Ord.SC2.358;D.Chose jugée.54.
— Décr. cons. d'état.M2.337;D.Ventes adm.520.
7 Liége.A3.381;P1.805;B5.459;D.Compét. comm.437.
8 Civ.r.A11.203,n.8;P13.1.339;B22.281;S13.1.458;MQ6. 635;J15.11;D.Péremp.277.
— Bourges.A12.725,n.5;P2.1417;D.Tutelle.204.
9 Civ.c.A7.363; P14.1.608; B13.412; S13.1.122. et 13.1. 568; MR14.374; MQ6.244; J15.17; D.Enreg.2527.Usufruit.586.
— Civ.c.A7.400;B14.8;D.Enreg.2712.2713.
— Caen.A10.61,n.1,n.1;P2.691,n.7; B19.206;S13.2.377;J 15.21;D.Mariage.246.
— Orléans.A12.850,n.14;P2.1453;B28.67;D.Vente.70.
10 Cr.r.A3.269;P1.772;B5.304;S17.1.548;D.Régl. de jug. 115.Voies de fait.58.
— Cr.r.A3.460;P1.846;B6.62;D.Compét. crim.312.
— Aix.A8.195;P2.211. et 14.2.45; B15.227; S14.2.64;J15. 29;D.Faillite.859.
— Cr.r.A8.695,n.1,n.1; P2.316; B16.321; S17.1.321; D. Fonct. pub.136.
— Cr.c.A12.1051,n.3;P13.1.330;B28.393;S17.2.241. et 1. 45;MR14.818;J15.27;D.Vol.83.
11 Cr.c.A1.215;P1.80;B1.249;S16.1.169;D.Action publ.7.
— Cr.c.A1.403;P1.125;B2.4;S20.1.489; J15.31; D.Douan. 287.319.
— Cr.c.A2.174;P1.398;B3.189;J15.32;D.Autor. mun.652.
— Déc.A6.329,n.;D.Ventes adm.519.
— Cr.c.A11.947,n.3.1;D.Serment.6.
12 Décr.A6.838,n.,n.3;D.Emig.566.
13 Liége.A11.627,n.3,n.1; P2.1142,n.6; B24.23; D.Saisie-arrêt.90.
— Orléans.A12.938,n.2;P2.1486;D.Echange.16.
— Civ.r.P14.1.593; D.Présompt.89. Séparat. de corps. 195.
14 Cr.r.A5.392;P1.810;B5.452;S13.1.353;J15.34; D.Compét. comm.414.
— Décr.A7.344,n.1;B24.425,n.;S13.2.249;D.Enreg.2444.

— Civ.r.A11.848,n.3;P15.1.594;S13.1.410; J15.57;D.Saisie-imm.1140.1148.
— Rennes.A12.945,n.2;P2.1488; B28.253; D.Vérif. d'écrit.22.
— Décr.A11.2,n.1;S13.2.240; D.Huissier.14.16;17.18.26.28.30.34.
15 Civ.c.A3.764;P14.1.566; B6.404; S13.1.373; J15.41; D.Contr. par corps.276.
— Paris.A5.276;B9.317;S14.2.508;J15.54;D.Disp. entre-vifs.296.
— Civ.c.A7.434;B14.53;D.Enreg.2841.
— Colmar.A6.872;P1.1448;B12.213;S16.2.110;D.Effet de comm.105.
— Civ.c.A9.264,n.1.2;P2.459;B17.513,n.2;S13.1.376;J15.51;D.Inscript. hypoth.41.Mandat.4.
— Limoges.A12.662,n.14; P2.1390; B27.211; J15.47; D.Tierce-opp.132.
16 Paris.A1.90;P1.53;B1.101; S14.2.189; D.Acquiesc.309.405.
— Nîmes.A9.132,n.3;P14.2.24;B17.152; S14.2.33; D.Hypoth. lég.35.
— Req.A10.573,n.1;P15.1.271;B10.492;S15.1.300;J15.55;D.Offre.7.Réc. de juges.62.
17 Cr.r.A4.267;P1.1087. et 13.1.374; B7.290; S15.1.293; J.15.57;D.Séparat. de corps.51.
— Cr.c.A3.355;P1.896;B6.163;S17.1.90;D.Compét. crim.579.Régl. de juges.123.
— Req.A9.868,n.1;P13.1.385;MR11.259;D.Lois.
— Paris.A10.859;P2.902,n.7;D.Distrib. par contrib.111.
— Civ.c.A12.616,n.5;P23.1.511,n.;B27.136;S13.1.439;MR12.506;D.Tém. faux.41.
— Paris.A12.846,n.2;P14.2.103; B28.60;S14.2.85; J15.62;D.Vente.59.
— Req.S16.1.4;D.Div.140.
18 Cr.c.A4.150;P1.1059;B7.162;D.Tabacs.61.
— Cr.r.A5.465;P1.849;B6.67;S17.1.341; D.Compét. crim.290.Instr. crim.435.
— Cr.c.A8.740;P2.345;B16.353;D.Forêts.250.
— Cr.c.V. an 19.
— Paris.A12.644,n.1,n.1;P2.1382;B27.179;D.Tierce-opposit.20.
— Cr.c.A12.1061,n.21;P2.1525;B28.409;D.Vol.152.
— Cr.c.A12.1055,n.2;P2.1521;B28.398;D.Vol.105.
19 Déc.A6.341,n.1;S14.2.324;D.Domaines.
— Déc.A9.468,n.11;SC2.372;D.Contr. directes.227.
— Cr.c.A11.163,n.,n.6; P2.958,n.1; B22.210; D.Peines.124.167.
— Paris.A11.178,n.1;P2.964,n.3;B22.236; D.Pérempt.37.
— Déc.A3.219,n.16;D.Contr. directes.264.
21 Déc.A6.334,n.2; P17.2.122; SC2.377; D.Ventes adm.130.509.
— Paris.A12.499,n.2;P14.2.97;B26.383;S14.2.252;J15.74;D.Communauté.540.Retr. suc.69.
— Liége.A12.583,n.7;B27.80;D.Témoin.163.
22 Civ.r.A8.649;P13.1.360;B16.265; S13.1.281; J15.89; D.Filiat. nat.31.158.164.Tutelle.646.
— Civ.c.A1.485;P14.1.321;B2.99;S14.1.227;J15.76;D.Appel civ.281.
— Limoges.A7.753;P14.2.75; B10.419; S14.2.268; MR17.692;J15.86;D.Testament.499.
— Nanci.A6.481;P1.1398. et 23.1.33,n.;B12.106,n.1;S16.2.95; J15.78; D.Contr. par corps.374.380. Effet de comm.374.Exploit.452.
— Paris.A11.193,n.,n.10;P15.2.7;B22.262;S14.2.346; MR17.313;J15.84;D.Pérempt.187.
23 Civ.c.A6.258;P13.1.344;B11.293;S13.1.378;MR12.653. et 14.77. et 15,213; D.Donat. dég.19.Donat. entre époux.102.103.124.Ratification.121.
24 Cr.c.A8.322; P2.237; B15.376; S13.1.440; D.Fausse-monnaie.58.
— Bordeaux.A9.457,n.5; P2.504,n.5; B17.541,n.5; S15.2.115;J15.111;D.Responsab.201.209.
— Cr.c.A11.348,n.2; P2.1013,n.3; B22.470; S17.1.346; D.Prescript. crim.36.
— Cr.r.A12.1074,n.18; P2.1553; B28.432; S17.1.321; D.Vol.265.
— Cr.c.A12.1087,n.9;P2.1522;B28.402;D.Vol.111.
— Cr.c.A12.1057,n.10;P2.1523;B28.401;D.Vol.114.
25 Cr.c.A4.51;P1.1018;B7.53;D.Contr. indirectes.141.
— Cr.c.A3.485;P1.841; B6.54;D.Compét. crim.205.
— Rennes.A9.575,n.1.7;P2.535,n.1;B18.168; D.Interrog. sur faits.38.
— Liége.A11.144,n.,n.15; P2.938,n.1; B22.122;D.Presse.587.
— Paris.A11.868,n.2; P23.2.24; B24.460; S14.2.302; J15.114;D.Surenchère.451.
26 Bruxelles.A9.309,n.2; P15.2.19; B17.366,n.2; S13.2.371;MR16.464;J15.117; D.Inscript. hypoth.111.Délai.21.
— Colmar.A10.831,n.;B21.381;D.Ordre.367.
— Rennes.A11.750,n.2,n.1; P2.1196; B24.244; D.Saisie-imm.1495.
— Paris.J15.125;D.Compét. civ.241.
28 Aix.A2.59;P1.328;B3.61; S16.2.116; J15.153;D.Assur. marit.253.435.
— Paris.A2.709,n.;P14.2.93;B343; S14.2.188; J15.131; D.Commerçant.53.
— Caen.P15.2.41;S14.2.377;J15.128; D.Action.82.Résol.25.Vente.730.
2 Civ.c.A7.450;B14.48;D.Enreg.2873.

— Civ.c.A7.450; P15.1.576; B14.48; J15.145; D.Enreg.1990.2874.
— Civ.c.A8.498;P15.1.113;B16.94;S13.1.382; MR11.465;J15.136; D.Féodalité.128.140.141.Inscript. hypoth. et privil.17.Prescript.844.
— Bruxelles. A6.871,n.2; P1.1516; B12.563,n.1; S15.2.239;J14.14;D.Enquête.218.
— Paris.A9.643,n.4; P2.558,n.4; B18.276; S14.2.246; D.Exécut. des jugem. et actes.451.
— Rennes.A3.675,n.;D.Compte.53.54.
— Amiens.S14.2.74;D.Effet de comm.463.
30 Civ.c.A7.567; B13.446; S20.1.449; J15.148; D.Enreg.2495.
— Civ.c.A7.451;P13.1.576;B14.49;J15.147;D.Enreg.1911.2875.
— Déc.A6.341,n.1;P17.2.121;S14.2.323;D.Domaines.
— Déc.A6.326,n.7; P17.2.121; SC2.384; D.Ventes adm.547.
— Décr.A9.914,n.1.2; P2.663,n.2; B19.5; SC2.382; D.Louage adm.9.
— Décr. du cons. d'état.SC2.385;D.Chose jugée.46.

JUILLET.

1 Paris.A6.93;P1.1347;B11.101;D.Legs.215.
— Cr.r.A11.402,n.7;P2.1060,n.5; B23.108; S17.1.322; D.Procès-verbal.135.
— Cr.c.A11.34,n.1;P2.918,n.1;B21.460;S16.1.336; MR15.25;J15.152;D.Action publ.44.
— Bordeaux.A11.623,n.6;B24.16;S15.2.114; D.Saisie-arrêt.59.
— Paris.A11.750,n.1; P2.1195; B24.244; S14.2.259; J15.150;D.Saisie-imm.967.970.
— Cr.r.A12.618,n.,B27.142,n.1;D.Tentative.25.
2 Cr.c.A1.161;P1.65; B1.188; S20.1.480; J15.161; D.Acquittem.14.20.52.
— Cr.c.A2.317;P1.464;B3.354;D.Cassation.65.Cour d'assises.1673.
— Cr.c.A2.190; P1.405; B3.205; D.Autor. mun.530.531.532.Jugem.405.
— Cr.c.A3.624;P13.1.474; B5.240; S13.1.298; J15.153; D.Complicité.18.59.
— Cr.c.A11.154,n.,n.13; P2.954,n.2; B22.195; D.Pêche.189.
— Bordeaux.A11.620,n.1;B24.10;S15.2.11;J15.159;D.Saisie-arrêt.14.
— Cr.c.A11.956,n.7.1;B25.131,n.2;D.Serment.84.90.
3 Colmar.A11.587,n.2,n.2;P15.2.95;B23.433; S14.2.291; J15.164;D.Renvoi.20.
6 Civ.r.A4.609;P15.1.454; B8.221;S13.1.419; MR15.35;J15.179;D.Avocats.109.110.113.277.278.280.
— Paris.A10.211,n.1; P14.2.61; B19.448; S14.2.116; J15.174;D.Communauté.294.
— Aix.A11.522,n.4;P2.1104,n.4;B25.315;S14.2.8;J15.182;D.Remplacement.20.
— Turin.A11.803,n.3; P2.1214; B24.345; D.Saisie-imm.1247.
7 Paris.A10.493. et 492,n.2;P14.2.5; B20.370;S15.2.298;J15.187;D.Intérêts de cap.115.
— Pau.A11.817,n.5;P2.1220;B24.369;S16.2.105;J15.184;D.Saisie-imm.1142.1412.
8 Montpellier.P14.2.70; S14.2.107. et 248; D.Arbitrage.598.
— Req.A11.901,n.1-1; P14.1.614; B25.31; S15.1.128;J15.189;D.Sép. de corps.77.138.
— Cr.c.A11.957,n.1.18;B25;D.Serment.98.
— Cr.c.A4.408;P1.1140;B7.449;D.Cour d'ass.928.
— Cr.c.A2.616,n.1;D.Chose jugée.414.
— Cr.c.A3.650; P1.948; B6.272; D.Complicité.152. Vol.237.
— Cr.c.A8.364;P2.252;B15.424;D.Faux.281.
— Cr.r.A8.698;P2.519;B16.526;S17.1.321; D.Corruption.14.
— Cr.c.A11.28;B21.451;S16.1.288;J15.191;D.Compét. cr.186.
— Cr.c.A12.1067,n.6;P2.1529,n.6; B28.416; S20.1.511; D.Vol.198.
9 Metz.A2.716; P1.634; B4.351; S14.2.174; D.Actes de comm.238.
— Cr.c.A3.645; P1.945; B6.266; S17.1.92; D.Complicité.128.
— Turin.A6.686;P15.2.103;B12.346;S14.2.257;J15.193;D.Eff. de comm.541.
— Cr.r.A9.760,n.1;P2.593,n.6; B18.447; S17.1.88; D.Jug. par déf.559.
— Civ.c.A11.173,n.3;P2.962,n.5;B22.227;D.Peine.195.
10 Turin.A9.58,n.1;P2.422;B17.62,n.1;S14.2.13;D.Echange.7.Privil.222.226.
12 Gênes.A2.763;P14.2.67; B4.406; S14.2.160;J15.197;D.Commissionnaire.91.Faillite.1177.
— Aix.A10.687,n.2;P2.839,n.2;B21.140;S14.2.254;D.Action.13.Compte.80.Preuve litt.716.960.
— Civ.r.A11.583,n.1;P13.1.411;B23.370;S13.1.554;MR14.411;J15.201;D.Offre.1242.Rente.141.
— Paris.P23.2.24,n.2;S14.2.237;J15.194.
13 Civ.c.A5.305;P1.1519. et 13.1.403;B9.350;S13.1.361;J15.208;D.Dispos. entre-vifs.261.262.
— Rennes.A7.662;P2.116;B14.331; D.Dom. cong.21.Expertise.65.83.
— Déc.A6.350,n.14;D.Ventes adm.448.

— Civ.c.A6.404,n.1;D.Douanes.69.70.71.
— Civ.r.A11.917,n.3.1; P14.1.593. et 2.1247; B25.57;S13.1.115;MR16.267;MQ6.749;J15.214;D.Sépar. de corps.199.
— Déc.A3.15,n.10;P1.677;D.Comp. adm.143.
— Décr. cons. d'état.SC2.394;D.Hospice.28.
— Pau.D.Huiss.77.
— Décr. cons. d'état.SC2.386;D.Propriété.335.
— Décr. cons. d'état.SC2.387;D. Vente adm.136.562.448.449.
14 Civ.c.A1.91; P1.53; B1.102; S14.1.224; J15.225;D.Acquiesc.317.
— Rennes.A7.696;P2.124;B14.373;D.Huiss.174.
— Civ.r.A9.408;P13.1.505;B17.485; S14.1.38; J15.220;D.Hypoth.302.Ordre.199.
— Montpellier.P15.2.94;S14.2.280;J15.218;D.Intérêts, Usure.
— Rennes.A9.670;B18.345;D.Frais et dépens.115.
15 Cr.r.A4.514;P1.1179;B8.116;S17.2.310;D.Cour d'ass.1661.
— Cr.r.A.4.408;P1.1140;B7.449;S17.2.314; D.Cour d'ass.931.
— Limoges.A9.81; P2.425; B17.90; S14.2.262; D.Faillite.819.Privilége.428.455.
— Cr.r.A8.581,n.;P1.590;B4.198,n.;D.Chose jugée.323.
16 Cr.c.A8.389;P13.1.437;B15.453;S13.1.452;MR15.315;J15.235;D.Faux.346.
— Paris.A9.439,n.,n.3;P15.2.92;B17.521,n.3;S14.2.233;J15.226;D.Réd. des hyp.14.29.
— Cr.c.A12.1073,n.11;P2.1552;B28.430;D.Vol.265.
17 Cr.c.A4.272,n.;P1.1087. et 13.1.440;B7.296,n.;S13.1.449;J15.235;D.Contumace.62.
— Paris.A9.447,n.;P2.501,n.;B17.529,n.;S14.2.107;J15.239;D.Rad. hyp.73.
— Déc.min.A7.613;D.Enreg.1873.
— Décr. cons. d'état.SC2.397;D.Mines.121.
19 Civ.c.A1.676;P1.254;B2.322;D.Arbitrage.449.514.
20 Décr. cons. d'état.SC2.400;D.Hospice.29.
21 Civ.r.A6.275;B11.311;S13.1.441;J15.242;D.Port. disp.249.251.
— Colmar.A9.118,n.2; P2.436; B17.134,n.2; S15.2.25; D.Privilége.572.
22 Req.A7.324;P2.58;B13.367;D.Enreg.2239.
— Cr.r.A3.494;P13.1.448;B6.400; S13.1.447; MR15.360;J15.251;D.Compét. crim.330.
— Paris.A8.160;P14.2.101; B9.484; S14.2.354; J15.247;D.Désist.130.
— Déc.A6.342,n.5;D.Domaines.
— Cr.c.A11.882,n.4;B24.475;S17.1.96;D.Scellé.65.
23 Rouen.A4.795;P13.2.409;B8.456;D.Dem. nouv.70.
— Nancy.A9.755,n.4; P2.591,n.4; B18.440; S16.2.167;D.Contr. par corps.448.Jugem. par déf.494.
— Cr.c.A12.1054,n.2;P2.1524;B28.396;D.Vol.92.
— Cr.c.A11.30,n.7;B21.454;D.Instr. cr.365.
25 Paris.A8.56;P2.177;B15.62;S15.2.112;D.Faillite.139.
26 Civ.c.A1.205; P15.1.30; B1.257; S15.1.116; J15.258;D.Action civ.3.
— Civ.r.A5.463; P1.1325; B10.81; S15.1.449; J15.259; D.Port. disp.567.568.
— Civ.r.A11.894,n.4; P13.1.422; B25.19; S13.1.401; J15.261;D.Adultère.67.Sép. de corps.40.
27 Rouen.A3.791;P1.993; B6.435; S14.2.155; J15.271; D.Contr. par corps.461.626.
— Civ.c.A7.471;P15.1.329;B14.98; S15.1.343; J15.268;D.Enreg.3034.
— Caen.A10.826,n.2; P2.886,n.5; B21.572; D.Ordre.250.293.
— Civ.r.A12.465,n.1;P2.1353;B26.352;S13.1.438;J15.266;D.Sép. de patrimoine.67.
28 Civ.c.A3.754;P14.1.397; B6.392; S15.1.126; J15.274;D.Contr. par corps.203.
— Paris.A9.952,n.3;P16.1.956;B19.44;D.Louage.595.
— Civ.r.A9.323;B17.585;S14.2.25;D.Transcrip.22.
29 Cr.c.A4.95;P1.1031;B7.102;J15.276;D.Contr. ind.405.
— Cr.c.A4.178;P1.1058;B7.193;D.Poudres et salp.22.
— Cr.r.A12.1078,n.7;P2.1535,n.5;B28.439;D.Vol.303.
30 Turin.A3.275; P14.2.46; B5.310; S14.2.47; J15.290;D.Compét. civ.354.
— Cr.r.A7.564;P2.96;B14.209;D.Escroquerie.79.
— Bourges.A8.186;P2.207;B15.216;D.Faillite.815.
— Colmar.A9.303;B17.361;S15.2.23; J15.278; D.Inscrip. hypoth.398.490.
— Aix.A12.819,n.3;P14.2.29;B28.14;S14.2.70;J15.284;D.Usufruit légal.96.
— Colmar.Journ. des av.14.379. D.Faux inc.78.
31 Paris.A9.406,n.1;P15.2.45;B17.482,n.4;S15.2.271;J15.202;D.Hypoth.264.

AOUT.

2 Paris.A11.872,n.1.2;B24.467;D.Saisie-imm.1733.1734.Surenchère.430.
— Civ.c.A3.20,n.; P1.682; B5.17,n.; D.Comm.214.220.229.
— Civ.c.P13.1.489;S13.1.445;J15.304;D.Vente.318.
— Bordeaux.P23.2.60,n.2;S15.2.106;J15.309;D.Remploi.129.
3 Civ.c.A1.767. et 7.324;P15.1.84;B2.427. et 15.368;S15.1.178; J15.313; D.Arbitrage.809.837.880.910. Enreg.2240.

4 Cr.r.A3.103;P1.712;B3.114;D.Commune.311.312.
5 Cr.c.A4.115;P1.1034;B7.125; S20.1.489; D.Contr. ind. 524.525.
— Req.A1.498; P13.1.477; B2.116; S13.1.446; J15.320;D. Appel civ.392.
— Cr.r.A2.579;P1.388;B4.196;D.Chose jugée.322.
— Paris.A11.269,n.,n.14; P2.1000,n.14; B22.393; S15.2.125;J15.316;D.Prescrip.407.
— Décis. régl.A7.387;D.Enreg.2534.
6 Cr.c.A1.170;P1.69;B1.197;D Frais et dépens.355.
— Cr.c.A4.157;P1.1053;B7.170;D.Tabacs.89.90.
— Cr.c.A4.94;P1.1031;B7.102;D.Contr. ind.588.
7 Colmar A1.341;P1.103. et 2.722;B1.400;S13.2.373;J15.325;D.Alimens.6.78.
— Sect. réun.A2.329;P1.469; B2.368; S16.1.20; D.Cassat.598.600.
— Agen.A10.698,n.2; P2.844,n.4; B21.160; D.Preuve litt.1187.
— Rouen.A11.743,n.4;P15 2.63; B24.232;S15.2.113;J15.522;D.Saisie-imm.880.
9 Paris.A8.558;P23.2 78,n.;B16.163; S13.2 310;J15.334;D.Actes de l'état civil.41.43.Filiat. légit.47.97.179.
— Civ.c.A12 72,n.1; P13.1.498; B25.247; S14.1.9; J15.330;D Servitudes.728.
10 Civ.c.A4 665;P14 1.586; B8 284; S15.1.104; J15.545;D. Deg. de jurid.237.Exploit.171.
— Déc.A6.341,n.1; S14.2.525;SC2.403; D.Ventes admin.527.
— Civ.r.A9.888,n.1; P13.1.500; B18.630,n.1; S14.1.3; D. Juifs.27.Lois.285.
11 Civ.r.A10.557,n.1.4; P14.1.391; B20.440; S15.1.94;MR 17.64; J15.360; D.Honoraires.181. Mandat.432.Oblig. divis.25.
— Civ.c.A11.802,n.4;P13.1.496;B24.341;S14.1.113;MR12.308,n.;J15.363;D.Saisie-imm.1224.
— Rennes.A9.657,n.1;B18 291;D.Frais et dépens.84.
12 Cr.c.A4.87;P1.1030;B7.95;D.Contr. ind.361.362.365.
— Cr.c.A2.352;P1.478;B3.394;J15 566;D.Cass.1032.
— Cr.c.A11.226,n.18;P2.988; B22.523; D.Poids et mesures.58.
— Cr.c.A11.541,n.5;P2.1113; B23.350; D.Réc. de juges.109.
— Cr.r.A12.1064,n.2;P2 1528;B28.415;D.Vol.243.
— Cr.r.A11.83,n.;P2 927,n.;S17.1.19;D.Tribunal.168.
— Cr.r.A2.274,n.1;P1.442;S17.1.345;D.Cassat.161.
— Cr.c.A4.253,n.1;P1.1082;D.Contr. ind.58.
13 Cr.c.A2.190;P1.406;B3.207;D.Autor. mun.541.542.
— Cr.c.A4.243,n.;P1.1077;B7.263,n.;D.Contr. ind.596.
— Cr.c.A4.242;P1.1076;B7.263;S16.1.337;D.Contr. indir.596.
— Cr.c.A1.584;P1 217;B2.218;D.Appel correct.176.
— Cr.c.A2.124;P1 363. et 25.1.418; B3.133; S16.1.24; MR 15.122;J15.367;D Autor. mun.397.398.
— Trèves.A5.272; P1.1516; B9.312; S14 2.10; J15.379; D. Dispos. entre-vifs.161.Etranger.23.
— Cr.c.A9.608,n.2.5;D.Jour férié.76.
— Rouen.A10.822,n.2;P14.2.94; B21.565; S14.2.105; J15.576;D.Ordre.188.
— Bruxelles.A10.88,n.1;P2.698,n.1; B19.146; MR16.227; D.Mariage.376.760.
— Cr.r.A12.1070,n.5;P2 1530;B28.424;D.Vol.254.
— Cr.c.A12.967,n.2;P2.1499;B28.269;D.Voies de fait.29.
14 Sect. réun A7.165;P15.1.148;B13.184;S15.1.150;MR15.250;J15.386;D.Enreg.2860.
— Sect. réun.A7 772;P13.1.481;B14.464;S15.1.443;MR13.341;J15.381;D.Exploit.360.
— Ord.A6.342,n.5;SC2.410;D.Ventes adm.74.77.
— Sect. réun.A8.808,n.2; P2.407; B16.442,n.1; D.Forêts.984.
— Décr.A3.120,n.6;P1.717,n.6;B5.151,n.6; D.Commune.550.
— Rennes.A9.739,n.9;B18.414;D.Jugem. par déf.401.
15 Bruxelles.D.Chose jugée.265.
16 Civ.c.A5.59;P1.696;B5.61;D.Commune.558.
— Civ.c.A5.68;P1.699;B5.71;D.Commune.342.343.
17 Civ.c.A7.451;P2.74;B14.49;D Enreg.2876.
— Civ.r.A7.431,n.1;B14.49,n.1;D.Enreg.2876.
— Décr.A8.753;D.Forêts.
— Civ.r.A9.273;P14.1.617;B17.323;S14.1.126;MR16.394;J15.404;D.Inscrip. hypoth.247.
— Civ.c.A10.128,n.2.1;P13.1.485;B19.310;S13.1.444;MR 13.398; J15.393; D.Aut. de femme.255.Caution.89.90.91.
18 Civ.r.A1.343;P14.1.47;B1.408;S14.1.86; MR16.61; J15.352;D.Alimens.189.
— Req.A8.424;P13.1.531; B16.6; S14.1.40; MQ6.453;J15.412;D.Faux inc.37.
— Req.A9 463;P13.1.456;B18.2;S14.1.96; J15.409; D.Garantie.257.Contr. dir.49.57.
— Civ.c.A10.574,n.3; P13.1.603; B20.496; S14.1.72; J15.407;D.Offre.48.
— Cons. des prises.A11.385,n.6;P2.1053,n.6;B25.79;S16 2.113;D.Prise marit.201.
19 Cr.r.A2.611;P1 608;B4.251;D.Chose jugée.402.
— Cr.r.A5.654;P1.950;B6.276;D.Complicité.174.
— Décr.A6 503.n.1;B11.344,n.2;D.Dom. eng.26.
— Décr.A6 797,n.4;D.Emigré.
— Aix.A9.140,n.3;P14.2.79; B17.162,n.3; S14.2.239; J15.415;D.Hypoth. lég.72.
— Cr.r.A12.1062,n.4;P2 1526,n.6;B28.410;D.Vol.158.
— Ord.A3.193,n.1;D.Compét.

1813.

— Décr. cons. d'état.SC2.414;D.Forêts.128.
— Arr.A12.988,n.6;B28.298;D.Voirie.131.
20 Cr.c.A4.225; P1.1071.1072; B7.245; D.Or et arg.116.137.
— Paris.A10.575,n.2;P2.804,n.2;B20.497; J15.417; D.Offre.28.33.
— Cr.c.A12 1070,n.5;P2.1530,n.6;B28.424;D.Vol.238.
21 Bordeaux.A1.13;P1.8;B1.14;S14.2.314;J13.420; D.Absence.168.
23 Civ.c. A7.190; B13.242; D.Arbitrage 848.Enreg.1666.1720.1725.Preuve test.285.
— Civ.c.A6.724;P14.1.623;B12.390;S15.1.151;J15.455; V. au 25;D.Absent.55.Effets de comm.201.622.625.856.Intér. de capitaux.74 Vérif. d'écrit.25.
— Riom.A9.875,n.1-1;B18.389;S15.2.236.
24 Req A10.719,n.3;P13.1.485;B21.191;S15.1.466; MR16 284; J15.422; D.Except. 393. Prêt.51.Preuve test.20. Lois rétroact.107.
— Civ r.A11.245,n.2;P13.1.605;B22.354;J15.426; D.Prescript.222.
— Req.A12.742,n.52;P13.1.552;B27.354;S14.1.5;J15.450; D.Tutelle.424.597.
— Rouen.A1.669,n.;D.Arbitrage.398.
25 Req A12.335,n ;P2 1310;B26.124;S16.1.13;J15.445; D. Saisie arrêt.182.Succession-irrég.146.147.
— Civ.c. V. au 23.
26 Cr.c.A4.134;P1.1042;B7.144;D.Contr. ind.205.
— Req.A5 63;P15.1.75;B9 67; S15 1.145; J15.447; D.Dépôt.58.
— Aix.A3.725; P1.1558; B10.588; D. Testament.447.666. Transp. de créances.206.
— Rennes.A11.714,n.2;P2.1481;B24.180; D.Saisie-imm-422.920.
— Arr.A7 404,n.12;D.Enreg.2766.
27 Cr.c.A4.249;P1.1079;B7.271;D.Instruct. cr.434. Procès-verb.475.
— Cr.c.A4 745;P1.1255;B8.376;D Degré de jurid.629.
— Cr.r.A12.598,n 7;P2.1371;B27.108,n.1; D.Tém. faux.
— Lyon.A10.336. et 11.765,n.2; P24.1.254,n.2; B24.272. S13.2.367;J15.451;D Dot.220.Surenchère.64.289.
— Req.A12.1083,n.5;B28.430;D.Vol.551.
— Cr.c.A12.1081,n.29;P2.1538,n.24;B28.446; D.Vol.509.
— Cr.c.A12.1072,n.10;P2.1532,n.9;B28.429;D.Vol.262.
28 Bourges.A8.64;P2.180;B15.72; D.Faillite.220.225.240.
— Paris.A3.703; P14.2.96; B6.351; S14.2.261; J15.457;D. Appel civ.222.Compulsoire.14.15.Exploit.784. Vérif. d'écrit.84.85.
29 Décr.A6.796,n.1. et 797,n.3;D.Emigré.167.169.
30 Rouen.A6.724;P1.1484;B12.390;S16.2.101; D.Compét. comm.337.Garantie.326 Effets de comm.745.748.
— Civ.r.A1.682;P13.1.314;B2.329;S13.1.430; J15.463; D. Arbitrage.286.Compét. civ.79.
31 Civ.c.A8.482;B16.77;D.Féod.54.77.
— Civ.c.A11.209,n.6; P13.1.609; B22.293; S14.1.61; J15.371;D Jugem. prép.88.Péremp.322.
— Paris.A12.663,n.51; P2.1392; B27.214; D.Tierce-opp.181.
— Paris. A12.474,n.2; P2.1336; B26.346; S14.2.292; J15.469;D.Partage.59.

SEPTEMBRE.

1 Civ.c.A4.798;P13.1.593;B8.440; S14.1.67; J15.473; D. Appel civ.525.Conclusions.17.Dem. nouv.52.74.
— Civ.c.A2.80;P13.1.510. et 450; B3.184; S13.1.450;J15.481;D.Assur. marit.461.491.
— Limoges. A6.384,n.2;P1.1560; B11.440,n.2; S13.2.353; J15 478;D.Domicile.69.105.
— Cr.c. A11.411,n.3.5; P2.1065,n.5; B23.126; D.Procès-verb.389.
2 Cr.c. A3.270; P1.772; B3.304; D. Régl. de juges. 115. Voies de fait.58.
— Cr.r. A12.598,n.2.7; P2.1371; B27.108; S17.1.320; D. Tém. faux.
— Cr.r.P13.1.459;S13.1.427;J15 486;D.Faux.123.
3 Cr.c.A1.409;P1.129.B2.11;D.Pêche.185.
— Cr.r.A3.558; P1.899;B6.170;S13.1.436; D.Compét. cr. 607.614.
— Cr.c.A4.88;P1.1050;B7.94;D.Cont. ind.120.353.
— Cr.c.A11.174,n.;P2 965,n.5;B22.228; D.Peine.195.
4 Cr.c.A1.569;P1.207;B2.201;D.Appel correct.108.Compét. cr.70.
— Cr.c.A1.555;P13.1.542;B2.183;S14 1.8;MR14.219,n.;J 15.492;D.Appel correct.36.
— Cr.c.A11.399,n.4;B23.102;D.Procès-verbal.101.
5 Cr.c.P13.1.506;S14.1.9;D.Procès-verb.493.
6 Civ.c.A7.138; P13.1.14; B13.154; S13.1.97. et 95;J15.495;D.Enreg.1412.1413.
— Décret.A6.858,n.3;S27.1.434;D.Emigré.366.
— Civ.r.A9.670;P13.1.529;B18.314;S14.1.57; J15.501; D. Frais et dépens.402.
— Décr.A3.118,n.13;B3.429,n.13;SC2.425; D.Commune.505.520.
— Décr. du cons. d'état.SC2.423;D.Compét. admin.669.
— Décr. du cons. d'état.SC2.426;D.Comptabilité.31.
— Décret du cons. d'état.SC2.420;D.Impôt.20.
— Décr. du cons. d'état. SC2.422; Mac.2.421; D.Ventes admin.521.
— Arr.A12 988,n.6;B28.298;D.Voirie.131.
8 Req.A2 643;P1.615;B4.268;D.Chose jugée.459.460.

1813.

— Req.A2.461;P1.525;B4.60;S16.1.15;J15.505;D.Choses.26.
9 Paris. A2.689; P1.625; B4.319; S16.2.70; D. Actes de comm.155.
— Cr.c.A2.225;P1.418;B3.248. et 4.319; D.Ban.7.Déportat.16.
— Cr.c.A8.309;P13.1.520;B15.360; S13.1.467; MR15.296; D. Faillite.1371.1372.1373.Séparat. de biens.103.104.
— Cr.c. A11.214,n.2; P2.979,n.2; B22.296;D.Art de guérir.134.189.
10 Cr.c.A3.895;P1.911;B6.211;D.Compét. cr.693.
— Cr.c.A3.177;P1.1311;B9.205;D Destruct.89.
— Cr.c.A11.518,n.1;P2.1102,n.9;B23.303;D.Récidive.78.
— Rennes. A9.670,n.1 ;B18.315,n.1; D. Frais et dépens.119.
11 Rennes.A7 621;B14.281;D.Exception.333.
— Déc.A6.341,n.1;D.Domaines.
— Déc.A3.219,n.15;SC2.429;D.Compét. admin.111.
— Déc.A3.119,n.21;B5.129,n.21;P1.716,n.21;SC2.427; D. Commune.512.
— Déc. du cons. d'état.SC2.431;D.Acquiesc.489.
— Décret.SC2.428;D.Marché de fourn.293.
14 Turin.A9.755,n.,n.3;P2.591,n.2;B18.439;S14.2.139; D. Jugem. par défaut.486.
18 Déc.P17.2.121;S14.2.330;D.Ventes admin.320.
— Déc.A3.196,n.2;D.Eau.325.593.
— Déc. du cons. d'état.SC2.435;D.Compét. admin.253.
— Décr.SC2.432;D.Louage admin.13.
23 Paris. S14.2.325; D. Exécut. des jugem. et actes.228. Faux incid.257.
27 Civ.r.P14.1.161;D.Féodalité.151.
28 Déc.SC2.437;D.Cons. d'état.87.

OCTOBRE.

1 Cr.r.A4.379; P13.1.555; B.7.414; S14.1.2; J15.509; D. Cour d'ass.667.
— Cr.c.A4.458;P13.1.598;B8.56;S14.1.93;J15.507;D.Cour d'ass.1265.
— Cr.r A2.14;P14.1 128;B3.11;S25.1.185;J15.537; D.Armes.12.
— Cr.c.A8.609,n.4;P13.1.590; B16.327; S14.1.15. et 17.1.521;D Corruption.6.
— Cr.c.A9.875,n.2.3;P13.1.540;B18.614;S14.1.16;D.Lois.
2 Rennes.A10.385,n.,n.2;P2.768,n.3;B20.206; D.Tribunal.106.
— Cr.c. A11.125,n.,n.6; P2.944,n.4; B22.143; D. Presse.339.
5 Civ.c.A1.221;P13.1.523;B1.25; S13.1.465; J15.510; D. Action personn.16.
— Civ.c.A10.495,n.1;P14.1.573;B20.375; S15.1.76; D.Intérêts de capitaux.146.
6 Paris.A2.731; P1.641; B4.370; S14.2.355; D. Actes de comm.106.
— Civ.c.A3.751;P13.1.538;B6.564;S13.1.466;D.Cont. par corps.
8 Cr.c. V. au 14.
— Aix.A2.63; P25.2.142,n.; B3.65;S16.2.117; J15.514;D. Assur. marit.123.265.
— Cr.r.A8.762,n.5;P14.1.225;B16.382; S14.1.170; D.Forêts.542.
— Cr.c.A9.668,n.2;P2.563,n.1;D.Frais et dépens.398.
12 Req.A12.768,n.1,n.1;P15.1.21; B27.402; S15.1.109; D. Lois.54.Tutelle.632.
13 Civ.c.A1 222;P13.1.586;B1.258;S20.1.455; J15.518; D. Action personn.12.Cassat.908.
— Civ.r. A7.40; P13.1.549; B13.59; S14.1.17; J15.516; D. Enreg.268.269.
— Civ.r. A11.281,n.1; P14.1.355; B22.415; S15.1.36; D. Prescript.500.662.
— Paris.A11.682,n.8;P2.1466;B24.148;D.Saisie-imm.150.
14 Cr.c.A2.132;P1.370;B3.142;S19.1.462;J15.524; D.Autorité mun.184.242.243.
— Cr.c.A1.469; P13.1.604; B1.497; S14.1.65; J15.522; D. Excuse.57.Frais et dépens.355.
15 Cr.c.A4.483; P14.1.175; B8.85;S14.1.159; MR15.451;J 15.538;D.Cour d'ass.1457.
— Cr.c.A2.14;P13.1.598; B3.11; S14.1.69; J15.554; D.Armes 12.Chasse.109.
— Cr.c.A3.490;P13.1.612;B6 96;S14.1.73; MR14.621;J15.528;D Compét. crim.354.355.Voies de fait 62.
— Cr.r.A3.651; P13.1.535; B6.273; S14.1.4; J15.525; D. Complicité.156.Témoin.413.450.
— Cr.c.A11.172,n.1;P14.1.68;B22.225;S14.1.101;J15.532; D.Peine.380.
— Cr.c.A11.517,n.3; P2.1103,n.2; B23.303; D.Récidive.106.
— Cr.c.A12.840,n.7;P2.1448;B28.47;D.Vagabondage.14.
— Cr.c.D.Récidive.46.
16 Décr.A6.838,n.,n.3;P17.2.122;D.Emigré.366.
— Arr.A12 988,n.6;B28.298;D.Voirie.131.
19 Décis.D.Notaire.302.
20 Civ.c.A7.340;P13.1.572; B13.386; S14.1.15; D.Enreg.2361.
— Paris.A3.783;P1.991;B6.126. et 14.27,n.; S14.2.129;D. Contr. par corps.440.
— Civ.c.A7.414;D.Enreg.2786.
21 Cr.r.A4.322;P1.1109;B7.351,n.;D.Cour d'ass.315.
— Cr.c.A4.408;P1.1140;B7.449;D.Cour d'ass.929.
— Cr.r.A2.611;P1.609; B4.251; J15.559; D.Chose jugée.403.
— Cr.c.A8.330;P2.239;B15.385;S17.1.93;D.Faux.23.

— Paris.A11.848,n.2;P23.2.29,n.; B24.425; S14.2.267; D. Saisie-imm.1143.
— Cr.r.A12.1060,n.1;P2.1525,n.1;B28.408;D.Vol.146.
22 Cr.c.A8.698;P2 518;B16.326;D.Corruption.4.
— Cr.c.D.Faux.120.
25 Civ.c.A2.357;B3.509;J15.541;D.Cassation.1009.
— Civ.r.A11.298,n.7; P14.1.558; B22.444; S15.1.51; D. Prescript.575.885.891.
26 Civ.c.A7.511;P2 56;B13.352;D.Expertise.358.
— Civ.c.A7.569;P14.1 561;B13.419;S15.1.73;J15 543.
27 Civ.c.A4.614;P13.1.545; B8.227; S14.1.13; J15.546; D. Degré de jurid.49.
— Req.A10.841,n.;P13.1.565;B21.400;S14.1.5;J15.550;D. Ordre.445.
28 Cr.c.A3.577; P21.1.76; B6.193; MR17.44; D.Compét. crim.651.Régl. de juges.123.
— Cr.c.A8 599; B15.465; S14.1.10; J15.555; D.Faux.595. 598.453.
— Cr.c.A12.1076,n.15; P2.1534; B28.456; S14.1.17; J15. 558;D.Vol.285.
29 Chambr. réun.A5.429;P16.1.428. et 450. et 411,n.8;B 6.26; S14.1.14; MR15.525; J15.559; D.Compét. crim. 72.Instr. crim.251.
— Cr.c.A5.178;P1.1311;B9.205;D.Destruction.93.
— Aix.A11.308,n 2; P2.1011,n.2; B22.461; S16.2.66; D. Commissionnaire.34.Prescript. civ.1047.
— Cr.c.A11.153.n.10;P2.953,n.2;B22.192;D.Pêche.109.
— Cr.c.A12.622,n.2;P2 1381;B27.148; S14.1.23; D.Tentative.14.23.
30 Cr.c.A4.286;P1.1091;B7.311;D.Cour d'ass.85.
— Cr.c.A2.126;P1.564.et 23.1.419,n.;B3.135;S14.1.20;MR 15.123; J15.369;D.Autorité mun.401.
— Cr.c.A12.969,n.;B28.272;D.Voies de fait.46.

NOVEMBRE.

2 Civ.c.A11.791,n.4;P14.1.26;B24.320; S14.1.11; MR13. 340;J15.563;D.Surenchère.134.138.
— Décis. min.D.Enreg.2611.
3 Req.A7.444;P15.1.599; B14.66; S14.1.75; D.Prescript. civ.1060.
— Civ.r.A7.448;P2.77;B14.70;D.Enreg.2954.2955.2964.
— Civ.r.A9.964,n.1;P14.1.225; B19.93; S14.1.26; D.Lois. 249.Mandat.261.
— Civ.c.A9.337; P13.1.556; B17.399; S14.1.6;J15.568;D. Hypoth.101.
4 Cr.c.A4.305;P1.1100;B7 352;S14.1.153. et 24;J15.574; D.Cour d'ass.539.
— Cr.c.A8.539;P2.258;B15.454;S14.1.185. et 28;D.Faux. 540.
— Cr.c.A9.665,n.; B18.307,n.; S14.1.182; D.Frais et dépens.362.
— Cr.c.D.Prescript. crim.115.
5 Orléans.A12.901,n.2;P2.1473;B28.163;D.Vente.819.
— Cr.r.A12.828,n.2; P2.1442; B28.25; D.Action civ.129. Usure.66.
6 Déc.P17.2.121;S14.2.329;D.Ventes adm.295.
— Déc.SC2.448;D.Dom. de l'état.91.
— Décr.D.Ventes adm.523.
8 Civ.c.A9.143,n.3; P13.1.565. et 19.1.623; B17.165,n.3. et 20.1.120; S14.1.4. et 20.1.120; J15.576; D.Hypoth. lég.101.
9 Civ.c.A7.256;P2.42;B13.290;D.Enreg.2007.
— Civ.c.A7.457,n.1;B14.81,n.1;D.Enreg.
— Civ.c.A9.126,n.1;P13.1.580; B17.144,n.1; S14.1.7; MR 15.400;D.Hypoth. lég.18.
10 Colmar.A1.144;P1.56;B1.168; D.Acquiescem.239.339.
— Colmar.A9.648,n.,n.3;P14.2.84;B18.282; S14.2.285; D. Exécut. des jugem. et actes.201.
— Req.A12.766,n.2;P13.1.584; B27.402; S14.1.21; MR16. 272;D.Lois rétroact.174.Tutelle.619.
— Civ.r.A12.830,n.1;P2.1443;B28.38;D.Commune.415.
11 Déc.A6 325.n.1. et 351;S14.2.144;D. Ventes adm.392.
— Cr.c.A12.553,n.19;P2.1352;B27.29;S14.1.181; D.Compét. crim.470.Rébellion.50.
— Req.P15 1.65;S15.1.197;J15.589;D.Preuve testim.344.
— Déc. du cons. d'état. D.Etabl. publ.27.
— Déc.V. au 13.
— Déc. du cons. d'état.SC2.450;D.Ventes adm.399.
— Décr.A4.164,n.5;D.Sel.3.
12 Cr.c.A2.143;P1.379;B3.156;S14.1.186. et 19; D.Autorité mun.336.
— Cr.c.A5 14; P1.1279; B9.12; D.Dénonciat. calomn.18. Presse.280 281.
12 Cr.c.A8.589;P2.258;B15.454;S14.1.185. et 25;D.Faux. 92.
— Décr. du cons. d'état.SC2.453;D.Cons. d'état.75.
13 Colmar.A5.780; P14 2.99; B10.451; S14.2.284; MR17. 568;D.Preuve litt.455.Testament.590.
— Lyon.V.au 18.
— Colmar.A9.872,n.2;D.Lois rétroact.225.
15 Civ.r A1.157; P1.53; B1.161; J15.599; D.Acquiesc.48. 338.Faillite.448.
— Civ.c.A7.179;P2.27;B13.200;D.Enreg.1508.
— Civ.r.A5.757;P14.1.576; B6.397; S15.1.74; J15.592; D. Contr. par corps.252.253.
— Req.A6.759,n.1; P1.1593; B12.431,n.1; D.Effet publ. 107.
— Agen.A10.680,n.2;B21.130;D.Preuve litt.866.
16 Civ.c.A7.56; P13.1.621; B13.57; S14.1.91; J15.602; D. Enreg.145.

— Civ.c.A7.250;P2.35;B13.260;D.Enreg.1884.1891.2877.
— Req.A6.254;P13.1.618;B11.264;S14.1.99;D.Don. entre époux.52.Révoc.70.71.
17 Civ.c.A1.462; P1.164. et 14.1.32; B2.74; S14.1.101; D. Appel civ.125.252.
— Civ.r.A4.625;P1.1195;B8 257;D.Degré de jurid.49.
— Rennes.A11.641,n.3; P2.1149,n.19; B24.48; D.Saisie-arrêt.258.
— Civ.c.A12.742,n.4; P14.1.35; B27.319; S14.1.74; MR17. 198;J15.606;D.Tutelle.205.277.
— Civ.r.P13.1.283; S13.1.364; J15 955; D.Inscript. hypoth.145.200.
18 Cr.c.A1.58;P14.1.3; B1.67; S14.1.18. et 50;MR14.799;J 15.614;D.Abus de confiance.78.
— Cr.c.A4.76,n.;P1.1025;B7.82,n.;D.Contr. ind.541.545.
— Cr.r.A2.707;P1.632;B4.340;S16.1.51; J15.651; D.Actes de comm.175.Agent d'affaires.2.4.Faillite.1327.Compét. crim.778.
— Lyon.A5.203;P23.1.91,n.;B9.233;S15.2.221; D.Condition.85.
— Cr.c.A7.712;P2.131;B14.393;S14.1.187; J15.659; D.Exploit.934.
— Cr.c.A8.451; P2.272; B16.41; S14.1.25; D.Faux incid. 256.
— Req.A10.455,n.1; P14.1.290; B20.281; S14.1.232; J15. 635;D.Honoraires 113.
19 Colmar.A8.166;P2.201; B15.193; S14.2.287; D.Faillite. 692.
— Rennes.A11.659,n.2;P2.1157;B24.79; D.Appel civ.73. Frais et dépens.30.Saisie-exéc.192.201.229.
— Colmar.A12.444,n.1;B26.292;D.Rap. à suc.199.200.
— Aix.S14.2.250;D.Rente.149.
20 Pau.A1.153;P23.2.58,n.1;B1.179;S16.2.81; J15.644; D. Acquiesc.286.389.Saisie-imm.1060 1130.
22 Civ.r.A7.838;P14.1.178;B14.543;S14.1.104;MQ6.16. et 66;J15.649;D.Exploit.277.
23 Aix.A2.19;P14.2.82;B3.17;S14.2.209;J15.651;D.Assur. maritimes.10.17.
— Civ.c.A.8 279;P14.1.51;B15.324; S14.1.78; J15.654; D. Faillite.1227.
— Décr. du cons. d'état.SC2.462;D.Contrainte.15.
— Décr. du cons. d'état.SC2.457;D.Ventes adm.51.
25 Paris.A5.783;P1.1341;B10.455;S14.2.14;D.Preuve litt. 455.Testament.612.
— Req.A7.700;P13.1.615; B14.378; S14.1.76; J15.668; D. Huiss.162.
— Déc.A6.341,n.1;D.Domaines.
— Req.A9.296; P14.1.15; B17.350; S14.1.44; J15.665; D. Inscript. hypoth.537.
— Req.A11.176,n.,n.8;P14.1.15;B22.231;S14.1.87;MR17. 344;D.Pérempt.33.
— Civ.c.D.Prescript.575.V. 25 octob.
27 Paris.A1.358;P1.108;B1.118;D.Alimens.88.
— Paris A9.960,n.1-1; P2.679,n.3; B19.87; S15.2.61; D. Mandat.163.
29 Paris.P15.2.26;D.Rente.328.
30 Civ.c.A3.363; P14.1.118; B5.117; S14.1.16; J15.672; D. Compét. comm.289.
— Civ.r.A5.747; P14.1.19; B10.413; S14.1.70; MR13.649; J15.676;D.Testament.479.
— Rouen.P23.2.52,n.2;S13.2.361;D.Vente.387.

DÉCEMBRE.

1 Civ.r.A12.41,n.2; P14.1.39; B25.197; S14.1.95; MR14. 836;J15.689;D.Servitudes.294.295.
— Civ.r.A11.825,n.2;P14.1.81;B24.384;S14.1.80;J15.684; D.Saisie-imm.672.1491.1496.1634.
2 Paris.A4.746,n.1;S14.2.294;D.Deg. de jurid.596.
— Cr.c.A12.822,n.15; P14.1.57; B28.19; S14.1.30; MR14. 416;J15.690;D.Abus de confiance.24.Usure.42.87.109.
3 Cr.c.A1.159;P1.62;B1.185;D.Acquittement.13.
— Bourges.A11.534,n.4;P1.1110;B23.386.
— Civ.r. A12.680,n.11; P14.1.86; B27.243; S14.1.85; D. Transact.99.
— Limoges.A11.820,n.4;P2.1222;B24.575; D.Saisie-imm. 1525.
4 Civ.c.A11.540,n.1;P2 1112,n.7;B23.346;D.Réc.de jug. 128.
6 Civ.c.A7.142;B13.158;D.Enreg.1414.
— Civ.c.A6.345,n.1;B11.394,n.1;S14.1.142; D.Arbitrage. 1011.Dom. de l'état.38.39.
— Déc.A6.354,n.6;D.Domaines.
— Déc.A9.468,n.1-4;B18,n.4;SC2.462; D.Contr. dir.253. Louage emphit.45.
— Civ.c.A9 295;P14.1.114;B17.348;S14.1.36; D.Inscript. hypoth.12.328.
— Décr. cons. d'état.SC2.464;D.Expropr. pub 54.
7 Civ.c.A7.218;P2.33;B13.245;D.Enreg.1837.
— Req.A9.755,n.2;P14.1.176; B18.440; S14.1.157; D.Jug. par déf.499.
8 Civ.r.A11.283,n.,n.5;P14.1.277;B22.417; S14.1.213; D. Prescrip.667.
— Req.A11.78,n.2-2;P14.1.177;B22.62;S21.1.280 et 14.1. 121;MQ6.358;J15.697;D.Juge supp.81.149.
9 Cr.c.A1.390;P1.119;B1.456;S14.1.94;J15.701;D.Confiscation.42.Contr. ind.630.Tabac.133.
— Req.A3.91;P14.1.71;B5.98;S14.1.88; D.Commune.431.
— Bruxelles.A12.360,n.1;B26.155;D.Succession.372.
— Rouen.D.Exploit.777.

10 Bourges.A10.847,n.4; P2.895,n.2; B21.408; D.Ordre. 531.
— Colmar.A12.420,n.1;P15.2 11;B26.275; S14.2.289;J15. 704;D.Rapp. à succ.127.
11 Ord. cons. d'état.A3.203,n.1; D.Compét. adm.330.
— Ord. cons. d'état.SC2.469;D.Louage adm.10.
13 Limoges.A5.746;P15.2.46;B10.577; S15.2.275;J15.720; D.Faux inc.30 Testament 379.
— Civ.r.A6.338;B11.384;D.Ventes adm.172.173.
— Paris.16.666;B12.324,n.3;S16.2.98;J15.718;D.Lois rét. 143 Eff. de comm.520.828.
— Civ.r.A9.88;P14.1.90;B17.99;S14.1.46; MR15.691; J15. 711; D.Privilége.457.477.502.506.Purge.52.Transcrip. 28.
14 Req.A11 188,n.6;P14.1.170;B22.254; S14.1.157; MR17. 306;J15.730;D.Péremp.106.123.
— Civ.c.A12.276,n.1;P14.1.76;S14.1.66;D Success.98.
15 Req.A6.325;P15.1.7;B11.265;S15.1.102;D.Donat.entre époux.55.
16 Orléans.D.Exploit.292.
17 Douai.A9.585,n.1.14;P2.559,n.8;B18.184;D.Intervention.45.
— Aix.A10.557,n.2;P14.2.89;B20.467; S14.2.257; D.Paiement.139.
— Cr.c.A11.28,n.; B21.451,n.1; S17.2.246; D.Instr. crim. 556.
18 Avis du cons. d'état.A3.659;P1.99;B6.281; S14 2.16;D. Complicité.223.
— Limoges.A11.654,n.2;P2.1155,n.15; B24.70;S17.2.216; D.Saisie-exéc.91.
21 Civ.c.A1.205;P14.1.516;B1.238; S15.1.21; MR15.371; J 15.755;D.Action civ.3.54.Compét. civ.438.
— Colmar.A1.681;P1.258;B2.529;S14.2.290;D.Arbitrage. 285.339.Juifs.39.
— Civ.c.A7.104;B13.115; S14.1.83; D.Enreg.884.914.915.
— Civ.c.A7.412,P2.71;B14.22,n.;D.Enreg.2771.
— Bourges.A11.479,n.,n.4; P2.964,n.6; B22.236; D.Pérem p.40.
— Civ.c.P14.1.55;D.Lois rétr.144.
22 Civ.c.A7.145;B13.159;D.Enreg.1415.
— Req.A1.31; P14.1.66; B1.55;S14.1.90; D.Absence.243. 245.
23 Cr.c.A5.176;P1.1340;B9.203;S14.1.76;D.Destruct.9.
— Déc.A3.16,n.1;P1.677;D.Comm.157.
24 Cr.c.A4.358;P1.1122;B7.391;D.Cour d'ass.557.559.560.
— Cr.c.A2.135;P1.372;B3.141; J15.738; D.Aut. mun.156. 300.Instr. cr.356.Lois.147.Voirie.571.
— Cr.c.A8.758,n.5;P24.1.207,n.;B16.551,n.; S24.1.387;D. Forêts.227.Procès-verb.181.
— Cr.c.A8.758,n.5; P24.1.296; B16.350; S24.1.387; D.Forêts.227.Procès-verb.181.
— Bourges.A11.845,n.3;B24.422; D.Saisie-imm.823.1263. 1471;Surenchère.437.
27 Paris.A8.185;P2.207;B15.215;S16.2.106;D.Faillite.770. 818.
28 Civ.c.A7.238;B13.269;D.Enreg.1914.
— Civ.c.A8.496;B16.92;D.Féodalité.136.
— Req.A9.325,n.1.2;P14.1.104;B17.385,n.2; S20.1.453;D. Dem. nouv.75.Transcrip.11.25.
— Cr.c.A11.309,n.,n.1;P2.1011,n.3; B22.464; S14.1.92;D. Prescrip. civ.1061.1062.
— Civ.c.A11.639,n.6;P14.1.125;B24.45; S14.1.92;J15.746; D.Saisie-arrêt.151.224.
— Paris.A12.587,n.24; P2.1369; B27.87; J15.343; D.Enq. 107.
— Civ.c.P14.1.155;D.Féodalité.105.
— Cass.A9.862,n.28;D.Lois rétr.143.
29 Bourges.A10.685,n.2; P2.856,n.3; B21.433; D.Preuve litt.915.
30 Cr.c.A1.596;P1.122;B1.463;S14.1.77;J15.752;D.Amende.96.
— Paris.A1.604;P1.264;B2.544;S14.2.301; J15.760;D.Arbitrage.525.
— Cr.r.A5.24;P14.1.129; B9.23. et 8.18; S14.1.129; MR0. 549; J15.754; D.Frais et dépens.156.Dénonc. calomn. 42.75.
— Cr.r.A9.508,n.1;P2.512,n.4;B18.64;D.Instr. crim.231. 233.
— Req.A9.578,n.10.4;P15.1.110;B18.172;S15.1.160; J15. 780;D.Interrog. sur faits.67.
— Rennes.A10.143,n.1-1; P2.708,n.3; B19.335; D.Autor. de femme.108.
31 Cr.c.A8.364;P2.252;B15.424;D.Faux.235.387.
— Rouen.A6.754;P14.2.59;B12.401;S14.2.104;MR17.414; D.Eff. de comm.800.Prescrip. civ.1058.
— Cr.c.A9.660,n.4; P2.564,n.4; B18.302; D.Frais et dép. 356.

1814.

JANVIER.

3 Civ.c.A8.90; P14.1.137; B15.104; S14.1.142; J16.5; D. Faillite.212.
— Civ.r.A9.293; P14.1.109; B17.347; S14.1.77. et 82;MR 16.440;J16.1;D.Cassation.192.Inscrip. hypoth.296.
4 Civ.r.A7.435; P14.1.146; B14.54; S14.1.135; J16.8; D. Enreg.2856.
5 Toulouse.A1.649;D.Arbitrage.
— Civ.c.A5.547;P14.1.201;B10.179;S14.1.170;MR12.652; D.Don. dég.11.39.Port. disp.308.

— Req.A11.267,n.1. et 12.472,n.1; P14.1.229; S14.1.192; B26.344;D.Parenté.29.Partage.38.Prescript.424.594.
6 Req.A5.634;P14.1.240;B10.285;S14.1.217; MR13.600;J 16.16;D.Testament.143.
— Déc.A7.477;B14.105;D.Greffe.19.
— Rennes.A9.558;P2.523; B18.111; D.Interdit.49.64.Tutelle.187.201.
— Décr. cons. d'état.S14.2.537;D.Ventes adm.75.76.
7 Paris.A5.817; P1.1005; B6.466; S14.2.305; J16.19; D. Contr. par corps.743.
— Cr.r.A4.139;P1.1045;B7.150;D.Octroi.106.
— Cr.c.A1.398;P1.123;B1.466;S14.1.182;D.Forêts.971.
— Civ.A10.678,n.1;P2.835,n.1;B21.128;S14.1.138;J16.18; D.Preuve litt.855.
— Caen.A10.30,n.1.2;P2.686,n.1.2;B19.461;D.Acte resp. 59.62.Mariage.240.
8 Sect. réun.A1.162; P14.1.101; B1.188; S14.1.71; D.Acquitt.21.
— Bourges.A11.753,n.3-3;P2.1187;B24.214;D.Saisie-im. 414.699.
10 Paris.A5.571; P14.2.102; B10.210; D.Transcript. des don.59.
— Civ.r.A11.752,n.7;P14.1.142;B24.249;S14.1.64;J16.53; D.Exéc. des jugem. et actes.79. Saisie-imm.439.661. 1070.
11 Bordeaux.A6.722;P1.1483;B12.387,n.1;S15.2.141;J16. 57;D.Eff. de comm.755.
12 Civ.c.A7.29;P2.3; B13.26,n.; S14.1.247; D.Enreg.175. 1047.
— Civ.c.A5.69;P14.1.165;B9.75; S14.1.33; J16.40; D.Dépôt.27.108.109.114.
— Req.A8.481;P14.1.242;B16.78;S14.1.189; D.Féodalité. 48.
— Civ.c.A12.671,n.4;B27.228;S14.1.246;J16.43;D.Preuve test.68.Tierce-opp.162.241.
13 Req.A6.211;P14.1.256;B14.257;S14.1.195; MR16.505;J 16.53;D.Donat. par cont. de mar.27.28.29.
— Paris.A10.852,n.12;P15.2.115; B21.416;S15.2.225;J16. 57;D.Ordre.550.
— Req.A10.842,n.;P14.1.245;B21.401; S14.1.194; J16.51; D.Ordre.443.
— Cr.c.A10.801,n.2; P2.877,n.1; B21.531; S14.1.190; J16. 49;D.Respons.565.575.
— Cr.c.A11.175,n.2;P2.962,n.5;B22.226;D.Peine.192.
— Paris.A11.661,n.3;P2.1158,n.6; B24.81;D.Saisie-exéc. 237.
— Cr.c.A8.756;P2.353;B16.348;D.Forêts.215.
15 Cr.c.A2.321. et 4.573;P1.465. et 1191;B3.358. et 8.183; S21.1.202.et 14.1.187;J16.60;D.Cass.465.643.Défense. 169.
— Cr.c.A1.593,n.;D.Appel correct.228.
— Paris.A11.642,n.2.1;P14.2.33;B24.50;S14.2.95;J16.61; D.Saisie-arrêt.163.
17 Civ.c.A7.69;B13.73;D.Enreg.658.1858.
— Déc.A6.326,n.19. et 634,n.2;SC2.495; D.Ventes adm. 127.307.
— Décr.A9.469,n.4;B18.9,n.3;SC2.489;D.Contr. dir.241.
— Décr.A12.583,n.7;P2.1399; B27.247; SC2.491; D.Trav. pub.81.
— Ord.A5.219,n.10. et 237,n.11;D.Contr. dir.201.
— Ord.A5.133,n.3. et 134,n.1;D.Communes.
— Décr.SC2.497;D.Culte.40.
— Décr. cons. d'état.SC2.490;D.Servitude.808.
— Décr.SC.2.484;D.Ventes adm.28.
— Ord. cons. d'état.D.Voirie.158.
18 Civ.r.A8.107;B15.123;S14.1.57;J16.69; D.Faillite.449. 450.455.489.
— Civ.r.A12.850,n.13;P14.1.212; B28.67; S14.1.161; J16. 64;D.Dem. nouv.107.Oblig.872.Vente.71.805.
19 Req.A11.371,n.2;P14.1.233;B23.405;S20.1.479;J16.75; D.Preuve litt.868.Rente.540.541.550.
— Civ.c.A3.399;P14.1.271; B5.460; S14.1.209; J16.85; D. Compét. comm.455.
— Angers.A5.247;P1.1314. et 30,n.2;B9.284; S15.2.55;D. Dispos. entre-vifs.135.
— Civ.c.A6.391;P14.1.120;B11.448; S14.1.68;MR16.202;J 16.78;D.Dom. élu.85.
— Paris.A11.845,n.5;P16.2.32;B24.420;S15.2.248;J16.83; D.Saisie-imm.1004.1172.
20 Cr.r.A3.647;P14.1.504;B6.269;S15.1.34; D.Complicité. 148.149.150.
— Req.P14.1.237;S14.1.195;MQ6.201;J16.87;D.Effets de comm.421.
21 Cr.c.A1.585;P1.218;B2.219;S14.1.188;J16.90; D.Appel correct.164.Cass.1028.
— Paris.A8.33;P14.2.72;B15.56;S14.2.297; D.Faillite.14.
— Paris. A9.457,n.,n.6; P2.505,n.6; B17.542,n.6; S14.2. 186;J16.99; D.Hypoth.378.
— Rennes.A10.143,n.1.2;P2.709,n.1;B19.336; D.Autorisat. de femme.109.225.
— Paris.A11.559,n.2;P15.2.49;B23.382; S15.2.84; J16.91; D.Rente.181.
— Paris.A12.859,n.2;P2.1456;B28.80;S15.2.16; J16.96; D. Vente.296.
23 Déc.SC2.502;D.Sequestre.49.
— Décr.A3.237,n.5;D.Communes.
24 Civ.r.A3.788; P14.1.536; B6.432;S14.1.124;J16.102;D. Contr. par corps.498.
— Civ.r.P14.1.179;S14.1.157;J16.107; D.Preuve litt.563.
25 Civ.c.A6.669; P14.1.198; B12.527;S14.1.62;J16.111;D. Cass.446.Effets de comm.504.
— Rouen.A10.823,n.1; P2.886,n.2. et 15.2.116; B21.367; D.Ordre.250.
26 Civ.c. A2.711; P1.634; B4.345; S14.1.255; D.Commerçant.57.
— Civ.r. A9.444; P14.1.217; B17.526; S14.1.179; D.Rad. hypoth.24.
— Req.A9.215; P14.1.247; B17.253; S14.1.41;MQ6.364. et 366;J16.115;D.Hypoth. conv.135.
27 Cr.r. A11.956,n.1.11; B25.132; S17.2.315; D.Témoin. 450.
28 Cr.c.A2.91;P1.343;B5.96;J16.130;D.Attentat à la pudeur.20.
— Cr.r.A4.523; P14.1.502; B7.552; S15.1.51; J16.131; D. Cour d'ass.251.259.
— Amiens A11.840.n.1;B24.412;D.Saisie-imm.1606.
29 Ord.A9.979. et 978,n.18 et 24;B19.114,n.18;SC2.508; D.Manufactures.101.108.
— Rennes.A9.630,n.2;P2.556,n.2;B18.271;D.Jugem.497.
— Paris. A12.288,n.2; P23.2.17; S15.2.35; MR16.269; D. Lois rétroact.168.
— Déc. du cons. d'état.SC2.511;D.Propriété.57.255.
— Déc. du cons. d'état.SC2.507;D.Servitudes.807.
— Déc.A12.98,n.8;B28.301,n.8;D.Voirie.165.
31 Civ.c.A7.341;B13.387;S14.1.211;D.Enreg.2382.
— Civ.c.A7.170;P14.1.221;B13.190;S14.1.178;J16.135;D. Enreg.1326.
— Civ.c.A7.347;P2.62;B13.393; S14.1.248. et 211; D.Enreg.2446.
— Paris.A5.238; P15.2.25; B9.273; MR16.165;J16.142;D. Disp. entre-vifs.79.80.128.
— Civ.c.A7.414;B14.26;S14.1.248;D.Enreg.2786.
— Paris.P15.2.27;J16.140;D.Vente.322.

FÉVRIER.

1 Civ.c.A3.122; P14.1.181; B5.133;S14.1.163;J16.149;D. Commune.492.
2 Civ.c.A1.223; P1.81; B1.259;S14.1.265; D.Action personn.14.
— Civ.r.A7.59;P14.1.197,n.;B13.60,n.;D.Enreg.384.
— Civ.r.A7.58;P14.1.192;B13.59;D.Enreg.384.
— Paris.A3.770;P1.984;B6.412;S15.2.241;J16.154;D.Contrainte par corps.181.
— Paris.A11.830,n.5;B23.329;S15.2.87;J16.154; D.Remplacem.93.
3 Cr.c.A7.583; P2.103; B14.234; S14.1.116; J16.156;Except.10.
— Cr.c. A11.170,n.1; P2.961,n.1; B22.220; S14.1.138; D. Peine.272.
— Bastia. P34.2.240; D.Filiat. nat.130.Promesse de mariage.26.
— Civ.c.D.Plainte.12.
— Cr.c.D.Récidive.74.
4 Cr.c. A3.641; P1.943; B6.262; D.Abus de confiance.9. Complicité.69.
— Grenoble.P25.2.2,n.1;D.Purge.172.185.186.
5 Paris.A9.386,n.,n.7;P2.487. et 15.2.29;B17.457,n.7; J 16.158;D.Purge.105.136.
— Décr. du cons. d'état.SC2.512;D.Ventes admin.77.
7 Civ.c.A7.259;P2.43;B13.293;S14.1.264;D.Enreg.1964.
8 Civ.r.A7.86; P14.1.189; B13.92; S14.1.169;J16.163; D. Enreg.823.
— Civ.c.A8.528; P2.286; B16.129; S14.1.249; J16.166;D. Féod.254.255.256.
9 Grenoble.A12.909,n.1;P2.1475;B28.168;D.Rescis.191.
— Civ.c.A7.134;B13.149; S14.1.265; D.Enreg.1456.2267. 2554.
— Civ.c.A7.407;P2.71;S14.16;D.Enreg.2759.
— Req.A6.566;P1.1445;B12.206;D.Effets de comm.353.
— Paris.A9.324,n.;B17.583,n.;S15.2.74;D.Transcr.22.
— Civ.r. A11.383,n.2; P2.1052,n.3; B23.76; S14.1.108;D. Prises marit.178.179.
10 Cr.c.A4.246;P1.1077;B7.267;D.Contr. ind.607.613.
— Cr.c. A12.1078,n.11; P2.1536; B28.440; S14.1.123; D. Vol.310.
— Cr.c.A12.1075,n.6;P2.1534;B28.434;D.Vol.289.
— Paris.S14.2.352;J16.173;D.Transcript. des don.5.
14 Civ.c. A1.280;P1.91; B1.326; S14.1.271;D.Action possess.340.
15 Civ.c.A1.653;P14.1.244;B2.296;S14.1.154; J16.177; D. Arbitrage.329.333.1109.
— Req.P32.3.130;D.Enreg.2481.
16 Civ.c.A7.371;P2.66;B13.421;S14.1.266; D.Enreg.2511.
— Civ.c.A5.766;P14.1.261;B10.455;S14.1.118; MR12.634; J16.179;D.Preuve litt.417.Testam.536.541.
— Civ.c.A12.593,n.3;B26.431;S14.1.117;J16.181;D.Dommag.-intérêts.22.Rescis.175.
17 Cr.c.A2.158;P1.388;B3.171,n.;J16.185;D.Autor. mun. 470.472.475.Lois.147.
19 Rouen.P15.2.97;S15.2.51;J16.187;D.Don.déguisée.41. Preuve litt.874.
21 Bruxelles.A7.755;P2.150; B14.444; D.Acquiescem.96. 181.Oblig.265.Exploit.625.
— Décr.A9.468,n.2; B10.8,n.1; SC2.523; D.Contr. directes.204.
— Décr.A10.392,n.1; P2.770,n.1; B20.214; S14.2.334; D. Mines.73.78.162.
— Civ.r. A10.749,n.1; P14.1.208; B21.244; S14.1.177; D. Actes de comm.192.Cass.958.Juifs.53.
— Civ.c.A11.134,n.7;B22.160;S14.1.287;D.Papier monn. 11.20.
— Paris.A12.679,n.8;B27.240;S14.2.273;D.Transact.108. 109.
— Décr. du cons. d'état. S2.521; SC2.520; D.Contr. par corps.321.
23 Civ.c.A1.270;P14.1.267;B1.313;S14.1.199; J16.196; D. Action possess.14.293.
— Rouen.A6.649,n.,n.2; P1.1467; B12.303,n.2;S15.2.86; MQ6.202;J16.189;D.Effets de comm.474.
— Req. A9.932,n.3.1; P16.1.256;B19.44; S16.1.395; J16. 191;D.Louage.399.600.616.
— Civ.c.A10.722,n.3;B21.199;D.Preuve test.60.
24 Cr.r.A3.81;P1.1293;B9.93;D.Abus de confiance.73.
26 Turin.A1.667;P1.249;B2.312;S16.2.80; J16.198; D.Actes de comm.152.Arbitrage.94.383.
28 Civ.c.A1.263;P14.1.180; B1.305; S14.1.124. et 256;MR 12.593;J16.200;D.Action possess.107.
— Civ.c.A7.413;B14.25,n.D.Enreg.2780.
— Paris.A6.460,n.1;P15.2.10;B12.80;S14.2.362; J16.206; D.Etranger.110.
— Bordeaux.A10.557,n.1.2;P14.2.89;B20.467;S14.2.373; J16.202;D.Paiement.139.

MARS.

1. Civ.c.A1.122;P1.47;B1.144;D.Acquiescem.364.
— Civ.c.A11.134,n.7;B22.159;S14.1.286;D.Pap.-monn. 11.20.
2 Civ.c.A1.495;P14.1.263;B2.113;S14.1.119; J16.208; D. Appel civ.366.
— Paris.A12.282,n.2;P15.2.89;B26.34;S14.1.367;J16.214; D.Succession.148.
— Req. A12.916,n.1; P14.1.265; B28.181; S14.1.198; J16. 211;D.Transp. de créance.66.
— Cr.c. P14.1.292; S14.1.224; J16.217; D.Abus de conf. 75.Peine.98.Responsab.29.
3 Cr.c.A3.441; P1.834; B6.42; S14.1.141; D.Jugem.142. Compét. cr.180.
— Cour sup. de Bruxelles.A2.629;P1.612;B4.252; S21.2. 221;J16.219;D.Chose jugée.429.
— Cr.c.A3.622,n.; B6.241,n.1; S14.1.113; D.Complicité. 18.59.
5 Paris.A8.673,n.1;P2.307;B16.294,n.1;S14.2.161; D.Filiat. légit.185.Filiat.nat.144.
6 Ord.A12.991,n.18;B28.503,n.18;D.Voirie.186.
7 Civ.c.A6.850,n.1;P14.1.273;B12.537;S14.1.121; MR17. 38;J16.220;D.Enq.73.
— Bruxelles.D.Lois rétroact.120.
8 Civ.c.A11.38,n.1.2; P14.1.422; B21.466; S14.1.278; D. Appel civ.120.Min. pub.198.
— Ord.A3.224,n.4;D.Eau.313.
— Décr. du cons. d'état.SC2.2.526;D.Cons. d'état.119.
9 Colmar.V. au 9 août.
— Cr.c.P15.1.203;D.Fonct. publ.236.
10 Req.A3.719; P14.1.391; B6.551; S15.1.16; J16.228; D. Conciliation.101.Preuve litt.767.
— Paris.A2.720. et 712; P1.636; B4.356; S16.2.128; J16. 224;D.Actes de comm.222.
— Décr. du cons. d'état.D.Chose jugée.48.
11 Rennes.A7.726;P2.136;B14.409;D.Exploit.784.
12 Décr. du cons. d'état.SC2.529;D.Comptabilité.45.
— Déc. du cons. d'état.SC2.527;D.Chose jugée.48.
— Déc.SC2.528;D.Ventes adm.148.
— Décr.A12.1014,n.12;D.Voirie.545.
14 Civ.c.A7.106;B13.117;S14.1.272;D.Enreg.935.935.
15 Civ.c.A7.239;B13.270;D.Enreg.1913.
— Civ.c.A7.413;B14.26,n.1;D.Enreg.2770.2772.
16 Req.A5.112;P14.1.389;B9.129; S14.1.296; J16.236; D. Aveu.30.Désaveu.20.
— Req.A10.493,n.2; P14.1.384; B20.370; S14.1.106; J16. 233;D.Intérêts de cap.115.
— Paris.A12.762,n.37; P15.2.53; B27.391; S15.2.35; J16. 289;D.Tutelle.575.576.
17 Cr.c.A1.557;P1.200; B2.186; S14.1.120; J16.245;D.Action publ.63.Appel correct.76.
18 Paris.A10.256,n.1;P2.726,n.6;B19.482;S16.2.90;D.Séparat. de biens.107.
19 Paris.A2.694;P16.2.33; B4.325; S16.2.85; J16.246; D. Acte de comm.72.
21 Civ.c.A3.205;P1.746. et 14.1.279; B5.232; S14.1.97. et 276;J16.248;D.Compét. adm.353.354.
22 Civ.r.A7.59;P14.1.317;B13.60;D.Enreg.513.
— Civ.c.A7.411,n.3;B14.21,n.1;D.Enreg.2768.
— Civ.c.A8.201;P14.1.286; B15.233; J16.250; D.Faillite. 879.
23 Colmar.A6.562,n.4;P1.1443;B12.202,n.4; S16.2.92; D. Compét. comm.188.Effet de comm.61.
— Req.A11.774,n.2; P14.1.366; B24.288; S14.1.294; J16. 254;D.Surenchère.90.
24 Req.A12.361,n.1;P14.1.342;B26.162;S14.1.289;D.Success.398.420.
25 Paris.A1.667;P1.250;B2.512; D.Arbitrage.406.445.451. Désist.70.
26 Déc.A6.326,n.;D.Vente adm.359.
— Déc. du cons. d'état.SC2.531;D.Etabl. publ.57.
— Décr. du cons. d'état.SC2.533;D.Expropr. publ.55.
28 Orléans.A9.747,n.;B18.428;D.Jugem. par défaut.462.
29 Civ.c.A2.792;P14.1.358;B4.439; S14.1.102; MR14.826; J16.258; D.Commiss.250.
— Bourges.A10.576,n.1;P2.804,n.3;B20.498; D.Offre.55.

AVRIL.

1 Rennes.A9.684,n.3;D.Frais et dépens.27.
10 Req.A12.799,n.3; P14.1.595; B27.456; S14.1.238; J16. 260;D.Usufruit.304.Usufruit légal.37.
13 Civ.c.A7.958;P2.45;B13.292;D.Enreg.1972.
— Douai.A10.558,n.1.2;P23.2.47,n.;B20.469;S16.2.99;D. Paiement.144.
18 Paris.A5.800;P15.2.37;B10.474;S14.2.457;J16.266; D. Testament.663.
20 Liége.A2.800;P1.671;B4.448;D.Commissionnaire.321. 322.
— Caen.A5.473;B10.91;D.Rap. à suc.68.
— Civ.c.A7.764;B14.455;S15.1.401;D.Exploit.669.
— Paris.A9.406,n.1; P23.2.102,n.3; B17.482,n.1; S15.2. 270;J16.268;D.Hypoth.264.
21 Cr.r.A4.384;P1.1150;B7.419;J16.271;D.Compét. crim. 354.Cour d'ass.711.712.713.
— Cr.r.A4.121;P1.1038;B7.131;D.Contr. ind.181.Procès-verb.585.
— Cr.r.A4.54; P1.1019; B7.57; D.Contr. ind.98.Procès-verb.395.457.
22 Bourges.A11.856,n.6;B24.440;D.Saisie-imm.1026.
23 Paris.A10.475,n.2.3; P2.786,n.6; B20.540; S15.2.238;J 16.273;D.Obl.577.578.
— Ord.S14.2.462;D.Amnistie.122.
25 Rennes.A12.664,n.55;P2.1392;B27.214,n.1; D.Tierce-opp.64.
— Civ.c.A11.896,n.1; P14.1.337; B24.385; S14.1.259; MR 15.661;J16.276;D.Saisie-imm.1578.1579.
26 Paris.P23.2.106,n.1;D.Privilége.116.
— Civ.r.A8.132;P2.497. et 14.1.302;B15.154; S14.1.225;J 16.285;D.Faillite.326.
— Caen.A9.733,n.1;P15.2.11; B18.404; S14.2.401; MR17. 382;J16.280;D.Jugem. par défaut.354.
— Rennes.A9.655,n.2; P2.563; B18.295; D.Frais et dépens.41.
— Ord.D.Amnistie.122.
27 Paris.A1.11; P1.6;B1.12; S14.2.555;J16.292; D.Absence.129.190.192.Choses.117.
— Req.A1.275;P14.1.362;B1.31;S14.1.294;J16.290;D.Action possess.575.
— Req.A11.262,n.4;P14.1.355;B21.385;S17.1.209;MR17. 418;D.Prescript.362.
— Rouen.P17.2.108;D.Mandat.326.Transport de créances.13.Tutelle.481.
28 Req.A10.579,n.2; P14.1.294; B20.503; S14.1.209; J16. 297;D.Degré de jurid.289.Offre.90.
— Cr.r.A12.1078,n.13;P2.1536;B28.440;D.Vol.512.
— Metz.P23.2.56,n.;S19.2.226;J16.299;D.Oblig.824.
30 Besançon.A11.661,n.3;B24.81;D.Saisie-exéc.241.

MAI.

2 Liége.A11.690,n.7;P2.1170;B24.134; D.Saisie-immob. 207.1598.
3 Limoges.A9.748,n.,n.2;P2.589,n.2;B18.429;D.Jugem. par défaut.463.
4 Caen.A9.128;P16.2.63;B17.147,n.1;S14.2.393;J16.302; D.Hypoth.lég.27.28.86.
— Caen.A11.826,n.2;P2.1224;B24.386;S14.2.403;J16.305; D.Saisie-imm.1561.
9 Civ.c.A7.432;P2.74;B14.50;D.Enreg.2870.
— Civ.c.A8.91;P14.1.298;B15.105;S14.1.245;J16.307;D. Faillite.202.
10 Civ.c.A7.335;P2.60;B13.380;D.Enreg.2333.
12 Req.A5.334; P14.1.442; B5.381; S15.1.21; D.Compét. admin 259.Compét. comm.77.
— Cr.c.A1.72;P1.18;B1.84;S14.1.156;J16.315; D.Abus de confiance.72.
— Cr.c.A1.465;P1.65;B1.189;S14.1.149; D.Acquitt.21.22.
— Req.A10.142,n.1.2; P14.1.449; B19.334; S14.1.114; D. Autorisat. de femme.142.
13 Paris.A10.548,n.1;P15.2.109; B20.452; S15.2.255; J16. 316;D.Paiement.14.
— Paris.A9.740,n.10;B18.411;D.Jugem. par défaut.405.
16 Cour sup. de Bruxelles. A4.376; P1.1127; B7.410; D. Cour d'ass..748.
17 Req.A6.151;P14.1.426;B11.170;S15.1.47; MR17.528; J 16.319;D.Révoc.17.
— Paris.A9.612,n.2-2;P2.549,n.2;B16.250; D.Jugem.117.
— Paris.A12.659,n.55; P2.1389; B27.205; D.Tierce-opp. 112.
18 Req.A1.754;P14.1.417;B2.389;S15.1.29. et 28;J16.321; D.Arbitrage.21.500.Tribunal.86.
20 Cr.c.A1.71;P15.1.524;B1.83;S14.1.149;J16.327;D.Abus de confiance.74.Dépôt.5.
21 Paris.A9.306,n.2;P2.407. et 25.2.160,n.1;B17.362,n.3; S15.2.228;J16.330;D.Inscript. hypot.491;
23 Civ.c.A5.743; P1.1339;B10.409;S14.1.145;MR15.649;J 16.332;D.Testam.417.450.477.
— Limoges.A11.756,n.3;P2.1201;B24.261;D.Surench.7.
25 Civ.c.A6.602;P14.1.305;B12.247;S14.1.282;MR16.666; D.Effets de comm.236.
26 Paris.A1.747;P1.278;B2.408;D.Arbitrage.763.935.
— Req. A9.708; P14.1.465; B18.366; S14.1.258; D.Appel incid.24.Jugem. par défaut.107.
— Paris.A9.38.n.1;P23.2.106,n.; B17.58,n.1; S15.2.227; J 16.337;D.Privilége.91.

— Douai.A10.764,n.2;P16.2.17; B21.269; S15.2.254; J16. 341;D.Serment.61.
— Rennes. A10.836,n.4; B2.891,n.4; B21.391; D. Ordre. 426.
30 Civ.r.A11.265,n.1; P14.1.376; B22.387; S14.1.201;J16. 344;D.Conciliat.41.Nullité.248.Prescript.380.528.

JUIN.

1 Cour sup. de Bruxelles. A1.40; P1.17; B1.46;J16.354; D.Absence.401.
— Civ.c.A2.424; P23.2.121,n.; B4.19; S15.1.236;J16.353; D.Caution de fonctionn.54.
— Civ.c.A7.412,n.;P2.71; B14.22,n.; S15.1.257; D.Enreg. 2771.
— Civ.r.A7.426;P2.72;B14.44;D.Enreg.2842.
— Civ.c. A5.570. et 10.476,n.1; P1.1322. et 14.1.370; B9. 423. et 19.491;S15.1.237; MQ6.733; D.Contrat de mariage.143.Don. dég.31.Port. disp.137.
2 Cr.r.A2.452;P16.1.265;B4.28;S16.1.22;MR15.105; J16. 356;D.Chasse.25.135.
— Req.A8.688; P14.1.329; B16.312; S14.1.234;MR15.403; D.Fonct. pub.414.
— Metz.A10.76,n.1.2;P20.2.41;B19.230;S19.2.514; MR16. 742;D.Mariage.348.349.350.
— Bruxelles.A10.791,n.3;P2.871,n.3;B21.314;D.Responsab.79.114.
4 Ord.A6.504,n.2;B12.135,n.2;S14.2.222;D.Naturalisat. 26.
6 Rennes. A7.825; P2.170; B14.528; D.Exploit.504.569. 577.
— Civ.c.A6.165;P14.1.385;B11.186;S14.1.215; MR17.587; J16.358;D.Don. dég.18.Révoc 127.
7 Paris.A1.783;P1.296;B2.446;J16.367; D.Arbitrage.406
— Paris.A6.813;P16.2.52;B12.494,n.3;S15.2.226;J16.360; D.Emigré.236.
— Civ.r. A12.902,n.1; P14.1.409; B28.157; S15.1.10;J16. 372;D.Vente.820.
8 Civ.c.A7.251;P2.36;B15.261;S14.1.288; D.Enreg.1303 1895.
— Civ.c. A2.564; P1.576; B4.177; S15.1.233;MQ6.83;J16. 373;D.Chose jugée.241.
— Civ.r.D.Exploit.272.
— Civ.r.D.Exploit.272.
9 Req.A6.653;P14.1.430;B12.308,n.2;S15.1.22;MQ6.198; D.Effets de comm.140.
— Paris.A9.267,n.3.1;P22.2.142,n.15;B17.316,n.1; S15.2. 237;J16.383;D.Inscript.hypoth.110.209.
— Req.A11.611,n.1,n.1; P16.1.584; B23.475; S16.1.441; J 16.376;D.Req. civ.147.159.
10 Colmar.A10.468,n.2-2;P23.2.98;B20.332;S15.2.128; D. Oblig.497.612.
— Rouen.A12.205;P14.2.63; B24.471;S14.2.502;J16.391; D.Substitut.266.267.
11 Amiens.A5.563;P15.2.57;B10.199;S15.2.69;J16.405;D Donat. 270.Success.415. Transcript. des donat.29.35.
— Paris.A8.583,n.2;P22.2.153,n.;B16.192,n.1; S15.2.17;J 16.595;D.Filiat. légit.173.174.
13 Civ.c.A1.264;P1.86; B1.306; S15.1.239. et 29.1.82;J16. 415;D.Action possess.174.
— Civ.c.A1.265; P1.87; B1.308;S14.1.153;D.Action possess.167.Vente.512.
— Paris.A6.508; P1.1412; B12.137; S15.2.67; J16.408; D. Lois personn.9.Droits civ.15.16.Etranger.84.
14 Colmar. A3.702; P23.2.119,n.3; B6.330; S15.2.155; D. Compulsoire.20.
— Civ.r.P14.1.397;S14.1.241;MQ6.195;J16.418; D.Louage.118.Louage emphyt.61.Rente.150.
— Paris.A9.700,n.4;B18.352;D.Jugem. par défaut.97.
15 Civ.c.A1.485; P14.1.321;B2.101; S14.1.232;J16.425;D. Appel civ.261.
— Bruxelles.A6.29;P1.1344;B11.28;D.Testam.812.821.
— Paris.A10.580,n.3;P2.807,n.4;B20.505;D.Offre.98.
16 Bordeaux.A11.638,n.4;P2.1147,n.5,n.11;B24.42;S15.2. 53;J16.424;D.Saisie-arrêt.244.
— Cr.c.A11.956,n.1.7;P14.1.521;B25.132;S14.1.257; J16. 427;D.Serment.84.90.
— Cr.c.P14.1.379;S14.1.240;MQ6.605;D.Tribunal.214.
17 Rennes.A9.640,n.;P2.556,n.;B18.272;D.Jugement.
— Décr.D.Marché de fourn.303.
18 Amiens.A10.262,n.1-1;P15.2.30;B20.15;S15.2.40; J16. 429;D.Communauté.700.Fruits.43.
20 Montpellier.A12.586,n.21;P2.1368;B27.86;D.Enq.123. 248.
21 Civ.r.A1.180;P14.1.348;B1.209;S14.1.291;MR15.440;J 16.433; D.Actes de l'état civil.115.121.124.Mariage. 532.338.
— Paris. A10.224,n.2; P2.724; B19.460; J16.440;D.Communauté.597.Expert.201.203.Propriété.168.
— Caen.P15.2.2; S14.2.597; J16.444; D.Rente.330.Saisie des rentes.7.
— Montpellier. A12.587,n.;P2.1369; B27.86; D.Enquête. 123.248.
22 Civ.r.A6.755,n.1;P24.1.513,n.; B12.426,n.1; MR17.87; Effets pub.45.
— Paris.A9.757,n.2.1;P2.585,n.2;B18.412;D.Jugem. par défaut.364.368.
23 Cr.c.A4.388; P14.1.509; B7.424; S14.1.257;J16.447;D. Cour d'ass.722.

— Cr.c.A4.469; P14.1.490; B8.69; S14.1.243; J16.450; D. Cour d'ass.1407.
23 Cr.c.A11.72,n.,n.3; P14.1.469; B22.50; S15.1.5; MR15. 262;J16.452;D.Juge-supp.15.Tribunal.56.
— Orléans.D.Exploit.606.
25 Paris.A11.870,n.1;B24.464;S15.2.256; D.Surench.159.
29 Rennes.A11.761,n.3,n.1;P2.1202;B24.265; D.Surench. 284.285.
— Ord.A3.161,n.4. et 216,n.1, §2;D.Compét.
30 Cr.c.A1.380;P14.1.473;B1.444;S14.1.261;MR15.819; D. Amende.54.Discip.263.
— Cr.c.A9.665,n.3;P2.567,n.3;D.Frais et dépens.362.
— Paris. A11.702,n.2; P2.1175; B24.158; D.Saisie-imm. 298.

JUILLET.

1 Cr.c.A4.420; P14.1.498; B8.13; S14.1.273; J16.457; D. Cour d'ass.1750.1751.
— Colmar.A8.523;B16.123;S14.2.457;D.Féodalité.235.
4 Civ.r.A5.72;P1.1291;B9.80;S21.1.268;MQ6.143; D.Dépôt.120.159.
— Rennes.A12.578,n.25; P2.1363; B27.71; D.Témoin.68. 102.
— Rennes.A11.662,n.3;B24.81;D.Saisie-exécut.253.
5 Civ.c.A12.441,n.1;P14.1.412;B26.292;S15.1.12;D.Cass. 1016.Office.32.Rapp. à succ.289.290.
— Besançon.A3.803;P1.999,n.1;B6.449,n.1;D.Contr. par corps.612.619.
6 Civ.r.A4.615;P1.1194;B8.228;S15.1.41;J16.469;D.Conclusions.24.Huissiers.175.215. Degré de jurid.23.103.
— Paris. A11.916,n.1.2; P16.2.5; B25.56; S15.2.272; J16. 472;D.Sép. de corps.192.
— Caen.P16.2.5;D.Sép. de corps.200.
7 Req.A3.401;P1.815;B5.462;S15.1.15; J16.479; D.Compét. comm.108.443.Mandat.567.
— Cr.r.A8.359; P2.249; B15.119,n.1; S14.1.274; D.Faux. 253.
8 Bordeaux.A9.378,n.1;P15.2.28;B17.449,n.1; S15.2.6; J 16.476;D.Purge.118.125.Surench.153.
9 Paris. A11.593,n.2; P15.2.48;B23.447;S15.2.52;D.Req. civ.5.
11 Civ.c.A7.496;P2.29;B15.219;S15.1.248;J16.494; D.Enreg.1722.
— Liége.A2.540;P1.557;B4.150; J16.488; D.Chose jugée. 123.214.Vérific. d'écrit.15.
— Civ.c.A12.427,n.1; P14.1.394; B26.272; S14.1.279;J16. 483; D.Communauté.298.Dot.50.Rapp. à succ.62.161.
— Liége.A12.54,n.1; P2.912,n.5; B25.217; D.Servitudes. 499.501.
— Ord.S14.2.465;D.Amnistie.122.
12 Civ.c.A5.87;P14.1.453; B5.93; S15.1.57; D.Commune. 393.400.404.
— Agen.A4.710; P1.1237; B8.358; D.Degré de jurid.125. Oblig. personn.40.
— Civ.r. A11.709,n.; P14.1.459; B24.169; S15.1.29; J16. 496;D.Saisie-imm.358.
— Req.S14.1.172;D.Compét. comm.358.577.
— Civ.r.S14.1.172;D.Garantie.516.
13 Liége.A7.757;P2.143;P14.525. et 122;D.Exploit.131.
— Liége.A7.824;P2.169;D.Exploit.273.
— Décr. du cons. d'état.D.Ventes admin.449.
14 Cr.c.A1.392. et 11.154; P14.1.524; B1.459. et 22.195;S 14.1.275;J16.505;D.Pêche.188.
— Req.A8.511;P2.283;B16.109;S15.1.57;D.Féodalité.185.
— Civ.r. V. au 14 juin.
16 Riom. A9.748,n.; P2.589,n.; B18.429; D.Jug. par déf. 451.
— Bourges. A11.849,n.2; B24.427; D. Saisie-imm. 1144. 1653.
— Rennes.D.Jugem.497.
— Paris.S15.2.211;J16.509;D.Success.520.377.
18 Paris.A3.10;P1.674;B5.7;S15.2.65;D.Commune.29.
— Grenoble. A9.140,n.3; P17.2.149; B17.162,n.3; S18.2. 294;J16.512;D.Hypoth. lég.72.
19 Bruxelles.A5.309;P1.1320;B9.354; D.Disp. entre-vifs. 275.
— Civ.c.A6.721; P14.1.455; B12.386; S15.1.9;J16.514; D. Effets de comm.756.774.
— Req.A12.204,n.1;P14.1.454;B25.469;S15.1.14;J16.516; D.Substitution.265.
20 Req.A1.614;P15.1.465;B2.252;S15.1.32;J16.526; D.Arbitrage.160.161.558.
— Rouen.A3.782;P15.2.49; B6.426; S15.2.14; J16.522; D. Contr. par corps.472.
— Ord.A6.350.n.14;D.Ventes admin.148.
— Civ.c.A9.667;P14.1.632;B18.340;S15.1.249;J16.528; D. Frais et dépens.400.
21 Ord.A12.691,n.11;P2.1407;B27.263; D.Trav. pub.179. 188.191.192.
— Cr.c.P14.1.527;D.Faux.255.
22 Rennes. A7.738; P2.143; B14.424; D. Degré de jurid. 357.Exploit.201.
24 Rennes. V. au 28.
25 Civ.c.A7.401;B14.8;S15.1.249;D.Enreg.2715.
— Civ.c.A8.109; P14.1.459; B15.126; S15.1.35;J16.528;D. Faillite.155.
26 Civ.c. A7.90; P14.1.497; B13.97; S15.1.250; J16.534;D. Enreg.723.724.
— Civ.c.A5.540;P14.1.495;B10.182;S15.1.42;MQ6.160; D. Don.déguisée.13.18.

— Colmar. A12.378,n.27; P2.1363;B27.72;J16.538;D.Enquête.199.Témoin.38.
27 Angers. A12.148,n.4; P16.2.8; B25.374; S16.2.126; D. Stellionnat.21.
— Orléans. A11.643,n.2; P2 1149,n.1; B24.51; D. Saisie-foraine.8.
— Rennes.A12.648,n.6; P2.1383; B27.184,n.1; D.Tierce-opp.185.
— Bordeaux.A11.939,n.12;B25.99;S15.2.5;D.Div.100.
— Ord.A1298,n.7;B28.304,n.7;D.Voirie.163.
28 Cr.c.A9.815;P2.621;B18.528;S14.1.240;J16.514;D.Lois 140.147.
— Paris.A11.155,n.1; P2.955,n.4; B22.196; S16.2.53;J16.540;D.Pêche.208.209.
— Rennes.A12.582,n.3;P2.1365; B27.78; D.Enquête.161.187.190.255.262.
29 Bourges.A4.651; P1.1207; B8.268; D.Degré de jurid.168.
— Pau.A3.805; P1.1000; B6.452; D.Contr. par corps.608.614.
30 Bourges.A11.718,n.1;P2.1182;B24.187; D.Saisie-imm.456.
— Ord. du cons. d'état.D.Ventes admin.77.

AOUT.

1 Limoges.A12.582,n.1,n.1;P2.1364;B27.77;D.Enquête.182.195.
2 Civ.r.A7.247;P22.1.502,n.; B13.280; S23.1.105; D.Enreg.1929.
— Req.A6.814;P14.1.476;B12.495;S15.1.15; MQ6.412; D. Emigré.240.
— Caen. A10.137,n.1; P15.2.57; B19.326; S14.2.399; J16.548;D.Autor. de femme.206.
— Paris.A11.674,n.1;P2.1162;B24.104;J16.499; D.Saisie-imm.53.351.
3 Civ.r.A7.44;P14.1.447;B13.43;S15.1.10;D.Enreg.270.
— Douai. A6.646,n.,n.2; B12.300,n.1; S16.2.97; D.Effets de comm.466.470.
— Req.A12.211; P14.1.179; B25.481; S15.1.7; J16.550,D. Substitution.126.279.282.
— A9.803,n.4;D.Lois.122.
4 Civ.r.A5.560; P15.1.27; B10.195; S15.1.23; J16.554;D. Transcript. des don.13.35.
6 Colmar. A12.578,n.26; P15.2.96; B27.71; S15.2.20; D. Mort civ.10.Témoin 56.
8 Civ.c.A3.51;P1.691;B3.52;S15.1.241;D.Commune.326. Forêts.379.
9 Colmar.A10.236,n.2;P2.726,n.1;B19.483;S15.2.132;J2.1395;D.Ordre.556.Sép. de biens.122.188.Tierce-opp.195.196.
10 Civ.c.A2.370; P1.483; B3.414; S15.1.242;D.Caution.5. Quest. pr.95.
— Req. A7.421; P14.1.468; B14.36; S15.1.17; D. Enreg.2800.
— Liége. A6.623,n.1; B12.271,n.1; D. Comp. comm.170. Effets de comm.315.
— Req.A6.653;P14.1.495;B12.307,n.1;S15.1.5;MQ698; D. Effets de comm.446.450.
— Paris.A11.711,n.3;P2.1179; B24.175; S16.2.214; D.Saisie-imm.389.400.427.
— Civ.c.A11.709,n.;P14.1.537;B24.169; S15.1.30;D.Saisie-imm.358.
11 Liége.A9 255. et 375,n.2;B17.302,n.; D.Inscript. hypoth.178.Purge des priv.31.
12 Colmar.A1.16;P15.2.110;B1.18;S15.2.242; MR16.14; J.16.557;D.Absence.150.151.218.219.
— Metz.A10.836,n.1;P2.891,n.1;B21.590;D.Ordre.407.
13 Bruxelles A4.310;P1.1103; B7.357; D.Cour d'ass.356.357.Exploit.527.Témoin.226.
— Paris.A11.942,n.22;P16.2.51;B25.104;S16.2.78; D.Div.122.
16 Civ.c.A9.40; P14.1.570; B17.39; S15.1.93; J16.562; D. Privilége.100.
17 Besançon.A5.151,n.;D.Désist 42.
— Bordeaux.A9.208,n.4;P2.449;B17.247,n.4; S15.2.147; D.Hypoth. conv.84.
— Req.A10.18.19 et 20;P14.1.483;B10.140;S15.1.18;MQ6.186;J16.565;D.Conciliat.18.Preuve litt.942. Promesse de mariage.20.35.
— Amiens.P15.2.206;S15.2.254;D.Lois rétroact.55.
— Cass.A9.850,n.8;D.Lois rétroact.104.
18 Cr.r. A8.392,n.1; P14.1.559; S17.1.95. et 15.1.36; J16.579;D.Faux.328.
— Caen.A8.147; P15.2.81; B15.170;S14.2.395; D.Faillite.614.
19 Bordeaux.A5.267;P15.2.17;B9.307;S15.2.7;J16.588;D. Disp. entre-vifs.164.165.166.
— Bruxelles.A11.205,n.9;P2.976,n.3;B22.285;D.Péremp.282.
— Civ.r. A11.714,n.2; P14.1.545; B24.175; S15.1.45; J16.585;D.Saisie-imm.384.
— Toulouse.A11.715,n.3; P24.1.180,n.2; B24.183; S22.2.263;J16.583;D.Saisie-imm.480.
20 Colmar.A10.170,n.1.3; P15.2.113; B19.382;S15.2.161; MQ6.851;D.Communauté.1178.Contr. de mariage.65.
— Paris.D.Exploit.854.
21 Bruxelles.A10.166,n.1.7; P2.713,n.7; B19.377; D.Lois rétroact.116.138.
22 Bordeaux.A8.106;P2.190; B15.192; S15.2.151; J16.594; D.Faillite.400.
23 Colmar.A2.722;P16.2.35;B4.358;S16.2.109;J16.599;D. Actes de comm 256.
— Rennes.A7.725;P2.136;B14.408;D.Exploit.779.
— Metz.A9.726,n.1; B18.393; D. Jugem. par défaut.309. Délai.37.
— Bordeaux.P15.2.80;S15.2.143;J16.597;D.Usure.31.
24 Grenoble. A9.140,n.3; P17.2.149; B17.162,n.1; S18.2.295;D.Hypoth. lég.72.
25 Bruxelles. A6.82,n.; B11.89,n.1; D.Legs.153. Partage d'asc.6.
— Rennes.A11.543,n.3;B23.352;D.Référé.8.
26 Bourges.A10.850,n.8;P2.897,n.5;B21.413; D.Hypoth. lég.102.Ordre.251.392.Serment déc.57.
— Paris.A11.846,n.4;B24.422; S15.2.245; J16.601; D.Saisie-imm.1009.1024.1046.1536.
27 Colmar.A8.823;B16.123;S15.2.199;D.Féodalité.234.
— Nancy.P16.2.16;S16.2.40;D.Don. pour cause de mort.13.
29 Rennes. A10.837,n.4; P2.891,n.7; B21.393; D. Ordre 139.305.431.434.435.Tutelle.291.318.
— Orléans. A10.832,n.4; P2.889,n.5; B21.381; D.Ordre.374.
— Angers. A10.810,n.2; P15.2.105; B21.345; S15.2.75;D. Ordre.104.
— Paris.A11.266,n.1;P23.1.448,n.3;B22.391;S14.2.241; J.16.604;D.Prescript.408.
30 Req.A7.150;P2.22;B13.167;D.Enreg.1424.1533.
— Bruxelles.A2.779;P1.660;B4 425;D.Commissionnaire.188.190.
— Ord.A9.980,n.14;B19.117,n.14;D.Manuf.78.
— Bordeaux.P23.2.28,n.;S16.2.118;D.Saisie-imm.1631.
— Ord.A3.227,n.2;D.Eau.439.
— Ord D.Com.86.
— Ord. du cons. d'état.SC3.4.
31 Civ.r.A7.239;P2.38;B13.270;D.Enreg.1934.
— Bruxelles.A2 801;P1.671;B4.449;D.Commissionnaire.331.334.350.
— Orléans. A10.385,n.1; P2.770,n.2; B20.209; D.Mat. somm.37.

SEPTEMBRE.

5 Civ.c.A3.362;P20.1.620;B5.116; S14.1.266; J16.609;D. Agréé.17.22.Compét. comm.293.
6 Req.A7.717; P14.1.534; B14.399; S15.1.40; D. Exploit.656.
— Ord. du cons. d'état.SC3.12;D.Eau.200.
7 Req. A10.471,n.2; P14.1.582; S16.1.518; B20.337; J16.643;D Obligat.587.588.
— Req.P14.1.547;S14.1 547.et15.1.47;D.Mandat.561.
8 Req.A10.155,n.1;P14.1.519;B19.354;S15.1.39; D.Commerçant.96.
— Req.A12.25,n.4;P14.1.511;B25.168; S15.1.26; J16.619; D.Servitude.175.
9 Rennes. A5.67; P1.1290; B9.71; D.Dépôt.47. Preuve testam.505.
10 Nancy.A7.673;P16.2.61;B14.345;S16.2.52; J16.625; D. Expertise.182.192.
14 Ord A12.1029,n.7;D.Marais.62.
— Ord.A12.834,n.3;P2. 1444;B28.37; SC.3.14; D.Vacant.16.
— Ord.du cons. d'état SC3.16;D.Enreg.2676.
— Ord.du cons. d'état.SC3.17;D.Respons. 181.
— Ord.A12.985,n.14.et1014,n.12;D.Voirie.102.545.
19 Bruxelles.A3.176; P1.1310; B9.203; D.Destruction.7. Régl. de juges.110.
22 Ord.A6.858,n.3;D.Emigré.366.
— Ord.du cons. d'état.SC3.19;D.Hospices.112.
— Ord.du cons. d'état.SC3.17; D.Ventes administ.88.
24 Bruxelles.A6.556,n.1; B12.193,n.1; MR16.626; D.Effe de comm.55.
— Bruxelles.A11.247,n.2;P2.995;n.2;B22.557; D.Prescr.228.669.
27 Rouen. A11.755, n.2; P22.2.172, n.5. et 2.1187; B24.215;S14.2.440;J16.626;D.Saisie immob.697.
30 Ord.A.6.329,n.1.3;B11.374;D.Ventes adm.392.422.
— Ord. cons. d'état.SC3.22;D.Offre.127.
— Arr.du cons. d'état.S18.2.120;D.Halage.45.
— Ord. cons. d'état.SC3.20;D.Ventes adm.395.400.

OCTOBRE.

1 Paris.A3.819;P15.2.34;B6.468;S.15.2.1;J16.628;D.Cont. par corps.292.
— Cr.c.A7.561;P2.94;B14.206;S15.1.86;D.Escroq.38.
3 Civ.c.A1.254; P15.1.72; B1.295;S15.1.145; J16.634; D. Action possessoire.163.
— Civ.c.A7.412,n.;P.2.71; B14.22,n.;D.Enreg.2771.
— Civ.r.A6.815;P14.1.607; B12.497,n.1; S15.1.127; MQ6.413;D.Emigré.241.
4 Req.A11 730,n.3;P.2.1186;B24.208;S16.1.78;D.Cassat.918.Saisie immob.159.338. 569. 628.680.787.915. 922.1585.1698.Sequestre.18.
5 Civ.c.A6.553,n.7; P14.1.529; B12.190,n.7; S15.1.37;D. Effet de commerce.5.7.
6 Paris.A.12. 722,n.3; P16.2.9; B27.518; S15.2.215; J16.642;D.Tutelle.120.198.
— Cr.c.A11.956,n.7.1;B25.151,n.3; S15.1.87; D.Serment.84.90.
7 Liége.A7.738;P2.145;B14.424;D.Exploit.137.
10 Cr.c.A11.955,n.5.1;B25.150,n.1; D.Serment.93.
11 Cr.r.A7.437; P15.1.103; B14.56; S15.1.181;J16 655; D. Enreg.2909.
— Civ.c.A11. 565, n.2; P15. 1.62; B25. 593; S15.1.147;D. Rente.272.278.
12 Req.A3.373;P14.1.611; B3.428;S15.1.129; J16.658; D. Compét. comm.516.
— Civ.r.A1.248; P15 1.59; B1.288; S15.1.124; J16.645; D. Action posses.237.
— Civ.r.A8.520;P15.1.58;B16.119;S15.1.119;D.Féodalité.215.225.
— Req.A11.748,n.5; P14.1.600; B24 242; S15.1.111;J16.651;D.Saisie immob.945.
13 Req.A7.96;P2.14.et14.1.564;B13.106;S15.1.58;D.Enr.810.
— Req.A8.260;P14.1.551; B15.303; S15.1.57; J16.662; D. Faillite.1127.
13 Cr.c.A12.965,n.2;P2.1498;B28.265;D.Homicide.67.
— Décis. régl.A7.357,n.26;D.Enreg.2835.
14 Loi.A6.504;B12 434,n.1;D.Naturalis.26.
17 Civ.c.A8.248; P22.2.129,n.15; B16.289; S15.1.243;J16.664;D.Faillite.1060.
18 Civ.r.Agen.A8.204;P15.1.32;B15.257;S15.1.78; MR17.183;J16.665;D.Faillite.913.Motifs des jugem.193.
19 Ord.A6.330,n.18. et 834,n.6;D.Ventes adm.442.
— Req.A12.492,n.1; P14.1.598; B26.577; S15.1.112; J16.670;D.Retrait suc.57.
— Ord. cons. d'état.D.Respons.185.186.
20 Req.A3.11;P1.674;B3.8;D.Commune.20.28.
21 Loi.A11.325,n.2;S14.2.464;D.Presse.
24 Civ.c.A7.377;B13 427;S15.1.244. et 21.1.280;MQ6.218; D.Enreg.2537.
25 Civ.c.A11.658,n.2;P2.1157,n.1;B24.77;S15.1.107; J16.673;D.Navire.64.Saisie des navires.2.3.
26 Civ.c.A9.919,n.2;P2.665,n.3;B19.19;S15.1.244;J16.676; D.Contr. dir.128.Louage.422.
27 Req.A1.56;P14.1.589;B1.64; S15.1.89; MQ6.233;D.Absence.437.439.440.
— Req.A12.535,n.4;P15.1.3; B26.449; S15.1.293;J16.679; D.Rescis.123.136.
28 Cr.r.A2.334;P1.470;B3.573;S16.1.49;J16.682;D.Cassation.826.
30 Arr. du cons. d'état.D.Halage.45.

NOVEMBRE.

1 Ord.A6.325,n.1. et 826,n.;D.Ventes adm.314.392.393.400.
— Ord SC3.35;D.Expropr. pub.62.
— Ord.D.Trav. pub.97.
3 Cr.r.A8.308;P2.233;B15.358;S16.1.49;D.Faillite.1336.
7 Ord.A9.469,n.14;B18 10,n.2;SC3.38;D.Contr. dir.211.
— Ord.A9.470,n.6;B18.11,n.1;SC3.37;D.Contr. dir.258.
— Civ.c.A10.62,n.,n.9;P14.1.631; B19.208;S15.1.245;MR 17.241;D.Mariage.249.250.
— Ord.A3 120,n.7.et128,n.8;P1.717,n.7.8;B3.131,n.7;SC 3.39,D.Commune.551.559.
— Ord. cons. d'état SC3.40;D.Ventes adm.71.
— Ord. cons. d'état.SC3.38;D.Ventes adm.75 79.
— Ord. cons. d'état.SC3.40;D.Ventes adm.393.394.
— Ord. cons. d'état.A12.991,n.18;D.Voirie.141.186.
— Ord. cons. d'état.SC3.36;D.Ventes adm.93.
8 Civ.r.A10.136,n.1.2; P15.1.37; B19.325;S15.1.115;J16.684;D.Autor. de femme.123.
— Décis. min. des fin.D.Preuve litt.497.
9 Civ.r.A10.714,n.1; P2.848,n.4; B21.184; S15.1.1; J16.688;D.Preuve test.10.Ratification.166.167.
— Colmar.A11.768,n.1;P2.1204;B24.278;S15.2.159;D.Délai.103.Surenchère.305.
10 Rennes.A9 640,n.;B18 271,n.;D.Jugement.497.
11 Bruxelles.A3.795;B10 407,n.; MQ6.785;D.Testament.656.
12 Agen.A10.266,n.,n.3; P2.735,n.4; B20.22; D.Communauté.742.
14 Paris.A9.415,n.2; P2.493; B17.492,n.2; S16.2.343;J16.710;D.Hypoth.275.
15 Paris.A1.730;P23.2 34,n.2;B2.385; S15.2.107; D.Arbitrage.668.
— Ord.A6.342,n.9;D.Ventes adm.319.
— Arr. cons. d'état.SC3.44;D.Louage adm.30.
17 Cr.c.A1.595,n.;P1.226;B2.251,n.; S15.1.81; J16.696;D. Appel correct.226.
— Ord.A6.326,n.7;D.Ventes adm.560.
— Douai.A11.555,n.2,n.2; P2.1118;B23.375;S15.2.235;D. Rente.149.
— Cr.r.A11.475,n.2; P2.1086,n.1; B23.230; S16.1.23;J16.699;D.Propriété litt.80.
— Cr.c.A12.1058,n.3;P2.1523,n.2;B28.404;S15.1.82; J16.698;D.Vol.127.128.
— Cr.c.A12.965,n.;P2.1498,n.;B28.264;S15.1.81;D.Homicide.67.
— Orléans.A11.639,n.6;B24.39;D.Saisie-arr.254.
18 Bourges.A11.859,n.2;B24.444;D.Surenchère.373.
19 Rouen.A11.788,n.2.1;P15.2.45; B24.318; S15.2.13;J16.702;D.Surenchère.19 20.
21 Civ.r.A6.63;P15.1.11;B11.67;S15.1.91. et 20 1.509;MR 17.652;J16.704;D.Legs.57.
22 Colmar.A2.793;P1.668;B4.440;S15.2.135; D.Commiss.243.
25 Liége.A7.754; B2.72. et 11.443; D.Exception.241.Exploit.631.

— Colmar.A11.655,n.2; P2.1154,n.21; B24.69; D.Saisie-exéc.137.
— Bruxelles A2.376;P1.488;B5.421;D.Caution.60.
24 Paris.A10.858,n.2;P2.901.n.4;B21.425;D.Privilége.28.
— Req.A11.727,n.1,n.1;P16.1.208;B24.203; S16.1.58; MR 15,660;J16.715;D.Saisie-imm.583.
25 Paris.A9.82;P16.2.28;B17.91;S16.2.205;J16.718;D.Privilége.429.
— Paris.A9.404,n.1;P2.489;B17.480,n.1;S16.2.168;D.Hypoth.80.
— Bourges.A10.625,n.2.2;P2.820,n.1;B21.44;D.Compensation.59.
26 Rennes.A11.640,n.2; P2.1148; B24.46; D.Saisie-arrêt.214.252.251.
27 Ord.A12.683,n.3; P2.1599; B27.248; SC3.46; D.Trav. pub.84.
— Paris.P21.1.517. et 1.1118;S16.2.205.
— Ord.A3.191,n.2. et 6,n.3. et 11,n.1;SC3.48; D.Comm.20.28.53.Trav. pub.116.
— Déc.A3.220,n.3;D.Contr. dir.262.
— Ord. cons. d'état.S3.46;D.Cons. d'état.96.Vente adm.217.
28 Douai,A5.782;P16.2.42;B10.453; S16.2.115;MR17.704; D.Preuve litt.233 454 Testament.79.354.611.
29 Req.A1.261;P24.1.99;B1.503;S16.1.225;J16.723;D.Action possess.182.
— Rouen.A5.535; P1.791; B5.383; S15.2.20; D.Compét. comm.75.
— Bruxelles.A5.544; P1.795; B5.392; D.Compét. comm.134.
30 Civ.c.A4.736;P1.1252;B8.568;S15.1.246;D.Deg.de jur.559.
— Civ.r.A6.471;P15.1.144;B12.95; S15.1.186;J16.726;D.Etranger.78.148.154.
— Req.A10.641,n.1;P2.823,n.1;B21.64;S15.1.53;D.Nullité.301.

DÉCEMBRE.

1 Liége.A5.547;P1.795;B5.396;D.Compét. comm.195.
— Cr.r.A2.348;P15.1.95;B3.556; S15.1.200; D.Cassation.127.
2 Cr.r.A2.293;P1.482. et 15.1.87; B3.326;S16.1.15. et 5.60;MR15.150;J16.731;D.Cassation.538.
— Cr.c.A11.465,n.1. et 2.292;B23.215;S15.1.60;J16.735; D.Cassation.46.Propriété litt.44.
— Besançon.A11.822,n.1-1;P2.1223;B24.379; D.Exploit 770.Saisie-imm.1548.
5 A6.526,n.4;D.Ventes adm.359.
— Paris.A9.955,n.1:3; P2.670,n.4; B19.46; S15.2.84; D. Louage 328.329.
— Civ.c.A9.291;P15.1.182;B17.344; S15.1.225; MR15.401; D.Inscrip. hypoth.297.299.
— Civ.c.A12.41,n.1; P15.1.45; B23.197; S15.1.223. et 49; MR14.838;J16.736;D.Servitude.293.
6 Paris.A2.721;P16.2.79;B4.557;S16.2.84;J16.739;D.Actes de comm.224.Agent d'aff.3.Compét. comm.33.
— Req.A2.796; P15.1.78; B4.444; S15.1.177; J16.742; D. Commissionnaire 279.
— Colmar.A10.515,n.1.2; P15.2.81; B20.403; S15.2.157; J 16.747;D.Condition.166.
7 Paris.A10.673,n.2; P2.832,n.2; B21.118; S16.2.76; D. Preuve litt.715.
— Paris.A10.603,n.1.7;P2.814,n.3; B21.5;S16.2.91;D.Novat.44.
— Civ.r.A12.456,n.1;P15.1.42;B20.319;S15.1.97;J16.751; D.Sép. de patrimoine.23.26.
8 Liége.A7.790;P2.159;B14.485;D.Exploit.429.
— Req.A12.382,n.1;P15 1.52;B26.200;S15.1.153;J16.754; D.Success. bénéf.96.100.
9 Bourges.A11.639,n.3,n.2; P2.1148; B24.45; D.Saisie-arrêt.226.
— Cr.c.A11.510,n.1.4; P15.1.128; B23.293; S15.1.284; D. Quest. pr.4.
— Ord.A3.195,n.3;D.Compét.
10 Paris.A12.96,n.2;P2.1267;B25.284;S15.2.79;J16.758;D. Société civ.313.
11 Ord.A8.638,n.4;P2.515;B16.319;D.Fonct. pub.279.
— Ord.A11.570,n.15;P2.1040,n.15; B23.52;SC3.50;D.Prises marit.95.
— Ord.A3.195,n.1;D.Compét.
— Ord. cons. d'état.D.Fonct. pub.369.
— Ord. cons. d'état.A733;SC3.47;D.Forêts.511.
— Ord. cons. d'état.SC3.49;D.Liberté du comm.17.
12 Civ.r.A7.427; P16.1.183; B14.44; S16.1.359; D.Enreg. 2854.
— Liége.A9.177,n.2; P2.444; B17.208,n.2; D.Hypoth. judic.3.
— Civ.r.A10.825,n.1;P15.1.202; B21.370; S15.1.268; J16.762;D.Ordre.265.
13 Paris.A8.73,P15.2.70;B15.82;S15.2.98;J16.767;D.Faillite.298.
— Bourges.A6.89,B11.62,n.1;D.Legs.19.
— Liége.A10.616,n.3.1;P2.817,n.2;B21.28; D.Rem. de la dette.48.53.
14 Req.A1.499;P1.179;B2.117;D.Appel civil.392.
— Paris.A2.380;P16.2.37;B3.426; S16.2.84;D.Caution.69.
— Bruxelles.A5.277; P1.1316; B9.318; D.Dispos. entre-vifs.173.
15 Cr.c.A5.652;P15.1.107;B6.274;S15.1.87; D.Complicité. 40.166;D.Homicide.52.

— Cr.c.A11.35,n.1;P2.918,n.2;B21.461;D.Action pub.45.
— Cr.c.S15.1.88;D.Min. pub.68.
16 Liége.A5.312;P1.784;B5.355;D.Compét. civ.261. Vérif. d'écr.25.
— Colmar.A1.554;P15.2 85;B2.182;S16.2.286;J16.770; D. Appel correct.53.
— Pau.A2.797;P16.2.77;B4.445;S16.2.62;J16.774;D.Commissionnaire.316.325.
17 Douai.A12.904,n.1;P16.2.7;B28.161;S16.2.36; J16.779; D.Vente.853.
— Bruxelles.D.Inscrip. hypoth.334.
19 Civ.c.A5.222;P15.1.93;B9.255; S15.1.105; MR13.548; J 16.785;D.Dispos.entre-vifs.46.49.
20 Req.A12.708,n.1;P15.1.90;B27.292;D.Tutelle.110.
21 Civ.r.A10.24,n.1.2;P15.1.125; B19.149; S15.1.159; MR 17.299;J16.670;D.Promesse de mariage.28.40.
— Req.P15.1.92;S15.1.328.
22 Cr.c.A11.97,n.14;P2.950,n.9;322.92; S15.1.93;D.Presse.215.
— Req.A12.217,n.1;P15.1.81;B22.488;S15.1.174;J16.787; D.Substitution.508.
23 C. sup. de Bruxelles.A2 376;P1.488;D.Caution.60.
— Cr.c A1.214;P1.79;B1.248;S15.1.83; D.Action civ.127. Action pub.119.
24 Ord.A12.834,n.4;P2.1444;B24.37;D.Lois.101.
— Ord.A12.1050,n.3;SC3.52,D.Marais.58.59.60.
27 Bruxelles.A7.763;P2.152;B14.455;D.Exploit.159.
— Paris.D.Success.468.
28 Rouen.A8.551;P15.2.54; B16.185; S15.2.85;J16.795;D. Filiation légitime.59.
— Civ.r.A11.552,n.1; P15.1.49; B23.389; S15.1.148; MQ6.685;D.Cassation.868.Rente.205.
29 Cr.c.A3.660. et 2.600;P1.602. et 954;B4.219. et 6.284; S15.1.85;D.Chose jugée 369.Complicité.209.
— Req.A9.598,n.1.3;P23.2,95;B18.207;S16.1.212;J16.792; D.Jeu-pari.36.
— Paris.A12.569,n.2;P16.2.62;B26.177;S16.2.50;J16.801; D.Success. bénéf.30.
30 Rouen.A10.805,n.1; P22.2.149; B21.537; S15.2.220; D. Ordre.23.135.166.181.513.
— Besançon.A11.531,n.3;P2.1109,n.1; B23.331;D.Récus. de juges.
— Paris.A12.647,n.1,n.1;P2.1383;B27.183;D.Tierce-opp.40.

1815.

JANVIER.

2 Paris.A8.550;B16.154;S16.2.206; D.Filiation légitime.51.
— Paris.A6.849,n.1;B12 537,n.1;S16.2.240;D.Enq.71.
3 Ord.A11.381,n.2.5;P2.1050,n.5;B23.72;D.Prises marit.160.
— Montpellier.A11.523.n.1;P2.1105,n.1; B23.516; S16 2.140;J17.1;D.Lois.79.Remplacement.27.29.
— Bruxelles.A12.880,n.2;P2.1465; B28.120; D.Garantie.128.
4 Req.A9.136;P15.1.112;B17.157;S15.1.200;MR16.428;J 17.7;D.Hypoth. lég.87.
5 Req.A12.448,n.2;P15.1.169; B26 306; S15.1.231;J17.9; D.Garantie.15.Oblig. divis.27.
— Req.P15.1.48;S15.1.122;D.Exploit.614.
6 Colmar.A2.774; P1 658; B4.419; S16.2.286; J17.13; D. Commissionnaire.307.
7 Paris.A6.640;P23.2.7;B12.291;S15.2.83;D.Eff. de com.416.841.
— Paris.A9.547,n.1; P16.2.60; S15.2.76; D.Interdit.100.106.118.Tutelle.161.
— Besançon.A9.685,n.7;D.Frais et dépens.304.316.
9 Civ.c.A8.184;P2.206. et 15.1.241;B15.214; S15.1.254;J 17.58;D.Faillite.854.
— Trib. com.S16.2.64;D.Respons.460.
10 Liége.A3.341;P1.795;B5.389; D.Comp. comm.169.Domicile élu.24.
— Req.A9 604,n.1.7;P15.1.155; B18.218;S15.1.68; MR15.666;J17.20;D.Jour férié.49. Vacances.10.19.
11 Civ.c.A6.862,n.2.1; P15.1.209;B12.552,n 2.1; S15.255. et 1.251. et 252.243;J17 25;D.Enquête.130.148.149.
— Req.A9.576,n.10;D.Interrog. sur faits.54.
— Civ.r.A11.797,n.2.1;P2.1212; B24.331; D.Surenchère.252.
— Orléans.A11.880,n.2;B24.471;D.Scellé.20.
12 Paris.A10.137,n.1.3; P16.2.35;B19.327; S16.2.75; J17.36;D.Autorisat. de femme.208.
— Req.A11.701 n.1; P15.1.159; B24.155; S15.1.175; J17.38;D.Saisie-imm.288 551.597.871.
— Cr.c.A12.1078,n.12; P2.1536,n.10; B28.440;S15.1.211; D.Vol.515.
13 Cr.c.A4.775;P1.1266;B8.413;S15.1.212; D.Délit rural.50.61.
— Bourges.A11.735,n.2;P2.1188;B24.218; D.Saisie-imm.735.
— Ord.D.Amnistie.122.
14 Ord.A9.976,n.1. et 981,n.1;D.Manufact.86.
— Paris.A9.747,n.2;P16.2.46;B18.428;S18.2.101; J17.46; D.Jugem. par défaut.462.
— Bruxelles.A11.658,n.;P2.1147,n.;B24.43; D.Saisie-arrêt.249.

— Rouen.A11.767,n.3.1;P23.2.33. et 2.1204;B24.277;S15.2 220;MR17.40;J17.49; D.Surenchère.303.
15 Ord.A9 978;D.Manuf.44.
16 Bordeaux.A1.468; P1.167; B2.81; S15.2.153; D.Appel civ.242.
— Civ.c.A11.955,n.9;P16.1.129;B25.86;S16.1.321;D.Div.44.
— Paris.A11.872,n.1.2;B24.468;S16.2.144;D.Saisie-imm.1721.
17 Colmar.A6.6;P15.2.73; B11.2; S15.2.265; MR17.592; J 17.50;D.Testament.759.850.
18 Metz.A2 773;P1.658;B4.418;S19.2.78;J17.17;D.Comm.214.220.309.
19 Grenoble.A10.845,n.2;P2.894,n.16;B21.404;D.Ordre.487.
20 Cr.c.A8.734;P2.551;B16.345;S15.1.213;D.Forêts.152.
— Inst. de la régie.D.Patente.97.
23 Cr.c.A8.736;P2.553;B16.548;D.Forêts.212.
— Civ.c.A9.358;P15.1.176;B17.424;S15.1.258; D.Hypoth.242.
— Civ.c.V. au 9.
— Rennes.A10.830,n.2;B21.380;D.Ordre.359.
24 Civ.c.A7.262;P2.44;B13.296;D.Enreg.1998.
— Civ.r.A2.299. et 10.749,n.;P15.1.229;B3.333;S15.1.260; D.Cassation.507. Commerçant.56. Délai.101.Juifs.34.38.
— Req.A9.586,n.20;P15.1.162; B18.186; S15.1.271;D.Intervention.19.
— Paris.A11.713,n.3;P2.1180; B24.179; D.Saisie-imm.84.174.528.550.780.
— Paris.A10.579,n.1;P2.807,n.2;B20.503;D.Offre.87.
25 Req.A5.752;P15.1.134; B10.396; S15.1.157;MR17.698; D.Testament.455.
— Req.A7.421; P15.1.200; B14.57; S15.1.251; D.Enreg. 2801.
— Civ.c.A7.448;P2.78; B14.70; S15.1.261; D.Enreg.2771.2956.
— Douai.A10.30,n.1.3;P23.2.91,n.1;B19.161;S16.2.114;J 17.63;D.Acte respect.61.79.
— Req.A10.488,n.2;P15.1.166;B20.361; S15.1.265; D.Int. de cap.13.Prêt.211.220.
— Civ.r.A11.59,n.1.3;P2.921,n.1;B22.28;S17.1.137;D.Jugement.41.Effet de comm.102.
26 Cr.c.A3.423;P15.1.98; B6.20;S15.1.171; MR15.696; D. Compét. crim.111.
— Bruxelles.A12.812,n.1;P2.1440; B28.5; D.Usufruit légal.6.
27 Cr.c.A8.364;P2.252;B15.125;S15.1 214;D.Faux.184.
— Rouen.P15.2.80;S15.2.140;J17.65;D.Rente viagère.
28 Bourges.A11.540,n.12; P2.1115,n.15; B23.361; D.Référé.52.
— Ord.A3.161,n.4;D.Compét.
30 Civ.c.A7.189,n.;B13.211,n.;S15.1.263;D.Enreg.1642.
— Civ.c.A9.295; B17.350,n.; S15.1.262; D.Inscript. hypoth.328.
— Riom.A11.205,n.1.2;P2.975;B22.283;S17.2.352; D.Pérempt.270.
— Douai.A11.650,n.5,P2.1153,n.1;B24.64;D.Saisie-exéc.15.
— Ord. du cons. d'état.SC3.65;D.Marais.73.
31 Paris.A5.105;B9.120;D.Désaveu.85.
— Civ.r.A10.807,n 2;P16.1.131; B21.540; S16.1.190; J17.70;D.Ordre.42.Surenchère.50.

FÉVRIER.

1 Req.A9.649,n.1;P15.1.161;B18.285; S15.1.266; J17.75; D.Exécut. prov.10.
2 Cr.r.A4.442; P15.1.385; B8.58; S15.1.341; J17.81; D. Cour d'ass.1145.
— Cr.c.A2.91;P15.1.323;B3.96;S15.1.221;MR16.560; J17.79;D.Attentat à la pudeur.40.
— Cr.c.A3.426; P15.1.175; B6.25; S15.1.269; D.Compét. crim.111.
— Cr.c.A3.645; P15.1.160; B6.266; S15.1.149; J17.78; D. Complicité.128.
— Cr.c.A12.1060,n.4;P2.1525;B28.407;S15.1.221;J17.77; D.Vol.138.
3 Ord.A6.782,n.2;D.Emig.85.
4 Bruxelles.A6.579,n.1;P1.1451;B12.221,n.1; D.Effet de comm.131.
5 Civ.c.A7.776;P2.154;B14 468;D.Exploit.561.
6 Civ.c.A7.521;P15.1.226;B14.158; S15.1.272; J17.83; D. Timbre.26.311.
— Civ.c.A11.682,n.3;P15.1.243;B24.119;S15.1.282;D.Saisie-imm.825.
— Ord.A3.258,n.5;D.Compét.
— Ord. du cons. d'état.SC15 67;D.Compensat.36.
— Ord. du cons. d'état.SC3 69;D.Ventes adm.98.
— Ord.A12.1006,n.8;B28.522;D.Voirie.111.
8 Cr.c.A1.163,n.;P16.1.191; B1.189,n.; S16.1.145; D.Acquitt.21.
— Liége.A11.560,n.1;P2.1121,n.1;B23.524;D.Rente.188.
— Caen.A9.874,n.3;D.Lois rétr.233.
9 Cr.c.A7.653;P2.115;B14.324;S15.1.222;D.Autorité municipale.206.Jour férié.72.109.Peine.295.Excuse.120.
— Cr.c.A11.401,n.1; P15.1.179; B25.106; S15.1.222; J17 88;D.Procès verbal.148.
10 Paris.A8.94;P2.188;B15.108;S16.2.126;D.Faillite.191.
— Déc.A7.337,n.10;D.Enreg.2405.

11 Colmar.A5.708;P1.1337;B10.368;S18.2.159;J17.95; D. Respons.354.Testament.443.
— Paris.A9.214,n.,n.2; P16.2.51. et 23.2.87,n.; B17.254, n.2;S16.2.214;J17.87;D.Hypoth. conv.122.
— Paris.A12.577,n.20;P24.2.12,n.;B27.69;S16.2.202;J17. 95;D.Témoin.85.
13 Civ.c.A7.558,B14.178; S15.1.285; D.Enreg.2825.Timbre.291.
— Rennes.D.Faux incid.182.
— Ord. du cons.d'état.SC3.79;D.Marché de fourn.28.
— Ord. du cons. d'état.SC3.73;D.Ventes adm.60.
14 Civ.r.A2.299;P16.1.275;B3.335; S17.1.9; D.Cassation. 508.
— Liége.A5.613,n.1;D.Rap. à suc.95.Testament.1904.
— Ord.A6.796,n.1;D.Emigrés.
— Orléans.A9.761;P2.595;B18.449; S16.2.204; J17.98; D. Jugem. par défaut.562.
15 Civ.c.A2.336; P15.1.218;B3.378; S15.1.183; D.Cassation.709 Oblig. naturelle.11.Transact.6.
— Ord.A11.352,n.6;P2.1024,n.6; B23.19; D.Prises maritimes.14.
— Bourges.A11.757,n.1; B24.256,n.1; D.Saisie-immob. 1196.
— Civ.c.P15.1.257;S15.1.205;MR15.206;J17.101.
— Grenoble.P33.2.173;D.Absence.171.
16 Bruxelles.A8.752,n.5; P2.365; B16.368; D.Forêts.611. 612.408.419.
— Req.A6.866,n.1;P15.1.172;B12.557,n.1;S15.1.264;J17. 113;D.Enquête 154.
— Metz.A12.170,n.1;P2.1287;B25.413;S19.2.18; J17.107; D.Substitution.77.97.213.291.
— Rennes.A11.845,n.1; B24.421 ; D.Saisie - imm 1136. 1321.
18 Cour sup. de Bruxelles.A4.404; P1.1157; B7.445;D. Cour d'ass.907.
20 Paris.A10.182,n.1;P2.718,n.1; B19.409;S16.2.209;J17. 1;D.Communauté 71.86.127.531.794.801.867.
— Limoges.D.Absent.21.
— Ord. du cons. d'état.SC3.80;D.Respons.182.
21 Paris.A10.698,n.1;P2.844,n.5; B21.160; S16.2.103; D. Preuve litt.1188.
— Colmar.A10.215,n.2;P16.2.1;B19.452;J17.129;D.Communauté.322.
22 Bruxelles.A6.382,n.1;P1.1559;B11.438,n.1; D.Domic. 100.
23 Cr.c.A7 620. et 709;P2.109. et 129;B14.338. et 280;S 15.1.222;J17.134;D.Huiss.182.Exception.318.
— Rennes.A8.276;P2.228;B15.322;D.Faillite.1198.
— Grenoble.A10.100,n.,n.3; P2.699,n.1; B19.265; D.Mariage.528.542.
24 Paris.A1.320,n.; P1.97;B1.371; S16.2.212; J17.135; D. Adultère.73 90
25 Liége.A11.800,n.3;P2.1213;B24.338;D.Saisie im.1250.
— Ord.D.Acquiesc.490.
26 Cr.r.Voyez au 26 avril.
27 Civ.c.A10.823,n.2; P15.1.275; B21.367; S15.1.188;J17. 142;D.Greffier 40;Ordre.252.298.376.418.Exploit.879.
— Besançon.A11.753,n.3;P2.1197; B24.250; D.Saisie im-957.958.
28 Rouen.A6.878,n.3;P1.1549;B12.571,n.1; S15.2.222; J. 17.149;D.Enq.281.
— Rouen.A10.20,n.1.4;P2.683,n.5; B19.143;S15.2.224;D. Promesse de mariage.18.47.
— Besançon.A11.657,n.2,n.1;P2.1146,n.8;B24.42; D.Saisie-arrêt.243.
— Colmar.S15.2 274;D.Absence.425.

MARS.

1 Civ.c.A1.260;P1.88;B1.309; S15.1.120; J17.150; D.Act. posses.176.
— Civ.c.A7.189;B13.212;D.Enreg.1663.
— Ord. cons. d'état.SC3.93;D.Tribunal.263.265.
2 Req.A3.34; P1.686.et 15.1.189; B3.34; S15.1.247; J17. 155;D.Com.191.
3 Cr.c.A4.281; P1.1090; B7. 306; S15.1.217; J17.159; D. Cour d'ass.22.
— Cr.c.A4 417; P15.1. 216; B8.10;S15.1.217; J17.158; D. Cour d'ass.1696.
— Orléans.A6.190;P.16.299; B11.214; S18.2.155; J17.162; D.Partage d'asc.95.
— Bruxelles.A9.386,n.6;P2.487;B17.457,n.6;D.Purge.42.
— Amiens.S16.1.397;D.Communauté.154.
4 Colmar.A1.13;P1.8.et16.2.24;B1.15; S16.2.58; M.R.16 26;J17.169;D.Absence.112.240.
— Paris. A11. 774, n.3; B24.289; S16.2.534; J17. 171;D. Surenchère.106.
7 Civ.c.P33.1.219;S15.1.190; J17.175; D.Effet de comm. 654;Répétition.46.
8 Décr. du cons. d'état SC1.474;D.Expropr. pub.37.
9 Cr.c.A8. 682,n.1; P2.312; B16.305,n.2;S15.1.218;J17. 177;D.Fonct. pub.233.
10 Cr.r.A4.297; P15.1.217;B7.324; S15.1.270; J17.179; D. Cour d'ass.98.
— Cr.c.A11.394,n.3; P2.1057,n.4; B23.95; S15.1.218; D. Procès-verbal.9.
— Rouen.P15.2.66;S15.2.117;D.Filiat.nat.184.
11 Rouen.A10.607,n.1; P16.2.37; B21.12;S16.2.552; J17. 180;D.Délégation.8.
13 Liége.A4.714;P1.1240;B8.343; D.Degré de jurid.446.
— Paris.A2.748;P16.2.78;B4.389;S16.2.57;D.Commis.117.
— Paris.A2.594.et 183;B3.441; D.Caution.39;Preuve litt. 1089.
— Caen.P16.2.111;S16.2.287;J17.188;D.Rente.294.
14 Civ.c.A6.189;P15.1.181;B11.213;S15.1.267;J17.190;D. Révoc. 318.
15 Civ.r.A10.819,n.3; P15.1.218;B21.360; S15.1.201; J17. 196;D.Hypothèque conv.128;Ordre.198.
— Ord.A3.15,n.5 etn.7.et134,n.3;P1.677;D.Communes.
— Ord.A12.1014,n.12;D.Voirie.545.
16 Cr.c.A1.570;P1.208;B2.201;S15.1.219; J17.201; D.Appel correct.123.124.
— Cr.c.A4.420; P1.1145;B8.13; S15.1.219; D.Cour d'ass. 1716.
— Bruxelles.A7.646;P2.113;B14.311;D.Excuse.91.
— Bruxelles.A12.1080,n.22;P2.1538,n.19;B28.444;D.Vol. 319.
17 Rennes.A5.750;B10.416;D.Testament.481.
— Douai.A8.679;B10.335; S16.2.176;J17.205; D.Testam. 512.
— Bruxelles.A12.968,n 4; P2.1499; B28.270; D.Voie de fait.43.
18 Rouen.A8.630;P2.298;B16.245;D.Filiat.nat.31.49.169.
— Riom.A10.854,n.;P17.2.37;B21.449;S17.2.353;J17.209; D.Ordre.606.
19 Rouen A8.188;et11.697,n.1; P23.2.25; B15.219. et 24. 149;S15.2.224;D.Faillite.837 Saisie immob.273.543.
21 Angers.A6 866,n.1.2;P17.2.16;B12.557,n.5;S17.2.233. 16;D.Enquête.153.
22 Rouen A8.56.et12.662,n.45;P2.178;B15.62.27.211;S16. 2.203;J2.1591;D.Faillite.152.Tierce opp.140.
23 Cr.c A4.544;P1.1117;B7.376; D.Cour d'ass.476.
— Req.A5.345;P15.1.192;B9.394; S15.1.252; D.Donation entre époux.48.Douaire.43.Portion disp.143.149.
— Cr.c.A4.282,n.S15.1.220;D.Cour d'ass.22.
28 Civ.c.A1.776;P15.1.269;B2.438; S15.1.154; MR15.676; MQ6.84;J17.218;D.Arbitrage.94.855.968.
— Bruxelles. A11.601,n.2,n.1; P2.1134, n.6; B23.460;D. Req. civ.45.
29 Req.A11.39;P15.1.206;B21.470; S15.1.269; J17.225;D. Min. pub.264.
— Bruxelles.A10.753;P2.859,n.;B21.251,n.;D.Présompt. 101.
30 Cr.c.A4.458; P15.1,207; B8.56; S15.1.220; J17.226; D. Cour d'ass.1265.
— Rennes.A10.396,n.1.2; P2.773,n.3;B20.222;D.Nantiss. 16.
— Cr.c.A12.973,n.2;P2.1502;B28.278; D.Voies de fait.9.
31 Cr.c.A2.157;P1.387;B3.170; D.Autorité municip.361. Frais et dépens.362.
— Ord.A6.336,n.3;D.Ventes administ.

AVRIL.

2 Déc.A9.470,n.2-2;D.Contr. directes.273.
3 Civ.c.A11.790,n.1.2;P15.1.286;B24.519;S15.1.207;J17. 227;D.Surenchère.120.
4 Civ.c.A9.420;B17.495;S15.1.278; D.Hypoth.64.65.
5 Civ.c.A12.649,n.12.et338;P15.1.250;B26.125.et27.186. S15.1.137;J17.233;D.Absence.198.Succes.310. Succes. irrég.153.Ti rce-opposition.168.
6 Req.A.7.310;P2.56.et15.1.307;B13.351; S15.1.354;J17. 245;D.Expertise.367.368.
— Cr.c.A.12.1065,n.1;P15.1.297; B28.416;S15.1.226; MR 14.738;J17.240;D.Vol.193.
— Req.V.au 26.
7 Déc.A6.336,n.3;D.Domaines.
8 Rennes.D.D gré de juridiction.71.
10 Civ.c.A5.567;P15.1.258;B10.205;S15.1.161;J17.247;D. Transcription des donations.28.
11 Civ.c.A7.334;B13.579;S15.1.276;D.Enreg.2343.
— Rennes.A12.582,n.2;P2.1364,n.2; B27.77; D Enq.196.
13 Req.A7.171;P2.25;B13.191;D.Enreg.1532.1533.
— Req.A7.117;P2.16;B13.150; D.Enreg.1152.1153,1179.
— Cr.c.A1.77;P1.24;B1.90;S15.1.226;MQ6.33;J17.239; D. Compét.crimin.96.
— Bruxelles.A9.952,n.2.4;P2.669,n.5;B19.41;D.Louage. 757.
— Bruxelles.A11.268, n.,n.2; P2.1000, n.10;B22. 394; D. Prescrip.463.
— Req.A12.545,n.4;P15.1.222;B26.140;S15.1.202; D.Success.235.
14 Paris.A6.501;P1.1406. et 16.2.49;B12.129;D.Etranger. 233.
— Cr.c.A9.815;P2.622;B18 528,n.; S15.1.227;D.Lois.140.
— Cr.r.A9.602,n.2.1;P15.1.279;B18.215;S15.1.509;D.Jour férié.26.Ordres royaux.33.
— Bourges.A11.708,n.3;P2.1179; B24.168;D.Saisie-imm. 554.355.361.
— Cr.r.A12.601,n.3; P15.1.293; B27.110; S15.1.317; J17. 255;D.Témoin.298.
— Colmar.P15.2.1117;S16.2.344; J17.256; D.Saisie-imm. 524.
17 Civ.r.A6.375; P15.1.246; B11.427; S15.1.296; D.Dom. cong.4.5.
18 Civ.r.A5.77;P1.702. et 15.1.231; B5.82; S15.1.275;J17. 261;D.Commune.263.392.
— Paris.A3.545;P16.2.97;B5.393;J17.258; D.Comp. com. 184.Oblig. solid.103.
19 Rouen.A8.47;P22.2.148,n.8;B15.63;S16.2.201; D.Faillite.91.105.
— Bruxelles.A6.744;P1.1487;B12.412,n.2. et 12.1.194;D. Eff. de comm.868.
— Civ.c.A11.242,n.6;P15.1.235; B22.350; S15.1.203; J17. 265;D.Prescrip.58.85.
20 Cr.c.A4 500;P1.1174;B8.104;S15.1.227; D.Cour d'ass. 1598.
21 Cr.c.A5.654; P15.1.315; B6.277; S15.1.311; D.Complicité.116.174.
— Paris.A11.284,n.,n.6;P2.1003,n.5;B22.419;S16.2.288;J 17.269;D.Prescrip.597.683.
22 Colmar.A10.605,n.,n.1; P15.2.119; B21.10; S17.2.41;J 17.271;D.Novat.128.
24 Rennes A11.623,n.3;B24.15;D.Saisie-arrêt.56.
25 Douai.A8.52; P16.2.34; B15.58; S16.2.124; J17.277; D. Faillite.124.
— Civ.r.A11.62,n.,n.6;P2.922,n.8; B22.33; S15.1.285; D. Jugement.48.
— Paris.A11.198,n.,n.30;P23.2.125,n.;B22.273;S16.2.368; MR17.329;J17.275;D.Péremp.218.
— Cr.r.P16.1.450;D.Jugement.
— Cr.r.A12.963,n.; P2.1497; B28.262; D.Cass.657.Homicide.
26 Civ.r.A7.100;P15.1.365; B13.110; S20.1.507; D.Enreg. 895.
— Req.A10.493,n.1;P15.1.501;B20.370;D.Intérêts de capitaux.130.183.Mand.405.
27 Cr.c.A4.511; P1.1179. et 15.1.294; B8.116; S15.1.317; MQ6.759;J17.282;D.Complicité.407.Cour d'ass.1638.
— Cr.r.A5.653;P15.1.480;B6.275; S15.1.414; D.Complicité.165.Homicide.53.
— Cr.c.A4.545;P1.1117;B7.376;D.Cour d'ass.478.
29 Cour d'ass. de Rouen. A2.249; B3.275; S15.2.219; D. Prescrip. crim.114.
31 Req. A12.771, n.1.2; B27.408; D.Tutelle.649.651.652. 657.

MAI.

1 Civ.c.A2.501;P15.1.281;B4.108;S15.1.277;MQ6.417;D. Chose jugée.101.
2 Civ.r.A7.372;P15.1.295; B13.422; S15.1.318; D.Enreg. 2560.
— Paris.A10.689,n.2;P2.840,n.3;B21.144;S16.2.8;D.Preuve litt.952.
— Civ.c.S15.1.281;D.Autor. de femme.77.228.
3 Colmar.A1.40;P16.2.55;B1.45; S16.2.47; MR16.6; J17. 294;D.Absence.384.399.
— Req.A5.503;P15.1.450;B10.126;S15.1.352;D.Donation. 70.
— Metz.A5.662;B10.316;S19.2.76;J17.298; D.Testament. 239.
4 Rennes.A6.880,n.1;P1.1519;B12.573,n.1;S31.2.345;D. Enq.292.
— Déc.SC3.408;D.Ventes adm.64.
5 Civ.c.A1.405. et 8.809;P15.1.371;B2.6; S15.1.385;J17. 301;D.Forêts.1052.
— Cr.c.A5.88; P15.1.569; B9.101; S15.1.228; J17.303; D. Abus de confiance.55.
— Colmar.S16.2.55;D.Serment.126.
6 Paris.A6.736,n.; P24.2.99; B12.403,n.; S16.2.67; J17. 307;D.Lois rétr.143.Eff. de comm.799.
— Ord.A9.470,n.5;B18.11,n.3;D.Contr. dir.261.
— Cr.r.A12.592,n.8;P15.1.365;B27.93;S15.1.333;J17.311; D.Témoin.388.
— Rouen.P16.2.27;S15.2.223;D.Vente.518.
— Paris.A9.862,n.28;D.Lois rétr.143.
8 Paris.A8.423; P16.2.103; B16.9; S16.2.7; J17,314; D. Faux incid.70.
— Liége.A6.868,n.;P1.1515;B12.559,n.1;D.Enq.164.
9 Req.A11.524,n.3; P15.1.265; B23.219; S15.1.310; J17. 318;D.Remplacement.53.59.
10 Civ.c.A3.354;P15.1.313; B5.406; S15.1.281;J17.323; D. Compét. comm.227.
— Paris.A6.233,n.2; S16.2.255; J17.320; D.Donat. entre époux.51.
11 Paris.A10.201,n.2.3; P16.2.30; B19.430; J17.329; D. Communauté.200.
— Bruxelles.A12.763,n.39; P2.1428; B27.393; D.Tutelle. 532.574.572.
13 Liége.A4 696;P1.1229;B8.320;D.Deg. de jurid.387.
— Paris.A9.84;P2 426. et 16.2.12; B17.93; S16.2.338; J17. 334;D.Privilége.413.414.416.
15 Civ.c.A2 716;P15.1.344;B4.352; S15.1.356; MR16.340; J17 350;D.Actes de comm.3.208.Commerçant.16.58.
— Décr.A9.977,n.2;SC3.110;D.Imputation.22.Manufact. 30.
— Décr.A12.989,n.7;B28.301,n.7;D.Voirie.159.
16 Civ.c.A7.550;P15.1.306;B14.168;S15.1.328.et 280;J17. 325;D.Exploit.868.Timbre.309.
— Bruxelles.A7.782; P2.156; B14.476; D.Compét. comm. 329.Domicile.59.Exploit.535.
— Req.A8.76; P15.1.291; B15.87; S15.1.315; J17.354; D. Faillite.317.
— Civ.c.A12.346,n.1; P22.2.150; B26.143; S15.1.191; D. Success.251.
— Colmar.A12.851,n.3; P2.1455; B28.68; S16.2.203; D. Vente.104.
17 Civ.r.A7.117;P15.1.336;B13.130; S15.1.349;J17.358;D. Enreg.1179.
— Rennes.A7.706;B14.384; D.Deg. de jurid.560.Exploit. 537.

18 Cr.c.A1.217;P9.1069;B7.255; S15.1.220; J17.355; D.Or et argent.46.111.
— Cr.r.A2.105;P15.1.441;B5.112;S15.1.398; J17.360; D. Attentat à la pudeur.75.90.Complicité.75.Cour d'ass. 1142.1195.Excuse.102.Témoin.225.
19 Cr.c.A1.170;P15.1.416; B1.198; S15.1.250; J17.367; D. Frais et dépens.355.
— Cr.r.A8.296;P10.1.305; B15.345; S16.1.70; J17.368;D. Faillite.1520.1521.
— Déc.A6.341,n.1;D.Domaines.
— Cas.P15.1.473;S15.1.250;D.Vente.281.
23 Civ.r.A2.672;P15.1.540; B4.301; S15.1.359; J17.372;D. Colonies.149.Saisie-imm.1626.Success. bénéf.52.
24 Rouen.A9.177; P2.444; B17.208; S16.2.48; J17.378; D. Hypoth. judic.79.
— Req.A12.272,n.1-1;P15.1.321; B26.102; S15.1.335;J17. 375;D.Vente.582.
25 Req.A3.260;P1.768;B5.294;S15.1.396; D.Régl. de jug. 50.Compét. comm.419.
— Bruxelles.A8.134;P2.198;B2.572, et 15.155;D.Faillite. 358.
26 Paris.A5.219;B9.252;S16.2.258;J17.380;D.Dispos. entre-vifs.8.17.
— Rennes.A8.272;P2.227;B15.317;D.Faillite.1122.1170.
— Bruxelles.A11.682,n.4;P2.1167; B24.120;D.Saisie-im. 59.62.1524.
28 Cr.r.A12.1076,n.13;P2.1534;B28.436;D.Vol.289 *bis*.
29 Paris.A3.821; P1.1006; B6.470; S16.2.556;J17.384; D. Contr. par corps.142.
— Req.A11.39,n.1;P15.1.206;B22.

JUIN.

2 Rouen.A2.379; P16.2.56; B3.425;S16.2.49;J17.586; D. Caution.68.
— Cr.c. A12.1081,n.1.25; P15.1.368. et 2.1538,n.21; B28. 445;S20.1.512. et 15.1.195;D.Vol.506.
3 Cr.c.P23.1.548;S15.1.195; D.Compét. cr.454.
4 Ord.A3.178,n.1;D.Comp. adm.145.
— Déc.A3.196,n.2. et 224,n.6.et 226,n.1;D.Eau.325.393.
— Ord. du cons. d'état.A3.205,n.1;D.Comp. admin.330.
— Ord. du cons. d'état.SC3.127; D.Compét. admin.252.
— Ord. du cons. d'état.SC3.119;D.Comptabilité.11.
— Ord. du cons. d'état.SC3.136;D.Eau.265.
— Ord. du cons. d'état. SC3.121; D. Marché de fourn. 314.
5 Civ.c.A1.669;P15.1.392; B2.314; S15.1.384; D.Arbitrage.382.399.
6 Req.A6.44;P15.1.393;B14.45;S17.1.386;MQ6.765;J17. 393;D.Révoc.252.Substitution.430.Testam.879.
— Civ.c. A12.576,n.1; P15.1.309; B26.192;S15.1.319;J17. 388;D.Success. bénéf.60.
9 Cr.c.A3.470; P15.1.475; B8.74; S15.1.410; J17.399; D. Compét. crim.292.
— Cr.c.A11.250;P2.990,n.2;B22.550;S15.1.196; D.Voitures pub.51.
— Bruxelles.A12.802,n.1; P2.1438; B27.465; D.Usufruit. 437.
— Colmar.P15.2.117;D.Délai.Paiement.
12 Paris.A9.445,n.,n.2;P2.499; B17.527,n.2; S18.2.119; J 17.401;D.Rad. hypoth.107.
— Civ.c. A10.528,n.,n.8; P15.1.407; S15.1.389; B20.120; D.Lois personn.46.Lois rétroact.41.62.Dot.274.
13 Req.A4.732;P1.1249;B8.363;S15.1.375;J17.409; D.Degré de jurid.518.Vacances.11.
14 Req.A3.259;P1.768;B5.293;S16.1.270; J17.411; D.Exception.169.Régl. de juges.24.27.
— Civ.c.A1.641;P15.1.380;B2.282; S15.1.209; D.Arbitrage.93.108.
— Civ.c.A5.46; P15.1.417; B9.48; S15.1.392; MQ6.62; D. Déportat.45.48.
— Paris.A8.36;P22.2.147,n.7; B15.39; S16.2.336; D.Faillite.27.
— Rennes. A11.646,n.5; P2.1151,n.5; B24.57; D. Saisie-exécut.16.
15 Cour sup. de Bruxelles.A2.482;P1.536;B4.84;J17.416. D.Choses.160.Legs.300.459.
— Bruxelles.A7.698;P2.125;B14.575;D.Huiss.36.
— Req.A9.208,n.5;P15.1.352;B17.247,n.5;S15.1.348;MQ 6.446;J17.413;D.Hypoth. conv.93.
16 Cr.c.A4.449; P1.1158. et 15.1.456; B8.46; S15.1.196; J 17.419;D.Cour d'ass.1020.
— Douai.P16.2.34,n.;D.Faillite.124.
19 Civ.c.A3.22;P1.682;B5.20;S16.1.104; D.Commune.89. 424.
— Civ.c.A9.377;P15.1.586;B17.448;S15.1.218;J17.421; D. Purge.115.
21 Civ.r. A3.71; P15.1.375; B5.75; S15.1.304. et 301; D. Commune. 85. 349. 454. Délai. 102. Except. 227.267. Preuve litt.43.
— Metz.A10.691,n.1;P2.841,n.4; B21.149; S19.2.76; J17. 425;D.Preuve litt.1113.
— Req.A12.225,n.1;P15.1.454;B25.504;S15.1.408; D.Alimens.105.Filiat. nat.211.Substit.565.
22 Cr.r.A1.331; P15.1.404; B7.361; S16.1.330;J17.431;D. Cour d'ass.226.1489.
— Cr.c.A2.458; P15.1.434; B4.35; S15.1.197; J17.426; D. Chasse.80.
— Cr.c.A8.758,n.6; P24.1.297; B16.331; S24.1.368;D.Forêts.234.

25 Bourges.A11.669,n.3;P2.1169; B24.96; D.Saisie-imm. 34.55.
27 Paris.A9.199,n.1.2;P2.417;B19.236,n.2;J17.434;D.Hypoth. conv.61.Mariage.353.
28 Civ.r.A8.624;P15.1.548;B16.257;S15.1.320;MR16.565; J17.439;D.Actes de l'état civil.168.Filiat. adultérine. 2.23.33.52.Filiat. nat.128.
— Req.A11.912,n.1.6; P15.1.572; B25.529; S15.1.380;J17. 436; D.Alimens.47. Puiss. patern. 30. Sép. de corps. 165.177.
29 Cr.c.A1.571; P15.1.492; B2.202;S15.1.447. et 294;J17. 452;D.Appel correct.152.
30 Bruxelles.c.A5.498;P11.527;B10.121;D.Donation.477.

JUILLET.

4 Civ.r.A9.240,n.1.3; P15.1.559; B17.285,n.5; S16.1.129; D. Chose jugée.68.267.Hypoth. conv.66.Inscript. hypoth.124.
— Rouen.A10.518,n.2-2;P16.2.90;B20.411;S16.2.24;J17. 457;D.Condition.206.
— Ord.A3.193,n.1. et 196,n.4;D.Compét.
6 Cr.r.A4.380; P15.1.547; B7.418; S16.1.141; J17.462;D. Cour d'ass.667.702.
8 Bruxelles A6.185,n.1;D.Révoc.325.345.
9 Cr.c.A8.741;B16.554;D.Forêts.536.
11 Cr.r.A7.413;P21.1.478;B14.25;S21.1.428. et 16.1.93; J 17.478;D.Enreg.2782.Timbre.234.
— Civ.r.A9.200;P15.1.459;B17.256;S15.1.356;MR16.404; J17.470;D.Hypoth. conv.52.
12 Bruxelles.A7.742;P2.145;B14.429;D.Exploit.213.
13 Rouen.A10.518,n.2.1; P2.795,n.3; B20.410; S16.2.45;J 17.460;D.Condition.204.205.
14 Cr.r.A1.583; P15.1.526; B2.217;S16.1.142; J17.480;D. Appel correct.179.Vol.22.
— Bruxelles.A7.775;P2.154;B14.468;D.Exploit.399.
15 Civ.c.A7.412;P2.71;B14.22;S16.1.72;D.Enreg.2771.
17 Civ.c. A7.517; P2.89; B14.154; S16.1.118; J17.485; D. Timbre.75.
18 Civ.c A1.554;P15.1.413;B2.160; S15.1.388; J17.486; D. Appel incid.30.
— Req.A7.125;P2.18;B13.159;D.Enreg.1247.
20 Req.A3.249; P15.1.428; B5.281; S15.1.379; J17.489;D. Compét. comm.289.Régl. de juges.46.
— Bruxelles.A11.878,n.1.5;B24.479;D.Scellé.55.
22 Paris. A2.222. et 3.97; P1.416. et 1298; B3.245. et 9. 111;S16.2.332;J17.495;D.Avoué.136.Désaveu.52.56.
— Paris.A11.38,n.2; P2.919,n.3; B24.467; S16.2.298;J17. 492; D.Agent diplomatique.28. Min. pub.128. Etranger.112.
24 Civ.r.A7.305;P15.1.437;B13.345;S15.1.402;MQ6.229;J 17.500;D.Enreg.2204.Expertise.376.
— Civ.r.A7.34;P15.1.390;B13.587;S15.1.382;J.17.498; D. Enreg.2590.
25 Req.A5.604; P15.1.472; B10.245; S15.1.409; D.Testament.27.
31 Civ.r.A1.772; P1.292; B2.453;S15.1.369;MQ6.475;J17. 506;D.Arbitrage.931.
— Civ.c.A7.445;P15.1.425;B14.67;S15.1.289; J17.502; D. Enreg.2975.
— Civ.c.A6.345,n.1; B11.394,n.1; S16.1.96; D. Domaine de l'état.38.39.
— Ord.A6.817,n.3;D.Emigré.

AOUT.

1 Req A7.225; P2.34; B13.251; D. Louage.317. Enreg. 1860.
— Civ.c.A11.457,n.1; P15.1.404; B23.205; S17.1.377; MR 16.200;J17.511;D.Possess.114.117.
— Cass.A9.836,n.11;D.Lois rétroact.16.
2 Civ.c.A9.721,n.1;P15.1.545;B18.387;S16.1.167; MR14. 286;D.Jugement par défaut.193.Juifs.6.
— Cr.r.P15.1.529;S16.1.459;J17.514;D.Min. pub.68.
3 Caen.A9.737,n.,n.2;P2.585,n.5;B18.412; S16.2.530; D. Jugem. par défaut.365.
— Req.A12.552,n.1;P15.1.451;B26.148; S15.1.286; MQ6. 324;J17.519;D.Absence.198.Success.310.
7 Civ.c.A3.765; B6.406;S16.1.111;J17.538;D.Contr. par corps.276.
— Civ.c.A7.686;B14.561;S15.1.546. et 545;MR16.93;J17. 555. et 532; D.Autorisat. de femme.25.343.Expertise. 295.
8 Civ.c.A1.442; P15.1.423; B2.49; S15.1.306; J17.544;D. Appel civ.81.
— Civ.c.A10.696,n.6;P15.1.609;B21.137;S16.1.97; MR16. 118;J17.552;D.Preuve litt.1078.
— Riom.A11.725,n.1;P17.2.38; B24.198; J17.559; D.Saisie-imm.525.746.
— Req.A12.753,n.3;P15.1.466; B27.336; S15.1.321; J17. 549;D.Tutelle.351.
9 Civ.r. A9.930. et 38,n.1; P15.1.400. et 469; B19.76. et 17.37;S20.1.469; J17.554; D. Louage à cheptel.36.Privilége.92.
— Caen.A9.389,n.;P2.488;B17.461,n.;D.Purge.103.
10 Caen.A3.545;P16.2.118;B5.394;S16.2.368; D.Compét. comm.184.
— Cr.c.A1.425;P1.159;B2.28; S15.1.573; D.Amnistie.58. 73.
— Req.A12.717,n.2;P15.1.477; B27.514; S15.1.441; J17. 557;D.Tutelle.131.150.

— Cr.r.A11.515,n.;P15.1.520;B23.299,n.1; S15.1.432; D. Récidive.36.
— Cr.r.A8.378;P15.1.538;B16.441;S16.1.426; J17.563; D. Faux.140.255.Faux incid.299.393.
14 Civ.c. A7.412,n.; P2.71; B14.22,n. et 21,n.; D.Enreg. 2771.
— Paris.A10.679,n.1;P16.2.50;B21.112;J17.559; D.Preuve litt.694.
16 Civ.r.A9.297,n.1-1;P16.1.40;B17.552,n.1;S18.1.145.et 15.1.568;MQ6.447;J17.563;D.Inscript. hypoth.345.
— Paris.A10.850,n.7;P2.897;B21.412;D.Rente.373.
17 Cr.c.A8.365;P15.1.530;B15.426;S15.1.297; MR16.323; J17.570; D. Bigamie.39. Cour d'ass.756. Défense. 98. Faux.176.
— Metz.A10.859,n.;P23.2.166,n.; B20.397; S19.2.113; D. Ordre.447.
— Req.A12.545,n.1; P15.1.486; B26.142; S15.1.413; J17. 565;D.Enreg.1038.Success.246.
18 Cr.c.A4.474;P1.1168;B8.74; S15.1.404; D. Cour d'ass. 1432.
21 Civ.c.A12.784,n.2;P16.1.42;B27.451;S16.1.111; D.Enseign.49.
— Ord.A3.434,n.4;D.Communes.
22 Civ.r.A7.194; P15.1.602; B13.248; S16.1.341;D.Enreg. 1621.
23 Ord.A.3.161,n.4, § 4. et 216,n.1;D.Compét.
24 Cr.c.A2.150;P1.383;B3.162;S15.1.397;J17.572;D.Autorité munic.153.429.430.Lois.147.149.
— Bruxelles.A12.594,n.16; P2.1571; B27.100;D.Témoin. 585.
— Arrêt.A9.850,n.8;D.Lois rétroact.107.
26 Montpellier.S18.2.113;D.Tutelle.469.
28 Civ.c.A7.588;P15.1.500;B13.440;S15.1.121;J17.575;D. Enreg.2871.
— Civ.c. A11.628,n.2; P15.1.581; B24.23; S16.1.216; J17. 577;D.Saisie-arrêt.91.
29 Civ.c.A9.445;P15.1.546;B17.528;S15.1.450;J17.588; D. Rad. hypoth.95.
— Paris.A9.311,n.1;P16.2.58;B17.389,n.1;S16.2.175; MR 16.468;J17.590;D.Inscript. hypoth.466.
— Paris.A11.735,n.3;P2.1188;B24.218;J17.581; D.Saisie-imm.276.546.729.964.1023.1146.1520.Surench.527.
— Req.A11.81,n.;P15.1.453;B22.66;J17.585; D.Trib.148.
30 Civ.r.A12.509,n.1;P15.1.465; B26.406; S15.1.404;J17. 594;D.Partage.242.Rescis.89.
31 Cr.c.A5.16;B9.14;S15.1.367;D.Dénonciat. calom.16.
— Paris.A10.813,n.3. et 622,n.22;P2.818,n.4. et 885,n.4; B21.349. et 11.S16.2.12;J17.605; D.Compensation.45. Désist.52.Oblig.898.Ordre.311.512.
— Req. V. au 31 avril.

SEPTEMBRE.

7 Req.A6.709;P15.1.579, B12.372;S16.1.147; MQ6.212;J 17.609;D.Effets de comm.741.
8 Liége.A10.841,n.2;P2.893,n.10;B21.391; D.Ordre.463.
14 Cr.c.A12.563,n.20;P2.1555;B27.29;S16.1.16; D.Rébellion.28.
15 Bruxelles D.Exploit.711.
19 Paris.A10.70,n.2.1;P16.2.117;B19.219;S16.2.545; J17. 612;D.Mariage.514.
20 Paris.P23.2.24,n.1;S18.2.105;D.Surenchère.451.
21 Cr.r.A4.320;P1.1108. et 16.1.348;B7.549;S17.1.15; MR 16.554;J17.615;D.Cour d'ass.504.
— Cr.c.A3.540;P15.1.567; B6.151; S16.1.133; D.Compét. crim.533.Régl. de juges.125.
— Cr.c.A3.663; P1.956. et 16.1.306; B6.287; S16.1.8; D. Complicité.208.Homic.37.
— Paris.A10.29,n.1;P2.686;B19.160;D.Acte respect.4.
23 Rennes.A7.632,n.;P2.110;B14.294;D.Except.253.Exécut. prov.27.
28 Cr.r.A7.599;P2.106. et 23.1.87;B14.253;S23.1.332;J17. 616. et 28.528;D.Discipline.106.Exception.123.
29 Cr.c.A11.170,n.2;P16.1.256. et 542. et 2.1349,n.; B22. 221;S16.1.14. et 15;J17.617;D.Peine.323.
30 Douai.A8.52;P2.477;B15.58;S16.2.124;J17.281;D.Faillite.125.

OCTOBRE.

4 Bruxelles.A11.526,n.6; P2.1106,n.4; B23.321; D.Remplacement.45.
5 Paris.A9.722,n.2.1;P16.2.47;B18.588;J.17.618;D.Jug. par défaut.298.
— Cr.c.A11.129,n.,n.8; P2.936,n.1; B22.150; S16.1.63;D. Presse.227.
— Cr.c.S16.1.80;J17.620;D.Cour d'ass.1241.
6 Bruxelles.A5.773;P1.1341;B10.442;D.Preuve litt.438. Testam.860.
— Bruxelles.A7.775;P2.154;B14.468;D.Exploit.399.
— Délib.P32.3.70;D.Timbre.176.
9 Caen.A10.826,n.2; P2.886,n.3; B21.372; D.Ordre.289. 293.
12 Cr.c.A1.387;P16.1.366; B1.455; S16.1.454; J17.625; D. Cass.472.
— Cr.c.A3.538; P16.1.261; B6.149; S16.1.35; J17.625; D. Compét. crim.320.524.525.526.
— Paris.A10.372,n.2.1;P25.2.407,n.2; B20.539; S16.2.89; D.Obl.586.
15 Cr.r.A4.378;P16.1.316; B7.113; S17.1.40; J17.467; D. Cour d'ass.659.

— Cr.r.A7.875;P16.1.527;B14.222;S20.1.508;J17.627;D.Evasion.7.25.
— Cr.c.A8.401,n.1;P16.1.273. et 2.200;B13.463,n.4;S16.1.58;J17.622;D.Faux.602.Peine.210.
— Metz.A9.692;P2.574;B18.312;S19.2.175;D.Jugem. par défaut.25.
19 Bruxelles.A9.505,n.1.8;P2.567;B17.561,n.1;D.Inscript. hypoth.415.489.Délai.21.
— Cr.r.A11.956,n.1.15;P16.1.373;B25.132;D.Témoin.450.
25 Ord.A12.991,n.19;B28.303,n.19;D.Voirie.188.
26 Cr.r.A4.440;P16.1.345;B8.56;S17.1.17;J17.529;D.Cour d'ass.1091.
— Cr.c.A12.1045,n.2;P16.1.213;B28.380;S16.1.52;J17.631;D.Vol.66.
27 Cr.r.A2.269;P16.1.345;B3.297;S17.1.17;J17.633;D.Cassation.90.Contumace.19.
— Cr.c.A3.626;P1.929;B6.245;S16.1.68;D.Complicité.44.55.62.Cour d'ass.1535.Destruction.5.51.
— Cr.c.A8.760;P16.1.543;B16.380;S16.1.71;J17.654;D.Forêts.545.951.
— Cr.c.A12.554,n.;B27.50,n.1;D.Rébellion.28.

NOVEMBRE.

2 Cr.r.A1.387;P16.1.366;B1.453;S16.1.454;J17.527;D.Cass.165.
— Liége.A6.641,n.2;B12.293,n.1;D.Effet de comm.421.
3 Cour supr. de Bruxelles.A7.64;P2.7;B13.66;D.Enreg.574.
4 Cour supr. de Bruxelles.A7.140;P2.20;B13.156;D.Enreg.1451.1452.
— Cour supr. de Bruxelles.A7.333;P2.60;B13.577;D.Enreg.2329.
— Bruxelles.A9.14,n.2;P2.413;B17.8,n.2;D.Frais et dépens.319.
6 Civ.r.A1.749;P15.1.575;B2.407;S16.1.113;J17.639;D.Arbitrage.765.
— Paris.A11.711,n.5;P2.1179;B24.176;D.Saisie-imm.99.100.506.556.
8 Civ.c.A12.460,n.1;P15.1.384;B26.525;S16.1.137;MQ5.177. et 448. et 740;D.Hypoth.log.53.Don. par contr.93.Privilége.353.Séparat. de patrimoine.57.55.57.78.97.100.
— Req.A11.793,n.1;P15.1.575;B24.528;S16.1.170;J17.641;B.Surenchère.358.
9 Req.A9.338;P15.1.392;B17.400;S16.1.131;MR16.395;J17.645;D.Hypoth.110.Inscript. hypoth.248.
— Cr.r.P16.1.375;J17.650;D.Témoign. faux.
10 Civ.c.A4.203;P1.1064;MR17.124;B7.219;S15.1.95;D.Or et argent.65.
11 Ord.A3.199;D.Compét. adm.316.
13 Civ.c.A7.472;P16.1.18;B14.98;S15.1.192;J17.655;D.Enreg.3035.
— Cass.D.Lois rétroact.225.
14 Civ.c.A7.187;P2.23;B13.209;S16.1.201;J16.652;D.Enreg.1150.1668.1709.
— Civ.r.A7.599;P16.1.80;B14.6;S18.1.143;J17.663;D.Enreg.2717.
— Req.A1.296;P15.1.383;B1.343;S16.1.95;J17.656;D.Adoption.90.
— Liége.A10.814,n.2;P2.883,n.6;B21.331;D.Ordre.105.107.
— Rennes.A9.774,n.9;B18;D.Jugem. prép.62.
15 Liége.A11.759,n.2;P2.1201;B24.251;D.Surenchère.5.
— Cr.r.V. au 15 décembre.
16 Req.A3.520;P1.786;B5.504;S18.1.82;J17.663;D.Compét. civ.257.
— Cr.r.A11.512,n.4;P15.1.383;B23.299;S19.1.33;D.Récidive.56.
17 Cour supr. de Bruxelles.A2.517;P1.565;B4.157;D.Chose jugée.191.493.
— Paris.A10.490,n.3;P16.2.17;B20.363;S16.2.6;J17.674;D.Action.9.Intérêts de cap.67.68.
18 Colmar.A1.406;P1.465. et 23.2.480,n.4;B2.79;S16.2.374;J17.677;D.Appel civ.239.596.429.434.
— Bruxelles.A6.134;B11.139,n.1;D.Exécut. test.46.90.
19 Cr.c.V. au 10.
20 Ord.A11.350,n.2;P2.1025,n.2;B23.16;SC3.161;D.Prises maritimes.10.
— Civ.c.A5.525;P16.1.73;B9.370;S16.1.356;MQ5.482;J17.680;D.Port. disp.132.139.130.
— Ord.A6.325,n.1;D.Ventes adm.392.
— Ord.A6.336,n.5;D.Ventes adm.34.
— Ord.A6.344,n.1;D.Dom.
— Ord.A6.349,n.5;D.Dom.
— Ord.A6.342,n.8;D.Domaines.
— Ord.A6.796,n.1;D.Emig.767.
— Ord.A6.858,n.2;D.Emig.364.
— Ord.A9.470,n.1;B18.10,n.1;S18.2.77;D.Contr. directes.205.
— Ord.A11.353,n.9;P2.1025,n.9;B23.23;SC3.160;D.Prises maritimes.17.
— Ord.A11.354,n.8;P2.1020,n.8;B23.25;SC3.160;D.Prises maritimes.28.
— Ord.A11.354,n.7;P2.1020,n.7;B23.25;SC3.157;D.Prises maritimes.23.
— Ord.A11.374,n.1;P2.1015,n.1;B23.60;D.Prises maritimes.105.405.
— Ord.A3.179,n.1;D.Compét. adm.161.
— Ord.A3.224,n.1. et 226,n.9;D.Eau.367.409.

— Ord.SC3.144;D.Compét. adm.48.
— Ord. du cons. d'état.S18.2.76;D.Compét. adm.380.Fruits.84.
— Ord.SC3.184;D.Fonct. publ.256.
— Ord. du cons. d'état.D.Fonct. publ.523.
— Ord. du cons. d'état.SC3.184;D.Fonct. publ.535.
— Ord. du cons. d'état.S18.2.97;D.Fonct. publ.381.
— Ord. du cons. d'état.SC3.151;D.Halage.16.
— Ord. du cons. d'état.D.Impôt.25.
— Ord.D.Jugem. par défaut.586.
— Ord. du cons. d'état.D.Douanes.555.
— Ord. du cons. d'état.S18.2.77;D.Douanes.583.
— Ord. du cons. d'état.D.Douanes.356.
— Ord.A6.325,n.1;D.Domaines.
— Ord.A3.179;D.Compét. adm.131.316.
— Ord. du cons. d'état.S18.2.85;D.Eau.94.
— Ord. du cons. d'état.S18.2.78;D.Eau.235.
— Ord. du cons. d'état.S18.2.75;D.Marché de fourn.309.
— Ord. du cons. d'état.S18.2.83;D.Expropr. publ.257.
— Ord. du cons. d'état.D.Comptab.75.
— Ord. du cons. d'état.SC3.164;D.Rente.420.
— Ord. du cons. d'état.S18.2.76;D.Chose jugée.87.
— Ord.A6.342,n.8;D.Domaines.
— Ord.A6.336,n.5;D.Domaines.
— Ord.A6.349,n.5;D.Domaines.
— Ord.A6.341,n.1;D.Domaines.
— Ord. du cons. d'état.SC3.165;D.Trav. publ.156.
— Ord.SC3.161;D.Tribunal.266.
— Ord.SC3.183;D.Tribunal.267.
— Ord. du cons. d'état.SC3.155;D.Ventes adm.25.
— Ord.SC3.150;D.Ventes adm.159.
— Ord.Mac.5.145;D.Ventes adm.246.
— Ord.A12.990,n.11;B28.301,n.11;D.Voirie.171.
— Ord. du cons. d'état.D.Patente.121.
21 Civ.c.A12.441,n.1;P15.1.126;B26.494;S16.1.75;J17.683;D.Cass.1046.Office.52.Rap. à suc.289.290.
— Cr.c.V. au 21 sept.
— Ord. du cons. d'état.D.Chose jugée.57.
22 Bourges.A10.846,n.3.4;P2.896,n.19;B21.406;D.Ordre.512.
— Colmar.A10.559,n.1.3;P25.2.47;B20.409;S16.2.68;D.Comp. comm.144.Paiement.148.
— Bruxelles.A11.253,n.1;P2.997,n.1;B22.378;D.Prescript.492.
— Civ.r.A12.740,n.3;P16.1.28;B27.351;J17.684;D.Communauté.92.Tutelle.408.
— Req.A11.940,n.16;P15.1.606;B25.100;S16.1.164;D.Div.89.120.Tém.41.
23 Colmar.A3.577;P16.2.19;B6.134;J17.691;D.Compét. civ.60.
— Cr.c.A8.398;P16.1.271;B15.464;S16.1.93;J17.690;D.Faux.582.
— Paris.A10.225,n.2;P16.2.39;B19.470;S16.2.43;D.Communauté.464.408.
— Cr.c.A11.935,n.1.3;P16.1.268;B25.130;S16.1.96;J17.688;D.Serment.72.
25 Cr.c.A10.800,n.1;P2.876,n.1;B21.520;D.Respons.568.
— Colmar.J17.697;D.Exploit.517.
27 Civ.r.A7.154;P2.23. et 16.1.93;B13.1.172;S18.1.186;D.Enregistrement.1504.
28 Bruxelles.A2.729;P1.638;B4.368;D.Actes de comm.88.
— Civ.r.A12.23,n.2;P16.1.79;B25.166;S16.1.374;J17.698;D.Servitude.186.
— Orléans.A11.647,n.1.8;P2.1452;B24.58;D.Saisie-exéc.18.

DÉCEMBRE.

1 Paris.A6.50;B11.52;S18.2.111;D.Testament.901.
— Rouen.P26.2.147;D.Compét. comm.474.
2 Colmar.A11.788,n.2;P2.1209;B24.316;J17.700;D.Exécut. prov.29.Surenchère.26.43.
4 Civ.c.A10.245. et 9.240;P16.1.82;B19.493;S16.1.65;J17.707;D.Inscript. hypoth.124.Séparat. de biens.167.
5 Civ.r.A5.539;P15.1.595;B9.588;S16.1.75;MR17.526;D.Port. dispon.167.
— Civ.r.A6.871,n.1;P16.1.26;B12.562,n.1;S16.1.165;J17.715;D.Enquête.210.
— Req.P16.1.22;S16.1.140;D.Etranger.234.
6 Civ.r.A2.700;P16.1.165;B4.532;S16.1.165;D.Commerçant.34.Juifs.43.44.
— Colmar.A11.530,n.5;P2.1108,n.6. et 16.2.93;B23.528;S17.2.55;D.Remplacem.93.Oblig.252.
7 Cr.c.A4.207,n.;B7.224,n.1;D.Or et argent.109.
— Colmar.A6.604,n.2;P16.2.120;B12.249,n.;D.Effet de comm.193.194.259.
— Cr.c.A12.591,n.3;P25.1.342;B27.94,n.1;D.Témoin.196.
— Orléans.A12.848,n.3;P2.1452;B28.54;D.Vente.60.
8 Metz.A9.774;P2.597;B18.469;D.Acquiesc.204.Jugem. prép.111.
— Bruxelles.A8.811,n.2;D.Faillite.1022.
— Rennes.D.Jugement.546.
9 Cour sup. de Bruxelles.A4.660;P1.1214;B8.279;MQ5.352;D.Chose jugée.185.Deg. de jurid.218.
— Bruxelles.A5.774,n.;B10.449,n.;D.Preuve litt.138.
11 Colmar.A4.680;P16.2.55;B8.302;S17.2.6;J17.719;D.Deg. de jurid.295.
— Civ.r.A12.938,n.5;P16.1.43;B28.279;S16.1.167;J17.751;D.Dot.422.Echange.23.34.

— Déc. min. fin.D.Preuve litt.324.
12 Civ.r.A5.558;P15.1.132;B10.168;S16.1.322;MR6.188;J17.721;D.Don manuel.2.14.22.
— Req.A8.148;P16.1.47;B15.157;S16.1.148;J17.738;D.Faillite.474.
— Bruxelles.A11.624,n.4;B24.17;D.Saisie-arrêt.61.
14 Cr.r.A3.487;P16.1.3;B6.92;S16.1.53;J17.736;D.Compét. crim.349.Cour d'ass.1180.1225.1242.1268.
— Req.A7.785;P16.1.96;B14.478;S16.1.77;MQ6.258;J17.735;D.Exploit.438.
15 Paris.A10.589,n.1;P2.809,n.2;B20.518;J17.743;D.Cession de biens.10.
— Cr.r.A10.25,n.1;P16.1.368;B21.446;S16.1.155;J17.664;D.Min. pub.38.
16 Bourges.A11.583,n.3;B24.458;D.Saisie-imm.1638.
18 Civ.c.A1.800;P16.1.145;B2.149;S16.1.206;J17.758;D.Appel civil.305.
— Civ.c.A2.344;P1.473;B5.585;S16.1.205;J17.764;D.Cass.674.Chose jugée.251.
19 Paris.A9.935,n.1.4;P2.670,n.5;B19.63;S16.2.110;D.Louage.424.
— Civ.c.A10.610,n.1.4;P2.816,n.2;B21.170;S16.1.195;D.Délég.27.
— Civ.c.A10.656,n.1;P16.1.158;B21.92;S16.1.244;J17.767;D.Preuve litt.310.
— Bourges.D.Exploit.550.
20 Civ.c.A11.530;P1.190;B2.155;S16.1.242;J17.772;D.Appel incid.69.
— Paris.A9.918,n.2.4;P2.665,n.1;B19.18;S16.2.54;D.Louage.381.
22 Cr.c.A4.612;P1.1179;B8.117;S16.1.192;D.Cour d'ass.1531.1642.
— Grenoble.A9.584,n.1.10;B18.182;D.Intervention.66.
23 Colmar.A3.215;P16.2.55. et 1.751;B5.242;D.Compét. adm.382.383.
— Ord.A6.341,n.1;D.Domaines.
— Ord.A11.379,n.2;P2.1048,n.3;B25.68;D.Prises marit.148.
— Ord.A3.178,n.1;D.Compét. adm.145.
— Ord.A3.191,n.3;D.Compét.
— Ord.A3.191,n.8;D.Compét.
— Ord. du cons. d'état.SC3.188;D.Avocat.284.
— Ord. du cons. d'état.SC3.201 et 3.202;D.Cons. d'état.108.
— Ord. du cons. d'état.SC3.186;D.Fonct. pub.299.
— Ord. du cons. d'état.SC3.206;D.Fonct. pub.325.
— Ord. du cons. d'état.SC3.205;D.Fonct. pub.371.
— Ord. du cons. d'état.SC3.205;D.Fonct. pub.380.
— Ord. du cons. d'état.SC3.204;D.Fonct. pub.386.
— Ord.SC3.191;D.Forêts.555.
— Ord. du cons. d'état.SC3.193;D.Marché de fourn.315.
— Ord. du cons. d'état.SC3.193;D.Nom.51.
— Ord.A10.316,n.12;B20.250;SC3.202;D.Nom.59.
— Ord.A3.46,n.1;D.Comm.157.
— Ord.D.Trav. pub.47.144.
— Ord.SC3.191;D.Vente adm.469.
26 Civ.c.A9.971,n.1;P16.1.94;B19.105;S16.1.245;J17.778;D.Mandat.468.Ratificat.6.
27 Civ.r.A7.123;P16.1.241;B13.155;S16.1.391;MQ5.292;J17.779;D.Enreg.1260.
— Civ.c.A6.228;P16.1.232;B11.234;S16.1.234;J17.780;D.Donat. par contrat de mar.13.172.
— Angers.A12.758,n.26;P2.1427;B27.380;S17.2.57;D.Tutelle.583.
— Ord.A8.812;S16.2.52;D.Garde nat.7.
28 Cr.r.A4.482;P16.1.577;B8.83;D.Cour d'ass.1477.
— Req.A6.577;B11.252;S16.1.100;J17.783;D.Domicile.20.
29 Cr.r.A4.478;P16.1.577;B8.79;S20.1.378;J17.791;D.Cour d'ass.1451.
— Cr.c.A4.395. et 9.512,n.1.4;P16.1.367. et 1.422. et 17.789;B1.462. et 18.72;S18.1.201;J17.789;D.Instr. crim.541.Peine.508.Tapage.29.30.
— Bruxelles.A7.767;P2.153;B14.486;D.Exploit.701.717.
— Grenoble.A9.746,n.2;P2.588,n.2;B18.425;D.Jugem. par déf.472.
30 Colmar.A6.465;P1.1594;B12.67;S17.2.62;D.Etranger.157.

1816.

JANVIER.

2 Civ.c.A1.117;P16.1.103;B1.137;S16.1.358;J18.1;D.Acquiesc.431.
— Civ.c.A3.364;P16.1.122;B5.418;S17.1.15;J18.11;D.Compét. comm.289.
— Civ.c.A11.61,n.,n.4;P2.922,n.7;B22.72;S17.1.191;D.Jugement.44.
— Paris.A11.861,n.2;P16.2.127. et 18.2.45. et 147;B24.449;S18.2.117;J18.34;D.Surenchère.364.565.
4 Bruxelles.A9.543,n.1.3;P2.526,n.1;B18.118;D.Interdit.69.70.
5 Liége.A9.268;B17.317,n.;D.Inscrip. hypoth.212.
8 Civ.c.A5.596;P16.1.163;B10.238;S16.1.121;MQ6.219;J18.15;D.Donat.510.512.
9 Cr.r.A6.314;P1.1371. et 16.1.295;B12.27;D.Douanes.165.
10 Colmar.A9.730,n.4;P16.2.57. et 23.1.120,n.4;B18.393;

S16.2.367;MR17.231;J18.20;D.Jugem. par déf.320.
— Rennes.A9.727,n.2;P2.974;B18.395;D.Jugem. par déf. 328.
11 Cr.r.A4.392;P16.1.416; B7.429; J18.26; D.Cour d'ass. 770.
— Colmar.A6.710;P1.1480;B12.374,n.1;S17.2.134; D.Eff. de comm.711.
— Req.A10.669,n.1;P16.1.187;B21.109;S16.1.366;J18.24; D.Lois.140.Preuve.661.
— Orléans.A11.697,n.4;P2.1174; B24.149;D.Saisie-imm. 218.
13 Civ.c.A4.749;B8.349;D.Deg. de jurid.467.
— Ord.A6.316,n.1;B11.359,n.4;SC3 211; D.Dom. eng.89.
— Ord.A9.463,n.1;B18.1,n.1;SC3.216;D.Contr. dir 36.
— Civ.c.A10.535,n.2;P16.1.112; B20 433; S16.1.527; J18. 40;D.Caution.217.Oblig. solid.118.
— Ord.A11.354,n.10; P2.1026,n.10; B23.23; SC3.207; D. Prises marit.24.25.
— Ord.A3.219,n.9;D.Compét.
— Ord. du cons. d'état.SC3.206;D.Fonct. pub.338.
— Ord. du cons. d'état SC3.214;D.Propriété.253.
— Ord. du cons. d'état.SC3.211;D.Ventes adm.57.
— Ord. du cons. d'état.SC3.216;D.Ventes adm.405.
14 Req.A11.743,n.3;P16 1.254;B24.252;S16.1.390;J18.46; D.Saisie-imm.679.877.888.
— Civ.c.Dict.36;D.Ventes pub.39.
15 Civ.c.A8.544; P16.1.49; B16.148; S16.1.81; J18.49; D. Filiat. lég.19.79.
— Liége.A6.878,n.3;P1.1519;B12.571,n.1;D.Enq.281.
— Cass.A9.856,n.11;D.Lois rétr.16.
16 Civ.c.A4.29,n.;B7.30,n.;S17.1.277. et 40;D.Contr. ind. 212.
— Rennes.A7.716; P2 131; B14.398; D.Contr. par corps. 67.Mandat.348.Exploit.93.
17 Req.A7 145;P2.20;B15.159;D.Enreg.1393.
— Riom.A10.735,n.2; P17.2.18; B21.221; S17.2.132; D. Preuve test.184 185.
— Paris.A11.860,n.2;P16.2.124;B24.146;S16.2.83;J18.66; D.Surenchère.381.382.
— Civ.r.S16.2.145;D.Oblig. personn.45.
18 Cr.c.A12.954,n.2;P2.1494;B28.247;S16.1.247;D.Homicide.90.
— Orléans.A7.677,n.;B14.350,n.1;D.Expertise.247.
— Cr.r.P16.1 399;D.Tribunal.208.
— Caen.P16.2.111;S16.2.329; J18.69; D.Intérêts de cap. 186.
19 Cr.c.A1.594;P1.225;B2.250;S17.1.57;D.Appel correct. 226.
— Bruxelles.A9.257,n.1. et 9.287,n.2;B17.340,n.2.et 305, n.1;D.Inscrip. hypoth.169.174.309 310.
— Cr.c.A12.1039,n.2;P16.1.359;B28.406;S20.1.312. et 16. 1.263;J18.71;D.Vol.140.
— Rennes.A3.682,n.4;B6 308;D.Compte.123.144.
21 Ord.A12.989,n.7;B28.311,n.7;D.Voirie.159.
22 Civ.c.A11.182,n.,n.2; P16.1.140; B22.241; S16.1.118;J 18.72;D.Péremp.65.
23 Req.A3.36;P16.1.269; B3.36; S17.1.10;J18.81;D.Commune.604.
— Req.A2.565; P16.1.211; B4.178; S16.1 135; J18.83; D. Chose jugée.255.
— Cr.r.A7.828;P16.1.214; B14.531; S16.1.371; J18.77; D. Exploit.386.864.
— Civ.r.A11.299,n.8;P16.1.309;B22.445;S17.1.29;J18.86; D.Lois.372.Motifs des jugem.212.Prescrip.886.
— Req.A12.903,n.1;P16.1.209;B28.159;S16.1.105;D.Cassat.620.Vente.838.
24 Civ.c.A1.677;P1.254;B2.323; S17.1.108; D.Arbitrage. 422.
— Req.A7.797;P16.1.123;B14.493; S16.1.198;MR16.196;J 18.86;D.Domicile élu.70.Exploit.489.
— Colmar.A11.92,n.1;P16.1.34;B22.82;S16.2.366;D.Presse.315.
— Limoges.A9.746,n.;B18.425,n.;D.Jugem. par déf.
25 Bruxelles.A9.953,n.2.1;P2.677;B19.77;D.Charte.56.
— Cr.c.A9.874,n.1.2;P2.639,n.11;B18.612;S16.1.279.
— Pau.V.25 juin.
— Civ.r.D.Cassation.501.
26 Cr.c.A2.436; P16.1.401; B4.32; S16.1.274; J18.94; D. Chasse.69.71.
— Colmar.A7.754;P22.2.159;B14.443;S16.2.207;J18.92;D. Exception.241.Exploit.634.
— Civ.r.A6.846,n.1;B12.533,n.1;D.Enq.11.
— Cr.c.A11.408,n.20;P16.1.402; B23.119; S16.1.248; J18. 90;D.Procès-verb.179.
27 Bordeaux.A10.475,n.2-2;P16.2.134;B20.339;S16.2.59; D.Oblig.520.589.
30 Civ.c.A11.309,n.2;P16.1.166; B22.464; S16.1.221; MR 17.406;J18.97;D.Prescrip.901.
31 Civ.c.A4.240;P16.1.181;B7.260;S16.1.338; J18.103; D. Contr. ind.380.620.
— Pau.A5.390;P17.2.47;B9.447;S17.2.64; J18.99; D.Port. dispon.140.
— Limoges.A11.721,n.7;B24.192; D.Saisie-imm.117.120. 491.

FÉVRIER.

1 Douai.A5.795;P1.1342; B10.466; S18.2.98; J18.105; D. Testament.656.
— Bruxelles.A7.696;B14.374;D.Huiss.170.
— Req.A9.128;P16.1.317; B17.146; S16.1.393; MQ6.369;J 18.110;D.Hypoth. lég.27.28.86.
— Cr.r.P16.1.395;S17.1.67;J18.108;D.Enreg.
— Ord.A3.196,n.1;D.Compét.
2 Cr.r.A4.777; P16.1.405. et 16.1.393; B8.416; S17.1.39. et 25.1.82; J18.113;D.Forêts.299. Délit rural.64.Procès-verbal.511.
5 Civ.r.A8.515,n.2;P16.1.117;B6.114,n.2;S16.1.157;J18. 115;D.Féodalité.204.
6 Civ.c. A1.121;P1.36; B1.142; S16.1.158;J18.121;D.Acquiescem.138.143.
— Civ.r.A8.150. et 11.284,n.7; P18.1.209; B9.173. et 22. 419;S18.1.205;MQ6.72. et 141. et 698;J18.128;D.Commune.719.744.Désist.26.Prescript.685.
— Colmar.A6.872,n.1;P1.1516;B12.564,n.1;S16.2.114; D. Enq.226.
— Req.A11.764,n.2; P16.1.247; B24.265; S16.1.365; J18. 124;D.Surenchère.283.
7 Req.A6.593;P16.1.249;B12.257;S16.1.363; J18.132; D. Effets de comm.197.
8 Bruxelles.A9.579,n.1.10;P2.536;n.3;B18.174;D.Interrog. sur faits.134.143.
— Cr.r.A12.965,n.1-1;P2.1498;B28.265; S16.1.143; MQ6. 432;D.Homicide.61.
9 Cr.r.A4.312;P16.1.391;B7.340; S20.1.478; J18.135; D. Cour d'ass.402.1074. Défense.117. Témoin.227. Voies de fait.55.
— Metz.A2.738;P24.2.21,n.2,n.1;B4.378;S19.2.36; D.Actes de comm.56.236.
10 Paris.A1.345; P16.2.95; B1.404; S16.2.142;J18.140;D. Alimens.42.
— Ord.A8.679,n.1;B16.301,n.1;D.Fonct. pub.365.
— Ord.A6.817,n.2;D.Emigré.
— Ord.A11.377,n.2;P2.1047,n.1;B23.65;SC3.227;D.Prise marit.186.
— Bourges.A11.833,n.2;P2.1230;B24.399;D.Saisie-imm. 438.484.1147.1640.
— Ord.A3.226,n.9. et n.11;D.Eau.409.423.
— Ord.SC3.219;D.Commune.240.
— Ord. du cons. d'état.SC3.229;D.Fonct. pub.370.
— Ord. du cons. d'état.D.Fonct. pub.374.
— Ord. du cons. d'état.S18.2.86;D.Fonct. pub.382.
— Ord. du cons. d'état.SC3.229;D.Liberté individuelle. 18.
— Ord.D.Liberté individuelle.19.
— Ord. du cons. d'état.SC3.222;D.Louage admin.35.
— Ord. du cons. d'état.SC3.230;D.Eau.30.
— Besançon.D.Exploit.771.
— Ord.A3.120;D.Comm.539.
— Ord.SC3.224;D.Ventes admin.481.
12 Civ.c.A9.563; P16.1.194; B18.130;S16.1.217;MQ6.449; J18.143;D.Interdit.171.174.
— Grenoble. A12.426,n.1,n.2; P23.2.39; B26.271; S22.2. 295;J18.143. et 25.71;D.Rapp. à succ.172.
13 Limoges.A12.667,n.7;P2.1394; B27.220; S26.2.216; D. Tierce-opp.67.
— Ord. A3.118,n.4; B5.128,n.4; P1.714,n.4; SC3.232; D. Commune.498.
— Ord. A3.118,n.8; B5.128,n.8; P1.715,n.8; SC3.232; D. Commune.503.
— Ord. du cons. d'état.SC3.231;D.Fonct. pub 509.
— Ord. du cons. d'état.D.Fonct. pub.584.
— Ord. du cons. d'état.S18.2.87;D.Marché de fourn.254.
14 Req. A10.190,n.1-1. et 9.162,n.,n.3; P16.1.244; B19. 411. et 17.189,n.5; S16.1.363;J18.149; D.Communauté.90.Hypoth. lég.163.
15 Cr.r.A7.637;P2.112;B14.300;S17.1.92; D.Excuse.8.15.
— Grenoble.D.Action.13.
16 Cr.r.A4.368;P1.1125;B7.402;S17.2.315; D.Cour d'ass. 631.
— Metz.A2.795;P1.669; B4.443; S19.2.68;D.Commissionnaire.198.274.280.
— Bruxelles. A5.717; P1.1357; B10.378; D. Testam.403. 656.
— Cr.c.A12.1068,n.5;P2.1529;B28.421;D.Vol.210.
— Paris.A11.364,n.2;P22.2.114;B24.454;S17.2.47;D.Surenchère.391.424.
20 Civ.c.A7.355; B13.400; S16.1.362; J18.158; D. Enreg. 2367.Preuve litt.495 499.
— Rouen.A2.772;P1.657; B4.417; S16.2.108; D.Commiss. 222.223.
— Req.A5.681;P16.1.311; B10.337; S17.1.44; J18.163; D. Testam.293.
— Req.A6.648; P16.1.369; B12.301;S16.1.149;MQ6.203;J 18.160;D.Effets de comm.474.
— Req.A11.799,n.2; P16.1.251; B24.336; S18.1.137; J18. 153;D.Saisie-imm.1101.
21 Paris.A6.735,n.1;P22.1.328;B12.402,n.1;MR17.415; D. Effets de comm.800.Prescript. civ.1058.
— Civ.r.A12.653,n.23;P16.1.97; B27.195; S16.1.153; J18. 167;D.Tierce-opp.80.152.
24 Riom.A9.209,n.6;P17.2.34;B17.247,n.6;S17.2.205;J18. 176;D.Hypoth. conv.92.
26 Civ.c.A7.412; P17.1.386; B14.25; S17.1.168; D.Enreg. 2780.
— Civ.r.A11.76,n.1;P16.1.169;B22.58;S16.1.373;J18.177; D.Tribunal.114.
— Paris.A12.485,n.1;P16.2.113; B26.361; D.Retrait succ. 7.114.118.
27 Req.A10.534,n.1; P16.1.302; B20.432; S16.1.436; J18. 179;D.Oblig. solid.111.
— Besançon.P1.1409.
28 Req.A5.802; P1.1342. et 16.2.65;B10.476; MR17.614;J 18.183;D.Testam.286.670.
— Ord.A6.838,n.4;D.Emigré.370.
29 Paris.P16.2.86;S16.2.58; MQ6.201; D.Effets de comm. 421.

MARS.

1 Cr.r.A4.369; P1.1125; B7.402;S17.2.313;D.Cour d'ass. 631.
— Cr.r.A2.281;P16.1.449;B3.312; J18.189; D.Cassat.274. 280.
— Cr.r.A12.1081,n.24;P16.1.422;B28.445;J18.191;D.Vol. 305.
— Cr.r. A12.1064,n.3; P16.1.347; B28.445. et 415; S20.1. 512. et 16.1.254,J18.192;D.Vol.187.
— Grenoble.A9.686;D.Frais et dépens.308.
2 Bruxelles.A7.647;B14.512;D.Excuse.97.
— Req. V. au 2 mai.
5 Rouen.A8.176,n.1;B15.204,n.1;D.Faillite.
— Liége.A6 59;P1.1346;B11.62;D.Legs.99.
— Civ.c.A9.55;P16.1.151;B17.58;S16.1.171; MQ6.450; D. Inscript. hypoth.359.Priv.206.216.
6 Cour sup. de Bruxelles. A4.405; P1.1157; B7.445; D. Faux.226.Contumace.60.Cour d'ass.933.
— Ord.A6.331,n.1;D.Domaines.
— Ord.A6.325,n.1;D.Ventes admin.592.
— Ord.A6.341,n.1;D.Domaines.
— Colmar.A10.614,n.1; P16.2.85; B21.26; D.Preuve litt. 1232.Remise de la dette.46.52.
— Ord.A8.733;D.Forêts.
— Ord.A3.191,n.1;D.Compét.
— Ord.A3.193,n.1;D.Compét.
— Ord.A3.193,n.9. et 226,n.9 et n.11;D.Eau.409.423.
— Ord. du cons. d'état.S3.245;D.Compét. admin.245.
— Ord du cons. d'état.SC3.248;D.Fonct. pub.539.
— Ord. du cons. d'état.SC3.247;D.Fonct. pub 542.
— Ord. du cons. d'état.SC3.247;D.Fonct. pub.583.
— Ord. du cons. d'état.SC3.244;D.Forêts.511.
— Ord. du cons. d'état.SC3.233;D.Hosp.42.
— Ord.A3.224;D.Eau.309.
— Ord. du cons. d'état.SC3.259;D.Vente admin.399.
— Ord.A12.990,n.11;B28.301,n.11;D.Voirie.171.
— Ord S18.2 93;D.Voitures.11.
7 Req.A9.833,n.1;P16.1.360;B18.554; S16.1.418; MR16. 687;D.Lois.261.310.
— Cr.c.A12 560;P2.1356;B27.40;S16.1.213;D.Presse.84.
8 Cr.c.A8.184;P1.1312;B9.212;S16.1.256;D.Destruct.34.
— Ord.A8.733;D.Forêts.
— Civ.c.A6.848,n.2;P16.1.188; B12.536,n.1; S16.1.367; J 18.194;D.Enq.68.69.70.
— Cr.r.A11.43,n.3;P16.1.431;B22.2;D.Greffier.40.
— Ord.A3.191,n.8;D.Travaux pub.114.
9 Ord. du cons. d'état.D.Travaux pub.43.
11 Req.A9.274;P16.1.320;B17.324;S16.1.407; J18.197; D. Inscript. hypoth.237.
— Civ.r.A10.229,n.1; P2.725,n.3; B19.475; S16.1.223; D. Séparat. de biens.17.
— Liége. A11.725,n.2; P2.1184; B24.199; D.Saisie-imm. 541.
— Paris.A12.898,n.3;P17.2.9; B28.149; S17.2.1; J18.201; D.Action.94 Noval.34.Vente.715.720.
12 Civ.r.A1.479; P16.1.147; B2.94; S16.1.331; J18.207;D. Appel civ.277.397.
— Civ.c.A9.911,n.1.8 et 9.695;P16.1.176;B18.347. et 19. 9;S16.1.167;MQ6.611;J18.212;D.Louage.153.607. Jug. par défaut.40.Preuve test.73.
— Bruxelles.A11.061,n.4;P2.1158,n.7; B24.82; D.Saisie-exéc.235.
13 Civ.c.A7.262; P16.1.265; B13.297;S17.1.114;D.Enreg. 1999.
— Req.A5.616;P16.1.349;B10.261;S16.1.425; J18.224; D. Ratification.175.Testam.74.Usufruit légal.82.
— Limoges.A9.651,n.3;P2.561,n.1;B18.287; S24.2.24; D. Appel civ.499.Exécut. prov.26.55.
— Rouen.A11.891,n.1.4;P2.1237;B25.14;S16.2.208; J18. 216;D.Sépar. de corps.19.146.
14 Cr.r.A3.271; P16.1.425; B5.306; J18.229; D. Régl. de juges.108.156.
— Req.A11.62,n.7; P16.1.333; B22.54; S16.1.432; MR16. 549;D.Jugem.48.
— Req.A11.901,n.5.1;P16.1.297; B25.30; S17.1.8; D.Sép. de corps.92.
15 Cour sup. de Bruxelles.A2.736;P1.643; B4.376. et 13. 24,n.1;D.Actes de comm.146.
— Cr.r.A3.633;P16.1.423;B6.254;D.Complicité.56.
— Douai.D.Légitimat.19.
16 Paris.A9.104; B17.148,n.1; S17.2.41;J18.234; D.Privilége.494.
— Cr.r. A12.1071,n.3; P16.1.396. et 2.1530; B28.426; D. Vol. 251.
— Ord.A8.14,n.68;D.Fabriques.196.
17 Rennes. A11.665,n.5; P2.1160; B24.88,n.1; D. Saisie-gag.16.
18 Ord.A6.316,n.1;B11.359,n.;D.Dom. eng.88.
— Ord.A8.679,n.1;B16.301,n.1; S18.2,89; D.Fonct. pub. 365.

— Ord.A11.377,n.1;P2.1046,n.3;B23.61; D.Prises marit. 133.
— Ord.A11.370,n.16;P2.1041,n.16;B23.52; D.Prises marit.93.126.221.
— Ord.A3.184,n.1;D.Compét. admin.157.
— Ord.A3.195,n.9;D.Eau.409.423.
— Ord.P1.739.
— Ord. du cons. d'état.SC3.258; D.Compét. admin.178.
— Ord.SC3.254;D.Cons. d'état.97.
— Ord. du cons. d'état.D.Huiss. 69.
— Ord. du cons. d'état.D.Liquid.6.
— Ord. du cons. d'état. SC3.258; D. Marché de fourn. 294.
— Ord.A1.184;D.Compét. admin.157.
— Admin. des ponts-et-chaussées.D.Trav. pub.220.
— Ord.D.Ventes admin.218.
— Ord. du cons. d'état.D.Trésor pub.8.
19 Civ.c.A3.125; P16.1.328; B3.136;S16.1.452;MQ6.290;J18.248;D.Cass.1014.Commune.530.
— Req.A2.462;P16.1.340;B4.62;S17.1.7;J18.245; D. Choses.29.
— Colmar.P16.2 82;J18.243;D.Appel civ.
20 Civ.r.A7.413; P16.1.180; B14.26;S16.1.314;J18.250;D. Enreg.2783.
— Civ.r.A7.427;P16.1.183;B14.45;S16.1.361. et 278; J18.250;D.Enreg.2851.
— Bruxelles.A8.77,n.2;B15.88,n.2;D.Faillite.304.
21 Riom.A11.827,n.2.3;P2.1225;B24.388;S25.2.160;D.Saisie-imm.1560.1564.1588.
— Riom. A11.807,n.3; P2.1215; B24.352; D.Saisie-imm. 1560.
22 Civ.c.A4.774;P16.1.412;B8.412;S16.1.240; J18.252; D. Délit rural.51.
— Colmar.A9.160,n.2;P17.2.34;B17.187;S20.1.482;D.Hypoth. lég.162.Lég.178.
— Cr.r.A11.85,n.1;P16.1.515;B22.72;S20.1.482;D.Tribunal.213.
23 Ord S16.2.207;D.Acte de l'état civil.20.
25 Civ.c.A9.265;P16.1.225;B17.311;S16.1 233;J18.253; D. Inscr. hypoth.42.177. Intérêt.4. Transport de créances.52.
— Paris.A9.712,n.4;D.Jugem. par défaut.194.
26 Colmar.A12.59,n.1;P17.2.105; B25.227; D.Servitudes. 550.581.654.
— Ord.A12.562;D.Usurpation de titres.6.
27 Req.A5.309; P16.1.274; B9.354; S16.1.433; J18.260; D. Dispos. entre-vifs.252.
— Bruxelles.A8.278; P2.229; B15.323; D.Faillite.1204. 1213.
— Civ.r.A6.229;P16.1.201;B11.258;S16.1.378; D.Contrat de mariage.73.Don. par contr.225.226.228.
— Limoges.A9.759.n.1;B18.411;D.Jugem.pardéfaut.375.
28 Cr.c.A3.425; P16.1.255; B6.22; S16.1.254; J18.264; D. Compét. crim.115.
— Ord. du cons. d'état.D.Marché de fourn.279.
29 Besançon.A10.809,n.2; P2.880,n.2; B21.343; D.Ordre. 66.364.
— Paris.A12.286,n.2;P16.2.116;B26.207;S17.2.48;D.Success. bénéf.112.
— Riom.A11.792,n.3; P2.1209; B24.322; S17.2.356; J18.266;D.Surenchère.155.
30 Cr.c.A3.461;P1.843;B6.64;S16.1.239;D.Compét. crim. 268.
— Metz.A6.115; P19.2.4; B11.127; S19.2.50; J18.270; D. Legs.445.446.

AVRIL.

1 Civ.r.A7.286;P16.1.179;B13.324;S16.1.313;J18.277;D. Enreg.2056.
— Civ.r.A6.478;P1.1397;B12.102;MQ6.223; D.Contr. par corps.348.
— Civ.r.A10.835,n.1;P16.1.514; B21.389; S16.1.413; J18.274;D.Ordre.412.
2 Riom.A9.334,n.3; P17.2.54; B17.395,n.3; S17.2.373; J18.279;D.Hypoth.124.542.
— Paris.A10.256,n.1-1; P2.752,n.2; B20.7; S17.2.367; D. Communauté.474.
— Ord.A3.219,n.12;D.Compét.
3 Colmar.A10.820; P2.885,n.8; B21.361; D.Ordre.139. 170.
— Bruxelles.A12.864,n.3;B28.91;D.Vente.469.
4 Cr.r.A11.956,n.11;B25.132;D.Témoin.450.
— Grenoble.A11.867,n.1.3;B24.459;D.Surenchère.439.
5 Bruxelles.A8.767,n.; D.Preuve litt.417.Testam.536. 541.
— Cr.c.A8.776,n.5; P16.1.464; B16.401; S20.1.494; J18.284;D.Forêts.714.
— Cr.c.A11.585,n.4;P16.1.518;B23.428;J18.282;D.Degré de jurid.626.
6 Bruxelles.A3.562;P1.800;B5.415;D.Comp. comm.153.
— Paris.A10.564,n.2;P17.2.11;B20.478;S17.2.2; J18.285; D.Hypoth.305.
— Agen.A12.347,n.2; P2.1312; B26.144; D.Success.262. 280.
9 Civ.c.A1.669;P16.1.218;B2.314;S17.1.135; J18.293; D. Arbitrage.382.399.
— Douai.A12.794,n.2,n.1;D.Lois rétr.125.
10 Civ.r.A1.671;P16.1.224;B2.317; S16.1.203; J18.299;D. Arbitrage.399.404.
— Civ.c.A7.370,n.;P16.1.262;S17.1.18;J18.301;D.Enreg. 1957.2491.
15 Cr.r.A11.83,n.6;P2.927,n.3;B22.70;D.Tribunal.194.
— Cr.c.A12.543,n.3;P2.1349;B27.11;D.Presse.82.
— Cr.r.A11.955,n.1.4;P16.1.416;B25.130; S20.1.504; J18.503;D.Serment.77.
15 Bruxelles.A6.880,n.1,n.3; P1.1519; B12.573,n.3; D. Enq.294.
17 Civ.r.A7.40;P16.1.284;B13.58;S17.1.11;J18.306;D.Enreg.316.
— Civ.c.A7.305;P16.1.308;B13.346;S20.1.491;MQ6.228;J18.303;D.Enreg.2203.2204.Expertise.377.
— Req.A10.641,n.1.2; P16.1.326; B21.65; S16.1.394; D. Nullité.302.Mineur.9.
— Agen.A11.782,n.4;P23.2.151; B24.304; D.Surenchère. 172.
18 Rennes.A6.876; P1.1518; B12.569,n.1; D.Enq 264.Témoin.128.
— Cr.r.A9.510,n.1; P16.1,468; B18.68; D.Instruct. crim. 330.
— Ord.A11.389,n.3; P2.1054,n.3; B23,87; D.Prise marit. 219.
— Cr.c.A12.618,n.4;P16.1.444; B27.141; D.Tentative.33. 34.
— Cr.r.V. au 28.
— Ord. du cons. d'état.S18.2.96;D.Compét. adm.297.
— Ord. du cons. d'état.S18.2.70;D.Fonct. publ.345.
— Ord. du cons. d'état.SC3.275;D.Louage adm.20.
— Ord. du cons. d'état.S18.2 69;D.Nom.51.
— Ord.A10.417,n.12;B20.249;D.Nom.53.
— Ord. du cons. d'état.SC3.262;D.Rente.426.
— Ord. du cons. d'état.SC3.279;D.Fonct. publ.330.
— Ord. du cons. d'état.SC3.268;D.Ventes adm.99.
— Ord. du cons. d'état.D.Ventes adm.162.
19 Bruxelles A12.680,n.10;D.Transact.95.
— Cr.c.A12.1044,n.1-1; P16.1;465; B28.380; J18.312; D. Vol.35.
— Ord.A11.578,n.1;P2.1047,n.3;B23.68; D.Prises marit. 142.
22 Paris.A12.364,n.1; P16.2.126 *bis*; B26.165;S16.2.375; J18.315;D.Emig.310.Success.424.
— Rennes.A12 950,n.2; P2.1491; B28.239; D.Vérif. d'écrit.106.
23 Civ.r.A7.173;P16.1.299;B13.194;S16.1.285; J18.324;D. Enreg.1517.2777.
— Civ.r.A2.759; P1.653; B4.402; S16.1.275; J18.332; D. Commissionnaire.88.Société comm.112.
— Req.A9.741;P16.1.364; B13.416; S16.1.408; MR17.368; J18.328;D.Jugem. par défaut.385.
24 Civ.c.A1.501. et 467; P16.1.272; B2.120; S16.1.385; J18.336;D.Appel civ.395.
— Civ.c.A11.61,n.,n.5; P16.1.333; B22.53;S16.1.431; MR16.549;J18.340;D.Jugem.46.
— Toulouse.A11.195,n.,n.11; P23.2.125; B22.267; S23.2.202;MR17.328;J18.341;D.Péremp.141.
— Rouen.S16.2.239;D.Don. entre époux.38.
25 Cr.r.A4.283;P16.1.447;B7.307;J18.343; D.Compét. cr. 250.Cour d'ass.39.41.63.
— Cr.r.A9.658,n.5;P2 555,n.3;B18.269;D.Jugem.413.
— Cr.r.A12.1066,n.1;P16.1.446; B28.417; S20.1.511; J18.344;D.Vol.197.
26 Cr.c.A8.726,n.1;P16.1.441; B16.355; S20.1,501; MR12.284;J18.348;D.Forêts.886.
— Colmar.A9.47,n.2;P17.2.75;B17.49,n.2;S17.2.365;J18.350;D.Privilége.195.
— Cr.c.A12.610,n.15. et 3.616,n.1; P16.1.454; B27.126;S20.1.494; D.Complicité.120.Témoign. faux.9.55.
— Bruxelles.A12.845,n.2.1;P2.1451;B28.57; D.Vente.41.
— Cr.c.P16.1.459;D.Voitures publ.29.
— Metz.A9.686,n.9;D.Frais et dépens.337.
27 Loi.D.Amende.52.
28 Loi.A7.15,n.1 et 483,n.5.et 510,n.2;D.Enreg.
— Ord.A3.219,n.1;D.Compét.
— Cr.r.A8.693;P16.1.451;B16.318;D.Fonct. publ.432.
— Ord. du cons. d'état.D.Marché de fourn.279.
29 Rennes.A11.636,n.2; P2.1145; B24.38; D.Saisie-arrêt. 142.
30 Cour supr. de Bruxelles.A2.371; P1.485; B3.415; D. Caution.6.Hypoth.198.
— Colmar.P17.2.12;D.Oblig.646.

MAI.

1 Ord.A9.470,n.2-2;B18.11;S18.2.71;D.Contr. directes. 273.
— Ord.A11.390,n.4;P2.1054,n.4;B23.88;SC3.279;D.Prise marit.187.218.228.229.
— Bordeaux.A11.720,n.7;P2.1183; B24.191; S17.2.71; D. Saisie-imm.473.484.
— Ord. du cons. d'état.SC3.282;D.Marché de fourn.206.
2 Cr.r.A4.292;P16.1.512;B7.318;D.Cour d'ass.135.
— Paris.A3.396;P23.2.63,n.2;B5.457;S17.2.43;D.Compét. comm.417.
— Cr.c.A4.418,n.;B8.11,n.;D.Cour d'ass.1696.
— Cr.r.A8.694,n.1,n.2; P2.316. et 16.1.507; B16.320; D. Fonct. publ.81.
— Req.A9.267;P2.461;B17.317;S16.1.245;J18.365;D.Inscript. hypoth.214.
— Paris.A11.300,n.1; P21.2.76; B22.448; S24.2.362; J18.367;D.Inscript. hypoth.377.Prescript.914.
— Cr.c.A12.955,n.4;P2.1494;B28.247;D.Homicide.94.
— Paris.A6.735;P24.2.100;B12.402,n.1; S17.2.65;J18.360; D.Effet de comm.800.Prescript. civ.1058.
3 Rouen.A5.214;B9.247;S16.2.239;D.Dispos. entre-vifs. 8.16.24.
— Décr.A9.469,n.5;B18 9,n.4;D.Contr. directes.242.243.
— Bruxelles.A11.83,n.;P2.927,n.;D.Tribunal.168.
4 Paris.A3.536; P17.2.6;B10.165; S16.2.115; MQ6.175;J18.372;D.Don manuel.7.
6 Civ.r.A9.71;P16.1.292;B17.78; S16.1.423; J18.380; D. Enreg.2539.Privil.354.
— Civ.c.A10.696,n.7; P16.1.257;B21.158; S16.1.227; MR16.124;J18.377;D.Preuve litt.1079.1138.
7 Req.A9.85,n.1; P16.1.407; B17.96,n.1; S17.1.53; J18.384;D Agent de change.177.Privilége.439.
— Req.A9.130;P16.1.548;B17.148; S17.1.145; J18.388;D. Hypoth. lég.31.
— Rennes.A10.577,n.8; P2.805,n.7; B20.501; D.Compét. comm.15.Intérêts decapit.149.Monnaie.26.Offre.57. Preuve litt.1205.
8 Req.A2.353;P1.479;B3.595;S17.1.41;D.Cass.1064.
— Cour supr. de Bruxelles.A2.481;P1.555;B4.83;D.Choses.154.Legs.196.
9 Cr.r.A4 299;P16.1.105; B7.325;S17.1.233; J18.396; D. Cour d'ass.115.118.
— Cr.c.D.Procès-verb.317.
10 Cr.c.A1.585;P1.218;B2.219; D.Appel correct.164.Procès-verbal.324.
— Bruxelles.D.Lois.198.
11 Paris.A6.229;P1.1352; B11.257; S17.2.10; J18.397; D. Contrat de mariage.70.Don. par contr.222. Preuve litt.908.
— Limoges.A11.829,n.7;P2.1226; B24.390; S23.2.164; D. Saisie-imm.1559.
— Colmar.A11.806,n.1; P23.2.57,n.1;B24.348;S18.2.14;J18 402;D.Saisie-imm.1293.
— Paris.A8.570;P16.2.124;B16.176; S17.2.36. et 44; J18.405;D.Filiat. légit.138.
14 Civ.c.A4.122; P16.1.362; B7.132;S16.1.455; D.Contr. ind.485.
— Civ.c.A7.460;P16.1.281;B14.91;S16.1.375; J18.415; D. Enreg.2989.
— Civ.c.A9.72;P16.1.286; B17.79; S16.1.257;D.Douanes. 83.Privil.358.359.
15 Req.A8.227;P16.1.414; B15.264; S17.1.160; J17.348;D. Cession de biens.92.Faillite.1009.
— Paris.A9.151,n.4;P17.2.55; B17.175,n.4;S17.2.52; J18.415;D.Hypoth. lég.115.145.Exploit.393.Vente.609.
— Civ.r.A12.70,n.5;P17.1.122;B25.246;S17.1.226;D.Servitudes.679.
— Douai.S16.2,357;J18.421;D.Légitimat.19.
16 Civ.c.A3.365;P16.1.353; B5.119; S16.1.341; D.Compét. comm.289.
17 Colmar.A8.450;P2.270; B16.17; S17.2.366; D.Faux incid.73.
— Cr.c.A8.770,n.3;P16.1 502;B16.592;S20.1.462;J18.428; D Forêts.655.
— Metz.A6.481,n.2; P1.1399; B12.107,n.2; S19.2.51; J18.430;D.Contr. par corps.377.
18 Colmar.A1.125; P17.2.44; B1.146; D.Acquiescem.64. Tutelle.521.
20 Riom.A1.25; P24.2.25; B1.28; S18.2 240; J18.434; D. Absence.131.
— Nanci.A8.621,n 2;P17.2.92;B16.235,n.2;S17.2.149; MR16.71;D.Filiat. adult.47.
21 Civ.c.A7.427;P16.1.324;B14.45;S17.1.166. et 16.1.361; D.Enreg.2851.
— Bordeaux.A11.719,n.1;P2.1182;B24.189; S17.2.206;D. Saisie-imm.415.
— Paris.A11.860,n.3; B24.446; S18.2.10; D.Surenchère. 362.387.
22 Civ.r.A9.624,n.1; P2.552,n.1-1; B18.246;S16.1.280;D. Jugement.359.
23 Orléans.A11.662,n.2,n.1; P2.1159,n.9; B24.83,n.1; D. Saisie-exéc.206.297.
25 Cr.r.A3.477; P16.1.517; B6.81; S20.1.507; J18.442; D. Abus de confiance.90.Compét. crim.262.
— Lyon.A6.723;P18.2.29;B12 589;D.Jugem. par déf.217. Eff. de comm.754.755.
— Riom.A9.178;P17.2.31;B17.209,n.1;S17.2.360;J18.440; D.Hypoth. conv.69.Hypoth. jud.74.
— Metz.A10 658,n.1; P2.826,n.2; B21.94; S19.2.102; D. Preuve litt.565.
26 Ord.A7.27,n.1;B13.24;D.Enreg.
27 Ord.A6.341,n.1;D.Domaines.
— Civ.c.A9.409;P16.1.276;B17.486; S16.1.250; MQ6.440; J18.451;D.Inscrip. hypoth.384.
— Civ.c.A9.255,n.,n.3;P16.1.520;B17.302,n.3; S16.1.265; J18.459;D.Inscrip. hypoth.178.464.
— Ord.A11.362,n.3;P2.1033,n.3; B23.37; D.Prises marit. 26.58.
— Ord.A11.391,n.1; P2.1055,n.8; B23.90;D.Prises marit. 231.
— Paris.A11.767,n.1.2;P16.2.97. et 2.1204; B24.277; S17.2.51;J18.447;D.Surenchère.328.
— Ord. du cons. d'état.SC3.295;D.Comptabilité.40.
— Ord. du cons. d'état.SC3.296;D.Fonct. pub.314.
— Ord. du cons. d'état.SC3.297;D.Fonct. pub.340.
— Ord. du cons. d'état.SC3.296;D.Fonct. pub.578.
— Ord.SC3.294;D.Forêts 554.
— Ord. du cons. d'état.SC3.290; D.Dette pub.29.

— Ord.A12.989,n.6;B28.500;D.Voirie.157.
— Ord. du cons. d'état.SC5.287;D.Eau.488.
— Ord. du cons. d'état.SC5.285;D.Marché de fourn.632.1354.
— Ord. du cons. d'état.D.Marché de fourn.271.
— Ord. du cons. d'état.SC5.28?;D.Propriété.234.
— Ord. du cons. d'état.SC5.295;D.Tierce-opp.23.
— Ord.SC5.289;D.Ventes adm.391.
28 Civ.c.A3.128;P17.1.201;B5.159;S17.1.57;J18.470;D.Cassation.240.Commune.555.
— Civ.r.A7.531;P17.1.198;B14.120;S17.1.388;J18.472;D.Timbre.146.
— Req.A10.584,n.5;P16.1.423;B20.208;S17.1.70;J18.444;D.Exéc. des jugem. et actes.171.
29 Civ.r.A7.45;P2.4 et 16.1.523;B13.42;J18.475;D.Enreg.2871.
— Ord.P52.3 154;D.Invalides.1.
— Lyon.P18.2.25;S19.2.109;D.Exploit.634.
30 Angers.A10.695,n.3;P2.845,n.3;B21.185;S18.2.168;D.Preuve litt.1075.1185.
— Bordeaux.A10.148,n.1;P2.710,n.3;B19.344;S17.2.229;D.Autor. de femme.294.Déleg.32.Séparat. de biens.205.
— Cr.c.A12.617,n.3;P2.1379;B27.159;D.Homicide.95.96.
31 Cr.r.A10.782,n.12;P16.1.515;B21.298;S16.1.274;MR16.98;J18.474;D.Action civ.70.85.Autor. de femme.50.Communauté.203.Contr.par corps.451.Jugement.3.

JUIN.

1 Bruxelles.A6.154;B11.150;D.Exécuteur testam.46.90.
— Bordeaux.A10.599,n.2;P2.813,n.1;B20.537;S18.2.66;D.Cession de biens.108.
4 Ord.A6.817,n.3,n.2;D.Emigré.
— Toulouse.A9.140,n.3;P17.2.116;B17.162,n.3;S18.2.44;J18.483;D.Hypoth. lég.72.
— Ord.A3.237,n.11. et 15,n.5. et n.8;P1.677;SC3.502;D.Comm.111.
— Ord. du cons. d'état.SC5.305;D.Acquiesc.475.
— Ord. du cons. d'état.SC5.299;D.Hospices.51.
— Ord. du cons. d'état.SC5.309;D.Tierce-opp.242.
5 Colmar.A12.677,n.3;P17.2.14;B27.257;D.Transact.36.
6 Bruxelles.A8.30;P2.173;B15.32;D.Faillite.78.
— Cr.c.A12.1052,n.3;B28.593;S20.1.470;J18.497;D.Vol.79.
7 Rennes.D.Action possess.274.
10 Civ.c.A1.268;P16.1.403;B1.512;S17.1.54;J18.499;D.Action possess.15.295.
— Civ.c.A10.755,n.1;P16.1.409;B21.254;S16.1.447;J18.501;D.Faux incid.12.Présomp.77.
— Rennes.A11.201,n.9;P2.974,n.4;B22.278;D.Péremp.146.252.258.
— Colmar.A12.1051,n.7;P17.2.32;B28.591;J18.506;D.Vol.55.
11 Civ.c.A5.829;P16.1.452;B10.155;S17.1.114;MR17.154;J18.508;D.Donation.180.485.235.
12 Angers.A8.64;P2.181;B15.72;S18.2.212;J18.512;D.Faillite.263.264.
— Civ.c.A11.274,n.,n.2;P16.1.378;B22.407;S16.1.417;D.Prescrip.515.
— Besançon.A11.195,n.,n.11;P2.969,n.4;B22.255;D.Péremp.142.
13 Cr.r.A4.460;P16.1.455;B8.58;S20.1.420;J18.510;D.Cour d'ass.1253.
— Cr.c.A3.425;P16.1.474;B6.22;J18.401;D.Compét.crim.113.
14 Cr.r.A1.417;P16.1.417;B2.21;S20.1.359;D.Amnistie.17.80.
— Bruxelles.A10.87,n.1.3;P2.698,n.3;B19.245;D.Mariage.461.Partage.74.
15 Colmar.A10.809,n.2;P2.881,n.3;B21.343;S17.2.165;D.Ordre.73.
17 Rennes.A7.666;P2.118;B14.356;D.Expertise.114.
18 Req.A1.816;P16.1.498;B2.484;S17.1.65;D.Arbitrage.750.1059.
— Civ.c.A1.276;B1.522;S17.1.11;J18.523;D.Action poss.510.
— Req.A5.769;P16.1.578;B10.458;S17.1.158;MR17.574.et 704. et 705;J18.519;D.Dispos.entre-vifs.24.26.Testament.548.
— Ord. du cons. d'état.D.Tierce-opp.30.
19 Civ.r.A5.728;P16.1.442;B6.361;S17.1.52;J18.559;D.Contr. par corps.46.
— Civ.c.A9.664,n.1;P16.1.556;B18.506;S17.1.12;D.Compét. adm.112.Frais et dépens.560.
— Caen.A11.300,n.4;P2.1009,n.3;B22.448;D.Prescript.922.
— Req.A2.338;B3.400;S16.1.438;J18.825;D.Cass.820.1108.Motifs des jugem.206.
20 Cr.r.A4.351;P1.1412;B7.391;S16.2.279;D.Cour d'ass.226.
— Ord.A12.525,n.5. et 6.840;SC5.314;D.Emigrés.
— Ord.A3.191,n.6. et 227,n.2. et n.3. et 6,n.5;SC5.319.D.Eau.159.345.
— Ord. du cons. d'état.D.Compét. adm.290.
— Ord. du cons. d'état.SC5.319;D.Louage adm.32.
— Ord.A3.6,n.3;D.Com.20.
— Ord.SC5.322;D.Trav. pub.216.
23 Caen.A10.850,n.5;P23.2.2,n.;B21.412,n.1;S25.2.232,n.;D.Ordre.223.Purge.172.385.
24 Civ.c.A1.304. et 6.670;P16.1.314;B2.135. et 12.698;S16.1.409;J18.535;D.Appel civ.385.Eff. de comm.498.507.
— Ord. du cons. d'état.D.Voirie.85.
25 Lyon.A5.251;P16.2.85;B9.260;S17.2.153;D.Dispos.entre-vifs.66.71.
— Pau.A9.168;P17.2.28;B17.196;S17.2.130;D.Contrat de mariage.62.Hypoth. lég.234.Inscrip. hypoth.40.
— Civ.r.A10.525,n.,n.3;P17.1.54;B20.115;S17.1.282;J18.542;D.Lois personn.58.Dot.272.275.
26 Req.A2.489;P1.540;B4.94;S16.1.433;D.Chose jugée.44.
— Besançon.D.Exploit.450.
— Ord.A7.546,n.10;D.Enreg.2450.2455.
27 Paris.A10.490,n.1;P17.2.84;B20.366;S17.2.375;J18.549;D.Intérêts de cap.82.Prescrip.944.
— Cr.c.A4.282.P1.1090;B7.306;D.Cour d'ass.22.
28 Cr.c.A3.622;P24.1.179;B6.241;D.Complicité.18.39.
— Civ.r.A12.651,n.6;P17.1.3;B28.69;S17.1.294;D.Vente.95.100.101.
29 Cr.c.A12.970,n.2;P2.1600;B28.273;D.Voies de fait.63.
— Cr.c.A11.956,n.1.8;B25.131;D.Serment.92.

JUILLET.

1 Douai.A10.668,n.1;P17.2.43;B21.105;S17.2.50;J18.552;D.Preuve litt.594.Responsabilité.239.249.
— Rennes.A8.699;P1.1336;B10.357;D.Testament.359.674.
— Grenoble.A11.873,n.1.2;B24.469;D.Saisie des rentes.42.48.
2 Civ.c.A7.266;P2.45;B13.401;S17.1.43;D.Enreg.1985.1989.
— Civ.c.A11.852,n.2;P16.1.398;B24.432;S16.1.420;J18.556;D.Saisie-imm.1572.
3 Ord.A11.381,n.6;P2.1050,n.6;B23.72;SC5.556;D.Prises marit.461.162.
— Ord.A11.375,n.2;P2.1045,n.3;B25.62;D.Prises marit.109.
— Civ.r.A11.611,n.2;P16.1.384;B23.475;S16.1.442;J18.560;D.Req. civ.147.
— Ord. du cons. d'état.D.Dom. de l'état.119.
— Ord.A12.989,n.7;B28.501,n.7;D.Voirie.189.
— Ord.A12.991,n.18;B28.503,n.18;D.Voirie.186.
4 Req.A2.901;P17.1.14;B4.149;S17.1.300;J18.578;D.Commissionnaire.327.
— Cr.c.A2.242;B4.455;B5.375;J18.567;D.Bigamie.37.
— Paris.A6.485,n.1;B12.109,n.4;S17.2.70;J18.577;D.Contr. par corps.396.
— Req.A11.535,n.2;P2.1409,n.4;B23.534;S16.1.386;J18.569;D.Réc. de juges.36.40.
— Req.P16.1.538;S18.1.168;J18.564;D.Poss.79.
5 Rennes.A7.684,n.1;B14.558,n.1;D.Expertise.290.
— Cr.c.A8.797,n.2;P2.399;B16.428;S24.1.28;D.Forêts.870.
— Limoges.D.Exploit.768.
9 Req.A9.558;P16.1.554.et 17.1.150;B18.142;J18.580;D.Interd.215.
10 Civ.c.A3.375;P16.1.503;B5.250;S16.1.334;J18.589;D.Compét. civ.55.Vérif. d'écrit.28.
— Metz.A8.656;P1.1554;B10.285;S19.2.09;J18.586;D.Testament.163.275.
— Civ.r.A8.416;P16.1.200;B12.28;S16.1.332;J18.583;D.Douanes.467.
— Req.P16.1.551;S17.1.148;J18.585;D.Enreg.2802.
11 Req.A5.772;P16.1.557;B10.441;S17.1.135;MR17.562;J18.593;D.Preuve litt.459.Testament.563.
— Bruxelles.A5.795,n.;B10.467,n.;MQ6.795;D.Testament.656.
— Cr.c.A8.302;P2.250;B15.361;D.Faillite.545.
— Cr.c.A11.85,n.;P2.927,n.2;B22.70;S16.1.520;D.Tribunal.168.
12 Cr.r.A4.409;P1.1140;B7.449;S16.1.540 bis;D.Cour d'ass.950.
— Colmar.A9.50,n.1;P2.250,n.1;B17.52,n.1;S18.2.7;D.Privil.229.Vente.410.
— Cr.c.A11.667,n.10;P2.1099,n.8;B25.238;D.Quest.préj.58.
13 Rouen.A11.620,n.4.5;B24.2;S18.2.37;J18.595;D.Saisie-arrêt.23.
15 Bordeaux.A11.575,n.1,n.1;P17.2.65;B25.411;S17.2.74;J18.597;D.Rente.582.
— Paris.P17.2.29;S17.2.161;D.Sép. de corps.151.
16 Ord.A9.469,n.3.2;B18.9,n.2;D.Contr. dir.240.
— Civ.c.A12.656,n.;P16.1.541;B27.205;S17.1.25;J18.599;D.Transport de créance.81.110.
— Colmar.A11.753,n.2;P17.2.65;B24.249;D.Saisie-imm.1072.
— Ord.A3.237,n.3;D.Communes.
17 Limoges.A3.454;P1.1303;B9.177;D.Désist.77.159.
— Rennes.A7.718;P2.152;B14.400;D.Communauté.896.Exploit.103.408.Sép. de biens.43.46.
— Dijon.A10.174,n.4.6;P2.745,n.4;B19.387;S18.2.120;J18.606;D.Contrat de mariage.119.
— Req.A11.290,n.,n.2;P16.1.552;B22.452;S16.1.452;J18.611;D.Contrat de mariage.182.Prescrip.313.Usufruit.62.
— Ord.A12.687,n.6;P2.1403;B27.256;SC5.545;D.Peage.30.Trav. pub.427.
— Civ.c.A5.679;P16.1.525;B10.535;S20.1.500. et 16.1.335;MQ6.165;J18.605;D.Testament.287.
— Ord.A3.191,n.5;D.Compét.
— Ord.SC5.558;D.Comptabilité.18.
— Ord. du cons. d'état.D.Cons. d'état.90.
— Ord. du cons. d'état.SC5.537;D.Hospices.121.
— Ord. du cons. d'état.D.Enreg.2797.
— Ord. du cons. d'état.SC5.540;D.Tierce-opp.213.
— Ord. du cons. d'état.SC5.545;D.Comptabilité.60.Tribunal.264.
— Ord.A8.812,n.6;D.Garde nat.7.
19 Cr.c.A3.426;P1.824;B6.24;D.Compét. crim.143.
— Cr.c.A3.527;P1.886;B6.457;D.Compét. crim.493.
— Bordeaux.A11.661,n.5;P22.2.130,n.16;B24.82;S17.2.396;D.Saisie-exéc.238.
20 Douai.A12.667,n.6;P2.1594;B27.221;D.Tierce-opp.105.
21 Rennes.A5.105. et 8.426;P2.268;B16.12. et 9.120;D.Faux inc.48.85.Désaveu.48.
22 Cour sup. de Bruxelles.A4.469;P1.1163;B8.69;D.Cour d'ass.1329.
— Civ.c.A9.461;P16.1.471;B17.546;S16.1.297;J18.616;D.Responsab.218.
— Bruxelles.A12.1065,n.2.1;P2.1527;B28.413;D.Vol.175.
24 Cr.c.A4.332;P1.1113;B7.362;D.Cour d'ass.888.
— Civ.c.A6.323;P17.1.49;B11.507;S16.1.397;D.Ventes adm.273.
25 Paris.A8.120;B15.140;S17.2.226;D.Faillite.469.
— Grenoble.A12.427,n.;P23.2.40,n.;B26.271;S22.2.195,n.;D.Rapp. à succ.172.
26 Dijon.A10.158,n.1-3;P17.2.3;B19.328;D.Autor. de femme.114.
— Rennes.A3.682,n.;B6.508;D.Compte.152.
27 Bruxelles.A6.669;B12.326,n.1;D.Eff. de comm.499.
— Angers.A10.754,n.5;P2.359,n.4;B21.253;S16.2.114;D.Présomp.108.Transport de créances.9.
— Colmar.P17.2.13;D.Donat. par cont.254.Rapp. à succ.122.
29 Civ.c.A7.268;P17.1.30;B13.503;S17.1.30;D.Enreg.1992.
— Douai.A12.377,n.;P17.2.5;B26.194;S17.2.168;MQ6.355;D.Deg. de jurid.215.217.Succession bénéf.65.68.69.
— Douai.A11.949,n.10.1;B25.117;D.Serment.
30 Min. pub.A7.549,n.;P2.65;B13.396,n.;S17.1.51;MQ5.604;J18.620;D.Enreg.2457.
— Req.A10.197,n.1.2;P2.720,n.1;B19.410;S17.1.63;D.Communauté.234.Jugement.360.
— Paris.A11.328,n.2,n.1;P2.1341,n.1. et 25.2.40. et 2.1318;B24.11. et 26.202;D.Success. bénéf.101.
31 Paris.A11.850,n.2;P17.2.1;B24.343;S17.2.169;J18.621;D.Surenchère.383.386.
— Civ.c.A5.280;P16.1.392;B10.125;S16.1.383;MQ6.162;D.Donat. déguisée.28.
— Civ.c.A6.727;P17.1.41;B12.405,n.4;S17.1.30;D.Eff. de comm.815.
— Grenoble.A10.809,n.3;P2.881,n.4;B21.343;D.Ordre.51.74.75.

AOUT.

1 Rouen.A1.317;P1.95;B1.368;S17.2.170;J18.625;D.Adultère.100.
— Civ.c.A8.401,n.1;P2.260;B15.468,n.1;D.Faux.402.
— Rennes.A12.575,n.15;P2.1361;B27.65;D.Témoin.29.106.
2 Angers.A6.581;P1.1452;B12.224;S18.2.113;D.Eff. de com.48.
— Cr.c.A11.105,n.,n.14;P2.933,n.3;B22.106;D.Presse.320.581.
— Cr.c.A12.1045,n.3;P2.1516;B28.380;S17.1.52;J18.629;D.Vol.59.
— Cr.c.A12.968,n.3;P2.1499;B28.270;S16.1.308;D.Tentative.37.
5 Amiens.A11.865,n.1.2;P18.2.51;B24.455;S18.2.78;D.Surenchère.394.
6 Rouen.A12.571,n.23. et 4.396,n.3;P16.2.33;B27.70;S16.2.584;MR17.625;J18.651;D.Avoués.142.Témoin.44.
7 Ord.A6.817,n.2,n.4;D.Emigrés.
— Ord.A6.858,n.2,n.3;D.Emigrés.356.
— Ord.A6.797,n.3;D.Emigrés.384.
— Ord.A11.385,n.8;P2.1053,n.8;B23.80;SC5.338;D.Prises marit.202.
— Ord.A11.390,n.5;P2.1055,n.5;B23.90;D.Prises marit.217.
— Ord.A3.319,n.9;D.Compét.
— Ord.A3.120,n.8;P1.717,n.8;B5.151,n.8;D.Commune.539.544.
8 Cr.c.A3.538;B6.150;D.Compét. crim.524.525.526.
— Req.A9.317,n.1.1;P16.1.509;B17.444,n.1;S16.1.335;J18.633;D.Hypoth.168.169.
— Caen.A12.809,n.1-1;B27.572;D.Usufruit.745.
9 Cr.r.A2.90;P1.581;B5.95;S16.1.339;J18.638;D.Attentat à la pudeur.12.
— Orléans.A7.681,n.2;B14.532,n.1;D.Expertise.205.
10 Colmar.V. au 18.
— Paris.A9.598,n.2. et 12.695,n.1;P17.2.73;B17.519,n.2. et 27.269;S17.2.94;J18.642;D.Mines.36.Privil. sur les hyp.9.
12 Civ.r.A6.194;P16.1.377;B12.259;S16.1.365;MR16.350;J18.650;D.Lois personn.19.

— Trib.A12.316,n.1;P16.2.331;B27.14;J18.707; D.Attentat.79.
— Civ.c.D.Disp. entre-vifs.115.
14 Rennes.A11.645,n.2,n.1. et 7.816;P2.166. et 1150,n.2; B24.84, et 14.516;D.Domicile élu.43.Exploit.347.Saisie-conservatoire.11.
— Poitiers.S6.2.214;D.Conciliation.54.
16 Colmar.A9.924,n.1.6; P17.2.17; B19.29; S19.2.27; J18.667;D.Louage.291.
— Grenoble.A10.852,n.5; P2.889,n.6; B21.382; D.Ordre.326.372
— Rouen.S18.2.502;D.Choses.139.
17 Agen.A11.776,n.1; P2.1206; B24.293. et 328; S17.2.87; D.Surenchère.145.244.245.246.
18 Colmar.A10.556,n.1; P2.799,n.4. et 17.2.49; B20.465; S18.2.266;D.Paiement.127.128.
19 Req.A11.305,n.4;P17.1.80;B22.453;S17.1.378; J18.672; D.Prescrip. civ.979.989.
— Civ.r.A11.184,n.,n.2;P16.1.561;B22.246;S17.1.47; MR 17.323. et 336;J18.675;D.Péremp.83.92.246.
20 Civ.r.A7.821; P17.1.8; B14.322; S16.1.415; J18.634;D.Exploit.568.
— Civ.c.A9.149;P16.1.345; B17.172; J18.680; D.Hypoth. lég.158.
21 Ord.A6.354,n.2;D.Ventes adm.127.
— Civ.r.A9.105,n.,n.2;P17.1.125;B17.118,n.2;S16.1.449; J18.687;D.Privilège.498.
— Req.A11.751,n.2;P17.1.77;B24.246;S18.1.17; J18.695; D.Saisie-imm.1030.
— Ord.A3.193,n.1. et 229,n.2. et 238,n.2;D.Eau.324.
— Ord.A5.133,n.4;D.Communes.
— Ord. du cons. d'état.SC3.367;D.Féodalité.293.
— Ord.SC3.370;D.Cons. d'état.88.
— Ord. du cons. d'état SC3.379;D.Fonct. publ.310.
— Ord. du cons. d'état SC3.380;D.Forêts.114.
— Ord. du cons. d'état.SC3.378;D.Eau.267.
— Ord. du cons. d'état.SC3.384; D.Marché de fourn.59.
— Ord.A10.416,n.10;B20.249;SC3.381;D.Nom.48.
— Ord. du cons. d'état.D.Contrainte.19.
— Ord. du cons. d'état.SC3.382;D.Tierce-opp.24.
— Orléans.D.Cons. d'état.24.
— Ord.A5.224,n.5;D.Eau.322.
— Ord.SC3.373;D.Ventes adm.270.
— Ord. du cons. d'état.S3.368;D.Ventes adm.95.
22 Cr.c.A1.315;P1.95;B1.365;S20.1.457;J18.699; D.Adultère.32.36.
— Cr.c.A2.236;P1.425;B3.260;S25.1.130;J18.697;D.Animaux.50.
— Orléans.A9.585,n.1; P2.539,n.9; B18.184; D.Intervention.22.
23 Paris.A11.673,n.5; P17.2.40; B24.120; S17.2.320; J18.702;D.Saisie-imm.41.
— Cr.c.A11.414,n.19;B23.131;D.Procès-verbal.413.
24 Rouen.A8.441;P24.2.20,n.;B16.89;S18.2.291; J18.710; Faux incid.121.
— Orléans.A12,28,n.1;P17.2.40; B25.178; S18.2.104;J18.715;D.Servitude.201.
— Paris.S17.2.175;J18.712;D.Vente.597.
26 Civ.r.A5.124;P20.1.502; B5.136; S21.1.145,n.; D.Commune.493.
— Civ.c.A6.439;P17.1.18;B12.36; S17.1.186; D.Douanes. 369.Presse.252.
— Cour d'ass. du Cantal.P33.2.160;D.Presse.261.
— Paris.S18.2.224;D.Success. bénéf.83.
27 Sect. réun.A7.155;P16.1.527;B13.175;S16.1.457;D.Enreg.191.
— Ord.A6.355,n.4;D.Domaines.
— Paris.A10.205,n.1;P2.722,n.2;B19.441; S17.2.171;J18.716;D.Commun.255.Gar.402.
28 Civ.c.A7.258; P17.1.41; B13.292; S17.1.355; D.Enreg. 1973.2990.
— Paris.A9.64;P17.2.2;B17.70;D.Privil.315.316.
— Paris.A9.415,n.3;P17.2.85;B17.493,n.2; S17.2.376;J18.726;D.Hypoth.286.
— Colmar.A10.688,n.;P2.840,n.1;B21.142;S17.2.308;J18.725;D.Preuve litt.971.
29 Cr.c.A4.417;P1.1143;B8.10;D.Cour d'ass.1695.
— Colmar.A8.189;P17.2.21; B18.220; S18.2.175; J18.753; D.Faillite.831.832.853.
— Orléans.A11.648,n.5;B24.59;D.Saisie-exéc.33.
30 Cr.c.A4.551;P23.1.164,n.;B7.383;S17.1.268;MR16.558; J27.85;D.Cour d'ass.511.512.
— Bordeaux.A11.784,n.1;P17.2.103; B24.307; S17.2.202. et 18.2.57;J18.737;D.Surenchère.176.198.202.
31 Riom.A9.209,n.7; P17.2.53; B17.248,n.7; D.Hypoth. conv.90.Ordre.418.419.
— Ord.A3.221,n.3;D.Eau.322.

SEPTEMBRE.

6 Cr.c.A3.528;P1.887;B6.158;D.Compét. crim.495.
— Cr.c.A3.559;P1.889;B6.150;D.Compét. crim.627.
— Cr.c.A11.955,n.5.1;B25.150,n.1;D.Serment.93.
12 Cr.c.A12.545,n.1;P2.1350; B27.16; D.Attentat.81.Serment.73.
13 Cr.c.A12.556,n.2; P2.1347; B27.2; D.Supp. de titres. 21.24.
— Déc. min.D.Pension.72.
19 Cr.c.A12.545,n.1-1;P2.1349;B27.11;S17.1.58;D.Presse. 81.

20 Délib.A7.490,n.11;D.Transcrip. hyp.30.
21 Bruxelles.A8.86;P2.186;B15.99;D.Faillite.341.
27 Cr.c.A8.390;P2.258;B15.454;D.Faux.439.
— Cr.c.A9.665,n.;B18.316,n.;D.Frais et dépens.362.
28 Ord.A6.325,n.1;D. Ventes administr.392.
— Ord.A3.227,n.2;SC3.397;D.Eau.439.
— Ord. du cons. d'état.SC3.402;D.Hospices.18.
— Ord. du cons. d'état.SC3.400;D.Domaine de l'état.23.
— Ord. du cons. d'état.SC3.390;Eau.243.
— Ord. du cons. d'état.SC3.393;D.Fonct. pub.312.
— Ord. du cons. d'état.SC3.388;D.Vent.administ.393.400.
— Ord.A12.991,n.18;B26.303;D.Voirie.186.
— Ord.A12.1013,n.12;D.Voirie.336.

OCTOBRE.

3 Cr.r.A12.976,n.1; P.16.1.459; B28.283; D.Enfant enlevé.12.
4 V.an 14.
— Cr.r.A12.538,n.1;P2.1348;B27.4;D.Action civ.105.109. 110.Action pub.83.Compét.crim.299.Frais et dépens. 126.Instruct.crim.389.Jugem.225.Preuve testim.219. 316.Supp. de titres.26.27.28.
— Cr.c.A3.620;B6.239,n.1;D.Complicité.40.
7 Bruxelles.A9.757,n.1;B18.440;D.Jugem. par déf.347.
10 Cr.c.A3.640;P1.942; B6.261; D.Cour d'ass.1582.Complicité.37.68.
— Cr.r.A3.13;P1.1278;B9.10;S17.2.243.et17.1.4;J18.740; D.Dénonciation.24.25.Dénonciat.calomn.23.
11 Cr.c.A4.446;P1.1156;B8.12;D.Cour d'ass.968.
12 Cr.r.A11.122,n.,n.12;P2.942,n.1;B22.137;S20.1,451;J18.746;D.Presse.271.
14 Douai.A11.589,n.2; P17.2.3; B25.135; S17.2.253; J18.759;D.Renvoi.43.
18 Cr.c.A2.170;P1.593; B5.184; D.Autorité municip.133. 608.609.614.
— Cr.c.A3.528;P1.888;B6.159; D.Compét. crim.493.
24 Rennes.A7.753;P.2.140;B11.142; D.Exploit.643.
23 Ord.A8.679,n.1-1;B16.501,n.1;SC3.407;D.Fonct.pub. 365.
— Ord.A12.688,n.2;P2.1401;B25.258;SC3.408; D.Honoraires.182.
— Ord.A3.226,n.9 et n.11;SC3.418;D.Eau.409.425.
— Ord. du cons. d'état.SC3.419;D.Fonct. pub.508.
— Ord. du cons. d'état.SC3.418;D.Fonct. pub.343.
— Ord. du cons. d'état.SC3.408;D.Fonct. pub.372.
— Ord. du cons. d'état.SC3.404;D.Forêts.512.
— Ord. du cons. d'état.SC3.409;D.Eau.84.
— Ord. du cons. d'état.D.Privilège.592.
— Délib.A7.308,n.7;D.Enreg.2196.
24 Déc.A6.334,n.3;D.Domaines.
25 Cr.c.A3.17.11.98,n.; P16.1.364; B9.14; S17.1.19; J18.750;D.Dénonciat. calomnieuse.19.29.36.67.
— Cr.c.A12.618,n.2,n.1; P2.1380; B27.140; D.Tentative. 26.27.
26 Cour sup. de Bruxelles. A2.654; P1.617; B4.280;S21.2.174;MQ6.672;D.Chose jugée.476.
28 Rennes.A11.702,n.1 et 726, n.1; P2. 1174. 1185; B24.157.204; D.Saisie-imm. 286.295. 325.369.565.595.703.727.966.1532.
— Grenoble.A9.231;P2.454;B17.273;D.Chose jugée.140. Hypoth. conv.35.Preuve litt.882.
30 Ord.D.Sel.25.
31 Cr.c.A2.601;P.1.603;B4.220;D.Chose jugée.370.Forêt. 790.

NOVEMBRE.

7 Cr.r.A9.508,n.2;P2.513,n.2;B18.65;S17.1.65; J18.760; D.Instruct. crim.254.
— Bruxelles.A10.790,n.1-2;P2.870,n.2; B21.513; D.Responsabil.48.
8 Cr.c.A8.396;P2.259;B15.461;D.Faux.374.
— Bruxelles.A6.748;B12.418,n.2;D.Eff. de com.899.
11 Civ.c.A8.507;P16.1.587;B16.105; S17.1.182; D.Féodal. 472.
— Nîmes.D.Louage à cheptel.8.
12 Civ.c.A4.741;P17.1.16;B8.373; S17.1.400; J18.764; D.Degrés de jurid.569.
— Req.A2.339; P17.1.75; B3.402; S17. 1.274; J18.770;D.Cass.1058.
— Civ.r.A8.756;P17.1.57;B10.424;S17.1.652; MR17.699; J18.766;D.Testament.57.307.
— Bruxelles.A11.645,n.2;P2.1160,n.3; B24.34; D.Saisie-conservatoire.6.10.
13 Civ.c.A6. 661. et 6.853; P17.1.67; B10.314. et 12.541; S17.1.71;M17.770;J18.773; D.Enreg.89.Testam.229.264. Vérif.d'écriture.42.104.
— Civ.c.A7.411,n.5. et 415,n.7;B14.25,n. et 24,n.1;S17.1.185;D.Enreg.2780.
14 Req.A2.232;P17.1.82;B3.258;S17.1.377;J18.783; MQ6.316;D.Animaux.24.
— Metz.A8.718;P18.2.40;B6.349;J18.791;D.Action.15.
— Cr.c.A3.528,n.;P1.888; B6.159; D.Compét. crim.495.
— Req.A6.492;P17.1.78;B11.223;S17.1.372; J18.787; MQ6.163;D.Partage d'asc. 23.24.
— Rouen.A10.842,n.; P16.2.135; B21.401; S17.2.75; J18.784;D.Ordre.443.
15 Paris.A4.722; P17.2.33;B6.352;S17.2.200; J18.793; D.Condition.190.Deg. de jurid.470.

— Cr.c.A3.461;P1.647;B6.63;D.Compét. crim.238.255.
16 Bruxelles.A9.953,n.1; P2.816,n.3; B19.76; D.Charte. 7.8.
17 Bruxelles.A12.653, n.27;P2.1597;B27.198; D.Péremp. 295.Tierce-opp.69.
18 Civ.c.A2.672;P16.1.590;B4.302;S17.1.160;D.Colonies. 149.150.Saisie-imm.1628.Success. bénéf.82.
— Rouen.A2.111;MQ6.85.
— Bruxelles.A11.629,n.2; P2.1185,n.12; B24.26; D.Saisie-arrêt.158.160.
— Ord. du cons. d'état.D.Fonct. pub.529.
19 Trib. civ. de Lyon.A7.61;P2.7;B13.62;D.Enreg.586.
— Civ.r.A10.376,n.,n.2;P17.1.108;B20.197;S17.1.384; D. Frais et dépens.26.Douaire.32.33.
— Rouen. A11.229,n.1. et 12.1042,n.2; P2.989,n.1. et 2.1514;B28.375;S17.2.359;J18.798;D.Voitures pub.72.
20 Civ.c.A1.485;P16.1.536; B2.101; S17.1.192;J18.799; D.Appel civ.281.Délai.58.
— Rennes.A3.185;P1.1505;B9.178;D.Désist.87.
— Ord.A6.354,n.2;P17.2.104;D.Ventes admin.127.
— Colmar. A9.959,n.1.2; P17.2.41; B19.50; S18.2.171;D.Louage.198.218.
— Décr.A9.468,n.7;B18.9,n.1;SC3.450;D.Contr.directes. 246.
— Besançon.A11.712,n.1;P2.1179;B24.176; D.Saisie-immob.405.
— Ord.A3.162,n. et 226,n.4. et n.10;D.Eau.399.422.
— Ord. du cons. d'état.SC3.434;D.Fonct. pub.319.
— Ord. du cons. d'état.D.Fonct. pub.526.
— Ord. du cons. d'état.SC3.430;D.Fonct. pub.334.
— Ord. du cons. d'état.SC3.433;D.Timbre.10.
— Ord.D.Tribunal.268.
21 Riom.A6.574,n.1,n.3;P1.1149;B12.216,n.3;S18.1.8;D. Effets de comm.115.465.
— Req.A12.517;P17.1.85;B26.417;S17.1.397;D.Garantie. 480.483.
22 Cr.r.A2.595;P1.598;B4.213;S17.1.83;MQ6.135;D.Chose jugée.564.Complicité.158.Tribunal.65.
— Paris.A10.515,n.1.2;P2.792,n.3;B20.406;S18.2.15;J18.806;D.Condition.170.
— Cr.c.A11.172;P2.961,n.4;B22.225;S17.1.75;J18.805; D.Peine.380.
— Bruxelles.A12.584,n.10;P2.1566;B27.81;D.Témoin.
— Civ.c.D.Rente.143.
25 Civ.r.A3.382; P16.1.581; B9.458;S17.1.141; D.Portion disponible.138.
— Ord.A6.839,n.1,n.3;D.Emigré.
— Nancy.A12.54,n.2; P18.2.28; B25.218; S17.2.155; J18.809;D.Servitudes.509.
— Besançon.A9.085,n.3;D.Frais et dépens.295.
26 Paris. A9.966,n.1.3; P17.2.37; B19.97; S17.2.236; J18.818;D.Mandat.293.
— Dijon. A9.928,n.2.5; P2.668,n.3; B19.35; S18.2.24; D.Louage.470.
— Civ.r.A9.95;P16.1.572;B17.107,n.1;MQ6.250;J18.812; D.Exploit.437.Privilège.472.
27 Req.A9.914,n.5;P17.1.70;B19.11;D.Louage admin.23.
— Ord. A9.821,n.1; B18.536; P2.627; S17.2.305; D.Lois. 255.257.
— Civ.c.A9.547,n.1;P2.526,n.3. et 16.1.560;B18.123;S17.1.33;J18.820;D.Interd.100.105.118.Tutelle.161.
28 Req.A8.725; P17.1.88; B10.386; S18.1.11; J18.828; D. Testam.434.
— Colmar.A12.522,n.2;P17.2.24;B26.429; S17.2.148; MR 16.95; D.Autor. de femme.201.354.Communauté.93. Partage.99.100.Rescis.89.
29 Colmar.A2.749; P17.2.19; B4.390; S17.2.414; D.Commissionnaire.118.
— Paris.A12.259,n.1; P17.2.57; B25.550; S17.2.361; J18.827;D.Majorats.47.
— Rouen.A12.715,n.9;P17.2.17. et 2.1414; B27.508; S17.2.76;J18.8321;D.Tutelle.125.
— Cr.c. A12.610,n.16; P2.1376; B27.127; D.Témoignage. Faux.12.
— Req. A11.733,n.3; P17.1.105; B24.214; S17.1.258; J18.830;D.Saisie-imm.698.
— Paris.A11.867,n.1. 3;P17.2.62;B24.459;S17.2.508; J18.835;D.Surenchère.454.

DÉCEMBRE.

2 Civ.r.A9.464,n.1; P17.1.111; B17.542,n.1;S17.1.517;J18.859;D.Responsab.220.
— Paris.A10.20,n.1; P17.2.65;B19.251;S17.2.394; D.Mariage.484.580.
3 Colmar. A8.48; P22.2.149,n.15; B15.53; S17.2.225; D.Faillite.90.
— Civ.c.A9.218;P2.452, et 17.1.25;B17.258; S17.1.189; J18.842;D.Hypoth. conv.106.
4 Civ.c. A7.348; P2.65. et 17.1.141;B13.395;S17.1.250;J18.845;D.Enreg.2445.
— Civ.c.A9.690,n.2;P17.1.41;B18.340;S17.1.45; J18.847; D.Jugem. par défaut.15.Motifs des jugem.71.
— Bruxelles.A12.504,n.1; P2.1342; B26.399; D. Partage. 175.
— Besançon A9.691,n.5;D.Jugem. par défaut.18.
5 Req.A6.249;P17.1.308;B11.283; S18.1.50; J18.849; D.Don. entre époux.77.
— Colmar. A10.557,n.1; P17.2.19; B20.466;D.Paiement. 157.

6 Cr.c.A12.623,n.3; P16.1.571; B27.150;S21.1.206;MQ6.823;J18.854;D.Presse.85.Lett. miss.5.
7 Colmar. A7.706; P17.2.75; B14.385; D.Appel civ.437. Exécut. des jugem. et actes.206.Exploit.540.
— Colmar.A9.935,n.1.2;P17.2.81;B19.40; D.Louage.423.424.
— Cr.c.S17.1.35;D.Tentative.6.
10 Req.A7.502;P17.1.287;B13.342;S18.1.1;J18.860;D.Honoraires.106.Enreg.2083.2156.
— Req. A10.648,n.1.2; P17.1.425; B21.82; S18.1.54; D. Preuve litt.119.
11 Ord.A6.839,n.1,n.6;B12.524,n.6; SC3.460; D.Emigré.386.
— Civ.c.A9.866,n.1;P17.1.154;B18.515;S17.1.217.
— Req. A12.526,n.2; P17.1.581; B26.437;S18.1.59;D.Partage d'asc.14.21.Port. disp.32.
— Ord.A3.153,n.3. et n.9. et n.10. et 134,n.1;D.Communes.
— Trib.D.Autor. de femme.102.
— Ord. du cons. d'état.SC3.461;D.Fonct. pub.320.
— Ord. du cons. d'état.SC3.458;D.Fonct. pub.327.
— Ord. du cons. d'état.D.Fonct. pub.336.
— Ord. du cons. d'état.SC.3.460;D.Fonct. pub.376.
— Ord. du cons. d'état.SC3.448;D.Garantie.496.
— Ord. du cons. d'état.SC3.449;D.Respons.179.
— Ord. du cons. d'état.SC3.445;D.Tierce opp.25.
— Ord. du cons. d'état.SC3.446;D.Ventes admin.62.
12 Paris.A9.142;B17.164,n.1; S17.2.228; D.Hypoth. lég. 99.Stellionat.39.40.
— Colmar.A11.902,n.1-1;P17.2.45;B25.34;S18.2.190;J18.865; D.Autor. de femme.279. Separat. de corps. 105. 129.
13 Cr.r.A3.270;P1.773;B5.305;S17.1.75;D.Régl. de juges. 107.
— Cour sup. de Bruxelles. A2.728; P1.637; B4.367; J18.873;D.Actes de comm.68.
— Cr.c.A4.417;P1.1143;B8.10;D.Cour d'ass.1695.
— Rouen.A8.231,n.;B15.268,n.;S17.2.72;J18.871;D.Cession de biens.91.Faillite.999.
14 Cr.c.A8.801,n.1;B16.435,n.1;D.Forêts.911.
— Paris.A9.47;P17.2.110; B17.49; S17.2.270; J18.875; D. Privilége.171.
— Bruxelles.A10.29,n.2;P2.686,n.1;B19.160;D.Acte respectueux.29.
— Rouen.S17.2.91;D.Action.27.
16 Bordeaux. A6.72; P1.1546; B11.77; S17.2.204;D.Legs. 112.
17 Civ.c.A8.618 n.1;P17.1.175;B16.232;S17.1.191; MR16.363;J18.879;D.Filiat. nat.127.
— Civ.r. A12.233,n.1; P17.1.118,n.2.1; B25.517; S17.1.227;MR16.260;D.Lois rétroact.140.Substitution.350.
18 Civ.r.A7.835;P21.1.57;B14.540;S21.1.339; J18.883; D. Exploit.64.
— Metz.A8.195;P2.211;B15.227;S18.2.518;D.Faillite.846.
— Orléans.A11.641,n.1; P2.1148,n.17; B24.40; D.Saisie-arrêt.217.
19 Req.A2.20;P17.1.281;B3.18;S17.1.255; J18.887; D.Assurances maritimes.17.
— Metz.A5.795; P18.2.4; B10.468; S18.2.325; MR17.709; MQ6.792;J18.884;D.Testament.404.406.655.659.
20 Civ.c.A11.134,n.,n.4;P17.1.45; B22.158; S17.1.61; J18.894;D.Papier-monnaie.16.
21 Cr.c.A1.595,n.;P1.226,n.;B2.231,n.;D.Appel correct. 226.
23 Civ.r. A1.299; P17.1.65; B1.347; S17.1.164;J17.832. et 18.892;D.Adoption.151.Filiat. adult.8.
— Rennes.A11.43,n.2;P2.920,n.3;D.Min. pub.293.
— Liége.A12.676,n.2;P2.1396;B27.236,D.Trans.124.125. 126.
— Bourges.P31.2.177;D.Enreg.2243.
24 Colmar.A1.46; P17.2.46. et 20.2.14; B1.53; MR16.40;J18.896;D.Absence.389.418.429.432.
26 Bruxelles. A5.521; P1.1328; B10.147; D.Donation.66. 130.241.
— Bruxelles. A6.562,n.2; P1.1443; B12.200,n.2; D.Effets de comm.65.
26 Min. pub. A11.312,n.1; P17.2.56; B22.469; J18.904;D. Prescript. crim.46.
— Cr.c.A11.404,n.7;P2.1060,n.3;B23.115; D.Procès-verbal.216.
— Orléans.A11.651,n.2,n.1;P2.1153,n.4;B24.65;D.Saisie-exécut.63.138.
27 Montpellier.A11.853,n.2; B24.434; D.Saisie-imm.524. 1577.
— Orléans.A12.871,n.8; P2.1460; B28.101,n.1; D.Vente. 562.
— Orléans. A12.849,n.6; B28.64; D.Présompt.87. Vente. 72.
28 Cr.r.A10.426,n.1.2;P17.1.340;B20.269;S18.1.26; MQ6.129. et 132. et 605; J18.940; D. Chose jugée. 359.375. Notaire.327.
— Paris.A11.831,n.4;P2.1228;B24.306; S17.2.396; D.Saisie-imm.1680.
30 Civ.r.A5.472; P17.1.25; B10.91; S17.1.153; J18.920;D. Appel incid.76.Condition.110.Port. disp.269.527.Rap. à succ.217.231.
— Montpellier.A9.384,n.1.11;P2.539,n.1; B18.182; D.Intervention.37.
31 Req.A1.798;P17.1.285;B2.463;S18.1.38;J18.933;D.Arbitrage.658.1087.

— Cour sup. de Bruxelles.A7.60;P2.6;B13.62; D.Enreg. 480.

1817.

JANVIER.

2 Cr.c.A2.111;P17.1.57;B3.118;S17.1.192;MQ6.85;D.Autorité mun.32.35.Chose jugée.411.416.Concussion.30. Preuve test.241.
— Rennes.A11.754,n.1,n.1;P2.1198; B24.246,n.1; D.Saisie-imm.1075.
— Orléans.A12.899,n.5; P2.1472; B28.150,n.1; D.Vente. 793.
3 Aix.A1.794;P17.2.151;B2.458;S17.2.415; J19.1; D.Arbitrage.430.962.1073.
— Civ.c. V. au 3 février.
4 Cr.r.A4.512;P1.1180;P17.1.20;B8.117;S17.1.399;J19.9; D.Cour d'ass.1653.
— Paris.A6.705; P1.1477; B12.368; S18.2.11; D.Effets de comm.385.529.
— Colmar.A10.118,n.1;P17.2.49;B19.292;S18.2.123; J19.4;D.Mariage.634.635.
7 Colmar.A10.765,n.1; P17.2.158; B21.270; S18.2.146;J19.47;D.Serment.64.65.
— Civ.r.Montpellier.A12.744,n.61;P17.1.310; B27.358; S17.1.201;J19.11;D.Tutelle.448.449.
— Dijon.P17.2.98;S17.2.357;J19.20;D.Fruits.30.
8 Ord.A3.133,n.10;D.Communes.
— Civ.c.A7.191; P17.1.189; S17.1.151; J19.26; D.Preuve test.285.
— Ord.A8.682,n.1;B16.508,n.1;D.Fonct. pub.253.
— Dijon. A9.644,n.,n.4; B18.278;S18.2.61;J19.31;D.Jug. 192.
— Ord. du cons. d'état SC3.470;D.Cons. d'état.162.
— Ord.SC3.480;D.Fonct. pub.235.
— Ord. du cons. d'état.SC3.483;D.Forêts.519.
— Ord. du cons. d'état.SC3.487;D.Hospices.101.
— Ord. du cons. d'état.SC3.481;D.Marché de fourn.350.
— Ord.A10.417,n.12;B20.249;D.Nom.54.
— Ord. du cons. d'état.SC3.480;D.Nom.53.
— Ord. du cons. d'état.SC3.486;D.Etranger.132.
— Ord.A7.129,n.3;D.Enreg.1376.
— Ord. du cons. d'état.SC.3.474;D.Ventes admin.411.
9 Req. A5.398; P17.1.564; B10.7; S17.1.49; D. Don. par cont.199.Port. disp.165.
— Nancy.A11.879,n.1.2;P17.2.87;B24.480;S17.2.153;J19.34;D.Scellé.13.44.
— Ord. du cons. d'état.A3.469;D.Ventes admin.518.
10 Cr.r.A12.592,n.1.8; P23.1.343,n.; B27.95; S17.1.192; J19.40;D.Témoin.195.
— Bordeaux.A12.910,n.2;P2.1476;B28.171;S17.2.174; D. Rescis.217.
11 Cr.c.A1.577;P17.1.47;B2.210; S17.1.367; D.Appel correct.137.
— Cr.c.A4.421;P1.1146;B8.14; S17.1.104; J19.41; D.Cour d'ass.1731.
— Rouen.A6.489;P1.1404;B12.115,n.1; S17.2.89; J19.44; D.Etranger.198.286.
— Cr.c.A11.405,n.9;P17.1.22;B23.111; S17.1.113; J19.43; D.Procès-verbal.224.
— Rouen.A11.623,n.1,n.2;B24.16;D.Saisie-arrêt.70.
— Limoges.A11.817,n.1;P2.1220;B24.368;D.Saisie-imm. 1473.
— Ord.D.Pension.93.
— Cr.c.Procès-verbal.340.
13 Civ.c.A1.514; P1.184. et 23.2.180,n.2; B2.155; S17.1.152;D.Appel civ.432.
— Civ.r.A8.450;P17.1.283;B16.47;S18.1.10;MQ6.435;J19.48;D.Faux incid.252.
— Grenoble.A11.189; P2.967,n.3; B22.255; D. Pérempt. 106.123.
— Ord.D.Absence.386.
14 Bruxelles.A3.200;P1.743;B5.225;D.Compét. adm.163.
— Bruxelles.A5.620,n.1; B10.267,n.1;MQ6.806;D.Testament.82.
— Colmar.A6.744;P17.2.67;B12.443; S18.2.125; MA6.37; J19.56;D.Effet de comm.868.871.872.
— Civ.c.A9.153;P17.1.97; B17.176; S17.1.146; J19.49;D. Hypoth. lég.60.152.Purge.162.
— Bruxelles.A9.58;P2.422;B17.61;D.Privil.250.
15 Civ.r.A9.290; P17.1.533; B17.344,n.1; S17.1.351.448; MR16.437;J19.61;D.Inscript. hypoth.345.
— Poitiers.A11.905;B25.39;D.Sép. de corps.116.
16 Colmar.A12.661,n.11; P17.2.82; B27.209; D.Garantie. 831.521;Tierce-opp.158.
— Req.A3.263;D.Régl. de juges.89.90.
17 Cr.r.A7.637;P2.112;B14.300;S17.1.108;D.Excuse.9.
— Bruxelles.A6.643; P1.1467; B12.296; MQ6.205; S21.2.170;D.Effet de comm.436.
— Cr.r.A12.841,n.13; P2.1449;B28.48;S17.1.104;D.Vagabondage.15.
— Déc. min. fin.D.Preuve litt.502.
18 Ord.A9.822,n.1;P2.621;B18.537;S17.2.306;D.Lois.255.
20 Civ.r.A7.314;P2.56;B13.356;D.Enreg.2180.
22 Civ.c.A7.412.n.;P2.71;B14.22,n.;D.Enreg.2771.
— Civ.c.V. au 27.
23 Colmar.A1.775;P1.294;B2.436;S18.2.52; D.Arbitrage. 857.Commune.247.

— Rennes.A7.750;P2.148;B14.438;D.Exploit.769.
— Req.A6.386;B11.442;S17.1.107;D.Domicile.108.
— Req.A9.895,n.1;P17.1.306;B18.658,n.;S18.1.22;D.Juif. 23.49.
— Dijon.A11.530,n.6.et 427,n.2;P23.2.45;B23.529.et 26.272;S17.2.374; J19.70; D.Remplac.94.Rap. à success. 178.
24 Orléans.A11.650,n.1; P2.1152,n.14; B24.63; D.Saisie-exécut.26.
27 Civ.c.A12.319,n.1;P17.1.137; B26.145; S17.1.370; J19.64;D.Success.257.
28 Civ.c.A3.108; P17.1.91; B5.116; S17.1.109; J19.73; D. Commune.434.
— Civ.r.A8.168;P2.202;B15.196;S17.1.97; D.Faillite.749.
— Ord. cons. d'état.SC3.470; D.Mines.169.
29 Rouen.A1.42;P17.2.116;B1.49;S19.2.79; MR16.39; J19.80;D.Absence.412.
— Rennes.A7.729;P2.138;B14.412;D.Délai.81.Ordre.409. Exploit.70.119.696.
— Civ.c.A9.815. et 11.303,n.2; P17.1.106; B18.329. et 27.392;S17.1.112;J19.78;D.Lois.62.Prescr.civ.972.
— Rennes.A11.634,n.1;P2.1145,n.2; B24.35;D.Saisie-arrêt.166.
30 Req.A3.247;P1.761; B5.279;S17.1.111; J19.84;D.Régl. de juges.46.
— Paris.A6.381;P1.1359; B11.436;S18.2.42;J19.82;D.Domicile.83.Exploit.458.
— Bruxelles.A10.679,n.1;P2.835,n.2;B21.128; D.Preuve litt.836.
— Ord.A12.1022,n.45;D.Voirie.726.
31 Civ.c.A1.555;P1.198; B2.184;S17.1.236;D.App.correc. 37.78.
— Cr.r.A4.540; P1.1114; B17.371; D.Complicité.17.Cour d'ass.434.1031.1064.1074.1192.
— Liége.A5.795,n.;B10.467,n.;D.Testament.656.
— Ord.A6.342,n.5;D.Domaines.
— Ord.A6.341,n.1;D.Domaines.
— Ord. A6.346,n.17; B11.359,n.6; SC3.492;D.Domaines engagés.102.
— Ord.A6.838,n.4,n.17;D.Emig.370.
— Besançon.A11.747,n.2;P2.1195;B24.239;D.Exploit.18. Saisie-imm.952.953.1079.
— Orléans.A12.846,n.4;P2.1452;B28.58;D.Vente.45.
— Ord.A12.834,n.5;P2.1444,B28.37;SC3.492.
— Ord. du cons. d'état.SC3.491; D.Marché de four.322.
— Ord. du cons. d'état.SC3.501;D.Comptabilité.46.
— Ord. du cons. d'état.SC3.507;D.Comptabilité.54.
— Ord. du cons.d'état.S3.499;SC3.499; D.Concession.14.
— Ord. du cons. d'état.SC3.495;D.Tierce-opp.149.
— Ord. du cons. d'état.SC3.503;D.Tierce-opp.214.

FÉVRIER.

1 Agen.A10.34,n.2;P2.687,n.2;B19.166; D.Acte respect. 36.42.66.69.88.
3 Civ.c.A7.414; P17.1.177;B14.27; S17.1.379; J19.85;D. Enreg.2790.Cassat.228.
— Paris.A6.644;P17.2.99;B12.298,n.1; S17.2.385; J19.97; D.Eff. de comm.452. Oblig.557.
4 Civ.r.A2.467; P17.1.115; B4.67; S17.1.359; J19.88;D. Choses.74.129.
— Civ.r.A8.496;P17.1.246,B16.92;S17.1.368;D.Féodalité. 127.
5 Civ.c.A7.413;B14.23,n.;D.Enreg.2780.
— Rouen.A9.585,n.1.17;P2.539,n.11;B18.185; D.Interv. 18.Louage.519.
— Civ.c.A10.125,n.1; P2.703,n.3; B19.506; D.Autorisat. de femme.65.80.
8 Bordeaux.A11.718,n.2;P17.2.105; B24.487; S17.2.201; D.Saisie-imm.159.458.459.
— Cr.c.A1.420; P17.1.63; B2.24; S17.1.253; D.Amnistie. 82.103.
— Dijon.A12.884,n.1; P18.2.49; B28.125; S18.2.107;J19.93;D.Garantie.243.244.245.
— Ord.A12.993,n.5;B28.308,n.5;D.Voirie.246.
10 Civ.r.A7.838;P17.1.95;B14.543;S.18.1.59;MQ6.21;J19.122;D.Exploit.277.
— Civ.r.A9.130;P17.1.133;B17.149;S17.1.185;J19.123;D. Hypoth. lég.33.
11 Cr.r.A6.659;P17.1.230;B12.315;S18.1.1;J19.131;D.Eff. de comm.482.
12 Req.A7.742;P17.1.333; B14.429;S17.1.319; J19.153;D. Exploit. 211.
— Paris.A8.94;P17.2.122;B15.108.et 1508;S18.2.276;J19.161;D.Faillite.192.
— Civ.r.A10.252,n.1-2;P17.1.193;B19.508; S18.1.66;J19.141;D.Douaire.
— Metz.A11.698,n.1; P18.2.56; B24.131; S18.2.345; J19.148;D.Jugement.210.471.Saisie-imm.215.269.1611.
— Req.P17.1.280;S17.1.264;J19.139; D.Jugement.273.
13 Orléans.A4.714;D.Degré de juridict.438.
— Cr.c.A3.645;P1.923;B6.253;D.Complicité.129.
— Bruxelles.A9.275,n.2;B17.326,n.1;D.Inscript. hypoth. 232.
14 Bordeaux.A1.505;P17.2.127;B2.125;S17.2.272;D.App. civ.385.Domicile élu.3.
— Cr.r.A4.455; P1.1159; B8.52;D.Cour d'ass.1194.1199. 1216.1650.
— Paris.A12.729,n.1;P18.2.24; B27.331; S18.2.59; D.Tutelle.342.

15 Cr.c.A4.213;P1.1067;B7.230; D.Or et Argent.94.
— Paris.A6. 800,n.; P1.1500; B12.479, n.3; S18.2.33; D. Emigré.189.Succession.172.
— Cr.c.D.Confiscation.30.
17 Req.A11.631,n.2;P2.1144,n.17;B24.31;S17.1.184; J19.159;D.Exécution des jugem.100.Saisie-arrêt.183.184.
— Bruxelles.D.Contrat de mariage.109.
18 Paris.A8.170;P18.1.342;S17.2.265; D.Faillite.549.550
20 Cr.r.A8.366;P2.252; B15.427; S17.1.240; D.Faux.253 Cour d'ass.1416.
— Bruxelles.A9.321,n.,n.8;B17.381,n.8;D.Transcrip.41.
— Rennes.A11.708,n.5;P2.1179; B24.168; D.Saisie-imm. 354.355.
— Req.A12.415,n.3;P17.1.382;B26.250;S18.1.64;J18.164. D.Rapport à success.104.
— Liége.A12.946,n.4;P2.1490; B28.236;D.Vérif. d'écrit. 62.65.
— Ord. du cons. d'état.D.Tierce-opp.51.
21 Cr.c.A11.225,n.12; P2.987, n.2; B22. 321; D.Poids et mesures.125.
22 Orléans.D.Degré de jurid.566.
24 Paris.A5.285; P17.2.76;B9.328; S17.2.334; J19.168; D. Dispos. entre-vifs.208.
— Ord.A6.342,n.3;D.Ventes adm.195.
— Liége.A9.180,n.3;D.Hypoth. judic.82.
— Rapport.A9.804,n.6;D.Lois.123.
25 Civ.c.A8.156;P17.1.171;B15.182;S17.1.195;J19.180;D. Faillite.645.647.
— Req.A10.509,n.1; P17.1.278; B20.89; S18.1.9; D.Remploi.110.
— Avis du cons. d'état.D.Voirie.615.722.
26 Riom.A8.645;P18.215;B16.261; S18.2.25; MR16.338; J19.185;D.Filiat. nat.46.
— Ord.A3.227,n.3. et 134,n.1;D.Eau.443.
— Ord. du cons. d'état.SC3.526;D.Fonct. pub.316.
— Ord. du cons. d'état.SC3.517;D.Fonct. publ.322.
— Ord. du roi.SC3.527;D.Contr. ind.434.
— Ord. du cons. d'état.D.Marché de fourn.29.209.
— Ord. du cons. d'état.SC3.517;D.Marché de fourn.107. 113.
— Ord. du cons. d'état.SC3.525;D.Tierce-opp.52.
— Ord.A3.525;SC3.525;D.Trav. publ.223.
— Ord. du cons. d'état.D.Ventes adm.100.
— Ord. du cons. d'état.Mac.3.527;D.Ventes adm.249.
27 Sect. réun.A10.328,n.,n.8; P17.1.145; B20.122; S17.1.122;J19.186;D.Autoris. de femme.177.Dot.274.
— Grenoble.A10.104,n.,n.5; P17.2.71;B19.271;S18.2.103; MR16.108. et 752. et 779;J19.188; D.Mariage.467.527.547.566.
— Rennes.A1.808,n.;D.Arbitre.982.
28 Délib.A7.132,n.19;D.Enreg.1475.

MARS.

1 Aix.A9.671,n.1; P2.570,n.1; S18.2.257; D.Frais et dépens.120.
— Liége.A11.247,n.3; P2.995,n.3; B22.358; D.Prescript. 229.
— Riom.A12.728,n.1;P18.2.42. et 2.1420;B27.330;S18.2.99;D.Tutelle.316.
3 Cr.r.A4.192;P17.1.179;B7.208;S18.1.7;D.Voiture pub. 31.
4 Metz A1.185;P1.74;B1.215; S10.2.84; D.Acte de notoriété.24,s.
— Req.A2.631; P17.1.445; B4.254; S18.1.83; J19.202; D. Chose jugée.439.
— Rennes.A9.653,n.;P2.562,n.;D.Exécut. pr.6.
— Colmar.A10.664,n.1; P18.2.41;S18.2.104; MR17.550;J19.200;D.Preuve litt.441.
— Cass.A9.836,n.11;D.Lois rétroact.16.
5 Toulouse.A1.288;P1.95;B1.334;S18.2.252;D.Adoption. 124.125.
— Civ.c.A11.575,n.2; P17.1.203; B23.411; S17.1.211; D. Rente.587.
5 Civ.c.A12.893,n.2;P17.1.212. et 2.1469;B28.140;S17.1.214;J19.193;D.Vente.637.638.
— Req.P17.1.434;S18.1.71;J19.215;D.Rente.294.
6 Cr.r.A2.926;P17.1.467;B3.249; S17.1.271; J19.216; D. Ban.14.15.Cassation.69.257.Déportat.18.
— Req.A12.7,n.2;P17.1.208;B25.141;S17.1.265;MQ6.832; J19.221;D.Garantie.275.Servitude.10.
7 Cr.c.A7.564;P2.96;B14.209;S24.1.416; D.Escroquerie. 72.
— Cr.c.A11.122,n.,n.10; P2.942,n.2; B22.136; D.Presse. 727.
— Cr.c.A11.29,n.,n.8;P2.915,n.6; B21.455; D.Comp. cr. 147.Instruct. crim.356.
8 Grenoble A12.427,P23.2.40,n.; B26.272; S22.2.295,n.; V. au 17;D.Rap. à suc.172.
10 Civ.r.P17.1.145;S17.1.208;J19.227;D.Vente.
11 Req.A7.822; P17.1.487; B14.523; S18.1.70;J19.233; D. Exploit.516.
— Colmar.A9.559; P17.2.144; B17.402; J19.232; D.Hyp. 112.113.
12 Civ.c.A7.370;P17.1.186; B13.419; S17.1.209; D.Enreg. 1957.2491.
— Rouen.A10.245,n.1.5; P2.729,n.5; B19.497; S17.2.170; D.Hypoth. lég.74.Séparat. de biens.166.
— Civ.r.A10.494,n.1. et 11.139,n.,n.35; P17.1.336; B20.373. et 22.169; S17.1.357; D.Intérêts de cap.177.178. Papier-monnaie.22.

13 Paris.A1.228;P1.85;B1.265;S18.2.99;J19.241;D.Action personn.40.Autor. de femme.284.
— Cr.c.A7.647;P17.1.305;B14.312;S17.1.188; J19.244; D. Excuse.93.
— Colmar.A10.817,n.1;P17.2.142;B21.356; S18.2.137; D. Inscript. hypoth.365.Ordre.160.187.
— Paris.A11.290,n.1-1;P2.1004,n.1-1;B22.432;S18.2.102; D.Prescript.736.823.
— Grenoble.V. au 8.
14 Cr.c.A4.133;P1.1041;B7.145;D.Contr. ind.227.228.
— Cr.r.A4.299;P1.1098;B7.326;D.Cour d'ass.120.
— Ord.A6.334,n.2;D.Ventes adm.127.
— Cr.c.A11.34,n.1;P2.918,n.1;D.Action publ.44.
— Dijon.A11.578,n.1,n.1; P17.2.91; B23.417; S17.2.372;J19.25;D.Rente.376.
— Ord. du cons. d'état.D.Ventes adm.287.
17 Agen.A8.644,n.2;P2.306. et 17.2.58;B16.283,n.5; S17.2.281;MR16.69;J19.249;V. au 15;D.Filiat. nat.227.
— Grenoble.A9.604,n.1,6; P23.2.40,n.; S22.2.295,n.; D. Exploit.526.
18 Req.A10.491,n.3;P17.1.435;B20.368;S18.1.72;J19.260; D.Incident.14.Int. de cap.94.
19 Civ.r.A2.646;P17.1.318;B4.271;S17.1.169; MQ6.250;J19.207;D.Chose jugée.466.
— Ord.A9.980,n.14;P2.772,n.4;B19.117; D.Manufacture. 78.
— Ord.A9.080,n.14;D.Manuf.77.
— Ord.A10.594,n.1.4;B20.219;D.Mines.166.
— Ord. du cons. d'état.SC3.533;D.Fonct. publ.315.
— Ord. du cons. d'état.SC3.530;D.Concession.39.
— Ord. du cons. d'état.SC3.540;D.Séquestre.51.Tierce-opposit.92.
— Ord. du cons. d'état.SC3.537;D.Contr. ind.459.
20 Req.A1.819; P17.1.360; B2.487; J19.264; D.Arbitrage. 964.
— Paris.A6.490; P1.1405; B12.117; S18.2.172; J19.269;D. Etranger.238.
— Paris.A6.777,n.1; P19.2.22; B12.451,n.1; S18.2.10; D. Emig.52.
— Cr.r.A11.73,n.2;P17.1.237;B22.103;S17.1.364;J19.265; D.Jugem. prép.129.Presse.274.Tribunal.71.
21 Cr.c.A11.593,n.;D.Appel correct.225.
— Cr.c.A1.449;P1.137;B2.23;D.Amnistie.81.
— Cr.c.A4.88;P1.1030;B7.95;D.Contr. ind.354.
— Cr.c.A8.761,n.3;P2.372;B16.381,n.;D.Forêts.562.
— Metz A10.396,n.1.3; P18.2.60; B20.223; S19.2.134; D. Nantiss.17.
— Lyon.A11.812,n.1;P2.1217; B24.359; D.Saisie-immob. 1052.1269.1270.1351.1383.1536.
— Paris.P32.3.128;D.Privilége.518.
22 Metz.A10.833,n.2; P18.2.53; B21.386; S19.2.134; J19.273;D.Ordre.26.379.394.483.542.
— Bruxelles.A12.61,n.2; P2.1257; B25.230; D.Servitude. 568.
23 Paris.A9.648,n.3;P2.559,n.2;B18.281;S18.2.20;D.Exécut. des jugem. et actes.194.
24 Paris.A6.472;P17.2.107;B12.94;S18.2.3;MR16.336;J19.282;D.Etranger.187.
— Paris.A9.108;P2.433. et 17.2.96;B17.122;S18.2.19;J19.277;D.Privilége.517.
— Rennes A9.552;P2.529;B18.134;D.Interdit.107.
— Civ.c.A10.634,n.1;P17.1.221;S18.1.24;J19.281;D.Confusion.27.
25 Paris.A9.926,n.3.3;P17.2.104;J19.286; D.Louage.325. 326.
— Loi.A7.17,n.1. et 26,n.4.3. et 311,n.1; D.Enreg.184. 199.
26 Req.A12.144,n.1;P17.1.384;B25.367;S18.1.33;J19.288; D.Société comm.340.
— Req.P17.1.211;S17.1.267;D.Saisie imm.Vente.
27 Colmar.A1.362. et 3.806;P17.2.89; B6.454. et 1.425;S18.2.106;J18.262;D.Contr. par corps.672.
— Cr.r.A2.270;P1.442;B3.599;J19.293; D.Cassation.125.
— Riom.A3.711;P1.974;B6.340;S18.2.240;D.Conciliation. 13.64.
— Nimes.A5.165;P1.1308;B9.490;D.Désist.110.
— Req.A7.432;P17.1.444;B14.51;S18.1.55;J19.300;D.Enreg.2889.
— Angers.A9.923,n.1-1;P2.667,n.2. et 18.2.39; B19.26;S18.2.234;D.Louage.311.
— Paris.P17.2.133;S18.2.57;J19.294;D.Garantie.420.
28 Civ.r.A11.876,n.3,n.1;P17.1.184; B23.415; S17.1.213;J19.302;D.Rente.382.383.
— Rennes.D.Conclusions.18.
29 Rouen.A9.310,n.;P17.2.69;B17.369,n.1; S17.2.238;MR16.465;J19.308;D.Inscript. hypoth.444.466.
— Rouen.A9.310,n.; B17.367,n.; D.Hyp. lég.72.Inscript. hypoth.446.
— Besançon.A12.949,n.2.1;B28.227; D.Vérif. d'écrit.97.
— Aix.A12.806,n.1;P23.2.69,n.3; B27.469; S17.2.165; D. Usufruit.477.
— Aix.A10.629,n.3.1;P17.2.152;S17.2.420;D.Compensation.105.
— Orléans.A9.655,n.7;D.Frais et dépens.54.
31 Civ.c.A7.150; P17.1.315;B13.167; S17.1.223;D.Enreg. 1425.

AVRIL.

1 Civ.r.A3.767; P17.1.295; B6.408; S18.1.9; J19.317; D. Contr. par corps.153.180.Lois.56.
— Req.A9.298;P17.1.509;B17.352;S17.1.348; MR16.412;J19.313;D.Inscript. hypoth.348.349.
2 Civ.r.A1.521;P17.1.225;B2.145;S17.1.280; J19.320; D. Appel civ.509.510.Exécut. prov.74.
— Civ.r.A2.203;P17.1.289;B3.220;J19.327; D.Capitaine. 128.129.
— Civ.c.A7.411;P17.1.426; B14.21; S18.1.65. et 17.1.230; D.Enreg.2768.
5 Cr.c.A10.759,n.2;P23.1.512,n.;B21.227;S17.1.301;J19.352;D.Preuve test.258.259.
6 Rennes.D.Greffier.51.
7 Trib. de la Seine.A11.739,n.; B24.225; D.Saisie-imm. 803.
9 Ord.A6.342,n.4;D.Ventes admin.491.
— Ord.A6.839,n.3;B12.525;SC3.545;D.Emigré.
— Ord.A6.817,n.2;D.Emigré.
— Ord.A9.470,n.2;D.Cont. direct.268.
— Ord.A3.193,n.9. et 219,n.17. et 220,n.2. et 226,n.9. et 11. et 237,n.5;D.Eau.409.223.
— Ord. du cons. d'état.SC3.555;D.Commune.275.
— Ord. du cons. d'état.SC3.554;D.Domaine de l'état.21.
— Ord. du cons. d'état.SC3.544;D.Eau.81.
— Ord. du cons. d'état.SC3.545;D.Tierce-opp.158.
10 Cr.r.A11.130,n.,n.12;P17.1.330;B22.153;S18.1.95; MR16.618,n.;J19.340;D.Audience.39.Presse.222.223.224. 225.
11 Cr.r.A1.64;P17.1.318;B1.74;S18.1.27; J19.344; D.Abus de confiance.23.79.
— Cr.c.A4.431;P1.1149;B8.25;D.Cour d'ass.1105.
— Cr.r.A9.518,n.2; P22.1.420,n.; B18.84; S18.1.162; MR16.558;J19.347; D. Cour d'ass. 300.433.1532.1538.Instruct. cr 304.500.510.741.753.1298.Témoin.446.449.
12 Cr.c.A1.580;P1.215;B2.215;D.Appel correct.172.
— Bruxelles.A6.101,n.;B11.111;D.Legs.269.
— Cr.c.A11.403,n.2;P2.1060,n.1;D.Procès-verb.188.
14 Civ.c.A3.773;P17.1.309;B6.414;S17.1.225; J19.353; D. Contr. par corps.258.259.
— Civ.c.A9.307,n.1;P17.1.376;B17.364,n.1;S17.1.206;MR16.480;D.Inscript. hypoth.410.
15 Req.A3.250;P1.761;B5.282; S17.1.231; D.Régl. de juges.43.
— Limoges.A10.829,n.4; P2.888,n.5; B21.377; D.Ordre. 123.316.
16 Civ.c.P17.1.293;S17.1.232;J19.354;D.Mariage.465.
17 Colmar.A3.717;P17.2.14;B6.348;J19.359; D.Conciliat. 52.Délai.133.
— Grenoble.A9.728,n.;B18.396;D.Jugem. par déf.320.
— Colmar.A10.214,n.12; P2.723,n.1; S18.2.277; D.Communauté.321.
18 Liége.A7.765;P2.152;B14.456;D.Exploit.729.
— Décis. min.A6.545;D.Droits civ.
— Cr.r.A10.427,n.1.3;P17.1.344.B20.270;S17.1.257; J19.361;D.Cassat.343.Notaire.210.
19 Cr.r.A9.764;P17.1.361;B18.452; S18.1.20; J19.363; D. Frais et dépens.374.Jugem. par défaut.576.577.
— Paris. A10.123,n.2.6; P17.2.134; B302; S19.2.65; J19.370;D.Domicile.32.Mariage.658.
22 Req.A5.500;P17.1.468; B10.123; S18.1.52; J19.375; D. Donation.58.
— Rennes. A11.647,n.6; P2.1151,n.6; B24.58; D. Saisie-Exécution.6.
23 Req.A12.56,n.2;P17.1.498;S17.1.336; J19.379; D.Servitudes.520.
— Civ.c.A12.768,n.2;P17.1.426; B27.403; S17.1.225; J19.390;D.Tutelle.365.633.634.Usufruit lég.67.
— Req.V. au 25 avril 1818.
— Cass.D.Legs.514.
— Civ.c.S17.1.229;D.Rente.255.
25 Colmar A12.737,n.24;B27.346; P18.2.24; D.Autor. de femme.67.83. Compét. civ.38. Domicile.130. Ordre. 389.444.Tutelle.181.623.
26 Bruxelles.A6.103;P1.1347;B11.113;D.Legs.507.
— Cr.c.A12.540,n.1;P2.1349;D.Attentat.39.
29 Metz.A1.643;P18.2.32;B2.288;D.Arbitrage.98.
— Limoges A5.577;P1.1331;B10.216;S17.2.164; D.Donation.331.335.362.
— Paris. A9.938,n.1.4; P2.671,n.2; B19.52; S18.2.50; D. Louage.684.
30 Civ.c.A1.123;P17.1.582;B1.144;S17.1.243; D.Compte. 119.138.

MAI.

1 Toulouse.A5.665;B10.319;J19.409; D.Testam.246.248.
— Bruxelles.A732;P2.110;B14.294;D.Except.362.
— Sect. réun.c. A9.57; P17.1.241; B17.60,n.1; S17.1.199; MQ6.457;J19.395;D.Privilége.206.246.
2 Cr.c.A3.828,n.;P1.888;B6.139;D.Compét.cr.493.
— Cr.c.A3.549;P1.894;B6.161;D.Compét. cr.558.
3 Besançon.A11.724,n.,n.2;P2.1184; B24.198; D.Saisie-imm.550.553.
5 Civ.c.A7.156;P2.23;B15.175;D.Enreg.1780.1781.1782. 1783.
— Civ.c.A8.505;P17.1.379;B16.103; S17.1.239;J19.413;D. Féodalité.161.
6 Riom.A3.346;P22.2.170;B5.395;S18.2.127;J19.415; D. Comp. comm.193.
— Metz. A10.476; P18.2.50; B20.344; S19.2.138;J19.418; D.Oblig.614.Oblig. divis.22.Preuve litt.979. Transp. de créance.216.
— Grenoble.A11.197,n.22;P2.971,n.6;D.Pérempt.211.

7 Paris.A4.680; P17.2.95; B3.302; S17.2.359; J19.424; D. Degré de jurid.303.
— Civ.c.A1.606; P17.1.570; B2.546; S17.1.257; J19.422; D. Arbitrage.63.298.
— Bruxelles.A5.575; P1.1354; B10.243; D. Donation.557.558.Oblig.740.
— Civ.c.A7.448; n.; B14.25, n.; S17.1.256; D. Enreg.2730.
8 Cr.c.A4.255; P1.1074; B7.254; D.Cont. ind.256.
— Rennes.A8.406, n.1; B15.182, n.4; D.Faillite.625.
— Bruxelles.D.Cont. de mariage.409.
9 Cr.c.A5.529; P17.1.307; B6.140; S18.1.5; D. Compét. cr. 496.
— Avis du cons. d'état.A9.387, n.2; D.Purge.161.
10 Liége.A11.851, n.2; B24.451; D.Saisie-imm.944.1129.
12 Poitiers.A7.748; P2.147; B14.456; D.Exploit.763.
— Civ.c.A9.925. et 11.8.n.1.7; P17.1.323; B18; S17.1.218; J19.427; D Louage.292.293.
— Grenoble.A11.184; P2.968, n.6; D.Pérempt.31.96.
13 Cour sup. de Bruxelles. A1.5; P1.2; B1.6; D.Absent. 45.47.
— Civ.c.A7.380; B15.452; n.; D.Enreg.2650.
— Civ.c.A7.367; P17.1.480; B15.447; S17.1.240; D.Enreg. 2503.
— Req.A9.855, n.1.2; P18.1.247; B18.486; S18.1.225; D.Intérêt de cap.45.Prêt.216.
— Metz.A11.835, n.2; P18.2.17; B24.401; S19.2.206; J19. 452; D.Saisie-imm.1547.
— Civ.c.A12.858, n.1; P17.1.482; B28.72; S17.1.287; J19. 435; D.Vente.290.291.
14 Civ.r.A2.392; P17.1.487; B3.459; S18.1.47; J19.441; D. Preuve litt.966.
— Civ.c.A7.156; P17.1.419; B15.474; S17.1.278; J19.438; D. Enreg.1305.
— Ord.A6.342, n.4; D.Ventes admin.491.
— Ord.A6.341, n.1; D.Domaines.
— Riom.A9.101; P18.2.30; B17.114; S18.2.335; J19.445; D. Privilége.608.
— Rouen.A11.176, n., n.6; P2.963, n.5; B22.234; S17.2.418; D.Pérempt.6.
— Ord.A11.145, n.12; SC4.14; D.Patente.52.65.
— Ord. du cons. d'état.SC4.7; D.Appel civ.356.
— Ord.SC4.15; D.Hospices.145.
— Ord. du cons. d'état.SC4.15; D.Marché de fourn.339.
— Ord. du cons. d'état.SC4.16; D.Fonct. pub.311.
14 Ord.SC4.14; D.Ventes admin.331.
— Ord. du cons. d'état.SC4.6; D.Ventes admin.595.400.
16 Lyon.A11.200, n.4; P2.975, n.4; D.Pérempt.143.242.
— Cr.r.A12.530, n.4; P2.1555; B27.54; S17.1.245; D.Motifs des jugem.288.Rébellion.13.
17 Grenoble. A9.604, n.1.6; P2.545, n.2; B18.248; D.Jour férié.40.Exploit.526.
— Rouen. A12.955, n.1; P17.2.120; B28.214; D.Commiss.-priseur.7.Vente pub. de meubles.31.
— Riom.S18.2.213; D.Rescis.144.
20 Civ.c. A9.418, n.6; B17.496, n.6; S17.1.250; D.Hypoth. lég.19.
— Grenoble.A9.678, n.2; D.Frais et dépens.
21 Limoges.A1.716; P17.2.132; B2.267; S17.2.271; J19.450; D.Arbitrage.561.
— Ord.A6.542, n.1.6; D.Domaines.
— Civ.c.A8.561; P17.1.459; B16.166; S17.1.251; J19.452; D. Filiat. légit.104.106.
— Ord.A3.155, n.8. et n.10; D.Communes.
— Ord. du cons. d'état.D.Fonct. publ.585.
— Ord. du cons. d'état.SC4.27; D.Servitudes.806.
— Ord. du cons. d'état.SC4.28; D.Success. vac.29.
— Ord.A12.901, n.19; B28.503, n.19; D.Voirie.488.
22 Angers.A1.455; P1.159; B2.66; S19.1.161; D.Appel civ. 142.177.Interdit.105.Oblig.119.
— Req.A6.29; P18.1.245; B11.28; S18.1.210; MR17.725; J19. 465; D.Testament.827.
— Metz.A6.258; P18.2.40; B11.268; J29.477; D.Don. entre-époux.6.13.
— Req.A6.603, n.; P18.1.427; B12.248, n.1; S18.1.359; MR 16.669. et 672; J19.472; D.Effet de commerce.239.240.
— Metz.A12.378, n.4; P18.2.10; B26.194; D.Nullité.522. Success.333.Success. bénéf.63.
— Angers.A12.481, n.1; P19.2.16; B26.358; J19.469; D.Partage.150.
23 Paris.A9.448, n., n.4; P2.502. et 17.2.103; B17.532, n.4; J19.479; D.Rad. hyp.120.
— Liége.A11.853, n.5; B24.453; D.Saisie-imm.464.1480. 1577.
— Cr.c.A7.709; P17.2.429; B14.589; S18.1.57; MR16.387; J 19.482; D.Huiss.182.
24 Dijon A8.655; P17.2.111; B16.250; S17.2.278; MR16.75; J 19.485; D.Filiat. nat.58.59.218.
— Amiens.A9.923, n.1-1; P2.667, n.2. et 25.2.154, n.; B19. 27; S24.2.62; J51.18; D.Louage.311.
27 Rouen.A9.772, n.2.1; P17.2.90; B18.467; S17.2.235; J19. 501; D.Jugem. prép.21.50.
— Req.A10.176, n., n.8; P18.1.203; B19.590; S18.1.68; J19. 494; D.Contrat de mariage.125.
28 Req.A3.318; P1.785; B5.362; S17.1.254; J19.502; D.Compét. civ.251.
— Req.A9.379; P18.1.521; B17.449; S18.1.297; J19.505; D. Purge.122.128.145.
29 Cr.r.A4.419; P1.1145; B8.12; D.Cour d'ass.119.120.433. 1277.1478.1578.1688.
— Cr.c.A5.606; P1.959; B6.291; D.Complicité.255.

— Colmar.A12.871, n.1; P2.1460; B28.401; S18.2.134; J19. 511; D.Vente.571.
30 Rennes.A9.725, n.4; P2.529, n.4; B18; D.Jugem. prép. 65.
— Angers.A10.647, n.1; P2.824, n.1; B21.80; J19.518; D. Preuve litt.118.
— Rouen.A12.588, n.29; P17.2.119; B27.89; S17.2.121; J19. 513; D.Enq.249.250.
31 Riom.A9.582, n.1; P18.2.21; B17.455, n.1; S18.2.253; J19. 520; D.Purge.89.

JUIN.

1 Avis du cons. d'état.A9.387; D.Purge.161.
2 Civ c.D3.364; P17.1.475; B3.418; S17.1.275; D.Compét. comm.289.
— Civ.c.A5.20, n.; P1.682, B5.17, n.; S17.1.279; D.Com.214. 220.229.
— Avis du cons. d'état.P17.2.95; D.Loterie.
Paris.S18.2.58; D.Communauté.124.
— Avis du cons. d'état.D.Purge.164.
3 Toulouse.A4.699; P1.1251; B8.325; S18.2.251; D.Degré de jurid.590.
— Req.A6.284; P18.1.327; B11.322; D.Portion dispon.297. 298.
— Bruxelles.A9.54, n.2; P2.420; B17.57, n.1; D.Privilége. 470.
— Civ.c.P18.1.43; S17.1.285; J19.528; D.Communauté. 704.
— Civ.c.S17.1.276; J19.524; D.Actes de comm.6.
— Bruxelles.A9.212; D.Inscript. hypoth.435.
— Ord. du cons. d'état.D.Nom.461.
4 Civ.c.A7.581; P2.67; B13.452; S17.1.286; D.Enreg.2608.
— Req.A7.604. et 3.252; P1.762; B3.284. et 14.260; S17.1. 284; D.Exception 166.Régl. de juges.25.
— Civ.c.A8.456; P18.1.206; B16.46; S17.1.297; J19.535; D. Faux incid.190.269.
— Civ.c.P25.1.314; D.Enreg.2609.
5 Limoges.A4.685; P22.2.119, n.5; B8.306; S18.2.307; J19. 540; D.Degré de jurid.332.Ordre.178.180.
— Bruxelles.A9.305, n.; B17.369, n.2. et 361, n.; D.Inscript. hypoth.414.489; D.Délai.21.
— Rennes.A12.664, n.54; P2.1592; B27.215; D.Tierce-opposition.
— Cr c.A12.1073, n.17; P17.1.504; B28.451; S18.1.123; J19. 538; D.Vol.284.
— Paris.P17.2.137; S18.2.38; D.Preuve littérale.
6 Cr.c.A8.755, n.3; P17.1.451; B16.370; S18.1.62; MQ6. 158; J19.541; D.Forêts.569.
— Metz.A11.684, n.3; P18.2.46; B24.123; J19.545; D.Saisie-imm.188.
— Cr.c.A1.409, n.; D.Forêts.1033.
7 Rouen.A8.276; B15.322; S17.2.255; D.Faillite.1232.
— Rouen.A9.74; P17.2.88; B17.81; S17.2.255; D.Privil.362. 365.
— Riom A10.822, n.1; P17.2.151; B21.564; D.Ordre.178. 334.352.
— Riom.A10.827, n.4; P22.2.149; B21.575; S18.2.60; J19. 546; D.Ordre.336.
9 Civ.r.A7.449; P2.78; B14.94; D.Enreg.2959.
— Civ.r.A11.427, n.18; P17.1.485; B23.154; S18.1.84; D. Douanes.206.Procès-verb.542.550.
10 Riom.A1.115; P17.2.157; B1.135; S18.2.62; J19.550; D. Acquiesc.442.
— Req.A5.789; P18.1.526; B10.461; S19.1.11; J19.552; D. Testam.625.631.
— Riom.A10.728, n.2; P18.2.14; B21.210; S18.2.135; J19. 555; D.Preuve litt.1249.Preuve test.128.
11 Ord.A6.332, n.8; D.Ventes adm.83.595.
— Ord.A6.332, n.10; D.Domaines.
— Ord.A6.796, n.1; D.Emig.167.
— Bordeaux.A9.415, n.1; P18.2.11; B17.492, n.1; S18.2.20; D.Hypoth.289.
— Civ.r.A9.242; P17.1.297; B17.283; S18.1.41; J19.558; D. Inscript. hypoth.60.106.
— Bruxelles.A9.193; P2.447; B17.228; S21.2.223; MQ6.409; D.Hypoth. conv.8.
— Req.A12.203, n.1; P18.1.325; B25.468; S18.1.294; J19. 558. et 26.245; D.Substitution.261.
— Ord.A3.227, n.2; D.Eau.439.
— Ord. du cons. d'état.SC4.43; D.Chose jugée.277.
— Ord. du cons. d'état.SC4.31; D.Commune.283.
— Ord. du cons. d'état.SC4.40; D.Compét. adm.49.
— Ord. du cons. d'état.SC4.32; D.Fonct. publ.300.
— Ord. du cons. d'état.D.Marché de fourn.135.
— Ord. du cons. d'état.SC4.47; D.Marché de fourn.213. 214.
— Ord.A12.1024, n.3; D.Voirie.708.
— Ord. du cons. d'état.SC4.49; D.Forêts.743.
12 Cr.c.A3.419; P17.1.392; B6.15; D.Compét. crim.110.
— Req.A6.478; P18.1.333; B12.103; S18.1.318; J19.568; D. Contr. par corps.354.367.
— Rennes.A9.701, n.1; B18.352, n.; D.Jugem. par défaut. 106.
13 Rennes. A11.753, n.2; P2.1198; B24.254; D.Saisie-imm. 1039.
15 Nimes.A5.403; P1.1328; B10.18; D.Don. par cont.191.
17 Req.A3.150; P22.1.5; B5.466; J19.573; D.Commune.119. 227.753.759.772.Frais et dépens.44.Jugem.221.
— Req.A1.502; P18.1.335; B2.121; S18.1.319; J19.571; D. Appel civ.377.

— Civ.c.A5.583; P17.1.884; B5.442; S17.1.299; MQ6.528; D. Compét. comm.344.Exception.95.
— Rennes.A7.708; B14.387; P2.128; D.Exception.234.Exploit.30.
— Bruxelles.A9.940, n.1.2; P2.72, n.1; B19.54; D.Louage. 730.734.
— Civ.r.A9.308; P17.1.388; B17.364; S17.1.287; MR16.471; J19.577; D.Inscript. hypoth.434.437.487.490.
18 Civ.c.A4.741; P17.1.464; B8.373; S17.1.293; J19.589. et 18.385; D.Degré de jurid.509.
— Req.A10.258, n.10.3; P18.1.419; B20.40; S18.1.307; J19. 583; D.Communauté.673.
— Req.A11.699, n.1; P18.1.409; B24.185; S17.1.286; J19. 586; D.Certific. de vie.2.Saisie-imm.274.
19 Cr.c.A1.400; P17.1.451; B1.408; S18.1.40; J19.595; D. Amende.85.Appel correct.97.
— Cr.r.A3.491; P1.862; B6.96; D.Action publ.123.Cassation.830.Compét. crim.354.
— Paris.A9.110, n.1; P2.451; B17.123; S18.2.109; D.Privilége.334.
— Rennes.A9.727, n.; B18.393; D.Jug. par déf.310.313.
— Rennes.A9.726, n.1; D.Délai.37.
— Req.A10.608, n.1; P18.1.407; B21.14; S19.1.35; J19.592; D.Garantie.383.Délégation.5.Transport de créance.6.
20 Cr.r.A4.344; P1.1115; B7.572; D.Cour d'ass.418.
— Paris.A1.812; P1.308; B2.480; S18.2.95; D.Arbitrage. 123.1041.
— Cr.r.A11.314, n.2; P2.1013, n.4; B22.472; D.Faux.412. Cour d'ass.302.Prescrip. crim.40.Témoin.228.
— Cr.r.A11.115, n., n.21; P2.958, n.3; B22.125; D.Presse. 341.585.
21 Cr.c.A2.184; P1.401, n.; B3.200, n.; D.Autor. mun.666. 668.669.671.
— Rennes.A9.585, n.1.5; P2.538, n.5; B18.181; D.Intervention.68.143.
23 Civ.c.A4.675; P1.1218; B8.293; S17.1.303; D.Degré de jurid.272.
— Civ.c.A8.455, n.; P2.274. et 17.1.494; B12.71, n.1. et 16. 44, n.; S17.1.297; J1.1587; D.Faux incid.261.
— Civ.c.A6.567; P17.1.488; B12.207; S18.1.60; MQ6.208; J 19.597; D.Effet de comm.82.561.454.
— Liége.A11.851, n.2; B24.451; D.Exploit.26.Saisie-imm. 944.1129.
24 Req.A6.839; P18.1.421; B12.525; S18.1.338; D.Emig.360.
— Civ.c.A11.277, n.1; P17.1.505; B22.409; S17.1.304; J19. 603; D.Prescrip.565.Sép. de biens.205.
— Rennes.A11.807, n.3; P2.1216; B24.352; D.Saisie-imm. 1360.
25 Ord.A6.335, n.5. et 341, n.; D.Domaines.
— Ord.A6.817, n.1; D.Emig.248.254.
— Req.A9.895, n.1; P18.1.420; B18.639, n.; S18.1.335; D. Juifs.25.
— Bruxelles.A9.941, n.1; P2.673, n.2; B19.57; D.Louage. 722.
— Req.A9.626, n.1; P18.1.415; B18.250; S18.1.365; M17. 486; J19.625; D.Motifs de jugem.23.
— Civ.r.A12.151, n.12; P17.1.409; B25.384; S18.1.13; J19. 611; D.Stellionat.51.52.
— Ord.A6.797, n.5; D.Emig.169.
— Ord. du cons. d'état.SC4.75; D.Fonct. publ.107.
— Ord. du cons. d'état.SC4.71; D.Fonct. publ.221.
— Ord. du cons. d'état.SC4.67; D.Eau.109.
— Ord. du cons. d'état.SC4.56; D.Militaire.27.
— Ord. du cons. d'état.SC4.62; D.Expertise.401.
— Ord.A6.782, n.2; D.Emig.85.
26 Req.A3.313; P22.2.140, n.4; B5.355; S17.1.270; J19.625; D.Compét. civ.267.
— Cr.r.A4.465; P1.1461; B8.62; D.Instruct. crim.491.Cour d'ass.1301.1366.
— Req.A9.614. et 7.415; P18.1.417; B14.24; S18.1.357; J19. 628; D.Motifs des jugem.60.Enreg.2778.Publ. des jugemens.27.
— Montpellier.A11.758, n.11; P2.1200; B24.239; D.Saisie-imm.1204.
— Ord. du cons. d'état A3.203, n.1; D.Comp. adm.350.
27 Cr.c A4.214; P1.1068; B7.252; D.Or et argent.87.
— Cr.c.A2.446; P1.520; B4.42; J19.623; D.Chasse.155.
— Cr.r.A4.413; P1.1142; B8.5; D.Cour d'ass.802.
— Grenoble.A11.741, n.3; P2.1191; B24.228; D.Saisie-im. 837.
— Orléans.D.Degré de jurid.157.
30 Rouen.A8.647, n.2; P17.2.113; B16.264, n.2; S17.2.425; D.Filiat.nat.73.
— Riom.A10.25, n.1; P18.2.12; B19.164; S18.2.41; MR17. 239; J19.631; D.Acte respect.101.Mariage.90.290.316.
— Civ.r.A12.298, n.1; P17.1.553; B26.64; S17.1.315; J19. 634; D.Retour légal.48.

JUILLET.

1 Req.A3.308; P1.782; B5.350; S17.1.315; D.Comp. civ.107.
— Limoges.A12.162, n.4; P2.1285; B25.404; S17.2.306; D. Appel civ.116.Substitution.42.45.
2 Civ.c.A4.174; P18.1.472; B7.189; S17.1.318; D.Cont. ind. 22.Sel.13.
— Cour sup. de Bruxelles. A2.395; P1.499; B3.142; D. Preuve litt.1090.
— Metz.A9.67, n., n.3; P2.123; B17.73, n.3; S18.2.262; D. Privilége.324.
— Req.A12.409, n.1; P18.1.390; B25.308; S20.1.504; J19. 643; D.Société com.35.

— Bruxelles.A11.675,n.2;P2.1165;B24.407; D.Saisie-im. 1488.
— Ord.A12.1029,n.4;D.Marais.33.
— Limoges.P17.2.125;S17.2.202;D.Retenue.
3 Req.A9.769;P18.1.341;B17.196;S16.1.388; J19.647; D. Hypoth. conv.37.Hypoth. légale.221.255.
— Orléans.A11.193,n.,n.29;P2.972,n.4;B275;D.Péremp. 107.
— Req.A12.849,n.2.7;P18.1.398; B28.65; S18.1.309; J19. 652;D.Obl.279.221.805. Vente.75.66.01.
4 Cr.c.A4.764;P1.1262;B6.401; D.Autorité mun.77.
— Orléans.D.Degré de jurid.142.
5 Rennes.A11.680,n.2;P2.1165; B24.445; D.Exécut. des jug.et actes.24.Prescrip.civ.1003.Saisie-imm.155.185.
— Limoges.V. au 5 juin.
7 Riom.A1.565;P17.2.128;B1.488; J19.662; D.Cont. par corps.682.
— Cr.c.A5.164;P17.1.495;B5.181; S17.1.387; D.Compét. adm.67.68.Compét. civ.564.
— Civ.c.A8.664;P17.1.516;B15.254;S17.1.250;J19.657;D. Filiat. nat.228.
9 Civ.c.A1.486;B2.401;S17.1.334; D.Appel civ.231.Délai.38.
— Civ.c.A5.465;P18.1.577;B10.82;S17.1.349; J19.664; D. Portion disp.502.
— Rennes.D.Deg. de jurid.67.
10 Cr.r.A4.470;P1.1165;B8.70; D.Cour d'ass.1020.1411. 1455.
— Cr.r.A4.435;P1.1150;B8.30;D.Cour d'ass.1053.1075.
— Cr.c.A3.525;P1.888;B6.159; D.Compét. crim.494.493.
— Cr.c.A3.666;P1.959;B6.281; D.Complicité.254.
— Bruxelles.A9.217,n.1-1;S17.257,n.1;D.Hypoth. conv. 135.
— Req.A9.687;P18.1.403;B18.535; S18.1.544; J19.674;D. Frais et dépens.532.333.
— Req.A10.668,n.2. et 11.697;P18.1.530; B21.108.et 24. 150;S18.1.585; MR16. 568; J19. 669; D.Exécution des jugemens et actes. 88. Saisie-imm. 281.317. 683. 951. 1048.
11 Cr.c.A1.405;P1.127;B26;D.Forêts.1028.
— Cr.c.A4.96;P1.1031;B7.105;D.Cont. ind.407.
— Cr.c.A11.276,n.4;P2.982,n.8; B21.506; D.Action civ. 72.Motif des jug. 507.
— Ord. du cons. d'état.D.Compét. adm.49.
12 Cr.c.A4.215;P1.1068;B7.232; D.Or et argent.106.107.
15 Req.A3.756.et 367,n.;P18.1.406;B6.393;S18.1.595;J19. 679;D.Cont. par corps.307.
16 Civ.c.A1.653;P18.1.8;B2.275;S17.1.505;J19.681;D.Arbitrage.34.41.609.1053.1054.
— Civ.r.A2.401;P17.1.537;B4.96; S18.1.153; J19.698; D. Acquiesc.62.Chose jugée.134.138.
— Req.A3.758;P18.1.488; B6.375; S19.1.15; J19.692; D. Exécut. prov.42. Cont. par corps.432.Int. de cap.57.
— Metz.A5.215;P18.2.42; D.Disposit. entre vifs.8.15.
— Rennes.A7.682; P2.125; B14.358; D.Expertise.17.258. Vérif. d'écrit.94.
— Rouen.A11.187,n.1;P17.2.120;B22.251; S17.2.316;MQ 6.326;J19.707;D.Pérempt.164.
— Req.A6.259;P18.1.534; B11.271. et 270;S18.1.372;J19. 686;D.Donat. entre époux.20.91.
— Ord.A6.347,n.1;D.Émig.250.
— Req.A9.129; P18.1.402; B17.148;S19.1.344; D.Hypoth. lég.22.86.
— Ord.A9.459,n.1;B19.9,n.8; SC4.90;D.Cont. dir.235.
— Ord.A11.145; SC4.86;D.Patente.39.47.
— Ord.du cons. d'état.SC4.82;D.Acquiesc.186.187.Cons. d'état.92.
— Ord. du cons. d'état.SC4.86;D.Chose jugée.49.
— Ord. du cons. d'état.S4.88;SC4.88;D.Concession.7.
— Ord. du cons. d'état.SC4.95;D.Fonct. pub.548.
— Ord.D.Cons. d'état.87.
— Ord. du cons. d'état.SC4.93;D.Respons.520.
— Ord. du cons. d'état.SC4.80;D.Respons.490.
— Ord. du cons. d'état. SC4.91; D.Vente administ.286.
17 Req.A1.787;P18.1.414;B9.450;S18.1.331; D.Arbitrage. 899.
— Req.A5.225;P17.1.418;B9.259;S18.1.45;MR17.305;J19. 700;D.Disp. entre-vifs.52.
— Civ.r.P27.1.510;D.Cass.314.
18 Cr.c.A1.556;P17.1.442;B1.497; S20.1.461; J19.714; D. Appel correct.111.
— Cr.c.A1.346;P17.1.459;B2.175;S18.1.65;J19.715;D.Appel correct.12.Régl. de juges.111.
— Cr.c.A4.258;P1.1075;B7.258;D.Cont. ind.561. Octroi. 156.
19 Paris.A11.786,n.1-1; P18.2.17; B24.312; S18.2.1; J19. 717;D.Surenchère.12.
— Angers.P15.2.47;J19.717;D.Scellé.27.31.
— Bourges.A12.856,n.1;P2.1454;B28.76;D.Vente.48.647.
21 Liége.A9.309,n.2;B17.386;D.Inscript. hypoth.344.
— Civ.c.A9.776,n.1;P18.1.267;B18.471;S17.1.365; D.Acquiesc.106.Jugem. prép.85.
22 Req.A2.758 et 757;P17.1.480;B4.401,n.;S18.1.46;J19. 728;D.Commissionnaire.56.
23 Bruxelles.A10.466,n.1;P2.786,n.5;B20.387.;D.Eff. de commerce.605.Novat.123.Oblig.460.[illegible]
— Req.A11.685,n.9;P18.1.477;B24.120;S18.1.5; J19.732; D.Saisie-imm.208.209.210.959.

24 Cour sup.de Bruxelles.A1.[illegible];P1.147;B1.[illegible];D.Absence. 401.
— Montpellier.A9.748,n.;P2.682,n.;B18.[illegible],n.; D.Jug. par défaut.451.
— Riom.A10.712,n.3; P22.2.136,n.1;B21.462;S18.2.121; D.Ratification.92.
— Besançon.A9.748;B18.[illegible];D.Jug. par défaut.452.
25 Cr.c.A4.513; P17.1.437; B8.118; S18.1.[illegible]; J19.[illegible]; D. Cour d'ass.1659.
— Colmar.A12.727,n.8;P19.[illegible];B27.536;S18.2.290; J19. 741;D.Tutelle.284.483.
26 Bruxelles.A10.563,n.,n.3;B20.185;D.Dot.462.
28 Bruxelles.A1.[illegible];P1.[illegible];B10.260;D.Ratification.177. Testam.61.
— Bruxelles.A11.278,n.2;P2.1002,n.2; B22.[illegible]; D.Prescrip.631.
— Grenoble.D.Exploit.185.
29 Civ.c.A10.751,n.2;P17.1.[illegible];B21.[illegible]; S17.1.[illegible]; J19. 734;D.Présomp.30.
30 Civ.r.A8.520,n.1;P18.1.31;B15.120;S18.1.162; D.Féodalité.[illegible]
— Paris.A12.260,n.1;B25.551;S17.2.301;D.Majorat.
— Ord. du cons. d'état. SC4.95; D.Fonct. pub.379.
— Ord. du cons. d'état.SC4.99;D.Marché de fourn.114.
— Ord. du cons. d'état.S4.2.104;SC4.103; D.Enseig.30.
— Ord. du cons. d'état.SC4.106;D.Pêche.8.17.54.
— Ord. du cons. d'état.D.[illegible].55.
— Ord. du cons. d'état.SC4.100;D.Séquestre.30.
— Ord. A12.901,n.83;P17.2.37;D.Voirie.65.
— Ord.A12.989,n.7;B28.304,n.7;D.Voirie.159.
— Ord.A12.1024,n.45;D.Voirie.753.
31 Civ.r.A1.64; P17.1.432; B1.75; S18.1.27; J19.763; D. Abus de confiance.80.
— Req.A5.162;P18.1.491;B9.187;S19.1.95; D.Désist.109.
— Req.A6.701;P18.1.471;B12.[illegible];S19.1.68;J19.765;D. Eff. de comm.577.
— Req.A6.727; P18.1.371; B12.393; S18.1.209; MQ6.58;J 19.759;D.Eff. de comm.205.583.
— Dijon.A9.921,n.1-1;P2.667,n.1.et 17.2.40;B19.24;S18. 2.17;J19.755;D.Louage.215.
— Civ.c.D.Enreg.2298.
— Ord.D.Pêche.54.

AOUT.

1 Bordeaux.A11.621,n.1;B24.12;S18.2.40; D.Saisie-arr. 97.
— Rouen.P23.2.45,n.3;S19.2.140;D.Appel incident.17.
— Rouen.A10.842,n.30;B21.386;D.Ordre.495.
2 Colmar.A9.385, n.1.43; P2.539,n.19;B18.164;D.Intervention.13.
— Colmar.A12.108; P18.2.[illegible]; B26.[illegible]; S19.2.163; D.Société comm.62.63.66.
4 Civ.c.A7.775;P17.1.585;B14.496;S17.1.374;J19.777;D. Exploit.592.
— Civ.c.A9.77,n.1;P17.1.529;B17.86,n.1;S17.1.373;J19. 772;D.Privilége.100.
— Agen.A12.125,n.3;P2.1276;B25.333; D.Société comm. 165.
5 Paris.A3.924;P1.1007.et 17.2.455;B6.473; S17.2.397;J 19.780;D.Cont. par corps.666.
— Req.A7.592;P18.1.460;B14.248;MR17.320;S18.1.386; J 19.783;D.Exception.106.Eff. de comm.818.
— Req.A12.697,n.3;P18.1.469;B27.274; S18.1.406; D.Mineur.32.
— Bourges.P34.2.375;D.Compét.civ.577.Exception.225.
6 Civ.c.A4.241;P17.1.455;B7.262; S17.1.375; J19.705;D. Cont. ind.572.575.Rébell.[illegible]
— Dijon.A10.242,n.,n.2;P16.2.26;B19.493; S16.2.61;J19. 797;D.Sépar. de biens.152.167.
— Civ.c.P17.1.542;S17.1.360;J19.787; D.Forêts.[illegible]
— Ord.D.Poste aux lettres.52.
7 Req.A1.278;P18.1.557; B1.323; S18.1.400; J19.802; D. Action possess.266.588.
— Req.A3.24;P18.1.375;B5.276;S19.1.68;D.Régl. de juges.45.
— Caen.A6.835,n.;B12.310,n.;D.Émig.531.
— Grenoble.A6.503;P1.1407;B12.151;D.Étranger.267.
— Agen.A10.256,n.,n.4; P2.535,n.5;B20.25; D.Communauté.747.
8 Cr.c.A12.936,n.2;P17.1.470;B28.240;S18.1.78; D.Homicide.56.Tentative.39.
— Cr.c.A11.936,n.1-1;P17.1.447;B26.128; S18.1.39; J19. 807;D.Serment.767.
— Grenoble.S18.2.260;D.Inscript. hypoth.350.
9 Orléans.A9.347,n.1;P2.327;B18.126;S17.2.122;D.Interdit.400.406.418.Tutelle.161.
— Paris.A10.850,n.5; P18.2.51; B21.579; S17.2.310; J19. 808;D.Ordre.336.
11 Paris.A10.98,n.2; P17.2.159; S18.2.50; MR10.[illegible]; D. Domicile.53.
— Rennes.A12.583,n.17;P2.1368;B27.90,n.2;D.Enq.125. 368.
— Décis. min.A7.37,n.26;D.Enreg.939.
12 Civ.c.A1.807;P17.1.557;B1.497;S17.1.350;J19.810; D. Acquiescem.85.337.
— Colmar.A3.808;P1.781;B5.548; S18.2.290; J19.815; D. Compét. civ.236.
— Req.A6.641;P18.1.429;B12.[illegible];S18.1.596;MQ6.201;J 19.818;D.Effets de comm.431.

— Besançon.A11.484,n.,n.4;P2.962,n.2;B24.240; D.Pérempt.59.
15 Civ.c.A4.612;P19.1.278;B8.[illegible]; D.Degré de jurid.39.
— Civ.c.A5.551;P18.1.98;B10.184;S17.1.383;MQ6.166;D. Donat. déguisée.18.Rapp. à succ.122.
— Req.A5.77;P18.1.412;B24.83;S18.1.421;D.Legs.453.
— Civ.r.A6.627;P17.1.525;B12.276;S17.1.382;J19.826; D. Effets de comm.557.
— Orléans. A10.383,n.3.1; P2.769,n.1;B20.303; D. Maison.45.
— Civ.c.P17.1.408;S17.1.230;D.Intérêts de cap.44.
— Ord.A11.392;D.Voitures pub.63.
14 Cr.r. A4.511; P17.1.472; B7.559; S18.1.80; J19.825;D. Cour d'ass.365.371.373.803.893.
— Cr.c.A8.358;P15.449;S18.1.134;D.Faux.81.
— Req.A6.605; B12.252; S19.1.29; J19.829; D. Cass.621. Frais et dépens.124.Effets de comm.249.
— Ord. du cons. d'état.D.Fonct. pub.311.
16 Bordeaux.A9.099,n.5;P2.376,n.2;B18.[illegible]; S18.2.58; J 19.832;D.Jugem. par défaut.182.Étranger.169.
— Rennes.D.Conciliation.97.105.
18 Civ.c.A5.784;P17.1.533;B10.425;S17.1.398;MR17.574;J 19.835; D.Preuve litt.456.Testament.908.670.
— Décis. min.A6.847.
— Grenoble.A11.764,n.2;P2.1193;B24.252;D.Saisie-immob.1076.1077.1078.
19 Riom.A8.219;P18.2.2; B15.254; S18.2.109;J19.839. et 339;D.Faillite.441.588.969.Hypoth. légal.74.
— Rennes.A11.695,n.2,n.2;B24.447;D.Saisie-imm.252.
— Rennes.A11.674,n.1-1;B24.470;D.Saisie-revendicat.3.
20 Req.A3.252; P1.763; B5.264; S17.1.511; D.Exception. 155.Régl. de juges.47.
— Req.A12.512,n.2; P19.1.405; B27.6; S19.1.246; D.Lois rétroact.85.
21 Cr.c.A4.482;P1.1169;B8.84;D.Cour d'ass.1475.
— Cr.c.A3.531;P1.889;B6.164; S18.1.204; D.Compét. cr. 499.
— Cr.c.A11.322,n.;P2.1017,n. et 17.1.623;B22.486;S18.1. 81;MR17.408;D.Prescr. cr.148.
— Orléans.D.Degré de jurid.401.
22 Cr.c.A4.53;P1.1019;B7.56;D.Cont. ind.26.
— Cr.c.A3.666; P1.958. et 18.1.75; B6.290; S18.1.250; D. Complicité.139.236.
— Cr.c.A3.567;P18.1.73;B15.427;S18.1.207; J19.845; D. Cassat.281.Faux.408.
— Cr.c.A12.1070,n.6;P17.1.515. et 2.1530;B28.425;S18. 1.143;D.Vol.223.
23 Riom.A6.161;P1.1350;B11.261;S19.2.20;D.Rével.78.
— Rennes.A7.792;P2.160;B14.498;D.Exploit.456.
— Besançon.A11.705,n.;P2.1176,n.;B24.460,n.;D.Saisie-imm.374.
26 Sect. réun.c. A3.419; P17.1.592;B6.48;S17.1.551;J19. 849;D.Compét. cr.110.
27 Civ.r.A2.508;P1.550;B4.118;S17.1.360;D.Chose jugée. 112.116.144.
— Metz.A7.584;P18.2.54;B14.237;J19.858; D.Exception. 12.30.
— Grenoble.A11.179,n.8;P2.965,n.4;B22.257;S18.2.151; D.Pérempt.59.
— Angers.A11.908,n.3;P2.1246;B25.45;S18.2.151; D.Sép. de biens.82.Sép. de corps.401.Séquestre.24.
— Ord. du cons. d'état.S4.120;SC4.120; D.Cons. d'état. 89.Domaine de l'état.30.Vente admin.4.
— Ord. du cons. d'état.SC4.123;D.Fonct. pub.545.
— Ord. du cons. d'état.SC4.116;D.Eau.75.
— Ord. du cons. d'état.SC4.129;D.Compétab.75.
— Ord. du cons. d'état.SC4.129;D.Ventes admin.94.
— Ord. du cons. d'état. SC4.124;MA4.124; D.Ventes admin.258.
29 Cr.r.A2.191;P17.1.514;B5.408;S18.1.159; J19.861; D. Autor. mun.547.548.Cassat.187.
— Besançon.A9.589,n.1-3;P2.644,n.18;B18.192;D.Intervention.90.
— Cr.r.A12.33,n.3;P18.1.64;B25.464;D.Usage.159.
— Orléans.A12.867,n.1-1;P2.1459;B28.94,n.1; D.Vente. 506.
30 Cr.c.A7.448;P17.1.261;B14.[illegible];S18.1.29;J19.868;D.Cour d'ass.824.
— Rennes.A6.880,n.3;P1.1520;B12.574,n.2; D.Enq.304.

SEPTEMBRE.

5 Cr.r. A9.590,n.4.7; P2.514,n.1; B18.57; S17.1.529; D Mandat d'exécut.42.48.
9 Ord.A12.1029,n.5;D.Marais.67.
10 Ord.A3.378,n.1. et 237,n.9;D.Compét.
— Ord. du cons. d'état.SC4.146;D.Cons. d'état.191.
— Ord. du cons. d'état.SC4.142;D.Contr. ind.555.
— Ord. du cons. d'état.SC4.144;D.Eau.288.
— Ord. du cons. d'état.SC4.140;D.Marché de fourn.215.
— Ord. du cons. d'état.SC4.133;D.Agent diplomat.53.
— Ord. du cons. d'état.SC4.138;D.Loterie.46.
11 Cr.c.A5.18;P1.1279;B9.16;D.Dénonc. calomn.51.
12 Cr.c.A11.224,n.9;P2.986;n.5;B22.319; D.Poids et mesures.42.43.
— Décis. min.A7.385,n.16;D.Enreg.2409.
17 Solut.A7.114,n.1;D.Enreg.1128.
— Solut.D.Transcript. hypoth.74.
18 Cr.r.A12.975,n.3;P17.1.561; B28.279; S18.1.115; J19. 878;D.Homicide.4.

25 Cr.c.A8.19;P1.1280;B9.17:D.Dénonc. calom.80.
26 Cr.c.A5.636;P1 939;B6.257;D.Complicité.211.213.215.
— Cr.c.A11.956,n.1.12;B25.132,n.12;D.Serment.88.

OCTOBRE.

3 Cr.r.A4.457; P1.1152; B8.33; D.Faux.329.Cour d'ass. 1086.1191.
— Cour sup. de Bruxelles.A7.146;P2.21;B13.163; D.Enreg.1438 1439.
— Cr.r.A3.130;P17.1.830;B6.141;S18.1.71;D.Compét. cr. 497.Rébellion.43.
— Cr.c.A6.416;P18.1.29; B12.29; S18.1.164; D.Douanes. 110.
— Cr.c.P1.313,n.4;D.Armes.48.
4 Cour sup. de Bruxelles.r. A7.145; P2.21; B13.162; D. Enreg.1440.
— Bruxelles.A7.407,n.;P2.71;B14.16,n.;D.Enreg.2759.
— Bruxelles.A7.468;P2.86;B14.94;D.Enreg.3010.
8 Ord.A11.525,n.3;D.Presse.
9 Cr.c.A11.955,n.1.5;P17.1.584;B25.150;S18.1.116;J19. 881;D.Serment.67.93.
10 Cr.r.A4.331; P1.1112; B7.361; D.Cour d'ass. 245.426. 431.805.895.1226.
— Cr.r.A2 295;P1.455;B3.329;D.Cassat.549.551.
— Cr.r.A4 487;P1.1171;B8.89;D.Cour d'ass.1462.
11 Cr.c.A3.495; P1.865; B6.101; S19.1.269; MQ6.673; D. Compét. cr.371.381.385.
— Rennes.A7.788;P2.189;B14.485;D.Exploit.241.
16 Cr.c.A12.971,n.1;P17.1.500;B28.274;S18.1.75;J19.883; D.Avortem.5.6.Cour d'ass.1674.Tentative.3.
18 Cr.c.A4.771;P1.1204;B8.409;D.Délit rural.40.
— Cr.c.A8.402;P2.960;B15.468;D.Faux.402.
— Cr.c.A8.741.n.2;P2.355;B16.350;D.Forêts.248.
— Metz.A11.106,n.,n.16; P2.933,n.4; B22.107;S18.2.358; D.Presse.323.
20 Bruxelles.A5 193;B9.222;D.Condition.99.
22 Bruxelles.A11.307,n.3; P2.1010,n.4; B22.460; D.Prescript. civ.1037.1048.
— Liége. A12.576,n.1,n.18; P2.1562; B27.67; D.Témoin. 78.
— Ord. du cons. d'état. A3.203,n.1; D.Compét. admin 330.
— Ord. du cons. d'état. SC4.181; D.Autorité mun. 84. Ventes admin.253.
— Ord. du cons. d'état.SC4.156;D.Contr. ind.454.
— Ord. du cons. d'état.SC4.156;D.Marché de fourn.115.
— Ord. du cons. d'état.SC4.152;D.Tierce-opp.27.
— Déc.A7.26,n.4;D.Enreg.185.
— Ord.A12.989,n.8;B28.301,n.8;D.Voirie.165.
23 Cr.c.A3.540;P1.890;B6.150;D.Compét. cr.529.330.
— Cr.c.A8 808,n 2;P2.407;B16.442,n.1;D.Forêts 984.
— Cr.r.A4.412;B8.4;J1.1141;D.Cour d'ass.808.869.
24 Cr.c.A3.465;P1.849;B6.66;D.Compét. cr.307.
— Cr.c.A3.528,n.;P888;B6.139;S18.1.118; D.Compét. cr. 493.
— Cr.c.A11.507;P2.1098,n.6;B23.287; D.Quest. pr. 111.
— Cr.r.A11.531,n.2;P2.1108,n.1;B29.330;S18.1.160; J19. 890;D.Réc. de juges.107.115.
28 Déc.min.P34 3 82,n.3;D.Enreg.2271.
30 Civ.c.A6.415;P1.1371;B12.27;D.Douanes.158.162.271.
31 Cr.r.A4.478,n.;P1.1166;B8 79;D.Cassat.78.Cour d'ass. 695.757.871.1286.1451.Témoin.230.

NOVEMBRE.

5 Ord.D.Saisie-imm.1095.
6 Cr.r.A9.656,n.,n.6;P2.554,n.5;B18.265; D.Compét.cr. 20.Motifs des jugem.320.Renvoi.96.
— Req.A11.725,n.3; P17.1.554; B24.199; S18.1.147; J19. 892;D.Saisie-imm.526.
— Ord.A3.15,n.8. et 16,n.1;P16.77;D.Comm.157.
— Ord A3.118,n.14;B5.129,n.14;P1.715,n.14;SC4.175;D. Communes 521.522.
— Ord.D.Communes.516.
— Ord. du cons. d'état.SC4.188;D.Forêts.411.
— Ord. du cons. d'état.SC4.186;D.Dettes pub.49.
— Ord. du cons. d'état SC4.192;D.Dom. de l'état.123.
— Ord.SC4 184;D.Ventes admin.15.
7 Cr.c.A11.402,n.9; P18.1.20; B23.109; S18.1.168; J19. 892;D.Procès-verbal.124.
— Cr.c.A11.409,n.26;P18.1.18;B23.123;S18.1.161;D.Procès-verbal.156.
10 Rouen.A6.736;P17.2.150;B12 404;S18.2.68;J19.895;D. Compte-courant.40.Effets de comm.807.
— Civ.r.A9.735;P18.1.3;B18.408;S18.1.121;MR17.361. et 385;J19.896;D.Jugem. par défaut.347.349.398.
11 Ord. du cons. d'état.A11.627,n.7; D Saisie-arrêt.101.
14 Orléans.A7.679,n.1; P2.121; B14.352,n.1; J2.121; D. Expertise.208.
— Orléans.A9.142,n.1. et 10.254,n 1.2; P19.2.31; B17.1. 164. et 20.6.19. et 901;S19.2.210;D.Communauté.469. Hypoth. légale.46.99.
17 Civ.c.A11.613,n.2;P18 1.100;B23.478; S18.1.147;J19. 908;D.Req. civ.152.163.
18 Civ.c.A3.288; P17.1.561; B5.525; S18.1.73; J19. 915;D. Compét. civ.386.
— Civ.c.A6.101;P18.1.226;B12.12; S18.1.128;J19.911; D. Douanes.60.
— Rouen.A11.718,n.3;P17.2.180;B24.187;J19.916;D.Saisie-imm.462.
— Cass.D.Certif. de vie.35.

1817.

19 Paris.A1.731;P1.271;B2.386;S18.2.169;J19.918;D.Arbitrage.696.
— Civ.r.A11.531,n.7;P17.1.567;B23.423; S18.1.85; MQ6. 812;J19.922;D.Certific. de vie 6.Purge. 50.Rente.408. Saisie-imm.236.1569.
20 Civ.c.A3.635;P1.938;B6.250;D.Complicité.233.
— Req.A5.748;P18.1.638; B10.414; S19.1.31; J19.925; D. Testam.486.
— Req.A6 871;P18.1.640;B12 212;S19.1.30;MR16.633. et 17.713;J19 927; D.Eff. de comm.100.
— Req.A10.804,n.;P18.1.649;B21.354;S19.1.102;J19.928; D.Respons 630.
21 Cr.r.A4 108;P1.1033; B7.117; D.Contr. ind. 457. 458. 459.Procès-verbal.396.
— Cr.c.A4.28;B7.29; D.Contr. ind.213.Procès-verb.426.
— Agen.A5 120;B9.157;D.Désaveu.126.
— Angers.A8.227;P19.2.37;B15.264;S19.2.150;D.Cession de biens.93.Faillite.1010.
— Cr.r.A11.617,n.7; P18.1.115;B24.4; S18.1.228;D.Révision.19.
— Paris.A3.358; P19.1.386; B5.385; D. Preuve litt.1085. 1086.
22 Cour sup. de Bruxelles.A1.41,n.; P1.17; B1.47;D.Absence.201.
24 Civ.r.A7.699;P17.1.555;B14.377;S18.1.119;J19.931;D. Huiss.85.
— Rennes.A9.670,n.1;D.Frais et dépens.119.
— Rennes.A11.876,n.1.5;B24.476;D.Scellé.11.
25 Civ.r.A9.779;P18.1.35;B18.476; S18.1.182; MR16.519; J19.936;D.Appel civ.417.Jug. prép.166.
— Civ.r.A11 526,n.1; P2.1107,n.1. et 18.1.81; B23.324;S 18.1.195;J19.938;D.Remplac.47.50.
27 Cr.c.A1.68; P18.1. 172; B1.77; S18. 1.256; D.Abus de confianc .84.
28 Cr.c.A4.168;P1.1056;B7.182;D.Jeu de cartes.15.16.
— Bruxelles.A8. 523; P2.237; B15.577; D. Fausse monnaie.15.
— Metz.A10.191,n.1.2;P18.2.1,n.1;B19.413; S19.2.112;D. Communauté 87.587.Obl.137.
— Liége.A11.702,n.3;P2.1175;B24.158;D.Saisie-imm.539.

DÉCEMBRE.

1 Civ.c.P18.1.26;S18.1.132;J19.945;D.Propriété.171.
2 Bruxelles.A12.493,n.4; P2.1341; B26.579; D.Partage. 10.Retrait successoral.62.70.71.
3 Ord.A6.303,n.1;B11.344,n.3; SC4.219;D.Dom. eng. et éch.8.9.
— Ord.A6.838,n.1,n.3;D.Emig.366.
— Ord.A6.817,n.3; D Emigrés.
— Civ.r.A6.440;P1.1580. et 18.1.70; B12.56; S18.1.191;J 19 948;D.Douanes.41.371.
— Ord.A6.797,n.3;D.Emig.169.
— Civ.c.A11.285,n.; B22.422; D.Pap.-monnaie.23.Prescrip.590.
— Civ.c.A11. 135,n.11; P18.1.289; B22.162;S18.1.175;D. Aveu.75.Papier-mon.23.
— Colmar A12.68,n 2;P2.1259;B25.240;S22.2.16; D.Servitude.656.
— Civ.c.A12.896,n.1; P18.1.84; B28.145;S18.1.124; J19. 952;D.Rente 278.Vente.685.714.729.
— Ord.A3.215,n.1;D.Compét. adm.377.
— Habit. du hameau de Moulineaux.SC4.211;D.Avocat. 285.
— Ord. du cons. d'état.S496; SC4.196; D.Compensat.18.
— Ord. du cons. d'état.S2.209;SC4.195;D.Cons.d'état.79.
— Ord. du cons. d'état SC4.210;D.Fonct. pub 303.
— Ord. du cons. d'état.SC4.199;D.Marché de fourn.144.
— Ord. du cons. d'état.SC4.205;D.Saisie-arrêt.27.
— Ord. du cons. d'état.D.Traitem.3.
— Ord. du cons.d'état SC4.203;D.Trav. pub.104.
— Ord. A8.15,n.63;D.Fabriques.228.
— Ord. SC4.213;D Vente administ.147.
— Ord. du cons. d'état.SC4.206;D.Vente administ. 406.
— Ord SC4.222;D.Vente administ.482.
— Ord.A12.989,n.8;B28.301,n.8;D.Voirie.165.
5 Cr.r.A4. 161; P1 1055; B7.174; D. Procès-verbal.454. Tabacs.120.
8 Civ.c.A8.684,n.10;P19.1.578;B16.308,n.10; S20.1.70;J 19.962;D.Fonct. pub.246.
9 Req.A9.939,n.17;P2.671,n.4.et 18.1.177;B19.53;S18.1. 193;J19.963;D.Louage.238.
10 Civ.c.A7.41;P18.1.21;B13.40;S18.1.136; D.Enreg.272.
— Req.A10.301,n.1;P18.1.179;B20.76; S18.1.197; D.Dot. 67.
— Metz.A10.637,n.1;P18.2.7;B21.95; S19.2.158; J19.960; D.Preuve litt.330.
— Civ.c.A11.299,n.9; P2.1008,n.5. et 18.1.89; B22.446;S 18.1.117;D.Prescript.883.885.889.
— Rennes.A11.730,n.1; P2.1186;B24.209; D.Saisie-imm. 619.
— Ord.du cons. d'état.SC4.231;D.Fonct. pub.230.
— Ord.du cons. d'état.SC4.224;D.Fonct. pub.346.
— Ord.A12.1015,n.12;D.Voirie.549.
11 Orléans.A11.637,n.3; P2.1156,n.22; B24.76; D.Saisie-exécut.145.
12 Cr.c.A3.554;P18.1.223;B6.166; S18.1.227; J25.275; D. Compét. crim.582 Régl. de juges.124.
— Paris.A9 150,n.3;P17.2.15;B17.174,n.3; B17.174,n.3;S 18.2.150;J19.968;D.Hypoth. lég.145; Ordre.603.

1817.

13 Rouen.A10.813,n.4; P18.2.34; B21.351; D.Ordre.144.
15 Civ.c.A6.344;B11.393; D.Dom. de l'état.40.
16 Angers.A11.908,n.7;P2.1246;B25.43;D.Sép. de corps. 154.155.
17 Paris. A3 800; P1.998; B6.446; S18.2 227;J19.976; D. Contr. par corps.464.561.
18 Civ.c.A4.250;P1.1079;B7.271; D.Contr. ind.618.
— Civ.r.A4.410;P1.1141;B8.3; D.Cour d'ass.822.823.Témoin.200.
— Bruxelles.A10.690,n.4;P2 841,n.3; B21.145;D.Preuve litt.984.
— Civ.c.A4 186;P1.1061;B7.201; D.Voitures. pub.26.
19 Cr.c.A10.784, n.2; P18.1. 33; B21. 301; S18.1. 170; D. Peine.119.Responsab.35.45.46.
23 Liége A3.374;P1.804; B5.430; D.Compét. comm.525. Min.pub.234.
— Civ.c.S18.1.167;D.Enreg.2209.
24 Civ.c.A3.68;P1.700;B5.72;S18.1.174;D.Commune.346. 348.
— Civ.c.A1.688;P18.1.110;B2.336;S18.1.141; J19.980;D. Arbitrage.485.
— Req.A2.744;P18.1.204; B4.385; S18.1.225; D.Commissionnaire.47.
— Ord. A3 219,n.12;D.Compét.
26 Riom.A10.245,n.,n.4;P2.729,n.4;B19.497; S18.2.158;J 19.983;D.Sép. de biens 167.
27 Cr.c.A4.98;P1.1032; B7.106; S18.1.305; D.Contr. ind. 402.403.
— Cr.c.A4.39;P1.1030;B7.93;D.Contr. ind.360.
— Cr.r.A4.480;P1.1167; B8.81; D.Cour d'ass.1406. 1451. Publ.des jugemens.68.
29 Civ.r.A10.140 n.1-1;P18.1.105;B19.330; S18.1.229; D. Autorisat. de femme.172.
30 Aix.A10.592,n.2-2;P19.2.6;B20.525; S18.2.336;D.Cession de biens.32.37.
31 Civ.r.A6.205;P18.1.24;B11.231;MQ6.181;D.Donat. par contr. de mar.

1818.

JANVIER.

2 Cr.r.A8.700,n.6;P2.319;B16.328;S18.1.161;D.Correction.18.
3 Dijon.A5.469;P1.1325;B10.87;S18.2.254; D.Port. disp. 434.
— Agen.A7 663;P2.117;B14.332;D.Expertise.68.
— Rennes.A9 617,n 1;P2.550,n.5;B18.237;D.Jug.253.
5 Civ.c.A11.309,n.4; P18.1.68; B22.465; S18.1.179;MQ6. 601;D.Transcrip.2.
6 Cour sup. de Bruxelles.A2.377;P1.489;B3.422;D.Caution.61.
— Rennes.A7.788; B14.485; D.Hypoth. conv.50. Jugem. 543.Exploit.253.
7 Civ.c.A1.643;P18.1.65;B2.285;S18.1.129; J20.1; D. Arbitrage.94.109.
— Civ.c.A7.407;P18.1.211; B14.16; S18.1.199; J20.10; D. Enreg.2759.
— Civ.c.A7.460; P18.1.169; B14.85; S18.1.208; D.Enreg. 2934 2944.
— Civ.c.A7.770; P18.1.77; B14.461; S18.1.202; J20.6; D. Exéc. des jugem. et actes.96 Exploit.907.
— Civ.c.A11.854,n.1;B24.437; D.Exploit.359.876.Saisie-imm.1536.1537.1538.
— Civ.c.A7.411;P2.71;B14 21;D.Enreg.2768.
8 Cr.r.A4.484;P1.1169; B8.85; S18.1.177; D.Cour d'ass. 1460.
9 Cr.c.A9.474,n.1-1;P2.506,n.3;B18.16;S18.1.177; D.Incendie.30.Lois.339.
12 Civ.c.A5.682; D.Compensat.56. Compte.140.Compte-courant.32.
13 Civ.r.A7.24;P18.1.108;B13.21;S18.1.243; D.Enreg.26.
— Req.A5.384;P18.1.665;B9.439;S19.1.135; MR16.497;D. Donat. par contr.53.Port. disp.97.
— Civ.r.A9.778,n.,n.2;P18.1.150;B18.475;S18.1.204; MR 16.518;J20.11;D.Jugem. prép.164.
— Req.V. au 17.
14 Req.A6.759;P18.1.656; B12.407,n.2; S19.1.141;J20.16; D.Effet de comm.855.
— Civ.r.A9.306;P18.1.91;B17.562; S18.1.300; MR16.477. et 17.820; J20.19; D.Inscript. hypoth.406.Privilège. 480.505.Purge.66.
— Ord.A11.382,n.7;P2.1050,n.7;B23.73; SC4.239; D.Prises marit.165.170.
— Bruxelles.A11.60,n.,n.6; P2.922,n.2; B22.30; D.Jugement.30.52.
— Ord.A12.689,n.3;P2.1405; B27.254; SC4.240; D.Trav. publ.48.
— Req.A12.527,n 1;P18.1.653;B26.438;D.Rescis.103.
— Ord.A3.191,n.5;D.Compét.
— Ord. du cons. d'état.SC4.240;D.Fonct. publ.317.
— Ord.SC4.235;D.Forêts.556.
— Ord. du cons. d'état.SC4.233;D.Marché de fourn.163.
— Arr. du cons. d'état.SC4.232;D.Banque.2.
— Ord.D.Trav. publ.47.
15 Paris.A9.282,n.1;P2.463; B17.334,n.1; S18.2.257; J20. 27;D.Inscript.hypoth.263.Vente.678.
— Req.A12.441,n.1;P18.1.661;B26.294;S19.1.137;J20.31. et 27.456;D.Cass.1016.Office.32.
16 Orléans.A4.716,n.;D.Degré de jurid.450.

— Cr.r.A4.436;P1.1181; B8.31; S18.1.193; D.Cour d'ass. 365.372.1050.1476.Juge.49.
— Metz.A12.663,n.49;P2.1591;B27.213; D.Oblig.74.Tierce-opposit.190.
17 Req.A10.605,n.1.12;P2.815,n.2;B21.10; S19.1.140;J20.14;D.Novat.20.
— Cr.c.A11.427,n.21;P2.1075,n.21. et 18.1.576;B23.155; S18.1.423;D.Procès-verb.571.
— Cr.c.A12.625,n.2; P18.1.460; B27.149; S18.1.463; D.Coalition.13.
18 Orléans.A11.669,n.1,n.1; P2.1158,n.6; B24.81,n.1; D.Saisie-exéc.246.
19 Poitiers.A11.596,n.2;P2.1132,n.3;B23.449; S18.2.293; D.Req. civ.7.
20 Req.A3.385;P1.807;B5.445;S18.1.211;J20.31; D.Comp. comm.361.Except.203.Régl. de juges.42.
22 Cr.c.A3.409;P1.817;B6.4;S18.1.178;MQ6.155;D.Comp. crim.27.Lois.302.
— Req.A3.402;B5.464;S18.1.235; J20.35; D.Compétence comm.447.
23 Cr.c.A2.327;P1.466;B5.562;D.Cassation.454.
— Colmar.A7.734;P2.144;B14.419; S20.2.180; D.Exploit.170.
— Rennes.A11.349,n.1; P2.1116,n.1; B25.364; D.Référé.28.79.
— Ord.D.Commune.116.
24 Cr.c.A4.101;P1.1032;B7.109;D.Contr. ind.432.
— Cr.c.A3.621,n.;P1.927;B6.239,n.1; S18.1.131; D.Complicité.40.
26 Grenoble.A4.699;P1.1231; B8.325; D.Degré de jurid.391.
— Civ.r.A2.705;P18.1.204;B4.336;D.Commerçant.38.
— Civ.c.A8.461; P2.275. et 18.1.213; B16.52; S18.1.194; MQ6.838;D.Féodalité.21.
— Civ.c.A6.672;P18.1.264;B12.330; S18.1.268; MQ6.28;J20.40;D.Effet de comm.321.788.
— Civ.r.A12.389,n.7; P18.1.251; B26.212; S18.1.256; D.Lois.33.Lois pers.83.Success. bénéf.110.111.133.
— Riom.A11.787,n.2;B24.213;S18.2.272;J20.37;D.Surenchère.15.
27 Bruxelles.A7.735; P2.141; B14.420; D.Exploit.94.Jugem. par défaut.215.
— Req.A8.492;P18.1.38;B16.201;S18.1.149;MR16.516. et 521.395;D.Filiat. légit.115.
28 Civ.c.A7.126; P2.18. et 18.1.248;B13.140; S18.1.232;J20.53;D.Enreg.1120.1237.2650.
— Grenoble.A9.127;P23.2.174,n.;B17.144; J20.52. et 26.272; D.Hypoth. lég.20.Inscript. hypoth.91.126.421.434.437.
— Metz.A11.669,n.4; P18.2.44;B24.96;S18.2.337;J20.55; D.Saisie-imm.34.1044.1318.1319.
— Orléans.A12.871,n.9;P2.1460;B28.101; D.Vente.536.
29 Paris.A3.676; P18.2.35; B6.301; S18.2.296; J20.59; D.Compte.84.85.
— Rennes.A8.432;P2.270;B16.19;D.Faux incid.25.
— Req.P18.1.658;S19.1.135;J20.68;D.Exéc. des jugem. et actes.184.Communauté.475.Exploit.835.
30 Cr.r.A2.307;P1.460; B3.342; J20.80; D.Cassation.642. Cour d'ass.316.1683.Tribunal.198.
— Cr.c.A11.320,n.3; P18.1.263; B21.482; S20.1.502; D.Prescript. crim.49.
— Cr.r.A11.470,n.1;P18.1.193;B23.223;S18.1.222;J20.72; D.Motifs des jugem.302.Propriété litt.55.130.134.

FÉVRIER.

2 Grenoble.A9.655,n.2;P2.563,n.4; B18.295; D.Frais et dépens.41.
— Civ.r.A5.671;P18.1.111;B10.326;S18.1.248; MR17.783; J20.81;D.Testament.265.
3 Rouen.A3.262; P1.770; B5.295; S18.2.129; D.Compét. civ.5.Régl. de juges.53.64.
— Req.A2.511;P19.1.34;B4.118; S19.1.160; MR16.146 ; J20.87;D.Chose jugée.132.
4 Rennes.A7.665;P2.117;B14.335; D.Expertise.114.126.329.
5 Cr.c.A4.282;P1.1090;B7.306;D.Cour d'ass.22.
— Cr.c.A2.325;P1.466;B3.565;S18.1.413;D.Cass.454.
— Cr.r.A2.237;P1.424. et 18.1.260; B3.261; S18.1.481; J20.97;D.Animaux.41.
— Req.A12.809,n.1;P18.1.664;B27.472;S19.1.126;J20.90; D.Usufruit.713.
6 Cr.c.A4.110;P1.1033;B7.119;D.Contr. ind.462.
— Cr.r.A4.320;P1.1108;B7.349;S18.1.184; D.Cour d'ass. 301.1202.Juge supp.153.
— Metz.A11.804,n.1-1;P18.2.45; B24.346; D.Saisie-imm. 1044.1312.
7 Nimes.A10.835,n.1.2; P2.890,n.4; B21.389; D.Ordre.115.
— Décis.D.Preuve litt.328.
9 Civ.r.A9.324,P18.1.188;B17.383; S18.1.89; J20.98; D.Transcrip.27.
— Grenoble.A9.651,n.;B18.288,n.; D.Exécut. prov.55.
10 Civ.c.A9.340.et11.676,n.3;P18.1.95;B17.403;S18.1.175; J20.102;D.Hypoth.107.Saisie-imm.86.95.
11 Ord.A6.327,n.;D.Ventes adm.303.
— Ord.A9.469,n.10; B18.10,n.2; SC4.252; D.Contr. dir.245.
— Grenoble.A10.827,n.3;P2.887,n.7; B21.574; D.Ordre.284.

1818.

— Ord.A11.390,n.6;P2.1035,n.6;B23.89;SC4.242;D.Prise marit.218.
— Req.A12.942,n.2-2; P18.1.365; B28.231; S18.1.304; D.Vérif. d'écrit.30.
— Ord.A3.220,n.1;D.Contr. dir.262.
— Ord.A3.222,n.1; D.Contr. dir.231.
— Ord. du cons. d'état.D.Dette pub.27.
— Ord. du cons. d'état.SC4.248;D.Respons.188.
— Ord. du cons. d'état.D.Comm.710.
— Ord.SC4.245;D.Vente adm.133.
12 Cr.r.A4.381; P1.1129; B7.416; D.Cour d'ass.664.668.1408.Complicité.46.92.Défense.27.Témoin.336.
— Metz.A9.728,n.1;P2.582,n.3. et 18.2.58; B18.396; S19.2.137;MR17.252;J20.106;D.Exéc. des jugem. et actes.132.136.137. Jugem. par défaut.320.Juifs.7.
— Riom.A10.650,n.2.1; P19.2.13; B21.84; S19.2.23; D.Preuve litt.176.183.
— Rennes.A11.813,n.2;P2.1218; B24.362; D.Saisie-imm.137.1402.1403.1431.
— Riom.P20.2.11;S19.2.25;J20.108;D.Vente.537.
— Req.P18.1.672;S19.1.139;D.Respons.128.
13 Colmar.A5.811;P1.1342;B10.486;J20.111;D.Dr. civ.24.Testament.696.697.
— Cr.r.A12.614,n.8; P2.1378; B27.135; D.Tém. faux.48.49.
14 Ord.A11.145,n.2;D.Patente.65.
— Orléans.A12.850,n.8;P2.1453;B28.66;D.Vente.74.
16 Civ.r.A6.422;P18.1.331;B12.36;S18.1.303;D.Douanes.193.
— Civ.c.A6.628,n.1;P18.1.185; B12.278,n.1; S18.1.187;J20.117;D.Effet de comm.337.
— Civ.c.A6.629,n.; P18.1.185; B12.278,n.; D.Effet de com.337.
17 Orléans.A7.684,n.1.2;B14.358,n.2;D.Expertise.164.
— Bruxelles.D.Lois rétroact.98.
18 Civ.r.A5.429;P16.2.105. et 18.1.118; B10.42; S18.1.98; J20.120;D.Port. disp.442.
— Bruxelles.A6.16; P1.1343; B11.14; D.Testament.802.803.808.
— Civ.r.A9.900,n.1.2; P18.1.671; B18.648; S19.1.139; D.Lois.556.
— Orléans.A11.243,n.7;P2.993,n.4;B22.351,n.1; D.Prescript. civ.
— Req.A12.106,n.4; P2.1269; B18.648. et 28.302; S19.1.139;D.Société comm.9.
19 Req.A5.638;P18.1.162;B10.287;S18.1.176;MR17.673;J J20.139;D.Testament.175.
— Req.A9.179; P18.1.668; B17.210; J20.142; D.Hypoth. judic.57.
— Grenoble.P18.2.27;S19.2.157;D.Saisie-imm.1042.
20 Orléans.A12.866,n.1-1;P2.1459;B28.93; D.Vente.513.
21 Ord.A6.342,n.5;D.Domaines.
— Grenoble.A11.762,n.2;P2.1202; B24.267; S18.2.222;D.Surenchère.34.
23 Civ.c.A7.380;B13.432,n.;D.Enreg.2650.
— Civ.c.A6.215;P18.1.167;B11.242;S18.1.200;MR16.504; J20.150;D.Don. par cont.83.
— Bruxelles.A10.144,n.1;P2.709,n.3;B19.337;D.Autoris. de femme.181.184.
— Toulouse.A11.456,n.1; P22.2.117; B23.200; D.Propriété.267.
— Ord.D.Commune.116.
24 Aix.A10.630,n.1. et 11.620,n.2;P2.822,n.2; B21.50.et 24.10;S18.2.256;J20.154;D.Compensation.116.Saisie-arrêt.25.
25 Bruxelles.A12.1014,n.3;P2.1505,n.; B5.198. et 28.334; D.Voirie.539.
— Req.A11.756,n.3;P19.1.9; B24.219;S19.1.134; J27.544; D.Saisie-imm.722.
— Civ.c.A4.706;P1.1255. et 18.1.277;B8.334;S18.1.251;J20.161;D.Degré de jurid.389.400.
— Ord.A6.316,n.1; B11.359,n.7;D.Dom. eng.86.
— Ord.A6.326,n.17;D.Ventes adm.380.
— Ord.A9.914,n.1.4; P2.663,n.4; B19.5; D.Louage adm.12.
— Civ.c.A9.854,n.1.2;P18.1.190;B18.590; S18.1.171; J20.159;D.Retenue.
— Ord.A9.470,n.10;D.Contr. dir.266.
— Req.A10.691,n.3; P19.1.8; B21.149;S19.1.155;J20.155; D.Preuve litt.1121.
— Req.A10.88,n.2; P18.1.129; B19.248;S19.1.41; MR16.184.et 762. et 768. et 769;D.Compét. adm.314.Jugement.179.Délai.104.Divorce.7.Loi personn.15.Domicile.64.Mariage.482.
— Ord.A3.195,n.1. et 219,n.16;D.Compét.
— Ord. du cons. d'état.SC4.254;D.Commis.-priseur.22.
— Ord. du cons. d'état.SC4.257;D.Fonct. publ.328.
— Ord. du cons. d'état SC4.255;D.Dom. de la cour.7.8.
— Ord. du cons. d'état. M4.258; SC4.258; D.Commune.150.
— Ord. du cons. d'état.D.Cons. d'état.83.
— Ord. du cons. d'état SC4.262;D.Fonct. pub.304.
— Ord.SC4.257;D.Jugem. par déf.591.
— Ord.SC4.265;D.Louage adm.11.
— Ord. du cons. d'état.SC4.264;D.Louage adm.44.
— Ord. du cons. d'état.SC4.260;D.Marché de fourn.259.
— Ord. du cons. d'état.SC4.263;D.Expropr. pub.162.
— Ord. du cons. d'état.SC4.259;D.Fabriques.161.
— Ord.A3.15,n.10;D.Com.160.
— Ord.SC4.256;D.Ventes adm.190.
— Ord.A12.991,n.18;B28.303,n.18; D.Voirie.186.

1818.

26 Cr.c.A1.66;P18.1.116;B1.76;S18.1.186;J20.164;D.Abus de confiance.85.Militaire.41.
— Bruxelles.A6.134,n.;B11.150;D.Exéc. testam.46.90.
— Rennes.A11.682,n.4;P2.1154,n.9; B24.69; Saisie-exéc.119.
— Req.A11.843,n.2; P19.1.9; B24.121; S19.1.142; MR17.184. et 543;J20.168;D.Saisie-imm.1135.
27 Cr.c.A1.421;P18.1.243; B2.25; S18.1.185; D.Amnistie.84.
— Cour sup. de Bruxelles.A2.635; P1.615; B1.236. et 4.278;S21.2.173;MQ6.673;D.Chose jugée.449.453.
— Cr.c.A2.118,n.;P1.358;B3.127,n.; D.Autorité mun.53.
— Cr.c.A2.118;P1.353;B3.126,n.;J20.175;D.Autor. mun.53.
— Cr.c.A11.511;B23.296;D.Récidive.10.
— Cr.c.A2.118,n.;P1.358;B3.127,n.; D.Autor. mun.53.
— Cass.A9.858,n.2;D.Lois rétr.130.
28 Cr.c.A8.448;B16.37;D.Faux inc.280.
— Rouen.A12.105,n.2;B28.297;S18.2.132; D.Société civ.28.
— Dijon.A11.819,n.5;P18.2.33; B24.372; S18.2.304; J20.170;D.Saisie-imm.1500.1507.1510.

MARS.

2 Rennes.A11.193,n.,n.11; P2.970,n.1; B22.273; D.Péremp.193.
— Nancy.A11.808,n.1;P2.1216; B24.353; S18.2.289; J20.176;D.Désist.152.Saisie-imm.769.1364.
3 Pau.A12.752,n.17;P2.1425;B27.373;S18.2.269;J20.182; D.Tutelle.490.491.539.
4 Req.A7.595;P19.1.128;B14.247; S19.1.290; J20.188; D.Exception.181.182.
— Civ.c.A10.548,n.2; P18.1.181; B20.451. et 28.143; D.Paiem.10.
— Ord.A12.835,n.6;P2.1444;B28.37;D.Marais.64.
— Civ.c.A12.895,n.1; P18.1.181; B27.145; S18.1.252; D.Vente.680.
5 Req.A3.107;P19.1.102;B5.115;S19.1.291;D.Commune.402.437.438.
— Cr.c.A2.133; P1.371; B3.145; D.Autor. mun.113.115.116.Procès-verb.47.
— Cr.c.A3.562;P18.1.243;B6.176;S18.1.273; D.Comp. cr.616.Régl. de juges.123.
— Req.A7.663;P19.1.137; B14.332; S19.1.227; J20.189;D.Expertise.275.276.
— Bruxelles.A6.725;P1.1484;B13.389,n.2;D.Eff. de com.752.
— Cr.c.A12.1081,n.27; P18.1.324; B28.445; S18.1.345; D.Vol.313.
6 Cr.c.A4.112;P18.1.294;B7.121;S18.1.278;D.Cont. ind.534.
— Conf.D.Compét. crim.77.
7 Cr.c.A4.227; P18.1.359; B7.246; S18.1.355; D.Octroi.180.182.
— Rouen.A2.414;P16.2.36;B4.8;S19.2.72;J20.190;D.Caution.213.
— Orléans.A5.613;P20.1.223;MQ6.86;D.Aveu.114.
— Bruxelles.A10.485,n.2;P2.788,n.2;D.Domm. int.59.
— Paris.P18.2.7;S18.2.177;J20.193;D.Presse.418.
9 Civ.c.A3.20,n.;P1.682;B5.17,n.;D.Exploit.108.
— Nancy.A2.396; P1.499; B3.443; S18.2.274; D.Jug. par déf.455.Preuve litt.1091.
— Rennes.A5.114;B9.131;D.Désaveu.49.180.
— Civ.c.A6.708;P18.1.237;B12.371;S18.1.237; MQ6.210;J20.203;D.Eff. de comm.709.
— Liége.A9.110,n.,n.2; P2.434; B17.125,n.1; D.Inscrip. hypoth.437.Privilége.529.
10 Civ.r.A9.65;P18.1.216; B17.70; S18.1.218; D.Cass.932. Privilége.319.322.323.
— Req.A10.464,n.1;P19.1.35;B20.323;S19.1.158;J20.211; D.Oblig.447.
— Req.A12.115,n.1;P19.1.38,B25.318;S19.1.204;J20.207; D.Société comm.74.
— Req.A8.660,n.1;P2.305;P16.279,n.1;D.Filiat.adult.42. Filiat. nat.219.
— Req.D.Aveu.105.
11 Req.A11.521,n.1.3; P19.1.80; B25.312; S19.1.191; D.Remplacement.20.22.26.
12 Cr.c.A4.307;P18.1.493; B7.354; S18.1.424; MR16.555;J20.213;D.Cour d'ass.342.
13 Rennes.A7.787; P2.158; B14.481; D.Domicile élu.28.124.
14 Cr.r.A12.1053,n.1; P18.1.169; B28.394; S18.1.189;J20.218;D.Vol.63.64.
— Paris.A5.492;P1.1327;B10.113;S18.2.122;D.Dispos.entre-vifs.55.Révoc.93.
— Dijon.A6.860,n.,n.3;P24.2.10,n.;B12.550; S18.2.228;J20.213;D.Enq.134.
— Toulouse.A12.696,n.1; P21.2.84; B27.271; D.Mineur.58.
— Ord. du cons. d'état.D.Marais.64.
16 Toulouse.A1.365;P19.2.10;B1.427; S18.2.254; J20.221; D.Contr. par corps.656.
— Civ.c.A8.25. et 24,n.5;B15.24;D.Faillite.5.
— Aix.A10.67,n.2;B19.214;D.Mariage.272.
17 Civ.c.A9.210;P18.1.280;B17.249;S18.1.260;J20.225;D.Hypoth. conv.111.112.Rente.186.
18 Ord.A6.325,n.1;D.Ventes adm.524.
— Ord.A6.316,n.1;B11.359,n.8;D.Dom. eng.92.

— Ord.A6.354,n.2;D.Ventes adm.127.
— Ord.A9.468,n.8;B18.9,n.2;SC4.284;D.Contr. dir.217.
— Civ.r.A11.304,n.4; P18.1.259; B22.455; S18.1.254; J20.231;D.Agent d'aff.5.7.Mandat.149.
— Ord.A3.219,n.17;D.Eau.223.409.
— Ord. du cons. d'état.SC4.285;D.Fonct. pub.344.
— Civ.r.A8.667. et 9.575. et 12.215; P18.1.291. et 259; B10.321. et 16.167. et 25.487; S18.1.274; J20.223; D.Interrog. sur faits 29.45.Substitution.303.
— Ord. du cons. d'état.SC4.286;D.Marché de fourn.298.
— Ord. du cons. d'état.SC4.275;D.Marché de fourn.299.
— Ord. du cons. d'état.SC4.282;D.Marché de fourn.325.
— Ord. du cons. d'état.SC4.279;D.Comptabilité.46.74.
— Ord.SC.4.277;D.Ventes adm.45.
— Ord.SC4.278;D.Ventes adm.126.
— Ord. du cons. d'état.SC4.275;D.Marché de fourn.160.
19 Cr.c.A4.267;P18.1.314;B7.290;S18.1.272;J20.237;D.Contumace.30.
— Cr.c.A8.797,n.1; P2.599; B15.420; J20.236; D.Forêts.854.870.
— Cr.c.A9.605,n.;B18.307,n.;D.Frais et dépens.368.
23 Rouen.A4.7;P1.1008;B7.8;S18.2.229;J20.259;D.Capitaine.170.
24 Req.A12.892,n.2; P16.1.100; B28.139; S19.1.188; J20.241;D.Vente.611.
26 Cr.r.A3.496;P18.1.312;B6.103;S18.1.284;MQ6.676;J20.245;D.Compét. crim.372.
— Cr.c.A8.450;P18.1.569;B16.39;S18.1.509;MQ6.437;D.Faux inc.286.
27 Cr.c.A1.76;P19.1.209,n.;B1.39;MQ6.189;J20.248;D.Compét. cr.89.Instr. cr.281.
— Cr.c.A6.452;P18.1.350;B12.48;S18.1.344;D.Douanes.521.
28 Cr.r.A4.153;P1.1042;B7.144;D.Contr. ind.233.
30 Civ.c.A12.173,n.21;B25.406;D.Substitution.105.
31 Civ.c.A12.451,n.1;P18.1.227;B26.279;S18.1.215;MR17.498;J20.249;D.Rapp. à succ.209.

AVRIL.

1 Req.A8.619;P18.1.314;B16.252;S18.1.245;MR16.364;J20.275;D.Filiat. adult.25.
— Metz.A9.941,n.1.2; P2.672,n.4; B19.55; S19.2.85; D.Louage.741.
— Dijon.A10.440,n.2-2;P2.782,n.10. et 32.2.197;B20.290;S18.2.226;J20.269;D.Not.494.
2 Cr.r.A4.487;P1.1061;B7.205;D.Voitures pub.162.
— Req.A7.519;P18.1.296;B14.155;S18.1.257;J20.281;D.Timbre.112.
— Poitiers.A12.800,n.1;P2.1438;B27.438;S18.2.200;J20.283;D.Usufruit.371.
3 Cr.c.A4.78;P1.1025;B7.847;D.Contr. ind.335.337.
— Cr.r.A4.594;P1.1153;B7.431;D.Cour d'ass.503.855.915.1312.1441.1455.Défense.26.Témoin.411.
— Poitiers.A12.185,n.5;P18.2.57;B25.457;S18.2.197;J20.286. et 31.181;D.Substitution.170.
4 Lyon.A11.889,n.1.2;P18.2.57;B25.10;S19.2.151;J20.290;D.Sép. de corps.15.
6 Civ.r.A1.658;P18.1.273;B2.278;S18.1.326;J20.298;D.Arbitrage.34.42.171.172.1054.
— Civ.r.A10.526,n.,n.6. et 11.57,n.1;P18.1.284;B20.117;S18.1.65;D.Jugement.513.Lois rétr.91.Dot.295.
7 Civ.c.A11.135,n.,n.11. et 11.285,n.9;P18.1.287;B22.161;S18.1.262. et 24;D.Papier-monn.23.Prescription.690.
8 Civ.r.A6.472;P22.1.117;B12.95;S22.1.217;J20.300;D.Etranger.154.192.
— Civ.r.A11.553,n.2;P18.1.298;B25.372;S18.1.238;J20.302;D.Offre.82.Rente.146.
9 Req.A6.759;P19.1.97;B12.407;S19.1.189;MR17.429;J20.512;D.Effets de comm.819.820.821.
— Arr.A4.283;D.Cour d'ass.62.
10 Cr.c.A11.428,n.4;P2.945,n.2;B22.149;D.Presse.357.
— Cr.c.A11.515,n.1; P2.1102,n.8; B25.301; S24.1.159; D.Récidive.35.
13 Civ.c.A6.737;P18.1.305;B12.404;S18.1.254;J20.317; D.Effets de comm.814.850.
— Civ.c.P18.1.275;S18.1.263;D.Success.472.
14 Aix.A2.61;P1.330;B3.65;J20.323; D.Assur. marit.126.127.128.
— Req.A6.467;P19.1.105;B12.88; S19.1.193; J20.320; D.Dr. civ.69.Etranger.160.
15 Civ.r.A4.107;P18.1.312;B7.115;D.Cont. ind.344.
— Req.A12.362,n.2;P19.1.136;B26.163;S19.1.226;D.Success.399.
— Orléans. A11.652,n.2; P2.1154,n.8; B24.68; D.Saisie-exécut.112.
16 Req.P19.1.96;S19.1.178;MR16.684;D.Effets de comm.288.
— Cr.r.A4.406;P1.1158;B7.447; D.Instruct. cr.538. Cour d'ass. 413.853.917.927.936. Juge-supp. 154. 156. Témoin.397.398.
— Cr.c.A3.539;B6.150;D.Compét. cr.524.525.526.
— Cr.c.A12.1073,n.15;P2.1533,n.11;B28.430; D.Vol.262.
— Cr.c.A12.1070,n.2;P2.1531,n.2;B28.426;D.Vol.248.
— Req.P19.1.109;S19.182;D.Enreg.2805.
17 Cr.c.A4.418,n.;B8.11,n.;D.Cour d'ass.1696.
— Riom.A3.586;P21.2.34;B10.226;S19.2.277;D.Donation.404.
— Riom.A7.753;P19.2.38;B14.442;S19.2.225; D.Exploit.642.

— Dijon.A6.14;P1.1543;B11.11;S18.2.251;D.Testam.793.
— Rennes.D.Faux incid.126.
20 Civ.c.A7.827. et 9.12;P18.1.424;B14.550. et 17.5;S18.1.356;J20.520; D.Exploit.389.905. Frais et dépens.239. Respons.386.387.Saisie-imm.355.
21 Cour sup. de Bruxelles. A3.365; P1.800; B5.420; J20.354;D.Compét. comm.281.
— Metz.A5.532;P1.769;B8.379;S19.2.81; D.Comp. comm.59.Louage d'ouv. et d'ind.39.
— Civ.c.A5.494;P18.1.319;B10.142; S18.1.255; D.Donat.248.
— Grenoble.A9.384,n.1.10;B18.182;D.Interv.66.
22 Req.A8.189;P19.1.105;B15.497;S19.1.179;J20.346; D.Faillite.720.
— Ord.A6.326,n.3;B11.370;D.Ventes admin.365.
— Req.A6.479;P19.1.105;B12.103;S19.1.191; J20.341; D.Concil.lat.74.Contr. par corps.353.384.
— Civ.r.A9.457;P18.1.307;B17.540;S18.1.255;J20.335;D.Responsab.202.203.
— Req.A10.697,n.;P19.1.109;B21.159;S19.1.193;MR16.124;J20.348;D.Preuve litt.1079.1138.
— Grenoble. Journ. des avoués.D.Exploit.142.
23 Ord.A6.356,n.2;D.Domaines.
— Req.A10.817. et 845,n.1.2;P18.1.304;B21.202;S18.1.250;J19.393;D.Ordre.453.Domicile élu.52.
— Bruxelles.A11.287,n.1;P2.1004,n.7;B22.425;D.Prescr.697.
— Ord.A3.173,n.1;D.Compét.
— Ord.A4.545,n.4,n.1;P1.1182,n.2;B8.149,n.1; SC4.302; D.Culte.130.131.
— Ord. du cons. d'état.SC4.296;D.Fonct. pub.269.
— Ord. du cons. d'état.SC4.298;D.Fonct. pub.357.
— Ord. du cons. d'état.SC4.314;D.Lett. min.2.
— Ord. du cons. d'état. SC4.315; D. Marché de fourn.267.
— Riom.S18.2.198;D.Retr. succ.49.
— Ord. du cons. d'état.SC.4.394;D.Ventes admin.96.
— Ord.D.Ventes admin.332.
— Ord.A12.1024,n.44;D.Voirie.720.
24 Cr.r.A2.91;P1.349;B3.103; D.Attentat à la pudeur.74.Cour d'ass.359.750.
— Cr.c.A8.358;P2.249;B15.418;D.Faux.253.
— Bruxelles.A11.565,n.;B23.390;D.Rente.294.
— Cr.c.A4.165. et 7.177,n.;D. Tabacs.12.
25 Riom.A6.199;P21.2.40;B11.221;S20.2.278; D.Partage d'asc.91.97.
— Angers.A10.796,n.1;P20.2.32;B21.324; D.Respons.466.475.
27 Rennes. Journal des avoués. D. Faux incid.126.
28 Civ.c.A4.154;P18.1.309;B7.167;S18.1.328; D.Tabacs.104.105.106.
— Req.A4.740;P19.1.61;B8.375;J20.352;D.Degré de jurid.581.
— Req.A10.609,n.1-1;P19.1.63;D.Délég.25.
— Limoges.A11.693,n.4;P2.1171;B24.141;D.Saisie-imm.143.331.
— Rennes.A1.650,n.;B2.993,n.;D.Arbitrage.346.
— Ord.A3.118,n.12; P1.713,n.12; B5.128; D. Commune.512.
29 Décis. du min. des fin.A8.732;D.Forêts.134.
— Besançon. A11.847,n.3; B24.425; D.Saisie-imm.1020.1478.
— Civ.r.A7.452;P18.1.395;P14.75;S18.1.320;J20.354;D.Enreg.967.2816.2929.2930.
— Civ.r.A7.406;P18.1.337;B14.14;S20.1.376;J20.357; D.Enreg.2756.

MAI.

1 Cr.c.A1.595,n.;S18.1.295;D.Appel correct.225.
— Cr.c.A2.184,n.;P1.401;B3.206;D.Autor. mun.666.668.669.674.
— Cr.c.A11.395,n.2;P2.1058,n.8;B23.463;D.Procès-verbal.33.
— Cr.c.A11.431,n.6,n.1;P2.1079,n.6;B23.164; D.Procès-verbal.644.
2 Cr.r.A8.690;P18.1.442;B16.314;S19.1.20; J20.361; D.Fonct. pub.413.
— Grenoble.A10.831,n.;B21.381,n.;D.Ordre.367.
4 Civ.c.A1.118;P18.1.385;B1.159;S18.1.288;J20.365; D.Acquiescem.85.96.159.Contr. par corps.761.
— Ord.A18.1029,n.;D.Marais.67.
5 Req.A6.256; P19.1.92; B11.288; S19.1.162;MQ6.254;J20.368;D.Action civ.117.Chose jugée.450. Donat. entre époux.56.
— Civ.r.A10.333,n.,n.11; P18.1.352; B20.129; S18.1.387;D.Dot.282.
6 Civ.c.A5.359;P1.1350;B10.195;D.Donat. déguisée.18.Confusion.7.
— Civ.c.A6.789,n.,n.2. et 9.340;P1.1499. et 18.1.380;B12.466,n.2. et 17.405; S18.1.592; MQ6.101; J20.375; D.Emigré.115.116.214.Hypoth.418.
— Orléans.A11.245,n.2;P2.994,n.4;B22.361,n.1; D.Prescript.180.
— Solut.D.Transcrip. hypoth.67.
7 Rennes.A9.666,n.1;D.Frais et dépens.97.
— Poitiers.A11.652,n.1; P2.1153,n.6; B24.68; S18.2.339;D.Saisie-exécut.75.
— Riom.A11.727,n.2;P2.1185;B24.203;S19.2.320; D.Saisie-imm.352.582.

— Toulouse.A11.806,n.2;B24.546;S18.2.252;J20.370; D.Saisie-imm.1316.
— Req.A14.844,n.4;P18.1.577;B24.415. et 17.415;S19.1.123; J20.378; D.Appel civ.224. Saisie-imm.1131620.1624.1628.1653.Usufruit.105.
— Req. A12.908,n.2; P19.1.280; B28.456; S19.1.295; D.Vente.905.
8 Cr.c.A11.415,n.14; P2.1066,n.14;B23.122; D.Procès-verbal.307.
9 Colmar. A12.945,n.2; B28.234; S18.2.357; D. Vérific. d'écrit.39.58.
— Paris. P19.1.209,n.;D.Compét. cr.89.Instr.cr.281.
11 Bruxelles. A10.167,n.,n.9. et 33552,n.2; P2.715,n.2;B19.377. et 10.485,n.2;D.Donat. déguisée.18.Contr. de mariage.909.Lois rétroact.98.
12 Metz.A11.695;P19.2.20;B2.348;S19.2.103;J20.384; D.Acquiescem.137.Arbitrage.509.526.577.
— Metz.D.Action.26.
13 Poitiers. A1.633; P1.259; B2.273; D.Arbitrage.34.41.609.1053.1054.
— Ord.A6.817,n.4;D.Emigré.256.
— Colmar.A10.20,n.1.5;P2.684,n.4;B19.144;S18.2.268;J20.386;D.Promesse de mariage.38.
— Ord.A3.227,n.2;D.Eau.439.
— Ord. du cons. d'état.SC4.318; D.Marché de fourn.70.
— Ord. du cons. d'état.SC4.330;D.Marché de fourn.268.
— Déc. du cons. d'état.SC4.320;D.Mines.74.
— Ord. du cons. d'état.SC4.317;D.Mines.104.
14 Cr.c.A4.254;P1.1082;B7.276;D.Contr. ind.374.
15 Loi.A7.17. et 511,n.2;D.Enreg.262.
— Loi.A8.763;D.Forêts.599.
— Besançon.A11.948,n.1.2;B25.115;D.Serment.
— Orléans.A11.648,n.2; P2.1152,n.11; B24.59; D.Saisie-exécut.3.
— Cr.c.D.Associat. de malfaiteurs.6.
16 Lettre des fin.D.Pension.134.
17 Caen.D.Compét. comm.124.
18 Civ.r.A11.566,n.2; P18.1.553; B23.394; S19.1.97; D.Rente.268.275.Saisie-imm.820.
19 Lyon.A4.650;P1.1206;B8.267;D.Degré de jurid.170.
20 Civ.c.A2.708;P18.1.394;B4.446;S18.1.366; J20.391; D.Commiss.216.217.
— Civ.c.A5.755;P18.1.341;B6.367;S18.1.335;J20.392; D.Contr. par corps.116.
— Civ.c.A6.227;P18.1.453;B11.236;S18.1.336; D.Contr. de mariage.74.Donat. par cont.247.
21 Liége.A12.577,n.21;P2.1565;B27.70;D.Témoin.71.
— Orléans.A11.558,n.9;B23.559;D.Récusat. de juges.114.
22 Bruxelles.A6.724,n.1;B12.390,n.1;D.Effets de comm.754.755.
— Rouen.A9.180;P2.445;B17.211;S18.2.230; J20.394; D.Hypoth. jud.40.82.Inscript. hypoth.263.
— Nîmes.A9.559;P20.2.36;B18.144;S20.2.82; D.Interdit.145.
— Cr.c.A12.1082,n.3; P2.1539; B28.446; D. Destruct.22.Vol.342.343.
— Cr.c.A6.434,n.;B12.50,n.;P1.1378;D.Douanes.311.
— Bruxelles.A9.650,n.8;D.Lois rétroact.105.
25 Paris.P25.2.87;n.2;D.Saisie-imm.1673.
26 Liége.A9.297,n.1.2;B17.332;D.Inscript. hypoth.545.
— Riom.A11.784,n.2;P20.2.15. et 2.1203;B24.307;S20.2.6;J20.397;D.Surenchère.224.
— Colmar.S10.9.250;D.Lois rétroact.196.
27 Civ.r.A1.796;P18.1.588;B2.460;S19.1.121; MR17.341;J20.398;D.Arbitrage.948.1083.Intervention.14.
— Bruxelles.A4.696;P1.1250;B8.321;D.Jugem.346.Degré de jurid.385.
— Caen.A2.736; P19.2.12; B4.375; S18.2.330; D. Acte de comm.151.
— Orléans.A7.674,n.2;B14.347,n.1;D.Expertise.183.222.
— Civ.r.A9.645,n.1-1. et 11.156,n.15;P18.1.549;B22.153. et 18.254;S18.1.393;D.Pap.-monn.61.68.Publicat. des jugem.28.
— Toulouse.P25.2.139,n.1;D.Saisie-imm.144.1143.
28 Cr.r.A4.441; P1.1134; B8.37; D. Cour d'ass.847.1092.Défense.23.Témoin.463.
— Req.A11.704,n.1,n.2;B24.156;D.Saisie-imm.222.765.
— Cr.c.A12.1068,n.1.2;P2.1530,n.2;B28.422; D.Vol.223.
29 Cr.c. A4.247; P1.1078; B7.258; D. Appel correct.158. Contr. ind.604.
— Cr.c.A8.786,n.5;B16.413,n.5;D.Procès-verbal.182.210.
— Metz.A10.723,n.2;P20.2.6;B21.200;S19.2.11;J20.403. D.Juifs.40.Poss.66.Prescript.917.Preuve test.69. Saisie-arrêt.977.
30 Rouen.A1.27;P1.15;B1.51;S18.2.313;J20.408;D.Absence.138.
— Cr.c.A8.761,n.5;P2.372;B16.381;D.Forêts.362.
— Cr.r.A12.604,n.5; P18.1.365; B27.110; S18.1.381; J20.409;D.Tém. faux.45.Témoin.484.

JUIN.

1 Rouen.A3.452;P2.270;B16.19;D.Faux incid.62.83.
2 Grenoble.A5.316;P1.1320;B9.365; D.Communauté.84. Dot.473.Part. dépen.313.636.702.707. Rapp. à succ.264.
3 Civ.c.A1.148;P18.1.434;B1.177;S18.1.360; J20.433; D.Acquiescem.200.
— Ordonn.A7.692,n.1.2;B14.368; SC4.348; D.Expertise.408.

1818. 1818.

— Civ.c.A8.170;P18.1.512;B15.497;S18.1.277;J20.422;D. Faillite.710.

— Ord.A9.979,n.7;B19.116,n.7;D.Manufact.65.139.

— Req.A11.594,n.5;P19.1.85;B23.445;S19.1.178;J20.421; D.Repr. d'inst.23.

— Ord.A5.227,n.5;D.Eau.445.

— Ord. du cons. d'état.S18.2.311;D.Commune.499.

— Ord. du cons. d'état.S18.2.319;D.Comp. admin.455.

— Ord. du cons. d'état.S18.2.312;D.Eau.412.

— Ord. du cons. d'état.S18.2.316;D.Manuf.57.65.

— Ord. du cons. d'état.S18.2.314;D.Voirie.613.

— Ord. A12.1024,n.26;D.Voirie.675.

— Ord.SC4.515.316;D.Marché de fourn.281.

— Ord. du cons. d'état S18.2.505;D.Nom.45.51.

— Ord. du cons. d'état. A12.996,n.11; B28,309,n.11; D. Voirie.255.

— Ord.A12.1006,n.8;B28.522;D.Voirie.411.

— Ord. du cons. d'état.SC4.342;D.Marché de fourn.280.

4 Cr.r.A4.419; P1.1144; B8.12; D.Instruct. cr.525.Cour d'ass.1192.1685.

— Req.A12.742,n.53;P19.1.140; B27.355; S19.1.240; J20. 436;D.Tutelle.597.411.

5 Cr.r.A4.234;P1.1074;B7.253;D.Contr. ind.292.545.

— Cr.c.A8.567;P2.253;B18.428;D.Faux.239.406.

— Cr.c.A11.82,n.2;P2.926,n.4;B22.69;D.Tribunal.169.

— Bruxelles.A11.247,n.5;D.Prescript.228.

8 Rouen.A8.140;P22.2.167. et 168,n.;B15.162;S18.2.235; J7.458;D.Faillite.545.646.629.

9 Civ.c.A9.854;P18.1.374;B18.555;S18.1.290;J20.440;D. Loi 258.

— Civ.c.A9.626,n.2;P18.1.438;B18.250;S18.1.364;MR17. 171;D.Motifs des jugem.25.

10 Req.A7.685;P19.1.159; B14.560;S19.1.235; D.Expertise.289.

11 Cr.c.A1.402;P1.324;B2.3;D.Douanes.287.

— Cr.c.A2.159;P18.1.445. et 1.588;B5.472; S18.1.363; D. Appel correct.44.Cassat.482.Peine.155.

— Cr.r.A3.455;P1.829;B6.34;D.Compét. cr.90.

— Req.A10.237,n.1.5;P19.1.110;B19.485;S18.1.285; J20. 442;D.Sép. de biens.130.131.

— Orléans.A12.854,n.1-1;P2.1454;B28.60,n.1; D. Vente 97.

13 Rennes.A2.764;B20.2.40;B4.408;S18.2.278;J20.447;D. Commissionnaire.68.69.

— Cr.c. A5.181; P1.1511; B9.208; S21.1.258; J20.460; D. Destr.-dégrad.65.66.

— Limoges.A6 874,n.1;P19.2.3;B12.566,n.1;S18.2.285; J 20.455;D.Enq.239.261.

— Riom.A6.736,n.;P22.1.329;B12.405,n.;S19.2.293;D.Effets de comm.799.Lois rétroact.145.

15 Civ.c.A8.563;P2.290;B16.169;J20.463;D.Filiat. légit. 84.85.

— Rouen.A6.850,n.2;B12.538;S18.2.253;D.Enq.74.

— Liége.A10.489,n.1;P2.789,n.1;B20.565; D. Intérêts de cap.61.

16 Req.P19.1.83;S19.1.188;MQ6.196;J20.467; D.Lois rétroact.157.

— Req.A4.622;P19.1.124;B8.255; S19.1.230; J20.472; D. Degré de jurid.30.

— Civ.c.A6.258;P18.1.440;B11.292;S18.1.581;MQ6.756; D.Donat. entre époux.119.

— Civ.c.A6.758; P18.1.435; B12.406,n.1; S18.1.289; J20. 475;D.Effets de comm.854.

— Riom.A11.187,n.,n.3;P20.2.59;B22.251;S19.2.22; J20. 471;D.Péremp.104.

— Rennes.A11.198,n.27;P2.972,n.5;B22.272;D.Péremption.220 Reprise d'inst.15.

— Poitiers.A11.639,n.7;P2.1148,n.16;B24.46;S18.2.292; J 20 469;D.Saisie-arrêt.214.252.254.

17 Ord. du cons. d'état.SC4.359;D.Marché de fourn.143.

— Rouen.A5.776;P1.987. et 18.2.29;B6.419;S19.2.136; J. 20.477;D.Contr. par corps.459.

— Ord.A12.1016,n.42;D.Voirie.552.

— Ord.A3.184,n.2. et 195,n.1. et 237,n.5;D.Compét.

— Ord. du cons. d'état.S18.2.321; D.Chose jugée.30.

— Ord.du cons. d'état.SC4.359;D.Chose jugée.55.

— Ord. du cons. d'état.SC4.360;D.Cons. d'état.74.91.

— Ord. du cons. d'état.SC.4.376;D.Fonct. pub.306.

— Ord. du cons. d'état.SC4.379; D.Fonctionn. pub.575.

— Ord. du cons. d'état.SC4.374;D.Hospices.70.

— Ord. du cons. d'état.SC4.364;D.Louage admin.31.

— Ord.SC4.363;D.Marché de fourn.265.

— Ord. D. Cons. d'état.87.

— Ord.A12.991,n.18;B28.303,n.18;D.Voirie.186.

18 Metz.A9.693,n.1;B18.344.n.1;D.Jugem. par déf.47.

— Metz. A10.20. et 21; P19.2.12; B19.144; S19.2.108; J 20.388;D.Promesse de mariage.22.23.

— Besançon.A10.565,n.1.3; P2.770,n.3; B20.209; D.Mat. somm.57.

— Req.A12.473,n.;P19.1.126;B26.545; S18.2.241; D.Partage.26.

— Ord. du cons. d'état.D.Marché de fourn.145.

— Ord. du cons. d'état.D.Marché de fourn.266.

19 Cr.c.A2.184,n.;P1.401;B3.200,n.; D.Autor. mun.666. 668.669.671.

— Cr.r.A12.561,n.2,n.1;P18.1.457;B27.41;S18.1.350;J20. 488;D.Voies de fait.68.

— Paris.A12.881,n.2;P23.2.53,n.4; B28.121; S19.2.189; J 20.478;D.Garantie.151.

— Ord.D.Trav. pub.169.

22 Metz.A1.798;P1.502;B2.462;S19.2.21;J20.490;D.Arbitrage.954.

— Civ.c.A6.545;P1.1555;B11.594;D.Dom. de l'ét.38.39.

— Civ r.A9.447;P18.1.626;B17.529;S19.1.111; MR17.584; J20.493;D.Jugem. par déf.422. Preuve litt.926. Rad. hypoth.15.

23 Sect. réun. r.A12.1066,n.2; P18.1.585. et 2.1588; B28. 417;S18.1.540;J20.497;D.Vol.198.

— Paris.P23.2.50;S19.2.54;J.20.261; D.Alimens.194.Dot. 66.Prescript. civ.1063.

— Paris.A9.862,n.28;D.Lois rétroact.143.

24 Bruxelles.A6.582,n.1;P1.1453;B12.224,n.1. et 12.203; D.Eff. de comm.157.

— Req.A9.822,n.1;P19.1.159;B18.91; S19.1.236; J20.590; D.Instruc. par écrit.12.

25 Rennes.A7.720;P2.1188;B14.402;D.App.civ.367.Oblig. divis.75.142.Exploit.564.Rente.230.

— Rennes.A11.725,n.4; B24.200,n.1; D.Saisie-imm.842.

26 Cour sup. de Bruxelles.A2.414. et 11.271,n.5;P1.607. et 2.1001,n.1; B4.4.et 22.598; J20.500;D.Caution.194. Prescrip.455.

— Angers.A9.212,n.,n.5;P2.450;B17.231,n.5;J20.502;D. Hypoth. conv.121.

28 Bordeaux.A1.717.P23.2.53;B2.569;S18.2.243;J20.305. et 26.341;D.Arbitrage.567.582.

29 Civ.c.A11.198,n.,n.51; P18.1.429; B22.275; S18.1.358; MR17.505;J20.506;D.Péremp.217.

— Bruxelles.A8.264;B9.303; D.Acquiesc.146.Jug. prép. 92.Disp.ent.vifs.151.Notaire.278.

— Circul. admin.A8.753;D.Forêts.

— Bruxelles.A10.605,n.1.13;P2.815,n.5;B21.40;D.Novat. 21.

— Grenoble.A12.652,n.21; P2.1386; B27.193; D.Tierce-opposit.90.

— Civ.r.A11.776,n.6;P18.1.551; B24.291; D.Surenc.265.

— Civ.c.A6.346;B11.595.S18.1.353;D.Dom. de l'état.38. 39.41.

JUILLET.

1 Req.A5.168;P1.1309.et 19.1.154;B9.194;S19.1.258;J78. 515;D.Com.492.Juge.95.Deg.de jurid.513.Désist.155.

— Bruxelles.A11.442,n.1; P2.1081,n.1; B23.186; D.Propriété.

2 Cr c.A4.32;P18.1.567; B7.33; S18.1.401; D.Contr.ind. 294.

— Cr.c.A4.207;P1.1065;B7.223; D.Or et argent.73.109.

— Cr.c.A9.834,n.1;P2.633,n.1;B18.556; D.Lois.958.

3 Metz.A9.773,n.,n.3;P2.599,n.5;B18.468;D.Jugem.prép. 46.409.

4 Grenoble.A10.296,n.,n.2; P2.744,n.3; B20.71; D.Dot. 19.

6 Civ.r.A1.192.et 4.259; P1.1075.et 18.1.360; B7.259. et 209;S18.2.411; D.Cassation. 226.Contr. ind.570. Voitures pub.53.

— Civ.r.A7.24;P18.1.447;B13.22;S18.1.353; D.Enreg.27. 28.

— Grenoble.A11.181,n.,n.5; P2.966,n.4; B22.240; D.Pérempt.60.

7 Req.A9.906,n.1.2;P18.1.580;B18.655;S19.1.52;D.Loterie.26.Amende.115.

— Req.A11.704,n.3; P19.1.153; B24.161; S19.1.233; J20. 519;Saisie-imm.326.

— Rennes.A1.797,n.;D.Arbitrage.953.

8 Civ.r.A7.152; P2.23.et 18.1.563; B13.170;S19.1.67; D. Enreg.1427.

— Req.A10.653,n.2;P2.827,n.1.et 19.1.143;B21.95;S19.1. 241;MR17.548;J20.520;D.Preuve litt.366.

— Rouen.A11.104,n.12;P20.2.5;B22.104;D.Presse.275.

— Ord. du cons. d'état.S18.2.303;D.Contr. dir.75.

— Ord. du cons. d'état.S18.2.292; D.Fabriques.189.

9 Cr.r.A8.752;P2.365;B16.368;S21.1.80;D.Forêts.448.

— Cr.c.A12.956,n.3;P2.1495;B28.250;D.Homicide.44.

13 Metz. A3.531; P19.2.26. et 1.689; B5. 378; D.Compét. comm.47.62.

— Civ.r.A3.313; P18.1.422; B5.356;S18.1.286;J20.523;D. Action person.15.Compét. civ.264.

— Paris.A5.25;P1.1283;B9.24;D.Dénonc.calom.44.72.

— Paris.A12.725,n.2,n.1; P19.2.39; B27.324; D.Tut.255.

— Rouen.A11.788,n.2.1;P24.2.155; B24.516; J20.522. et 30.212;D.Surenchère.466.467.

14 Metz.A5.541;P23.1.429,n.2;B10.171; S19.2.47;J20.538; D.Don manuel.10.13.

— Req.A5.796;P18.1.570;B10.469;S18.1.396; MQ6.795;J 20.530;D.Jugem. prép.157.Testament.658.

— Bruxelles. A10.537, n.1.5; P2.796; B20.441; D.Divis. (bénef. de) 7.Oblig. divis.24.25.

— Limoges.A12.408,n.1.et 5.424;P19.2.7; B26.241.et 40. 36;S19.2.144.et 18.2.270; J20.526; D.Port. disp. 446. Rap. à suc.67.

15 Civ.c.A1.115,P18.1.482;B1.136;S18.1.422; J20.540; D. Acquiesc.452.

— Civ.r.A4.175,n.; P18.1.491; B7.190; S19.1.1; D.Cont. ind.22.Sel.13.

— Civ.c.A1.800;P18.1.484;B2.465;S19.1.1;J20.547;D.Arbitrage.124.472.1037.

— Req.A11.477,n.1.2;P18.1.602;B22.232;S19.1.25;MR17. 534;J20.542;D.Date.24.Enq.93.296.Péremp.23.

— Angers.A11.740,n.2,n.1;P2.1499;B24.225;D.Saisie-im. 821.1263.

16 Rennes.A7.673;P2.119;B14.545;D.Expertise.181.

— Cr.r.A8.401;P2.260;B15.467;S19.1.116;D.Faux.111.

— Req.A9.245; P18.1.598; B17.290; S19.1.27; MQ6.626;J 20.551;D.Action.101.Inscrip. hypoth.101.102.Vente. 733.

— Riom. A12.180,n.1; P20.2.30; B25.428; S19.2.285; D. Substitution.143.144.

17 Ord.A12.989,n.6;B28.300;D.Voirie.157.

21 Req.A7.53; P19.1.90; B13.53;S19.1.185; D.Enreg.383. 387.

— Paris.A6.467,n.1; P19. 2.39; B12.89,n.1; S18.2.358;D. Etranger.161.

— Metz.A10.424,n.2-2;P2.780,n.1-1;B20.268;S19.2.49;D. Notaire.235.

— Civ.c.A12.793,n.2;P18.1.449; B27.451; S18.1.375; J20. 537;D.Usufruit.202.

— Civ.c.A12.794,n.2,n.1; P18.1.249; B27.448; S18.1.382; MR16.257;D.Lois rétroact.125.Usufruit.202.

— Civ.c.A6.629;B12.279;S19.1.257; D.Eff. de comm.537.

— Décis. min.A7.66,n.11;D.Enreg.632.

22 Civ.r.A2.558;P18.1.547;B4.170; S18.1.392; J20.570;D. Chose jugée.272.

— Grenoble.A5.713;P1.975;B6.342;D.Conciliation.82.

— Ord.A9.977,n.1;D.Manuf.26.

— Ord.A11.588,n.3; P2.1054,n.12; B23.88; S18.2.298; D. Prise marit.212.213.

— Ord. du cons. d'état.SC4.393; D.Marché de fourn.99.

— Ord. du cons. d'état.S18.2.303;D.Usage.108.

23 Cr.c.A4.70;P1.1023;B7.75;D.Liquides.16.

— Cr.c.A4.418;P1.1144;B8.11;D.Cour d'ass.1309.1685.

— Req.A10.689, n.3; P19.1.156; B21.144; S19.1.242; J20. 573;D.Preuve litt.968.

— Grenoble. A11.622,n.,n.1; B24.14;D.Saisie-arrê

— Req.P19.1.87;S19.1.180;J20.576;D.Oblig.859.

— Orléans.A9.651,n.;B18.287;D.Exécut. provis.49.

24 Cr.c.A1.156;P1.60;B1.182;D.Appel correct.44.220.

— Cr.c.A4.187;P1.1061;B7.203; D.Voitures pub.133.

27 Civ.c.A8.464;P18.1.591;B16.56;S19.1.126;D.Féodalité. 36.45.142.

— Caen.A10.38,n.1.3;P2.689,n.6;D.Acte respect.36.

— Rennes.A9.588,n.2; P2.540; B18.189; D.Intervention. 96.

28 Req.A1.700;P18.1.595;B2.349;S19.1.22;J20.579;D.Arbitrage.118.522.

— Civ.c.A5.490;P18.1.481; B10.112;S18.1.421; D.Donat. 248.

— Civ.c.A7.745;P18.1.532;B13.429;S18.1.367;J29.127;D. Exploit.139.

29 Civ.r.A10.174,n.,n.6;P18.1.542; B19.338; S18.1.390; J 20.583;D.Contrat de mariage.119.

— Metz.A12.787,n.2.3;P2.1436;B27.453;S19.2.53;D.Usufruit.194.195.

30 Cr.c.A2.184,n.;P1.401;B3.200,n.; D.Autor. mun.666. 668.669.671.

— Orléans.A7.676,n.2;B14.349,n.1;D.Expertise.220.

— Cr.c.A11.253,n.2-2;P18.1.585; B22.534; MR16.614; D. Poste aux lettres.4.

31 Cr.r.A2.96;P1.348;B3.102; S19.1.116; D.Attentat à la pudeur.69.70.

— Colmar. A6.192; P1.1330; B11.216; D.Acquiesc. 155. Oblig. divis.111.Révoc.295.

— Cr.c.A12.1079,n.15;P18.1.582.et 2.1536,n.15;B28.341; S19.1.22;D.Vol.315.

AOUT.

1 Cr.r.A4.765;P1.1262;B8.405;S19.1.153; D.Délit rural. 15.105.

— Paris.A10.94,n.1;P19.2.8;B19.152;S19.2.63;MR16.770; J20.592;D.Mariage.492.600.605.

— Cr.c.A1.68,n.;S18.1.338;D.Abus de conf.85.Militaire. 41.

— Dijon.P19.2.28; J20.602; D.Autoris. de femme.355. Success. irrég.140.

2 Riom.A9.747,n.2;P19.2.17; B18.427; S19.2.32;J20.606; D.Jugem. par défaut.319.441.

3 Civ.c.P18.1.496;S19.1.74;J20.610.

4 Civ.c.A7.265;P18.1.632;B13.297; S19.1.124; D.Enreg. 1999.

— Riom.A11.577,n.2;P19.2.5;B23.417;S19.2.37; J20.612; D.Appel civ.327.Arbitrage.474. Délai.98.Rente.363. 364.

5 Douai.A8.256;P21.2.28;B15.298;S20.2.211; J20.614;D. Faillite.18.1078.1099.

6 Cr.r.A4.239;P1.1075;B7.260;D.Contr. ind.621.

7 Cr.c.A4.82;P1.1027;B7.88;D.Contr. ind.310.

— Cr.c.A4.188;P1.1062;B7.204;D.Voitures publ.142.144.

— Cr.c.A3.491;P1.862;B6.97;S18.1.598; D.Compét. crim. 358.359.

— Cr.c.A11.254,n.2; P2.999,n.5; B22.535; S18.1.390; D. Poste aux lettres.9.11.

— Cr.c.A11.96,n.,n.8. et 80,n.2; P18.1.618; B22.90,n.15; D.Discip.94.Presse.263.

8 Décis. min.A7.275,n.1;D.Enreg.2105.

10 Civ.r.A11.526,n.2;P18.1.506;B25.522;S18.1.8;J26.623; D.Remplacem.47.

— Rennes.A11.948,n.3.1;B25.116;D.Serment.

11 Req.A9.954,n.,n.2; P19.1.158;B19.77; S19.1.254; J20. 628;D.Charte.148.

— Metz.A11.556,n.2;P19.2.11;B23.340;S19.2.41;J20.627; D.Réc. de juges.49.78.

— Civ.c.A12.708,n.2;P18.1.635;B27.296;S19.1.17; MR17.822;J20.633;D.Louage.101.Tutelle.165.374.377.
12 Req.A2.225;P19.1.144;B3.247;S19.1.225; D.Avoués.
— Ord.A6.342,n.8;D.Ventes adm.319.
— Ord.A6.342,n.9;D.Ventes adm.319.
— Ord A6.341,n.;D.Domaines.
— Caen.A10.58,n.11;P2.689,n.6;B19.172;D.Acte respect.66.
— Ord.A12.684,n.13;P2.1400;B27.251;D.Trav. publ.168.
— Orléans.A12.859,n.1;B28.76,n.1;D.Vente.289.
— Civ.c.P18.1.609;S19.1.19;D.Ventes adm.529.
— Ord. du cons. d'état.SC4.417; D.Marché de fourn.290.
— Ord. du cons. d'état.SC4.416;D.Nom.45.82.
15 Déc. min. fin.D.Procès-verb.238.
— Sect. réun.A4.165,n.;B7.177,n.,D.Tabacs.12.
— Cr.c.A4.188,n.; P1.1062; B7.204,n.; D.Voitures publ.341.
— Cr.r.A4.437; P1.1181; B8.32; S18.1.584; D.Cour d'ass.1067.1512.
— Req.A10.242,n.1; P19.1.146; B19.492; S19.1.187; J20.638;D.Séparat. de biens.150.169.
16 Cr.c.A4.304;P1.1100;B7.331;D.Cour d'ass.277.
— Cr.r.A4 327; P18.1.498; B8.155; S18.1.521; J20.642;D.Agent de change.54.55.Jugement.147.174.420. Courtier.116.118.125.Témoin.472.
— Toulouse.A10.627,n.1; P2.821,n.1; B21.46; S19.2.221; D.Compensation.57.82.Intérêts de cap.162.
— Rouen.D.Assur. maritimes.490.
17 Rennes.A5.115; B9.130; D.Acquiesc.137.Désaveu.21.24.54.182.Oblig. divisible.109.
— Metz.A8.49;P20.2.24; B15.51; S19.2.50; D.Faillite.44.558.
— Montpellier.A11.758,n.2;P2.1200; B24.259; S18.2.306; D.Saisie-imm.1121.1206.Vente.341.
18 Civ.c.A6.314;P1.1334;B11.336;D.Dom. eng.95.96.
— Civ.c.A10.443;P18.1.494;B20.293;S19.1.10;J20.656;D.Oblig.14.15.
— Req.A11.79,n.1;P18.1.624; B22.62; S19.1.53; J20.660; D.Degré de jurid.9.Tribunal.109.110.
— Civ.r.A12.301,n.2; P18.1.515; B26.68; S18.1.370; J20.680;D.Retour légal.59.
19 Civ.c.A4.676; P18.1.630; B8.298; S19.1.3; D.Degré de jurid.290.
— Civ.c.A12.654,n.24;P18.1.583;B7.196;S19.1.24; MQ6.61;J20.663; D.Intervention.99.Tierce-opp.81.Transcrip.20.Vente 798.
— Délib.A7.132,n.18;D.Enreg.1474.
20 Cr.c.A4.96;P1.1031;B7.103;D.Contr. ind.378.408.414.Procès-verb.400.
— Cr.c.A4.256;P1.1083. et 19.1.64; B7.278,n.; S19.1.146; D.Contr. ind.577.
— Cr.r.A2.274;P1.443;B3.304;D.Cassation.147.359.
— Req.A6.562;P19.1.148;B12.201;S19.1.236; J20.671; D.Effet de comm.67.116.
— Metz.A10.484,n.1;P19.2.5;B20.358;S19.2.42;D.Garantie.101.102.Domm.-int.56.
— Angers.A12.44,n.1;P20.2.8;B25.20;S19.2.277;J20.668; D.Servitudes.321.
21 Cr.r.A4.560;P18.1.64;B8.168; S19.1.110; D.Défense.28.61.Evasion.32.
— Avis du cons. d'état.A7.129,n.2;D.Enreg.
23 Ord.A6.817,n.1;D.Emig.252.
24 Civ.r.A7.542;P18.1.565;B13.588;S18.1.408;J20.679; D.Enreg.2563.2564.
— Toulouse.A10.119,n.1.2;P22.2.23; B19.294; S21.2.249; J20.673;D.Mariage.629.639.
26 Rennes.A6.868,n.2,n.2; P1.1515; B12.559,n.2; D.Enquête.164.Témoin.148.
— Ord.A6.817,n.1;D.Emig.251.
— Lyon.A6.631;P1.1464;B12.281;D.Effets de comm.356.
— Civ.c.A12.288,n.2;P18.1.618;B26.44;S18.1.346; MR16.269; D.Acquiesc.114.179. Cassation.854. Partage.36. Succession.179.180.182.
— Toulouse.A12.817,n.1;P22.2.123;B28.12; S22.2.8;J20.682;D.Usufruit légal.57.
— Ord. du cons. d'état.S18.2.322;D.Halage.46.
— Ord. du cons. d'état.SC4.455; D.Marché de fourn.193.
— Ord. du cons. d'état.S18.2.328;D.Expropr. publ.38.
— Ord. du cons. d'état.D.Halage.15.
— Ord.A10.391,n.13;SC4.440;D.Mines.70.
27 Cr.c.A9.495,n.1;P18.1.647;B18.45; S18.1.405; D.Instr. cr.163.164.178.
— Req.A10.714,n.2; P19.1.161; B21.185; S19.1.268; J20.685;D.Ratification.168.
— Cr.c.A11.131,n.,n.13;P18.1.616;B22.184; S18.1.406;D.Presse.361.
— Riom.A11.885,n.1;P19.2.20;B23.431; S19.2.149. et 18.2.267;J20.686;D.Renvoi.40.
28 Cr.r.A2.444;P1.520;B4.42;J20.688;D.Chasse.134.
— Cr.c.A2.143; P19.1.76; B3.184; S18.1.407; D.Autorité mun.330.351.354.Lois.147.
31 Civ.r.A1.126;P18.1.611;B1.148;S19.1.170;D.Acquiesc.32.100.206.Chose jugée.157.Rente.166.
— Lyon.A10.696,n.5; P2.844,n.1; B21.150;119.2.151; D.Preuve litt.1076.
— Riom.A12.720,n.4; P2.1416; B27.318; D.Tutelle.172.226.228.231.232.

SEPTEMBRE.

1 Pau.A11.54,n.1;P23.2.44,n.;B22.20;S19.2.193;J20.689; D.Agréé.18.Discipline.129.
2 Rennes.A12.669,n.13;P2.1395;B27.225,D.Tierce-opp.201.
9 Ord. du cons. d'état.S18.2.325;D.Contr. dir.212.
10 Cr.r.A12.1066,n.5; P2.1828,n.6; B28.648,n.1; D.Vol.198.
11 Cr.c.A3.657;P1.951;B6.281;D.Complicité.225.
— Cr.c.A4.188,n.; P1.1062; B7.204,n.; D.Voitures pub.141.
— Cr.r.A10.802,n.2; P18.1.606; B21.332; S19.1.417; J20.691;D.Action civ.19. Appel correct.14.45. Responsab.561.
17 Cr.r.A4.322;P1.1109;B7.331;D.Cour d'ass.316.
18 Cr.c.A11.111,n.,n.8;P18.1.517;B22.116;S18.1.307;J20.693;D.Presse.582.
25 Cr.c.A4.41;P1.1015;B7.43;D.Contr. ind.107.
30 Ord.A8.812,n.6;D.Garde nat.7.

OCTOBRE.

2 Cr.r.A11.416,n.27;P19.1.74;B25.155;S19.1.170;D.Procès-verb.443.465.
— Cr.r.A11.518,n.3; P19.1.165; B23.502; S19.1.271; J20.700;D.Récidive.52.
5 Cass.D.Success. vac.28.
7 Cour sup. de Bruxelles. A2.748; P1.646; B4.389; D.Commissionnaire.52.
8 Cr.r.A4.298;P1.1095; B7.321; D.Compét. cr.584.Complicité.206.Cour d'ass.147.
— Cour sup. de Bruxelles.A2.729;P1.638;B4.568;D.Actes de comm.68.
— Cr.c.A8.359;P2.249;B15.419;D.Faux.255.
— Cr.c.A12.1077,n.4;P19.1.167;B28.438;S20.1.512. et 19.1.295;D.Vol.301.
11 Ord.A6.542,n.8;D.Domaines.
14 Ord.D.Récidive.20.
15 Cr.c.A2.176; P1.399; B5.191; D.Autor. mun.595.596.597.
— Cr.r.A8.568;P19.1.47;B15.430;S19.1.157;D.Faux.72.
— Cr.c.A8.401,n.1;P2.260;B15.468,n.1; D.Faux.402.
— Cr.c.A11.29,n.,n.7;P2.915,n.5;B21.452;D.Instr. crim.556.
— Cr.r.A12.827,n.28; P19.1.163; B28.29; S19.1.261; J20.701;D.Usure 70.
21 Ord.A6.526,n.17;D.Ventes adm.580.
— Ord.A6.796,n.1;S19.2.253;D.Emigré.167.
— Ord.A9.466,n.8;B186,n.4;SC.5.6.
— Ord.A3.162,n.
— Ord.A3.118,n.5;P1.744,n.5;B5.128;D.Commune.500.
— Ord.A6.782,n.2;D.Emigré.85.
— Ord. du cons. d'état.SC5.4;D.Ventes adm.529.
22 Cr.c.A3.470;P1.853;B6.74;D.Compét. cr.295.
— Civ.c.A11.82,n.;D.Tribunal.167.
29 Bruxelles.A5.98;B9.112;D.Désaveu.67.68.
— Cr.r.A11.956,n.1.16;B25.132;D.Témoin.209.210.

NOVEMBRE.

3 Civ.c.A1.743; P18.1.644; B99; S19.1.129;MQ6.227;J20.705;D.Arbitrage.719.Exploit.224.
4 Civ.c.A7.211;P19.1.3; B13.237; S19.1.166; J27.545;D.Enreg.1815. Vente pub. de meubles.5.
— Décis. min.A8.728;D.Forêts.48.
— Civ.c.A8.490; P19.1.85; B16.85;S19.1.37;D.Féodalité.92.107.108.
5 Cour sup. de Bruxelles. A2.737; P1.644; B5.433. et 4.277;D.Actes de comm.155.Compét. comm.73.
— Req.A2.657;P19.1.195;B4.243;S19.1.269;MQ6.678;J20.711;D.Chose jugée.469.
— Req.A5.522;P19.1.220; B10.148; S19.1.250; J20.707;D.Donation.108.
9 Bruxelles.A12.575,n.16; P2.1361; B27.65; D.Enquête.198.Témoin.111.
10 Civ.c.A1.676;P1.254;B2.325;D.Arbitrage.420.
— Req.A3.688; P19.1.343; B6.315; S19.1.425; D.Compte courant.13.24.
— Civ.r.A11.554,n.2,n.1;P19.1.21;B23.373;S19.1.13;J20.509;D.Lois rétr.136.Rente.146.
— Req.A9.857. et 11.557,n.2; P19.1.162; B23.379; S19.1.275;MR16.260;D.Rente.164.Lois rétr.136.
— Metz.D.Exploit.506.
11 Req.A2.539;P22.1.394;B4.149;S22.1.420;J20.722.et 25.23;D.Chose jugée.146.
— Civ.c.A6.263;P18.1.645;B11.298;S19.1.128;MR16.255;J20.722;D.Donat. entre époux.126.127.
— Décr.A8.760,n.11;D.Forêts.520.
— Cass.A9.853,n.18;D.Lois rétr.122.
12 Req.A6.221;P19.1.340;B11.248; S19.1.391; J20.725;D.Donat. par cont.133.166.
13 Cr.c.A4.307;P19.1.165;B7.334;S19.1.196; MR16.555;J20.731;D.Cour d'ass.345.
— Cour sup. de Bruxelles.A2.765; P1.655; B4.419; J20.753;D.Commissionnaire.93.Faillite.1148.
— Cr.c.A2.458;P1.514;B4.30;J20.732;D.Chasse.13.
— Cour sup. de Bruxelles.A2.416;P1.508;B4.11;D.Caution.216.
— Décr.A12.682,n.4;P2.1398;B27.247;D.Trav. pub.81.
— Ord. du cons. d'état.D.Voirie.139.
14 Bruxelles.A6.635,n.; B12.286,n.; D.Effets de comm.385.

16 Civ.r.A1.153;P19.1.6;B1.178;S20.1.377;J20.740;D.Acquiesc.288.380.585.Saisie-imm.1058.
— Rouen.A5.801,n.;B10.474,n.; S19.2.28; D.Testament.663.
17 Bruxelles.A4.418;B8.11;D.Cour d'ass.1696.
— Civ.r.A5.272;P19.1.17; B9.312; S19.1.197; MR16.375;J20.745;D.Dispos. entre-vifs.160.Dr. civ.27.57.Substitution.117.121.
— Req.A8.206;P19.1.198;B15.240; S19.1.260; J20.742;D.Faillite.773.916.
— Bruxelles.A8.694,n.1,n.1; P2.316; B16.520; D.Fonct. pub.78.79.
18 Civ.c.A7.242,n.2;D.Enreg.1914.1915.
— Civ.r.A12.468,n.1. et 7;P2.1534. et 19.1.28;B26.340.et 25.141;S19.1.229;D.Partage.41.Servitude.9.
— Ord.A6.543,n.1;S24.2.284;D.Dom. de l'état.49.
— Ord.A3.195,n.1. et 224,n.5. et 225,n.5;SC5.14;D.Eau.312.562.
— Ord. du cons. d'état.S19.2.257;D.Eau.327.
— Ord.SC5.16;D.Commune.116.
— Décr.A8.780,n.9;D.Forêts.581.582.
— Ord.A12.1024,n.26;SC5.15;D.Voirie.678.
19 Req.A9.628;P19.1.222; B18.253; S19.1.264;MR16.556. et 17.175; J20.750; D.Jugement.40.Motifs des jugem.131.
— Metz.A10.852,n.1.5;P2.899,n.11;B21.417; D.Ordre.72.
— Bruxelles.A10.515,n.1.3;P2.792,n.4; B20.407; D.Condition.171.172.175.Louage.439.
— Cr.c.A11.319,n.4;P19.1.70;B22.479;S19.1.179;D.Prescrip. crim.73.
20 Cr.r.A4.116;P19.1.178;B7.126;S19.1.207;D.Contr.ind.531.
— Cr.c.A2.193;P18.1.651;B3.209;S18.1.412; MQ6.657;D.Autor. mun.544.545.546.
— Riom.A10.651,n.2.3;P20.2.33;B21.86;S20.2.1;J20.754;D.Donat. dég.18. Oblig.139.Preuve litt.184.Respons.307.
— Metz.A11.652,n.2;P19.2.18;B24.68; S19.2.70; J20.759;D.Saisie-exéc.80.177.187.
21 Rennes.A5.173;B9.200;D.Faillite.256.Désist.137.
— Pau.A11.843,n.1;P20.2.28;B24.417; J20.760; D.Saisie-imm.1641.
23 Civ.c.A9.627,n.2;P19.1.29; B18.251; S19.1.169; MR17.187.V.25;J20.751;D.Motifs de jugem.25.
24 Civ.c.A3.75; P19.1.11; B5.79; S19.1.205; J20.765; D.Commune.319.Forêts.353.Transport de créance.193.
— Montpellier.A9.579,n.1.12; P2.536,n.4;B18.175;D.Interrog. sur faits.138.
25 Civ.c.A4.79;P1.1025;B7.84;D.Contr. ind.415.
— Civ.c.A4.749; P19.1.42, B8.382; S19.1.201; D.Deg. de jurid.558.608.Référé.78.Scellé.58.
— Req.A6.78;P19.1.353;B11.84;S19.1.358;D.Legs.121.
26 Rouen.A9.416,n.,n.4;P2.493; B17.494,n.4; D.Hypoth.281.
— Bruxelles.A9.867,n.2;D.Lois rétr.198.
27 Cr.c.A4.85,n.;B7.91,n.2;D.Contr. ind.323.
— Cr.c.A4.89;P1.1030;B7.96;D.Contr. ind.351.
— Cr.c.A4.253. et 4.97; P1.1082; B7.275. et 105,n.; D.Contr. ind.38.Procès-verb.435.
— Cr.r.A8.762,n.6; P2.372; B16.382; J20.768; D.Forêts.543.
— Cr.c.P19.1.28;S19.1.157;D.Forêts.793.
28 Ord. du cons. d'état.D.Cons. d'état.87.
29 Ord.A3.237,n.8;D.Compét.
30 Bruxelles.A3.740;P1.978;B2.375; D.Contr. par corps.22.
— Civ.c.A1.268; P19.1.31; B1.311; S19.1.206; D.Action possess.8.293.

DÉCEMBRE.

1 Req.A6.604;P19.1.203; B12.249; S19.1.285; MR16.673; D.Eff. de comm.259.240.
— Riom.A12.294,n.1;B26.58;S20.2.132; D.Legs.259.Rescis.125.Retour lég.33.35.Testament.434.859.
2 Angers.A11.740,n.4,n.1;P20.2.73; B24.227; S20.2.210; J20.769;D.Saisie-imm.859.
— Civ.r.A12.907,n.3;P19.1.48;B28.165;S19.1.264;D.Vente.899.
3 Cr.c.A4.33;P1.1010;B7.34;D.Contr. ind.300.
— Cr.r.A5.52;P19.1.24;B9.55;S19.1.160; J20.772;D.Abus de confiance.41.Dépôt.25.101.102.
— Bruxelles.A5.775;P1.1341;B10.442; D.Preuve litt.438.Testament.559.
4 Cr.r.A4.102;P19.1.27;B7.110;S19.1.177;D.Contr. ind.424.
— Rouen.A2.703;P19.2.33;B4.334;S19.2.328;D.Commerçant.30.
5 Déc. min. fin. et just.D.Transcrip. hypoth.68.
7 Bruxelles.A7.743;P2.145;B14.430;D.Exploit.159.
— Civ.c.A8.428,n.1;P19.1.5; B16.15,n.1; S19.1.159; J20.775;D.Faux inc.16.
— Rennes.A11.740,n.2; P2.1190; B24.225,n.5; D.Saisie-imm.813.814.1263.
8 Civ.c.A3.79;P1.703. et 19.1.59;B5.85;S19.1.208;MR16.425;D.Commune.593.
— Turin.A10.232,n.,n.2;B19.478;D.Séparation de biens.43.
— Grenoble.A9.705,n.2;P18.578,n.1; B18.362;D.Jugem. par déf.173.

9 Civ.c.A1.256;P19.1.594;B7.278; S20.1.101; J20.778;D. Contr. ind.578.
— Civ.c.A11.456,n.2; P19.1.32; B23.172; S19.1.168; J20. 778;D.Propriété.31.Servitude.159.
10 Req.A9.954,n.,n.3; P19.1.278; B19.78; S19.1.331; D. Charte.144.
— Cr.c.A12.649,n.2;P2.1380;B27.142;D.Tentative.27.
— Besançon.A11.846,n.7;P2.1252; B24.423; D.Saisie-im. 1133.1149.
11 Cr.c.A4.255;P1.1083;B7.278;D.Contr. ind.577.
— Cr.c.A4.162;P1.1056;B7.176;D.Tabacs.37.
12 Ord.A6.342,n.8;D.Domaines.
— Ord. du cons. d'état.D. Ventes adm.296.
— Ord. du cons. d'état.D Ventes adm.499.
— Ord.A12.981,n.14;D.Voirie.67.
— Ord.A12.998,n.8;B28.312,n.8;D.Voirie.292.
— Ord.A9.689,n.1;D.Jugement adm.5.
— Ord. du cons. d'état S19.2.259;D.Voirie.669.
— Ord.A12.1024,n.41;D.Voirie.720.
13 Cr.c.A6.433;P1.1377;B12.49;D.Douanes.323.
14 Civ.c.A12.759,n.32;P19.1.180; B27 386;S19.1.252;J20. 781;D.Tutelle.573.586.
15 Req.A2.298;P19.1.225;B3.332;D.Cassation.554.
— Civ.c.A5.419;P19.1.14;B10.30;S19.1.119; MR16.504;D. Portion disp.
16 Civ.r.A2.219;P19.1.40;B3.241;S19.1.72;J20.785;D.Honoraires.135.
— Civ.r.A11.354,n.2,n.2;P19.1.25;B23.374;S19.1.174;MQ 6.827;D.Rente.146.
17 Req.A10.655,n.1;P19.1.207; B21.88; S19.1.284; MR17. 624;J20.789;D.Preuve litt.197.
18 Cr.r.A4.184;P1.1060;B7.199;D.Voitures pub.9.
— Cr.c.A6.434,n.;P1.1376;B12.50,n.; D.Douanes.311.
21 Civ.c.A11.892,n.2.1;P19.1.120;B25.16; S19.1.163; J20. 791;D.Sép. de corps.43.
22 Ord.A6.342,n.;D.Ventes adm.319.
— Civ.c.A6.245;P19.1.71;B11.278;S19.1.56; MR17.54; D. Donat. entre époux.65.66.68.
23 Rennes.A5.77; P1.1293; B9.87; D.Sequestre.33.35.39. Exception.109.
— Paris.A6.51; P20.2.13; B11.53; J20.800; D.Testament. 907.
— Toulouse.A9.162;P19.2.29;B17.189; S19.2.201; MR17. 462 et suiv.;J20.804; D.Communauté.628.Hypoth.lég. 176.
— Rennes.A11.548,n.16;P2.1116,n.19;B23.562;D.Référé. 41.80.
— Req.P19.1.224;S19.1.278;MQ6.532; J20.795; D.Oblig. solid.45.
24 Cr.r.A4.265;P19.1.13;B7.289;S19.1.158;D.Contumace. 19.
— Req.A8.34; P19.1.241; B15.37; S19.1.335; J20.811; D. Faillite.15.121.169.
— Bruxelles.A8.67,n.1;B15.75;D.Faillite 283.
— Ord.A6.341,n.1;D.Domaines.
— Ord.A9.980,n.14;B19.117.n.14;D.Manuf.77.
— Ord.A9.466,n.6;B18.6,n.2,S20.2.176;D.Contr. dir 52.
— Cr.c.A11.226,n.14;P2 987,n.4;B22.521;D.Poids et mesures 70.
— Ord.A3.193,n.1;D.Eau.312.362.
— Ord. du cons. d'état.S19.2.249;D.Halage.34.
— Ord. du cons. d'état.M5.43;D.Désist.165.
— Ord. du cons. d'état.SC5.37;D. Propriété.200.
— Ord. du cons. d'état.SC5 41;D.Ventes adm.35.
— Ord. du cons. d'état.SC5.37;D.Ventes adm.236.
— Ord. du cons. d état.SC5.36;D.Ventes adm.250.
— Ord. du cons. d'état.M5.44;D. Ventes adm.257.
— Ord.A12.1006,n.9;B28.322,n.9;D.Voirie.419.
26 Cr.c A4.83;P1.1028;B7.89;D.Contr. ind.317.
— Cr.c A4.42;P1.1015;B7.43;D.Contr. ind.302.
— Liége.A12.141,n.2;P2.1281;B25.365;D.Société comm. 230.
28 Civ.c.A6.70;P19.1.51;B11.74; S19.1.182; MQ6.653;MR 17.647;J20.418;D.Acquiesc.264.Cassation.517 Jugem prép.95.Legs.102.
— Ord.A9 467,n.5;B18.7,n.1; S20.2.176; D.Contrib. dir. 171.
— Civ.c A11 527,n.4; P19.1.68; B23.323; S19.1.172; D. Remplacement.59.
29 Grenoble. A10.857,n.1; P2.900,n.2; B21.424; D.Distr. par contr.88.89.
— Civ.c.P19.1.228;S19.1.292;MQ6.659;J20.819;D.Oblig. 757.
30 Civ.r.A4.111;P19.1.45;B7.120; S19.1.205; D.Acquiesç. 205.Cassat.23.Contr. ind.465.586.
— Civ.c.A12.27,n.1; P19.1.176; B25.174; S19.1.232; J20. 823;D.Servitudes.198.199.
31 Cr.r.A4.766;P1.1265;B8.404; S19.1.154; D.Appel correct.12.Délit rural.9.

1819.

JANVIER.

2 Rouen.A4.228;P19.2.25. et 2.200;B7.249;S19.2.200;D. Octroi.155 175.181.
— Riom.A5.52;P20.2.39;B9.405;S19.2.289; D.Port. disp. 172.
— Paris.A8 644,n.1;P2.303. et 19.2.19; B16.26. et 261,n. 1;S19.2.146;MR16.351;J21.1;D.Filiat. nat.45.Success. irrég.63.92.93.
4 Nimes.A3.373;P1.804;B5.428;S19.2.520;J21.7;D.Compét. comm 319.
— Rennes.A7.776,n.1;D.Exploit.363.
5 Req A10.436,n.1,n.3;P19.1.239;B20.283;S19.1.334; D. Honoraires.118.
6 Req. V. au 10.
7 Douai.A9.268,n.1.2;P2.460; B17.518,n.2; S20.2.99; D. Inscript. hypoth.215.259.
8 Cr.c.A4 190;P1.1062;B7.206;D.Voitures pub.129.
— Cr.c.A1.76. et 12.957,n.2;P1.23; B1.89. et 28.251;S19. 1.113;D.Compét. cr.89.Instruct. cr.281.Duel.8.11.
— Bruxelles.A6.576,n.1;B12.217,n.1;D.Effets de comm. 119.
— Nîmes.A9.773,n.1;P20.2.15;B18.467;J21.13;D.Jugem. prép.30.
— Orléans.A12.850,n.9; P2.1453; B28.66; D.Action.100. Vente.82.740.
9 Paris.A8.158; P2.200; B15.184; S19.2.198; D. Faillite. 587.
10 Req.A10.676,n.1;P2.853,n.3;B21.121;S19.1.151; MQ6. 103;D.Preuve litt.798.
11 Civ.r.A4.89; P19.1.78; B7.96; S19.1.187; D.Cont. ind. 352.367.
— Civ.r.A4.90,n.; P1.1030; B7.97,n.; D. Contr. ind.352. 367.
— Paris.A10.213,n.1.2;P19.2 55;B19.450;J21.16;D.Communauté.301.303.
12 Rennes.A9.747,n.2;B18.427;D.Jugem. par déf.459.
13 Req.A2.220; P19.1.238; B3.242; S19.1.379; J21.32; D. Honoraires.138.
— Caen.P19.2.37;MR16.733;D.Mariage.330.
14 Req.A3.263; P1.770; B5.296;S19.1.276;D.Régl. de juges.89.90.
— Cr.c.A1.394;P24.1.219;B1.401; S19.1.276. et 24.1.422; D.Peine.83.
15 Lyon.A4.650;P1.1207;B8.267;D.Degré de jurid.170.
16 Bruxelles.A12.43,n.2; P2.910,n.4; B25.20; D.Servitudes.315.
— Lyon. A11.740,n.2; P2.1181; B24.227; D. Saisie-imm. 839.840.
— Paris. V. au 26.
— Orléans.A4.131;P1.1040;D.Cont. ind.223.
18 Paris.P19.2.18;D.Filiat. légit.20.
19 Cr.c.A4.276;D.Contumace.60.
— Req. A8.94; P19.1.225; B15.108; S20.1.62; J20.34; D. Faillite.729.
— Civ.c.A6.515;P19.1.65;B12.146; S19.1.174; MR.16.176; J21.36;D.Natural.58.
20 Nîmes.A7.698;P20.2.15;B14.375;J21.41; D.Huiss.221. 222.Exploit.172.
— Ord.A6.342,n 8;D.Domaines.
— Ord.A6.329,n.;Ventes admin.519.
— Ord.A6.796,n.1;D.Emigré.167.
— Ord.A6.817,n.3,n.2;D.Emigré.
— Ord. du cons. d'état.S19.2.254;D.Commune.125.
— Ord. du cons. d'état.D.Comptabilité.52.
— Ord.SC5.50;D.Comptab.72.
— Ord. du cons. d'état S19.2.297; D.Ventes admin.155.
— Ord.A3.219,n.17;D.Eau.223.409.
21 Ord. du cons. d'état.SC5.57;D.Ventes admin.450.
— Ord. du cons. d'état SC5 47;D.Ventes admin.500.
— Ord. du cons. d'état.SC5.59;D.Ventes admin.516.
— Ord.A12 990,n.11;B28.301,n.11;D.Voirie.171.
— Ord.A12.991,n.18;B28.303,n.18;D.Voirie.186.
22 Cr.c.A4.499;P1.1174;B8.103; D.Cour d'ass.1547.1570.
— Cr.r. A2 283; P24.1.46,n.; B3.313; D. Cassat.276.477. Cour d'ass.588.
— Rouen.A9.650;D.Privilége.69.
— Grenoble. A11.772,n.1; P2.1205; B24.284; D. Surenchère.91.
— Cr.r.A5.253,n.2;P1.1082;D.Procès-verbal.433.
23 Cr.c.A4.778;P19.1 58;B8.417;S19.1.176;J21.42; D.Délit rural.66.70.111.Eau.162.
— Cr.c.A4.91,n.; P1.1030; B7.98,n.; D.Contr. ind.26.28. 352.367.
— Cr.c. A4.90; P1.1030; B7.98; D. Contr. ind.26 28.352. 367.
— Douai.A8.649,n.2; P22.2.183,n.7. et 24.1.103,n.; B16. 266,n.2;S20.2.102;D.Filiat. nat.161.
— Angers.P22.2.131,n.5;S20.2.203;D.Servitudes.277.
— Cr.c. A4.91; P1.1030; B7.98; D.Contr. ind.26.28.352. 367.
25 Civ.c.A6.821;P1.1506. et 19.1.113;B12.503; S19.2.313. et 1.76;MQ6.88;J21.43;D.Emigré.304.
— Civ.r.A6.827;P19.1.118;B12.510;S19.1.259;MQ6.91;D. Emigré.315.
26 Req.A3.128;P1.718;B5.140;D.Commune.484.
— Req.A6.684;P19.1.398; B12.344; S20.1.17; D.Effets de comm.552.
— Paris.A9.153,n.8;P19.2.25;B17.177,n.8;S19.2.148;J21. 53;D.Hypoth. lég.128.
27 Besançon.A9.748,n.;P2.589,n.;B18.129,n.; D. Jugem. par défaut.452.
— Douai.A12.229,n.1;P2.1298;B25.508;S20.2.197;J21.66; D.Substitut.397.
— Civ.c.A11.527,n.5;P19.1.200; B23.324; S19.1.243; J21. 65;D. Remplacem.58.
— Req. A12.776,n.2; P19.1.233; B27.419; S19.1.436; D. Emancip.19.45.Lois.433.Oblig.277.
— Civ.r.A11.899,n.1.2;P19.1.122. et 2.1241;B25.28; S19. 1.165;J21.61;D.Séparat. de corps.43.87.
— Civ.c.MQ6.160;D Donat.48.
28 Req.A7.82;P19.1.227;B13.88;S19.1.262;J21.68; D.Enreg.757.1180.
— Cr.c.A5.19;P1.1280;B9.17;D.Dénonc. calomn.66.
— Poitiers.A9.43,n.2;P2.419;B17.43,n.2;D.Privilége.131.
— Bruxelles.A9.275,n.13. et 297,n.1.4. et 9 285; P2.467. et 462;B17.326. et 352,n.4. et 17.338,n.2; D. Inscript. hypoth.260.294.355.
29 Cr.c.A11.226,n.19;P2.988,n.5;B22.323;D.Poids et mesures.61.
— Cass.D.Exploit.526.
30 Ord.A6.342,n.;D.Ventes admin.319.
— Dijon.A11.667,n.1,n.1;P20.2.26;B24.92;J21.70;D.Saisie-imm.12.
— Nimes. V. au 30 mars.

FÉVRIER.

1 Civ.r.A10.549,n.2-2;P19.1.129;B20.156;S19.1.146;J20. 81;D.Lois.414.Dot.200.Effets pub.59.
— Bruxelles.A11.180,n.1;P2.965,n.3;B22.238;D.Péremp. 49.
2 Req.A7.97;P19.1.326;B13.107;S19.1.346;J20.92; D.Enreg.835.836.
— Civ.c.A6.288;P19.1.193;B11.327;S19.1.271; J21.99; D. Port. disp.371.
— Req.A6.740;P19.1.327;B12.406; S19.1.418; D.Effets de comm.842.
— Req. V. au 3.
— Civ.c.A12.429,n.2;P19.1.191; B26.276; S19.1.267; J21. 94;D.Rapp. à succ.194.216.
— Amiens.A11.784,n.2;P2.1208;B24.307;D.Surench.214. 226.
3 Ord. A6.304,n.1; B11.545,n.4; S20.2.208. et 19.2.305; D.Dom. eng.29.93.
— Req.A6.654;P1.1465. et 19.1.318;B12.284,n.2;D.Effets de comm.401.Exécut. prov.74.Serm. décis.28.
— Ord.A6.796,n.1;D.Emigré.167.
— Ord.A6.817,n.1.7;D.Emigré.254.
— Ord.A9.979,n.7;B19.116,n.7;S20.2.233;D.Manuf.65.
— Civ.r.A9.275;P19.1.189;B17.326;S19.1.245; MR16.435. et 477;J21.107;D.Cassat.185.Inscript. hypoth.251.
— Civ.c.A10.623,n.2.3; P19.1.243; B21.42;S19.1.279 J21. 103;D.Compensat.45.49.
— Ord.A3.195,n.9;D.Eau.409.223.
— Ord. du cons. d'état. S19.2.302; D.Déportat.45.Compét. admin.7.
— Ord.A9.982,n.6. et 9.981,n.2; B19.119,n.6. et n.2;SC5. 64;D.Manuf.87.94.
— Ord. du cons. d'état.SC5.66;D.Comptab.39.
— Ord.A3.15,n.10;D.Com.160.
— Ord. du cons. d'état.SC5.67;D.Ventes admin.522.
4 Cr.c.A2.453;P1.524;B4.52;D.Chasse.47.74.151.
— Req.A3.734; P19.1.304; B6.368; S19.1.379;J21.111; D. Contr. par corps.68.
— Rouen.A3.790;P19.2.32;B6.434;S19.2.222;J21.113; D. Contr. par corps.26.500.
— Cr.r.A8.390;P19.1.285;B15.455;S19.1.320; J21.113; D. Faux.333.334.Complicité.34. Cour d'ass.1033.Expertise.109.
— Req.A8.85;P2.185;B15.97;J21.116;D.Faillite.536.
— Bruxelles A9.124,n.1;B17.141,n.1;D.Hypoth. lég.
— Req.A9.692,n.1-1;P19.1.323; B18.341; S19.1.389;J21. 114;D.Jugem. par défaut.16.
— Liége.A10.104,n.1;P24.1.343,n.; B19.272; D.Mariage. 552.
— Cr.c.A11.225,n.10;P2.987,n.1;B22.529;D.Poids et mesures.103.
— Colmar.A12.133,n.1;P21.2.53;B25.350;D.Société commerc.194.
— Cr.c.A11.959,n.1-1;B25.133;D.Témoin.216.
— Nimes.P29 2.143,n ;D.Hypoth. lég.113.
— Req.A8.85; P19.1.325; S19.1.384; J21.116; D.Faillite. 536.
5 Cr.c.A2.454;P1.525;B4.52;D.Chasse.47.74.151.
— Cr.c.A4.97;P1.1032;B7.104;D.Contr. ind.411.
— Cr.r.A4.375;P4.276,n. et 1.1126; B7.407. et 500,n.; D. Cassat. 841. Faux. 442.448. Compét. cr. 350.354.620. Contumace 60. Instruct. cr.493. Cour d'ass. 656.804. 870.1251.1278.Témoin.225.252.441.
— Cr.c.A11.959,n.2;B25.1351;D.Témoin.251.
6 Dijon.A8.245; P2.220. et 20.2.25; B15.286; J21.74; D. Faillite.1052.
— Metz.A10.582,n.1;P2.807,n.6; B20.510; D.Exécut. des jugem. et actes.81.Offre.156.
— Bruxelles D.Lois rétroact.120.
8 Bruxelles.A10.466,n.1,n.7;P2.713,n.8;B19.377;D.Lois rétroact.116.159.
— Paris.A11.676,n.;B24.108;D Saisie-imm.93.
— Civ.r.P33.1.579;D.Action.19.Dom. de l'état.50.
9 Civ.r.A6.779,n.2;P19.1.171; B12.454,n.1; S19.1.254; J 21.121;D.Emigré.76.
— Limoges.A9.679,n.2;B18.322,n.1;D.Mat. somm.
— Req.A11.77,n.5;P19.1.506;B22.60;S19.1.306;D.Tribunal.91.
10 Civ.c.A7.412,n.;B14.22,n.;D.Enreg.2771.
— Civ.c.A7.413;P19.1.240;B14.26;S19.1.527; J21.120; D. Enreg.2769.

— Civ.c.A7.414; P19.1.254; B14.27; S19.1.328; D. Enreg. 2787.
— Paris.P19.2.1;D.Ventes pub.127.
— Circul. min.S19.2.85;D.Liberté prov.6.
11 Cr.c.A1.548;P1.196;B2.175;D.Appel correct.8.
— Req.A4.747;P19.1.305;B8.381;S19.1.305;J21.131;D.Degré de jurid.607.
— Cr.c.A8.368;P2.283;B15.429;D.Faux.253.
— Dijon. A11.906; P20.2.26; B25.39; D.Sépar. de corps. 121.135.
12 Cr.r.A5.19;P1.1280;B9.17;D.Dénonc. calomn.32.
13 Cr.r.A4.102;P19.1.143;B7.110,n.;S19.1.257;J21.153;D. Contr. ind.424.
— Cr.c.A9.609,n.1; P19.1.287; B18.225; S19.1.249; MQ6. 521,n.;J21.134;D.Jour férié.107.
— Cr.r.A12.1073,n.16; P19.1.179; B28.431; S19.1.228; D. Vol.276.
15 Civ.c. A12.929,n.1; P19.1.167; B28.203; S19.1.247; D. Halles 9.Degré de jurid.266.
17 Bruxelles.A9.575,n.1.8;P2.535,n.3; B18.168; D.Interrog. sur faits.59.101.
— Metz.A10.673,n.2; P2.633,n.2; B21.120; S19.2.199; D. Preuve litt.795.796.
— Décis. min.A7.336,n.1;D.Enreg.2358.2359.
18 Req. A4.797; P19.1.305; B8.438; S19.1.304; D. Dem. nouv.91.
— Req.A2.279;P1.449. et 19.1.304;B3.310; S19.1.216; MR 16.699;D.Cassat.295.Colonies.4.5.Lois.185.
— Cr.r.A2.240;P19.1.180;B3.264;S19.1.348; MR16.766; J 21.156; D.Bigamie.8.9.12.Compét. cr.28.Lois.302.Natural.47.
— Req.A6.827,n.1;P19.1.148;B12.510,n.1; S19.1.240; D. Emigré.316.
— Req.A6.827,n.1;S19.1.240;J21.50;D.Emigré.315.
— Cr.r.A11.131,n.,n.14;P19.1.199;B22.154;S20.1.49; MR 16.424;D.Presse.353.
— Rouen.A11.550,n.3;P19.2.23;B25.366;J21.141; D.Référé.70.82.
19 Cr.c.A2.99;P1.350;B3.105;D.Attentat à la pud.54.
— Cr.c.A4.119;P1.1056;B7.129;D.Cont. ind.22.505.
— Bruxelles.A5.804,n.;D.Testam.663.
— Bruxelles.A6.179,n.;B11.202,n.1;D.Révoc.259.282.
— Cr.c.A4.276,n.;B7.300,n.;D.Contumace.60.
20 Riom.A9.139,n.1; P22.1.396,n.; B17.160,n.1; J21.142; D.Hypoth. lég.71.
— Amiens.A12.186,n.1;P2.1289;B25.438; S21.2.39; D.Filiat. adult.24 Substitution.174.
21 Paris.D.Exploit.258.
22 Bruxelles. A10.770,n.1; P2.862,n.5; B21.281; D.Serm. déc.44.
— Civ.c.A11.809,n.2; P19.1.184; B24.355; S19.1.103; MR 17.72; J21.145;D.Saisie-imm.773.977.1365.1377.1374.
25 Cr.r.A3.667; P1.960; B6.291; D.Complicité.236.Récidive.32.
— Cr.c. A7.713; P19.1.286; B14.394; S19.1.251; D. Expl. 960.Prescr. cr 80.
— Req.A6.848; P19.1.395; B12.500; S20.1.83; D.Emigré. 259.
— Nimes.A9.192,n.2; P22.2.120,n.2; B17.226,n.2; S19.2. 287;D.Partage.296.
— Cr.c.A9.657,n.7;P19.1.282;B18.266;S19.1.238;J21.153; D.Greffier.27.Jugem.411.Tribunal.36.
— Orléans.A10.830,n.1;B21.379;D.Ordre.345.
— Orléans.A12.850,n.10; P2.1453; B28.67; D.Oblig.816. Vente.75.
26 Paris.A3.816;P1.1004; B6.465; S19.2.195; J21.160; D. Contr. par corps.736.
— Dijon. A9.315; P2.470. et 21.2.70,n.; B17.371; MR16. 472;J24.154;D.Inscripl. hypoth.403.434.
— Orléans.A9.540;P19.2.27;B18.114; S19.2.167; J21.158; D.Interdit.62.
— Grenoble.A11.181,n.6;P2.966;B22.340;D.Péremt.60.
27 Paris.A8.637,n.2;P19.2.34;B16.253,n.2;D.Filiat. adul. 38.Filiat. nat.109.
— Angers.A9.971,n.2-2;P20.2.37;B19.104;S20.2.148;J21. 166;D.Mandat.265.

MARS.

1 Civ.c. A1.271; P19.1.252; B1.315;S19.1.341; D.Action possess.9.364.
2 Civ.c.A8.190;P19.1.267;B15.221;S19.1.298;J21.171; D. Faillite.825.
— Req.A11.721,n.8; P19.1.351; B24.198; S19.1.385; J21. 176;D.Saisie-imm.493.591.593.
3 Bruxelles.A4.276;P1.1089; B1.102. et 7.300;D.Contumace.77.78.
— Besançon.A5.724;P1.1538;B10.387;D.Substit.273.Testam.440.
— Civ.r. A11.134,n.3; P19.1.361; B22.158; S19.1.378; D. Pap.-monn.15.
— Orléans.A6.629,n.;P1.1462; B12.279,n.; S2.166; D.Effets de comm.337.
4 Ord.A6.335,n.13;D.Dom. de l'état.
— Ord.A6.343,n.1;SC5.69;D.Dom. de l'état.45.
— Ord.A6.326,n.17;D.Ventes admin.383.
— Ord.A6.817;D.Emigré.253.
— Req.P19.1.378;S19.1.447;D.Succession.
— Dijon.P33.2.153;S27.2.130;D.Forêts.387.
— Ord. du cons. d'état.SC5.81;D.Comptabil.41.
— Ord.SC5.68;D.Trav. pub.111.

— Ord. du cons. d'état SC5.73;D.Ventes admin.176.
— Ord. du cons. d'état.SC5.70;D.Ventes admin.291.
— Ord. du cons. d'état.SC5.70;D.Ventes admin.508.
5 Cr.c.A7.31;P19.1.281;B13.29;S19.1.294; D.Enreg.164. 166.
— Cr.c.A4.36,n.;P1.1013;B7.37,n.;D.Cont. ind.259.
— Cr.c.A8.391;P19.1.255;B15.436;S19.1.297; J21.180; D. Faux.324.
— Cr.c.A11.393,n.3;P2.1038,n.9;B23.98;D.Proc-verb.32.
8 Civ.c.A2.802;P19.1.305;S19.1.355;B4.450; J21.181; D. Commissionnaire.520.
— Ord.A4.544,n.4,n.3;B8.150,n.3;D.Culte.87.
9 Civ.c.A1.45;P19.1.249;S19.1.343;B1.50;MR16.39; J21. 186;D.Absence.384.392.408.
— Req.A6.877,n.1;P19.1.283;B12.569,n.1;S19.1.201; J21. 185;D.Enq.300.302.
— Req.P19.1.288;S19.1.303;D.Servitudes.346.
10 Civ.c.A7.218;P19.1.336;B13.240;S19.1.387; D.Enreg. 1825.
— Civ.c. A11.749,n.6; P19.1.246;B24.248;S19.1.337;J21. 191;D.Saisie-imm.945.947.
— Nimes.P20.2.36,n.;S10.2.82;D.Interdit.145.
11 Colmar.A4.793. et 8.629,n.1; P21.2.3; B8.434; S20.2. 153;D.Dem. nouv.108.Filiat. nat.188.
— Req.A2.674;P19.1.345;B4.302;S19.1.220; D.Choses.61. Colonies.6.57.115.116.Req. civ.186.
— Cr.r.A11.315,n.1; P19.1.311; B22.473; S19.1.317; J21. 195;D.Prescrip. crim.83.
— Bruxelles.A12.706,n.1.1;B27.290;D.Tutelle.99.
— Cr.c.A2.449,n.1;B4.47;D.Chasse.145.
12 Cr.c.A4.54;P1.1040,B7.35;D.Contr. ind.92.
— Colmar.V. au 11.
13 Agen.A4.645;P1.1205;B8.262; D.Deg. de jurid.155.
— Rouen.A9.22;P19.2.33;B17.18;J21.197;D.Huiss.317.
— Nimes.A9.651,n.;B18.287;D.Exéc. provis.49.
15 Civ.r.A9.629;P19.1.310;S19.1.333;MR17.182.
— Nimes.A12.417,n.1;P2.1323;B26.259;S20.2.73;D.Rapp. à succ.120.
16 Civ.c.P19.1.367;S19.1.321;D.Amnistie.26.
17 Civ.c.A1.351;P19.1.293;B1.411;S19.1.308; MR16.82;D. Alimens.183.184.
— Req.A1.243;P19.1.376;B1.283;S20.1.1; J21.209;D.Action poss.211.
— Req.A1.276;P19.1.353;B1.321; S19.1.393; J21.205; D. Action poss.370.
— Req.A6.876;P19.1.334;B12.568;S19.1.403; J21.201; D. Enq.258.
— Req.A7.657. et 10.486,n.1;P19.1.377;B14.323;S20.1.2; D.Domm.-int.68.Expertise.12.286.
— Nimes.A10.822,n.2;P24.2.162;B21.364; J21.198; D.Ordre.248.
— Riom.A12.575,n.9;P2.1359;S19.2.260;D.Témoins.
18 Req.A6.575;P19.1.427; B12.216; S20.1.69; MR16.647;J 22.214;D.Eff. de comm.119.
19 Cr.c.A8.700. et 9.625;P19.1.290; B16.328; S19.1.298;J 21.222;D.Corruption.27.Jugement.591.Prêt sur gage.
— Cr.r.A11.496,n.2; P19.1.371; B23.268; S19.1.422; J21. 219;D.Question pr.41.60.
— Solution.D.Enreg.2245.
20 Besançon.A12.905,n.1;P2.1473;B28.162; D.Vente.858. 863.
21 Ord. du cons. d'état.D.Ventes adm.501.
23 Civ.c.A2.221;P19.1.321;B3.243;S19.1.327; J21.229; D. Frais et dépens.256.Jugem. par déf.49.
— Civ.r.A10.259,n.1.1;P19.1.363;B19.488. et 27.299;S19. 1.354;D.Communauté.1184.1185.Séparation de biens. 147.
— Civ.c.A12.710,n.1,n.1;P19.1.365;S19.1.325;J21.224;D. Tutelle.171.
24 Ord.A4.543,n.4,n.2;P1.1182,n.2; B8.150,n.2; S20.2.64; SC5.85;D.Culte.81.
— Ord.A6.526;D.Ventes adm.380.
— Ord.A6.504,n.5;B11.345,n.5;SC5.90;Dom. engagé.29. 93.
— Ord.A9.982,n.5;D.Manufact.
— Metz.A10.365,n.1-1;P2.800,n.4; B20.478;S19.2.332;D. Subrog.40.
— Ord.A11.391,n.2;P2.1036,n.2;B23.91;SC5.83;D.Prises marit.232.
— Ord.A11.382,n.8;P2.1051,n.8;B23.74; SC5.94;D.Prises marit.163.
— Civ.c.A11.722,n.9;P19.1.276;B24.193;S19.1.350;D.Saisie-imm.499.500.
— Ord.A3.237;D.Compét.
— Ord.A3.195,n.3;D.Compét.
— Ord. du cons. d'état. S21.2.268; D. Ventes adm.554. 509.
— Ord. du cons. d'état.SC5.84;D.Ventes adm.456.
— Ord.A12.992,n.3;B28.304,n.3;D.Voirie.204.
— Ord.A12.1006,n.8;B28.322;D.Voirie.411.
25 Nimes.A5.672;P20.2.55;B10.327; S20.2.32; J21.253; D. Exéc. prov.5.
— Req.A10.288,n.7;P19.1.351; B20.53;S19.1.409;D.Communauté.1167.
— Cr.c.A12.1082,n.2;P19.1.391. et 2.1538. et 12.1538,n. 1;B28.47;S19.1.318. et 360;J21.236;D.Vol.340.
26 Cr.c.A2.119; P1.359; B3.128; D.Autor. mun.15.16.17. Cass.1078.Chose jugée.302.Jugement.423.
— Cr.r.A4.238;P1.1073;B7.259;D.Octroi.159.
— Bruxelles.A7.56;P2.97;B14.211; D.Escroquerie.30.
— Décis. min.A6.546,n.1;D.Droits civ.

— Limoges.A11.243,n.8; P20.2.48; B22.351; S20.2.75; D. Prescrip.52.
30 Nimes.A1.131;P1.49;B1.154; S19.2.224; J21.76; D.Acquiesc.272.
— Req.A6.671;P19.1.358;B13.332;S19.1.345; J21.259; D. Eff. de comm.500.524.Novat.64.
— Paris.P19.1.209,n.;D.Compét.crim.89.Instruct. crim. 281.
31 Civ.c.A7.422;P19.1.338;B14.58;S19.1.352;D.Acquiesc. 169.Enreg.2651.2810.Saisie-arrêt.103.
— Ord.A6.817,n.1;D.Emigré.256.
— Ord.A9.980,n.9;B19.117,n.9;S21.2.251; D.Manufact.
— Ord.A9.979,n.8;B19.116;SC5.102; D.Manufact.66.68.
— Metz.A12.649,n.10; P2.1384; B27.186; D.Tierce-opp. 163.
— Civ.r.A11.762,n.1;P19.1.329. et 2.1202;B24.266;S19.1. 342;J21.242;D.Surenchère.286.
— Ord.A3.191,n.4;D.Compét.
— Ord.A3.191,n.8;D.Trav. pub.111.
— Ord. du cons. d'état. A5.203,n.1; D.Compét. admin. 330.
— Ord.A3.224,n.4;D.Eau.513.
— Ord. du cons. d'état. S21.2.269; D.Compét. adm.358. Halage.26.
— Ord. du cons. d'état.SC5.98;D.Eau.104.
— Ord. du cons. d'état.SC5.99;D.Ventes adm.401.
— Ord. du cons. d'état.D.Ventes adm.243.
— Ord. du cons. d'état.SC5.100;D.Ventes adm.251.
— Ord.A12.1006,n.8;B28.322;D.Voirie.411.

AVRIL.

1 Req.A6.293;P19.1.426; B11.334;D.Portion dispon.381. 387.
— Req.A9.918,n.2-2; P19.1.443; B19.180; S20.1.71; D. Louage.392.
— Bordeaux.P29.2.216;D.Respons.470.
2 Cour sup. de Bruxelles.A2.371;P1.485;B3.416;D.Caution.7.
— Cr.c.A5.359; P19.1.251; B6.172; S19.1.231; J21.247; D. Compét. crim.610.Régl. de juges.123.
— Cr.c.A7.713;P19.1.400;B14.395;S19.1.316; J21.251; D. Exploit.960.
— Cr.c.A9.596,n.1.3; P19.1.393; B18.204; S19.1.317; D. Jeu-pari.20.
— Lyon.P19.2.18;S20.2.269;D.Rescis.142.
5 Lyon.P25.2.199;D.Acquiesc.39.185.
5 Bruxelles.A11.309,n.3;P2.1012,n.4; B22.464; D.Prescrip. civ.1067.
6 Dijon.A3.368;P1.801;B5.423;D.Compét. comm.300.
— Req.A7.820;P22.1.206;B14.521;S22.1.543;J23.82.et 21. 255;D.Cassation.221.Exploit.110.
— Req.A11.67,n.1; P19.1.415; B22.42; S20.1.85; D.Juge supp.18.
— Civ.c.A12.270,n.2; P19.1.291; B26.14; S19.1.307; D. Etranger.33.36.40.
— Douai.A11.768,n.2; P2.1204; B24.270; D.Surenchère. 345.
7 Req.A1.124; P19.1.424; B1.146; S19.1.432; D.Faillite. 117.165.166.167.
— Ord.A6.839,n.5;B12.524,n.5;SC5.111;D.Emigré.585.
— Civ.r.A9.603,n.1.3;P19.1.388;B18.217; S19.1.442; J21. 253;D.Jour férié.46.Exploit.524. Surenchère.316.
— Civ.c.A10.425,n.1; P2.703,n.3; B19.516; D.Autor. de femme.63.80.
— Ord.A3.193,n.1;D.Eau.312.562.
— Ord. du cons. d'état.A5.109; SC5.109;D.Dom. de l'ét. 123.
— Ord. du cons. d'état.SC5.114;D.Ventes adm.214.
— Ord. du cons. d'état.D.Ventes adm.226.
— Ord. du cons. d'état.D.Ventes adm.407.
— Ord. du cons. d'état.SC5.112; D.Ventes adm.226.
8 Ord.D.Vente pub. de meubles.42.
9 Grenoble.A12.427,n.;B26.271;D.Rapp. à succ.172.
10 Cr.r.A4.456;P1.1160;B8.53;D.Cour d'ass.856.869.1052.
— Cr.c.A2.160;P19.1.349;B3.173;S19.1.340;J27.91. et 21. 266;D.Peine.158.
— Cr.c.A4.306;P19.1.373; B7.553; S19.1.319; J21.266; D. Cour d'ass.291.
— Cr.c.A5.83;P19.1.401;B9.95;S19.1.321;D.Abus de confiance.52.
13 Req.A1.240;P19.1.417; B1.279; S19.1.449; J21.267; D. Action poss.58.98.
15 Req.A2.280;P19.1.415;B3.311;S19.1.209; D.Cassation. 295.297.Lois.185.
— Cr.c.A6.429;P1.1375. et 19.1.352;B12.44;S19.1.311. et 20.1.498;D.Douanes.290.
— Req.A10.598,n.1. et 12.154,n.17;P19.1.422;B20.535. et 25.385;S20.1.30;J21.271;D.Cess. de biens.103.
— Cr.c.V. au 16.
16 Cr.r.A4.442;P19.1.317;B8.39; S20.1.121; MR17.193; D. Cour d'ass.1137.1139.1146.Motifs des jugem.234.
— Cr.c.A2.165; P19.1.460; B3.178; S19.1.416; D.Autor. mun.559.560.
— Cr.c.A4.245;P19.1.429;B7.266;S19.1.322;D.Contr. ind. 599.605.611.Jugement.528.
— Bruxelles.A6.575,n.1;B12.247,n.1;D.Effets de comm. 119.
— Cr.c.A11.164,n.,n.13;P19.1.436; B22.211; S20.1.1;J21. 271;D.Peine.105.

19 Civ.r.A6.496;P19.1.257;B12.124. et 12.824; S19.1.288; MQ6.465;J21.274;D.Etranger.249.
— Bul. cr.D.Récidive.15.
21 Civ.c.A2.631;P19.1.354;B4.255; S19.1.358; MQ6.244; J 21.282;D.Chose jugée.440.
— Civ.c.A9.71; P19.1.270; B17.77; S19.1.281; J21.236;D. Privil.337.
— Bourges.A9.934,n.1;P2.670,n.2;B19.45;D.Louage 566.
— Civ.c.A9.464;B18.3;D.Contr. dir.142.Saisie-arrêt.146.
— Bruxelles.A10.537,n.1.6;P2.797,n.1;B20.441; D.Oblig. divis.84.
— Bruxelles.A11.561,n.1; P2.1122,n.1; B23.386; D.Lois rétr.203.Rente.190.
— Civ.c.A5.215;P1.751;B5.243; D.Compét. adm.382.383.
22 Douai.A10.52,n.2; P22.2.69. et 25.2.90,n.2; B19.163; S 20.2.116; D.Acte resp.36.66.Conciliation.56. Mariage. 293.
23 Cr.c.A2.151; P19.1.435; B3.163; S19.1.426; J21.390;D. Autor. mun.226.
— Cr.c.A4.62;P19.1.459;B7.66; S19.1.416; D.Contr. ind. 169.170.
— Angers.A12.45,n.2; P2.914,n.5; B25.204; S20.2.203;D. Servitudes.559.360.
— Orléans.A11.652,n.2; P2.1153,n.5; B24.65; D.Saisie-exéc.64.
26 Rennes.A11.840,n.1;P2.1231;B24.412; D.Saisie-imm. 1610.
27 Req.A6.309;P19.1.297; B12.138; S19.1.315; MR17.217; D.Dr. polit.8.Naturalis.6.Substitution.324.
28 Civ.r.A3.338; P19.1.386; B5.385; S20.1.33; J21.303;D. Compét. comm.161.
— Angers.A10.169,n.1.2;P21.2.6;B18.381. et 19.381;S20. 2.160;J21.300;D.Contrat de mariage.82.
— Metz.A11.286,n.1;P20.2.3; B22.423; S20.2.12; J21.293; D.Prescrip. 207.694.
— Douai.P33.2.223;S20.2.120;D.Oblig. à terme.37.
29 Cr.c.A4.514;P1.1180. et 19.1.458;B8.119;S19.1.432;D. Cour d'ass.1561.1654.
— Cr.r.A4.447;P1.1157. et 19.1.319; B8.440; S19.1.312; J 21.307;D.Cour d'ass.300.1100.Témoin 355.
— Cr.c.A4.334;P1.1114 et 19.1.455;B7.364;S19.1.410;MR 16.557;J21.310;D.Cour d'ass.253.
30 Cr.c.A2.161,n.;P1.589;B5.174;D.Peine.158.
— Cr.c.A4.335;P1.1114;B7.365;D.Cour d'ass.253.
— Cr.r.A4.399;P1.1135;B7.459;D.Cour d'ass.434.809.883.

MAI.

1 Metz.A5.181; P1.1311; B9.209; S19.2.327; J21.311; D. Destruct.64.
— Douai.A6.828,n. ,n.2;P20.2.62;B12.512,n.2; S20.2.171; D.Emig.317.318.319.
— Rennes.A11.714,n.2;B24.181;D.Saisie-imm.408.
3 Ord.A6.333,n.10;D.Domaines.
4 Civ.r.A3.109;P1.712. et 19.1.369,n.;B5.118;S19.1.427; D.Commune.306.Deg. de jurid.530.
— Civ.c.A3.110;P19.1.369;B5.119; S19.1.430; D.Commune.306.Deg. de jurid.530.
— Bourges.A11.871,n.2;B23.465;D.Saisie-imm.1712.
5 Orléans.A7.676,n.3;B14.549,n.1;D.Expertise.225.259.
— Colmar.A10.765,n.;P21.2.22; B21.271; S20.2.215; J21. 318;D.Serment 64.65.
— Colmar.A12.58,n.1; P2.1257; B25.223; S20.2.150; J21. 313;D.Servitudes.539.
6 Cr.r.A4.412;P19.1.454; B8.4; S19.1.404; D.Cour d'ass. 811.Serment.113.
— Riom.A3.799; P20.2.50; B6.445; S20.2.36; J21.321; D. Contr. par corps.598.
7 Cr.c.A1.593,n.;D.Appel correct.225.
— Bruxelles.A5.816;P1.1342;B10.292; D.Testament.736.
— Cr.c.A9.574,n.10;P2.596;B16.372;D.Forêts.410.
— Douai.A10.768,n.9;P20.2.53; B21.309; S20.2.127; J21. 323;D.Fruits 48.Ratification.134.Respons.328.
8 Req.D.Lois rétr.98.
9 Orléans.A9.625;D.Motifs des jugem.4
10 Civ.c.A7.71;P2.8. et 19.1.356; B13.75; S19.1.377; J21. 330;D.Enreg.608.2812.
— Civ.c.A7.350;D.Enreg.2457.
— Limoges.A9.746,n.1;P21.2.67; B18.425; S21.2.62; J21. 331;D.Jugem. par déf.433.
11 Req.A10.705,n.1; P2.847,n.1; B21.171; S20.1.84; J21. 333;D.Preuve litt.1252.
— Req.A12.812,n.2;P19.1.403; B28.6; S19.1.446; D.Lois rétr.82.83.Usufruit lég.14.110.112.
12 Nîmes.A4.651; P1.1208; B8.269; S20.2.209; J21.335;D. Deg. de jurid.168.
— Nîmes.A5.577;P1.1351;B10.216;S19.2.292;D.Port.disp. 35.
— Ord.A6.342,n.2;D.Ventes adm.193.
— Ord.A9.982,n.6;B19.120;SC5.124;D.Manufact.135.
— Ord.A9.982,n.6;B19.120;D.Manufact.
— Ord.A9.467,n.7;B18.7,n.3;SC5.129; D.Contr. dir.169.
— Req.A12.179,n.1; B25.126; S20.1.79; D.Substitution. 137.138.
— Civ.c.A11.556,n.1;P19.1.315;B23.377; S19.1.274; J21. 336;D.Rente.152.154.
— Ord. A12.685,n.14; P2.1401; B27.252,n.1; SC5.119; D. Eau.310.
— Metz.P25.2.34,n.3;S20.2.62;D.Arbitrage.642.669.
— Ord.A3.192,n.1;SC5.124;D.Trav. pub.150.
— Ord. du cons. d'état.SC5.124;D.Nom.31.

— Ord.A12.994,n.2;B28.307;D.Voirie.239.
13 Orléans. A10.383,n.,n.2; P2.769,n.2; B20.205,n.1; D. Mat. som.43.
— Cr.c.A1.560,n.,P1.203,n.;B2.190,n.; D.Appel correct. 81.
14 Paris.A10.496,n.2. et 11.380;P21.2.14; B20.377. et 26. 198;S20.2.190; D.Intérêts de cap.164. Success. bénéf. 205.
— Nîmes.A12.502,n.;B26.69; P2.1303;S20.2.38; J21.678; D.Retour conv.21.25.Retour lég.59.
17 Bruxelles. A5.717; P1.1337; B10.378; D. Testam.404. 410.637.
— Loi A11.325,n.1;S19.2.227;D.Presse.
18 Rouen.A4.533;P19.2.31;B8.139;S25.2.321,n.; J21.345; D.Courtier.109.
— Civ.r.A9.68,n.1;P19.1.397;B17.74,n.1; S25.2.321,n. et 20.1.94;J21.340;D.Privilége.547.
— Civ.c.A10.140,n.1.2;P19.1.407;S19.1.352; J21.341; D. Autorisat. de femme.153.
— Civ.c. A11.523,n.1; P19.1.419; B23.316; S19.1.329; D. Remplacem.27.29.
— Rennes.A11.857,n.1.3;B24.441;D.Saisie-imm.1633.
19 Civ.c.A1.673;P19.1.353;B2.320;S20.1.38;D.Arbitrage. 412.413.Emigré.201.Exploit.266.
— Req.A7.277;P19.1.461;B13.514;S19.1.402; J21.347; D. Enreg.2069.
— Req.A5.465;P19.1.463; B10.81; S19.1.412; J21.348; D. Port. disp.546.
— Civ.r.A11.563,n.1;P19.1.412;B25.382; S20.1.28; MQ6. 196;J21.354;D.Rente.207.208.
— Orléans.A9.625;B18.248;D.Motifs des jugem.4.
21 Bruxelles.A8.105,n.1;B15.121,n.1;D.Faillite.442.
— Nîmes.A10.241,n.n.3;P20.2.46;B19.490;S20.2.57;J21. 356;D.Sép. de biens.143.
22 Cr.c.A4.295;P1.1095. et 19.1.475; B7.324; S20.1.16; J 21.358;D.Cour d'ass.143.
— Cour sup. de Bruxelles. A2.737;P1.643; B5.375. et 4. 376;D.Actes de comm.154.236.
— Nîmes.A9.910,n.1.4;P24.2.76;B19.7;S20.2.33;J21.359; D.Louage.145.736.
— Cr.c.A11.617,n.8;P19.1.462;B24.5;D.Révision.10.
— Cass.D.Or et argent.125.
25 Civ.r.A3.136;P19.1.380; B5.148; S19.1.419. et 22.2.81; D.Commune.676.677.678.
— Bruxelles. A6.635,n.; B12.286,n.; D.Effets de comm. 385.
26 Metz.A9.745,n.1;P2.588,n.1; B18.424; S19.2.324; J21. 363;D.Jugem. par défaut.428.
— Civ.c.A11.58,n.1;P19.1.414;B22.26;S20.1.29; J21.365; D.Jugem.309.323.
— Loi.A11.326,n.1;S19.2.229;D.Presse.
27 Cr.r.A4.322;P1.1110;B7.351;D.Cour d'ass.316.
— Req.A9.201;P19.1.405;B17.237;S19.1.324;MR16.392; J 21.366;D.Hypoth. conv.57.
— Cr.c.A9.814,n.1;P2.621,n.1;B16.327;S19.1.347;D.Lois 89.
— Bruxelles.A10.202,n.1; P2.721,n.5; B19.430; D.Communauté.211.
— Cr.c.A11.216,n.1;P19.1.457;B22.305;S19.1.347;D.Frais et dépens.370.
28 Rennes.A6.501;P1.1406;B12.130;D.Etranger.234.
29 Paris.A9.440,n.1;P2.498,n.3;B17.522,n.4;S20.2.72; D. Rad. des hypoth.71.
30 Riom.A11.717,n.2;P20.2.35;B24.183;S20.2.5;J21.371; D.Saisie-imm.457.476.480.

JUIN.

1 Nîmes.A1.152;P20.2.59;B1.555;S19.2.285; J21.373; D. Acquiescem.402.
— Nîmes.A12.572,n.5;P2.1359;B27.69;D.Témoin.47.
2 Ord.A9.469,n.13;B18.10,n.1;D.Contr. dir.239.
— Limoges.A9.599,n.1.5;P21.2.67;B18.208;S21.2.17;J21. 377;D.Jeu-pari.40.44.
— Nîmes.A11.835,n.3;P21.2.15; B24.402; S19.2.281; J21. 374;D.Saisie-imm.1518.Tutelle.609.
— Ord.A3.196,n.3. et 226,n.4. et n.7;D.Eau.390.411.
— Orléans.A11.533,n.12;B23.334;D.Réc. de juges.45.
— Ord. du cons. d'état.D.Ventes admin.57.
— Ord. du cons. d'état.SC5.131;D.Ventes admin.222.
— Ord. du cons. d'état.SC5.130;D.Ventes admin.339.
— Ord. du cons. d'état.SC5.132;D.Ventes admin.407.
3 Bruxelles.A1.6;P1.3;B1.7;D.Absence.52.404.
— Ord. du cons. d'état.D.Marché de fourn.280.
4 Cr.r.A4.490;P22.1.72;B8.93;D.Cour d'ass.1514.
— Ord.A3.191,n.8;D.Compét.
8 Req.A1.428;P19.1.515; B1.161; S20.1.104; J21.380; D. Acquiescem.274.400.
— Nîmes.A5.470;P1.1325;B10.89;S20.2.194; D.Port. dispon.527.
— Civ.r.A9.347;P19.1.449;B17.409; S20.1.14; J21.382; D. Hypoth.162.
9 Loi.A11.327,n.1;S19.2.232;D.Presse.
— Civ.r.A11.642,n.2,n.1;P19.1.392;P24.49;S20.1.3;D.Saisie-arrêt.149.
10 Bruxelles.A5.531;P1.1329;B10.158;S21.2.175;D.Donation.250.251.252.
— Poitiers. A9.480,n.2; P24.2.76; B18.24,n.1,n.2; S24.2. 301;S20.551;D.Incendie.39.Exploit.178.
— Cr.c.A11.592,n.2;P2.1130,n.8;B23.441; D.Renvoi.101.

11 Nîmes. A1.474; P1.170; B2.88;D.Appel civ.253;Degré de jurid.312.Tierce-opp.202.
— Cr.c.A8.416;P2.264;B15.484;D.Faux.464.
— Poitiers. A9.214,n.1-1;P2.450;B17.253,n.1;D.Hypoth. conv.117.
13 Caen.A10.104,n.,n.1;P2.699,n.3; B19.272; S19.2.225; D.Mariage.550.
14 Bruxelles.A6.669;B12.527,n.2;D.Effets de comm.516.
— Rennes. A9.569,n.1; P2.532,n.1; B18.158; D.Interdit. 178.179.180.
15 Req.A3.811, P19.1.516; B6.159; S20.1.123; J21.390;D. Contr. par corps.625.
— Civ.c.A3.291;P19.1.420; B5.328; S20.1.67; J21.387; D. Comp. civ.407.
— Poitiers A11.765,n.2,n.1; P2.1205; B24.268; D.Surenchère.56.57.
— Nîmes.D.Louages à cheptel.60.
— Lettre min.A8.760,n.8;D.Forêts.583.
16 Civ.r.A9.766,n.1.3;P19.1.374;B18.455; S20.1.109; J21. 392;D.Jugem. prép.146.
— Nîmes.A12.1045,n.2,n.2;P2.1516;B28.381;S19.2.279;J 21.395;D.Vol.42.
17 Cr.c.A11.33,n.2;P19.1.509;B21.458; S20.1.9; D.Action publ.45.Compét. crim.85.
— Déc. du cons. d'état.D.Propriété litt.36.
18 Cr.c.A4.60;P1.1021;B7.64;D.Contr. ind.169.183.
— Cr.c.A4.55;P1.1019;B7.58;D.Contr. ind.22.88.223.
— Metz.A7.728;P2.138;B14.414;S20.2.63;D.Exploit.76.
— Cr.c.A12.1077,n.6;P19.1.501;B24.439;S20.1.312 et 12; J21.397;D.Vol.303.
19 Metz.A4.716;P1.1241;B8.545;S20.2.31; D.Degré de jurid.449.Saisie-exéc.239.
— Cr.c.A4.463,n.;B7.177,n.;D.Tabacs.12.
20 Cour sup. de Bruxelles.A2.751; P1.648; B4.393; D. Commissionnaire.142.143.146.
— Décis. min.A7.545,n.2;D.Enreg.2408.
21 Civ.c.A12.93,n.3; P19.1.450; B25.282; S19.1.414; J21. 397;D.Mandat.339.Société civ.217.
22 Rouen.A2.36;P1.520;B5.36; J30.190; D.Assur. marit. 496.
— Montpellier.A10.350,n.1-1; P20.2.57; B20.158; S20.2. 310;J21.414;D.Mariage.403.404.405.Remploi.105.
— Req.A10.81,n.1;P19.1.465;B19.236; S19.1.438; MR16. 392;J21.401;D.Filiat. nat.203.Nom.71.
— Civ.c.A11.786,n.2; P19.1.520; B24.312; S20.1.21; J21. 409;D.Surenchère.12.
23 Req.A1.799; P19.1.524; B2.446; S20.1.55; J21.424; D. Arbitrage.422.1054.1082.
— Limoges.A1.113;P1.43; B1.135; J21.420; D.Acquiesc. 329.
— Ord.A9.979,n.6;B19.116;SC5.145;D.Manuf.16.
— Metz.A11.908,n.3; P22.2.44. et 2.1245; B25.42; S19.2. 276;J21.428;D.Sép. de biens 82 Sép. de corps.152.
— Poitiers.A6.386,n.1;P1.1362;B11.442,n.1;D.Domicile. 73.74.
— Ord.A3.191,n.8. et 227,n.2,n.3;D.Eau.439.443.
— Ord.A3.220,n.26;D.Contr. dir.259.
— Ord.A3.118,n.9; P1.715,n.9; B5.128,n.9; SC5.151; D. Commune.506.
— Ord. du cons. d'état.D.Eau.245.
— Ord. du cons. d'état.D.Marché de fourn.301.
— Ord. du cons. d'état.D.Ventes adm.220.
— Ord.A6.341;D.Ventes adm.316.
— Ord. du cons. d'état.SC5.143;D.Ventes adm.408.
— Ord. du cons. d'état.SC5.150;D.Vente adm.478.
— Arr.A12.988,n.6;B28.998;D.Voirie.131.
— Ord.A12.992,n.3;B28.304,n.3;D.Voirie.204.
— Ord.A12.1013,n.12;D.Voirie.335.
— Ord.A12.1014,n.12;D.Voirie.345.
24 Cr.c.A4.434; P19.1.519; B8.29; S20.1.13; J21.433; D. Cour d'ass.1040.
— Cr.r.A8.678,n.1;P19.1.512; B16.300,n.1; S20.1.30;J21. 429;D.Fonct. publics.204.205.
— Rouen.A12.781,n.8;P20.2.30;B27.426;D.Emancip.49.
25 Cr.c.A8.369;P2.53;B15.430;D.Faux.197.
— Cr.r.A9.520,n.1;P2.517,n.4;B18.86;D.Instruct. crim. 501.518.
28 Paris.A8.550;P20.2.49;B16.154;S20.27; J21.456; D.Filiation légitime.55.
— Civ.c.A9.629,n.2;P19.1.440;B18.254; S20.1.72; MR17. 181;D.Motifs des jug.75.
29 Civ.r.A9.709;P19.1.409. et 431;B18.368;S19.1.434 et 20. 1.55;MQ6.213; J21.442; D.Effet de comm.711.Jugem. par défaut.146.168.Exploit.529.
— Civ.c.A9.561;P19.1.452;B18.147;S20.1.8;MQ6.762;J21. 448;D.Interdit.86.210.
— Civ.c.A11.232,n.2;P19.1.456; B22.333; S19.1.404; J21. 451;D.Voitures publ.88.
— Civ.r.A12.452,n.13; P19.1.474; B25.383; S20.1.81; D. Garantie.285.Stellionat.25.
30 Bruxelles.A9.142,n.1;B17.164,n.1;D.Hypoth. lég.99.
— Nîmes.A12.530,n.2; P21.2.35; B26.444; S20.2.268; D. Resols.116.Success.327.

JUILLET.

1 Rennes.A8.110;P2.191;B15.127;D.Faillite.420.
— Poitiers.A10.854,n.3; P2.900,n.16; B21.420; D.Ordre. 609.
2 Bruxelles.A3.174;P1.753; B5.194; D.Compét. admin. 113.

— Rennes.A7.719;P2.133;B14.402;D.Femme.5.
— Limoges.A9.52,n.2;P20.2.5;B17.63,n.2;D.Privil.261.
— Cr.c.A12.954,n.2;P2.1493;B28.245;S19.1.374;D.Homicides.17.
5 Nimes.A6.537;P1.1412;B12.195;S19.2.294;D.Effets de comm.44.
— Paris.A10.791,n.1.4;P20.2.77;B21.315;D.Responsabil.97.117.
— Civ.c.A12.926,n.2,P19.1.476. et 2.1483; B28.199; S20.1.53;J21.455;D.Transport de créance.204.241.
— Cass.A9.836,n.11;D.Lois rétroact.16.
6 Civ.r.A1.144;P19.1.547;B1.468;S20.1.78; MR16.522; J 21.425;D.Acquiesc.238.339.
— Rennes.A5.77;P1.1295;B9.88;D Chose jugée.72.
— Nimes.A11.805,n.1; P2.1214; B24.337; D.Saisie-imm.1276.
7 Bruxelles.A6.858,n.1;B12.547,n.;D Enq.115.
— Bruxelles.A11.643,n.2;P2.1149,n.5; B24.51; D.Saisie-foraine.5.9.
— Ord. du cons. d'état.SC5.158;D.Contr. ind.636.
8 Req.A1.233;P19.1.545; B1.271; S20.1.165; J21.460; D. Action.63.Action possess.248.Témoin.59.
— Riom.A5.420;B10.32;D.Port. disp.6.7.8.646.
— Rennes.A11.532,n.1; P2.1109,n.2; B29.343; D.Réc. de juges.18.
9 Cr.c.A4.139;P1.1045;B7.150;D.Octroi.64.
— Cr.c.A6.434,n.;P1.1378; B12.50,n.; S19.1.375; D.Voitures publ.164.
— Grenoble.A9.739,n.9;B18.414; D.Jugem. par défaut.403.
12 Civ.c.A6.867,n.1.2;P19.1.441; B12.557,n.2; S19.1.397; MR17.174;J21.465;D.Enquête.155.
13 Req.A9.954;P19.1.487;B19.78;S20.1.3;D.Charte.38.44.
14 Rennes.A5.125;P1.1303;B9.145;D.Désaveu.164.
— Civ.r.A7.851;P19.1.455;B14.535;S19.1.407;MR16.91;J 21.474;D.Autoris. de femme.30.Exploit.330.331.
— Rouen.A9.31;P2.416; B17.29; S19.2.270; D.Privilége.72.
— Poitiers.A9.737,n.,n.3;P2.508,n.1; B18.413;D.Jugem. par défaut.366.
— Poitiers.A10.578,n.1; P2.806,n.1; B20.502; D.Offre.62.70.86.Exploit.764.
— Ord.A3.195,n.3;D.Compét.
— Ord.A3.119,n.18;P715,n.18;B5.129,n.18; SC5.170; D. Commune.511.
— Ord. du cons. d'état.SC5.168; D.Marché de fourn.295.
— Ord. du cons. d'état.SC5.160;D.Ventes adm.248.
— Ord. du cons. d'état.D.Ventes adm.385.
— Ord.A12.1024,n.42;D.Voirie.716.
15 Req.A1.472;P19.1.545; B2.86; S20.1.77; D.Appel civ.247.
— Cr.A2.322; P19.1.437; B3.359; S19.1.371; D.Cass.457.460.461.670.1031; D. Compét. crim.548. Conflit.41. Quest. pr.50.
— Cr.c.48.369; P2.253; B15.430; S19.1.380; D.Faux.201.202.203.206.
— Nimes.A8.608,n.1;P20.2.22;B16.220,n.1;S19.2.282; D. Légitimat.18.
16 Cr.c.A4.303;P1.1102;B7.336;D.Cour d'ass.354.
— Orléans.A12.863,n.2;P2.1458;B28.88;D.Vente.431.
— Décis.A7.494,n.24;D.Transcript. hypoth.99.
17 Rennes.A7.787;P2.159;B14.482;D.Exploit.321.
— Loi des fin.A8.687;D.Fonct. pub.257.
— Loi.A12.1024,n.42;D.Voirie.717.
18 Paris.A11.769,n.3,n.1;P23.2.55;B24.280;S20.2.69;J21.477;D.Surenchère.72.94.
19 Trib. comm.D.Assur. marit.130.
20 Rouen.A8.267;P22.2.125,n.4;B15.311; S19.2.331; J21.485;D.Faillite.1141.
— Bourges.A10.179,n.2; P2.717,n.2; B19.393; D.Contrat de mariage.46.Testament.78.
— Colmar.D.Don manuel.10.
21 Bruxelles.A6.557; P1.1442; B12.194,n.2; D.Effet de comm.37.
— Civ.r.A9.965,n.1;P19.1.529;B19.94; S20.1.58; J21.487; D.Mandat.286.
22 Cr.c.A2.152;P19.1.526;B3.164;S19.1.382;D.Aut. mun.411.415.
— Cour supr. de Bruxelles.A3.779; P1.989; B6.423; J21.490;D.Contr. par corps.456.
— Cr.r.A8.309;P2.233;B15.359;D.Cassation.641.Faillite.1401.Tribunal.169.
— Rouen.A6.822,n.1;P1.1506;B12.504,n.1; S19.2.343;D. Emig.304.
— Lyon.A9.152,n.7;P20.2.1;B17.176,n.7; S20.2.125; J21.912;D.Hypoth. lég.128.
— Req.A10.325,n. et 19.148,n.4; P20.1.443; B17.171. et 20.116;S20.1.313;D.Hypoth. lég.116.117.Dot.275.
— Orléans.A11.622,n.2;B24.14;D.Saisie-arrêt.31.
— Cr.c.A11.508,n.11;P19.1.532;B23.282; S19.1.383; J21.492;D.Quest. pr.58.144.
23 Cour sup. de Bruxelles.A2.738;P1.644; B5.432. et 4.378;D.Actes de comm.158.
— Avis du cons. d'état.A8.723,n.2;D.Forêts.19.
24 Paris.A2.373; P1.486; B3.418; S20.2.145; J21.492; D. Caution.33.
— Bruxelles.A8.277;P2.228;B15.322;D.Faillite.1216.
26 Civ.r.A12.765,n.44;P19.1.497; B27.397; S20.1.43; J21.496;D.Prescript.1073.Tutelle.547.551.

1819.

27 Civ.c.A1.674;P19.1.553;B2.520;S20.1.59;D.Arbitrage.412.413.
— Req.A7.101;P2.15. et 19.1.490; B13.111; S19.1.455; D. Enreg.886.Palais.21.508.
— Toulouse.A5.471;P22.2.84; B10.90; S22.2.70; J21.509; D.Port.disp.530.540.
— Civ.r.A7.499;P19.1.485;B14.132. et 21.504;S20.1.105; D.Transcript. hyp.43.
28 Civ.r.A2.803;P19.1.534; B4.451; D.Commissionnaire.368.
— Ord.A6.317,n.1;SC5.171;D.Emig.248.255.
— Bruxelles.A9.651,n.1; P2.560,n.4; B18.287; D.Exécut. prov.87.
— Ord.A9.465,n.2;B18.4,n.4; S20.2.124; D.Contr. directes.28.
— Req.A10.809,n.1;P19.1.537;B21.343;S20.1.52;J21.515; D.Obl.621.Ordre.67.
— Bruxelles.A10.730,n.3;P2.854,n.2;B21.213;D.Preuve litt.1164.
— Ord.A3.162,n.2. et 225,n.9;D.Eau.377.
— Ord. du cons. d'état.S21.2.28;D.Comptabilité.27.
— Ord. du cons. d'état.D.Liberté individ.20.
29 Cr.c.A1.592. et 595;P1.223; B2.228; J21.521; D.Appel correct.224.
— Req.A9.355;P19.1.538; B17.421; S20.1.95; J21.516;D. Hypoth.223.
30 Cr.c.A4.207;P19.1.559; B7.224; S20.1.18; D.Or et argent.84.
— Colmar.A8.77;P2.183;B15.68;S20.2.58; D.Faillite.303.307.
— Grenoble.A9.655,n.; P2.563; B18.294; D.Frais et dépens.39.
— Nimes.D.Révoc.49.
31 Paris.A6.71; P1.1346; B11.76; S20.2.25; D.Legs.132. Substitution.29.304.

AOUT.

2 Rennes.A5.75; P1.1291; B9.81; D.Abus de confiance.61.62.Conciliation.14.Dépôt.118.
3 Douai.A6.524;B12.156;D.Mort civile.71.
— Civ.c.A9.180;P19.1.561;B17.242;S19.1.359; MR16.447; J21.523;D.Chose jugée.128.Hypoth. judic.82.Mandat.459.497.Ordre.422.Exploit.68.Société civ.378.394.399.
4 Civ.c.A1.279;P19.1.589;B1.324;S20.1.112; J21.545; D. Action possess.289.292.387.
— Ord.A11.362,n.,n.4;P2.1053,n.4;B23.37;D.Prises maritimes.40.
— Ord.A3.227,n.2. et n.3. et 237,n.9. et 15,n.5; D.Eau.439.443.
— Ord.A3.133,n.8;P1.677,n.5;D.Communes.
— Ord.A12.1014,n.12;D.Voirie.543.
— Ord.S20.2.152;D.Comptab.67.
5 Req.A10.385,n.1;P19.1.590;B20.212;S20.1.75;J21.548. D.Mines.4.
— Ord. du cons. d'état.D.Marché de four.339.
— Poitiers.A11.36;D.Min.pub.100.
6 Angers.A12.698,n.1;P21.2.12;B27.276;S20.2.196;J21.553;D.Tutelle.85.119.
— Ord.A3.191;D.Travaux pub.75.
7 Caen.A8.237;P2.219;B15.275; D.Compét. comm.229.
8 Colmar.A12.178,n.1; P20.2.56; B25.425; S20.2.34; D. Legs.319.Substitution.131.132.153.
9 Rennes.A7.784;P2.157;B14.478;D.Domicile.88.Exception.237.Exploit.411.
— Nimes.A9.750,n.6; P20.2.80; B18.400; S20.2.262; J21.556;D.Jug. par défaut.329.
— Civ.c.A11.622,n.2;B24.13;D.Saisie-arrêt.45.
10 Civ.c.A1.188;P19.1.478; B1.218; S19.452; MR16.316;J 21.559;D.Actes de l'état civ.28.Mariage.366.
— Cass.A9.836,n.11;D.Lois rétroact.16.
11 Civ.r.A1.272;P19.1.494;B1.316;S20.6; J21.571; D.Action possess.360.
— Req.A9.308;P19.1.491;B17.365;S19.1.450; MQ6.445;J 21.566;D.Inscript.hypoth.2.21.404.416.
— Ord.A11.383,n.4; P2.1052,n.4; B23.76;D.Prise marit.180.
— Ord. du cons. d'état.D.Vente adm.321.
— Ord.A12.1014,n.12;D.Voirie.545.
12 Poitiers.A4.640;P1.1203; B8.257; D.Deg. de jurid.137.
— Req.A2.678; P19.1.512; B4.407;S20.1.102;D.Colonies.117.
— Cr.r.A4.210;P1.1067;B7.227;D.Or et argent.89.
— Ord. du cons. d'état.D.Nom.52.
13 Cr.c.A4.160;P19.1.557; B7.174; S19.1.588; D.Tabacs.148.149.
— Cr.c.A4.117;P19.1.560;B7.126;S20.1.20; D.Contr. ind.509.535.
— Avis du cons. d'état. A8.750,n.1; P2.363; B16.365;D. Forêts.540.
— Req.A9.656,n.1;P19.1.501;B18.295;S20.1.93,D.Frais et dépens.68.Garantie.561.
15 Rouen.P27.2.78;S27.2.227,n.; D.Compét. comm.314.330.
16 Nimes.A7.616;P20.2.60;B14.275; S20.2.263;MR17.328; J21.576;Exception.268.Péremp.300.
17 Req.A11.272.n.2;P19.1.583;B22.405;S20.1.60;J21.580. D.Prescrip.597.
18 Civ.c.A1.620;P19.1.586;B2.259; S20.1.73; J21.582; D. Arbitrage.182.192.218.219.

1819.

19 Cr.c.A2.155;P19.1.545;B3.165; S19.1.394, J23.586; D. Aut. municip.378.380.
— Cr.r.A3.614; P1.923; B6.252; S20.1.52; D.Complicité.114.Cour d'ass.866.Témoin.414.
— Cr.c.A6.433; P1.1377, n.5; B12.49, n.1; S19.1.396; D. Douanes.314.315.
— Req.A10.347,n.1;P19.1.503;B20.154;S20.1.19;J21.589. D.Dot.232.
— Rennes.A11.645,n.3;P2.1150,n.4;B24.55; D.Degré de juridiction.225.Saisie-conservatoire.2.7.
— Cr.c.A12.602,n.6; P19.1.548; B27.112; S19.1.391; D. Cour d'assises.
— Ord.A3.238,n.1;D.Compét.
20 Cr.c.A8.737;P24.1.302; B16.349; S24.1.389; D.Forêts.224.225.
— Cr.r.A12.613,n.1.2; P19.1.541.et 2.1377; B27.131;J21.593;D.Tém. faux.35.45.50.64.
— Cr.c.A12.612,n.1; P19.1.575; B.27.130; S19.1.401; D. Révision.17.
21 Avis du cons. d'état.A8.723,n.2;D.Forêts.19.
— Nimes.A9.729,n.;P21.2.51;B18.393;MR17.232; D.Jug. par défaut.322.324.
23 Civ.c.A11.135,n.,n.8;P19.1.577;B22.160; S21.1.45; D. Pap. mon.20.23.
— Civ.r.A12.1026,n.1;P19.1.584; B28.355;S20.1.63; J21.600;D.Eau.470.
— Civ.c.A6.310;P14.1.13; B11.352;S29.1.409;D.Dom. de l'état.10.
24 Req.A4.736;P19.1.595; B8.368; S20.1.106; J21.604; D.
— Deg. de jurid.545.
— Nimes.A9.538,n.2;P2.474.et 23.2.97,n.2; B17.400,n.2; S20.2.334;D.Hypoth.100.Déleg.20.
— Nimes.A10.828,n.1;P2.887,n.1;B21.376; D.Ordre.349.461.
— Civ.c.A11.595, n.3.n.1; P19.1.549; B23.448; S20.1.46; MR17.520;J21.606;D.Req. civ.7.
— Rennes.A12.750,n.8;P2.1425;B27.370; D.Tutelle.466.510.523.524.
27 Cr.r.A4.471;P1.1164;B8.72;D.Cour d'ass.1387.
— Cr.c.A4.760;P19.1.553;B8.396; S19.1.406; D.Délit rural.82.
— Cr.c.A4.272; P1.1087; B7.296,n.; S19.2.409; D.Contumace.62.
— Caen.A9.478,n.1; P20.2.16; B18.21; S19.2.257; MR16.425;J21.615;D.Incendie.54.
— Rennes.A9.650,n.2;P2.560,n.3;B18.286; D.Exécution prov.29.30.31.32.40.
— Colmar.A10.458,n.1; P20.2.46;B20.316; S20.2.79; J21.611;D.Notaire.257.Obl.306.307.Preuve test.228.
31 Nancy.A6.483,n.2; B12.109,n.2; S19.2.258; D.Contr. par corps.386.
— Civ.r.A6.485,P19.1.527;B12.108;S20.1.96; J21.615; D. Contr. par corps.387.
— Grenoble.A9.140,n.3;B17.162,n.3; D.Hypoth. lég.72.
— Grenoble.A12.755,n.25; P2.1126; B27.379; D.Révoc.220;Tutelle.566.567.

SEPTEMBRE.

1 Ord.A6.325,n.1;D.Ventes adm.324.
— Ord.A6.341,n.1.D.Domaine.
— Ord.A6.342,n.;D.Ventes adm.319.
— Ord.A3.238,n.2;D.Eau.433.
— Ord.A3.135,n.5;D.Communes.
— Ord. du cons. d'état.SC.5.203;D.Marché de fourn.269.
— Dél. de la régie.D.Responsab.223.
— Ord. du cons. d'état.SC5.195,D. Ventes adm.221.
— Ord. du cons. d'état.S5.198;D.Ventes adm.247.
— Ord. du cons. d'état.SC5.204;D.Ventes adm.325.
— Ord. du cons. d'état.SC5.199;D.Ventes adm.328.
— Ord. du cons. d'état SC5.200;D.Ventes adm.555.
— Ord. du cons. d'état.SC5.204;D.Ventes adm.454.
— Ord.A12.991,n.18;B28.303,n.18;D.Voirie.186.
— Ord.A12.1006,n.9;B28.322,n.9;D.Voirie.421.
— Ord.A12.1016,n.12;D.Voirie.553.
3 Cr.c.A4.501;P1.1174;B8.105; D.Cour d'ass.1588.
4 Bruxelles.A10.595,n.1;P2.812,n.1;B20.530; D.Cession de biens.64.
7 Metz.A11.536,n.2;P2.1111,n.1; B23.341; D.Rec de juges.49.78.
8 Ord.A6.796,n.1;D.Emig.267.
— Ord.A9.467,n.6.et 12.837,n.7; P2.1444; B18.7,n.2. et 28.37;SC5.226;D.Contr. directes.180.
— Ord.A12.685,n.15;P2.1401;B27.232; SC5.208; D.Trav. pub.
— Ord.A3.191,n.6.et 195,n.1;D.Compét.
— Ord. du cons. d'état.D.Compét adm.148.
— Ord. du cons. d'état.SC5.225;D.Comptabilité.30.
— Ord. du cons. d'état.D.Fonct. pub.347.
— Ord. du cons. d'état.SC5.214;D.Marais.68.
— Ord.D.Com.86.
— Ord. du cons. d'état.SC5.214;D.Ventes adm.201.
— Ord.A12.990,n.11;B28.301,n.11;D.Voirie.171.
— Ord.A12.991,n.18;B28.303,n.18;D.Voirie.186.
9 Cr.c.A1.78;P1.24;B1.91;S20.1.34; D.Instruc.crim.299.
10 Cr.c.A2.183;P19.1.598;B3.198;S20.1.56;J1.402; D.Autor. mun.666.668.669.670.671.
16 Cr.c.A4.433;P1.1150;B8.28;S20.1.41;D.Concussion.11. Cour d'ass.1038.
17 Cr.r.A3.571; P19.1.582; B6.186; S20.1.66; D.Compét. crim.639.

— Cr.c.A9.663,n.5;P19.1.600;S20.1.82;MQ6.537; D.Frais et dépens.359.
— Bruxelles.A10.51,n.;D.Acte respect.36.66.
— Cr.c.V. an 19.
— Ord.A12.991,n.18;B28.302,n.18;D.Voirie.186.
18 Ord.12.991,n.18;B28.303,n.18;D.Voirie.186.
19 Cr.c.A8.691,n.;D.Fonct.421.
24 Cr.c.A12.1025,n.6;P2,1510;B28,350;D.Voirie.735.
— Cr.c.A9.663,n.4; P2.566; B18.305; D.Frais et dépens. 359.

OCTOBRE.

2 Cr.c.A4.446;P1.1156. et 19.1.579; B8.43; S20.1.57; D. Cour d'ass.969.
— Cr.c.A2.92;P19.1.581;B3.97;S20.1.62. et 511; J21.621; D.Attentat à la pudeur.34.42.
8 Cr.c.A11.407,n.19;P19.1.595,B23.119;S20.1.81;D.Procès-verb.240.
— Cr.c.A11.80,n.1;P2.926,n.1; B22.63; D.Réc. de juges. 63.68.Trib.141.
15 Cr.c.A4.191; P19.1.641; B7.207; S20.1.91; J21.623; D. Cassation.260.Voitures publ.149.
18 Bruxelles.A11.561,n.2;P2.1121,n.2;B23.384; D.Novat. 107.Rente.185.189.
20 Paris.A1.364; P20.2.31; B1.427; S20.2.85; J21,626;D. Contr. par corps.655.
— Ord.A6.817,n.3,n.2;D.Emigré.248.
— Ord.A3.219,n.9. et 227,n.10;D.Eau.456.
— Ord.A3.118,n.10; P515,n.10; B5.128,n.10; SC5.229;D. Commune.506.
— Arr.S21.2.213;D.Eau.177.
— Ord. du cons. d'état.SC5.235;D.Marché de fourn.249.
— Ord. du cons. d'état.SC5.231;D.Vente adm.178.
— Ord. du cons. d'état.S21.2.216;D.Voitures.6.
— Ord.A12.1014,n.12;D.Voirie.545.
21 Poitiers A12.611,n.3.17;P2.1366;B27.127,n.1; D.Tém. faux.35.
22 Cr.c.A4.349;P1.1119;B7.381;D.Cour d'ass.510.
— Cr.c.A10.782,n.11. et 11.112,n.,n.9; P19.1.643; B22. 119;S20.1.90;D.Presse.584 Respons.20.
27 Inst. min.A7.500,n.;D.Transcript. hypoth.43.
— Ord.A5.15,n.16;D.Com.160
— Ord. du cons. d'état.SC5.238;D.Ventes adm.457.
28 Cr.c.A4.77; P19.1.622; B7.82; S20.1.68; D.Contr. ind. 413.
29 Ord. du cons. d'état.D.Douanes.357.

NOVEMBRE.

4 Cr.c.A4.219; P19.1.664; B7.257; S20.1.98; D.Or et argent.28.
5 Cr.r.A3.414;P1.819;B6.10; D.Compét. crim.282.Régl. de juges.116.
6 Ord.A3.15,n.4;P1.677;D.Com.111.
9 Civ.c.A7.110;P19.1.626;B13.122;S20.1.89;MR17.603; J 21.633;D.Enreg.749.980.
— Civ.c.A9.142;P19.1.624;B17.163;S20.1.118;J21,629;D. Hypoth. lég.99.
10 Bourges.A4.389;D.Avocats.36.47.50.
— Req.A1.231;P20.1.189;B1.269; S20.1.209; J21.635; D. Action possess.60.
— Bruxelles.A9.11;P2.113; B17.3,n.2; D.Discipline.154. 164.
— Orléans.A12.845,n.2; P2.1452; B28.57; D.Preuve litt. 955.Vente.25.
11 Cour sup. de Bruxelles.A4.498; P1.1173; B8.101; D. Compét. crim.360.Cour d'ass.1564.
— Req.A8.626;P20.1.180;B16 240;S20.1.222;MR16.364;J 21.638;D.Filiation adultér.17.26.
— Cr.c.A12.1048,n.1; P19.1.628; B28.586; D.Jugem.392. Vol.53.70.
12 Cr.c.A3.595; P19.1.640; B6.211; S20.1.87; D.Compét. crim.727.
— Cr.c.A12.827,n.25.2; P23.1.352. et 2.1443;B28.28;S20. 1.86;D.Usure.91.
13 Rouen.A10.526,n.,n.5;P2.755,n.3;B20.117;D.Dot.294.
15 Douai.A8.545,n.1; B16.149,n.1; S21.1.156; D.Filiation légitime.21.
— Ord.A3.227,n.4;D.Eau.449.
16 Civ.c.A11.760,n.3,n.1. et 787,n.1; P19.1.630;B24.314. et 262;S21.1.271; J21.341; D.Success. bénéf.171. Surenchère.2.8.14.
17 Nîmes.A11.694,n.2;P20.2.78. et 2.1172;B24.144;S20.2. 291;J21.648;D.Saisie-imm.231.410.413.696.
— Rennes.A7.720;P2.133;B14 402;J21.648;D.Femme.7.
— Ord.A7.691,n.2;B14.367,n.2.1;S20.2.240;D.Expertise. 400.
— Ord.A6.342,n.8;D.Domaines.
— Ord.A6.334,n.6;D.Domaines.
— Ord.A6.336,n.1;D.Domaines.
— Ord.A6.334,n.7;D.Domaines.
— Ord.A6.330,n.16;D.Ventes adm.441.
— Ord.A11.379,n.1;P2.1048,n.6;B23.68; SC5.247;D.Prises marit.154.155.
— Ord.A6.326,n.4;D.Ventes adm.359.
— Ord.A9.980,n.18;B19.118;SC5.288;D.Manuf.109.110.
— Ord.A6.325,n.1.2;D.Ventes adm.402.
— Civ.c.A9.352,n.3;P19.1.650;B17.417,n.3;S20.1.110; D. Hypoth.194.
— Ord.A6.796,n.1;D.Emigré.167.

— Ord.A3.191,n.1;D.Compét.
— Ord. du cons. d'état.SC5.257;D.Fonct. publics.305.
— Ord. du cons. d'état.D.Manuf.39.
— Ord. du cons. d'état.SC5.250;D.Ventes adm.49.
— Ord. du cons. d'état.SC5.234;D.Ventes adm.137.
— Ord. du cons. d'état.SC5.284;D.Ventes adm.138.
— Ord. du cons. d'état.SC5.245;D.Ventes adm.244.
— Ord. du cons d'état.SC5.259;D.Ventes adm.353.
— Ord. du cons. d'état.SC5 250;D.Ventes adm.411.
18 Cr.c.A4.496; P20.1.14; B8.99; S20.1.148; J21.653; D. Cour d'ass.1539.
— Cr.r.A12.594,n.15; P2.1371;B27.100; S25.1.314; D.Témoin.212.
— Cr.c.A11.959,n.3;P25.135;D.Témoin.251.
— Req.P19.1.656; S21.1.321; D.Transport de créance. 177.
19 Cr.c.A4.174;P20.1.10;B7.188; S20.1.140;D.Cont. ind. 22.Sel.18.
— Cr.c.A4.71;P20.1.211; B7.76; S20.1.217; D.Contr. ind. 263.
— Cr.r.A9.815,n.2;P2.622,n.2;B18.528;D.Lois.89.
— Nîmes.A10.832,n.6;P2.889,n.7;B24.382; D.Ordre.560.
— Orléans.A10.843,n.3;P2.894,n.12;B20.402;D.Degré de jur.331.Ordre.453.
— Limoges.A12.924,n.2; P2.1481; B28.194; S20.2.81; D. Transport de créances.146.
— Ord. du cons. d'état.D.Ventes adm.158.
21 Orléans.A12.872,n.2;P2.1461;B28.103;D.Vente.383.
22 Civ.r.A5.64; P19.1.644; B9.68; S20.1.49; J21.654; D. Dépôt.66.Don manuel.50.Hospices.94.95.
23 Rennes.A11.742,n.2;P2.1192; B24.251; D.Saisie-imm. 387.656.899.900.901.1531.
24 Rennes.A7.720; P2.133; B14.402; D.Femme.6.Ordre. 182.260.
— Orléans.A7.657,n.2; B14.326,n.1; D.Expert.26.Huiss. 101.
— Bruxelles.A9.766;D.Jugem. prép.135.
25 Cr.c.A8.370;P2.284;B15.451;D.Faux.189.
— Cr.c.A11.329,n.4; P19.1.663; B22.491; S20.1.100; D. Presse.744.
— Orléans.A12.854,n.2;P2.1454;B28.73;D.Vente.175.
26 Sect. réun.A2.193;P19.1.601;B3.209;S20.1.23;J21.661; Autor. mun.544.545.546.
27 Bruxelles.A6.61,n.; B11.64,n.2; D.Lois rétroactives. 187.
— Ord. du cons. d'état.D.Ventes adm.457.
29 Civ.c.A11.852,n.3;P19.1.654; B24.435; S20.1.129; J21. 665;D.Saisie-imm.1572.
30 Civ.c.A10.618,n.1.2;P19.1.652;B21.50; S20.1.115; J21. 667;D.Remise de la dette.82.
— Req.A12.505,n.2;P19.1.618;B26.71;S20.1.107;J21.674; D.Retour légal.59.
— Décis. du min. des fin.D.Assurr. terrestres.17.

DÉCEMBRE.

1 Req.A8.154;P20.1.45; B15.156;J56.59; D.Faillite.535. 756.
— Civ.c.A9.967,n.1;P19.1.658;B19 99;S20.1.125;J21.686; D.Frais et dépens.101.Mandat.384.
— Nîmes.A10.512,n.1;P2.758,n.2. et 21.2.3;B20.152;J21. 682;D.Dot.364.
— Ord.A11.355,n.11;P2.1027,n.11;B23.25;SC5.275;D.Prises maritimes.18.
— Ord.A12.685,n.16; P2.1401;B27.252,n.1; SC5.263; D. Trav. publ.36.
— Civ.c.A12.845,n.3; P19.1.649; B28.57; D.Preuve litt. 367.Vente.37.
— Ord.A3.195,n.1;D.Compét.
— Ord. du cons. d'état.S22.2.198;D.Comptabilité.23.34.
— Ord.A8.14,n.68;D.Fabriques.196.
— Ord. du cons. d'état.D.Ventes adm.511.
— Ord.S22.2.200;D.Marais.20.
— Ord. du cons. d'état.SC5.273;D.Marché de fourn.164.
2 Riom.A9.417,n.5;P23.2.100;B17.494,n.5; S21.2.1; J21. 687;D.Hypoth.282
— Cr.r.A11.403,n.3;P19.1.659; B23.111; J21.692; D.Procès-verb.187.
— Cr.c.A11.104,n.13; P20.1.9; B22.104; S20.1.148; D. Presse.285.581.616.
— Ord.A3.223,n.2;D.Eau.291.
— Cr.r.D.Faux.245.
3 Cr.c.A4.120,n.;P1.1037;B7.150;D.Cont. ind.22.505.
— Cr.c.A4.99;P24.1.514;S25.1.190;J32.315;D.Cont. ind. 406.
— Cr.c.A5.12;P19.1.652;B9 9;S20.1.98; D.Dénonciat. calomn.13.14.
— Cr.c.A8.762,n.4;P19.1.653;B16.381;S20.1.101;J21.700; D.Forêts.563.
— Nîmes.A6.660,n.2;P21.2.4;B12.317,n.2;S20.2.121;J21. 694;D.Effet de comm.484.
— Metz.A11.594,n.1,n.1; P2.1131,n.5; B23.443; D.Arbitrage.889.Except.186.Rép. d'inst.45.
— Cr.c.A8.791,n.8; P2.394,n.8; B16.420,n.8; D.Procès-verb.291.
6 Civ.r.A10.221,n.,n.9; P19.1.655;B19.460; S20.1.108; J 21.701;D.Remploi.28.
7 Req.A3.33;P19.1.662;B5.52;J21.704;D.Commune.152. 216.
— Civ.r.A10.499,n.1;P20.1.25;B20.391; S20.1.165;D.Cassation.877.Louage.15.Obl.242.717.

— Civ.c.A11.529,n.4; P20.1.31; B23.327; S20.1.125; D. Remplacem.102.
8 Paris.A9.151; P23.1.3. et 24.2.86; B17.175,n.5; S20.2. 241;J21.705;D.Hypoth. lég.143.
— Ord.A3.195,n.1;D.Compét.
9 Req.A1.374;P20.1.29; S20.1.181; D.Vérif. d'écrit.120. 121.
— Cr.c.A4 252;P1.1080; B7.273; D.Contr. ind.170.Jugement.39.Procès-verb.448.
— Cr.c.A4.232;P1.1073;B7.251;D.Contr. ind.549.
— Cr.c.A11.168. et 125,n.1; P20.1.100; B22.217. et 243;S 20.1.170;D.Peine.251.Voies de fait.14.
— Metz.A9.655,n.7;D.Frais et dépens.48.
10 Colmar.A3.793;P20.2.36; B6,438;S21.2.22; J21.716;D. Contr. par corps.546.575.
— Cr.c.A4.63;P1.1022;B7.67;D.Cont. ind.89.105.172.175.
— Caen.A10.55,n.1-1;P2.688,n.3;B19.168;D.Acte respectueux.66.93.Mariage.323.
11 Pau.A6.856; P1.1512;B12.545,n.1; D.Enq.102.121.Jugem. par défaut.252.
— Nîmes.A9.716,n.1; B18.377,n.; D.Jugement par défaut.230.
— Instr.D.Preuve litt.150
14 Civ.c.A7.594;P19.1.660;B13.448;S20.1.114;J21.734;D. Enreg.2669.
— Req.A2.732; P20.1.22; B4.371; S20.1.150; D.Actes de comm.209.Société civ.50.
— Civ.r.A6.66; P20.1.14; B11.70;S20.1.151; J21.721; D. Cassation.513.Garantie.572.Legs.67.Révoc.269.
— Req.A11.671,n.2;P24.1.430;B24.99;S20.1.203;J21.718; D.Saisie-imm.28.948.1345.
15 Civ.c.A5.733;P20.1.95;B10.396; S20.1.174;MR17.576; MQ6.767;J28.461;D.Testament.322.455.566.578.
— Nîmes.A11.846,n.5;B24.422;S20.2.270;J21.735;D.Saisie-imm.1435.
— Angers.A12.942,n.2; P21.2.61; B28.229; S20.2.299; D. Vérif. d'écrit.29.
16 Rennes. A7.756; P22.1.54; B14.445; D. Exploit. 652. Prescr. crim.87.
17 Cr.c.A11.491,n.2; P20.1.41; B23.158; S20.1.145; J21. 738;D.Puiss. paternelle.65.
— Nîmes.A12.586,n.19;P2.1368;B12.85; D.Enquête.151. 252.
— Metz.D.Degré de jurid 67.
18 Nîmes.A2.559;P1.572;B4.171;J21.741; D.Chose jugée. 275.
— Liége.A11.625,n.2.1;P2.1142,n.3;B24.20; D.Saisie-arrêt.79.
— Paris.A10.213,n.5.1;P2.724,n.1;B19.455; S20.2.159;D. Remploi.45.
20 Civ.c.A3.684;P20.1.12; B6.310; S20.1.187; J21.740; D. Fruits.87.
21 Civ.r.A4.175;P20.1.21;B7.188;S20.1.149; D.Sel.4.
— Civ.r.A5.165;P20.1.99;B9.191; S20.1.170; J21.747; D. Désist.110.
— Riom.P53.2.220;S21.2.3;D.Success. bénéf.144.
— Colmar.D.Juif.42.
22 Civ.c.A7.244;B13.276;D.Enreg.1935.1936.1937.
— Civ.r.A1.178;P20.1.3;B1.207;S20.1.281;MR16.571;J21. 748;D.Actes de l'ét. civ..136.
23 Aix.A2.74.et 1.337;B3.77;D.Assur. marit.194.
— Cr.r.A3 564; P20.1.91; B6.178; S20.1.156; D.Compét. crim.623.624.
— Cr.c.A3.560;P1.900; B6.174; D.Cassation.273.Compét. crim.605.
— Cr.c.A4.382;P1.1121;B7.384; D.Cour d'ass.512.
— Req A7.741;P20.1.28; B14.428; S20.1.162; J21.760;D. Exploit.155.
24 Cr.c.A2.452;P20.1.87;B4.50;S20.1.162;D.Chasse.51.
— Poitiers.A2.513;P21.1.422;B4.122;S20.2.324;D.Ratification.122.
27 Toulouse.A7.594;P2.104;B14.247;S20.2.312;D.Etranger.232.Exception.56.97.
— Civ.c.A9.629;P20.1.8;B18.254; S20.1.135; MR17.184;J 21.764;D.Motifs des jug.200.
— Civ.c.A10.629,n.1.2; P20.1.77; B21.49; S20.1.143; D. Compensation.104.
— Civ.r.A11.76,n.1;P20.1.80;B22.58;S20.1.177;D.Tribunal.114.
29 Ord.A6.342,n.8;D.Domaines.
— Civ.r.A12.38,n.1;P20.1.54;B25.194;S20.1.166; J21.766; D.Servitude.272.
— Ord.A3.224,n.6;D.Eau.325.
— Ord. du cons. d'état.SC5.282;D.Militaire.30.
— Ord. du cons. d'état.SC5.285; D.Ventes adm.252.
— Ord. du cons. d'état.SC.5.277;M5.285;D.Ventes adm. 326.
— Ord. du cons. d'état.SC5.285;D.Ventes adm.424.
— Ord. du cons. d'état.SC5.285;D.Ventes adm.464.
— Ord. du cons. d'état.SC5.289; D.Ventes adm.472.
30 Cr.c.A2.250;P1.433;B3.275;D.Bigamie.57.
— Douai.A12.943,n.5;P2.1488;B28.233; D.Vérif. d'écrit. 34.35.
— Aix.D.Capitaine.184.
31 Cr.c.A1.410;P1.430;B2.11;D.Chasse.119.
— Cr.c.A4.335;P1.1114;B7.365;D.Cour d'ass.253.
— Cr.c.A4.243;P1.1077;B7.263,n.;D.Contr. ind.596.
— Bruxelles.A10.683,n.2;P2.856,n.2;B21.133; D.Preuve litt.927.
— Cr.r.A11.408,n.24.1; P20.1.446; B23.421; S21.1.96; D. Procès-verb.322.

JANVIER.

3 Cour sup. de Bruxelles.A2.750;P1.639;B4.369; D.Actes de comm.87.
— Civ.c.A7.62;P20.1.158;B13.64;S20.1.194;D.Enreg.146.
— Civ.c.A7.112; P20.1.178; B14. 22; S20.1.168; D.Enreg. 2776.
— Nîmes.A7.687; P20.2.60; B14.363; S20.2.98; J22.7; D. Frais et dépens.43.Expertise.332.
— Civ.r.P20.1.92;J22.4;D.Transport de créance.217.228.
— Limoges.P33.2.205;S21.2.21;J22.1; D.Succes. bén.16.
— Ord. du cons. d'état.D.Responsab.66.
4 Req.A1.224;P1.81;B1.260;D.Action personn.25.
— Civ.r.A7.685;P20.1.49;B14.357;S20.1.160;MR17.189;J22.9;D.Deg. de jurid.579.Expertise.21.268.
— Civ.c.A9.325,n.1-1; P20.1.97; B17.384,n.1; S20.1.171; MQ6.812;J22.9;D.Transcrip.24.
— Cr.c.A11.956,n.1.10;B25.132;D.Serment.94.
5 Civ.c.A1. 374; P20.1.29; B1.438; S20. 1.180; D. Vérif. d'écrit.120.121.
— Metz.A1.144;P1.56;B1.169;D.Acquiesc.259.339.
— Paris.A12.760, n.34; P22.2.54; B27.388; J22.14; D.Tutelle.584.590.
— Bourges.A11.862,n.1;B24.480; D.Surenchère.358.359.
6 Bruxelles.A10.779,n.1;P2.866,n.1-1; B21.295; D.Responsabil.111.
7 Bordeaux.A2.42;P22.1.107;D.Assur. maritim.506.
— Agen.A4.645;P1.1205;B8.262;D.Deg. de jurid.389.
— C.cass.A8.753,n.4;P2.365;B16.370;D.Forêts.570.
— Cr.c.A8.776,n.3;P2.382;B16.400;D.Forêts.453.
8 Amiens.P25.2.107,n.1;D.Oblig.582.
— Colmar.A11.708,n.3;P2.1179;B24.168;S20.2.84;D.Saisie-imm.555.
9 Toulouse.A10.743, n.3; P21.2.88; B21.227; S21.2.242; MR17.587;J23.24;D.Don.dég.34.Preuve test.282.
10 Rennes.A6.847,n.1,n.2; P1.1509; B12.534,n.2; D.Enq. 27.
— Civ.c.A10.323,n.,n.2.2;P20.1.37;B20.111;S20.1.152;D. Dot.242.
— Ord. du cons. d'état.D.Ventes adm.473.
11 Civ.r.A5.288; P20.1.65; B9.331;S20. 1.157; J22.19; D. Disp. ent. vifs.205.
— Bruxelles.A7.705;P2.152;B14.456;D.Exploit.729.
12 Req.A10.528,n.1; P20.1.62; B20.424;S20.1.142;D.Obl. solid.27.Prescrip. civ.1031.
— Civ.r.A11.709,n.1;P20.1.172;B24.169; S20.1.199; J22. 26.et 22.9;D.Saisie-imm.368.593.703.910.
13 Cr.c.A4.333;P1.1114;B7.365;D.Cour d'ass.253.
— Cr.r.A1.78;P1.24;B1.91;J22.35; D.Compét. crimin.98.
— Bruxelles.A10.736,n.2-2;P2.857,n.2;B21.223;D.Exception.342.Preuve test.234.255.
— Agen.A10.685,n.2;P2.657,n.2;B21.136; D.Preuve litt. 1018.
— Cr.c.A11.959,n.1.4; P20.1.94;B25.136; S20.1.175; J22. 54;D.Serment.67;Témoin.193.
14 Cr.r.A2.727; P20.1.156; B4.565; S20.1.190; D.Actes de comm.115.
— Cr.c. A3.614; P20.1.127; B6.253; S20.1.176;D.Complicité.94.103.
— Rouen.P20.2.27;S20.2.87;J22.56;D.Posses.105.
15 Cr.r.A2.114;P20.1.201;B3.122;S20.1.218; J30.95 et 22. 39;D.Autorité mun.40.46.Octroi.11.
— Cr.c.A10.798,n.2. et 4.253,n.1; P20.1.161.et 1.1082;B21.326;S20.1.188;D.Contr. ind.38. Respons.304.
— Colmar.A10.477,n.2-2;P22.2.45;B20.346;D.Obl.617.
— Nîmes.A11.520,n.2;P20.2.70;B23.310; S20.2.161; J22. 40;D.Recrutement.89.90.
— Rennes.A11.830,n.2;P2.1227; B24.393; D.Saisie-imm. 1503.1656.1681.1682.
17 Civ.c.A6.699,n.,n.2;P20.1.52;B12.361,n.2;S20.1.138;J22.47;D.Eff. de comm.663.
— Rouen.A10.39,n.1-1;P21.2.46;B19.173; D.Act. resp.48.
— Douai.A12.745,n.63;P21.2.78;B27.260;S21.2.117; J22. 43;D.Tutelle.451.
— Déc. min. des fin.A10.848,n.9; B21.407,n.9; D.Enreg. 2253.Ordre.131.132.146.176.552.565.
18 Req.A3.299;P20.1.55;B5.338;S20.1.127;J22.57;D.Compét. civ.214.
— Req.A5.379;P20.1.107;B9.434;S21.1.273;D.Legs. 86.
Metz.A8.370;P2.254; B15.432; S20.2.335; D.Faux.134. 177.
— Civ.c.A9.743,n.1-1;P20.1.81;B18.420;S20.1.195;MR17. 390;J22.51;D.Jugem. par déf.114.
— Amiens.A10.474,n.2.6; P2.787,n.2; B23.142.et 20.342; S23.2.73;J22.60; D.Obl.582.
19 Civ.c.A8.173;P20.1.143;B15.201;S21.1.400; J22.67; D. Faillite.690.
— Riom.A10.853,n.16;P21.2.1;B21.418;S20.2.158; D.Ordre.580.582.583.Surench.272.
— Ord.D.Trésor pub.2.
20 Cr.r.A4.494;P1.1172;B8.97;D.Cour d'ass.1508.
— Bruxelles.A11.561,n.3;P2.1121,n.3; B23.285;D.Rente. 169.
— Cr.c.A12.1076,n.11;P20.1.64; B28.456,n.1; S20.1.144;J21.73;D.Compét. crimin.84.Vol.290.
— Ord.A12.1006,n.11;B28.322,n.11; D.Voirie.424.
— Ord.A12.1013,n.10; D.Voirie.527.
21 Bruxelles.A10.784,n.1;P2.868,n.1;B21.301;D.Responsabil.34.105.

1820.

22 Cr.r.A4.115;P1.1035;B7.122;D.Contr. ind.409.466.
— Cr.c.A4.186;P1.1061;B6.202;D.Voit. pub.110.122.136.
— Cr.c.A4.260;P1.1085;B7.283; D.Contr. ind. 22.
— Ord. du cons. d'état. D.Dom. de l'état.15.
23 Ord.A12.682,n.5;P2.1598; B27.247; S21.2.55; D.Trav. pub.174.
— Ord.A6.330,n.18;D.Ventes adm.440.
— Ord.A6.341,n.1;D.Domaines.
— Ord.A6.817,n.2,n.5;D.Emigré.264.
— Ord.A6.818,n.1.
— Ord.A9.470,n.8;SC5.312;D.Contr. directes.262.
— Ord.A9.466,n.1;B18.5,n.4;S21.2.54; D.Contr. direct. 137.
— Ord.A9.983,n.9;SC5.305; D.Manuf.137.
— Ord.A3.220,n.1.et 15,n.8 et 9;P1.677.
— Ord.A9.464,n.1;SC5.294;D.Contr. directes.73.
— Ord.D.Commune.118.
— Ord. du cons. d'état.SC5.297; D.Ventes adm.386.
— Ord. du cons. d'état.SC5.307;D.Ventes adm.450.
— Ord.A12.989,n.8;B28.301,n.8;D.Voirie.165.
— Ord.A12.991,n.18;B28.303,n.18;D.Voirie.186.
— Ord.A12.1006,n.11;B28.322,n.11;D.Voirie.424.
— Ord.A12.1013,n.10; D.Voirie.527.
24 Nancy.A1.44;P20.2.58; B1.51; S20.2.138; MR16.41; D. Absence.389.412.429.432.
— Ord.D.Com.160.
25 Toulouse.A1.318;P21.2.28;B1.369;S20.2.290; D.Adultère.43.
— Paris.A3.374;P21.2.23;B5.429;J22.81;D.Compét. com. 264.
— Rennes.A8.110; P2.192; B15.128; D.Faillite. 401. 411. 412.413.471.
— Civ.c.A6.851,n.1;P20.2.101;B12.538,n.1; S20.1.207; J22.75;D.Enq. 75.
— Colmar.A9.15; P21.2.13; B17.6; S20.2.185; J22.83; D. Huiss.93.
— Civ.c.A12.516,n.1; P20.1.185; B26.416; S20. 1.213; D. Féodalité.143.144.Garantie.451.
— Bordeaux. P25.1.272; D.Cass.424.Lois.182.Etranger. 224.
26 Civ.r.A10.672,n.1; P2.831,n.3; B21.115; S21. 1.10; D. Preuve litt.760.
— Amiens.A11.295,n.1-1;P2.1006,n.2; B22.438; D.Prescrip.863.880.Rente.302.Retenue.28.
— Bruxelles.A11.569.n.;B23.399,n.1;D.Rente.225.
— Trib. de Marseille.D.Assur. maritim.599.
27 Cr.c.A2.197;P20.1.59;B3.214;S20.1.158;MQ6.646;J22. 86;D.Autor. mun.549.
— Paris.A10.218,n.,n.6;P21.2.30; B19.456;S20.2.293; D. Remploi.32.
— Cr.c.A11.318,n.1;P20.1.48;B22.478;S20.1.117; D.Prescrip. crim.71.
— Cr.c.A12.975,n.1.2;P20.1.51.et 2.1502; B28.282;S20.1. 146;D.Enfant aband.13.
— Douai.P20.2.75.
28 Riom.A4.628;P21.2.56;B8.242;D.Deg. de jurid.81.
— Cr.c.A3.772; P1.1264; B8.410; D.Jug.598.Délit rural. 57.58.
— Riom.A5.438;P1.1325;B10.53;S20.2.140; D.Port. disp. 452. Rap à suc.83.
— Cr.c.A8.761,n.2;P2.372;B16.381;D.Forêts.565.
— Cr.c.A8.753,n.2;P2.365;B16.370; D.Forêts.570.
— Ord.A9.464,n.1;D.Contr. direct.74.
— Toulouse.A10.789,n.10;P22.2.88;B21.341;S22.2.137;J22.89;D.Respons.311.
— Ord.A8.812,n.38;D.Fabriques.123.
31 Civ.c.A10.574,n.2.et 11.658,n.6;P20.1.167;B24.53;S20.1. 231;J22.95;D.Saisie-exécut.54.Offre.14.
— Nîmes.A9.40,n.2.et 11.664,n.2; P2.418.et 1259,n.2; B17.40, n.2. et 24.88; S20.2.105; D.Privilége.98.Saisie-gag.4.

FÉVRIER.

1 Civ.c.A3.119;P1.1302.et 20.1.249; B9.136;S20.1.346; J22.106;D.Avoué.129.Désaveu.111.135.147.
— Civ.r.A5.544;P20.1.295; B9.394; S20.1.352; D.Portion dispon.145.
— Req.A9.323,n.2;P20.1.122;B18.92;S20.1.211;J22.98;D. Instruct. par écrit. 16.Jugement. 49. Publ. des jugements.33.
2 Req.A1.256;P20.1.138;B1.297;S20.1.241;MQ6.744;J22. 121;D.Action possess.171.263.Commune.43.
— Toulouse.A10.577,n.1.7;P2.805,n.6;B20.500;D.Off. 60.
— Riom.A10.362,n.2;P22.2.86; B20.184; J22.110; D.Dot. 463.
— Civ.c.A11.623,n.2;P20.1.162;B24.20;S21.1.133;J22.117; D.Saisie-arrêt.82.83.
— Bruxelles. A6.642, n.1; B12.294,n.1; D.Eff. de comm. 414.422.
3 Cr.c.A4.179;P20.1.179;B7.193;S20.1.185;MR16.528;D. Lois.90.Poudres et salp.34.
— Bruxelles.A7.791;P2.160;B14.487;D.Exploit.127.
— Ord.A6.817,n.1;D.Emigré.
— Cr.c.A11.399,n.1.et 12.593,n.12; P20.1.134; B23.104;S20.1.186;D.Chasse.73.Procès-verbal.26.111.116.Tém. 241.319.
4 Cr.c.A4.91;P1.1031;B7.98;D.Contr. ind.369.370.
— Toulouse.A9.653,n.3; P2.562,n.1; B18.289; D.Exécut. prov.18.
8 Civ.c.A7.61;P20.1.360;B13.53;S21.1.126;D.Enreg.351.

1820.

— Req.A6.38;P20.1.161;B11.38; S20.1.191; MR17.696. et 722;J22.133;D.Testament.766.807.864.
— Paris.A6.661;P21.2.22;B12.317;S20.2.209; J22.143; D. Eff. de comm.476.
9 Civ.c.A1.269;P20.1.89;B1.312;J22.145; D.Action possess.16.293.
— Req.A5.723;P20.1.141; B10.385; S20.1.197; MR17.714; D.Testament.428.429.
— Req.A3.150;P20.1.136;B9.149;J22.148;D.Descente sur les lieux.17.18.44.
10 Cr.r.A11.512,n.3; P20.1.121.et 2.1101,n.4; B23.298; S20.1.235;J22.149;D.Récidive.24.
11 Cr.c.A4.189,n.;P1.1062;B7.205,n;D.Contr. ind.129.
— Cr.c.A2.453;P1.524;B4.51;D.Chasse.31.
— Ord.A6.325,n.1;D.Ventes adm.392.
— Ord.A9.914,n.1.5;P2.664,n.5;B19.5;SC5.316;D.Louage adm.29.
— Bruxelles.A10.516,n.1.4;P2.783,n.1;B20.408;SC5.315; D.Exécut. des jug. et actes.63.Condition.174.175.176.
— Cr.r.A11.556,n.1;P2.1141,n.2;B23.342; D.Réc. de juges.97.98.
— Ord.A3.203,n.3. et 16,n.1; P1.477; D.Comm. 151.157; Compét. adm.337.
— Décr. du cons. d'état.SC5.322;D.Ventes.adm.268.
— Ord. du cons. d'état.SC5.314;D.Ventes adm.269.
— Ord.A12.981,n.15;D.Voirie.67.
— Ord.A12.991,n.19;B28.303,n.19;D.Voirie.168.
— Metz. V. au 14.
— Ord.A12.1021,n.26;D.Voirie.675.
— Ord.A12.1034,n.44.45;D.Voirie.720.726.
12 Metz.A6.480,n.1;P1.1397. et 21.2.43;B12.104,n.1;S21. 2.18;J22.151;D.Contr. par corps.332.378.381.
— Bruxelles.A6.675,n.; P1.1473; B12.333,n.1; D.Eff. de comm. 521.
— Ord.A12.1013,n.12;D.Voirie.550.
14 Cour sup. de Bruxelles. A7. 268; P2.46; B13.303; D. Enreg.1984.
— Bruxelles.A10.693,n.2; P2.842,n.1; B21.153; D.Aveu. 101.Oblig. altern.4.Preuve litt.1057.1125.
— Metz.D.Legs.502.
16 Rennes.A5.153;P1.1506;B9.179;D.Désist.183.
— Req.A11.268,n.,n.3;P20.1.109;B22.394;S20.1.178;J22. 157;D.Prescrip.460.
— Bruxelles.A12.886,n.2;P2.1155; B28.128; D.Garantie. 262.
17 Cr.c.A2.104;P20.1.177;B3.110;S20.1.202;D.Attentat à la pudeur.87.88.Instruc. crim.468.
— Rennes.A5.668;P1.1335;B10.322;D.Testament.225.
— Besançon.A5.151,n.;B9.174;D.Désist.65.
— Req.A9.112,n.1;P20.1.116;B17.126,n.1;J22.161;D.Privilége.558.Succession.503.Vente.625.
18 Cour sup. de Bruxelles. A3. 353; P1. 796; B5.405; D. Compét. comm. 240.
— Cr.c.A11.395,n.4;P20.1.273;B23.99;S20.1.269; D.Procès-verbal.32.35.36.120.131.
— Cr.c.A11.254,n.3;P20.1.240;B22.336;S21.1.210. et 20. 1.227;MR16.615;D.Postes aux lettres.12.
— Cr.c.A11.151,n.15;P2.947,n.4;B22.155; D.Presse.354.
— Cr.c.A11.508, n.2; P20.1.253; B23.289; S20.1.250; D. Quest. pr.58.
— Cr.c.A11.255.n.;B22.337,n.1; D.Postes aux lettres.12.
19 Besançon.A11.758,n.4;P2.1190;B24.223;D.Saisie-imm. 770.
20 Colmar.A10.589,n.2;P21.2.7; B20.519; S20.2.177; J22. 168;D.Appel incident.2.Cession de biens.11.17.21.
21 Caen.A8.118,n.1;B5.138,n.1;D.Faillite.475.
— Nîmes.V. 21 févr. 1821.
— Bruxelles.A11.856,n.5;B24.459;D.Saisie-imm.958.
— Limoges. V. 21 févr. 1821.
22 Req.A11.75,n.1;P20.1.115; B22.57;S20.1.169; D. Juge supp.132.
— Civ.c.A11.572,n.1;P20.1.129;B23.407; S20.1.182; J22. 169;D.Rente.532.
— Cr.c.A3.20,n.; P682; B5.17,n.; D. Commune. 214.220. 229.
— Caen.D.Inv. 188.
23 Amiens.A4.692;B8.316;D.Deg. de jurid.357.
— Civ.c.7.326;P20.1.146;B13.370; S22.1.195; J22.174; D. Enreg.2313.
— Metz.A7.791;P22.2.26; B14.487; S21.2.118;D.Exploit. 441.
— Ord.A6.346,n.3;D.Domaines.
— Ord.A9.469,n.12,n.5;B18.10,n.;S21.2.25;D.Contr. directes.910.
— Ord.A3.195,n.7. et 219,n.12. et 220,n.2. et 237, n.10; D.Contr. direct.262.
— Rennes.A12.582,n.;B27.77,n.1;D.Enquête.196.
— Ord. du cons. d'état. SC5.330; D.Dom. de l'ét.23.24.
— Ord. du cons. d'état.SC5.329;D.Ventes adm.203.
— Ord. du cons. d'état.SC5.326; D.Ventes adm.341.
— Ord. du cons. d'état.SC5.326;D.Ventes adm.590.
— Ord.A12.991,n.18;B28.303,n.18;D.Voirie.186.
24 Cr.c.A4.179; P20.1.275; B.7. 194; S20.1.288; D.Contr. ind.16.Poudres et salp.29.
— Paris.A2.779;P21.2.17;B4.425;J22.178;D.Commissionnaire.299.
— Cr.c.A2.180;P20.1.2901.et 1.401; B3.195;S20.1.287; D. Autorité mun.52.648.649.
— Orléans.A11.243,n.9;P2.995,n.5;B22.352,n.1;D.Prescrip.91.

25 Cr.r.A1.591;P20.1.222.et 1.120; B1.458; S20.1.350. et 216;J22.186;D.Forêts.1046.
— Paris.A8.141; P21.2.74; B15.164; S21.2.13; D.Faillite. 514.595.625.
— Rennes.A6.865,n.1;P1.1514; B12.555,n.1; D.Enquête. 150.Témoin.147.
— Cr.r.A11.479,n.1;P20.1.235; B23.239; S20.1.257; J22. 188;D.Art de guérir.162.Prop. litt.102.114.
— Toulouse.A12.853,n.2;P22.2.51;B28.75; S21.2.364; D. Vente.249.
26 Douai.A3.121; P22.2.35; B9.139; J22.194;D.Désaveu. 157.
— Bourges.A11.70,n.,n.5;P2.925,n.2;B22.47;D.Jug.sup. 84.Tribunal.49.
— Bordeaux.A11.65,n.;D.Jugement.87.
29 Req.A5.579;P1.1332;B10.217;S20.1.251;J22.195;D.Donation.344.345;Purge.168.
— Civ.r.A5.612;P20.1.223;B10.257;S20.1.232; J22.216;D. Aveu.109. Testament.51.
— Metz.A11.688,n.2;P2.1169;B24.151;D.Saisie-imm.270. 294.395.911.
— Civ.c.A11.780,n.11;P20.1.202;B24.299;S20.1.260;J22. 208;D.Surenchère.169.

MARS.

1 Civ.c.A1.464;P20.1.169;B2.76;S20.1.228; D.Appel civ. 234.
— Civ.c.A4.175;P20.1.391;B7.190;D.Contr. ind.22.Sel.5.
— Toulouse.A6.73;P20.1.169;B11.78;J22.223;D.Legs.41.
2 Req.A1.258;P20.1.212;B4.300;S20.1.243;MQ6.747;J22. 126;D.Action possess.167.
— Cr.c.A9.471,n.4; P20.1.510; B18.13,n.1; S20.1.348; D. Incendie.6.
3 Cr.c.A5.462; P20.1.364; B6.64; S21.1.121; D.Compét. crim.309.
— Paris.A12.214,n.1; P21.2.10; B25.484; S20.2.154; J22. 235;D.Révoc.232.Substitution.157.299.
— Paris.A11.764,n.2; P20.2.72; B24.270; S20.2.193; J22. 231;D.Surenchère.39.
4 Bruxelles.A6.64,n.;B12.293,n.1; D.Eff. de comm.421.
6 Civ.r.A9.298;P20.1.254;B17.353;S20.1.173;MR16.442; J22.237;D.Inscrip. hypoth.351.
7 Civ.r.A10.745,n.4;P20.1.264;B21.229; S20.1.290; J22. 240;D. Cassation. 889. Intervention. 35.Don. dég.22. Oblig.868;Preuve test.215.Serment déc.111.122.
— Req.A11.196,n.19;P20.1.230; B22.268; S20.1.349; MR 17.311;J22.238;D.Péremp.228.
— Ord.A9.463,n.5;B18.8,n.2;D.Contr. direct.206.
8 Poitiers.A8.461,n.1;B16.53,n.1;S20.2.165; D.Féod.21.
— Nîmes.A10.464,n.2;P23.2.97;B20.326; S20.2.163; J22. 250;D.Oblig.457.
— Civ.c.A12.936,n.2;P20.1.312;B28.215; S20.2.53. et 20 1.277;D.Choses.24.D.Ventes pub.12.
— Bruxelles.A12.885,n.1;P2.1465;B28.126; D.Garantie. 248.
— Liége.A11.860,n.2;P2.1465;B24.457; D.Jugement.152. Surenchère.362.
9 Cr.r.P22.1.73;S22.1.226;J22.252;D.Courtier.124.
10 Cr.c.A2.102;P20.1.256;B3.108;S20.1.257;D.Attentat à la pudeur.76.
— Toulouse.A10.842,n.2;B21.401,n.1;D.Ordre.445.
— Cr.c. A11.425,n.15; P2.1074,n.15; B23.151; D.Procès-verbal.545.
11 Colmar.A6.302;P1.1407;B12.130; D.Etranger.227.228.
12 Ord. du cons. d'état.D.Marché de fourn.252.
13 Civ.c.A7.833;P20.1.397;B14.557;J22.261; D.Motifs des jugem.24.Exploit.903.
— Bordeaux. A11.301,n.2; P23.2.5; B22.445; S22.2.231;J 22.265;D.Prescript.914.
— Paris.P21.2.87;S21.2.171;J22.254;D.Preuve litt.1019.
14 Rennes.A7.778;P2.155;B14.471;D.Exploit.404.
— Amiens.A8.179;P2.202;B15.208;S23.2.299;J22.248; D. Faillite.778.
— Metz.A8.189;P22.2.76;B15.220;S21.1.319; J22.267; D. Faillite.834.Success. bénéf.80.
15 Civ.c.A6.508;P20.1.299;B11.350;D.Dom. eng.35.
— Grenoble.A6.221;P1.1351;B11.250;D.Don. par contr. 152.
— Paris.P21.2.53;D.Pap.-monn.77.Transact.121.
16 Cr.c.A4.305;P1.1100;B7.332;D.Cour d'ass.277.
— Req.A6.4?5; P20.1.216; B12.16; J28.297. et 22.271; D. Douanes.77.78.
— Req.A9.277;P20.1.282; B17.328; S20.1.353; MR16.399. et 400. et 479; J22.271; D. Inscript. hypoth.268.339. Ordre.453.Privil.217.460.
— Liége.A10.722,n.4;P2.852,n.3;B21.199;D.Preuve test. 45.
17 Cr.r.A11.98,n.16;P2.930,n.20. et 20.1.214;B22.93;S20. 1.276;J22.277;D.Presse.166.
18 Rouen.A9.314,n.1.3;B17.372,n.3;S25.2.321;D.Inscrip. hypoth.437.
19 Ord.A6.354,n.2;D.Ventes admin.127.
— Ord.A6.817,n.1;D.Emigré.248.
— Ord.A6.796,n.1;D.Emigré.167.
— Ord.A9.370,n.2.3;B18.11,n.3;D.Contr. directes.275.
— Ord. du cons. d'état SC5.345;D.Marché de fourn.157.
— Ord. du cons. d'état.SC5.346;D.Ventes admin.471.
— Ord. du cons. d'état.SC5.348;D.Ventes admin.510.
20 Besançon.A5.149,n.;B9.171,n.2;D.Désist.13.28.
— Civ.r.A7.743;P20.1.257; B14.430; J22.279; D.Exploit. 240.254.267.
— Paris.A11.859,n.3;B24.445;D.Surenchère.378.
21 Req.A2.461; P20.1.324; B4.61; S21.1.119; J22.284; D. Chose.27.28.
— Civ.c.A7.188;P20.1.405;B13.210; S20.1.337; D.Enreg. 1642.
— Ord.A6.332,n.9;D.Domaines.
— Req.P20.1.318;S20.1.327;D.Louage.401.Purge.130.
— Ord.D.Marché de fourn.30.
22 Req.P20.1.303;S20.1.351;D.Int. de cap.14.Retenue.8.
— Civ.c.A6.324;P20.1.345;B11.369;S20.1.303;J22.288; D. Ventes admin.324.342.
— Civ.c.A6.404,n.1;P20.1.271;B12.16,n.1; S20.1.294; D. Douanes.79.
23 Metz. A12.526,n.2; P22.2.61; B26.439; S21.2.338; J22. 289;D.Rescis.99.
— Metz.A12.669,n.10; P2.1395; B27.225; D. Tierce-opp. 198.
— Grenoble.A11.686,n.3;P2.1168; B24.127; D.Saisie-immob.165.1269.
— Cr.c.A4.303;P1.1100;B7.332;D.Cour d'ass.277.
— Cr.c.A2.679;P20.1.193;B4.307;S20.1.217; D.Colonies. 153.157.
— Cr.r.A3.500;P1.867;B6.107;D.Compét. cr.340.341.342. 345.
— Orléans. A11.664,n.1; P2.1159,n.1; B24.84; D. Saisie-exécut.288.
— Req. P20.1.416; D.Cont. dir.138.Saisie-imm.163.1654. 1692.
24 Cr.c.A4.67;B7.71,n.1;D.Contr. ind.161.
— Bruxelles.A4.716;P1.1242; B8.340; D.Degré de jurid. 450.
— Ord.A6.341,n.1;D.Domaines.
— Ord.A9.469,n.6;B18.9,n.5;D.Contr. dir.233.
— Ord.A9.465,n.6;B18.5,n.3;S21.2.55; D.Contr. dir.247.
— Paris.r.P32.1.73;D.Exception.113.Ventes admin.489.
— Ord.A3.219,n.8. et n.9;D.Eau.456.
— Ord.A5.224,n.12. et 225,n.5;S21.2.55; D.Eau.345.362.
— Ord. du cons. d'état SC5.349;D.Eau.404.
— Ord. A12.981,n.15;D.Voirie.67.
— Ord.A12.991,n.18;B28.303,n.18.
— Ord. du cons. d'état.SC5.353;D.Ventes admin.414.
— Ord.A12.1024,n.44;D.Voirie.720.
25 Lyon. A10.252,n.1.3; P24.2.87; B19.306; S24.2.1; D. Douaire.
— Riom.A10.299,n.1;P21.2.75;B20.73;S24.2.1; D.Dot.49. 58.
28 Req.A6.200;P20.1.277;B11.228;D.Partage d'asc.25.26. 99.104.105.106.Rescis.159.
— Civ.r.A10.219,n.,n.7; P20.1.260; B19.457; J22.296; D. Jugem.512.Remploi.34.35.62.67.
— Paris.A12.916,n.2; P22.2.144; B28.181; S23.2.47; J22. 290;D.Transport de créance.113.114.
29 Civ.c.A3.292;P20.1.328;B5.330;S20.1.326; J22.301; D. Compét. civ.418.
— Civ.c.A7.242;P20.1.401;B13.273;S20.1.363;J22.305;D. Enreg.1914.1915.
— Bruxelles. A10.30,n.2; P2.686,n.3.1; B19.161; D.Acte respect.42.53.85.109.Mariage.295.
— Déc. min.A8.794,n.4;D.Forêts.860.
30 Déc.A6.548,n.1.3;D.Élec. lég.126.
— Bruxelles.A10.167,n.,n.10;P2.713,n.4;B19.555; MR16. 249;D.Contr. de mariage.108.
— Ord.A3.224,n.8;D.Eau.352.
31 Rouen. V. au 31 mai.

AVRIL.

1 Cr.c.A12.1055,n.6;P20.1.219;B28.399; S20.1.236; J22. 311;D.Vol.108.109.
5 Req.A8.390;P20.1.366;B16.199; S20.1.320; J22.313; D. Acte de l'état civil.97.Filiat. légit.120.122.Faux incid. 27.
6 Cr.c.A1.390;P20.1.385.et 1.120;B1.457;S20.1.357;J22. 187;D.Forêts.1045.
— Cr.c.A4.56;P1.1019;B7.59; S20.1.339; D.Cont. ind.22. 563.364.
— Req.A8.625;P20.1.350;B16.259; S20.1.311; J22.319; D. Filiat. adult.40.41.
10 Toulouse.c.A9.647;P21.2.92;B18.238;S21.2.251;MR17. 558;D.Jugem. 247.
11 Civ.c.A6.339;P20.1.241;B11.385;S20.1.245;J22.326; D. Oblig. nat.13. Ventes admin.170.171.
— Rouen.A11.710,n.2; P2.1179; B24.175; D.Saisie-imm. 381.476.
12 Metz. A3.349; P22.2.58. et 696; B5.400; S21.2.340; D. Compét. comm.150.
— Dijon.A6.238;P1.1382;B11.269;S23.2.74;D.Donat. entre époux.7.Testam.339.
— Civ.c.A8.607;P20.1.406;B16.218;S20.1.342;J22.352; D. Filiat. nat.94.Légitimat.17.
— Req.A9.676; P20.1.451; S20.1.378;J22.330;D.Frais et dépens.170.330.Respons.367.
— Toulouse.A10.859,n.3; P22.2.50; B21.127; D. Distrib. par contr.84.169.170.
— Limoges.A12.44,n.2;P22.2.131;B25.201;S22.2.232;J22. 339;D.Servitudes.325.
— Cass.A1.444,n.;D.Appel civ.92.
— Déc. min.A8.811,n.3;D.Forêts.1088.
13 Req.A3.308; P20.1.460; B5.351; S21.1.84; D. Compét. civ.237.
— Req.A8.563; P20.1.477; B16.168; S21.1.8; MR16.747;J 22.341;D.Filiat. légit.78.
— Cr.c.A11.108,n.,n.6;P20.1.287;B22.111;S20.1.263;J22. 243;D.Presse.541.542.750.
— Angers.A12.494,n.2;P22.2.16;B26.380;S21.2.306; J22. 348;D.Retr. succ.85.
— Civ.c.D.Chose jugée.223.
14 Bruxelles.A11.548,n.13;P2.1115,n.16; B23.561; D.Référé.63.
— Cr.c.A12.555,n.3;P2.1354;B27.35;S21.1.167; D.Rébellion.14.
— Douai.A9.292,n.; P21.2.47; B17.465;S23.2.35;J22.956; D.Purge.186.
15 Paris.A2.387;P21.2.49;B3.433; S20.2.201; J22.362; D. Caution.108.109.Succ. bénéf.210.
17 Riom.A9.548,n.3;P2.477;B17.412,n.3;S23.2.87; D.Hypoth.176.
18 Req.A9.692,n.1.2;P22.1.142;B18.341;S22.1.224;MR17. 191;J22.369;D.Jugem. par défaut.16. Dem. nouv.71.
19 Angers.A6.166;P1.1350. et 21.2.77;B11.187;S21.2.112; J22.373;D.Révoc.120.
— Req.A12.120,n.1;P2.1275;B25.326; D.Société civ.81.
— Civ.c. A11.564,n.2; P20.1.349; B23.391; S20.1.237; D. Rente.197.210.222.
— Civ.r. A12.829,n.2; P20.1.305; B28.32; S20.1.333;J22. 379;D.Vacances.10.
— Req.P20.1.463;S20.1.377;D.Compulsoire.17.
20 Cr.c.A3.660;P1.953;B6.284;D.Complicité.231.
— Metz. A12.714,n.2; P22.2.59; B27.300; S21.2.339; J22. 385;D.Tutelle.48.176.
21 Cr.c.A1.583;P1.217;B2.217;S20.1.256; J22.586; D.Appel correct.179.
— Toulouse. A11.595,n.3,n.3; P2.1132; B23.449; D.Req. civ.7.
22 Cr.c.A4.390;P20.1.293;B7.427;S20.1.296;D.Cour d'ass. 772.943.
— Cr.c.A9.609,n.1.2; P20.1.380; B18.226; S20.1.545; J22. 387;D.Jour férié.107.Procès-verb.23.
23 Ord.A6.797,n.5;D.Emigré.169.
25 Riom. A1.746; P23.2.38; B2.568; S22.2.38; J22.389. et 26.356;D.Arbitrage.535.562.
— Civ.c.A8.856;P2.287. et 20.1.430; B16.139; S20.1.407; D.Féodalité.180.283.Prescript. civ.1065.Rente.112.
— Ord.A6.817,n.1;D.Emigré.248.250.
— Ord.A9.982,n.5;B19.120;D.Manufact.
— Rennes. A10.834,n.2; P2.890,n.3; B21.588; D. Ordre. 399.
— Nîmes.A11.823,n.;P2.1223,n.;B24;D.Saisie-imm.1550.
— Ord.A3.133,n.10;D.Communes.
— Ord. du cons. d'état.SC5.361;D.Marché de fourn.103. 161.
— Arrêt du cons. d'état.S21.2.36;D.Comptabilité.24.
— Ord. du cons. d'état.SC5.369;D.Ventes admin.219.
— Ord. du cons. d'état.D.Ventes admin.431.
— Ord.A12.987,n.3;D.Voirie.125.
26 Req.A8.145; P20.1.478; B15.167; S21.1.7; J22.391; D. Faillite.610.
— Décis. du min. des fin.A8.732;D.Forêts.
26 Metz.A11.207,n.10; P22.2.78. et 2.977,n.1; B22.288; S 21.2.347;J22.396;D.Except.207.Perempt.279.
— Toulouse.A9.703,n.2; P2.578,n.1; B18.362; D.Jugem. par défaut.174.
27 Cr.r. A4.353; P1.1115; B7.363; D. Cour d'ass.211.257. 258.368.431.926.
— Cr.r.A2.227;P1.419;B3.250;S20.1.271;D.Ban.18.
— Agen.A4.645;P1.1206;B8.262;D.Degré de jurid.156.
— Rouen. A11.742,n.1; P20.2.73; B24.229; S20.2.183; D. Saisie-imm.829.
— Ord. du cons. d'état.D.Comptabilité.24.
28 Cr.r.A4.550; P20.1.355; B8.157; S20.1.297;J22.398;D. Actes pub.62. Avocat.209.215.216.218.253.Cour d'ass. 947.Défense.9.155.Discipline.107.187.
— Cr.c.A6.431;P1.1376;B12.47;D.Douanes.516.
— Cr.c.A6.434,n.;P1.1378;B12.50;D.Douanes.511.
— Bruxelles.A9.942,n.1.3;P2.673,n.4;B19.57; D.Louage. 729.
29 Toulouse. A1.658; P21.2.38;B2.301;S20.2.315;D.Arbitrage.168.220.359.845.1117.
— Paris.A2.776;P21.2.47; B4.422; S20.2.249; J21.180; D. Commissionnaire.313.
— Toulouse. A11.699,n.2; P22.2.76; B24.153;J22.412;D. Saisie-imm.269.

MAI.

1 Déc. min.A7.111,n.1;D.Enreg.
— Civ.c.A10.697,n.7;P20.1.524; B21.160; S20.1.417; J22. 413;D.Preuve litt.1079.1138.
2 Civ.c.A7.269; P20.1.448; B15.303;S20.1.385;D.Enreg. 2009.
— Req.A9.576,n.1.10;P21.1.153;B18.156;D.Interrog. sur faits.34.
4 Cr.c. A8.790,n.4; P2.393; B16.419,n.; D. Procès-verb. 283.
Cr.c.A8.791,n.7;P2.594;B16.420;D.Procès-verb.287.
— Cr.c.A8.764,n.2;P2.572;B16.381;D.Forêts.865.
— Metz.A9.30; P22.2.80; B17.27; S21.2.102; J22.415; D. Faillite.430.Prescript. civ.1046.Priv.16.50.54.
— Limoges.A10.826,n.;P23.2.178;B21.372,n.1; D.Ordre. 292.

- Grenoble.A10.841,n.; P2.893,n.11; B21.400; D.Ordre.439.
- Cr.c.A11.152,n.,n.8;P2.953,n.1;B22.191;D.Pêche.159.

5 Cr.c.A4.53;B7 91,n.2;D.Contr. ind.323.
- Cr.r.A7.565;P20.1.296;B14.241; D. Escroquerie.11.13.
- Amiens.A9.675,n.1;P2.570,n.2.1; B18.518; D.Frais et dépens.145.159.
- Cr.c.P20.1.333;S20.1,283; J22.419; D. Degré de jurid. 624.Serment.79.
- Aix.A12.18,n.;P23.1.45,n.;B25.160;D.Servitudes.125.
- Bruxelles.A6.642,n.1;B12.294,n.1;D.Effets de comm. 414.422.
- Arr.J20.248;D.Exception.154.

7 Ord.A3.191,n.1;D.Compét.

8 Toulouse.A1.658;P21.2.59;B2.302;S20.2.305; J22.437; D.Arbitrage.213.1115,
- Angers.A1.321.P23.2.81;B1.372;J22.422;D.Adult.91.
- Civ.r.A2.301;P20.1.342;B3.336;S20.1.305; J22.429; D. Cass.27.Exploit.924.
- Civ.c.A11.866,n.1;P20.1.538; B24.454; S20.1.309; J22. 432;D.Surenchère.421.

9 Paris.A5.283;P21.2.25; B9.324; S20.2.259; J22.440; D. Disp. entre-vifs.191.195.
- Metz A9.773,n.5;P2.599,n.5; B18.468; D.Appel incid. 57.Jugem. prép.61.
- Toulouse.A9.593,n.1.8;B18.198;D.Intervention.60.

10 Civ.c.A11.785,n.2;P20.1.570; B24.308; S20.1.358; J22. 446;D.Surenchère.190.204.
- Req.P20.1.566;S20.1.438;MR17.172. et 604;J22.460;D. Appel incid.37.

12 Ord.A6.326,n.3;B11.370;D.Vente adm.355.
- Ord.A6.817,n.1.2;D.Emig.249.
- Cr.r.A11.122, n.12.et 30,n.5;P2.943,n.1. et 916,n.8;B 21.455. et 22.158;D.Instruct. crim.369.Motifs des jugem.291.Presse.737.738.

13 Cour sup. de Bruxelles.A2.654; P1.616; B1,279; D. Chose jugée 449.453.
- Cr.c.A2.185;P1.402;B3.201;D.Aut. mun.672.674.
- Paris.A6.490,n.; P1.1405; B12.116; D.Etranger.246. 248.
- Cr.c.A11.233,n.2.1;P2.991,n.4; B22.357; D.Poste aux lettres.24.
- Cr.c.A11.235,n.;P2.991,n.4;B22.337,n.1; D.Poste aux lettres.24.
- Bruxelles.A10.167,n.;P2.713,n.;B19.377,n.;D.Contrat de mariage.108.
- Ord.D.Commune.116.
- Bruxelles.A9.852;D.Lois rétroact.121.

15 Civ.r.A4.267;P20.1.582;B7.291; S20.1.331; J22.466;D. Contumace.53.

16 Req.A1.232;P20.1.515;B1.271; S20.1.430; J22.472; D. Action possess.61.
- Rennes.A5.165;P1.1308;B9.191;D.Désist.133.144.162.

17 Civ.c.A1.259; P20.1.457; B301; S20.1.324; J22.488; D. Action possess.313.
- Civ.c.A1.258;P20.1.459;B1.500;S20.1.273; J22 484; D. Action possess.166.
- Douai.A2.770; P21.2.90; B4.415; J22.475; D.Commissionnaire.86.191.
- Req.A7.595;P20.1.516;B14.248;S20.1.428; J22.479; D. Exception.70.
- Colmar.A12.486,n.1; P22.2.18; B26.565; S21.2.305; D. Communauté 341.

18 Colmar.A11.598,n.2,n.1; P2.1152,n.6; B23.455; S20.2. 254;D.Req. civ.29.
- Cr.c.A12.1068,n.2;P2.1528.n.3;B28.415;D.Vol.188.

19 Rennes.A11.653,n.1; P2.1154,n.10; B24.69; D.Saisie-exéc.56.152.187.

23 Colmar.A9.392,n.;B17.468;D.Purge.186.

25 Cr.c.A4.492;P1.1171;B8.95;D.Cour d'ass.1815.

26 Cr.c.A4.36;P1.1013;D.Contr. ind.275.
- Metz.A6.870,n.2;P1.1516;B12.562,n.1;D.Enquête.207.

27 Liége A5.597;P1.1332;B10.239;D.Donation.497.

29 Bruxelles.A10.124,n.,n.7;P2.703,n.1; B19.303; D.Mariage.615.

30 Amiens.A2.722;P1.636;B4.358;D.Actes de commerce.
- Civ.r.A11.772.n.2;P20.1.440; B24.286; S20.1.382;J22. 453;D.Surenchère.101.102.105.159.
- Rouen.P26.2.147;D.Actes de comm.74.

31 Civ.c.A10.738,n.1; P20.1.394; B21.326; S20.1.364; D. Fonct. publ.288 Preuve test.248.
- Colmar.A12.149,n.7;P21.2.62;B25.377;S21.2.481;J22. 490;D.Stellionat.18.
- Rouen.A11.867,n 2; P21.2.33; B24.455; S21.2.19; J22. 506;D.Surenchère.443.
- Orléans.A4.717;D.Degré de jurid.471.

JUIN.

1 Req.A5.370;P20.1.616;B9.424; S21.1.30; MR16.489;D. Port. disp.114.118.155.

2 Cr.c.A4.140;P1.1046; B7.151; S20.1.308; D.Octroi.46. 44.
- Douai.A11.847,n.10;P22.2.77;B24.424;S21.2.324.et 21. 1.30;J22.495;D.Saisie-imm.1017.

3 Ord.A3.193,n.1. et 225,n.2;SC5.378;D.Eau.358.
- Ord. du cons. d'état SC5.386;D.Vente adm.205.
- Ord. du cons. d'état.SC5.388;D.Vente adm.387.
- Ord.A12.1006,n.19;B28.322,n.9;D.Voirie.420.

5 Douai.A12.654,n.1.25;P2.1586; B27.197; S21.2.101; D. Tierce-opp.82.Vente.6.

1820.

6 Req.A5.672;P20.1.625; B6.297; S33.1.785; J22.498; D. Compte.53.54.Jugem. prép.75.
- Rouen.A8.585,n.1;P20.2.24; B16.191,n.1; D.Filiat. légit.73.
- Civ.r.A9.299,n.1-1;P20.1.385;B17.554,n.1;S20.1.372;J 22.501; D.Absent.41.Cassation.639.Inscript. hypoth. 29.396.420.Ordre.511.

7 Civ.c.A1.252; P1.83. et 20.1.476; B1.292; S20.1.265;J 22.53;D.Action possess.264.
- Civ.c.A7.148; P20.1.349; B15.165;S21.1.46; D.Enreg. 1446.1447.
- Metz.A11.603,n.4; P2.1135,n.10; B23.463; D.Req. civ. 66.Trib.:36.
- Req.A12.772,n.2; P20.1.417; B27.410; S20.1.366; J22. 505;D.Tutelle.234.643.650.660.661.
- Ord.A3.195,n.8;D.Compét. admin.

8 Cr.c.A11.318,n.2;P20.1.476;B22.479; S21.1.147. et 20. 1.306;D.Délit rural.120.

9 Cr.c.A4.208;P1.1066;B7.224;S20.1.312; MR17.125; D. Or et argent.69.
- Riom.A9.716,n.2;P2.579,n.4;B18.377;S25.2.375;D.Jugement par défaut.230.233.397.

10 Rennes.A7.776;P2.155;B14.469;D.Exploit.361.
- Colmar.A9.170; P20.2.51; B17.199; S20.2.266; D.Hypoth. lég.227.Transcript.38.

12 Civ.r.A9.627,n.3;P20.1.547; B18.252;S21.1.139;MR17. 188;D.Motifs des jug.155.
- Rennes D.Faux incid.67.

13 Civ.r.A12.232,n.1;P20.1.630;B25.516; D.Substit.410.
- Ord.A3.237,n.3;D.Compét.
- Ord.A3.120,n.9;P1.717,n.9;B5.131,n.9;D.Communes.

14 Req.A12.500,n.2-2; P21.1.38; B26.389; S21.1.92; J22. 517;D.Retrait suc.59.115.117.
- Civ.c.P20.1.433; S20.1.380; J22.521; D.Cassation.188. Mandat.76.

15 Cr.r.A4 300;P1.1098;B7.326; D.Chose jugée.319.Cour d'ass.125.
- Limoges.A2.468;P21.2.16;B4.68; S21.2.16; D.Choses. 56.
- Cr.c.A4.492;P1.1171; B8.95; S20.1.322; D.Cour d'ass. 1430.1442.1515.
- Cr.c.A4.421;P1.1146; B8.14; S20.1.377; D.Cour d'ass. 637.1710.
- Req A10.566,n 1;P20.1.622;B20.482;S21.1,28;J22.523; D.Ordre.77.Subrog.73.
- Orléans.A11.288,n.1;P2.1004,n.8;B22.432,n.1;D.Prescript.797.
- Riom.P23.2.27;D.Autor. de femme.100.Oblig.738.

16 Cour sup. de Bruxelles.A5.281; P1.776; B5.317; D. Compét. civ.54.
- Cr.c.A4.475;P1.1165; B2.76; S20.1.323; D.Cour d'ass. 1426.1427.

20 Civ.c.A1.649;P21.1.131;B2.292;S21.1.170;D.Acquiesc. 77.360;D.Arbitrage.29.Dom. de l'état.45.
- Douai.A1.7;P1.4. et 31;B1 8;D.Absent.54.
- Civ.c.A1.49;P20.1.512; B1.57; S20.1.432; D.Absence. 457.Oblig. solid.21.
- Poitiers.A3.460;P1.847;B6.62;J22.533; D.Compét. cr. 246.
- Req.A10.474,n.1;P30.1.591;B20.343;S21.1.43;J22.529; D.Obl.592.593.Office.100.

21 Req.A2.459; P21.1.33; B4.58; S21.1.109; J22.538; D. Choses.23.Vente.443.
- Req.A7.604;B14.261;S20.1.418; D.Exception.150.151. 167.174.
- Bruxelles.A8.161,n.3;B15.188,n.2;D.Faillite.702.
- Bruxelles.A8.111;P2.193; B15.129; D.Faillite.230.421. 422.
- Civ.c.A11.76,n.2;P20.1.437;B22.58;S20.1.374;J22.542; D.Tribunal.124.
- Déc.A8 802,n.8;D.Forêts.940.

22 Cr.r.A4.480; P1.1168; B8.82; D.Cour d'ass. 862.891. 1388.1455.Témoin.555.358.403.
- Douai.A8.157;P22.2.25;B16.183;S21.2.253; D.Faillite 646.648.

23 Cr.c.A3.472;P1.854;B6.75;S20.1.335;D.Compét. crim. 252.
- Rennes.A7.752;P2.149;B14.440;D.Exploit.640.
- Cr.c.A8.754,n.8; P2.306; B16.371; S24.1.406. et 20.1. 353;D.Forêts.413.
- Ord.A3.120;P1.717;B5.131;D.Commune.552.
- Ord.A6.817,n.4;D.Emigrés.

24 Toulouse.A8.574;P21.2.65;B16.181; S20.2.280; MR16, 309.et 16.569;J22.545;D.Filiat. légit.154.156.Mariage. 411.
- Orléans.A10.384,n.3; P2.769,n.3; B20.205; D.Frais et dépens.214.Mat. som.43.

26 Limoges.A9.104,n.2; P21.2.69; B17.117,n.2; S21.2.57; MR16.472;J22.573; D.Inscrip. hypoth. 405.454;Privilége.486.
- Civ.c.A10.436,n.2;P20.1.544; B20.282; S20.1.409; J22. 556;D.Honoraires.116.Enreg.2611.
- Colmar.A11.299,n.1;P21.2.109;B22.446;S22.2.148;J22. 564;D.Prescrip.917.
- Civ.c.P20.1.629;S21.1.17;D.Procès-verb.626.
- Déc. min.A8.732,n.1;D.Forêts.117.

27 Civ.c.A1.111;P20.1.498;B1.130;S21.1.4;J21.576;D.Acquiesc.119.160.193.551.Appel incident.13.
- Paris.A11.621,n.2,n.2;P23.2.10;B24.11.et 26.203;S20. 2.242;J22.581; D.Saisie-arrêt.19.Success.bénéfic.101.

1820.

28 Req.A5.251;P20.1.465; B9.288; S20.1.421; J22.596; D. Dispos. entre-vifs.124.125.
- Civ.c.A7.445; P20.1.607; B14.67; S21.1.21; D.Enreg. 2974.2982.
- Civ.r.A6.472;P1.1393.et 20.1.552;B12.95; S21.1.42;MR 16.337;J22.591;D.Etranger.191.193.

29 Req.A.5.287; P21.1.45; B3.324; S21.1.112; J22.606;D. Compét. civ.136.392.
- Cr.c. A12.1016,n.2; P2.1507,n.;B28.337; S20.1.336; D. Voirie.337.

30 Cr.c.A3.561; P1.901; B6.174; S20.1.352; D.Cassation. 273.Compét. crim.605.
- Cr.r.A6.429,n 6;P1.1376;B12.44; D.Douanes.292.293.
- Cr.r.A6.429, n.1; P1.1376,n.; B12.45,n.1; D.Douanes. 292.293.
- Rouen.A9.314,n.1.2;B17.372,n.2;S20.2.306;D.Inscrip. hypoth.436.

JUILLET.

1 Cr.c.A4.272;P1.1088;B7.296;D.Contumace.65.
- Cr.c.A4.214;P1.1068;B7.232;D.Or et argent.104.Peine. 113.
- Bruxelles.A9.700,n.2;P2.577,n.1;B18.355; D.Jug. par déf.91.
- Bourges.A11.702,n.2;P2.1174;B24.156; D.Saisie-imm. 289.290.291.

2 Ord.A3.223,n.4.et 224,n.4;D.Eau.313.
- Ord. du cons. d'état.SC5.596; D.Ventes adm.477.
- Ord.A12.981,n.9;D.Voirie.59.
- Ord.A12.989,n.7;B28.301,n.7;D.Voirie.159.
- Ord.A12.1024,n.42;D.Voirie.714.

3 Civ.r.A12 871,n.4;P20.1.575;B27.58; S21.1.107; J22. 609;D.Témoin.60.64.68.151.
- Ord.A3.225,n.7;D.Eau.370.

4 Civ.r.A4.31;P20.1.597; B7.32;S21.1.37; D.Contr. ind. 209.
- Civ.c.A4.29;P20.1.519;B7.30; S20.1.436; D.Contr.ind. 210.
- Civ.c.A7.350,n.;P21.1.223;D.Enreg.2457.
- Disc.A727,n.6;D.Enreg.210.

5 Cic.r.A7.97;P21.1.84;B13.107;S21.1.110;D.Enreg.811.
- Civ.c.A7.157;P21.1.24; B15.176; S21.1.101; D.Enreg. 1472.1473.
- Civ.c.A10.598,n.1;P20.1.577; B20.224; S21.1.14; J22. 615;D.Nantiss.19.
- Angers.A5.665;P2.1488;B10.319; S23.2.17; D.Testam. 247.250.Vérif. d'écrit.29.33.
- Lyon.P26.2.66;D.Arbitrage.834.881.

6 Cr.c.A5.144,n.;B9.165,n.;D.Désertion.9.45.
- Req.A10.544,n.1;P21.1.47;B20.446;S21.1.125;D.Oblig. 895.Paiement 3.

7 Bruxelles.A5.114;B9.150;D.Désaveu.74.
- Cr.c.A9.661,n.2.1;P2.565;B18.863;D.Frais et dépens. 342.370.
- Metz.A12.586,n.18;P2.1368;B.27.84; D.Enq.49.109.

8 Bruxelles.A2.719;P1.635; B5.401.et 4.355; J22.132;D. Actes de comm.201.Eff. de comm.868.
- Paris.A4.491;P21.2.41;B1.221; S20.2.307; MR16.324;J 22.628;D.Mariage 385.387.
- Toulouse.A3.723;P21.2.82;B6.354; S23.2.95; J32.333; D.Conciliation.4.

9 Ord.A6.341,n.1;D.Domaine.
- Ord.A6.796,n.9;S20.2.304;D.Emigré.167.
- Ord.A6.797,n.3;D.Emigré.
- Ord.A11.385,n.3;P2.1052,n.5;B23.76;SC5.411; D.Prises marit.181.
- Ord.A3.224,n.8;D.Eau.352.
- Ord.S21.2.50;D.Compét. adm.179.281.
- Ord.A8.687,n.;D.Fonct. pub.237.
- Ord. du cons. d'état SC5.440;D.Ventes adm.415.
- Ord. du cons. d'état.SC5.411;D.Ventes adm.426.
- Ord. du cons. d'état.S5.415;D.Ventes adm.458.

10 Civ.c.A11.524,n.2; P20.1.632; B23.317; S20.1.413; D. Remplac.31.32.

11 Req.A6.653,n.;P21.1.150;B12.308;S21.1.190;D.Eff. de comm.481.647.861.
- Req.A10 293,n.2,n.1;P21.1.407;B20.64; D.Dot.28.
- Civ.c.P20.1.481;S21.1.12;D.Vente.408.
- Civ.c.A1.259.et 11.437,n.1; P20.1.508.et 21.1.150; B1. 278.et 23.173;S20.1.454;MR16.179; J22.635; D.Action possess.90.108.299.Propriété.28.

12 Req.A6.640,n.,n.3;P21.1.146; B12.292,n.3; S21.1.200. J22.637;D.Eff. de comm.578.

13 Douai.A1.363; P1.112; B1.425.et 6.98; D.Contr. par corps.607.
- Cr.r.A3.492;P1.863;B6.98; D.Compét. crim.357. Cour d'ass.1685.Témoin.481.
- Limoges.A6.655,n.;P21 2.68; B12.285,n.1; S21.2.72;J 22.640;D.Eff. de comm.385.

14 Orléans.P29.2.147;D.Jug. sup.86.

15 Cr.c.A4.297;P1.1096;B7.323;D.Cour d'ass.97.

17 Civ.r. A10.729, n.2; P21.1.85; B21.212; S21.1.136; D. Preuve test.207.

18 Req.A9.447,P21.1.109;B17.550; S21.1.97; J22.645; D. Appel civ.535.Confusion.25.Rad. hyp.88.
- Metz.A9.151,n.1.2;P22.2.43;B17.151,n.2;S21.2.565;D. Comm.341.Hypoth. lég.33.75.
- Riom.P23.1.43,n.;J22.647;D.Respons.545.

19 Civ.r.A3.124;P20.1.502; B3.136; S21.1.145; D.Comm. 494.

— Civ.r.A9.437;P20.1.485;B17.519;S20.1.556;J22.651;D. Réd. des hypoth.8.
21 Cr.c.A1.588;P1.220;B2.225;D.Appel correct.202. Témoin.243.
— Déc. min.A7.111,n.1;D.Enreg.
22 Douai.P21.2.72;S21.2.247;J22.659;D.Vente.
24 Civ.r.A4.143;P20.1.610;B7.155;S21.1.87; D.Octroi.54.
— Paris.A10.732,n.2;P20.1.65;B21.217; D.Aveu.90.Vente.38.
25 Civ.r.A7.435; P21.1.49; B14.51; S21.1.289; D.Enreg.2857.
26 Civ.c.A11.284,n.8;P20.1.492;B22.420; S21.1.352; J22.665;D.Presc. civ.990.
— Orléans.A11.949,n.7.1;B25.116; D.Serment.
27 Cr.r.A4.352;P20.1.506;B7.385;S21.1.3; MR16.559;J22.669; D.Compét. crim.380. Cour d'ass.515.824. Tribunal.145.
— Cr.c.A2.125,n.; P1.364. et 20.1.527; B3.155,n.; S20.1.404;J22.674;D.Autor. mun.397.398.
— Angers.A7.617;P21.2.88;B11.276;D.Exception.242.
— Req.A10.604,n.1.8;P21.1.62;B21.7;S21.1.124;D.Novat.74.
— Cr.c.A12.1068,n.4;P2.1529,n.11;B28.421;D.Vol.222.
28 Liége.A3.235;P1.756;B5.265;D.Eau.475.
— Cr.r.A2.282;P20.1.501;B3.313,S21.1.9;J22.677;D.Cassation.276.Presse.695.
— Cr.r.A8.768,n.1;P22.1.58;B16.389; MR17.856;J22.679;D.Forêts.635.834.
— Cr.c.A6.427,n.2;P1.1376; B12.42,n.2; D.Douanes.302.507.
— Bruxelles.A6.575,n.1; B12.217,n.1; D.Effet de comm.119.
— Ord. du cons. d'état.A11.433,n.3;P2.1080,n.5;B25.167;S21.2.87;D.Procès-verb.654.Voitures.5.
— Ord.A12.688,n.9; P2.1404; B27.257; SC5.430; D.Trav. pub.172.
— Ord.A3.191,n.6. et 219,n.16;D.Compét.
— Ord.A3.220,n.5;D.Contr. dir.262.
— Ord. du cons. d'état.SC5.419;D.Respons.141.
— Ord.A11.441,n.26;D.Expropr. pub.72.
— Ord. du cons. d'état.SC5.434;D.Ventes adm.352.
— Ord. du cons. d'état.SC5.426;D.Ventes adm.494.
— Ord. du cons. d'état.S21.2.88;D.Ventes adm.496.
— Ord.A12.994,n.18;B28.303,n.18;D.Voirie.86.
31 Civ.c.A6.315;P21.1.209;B11.357;D.Dom. pub.30.
— Toulouse.A9.143;P21.2.87;B17.166;S21.2.263; D.Hyp. lég.107.
— Rouen.A12.324,n.2; P22.2.39;B26.109; S21.2.213;J22.683;D.Success. irrég.58.
— Rennes.Journ. des avoc., t. 19, p. 225.D.Deg. de jur.111.

AOUT.

1 Req.A2.781;P21.1.266; B4.427; S21.1.301; D.Commissionnaire.286.287.294.
— Civ.c.A1.144;P20.1.639;B1.169;S21.1.272; J22.691; D.Acquiesc.185.240.250.353.
— Paris.A10.263,n.,n.3;P21.2.60; B20.17; S21.2.15; J22.689;D.Communauté.653.654.
— Civ.c.A10.109,n.1.2;P20.1.538; B19.279; S21.1.154;MR16.787;J22.694;D.Mariage.572.Min. pub.97.
— Paris.A11.679,n.6; P2.1165; B24.115; D.Respons.368.Saisie-imm.126.127.
2 Req.A5.666;P21.1.169;B10.520;S21.1.185; MR17.789;J22.700;D.Testament.246.249.
— Civ.c.A9.276;P20.1.599;B17.387;S21.1.35;MR16.596;J22.702;D.Autor. de femme.36.Inscrip. hypoth.134.
— Req.A10.570,n.1;P21.1.193; B20.187;D.Subrog.137.
— Poitiers.A12.428,n.1;P2.1325;B26.274;D.Rap. à succ.183.
3 Req.A4.700;P21.1.171; B8.326;S21.1.183; D.Cass.391.398.Commune.110.180.Deg. de jurid.389.
— Cr.c.A11.106,n.17;P2.934,n.1;B22.208;D.Presse.268.
4 Colmar.A4.639;P1.1203; B8.255; D.Deg. de jurid.127.160.
— Cr.c.A3.499;P1.866;B6.106;D.Compét. crim.343.344.
— Décis. min.A6.548;D.Droits civ.
— Cr.r.A9.496,n.1-1;P20.1.495;B18.47;S21.1.1; J22.708;D.Compét. crim.52.Instr. crim.179.181.Mandat d'ex.36.57.
— Cr.r.A12.827,n.30;P20.1.526; B28.29; S21.1.39;D.Usure.86.100.
— Riom.P22.2.14;S21.2.315; J22.712; D.Filiation natur. Succession.
5 Bourges.P31.2.173;D.Action personn.54.
6 Rennes. A10.583,n.2.3; P2.807,n.7; B20.511; D.Offre.139.
7 Toulouse.A5.435;P22.1.236. et 2.77;B10.46;S20.2.296;D.Port. disp.451.527.535.
— Caen.A8.263;P22.2.125; B15.306; S22.2.25; D.Faillite.530.Compét. comm.379.Faillite.1134.1135.1136.
— Civ.r.A6.810;P21.1.52; B12.490; S21.1.114; D.Emigré.225.
— Paris.A10.140,n.1.2; P23.2.132; B19.332; S20.2.315;D.Autor. de femme.162.
8 Req.A8.31;P22.1.164;B15.34;S22.1.251;D.Faillite.61.
— Colmar.A10.24,n.1.2;P21.2.63;B19.502;S21.2.266;J22.718;D.Autor. de femme.154.
— Rouen.A9.210,n.1;P2.449;B17.248,n.1;J34.92; D.Hyp. conv.104.
9 Civ.c.A10.199,n.1.2;P20.1.588;B19.127;S20.1.426;J22.754;D.Communauté.186.
— Angers.A10.699,n.3;P21.2.79; B21.162; S21.2.180;J22.727;D.Preuve litt.1105.
— Douai.A11.725,n.6; P2.1184; B24.200; D.Saisie-imm.530.546.
— Req.A11.772,n.2; P21.1.253; B24.284; S21.1.379; J22.730;D.Surenchère.95.96.
— A10.306;D.Dot.148.
10 Cr.c.A3.628;P1.931;B6.248;J22.736; D.Complicité.51.82.
— Req.A5.584;P21.1.166; B10.224; S21.1.194; D.Retour conv.24.
— Rennes.A7.756; B14.448; D.Domicile élu.45.Exploit.307.654.
11 Cr.r.A4.573;P1.1190;B8.182; D.Avoc.124.Défaut.114.
— Ord.A12.981,n.15;D.Voirie.67.
— Ord.A12.1024,n.44;D.Voirie.720.
— Rouen.A11.153,n.1;P24.2.140; B23.198;J22.737. et 30.480;D.Propriété.172.
12 Bourges.P31.2.170;D.Saisie-imm.1059.1682.
14 Grenoble.A6.201;P1.1330. et 26.1.454; B11.226;S25.2.83;J22.738. et 28.98;D.Partage d'asc.65.
— Civ.r.A11.487,n.,n.4;P20.1.603; B22.252; S21.1.53; D.Lois rétr.217.Sép. de patrimoine.54.
16 Metz.A11.438,n.1.6; P21.2.84; S21.2.155; J22.758; D.Propriété.25.
— Ord.A6.817,n.1;D.Emig.251.
— Ord.A6.796,n.1;D.Emig.167.
— Ord.A9.914,n.1.3;P2.663,n.3;B19.8;SC5.456;D.Louage adm.9.
— Colmar.A9.946,n.1;P2.675,n.2;B19.62; D.Louage emphyt.29.30.51.64.68.
— Angers.A10.246,n.1.2;P21.2.80;B19.498; S21.2.116;D.Louage.70.
— Civ.r.P21.1.17; S21.103; J22.745; D.Novat.57. Vente.674.764.
— Ord. du cons. d'état. S21.2.272; D.Comptabilité.17.
17 Req.A2.361;P21.1.220;B3.404;D.Cass.1060.
— Cr.c.A8.323;P2.237;B15.377;D.Fausse monnaie.52.
18 Paris.P23.2.3,n.3;D.Prescrip.404.
— Décis. min.A7.26,n.3;D.Enreg.223.
19 Agen.A1.638;P1.1202;B8.254;D.Deg. de jur.125.
21 Toulouse.A5.30;P21.2.29;B9.29; S20.2.300; MR17.164;J22.752;D.Déportat.21.
— Rennes.A7.795;P2.161;B14.491;D.Exploit.483.
— Déc. min.A6.548;D.Droits civ.
— Rouen.A10.339,n.3; P21.2.59; B20.151; S22.2.223;J22.755;D.Dot.340.
23 Colmar.A3.409; P21.2.32; B6.5; S20.2.336; J22.757;D.Compét. crim.32.
— Ord.A6.342,n.5;D.Domaines.
— Req.A12.88,n.3;P21.1.256;B25.271;S21.1.372;D.Actes de comm.59.Société civ.46.
— Civ.r.A12.236,n.1;B25.525; D.Adoption.103.Substitution.352.
25 Ord. du cons. d'état.S21.2.87;D.Expropriat. pub.218.
— Ord. du cons. d'état.S21.2.271;D.Propriété.273.
— Ord. du cons. d'état.SC5.444;D.Ventes admin.184.
— Ord. du cons. d'état.SC5.450;D.Ventes admin.204.
— Ord.A12.989,n.7;B28.501,n.7;D.Voirie.159.
— Ord.A10.591,n.13;D.Mines.71.
24 Cr.c.A8.678;P22.1.350;B16.390;S22.1.408;MR17.272;J22.759;D.Forêts.620.
— Cr.c.A8.766,n.1;P24.1.298;B16.387; S22.1.177; D.Forêts.630.
— Req.A6.808,n.1; P23.1.84; B12.487,n.1; S23.1.321; D.Emigré.212.Prescript.820.
25 Ord.A5.195,n.3;D.Compét.
26 Paris.A10.348,n.2.1;P2.759,n.1;B20.156;S21.2.84;J22.761;D.Dot.199.466.
28 Circul. min.A6.550,n.4;D.Droit civ.
— Lyon.A9.755,n.4; P2.591,n.3; B16.459; D.Jugem. par défaut.488.
29 Civ.c.A9.164;P20.1.583;B17.191;S20.1.387; D.Hypoth. lég.160.193.
— Grenoble.A11.203,n.1;P2.975,n.3;B22.281;D.Péremp.266.
30 Riom.A2.468; P23.2.140; B4.68; S23.2.20; J22.782; D.Choses.48.
— Civ.c.A5.260;P20.1.529;B9.298;S20.1.442;MR16.26. et 17.642;J22.765;D.Absence.234.
— Colmar. A6.873,n.,n.2; P1.1517; B12.564,n.2; D.Enq.228.
— Décis. min.A6.548;D.Droit civ.
— Orléans.A9.593,n.1.7;B18.498;D.Intervention.107.
— Paris. A12.184,n.3; P2.1288; B25.436; S20.2.332; J22.777;D.Substitution.168.
— Riom.A11.667,n.2;P2.1161; B24.93; D.Saisie-imm.15.1245.
— Civ.c.A11.285,n.;P20.1.593;S21.1.46,n.;D.Pap.-monn.25.Prescript.690.
31 Cr.c.A5.171;P1.1810;B9.197;D.Jugem. par défaut.526.

SEPTEMBRE.

1 Toulouse.A11.660,n.;P2.1158,n.;B24.80,n.1;D.Saisie-exécut.126.
4 Ord.P32.3.55;D.Culte.28.
6 Ord.A6.817,n.3,n.2;D.Emigré.
— Ord. A5.195,n.9. et 13,n.7; P1.677; SC5.456; D.Com.124.
— Ord. du cons. d'état.S5.465; D.Contr. ind.436.
— Ord. du cons. d'état.S21.2.48;D.Théâtre.24.
— Ord. du cons. d'état.SC5.462;D.Ventes admin.198.
— Ord. du cons. d'état. SC5.457;D.Ventes adm.297.495.
7 Cr.c.A5.471; P20.1.589; B6.74; S21.1.90; J22.785; D.Compét. cr.296.
— Déc. min.A6.547,n.14;D.Droits civ.
— Déc. min.A6.548,n.1.2;D.Droits civ.
8 Cr.c.A11.319,n.5;P20.1.607;B21.480;S21.1.18;J22.789;D.Pêche.171.
9 Déc. min.A6.549,n.1.7;D.Elect. lég.150.
11 Déc. min.A6.549,n.1.7;D.Elect. lég.150.
14 Cr.c.A4.368;P20.1.576;B7.402;S21.1.22; D.Cour d'ass.655.
— Cr.c.A4.481;P1.1169;B8.85;D.Cour d'ass.1455.
— Cr.c.A4.462;P20.1.557;B8.62;S20.1.447;D.Cour d'ass.1313.
15 Cr.c.A4.351;P20.1.571;B7.583;S21.1.153; MR16.559; J22.675;D.Acquiesc.452.Cour d'ass.510.
16 Cr.c.A7.566;P20.1.596. et 21.1.41;B14.212. et 16.326;S21.1.41;D.Concussion.7.8.Escroquerie.84.
— Déc. min.A6.547;D.Droits civ.
21 Cr.c.A1.391;P1.120;B4.457;D.Forêts.1045.
— Cr.c. A8.724; P2.345; B16.533; D. Forêts.959.Procès-verbal.297.
— Cr.r. A9.760,n.2; P2.594,n.1; B18.447; D.Jugem.408.415.Jugem. par défaut.561.
22 Cr.c.A8.779,n.2;P2.584;B16.404;D.Forêts.741.
— Cr.c.D.Récid.74.
29 Cr.c.A1.68;P20.1.562;B1.78;S20.1.417;D.Abus de confiance.30.Complicité.94.Jugem.55.
— Décis. min.A6.549,n.1.9;D.Droits civ.
— Cr.c.A2.138;P22.1.373;B3.148;D.Autor. mun.224.259.
— Cass.D.Art de guérir.168.

OCTOBRE.

5 Cr.r.A1.65;P20.1.636;B1.75;S21.1.20;J22.792; D.Abus de confiance.31.
— Cr.c.S21.1.150;D.Procès-verb.130.
8 Décis. min.A6.548;D.Droits civ.
9 Rouen.A2.759;P21.2.48;B4.379;S22.2.225; D.Actes de comp.247.Société civ.45.
11 Ord.A11.16,n.1;D.Organ. jud.
— Ord. D. Elect. lég. 503.507.531.537.539.543.558.563.564.
12 Cr.r.A3.572; P21.1.77; B6.187; S21.1.118; J22.797;D.Compét. cr.645.Régl. de juges.123.
13 Cr.c.A2.155; P1.373; B3.145; D. Autor. mun.247.248.Motifs des jugem.252.
— Cr.r.A2.273;P1.444;B3.502;D.Cassat.148.
— Cr.r.A8.767,n.; P22.1.61; B16.388,n.; S22.1.178; J22.680;D.Forêts.630.
— Cr.c.A12.838,n.3;P2.1447;B28.44;D.Mendiant.22.
14 Bruxelles. A11.900,n.1.3; P2.1242; B25.29; D.Sép. de corps.90.
18 Solut.A7.379,n.8;D.Enreg.2601.
19 Cr.c.A3.427;P1.825;B6.25;D.Compét. cr.114.
20 Cr.r. A4.379; P1.1128; B7.414; D.Cour d'ass.694. Témoin.427.428.458.468.
— Bruxelles.A9.383,n.;B17.455,n.;D.Purge.86.
— Cr.r.A11.100,n.20;P2.930,n.11;B22.97;D.Presse.144.
— Ord. A11.373,n.2; P2.1044,n.2. et 1047,n.3; D. Prise marit.
— Ord.D.Amnistie.122.
21 La Haye.A11.192,n.7;P2.969;B22.261;D.Përempt.224.
— Rouen.A2.759;P21.2.48;D.Actes de comm.217.
22 Ord.A6.547,n.17;D.Droits civ.
— Ord.A6.548;D.Elect. lég.105.
— Ord.A6.549,n.1.8;D.Droits civ.
23 Décis. min.A6.548,n.1.2;D.Droits civ.
25 Bruxelles. A11.708,n.2; P2.1178; B24.168; D. Saisie-imm.344.363.
26 Cr.c. A4.400; P1.1130. et 3.1375. et 12.604,n.15; D.Cour d'ass.888.
— Cr.c.A4.497;P1.1175;B8.100;D.Cour d'ass.1548.
27 Cr.c.A4.131;P1.1040;B7.441;D.Contr. ind.125.171.
— Ord.A6.548,n.21;D.Elect. lég.57.107.

NOVEMBRE.

1 Ord.A6.326,n.17;D.Ventes admin.380.
— Ord.A6.326,n.3;B14.370;D.Ventes admin.365.
— Ord.A6.325,n.1;D.Ventes admin.324.
— Ord.A9.468,n.8;SC5.482;D.Contr. directes.217.
— Ord.A6.325,n.1.2;D.Ventes admin.392.
— Ord.A3.219,n.17;D.Eau.225.409.
— Ord. du cons. d'état.D.Fonct. pub.286.
— Ord. du cons. d'état.SC5.483;D.Fonct. pub.377.
— Ord. du cons. d'état.SC5.474;D.Lettres min.3.
— Ord. du cons. d'état.SC5.479;D.Marché de fourn.527.
— Ord. du cons. d'état.SC5.475;D.Ventes admin.194.
— Ord. du cons. d'état.D.Ventes admin.298.
— Ord.A12.991,n.19;B28.303,n.19;D.Voirie.187.
2 Ord.A6.551;D.Elect. lég.123.
— Cr.c.A11.337,n.1;P2.1019,n.1;B22.507;D.Presse.806.
5 Décis. min.A6.548,n.1.2;D.Discipline.175.
6 Civ.r.A7.628;P21.1.39;B14.289;S21.1.339;D.Garantie.523.Exploit.870.
— Décis. min.A6.547,n.18;D.Droits civ.

— Sol. A6.547,n.18;D.Elect. lég.79.
7 Civ.c.A7.151;P21.1.277; B13.168; S21.1.334; D.Enreg. 1432.
— Civ.c.A7.342;P21.1.204; B13.388; S21.1.182; D.Enreg. 2383.
— Civ.c.A1 442;P21.1.80;B2.50;S21.1.82;D.Appel civ.81.
— Req.A10.132,n.3.6;P21.1.282; B19.318; S21.1.248; MR 16.96; J22.799; D. Autor. de femme.110. Preuve litt. 1067.
— Liége.A11.296,n.22;P2.1007,n.1;B22.439; D.Prescript. 341.872.
8 Civ.r.A7.336;B14.540;S21.1.339;D.Cassat.41.Exploit. 64.
— Req.A8.587;P21.1.377;B16.96;S21.1.402;D.Filiat. lég. 187.Frais et dépens.72.Garantie.176.
9 Cr.c.A4.69;P1.1025;B7.73;D.Contr. ind.269.
— Cr.c.A2.37;P1.343;B3.92;J22.802; D.Attentat à la pudeur.5.
10 Cr.c. A4 307; P1.1102; B7.355; D. Commune.88.Cour d'ass.349.Presse.325.
— Paris. A5.263; P24.2.136; B9.302; S24.2.331;J30.70. et 22.803;D.Don. entre époux.134.
— Bruxelles A8.250;P2 22;B15 291;D.Faillite.1066.
— Cr.c.A11.935,n.1.2;B23.150;D.Serment.73.
13 Cr.c.A7.63;P21.1.312;B13.66;S21.1.308; D.Enreg 539.
— Civ.c.A9.128,n.; P21.1.60; B17.147,n.;S21.1.136; J22. 805;D.Hypoth. lég.27.28.86.
14 Req.A10.153,n.1; P21.1.280; B19.253; S21.1.312; J22. 808;D.Commerçant.80.
— Req.A12.756,n.27;P21.1.514; B27.381; S21.1.370; J22. 805;D.Tutelle.546.
15 Civ.c.A7.365;P21.1.42; B15 414; S21.1.95; J22.560; D. Honoraires.116.Enreg.2486.2611.
— Req.A10.312,n.,n.5; P21.1.350; B20.82; S21.1.406; D. Dot 343.
— Ord.A8.15,n.66;D.Fabriques.218.
16 Cr.c.A4 03;P1.1022;B7 67;D.Cont. ind.174.
— Rouen.A8.203;P2.212;B15.256;D.Faillite.908.
— Liége. A12.103,n.1; P2.1268; B23.293. et 8.443; D.Société civ.31.Société comm.203.
21 Civ.c.A1.360;P21.1.27;B1.428;S21.1.23;MR16.85; J22. 810;D.Contr. par corps.657.
— Req.A7.668;P21.1.508;B14.359; S21.1.392; J22.815; D. Intérêts de cap.167.Expertise.142.208.
22 Bruxelles.A7.567; P2.97; B14.213,n.; D.Escroquerie. 64.
— Décis. min.A6 548,n.;D Droits civ.
— Civ.r.A9.102;P21.1.65; B17.115; S21.1.128; J22.519;D. Privilége.508.
— Req A10.220,n.8; P21.1.334; B19.459; S21.1.404; J22. 830;D.Communauté.
— Toulouse.A10.586,n.1;P22.2.10; B20 516; S21.2.255;D. Offre.196 à 198.
23 Décis. min A6.550,n.4.6;D.Elect. lég.179.
— Req.A11.259,n.2;P21.1.349;B22.379;S22.1.57;J22.833; D.Prescrip.479.
24 Metz.A9.230,n.1;P22.2.51; B17.272,n.1; S21.2.315; D. Action.101. Inscrip. hypoth.41. Délég.17. Ordre.520. Vente.735.763.
— Cr.c.A9.668,n 3; P2.568,n.2; B18.312; D.Frais et dép. 400.
— Colmar.P22.2.48;D.Jugement.161.
27 Bruxelles A4.499,n.; P1.1174,n.1; B8.102,n.1; D.Cour d'ass.1570.
28 Civ.c.A11.46,n.1;P21.1 3;B22.6;J22.833; D.Discip.19. 20.21.46.72.
29 Civ.r.A4.651; P22.1.220; B8.246; S22.1.334; D.Deg. de jur.93.
— Décis. min.A6.549,n 6;D.Droits civ.
— Orléans.A12.663,n.50,P2.1392;B27.214;D.Tierce-opp. 180.
30 Civ.c.A11.46,n.1; P21.1.3; B22.6; S21.1.48; J22.835;D. Déf.89.

DÉCEMBRE.

1 Cr.c.A4.560; P21.1.54; B7.593; S21.1.115; MR16.556;J 22.849;D.Cour d'ass.461.567.568.
— Colmar. A6.853,n.,n.5; B12.520,n.5; D.Emig.327.337. 347.387.
— Orléans.A9.748,n.;P2.589,n.; B18.429,n.;D.Jugement par déf.451.
2 Paris.P21.2 71;S21.2.227;J22.852;D.Servitude.
— Besançon A8.10,n.27. et 11,n.34;D.Fabriques.98.180.
4 Douai.A2.739;P21.2.86; B4 380; S21.2.250; J22 857;D. Actes de comm.217.Société civ.43.
— Paris.A8.550;P20.2.49;B16.154;S21.2.98;D.Filiat. lég. 35.40.
— Civ.r.A12.501,n.3;P21.1.538;B26.391;S22.1.74;D.Ret. suc.111.112.
— Cour d'Aix D.Charte.42.
5 Civ.c.A4.154; P21.1.286; B7.145; S21.1.259; D.Contr. ind.200.
— Civ.c.A7.312;P21.1.232;B13.554;S21.1.240; J22.860;D. Enreg.2197.
6 Civ.c.A7.384;P21.1.279;B13.436;S21.1.241; J22.861;D. Enreg.2595.
— Civ.c.A7.412;P2.71. et 21.1.255; B18.22,n.; S21.1.242; D.Enreg.2771.
— Ord.A6.342,n.8;D.Domaines.
— Ord A6.541,n.1;D.Domaines.
— Ord.A6.316,n.1;B6.359,n.9;SC5.494;D.Dom. eng.85.

— Ord A6.326,n.19;D.Ventes adm.302.
— Ord.A6.326,n.16;D.Domaines.
— Ord.A6.347,n.3,n.2;D.Emig.248.
— Ord.A9.471,n.1;S21.2.82, et 120;D.Contr. par corps. 321.
— Ord.A3.191,n.2. et 224,n.10. et 237,n.7;D.Trav. pub. 116.Eau.334.
— Ord.A3.219,n.16;D.Compét.
— Ord. du cons. d'état.S21.2.51;D.Commune.70.
— Ord. du cons. d'état.S21.2.43;D.Forêts.449.
— Ord. du cons. d'état.D.Lett. min.4.
— Ord. du cons. d'état.S21.2.46;D.Eau.116.
— Ord. du cons. d'état.D.Eau.280.
— Ord. du cons. d'état.SC5.490;D.Marché de fourn.166.
— Ord. du cons. d'état.SC5.492;D.Marché de fourn.532.
— Ord. du cons. d'état.S21.2.119; D.Enseignement.88.
— Ord. du cons. d'état.D.Pension.86.
— Déc. min. fin.D.Timbre.65.
— Ord. du cons. d'état SC5.497; D.Ventes adm.140.
— Ord. du cons. d'état.D.Ventes adm 206.
— Ord. du cons. d'état.SC5.489;D.Ventes adm.561.
— Ord. du cons. d'état SC5.488;D.Ventes adm.409.
— Ord. du cons. d'état.SC5.495;D Ventes adm.497.
— Ord.A12.995,n.5;B28.308;D.Voirie.246.
— Ord.A12.1010,n 2;B28.528,n.2;D.Voirie.470.
7 Req.A7.350. et 10.786,n.2;P2.64. et 21.1.324;B13.397. et 21.305; S21.1.343;J 22.863; D.Enreg.2460.Respons. 275.
— Rouen.A8.544;P22.2.87;B16.148;D.Filiat. lég.19.79.
8 Cr.c.A5.486;P1.861;B6 91;D.Compét. crim.548.
— Liége.A7 749;P2 147;B14.437; D.Exploit.792.
— Cr.c.A6.432,n.1;P1.1377;B12.37,n.1;D.Douanes.315.
— Cr.c.A11.238,n 8; P2.992,n.5; B22.337; S21.1.210; D. Poste aux lettres.40.
9 Req.A9.175;P21.1.296; B17.205; J22.883; D.Hyp. jud. 52.
— Pau.A10.230,n.1;P22.2.98; B19.475; S22.2.164; D.Dot. 57.Sép. de biens.28.
11 Civ.r.A7.466; B13 184. et 195,n.; S21.1.168. et 22.1. 358;J22 864;D.Greffe.67.Enreg.1375.2815.
12 Nimes.A1.512;P1.182;B2.133;J22.866. et 27.115;D.Appel civ.429.
— Civ.r.A5.166; P21.1.89; B9.191; S21.1.137; J22.872;D. Désist.49.96.
— Paris.A10.134,n.1;P25.2.172,n.1;B19.321;D.Autor. de femme.125.
— Paris P21.2.52 J22.866;D.Frais et dépens.296.
13 Civ.r. A8.529; P21.1.165; B16.130; D.Féodalité.257. Louage emphyth.58.
— Req.A9.924,n.1.5;P21.1.241;B19.29;S21.1.319;J22.877; D.Louage.298.299.
— Orléans. A12.805,n.4; P2.1440; B27.467; D.Usufruit 479.
14 Cr.r.A4.237;P1.1074;B7.257;D.Contr. ind.594.
— Req.A7.52;P21.1.326;B13.30;S21.1.391;D.Enreg.220.
— Cr.r.A12 967,n.5; P21.1.145; B28.269; S21.1.201; J27. 459;D.Voies de fait.31.
— Cr.r.A12.955,n.2.1;P2.1494;B28.246;D.Homicide.91.
— Rouen.P24.1.329,n.;D.Capitaine.150.
15 Grenoble.A9.650,n.1; P2.560,n.2; B18.286; D.Exécut. prov.38.
16 Liége.A8.246;P2.220;B15.286;D.Faillite.1052.
— Orléans.A9.251,n. et 744,n.; B18.420;D Jug. par déf. 502.414.
18 Colmar.A11.796,n.2;P22.2.49. et 2.1212;B24.329; J22. 881;D.Surenchère.197.340.
19 Toulouse.A10.789,n.10;P2.869,n.2;B21.511;S22.2.158; D.Respons.511.
— Req.A10.712,n.6; P2.848,n.3; B21.163; S22.1.498;J22. 892;D.Ratification.47.
— Req.V. au 9.
— Civ.r.P21.1.213;S21.1.245;J22.887;D.Pr. litt.1205.
— Déc. min.A7.545,n.4;D.Enreg.2425.
20 Civ.c.A4.55; P21.1.137; B7.58;S21.1.174;D.Contr. ind. 155.
— Aix.A8.76;P2.182;B15.85;S21.2.218; D.Faillite.92.324.
— Nimes.A11.285,n.10;P22.2.114; B22.122; S22.2.147;D. Prescrip.689.
— Req.A11.603,n.4;P21.1.354;B23.403;S21.1.429;D.Req. civ.46.61.
— Bruxelles A11 543,n.6;B23.353;D.Référé.43.
21 Req.A4.270;P21.1.69;B1.314;S21.1.135;J22.894;D.Act. possess.344.Jug. supp.89.
— Agen.A4.681;P1.1220;B8.303;D.Deg. de jurid.318.
— Grenoble.A9.615,n.4;D.Publicité des jugem.24.41.
— Cr.c.A11.226,n.;P2.987;B22.321;D.Aut. mun.666 et s.
22 Cr.c.A4 442. et 140;P1.1046; B7.153. et 151;D.Octroi. 46.45 46.178.
— Cr.c.A2.184;n.;P1.402; B3.200,n.; D.Autor. mun.666. 668.669.671.
— Colmar.A5.104; P22.2.40; S21.2.256; J22.896;D.Désaveu.21.24.
— Orléans.A11 622,n.1,n.5;B24.14;D Saisie-arr.39.48.
23 Ord.A4.544,n.4,n.4;P1.1183,n.3; B8.150,n.4; D.Culte. 98.
26 Req.A11.20,n.1;P21.1.299;B21.438;MR17.262;D.Juge. 88.Jugem.62.
— Req.A11.805,n.3; P21.1.344; B24.336; S21.1.30;MR17. 543;J22 901;D.Dom. nouv.20.Saisie-im.1310.1311.
— Rennes.A11.900,n.1.4;P2.1242;B25.29;D.Sép.de corps. 89.101.109.169.

27 Civ.r.A7.209;P21.1.87. et 2.55; B13.359; S21.1.149; D. Enreg.2179 2181.Expertise.365.
— Ord.A6.342;S22.2.327;D.Dom. eng.69.
— Ord.A6.817,n.3,n.3;D.Emigré.
— Civ.c.A9.686;P21.1.94;B18.334; S21.1.144; J22 907; D. Exéc. des jugem. et actes.67.Frais et dép.314.
— Req.A12.385,n.1; P21.1.305; B26.204; S21.1.385; J22. 904;D.Success. bénéf.108.198.
— Req.A12.50,n.2;P22.1.348;B25.210;S22.1.410;D.Servitudes.451.
— Orléans.V. au 22.
— Ord.A3.223,n.2. et 224,n.10;D.Eau.291.334.
— Ord. du cons. d'état.S22 2.323;D.Compét. adm.282.
— Ord. du cons. d'état.S22.2.328;D.Lett. min.3.
— Ord. du cons. d'état.S22.2.327;D.Eau.18.
— Ord. du cons. d'état.S22.2.329;D.Eau.208.
— Ord. du cons. d'état.D.Pêche.55.
— Ord. du cons. d'état.SC5.516;D.Ventes adm.29.
— Ord. du cons. d'état.SC5.506;D.Ventes adm.165.
28 Cr.c.A4.450;P1.1158;B8.47;D.Cour d'ass.998.
— Paris.A11.710,n.1; P21.2.81; B24.174;S21.2.111; J22. 910;D.Saisie-im.355.569.373.404.
29 Cr.c.A2.151;P1.383;B3.163;D.Aut. mun.227.229.
— Cr.c.A11.214,n.3;P2.980,n.3;B22.296; D.Art de guér. 145.
30 Rennes.A5.702;P1.1336;B10.561;D.Testam.367.662.

1821.

JANVIER.

2 Ord.A8.679,n.2;B16.501,n.2;D.Fonct. pub.206.
— Limoges.A11.488,n.1;P22.1.144,n.1. et 2.33; B23.253; S21.2.322; J23.1; D.Emancip.9.10.Puiss. pat.21.Dem. nouv.71.
3 Req.A1.659;P22.1.149;B2.303;S22.1.199;J23.7;D.Arbitrage.350.
— Req.A6.826; P21.1.484; B12.509; S22.1.21; J23.9; D. Emigré.309.
— Civ.c.A12.305,n.1;P21.1.158;B26.72;S21.1.181;D.Succes.191.
4 Cr.c.A4.561;P21.1.156;B8.169;S21.1.186;J23.12;D.Défense.24.
— Cr.c.A4.421;P1.1146;B8.15;D.Cour d'ass.1734.1735.
— Bruxelles.A11.687,n.2;P2.1169;B24.121; D.Saisie-immob.121.171.
5 Colmar.A7.617;B14.277;D.Except.252.
— Lyon.A9.669;P2.569;B18.314;S25.2.46;D.Frais et dépens.406.
— Cr.c.A11.330,n.3;P21.1.148;B22.491;S21.1.187;J23.13; D.Presse 750.
— Cr.r.A12.557,n.5,P21.1.111;B27.35;S21.1.122; J23.15; D.Rébellion.12.
6 Cr.c.A12 543,n.3;P2.1349;B27.12;D.Presse.104.
8 Paris.A6.804,n.,n.4;P22.2.47; B12.433,n.5; D.Emigré. 190.379.
— Aix.A10.420,n.1; P2.779,n.2; B20.260; S21.2.212; D. Nom.88.
9 Req.A3.255; P1.706;B5.288;D.Régl. de juges.8.53 54. 55.
— Civ.c.A10.57,n.,n.5;P21.1.113;B19.198;S21.1.157; MR 16.144. et 749. et 773;J23.17;D.Mariage.83.216.433.
— Req.A12.145,n.2;P21.1.320;B25.369;S22.1.77; J23.31; D.Société comm.335.
10 Civ.c.A7.433;P2.74;B14.32;D.Enreg.2878.
— Req.A8.257; P22.1.204; B15.300; S22.1.332; J23.33. et 23.129;D.Faillite.1106.1117.1159.
— Ord.A6.325,n.1;D.Ventes adm.392.
— Ord.A11.149,n.9;SC5 325;D.Patente.25.
— Req.A12.204,n.1.2; P21.1.510; B25.470; S21.1.384; D. Substitution.264.
— Amiens.A12.417,n.2; P2.1325; B26.260; S22.2.88; D. Don. dég.18.Rap. à suc.121.Usufruit.199.Vérif. d'écrit.122.
— Req.A12.757,n.28; P2.1427;B27.382; S22.1.143; D.Tutelle.549.536.557.Vente.424.
— Civ.c.P21.1.134; S21.1.175; J23.34; D.Juge.104.Pension.98.
— Ord.A3.219,n.9. et 134,n.2;D.Communes.
— Ord. du cons. d'état.S21.2.360;D.Compét. adm.520.
— Ord. du cons. d'état.SC5.524;D.Fonct. publ.34.
— Ord. du cons. d'état.S21.2.542. et 22.2.326; D.Eau. 283.Trav. publ.115.
— Ord.SC5.519;D.Com.160.
— Ord.Mac.1.34;D.Eau.33.
— Ord.A3.217;D.Fabriques.212.
— Ord. du cons. d'état.SC5 522;D.Ventes adm.473.
11 Paris.A6.759,n.,n.2;P1.1495;B12.451,n.2;D.Effet pub. 122.
12 Amiens.A3 37;P1.685;B5.37; D.Commune.16.178 531. 532.333;D.Frais et dépens 37.
— Civ.c.A11.226,n.18; P2.988; B22.325; D.Poids et mesures.88.
— Cr.c.A11.168,n.1;P2.959,n.7;B22.217;D.Peine.281.
12 Cr.c.A11.432,n.6.1;P2.1079; B23.164; D.Procès-verb. 331.551.614.
13 Paris.A12.196,n.2; P2.1293;B25.455;S21.2.233; J23.35; D.Substitution.218.
14 Ord.A11.519,n.11;D.Remplacem.60.

15 Civ.c.A9.710;P21.1.403; B18.369; S21.1.98; J23.41; D. Cass.480.Jugem. par défaut.145.
16 Civ.c.A1.247, P21.1.99; B1.287; S21.1.142; J23.46; D. Action possess.515.
— Bourges.A6.101; P22.2.102; B11.111; S22.2.35; MR16. 611;D Legs.250.
— Besançon.A11.200,n.6;P2.973,n.6;B22.276,n.1; D.Péremp.253.
— Civ.r.A12 572,n 2; P21.1.207; B20.180; S22.1.197;J23. 49;D.Portion disp.655.Success. bénéf.145.
17 Lyon.A5.335;P1.790;B5.380; D.Compét. comm.34.57.
— Grenoble.A10.363;P2.801;B20.476,n.; D.Subrogat.41.
18 Cr.r.A2.275;P1.446; B3.504; D.Cassat.203.Cour d'ass. 738.
— Metz.A3.278;P23.2.51;B9.319; S22.2.302. et 1.57; J23. 58;D.Disp. entre-vifs.174.183.
— Ord.A6 332,n.6;D.Ventes adm.81.
— Req.A6.741;P21.1.506;B12.409;S22.1.57;J23,61;D.Effet de comm.845.Exception.116.Trib.148.
19 Cr.r.A3.624;P1.928;B6.243;D.Complicité.50.110.Cour d'ass.908.
— Cr.c.A9.665,n.;B18.307,n.;D.Frais et dépens.362.
20 Toulouse.A9.651,n.3;P2.561,n.2; S25.2.91; D.Exécut. prov.54.
21 Nimes.A9.651,n.3; P2.561,n.2; S25.2.91;D.Appel civ. 500.
22 Civ.c.A9.629,n.2-2;P21.1.347;B18.255; S21.1.347; MR 17.174;J23.65;D.Motifs des jug.26.
— Colmar.A11.707,n.4;P2.1178;B24.167;D.Huiss.97.Saisie-imm 577.378.379.
23 Limoges A4.663;P1.1213;B8.282;D.Degré de juridiction.215.
— Civ.r.A6.436;P21.1.321;B12.82;S21.1.375;D.Douanes. 335.
24 Agen.A5.480;P1.1326;B10.100;S22.2.74;J23.68;D.Portion disp 530.
— Bruxelles.A7.744;P2.148;B14.451;D.Exploit.214.
— Bruxelles.A11.60,n.,n.7; P2 922,n.3; D Jugement.23.
25 Cr.c.A4.294;P1.1094;B7.320; D.Cour d'ass.139.
— Cr.r.A2.120,P1.360;B3.129; D.Autorité mun.15.16.17. Cass.1078.Chose jugée.502. Jugem.423.
— Req.A6.693;P21.1.410;B12.354; S21.1.352; D.Effet de comm.632.724.
— Req.A10.187,n.2.3;P21.1.127;B19.357; S21.1.177; J23. 77; D.Aveu.100. Commerçant.111.112. Mandat.262. Preuve testim.335.
— Lyon.P25.2.49,n.;D.Jugem. par défaut.174.
26 Cr.c.A2.146;P1.380;B3.158; J23.58; D.Autorité municipale.133 523.524.
27 Metz.P23.2.129,n.;S23.2. 37;D.Degré de jurid.76.
29 Civ.c A2 512;P21.1.237;B4.119;S21.1.309;D.Chose jugée.9.153.
30 Req.A6.508;P21.1.141;B11.350; S21.1.146; MR16.112; D.Dom. eng.60.
— Civ.r.A11.77,n.1;P22.1.12. et 59;B22.59;S22.1 169; D. trib.131.
— Toulouse.A11,889,n.3;P22.2.36. et 58,n.;B23.11; S21. 2.344;D.Sép. de corps.45.76.
— Ord.A3.227,n.2;D.Eau 459.
31 Req.A7.618; P21.1 395; B14.277;D.Exception 310.Exploit.969.Motifs des jug.54.Transp. de créance.72.
— Civ.c.A9.310,n.1;P21.1.160;B17.367,n.1;S21.1.180;MR 16 462;J23.83;D.Inscript. hypoth.445.
— Orléans.A12.850,n.11;P2.1455;B28.67;D. Vente.76.

FÉVRIER.

1 Metz A5.818;B10.494;S22 2.361;D.Testament.704.706.
2 Ord.A6.325,n.1;D.Ventes adm.324.
— Ord.A6.345,n.1;D.Dom. de l'état.49.
— Ord.A6.847,n.1:D.Emig.252.
— Ord.A11.582,n.9;P2.1081,n.9; B23,74;S22,2.11;D.Prises marit.164.
— Bruxelles.A11.511;n.2-2;P2.1012,n 2; B22,465,n.1; D. Effet de comm.800.Prescrip. civ.1058.
— Aix.A11.770,n.2;P23.2.58;B24.261;S23.2.9; J23.88; D. Surenchère.83.
— Ord.A3.134,n.2;D.Communes.
— Ord.A7.691,n.1-1;B14 367,n 1-1;D.Expertise.394.
— Ord. du cons. d'état.Mac.112; SC5 553; D.Marché de fourn.317.
— Ord. du cons. d'état. Mac.21.117; SC5.559; D.Marché de fourn.345.
— Ord. du cons. d'état.Mac.1.91;SC5.536; D.Ventes admin.301.466.
— Ord. du cons. d'état.D.Vente.407.
3 Cr.r.A4.436;P1.1151;B8.32;S21.1.216; D.C d'ass.1066.
— Colmar.A7.584;P22.2.48;B14.237;D Exception.45.45.
— Cr.c.S21.1.215;MR17.194;J23.90;D.Motifs des jugem. 229.
— Cr.c D.Tentative.38.
5 Lyon.A3.400; P22.2.8; B5.461; S21 2.217; D.Compét. comm.425.
— Riom.A9.138;P23.2.60; B17.158; S23.2.23; D.Hypoth. lég.65.66 75.Privilége.36.Remploi.106.
6 Req.A9.297,n.1 3; P2.466. et 21.1.556; B17.352,n.3; S 21.1.419;MR16 411;J23.99;D.Inscript. hyp.339.340.
7 Rouen.A1.367; B1.451; S21.2.214. et 71; D.Contr. par corps.687.
— Civ.c.A7,300;P21.1.393; B13.340;S21.1.409; D.Enreg. 2175.
— Agen.A10.267,n.,n.5; P2.735,n.6; B20.24; D.Communauté.740.
8 Req.A8.541;P21.1.333; B16.144; S21.1.404; J23.95;D. Filiat. légit.6.7.
— Aix.A10.143,n.1; P22.2.122; B19.287; D.Mariage.430. 431.594.
— Cr.c.A11.432,n.6,n.3;P2.1080;B23.165;D.Procès-verb. 548.568.614.
— Cr.c.A11.518,n.1;P2.1103,n.4;B23.306;D Récid.114.
9 Cr.c.A2.172; P1.393; B3.180; D.Autor. mun.653.654. Procès-verb.62.
— Cr.r.A11.123,n.,n.14; P2.943,n.2; B22.138; D.Presse. 694.
10 Limoges.A3.385;P1.807;B3.446;D.Comp.com.361.414. Régl. de juges.42.
— Toulouse.A3.216. et 9.716;B2.249. et 18.377,n.;D.Jugement par défaut 230.Disp. entre-vifs.20.
13 Req.A12.112,n.1; P22.1.226; B25.512; S22.1.330; J23. 102;D.Société comm.56.
— Riom.A12.347,n.3; P22.2.149; B26.144;S22.2.160; J23. 104;D.Success.257.
14 Bruxelles.A7.763;P2.152;B14.455; D.Exploit.158.658.
— Orléans.A10.384,n.,n.2; P2.769,n.2; B20.208; D.Mat. som 48.
— Riom.V.au 24.
15 Cr.c.A7.714;P21.1.175;B14.393;S21.1.179;D.Expl.962.
— Bruxelles.A10.737,n.1;P2.857,n.3;B21.224; D.Preuve test.242.
— Req.P22.1.270;S22.1.300; D.Obl.44.Preuve.32.
— Rennes.A9.640,n.8;D.Jugem.504.
16 Cr.c.A8.691;P23.1.484; B16.316; J23.108. et 33.577;D. Fonct. publ.424.
— Orléans.A12.806,n.3;P2.1440;B27.469;D.Usufruit.516.
17 Paris.A12.425,n.1 1. et 3.682,n.4;P23 2.19.B6.308. et 27;D.Compte.10.Mandat.329 Rap. à suc.163.
— Paris.P22.2.36;J23.109,D.Dot.270.
19 Bruxelles.A3.222;P7.1.753;B5.251;D.Contr. dir.265.
— Bruxelles.A8.228,n.1;P2.216; B15.265,n.1; D.Faillite. 1021.
— Civ.c.A6.121. et 12.384,n.1; P21.1.138; S21.1.208;J23. 112;D.Legs.487.Success. bénéfic.104.
20 Req A6.149;P21.1.398; B11.167;S22.1.11; MR16.425;J 23.130;D.Faux incid.56.Révoc.24.Testament.292.
— Civ.c.A6.520;B12.151;S21.1.172;J23.120;D.Mort civ.8.
— Ord.A9.978,n.1;B19.114,n.1;D.Manufact.
21 Req.A2.214; P21.1.347; B3.235; S22.1.34; J23.133; D. Respons.365.
— Limoges.A11.207;P22.2.78; B22.288; S21.2.165; D.Péremp.280.
— Civ.c.A12.778,n.2;P21.1.177; B27.424; S21.1.188;J23. 135;D.Emancip.25.
— Nimes.A6 10;P22.2.82;B11.6;S21.2.274;MR17.158;J22. 139;D.Testament.839.846.
22 Ord.A3.134,n.2;P1,677;D.Communes.
— Ord.A12.689,n.4; P2.1403; B27.259; D.Trav. publ.26. 58.65.232.
— Bruxelles.A12.584,n.9;P2.1366;B27.81;D.Enq.111.
— Cr.c.A4.541;P1.1115;B7.372;D.Cour d'ass.466.
— Cr.c.A5.180;P21.1.194; B9.207; S21.1.246. et 23.1,280; D.Destruct.60.71.72.
— Ord.A6.330,n.18;D.Ventes adm.442.
— Cr.c.A8.682,n.1;B16.305,n.1;D.Fonct. publ.253.
— Ord.A8.679,n.5; B16.301,n.5; SC5.559; D.Fonct. publics.302.
— Ord.A6.796,n.1;D.Emig.167.
— Ord.A6.817,n.1;D.Emig.252.
— Ord.A9.466,n.7;B18.6,n.5;SC5.550;D.Contr. dir.177.
— Ord.A9.469,n.7;B18.9,n.6;D Contr. directes.243.
— Ord. du min. des fin.A11.145,n.9; SC5.553; D.Patente.80.
— Bruxelles.A11.657,n.2; P2.1146,n.9; B24.42; D.Saisie-arrêt.230.
— Ord.A3.191,n 6. et 219,n 9. et 15,n.9;D.Com.121.
— Ord. du cons. d'état.S21.2.368;D.Commune.120.
— Ord. du cons. d'état,Mac.21,211; SC5,558; D.Marché de fourn.282.
— Ord. du cons. d'état.SC5.556;D.Respons.148.
— Ord. du cons. d'état.SC5 561;D.Tierce-opp.26.
— Ord.A6.342,n.6;D.Domaines.
23 Cr.r.A4.294;P1.1094;B7.320;D.Cour d'ass.141.
— Amiens.A9.59;P22.2.61;B17.65;S22.2.114; J23.140; D. Privil.38.275.
24 Riom.A1.493;P1.178.et 22.2.102;B2.113; D.Appel civ. 361.Exécut. des jug. et act.132.
— Toulouse.A1.104;P22.2.9;B1.123; S21.2.275; J23.146; D.Acquiesc.40.41.Hypoth. jud.51.
— Rouen.A10.795,n.1;P21.2.60; B21.525;S21.1.215; J23. 150;D.Commiss.242.
27 Civ.r.A6.223;P21.1.184;B11.251;S21.1.236; J23.156;D. Don. par contr. 158.463.
— Req.A11.62,n.,n.8;P22.1.198;B22.34; S22.1.336;D.Jugement.48.70.71.Disp. ent. vifs.24.
— Civ.c.A11.767,n.2;P21.1.154;B24.178;S21.1.235;MR17. 39;J23.152;D.Délai.44.Surenchère.303.
— Req.P23.1.44;S23.1.322;J23.164.et 26.485;D.Demande nouvelle.
28 Req.A4.645;P22.1.274;B8.265;S23.1.295;J23.174.et 26. 140;D.Deg. de jurid.157.
— Bruxelles.A3.750;P1.977;B6.364; D.Contr. par corps. 96.
— Req.A5.812;P21.1.541;B10.487; S22.1.1; MR16.418; J 23.168;D.Testament.746.
— Paris.A11.249,n.2;P22.2.72; B22.363; S22.2.116; J23. 164;D.Action possess.192;Possession.150.

MARS.

1 Cr.c.A4.237,n.;B7.257,n.;D.Cont. ind.566.Lois.403.
— Req.A6.212;P21.1.491;B11.238; S21.1.234. et 2.7;J23 175;D.Don. par cont. de mariage 26.31.
— Bourges.A6.93;P24.1.11;B11.102;S23.2.358;J23.179.et 27.153;D.Legs.223.263.
3 Tribun. de comm. de Marseille. D.Assur. marit.512.
5 Cr.c.A10.441,n.,n.3;P21.1.225; B19.281; S21.1.197. et 232;MR16.790.791;J23.179;D.Mariage.573.
6 Lyon.A2.789;P1.666; B4.436; S21.2.225; D.Commiss. 257.
— Grenoble.A10.382,n.3;P2.768,n.1;B22.105; D.Frais et dépens.191.
— Caen.A10.826,n.2; P2.887,n.3; B21.373; D.Ordre.239. 293.
7 Req.A2.710;P22.1.166;B4.344; S21.1.272; J23.185; D. Commerçant.55.
— Ord.A6.329,n.11;SC5.568;D.Eau.391.Ventes adm.470.
— Ord.A6.341,n.1;D.Domaines.
— Paris.A9.271,n.1.2;P2.460.et 22.2.21;B17.321,n.2;S21. 2.167;D.Appel civ.260.Inscrip. hypoth.51.53.179.
— Ord. min. des fin.A9.469,n.15;B18.10,n.5;SC5.570;D. Acquiesc.477.Contr. directes.200.
— Ord.A9.468,n.3;B18.8,n.2;SC5.575;D.Impôt.
— Ord.A5.191,n.5;D.Compét.
— Ord. du cons. d'état SC5.567;D.Ventes adm.179.
— Ord. du cons. d'état.M1.339 et 1.320;D.Vente ad.209.
— Ord. du cons. d'état.M1.335;SC5.565; D.Ventes adm. 46.259.
— Ord.A12.981,n.11 et 15;D.Voirie.62.65.
— Ord.A12.991,n.18;B28.303,n.18;D.Voirie.186.
8 Cr.r.A3.270; P1.773; B3. 304; D. Régl. de juges. 115. Voies de fait.58.
— Cr.c.A9.661,n.1;P2.561,n.1;B18.302;D.Fr. et dép.557.
— Cr.c.A11.411,n.6;P2.1065,n.6;B23.126;D.Procès-verb. 391.417.
— Metz.A12.578,n.24;P2.1363;B27.71; D.Tém.125.145.
— Cr.c.A12.594,n.11;P2.1370;B27.99;D.Témoin.244.
9 Cr.c.A2 95;P1.346; B3.99; S21.1.415; D.Attentat à la pudeur.45.
— Bourges.A10.798,n.2;P23.2.14;B21.324;S22.2.258;J23. 191.et 25.288;D.Respons.469.
10 Rennes.A6.852,n.2;P1.1511;B12.540,n.1; D.Enq.80.
— Amiens.A12.531,n.2;P23.2.114;B26.445;S22.2.239;J23. 191;D.Rescis.116.
— Toulouse.A12 506,n.1; P24.2.80. et 2.1342; B26.401;S 24.2.68;D Partage.203.
13 Civ.r.A3.238;P21.1.317; B5.269; S21.1.299; D.Conflit. 81.82.83.
— Civ.r.A3.239;P21.1.317;B5.270;D.Conflit.81.
— Req.A6.328; P21.1.609; B11.373; S22.1.109; D.Ventes adm.410.485.
— Paris.A10,555,n.1.1;P2,761,n.1; B20.165; S22.2.342; J 28.199;D.Dot.259.
— Metz.A7.584;P2.103;B14.255;D.Exception.47.53.
14 Civ.c.A1.564.et 2.304; P21.1. 196; B1.427; J23.211; D. Cassation.518.360.Contr. par corps.655. Exploit.894.
— Civ.c.A7.413;P21.1.395; B14.26,n.1; S22.1.12.et 21.1. 235;D.Enreg.2770.2772.
— Civ.r.A7.777;P21.1.540;B14.470;S22.1.108;J23.206;D. Exploit.29.361.
15 Bruxelles.A2.758;P1.652;B4.401;D.Commissionnaire. 87.89.
— Civ.r.A5.657;P1.950;B6.280; J23.221; D.Complic.199.
— Cr.r.A8.698;P2.318;B16.325;D.Concuss.5.6.21.
— Req.A9.969,n.1;P21.1.199;B19.102;J23.215;D.Mandat. 337.398.
— Cr.c.A9.785,n.1;P2.600,n.2;B18.483; D.Lib. indiv.46.
— Orléans.A11.259,n.3;P2.937,n.3;B22.379,n.1; D.Prescrip.344.
— Cr.c.A11.123,n.15;P2.943,n.5; B22.139; D.Presse.739.
— Bourges.P22.2.56;S15.2.189 et 22.2.75;D.Exploit.
— Ord. du cons. d'état.A9.783,n.;B18.484;D.Lib. indiv. 45.
16 Cr.c.A2.148;P1 378;B3.155;D.Autorité mun. 329.349.
— Paris.A1.379;B1.445;D.Amende.48.Notaire.297.
— Cr.c.A12.591,n.2.3;B27.94;D.Parenté.15.Tém.191.172.
— Bruxelles.A11.875,n.1-1;B24.475;D.Scellé.70.74.
19 Civ.c.A2.259;P21.1.265;B3.286;S21.1.298; J23.222; D. Brevet d'invention.21.121.
20 Req.A11.590,n.2;P21.1.611;B23.438; S22.1.59; D.Jug. par défaut.224.225.
— Ord. du cons. d'état.D.Eau.209.
— Civ.c.D.Transcrip. des don.55.
21 Ord.A6.504,n.6;B11.345,n.6;D.Domaines.
— Angers.A6.462;P22.2.13;B11.182;D.Révoc.79.
— Ord.A6.341,n.1;D.Domaines.
— Ord.A6.342,n.;D.Ventes adm.319.
— Colmar.A9.941,n.2;P2,675,n.3; B19.57;D.Louage.740.
— Ord.A9.467,n.9.3;B18.7,n.5; SC5.583;D.Cont.ind.193.
— Req.A11.589,n.1;P21.1.612;B23.436;S22.1.61;J23.227; D.Renvoi.51.54.62.
— Ord.A12.835,n.8;P2.144,n.4;B28.37;SC5.579;D.Marais.
— Bourges.P22.2.110,n.;S22.2.157;J23.230; D.Expl.692.
— Ord.A3.196,n.5;D.Compét.

— Civ.r.P22.1.181;S22.1.181; D.Acquiesc.365. Colonie. 54.61.
— Ord. du cons. d'état.SC4.584; D.Propriété.252.
— Ord.du cons. d'état.M1.431;SC5.577;D.Ventes ad.396.
— Ord.A12 991,n.18;B28.303,n.18;D.Voirie.186.
— Ord. du cons. d'état.D.Voitures.7.
— Ord. SC5.576;D.Commune.154.
22 Cr.r.A4.399; P1.1135; B7 439; D.Cour d'ass. 749.884. Témoin.378.
— Req.A3.514;P1.784;B5.357;D.Compét. civ.272.
— Cr.r.A4.751; P1.1257; B8.387; S21.1.247; J23.231; D. Deg. de jurid.617.
— Cr.c.A2.91;P21.1.206;B3.97;S21.1.196;MR16.560;J23. 239;D.Attentat à la pudeur.40.
— Aix.A5.106;P1.1300;B9.122; D.Désaveu.97.
— Besançon.A5.164,n.;P1.1307; B9.189,n.; D.Féodalité. 145.Désist.110.117.
— Toulouse.P22.2.65;B17.510,n.3.et 22.380; S21.2.348;J 23.232;D.Hypoth.353.364.Prescrip.87.344.
23 Cr.c.A4.764;P1.1262;B8.402; D.Délit rural.29.30.
— Cr.c.A5.26;P21.1.182;B9.25;S21.1.556.et 198;J23.142; D.Dénonc. calom. 42.74.
— Avis du comité des fin. D.Compét. adm.283.
24 Bruxelles.A8.119;P2.194;B15.159; D.Faillite.250.324. 495.523.705.
26 Civ.c.A2.424;P21.1.414;B4.19; S21.1.346; J23.247; D. Cautionn. de fonctionn.36.
— Ord.A6.304,n 1;B11.345,n.7; D.Domaines.
— Metz.P23.2.74;S23.2.126;D.Acquiesc.321.Appel incid. 38.Exception.24.
— Riom.P23.2.154,n.1; D.Acquiesc.319.321.
— Toulouse.D.Mariage.83.
27 Lyon.A9.83,n.1;P2.426;B17.92,n.1;S26.2.51; D.Privilége.431.
— Req.A11.648,n.2;P21.1.244;B24.61;S21.1.327;J23.249; D.Preuve litt.1343. Saisie-exécut.27. Saisie-imm.14.
28 Ord.A6 342,n.8;D.Domaines.
— Req.A6.634;P1.1465; B12.285,n.3; S22.1.17; D.Eff. de comm.399.464.
— Bruxelles.A10.720,n.1;P2.851,n.1;B21.196;D.Arbitrage.520.
— Civ.r.P21. 1.269; S21.1.286; D.Fruit. 81.Mandat. 251. Oblig.16.
— Metz.P27.1.162;D.Prescrip.928.
— Ord.A3.134,n.2;D.Communes.
— Ord. du cons. d'état.SC5.585;D.Acquiesc.479.480.
— Rennes.D.Assur. marit.415.
— Ord. du cons. d'état.SC5.589;D.Hospices.110.
— Ord. du cons. d'état.D.Donation.216.
— Ord. du cons. d'état.D.Ventes adm.493.
29 Cr.c.A2.136;P1.374;B3.147;D.Autor. mun.237.238.
— Cr.c.A2.179;P1.400;B3.194;D.Autorité mun.685.
— Cr.c.A2.161;P1.588;B3.174;D.Peine.158.
— Paris.A8.670; P22.2.26; B16.290; S21.2.235; D.Filiat. nat.135.156.
— Grenoble.A9.708,n.3;B18.367;D.Jug. par déf.185.
— Angers.A12.712,n.2;P22.2.2; B27.302; S21.2.260; J23. 227;D.Acquiesc.65.Tutelle.154.280.283.
30 Ord.A3.226,n.4.et 227,n.3;D.Eau.399.443.
— Ord.D.Eau.421.
— Ord. du cons. d'état.D.Eau.209.
31 Amiens.A11.260,n.5;P2.997,n.2;B22.381;D.Presc.324.
— Toulouse.A11.61,n.8;P2.922,n.4;B22.31;D.Jug.24.
— Metz.A12.873,n.4.1; P23 2.134. et 135; B28.109; J23. 257;D.Garantie.69.Respons.366.

AVRIL.

2 Civ.c.A5.560;P21.1.216;B10.196; S21.1.206; D.Donat. par cont. de mariage.6.Transcrip. des don.29.31.
— Rouen.A12.271,n.,n.2;P2.1301; B26.16; S21.2.226; D. Etranger.25.26.
3 Req.A1.32.et 34;P21.1.252.et 408; B1.39.et 36; S21.1. 325.et 334; MR16.47.et 48; J23.266 et 262; D.Absent. 8.149.
— Civ.c.A11.272,n.4;P2.1002,n.3.et 21.442;B22.406;S21. 1.439;D.Prescrip.590.
— Grenoble.A11.741,n.4;P2.1192;B24.229;D.Sai.im.838.
4 Civ.c A2.335;P21.1.398; B3.374; S21.1.40; J23.271; D. Cassation.741.
— Civ r.A8.286;P21.1.259;B15.335;S21.1.330; D.Faillite. 1277.
— Req.A9.967,n.1.6; P21.1.601; B19.98;S22.1.33; MR16. 620;J23.269;D.Mandat.309.466.
5 Cr.c.A4.334;P1.1113;B7.364;D.Cour d'ass.242.
— Cr.c.A4.309;P1.1102;B7.337;D.Cour d'ass.354.
— Toulouse A5.778;P22.2.173, § 2;B10.448;S23.2.68;MR 17.570;J23 273;D.Testament.522.598 599.
— Bourges. A12.882,n.2; P23.2.111; B28.123;J23.275. et 25.56;D Garantie.146.188.206.221.228.
6 Cr.c.A4.188;P1.1062;B7.204; S21.1.243; D.Contr. ind. 129.130.
— Cr.c.A8.451,n.1. et 450;P2 272;B16.40,n.; D.Faux incid.253.286
— Ord.A6.550,n.1.3;Droits civ.
— Ord.A6.551;D.Elect. lég.123.
— Riom. A12.168,n.2; P2.1286; B25.410; S22.2.339;J23. 276. et 23.113;D.Choses.46.Substitution.72.
— Bruxelles.A6.709,n1;B12.373,n.1;D. Effets de comm.. 712.
7 Colmar.A3.731; P22.2.11; B6,365; S21.2.239; D.Contr. par corps.47.84.85.115.Garantie.209.

8 Req.A6.846;P1.1509;B12.353;D.Enquête.17.
9 Paris.A10.752,n.2; P21.2.823; B21.248; S22.2.165; D. Choses.35.Présompt.73.
— Bruxelles.A9.306,n.4;P2.468;B17.562,n.4; D.Inscript hyp.494.
10 Civ.c. A12.26,n.5; P21.1.454; B26.170; S21.1.316;J23. 276;D.Servitudes.176.177.178.
11 Civ.r.A4.38;P21.1.531;B7.39; S21.1.395; D. Cont. ind. 289.
— Cour sup. de Liége.A3.387;P1.797;B5.411;J23.294;D. Compét. comm.243.
— Angers.A2.532. et 1.314;S22.2.177. et 175;J23 282; D. Appel civ.251.
— Req.P21.1.274;S21.1.254;J23.288; D.Louage.485.Surenchère.461.
12 Req.A8.87; P21.1.603; B15.101; S22.1.168; D.Faillite. 221.
— Dijon A6.832;P1.1506;B12.516;S21.2.126;D.Emig.342.
— Grenoble.A9.268,n.1.3;P2.460;B17.318,n.;D.Inscript. hypoth.215.
— Cr.c.A9.662,n.3;P2.565,n.4;B18.304;D.Act. civ.107.
13 Cr.r.A3.651; P1.949; B6.275; D.Complicité.156. Tém. 413.450.
— Toulouse.A5.580;P1.1352;B10.219;S26.2.37; D.Donat. 331.352.Oblig.846.
— Amiens.A11.862,n.1;P23.2.22; S22.2.251; B24.451; D. Surenchère.359.458.
14 Dijon.A6.833,n.1;P1.1506;B12.517,n.1;S21.2.128; J23. 296;D.Emigré.331.
— Cr.c.A11.435,n.7;P2.1080,n.7;B23;D.Proc.-verb.615.
— Cr.c.A12.970,n.4;P2.1501;B23.166. et 28.173;D.Voies de fait.11.13.
16 Paris.P22.2.120;J23.309;D.Partage.289.Prop. ind.7.
— Civ.c.P21.1.418;S21.1.414;J23.303;D.Hypoth.139.Saisie-imm.268.
17 Toulouse.A6.596;P22.2.92;B12.240; S22.2.2; J23.317; D.Effets de comm.211.
— Civ.c.A10.799,n.2;P21.1.324;B21.328;S21.1 290. et 22. 1.78;MR17.175;D.Motifs des jugem.30.Respons.544.
— Cr.r.A12.1078,n.10;P2.1536,n.8;B28.440;D.Vol.310.
— Req.P21.1.220;D.Degré de jurid.566.
18 Civ.c.A4.691; P21.1.493; B8.315; S22.1.55; J23.325;D. Degré de jurid 358.
— Civ.c.A7.120;P21.1.596;B13.153;S22.1.12; J23.327; D. Enreg.110.1473.
— Civ.c.A7.241; P21.1.532; B13.272; S22.1.32; D.Enreg. 1914.1915.
— Civ.c.A7.404;P21.1.512;B14.12;S22.1.31; MR17.332; J 23.331;D.Enreg.2727.
— Ord.A6.543,n.1;D.Dom. de l'état.49.
— Ord.A6.334,n.3;D.Ventes admin.151.
— Ord.A6.530,n.17,D.Ventes admin.490.
— Ord.A9.982,n.7;B19.119;D.Manuf.95.
— Ord.A9.464,n.2;B18.4,n.2;D.Contr. directes.74.
— Ord.A11.145,n.4;D.Patente.69.
— Req.P21.1.617;S22.1.183;J23.329;D.Dem. nouv.105.
— Ord.A3.162,n. et 238,n.1;D.Compét.
— Ord. du cons. d'état.S21.2.115;D.Commune.266.
— Ord. du cons. d'état.Mac.21.1.521; D.Marc. de fourn. 236.
19 Cr.c.A4.334;P1.1144;B7.364,n.1;D.Cour d'ass.242.
— Cr.r.A4.438;P1.1153;B8.33;D.Cour d'ass.124.869.1088. 1098.1685.Témoin.281.462.
— Bruxelles. A11.619,n.2; P2.1140,n.3; B24.7; D.Saisie-arrêt.11.
— Cr.c.A11.956,n.6.1; B25.131,n.9;D.Serment.86.
21 Liége. A8.87;P2.186; B15.100; D.Compét. comm.220. Faillite.542.
— Cr.c.A8.697,n.1;P2.318;B16.324;D.Concussion.29.
— Civ.c. A11.119,n.,n.4; P2.941,n.3; B22.131; D.Presse. 729.
22 Cr.r.A11.318,n.3;P2.1013,n.5;B22.472;D.Presc. cr.58.
24 Req. A3.153; P21.1.607; B3.169; S22.1.27; J23.332; D. Commune.722.736.
— Paris.A5.595,n.1;B10.256,n.1;D.Donation.464.471.
25 Cour sup. de Bruxelles. A2.760 ; P1.653 ; B4.404 ; D. Commissionn.62.Dom. élu.62.
— Colmar. A11.528,n.1; P2.1107,n.3;B23.326;S21.2.264; D.Etranger.52.Remplacement.98.
26 Cr.r.A8.690; P21.1.283; B16.315; S21.1.281; D.Fonct. pub.413.
— Bruxelles. A11.529,n.2; P2.1107,n.4; B23.326; D. Absent.42.Remplacement.99.100.
27 Cr.c. A4.247;P1.1078; B7.268; S21.1.358; J23.334; D. Contr. ind.597.
— Décis. du min. des fin.A8.723;D.Forêts.
30 Toulouse.A1 217;P24.2.95;B1.251;D.Act. civ.21.57.
— Civ.r. A4.169; P21.1.477; B7.182; S21.1.437; D.Jeu de cartes.5
— Civ.c.A7.92;P21.1.522;B13.99;S22.1.2; J23.336; D.Enreg.61.725.
— Toulouse.A10.597,n.1.2;P22.2 99;B20.552; S22.2.105; J23.338;D.Cession de biens.68.75.77.84.100.
30 Civ.c. A10.762,n.1; P21.1.500; B21.266; S22.1.54; D. Aveu.113.114.
— Liége.A11 266,n.2;P2.999,n.7;B22.394;D.Prescr.400.
— Colmar.A11.775,n.3; P22.2.20; B24.290; S21.2.244; D. Surenchère.280.287.

MAI.

3 Bruxelles.A11.706,n.2;P2.1177; B24.163; D.Saisie-im. 522.
4 Cr.r.A2.454; P21.1.281; B4.53; S21.1.368; J23.342; D. Chasse.113.
— Angers.A11.731,n.1;P22.2.171,n.1; B24.210; D.Saisie-imm.643.
5 Toulouse.A12.124,n.1;P23.2.58;B25.333; S22.2.57; D. Appel civ.109.Société comm.149.
7 Colmar.A9.333,n.1.2;P2.474; B17 595,n.2; D.Hypoth. 118.Ordre.365.
— Toulouse.A10.833,n.3;P2 890,n.5; B21.390; D.Ordre. 411.
8 Req.A9.654,n 5;P22.1.463;B18.293;S22.1.263; D.Frais et dépens.18.
— Ord. du cons. d'état.S22.2.191;D.Garantie.56.
9 Amiens.A3.704;P23.2.116;B6.332;J23.326;D.Compuls. 16.41.Vérif. d'écrit.54.55.
— Civ.c.A2.530;P21.1.289;S21.1.249; MR17.478; J23.352; D.Chose jugée.222.
— Liége.A5.404;P1.1324;B10.14;D.Révoc.266.
— Civ.c.A6.825;P21.1.391;B12.508;S21.1.357;D.Emigré. 299.
— Req. A11.893,n.3.2; P21.1.401; B1.366 et 25.18;S21.1. 349. et 2. 134;J23.343;D.Adult.70.S. de corps.41.80.
10 Cr.c.A4.69;P1.1023;B7.73;D.Contr. ind.279.
— Cr.c.A9.665,n.;B18.307,n.;D.Frais et dépens.362.
— Amiens.A10.35,n.1.4; P23.2.89; B19.169; D.Acte respect.36.66.96.97.Mariage.309.
11 Cr.c.A4.100;P1.1032;B7.108; D.Cont. ind.20. Procès-verb.381.
— Cr.c.A4.151;P1.1050;B7.164;D.Tabacs.124.
— Orléans.A7.664,n.1;B14.334,n.1;D.Expertise.122.
13 Colmar.A10.593,n.1 3;P2.810,n.1; B20.525; D.Cession de biens.31.58.59.
14 Civ.c.A7.632;P21.1.328;B14.294;S21.2.265; D.Except. 338.357.
— Colmar.A9.131,n.1;P22.2.43;B17.151,n.1;S21.2.251;D. Hypoth. lég.53.
15 Poitiers.A12.146,n.3;B25;371;D.Société comm.533.
— Req.P21.1.621;MR16.285;D.Lois rétroact.226.
16 Bruxelles.A2.413. et 1.508;B4.9;D.Caution.214.215.
— Civ.r.A5.161. et 7.401;P21.1.582; B9.185. et 14.8; S22. 1.6;Désist.127.Enreg.2547.2684.2695.
— Bruxelles.A5.710;P1.1537;B10.371;MR17.696; D.Testam.395.
— Civ.c.A11.60,n.,n.4; P21.1.358; B22.30; S21.1.217; D. Jugem.31.
17 Cr.c.A2.184;P1.401 402;B3.199. et 200;D.Autor.mun. 666.668.669.670.671.
— Cr.r.A4.315; P1.1105; B7.543; D. Complicité.43.Cour d'ass.360.414.1120.1435.
— Bordeaux.A5.801,n.;B10.474;D.Testam.663.
18 Cr.c.A1.560;P1.203;B2.190;J23.360;D.App. corr.63.
— Cr.c.A11.169,n.1.3;P2.960,n.4;B22.219;D.Peine.283.
— Cr.c.A11.956,n.7.1;B22.220;D.Serment.86.
21 Civ.c.A2.631;P21.1.353;B4.510;S21.1.425;D.Colonies. 134.
22 Req.A3.253; P1.764; B5.285; S21.1.304; D.Réglem. de juges.28.34.55.
— Agen.A5.736;P1.1538. et 23 2.14;B10.400;D.Test.469.
— Bruxelles.A11.673,n.1,n.1;P2.1163;B24.107;D.Saisie-imm.73.
23 Civ.c.A5,381; P21.1.543;B9.436; S22.1.150;MR17.171; D.Motifs des jugem.199.Port. disp.96.
24 Limoges.A4 678;P22.2.42;B8.300;D.Deg. de jurid.298.
— Cr.c.A1.165;P23.1.297; B1.192; S21.1.254; J23.366. et 29.172;D.Acquitt.32.
— Cr.c.A1.408. et 8.753; P1.129; B2.10. et 16 370; S21.1. 256;D.Forêts.1033.
— Cr.c.A11.398,n.2;P2,1058,n.11;B23.103; S21.1.284; D. Procès-verb.91.92.95.97.
— Cr.c.A11.350,n.4;P2.1017,n.1; B22.492; D.Presse.690. 844.
— Req. A11.913,n.1.9; P21.1.302; B25.53;S21.1.353; MR 17.558; J23.362; D. Jugem. 579. Puiss. patern. 27.32. Sép. de corps.176.
— Toulouse.D.Jugem. par défaut.61.
— Colmar.A9.392,n.;B17.465;D.Purge.186.
25 Cr.c.A4.34;P1.1011;B7.36;S21.1.335;D.Contr. ind.252. 259.
— Cr.r.A4.86;P1.1029;B7.92;D.Cont. ind.324.
— Rouen.A11.407,n.17;P2.1062,n.9;B23.118;S23.2.38;D. Procès-verb.169.
26 Toulouse.A10.184,n.1;P22.2.87;B19.554;S22.2.36;J23. 366;D Commerçant.86.
28 Agen.A8.564;P22.2.107;B16.169;S22.2.318;J23.372;D. Filiat. lég.81.83.109.
— Paris. A12.196,n.3; P22.2.80; B25.456; S21.2.297; D. Substitution.219.
30 Ord.A3 227,n.3;D.Eau.399.443.
— Ord. du cons. d'état. A11.435,n.6 ; P2.1081,n.6; B23. 170;D.Procès-verb.650.
— Ord. A7.692,n.2. et 6.330,n.12; B14.368,n.4.1. et 11. 375;D.Expertise.415.D.Ventes admin.489.
— Ord.A6.332,n.5;D.Domaines.
— Ord.A6.342,n.8;D.Domaines.
— Ord.A6.342,n.6;D.Domaines.
— Ord.A8.678,n.2;B16.300,n.2;D.Fonctionn. pub.349.
— Ord.A9.470,n.13;B18.11,n.8;D.Cont. dir.265.

— Ord.A9.980,n.11;B19.117,n.11;D.Manuf.77.
— Ord.A9.978,n.2;D.Manufact.
— Ord.A9.978,n.19;D.Manufact.13.
— Ord. du cons. d'état.D.Cons. d'état.27.
— Ord. du cons. d'état.Mac.4.2;D.Liquid.8.
— Ord.D.Manufact.35.
— Ord. du cons. d'état.D.Militaire.36.37.
— Ord.D.Trav. pub.226.
— Ord.A3.227,n.5;D.Eau.443.
— Ord. du cons. d'état.D.Ventes admin.63.Forêts.1077.
— Ord.A12.991,n.18;B28.303,n.18;D.Voirie.186.
31 Ord.A9.978,n.19;B19.114,n.19;D.Manuf.43.
— Limoges.A11.272,n.5;P22.2.84;B22.405;D.Prescr.589.
— Ord.A3.220,n.7;D.Compét.
— Instr. gén.A7.494,n.24;D.Transcr. hypoth.99.

JUIN.

1 Cr.c.A4.298;P1.1097;B7.524;D.Cour d'ass.102.162.
— Limoges. A2.705; P1.1632;B4.338;J23.381;D.Actes de comm.107.
— Cr.c.A9.907,n.2-2;P22.1.430;B18.657; S21.1.315; J23.382;D.Loterie.31.
— Liége.A9.291,n.3; P2.465; B17.345,n.3; D.Inscr. hyp.512.
— Orléans.A12.846,n.3;P2.1452;B28.58;D.Vente.596.
— Metz. A12.769,n.5; P24.2.29; B27.405; S24.1.154; J27.441;D.Tutelle.637.Vente.426.
— Orléans.D.Degré de jurid.345.
2 Cr.r.A1.563;P21.1.384;B2.193; S24.1.353; J23.385; D.Appel correct.62.Tutelle.604.
— Cr.c.A2.132;P1.370;B3.142;D.Aut. mun.394.
— Amiens.A5.154;P1.1305;B9.178;D.Désist.76.161.
— Bourges. A12.110,n.2; P2.1270; B25.309; S23.2.28; D.Société comm.36.
3 Ord. du cons. d'état.D.Halage.14.
4 Cr.r.A11.516,n.3; P2.1014,n.6; B22.475; D.Prescr. cr.81.
5 Civ.c.A2.514;P21.1.422;B4.122;S21.1.341;MR16.147;J23.388; D.Chose jugée.113.139.Ratification.122.123.
6 Amiens.A6.824,n.,n.2;B12.507,n.2;D.Emigré.307.
— Req.A10.21; P23.104; B19.145; S23.1.41; MR17.549. et 798;J23.401; D.Preuve litt.413. Prom. de mariage.41. Ratificat.135.
— Civ.c.A12.931,n.7;P21.1.365;B28.209; S21.1.274; J23.393;D.Oblig.487.Ventes pub.77.
7 Cr.c.A4.97;P1.1032;B7.105;D.Contr. ind.390.
— Cr.c.A3.412;P1.819;B6.8;D.Compét. crim.50.307.
— Req.A3.390;P1.809;B5.450; D.Compét. comm.338.
— Cr.r.A8.401;P2.260;B15.467;D.Faux.392.
— Cr.c.A8.743,n.2;B16.356;D.Forêts.245.275.
— Cr.c.A12.1060,n.4;P2.1524;B28.407;D.Vol.138.
8 Rouen.A4.555;P1.1181;B8.140;S25.2.321; D.Courtier.109.
— Cr.c.A4.765;P1.1262;B8.402; D.Aut. mun.71.
12 Req.A5.639;P21.1.360;B10.288;S21.1.339; MR17.675;J23.415;D.Testament.177.178.
— Nîmes.A12.780,n.3;P22.2.89; B25.423; S22.2.138; J23.421;D.Louage.75.Emancip.34.35.55.
13 Ord.A7.691,n.4;D.Expertise.403.
— Ord.A6.316,n.1;B11.559,n.10;D.Dom. eng.400.
— Limoges.A11.189,n.,n.7; P2.967,n.4; B22.255; D.Péremp.151.
— Colmar.A11.521,n.1;P2.1104,n.2; B23.311; D.Remplacement.18.
— Bruxelles.A12.507,n.1; P2.1343; B26.403; D.Partage.219.
— Ord.A12.690,n.3; P2.1406; B14.368,n.1. et 27.261; D.Caution.200.Trav. pub.231.
— Ord. du cons. d'état.M2.54;D.Garde-magasin.2.
— Ord. du cons. d'état.D.Impôt.21.
— Ord.A12.991,n.19;B28.303,n.19;D.Voirie.188.
— Ord.A12.1024,n.39;D.Voirie.708.
14 Cr.c.A4.189;P1.1062;B7.205;D.Contr. ind.129.130.
— Cour sup. de Bruxelles.A2.473; P1.550; B4.74;D.Choses.85.
— Cr.r.A8.371;P2.254;B15.432;D.Faux.184.
— Cr.c.A12.784,n.1,n.1;P2.1435; B27.430;D.Enseignem.98.312.
— Orléans.A11.874,n.1.2;D.Saisie-Revendication.4.
15 Nîmes.A5.590;P1.1352;B10.231; S22.2.108; D.Sép. de corps.198.
— Ord.A6.346,n.3;D.Domaines.
— Cr.c.A9.660,n.1; P2.564,n.1; B18.501; D.Frais et dép.414.Serment.73.
— Cr.r.A12.828,n.31;P21.1.381;B28.30;S21.1.407; D.Témoin.322.Usure.82.101.111.
— Cr.r.A10.410,n.;P2.778,n.;B20.246;D.Nantiss.148.
— Orléans.D.Deg. de jurid.294.
— Déc.A10.410,n.2;P2.778,n.4;D.Nantiss.148.
16 Colmar.A2.415; P22.2.52; B4.9; MR16.469;D.Caution.200.Inscrip.hypoth.466.
— Amiens.A6.171;P23.2.2;B11.192; S22.2.155;J23.425;D.Révocation.169.
— Bruxelles.A9.289,n.2;P2.464; B17.342,n.2; D.Inscrip. hypoth.148.303.
— Cr.c.A11.956,n.7;D.Serment.86.
18 Ord.A6.342,n.4;D.Ventes adm.491.
19 Agen.A1.173;P1.71;B1.201;D.Actes de l'état civ.154.
— Civ.r.A8.142;P21.1.576;B15.105;S22.1.142; J23.428;D.Faillite.594.624.
20 Req.A1.372;P23.1.11; B1.456; S23.1.152; D.Contr. par corps.660.
— Civ.c.A5.466;P21.1.537;B10.84; S21.1.387; J23.433;D.Port. disp.549.Remploi.63.
— Ord.A6.342,n.7;D.Domaines.
— Ord.A6.342,n.4;D.Ventes adm.491.
— Ord.A6.342,n.8;D.Domaines.
— Ord.A3.225,n.5. et 227 n.13. et 11,n.1;D.Eau.562.437.
— Orléans.A9.696,n.10;D.Jugem. par déf.61.
— Ord. du cons. d'état.D.Louage adm.35.
— Ord. du cons. d'état.Mac.2.97;D.Eau.269.
— Ord. du cons. d'état.Mac.21.119; D.Marché de fourn.331.
— Ord. du cons. d'état.Mac.2.122;D.Pension.108.
— Ord.A812,n.38;D.Fabriques.123.
— Ord.A6.134,n.2;D.Communes.
21 Cr.c.A8.793;P2.396;B16.422;D.Forêts.806.
— Cr.c.A12.1080,n.20;P2.1537,n.18;B28.443;D.Vol.340.
— V. 5 juin.A2.514.
22 Cr.c.A4.85,n.;B7.91,n.2;D.Contr. ind.325.
— Cr.c.A4.229;P1.1072;B7.248;D.Octroi.170.
23 Bruxelles.A10.628,n.1;P2.821,n.3;B21.47;D.Compensation.64.93.
— Paris.A11.760,n.3,n.1; P22.2.101; B24.262; D.Surenchère.8.
— Riom.A11.864,n.1; P23.2.67; B24.453; J23.435. et 25.180;D.Surenchère.377.
25 Civ.c.A9.459;P21.1.372;B17.543;S21.1.344; J23.445;D.Respons.192.Inscrip. hypoth.180.
26 Civ.r.A10.750,n.3; P21.1.529; B21.245; S21.1.302; D.Commerçant.33.Inscrip. hypoth.180.Juif.31.32.
27 Toulouse.A5.432;P22.2.77; B10.46; S22.2.102; D.Port. disp.442.
— Civ.r.A8.211; P21.1.533; B15.245; S22.1.8; J23.430;D.Faillite.446.944.945.946.
— Colmar.A8.666,n.1;B16.286,n.1;D.Fil. nat.229.Prom. de mariage.45.
— Bruxelles.A9.201,n.2;B17.238,n.1;D.Hyp. conv.69.
— Grenoble.A9.613,n.4;D.Publicité des jugem.24.41.
— Toulouse.A10.31,n.2;P22.2.69.et70;B19.164;S22.2.98;J23.452;D.Acte resp.36.66.
28 Paris.A8.213;P22.2.103;B15.247;D.Faillite.930.
— Req.A12.823,n.16;P22.1.170. et 23.1.331; B28.22;S22.1.269;J23.457;D.Usure.43.44.
29 Cr.c.A2.237;P1.424;B3.262;J23.461;D.Animaux.42.
— Toulouse.A5.777;P22.2.175;B10.447; S22.2.169; D.Pr. litt.433.Testament.592.
— Cr.c.A8.756,n.2;P2.368;B16.375,n.;D.Forêts.459.
— Cr.c.A8.756,n.2;P2.367;B16.374;D.Forêts.459.
— Cr.c.A8.756,n.2;P2.368;B16.375,n.;D.Forêts.459.
— Cr.c.A8.756,n.2;P2.368;B16.375,n.;D.Forêts.459.
— Cr.c.A8.756,n.2;P2.368;B16.375,n.;D.Forêts.459.
— Cr.c.A11.170,n.1.2;P2.961,n.2;B22.231;D.Peine.349.
— Pau.A11.648,n.3;P2.1152,n.12; B24.60; D.Saisie-exéc.31.42.

JUILLET.

2 Ord.A3.227,n.6;D.Eau.453.
— Civ.c.A8.65; P21.1.386; B15.73; S21.1.550; J23.466 et 30.104;D.Faillite.384.
— Toulouse.A12.739,n.36; P22.2.39; B27.348; S22.2.10;J23.463;D.Tutelle.370.
3 Civ.c.A1.673;P1.252;B2.319;D.Arbitrage.411.
— Civ.r.A2.681;P21.1.353;B4.340;S21.1.425; D.Colonies.134.
— Poitiers.A7.760;P2.151;B14.450;S25.2.212; D.Exploit.731.
— Rouen.A8.204,n.;P2.212;B15.237,n.;D.Faillite.908.
— Paris.A6.216;P23.2.20;B11.243;J23.466; D.Donat. par cont.90.
4 Pau.A1.709;P22.2.73;B2.360;S24.2.12;J23.471;D.Arbitrage.439.
— Civ.c.A3.214;P21.1.417;B5.241; S21.1.452; J23.478;D.Compét. adm.355.
— Caen.A10.352,n.,n.4; P2.759,n.3; B20.161; S26.2.25;D.Remploi.126.
— Limoges.P22.2.84;D.Frais et dép.41.Remploi.91.
— Douai.S26.2.180;D.Actes de comm.231.
5 Cr.c.A2.121;P1.361;B3.150;D.Aut. mun.65.66.
— Bruxelles.A6.102;P1.1347;B11.112;D.Legs.282.
— Cr.c.A11.511,n.4;P2.1101,n.1;B23.297;D.Récidive.20.
— Amiens.A11.907;P23.2.14;B25.41;S22.2.237.
— Cr.c.A11.121,n.,n.9 et 65,n.2; P2.942,n.1. et 924,n.1; B22.39. et 136;D.Acquitt.2.Jugem.111.Presse.750.
6 Cr.c.A4.523;P21.1.376; B7.333; S21.1.412; J23.479;D.Cour d'ass.326.
— Montpellier.A11.716,n.2,n.1; P24.1.180; B24.185;S22.2.179.
— Toulouse.S22.2.207;D.Fruits.41.49.
9 Bruxelles.A8.591; P2.293; B16.200,n.1; D.Filiat. lég.115.
— Liége.A12.103,n.;P2.1268;B21.204. et 25.295;D.Société comm.205.Société civ.31.
— Metz.A11.31,n.10;D.Action pub.109.
10 Rouen.A10.164,n.1.2;P2.712,n.2; B19.373; J23.481. et 31.67;D.Dot.23.
— Rouen. A11.196,n.,n.18; P2.971,n.3; B22.268; D.Péremp.209.
— Civ.c.A12.75,n.4;P22.1.44;B25.252;S22.1.154;J23.481;D.Servitudes.699.705.
— Metz.A12.757,n.29; P24.2.31; B27.383; S24.2.162; J27.334;D.Tutelle.560.
11 Douai.A3.330;P1.792;B5.384;S26.2.150;D.Comp. com.37.
— Bruxelles.A10.31,n.2.3; P2.686,n.3; B19.162; D.Acte respect.83.
— Nîmes.A11.948,n.4.1;B25.116;D.Serment.
— Trib. de Marseille.A2.74;D.Assur. marit.347.
12 Cr.c.A9.607,n.2-2; P21.1.416; B18.223; S21.1.548;J23.485;D.Jour férié.102.
— Bruxelles.A10.607,n.2-2; P2.815,n.4; B21.13; Délégation.12.
13 Cr.r.A3.221;P1.465;B5.358;D.Cass.462.
14 Bruxelles.A10.403,n.1.2; P2.775,n.1; B10.253; D.Nantiss.127.128.
— Liége.A10.401,n.1;P2.774,n.1;B20.230;D.Nantiss.87.
16 Civ.r.A9.413;P21.1.433;B17.489;S21.1.360; J23.487;D.Hypoth.291.
17 Bruxelles.A8.702,n.1;B10.361,n.1;D.Testament.366.
— Bruxelles.A9.923,n.1.2;P2.667,n.3; B19.27;D.Louage.308.
18 Ord.A7.692,n.2-2;B14.368,n.2;D.Expertise.409.
— Ord.A3.237,n.3;D.Compét.
— Ord. du cons. d'état.Mac.2.195;D.Cons.d'état.112.
— Ord. du cons. d'état.Mac.2.191;D.Pension.175.
— Ord. du cons. d'état.D.Voirie.51.
— Ord.A12.981,n.13;D.Voirie.65.
— Ord.A12.989,n.7;B28.300;D.Voirie.158.
— Ord.A12.991,n.18;B28.303,n.18;D.Voirie.186.
— Ord.A12.994,n.1;B28.306,n.1;D.Voirie.216.
— Ord.A12.1006,n.11;B28.322,n.11;D.Voirie.421.
— Ord.A12.1024,n.39;D.Voirie.708.
19 Cr.c.A4.56;P1.1019;B7.60;D.Contr. ind.81.
— Cr.c.A4.294,n.;P1.1094;B7.520,n.;D.Cour d'ass.139.
— Cr.c.A4.486;P1.1170;B8.88;D.Cour d'ass.1461.1463.
— Poitiers.A8.509;P2.282;B16.107;D.Féodalité.177.
— Cr.c.A6.444;P1.1382;B12.61;D.Douanes.383.
— Cr.c.A11.502,n.12;P2.1095,n.12;B23.178;D.Quest. pr.147.
— Bourges.P31.2.179;D.Frais et dépens.310.
20 Req.A5.511;P1.783;B5.355;D.Compét. civ.223.
— Cour sup. de Bruxelles.A7.60;P2.6; B13.61; D.Enreg.517.
— Cour sup. de Bruxelles.A7.135;P2.19; B13.150;D.Enr.1306.1307.
— Cr.r.A2.242;P1.414;B3.231;D.Avoué.71.Renvoi.56.
— Req.A3.734; P22.1.219; B6.368; S22.1.333; J23.499;D.Contr. par corps.71.Notaire.208.Respons.261.
— Bruxelles.A7.475;B14.99;D.Enreg.3036.3037.2384.
— Limoges.A9.748,n.1-1; P2.589,n.1; B18.428; S22.2.1;J23.520;D.Jugem. par déf.451.
— Colmar.A9.672;P2.570;B18.316;D.Frais et dép.141.
21 Req.A3.304;P22.1.158.B5.346;S22.1.4; J23.505;D.Acte respect.36.Compét. civ.248.Ordre.111.
— Toulouse.A10.32,n.2; S22.2.99; J19.164; D.Acte resp.36.66.70.
22 Rouen.A6.257;B11.292;D.Donat. entre époux.114.
23 Civ.c.A6.839. et 840,n.5;P23.1.410;B12.525,n.1;S24.1.96;D.Emig.357.
24 Civ.c.A9.141;P21.1.449;B17.162;S21.1.422;J23.513;D.Hypoth.271.Hyp. légale.54.Dot.448.
— Req.P22.1.284;S22.1.341;MR16.624. et 17.199;J23.520;D.Commiss.227.Garantie.295.Motifs des jugem.213.
— Metz.D.Exploit.794.
25 Civ.r.A4.172;P21.1.478;B7.187;S21.1.426;D.Contr.ind.583.Sel.19.
— Civ.r.A7.497;P21.1.426;B14.130;S21.1.410; J23.525;D.Transcrip. hypoth.16.
— Colmar.A10.409,n.1; P2.778,n.2; B20.243; D.Nantiss.145.
26 Liége.A5.163;P1.1307;B9.188;D.Désist.144.
— Besançon.A7.674,n.1;B14.346,n.1; D.Expertise.148.
— Loi.A6.366,n.1;D.Domaines.
— Cr.r.A11.404,n.;P21.1.460;B23.112;S21.1.440; D.Procès-verbal.189.
— Civ.c.A11.403,n.4; P21.1.460; B23.111; S21.1.376; D.Procès-verbal.189.
— Cr.r.A11.99,n.,n.18;P21.1.445; B22.94; S21.1.417; D.Presse.202.731.732.
30 Grenoble.A4.603;P22.2.108;B8.214;S22.2.145;J23.542;D.Honoraires.11.13.22.32.35.149.
31 Montpellier.A5.170;P1.1310;B9.196; D.Désist.75.139.
— Paris.A5.435;P22.2.77; B10.50; S22.2.104; J23.547; D.Port. disp.451.
— Civ.r.A8.500;P21.1.446;B16.97;S21.1.293;D.Féodalité.146.147.
— Civ.c.A11.76,n.2;P22.1.72;B22.59;S22.1.226;D.Tribunal.120.
— Ord.A12.1016,n.12;D.Voirie.554.

AOUT.

2 Cr.c.A1.73; P1.20; B1.86; D.Action pub.101.Compét. crim.92.Motifs des jug.247.
— Cr.c.A4.208;P1.1066;B7.225;D.Or et argent.33.49.110.
— Cr.r.A1.589;P1.222; B2.224; D.Appel correct.180.205.
— Req.A5.750;P21.1.462;B10.416; S22.1.16; MR17.695;J23.571;D.Testament.482.
— Cr.c.A11.132,n.,n.16;P21.1.465;B22.133;S22.1.13;J23.553;D.Presse.367.

— Paris.A12.760,n,53;P22.2.65;B27.587; J23.565; D.Tutelle.570.
— Paris.A12.496,n 2;P22.2.19,n.;B26.583; S22.2.29; MR16.216;J23.556;D.Retr. suc.94.
— Cr.c.P21.1.475;S21.1.458;D.Forêts.
3 Req.A2.42;P22.1.107;B3.42;S22.1.224; J23.575; D.Assur. marit.503.
6 Loi.A3.225,n.3;D.Eau.556.
7 Civ.c.A2.676;P22.1.192;B2.191.et 4.505;S22.1.243;J23.577;D.Colonies.70.71.72.
8 Limoges.A5.801;B10.475;S22.2.341;J23.580;D.Testament.666.
— Ord.A9.979,n.4;B19.116,n.4; D.Manuf.62.
— Req.A9.960,n.2;P21.1.569;B19.87; S22.1.111; J23.583; D.Domicile élu.126;Mandat.162.480.524.
— Ord.A12.835,n.9;P2.1444;B28.38.
— Ord. du cons. d'état.Mac.2.226;D.Dettes pub.23.
— Ord. du cons. d'état.D.Eau.217.
— Ord. du cons. d'état.Mac.21.2.232;D.Marc. de fourn. 291.
— Ord. du cons. d'état.Mac.2.245;D.Pension.84.
9 Cr.c.A2.186;P1.405;B3.202; D.Autor. mun.662.
— Req.A9.309;P21.1.495;B17.366;S22.1.38;MR16.465;D Inscrip. hypoth.444.
— Cr.c.A11.337,n.2;P2.1020,n.2; B22.506; D.Presse.804.
10 Cr.c.A8.753,n.3;P2.569;B16.375; D.Forêts.463.
— Cr.c.A11.493,n.2,n.4; P2.1090,n.1; B23.263; D.Quest. pr.139.
11 Limoges.A9.738,n.1;P2.586,n.2; B18.115; D.Jug. par déf.369.370.
14 Civ.r.A7.599;P22.1.176;B14.254; S22.1.326; J23.47. et 23.599;D.Exception.141.
— Req.A10.514,n.,n.11;P21.1.468;B20.95;S21.1.435;J23.594;D.Dot.213.
— Civ.r.P21.1.553;S22.1.406;D.Dom. de l'état.42.
15 Ord.A5.227,n.11. et 134,n.2;D.Communes.
— Ord. du cons. d'état.D.Acquiesc.481.
— Ord. du cons. d'état.D.Eau.110.
— Ord.A12.1006,n.8;B28.322;D.Voirie.411.
17 Cr.c.A1.561;P1.203;B2.191; D.Appel correct.63.
— Cr.r.A4.415.et 7.567;P1.1142 et 2.97;B14.215.et 8.6.D. Assur. marit.115. Cassation.470. Compét. crim.792. Instruc. crim.312.Cour d'ass. 798.820. 1288. Déf.106. Motifs des jug.292.316.Escroquerie.51.83.101.
— Cr.r.A2.449;P1.522;B4.47;D.Chasse.122.
— Toulouse.A5.436;P22.2.77; B10.50; S22.2.141; D.Port. disp.451.
— Lyon.A10.585,n.1;P2.770,n.1;B20.208; D.Frais et dépens.208.
18 Ord.A6.346,n.5;D.Domaines.
— Poitiers.A6.834,n.1;B12.519,n.1;D.Emig.341.
20 Civ.r.A9.82.P21.1.513;B17.91;S22.1.28;J23.599;D.Degré de jurid 329.Privilége.152.
21 Angers.A1.148;P23.2.26;B1.169;S24.2.560;J23.616;D. Acquiesc.185 240.250.355. Appel civ.417.
— Nîmes.A12.679,n.29;P22.2.106;B27.72;S22.2.117; J23.608;D.Témoin.40.
— Colmar.P22.2.60;D.Servitude.210.
22 Civ.c.A7.240;B13.271;D Enreg.1903.
— Caen.A9.451,n.,n.3;P2.496; B17.511,n.4; S31.2.266;D. Hypoth.331.
— Civ.c.A10.349,n.18;P22.1.173; B20.104; S22.1.238; D. Dot.
— Civ.r.A10.332,n.,n.10;P21.1.561; B20.127; S22.1.103;J23.616;D.Dot.279.
— Rouen.A9.41;P2.419;B17.42;D.Privilége.407.
23 Cr.c.A11.80,n.1;P2.926,n.2;B22.65;D.Frais et dépens. 414.Trib.144.
— Ord. du cons. d'état.Mac. 2.294;D.Eau.268.
24 Cr.r.A2.146; P21.1.499. et 1.380; B3.157; S22.1.49; D. Autorité mun.538.
— Ord.A6.342,n.3;D.Ventes adm.208.
— Montpellier.P29.2.78;S29.2.232;D.Honoraires.177.
— Rouen.D.Liberté prov.20.
— Limoges.S24.2.297;D.Saisie imm.390.
27 Paris.A1.46;P22.2.75;B1.54; MR16.44; J23.621; D.Absence.387.412.
— Civ.c.A1.569;P21.1.618;B1.432;S22.1.133;MR16.84;D. Contr. par corps.654.680.
— Angers.A9.40;P23.2.105;B17.40;D.Privilége.116.
— Cr.c.A11.104,n.,n.15;B22.105;D.Presse.616.
28 Toulouse.A9.652,n.1;P2.561,n.3; B18.288; D.Exécut. prov.57.
— Req.A9.208,n.4.2; P21.1.556; B17.353,n.2; S21.1.420; MR16.443;J23.94;D.Inscrip. hypoth.353.
— Lyon.A9.412,n.,n.8;P2.492;B17.489,n.5; S23.2.249;D. Inscrip. hypoth.305.380.
— Ord. du cons. d'état.D.Impôt.26.
29 Req.A3.403;B3.465;D Compét. comm.449.
— Orléans.A10.825,n.;P22.2.118;B21.574,n.; S22.2.13;J23.625;D.Ordre.265.
— Colmar.A11.525,n.6; P22.2.60; B23.315; S22.2.11; D. Remplac.24.
— Ord. du cons. d'état. A11.434,n.4; P2.1081,n.4; B23.468;D.Procès-verb.631.
— Ord.A12.688,n.11;P2.1404;B27.258,n.; D.Trav.p.151.
— Ord.A3.192,n.1.et 283,n.3;D.Eau.296.299.Trav.p.150.
— Trib. de comm. de Marseille.D.Assur. marit.162.
— Ord. du cons. d'état.Mac.2.513;D.Avoc.286. Expl.33.
— Ord.A12.981,n.11;D.Voirie.61.
30 Cr.c.A9.760,n.3;P2.594,n.2;B18.448;D.Jug.p. déf.572.

— Bordeaux.A10.594,n.1.4;P2.810,n.2;B20.526;S22.2.60; D.Cession de biens.32.34.
— Orléans.A4.709,n.5;D.Deg. de jurid.453.
31 Cr.r.A2.177;P21.1.505;B3.492;S22.1.52;D.Autor.mun. 123.126.
— Cr.c.A2.164;P1.390;B3.178; D Aut. mun.122.132.488.
— Cr.c.A3.434;P1.828;B6.33;D.Compét. crimin.81.

SEPTEMBRE.

3 Ord. du cons. d'état.A6.304,n.1;B14.345,n.8;D.Dom. eng.27.74.75.
— Ord. du cons. d'état. Mac.21.351;D.March. de fourn. 528.
— Ord. du cons. d'état.A10.393,n.14;D.Mines.126.
— Ord. du cons. d'état.Mac.2.350;D.Ventes adm.517.
— Décr.A12.981,n.12;D.Voirie.63.
6 Cr.c.A2.101; P21.1.581; B3.108; S22.1.45; J23.630; D Attentat à la pudeur.63.
— Cr.c.A1.493;P1.125;B2.4; D.Douanes.287.
8 Aix.A11.52,n.1;P23.2.43;B22.18; S22.2.306; D.Discipline.161.
14 Cr.c.A4.345;P1.1118;B7.377; D.Cour d'ass 479.
— Cr.r.A8.371;P2.254;B15.452;D.Faux.148.C.d'ass.694.
— Cr.c.A6.432;P21.1.600;B12.48;S22.1.26;D.Douan.315.
15 Ord.A6.817,n.1;D.Emig.251.
19 Ord.A3.134,n.3;D.Commune.
20 Cr.c.A4.420;P1.1145;B8.14; D.Cour d'ass.1716.
— Cr.c.A11.956,n.1.45;B25.132;D.Serment.95.
21 Cr.c.A3.465;P21.1.574;B6.66;S22.1.3; D.Comp.cr.307.
— Riom.A5.794;P23.2.168;B6.439;J23.449; D.Contr. par corps.602.603.
— Req.A12.961,n.4;P21.1.423; B28.257; S22.1.173; J23.643;D.Duel.10.
25 Bruxelles.A5.423;B9.141; D.Acquiesc.22.352.Exécut. des jug. et actes.138.D.Désaveu.35.36.150.
27 Cr.c.A2.125,n.;P1.364;B3.133,n.;D.Aut.mun.397.398.
— Bruxelles.A11.546,n.;D.Récidive.52.
28 Cr.c.A8.679,n.4;P2.309;B16.302,n.1;D.Foncl. p. 213.
— Déc.A7.27,n.7;D.Enreg.255.

OCTOBRE.

3 Décis. min. des fin.A8.762;B16.382;D.Forêts.
4 Cr.c.A4.209; P1.1066; B7.226; D.Or et argent.56. 85; Récidive.62.
— Cr.c.A3.628;P1.931;B6.248;D.Complicité.51.82.
— Ord.A3.217,n.;D.Fabriques.194.
5 Cr.r.A4.393;P1.1152;B7.450; D. Cour d'ass. 776. Pub. des jug. 56.87.
— Cr.r.A4.346.et 8.328; P1.1106.et 2.257;B15.377.et 7.544; D.Acquiesc.466.Fausse monnaie. 12.17.C. d'ass. 381.
— Cr.c.A2.125;P1.363;B3.134;S21.1.426; D.Autor. mun. 397.398.
11 Cr.r.A4.376; P1.1128; B7.410; D.Cour d'ass. 679.698; 700.1093.
— Cr.r.A2.122;P21.1.603;B3.131;S22.1.25;J23.645;D.Autorité mun.80.82.
— Cr.c.A11.394,n.4;B23.97;D.Procès-verbal.11.
12 Cr.c.A2.684,n.;B4.313;S22.1.171;D.Traite des nèg.4.
— Paris.A9.933,n.3.2; P23.2.71; B19.45; S23.2.320; J23.273;D.Louage.596.
— Ord.A8.802,n.8;D.Forêts.938.
13 Bruxelles. A12.987, n.1; P2.1303; B28.299; D.Voirie. 128.129.
— Bruxelles.A12.69,n.1;P2.1260;B25.241; D.Servit.665.
15 Ord.A12.1006;B28.322;D.Voirie.411.
17 Bruxelles.A5.124;B9.142;D.Désaveu.157.
— Ord.A8.745,n.1;P2.357;B16.358;D.Forêts.307.
— Bruxelles,A11.195,n.,n.10;P2.969,n.5; B22.262;D.Péremption.
18 Cr.c.A8.753,n.1;P22.1.60;B16.369;MR17.837;D.Forêt. 613.
— Bruxelles.A10.403,n.1;P2.778,n.1;B20.253;D.Nantiss. 127.128.
— Bruxelles.A11.266,n.2; P2.999,n.8; B22.592; D.Prescrip.418.
19 Cr.c.A2.184;P1.401;B3.200,n.;D.Autor. mun.666.668. 669.671.
— Cr.c.A9.789,n.1;P21.1.585;B18.491;S21.1.397;J23.647; D.Lib. prov.40.41.42.Lois.394.395.
21 Ord.A6.340,n.7;D.Domaines.
24 Ord.A6.796,n.1;D.Emigré.467.
— Ord.A6.817,n.1;D.Emig.252.
— Ord.A3.191,n.8. et 18,n.7;D.Com.124.
— Ord.A3.217,n.1;D.Eau.322.324.
— Ord. du cons. d'état.Mac.2.378;D.Dette publ.25.
— Ord. du cons. d'état.Mac.21.388; D.Marché de fourn. 81.83.
— Ord. du cons. d'état.Mac.2.400;D.Rente.413.
— Ord. du cons. d'état.D.Trav. publ.95.
— Ord.A12.983,n.3;B28.298;D.Voirie.125.
25 Cr.r.A4.532; P1.1112; B7.362; D.Cour d'ass.236.1244. Enfans enlevés.13.
— Cr.r.A4.268; P22.1.144; B7.292; S22.1.94; J23.653; D. Contumace.31.
26 Cr.c.A1.415;P1.135;B2.18;D.Amnistie.111.
— Cr.c.A4.189;P1.1062;B7.205;D.Voitures publ.140.
— Cr.c.A9.663,n.;B18.307,n.;D.Frais et dépens.362.
30 Déc. min. fin.A8.762,n.8;D.Forêts.469.
31 Ord.A12.690,n.6;P2.1406;B27.262,n.1; D.Trav. publ. 61.228.

— Ord.A8.817,n.4;D.Hospice.
— Ord.A3.191,n.7. et 227.n.2;D.Eau.439.
— Ord. du cons. d'état.D.Acquiesc.488.
— Ord. du cons. d'état.D.Eau.177.

NOVEMBRE.

2 Civ.c.A4.294;P1.103. et 1094;B7.520; D.C. d'ass.139.
— Cr.r.A9.509,n.1;P2.513,n.3; B18.67; D.Instruct. crim. 324.Tribunal.84.
4 Ord.A6.339,n.7;D.Domaines.
— Déc.A6.790,n.1;D.Emig.467.
5 Civ.r.A7.453; P22.1.150; B14.76; S22.1.220; D.Enreg. 2935.2936.2960.
6 Civ.c.P22.1.145;S22.1.69;J23.659;D.Cassation.191.
7 Civ.c.A7.384;P2.67;B13.436;D.Enreg.2589.2590.
— Civ.c.A7.745;P22.1.23; B14.452;S22.1.139; J23.665; D. Exploit.100.Oblig. divis.114.
— Req.P33.1.15.
— Déc. min.P32.3.37;D.Garde nat.128.
— Ord. du cons. d'état.D.Ventes adm.38.
8 Cr.c.A2.118;P1.339;B3.127;D.Aut. mun.49.50.51.
— Colmar.A6.125;P1.434;B11.138;D.Exéc. test.5.28.29.
9 Cour sup. de Liége.A4.651;P1.1208;B6.390. et 8.269; D.Degré de jurid.168.
10 Amiens.P22.2.169;S22.2.246;D.Exploit.614.631.
12 Metz.A12.577,n.10;P2.1363;B27.69;D.Témoin.62.
— Civ.r.A12.845,n.1;P22.1.42;B28.55;S22.1.148;J23.673; D.Vente.23.
— Civ.c.P22.1.74;S22.1.73;J23.666; D.Ordre.142.Surenchère.464.
13 Civ.c.A6.632; P1.1464; B12.282; S22.1.55; D.Effet de comm.349.371.
— Civ.r.A10.838,n.1; P21.1.613; B21.394; S22.1.19; J23.678;D.Délai.108.Ordre.438.
14 Civ.c.A3.393; P22.1.38; B3.454; S22.1.152; J23.684;D. Compét. comm.414.
— Ord.A6.341,n.1;D.Domaines.
— Ord.A6.350,n.17;D.Ventes adm.490.
— Ord.A8.678,n.3;B16.300,n.3;D.Foncl. publ.199.
— Civ.c.A6.568,n.1;P22.1.151;B12.209,n.1;S22.1.229; D. Effet de comm.82.361.
— Ord.A9.950,n.12;B19.117,n.12;D.Manuf.71.
— Ord.A9.470,n.9;B18.11,n.4;D.Contr. dir.267.
— Orléans.A10.800,n.2; B21.328; S22.2.157; D.Respons. 545.546.547.
— Ord.A3.195,n.1. et 220,n.3;D.Contr. dir.262.
— Ord. du cons. d'état.D.Acquiesc.485.
— Ord. du cons. d'état.D.Comptabilité.22.
— Ord. du cons. d'état.D.Comptabilité.32.
— Ord. du cons. d'état.D.Eau.177.
— Ord. du cons. d'état.Mac.2.488; D.Pension.110.
— Ord. du cons. d'état.Mac.2.483;D.Pension.111.
— Ord. du cons. d'état.D.Pension.111.
— Ord. du cons. d'état.D.Théâtre.103.104.121.
— Ord. du cons. d'état.M2.468;D.Ventes adm.142.
— Ord.A12.991,n.18;B28.305,n.18;D.Voirie.186.
15 Cr.c.A4.275;P1.1088;B7.297;D.Contumace.72.
— Req.A11.785,n.3; P22.1.515; B24.306; S23.1.128; J23.684. et 26.49;D Surenchère.184.
— Orléans.A12.800,n.2;P2.1438;B27.458,n.1;D.Usuf.340.
16 Cr.c.A3.646. et 12.611,n.17;P1.925. et 2.1576; B6.235. et 27.127; S21.1.53; D.Complicité.119.120.Tém. faux. 38.Témoin.350.
— Cr.c.A1.204;P1.77;B1.235;D.Action civ.15.
— Amiens.A5.156;P1.1306; B9.179; D.Désist.113.Vérif. d'écrit.124.
17 Délib.A7.128,n.3;D.Enregistrement.1364.
19 Civ.c.A3.152;P22.1.25;B3.108;S22.1.50; D.Commune. 110.772.
— Paris.A9.923,n.1.5;P23.2.154;B19.27; D.Louage.309.
— Pau.A11.304,n.5;P23.2.3;B22.434;D.Prescrip. civ.969. 987.
21 Colmar.A3.111;P1.718; B3.120; D.Commune.371.456. Exploit.455.Rente.114.
— Cour sup. de Bruxelles.A2.448; P1.522; B4.46; D. Chasse.142.143.
— Civ.r.A9.389;P22.1.125;B17.461;S22.1.214;J23.685;D. Purge.172.
— Ord. du cons. d'état.D.Eau.242.
22 Cr.c.A4.37;P1.1020;B7.60;D.Contr. ind.87.124.
— Cr.c.A4.334;P1.1114;B7.364;D.Cour d'ass.242.
— Cr.r.A3.514;P1.820;B6.10;D.Compét. crim.57.
23 Cr.c.A4.211;P1.1067;B7.228;D.Or et argent.55.
26 Civ.c.A7.62;B13.65;D.Enreg.535.
— Cr.c.A2.445;P1.520;B4.42,n.;D.Chasse.133.
— Civ.c.A7.412,n.;P2.71;B14.22,n.;D.Enreg.2774.
27 Civ.c.A7.500;P22.1.113;B14.133;S22.1.211;J23.828;D. Transcrip. hyp.41.
— Grenoble.A33.2.37;D.Servitudes.336.
— Paris.P22.1.514,n.2;J23.689;D.Surenchère.173.
28 Civ.A4.8; P22.1.29; B7.9; S22.1.64; J23.703; D.Capitaine.109.
— Civ.c.A3.293;P1.780;B3.333;D.Comp. civ.431.
— Req.A6.635;P22.1.77; B12.286; S22.1.170; J23.698; D. Effet de comm.349.385.
— Ord.A9.467,n.4;B18.7,n.4; D.Contr. directes.199.
— Ord.A3.219,n.14. et 227,n.3; D.Contr. directes.202. Eau.443.
— Ord.P32.3.101;D.Pension.54.
— Ord. du cons. d'état.Mac.2.513;D.Comptabilité.47.

— Ord.A12.991,n.18;B28.303,n.18;D.Voirie.186.
— Ord.A12.1012,n.6;B28.328,n.6;D.Voirie.195.500.
29 Cr.r.A8.689;P2.316;B16.313;D.Fonct. publ.596.
— Orléans.A12.850,n.12;P2.1455;B28.67;D.Rescision.40. Vente.77.360.
30 Cr.r.A1.393. et 9.905;P22.1.428;B1.461. et 18.054;S22.1.70;D.Action publ.51.Amende.78.Loterie.25.
— Cr.r.A6.677,n.3;P2.308; B16.299,n.2; D.Fonct. p.184.

DÉCEMBRE.

1 Orléans.A4.69,P1.1025,B7.74;D.Contr. ind.284.
— Bourges.A5.156;P1.1306;B9.180;D.Désist.113.
3 Civ.r.A9.463;P22.1.62;B17.490; S22.1.80; MR17.464;J23.708;D.Hypoth. lég.177.
— Rouen.A11.571,n.1; P22.2.97; B23.404; S22.2.224;MR17.35;J23.712;D.Rente.534.
— Civ.c.D.Tutelle.360.
4 Civ.r.A7.45. et 2.427; P22.1.29; S22.1.133,n.;J23.715;D.Enreg.274.
— Civ.c.A7.382;B13.455;D.Enreg.2347.2641.
— Limoges.A5.782; P22.1.173,§1; B10.452;S22.2.167;MR17.568;J23.716;D.Preuve litt.432.Testament.587.
5 Colmar.A11.811,n.3; P2.1217; B24.358; D.Saisie-imm.1154.1366.
— Civ.c.A7.467;P2.86;B14.93;D.Enreg.3004.
6 Cr.c.A4.257,n.;B7.257;D.Contr. ind.566.Lois.403.
— Cr.c.A4.483;P1.1470;B8.87;D.Cour d'ass.1471.
— Req.A1.644,P22.1.268; B2.286; S22.1.317; J23.717. et 25.161;D.Arbitrage.70.113.
— Paris.A11.458,n.2;P23.2.26;B23.205; S22.2.63;D.Commerçant.119.Poss.106.112.
7 Cr.r.A4.364;P1.1125;B7.398; D.C. d'ass.513.601.618.
— Cr.c.A3.454; P1.829;B6.33; D.Compét. crim.102.103.
— Nîmes.A6.142; P1.1349;B14.159; S22.2.324; J23.76;D.Révoc.30.54.
— Lyon.A11.189,n.8;P2.967,n.5;B22.258;D.Pérempt.134.
— Colmar.D.Assur. terrestres.11.
8 Rouen.V. au 18.
9 Ord.A3.227,n.5;D.Eau.450.
10 Aix.A2.81;P1.341; B3.85; S22.2.271; D.Assur. maritimes.292.293.
— Civ.r.A7.473;P22.1.187; B14.400;S22.1.290; J23.720;D.Enreg.2682.3022.
— Civ.r.A6.454,n.1;P1.1389. et 22.1.134;B12.73,n.1;S22.1.267;D.Douanes.178.423.
11 Amiens.A1.343;P23.2.50;B1.402;S22.2.303;J23.729;D.Alimens.16.135.Appel incid.32.
— Bourges.A2.517;P22.2.103; B4.125; MR16.151. et 566;D.Portion disp.657.Ratification.122.
— Grenoble.A6.856,n.5;P1.1512;B12.543,n.1;D.Eng.100.248.
— Bruxelles.A9.629,n.1;B18.254;D.Motifs des jug.156.
— Paris.A11.913,n.1.8;P22.2.105; B23.52;S22.2.161; MR17.199;J23.723;D.Puiss. pat.27.Sép. de corps.181.165.
— Rouen.P27.2.71;S27.2.142;D.Exéc.prov.79.
12 Civ.r.A9,272,n.2.3;P22.1.216; B17.322,n.2; S22.1.249;MR16.434;J23.731;D.Inscrip. hypoth.268.Ordre.561.
— Colmar.A10.670,n.3.2; P2.830,n.5; B21.111;D.Preuve litt.679.693.
— Toulouse.A11.204,n.,n.5; P2.975,n.6; B22.282; D.Pérempt.267.
13 Cr.c.A2.184; P1.402; B3.200; D.Autor. mun.677.678.Cassation.244.
— Cr.c.A2.169;P1.392;B3.185;D.Autor. mun.645.
— Rouen.D.Délai.22.
14 Cr.c.A4.83;B7.91,n.1;D.Cont. ind.320.
— Cr.c.A4.145;P1.1049;B7.137;S22.1.124;D.Cont. ind.78.Octroi.76.199.
— Caen.A4.658;P23.2.48; B8.276; S22.2.303; J23.737; D.Degré de jurid.211.
— Bruxelles.A11.292,n.1;P2.1005,n.3;B22.434;D.Prescr.773.782.
— Cr.c.A12.554,n.21;P2.1353;B27.34;D.Rébellion.48.
15 Amiens.A1.533;P23.2.44;B2.159;S22.2.305;J23.758;D.Appel incid.19.20.
— Amiens.A11.557,n.2; P2.1148,n.4; B23.378; D.Rente,155.
17 Grenoble. A9.512; B17.569; S23.2.27; J23.740. et 25.137;D.Inscript. hypoth.483.
— Pau.A10.713,n.8; P21.2.156; B21.183; S22.2.142; J23.740. et 27.119;D.Ratificat.48.
18 Rouen.A9.706;P22.2.87;B18.362;S23.2.90;J23.718; D.Jugem. par défaut.175.
— Ord.A5.257,n.3;D.Compét.
19 Bourges.A6.217;P22.2.151;B11.244;S22.2.110; D.Don. par cont.47.51.115.117.
— Ord.A6.342,n.5;D.Domaines.
19 Ord.A6.341,n.1;D.Domaines.
— Civ.c.A6.607;P22.1.14;B12.254 et 15.235,n.1;S22.1.40;MR16.676;J22.741;D.Effets de comm.249.
— Ord.A9.467,n.2;B18,7,n.2;D.Cont. dir.183.198.
— Ord.A11.592,n.5;P2.1056,n.4;B23.92;D.Pr. marit.240.
— Req.P22.1.193; S22.1.306; J23.101; D.Compét. comm.398.Mandat.216.285.
— Toulouse.P22.2.88;D.Notaire.
— Bourges.P24.2.14;S24.2.8; J23.759. et 27.203; D.Mandat.183.Success.430.
— Ord.A3.219,n.14. et 237,n.4. et n.12;D.Cont. dir.202.
— Ord. du cons. d'état.Mac.2.590;D.Péage.35.
— Ord. du cons. d'état.Mac.2.596;D.Pension.175.
— Ord. du cons. d'état.Mac.2.568;D.Comptab.62.
— Ord. du cons. d'état.D.Ventes admin.451.
— Ord.A12.981,n.15;D.Voirie.67.
— Ord.A12.1024,n.44;D.Voirie.720.
20 Orléans.A7.681,n.1;B14.555,n.1;D.Expertise.216.
— Req.A6.636;P22.1.25;B12.287,n.1; S22.1.137; J23.759;D.Effets de comm.389.
21 Toulouse.A5.421;B10.33;S22.2.100; D.Don. entre ép.46.Port. disp.647.
— Amiens.A12.49,n.1;P23.2.6;B25.208;S22.2.297;D.Servitudes.423.424.432.437.
— Colmar.A12.930,n.2;P2.1484;B28.206; D.Ventes pub.44.
— Cr.c.A2.136;P1.374;B3.146; D.Aut. mun.247. Faillite.454.
— Trib. de comm. de Marseille.D.Assur. marit.431.
22 Cour sup. de Bruxelles.A3.329;P1.787;B5.376;Comp. comm.49.
24 Civ.c.A7.83;P22.1.286; B13.89; S22.1.335; J23.765; D Enreg.751.764.961.
— Civ.r.A7.223;P22.1.201;B13.252;S22.1.373;D.Louage.305.Enreg.1861.
26 Civ.c.A9.744,n.2;P22.1.33; B18.422; S22.1.174; MR17.390;J23.768;D Jugem. par défaut.415.
— Colmar.A12.887,n.2;P2.1466;B28.129;D.Garantie.269.Vente pub.109.
27 Cr.c.A4.343;P1.1116;B7.374;D.Cour d'ass.449.
— Grenoble.A11.771,n.2;P23.2.53; B24.282; S22.2.364; J23.772. et 26.195;D.Surenchère.81.85.
29 Sect. réun.c.A7.191;P22.1.124;B13.212;S22.1.178;J23.773.
— Colmar.A2.435;P1.514;B4.31;D.Chasse.14.132.
— Amiens.A6.848;P1.1510;B12.334;D.Enquête.53.
— Bruxelles.A10.776,n.2; P2.864,n.2; B21.289; D.Serm déc.145.149.
— Bruxelles. A11.197,n.21; P2.972,n.5; B22.269; D.Pérempt.203.
— Grenoble.A12.75,n.2;P2.1262;B25.251;D.Servit.686.
— Sect. réun.c. A12.1056,n.7; P22.1.101. et 2.1522; B28.400;S22.1.186;D.Vol.115.116.
31 Civ.r.A4.621; P22.1.39; B8.254; S22.1.179; J23.778;D.Degré de jurid.56.52.
— Bruxelles. A6.463,n.1,n.2; P1.1393; B12.84,n.2; D.Etranger.128.
— Civ.c.A9.240;P22.1.212; B17.285,n.; S22.1.160; D.Inscript. hypoth.124.
— Montpellier. A10.35,n.1.2; P22.2.155; B19.160;S22.2.247;J23.776;D.Acte respect.80.93.
— Trib. de Marseille.D.Assur. marit.447.

1822.

JANVIER.

1 Liége.A12.679,n.9,B27.241;D.Transact.46.
2 Paris.D.Rente.530.
3 Req.A6.67,n.4;P22.1.22;B17.74,n.4;S22.1.140; D.Privilége.324.
— Rouen.A10.604,n.1.9;P2.815,n.1;B21.8;J34.40; D.Novat.74.
— Cr.c.A11.103,n.13;P2.953,n.2;B22.105;S22.1.190; J24.1;D.Presse.616.
— Req.A11.71,n.1;P22.1.125;B22.49;S22.1.289;J24.3; D.Juge-suppl.109.
— Amiens.A12.742,n.56;P2.1423;B27.353;D.Tutelle.437.
— Ord.A5.257,n.8;D.Compét.
— Lyon.P33.2.23;D.Alimens.137.
4 Cr.c.A12.1066,n.4; P2.1528,n.7; B28.416; S22.1.191;D.Vol.196.198.
5 Cour sup. de Bruxelles.A4.7; P1.1007;B7.7; D. Capitaine.107.Cont. à la grosse.97.98.
— Liége. A8.598,n.1; P2.293; B16.209,n.1;D.Filiat. lég.231.
— Bruxelles.A11.677,n.2;P2.1164;B24.110; D.Saisie-im.97.99.372.152.1484.Vente pub.132.
6 Ord. du cons. d'état.Mac.3.34;D.Ventes admin.245.
8 Civ.r.A1.377. et 3.189;P22.1.54; B1.441; S22.1.201; J24.7;D.Amende.104.117.Prescr. cr.15.
— Req.A7.159;P23.1.396;B13.177;S24.1.91;J24.13. et 27.572;D.Enreg.2114.
— Civ.c.A7.322;P22.1.183;B14.159;S22.1.208; J24.13; D.Timbre.27.
9 Req.A9.154;P23.1.23;B17.179;S23.1.148;J26.5;D.Hyp. lég.132.
— Civ.c.A9.541; P22.1.49; B18.416;S22.1.156;MR16.99; J24.15;D.Autor. de femme.13.Interdit.26.
— Civ.c.A10.463,n.2.3;P22.1177;B20.327;S22.1.272;J24.15. et 25.156;D.Oblig.458.
10 Cr.c.A3.555;P1.897;B6.168; S22.1.192; D.Compét. cr.585.Régl. de juges.126.
11 Cr.c.A4.67;P1.1023,B7.71;D.Cont. ind.161.162.163.
— Bruxelles.A5.552;P1.1529;B10.159;D.Donat.253.Ratification.130.
— Bourges.A11.699,n.2;P23.2.24;S22.2.222; B24.153; D.Saisie-imm.266.
12 Sect. réun. c.A4.163;P22.1.114;B7.476;S22.1.210;J24.22;D.Tabacs.12.
— Sect. réun.A7.571;P22.1.48;B13.419;S22.1.208;J24.25;D.Enreg.1957.2491.
— Caen.A5.545;B10.173;D.Don man.18.19.20.
— Lyon.A10.475,n.2.4;P2.787,n.1;B20.541;D.Obl.599.
— Bruxelles.A12.146,n.2;B25.570; D.Société comm.543.
— Rouen.A12.373,n.2;P22.2.96;S23.2.162;J24.26;D.Succession bénéf.145.
14 Bruxelles.A4.681; P1.1221;B8.505; D.Deg. de jur.317.
— Bruxelles.A6.581,n.2; P1.1452; B12.223,n.2; D.Contr. par corps.364.Eff. de comm.146.350.385.
— Caen.A6.686;P1.1475;B12.546; D.Effets de comm.341.
15 Limoges.A6.266;P23.2.1;B11.302;S22.2.196;J24.29;D.Don. entre époux.132.
— Poitiers. A11.683,n.2,n.2; P24.2.70; B24.122;D.Saisie-immob.189.
16 Ord.A6.326,n.;D.Ventes adm.530.
— Ord.A8.353,n.7;D.Ventes adm.107.
— Ord.A9.977,n.10;B2.113;D.Manufact.
— Ord.A11.445,n.3.2;D.Patente.71.
— Req.A11.726,n.2;P22.1.161;B24.202;S22.1.262;J24.32;D.Délai.27.Saisie-imm.575.671.
— Ord.A12.687,n.7;P2.1405;B27.256;D.Trav. pub.131.
— Ord.A3.179,n.1. et 258,n.6;D.Compét. adm.145.150.
— Ord.A3.191,n.4;D.Compét.
— Ord.Mac.22.49;D.Marché de fourn.224.225.
— Ord. du cons. d'état. Mac.22.48; D.Marché de fourn.348.
— Ord. du cons. d'état.D.Fabriques.205.
— Ord.D.Comptab.100.
— Ord.A8.16,n.6.8;D.Fabriques.204.
— Ord.A12.991,n.1.8;B28.303,n.18;D.Voirie.186.
— Ord.A12.1016,n.12;D.Voirie.554.
17 Grenoble.A1.657;P22.2.134;B2.301;S22.2.114; J24.42;D.Arbitrage.539.542.1420.
— Req. A3.716; P22.1.128; B6.317; S22.1.196; J24.43; D.Conciliation.70.Sép. de corps.108.
— Amiens. A9.941,n.1.3; P2.673,n.1; B19.56;D.Louage.726.727.728.
— Liége.A9.682;B18.337;D.Frais et dépens.339.451.
18 Cr.c.A1.594. et 595;P1.225;B2.230;D.App. corr.226.
— Cr.r.A11.316,n.2;P22.1.70;B22.474; S22.1.200; J24.46;D.Prescr. cr.84.
19 Rouen.A12.200;B25.460;S23.2.11;J24.51. et 25.296;D.Retour conv.29.Substitution.242.
22 Civ.r.A2.567; P22.1.35; B3.411; S22.1.152; J24.51; D.Cassation.988.991.
23 Req.A7.468; P22.1.199; B14.94;S22.1.316; D.Comptabilité.90.Enreg.2764.3007.
— Req.A10.598,n.1. et 12.154,n.8; P23.1.373; B25.386; S24.1.39; J24.53. et 25.193; D.Stell.48.Cess. de biens.103.
24 Cr.c.A4.485;P1.1170;B8.88;S22.1.205;D.C. d'ass.1472.
— Cr.r.A2.99;P22.1.53;B3.105;S22.1.184;J24.54;D.Attentat à la pudeur.64.
— Montpellier. A2.528;P1.554;B4.137;S23.2.253;D.Chose jugée.222.223.
— Toulouse. A3.469; P1.1325. et 23.2.10; B10.88; S22.2.210;D.Portion disp.669.
— Req.A6.241; P22.1.180; B11.272; S22.1.287;J24.56. et 25.42;D.Don. entre époux.18.23.Exception.380.
— Grenoble.P27.2.41;S27.2.42;D.Pérempt.1.
26 Bourges.A1.533;P23.2.28;B2.158;S23.2.230;J24.67; D.App. incid.33.Dem. nouv.76.Surenchère.115.
— Lyon.A6.11;P1.1343;P11.8;S23.2.296;D.Testam.786.
— Bruxelles.A9.142,n.1;B17.164,n.1;D.Hyp. lég.99.
— Bruxelles.A9.741,n.;D.Jugem. par déf.385.Min. p.34.
— Agen.A11.716,n.2,n.2;P24.1.180;B24.184;S22.2.203; J24.65;D.Saisie-imm.476.
— Amiens.A9.774,n.3. et 10.721,n.2;P2.852,n.1. et 2.598,n.10; B18.466. et 21.197; S23.2.19; J24.65; D.Jugem. prép.45.Preuve test.42.43.
28 Paris.A11.002,n.2.1;P24.2.96;B25.31;S24.2.93; J24.69;D.Sép. de corps.75.
— Ord.D.Eau.328.
29 Nîmes.A5.105;B9.121;D.Désaveu.86.
— Req.A10.358,n.3;P22.1.168;B20.151;S22.1.270;J24.89;D.Remploi.87.
— Bruxelles. A11.820,n.5; P2.1222; B24.375;D.Sais.-immob.1660.
— Req.A11.800,n.4;P22.1.222;B24.338;S22.1.330; D.Saisie-imm.1243.
30 Civ.c.A6.559; P22.1.80; B11.411; S22.1.113;J24.92;D.Dom. de la cour.6. Dom. privé.2.
— Amiens. A11.334,n.2; P2.1019,n.6; B22.500; D. Cass.1075.Presse.501.
31 Cr.c.A5.178;P1.1301;B9.205;S22.1.206;D.Destr.97.
— Cr.c.A8.700,n.1;P2.519;B16.329;D.Corruption.28.
— Grenoble.A12.643,n.2;P2.1581;B27.177;D.Tierce opp.5.6.57.
— Cr.c.A12.1071,n.6;P22.1.79. et 2.1532;B28.427; S22.1.207,n.6;J24.114;D.Vol.253.

FÉVRIER.

1 Cr.c.A4.85,n.;B7.91,n.2;D.Cont. ind.323.
— Bruxelles.A5.255;P1.757;B5.265;D.Eau.475.
— Cr.c.A4.761,n.;P1.1260;D.Délit rural.87.
— Cr.c.A2.154;P22.1.234. et 1.585;B3.166;S22.1.235;J24.119. et 26.209;D.Autor. mun.161.165.436.457.
— Cr.c.A8.735; P22.1.231; B16.346; S22.1.234; D.Forêts.171.
— Cr.c.P22.1.252;S22.1.263;J24.117;D.Procès-verb.166.253.

— Caen.D.Instr. par écrit.78.
2 Bruxelles.A7.520;P2.89;B14.157;D.Timbre.118.
— Paris.A8.160;P22.2.168,n.10;B15.186;J24.119;D.Faillite.564.
— Grenoble. A12.427,n.3; P2.1525; B26.272; D. Rapp. à succ.177.
4 Civ.c A1.184;P22.1.215;B1.215;S22 1.242;MR16.312; J 24.123;D.Actes de l'état civil.112.Naturalis.25.
— Civ.c.A2.425; P22 1.314; B4.19; S22.1.343; J24.123. et 27.268;D.Cautionn. de fonct.36.
— Civ.c.A7.500;P2 86;B14.134;D.Trans. hyp.53.
— Paris.A6.595; P1.1454; B12.239; S23.2.203;J24.127. et 25.436;D.Effets de comm.221.
— Caen.A9.219,n.1; P22.2.115; B17.259,n.1; J24.129; D Hyp. conv.105.
— Limoges.A10.303,n.3.2;P22 2.131;B20.84;S22.2.247; J 24.128;D.Dot.83.
5 Paris.A8.213;P2.214. et 22.2.137;B15.247; J24.146; D. Faillite.958.Hypoth.325.
— Toulouse.A10.308,n.1;P22.2.34;B20.87;J24.134. et 27. 361;D.Dot.175.176.177.Tutelle.500.
— Metz.A11.300,n.3;P2.1008,n.2;B22.447; D.Prescr.922.
— Caen.A11.736,n.4;P2.1189;B24.220;D.Saisie-imm.720.
6 Ord.A7.692,n.1.3;B14 368,n.3;D.Expertise.409.
— Civ.r.A6.475;P22.1.118;B12.96; S22.1.203; MR16.332; J24.158;D.Etranger.181.
— Ord.A9.467,n.3;B18.7,n.3.4;D.Contr. dir.196.
— Ord.A11.385,n.7;P2.1055,n.7;B23.79;D.Prises marit. 177.203.
— Req.A11.453,n.1;P22.1.228;B23.198;J24.134;D.Propr. 141.
— Req.P22.1.152;S22.1.228;J24.156;D.Saisie-imm.1126. Vente pub.107.
— Ord.A3.126,n.11. et 227,n.3. et n.12; D.Eau.424.443. 458.
— Ord. du cons. d'état.D.Forêts.115.
— Ord. du cons. d'état.D.Eau.107.
7 Cr.c.A4.69;P1.1023;B7.74;D.Contr. ind.281.
— Cr.c.A4.191; P22.1.77; B7.207; S22.1.210; J24.165; D. Respons 461.
— Cr.c.A4.343;P1.1116;B7.375;D.C. d'ass.451.
— Cr.c.A4.343;P1.1116;B7.374;D.C. d'ass.450.
— Bourges. A9.756,n.1; P24.2.61; B18.409; S25.2.78; MR 17.585;J24.165. et 28.76;D.Jugem. par déf.347.350.
8 Déc. min. des fin.D.Enreg.238.
9 Bruxelles.A5.99;B9.113;D.Désaveu.79.
11 Nîmes.A10.683,n.1; P23.1.293,n.; B21.133; S23.2.133; J24.167. et 25.185;D.Preuve litt.917.
12 Bruxelles.A4.742;P1.1254. et 2.1489;B8.575;D.Cassat. 230.Deg. de jurid.382.Eff. de comm.119.
— Civ.c.A7.195;P22.1.402;B13.216;S22.1.421;J24.172;D. Enreg.1629.
— Bruxelles. A6.575,n.1. et 600. et 12.946,n.2,n.1; P1. 1457. et 2.1489;B12.217,n.1. et 28.235; D.Loterie.20. Eff. de comm.119.177.182.Vérif. d'écr.61.68.
— Civ.c. A11.240,n.7; P22.1.301; B22.294; S22.1.329;MR 17.350;J24.167;D.Jugem. prép. 20.Péremp.322.
13 Bruxelles.A11.445,n.1;P2.1082,n.2; B29.187; D.Appel civ.341.Exprop. pub.197.198.199.208.
— Pau.A11.488,n.2; P2 1089,n.1; B23.254; S23.2.90; J24 174;Puiss. patern.16.17.
— Cass.D Exploit.917.
14 Cr.c.A3.620;P22.1.253;B6.239; S22.1.236; J24.182; D. Complicité.214.
— Limoges.A9.753,n.1.2;P2.585,n.2;B18.407; S22.2.169; J24.179;D.Jugem. par défaut.379.
— Grenoble. A11.208,n.13; P2.978,n.2; B22.290; D. Pérempt.290.
15 Cr.c.A2.686;P22.1.154;B4.315;S22.1.257;D.Traite des nègres.7.
— Amiens. A6 289; P1.1353; B11.328; S23.2.109;J24.184; D.Portion disp.241.353.
— Metz. V. au 5.
16 Bruxelles.A6.17;P1.1343;B11.14;D.Legs.20.Test.806.
— Paris. A9.926,n.1.10; P23.2.96; B19.32; S23.2.95; J24. 195;D.Louage.302.
17 Bruxelles.A6.58,n.1;D.Legs.19.
18 Civ.c.A2.506;P1.549;B4.112;D.Chose jugée.102.
— Civ.c.A2.397;P22.1.292;B3.445; S22.1.318; MR16.128; J24.200;D.Preuve litt.1091.
— Bruxelles.A6.212,n.3;B11.239; D.Donat. par cont. de mariage.26.31.
20 Caen.A8.150;P2 199;B15.174;D.Faillite.622.
— Ord.A6.342,n.6;D.Domaines.
— Ord.A9.468,n.8;B18.9,n.2;D.Contr. dir.217.
— Ord.A3.219,n.17. et 227,n.3. et 230,n.1;D.Eau.4.43.
— Ord.A3.238,n.6;D.Comp. adm.143.150.
— Ord. du cons. d'état.D.Dette pub.31.
— Ord. du cons. d'état.D.Douanes.224.
— Ord. du cons. d'état.D.Marché de fourn.35.141.
— Ord. du cons. d'état.Mac.22.1.172;D.Marché de fourn. 166.
— Ord. du cons. d'état.Mac.22.174;D.Marc. de four.518.
— Ord. du cons. d'état.Mac.22.165;D.Marc. de four.349.
— Ord. du cons. d'état.Mac.22.168;D.Marc. de four.347.
— Ord. du cons. d'état.D.Pension.112.
— Ord. du cons. d'état.D.Fonct. pub.331.
— Arr.D.Forêts.1077.
21 Cr.c.A4.213;P22.1.245;B7.230; S22.1.289; MR17.122; J 24 203;D.Or et argent.95.
— Cr.c.A11.398,n.1; P22.1.233; B23.102; S22.1.237; J24. 205. et 25.127;D.Procès verbal.88.
— Ord. du cons. d'état.D.Eau.34.
— Cr.c.D.Confiscation.29.
22 Cr.r.A4 120;P1.1037;B7.130;D.Cont. ind.507
— Aix.A3.339;P22.108;B5 387;S23.2.74;J24.204;D Compét. comm.157.
— Cr.r.A2.450;P1.523;B4.48;J24.206;D.Chasse.62.
— Cr.r.A8.771,n.3;P2.377;B16.394;D.Forêts.665.996.
— Colmar.A10.131,n.1;P2.705,n.;B19.317,n.1; D.Autor. de femme.198.
— Trib. de Marseille.A9.33;D.Assur. marit.551.
— Cr.c.D.Confiscation.13.
— Ord. du cons. d'admin. de la marine.D.Comptab.33.
— Délib.A7.113,n.5;D.Enreg.1190.
— Ord. A12.990,n.11.14; B28.301,n.11. et 302,n.14; D. Voirie.170.177.
25 Paris. A8.576,n.1; P22.2.132; B16.183,n.1; S22.2.183; MR16.652;J24.207;D.Filiat. lég.146.Mariage.411.
— Bruxelles.A12.89,n.4;P2.1265;B25.272;D.Suc. civ.38.
26 Lyon.A6.688; P24.2.179; B13.348,n.1; S24.2.342; J24. 232. et 29.434;D.Effets de comm.554.561.
— Civ.c.A11.240,n.2;P22.1.311; B22.346; S22.1.344; MR 17.401;J24.227;D.Prescr.78.
— Req.A11.792,n.6; P22.1.243; B24.322; S22.1.305; J24. 229;D.Surenchère.128.129.
— Ord.A3.226,n.6.
27 Civ.c.A2.669;P22.1.456;B4.297; S23.1.96; D.Colonies. 7.106.
— Rouen.A10.816,n.3;P2.884,n.8;B21.355; S23.2.226; D. Compét. civ.244.Ordre.111.
— Ord. du cons. d'état.D.Cons. d'état.111.
— Ord. du cons. d'état.Mac.22.220;D.Marc. de four.200.
— Ord. du cons. d'état.Mac.22.224;D.Marc. de four.326.
— Ord. du cons. d'état.Mac.22.227;D.Marc. de four.331.
— Grenoble.D.Exploit.222.
— Ord. du cons. d'état.D.Ratif.13.
— Ord. du cons. d'état.Mac.3.218;D.Ventes adm.253.
28 Angers.A9.215,n.3;P23.2.86;B17.254,n.3;J24.233; D. Hyp. conv.119.Rente.180.
— Req.A11.632,n.2;P22.1.150;B24.32;S22.1.217;J24.237; D.Saisie-arrêt.278.282.

MARS.

1 Cr.c.A4.155;P22.1.250;B7.145;S22.1.276;D.Cont. ind. 206.
— Bruxelles.A7.814;P2.165,B14.513;D.Domicile élu.22.
— Cr.r.A11.152,n.,n.9; P22.1.259; B22.191;S22.1.273;D. Pêche.110.111.112.
— Cr.c.A12.594,n.13;P22.1.257;B20.254. et 27.98;S22.1. 274;J24.243;D.Témoin.242.
— Cr.c.P22.1.249;S22.1.275;D.Procès-verbal.400.461.
— Toulouse.A10.404,n.1;P24.2.50; B20.234; S24.2.15. et 5;J24.244. et 27.151;D.Nantiss.140.
2 Grenoble.A4.659;P1 1210;B8.277;D.Deg. de jurid.208.
— Bruxelles.A6.150,n.;B24.168;D.Révoc.25.
— Bruxelles.A6.144;B11.161;D.Révoc.24.
— Bruxelles.A8.68,n.1;B15.77;D.Faillite.299.
— Bruxelles.A11.842,n.3;P2.1232; B24.415; D.Saisie-im. 1626.
— Grenoble.A10.826,n.7;B24.366;D.Ordre.290.
4 Limoges.A5.279;P1.1316 et 23.2.42;B9.320; S22.2.265; J24.244;D.Disp. entre-vifs.175.
— Nîmes.A8.443;P24.2.20;B16.32;S24.2.153; J24.251. et 27.59;D Faux incid.187.
5 Req.A2.260;P1.435;B5.287;D.Brevet d'inv.70.106.
— Civ.c.A7.412,n.;P2.71;B14.22,n.;D.Enreg.2771.
— Civ.c.P22.1.357;S22.1.412;D.Enr.2775.Pub.des jug.45.
6 Civ.r.A7.43;P22.1.370;B13.42; S22.1.406; J24.262; D. Enreg.275.
— Civ.c.A7.224;P22.1368;B13.253;S22.1.405; J24.253; D. Enreg.1856.1878.
— Cr.c.A1.258;P22.1.257; B1.276; S22.1.298; J24.253. et 26.78;D.Action possess.230.253.
— Nîmes.A8.433;P23.2.88;B16.21;J24.255;D.Interv.25.
— Amiens.A6.642;B12.294,n.1;D.Eff. de comm.423.
— Bruxelles.A9.176,n.1;P2.444; B17.206,n.1; D.Hypot. jud. 52.
7 Bourges.A3.35;P23.2.76; B5.31; S23.2.72; J24.263; D. Comm.191.
— Angers A12.179,n.2;B28.426; S23.2.96 et 22.2.180; D. Substitution.141.149.278.
— Cr.c.A11. 502,n.14;P22. 1.250; B23.278; S22.1.277; D. Quest. pr.26.Voirie.562.
— Bruxelles.A11.750,n.2;P.2.1196;B.24.244; D.Offre.52. Saisie-imm.109.1485.
8 Cr.c.A2 162.et 9.597;P22.1.477.et 1.390; B3.175.et 18. 205;S23.1.48;J25.335; D.Autor. mun.470.473.476.479. Jeu-pari.25.
— Bourges.A5.78; P1.1293; B9.89; J24. 265.et 25.147;D. Sequestre.19.23.28.
— Bordeaux.A9.562;P23.2.9;B18.149;S22.2.205;J24.265; D.Interdit.172.
— Colmar.A11.687,n.1;P2.1108; B24.128; D.Saisie-imm. 175.1483.
— Cr.c.P22.1.477;S23.1.40;D.Frais et dépens.359.
9 Colmar.A6.631;P1.1464;B12.281,n.1;D.Eff. de com.348. 904.
12 Civ.c.A9.67,n.2; P22.1.138; B17.73,n.2; S22.1.230; D. Privilége.325.
13 Ord.A6.839,n.1,n.3;D.Emigrés.
— Ord.A11.385,n.9;P2.1053,n.9;B23.82; D.Comptab.78. Prise marit.194.200.
— Ord.A12.835,n.10;P2.1445;B28.38.
— Ord.A8.681,n.5;B16.303,n.5;D.Fonct. pub.282.
— Ord. du cons. d'état.D.Incident.7.
— Ord.D.Com.86.
— Ord. du cons. d'état. D.Fonct. pub.331.
14 Bastia.A6.45;P1.1345;B11.47;D.Testament.879.
— Colmar.A6.662;P1.1471;B12.318,n.1;D.Eff. de com.685.
— Grenoble.A11.196, n.15; P2.970, n.4; B22.267; D. Pé-remp.182.
15 Cr.c.A4.370;P22.1.140;B8.178; S22.1.212; J24.267; D. Déf.125.Témoin.456.
— Rouen.A8.263;P2.224;B15.306;D.Faillite.1094.1152.
— Bourges.A12.387,n.4; P23.2.12; B26.208; S22.2.269;J 24.272;D.Success. bénéf.96.126.
— Grenoble.A12.729,n.3;P2.1420; B27.332; S25.2.131; J 24.270;D.Tutelle.607.
— Cr.c.A11.956,n.1.13;B25.132;D.Serment.95.
— Cr.c.P22.1.487;S22.1.429;D.Désertion.52.
16 Cr.c.A2.181.et 12.228; P22.1.156.et 1.401;B3.196;S22. 1.213;J24.275; D.Autor. mun. 659.663.664.687. Poids pub.12.13.15.16.
— Cr.c.A4.261;P1.1086;B7.284;D.Contr. ind.111.Procès-verbal.375.450.
— Cr.c.A8.724,n.1;P2.343;B16.333;D.Forêts.960.
— Cr.c.8.725,n.;P2.343;B16.334,n.;D.Forêts.960.
— Paris.A9.284;P22.2.176;B17.337;S22.2.381; J24.278;D. Hypoth. judic.21. Inscrip. hypoth.283.
— Ord.A12.1030,n.1.6;D.Voirie.
— Cr.c.D.Confiscation.38.
— Cr.c.A8.725;P2.343;D.Forêts.960.
17 Ord.A12.1030,n.1.6;D.Marais.65.
18 Trib. d'Orange.P25.1.205;D.Forêts. 589.
19 Req.A6.117;P22.1.207;B11.128;S23.1.370;MR16.605;J 24.285;D.Legs.436.
— Angers.A11.172,n.1;P22.2.46; B22.225; D.Peine.380. 382.407.Tribunal.73.
— Poitiers.A11.683,n.2,n.1;P24.2.69; B24.122; S24.2.55; D.Preuve litt.86.Saisie-imm.189.476.
20 Civ.c. A7.53; P22.1.365; B13.31.et 293; S22.1.407; D. Enreg.217.
— Pau.A5.253; P23 2.29; B9.291; S22.2.225; J24.293; D. Dispos. ent. vifs.119.126.
— Bruxelles.A12.892,n.3;P2.1469; B1.263.et 28.139; D. Vente.603.
— Ord.A3.118, n.11; P1.715,n.11; B5.128,n.11; D.Commune.519.
— Ord. du cons. d'état.D.Colonies.45.
21 Cr.r.A2.434; P22.1.165; B4.30; S22.1.253; J24.300;D. Chasse.50.64.121.Délit.7.
— Req.A8.316.et 10.233,n.1; P22.1.205; B15.368; S22.1. 372;J24.302.et 25.125; D Faill.1411.Sép. de biens.48.
— Rouen.P22.2.77;D.Tabacs.12.
— Rouen.P22.2.71; D.Oblig. solid.83.
— Paris.P23 2.103,n.;D.Louage.27.
22 Amiens.A4.628;P1.1197; B8.243; D.Deg. de jurid.78.
— Cour sup. de Bruxelles. A4.794; P1. 1272; B8.435. et 584;D.Dem. nouv.110.111.
— Cr.c.A2.157;P22.1.179;B3.148; S22.1.278; J24.302; D. Autor. mun.185.218.Voirie.508.
— Cr.c.A12.1024,n.13;B28.348; D.Voirie.726.
23 Amiens.A8.237;P2.219;B15.276; D.Compét. com. 229.
— Toulouse.A6.667;P23.2.20;B12.324,n.4; S22.2.218; D. Eff. de comm.501.505.
— Paris.A6.736,n.; P24.2.99; B12.403,n.;D.Eff. de com. 799.
25 Loi.A11.328,n.1;S22.2.121;D.Presse.
26 Req.A5.217;P22.1.337;B9.249;S22.1.349; MR17.627; J 24.307;D.Dispos. ent. vifs.8.30.
— Req.A7.789;P23.1.47; B14.485; S23.1.192; J24.314. et 26.399;D.Exploit.246.
— Amiens.A9.750; P24.2.28; B18.421; S23.2.324; D.Jug. par défaut.471.
— Paris.A11.461,n.5;P2.1084;B23.207;S23.2.56; J24.304; D.Propriété industrielle.12.
— Colmar.A11.569,n.6;P2.1124,n.10; B23.399; D.Rente. 225.226.
27 Civ.c.A5.475;P22.1.236;B10.94;S22.1.231; J24.329; D. Appel incid.76.Port. disp.527.Rap. à suc.217.231.
— Orléans.A7.662,n.1;P2.116;B14.350,n.2; D.Expert.46.
— Civ.c.A6.290;P22.1.319;B11.328;S22.1.345; MR16.535. 548;J24.315;D.Port. disp.364.365.
28 Cr.c.A2.162;P1.389;B3.175; D.Autor. mun.481.
— Pau.A11.194;P23.2.124;S25.2.311;MR17.531; J24.338. et 26.292;D.Péremp.193.
— Cr.c.A11.513,n.2; P22.1.520; B23.300; S23.1.123; J24. 338.et 25.511;D.Délit.2.Récidive.36.
— Besançon.A8.12,n.38;D.Fabriques.66.
29 Cr.A2.684.685,n.;P22.1.154;B4.314;S22.1.227;J24.190. D.Traite des nègres.5.6.
— Grenoble.A10.697,n.7;P2.844,n.2;B21.160; D.Pr. litt. 1079.1138.
— Cr.c.A11.25,n.2;P2.913,n.3.et 22.1.242;B21.447;S22.1. 369;J24.339;D.Min.pub.60.
— Amiens.P24.1.83,n.1;S23.2.525;D.Appel incid.11.
— Déc. min.P33.3.41;D.Enreg.891.
30 Amiens.A11. 535,n.2. et 574, n.12; P2. 1110,n.8. et 2. 1361;B23.337;D.Réc. de juges.67.

AVRIL.

1 Civ r.A7.42;P2.3;B13.41;D.Enreg.276.
— Civ.c.A7.259;P2.43;B13.295;S23.1.73; D.Enreg.2005.
— Civ.c.A7.406;P2.70;B14.14;S23.1.72; D.Enreg.2765.
2 Aix.A4.591;P22.2.155; B8.201; S22.2.298; J24.344; D. Avocats.43.48.
— Req.A3.810;P1.1001; B6.458; J24. 342; D.Contr. par corps.720.
— Civ.r.A10.158,n.2.4;P22.1.223;B19.359;S22.1.369;J24.341;D.Commerçant.113.Mandat.262.
3 Civ.r.A6.819; P22.1. 185; B12.501, n.2; S22.1.292; D. Emigré.285.
— Besançon.A10.408,n.1.4;P2.777; B20.241; D.Nant.148.
4 Cr.c A4.491;P22.1.172; B8.93; S22.1.260; J24.348; D. Cour d'ass.1514.
6 Cr.c.A12.1041,n.5; P22.1.313; B28.374; S22.1.312; D. Voitures pub.110.122.122.136.143.
10 Req.A2.629; P23.1.393; B4.255; S24.1.211;J24.351. et 28.215;D.Chose jugée.430.
11 Cr.c.A1.401;P22.1.390;B2.2;S22.1.434;D.Autorité municipale.435 Peine.307.
— Req.A7 72;P2 9;B13.76;D.Enreg.654.
— Caen.A10.41,n.1-4; P2.689,n.3; B19.176; S28.2.31; D. Acte respect.105.
— Cr.r.A11.100,n.,n.19;P22.1.190;B22.96;S22.1.371;MR 17.192;J24.356. et 26.456;D.Presse.194.220.221.599.
— Cr.c.A12.1073,n.15;P22.1.315;B28.430;S22.1.513; J24.118;D.Vol.272.
12 Cr.c.A2 165;P22.1.364; B3.179; S22.1.567; D.Autorité mun.133.562.
— Cr.c.A2.138; P22.1.373; B3.148;S22.1.577; J24.359. et 25.253;D.Autorité mun.224.
— Cr.c.A4 324;P22.1.369; B7.353;S22.1.366;MR16.555;J 24.360;D.Cour d'ass.327.355.
— Cr.r.A8.804;P22.1.277;B16.437;S22.1.328; J24.357. et 26.526;D Forêts.791.
— Cr.c.P22.1.567; S22.1.368; MR17.495; J24.361. et 25. 333;D.Forêts.566.568.
— Bourges.P23.2.56; S23.2.51; J24.357; D.Saisie-imm. 1292.
13 Bruxelles.A3.595; P1.812; B5.456; D.Compét. comm. 416 432.
— Bruxelles.A8.261;P2.224;B16.304;D.Faillite.1129.
— Bruxelles.A10 853,n.1.17; P2.900,n.15; B21.418; D. Ordre 559.Testament.570.
— Lyon.A11.823,n.;P2.1223,n.;B24; D.Saisie-imm.1550.
15 Civ.c A3.197;P1.744;B5.223;D.Commune.645.
— Ord.A6.797,n.2;D.Emigré.168.
— Civ.c.A11.709,n.6; P23.1.33; B24.169; S23.1.172; J24. 562. et 26.535;D.Saisie-imm.354.355.358.
16 Agen.A8.642,n.9; P2.509; B16.258,n.9; S23.2.65; J24. 567;D.Absence.180.233.Filiation natur.91.Success. irrégulière.33.
— Civ.c.A11.569,n.1;P22.1.189;B23.402; S22.1.246; J24. 362;D.Rente.309.
— Req.A12.754,n.24;P22.1.509; B27.377; S23.1.528; J26. 69;D.Success.330 442.Tutelle.550.578.
— Poitiers.A12.938,n.;B28.219,n.1;S25.2.321;J24.374;D. Echange.20.
17 Lyon.A9.117;P24.2.32;B17.132;S24.2.159; J24.380. et 27.398;D.Port.disp.071.Privilége.563.564.Tutelle.606.
— Civ.c.A9.631;P22.1.465;B18.258;S23.1.70; MR17.176;J 24.377;D.Motifs des jug.21.76.
— Ord.A10 394,n.1;P2.772,n 5;B20.219;D.Mines.172.
— Ord.A11.362,n.1 1;P2.1034,n.1; B23.38; D.Prises marit.44.230.
— Ord.A12.688,n.11;P2.1404;B27.257;D.Trav. publ.151.
— Ord.A3.192,n.1;D.Trav. publ.150.
— Ord. du cons. d'état.P33.390;S25.2.5; D.Confiscation. 82.Conseil d'état.82.
— Ord. du cons. d'état.Mac.22.1.322;D.Marché de four. 169.
— Ord. du cons. d'état.D.Fabriques.173.
— Ord.A12.991,n.18;B28.303,n.18;D.Voirie.186.
18 Cr.c.A2.92;P22.1.317;B3.98; S22.1.314; J24.383. et 25. 94;D.Attentat à la pudeur.45.
— Cr.c.A3.466;P22.1.326; B6.69; S22.1.315; J24.381; D. Compét. crim.275.
— Bruxelles A7.722;P2.134;B14.404;D.Exploit.565.
— Bruxelles A8.76,n.1;B15.86;D.Faillite.325.
— Cr.c.A11.154,n.,n.12;P2.954,n.1. et 22.1.383; B22.194; S22.1.419;D.Pêche.108.
— Bruxelles.A11.647,n.7;P2.1151,n.7; B24.57; D.Saisie-exéc.17.19.
— Cr.c.P22.1.356;S22.1.433;MR17.153; D.Procès-verbal. 469.
— Cr.c.P22.1.326,n.;D.Exploit.937.
19 Cr.r.A4 404,n.;B7.112,n.1;D.Contr. ind.429.430.
— Poitiers.A5.234; P1.1515; B9.292; D.Disp. entre-vifs. 119.Testament.524.
— Bordeaux.A11.620,n.3,n.1. et 12.383; P2.1140.n.4. et 23.2 10;B24.10. et 26.201;S22.2.197;J24.274;D.Saisie-arrêt.18.Success. bénéf.96.98.
21 Cr.r.A11.315,n.;D.Abus de confiance.15.
23 Bourges A1.29;P24.2.65. et 1.326; B1.35; S26 2.104; J 24.383. et 25.322;D.Absence.362.
— Civ.r.A2.464;P22.1.343; B4.64;S22.1.409; J26.396;D. Choses.126.127.
— Civ.r.A2.465,n.;P22.1.343,n.; B4.65,n.; D.Choses.126 127.
24 Civ.r.A1.809;P22.1.246;B2.476;S22.1.304;D.Arbitrage. 1014.
— Civ.c.A7.189;P22.1.458; B13.211; S22.1.438; D.Enreg. 1649.
— Civ.r.A7.420; P22.1.453; B14.35; S23.1.33; J24.387;D. Enreg.2824.
— Amiens.A9.32,n.1;P24.2.42;B17.50,n.1; S23.2.336;J24. 389;D.Privilége.20.21.
— Caen.A10.685,n.,n.2;P2.838,n.2; B21.137; S23.2.169;J 24.384;D.Preuve litt.1015.
25 Angers.A8.433; P23.2.88; B16.20;J24.257;D.Faux incid.84.
— Bruxelles.A9.593,n.1.9; P2.543,n.4; B18.199; D.Intervention.106.142.
— Bruxelles.A10.692;P2.841,n.6;B21.151; D.Preuve litt. 1128.Serment déc.83.
— Cr.c.A11.226,n.16;P2.987,n.6;B22.521;D.Poids et mesures.54.
26 Cr.c.A4.169; P22 1.386; B7.183; S22.1.390; D.Jeu de cartes.17.
— Cr.c.A4.282;P22.1.338;B7.307;S22.1 390;MR16.552;D. Cour d'ass.92.
— Amiens.A5.140;B9.171;D.Désist.29.
— Cr.c.A11.816,n.2;P2.1102,n.10;B23.304;D.Récid.96.
— Paris.A12.917,n.3; P22.2.146; B28.183; J24.394; D. Transport de créance 95.
— Lyon.P24.2.46;S23.2.281;J24.391;D.Usufruit.51.
— Orléans.D Degré de jurid.331.
29 Toulouse.A7.595;P23.2.49; B14.249; S22.2.260; D.Exception.93.
30 Civ.c.A7.413,n.;P22.1.436;B14.26,n.;S22.1.439; D.Enreg.2769.
— Civ.r.A6.758;P1.1488. et 22.1.251;B12.429; S22.1.263; J24.401;D.Effet publ.30.

MAI.

1 Req.A1.637;P22 1.434;B2.278;S23.1.56;J24.406;D.Arbitrage.1033.1034.
— Loi.A7.508,n.2;D.Enreg.
— Rouen.A6.640;P22.2.103;S22.2.212;D.Effet de comm. 249.
— Ord.A3.237,n.13;D.Compét.
— Ord. du cons. d'état.D.Forêts.594.
— Ord. du cons. d'état.D.Propriété litt.32.
— Ord. du cons. d'état.D.Souveraineté.22.
— Délib.A727,n.6;D.Enreg.241.
— Ord. du cons. d'état.A12.996,n.1;B28.309,n.1; D.Voirie.255.
— Ord.A12.1013,n.7;B28.329,n.7;D.Voirie.505.
— Ord.A12.1024,n.42;D.Voirie.715.
2 Req.A2.263;P22.1.458;B3.291;S22.1.45; J24.409. et 25. 357;D.Brevet d'invention.53.112.
— Cr.r.A1.411;P1.131;B2.13;D.Octroi.165.
— Req.A8.693;P22.1.461;B16.282; S23.1.57; MR16.794;J 24.410. et 25.26;D.Filiat. nat.231.
— Req.A11.907,n.12; P22.1.405; B22.289;J23.409. et 25. 189;D.Péremp.284.
— Ord.A12.682,n.2;P2.1398;B27.253; D.Trav. publ.164. 165.166.
4 Bruxelles.A7.750; P2.148; B14.438; D.Effet de comm. 443.Exploit.776.
— Cr.r.A8.531;P22.1.224;B15.396;S22.1.244;D.Faux.29.
5 Orléans.D.Exploit.816.
6 Civ.r.A7.269;P22.1.503;B13.304;S22.1.398;J24.412;D. Enreg.1958.
— Civ.c.A10.759,n.1; P22.1.503;B21.228; S22.1.325;J24. 410;D.Preuve test.253.
— Metz.D.Appel civ.74.
7 Req.A5.256; P1.767; B5.289; D.Régl. de juges.10.18. 19.29.
— Metz.A10.666;P23.2.131; B21.105; J24.414. et 26.201; D.Preuve litt.604.
— Bruxelles.A11.662,n.2;P2.1159,n.10;B24.85; D.Saisie-exéc.296.301.
— Ord.A12.981,n.13;D.Voirie.65.
— Ord. du cons. d'état.D.Voirie.54.
— Ord. du cons. d'état.D.Halles.14.
8 Ord.A6.343;D.Dom. de l'état.49.
— Ord.A6.346,n.3;D.Domaines.
— Ord.A6.325,n.1;D.Ventes adm.592.
— Ord.A6.329,n.;D.Ventes adm.519.
— Ord.A6.838,n.2;D.Emig.364.
— Bruxelles.A9.589,n.1.5; P2.541,n.19; B18.192;D.Hyp. judic.32.
— Ord. du cons. d'état.D.Voirie.42.
— Ord.A9.466,n.9;D Cont. dir.191.194.
— Bruxelles.A12.125,n.3; P2.1277; B25.335; D.Jugement prép.54 Société civ.396.
— Ord A3.15,n.10;D.Comp. adm.145.
— Arrêt du cons. d'état.D.Confiscation.54.
— Ord. du cons. d'état.D.Cons. d'état.99.
— Ord. du cons. d'état.D.Louage adm.28.
— Ord. du cons. d'état.Mac.22.461;D.Marché de f.552.
— Ord. du cons. d'état.Mac.22.465;D.Pension.46.
— Ord.D.Cons. d'état.11.
— Ord. du cons. d'état.D.Contr. ind.459.
— Ord. du cons. d'état.M3.431;D.Ventes adm.16.118.
— Ord. du cons. d état.D.Ventes adm.293.
9 Req.A7.210;P22.1.425;B13.236;S23.1.1;D.Enreg.1861.
— Cr.c.A2.320; P22.1.229;B3.357; S22.1.264; J24.415;D. Cassation.66.Cour d'ass.1599.
— Bruxelles.A5.751;B10.417;D.Testament.483.
— Cr.c.A8.767;P22.1.442;B16.588;J24.418;D.Forêts.595. 630.634.
— Bruxelles.A9.136,n.1;D.Faillite.961.
10 Cr.c.A1.78;P22.1.244;B1.92; S22.1.286; MR16.154. et 17.193;J24.421;D.Instruct. crim.300.Lois rétr.245.
— Cr.c.A8 692;P22.1.275;B16.317;S22.1.279; J24.420. et 26.213;D.Fonct. publ.433.
— Bordeaux.A12.57,n.2;P23.2.5; B25.262; S22.2.266; D. Servitudes.525.
— Cr.r.A9.871,n.2;P2.658,n.7;B18.607;D.Lois.
— Amiens.P24.2.85,n.1;S23 2.324;D.Appel incid.11.
11 Bourges A4.646; P23.2.66; B8.263; S23.2.70; D.Degré de jurid.157.320.
— Orléans.A12.801,n.2; P25.2.83; B27.459; J24.422; D. Usufruit.358.
13 Civ.c.A7.192;P2.28;B13.214;D.Enreg.1665.
14 Civ.c.A7.260;P2.45;B13.294;D.Enreg.1991.
— Civ.r.A10.790,n.2 12;P23.1.94;B21.313;S23.1.186; J24. 427. et 26.180;D.Respons.283.284.
15 Civ.c.A7.349;P2.63;B13.396;D.Enreg.2437.
— Req.A10.771,n.1;P2.863,n.2;B21.282;D.Cassation.753.
— Civ.c.A11.778,n.1;P22.1.409;B24.295;S23.1.2;J24.428; D.Surenchère.166 223.224.
17 Cr.c.A11.169,n.1;P22.1.455;B22.219;S23.1.35;J24.433. et 25.207;D.Peine.266.
— Cr.c.A12.1049,n.4;P22.1.272;B28.388;S22.1.297. et 2. 1519;J24.43g. et 26.202;D.Sépulture.29.Vol.23.
— Orléans.D.Degré de jurid.459.
18 Bourges A12.645,n.1;P2.1582;B27.179;J24.433. et 26. 190;D.Choses.149.Tierce-opp.33.
— Bruxelles.A6.642,n.1;B12.294; D.Effet de comm.414. 422.
21 Civ.c A9.968,n.1;P22.1.390; B19.400; S22.1.410;MR17. 489; J24.434. et 25.17; D.Mandats.318.346.Motifs des jugem.82.Prescript.879.
22 Civ.r.A7.214;P2.32;B13.258;D.Enreg.1846.Vente pub. de meubles.4.
— Req A1.509;P22.1.447;B2.130;S24.1.396;J24.440.et 25. 53;D.Appel civ.420.
— Civ.r A12.760,n.35;P22.1.287;B27.389;S22.1.284; J24. 454;D.Tutelle 583.
— Req.P22.1.260;S22.1.301;MR17.189;D.Cass.673.Intervent.20.Motifs des jugem.151.Etabl. pub.52.
— Ord.A12.990,n.11;B28.301,n.11;D.Voirie.171.
23 Req.A5 554;P23.1.78;B9.403;S23.1.240;J24.441. et 26. 488;D.Port. disp.173.
— Req.A5.542;P22.1.318;B10.172;S23.1.92;J24.442. et 25. 350;D.Don man.16.39.
— Req.A5.523;P23.1.86;B10.149;S23.1.253;J24.441.et 26. 81;D.Oblig.440.Ratification.125.126.
— Cr.r.A8.684,n.8;P22.1.267;B16.307,n.8;S22.1.296;J24. 442;D.Fonct. pub.183.238.Quest. pr.82.
— Bourges.A10.106,n.1.2;P24.1.336; B19.274; S22.2.315; MR17.404;D.Faux inc.79.
— Cr.r.S22.1.423;D.Contr. ind.283.
24 Angers.A6.145,n.;B11.462,n.1; S23.2.14; D.Révoc.24. 27.
25 Bruxelles.A5.812;P1.1002;B6.460;D.Contr. par corps. 728.751.755.
— Sect. réun.A4.619;P22.1.278;B8.252; S22.1.375;MR16. 480;J24.443;D.Deg. de jurid.40.
— Angers.A1.196;P23.2 76;B1.226;S23.2.105;J24.451;D. Acte de l'état civ.16.19.46.74.92.93.
— Grenoble.A9.313,n.1; P2.469; B17.371,n.1; S25.2.26;J 24.445. et 25.144;D.Inscrip. hyp.483.487.
— Bruxelles.A10.600,n.1. et 11.690,n.8;P2.875,n.2. et 2. 1171;B20.538. et 24.135;D.Cess. de biens.116.Hypoth. 121.Saisie-imm.44.149.
28 Amiens A6.320,n.;B11 564,n.1;D.Ventes adm.272.
— Amiens.A8.435;P2.198,B15.157;D.Faill.668 669.670.
— Req.P22.1.371;S22.1.337;MR17.108;J24.456; D.Propr. industr.6.10.13.
29 Ord.A7.691,n.2-2;B14.367;D.Expertise.402.
— Ord.A7.692,n.1.4;B14.368;D.Expertise.410.
— Ord.A6.817,n.4;D.Emigrés.
— Ord A11.385,n.11;P2.1053,n.11;B23.81;D.Prise marit. 184.
— Ord.A3.237,n.6;D.Compét.
— Ord. du cons. d'état.D.Colonies.43.
— Ord.D.Marais.71.
— Ord. du cons. d'état.Mac.22.1.548;D.Marché de fourn. 198.
— Ord. du cons. d'état. Mac 22.542;D.Marché de fourn. 338.
30 Cr.c.A2.445;P22.1.300;B4.43;S22.1.280;D.Chasse.104.
— Bourges.A4.589;P23.2.160;B8.200; S23.2.185;J24.461. et 28.188;D.Avocat.36.47.50.
31 Cr.c.A4.52;P22.1.448;B7.33;S23.1.36;D.Contr. ind.55.
— Cr.r.A2.448;P1.521. et 22.1.306;B4.45;D.Chasse.135.
— Cr.c.A1.410;P22.1.446;B2.12;S23.1.38;J24.471; D.Tabacs.94.
— Cr.c.A9.664,n.2;P22.1.446; B12.506; S23.1.36; D.Frais et dép.362.
— Cr.c.P22.1.449;S23.1.41;J24.470;D.Contr. ind.624.

JUIN.

1 Colmar.A6.871,n.3;P1.1516;B12.365,n.1;D.Enq.220.

— Caen.A11.558,n.1;P2.1119;B23.380; S25.2.213;D.Rente.165.
— Sect. réun.P22.1.293;S22.1.308;J24.472;D.Vente pub. de récoltes.6.
4 Metz.A9.153,n.8;P24.2 83;B17.177,n.8; J24.482. et 26.31;D.Hypoth. lég.128.
— Civ.r.A11.64,n.1;P22.1.281;B22.38;S22.1.374;J24.482; D.Jug.87.
— Civ.c.P22.1.281;S22.1.254;D.Jugem.87.
5 Ord.A6 547.n.;D.Droits civ.
— Req.A9.13;P22.1 386;B17.9;S22.1.412;J24.485;D.Huis.150.151.
6 Cr.c.A4.135;P1.1043;B7.146;D.Contr. ind.197.206.
— Cr.c.A4.261,n.;P1.1085;B7.284;D.Procès-verb.375.
— Cr.c.A4.546;P1.1184;B8.152;S22.1.451;J24.492;D.Jour férié.85.
— Cr.c.A4.584;P1.217;B2.217;D.Appel correct.179.
— Grenoble.A11.197,n.23;P2.972,n.1;B22.271,n.1;D.Pérempt.205.
— Cr.c.P22.1.489,n.;S22.1.431;D.Désertion.52.
— Cr.c.Bull. cr., n.43;D.Confiscation.38.
8 Cour sup. de Bruxelles.A5.378;P1.804;B5.451;D.Compét. civ.57.
— Bruxelles.A8.76,n.1;B15.87. et 85,n.1;D.Faillite.326.
— Grenoble.A11.300,n.2;P2.1008,n.1; B22.446;D.Prescr. 917.
11 Civ.r.A1.370;P23.1.11;B1.433;S23.1.151;J24.501.et 25.514;D.Contr. par corps.660.
— Ord.A6.342,n.6;D.Domaines.
— Civ.c.A9.139;P22.1.396; B17.160;S22.1.379;MR16.427; J24.493;D.Hypoth. lég.71.
— Req.A12.661,n.,n.5;P22.1.426; B27.209; S25.1.49;J24.493. et 28.459.
12 Amiens.A1.149; P23.2.169,n.; B1.174; J24.509; D.Acquiesc.204.
— Rennes.A2.658;P1.617;B4.284;J24.501;D.Chose jugée.470.Faillite.229.
— Orléans.A7.674,n.2;B14.347,n.1;D.Expertise.185.222.
— Ord.A6.342,n.5;D.Domaine.
— Req.A6.735;P22.1.328; B12.402; S22.1.319; MR17.415; J24.509;D.Eff. de comm.799. Prescrip. civ.10.56.
— Pau.A10.558,n.2;P23.2.46;B20.468; S22.2.313;D.Paiement.139.
— Ord. du cons. d'état.D.Ventes adm.213.
— Ord. du cons. d'état.D.Ventes adm.294.
13 Rouen.A10.288,n.,n.2;P2.758,n.3;B20.49;D.Communauté.1159.
— Poitiers.A12.353;P2.1313;B26.149; J24.511. et 30.252; D.Acquiesc.329.Exploit.436.Success.315.
14 Cr.c.A4.782;P1.1267;B8.422;D.Délit rural.14.79.
— Cr.c.A2.121;P1.561;B3.129;D.Aut. mun.15.16.17.
— Orléans.A11.348,n.7;P2.1022,n.5;D.Prise à partie.49.
15 Cour sup. de Bruxelles.A2.761;P1.654;B4.403;D.Commissionnaire.119.121.
— Grenoble.A5.284; P1.1515. et 23.1.291; B9.292; S25.2.136;D.Dispos. entre-vifs.119.126.
— Bruxelles.A7.633;P2.111;B14.295;D.Exception.341.
— Bruxelles.A9.584,n.1.12;B18.183; D.Intervent.38.123.
— Amiens.P23.2.169;S23.2.350;J24.511;D.Exéc. des jug. et actes.187.
17 Grenoble.A8.564;P1.1331;B10.200;S23.2.273;J24.513. et 25.475;D.Faillite.277.Transcrip. des don.16.33.
— Civ.c.A11.918,n.5.1;P22.1.350; B25.59; S22.1.359;J24.513. et 518;D.Sép. de biens.195.
18 Civ.c.A5.316;B9.362;D.Port. disp.651.
— Amiens.A10.474,n.2.6;P23.2.107; B20.342; S23.2.73;D.Oblig.582.
19 Civ.r.A11.195,n.,n.13; P23.1.102; B22.266; S23.1.284; MR17.309;J24.520. et 26.289;D.Péremp.199.
20 Lyon.A3.735; P23.2.157; B6.369;S23.2.255;J24.520;D.Contr. par corps.114.
— Toulouse.A11.716,n.5,n.1.2;P24.1.180,§2,n;B24.183;S22.2.264;D.Saisie-imm.480.
— Req.A12.737,n.21;P2.1422;B27.343; D.Tutelle.385.
— Liége. A12.964,n.1; P2.1498; B28.61; D.Homicide.62. Cour d'ass.1254.
— Orléans.A9.701,n.5;D.Jugem. par déf.110.
21 Bruxelles.A5.643,n.1;D.Testam.194.
— Cr.c.A8.800,n.;P2.402; B26.433,n.;S22.1.432;J24.525; D.Forêts.883.1044.
— Grenoble.A11.572,n.1;B23.408;D.Rente.542.
22 Amiens.A9.925,n.8; P23.2.155,n.; B19.31; S24.2.44;D.Louage.308.
— Ord. du cons. d'état.D.Cons. d'état.317.
24 Civ.c.A7.240;P22.1.501;B13.271;S23.1.104;J24.527. et 26.46;D.Enreg.1935.
— Amiens.A7.786;P2.158;B14.481;D.Exploit.480.
— Civ.c.A7.468;P2.80;B14.94;D.Enreg.2994.
— Metz.A10.786,n.3; P23.2.131,n.2; B21.306; J24.526. et 26.394;D.Respons.262.
25 Civ.c.A2.659. et 6.172; P22.1.450; B11.193;S23.1.52;J24.531;D.Révoc.173.Chose jugée.465.473.
— Bruxelles.A10.730,n.5; P2.855,n.2; B21.213; D.Preuve litt.1167.
— Req.A10.323,n.1.23;P22.1.327; B20.112;S22.1.388;J24.527;D.Dot.440.
— Grenoble.A10.338,n.1.17;P2.73.7,n.8;B20.134; D.Dot.296.
— Req.A12.881,n.1; P22.1.584; B28.120; S22.1.418; J24.536;D.Garantie.140.

26 Civ.c.A1.231;P22.1.358;B1.273; S22.1.362; J24.545;D.Action possess.250. Louage emphyt.5.13.23.
— Lyon.A3.739;P1.982;B6.399;S23.2.288;J24.539;D.Contrainte par corps.264.
— Limoges.A5.372;P25.2.17;B9.426;S22.2.276;MR16.507; J25.277. et 24.539; D.Port. dispon.117.155.156.Rapp. à succ.91.93.
— Rouen.A12.471,n.3;P2.1336;B26.345;D.Partage.27.
— Ord.A9.9,n.1;B17.2,n.1;D.Huiss.
— Ord. du cons. d'état.D.Louage adm.16.
— Amiens.S24.2.209;D.Dr. polit.45.Elect. lég.521.
— Ord. du cons. d'état.Mac.22.603;D.Nom.58.
27 Req.A3.154. et 155,n.; P22.1.403; B5.130;S22.1.428. et 429;J24.558. et 26.52;D.Communes.759.
— Req.A1.311; P22.1.384; B1.360; S22.1.422; J24.558;D.Adoption.80.
— Rouen.A9.300,n.1. et 129;P23.2.45;B17.355,n.1. et 147,n.;D.Inscrip. hypoth.422.
— Cr.c.A11.58,n.2; P22.1.316; B22.26; S22.1.266;MR17.557;J24.561;D.Cass.463.Jugem.76.
— Rouen.A11.842,n.1;P23.2.28;B24.416;S24.2.201;D.Saisie-imm.477.1622.1629.1630.
28 Cr.r.A1.212;P22.1.181;B1.245;S23.1.111;J24.564.et 27.116;D.Action pub.80.
— Cr.c.A4.111,n.;P1.1034;D.Contr. ind.467.468.
— Grenoble.A7.777;P2.155;B11.470; S25.2.307;J24.564; D.Exploit.361.
— Colmar.A11.853,n.3; P2.1229; B24.598; D.Saisie-imm.878.1122.1134.1555.

JUILLET.

1 Civ.r.A3.156. et 157;P22.1.403;B5.173;J26.54;D.Commune.758.
— Limoges.A12.862,n.2;P23.2.52;B28.85; S22.2.360;J24.563,D.Vente.377.
2 Amiens.A7.730;P2.140;B14.416;D.Exploit.55.
— Amiens.A8.135;B15.158;D.Faillite.538.
— Civ.r.A6.475;P22.1.346;B12.98;S22.1.413; MR17.388;J24.568;D.Jugem. par déf.117.Etranger.212.
— Ord.A9.978,n.16;B19.114,n.16;D.Manufact.
3 Amiens.A1.276. et 3.289; P1.90. et 779; B1.321. et 3.326;D.Action possess.21.Comp. civ.400.
— Amiens.A8.747,n.2;P2.360;S21.2.242;D.Forêts.365.
— Civ.r.A12.17,n.3;P2.905,n.1;B25.156; D.Servitud.118.
— Grenoble.A12.534,n.2;P2.1347;B26.448;S25.2.405;J24.572,D.Rescision.153.
— Ord. du cons. d'état.P24.2.16;D.Comp. adm.372.Conflit.34.
— Ord.A3.237,n.5. et 134,n.2;D.Communes.
— Ord. du cons. d'état.D.Contr. ind.439.
— Ord. du cons. d'état.D.Ventes admin.128.
4 Req.A3.258;P1.767;B5.291; D.Régl. de jug.14.
— Cr.c.A3.464; P22.1.485; B6.67; S23.1.109; J24.574; D.Compét. crim.307.
5 Metz.A9.452,n.; P2.497,n.1; B17.512,n.5; J24.576. et 27.548;D.Hypoth.362.363.
— Cr.c.A12.565,n.3;P22.1.442;B27.48;S22.1.355;J25.536. et 25.159;D.Tapage.17.
— Cr.c.A12.1023,n.3;P2.1509;B28.349;D.Aut. mun.269.
5 Metz.P26.1.263.
6 Req.A9.656,n.2.1. et 12.940,n.1;P22.1.345;B18.293. et 28.228;S22.1.386;J24.576;D.Fr. et dép.78.Vér. d'éc.12.
— Rouen.V. au 6 août.
— Montpellier.A9.706,n.21;B18.363;J24.581.et 28.148;D.Jug. par défaut.177.
8 Civ.c.A7.116;P23.1.34;B13.128; S22.1.434; J24.581. et 27.47.Enreg.1108.
— Civ.c.A6.418;P22.1.486;B12.52;S22.1.433; J24.582; D.Douanes.179.
— Grenoble.A9.90;P24.2.49;B17.463; S23.2.33;J24.583. et 28.69;D.Inscrip. hypoth.92.Purge.177.
9 Paris.A1.41;P22.2.106;B1.48; J24.583.et 25.50; D.Absence.400.402.
— Colmar.A4.692;P1.1227;B8.316; D.Deg. de jurid.359.
— Amiens.A11.812,n.2;P2.1218;P24.360;D.Sai.-im.1400.
— Paris.A12.789,n.1;P2.1434; B27.441; J24.584; D.Port. disp.419.Usufruit.111.112.
10 Ord.A6.323,n.1;D.Ventes adm.521.
— Civ.r.A6.643;P22.1.474;B12.296; S23.1.65;J24.590. et 25.509;D.Eff. de comm.426.427.
— Caen.A10.267,n.,n.6; P2.756,n.7; B20.24; D.Communauté.745.748.
— Ord.A3.191,n.1.et 257,n.1;D.Compét. Trav. pub.111.
— Ord.A3.192,n.2.et 226, n.6.et 227, n.2; D.Trav. pub. 159.Eau.405.439.
— Ord.D.Jug. par déf.587.593.
— Ord. du cons. d'état.Mac.22.2.48; D.Mar.de fourn.22.
— Ord. du cons. d'état.Mac.22.62;D.Mar. de fourn.262.
— Ord. du cons. d'état.D.Péage.66.
11 Cr.c.A4.310;P1.1102;B7.357;D.Cour d'ass.353.
— Cr.c.A2.187;P1.304;B3.203; J1.404; D.Aut. mun.662.
— Req.A7.409;P2.71;B14.17;D.Enreg.2754.
— Liége.A6.85,n.;B9.86.et 11.92,n.1;D.Legs.165.
12 Cr.c.A4.282;P1.1090;B7.307;D.Cour d'ass.22.
— Cr.c.A11.225,n.11; P23.1.93; B22.319; S23.1.110; J24.590.et 27.102;D.Poids et mesures.97.Procès-verb.79.
— Décis.min.A8.781,n.11;D.Procès-verb.234.
13 Paris.A1.289;B1.335;J24.591;D.Adoption.117.123.
— Bourges.P23.2.169; S23.2.311; J24.593.et 26.419; D.Surenchère.352.

— Avis du cons. d'état.S22.2.345;D.Révision.15.
15 Bruxelles.A8.544;B16.147; D.Filiat. légit.8.
— Paris.A6.610,n.1;P22.2.103; B12.257,n.1; D.Eff. de comm.249.
16 Req.A3.12.et 4.739;P22.1.476;B5.9.et 8.571;S23.1.73; J24.596;D.Commune.21.38. Deg. de jurid.578.
— Civ.c.A3.112;P22.1.444;B5.121;S22.1.353; J24.595. et 25.205;D.Commune.313.371.
— Req.A7.514;P2.56;B13.356; D.Lois.409.Expertise.361.362.
— Rouen.A9.472,n.3.1;P22.2.154; B18.14; S23.2.67; J24.596.et 26.521;D.Incendie.8.
— Ord.A12.1015,n.12;D.Voirie.550.
17 Pau.A5.269;P23.2.91;B9.309;S23.2.78; J24.602.et 29.297;D.Legs.64.
— Limoges.A11.300,n.2-2;P25.2.4; B22.447; S22.2.293;J24.597;D.Prescrip.917.Tutelle.57.487.
— Ord.A3.203,n.1. et 237,n.2;D.Comp. adm.330.
— Ord. du cons. d'état.Mac.23.74;D.Forêts.116.
— Ord. du cons. d'état.D.Marché de fourn.49.
— Ord. du cons. d'état.Mac.22.97; D.Marc. de four.106.
— Ord. du cons. d'état.Mac.22.95;D.Marc. de four.272.
— Ord. du cons. d'état.D.Pension.80.
— Ord. du cons. d'état. D.Ventes adm.415.
18 Cr.c.A4.295;B7.521;D.Cour d'ass.144.
— Cr.c.A5.173;P1.1311;B9.206;D.Destruct.92.
— Req.A5.203;P23.1.89;B9.234;S23.1.256;J24.602. et 26.144;D.Condition.87.
— Bruxelles.A5.621;P1.1333;B10.268;D.Testam.84.
— Liége.A10.23,n.1;P2.684,n.5;B19.147;D.Promesse de mariage.36.49.
— Req.P33.1.343;S27.1.145;D.Cassat.720.Servitude.82.
19 Bourges.A11.793,n.7;B24.325;D.Surenchère.125.
— Cr.c.A8.691;P23.1.484;B16.316;S23.1.121; J24.603. et 35.578;D.Fonct. pub.424.425.
20 Angers.A9.928,n.2.4;P25.2.452;B19.35;J24.606. et 26.35;D.Louage.468.507.
— Toulouse.A10.355,n.,n.2;P2.762,n.2. et 23.2.62; B29.166;S23.2.8;J34.603;D.Communauté.534.Dot.383.
— Grenoble.A12.57,n.1; P2.940,n.1; B25.193; D.Servitude.257.264.
— Ord.A12.989,n.7;B28.301,n.7;D.Voirie.160.
21 Ord.A3.191,n.6;D.Compét.
22 Civ.c.A7.605. et 11.672,n.4;P24.1.434;B14.262. et 24.101; S22.1.430; J24.606. et 32.527; D.Exception.156.157.Saisie-imm.28.43.
— Caen.A10.827,n.5;P2.887;B21.374;D.Ordre.284.
23 Civ.c.A5.566; P1.1331; B10.202; D.Don. par cont. de mar.6. Transcrip. des don.24.
— Civ.c.A7.428;P2.73;B14.45;D.Enreg.2851.2858.
24 Civ.r.A3.33;P22.1.312;B5.35;S23.1.270;J24.607. et 26.283;D.Commune.64.
— Civ.c.A2.605;P22.1.459;B4.224; S25.1.39; MR17.221;J24.608. et 25.105;D.Chose jugée.583.
— Req.A5.541;P23.1.428; B10.171; S24.1.23; J24.607. et 28.49;D.Don manuel.40.
— Req.A9.615,n.1.2; P23.1.47; B18.234; S23.1.152; J24.607. et 25.464;D.Publ. des jug.55.
25 Orléans.A5.669,n.1;D.Testam.257.
— Lyon.A8.221;P25.2.109;B15.257;J24.608. et 25.65; D.Faillite.981.
26 Amiens.A9.579,n.1.9; P2.536,n.2; B18.170; S24.2.244,n.;D.Interrog. sur faits.91.
— Cr.c.A11.408,n.21;P2.1062,n.11; B23.120; S23.1.122;J24.619;D.Procès-verbal.338.
27 Bruxelles.A8.849;P2.412;B16.436;Hospices.52.
29 Orléans.A10.247,n.1;P24.2.8;B19.500; J24.620. et 26.38;D.Séparat. de biens.
30 Civ.r.A8.457;P22.1.440;B16.47;S23.1.34; D.Faux inc.275.
— Req.A6.854;P23.1.180;B12.517; S25.1.320; J24.621. et 26.491;D.Emig.328.
— Civ.c.A9.381;P22.1.438;B17.452;S22.1.554; J24.621. et 25.1;D.Purge.89.
— Besançon.A10.42,n.2;P2.689,n.5;P19.177;D.Acte respect.36.114.Mariage.310.
31 Ord.A6.333,n.6;D.Domaines.
— Ord.A9.978,n.15;B19.114,n.15;D.Manuf.58.
— Ord.A9.980,n.1;B19.117,n.15;D.Manuf.82.
— Ord.A9.980,n.14;B19.147,n.14;D.Manuf.77.
— Ord.A9.978,n.21;D.Manuf.
— Ord.A12.685,n.17;P2.1404;B27.252;D.Trav. pub. [illegible]
— Ord.A12.688,n.10;P2.1404;B27.257;D.Trav. pub.175.
— Ord.A3.162,n.;D.Compét.
— Ord.A3.191,n.8;D.Commune.124.
— Ord.Mac.22.176;D.Jug.
— Ord. du cons. d'état.D.Culte.109.
— Ord. du cons. d'état.Mac.22.170;D.Marc. de fourn.171.
— Ord. du cons. d'état.Mac.22.164;D.Marc. de fourn.180.
— Ord. du cons. d'état.Mac.22.155;D.Marc. de four.336.
— Ord. du cons. d'état.Mac.22.122;D.Comptabil.35.
— Ord. du cons. d'état.D.Ventes adm.167.
— Ord.Mac.22.176;D.Jug. adm.9.
— Ord.A12.1024,n.39;D.Voirie.708.

AOUT.

1 Cr.r.A3.413;P22.1.517;B6.9;S23.1.165;MR16.537; J24.623. et 25.559;D.Compét. crim.33.
— Cr.c.A4.36;P1.1013;B7.37,n.;D.Contr. ind.259.

— Cr.c.A9.497,n.1.2;B18.48; J24.623. et 25.559; D.Inst. cr.180.
— Cr.c.D.Confiscation.28.
2 Cr.r.A5.575;P22.1.574; B6.188; S22.1.291; D.Compét. crim.523.645.646.Rég. de jug.128
— Cr.c.A4.509;P1.1102;B7.337;D.Cour d'ass.354.
— Besançon.A7.674,n.2;B14.543,n.1;D.Expertise.244.
— Rouen.A9.785,n.;P2.601,n.;D.Liberté prov.8 9.
— Cr.c.A11.496,n.1;P2.1091,n.4;B23.268;D.Quest.pr.40.
— Angers.A12.730,n.3;P2.1420;B27.333. et 24.624. et 25. 541;S25.2.22;D.Tutelle.607.611.
3 Req.P29.1.320;D.Partage.294.
4 Ord. du cons. d'état.Mac.22.224; D.Marché de f.333.
5 Metz.A5.60;B9.65;S25.2.268;J24.624. et 28.367;D.Dépôt.112.
6 Nimes.A6.390,n.1;P1.1364;B11.448,n.1;J24.624.et 27. 116;D.Domicile élu.35.
— Grenoble.A10.821,n.2;P2.886,n.1-1. et 24.2.161; B21. 565;J24.625. et 30.486; D.Ordre.247.Exploit.816.
— Civ.c.A3.684. et 10.402,n.1.2; P23.1.16;B20.251; S25. 1.182;J24.625. et 26.458; D.Fruits.88.Nantiss.99.100.
— Rouen.P26.2.147;D.Actes de comm.95.
7 Civ.c.A4.548; P22.1.478;B8.155; S23.1.65; J24.625. et 25.151;D.Défense.5.Discipline.185.
— Civ.r.A1.371;P23.1.11; B1.435; S23.1.151; J24.626. et 25.517;D.Contr.par corps.660.
8 Cr.c.A4.245,n.;P1.1077. et 23.1.32; B7.265,n.; S23.1. 430;J24.626. et 29.90;D.Contr. ind.596.
9 Cr.c.A8.650;P23.1.17;B16.40,n.; S23.1.451; MR16.426; D.Faux incid.286.
10 Rouen.A6.481;P1.1590;B12.106;D.C.par corps.380.495.
— Bordeaux.A9.632;B16.259;D.Assur. marit.321.
12 Rennes.A2.50;P1.325;B5.52; D.Assur. marit.646.647. Capitaine.177.
13 Req.A9.955,n.;P2.677,n.2;B19.79; D.Charte.39.40.41.
— Req.A9.527;P22.1.515;B17.580;S23.1.124; J24.627. et 25.460;D.Transcrip.59.
— Bruxelles.A9.755,n.1-1; P2.585,n.1; B18; D.Jug. par déf.340.
— Décis. min.D.Pêche.193.
14 Ord.A6.526,n.; D.Ventes adm.331.
— Ord.A6.817,n.1;D.Emig.248.
— Ord.A12.835,n.11;P2.1445;B28.59.
— Ord.A5.203,n.1. et 226,n.6. et 227,n.1;D.Comp. adm. 330.Eau.405.427.433.
— Ord.A5.203,n.2;D.Comp. adm.338.
— Ord. du cons. d'état.Mac.22.222; D.Fabriques.45.
— Ord Mac.22.224;Marché de fourn.333.
— Ord. du cons. d'état. Mac.22.255; D.Régl. de police.
16 Cr.c.A1.174;P23.1.22;B1.498;S23.1.162;J1.470; D.Acquitt.41.
— Metz. A9.472,n.3.2; P24.590. et 26.522; P18.14; D.Incendie.8.
— Cr.c. A11.495,n.1; P23.1.28; B23.266; S23.1.129; D. Quest. pr.59.
17 Cr.c.A2.236;P23.1.10;B3.260;S23.1.152;J24.628. et 28. 225;D.Animaux.40.
— Bourges.A5.61;P1.1287. et 24.2.27;B9.65;S25.2.506;D. Dépôt.115.
— Grenoble.A7.778;P2.455;B14.471;D.Exploit.307.308.
— Cr.c.A8.791,n.10;P2.395;B16.421; D.Procès-verb.299.
— Cr.c.A8.779,n.1;P2.384;B16.404;D.Forêts.789.
— Toulouse.A12.586,n.3;P23.2.122;B26.207;S23.2.495;J J24.627. et 25.524;D.Success.bénéf.96.115.118.
19 Bordeaux.A2.412;P23.2.73;B4.6;S23.2.135;J24.629;D. Caution.210.211.
— Cr.c.A11.76;P22.1.455;B22.89;S22.1.440;D.Trib.120.
— Civ.r.A12.345,n.3;P22.1.479; B26.141; S23.1.127; J24 628. et 25.519;D.Success.256.
20 Civ.r.A1.372;P23.1.41;B1.436;S23.1.152;D.Contr. par corps.660.
— Civ.c.A3.113;P23.1.198;B5.122;S23.1.367; J24.630. et 27.86;D.Commune.26.505.
— Req.A7.812;P22.1.451;B14.511;S23.1.81; J24.634; D. Domicile élu.27.
21 Civ.c. A5.138; P22.1.500; B5.451; S23.1.196; D.Commune.681.
— Nîmes.A1.109;P1.41;B1.128;J24.634. et 27.112;D.Acquiesc.145.341.
— Civ.c.A5.291;P22.1.482;B9.533;S23.1.100; J24.635. et 28.355;D.Disp. entre-vifs.206.210.
— Grenoble.A9.460,n.2;P2.505,n.1;B17.545;D.Respons. 195.194.210.
— Toulouse. V. au 22.
22 Cr.r.A5.575;P22.1.374;B6.188; S22.1.321; J24.636; D. Compét. cr.523.645.646.Rég. de juges.128.129.
— Cr.c.A4.492;P1.1171;B8.94;D.Cour d'ass.1514.
— Cr.c.A11.223,n.5;P2.986,n.4;B22.317; D.Poids et mesures.94.
— Req.A4.579;P22.1.467;B8.189;S23.1.66;J24.636. et 25. 90;D.Déf.187.Renvoi.9.32.Serment déc.18.
— Cr.c.A11.516,n.3;P2.1102,n.11;B22.504;D.Récid.97.
— Toulouse.A12.506,n.1.2;P24.2.81;B26.401;S24.2.70; J 24.655. et 29.292;D.Fruits.16.Partage.203.
— Ord.A3.224,n.9;D.Eau.333.
23 Cr.c.A8.800;P2.402;B16.432;D.Forêts.883.1044.
— Cr.c.A11.493,n.2,n.2; P2.1090,n.2; B23.264; D.Quest. pr.128.
— Grenoble.A11.896,n.1.5;P2.1239;D.Sép. de corps.61.
— Metz.P24.2.64;S25.2.74;J24.642. et 28.642; D.Avoué. 130.Désaveu.41.Jug. par déf.48.

— Paris.D.Assur. terr.142.
24 Colmar. A4.797; P1.1274; B8.439; D.Degré de jurid. 274.Dem. nouv.58.Prescript.331.
— Limoges.A6.274;P23.2.41;B11.311;S22.2.261; D.Port. disp.247.
— Orléans.A11.657,n.1; P2.1156,n.23; B24.74; D.Saisie-exéc.113.152.
— Déc.A8.810,n.4;D.Forêts.1053.
27 Civ.c.A5.335;P22.1.470;B9.584;S23.1.97; MR17.525; J 24.643. et 25.264;D. Lois rétroact.168. Rapp. à succ.50.
— Bruxelles. A8.50; P2.175; B15.55; D. Faillite.93.156. Except.205.
28 Ord.A9.465,n.4;B18.5,n.1;D.Contr. directes.135.
— Req.A11.585,n.2;P2.1127,n.3;B23.431;D.Renvoi.10.
— Ord.P24.2.17;D.Conflit.
— Ord.A3.226,n.5. et 154,n.2;D.Eau.403.
— Ord. du cons. d'état.Mac.22.278; D.Marché de f.346.
— Ord. du cons. d'état.D.Notaire.240.
29 Orléans.A7.659,n.1;B14.327,n.1;D.Expertise.86.
— Req.A6.516;P24.1.558;B12.146;S25.1.151; D. Jugem. 64.Natural.58.
— Paris.A9.453,n.8;P24.2.84;B17.177,n.8;J26.46;D.Hyp. lég.128.
— Colmar.A12.733,n.5;B27.538;D.Tutelle.324.325.330.
30 Angers.A3.598;P23.2.63;B5.458; S23.2.15; D.Compét. comm.420.
— Cr.c.A2.448;P1.521;B4.46;S29.1.440;D.Chasse.155.
— Cr.c.A4.591;P1.1132;B7.428,D.Cour d'ass.772.
— Cr.c.A6.437;P1.1379;B12.53;D.Douanes.357.584.
— Bourges.A11.188,n.5;P2.967,n.2;B22.255; D.Pérempt.
31 Paris A12.395,n.; P25.2.447; B26.220; S23.2.400; J24. 643;D.Success. vac.5.

SEPTEMBRE.

3 Ord. du cons. d'état.Mac.22.318,D.Marc. de f.31.168.
4 Ord. du cons. d'état.D.Impôt.22.
— Ord.A3.199;D.Comp. adm.346.
— Ord.A12.1016,n.12;D.Voirie.554.
— Ord.A12.1024,n.45;D.Voirie.724.725.
6 Bruxelles.A11.550,n.1; P2.1116,n.4; B23.365; D.Référé.77.
9 Rouen.A9.785,n.1;P2.601,n.2;B18.488; D.Lib. pr.8.9.
12 Cr.c.A4.182;P1.1267;B8.421;D.Délit rural.31.
— Cr.c.A12.365,n.1.2;P2.1357;B27.47;D.Tapage.10.
13 Cr.c.A9.607,n.5.14;P2.547,n.14;B18.222;D.Jour férié. 112.
— Cr.c.A2.184,n.;P1.401,n.;B3.199; D. Autor. mun.666. 668.669.671.
14 Liége.A10.275,n.1;P2.737,n.1;B20.34;D.Communauté.890.
18 Ord.A12.596,n.2;B27.102,n.1;D.Témoin.
19 Cr.r.A12.961,n.3;P2.1493;B28.258;D.Duel.3.12.
— Délib.A7.115,n.3;D.Enreg.1190.
20 Cour sup. de Bruxelles. A3.550; P1.795; B5.455. et 400;D.Compét. comm.150.
— Cr.c.A4.490;P1.1171;B8.92;D.Cour d'ass.1513.
— Cr.c.A2.183;P1.384;B3.165; D.Aut. mun.153.424.425.
— Cr.c.A2.102;P1.351;B3.109; J24.649; D.Att. à la p.76.
25 Cr.c.A3.637;P1.940;B6.258;D.Cass.1038.Compl.68.
— Cr.c.A5.143;P23.1.16;B9.164;S23.1.188;J24.651. et 26. 205;D.Désertion.9.16.
27 Cr.c. A3.659; P1.941; B6.259; J24.651; D.C. d'ass.445. 495.644.
28 Bruxelles.A7.647;P2.413;B14.511;D.Excuse.91.

OCTOBRE.

3 Cr.r.A4.362;P22.1.414;B8.169;S22.1.394; MR15.552; J 24.657;D.Faux inc.31.Compét. cr.647.Cour d'ass.24. 154.Dél.37.43.60.Elect. lég.8.
— Cr.r.A2.290;P22.1.427. et 1.451;B5.325;S22.1.591;J24. 654;D.Cass.391.552.
4 Cr.c.A11.539,n.1;P23.1.38;B22.310;S23.1.454;J24.666 et 26.578;D.Presse.816.
5 Cr.c.A2.163;P23.1.59;B5.176; S23.1.209; D.Aut. mun. 470.471.481.493.
— Cr.c.P23.1.40;S23.1.203;D.Forêts.901.
— Cr.c.P1.390.
7 Bruxelles. A11.273,n.,n.6; P2.1092,n.3; B22.407; D. Prescrip.629.
10 Cr.c.A4.98;P1.1032;B7.105;D.Contr. ind.391.
— Cr.c.A1.422;P23.1.40;B2.86;S23.1.252;D.Amn.58.68.
— Cr.r.A12.969,n.2;P2.1500;B28.272; D.Voies de fait.62.
11 Cr.c.A11.21,n.1; P2.915,n.3; B21.440; D.Juge.62.Jug. 66.
— Cr.c.A8.754,n.11;P2.366;B16.372;S24.1.407;D.Forêts. 414.Procès-verbal.157.
12 Bruxelles.A11.301,n.1;P2.1009,n.4;B22.449;D.Prescr. civ.957.
13 Bruxelles.A11.910,n.1.12; B25.46; D.Saisie-exéc.114 Sép. de biens.207.Sép. de corps.171.
15 Bruxelles.A9.410,n.;P2.455,n.;B17.424,n.;D.Priv.521.
16 Cour sup. de Bruxelles. A3.543; P1.794; B5.391; D. Compét. comm.181.
— Bruxelles. A11.569,n.1.3; P2.1124; B23.399,n.1; D. Rente.223.
17 Cr.c.A2.251;P1.422;B5.235;D.Autor. mun.392.392.
— Bruxelles. A11.201,n.,n.; P2.974,n.2; B22.277; MR16. 539;D.Péremp.248.

— Liége.A11.758,n.3;P2.1200;B24.260;D.Saisie-imm.205. Surenchère.28.Vente.340.
18 Cr.c.A4.40;P1.1015;B7.42;D.Cont.ind.22.119.
— Cr.c.A8.782;P2.387;B16.407;D.Procès-verb.158.
— Cr.c.A8.805,n.3;P2.406;B16.438;D.Forêts.908.
— Cr.c.A8.774,n.1. et 1.398;P2.380. et 1.123;B16.398. et 1.406;J24.666;D.Forêts.692.971.
— Cr.c.A9.639,n.6; P2.555,n.4; B18.269; D.Confiscat.45. Jug.399.Poids et mesures.80.
— Bruxelles.A12.919,n.1;P2.1478; B28.186; D.Garantie. 385.390.391.417.Jug.164.Stell.27.
— Ord.A12.1006,n.8;B28.322;D.Voirie.411.
22 Cr.c.A11.683,n.2;B24.422;D.Saisie-imm.889.
24 Cr.c.A4.325;P1.1140;B7.554;D.Cour d'ass.523.
— Cr.c.A4.511;P1.1103;B7.339;D.Cour d'ass.378.412.
— Cr.c.A7.637;B14.301;D.Excuse.41.
25 Cr.c.A4.209;P1.1066;B7.228; D.Or et argent.54.57.58.
— Cr.c. A12.1038,n.1; P2.1513; S25.1.302; B28.370; D. Péage.42.
— Desc.D.Assur. marit.16.
28 Bruxelles.A7.785,n.1;B14.479,n.;D.Exploit.439.
30 Trib. de comm. de Marseille.D.Assur. marit.458.600.
31 Cr.c.A2.186;P1.403;B3.201;D.Autor. mun.673.675.
— Cr.c.A4.544;P1.1147;B7.375;D.Cour d'ass.473.477.
— Cr.c.A3.449; P1.839; B6.50; S33.1.855; D.Compét. cr. 164.208.Dél. rur.81.101.
— Cr.c. A9.659,n.7; P2.555,n.5; B18.270; D.Jugem.398. Tapage.27.

NOVEMBRE.

4 Civ.c.A10.94,n.1; P23.1.60; B19.256; S23.1.219;MR16. 775. et 776;J24.668. et 25.257;D.Mariage.442.510.512. 518.
— Bruxelles.A12.972,n.1;P2.1501,n.1;B28.277;D.Homicide.6.
5 Req.A7.801;P2.87;B14.135;D.Transcr. hyp.55.
— Req.A6.310;P1.1354;B11.352;D.Dom. cong.61.
— Ord. du cons. d'état.D.Marché de fourn.323.
6 Cour sup. de Bruxelles.A1.220;P1.1070;B7.239; D.Or et argent.71.72.114.
— Cour sup. de Bruxelles.A2.440;P1.517;B4.36;J24.668; D.Chasse.84.85.
— Ord. A3.237,n.4;D.Compét.
— Arr. du cons. d'état.D.Concession.40.
— Ord. du cons. d'état.D.Traite des nègres.20.
7 Cr.c.A4.292;P1.1093;B7.317;D.Cour d'ass.134.
— Cr.c.A11.318,n.3;P2.1015,n.1;B22.479;D.Prescr. cr.72.
— Orléans.A12.854,n.1.2; P2.1454; B28.60,n.1; D.Vente. 176.
— Cr.c.A11.955,n.;B25.150,n.1;D.Serment.73.
11 Civ.c.A7.64;P25.1.91;B13.67;S23.1.218;J24.671. et 27. 159;D.Enreg.551.
— Civ.c.A7.257;P2.43;B13.294;D.Enreg.2001.
— Civ.c.A7.65,n.;B13.68,n.;D.Enreg.331.
— Civ.r.A6.375;P22.1.303;B11.428;S23.1.259;J24.670. et 26.265;D.Dom. cong.24.
12 Civ.c.A7.794;P23.1.103;B14.491;S25.1.212;J24.671. et 25.302;D.Exploit.495.
— Civ.r.A6.193;P22.1.510;B11.213; S23.1.86; J24.672. et 26.42;D.Enreg.1087.Révoc.296.297.
— Civ.c.A11.357,n.1; P23.1.57; B25.378; S23.1.174; J24. 671. et 27.557;D.Rente.161.
13 Ord.A6.316,n.;B11.359,n.11;D.Dom. eng.101.
— Civ.c.A9.723; P22.1.506; B18.389;S23.1.79;J24.672. et 25.310;D.Jug. par déf.299.
— Req.A12.72,n.2;P2.1261. et 23.1.138;B25.248;J26.495; D.Possess.18.Servitudes.750.
— Orléans.A12.843,n.1.2; P2.1450;B28.53,n.1;D.Vente. 32.
— Ord. du cons. d'état.Mac.22.351;D.Comp. adm.284.
— Ord. du cons. d'état. Mac.22.344;D.Commune.253.
— Ord. du cons. d'état.Mac.22.378;D.Marché de fourn. 85.86.87.88.145.177.223.235.
— Ord. du cons. d'état.D.Rente.217.
— Ord. du cons. d'état.D.Ventes adm.515.
14 Cr.c.A4.444;P1.1054;B7.125;D.Contr. ind.466.
— Poitiers.A12.747,n.69;P2.1424;B27.363;D.Tutelle.482.
— Orléans.A9.742,n.4;D.Jugem. par défaut.444.
15 Poitiers A11.207,n.10;P2.978;B22.288; D.Except.207. Pérempt.2.9.
— Liége.A10.401,n.2;B20.250;D.Nantiss.92.
16 Caen.A9.452,n.6; P2.497,n.2; B17.512,n.6; D.Hypoth. 334.336.356.361.
— Corse.A11.731,n.3;P25.2.138;B24.210;S23.2.41;MR17. 491;D.Saisie-imm.615.638.857.
18 Civ.c.A7.106;P23.1.143;B13.220;S23.1.256;J24.672. et 26.367;D.Enreg.1710.1721.
— Agen.P32.2.31;D.Aut. de femme.132.Lois.203.Mariag. 343.Transcrip. des don.45.
19 Req.A10.290,n.1.10;P23.1.37;B20.57;S23.1.194;MR16. 793;D.Communauté.1179.
20 Req.A2.265;P1.437;B3.292;J24.675;D.Brev. d'inv.100.
— Ord.A6.526,n.2;D.Ventes adm.356.
— Ord.A9.982,n.7;D.Manufact.
— Bruxelles.A11.576,n.3,n.2;B23.414;D.Rente.383.
— Nimes.A11.705,n.2;P2.1175;B24.158;D.Saisie-im.342.
— Ord.A12.1034,n.1;D.Voirie.
— Bruxelles.A12.949,n.5;P2.1491;B28.258;D.Vérif. d'écr. 99.
— Ord.A3.226,n.11;D.Eau.426.

— Arr. du cons. d'état.Mac 22.428;D.Forêts 57.
— Ord. du cons. d'état.D.Eau 206.
— Ord. du cons. d'état. Mac.22.418,D.Marché de fourn. 57.
— Ord. du cons.d'état.Mac.22.2 420;D.Marché de fourn. 58.
— Ord. du cons. d'état. Mac.22.424;D.Marché de fourn. 108.
— Ord. du cons. d'état. Mac.22.426; D.Marché de fourn. 340.341.
— Ord.D.Comm.160.
— Ord.A11.19,n.4;D.Juge.40.
— Ord.A12.991,n.18;B28.303,n.18; D.Voirie.186.
— Ord.A12.1006,n.8;B28.322;D.Voirie.411.
21 Req.A7.449;P2.78;B14.71;D.Enreg.2961.
— Cr.r.A9.472,n.1; P23.1.487; B18.13,n.1; S23.1.84; J24. 596. et 26.523;D.Incendie.7.
— Orléans.A11.626,n.3;P2.1142,n.4;B24.22;D.Saisie-arr. 78.
22 Cour d'ass. de Rouen.A4.365; P24.2.91; B7.398;S24.2. 98;D.Cour d'ass.602.
— Amiens.A12.573,n.10; P2.1360; B27.62; D.Témoin.69. 124.137.
— Orléans.A12.669,n.11;P2.1395;B27.225,n.1;D.Tierce-opp.197.
— Ord. du cons. d'état.Mac.22.428;D.Pêche.60.
23 Amiens.A5.76; P1.702; B5.81; D.Commune. 423.434. Usage.161.
— Bruxelles.D.Adultère.32.
24 Délib.A7.113,n.5;D.Enreg.1190.
25 Civ.c.A10.327,n.6;P2.755,n.4;B20.119; S25.1.101; J24. 674. et 25.208;D.Dot.293.Jugem 518.
— Bourges.P24.2.36;J24.674. et 27.400;D.Acquiesc.420.
26 Lyon.A4.701,P1.1332;B8.327;D.Deg. de jurid.157. Civ.c.A7.291;P2.51;B13.329;D.Enreg 2132.2133.
— Civ.c.A7.382;P2.67;B13.434;D.Enreg.2642.
— Poitiers.A7.700;P24.2.89;B14.377;J24.674;D.Huiss.84.
27 Civ.c.A2.31;P23.1.123;B5.30;S23.1.102;J24.677. et 26. 280;D.Assur. marit.690.
28 Cr.r.A4.163;P1.1056;B7.177;D.Tabacs.131.132.
— Poitiers.A7.762;P2.152; B14.452; D.Enq.137.Expl.161.
— Bruxelles A11.751,n.4;P2.1186; B24.211;D.Saisie-im. 640.
30 Paris.A11.773,n.1;P23.2.130; B24.287; J24.678. et 25. 135;D.Surenchère.108.

DÉCEMBRE.

2 Civ.c.A1.312. et 7.90;P22.1.489; B1.361. et 13.97;S23. 1.71;J24 678. et 25.383;D.Adoption.64.65.Enreg.704. 1099.Success.153.
— Ord.A8.682,n.7; P2.312; B16.303,n.7; D.Fonct. publ. 232.
3 Civ.r.A9.750;P23.1.446;B18.432;S24.1.218; MR17.362; J24.679. et 28.411;D.Jugem. par déf.466.
— Civ.c.A9.75,n.2;P2.423;B17.82,n.2;D.Privil.365.
4 Civ.c.A9.641,n.2;P2.556,n.1-1;B18.273,n.1; S23.1.354; J24.680. et 27.263;D.Jugem.500.
— Paris.A10.434,n.1.3;P23.2.130; B20.279;S23.2.226;J24. 680. et 26.413;D.Honoraires.58.
— Ord.A11.590,n.7; P2.1055,n.7; B23.89; D.Prise marit. 220.
— Req.A12.387,n.5; P2.1318; B26.209; D.Success. bénéf. 101.127.
— Civ.c.A1.820;B2.101;J24.680. et 25.281;D.Appel.
— Riom.P27.1.79;D.Action mobil. et imm.3.
— Ord.P32.3.61;D.Impôt.28.
— Ord. du cons. d'état.D.Louage adm.9.
— Ord. du cons. d'état. Mac.22.447;D.Marché de fourn. 149.
— Ord. du cons. d'état.Mac.4.445;D.Ventes adm.235.
5 Cr.c.A4.66;P1.1023;B7.70;D.Contr. ind.148.163.
— Req.A3.153;P1.726;B5.172;D.Commune.740.
— Cour sup. de Bruxelles.A7.99;B13.109;D.Enreg.849.
— Liége.A2.800;P1.671;B4.448;D.Commissionn.346.
— Bruxelles.A7.415;P2.71;B14.28; D.Enreg.2773.2784.
— Cr.c.A9.20,n.1;P23.1.95;B17.15,n.1; S23.1.106; MR16. 387;J24.680. et 26.168;D.Huiss.181.183.Deg. de jurid. 163.
— Cr.c.A9.783,n.1;P2.601;B18.284;D.Liberté indiv.46.
7 Amiens.A7.666;P2.118;B14.337; D.Expertise.119.120. 130.
— Cr.c.A11.332,n.1; P22.1.494; B22.496; S23.1.5; MR16. 704. et 17.237; J24.681. et 25.222; D.Jugem. par déf. 544.Presse.494.495.496.497.498.499.500.699.
9 Grenoble.A8.599,n.12; P2.193; B16.209,n.2; D.Filiat. lég.220.
— Nîmes P25.2.29;J24.685. et 30.439;D.Preuve test.208. Révoc.205.
10 Civ.r.A1.579;P23.1.36;B1.443;S23.1.156;J24.686. et 27. 26;D.Amende.47.
— Civ.c.A7.497;P2.29;B13.220;D.Enreg.1726.
— Colmar.A9.30,n.1;D.Privilége.51.
11 Caen.A8.779; P1.1341; B10.450; S23.2.128; D.Testam. 602.
— Paris.A8.244;P23.2.402;B15.285;J24.686. et 25.108;D. Faillite.1038.1059.
— Colmar.A8.753;P2.350;B16.344;D.Forêts.130.135.
— Paris.P23.2.127;S23.2.123; J24.687. et 25.470; D.Dist. par cont.78.

1822.

12 Req.A9.73;P23.1.29;B17.80; S23.1.164; J24.687. et 26. 321;D.Privil.360.
— Rouen.A10.286,n.,n.3;P2.739,n.4; B20.49; J24.687. et 25.443;D.Communauté 1160.
— Cr.c.A11.338,n.3;P2.1021,n.1. et 338;B22.507;D.Presse.772.806.
— Liége.A12.946,n.3;P2.1499;B28.236;D.Vérif. d'écr.66.
— Cass.D.Voirie.481.
16 Civ.c.A9.685,n.2;P2.575,n.2;B18.332; D.Frais et dép. 303.
17 Metz.A9.409;P2.491;B17.486,n.3;J24.688. et 29.402;D. Hypoth. lég.147.148.
— Paris.A12.385;P23.2.113;B26.206;S23.2.165;J24.688.et 25.395;D.Success. bénéf.109.
18 Nîmes.A1.386;P24.2.73;B1.417;S25.2.86;J24.689.et 28. 45;D.Alimens.159.Transact.41.
— Cr.c.A3.137;B9.158;D.Désertion.25.
— Ord.A7.691,n.1.2;B14.367,n.2; D.Expertise.395.
— Civ.c.A9.860,n.2.3;P23.1.49; B18.596; S23.1.220; J24. 689. et 26.427;D.Rente viagère.
— Ord.A9.468,n.4;D.Contr. dir.213.
— Ord.A9.467,n.5;B18.7,n.4;D.Contr. dir.214.
— Amiens.A10.501,n.1;P2.791,n.3;B20.386;D.Oblig.778. Faillite.486.
— Ord.A3.193,n.1;D.Compét.
— Ord.A3.196,n.2;D.Eau.328.393.
— Ord. A3.219,n.6. et 224,n.8. et 225, n.11; D.Eau.332. 388.
— Ord.D.Colonies.45.
— Ord. du cons. d'état.D.Louage adm.9.
— Ord. du cons. d'état.D.Louage adm.26.
— Ord.D.Colonies.9.
19 Cr.c.A4.776;P23.1.201,n.;B8.415; D.Action civ.36.Délit rural 52.108.
— Req.A7.99;P2.14;B13.110;D.Enreg.802.841.
— Cr.r.A4.87;P1.1030;B7.94;D.Contr. ind.365.
— Cr.c.A4.391;P1.1132;B7.428,n.1;D.Cour d'as.772.
— Bruxelles.A5.629;P1.1334;B10.277;D.Testam.135.
— Cr.c.A8.814;P23.1.81;B16.450;S23.1.57;MR17.460;J24. 690. et 25.485;D.Garde nat.662.730.753.777.870.
— Orléans.A12.805,n.1;P23.2.68;B27.467; S33.2.193;J27. 690. et 25.175;D.Usufruit.485.
21 Orléans.A4.657;P23.2.129;B8.275; S23.2.191; J24.693; D.Deg. de jurid.185.Remplacem.52.
— Avis du cons. d'état.A6.536,n.1; P1.1432;B12.170,n.1; S23.2.91;D.Droits civ.
— Limoges.A11.797,n.2;P24.2.12;B24.332;S23.2.300;J24. 691;D.Surenchère.253.
— Lyon.A9.599,n.1.6; P23.2.94; B18.209; J24.693. et 28. 157;D.Jeu et pari.33.
22 Montpellier.A9.139,n.2; P24.2.48,n ; B17.160,n.2;S23. 2.229;D.Hypoth. lég.72.
23 Orléans.A11.243,n.10;P2.993,n.6;B22.352,n.1;D.Prescrip.92.
24 Req.A1.87;P1.30;B1.101;S25.1.151;J24.695;D.Instruc. crim.478.
— Grenoble.A6.406; P1.1325; B10.16; S26.2.129; D.Con. par cont.177.
— Civ.c.A7.409;P2.71;B14.17;D.Enreg.2757.
26 Paris. A11.459,n.3; P2.1083,n.3. et 23.2.135; B23.206; S33.2.653;J24.697. et 26.503;D.Agent de ch.161.
27 Civ.c.A4.412;P1.1142;B8.3;D.Cour d'ass.848.902.
— Orléans.A11.735,n.1,n.1;P23.2.68;B24.217;J24.697. et 25.123;D.Saisie-imm.756.
— Déc. min. fin.D.Enreg.2862.
28 Rouen.A8.275;P25.2.65;B3.316; S23.2.179; J24.697. et 25.370;D.Condamnation.17.Dispos. entre-vifs.157.
— Bruxelles.A7.422;P2.72;B14.37; D.Enreg.2807.
— Paris.A9.165;P23.2.181; B17.193; J24.697. et 27.63;D. Hypoth. lég.74.181.
— Bruxelles.A11.215,n.1; P2.981,n.4; B22.302;D.Action civ.68.76.125.Frais et dép.386.
— Solut.D.Transcrip. hypoth.400.
30 Civ.c.A7.314;P2.36;B13.356; D.Expertise.333.365.
— Ord.A7.513,n.1;B14.149;D.Enreg.
— Ord.A6.342,n.6;D.Domaines.
— Ord.A6.326,n.17;D.Ventes adm.383.
— Ord.D.Brevet d'invention.68.
— Ord. du cons. d'état.D.Dette pub.34.
— Ord. du cons. d'état.Mac.22.518;D.Marc. de f.62.129.
— Ord. du cons. d'état.Mac.22.527;D.Pension.187.
— Ord. du cons. d'état.D.Ventes adm.68.
— Ord. du cons. d'état.D.Ventes adm.224.
— Ord. du cons. d'état.D.Ventes adm.461.
31 Civ.r.A2.264;P23.1.137;B3.292; S23.1.228; J24.698. et 25.359;D.Brev. d'inv.26.112.117.Jugem.219.
— Poitiers.A12.583,n.4;P2.1565;B27.79;D.Enq.193.

1823.

JANVIER.

2 Toulouse.A3.411;P23.2.72; B4.5;S23.2.118;D.Caution. 209.
— Bruxelles.A9.559,n.1.3;B18.144;D.Interdit.140.
— Req.A10.471,n.1;P23.1.109;B20.356;S23.1.88;J25.245; D.Acquiesc.36.50.Oblig.549.
— Rouen.P23.2.46,n.;D.Hypoth. lég.24.

1823.

— Paris.P24.2.110;S23.2.5;J28.470;D.Sais. des r.8.
— Décis. min. fin.A7.480,n.5;D.Greffe.126.
— Rennes.D.Jugem. par déf.429.
3 Cr.c.A4.324;P1.1110;B7.353;D.Cour d'ass.326.
— Toulouse.A11.204,n.,n.6; P2.975,n.7; B22.283; D.Péremption.267.
— Décis. min. fin.A7.480,n.5;D.Greffe.126.
4 Cr.c.A2.683;P1.623; B4.515; D.Compét. cr.154.Traite des nègres.11.
— Paris.A12.768,n.;B27.404;J28.175;D.Tutelle.653.
5 Aix.P34.2.79;D.Assur. marit.54.
6 Bruxelles.A9.940,n.2.3;P2.672,n.2;B19.54; D.Louage. 732.733.
7 Aix.A2.83;P23.2.144;B3.88;S23.2.258;D.Assur. marit. 55.459.
8 Civ.c.A2.24;P23.1.3;B3.22;S23.1.138;J25.546;D.Assur. marit.654.
— Req.A10.653,n.1;P23.1.41;B21.89; S23.1.153; J25.428; D.Preuve litt.189.Respons.319.
9 Cr.r.A4.326; P23.1.144; B8.131; S23.1.332; J29.223;D. Courtier.95.98.
— Rouen.A5.227;P24.2.141;B9.262;S24.2.265; J24.270;D. Dispos. entre-vifs 59.60.
— Poitiers.A10.296,n.,n.3;P2.744,n.4;B20.72; D.Conclusions.19.Dot.25.
— Paris.A11.909,n.8;P2.1246; B23.44; J29.58; D.Sép. de corps.153.156.
10 Bourges.A3.387;P1.808; B5.447;S23.2.190;D.Compét. comm.68.382.
— Cr.c.A1.590;P1.222;B2.225;J25.346;D.App. corr.208.
— Cr.r.A12.1073,n.;B28.431;D.Vol.276.
11 Paris.A9.787,n.1;P2.601,n.3; B18.489; S25.2.166; J29. 240;D.Lib. prov.19.20.
13 Caen.A6.123; P1.1348; B11.136; J32.587; D.Legs.71. Exéc. testam.16.
— Liége.A9.290,n.1;B17.351,n.1;D.Inscr. hyp.338.
— Trib. comm. de Marseille.D.Avaries.24.
14 Rouen.A9.604,n.1.4;P23.2.53; B18.217; S25.2.201; D. Jour férié.45.Surenchère.303.316.
— Civ.r.A12.18;P23.1.44; B25.139; S23.1.173. et 29.1.82; J27.55;D.Servitude.125.
— Metz.A11.786,n.3;P2.1209;B24.312. et 25.159;D.Surenchère.12.
15 Req.A3.693;P1.968;B6.320;D.Compte-courant.26.
— Caen.A3.818;P1.1005;B6.467;D.Contr. par corps.526.
— Pau.A9.139,n.1;B17.160,n.1;S23.2.227;D.Hypoth.lég. 71.
— Caen.S24.2.269;D.Respons.359.
15 Ord.D.Trésor pub.2.
16 Req.P30.1.233;S30.1.319;D.Arbitrage.897.
— Angers.A12.576,n.2.18; P24.2.9; B27.68; J27.127; D. Enquête.124.Témoin.78.
— Cr.c.A4.326;P1.1110;B7.355;D.Cour d'ass.524.
— Cr.c.A4.395; P23.1.20;B7.435;S25.1.155;J26.445;D.C. d'ass.857.
— Cr.c.A4.495;P1.1175;B8.98;D.Cour d'ass.1554.
— Ord.A6.342,n.8;D.Domaines.
— Bruxelles.A9.938,n.1.3;P2.671,n.1;B19.51; D.Louage. 215.216.
— Bruxelles.A9.448,n.4;P2.502;B17.532,n.4;D.Rad. hyp. 17.
— Bruxelles.A12.9,n.3;P2.903,n.4;B25.145;S24.2.177; D. Servitude.21.
17 Paris.A1.518;P24.2.30;B1.368;D.Adultère.23.
— Cr.r.A2.229;P1.421;B3.253;D.Animaux.13.17.Régl. de juges.114.
— Cr.c.A1.547;P1.493;B2.174;D.Appel correct.12. Régl. de juges.111.
— Paris.A6.813;P1.1504;B12.493,n.2;S28.2.133; J28.332; D.Emigré.235.349.Prescript.808.
— Grenoble. A9.478,n.3; P24.2.148; B18.22; S24.2.297;J 22.82;D.Incendie.58.
— Paris.A10.504,n.1-1;P24.2.103; B20.528; S25.2.130; D. Cession de biens.36.46.47.Courtier.126.
— Cr.c.A11.338,n.4;P23.1.112;B22.508;S23.1.93;J25.505.
— Lyon.P23.2.49;D.Mines.95.160.
— Amiens.P25.2.175,n.1;S25.8.59;D.Pr. litt.1079.1138.
18 Colmar.A6.638,n.1; B12.290,n.1; D.Eff. de comm.362.
— Paris.A11.562,n.2;P2.1122,n.2;B23.386; S25.2.115; D. Act. pers.13.Prescript.729.Rente.301.
— Amiens.A12.471,n.2; P2.1355; B26.342; D.Partage.20. Prescript. civ.1071.
— Paris.A8.56,P23.2.160;B15.63;J25.522; D.Faillite.151.
20 Liége.A6.120,n.;B11.133,n.1;D.Legs.490.
— Paris.A11.712,n.2;P2.1179;B24.177;D.Saisie-imm.390. 399.404.
21 Pau.A12.727,n.7;P2.1419;B27.326,n.1; D.Tutelle.248.
22 Ord. du cons. d'état.D.Halage.13.
— Ord.A6.326,n.17;D.Ventes admin.380.
— Ord.A9.470,n.3;D.Cont. dir.236.253.
— Ord. du cons. d'état. A11.435,n.5; P2.1081,n.5; B23. 169;D.Procès-verb.628.620.Voitures.9.
— Ord.A12.683,n.9;P2.1399;B27.248,S24.2.109; D.Trav. pub.98.
22 Ord. du cons. d'état.A3.203,n.1;D.Comp. adm.330.
— Ord.A3.219,n.10;D.Contr. dir.236.255.
— Ord.A3.219,n.13 et n.18. et 225,n.5;D.Eau.362.
— Ord. du cons. d'état.P24.1.150;D.Dom. extr.29.
— Ord. du cons. d'état.D.Eau.199.270.
— Ord. du cons. d'état.D.Eau.371.
— Ord. du cons. d'état.D.Majorat.41.

— Ord.Mac.23.9;D.Pêche.55.
— Ord. du cons. d'état.Mac.5.5;D.Concession.26.
— Ord.A12.987,n.7;B28.298;D.Voirie.125.
— Ord.A12.991,n.19;B28.303,n.19;D.Voirie.188.
23 Cr.c.A2.451;P1.323;B4.49;D.Chasse.48.
— Circ. min. de la justice.A9 472,n.2;D.Incendie.7.
— Ord.P24.1.180,n.;D.Dom. extraord.29.
— Rennes.P27.1.142;D.Servitudes.674.
24 Cr.c.A12.1071,n.;P2.1532;B28.427;D.Vol.257.
25 Colmar.A1.192;P24.2.37;B1.223;S24.2.156;J26.118;D. Contrat de mariage.125.Mariage.387.
— Bastia.A5.350;P1.1330;B10.184;D.Don. dég.18.
— Amiens.A5.663;P1.1333;B10.317;D.Testam.231.263.
— Caen.A10.314,n.,n.11;P2.748,n.11;B20.90;D.Dot.314. 323.
27 Civ.r.A7.335;P23.1.437;B13.580;S24.1.70; J28.413; D. Enreg.2335.
— Grenoble.A6.503,n.1;P1.1407; B12.132,n.1; D.Etranger.283.
28 Nîmes.A1.47;P24.2.62;B1.55,S25.2.81;J28.105; D.Absence.387.389.393.
— Req.A9.777,n.2;P2.599,n 7;B18.473;D.Jug. prép.82.
— Poitiers.A10.604,n.1.10;P24.2.33;B21.9;D.Noval.59.
29 Ord. A8.682,n.7,n.2;P2.312;B16.305,n ;D.Fonct. pub. 252.287.
— Ord.A8.680,n.4;P2.310;B16.303,n.4;D.Fonct. pub.216.
— Ord.A6.818,n.2;D.Emigré.
— Ord A12.688,n.12;P2.1404;B27.258; D.Trav. pub.140.
— Ord. du cons. d'état.Mac.511;D.Hospices.40.
— Ord. du cons. d'état.D.Marché de fourn.172.
— Ord. du cons. d'état. Mac.5 29. et 290; S24.2.138; D. Lois.141.142.259.Dom. de l'état.19.Eau.76.77.
30 Grenoble.A5.125;P1.1303;B9.143;D.Désaveu.163.
— Cr.c.A7.569;P2.98;B14.213;D.Escroquerie.37.
31 Cr.r.A11.405,n 2;P2.1061;B23.113;D.Procès-verb.221.
— Rouen.A11.700,n.1;P23.2.167;B24.154;J25.437; D.Saisie-imm.264.
— Trib. de Marseille.D.Charte.30.

FÉVRIER.

1 Pau.A5.194;P24.2,66;B9.223;S24.2.45; J30.31; D.Condition.47.
— Lyon.A10 817,n.2;P2.884,n.1-1;B21.557;D.Ordre.161.
3 Rouen.P23.2.141;D.Action.100.Vente.732.
— Bordeaux.P25,2.150,n.1;D.Arbitrage.567.594.1040.
4 Bourges.A12.875,n.3;P24.2.10; B28.109; S23.2.303; D. Garantie.64.
— Civ.r.A12.787,n.1;P2.1434;B27.440; S25.417; D.Preuve litt.928.Success. bénéf.146.Usuf.55.
— Req.P23.1.487,n ;D.Dom. de l'état.39.
5 Civ.r.A5.624; P23.1.64; B10.271; S23.1.227; J26.86;D. Testam.98.
— Metz.A9.391,n.1;P24.2.48;P17.464,n.1; S25.2.34; J27. 281;D.Purge.177.
— Pau.A11.579,n 2;P24.2.102;B23.417;J28.397;D.Rente. 377.
— Toulouse.D.Tutelle.500.
6 Cr.c.A2.141.et 11.502,n.13;P23.1.59;B3.152;S23.1.175. J26 363;D.Autor. mun.263.304.Quest. préjud.67.
— Bruxelles. A9.383,n.; B17.455,n.; S24.2.175; D.Purge. 86.
— Cr.c.A11.56,n.1;P2.920,n.7. et 23.1.60; B22.23; S23.1. 178;J26.241;D.Discipline.48.84.
— Cr.c.A11.92,n.1.2;P2.928,n.1. et 23.1.66; B22.82;S23. 1.178;D.Presse.750.
— Cr.c.A11.512,n.1;P2.1101,n.2. et 23.1.62;B23.298;S23. 1.176;MR17.754;J26.176;D.Récidive.22.
7 Limoges. A10.830,n.1; P2.889,n.1; B21.579; D.Ordre. 331.
— Metz.P25.2.175,n.1;S25.2.148;D.Pr. litt.1079.1138.
8 Toulouse. A9.541; P23 2.84; B18.116; J28.180; S23.2. 130;J28.180;D.Autor. de femme.59.280.Interdit.27. Mariage.621.
10 Civ.c.A6.822,n.1; P23.1.126; B12.505; S23.1.218; J26. 536;D.Emigré.304.
— Nîmes.A11.671,n.2; P24.2.154; B24.98; S25.2.100;J28. 439;D.Saisie-imm.2342.
— Ord.A3.32,n.2;D.Communes.
11 Rouen.A7.590;P2.105;B14.250;D.Exception.98.
— Nîmes.A6.202;P1.1550; B11.227; S25.2.85; J28.103; D. Enreg.1199.Partage d'asc.65.
— Req A12.520,n.3;B26.427;D.Rescis.87.Trib 83.
12 Bourges A1.535;P24.2.39; B2.161;S23.2.328; D.Appel incid.30.34.
— Ord.A6.335,n.9;D.Domaines.
— Ord.A6.817,n.1;D.Emig.248.
— Ord.A3.237,n.4;D.Compét.
— Ord. du cons. d'état.Mac.5.73;D.Majorats.38.
13 Cr.c.A12.541,n.1;P2.1549;B27.9; D.Recrutement.162.
14 Poitiers.A5.348;P24.2.38. et 9.398;D.Port. disp.146.
— Bourges.A9.31;P24.2.27;B17.28;S23.2.325;J26.338; D. Privilége.46.57.
— Paris.A10.786,n.4.2;P23.2.131;B21.306;S25.2.261;J26. 338;D.Respons.263.
15 Grenoble.A2.425;P23.2.121;B4.20;S23.2.170; J27.269; D.Cautionn. de fonctionn.37.
— Limoges.A8.286; P24.2.13; B18.332; S23.2.289; J30.83; D.Faillite.1269.
— Amiens.A9.558,n.1-1;P2.530; B18.143; D.Interdit.146.
— Grenoble A9.594,n.4;B17.467,n.4;D.Purge.184.
— Bourges.A11.865,n.2;P24,2.65;B24.456;MR17.233;S25. 2.76;J28.123; D. Jugem. par défaut. 523. Saisie-imm. 1061.Surenchère.415.416.
16 Ord.A6.326,n.19;D.Ventes admin.307.
17 Rouen.A5.57;P24.2.112;B9.38;S23.2.177; D.Déportat. 34.40.
— Civ.c.A8.71;P2.181. et 23.1.402;B15.80; S24.1.82; J26. 161;D.Cass.448.Faillite.250.
— Rouen.A11.919,n.1.8;B23.61;D.Sép. de corps.205.
— Ord.A12.1006,n.8;B28.322;D.Voirie.411.
18 Bordeaux.A2.64;B5 66;S23.2.236; D.Assur. marit.122.
— Civ.c.A5.156;P1.1306;B9.180;D.Désist.129.
19 Civ.c.A7.385;P23.1.128;B13.437;S23.1.254;J26 473; D. Enreg.2596.
— Caen.A3.806;P1.1001;B6.453;D.Contr. par corps.618.
— Bruxelles.A5.256;P1.1313;B9.294; S24.2.276; D.Disp. entre-vifs.115.121.
— Poitiers.A3.789;B10.462;D.Testam.629.
— Ord.A6,818,n.3,n.2;D.Emigré.
— Toulouse.A9.108,n.; P2.452; B17.122; S23.2.167; J34. 411;D.Privilége.497.
— Civ.r. A11.599,n.2; P23.1.72; B23.456; S23.1.180; J26. 503;D.Cass.1103.Req. civ.31.
— Ord.A12.681,n.1-1;P2.1397;B27.245;D.Trav. pub.41.
— Ord. du cons. d'état.A3.184,n.1;D.Comp. adm.156.
— Ord.A3.192,n.2. et 224,n.4;D.Eau.313.362.
— Ord.A3.219,n.12. et 225,n.5. et n.10. et n.12;D.Eau. 387.392.
— Caen.A5.154; P1.1305; B9.178; S25.2.95; D. Acquiesc. 157.Désist.78.
— Ord. du cons. d'état S24.2.144;D.Comptab.26.Marché de fourn.270.
— Ord. du cons. d'état.Mac.23.106;D.Marc. de four.278.
— Ord. du cons. d'état.Mac.23.112;D.Marc. de four.302.
— Ord.A12 989,n.8;B28.301,n.8;D.Voirie.165.
— Ord.A12.991,n.17;B28.302,n.17;D.Voirie.185.
— Ord.A12.994,n.21;B28.303,n.21;D.Voirie.191.
— Ord.A12.1021,n.22;D.Voirie.657.
20 Cr.c.A1.543;P1.194;B2.172;D.Appel correct.5.
— Ord.A6.342,n.8,D.Domaines.
— Req.A12.314,n.;P23.1.130;B26.100;S23.1.166;J26.401; D.Succ. irrég.33.34.
— Cr.c.A4.553;P1.1186;B8.160;S23.1.179;J26.287; D.Défense.13.
22 Caen. A10.288,n,n.9; P2.741,n.3; B20.54; D. Communauté.1169.1174.1175.Success.446.
24 Paris. A6.819,n.1 ; P24.2.45; B12.501,n.1; J27.141; D. Emigré.260.
25 Civ.c.A7.176;P23.1.158;B13.196;S23.1.158; J26.252;D. Enreg.1520.
— Poitiers.A3 388;P1.809;B5 448; D.Compét. comm.590.
— Poitiers.A9.740,n.2.n.1;P24.2 67; B18.425; MR17.364; D.Aut. de femme.216 Jug. par déf.384.
— Req A10.417,n.1;P23.1 165; B20.257; S23.1.281; M17. 489;J26.529;D.Armoires.19.Nom.39.76.77.
26 Civ.c.A4.741;P1.1254;B8.374;D.Degré de jurid.569.
— Civ.c.A4 658;P23.1.376;B8.277;S24.1.65; MR17.325; J 28.85;D.Cass.181.Degré de jurid.207.
— Civ.c.A7.360. et 361;P23.1.140. et 142;B13.409. et 408. S23.1.258. et 257; J26.412. et 410; D.Enreg.989.2515.
— Inst. min.A7.508,n.1;D.Enreg.
— Ord.A9.467,n.3.2;B18.7,n.3,n.2;D.Contr. dir.197.
— Ord.A12.690,n.7;P2.1406;B27.262;D.Tr. pub.41.161.
— Ord.A3.219,n.14. et 224,n.1. et 257,n.5; D.Cont. dir. 202.Eau.307.
— Ord.A3.133,n.7;D.Compét.
— Avis du cons. d'état.S24.2.97;D.Caisse d'amortiss.6.
— Ord. du cons. d'état.D.Comptabilité.56.57.
— Ord. du cons. d'état.Mac.5.143;S24.112;D.Compt.98.
— Ord.A3.226,n.6;D.Eau.405.
— Ord. du cons. d'état.A6.326;D.Ventes admin.307.
— Ord. du cons. d'état.D.Ventes admin.503.
27 Cr.c.A4.73;P23.1.72;B7.78;S23.1.193;D.Cont. ind.277.
— Cr.c.A4.46;P23.1.80;B7.49;S23.1.181; D.C. ind.22.139.
— Cr.c.A4.230; P23.1.77; B7.256; S23.1.193; J33.584; D. Contr. ind.566.Lois.403.
— Cr.c.A2.230;P23.1.85; B3.253; S23.1.181; J26.527; D. Animaux.14.
28 Poitiers.A10.700,n.2.1;P2.845,n.2;B21.161; S25.2.389, n.;D.Preuve litt.1142.1170.1495.
— Cr.c.P23.1.88;S23.1.184;J27.351;D.Pêche.182.

MARS.

1 Grenoble. A4.679; P1.1220;B8.301;D.Dég. de jur.301.
— Liége.A8.104,n.2;B15.120,n.2;D.Faillite.451.
— Ord.A6.342,n.8;D.Domaines.
2 Bruxelles.A8 68,n.1;D.Faillite.
4 Poitiers.A1.132;P1.49;B1.184;D.Acquiesc.272.
— Civ.c.P23.1.67; S23.1.204; J26.294;D.Compét. admin. 326;Transp. de créance.226.
5 Civ.c.A4.240;P25.1.172;B7.261;S23.1.279; J29.125; D. Frais et dépens.126.Contr. ind.581.
— Req.A7.428;P2.73;B14.46;D.Enreg.2871.
— Orléans.A9.583,n.1.6;B18.181;D.Intervention.42.
— Poitiers.A12.780,n.2;P2.1433;B27.423; D.Emancip.33.
6 Cr.c. A4.413; P23.1.115; B8.39; S23.1.244; J27.60; D. Cour d'ass.970.1149.1217.1631.
— Cr.c. A11.334,n.3; P23.1.120; B22.307; S23.1.113; D. Presse.500.
— Grenoble. V. au 16.
7 Cr.c.A2.450; P23.1.124; B4 48;S23.1.241; J26.476; D. Chasse.45.51 55.
— Limoges.A10.235,n.1; P23.2.139;B19.481; S23.2.195; J 30.427; D.Sép. de biens.78.
— Cr.c.A11.112,n.10 et 5.12;P2.936,n.3. et 1.1278;B22. 119. et 9.10;D.Dénonc. calomn.10.11.Presse.330.602.
— Cr.c.A11.406,n.13;P23.1.127;B23.117; S23.1.248; J28. 127;D.Procès-verb.212.
— Poitiers. A12.576,n.1.18; P2.1362; B27.68;D.Enquête. 153.Témoin.78.
8 Paris.P23.1.362,n.;S23.2.234;J26.217;D.Sép. de corps. 200.
10 Civ.c.A7.192;P23.1.168;B13.213;S23.1.340; J27.78; D. Enreg.1644.
— Civ.c.A7.437;P2.74;B14.56;D.Enreg.2001.
— Paris.D.Assur. terr.146.
11 Civ.r.A4.170;P23.1.56;B7.183;S23.1.136;D.Jeu de cartes.3.
— Agen.A4.663;P1.1212;B8.282;D.Degré de jurid.214.
— Limoges.P25.1.56;D.Absence.146.
12 Civ.c.A10.574;P2.765,n.1. et 23.1.170; S23.1.325; J25. 499;D.Douaire.8.
— Colmar. A10.845,n.2; P2 894,n.18; B21.405; D.Ordre. 500.515.Tierce opp.186.
— Paris. A11.863,n.1.2; P23.2 130; B24.451; J26.263; D. Surenchère.368.
13 Cr.c.A5.144,n.;P23.1.139; P9.165,n.; S23.1.246;D. Désert.9.46.
— Req.A8.203. et 12.114,n.2; P23.1.171; B15.239. et 23. 514; S23.1.343; J28.453; D.Faillite.914.915. Tribunal. 229.Société comm.57.
— Cr.c.A11.110,n.1.4;P2 933,n.4;B22.115; D.Presse.609.
— Rennes.A1.682,n.2;P1.247;B2.307;D.Arbitrage.374.
— Ord. du cons. d'état.D.Voirie.55.
14 Rouen.A8.122. et 115,n.11;P2.194;B15.142;S23.2.322; D.Faillite.483.
— Aix.Dagevil.4.105;D.Assur. marit.375.
15 Metz.A1.5. et 3;P24.2,23;B1.4;S23.2.307;D.Absent.34. 40.43.49.Oblig. personn.24.
— Paris.A10.523,n.1;P23.2.153;B20.418;J26.57;D.Oblig. à terme.4.Oblig. personn.24.
— Lyon. A11.296; P2 1007. et 23.2.159; B22.440; S23.2. 243;D.Prescript.881.
16 Ord.A6.342,n.9;D.Vente admin.319.
— Grenoble. A11.204,n.7; P24.2.89; B22.283; S24.2.64; D.Conciliation.48.Péremp.269.
17 Amiens.A3.328;P1.786;B5.373;D.Compét. comm.94.
— Amiens.A9.153,n.8;P24.2.84; B17.177,n.8; D.Hypoth. lég.128.
— Cr.r.A12.1065,n.2;P2,1528;B28.417;D.Vol.194.
18 Paris.A6.510,n.1;P23 2.148; B12.140,n.1; J25.530; D. Dr. polit.8.Naturalis.7.8.
— Bordeaux.A12.185,n.4;P23.2.137; B25.437; S23.2.155; J26.246;D.Substitution.169.
19 Colmar.A5.20;P1.1281;B9.18; D. Dénoncjat. calom.9. 30.52.55.
— Ord.A9.982,n.8;B19.119;D.Manuf.96.
— Ord.A9.982,n.5;D.Manufact.93.
— Ord.A9.978,n.20;D.Manuf.44.
— Paris.A10.531,n.,n.9;P23.2.184;B20.126; S25.2.323; J 26.497;D.Dot.278.
— Ord.A11.145,n.6;D.Patente.89.
— Caen.P23.2.128;S23.2.153;D.Preuve litt.781.
— Limoges.P33.2.79,D.Absent.67.71.
— Ord.A3.191,n.2;D.Trav. pub.111.
— Ord.A3.219,n.9;D.Commune.121.
— Ord. du cons. d'état.Mac.5.174;D.Comptab.44.
— Ord.D.Trav. pub 44.
— Ord.A12.981,n.15;D Voirie.65.
— Ord.A12.990,n.11;B28.301,n.11;D.Voirie.171.
— Ord.A12.991,n.18;B28.303,n.18;D.Voirie.186.
20 Poitiers.A6.270;P1.1352;B11.307;D.Port. disp.241.
— Cr.c.A11.308,n.3;P23.1.140;S23.1.243;D.Quest. pr.58.
21 Cr.c A3.578. et 5.146;P23.1.129;B9.168. et 6.493;S23. 1.253;J27.342;D.Compét. crim.651. Désert. 59. Régl. de jug.123.
— Lyon.A1.768. et 1.631;P23.2.157;B2.429. et 8.245;S23. 2.247;D.Arbitrage.847. Deg. de jurid.63.
— Cr.c.A2.452;P23.1.125; B4.50; S23.1.242; J27.447; D. Chasse.27.
— Cr.c.A4.220;P23.1.205;B7.238; S23.1.548; D.Or et argent.22.23.
— Poitiers.A9.741,n.2; P24,2.67,n.; B18.417; MR17.364; D Jug. par déf.584.
— Orléans.A12.810,n.2;B27.473;D.Usufruit.700.
— Cr.c.A12.841,n.12.1;P23.1.140;B28.48;S23.1.249;J26. 558;D.Vagabondage.26.
22 Amiens.A11.447,n.1;P23.2.120; B23.188; S22.2.219; J 28.465;D.Exprop. pub.847.
— Amiens.S23.2.218;D.Voirie.257.
23 Req.A11.852,n.4;B24.453;D.Saisie-imm.86 92.1572.
24 Civ.r.P23.1.99;S23.1.200;J26.129;D.Partage.
25 Req.A3.352; P23.1.355; B5.403; S24.1.138; J27.449;D. Chose jugée.7.Compét. comm.224.Except.105. Mandat.385.Faillite.444.446.447.
— Agen.A5.306;P1.1520;B9.351;D.Dispos. ent. vifs.263.
26 Civ.r.A2 49; P23.1.380; B3.50. et 28.80; S24.1.63; D. Assur. marit.606.624.651.
— Ord.A7.691,n.5;B14.368,n.2;D.Expertise.407.
— Ord.A6.343,n.1;D.Dom. de l'état.49.

— Ord.A6.859,n.1,n.2;D.Emig.382.
— Ord.A3.15,n.10;P1.677;D.Comm.160.
— Ord. du cons. d'état.Mac.5.228;D.Dette pub.11.
— Ord. du cons. d'état.Mac.5.254;D.Octroi.190.
— Ord. du cons. d'état. D.Pension.115.
— Ord. du cons. d'état. D.Ventes adm.230.
— Ord.A3.195,n.3;D.Compét.
27 Cr.c.A4.335;P23.1.137;B7.366;S23.1.250; J28.415; D. Cour d'ass.253.
— Cr.c.A1.170;P23.1.138;B1.198; S23.1.252; J28.432; D. Frais et dépens.355.
— Cr.c.A9.787,n.2;P23.1.129;B18.490;S23.1.251;J27.169; D.Lib. prov.17.
— Cr.c.A11.226,n.15;P2.987,n.5. et 23.1.142;B22.521,n.2;D.Poids et mesures. 69.
— Cr.c.A11.224,n.8;P23.1.142;B22.318,n.1;S23.1.252;D. Poids et mesures.114.
— Bruxelles.A11.196,n.,n.16;P2.971,n.1;B22.267;D.Pérempt.229.
28 Bruxelles.A12.65,n.1;P2.1259;B25.234; S25.2.371; D. Servitude.605.
— Paris.P23.2.151;J26.380;D.Surenchère.
— Rouen.S24.2.10;D.Dot.448.
29 Délib.P35.5.102;D.Enreg.2037.

AVRIL.

1 Civ.c.A4.643;P23.1.282;B8.260; S24.1.33; J26.156; D. Degré de jurid. 149.
— Civ.r.A3.402;P1.1323; B10.11; S24.1.144; D. Don. par cont. 210.211.214. Port. dispon.165.
— Req.P25.1.78;S25.1.235;D.Régl. de juges.66.
— Cr.c.D. Eff. pub.59.
2 Civ.c.A7.111;P25.1.197;B13.122;S25.1.300;D.Enr.719.
— Civ.c.A9.714;P23.1.211;B18.375;S23.1.299; J27.553;D. Jug. par déf.197.
— Civ.r.A11.185,n.4;P23.1.155; B22.248; S23.1.197; MR 17.322;J27.289; D.Péremp.81.87.
— Req.A10.612,n.1;P23.1.182,S21.23;S23.1.258; J27.49; D.Don manuel.25.Enreg.1268.Rem. de la dette.52.
3 Liége.A2.459;P2.517;B4.36;D.Chasse.80.
— Bruxelles. A10.41, n.1.2; P2.689,n.4; B19.176; S25.2.375;D.Acte respect.75.104.
— Agen.A12.506, n.1.2; P24.2.82; B26. 402; S24.2.71; D. Partage.204.
4 Amiens.A4.638;P1.1202;B8.254;D.Deg. de jurid. 126.
— Cr.c.A2.164;P23.1.222;B3.177; S23.1.345; J28.218; D. Autor. mun.471.475.482.
— Cr.r.A3.465;P23.1.201; B6.68; S23.1.346; J27.302; D. Compét. crim.265.
— Toulouse.A11.725,n.5; P23.2.125; B24.200; S23.2.194; D.Saisie-imm.340.
— Cr.c.A12.1045,n.4.1; P23.1.207; B28.381; S23.1.285; J 26.559;D.Vol.42.
5 Bruxelles.A11.450,n.1;P2.1082,n.1;B8.330. et 23.192; D.Deg. de jurid.113.
7 Civ.c.A7.118;P23.1.216;B15.151; S23.1.301;J27.129;D. Enreg.1175.1176.
— Civ.c.A7.153;P23.1.214;B15.170;S23.1.311;J27.136;D. Enreg.1433.2259.
— Ord.A12.685,n.18;P2.1401;B27.252;D.Trav. p.52.128.
8 Civ.c.A1.277;P23.1.220.221,n.;B1.322;S23.1.305; J27.98;D.Action possess.394.
— Amiens.A4.671;P1.1216;B8.291; D. Deg. de jurid.265.
— Amiens.A2.726;P1.657; B4.364;D.Actes de comm.151.
9 Lyon.A2.750;P1.647;B4.393;D.Commiss.140.
— Civ.c.A10.353,n.,n.2;P23.1.173;B20.162; S23.1.331; J 26.481;D.Dot.245.
— Civ.c.A10.300,n.2-2;P23.1.179;B20.75;S23.1.237;J27 347;D.Dot.62.
10 Civ.r.A4.402;P23.1.176;B7.340;S23.1.276;J26.446; D. Contr. ind.423.427.428.429.430.
— Cr.c.A2.613;P23.1.212;B4.253; S23.1.352; J27.177; D. Chose jugée.406. Instruc. crim.316.
— Cr.c.A2.461;n.;P23.1.211.et 1.384; B3.473,n.; S23.1.350;D.Peine.158.
— Cr.c.A3.415; P23.1.219; B6.11; S23.1.359; J29.251; D. Compét. crim.66.
— Paris.A6.756,n.,n.2;P1.1491;B12.427;D.Eff. pub.48.
— Caen.A9.572,n.1.5;P2.333;n.2;B18.162;S25.2.174;J30.184;D.Interr. sur faits.26.
11 Angers.A9.011,n.1.7; P23.2.155; B19.9; S23.2.226; D. Louage.124.125.
— Cr.c.A9.668,n.; B18.307,n.;D.Frais et dépens.362.
— Toulouse.A1.726;P24.2.157;B2.380;S23.2.213;D.Arbitrage.382.
12 Paris.A12.319,n.2; P23.2.120; B26.104; S24.2.49; J26.464;D.Success.310.Success. irrég.48.
13 Civ.c.A7.198;P2.30;B15.222;S23.1.339;D.Enreg.1669.
— Arrêté.A7.216,n.14; D.Enreg.1864.
14 Liége.A11.662,n.3;B24.85;D.Sai. exéc.228.294.295.305.
15 Caen.A8.310;P2.254;B15.561; D. Faillite.654.655.656.
— Amiens.A9.773,n.6;P2.599,n.6; B18.469; S25.2.174; D. Jug. prép.66.
— Paris.A12.1044,n.4;P2.1513; B28.378;S24.2.7;J28.232; D.Vol.29.
16 Ord.A7.694,n.1.3;B14.567,n.3;D.Expertise.396.Vente adm.429.
— Civ.c.A6.621;P23.1.114;B12.269,S23.1.211; MR16.655; J26.324;D.Eff. de com.312.
— Bruxelles.A9.109,n.1;P2.433;B17.124;n.1;D.Priv.321.

— Limoges.A11.647,n.2;P2.1152, n.9; B24.60; D.Saisie-exéc.38.
— Ord.A3.195,n.3. et 226,n.4. et 227,n.1-1;D.Eau.399.453.
— Ord. du cons. d'état. Mac.5.260; D.Comptabil.99.
17 Cr.r.A4.359;P23.1.162;B5.236. et 7.392;S23.1.260;J27.61;D.Cour d'ass.339.562.
— Req.A5.201;P23.1.314;S24.1.42;D.Compét. adm. 285.
— Cr.c. A2.455; P23.1.175; B4.52; S23.1.283; J29.95; D. Chasse.71.
18 Cr.c.A11.415,n.,n.11;P2.937,n.1.B22.420;D.Press.600.
19 Metz.A2.723;P24.2.21; B4.360; S23.2.312; J29.341; D. Actes de comm.111.Frais et dépens.128.
— Paris.A12.765, n.38; P28.2.51; B27.393; S28.2.93; J27.103;D.Tutelle.340.534.568.638.
— Aix.P27.1.94;S27.1.266;D.Répétition.26.
21 Lyon.A1.646;P24.2.2;B2.288; S23.2.257; D.Arbitrage.85.120.132.399.493.Société civ.368.
— Civ.r.A7.208;P2.32;B13.235;D.Enreg.1759.
— Civ.c.A10.692,n.1;P23.1.223;B20.213; S23.1.390; J28.63;D.Mines.46.47.175.
— Grenoble.A12.464,n.2;P2.1352;B26.332;S26.2.125; D. Prescrip.480. Sép. de patrimoine. 68.96.99.
22 Civ.c.A1.721;P23.1.132,B2.575;S23.1.228;J26.356; D. Arbitrage.368.
— Civ.c.A7.45;P25.1.224;B15.45; S25.1.329; J27.502; D. Enreg.302.575.
— Civ.r.A2.204;P1.410;B5.221; D.Avaries.72.Mand.300.
— Civ.c.P23.1.205;S23.1.381;J27.188; D.Propriété.30.
23 Orléans.A7.671;B14.342,n.2;D.Expertise.166.
— Civ.c.A8.469,n.8;P23.1.415;B16.61;S23.1.118;J28.424; D.Féodalité.27.28.
— Metz.A9.180;S25.2.86;J28.112; D.Hypoth. jud.82.
— Ord.A9.980,n.14; B19.117,n.14;D.Manuf.77.
— Ord.A9.980,n.14;B19.117,n.14;D.Manufact.77.78.
— Ord.A9.980,n.17;B19.118,n.17;D.Manufact.85.
— Ord.A11.385,n.10;P2.1053,n.10;B25.80;D.Prisem.200.
— Ord.A11.363,n.2;P2.1034,n.2;B23.38;D.Prise mar.47.
— Grenoble.A9.390,n.;B17.463,n.;D.Purge.172.
— Ord.A3.223,n.4;D.Eau.284.504.
— Ord.A3.227;n.1.4. et n.8. et 238,n.2;D.Eau.433.
— Ord. du cons. d'état.D.Eau. 339.
— Aix.D.Assur. maritimes.400.
— Ord. du cons. d'état.Mac.5.300; D.Mont de piété. 46.
24 Cr.r.A11.92,n.3;P23.1.150;B22.83;S23.1.261; J26.369; D.Presse.137.
25 Paris.P23.2.123;J26.148;D.Hypoth. lég.
— Ord. du cons. d'état. Mac 15.293; D.Comptabil.55.
26 Liége.A8.51;P2.176;B15; D.Faillite.94.
— Paris.A6.469,n.1; P23.1.341,n.; B12.91; S24.2.65; J26.472;D.Étranger.472.
— Paris.P23.2.176;J26.513; D.Prescript.
28 Civ.c.A4.745;P23.1.225;B8.376; S23.1.390; D.Deg. de jurid.572.
— Civ.c.A9.429,n.1;P24.1.27;B17.609;n.1;S23.1.292;J27.217;D.Hypoth.538.
— Rennes.D.Comp. civ.273.
29 Req.A9.178;P23.1.189;B17.209;S23.1.335;MR17.185;J27.1;D.Hypoth. judic.26.74.
— Civ.r.A10.702;n.1; P23.1.459;B21.187; S24.1.224;J29.373;D.Preuve litt.1066.
30 Req.A2.214;P1.445;B5.234;D.Avoué.124.Respons.363.

MAI.

1 Cr.c.A2.466;P23.1.264;B3.480; S23.1.316; D.Autorité mun.153.563.
— Toulouse.A1.28;P23.2.156;B1.39; S23.2.232; J29.254; D.Absence.121.Port. disp.188.
— Req.A9.751; P23.1.239; B18.433;S23.1.369;MR17.371; D.Jugem. par déf.467.Domicile.30.
— Paris.A10.138,n.1.2; P23.2.134;B19.329;S24.2.96;J26.185;D.Autoris. de femme.418.
— Cr.c.A11.182,n.,n.7;P23.1.257; B22.190;S23.1.319; D. Pêche.24.
— Cr.c.A12.1025,n.4; P23.1.270; B28.349; S23.1.321; D. Autorité mun.276.277.
— Cr.c.P23.1.257,n.;D.Procès-verbal.365.
2 Orléans.A1.98;P1.37;B1.110;J27.46;D.Acquiesc.130.
— Montpellier.A9.675;P2.571,n.4;B18.320;D.Frais et dépens.173.
— Paris.A12.821,n.14;P24.27;B28.18;J27.69;D.Usure.41.49.53.
3 Amiens.A3.43;P1.675;B5.40;D.Commune.58.
4 Ord. A12.995,n.5;B3.108,n.5;D. Voirie.246.
5 Rouen.A2.58;P1.328;B3.60;D.Assur. maritimes.67.
— Agen.A10.759,n.10;P24.2.105,n.; B21.262,n.;D.Aveu.93.
— Caen.P26.2.2;S25.2.32;D.Purge.172.185.186.
6 Rouen.A12.942,n.3;P2.1487;B28.231;D.Vérif. d'éc.31.
7 Rennes.A2.28;P24.2.17;B3.27; S23.2.345; J27.222; D. Assur. marit.665.
— Ord.A6.817,n.3,n.5;D.Emigré.260.
— Civ.c.A9.658;P23.1.145;B18.297;S23.1.375;J27.297;D. Frais et dépens.58.280.Inventaire.191.
— Civ.r.A9.280;P23.1.475;B17.331;S24.1.111;J28.401;D. Inscript. hypoth.270.Ordre.471.482.
— Civ.c.A9.280;P23.1.477;B17.333;S24.1.113;J28.405. et 404;D.Inscript. hypoth.57.
— Ord.A3.191,n.1;D.Trav. publ.111.

— Ord.A3.120,n.10. et 133,n.6;P1.717,n.10;B5.131,n.10; D.Commune.537.
— Ord. du cons. d'état.Mac.1.310;D.Forêts.397.
— Ord.D.Eau.203.295.
— Ord.A12.106,n.8;B28.322;D.Voirie.411.
8 Ord.A3.227,n.3;D.Eau.442.
9 Cr.c.A4.211;P1.1067;B7.228;D.Or et argent.48.
— Rouen.A2.62;P23.2.142;B3.63; D.Assur. marit.134.
— Cr.r.A9.657,n.8;P23.1.260;B5.65;S23.1.517; D.Jugem. 408.419.
— Amiens.A10.433,n.1; P2.780,n.2; B20.278;S25.2.165;J 32.32. et 16.266;D.Honoraires.46.48.59.
— Rouen.A12.877,n.;B27.69,n.1;D.Témoin.78.
10 Corse.A6.153; P24.2.5; B11.172; S23.2.207; J27.73; D. Révoc.191.
— Amiens.A6.835,n.,n.2;B12.520,n.2;D.Emig.329.350.
— Bordeaux.A10.840,n.1; P2.803,n.9. et 25.2.166; B21.398;S25.2.227;D.Exploit.820.Ordre.448.449.
13 Civ.r.A2.263;P24.1.375;B3.405;S24.1.302; J30.406; D. Cassation.993.994.
— Civ.c.A11.240,n.2;P2.993,n.1;B22.346; D.Prescrip.78.
14 Civ.c.A7.282;P2.49;B15.520;D.Enreg.1179.2060.
— Amiens.A3.671;P1.960;B6.296;D.Compte.18.65.
— Civ.r.A6.224;P23.1.204;B11.253;S23.1.355;J27.549;D. Donat. par contr.138.165.
— Arrêt de la Cour supr.A12.991,n.19; B28.305,n.19; D. Voirie.188.
15 Cr.c.A4.526;P23.1.265;B7.355;S25.1.560;MR16.553;D. Cour d'ass.334.
— Cr.c.A11.340;P23.1.229;B22.511;S25.1.235;J27.415;D. Presse.830.
— Req.P33.1.22;D.Juge supp.153.
16 Cr.c.A4.73;P1.1024;B7.78;D.Contr. ind.274.
— Cr.c.A4.72;P1.1024;B7.76;D.Contr. ind.258.
— Orléans.A7.670,n.1;B14.342,n.1;D.Expertise.172.
— Paris.A12.491,n.1;P2.1340;B26.376;S25.2.244;J26.256; D.Retrait succ.55.
17 Bourges.A9.150,n.3.1; P24.2.85. et 28.516; B17.173;J 28.516;D.Hypoth. lég.139.
18 Lyon.A12.121,n.1;P24.2.123;B25.328;S24.2.221;D.Arbitrage.85.Société comm.126.142.
19 Colmar.A10.571,n.1.2;P2.803,n.2;B20.489;D.Imputation.8.
— Agen.A12.480,n.1;P24.2.159;B26.556; D.Oblig. solid. 38.Partage.148.
— Metz.A10.851,n.9; P2.899,n.6; B21.415; D.Ordre.234.235.
20 Cr.c.A11.520,n.2; P2.1015,n.2; B22.432; S24.310; D. Prescript. crim.162.
21 Ord.A8.682,n.7.2;P2.312;B16.305;D.Fonct. pub.252.
— Req.A6.483;P1.1400;B12.409;D.Contr. par corps.386.
— Limoges.A9.595,n.1.10;B18.200;D.Intervention.65.
— Poitiers.A10.246,n.1.3; P2.729,n.2. et 24.2.44; B19.499;D.Séparat. de biens.
— Ord.A3.227,n.1-1. et n.2;D.Eau.475.439.
— Ord. du cons. d'état.Mac.25.353; D.Marché de f.359.
— Ord. du cons. d'état.Mac.5.368;D.Pension.124.
— Ord.D.Eau.318.
— Ord.A12.989,n.7;B28.300;D.Voirie.158.
— Ord.A12.1021,n.23;D.Voirie.860.
— Ord.A12.1024,n.39;D.Voirie.708.
22 Cr.c.A4.526,n.;P23.1.265,n.;B7.356,n.1; D.Cour d'assises.334.
— Cr.c.A4.50;P1.1018;B7.35;D.Contr. ind.60.
— Besançon.A5.765;P1.1341; B10.420; D.Port. disp.269. Testament.502.
— Corse.A11.728,n.2; P24.2.70; B24.206; S25.2.309; J27.200;D.Saisie-imm.35.286.589.609.
— Orléans.P23.2.135;J26.423;D.Privilége.
— Arrêt.D.Courtier.30.
23 Cr.c.A2.686;P25.1.254; B4.348; S23.1.349; J27.539; D. Confiscation.14.15.24.Peine.405.Traite des nègres.3.
— Aix.D.Assur. maritimes.409.
24 Montpellier.A10.351,n.,n.2; P2.759,n.2; B20.739;S24.2.348;J32.522.D.Remploi.128.
— Liége.A11.108,n.,n.7; P2.934,n.5;B22.142; D.Presse.328.348.
— Bourges.A11.870,n.2; B24.464; S24.2.62; J28.201; D. Surenchère.461.
26 Limoges.A3.780;P23.2.172;B6.423;S25.2.272;D.Contr. par corps.445.721.723.
— Grenoble.A9.501,n.1.6;P2.341,n.2; B18.58;D.Mandat d'exécution.67.
— Civ.c.A10.701,n.2;P2.846,n.1;B21.166; S24.1.122;J29.372;D.Preuve litt.1084.
— Liége.A11.665,n.1;P2.1160;B24.87,n.5;D.Saisie-gagerie.2.24.29.32.
27 Civ.c.A7.159;P2.24;B13.178;S35.1.255; D.Enreg.1469.2297.
— Civ.r.A7.195;P2.28. et 23.1.559;B13.219;S24.1.51;J27.121;D.Enreg.1615.1622.
— Civ.c.A10.681,n.1; P23.1.193; B21.131; S23.1.297;J27.250;D.Preuve litt.884.
— Poitiers.A11.691,n.1,n.1;P24.2.45; B24.158; D.Saisie-imm.355.
— Req.A12.584,n.12;P2.1366;B27.82;D.Enquête.197.
— Civ.c.A11.781,n.1.2;P23.1.304;B24.302; S23.1.285;J27.480;D.Surenchère.170.
— Limoges.D.Absence.185.
28 Civ.c.A7.414;P23.1.263;B14.27;S25.1.236;D.Enr.2789.

— Civ.r.A8.80;P23.1.253;B15.91;S24.1.7;J27.481; D.Autoris. de femme.315.Faillite.318 Tutelle.59.
— Rouen.A9.441,n.1;P25.2.143;S24.2.10;J29.308;D.Dot.448.
— Orléans.A11.622,n.1;B24.14;D.Saisie-arrêt.48.
— Grenoble.A9.680;P2.571,n.2;B18.526;.D.Frais et dépens.206.231.Exploit.815.Preuve litt.78.
29 Cr.c.A1.56;P1.1014;B7.37;D.Contr. ind.275.
— Colmar.A5.617. et 10.258,n.4;P24.2.35;B10.263;S25.2.551;D.Commun.680.Ratific.178.Recel.454. Testam.62.
30 Bruxelles.A10.756,n.2; P2.860,n.1; B21.258; D.Aveu.116.
— Cr.r.A12.558,n.7;P25.1.471;B27.39;S25.1.363;J29.181; D.Rébellion.33.34.

JUIN.

1 Rennes.S7.1.242;D.Désist.23.
2 Civ.c.A7.408;P25.1.419;B14.17; S23.1.312; J28.490;D.Enreg.2774.
— Civ.r.A10.731,n.1;P25.1.208;B21.214;S23.1.294;MR16.795;J27.529;D.Preuve litt.1171.
3 Civ.c.A8.512;P2.283;B16.110;S23.1.271; J28.248; D.Féodalité.194.
— Liége.A12.144,n.4;P2.283;B25.367;D.Soc..com.322.
— Poitiers.A12.499,n.2; P2.1341; B26.388; D.Retr. suc.121.
— Civ.c.V.au 25.
4 Civ.r.A2.115; P25.1.271;B5.123; S24.1.31;J27.309; D.Autorité mun.42.
— Orléans.A8.671,n.1. et 11.549,n.3; P23.2.136;B23.364;J26.518;D.Référé.29.33.Testament.261.
— Ord.A7.692,n.1.5;B14.568;D.Expertise.411.
— Bourges.A8.577; P24.2.93; B16.184; J28.555; D.Filiat. légit.82.145.160.
— Civ.r.A10.660,n.1.2;P23.1.290; B21.97; S25.1.265;MR17.582;J27.209;D.Preuve litt.450.Transc. des don.54.
— Ord.A12.687,n.8;P2.1403;B27.256; D.Trav. pub.155.
— Arrêt.A3.169,n.2;D.Compét. adm.102.
— Ord.A3.191,n.5;D.Trav. pub.175.
— Ord.A3.191,n.6;D.Compét.
— Ord.A3.193,n.4. et 219,n.7;D.Compét.
— Ord.A3.226,n.8;D.Eau.411.
— Ord. du cons. d'état.D.Eau.432.
— Ord. du cons. d'état Mac.23.385;D.Marché de f. 343.
— Ord.A12.981,n.14;D.Voirie.66.
— Ord.A12.988,n.9;B28.298;D.Voirie.137.
— Ord.A12.989,n.8;B28.301,n.8;D.Voirie.165.
— Ord.A12.991,n.18;B28.303,n.18;D.Voirie.186.
— Décr.A12.1024,n.41;D.Voirie.740.
5 Paris.A3.354;P24.2.40;B5.407;J27.423;D.Compét. civ.16.Dist. par contr.33.
— Cr.c.A4.418;P23.1.334;B8.11;S23.1.362; D.Cour d'ass.1696.
— Cr.c.A2.138; P23.1.313; B3.149; S23.1.358; D.Autor. mun.579.580.
— Rouen.A10.315,n.,n.13; P2.549,n.13; B20.97; D.Dot.185.
— Limoges.A10.825,n.2;P23.2.178;B21.571;S25.2.284;D.Délai.56.Ordre.266.291.
— Cr.c.V. au 5 juillet.
6 Nîmes.A9.911,n.1.5; P24.2.177; B19.8; J30.353; D.Louage.148.Preuve test.32.
8 Montpellier.A12.325,n.1;P2.1309;B26.110;S25.2.295;J29.200;D.Succession.
9 Civ.c.A8.17;P23.1.284;B15.16;S24.1.30;D.Fabriq.210.
— Req.A12.49,n.1; P2.911,n.1; B25.214; S26.1.176; D.Possess.131.Servitudes.429.439.
— Cr.c.D.Forêts.55.
10 Amiens.A9.959,n.2; P2.679,n.2; B19.84;S26.2.245;D.Actes de comm.179.Agent d'aff.8.
— Civ.r.P25.1.265;S25.1.287;MR17.854;J28.129;D.Courtier.161.Ventes publ. de meubles.52.
11 Civ.c.A10.238,n.,n.7; P25.1.252; B19.487; S23.1.317;J27.295;D.Sép. de biens.127.
— Civ.r.A11.640,n.8; P23.1.227; B24.46; S23.1.408; J27.184;D.Saisie-arrêt.229.274.
— Ord.A3.196,n.2;D.Eau.325.393.
— Déc.A8.840,n.4;D.Forêts.1054.
12 Cr.c.A1.400; P23.1.449; B1.468; S23.1.363; J31.46; D.Amende.83.Appel correct.97.
— Req.A8.673;P23.1.241;B16.298; S23.1.394; MR16.621. et 17.135; J27.161; D.Filiat. lég. 176.Filiat. nat.141.149.Preuve litt.811.
13 Agen.A12.343,n.4;P2.1311;B26.138;D.Success.250.
— Cr.c.A8.806;P23.1.314; B16.439; S23.1.572; D.Forêts.884.965.
16 Civ.c.A1.375. et 7.400;P23.1.385; B1.449. et 14.7;S24.1.93;J33.592;D.Amende.56.Enreg.2704.
— Civ.c.A7.101;P25.1.226;B13.112;S23.1.342;J27.388;D.Enreg.887.
— Civ.c.A7.311;P25.1.480;B15.553;S24.1.230; J29.56; D.Expertise.375.
— Civ.r.A6.406; P23.1.426;B12.17;S23.1.428; J28.457;D.Douanes.80.81.82.
17 Req.A12.125,n.2;P23.1.382;B25.335;S24.1.94;J33.574;D.Société comm.148.
— Liége.A11.763,n.3;P2.1182,n.3;B25.390; D.Rente.209.
— Caen.P33.2.42;S25.2.323;D.Purge.82.116.126.
18 Civ.c.A1.455;P24.1.286;B2.65;S24.1.253;D.Appel civ.153.
— Civ.c.A6.343,n.1;P23.1.487;B11.394,n.1;S24.1.231; D.Domaine de l'état.38.39.
— Civ.c.A9.248,n.1;P23.1.255;B17.293;S23.1.337; MR16.796;J27.94; D.Exécution des jug. et actes.139.Inscr. hypoth.136.Exploit.901.
— Ord.A9.982,n.7;B19.119;D.Manuf.95.
— Ord.A9.984,n.4;B19.119,n.4;D.Manufact.90.
— Ord.A11.586,n.;P2.1054,n.;B23.81;D.Prise mar.181.
— Agen.A12.61,n.2;P24.2.79;B25.230;S24.2.89;Serv.569.
— Ord. du cons. d'état.D.Pension.128.
— Ord. du cons. d'état.Mac.5.452;D.Comptabilité.58.
19 Cr.c.A4.326;P23.1.530;B7.356;S23.1.577;D.Cour d'ass.282.325.
— Agen.A4.705;P1.1255;B8.335;D.Degré de jurid.399.
— Angers.A9.155,n.8;S24.2.85;B17.177,n.8;S25.2.315; J27.461;D.Hypoth. lég.128.
— Cr.c.A12.614,n.9;P23.1.316;B27.134;S23.1.373; D.Témoignage faux.11.
20 Cr.c.A4.327;P23.1.330;B7.356,n.;D.C. d'ass.282.325.
— Cr.c.A2.451;P1.525. et 24;B4.49;S23.1.383; D.Chasse.48.
— Cr.c.A8.779,n.6;P2.383;B16.405;D.Forêts.751.
— Cr.c.A12.953,n.2;P23.1.305; B28.244; S23.2.374; J28.169;D.Homicide.28.
— Cass.D.Commune.20.
21 Délib.D.Enq.802.
22 Ord.A6.552,n.1;D.Domaines.
23 Angers.A1.723; P24.1.129; B2.376; S24.2.208;J30.323;D.Arbitrage.568.
— Liége.A5.637;P1.1334;B10.286; D.Testament.158.205.
— Civ.c.A12.198;P25.1.235;B25.457;J27.18; D.Substitut.237.
— Ord.D.Cons. d'état.106.
24 Civ.c.A12.56,n.1;P23.1.507;B25.218;S24.1.26; J27.273;Servitudes.518.519.
25 Civ.c.A9.774;P23.1.298;B18.469;S23.1.384;J27.257; D.Jug. prép.67.
— Ord.A9.982,n.7;D.Manufact.
— Poitiers.A10.810,n.1;P24.2.139;B21.344;S24.2.168; D.Ordre.93.
26 Cr.c.A12.1062,n.6;P2.1526,n.8;B28.411;D.Vol.
27 Cr.c.A4.400;P1.1136. et 23.1.542;B7.440;S24.1.56;J33.886;D.Cour d'ass.896.
— Bourges.A7.798;P24.2.105;B14.495;S24.2.51; J28.472;D.Domicile élu.8.Preuve litt.102.
— Paris.A6.760,n.1,n.2; P1.1495; B12.432,n.2; D. Agent de change.47.Effets pub.23.92.
— Cr.c.P25.1.453;J28.451;D.Quest. préjud.
28 Grenoble.A6.232;P1.1351;B11.250;S25.2.293;J35.176;D.Don. par cont.153.
— Liége.A9.917,n.1-1;B17.237,n.1;S23.2.548;D.Hypoth. conv.155.
— Sect. réun. c.A11.426,n.17;P23.1.237;B25.152; S23.1.387;D.Procès-verbal.545.
— Angers.A12.574,n.14;P24.2.11; B27.64; J27.42; D.Témoin.24.117.132.
— Loi.P33.3.69;D.Enseignement.297.
30 Civ.r.A6.468;P23.1.338; B12.89; S24.1.49; J27.581; D.Etranger.135.175.174.
31 Amiens.A4.799;P1.1275;B8.441;D.Dem. nouv.21.

JUILLET.

1 Civ.c.A2.303; P23.1.578;B3.337;S23.1.323;J29.152;D.Arbitrage.415.490.Cass.409.Exploit.913.
— Civ.r.A1.741;P23.1.358;B2.362;S24.1.5;J27.417;D.Arbitrage.438.576.
— Req.A7.006; P23.1.455; B14.262;S24.1.212; D.Except.158.
— Lyon.A10.562,n.1;P2.798,n.5;B20.459;D.Paiem.87.
2 Poitiers.A4.746;P1.1242;B8.345;D.Degré de jurid.450.
— Civ.c.A7.85;P25.1.288; B13.91; S23.1.398; J27.306; D.Enreg.741.774.2090.
— Civ.c.A7.93;P23.1.280;B13.100; S23.2.401; J27.279; D.Enreg.61.725.
— Civ.c.A7.191,n.;P23.1.281;B13.214,n.2;S25.1.400;J27.276;D.Enreg.
— Ord.A6.847,n.1;D.Emig.252.
— Ord.A9.979,n.7;B19.116;S27.1.455.
— Ord.A9.983,n.10;B19.121;S27.1.435;D.Manuf.65.159.
— Civ.c.A12.73,n.3; P25.1.258; B25.250; S23.1.430; J27.344; D.Act. possess.164.Servitudes.740.
— Ord. du cons. d'état.D.Acquiesc.476.
— Ord. du cons. d'état.Mac.23.475;D.Marché de f.63.73.
3 Cr.r.A8.310;P24.1.88; B15.361; S24.1.198; J29.271; D.Faillite.1351.
4 Pau.A2.546;P24.2.74;S24.2.40;J29.76;D.Chose jugée.196.
— Nîmes. A10.141,n.1.2; P2.708,n.2; B19.332;S24.2.72;J29.406;D.Autor. de femme.162.
— Cr.c.A12.611,n.18; P23.1.369; B27.129; S23.1.426; D.Témoign. faux.11.
— Ord.A12.1034,n.1;P2.1520;B28.396;S23.1.426; D.Vol.91.
— Ord.A3.219,n.3;D.Compét.
5 Metz.A1.353;P1.407;B1.413;S24.2.11;D.Alimens.137.
— Cr.c.A8.680,n.2;P23.1.309;B16.302,n.2;S23.1.361;J28.171;D.Fonct. pub.214.
— Grenoble.A9.685,n.3.1;P2.573,n.3;B18.335;D.Frais et dépens.117.118.306.
6 Délib. de la régie.D.Communauté.660.
8 Req.A5.632;P24.1.597; B10.280; S25.1.31; J31.160; D.Disp. entre-vifs.93.Testam.154.192.
— Limoges.A11.497,n.,n.26; P2.972,n.2; B22.271; D.Péremp.61.204.
9 Civ.r.A2.681;P23.1.399;B4.310; S23.1.417; J28.105;D.Colonies.58.
— Grenoble.A8.789;B10.427;D.Testam.416.510.
10 Cr.c.A4.72,n.;P1.1024;B7.77;D.Contr. ind.258.
— Cr.c.A4.327,n.;P23.1.275;B7.356,n.;S23.1.425;J28.66;D.Cour d'ass.282.325.
— Colmar.A3.164;P1.719;B5.146;D.Commune.630.
— Req.A8.571;P23.1.505;B16.178; S24.1.261; J28.547; D.Filiat. lég.150.
— Grenoble.A9.298,n.4.1;B17.353,n.1.et 317,n.;S24.2.79;J31.125;D.Inscript. hypoth.212.351.
— Bordeaux.A9.312,n.2;P2.468;B17.369,n.2; S23.2.246;D.Inscript. hypoth.469.
11 Cr.c.A11.126,n.8; P23.1.275; B22.144; S23.1.421; J27.241;D.Jugem.393.Déni de just.14.18.Presse.736.
— Ord. du cons. d'état.A3.203,n.1;D.Comp. adm.530.
12 Toulouse.A4.702; P1.1232;B8.328; S24.2.91; D.Degré de jurid.389.
— Rouen.A9.44,n.1;B17.42,n.1;D.Privilége.108.
— Rouen.A9.348,n.2;P2.477; B17.412,n.2; S25.2.324; D.Hypoth.166.171.
13 Ord.A12.1012,n.4;B28.328,n.4;D.Voirie.487.
14 Civ.r.A7.46;P23.1.261; B15.45; S23.1.306; J27.191; D.Enreg.2221.2299.
— Civ.c.A9.630,n.2,3;P23.1.316; B18.256;S24.1.4; MR17.185;D.Motifs des jug.211.
15 Civ.r.A6.310;P24.1.25;B11.352;S25.1.409; D.Domaine eng.58.
16 Civ.r.A7.144;P23.1.312; B13.160; S24.1.214; D.Enreg.1397.
17 Cr.r.A1.470;B1.498;MR17.63;D.Frais et dép.355.
— Grenoble. A4.592; P23.2.163; B8.203;S23.2.266; J28.193;D.Avocat.49.
— Cr.c.A2.457;P23.1.372;B4.33;S24.1.9; D.Chasse.63.68.69.79.108.Procès-verb.318.
— Caen. A10.321,n.,n.20; P2.752,n.18; B20.408; D. Dot.186.400.439 Poss.65.
— Req.A11.335,n.4;P25.1.423;B22.502;S23.1.404;J30.57;D.Presse.479.480.
— Req.A11.55,n.2;P23.1.389; B22; S23.1.402; J28.30; D.Discipline.81.86.87.
— Cr.r.P23.1.380;S23.1.429;D.Faux.
— Ord.A3.225,n.12. et 226,n.11;D.Eau.392.423.
— Cass.D.Régl. de juges.56.
18 Poitiers.A3.13;P1.676;B5.10;D.Commune.34.
— Cr.r.A2.191;P1.407; B3.207; D.Autorité mun.534.535.539.540.
— Toulouse.A9.419,n.8;P2.495;B17.496,n.8; J31.325; D.Hypoth.140.141.296.Inscr. hypoth.301.304.
— Cr.c.A11.155,n.11;P2.953,n.5;B22.192;D.Pêche.41.
— Limoges.A11.86,n.1.2;P2.928,n.4;B22.74;D.Trib.224.
— Cr.c.A12.784,n.3;P25.1.384;B27.431; S23.1.425; D.Enseign.315.
21 Grenoble.A12.171,n.3;P24.2.122; B25.310; S24.2.33; J30.537;D.Société comm.44.
22 Civ.c. A8.81; P23.1.384; B15.93; S24.1.85; J27.487; D.Faillite.517.Remise de la dette.93.
— Req.A9.38;P23.1.405;B17.38;S25.1.420;J28.140;D.Privilége.87.
23 Civ.c.A7.415;P23.1.515;B14.28; S23.1.402; MR16.797;D.Juge supp.34.57.
— Ord.A6.817,n.1.6;D.Emigré.253.
— Ord.A6.817,n.2,n.4;D.Emigré.
— Civ.c.A6.864,n.,n.2;P23.1.302; B12.854,n.2; S24.1.43;J27.237;D.Enquête.136.148.
— Ord.A6.706,n.1;D.Emigré.167.
— Ord.A9.980,n.9;B19.116,n.9;D.Manuf.64.
— Ord.A9.466,n.2;B18.6,n.1;D.Contr. directes.146.
— Bourges.P25.2.8;S24.2.360;D.Appel civ.420.
— Ord.A3.195,n.9.
— Ord.A3.32,n.2;S27.1.498;D.Communes.
— Metz. D.Contrat de mariage.58.
— Ord. du cons. d'état.Mac.23.522;D.Marché de f.32.
— Ord. du cons. d'état.Mac.23.531;D.Marc. de f.59.174.
— Ord. du cons. d'état.Mac.23.527;D.Marc. de f.121.122.
— Ord. du cons. d'état.Mac.23.525;D.Marché de f.342.
— Ord. du cons. d'état.Mac.23.523;D.Marché de f.349.
— Ord. du cons. d'état.Mac.5.558;D.Octroi.183.
— Ord. du cons. d'état.Mac.5.500;D.Caut. de fonct.26.
— Ord.D.Cons. d'état.106.
— Ord.A6.782,n.2;D.Emigré.85.
24 Civ.c.A2.440;P1.517;B4.36;D.Chasse.82.
— Cr.c.A8.600,n.1;P23.1.452;B16.211,n.1;S24.1.135;J28.429;D.Filiat. légitime.224.
— Amiens. V. au 24 juill. 1824.
25 Cr.r.A5.570;P1.905;B6.185;D.Comp. cr.640.641.Régl. de juges.123.
— Paris.A12.953,n.1; P2.1485; B28.212; S25.2.170; J29.123;D.Vente pub.117.
— Orléans.D.Degré de jurid.399.
26 Sect. réun. c.A2.336;P23.1.318;B3.378;S23.1.578;J27.401;D.Cassat.709.Oblig. natur.14.Transact.6.
— Liége.A6.125,n.1;B11.139,n.1;D.Exécut. test.7.
28 Bruxelles.A3.223;P1.753;B5.251;D.Contr. dir.265.
— Civ.r.A9.156;P23.1.344;B17.181;S23.1.414;J28.345; D.Hypoth. conv.130.Hyp. légale.136.Novat.53.

— Grenoble.A10.832,n.1; P2.890,n.1; B21.382; D.Ordre.561.
— Bourges.A11.197,n.25;P2.971,n.7;B22.270;D.Péremp.206.
29 Civ.c. A3.56; P23.1.349; B5.55; S24.1.89; J28.289; D.Commune.166.
— Bruxelles.A8.112;P2.193;B15.130;D.Faillite.420.
— Req.A11.56,n.2;P23.1.390;B22.24;S25.1.416;J28.32;D.Discipline.181.185.
— Paris.A12.39,n.2; P2.910,n.2; S25.2.334; B25.195; D.Servitudes.273.
30 Civ.r.A4.136;P23.1.421;B7.146;S24.1.134;D.Cont.ind.230.
— Civ.r.A7.85;P23.1.391; B13.92; S23.1.427; J35.580; D.Enreg.794.
— Civ.r.A7.246;P2.39;B13.278;D.Enreg.1916.1917.
— Civ.r.A4.289;P23.1.397;B7.282;S24.1.120;D.C.ind.57.
— Besançon.A10.42,n.2;P2.689,n.5;D.Acte respect.23.
31 Cr.c.A4.509;P1.1102;B7.357;D.Cour d'ass.354.
— Cr.c.A2.7;P1.313;B3.3;D.Armes.55.
— Colmar.A5.296; P1.1317; B9.339; S24.2.26; D. Legs.9. Disp. entre-vifs.42.227.232.242.243.244.Lois rétroact.181.184.Fabriques.153.174.
— Angers.A8.95;P24.2.26;B15.109;S23.2.319;J30.107; D.Faillite.182.
— Cr.c.A11.338,n.5;P23.1.392;B22.508;S24.1.83;J28.540; D.Presse.778.806.
— Colmar.A1.296;D.Acquiesc.16.

AOUT.

1 Toulouse.A1.725;P24.2.130; B2.378; S24.2.163; D.Arbitrage.567.571.
— Cr.c. A2.188; P23.1.401; B5.203; S24.1.59; J28.544; D.Autor. mun.538.
— Poitiers.A9.974,n.1;P2.680,n.8;B19.110;D.Manuf.
— Cr.c.A11.541,n.5;P23.1.398;B22.513;S24.1.57;J28.239; D.Presse.840.
— Colmar. A11.154,n.15; P2.954,n.5; B22.195; D.Pêche.20.83.
2 Ord.A3.238,n.6. et 240,n.1;D.Comp. adm.143.150.
— Trib. de comm. de Marseille.46.
— Ord. du cons. d'état.D.Conflit.168.
— Paris.D.Désaveu.166.
5 Civ.c.A1.281;P23.1.322;B1.327;S23.1.353;J27.556; D.Adoption.22.28.
— Req.A2.21;P1.316;B3.20;D.Assur. marit.19.Chose jugée.120.Commerçant.126.127.148.Intér. de cap.90.
— Req.A8.679;P2.308;B16.501,n.2;D.Fonct. pub.200.
— Metz.A9.430,n.2;P2.496;B17.510,n.2;S23.2.343;D.Hypoth.551.
— Amiens.P26.2.61;D.Arbitrage.506.375.
6 Req.A12.503,n.1;P2.1341;B26.399;D.Partage.168.
— Ord.A12.683,n.10;P2.1399;B27.249,n.1; D.Trav. p.96.
— Ord. A12.836,n.12 et 13;P2.1445.et 1446;B28.40.et 41; D.Marais.
— Ord. du cons. d'état.Mac.23.573;D.Marché de f.74.
— Ord. du cons. d'état.Mac.23.574;D.Marché de f.93.
— Ord. du cons. d'état.Mac.23.576;D.Marché de f.96.
— Req.D.Transcrip. hyp.13.
— Ord.A12.987,n.3;B28.298;D.Voirie.125.
7 Cr.c.A1.346; P23.1.317; B1.367; S23.1.382; J27.363;D.Adultère.33.44.
— Metz. A9.702,n.1; P.2.557,n.3; B18.337; S26.2.99; D.Absent.90.164.Jugem. par défaut.101.
— Cr.c.A11.151,n.5;P23.1.404; B22.189; S24.1.61; MR17.293;J28.300;D.Pêche.23.
— Cr.c.P23.1.407;S24.1.62;D.Pêche.
8 Cr.c.A1.391;P1.120. et 24.1.218;B1.458;S24.1.423;J30.335;D.Forêts.1046.
— Cr.r.A3.271;P1.774;B3.305;D.Régl. de juges.117.
9 Circ.A10.657,n.1;P2.826,n.1;D.Preuve litt.
— Metz.A12.535,n.15;P2.1367;B27.84;D.Enquête.142.
— Grenoble.A12.752,n.18;P2.1426;B27.374;D.Tut.542.
10 Ord.D.Comm.160.
11 Toulouse.A11.814,n.2.n.1;P24.2.78;B24.364;S24.2.58; J29.395;D.Saisie-imm.1424.1431.
— Trib. de Marseille.D.Assur. marit.598.
12 Civ.c.A5.350;P23.1.465;B9.401;S24.1.221;MR17.171;J28.264; D. Motifs des jugem. 23. Port. disp. 57. Rep. d'inst.23.Tutelle.486.602.
— Req.A6.837,n.,n.4;P23.1.364; B12.521,n.4; S24.1.54; J27.495;D.Emig.330.Enreg.2497.
— Grenoble.A11.191,n.,n.3; P2.963,n.4; B22.259; S26.2.184;D.Péremp.148.
13 Ord.A6.838,n.2,n.3;D.Emig.366.
— Ord.A9.977,n.11;D.Manuf.32.
— Caen. A10.375,n.4.1; P2.765,n.4; B20.196; D.Douaire.31.
— Cr.c.A12.554,n.22;P2.1353;B27.30;D.Voies de fait.66.
— Civ.c. A12.1040,n.5; P23.1.362; S24.1.41; B28.372; D.Voitures pub.11.
— Nimes. A10.704,n.1; P2.846,n.2; B21.170; S24.2.56;D.Preuve litt.1227.
— Ord.A3.226,n.11;D.Eau.424.
— Ord. du cons. d'état.D.Eau.406.
— Ord. du cons. d'état.D.Eau.341.
— Ord. du cons. d'état. Mac.23.610; D.Marché de f.217.
— Ord. du cons. d'état.D.Pension.17.
— Ord.A6.782,n.3;D.Emig.93.
— Ord.A12.1019,n.2;D.Voirie.588.
14 Cr.c.A1.590;P24.1.155;B2.226;S25.1.5;J29.562; D.Appel correct.203.204.Conclusions.7.
— Paris.A6.368,n.1; B11.445,n.1; S25.2.116; J28.227; D.Domicile.107.
— Cr.c.A9.606,n.5.11;P2.547,n.11;B18.222; S24.1.76; D.Jour férié.87.Pêche.204.
— Paris.A10.496,n.1;P2.789,n.3;B20.376;S25.2.109; J28.145;D.Int. de cap.161.
— Cr.c.A11.503,n.15;P2.1096,n.15. et 24.1.158; B23.279; S24.1.353;D.Oblig.47.Quest. pr.148.
— Cr.c.A11.504,n.19;P2.1097,n.19;B23.262;D.Quest. pr.87.
16 Ord.A6.542;D.Ventes admin.346.
— Lyon.A9.139; P24.2.47; B17.162,n.; S24.2.62;J29.439; D.Hypoth. lég.71.
18 Civ.r. A1.241; P23.1.393; B1.280;S24.1.81;J28.493;D.Action possess.391.
— Civ.c. A7.305; P2.54. et 23.1.408; B13.346; S24.1.40;J28.875;D.Expertise.374.
— Bordeaux.A5.801,n.;B10.474;S23.2.290;D.Test.663.
19 Civ.c.A6.754,n.1; P23.1.354; B12.425,n.1; S24.1.54; J28.328;D.Agent de ch.95.97.98.Eff. pub.42.43.
— Civ.c.A11.918,n.1.5;P23.1.360; B25.39; S24.1.30; J28.452;D.Sép. de biens.195.
— Rennes.D.Cassat.28.29.30.
20 Poitiers.A6.868,n.1;P1.1514;B12.558,n.1;D.Enq.158.
— Civ.c. A11.852,n.1; P23.1.438; B24.435; S24.1.29; J28.220;D.Saisie-imm.1570.
21 Cr.c.A11.401,n.4;P2.1059,n.2. et 23.1.346; D.Compét. crim.207.Procès-verbal.121.
— Cr.c.A12.1041,n.1;P2.1514;B28.374;S24.1.75; J29.559; D.Voitures pub.75.78.
— Orléans.A12.867,n.2;P2.1459;B28.94,n.; D.Vente.507.
22 Cr.r.A11.150,n.1;P2.952,n.1. et 24.1.89; B22.188;S24.1.1;J29.230;D.Pêche.15.
23 Bourges.A6.608;P1.1472;B12.326; S24.2.172; J32.468; D.Effets de comm.502.
— Bordeaux.P[illegible].2.154;S27.2.105;D.Hypoth.
— Ord.D.Eau.34.
26 Req.A1.514;P1.184; B2.133; D.Appel civ.251.452.Exploit.125.
— Civ.r. A7.203; P23.1.370;B13.227;S24.1.58;J28.59; D.Enreg.1692
— Paris.A6.760,n.,n.5;P1.1494; B12.432,n.3; D.Eff. pub.84.98.
— Civ.r.A9.621;P24.1.384; B18.242; S25.1.51;J33.46; D.Appel incid.64. Jugem.341.Motifs des jugem.72. Présompt.111.Success.176.455.456.Trib.148.
27 Civ.r.A3.198;P23.1.450;B5.223;S23.1.392; J28.376; D.Compét. admin.255.Louage adm.24.
— Ord. du cons. d'état.Mac.23.653;D.Marché de f.153.
— Ord. du cons. d'état.D.Militaire.31.
— Cass.A3.198. et 8.13,n.66;D.Fabriques.221.
28 Cr.c.A1.556;P1.199;B2.185;J39.273;D.App. corr.48.
— Avis du cons. d'état.A9.468,n.10;B18.9,n.4;S26.2.334; D.Contr. dir.219.
— Colmar.A12.8,n.1;P2.903,n.1-1;B25.143;D.Servit.12.
— Cr.r.A11.503,n.18;P23.1.351; B23.280; S24.1.71; J28.258;D.Frais et dépens.376.Quest. pr.27.
— Cr.c.A11.509,n.13;P2.1099,n.10;B23.291;D.Quest. pr.58.60.
— Cr.c.A11.469,n.;B22.219;D.Peine.266.
— Décr. du cons. d'état. A6.346;B12;D.Dom. de l'ét.65.
— Civ.c.D.Voirie.5.10.
29 Paris.A11.527,n.3;P2.1107,n.2;B23.322;S25.2.73; J28.41;D.Remplacement.51.
30 Metz.A9.529,n.2, P2.520, n.1; B18.98; S25.2.315; J31.320;D.Interdit.19.56.

SEPTEMBRE.

3 Ord.A9.980,n.14;B19.117,n.14;D.Manuf.77.
— Ord.A11.382,n.10;P2.1051,n.10;B23.75; D.Prises maritim.222.254.
4 Cr.c.A1.394. et 10.803,n.2;P1.121. et 2.877;B1.461. et 21.354;S24.1.102;D.Peine.84.Respons.428.
8 Ord.A3.191,n.1;D.Trav. pub.111.
10 Ord.A9.982,n.4;B19.120,n.4;D.Manufact.
11 Civ.c.A11.170,n.; P23.1.415; B22.221,n.; S24.1.85; D.Peine.323.
12 Cr.c.A11.340,n.3;P23.1.414;B22.512;S24.1.84;J28.575; D.Presse.817.
18 Cr.c.A4.391; P23.1.409; B7.428; S24.1.103; J29.92; D.Cour d'ass.773.
— Cr.c.A4.605; P23.1.428; B8.216; S24.1.101; D.Avocat.258.Discipline.184.
20 Cr.c.A2.255;P23.1.417;B3.258;S24.1.99;J29.94; D.Animaux.35.
— Cr.c.P23.1.420;S24.1.98;D.Forêts.45.
25 Paris.A2.218;P24.2.72;B3.240;J27.365; D.Frais et dépens.320.Mandat.394.424.
26 Cr.c.A4.321;P1.1110;B7.353; D.Cour d'ass.526.
— Cr.c.A5.89;P23.1.423;B9.102;S24.1.127;J28.565;D.Ab. de confiance.55.56.
— Cr.c.A11.224,n.7; P23.1.469; B22.518,n.1; S24.1.154;J30.47;D.Poids et mesures.123.
— Cr.c.A8.602,n.;P24.1.96;B16.213,n.1; S24.1.107;D.Fil. lég.235.

OCTOBRE.

2 Cr.c.A11.169,n.;B22.219;S24.1.147; J29.366; D.Peine.266.
3 Cr.c.A12.565,n.4;P23.1.479;B27.48;S24.1.148;J31.239; D.Tapage.24.
4 Cr.c.A8.685,n.2;P3.213. et 23.1.481;B16.309;S24.1.149; J33.378;D.Fonct. pub.272.
— Cr.c.P23.1.486;S24.1.150;J33.585;D.Voirie.
9 Cr.c.A4.495;P23.1.489;B8.98;S24.1.150; J28.408; D.C. d'ass.1541.1595.
10 Cr.c.A2.167;P23.1.495. et 24.1.394;B3.181;S24.1.129;J31.447;D.Aut. mun.606.644.
— Toulouse.A7.674;B14.346;S25.2.90;D.Expertise.187.
15 Liége.A8.163,P1.1307; B9.188. et 14.236;D.Litispend.
17 Cr.c.A3.434;P23.1.492. et 411,n.8; B6.29; S24.1.129; J35.594;D.Compét. cr.74.
— Bruxelles.A9.920,n.2; B2.668,n.5; B19.37; D.Louage.505.
24 Cr.c.A4.783;P23.1.504; B8.422; S24.1.240; J33.605; D.Amende.74.Jugem.399.Délit rural.98. Voirie.407.410.
— Colmar.A1.850;P1.196;B2.178; D.Appel corr.20.21.
25 Caen.A8.161;P2.201;B15.187;D.Faillite.678.
29 Ord.A7.692,n.1.6;B14.368,n.6; D.Expertise.412.
— Ord.A3.211,n.1;D.Compét.
— Ord. du cons. d'état.Mac.5.693;D.Eau.105.
— Ord. du cons. d'état.D.Eau.285.
— Ord. du cons. d'état.Mac.23.705;D.Marché de f.50.
— Ord. du cons. d'état.Mac.23.708;D.Marché de f.158.
— Ord. du cons. d'état.Mac.25.764;D.Marché de f.310.
30 Cr.c.A9.615; P23.1.500; B18.235; S24.1.252. et 130; D.Publ. des jugem.99.
— Avis du cons. d'état.A8.13,n.66;D.Fabriques.217.
31 Trib. de Marseille.D.Assur. marit.463.

NOVEMBRE.

4 Liége.A5.188;P1.742;B5.212; D.Compét. adm.180.
— Civ.c.A8.231;P23.1.442; B15.268; S24.1.70;J28.321; D.Cess. de biens.90.97.Faillite.1000.1018.1030.1031.
5 Bruxelles.A10.266,n.,n.2; P2.734,n.3; B20.21; D.Communauté.735.
— Req.A12.409,n.2;P2.1520;B26.243;D.Rapp. à succ.69.71.
— Ord.A3.228,n.1; D.Eau.511.
— Bruxelles.A9.110,n.;P2.453,n.;B17.124,n.;D.Privilég.521.
— Ord.D.Commune.86.90.
— Ord. du cons. d'état.Mac.23.733;D.Marché de f.111.
— Ord. du cons. d'état.Mac.23.730;D.Marché de f.323.
6 Req.A8.261; P24.1.86; B15.304; S24.1.164; J29.21; D.Faillite.1094.1132.Novat.48.
— Liége.A11.278,n.1;P2.1002,n.1;B22.410;D.Prescr.610.
— Cr.r.A11.221,n.1; P2.985,n.1; B22.314; D.Action civ.112.
— Cr.c.A11.113,n.,n.12; P2.937,n.2. et 24.1.29; B22.121; S24.1.157; J29.252;D.Presse.627.
7 Cr.r.A1.198; P24.1.114; B1.229; MR17.26; D.Actes de l'état civ.51.
— Cour supr. de Bruxelles.A4.661; P1.1211; B8.280; D.Deg. de jurid.210.
9 Agen.A8.660,n.3;P2.305;B16.279,n.3;S26.2.3;J32.430; D.Filiat. nat.220.Preuve litt.1071.
— Amiens.D.Appel civ.222.
10 Civ.c.A7.402; P23.1.441; B13.112; S24.1.80; J29.88;D.Enreg.888.
— Civ.c.A5.38;P23.1.439;B9.59; S24.1.10; J28.209; D.Déportat.40.
— Liége.A10.835,n.4;P2.891,n.6;B21.390;D.Ordre.415.
11 Civ.c.A5.683;P23.1.455;B10.339; S24.1.73;MR17.697;J28.45;D.Testam.326.
— Req.A7.505;P2.88;B14.139;D.Transcr. hyp.29.
12 Civ.r.A5.752;P24.1.455;B10.418; S24.1.65;MR17.690;J28.369;D.Testam.497.
— Civ.c.A7.504;P23.1.451; B14.138; S24.1.74; J28.337;D.Transcr. hyp.62.
— Ord.A6.332,n.3;D.Domaines.
— Ord.A6.332,n.8;D.Ventes adm.83.395.
— Ord.A6.332,n.11;D.Ventes adm.110.
— Ord.A6.818,n.4;D.Emigré.
— Ord.A6.839,n.1,n.3; D.Emigré.385.
— Agen.P24.2.163;S25.2.71;J32.169;D.Partage.
— Ord.A3.420,n.11; P1.717,n.1; B5.131,n.11; D.Commune.545.
— Ord. du cons. d'état Mac.23.768;D.Marché de f.77.
— Ord. du cons. d'état.Mac.5.754;D.Comptabilité.42.
— Ord. du cons. d'état.Mac.5.751;D.Comptabilité.101.
13 Grenoble.A3.432;P1.827;B6.31;J29.188;D.Compét. cr.88.
— Bastia.A8.17;P2.172;B15.15;D.Fabriques.157.159.
— Cr.c.A8.102;P2.190;B15.117; S24.1.158;D.Faillite.356.
— Grenoble.A9.761;P2.594;B18.448;D.Jug. par déf.538.
— Req.A9.707,n.2;P24.1.354; B18.354; S25.1.94;J30.315; D.Cass.667.Jugem.42. Jug. par défaut.176.
— Cr.c.A10.795,n.3;P2.873,n.2;B27.323;D.Commiss.249.
14 Trib. de comm. de Marseille.D.Assur. mar.523.
17 Civ.c.A2.548;P1.564;B4.159;D.Chose jugée.180.
— Civ.c.A7.774;P23.1.153; B14.466; S24.1.60; J29.265;D.Intérêts de cap.46.Exploit.372.
18 Civ.c.A7.160;P23.1.455;B13.179; S24.1.16; J28.333;D.Enreg.192.

— Amiens.A11.813,n 3;P2.1219;B24.363;S25.2.222;D.Saisie-imm.1407.1422.
— Civ.r.P23.1.467;S24.1.219;J29.149;D.Comp. adm.298. Mandat.559.560.
19 Civ.r.A2.465; P23.1.469. et 1.526; B4.63;S24.1.60;J28. 255;D.Choses.124.
— Civ.c.A2 549;P1.565;B4.160;D.Chose jugée.151.Motifs des jugem.18.
— Ord.A7.691,n.1.4. et 9.466,n.4; B14 367,n.4. et 18.6; D.Contr. dir.155.Expertise.397.
— Ord.A11.16,n.1;D.Organis. judic.
— Ord. du cons. d'état.Mac.25.789; D.Marché de f.55.
— Ord. du cons. d'état.Mac.23.787;D.Marché de f.78.
— Ord. du cons. d'état.Mac.23.781; D.Marché de f.79.
— Ord. du cons. d'état.Mac.5.776;D.Comptab.93.
— Ord. du cons. d'état.Mac.5.778;D.Comptab.97.
20 Cr.c.A4.566;P24.1.45;B8.174; S24.1.88;MR17.621;J28. 529;D.Déf.76.
— Colmar.A11.330,n.5; P2.1017,n.2; B22.495; D.Presse. 97.
— Orléans.A11.657,n.2;P2.1156,n.21; B24.76; D.Saisie-exéc.166.
— Req. A11.484,n.2; P2.1088,n.2; B23.247;D.Propr. litt. 88.89.
— Cr.c.A11.499,n.9; P2.1095; B23.273; D.Commune.93. Quest. pr.13.
21 Cr.c.A8.687,n.2;P2.314;B16 311,n.2;D.Fonct. p.262.
— Nîmes.A9.631,n.3;P2 561,n.2;B18.288;S25.2.91;D.Appel civ.500.Exécut. pr.51.
— Amiens.P24.2.41; S24.2.161;J27.432;D.Vente pub. de meubles.39.
24 Toulouse.A4.696;P1.1230; B8.321;S24.2.92;D.Deg. de jurid.13.14.368.386.
— Civ.r.A2.311;P24.1.105;B3.346;S24.1.45;D.Cassat.254. 442.
25 Civ.r.A3.31;P24.1.16;B3.30;S24.1.125;J29.441;D.Commune.78.80.81.
— Civ.c.A4.549;P23.1.496;B8.155;S24.1.238;D.Défens.6.
— Civ.r.A11.178,n.,n.4;P23.1.473;B22 253;S24.1.121;MR 17.346;J28.349;D.Péremp.26.28.67.
26 Civ.r.A7.248;P8.59;B13.280;D.Enreg.1941.
— Grenoble.A2.453;P1.524;B1.51;D.Chasse.51.
— Bruxelles.A8.519;P1.1328;B10.144;D.Donat.159.
— Limoges.A5.774;B10.444;S26.2.180;D.Testament.570. 576.
— Lyon.A10.684,n.2; P2.836,n.4; B21.134; S25.2.149; D. Preuve litt.914.
— Metz.A10.172,n.1-1; P2.714,n.1; B19.384; S26.2.27; D. Contr. de mariage.132.
27 Req.A6.350;P1.1357;B11.401;D.Dom. de l'état.97.114.
— Cr.c.A8 773,n.1;P2 382;B16.401;D.Forêts.709.
— Agen.A8.655,n.9;B16.274,n.9;J31.353;D.Fil. nat.172.
— Bourges.A11.100,n.,n.21; P2.931,n.12; B22.97; S25.2. 150;D.Presse.171.249.
— Bastia.A11.86,n.1;P2.928,n.3;B22.71;D.Tribunal.225.
— Avis du cons. d'état.P24.2.15;S24.2.17;D.Lois.382.
— Rouen.A6 538 n.1;B12.172,n.1;D.Droits civ.87.
29 Cr.c.A12.1042,n.1.3;P2.1515;B28.375;D.Voit. pub.61.
— Civ.c.D.Enreg.1943.

DÉCEMBRE.

1 Civ.r.A1.251;P23.1.485;B1.291; S24.1.161; J33.444;D. Action possess.117.
2 Lyon.A3.400;P1.813;B5.461;D.Compét. com.425.
3 Ord.A6.532,n.12;D.Domaines.
— Ord.A6.818,n.4;D.Emigrés.
— Ord.A10.394,n.1.6;P2.772,n.6;B20.219;D.Mines.163.
— Angers.A11.584,n.10;P2.1127,n.10;B23.427;S24.2.141; J30.279;D.Retenue.22.
— Ord. du cons. d'état.Mac.23.813;D.Marc. de f.137.156.
— Ord. du cons. d'état.Mac.5.821;D.Pension.45.
— Ord. du cons. d'état. Mac.5.799;D.Caut. de fonct. 13.
— Ord.D.Comm.160.
— Ord du cons. d'état D.Ventes adm.102.
4 Cr.r.A2.283;P24.1.45;B3.314;S23.1.452;J29.321;D.Action pub.127.Cass.273.477.Juge.50.
— Req.A9.101;P2.430;B17.114; D.Privil.485.
— Req.A10.769,n.3;P23.1.493;B21.279; S24.1.256;J29.18; D.Serment déc.58.
— Req.A10.740,n.3;P25.1.509;B21.250; S24.1.239;J29.53; D.Preuve test.254.
— Nîmes.A12.489,n.1;B26.371;J29.167; D.Retr. success. 104.
— Poitiers.A11.863,n.1-1;B24.452;D.Surench.358.359.
— Cr.r.P24.1.7;S25.1.48;D.Tribunal.240.
5 Cr.c.A3 430;P1.826;B6.28;S24.1.182;D.Comp. cr.73.
— Cr.c.A11.494,n.1;P24.1.72;B23.264;S24.1.181;J35.590; D.Quest. pr.83.
— Ord. du cons. d'état.D.Ventes adm.504.
6 Ord.A6.534,n.2;D.Ventes adm.127.
— Grenoble.A9.599,n.1.7; P2.544,n.1-1; B18.209; S24.2. 519;D.Appel civ.420.Jeu-pari.29.34.42.
— Civ.r.A12.467,n.1,n.2; P23.1.500; B26.534; D.Sép. de patrimoine.31.110.
7 Agen.A12.508,n.2;P2.1343;B26.404;D.App. civ.4.Partage.243.
8 Grenoble.A9.140,n.3;B17.162,n.3;D.Hyp. lég.72.
— Civ.c.P24.1.9;S24.1.151;J28.449;D.Saisie-imm.985.988. 992.
9 Rouen.A12.377,n.4;P2.1363;B27.69;D.Témoin.78.

— Liége.A11.823,n.5; P2.1223; B24.381; D.Saisie-imm. 1545.1547.
— Civ.r.V. au 6.
10 Paris.A9.394,n.6; P2.488; B17.468,n.6; S25.2.210; J29. 191;D.Jugem. préparatoire.48.Purge.190.
— Civ.r.A10.772,n.2;P24.1.1;B21.284;S24.1.141;J28.340; D.Serment déc.99.
— Req.A12.473,n.2. et 6,n.1; P25.1.490; B26.345. et 25. 140,S24.1.239;J28.417;D.Partage.54.Servitudes.8.
11 Angers.A2.703;P1.630; B4.536; S24.2.86; D.Commerç. 58.Preuve litt.1141.1171.
— Agen.A5.576;P24.2.163;B10.215; D.Donation.559.
12 Cr.r.A4.321;P1.1109;B7.350;J28.294;D.Cour d'as.301.
— Cr.c.A4.392, et 8.602;P24.1.96;B16.213. et 7.450;S24. 1.181; J29.253; D.Filiat. lég.253. Cour d'ass.647.771. Publ. des jugem.67.
— Cr.c A8.770,n.2; P24.1.162; B16.392; S24.1.184; J29. 557;D.Forêts.655.
— Angers.A10.458,n.1; P24.2.109; B20.316; S24.1.140;D. Oblig 306.307.Preuve test.228.
13 Grenoble.A4.651;P1.1208;B8.269;S26.2.503,n.;D.Deg. de jurid.168.227.
— Grenoble.A10.303,n.5; P2.746,n.6; B20.85; J30.42; D. Dot.86.
16 Agen.A10.759,n.1; P24.2.105; B21. 261; J32. 185; D. Aveu.93.
— Civ.c.A10.739,n.2-2;P23.1.509; B21.229; S24.1.236; J 29.30;D.Preuve test.11.255.292.
— Req.A12.113,n.1; P2.1271; B25. 513; D.Société com. 54.55.
17 Req.A5.41;P24.1.110;B9.43;S24.1.417; J29.328; D.Déportat.34.40.
— Civ.c.A6.853. et 1.133,n.; P25.1.497; B12.542; S24.1. 241;J30.293;D.Enquête.81.212;Acquiesc. 42.495.379.
— Paris.A11.821,n.8; P24.2.120; B24.576; S25.2.146; MR 17.261;J28.302;D.Saisie-imm.780.781.782.
— Bordeaux.A11.184,n.4;P24.2.118;B22.246; S24.2.136; D.Pérempt.31.95.
— Ord. du cons. d'état.D.Liquid.9.
— Ord. du cons. d'état.D. Marché de fourn.78.
— Ord. du cons. d'état. D.Sequestre.48.
— Circ. min. de la just.A8.781,n.11; D.Procès-verb.234.
18 Cr.c.A4.421;P24.1.59;B8.15;S24.1.168;J23.589;D.Cour d'ass.944.1748.Déf.157.
— Lyon.A3.401;P1.814;B5.462;D.Compét. comm.425.
— Besançon.A5.758,n.;B10.426,n.;D.Testament.514.
— Agen.P24.2.108;S25.2.11;M17.359;D.Exécut. des jug. et actes.44.
19 Bourges.A2.699;P1.620;B4.550;S25.2.122;D.Commerçant.52.
— Cr.r.A11. 339,n.6; P24.1. 107; B22.509; S24. 1.200; D. Presse.783.791.792.
— Bruxelles A12 872,n.2;P2.1461; B29.104; D Garant.5.
— Orléans. A12.863,n.2; P2.1458; B28.88,n.2; D. Vente. 441.
20. Nancy.V. 20 déc. 1833.
— Bruxelles.A9.763,n.2; D.Jug. prép.27.
22 Civ.c.A7.506,n.1;P24.1.7;S24.1.155;J28.454;D.Transcrip.hyp.27.
23 Civ.r.A12.481,n.2;P2.1337;B26.357; D.Part. 123.127.
24 Paris.A1.97;P1.36;B1.109; D.Acquiesc.133.Arbit.843. Preuve litt.53.
— Grenoble.A10.353,n.,n.3;P2.759,n.4;B20.162; J31.79; D.Dot 246.Ordre.263.
— Ord.A12.685,n.19;P2.1401;B27.255;D.Trav. pub.147.
— Liége.A12 1082,n.3.1;B28.393; D.Vol.83.
— Civ.c.P24.1.116;S25.1.21;J29.458;D.Emigrés.
— Ord.A3.226,n.12;D.Eau.427.
— Ord. du cons. d'état M5.861;D.Contrainte.9.
— Ord.A12.1012,n.4;B28.528,n.4; D.Voirie.487.
26 Cr.c.A4.314;P1.1104;B7.542; S24.1.185; D.Cour d'ass. 374.382.412.
— Cr.c.A2.100; P24.1.79; B3.106; S24.1.185; J31.44; D. Attentat à la pudeur.59.Cour d'ass.1113.
— Cr.r.A8.324;P2.258;B15.378; J28.322; D.Fausse monnaie.20.49.
— Orléans.A6.389,n.3;B11.447,n.2; D.Domicile élu.100.
29 Civ.r.A5.301;P24.1.20;B10.124;S24.1.106; J28.373; D. Donation 61.
— Liége.A8.51;P2.177;B15.57;D.Faillite.95.
— Liége.A9.110,n.2;P2.434;B17.124,n.2; D.Priv.520.
— Ord. du cons. d'état.Mac.25.701; D.Marché de f. 20.
30 Agen.A2.483;P24.2.165;B4.485;S25.2.71;D.Chose.165.
— Ord.A6.846;D.Droit civ.
— Bruxelles.A6.740;B12.408,n.1; D.Eff. de comm.842.
— Poitiers.A9.39;P2.417;B17.39;S25.2.49;D.Priv.85.
— Riom.A12.153;P24.2.173;B25.384;J30.549; D.Stell.35.
— Rouen.A12.525,n.2;P25.2-2;B26.435;S25.2.25; D.Nullité.251.261.276.Ratificat.28.Rescis.98.
— Paris.S25 2.153; J29.58; D.Indication de paiement.7.
31 Civ.c.A7.65;P23.1,520;B13.68,n.; S24.1.255;D.Enreg. 551.
— Civ.c.A7.197;P2.29;B13.221;D.Enreg.1716.
— Civ.r.A7.292;P2.62;B13.350;S26.1.248;D.Enreg.2143.
— Civ.c.A7.390,P23.1.519,n.;B13.442; S24.1.248; D.Enreg.2570.
— Civ.c.A7.389;P23.1.518;B13.442; S24.1.254; D.Enreg. 2572.
— Bordeaux.A8.441;P24.2.145;B16.29;S24.2.272;D.Faux incid.121.

— Civ.c.A7.523;P24.1.11;B14.160;S24.1.156; D.Timb.88.
— Liége.A8.627,n.2;P2.296;B16.242,n.1; D.Fil. adul.44.

1824.

JANVIER.

2 Angers.A7.752;P2.149;B14.440; J20.278; D.Expl.624.
3 Cr.c.A11.514,n.1;P24.1.110;B23.301;S24.1.160; D.Récidive.44.
— Pau.P25.2.425; S26.2.57; J31.569; D.Caution.210.218.
4 Angers.A11.93,n.,n.4;P2.928,n.2;B22.84;S24.2.140;D. Presse.312.
5 Toulouse.A1.649;B2.291;D.Arbitrage.71.76.110.
— Paris.P25.2.115;S25.2.10;J29.160; D.Faillite. 871.Saisie-imm.1251.
— Riom.P25.2.37;J34.551;D.Garantie.161.Puiss. patern. 64.65.Vente. 411.
6 Rouen.A3.389;P1.809; B5.448; D.Compét. comm.402.
— Req.A9.144;P2.440;B17.166;D.Hypoth. lég.31.
— Civ.r.A12.20;P2.905,n.3; B25.161; D.Féod.285.Servitude.138.
— Aix.P32.2.37;S25.2.526;J31.371;D.Acte respect.45.49.
7 Civ.r.A8.74; P24.1.12; B15.83; [illegible].1.125; J28.542; D. Faillite.337.
— Req.A6.275;B11.312;S33.[illegible]; D.Portion disp.249.
— Civ.c.A11.508,n.3;P24.1.[illegible];B22.461;S24.1.90; J29.46; D.Prescrip. civ.1044.
8 Cr.r.A4.355; P24.1.18; B[illegible]; S24.1.104; J29.177; D. Complicité.224.Instruc. crim.344.Cour d'ass.515.642.
— Civ.c.A4.305;P1.1100;B7.532;D.Cour d'ass.277.
— Agen.4.794;P24.2.132;B8.436;S25.2.210; D.Dem.n.62.
— Riom.A7.729; P2.159; B14.414; J33.493; D.Appel civ. 321.Ordre.401.438.Exploit.61.708.
— Montpellier. A9.732,n.3; P2.584,n.2; B18.403; D.Jug. 470.Jug. par déf.235.251.333.Degré de jurid.425.
— Limoges.A9.600,n.1.8;P2.544,n.2; B18.205;S24.2.228; D.Jeu-pari.43.48.
9 Cr.c.A4.335;P1.1114;B7.366,n.;D.Cour d'ass.253.
— Cr.r.A2.291;P24.1.151;B3.324;S24.1.128;J1.451;D.Cassation.353.
— Bruxelles.A10.31,n.2-2;P2.686,n.4;B19.162;S25.2.576; D.Acte respectueux.26.63.84.
— Toulouse.A11.897,n.1-1;P24.2.115;B25.24; S24.1.170; D.Sép. de corps.82.85.
— Cr.c.A12.1056,n.8;P2.1522;B28.401;S24.1.210; D.Vol. 110.
10 Cr.c.A4.377;P24.1.197;B7.412; S24.1.207; J30.190; D. Cour d'ass.691.
— Cr.c.A11.93,n.,n.4;P24.1.101; B22.84; S24.1.211; J29. 564;D.Presse.304.506.
— Ord.A4.844,n.4,n.5;P1.1183,n.4;B8.150,n.5; D.Culte. 99.
12 Agen.A5.425; P24.2.77; B10 57; S24.1.31; J30.483; D. Port. disp.433.
— Ord.A12.994,n.9;B28.306,n.9;D.Voirie.218.
13 Req.A1.538;P24.1.83; B2.164; S24.1.166; J29.134; D. Appel incid.11.
— Rouen.A8.247;P24.2.133;B15.288; S24.2.203; J31.134; D.Faillite.1055.
14 Ord.A3.238,n.6;D.Comp. adm.143.150.
— Agen.P24.2.165;D.Cont. de mariage.42.50.
— Caen.P25.2.78;D.Présompt.90.Preuve.24.
— Civ.r.A4.123,n.;B7.133,n.;D.Cont. ind.480.
— Civ.r.A4.122;P24.1.132;B7.132;S25.1.4; D.C. ind.480.
— Grenoble.A12. 457,n.3; P2. 1329; B26 321; D.Sép. de patrimoine.34.Tutelle.461.
— Civ.c.A7.245;P24.1.55;B13.277;S24.1.153;D.Enr.1918.
— Grenoble.A12.418,n.3;P24.2.172; B26.263; S25.2.526; J30.545;D Rap. à succes.41.
— Civ.c.A7.389;P24.1.29;B13.442;S24.1.154; J29.319; D. Enreg.2573.
— Ord.A6.341,n.1;D.Domaines.
— Paris.A9 741,n.3;P2.587,n.5;B18.417;J22.213; D.Jug. par déf.385.
— Req.A10.760,n.1; P24.1.349; B21.262; S25.1.118; J30. 401;D.Aveu.84.Publ. des jug.34.
— Ord.A11.145,n.7;D.Patente.81.
— Ord.A11.445,n.1;D.Patente.67.
— Civ.r.A12.282,n.1;P2.1303;B26.33;D.Success.147.149.
— Ord.D. Commune.538.
— Ord. du cons. d'état.Mac. 6.4;S24.2.301;D.Commune. 149.580.
— Ord.A12.1013,n.7;B28.329,n.7;D.Voirie.303.
15 Cr.c.A4.514. et 3.623;P24.1.104;B6.242. et 8.119;S24. 1.232;D.Acquitt.58.Complicité.77. Cour d'ass.1659.
— Besançon A5.153,n.;B9.176,n.2;D.Désist.41.
— Req.A9.943,n.1.2; P2.674,n.1; B19.61; D.Louage emphyt. 7.
— Agen.A10.334,n.,n.5;P2.761,n.4; B20.165; S24.2.241; J31.361;D.Dot.254.
— Agen A10.179,n.1.3;P2.747,n.3. et 24.2.167;B19.394; S24 2.75;D.Contrat de mariage.42.50.
16 Poitiers.P25.2.83;D.Saisie-imm.757.1410.
— Cr.c.A7.31. et 7.328;P24.1.115;B13.372. et 13.29; S24. 1.229;D.Enreg 162.2288.
— Cr.c.A7.32.et 328;P24.1.115,n.;B13.30,n.;D.Enr.2288.
— Ord.A9.465,n.1;B18.4,n.3;D.Contr. direct.77.

— Cr.c.A11.55,n.;B21.462;D.Action pub.45.
— Poitiers.P25.2.87; D.Appel incid.21.
— Poitiers.P25.2.55;D.Saisie-imm.1545.1565.
— Lazare. V. au 10.
17 Colmar.A8.95;B15.110;S29.2.343;J30.411;D.Faill.204.
— Riom.A9.175; P2.443; B17.205, n.2; D.Appel civ.219. Hypoth. judic.53.
— Caen.P25.2.6;S25.2.22;D.Success.278.
— Agen.P25.2.54;D.Oblig.42. Preuve litt.810.Vente.50.
— Pau.P29.2.135,n.;J30.430; D.Usure.23.
19 Caen.A8.459;P2.200;B15.165;D.Faillite.584.585.
— Toulouse.A12.519,n.1;P24.2.112; B26.425; S24.2.115; J30.175;D.Obl.455.Rescis.80.
— Civ.c.A6.781;P24.1.116;B12.456;S25.1.68; D.Emig.69.
— Colmar.P25.2.16;S25.2.217; D.Alimens.140.
— Trib. de comm. de Marseille.D.Assur. marit.297.
— Limoges.S26.2.185;D.Vente.775.
20 Paris.A1.57;P24.2.90;B1.66;S24.2.54;D.Culte.82.
— Civ.c. A1.242; P24.1.30; B1.281; S24.1.265; MR17.450; J24.554. et 29.354;D.Action possess.49.241.
— Riom.A5.643;P1.1354; B10.293; S24.2.277; D.Rapp. à succ.25.Testam.494.
— Colmar.A6.19;P1.1343;B11.17;D.Testam.789.807.814. 815.816.
— Cr.r.A12.962,n.8; P24.1.61. et 2.1496; B28.250; S24.1. 209;MR17.552;J30.380;D.Cour d'ass.1150.1165.Jugem. 439.
22 Cr.c.P24.1.105;S24.1.237;J30.134;D.Presse.
— Cr.c.P24.1.105;S24.1.237;D.Presse.
— Paris.A5.629; P1.1354; B10.277; S25.2.180; J29.337;D. Testam.427.
— Agen.A6.525; P24.2.140; B12.165; S25.2.8; J25.365; D. Mort civ.32.
— Toulouse.A9.762;P2.505;B16.449;D.Jug. par déf.365. 366.
— Grenoble.A9.478,n.2;P24.2.147;B18.21;S24.2.299;J32. 65;D.Incendie.54.60.Procès-verb.51.
— Caen.A9.514,n.1;P2.514,n.6;B16.76;D.Instr. crim.87.
— Liége.A11.506,n.5;P2.1010,n.1;B22.458;D.Prescr. civ. 1016.
— Cr.c.A11.126,n.9; P24.1.202; B22.146; S24.1.282; J30. 253;D.Presse.735.754.
— Ord.A12.691,n.8; P2.1407; B27.262,n.1;D.Trav. p.27.
— Cr.c.A12.1076,n.10;P24.1.42;B28.435;S24.1.235;J29. 561;D.Vol.290.
— Ord.A5.219,n.15. et 240,n.1;D.Impôt.
— Ord. du cons. d'état.Mac.74.30;D.Conflit.168.
— Ord. du cons. d'état.D.Intérêts de cap.5.
— Ord. du cons. d'état.S24.2.295;D.Eau.116.
— Ord. du cons. d'état.D.Marché de fourn.265.
— Ord. du cons. d'état.Mac.24.39;D.Militaire.53.
— Ord.A5.240;D.Conflit.58.
— Ord.A12.99 ,n.18;B28.503,n.18;D.Voirie.286.
23 Rouen. A10.345,n.1.12. et 556,n.1.16; P2.746,n.12. et 757,n.7;B20.96. et 155;D.Dot.187.189.295.
— Caen.P25.2.198;D.Acquiesc.277.Serment déc.80.81.
— Bourges.P25.2.74; D.Arbitrage.331.557.567.1040.
24 Toulouse.A8.86; P2.185; B15.99; D.Contr. par corps. 191.Faillite.339.
— Bruxelles.A11.291,n.1-1;P2.1005,n.1;B22.453;D.Prescrip.744.
— Riom.A11.749,n.7;P2.1195;B24.243; D.Saisie-im.1645. 1642.
Ord.A3.253,n.4;D.Eau.472.
26 Civ.c.A1.788;P24.1.30;B2.451;S24.1.94; J28.421;D.Arbitrage.890.
— Civ.c.A8.755,n.13; P24.1.41; B16.375; S24.1.92; MR17. 842;J29.52;D.Forêts.423.Usage.95.158.
— Caen.A9.912,n.1.2; P2.663,n.7; B19.10; S25.2.326; D. Louage.464.
— Limoges.P26.2.169; S26.2.175; D.Commune.61. Usurpation.2.
— Limoges.P26.2.157;S26.2.190;D.Renvoi.26.Trib.87.
27 Paris.A1.314;P24.2.98; B1.564; S25.2.131; J28.381; D. Adoption.64.65.Enreg.704.Success.455.
— Cr.r.A7.870;P2.99;B14.216;D.Escroquerie.97.204.
— Caen.A8.267;P2.224;B15.341;S24.2.100; D.Faill.445.
— Liége.A6.736;B12.403,n.;D.Eff. de comm.799.
— Paris.A9.478,n.2;P24.2.148;B18.22;S24.2.298;J29.347; D.Incendie.54.60.Procès-verb.51.
— Limoges.A12.524,n.4; P2.1335; B26.435; S26.2.187;D. Rescis.91.
— Agen.A11.893,n.1.2;B25.17; S25.2.7; D.Sép. de c.45.
28 Civ.c.A3.30;P24.1.48; B5.29; S24.1.258; D.Commune. 210.214.
— Civ.r.A7.95;P2.14. et 24.1.33; B15.105; S24.1.100;J29. 145;D.Enreg.727.
— Amiens.A1.605; P24.2.100; B2.17; S24.2.66; D.Avocat. 246.249.
— Angers.A2.705;P24.2.119;B4.339;S24.1.167;D.Actes de comm.97.
— Civ.c.A2.233; P24.1.37; B5.257; S24.1.259; J29.158;D. Animaux.33.
— Req.A8.112;P24.1.121;B15.131;S25.1.74;D.Cassat.794. Faillite.418.
— Bruxelles.A12.734,n.6;P2.1421; B27.339; S25.2.376;D. Tutelle.323.
— Limoges.A12.756,n.17; P24.2.113; B27.543; S24.2.253; D.Deg. de jurid.267.Tutelle.375.
29 Cour sup. de Bruxelles.A7.46;P2.5; B13.46; D.Enreg. 554.555.

— Req.A2.309; P24.1.69; B5.344; S24.1.344; J28.553; D. Cassat.117.411.
30 Cr.c.A4.85;P24.1.135; B7.91; S24.1.227; D.Contr. ind. 320.323.325.
— Toulouse.A5.221;P1.752;B5.250;D.Contr. dir.202.
— Cr.c.A1.208;P24.1.120;B1.241;S24.1.226;D.Action civ. 51.
— Bruxelles.A7.404;P2.70;B14.12;D.Enreg.2728.
— Cr.c.P24.1.131;S24.1.225;D.Preuve litt.720.
31 Cr.c.A3.446; P24.1.150; B6.47; S24.1.228; J29.579; D. Compét. cr.206.
— Cr.c.P24.1.134;S24.1.228;D.Délit rural.125.
— Cr.c.P24.1.144;S24.1.416;D.Forêts.814.

FÉVRIER.

2 Civ.c.A4.741; P1.1254. et 24.1.54; B8.374;S24.1.251;D. Deg. de jurid.569.574.
— Toulouse.A12.410,n.1.4;P24.2.172;B26.264;J30.547;D. Rapp. à succ.123.
— Bourges.P25.2.9;S24.2.362;J31.82;D.Acquiesc.243.Appel civ.420.
3 Liége.A4.694;P1.1228;B8.318; D.Deg. de jur.372.Responsabil.76.
— Civ.r.A9.310;P24.1.59;B17.367; S24.1.190; J30.345; D. Inscrip. hypoth.398.477.Dem. nouv.142.
— Civ.c.A9.698; P24.1.70; B18.351; S24.1.252; J29.49;D. Jugem. par déf.37.54.
4 Civ.c.A4.622;P24.1.52;B8.256;J29.461;D.Deg. de jur. 47.
— Ord.A6.326,n.42;D.Ventes adm.363.
— Ord.A6.342,n.6;D.Domaines.
— Ord.A8.763;S24.2.381;D.Forêts.
— Montpellier.A8.784;P2.292;B16.491;S25.2.118; J31.39; D.Filiat. lég.76.167.
— Rouen.A12.15,n.1;P24.2.144;B25.154; D.Servitude.85.
— Grenoble A9.292;P24.2.167,n.;J30.557; D.Purge.187. 188.
— Ord. du cons. d'état.D.Eau.560.
— Ord. du cons. d'état.D.Respons.140.
— Ord.A12.981,n.17;D.Voirie.53.
— Ord.A12.991,n.18;B28.303,n.18;D.Voirie.186.
— Ord.A12.1024,n.42;D.Voirie.746.
5 Cr.c.A3.625;P24.1.180;B6.242;S24.1.288;D.Complicité. 18.39.
— Cr.r.A3.578;P24.1.174;B6.193;S24.1.430;D.Cassat.122. Comp. cr.551.653.654.655.659.
— Agen.A6.623,n.1;B16.236,n.1;D.Filiat. adult.2.30.
— Paris.A6.687;P24.2.178;B12.547;S24.2.341; J29.428;D. Eff. de comm.554.594.
6 Cr.c.A2.123; P24.1.183; B3.132; S25.1.93; J29.568; D. Aut. mun.67.86.
— Cr.c.A7.574;P2.100;B14.222;S25.1.36; J32.143;D.Evasion.34.
— Cr.c.A8.797;B16.428. et 18.235;D.Forêts.871.872.
— Cr.c.A9.615,n.3;P2.550,n.4;B18.235;D.Publ. des jug. 100.
— Colmar.A12.467,n.3;P2.1285; B25.409; S25.2.407;J31. 642;D.Substitution.69.
— Nimes.A12.563,n.1;P30.1.105;B26.464; S24.2.117;J30. 128;D.Success.415.
7 Cr.c.A2.134;P1.372;B3.144; D.Aut. mun.296.297.298. 299.
— Paris.A5.101; P1.1299; B9.115; S25.2.196; J30.157; D. Agréé.20. Deg. de jurid.596. Désaveu.6.7.53.175.Société civ.318.
— Bastia.A5.802,n.;B10.476,n.1;D.Testam.
— Cr.c.A8.606,n.5;P2.407; B16.439; S25.1.41; D.Forêts. 1004.
— Grenoble.A11.755,n.2;P25.2.57;B24.232; S25.2.240;D. Saisie-imm.1112.
8 Agen.A11.644,n.2;P2.1249,n.2;B24.53;D.Frais et dép. 95.Saisie-brandon.6.
9 Civ.r.A1.298; P24.1.50; B1.346; S24.1.195; J29.1; D. Adoption.128.
10 Colmar.A3.28;P1.685;B5.27;D.Commune.171.205.
— Bordeaux.A6.593;P24.2.141;B12.237;S24.2.419;D.Eff. de comm.197.198.Etranger.259.
— Req.A12.20,n.1;P2.908,n.4;B25.462;D.Servitude.159.
— Aix.P26.1.421;D.Frais et dép.88.
— Ord.D.Acte de notoriété.69.
11 Grenoble.A4.667;P1.1214;B8.286;D.Deg. de jur.243.
— Req.A1.736;P24.1.498;B2.392;S25.1.209;J33.60; D.Arbitrage.339.653.682.686.1120.Trib.148.
— Req.A10.534,n.1;P2.793,n.1;B20.430; D.Obl. solid.88. Résol.26.
— Ord.A11.16,n.2;D.Organisat. jud..
— Ord. du cons. d'état.Mac.24.94;D.Comm.103.Forêts. 398.
— Ord. du cons. d'état.D.Dette publ.13.
— Ord. du cons. d'état.Mac.24.111;D.Marché de f.54.
— Ord. du cons. d'état.Mac.24.112;D.Marché de f.71.
— Ord. du cons. d'état.Mac.24.81;D.Respons.140.
— Ord. du cons. d'état.D.Ventes adm.89.
12 Amiens.A6.511;P24.2.92;B12.140; S24.2.76; D.Naturalis.44.
— Rennes.A6.511,n.2;P24.2.92;B12.141,n.2; S24.2.78;D. Droit civ.10.Droit polit.35.
— Poitiers.A9.419,n.9;P29.1.345;B17.497,n.9;D.Hypoth. 86.

— Req.A10.567,n.1;P2.801,n.5;B20.483;D.Subrog.84.
— Riom.A12.297,n.1;P2.1505;B26.64;S26.2.119;D.Retour lég.36.
— Civ.r.A12.410,n.1,n.2;P2.1521;B26.245;J36.134;D.Portion disp.527.534.
13 Grenoble.A10.543,n.1; P2.758,n.3; B20.153; S26.2.40; D.Dot.414.445.
— Cr.c.A11.211,n.1;P2.979,n.1;B22.295;D.Art de guérir. 135.
— Cr.c.A11.401;P2.1039,n.1;B23.107;D.Proc.-verb.129.
— Douai.P25.2.15;S24.2.315;J32.314;D.Adoption.31.
— Douai.P25.2.16,n.;D.Adoption.31.
14 Cour sup. de Liége.A2.470;P1.526;B4.71;S25.2.377;D. Choses.50.Saisie-exéc.134.
— Amiens.A6.512,n.1;P24.2.93;B12.142,n.1; S24.2.77;D. Droit polit.35.Naturalis.14.
— Ord.A6.551;D.Elect. lég.226.
— Paris.P34.2.141;D.Saisie-imm.1718.1749.
— Ord.A12.921,n.10;B28.503,n.10;D.Voirie.187.
16 Civ.c.A7.47;P24.1.68;B13.47;S24.1.253;J29.185;D.Enreg.277.Timbre.28.
— Civ.c.A6.457;P24.1.511;B12.77;S25.1.247;D.Colonies. 69.108.Douanes.440.441.
— Bastia.A9.656,n.2;P2.565,n.5;B18.296;D.Frais et dép. 78.
— Paris.A12.51;P2.912,n.2;B25.212; S25.2.25; J29.242;D. Servitudes.144.149.150.
17 Lyon.A5.401;P1.814;B5.462;D.Comp. comm.348.425.
— Civ.c.A4.10;P24.1.512;B7.11;S25.1.243;J32.121;D.Capitaine.64.65.Dem. nouv.24.
18 Civ.r.A6.823,n.;P24.1.64; B12.506; S24.1.263;J30.537; D.Emigré.304.
— Req.A9.382;P2.485;B17.454;D.Purge.86.
— Req.A10.416,n.2.1;P24.1.279; B20.256; S24.1.251;J31. 189;D.Nom.32.35.
— Lyon.A11.597,n.2.2;P2.1132,n.5;B23.450; J33.428; D. Req. civ.159.
— Ord. du cons. d'état.D.Aut. mun.183.
— Ord.A12.1024,n.38;D.Voirie.707.
19 Besançon.A5.723,n.1;D.Testament.428.429.
— Angers.A6.18; P1.1343; B11.16; S24.2.164; J30.465;D. Testament.845.
— Req.A6.203;P1.1350;B11.228;D.Partage d'asc.53.54.
— Orléans.A6.364;P24.2.131;S24.2.150;J29.111; D.Dom. privé.2.
— Liége.A10.691,n.2; P2.841,n.5; B21.149; D.Oblig.509. Preuve litt.1117.
— Amiens.A10.258,n.,n.5;P24.2.97; B19.486;S24.2.84;D. Sép. de biens.125.131.
— Agen.A12.751,n.9;P25.2.28; B27.374. et 32.558; S25.2. 168. et 93;D.Conciliation.5.Tutelle.511.512.
20 Agen.A4.640;P1.1203;B8.237;S24.2.235;D.Deg. de jur. 137.
— Colmar.A3.674;P1.962;B6.299;D.Compte.91.92.93.Jugem.505.
— Rennes.A8.428,n.2;P2.263,n.1;B16.44,n.2;D.Faux inc. 87.
— Amiens.A9.648;P2.559,n.3; B18.282; D.Exéc. des jug. et actes.185.
— Caen. A10.579,n.4.2; P2.767,n.4; B20.200; D.Douaire. 55.
— Cr.r.P27.1.282;S27.1.522;D.Déf.49.
— Trib. de comm. de Marseille.D.Assur. mar.151.
21 Toulouse.A3.405;P24.2.143;B5.467;D.Compét. comm. 451.
— Pau. A8.491; P2.209; B16.222; D.Faillite.826.839.841. Saisie-im.752.
— Cr.c.A11.539,n.7;P24.1.169;S24.1.398. et 408;B22.509; D.Presse.797.799.
— Rouen.A12.866,n.2;P2.1459;B28.93;D.Vente.495.
— Cr.c.P24.1.170;S24.1.398;J29.566; D.Juge.96.
22 Ord.A12.990,n.11;B28.301,n.11; D.Voirie.174.
23 Civ.c.A7.33;P24.1.74;B13.32;S24.1.260;D.Enreg.65.
— Civ.c.A7.372; P24.1.80; B13.423; S24.1.257; J29.174;D. Enreg.2512.
— Civ.c.A2.519;P24.1.368;B4.127; S24.1.259; J31.113;D. Chose jugée.151.
— Civ.c.A10.692;P24.1.75;B21.150;S24.1.194;J29.278;D. Preuve litt.1124.
— Colmar.A12.576,n.17; P2.1362; B27.67; D.Témoin.109. 110.
24 Agen.A12.480,n.2;P24.2.158;B26.537;S25.2.216;D.Partage.125.
— Paris.A12.930,n.3;P2.1484;B28.207; D.Vente pub.15.
25 Civ.c.A2.465;P24.1.78. et 1.526; B4.65; S24.1.199,J29. 157;D.Choses.128.
— Req.A9.200,n.1;P2.448;B17.237,n.1;D.Hypoth. conv. 55.
27 Cr.c.A11.471,n.4; P2.961,n.5; B22.222; S24.1.399; D. Peine.328.
— Décis. min. des fin.S24.2.145;D.Comptabilité.68.
28 Riom.A9.656,n.3;P2.563,n.6;B18.296; D.Frais et dép. 78.
— Bruxelles.A11.193,n.,n.9; P2.960,n.2; B22.261; D.Péremp.118.140.179.
— Cr.c.A11.344,n.1; P2.1102,n.7; B23.301; S24.1.400; D. Récidive.44.
— Rennes.A11.624,n.2,n.1;P2.1141,n.2;B24.19;D.Dom.-int.100.Saisie-arr.72.75.

MARS.

1 Civ.c.A2.550. et 7.619; P24.1.106; B4.161. et 14.278; S24.1.355; D.Exception.301.302.Exploit.290.
— Civ.c.A7.619; P31.1.345; D.Appel civ.194.Chose jugée.192.
2 Liége.A2.952, n.2; P2.1495; B5.354. et 28.243; D.Comp. civ.458.
3 Req.A2.606; P1.694; B4.225; D.Chose jugée.398.
4 Req.A5.239; B9.274; D.Jugem.43.Dispos.entre-vifs.76.97.Enq.201.
— Montpellier.A7.600; P2.106; B14.255; D.Exception.149.
— Req.A10.599, n.1; P2.812, n.3; B20.536; D.Cess.de biens.112.Faillite.742.
— Req.A10.574, n.1; P2.804, n.1; B20.495; D.Offre.11.
— Paris.A11.447, n.2; P24.2.104; B23.188; S24.2.350; J28.460; D.Expropr. pub.242.
5 Cr.c.A4.514; P1.1480; B8.120; D.Cour d'ass.1664.Trib.170.
— Rouen.A2.590; P1.498; B5.457; D.Preuve litt.965.
6 Cr.c.A2.171; P1.594; B5.185; D.Aut. mun.632.633.634.
— Cr.c.A6.435; P1.1578; B12.50; D.Douanes.329.
— Cr.r.A11.551, n.6; P2.1018, n.3; B22.494; S25.1.45; D.Presse.189.
— Cr.c.A11.585, n.5; P2.1127, n.2; B23.423; D.Renvoi.95.
— Req.D.Avocats.120.
8 Civ.c.A11.61, n.2; P24.1.397; B22.66; S24.1.352; D.Trib.149.
— Grenoble.P25.2.247; D.Arbitrage.819.1040.1094.Cont. par corps.184.Dem. nouv.96.Ord. du juge.42.
9 Civ.c.A1.48; P24.1.95; B1.56; S24.1.203; J29.225; D.Absence.384.386.414.422. Cass.435. Degrés de jurid.222. Exploit.869.
— Civ.c.A8.625, n.2; P24.1.97; B16.237, n.1; S24.1.114; J29.569; D.Filiat. adult.25.
10 Req.A5.218; B9.251; D.Dispos. entre-vifs.8.51.
— Req.A5.785; P1.1342; B10.457; D.Droit civ.22.Testam.608.746.
— Civ.r.A6.655; P1.1469; B12.310; D.Eff. de comm.447.651.
— Liége.A10.105, n.1; P2.700, n.1; B19.273; D.Mariage.563.584.
— Civ.c.A11.528, n.6; P24.1.408; B23.525; S24.1.356; J29.574; D.Remplac.56.
— Toulouse.A11.704, n.1; P2.1176; B24.461; D.Saisie-imm.316.
— Rouen.P28.2.36; D.Acquiesc.359.422.Ordre.521.408.
11 Agen.A5.482; P1.1526; B10.102; D.Communauté.338. Paraphernalité.33.Port. disp.330.
— Req.A9.959, n.3; P24.1.363; B19.85; S25.1.133; J30.456; D.Agent d'aff.6.
— Req.A9.917, n.1-1; P2.664, n.8; B19.18; D.Louage.220.
— Req.A9.909, n.1; P2.661, n.2; B19.5; D.Louage.99.100.
— Metz.A9.653, n.4; P2.562, n.2; B18.289; S26.2.17; D.Exéc. prov.6.
— Poitiers.A9.420, n.10; P2.495; B17.497, n.10; J35.95; D.Hypoth.299.
12 Cr.c.A4.330; P1.1111; B7.360; D.Cour d'ass.213.214.
— Grenoble.A4.651; P1.1208; B8.269; D.Deg. de jurid.468.
— Caen.A11.260, n., n.7; P2.973, n.7; B22.276; D.Pérempt.235.
13 Cr.r.A4.211; P1.1007; B7.228; S24.1.136; D.Or et argent.138.
— Bruxelles.A10.755, n.12; P2.839, n.2; B21.251; D.Présompt.101.
15 Liége.A4.677; P1.1220; B8.299; D.Deg. de jurid.292.
— Civ.c.A4.719; P1.1243; B8.349; D.Deg. de jurid.467.
— Civ.c.A8.477; P24.1.440; B16.71; S25.2.219; J29.105; D.Féodalité.114.
— Agen.A12.519, n.9; P24.2.158; B26.426; J35.281; D.Legs.36.Rescis.71.81.
— Riom.A5.411, n.22; D.Port. disp.224.226.
16 Civ.c.A4.725; P1.1247; B8.355, D.Deg. de jurid.465.
— Lyon.A10.383, n.1-1; P2.770, n.1-1; B20.208; D.Frais et dép.208.
— Bruxelles.A10.165, n.1; P2.711, n.1; B19.372; S25.2.377; D.Contrat de mariage.13.
— Pau.A12.649, n.11; P27.1.477; B27.186; J31.488; D.Tierce-opp.55.174.175.
— Civ.c.A11.779, n.1; P24.1.402; B24.297; S24.1.205; J29.283; D.Surenchère.168.
— Toulouse.D.Dem. nouv.61.
17 Req.A1.724; P24.1.132; B2.376; S24.1.421; J30.499; D.Arbitrage.591.595.Motifs des jugem.212.
— Civ.c.A10.493, n.2; P24.1.465; B20.371; S25.1.147; J32.250; D.Intérêts de cap.21.130.140. Rapport.4.
— Req.A12.71, n.1; P2.1261; B25.247; D.Servit.723.724.
18 Req.A12.96, n.1; P24.1.470; B25.284; S25.1.138; J31.579; D.Société civ.304.
— Agen.P24.2.182; S24.2.363; D.Prescrip.914.
19 Amiens.A12.77, n.7; P25.2.22; B25.255; S24.2.242; D.Servitudes.688.689.707.
20 Grenoble.A4.716; P1.1242; B8.346; D.Deg. de jurid.450.
— Bordeaux.A7.754; P24.2.167; B14.442; S24.2.352; D.Exploit.657.
— Liége.A8.62, n.2; D.Faillite.527.
21 Solut. min.P34.3.51; D.Garde nat.266.
22 Civ.r.A10.720, n.5; P24.1.369; B21.195; S25.1.45; J31.93; D.Cassat.773.
— Montpellier.A11.70, n.1.2; P24.2.137; B22.49; S24.2.209; J30.355; D.Deg. de jurid.521. Juge-supp.103.
23 Civ.r.A3.201; P24.1.148; B5.227; S25.1.79; J30.140; D.Compét. adm.286.
— Rouen.A3.750; P24.2.183; B6.365; J30.485; D.Contr. par corps.104.
— Req.A5.653; P24.1.122; B10.508; S24.1.245; MR17.585; J29.97; D.Preuve litt.397.Testam.219.
— Civ.r.A10.672, n.2; P2.832, n.1; B2.116; D.Cassation.861. Comp. comm.272.Preuve litt.761.
— Rouen.A11.719, n.2; P27.1.188 et 2.1482; B24.189; D.Saisie-imm.492.556.
— Bruxelles.A11.835, n.2; P2.1146, n.2; B24.40; D.Saisie-arrêt.152.
— Paris.P25.2.119; J32.21; D.Novat.25.Faillite.434.Sép.de patrimoine.90.91.
24 Ord.A6.525, n.1; D.Ventes adm.359.
— Ord.A6.525, n.14; D.Domaines.
— Civ.r.A6.800, n., n.2; P24.1.187; B12.478, n.2; S24.1.169; J29.468; D.Intervention.129.Emigré.186.
— Amiens.A9.440, n.5; P2.490; B17.522, n.5; S24.2.159; D.Réd. des hyp.59.
— Liége.A10.725, n.1; P2.855, n.1; B21.202; D.Preuve test.108.
— Ord.A11.355, n.1; P2.1028, n.2. et 24.2.52; B23.27; D.Prises marit.223.226.
— Ord.A12.686, n.20; B27.253; D.Trav. pub.168.
— Ord.A12.691, n.9; P2.1407; B27.262; D.Trav. pub.226.
— Ord.A5.184, n.1; D.Compét.
— Ord. du cons. d'état.Mac.24.153; D.Forêts.399.
— Ord. du cons. d'état.D.Dette publ.52.
— Ord. du cons. d'état.D.Eau.373.
— Ord. du cons. d'état.Mac.24.158; D.Marché de f.76.
— Ord. du cons. d'état.Mac.24.160; D.Marché de f.120.
— Ord. du cons. d'état.D.Traitement.20.
— Ord. du cons. d'état.D.Traitement.26.
— Ord. du cons. d'état A6.534, n.2; D.Ventes adm.127.
25 Cr.r.A4.456; P1.1161; B8.53; D.Cour d'ass.1211.
— Montpellier.A5.255; P1.1516; B9.293; S24.2.275; D.Dispos. entre-vifs.120.
— Bruxelles.A5.532; P1.1320; B10.159; D.Donat.254.
— Amiens.A8.747, n.2; P8.2.360, n.2; S24.2.242; D.Forêts.365.
— Montpellier.A9.477; P24.2.145; B18.23; S24.2.250; J32.87; D.Incendie.51.
— Cr.c.A12.1049, n.3; P24.1.269; B28.322; S24.1.289; J30.493; D.Vol.72.
— Grenoble.A10.758, n.1; P2.860, n.2; B21.259; D.Aveu.63.
— Req.P31.1.265; D.Incendie.45.Respons.402.585.
26 Cr.r.A9.762; P24.1.520; B18.480; S24.1.500; J31.15; D.Jugem. par déf.553.554.
— Toulouse.A10.104, n.4; P24.2.125; B19.265; S24.2.223; D.Acte de l'état civ.47.Interdit.136.Mariage.88.427.543.554.Témoin.230.
— Cr.c.A11.236, n.9; P24.1.214; B22.359; S24.1.419; J30.495; D.Poste aux lettres.15.16.
— Montpellier.A11.69, n.3; P24.2.136; B22.47; D.Juge-sup.44.
— Liége.A11.743, n.2; P2.1180; B24.179; D.Saisie-im.470.
— Douai.A11.880, n.1.3; S25.2.55; B24.482; J32.595; D.Scellé.43.
27 Montpellier.A7.674; P2.120; B14.347; D.Expertise.55.147.188.
— Paris.A9.80; P2.424; B17.89; S25.2.193; J30.309; D.Intérêts de cap.69.Privil.301.
— Paris.A12.664, n.59; P2.1390; B27.209; S25.2.195; J29.372; D.Tierce opp.157.
— Grenoble.P25.2.75; S25.2.298; D.Usufruit.439.
29 Poitiers.A11.429, n., n.6; P2.965, n.2; B22.237; D.Pérempt.44.164.
— Riom.A12.42, n.2; P2.910, n.3; S25.2.199; D.Servit.299.
— Colmar.P25.2.86; S28.2.9; D.Degré de jurid.449.
— Rouen.S28.2.472; D.Rente.467.
30 Agen.A5.14; P24.2.185; B5.11; S25.2.1; J32.45; D.Commune.42.
— Civ.r.A6.312; P24.1.134; B11.363; S24.1.424; J30.328; D.Dom. engagés.70.
— Req.A9.751; P2.589; B18.434; D.Jug. par défaut.468.
— Civ.r.A11.919, n.1.6; P24.1.253; B25.60; S24.1.306; J30.241; D.Sép. de corps.197.
31 Agen.A4.694; P1.1228; B8.316; D.Conciliation.20.
— Civ.r.A5.506; P24.1.151; B10.129; J29.524; D.Donat.69.
— Ord.A6.859, n.4; D.Emig.581.
— Caen.A6.853, n.; B12.510, n.; D.Emigré.581.
— Req.A10.190, n.1.3; P24.1.212; B19.44; J30.47; D.Communauté.72.80.548.Douaire.37.Enreg.1008.
— Grenoble.A11.693, n.5; P2.1171; B24.142; D.Saisie-immob.321.
— Ord. du cons. d'état.Mac.24.202; D.Marché de f.159.

AVRIL.

1 Cr.c.A4.502; P1.475, B8.106, S24.1.320; J1.1175; D.Cour d'ass.1602.
— Req.A5.400; P1.1298; B9.114; D.Désaveu.61.
— Req.A9.267, n.3.2; P2.460; B17.316, n.2; D.Inscript. hypoth.204.
— Lyon.P25.2.42; S25.2.107; D.Désaveu.88.170.
— Metz.P33.2.466; S25.2.304; D.Donation.35.
2 Agen.A6.625; P1.1461; B12.274; S24.2.363; D.Effet de comm.646.
— Rouen.A10.285, n.1-1; D.Communauté.1157.
— Cr.r.A11.231, n.2; P2.990, n.4; B22.331; S24.1.249; D.Voitures publ.48.64.67.
— Colmar.A12.273, n.1; P2.1502; B26.10; D.Etranger.40.Lois.164.
— Orléans.A12.434, n.1; P2.1526; B26.286; J30.75; D.Port. disp.302.Rap. à succ.275.
3 Amiens.A11.482, n., n.5; B22.245; S26.2.163; J34.454; D.Péremp.111.221.
— Req.A12.825, n.18; P2.1526; B28.22; D.Usure.42.87.109.
— Caen.P25.2.124; S25.2.175; D.Concession.15.Hypoth.45.Dom. pub.23.
4 Ord.A6.535, n.11; D.Domaines.
— Cass.D.Lois.198.
5 Lyon.A2.783; P1.662; B4.429; J34.374; D.Commissionnaire.287.348.
— Civ.r.A2.793; P1.670; B4.447; D.Commissionnaire.349.
— Riom.A11.864, n.2; B24.452; S25.2.328; J35.351; D.Saisie-imm.979.1016.1278 Surenchère.358.369.380.
— Colmar.P25.2.63; J30.368; D.Revoc.16.Testam.9.407.
— Agen.P24.2.121; S24.1.245; D.Enq.245.
— Rennes.P30.2.57; D.Désist.159.
6 Liége.A4.641; P1.1204; B8.257; D.Deg. de jurid.14.157.
— Civ.c.A1.249.P24.1.147; B1.290; S24.1.281; J29.311; D.Action possess.214.
— Req.A5.736; P24.1.412; B10.400; S26.1.31; MR17.709; J31.388; D.Testament.498.
— Req.A7.747; P2.146; B14.434; D.Motifs des jug.103.Exploit.98.Saisie-arrêt.127.
— Req.A6.512; P1.1354; B11.553; D.Dom. eng.56.
— Ord.A6.550, n.1.2; D.Droits civ.
— Civ.c.A11.81, n.5; P24.1.145; B22.66; S24.1.285; J29.463; D.Sép. de corps.200.Tribunal.162.
— Req.A11.716, n.3; P24.1.280; B24.184; S24.1.269; J29.410; D.Saisie-imm.476.704.
7 Civ.r.A2.476; P24.1.143; B1.78; S25.1.70; J29.236; D.Choses.134.
— Req.A1.120; P1.45; B1.142; D.Acquiesc.35.150.446.Chose jugée.261.
— Ord.A6.552, n.7; D.Domaines.
— Déc.A11.433, n.2; P2.1080, n.2; B23.167; D.Procès-verbal.622.
— Civ.c.A11.522, n.5, P24.1.156; B23.594; S24.1.292; J29.555; D.Remplacement.23.
— Ord.A12.686, n.21; P2.1402; B27.255; D.Trav. publ.102.
— Grenoble.A11.796, n.2; P2.1202; B24.330; D.Surenchère.260.261.
— Poitiers.P23.2.102.et 27.1.436; D.Actes de l'ét. civ.157. Filiat. adult.27.34.35.Jugem.506.Disp. entre-vifs.265.
— Paris.P24.2.171; S25.2.188; J30.425; D.Hypoth.
— Ord.A12; P25.1.187; B27.255, n.1; D.Cons. d'état.13.
— Lois.83.Tribunal.249.
— Ord.A3.226, n.4; D.Eau.399.427.
— Ord.A3.226, n.12; D.Eau.427.
— Ord. du cons. d'état.A12.1024, n.38; D.Aut. mun.231.
— Ord.D.Cons. d'état.106.
— Ord. du cons. d'état.D.Loterie.17.
— Ord. du cons. d'état.Mac.24.217; D.Marché de f.126.
— Ord.A3.199; D.Comp. adm.312.
— Arr. du cons. d'état.A12.1021, n.24; D.Expr. publ.44.
— Ord.A12.1021, n.23; D.Voirie.661.666.
— Ord.A12.1024, n.38; D.Voirie.704.708.
— Caen.A5.648; B10.500; S25.2.2; J31.28; D.Testam.106.
8 Amiens.A9.579, n.1.9; P2.556, B18.174; S24.2.244; J32.344; D.Interrogat. sur faits.91.
— Rouen.A11.887, n.3.5; P2.1255; B25.7; S24.2.143; J29.61; D.Sép. de corps.98.
— Rouen.P25.2.33. et 27.1.115; S24.2.266. et 26.2.273; J32.502; D.Aveu.34.Preuve test.194.
9 Cr.c.A4.232; P1.1075; B7.251, n.; D.Contr. ind.569.
10 Rouen.A8.150; P2.420; B15.174; D.Faillite.627.
— Grenoble.A12.458, n.4; P2.1529; B26.322; D.Sép. de patrimoine.35.
12 Toulouse.A3.594; P1.814; B5.455; S26.2.128; D.Comp. comm.414.
— Bourges.P25.2.51; S25.2.254; D.Rente.182.224.
13 Req.A8.329; P2.269; B16.16; D.Faux incid.132.
— Caen.A11.558, n.1; P2.1119, n.5; B23.378; S25.2.315; D.Rente.160.
— Req.A12.943, n.4; P2.1488; B28.231; D.Vérif. d'écr.32.
14 Req.A3.165; P24.1.139; B5.182; S24.1.131; J29.159; D.Acte de notoriété.4.Comp. adm.74.
— Req.A2.484; P1.357; B4.88; D.Choses.167.Date.8.
— Req.A2.478; P24.1.257; B4.80; S25.1.18; J30.245; D.Choses.156.
— Ord.A9.980, n.14; B19.117, n.14; D.Manuf.77.
— Ord. du cons. d'état.D.Action.70.
15 Cr.c.A4.401; P24.1.254; B7.441; S24.1.326; J33.556; D.Cour d'ass.927.1218.1285.1439.1440. Instruct. crim.520.Jugem.437.Témoin.457.
— Cr.c.A2.147; P24.1.382; B3.159; S24.1.334; J31.344; D.Autor. mun.137.328.Voirie.474.
17 Cr.c.A4.415; P24.1.241; B8.8; S24.1.333; J30.394; D.Cour d'ass.817.1520.
— Cr.c.A7.642; P2.113; B14.306; S24.1.327; D.Excuse.62.
— Cr.r.A11.591, n.2; P2.1129, n.4; B23.440; D.Renv.77.79.
— Bruxelles.A8.246; D.Degré de jurid.62.
20 Req.P26.1.296; S26.1.225; J34.13; D.Action possess.357.
21 Req.A2.264; P1.436; B3.289; D.Brev. d'invent.88.132.
— Ord.D.Marin.16.
22 Paris.A6.756, n.2; P1.1491; B12.427; S26.2.30; J31.535; D.Effet publ.28.

— Cr.c.A11.556,n.5; P24.1.269; B22.505; S24.1.329; D. Presse.306.
— Cr.c.P24.1.271; S24.1.332; J30.329; D.Forêts.412.416. 436.437.
— Cr.c.P24.1.411; S24.1.324. et 30.351; D.Forêts.
23 Cr.c.A1.411; P1.150; B2.12; D.Or et argent.86.
— Paris.A9.420,n.4; P2.495; B17.498,n.11; S25.2.202; J30. 120; D.Hypoth.300.
— Cr.c.A11.494,n.2; P24.1.414; B23.265; S24.1.351; D. Quest. pr.109.
— Cr.c.A7.650; P2.114. et 24.1.263; B14.316; S24.2.323; J 30.447; D.Excuse.103.
26 Civ.c A5.105; P24.1.171; B9.118; S24 1.340; J29.519; D. Désaveu.52.72.
— Rouen.A8.97; P25.2.7; B15.112,n.; S25.2.15; D.Faillite. 204.205.206.
— Civ.c.A8.648,n.1; P24.1.165; B16.265,n 2; S24.1.317; MR17.601; J29 417; D.Filiat. nat 160.165.
— Civ.c P24.1.153; S24.1.268; D.Dom. de la cour.6.
— Bourges.P25.2.38; S25.2.103; D.Exéc. des jugem. et actes.189.
27 Metz.A5.528; P1.1529; B10.154; S26.2.119; J31.565; D. Donation.184.
— Req.A9.166; P24.1.176; B17.194; S24.1.268; J29.359; D. Hypoth. lég.173.
— Civ.r.A11.634,n.2; P24.1.159; B24.25; S25.1.102; MR17. 175. et 199; J30.52; D.Motifs des jug.197.Saisie-arrêt. 269.270.271.
— Colmar.A12.915,n.2; B28.180; S26.2.52; D.Transport de créance.54.55.
28 Grenoble.A3.416; P1.822; B6.15; D.Compét. cr.69.239.
— Rouen.A9.929,n.1.5; P25.2.39; B19.36; S24.2.279; D. Louage.470.
— Orléans.A12.861,n.1; P2.1457; B28.84,n.1; D.Vente 370.
— Agen A11.918,n.2.5; P24.2.184; B25.60; S24.2.356; D. Sép. de biens.195.
— Metz.P33.2.167; S25.2.268; D.Servitudes.108.
— Ord. du cons. d'état.Mac.24.257; D.Marché de f.182.
29 Cr.c.A2.98; P1.350; B3.101; S24.1.323; D.Attentat à la pudeur.52.
— Civ.r.A3.435. et 412,n.12; P1.830; B6.34; D.Compét. crimin.91.
— Cr.c.A4.218; P1.1069; B7.256,n.1; D.Or et argent.31.
— Req.A5.644; P24.1.190; B10.295; S24.1.276; MR17.199; J 29.513; D.Disp. entre-vifs.99.Legs.101.Motifs des jug. 64.74.Révoc.180.Testam.120.152.194.
— Bruxelles.A11.564,n.3; P2.1123,n.2; B23.391; D.Rente. 211.
— Rouen.A11.842,n.4; P25.2.56; B24.417; D.Saisie-imm. 1300.1629.1630.
— Grenoble.P25.2.124; S26.2.27; D.Action personn.48.
30 Cr.c.A2.9; P24.1.275; B3.6; S24 1.532; D.Armes.58.59.
— Cr.r.A8.779,n.4; P2.384; B16.404; D.Forêts.742.
— Cr.c.A8.793; P2.396; B16.425; D.Forêts.831.
— Cr.r.A12.1081,n.26; P2.1538,n.22; B28.445; D.Vol.306.

MAI.

1 Douai.P25.2.16,n.; D.Adoption.31.
— Pau.D.Acte respect.91.
3 Bourges.P25.2.11; S25.2.210; D.Dem. nouv.63.
4 Nimes.A3.791; P1.993; B6.436; D.Contr. par corps.481. 483.521.597.
— Civ.c.A9.650; P24.1.427; B18.256; S25.1.57; J31.295; D. Motifs des jug.77.
— Grenoble.A12.76,n.6; P2.1262; B25.254; S25.2.182; D. Servitudes.687.
— Req.A11.764,n.3; P2.1203; B24.270; D.Surenchère.42.
— Poitiers.P25.2 89; D.Appel civ.74.
5 Req.A3.394; P1.812; B2.455; D.Compét. comm.414.
— Civ.c.A7.412; P2.71; B14.22,n.; D.Enreg.2771.
— Civ.c.A6.168; P24.1.185; B11.189; S24.1.187; MR17.537; J29.475; D.Révocation.162.165.
— Civ.c.A9.744,n.3; P24.1.168; B18.423; S24.1.275; MR17. 393; J29.527; D.Jugem. par déf.414.
6 Agen.A3.384; P24.2.181; B5 445; S24.2.383; D.Compét. comm.407.Compte.35.
— Orléans.A7.678,n.1; B14.351,n.1; D.Expertise.195.197.
— Caen.A10.327,n.,n.6; P2.755,n.4; B29.119; D.Dot.293. Jugem.318.
— Cr.r.A12.605,n.11; P2.1375; B27.114; D.Témoin.401.
— Cr.c.A11.83,n.2; P24.1.288; B22.70; S24.1.305; J31.47; D. Tribunal.192.
7 Cr.c.A3.548; P1.893; B6.159; D.Compét. crim.561.562. Peine.353.
— Cr.c.A8.814; P24.1.290; B16.449; S24.1.311; D.Garde nat.17.151.
— Cr.c.A12.827,n.25; P2.1443; B28.28; S24.1.306; J30.239; D.Usure.91.
— Bourges.P25.2.47; D.Oblig.248.
8 Paris.A1.688; P24.2.161; B2.336; S25.2.170; J29.288; D. Arbitrage.499.
— Cr.r.A1.425; P1.141; B2.29; D.Désertion.19.
— Cr.r.A2.442; P1.519; B4.40; S29.1.440; D.Chasse.65.103.
— Grenoble.A7.715; P2.131; B14 394; S25.2.166; D.Expl. 190.755.
— Toulouse.A8.57. et 54,n.7; P2.178; S24.2.345; D.Faillite.154.155.491.
— Cr.r.A8.679,n.3; P2.509; B16.301,n.3; D.Fonct. p.201.
— Metz.A9.750,n.3; P2.583,n.5; B18.399; D.Appel civ.55. Commerçant.25.Jugem. par défaut.328.
— Toulouse.A9.724,n.1; P24.2.174; B18.390; S24.2.538; MR17.594; D.Jugem. par défaut.302.
— Bruxelles.A11.294,n.1; P2.1006,n.1; B22.435; D.Prescript.829.Preuve litt.495.
— Cr.r.A11.118,n.1; P2.940,n.1; B22.130; D.Presse.693.
10 Caen.A10.283,n.8; P2.741,n.2; B20.54; D.Communauté. 1165.
— Agen.A11.300,n.3; P2.1009. et 24.2.182; B22.447; S24. 2.577; D.Prescrip.922.
— Circul. min.P29.3.12; S29.2.283; D.Mariage.
11 Civ.c.A7.306; P24.1.216; B13.547; S24.1.196; J29.538; D. Enreg.2206 2207.2208.
— Civ.r.A10.290,n.,n.11; P24.1.221; B20.58; S24.1.177; J 30.12; D.Communauté.1180.
— Bourges.P25.2.110; D.Obl.712.Exploit.683.
12 Civ.c.A7.505; P24.1.259; B14.140; S24.1.316; J30.524; D. Transcrip. hypoth.28.
— Grenoble.A9.312,n.4; P2.469; B17.370,n.4; S25.2.184; J 31.252; D.Inscript. hypoth.470.
— Bordeaux.A11.186,n.,n.5; P24.1.118; B22.249; S24.2. 176; D.Péremp.88.
— Bruxelles.A12.572,n.8; P2.1359; B27.61; D.Faux.
— Civ.c.P24.1.250; S24.1.215. V. au 22.J30. 392; D.Ventes adm.340.343.
— Req.P24.1.245; S25.1.116; J30.203; D.Dom. de l'ét.20. Poss.100.101.
— Ord. du cons. d'état. D.Marché de fourn.263.
— Ord. du cons. d'état.D.Respons.159.
13 Req A3.188; P24.1.406; B5.213; S25.1.59; J31.106; D.Acquiesc.313.Cassation.752 Compét. adm.190.Oblig.70. Success.445.Tribunal.115.
— Grenoble.A10.563,n.1.2; P2.801, n.1; B20.476; S25.2. 310; D.Subrog. 41.
— Cr.r.A11.216,n.2; P2.982,n.6; B22.303; D.Fr.et dép.379.
— Bruxelles.A11.683,n.5; P2.1167; B24.121; D.Sai.-im.61.
— Grenoble.P33.2.77; S25.2.511; D.Port. disp.291.
14 Cr.r.A1.169; P1.69; B1.196; D.Frais et dépens.352.
— Cr.c.A4.64; P1.1022; B7.68; D.Contr. ind.167.168.
— Cr.c.A4.42; P1.1018; B7.44; D.Contr. ind.22.121.126.
— Cr.r.A2.311; P1.462; B3.347; D.Appel correct.24.Cassation.252.
— Rouen.A2.55; P24.2.170; B3.56; S24.2.378; D. Assur. maritim.602.
— Trib. comm. de Marseille.D.Assur. marit.515.
15 Grenoble.P25.2.31; S25.2.183; J31.547; D.Partage.125.
17 Civ.c.A6.167; P24.1.207; B11.187; S24.1.314; MR17.532; J30.49; D.Révoc.119.
— Rouen.A11.789,n.2; P24.2.156; B24.317; S24.2.202; J30. 216; D.Surenchère.465.
18 Civ.c.A7.285; P24.1.210; B13.321; S24.1.287; J30.305; D. Enreg.1009.2087.Communauté.646.
— Req.A2.40; P1.322; B3.40; D.Arbitrage.906.Assur. maritim.324.825.
— Liége.A6.582,n.2; P1.1453,B12.224,n.2; D.Eff. de commerce.149.
— Amiens.A9.236,n.2.1; P2.670,n.6; B19.49; D.Louage. 348.735.749.
— Civ.c.A10.210,n.1-1; P24.1.225; S24.1.297; J.30.1; D. Communauté.289.
— Req.A10.347,n.,n.16; P2.750,n.15; B20.101; D.Dot.377. 389.
— Riom.A11.830,n.1; P2.1227; B24.393; D.Saisie-im.1194. 1648.
— Toulouse.P25.2.23; S24.2.304; J30.222; D.Substitution. 31.34.38.Success.407.
— Poitiers.A.11.829,n.8; P2.1226; B24.391; S25.2.164; D. Saisie-imm.1359.
19 Bourges.A4.796; P1.1273; B8.437; D.Dem. nouv.11.
— Req.A2.71; P1.334; B3.74; D.Assur. mar. 135. 139.632.
— Civ.c.A7.405; P24.1.428; B14.13; S25.1.105; J31.381; D. Enreg.27.35.
— Civ.c.A6.823; P24.1.203; B12.505; S24.1.307; D.Emigré. 305.
— Montpellier.A9.393; P24.2.168; B17.466,n.3; S24.2.355; D.Purge.187.188.
— Civ.r.A12.79,n.1; P2.1265; B25.258; D.Servitudes.777.
— Toulouse.P25.2.14; S24.2.206; D.Chose jugée.33.Remploi.107.
20 Cr.c.A8.402; P24.1.252; B15.468; S24.1.319; D.Faux.401.
— Req.A9.948,n.1.2; P2.676,n.2; B19.69; D.Louage d'ouv. et d'ind.68.69.
— Cr.c.P24.1.262; S24.1.310; J31.42; D.Prescription.
21 Cr.r.A4.146; P1.1048; B7.157; D.Octroi.66.
— Grenoble.A9.136; B17.157; J30 281; D.Hypot. lég.89.
— Grenoble.A10.335,n.,n.19; P2.757,n.9; B20.134; D.Dot. 431.
— Poitiers.A10.654,n.1; P2.825,n.2; B21.91; D.Preuve litt. 201.
— Cr.c.A11.224,n.6; P24.1.249; B22.318; S24.1.313; J30. 283; D.Poids et mesures.93.
— Grenoble.P25.2.107.et 26.1.291; D.Disposit. ent.-vifs. 100.101.
— Toulouse.P26.2.46; S26.2.211; D.Contr. par corps.476.
22 Metz A4.737; P1.1252; B8.569; D.Chose jugée.210.Deg. de jurid.553.
— Civ.c.A6.320,n.3; P24.1.250; B11.364,n.1; S24.1.215; V. au 12.J30.392; D.Ventes adm.272.
— Paris.A9.725,n.2; P24.2.175; B18.391; S24.2.340; J30.28; D.Jug. par défaut.303.
25 Poitiers.A8.58; P2.179; B15,65; D.Faillite.159.
— Civ.c.A6.746; P24.1.220; B12.381; S24.1.186; D.Eff. de comm.737.
— Bourges.A9.449,n.5; P2.502; B17.532,n.5; S26.2.16; J32. 341; D.Rad. hypoth.29.
26 Ord.A6.342,n.6; D.Domaines.
— Caen.A12.61,n.1; P2.1237; B25.229; D.Servitude.561.
— Req.A12.816,n.2; P2.1441; B28.12; D.Usufruit lég.53.
— Lyon.P25.2.87; S25.2.81; D.Louage.327.
— Nimes.P33.2.204; S25.2.23; D.Action possess.150.
— Ord.A3.238,n.6; D.Compét. adm.143.150.
— Ord.D.Jug. admin.21.
— Pau.S27.2.264; D.Portion dispon.592.
— Ord.A12.991,n.19; B28.303,n.19; D.Voirie.187.188.
— Ord.A9.689,n.2; D.Jug. adm.20.
27 Req. A12.897,n.2; P2.1471; B28.147; D. Action. 100. Vente.741.
28 Cr.r.A5.581; P1.908; B6.196; D.Compét. cr.656.657.688.
— Riom.A10.652,n.2.4; P2.825,n.1; B21.87; S26.2.98; J35. 368; D.Preuve litt.185.Respons. 308.
— Poitiers.P25.2.64; S25.2.259; D.Testament.830.880.
— Bourges.P25.2.111; D.Prescrip. civ.31.221.
— Bourges P25.2.85; D.Deg. de jurid.564.
29 Cr.c.A4.258,n.; B7.258,n.; D.Contr. ind.593.
— Bourges.A3.337; P1.772; B5.384; S25.2.147; D.Actes de comm.231.Comp. com.57.
— Cr.r.A8.782; P2.388; B16.408; D.Procès-verb.159.
— Cr.c.A12.828,n.32; P24.1.286; B28.31; D.Usure.101.
30 Ord.A12.990,n.11; B28.301,n.11; D.Voirie.371.
31 Montpellier.P25.2.95; D.Arbitrage.642.689.713.

JUIN.

1 Req.A3.95; P1.709; B5.100; S32.1.312; D.Commune.363. 421.
— Req.A2.47; P1.324; B3.47; D.Assur. marit.616.
— Grenoble.A9.336,n.3; B17.598,n.3; S26.2.58; D.Hypoth. 146.Purge des priv.9.
— C. d'ass. de la Somme. A11.514, n.2; B23. 501; S24.2. 353; D.Récidive.44.46.
— Paris.A25.2.73; S25.2.66; J30.63; D.Autor. de femme. 167.
— Civ.c.D.Commune.379.
2 Bourges.A6.848,n.1; B12.535,n.1; D.Enq.67.
— Req.A9.91,n.3; P24.1.526; B17.403,n.5; S25.1.283; J32. 429; D.Privilége.465.Vente.736.
— Bourges.A11.262,n.4; P2.998,n.3; D.Prescrip.362.
— Grenoble.A12.1045,n.1.2; P2.1516; B28.381; S26.2.2; D. Vol.42.
3 Cr.r.A10.669,n.2; P2.850,n.3; B21.110; D.Preuve litt.678.
— Cr.c.A12.1050,n.6; P2.1520; B28.390; D.Vol.74.
— Besançon.A11.949,n.6.1; B23 116,n.1; D.Serment.
— Riom.P25.2.57; D.Saisie-imm.1301.1302.
4 Cr.r.A4.321; P1.1109; B7.330; D.Cour d'ass.301.
— Cr.c.A3.457; P1.843; B6.58; D.Compét. crim.132.224.
— Cr.c.A1.597; P1.227; B2.233; D.Appel correct. 77.237. Forêts.825.
— Cr.c.A11.591,n.3; P2.1129,n.5; B23.441; D.Renvoi.83.
— Rouen.A11.813.n.1; P25.2.56; B24.362; S25.2.305; J31. 90; D.Saisie-imm.1286.1384.
— Toulouse.P25.2.115; S25.2.105; J32.311; D.Exploit.835.
5 Pau.P25.2.85; D.Deg. de jurid.486. Rep. d'inst.29.
7 Riom.A11.193,n.,n.20; P2.971,n.4; B22.269; S25.2.312; Péremp.184.195.
8 Rouen.P25.2.68; S26.2.60; J31.223; D.Puiss. p.36.Communauté.1044.
9 Req.A5.240; B1.1313; B9.276; D.Disp. ent.-vifs.77. Ratification.150.
— Toulouse.A9.58; P2.422; B17.62; S26.2.105; D.Ordre. 268.Privilége.262.
— Caen.A11.561,n.4; P2.1122,n.4; B23.386; S25.2.183; D. Rente.160.
— Ord.A3.19,n.9; D.Colonies.90.
— Ord.A12.1021,n.23; D.Voirie.662.
10 Cr.r.A2.100; P1.351; B3 106; D.Attentat à la pud.54.
— Agen.A5.477; P1.1326; B10.97; S24.2.357; D.Appel incid.76. Port. disp.527. Rap. à success.217.251.
— Req.A11.69,n.4; P2.925,n.1; B22.47; D.Juge suppl.103.
— Req.A12.13,n.1; P2.903,n.5; B28.149; D.Motifs des jug. 161. Servitude.63.
— Req.A12.866,n.1; P24.1.277; B27.57; S24.1.294; J30.145; D.Testament,692.
— Cr.c.A12.1060,n.3; P2.1524; B28.407; D.Vol.141.
— Req.A11.898,n.; P2.1240; B25.26; D.Sép. de c.82.85.
— Rouen.P25.2.92; D.Contr. par c. 55.Jug. par déf.131.
11 Cr.c.A4.546; P1.1185; B8.152; S25.1.176; D.Jour fér.70.
— Angers.A2.720; P24.2.183; B4.336; S24.2.207; J30.534; D. Actes de comm. 60. Compét. comm.174.
— Colmar.A11.822,n.11; P24.2.142; B24.379; S24.2.249; J 31.77; D.Saisie-imm.982.
— Ord.A12.1021,n.23; D.Voirie.660.
12 Lyon.P25.2.22; S25.2.21; D.Servitudes.591.688.
14 Civ.r.A11.766,n.3; P24.1.253; B24.274; S24.1.521; J30. 289; D.Autor. de femme.221.Surenchère.65.
15 Toulouse.A7.812; P2.164; B14.512; D.Domicile élu.26.
— Req.A10.138,n.2-2; P2.707,n.2; B19.327; D. Autor. de femme.133.
— Metz.A10.840,n.; P2.893,n.8; B21.397; D.Degré de jurid.518.Ordre.420.421.447.462.Vacances.11.
— Req.A10.735,n.1; P2.836,n.2; B21.222; D.Pr. test.194.
— Bourges. A12.62,n.1; P2.1258; B25.232; S25.2.299; D. Servitudes.595.

— Civ.r.A3.632;P24.1.238;B16.247;S24.1.338;MR17.65; J 30.501;D.Filiat. nat.56.
— Amiens.P26.2.61;D.Arbitrage.18.
16 Req.A1.539;P1.192;B2.165;D.App. inc.11.
— Req.A3.516;P1.784;B3.360;D.Comp. civ.278. Faill.72.
— Civ.r.A7.44;P24.1.460; B13.43; S25.1.127; J31.197; D. Enreg.533.534.2808.
— Req.A1.747;P24.1.242; B8.381; S24.1.310; J30.150; D. Degré de jurid.606.
— Loi.A7.17.511,n.3;B13.13;S24.2.210;D.Enreg.
— Ord.A6.334,n.4;D.Domaines.
— Paris. A9.312,n.3; P2.468; B17.369,n.3;S23.2.186;J29. 380;D.Inscript. hypoth.461.
— Civ.c.A11.70,n.1;P24.1.230;B22.48;S24.1.284;J30.352; D.Juge supp.105.106.
— Loi.A11.16,n.2;B21.433.n.1;S24.2.177;D.Pension.77.
— Liége.P32 2.129,n.1;S25.2.69;D.Jug. par déf.348.Degré de jurid.424.
— Loi.D.Amende.51 65.
— Ord. du cons. d'état.A12.1024,n.38;D.Aut. mun.247.
— Ord. du cons. d'état.Mac.24.517;D.Marché de f.185.
— Ord. du cons. d'état.D.Commune.683.
— Ord.A12.1024,n.38;D.Voirie.706.
17 Paris. A3.757; P1.982; B6.396; S25.2.172; J29.330; D. Contr. par corps.308.
— Req.A6.305;P1.1353.B11.343; D.Dom. eng. et éch.14.
— Cr.c A8.790,n.5;P2.593;B16.419;D.Procès-verbal.284.
— Limoges.A11.891,n.1-1;P2.1237;S26.2.177; B25.12; D. Sép. de corps.28.
18 Cr.r.A4.546;P1.1185;B8.153;D.Jour férié.68.
— Cr.c.A3.351; P24.1.350; B6.163; S24.1.390; D.Compét. crim.541.375.
— Cr.r.A3.410;P1.817;B6.8;D.Cass.793.Comp. cr.31.
— Metz.A9.166; P2.442; B17.194; S25.2.329; J33.504; D Tutelle.443.
— Cr.c.A11.124,n.16;P24.1.334; B22.140; S25.1.16; J31. 185;D.Presse.262.733.745.
— Rouen.A11.822,n.;P25.2.99,n.1;B24.379; S24.2.947; J 31.73;D.Saisie-imm.982.
— Bourges.P25.2 55;S25.2.294;D.Saisie-imm.1002.
— Bourges.B23.2.54;S25.2.255;D.Saisie-imm.913.
— Trib. de comm. de Marseille.D.Assur. marit.407.
— Rouen.P27.2.56;D. Vol.68.
19 Agen.P25.2 42;S25.2.70;D.Intér. de cap.99.
— Poitiers.P25.2.10;J32.173;D.Effets de comm.165.
— Agen.P25.2.43; D.Exécution des jugem. et actes.41.
— Bourges.P25.2.44;D.Faillite.986.
20 Agen.A7.663,n.2;P2 117;B14.332,n.1;D.Expertise.70.
21 Caen.A11.331,n.7;P2.1018,n.4;B22.495; D.Presse.669.
22 Nimes.A5.112;P1.1301;B9.128; S25.2.176; J32.516; D. Agréé.20.Désaveu.7.141.
— Civ.c.A6.598;P2 1456,B12.243;D.Domicile élu.46.Eff. de comm.228.Oblig. solid.33 Répétition.30.
— Montpellier.A6.864,n.2.3;P1.1513;B12.554,n.3; S26.2. 15;D.D Enq.75.148.171.
— Caen.P25.2.112; J31.557; D. Hyp. conv.54.57;Preuve litt..103.
23 Req.A6.22;P1.1343;B11.20;D.Testam.809.
— Ord.A9.466,n.9.2;B18.6,n.5,n.1;D.Cont. ind.194.
— Req.A9.131,n.1;B17.151,n.1;D.Hypoth. lég.33.
— Ord.A12.691,n 10;P2.1407;B27.260;D.Trav. pub.227.
— Ord.A12.837,n.15;P2.1446;B28 41;D.Marais.
— Ord.A12.1029,n.3;B28.357;D.Marais.24.
— Agen.P25.2.9;S25.2.186;D.Mort civ.47.
— Agen. P25.2.9; S25.2.202; D. Don. par cont.198.Port. disp.468.
— Ord.A3.226,n.11;D.Eau.4.23.
— Ord. du cons. d'état.B28.297;D.Voirie.123.
24 Caen.A8.796,n.4;P2.399;B16.427;D Forêts.862.
— Req A10.313,n.1.9;P2.748,n.8;B20 94;D.Dot.401.
25 Cr.c.A4.325;P1.1110;B7.354;D.C. d'ass.327.374.412.
— Cr.r.A1.547;P1.195;B2.175;D.Appel correct.13.
— Cr.c.A8.751,n.1;P2.364. et 24.1.495;B16.367,n.;S25.1. 155;MR17.273;D.Forêts.447.
— Cr.c.A8.751,n.1;P2.364;B16.366; S25.1.152; D.Forêts. 447.Interv.85 Quest. pr.58.
— Loi.A11.165,n.2;S24 2 184;D.Peines.
— Poitiers.P25.2 80;S25.2.297;D.Assur. marit.657.
— Aix.P25.2.114;S25.2.185;D Autor. de femme.162.175
— Agen.P25.2.19;S25.2.108;D.Expertise.311.
26 Civ.c.A4.249;P1.1079;B7.270. et 204;D.Octroi.158.
— Pau. A6.92; P1.1347; B11.100; S24.2.273; D.Legs.204 240.
— Cr.c.A11.340,n.4;P24.1.221;B22.512;S25.1.9; D.Presse.826.
— Rouen.A11.824,n.3;P25.2.21;B24.383;S25 2.19;J34.35; D.Dot.198.Remploi.108 Saisie imm.20.1404.1549.
— Grenoble.P25.2 40;D.Don. ent. ép.11.
— Ord.A12.1021,n.23;D.Voirie.661.
28 Civ.r.A2 531;P1.554;B4.140; D.Ch. jug.232. Trib.121.
— Nîmes.A7.767;P2.153;B14.458;S25.2.215; D.Expl.691.
— Ass. de Rouen A7.574;P2.100;B14.222; S25.2.55; J32. 143;D.Evasion.33.31.
29 Req.A2.606;P1.604;B4.225;D.Chose jugée.381.
— Req.A10.775,n.1;P2.863,n.1;B21.287; D.Conclusions. 23.Serment déc.112.
— Angers.P25.2.15;S24.2.205;J30.356;D Adoption.31.
— Req.P25.1 128;S25.1 259;J32.399;D.Act. possess.24.
— Ord.A12.989,n.8;B28.301,n.8;D.Voirie.165.
30 Req.A3.317;P1.785;B3.361;D.Compét. civ.284.
— Caen.A3.671;B10.326;S26.2.135;D.Testam 261.

— Ord.A6.542,n.5;D.Domaines.
— Ord.A6.330,n.14;D.Ventes admin.148.
— Ord.A6.330,n.18;D.Ventes admin.142.
— Ord.A9.469,n.3.1;B18.9,n.2,n.1;D.Cont. dir.240.
— Ord.A9.470,n.2.4;B18.11,n.4;D.Cont. dir.272.
— Ord.A11.145,n.5;D.Patente.72.
— Amiens.A12.34,n.4;P24.2.132;B25.184;D.Usage.141.
— Ord.A13.688,n.12;P2.1404;B27.258,n.1;D.Tr. p.139.
— Ord.A3.221,n.1. et 236,n.1. et 238,n.6;D.Eau.477.
— Req.A11.799,n.2;P2.1212;B24.336;D.Sais.-imm.1094.

JUILLET.

1 Cr.c.A4.363; P24.1.479; P7.402; S25.1.180;D.C.d'ass. 636.
— Cr.c.A4.418,n.;P24.1.486;B8.11,n.;D.C. d'ass 1696.
— Cr.c.A8.402;P12.261. et 24.1.483; B15.469; S24.1.390; D.Faux.399.
— Req.A12.563,n.1;P2.1556;B27.44; D.Coalit.6.Compét. comm.476.Louage d'ouv. et d'ind.54.Ouvrier.11.
— Cr.r.A11.958,n.1.22;B25.134;D.Serment.101.
— Agen.P25.2.90;D.App. civ 529.Port. disp.136.Usuf.52.
2 Cr.c.A4,221;P24.1.485;B7.259;S24.1.393; D.Or et arg. 27.39.
— Grenoble.A7.807;P2.163;B14.505;Dom. élu.116.Expl. 301.
— Cr.c.A12.1025,n.5;P2.1510;B28.349; S24.1.392; D.Autorité mun.268.
— Metz.D.Partage d'asc.27.
3 Limoges.A9.305,n.1.2;P2.467;B17.361,n 2; S26.2.174; D.Inscr. hyp.469.Ordre.291.301.Exception.269.
— Grenoble.P25.2.77;S25.2.63; J32.176; D.Retrait succ. 19.84.
5 Bordeaux.A6.290;B11.328;S24.2.218;J32.526; D.Port. disp.364.365.
— Rouen.A12.798,n.1.2;P2.1437; B27.455; S25.2.152; D. Usufruit 296.301.
— Civ.c. P33.1.299; S25.1.121; J31.55; D.Div.104. Min. pub.98.
6 Req.A4.241;P1.1075;B7.261;D.C. ind.151.152.584.585.
— Caen.A10.316,n.,n.15;P2.749,n.14;B20.99; D.Dot.301. 379.
— Poitiers.P25.2.120;S25 2.529; D App. civ.181.187.Degré de jurid.115.Prescr.580.948.
— Agen.P25 2.50;S25.2.115;D.Nullité.323.Partage d'asc. 22.101.
7 Req.A2.545;P1.562;B4.155;D.Chose jugée.197.
— Req. A8.606; P2.294; B16.217; D.Légit.16. Port. disp. 550.
— Civ.c.A9.633;P24 1.325; B18.259; S25.1.28; MR17.178. J31.254;D Motifs des jugem.22.
— Montpellier.A12.490,n.1,n.2;P2.1540; B26.362; S25.2. 313;J32.140;D.Retrait success.54.37.
— Bourges.A12.668,n.6;P2.1395; B27.221; S25.2.120; D. Tierce-opp.103.
— Agen.P25.2.51;D.Acquiesc.121.252.
— Ord.P31.3.50;D.Salubrité pub.6.
8 Req A1.539;P1.192;B2.166; D.App. incid.11.Dot.397. 598.
— Cr.r.A4.314;P1.1104; B7.542;D. C. d'ass.385.1338.Témoin.238.408.
— Req.A10.395,n.1;P2.772,n.1;B20.219;D.Nantiss.32.
— Metz.P33.2.72;S25.2.331;D Sép. de corps.119.
9 Cr.r.A2 687;P1.624;B4.317;D.Traite des nègres.9.
— Cr.r.A2.281;P1.419;B3.312;D.Cassat.242.248.
10 Décis.A6.549,n.1.11;D.Droits civ.
— Rouen.P25.2.76;D.Interr. sur faits.48.Ratif.133.
— Amiens.P25.2.11;S24.2.382;D.Intér. de cap.112.
12 Caen.A6.835,n.;B12.519,n.;D.Emig.341.
— Civ.c.A9.105;P2 430;B17.117;J31.101;D.Priv.495.499. 506.
— Colmar.A10.758,n.2-2;P2.861,n.1; B21.260; S25.2.122; D.Aveu.72.Intér. de cap.135.
— Caen.P25.2.126;D.Marin 98.
13 Civ.c.A2.216; P24 1.551; B3.235; S25.1.33; J31.49; D. Compét. admin 87. Frais et dép.80. Discipl. 143.146. Responsabilité.369.
— Colmar.A8.747,n.3;P2.360,n.3.1;B16 361;S25.2.14; D. Forêts.565.Usage.59.
— Req.A10.396,n.1; P2.775,n.2; B20.221; D. Cassat.890. Nantiss.15.
— Liége. A11.548,n.14; P2.1116,n.17;B23.362;D.Référé. 56.
— Grenoble.P25.2.162;D.Arbitrage.125.472.1046.
14 Grenoble.P25.2.59;S25.2.333;D.Tr. des don.19.28.
— Req. A4.800; P24.1.494; B8.441; S25.1.230; D. Dem. nouv. 53.
— Civ.c.A7.385;P2.67;B13.437;D Enreg.2597.
— Civ.r. A7.502; P24.1.272; B14.135; S25.1.397. et 24.1. 342;J30.193;D.Transcr. hyp.49.
— Civ.r.A7.503,n.; P24.1.274,n.; B14.137,n.; D.Tr. hyp. 49.
— Ord.A6.335,n.6;D.Domaines.
— Ord.A6.351,n.5;D.Domaines.
— Ord.A6.342,n.5;D.Domaines.
— Grenoble.A6.637,n.2;P1.1466; B12.288,n.2; D.Eff. de comm.387.
— Ord.A9.469,n.2;B19.9,n.1;D.Contr. dir.236.
— Caen. A11,725,n.7; P2.1184; B24.200; D.Saisie-imm. 528.529.

— Ord. A4.544,n.4,n.6; P1.184,n.5; B8.150,n.6; D.Culte. 91.
— Ord. du cons. d'état.D.Cons. d'état.100.
— Ord. du cons. d'état.Mac.24 415;D.Marché de f.53.
— Ord. du cons. d'état.Mac.24.396;D.Marché de f.283.
— Ord. du cons. d'état.Mac.24.410;D.Marché de f.344.
15 Cr.r.A4.481;P1.1169;B8.82;D.Cour d'ass.1451.
— Cr.c.A2.312. et 508,n.1; P1.462; B3.348; D.Cass.464. Cassation.464.540.
— Caen.A10.214,n.1.3;P2 723,n.2; B19.482; S25.2.177;D. Autoris. de femme.56.
— Cr.r.A11.219,n.2;P2.984,n.4; B22.511; D.Témoin.256. 257.258.
— Grenoble.A12 10,n.1;B23.141;D.Servitudes.37.
— Req.A11.429,n.28; P2.1076,n.28; B23.158;D.Douanes. 104.Procès verb.517.
— Req.A11.574,n.1; P24.1.371; B23.429; S25.1.46; J31. 167;D.Rente.344.348.351.352.
16 Cr.c.A4.768;P24.1.475;B8.405; S24.1.395; MR17.290;J 31.588;D.Animaux.28.Délit rural.10.
— Cr.c.A2.171;P1.1394;B3.183;D.Aut. mun.171.191.
— Grenoble.A10.229,n.,n.4; P2.726,n.2; B19.474; D.Séparat. de biens.36.
— Cr.r.A11.416,n.28; P2.1067,n.18; B23.136; D.Procès-verbal.477.
— Poitiers.P25.2.87;S25.2.87;D.Legs.453.
17 Civ.c.A9.861,n.2.4;P24.1.267;B18.599; S24.1.401; J30. 97;D.Rente.
— Paris.P25.2.4;S25.2 28;J30.260;D.Faillite.801.808.
19 Civ.c.A11.839,n.1;P24.1.264;B24.410;S24.1.270;MR17. 72;J30.248;D Saisie-imm.1313.1314.1571.1606.
20 Req.A7.810;P24.1.362; B14.508; S24.1.414; J31.12; D. Domicile élu.21.
— Agen.A6 851,n.1;B12.539,n.1;D.Enq.75.
— Grenoble.P25.2.106; D.Autor. de femme.117.Preuve testim.167.
21 Civ.c.A2.389;P1.496;B3.435;S26.1.75;D.Caut.77.78.
— Ord.A6 542,n.6;D.Domaines.
— Ord.A6.342,n.8;D.Domaines.
— Civ.c.A6.735,n.2;P24.1.275;B12.402,n.1;S24.1.354; D. Effet de comm.799.Prescript. civ.1056.
— Ord.A6.859,n.1;D.Emig.381.
— Montpellier.A11.744,n.6; P2.1193; B24.253; D.Saisie-imm.881.1493.
— Agen.P25.2.154;D.Acquiescem.319.321.
— Ord. du cons. d'état.D.Forêts.174.
— Ord. du cons. d'état.D.Militaire.29.
— Ord. du cons. d'état.D.Agent diplomatique.41.
22 Cr.r.A2 102;P1.251;B3.108;D Attentat à la pud.63.
— Cr.c.A3.649. et 12 562,n.1; P24.1.472; B6.263; S24.1. 393;D.Complicité.70.Associat. de malfait.8.
— Paris.A8.56;P2.177;B15.62;J31.333;D.Faillite.163.
— Liége.A12.62,n.3;P2.1257;B25.251;D.Servitude.572.
— Cr.c.A12.65,n.2; P24.1.361; S24.1.279; D.Halage.31. Servitudes.
— Cr.r.A11.409,n.26; P2.1064,n.16; B23.125; D.Procès-verbal.239.
— Montpellier.D.Mandat.471.
23 Cr.c.A11.407,n.6; P24.1.476; B23.118; S24.1.394; J32. 253;D.Procès-verb.229.
— Cr.c.A11.224,n.;B22.518;D.Poids et mesures.93.
— Cr.r.A11.469,n.1; P2.1085,n.1; B23.229; D.Propriété littéraire.59.
— Limoges.A12 818,n.1-1; P2.1441;B28.13; S26.2.169;D. Usufruit légal.94.95.99.
24 Rouen.A10.324,n.2;P2.754,n.2;B20.113;D.Dot.277.
— Metz.A10.256,n.1.3; P2.732,n.4; B20.8;S25.2.334; J34. 172;D.Communauté.476.Inventaire.34.
— Ord.A11.360,n.;P2.1032,n.;B23.34; D.Prises mar.223.
— Bourges.P25.2.46;D.Hypoth.142.Jug. sup.83.
— Loi A12.1000,n.17;B28.314,n.17;D.Voirie.331.
26 Grenoble.P25.2.70;D.Exploit.522.
27 Req.A9.129,n.;B17.147,n.;D.Inscript. hypoth.422.
— Metz.P25.2.248;S25.2.334;D.Appel civ.558.
— Civ.c.V.au 17.
— Toulouse.S25 2.406;D.Exéc. des jugem. et actes.43.
— Trib. de la Seine.D.Brevet d'invention.31.
28 Civ.c.A6.715;P24.1.331; B12.377; S25.1.20; J31.58; D. Effet de comm.703.
— Civ.c.A9.42; P24.1.446; B17.42; S25.1.54; J31.193; D. Privilége.108.
— Civ.c.A11.563,n.2;P24.1.263; B23.390; S24.1.351; J30. 253;D Rente.294.
— Amiens.P25.2.68;S25.2.418;D.Condition.208.
— Toulouse.P26.2.47;S26.2.210;D.Contr. par corps.474.
— Ord. du cons. d'état.D.Agent de change.30.
— Ord. du cons. d'état.Mac.24.467;D.Marché de fourn. 178 353.
— Ord.D.Com.160.
— Loi.A12.992,n.4;B28.305;D.Voirie.205.
— Loi.A12.1000,n.16;B28.314,n.16;D.Voirie.329.
— Ord.A12.1021,n.23;D.Voirie.660.
29 Cr.c.A4.502;P24.1.478; B8.106; S24.1.395; D.Complicité.51.82.Cour d'ass..1601.
— Poitiers.A2.388; P1.496; B3.434; S26.2.69; D.Caution. 75.Degré de jurid.540.
— Bordeaux.A9.178,n.2; P2.445; B17.209; S24.2.246; D. Hypoth. judic.30.
— Grenoble.A12.753,n.19; P2.1426; B27.375; D.Tutelle. 543.

— Amiens.A12.932,n.1.8;P2.1484;B28.211;S24.2.245;D.Vente publ.77.
— Lyon.P25.2.46;D.Arbitrage.878.Huiss.79.
30 Aix.P25.1.339;D.Honoraires.166.
31 Grenoble.A11.200,n.2;P2.975,n.2;B22.275;D.Péremption.251.

AOUT.

2 Corse.P25.2.214;D.Séparat. de corps.144.
3 Caen.A11.820,n.6; P2.1222;B24.336; D.Saisie-immob.1513.1528.
— Req.A11.868,n.2; P24.1.443; B24.460; J32.12; D.Req.civ.63.Surenchère.431.452.
— Civ.r.P35.1.298;S26.1.128;D.Majorats.37.39.
4 Civ.c.A6.840,n.,n.2;P24.1.282;B12.526,n.2; S24.1.571; J30.417;D.Emig.357.Tutelle.456.
— Ord.A9.470,n.15.2 et 467,n.1; B18.10,n.2 et 7,n.1; D.Contr.directes.183.198.
— Req.A12.565,n.1; P2.1358;B27.49;D.Preuve littér.Témoin.
— Req.A12.906,n.3;P2.1474;B28.165;D.Vente.828.
— Poitiers.P25.2.82;S25.2.101;D.Saisie-imm.1475.
— Bordeaux.P25.2.1; S25.2.30; D.Faillite.401.405.Publ.des jugem.11.
— Ord. du cons. d'état.Mac.24.499;Marché de f.134.
— Ord. du cons. d'état.D.Enseignement.182.
— Ord.A12.989,n.7;B28.301,n.7;D.Voirie.160.
5 Cr.c.A7.655; P24.1.589; B14.322; S25.1.41; D.Excuse.41.42.
— Req.A9.560,P2.551;B18.145;D.Interdit.136.141.
— Req.A10.497,n.1; P2.796,n.1; B20.377; D.Intérêts de cap.165.
— Angers.A12.411,n.5; P2.1521; B26.346; S24.2.310; D.Douaire.24.
— Agen.P25.2.60;D.Appel incid.49.Preuve litt.403.Testament.503.527.675.
— Lyon.P25.2.17;S24.2.365;J32.75; D.Garantie.295.306.362.367.
6 Cr.r.A4.559;P1.1187;B8.167;D.Défense.32.
— Paris.A1.813;P24.2.165; B2.481;S25.2.335; J30.463; D.Arbitrage.1040.
— Cr.c.A2.15; P24.1.395; B3.12; S25.1.18; J32.285; D.Armes.7.
— Amiens.A9.552;P2.529;B18.134;S26.2.173; D.Interdit.128.
— Cr.c.A11.171,n.5; P24.1.429; B22.225; S25.1.115; J32.321;D.Peine.328.
— Cr.c.A11.35,n.2; P2.919,n.1; B21.402; D.Action publ.49.Cassation.73.
— Cr.c.A11.591,n.4;P2.1130,n.6;B23.111; D.Renv.77.86.
— Bourges.P25.2.89;D.Appel civ.74.
— Lyon.P25.2.48. et 2.970;S26.2.319;D.Péremp.188.197.
7 Liége.A11.548,n.15; P2.1146,n.16; B23.362; D.Référé.62.
9 Caen.P35.2.71;S25.2.336;D.Hypoth.155.
10 Req.A7.503; P24.1.274,n. et 397;B14.157;S25.1.197; J31.164;D.Transcrip. hypoth.45.
— Poitiers.A10.438,n.2;P2.784,n.7. et n.8;B20.286; S25.2.336;D.Discipline.224.
— Poitiers.A10.438,n.1.3;P2.784,n.7;S25.2.357; D.Discipline.226.
— Req.A10.377; P2.766,n.1; B20.199; D.Cassation.918.Douaire.41.42.44.54.
11 Ord.A6.326,n.;D.Ventes adm.324.
— Ord.A6.342,n.6;D.Domaines.
— Civ.r.A6.761;P24.1.306;B12.452;S24.1.409; MR17.183;J30.497;D.Effet publ.96.108.110.115.Lois.360.
— Civ.r.A6.763,n.1;P24.1.322; B12.456,n.1; S24.1.414;J30.515;D.Effet publ.96.108.113.
— Req.A9.28; P24.1.400; B17.28; S25.1.33; J31.145; D.Emig.335.336.Privilége.35.
— Civ.c.A9.634,n.1;P24.1.325;B18.261; S24.1.414;MR17.180;D.Motifs des jugem.78.
— Civ.c.A9.633;P24.1.323;B18.261;S24.1.414; MR17.179;D.Motifs des jugem.78.
— Req.A12.63,n.1;P2.1258;B25.253;D.Servit.589.698.
— Ord.A12.692,n.12;P2.1408;B27.265; D.Trav. pub.202.
— Riom.A11.779,n.2; P2.1206; B24.299; S26.2.139; J36.210;D.Surenchère.61.161.
— Ord. du cons. d'état.A5.203,n.1;D.Compét. adm.350.
12 Toulouse.A5.641;P1.1534;B10.291;S25.2.581; J33.425. et 34.385;D.Testament.479.
— Pau.A10.354,n.4; P2.760,n.1; B20.168; S26.2.38; J31.440;D.Dot.249.250.
— Req.A12.651,n.15; P2.1585; B27.190; D.Frais et dépens.99.Publ. des jug.29. Tierce-opp.170.Vente.589.
13 Poitiers.A7.744;B14.431; S25.2.337; D.Appel incid.9.Exploit.146.
— Bourges.P25.2.71;D.Degré de jurid.110.
13 Trib. de Marseille.D.Assur. marit.596.
14 Rouen.A10.793,n.2; P2.872,n.2; B21.321; J34.315; D.Respons.452.
— Cr.r.A11.336,n.6;P2.1049,n.7; B22.505; D.Presse.416.417.469.
17 Req.A7.247;P24.1.518; B13.279; S25.1.255; J32.110;D.Enreg.65.1938.
— Req.A5.219; B9.255; D.Disp. entre-vifs.34.Substitution.325.Testament.665.
— Grenoble.A5.482;P1.1526;B10.103; S25.2.407; D.Port.disp.108.730.
18 Rouen.A6.512; P1.1413; B12.142; S26.2.180; D.Droits civ.72.Droits polit.18.26.
— Grenoble.A7.712;P2.130;B14.392;D.Exploit.499.
— Agen.P25.2.66;S25.2.298;D.Testament.738.
19 Civ.c.A10.243,n.1.4;P2.728,n.5; B19.494; D.Sépar. de biens.162.167.
— Req.A10.516,n.1.5; P24.1.390; B20.408; S25.1.149; J31.155; D.Certific. de vie.2. Condition.177.181.182.185.Rente.409.
— Nîmes.A11.71,n.3;P2.925,n.3;B22.49;D.Deg. de jurid.519.Juge supp.105.
— Bourges.P25.2.62; D.Legs.140.Révoc.111.Testament.220.518.
— Metz.P53.2.165; S25.2.296;D.Filiat. nat.28.51.111.Tutelle.405.
20 Cr.r.A4.376;P1.1128;B7.411;S25.1.296;D.C. d'ass.680.
— Cr.r.A4.768;P24.1.446;B8.406;S25.1.55;J31.468;D.Délit rural.8.406.407.
— Cr.r.A5.575;P2.101;B14.224;S25.1.75;D.Evasion.9.12.
— Toulouse.A6.814,n.,n.2; P1.1505; B12.495,n.2; S25.2.407;D.Emigré.239.
— Cr.c.A11.151,n.,n.4; P24.1.463; B22.189; S25.1.28; D.Pêche.107.
— Caen.A12.458,n.5; P2.1530; B26.322; D.Sép. de patrimoine.36.59.65.78.100.
— Ord.A5.97,n.6;D.Procès-verbal.82.
23 Nancy.P25.2.5;S24.2.358;J32.462; D.Saisie-arrêt.278
24 Req.A12.291,n.4;P2.1504;B26.57;D.Retour lég.12.55.
— Grenoble.P25.2.57; D.Exécut. prov.66.
— Grenoble.P25.2.35;S25.2.167;D.Jug. par déf.98.
— Rennes.P27.2.91;S27.2.245;D.Assur. marit.462.594.
26 Cr.c.A7.370;P24.1.454; B14.217; S25.1.208; D.Frais et dépens.415. Escroquerie.42.
— Cr.r.A8.391;P2.258;B15.456;D.Faux.328.
— Pau.A8.97;P2.188;B15.112;J34.268;D.Faillite.188.189.190.195.196.206.
— Ord.A6.342,n.4;D.Ventes adm.316.
— Ord.A9.470,n.2.4;B18.11,n.4;D.Contr. direct.272.
— Caen.A10.39,n.1.2; P2.689,n.2; B19.174; D.Acte respect.47.
— Toulouse.A11.822,n.10;P24.2.160;B24.578; S24.2.344; D.Saisie-imm.983.
— Ord.A12.835,n.1.11;P2.1446;B28.41; D.Marais.
— Ord.A12.1030,n.2.2;D.Marais.29.
— Cr.r.P25.1.30;S25.1.77; J32.411; D.Amende.97. Concussion.19.Fonct. pub.28.Cour d'ass.1574.
— Ord. du cons. d'état.Mac. 27.377;D.Marché de f.287.
— Ord. du cons. d'état.D.Enseig.256.
— Ord. P28.3.8;D.Enseig.9.
— Req.A8.818;P24.1.465;B16.454;S25.1.132; J31.495; D.Hospices.105.
27 Bourges.A2.699; P1.629; B4.330; D.Commerçant.52.Faillite.41.66.
— Angers.A5.235;P1.1315;B9.268;S24.2.321; J32.225;D.Disp. ent.-vifs.66.70.78.86.Responsabil.77.
— Grenoble.A8.751,n.2;P2.364; B16.367; D.Forêts.367.447.
— Cr.c.A12.607,n.2;P24.1.459;B27.119;S25.1.30;J31.494;D.Tém. faux.23.
— Angers.P25.2.79;S25.2.99;D.Faillite.106.
— Montpellier.P25.2.74,n.;D.Arbitrage.1020.
28 Orléans.A7.687,n.1;B14.362,n.1;D.Expertise.318.321.
— Cr.r.A8.764;P24.1.302;B16.384;S24.1.379;J30.449; D.Forêts.602.604.
— Paris.A9.925,n.1.9;P25.2.70;B19.31;S25.2.106;J31.20;D.Louage.313.
— Cr.c.A11.402,n.10;P24.1.445;B23.409;S25.1.40; D.Procès-verb.254.360.
— Lyon.P25.2.25;S25.2.56;D.Arbitrage.
30 Civ.c.A4.519;P24.1.288;B8.156;S24.1.420; J31.282; D.Défense.7.8.Discipline.185.
— Caen.A11.725,n.8;P2.1184; B24.200; D.Saisie-im.831.
— Rouen.A10.288,n.48; P2.741,n.2; B20.54; D.Communauté.1165.
— Paris.P25.2.67;S25.2.205;J30.525; D.Lois personn.12.Mariage.162.
— Douai.P25.2.16,n.;D.Adoption.31.
— Lyon.S25.2.106;D.Avoué.85.
31 Civ.r.A10.108,n.1.2;P24.1.336;B19.274; S24.1.360;MR17.94.101; J31.203; D.Autor. de femme.12. Mariage.544.563.564.

SEPTEMBRE.

1 Douai.P25.2.248;S25.2.177;J34.94;D.Cont. par c.658.
— Toulouse. P25.2.133; S25.2.138; D.Contr. par corps.482.571.624. Ord. du juge.5.
2 Cr.r.P25.1.454;D.Cass.186.
3 Cr.r.A6.451;P1.1586;B12.69;S25.1.70;D.Douanes.426.428.
— Cr.r.A12.557,n.6;P24.1.405; B27.36; S24.1.289; D.Rébellion.32.
4 Cr.r.A4.547;P1.1185;B8.153;D.Jour férié.68.
— Cr.r.A7.371;P2.99;B14.218;D.Escroquerie.32.
— Cr.c.A9.660,n.4;P2.565;B18.302;D.Fr. et dépens.556.
6 Trib. de Marseille.D.Assur. marit.220.
8 Ord.A6.335,n.12;D.Domaines.
— Cr.r.A11.331,n.8; P2.1018, n.5; B22.495; S25.1.67; D.Presse.551.670.686.698.700.740.
— Ord.A5.184,n.2;D.Compét.
— Ord. du cons. d'état.D.Forêts.177.
— Ord. du cons. d'état. Mac.24.599; D.Marché de f.250.
— Ord.A12.990,n.9;B28.301,n.9;D.Voirie.166.
— Ord.12.1019,n.4;D.Voirie.590.
9 Cr.c.A5.543;P1.892;B6.154;S25.1.66; D.Comp. cr.546
— Cr.c.A4.777;P1.1266;B8.416;S25.1.72; D.Délit rur.54.
— Cr.r.P25.1.38;S25.1.340;J32.580; D.C. d'ass.297.320.
10 Cr.c.A8.755,n.6;P2.365. et 31.2.97;B16.370; S25.1.65;D.Forêts.498.
14 Caen.A10.286,n.,n.4; P2.739,n.5; B20.50; D.Communauté.1162.1163. Success.444.
18 Cr.c.A4.571;P1.1189;B8.180;D.Déf.112.113.
— Cr.c.A3.580;P1.906;B6.195;S25.1.83; D.Cassation.122.Compét. crim.551.653.654.655.659.660.
— Cr.r.A11.20,n.1;P2.915,n.1;B21.638;D.Juge.55.
— Cr.c.A12.604,n.16;P2.1373;B27.115;S25.1.78; D.Tém.445.
— Ord. du cons. d'état.D.Marché de fourn.51.
— Ord. du cons. d'état.Mac.24.690;D.Marché de f.356.
22 Ord.D.Marché de fourn.183.
24 Cr.c.A9.664,n.4;P2.565;B18.509;D.Frais et dép.356.
— Cr.c.A11.50,n.1.3; P24.1.345; B22.14; S24.1.492; J30.386;D.Discipline.95.96.
— Cr.c.A11.166,n.1;P24.1.365;B22.216; S25.1.11; D.Peine.215.227.
— Cr.r.A11.589,n.2;P2.1128,n.8; B23.437; S24.1.358; D.Renvoi.51.60.61.62.70.
25 Cr.r.A4.411;P25.1.44;B8.3;S25.1.67; D.Cour d'ass.660.694.840.Témoin.361.391.
— Cr.c.A12.1049,n.2;P2.1518;B28.387;S25.1.68;D.Vol.71.
— Cr.c.P25.1.52; S25.1.87; J32.95; D.Compét. crim.56.Inst. cr.202. Motifs des jug.320.
28 Caen.A12.22,n.2;P2.907,n.5;B25.164; S26.2.11;D.Servitude.144.
30 Cr.c.A4.391;P1.1132;B7.428; D.Cour d'ass.772.
— Cr.r.A4.422;P1.1147;B8.16; D.Cour d'ass.1700.

OCTOBRE.

1 Cr.c.A4.72,n.;P25.1.30;B7.76,n.;S25.112; J32.572; D.Contr. ind.260.263.264.
— Cr.c.P25.1.34;S25.1.10;J32.408;D.Faux.389.390.
2 Cr.c.A2.142;P1.377; B3.153; S25.1.89; D.Autor. mun.155.Quest. pr. 65.
— Cr.r.A11.21,n.1;P2.915,n.2;B21.462; D.Juge.59.Jugement.63.
— Cr.r.A11.427,n.19;P2.1075,n.19; B25.154;S25.1.74; D.Procès-verb.559.
7 Cr.r.A4.501;P1.1175;B8.105;D.Cour d'ass.839.1589.
— Rouen.A10.34,n.1;P2.688,n.1;B19.167;D.Acte respect.56.89.
— Cr.c.A11.82,n.3;P2.927,n.1;B22.62;D.Tribunal.178.
— Cass.Carré, sur l'art. 781;D.Contr. par corps.525.
8 Cr.c.P25.1.32;S25.1.81;J32.401;D.Peine.333.350.
9 Civ.c.A8.726,n.2;P2.344;B6.335;S25.1.86;D.Forêts.12.
— Cr.c.A11.211,n.4;P2.980,n.4;B22.296;D.Art de guérir.119.122.125.
— Cr.c.P25.1.33;S25.1.76;J34.591;D.Culte.59.
— Cr.c.P25.1.41;S25.1.281;J35.538;D.Art de guérir.137.Procès-verb.72.
14 Cr.c.P25.1.40;S25.1.89;J32.501;D.Réc. de juges.37.70.
15 Cr.c.A2.168;P1.391;B3.181;S25.1.100;D.Aut. mun.195.576.
— Cr.c.A8.789,n.4;P2.393;B16.418;D.Proc.-verb.283.
— Cr.c.A11.509,n.14;P2.1100,n.11;B23.291;S25.1.145;D.Quest. préjud.73.Usage.109.
— Cr.c.A12.554,n.23;P2.1553;B27.34;S25.1.141; D.Rébellion.3.29.38.
20 Liége.A8.803;B10.479;D.Testam.672.
21 Cr.c.A8.774;P2.380;B16.398; S25.1.101; D.Forêts.687.688.
— Cr.r.A10.741,n.4; P2.857,n.4; B21.251; D.Preuve test.257.
— Liége.A12.495;B26.379;D.Retr. succ.82.71.
— Cr.c.P25.1.39;S25.1.99;J32.345;D.Quest. pr.148.
27 Bruxelles.A5.159;P1.1506;B9.183. et 16.252;D.Désist.79.
28 Cr.c.A8.792;P2.395;B16.422;S25.1.97;D.Procès-verb.323.
— Cr.c.A8.808,n.3; P2.405; B16.439; S25.1.98; D.Forêts.908.
— Req.P25.1.38;S25.1.272;J33.568;D.Trib.166.
— Cr.c.P25.1.39;S25.1.103;J32.495;D.Cour d'ass.32.66.
— Cr.c.P25.1.38,n.1. et 25.105,n.;D.Cour d'ass.32.
29 Cr.r.A8.785,n.1.2; P2.388. et 25.1.68; B16.409; S25.1.198;D.Action.51.Action pub.26. Forêts.767.Mandats.116.
— Cr.c.A8.786,n.4;P2.390;B16.413;S25.1.227;D.Procès-verb.205.
— Cr.c.A8.787,n.1;B16.415;S25.1.144; D.Forêts.825.
— Cr.c.A8.786;B16.414; S25.1.228; D.Forêts.824.Procès-verb.222.
— Cr.c.A8.801;B16.453;D.Forêts.911.
— Cr.c.P25.1.48;S25.1.178;D.Frais et dép.423.
31 Circ.min.A12.992,n.3.4; B28.304,n.3.4;D.Voirie.205.206.
— Instr. min. A9.999. et 18.1060, n.4.7;B28.315. et 314,n.18,n.4.7;D.Voirie.310.316.317.524.536.

NOVEMBRE.

5 Civ.c.A11.244,n.4; P2.993,n.6; B32.352; S25.1.62; J32.395; D.Comp. adm.170.Prescrip.187.
— Req.A12.182,n.2; P24.1.399; B25.434; S25.1.42; J31.97; D.Substitution.152.
4 Ord.A6.326,n.; D.Ventes adm.324
— Ord.A9.470,n.11; B18.11,n 6; D.Contr. dir.271.
— Bruxelles.A10 41,n.1; B19.156; D.Acte resp.23.
— Cr.c.A11.117,n.,n.26; P2.939,n.,n.4; B22.127; S25.1.138; J35.569; D.Presse.229.
— Ord. du cons. d'état.D.Louage adm.19.
— Ord. du cons. d'état.Mac.24.626; D.Marché de f.193.
6 Cr.c.A4.778; P24.1.458; B8.417, V. au 4; D.Délit rural.67.68.Eau.162.
8 Civ.c.A10.47,n.1; P24.1.479; B19.184; S24.1.428; J31.337; D.Mariage.177.
— Civ.c.A11.566,n.1; P24.1.469; B23.395; S25.1.1; J31.249; D.Rente.282.
9 Civ.r.A8.92; P24.1.506; B15.406; S25.1.251; J32.271; D.Faillite.200.214.
— Req.A10.176,n.,n.7; P2.716,n.8; B19.389; D.Contrat de mariage.121.
— Req.A12.77,n.6; P24.1.301; B25.255; S25.1.242; D.Servitudes.773.
10 Civ.c.A6.88; P2.179; B15.65; S25.1.327; J35.464; D.Faill.149.150.
— Bruxelles.A11.273,n.,n.5; P2.1002,n.4; B22.406; D.Prescrip.364.
— Req.P25.1.30; S25.1.167; J33.453; D.Absent.6.7.144.147.Motifs des jugem.157.
— Civ.r.P25.1.72; S25.1.240; J32.541; D.Cassat.715.Enreg.1690.
11 Cr.c.A4.156; P1.1052; B7.169; D.Contr. ind.22.Tabacs.93.98.
— Cr.c.A9.664,n.2; B18.307; S25.1.445; D.Frais et dép.348.
— Req.A9.60; P24.1.452; B17.64; S25.1.140; D.Hypoth.219.Privil.276.
— Cr.r.A11.27,n.,n.2; P2.914,n.4; B21.451; D.Instr. crim.402.Min pub.49.
— Grenoble P25.2.59; D.Armes.
— Cr.c.P25.1.67; S25.1.142; D.Aut. mun.175.378.Comp. crim.155.169.
12 Trib. de Marseille.D.Assur. marit.599.
13 Amiens.P25.2.11; S25.2.211; D.Action personn.49.
— Pau.P25.2.141; D.Délai.127.
— Délib.D.Transcrip. hypoth.46.
15 Nîmes.A3.784; P1.992; B6.428; J34.41; D.Contrainte par corps.392.
— Aix. A3.783; P1.991; B6.427; D.Contr. par corps.481.386.
— Nanci.P34.2.48; S25.2.362; D.Alimens.89.169.
— Nîmes.P25.2.99; S25.2.121; D.Saisie-imm.980.
16 Aix.A9.741,n.4; P2.587,n.6; B18.418; S25.2.306; D.Jug. par déf.385.Min. pub.34.
— Req.A10.412,n.2; P24.1.486; B22.161; S25.1.148; J31.374; D.Nom et prénom.18.
— Civ.c.A10.208,n.1; B19.443; J32.61; D.Communauté.296.Dot.304.Success.419.
17 Ord.A6.342,n.; D.Ventes adm.349.
— Req.A10.804,n.1; P2.878,n.1; B21.355; D.Manufact.147.Mat. som.50.
— Req.A3.29; P24.1.464; B5.28; S25.1.238; D.Commune.181.225.226.
— Civ.c.P29.1.232; D.Respons.205.
— Ord. du cons. d'état.Mac.24.636; D.Marché de fourn.109.226.227.228.
— Ord.A6.330; D.Ventes adm.499.
18 Cr.c.A3.467; P1.850; B6.70; S25.1.108; D.Compét. crim.246.281.
— Req.A9.752; P2.590; B18.454; D.Huiss.190.Jug. par déf.461.
— Req.A9.965,n.1,4; P2.680,n.2; B19.91; D.Mandat.209.
— Cr.c.A9.511; P2.613; B18.69; S25.1.446; J32.591; D.Compét. crim 790.
— Cr.c.A10.797,n.2; P2.875,n.1; B21.526; S25.1.110; D.Condamnation.3.Respons.498.
— Amiens.A11.255,n.1; P2.996,n.2; B22.372; D.Prescript.266.884.
— Agen.A12.76,n.5; P2.1262; B25.253; D.Servitudes.69 0.
— Cr.r.A12.274,n.1; P2.1302; B28.284; D.Enf. enlevés.3.
— Cr.c.P25.1.70; S26.1.24; J34.21; D.Aut. mun.176.184.190.373.374.
— Cr.c.P25.1.86; S25.1.131; J32.534; D.Animaux.30.Délit rural.26.
19 Rouen.A8.195; P2.211; B15.227; D.Faillite.860.
— Caen.A8.747; P2.560; B16.561; D.Forêts.365.
— Caen.A11.365,n.2; P2.1123,n.4; B23; D.Rente.251.
— Paris.P25.2.93; S26.2.144; J31.117; D.Nom.95.Propriété industrielle.26.27.Vente.497.498.
20 Sect. réun.A4.98; P24.1.514; B7.106; J32.315; D.Contr. ind.406.
— Sect. réun.A10.319,n.12; P24.1.490; B20.106; S25.1.157; J31.449; D.Dot.
23 Civ.r.A1.759; P24.1.502; B2.398; S25.1.170; J31.303; D.Arbitrage.614.1056.Compte.141.142.
— Agen.A5.478; P1.1526; B10.97; D.Appel incid.76.Port. dispon.527.Rapp. à succ.217.231.
— Civ.c.A7.523; P2.89; B14.160; S25.1.120; D.Timbre.131.
— Civ.c.A9.625,n.1; P2.233,n.2; B18.249; D.Motifs des jugem.14.
— Caen.A10.836,n.2; P2.891,n.2; B21.591; D.Ordre.405.
— Toulouse.P25.2.242; S25.2.413; D.Appel incid.52.
24 Req.A2.632; P1.615; B4.256; S25.1.174; D.Chose jugée.456.
— Agen.A11.849,n.3; B24.428; D.Saisie-imm.1084.1088.1089.1133.
— Civ.r.A11.857,n.1,4; B24.440; D.Saisie-imm.1054.1682.
— Bourges.P25.2.131; S25.2.125; D.Preuve test.56.220.
25 Cr.c.A9.517,n.2; P2.517,n.2; B18.80; S25.1.145; J33.127; D.Instr. cr.108.
— Caen.A9.129,n.1; P2.438; B17.147,n.1; S26.2.70; D.Hyp. lég.29.74.
— Req.A9.723; P2.581; B18.392; D.Jug. par déf.285.
— Req. A10.715,n.2; P2.849,n.2; B21.186; D.Cassat.898.Jugem.510.Ratification.146.148.
— Cr.c.A11.375,n.1; P2.1044,n.3; B23.60; S25.1.413; D.Prises marit.104
— Req.A11.861,n.1; B24.447; D.Surenchère.363.
— Grenoble.P25.2.117; S25.2.171; D.Partage d'asc.65.97.Enreg.1199.
— Poitiers.P25.2.96; S25.2.304; D.Alimens.120.130.
— Amiens.P25.2.88; D.Appel civ.163.Exéc. de jugem. et acte.142.Expertise.150.
— Cr.r.P25.1.93; S25.1.192; D.Procès-verb.307.
26 Poitiers.A7.740; P2.148; B14.427; D.Exploit.446.
— Bourges.A11.827,n.1; P2.1224; B24.387; D.Saisie-imm.1562.1563.
— Nîmes.P25.2.51; S25.2.113; J32.189; D.Legs.353.
27 Amiens.A4.793; P25.2.117; B8.434; J32.306; D.Hypoth.317.Dem. nouv.17.Dist. par cont.137.Obl.482.Ordre.405.Success.500.
— Colmar.P25.2.20; S25.2.189; D.Jug. par déf.684.
28 Nanci.A12.804,n.5; P2.1459; B27.466; S26.2.115; D.Usufruit.454.
29 Caen.A3.820; P1.1006; B6.469; D.Contr. par corps.292.
— Aix.A6.520,n.2; B11.364,n.1; D.Ventes admin.272.
— Civ.c.A9.174; P24.1.438; S25.1.132; J31.402; D.Hypoth. judic.49.
— Montpellier.A11.691,n.1,n.2; P2.1174; B24.139; D.Saisie-imm.219.303.336.
30 Req.A7.679; P2.121; B14.352; D.Expertise.161.209.Saisie-brandon.5.
— Lyon.P25.2.48; S25.2.257; J31.435; D.Jug. par déf.175.
— Montpellier.P25.2.53; D.Huissiers.20.170.
— Grenoble.S25.2.383; D.Garantie.562.
— Civ.c.V. au 23.

DÉCEMBRE.

1 Req.A2.471; P1.529; B4.72; D.Appel incid.39.Chosés.60.62.Jugem.363.
— Civ.c.A8.202; P24.1.463; B15.234; S25.1.136; J31.580; D.Faillite.880.
— Ord.A6.304,n.6; B11.346,n.9; D.Dom. engagé.29.93.
— Ord.A6.316,n.1; B11.359,n.12; D.Dom. engagé.97.98.
— Ord.A6.304; B11.345,n.5; D.Dom. engagé.29.93.
— Req.A10.315,n.,n.15; P24.1.475; B20.98; S25.1.135; J31.350; D.Dot.214.
— Req.A2.674,n.; D.Choses.61.
— Req.P27.1.480; D.Colonies.99.Hypoth. lég.164.213.
— Ord. du cons. d'état.D.Fonct. pub.7.
— Ord. du cons. d'état.D.Pension.106.
2 Cr.c.A12.1069,n.1; P25.1.85; B28.424; S25.1.233; D.Vol 230.345.
— Poitiers.P33.2.75; S25.2.469; D.Juge-supp.117.Tribunal.228.
— Cr.c.P25.1.46; S25.1.229; J32.525; D.Cassat.659.Formalités.5.Frais et dép.421.Jug.464.Procès-verb.467.470
— Cr.c.P25.1.99; S25.1.216; D.Confiscation.40.Douanes.230.231.284.Procès-verb.326.
— Cr.c.P25.1.47; S25.1.229; J32.520; D.Cass.465
— Req.P25.1.20; S25.1.196; J31.300; D.Respons.356.
— Cr.r.P25.1.117; J34.131; D.Trib.60.Usure.92.
— Cr.r.P25.1.97; D.Cassat.659.Frais et dép.421.Procès-verb.466.467.
— Cr.c.P25.1.81; S25.1.227; J32.406; D.Appel correct.215.Lois.204.Douane.348.
— Cr.c.P25.1.107; S25.1.315; D.Comp.crim.710.Lois.551.
3 Grenoble.A10.537,n.1; B20.550; D.Remploi.76.
— Paris.P25.2.97; J31.215; D.Hypoth.102.Louage.57.397.
— Civ.c.P24.1.416; S25.1.62; D.Action possess.
4 Bruxelles.A5.641; P1.1334; B10.290; D.Testam.470.
— Sect. réun.A12.960,n.3; P24.1.419; B28.255; S25.1.6; J31.299; D.Duel.6.
— Sect. réun.A12.960,n.; P24.1.422; J34.585; D.Duel.6.
6 Toulouse.A9.392,n.2; B17.465,n.2; S26.2.406; D.Hyp. lég.44.72.Purge.170.186.
— Liége.A10.401,n.5.1; P2.774,n.5; B20.230; D.Nantiss.94.95.
— Agen.P33.2.75; S25.2.306; D.Paiem.140.Retenue.20.
7 Req.A2.04; P1.351; B3.66; D.Ass. marit.122.
— Toulouse.P33.2.67; S25.2.410; D.Saisie-imm.1001.
— Toulouse.P33.2.74; S25.2.410; D.Pérempt.462.
— Grenoble.P25.2.162; S26.2.280; D.Arbitrage.835.1112.
— Bourges.P25.2.131; S25.2.168; D.Témoin.76.80.
— Paris.P25.2.118; J32.20; D.Aut. de femme.165.Faillite.206.Commerçant.93.
8 Lyon.P25.2.72; D.Cess. de biens.81.Oblig.779.
— Civ.c.A5.480; P24.1.522; B10.99; S25.1.13; D.Port. disp.527.552.
— Civ.c.A5.478; P24.1.522; B10.98; S25.1.134; D.Port.disp.527.552.
— Poitiers. A10.293,n.2.1; P2.743,n.1; D.Dot.16.31.361.362.
— Rennes.A11.647,n.8; P2.1151,n.8; B24.58; S25.2.384; D.Saisie-exéc.14.
— Riom.A11.780,n.; P2.1207,n.; S26.2.139,n.; D.Surenchère.61.
— Rouen.P25.2.139; S25.2.59; D.Ordre.26.241.284.Saisie-imm.141.1113.
— Req.P25.1.18; S25.1.199; J31.497; D.Tutelle.347.
— Civ.r.P25.1.24; S25.1.197; J33.462; D.Propr. indiv.9.
— Req.P25.1.54; S25.1.158; J32.158; D.Absence.419.
— Civ.r.P25.1.60; S25.1.362; J34.60; D.Servitudes.657.
— Cr.c.V. au. 10.
9 Caen.A9.258,n.3.2; P2.457; B17.306,n.2; D.Inscr. hyp.56.274.Dem. nouv.25.
— Req.P25.1.14; S25.1.213; J33.20; D.Motifs des jugem.160.Réd. des hyp.11.27.
— Cr.c.P25.1.41; D.Art de guérir.Procès-verb.
— Req.P25.1.131; S25.1.293; J32.417; D.Désist.8.9.92.102.Mat. somm.25.Ordre.180.184.275.306.338.
10 Toulouse.P33.2.70. et 30.2.218; S25.2.411; D.Jug. par déf.353.581.
— Cr.c.P25.1.22; S25.1.217; J32.412; D.Comp. cr.575.
— Cr.c.P25.1.108; D.Cour d'ass.354.
— Cr.r.P25.1.78; S25.1.241; D.Instr. crim.526.Cour d'ass.1205.
— Cr.r.P25.1.77; S25.1.234; J32.587; D.Aut. mun.156.157.Lois.148.150.
— Cr.c.P25.1.76; S25.1.232; D.Procès-verb.141.
— Cr.c.P25.1.125; S25.1.285; D.Poids et mesures.96.
— Cr.c.P25.1.112; S25.1.314; D.Cour d'ass.257
11 Poitiers.A8.627,n.1; P2.296; B16.241,n.1; J35.528; D.Filiat. adultér.25.29.Filiat. natur.100.
— Besançon.A10.584,n.2; P2.769,n.1; B20.205; D.Matière somm.
— Aix.P25.2.430; S25.2.412; D.Jug. par déf.147. Success. bénéf.27.
— Cr.r.P25.1.23; S25.1.321; J31.510; D.Escroquerie.53.
— Cr.c.P25.1.113; S25.1.316; D.Cour d'ass.1707.Serm.97.
12 Ord.A6.336,n.5; D.Domaines.
13 Rouen.A12.26,n.6; P2.908,n.2; B25.171; S26.2.19; D.Servitude.182.
— Civ.c.P25.1.8; S25.1.212; J31.458; D.Acquiesc.67.Discipline.252.
— Civ.c.P25.1.39; S25.1.184; MB17.817; J32.9; D.Hypoth judic.77.
14 Civ.c.A6.697; P1.1477; B12.359; D.Eff. de comm.625.
— Rouen.A10.379,n.4.2; P2.767,n.4; B20.201; D.Douaire.53.
— Caen.A3.781; P1.990; B6.424; D.Cont. p. corps.446.447.
— Rouen.P25.2.138; D.Faillite.668.Oblig.530.
— Req.P25.1.9; S25.1.207; J31.460; D.Privil.510.361.
— Civ.c.P25.1.75; S25.1.256; J32.538; D.Chose jugée.152.
15 Rennes.A7.747; P2.147; B14.435; D.Exploit.77.
— Ord.A9.983,n.11; B19.121; S27.1.434; D.Manut.144.
— Caen.A10.694,n.2; P2.843,n.1; B21.160; S26.2.3; D.Preuve lit.1132.
— Ord.A11.145,n.,n.10; D.Patente.122.
— Civ.c.P25.1.14,n.; S25.1.216,n.; D.Deg. de jurid.48.
— Civ.c.P25.1.15; S25.1.213; J31.515; D.Deg. de jurid.48.
— Req.P25.1.15; S25.1.205; J35.164; D.Société civ.65.Tontine.15.Vente.92.
— Req.P25.1.15,n.; S25.1.216,n.; D.ibid.
— Civ.c.P25.1.96; S25.1.291; D.Louage emphyt.19.
— Civ.r.P25.1.138; J32.426; D.Poss.175.
— Ord. du cons. d'état.Mac.24.689.D.Marché de f.52.
— Ord. du cons. d'état.Mac.24.687; D.Marché de f.334.
— Ord. du cons. d'état.D.Octroi.188.
— Ord.A12.1006,n.8; B28.522; D.Voirie.411.
— Décr. du cons. d'état.D.Marché de fourn.356.
16 Grenoble.P25.2.82; D.Contr. par corps.562.
— Cr.c.A11.167,n.; B22.216,n.1; S25.1.222; D.Peine.215.
— Cr.c.A11.167,n.1; B22.216; S25.1.225; D.Peine.215.
— Cr.c.A11.167,n.; B22.216,n.1; S25.1.225; D.Peine.215.
— Cr.c.A11.167,n.; B22.216,n.1; S25.1.225; D.Peine.215.
— Lyon.P25.2.84; D.Transp. de créance.107.
— Cr.c.P25.1.116; S25.1.320; D.Vol.272.
17 Agen.A5.867; P1.1334; B10.303; S25.2.332; D.Transcrip. des don.29.
— Amiens.A10.269,n.1; P30.2.230; B20.28; S30.2.347; J33.269; D.Communauté.50.775.809.Tutelle.540.Usuf.107.
— Metz.A10.811,n.1; P2.681; B21.373. et 21.346; D.Ordre.136.
— Besançon.A11.660,n.1; P2.1158,n.; B24.81; D.Saisie-ex.126.
— Cr.r.P25.1.62; S25.1.250; J32.415; D.Renvoi.88.
— Cr.r.P25.1.58; S25.1.221; D.Renvoi.80.
— Cr.r.P25.1.65; S25.1.185; J33.287; D.Chasse.156.
— Cr.c.P25.1.119; S25.1.220; D.Action pub.69.70.
— Cr.c.P25.1.116; S25.1.188; D.Aut. mun.207.357.358.
— Cr.c.P25.1.91; S25.1.187; D.Procès-verb.75.
18 Instr. min.A6.549,n.1; D.Droits civ.
— Bourges.A9.688; P2.574; B18.536; S25.2.209; D.Frais et dép.316.
— Bourges.P25.2.152; D.Deg. de jurid.157.
— Ord. du cons. d'état.Mac.24.690; D.Marché de f.356.

20 Agen.P33.2.69; S25.2.359; D.Jugem.168. Déf.221.Mariage.426.453.
21 Amiens.A5.334; P1.790; B5.381; S25.2.200;D.Compét. comm.65.
— Rouen. A10.861,n.2; P2.902,n.2; B21.451; D.Dist. par cont.140.
— Amiens.A11.510,n.; P2.1012,n.1. et 31.2 66; B22.406; S25.2 340;J50.473; D.Prescrip. civ.899.912.1063.
— Paris.P25.2 71;S25.2.75;J31.177;D.Substitution.129.
— Req.P25.1.104; S25.1 507; J32.245; D.Conciliation.35. Domicile élu.51.Ordre.163.164.165. Tierce-opp.141.
— Civ.c.P25.1.101;S25.1.128;D.Voirie.615 721.
22 Aix.A4.12;P1.1008;B7.15;D.Navire.126.127.132.
— Ord.A6 333,n.10;D Domaines.
— Grenoble.A11 189,n.10;P26.2.70;B22.256;S26.2.42;D. Absence.429.431.432.Péremp. 63.159.170.
— Pau.P25.2.141; D.Jug. par déf.171. Exécut. prov.33.
— Req P25.1.22; S25.1.175;J51.518; D.Preuve litt.1428. Trav. pub.123.
— Req.P25.1.65;S25.1.185;J32.435;D.Deg. de jurid.575.
— Lyon.P25 2.99;S25.2 316; D.Acquiesc.290.310.Saisie-imm.980.1453.
— Ord A3.226,n.;D.Eau.427.
23 Cr.r.A4.324;P1.1109;B7.550;D.Cour d'ass.301.
— Agen P33.2.48;S25.2.328; D.Compét. adm.299.
— Cr.r.P25.1.57;S25.1,462;D.Interprète.5.
24 Bordeaux.A2.755;P1.651; B4.399; S25.2.105; D.Commissionn.60.103.
— Cr.c.A2.281;P1.449;B3.512;D.Cassation. 246.
— Cr.c.A8.734,n.1;P2.351;B16.545;D.For.153.823.825.
— Cr.r.P25.1.64;S25.1.184; D.Cassat.146.Chose jug. 281.
— Cr.c.P25.1 74;S25.1.253; D.Fonct. pub.422,Forêts.56.
— Cr.c.P25.1.66;S25.1.248;D.Peine.263.
— Cr.r.P25.1.63;S26.1.24;J34.66; D.Cour d'ass.681.
— Cr.r P25.1.122;D.Cour d'ass.498. Témoin.438.
— Cr r.P25.1.122;J33.145;D.Compét. crim.251.
— Cr.c.P25.1.111;S25.1.516;D.Autor. mun.195.470.484.
27 Civ.c.P25.1.95;S25.1.303;D.Dem. nouv.26.
28 Bourges.A10 677;P2 834;B21.424; D.Preuve litt.782.
— Agen.A12.77,n.9;P2.1263;B25.256; S28.2.3; D.Servit. 703.
— Poitiers.P25.2.94;S25.2.51; D.Hypoth. lég.181.
— Civ.r.P25.1.6;S25.1.158;MR17.780; J31.409; D.Testament.256.
— Req.P25.1.41;S25.1.165;J32.16;D.Chose jugée.16.252.
— Req.P25.1.118;S25.1.286; J34.118; D.Eff. de com.303. 611.
29 Aix.A5.372;P1.805;B5.427;D.Compét. comm.317.318.
— Agen.A4 634;P1.1200;B8.250; D.Jug.509.Deg. de jur. 97.
— Agen.P25.2 144;D.Désist.63.113.
— Req.P25.1.26;S25.1.173;J30.346; D.Assur. terrest.32.
— Agen.P25 2.144,n.1;D.Désist. 63.113.
30 Grenoble.A5.403; P1.1525; B10.13; S26.2.166; D.Don. par cont.204 Port. disp.169.
— Cr.c.A11.167,n.4;P2.959,n.6; B22.216;D.Cassation.81. Peine.215.229.
— Lyon.P25.2.140;S25.2.157;D.Degré de jurid.330.
— Lyon.P25.2.102;S25.2.317,n.;D.Saisie-imm.980.
— Req P25.1.129;S25.1.257;J32.358; D.Chose jugée.389. Discip.238.
— Cr.c.P25.1.97;S25.1.305;J33.288;D.Serment.104.
— Req.P25.1.45; S25.1.116; J32.52; D.Appel incid.65.66. Juge supp.153.Servitudes.468.469.532.
— Cr.c.P25.1.115;S25.1.317; J32.581; D.Cour d'ass.1707. Serment.97.
— Req.P25.1.109;S25.1.547;J32.255;D.Commune.742.
— Rouen.P25.1.509. V. au 29 avril 1825 et au 6 mai 1825; D.Escroquerie.80.
31 Cr.r.A2.368;P1.482;B5.412;D.Cassation.543.
— Besançon.A5.153;B9.476;D Désistement.74.
— Cr.c.A8.775;P2.381;B16.399;D Forêts.708.
— Cr.c.A8.788;P2.392;B16.416;D Procès-verb.261.
— Cr c.A8.808;P2.407;B16.441;D.Forêts.984.
— Aix.P25.2.171;S26.2.113;D.Avaries.33.34.49.
— Amiens.P25.2.12; S25.2.190; J32.37; D. Avocats. 81. Avoué.40.Discipline.175.
— Cr.c.D.Forêts.290.

1825.

JANVIER.

3 Civ.c.P25.1.3;S25.1.160;J31.389;D.Dot.375.
— Civ.c.P25.1.80;S26.1.161; J33.460; D.Mot. des jug.31.
— Colmar.P25.2.146;D.Subrog.132.
— Paris.P26.2.12;D.Compét. civ.196.
4 Civ.c.P25.1.12;S25.1.206;J31.522;D.Cont p. corps.236.
— Req P25.1.61;S25.1.249;D.Oblig.565.Remplacem.64.
— Civ.c.P25.1.126;S25.1.258;D.Motifs des jug.32.
— Req.P25.1.145; S26.1.39; J33.54; D.Colonies. 17.135. 136.Dépôt.6.Jugem.338.Lois rétroact.18.
— Bourges.P25.2.139;S25.2.206;D.Sép. de corps.52.
— Rouen.P25 2.132; S25.2.179; D.Commissionnaire.152. 157.Faillite.196.1068.Novat.60.
5 Civ.c.P25.1.62; S25.1.256; J32.240; D.Cassation. 778. Enreg.1939.
— Req.P25.1.125;S26.1.185; J32.370; D.Vérif. d'écr.115.
— Req.P25.1.67;S26.1.146;D.Comp. civ.104.
— Nîmes.P25.2.137; S25.2.155; J34.230; D. Péremp.152. Rép. d'inst.36.
— Agen.P25.2.165;S26.2.258; J34.328; D.Arbitr.283.767.
— Paris.P26.2.10;S26.2.66;D Appel civ.392.
6 Paris.P31.2.180;D.Domicile élu.7.
— Amiens.P26.1.350;D.Expertise.195.
7 Cr.r.P25.1.154;S25.1.270;D.Cour d'ass.248.614.
— Paris.P25.2 252;S25 2.341;D.Rescis.208.
— Cr.c.P25.1.158;S25.1.261;J33.98;D.Instr. crim.294.
8 Agen.P25.2 144;D.Désist.114.
— Paris.P26.2.9. et 120; S25.2.341; D.Conciliation.14. 14.Offre.55.Rente.294.295.
— Agen P25.2.194;D.Propriété indivise.11.
10 Civ.c.P25.1.19;S25.1.200;J31.524; D.Cass.614.Lois.41. Rente.256.257.
— Civ.c.P25.1.11;S25.1.214;J31.478; D.Compensat.106.
11 Aix.P32.2.80;D.Compulsoire.22.
— Agen.P26.2.53;S27.2.55;D.Majorats.28.29.
— Req.P25.1.68; S26.1.141; J32.282; D.Brevet d'invent. 23.24.25.
— Req.P25.1.149;S25.1.350;J33.12;D.Cassation.798.Stellionat.20.
— Req.P25.1.133; S25.1.285; J33.480;D.Frais et dépens. 406.Oblig. divis.29.115.
— Civ.r P25.1.141; S25.1.351; J32.490; D.Communauté. 91.Portion disp.299 775.Prescrip.642.Ratification.93 Substitution.333.
— Bourges.P25.2.178;S25.2.201;D.Preuve litt.1160.1165.
— Paris.P25.2 159;D.Compét. comm.332.
— Caen.P25.2.159;D.Pérempt.6.15.
12 Ord.A6.326,n.;D.Ventes adm.524.
— Ord.A9.980,n.14;B19.117,n.14; D.Manuf.77.
— Ord.A9 980,n.16;B19.117,n.16;D.Manuf.56.84.
— Civ.r.P25.1.111;S25.1.73;J32.279;D.Assur. marit.686. 687.
— Req P25.1.139; S25.1.348; D.Féodalité.291.292.293. 294.Motifs des jugem.114.
— Toulouse.P25.2.134;S25.2.113;D.Cont. par corps.610. 620.630.725.
— Bordeaux.P26.2.95;S25.2.201; D.Testament.158.206.
— Agen.P25.2.251;S27.2.216;D.Ordre.547.
— Grenoble.P26 2.166; S26.2.184; D.Acquitt.23.Chasse. 120.Excuse.63.
— Ord.P25.3.5;D.Fabriques.
— Ord.P26.3.23;D.Ventes adm.72.82.
— Ord.P26.3.22;D.Ventes adm.78.398.
— Ord.P26.3.18;D.Voirie.28.
— Ord.P26.3.16;S25.2.327;D.Compét. adm.356.
— Ord.P26.3.19;D.Voirie.228.
— Ord. du cons. d'état.Mac.25.16;D.Marché de f.183.
— Ord. du cons. d'état.Mac.25.17; D.Marché de f.201.
— Ord.A12.989,n.8;B28.301,n.8;D.Voirie.165.
— Ord.A12.993,n.7;B28.306,n.7;D.Voirie.211.
— Ord.D Jugem. adm.6.
— Décis. du cons. d'état.D.Marché de fourn.356.
13 Req P25.1.103; S25.1.311; J32.247; D.Cassation.724. Rescis.129.
— Req.P25.1.129;S25.1.257;J32.359; D Chose jugée.385. Discip.237.
— Grenoble.P25.2.170;D.Inscript. hypoth.187.
— Lyon.P25.2.202;D.Exploit.21.378.Péremp.280.
— Grenoble. P26.2.166,n.; S26.2.185,n.; D.Acquitt.23. Chasse.120.Excuse.63.
14 Grenoble.P25.2.167;D.Portion disp.292.293.
— Aix.P25.2.145; S26.2.66; D.Intérêts de cap.24.Etranger.218.
— Paris.P25 2.149;S25.2.342;D.Exploit.
— Rennes.P25.2.230; D.Degré de jurid.418.Jugem. par défaut.391.
— Paris.P26.2.123;S26.2.153;J34.311; D.Effet de comm. 841.Prescrip.69.505.
— Douai.P31.2.157;S25.2.305;D.Faillite.308.Tierce-opp. 224.
— Pau.D.Port. dispon.350.
15 Cr.r.P25.1 103;S25.1.269;D.Excuse.68.
— Cr.c.P25.1.157;S25.1.263;D.Comp. crim.203.224.264.
— Cr.r.P25.1.162;S25.1.270;J31.590;D.Cour d'ass.1072. 1080.1720.Vol.328.
— Cr.c.P25.1.164;S25.1.278;J33.92;D.Compét. crim.210. Inondation.4.
— Paris.P25.2.151;S25.2.342;D.Presse.507.847.
— Agen.P25.2.237; S26.2.129; D.Hypoth. lég.56.Ordre. 228 494.549.
— Aix.P25.2.223;D.Commerç.29.Comp. comm.155.174.
— Loi.P25.2.31;D.Liste civile.
17 Caen.P25.2.221;S26.2.13;D.Rente.170.171.
18 Civ.c.P25.1.49; S25.1.181; J32.97; D.Effet de comm. 350.353.421.
— Poitiers.P26.2.50;S26.2.18;D.Référé.21.57.
— Aix.P26 2.125;S25.2.342;D.Faillite.32.107.
— Req.P25.1.78;S25.1.236;D.Success.352.
— Civ.c.P25.1.69; S25.1.234; J32.107; D.Louage.22.Enreg.1853.
— Civ.c.P25.1.64;S25.1.248;J32.193; D.Timbre.310.512.
— Req.P25.1.142;S25.1.312; D.Cassation.745.Révoc.134.
— Req.P25.1.261;S25.1.210;J33.494;D.Surenchère.124.
— Paris.P26.2.8; S25.2.345; J32.508; D.Partage d'asc.28. Rap. à suc.182.
19 Civ.c.P25.1.58;S25.1.183;J32.336;D.Conciliation.5.
— Civ.c.P25.1.71;S25.1.280;D.Juge sup.98.
— Req.P25.1.138;S25.1.309;J32.483;D.Servit.526.533.
— Civ.r.P25.1.144; S26.1.204; J33.30; D.Cassation.728. Prescrip.48.Retenue.25.
— Toulouse.P25.2.108;S25.2.119;D.Halage.17.
— Paris.P25.2.158;S25 2.345;D.Arbitrage.648.
— Ord.P26.3.25;D.Ventes adm.119.120.
— Ord.P26.3.17;S25.2.345;D.Eau.427.Quest. pr.88.
— Ord. du cons. d'état.D.Eau.444.
20 Bastia.P27.1.130;D.Substitution.82.84.
— Cr.c.P25.1.157;S25.2.274;J32.75;D.Vol.
— Cr.c.P25.1.167; S25.1.279; J33.595; D.Faux.37.Lois. 401.
— Cr.c.P25.1.169;S25.1.276;J33.90;D.Compét. crim.220. Presse.276.Respons.500.
— Cr.c.P25.1.170;S25.1.276;D.Fonct. pub.63.365.
— Lyon.P25.2.145;S26.2.68;D.Chasse.52.
— Grenoble.P25.2.167;D.Commune.48.
22 Cr.r.P25.1.177;S25.1.315;D.Condamn.24.Témoin.472.
— Cr.c.P25.1 207;S25.1.318; J33.159; D.Appel correct. 115.121.126.Jugem. prép.117.
24 Toulouse.P25.2.250; S25.2.414;J33.548; D.Jugem.343. Degré de jurid.519.Exception.295.
— Civ.r.P25.1.165; S26.1.38; J33.200; D.Cassation.803. Hypoth. conv.89.94.Ratification.116.
— Montpellier.P25.2.153;S25.2.317;D.Révoc.32.
— Nanci.P34.2 187; D.Autor. de femme.222.Hyp. lég. 137.142.144.149.Mandat.195.Transp. de créance.73.
25 Req.P25.1.61;S25.1.196;J32.404;D.Régl. de juges.58.
— Civ.c.P25.1.59;S25.1.384;J32,582;D.Octroi.108.
— Rennes.P25.1,147; S25.1.345;J33.5; D.Condamnation. 14.Interdit.109.Preuve litt.881.934.
— Civ.r.P25.1.174;S25.1.382; J33 115; D.Cassat.882.893. 919.Faux inc.31.Jugem.24.Obl.761.Sais.-arr.131.132.
— Civ.r.P25.1.168;S26.1.44;D.Exploit.583.Nullité.130.
— Lyon.P25.2.127;S25.2.126;D.Compensation.69.
— Toulouse.P6.2.119;S21.2.387;D.Action possess.402.
26 Amiens.A11.556,n.3; P2.1118,n 2; B23.376; D.Rente. 96.147.
— Civ.c.P25.1.59;S25.1.172;J32.285;D.Appel civ.28.
— Limoges.P26.2.157;D.Tribunaux.
— Civ.r.P25.1.176; S25.1.397; J33.94; D.Action possess. 363.376.
— Req.P25.1.151;S25.1.383; J33.320; D.Prise marit.191. 242.243.244.
— Lyon.P25.2.123;S25.2.121;D.Respons.454.
— Poitiers.P25.2.156;S25.2.347;D.Servitude.119
— Lyon.P25.2.146;S25.2.117;D.Degré de jurid.107.
— Paris.P26.2.9;S26.2.180;D.Frais et dép.296.Rem. de la dette.64.
— Caen.P26.2.13;D.Faillite.920.
27 Req.P25.1.126;S25.1.260;J32.440;D.Pr. litt.56.1421.
— Paris.P25.2.150;D.Société comm.11.
— Aix.P26.2.131;S25.2.348; D.Etabl. publ.16.17.Exception.385.Frais et dépens.150.
28 Cr.c.P25.1.163,n.;S25.1.278,n.;D.Cour d'ass.775.1712.
— Cr.c.P25.1,163;S25.1.278;D.Cour d'ass.1705.1712.
— Cr.c.P25.1.171;S25.1.329;J33.442;D.Cour d'ass.216.
— Cr.r.P25.1.155; D.Cour d'ass.1228.Jug.461.Tém.203.
— Lyon.P25.2.129;S25.2.124;D.Purge.186.
— Angers.P25.2.143; S25.2.159; D.Autor. de femme.44. Serment déc.67.
— Cass.A4.324,n.;D.Cour d'ass.326.
29 Cr.c.P25.1.166;S25.1.275;D.Cour d'ass.35.66.
— Cr.r.P25.1.164;S25.1.280;D.Procès-verbal.27.38.
— Cr.r.P25.1.245 S25.1 317;J33.384; D.Juge.125.126.
— Rouen.P25.2.158; S26.2.118; J33.430; D.Jugem. par défaut.73.
— Grenoble.P25.2.237;D.Appel civ.111.Ratific.33.
— Paris.P25.2.210;D.Faillite.207.
— Grenoble.P25.2.198;D.Novat.129.Saisie-imm.213.
— Ord. du cons. d'état.Mac.5.35;D.Exploit.34.
30 Amiens.P26.2.232;S26.2.247;D.Saisie-imm.826.
— Orléans.P158,n.288;D.Degré de jurid.157.
31 Amiens.P25 2.239;S25.2.414;D.Ordre.448.
— Civ c.P25.1.71; S25.1.123; J32.497;D.Saisie-imm.381. 476.515.
— Civ.c.P25.1.163;S25.1.399;J31.289;D.Faux inc.190.
— Nimes.P25.2.175;S25.2.548;J23.41;D.Faillite.235.

FÉVRIER.

1 Paris.P25 2.210;D.Faillite.108.
— Req P25.1 82;S25.1.189; D.Cass.948.Fabriques.79.80. 95.164.Servitude.22.23.24.
— Req.P25.1.108;S25.1.385;J32.262;D.Cassation.424.Intervention.69.Présomp.81.Tutelle.107.240.
— Req.P25.1.92;S25.1.287; D.Hypoth. conv.67.Inscript. hypoth.219.253.306.
— Rouen.P25.2.122,S25.2.271;D.Inscript. hypoth.
— Caen A6.682,n.33; P25.2.156; S26.2.108; J34.369; D. Effet de comm.548.587.617.618.632.638.
2 Req.P25.1.114;S25.1.363;J34.39,D.Servit.350.658.
— Ord.P26.3.19;S26.2.340;D.Voirie.412.425.483.496.
— Civ.c.P25.1.159;S25 1.403;D.Cass.340.Compét.comm. 477.Degré de jurid.578.Jugem. prép.68.87.165.Prud'homme.10.
— Bourges.P25.2.147;S26.2.64;D.Déf.194.
— Poitiers.P25.2 166;S26.2.67;D.Respons.302.375.
— Paris P26.2.12;D.Exploit.542.
— Nimes P25.2.201;S25.2.294;D.Avoué.110.Péremp.241.
— Lyon.P25.2.190; D.Autor. de femme.312.315.
— Ord.P26.3.16;S26.2.341;D.Eau.572.
— Ord.P26.3.14;S25.2.353;D.Voirie.751.
— Bourges.P26.2.243,n.1;S26.2.270,n.; D.Prescr.32.911.

— Ord.P26.3.28; S25.2.349; D.Cons. d'ét.314.Marais.74.
— Ord.P26.3.38;D.Contr. dir.256.
— Civ.r.D.Jugement.55.
— Ord. du cons. d'état.D.Eau.86.
— Ord.A12.989,n.8;B28.301,n.8;D.Voirie.165.
— Ord.A12.995,n.5;B28.308,n.1;D.Voirie.246.
5 Req.P25.1.107;S26.1.162;D.Offre.45.
— Req.P25.1.128;S26.1.183;J32.355; D.Chose jugée.93.
— Agen.P26.2.34;D.Prescript.914.
— Grenoble.P25.2.206;J33.509;D.Saisie-exéc.248.220.
4 Toulouse.P25.2.155;S25.2.147; J34.251; D.Appel civ. 352.Tutelle.477.
— Lyon.P25.2.128;S25.2.127; D.Jugem. par défaut.561. Prescript.914.
— Cr.c.P25.1.209;S25.1.331;D.Faux.388.
— Cr.r.P25.1.210;D.Jug.424.Procès-verb.77.Voirie.591. 729.
— Toulouse.P25.2.203;D.Date.56.Pérempt.93.282.
— Req.P27.1.42. Le Bullet. civ. donne à cet arrêt la date du 8 nov.1826.
— Cr.r.P25.1.240;S25.1.330;D.Cour d'ass.638.
5 Cr.c.P25.1.215;S25.1.336;D.Aveu.137.158.Procès-verbal 24.146.349.
— Cr.c.P25.1.212;S25.1.332;D.Peine.228.
— Cr.c.P25.1.212;S25.1.332;D.Peine.228.
— Cr.r.P25.1.266;S26.1.54;D.Régl. de juges.115.
— Bordeaux.P26.2.194;S25.2.96;D.Faill.169.Interv.98.
7 Civ.c.P25.1.84;S25.1.213;J52.152;D.Servitudes.667.
— Toulouse.P25.2.176;S25.2.354;J35.76; D.Faillite.1194. 1217.
— Bourges.P25.2.150;D.Appel civ.190.191.
— Douai.P25.2.212;S26.2.150;D.Comp. comm.56.
8 Civ.c.P25.1.79;S25.1.231;J51.385;D.Contr. par corps. 687.
— Civ.r.P25.1.171;S25.1.340;D.Chose jugée.167.
— Civ.r.P25.1.485;S25.1.386;D.Action.77.
— Poitiers.P25.2.137; S25.2.415; D.Int. de cap.19.Lois rétr.128.
9 Req.P25.1.97;S25.1.505;J32.353;D.Remplac.53.
— Civ.r.P25.1.487;S26.1.185; D.Chose jugée.20.Lois.84. Repr. du peuple.1.
— Civ.c.P25.1.134;S25.1.295;J32.425; D.Cass.608.Chose jugée.129.Jugem.212.
— Civ.c.P25.1.136;S25.1.281;J32.486;D.Délai.41.44.
— Aix.P25.2.244;S25.2.315;D.Degré de jurid.331.
— Douai.P25.9.195; S26.2.154; D.Faillite. 242.Société comm.135.
— Ord.P25.3.5;D.Manuf. et atel.42.
10 Req.P25.1.172;S26.1.73;J35.142; D.Cass. 759.Obl.600.
11 Cr.r.P25.1.105,n.;S25.1.270,n.;D.Excuse.68.
— Cr.c.P25.1.247;D.Cont. ind.22.52.53.460.
— Cr.c.P25.1.213;S25.1.342;D.Fonct. pub.58.59.
— Rouen.P26.2.1;S26.2.218;J27.288;D.Prescription.175.
— Paris.P26.2.15;S26.2.31;Portion disp.658.
— Colmar.P25.2.251,n.;D.Juge supp.105. Degré de jur. 527.
12 Cr.c.P25.1.214;S25.1.343;D.Cour d'ass.637.1711.
— Montpellier. P25.2.187; J25.184; D.Acte de l'état civ. 114.Mariage.406.
— Cr.r.P25.1.295;D.Faux inc.261.276.
— Riom.P25.2.245;S25.2.372;D.Jug. par défaut.463.
— Bourges. P26.2.124; S25.2.355; D. Eff. de comm. 159. Obl.463.Présompt.86.
— Rouen.P27.2.56;D.Inst. cr.427.
14 Civ.c.P25.1.184;S25.1.411;D.Preuve test.12.
— Civ.r.P25.1.155; S26.1.37; J35.254; D.Enreg.836.1919.
— Caen.P25.2.117;S33.2.639; J35.274; D.Oblig. divis.87. Sép. de patrimoine.103.Succes.498.
15 Req.P25.1.98;S25.1.291;J32.268;D.Alimens.149.
— Paris.P25.2.208;D.Appel civ.389.
16 Ord.A12.994,n.1;D.Voirie.216.
— Ord.P26.3.21;S26.2.339;D.Voirie.164.
— Ord.P26.3.20;D.Cons. d'état.247.
— Ord. du cons. d'état.Mac.25.82;D.Marché de four.202.
— Ord. du cons. d'état.Mac.25.81;D.Marché de four.354.
— Ord. du cons. d'état.D.Octroi.186.
— Ord.D.Trav. pub.218.
— Ord. du cons. d'état.D.Ventes admin.506.
— Ord. du cons. d'état.A12.994,n.1;B28.306,n.1;D.Voirie.216.
— Ord.A12.1015,n.7;B28.329,n.7;D.Voirie.504.
17 Req.P25.1.106;S25.1.579;D.Jug. prép.142.Poss.207.
— Req.P25.1.89;S25.1.406;D.Prise à partie.51.
— Paris.D.Art de guérir.155.
18 Caen.P26.2.101;D.Servitudes.88.
— Poitiers.P27.2.26;S27.2.261;D.Sép. de corps.121.
19 Cr.c.P25.1.216;S25.1.337;D.Poids et mesures.94.
— Cr.c.P25.1.216;S25.1.335;D.Presse.514.
— Cr.c.P25.1.215;S25.1.331;P.Fonct. pub.60.
— Cr.c. P25.1.214; S25.1.344; J34.848; D.For.949.Expl. 786.
— Cr.c.P25.1.295;S26.1.241;D.Faux inc.270.271.Procès-verbal.43.
— Bourges.P25.2.149;S26.2.72;D.Arbitr.567.594.1040.
— Caen.P25.2.160; S26.2.65; J35.339; D.Inscr. hyp.454. 458.489.Délai.25.
— Cr.c.P25.1.256; S25.1.330; D.Faux.124. C. d'ass.1000. Publ. des jugem.54.
21 Paris.P26.2.16;S26.2.33;D.Inscr. hyp.466.
— Paris.P25.2.211;J33.356;D.Mariage.261.317.
— Bourges.P25.2.231;S25.2.356;D.Rapp. à succ.172.

22 Civ.c.P25.1.155. et 2.122,n.1; S25.1.178; J32.113; D. Inscr. hyp.409.Priv.502.
— Req.P25.1.89;J33;D.Prise à partie.16.17.47.
— Civ.c.P25.1.173,n.;D.Autor. mun.706.707.Contrib.15.
— Civ.c. P25.1.173. et 174; S25.1.344; J35.58; D.Autor. mun.706.707.Contrib.15.
— Civ.c.P25.1.185;S26.1.190; D.Colonies.118.Motifs des jugem.33.
— Toulouse.P24.2.201;D.Pérempt.130.
— Bourges.P25.2.190; S25.2.224; D.Saisie-imm.986.988. 991.1014.1153.1661.
— Ord. du cons. d'état.Mac.26.108; D.Marché de f.253.
23 Civ.c.P25.1.87;S25.1.486;J32.257;D.Jug. par déf.185.
— Civ.r.P25.1.74;S25.1.253;J32.329;D.Expl.6.526.
— Req.P25.1.125; S25.1.297; J33.149; D.Féod.290.Expr. pub.65.
— Req.P25.1.114;S25.1.356;J32.48;D.Cass.933. Commune.40.
— Agen.P25.1.146;S25.1.272;J35.430; D.Cassat.718.Tribunal.146.
— Poitiers.P25.2.140;S26.2.325;D.Tutelle.8.258.
— Limoges.P26.2.180;S26.2.178;D.Testam.494.
— Caen.P26.2.213;S26.2.283;D.Contr. par corps.50.
24 Ord.A6.342,n.6.7;D.Domaines.
— Req.P25.1.119;S25.1.273;J33.187;D.Motif des jug.165. Tutelle.155.156.
— Paris.P26.2.16;D.Jugem. par déf.377.490.
— Agen.P26.2.55;S26.2.102,D.Filiat. nat.212.221. Oblig. 452.758.
— Paris.P25.2.208;J31.161;D.Louage.304.313.314.
— Ord.P26.3.22;D.Ventes admin.252.307.
— Ord.P26.3.18;S26.2.343;D.Voirie.668.724.
— Paris.P26.2.214;S26.2.31; J34.247; D.Frais et dépens. 52.Succ. bénéf.115.
— Ord. du cons. d'état.Mac.5.164; D. Rente.416.
— Trib. de Versailles.P27.1.320;D.Transcr. hyp.52.
— Ord. du cons. d'état.D.Ventes admin.135.
— Ord.A12.989,n.8;B28.301;D.Voirie.165.
— Ord.A12.1024,n.44;D.Voirie.720.
25 Cr.c.P25.1.217;S25.1.335;D.Poids et mesures.104.
— Cr.c.P25.1.217,n.;D.Cour d'ass.404.
— Rouen.P25.2.181;S25.2.356;D.Hypoth. jud.37.
— Caen.P25.2.158;S26.2.70;D.Caut.79.Comp.com.21.84.
— Paris.P26.2.25;D.Jugem. par déf.414.
— Paris.P25.2.207;D.Cess. de b.49.Faill.641.Etrang.222.
— Riom.P27.2.12;S27.2.26;D.Legs.142. Donat.55. Subst. 233.256.
— Bordeaux.P28.1.339;D.Contr. par corps.157.
26 Cr.c.P25.1.178;S25.1.339;J33.66;D.Jour férié.77.
— Paris.P25.2.141;D.Propriété litt.110.
— Cr.c.P25.1.219;S25.1.338;D.Compét. cr.106.
— Cr.c.P25.1.218;S25.1.335;D.Compét. cr.134.
— Cr.c.P25.1.218;S25.1.334;D.Action pub.61.
— Cr.c.P25.1.217;D.Témoin.21.
— Cr.c.P25.1.217,n.;S25.1.334,n.;D.Cour d'ass.404.
— Riom.P26.2.91;S26.2.125;D.Port. disp.541.
— Caen.P25.2.222;D.Emigré.290.
— Douai.P30.2.50;D.Degré de jurid.161.Désist.94.
27 Grenoble.P25.2.163;D.Dot.20.
— Douai.S26.2.150;D.Actes de comm.230.
28 Civ.r.P25.1.180;S25.1.421;J33.101; D.Cassat.628.Lois. 75.Dot.455.Nullité.240.Port. disp.731.751.Prescr.550.
— Lyon.P25.2.143;D.Jug. par défaut.411.442.
— Paris.P26.2.60;S26.2.73; J35.537; D.Compensation.97. Etranger.75.Prescr.923.924.Transp. de cr.85.121.
— Riom.P25.2.244;S25.2.389;D.Respons.252.
— Agen.P26.2.107;J35.363;D.Discip.225.248.D.Not.185.

MARS.

1 Civ.r.P25.1.178; S25.1.371; J33.121; D.Lois rétroact. 13.Enreg.535.2472.2611.
— Montpellier.P25.2.190;D.Autor. de femme.31.
— Colmar.P25.2.153;D.Promesse de mariage.14.
— Bourges.P26.2.111;S25.2.357;D.Rempl.40.
2 Civ.r.P25.1.76;S25.1.237;D.Forêts.299.
— Req.P25.1.150;S25.1.361;D.C. de mar.128. Obl.583.
— Poitiers.P25.2.166;D.Acte respect.66.83.86.120.
— Bourges.P26.2.111;S25.2.358;J36.407;D.Louage.146.
3 Ord.A9.981,n.21;D.Manuf.217.
— Ord.A9.781,n.19;B18.119,n.19;D.Manuf.73.
— Req.A3.818,n.;P25.1.186;B6.647,n.;S25.1.310;D.Cont. par corps.292.
— Req.P25.1.177;S26.1.71;D.Cassat.785.Présompt.106.
— Colmar.P25.2.251;D.Juge-supp.105. Deg. de jur.527.
— Ord.P26.3.6;D.Culte.28.
— Ord.P26.3.21;D.Ventes admin.320.452.
— Ord.P26.3.18;D.Voirie.661.726.
— Ord.P26.3.10;D.Manuf.73.143.116.
— Ord. du cons. d'état.D.Hospices.119.
4 Ord.A6.342,n.7;D.Domaines.
— Cr.c.P25.1.257;S26.1.56;D.Destr.23.27.Motif des jug. 245.
— Cr.c.P25.1.259;S26.1.49;D.Vol.43.
— Cr.r.P25.1.259. et 2.56;S26.1.50;J45.505; D.Act. pub. 55.Compét. cr.272.
— Paris.P25.2.254;D.Compét. comm.452.
— Paris.P26.2.208;D.Actes de comm.177.Tontine.14.
— Bourges.P25.2.205;S25.2.389;D.Actes de comm.104.
— Cr.r.P33.1.501;S25.1.340;D.Faux.97.

5 Grenoble.P25.2.191;S26.2.143; D.Obl.843.Prescr.716. 790.
— Cr.c.P25.1.262;S26.1.51;D.Peine.227.
— Cr.c.P25.1.263;S26.1.55;D.Enseign.99.
— Cr.c.P25.1.263;S26.1.52;D.Peine.248.
— Toulouse.P25.2.152;D.Faill.1262.Compte cour.46.
— Toulouse. P25.2.155; S26.2.75; D. Actes de comm.57. Compét. comm.24.
— Toulouse.P25.2.254;S25.2.299;D.Saisie-imm.476.
— Colmar.P25.2.183;S25.2.417;D.Chose jugée.390.
— Toulouse.P33.2.147;S27.2.153;D.Arbitrage.51.1021.
7 Civ.r.P25.1.190;S25.1.225;D.Usufruit légal.31.
— Toulouse.P25.2.155;S26.2.65;D.Acquiesc.225.
— Riom.P27.2.188;S28.2.77;D.Inscr. hypoth.
8 Civ.r.P25.1.188;J33.193;D.Filiat. adult.4.5.
— Req.P25.1.193;S26.1.20;D.Motifs des jug.121.Obl.220.
— Colmar.P25.2.183;S25.2.416; D.Ch. jugée.390.Discip. 252.
— Caen.P25.2.212;D.Compét. comm.48.
9 Civ.c.P25.1.194;S26.1.22;J33.284;D.Dom. de l'ét.41.
— Civ.r.P25.1.195;S26.1.34;D.Exploit.157.
— Civ.r.P25.1.194;S25.1.122; J32.5; D.Avoué.94.119.Degré de jur d.568.
— Angers.P26.2.174; S26.2.181; D.Fruits.40. Presc.770. 240.
10 Req.P25.1.149;S26.1.192;J36.142;Partage.126.
— Grenoble.P26.2.204;S26.2.29;D.Adoption.31.
— Ord.P25.3.6;D.Juge.25.
— Ord.P25.3.7;D.Agréé.7.8.
— Paris.D.Acte respect.77.
— Paris. D.Assur. terr.146.
— Ord.D.Haras.3.
11 Cr.r. P25.1.197; S26.1.46; D. Abus de conf. 12.14.17. Act.32.Cass.964.Serm.81.82.
— Cr.c.P25.1.264;S26.1.25;D.Procès-verbal.112.
— Cr.c.P25.1.264; S26.1.55; D.Frais et dépens.362.Dom. de l'ét.31.
— Cr.c.P25.1.265;D.Peine.
12 Aix.P25.2.203;S26.2.4;D.Compét comm.301.
14 Paris.P26.2.5;S25.2.314; J32.125; D.Port.disp.320.322.
— Civ.c.P25.1.281;S26.1.171; J33.564; D.Gar.200.Dom. de l'ét.84.
— Nanci.P31.2.61;S31.2.190;D.Dist. par cont.143.
15 Poitiers.P25.2.200;S25.2.389,n.;D.Exploit.206.
— Req.P.25.1.196;S26.1.44;D.Brevet d'invention.22.34.
— Civ.c.P25.1.199; S26.1.22; P33.288; D.Juge supp.57. Enreg.2746.
— Civ.c.P25.1.199;S26.1.15;J33.219;D.Enreg.1136.
— Civ.c.P25.1.200;S26.1.31;J33.156;D.Enreg.2883.2901.
— Req.P26.1.201; S26.2.61; J33.157; D.Privilège.211.
— Bordeaux.P25.2.250;S25.2.289;D.Preuve test.343.
— Ord.A5.15;D.Commune.124.
16 Civ.r.P25.1.203;S26.1.32;J33.377; D.Cass.433.Forêts. 589.Deg.de jurid.361.Enreg.2804.
— Civ.r.P25.1.204;S26.1.169;J33.296;D.Enr.499.500.514.
— Req.P25.1.206;S26.1.28;J35.134;D.Eff. de comm.282.
— Lyon.P25.2.178;J34.547;D.Puiss. patern.9.34.35.45.
— Caen.P27.2.47;S27.2.47;J40.586;D.Sép. de biens.79.87. 91.92.
— Paris.P25.2.168;S26.2.71;D.Hypoth. conv.75.151.
— Orléans.A11.630,n.2;B24.28;D.Saisie-arrêt.176.
17 Req.P25.1.205; S26.1.15; J33.289; D.Oblig.392.Obli. pén.25.
— Req.25.1.219; S.26.1.70; J33.217; D.Cass.750.Rap. à suc.85.
— Req.P25.1.209;S26.1.175;D.Preuve litt.1483.
— Rouen.P26.2.25;D.Retenue.25.
— Ord.P26.3.27;D.Contr. directes.170.Patente.26.
— Ord.P26.3.19;D.Voirie.202.
— Bruxelles.P33.2.165;S25.2.289;D.Act.25.Respons.623.
— Ord.P26.3.27;D.Contr. directes.155.181.215.
— Ord.P26.3.15;D.Eau.410.
— Ord.D.Marché de fourn.76.
— Ord. du cons. d'état.Mac.25.156;D.Marc. de four.173.
— Ord. du cons. d'état.Mac.25.151;D.Marc. de fourn.181.
— Ord. du cons. d'état.Mac.25.153;D.Marc. de fourn.240.
— Ord. du cons. d'état.Mac.25.154; D.Marc. de fourn. 355.
18 Cr.c.P25.1.266;S26.1.57;D.Art de guérir.17.
— Paris.P26.2.24;J34.248;D.Novat.54.
— Cr.r.P25.1.447;J34.399;D.Eau.92.93.
— Cr.r.P25.1.371;S31.1.112;J35.43;D.C. d'ass.108.199.
— Bourges.P26.2.245; S26.2.269; J34.535; D.Prescript. 32.941.
19 Cr.c.P25.1.288;S26.1.57;D.Récidive.
— Paris.P25.2.161;S26.2.69;J34.365;D.Nullité 75.Saisie-gagerie.50.
— Cr.c.P25.1.266;S25.1.323; D.Acquiesc.472. Appel correct.238.Inst. cr.422.Domm.-int.50.
— Grenoble.P25.2.215;D.Appel civ.374.412.
21 Civ.c.P25.1.219;S26.1.196; J33.185; D.Cassation.654. Compét. comm.249.
— Civ.c.P25.1.220;S26.1.193;J33.208; D.Enreg. 352.353.
— Caen.P26.2.233;S26.2.279;D.Jug. par déf.552.
22 Req.P25.1.236; S26.1.201; J33.562; D.Condamnation. 21.Obl.231.Preuve litt.850.867.
— Req.P25.1.231; S26.1.198; J33.118; D.Appel civ. 371. Cassation.47.Chose jugée.166.Jug. par déf. 28.83.64.
— Req.P25.1.221;S26.1.201;J33.172;D.Compét. adm.72. Huiss.136.

— Lyon.P25.2.172;S26.2.151;D.Eff. de com.188.355.421.
— Paris.P25.2.184;S26.2.227;D.Garantie.141.
— Paris.P25.2.180;J35.175.et 34.299;D.Absence.416.417.421.Lois rétroact.31.
— Caen.P25.2.211;B463,n.;S26.2.101;D.Purge.172.186.
— Cass.D.Rente.675.
25 Req.P25.1.237;S26.1.180;J33.239;D.Tutelle.411.
— Req.P25.1.236;S26.1.16;J33.390;D.Jug. par déf.375.445.
— Req.P25.1.238;S26.1.229;D.Aud. solennelle.7.Filiat. légit.124.
— Req.P25.1.239,n.;S26.1.230,n.;J33.463;D.Aud. solennelle.7.Filiat. légit.124.
— Civ.r.P25.1.241;S26.1.104;J33.198;D.Rente.187.Stellionat.26.
— Req.P25.1.232;S26.1.103;D.Saisie-imm.157.
— Req.P25.1.233;S25.1.390;J33.326;D.Société com.165.
— Civ.r.P25.1.249;S25.1.414;J33.15;D.Obl.766.Exprop pub.67.Usufruit.113.
— Amiens.P26.2.94;S25.2.417;J33.195;D.Prise à part.5.
— Limoges.P26.2.178;S26.2.194;D.Serment déc.102.
24 Req.P25.1.239;S26.1.201;D.Huiss.131.
— Req.P25.1.239;D.Deg. de jurid.562.
— Req.P25.239;S25.1.432;D.Preuve test.356.
— Req.P25.1.241;S26.1.210;J35.250;D.Honoraires.45.52.
— Poitiers.P25.2.165;D.Dot.17.Sép. de biens.203.
— Caen.P26.2.42;S27.2.53;D.Instruc. par écrit.24.
— Corse.P27.2.46;S27.2.153;D.Filiat. légit.55.96.
25 Colmar.P25.2.175;S26.2.114;D.Echange.47.
— Paris.P25.2.184;S27.2.7;J31.527;D.Comptabilité.91.Prescrip. crim.60.
— Paris.P25.2.185;D.Alimens.148.
— Cr.c.P25.1.289;S26.1.236;J34.360;D.Cour d'ass.1518.
— Cr.c.P25.1.289;S26.1.58;J35.213;D.Peine.92.94.
— Cr.c.P25.1.290;S26.1.68;D.Liquides.24.
— Bourges.P25.2.245;D.Saisie-gag.7.
— Colmar.P25.2.251;D.Deg. de jur.527.Juge supp.105.
— Limoges.P26.2.182;S26.2.175;D.Appel civ.284.
— Cr.c.P26.1.320;S26.1.82;D.Renvoi.131.
26 Poitiers.P25.2.174;D.Port. disp.175.Rap. à suc.125.
— Cr.c.P25.1.290;S26.1.237;J34.61;D.Aut. mun.448.451.467.Lois.148.150.Peine.158.
— Cr.c.P25.1.293;S26.1.81;D.Autor. mun.120.128.135.214.261.Preuve litt.45.
— Cr.c.P27.1.369;S26.1.83;D.Chasse.92.
— Cr.c.P25.1.294;S26.1.84;D.Peine.340.
— Civ.c.Aix.D.Capitaine.183.
— Délib.P34.3.20;D.Enreg.878.
28 Civ.r.P25.1.243;S26.1.23;D.Publ. des jug.45.46.
— Civ.c.P25.1.242;S26.1.25;D.Contr. ind.582.589.
— Civ.r.P25.1.241;S26.1.209;J34.517;D.Compét. ad.495.
29 Civ.c.P25.1.258;S25.1.402;J33.292;D.Faillite.410.
— Nancy.P26.2.242;S26.2.291;D.Acquiesc.398.Enq.166.175.
30 Civ.r.P25.1.248;S26.1.182;J33.248;D.Dot.188.
— Req.P25.1.243;S25.1.447;D.Appel civ.164.264.552.
— Req.P25.1.268;S25.1.253;J33.547;D.Mariage.644.Sép. de biens.141.155.
— Solut.A7.113,n.5;D.Enreg.1229.
31 Cr.r.P25.1.298;D.Déf.435.
— Cr.r.P25.1.298;D.Cour d'ass.248.Voie de fait.60.
— Ord.P26.3.8;D.Ventes adm.182.345.
— Ord.P26.3.27;D.Contr. direct.256.
— Ord.P26.3.26;S25.2.357;D.Ventes adm.22.
— Ord.P26.3.23;D.Ventes adm.80.
— Ord.P26.3.22;D.Ventes adm.460.
— Ord.P26.3.20;D.Voirie.495.
— Ord.P26.3.17;D.Eau.366.
— Ord.P25.3.7;D.Forêts.534.
— Ord. du cons. d'état.S25.2.359;D.Enseig.74.264.
— Ord.P26.3.21;D.Cons. d'état.382.Ventes adm.282.342.
— Ord.P26.3.8;D.Ventes adm.279.
— Ord.P26.3.8;D.Ventes adm.279.
— Ord.A9.689,n.5;D.Jug. adm.20.

AVRIL.

2 Cr.c.P25.1.296;S26.1.249;D.Fonct. pub.53.Cont. ind.381.Transport de créances.27.
— Cr.c.P25.1.297;S26.1.250;D.Cassation.842.Presse.169.218.
— Cr.r.P25.1.299;D.Récidive.55.
— Cr.c.P25.1.299;D.Presse.386.388.
5 Req.P25.1.255;J26.1.152;D.Inscr. hyp.489.Délai.21.
— Req.P25.1.253;S26.1.26;J35.527;D.Cass.913.Péremp.4.
— Req.P25.1.255;S26.1.167;D.Cassat.744.Legs.411.
— Décis. min. de la just.D.Responsab.221.
6 Paris.P25.2.168;S26.2.278;J34.474;D.Louage.139.143.
7 Req.P25.1.329;S26.1.84;J34.113;D.Interv.145.Exception.161.
8 Cr.c.P25.1.246;D.Fausse monnaie.14.
— Cr.c.P25.1.300;S26.1.248;D.Cour d'ass.1701.
— Bourges.P25.2.250;S25.2.425;D.Deg. de jurid.449.
— Cr.c.P25.1.300;S25.1.358;D.Usure.78.
— Cr.c.P25.1.300,n.;S26.1.253,n.;D.Voitures pub.174.Procès-verb.102.105.
— Caen.P26.2.83;J37.553;D.Preuve litt.1174.
— Cr.c.P25.1.300,n.;D.Voit. pub.174.
— Amiens.P32.2.56;S25.2.425;D.Acte respect.23.66.
9 Paris.P25.2.174;D.Actes de comm.229.Commerç.47.
— Cr.c.P25.1.301;S26.1.251;D.Contr. ind.384.

1825.

— Cr.c.P25.1.302;S26.1.254;J32.577;D.Voie de fait.50.51.
10 Loi.P25.3.1;S25.2.155;D.Navigation.10.
— Ord. du cons. d'état.P25.3.1;D.Attentat.4.
11 Paris.P25.2.164;D.Arbitrage.58.618.863.1050.
— Civ.r.P25.1.265;S26.1.138;D.Jugement.105.
— Civ.c.P25.1.269;S26.1.145;J35.510;D.Enr.2598.
— Civ.c.P25.1.270;S26.1.144;J33.529;D.Deg. de jur.40.
12 Toulouse.P25.2.258;S25.2.320;D.Saisie-imm.620.795.
— Toulouse.P25.2.253;S25.2.299;D.Sép. de corps.46.
13 Civ.c.P25.1.270;S26.1.191;J35.431;D.Enreg.752.2845.2906.
— Civ.r.P25.1.274;S26.1.221;J33.481;D.Enreg.1944.
— Amiens.P26.2.250;D.Assur. terrest.130.Subrog.20.
— Toulouse.P26.2.262;S29.2.403;D.Deg. de jurid.211.
— Poitiers.P35.2.179;S25.2.258;D.Commune.258.
— Paris.P29.2.148;D.Emig.476.
— Inst. de la rég.D.Responsab.221.
14 Req.P25.1.271;S25.1.151;J32.309;D.Compét. civ.268.
— Req.P25.1.275;S26.1.134;D.Surenchère.388.
— Rouen.P26.2.193;D.Jug. par déf.454.Deg. de jur.477.
15 Cr.c.P25.1.303;S26.1.282;J35.224;D.Vol.239.
— Cr.r.P25.1.303;D.Nuit.4.
— Cr.c.P25.1.305;S26.1.252;J33.309;D.Complicité.205.
— Cr.c.P25.1.305;D.Contr. ind.446.
— Cr.r.P25.1.377;S26.1.95;J35.161;D.Cassation.965.Faillite.1310.Témoin.249.472.
— Bruxelles.P33.2.75;S25.2.419;J36.531;D.Testam.195.
16 Cr.c.P25.1.304;D.Preuve test.229.
— Cr.c.P25.1.306;D.Fonct. pub.273.
— Cr.c.P25.1.306;D.Aut. mun.334.555.Tapage.11.
— Toulouse.P26.2.8;J30.480;D.Cont. par corps.627.
— Cr.r.P25.1.446;D.Récidive.116.
— Cr.r.P25.1.446;D.Autor. mun.143.154.468.
18 Civ.c.P25.1.272;S26.1.150;D.Colon.8.Exécut. test.80.
19 Req.P25.1.276;S27.1.89;J33.445;D.Act. possess.367.Etab. pub.65.Prescrip.192.
— Req.P25.1.276;S25.1.413;J35.568;D.Sép. de c.11.15.
20 Orléans.A12.647,n.2;P2.1383;B27.183,n.1;D.Tierce-opp.48.
— Req.P25.1.276;S26.1.230;J35.373;D.Hypoth. jud.78.
— Req.P25.1.277;S26.1.133;J34.128;D.Comp. civ.64.136.Jug.276.
20 Bourges.P25.2.249;S26.2.65;J33.357;D.Discip.239.
— Bourges.P25.2.231.et 28.2.176;S25.2.432;D.Forêts.364.368.Dom. de l'Ét.115.Expertise.187.
— Loi.P25.3.2;S25.2.157;D.Culte.
21 Colmar.P25.2.242;S25.2.363;D.Juge supp.105.Deg. de jurid.519.
— Grenoble.P26.2.214;S26.2.10;D.Fonct. pub.73.
22 Poitiers.P25.2.169;S25.2.363;D.Hypot.282.Subrog.71.
— Angers.P26.2.93;S.26.2.121;D.Commune.387.
— Rouen.P26.2.25;S.26.2.8;D.Retenue.25.26.
— Bourges.P25.2.250;S27.2.182;D.Deg. de jurid.197.
— Colmar.30.2.122;S27.2.89;D.Jugement par défaut.230.
— Trib. de la Seine.D.Louage.51.
25 Bourges.P25.2.246;D.Appel incident.13.Contr. par corps.483.Dem. nouv.45.
— Bourges.P25.2.246;D.Saisie-imm.325.968.969.
— Aix.P25.2.205;D.Assur. marit.31.109.355.Obl.754.
— Paris.P26.2.101;S26.2.233;D.Compét. comm.405.
25 Civ.r.P25.1.278;S.26.1.7;D.Pr. litt.399.Test.520.554.
— Civ.c.P25.1.285;S25.1.375;J33.528;D.Révoc.81.133.Testament.15.
— Aix.P.30.2.222;D.Péremp.139.
26 Req.P25.1.280;S26.1.138;D.Deg. de jurid.578.Desc. sur les lieux.11.
27 Ord.A6.341,n.1;D.Domaines.
— Ord.A9.980,n.14;B19.117,n.14;D.Manuf.77.
— Civ.r.P25.1.280;S26.1.134;D.Contr. ind.622.
— Civ.c.P25.1.323;S25.1.162;D.Jugem. par déf.115.118.Péremp.267.
— Req.P25.1.330;S26.1.422;D.Chose jugée.291.Comp. civ.147.Frais et dép.199.Inventaire.185.Except.190.Régl. de juges.37.Renvoi.121.Séquestre.16.Success.255.256.
— Lyon.P25.2.245;S25.2.314;D.Deg. de jurid.331.
— Ord.A.10.394;P.27.3.39.et 2.772;B20.219;D.Min.175.
— Ord.P26.3.17;S26.2.341;D.Eau.431.199.
— Loi.P25.3.2;S25.2.137;D.Emig.413.414.432.
— Ord.P26.3.16;D.Eau.464.
— Montpellier.P26.2.215;S26.2.22;D.Faillite.208.
— Ord. du cons. d'état.D.Douanes.74.
27 Ord. du cons. d'état.Mac.25.212;D.Marc. de fourn.124.
— Ord.P26.3.8,n.;Ventes adm.182.
— Ord. du cons. d'état.D.Ventes adm.189.
— Ord. du cons. d'état.D.Ventes adm.255.
— Ord.A12.987,n.2;B.28.297;D.Voirie.124.
28 Colmar.P25.2.243,n.;S25.2.363,n.;D.Juge supp.105.Deg. de jurid.519.
29 Cr.r.P25.1.309;J33.441;D.Abus de conf.42.Faill.416.
— Toulouse.P25.2.220;S.26.2.13;D.Donation.417.
— Poitiers.P25.2.204;D.Jug. par défaut.361.
— Cr.r.P25.1.371;J35.419;D.Cour d'ass.46.52.Tém.340.
— Cr.r.P25.1.371;J36.232;D.Faux.150.Comp. crimi.351.793.Fonct. pub.144.
— Lyon.P26.2.138;D.Deg. de jurid.137.Legs.24.Preuve litt.1246.Testament.345.
30 Toulouse.P25.2.185;J33.541;D.Contr. par corps.358.

1825.

— Cr.c.P25.1.307;S25.1.202;J33.472;D.Propriété litt.38.
— Cr.c.P25.1.421;S26.1.339;D.Compét. crim.743.

MAI.

1 Ord.P25.3.8;S.25.2.159;D.Emigrés.
— Ord.P25.3.7;D.Effets publics.Dette publique.
— Loi.P25.3.4;Dette publique.
— Ord.A7.26,n.6;D.Enreg.216.
2 Civ.r.P25.1.311;S25.1.225;J32.196;D.Lois personn.4.Dot.268.
— Toulouse.P25.2.196;S25.2.360;D.Oblig. personn.32.Rap. à suc.220.
3 Paris.P26.2.105;D.Jug. par déf.384.
4 Ord.A6.342,n.6;D.Domaines.
— Grenoble.P25.2.200;D.Saisie-imm.1665.
— Montpellier.P27.2.92;S25.2.301;D.Exploit.129.148.
— Rouen.P25.2.222;D.Témoin.78.
— Civ.c.P25.1.221;S26.1.41;D.Chose jugée.162.Communauté.146.Remploi.7.
— Civ.r.P25.1.324;S26.1.199;D.Preuve test.99.Tut.482.
— Req.P25.1.312;S26.1.24;J33.486;D.Lois rétr.117.Louage.71.
— Req.P25.1.313;S26.1.214;J33.323;D.Délai.40.Req. civ.56.65.Saisie-imm.122.766.925.926.
— Riom.P26.2.89;S26.2.118;D.Interdit.188.
— Poitiers.P25.2.252;S25.2.333;D.Transcrip. des don.22.28.Vente.640.
— Grenoble.V.au 14.
— Grenoble.P25.2.213;D.Arbitrage.126.472.
— Ord. du cons. d'état.D.Dette pub.12.
5 Paris.P26.2.90;S26.2.117;J33.432;D.Interr. sur faits.36.91.Jug. par déf.72.
— Ord. du cons. d'état.D.Ventes adm.256.
6 Paris.P25.2.181;S26.2.102;J34.293;D.Faillite.760.
— Cr.c.P25.1.309;J33.432;D.Acquitt.2.Cass.583.Jug.112.
— Caen.P26.2.71;S26.2.207;J33.526;D.App. civ.301.310.Délai.45.
— Cr.r.P25.1.372;J36.443;D.Peine.223.225.227.Vol.98.
— Paris.D.Agent de ch.72.
7 Lyon.P25.2.179;S25.2.300;D.Cont. par corps.313.345.Jugement.380.
— Cr.r.P25.1.451;J34.383;D.Jug. par déf.365.Exp.379.
— Cr.c.P25.1.373;J35.446;D.Aut. mun.128.133.135.378.
— Riom.P26.2.146;S26.2.146;D.Intervention.120.144.
— Cr.c.P25.1.373;J35.421;D.Cass.1092.1095.
9 Civ.r.P25.1.314;J32.206;S25.1.198;D.Jug.104.Test.158.
— Montpellier.P25.2.254;S25.2.509;D.Compét. civ.325.Péremp.122.134.
— Paris.P27.2.99;D.Chasse.
10 Req.P25.1.325;S26.1.235;J34.9;D.Servitude.649.
— Req.P25.1.315;S26.1.156;J34.11;D.Colonies.111.
— Req.P25.1.332;S26.1.54;J34.107;D.Testament.
— Cr.r.P26.1.305;S25.1.193;J36.285;D.Vente.558.
— Metz.P29.2.4;S29.2.172;D.Louage.695.Sais.-exéc.108.176.178.
11 Ord.A6.796,n.1;D.Emigré.167.
— Ord.A9.980,n.14;B19.117,n.14;D.Manuf.77.
— Req.25.1.315;S26.1.54;D.Succession bénéf.140.
— Civ.c.P25.1.316;S26.1.222;J34.18;D.Enreg.1457.2222.
— Civ.c.P25.1.318;S26.1.220;J34.85;D.Enreg.1920.
— Req.P25.1.319;S26.1.198;J33.555;D.Faillite.777.Offre.29.
— Civ.c.P25.1.318;S25.1.396;D.Comp. adm.73.Trib.155.
— Poitiers.P26.2.59;S26.2.77;D.Société comm.504.
— Ord.P26.3.23;D.Ventes adm.19.119.
— Ord.P26.3.15;D.Péage.49.
— Ord. du cons. d'état.D.Place de guerre.113.
12 Loi.P25.3.4;S25.2.168;D.Voirie.90.
— Loi.A12.985,n.13;D.Voirie.114.116.
— Loi.A12.991,n.19;B28.305,n.19;D.Voirie.187.
14 Paris.P25.2.207;D.Arbitrage.740.741.
— Aix.P25.2.198;D.Saisie-imm.1059.
— Cr.c.P25.1.374;J35.435;D.Cour d'ass.159.
— Cr.c.P25.1.374;J36.531;D.Compét. crim.99.
— Cr.c.P25.1.374;J36.12;D.Cour d'ass.1549.
— Lyon.P33.2.47;S25.2.361;D.Absence.428.
— Rouen.P26.2.47;S.26.2.155;D.Actes de comm.145.Commerçant.61.
— Bourges.P26.2.26;J34.271;D.Inscript. hypoth.356.
— Cr.c.P25.1.375;J36.48;D.Min. pub.64.
— Grenoble.P26.2.182;S26.2.177;D.Louage.158.142.
15 Orléans.A12.860,n.3;P2.1457;B28.84,n.1;D.Office.110.
16 Civ.r.P25.1.328;D.Cass.433.Deg. de jurid.620.
— Cr.c.P25.1.327;S26.1.225;D.Cass.435.Deg. de jurid.620.
— Paris.P25.2.102;J36.456;D.Servitudes.761.
17 Civ.c.P25.1.326;S26.1.212;J34.62;D.Garantie.565.
— Toulouse.P25.2.215;S25.2.420;D.Cont. par corps.188.
— Rouen.P30.2.66;S30.2.221,n.5;D.Hypoth.29.Saisie-imm.848.
— Ord.P26.3.27.
— Caen.D.Jugem.498.
18 Req.P25.1.321;S26.1.10;J33.310;D.Cass.743.Disp. entre vifs.85.Révoc.265.326.
— Paris.P26.2.75;S25.2.390;D.Compte cour.8.18.Presc.942.
— Civ.r.P25.1.333;S26.1.419;J34.154;D.Cass.738.Commune.352.371.

— Paris.P25.2.210;D.Deg. de jurid.168.
— Nimes.P25.2.258; S25.2.301; D.Autorité mun.445.450. Respons.453.
— Paris.P26.2.222;S26.2.391;J35.400;D.Privilége.
19 Req.P25.1.328;S26.1.240;D.Louage.555.
— Paris.P26.2.96;D.Exéc. des jug. et actes.13.Contr.par corps.442.621.
20 Paris.P25.2.235;D.Caution.178.
— Cr.c.P25.1.376;J36.108;D.Poids et mesures.77.126.
— Cr.c.P25.1.375;J35.562;D.Or et argent.21.92.
— Angers.P29.1.194;S29.1.158;D.Preuve litt.470.514.
21 Angers.P26.2.94;S26.2.120;D.Commune.387.
— Nancy.P26.2.130;S25.2.362.56.446;D.Usufruit.482.
— Ord.D.Eau.318.
24 Caen.P26.2.79;D.Chose jugée.30.Jug. par déf.584.
— Rouen.P28.2.9;D.Assur. terrest.21.
— Loi.P25.3.4;S26.2.355;D.Etab. pub.40.
25 Poitiers.P25.2.230;D.Jug. 357.
26 Orléans.A11.665,n.3;B24.87,n 2; D.Saisie-gag.13.
— Bourges.P26.2.88;S26.2.108; D.Servitudes.582.
28 Grenoble.P25.2.164;D.Dot.21.
— Amiens.P26.2.68;S24.2.48;D.Alimens.167.
— Cr.c.P25.1.376;D.Autor. mun.192.193.332.333.
— Cr.c.P25.1.377;S26.1.79;J34.288;D.Aut. mun.447.452.
— Cr.r.P25.1.377;S26.1.89;J35.162;D.Faux.286.C. d'ass. 1004.
— Toulouse.P26.2.136;S25.2.308;D.Actes de comm.198. Compét. comm.170.Eff. de comm. 466.470.
— Circ. min. des fin.P25.3.11; D Emigré.
30 Civ.c.P25.1.320; S25.1.306; J33.558;D.Cassation.779. Témoin.72.
— Rouen.P26.2.15;S26.2.221;J33.346;D.Inscrip. hypoth. 434.Subrog.93.
31 Colmar.P26.2.51;S26.2.282.60; D.Disp. ent.-vifs.288. Success. irrég.89.
— Montpellier.P25.2.214;S26.2.14;D.Retour lég.36.
— Rouen.P25.2.193;S26.2.259; J34.353; D.Prescrip. civ. 1022.
— Req.P25.1.328;S26.1.220;J34.116; D.Servitudes. 556.
— Req.P26.1.302;S25.1.409; D.Enr.1506. Serm. déc.151.

JUIN.

1 Paris.P26.2.10;D.Agent de change.50.
2 Cr.c.P25.1.592;S26.1.117;D.Autor. mun. 471.492.494. Lois.558.Peine.151.
— Cr.c.P25.1.592;S26.1.121;D.Autor. mun. 206.
— Cr.c.P25.1.391;S26.1.88;J34.567; D.Cassat. 81. Faux. 151. Cour d'ass.999.
— Cr.c.P27.1.569;S26.1.116;D. Vol.181.
3 Paris.P26.2.118;D.Société comm.155. Mandat.544.
— Toulouse.P26.2.118; S26.2. 148; D.Legs.90. Don. par cont.69.
— Cr.c.P25.1.593;S26.1.153;J34.494;D.Compét. crim.71. Rég. de jug.159.
— Paris.P26.2.10;S25.2.270;D.Appel incid.22.
— Cr.r.P26.1.229;S25.1.254;J36.447; D.Presse.366. 371. 373.402.
— Cr.r.P25.1.593;S26.1.153; D.Faillite.1330.
— Grenoble.D.Conclusions.20.
4 Toulouse.P25.2.190;S25.2.308;D.Eff. de com.74. 352.
— Bourges.P26.2.23;S26.2.159;D.Aveu.89.
6 Bourges.P26.2.21; S26.2.154; J39.296; D.Tém. 66.67.
7 Montpellier.P26.2.11;S26.2.225; J34.477; D.Dot.316. Sép. de biens.164.
— Req.P25.1.337;S26.1.177;J34.112;D.Preuve litt.204.
— Req.P25.1.336;S25.1.363;J34.200;D.Commissionn.92.
— Colmar.P27.2.121;S26.2.105;D.Cass.1079.
8 Paris.P25.2.252;S25.2.265;D.Prescrip.434.737.
9 Req.P25.1.338;S26.1.402;D.Etranger.24.27.40.
— Req.P25.1.337;S26.1.176;J34.194; D.Servit.430.673.
— Req.P25.1.338;S26.1.412; D.Transp. de créance.209. 246.247.
— Rouen.P27.2.34. et 26.2.70;S27.2.44;J33.99;D.Avocat. 141.Témoin.264.
— Paris.D.Port. dispon.503.
10 Nîmes.P26.2.28;S26.2.161;J34.348; D.Puiss. p.51.
— Grenoble.P25.2.192;D.Caution.42.58;Preuve litt.878. 962.
— Cr.c.P25.1.394;S26.1.154; J39.568; D.Cour d'ass.501. 586.389.415.Respons.392.
— Toulouse.P26.2.217;S25.2.421;J39.117;D.Resp.361.
11 Bourges.P26.2.26; S26.2.220; J39.230; D. Int. de cap. 101.
— Grenoble.P26.2.27;S26.2.220;D.Autor. de femme.335. Surenchère.61.233.
— Paris.P26.2.62;S25.2.391;D.Faillite.1236.Eff. de com. 222.324.
— Cr.r.P25.1.595; S26.1.164; J35.17; D.Amnistie.4.100. 167.Récidive.19.
— Cr.c.P25.1.394;S26.1.155;D.Domicile.85.
— Cr.c.P25.1.395;S26.1.164;D.Pêche.22.
— Cr.r.P26.1.231;S25.1.245;J36.8; D.Cassation.622.829. Colonies.121.Motifs des jug.281. Peine. 181. Tém.12.
— Cr.c.P25.1.394;D.Respons.592.
12 Bordeaux.P26.2.175;S26.2.179; D.Privil.110.
13 Civ.c.P25.1.339;S26.1.59;D.Honoraires.163.Lois.192. Peines.126.
— Rouen. V. au 15.
— Caen.P30.2.65;D.Interrog. sur faits.68.73.
— Toulouse.P33.2.69;S25.2.298;D.Enquête.217.

15 Req.P25.1.340;S26.1.65; J34.129; D.Hypoth. lég.128. Novat.61.
— Lyon.P26.2.124;S25.2.365; D.Saisie-arrêt.22.
— Toulouse.P26.2.218;S25.2.422;J37.52;D.Jug. par déf. 178.
— Ord.P26.3.51;D.Contr. directes. 233.
— Rouen.P27.2.22;S27.2.99;J36.202;D.Commissionn.72. Faillite.1074.1176. Vente.46.
— Paris.P32.2.164;S25.2.214;D.Compét. civ. 226.
— Ord. du cons. d'état.D.Caisse d'amort.7.
— Ord. du cons. d'état.D.Forêts. 175.
— Ord. du cons. d'état.Mac.25.205; D.Marché de f.94.
— Ord. du cons. d'état.Mac.2.293;D.Marché de f.204.
— Ord.D.Commune.86.
— Ord.P26.3.8;D. Ventes adm.487.
16 Paris.P25.2.220;S25.2.272;D.Louage.524.
— Bourges.P26.2.125;S25.2.366;D.Gardes-champ. 11.
— Angers.P26.2.97;S26.2.110;D.Port. dispon.220.221.
17 Paris.P25.2.233;D.Saisie-arrêt.190.
— Lyon.P25.2.224;D.Dem. nouv. 115.Retrait suc.22.44. 51.88.
— Cr.c.P25.1.596;S26.1.160; D.Or et arg.16. Ouvrier. 5.
— Cr.c.P25.1.397;S26.1.161; D.Aut. mun. 198. 470. 473. Peine.158.Rég. de jug.157.
— Cr.c.P25.1.596;S26.1.165; D.Récidive.
— Cr.c.P25.1.395;S26.1.165;D.Compét. cr.203.Maraud.2.
— Angers. P26.2.173;S26.2.168;D.Tierce-op.74.Tut.683.
— Caen. P26.2.197;D.Inscrip. hypoth.322.
— Bourges.A12.585,n.;B27.84,n.1;D.Enq.147.
— Trib. de Marseille.D.Assur. marit.661.
18 Rouen.P25.2.256;S26.2.127;J33.85;D.Privilége.135.
— Paris.P25.2.253;J33.332; D.Faillite.675.674.
— Metz.P27.2.186;S27.2.80;J37.198;D.Jug. par déf.170.
19 Ord.P25.3.28;D Cautionn. de fonct. pub.
20 Lyon.P25.2.199;D.Acquiesc.186.
— Caen.P26.2.81;D.Preuve litt.876.
— Nancy.P26.2.128;S25.2.364;D.Prescrip.917.
21 Civ.r.P25.1.225;S26.1.301;J33.210;D.Faillite.703. Intérêts de capitaux. 119. Deg. de jurid.522. Motifs des jug.166.167.Usure.60.
— Poitiers.P25.2.239;S25.2.429;J33.415; D.Choses. 101. Substitution.162.
— Req.P25.1.341;S27.1.83;J39.475;D.Huiss.119.Intérêts de capitaux.120.Lois rétroact.19.
— Rouen.P27.2.78;S27.2.227;D.Compét. comm.514.530.
— Ord. du cons. d'état. D.Place de guerre.105.
22 Ord.A6.341,n.1. et 334,n.6. et 6.334,n.7;D.Domaine.
— Ord.A9.978,n.16;B19.114;D.Manufact. et atel.19.
— Poitiers.P25.2.253;S26.2.7;J33.423;D.Int. de cap.115. Prescript.922.
— Req.P25.1.344;J34.134; D.Juge supp.135.Ordre. 318. Route.588.Tribunal.155.
— Req.P25.1.343;S26.1.64;D.Eff. de comm.104.808.
— Lyon.P26.2.128;S25.2.366; J34.480; D.Don. dég. 18. Partage d'asc.96.97.Rap. à suc.85.121.
— Ord.P26.3.7;D.Commune.682.
— Ord.P26.3.8;D.Cons. d'ét.309.Ventes adm.280.
— Ord.P26.3.15;D.Eau.365.Compét. admin.4.
— Ord.P27.3.24;D.Commune. 158.
— Ord.P26.3.8;D. Ventes adm.447.487.488.
— Civ.c.P25.1.342;S27.1.148;J34.5; D.Oblig.783. Preuve litt.925.Tierce-opp.142.
— Ord.P26.3.24;D. Ventes adm.105.
— Ord.P26.3.23.
— Ord.P26.3.20;D.Voirie.476.
— Ord.26.3.17;D.Voirie.706.
— Ord.P26.3.9;D.Manufact.17.34.79.
— Ord. du cons. d'état.D.Garantie.57.
— Ord. du cons. d'état.D.Impôt.57.
— Ord. du cons. d'état.Mac.25.335;D.Marché de fourn. 127.128.180.212.220.
— Ord. du cons. d'état.D.Octroi.149.
— Ord.A3.16,n.4; D.Commune.157.
— Ord. du cons. d'état.D.Ventes admin.27.
— Ord.P26.3.8; D.Ventes admin.279.
— Ord.A12.989,n.8;B28.301,n.8;D.Voirie.165.
23 Paris.P25.2.216;S25.2.282;D.Assur. terrest.20.Comp. civ.282.Compét. comm.127.Société.58.
— Grenoble.P25.2.229; D.Testament.508.
— Caen.P26.2.105; D.Vérif. d'écrit.25.
— Paris.P33.2.161;S25.2.236;J34.166;D.Presse.380.
24 Grenoble.P25.2.186;D.Appel civ.405.Chose jugée.250.
— Cr.c.P25.1.398;S26.1.140;J35.46;D.Compét. cr.386.
25 Paris.A8.59,n.1; P2.180; B15.66,n.1; S25.1.329, n.; D. Faillite.149.150.
— Paris.P25.2.227; D.Legs.168.Révoc.81.
— Grenoble.P25.2.209;S26.2.172;D.Surenchère.27.
— Cr.c.P25.1.398;S26.1.159; D. Délit rur.122. Compét. cr.163.
— Cr.c.P25.1.399;S26.1.20;J35.313;D.Presse.765.799.
— Cr.c.P25.1.398;S26.1.169;D.Forêts.539.
— Cr.c.P25.1.399;S26.1.163;D.Deg. de jurid.640.Motifs des jug. 226.
— Amiens.P26.2.58;S26.2.49;D.Usage.82.85.
— Paris.P33.2.170;D.Min. pub.126.
27 Civ.c.P25.1.230;S25.1.427;J35.204;D.Usufruit.500.503.
— Civ.c.P25.1.349;S26.1.235;J34.265;D.Dot.
— Caen.P26.2.193;J39.47;D.Dot.99.
28 Poitiers.P25.2.233;S25.2.270;D.Servitudes.692.
— Req.P25.1.411; S26.1.137; J34.395; D.Intérêts de cap. 157.Juge-supp.133.Dem. nouv.59.
— Civ.r.P25.1.350; S26.1.238; J34.205; D.Action posses. 290.Compét. civ.52.
— Civ.r.P25.1.346; S25.1.401; J34.289; D.Eff. de comm. 48.212.219.Preuve litt.896.Preuve test.537.
— Bourges.P26.2.19;S26.2.156;J35.358; D.Prescrip.430.
29 Civ.r.P25.1.222;S26.1.29;J32.476; D.Adoption.72.73.
— Nimes. P25.2.200; S25.2.398; D. Appel civ.349.Saisie-imm.1474.
— Req. P25.1.551;S26.1.405; J36.287; D.Cassation. 556. Nom.79.
— Civ.c.P25.1.330;S26.1.242;D.Contr. ind.153.156.
— Req.P25.1.352;S26.1.407;D Ventes adm.416.
— Req.P25.1.353;S26.1.410;J41.102;D.Tribunal.92.
— Paris.P26.2.81;D.Jug. par déf.503.
— Circul. min. fin.P25.3.15;S25.2.232;D.Emigré.
— Inst. min. fin.P25.3.11;S25.2.227;D.Emigré.418.
— Toulouse.D.Transcrip. des don.28.
30 Grenoble.P25.2.181;D.Remploi.77.
— Req. P25.1.353;S26.1.402;J34.285; D.Action. 115. Péremp.256.Prescrip.376.
— Poitiers.P26.2.57;S25.2.432; D.Privilége.
— Limoges.P26.2.171;S26.2.170; D.Jugem.278. Prescrip. civ.899.901.1063.
— Paris.P26.2.225;S25.2.265;D.Expert.Transport.
— Req.P25.1.335;S26.1.411;J34.142; D.Commune.515.

JUILLET.

1 Cr.c.P25.1.418;S26.1.216;J34.863;D.Forêts.199.
— Cr.c.P25.1.416;S25.1.373;J35.159;D.Instruc. crim.333. Témoin.423.Presse.305.
— Cr.c.P25.1.417;S26.1.203;J35.150; D.Procès-verb.273.
— Riom.P27.2.14;S27.2.30;D.Péremp.50.
2 Paris.P25.2.253;D.Prescrip.927.
— Cr.c.P25.1.418;S26.1.217;J35.48; D.Amnistie.74.Militaire.21.
— Bourges.P26.2.19;S26.2.157;J39.225;D.Délai.9.Référé. 57.Saisie-exéc.29.
— Lyon.P26.2.68;S25.2.309;D.Saisie-imm.
3 Nanci.P29.2.114;S29.2.253; D.Commune.459.
4 Civ.r.P26.1.283;S25.1.368; J33.229; D.Legs.267.Emig. 197.306.308.392.
5 Civ.r.P25.1.445;S26.1.209;J34.351;D.Donation.41.
— Req.P25.1.335;J34.152;D.Preuve test.304.
— Req.P26.1.354;S26.1.483;D.Motifs des jug.168.Partage. 63.Société comm.305.
— Grenoble.P26.2.52;S26.2.64;J35.83;D.Oblig.584.
6 Ord.A6.326,n.17;D.Ventes adm.380.
— Req.P25.1.519;D.Tribunal.154.
— Req.P25.1.357;J34.203;D.Enreg.2653.Expert.573.
— Req.P25.1.350;S26.1.406;J34.439;D.Action poss.115. Servitude.91.
— Pau.P26.2.6;S26.2.5;D.Incendie.61.62. Jugem.165.
— Ord.P26.3.17;D.Autor. mun.635.
— Ord.P26.3.13; D.Compét. adm. 268. Cons. d'état.105. Péage.31.
— Ord. du cons. d'état.Mac.25.3.70;D.Marché de f.184.
— Ord. du cons. d'état.D.Nom.41.
— Ord. du cons. d'état.D.Oblig.48.
7 Poitiers.P25.2.241;S25.2.426;D.Vente.105.
— Riom.P26.2.88;S26.2.112;D.Désist.73.
— Poitiers.P26.2.56;S26.2.45;J35.360; D.Oblig.528.Ratification.66.
— Circul. min. fin.P25.3.18;D.Emig.404.426.
9 Nimes.P25.2.222;D.Success.432.
— Cr.c.P25.1.425;S25.1.388; D.Instr. crim.366.Publ. des jugem.86.Serment.73.
— Cr.c.P25.1.425;S25.1.388;D.Excuse.62.
— Paris.J34.70;D.Port. disp.503.
11 Paris.P25.2.248;S26.2.96;D.Actes de comm.184.
12 Rouen.P25.2.194;D.Faillite.120.
— Req.P25.1.560; S26.1.403; J34.196; D.Dem. nouv.77. Ratification.55.Société comm.45.
— Civ.r.P25.1.358;S26.1.510;J34.186;D.Chose jug.437.
— Req.P25.1.361;S27.1.87; J37.35;D.Preuve litt.922.Société civ.303.365.
— Colmar.P26.2.57;S26.2.103;D.Oblig.619.
— Paris. P26.2.134; J34.528; D.Acquiesc.56. Contr. par corps.246.286.Deg. de jurid.174.
13 Ord.A6.532,n.1;D. Ventes adm.87.
— Ord.A9.980,n.14;B19.117,n.14;D.Manuf.77.
— Civ.r.P25.1.232;S25.1.418;J43.169;D.Avoc.98.103.
— Grenoble.P25.2.214;D.Arbitrage.325.1031.
— Civ.c.P25.1.362;S25.1.271;D.Colonies.109.
— Ord.P27.3.37;D.Patente.18.22.
— Ord.P26.3.52;S26.2.342;D.Compét.adm.165.Expl.282.
— Ord.P26.3.25;D.Tierce-opp.93.Vente adm.132.
— Ord.P26.3.24;D.Cons. d'état.77.Vente adm.66.81.84.
— Ord.P26.3.19;D.Enq.165. Voirie.287.476.541.675.
— Ord.P26.3.19;D.Voirie.720.726.
— Ord.P26.3.9;D.Manuf.
— Ord. du cons. d'état.Mac.25.398;D.Marché de f.203.
— Ord.A8.15,n.66;D.Fabriques.219.
— Ord. du cons. d'état. A12.988,n.11;B28.298; D.Voirie. 140.
— Ord.A12.993,n.7;B28.306,n.7;D.Voirie.211.
— Ord.A12.1006,n.8;B28.522;D.Voirie.411.
— Ord.D.Trav. pub.119.
— Ord.A12.1016,n.12;D.Voirie.555.

14 Paris.P25.2.234;D.Compét. comm.285.
— Req.P25.1.364;S26.1.378;D.Etranger.268.271.276.
— Req P25.1.362;S26.1.77; J34.255; D.Faux.207.Preuve litt.159.160.
— Caen.P26.2.206; S26.2.301; D.Poss.54.Servitudes.384.385.397.
— Paris.P27.2.104;D.Donat.452.
— Bruxelles.A4 183;D.Chose jugée.300.
15 Nîmes.P25.2.231;J34.581;D.Expertise.59.
— Cr.c.P25.1.426;S25.1.364;D.Formalités.12.Cour d'ass.858.Déf.470.
— Toulouse.P26.2.21;S26.2.131;J36.328;D.Actes de com.148.Compét. comm.97.
— Aix. P26.2.48; S27.2.57; D.Commissionnaire.328.342.Vente.66.
— Civ.r.P28.1.325;D.Appel incid.61.
— Ord.D.Trav. pub.149.
16 Toulouse.P26.2.31;D.Société comm.231.261.
— Aix.D.Assur. marit.469.
17 Ord.P25.3.29;D.Frais et dép.281.
18 Civ.c.P25.1.363;S25.1.392;J34.192;D.Inscrip. hypoth.397.Ordre.220.
19 Civ.r.P25.1.419;S26.1.166;J34.338;D.Action poss.51.
— Req.P25.1.478;S25.1.593;J34.308;D.Agréé.9.11.Comp. adm.76.
— Nanci.P26.2.176;S26.2.179;D.Incendie.54.
— Toulouse.P28.1.80;S25.2.291;D.Port. disp.482.
20 Paris.P25.2.220;S33.2.601;D Louage.594.
— Req.P25.1.384;S26.1.416;D.Expertise.50.
— Ord.P25.3.29;D.Enseignement.205.
21 Req.P25.1.366;S26.1.407;J34.207; D.Action poss.311.Prescrip.151.Servitude.126.
— Poitiers.P26.2.205;S26.2.1;D.Faillite.659.
22 Toulouse. P25.2.247; S25.2.292; D.Lois.357. Effets de comm.51.
— Paris.P25.2.253; D.Comp. comm.185.Deg. de jur.168.
— Cr.c.P25.1.426; S25.1.389; D.Capitaine.54. Cassat.45.299.591.Colonies.75.76.77.78.112.113.Confiscation.37.Min. pub.354.Navire.47.
— Grenoble.P26.2.52;S26.2.63;D.Communauté.627.Dot.357.
23 Cr.r.P25.1.429;S25.1.430;D.Usure.104.105.
— Cr.c.P25.1.429;S26.1.200;D.Deg. de jurid.624.
— Cr.c.P25.1.428;S25.1.591;J34.571;D.Cour d'ass.38.
— Rouen.P26.2.43;S26.2.227;J37.374;D.Testament.294.
24 Ord.P25.3.29;D.Tribunaux.
25 Civ.c.P25.1.379; S25.1.369; J34.507; D.Commune.117.209.Exploit.142.
— Toulouse.P26.2.9;S26.2.225;D.Saisie-imm.502.
26 Civ.c.P25.1.400;S25.1.370;J34.387;D.Nullité.298.
— Req.P25.1.381;S26.1.448;J34.326;D.Intérêts de cap.39.Dem. nouv.78.Motifs des jugem.47.
— Civ.c.P25.1.380;S25.1.370;D.Liquides.26.
— Req.P25.1.379;S26.1.92;D.Inscrip. hypot.253.306.
— Nîmes.P26.2.165;S26.2.176;D.Saisie-imm.
27 Riom.P26.2.127;S26.2.133;D.Dot.192.300.
— Civ.r.P25.1.401;S26.1.125;J36.306; D.Aut. mun.47.48.Comp. civ.444.Deg. de jurid.21.Exception.71.
— Req P25.1.382;S25.1.264;J32.532;D.Comp.civ.12.Obl.198.Sép. de corps.130.
— Req. P25.1.384; S26.1.127; D.Donat. 360. Preuve litt.727.Respons.239.276.
— Montpellier.P26.2.30;S26.2.191;D.Arbitrage.148.476.Remploi.74.
— Montpellier.P26.2.117;S26.2.147;D.Appelciv.162.264.
— Bourges.P27.2.121;S27.2.246;D.Société civ.99.
— Aix.D.Assur. marit.693.
28 Paris.P25.2.218;D.Louage 289.
— Paris.P26.2.55;S26.2.34;J34.405; D.Deg. de jurid.169.
— Circul. min. fin.P25.3.21; S25.2.236; D.Emig.406.426.429.
29 Cr.c.P25.1.452;J34.386;D.C. d'ass.343.Tém.356.452.
— Colmar.P27.2.34;S25.2.427;D.Eau.440.
— Trib. de com. de Marseille.D.Assur. marit 536.
30 Cr.c.P25.1.423;S26.1.219;D.Contr. ind.86.
— Cr.c.P25.1.424;S25.1.365;J34.570;D.Cassat.483.Quest. pr.21.
— Cr.c.P25.1.424;S26.1.213;D.Voitures publ.154.
— Cr.c.P25.1.429; S25.1.367; D.Chasse.70.Procès-verb.110.113.
— Cr.c.P25.1.423; S25.1.366;J34.372;D.Délit rural.110.Procès-verb.151.Respons.374.
— Rouen.P27.2.185;S27.2.78; D.Effet de com.885.Lois.193.
— Cr.c.P25.1.422;S26.1.218;D.Cont. ind.40.339.
— Nîmes.P26.2.18; S26.2.67.68; J36.438.439; D.Discip.195.196.197.Min. pub.341.
— Colmar.P26.2.50;S26.2.18;D.Inv.139.Notaire.316.

AOUT.

1 Civ.c.P25.1.385; S25.1.418; D. Arbitrage.687.Cassat.649.651.
— Lyon.P26.2.90;S26.2.115;D.Faillite.617.Prescr.854.
2 Civ.c.P25.1.408;S26.1.125;D.Motifs des jug.27.
— Toulouse.P26.2.22;S26.2.21;J33.522;D.Dot.162.
— Civ.r.P27.1.369;D.Cass.681.Forêts.308.
— Aix.P25.2.188; S26.2.257; D.Avoué.41.Interv.7.Lois.145.
3 Civ.r.P25.1.402; S26.1.136; J36.363; D.Assur. marit.251.Cassation.189.

— Req.P25.1.387;S26.1.119;J34.297;D.Dot.416.
— Req.P25.1.387;S26.1.96;J34.302;D.Arbitrage.360.384.385.Lois rétroact.212.
— Civ.r.P26.1.166;S26.1.93;J35.369;D.Cass.671.
— Montpellier.P26.2.20;S26.2.100;J36.520;D.Legs.278.
— Angers.P28.2.137;S27.2.49;D.Jugem. par déf.148.
— Rennes.D.Conclusions.20.
4 Paris.P25.2.234;D.Effet de comm.831.
— Req.P25.1.388;S26.1.122;J34.359;D.Hypoth. judic.21.Inscript. hypoth.282.
— Paris.P26.2.224;S26.2.23;J36.54; D.Jug.497.Succ.241.
5 Cr.r.P25.1.445;J34.337;D.Vol.258.
— Cr.c.P25.1.436;D.Tabacs.91.
— Cr.c.P25.1.434;D.Contr. ind.401.469.
— Cr.c.P25.1.434;S25.1.428;D.Prescrip. crim.17.
6 Paris.P25.2.253;S34.2.600,n.1;D.Req. civ.70.
— Cr.c.P25.1.436;S25.1.412; J34.153; D.Dénonc. calom.31.Prescript. crim.56.
— Cr.c.P25.1.437;D.Autor. mun.187.660.668.
— Bourges.P26.2.190;S26.2.209; D.Compét. comm.186.Effet de comm.155.474.
— Ord.A12.1030,n.;D.Marais.28.
8 Civ.c.P25.1.389; S25.1.398; D.Arbitrage.59.866.1048.Société civ.268.
— Paris.P26.2.246;S26.2.23;J34.468;D.Arbitrage.1042.
— Riom.P27.2.15;S27.2.31;D.Saisie-imm.
9 Req.P25.1.403;S26.1.115; J34.309; D.Compét. admin.196.Emig.27.
— Req.P26.1.3; S26.1.133; J34.438; D.Choses.22.31.Hypoth.91.
10 Req.P25.1.405;S26.1.139;J34.464;D.Tutelle.170.
— Req.P25.1.404;S26.1.117;J34.362;D.Testament.255.
— Req.P25.1.406;S26.1.149;J34.435;D.Interdit.71.Jugement par défaut.469.
— Civ.c.P25.1.408;S26.1.6;J34.499;D.Cassation.298.Colonie.7.Intervention.39.
— Ord.P27.3.23;D.Commune.124.
— Ord.P26.3.28;D.Cons. d'état.81 Exploit.586.
— Ord.P26.3.28;D Cons. d'état.285.
— Ord.P26.3.20;D Voirie.
— Ord.P26.3.20;D.Voirie.497.
— Ord.P26.3.8;D.Ventes adm.279.
— Ord. du cons. d'état.P33.3.73;S27.2.270;D.Commune.
— Ord. du cons. d'état.D.Mines.20.
11 Req.A9.799,n.27; P25.1.407; S26.1.132; D.Cassation.630 Dot.268.Lois.70.
— Caen.P26.2.159; S26.2.310. et 26.2.255; J36.190; D.Lois.311. Louage.63. Puiss. pat.25. Substitution.165.Usufruit.198.
— Req.P25.1.407; S26.1.9; J34.137; D.Enreg.1024.Ratificat.29 Success.325.427.
12 Cr.c.P25.1.437;S25.1.426;D.Cour d'ass.859.
— Cr.c.P25.1.438;S25.1.427;D.Chose jugée.326.
— Cr.c.P25.1.438;D.Renvoi.407.
— Pau.P26.2.85;S26.2.97;J35.333;D.Dot.68 437.
— Angers.P26.2.237;S26.2.328;D.Mandat.214.
— Cr.c.P31.2.95;D.Forêts.620.
13 Cr.c.P25.1.438;D.Chose jugée.338.Faillite.1307.1309.1328.
— Cr.c.P25.1.439;S26.1.17;D.Forêts.744.
— Circ. min. fin.P25.3.23;D.Emig.412.419.420.426.
16 Civ.r.P25.1.409; S26.1.126; D.Intérêts de capit.124.150.Portion disp.750.752.
— Paris.P26.2.54; S19.22; S26.2.34; J34.400; D.Faillite.238.Louage.474.
— Paris.P26.2.55;S26.2.33;D.Effet publ.117.
— Nanci.P26.2.139;S25.2.371;D.Exploit.634.
— Toulouse.P28.2.169;S28.2.218;D.Jugem. par déf.489.
17 Civ.c.P25.1.410;S26.1.1;J34.144;D.Mariage.643.
— Paris.P25.1.412;S26.1.118;J33.435;D.Communaut.772.
— Caen.P26.2.150;J39.197;D.Compét. comm.167.
— Ord.P26.3.8;D.Conflit.68.
— Ord.P26.3.7;D.Compét. adm.166.
— Ord.P25.3.29;D.Propriété indust.18.
— Ord.P26.3.23;D.Ventes adm.7.
— Ord.P26.3.14;S26.2.343;D.Compét. adm.307.Eau.427.
— Ord.P26.3.11;D.Manuf.109.111.
— Ord.P26.3.10;D.Manuf.86.88.
— Ord.P26.3.10;D.Manuf.60.103.
— Ord.A4.545,n.4,n.7; P1.1184;B8.157,n.7; D.Culte.101.
— Ord. du cons. d'état.D.Jeu-pari.31.
— Ord. du cons. d'état S26.2.341;D.Eau.199.
— Ord. du cons. d'état.Mac.24.631;D.Marché de f.248.
— Ord. du cons. d'état.Mac.25.494;D.Marché de f.357.
— Ord. du cons. d'état.D.Sépulture.12.
— Rennes.D.Assur. marit.250.
— Arr. du cons. d'état.A12.1021,n.24;D.Expr. publ.44.
— Ord.A12.981,n.13;D.Voirie.65.
— Ord.A12.993,n.5.7; B28.305. et 306,n.5.7; D.Voirie.206.211.
— Ord.A12.1015,n.9;D.Voirie.526.
— Ord.A12.1021,n.23;D.Voirie.667.
18 Req.P25.1.415;S26.1.125;J34.427;D.Juge supp.114.
— Paris.P26.2.207;S26.2.32;J33.489;D.Louage.757.
— Paris.P26.2.206;S26.2.25;J33.38; D.Action.50.Jugem. prép.5.
— Ord. du cons. d'état.Mac.25.497;D.Marché de f.243.
19 Amiens.P26.2.165;S26.1.185;J35.278; D.Transport de créance.179.
— Bourges.P27.2.121;S27.2.215;D.Saisie-exéc.207.

20 Besançon.A11.159,n.9;P2.968,n.1;B22.256;D.Péremp.127.
— Riom.P26.2.100;S26.2.113;D.Deg. de jurid.521. Juge supp.105.106.
— Cr.r.P25.1.441; S26.1.6; D.Cassation.828 Complicité.30.Escroquerie.54.
— Cr.c.P25.1.441;D.Faux.125.
— Douai.P26.2.76;S26.2.138;D.Faillite.768.Huiss.104.
— Paris.P26.2.51;S26.2.20;J34.268;D.Respons.550.
— Grenoble.P26.2.53;D.Min. pub.248.Témoin.133.
— Grenoble.P26.2.173;S26.2.165;D.Expertise.149.153.
— Cr.c.P25.1.440;S26.1.4;D.Cour d'ass.1041.
— Cr.c.P25.1.441;D.Procès-verb.144.
22 Lyon.P26.2.66;S25.2.371;D.Arbitrage.83.90.
— Paris.P25.2.236;J34.229;D.Alimens.173.Prescrip. civ.1026.
23 Paris.P26.2.38;J34.225;D.Autor. de femme.156.
— Req.P26.1.41;S26.1.379;J35.385;D.Sép. de biens.118.Vente.297.
— Paris.P26.2.3;S26.2.44;D.Puiss. pat.23.
— Civ.r.P27.1.365; S26.1.243; J40.296; D.Colonies.139.Révoc.21.
24 Civ.c.P25.1.414;S26.1.26;J34.425;D.Jugem.258.
— Civ.c.P25.1.413;S26.1.203;J33.182; D.Honoraires.124.
— Caen.P26.2.76;D.Faillite.244.
— Paris.P26.2.49;S26.2.16;J34.86;D.Faillite.392.
— Toulouse. P26.2.30; D.Compét. comm.164.Degré de jurid.544.
— Pau.P26.2.4;S26.2.35;J34.121;D.Disp. entre-vifs.168.169.224.Exécut. testam.86.
— Amiens.P26.2.157;S26.2.190;J37.527; D.Chose jugée.22.Jugem.497.
— Pau.P29.1.34;D.Exception.384.
— Req.P25.1.430;S26.1.203;D.Cassation.921.Don. entre-époux.95.Exception.389.Lois rétr.99.
25 Req.P25.1.430;S26.1.181;D.Cassation.573.Jugem. par défaut.87.Prise à partie.43.48.
— Colmar.P26.2.64; S26.2.45; J34.168; D.Substitution.133.155.161.
— Aix.P26.2.80;S26.2.193;D.Legs.13.Testam.105.139.
— Bordeaux.P26.2.172;S26.2.165;D.Filiat. légit.186.
— Metz.P27.2.93;S27.2.192;J35.65;D.Droit civ.65.
— Orléans.A9.588,n.1.1;B18.223. et 189;D.Interv.17.
26 Bourges.P26.2.72;S26.2.192;D.Saisie-exéc.127.
— Nanci.P26.2.120; S26.2.149; D.Lois rétroact.31.Réd. des hypoth.12.
— Cr.c.P25.1.301;S25.1.360;J33.260;D.Usure.79.
— Cr.r.P25.1.442;D.Faux.154.
— Cr.c.P25.1.443;D.Cassation.970.Voirie.203.739.
— Cr.r.P25.1.415;J34.393;D.Procès-verb.104.105.
— Caen.P28.2.219;S28.2.251,J41.471;D.Hypoth.333.
— Déc. du min. des fin.D.Transcrip. hypoth.71.
27 Sect. cr.P25.1.443;D.Jug.406.Publ des jug.60.
— Paris.P25.2.228;J34.523;D.Testament.905.
— Cr.c.P25.1.443;S26.1.6;D.Presse.295.
— Cr.c.P25.1.444;D.Appel correct.99.Exploit.502.
— Cr.r.P25.1.445;S25.1.431;J34.341;D.Renvoi.81.
— Lyon.P26.2.34;J34.406;D.Disp. entre-vifs.46.49.
— Rouen.P26.2.14;S26.2.225;D.Privil.59.
— Riom.P26.2.112;S26.2.141;D.Intérêts de cap.117.
— Cr.c.P25.1.444;D.Aut. mun.391.Délit rural.116.
29 Paris.P26.2.79;D.Effets de comm.117.
— Lyon.P26.2.67;D.Arbitrage.512.Exploit.173.
30 Lyon.P25.2.245; D.Actes de comm.202.Comp. comm.438.Deg. de jurid.168.
— Req.P25.1.453; J35.32; D.Appel civ.449.Conciliat.32.Interv.40.121.Deg. de jurid.593.Désist.151.
— Civ.r.P25.1.366;S26.1.65; B.17.463,n; J34.209; D.Purge.172.181.182.
— Lyon.P26.2.36;S25.2.37;D.Enq.303.
— Poitiers.P26.2.45;S26.2.12;D.Absence.435.
— Toulouse.P33.2.60;S25.2.425;D.Privilège.535.
— Civ.c.D.Preuve litt.294.
31 Civ.r.P25.1.431;S25.1.357; J33.129; D.Exéc. des jug. et actes.25.145.
— Civ.c.P25.1.433;S26.1.27; J39.336; D.Cass.648.Prescr. civ.1076.Servitudes.699.702.727.
— Req.P25.1.433; S26.1.188; J34.354; D.Ordre.243.244.259.261.Exploit.829.
— Lyon.P26.2.68;S26.2.198;D.Arbit.1066.1067.1068.

SEPTEMBRE.

1 Ord.P26.3.15;S26.2.196.346;D.Eau.69.398.
— Ord. du cons. d'état.D.Commune.142.
— Ord. du cons. d'état.D.Commune.273.Conflit.69.
— Ord. du cons. d'état.Mac.25.525;D.Marc. de fourn.48.
— Ord. du cons. d'état.Mac.25.541;D.Marché de fourn.130.217.
— Ord. du cons. d'état.Mac.25.558;D.Marc. de four.358.
— Ord. du cons. d'état.D.Théâtre.111.118.
2 Cr.c.P26.1.30;S26.1.382;D.Autorité mun.388.
— Cr.c.P26.1.30;S26.1.382;J35.354;D.Peine.314.
3 Cr.c.P26.1.31;S26.1.377;D.Forêts.603.
— Cr.c.P26.1.31;S26.1.381;J38.434;D.Aut. mun.278.282.
6 Ord.P26.3.31;D.Cont. direct.280.
— Ord.P26.3.11;D.Manuf.63.
— Ord. du cons. d'état.D.Dom. de la cour.14.
— Ord. du cons. d'état.P26.3.12;D.Eau.204.293.529.

— Ord. du cons. d'état.P27.3.37;D.Patente.18.
7 Ord.V. au 7 décembre.
8 Paris.P26.2.37; S26.2.42; J34.408; D.Inventaire.20. Scellé.67.
— Ord. du cons. d'état.D.Forêts.177.
— Rennes.D.Juge supp.118.
9 Cr.r.P25 1.454;D Cassation.205.
— Cr.r.P26.1.32;S26.1.449;J35.380; D.Cour d'ass.1094.
— Cr.c.P26.1.39;S26.1.451;D.Vol.272.
— Cr.c.P26.1.39;S26.1.451;D.Peine.297.
— Cr.r.P26.1.40;S26.1.452 J35 544.
— Cr.c.P26 1.40,n.;S26.1.451;D.Vol.272.
15 Cr.c.P26.1.32;S26.1.450;J35.275;D.Comp. crim.719.
— Cr.c.P26.1.33;S27.1.6;J35.351;D Voitures pub 165.
— Cr.r.P26.1.34; S26.1.457; J35.360;D.Cour d'ass.1197. 1523.Vol.88.
— Cr.c.P26.1.34;S27 1.7;J35.314;D.Homicide 9.
— Cr.c.P26.1.35; J37.303; D.Compét. adm.375.Voirie. 682.
— Cr.c.P26 1.35; S26.1.232; D Frais et dépens.362.366. Respons.75.Traite des nègres.27.
21 Grenoble.P26.2.63;S26.2.59;D.Régl. de jug.137.
23 Cr.c.P26.1.36;S26.1.232;D.Instr. crim.288.Tent.18.
— Cr.r.P26.1.37;D Rég. de juges.122.
— Cr.c.P26.1.40;S26.1.197;D Cour d'ass.1218.
— Ord.P23.3.30;D.Dom. pub.11.
24 Cr.r.P25.1.370. et 26.1.39;S25.1.409; J33.282;D.Cour d'ass.97.105.107.109.Instr. crim.347.Publ. des jug.63.
— Cr.c.P26.1.38;D.Commune 640.Quest. pr.10.
— Cr.r.P25.1.370;D.Cour d'ass.107.109.
25 Déc. du min. des fin.D.Transcrip. hyp.71.
26 Circ. du min. des fin.P25.3 26;D.Emig.426.429.
28 Paris.P26.2.36;S26.2.278;J36.403;D.Compét. civ.198.
30 Cr.c.P26.1.40;D.Désertion.3.Récidive.46.

OCTOBRE.

1 Cr.r.P26.1.48;S26.1.87;J36.149;D.Compét.civ.246.Fr. et dép.129.Ordre.112.120.126.Régl. de juges.15.
— Cr.c.P26.1.67;S27.1.33;J36.48;D.Compét. crim.782.
— Cr.c.P26.1.68;26.1.108;J36.34;D.Faux.299.
6 Ord.A6.342,n.8;D.Domaines.
— Ord.P31.3.30;D.Salubrité publique.4.
7 Cr.c.P26.1.69;J36.162;D.Voirie.113.
— Cr.c.26.1.69; S26.1.120; J36.261; D.Cour d'ass.1001. 1587.
— Cr.c.P26.1.70; J36.386; D.Faux.315.Témoin.377.480.
— Cr.c.P26.1.71;S27,1.32;D.Motifs des jug.267.
8 Cr.c.P26.1.72;S27.1.41;D.Vol.317.
— Cr.c.26.1.71;D.Procès-verbal.271.
— Cr.c.P26.1.72;D.Voitures.12.
9 Ord.P25.3 30;D.Frais et dépens.282.
12 Paris.P26.2.42 D.Paiement.147.
— Paris.P26.2.42;D.Saisie-imm.1631.
14 Cr.c.P26.1.73; S27.1.43; D.Complicité.85.Cour d'ass. 1529.
— Cr.c.P26.1.74;S27.1.77;D.Excuse.33.
15 Cr.c.P26.1.74; S27.1.30; D.Faux.315.Peine.321.331. Récidive.20.21.
— Cr.c.P26.1.75;S27.1.78;D.Compét. adm.97.Voirie.737.
— Cr.r.P26.1.75;S27.1,31; D.Cass.834.Compét.crim.273 Presse.66.624.625.808.Trib.94.
19 Ord.P27 3 24;S26.2.347;D.Commune.702.705.
— Ord.P26 3.31;D.Cons. d'état.
— P26.3.15;D.Compét. administ.287.
— Ord.P26.3.15;S26.2.340;D.Eau.523.
— Trib. de Marseille.D.Assur. marit.516.
— Ord.S26.2 348;D.Marais.64.
— Ord.A11.441;D.Expr. publ.87.
21 Sect. des vac.P25.1.454;S26.1.412; D.Compét. comm. 153.165.
— Cr.c.P26.1.77;S26.1.260;D Avocats.145.Presse.779.
— Cr.c P26.1.76;S26.1.262; D.Fr. et dép.408.Peine.258.
22 Cr.c.P26.1.78;D.Faux.381.383.Fonct. publ.22.
— Cr.r.P.26.1.79; S25.1 429; D.Compl.32.124. Mot. des jug.308.Prescript. crim.82.
25 Ord. du cons. d'ét.D.Colonies.10.
26 Ord.A6.342,n.6;D.Domaines.
— Ord.A9.980,n.1-2; P26.3.11; B.19.117,n.13; D.Manuf. 36 74.
— Ord.A9 980,n.14;B19.117,n.14;D.Manuf.77.
— Ord.P26.3 24;D.Ventes administ.389.
— Ord.P.26.3.22;D.Eau.406.441.Ventes adm.237.
— Ord.D.Marché de fourn.94.
— Ord. du cons. d'ét.D.Postes.6.
— Ord.D.Comm.160.
— Ord.A12.989,n.7;B28.301;D.Voirie.160.
27 Bourges.P.26.2.210; S26.2.257; D.Dégr. de jurid.245
28 Cr.c.P26.1.73,n.1;D.Voiture.12.

NOVEMBRE.

5 Déc. minist A8.763;D.Forêts.
— Cr.c.P26.1.94;J37.542;D.Voirie.877.
— Cr.c.P26.1.95;S26 1.84; J35.444; D.Aut. mun.168.178. 191.323.418.
— Rouen.P26.2 86;D.Eff. de comm.73.Comp.comm.145.
— Cr.c.P26.1.168;D.Or et argent.405.135.
7 Civ.r.P26.1.17;S26.1.187;J35.235; D.Intér. de cap.22. 127.134.144.Lois rétr.129.
— Paris.P26.2,40;S26.2,228;D.Degr. de jurid.122.
8 Civ.c.P25.1.447; D.Cassat.601.Contrib. ind.387.Jugement.347.
— Req.P26.1.6;S26.1.167;J34.456;D.Effet de comm.626. 809.
— Paris.P26.2.44;S26.2.225;J36.400;D.Obl.579.
— Req.P25.1.455;S27.1.84;D.Usure.33.
9 Civ.r.P26.1.49,S27.1.8;J35.339;D.Enq.175.Expl.383.
— Civ.r.P26.1.101;S26.1.248;D.Act. possess. 371. Req P26.1.7;S26.1.177;J35.31;D.Arbitr.1008.Compét. civ.322.
— Amiens.P26.2.156;S26.2.189;J39.14;D.Vente.772.
— Grenoble.P36 97;D.Contr. par corps.574.
10 Paris.P26.2.49;S26.2.282;J34.470;D.Etranger.190.
— Paris.P.26.2.82;D.Jugem. par défaut.301.
11 Cr.c.P26.1.87;S26.1.112;J34.563;D Presse.798.
— Cr c.P28.1.88;S26.1.113;J37.480;D.Incendie.8.
— Cr.c.P26.1.94;S26 1.240;J35 485;D.Aut. mun.350.
— Cr.c.P26.1.95;S26.1.105; J37.305; D.Chasse.144.Prescript.crim.89.
— Cr.c.P26.1.106.Jour férié.79.207.Excuse.38 121.
14 Civ.r.P26.1.65; S27.1.30; J35.147; D. Commune.201. 338.Motifs des jug 169.
— Colmar.P26 2.166;S26.2.182;D.Louage.194.
— Nimes.P26.2.151;S26.2.229;D.App. civ.76.77.
— Caen.P30.2.76;D.Sép. de corps.97.98.
15 Rouen.P26.2 75;S.26.2.208;D.Acquiesc.37.Contr. par corps.108.701.Ratificat.23.
16 Req P25.1.485;S26.1.211;D.Cassat.772 Récus. de juges.39.60.
— Civ.r.P26.1.66; J35.135; D.Cassat.678.Degr. de jurid. 542;D.Ventes administr.486.
— Civ.r.P.26.1.36;S26.1.453;J35.239;D.Audience.8.Aud. solennelle.8. Autoris. de femme.344. Cassat.765.797. 922.Filiat. lég.189.Juge suppl.143.Sép. de corps.12.
— Toulouse. P26.2.77; S26.2.277; D. App. civ. 192 268. Vente.822.
— Ord.P27.3.25. et 3.37;D.Cons. d'ét.306.
— Ord.P26.3.24;D.Ventes adm.90.
— Ord.P.26.3.22;D.Ventes adm.397.
— Ord.P26.3.12;D.Eau.251.308.
— Ord.P27.3.37;D.Patente.45.
— Ord. du cons. d'ét.D.Prison.10.
— Ord.A8.16,n.66;D.Fabr.251.
— Arr.A12.968,n.6.B28.298;D.Voirie.131.
18 Cr.c.P26.1.96;S26.1.109;J39.318;D.Octroi 86.Procès-verb 428.
— Cr.c.P26.1.107,n.;D.Respons.429 430.
— Cr.r.P26.1.107;S26.1.107;J35.113; D.Respons 429.430.
— Cr.c.P26.1.143; S26.1.308; J36.357; D. Faux. 349.350. Régl. de juges.115.
— Rouen.P26.2.98;S26.2.271;J35.269; D.Aut. de femme. 169.188.
19 Rouen.P26.2.84;S26.2 206;J35.173;D.Surench.399.
21 Civ.c.P26.1.49; S26.1.85; J35.204; D.Action civ.45. Compét. civ.438.Compét. cr.171.
— Civ.c.P26.1.51;S26 1.86;J35.358;D Garantie.376.
22 Req.P26.1.9;S26.1.146;J35.5;D.Caut.37.219.Ratif.50.
— Req.P26.1.7; S26.1.142; J35.107; D.Adopt 24.25.88.92. Jugem.473.
— Paris.P31.2.187;S26.2.215;J35,78;D.Tierce-opp.
23 Ord.A6.332,n.3;D.Domaines.
— Req.P26 1.10;S26.1.178; J36.571; D.Exéc. des jugem. et actes.198.Exception.59.
— Req.P26.1.11. et 56; S26.1.157; J34.574; D.Cass.615. Preuve litt.221.Testament.286.671.
— Civ.c.P26.1.156;S26.1 90;J35.319;D.Enreg.2371. Lyon.P26.2.24;D.Timbre.147.
— Paris.P26.2.132;S26.2.273;D.Tierce-opposition.
— Ord.P26.3.25;D.Ventes adm.40.
— Ord.P26 3.24;D.Ventes adm.61.104.
— Ord. du cons. d'état.Mac 25.698;D.Marc. de fourn.61.
— Ord. du cons. d'état.D.Rente.424.
24 Req.P26.1.12;S26.1.170;D.Donat.6.7.Donat. dég.32.
— Req.P26 1.13;S26.1.91;J37.543;D.Compét. comm.302.
— Req.P26.1.13;S26.1.93;J37.360;D.Disc.167.168.
— Nanci.P26.2.117; S26.2.147; D.Frais et dépens.297. Rem. de la dette.65.
25 Cr.r.P26.1.108;S26.1.376;D.Faux.392.
— Cr.r.P26.1.108;S26.1.106;D.Récidive 44.
26 Amiens.P26.2.154; D.Acquiesc.262.378.Enquête.177. Témoin.60.
28 Rouen.P26.2.71; S26.2.214; D.Délég.18.30.Obl.353. Transport de créances.24.
— Toulouse.P26.2 32;S26.2.241;J34.319;D.Lois.195.356. Preuve litt.157.
— Caen.P26.2.191;J37.118;D.Faillite.845.Purge des priv. 29.31.
29 Civ.c.P26.1.14; S26.1.103; J34.557; D.Commune.306. 307.308.Poss.143.144.Prescrip.327.
— Req.P26.1.16;S26.1.158;D.Jug. par déf.22.Motifs des jugem.146.
— Req.P26.1.18;S26.1 156;D.Ordre.78 Purge.87.
— Req.P26.1.19;S26.1.210;J35.165;D.Succ. irrég.35.36.
— Bourges.P26.2.170;D.Caution.244.
— Paris.P27.2.85;S27.2.204;D.Compét. comm.37.
30 Req.P26.1.27;S26.1.183; J35.20;D.Acquiesc.311.Arbitrage.72.84.
— Civ.c.P26.1.81; S26.1.104; J36.388; D.Appel civ.193. Chose jugée.158.Comp. civ.406.
— Bourges.P26.2.196;S26.2.225;D.Jug. prép.112.
— Ord. du cons. d'état.D.Forêts.393.

DÉCEMBRE.

1 Ord.A12.994,n.1;D.Voirie.216.
— Rouen.P26.2.77;S26 2.205;D.Sép. de biens.120.
— Req.P26.1.19;S26.1.171;J35.229;D.Louage.246.
2 Cr.c.P26.1.145;S26.1.297;J36.487;D.Voirie.508.638.
— Cr.c.P26.1.145;S26.1.308;D.Motifs des jugem.248.
— Cr.c.P26.1.144;S26.1.295; J36.433; D.Instr. crim.462. 470.Cour d'ass.1208.1551.1575.
— Rouen.P26.2.148;D.Actes de comm 138.
3 Déc. du min. des fin.A8.734;D.Forêts.2181.
— Paris.P26.2.59;S26.2.96;D.Culte.36.Presse.481.
— Cr.c.P26.1.145; S26.1.297; D.Aut. mun.471.475.495. 496.
5 Paris.P26.2.59;S26.2.96;D.Presse.481.
— Civ.r.P26.1.85; S26.1.290; J35.123; D.Honoraires.103. Dépôt.38.Motifs des jug.111.Respons.269.
— Riom.P27.2.112; S27.2.45; D.Don. ent. ép.85.92.Dot. 215.
— Montpellier.P29.1.415;D.Trans.24.
— Req.V. au 6.
6 Req.P26.1.326;S27.1.379;J36.349;D.Dot.358.
— Req.P26.1.45;S26.1.419;D.Partage.12.Success.447.
7 Civ.r.P26.1.98;S26.1.290;J35.215;D.Déf.231.
— Rouen.P26.2.87;D.Promesse de mariage.32.42.
— Douai.P26.2.88;S26 2.101;D.Mat. som.45.
— Req.P26.1.20;S26.1.168;J35.231;D.Vente publique de meubles.25.
— Civ.r.P26.1.20;S26.1.207;J34.459;D.Oblig. solid.98.
— Montpellier.P26.2.106; S26.2.226; J35.257; D.Surenchère.353.466.471.
— Ord. du cons. d'état.S26.2.346;D.Forêts.400.
— Ord. du cons. d'état.D.Hospices.120.
— Trib. de Paris.P28.1.102;D.Enreg.3017.
— Ord.P26.3.30;D.Place de guerre.70.
8 Req.P26.1.28;S26.1.202;J34.466;D.Privil.29.30.401.
— Lyon.P26.2.103;D.Procès-verbal.137.
— Req.P26.1.169;D.Intervention.43.Oblig.765.
9 Cr.c.P26.1.146;S26.1.318.239; J.36.557;D.Cour d'ass. 1061.1255.
— Amiens.P26.2.166;S26.2.256;D.Exception.270.Sép. de biens.148.153.
— Rouen.P26.2.144;S26.2.244;J37.528;D.Donation.59.
— Paris.P27.2.40;S27.2.46;D.Commune.99.199.
10 Cr.c.P26.1.148;J36.524;D.Cour d'ass.971.
— Cr.c.P26.1.147;S26.1.319; D.Peine.223.Voit. pub.141. 143.
— Cr.c.P26.1.147;S26.1.320;J36.490;D.Instr. crim.295.
12 Civ.r.P26.1.102;S26.1.285; D.Enquête.32.Société civ. 94.96.
13 Bourges.P26.2.169;S26.2.222;D.Servitude.650.
— Rennes.D.Comp. com.35.
14 Lyon.P26.2 38;S26.2.53;J39.513;D.Privilége.430.
— Civ.r.P26.1.22;S26.1.277;J36.299.
— Req.P26.1.27;S26.1.186;J34.497,D.Condition.105.
— Req.P26.1.52;S26.1.287;J36.426;D.Intérêts de cap.18. Deg. de jurid.542 Faill.380.381.451.Respons.98.145.
— Caen.P26.2.143;J35.372;S26.2.243;D.Testament.691.
— Ord.P26.3.16;S26.2.348;D.Eau.462.
— Ord.D.Poste aux lettres.32.
15 Req.P26.1.35;S26.1.208;J36.42;D.Hypoth. lég.183.
— Req.P26.1.60;S27.1 220;J35.129;D.Deg. de jurid.578. Motifs des jug.117.Nullité.311.Prescript. civ.1075. Rescis.177.206.Tutelle.454.
16 Amiens.P29.2.102;D.Comp. civ.106 Exception.65.
— Lyon.P26.2.40;S26.2 55;J39.528;D.Louage.300.
— Cr.c.P26.1.148;S26.1.320;D.Vol.166.
— Cr.r.S26.1.185;S26 1.318;J39 528. et 37.481;D.Incendie.8.Cour d'ass.736.1688.
17 Toulouse.P26.2.131;S26.2.185;D.Compét. comm.422.
— Bourges.P29.2.76;D.Désist.59.
— Colmar.P27.2.24;S27.2.90;D.Subrog.90.
18 Ord.P28 3.31;D.Poids et mesures.
20 Civ.r.P26.1.92;S26.1.74; D.Retour conv.14.Subst.245.
— Req.P26.1.26;S26.1.179 J34.453; D.Don. p. cont 181. Publ. des jug.30.Servitude.651.
— Civ.c.P26.1 80;D.Colonies.107.Pub. des jug.21.
— Rouen.P26.2.248;D.Testament.231.
— Paris.P31.2.178;D.Prescrip. civ.993.994.
21 Bourges.P33.2.148;S27.2.221;D.Vente.657.
— Ord.A9.977,n.11;B19.115,n 11;D.Manuf.32.
— Ord.A9.978,n 14;D Manuf.24.
— Civ.c.P26.1.85;S26.1.264;J36.23;D.Chose jugée.419.
— Civ.r P26.1.98;S26.1.379;J35.156;D.Deg. de jurid.162. 163.Expertise.292.
— Req.P26.1.43;S26.1.275; J35.283; D.Hypoth. judic.85. Vente.829.
— Bordeaux.P26.2.135; S26.2 158; D.Acquiesc.36.Contr. par corps.41.
— Civ.r.P26.1.213; S26.1.386; J35.335; D.Commune.411. 441.
— Amiens.P26.2.167;S26.2.317;D.Sép. de biens.101.113.
— Bourges.P26.2.185;S26.2.221;D.Novat.42.
— Ord.P26.3.13;D.Eau.367.
— Ord. du cons. d'état.Mac.25.738;D.Marc. de fourn.284.
— Ord.A12 991,n.17.21; B28.302,n.17.21; D.Voirie.185. 191.
— Ord.A12.1006,n.8;B28.322;D.Voirie.411.
22 Grenoble.P26.2.83;S26.2.276;J35.180;D.Condition.59. Donation.383.Révoc.218.

— Montpellier.P26.2.72;S26.2.197;D.Presse.549.
— Nîmes.P26.2.100;S26.2.209;D.Naturalis.22.
23 Cr.c.P26.1.149;J36.156;D.Poids et mesures.85.
— Nîmes.P26.2.82;S26.2.197;D.Discip.253.
— Cr.r.P26.1.221;J35.487;D.Compét. crim.272.Dépôt.100.Motifs des jugem.289.298.Supp. de titres.19.20.
— Bourges.P26.2.202;S26.2.255;D.Appel civ.265.441.
24 Cr.r.P26.1.108;S26.1.371;J35.119;D.Motifs des jug.296.317.Usure.65.101.
— Cr.r.P26.1.110;S26.1.362;J35.115;D.Motifs des jugem.294.Usure.75.77.88.96.
— Cr.c.P26.1.149;J37.400;D.Instruct. crim.472.Vol.278.
— Cr.c.P26.1.138;D.Compét.470.
— Rouen.P26.2.143;S26.2.253;D.Commune.36.Propr.12.Voirie.741.
25 Rap. au roi.A9.895,n.6;D.Lois.528.
26 Civ.r.P26.1.86;S26.1.270;J35.522;D.Vente.394.437.
— Nanci.P26.2.120;S26.2.154;D.Arbitrage.50.
— Paris.P26.2.235;S26.2.270;J35.75;D.Propriété.93.
— Montpellier.P27.2.43;S27.2.42;D.Interr. sur faits.91.
— Req.P26.1.80;S27.1.218;D.Ordre.281.
28 Civ.r.P26.1.89;S26.1.281;J35.466;D.Étranger.14.17.
— Civ.c.P26.1.62;S26.1.97;J35.8;D.Avocats.179.226.255.
— Montpellier.P26.2.196;S26.2.230;D.Serv.481.496.719.
— Limoges.P27.1.293;D.Tutelle.577.
— Ord.P27.3.25;D.Acquiesc.481.Commune.495.
— Nîmes.P28.2.242;J39.113;D.Success. bénéf.128.
— Ord.D.Commune.160.
— Ord.D.Hospices.43.
— Ord.A12.1020,n.9;D.Voirie.597.
29 Amiens.P26.2.179;S26.2.199;D.Autor. de fem.57.58.
— Metz.P27.2.92;S27.2.186;J37.61;D.Filiat. légit.42.
— Toulouse.P33.2.137;S27.2.207;D.Donation.75.
30 Cr.c.P26.1.149;J37.127;D.Abus de conf.85.Récid.47.
— Cr.c.P26.1.165;S26.1.324;J36.559;D.Exploit.933.
— Riom.P27.2.11;S27.2.31;D.Action personn.19.
— Limoges.P27.2.116;S27.2.32;D.Compét. comm.189.
— Amiens.P28.2.20;S28.2.10;D.Deg. de jurid.98.125.

1826.

JANVIER.

3 Civ.c.A11.32,n.;D.Tribunal.167.
— Req.P26.1.99;S26.1.269.et 36.235;J35.154;D.Port. dispon.283.Lois.422.
— Req.P26.1.105;S26.1.281;D.Arbitrage.621.
— Grenoble.P26.2.153;D.Interrog. sur faits.91.97.99.Jug. prép.52.
— Bordeaux.P26.2.158;S26.2.202;D.Dem. nouv.94.Sép. de corps.145.
— Rennes.P26.2.188;D.Exécut. des jug.405.Compensation.38.
— Colmar.J35.188;D.Appel civ.222.Office.97.
4 Civ.c.P26.1.46;S26.1.294;J35.90;D.Testam.665.656.
— Req.P26.1.100;S26.1.248;J35.311;D.Mat. som.7.9.Saisie-imm.104.1565.1686.
— Douai.P26.2.256;S26.2.320;D.Ordre.269.270.288.
— Pau.P27.2.53;S27.2.63;J37.419;D.Substit.61.232.343.
5 Rennes.P26.2.187;D.Eff. de com.717.Preuve test.319.
— Grenoble.P26.2.247;D.Subrog.120.
6 Cr.c.P26.1.185;J36.348;D.Cour d'ass.922.
— Paris.P26.2.202;S26.2.231;J34.316;D.Usufruit.481.
7 Cr.r.P26.1.161;D.Faux.107.109.
— Cr.c.P26.1.183;S26.1.331;J36.255;D.Compét. cr.713.714.Quest. pr.51.
— Cr.c.P26.1.185;J36.373;D.Presse.900.
— Cr.r.P26.1.177;S26.1.317;J37.487;D.Incendie.8.Cour d'ass.363.Enreg.2289.Exploit.933.
9 Civ.r.P26.1.121;S26.1.262;J36.375;D.Mariage.615.661.
— Grenoble.P26.2.29;S27.2.30;D.Comp. civ.932.Étranger.269.
— Nanci.P26.2.122;S26.2.158;D.Deg. de jurid.63.227.Oblig.371.Société civ.13.Société com.323.
— Bordeaux.P26.2.131;D.Société comm.38.80.306.
— Paris.P26.2.253;S26.2.278;J35.520;D.Absent.
— Rouen.P27.2.48;S27.2.30;D.Jug. par déf.504.
10 Poitiers.P26.2.72;S26.2.281;D.Jug. par déf.121.Serment.159.
— Civ.c.P26.1.[illegible];S26.1.[illegible];J36.68;D.Hospices.69.
— Civ.c.P26.1.131;S26.1.334;J35.313;D.Appel civ.536.Cassation.710.Exploit.373.
— Civ.r.P26.1.133;S26.1.172;J35.[illegible];D.Dot.206.
— Bordeaux.P26.2.130;S26.2.207;D.Commiss.225.
— Toulouse.P26.2.164;S28.2.148;D.Commune.21.62.82.
— Lyon.P26.2.170;S26.2.175;D.Commissionnaire.192.Eff. de comm.551.
— Bourges.P26.2.200;S26.2.260;D.Prescrip.809.
— Bordeaux.P27.2.48;J37.324;D.Usure.35.37.
11 Ord.A6.317,n.5;D.Émigrés.
— Req.P26.1.100;S27.1.82;D.Péremption.
— Rouen.P26.2.[illegible];S26.2.217;D.Contr. de mariage.75.
— Bordeaux.P26.2.194;S26.2.165;D.Louage.295.524.
— Ord.P27.3.23;D.Action possess.274.
— Ord.P26.3.[illegible];S26.2.349;D.Eau.558.
12 Ord.A6.331,n.7;D.Domaines.
— Pau.P26.2.114;D.Caution.26.Prescript.361.Rescis.62.118.126.
— Paris.P26.2.203;S26.2.250;J34.312;D.Transport de créance.101.103.

— Rennes.P26.2.198;S27.2.[illegible];D.Jug. prép.111.
13 Cr.r.P26.1.235;D.Cour d'ass.390.
— Cr.r.P26.1.235;J36.575;D.Cour d'ass.390.
— Bordeaux.P26.2.162;D.Commune.434.
— Rennes.P26.2.188;D.Avocats.132.Compensation.55.
— Rennes.P26.2.187;S27.2.85;D.Appel civ.526.Enq.44.
— Amiens.P27.2.149;S27.2.160;J40.284;D.Frais et dép.305.
14 Rouen.P26.2.86;J33.176;D.Surenchère.496.
— Bordeaux.P26.2.96;S26.2.217;D.Honoraires.168.172.
— Cr.c.P26.1.201;S26.1.366;J35.535;D.Traite des n.29.
— Cr.c.P26.1.212;S26.1.57;D.Attent. à la pud.49.
— Cr.c.P26.1.214;S26.1.371;D.Abus de confiance.75.
— Cr.c.P26.1.214;S26.1.369;J36.113;D.Presse.248.
15 Ord.P26.3.1;D.Tribunal.241.
16 Ord.A6.353,n.9;D.Domaines.
— Civ.r.P26.1.128;S27.1.228;J35.399;D.Action possess.436.Choses.95.Louage à complant.6.14.
— Cr.r.P26.1.217;S26.1.370;J35.457;D.Bigam.18.19.Nullité.13.
— Caen.P29.2.5;D.Purge.172.186.
— Metz.D.Vente.891.
17 Req.P26.1.135;S26.1.266;J35.441;D.Deg. de jur.578.
— Civ.r.P26.1.104;S26.1.194;J34.428;D.Cassat.828.Faillite.365.
— Rouen.P26.2.103;S26.2.263;D.Faillite.141.
— Req.P26.1.120;S26.1.384;J35.298;D.Arbitrage.599.1014.Exception.271.
18 Civ.r.P26.1.130;S26.1.267;J35.207;D.Exprop. pub.41.
— Poitiers.P26.2.107;S26.2.120;D.Faillite.827.
— Ord.P26.3.14;S26,2.340;D.Cons. d'état.44.Eau.233.463.
— Ord.P26.3.3;D.Cons. d'ét.193.
— Ord.D.Jug. par déf.387.
— Ord.A12.989,n.3;S28.501,n.8;D.Voirie.163.
19 Cr.r.P26.1.171;S26.1.255;J35.545;D.Garde nat.381.425;730.845.1032.
— Req.P26.1.139;S26.1.286;J35.[illegible];D.Jug.564.Suc.252.
— Amiens.P27.2.150;S27.2.101;J39.376;D.Avoc.86.Dépôt.98.Propriété.65.
20 Cr.r.P26.1.114;S27.1.76;J35.401;D.Avoc.187.Tém.365.
— Cr.r.P26.1.161;S26.1.337;D.Min. pub.58.Trib.125.
— Grenoble.P26.2.109;S26.2.195;J35.265;D.Don man.31.Remise de la dette.68.
— Cr.c.P26.1.200;J35.152;D.Cour d'ass.961.
— Cr.c.P26.1.211;J36.309;D.Poids et mesures.34.99.123.
— Cr.r.P26.1.203;J36.61;D.Deg. de jurid.625.628.Expl.949.956.
— Cr.c.P26.1.249;S26.1.368;D.Compét. crim.204.Délit rural.117.
— Paris.P27.2.71;S27.2.73;J35.515;D.Prescript.810.Vente.703.
— Cr.c.P26.1.250,n.;D.Comp. cr.204.Délit rural.117.
23 Caen.P26.2.130;S26.2.253;J39.498;D.Cess. de b.40.
— Bordeaux.P26.2.185;S26.2.248;D.Garant.469.
— Bordeaux.P26.2.199;D.Communauté.780.786.Inscrip. hypoth.480.Délai.26.Saisie imm.1225.
24 Civ.c.P26.1.222;S26.1.381;J37.349;D.Absence.196.Garantie.158.
— Req.P26.1.133;S27.1.135;J36.29;D.Liquidités.24.Tierce opp.44.
— Req.P26.1.104;S26.1.373;D.Cass.1087.Renvoi.125.
— Req.P26.1.119;S26.1.258;J35.567;D.Saisie-imm.995.
— Paris.P26.2.93;S26.2.233;D.Sép. de biens.45.
— Toulouse.P26.2.142;S26.2.136;D.Garantie.249.
— Rouen.P26.2.133;S26.2.267;D.Faill.262.Louage d'ouv.155.
— Bordeaux.P26.2.185;D.Saisie-imm.1015.
— Montpellier.P27.2.157;S27.2.221,n.et 26.2.227;D.Remplacem.87.
— Grenoble.P26.2.136;D.Deg. de jurid.551.Saisie-imm.1461.Transport de créance.18.Vente.295.
25 Civ.c.P26.1.195;S26.1.403;J35.593;D.Aut. de femme.149.Dot.93.Ordre.874.522.891.
— Bordeaux.P26.2.175;S26.2.240;D.Garantie.496.Contr. de mariage.37.Émancip.63.Oblig.171.Partage.88.
— Rennes.P27.2.38;S27.2.46;D.Tutelle.
26 Req.P26.1.187;S27.1.139;J35.218;D.Ratification.158.
— Cr.c.P26.1.208;J35.553;D.Procès-verb.152.
— Cr.r.P26.1.206;J36.28;D.Condamnation.71.Frais et dépens.396.Motifs des jug.319.Presse.293.303.
— Cr.r.P26.1.224;D.Tribunal.215.
— Cr.r.P26.1.204;J36.63;D.Faux.304.
— Grenoble.P28.2.235;S26.2.309;D.Compte.129.Preuve lit.1104.
— Caen.P28.2.245;S26.2.328;J39.118;D.Testament.879.
27 Cr.r.P26.1.178;S27.503;D.Cour d'ass.1406.
— Cr.c.P26.1.207;D.Lois.129.Poids et mesures.140.
— Cr.c.P26.1.206;J36.235;D.Peine.162.Remplac.72.
28 Ch. réun.P26.1.84;S26.1.239;D.Enq.149.Exploit.377.
— Civ.c.P26.1.116;S26.1.202;J34.389;D.Commune.149.772.Lois.344.
— Paris.P26.2.205;S26.2.234;J36.483;D.Vente.309.
— Ord. du cons. d'état.D.Hospices.85.
— Trib. de la Seine.P26.2.240;D.Mandat.145.
30 Civ.c.P26.1.194;S26.1.333;J35.537;D.Enreg.2696.
— Civ.c.P26.1.197;S26.1.336;D.Absence.195.Enreg.2748.
— Civ.r.P26.1.162;S27.1.234;J35.574;D.Intérêts de cap.142.Domm.-int.29.Respons.118.Ventes adm.328.
— Caen.P26.2.155;S26.2.323;J39.326;D.Inscr. hyp.385.
— Bourges.P27.2.62;S27.2.68;D.Servitudes.744.Voirie.743.

31 Req.P26.1.140;S26.1.261;J35.341;D.Faillite.1123.
— Civ.r.P26.1.150;S26.1.390;J37.418;D.Autorité mun.334.Compét. adm.101.
— Civ.c.P26.1.197;S26.1.418;J36.107;D.Courtier.134.
— Civ.c.P26.1.226;S26.1.392;J35.339;D.Enq.209.264.
— Caen.P26.2.150;S26.2.315;J39.196;D.Comp. com.167.
— Toulouse.P26.2.148;S26.2.232;D.Motifs des jugem.17.Saisie-imm.1109.
— Colmar.P26.2.189;S26.2.212;D.Émancip.37.50.Expl.782.
— Riom.P27.2.182;S27.2.94;D.Sép. de biens.177.
— Agen.P33.2.121;D.Vente.721.
— Bruxelles.A3.246;D.Deg. de jurid.32.

FÉVRIER.

1 Lyon.P26.2.93;D.Servitudes.639.
— Bordeaux.P26.2.204;S26.2.245;D.Adoption.31.
— Aix.P27.2.172;S26.2.47;D.Dol.116.Vente.589.
— Bordeaux.P27.2.24;S26.2.266,n.;D.Contr. de mariage.36.Ratification.62.
2 Req.P26.1.155;S26.1.280;J35.214;D.Domicile élu.92.Publ. des jugem.20.
— Req.P26.1.152;S27.1.151;J36.164;D.Faux incid.166.Délai.55.
3 Cr.r.P26.1.402;J37.502;D.Contumace.16.Défense.97.
— Cr.c.P26.1.250;S26.1.548;D.Assur.1196.1275.1319.
— Cr.c.P26.1.262;S26.1.328;D.Contr. ind.556.Respons.384.
— Cr.c.P26.1.265;D.Récidive.107.
— Caen.P29.2.6;S29.2.263;D.Legs.44.Dispos. entre-vifs.63.Testam.102.
4 Cr.c.P26.1.254;S26.1.545;D.Autor. mun.619.628.640.641.
— Cr.c.P26.1.254;S26.1.348;D.Témoin.301.
6 Civ.r.P26.1.152;S26.1.315;D.Cassat.10.Contr. ind.347.Publ. des jugem.D.Témoin.[illegible]
— Civ.r.P26.1.153;S26.1.273;D.Enreg.2886.
— Civ.r.P26.1.164;S26.1.341;D.Contr. par corps.337.Dr. polit.11.Étranger.71.
— Civ.c.P27.1.365;D.Enreg.1940.
7 Req.P26.1.137;S27.1.137;J35.542;D.Deg. de jurid.546.Société civ.47.
— Req.P26.1.160;S27.1.461;J36.56;D.Arbitrage.238.240.1113.Dol.48.
— Req.P26.1.162;S27.1.368;J39.474;D.Prescrip.978.
8 Req.P26.1.158;S26.1.333;J35.458;D.Agent de ch.46.Courtier.29.Office.70.
9 Toulouse.P29.2.[illegible];D.Exploit.
— Paris.P26.2.140;J36.[illegible];D.Communauté.586.Hyp. lég.129.Ordre.603.
— Amiens.P29.2.163;S29.[illegible];D.Prescrip.[illegible]
10 Cr.c.P26.1.254;S26.1.[illegible];D.Procès-verb.151.429.
— Cr.r.P26.1.341;D.Presse.790.
— Paris.P26.2.214;S26.2.288;D.Prescrip.civ.868.877.962.1063.
— Rennes.P28.2.36;S28.2.74;D.Servitudes.497.
11 Paris.P26.2.152;S27.2.25;J36.80;D.Respons.
12 Ord. du cons. d'état.D.Comptabilité.13.
13 Civ.c.P26.1.135;S26.1.265;J36.520;D.Sép. de corps.496.
— Civ.c.P26.1.225;S26.1.387;J35.563;D.Commune.530.
— Grenoble.P26.2.133;S26.2.275;D.Délais.
— Paris.P26.2.161;S26.2.[illegible];J36.[illegible];D.Success.[illegible]
— Paris.P26.2.153;J36.[illegible];D.Appel civ.497.Contr. par corps.503.728.
— Limoges.P26.2.146;S26.2.299;D.Hospices.23.97.102.
— Bordeaux.P26.2.201;S26.2.255;D.Oblig.850.951.956.
14 Rouen.P26.2.[illegible];D.Inscrip. hyp.301.375.
— Civ.c.P26.1.137;S27.1.134;D.Deg. de jurid.40.
— Civ.r.P26.1.129;S26.1.332;J35.[illegible];D.Aut. de femme.246.
— Req.P26.1.[illegible];S26.1.[illegible];J35.416;D.Eff. de comm.845.Prescrip.[illegible]
— Req.P26.1.160;S26.1.288;J35.406;D.Arbitrage.954.
— Toulouse.P26.2.274;S26.2.248;J37.57;D.Prescrip.924.
— Req.P26.1.167;S26.1.[illegible];J35.[illegible];D.Garantie.251.Exception.[illegible].Vente.[illegible]
15 Civ.r.P26.1.140;S26.1.274;J35.197;D.Huiss.105.Vente publ. de meubles.[illegible]
— Req.P26.1.[illegible];S27.1.[illegible];D.Assur. terrestres.15.77.[illegible].Société com.[illegible]
— Req.P26.1.137;S27.1.[illegible];J36.[illegible];D.Assur. marit.466.470.Preuve test.[illegible]
— Rennes.P28.2.29;S28.2.166;D.Actes de l'état civ.153.Nom.37.
— Décision min.A9.606,n.46;D.Forêts.1022.
16 Ord.A6.342,n.8;D.Douanes.
— Ord.A6.326,n.10;D.Ventes adm.364.
— Req.P26.1.174;S26.1.321;J37.559;D.Conciliation.58.
— Lyon.P26.2.186;S26.2.215;D.Respons.93.
— Caen.P26.2.197;S26.2.296;J39.46;D.Portion disp.182.202.
— Ord.P27.3.25;D.Communes.
— Ord.P27.3.25;D.Commune.146.
— Ord.P26.3.30;D.Ventes adm.121.[illegible]
— Ord.P26.3.30;D.Ventes adm.[illegible]
— Ord.P27.3.38;S26.2.[illegible];D.Contr. dir.[illegible]
— Ord. du cons. d'état.A12.[illegible];S26.2.[illegible];D.Voir.
— Ord.P27.3.56;D.Commune.211.Contr. dir.159.168.189.

— Ord. du cons. d'état. Mac.5.857; S26.2.550; D.Culte. 104.Nomin.3.
— Ord. du cons. d'état.S26 2.542;D.Louage adm.17.
— Ord. du cons. d'état.Mac.26.88;D.Marché de fourn.98. 105.117.
— Ord.A10.395,n.15;D.Mines.120.
— Ord.Mac.8.64;D.Pêche.50.
— Ord. du cons. d'état.Mac 8.75;D.Comptabilité.69.
— Ord. du cons. d'état.Mac.8.69;D.Comptabilité.96.
— Ord.D.Cons. d'état.87.
— Rennes.D.Acte respectueux.99.
— Ord. du cons. d'état.D.Ventes adm.141.146.443.
— Ord. du cons. d'état;D.Ventes adm.483.
17 Cr.r.P26.1.173;S26.1.321;D.Cour d'ass.168.504.
— Cr.c.P26.1.174;S26.1.316;J36.101;D.Avoué.58.Déf.94. Deg. de jurid.630.Jug. prép.150.Renvoi.125.
— Grenoble. P26.2.137; S26.2.250; D.Commerçant. 88. Émancip.37.
— Bordeaux.P26.2.240;S26.2.316;D.Success. bénéf.64.
18 Cr.c.P26.1.256;S26.1.376; D.Contr. indir.271.Procès-verb.427.
— Rouen.P26.2.151;S26.2.516;D.Choses.25.Ventes publ. de récoltes.14.
— Paris.P28.2.159;S28.2.21;J37.41;D.Surenchère.36.231. Tutelle.396.
20 Civ.c.P26.1.172;J35.375; D.Acquiesc.76.Dom. de l'ét. 41.Prescrip.852.
— Nanci.P26.2.123;S26.2.155;D.Dem. nouv.16.Propriété indivise.15.
— Riom. P26.2.220; S28.2.18; J39.525; D.Sép. de biens. 180.
21 Req.P26.1.170;S26.1.322;J35.334; D.Action poss.351. Cassat.855.Ventes adm.550.
— Civ.c.P26.168;S26.1.215;J34.163;D.Arbitrage.556.
— Civ.r.P26.1.176;S26.1.404;J35.404;D.Expl.202.203.
— Nimes.P26.2 208;D.Frais et dép.78.Vérif. d'écr.3.
— Civ.c.P27.1.568;S27.1.6;J40.256;D.Noval.68.69.
— Bordeaux.P27.2.23;S27.2.64;D.Comp. comm.49.
— Rennes.P28.2.30;S28.2.167; D.Sép. de corps.145.184.
— Rennes.P28.2.29;S28.2.166;D.Interrog. sur faits.121.
22 Caen.P27.2.84;D.Absence.524.Actes de l'état civ.126. Aut. de femme.155.
— Civ.c.P27.1.464;J40.515;D.Success.455.
— Ord.P26.3.26;D.Vente adm.199.
— Ord. du cons. d'état.S26.2.550;D.Recrut.84.
— Ord. du cons. d'état. Mac.26.108; D.Marché de f.253.
23 Limoges.P26.2.108;S26.2.280;D.Lois rétr.107. Donat. déguisée.2.
— Décis.P34.3.42;D.Timbre.188.
24 Cr.c.P26.1.257;D.Compét. crim.225.Régl. de jug.157.
— Limoges.P26.2.170;D.Acquiesc.315.Deg.de jurid.551. Dist. par cont.4.Ordre.548.
— Bordeaux.P26.2.210;S26.2.257; D.Louage.404.Preuve litt.880.
— Metz.P28.2.56;S28.2.89;J40.111;D.Pérempt.248.
25 Cr.r.P26.1.197;S26.1.138;J35.423;D.Usure.102.104.
— Cr.c.P26.1.258;S26.1.367;D.Dénonc. calomn.8.54.62.
— Cr.c.P26.1.259;S26.1.464;J37.89;D.Discipline.8.38.49.
— Cr.c.P26.1.259;J37.95;D.Aut.mun.477.318.Peine.158.
— Bourges.P26.2.211;S26.2.287;D.Faillite.1125.1163.
— Paris P26.2.244;S26.2.291;D.Jug. par déf.455.
— Paris. P28.2.129; S28.2.142; J37.506; D.Hypoth. 340. Prescrip. civ.1075.
— Bordeaux.P26.2.162;S26.2.75;D.Saisie-imm.484.
26 Paris.P27.2.20;S27.2.16;D.Absence.151.
27 Bordeaux.P26.2.163;S26 2.313;D.Eau.445.
— Bordeaux. P26.2.253; S26.2.204; D.Assur. marit. 521. 522.Lois.337.
— Bourges.P27.2.6;S27.2.6;D.Expropr. pub.250.
— Caen.P27.2.115.et185;S27.2.127;D.Juge-supp.66.Lois. 362.
— Nanci.D.Foss.54.
28 Req.P26.1.177; S26.1.409; J37.477; D.Frais et dép.31. Legs.300.Révoc.255.
— Nimes.P27.2.29;S27.2.8;J37.593;D.Exception.261.

MARS.

1 Ord.A12.1006,n.8;B28.522,n.8;D.Voirie.414.
— Ord.A12.994,n.1;D.Voirie.216.
— Req.P26.1.471;S26.1.522;J35.553;D.Brev. d'inv.27.
— Req.P26.1.471;S26.1.523;J35.392;D.Commerçant.83.
— Bordeaux.P26.2.145;S26.2.257;D.Aut. de femme.342. Garantie. 522. Dem. nouv.43. Oblig. divis.28. Exception.209.
— Req.P26.1.268;S26.1.460;J36.296; D.Domicile.110.Exception.79.Régl. de jug.12.
— Paris.P26.2.241;S26.2.291;D.Jug. par déf.340.
— Riom.P27.2.156;S28.2.28. et 27.2.207;J41.155;D.App. civ.85.Preuve test.324.
— Ord.P27.3.32;S26.2.351; D.Aut. de femme.62.Voirie. 215.215.217.225.246.474.475.476.498.
— Aix.P30.2.218;D.Péremp.190.
— Ord.A9.980,n.14;B19.117,n.14;D.Manuf.77.
— Ord.P26.3.17;D.Eau.211.295.
— Ord. du cons. d'état.Mac.8.130;D.Pension.125.
— Ord. du cons. d'état.D.Trav. pub.190.
— Paris.S26.2.297;D.Don manuel.22.
— Ord.A12.1012,n.4;D.Voirie.487.
2 Toulouse.P26.2.186;S26.2.216;J35.255;D.Inscrip.hyp. 115.120.Privilége.501.

3 Cr.c.P26.1.265;S26.1.560;D.Seine.170.
— Cr.c.P26.1.265;S26.1.364;D.Expropr. pub.12.Propriété litt.49.97.108.
— Cr.c.P26.1.264;S26.1.360;D.Cour d'as.1524.1465.1466. 1626.
— Cr.c.P26.1.261;S26.1.353; J36.128; D.Fausse monn.6. Confiscation.6.
4 Cr.c.P26.1.266;S26.1.365;J36.349;D.Trib.166.
— Cr.c.P26.1.267;J35.435; D.Autorité mun.529.353.395. D.Aveu.136.Condamnation.4.Procès-verb.80.
— Civ.c.P26.1.245;S26.1.361;J36.214;D.Usure.68.74.
— Grenoble.P27.2.40;S27.2.405.et 15;D.Société civ.175.
— Ord.A12.1024,n.41;D.Voirie.710.
6 Bourges.P26.2.222;S26.2.307;D.Commune.205.
— Montpellier.P27.2.41;S27.2.52; D.Avoué.79.Enq.67.
7 Req.P26.1.184;S26.1.404;J35.455;D.Louage.284.
— Req. P26.1.179; S26.1.524; J35.407; D.Dem. nouv.79. Usage.154.166.
— Civ.c.P26.1.269;S26.1.355.J35.55; D.Chose jugée.274. Motifs des jugem.80.Success.52.
— Nimes.P26.2.209;J36.513;D.Inscrip. hypoth.489.
— Rennes.P28.2.50;S28.2.96;D.Deg. de jurid.242.
8 Civ.r.P26.1.182;J34.510; D.Enreg.2976.
— Civ.c.P26.1.184;S26.1.327;D.Cass.1062.
— Bordeaux.P26.2.230;S26.2.272; J39.289;D.Honor.144.
— Metz.P30.2.5;S29.2.21;D.Subrog.107.
9 Nimes. P26.2.231; S26.2.266; D.Fonct. publ.15.Presse. 216.
— Caen.P27.2.3. et 28.2.53;S28.2.16;D.Contr. par corps. 142.276.277.687.
10 Cr.c.P26.1.270;D.Cour d'ass.840.
— Cr.c.P26.1.270;D.Excuse.84.
— Cr.c.P26.1.271;D.Cour d'ass.1571.
— Cr.c.P26.1.271;D.Voies de fait.23.
— Rouen.P26.2.210;S26.2.288;D.Assur. marit.680.
— Paris.P27.2.52;S27.2.250;D.Poste aux lettres.14.
11 Paris.P26.2.213;S26.286;D.Jeu-pari.22.Louage.251.
— Amiens P27.2.27; S27.2.19; D.Frais et dép.324. Prescrip.51.Rem. de la dette.58.
— Lyon.P27.2.57;S27.2.144; D.Arbitrage.586.
— Cr.c. P26.1.271; S27.1.529; J35.548; D.Action pub.59. Faux.584.
— Ord.A12.1012,n 4;B28.528,n.4; D.Voirie.488.
12 Besançon.P30.2.137;D.Mat. somm.9.
13 Civ.r.P26.1.186;S26.1.350;J27.217;D.Cassat.427.Cont. ind.150.Jug. par défaut.45.Publ. des jugem.8.
— Rouen.P26.2.198; S26.2.295; J37.295; D.Compulsoire. 24.29.30.Preuve litt.1305.1304.
— Paris.P34.2.241;S27.2.17; D.Adultère.22.71.90.92.
14 Civ.r.P26.1.153;S26.1.342;J35.104; D.Enreg.2887.
— Req.P26.1.180; S26.1.409; J35.414; D.Compét. comm. 406.Compte.35.Régl. de juges.40.
— Nanci.P26.2.158;S26.2.488;D.Tutelle.299.
— Rouen.P27.2.7;S27.2.29;D.Hypoth.283.
15 Ord.A6.341,n.1; D.Domaines.
— Ord.A9.980,n.14;B19.117,n.14; D.Manuf.77.
— Cr.c.P26.1.489;S26.1.512;J37.551;D.Contr. ind.204.
— Req.P26.1.488; S26.1.519; J35.581; D.Action possess. 96.108.
— Req.P26.1.201;S26.1.598; J35.490; D.Aud. solemn.24. Hypoth.486. Dot.433.436.Exceptions.208.274.Transp. de créance.198.
— Req.P26.1.208;S24.1.366;J36.26;D.Faillite.794.
— Bourges.P26.2.219;S26.2.301;D.Tutelle.507.
— Paris.P26.2.225;S26.2.304;D.Effet de comm.75.417.
— Paris.P27.2.35;J37.48;D.Paiem.49.Privilége.176.
— Rouen.P27.2.123;S28.2.43;D.Filiat. nat.200.
— Ord.P27.3.38;D.Contr. dir.250.277.
— Lyon.P29.2.20;S26.2.215;D.Eff. de comm.558.652.
— Ord.P26.3.31;D.Manuf.54.74.79.
— Ord.P26.3.26;D.Dom. de l'état.64.
— Ord.P26.3.12;S26.2.338;D.Eau.227.558.
— Bourges.P33.2.45;D.Exploit.694.
— Ord. du cons. d'état.D.Comptab.102.
— Ord. du cons. d'état.D.Ventes adm.12.
16 Déc. min.A8.765;D.Forêts.588.
— Colmar.P29.2.87;S29.2.270;D.Commune.42.
— Poitiers. P26.2.244; S26.2.274; J35.86; D.Lois.373. Douaire.48.
— Req.P26.1.226;D.Motifs des jugem.163.170.
— Cr.c.P26.1.272;D.Complicité.61.Cour d'ass.1255.1273. 1505.
17 Amiens.P26.2.168;S26.2.249;D.Obl.221.Sép. de biens. 140.
— Bourges.P26.2.219;S26.2.302;D.Saisie-arr.7.41.
— Paris.P26.2.224;S26.2.306;D.Sép. de corps.23.
— Paris.P26.2.239;S26.2.314;D.Contr. par corps.648.
— Bordeaux.P31.1.125,n.2; S26.2.263; D.Dom. de l'état 65.70.77.
— Ord. du cons. d'état.Mac.8.270;D.Pension.150.
18 Cr.c. P26.1.282; S26.1.421; J37.92; D.Cassat.891.965. Cour d'ass.383.1077.1192.1258.1605.1646. Faillite.34. Témoin.282.
— Paris.P27.2.34;J37.45;D.Louage.
— Paris.P27.2.10;S28.2.44; D.Deg. de jurid.481.
— Amiens.P28.2.19;S28.2.10,n.;D.Deg. de jurid.188.
— Rennes.P28.2.9;S28.2.64; D.Jugem.199.Délai.92.
— Rennes.P28.2.126;D.Acquiesc.384.387.
20 Civ.r.P26.1.240;J35.476;D.Enreg.2144.2740.
— Civ.c.P26.1.218;S26.1.245;J35.459;D.Aveu.70.Obl.819. Preuve litt.1371.1455.

— Bordeaux. P26.2.209;S29.2.198. et 26.2.259;D.Exception.332.
— Paris,P27.2.55;S27.2.155;J37.512;D.Propriété litt.71.
— Nanci.S26.2.203;D.Eau.174.
21 Req.P26.1.193;J35.579;D.Comp. comm.572.
— Civ.c.P26.1.189;S26.1.352;J37.434;D.Juge-supp.141.
— Req.P26.1.205;S26.1.352;J39.479; D.Substitution.540.
— Civ.r.P26.1.218;S26.1.390;J35.496; D.Privilége.95.
— Req. P26.1.225; S27.1.299; J36.58; D.Hypoth. lég.96. Donat.266.Ratification.142.
22 Rennes.P29.2.91;S28.2.74; D.Servitude.574.
— Civ.c.P26.1.262;S26.1.369;J37.173;D.Appel inc.12.
25 Cr.c. P26.1.286; S26.1.457; J35.429; D.Discipline. 36. 40.41.
— Cr.c.P26.1.284;S26.1.458;J36.524;D.Cour d'ass.604.
— Amiens.P33.2.142;S27.2.252;D.Saisie-imm.1067.
26 Civ.c.A8.669,n.3;P6.2.109;D.Action.9.
31 Cr.c.P26.1.288;J37.37;D.Enreg.611.

AVRIL.

1 Cr.c.P26.1.345;D.Sacrilége.2.
— Cr.c.P26.1.332;D.Procès-verb.325.
— Cr.c.P26.1.332;D.Procès-verb.74.
— Cr.c.P26.1.334;J37.130;D.Autor. mun.659.665.676.
— Cr.c.P26.1.336;J36.416;D.Jugem.1092.Peine.247.
— Cr.c.P26.1.329;S27.1.81;D.Cour d'ass.1003.
— Cr.c. P26.1.330; D. Autorité munic. 203.595.597.600. Excuse.78.
— Cr.c.P26.1.370;S27.1.55;D.Aut. mun.143.144.146.148. 505.
— Douai. P27.2.42; S27.2.59; D.Hypoth. lég.74. Deg. de jurid.333.
3 Civ.c.P26.1.227;S26.1.227; J35.56;D.Communes.105.
— Civ.c. P26.1.238; S26.1.357; J36.116; D.Min. pub.95. Nom.81.
— Paris.P26.2.240;S26.2.316;D.Success. bénéf.63.
4 Limoges.P27.2.18;S27.2.10;D.Vente.243.
— Amiens. P27.2.195; S27.2.169; D.Actes de comm.225. Commerçant.25.
— Civ.c.P26.1.224;S26.1.385; J36.482; D.Honoraire.110. 113.Lois rétr.208.Exécutoire.4.
— Req.P26.1.206;S26.1.353;J35.481; D.Surenchère.149.
— Civ.r.P26.1.320;S27.1.216; J36.574; D.Commune.246. Emigré.178.
— Bordeaux. P26.2.184; D.Exéc. des jugem.106. Saisie-imm.518.Usure.50.
5 Ord.A6.342,n.4;D.Ventes adm.491.
— Ord.A10.394,n.1.8;P2.772,n.8;B20.249; D.Mines.157.
— Civ.r.P26.1.220;J35.483;D.Octroi.112.118.
— Civ.c.P26.1.228; S26.1.353; J36.159; D.Eff. de comm. 385.567.Paiement.5.
— Bordeaux.P26.2.177;S27.2.6;D.Garantie.142.143.
— Caen.P27.2.65;D.Contr. ind.265.
6 Req. P26.1.244; S26.1.385; J36.129; D.Degr. de jurid. 523. Lois.140.183. Domm.-int.101. Etrang. 225.225. Prescrip.388.389.
— Paris.P27.2.115;S27.2.47;D.Commiss.247.
7 Cr.c.P26.1.337;D.Vol.272.
8 Paris.P26.2.139;D.Eff. de comm.402.
— Bordeaux.P26.2.184;J37.521;D.Jug. pr.69.Serv.179.
— Cr.c.P26.1.337;D.Mot. des jug.227.230.
— Cr.c.P26.1.339;D.Contum.8.
— Cr.c.P26.1.340;J36.234;D.Excuse.93.
— Cr.c.26.1.341;S27.1.28; J37.132; D.Gardes-champ.12. 14.23.24.Voies de fait.67.
— Cr.r.P26.1.321;S27.1.40; J36.464; D.Cours d'ass.1209. Enfans enlevés.7.Témoin.241.472.474.
— Paris.P27.2.68;S27.2.79; J37.184; D.Succ. bén.71.191.
— Paris.P27.2.128;S27.2.43;J37.358;D.Expr. publ.34.
— Amiens.P28.2.19;S28.2.10;D.Degr. de jurid.188.
— Bordeaux.P28.2.165;D.Commerç.142.
— Cr.c.P26.1.338;S36.573;D.Peine.253.
10 Lyon.P26.2.169; S26.2.211; D.Contr. par corps.476. Eff. de comm.736.
— Bordeaux.P26.2.185;D.Sép. de corps.9.
10 Ord. du c. d'ét.P28.3.1;D.Attentat.4.
11 Civ.r.P26.1.228;S26.1.336;J36.69;D.Filiat. lég.190.
— Nanci.P30.2.221;D.Péremp.289.Expl.567.
12 Rouen.P26.2.188;S26.2.314;D.Comissionn.20.
— Rouen.P26.2.199;S26.2.305;D.Abs.139.Vente.649.
— Bourges.P26.2.223;S26.2.303;D.Présompt.30.Rem. de la dette.61.
— Grenoble.P26.2.225;S26.2.302;Degr. de jurid.227.
— Pau.P27.2.16.177;S27.2.14;D.Serv.524.
— Caen.P27.2.51;B17.461,n.; S27.2.107; J39.374; D.Purge.193.
— Amiens. P28.2.20;S28.2.10;D.Degr. de jurid.111.
13 Req.P26.1.218;S26.1.432;D.Cass.795.Mot des jug.129.
14 Cr.r.P26.1.349;D.Cour d'ass.591.
— Cr.c.P26.1.343;J37.500;D.Peine.227.
— Cr.c.P26.1.342;J37.460;D.Motifs des jug.231.
— Cr.c.P26.1.342;J37.211;D.Cours d'ass.1550.1647.
— Cr.c.P26.1.338;S27.1.37;J36.248;D.Récid.44.
— Paris.P27.2.73;S27.2.62;J36.320;D.Inscr. hyp.488.
15 Cr.c.P26.1.235;S26.1.363;J37.208;D.Or et arg.122.
— Cr.r.P26.1.244;J36.218;D.Usure.26.
— Cr.c.P26.1.345;J36.489;D.Discipl.27.
— Cr.c.P26.1.347; J37.354; D. Act. publ.129. Prescript. crim.76.

— Cr.c.P26.1.348;S27.1.197;J37.302;D.Fausse monn.50. Cours d'ass.1479.
— Cr.c P26.1.348;D.Aut. mun.667.Poids et mes.31.
— Cr.c.P26.1.349;J39.98;D.Hom.17.29.Cours d'ass.1634.
— Riom.P28.2.55; S28.2 87; D.Hyp. conv.85.Purge 172. 186.
17 Civ.c.P26.1.240;J36.52;D.Enreg.2599.
— Civ.c.P26 1.231;D.Enreg.1140.
— Civ.c.P26.1.230;S.26.1.346;J36 39;D.Enreg.1140.
— Bordeaux.P26.2.215;D.Saisie imm.1021.1252.
— Riom.P27.2.198;S27.2.213;D.Péremp.250.
18 Civ.r.P26.1.227; S26.1.396; J36.257; D. Jug. par déf. 418.
— Req.P26.1.227;S26.1.396;D.Juge suppl.133.
— Civ.c.P26.1.251;S26.1.391;J36.222;D Mot. des jug.79. Obl.638.Preuve 7.
— Bordeaux.P26.2.215;D.Degr. de jurid.168.
— Civ.c.P27.1.360;D.Juge suppl.57.
— Nanci.P28.2.7;S27.2.203;D.Commune.257.
— Ord. du cons. d'ét.D.Militaire.32.
19 Ord A6.341,n.1;D.Domaines.
— Civ.c.P26.1.253;S26.1.392;J35.300;D.Expl.343.
— Civ.c.P26.1.240;S26.1396;J36.50;D.Honor.30.109.116. Enreg.2611.
— Req.P26.1.331;S27.1.199.198; J37.27 et 25; D.Act.43. 60.App. civ.132.313.Exéc. des jug. et actes.141. Jug. prép.49.Faill.231.232.233.
— Lyon.P27.2.63;S27.2.143;D.Servit.484.
— Ord. du cons. d'ét.D.Mandat.321.
— Ord. du cons. d'ét. Mac.26.219; D. Marché de fourn. 133.146.
20 Req P26.1.255;S26.1.439;D.Réd. des hyp.54.
— Req.P26.1.253;S26.1.425;J36.68;D.Hosp.61.
— Nanci.P26.2.228;S26.2.290,D.Alim.138.
21 Cr.r.P26.1.353;J37 129;D.Régl. de juges.115.
— Cr.c.P26.1.353;J37.172;D.Voit. publ.127.139.
— Cr.c.P26.1.354; J37.203; D.Complic. 16.Frais et dép. 399.Jugem.411.Maraud.3.
— Cr.c.P26.1.343;D.Peine.247.
23 Caen.P27.2.29;S27.2.21;D.Hyp.233.
24 Civ.r. P26.1.256, S26.1.432; D.Emig.177. Tierce-opp. 150.
— Aix.P27.2.157;S27.2.86;J39 123;D.Témoin.107.
25 Req.P26.1.266; S26.1.429; J36.157; D.Chose jugée.91. Preuve litt.783. Vente.45.
— Civ.r.P26.1.263; S26.1.433; J36.268; D.Hyp.333.Prescription.97.
— Req. P26 1.262; S26.1.441; J37.224; D.Compensat.70. Eff. de comm.1.
— Req P26.1.260; S26.1.428; J37.351; D.Saisie-imm.987. 1014.1131.1391.
— Bourges.P27.2.41;S27.2.39;J37.197;D.Int. de cap.103.
— Bourges.P27.2.48;S27.2.41;J37.317;D.Resc.150.
— Caen.P27.2.76;D.Enreg.2269.Expl.532.
— Toulouse.P27.2.19;S27.2.13;J37.367;D.Condit.92. Amiens.P29.2.248;D.Condit.120.
26 Req.P26.1.246; B17.428,n.; S26.1.388; D.Chose jugée. 39. Hyp.16.Purge des privilég.4.26 Transcript. 42. Vente.687.
— Civ.r.P26.1.248; S26.1.393; J36.72; D. Eff. de comm. 442.473.
— Lyon.P27.2.21; S28.2.14; D.Arbitr.338.375. Oblig.69. Ordre.31.
— Décis.min.D.Amende.67.
27 Ord.A6 341,n.1:D.Domaine.
— Ord.A6.342,n.;D.Ventes adm.319.
— Ord.A6.342,n.8;D.Domaines.
— Req.P26.1.233;S26.1.374;J35.565;D.Priv.514.
— Req.P26.1.280; S26.1.446; J36.492; D.Dem. nouv.40. Saisie imm.1198.
— Ord.P27.3.38;D.Contr. dir.260.
— Ord. du cons. d'ét.D.Ventes adm.241.
28 Toulouse.P26.2.204;S26.2.234;D.Sais.imm.273.
— Cr.c.P26.1.354;S27.1.174; J37.246; D.Fonct. publ.70. Nullité.14.Presse.150.151.152.
— Cr.c.P26 1 355;D.Peine.161 Poids et mes.77.126.
— Cr.c.P26.1.342;J37.211;D.Cour d'ass.1036.
— Nanci.P27.2.45;S27.2.230;D.Inscr. hyp.56.339.
— Paris. P33.1.152,n.; D. Commissionn.79.80. Effet de comm.31.
29 Cr.r.P26.1.357;S27.1.175;J37.264;D.Faux.
— Cr.c.P26.1.356;J37.421;D.Faux.157.158.Mand. d'exécution.53.
— Cr.c.P26.1.356;J37.458;D.Faux,248
— Cr.r.P26.1.371;J37.101; D.Motifs des jugem.293.297. 299.300.301.Presse.382.383.
— Cr.r.P26.1.363; S27.1.68; J37.220; D.Cour d'ass.779. Publ. des jugem.69.
— Toulouse.P29.2.5;D Respons.342.359.
— Amiens.P28.2.35;S28.2.92;J40.458;D.Substitution.98.
30 Loi.P26.3.4;S26.2.334;D.Colonies.

MAI.

1 Nimes.P26.2.156;S26.2.192;D.Alimens 195.
— Pau.P28.2.239;S27.2.116;D.Adoption.31.
2 Req.P26.1.273;S27.1 247;J36.102;D.Propr.189.207.
— Civ.r.P26.1.242;S26.1.411;J36.74;D.Enreg.278.
— Bordeaux.P26.2.212; S26.2.287;D.Intér. de cap.104.
— Bordeaux.P26.2.226;S26.2.192;D.Oblig.51.851,Preuve litt.897.Privil.267.
— Toulouse.P26.2.227;S26.2.289;D.Comp. comm.168.
— Nanci.P26.2.231; S26.2.249; D.Compte.124.129.Dem. nouv.55.
3 Caen.P33.2.152;S30.2.214;J47.566;D.Frais et dépens. 24.Présomp.71.
4 Ord.P27 3.33;D.Voirie.613.670.
5 Cr.c.P26.1.359. et 360;S27.1.38; D.Cass.1010.Déf.150. Tém. faux.43.
— Cr.c.P26.1.359;S27.1.38;D.Récidive.
— Cr.r.P26.1.361;D.Cour d'ass.40 .407.
— Paris.P28.2.147;S28.2.18;J37.182; D.Assur. terrestre. 31.Louage.211.
— Aix.P33.2.138;S27.2.248;J42.227;D.Appel civ.511.
6 Cr.r.P26 1.365; S27.1.158; D.Commune.49.Degré de jurid.622.Destruct.62.90.Fonct. publ.232.288 Quest. pr.68.
— Cr.c.P26.1.364;S27.1.75;J39.513;D.Poids et mes.38.
— Cr.r.P26.1.364;D.Instr. cr.282.
— Cr.c.P26.1.360;S27.1.160;D.Acquiesc.460.Récid.10.
— Montpellier.P27.2.27,S27.2.24;D.Témoin.32.
7 Ord.P26 3.7;D.Donation.
8 Civ.c.P26.1 275;S26.1.452;J36.137;D.Pêche.5.7.
— Civ.c.P26.1.242;J37.341;D.Enreg 1921.2513.2963.
— Civ.c.P26.1.276;S26.1.448;J37.416;D.Enreg.531.
9 Civ.c.P26.1.278; S26.1.446; J37.440; D.Enreg.2148. 2207.2208.
— Req P26.1.277;S26.1.442;J37.549;D.Comp. civ 256.
— Paris.P27.2.100;S27.2.202;D.Except.218.
— Civ.c.P27.1.361;S28.1.71;D.Enregistrem.
— Paris.P27.2.99;S27.2.228;D.Chasse.137.
— Ord.P26.3.4;S26.2.355;D.Colonies.
10 Civ.c.P26.1.279;S26.1.414; J36.14;D.Partage.231.239. 252.
— Req.P26.1.278;S26.1.396; D.Exceptions.272.Instruct. par écrit.17.
— Req.P26.1.285;S27.1.3;J36.570; D.Communauté.549.
— Req.P26.1.284;S27.1.15;J37.55;D.Jugem. prép.138.
— Toulouse.P26.2.214;S26.2.285;D.Domicile.40 96.
— Bordeaux.P26.2.219; S26.2.283; D.Acquiesc.107.279. 597.
— Bourges.P27.2 42;S27.2.40;D.Don. dég.26.Vente.221.
— Pau.P27.2.107;S27.2.126;D.Compensation.135.
— Paris.P27.2.109;S27.2.46;D.Success.252.
— Cour d'ass. de la Seine.P27.2.116;S27.2.44;D.Contumace.21.
— Paris.P27.2.185;S27.2.87;J37.282;D.Vente.182.
11 Req.P26.1.237;S26.1.395;J36.250; D.Saisie-imm.1317.
— Aix.P27.2.1;S27.2.65;D.Expropr. publ.40.
12 Cr.r.P26.1.372; D.Appel civ.450.Jugem.172.Quest. pr.16.
13 Cr.r.P26.1.377;S26.1.416;D.Compét. crim.266.
— Cr.r.P26.1.376;D.Cour d'ass.1002.Faux 141.
— Cr.c.P26.1 366;S27.1.77;D.Vol.153.157.
— Cr.c.P26.1.365; S27.1.159; D.Cour d'ass.1410.1594. Faillite.1347.1349.
— Paris.P27.2.76;D.Faillite.26.Lett. missive.4.
— Lyon.P28.2.184;S29.2.106;D.Enquête.32.
— Toulouse.P29.2. 2;D.Rec. de juges.42.
16 Déc. min.A8 763;D.Forêts.590.
— Req.P26.1.302;J36 245;D.Prescrip.131.
17 Grenoble.P26.2.228;S27.2.36;D.Instr. cr.414.
— Loi.P26.3.7;D.Substitution.
— Caen.P27.2.56;S27.2 68;D.Compétence.
— Toulouse.P35.2.152;D.Dot.324.
— Dec.P33.1.159;D.Enreg 392.
18 Nanci.P27.2.199;S27.2.229;D.Contr. par corps.
19 Lyon.P26.2.217;S26.2.264;D.Ordre.501.
— Cr.c.P26.1.378;J39 504;D.Cour d'ass.317.328.
— Cr.r.P26.1.378;S27.1.57;J39.585;D.Serment.120.
— Cr.c.P26.1 378;S27.1.181;J39,583;D.Exploit.914.
— Bourges.P27.2.62;D.Preuve test.222.
— Colmar.P28.2 206;S29.2.135;D.Appel inc.26.31.71.75.
20 Rouen.P26.2.241;S26.2.318;D.Péremp.180 197.245.
— Cr r.P26.1.377;S27.1.184;D.Escroquerie.31.55.
— Cr.c.P26.1.367;S27.1.164;D.Contr. ind.492.
— Cr c.P26.1.367; S27.1.164; D.Fonct. publ.394 Juge supp.29.
22 Nîmes.P27.2.26;S27.2 24;D.Pérempt.160.
— Bourges.P27.2 50;S27.2.70;D.Commune.47.
— Civ.c.P27.1.364;S28.1.70;D.Compét. admin.288.
— Nanci.P27.2.188;S27.2.93;D.Hypoth. lég.130.146.
23 Civ.c.P26.1.281; S26.1.400; J37.134; D.Assur. marit. 379 Cassation.1023.Contr. par corps.224.
24 Civ.c.P26 1.288;S26.1.410;J37.36;D.Mot. des jug.34.
— Civ.c.P26.1.283;S26.1.459;J36.337;D.Comp. civ.329.
— Bourges.P27.2.59;S27.2.142;J42.422;D.Sép. de biens. 95.145.
— Caen.P27.2 83;S27.2.193;D Actes de comm.242.
25 Paris.P27.2.114; S27.2.48; D Preuve litt.418.474.Responsab.327.
— Paris.P27.2.154;S27.2.118;D.Domicile.6.
26 Rouen.P26 2.236;S26.2.308;J37.394;D.Surench.444.
— Cr.r.P26.1.378;D Témoin.229.
— Cr.r.P26.1.370;S27.1.177;D.Cour d'ass.739.740.852.
— Cr.r.P26 1 369;S27.1.176;D.Cour d'ass.1321.
— Cr r.P26 1.369;S27.1.195;D.C. d'ass.94.122.Juge.36.
— Cr c.P26.1.369;D.Tapage.7.18.32.
— Cr.c.P26.1.368; S27.1.163; D.Acquitt.33.Enfans enlevés.17.
— Riom.P28.2.40;S28.2.54;D.Vente.225.
— Paris.P29.2 81;S28.2.45; D Invalides.40.Privil.71.319.
27 Rouen.P26.2.241;J39.237;D.Compét. comm.6.
— Amiens.P28.2.28; S27.2.238; J40.124; D.Surenchère. 185.186.
29 Civ.c.P26.1.288; S26.1.443; J36.394; D.Commissionnaire.347.
30 Req.P26.1.291;S27.1.9; J37.12; D.Cassation.8.9.Disp. entre-vifs.129.
— Req.P26.1.290;S27.1,213;D.Transport.
— Civ.c.P26 1.289; S26.1.458; J36.166; D.Garantie.418. Presse.448.Timbre 330.
— Civ.c.P26.1.290;J26.521;D.Choses.69.Enreg.1779.
— Paris.P27.2.39; S27.2.49; D.Chose jugée.64.Etranger. 162.
31 Req.P26.1.273; S26.1.452; J36.115; D.Commune.386. 418.
— Civ.c.P26.1.300;J36.412;D.Enreg.1978.
— Civ.r.P26.1.292; S26.1.417; J36.265; D.Alimens.162. Hypoth. lég.141.Lois.400.Transp. de créances.17.
— Paris.P27.2.101;S28.2.127;D.Action personn.32.Régl. de juges.75.
— Bordeaux.P26.2.221;S26.2.293;D.Saisie-arrêt.93.
— Rouen.P26.2.227;S26.2.289; D.Privilége.300.
— Bourges.P27.2.50;S27.2.71;J39.238;D.Office.63.

JUIN.

1 Req.P26.1.293; S27.1.385; J37.11; D.Cassation.788. Fruits.82.94.
2 Riom.P26 2.220;S27.2.32;D.Saisie-imm.1616.
— Cr.r.P26.1.373;D.Juge.105.
— Toulouse.P27.2.80;S27.2.111;D.Lois.232.
3 Cr.c.P26.1.379;J39.125;D.Presse.776.777.784.
— Cr.r.P26.1.375;J37.29;D.Délit rural.115.Régl. de juges.157.
— Cr.r.P26.1.374;S27.1.178;J37.79;D.Compét. crim.769. Jugem. prép.118.Usure.76.106.
4 Ord. du cons. d'état.D.Fabriques.202.
5 Paris.P27.2.191;S27.2.172;D.Vente.662.
— Paris.P28.2.202;S29.2.229;D.Rap. à suc.244.Success. irrég.77.79.
6 Req.P26 1.298;S27.1.211;J36.289;D.Chose jugée.461.
— Civ.c.P26.1.293;S26.1.461;J36.226;D.Hypoth. lég 71.
— Toulouse.P26 2.245;D.Comp. comm.446.Except.108.
— Civ.c.P26.1.393;S27.1.34;D.Jugement.46.
7 Civ.c.P26.1.299; S26.1.350; J36.5; D.Adoption.22.26. Etranger 31.
— Civ.c.P26 1.300;S27.1.55;J36.224;D.Nullité.96.Saisie-arrêt.177.
— Civ.r.P26.1.301;S27.1.323;J36.371;D.Deg. de jur.202.
— Ord.D.Emig.417.
8 Req.P26.1.304;J36.292;D.Comp. comm.362.Domicile élu.77.Régl. de juges.49.
— Req.P26 1.305;S26.1.399.J36.220;D.Retr. succ.27.
9 Cr.c.P26.1.382;S27.1 188; J36.538; D.Action publ.33. 71.Min. pub.65.Récidive.26 108.Tribunal.247.
— Cr.c.P26.1.380;S27.1.181;J39.212;D.Cont. ind.122.
— Cr.c.P26 1.393;S27.1.330;D.Faux.383.
— Rouen.P27.2.4;S27.2.253;J39.371;D.Nantiss.26.Privilége.154.
— Nanci.P27.2.44;S27.2.149;D.Compét. comm.50.
— Paris.P31.2.10;D.Prescript.371.
10 Cr.c.P26.1.384;J39.345;D.Récidive.98.
— Cr.c.P26.1.384;D.Voitures publ.150.
— Cr.r.P26.1.381; S27.1.190; J39.214; D.Action civ.38. Cassation.110.275.282.
— Cr.r.P26.1.376; D.Cour d'ass.695.752.Jour férié.23. Tribunal.198.
— Cr.c.P26 1.394;D.Cont. ind.85.Procès-verb.380.
12 Paris.P27.2.19;S28.2.19;D.Poss.37.
13 Civ.r.P26.1.306;J36.293;D.Etranger.226.
— Req.P26.1.307;S26.1.400;J36.282;D.Obl.109.
— Nanci.P26.2 200;S26.2.251;D.Adoption.91.
— Bourges.P28 2.63;J40.379; D.Amende.32. Contrat de mariage.86.Notaire.303.
14 Civ.c.P26.1.312;S26 1.344;J35.443;D.Exécut. des jug. et actes.143.Saisie-imm.1684.1685.
— Req.P26.1.318;S26.1.435;J36.418; D. Fonct. pub.260. Presse.384.Saisie-arr.281.
— Lyon.P26.2.216;S26.2.283; D.Caution,204.Rem. de la dette.85.
— Paris.P27.2.15; D.Success.519.
— Amiens.P29.2.241;D.Actes de comm.243.
15 Aix.P26 1.327;S27.1.201;J37.83;D.Success.bénéf.142.
— Req P26.1.330;S27.1.219;J39.97; D.Jug. par déf. 243.
— Cr.c.P26.1.385;S30.1.375;J39.259;D.Homicide.26.
— Cr.c.P26.1 384;J39.259;D.Contr. ind.308.
16 Cr.c.P26.1.386; D.Presse.784.787.788.
— Cr.r.P26.1.385;D.Cour d'ass.431.458.1319.
— Nimes.P27.2.36;S27.2.34;D.Respons.359.
17 Bordeaux.P26.2.221;S26.2.307;D.Preuve litt.162.
— Cr.c.P26.1.394;S27.1.75;D Deg. dejurid 631.
— Rouen.P27.2.4;S27.2.5;D.Deg. de jurid 334.Priv.422.
— Aix.P28.2.154;D.Arbitrage.748.Commerçant.141.
— Grenoble.P29.2 92;S28.2.139;D.Novat.67.
19 Civ.r.P26.1.328;S27.1.447;J30.390; D.Enreg. 95.2466.
— Civ.r.P26 1.361;S27.1.113;J37.406; D.Soc.comm.351.
— Paris.P27.2.73;S27.2.68;D.Cont. par corps.136.
— Rouen.P29.2 68 et 1.300;D.Avaries.36.65 66.67.68.69.
— Trib. de Marseille.D.Assur. marit.199.
20 Req.P26.1.308;S26.1.430;J36.359;D.Aveu.96.Commissionnaire.317.Frais et dépens.200.
— Req.P26.1.330;S27.1.200;J36.529;D.Expertise.199.

— Req.P26.1.351;S27.1.210;J36.485;D.Remplac.37.
— Civ.r.P26.1.348;S27.1.204;J36.413;D.Enreg.2607.
— Paris.P27.2.9; S27.2.55; J37.509; D. Louage d'ouv. et d'industrie.47.48.
— Grenoble.P27.2.38;S27.2.35; D.Instr. cr.241.
— Bordeaux.S26.2.309;D.Preuve test.26.
21 Req.P26.1.546;D.Cassation.726.Société comm.236.
— Lyon.P26.2.245;S27.2.256;D.Actes de comm.194.Appel civ.159.Chose jugée.178. Comp. com.175. Eff. de comm.50.
— Ord.P26.3.52;D.Cons. d'état.52.
— Ord.P26.3.32;D.Contr. indirec.215.236.
— Ord.P27.3.40;D.Garantie.495. Ventes adm.438.
— Ord. du cons. d'état.D.Eau.218.
— Ord. du cons. d'état.Mac.8.330; D. Pension.461.
— Ord. du cons. d'état. D.Ventes adm.31.
— Ord.A12.1015,n.12;D.Voirie.549.
22 Req.P26.1.310;S27.1.42;J36.384; D.Assur. marit.542.
— Req.P26.1.351;S27.1.214;J37.16;D.Jug. sup.94.
— Grenoble.P26.2.222;S26.2.301;D. Exécut. des jug. et actes.28.145.
— Montpellier.P27.2.94;S27.2.84;D.Naturalis.21.
— Cr.c.P26.1.388;S27.1.62;D.Forêts. 622.680. Lois.286. Quest. pr.58.
— Cr.r.P26.1.387;S27.1.200;J36.553; D.Lois.283. Etranger.205.Plainte.11.Presse.595.
— Cr.r.P26.1.586;D.Presse.455.456.
— Cr.r.P26.1.395;D.Forêts.1082.1085.1087.
— Cr.c.P26.1.591;D.Amnistie.21.Forêts.199.200.
23 Cr.r.P26.1.396;D.Fausse monnaie.46.48.
— Cr.c.P26.1.396;D.Vol.
— Cr.r.P26.1.373;S27.1.56;J37.98;D.For.1042. Respons. 478.
— Cr.c.P26.1.389;D.Peine.246.
— Cr.c.P26.1.389; D.Récidive.81.
— Cr.r.P26.1.389;S27.1.195;D.Cour d'ass.86.94.121.
— Bourges.P27.2.90;D.Ordre.545.
24 Bordeaux.P26.2.221;S26.2.306;D.Insc. hyp.415.418.
— Montpellier.P27.2.18;S27.2.31;D.Huiss.250.
— Cr.c.P26.1.390; S27.1.124;D.Lois. 59.226.340. Presse. 816.
26 Civ.r.P26.1.352;S27.1.196;J36.560; D.Enreg.791.
— Civ.r.P26.1.322; S27.1.95; J36.467; D.Commune.244. Forêts.335.Interv.95.Jugem.279. Deg. de jurid. 595. Dom. de l'état.57.
— Civ.c.P26.1.335; S27.1.44; J36.478; D.Appel civ.420. Jug. prép.154.
— Nanci.P26.2.234;S26.2.262;J42.73; D.Discip.227.
— Paris.P27.2.9;J37.356; D.Vente.719.
— Colmar.P27.2.117;S27.2.51;D.Surenchère.547.
— Amiens.P29.2.95;S28.2.172; D.Prescript.896.
27 Civ.c.P26.1.353;S27.1.203;J36.557;D.Enr.614.2806.
— Bordeaux.P27.2.39;S27.2.14;D.Surenchère.192.
— Paris.P29.2.3;D.Jug. par déf.100.
28 Req.P26.1.325;S27.1.379;J36.349; D.Nullité.513.Succession bénéf.152.
— Civ.r.P26.1.337;S27.1.197;J37.15; D.Colonies.62.
— Req.P26.1.344;S27.1.208;D.Commissionnaire.72.
— Bourges.P27.2.58;S27.2.139; D.Usufruit.487.
— Amiens.P27.2.180;D.Pérempt.103.176.
29 Amiens.P29.2.121;S28.2.93;D.Pérempt.285.
— Riom.P28.2.50;S28.2.94;D.Ordre.469.489.490.
— Cr.r.P26.1.404;J39.270; D.Cour d'ass.1147.
— Cr.c.P26.1.397;D.Confiscation. 15.Traite des nég. 28.
— Amiens.P27.2.27;S27.2.20; D.Frais et dép.324.
— Paris.P27.2.62;S27.2.89;D.Interv.26.
30 Paris. V. au 29.
— Déc. min.A8.763;D.Forêts. 588.
— Cr.r.P26.1.398; D.Presse.415.
— Cr.c.P6.1.397;S27.1.207; D.Acquitt.57.C. d'ass.1042.
— Paris.P27.2.59;S27.2.100;D.Saisie-arr.283.
— Grenoble.P27.2.158;S27.2.94;D.Port. dispon.442.444.
— Trib. Dax.D.Enreg.133.

JUILLET.

1 Rouen.P26.2.242; D.Agréé.14.Jug. par déf.385.
— Cr.r.P26.1.398;S27.1.454;D.Appel correct.91. Autor. mun.267.490.
— Cr.c.P26.1.400;J39.151; D.Chasse.117.
— Paris.P27.2.100;S27.2.251; D.Absen.403.Remplac.41.
2 Aix.P28.2.7;S27.2.177;D.Assur. marit.214.Obl.209.
3 Civ.r.P26.1.310;S26.1.440;J36.342;D.Notaire.372.
— Civ.r.P26.1.312;S26.1.441;J36.347.D.Notaire.373.
— Civ.r.P26.1.399;S27.1.69;J37.5; D.Saisie-imm.25.
— Riom.P27.2.22;S27.2.11; D.Faux incid.134.
4 Req.P26.1.404;S27.1.90; J37.85; D.Commissionnaire. 94.Faillite.1229.1231. Eff. de comm.321.
— Req.P26.1.403;S27.1.64;D.Cass.173.
— Civ.r.P26.1.402;S27.1.54;J37.21;D.Colonies.436.Juge. 8.Jug. par déf.135.
— Req.P26.1.403;S27.1.64;J39.270;D.Société civ.21.
— Caen.P27.2.47;S27.2.150;D.Frais et dép. 41.Dol.334.
5 Req.P26.1.403;S27.1.81;D.Substitution.334.
— Civ.c.P26.1.409;S27.1.115;J35.233; D.Action possess. 4.8.403.Cass.954.Chose jugée.161. Fruits.53.
— Poitiers.P27.2.10;S27.2.52; D.Absen.381.386.393.415.
— Corse.P27.2.65;S27.2.106; D.Filiat. nat.191.
— Nimes.P27.2.169;S27.2.180;J41.285; D.Don. par cont. 119.160.
— Poitiers.P31.2.197;D.Interv.70.75.Exploit.715.
6 Cr.r.P26.1.404; D.Escroquerie.73.
— Cr.c.P26.1.411;J36.568;D.Fonct. pub.451.
— Cr.c.P26.1.405;D.Autor. mun.195.196.
— Cr.c.P26.1.405;S27.1.57;D.Compét. adm.83.
— Cr.c.P26.1.405;S27.1.64;J36.569;D. C.d'ass.1071.1161.
— Cr.r.P26.1.404;J39.261;D.Faux. 184.
— Cr.c.P26.1.412; S27.1.58; J39.152; D.Jour férié. 105. Procès-verb.18.
— Bordeaux.P27.2.8;S27.2.9;D.Rescis.122.150.
— Rouen.P27.2.2;S27.2.29;D.Expertise.195.198.
— Paris.P27.2.60;S28.2.14;J39.107;D.Rap. à suc.207.
— Grenoble.P27.2.38; S27.2.35; D.Acquiesc.155. Huiss. 76.Jug. par déf.333.
— Paris.P27.2.99;D.Arbitrage.122.210.295.
— Paris.P27.2.102;S27.2.204.194; D.Cont. p. corps.748. Eff. de comm.81.
— Angers.P27.2.114. et 2.40; S27.2.50; D.Priv. 154.158. 159.
7 Orléans.P31.2.8; S31.2.90; D.Faillite.[illegible]5. 828 Saisie-im. 178.192.390.414.547.548.572.863.864.865.858.897. 1333.
— Déc. de la régie.A7.104,n.40; D.Enreg.1000.
8 Civ.r.P26.1.514; S29.1. 297. et 26.1. 313; J36. 272; D. Cass.1065. Port. dispon.527.
— Pau.P28.2.191;S28.2.232;D.Eff. de comm.249.
— Paris.P29.2.3;D.Faillite.19.
— Dijon.P29.2.220;S29.2.157; D.Retrait suc.48.
— Caen.P32.2.1;S27.2.223;D.Servitude.607.
10 Rouen.P27.2.77;S27.2.84; D.Communauté.440.482.
11 Req.A6.810,n.2;P26.1.407;S27.1.45;J37.19;D.Emigré. 228.
— Req.P26.1.424;S27.1.236;J37.435;D.Domm.-int.69.83. Manufact.119.Respons.135.136.
— Civ.r.P26.1.406;S27.1.92;J37.8;D.Faux inc.5.Lois.70.
— Req.P26.1.412;S27.1.194;D.Commune.55.
— Civ.r.P26.1.405;S27.1.56; D.Cass.631.Rep. d'inst. 40. Lois rétroact.218.
— Req.P26.1.413;D.Adoption.118. Filiat. nat.41.
— Req.P26.1.414;S27.1.287;D.Aut. de femme.298.Prescript.555.
— Montpellier.P27.2.132;S27.2.91;D.Dot.255.Oblig.335. Sép. de biens.99.
12 Montpellier.P27.2.140; S27.2.227; D.Jug.515.Dr. civ. 60.Etranger.99.Except.151.
— Paris.P27.2.150;S27.2.129;D.Compét. comm.295.Cont. par corps.494.637.Honoraires.178.
— Nimes.P29.2.5; S29.2.174; D.Contr. par corps.511. 692.694.
— Aix.P29.2.29;S28.2.345;D.Privilége.262.
13 Req.P26.1.408;S27.1.201;J37.222;D.Adopt.33.131.
— Req.P26.1.414; S27.1.286; D.Communauté.163.Dot. 495.
— Bordeaux.P27.2.23;S27.2.72;D.Courtier.127.
— Bordeaux.P27.2.23;D.Arbitrage.578.817.
— Paris.P27.2.102, et 29.2.3;D.Jug. par déf.100.
14 Cr.c.P26.1.415;J39.160;D.Lois rét.244.
— Cr.c.P26.1.415; S27.1.101; D.Action civ.92.Compét. crim.376.Faillite.438.
15 Cr.c.P26.1.416;D.Cont. ind.494.Procès-verb.425.
— Cr.c.P26.1.417;J39.153;D.Rébellion.15.
— Cr.c.P26.1.418;J39.154;D.Cour d'ass.1377.
— Bourges.P27.2.31;S27.2.61;J37.193;D.Surenc.179.
— Amiens.P29.2.102;S28.2.175;D.Preuve litt.1006.
— Amiens.P28.2.253;S29.2.133;J42.84;D.Exception.386.
17 Civ.c.P26.1.418;S27.1.33;J37.38;D.Domicile.15.Droit civ.29.Etranger.152.
— Lyon.P27.2.29;S27.2.20;J39.296;D.Frais et dép.324.
— Toulouse.P27.2.34. et 2.20;S27.2.70;J39.295;D.Arbit. 327.Notaire.358.
— Paris.P28.2.245;S29.2.104; J39.34; D.Disp. ent.-vifs. 119.126.Révoc.96.
— Rouen.D.Office.113.
18 Req.P26.1.419;S27.1.93;J37.444;D.Vente publ.de récoltes.5.
— Civ.c.P26.1.420;S27.1.57;J36.121;D.Tutelle.227.
— Colmar.P27.2.60; S27.2.115; D.Faill.595.634.Jug. par déf.174.Preuve litt.898.
— Ord.P29.3.14;D.Trav. publics.
19 Ord.A6.341,n.2;D.Domaines.
— Ord.A9.977,n.12;B19.115,n.12;D.Manuf.36.
— Req.P26.1.421;S.27.1.252; J37.473; D.Responsab.524. 525.526.
— Req.P26.1.425; S27.1.119; J37.423; D.Délai.63. Lois. 402.Eff. de comm.691.
— Civ.r.P26.1.425; S27.1.256; J37.438; D.Compét. adm. 304.Manuf.119.120.140.Resp.4.124.636.
— Civ.r.P26.1.426;S27.1.238;J37.463;D.Compét. admin. 361.Compét. civ.587.Manuf.119.140.
— Ord.P27.3.25;S27.2.272;D.Commune.40.74.
— Bordeaux.P27.2.17; S27.2.12; D. Communauté.540. Retr. succ.24.
— Rouen.P33.2.155;S27.2.220;D.Eff. de comm.550.
— Ord. du cons. d'ét.P33.3.68;S27.2.271;D.Manuf.34.
— Ord. du cons. d'ét.Mac.8.404.D.Avocat.287.
— Ord. du cons. d'ét.Mac.26.398;D.Marché de fourn.300.
— Ord. du cons. d'ét.Mac.8.400;D.Pension.49.
— Ord. du cons. d'ét.Mac.8.402;D.Pension.189.
— Ord.A8.16,n.68;Mac.26.394;D.Fabr.188.
— Ord. du cons. d'ét.Mac.8.407;D.Rente.425.
20 Cr.c.P26.1.427;J39.176;D.Vol.34.
— Cr.c.P26.1.427;J39.225;D.Déf.122.124.
21 Paris.P27.2.63;S26.2.239;D.Déf.70.
— Grenoble.P27.2.67; S27.2.117; J40.463; D.Rapport à succ.223.
— Paris.P28.2.27;S27.2.189;D.Usure.75.
22 Toulouse.P27.2.116;S27.2.51;D.Eff. de comm.83.
— Paris.P28.2.24;S27.2.177;D.Prescript.876.
— Paris.P28.2.27.S27.2.187;D.Actes de comm.203.258.
24 Rouen.P27.2.2;D.Expert.195.198.
— Bordeaux.P27.2.29;S27.2.8;D.Propr.324.Serv.57.
— Paris.P27.2.195;S27.2.169;D.Emigré.325.
— Riom.P28.2.126;S28.2.157;D.Faux inc.153.
— Toulouse.P32.2.1;S27.2.224;J39.417;D.Mar.412.
25 Civ.c.P26.1.428;S27.1.59;D.Tem.25.72.123.
— Req.P26.1.413; S27.1.194; D. Act. possess.306. Commune. 30.
— Bordeaux. P27.2.45; S27.2.41; D.Mandat.203.459.Pr. litt.785.
— Paris.P27.2.67;S27.2.139;D.Amende.80.Offre.77.
— Paris.P27.2.183; S27.2.104; J39.443; D.Succ.409.Succ. bénéf.82.
— Caen.P28.2.151;S28.2.131;D.Fruits.54.55.
— Paris.P27.2.150;S27.2.147;D.Degr. de jurid.426.
26 Civ.c.P26.1.429;S27.1.100; J36.449; D.Cassation.998. Emigr.313.
— Bourges.P27.2.92;S27.2.254;D.Expl.96.148.
— Ord.P27.3.24;D.Commune.556.
— Orléans.P27.2.187;S27.2.93;J37.190;D.Hyp. lég.130.
— Ord.P26.3.29;D.Manuf.130.
— Ord. du cons. d'ét.D.Louage adm.14.
27 Req.P26.1.431;S27.1.246; J37.427; D.Hypoth. lég.67. Dot.448.
— Req.P26.1.433; S27.1.262; J37.539; D. Transport de créance.213.
— Lyon.P27.2.30;S27.2.22;D.Désert.12.
— Paris.P27.2.71;D.Degr. de jurid.168.
— Paris.P27.2.178;D.Jug. par déf.119.
— Paris.P30.2.221;S27.2.103;J39.570;D.Pérempt.99.
28 Cr.c.P26.1.432;D.Instr. crim.463.Vol.212.
— Cr.r.P26.1.432;S27.1.60;J37.555;D.Bigam.31.Tent.20.
— Cr.r.P26.1.434;D.Cont. ind.82.
— Paris.P27.2.66;S27.2.140;D.Req. civ.7.75.
29 Cr.c.P26.1.435;D.Peine.328.
— Cr.r.P26.1.435;S28.1.67;J37.106;D.Voies de fait.75.
— Cr.c.P26.1.435;D.Cassat.262.
— Paris.P27.2.103;S27.2.185;J39.179;D.Filiat. lég.34.41.
— Paris.P27.2.98;S27.2.196;D.Comp. civ.265.
— Amiens.P28.2.148;S28.2.185;J42.225;D.Ret. conv.16.
— Paris.P27.2.76;S27.2.106;J39.104;D.Etrang.117.
31 Civ.c.P26.1.436;S27.1.366;D.Douanes.338.339.
— Bordeaux. P27.2.8; B17.463,n.; S27.2.9; D. Purge 173.186.
— Bordeaux.D.Prescript.499.

AOUT.

2 Ord.P26.3.30;D.Huiss.71.
— Ord.A6.332,n.2;D.Domaines.
— Ord.A9.980,n.1;B19.117,n.1;D.Manuf.67.
— Ord.A9.982,n.5;B19.120;D.Manuf.132.
— Ord.A9.980,n.14;B19.117,n.14;D.Manuf.77.
— Civ.r.P26.1.437;S27.1.121;J37.312;D.Cassat.909.Jug. par déf.349.Ordre.300.
— Civ.c.P26.1.438;S27.1.88;J37.224.D.Enreg.2600.
— Aix.P27.2.143; S27.2.205;D. Arbitrage.632. Degré de jurid.524.
— Caen.P33.2.141;S27.2.223;D.App. civ.421.
— Ord.D.Compét. adm.266.
— Ord. du cons. d'ét.D.Eau.253.
— Castagna.A9.982,n.5;D.Manuf.132.
— Ord. du cons. d'ét.Mac.8.466;D.Pension.165.
— Ord. du cons. d'ét.Mac.8.458;D.Comptab.63.
— Ord. du cons. d'ét.D.Voirie.52.
— Ord.A12.991,n.18;B28.303,n.18;D.Voirie.186.
3 Riom.P29.2.106;S28.2.278; D.Ordre.427.428.470.Priv. 31.32.33.Sép. de pair.29.Tierce-opp.128.
— Cr.c.P27.1.25;S26.1.538;D.Assoc. illic.4.23.Culte.76.
4 Cr.c.P26.1.459;D.Homic.27.
— Cr.c.P26.1.440;D.Voies de fait.76.
— Cr.r.P27.1.336; S27.1.128; D. Appel correct.18.216. Presse.341.
— Riom.P28.2.116; S28.2.164; J41.266; D.Prescript.873. Rente.159.
5 Cr.r.P27.1.336;S27.1.129;D.Escroq.82.Usure.103.110.
— Colmar.P27.2.129;S28.2.47; D.Appel civ.567.Compét. comm.291.
— Amiens.P29.2.216;S29.2.175;J42.223;D.Sais.-arr.24.
7 Civ.c.P26.1.440;S27.1.141;J37.268;D.Interd.30.32.
— Civ.r.P26.1.441;S27.1.423;D.Jugem.201.Offre.202.
— Civ.r.P26.1.442;S27.1.448;J37.544; D.Enreg.279.780.
— Civ.r.P26.1.443;D.Enreg.279.780.
8 Req.P27.1.50;S27.1.47;J37.329;D.Interr. sur f.64.103. Legs.63.Présompt.32.
— Caen.P27.2.81;S27.2.191;D.Ordre.249.
9 Req.P26.1.447;S27.1.88;J37.271; D.Acquiesc.118.348. Contr. par corps.31.Mariage.650.
— Civ.r.P26.1.445;S27.1.47;J37.146;D.Surench.154.
— Req.P26.1.449; S27.1.119; J39.176; D.Cassat.925.Juge suppl.28.47.
10 Cr.c.P26.1.418;S27.1.130; J39.155; D.Cour d'ass.1380.

— Cr.r.P26.1.449; S27.1.113; J39.150; D. Cour d'ass. 103.1343.
— Aix.P27.2.57;S27.2 36;D.Capitaine.9.
— Cr.r.P27.1.337.S28.1.54; D.Cour d'ass.1018.Monn.41.
11 Civ.c.P26.1.450;D.Cour d'ass.1582.
— Civ.c.P26.1.450.S27.1 112; J39.160; D.App. corr.322. Jug. prép.119 Expl.932.
— Cr.c.P26.1.450;D.Instr. crim.337.
— Bourges.P27.2.90;S27.2 201;D.Degr. de jurid.396.
— Bordeaux. P27.2.106. et 24; S27.2.121; D. Compét. comm.158.
11 Trib.D Ass.marit.600.601.
12 Ch.r.P26.1.454;S27.1.126;J39.158;D.Instr. cr.235.
— Grenoble.P27.2.192;S27.2.171;D.Succ.273.
— Grenoble.P30.2.121;S30.2.126 D.Arb.563.596.678.
— Rouen.P28.2.256;S27.2.25;J42.91;D.Succ. bén.102.
— Amiens.P29.2.98;S28.2.266;D.Jug. par déf.70.
— Déc. min.P31.1.165.
15 Déc. min.P31.1.165,n.;D.Commune.260.
14 Civ.c. P26.1.452; S27.1.217; J37.178; D. Emigré.101. 215.294.
— Angers.P27.2.6;S27.2.4;D.Chasse.86.130.
16 Civ.c.P26.1.454;S27.1.86;D.Partage d'asc.64.
— Req.P26.1.455;S27.1.243;D.Brev. d'inv.51.Cassat.755. Louage d'ouv. et d'ind.74.
— Angers. P27.2.97; S26.2.322; J37.75; D.Hyp. conv.83. Responsab.206.
— Grenoble. P34.2.25; S33.2.604; D. App. civ.285.Jour férié.40.34.
18 Amiens.P29.2.105; S29.2.232; D.Enq.164.Séparat. de biens.44.
— Cr.c.P27.1.337;S27.1.544;D.Compét. crim.702.
— Paris.P28.2.46; S28.2.339; D.Associat. illic.26.27.30. Culte.121.Dénonc.6.
— Bourges.P30.2.123; S27.2.80; J40.387; D.Saisie-imm. 1348.1349.
— Angers.S27.2.53;D.Garantie.562.
19 Cr.c.P26.1.456;D.procès-verb.70.
— Cr.c.P27.1.6;D.Corrupt.9.
— Riom.P27.2.168;J41.152;D.Avoué.89.
— Cr.c.P27.1.339;D.Serment.73.
— Bordeaux.P30.2.46; S30.2.6;D.Conciliat.61.Oblig. sol. 86.Rente.380.Vente.791.
20 Ord. du cons. d'ét.Mac.8.422;D.Majorats.22.
21 Civ.c.P27.1.5;S27.1.156;J37.572; D.Tierce-opp.129.
— Nanci.P28.2.251;S29.2.127;D.Prescript. civ.967.
22 Req.P27.1.7;S27.1.152;D Cass.725;Donat.27.Obl.444.
— Req.P27.1.7;S27.1.183;D.Remplacem.49.
— Lyon.P27.2.26; S27.2.23; D. Comp. comm.508.Contr. par corps.474.
— Toulouse.P27.2.171;S27.2.63; D.Jug. par déf.537.429.
— Bordeaux.P26.2.106;S28.2.257;D.Désist.113.
23 Req.P27.1.10; S27.1.161;D.Cass.618. Lois.54.55.Prescript.512.
— Req. P27.1.9; S27.1.152; D. Aut. de femme.274.275. Publ. des jugem.27.
— Req.P27.1.10;S27.1.193;J37.555;D.Exéc. des jugem. et actes.82.Preuve litt.1467.
— Civ.r.P27.1.8;S27.1.108;J37.168;D.Cont. de mar.126. Mariage.383.398.
— Bordeaux.P27.2.25. et 29.2.285;D.Insc. hyp.367.
— Bordeaux.P27.2 2.25;D.Hosp.106.
— Aix.P27.2.145; S27.2.78; D.Contr. par corps.474.595. 606.Dem. nouv.80.
24 Req.P27.1.11;S27.1.157;D.Act. pers.82.Comp. civ.561.
— Lyon.P27.2.109;S27.2.53;D.Rebell.20.
25 Cr.r.P27.1.12; S27.1.256; J39.210; D. Homic.92. Cour d'ass.335.1464.Témoin.363.
— Cr.c.P27.1.12; S27.1.257.104; J39.214; D. Homic.92. Cour d'ass.335.1464.Témoin.363.
— Cr.r.P27.1.13;J39.25;D.Cass.433.Comp. crim.500.
— Rouen.P27.2.72;S27.2.86;J42.83;D.Faill.977.
— Colmar. P27.2.122; S28.2.17; D. Assur. terrestre. 34. 41.42.122.Hyp.368.
— Cr.c.P27.1.339;S28.1.55;D.Cour d'ass.1524.1555.
26 Cr.c.P27.1.13;S27.1.130;J29.13; D.Compét. crim.133. Péage.41.Quest. pr.28.
— Cr.c.P27.1.14;S27.1.264; J39.279; D.Contrib. ind.633. Frais et dép.408.Octr.153.
— Corse.P27.2.79;S27.2.201;D.Contr. par corps.533.581.
— Cr.c.P27.1.339;S27.1.264;D.Frais et dép.410.
28 Bordeaux.P27.3.56;S27.2.33;D.Eff. publ.93.
— Bordeaux.P27.2 200;S27.2.60;D Faill.714.
29 Req.P27.1.15;S27.1.186;D.Dém. nouv.116.
— Nimes.P27.3.172;S28.2.48;D.Dot.447.Vente.388.
— Grenoble.P28.2.100;S28.2.44;J40.181;D.Oblig.304.
— Req.P30.1.304;D.Etranger.229.
30 Civ.r.P26.1.442 S27.1.449;J37.547;D.Enreg.279.
— Req.P27.1.18;S27.1.155;D.Eff. de comm.74.Oblig.455. Société comm.106.
— Civ.r P27.1.15;S27.1.157;D.Absence.120,200.
— Civ.r.P27.1.16;S27.1.196.D.Transcript. hyp.81.
— Bordeaux P28.2.43;S28.2.79;D.Hyp.339.
31 Amiens.P29.2.103;D.Action.25.Expert.312.
— Req.P27.1.17;S27.1.202;D.Frais et dép.47.
— Bastia.P27.2.170; S28.2.56; D.Contr. par corps.32.94. 117.118.121.Interv.15.Mineur.14.Puiss. pat.39.48.
— Ord.P26.3.29;D.Autor. mun.252.253.256.

SEPTEMBRE.

1 Cr.c.P27.1.17;S27.1.259;J39.171;D.Acquitt.25.Cassat. 827.Presse.343.Tap.4.
— Cr.r.P27.1.17;S27.1.965;D.Cour d'ass.1560.
— Cr.c.P27.1.17;S27.1.260;D.Greff.25.Jugem.57.
— Cr.r.P33.1.315;S27.1.216;D.Faux.31.
2 Cr.c.P27.1.18;J39.69;D.Peine.70.
— Cr.c.S26.2.382;D.Animaux.15.
6 Ord.P27.3.24;D.Cons. d'état.85.
— Ord.P27.3.24;D.Commune.10.93.159.
— Ord.P27.3.25;D.Commune.152.281.Comp. adm.164.
— Ord. du cons. d'ét.Mac.8.546;D.Oblig.249.
8 Cr.c.P27.1.18;J39.280;D.Jugem.454.Cour d'ass.1696.
— Cr.c.P27.1.18;J39.238;D.Faux.143.
— Cr.c.P27.1.340;D.Cassat.82.Homic.12.
— Cr.r.P27.1.341;S27.1.536;J40.534;D.Cour d'ass.599.
9 Cr.c.P27.1.18; J39.272; D.Comp. crim.305.Etrang.75. Vagabond.28.
— Cr.c.P27.1.19;S27.1.296;J39.248;D.Peine.254.259.
— Cr.c.P27.1.19;S27.1.305;D.Peine.160.Voit. p.157.167.
— Cr.c.P27.1.20;S27.1.298;J39.396;D. Vol.18.335.
— Cr.c.P27.1.20;S27.1.320;J39.271;D.Poids et mes.79.
— Cr.c.P27.1.21; S27.1.295; J39.248; D.Cour d'ass.1555. 1635.Voies de fait.8.
— Cr.c.P27.1.340;D.Forêts.420.Quest. pr.63.
— Cr.r. P27.1.342; S27.1.536; D. Escroq.31. Peine.354. Usure.107.
14 Cr.c.P27.1.21; S.27.1.297; J39.353; D.Complicité.121. Témoign. faux.10.36.
— Cr.c.P27.1.21;D.Faux.399.
— Cr.r.P27.1.541; S27.1.231; D. Action.33. Cour d'ass. 885.1237.
— Cr.c.P27.1.243;D.Cour d'ass.1584.
15 Cr.c.P27.1.22;S27.1.310;J39.330;D.Incendie.16.
— Cr.c.P27.1.22;S27.1.224;J39.331;D.Quest. préj.
22 Cr.r.P27.1.22;J39.358;D.Trib.175.
— Cr.r.P27.1.23;D.Déf.39.150.153.
23 Cr.c.P27.1.23;S27.1.320;J39.271;D.Autorité mun.205. Excuse.41.Poids et mesures.64.65.101.
— Cr.c.P27.1.24;S27.1.322;J39.352;D.Aut. mun.204.Cassation.132.
29 Cr.c.P27.1.24; S27.1.322; J39.392; D.Cour d'ass.1312. 1454.
30 Cr.c.P27.1.27; S27.1.222; J39.198; D.Comp. crim.107. Instr. cr.111.112.
— Cr.c.P27.1.21;S27.1.298;D.Complicité.121.Tém. faux. 10.36.
— Cr.c.P27.1.343;S27.1.533;D.Exéc. des jugem. et actes. 219.Cassat.300.582.466.575.Chose jugée.327.Colonies. 121.122.123.124.Jugem.130.316.430.Min. pub.81.Révision.3.Tém.386.420.465.

OCTOBRE.

6 Cr.c.P27.1.28;D.Cassat.392.Deg. de jurid.630.Jugem prép.125.171.Dépôt.104.
7 Cr.c.P27.1.29;S27.1.219;J39.305;D.Compét. cr.304.
— Cr.c.P27.1.28;D.Cour d'ass.1645.
— Cr.r.P27.1.362; S27.1.363; D.Lois.129. Peine.147.152. Régl. de juges.108.137.Comp. crim.136.
— Cr.r.P27.1..61;S27.1.361;J39.340;D.Régl. de jug.115.
13 Cr.c.P27.1.29;S27.1.140;J36.363;D.Acquitt.45.Faillite. 1405.1406.Compét. cr.377.
— Cr.c.P27.1.30;D.Faux.217.Cour d'ass.1321.Juge-supp. 75.Serment.92.
— Cr.c.P27.1.30;J39.535;D.Cour d'ass.146.
14 Cr.c.P27.1.31;D.Forêts.970.Peine.341.
— Cr.c.P27.1.31;D.Forêts.944.
— Cr.c.P27.1.31;S27.1.143;J39.306;D.Autor. de femme. 186.Complicité.31.123.Usure.95.
— Cr.c.P27.1.32;S27.1.144; D.Compét. crim.210.Procès-verb.312.
— Cr.c.P27.1.32;J39.484;D.Frais et dép.415.
— Cr.r. P27.1.363; D.Attentat à la pudeur.9.Cour d'ass. 1085.
— Cr.c.P27.1.363;S27.1.375;D.Motifs des jugem.252.
15 Ord.P27.3.36;D.Contr. dir.51.278.
— Ord.P27.3.37;D.Contr. dir.193.
— Ord.P27.3.37;D.Contr. dir.172.
— Ord. du cons. d'état.Mac.26.609;D.Marché de f.84.
17 Ord.A9.978,n.1;B19.114,n.1;D.Manuf.
20 Cr.c.P27.1.33;J39.484; D.Instr. crim.388.Exploit.948.
— Cr.c.P27.1.32;D.Aut. mun.214.Procès-verb.89.
— Cr.r.P27.1.362;D.Compét. cr.63.Régl. de juges.134.
21 Caen.P28.2.18;S27.2.261;J41.146;D.Novat.33.
25 Ord. du cons. d'état.Mac.26.643;D.Marché de f.40.
— Ord. du cons. d'état.Mac.26.648;D.Marché de f.207.
— Ord. du cons. d'état.Mac.26.645;D.Marché de f.285.
28 Cr.c.P27.1.355;S27.1.32;D.Traite des nègres.50.

NOVEMBRE.

1 Ord.P27.3.32;D.Voirie.313.
— Ord.P27.3.31;D.Voirie.
— Ord.P27.3.33;D.Commune.211.
— Ord. du cons. d'état.Mac.26.673;D.Marché de f.104.
— Ord. du cons. d'état.D.Ventes adm.301.
2 Cr.c.P27.1.33;D.Cour d'ass.1005.
— Cr.c.P27.1.33;D.Peine.308.

— Cr.c.P27.1.34;S27.1.141;J39.441;D.Compét. crim.293.
— Cr.r.P27.1.34;D.Faux.105.278.
— Cr.c.P27.1.76; S27.1.289; J39.449; D.Frais et dép.411. Instruct. crim.377.
— Cr.c.P27.1.329;S27.1.366;J39.435;D.Faillit.1361.Cour d'ass.963.
6 Nîmes.P27.2.86;S27.2.195;J39.192;D.Rep. d'inst.23.
7 Req.P27.1.37; S27.1.73; D.Contr. de mariage.41.Lois. 54.
— Req.P27.1.37;S27.1.26;D.Enreg.518.
— Civ.c.P27.1.36;S27.1.85;J37.357;D.Enreg.224.
— Req.P27.1.35; S27.1.3; D.Saisie-imm. 1113.1114.1314. 1315.
— Req.P27.1.34;S27.1.12;J37.18;D.Juge-supp.45.46.
— Civ.c.P27.1.49;S27.1.250;J37.316;D.Etranger.89.
— Rouen.P31.2.175;D.Compét. civ.181.
8 Req.P27.1.39;S27.1.39;D.Compét. adm.47.227.Forêts. 616.Motifs des jugem.218.
— Req.P27.1.39;S27.1.4;D.Jugem. par déf.183.
— Civ.c.P27.1.38; S27.1.186; J39.200;D.Saisie-imm.179. 1607.
— Civ.r.P27.1.41;S27.1.491;J37.465;D.Garantie.457.
— Req.P27.1.42;S27.1.19; J37.497; D.Audience.20.Effets de comm.415.511.Motifs des jugem.196.
9 Req.P27.1.45;S27.1.27;J37.457;D.Exploit.475.
— Req.P27.1.43;S27.1.14;J37.412;D.Garantie.182.Remploi.20.Vente.273.
— Req.P27.1.44; S27.1.29; J37.459; D.Prescrip.239.287. Servitudes.732.Usage.91.
— Rouen.P39.2.177; D.Chasse.10. Faux incid.36.Preuve litt.985.
10 Cr.c.P27.1.332;S28.1.55;D.Cass.602.Cont. ind.22.Procès-verb.430.
— Cr.c.P27.1.330; S27.1.373; D.Lib. du comm.26.Motifs des jugem.249.Presse.407.820.823.832.841.
— Cr.r.P33.1.270;S27.1.211;J38.280;D.Presse.341.620.
11 Civ.c.P27.1.353;S28.1.58;D.Poids et mesures.66.120.
— Cr.c.P27.1.324;S27.1.327;J40.202;D.Jour férié.77.Procès-verb.84.
— Cr.c.P27.1.353;S27.1.512; D.Voitures publ.152.168.
— Cr.c.P27.1.355;D.Voitures publ.132.168.
12 Paris.P26.2.218;S26.2.282;D.Exéc. prov.64.
13 Civ.c. P27.1.46; S27.1.281; J37.482; D.Dom. cong.10. Enreg.273.2078.
— Nanci.P27.2.196;S27.2.214; D.Acquiesc.214.
14 Civ.r. P27.1.52; S27.1.306; D. Cassat.610. Nullité.281. Prescrip.833.
— Req.P27.1.53;S27.1.21;J37.364; D.Cassat.774.Hypoth. 187.Preuve litt.31.
— Req.P27.1.55;S27.1.329; J39.565; D.Action.37.Cassat. 11.Emig.331.339.Ordre.516.
— Bourges.P28.2.311;S27.2.137;D.Témoin.127.
— Rouen.P30.2.67;D.Hypoth.29.Saisie-imm.818.
15 Ord.A9.980,n.12;B19.117,n.15;D.Manuf.71.
— Req.P27.1.47;S27.1.11; J37.337; D.Dispos. entre-vifs. 112.Port. disp.625.Présomp.74.
— Req.P27.1.48;S27.1.51;J37.485;D.Interdit.142.
— Corse.P27.2.134;S27.2.239; D.Louage.133.607.
— Ord.P27.3.32;D.Voirie.224.413.508.515.
— Ord. du cons. d'état.P33.3.75;S27.2.271;D.Péage.27.
— Ord. du cons. d'état.Mac.26.700;D.Marché de f.125.
16 Req.P27.1.57;S27.1.33;D.Intérêts de cap.148.
— Req.P27.1.49;S27.1.301;D.Compét. comm.350.Garantie.516.529.
— Poitiers.P28.2.12;S28.2.58;D.Témoin.76.78.
— Rouen. P30.2.250; D.Commerçant.132.Louage d'ouv. et d'ind.48.
— Ord. du cons. d'état.D.Prisons.11.
17 Cr.c.P27.1.345;S27.1.326;D.Contr. ind.410.
— Cr.c.P27.1.345;S27.1.325;D.Attentat à la pudeur.21.
— Cr.c.P27.1.335;S27.1.373;J40.251;D.Compét. crim.59. Traite des nègres.50.
18 Cr.c.P27.1.57;D Garde nat.122.565.731.
— Cr.c.P27.1.347;S27.1.310;D.Douanes.232.306.327.
— Cr.c.P27.1.347; S28.1.68; D.Douanes.235.236.Procès-verb.486.581.
— Rouen.P30.2.42; D.Commune.195.197.
20 Civ.c. P27.1.58; S27.1.170; J37.212; D. Acquiesc. 331. Stellionat.8.
— Civ.c.P27.1.60;S27.1.205;J32.32;D.Don. dég.18.
— Caen.P27.2.88;S27.2.197;J40.388;D.Dispos.entre-vifs. 40.41.
— Bourges.P28.2.3;S27.2.173;D.Absence.414.415.423.
21 Civ.c.P27.1.62;S27.1.278;J39.30;D.Motifs des jug.35.
— Limoges.P33.2.143;S27.2.255;D.Sép. de corps.124.
— Req. P27.1.62; S27.1.34; D.Cassat.196. Motifs des jug. 133.Preuve.36.39.
— Req.P27.1.60;S27.1.24;D.Comp. civ.523.Péremp.27.
— Rouen.P30.2.174;D.Jugem. par déf.392.
— Nîmes.P27.2.109;S27.2.54;D.Rebellion.19.
22 Civ.c.P27.1.66;S27.1.250;J37.154;D.Vente.670.
— Civ.c.P27.1.65;S27.1.477;J37.226;D.Saisie-imm.1545. 1558.
— Caen.P33.2.145;S27.2.223;D.Garantie.325.
— Ord. du cons. d'état.P33.3.75;S27.2.271;D.Commune. 274.
— Ord. du cons. d'état.D.Dom. de l'état.73.
— Ord. du cons. d'état.S27.2.270;D.Eau.146.
— Ord. du cons. d'état.D.Eau.266.
— Ord. du cons. d'état.Mac.26.725;D.Marché de f.337
— Ord. du cons. d'état.Mac.8.725; D.Pension.174.

1826.

— Ord.D.Trav. pub 105.
— Ord. du cons. d'état.D.Ventes adm.531.
25 Req. P27.1.66; S27.1.270; J39.14; D.Chose jugée.165. Communauté.145.146.Remploi.6.7.31.
24 Cr.c.P27.1.348;S28.1.68,n.;J39.408;D.Exploit.941.
— Cr.r.P27.1.348;S28.1.68;J39.409;D.Exploit.941.942.
— Cr.c.P27.1.548;D.Exploit.941.942.
— Cr.c.P27.1.348;D.Exploit.941.942.
25 Cr.r.P27.1.349;S28.1.69;J40.543;D.Amnistie.20.Appel civ.410.Quest. pr.138.140.
— Cr.r.P27.1.342;J39.412;D.Escroquerie.53.
26 Toulouse.P27.2.80;S27.2.110;D.Don. par cont.164.
— Ord.P29.3.25;D.Voirie.
— Ord D.Manuf. et atel.12.
27 Civ.c.D.Inscrip. hypoth.73.
28 Civ.c.P27.1.69; S27.1.209; J37.345; D.Cassat.870.917. Deg. de jurid.135.Saisie-imm.681.
— Req.P27.1.71;S27.1.33;D.Cassat.899.910.
— Rouen.P28.2.112. et 93;S28.2.160;D.Deg. de jur.157.
— Limoges. P29.2.84; S28.2.41; D.Donation.272.280.292. Donat.entre ép.24.
29 Req. P27.1.71; S27.1.207; D.Aud. solennelle.9. Filiat. lég.125.Trib.114.118.
— Civ.r.P27.1.72;S27.1.292;D.Frais et dép.268.269.
— Req.P27.1.74;S27.1.41;D.Emigré.218.
— Bordeaux.P28.2.135;S28.2.5;D.Louage.138.
— Orléans.P29.2.4;S29.2.175;D.Saisie-imm.1705.Ventes pub.18.19.
30 Req.P27.1.74;S27.1.46;D.Deg. de jurid.305.Saisie-arr. 245.
— Req. P27.1.75; S27.1.66; J39.493; D.Eff. pub.111.116. Motifs des jugem.122.Novat.118.Présomp.85.

DÉCEMBRE.

1 Nîmes. P27.2.73; S27.2.83; J39.232; D.Transcrip. des donat.40.
— Cr.c. P27.1.350; S27.1.63; D.Douanes. 85.244.247.248. 320.324.
— Cr.c.P27.1.351;D.Aut. mun.76.Délit rural.12.
— Cr.c. P27.1.350; S27.1.512; D. Chasse. 73. Dem. nouv. 152.
— Lyon.P28.2.174;S28.2.126;D.Ordre.259.262.
— Rouen.P30.2.48;S30.2.132; D.Dem. nouv.120. Transp de créance.248.
2 Cr.c. P27.1.77; S27.1.206; J39.51; D. Commerçant.70. Faillite.1294.
— Dijon.P27.2.54;S27.2.70;D.Conciliation.78.
— Cr.c.P27.1.352; D.Appel correct.7.90.94.98.Délit rur. 47.Domicile élu.128.Exploit.963.Quest. pr.121.
— Caen.P28.2.93;S28.2.116;D.Sép. de patrimoine.77.
— Caen.P28.2.168;S28.2.222;J41.278;D.Hypoth.
4 Paris.P27.2.69;S27.2.74;D.Prescrip.639.917.
— Civ.r.P27.1.77;S27.1.175; J37.259; D.Cassat.957.Remplac.57.
5 Req.P27.1.78;S27.1.70;D.Ratification.79.
— Civ.r.P27.1.79; S27.1.308; D.Offre.168.Exception.276. Tutelle.436.Vente.864.
— Req.P27.1.81; S27.1.310; D.Nullité.303. Prescrip.526. 720.Rescis.53.54.
— Req.P27.1.82;S27.1.248;D.Preuve test.286.
— Caen.P27.2.52;S27.2.161;D.Dol.482.
— Rouen.P27.2.69;S27.2.80;J40.44;D.Success. bénéf.74. 190.
— Lyon.P27.2.20;S27.2.215;D.Arbitrage.407.635.
6 Civ.c.P27.1.82;S27.1.171;J37.161;D.Partage.292.
— Civ.c.P27.1.84;S27.1.278;D.Lois.58.Eau.196.
7 Req.P27.1.84;S27.1.292;J39.321;D.Commissionnaire. 60.105.Subrog.76.
— Req.P27.1.85;S27.1.205;D.Expertise.190.
— Req.P27.1.85;S27.1.223;D.Substitution.123.311.377.
— Lyon.P27.2.89;S27.2.201;D.Subrog.85.Vente.874.
— Cr.c.P27.1.355;S27.1.315;D.Autorité mun.271.Voirie. 174.
— Cr.c.P27.1.354;D.Aut. mun.625.626.
— Cr.c.P27.1.354;S27.1.312;D.Peine.91.Publ. des jugem. 97.Tapage.78.
— Cr.c.P27.1.355;D.Aut. mun.203.352.Cassat.130.
— Cr.r.P27.1.355;D.Aut. mun.255.370.Voirie.583.
— Cr.c.P27.1.355; D. Peine. 91. Publ. des jugem. 97.Tapage.28.
— Toulouse.P27.2.155;S27.2.92;J39.241;D.Chose.58.Ordre.58.354.
— Bourges.P28.2.211;S29.2.210;D.Rente.156.172.
8 Lyon.P27.2.35;S27.2.205;D.Chose.77.
— Cr.c.P27.1.356;D.Désertion.15.16.
— Cr.c.P27.1.357;S28.1.68;D.Voies de fait.74.
— Cr.c.P27.1.357;J40.204;D.Cour d'ass.1554.
— Cr.c.P27.1.358;D.Cour d'ass.1555.
— Cr.c.P27.1.358;D.Cour d'ass.1633.
— Cr.c.P27.1.359;D.Presse.816.821.
— Cr.r.P27.1.359;D.Déf.134.
— Cr.c.P27.1.359,n.;D.Presse.816.821.
— Cr.c.P27.1.356;D.Action pub.9.18.Cassation.652.Min. pub.79.
9 Toulouse.P32.2.11;S27.2.210;D.Servitudes.436.
— Ch. réun.P27.1.86; S27.1.303; J39.69; D.Contr. indir. 268.
— Ch. réun.P27.1.87;S27.1.304;D.Contr. indir.270.
11 Civ.c.P27.1.87;S27.1.225;J37.228; D.Avocats.80.Lois. 124.

1827.

— Montpellier.P28.2.52;S28.2.91;D.Dom. de l'état.98.
— Caen.P28.2.127;S28.2.259;J41.276; D.Notaire.398.409.
12 Req.P27.1.91;S27.1.244;J39.386; D.Prescrip.320.
— Req.P27.1.92;S27.1.277;J39.300;D.Absence.142.
— Req.P27.1.92;S27.1.79;D.Huiss.114.Intérêts de cap.78. Offre.124.
— Civ.r.P27.1.93; S27.1.255; D.Garantie.187. Etranger. 242.
— Caen.P27.2.118;S27.2.113;J40.127;D.Respons.352.
— Grenoble.P33.2.138;S27.2.242;J40.228; D.Tutelle.150.
13 Civ.c.P27.1.94;S27.1.253;D.Juge-supp.57.
— Civ.r.P27.1.94;S27.1.266; J39.24; D.Cassation.653.Répétition.22.26.
— Riom.P27.2.80;S27.2.147;D.Nullité.287.
14 Req.P27.1.95;S27.1.60;D.Port. disp.764.
— Limoges.P29.2.84;S28.2.46;D.Enq.110.
— Req.P27.1.97;S27.1.60,n.;D.Port. disp.771.
15 Lyon.P27.2.126;S27.2.178;D.Jug. par déf.134.
— Cr.c.P27.1.360;S28.1.69;D.Vol.
— Cr.c.P27.1.360;D.Cour d'ass.334.
— Bordeaux. P27.2.158; S27.2.221; D. Hypoth. conv.36. Inscrip. hyp.457.Ordre.390.416.
— Caen.P28.2.124. et 27.2.95; S27.2.190; J41.288; D.Acquiesc.50.51.Désist.12.
16 Bourges.P27.2.105;S27.2.120;D.Preuve test.39.74.
— Caen. V. au 12.
— Cr.c.P27.1.360;D.Procès-verb.149.
— Cr.c.P27.1.365;D.Aut. mun.143.145.148.389.390.
— Rouen.P30.2.69;D.Expertise.326.335.
18 Civ.r.P27.1.97;S27.1.409;J39.22;D.Emigré.298.
— Lyon.P27.2.99;S27.2.195;J39.425;D.Preuve litt.972.
— Bourges.P27.2.103; S27.2.121;J41.86; D.Séquestre.22. Testam.266.
— Toulouse.P27.2.175; S27.2.242; D.Vente.423.Hypoth. lég.211.
19 Req.P27.1.97; S27.1.335; J39.508; D.Action poss.118. Eau.400.Prescrip.137.
— Civ.c.P27.1.98;S27.1.428;D.Compét. adm.206.357.
— Toulouse. P27.2.175; S28.2.20,n.; J40.237; D.Faillite. 1133.1142.
— Toulouse.P27.2.176;S28.2.20;D.Faillite.1133.1142.
— Req.P27.1.98;S27.1.68; J39.306; D.Absence.440.Expl. 460.
— Limoges.P28.2.38;S27.2.91;D.Péremp.237.
20 Lyon.P27.2.35;S27.2.112;J39.382;D.Commissionnaire. 339.Garantie.294.
— Riom.P28.2.204;D.Presse.231.389.
21 Req.P27.1.99;S27.1.372;J39.502;D.Assur. marit.120.
— Nîmes.P27.2.177;S27.2.213. et 88;D.Servitudes.524.
— Montpellier. P27.2.198; S27.2.213; D.Compét. comm. 391.Vente.434.
— Cr.c.P27.1.373;D.Peine.284.
— Trib. de Versaille P29.1.76;D.Choses.91.
22 Cr.c.P27.1.364;S27.1.515;J44.126; D.Récidive.46.
26 Colmar.P29.2.87;S29.2.116;D.Sép. de biens.155.156.
— Civ.c.P27.1.100;S27.1.457;J39.92;D.Arbitrage.416.
— Civ.c.P27.1.100;S27.1.345;J39.583;D.Compét. admin. 358.Péage.25.
— Req.P27.1.101;S27.1.65;J39.550;D.Action possess.51.
— Civ.c.P27.1.102;S27.1.339;D.Appel correct.38.
— Req.P27.1.103;S27.1.72;D.Juge-supp.47.Lois.405.Enreg.2111.
— Civ.c.P27.1.100;S27.1.345;D.Jugement.29.
— Civ.c.D.Voirie.531.
27 Ord.A9.983,n.11;D.Manuf.144.
— Civ.c.P27.1.102;S27.1.132;J37.251; D.Saisie-imm.988. 990.
— Ord.P28.3.32;S27.1.434;D.Compét. adm.501.
28 Lyon.P28.2.107;S28.2.128;J39.427;D.Contr. p. corps. 282.
— Req.P27.1.107;S27.1.75;D.Action possess.62.68.82.
29 Metz.P27.2.54;S27.2.60;D.Association illicite.1.
— Cr.c.P27.1.365;D.Peine.323.
30 Cr.c.P27.1.367;D.Voirie.39.
— Cr.c.P27.1.368;D.Presse.822.827.

1827.

JANVIER.

2 Grenoble.P27.2.78;S27.2.107;D.Hypoth.31.
— Grenoble.P28.2.101;D.Procès-verb.166.228.
— Pau.P29.2.164;S29.2.215;J45.357;D.Condition.52.Donation.391.Donat. par cont.108.
3 Req.P27.1.106;S27.1.73;D.Enreg.1525.2111.
— Civ.r.P27.1.107;S27.1.542;J39.11;D.Enreg.2598.
— Civ.c.P27.1.108;S27.1.251;J39.390;D.Enreg.2061.
— Montpellier.P27.2.196; J40.273; D.Hypoth. lég.Inscript. hypoth.
— Ord.P27.3.26;D.Emig.410.
— Ord.P27.3.27;D.Emig.399.
— Ord.P27.3.27;D.Emig.499.500.
— Grenoble.P28.2.5;S28.2.32;D.Cassation.572.
— Caen.P28.2.59;S28.2.84;D.Preuve litt.1079.1140.
— Montpellier.P28.2.122;S27.2.211;D.Inscript. hyp.467.
— Bourges.P32.2.28;D.Exploit.199.
— Ord. du cons. d'état.D.Etabl. publ.48.
4 Riom.P27.2.109; S27.2.34; D.Instr. cr.126.Rébellion. 17.18.

1827.

— Bordeaux.P27.2.113;S27.2.83;J39.458; D.Part. d'asc. 102.
— Agen.P27.2.142;S27.2.109;J39.377;D.Emig.343.345.
— Nanci.P27.2.44;S27.2.259;D.Novat.58.Success. bénéf. 59.Vente.139.
5 Metz.P27.2.64;S27.2.59;D.Culte.105.
— Bourges.P27.2.116;S27.2.128;D.Témoin.
— Cr.r.P27.1.370;D.Régl. de juges.115.
— Montpellier.P30.2.115;S30.2.188;J40.270;D.Poss.81.
6 Dijon.P27.2.75;S27.2.85;D.Parenté.20.
— Cr.r.P27.1.370;S27.1.483;D.Fonct. publ.428.429.
— Cr.c.P27.1.371;S28.1.54;D.Autor. mun.615.614.
— Limoges.P28.2.25;S28.2.27;D.Actes de comm.70.
8 Caen.P27.2.164; S28.2.21; D.Degré de jurid.239.Exploit.396.Prescrip. crim.50.
9 Civ.c.P27.1.109; S27.1.370; J39.338; D.Garantie.540. 564 Substitution.479.480.481.
— Civ.r.P27.1.110; S27.1.347; J39.262;D.Exception.400. Oblig. divis.105.Success.483.
— Caen.P27.2.141;S27.2.148;J41.294; D.Ventes publ.89.
— Grenoble.P28.2.99; S27.2.216; D.Exception.595. Inscript. hypoth.408.Jugement.155.
— Limoges.P29.2.84;S28.2.48;D.Appel civ.347.
— Aix.P33.2.154;S27.2.219;D.Assur. marit.114.230.
10 Req.P27.1.112;S27.1.61; J39.399; D.Cassat.587.Foncl. publics.294.
— Req.P27.1.112;S27.1.79;D.Action publ.108.
— Req.P27.1.113;S27.1.120;J39.337;D.Hyp. lég.40.41.
— Civ.c.P27.1.114;S27.1.284; J39.393;D.Action possess. 45.393.
— Nîmes.P27.2.72;S27.2.58;J39.409;D.Serment.128.
— Ord.P27.3.40;D.Cons. d'état.269.Sépulture.5.
— Ord.P27.3.37;D.Contr. dir.80.
— Ord.P27.3.31;D.Commune.556.Voirie.415.
— Ord.P27.3.27;D.Emig.506.
— Ord.P27.3.22;D.Commune.66.Cons. d'état.248.
— Ord.P27.3.40;D.Cons. d'état.187.
— Ord. du cons. d'état;D.Etabl. publ.48.
11 Req.P27.1.87;D.Lois.124.
— Req.P27.1.115;S27.1.91;J39.28;D.Interrog. sur faits. 159.141.Jugem. prép.139.Preuve test.198.
— Req.P27.1.115;S27.1.148;J39.73;D.Don. par cont.149. Legs.91.
— Req.P27.1.90;S27.1.79;J39.94;D.Avocats.80.
12 Riom.P29.2.65;S29.2.79;J45.297;D.Vente.406.
13 Cr.c.P27.1.375;S27.1.484; D.Acquiesc.464.Cour d'ass. 247.304.Instruct. crim.520.Mot. des jug.229.Tém.541.
— Cr.c.P27.1.373;D.Frais et dépens.355.
— Cr.c.P27.1.372;S28.1.55;J41.11;D.Peine.284.
— Cr.r.P27.1.374;S28.1.55; D.Colonies.18.100.Lois.139. Publ. des jug.73.Traite des nègres.12.
— Cr.c.P27.1.374;D.Motifs des jug.278.
— Bordeaux.P33.2.147;S27.2.65;D.Arbitrage.51.1021.
15 Caen.P28.2.7;D.Exploit.426.
16 Civ.c.P27.1.117;S27.1.524;J39.499;D.Louage.485.
— Civ.c.P27.1.118;S27.1.242; J39.493; D.Enregistr.1598. Transcrip. hyp.57.
— Caen.P27.2.87;S27.2.227;D.Enquête.150.175.
17 Civ.r.P27.1.119;J39.389;D.Cassation.731.Ordre.276.
— Pau.P28.2.198;S28.2.214;J42.88;D.Inscript. hyp.21.
18 Min. pub.P27.1.375;D.Récidive.35.
— Cr.c.P27.1.375;J40.320;D.Motifs des jug.240.
— Angers.P28.2.129;S28.2.102;D.Inscript. hypoth.384.
19 Cr.c.P27.1.378;D.Cour d'ass.1521.
— Cr.c.P27.1.375;S28.1.37;D.Expertise.110.
— Bordeaux. P28.2.155; S28.2.4; J39.290; D.Action.72. Don. par contr.187.190. Fruits.71. Louage.138. Usufruit.452.
— Orléans.P28.2.149;S28.2.12;J39.190;D.Aut. de femme. 271.Transcript. hypoth.165.
22 Grenoble.P27.2.159;S27.2.95;D.Port. disp.442.444.
— Caen.P28.2.88;S28.2.85;D.Exploit.534.
— Bordeaux.S27.2.68;D.Preuve litt.938.
23 Req.P27.1.119;S27.1.331;D.Comp. civ.230.Domic.78.
— Req.P27.1.120;S27.1.103;D.Mines.48.
— Nîmes.P27.2.170;S28.2.189; J41.148; D.Offre.89.Prescript.917.
— Bordeaux.P27.2.181;S27.2.95;D.Louage d'ouvrage et d'industrie.17.18.
24 Req.P27.1.121;S27.1.107,n.;J39.96;D.Enq.519.
— Req.P27.1.123;S27.1.332; D.Expertise.127.Transport de créance.107.
— Civ.c.P27.1.124;S27.1.350;D.Obl.144.
— Civ.c.P27.1.122; S27.1.182; J37.305; D.Acquiesc.381. Enregistrement.1583.2957.
— Ord.P27.3.22;D.Commune.153.
— Ord.P27.3.39;S28.2.28;D.Compét. adm.384.
— Ord.P27.3.22;D.Commune.
— Ord.P27.3.22;D.Commune.282.
— Ord.P27.3.26;D.Emigré.503.504.305.513.
— Ord.P27.3.28;D.Emig.458.
— Ord.P27.3.28;D.Emig.400.
— Ord.P27.3.28;D.Emig.473 *bis*.
— Ord.P27.3.39;D.Voitures.8.
— Ord.P27.3.39;D.Ventes adm.446.
— Bordeaux.P28.2.10;S28.2.61;D.Communauté.691.
— Caen.P28.2.82;D.Procès-verb.154.
— Caen.P28.2.147; S28.2.175;J41.582; D.Purge.134.Rente.179.
— Ord.P28.3.19;S27.2.271;D.Compét. adm.309.

— Ord.P27.3.28;D.Commune.145.
— Ord. du cons. d'état.D.Dette publ.15.
— Ord. du cons. d'état.S28.2.28;D.Comptabilité.36.Contrainte.17.
23 Req.P27.1.123;S27.1.122;J40.8;D.Aveu.74.Effet publ. 118.Frais et dépens.131.
— Req.P27.1.126;S27.1.142;D.Req. civ.57.Substitut.220.
— Pau.P28.2.52;S28.2.91; D.Dom. de l'ét.99.Expl.575.
— Req.P33.1.304.S27.1.233;D.Enreg.659.
26 Cr.c.P27.1.374;S28.1.55;D.Jugem.455.Serment.95.
— Cr.r.P27.1.376;D Cour d'ass.1210.Homicide.20.
— Cr.c.P27.1.376; S28.1.57; D.Actes de comm.199.200. Compét. crim.336.Cour d'ass.975.986.1006.
— Cr.c.P27.1.377;S27.1.48; J40.365; D.Cour d'ass.1480. 1605.Faillite.1347.1363.
— Toulouse.P28.2.19;S28.2.9;D.Degré de jurid.310.
— Poitiers.P30.2.223;D Péremp.293.
27 Cr.c.P27.1.378;S27.1.486;J40.358;D.Cour d'ass.1243. Faux.126.
— Pau.P30.2.8;S30.2.11;J46.61;D.Vente.118.
28 Caen.P28.2.145;S28.2.178;D.Obl.705.
29 Civ.r.P27.1.159;S27.1.168;J37.570;D.Exéc. des jugem. et actes.120.Saisie-imm.1086.
— Toulouse.P27.2.172;S27.2.222;D.Jugem. par déf.358.
— Bourges.P29.2.122;S29.2.78;D.Retrait suc.28.
30 Civ.c.P27.1.126;S27.1.384;D.Dette publ.42.
— Req. P27.1.127;S27 1.105;D.Dom.-int.84.Mat. som.39.
— Nîmes.P27.2.127;S27.2.172;J41.150;D.Succession.418
— Colmar.P27.2.131; S27.2.154; D.Huiss.102.Intervention.9.Vente publ. de meubles.35.46.
— Bourges.P27.2.149;S27.2.147;D.Appel incid.58.
— Paris.P28.2.96;S28.2.206;J41.159;D.Emigré.563.
31 Civ.c.P27.1.128; S27.1.349; J39.1.24; D.Cass.179.307. 309.Exploit.391.395.906.Intervention.146.
— Besançon.P27.2.136; S27.2.250; D.Autor. de femme. 157.Sép. de biens.215.
— Ord.P27.3.31;D.Voirie.187.503.
— Ord.P27.3.22;D.Commune.685.686.
— Ord.P27.3.28;D Emig.441.
— Ord.P28.3.20. et 27.3.58;D.Trav. publ.89.
— Ord.P28.3.25.n.;D.Compét. adm.261. Octroi.187.
— Caen.P29.2.103;S28.2.34;J40.447; D.Disp. entre-vifs. 277.

FÉVRIER.

1 Req.P27.1.130; S27.1.422; D.Cassation.746. Substitution.81.85.
— Cr.c.P27.1.379;S28.1.87;J40.77;D.Action civ.111.
— Bourges.P27.2.162; S27.2.158; D.Prescrip.55.Tutelle. 548.
— Toulouse.P28.2.1;S27.2.193;J40.392;D.Port. disp.259.
2 Cr.c.P27.1.382;S28.1.73;D.Peine 273.
— Cr.r.P27.1.381;S27.1.288;D.Presse.193.260.
— Cr.c.P27.1.380; S28.1.47; J41.114; D.Action publ. 39. Appel correct.165.181.Frais et dépens.119.
— Cr.c.P27.1.379;S28.1.64;D.Presse.526.
— Cr.r.P27.1.384;S27.1.301;D.Quest. pr.32.
— Cr.c.P27.1.381;S28.1.89; D.Prescrip. crim.18.19.Vol. 26.Voies de fait.47.
— Cr.c.D.Récid.74.
3 Cr.c.P27.1.385;S28.1.88;D. Voitures publ.83.
— Cr.c.P27.1.383;S28.1.90;D.Compét. crim.256.
— Cr.c.P27.1.384;D.Aut. mun.93.94.138.207.Lois.278.
— Cr.c.P27.1.383;S28.1.87;D.Cassat.959.Expl.382.
5 Bordeaux.P27.2.118;S27.2.114;D.Don manuel.22.Donation.154.
— Bordeaux.P27.2.184;S27.2.102;D.Mandat.115.Poss.86. Prescript.687.
— Bourges.P28.2.4;S27.2.175;D.Fonct. publ.239.240.
— Civ.r.P33.1.292;S27.1.253;J37.488;D.Emig.388.
6 Req.P27.1.132;S27.1.418;J39.90;D.Enreg.221.782.
— Req.P27.1.133;S27.1.105;J39.61; D.Arbitrage.173.Motifs des jug.194.
— Req.P27.1.133;S27.1.105;J39.69;D.Motifs des jug.171.
— Besançon.P27.2.134;S27.2.262;D.Legs.62.68.
7 Lyon.P27.2.49;S27.2.146;D.Révoc.51.153.
— Civ.r.P27.1.134;S27.1.145;D.Retour légal.40.
— Bordeaux.P27.2.79;S27.2.147;D.Prescript.36.
— Bourges.P27.2.150;S27.2.143;D.Publ. des jugem.16.
— Pau.P27.2.144;D.Société comm.180.
— Grenoble.P28.2.99;S27.2.218; J42.230; D.Séparat. de patrimoine.29.66.
— Limoges.P29.2.97; S28.2.336; D.Faux incid.91.Prescript. crim.41.
— Req.P27.1.136,n.;S27.1.412.n.;D.Cassat.215.218.
8 Req.P27.1.135;S27.1.107;J39.92; D.Brevet d'inv.121. Dem. nouv.27.
— Req.P27.1.136;S27.1.411;J39.80;D.Cassation.215.218.
— Req.P27.1.156;S27.1.376; D.Faillite.881.
— Limoges.P28.2.140;S28.2.22;J42.371; D.Acquiesc.436.
9 Cr.c.P27.1.136;S27.1.335;J41.190;D.Comp. crim.635. Militaire.22.
— Bordeaux.P27.2.74;S27.2.190;D.Arbitrage.597.
— Nîmes.P27.2.108;S27.2.128; J39.463; D.Intér. de cap. 154.
— Besançon.P27.2.132;S27.2.129;D.Scellé.12.
— Cr.c.P27.1.385;S28.1.372;D.Cour d'ass.1572.
— Angers.P28.2.84; S28.2.110; D.Deg. de jurid.59.Responsab.204.
— Ord.P27.3.5;S27.2.207;D.Colonies.104.

— Orléans.Dict. du not.65;D.Vente pub. 49.
10 Bordeaux.P27.2.74; S27.2.105; J41.457; D.Jour férié. 58.Exploit.526.
— Cr.c.P27.1.386;S27.1.486; D.Faux.182.277.
— Cr.r.P27.1.385;D.Récidive.78.
— Cr.c.P27.1.386;S27.1.482;D.Jug.398;Eau.414.419.
— Cr.c.P27.1.387; D.Peine.223.Vol.115.
— Cr.c.P27.1.387;S28.1.50;D.Faillite.1386.1387.
— Rouen.P27.2.192;S27.2.170;J38.487;D.Surenc.273.
— Toulouse.P28.2.229; S28.2.235; J42.296; D.Acquiesc. 244.Preuv. test.223.294.
12 Bordeaux.P27.2.75;S27.2.246;D.Servitudes.704.
13 Civ.c.P27.1.137;S27.1.417;J39.153; D.Lois.126.Sel.22. 23.
— Req.P27.1.138;S27.1.153;J39.158;D.Cass.751.754.Saisie imm.1152.1153.
— Req.P27.1.140. et 2.15;S27.1.118; J39.328;D.Jug. par déf.419.Saisie-imm.981.1118.
— Bourges.P27.2.128;S27.2.151;D.Appel inc.72.Exprop. pub.228.248.
— Bourges.P27.2.149;S27.2.145; D.Enq.240.
— Poitiers.P29.2.85;S28.2.49;D.Exploit.281.
— Poitiers. P30.2.49; J47.541; D. Interrog. sur faits.22. Exploit.259.
— Montpellier.P33.2.148;S27.2.234;D Success.414.
14 Civ.c.P27.1.104;S27.1.289;J39.318;D.Saisie-imm.988. 990.
— Civ.r.P27.1.141;S27.1.187;J39.242;D.Jug.488; Preuve test.345.Frais et dép.150.151.
— Req.P27.1.141;S27.1.146;J39.167; D.Privil.76.
— Civ.c.P27.1.142;S27.1.179;J39.217; D.Vente adm.349.
— Nîmes.P27.2.106;S27.2.122;J39.459; D.Révoc.176.
— Rouen.P27.2.167;S28.2.7.D.Forêts.386.387.
— Douai.P28.2.43; S28.2.79; D. Actes de comm.72. Deg. de jurid.540.
15 Req.P27.1.142;S27.1.334;J40.319;D.Révoc.119.
— Req.P27.1.143;S27.1.118;D.Motifs des jug.64.
— Req.P27.1.143;S27.1.535; J39.388; D.Disp. entr.-vifs. 179.279
— Corse.P27.2.67;S27.2.143; D.Arbitrage.85.
— Grenoble.P28.2.100;D.Procès-verb.208.
— Besançon.P33.2.147;S27.2.138; D.Louage.403.
16 Ord.P27.3.28;D.Emig.435.436.
— Ord.P27.3.23;D.Commune.683.
— Ord.P28.3.27;S28.2.28;D.Compét. adm.185.
— Ord.P28.3.28;D.Prises marit.42.
— Ord.P27.3.15;D.Compét. crim.
19 Toulouse.P27.2.174;S27.2.90;D.Ordre.8.
— Toulouse.P28.2.41;S28.2.75; J40.222; D.Compét. civ. 202.Purge.45.
20 Req.P27.1.144;S27.1.134;J39.598;D.C. par corps.380.
— Req.P27.1.144;S27.1.138;D.Preuve litt.915.
— Bordeaux.P27.2.186;S27.2.88; D.Arbitrage.127.472.
— Poitiers.P27.2.195;S27.2.228;D.App. civ.397.Délai.61.
— Caen.P28.2.6;S28.2.81; D.Louage d'ouv.135.136.137.
21 Civ.c.P27.1.145;S27.1.336;J39.61;D.Faillite.966.Contrat de mariage.87.Stellionat.11.13.
— Req.P27.1.148;S27.1.117;J39.281;D.Discip.233.Notaire.226.
— Req.P27.1.147;S27.1.162;J39.49;D.Compét. adm.308. Exprop. pub.230.
— Req.P27.1.147;S27.1.141;J39.89;D.Action poss.206.
— Orléans.P28.2.54;S28.2.15;D.Arbitrage.944.
— Civ.r.P33.1.301;S27.1.481; D.Cass.895. Prescript.749.
— Loi.P27.3.1;D.Surenchère.
22 Req.P27.1.148;S27.1.137;J39.472; D.Cass.872.Dot.18. 452.
— Req.P27.1.149;S27.1.136;J39.169;D.Expertise.51.Servitudes.598.
— Req.P27.1.150;S27.1.147;J39.176; D.Transcript. hyp. 44.52.
— Bordeaux.P27.2.104;S27.2.119; D.Propriété.83.84.
— Grenoble.P27.2.137; D.Chasse.36.38.101.
— Corse.P27.2.135;S27.2.241; D.Lib. prov.15.49.
— Grenoble.P27.2.160;S27.2.97;D.Port. dispon.442.444.
23 Cr.c.P27.1.154;S27.1.388;J39.150; D.Chasse.32.46.
— Cr.c.P27.1.151;S27.1.360;D.Enreg.160.161.
— Cr.c.P27.1.151;S27.1.376;J39.143; D Jeu-pari.16.
— Cr.r.P27.1.152;S27.1.214;J39.208;D.Art de guérir.14.
— Toulouse.P27.2.137; S27.2.101; D.Eff. de comm. 825. 829.833.Prescript.586.
— Besançon.P27.2.140;S27.2.137;D.Avoué.99. Désaveu. 100.Serment déc.64.
24 Cr.r.P27.1.431;S27.1.348;D.Désertion.15.16.18.
— Cr.c.P27.1.152;S27.1.560;D.Appel correct.49.
— Cr.c.P27.1.388;S27.1.481; D.Autor. mun.371.561.Halage.42.
— Cr.c.P27.1.389;D.Escroquerie.
— Cr.c.P27.1.388;S28.1.38;D.Animaux.23.
— Cr.c.P27.1.388;D.Peine.253.
— Caen.P28.2.38;S28.2.51;D.Acte respect.103.
— Rouen.P33.2.151;S27.2.243;J40.113; D.Eff. de comm. 457.
26 Civ.c.P27.1.153;S27.1.327;J39.146; D.Commune.30.
— Civ.r.P27.1.155;S27.1.260;J39.161;D.Enreg.1523.
— Caen.P28.2.71;S28.2.115;J41.298; D.Enreg.1040.Success.248.Nullité.270.
— Caen.P28.2.138; S28.2.105; D.Eff. de comm. 434.435. 458.
27 Req.P27.1.150;S27.1.228;J39.164;D.Jug.514.Respons. 129.

— Pau.P28.2.159;S28.2.223; D.Ratification.179.
— Caen.P30.2.114;J40.252;D.Fabrique.9.51.
28 Req.P27.1.156; S27.1.166; J39.545; D.Ordre.574.575. 576.591.
— Ord.P27.3.23;S28.2.28;D.Commune.704.
— Ord.P27.3.29;D.Emig.433.434.
— Ord.P27.3.29; D.Emigré.540.
— Ord.P27.3.29;D.Emigré.401.
— Rouen.P28.2.182;S28.2.172;D.Rente.279.Subrog.128. Tierce-oppos.144
— Ord.P28.3.20;D.Trav. pub.82.

MARS.

1 Req.P27.1.157;S27.1.333;J39.310;D.Avoc.26.Obl.133.
— Rouen.P27.2.82; D.Novat.46.Priv.161.
— Besançon.P27.2.95;S27.2.141; D.Nullité. 262.299.Obl. 133.Rescis.80.
— Nanci.P28.2.252;S29.2.65; D.Absence.388.420.
— Paris.D.Don manuel.22.
2 Cr.c.P27.1.158; J39.205; D. Action pub. 73.75. Fonct. pub.149.
— Cr.r.P27.1.159;S27.1.433;J39.207; D.Cour d'ass.1062. Tém. faux.44.Interprète.4.
— Cr.c.P27.1.390,n.1;D.Presse.816.
— Riom.P29.2.197;S29.2.167; D.Retr. succ.78.
3 Cr.r.P27.1.159; D.Presse.816.825.
— Cr.c.P27.1.390;S27.1.477;D.Presse.816.820.
— Cr.r.P27.1.391;D.Poids et mesures.119.
— Cr.c.P27.1.390; D.Poste aux lettres.17.
5 Civ.r.P27.1.160;.D.Féodalité.187. Frais et dépens.70. Dom. de l'état.84.Dom. extr.36.Prescrip.75.80.
— Toulouse.P27.2.108;S27.2.125;J40.117; D.Vente.244.
— Toulouse.P27.2.154;S27.2.162;D.Disp. entr.-vifs.264.
— Rouen.P33.2.142;S27.2.224;J40.55; D.Appel civ. 318. Surenchère.465.
6 Civ.r.P27.1.160;S27.1.386;J39.354;D.Recrut.92.
— Req.P27.1.162;S27.1.169;J39.401; D.Mandat. 399.476.
— Civ.c.P27.1.163;S27.1.354;J39.362;D.Aut. de femme. 8.Exploit.381.
— Civ.r.P33.1.305;S27.1.265;D.Preuve litt.234.
7 Civ.c.P27.1.364;S27.1.341;J39.221; D.Soc. comm.338.
— Civ.c.P27.1.163;S27.1.337; D.Saisie-imm.511.
— Req.P27.1.178;S27.1.318;J39.308;D.Faillite.318.
— Poitiers.P27.2.132;S27.2.137;D.Respons.549.
8 Req.P27.1.164; S27.1.165; D.Commissionnaire. 497. 301.Compét. comm.341.
— Dijon.P27.2.117;S27.2.151;D.Forêts.353.Usage.167.
— Ord.P27.3.28;D.Emig.457.
— Ord.P27.3.22;D.Commune.507.528.529.Cons. d'ét.86.
— Ord.P27.3.25; D.Commune.575.577.
— Ord.P27.3.26;D.Emig.459.
— Ord.P27.3.26;D.Emig.593.
— Grenoble.P28.2.9;S27.2.175;J42.150; D.Dot.447.Remploi.86.
— Ord.P28.3.20;D.Trav. pub.67.229.
— Toulouse.P29.2.16;J42.214; D.Promesse de mariage. 15.37.Rep. d'inst.57.
— Ord. du cons. d'état.D.Hospices.80.
— Ord. du cons. d'état. Mac.27.169; D. Marché de f.91.
— Ord. du cons. d'état.Mac.27.168;D.Marché de f.95.
— Ord. du cons. d'état.Mac.27.170; D.Marché de f.112.
— Ord. du cons. d'état.Mac.27.171; D.Marché de fourn. 221.274.
— Ord. du cons. d'état.Mac.27.165; D.Marché de f.275.
— Ord. du cons. d'état.S28.2.29;D.Remède secret.
9 Cr.c.P27.1.391;S27.1.478;J40.403;D.Cour d'ass.977.
— Cr.c.P27.1.391;S28.1.38;J40.402;D.Cour d'ass.976.
— Colmar.P28.2.32;S27.2.176; D.Condit.56.Substit.159.
— Poitiers.P28.2.36;S28.2.54; D.Acquiesc.417. Jug. par déf.101.
— Aix.P28.2.54;S28.2.15; D.Compét. comm.96.
10 Cr.r.P27.1.166; S27.1.357; J39.201; D.Action pub.90. 91.92.Compét. cr.770. Jug. supp.134.Jugem.433.
— Cr.r.P27.1.395;S29.1.168; D.Attentat à la pudeur.39. Cour d'ass.110.116.Publ. des jug.75.
— Cr.r.P27.1.393;S28.1.63; D.Jug. supp.75.
— Cr.r.P27.1.392;S27.1.470;D.Jug.424.Eau.305.Mar.75.
— Cr.c.P27.1.387,n.;D.Peine.223.
— Grenoble.P28.2.97;S28.2.41;D.Dot.305.Presc.346.602.
— Cr.r.P27.1.393,n.2;D.Cour d'ass.110.
11 Loi.P27.3.1;D.Impôts.
12 Caen.P28.2.69;S28.2.37;J40.240;D.Mandat.316.Oblig. solid.28.
13 Civ.c.P27.1.168;S27.1.444; D.Filiat. nat. 112.113.114. Dot.74.
— Req.P27.1.171;S27.1.360; D.Servitudes.556.
— Besançon.P27.2.135;S27.2.255; D.Ratification.43.
— Toulouse.P28.2.19;S28.2.8; D.Deg. de jurid.309.
— Caen.P28.2.78;D.Eff. de comm.306.
14 Civ.c.P27.1.171;S27.1.185;D.Preuve test.72.
— Req.P27.1.172;S27.1.385; D.Action possess.97.
— Lyon.P27.2.170;S28.2.8;D.Offre.101.
— Paris.P31.2.79;J47.593;D.Preuve litt.1163.
15 Req.P27.1.175;S27.1.378;J39.312; D. Oblig. solid.78.
— Rouen.P27.2.153;S27.2.164;J40.128;D.Nom.91.Société civ.398.
16 Cr.r.P27.1.173;D.Récidive.44.
— Cr.c.P27.1.393;D.Voitures.9.
— Bordeaux.P28.2.39;S28.2.49;D.Acquiesc.361.433.Dot. 95.Exception.384.

17 Cr.r.P27.1.174;S27.1.257;J39.275;D.Presse.119.
— Cr.r.P27.1.393;S29.1.88;D.Avortement.5.
— Cr.r.P27.1.391;S27.1.480;D.Tém. faux.26.
— Toulouse.P28.2.33;S27.2.226;J40.453;Saisie-imm.104.
— Paris.P29.2.290;S30.2.17;J45.445;D.Mandat.225.
— Bourges.P32.2.48,n.1;D.Appel civ.12.
18 Cr.c.P27.1.375;S27.1.479;D.Motifs des jug.240.
19 Civ.c.P27.1.175;S27.1.275;D.Saisie-arrêt.165.Transp. de créance.115.
— Colmar.P28.2.25;S28.2.29;D.Commiss.244.
— Cr.c.D.Jugem.440.
20 Civ.c.P27.1.179;S27.1.341;D.Commune.132.
— Civ.r.P27.1.179;S27.1.387;D.Action possess.161.
— Req.P27.1.180;D.Douanes.253.340.Monnaie.28.
— Req.P27.1.177;S27.1.385;D.Testament.253.
— Aix.P27.2.161;S27.2.156;D.Sép. de corps.202.
21 Civ.c.P27.1.181;S27.1.353;J39.333;D.Acquiesc.231.284.Cassation.865.Louage d'ouv. et d'ind.42.
— Civ.c.P27.1.182;S27.1.354;D.Cassation.920.Hypoth.211.Saisie-imm.161.162.
— Caen.P28.2.87;S28.2.90;D.Privilége.297.
— Poitiers.P28.2.146;S28.2.22;J42.368;D.Autor. de f.252.
22 Toulouse.P27.2.152;S27.2.208;D.Sais.-arrêt.171 à 174.
— Ord.P27.3.29;D.Emig.411.501.
— Ord.P28.3.18;D.Trav. pub.112.
— Ord.P28.3.20,n.;D.Trav. pub.82.
— Ord.P27.3.33;D.Voirie.57.
23 Bordeaux.P27.2.126;S27.2.124;D.Donation.336.341.347.350.
— Cr.c.P27.1.394;S27.1.479;D.Faux.303.318.403.
— Cr.c.P27.1.395;D.Complicité.163.Cour d'ass.742.1604.Faux.404.Fonct. publ.156.215.Témoin.455.
24 Cr.c.P27.1.396;D.Compét. crim.791.
— Cr.r.P27.1.396;S27.1.481;D.Corrupt.29.Jugem.148.
— Grenoble.P28.2.60;S28.2.85;J41.268;D.Success. bénéf.158.
26 Civ.c.P27.1.183;S27.1.261;J39.343;D.Fr. et dép.185.
— Nîmes.P27.2.197;S27.2.211;J40.128;D.Ret. conv.26.
— Besançon.P28.2.154;S28.2.130;D.Deg. de jur.240.360.
27 Paris.P27.2.110;S27.2.132;J40.145;D.Liberté indiv.6.Presse.88.
— Paris.P28.2.153;S28.2.136;D.Contr. par corps.725.Jugem. par déf.537.
— Nanci.P31.2.187;D.Enquête.135.Exploit.71.
28 Civ.r.P27.1.184;S27.1.241;J39.309;D.Arbitrage.387.Délai.88.Tierce-opp.164.
— Lyon.P27.2.181;S28.2.41;D.Compét. comm.392.
— Civ.c.P27.1.185;S27.1.419;J39.326;D.Enreg.2455.2457.
— Civ.c.P27.1.186;S27.1.299;D.Dot.244.
29 Cr.c.P27.1.187;S27.1.459;J39.402;D.Action pub.104.
— Req.P27.1.187;S27.1.450;J39.341;D.Arbitrage.674.693.852.
— Cr.r.P27.1.397;S28.1.373;D.C. d'ass.1182.Resp.471.
— Cr.c.P27.1.397;D.Complicité.164.
— Cr.c.P27.1.188;S27.1.459,n.;D.Action pub.103.
— Cr.c.P27.1.188;S27.1.459,n.;D.Action pub.104.
— Ord.P28.3.28;D.Prises marit.42.
30 Cr.c.P27.1.429;S27.1.477;D.Autorité mun.186.188.251.257.244.245.Cassation.133.
31 Civ.r.P27.1.188;S27.1.397;J39.347;D.Corruption.12.
— Besançon.P28.2.32;S27.2.182;D.Deg. de jurid.80.
— Paris.P34.2.242;D.Agent de change.219 à 224.

AVRIL.

2 Corse.P27.2.149;S27.2.152;D.Exception.381.
— Rouen.P27.2.193;S27.2.231;J41.458;D.Faillite.197.
— Grenoble.P28.2.178;S28.2.174,n.;D.Purge.172.
— Caen.P30.2.62;J46.48;D.Respons.388.
3 Req.P27.1.189;S27.1.403;J39.408;D.Exception.277.
— Nîmes.P27.2.125;S27.2.189;D.Donation.328.331.339.
— Décis. min.D.Pr. littérale.338.
4 Req.P27.1.190;S27.1.385;D.Surenchère.27.
— Civ.c.P27.1.191;S27.1.365;D.Enreg.333.
— Req.P27.1.190;S27.1.386;J39.434;D.Garantie.117.
— Civ.r.P27.1.209;S27.1.440;J40.30;D.Enreg.1760.1872.
— Nîmes.P27.2.143;S27.2.252;D.Substitution.245.
— Grenoble.P27.2.196;S27.2.232;D.Vente.345.
— Bourges.P27.2.194;S27.2.197;D.Testament.239.
5 Req.P27.1.191;S27.1.458;D.Cass.942.Port. disp.721.
— Lyon.P27.2.97;S27.2.119;J39.298;D.Puiss. pat.47.
— Lyon.P27.2.101;S27.2.205;J39.235;D.Rad. hyp.9.Stellionat.24.
— Grenoble.P32.2.68,n.6;D.Interv.34.
6 Cr.c.P27.1.398;D.Cour d'ass.1596.Homicide.7.
— Cr.c.P27.1.398;S28.1.38;D.Faux.319.Peine.323.
— Cr.r.P27.1.399;D.Min. pub.59.
— Cr.c.P27.1.399;S27.1.545;D.Peine.408.
— Cr.c.P27.1.399;D.Peine.223.
— Riom.P29.2.38;S29.2.17;J42.356;D.Enq.226.
7 Rouen.P27.2.89;S27.2.165;J42.221;D.Cont. par corps.651.679.
— Cr.c.P27.1.401;D.Amnistie.89.
— Cr.r.P27.1.408;D.Cour d'ass.1330.1342.Témoin.467.
— Cr.r.P27.1.399;S29.1.36;D.Voirie.360.
— Cr.c.P27.1.400;D.Pêche.113.114.
— Bordeaux.P28.2.56;S28.2.88;D.Rad. hyp.54.
— Cr.c.P27.1.400;D.Forêts.417.
— Rouen.P33.2.154;S27.2.196;J40.390;D.Tutelle.152.191.

— Grenoble.D.Preuve litt.395.
— Grenoble.P29.1.158;S29.1.198. et 28.2.168;D.Testament.757.
9 Civ.r.P27.1.165;S27.1.328;J39.316;D.Arbitrage.114.Compét. civ.56.
10 Civ.r.P27.1.193;S27.1.279;D.Faux incid.74.158.296.
— Civ.c.P27.1.194;S27.1.297;D.Faux incid.6.Mat. som.36.Preuve litt.32.
— Req.P27.1.196;D.Cassation.592.
— Req.P27.1.195;S27.1.455;D.Acquiesc.14.Honoraires.53.57.105.
— Caen.P28.2.57. et 231;S28.2.89;J41.169;D.Saisie-arrêt.168.
— Caen.P28.2.79;S28.2.205;J40.376;D.Exéc. des jugem.98.Saisie-exéc.86.
11 Civ.r.P27.1.197;S27.1.388;D.Effet de comm.353.908.
— Civ.c.P27.1.197;S27.1.391;J39.452;D.Action possess.295.Deg. de jurid.38.
— Req.P27.1.198;S27.1.431;J39.442;D.Actes de comm.121.Oblig.566.Remplac.62.63.
— Civ.c.P27.1.199;S27.1.435;D.Juge sup.99.
— Ord.P27.3.27;D.Enreg.516.
— Ord.P28.3.19;D.Compét. adm.182.
— Ord.A6.830,n.5;D.Emig.324.
— Ord.A11.441,n.32;D.Exprop. publ.75.
12 Cr.c.P27.1.401;S27.1.514;D.Témoin.479.
— Ord. du cons. d'état.D.Trav. pub.158.
14 Cr.c.P27.1.402;S28.1.165;J40.258;D.Désertion.20.Faux.278.
— Cr.c.P27.1.403;S27.1.514;D.C. d'ass.1214.Faill.1349.
— Cr.c.P27.1.404;S29.1.80;D.Compét. crim.241.
— Cr.c.P27.1.404;D.Serment.70.
— Cr.c.P27.1.391;D.Cour d'ass.976.
17 Req.P27.1.201;S28.1.91;D.Hyp. lég.126.153.Ordre.602.Privilége.554.Sép. de patrimoine.78.82.
— Req.P27.1.200;S27.1.456;D.Action possessoire.249.Amende.79.Responsabil.80.
— Civ.r.P27.1.199;S27.1.423;J39.452;D.Prescrip.648.
18 Civ.r.P27.1.203;S27.1.389;J39.383;D.Respons.362.
— Req.P27.1.205;S27.1.295;J39.392;D.Respons.350.
— Civ.c.P27.1.206;S27.1.249;J39.410;D.Cass.436.1030.Compét. civ.324.
20 Cr.c.P27.1.206;S27.1.421;J39.479;D.Peine.205.
— Cr.c.P27.1.405;D.Peine.137.
— Cr.r.P27.1.431;S28.1.22;D.Complicité.157.Cour d'ass.250.Homicide.59.
— Cr.c.P27.1.403;D.Compét. crim.352.
— Cr.c.P27.1.403;S28.1.40;D.Cour d'ass.1012.
21 Cr.c.P27.1.207;S27.1.516;D.Cassation.463.567.Jugem.77.
— Dijon.P27.2.119;S27.2.116;D.Louage.305.
— Cr.c.P27.1.407;S28.1.39. et 27.1.515;D.Aut. mun.59.60.80.81.83.Respons.425.
— Cr.c.P27.1.402;S28.1.38;D.Cour d'ass.1008.
— Cr.c.P27.1.406;S28.1.67;D.Procès-verb.178.211.222.
— Cr.c.P27.1.406;S27.1.533;D.Faux.203.
— Cr.c.P27.1.407;D.Or et argent.54.113.
— Cr.c.P27.1.431;S28.1.16;D.Instr. cr.421.Presse.465.
23 Civ.c.P27.1.210;S27.1.267;J39.450;D.Dem. nouv.144.Don. dég.18.
— Bourges.P29.2.36;D.Commune.187.
— Civ.c.P33.1.303;S27.2.321;J37.466;D.Juge supp.36.
24 Req.P27.1.211;S27.1.412;J39.471;D.Emigré.242.312.
— Ch. r.P27.1.213;S27.1.399;J39.446;D.Donation.67.Obl.371.Succession.365.
— Req.P27.1.214;S28.1.212;J39.403;D.Effet de comm.316.404.405.461.Etranger.184.Motifs des jug.118.
— Paris.P27.2.180;S27.2.103;D.Privil.146.
— Riom.P29.2.233;S29.2.203;J44.140;D.Tutelle.
25 Civ.c.P27.1.213;S27.1.264;D.Mat. sommaire.
— Req.P27.1.217;S28.1.85;J40.66;D.Deg. de jurid.319.Frais et dépens.256.
— Req.P27.1.217;S27.1.415;J40.310;D.Compét. com.783.Prise à partie.30.Renvoi.64.
— Req.P27.1.216;S27.1.404;J39.457;D.Enreg.518.
— Civ.r.P27.1.215;S27.1.394;J39.459;D.Commune.409.
— Colmar.P28.2.116;S28.2.176;D.Serment. déc.85.
— Loi.P27.3.1;S27.2.266;D.Traite des nègres.52.
26 Req.P27.1.219;S27.1.400;J40.5;D.Cass.943.Subrog.49.Vente.887.
— Rouen.P27.1.464,n.1;J40.517;D.Partage.116.
— Lyon.P28.2.11;S27.2.187,n.;D.Transport.
— Grenoble.P28.2.400;S28.2.264;D.Jugem. par déf.85.Saisie-imm.1283.1284.1285.Surenchère.433.
— Riom.P29.2.78;S29.2.263;J42.351;D.Dot.234.248.
27 Cr.c.P27.1.411;D.Peine.328.
— Cr.r.P27.1.483;D.Acquiesc.164.Cour d'ass.208.284.292.318.Instruc. crim.527.Serment.108.
— Cr.c.P27.1.411;D.Procès-verb.75.
— Bordeaux.P28.2.56;S28.2.89;D.Saisie-imm.1119.
— Bourges.P29.2.35;D.Lois.46.Prescrip.646.
— Toulouse.P30.2.29;J40.270;D.Appel civ.443.
— Lyon.P30.2.147;D.Saisie-imm.358.364.
28 Cr.c.P27.1.221;S28.1.87;J40.339;D.Presse.
— Cr.c.P27.1.409;S27.1.518;J42.353;D.Quest. pr.129.
— Cr.c.P27.1.408;D.Frais et dépens.364.J. férié.74.
— Cr.c.P27.1.409;D.Garde nat.377.Jug.396.Jug. par déf.528.
— Cr.c.P27.1.410;S27.1.518;D.Autor. mun.247.249.

— Cr.c.P27.1.410;S27.1.504;D.Animaux.14.Aut. mun.387.Serment.78.
— Cr.c.P27.1.432;D.Presse.826.830.831.
— Cr.c.P27.1.411;J40.187;D.Presse.394.Procès-verb.73.
— Riom.P29.2.79;S29.2.79;J42.530;D.Choses.47.
30 Civ.c.P27.1.223;S27.1.400;J40.178;D.Mot. des jug.81.
— Civ.r.P27.1.221;S27.1.273;D.Vente.706.767.768.769.

MAI.

1 Civ.c.P27.1.225;S27.1.269;J40.20;D.Vente adm.419.
— Toulouse.P27.2.142;S27.2.148;J39.467;D.Appel civ.235.Emig.345.348.
2 Loi.P27.3.1;S27.2.265;D.Cour d'ass.
— Ord.P27.3.29;D.Emig.325.
— Ord.P27.3.29;D.Emig.402.
— Corse.P27.2.79;S27.2.192;D.Chose jugée.463.
— Civ.r.P27.1.224;S27.1.290;D.Arbitrage.66.581.
— Civ.r.P27.1.225;D.Cont. ind.388.Jugem.175.Liquides.27.Publ. des jug.7.39.
— Req.P27.1.226;S27.1.415;D.Dem. nouv.121.Rescis.208.Vente.188.
— Req.P27.1.227;S27.1.450;D.Eff. pub.99.103.
— Toulouse.P27.2.141. et 87;S27.2.150;D.Faux incid.81.140.141.Tutelle.422.
— Ord.P27.3.30;D.Emig.517.
— Ord.P27.3.30;D.Emig.425.
— Ord.P27.3.33;D.Emig.509.
— Ord.P27.3.37;D.Patente.18.
— Ord.P27.3.33;D.Emig.416.502.
— Colmar.P33.2.155;S27.2.217;D.Emig.487.
3 Req.P27.1.228;S27.1.455;J40.130;D.Manuf.122.145.146.Oblig.divis.404.
— Req.P27.1.230;S27.1.456;J40.137;D.Compét. civ.389.Manufac.138.145.
— Nîmes.P28.2.218;S28.2.267;J43.110;D.Retrait suc.21.30.31.79.
— Rouen.P28.2.235;S29.2.115;D.Avaries.28.
— Aix.P29.2.99;S28.2.346;D.Exploit.327.
— Req.P27.1.230,n.;D.Manufact.138.145.Compét.389.
4 Rouen.P27.2.141;S27.2.149;D.Saisie-imm.867.
— Cr.c.P27.1.411;S27.1.542;D.Acquitt.24.
— Cr.c.P27.1.411;D.Or et argent.45.
— Cr.c.P27.1.411;D.Action pub.58.
— Colmar.P27.2.142;S27.2.246;D.Emig.345.
5 Cr.r.P27.1.232;S27.1.420;J40.86;D.Cour d'ass.1322.Renvoi.118.
7 Civ.c.P27.1.232;S27.1.461;J40.268;D.Vente.669.
— Corse.P27.2.187;S28.2.62;D.Enq.240.
— Nîmes.P28.2.44;S28.2.80;D.Possess.110.115.Vol.16.
8 Civ.c.P27.1.233;S27.1.302;J39.481;D.Purge.180.
— Req.P27.1.235;S27.1.453;J39.477;D.Pr. litt.693.875.
— Req.P27.1.236;S27.1.495;D.Action.27.Commune.600.
— Req.P27.1.521;S27.1.503;D.Faux incid.59.75.
— Ord.P27.3.26;D.Emig.525.532.
— Caen.P28.2.51;S28.2.96;D.Deg. de jurid.110.
— Caen.P28.2.81;S28.2.208;D.Deg. de jurid.328.
— Caen.P28.2.131;S28.2.143;D.Jugem.474.Ordre.373.374.Tierce-opp.165.242.
— Trib. de la Seine.D.Alimens.86.
9 Req.P27.1.236;S27.1.471;D.Cassation.806.Juge supp.102.Mat. som.10.Partage.40.233.235.Prescript.391.
— Ord.P27.3.34;D.Emig.514.
— Ord.P27.3.34;D.Emig.446.
— Ord.P27.3.30;D.Emig.415.
— Ord.P27.3.33;D.Emig.540.
— Ord.P27.3.14;D.Dr. nat.52.
— Arr. cons.S28.2.32;D.Eau.176.
— Ord.P27.3.30;D.Emig.415.
10 Req.P27.1.238;J40.63;D.Vérif. d'écrit.118.Presse.329.
— Req.P27.1.238;S27.1.539;J40.104;D.Acquiesc.321.Agent de ch.173.
11 Cr.c.P27.1.240;S28.1.47;D.Duel.7.
— Cr.c.P27.1.412;D.Vol.217.
— Cr.c.P27.1.418;S27.1.512;D.Lois.108.Tém.439.Tribunal.211.
12 Cr.c.P27.1.240;S27.1.282;D.Chose jugée.378.Compét. crim.297.Dénominat. calomn.12.27.37.Discip.29.
— Douai.P27.2.134;S27.2.138;D.Partage.175.
— Bordeaux.P27.2.151;S27.2.159;D.Compensation.157.Saisie-imm.1228.
15 Req.P27.1.257;S27.1.288;D.Preuve test.346.
— Req.P27.1.242;J40.140;D.Enreg.430.1961.
— Nîmes.P27.2.196;S27.2.243;D.Port. disp.34.
— Toulouse.P28.2.12;S27.2.488;D.Filiat. adult.28.
— Corse.P28.2.138;S29.2.51;D.Prescript.922.
16 Ord.P28.3.38;D.Trav. pub.38.
— Ord.P27.3.34;D.Emig.405.
— Req.P27.1.242;S27.1.457;J40.23;D.Action posses.78.
— Civ.c.P27.1.243;S27.1.326;J40.144;D.Remploi.92.
— Ord.P27.3.30;D.Emig.407.
— Ord.P27.3.30;D.Emig.513.
— Grenoble.P28.2.101;D.Discipline.170.
— Colmar.P28.2.149;S28.2.23;D.Responsabil.51.
— Ord.P28.3.28;D.Quest. pr.17.
— Ord.P28.3.30;D.Commune.622.625.
— Ord.P28.3.34;D.Dette pub.36.
— Ord.P28.3.38;D.Cons. d'état.318.Trav. pub.39.
— Ord.P28.3.27;D.Vente adm.207.420.
— Ord. du cons. d'état.P33.3.68;S27.2.272;D.Manufact.

— Ord. du cons. d'état.D.Commune.15.
— Ord. du cons. d'état.D.Eau.450.
— Ord. du cons. d'état. D.Saisie-imm.1244.
— Ord.D.Voirie.56.
17 Req.P27.1.250;S27.1.492;J40.15; D.Témoin.58.82.
18 Cr.c.P27.1.244;S27.1.491.
— Nanci.P27.2.194;S27.2.232;D.Surenchère.122.
— Nanci.P27.2.199;S27.2.229; D.Cont. par corps.52. 86. Responsab.127.
— Angers.P28.2.126;S28.2.119;D.Cont. direct.252.
19 Cr.r.P27.1.244;S27.1.555;J40.25; D.Inst. cr.247.
— Cr.r.P27.1.245;J39.144;D.Cass.1032.
— Cr.r.P27.1.245;S27.1.508;J40.75;D.Cass.656.Culte.60.
— Cr.c.P27.1.246;D.Rec. de juges.61. Renvoi.109.
— Cr.c.P27.1.412;D.Presse.614.
21 Civ.c. P27.1.246; S27.1.324; D.Comp. adm. 46, Vente adm.267.
— Corse.P27.2.187;D.Exploit.75.
— Toulouse.P28.2.53;S28.2.92;J42.67;D.Partage.119.
— Caen.P28.2.51;S28.2.93;J42.229; D.Cession de b.104.
— Caen.P28.2.68;S28 2.129; D.Arbitrage.916.1027.
— Montpellier.P28.2.174;S28.2.213;J42.147;D.Stell.46.
— Code forest.A8.702,n.3;D.Forêts.
22 Req.P27.1.236;S27.1.495; D.Commune. 600. Mandat. 250.Nullité.106.Preuve test.113.
— Civ.c P27. 1.247; S27.1.514; J40.253; D.Jug. par déf. 158.Désaveu.4.
— Req.P27.1.249;S27.1.493;J40.247; D.Forêts.368.
— Req.P27.1.249;S27.1.454;J40.246;D.Vente.625.
— Bordeaux.P28.2.3;S28.2.52;D.Absence.420.
23 Req.P27.1.249;S27.1.492;J40.18; D.Témoin.72.
— Lyon.P27.2.145;S27.2.168; D.Cont. par corps.475.
— Bordeaux.P29.2.84; S28.2.44; D.Donat. entre époux.
25 Cr.c.P27.1.413;D.Liberté indiv.16.
— Cr.c.P27 1.415;S28.1.64;D.Autor. mun.184.Récid.101.
— Cr.c.P27.1.415;S27.1.541;D Faux.316.C. d'ass.967.978.
— Lyon.P28.2.127;S28.2.12;D.Don. ent.-époux.60.Port. disp.44.
— Bourges.P29.2.258;S29.2.199;D.Hypoth.256.262.Inscr. hyp.375 412.Ordre. 234. 355. Privil. 218.Rente. 374. Vente.89.
26 Cr.c.P27.1.413;S28 1.72;D.Cont. indirect.134.
— Cr.c.P27.1.415; D.Octroi.21.
— Cr.r.P27.1.412;D.Escroquerie.22.
— Cr.c.P27.1.419;S28.1.72;D.Cont. ind.135.
— Cr.c.P27.1.420;S28.1.32;D.Octroi.62.
— Cr.c.P27.1.433;S27.1.316;D.Action pub.37.
— Bordeaux.P27.2.195; S27.2.171; D.Appel civ.397.Délai.61.
— Cr.c.P27.1.433;D.Cass.55.301;Colonies.101.Traite des nègres.10.13 15.16.25.
28 Civ.c P27.1.251;S27.1.344;J40.12;D.Cass.428.Eau.336. 337.
— Bourges.P29.2.239;S29.2.193; D.Insc. hyp.484. Inter. de cap.100.
29 Req.P27.1.256;S27.1.462;D.Dot.496.
— Civ.c.P27.1.253;S27.1.513; D.Preuve test.225.287.
— Caen.P28.2.119;S28.2.150;D.Insc. hyp.434.Purge des priv.30.
— Montpellier. P28.2.209; S28.2.263; J43.311; D.Vente. 705.711.808.
30 Civ.c.P27.1.257;S27.1.393;J40.215; D.Douanes.131.
— Req.P27.1.258;S27.1.425; J40.189; D.Régl. de jug.37.
— Aix.P28.2.26;S27.2.190;D.Navire.20.98.
— Orléans.P28.2.130. et 32 1.164;S28.2.152;D.Emig.543.
— Caen.P28.2.151;S28.2 171; D.Rente.279. Subrog. 128. Tierce-opp.144.
— Cr.c.P28.1.259.D.Douanes.327.
31 Req.P27.1.259;D.Commune.611.Respons.166.
— Req.P27.1.260;S27.1.470;J40.200;D.Brevet d'inv.124. Juge supp.113.
— Req.P27.1.260;D.Régl. de juges.26.
— Paris.P28.2.157;S28.2.127;J39.457;D.Privilège.160.
— Nanci.P28.2.179; D.Fabrique.116.

JUIN.

1 Cr.c.P27.1.262;S27.1.406;D.Enseig.102.
— Cr.c.P27.1.261;S27.1.494;J42.318;D.Douanes.253.Procès-verb.603.605.
— Cr.c.P27.1.261;S27.1.543;J40.74; D.Faux.127.
— Cr.c.P27.1.413;D.Colonies.81.82.
— Cr.c.P27.1.486;J41.137;D.Enseig.103.104.
— Toulouse.P33.2.149; S27.2.205; D.Resp.407. Serv.161.
2 Cr.r.P27.1.262;S27.1.496;D.Chasse.60.
— Cr.r.P27.1.263;S27.1.466;D.Presse.855.
— Cr.c.P27.1.417;S27.1.358;D.Voiture pub.56.
— Bordeaux.P27.2.191;S27.2.169;D.Transcrip. des don. 29.Vente.120.
— Paris.P28.2.156; S28.2.124; D.Acquiesc.61. Cont. par corps.246.
4 Toulouse.P28.2.194; S28.2.199; D. Eff. de comm. 43. Preuve litt.894.
5 Req.P27.1.264;D.Action poss.119.
— Req.P27.1.264;S27.1.313;D.Vente.538.
— Toulouse.P28.2.19;S28.2.9;D.Deg. de jurid.450.
6 Req.P27.1.264;S27.1.463;D.Enreg.2892.
— Ord.P27.3.35;D.Emig.441.
— Ord.P27.3.35;D.Emig.442.
— Rennes.P28.1.382;J43.25; D.Ratification.128.
7 Req.P27.1.265;S27.1.475;J40.192,D.Voirie.435.

— Nîmes.P28.2.138;S28.2.19;D.Serment.127.130.
8 Cr.c.P27.1.266;S27.1.474;D.Frais et dép.423.
— Cr.r.P27.1.266;D.Peine.352.
— Cr.c.P27.1.420;D.Contr. ind.309.
— Cr.c.P27.1.418;S28.1.48;D.Contr. ind.127.
— Cr.c.P27.1.418;S28.1.69;D.Contr. ind.311.
— Cr.c.P27.1.415; S28.1.59; D.Faux.316.Cour d'ass.967. 978.
11 Civ.c.P27.1.267;S27.1.339;J40.220; D.Act. poss.281.
12 Civ.c. P27.1.267; S27.1.338; J39.5; D.Péremp.109.Exploit.14.
— Bordeaux.P27.2 148.et2.274;S27.2.164;D.Péremp.145.
— Lyon.P28.2.11;S27.2.186;D.Transport.
13 Civ.c.P27.1.268;S27.1.404;J39.98;D.Présomp.63.
— Civ.r.P27.1.269;S27.1.577;J40.216;D.Enreg.2616.
— Req.P27.1.270;S27.1.473;D.Servitude.158.383.
— Req.P27.1.271;S27.1.453;J40.159;D.Ordre.367.
— Rouen.P27.2.164;D.Compulsoire.5.Preuve test.170.
— Ord.P27.3.35;D.Emig.444.
— Corse.P28.2.8;D.Contr. par corps.93.
14 Req.P27.1.271;S27.1.493;J40.142;D.Incendie.48.
— Req.P27.1.272;S27.1.474;J40.206;D.Autor. de femme. 223. Communauté.288. Emig.40. Mandat.222.Mariage. 581.Motifs des jugem.212.Success. irrég.12.
15 Cr.c.P27.1.421;D.Serment.87.
— Cr.c.P27.1.417; S28.1.59; D.Faux.292.Cour d'ass.967. 978.
— Cr.c.P27.1.486;S28.1.117,n. et 27.1.343;D.Instruc. cr. 536.
— Toulouse.P28.2.23;S28.2.26;D.Hypoth.282.
— Bordeaux.P33.2.141;S27.2.249;D.Saisie-arr.123.153.
— Paris.P33.2.225;S33.2.450,n.1; J37.526; D.Jugem. par déf.547.
— Cr.c.P27.1.487;S28.1.39;D.Faux.289.Cour d'ass.979.
16 Cr.c.P27.1.421;D.Complicité.68.
— Cr.c.P27.1.421;D.Douanes.267.Procès-verb.587.
— Rouen.P27.2.163;S28.2.18;D.Compét. comm.43.
18 Civ.r. P27.1.276; S27.1.460; J40.267; D. Commiss.330.
— Nanci.P28.2.252;D.Propriété.48.262.
19 Req.P27.1.276;D.Rapp. à suc.132.
— V. 19 juill.1827.
20 Civ.c.P27.1.276;S27.1.369; D.Motifs des jugem.36.37. Serment déc.35.
— Civ.c.P27.1.277;S27.1.353;J40.178;D.Usage.114.
— Civ.c.P27.1.278;S27.1.367;J40.27;D.Testam.346.
— Req.P27.1.279;S27.1.468;D.Vente.380.
— Req.P27.1.280;S27.1.459;D.Eff. de comm.279.646.
— Caen.P28.2.66;S28.2.183;D.Surenchère 66.
— Grenoble. P28.2.86; S28.2.115; D. Paraphernalité. 22. Prescrip.464.
— Riom.P33.2.248;D.Prescrip.35.
21 Req.P27.1.280; S27.1.487; J40.212; D.Compét. comm. 81.Présomp.92.Preuve test.340.
— Req.P27.1.281;S27.1.487,J40.351;D.Enq.30.Motifs des jugem.105.
— Douai P28.2.68;S28.2.39;D.Emancip.27.
— Req.P27.1.281;S27.1.504;D.Req. civ.17.
22 Cr.c.P27.1.420; S28.1.40; D. Faillite.1352. Cour d'ass. 980.987.
— Cr.r.P27.1.437;S28.1.28;D.Complicité.235.
— Grenoble.P28.2.167;S28.2.188;J41.82; D.Révoc.75.86.
— Grenoble.P28.2.216,n.;D.Remploi.124.
23 Cr.c.P27.1.382;S27.1.221; D.Avocats.90.Déf.48.
— Cr.c.P27.1.436;S28.1.83;D.Forêts.858.
— Cr.c.P27.1.435;S28.1.82;D.Forêts.147.
— Cr.c.P27.1.435;S28.1.82;D.Forêts.160.
— Rennes.P27.2.152;S27.2.158;D.Droits civ.101.
— Cr.c.P27.1.487;D.Cour d'ass.964.Publ. des jugem.55.
— Cr.c.P27.1.435;S28.1.81;D.Forêts.172.
24 Loi.P27.3.2;D.Impôts.
25 Civ.c.P27.1.282;S27.1.402;J39.545.D.Propriété.232.
— Bordeaux.P27.2.148;S27.2.165;D.Rescis.157.
— Lyon.P28.2.22;S28.2.24;D.Eff. de comm.716.
— Grenoble.P28.2.144;S28.2.162;D.Deg. de jurid.481.
26 Req.P27.1.283;S27.1.521;D.Communauté.412.
— Req.P27.1.283;S27.1.498;D.Commune.205.
— Req. P27.1.284; S28.1.61; J41.5; D. Prescrip. civ.452. 1070.
— Pau.P28.2.83;S28.2.111;D.Prescrip.725.
27 Civ.r.P27.1.284;S27.1.381; D.Juge-supp.47.56.Enreg. 1732.
— Req. P27.1.285; S27.1.509; J40.476; D.Saisie-imm.16. 69.71.
— Civ.c.P27.1.285;S27.1.411;J40.341;D.Action poss.261.
— Ord.P27.3.15;D.Cour d'ass.
28 Req.P27.1.286;J40.484;D.Legs.520.
— Caen.P30.2.151;D.Interdit.59.Tutelle.205.
29 Cr.r.P27.1.286;S27.1.463;J39.557;D.Chose jugée.468. Compét. cr.370. Duel.13.
— Cr.c.P27.1.422;D.Cour d'ass.1370.Respons.175.
— Bordeaux P29.2.83;S28 2.46;D.Jugement.191.
30 Cr.c.P27.1.288; S27.1.458; J40.56; D.Dr. nat.54. Evasion.18.
— Cr.c.P27.1.423;D.Procès-verb.364.
— Cr.c.P27.1.423.S28.1.53; D.Appel correct.227.
— Cr.c.P27.1.423;D.Procès-verb.277.
— Cr.c.P27.1.424;S28.1.63;D.Forêts.713.Lois.195.361.
— Cr.c.P27.1.424;D.Procès-verb.288.
— Cr.c.P27.1.424;S28.1.28;D.Procès-verb.327.
— Cr.c.P27.1.428;D.Compét. crim.715.
— Montpellier.P27.2.146;S27.2.166;D.Honoraires.170.

— Lyon.P28.2.73;S28.2.123; D.Actes de com.170.Comp. comm.115.Contr. p. corps.228.Société comm.16.
— Grenoble.P28.2.142;S28.2.191; D.Contrat de mariage. Donat. entre époux.

JUILLET.

1 Rouen.P29.2.74;S28.2.45;D.Exéc. des jug.
2 Civ.c. P27.1.289; S27.2.496; J40.58; D.Int. de cap.54.
— Civ.r.P27.1.288;S27.1.388;D.Commune.176.
3 Req. P27.1.290; S27.1.307; J40.100; D.Don. par cont. 146.
— Req. P27.1.289; S27.1.306; J40.98; D. Transport de créance.80.
— Toulouse.P28.2.83;S28.2.110;D.Serment déc.100.
— Grenoble.P28.2.146;S28.2.169;D.Saisie-imm.799.
— Agen.P29.2.26;J42.486;D.Interdit.67.
— Lyon.P30.2.29;S30.2.101;J39.302;D.Hypoth. lég.177.
4 Civ.c.P27.1.291;S28.1.60;D.Mat. somm.38.
— Civ.c. P27.1.291; J40.60; D.Douanes. 153.154.155.156. 551.564.
— Ord.P27.3.36;D.Emigré.94.
— Ord.P27.3.35;D.Emig.421.508.
— Ord.P27.3.35;D.Emig.443.
— Ord.P27.3.35;D.Emig.406.
— Lyon.P28.2.12;S27.2.183;D.Société comm.12.
— Limoges.P28.2.201; S28.2.261; D.Enq.55.185.194.203.
— Ord.P27.3.15;S27.2.267;D.Colonies.104.
— Ord.P27.3.31;D.Comm.73.
— Ord. du cons. d'état. Mac.27.357; D.Marché de fourn. 218.230.
— Ord. du cons. d'état.Mac.27.359;D.Marché de f.330.
— Ord. du cons. d'état.D.Octroi.98.99.
— Ord. du cons. d'état.D.Ventes adm.242.
5 Req.P27.1.292;J40.174;D.Nullité 238.Tutelle.580.
— Req.P27.1.293;S28.1.105;J40.111; D.Hypoth. conv.57. 381.Lois personn.51. Mandat.225.246.247.Ordre.252. Inscr. hypoth.381.
— Montpellier.P28.2.170;S28.2.240;D.Vente.574.
6 Cr.r. P27.1.297; S27.1.465; D.Juge.14. Juge-supp. 75. Lois.90.126.
— Cr.c.P27.1.296; S28.1.116. et 27.1.543,n.; J40.288; D. Instr. crim.535.
— Cr.c.P27.1.297;S27.1.300;D.Art de guérir.61.
— Cr.r.P27.1.442;D.Amnistie.166.
— Cr.c.P27.1.487;D.Faux.112.Cour d'ass.981.1231.
— Paris.P33.2.150;S27.2.202;D.Oblig.320.
— Ord.D.Compét. adm.266.
— Cr.c.P27.1.432;D.Presse.826.
7 Limoges.P28.2.217;S28.2.288;D.Surenchère.352.
— Cr.c.P27.1.298;S27.1.540;D.Frais et dép.397.
— Cr.c.P27.1.298;S27.1.524.J40.293; D.Liquides.6.
— Cr.c.P27.1.298;S27.1.311;D.Exéc. des jugem. et actes. 97.Contr. ind.383.385.
— Cr.c.P27.1.442;S28.1.117;J40.294;D.Homicide.7.Cour d'ass.972.
— Cr.c.P27.1.443;J40.285;D.Faux.261.
— Cr.c.P27.1.488;D.Action pub.58.62.Presse.363.
— Cr.c.P27.1.488;S28.1.29;D.Compét. crim.62.64.Vagabondage.28.
— Cr.r.P27.1.489;D.Aut. mun.470.489.
— Bordeaux.P28.2.9;S27.2.177;D.Legs.207.
— Grenoble.P28.2.13;S28.2.62;D.App. civ.25.Audience. 32.Avocats.217.227.
10 Req.P27.1.299; S27.1.524; J40.195; D.Chose jugée.90. Dem. nouv.122.Motifs des jugem.145.
— Req.P27.1.300; S28.1.56;D.Compét. adm.294.Mandat. 364.
— Toulouse. P28.2.27; S28.2.166; D. Exéc. testam. 121. Hospices.74.Jugem. par déf.77.Legs.127.Révoc.202.
— Toulouse.P28.2.250; S28.2.256; D.Appel civ.420.Jug. prép.154.
— Toulouse.D.Appel civ.415.
11 Req.P27.1.300;S27.1.473;J40.172; D.Acte resp.67.87.
— Civ.c.P27.1.301;S27.1.511;J40.264;D.Discip.257.
— Req.P27.1.301; J40.168; D.Inscrip. hyp.198. Douaire. 2.Novat.109.
— Civ.c.P27.1.302;D.Cassation.326.1020.
— Nîmes.P28.2.42;S28.2.76;J41.204;D.Intervention.27.
— Rouen.P28.2.79;S28.2.207;D.Mariage.381.376.
— Angers.P28.2.168;S28.2.270;J42.300;D.Partage.221.
— Nîmes.P28.2.130;S28.2.35;J40.380;D.Absence.117.170. Filiat. nat.66.Success. irrég.105.
— Bourges.P33.2.140;S27.2.248;D.Acquitt.2.Jugem.113.
12 Req.P27.1.302;S27.1.523;D.Testam.439.
— Req.P27.1.305;J40.390;D.Rem. de la dette.62.
— Caen.P28.2.127. et 28.2.197;S28.2.240;J41.375;D.Obl. 427.
13 Cr.c.P27.1.304;S27.1.327;D.Compét. cr.351.
— Cr.c.P27.1.309;S28.1.115;D.Cassat.57.Min. pub.401.
— Nîmes.P28.2.106;S28.2.159;J41.201;D.Filiat. lég.
— Montpellier.P28.2.177;D.Emig.557.
— Toulouse. P33.2.142; S27.2.260; D. Ord. du juge.6.7. 47.Exploit.744.
14 Cr.c. P27.1.304; S27.1.330; J40.179; D.Action pub.58. Appel correct.231.Cass.389.Fonct. pub.129.Contr. par corps.408.Jugem.423.Motifs des jugem.295.Usure.85. 89.108.
— Cr.c.P27.1.306; S27.1.522; J40.217; D.Compét. cr.116. Lois.134.

— Cr.r.P27.1.444;S28.1.72; D.Tém. faux.19.Témoin.401.451.
— Rouen. P27.2.165; S28.2.11; D. Alimens.158. Frais et dép.102.
— Pau.P28.2.49;S28.2.73;D.Success.irrég.100.
— Toulouse.P29.2.16;S28.2.202;J42.252; D.Absence.165.216.424.
16 Civ.c.P27.1.307;S27.1.394;J39.53;D.Capitaine.169.
— Bourges.P27.2.194;S27.2.199;D.Testam.235.
— Bordeaux.P29.2.4;S27.2.178; J41.158;D.Jour férié.40.41.Exploit.526.
— Lyon.P29.2.82;S28.2.54; D.Interrog. sur faits.55.
— Toulouse. P29.2.94; S28.2.198; J41.381; D.Expertise.334.
— Caen.P31.2.4;D.Contr. par corps.629.651.
17 Civ.r.P27.1.310;S28.1.76; J41.128; D.Cassat.314.Enq.40.Enreg.1790.1819.2736.Ventes pub.91.
— Civ.r.P27.1.315;S27.1.519;J41.64;D.Deg. de jurid.363.
— Pau.P28.2.189;S28.2.213;D.Pèremp.16.163.
— Req.P27.1.501;J41.70;D.Caution.80.220.
— Montpellier.P31.2.187; D.Arbitrage.140.Aut. de femme.259.
18 Civ.r.P27.1.312; S28.1.34; J41.62; D.Cass.605.883.Interrog. sur faits.121.
— Civ.c.P27.1.315;S27.1.488;J40.63;D.Avocats.80.
— Rouen.P27.2.190;S28.2.72; D.Commissionnaire.65.95.Faillite.1178.
— Nimes.P28.2.179;S28.2.317;J41.557;D.Désaveu.69.
19 Req.P27.1.314;S27.1.554;D.Aud.solennelle.25.Exception.275.Usage.89.
— Req.P27.1.314;S27.1.488;J40.526;D.Exéc. des jugem. et actes.94.Concession.33.Lois.59.61.Oblig.644.Expr.pub.5.
— Grenoble.P28.2.94;S28.2.178; D.Lois rétr.152.Rente.94.151.
— Montpellier. P28.2.247; J42.153; D.Séquestre.22.45.Testament.243.267.
— Lyon.P30.2.28;S27.2.243;J39.500;D.Actes de l'état-civ.50.52.
20 Cr.c.P27.1.313;S27.1.552;D.Exéc. des jugem. et actes.215.Cass.505.288.Prescrip. cr.9.
— Cr.c.P27.1.316;S27.1.490;D.Récidive.50.
— Cr.c. P27.1.444; D. Cour d'ass. 530. Mot. des jug.313.
— Orléans.P28.2.34;S28.2.166;J40.369; D.Exploit.495.
— Agen.P28.2.81;S28.2.107;D.Jugem. par déf.351.
— Besançon.P28.2.156;S28.2.11;J42.535;D.Emig.495.
— Angers.P29.2.91;S28.2.149;D.Commune.60.
— Cr.c.V. au 21.
21 Cr.c. P27.1.316. et 1.1575; S27.1.499; D.Douanes.288.514.327.
— Cr.r.P27.1.444;D.Colonies.125.Tr. des nègres.14.56.
— Cr.c.P27.1.445;S28.1.71;D.Cour d'ass.1522.
— Bordeaux.P28.2.8;S27.2.174; D.Mand.26. Obl.269.287.
— Angers.P28.2.88;S28.2.97;D.Disp.entre-vifs et testam.
— Dijon.P29.2.7;D.Acquiesc.39.
— Agen.P29.2.91;S28.2.147;D.Legs.26.Emig.355.
23 Civ.c.P27.1.318;S27.1.490;J40.529;D.Louage.205.
— Bourges.P28.2.60;S27.2.247. et 248;J40.575;D.Discip.228.243.244.
— Caen.P30.2.248;S30.2.251; J46.590; D.Faill.309.Comp.civ.57.Comp. comm.228.
24 Req.P27.1.318;S27.1.490;J40.300;D.Commune.44.
— Toulouse.P28.2.21;S28.2.8;D.Deg. de jurid.67.
— Corse.P28.2.37;S28.2.51;J46.590;D.Port. disp.444.
25 Civ.c.P27.1.320;S27.1.414; J40.404; D.Transcrip. hypoth.80.
— Civ.c.P27.1.319;S27.1.494; D.Arbitrage.556. Prés.60.
— Civ.c.P27.1.320; S27.1.491; J40.249; D.Notaire.99.Enreg.2471.
— Req.P27.1.321;S27.1.505;J40.265;D.Faux incid.59.75.
— Civ.c.P27.1.439;S28.1.17;J40.398;D.Caution.221.
— Grenoble.P28.2.91;S28.2.100;D.Ordre.542.
— Grenoble.P28.2.119;S28.2.130;D.Frais et dép.120.
— Montpellier.P28.2.186; S27.2.221,n.; J41.561;D.Remplacement.87.
— Ord.P28.3.31;D.Commune.579.579.
— Ord.P28.3.33;D.Honoraires.183.184.
— Riom.P30.2.77;S30.2.12;D.Aveu.69.
— Caen.P30.2.234;S30.2.204;D.Usure.43.54.
— Ord. du cons. d'état.D.Dom. pub.14.
— Ord.D.Enseig.182.
26 Cr.c.P27.1.323;S27.1.505;D.Autorité mun.280.
— Req. P27.1.323; S27.1.506; J40.262; D.Vente publ. de meubles.124.
— Cr.c.P27.1.322;J40.453;D.Tapage.6.Voirie.742.
— Cr.c.P27.1.324;S27.1.505;D.Aut. mun.54.
— Cr.c. P27.1.325; S27.1.502; D.Aut. mun. 162.465.240.Voirie.449.655.
— Cr.c.P27.1.524; S28.1.15; J40.479; D.Compét. cr.141.Voirie.449.
— Cr.c.P27.1.489;S28.1.29;D.Pêche.93.
— Orléans.P28.2.95;S28.2.159;J40.521; D.Avoué.118.Fr. et dépens.140.
— Angers. P28.2.89. et 2.974; S28.2.97; J41.579; D.Pé-remp.260.
— Ord.P28.3.23;D.Compét adm.574.Cons. d'état.249.
— Cr.c.P27.1.325,n.;D.Voirie.449.
27 Cr.c.P27.1.525;S27.1.519;D.Quest. pr.134.
— Cr.c.P27.1.326;S27.1.502;J40.454;D.Comp. cr.221.
— Cr.c.P27.1.446;D.Enreg.161.162.
— Rennes.P28.2.20;S27.2.232;D.Deg. de jurid.322.
— Angers.P28.2.120;S28.2.149;J43.377;D.Condition.111.
28 Cr.c.P27.1.326; S27.1.499; D.Fr. et dép.366.Douanes.327.
— Cr.c.P27.1.327;S28.1.30;J40.441; D.Motifs des jugem.268.Presse.834.
— Rouen.P28.2.25;S28.2.30;J42.425;D.Echange.42.
— Bordeaux.P28.2.31;S27.2.176;D.Appel incid.49.
— Colmar. P28.2.38; S28.2.85; D. Preuve litt.282. Vente pub. de meubles.95.107.
30 Civ.c.P27.1.528;S27.1.448;J40.241; D.Cass.871.Comp.civ.340.Mat. somm.30.
— Civ.r. P27.1.529; S28.1.56; J49.316; D. Condition.106.Substitution.456.
— Civ.r.P27.1.437;S28.1.12;J41.124;D.Privilége.547.
— Limoges.P28.2.174;S28.2.3;D.Success. bénéf.158.
31 Req.P27.1.426;S28.1.8. et 5;J40.559;D.Emig.242.358.Ordre.495.
— Civ.r.P27.1.528;S27.1.528;J40.107;D.Servitudes.444.
— Montpellier.P28.2.56;S28.2.55;J41.455;D.Vente.620.

AOUT.

1 Ord.A8.712;D.Forêts.25.26.27.33.49.50.51.
— Civ.c.P27.1.457;S28.1.49;J40.558;D.Filiat. adultér.19.37.Port. disp.385.Tierce-opp.148.
— Grenoble.P28.2.37;S28.2.180;D.Servitudes.482.
— Nimes.P28.2.190;S28.2.232;D.Jugement.353.
2 Req.P27.1.438;S28.1.65; J40.477; D.Cassat.753.Servitude.154.170.
— Req.P27.1.439;S28.1.62; J40.566; D.Assur. marit.502.311.
— Req.P27.1.440;S28.1.19;J40.481;D.Compét. crim. 290.Contr. par corps.354.
— Toulouse.P28.2.72; S28.2.113; J41.392; D.Saisie-imm.1569.
— Lyon.P28.2.56;S28.2.88;J40.52;D.Appel civ.159.Lois rétr.46.Droit civ.70.Polit.19.
— Grenoble.P28.2.95; S28.2.186; J43.31; D.Aut. de femme.320.
— Toulouse.P28.2.80;S28.2.108; J41.387; D.Faillite.235.Surenchère.150.
— Nimes.P28.2.157;S28.2.195;D.Fruits.31.
3 Cr.c.P27.1.448;S28.1.14;D.Douanes.204.
— Cr.c.P27.1.449; D.Commune.65.Quest. pr.149.
— Cr.r.P27.1.446; D.Compét. crim.740.
— Cr.r.P27.1.446; D.Témoin.249.
— Cr.c.P27.1.446;S28.1.15; D.Douan.225.Proc-verb.532.
— Cr.c.P27.1.447. et 1.1577;D.Douanes.525.
— Cr.c.P27.1.494; D.Acquiesc.464. Cass.558.Cour d'ass.120.Instruc. crim.526.
— Bordeaux.P28.2.51;S27.2.197;D.Tutelle.516.
— Riom.P29.2.257;S30.2.31. et 27.1.14.;D.Insc. hyp.510.
— Caen.S28.2.140;D.Rente.97.
4 Cr.c.P27.1.450;S28.1.26; J41.75; D.Lib. du comm.47.Lois. 90.
— Cr.c.P27.1.451;D.Compét. cr.148.
— Cr.c.P27.1.451;S28.1.31;D.Peine.252.
— Cr.r.P27.1.451;D.Compét. cr.67.Régl. de juges.99.
— Cr.c.P27.1.452;S28.1.51; D.Amnistie. 90.Cass.50.For.207.Désist.44.
— Cr.r.P27.1.467;S28.1.408;D.Désertion.1.13.17.
— Limoges.P28.2.58;S28.2.82;D.Dot.36.
— Rennes.P33.2.139; S27.2.230; D.Huiss.195. Expl.164.174.
6 Civ.c.P27.1.453;S27.1.418;J40.305;D.Donation.57.
— Bordeaux.P28.2.2;S28.2.31;D.Donat. p. cont. de mar.
— Colmar.P28.2.41. et 2.163;S28.2.75;D.Comp. civ.58.
— Toulouse.P28.2.169;S28.2.197; D.Arbitrage. 683.905.Ratification.54.
— Bourges.P29.2.72;S29.2.40;D.Mariage.49.
7 Civ.c. P27.1.461; S27.1.441; J39.127. et 499; D.Legs.137.253.
— Req.P27.1.455;S28.1.140;J40.592;D.Cass.949.
— Req.P27.1.454;S28.1.73;J41.13;D.Expertise.267.
8 Civ.c.P27.1. 455; S27.1.425; J39.438; D. Agent de ch.140.Certific. de propr.24.25.Intér.214.Eff. pub.63.
— Toulouse.P28.2.85;S28.2.109;D.Renvoi.66.67.
— Ord.P28.3.23;D.Trav. pub.68.
— Ord.P28.3.25;D.Trav. pub.138.
— Rouen.P30.2.11;S30.2.84;D.Tutelle.50.51.
— Arr.A12.988,n.6.9;B28.298; D.Voirie.131.137.
9 Req.P27.1.457;S28.1.33; D.Cass.861.Commune.565.
— Agen.P28.2.171;S28.2.210; J41.565; D.Tierce-opp.54.
— Déc. min.A8.810,n.4;D.Forêts.1055.
10 Cr.c.P27.1.458;S28.1.23; D.Témoig. faux.15.
— Cr.r.P27.1.459;S28.1.26;J41.90;D.Cour d'ass.563.
11 Cr.c.P27.1.458;S28.1.26;J41.56;D.Désaveu.20.105.
— Cr.c.P27.1.460;S28.1.23;J41.108; D.Réc. de juges.75.
— Cr.r.P27.1.463;J40.451;D.Garde nationale.
— Lyon.P31.2.63;S30.2.358;D.Déf.176.
— Cr.r.P27.1.465;S28.1.111;J40.456;D.Tém.306.307.326.
— Riom.P29.2.259;D.Jugem.175.
13 Civ.r.P27.1.460;S28.1.74; J40.536; D.Appel incid.5.8.24.Désaveu.58.162.Motifs des jug.172.
— Toulouse.P29.2.124;S29.2.81;J45.60;D.Presc.614.835.
14 Civ.r.P27.1.468;S28.1.118;J41.220; D.Servitude.163.
— Lyon.P33.2.142;D.Actes de comm.137.
16 Bordeaux.P33.2.157;S27.2.241; D.Partage. 11.Rap. à suc.196.
17 Cr.c.P27.1.461;S28.1.119; D.Faux.314.Peine.355.
— Caen.P30.2.276;S31.2.152;D.Remplac.88.
— Cr.r.P27.1.490;D.Cour d'ass.228.301.M. pub.398.
— Cr.r.P27.1.474;S28.1.24;J40.531; D.Adult.21.101.102.
— Montpellier.P28.2.53; S28.2.45; D. Contr. par corps.142.276.277.688.
— Riom.P29.2.161; D.Enquête.150.171.
18 Cr.c.P27.1.469;S28.1.20;D.Autor. mun.99.
— Cr.r.P27.1.470;S28.1.114; D.Confiscation.39.Or et argent.121.Procès-verb.461.
— Toulouse.P29.2.207; S29.2.257; J43.217; D.Autor. de femme.285.Tierce-opp.199.
20 Civ.r.P27.1.470;S28.1.113;J40.429; D.Enreg.2977.
— Metz.P28.2.5;S27.2.179; D.Commis. 218.Vente.157.
— Civ.c.P28.1.5;S27.1.462;J41.412;D.Enreg.
— Nanci.P28.2.69;S28.2.39.D.Communauté.150.
— Douai.P28.2.150;S28.2.167; D.Compét. comm.306.
— Toulouse.P28.2.150;S28.2.176;D.Deg. de jurid.420.
— Toulouse.P29.2.165;S29.2.351;D.Cont. par corps.556.
21 Civ.c.P27.1.471;S28.1.60;J40.356; D.Preuve litt.1095.
— Lyon.P28.2.155;S28.2.6;D.Eff. de comm.301.312.
— Cass.D.Rente.252.
22 Civ.r.P27.1.477;S28.1.107;J40.352; D.Success. bénéf.168.203.Tierce-opp.53.176.203.
— Montpellier. P28.2.70; S28.2.40; D.Exéc. des jug. et actes.66.Cont. par corps.463.471.565.Domicile élu.39.
— Bordeaux.P28.2.146;S28.2.177;D.Faillite.822.
23 Req.P27.1.498;S28.1.111;J41.48;D.Servit.546.557.590.
— Req.P27.1.475;S28.1.174;J40.492;D.Expl.566.817.
— Req.P27.1.472;S28.1.199;J40.424; D.Frais et dép.202.Quest. pr.99.Tribunal.151.
— Nimes.P28.2.35;S28.2.57;D.Eff. de comm.429.432.
— Toulouse.P28.2.172; S28.2.241; D.Communauté. 132.301.Dem. nouv.28.Sép. de biens.100.
— Bordeaux.P33.2.145;D.Mat. som.15.
— Toulouse.D.Jug. par déf.480.
24 Cr.r.P27.1.491;D.Cuités.693.
— Cr.r.P27.1.491;D.Complicité.142.
— Cr.r.P27.1.490; D.Acquiesc. 463. Cour d'ass. 53. 787.Interprète.9.Témoin.480.
— Cr.r.P27.1.473;S27.1.469;J40.427;D.Enreg.1945.
— Cr.r.P27.1.474;D.Complicité.11.154.
— Lyon.P28.2.18;S27.2.260;J41.468; D.Saisie-arr.279.
— Angers.P28.2.159;S28.2.104;D.Vol.87.145.
— Aix.P28.2.185;D.Mandat.323.
— Montpellier.P33.2.150;S27.2.255;D.Rap. à suc.223.
25 Cr.r.P27.1.507; S28.1.120; D.Action. publ.106 Contr. ind.79.
— Cr.c.P27.1.479;S28.1.21; J40.561; D.Fonct. publ.265.Octroi.87.
— Cr.r.P27.1.478; S28.1.22; J40.512; D. Culte.125.128.Lois.169.
27 Civ.r.P27.1.480;S28.1.93;J40.343;D.Act. possess.330.
— Caen.P28.2.67;D.Enquête.159.192.
— Colmar.P28.2.68;S28.2.148;D.Expropr. publ.91.
— Caen.P28.2.86;S28.2.187;D.Responsab.341.
— Aix.P28.2.149;S28.2.25;D.Autor. de femme.281.
— Req.P28.1.408;D.Absence.398.
28 Civ.c.P27.1.492;S27.1.537;J39.265;D.Actes de comm.2.Cassat.705.Legs.138.Retr. success.72.
— Nimes.P28.2.199;S28.2.201;J42.219;D.Dot.389.
— Bordeaux.P28.2.3;S28.2.64;D.Part.268.
— Bordeaux.P28.2.42; S28.2.76; D.App. civ.506.Saisie-arrêt.7.53.
— Colmar.P28.2.148;S28.2.102.D.Commune.601.
— Ord.P28.3.21;D.Trav. publ.76.
— Ord.P28.3.28;D.Quest. pr.18.
— Civ.c.P27.1.481; S28.1.10; J40.302; D. Hypoth.lég.164.166.215.
— Ord. du cons. d'ét.Mac.27.466; D.Marché de fourn.142.160.
— Ord. du cons. d'ét.D.Contr. par corps.322.
— Ord. du cons. d'ét.D.Halles.14.
— Ord. du cons. d'ét.D.Impôt.26.
— Ord.A12.988,n.9;B28.298;D.Voiries.157.
29 Civ.c.P27.1.483; S27.1.466; J41.126; D.Acquiesc.54.Sépar. de biens.38.119.
— Req.P27.1.481; J41.96; D.Cass.757.Dot.437.438.Succ. irrég.132.155.Trib.92.
— Civ.P28.1.55;D.Cassat.121.Faill.52.
— Toulouse.S20.2.45;D.Séq.19.20.21.
30 Req.P27.1.500;S28.1.200;J40.504;D.Louage-emph.55.
— Montpellier.P28.2.167;S28.2.217; D.Port. disponible.55.120.
— Bourges.P29.2.212;S29.2.346;D.Frais et dép.274.
31 Cr.r.P27.1.490;D.Cours d'ass.1451.
— Cr.c.P27.1.484;S28.1.110;D.Prescript. crim.53.
— Cr.c.P27.1.484; S28.1.116; J41.436; D. Degrés. de jurid.632.
— Cr.c.S28.1.116,n.
— Cr.c.P27.1.485;n.;D.Degr. de jurid.632.
— Grenoble.P28.2.144;S28.2.173;D.Dot.447.Purge.186.
— Cr.r.P27.1.490,n.;D.Cour d'ass.301.

SEPTEMBRE.

1 Ord.P27.3.16;S27.2.268;D.Presse.
— Cr.c.P27.1.492; S28.1.110; D.Aut. mun.551.Frais et dép.350.Jour férié.101.
— Cr.r.P27.1.493;S28.1.80; J41.512; D.Faill.1556.1595.Compét. crim.29.30.
7 Cr.c.P27.1.495;S28.1.115;D.Vol.119.

— Cr.c.P27.1.494;D.Compét. crim.282.Régl. de juges. 115.Vol.292.
10 Ord. du cons. d'ét.D.Subrog.7.
13 Cr.c.P27.1.494;D.Min. publ.80.Trib.187.
— Limoges.P28.2.15;S27.2.254;D.Elect. lég.148.479.
14 Cr.r.P27.1.495;S28.1.391; D.Avocats.139.Cours d'ass. 1325.Tém.263.
— Cr.c.P27.1.495;S28.1.86;D.Voirie.626.
— Cr.r.P27.1.496;D.Cours d'ass.467.Tém.480.
— Cr.c.P27.1.496;S28.1.115, D.Cassat.80.Compét. crim. 115.Publ. des jug.78.
17 Aix.P28.2.17;S28.2.33;D.Marin.13.
20 Cr.r.P27.1.497; S28.1.109; D.Complic.157.Homic.59. Jugem.442.Cour d'ass.1662.Tém.197.
— Cr.r.P27.1.497;S28.1.110,n.;D.Homic.59.Jug.442.
21 Cr.c.P27.1.498;S28.1.109; J41.257; D.Instr. crim.466. Témoign. faux.14.
— Cr.c.P27.1.498;J45.318;D.Peine.211.
— Cr.r.P27.1.502;J40.504;D.Tribunal.188.
— Cr.c.P27.1.502;S28.1.107;J41.171; D.Cour d'ass. 329. Respons.393.
— Ord.P28.3.25;D.Compét. admin.114.Resp.160.
— Ord.P28.3.28;D.Prise marit.42.
— Ord.P28.3.33. et 31.3.38;D.Trav. publ.74.
— Ord.P28.3.36;D.Lois.102.
— Ord.P28.3.38,n.;D.Place de guerre.89.
— Ord.P28.3.38;D.Place de guerre.51.89.
— Ord.P28.3.28; D. Délai. 96. Dépôt.35. Exploit.926. Respons.535.
— Ord. du cons. d'ét.D.Dépôt.35.Exploit.926.
— Ord. du cons. d'ét.Mac.27.484;D.Marché de four.229.
— Ord. du cons. d'ét.D.Presse.199.
— Ord. du cons. d'ét.D.Marché de fourn.229.
23 Ord.P27.3.17;S27.2.267;D.Droit nat.50.
24 Montpellier.P29.2.88;S28.2.127;D.Témoin.271.
27 Cr.c.P27.1.502;S28.1.81;D.Incendie.25.
— Cr.r.P27.1.502;S28.1.107;J40.440;D.Cour d'ass.48.
— Ord.P27.3.18;D.Voit. publ.92.
— Amiens.P28.2.16;S27.2.235;D.Elect. lég.148.479.
— Ord.P28.3.17;D.Elect. lég.482.
— Ord.P28.3.31;D.Commune.556.
— Ord.P28.3.56;D.Chose jugée.53.
— Ord. du cons. d'ét.D.Forêts.320.
— Ord. du cons. d'ét.D.Elect. lég.484.
28 Cr.c.P27.1.503;S28.1.81; D.Autorité. munic.210.315. Peine.152.
— Rennes. A6.549,n.7; P28.2.16;S27.2.256;D.Elect. lég. 148.479.
30 Ord.P27.3.20;S27.2.267;D.Colonie.57.

OCTOBRE.

4 Cr.c.P27.1.508; S28.1.120;D.Mot. des jug.256.Tentat. 16.17.
— Cr.c.P27.1.507; S28.1.118; D. Autorité mun.265.329. 331.353.
— Cr.c.P27.1.507;S28.1.117;D.Peine.223.
— Ord.P28.3.19;D.Compét. adm.306.
— Cr.c.P28.1.106;D.Faux.305.
6 Ord.P28.3.17;D.Elect. lég.473.
9 Rouen.P28.2.84;D.Capit.49.Charte.64.
— Circul. min.A6.552,n.1.3;D.Droit civ.
11 Cr.c.P27.1.509;S28.1.118;D.Cour d'ass.336.
— Cr.r.P27.1.511; S28.1.66; D. Compét. crim.277.278; Presse.284.
— Cr.r.P27.1.510;S28.1.65;J41.7;D.Voit. publ.69.84.
— Cr.c.P27.1.508;S28.1.119;D.Peine.246.248.
— Cr.c.P27.1.508;D.Peine.300.
— Cr.r.P27.1.504;S28.1.114;D.Cour d'ass.1510.
— Cr.c.P28.1.5; S28.1.195;J41.215;D.Cassat.352.Procès-verb.575.570.
14 Ord.A6.550;S27.2.233,*bis*,n.1.4;D.Droit civ.
18 Cr.c.P27.1.505;D.Respons.558.563.
— Cr.c.P27.1.511;D.Eau.480.Oblig.729.
— Cr.r.P27.1.506;D.Récidive.44.
— Cr.r.P27.1.506;D.Escroq.34.
— Cr.c.P27.1.506;D.Inst. crim.301.
— Cr.c.P27.1.505;D.Aut. mun.56.690.Peine.301.
— Cr.r.P28.1.6;S28.1.194;D.Procès-verb.160.
24 Ord.P28.3.19;D.Comp. adm.306.Place de guerre.93.
— Ord.P28.3.37;D.Délai.97.
— Ord.P28.3.37; D.Jug. par déf.588.Ventes ad.185.357.
— Ord. du cons. d'état.D.Eau.205.
25 Cr.c.P27.1.512;S28.1.64;D.Voirie.567.
— Cr.c.P28.1.6;S28.1.65;D.Confiscat.31.Douanes.245.

NOVEMBRE.

3 Ord.P27.3.20;S27.2.269;D.Amnistie.
— Cr.c.P27.1.510;D.Récidive.97.
— Cr.c.P28.1.8;S28.1.104;J41.246; D.Amende.89.Peine. 279.
— Cr.c.P28.1.9;S28.1.168;J41.304; D.Autorité mun.445. Cassation.837.
— Cr.c.P28.1.10;S28.1.179;J40.474; D.Serment.78.Supp. de titres.18.
— Cr.c.P28.1.7;J41.224;D.Cassation.844.Enseign.105.
— Cr.c.P28.1.8;S28.1.179;D.Voiture publ.56.58.
5 Rouen.P28.2.95; S28.2.160; D.Acquiesc.60.425.Degré de jurid.140.
6 Civ.c.P27.1.512;S28.1.12;D.Juge supp.57.

1827.

— Civ.c. P28.1.10; S28.1.145; J41.66; D. Int. de cap.44. Partage.304.
— Civ.c.P28.1.12;S28.1.13;J41.106;D.Comm.493. Preuve littérale.49.
— Req.P28.1.12;S28.1.88;J41.159; D.Enreg.2379.
— Req.P28.1.12;S28.1.167;J41.315; D.Commissionnaire. 76.Faillite.1176.
— Caen.P30.2.271;S30.2.215;J47.569;D.Rem. de la dette. 54.Success.377.
— Civ.r.S28.1.227;D.Success.326.
— Cr.r.D.Transcrip. hypoth.54.
7 Civ.c.P28.1.15;S28.1.144;J41.234;D.Jug. par déf.300.
— Civ.c.P28.1.13;S28.1.125;J41.256;D.Instr. par écr.26.
— Req.P28.1.14;S28.1.186; J41.306; D.Communauté.45. 530.
— Req.P28.1.15; S28.1.184; J41.590; D.Louage.179.Mot. des jug.175.
— Req.P28.1.303;S28.1.425;J45.174; D.Aveu.14.Frais et dépens.59.Rap. à suc.189.
— Caen.P29.2.20;S28.2.349;D.Deg. de jurid.67.128.
8 Req.P28.1.15;S28.1.85;J41.72;D.Enreg.1830.
— Nîmes.P28.2.174;S28.2.208;D.Success.288.382.
— Paris.P28.2.179;S28.2.247;D.Frais et dépens.16.111.
— Aix.P29.2.25;S29.2.27; J42.471;D.Emig.475.Succ.425.
9 Pau.P29.2.25;J42.363;D.Louage.136.433.
10 Lyon.P28.2.14;S28.2.36;D.Droit polit.8.
— Lyon.P28.2.14;S28.2.56;D.Droit polit.8.Naturalis.14.
— Rouen.P28.2.91;S28.2.181;D.Conflit.170.
— Caen.P29.2.28;S28.2.351;D.Enq.55.107.
12 Civ.c.P28.1.16;S28.1.124;J41.357;D.Acquiesc.85.362. 443.
— Civ.r.P28.1.16; S28.1.180; J41.20; D.Don. dég.23.29. Motifs des jug.213.Port. disp.467.468.469.483.Ratification.140.
— Montpellier.P28.2.15;S28.2.38;D.Dr. civ.71.Polit.22.
13 Req.P28.1.18;J41.122;D.Don. dég.18.Vente.212.
— Req.P28.1.18;S28.1.164;J41.552;D.Preuve litt.48.
— Req.P28.1.19;S28.1.196;J41.259;D.Saisie-imm.744.
— Civ.r.P28.1.21;S28.1.96;D.Colonies.119.
— Civ.r.P28.1.20;J41.243;D.Autor. mun.680.Poids publ. 10.14.Vente.155.
— Toulouse.P29.2.86;S28.2.34;D.Elec. lég.326.393.
14 Civ.c.P28.1.22;S28.1.5;J40.68;D.Louage.583.
— Req.P28.1.21;S28.1.182;J41.248;D.Inscript. hyp.380.
— Ord.P28.3.17;D.Elect. lég.478.484.
15 Req.P28.1.23;D.Donation.53.Obl.376.Succession.364.
— Req.P28.1.23;S28.1.124;J41.222;D.Etranger.116.
— Riom.P28.2.134;S28.2.6;D.Avocats.92.
— Bordeaux.P28.2.192. et 42; D.Arbitrage.384.400.401. Preuve test.100.
— Toulouse.P29.2.36;S28.2.33;D.Elect. lég.307.365.490.
16 Cr.r.P28.1.25;D.Faux.252.
— Cr.c.P28.1.25;J41.336;D.Cass.1080.1081.
— Cr.r.P28.1.24;S28.1.135; J40.509; D.Cour d'ass.1556. Homicide.72.
— Riom.P29.2.235; S30.2.25; J51.470; D.Port. disp.530. 533.
— Montpellier.P28.2.145;S28.2.192;D.Elect. lég.489.
— Trib. comm. de Marseille.D.Charte.119.
19 Bordeaux.P28.2.49; S28.2.72; D.Compét. comm.190. Effet de comm.414.
20 Req.P28.1.26;S28.1.193;J41.174;D.Vente.681.751.
— Civ.r.P28.1.25;S28.1.98;J41.179;D.Faillite.737.738.
21 Req.P28.1.29;S28.1.185;J41.227;D.Faillite.222.
— Req.P28.1.29;S28.1.163;J41.413;D.Hypoth. jud.34.
— Civ.c.P28.1.27;S28.1.84;J41.173;D.Enreg.2308.
— Civ.c. P28.1.27; S28.1.9; J40.78; D.Faillite.841.849. Vente pub.118.
— Bordeaux.P28.2.48;S28.2.71;D.Navigation.
22 Req.P28.1.30;S28.1.187;J41.343;D.Cassation.650.Dispos. entre-vifs.8.22.
— Req.P28.1.30;S28.1.191;J41.226; D.Arbitrage.770.771.
23 Cr.c. P28.1.31; S28.1.188; J40.310; D.Cassation.845. Chose jugée.418.
25 Bordeaux.P28.2.42. et 192;S28.2.77; D.Arbitrage.399.
26 Orléans.P29.2.65;S29.2.30;D.Ordre.544.
27 Req.P28.1.34;S28.1.164;J41.358;D.Commune.306.
— Civ.r. P28.1.33; D.Cassation.812.950.Chose jugée.8. Motifs des jug.48.175.
— Civ.c.P28.1.32;S29.1.335;J41.184; D.Cassation.39.Effet de comm.372.390.
— Civ.c.P28.1.32;S28.1.122;J41.177;D.Servitude.558.
28 Ord.A6.548;D.Droit civ.
— Civ.c.P28.1.36;S28.1.12;J40.289;D.Privilége.173.
— Civ.c.P28.1.35;S28.1.121;D.Cassation.121.Faillite.52.
— Req.P28.1.35;S28.1.195;J41.545; D.Jug.375.Poss.185.
— Agen.P28.2.91;S28.2.99;D.Port. disp.282.
29 Req.P28.1.37;S28.1.169;J41.348; D.Communauté.252. Vente.642.
— Req.P28.1.303;S28.1.379;J45.71;D.Servitude.56.
— Req.P28.1.366;D.Hypoth. judic.86.
— Nîmes.P29.2.17;J42.361;D.Prom. de mariage.27.43.
— Nanci.P29.2.112;D.Deg. de jurid.157.Sais.-imm.328.
30 Cr.c.P28.1.39;S28.1.143;J41.527;D.Procès-verb.114.
— Cr.r.P28.1.39;D.Action.34.Cour d'ass.1069.
— Cr.c.P28.1.38;J41.476;D.Tém. faux.40.
— Cr.r.P28.1.38;D.Attentat à la pudeur.77.85.
— Cr.c.P28.1.38;J41.507;D.Cour d'ass.538.

DÉCEMBRE.

1 Bordeaux.P28.2.41;S28.2.80;J40.519;D.Servit.527.

1827.

— Cr.c.P28.1.40;D.Compét. crim.279.
— Cr.c.P28.1.39;S28.1.297;J41.506;D.Compét. crim.369. Renvoi.126.
— Cr.c.P28.1.41;D.Poids et mesures.90.
— Cr.r.P28.1.41;S28.1.167;J41.308;D.Délit rural.11.
— Cr.c.P28.1.41;S28.1.298;J41.309;D.Aut. mun.272.273. Publ. des jugem.102.
— Cr.r.P28.1.40;D.Cass.1087.Chose jugée.286.
— Cr.c.P28.1.40;J41.417;D.Compét. crim.279.
— Besançon.P28.2.231;S28.2.229;J42.424;D.Sur.200.
3 Civ.c.P28.1.46;S28.1.167;J42.61;D.Jug.324.
— Civ.c.P28.1.41;S28.1.161;J41.252; D.Action possess. 368.C. par corps.88.Dom. int.81.Motifs des jug.16.
— Bordeaux.P28.2.44;S28.2.69; D.Assur. marit.658.
— Bordeaux.P28.2.140;S28.2.190; J41.89; D.Discip.254. 243.
— Riom.P29.2.234;S30.2.39;D.Legs.105.Testam.314.
— Bordeaux.P30.2.175;D.Compte-courant.43.
4 Civ.c.P28.1.45;S28.1.42; J41.103; D.Aveu.76.Transp. de créance.58.
— Civ.r.P28.1.45;J41.424; D.Enreg.588.1429.
— Req.P28.1.45;S28.1.207; J41.258; D.Cass.1059. Commune.730.753.754.762.765.776.777.Trib.117.
— Rouen.P28.2.36;S28.2.91;J40.460;D.Usure.35.
— Paris.P34.2.8;S33.2.600; D.Arme.22.23.Compét adm. 568.
5 Civ.r.P28.1.47;J41.354; D.Enreg.553.
— Civ.c.P28.1.46;J40.545; D.Prescript.920.
— Req.P28.1.49;J41.312; D.Servitude.541.623.
— Req.P28.1.49;S28.1.240,J42.436;D.Saisie-imm.841.
— Colmar.P28.2.64;D.Alimens.131.
— Req.P28.1.48; J41.337; D. Chose. 25. Vente pub. de récoltes.7.13.
— Aix.P29.2.70;D.Contrat à la grosse.113.114.
— Caen.P30.2.237;S30.2.206;J46.576;D.Servitude.80.81. 166.785.
6 Req.P28.1.50;D.Faux incid.59.Vérif. d'écrit.25.
— Req.P28.1.50;D.Action Posses.32.
— Ord.P28.3.24;D.Compét. adm.129.
7 Cr.c.P28.1.51;S28.1.255;D.Autor. mun.217.246.
— Cr.r.P28.1.51;D.Cour d'ass.420.Témoin.223.
— Cr.c.P28.1.51;S28.1.185;D.Presse.319.
— Cr.r.P28.1.51;D.Cour d'ass.305.392.417. Tém.480.
— Civ.c.P28.1.52;S28.1.186;D.Cass.52.Faux.313.
— Cr.r.P28.1.52;D.Vol.400.112.
— Bordeaux.P28.2.143;S28.2.105;D.Servitude.275.
— Caen.P29.2.209;S29.2.224;J45.546; D.Saisie-im.1256.
8 Cr.c.P28.1.52;D.Autor. mun.628.631.
— Cr.r.P28.1.53;S28.1.255;J42.206; D.Nom.93.Propriété industrielle.14.Renvoi.127.
— Pau.P28.2.111;S28.2.160;D.Deg. de jurid.138.
10 Civ.r.P28.1.53;D.Prescrip.341.591.649.
— Paris.P29.2.214;S29.2.179;D.Mariage.369.
— Agen.P30.1.145;S29.2.74; D.Port. disp.282.
11 Req.P28.1.54;S29.1.85;J42.251;D.Frais et dépens.76. Exprop. pub.42.43.
— Req.P28.1.54;D.Desc. sur les lieux.10.
12 Ord.P27.3.21;S28.2.328;D.Domaine.
— Lyon.P28.2.10,S28.2.71.J41.559; D.Péremp.157.
— Civ.r.P28.1.55; D.Interrog. sur faits. 34. 102. Preuve litt.1211.
— Req.P28.1.55;S28.1.172; J41.332; D.Acte de l'état civ. 106.107.108.Lois rétr.110.Enq.27.
— Civ.r.P28.1.56;S29.1.166; J40.89; D.Faillite. 529.686. 687.688.Mat. som.11.
— Toulouse.P29.2.139;S29.2.111; D.Eff. de comm.256.
13 Req.P28.1.58;J41.551;D.Douanes.211.
— Req.P28.1.57;S28.1.218;J42.184; D.Alimens.147.
— Req.P28.1.56;J41.255;D.Etranger.13.18.28.
— Pau.P28.2.175;S28.2.205;J42.308;D.Emig.564.
14 Cr.r.P28.1.58;S28.1.263;D.Compét. crim.372.
— Cr.c.P28.1.58;D.Or et argent.102.
— Aix.P28.2.45;S28.2.70; D.Arbitrage.79.Obl.603.
— Caen.P28.2.61;S28.2.144;J41.460; D.Jug. par déf.342.
— Nîmes.P28.2.89;S28.2.98;J46.467; D.Révoc.48.
— Bordeaux.P28.2.90;S28.2.100;J41.211; D.Surench.23. 123.
— Montpellier.P28.2.91;S28.2.99;J41.296;D.Vente.88.
— Lyon.P28.2.156;S28.2.168;D.App. civ.223.Gar.561.
15 Cr.r.P28.1.60;D.Quest. pr.131.
— Cr.c.P28.1.60;S28.1.180;D.Contr. ind.495.
— Cr.c.P28.1.59;S28.1.216;J42.118; D.Comp. crim. 214. 287.Inst. cr.61.Jug.398.Respons.426.
— Cr.c.P28.1.53;J42.102; D.Inst. crim.477.
— Cr.r.P28.1.59;D.Aut. mun.425.426.
— Cr.c.P28.1.61;S28.1.171;D.Fonct. pub.247.Trib.72.
— Cr.c.P28.1.61;D.Compét. crim.222.
— Cr.c.P28.1.61;S28.1.194;D.Autor. mun.382.385.
— Cr.c.P28.1.61;J42.105;D.Frais et dépens.413.
17 Civ.r.P28.1.62;S28.1.233;J41.218;D.Eff. de comm.467. Preuve test.358.
— Caen.P28.2.92;S28.2.170;J42.90;D.Hypoth. lég.214.
— Grenoble.P28.2.155;S28.2.163; D.Jug. par déf.449.
— Nanci.P28.2.281;S29.2.146;D.Emig.566.567.
— Bordeaux. P29.2.154; S28. 2.65; D. Ratification. 151. Transact.72.Usure.21.
18 Civ.r.P28.1.[illegible]
— Civ.r.P28.1.69;S28.1.44;J40.339; D.Incendie.53.
— Req.P28.1.63;S28.1.303;J41.303; D.Commerçant.122. 144.Trib.130.

— Bordeaux.P28.2.177;D.Enquête.134.
— Colmar.P29.2.29;S29.2.24;D.Délai.129.132.
— Ord.P28.3.35;D.Fabriques.303.
19 Ord.P28.3.32;D.Trav. pub.204.
— Req.P28.1.64;D.Compét. comm.28.Intér. de cap.155. Usure.34.
— Civ.c.P28.1.65;S28.1.41;J41.53;D.Offre.61.
— Req.P28.1.66;S28.1.295;D.Preuve test. 64.
— Bordeaux.P28.2.84;S28.2.112;D.Testament.240.
— Montpellier.P28.2.84;S28.2.111; D.Port. disp.307.
— Ord.P28.3.21; D.Trav. pub.49.163.
— Ord.P28.3.20;D.Trav. pub.77.
— Ord.P28.3.34; D.Dette pub.43.
— Ord.P28.3 20;D.Trav. pub.103.
— Toulouse.P29.2 138;J43.382;D.Pérempt.155.
— Civ.c.P28.1 64;J41.326; D.Dot.184.
20 Lyon.P28.2.38;S28.2.50;J2.973,n.;D.Pérempt.256.
— Rennes P28.2.119;S28.2.129; D.Appel civ.367.
21 Cr.c.P28.1.67;S28.1 170; D.Contumace.74.
— Cr.c.P28.1.66; S28.1.170; J41.180; D.Cour d'ass.1609. Presse.753.Récidive.39.
— Cr.r.P28.1.66;D.Instruc. crim.488.
— Cr.r.P28.1.68;S28.1.170; D.Récidive.101.
— Montpellier. P28.2.57; S28.2.81; J42.80; D. Prescrip. 174.177.
— Grenoble.P28.2.77;S28.2.163;D.Preuve litt.180.Ratification.137.
— Bordeaux.P30.2.113;S30.2.187;D Saisie-exéc.212.
22 Cr.r.P28.1.67; S28.1.156; J41. 492; D. Cassation. 250. Inst. cr.42. Dénonc. calom.27. 57. Discip. 29. Motifs des jug.321.
24 Paris.P28.2.21;D.Faillite.761.762.763.764.768.
— Civ.r.P28.1.72; S28.1.256; J41.321; D.Dem. nouv.81. Donation.364.418.Except.391.Révocation.171.174.
— Nimes.P28.2.217;S28.2.271;J42.525;D.Prop. indiv.16.
— Trib. d'Auxerre.P34.3.34;D.Avocats.205.
26 Civ.c.P28.1.73;S28.1.106; D.Contr. par corps.
— Req.P28.1.75;D.Obl.441.
— Rouen.P28.2.153;S28.2.156;D.Déf.207.
— Ord.P28.3.35; D.Fabriques.214.
— Ord.P28.3.5;D.Or et argent.4.
— Ord.D. Trav.pub.88.
27 Montpellier.P28.2.82;S28.2.109;J41.381; D.Expl. 418.
— Limoges. P28.2.216; S28.2.271; J42.417 ; D.Ordre.26. Saisie-imm.1113.1114.1115.1116.
28 Cr.c.P27.1.73;S28.1.192;J41.168 ; D.Voies de fait.26.
— Cr.c.P28.1.74;S28.1.208; D.Motifs des jug.Presse.
— Cr.c.P28.1.74;S28.1.261;D.Appel correct.227.
29 Cr.c.P28.1.76;D.Juge.60.61.
— Lyon.P28.2.105;S28.2.287; D.Mandat.248.Vente.650.
— Montpellier.P28.2.153;S28.2.154;D.Domm. int.10.Ratification.95.
30 Riom.P29.2 217;S29.2.277;J43.440; D.Legs.176.
— Paris.P29.2.266;S30.2.16;D.Eff. de comm.215.

1828.

JANVIER.

2 Civ.c.P28.1.76;S28.1.45; J40.546; D.Appel. Jugement par défaut.
— Civ.c.P28.1.78;S28.1.101;J40.161;D.Frais et dép.153.
— Req.P28.1.81;S28 1.41;J41.46; D.Expert.583.Prescrip. 583.
— Req.P28.1.80;S29.1.118;J41.539;D.Port. disp.469.
— Req.P28.1.81;S28.1 318,J41.350; D.Exéc. des jugem. et actes.87.Jugem. par déf.412.Mandat.7.14.
— Paris.P28.2.1;S28.2 120;J41.27;D.Mandat.217.
3 Ord.P28.3.7;D.Pêche.
— Cr.c.P28.1,82;J42.68;D.Cass.1036.Comp. crim.207.
— Cr.r.P28.1.82;D.Récidive.118.
— Cr.c.P28.1.82;J42.120;D.Aut. mun.91.
— Grenoble.P28.2.88;D.Discipline.178.
— Cr.c.P28.1.106;D.Cassation.83.Cour d'ass.2009.Faux. 293.294.
— Req.P28.1.302;S28.1.189;D.Compét. comm.69.Contr. par corps.197.
— Ord.P28.3.9;D.Pêche.234.
— Ord.P28.3.26;D.Ventes adm.310.462.
— Ord.P28.3.30;D.Commune.279.626.Quest. pr.102.
— Bourges.P29.2.45;S29.2.144; D.Exprop. publ.247.
— Civ.r.S28.1.176;D.Compte.130.
4 Cr.c.P28.1.83;S28.1.217;J42.130;D.Quest. pr.53.
— Cr.r.P28.1.183;J42.348;D.Renvoi.89.
— Limoges.P29.2.18; S28.2.332; J44.226; D.Exploit.492. Saisie-imm.549.553.763.
— Ord.P28.3.8;D.Enseignement.9.
6 Agen.P28.2.160;S28.2.224;D Preuve test.348.
7 Montpellier.P28.2.33;J40.376;D.Port. disp.444.
— Colmar.P29.2 30;D.Juge supp.119.Rec. de juges.82. 116.Serment.34.
— Caen.P30.2.6;S29.2.270;D.Louage.572.
8 Douai.P28.2.97;S28.2.185; J41.52; D.Acte respect 36. 52.105.
— Limoges.P29.2.98;S28.2.331;D.Don. par cont.143.
9 Req.P28.1.85;S28.1.127; J40.321; D.Dot.257.Nullité. 265.Ventes.621.
— Nimes.P28.2.161;S28.2.222;J42.217;D.Aut. de femme. 270 Publ. des jugem.18.
— Ord.P28.3.26;D.Ventes adm.467.
— Ord.P28.3.26;D.Ventes adm.177.421.
— Ord.P28.3.29;D.Commune.605.
— Ord.P28.3.33;D.Trav. publ.222.
— Ord.P28.3.7;D.Presse.
— Ord.D.Jugem. par déf.589.
— Civ.c.P28.1.85;S28.1.94; J41.316; D.Propriété industrielle.23.
10 Req.P28.1.87;D.Fruits.95.
— Besançon.P28.2.201;S28.2.201;D.Commune.363. Nimes.P28.2.254;S28.2.212;J42.50;D.Jugem. par défaut.156.157.
— Agen.P29.2.23;J43.368. et 44.464; D.Deg. de jur.157.
11 Aix.P28.2 65;S28.2.179;D.Société comm.150.
— Bordeaux.P28.2.79; S28.2.105; J41.213; D.Prescript. 285.349.
— Bourges.P29.2.43. et 168;S29.2.149;D.Surenchère.217.
12 Bordeaux.P28.2.29;S28.2.110;J41.274;D.Prescript.37.
— Cr.r.P28.1.87; S28.1.293; D.Cour d'ass.1576.1590.Témoin.255.
— Montpellier.P28.2.117;B17.463,n.;S28.2.154;D.Purge. 173.186.
— Cr.c.P28.1.107; S28.1.231; D.Avocats.91.Comp. adm. 77.Déf.48.67.
— Colmar.P29.2.30;D.Renvoi.18.
— Bourges.P29.2.258; D.Deg. de jurid.559.Ordre.282.
14 Orléans.P28.2.85; S28.2.106; J42.96; D.Preuve littér. 1095.1173.
— Civ.c.P28.1.87;S28.1.102; J41.400;D.Frais et dépens. 195.Propriété industr.19.20.22.
— Toulouse.P28.2.194; S28.2.200; D.Acquiesc.414.Effet de comm.81.
— Nimes.P28.2.206;S28.2.253;D.Compét. adm.141.
15 Toulouse.P28.2.80;S28.2.107;D.Compét. comm 457.
— Douai.P28.2.136; S28.2.140; D.Donation.441.449.Sép. de corps.196.
— Civ.r.P28.1.90; J41.329; D.Mat. som.12.Preuve test. 547.Vente.444.
— Civ.r.P28.1.91;S28.1.222;J42.17; D.Chose jugée.118. 154.Inscript. hypoth.19.359.Ordre.307.
— Bordeaux.P28.2.218;S28.2.137;D.Faillite.368.
16 Bordeaux.P28.2.28;D.Exploit. Jugement.
— Civ.c.P28.1.94;S28.1.275;D.Exéc. des jugem.112.Saisie-imm.985.
— Civ.c.P28.1.94;D.Jugement.29.
— Req.P28.1.94; S28.1.294; J42.51; D.Novat.50.75.Présomp.33.Preuve.27.
— Grenoble.P28.2.241;S28.2.315;D.Dot.426.Retour légal.7.
— Ord. min. int.P28.3.21;D.Trav. pub.42.
— Ord. min. int P28.3.32;D.Trav. pub.214.
— Ord. min. int.P28.3.34;D.Trav. pub.197.
— Lyon.P29.2 44;D.Elect. lég.58.104.148.367.
— Ord.P28.3.37;D.Cons. d'état.290.
— Civ.c.P28.1.94;J42.250;D.Preuve litt.1250.
— Ord. du cons. d'état.D.Commune.109.211.
— Ord.D.Eau.44.
17 Req.P28.1.98;J41.310,D.Compét. adm.197.
— Cr.c.P28.1.97;D.Cour d'ass.1379 Respons.175.
— Cr.r.P28.1.96;D.Témoin.480.
— Cr.c.P28.1.96;J42.201;D.Compét. crim.352.
— Cr.r.P28.1.96;D.Régl. de juges.104.
— Cr.c.P28.1.97;J42.190;D.Motifs des jug.248.
— Cr.c.P28.1.97;S28.1 240;J42.242;D.Faux.303.
— Caen.P30.2.36;S30.2.134;D.Péremp.84.90.
— Lyon.P28.2.157;S28.2.198;J42.428; D.Vol.44.
— Montpellier.P28.2.33;S28.2.117;D.Port. disp.
— Ord.A12.1000,n.21;B28.315.n.21;D.Voirie.375.
18 Colmar.P28.2.74;S28.2.131;D.Serment.124.
— Cr.c.P28.1.100;J41.317;D.Compét.crim.203.Peine.93.
— Cr.r.P28.1.101;D.Cour d'ass.946.Faux incid.138.
— Cr.r.P28.1.100;J42.184;D.Amnistie.109.110.
— Cr.c.P28.1.99; J42.208; D.Autorité mun.113.114.143. 190.Cont. ind.15.Dem. nouv.147.
— Cr.c.P28.1.98;J41.319;D.Presse.
— Cr.c.P28.1.99;S28.1.271;J42.179;D.Cour d'ass.1489.
— Cr.r P28.1.100;D.Faux.253.Instruc. crim.481.
— Agen.P28.2.176;S28.2.213;J42.213;D.Acquiesc.416.
— Lyon.P28.2.252;S29.2.135;D.Comp. civ.140.141.
— Toulouse.P29.2.63;S29.2.133; J43.292; D.Ratification. 49.Tierce-opp.8.
— Riom.P32.2.33;S31.2.310;J49.291; D.Hypoth.284.292.
— Caen.P30.2 36;D.Péremption.
19 Angers.P28.2.82;S28.2.108;D.Respons.315.
— Aix.P28.2.152;S28.2.175;D Deg. de jurid.303.
— Limoges.P29.2.121; S28.2.336; D.Compét. comm.384. Vente.608.
— Angers P29.2.291;S29.2.328;D.Peine.260.
20 Ord.P28.3.7;D.Ministère.4.
22 Bordeaux.P28.2.72;S28.2.114;D.Preuve litt.712.Preuve test.283.
— Civ.r.P28.1.145;J42.411;D.Mat. somm.13.
— Rouen.P28.2.122;S28.2.256; D.Fruits.15.
— Req.P28.1.102;S28.1.258;J41.526;D.Présompt.70.Serment décis.115.
— Req.P28.1.101;S28.1.262;J41.573;D.Renvoi.122.
— Req.P28.1.101;J41.382;D.Remise de la dette.73.74.
— Civ.r.P28.1.110;J42.187;D.Féodalité.301.Frais et dépens.215 216.
— Poitiers.P28.2.171;S28.2.245;D.Appel civ.471.
— Req.P28.1.367;S29.1.35;J45.109;D.Cont. directes.282. Prescrip. civ.967.
— Paris.P29.2.8; S28.2.58; J43.516; D.Culte.72.Presse. 121.
— Poitiers.P30.2.120;S30.2.90;D.Dispos. entre-vifs.146. Portion disp.227.Testament.237.
23 Bordeaux.P28.2.46;S28.2.104;D.Servitude.162.
— Civ.c.P28.1.103;S28.1.152;J42.34;D.Enreg.1222.
— Civ.c.P28.1.102;S28.1.197;J42.244;D.Enreg.2991.
— Ord.P28.3.29;D.Commune.154.
— Nanci.P29.2.115;S29.2.278;D.Lois.113.381.Presse.833.
— Bourges.P29.2.142;S29.2.266;J37.25;D.Success.266.
— Toulouse.P29.2.155;S29.2.260;J45.569;D.Emigré.545. 546.Prescript.694.
— Ord. du cons. d'état.D.Ventes adm.116.157.
— Ord.D.Vol.349.
24 Lyon. P28.2.121; S28.2.237; D.Deg. de jurid.561.Mariage.264.300.
— Douai.P28 2.130;S28.2.131;J40,530;D.Emig.543.548.
— Req. P28.1.105; S28.1.269; J41.395; D.Condition.91. Emigré.293.
— Cr.r.P28.1.105;D.Faillite.1339.
— Cr.c.P28.1.106;S28.1.271;J42.260;D.Comp. crim.785.
— Req.P28.1.104; S29.1.165; J42.261; D.Dem. nouv.44. Tierce-opp.121.
— Orléans.P29.2 24;J42.430;D.Avocats.76.Avoué.186.
— Bourges.P29.2.160;S29.2.335;D.Vente.90.
— Nimes;P30.2.174; S30.2.111; D.Portion disp.586.Rap. à suc.287.
25 Bordeaux.P28.2.46;D.Jugem. par déf.175.
— Cr.c.P28.1.108;S28.1.231;J42.180;D.Avocats.91.Compét. adm.77.Déf.48.67.
— Cr.c.P28.1.107;S28.1.326;J42.319;D.Faux.386.
— Cr.c.P28.1.108;J42.344;D.Forêts.217.218.219.
— Cr.c.P28.1.108; S28.1.221; J42.341; D.Exception.319. Exploit.86.933.
— Poitiers.P28.2.163;S28.2.241;D.Enq.58.
— Limoges.P29 2.100;S28.2.280;D.Deg. de jurid.452.
26 Lyon P28.2 132;S28.2.260;D.Preuve litt.1165.
— Besançon.P28.2.165;S28.2.198;J42.306;D.Saisie-imm. 1367.
— Paris.P28.2.199;S28.2.249;J41.364;D.Emig.466.527.
— Bourges.P29.2.52;D.Commerçant.68.
— Limoges.P29.2.56;S29.2.31; J50.475; D.Prescript.912. 937.
— Rennes.P30.2.59. et 250; S30.2.207; D.Communauté. 605.
— Bourges.P33.2.127,S29.2.253;D.Louage à cheptel.71.
28 Bordeaux.P28.2.40;D.Exéc. des jugem. et actes.62. Preuve test.63.
— Rouen.P28.2.64;S28.2.129;D Surenchère.14.
— Lyon.P28.2.105;S28.2.236;D.Domicile élu.62.
— Paris.P28.2.159;S28.2.186;D.Eff. de comm.884.Emig. 346.
— Civ.c.P28.1.119; S28.1.224; J42.433; D.Transport de créance.250.
— Civ.r.P28.1.109;S28.1.126;J40.406;D.Hyp. jud.38.
29 Grenoble.P28.2.91;D.Conflit 169.
— Req.P28.1.111; S28.1.148; J42.158; D.Douanes.72. 84.363.
30 Req.P28.1.115;S28.1.279;D.Alimens.75.Communauté. 628.
— Req. P28.1.114; S28.1.279; D.Chose jugée.92.Preuve litt.883.
— Civ.c.P28.1.112;S28.1.132; J40.417; D.Commune 640.
— Civ.c.P28.1.112;S28.1.123,J41.118; D.Juge supp.111.
— Ord.P28.3.47;D.Elect. lég.473.474.475.
— Ord.P28.3.22;D.Trav. pub.35.183.
— Ord.P28.3 27;D.Compét. admin.289.Naufrage.12.
— Ord.P28.3.29;D.Commune.687.Cons. d'état.104.
— Pau.P29.2.105;S28.2.277;D.Preuve litt.1499.
— Ord.P31.3.38;D Eau.88.
— Ord.A12.988,n.9;B28.298;D.Voirie.157.
31 Req.P28.1.117;S28.1.296; D.Acquiesc.418 Juge supp. 39.Jugem. par déf.458.
— Req.P28.1.115;D.Compensation.775.
— Cr.c.P28.1.117;D.Cassation.559.Comp. adm.85.
— Cr.c.P28.1.116;S28.1.237; J42.347; D.Cour d'ass.962. Vol 320.
— Cr.r.P28.1.116;S28.1.239;D.Cassation.110.
— Riom.P28.2.220;S28.2.251;D.Jug. supp.99.Obl.339.
— Bordeaux.P29.2.26;J42.475;D.Emigré.123.
— Agen.P29.2.172;S29.2.301;J44.71;D.Emigré.545.Usufruit.486.

FÉVRIER.

1 Bordeaux.P28.2.107;S28.2.128;D.Tutelle.502.
— Cr.c.P28.1.118;D.Presse.511.
— Cr.r.P28.1.118; J41.427; D.Cassation.833.Jugement. 227.Motifs des jug.309.
— Montpellier.P28.2.158; S28.2.194; D.Dot.208.209.Hypoth. lég.113.
— Besançon.P28.2.230; S28.2.251; D.Acquiesc.15.Commune.657.Exploit.578.
— Cass.D.Vente pub 113.
2 Besançon.P28.2.173;S28.2.207;J42.304;D Remplac.53.
— Toulouse.P30.2.152;S30.2.85;D.Appel civ.264.142.
4 Civ r.P28.1.119;S28.1.99;J41.410; D.Compulsoire.13. Usure.32.
— Rouen.P30.2.140;S30.2.103;D.Faillite.771.
5 Req.P28.1.122;S28.1.352;D.Respons.521.

— Req.P28.1.120;S28.1.442; J42.406; D.Inscrip. hyp.23. 482.
— Req.P28.1.122; S28.1.252; J41.455; D.Fruits.95.Obl. 481. Présomp.82. Preuve litt.711.Pr. test.269.Req. civ.64.
— Civ.r.P28.1.120;S28.1.278; D.Enq.245.
— Nancy.P29.2.231;S29.2.216;D.Deg. de jurid.523.
6 Civ.c.P28.1.165;S28.1.310;D.Frais et dép.60.
— Douai.P28.2.155;S28.2.224;J41.498;D.Louage.437.
— Nimes.P28.2.176;S28.2.205;J42.445;D.Sais.imm.654.
— Colmar.P29.2.12 et 88;S28.2.249;D.Compét. civ.82.
— Ord.P28.3.36;D.Place de guerre.105.
— Ord.P28.3.34;D.Théâtre.161.175.176.
7 Cr.r.P28.1.123; S28.1.173; D.Compétence crimin.784. Trib. 210.
— Montpellier. P28.2.234; S28.2.246;D.Degré. de jurid. 250.483.Vente.675.
— Grenoble.P28.2.265;D.Inst. crim.199.
— Bourges.P29.2.52;D.Dom. de l'état.99.102.104.
— Riom.P31.2.116;D.Usage.159.
— Nancy.P33.2.125;D.Servitudes.527.
8 Bordeaux.P28.2.95;S28.2.116; D.Prescript.937.Sépar. de patrimoine.78.
— Cr.r.P28.1.125;S28.1.354;D.Fonct. publ.234.
— Colmar.P29.2.92;S28.2.159;D.Féodalité.286.
9 Cr.r.P28.1.124;D.Renvoi.140.141.
— Toulouse.P29.2.95; S28.2.162; D.Jug.520.Except.304. Exploit.797.
10 Douai.P28.2.165; S28.2.495; J41.56; D.Part. d'asc.61. Sép. de biens.40.
— Ord.P28.3.8;D.Enseign.
11 Civ.r.P28.1.125;J41.477;D.Enreg.526.
— Civ.c.P28.1.126;S28.1.295;J41.477;D.Jug. supp.34.41.
— Civ.c.P28.1.124;S29.1.164;J42.5;D.Propriété.320.Servitude.40.
— Trib. de comm.D.Capit.146.
12 Req.P28.1.127;S28.1.556; J41.417; D.Aut. de femme. 27.40.165.360.Désist.19.Ratific.53.
— Civ.c.P28.1.126;S28.1.147;J41.440;D.Vente publ.124
13 Civ.c.P28.1.130;S28.1.154;J41.531;D.Cassat.574.1011.
— Req.P28.1.129;S28.1.283;J42.42; D.Prescript.145.170. Servitude.36.
— Montpellier. P28.2.252; S28.2.258; D. Condition.119. Vente.61.250.245.255.
— Lyon.P28.2.254;S29.2.86;D.Jug. par déf.157.Mariage. 315.318.
— Limoges.P29.2.61; S29.2.32; D.Obl.579.767.Succ.366.
— Ord. du cons. d'ét.Mac.28.157;D.March. de fourn.320.
14 Req.P28.1.131;S28.1.575;J41.508;D.Régl. de juges.52.
— Cr.c.P28.1.132;S28.1.312;J42.514; D.Vol.259.
— Req.P28.1.131;S28.1.545;J41.529;D.Exéc. des jug. et actes.126.Exécut. prov.14.Jug. par déf.16.
— Req. P28.1.132;S28.1.559;J41.479;D.Preuve litt.709.
— Riom.P28.2.222;S28.2.242;D.Rapp. à succ.221.
— Rennes.P28.2.240;S29.2.109;D.Adopt.51.
— Nancy.P29.2.113;S29.2.229;D.Jug. par déf.244.
— Nancy.P29.2.112;S29.2.192;D.Preuve litt.918.
15 Rouen.P28.2.55;S28.2.152;D.Purge.169.
— Cr.c.P28.1.134;J41.891;D.Forêts.1072.
— Cr.c.P28.1.134;D.Autor.mun.279.
— Cr.c.P28.1.134;D.Aut. mun.62.64.127.138.Lois.278.
— Cr.c.P28.1.133;S28.1.368;D.Récid.101.
— Cr.c.P28.1.135; J42.575; D. Aut. mun.62.64.127.138. Lois.278.
— Cr.c.P28.1.132;J42.259;D.Peine.94.302.
— Cr.c.P28.1.135;D.Presse.251.277.612.
— Cr.c.P28.1.134;S28.1.270;J42.585;D.Quest. pr.21.121. 139;D.Voirie.308.392.
— Cr.c.P28.1.134;D.Vol.9.
— Cr.c.P28.1.135;J42.456;D.Délit rural.109.
— Cr.c.P28.1.133;S28.1.271;D.Corrupt.15.
— Grenoble.P28.2.182;S29.2.131;D.Respons.174.
— Aix.P28.2.187;S29.2.115;D.Avaries.50.
16 Bordeaux.P28.2.93;S.28.2.120;D.Aliments.67.
18 Civ.r.P28.1.135; S28.1.141; J41.514; D. Louage.384. Règ. de juges.18.
— Civ.r. P28.1.136; S29.1.127; J42.196; D. Compét. civ. 326.Pérempt.24.110.111.113.
— Civ.c.P28.1.137;S28.1.371;J42.168;D.Exp.144.Prescr. civ.1059.
— Aix.P28.2.102;S28.2.248; D.Assur. marit.142.349.615.
— Rennes.P29.2.89;S.28.2.86;D.Saisie imm.981.
— Paris.P30.2.11;S29.2.271;J44.381; D.Subrog.65.
— Caen.P31.2.150;S31.2.186;J49.455;D.Dot
19 Colmar.P28.2.67;S28.2.182;D.Délai.71.Oblig.505.516. Expl.714.Preuve test.284.
— Req.P28.1.138; S28.1.554; J42.25; D. Hyp. conv. 81. Inscript. hyp.354.
— Douai.P28.2.86; S28.2.105; D.Contr. par corps.470. 472.478.
— Rouen.P29.2.32; S28.2.171; D.Hyp. jud.21. Inscript. hyp.284.
— Délib.P33.3.28;D.Enreg.1180.
20 Ord.A12.1030,n.6;D.Marais.66.
— Req.P28.1.138;D.Degr. de jurid.408.
— Req.P28.1.138;S28.1.305; J42.27; D.Cassat.905.Inval. 8.Privil.320.321.
— Rennes.P28.2.143; S28.2.161; J42.378; D. Appel civ. 478.Garantie.519.Expl.74.Respons.380.
— Nimes.P28.2.190; S28.2.215; J42.507; D. Prescription civ.1052.

— Ord.P28.3.8;S28.3.366;D.Colonies.
— Ord.P28.3.18,n.;D.Trav. publ.112.
— Ord.P28.3.19;D.Expropr. publ.48.Trav. publ.88.
21 Paris.P28.1.31;S28.2.114; J40.566; D.Effet. de comm. 205.867.
— Cr.c.P28.1.143;D.Forêts.1034.Procès-verb.296.
— Req.P28.1.141; S28.1.139; J41.229; D. Cassat.747.900. Transcript. des don. 20.
— Cr.r.P28.1.142;S28.1.263;J42.587; D.Voies de fait.57.
— Req.P28.1.140;S28.1.134;D.Elect. lég.471.486.
— Cr.r.P28.1.142;J42.399;D.Vol.193.
— Cr.c.P28.1.145;D.Forêts.208.908.
— Req.P28.1.142;S28.1.191;J40.501;D.Faill.1069.
— Angers.P30.2.148;S30.2.131;J46.545;D.Vente.222.
— Toulouse.P28.2.176;S28.2.196;D.Surenchère.405.
— Limoges.P29.2.150;S29.2.67;D.Emig.571.
— Paris.P29.2.244;S29.2.184;D.Faill.569.
— Amiens.P30.2.24;S29.2.349;D.Domic.90.Expl.295.
22 Cr.c.P28.1.144; S28.1.327; D. Compét. crim.626.631. Désertion.4.
— Cr.c.P28.1.145;S28.1.318;J42.593;D.Attent. à la pud.7.
— Cr.c.P28.1.144;S28.1.270; J42.588; D.Cassat.962.Jug. 56.Tém.266.
— Cr.c.P28.1.144;S28.1.293;D.Récid.72.
— Toulouse.P28.2.208;S28.2.262;D.Mandat.5.15.
— Angers.P31.2.94;D.Sép. de biens.10.44.
23 Colmar.P28.2.115;S28.2.174;D.App. civ.535.Nant.44.
— Limoges.P28.2.118;S28.2.158;D.Compét. comm.594.
— Rouen.P28.2.150;S28.2.141;D.Sép. de corps.200.
— Besançon.P28.2.165;S28.2.221;D.Communauté.473.
— Grenoble.P28.2.183;S28.2.288;D.Exéc. prov.33.
— Douai.P28.2.253;S28.2.242;D.Tém.29.
— Ord. du cons. d'ét.D.Vente adm.59.
25 Douai.P28.2.61;S28.2.181;J40.535;D.Prescript.167.
— Rouen.P28.2.72;S28.2.142; J41.378; D.Transport. de créances.28.
— Rouen.P28.2.88; S28.2.189; J41.240; D. Dot.325.Port. disp.454.
— Lyon.P28.2.157;S28.2.161;D.Jug. par déf.172.
— Aix.P29.2.108;S29.2.276;D.Contr. par corps.469.
26 Civ.r.P28.1.145;S28.1.453; J42.47; D.Jug. par déf.17. Saisie-imm.1506.
— Lyon.P28.2.227;S29.2.111;D.Arbitrage.91.
— Toulouse.P29.2.95;S28.2.217;D.Expl.968.
27 Civ.c.P28.1.146;S28.1.557;J42.150;D.Vente.779.
— Civ.c.P28.1.146;S28.1.122;D.Vente publ. de m.58.
— Paris.P28.2.95;S28.2.209;D.Saisie-arr.52.
— Bordeaux.P28.2.115;S28.2.120;D.Vente.337.
— Douai.P28.2.181; S28.2.284; J41.553. D. Contr. par corps.302.Etrang.120.
— Lyon.P28.2.228;S29.2.59;J44.65;D.Soc. comm.48.
— Bourges.P29.2.195;S29.2.169;J45.137; D.Vente ad.55.
— Req.P29.1.381; S29.1.85; D. Expertise.104.282. Vente publ.55.
— C. de cassat. de Bruxelles.P34.2.137;D.Timbre.329.
28 Cr.c.P28.1.157;D.Juge.34.
— Req.P28.1.155; S28.1.190; J40.486; D. Filiat. lég.191. Degr. de jurid.520.Trib.46.114.118.
— Cr.c.P28.1.153;D.Contrib. ind.496.511.512.515.
— Req.P28.1.151;J42.565;D.Cassat. 761.Chose jugée.36. Oblig.594.Office.83.84.
— Cr.c.P28.1.156;J42.598;D.Fonct. publ.64.
— Cr.c.P28.1.156;J42.447;D.Chose jugée.374.
— Besançon.P28.2.220;S28.2.242;D.Commune.261.262.
— Ord.P28.3.18;D.Elect.
— Ord.P28.3.19;D.Compét. admin.310.
— Ord.P28.3.31;D.Commune.679.
— Ord.P32.3.3; D.Act.122. Chose jugée.329. Commune. 211.Prescript. crim.74.Voirie.497.506.508.
— Ord.P28.3.18;D.Elect. lég.481.
— Ord. du cons. d'ét.D.Forêts.142.
— Ord. du cons. d'ét.D.Louage adm.34.
— Ord. du cons. d'ét.D.Eau.207.
— Ord. du cons. d'ét.D.Eau.389
— Ord. du cons. d'ét. Mac.28.205; D. Marché de fourn. 41.75.119.
— Ord.D.Eau.296.
29 Cr.P28.1.153;S28.1.315.J42.238;D.Act. publ.67.Comp crim.160.166. Forêts.952. Instr. crim.366.Délit rural. 112.Min. publ.49.Motifs des jug.250.Peine.180.
— Cr.c.P28.1.153;S28.1.263;D.Peine.
— Cr.c.P28.1.157;D.Compét. crim.189.Respons.427.
— Cr.r.P28.1.153;S28.1.392;J42.386;D.Chasse.91.
— Nimes.P28.2.200;S28.2.250;J42.423;D.Pr. test.251.

MARS.

1 Bordeaux.P28.2.152; S28.2.155; D. Assurance marit. 527.530.
— Paris.P28.2.169;S28.2.150;J40.525;D.Preuve litt.1207.
— Besançon.P29.2.94;S28.2.508;D.Jug. par déf.71.
3 Paris.P28.2.31;S28.2.118;J40.442;D.Arbitrage.
— Civ.c.P28.1.157;S28.1.146;J41.585;D.Prescript.198.
— Montpellier.P28.2.114;S28.2.153;D.Vérific. d'écr.112.
— Toulouse.P29.2.64;S29.2.8;J43.265;D.Emigré.552.
— Bourges.P29.2.142;D.Acquiesc.366.
— Rouen.V.au 2 mai.
— Caen.P30.2.292;S30.2.134;J46.465;D.Mort civ.36.
4 Req.P28.1.161; S28.1.278; J42.49; D.Lois rétr.158. Vente.675.

— Civ.c.P28.1.158; S28.1.161; J41.588; D.Transcrip. hyp.28.
— Req.P28.1.161; D.Action possess.568.Jugem. prép. 77.155.Motifs des jug.245.
— Civ.c.P28.1.159;S28.1.150; J41.574; D.Lois.148.Procès verbal 122.
— Req.P28.1.160;S28.1.180;J42.257;D.Eff. de comm.441.
— Bordeaux.P28.2.146;S28.2.169;D.Contr. dir.208.210.
— Paris.P28.2.98;S28.2.203;J41.79;D.Louage.298.
— Bordeaux.P28.2.166;S28.2.520;D.Arbitrage.70.894.
— Caen.P29.2.199;S29.2.208;J45.242;D.Distr. par contr. 142.
— Nimes.P31.2.24;S30.2.337;D.Faillite.963.
5 Req.P28.1.163;S28.1.555;J42.51;D.Action possess.69. 297.Degré de jurid.28.
— Civ.r.P28.1.163; J42.54; D.Action possess.69.Vente publ.40.41.
— Civ.c.P28.1.164;S28.1.295;J42.57;D.Servitude.273.
— Rouen.P28.2.123;S28.2.143;D.Filiation lég.44.44.98.
6 Ord.P28.3.8;D.Emigré.633.
— Rouen.P28.2.59;S28.2.84;J41.208;D.Enquête.134.
— Cr.r.P28.1.165;J42.182;D.Cour d'ass.462.469.
— Poitiers.P28.2.202;S28.2.261;D.Intervention.67.
— Cr.r.P28.1.165;D.Cour d'ass.502.
— Ord.P28.3.18;D.Elect. lég.475.477.
— Ord.P28.3.22;D.Trav. pub.408.
— Ord.P28.3.25; D.Compét. admin.303.587.Traite des nègres.33.34.
— Ord.P28.3.27;D.Voirie.482.
— Montpellier.P29.2.60;S29.2.18; J43.209; D.Autor. de femme.37.Aveu.73.Mandat.517.
— Bourges.P29.2.236;S29.2.202;D.Prescript.573.652.
— Angers.P30.2.168; S30.2.123; J46.418; D.Autor. de femme.288.Remploi.142.
7 Cr.r.P28.1.167;D.Confiscation.47.47.
— Cr.r.P28.1.167; D.Acte de comm.157.Commerçant. 18.Faillite.1352.Cour d'ass.54.Instruct. crimin.326. Déf.99.
— Cr.c.P28.1.165;D.Cont. ind.221.
— Cr.c.P28.1.164;D.Contr. ind.516.
— Cr.c.P28.1.166;D.Vol.397.
— Cr.r.P28.1.166;S28.1.264;J42.59;D.Appel civ.24.Avocat.93.Avoué.38.Déf.69.Motifs des jug.520.
— Grenoble.P28.2.180; S28.2.350; J45.380; D.Pérempt. 129.
8 Cr.c.P28.1.168;D.Compét.crim.282.
— Cr.c.P28.1.168;D.Tapage.25.
— Cr.r.P28.1.168;D.Jug.521.Usure.94.
9 Riom.P28.2.75;J43.47;D.Rébellion.25.
10 Bordeaux.P28.2.104;S28.2.170;J43.54;D.Louage.335. 360
— Douai.P28.2.137;S28.2.101;D.Communauté.155.
— Civ.c.P28.1.169; S28.1.129; J41.57; D.Prescript. civ. 834.1068.
— Besançon.P28.2.215;S28.2.275;D.Servitude.200.
— Dijon.P29.2.98;S28.2.265;D.Ordre.299.
— Ord.P32.3.9;D.Cons. d'état.150.
— Délib. du cons. d'adm.P33.3.28;D.Enreg.147.
11 Civ.c.P28.1.170;S28.1.451;J42.271;D.Port. disp.39.
— Req.P28.1.170;D.Enq.63.Exception.124.
— Civ.c.P28.1.169;S28.1.277;J42.308;D.Enreg.2757.
— Nimes.P31.2.239;S32.2.157;D.Faillite.991.
12 Req.P28.1.172;D.Commune.309.
— Civ.c.P28.1.171;S28.1.157;J40.548;D.Emig.200.312.
— Nimes.P28.2.248;J42.146;D.Saisie-imm.1465.1466.
— Req.P28.1.366;S29.1.42;D.Saisie-imm.918.
— Limoges.P29.2.127;S29.2.77;D.Dot.92.
— Nimes.P29.2.189,n.2;S29.2.45;D.Compét. comm.163.
— Colmar.P30.2.36; S29.2.334; J43.259; D.Contr. par corps.542.545.
— Riom.P32.2.50;S32.2.16;J51.555;D.Usure.57.
— Caen.P33.2.126;J47.409;D.Saisie imm.1561.
13 Req.P28.1.173; S28.1.334; D.Cassation.1602.Eff. de comm.536.Ordre.202.Transport de créance.76.
— Cr.c.P28.1.172;J42.276;D.Instruct. crim.465.
— Bordeaux.P28.2.150;S28.2.176;D.Deg. de jurid.421.
— Bordeaux.P28.2.212;S28.2.284;D.Prescript.958.
14 Limoges.P28.2.118;S28.2.158;D.Compét. comm.394.
— Bordeaux.P28.2.105;S28.2.170;D.Prescrip.49.
— Cr.c.P28.1.173;D.Compét. crim.572.
— Cr.r.P28.1.173;S28.1.386; D.Cass.1076.Jug.394.Presse.753.
— Cr.c.P28.1.175;S28.1.320;D.Récidive.59.
— Bordeaux.P28.2.147;S28.2.175;D.Communauté.319.
— Limoges.P29.2.16;S28.2.351;J44.247;D.Presse.278.
15 Paris.P28.2.62;S28.2.156;J40.571; D.Preuve test.332. Quest. pr.112.
— Cr.c.P28.1.177;D.Contr. ind.575.
— Cr.r.P28.1.177;J43.254;D.Voies de fait.48.
— Cr.c.P28.1.175;J42.551;D.Frais et dépens.350.Peine. 107.Poids et mesures.94.108.
— Cr.c.P28.1.176; D.Compét. crim.214.Forêts.729.Motifs des jug.222.
— Cr.c.P28.1.178;S28.1.301;J43.252;D.Instr. crim.811.
— Toulouse.P28.2.171; S28.2.209; D.Contr. par corps. 683.693.
— Besançon.P28.2.207;S28.2.265;D.Pérempt.115.
— Riom.P28.2.250;S28.2.230;D.Frais et dépens.151.
— Cr.c.P28.1.177;D.Contr. ind.497.
16 Ord. du cons. d'état.D.Elect. lég.483.

17 Bordeaux.P28.2.104; S28.2.179; J42.145; D.Inscript. hypoth.415.471.475.
— Civ.r.P28.1.177;S28.1.363;D.Respons.512.
— Cr.c.P28.1.247;D.Presse.844.846.
18 Caen.P28.2.76;S28.2.121;D.Caution.210.223.
— Rouen.P28.2.90;S28.2.174;J41.388;D.Interr. sur faits.66.78.93.
— Bordeaux.P28.2.125; D.Autor. de femme.10.94.Faill.542.Preuve.litt.987.
— Civ.r.P28.1.179;S28.1.315;J40.276;D.Filiat. adult.31. Jug. prép.25.Success. irrég.126.
— Civ.c.P28.1.178;S28.1.175;J43.259;D.Mat. som.30.
— Besançon.P28.2.200;S28.2.255; D.Arbitrage.239.240.241.1087.1092.
19 Rouen.P28.2.92;S28.2.119;D.Acte respect.104.106.
— Cr.r.P28.1.180;S28.1.151;J42.588;D.Honoraires.401.
— Riom.P28.2.73;S28.2.122.
— Pau.P29.2.76;S29.2.273;J43.107;D.Appel civ.220.Ordre.465.477.
— Bordeaux.P29.2.89;J43.128;D.Remploi.30.
20 Req.P28.1.186;S28.1.354;J43.391;D.Action.111.Prescription crim.59.Servit.374.386.426.Vente.430.
— Req.P28.1.185;S28.1.373;J42.315;D.Déf.183.Lois.217.Retrait suc.4.9.
— Cr.c.P28.1.182;S28.1.426;D.Vol.198.
— Cr.c.P28.1.182;S28.1.427;D.Liquides.5.
— Ord.P28.3.20;D.Comp. adm.344.
— Ord.P28.3.22;D.Exprop. publ.64.
— Ord.P28.3.26; J43.281; D.Compét. adm.262.Octr.179.
— Lyon.P29.2.22;S28.2.344;D.Eff. de comm.651.
— Cr.c.P28.1.182;S28.1.426;D.Forêts.915.
— Ord. du cons. d'état.D.Péage.67.
21 Bordeaux.P28.2.123; D.Imputat.10.Int. de cap.138.Prescript.334.
— Bordeaux.P28.2.111;D.Eff. de comm.720.822.
— Bordeaux.P28.2.107;S28.2.245;D.Success. bénéf.187.
— Cr.r.P28.1.189;D.Récidive.101.
— Cr.c.P28.1.188;J43.394;D.Autorité. mun.164.
— Cr.r.P28.1.209;S28.1.367;D.Escroq.32.Peine.265.
— Cr.c.P28.1.188;S28.1.374;D.Poids et mesures.39.105.
22 Paris.P28.2.114;S28.2.201;J41.191;D.Prop. litt.63.64.
— Cr.c.P28.1.190;D.Cont. ind.336.Jug. prép.126.
— Cr.c.P28.1.190;D.Respons.576.
— Cr.c.P28.1.189;D.Contr. ind.267.287.
— Paris.P29.2.128;S29.2.75;J43.38;D.Filiat. adult.11.18.Nom.74.
— Agen.P29.2.145;S29.2.305;D.Saisie-brandon.7.
24 Civ.r.P28.1.190;S28.1.377; D.Cass.684; Communauté.640.
— Rennes.P28.2.240,n.;S29.2.109,n.; D.Adoption.31.
— Dijon.P28.2.224;S28.2.228;J42.366;D.Sais.-imm.1380.
25 Civ.r.P28.1.192; S28.1.302; J42.133; D.Rapp. à succ.159.Tierce-opp.84.
— Req.P28.1.191;S28.1.126;J42.104;D.Eff. de comm.164.Motifs des jug.125.
— Colmar.P28.2.189;S28.2.199;D.Fabriques.50.
— Besançon.P28.2.210; S28.2.273; J42.419; D.Oblig.399.598.Office.65.
— Dijon.P28.2.230;S28.2.216;D.Appel civ.368.
26 Ord.A8.836,n.2;D.Emig.564.
— Civ.c.P28.1.194;S28.1.371;J42.304;D.Vente.698.
— Req.P28.1.193;S28.1.339;J42.317; D.Aud. solennelle.10.Jug.supp.53.Dem. nouv.29.Motifs des jug.157.Sép. de corps.91.
— Besançon.P29.2.100;S28.2.280;D.Deg. de jurid.108.
— Trib. de comm. de Paris.A8.271,n.3;B15.316;D.Faillite.1165.
27 Douai.P28.2.119;S28.2.150;D.Adultère.34.
— Cr.c.P28.1.193; S28.1.380; J42.190; D.Jugesupp.75.Témoin.196.Trib.198.
— Limoges.P28.2.151;S28.2.183;D.Contr. par corps.535.
— Paris.P29.2.176.et 2.59;S29.2.147;J43.222; D.Avocat.149.Jug. supp.85.
— Ord. du cons. d'état.D.Elect. lég.476.
28 Bordeaux.P28.2.121;D.Communauté.592.687.
— Cr.c.P28.1.198;D.Vol.213.
— Cr.c.P28.1.196;S28.1.309; J42.465; D.Culte.127.Lois.97.169.
— Angers.P28.2.240;S28.2.145;D.Adoption.31.
— Bordeaux.P28.2.114;S28.2.219;D.Ordre.35.
— Lyon.P33.2.82;S33.2.450;D.Ordre.478.491.
— Ord.P28.3.20;D.Compét. adm.511.
29 Bordeaux.P28.2.122;S28.2.234;D.Ratification.100.
— Civ.r.P28.1.199;S29.1.42;D.Douanes.97.
— Grenoble.P28.2.246;S28.2.340;D.Remploi.124.
— Angers.P29.2.92;S28.2.144;J46.270;D.Legs.413.Disp. ent. vifs.96.Testament.199.
— Bordeaux.P28.2.166;D.Intervention.42.
31 Bordeaux.P28.2.124;D.Jug. prép.115.
— Civ.c.P28.1.199;S28.1.242;J41.262;D.Jug. par déf.294.
— Civ.c.P28.1.199;S28.1.180;J41.92;D.Cass.37.Milit.45.
— Toulouse.P28.2.104;S28 2.214;D.Appel incid.31.

AVRIL.

1 Req.P28.1.200;D.Marché de fourn.57.
2 Ord.A12.1030,n.1.2;D.Marais.30.
— Req.P28.1.209;S28.1.177;D.Faux incid.7.Garant.504.
— Civ.c.P28.1.201;S28.1.225;D.Juge supp.40.Enreg.503.1126.
— Bordeaux.P28.2.132;S28.2.165;D.Testament.771.
— Montpellier.P28.2.177;S28.2.204;J43.376; D.Election. lég.148.
— Bordeaux.P28.2.184;S28.2.220;J42.372;D.Faillite.850.
— Ord. du min. de l'int.P28.3.22;D.Trav. pub.2.9.
— Ord.P28.3.24;D.Trav. pub.51.55.
— Douai.P29.2.122;S29.2.87; D.Commissionnaire.57.75.Faillite.1174.Vente.682.
— Bourges.P29.2.180;S29.2.248; J45.536; D.Appel civil.104.Rente.307.
— Ord.P28.3.56;D.Réc. de juges.42.
— Ord.P31.3.37;D.Voirie.34.
— Ord.P28.3.26;D.Compét. adm.373.
3 Cr.r.P28.1.210;S28.1.367;D.Cour d'ass.1709.
5 Cr.c.P28.1.203;D.Péage.38.Procès-verb.619.
— Cr.r.P28.1.202;D.Procès-verb.512.611.
6 Ord.A6.818,n.3;D.Emigré.
8 Req.P28.1.204;S28.1.183; D.Chose jugée.23.
— Civ.c.P28.1.204; S29.1.28;D.Acte de comm. 216. Assur. terrestres.22.
— Req.P28.1.203;S29.1.41;D.Jug. prép.32.166.
9 Paris.P28.2.97;S28.2.184;J41.78; D.Partage.266.
— Civ.r.P28.1.203;S28.1.248;D.Enreg.1748.1749. Vente adm.86.
— Civ.c.P28.1.206;D.Mat. som.27.
— Civ.r.P28.1.205;S28.1.245; D.Enreg.1124.
10 Cr.r.P28.1.210;S28.1.385; D.Attentat à la pudeur.14.
— Cr.c.P28.1.207;S28.1.387;D.Peine.215.
— Cr.c.P28.1.207;S28.1.382;J42.405;D.Déf.127.Tém.204.
— Cr.c.P28.1.207;S28.1.388; D.Cour d'ass.982.1456.
— Cr.c.P28.1.206;D.Cour d'ass.1579.Respons.175.
— Cr.r.P28.1.207;S28.1.366;D.Expertise.110.Tém.459.
— Cr.r.P28.1.296,n.;S28.1.273; D.Récidive.54.
11 Cr.c.P28.1.208;D.Cassation.84.Faux.355.599.
— Cr.c.P28.1.209;S28.1.366;D.Capitaine.4.Colonies.126.Traite des nègres.21.22.
— Cr.c. P28.1.208; S28.1.566; D.Compét. cr.214. Quest. pr.44.
— Colmar.P28.2.101; S28.2.215;J42.75; D.Communauté.21.Deg. de jurid.299.
— Cr.c.P28.1.208;D.Récidive.47.
13 Ord.P28.3.22; D.Trav. pub.83.
14 Bordeaux.P28.2.146; S28.2.221;J42.555; D.Interv.34.
15 Civ.c.P28.1.211; S28.1.210; D.Emigré. 210.343. Prescription.356.427.
— Toulouse.P28.2.253;S28.2.241;D.Compét. comm.303.
— Ord.P28.3.24;D.Trav. pub.83.
— Toulouse.P29.2.94;S28.2.309; D.Saisie-imm.694.701.
— Caen.P30.2.153;S30.2.83;J46.371;D.Alimens.79.
— Ord. du cons. d'état.D.Vente adm.50.
16 Civ.r.P28.1.212;S29.1.111;J42.449;D.Oblig.45.Preuve litt.847.
— Civ.c.P28.1.225;S29.1.41;D.Féodal.164.Prescript.864.
— Req.P28.1.213;S29.1.163;J42.284; D.Commiss.261.
17 Req.P28.1.214;S28.1.255;J42.426; D.Inventaire. 104.Scellés.43.63.
— Req.P28.1.214; D.Testament.667.
— Cr.c.P28.1.214;D.Peine.227.
— Cr.c.P28.1.214;S29.1.46;D.Peine.225.
— Cr.c.P28.1.214;D.Peine.223.
— Cr.r.P28.1.214;S29.1.160;J42.356;D.Poste aux lett.22.
— Cr.c.P28.1.213;S29.1.160;J42.356;D.Poste aux lett.10.
— Amiens.P29.2.129;S29.2.68;J41.368;D.Usage.413.
— Cr.c.P29.1.366;S29.1.46;D.Peine.227.
18 Limoges.P29.2.93;S28.2.157; D.Insc. hyp.78.Stell.76.
— Cr.c.P28.1.216;S29.1.47; D.Autor. mun.128.164.122.
— Cr.c.P28.1.216;J43.334;D.Voitures pub.163.189.
— Cr.c.P28.1.215;S28.1.440;D.Autor. mun.178.Voitures pub.169.
— Bordeaux.P28.2.120;S28.2.283; D.Jug. par déf.512.
— Cr.r.P28.1.218;S28.1.382;D.Renvoi.407.
— Cr.r.P28.1.218; D.Poids et mesures.83.
— Cr.c.P28.1.219;S28.1.383;J42.488; D.Huiss.239.
— Cr.c.P28.1.220;S28.1.384;D.Respons.436.
— Cr.c.P28.1.219;J43.317;D.Fonct. pub.54.Frais et dép.562.Instruc. crim.357.
— Cr.r.P28.1.218;S28.1.385;J42.560; D.Attent. à la pud.14.Instr. cr.289.
— Cr.c.P28.1.217;S28.1.382; D.Compét. crim.697.
— Ord.P28.3.51; D.Commune.72.141.
— Rouen.P29.2.95; S28.2.177; D.Dist. par cont.36.Faillite.506.
19 Orléans.P28.2.115;S28.2.152;D.Forêts.1915.
— Riom.P29.2.57;S29.2.9;D.Success.247.
21 Civ.r.P28.1.220;S28.1.230;J42.389; D.Enreg.1577.
— Civ.c.P28.1.221;S28.1.275;J41.401;D.Autor. de femme.16.Dem. nouv.125.Ordre.249.
— Ord.P28.3.8;D.Enseig.294.
— Colmar.P29.2.101;S28.2.255; D.Aveu.117.
22 Req.P28.1.223; D.Preuve litt.407.Tierce-opp.16.Deg. de jurid. 368.
— Req.P28.1.222;D.Compét. comm.192.Dem. nouv.124.
— Civ.r.P28.1.222;S28.1.208;J41.409;D.Autor. de femme.45.Aveu.24.
— Civ.c.P28.1.221;S28.1.209;J45.136;D.Eff. de com.428.
— Bordeaux.P28.2.160;S28.2.223;D.Eff. de comm.554.
— Toulouse.P28.2.188;S28.2.209;D.Exploit.490.
— Bordeaux.P28.2.210;S28.2.234;D.Compét. comm.345.395.
23 Rouen.P28.2.92;S28.2.204; D.Elect. lég.171.172.173.
— Req.P28.1.225;S28.1.437;J46.321; D.Lois rétroact.46.Droit civ.22.70.Polit.19.
— Paris.P28.2.139;S29.2.188;J41.147;D.Act. de comm.37.
24 Req.P28.1.226;S28.1.204; D.Preuve litt.166.Revoc.45.
— Cr.c.P28.1.226; D.Cour d'ass.1625.
— Cr.c.P28.1.224;J42.301; D.Action pub.110.Poste aux lettres.32.
— Cr.c.P28.1.222;S29.1.30; D.Forêts.604.
— Cr.c.P28.1.224;S29.1.47;D.Peine.175.Presse.612.
— Rouen.P28.2.141;S28.2.190;J42.98; D.Remploi.60.
— Bourges.P29.2.138; D.Louage.279.336.
— Nimes.P29.2.284;D.Saisie-arrêt.287.
25 Cr.r.P28.1.227; D.Fausse monnaie.41.
— Cr.c.P28.1.227;S29.1.46;D.Chasse.115.
— Bordeaux.P28.2.156. et 3.40; S28.2.258; D.Commissionnaire.328.Garantie.348.
— Ord.P28.3.22,n.;D.Trav. pub.73.
— Ord.P28.3.18;D.Elect. lég.482.488.
— Ord. du cons. d'état.P28.3.21; D.Conflit.176.Trav. pub.50.152.
— Ord.P28.3.22;D.Trav. pub.73.
— Ord.P28.3.36;D.Théâtre.44.46.
— Ord.P31.3.37.
— Ord. du cons. d'état.S29.2.260;D.Comp. adm.260.
— Ord.A12.988,n.8;B28.298; D.Voirie.156.
26 Cr.c.P28.1.231;S28.1.333;D.Lib. du comm.47.Lois.95.
— Cr.c.P28.1.230;D.Frais et dép.562. Quest. pr.122.
— Cr.c.P28.1.227;S28.1.430;D.Douanes.226.244.247.248.320.326.Procès verb.398.
— Cr.c.P28.1.229;S28.1.304; D.Cass. 693. Colonies. 79.Navigation.9.
27 Ord.D.Voirie.210.
28 Civ.c.P28.1.230;S29.1.36;D.Port. dispon.237.
— Lyon.P28.2.247;S29.2.103; D.Faillite.48.
— Toulouse.P28.2.248;S28.2.312;D.Jug. par déf.685.
— Nimes.P29.2.66; S29.2.16; J43.49; D.Juge supp. 22.Enq.253.Réc. de juges.87.
— Paris.D.Art de guérir.140.
29 Req.P28.1.231;S28.1.302;J43.3;D.Emig.69.
30 Poitiers.P28.2.112;S28.2.228;J41.280;D.Capitaine.51.Charte.21.Résol.14.
— Req.P28.1.233; S28.1.416; J42.184; D.Acte de comm.47.Cass.925.Mines.81. Exception.162.Société civ. 66.Soc. comm.322.326.
— Req.P28.1.235;J42.469;D.Jugem.362.Mandat.34.
— Colmar.P28.2.202;S28.2.259;D.Recrutement.91.
— Bordeaux.P28.2.248;S28.2.312;D.Enquête.491.
— Paris.P30.2.24;S29.2.130;D.Jugement.202.
— Toulouse.P30.2.20;S30.2.40;J45.320;D.Success. irrég.120.121.
— Ord. du cons. d'état.D.Eau.216.
— Ord. du cons. d'état.D.Eau.446.

MAI.

1 Req.P28.1.236;S28.1.301;J42.113;D.Inscript. hyp.482.
— Cr.c.P28.1.235;D.Liquides.7.8.
— Cr.c.P28.1.235;J43.302;D.Usurpation.3.
— Cr.c.P28.1.235;D.Lib. du comm.45.
— Paris.P28.2.115;S28.2.235;J41.193; D.Arbitr.421.493.
2 Aix.P29.2.57; S29.2.472; D.Avaries.128.
— Rouen.P31.2.105;S30.2.75;D.Surenchère.196.207.208.
5 Paris.P28.2.113;S28.2.219;J41.195; D.Privil.95.96.
— Bordeaux.P28.2.155;S28.2.330;J42.353;D.Testam.796.825.849.
— Bordeaux.P29.2.102;S28.2.272;D.Voirie.477.
6 Toulouse.P29.2.51;J42.140;D.Prescription.
— Rouen.P29.2.104;S28.2.347;J43.136;D.Servitude.181.
— Rouen.P30.2.252;D.Compét. comm.89.
7 Civ.c.P28.1.241;S28.1.329;D.Cass.487.Comp. civ.178.Honoraires.128.Except.186.
— Req.P28.1.237;S28.1.300; J42.176;D.Arbit.30.39.147.
— Douai.P29.2.122;S29.2.79;D.Cont. par corps.360.365.Etranger.158.159.
8 Req.P28.1.239;S28.1.228;J42.400; D.Usage.74.164.
— Cr.r.P28.1.238;S28.1.309; D.Bigamie.58.
— Cr.c.P28.1.238;J42.511; D.Témoin.377.
— Cr.r.P28.1.238;J42.509;D.Exceptions.16.
— Bordeaux.P28.2.213;S28.2.285;D.Servitudes.322.
9 Cr.c.P28.1.242;S28.1.333;J43.303; D.Procès-verb.161.
— Cr.c.P28.1.242;S28.1.350; D.Quest. pr.21.
— Cr.c.P28.1.240;S28.1.459; D.Aut. mun.128.162.164.166.315.
— Cr.c.P28.1.242;S28.1.350; D.Action.409.Quest. pr.9.Vol.37.
— Lyon.P28.2.135. et 203;S28.2.260; D.Cont. par corps.589.692.Respons.376.
— Bordeaux.P29.2.225;S28.2.313; D.Faillite.96.
10 Cour d'ass.P28.2.202;S28.2.261;D.Instruc. crim.533.
12 Civ.r.P28.1.243;S28.1.293;J42.267; D.Arbit.398.Desc. sur les lieux.25.
— Rouen.P29.2.61;S29.2.15;J42.527;D.Brix.425.
13 Civ.c.P28.1.244;S28.1.201; J42.471; D.Port. disp.527.
— Req.P28.1.245; S28.1.375; J41.375; D.Commune.140.257.
— Limoges.P29.2.39;S29.2.26;D.Déf.253.
— Lyon.P29.2.190;S28.2.333;D.Except.74.
14 Paris.P30.2.108;S29.2.351;D.Alimens.407.
— Civ.c.P28.1.246;S28.1.332;D.Jug.54.
— Req.P28.1.246;S28.1.272;J41.181;D.Eff. de comm.55.
— Civ.c.P28.1.246;S28.1.308;D.Servit.387.

— Grenoble.P28.2.256;S28.2.515;J44.296; D.Preuve litt. 1129.1172.
— Ord.P29.3.11;D.Elect.
— Ord.P29.3.11;D.Elect.
— Ord. du cons. d'ét.D.Confiscat.8.
— Ord. du cons. d'ét.D.Dette publ.47.
16 Cr.c.P28.1.247;D.Complic.222.C. d'ass.1456.
— Cr.c.P28.1.247;S28.1.532;D.Faux.520.
— Cr.c.P28.1.246;S28.1.530;J43.319;D C. d'ass.1473.
— Cr.r.P28.1.247;D.Juge suppl.75.Lois.96.Tém.392.
17 Cr.c.P28.1.248;S28.1.531;J43.503;D.Avoc.251.
— Cr.c.P28.1.247;S28.1.332;D.Presse.
— Cr.c.P28.1.247;D.Vol.241.
— Cr.c.P28.1.248;S28.1.332;D.Chasse.53.
— Colmar.P28.2.223;S28.2.227;J43.228;D.Expl.546.
— Poitiers.P28.2.240;S28.2.214;D.Adopt.51.
— Colmar.P28.2.230; S28.2.256; D.Jug. par déf.120.175. Dem. nouvelle.125.
19 Bordeaux.P28.2.155;S28.2.268;D.Sép. de corps.39.
— Grenoble.P29.2.234;S29.2.203;D.Commune.179.Dem. nouv.97.
— Civ.r.P28.1.248;S28.1.440;D.Trib.92.
20 Req.P28.1.249;S33.1.729;J43.102;D.Forêts.546.
— Req.P28.1.249;S28.1.389;J43.104;D.Commune.662.
— Civ.r.P28.1.249;S28.1.348;J43.70;D.Oblig.518.605.
— Req.P28.1.250;S28.1.213;J42.438;D.Servit.95.184.
— Civ.r.P28.1.251;S28.1.299;J43.14; D.Enreg.1428.
— Civ.r.P28.1.273;S29.1.126;J42.481; D.Action possess. 186.
— Bordeaux.P28.2.155;D Jugem.190.
— Toulouse.P28.2.203; S28.2.257; D. Inscript. hyp.476. Degr. de jurid.522.482.Dem. nouv.438.
— Bordeaux.P28.2.217;S28.2.276;D Saisie-imm.275.
— Paris.P28.2.227; S28.2.244; J41.452; D.Eff. de comm. 195.
— Lyon.P28.2.249;S29.2.125;D.Vente.742.
21 Civ.r.P28.1.252;J43.85;D.Except.226.
— Req.P28.1.252;J42.335;D.Emig.486.487.526.Obl.727.
22 Paris.P28.2.114; S28.2.250; J41.264; D.Eff. de comm. 119.
— Req.P28.1.253;D.Vente.563.
— Cr.c.P28.1.253;S28.1.346;D.Huiss.236.Discipl.176.
— Cr.c.P28.1.254;D.Juge.35.
— Cr.c.P28.1.254;D.Colonie.
— Req.P28.1.264;D.Révoc.323.
— Req.P28.1.262; J40.287; D.Exéc. des jug. et actes.56. Garantie.434.
— Aix.P28.2.218;S28.2.269;J43.521;D.Arbitr.1020.
— Nîmes.P29.2.204;S29.2.164;J43.526;D.Fabr.64.
23 Cr.c.P28.1.254;S28.1.350;D.Octroi.77.
— Cr.c.P28.1.254;D.Cont. ind.83.
— Cr.c.P28.1.255;D.Voit. publ.48.114.123.137.
— Cr.c.P28.1.255;D.Liberté du comm.48.Lois.90.
— Cr.c.P28.1.255;D.Contr. ind.22.490.
— Besançon.P28.2.247;S28.2.308;D.Servit.552.565.
— Montpellier.P29.2.39;S29.2.26; D.Désist.110.143.
24 Besançon.P29.2.99;S28.2.346;D.Servit.150.
25 Ord.P28.3.9;D.Manuf. et atel.12.
26 Rouen.P29.2.65;S29.2.19;D.Compét. comm.47.
27 Req.P28.1.256;S28.1.214;J42.451;D.Contum.54.
— Req.P28.1.257;S28.1.226;J42.311;D.Donat.302.
— Toulouse.P29.2.39;S29.2.25;J43.314;D.Except.186.
28 Req.P28.1.258;S28.1.234;J42.545; D.Aud. solennelle. 10.Sép. de corps.128.
— Req.P28.1.265;S29.1.206;J42.579. et 43.312;D.Nullité. 242.247.Succession.361.
— Req.P28.1.302;S28.1.269.262;J41.310;D.Commerçant. 11.Mot. des jug.124.
— Rouen.P29.2.62; S29.2.10; J43.230; D. Compét. adm. 359.Trav. publ.46.
— Bourges.P29.2.236;S29.2.202;J44.472;D.Interdit.63.
— Caen.P31.2.21;S30.2.320;D.Avoué.86.Désaveu.87.
29 Lyon.P28.2.144;S28.2.185;D.Adult.124.
— Req.P28.1.258;S28.1.341;J43.51; D.Jug préparatoire. 10.Nullité.266. Preuve test.243.Ratif.24.Transact.32.
— Nanci.P29.2.111; S29.2.231; D.Communauté.477.488. 650.Success.253.
30 Cr.c.P28.1.260;S28.1.319;J41.398;D.Respons.433.
— Cr.c.P28.1.260;D.Poids et mes.23.
— Cr.r.P28.1.266;D.Amende.80.Jugem.9.
— Cr.r.P28.1.266;S28.1.388;D.Renvoi.92.
— Toulouse.P28.2.212;S28.2.274;D.Société civ.281.
— Besançon.P29.2.110;S28.2.275;D.Except.278
31 Riom.P29.2.101;S28.2.282;D.Prescript.633.

JUIN.

1 Ord.P28.3.9;S28.2.521;D.Conflit.
— Ord.P29.3.11;D.Manuf.
— Ord.P29.3.11;D.Election.
— Ord. du cons. d'ét.D.Comptab.12.
2 Corse.P28.2.250;S28.2.268;D.Condition.66.Substitut. 338.Test.476.Vérif. d'écrit.27.
— Rouen.P29.2.130;S29.2.73;D.Faillite.829.
— Décis. minist.P33.3.55;D.Enreg.627.
3 Civ.c.P28.1.261;S28.1.343;J42.338;D.Saisie-imm.989.
— Civ.r.P28.1.267. et 28.1.245;S28.1.245;J41.486;D.Ass. marit.308.643.
— Limoges.P29.2.64;S29.2.7;J44.66;D.Enquête.54.
— Toulouse.P29.2.268;S29.2.340; J43.155; D.Arbitr.312. 902.1081.Oblig.340.

4 Civ.c.P28.1.264;S28.1.346;D.Jug. suppl.100.
— Req.P28.1.263;S28.1.347;J42.380; D.Chose jugée.103. Hyp. judic.1419.
— Civ.c.P28.1.268;D Mat. som.37.
— Toulouse.P29.2.111;S28.2.275;D.Témoin.78.79.
5 Req P28.1.268;S28.1.292; D.Colon.140.Communauté. 38.Lois rétroact.195.Etrang.52.53.
— Req.P28.1.269;J42.396;D.Compét. adm.304.305.360.
— Cr.r.P28.1.304;D.Jug.173.Jug. prép.120.Presse.393.
— Ord.P28.3.10;D.Recrutement.
— Nanci.P29.2.114;S29.2.236;D.Condamnat.13.
— Bordeaux.P29.2.289; S30.2.62; D. Délit.8.Respons.23. Tém. faux.44.60.
6 Bordeaux.P28.2.244;S28.2.314;D.Colonie.
— Rouen.P29.2.104;S28.2.266;D.Courtier.61.62.64.
7 Pau.P29.2.132; S29.2.85; D.Frais et dép.334. Honor. 35.141.
9 Bourges.P29.2.250; S29.2.128; J43.461; D. Commune. 602.
— Rouen.P30.2.102;S30.2.96;D.Vente.499.
10 Civ.r.P28.1.270;S28.1.242; J42.406; D.Ordre.189.190. 519.
— Bordeaux.P29.2.104; S28.2.268; D.Compte.146.Nullité.271.
— Montpellier.P29.2.98; S28.2.341; D.Preuve litt.936. Vente.26.
11 Civ.r.P28.1.271;J42.203;D.Oblig.338.Sais. imm.1549.
— Req.P28.1.271;J43.83;D.Success.362.
— Cr.r.P28.1.272;S28.1.220;J43.65;D.Action possess.64.
— Limoges.P28.2.246; S28.2.307; D.App. civ.300.Conciliat.25.Dem. nouv.98.Exécut. prov.59.
— Bordeaux.P29.2.40;S29.2.25;D.Chose.166.Test.106.
— Bordeaux.P29.2.41;S29.2.29;D.Acte de l'ét. civ.160.
— Bourges.P31.2.168;D.Servit.103.123.142.
— Ord.P29.3.19;D.Commune.
— Req.P32.1.362;D.Action possess.126.
12 Cr.r.P28.1.274;D.Cassat.284.
— Cr.c.P28.1.274; D.Motifs des jug.239.Publ.des jug.80.
— Cr.c.P28.1.274;J42.333;D.Act. publ.102.Autor. mun. 59.62.Frais et dép.362.
— Cr.c.P28.1.275;D.Poids et mes.88.
— Cr.c.P28.1.275;D.Autor. mun.689.696.697.698.Peine. 303.Procès-verb.142.
— Cr.c.P28.1.276;S28.1.378;J42.280;D.Douanes.298.327.
— Req.P28.1.277;S28.1.351; J42.512; D.Jugem.140.332. Motifs des jugem.68.
12 Cr.c.P28.1.277;D.Aut. mun.128.497.
— Cr.r.P28.1.282;D.Poids et mesures.117.
— Cr.r.P28.1.282;S28.1.551;J42.343;D.Chasse.12.116.
— Besançon.P29.2.102;S28.2.274;D.Preuve litt.1004.
13 Cr.c.P28.1.278;D.Procès-verb.397.
— Cr.c.P28.1.278;D.Fonct. pub.57.
— Cr.c.P28.1.278;D.Autorité mun.192.194.203.645.
— Poitiers.P28.2.183;D Inv.124.
— Poitiers.P28.2.185;D.Exploit.685.
— Paris.P29.2.94; S28.2.256; J41.444; D.Acte de comm. 206
14 Paris.P28.2.192;S28.2.334;J41.542;D.Don. ent. ép.100. Mariage.356.
— Rouen.P30.2.44;S30.2.140;D.Saisie-arrêt.57.
16 Cr.c.P28.1.279. et 28.1.248;S28.1.248; J42.11; D.Enr. 2852.2880.
— Civ.c.P28.1.297;S28.1.241;J43.73;D.Faillite.561.
— Paris.P28.2.228; S28.2.243; J41.446; D.Eff. de comm. 211.
— Ord.P28.3.10;D Enseig.470.
17 Aix.P28.2.190;S28.2.225;D.Respons.371.377.
— Pau.P29.2.141;S29.2.104;J44.58;D.Deg. de jurid.50.
18 Req.P28.1.280;S28.1.326;J42.342;D.Réc. de juges.46.
— Civ.r.P28.1.280;S28.1.244;J42.284; D.Cass.722.Oblig. 541.
— Paris.P36.2.34;D.Société civ.400.
19 Cr.c.P28.1.283;J41.431; D.Compét. crim.187.Trib.34.
— Req.P28.1.283;S28.1.243;D.Enreg.1825.
— Req P28.1.283;S28.1.381;D.Ouvrier.15.
— Cr.r.P28.1.298;D Arme.57.Complicité.78.Vol.179.
— Cr.r.P28.1.297;S29.1.159. et 28.1.251;D.Liberté indiv. 53.68.
— Ord.P28.3.10;D.Enseig.209.
— Colmar.P29.2.30;S29.2.18;D.Faux incid.67.
— Pau.P30.1.144;D.Arbitrage.1077.1110.
— Ord.P28.3.40;S29.2.57;D.Patente.66.
— Ord.P28.3.39;D.Prescription.
— Cr.r.P28.1.298;D.Cour d'ass.1692.
— Ord. du cons. d'état.D.Vente adm.106.
20 Cr.c.P28.1.284;D.Poids et mesures.106.
— Cr.r.P28.1.284;S28.1.241;D.Cass.660.Octroi.88.
— Cr.c.P28.1.285;S28.1.387;D Quest. pr.29.
— Cr.c.P28.1.285;D.Autor. mun.700.701.
— Cr.c.P28.1.286;D.Mines.123.
— Cr.c.P28.1.286;D.Déf.4.Voirie.568.
— Cr.c.D.Autor. mun.700.701.
21 Cr.c.P28.1.287;D.Poids et mesures.23.25.
— Paris.P29.2.20;S28.2.337;D.Mandat.527.
— Besançon.P29.2.139;S29.2.111;D.Faillite.966.
— Rouen.P30.2.168;S30.2.111;D Condition.207.Ord.222.
22 Limoges.P29.2.67;S29.2.20;D.Autor. de femm.99.299. Cass.722.Remploi.51.
23 Civ.r.P28.1.287;S28.1.333;J41.379;D.Avocat.247.255.
24 Req.P28.1.292; S28.1.370; D.Chose jugée.391.Discip. 223.246.

— Civ.c.P28.1.288;S28.1.353;J43.169;D.Enreg.2863.
— Req.P28.1.290; S28.1.431;J42.490; D.Legs.495.Oblig. solid.29.Témoin.31.52.134.Testam.107.
— Civ.c.P28.1.289;S28.1.252;J43.192;D.Action poss.366.
— Caen.P30.2.155;S30.2.157; D.Commerçant.4.125.146. Contr. par corps.240.
25 Paris.P28.2.160; S28.2.193; J42.476; D.Communauté. 679.
— Req.P28.1.298;S28.1.305;J43.254;D.Vente pub.23.
— Civ.r.P28.1.295;S28.1.267;D.Révoc.61.95.
— Grenoble.P28.2.193;D Chasse.109.
— Bordeaux.P29.2.58;S29.2.19;J43.224;D Incendie.46.
— Besançon.P29.2.132;S29.2.86;D.Partage.290.
— Rouen.P30.2.45;S29.2.335;J43.243;D.Faillite.317.
26 Orléans.P28.2.164;S28.2.193;D.Exception.31.
— Riom.P28.2.161;S28.2.193;D.Faux incid.133.
— Req.P28.1.300; S28.1.427; D.Sép. de patrimoine.65. Success.290.Success. bénéf.154.
— Civ.r.P28.1.299;S28.1.381;D.Témoin.196.
— Cr.r.P28.1.293;S28.1.251;D.Témoin.371.Expert.36.
— Nanci.P29.2.114;S29.2.268;D.Usage.131.
27 Cr.r.P28.1.301;D.Cour d'ass.826.Témoin.259.588.
— Cr.c.P28.1.301;S28.1.251;D.Motifs des jug.224.272.
— Cr.c.P28.1.300;D.Douanes.272.273.
— Cr.r.P28.1.296;S29.1.42;J43.566;D.Récidive.54.
— Cr.c.P28.1.296;D.Cour d'ass.1017.Vol.159.
— Bordeaux.P28.2.223;S29.2.20;D.Faillite.311.312.
— Rouen.P29.2.194;S29.2.242;D.Arbitrage.116.
28 Paris.P29.2.15;S28.2.330;J41.372;D.Faillite.201.
— Grenoble.P29.2.133;S29.2.89;D.Deg. de jurid.192.
— Rouen.P29.2.245;S29.2.210;D.Faillite.893.894.
29 Bourges.P31.2.92;D.Exploit.616.
30 Civ.r.P28.1.305;S28.1.375;J42.456;D.Enreg.2762.
— Civ.r.P28.1.302;S29.1.160;D.Saisie-imm.993.
— Riom.P28.2.221;S28.2.226;D.Mariage.59.
— Bourges.P29.2.207;S29.2.238;D.Notaire.340.Test.313.
— Colmar.P30.2.46;S29.2.333; J43.237; D.Comp. comm. 271.

JUILLET.

1 Req.P28.1.308;S29.1.199;J42.484; D Chose jugée.156. Communauté.406.568.Preuve litt.1171.Rapp. à succ. 159.Serment déc.125.
— Civ.r.P28.1.306;S28.1.249; J42.441; D.Assur. terrest. 146.Respons.36.118.
— Req.P28.1.304;S28.1.386;J43.90;D.Invent.155.
— Montpellier.P29.2.58;J43.513;D.Action.99.
— Rouen.P29.2.57;S29.2.32;D.Prescript. civ.993.
— Bordeaux.P29.2.67;S29.2.9;D.Jug.par déf.42.
— Montpellier.P29.2.170;S29.2.118;J44.136;D.Chose jugée.174.Success.274.279.
— Toulouse.P30.2.29;J42.552;D.Ordre.196.
— Paris.P30.2.197;S30.2.219;J47.213;D.Faillite.466.
2 Civ.c.P28.1.309;S28.1.286; J42.498; D.Part.30.Prescr. 684.Success.358.412.
— Req.P28.1.310;J43.191; D.Pap. mon.69.Prescript.929. Success.359.
— Paris.P28.2.178; B17.463,n.; S28.2.316; J41.552; D. Louage. d'ouv. et d'ind.103.104.Purge.186.
— Paris.P28.2.187;S28.2.282;J41.539;D.Etranger.201.
— Civ.r.P28.1.329;S29.1.112;D.Eff. de comm.204.
— Loi.P28.3.1;S28.2.342;D.Cour d'assises. Election.
— Trib. de la Seine.P32.1.20;D.Contr. ind.189.
— Ord. du cons. d'état.D.Priv.369.
3 Req.P28.1.311;D.Chose jugée.136.Dem. nouv.47.Enquête.29.
— Cr.c.P28.1.310;D.Douanes.278.
— Grenoble.P29.2.7;S29.2.119; J44.233; D.Dot.147.Sép. de biens.167.
— Nanci.P29.2.100;S28.2.341;D.Dom. de l'état.66.70.87.
— Besançon.P29.2.140;S29.2.120;D.Emig.487.
— Bourges.P29.2.187;S29.2.245;D.Forêts.82.Usage.132. 155.
— Montpellier.P29.2.222;S29.2.160;D.Ordre.558.
— Rouen.A12.873,n.1; P30.2.151; S30.2.148; J47.370;D. Garantie.7.Don. p. cont.250.
— Cr.c.P28.1.311;D.Cour d'ass.1010.
4 Cr.r.P28.1.315;S28.1.382;D.Renvoi.108.
— Cr.r.P28.1.314;S29.1.38;D Art de guérir.154.
— Cr.c.P28.1.312;S28.1.257. et 260;J41.481;D.Cass.1012. Colonie.93.Juge supp.79.Trib.191.
— Cr.c.P28.1.314;D.Autor. mun.367.
— Cr.r.P28.1.313;D.Autor. mun.168.187.456.457.Peine. 158.
— Cr.r.P28.1.312;D.Complicité.90.Récidive.21.41.
— Paris.P28.2.180;S28.2.510;J41.534;D.Agent de ch.178. 179.Intér. de cap.95.Noval.62.
— Paris.P28.2.253;S29.2.262;J42.63;D.Assur. marit.684.
— Orléans.P29.2.80; S29.2.56; J42.339; D.Hyp.134.Jug. par déf.387.Oblig. pers.35.
— Rouen. P29.2.181; S29.2.247; D.Surenchère.156.181. Vente.85.209.
— Cr.c.P28.1.313;J43.568;D.Voirie.633.656.
5 Cr.c.P28.1.315;S28.1.383;D.Pêche.89.90.131.
— Cr.r.P28.1.316; S29.1.121; D.Commune.33.Degré de jurid.639.Quest. pr.63.85.
— Cr.c.P28.1.316;J39.514;D.Forêts.118.786.Exploit.355.
— Grenoble.P28.2.254;S29.2.8;D.Exploit.614.652.
— Limoges.P29.2.58;S29.2.17;D.Saisie-imm.197.
— Rouen.P29.2.180;S29.2.248;J43.320;D.Pérempt.207.

— Montpellier. P29.2.142; J44.375; D. Hypoth. lég. 115. Purge.187.
22 Cr.c.P28.1.399;S28.1.337;J42.890;D.Frais et dép.416. Presse.316.368.
— Cr.c.P28.1.398;S29.1.38;D.Voies de fait.61.
— Cr.c.P28.1.398;D.Poids et mesures.86.121.
— Douai.P29.2.53;S29.2.5;D.Art de guérir.121.
— Bourges.P29.2.26;S28.2.316;D.Noval.
23 Grenoble.P28.2.238;S28.2.319;J43.341;D.Tém.275.
— Paris.P29.2.40;S29.2.84;J42.547;D.Faillite.1207.
— Paris.P29.2.61;J42.550;D.Acte de comm.235. Comp comm.191.
— Amiens.P29.2.96;S28.2.342;D.Notaire.
25 Caen P31.2.21;S31.2.46;J48.222;D.Frais et dép.267.
— Circul.A6.551,n.1.4;D.Droit civ.
— Circul.A6.552,n.1.5;D.Droit civ.
— Civ.c.P28.1.400;S28.1.322;J42.882;D.Mat. somm.25. Ordre.8.10.
— Lyon.P28.2.207;S29.2.15;D.Faillite.226.Domicile élu. 37.Exploit.614.651.
— Montpellier.P28.2.246;S28.2.307;D.Appel civ.500.
— Aix.P29.2.125;S29.2.80;D.Contr. par corps.562.
26 Civ.c.P28.1.401. et 35.1.177;S29.1.30;J43.244; D.Dot 263.
— Poitiers.P29.2.132;S29.2.88;D.Compét. comm.280.
— Toulouse.P29.2.175;S29.2.145;D.Faillite.962.
27 Req.P28.1.406;S29.1.39;J43.418;D.Assur. terrest.57.
— Req.P28.1.405;S29.1.26;J43.260;D.Absence.399.
— Civ.r.P28.1.405;S29.1.33;D.Acquiesc.13.Amende.33.
— Req.P28.1.404;J43.402;D.Louage.232.233.
— Req.P28.1.403;S29.1.85;J43.405;D.Eau.96.Motifs des jugem.138.
— Civ.c.P28.1.402;S29.1.25;J43.264;D.Dom. de l'état.99.100.101.
— Civ.c.P28.1.401. et 27.2.188;D.Inscrip. hypoth.216.
— Lyon.P29.2.15;S29.2.190;D.Expertise.102.
— Caen.P30.2.246;S30.2.215;J48.283;D.Puiss. p.19.
— Ord. du cons. d'état.D.Vente adm.240.
— Ord. du cons. d'état D.Vente adm.241.
28 Req.P28.1.407;S29.1.38;J43.435;D.Société comm.145
— Cr.c.P28.1.407;S29.1.35;J43.340;D.Cour d'ass.1451.
— Angers.P29.2.7;S28.2.320;J44.019;D.Absence.223.
— Toulouse.P30.2.112;S30.2.191;D.Dot.385.Paraphernalité.32.
— Trib. comm. de Marseille.D.Assur. marit.53. Avarie.37.38.
29 Cr.c.P28.1.408;D.Compét. cr.137.
— Cr.c.P28.1.408;D.Quest. pr.125.
— Bordeaux.P29.2.136;S29.2.70;D.Eff. pub.120.
— Bordeaux. P31.2.180;S29.2.152;D.Frais et dép.241. Exploit.400.
30 Rouen P30.2.149;S30.2.127;J47.117;D.Success. bénéf 155.192 Tutelle.629.
— Lyon.P29.2.11;S29.2.145;J45.74; D.Honoraires.175.
31 Ord.P29.3.13;D.Commune.
— Ord.P29.3.9;D.Théâtre.90.
— Ord. du cons. d'état.P32.3.9;D.Procès-verb.652.

SEPTEMBRE.

4 Cr.r.P28.1.408;D.Trib.171.
5 Cr.r.P28.1.409;D.Appel correct.83.Autorité mun.679 Fonct. pub.43.Octroi.171.Poids pub.17.
— Cr.c.P28.1.410;D.Voiture publ.151.
— Cr.c.P28.1.410;S29.1.81;D.Respons.434.
— Cr.r.P28.1.411;D.Renvoi.90.
— Cr.c.P28.1.411;S29.1.81;D.Récidive.101.
— Cr.r.P28.1.408; D.Faux.291.521.Interdit.165,Renvoi.129.
6 Cr.r.P28.1.412;S29.1.81;D.Jour férié.99.
— Cr.c.P28.1.412;D.Aut. mun.68 Jugem.424.
— Cr.c.P28.1.413;D.Voirie.628.650.
— Cr.c.P28.1.419;S29.1.76;J44.318;D.Voirie.617.
11 Cr.c.P28.1.413;D.Presse.621.
— Cr.r.P28.1.413;D.Cour d'ass.1726.Déf.165.
— Cr.r.P28.1.413;S29.1.76;D.Complicité.141.
— Cr.r.P28.1.413;D.Peine.226.Récidive.33.
— Cr.c.P28.1.414;S29.1.76;D.Régl. de juges.118.
— Bul.D.Récidive.110.
12 Cr.c.P28.1.414;D.Forêts.257.
— Cr.c.P28.1.414;S28.1.365;D.Presse.243.
— Cr.r.P28.1.415;S28.1.358;J44.258;D.Assoc. illic.41.
— Cr.c.P28.1.417;D.Presse.816.
17 Paris.P29.2.23;S29.2.26;J42.559; D.Acte de comm.61. Compét. comm.489.
— Trib. de comm. de Marseille.D.Assur. marit.611.
18 Cr.r.P28.1.417;S28.1.376; D.Homicide.17.Cour d'ass.261.427.
— Cr.r.P28.1.418;D.Cassat.253.Déf.86.
— Cr.c.P28.1.418;D.Aut. mun.265.
— Cr.c.P28.1.418;S29.1.78;D.Voirie.658.
— Cr.c.P28.1.419;S29.1.77;D.Cassat.71.Voirie.617.
— Cr.r.P28.1.420; S28.1.361; D.Autor. mun.143.148.441.566.
— Cr.r.P28.1.421;S28.1.368;D.Cour d'ass.219.260.418.
19 Cr.c.P28.1.421;S28.1.376;J42.603;D.Cassat.1039.Faill.1332.1362.
— Cr.c.P28.1.422;S28.1.367; D.Homicide.25. Cour d'ass.1445.Voies de fait.26.
— Cr.c.P28.1.422;S28.1.364;D. Faux.305. C. d'ass.1706.1724.Déf.160.171.Peine.325.

20 Ord.P28.3.14;D.Manuf. et atel.12.
— Cr.c.P28.1.422;S28.1.370;D.Cour d'ass.1706.1724.Déf.160.171.
— Cr.c.P28.1.423;D.Chose jugée.328.Faux.251.C. d'ass.1206.1396.
— Cr.c.P28.1.423;D.Tribunal.466.
— Cr.c.P28.1.424;S29.1.76;J43.584;D.Chasse.88.139.Forêts.759.Péremp.66.
— Cr.c.P28.1.424,n.;S29.1.76,n.;D.For.759.Péremp.66.
— Cr.c.P28.1.424;D.Complicité.167.Cour d'ass.1650.
— Cr.c.P28.1.424;D.Pêche.92.
— Cr.c.P28.1.424;S28.1.376;D.Peine.227.
— Ord.P28.3.8;D.Douane.7.
21 Ord.P28.3.13;D.Dr. nat.53.
24 Ord.P28.3.4;S29.2.356;D.Trib.20.Mat. somm.4.
— Ord.P29.3.8,S28.2.342;D.Tribunaux.
25 Cr.r.P28.1.425;D.Témoin.215.
— Cr.c.P28.1.425;S29.1.75;D.Déf.120.
— Cr.r.P28.1.425;D.Vol.472.
27 Cr.c.P28.1.424,n.;S29.1.76,n.;D.For.759.Péremp.66.
— Cr.c.P28.1.426;D.Voiture pub.170.
— Cr.c.P28.1.426;D.Presse.102.
— Cr.r.P28.1.427;S28.1.361;D.Comp. crim.703.704.Lois.335.
— Cr.c.P28.1.428;S29.1.125;D.Procès-verb.170.
— Cr.c.P28.1.428;D.Exception.523.

OCTOBRE.

2 Cr.r.P28.1.428;S29.1.158;D.Cassat.485.
— Cr.r.P28.1.429;D.Renvoi.94.
— Cr.c.P28.1.429;J46.455;D.Récidive.34.
— Cr.r.P28.1.429;S29.1.120;D.Tribunal.175.
— Cr.c.P28.1.430;S29.1.23;D.Comp. cr.357.632.
5 Cr.c.P28.1.430;S29.1.80;D.Lois.364. Pêche.100.
6 Trib. de Paris.A8.283,n.10;D.Faillite.1268.
8 Paris.P29.2.24; J42.411; D.Elect. lég.148.399.435.492.493.
— Trib. de Marseille.P32.2.162;D.Jug. par déf.593.
9 Paris.P29.2.19;S28.2.338;J42.523;D.Jug. p. déf.501.
10 Cr.c.P28.1.430;D.Forêts.953.955.
— Cr.r.P28.1.431;D.Peine.226.
— Cr.r.P28.1.431;S29.1.124;D.Chasse.87.
— Cr.r.P28.1.432;D.C. d'ass.1714.Tém.450.Trib.197.
— Cr.r.P28.1.432;D.Fonct. pub.27.
12 Ord.P28.3.15;D.Inscript. hypoth.
— Ord.P29.3.8;S29.2.356;D.Colonie.
13 Caen.P30.2.152;S30.2.160;D.Saisie-imm.545.
15 Ord.P28.3.15;D.Or et argent.5.
16 Cr.r.P28.1.433;D.Cour d'ass.393.1381.1531.Instruc. crim.489.Jugem.456.
— Cr.c.P28.1.433;D.Homicide 7.
— Cr.r.P28.1.433;D.Désist.82.
17 Rouen.P29.2.38;S28.2.333;J45.553;D.Culte.129.
19 Ord.P29.3.9;S29.2.356;D.Colonie.
26 Ord.P29.3.10;D.Manufacture.
— Ord.P29.3.10;D.Expertise.Marais.
— Ord. du cons. d'état.D.Pension.162.
— Ord. du cons. d'état.D.Comptab.82.
29 Ord.P28.3.15;S29.2.356;D.Voiture publ.94.
30 Cr.c.P28.1.433;D.Cour d'ass.518.
31 Cr.r.P28.1.434;D.Cassation.565.
— Cr.c.P28.1.434;D.Juge.62.Trib.145.
— Cr.c.P28.1.434;D.Quest. pr.84.

NOVEMBRE.

4 Paris.P29.2.55;D.Colonie.170.
5 Ord.P28.3.16;D.Conseil d'état.
— Ord.P29.3.11;D.Compét. admin.
— Ord.P31.3.38;D.Trav. pub.184.
— Ord.P31.3.37;D.Trav. pub.74.
— Ord. du cons. d'état.D.Contr. dir.264.
— Ord. du cons. d'état.Mac.28.767;D.Marché de f.516.
6 Cr.r.P28.1.436;D.Cour d'ass.260.399.
— Req.P28.1.435;S28.1.401;D.Absent.35.Frais et dép.155.Remplac.42.
— Req.P28.1.436;D.Lois.34.Servitudes.330.645.
— Req.P28.1.437;J43.430;D.Int. de cap.122.Pr. test.129. Tribunal.93.
— Paris.P29.2.97;S28.2.345;D.Chasse.25.
10 Civ.c. P28.1.438; S29.1.79; J43.157; D.Honoraire.120. Notaire.198.
— Civ.r.P28.1.438;S29.1.86;J43.95;D.Tierce-opp.149.
11 Civ.r.P28.1.439;S28.1.409;D.Cassation.990.
— Req.P29.1.5;S30.2.80; J43.561; D.Avoué.191.Compte.42.45.
— Req.P29.1.6;S30.1.78; J44.199; D.Absence.118.Puiss. p.24.Usufruit légal.30.
— Civ.r.P29.1.7;S29.1.63; J45.176;D.Autor. de femme.200.Contr. de mariage.81.Legs.95.Part. disp.509.Obl.372.
— Req.P29.1.9;D.Cassation.355.
— Req.P29.1.9;S28.1.404;J43.412;D.Jugement.48.
12 Ord.P28.3.15;D.Prud'homme.3.
— Ord.P28.3.16;D.Haras.13.
— Civ.c.P29.1.10;S28.1.408;J44.630; D.Mot. des jug.38.
— Civ.c.P29.1.10;S29.1.25;J44.501;D.Vérif. d'écr.46.
— Req.P29.1.11;S29.1.125;J43.607;D.Sais.-imm.81.468.
— Req.P29.1.11; S28.1.403; J43.176; D.Commune.159. Dem. nouv.81.Preuve.45.Usage.85.

13 Paris.P28.2.225;D.Mandat.265.Respons.579.
— Req.P29.1.13;D.Faillite.118.
— Cr.c.P29.1.14;S29.1.121;D.Forêts.753.
— Cr.c.P29.1.14;S29.1.121;J43.353; D.Poids et mes.52.
— Cr.c.P29.1.14,n.;D.Poids et mesure.32.
— Montpellier.P30.2.56;S29.2.316;D.Usufruit.643.
— Ord.D.Eau.385.
14 Agen.P29.2.41;S29.2.4;D.Elect. lég.58.104.148.367.
— Rouen.P30.2.158;S30.2.192; D.Autor. de femme.202. Dot.247.Preuve litt.1143.
15 Ch.réun.P29.1.14; S28.1.411; J43.279; D.Enreg.2082.2391.
— Amiens.P29.2.38;S29.2.3;D.Elect. lég.58.99.104.367.
— Paris.P29.2.65;S29.2.14; D.Inscript. hypoth.118.Rép. d'inst.24.Success. bénéf.95.
— Angers.P29.2.64;S29.2.6;D.Presse.296.
— Bordeaux.P29.2.145;S29.2.117; J43.529;D.Contr. par corps.396.405.Deg. de jurid.175.
17 Bordeaux.P29.2.81;S29.2.251;D.Don. par cont.126.
— Toulouse.P29.2.145;S29.2.117;D.Effets de comm.146.158.
— Nimes.P29.2.188;S29.2.148;D.Arbitrage.207.214.Degré de jurid.422.Except.217.
18 Req.P29.1.17;S28.1.411;D.Ratification.97.
— Civ.c.P29.1.17; S29.1.240; D.Acquiesc.285.382.Autor. de femme.85.
— Req.P29.1.18;S29.1.119;J43.523; D.Vente pub.128.
— Civ.r.P29.1.19; S28.1.406; J43.424; D.Acquiesc.321.325.Tierce-opp.153.
— Bordeaux.P29.2.81;S29.2.228;D.Presse.595.
19 Civ.c.P29.1.21; S29.1.109; J43.180; D.Action possess.127.Deg. de jurid.584.
— Req.P29.1.22;S29.1.110;J43.493;D.Act. poss.183.270.
— Req.P29.1.25;S30.1.71;D.Chose jugée.452.
20 Cr.r.P29.1.25;S29.1.115;J44.317;D.Cour d'ass.55.416. Etranger.204.Interprète.6.
— Douai.P29.2.47;S29.2.22;D.Elect. lég.99.
— Caen.P30.2.275;S31.2.47; J48.301; D.Avar.53.60.136.
— Montpellier.P29.2.262;S29.2.105;D.Deg. de jur.211.
— Caen.P33.2.40;D.Preuve litt.1000.
21 Cr.r.P29.1.24; S29.1.116; J44.502; D.Forêts.919.Procès-verb.307.
— Cr.r.P29.1.24;S29.1.108;D.Douane.95.96.322.
— Cr.c.P29.1.25;D.Peine.159.Tapage.12.
— Cr.c.P29.1.25;J44.409;D.Publ. des jug.101.Voirie.631.
— Cr.c.P29.1.26;S29.1.109;J44.480;D.Délit rural.89.
— Toulouse.P29.2.186;S29.2.148;J44.386; D.Except.73.
— Bordeaux.P29.2.287; S29.2.253;J44.366;D.Désist.107. Mandat.3.13.
— Rouen.P30.2.159;D.Douaire.4.5.31.Prescrip. civ.551.
22 Ch.réun.P29.1.26;S28.1.410;D.Frais et dépens.356.
— Ch.réun.P29.1.28;S28.1.407;D.Presse.816.
— Ch.réun.P29.1.29,n.;J43.34;D.Presse.816.
— Paris.P29.2.60;S29.2.77;J43.35;D.Cont. de mar.79.
23 Ord.A12.1024,n.41;D.Voirie.710.
24 Civ.r.P29.1.29;S29.1.215;J47.152;D.Don. par cont.221.
— Paris.P29.2.75;S29.2;J43.105;D.Cont. ind.140.Jugem.169.
25 Req.P29.1.30; S29.1.213; D.Donat.366.Don. par cont.218.
— Civ.r.P29.1.31; S28.1.409; J43.497; D.Commune.207.661.Preuve.44.
— Civ.c.P29.1.32;S28.1.408;D.Motifs des jug.39.
— Req.P29.1.32;S29.1.9;J43.62;D.Chose jugée.246.Conciliation.138.139.140.
— Riom.P29.2.144;S29.2.118;J48.402;D.Tutelle.149.
— Nimes.P29.2.188;S29.2.46;J44.308;D.Comp. com.162.
— Besançon.P33.2.101;D.Servitude.222.
26 Req.P29.1.33;D.Serment déc.105.Transact.5.
— Civ.c.P29.1.34; S29.1.17; J43.67;D.Legs.12.Disp. entrevifs.168.169.241.Exécut. test.32.
— Req.P29.1.34;S29.1.204;D.Acquiesc.357.
— Civ.c.P29.1.36;S29.1.9;J43.75;D.Etranger.182.
— Civ.r.P29.1.37; S29.2.18; J43.476; D.Délai.65.Sprenchèze.77.
— Req.P29.1.38;S29.1.117;J43.499;D.Ordre.63.65.
— Paris.P29.2.1;S29.2.6;D.Propr. litt.24.
— Lyon.P29.2.13;D.Louage.555.
— Bordeaux.P29.2.39;J44.69;D.Saisie-exéc.190.
— Riom.P29.2.150; S29.2.174; J30.146; D.Arbitrage.206. Partage d'asc.67.
— Angers.P29.2.288;S29.2.328;D.Comp. comm.346.
— Ord.P29.3.13.
— Rouen.P30.2.67;S30.2.136;D.Arbitrage.705.
— Bordeaux.P33.2.127;S29.2.141;D.Dom. de l'état.52.
— Ord.P29.3.23.
27 Cr.c.P29.1.39;S29.1.124;J43.110;D.Action pub.19.
— Req.P29.1.39;S29.1.124;J43.605;D.Commune.228.
— Cr.r.P29.1.40;S29.1.16;D.Récidive.16.
— Cr.c.P29.1.40;S29.1.156;D.Expertise.107.
— Cr.c.P29.1.40;D.Expertise.106.
— Colmar.P29.2.45;S29.2.4;D.Elect. lég.58.104.148.367.
— Nanci.P29.2.117;S29.2.155; D.Frais et dép.21.Elect. lég.182.185.400.408.456.
— Bordeaux.P29.2.187;S29.2.148;D.Deg. de jurid.450.
— Paris.P29.2.247;J43.44;D.Cession de biens.79.Exception.329.
— Délib.D.Transcrip. hyp.48.
28 Cr.c.P29.1.41;J45.86;D.Frais et dépens.346.353.M. p.358.Respons.437.
— Cr.c.P29.1.41;D.Compét. crim.241.

— Cr.c.P29.1.41;S30.1.80;D.Chasse.109.114.
— Poitiers.P29.2.75;D.Réhabilitation.14.
— Riom.P29.2.208 S29.2.191;J48.404;D.Témoin.408.
— Cr.c.P29.1.253;D.Quest. pr.124.
— Délib. D.Transcript. hyp.45.
29 Ch.réun.P29.1.41;J43.398;D.Récidive.39.
— Ch.ré.P29.1.44;S29.1.122;J43.488;D.Escroquerie.90.
— Ch.ré.P29.1.44;S29.1.288;D Récidive.39.
— Lyon. P29.2.55; S29.2.220; D.Fruits.50.57.Désist.60. Port. disp.703.Testam.626.
— Rouen.P33.2.185; S33.2.641; D.Frais et dépens.251. 253.254.261.285.286.

DÉCEMBRE.

1 Civ.c.P29.1.45;S29.1.159; J45.116; D.Obl.659.Obl. pén. 49.
— Lyon.P31.2.96;S31.2.272;D.Eff. de comm.385.387.
2 Civ.r.P29.1.47;D.Dem. nouv.85.
— Req.P29.1.48;J43.562;D.Louage à cheptel.12.
— Req.P29.1.46,n.;D.Louage à cheptel.12.
— Req.P29.1.47;S29.1.204;D.Chose jugée.255.256.
— Req.P29.1.48;J43.560;D.Arbitrage.901.
— Paris.P29.2.44;S29.2.4;D.Elect. lég.58.104.149.367.
— Bordeaux P29.2.79;D.Date.48.
— Rouen.P30.2.31;S30.2.205;D.Faillite.1145.
— Riom.P30.2.243;S29.2.160;D.Deg. de jurid.294.398.
3 Req P29.1.49; S29.1.207; J44.129; D.Action poss.177. Commune.76.Deg. de jurid.542.
— Req.P29.1.51;J44.115;D.Rec. de juges.75.85.
— Civ.c.P29.1.50;J43.572;D.Enreg.1141.
— Lyon.P29.2.37;D.Rescis.134.136.
— Ord.P29.3.13;D.Mines.26.
— Ord.P29.3.23;D.Conflit.
— Ord.P29.3.20;D.Impôts.Compétence.
— Ord.P29.3.17;D.Prise marit.
4 Cr.r.P29.1.52;S29.1.212;J43.87;D.Forêts.801.
— Cr.c.P29.1.52;D.Cour d'ass.1010.Faux.303.
— Cr.c.P29.1.53 D.Pêche.89.
— Paris.P29.2.65;S29.2.76;J43.114.D.Arbitrage.37.1046.
— Orléans.P29.2.49;S29.2.42;D.Elect. lég.277.301.
5 Cr.c.P29.1.53;S29.1.247;D.Cont. ind.280.
— Cr.r.P29.1.53;D.Dém. nouv.148.
6 Ch.ré.P29.1.54;S29.1.246;J43.590;D.Attentat à la pudeur.58.Lois.392.
— Ch.ré.P29.1.55;S29.1.18;J43.201;D.Poste aux lettres. 18.19.26.
8 Rennes.P29.2.45;S29.2.12.D.Elect. lég.132.
— Bourges.P29.2.97;S29.2.60;J43.557; D.Discip.229.Notaire.398.399.408.
— Caen.P32.2.21. et 32.1.130; S31.2.340;J50.212;D.Dot. 264.297.
9 Civ.c.P29.1.58; S29.1.286; J44.161; D.Cassat.735.736. Commune.364.434.440.
— Req.P29.1.57;D.Jug. prép.78.Except.76.
— Req.P29.1.86;S29.1.19;J45.97;D.Enquête.191.259.
— Montpellier.P30.2.41;S30.2.64;D.Faux incid.191.193. Preuve litt.737.
— Bordeaux.P31.2.179;D.Exploit.62.
— Lett. du garde-des-sceaux.D.Preuve litt.651.
10 Req.P29.1.57;S29.1.40;D.Eff. de comm.338.
— Civ.c.P29.1.60;S29.1.256; D.Cass.20.Chose.25.Vente pub. de récoltes.8.
— Civ.c.P29.1.61,n.;D.*Ibid.*
— Req.P29.1.75;S29.1.44;J44.356;D.Usuf.503.506.518.
— Req.P29.1.64;S29.1.78;J44.198;D.Prescr. civ.970.973.
— Civ.c.P29.1.61;S29.1.320;J44.113;D.Tutelle.185.
— Req.P29.1.120;S29.1.74;J45.569;D.Mat. somm.14.Motifs des jug.139.
— Nimes.P29.2.174;S29.2.164;D.Purge.178.
— Pau.D.Elect. lég.70.
11 Req.P29.1.62;S29.1.20;J44.195;D.Surenchère.428.
— Cr.c.P29.1.63;S29.1.24;D.Compét. crim.716.
— Amiens.P29.2.48;S29.2.21;D.Elect. lég.184.
— Caen.P29.2.47;S29.2.52;J47.257;D.Elect. lég.137.
— Orléans.P29.2.126;S29.2.67;D.Not.501.
— Ord.P29.3.2;D.Marine.
— Besançon.P29.2.303;S29.2.290;D.Success. irr.64.
12 Ord.A6.817,n.2,n.3;D.Emigré.
13 Ch.ré.P29.1.63;D.Comp. crim.700.Fonct. pub.133.
— Rouen.P29.2.48;S29.2.22;D.Elect. lég.186.
— Rouen.P29.2.46;S29.2.22;J47.262;D.Elect. lég.35.
— Grenoble.P29.2.261;S29.2.278;J46.478.D.Obl.377.
— Grenoble.P30.2.10,S30.2.13;J46.122;D.Eff. de comm. 854.857.
— Riom.P34.2.22;S29.2.162;D.Obl.580.
15 Pau.P29.2.46;S29.2.22;D.Elect. lég.34.
— Bordeaux P29.2.171;S29.2.149;D.Part.151.Scellés.8.
— Bordeaux.P29.2.165; S29.2.151; D.Assur. marit.378. 383.671.
— Caen.P30.2.130;S30.2.159;D.Discip.250.Notaire.257.
16 Rennes.A6.532,n.1.3;D.Droit civil.
— Rouen.A6.552,n.1.3;D.Droit civil.
— Req.P29.1.63; S30.1.143; D.Aveu.103.Eff. de comm. 846.
— Req.P29.1.65;D.Acquiesc.201.Louage.234.
— Civ.c.P29.1.66;S29.1.296; J44.28;D.Arbit.427.507.517.
— Req.P29.1.87;S29.1.21;J44.276;D.Garantie.64.
— Grenoble.P29.2.73;S29.2.23;D.Droit civ.12.
— Bourges.P29.2.90;S29.2.126;D.Exploit.487.488.380.
17 Civ.c.P29.1.67;S29.1.255;J44.41;D.Vente.125.
— Req.P29.1.68;S30.1.114;J45.501;D.Réc. de jug.56.81.
— Civ.c.P29.1.76;S29.1.157;J44.399;D.M. p.107.
— Civ.c.P29.1.66;J45.204;D.Dol.55.Preuve test.101.
— Ord.P29.3.13;D.Manufacture.
— Rouen.P30.2.157;S31.2.88;D.Privilége.157.
— Dijon.P31.2.75;D.Désist.103.
18 Req.P29.1.68;S29.1.114;J46.226;D.Enreg.1537.
— Req.P29.1.69;S30.1.112;J46.87;D.Société comm.13.
— Lyon.P29.2.42;S29.2.230;D.Preuve litt.1175.
— Req.P29.1.375;S29.1.62;J43.143;D.Agent de ch.112.
— Rennes.D.Elect. lég.59.
19 Cr.c.P29.1.69;D.Quest. pr.145.
— Cr.c.P29.1.70;S29.1.335;D.Homicide.10.11.
— Cr.c.P29.1.77;S29.1.157;J47.465;D.Forêts.701.
— Amiens.P29.2.46;S29.2.52;D.El. lég.40.
— Toulouse. P33.1.41; D.Commune.184.Pérempt.9.226. Prescript.351.
20 Ch.ré.P29.1.70;D.Cass.712.Cont. ind.122.
— Ch.ré.P29.1.74;D.Cass.605.Voiture pub.152.153.
— Ch.ré.P29.1.72;S29.1.14;D.Contr. ind.376.382.
— Ch.ré.P29.1.72,n.;D.Cass.605.Voit. pub.152.153.
— Rouen.P29.2.49;S29.2.25;D.Elect. lég.324.
— Caen.P30.2.281;D.Hypoth. conv.120.
22 Civ.c.P29.1.73; S29.1.68; J43.272; D.Saisie-imm.198. 201.996.1006.1502.
— Rouen.P29.2.49;S29.2.209;D.Elect. lég.366.
— Bordeaux.P29.2.73;D.Preuve litt.899.929.
— Bourges.P29.2.90;S29.2.127;J43.457;D.Deg. de jurid. 597.
— Rouen.A6.551,n.;D.Elect. lég.321.
23 Civ.c.P29.1.74;S29.1.7;J43.166;D.Pr. litt.1253.1254.
— Req.P29.1.77;S29.1.13;J43.171;D.Legs.34.
— Req.P29.1.78;S29.1.6;D Test.879.
— Civ.c.P29.1.79; S29.1.58; J45.200; D.Except.245.Exploit.254.
— Req.P29.1.81; S29.1.155; J44.17; D.Legs.18.Pub. des jug.27.
— Douai.P29.2.47,n.;S29.2.22,n.;D.Elect. lég.99.
— Bordeaux.P29.2.170;S29.2.132;D.Cont. par corps.371. 376.Degr. de jurid.176.
24 Req.P29.1.79;D.Cass.616.
— Civ.r.P29.1.80;D.Success.275.
— Req.P29.1.80;S29.1.259;D.Cass.740.Don. ent. ép.49.
— Req.P29.1.82;S29.1.156;D.Commune.134.
— Rennes.P29.2.48;S29.2.53;D.Elect. lég.99.111.113.
— Orléans.P29.2.45;S29.2.51;J43.112;D.Elect. lég.34.42.
— Grenoble.P29.2.162;S29.2.150;J46.263;D.Dol.422.
— Ord.P29.3.15;D.Contr. ind.
— Poitiers.P31.2.93;S31.2.87;D.Preuve test.149.
— Ord.P29.3.23;D.Prise marit.
— Ord.P29.3.15.
— Décret du cons. d'état.D.Exprop. pub.245.
26 Paris.P29.2.58;S29.2.124;J43.196;D.Succ. irrég.88.
— Bourges.P29.2.40;S29.2.51;D.Elect. lég.40.
— Grenoble.P29.2.160;S29.2.212;J44.547;D.Avocat.220. 222.Discipl.162.Presse.226.
— Cr.r.P29.1.82;D.Faux.312.Juge supp.135.
27 Cr.c.P29.1.83;D.Autorité municipale.
— Cr.c.P29.1.81;D.Expertise.108.
— Cr.c.P29.1.82;D.Procès-verbal.76.
— Cr.c.P29.1.83;D.Autorité municip.259.260.281.
— Cr.c P29.1.88;D.Procès-verb.200.
— Rouen.P30.2.33;S30.2.165;D.Assurance terrestre.
— Paris.P29.2.52;S29.2.35;D.Culte.46.48.Mariage.217.
29 Caen.A6.548;D.Elect. lég.101.
— Civ.c.P29.1.88;S29.1.70;J43.563;D.Act. poss.13.358.
— Civ.c.P29.1.85;S29.1.4;D.Respons.314.
— Toulouse.P29.2.221; S29.2.157; D.Absence.216.Filiat. lég.71.
30 Civ.r.P29.1.83;J44.249;D.Commune.608.609.
— Civ.c.P29.1.84;S29.1.156;J44.595;D.Contr. par corps 238.Enq.295.Oblig. solid.37.
— Req.P29.1.89;S29.1.111;D.Louage d'ouv. et d'ind.47.
— Poitiers.P29.2.70;D.Témoin.83.
— Bordeaux.P29.2.169;S29.2.180;D.Faillite.574.
— Montpellier.P30.2.14; S30.2.96; J46.117; D.Pérempt. 115.
31 Ord.P29.3.1;S29.2.355;D.Etranger.
— Ord.P29.3.9;S29.2.356;D.Colonie.
— Ord.P29.3.15;D.Travaux publics.

1829.

JANVIER.

2 Cr.c.P29.1.90;S29.1.174;D.Autorité mun.112.319.
— Cr.r.P29.1.90;D.Attentat à la pudeur.32.
— Cr.r.P29.1.91;D.Instruc. crim.308.
— Riom.P29.2.85;S29.2.54;D.Chose jugée.365.
3 Cr.c.P29.1.91;S29.1.57;D.Douanes.367.Except.111.
— Bourges.P29.2.42;S29.2.272;D.Servitude.656.
— Grenoble.P29.2.149;S29.2.176;D.Comp. civ.94.Etranger.266.Exception.117.Jug. prép.186.
4 Ord.P29.3.1;D.Enseignem.
— Ord. du cons. d'état.D.Marché de fourn.131.
5 Civ.r.P29.1.92;S29.1.66;J43.237;D.Usuf. lég.11.87.
— Caen.P29.2.148;S29.2.189;J44.35;D.Emig.476.
— Riom.P29.2.208;S29.2.224;J50.141;D.Vente.390.
— Agen.P32.2.178;D.Servitude.768.
6 Req.P29.1.93;J43.473;D.Mariage.632.Publ. des jug.27.
— Req.P29.1.94;S30.1.103;J43.286;D.Interdit.46.Jugem. prép.80.Mariage.303.
— Paris.P29.2.130;S29.2.69;D.Voirie.89.
— Civ.r.P29.1.95;S30.1.110;J43.478;D.Enreg.389.559.
— Req.P29.1.96;S30.1.57;J43.358;D.Propriété.185.
— Montpellier.P30.2.79;S30.2.48; J43.307; D.Port. disp. 489.
7 Civ.r.P29.1.96;S29.1.54;J46.147;D.Domm. eng.32.33.
— Req.P29.1.97; S30.1.241; J45.199; D.Action possess. 308.Except.197.Frais et dépens.200.
— Civ.r.P29.1.98;D.Oblig.473.502.Présomp.86.
— Req.P29.1.99;D.Action possess.314.
— Bourges P29.2.41;S29.2.277;D.Servitude.735.
8 Req.P29.1.99; S29.1.3; J43.344; D.Jugem. prép.159. Servitude.594.
— Cr.r.P29.1.100;D.Cour d'ass.400.
— Angers.P29.2.56;S29.2.156;D.Obl.640.
9 Cr.r.P29.1.100;S29.1.4;J45.184; D.Cour d'ass.75.Juge supp.75.
— Cr.r.P29.1.100;S30.1.112;D.Cassation.270.
— Cr.r.P29.1.101;S30.1.110;D.Douane.279.
— Rouen.P29.2.136;S29.2.272; J43.394; D.Abus de confiance.83.91.Dépôt.115.
— Bordeaux.P29.2.211;S29.2.231;D.Garantie.570.
— Toulouse.P29.2.205;S29.2.190;J44.430;D.Propriété.
— Rouen.P30.2.147;D.Compét. comm.418.
— Bordeaux.P30.2.219;D.Garantie.508.
10 Ch.réun.P29.1.101;S29.1.56;D.Voitures publ.12.
11 Ord.P29.3.1;D.Poste aux lettres.46.
— Ord.P32.3.9;S29.2.50;D.Culte.100.132.
12 Grenoble.P29.2.255;D.Garantie.519.Exploit.406.
— Angers.P30.2.23;S29.2.341;D.Chasse.51.94.
13 Req.P29.1.102;S31.1.812;D.Respons.612.
— Req.P29.1.103; S30.1.160; J44.35; D.Acte de comm.9. Compét. comm.353.Contr. par corps.212.
— Nimes.P29.2.143;S29.2.195;J44.558;D.Sais.-imm.668.
14 Civ.c.P29.1.104;S29.1.73;J43.234;D.Enreg.775.778.
— Req.P29.1.105; S29.1.69; J43.420; D.Exception.168. Renvoi.65.Société civ.80.85.
— Orléans.P29.2.119;S29.2.74;D.Elect. lég.354.
— Rouen.P29.2.125;S29.2.65;D.Brevet d'inv.15.
— Orléans.P29.2.50; J43.285; D.Elect. lég.182.183.320. 346.
15 Req. P29.1.106; S29.1.172; J43.391; D.Avoc.80.Lois. 119.
— Cr.r.P29.1.108;S29.1.205;D.C. d'ass.428.Expert.110.
— Req.P29.1.109;S29.1.199;D.Motifs des jug.201.
— Caen.P29.2.124;S29.2.234;J48.56;D.Purge.180.
— Angers.P29.2.228;S29.2.344;J43.54;D.Exception.398. Saisie-imm.1606.
— Cr.c.P29.1.109;S29.1.55;J43.469; D.Mot. des jug.236.
16 Cr.r.P29.1.110;S29.1.202; D.Compét. crim.101.
— Cr.r.P29.1.110;S29.1.205;D.Témoin.436.
— Cr.r.P29.1.110;D.Chasse.31.93.
— Cr.r.P29.1.111;S29.1.203;J43.341;D.Cour d'ass.1153.
— Toulouse.P29.2.144;S29.2.201;J43.226;D.Stellionat.9.
— Toulouse.P29.2.187;S29.2.252;J46.41;D.Délég.29.
— Agen.P29.2.258;S29.2.202;J46.353; D.Elect. lég.245.
— Toulouse.P29.2.293;S30.2.24;J46.200; D.Testam.271. 272.
— Paris.S29.2.51;J44.221;D.Animaux.12.
17 Cr.r.P29.1.110;S29.1.205;J43.367;D.Adultère.103.
— Cr.r.P29.1.111;S30.1.103;D.Prescrip. crim.93.
— Cr.c.P29.1.112;S30.1.102;D.Attent. à la pudeur.16.17. Chose jugée.325.Publ. des jugem.71.
— Cr.c.P29.1.113;D.Jugem.404.Peine.152.Voirie.655.
— Cr.c.P29.1.115;S29.1.20;D.Chose jugée.
— Cr.c.P29.1.114; S29.1.175; D.Autorité mun.517.Salubrité publique.2.
18 Ord.P29.3.2;D.Enseignement.
19 Paris.A6.551,n.3;D.Elect. lég.259.
— Civ.c.P29.1.114;S29.1.115;J45.554;D.Appel civ.475.
— Caen.P29.2.118;S29.2.73;J47.259;D.Elec. lég.171.177.
20 Bordeaux.P29.2.77;S29.2.195;D.Deg. de jurid.520.
— Req.P29.1.116;D.Tribunal.111.
— Ord.A5.15;D.Com.124.
21 Ord.P29.3.24;S29.2.72;D.Recrutem.
— Ord.P29.3.17;D.Commune.
22 Cr.c.P29.1.116; S29.1.176; J34.266; D.Procès-verb.60. 165.168.
— Cr.r.P29.1.116;S29.1.203;D.C. d'ass.365.Faux.159.
— Cr.r.P29.1.117;D.Chasse.Forêts.
— Cr.c.P29.1.117;S29.1.171;D.App. correct.217.Chasse. 22.61.Nuit.3.
— Req. P29.1.143; J44.486; D.Acquiesc.267. Exception. 280.Expertise.536.Exprop. publ.196.197.233.
— Toulouse.P29.2.168;D.Int. de cap.72.Sais.-arrêt.286.
23 Cr.c.P29.1.118;D.Mines.143.
— Cr.r.P29.1.119;D.Escroquerie.91.
— Cr.c.P29.1.118;D.Quest. pr.74.
— Cr.c.P29.1.116;S29.1.200;J35.275;D.Comp. crim.584.
— Riom.P29.2.146;S29.2.184;D.Servitude.97.99.
— Riom.P31.2.109;S31.2.193;D.Arbitrage.738.
— Riom.P32.2.99;S32.2.98;D.Aut. de femme.211.Contr. par corps.264.Effet de comm.510.Prescr.454.Preuve litt.1094.
— Poitiers.P33.2.81;D.Commune.185.
— Paris.D.Art de guérir.202.
24 Grenoble.P29.2.115;S29.2.233; J46.572; D.Contr. par corps.218.Effet de comm.503.
— Nimes.P29.2.126;S29.2.69;D.Jugem. par déf.340.

26 Bordeaux.P29.2.83;S29.2.263; D.Etranger.29.31.Testament.138.143.
27 Bordeaux.P29.2.78;D.Expertise.93.
— Civ.c.P29.1.149; S29.1.107; J43.558; D.Acquiesc.15.301.Cassation.756.Commune.656. Forêts.577. Jugem.502.503.
— Req.P29.1.120; S29.1.65; J44.328; D.Forêts.630.Poss.43.Prescrip.303.Usage.153.
— Civ.r.P29.1.121;J44.256;D.Prescrip.43.57.
— Req.P29.1.122;D.Arbitrage.105.
— Aix.P29.2.196;S29.2.141;J44.560;D.Adultère.113.
— Ord.P29.3.2;D.Enseignement.
— Bordeaux.P30.2.101;S29.2.292; D.Preuve litt.881.901.
— Cr.c.P29.1.125;D.Attentat à la pudeur.72.
28 Civ.r.P29.1.122;J44.477;D.Mandat.330.
— Civ.r.P29.1.123;D.Cont. ind.149.
— Caen.P30.1.18;S30.2.373;J48.286;D.Comp. comm.456.
— Trib. de comm. de Marseille.D.Assur. marit.121.
29 Req.P29.1.123;S29.1.201;D.Propriété litt.109.
— Req.P29.1.124;S29.1.52;D.Féodalité.113.Rente.235.
— Req.P29.1.124;S29.1.201;D.Responsabil.52.
— Cr.c.P29.1.125;J44.429;D.Douane.88.Rebellion.24.
— Cr.c.P29.1.125;S29.1.212;J44.429;D.Cour d'ass.1514.
— Cr.r.P29.1.125;S29.1.202;D.Jour férié.73.
— Cr.c. P29.1.125; S30.1.102; J44.426; D.Attentat aux mœurs.
— Cr.c.P29.1.126; S29.1.154; D.Cass.601.Forêts.914.Fr. et dépens.370.
— Riom.P30.2.24;S29.2.342;D.Publ. des jugem.17.
— Rouen P33.2.195; S30.2.149; D.Rente.327.Transport de créance.25.
30 Cr.r.P29.1.126;D.Voiture publ.57.59.
— Cr.r.P29.1.126,S29.1.202;D.Presse.626.
— Cr.c.P29.1.127;S29.1.211;J43.182;D.Exéc. des jugem. et actes.191.
31 Ch.réun.P29.1.128;S29.1.104;J43.412;D.Octroi.78.
— Riom.P32.2.174;D.Servitude.769.770.

FÉVRIER.

2 Rouen.P30.2.154;S30.2.175;D.Preuve litt.140.765.
— Riom.P32.2.225;D.Faux incid.133.
3 Civ.r.P29.1.128;J45.399; D.Motifs des jugem.177.Serment déc.106.
— Req.P29.1.129;D.Cassation.782.Respons.130.
— Req.P29.1.129;S30.1.101;D.Enreg.2566.
— Civ.c.P29.1.130;S29.1.105;J44.120;D.Tierce-opp.104.
— Civ.r.P29.1.132;J46.18;D.Avocat.248.
— Paris.P29.2.129;S29.2.71;D.Substitut.221.
— Bordeaux.P29.2.147;S29.2.180;D.Assur. mar.192.353.
— Bordeaux.P29.2.285; S29.2.261; J44.449; D.Inscript. hypoth.367.368.372.Ordre.429.497.Port. disp.236.
— Riom.P30.2.119;S30.2.68;D.Prescrip.403.
4 Civ.r.P29.1.133;S29.1.51;J43.408;D.Emig.481.
— Req.P29.1.135;D.Frais et dépens.32.
— Req.P29.1.135;S31.1.56;J45.503;D.Exception.75.
— Req.P29.1.136;S29.1.196;J43.574; D.Preuve litt.1174.
— Req.P29.1.137; S29.1.197; J44.80.V. au 5;D.Exploit.746.842.844.Servitude.86.
— Req.P29.1.137;D.Cassation.588.Douane.280.
— Toulouse.P29.2.243;S29.2.196;D.Caut.154.Offre.39.
— Grenoble.P30.2.4; S29.2.293; J46.476; D.Saisie-imm.1408.
5 Req.P29.1.138; S29.1.198;J44.419; D.Ratification.180.Testament.60.525.
— Cr.r.P29.1.139;D.Chose jugée.362.Instr. cr.270.
— Cr.c.P29.1.139;S29.1.96;D.Destruct.102.
— Bordeaux.P29.2.198;S29.2.188;J44.563;D.Dot.372.
— Poitiers.P29.2.263;S29.2.256;D.Appel civ.86.Dom. de l'état.102.Jugem. par défaut.44.102.
— Angers.P29.2.292;S29.2.327;D.Remploi.30.
6 Cr.r.P29.1.140;S29.1.198; D.Attentat à la pudeur.48.Compét. crim.794.
— Cr.c.P29.1.141; S29.1.170; J45.55; D.Presse.370.371.383.
7 Angers.P29.2.54;S29.2.171;D.Port. disp.475.
— Ch.réun.P29.1.140;S29.1.51,n.;D.Cont. ind.267.288.
— Lyon.P29.2.113;D.Frais et dépens.263.
— Bourges.P29.2.195;S29.2.170;D.Vente publ.31.56.
8 Ord.P29.3.2;S29.2.76;D.Armée.
9 Paris.P29.2.120;S29.2.74;J44.67;D.Elect. lég.40.99.
— Amiens.P29.2.158. et 32.1.322; S29.2.171; D.Communauté.647.
— Bordeaux.P29.2.294;S30.2.68;D.Commissionnaire.23.Mandat.221.
— Rennes.P31.2.7;S30.2.336;J48.113;D.Assur. mar.652.
— Rouen.P30.2.270; S30.2.216; D.Interrog. sur faits.94.Jugem. par défaut.80.
— Nanci.P30.2.55; D.Emigré.194.427.Oblig. naturelle.15.Substitution.344.534.
10 Civ.c.P29.1.143;S29.1.101;J44.57;D.Privil.58.
— Civ.c.P29.1.141;S29.1.99;J43.348;D.Vente adm.439.
— Req.P29.1.144;D.Hypoth. conv.88.93.
— Rouen.P30.2.276; D.Capitaine.7.Compét. comm.313.Mandat.340.
11 Civ.r.P29.1.145;D.Comp. comm.554.Novat.66.
— Civ.r.P29.1.146.n.;D.*Ibid.*
— Civ.c.P29.1.146;S29.1.103;J43.481;D.Comp. adm.184.
— Paris.P29.2.159;S29.2.138;J43.304;D.Adultère.92.
— Bourges.P29.2.244; S30.2.37. et 29.2.192; D.Faillite.911.1264.

1829.

— Bordeaux.P29.2.298;J45.150;D.Répétition.23.24.
— Ord. du cons. d'état.D.Eau.234.
— Ord. du cons. d'état.D.Mines.38.
— Ord. du cons. d'état.S29.2.248;D.Concession.34.
12 Cr.c.P29.1.147;D.Procès-verb.79.
— Req.P29.1.147;S30.1.201;J44.490; D.Chose jugée.122.Obl.288.Prescrip.473.
— Cr.c.P29.1.149;S29.1.239;J45.291;D.Procès-verb.196.
— Cr.c.P29.1.149;D.Frais et dépens.353.
— Cr.c.P29.1.149,D.Poids et mesures.87.
— Req.P29.1.148;S29.1.102;D.Enreg.1731.
— Grenoble.P29.2.261;S29.2.310;J46.406;D.Obl.278.
— Poitiers.P30.2.25;S29.2.342;D.Enquête.19.
13 Bourges.P29.2.270;S29.2.198;D.Exception.331.
— Montpellier.P30.2.9; S30.2.13;D.Disp. entre vifs.119.Preuve litt.531.532.Substitution.87.
14 Paris.P29.2.77;S29.2.128;J43.301; D.Stellionat.33.50.
— Toulouse.P29.2.150;S29.2.161;D.Hypoth. lég.71.
— Toulouse.P29.2.198;S29.2.269;D.Succession.134.
15 Cr.c.P29.1.149,D.Récidive.78.
16 Civ.r.P29.1.150;S29.1.151;J44.14;D.Dén. calom.47.
— Grenoble.P29.2.233;S29.2.164;J45.66;D.Témoin.50.
— Bordeaux.P30.2.106;S29.2.300; J45.68;Domm.-int.80.Poss.71.
— Rouen.P31.2.20;S30.2.344;J48.151;D.Faillite.704.707.
17 Req.P29.1.150; S29.1.149; J44.178; D.Communauté.407.995.
— Civ.r.P29.1.151;S30.1.238;D.Absence.130.Enreg.732.
— Paris.P29.2.128;S29.2.130;J43.373;D.Preuve litt.1058.1098.
18 Cr.r.P29.1.152;D.Cassation.748.Donation.348.
— Civ.c.P29.1.153;S29.1.238;J47.472;D.Enreg.2057.
— Req.P29.1.153,S29.1.97;J47.457;D.Enreg.765.
— Civ.r.P29.1.152;D.Cassation.716.Vente.178.
— Lyon.P29.2.109;S29.2.239;D.Hypoth. judic.85.
— Grenoble.P29.2.115;D.Saisie-imm.
— Paris.P29.2.141;S29.2.150;J43.397; D.Exéc. prov.63.
— Orléans.P29.2.204;S29.2.244;J44.434;D.Substit.125.
— Req.P29.1.375;S29.1.96;J45.30;D.Usure.45.
— Caen.P30.2.235;S30.2.222;D.Saisie-imm.467.760.
— Ord.P29.3.21;D.Compét. adm.
— Ord.P29.3.21;D.*Ibid.*
— Ord.P29.3.21;D.Incendie.66.
— Ord.P29.3.17;D.Contr. dir.
— Ord.P29.3.17;D.Concession.
19 Cr.c.P29.1.154; S29.1.257; D.Frais et dépens.365.Motifs des jugem.246.
— Cr.c.P29.1.153;D.Frais et dépens.356.
— Req.P29.1.156;D.Féodalité.167.178.
— Cr.r.P29.1.155;S29.1.236;J45.583; D.Comp. crim.564.
— Req.P29.1.155;J47.368;D.Hyp. conv.74.86.Renv.130.
— Grenoble.P29.2.131;J46.259;D.Obl.373.Part. d'asc.66.
— Nîmes.P29.2.154;S29.2.214; J44.552; D.Privilége.557.561.565.
— Poitiers.P30.2.178;S30.2.139;J48.189;D.Communauté.582.
— Cr.c.P29.1.355;S29.1.414;D.Action pub.48.Appel correct.177.Min. pub.62.
20 Cr.c.P29.1.157;S30.1.159; D.Autor. mun.688.691.692.
— Cr.c.P29.1.157; S30.1.200; D.Appel. corr.13. Quest. préj.135.
— Cr.c.P29.1.156;D.Récidive.101.
— Cr.c.P29.1.126,n.1;D.Forêts.914.
— Bordeaux.P29.2.265;S29.2.275;J44.138;D.Ordre.153.
— Angers.P33.2.195;S30.2.18;J45.441;D.Preuve litt.921.
21 Bourges.P29.2.155;S29.2.173;D.Jug. par déf.496.
— Bordeaux.P33.2.129;S29.2.264;J44.437; D.Sais. imm.1214.Surenchère.209.Vente.534.
22 Ord.P29.3.2;D.Greffe.
23 Civ.r.P29.1.158;S29.1.152;J48.303;D.Echange.41.Mat. som.16.
— Grenoble.P29.2.114;D.Dem. nouv.18.Servit.699.
— Paris.P29.2.167,S29.2.204;J44.150;D.Soc. comm.193.
— Nîmes.P29.2.234;S30.2.42;J45.451;D.Hyp. jud.31.
— Bordeaux.P29.2.295; D.Avarie.6.35.61.101.Capit.84.
24 Civ.c.P29.1.158; S29.1.149; J44.168; D.Rapport. à success.222.
— Req.P29.1.159;S30.1.234;D.Mandat.454.
— Bordeaux. P29.2.297; S30.2.72; D.Communauté.478.479.Invent.54.169.
— Montpellier.P30.2.47; S31.2.46; J47.339; D.Hyp. lég.115.
25 Angers.P29.2.53;S29.2.187;J46.44;D.Alimens.74.
— Req.P29.1.160;S30.1.233;D.Donation.
— Civ.r.P29.1.160;S29.1.96.;D.Jugement.35.
— Orléans.P29.2.200;S29.2.227;J44.218;D.Audience.53.
— Rouen.P30.2.158;S31.2.88;D.Privil.157.
— Ord.P29.3.21;D.Mines.
— Metz.P34.2.8;S33.2.599;D.Armes.22.
26 Req.P29.1.161;D.Hyp. lég.42.Inscript. hyp.22.
— Cr.c.P29.1.162;S29.1.246;D.Fonct. publ.71.
— Req.P29.1.161;D.Garantie.274.Servit.678.
— Grenoble.P29.2.116;D.Forêts.956.1005.
— Paris.P29.2.129;S29.2.121;J43.370;D.Surench.180.
— Paris.P29.2.155;S29.2.157;J43.437;D.Contr. p. corps.115.Domm. int.79.
— Cr.c.P29.1.240;D.Peine.185.Récidive.101.
— Orléans.P30.2.9;S29.2.338; J45.251; D.Disposit. ent.-vifs.62.
— Toulouse.P30.2.97;S29.2.311;D.Pérempt.8.46.53.

1829.

— Montpellier.P29.2.257.282;S29.2.207;J46.124; D.Droit civ.33.34.Emig.460.465.Révoc.270.
27 Bordeaux.P29.2.271;S29.2.326;D.Privil.223.224.Sais.-arrêt.275.
— Rouen.P30.2.254;S30.2.234;D.Lois rétr.159.
28 Ch.ré.P29.1.162;S29.1.147;J43.413; D.Proc.-verb.374.
— Paris.P29.2.136;S29.2.228;J43.439;D.Arbitr.87.

MARS.

1 Ord.P29.3.2;D.Voit.pub.41.
2 Civ.r.P29.1.163; S29.1.93; J44.5; D.Ass. terrest.124.Subrog.108.
— Paris.P29.2.128;S29.2.213;J43.372;D.Privil.88.
— Orléans.P29.2.159;S29.2.226;J44.240;D.Fabr.143.
— Paris.P29.2.191; S29.2.185; J43.510; D.Compét. adm.116.Lib.indiv.23.
— Paris.P33.2.110;J44.314;D.Jug. par déf.343.
3 Req.P29.1.162;S29.1.245;J45.550;D.Discipl.171.
— Civ.r.P29.1.164;S29.1.245;J46.93;D.Enreg.2063.
— Paris.P29.2.137;S29.2.85;J47.110;D.Tierce-opp.187.
— Civ.r.P29.1.200;D.Motifs des jug.151.
4 Civ.c.P29.1.165;S29.1.92;J44.102; D.Appel civ.472.
— Req.P29.1.166; S30.1.191; J45.492; D.Communauté.1167.1173.Loi personn.4.
— Ord. du cons. d'état.P33.3.85; S29.2.246; D.Voirie.229.471.
— Ord. du cons. d'ét.D.Preuve litt.1471.
— Ord.D.Voirie.487.
5 Req.P29.1.169;S29.1.254;J44.11;D.Contrib.19.Eau.71.83.84.
— Cr.c.P29.1.171; S29.1.244; D.Forêts.760. Pêche.37.Poss.46.
— Req.P29.1.170;S29.1.91;J45.483;D.Jug.40.Tém.168.
— Req.P29.1.367;D.Servit.641.659.
— Toulouse.P30.2.137; S30.2.167; J47.522; D.Arbitrage.214.608.
— Rouen.P31.2.23;S30.2.371;J48.245;D.Emig.192.
— Senlis.P32.3.144,n.;D.Timbre.174.183.
6 Lyon.P29.2.173;S29.2.306;D.Partage d'asc.108.
— Aix.P29.2.157;S29.2.303;J45.128;D.Arbitrage.58.941.1050.1053.1111.
— Bordeaux.P30.2.167;S30.2.119;J46.120;D.Faill.332.
7 Grenoble.P29.2.253;S30.2.35;D.Faux.173.
— Nîmes.P29.2.253;S29.2.308;D.Vol.
8 Ord.P29.3.3;D.Poste.
9 Paris.P29.2.146;S29.2.114,D.Don manuel.29.
— Trib. de comm. de Marseille. D.Assur. marit.376.
10 Civ.r.P29.1.171,S29.1.142;D.Appel civ.269.Chose jugée.159.Commune.132.Garantie.547.
— Req.P29.1.172; S29.1.89; J44.281; D.Act. possess.246.Motifs des jug.35.
— Civ.r.P29.1.173; S29.1.252; J45.484; D.Juge.14.Test.517.634.754.
— Orléans.P30.2.44;S29.2.138;J45.515;D.Quest. pr.153.
11 Req.P29.1.174;S29.1.89;J44.421;D.Surenchère.51.
— Civ.c.P29.1.175;S29.1.165;D.Transcr. hyp.82.
12 Cr.c.P29.1.176; S29.1.244; D.Action publ.59.Appel correct.227.
— Cr.c.P29.1.176;D.Contr. ind.136.
— Cr.c.P29.1.177;D.Forêts.756; Vente.702.
— Req.P29.1.177;S29.1.243;J45.330;D.Vente.683.
— Paris.P29.2.196;S29.2.164;J43.544; D.Act. de com.37.
— Req.P29.1.384;S29.1.146;D.Compét.Degr. de jurid.
— Riom.P32.2.224;S32.2.359;D.Filiat. lég.111.Serv.17.
— Dijon.P30.2.170;S30.2.111;D.Jug. par déf.19.
13 Cr.c.P29.1.178; S29.1.251; D.Forêts.749.752. Procès-verb.301.Quest. pr.37.
— Bordeaux.P29.2.197;S29.2.170;D.Preuve litt.1012.
14 Paris.P29.2.175;J44.131;D.Droit civ.43.Prescr.647.
— Bordeaux.P29.2.218;S29.2.168;J45.347;D.Rente.384.
— Riom.P30.2.8;S29.2.269;D.Prescript.386.387.
15 Ord.A12.1030,n.2;P29.3.20;D.Marais.42.
— Ord.P29.3.19;D.Commune.
— Ord.P29.3.17;D.Compét. admin.
16 Civ.c.P29.1.179; S29.1.141; J44.592; D.Dot.12.Portion disp.109.
— Bordeaux.P29.2.151;S29.2.172;D.Resc.74.
— Paris.P29.2.152. et 33.1.92;S29.2.165;J45.38;D.Court.44.47.49.Vente publ. de meubles.60.61.62.
— Paris.P29.2.233;S29.2.325;D.Rapp. à succ.288.
17 Civ.r.P29.1.181; S29.1.145; J43.551; D.Effet de commerce.651.
— Civ.c.P29.1.181;S29.1.140;J43.595;D.Honor.49.104.
— Req.P29.1.183;S29.1.241;J44.411;D.Eff. de comm.597.
— Req.P29.1.184;S29.1.242;J43.592; D.Faill.317.
— Req.P29.1.184;S29.1.146;J43.475; D.Nantiss.25.Privil.151.155.
— Civ.r.P29.1.366;S29.1.139;D.Garant.366.Jugem.361.
— Nîmes.D.Art de guérir.159.
18 Paris.P29.2.160;S29.2.158;J43.545;D.Adultère.94.
— Req.P29.1.185;S29.1.423;J45.276;D.Autor. de femme.104.Mat.som.14.
— Civ.c.P29.1.187;S29.1.211,n.;J43.585; D.Absence.153.
— Req.P29.1.188;S30.1.339;J45.408;D.Partage.300.
— Req.P29.1.189;S29.1.376; J45.191; D.Frais et dép.29.Motifs des jug.207.Expert.299.
— Req.P29.1.189;D.Arbitrage.1122.
— Civ.r.P29.1.190;D.Mat. somm.40.Preuve litt.859.
19 Cr.c.P29.1.191;S29.1.290;D.Récidive.44.
— Cr.r.P29.1.191;D.Instruct.crim.519.526.

— Cr.r.P29.1.191;D.Témoin.232.
— Grenoble.P29.2.260;S29.2.275;D.Prescript.682.932.
20 Angers.P29.2.119;S29.2.250;D.Déf.225.Elect.lég.171.
— Aix.P29.2.109;S29.2.205;D.Forêt.761.
— Cr.r.P29.1.192;D.Vol.274.
— Bordeaux.P30.2.91; S.30.2.41; J45.572; D.Contr. par corps.600.
— Cr.r.P29.1.192;D.Cour d'ass.1076.
21 Toulouse.P29.2.192; J45.461; D.App. civ.87.Degr. de jurid.228.321.450.
— Rouen.P30.2.252;S30.2.238;D.Remploi.97.
— Bourges.P31.2.64;S31.2.235;D.Louage.534.
— Bordeaux.P31.1.266; D.Avocat.181.182.183. Discipl. 198.199.
23 Paris.P29.2.212;S29.2.231;J44.220;D.Compét.civ.187. Mariage.295.
— Civ.c.P29.1.191;S29.1.138;J44.95;D.Preuve litt.475.
— Toulouse.P30.2.112; S30.2.182; D.Inscript. hyp.130. Privil.514.
— Grenoble.P30.2.105;S29.2.296;J54.53; D.Mandat.423.
— Bruxelles.P33.2.234;S33.2.495;J57.481;D.Office.68.
24 Req.P29.1.199;S29.1.162;D.Féodalité.245.Hypot lég. 229.Rente.277.
— Req.P29.1.197;D.Octroi.37.
— Req.P29.1.198;S29.1.153;J44.526;D.Preuve test. 109. Respons.171.
— Req.P29.1.198;D.Acte de l'état civ.122.
— Req.P29.1.196;S29.1.293;J44.517;D.Substitut.314.321.
— Req.P29.1.195;S29.1.130;J45.586; D.Timbre.173.
— Civ.c.P29.1.193;S29.1.158;J44.599;D.Vente.651.
— Civ.r.P29.1.192;S29.1.169;J44.175;D.Eff. de com.760.
25 Lyon.P29.2.171;S29.2.306;D.Péremp.94.249.
— Bourges.P29.2.185;S29.2.200;J44.454;D.Obl. solid.40.
— Bordeaux.P29.2.204;S29.2.344;D.Saisie-imm.260.262. 265.336.490.
— Req.P29.1.199;J44.574;D.Faux incid.90.
— Civ.r.P29.1.200;D.Arbitrage.1121.Mat.som.18.
— Paris.P29.2.225;J44.541;D.Fruit.27.Paiement 8.
— Nîmes.P29.2.265;S29.2.143;D.Commune.35.Voir.416.
— Riom.P30.2.269;S30.2.241;D.Nullité.284.
26 Req.P29.1.369;S29.1.161; J45.111; D.Prescrip. cr.57. Surenchère.248.249.250.
— Angers.P30.2.78;S30.2.48;J45.565;D.Donation.278.
— Ord. du cons. d'état.D.Eau.234.
— Ord. du cons. d'état.D.Marché de fourn.273.
27 Bourges.P29.2.140;S29.2.260; J57.10; D.Enreg.2471. 2511.2702.Transcrip. hyp.83.
— Cr.r.P29.1.202; D.Vol.260.
— Agen.P29.2.262;S29.2.274;J45.364;D.Ordre.445.
— Angers.P30.2.31;S29.2.336; D.Acquiesc.249.Prescrip. 692.Usure.46.
— Bourges.P31.2.174;D.Compét. civ.393.
28 Paris.P29.2.182;S29.2.286;J44.353;D.Louage.311.
— Cr.c.P29.1.203;D.Tapage.33.
— Cr.c.P29.1.202;D.Procès-verb.257.
— Cr.r.P29.1.202;D.Peine.330.
— Cr.r.P29.1.201;S29.1.234;J45.497; D.Instruct. cr.521. 526.Cour d'ass.898.1221.1297. Tém. faux.46.47.Tém. 469.471.Tribunal.175.
30 Bordeaux.P29.2.200;S29.2.205;D.Preuve litt.908.919.
— Bordeaux.P29.2.201;S29.2.242;D.Dist. par cont.74.
— Civ.c.P29.1.203;S29.1.192;J45.104; D.Voirie.445.
— Bourges.P31.2.170;S31.2.332;D.Except.232.
— Trib. comm. de Marseille. D.Capitaine.142.
31 Req.P29.1.205;S29.1.135;J44.349;D.C. par corps.325.
— Civ.c.P29.1.205; J44.569. et 407.D.Mat. som.29.
— Civ.r.P29.1.204;J44.583; D.Vente.553.
— Bourges.P31.2.177;S32.2.93;D.Exploit.286.
— Délib. du cons. d'adm.P35.3.21;D.Transc. hyp.84.

AVRIL.

1 Bordeaux.P29.2.216;S29.2.259;D.Responsabil.
— Paris.P29.2.206;S29.2.191;J44.50;D.Faillite.918.
— Req.P29.1.206;D.Prescrip.639.953.
— Req.P29.1.206;S29.1.151;J45.307;D.Faux incid.97.99.
— Civ.r.P29.1.205; S29.1.285; J44.109; D.Cassation. 879. Vente.225.
— Req.P29.1.205;S29.1.209;D.Faillite.8.51.
— Toulouse.P29.2.236;D.Péremp.26.
— Bourges.P33.2.126;D.Quest. pr.137.
2 Req.P29.1.209;S29.1.194;J45.170;D.Hyp. lég.130.146.
— Cr.r.P29.1.208;D.Cour d'ass. 47.76.149.514.619.Trib. 205.
— Cr.c.P29.1.207;S29.1.209;D.Voies de fait.71
— Req.P29.1.207;S29.1.133;J45.17;D.Donat.482.506.508.
— Cr.r.P29.1.207; D.Déni de just. 12.M. pub.403.
3 Bordeaux.P29.2.218;S29.2.331; J45.212;D.Poss.82.83.
— Amiens.P29.2.248;S28.2.194;D.Domicile élu.71.
— Rouen.P30.2.277;S31.2.151;D.Oblig.367.Remplac.67.
4 Aix.P29.2.182;S29.2.304;D.Assur. maritime.
— Bordeaux.P29.2.216;S29.2.342; D.Appel civ.178.264. Arbitr.387.
— Cr.c.P29.1.210;D.Renvoi.94.
— Cr.c.P29.1.209;S30.1.356;D.Juge supp.64.Cour d'ass. 1348.1722.
6 Toulouse.P29.2.161;S29.2.185; D.Dom. de l'ét.68.70.
— Paris.P29.2.183;S29.2.134;J44.457; D.Aveu.92.Dépôt. 137.
— Bourges.P30.2.25;S29.2.262; D.Expropr. pub.30.Servitude.39.
7 Toulouse.P29.2.166;J45.510; D.Jug.268.494.Péremp. 138.Saisie-imm.263.
— Req.P29.1.211;S29.1.151;J44.278;D.Donation.16.226.
— Req.P29.1.210; S29.1.152; J45.107; D.Cassation. 749. Don. par cont.157.
— Toulouse.P29.2.261;S30.2.31; D.Hypoth. lég.88.71.
8 Ord.P29.3.20;S29.2.358; D.Servitude.
— Angers.P29.2.115;S29.2.137;J45.139;D.Sép. de c.57.
— Grenoble.P29.1.290,n.2;S29.2.265;J46.425;D.Inscrip hypoth.446.
— Bordeaux.P29.2.217;S29.2.348; D.Domicile.57.
— Civ.c.P29.1.212;S29.1.195. et 130;J44.588; D.Exploit. 388.Usage.133.
— Civ.c.P29.1.213;S29.1.285; J44.90; D.Chose.25.Vente pub. de récoltes.9.
— Civ.c.P29.1.215;S29.1.139;J45.284; D.Autor. de f.203.
— Req.P29.1.214;S29.1.193;J44.580;D.Chose.40.
— Req.P29.1.214;S29.1.191;J45.587;D.Action person.56.
— Ord.P29.3.6;D.Douane.
— Ord.P29.3.19;D.Servitude.
— Ord.P29.3.18;D.Enregistrement.
— Grenoble.P30.2.264;S30.2.306;J49.277;D.Retour conv. 21.56.
— Grenoble.P30.2.76;S30.2.67;D.Preuve litt.1027.
— Ord. du cons. d'état.P33.5.85;S29.2.358;D.Conflit.95.
— Ord. du cons. d'état.P35.3.85; D.Lois.389.Eau.437.
— Trib. comm. de Marseille.D.Charte.26.
— Ord.D.Marché de fourn.305.
9 Req.P29.1.217;S29.1.188;J45.576;D.Commissionnaire. 99.100.369.
— Cr.c.P29.1.218;S29.1.368;D.Déf.161.
— Req.P29.1.215;S29.1.120;J45.119;D.Elect. lég.76.443.
— Riom.P29.2.251;S29.2.278; D.Substitution.238.
— Orléans.P29.2.252;S29.2.204;J44.158;D.Insc. hyp.287.
— Nanci.P29.2.246;S29.2.197;D.Cession de biens.115.
— Cr.r.P29.1.217. et 215;S29.1.368;D.Cour d'ass.35.200.
— Req.P29.1.216;J44.465;D.Emig.479.480.
— Rouen.P33.2.28;D.Testam.242.
— Poitiers.P.30.2.197;D.Etranger.47.
10 Cr.c.P29.1.219;D.Faux.
— Cr.c.P29.1.218;S30.1.332;D.Compét. cr.46.54.Inst. cr. 161. Renvoi.87.
— Cr.c.P29.1.219;S29.1.375; D.Cour d'ass.1555.
11 Paris.P29.2.207;S29.2.259;J44.357;D.Domicile élu.95.
— Paris.P29.2.170;J44.232; D.Subrog.55.80.
12 Ord.P29.3.22;S29.2.359;D.Trav. pub.152.
— Ord.P29.3.22;D.Compét. Octroi.
— Ord.P29.3.19;D.Compét. Conflit.
— Ord.P29.3.18; D.Commune.
— Ord. du cons. d'état.P33.5.85; S29.2.356; D.Eau.232.
— Ord. du cons. d'état.D.Marché de fourn.101.
— Ord. du cons. d'état.D.Voirie.52.
14 Bourges.P29.2.177,n.2;D.Témoin.76.
— Bordeaux.P29.2.209; S29.2.220; D.Compensation.98.
— Req.P29.1.220;D.Port. dispon.659.
— Civ.c.P29.1.221;D.Commune.535.Respons.408.
— Civ.c.P29.1.220;S29.1.241;J44.99;D.Réc. de juges.120.
— Paris.P29.2.231;S29.2.206;J44.155;D.Emig.348.
— Paris.P29.2.249;S29.2.206;J44.135; D.Colonie.183.
15 Bordeaux.P29.2.180;S29.2.218;D.Prescrip. cr.61.
— Civ.c.P29.1.221;S29.1.187;J44.570;D.Cassation.579.
— Loi.P29.3.3;S30.2.247;D.Pêche.
— Bordeaux.P35.2.108;J45.70;D.Exéc. des jug. et actes. 189.
— Req.P34.1.54;S34.1.725;J44.269; D.Douane.113.
16 Cr.r.P29.1.222;S29.1.367; D.Timbre.528.
— Cr.r.P29.1.222;D.Cour d'ass.1358.
— Cr.r.P29.1.222;D.Cour d'ass.872.
18 Trib. de Soissons.P.32.1.90;D.Possess.147.
19 Bourges.P29.2.157. et 240;S29.2.227; D.Jug. par déf. 142.161.420.498.
— Loi.P29.3.6; D.Tabac.
21 Req.P29.1.224;J45.426;D.Eff. de comm.406.
22 Req.P29.1.420;S29.1.354;J44.186;D.Servitude.413.
23 Cr.r.P29.1.223;S29.1.367; D.Faux.229.
— Cr.r.P29.1.225;S29.1.366;D.Incendie.9.
— Req.P29.1.224;S29.1.366;J45.265; D.Jug.366. Preuve litt.1142.Serment déc.39.
— Cr.c.P29.1.225;S29.1.187;J48.23;D.Motifs des jug.220.
— Req.P32.1.205,n.1;D.Renvoi.59.Société. comm.114.
24 Cr.c.P29.1.226;S29.1.400;D.Délit rural.121.
— Cr.c.P29.1.223;S29.1.400; D.Compét. cr.140.
— Cr.c.P29.1.223;D.Cass.459.
— Cr.c.P29.1.225; D.Cass.128.302.Traite des nègres.17.
— Cr.c.P29.1.226;D.Faillite.1314.
— Cr.c.P29.1.227;S.29.1.366;D.App. correct.25.Compét. crim.247.
— Cr.c.P29.1.227;D.Délit rural.75.
— Nîmes.P29.2.284;S30.2.19;D.Saisie-arrêt.
26 Ord.P29.3.8;D.Navigation.
27 Civ.c.P29.1.227;J44.401;D.Commune.298.304.371.
28 Civ.c.P29.1.228;S29.1.185;J44.494;D.Arbitrage.33.38. 60.941.
— Req.P29.1.229;S29.1.186; J45.420; D.Enreg.501.1191. 1224.1281.
— Paris.P29.2.949;D.Eff. de comm.144.
— Civ.r.P29.1.372;S29.1.183;J45.260;D.Act. poss.99.
29 Paris.P29.2.197;S29.2.226;J44.259;D.Comp. civ.197.
— Toulouse. P29.2.177; S29.2.258; J45.437; D. Effet de comm.538.
— Req.P29.1.251;S30.1.301;J44.85;D.Saisie-imm.1073. 1686.
— Civ.r.P29.1.231;S29.1.182;J44.321;D.Respons.207.
— Bordeaux. P29.2.227; S29.2.350; J45.70; D.Appel civ. 182.Inst.7.Ordre.453.Transp. de créance.61.64.
— Bordeaux.P29.2.226;S29.2.360; D.Testam.633.
— Ord. du cons. d'état.P29.3.14;D.Juge.118.
— Paris.A6.561,n.1;S29.2.139;D.Eff. de comm.66.
— Décis. min.P33.3.81;D.Garde nat.337.
30 Montpellier.P29.2.204;S29.2.158;D.Elect. lég.54.55.
— Req.P29.1.234;S29.1.365;D.Comp. adm.185.
— Rouen.P30.2.272;S30.2.165; D.Faillite.571.572.
— Cr.c.P29.1.233;S29.1.439;D.Comp. cr.60.
— Cr.r.P29.1.233;D.Cassat.110.
— Bordeaux.P29.2.228;J44.472; D.Référé.46.

MAI.

1 Cr.r.P29.1.234;S29.1.599; D.Faux.336.337.Jugement. 147.420.
— Cr.c.P29.1.234;S29.1.374;D.Forêts.1026.
— Cr.c.P29.1.255;S29.1.250;J45.306; D.Chose jugée.592. Huiss.301.
— Rouen.P30.2.277;D.Oblig.568. Remplac.68.82.
2 Rouen.P29.2.302;D.Dot.103.
— Grenoble.P30.2.83;S29.2.319;D.Culte.44.Escroquerie. 18.Presse.120.
— Bruxelles.P31.2.188;D.Saisie-arr.54.
4 Paris.P29.2.186;S29.2.240;J44.355;D.Exploit.943.
— Civ.r.P29.1.235;D.Jugement.311.
— Civ.c.P29.1.235;S29.1.177;J44.331; D.Retr. suc.51.55.
— Colmar. P30.2.1; S30.2.83; D. Amende. 33. Contrat de mariage.85.
— Nîmes.P30.2.257;S30.2.308;D.Appel civ.17.Interr. sur faits.35.78.Jugem. prép.51.
5 Agen.P32.2.109;S32.2.111;D.Vente.225.
— Caen.P31.2.70;J49.104;D.Greffier.69.Serment.15.16.
— Montpellier.P29.2.203;S29.2.158;D.Elect. lég.5.
— Montpellier.P29.2.202. et 1.1438; S29.2.159; D.Elect. lég.584.
— Orléans.P29.2.215. et 262; S30.2.39. et 29.2.183; J57. 432;D.Arrêts.1006.Frais et dépens.196.
— Civ.c.P29.1.237; S29.1.181;J44.311; D.Aut. de femme. 165.
— Req.P29.1.237;S29.1.354;D.Prescrip.465.
— Toulouse.P31.2.163;D.Fonct. pub.397.399.
— Req.P29.1.390;S29.1.248;D.Régl. de juges.9.21.
— Toulouse.P30.2.111; S30.2.184; D.Interr. sur faits.86. Jugem. prép.16.
— Bordeaux.P33.2.131;S29.2.353;D.Société comm.309.
6 Douai.P29.2.202;S29.2.159;D.Elect. lég.384.
— Bourges.P29.2.216;S29.2.167;J45.243;D.Oblig.21.270.
— Bastia.P29.2.221;S29.2.182;D.Dom. pub.15.
— Paris.P29.2.206;S29.2.158;D.Procès-verb.462.
— Civ.r.P29.1.248;S29.1.180;J44.251;D.Vente.766.
— Req.P29.1.236;S29.1.432;J45.401; D.Juge.75.Serm.14.
— Ord. du cons. d'état.S29.2.356;D.Eau.234.
7 Paris.P29.2.185;S29.2.269;J44.353; D.Succ. bénéf.167.
— Nîmes.P29.2.218;S29.2.273;D.Prescrip.557.565.
— Cr.r.P29.1.244;S30.1.347;J46.341;D.Complicité.173.C. d'ass.98.
— Req.P29.1.238;S29.1.332; J44.188; D.Action poss.180. 572.
— Cr.r.P29.1.239;S29.1.430;D.Jugem.447.
— Cr.r.P29.1.239;D.Attent. à la pud.53.C. d'ass.1258.
— Req.P29.1.240;S29.1.180;J45.283;D.Commune.564.
— Req.P29.1.240;S30.1.407;D.Commune.228.Expl.109.
— Req.P29.1.240;S29.1.179; J45.193;D.Deg. de jurid.15. 148.
— Paris.P29.2.229;S29.2.299;J45.46;D.Faillite.111.
— Orléans.P29.2.249;S29.2.187;J45.464; D.Emig.202.
— Toulouse.P30.2.262; S30.2.240; J48.251; D.Contrat de mariage.120.Don. entre ép.25.
8 Paris.P29.2.186;S29.2.245;J44.377;D.Scellé.17.
— Cr.r.P29.1.244; S30.1.347; J46.503; D.Jug.594.Usure. 84.85.
— Riom.P30.2.101;S29.2.296;D.Nullité.283.
— Bordeaux.P30.2.96;S29.2.325;J45.137; D.Acquies.185.
— Douai.P31.2.204;D.Militaire.42.43.
— Trib. de comm.10.97;D.Marin.86.
— Circ. min. just.P30.2.13;D.Vente pub. de meubl.14.
9 Pau.P30.2.99;S30.2.57; J46.360; D.Filiat. lég.151.177. 205.Enq.28.
11 Civ.c.P29.1.241;S29.1.178;J45.195; D.Frais et dép.78.
— Montpellier.P30.2.84;S30.2.44;J46.514;D.Prescr.825.
12 Orléans.P29.2.196;S29.2.169;J45.215;D.Privilége.174.
— Req.A9.403,n.; P29.1.245; S29.1.432; D.Hyp. lég.231. Inscrip. hyp.570.Privilége.393.
— Toulouse.P29.2.291;S30.2.36;J46.249;D.Subrog.102.
— Montpellier.P30.2.39;S30.2.110;D.Enq.225.Tém.73.
13 Req.P29.1.245;S29.1.429;D.Faillite.318.
— Civ.r. P29.1.250; S29.1.282; J44.244; D.Faux inc.129. Testam.523.
— Civ.r.P29.1.250,n.;S29.1.233;J44.325;D.Testam.
— Caen. P29.2.250; S29.2.186; D.Chose.103.Emigré.448. 471.
— Poitiers.P29.2.200;S29.2.276;D.Conciliation.79.
— Req.P29.1.392;S29.1.230; D.Compét. adm.78.
— Ord.P29.3.8;D.Colonie.
— Toulouse.P30.2.243;S30.2.351; D.Nullité.285.Tut.387.

— Ord.P29.3.24;D.Commune.
— Ord.P29.3.22;S29.2.358;D.Prise marit.
— Ord.D.Compét. adm.266.
— Fabr. de Ste.-Marguerite de l'autel. D. Frais et dép. 147.
— Ord.D.Haras 3.
14 Paris.P29.2.156;J44.207; D.Arbitr.917.919.Honor.169.
— Paris.P29.2.210;S29.2.228;J44.237;D.Eff. de comm.58.
— Req. P29.1.246; S29.1.223; J45.326; D.Arbitrage.251. Mines.136.
— Cr.r.P29.1.241;S29.1.451;D.Forêts.166.
— Cr.r.P29.1.242;S29.1.451; D.Régl. de jug.140.Voirie. 727.
— Cr.c.P29.1.242;S29.1.450; D.Forêts.175.235.
— Cr.c.P29.1.243;S29.1.277;J46.312; D.Compét. cr.58.
— Cr.c.P29.1.591;S29.1.249;D.Peine.256.
— Rouen.P30.2.291;S31.2.76;D.Sép. de corps.207.
— Grenoble.P32.2.119;S32.2.151;J52.175;D.Dot.321.411. 412.
— Req.P34.1.402;D.Mandat.
15 Paris.P29.2.224;S29.2.324;J44.558;D.Emigré.
— Cr.c.P29.1.243;S29.1.450;D.Forêts.924.
— Cr.c.P29.1.243;D.Poids et mesures.23.25.
— Colmar.P29.2.242;S29.2.198;D.Communauté.
— Bordeaux.P33.2.195;D.Garantie.42.
— Trib. comm. de Marseille.D.Capitaine.155.
16 Paris.P29.2.190;S29.2.265;J44.368;D.Dot.223.
— Cr.c.P29.1.243;S29.1.231;J45.292;D.Eff. de com.110.
— Bordeaux.P29.2.230;D.Saisie-exéc.249.
— Toulouse.P30.2.242;S30.2.243;D.Servitude.576.
— Paris. P33.2.107; S29.2.155; D. Chose.25. Vente pub. de récoltes.15.
18 Req.P29.1.246;D.Arbitrage.112.
— Req.P29.1.255;S29.1.231;D.Compét. adm.79.
— Civ.r.P29.1.244;S29.1.222;J45.334;D.Offre.20.
— Nanci.P29.2.229;S29.2.212;D.Contr. p. corps.681.
— Bordeaux.P29.2.231;D.Commissionn.125.Pr. dil.1208.
— Colmar.P30.2.106;S29.2.301;J45.220;D.Pr. dilt.301.
— Req.P29.1.246;D.Péremp.97.
19 Paris.P29.2.185;S29.2.264;J44.433; D.Agent dipl.22.
— Req.P29.1.390;S29.1.230;J45.174; D.Prescrip.90.
— Riom.P33.2.106;D.Témoin.75.
20 Bordeaux. P29.2.192;S29.2.309; D.Etranger.167.Exception.297.
— Paris.P29.2.185; S29.2.258; J44.430; D.Saisie-im.1015. 1021.
— Civ.c.P29.1.247;S29.1.272;J44.340; D.Honor.121.Enr. 2611.
— Civ.c.P29.1.247;S29.1.352;D.Compét. civ.45.
— Poitiers.P30.2.24;S29.2.548;D.Acquiesc.39.193.
— Montpellier.P30.2.38;D.Jugement.238.
— Civ.r.P30.1.22;S30.1.144;J47.370; D.Fruits.56.Expr. pub.55.
— Rouen.P33.2.31;D.Filiat. nat.59.115.147.
— Ord.P29.3.23;S29.2.357;D.Voitures.
— Bordeaux.P33.2.107;S29.2.255;D.Comp. comm.196.
— Ord. du cons. d'état.Mac.29.172;D.Ventes adm.47.
21 Cr.c.P29.1.248;S29.1.278;D.Echenillage.4.
— Cr.c.P29.1.249;S29.1.249;D.Autor. mun.705.
— Toulouse.P29.2.292;S30.2.22;D.Don. ent. ép.90.Port. disp.586.
— Nimes.P31.2.25;S30.2.339;D.Ordre.39.
— Nanci.D.Prescript.186.
22 Aix.P29.2.168;S29.2.223;J45.527;D.Nom.96.Propriété industrielle.24.25.32.
— Bourges.P29.2.211;S29.2.236;J45.148;D.Eng.185.
— Poitiers.P29.2.247;S29.2.194;D.Actes de comm.251.
— Angers.P30.2.107;S29.2.300;J45.56;D.Tierce-opp.154.
— Angers.P30.2.126.D.Rente.84.
— Rouen.P30.2.290.D.Actes de comm.165.Commerçant. 62.Compét. comm.444.
23 Bordeaux.P29.2.193;S29.2.334; D.Louage.350.
— Bourges.P30.2.32;S30.2.75;J46.622;D.Ordre.353.Priv. 219.
— Bordeaux.P29.2.202;S29.2.237;D.Deg. de jurid.229.
25 Douai.P29.2.139;S29.2.200;D.Faillite.493.
— Riom.P30.2.259;S30.2.304;D.Contr. par corps.628.
— Toulouse.P32.2.5;S31.2.330;J51.515;D.Prescript.884.
— Req.P29.1.249;S29.1.328;D.Brevet d'inv.12.111.Juge supp.65.
26 Req.P29.1.252;S29.1.218;J45.100;D.Contr. par corps. 170.Jug. par déf.149.Prescript.91.Serm. déc.27.
— Req.P29.1.253;S29.1.227;J44.394;D.Arbitrage.670.
— Req.P29.1.253;S29.1.381;D.Exéc. test.104.
— Civ.r.P29.1.255;D.Compét. adm.204.
— Toulouse.P29.2.237;S29.2.312; D.Sép. de patrimoine. 13.78.80.
— Req.P29.1.254;S29.1.226; J44.607;D.Chose jugée.472. Motifs des jug.134.
— Toulouse.P33.2.162;J46.337;D.Faux incid.104.
— Limoges.P3;S12;D.Absence.406.
— Trib. de Marseille.P31.1.152;S31.1.123;D.Servit.117.
27 Paris.P29.2.184;S29.2.241;J44.356;D.Appel corr.116.
— Civ.r.P29.1.255;D.Enreg.274.
— Civ.r.P29.1.256;S29.1.351;D.Honoraires.31.
— Req.P29.1.363;S30.1.64;D.Oblig. solid.119.Rente.162. Success. bénéf.175.
— Req.P29.1.363;S29.1.270;J44.685;D.Faillite.12.
— Montpellier.P30.2.45;S30.2.153; D.Appel civ.343.359.
— Nimes.P30.2.270;S30.2.212;D.Actes de comm.34.71.
28 Loi.P29.3.7;D.Pensions.

— Ord.P29.3.23;D.Théâtres.
29 Cr.c.P29.1.257;D.Forêts.954.
— Colmar.P29.2.224;S29.2.352;D.Servit.185.
— Paris.P29.2.294;S29.2.257;J44.432.D.Exploit.385.
— Délib. du cons. d'adm.P33.3.34;D.Enreg.
30 Cr.c.P29.1.257;S29.1.220;D.Instruct. crim.428.
— Cr.c.P29.1.258;S29.1.346;D.Cour d'ass.103.314.317.
— Paris.P29.2.244;S29.2.178;D.Mariage.369.
— Aix.P30.2.4;S30.2.85;D.Actes de comm.237.
— Bourges.P30.2.140;S30.2.118;D.Compét. civ.126.
— Toulouse.P30.2.181;S30.2.144;J47.424; D.Domm.-int. 37.Respons. 264.
— Riom.P32.2.76;S32.2.333;J54.442;D.Jug. par déf.201.
31 Ord.P29.3.7;D.Armée.

JUIN.

1 Montpellier.P29.2.198;S29.2.207;D.Récusation.
— Bourges.P29.2.299;S29.2.255;D.Donation.56.
2 Civ.c.P29.1.255;S29.1.273;J45.295;D.Marin.104.
— Civ.c.P29.1.259; S29.1.276; J45.315; D.Marin.56.104. Traite des nègres.23.24.
— Bordeaux.P30.2.207;S29.2.267; D.Capit.154.Courtier. 110.Douanes.341.
— Délib. du cons. d'adm.P33.3.26;D.Enreg.1079.1085.
3 Lyon.P29.2.164;S29.2.301;D.Dot.201.
— Civ.c.P29.1.260; S30.1.323; J46.257; D.Colonies.80. Douanes.238.
— Req.P29.1.261;S29.1.225;D.Aveu.4.Jugem.315.
— Req.P29.1.266;S29.1.219;J45.422;D.Testament.
— Aix.P29.2.181;S29.2.303; D.Compensat.6.Sais.-arr.97.
— Paris.P29.2.224;S29.2.324;J44.345;D.Vol.17.
— Riom.P29.2.242;S29.2.190;D.Animaux.11.
— Loi.P29.3.7;D.Poste aux lettres.16.
— Paris.P30.2.38;S29.2.334;J45.232; D.Tut.472.Obl.250.
— Aix.D.Capitaine.42.44.
4 Cr.c.P29.1.261;D.Enseignem.315.
— Cr.c.P29.1.262;S29.1.245.-229;D.Cour d'ass.442.
— Cr.r.P29.1.262;S29.1.271;D.Jugem. par déf.870.
— Cr.r.P29.1.262;S29.1.347;D.Contr. ind.282.
— Paris.P29.2.237;S29.2.201;J45.325;D.Art de guérir.24.
— Angers.P30.2.127; S30.2.202; D.Faill.284.Pr. test.329.
— Paris.P31.2.21;S30.2.319;J47.421;D.Donat.118.
5 Cr.r.P29.1.263;S29.1.365;D.Adult.93.96.114.
— Cr.c.P29.1.263;S29.1.346;J46.528;D.Peine.285.
— Paris.P29.2.227;D.Oblig.625.
— Toulouse.P29.2.252;S29.2.313; J46.67; D.Tut.150.409.
— Paris.P29.2.289;S29.2.249; J44.444; D.Natural.36.Etr. 97.108.
— Bordeaux.P32.2.14;S29.2.261;D.App. civ.383.
6 Paris.P29.2.240; S29.2.339; J45.208; D.Commissaire-priseur.27.
— Grenoble.P29.2.260;S29.2.275;J46.113;D.Prescr.917.
— Grenoble.P30.2.110;S30.2.152; D.Juge suppl.48.Lois. 373.Sép. de biens.116.167.
— Angers.P30.2.127;D.Success.264.
— Agen.P29.2.264;S29.2.314;D.Portion disp.Retour.
8 Req.P29.1.263;S30.1.330;D.Commissionn.58.75.93.
— Req.P29.1.264;S30.1.331;J44.506; D.Commissionn.75. 93.Faillite.1131.
— Cr.c.P29.1.275;S30.1.334;D.Procès-verb.190.
9 Req.P29.1.265;D.Absence.274.Autor. de femme.282. Interdit.189.
— Req.P29.1.267;S29.1.313;D.Dot.37.
— Req.P29.1.267;S30.1.346;D.Pres. cr.899.919.
10 Req.P29.1.283;S29.1.221;J45.309;D.Colonies.171.
— Ord.P29.3.8;S29.2.357;D.Armée.
— Ord.P29.3.22;S29.2.357;D.Trav. publ.156.
— Toulouse.P30.2.97;S30.2.78;J47.195; D.Rapp. à success.124.
— Ord.P29.3.23;D.Manuf.
— Ord.P29.3.22;D.Cons. d'état.Hallage.
— Ord.P29.3.22;S29.2.357;D.Théâtres.
— Ord. du cons. d'état.D.Marché de fourn.100.244.
11 Cr.c.P29.1.267;S30.1.379;Peine.380.381.
— Cr.c.P29.1.267;D.Forêts.897.
— Cr.c.P29.1.268;S29.1.359;D.Prescript. crim.106.
— Cr.c.P29.1.268;S29.1.347;J45.385;D.Forêts.812.
— Cr.r.P29.1.268;S29.1.360;D.Vol.313.
— Toulouse.P29.2.269;S30.2.15;J46.192;D.Port. dispon. 442.Tutelle.109.
— Poitiers.P32.2.43;S29.2.259;D.Degr. de jurid.210.
12 Cr.c.P29.1.269;S29.1.292;D.Instruct. crim.395.
— Cr.c.P29.1.269;S30.1.355;D.Procès-verb.166.
— Cr.c.P29.1.277;D.Procès-verb.305.
— Montpellier.P29.2.230;S29.2.206;D.Privil.55.
— Délib. du cons. d'adm.P33.3.26;D.Enreg.1448.
— Circ. min.P33.337;D.Enreg.1896.
— Amiens.P32.1.295;D.Filiat. natur.85.110.
14 Ord.P29.3.9;S29.2.336;D.Colonies.
— Loi.P29.3.7;D.Monnaies.
15 Req.P29.1.270;S29.1.311;J45.311;D.Action.110.Action civ.49.Preuve test.102.333.Quest. pr.115.
— Req.P29.1.274;S29.1.359;J45.475;D.Comm.54.
— Nimes.P29.2.290;S29.2.322;J45.147;D.Contr. p. corps. 606.692.
— Bruxelles.P31.2.174;D.Exploit.369.
— Déc. du min. de la just. D.Vente publ. de meubles. 13.57.
16 Civ.r.P29.1.271 et 2.972;S29.1.268;J45.161;D.F. incid. 60.Pérempt.149.Tierce-opp.99.

— Req.P29.1.272; S29.1.264; J45.75; D.Mariage.352.353. 354.364.372.377.382.
— Bordeaux.P29.2.205;S29.2.347;D.Louage.390.602.
— Bourges.P30.2.90;S29.2.318;D.Rente.257.
— Bourges.P30.2.212;S30.2.360;D.Jug. par déf.
17 Ch. réun.P29.1.274;S29.1.217;D.Contrib. ind.510.
— Ch. réun.P29.1.274;S29.1.364;D.Poids et mes.75.
— Bordeaux.P29.2.203;S29.2.331;D.Preuve litt.822.
— Bourges.P30.2.164;S31.2.65;J47.578;D.Resp.250.253.
— Riom.P32.2.9;S32.2.340;J54.416;D.Partage.183.
— Ord. du cons. d'état.P33.3.92; S30.2.32; D.Commune. 71.
— Ch. réun.P29.1.274,n.;D.Contrib. ind.510.
— Paris.D.Art de guérir.297.
18 Cr.c.P29.1.274;S30.1.353;D.Procès-verb.195.
— Cr.c.P29.1.275;S30.1.354;D.Procès-verb.194.
— Cr.c.P29.1.275;S29.1.270;D.Compét. crim.285.
— Cr.c.P29.1.276;S29.1.360;D.Peine.324.
— Rouen.P30.2.278;S31.2.131; D.Oblig.573.Remplac.70.
19 Cr.r.P29.1.277;D.Cour d'ass.1386.
— Cr.c.P29.1.277;D.Peine.224.
— Cr.c.P29.1.277;D.Complic.80.168.
— Rouen.P30.2.278;D.Testam.176.185.
— Orléans.P32.2.195;S32.2.447;J53.551;D.App. civ.351. Conciliat.5.Except.255.Tutelle.417.123.
— Délib. du cons. d'adm.P33.3.35;D.Enreg.842.
20 Cr.c.P29.1.386;S29.1.364;D.Cassat.72.Voirie.637.654.
22 Caen.P30.2.1;S29.1.208;J39.215;D.Contr. par c.139.
— Montpellier.P30.2.87;S29.2.315;D.Retour conv.22.25.
— Nimes.P30.2.123;S30.2.93;D.Eff. de comm.54.
— Nimes.P33.2.117;S30.2.358;D.Eff. de comm.648.
23 Civ.r.P29.1.278;S29.1.263;J44.184; D.Elect. lég.54.99.
— Req.P29.1.276;S29.1.265;J45.489;D.Commune.389.
— Nimes.P30.2.15;S30.2.45; D.Inscript. hypoth.120.236. Privil.304.
— Toulouse.P30.2.90; S30.2.33; J46.460; D.Désist.105. Purge.694.
— Colmar.P30.2.152;S30.2.85;J46.110;D.Vente.62.
— Civ.r.P29.1.278;S29.1.293;J44.281;D.Elect. lég.54.
24 Civ.c.P29.1.279;S29.1.363;J44.160;D.Comm.195.220.
— Civ.c.P29.1.279;D.Cassat.145.
— Civ.r.P29.1.279;S29.1.266;J45.106;D.Mat. com.17.
— Civ.c.P29.1.280;S29.1.260;J45.402; D.Cassat.717.Enr. 2068.2106.
— Req.P29.1.280;S30.1.348;J46.345; D.Hypoth. lég.151. Société civ.48.Société comm.108.
— Req. P29.1.281; S29.1.266;J45.188;D.Notaire.228.236.
— Aix.P29.2.219;S29.2.345;D.Assur. marit.665.
— Grenoble.P29.2.226;S30.2.30;D.Faux.332.
— Ord.P29.3.24;D.Appel.
— Ord. du cons. d'état.D.Liquid.7.
— Ord. du cons. d'état.D.Marché de f.42.102.240.321.
— Ord. du cons. d'ét. Mac.29.218;D.Marché de f.240.
25 Riom.P29.2.203;S29.2.209;D.Elect. lég.582.
— Bruxelles.P31.2.189;D.Saisie-arrêt.33.
26 Cr.c.P29.1.282;S29.1.348;D.Publ. des jugem.59.
— Poitiers.P30.2.149;S30.2.99;D.Actes de l'état civ.166. Dr. civ.31.
28 Loi.P29.3.7;S29.2.354;D.Voitures pub.95.
— Nanci.P30.2.24;S29.2.346;D.Appel civ.143.
29 Cr.c.P29.1.278;D.Amnist.104.Fausse monn.42.43.44.
— Req.P29.1.282;S29.1.338;J46.170;D.Prescrip.363.402.
— Req.P29.1.283;D.Colonies.171.
30 Req.P29.1.283;S29.1.387;J46.20;D.Privilége.295.301.
— Bourges.P29.2.272;D.Honoraires.65.
— Nanci.P30.2.23;S29.2.352;D.Exploit.370.932.
— Bourges.P30.2.175;S30.2.101;D.Péremp.306.

JUILLET.

1 Civ.c.P29.1.284;S29.1.310;J44.475; D.Rente.85.
— Req.P29.1.284;S29.1.372;J48.69;D.Donat. entre ép.19. Dot.111.112.
— Civ.r.P29.1.405;S29.1.326;J47.28; D.Compét. adm.53. Compét. comm.250.326.Etranger.93.94.
— Toulouse.P29.2.270;S30.2.9;D.Elect. lég.55.148.136.
— Montpellier.P30.2.68;S30.2.23;D.Respons.
— Ord. roy.P29.3.24;D.Eau.
— Ord. du cons. d'état.D.Trav. pub.78.
2 Cr.c.P29.1.286;S29.1.259;D.Faux.339.
— Cr.c.P29.1.286;S29.1.291;D.Récidive.44.
— Nimes.P29.2.301;S30.2.51; J45.381;D.Respons.81.Tutelle.426.427.626.
— Cr.c.P29.1.286;S29.1.291;D.Faux.155.
3 Cr.c.P29.1.287;S29.1.348;D.Compét. cr.568.
— Cr.c.P29.1.287; S29.1.294; D.Cassat.103.Dénonc. calomn.24.
— Bordeaux.P29.2.179;S29.2.298;J45.241;D.Désist.17.
4 Bordeaux.P29.2.179;S29.2.313;D.Jugement.195.
— Loi.P29.3.7;D.Poste aux lettres.16.
— Riom.P30.2.248;S30.2.225;J48.471;D.Exploit.180.
6 Req.P29.1.288;S29.1.319;D.Prescrip. cr.42.
— Req.P29.1.289;S30.1.298;D.Assur. terrest.57.
— Req.P29.1.290; S29.1.398;J46.335;D.Forêts.356.Juge supp.133.Trib.92.
— Req. P29.1.288; S30.1.307; J44.531; D.Arbitrage.194. Trav. pub.132.
— Bruxelles.P31.2.179;D.Délai.79.Exploit.704.
7 Req.P29.1.290;S29.1.349;J47.489;D.Inscr. hyp.146.
— Civ.c.P29.1.291;S29.1.308;J46.499; D.Expr. pub.56.

— Req P29.1.293;S29.1.318;J47.18; D.Assur. mar.445.
— Req.P29.1.293;S29.1.258;J46.11;D.Vente.386.
— Req.P29.1.415;S29.1.331; D.Except.590.Serm. déc.19.
— Nimes.P29.2.267;S30.2.5;D.Nom.83.
— Paris.P30.2.88;S30.2.103;J46.155;D.Dist. par cont.75.115.
— Toulouse.P30.2.142;S30.2.114;D.Rapp. à succ.39.122.
8 Req.P29.1.294;S29.1.457;J47.82;D.Propriété.204.
— Cr.r.P29.1.293;S29.1.336;J44.589;D.Voirie.446.
— Civ.r.P29.1.293;S29.1.336;J45.11;D.Douanes.52.
— Req.P29.1.296;S29.1.258;J45.581;D.Cass.415.
— Paris.P29.2.295;S29.2.536;J44.559;D.Vente.775.
— Ord. du cons. d'état.P29.3.10;D.Hospices.
— Ord. du cons. d'état.P29.3.11;D.Prises marit.
— Bordeaux.P30.2.5;S30.2.8;D.Tutelle.397.
— Colmar.P30.2.86;S30.2.45;J45.523;D.Emig.459.
— Toulouse. P30.2.263; S30.2.236; J48.149; D.Ordre.479.484.
— Ord. du cons. d'état.D.Trav. pub.70.
9 Aix.P29.2.193;S29.2.310;D.Action civ.41.
— Cr.c.P29.1.297;D.Aut. mun.449.452.453.454.461.
— Cr.c.P29.1.296;D.Prescrip. cr.18.19.
— Cr.c.P29.2.296;S29.1.365;D.Cour d'ass.1655.
— Cr.r.P29.1.297;S29.1.399;D.Cassat.249.
— Cr.c.P29.1.297;S29.1.340;D.Ouvrier.14.
— Orléans.P29.2.189;S29.2.219;D.Vente.646.
— Toulouse.P30.2.5;S30.2.47;D.Commiss.252.253.
— Nanci.P30.2.22;S29.2.355;D.Deg. de jur.323.Lois.191. Preuve litt.650.
— Nimes.P31.2.208;S32.2.89;D.Chasse.76.
10 Cr.c.P29.1.293;D.Compét. cr.167.
— Cr.c.P29.1.297;S29.1.357;D.Tabacs.84.
— Cr.r.P29.1.298;S29.1.365;D.Forêts.900.
— Bordeaux.P29.2.304;S29.2.319;D.Nullité.289.
— Bourges.P29.2.272; S30.2.19; J46.347; D.Hypoth.245. Subrog.98.
— Toulouse.P30.2.2; S30.2.77; J46.311; D.Eff. de comm. 834.835.
— Riom.P30.2.88;S29.2.320;J51.377; D.Mariage.233.544. 859.
11 Toulouse.P31.2.179;S30.2.15;D.Partage.114.
— Toulouse.P30.2.12;S30.2.116;D.Partage.131.
— Paris.P30.2.134;S30.2.81;J46.109;D.Emig.482.
— Paris.P30.1.180;S30.2.16;J45.435; D.Don. entre ép.41. Nullité.274.Oblig.846.
— Grenoble.P30.2.260;S30.2.308;D.Cess. de biens.72.76.
— Paris.P29.2.189;S29.2.219;J44.557;D.Actes de com.72.
— Paris.P29.2.222;S29.2.353;J44.620;D.Surench.447.462.
— Riom. P36.2.93. et 106; S29.2.330; J53.367; D. Surenchère.468.
13 Req.P29.1.298;S29.1.257;J45.557;D.Usure.61.
— Bordeaux.P29.2.178;S29.2.247;J45.348;D.Emigré.477. Oblig.99.
— Civ.c.P29.1.299;S29.1.397;J46.98;D.Ordre.26.342.
— Req.P29.1.298;S29.1.325;D.Prescrip.230.726.
— Civ.c.P29.1.300;S29.1.317;J46.105;D.Assur.marit.659. Capitaine.131.
14 Req.P29.1.302;S29.1.397;J45.590;D.Prescrip.328.
— Civ.c.P29.1.302;D.Presse.447.
— Civ.r.P29.1.301; S29.1.428; J46.214; D.Expropr. pub. 123.249.
— Req.P29.1.303;S29.1.324;J45.481; D.Agent de ch.168, Faillite.935.Int. de cap.95.
— Nimes.P32.2.170;D.Exploit.796.
15 Civ.c.P29.1.304;S29.1.305;J46.55;D.Jugement.293.Pr. litt.1263.
— Bourges. P29.2.177; S29.2.297; D. Fruits.46. Sép. de b. 186.
— Civ.c. P29.1.304; S29.1.316; J45.180; D. Acquiesc.43. Jugement.96.
— Paris.P29.2.226;B17.465,n.;S29.2.234;J45.62;D.Purge. 172.187.
— Loi.P29.3.7;S29.2.354;D.Loi.
— Ord. du cons. d'état.P29.3.9;D.Manufact.
— Req P29.1.407;S29.1.315; D. Actes de comm.217. Soc. civ.44.
— Nimes.P29.2.301;J45.449;D.Expertise.
— Ord. du cons. d'état.P29.3.12; D.Expertise.257.
— Req.P29.1.402;S29.1.306;D.Action poss.359.
16 Cr.r.P29.1.305;D.Cour d'ass.1314.1390.
— Cr.r.P29.1.305;S29.1.505; D.Cour d'ass.525. Publ. des jugem.66.
— Toulouse.P29.2.213;S29.2.233;D.Port. disp.444.
— Cr.r.P29.1.391;S29.1.303;J45.89;D.Faux.218.
— Paris.P30.2.104;S29.2.323;J45.125;D.Obl. divis.30.
— Bruxelles.P33.2.133;S30.2.142;D.Témoin.144.
17 Lyon.P29.2.162;S29.2.302;J57.25;D.Success.263.276.
— Cr.c.P29.1.305;S29.1.349;D.Abus de confiance.22.
— Cr.c.P29.1.305;S29.1.371;D.Vol.
— Cr.c.P29.1.306;S29.1.315;D.Faux.241.
— Cr.c.P29.1.306;D.Quest. pr.152.
— Paris.P29.2.197;S29.2.358;J44.567;D.Témoin.136.
— Paris.P29.2.197;S29.2.323;J44.566;D.Compét. civ.497.
— Aix.P29.2.221;S29.2.346;D.Assur. marit.19.125.
19 Ord.P29.3.8;S29.2.350;D.Poudres.
20 Bourges.P29.2.177;S29.2.297;D.Témoin.76.
— Req.P29.1.307;J46.32;D.Enreg.1922.2881.
— Civ.c.P29.1.307;S29.1.521;J50.76;D.Enreg.1818.Vente publ. de meubles.11.
— Nanci.P30.2.54;D.Forêts.366.372.

— Bordeaux.P30.2.106;S29.2.296;D.Don. dég.41.Rapp. à succ.59.
21 Civ.c. P29.1.308; S29.1.371; J46.14; D. Confusion.51. Prescrip.630.
— Paris.D.Art de guérir.125.
— Paris.D.Art de guérir.285.
22 Civ.c.P29.1.308;S29.1.344; J44.613;D.Cassat.706.Testament.437.
— Lyon.P29.2.177;S29.2.303;D.Jugement.349.
— Bourges.P29.2.177;S29.2.303;D.Rapp. à succ.175.
— Bordeaux.P29.2.179;S29.2.341;D.Pr. litt.1423.
— Ord.P29.3.17;D.Chose jugée.
— Trib. de la Seine.P33.5.82;D.Enreg.2611.
— Ord. du cons. d'état.D.Propriété.356.
24 Cr.c.P29.1.309;S29.1.395;D.Appel correct.12.
— Toulouse.P30.2.13;D.Vente publ. de meubles.14.
— Cr.r.P30.1.320;S30.1.379;D.Poste aux lettres.64.Vol. 266.
25 Rouen.P30.2.273;S31.2.72;D.Sép. de corps.201;202. 203.
— Ch. réun.P29.1.310;S29.1.302;J45.21;D.Voirie.56.
— Ch. réun.P29.1.345;S29.1.314;D.Douanes.278.Procès-verb.527.
— Toulouse.P30.2.139;S30.2.167;D.Exploit.366.
27 Req.P29.1.312;S29.1.370;D.Acquiesc.105.Dot.555.
— Colmar.P29.2.225;S29.2.349;D.Exploit.150.Saisie-arrêt.17.120.175.
— Nimes.P30.2.5;S30.2.45;J46.327;D.Propriété.272.
— Grenoble.P30.2.120;D.Hypot. conv.87.
— Bordeaux.P35.2.198;S29.2.283;D.Arbitrage.851.
28 Civ.c.P29.1.312;S29.1.389;D.Acquiesc.105.355.Ratification.106.
— Riom.P30.2.60;S29.2.317;J51.373;D.Respons.290.347. 348.
— Délib. du cons. d'adm.P33.3.28;D.Enreg.1181.
— Délib. du cons. d'adm.P33.3.34;D.Enreg.1072.
— Bourges.P33.2.113; D.Preuve litt.415.Responsab.326.
29 Req.P29.1.344; S29.1.329; J46.89; D. Chose jugée.58. Domm. eng.40.41.44.45.
— Toulouse.P30.2.262; S30.2.239; D.Legs.260.Usuf.438.
— Nimes.P33.2.101; S29.2.323; J45.157; D.C. par c.615.
— Ord. du cons. d'état.D.Trav. pub.71.
30 Angers.P29.2.173;D.Servitude.351.
— Cr.c.P29.1.315;S29.1.394; D.Faux.351.
— Cr.r.P29.1.316;S29.1.393;D.Cour d'ass.1737.
— Cr.c.P29.1.316;S29.1.395; D.Compét. cr.547.
— Cr.c.P29.1.317;S29.1.396; D.Fonct. pub.427.
— Cr.c.P29.1.315;S29.1.392;D.Action civ.17.Autor. mun. 617.618.
— Lyon.P29.2.248;S30.2.116; D.Exploit.341.
— Paris.P30.2.59;S30.2.101;J46.129;D.Dist. par cont.79. 80.114.149.
— Bordeaux.P30.2.6;S30.2.7; D.Action.58.Transport de créance.123.
31 Angers.P29.2.174;D.Servitude.304.
— Cr.c.P29.1.317;S29.1.396;D.Frais et dépens.370.
— Bordeaux.P30.2.2;S30.2.8;D.Vérif. d'écrit.57.58.
— Bourges.P30.2.72;S30.2.20; J46.428; D.Garantie.152. Hypoth.276.
— Bourges.P30.2.150;S30.2.70;D.Garde-champ.13.
— Toulouse.P30.2.182;S30.2.152;D.Chose jugée.
— Cr.r.P29.1.347;S29.1.395;D.Cour d'ass.1021.

AOUT.

1 Bordeaux.P31.2.176; D.Frais et dépens.100.
— Bourges.P30.2.123; S30.2.202; D.Action.52. Surench. 126.Vente. pub.110.
— Cr.r.P29.1.318;S29.1.369;D.Autor. mun.402.
— Cr.c.P29.1.318; D.Autor. mun.474.485.486.
— Cr.c.P29.1.318; D.Tapage.5.
— Cr.c.P29.1.318;S29.1.362;D.Tribunal.179.
— Cr.c.P29.1.309,n.;S29.1.396,n.; D.Appel correct.12.
— Cour d'ass. de la Moselle.P30.2.100;S29.2.289;D.Frais et dépens.389.Mineur.65.Tutelle.598.
— Toulouse.P30.2.220; S30.2.167; J48.108; D. Exécut. prov.16.
3 Req.P29.1.324;S29.1.390;D.Partage. Legs.
— Paris.P29.2.295;S29.2.254;D.Commissionn.323.333.
— Grenoble.P30.2.251;S30.2.309;J49.125;D.Disp. entre-vifs.28.
— Trib. comm. de Marseille.D.Charte.73.
4 Grenoble.A6.552,n.1.11;S30.2.151; J47.324; D.Elect. lég.59.
— Aix.P29.2.183;J45.539;D.Dot.493.
— Req.P29.1.318;S29.1.343;J46.220; D.Procès-verb.597.
— Caen.P29.2.215;S29.2.256;D.Enquête.195.
— Civ.r.P29.1.338;D.Communauté.1186.
— Bordeaux.P30.2.3; S30.2.86; D.Autor. de femme.15. Saisie-imm.272.1618.
— Riom.P30.2.104;S30.2.59;J53.341;D.Incendie.47.
— Nanci.P30.2.94;S29.2.287;D.Adoption.
5 Civ.c.P29.1.319;S29.1.386;J45.300; D.Prescrip.724.
— Req.P29.1.321;S29.1.301;J46.332;D.Chose.64.
— Civ.r.P29.1.322; S29.1.389; J46.212; D.Acquiesc.110. 253.
— Bordeaux.P30.2.4;D.Frais et dépens.298.
— Trib. comm. de Marseille.D.Charte.72.
— Ord. du cons. d'état.D.Vente adm.44.
— Circ. min.D.Vente pub. de meubles.14.

6 Montpellier.P30.2.85; S30.2.108; D.Autor. mun.588. Commune.605.
— Rouen.P30.2.277;D.Oblig. 568. Remplac.68.82.
— Req.P29.1.322;S29.1.388;J46.71; D.Comp. ad.247.248.
— Cr.c.P29.1.323;S29.1.334;D.Mines.142.Presse.735.
— Cr.c.P29.1.324;S29.1.355;D.Forêt.950.951.
— Cr.c.P29.1.324;S29.1.391;D.Compét. crim.720.
— Cr.r.P29.1.325;D.Récidive.111.
— Lyon.P29.2.210; S29.2.348; D.Deg. de jurid. 600.Domicile.17.
— Cr.c.P29.1.329;S29.1.347;D.Récidive.44.
— Cr.r.P29.1.329;S29.1.425;D.Appel correct.90.
— Paris.P29.2.269;S29.2.316; J45.152;D.Acte de comm. 250.
— Aix.P30.2.2. et 29.2.184; S29.1.312; D.Acte de comm. 105.Exception.106.107.
— Colmar.P30.2.78;S30.2.9;J46.208;D.Respons.532.
— Paris.P30.2.107; S30.2.123; J46.421; D.Arbitrage.408.
7 Cr.c.P29.1.325;S29.1.369; D.Frais et dépens.382.
— Cr.c.P29.1.325;D.Voirie.38.
— Cr.c.P29.1.325;S29.1.457;D.Exploit.958.
— Cr.r.P29.1.326; S29.1.394; J46.309; D. Aut. mun.180. Exprop. pub.35.Voirie.635.641.
— Lyon.P29.2.211;S29.2.330;D.Hypoth. judic.42;Domicile élu.54.
— Cr.r.P29.1.330;S29.1.348; D.Instruc. cr. 380. Procès-verb.58.
— Paris.P29.2.294;S29.2.322;J45.143; D.Prescription.
— Bordeaux.P30.2.4;D.Transport de créance.59.
— Bordeaux.P30.2.7;D.Exploit.672.673.
8 Bordeaux.P30.2.40;S29.2.282;D.Résol.16. Vente.466.
10 Req.P29.1.327; S29.1.393; J46.384; D.Mat. som.28.32. 44.
— Req.P29.1.327;D.Expertise.25.184.223.
— Civ.c.P29.1.330;S29.1.383; D.Jug.329.Emigré.275.
— Limoges.P29.2.302;S29.2.286;D.Honoraires.11.15.145.
— Grenoble.P30.2.166;S30.2.120;J57.451; D.Faillite.142.
— Angers.P29.2.207;S29.2.241;D.Peine.184.
11 Req.P29.1.328;S29.1.298; D.Comp. adm.315.
— Civ.c.P29.1.331;B17.463;S29.1.342; D.Purge.172.183. Tutelle.613.
— Req.P29.1.328;S29.1.297;J45.5;D.Port. dispon.444.
— Paris.P30.2.25;S29.2.329;J45.211.D.Acte de comm.34.
— Bordeaux.P30.2.41;S30.2.135; D.Compensation.8.
— Trib. de comm. de Marseille.D.Arbitrage.275.
12 Douai.P31.2.17;S31.2.89;D.Faillite.856.857.
— Req.P29.1.353;S29.1.436; D.Juge supp.70.Enr.2190.
— Civ.r.P29.1.332;S29.1.427;J46.5;D.Communauté.364. 669.Rescis.119.
— Lyon.P29.2.258;S1.2.35;D.Incendie.41.46.
— Req.P29.1.409 et 495;S29.1.299;J47.77;D.Faux incid. 16.63.Cass.799.Usage.130.
— Bordeaux.P30.2.43;S30.2.112;D.Compét. civ.327.
— Nimes.P31.2.23;S30.2.359; D.Ordre.259.290.
— Ord. du cons. d'état. D.Forêt.560.
— Huot.D.Eau.294.
13 Aix.P29.2.184;S29.2.236;D.Serment.128.
— Cr.r.P29.1.334;S29.1.416;D.Cassation.85.
— Cr.r.P29.1.334; S29.1.360; D.Cour d'ass. 394.849. Témoin.460.
— Cr.r.P29.1.334;D.Cour d'ass.1451.
— Cr.r.P29.1.334;D.Complicité.113.Cour d'ass.1606.
— Nimes.P29.2.255;S29.2.280;D.Art de guérir.155.156. 167.
— Bordeaux.P30.2.45;S31.2.47;D.Usure.62.
— Bordeaux.P30.2.30;S30.2.98;J46.342; D.Prescrip.420.
— Bordeaux.P30.2.26;D.Prescrip.869.
— Bourges.P30.2.128;S30.2.201;D.Exception.596.Surenchère.84.93.
— Toulouse.P30.2.122;S30.2.71;D.Jug. par déf.576.
14 Cr.r.P29.1.338;D.Procès-verb.86.
— Cr.c.P29.1.335;D.Poids et mesures.116.
— Cr.c.P29.1.335;S30.1.40,n.;D.Procès-verb.115.
— Cr.c.P29.1.336;D.Quest. pr.69.
— Cr.r.P29.1.382; S29.1.585; J46.73; D.Autor. mun.30. 607.646.Frais et dépens.409.Jugement.394.
— Paris.P29.2.283;S30.2.11;J45.342; D.Cont. par corps. 112.Deg. de jurid.170.Exploit.774.
— Bordeaux.P30.2.30;S30.2.44;D.Deg. de jurid.151.
— Aix.P30.2.116;S30.2.190;D.Agent diplom.35.
— Bourges.P30.2.126;D.Tutelle.
— Riom.P32.2.25; D.Partage.184.
— Riom.P32.2.76;S30.2.300; D.Donation.180.183.256.
17 Bastia.P29.2.230;S29.2.279; D.Filiat. nat.92.120.191.
— Req.P29.1.335;D.Compét. adm.198.Motifs des jug.154.
— Civ.c.P29.1.335;S29.1.416; J46.504; D.Compensat.22.
— Req.P29.1.386;S29.1.368;J46.318; D.Présomp.78.
— Avis com. des fin.P33.3.91;S30.2.79;D.Timbre.452.
18 Civ.r.P29.1.338;S29.1.422; D.Enreg.1536.Trib.79.
— Civ.r.P29.1.337;S29.1.434;J47.452; D.Jug.360. Enreg. 951.Publ. des jug.32.
— Civ.r.P29.1.336;S29.1.357;J45.321; D.Mariage.129.
— Paris.P29.2.281;S30.2.10;J45.361;D.Vente.694.
— Bordeaux.P30.2.44; S30.2.5; J46.425; D.Transport de créance.83.
— Trib. comm. de Marseille, D.Assur. marit.450. Capitaine.90.
19 Aix.P29.2.201;S29.2.281;J45.551; D.Chose.168.
— Cr.r.P29.1.341;S29.1.382;J46.102;D.Usage.88.
— Civ.c.P29.1.340;S29.1.381;J45.81;D.Enreg.2176.
— Civ.c.P29.1.340;S30.1.101; J45.254; D.Port. disp.527.

— Civ.r.P29.1.339; S29.2.435; J45.281; D.Sép. de biens. 96.123.
— Riom.P32.2.76;S30.2.214; D.Rap. à suc.173.174.
— Ord. du cons. d'état.D.Place de guerre.15.
20 Req.P29.1.343;J46.173;D.Oblig.149.
— Cr.c.P29.1.342;S29 1 380;J46.396;D.Forêt.190.
— Cr.r.P29.1.342;D.Cour d'ass.526.Jug.443.Témoin.382.
— Cr.r.P29.1.342;S29 1.415;D.Vol.277.
— Cr.c.P29.1.342;S29.1.415;D.Publ. des jug. 84.
— Bourges.P31.2.185;D.Fonct. pub 58.
21 Cr.c.P29.1.345;D.Mines.145.
— Cr.c.P29.1.344;S29.1.345;D.Poids pub.7.
— Cr.r.P29.1.343;S30.1.152;D.Cassat.838.Usure.21.91.
— Aix.P29.2.288;S30.2.9; J45.365; D.Intérêts de cap.33. Domm.-int.49.
— Pau.P29.2.288;S30.2.18;D.Pêche.104.138.
— Riom.P29.2.297;S29 2.321;D.Don par cont.56.57.
— Orléans.P30.2.10;S30.2.94;J45.466;D.Action pers.26.
— Toulouse.P31.2.164;S31.2.192;J50.185;D.Fonct. publ. 397.400.
— Bordeaux.D.Acquiesc.9.
22 Grenoble.P30.2.113;S30.2.76; D.Pr. litt.1122.1145.
— Bourges.P30.2.124;D.Compét. comm.400.
24 Civ.c.P29.1.346;S29.1.421;J46.158; D.Enreg.148.1399. Transcrip. hyp.57.
— Req.P29.1.345;S29.1.420;J46.150;D.Imputation.28.
— Req.P29.1.345;S30.1.353;D.Arbitrage.198.351.
— Civ.c.P29.1.343;S29.1.341;D.Contr. dir.52.53.
— Paris.P29.2.287;S30.2.15;J45.370;D.Compét.comm.55.
— Bordeaux.P30.2.69;S30.2.24;D.Jug. par déf.83.
— Bourges.P30.2.70;S30.2.4;D.Frais et dép.265.
— Nimes.P30.2.275; S30.2.165; D.Jugem.499.Jugem. par défaut.92.
— Aix.P33.2.110;D.Dot.
— Bourges.P33.2.135;D.Avoué.149.
— Nanci.D.Prescrip.98.
25 Paris.A6.532,n.1.6;D.Droit civ.
— Civ.c.P29.1.347;S30.1.338;J45.121;D.Vente.707.
— Req.P29.1.389; S29.1.353; J46.338; D.Chose jugée.70. Garantie.377.
— Paris. P29.2.299; S29.2 249; J45.375; D.Elect. lég.171. 560.
— Montpellier. P30.2.153; S30.2.82; D. Usure. 51. Vente. 812.
— Colmar.P30.2.226;D.Frais et dép.127.Enq 134.
— Req.P29.1.347;S30.1.158;J46.181;D.Notaire.398.
26 Civ.c.P29.1.348;S29.1.380;J45.574;D.Action poss.187.
— Paris.P29.2.301;S30.2.22;J45.455;D.Jug. p. déf.209.
— Agen.P32.2.185;S32.2.361;D.Enq.282.
— Ord.D.Voirie.61.
27 Agen. P32.2.57; S32.2.298; D. Acte respect.48. Exception.279.
— Civ.c.P29.1.349;S30.1.158;J46.97;D.Action poss.46.
— Civ.c. P29.1.348; S29.1.433; J46.179; D.Acquiesc.125. Cassat.713.Mandat.583.Répétition.27.
— Paris.P29 2.242;S29.2.321;J45.142;D.Jug. p. déf.7.
— Toulouse.P30.2.51;S30.2.89;J46 470;D.Caution.224.
— Angers.P30.2.74;D.Vente.177.181.
— Grenoble.P30.2.220;S30.2.309;J49.210;D.Enquête.212. 248.
— Agen.P33.2.205; D Jour férié.44.48.
28 Cr.c.P29.1.351;S29.1.420;D.Récidive.50.
— Cr.r.P29.1.351;D.Cass.1095.
— Cr.c.P29.1.351;S29.1.419;J50.31;D.Poids et mes.100.
— Cr.c.P29.1.351;S29.1.419;D.Voitures.13.
— Cr.c.P29.1.350;D.Aut. mun.179.363.
— Poitiers.P30.2.214; D.Jug. p. déf.301.Domic. élu.118.
— Cr.c.P29.1.350;S30.1.157;D.Fonct. pub 33.
— Paris.P29.2.295;S29.2.257;D.Sép. de corps.202.
— Bordeaux.P31.2.79;S30.2.181;D.Assur. marit.99.
— Grenoble.P31.2.246;J53.548;D.Tutelle.612.
— Bordeaux.P30.2.82;S30.2.176;J46 447;D.Jugem.196.
— Bordeaux.P30.2.88;S30.2.71;J46.417; D.Faill.781.782.
— Orléans.P30.2.96;S30.2.59;J45.572;D.Frais et dép.192.
— Bordeaux.P30.2.96;S30.2.63;J47.268;D.Enq.87.234.
— Grenoble.P30.2.150;S30 2.99;D.Prescrip.563.
29 Cr.c.P29.1.352;J46.34;D.Voirie.727.
— Cr.c.P29.1.352;S29.1.419;D.Pêche.121.
— Cr.c.P29.1.352;S29 1.418;D.Cour d'ass.1397.
— Lyon.P29.2.247;S30.2.17;D.Saisie-imm.956.
— Montpellier.P30.2.191;S29.2.284;D.Surenchère.25.
— Bordeaux. P31.2.175; D.Deg. de jurid.154.Transp. de créance.249.
31 Riom.P32.2.197;D.Legs.
— Bourges.P33.2.72;J52.149;D.Actes de l'état civ.81.114. Enquête.47.
— Bourges.P33.2.192;D.Exéc. prov.55.
— Nimes.P33.2.202;D.Jug. par déf.423.Péremp.308.

SEPTEMBRE.

1 Délib. du cons. d'adm.P33.3.41;D.Enreg.
2 Ord.A12.1030,n.2;B28.357;D.Marais.40.
— Ord.A12.1030,n.4;B28.358;D.Marais.57.
— Ord.P32.3.8;D.Place de guerre.19.109.
— Ord. min. de la guerre.P32.3.8;D.Place de guerre.81.
— Ord. min. de la guerre.P32.3.8;D.Servitude.
— Ord. du cons. d'état. D.Procès-verb.636.
— Ord.D.Trav. pub.152.
3 Cr.c.P29.1.353;S29.1.414;D.Action pub.48.Appel corr. 177.Min. pub.62.

— Pau.P30.2.289;S30.2.150;D.Exéc. des jugem. et actes. 26.Exploit.823.
4 Cr.c.P29.1.354;S30.1.355;D.Cour d'ass.440.443.460.
— Cr.c.P29.1.353;S30.1.350;D.Forêts.482.
— Délib. du cons. d'adm.P33 3.34;D.Enreg.1308.
7 Nimes.P31.2 190;D.Publ. des jugem.79.
9 Nanci.D.Elect. lég.141.
10 Cr.c.P29.1.354;D.Faux.400.
— Bordeaux.P29.2.300;S29.2.281;D.Elect. lég.35.36.63.
— Paris.V. au 16.
— Bourges.P31.2.116;D.Voies de fait.15.
— Paris.D.Art. de guérir.116.
11 Cr.r.P29.1.350;S29.1.413;J47.150;D.Presse.460.
— Cr.r.P29.1.354;S29.1.413;D.Jug. par déf.349.
— Douai.P29.2.300;S29.2 282;D.Elect. lég.171.
12 Cr.c.P29.1.355;S30.1.308;D.Récidive.85.
— Cr.c.P29.1.355;D.Aut. mun.583.Presse.756.
— Cr.c.P29.1.354;D.Forêts.905.907.
— Cr.r.P29.1.393;S30.1.119;J47.94;D.Presse.371.372.375. 390.
— Douai.P30.2.95;S29.2.287;D.Courtier.122.
14 Décis. min.P33.3.35;D.Enreg.1208.
— Décis. min. fin.P33.3.34;D.Enreg.1192.1199.1217.
16 Paris.P30.2.197;S30.2.181;J46.368;D.Quest. pr.141.
17 Cr.c.P29.1.357;S29.1.361;J46 213;D.Déf.119.
— Cr.r.P29.1.357;S29.1.424;D.Tém. faux.33.
— Cr.r.P29.1.357;D.Cour d'ass.1259.
— Cr.r.P29.1.365;S30.1.64;J46.401; D.Cour d'ass.48.
— Paris.P30.2.42;S30.2.41; J45.526; D.Contr. par corps. 637.641.642.
— Paris. P30.2.26; S30.2.41; J45.525; D.Contr. par corps. 582.
18 Cr.c.P29.1.359;S29.1.426;J46 213;D.Délit rural.32.
— Cr.r.P29.1.358;S29.1.425; J46.232; D.Compét. cr.637. Lois.334.
— Cr.c.P29.1.357;S29.1.361;D.Presse.116.352.
20 Paris.D.Art de guérir.188.204.205.
21 Ord. du cons. d'état D.Respons.160.
23 Ord.P29.3.9;D.Manufact.
— Bordeaux.P30.2.143;S30 2.95;D.Exéc. prov.19.
— Paris.D.Art de guérir.136.
24 Cr.r.P29.1.360;S29.1.427;D.Interprète.10.
— Cr.r.P29.1.360;D.Instr. cr.488.
— Cr.c.P29.1.360;D.Forêts.936.
— Cr.c.P29.1.359;S29.1.426;J45.590;D.Forêts.934.
— Cr.r.P29.1.364;S30.1.348;J46.403;D.C. d'ass.432.1717. Juge.51.
— Cr.c.P29.1.364;S29.1.377;D.Liquide.25.
— Cr.c.P29.1.360;D.Procès-verb.59.Respons.442.
25 Ch. des vac.P29.1.364;S30.1.151;J48.92;D.Contr. par corps.345.350.Eff. de comm.130.
— Ch. des vac.P29.1.361;S29.1.378;J45.544;D.Elect. lég. 382.

OCTOBRE.

1 Cr.c.P29.1.360;S29.1.377;D.Faux incid.264.
3 Bourges.P29.2.304;S29.2.320; D.Elect. lég.130.
— Bourges P30.2.28;S30 2.135;J46.350; D.El. lég.73.74.
8 Cr.c.P29.1.368;S29.1.377; J46.495;D.Comp. crim.100. 108.
— Cr.c.P29.1.368;S29.1.433;J46.557;D.Appel correct.66. Cassation.48.
12 Trib. comm. de Marseille.D.Capitaine.136.
13 Colmar.P30.2.25,S29.2.329;D.Naturalis.12.13.
15 Cr.c.P29.1.370;S30.1.38;D.Cour d'ass.332.398.421.
— Cr.c.P29.1.370;S30.1.39;J46.541;D.Comp. crim.226.
— Cr.c.P29.1.368;S30.1.40;J46.556;D.Procès-verb.85.
— Cr.r.P29.1.366;J46.454;D.Rec. de juges.65.69.71.74.
— Paris.P29.2 300;S30 2.30;J45.459;D.Contr. par corps. 649.Transp. de créance.60.
— Paris.P30.2.79;S30.2.98;J46.188;D.Ratification.
18 Ord.P29.3.9;D.Enseignement.
20 Trib. de comm.P32.3.105;D.Assur. marit.357.
21 Paris.P30.2.60. et 62;S30.2.94; J46 59. et 57;D.Elect. lég.140.480.
22 Cr.c.P29.1.371;D.Aut. mun.379.380.386.
— Cr.c.P29.1.371;S30.1.40;D.Procès-verb.19.
— Cr.c.P29.1.371;S30.1.40; D.Acquiesc.454.Forêts.826.
— Cr.r.P29.1.373;S30.1.49;D.Cassation.129.
— Cr.c.P29.1.374;S30.1.49;D.Peine.245.
— Ch. des vac.P29.1.362;S30 1.51;D.Elect. lég.382.
27 Trib. de comm. de Marseille.D.Assur. marit.476.
— Délib.P33.3.28;D.Enreg.1181.
28 Ord.P29.3.18;D.Communes. Militaire.
— Ord. du cons. d'état.P33.3.72;S30.2.40;D.Culte.88.92.
— Ord. du cons. d'état.D.Forêts.403.
— Trib. de comm. de Marseille.D.Marin.28.100.
29 Ord.P29.3.9;D.Colonies.
31 Poitiers.P30.2.27;S29.2.337;D.Elect. lég.424.

NOVEMBRE.

3 Cr.c.P29.1.384;D.Acquiesc.473.Procès-verb.45.
— Cr.c.P29.1.376; S30.1.30; D.Forêts.495.496.887.Respons.472.
— Sol. de la régie.P33.3.35;D.Enregist.1209.
6 Bourges.P30.2.27;J46.365;D.Elect. lég.159.
— Délib. du cons. d'adm.P33.3.28;D.Enreg.2602.
8 Ord. du cons. d'état.D.Manufacture.27.

— Ord. du cons. d'état.D.Marché de fourn.292.
— Ord. du cons. d'état.D.Militaire.34.
— Ord. du cons. d'état.D.Séquestre.46.47.
— Ord.D.Trav. publ.109.
— Ord. du cons. d'état.D.Trav. publ.137.
— Ord.A12.991.n.19;B28.303,n.19;D.Voirie.187.
9 Ch. réun.P29.1.373;S29.1.417;D.Récid.44.
— Nanci.P30.2.53;S30.2.192;D Compét. civ.271.
— Paris.P30.2.98;S30.2.57;J45.507;D.Action pub.52.
10 Civ.r.P29.1.387;S30.1.35;D.Substitut.418.
— Req.P29.1.386;J46.316;D.Obl.713.Présomp.98.
— Req.P29.1.385;S30.1.34;J46.167;D.Eff. de comm.902. 904.Oblig.526.
— Req.P29.1.378;S29.1.411;J46.289;D.Commiss.254.255. 341.Voitures publ.163.
— Req.P29.1.377;S30.1.36;J46.313;D.Arbitrage.254.391. 570.
— Bruxelles.P32 2.196;D.Notaire.143.
— Délib. du cons. d'adm.P33.3.26;D.Enreg.452.
— Solut. de la régie.P33.3.28;D.Enreg.524.
— Trib. de comm. de Marseille.P32.3.105;D.Assur. maritimes.357.
11 Civ.r.P29.1.388;S29.1.410;J46.385.
— Req.P29.1.383;D.Action possess.219.
— Req.P29.1.383;S30.1.36;J46.77; D.Dispos. entre-vifs. 64.Legs.45.
— Req.P29.1.380; S30.1.37; J46.228; D.Action.55.Degré de jurid.24.Réc. de juges.69.
— Req.P29.1.416; S29.1.406; J46.319; D.Expertise.163. 170.189.
12 Agen.P32.2.156;S32.2.583,D.Communauté.317.
— Cr.c.P29.1.401;S30.1.56;D.Cour d'assises.265.
— Cr.c.P29.1.399;S30.1.114;D.Tapage.26.
— Cr.r.P29.1.402;S30.1.356;D.Cour d'ass.989.
— Nanci.P30.2.52;S30.2.187;D.Obl.380.
— Toulouse.P30.2.91;S30.2.106;J47.46;D.Testam.241.
— Cr.c.P29.1.397;S30.1.119; D.Frais et dépens.342.370.
13 Bourges.P30.2.27;J46.247;D.Elect. lég.91.
15 Limoges.P30.2.286;S30.2.301;D Absence.426.
16 Req.P29.1.408;S29.1.408; J46.375; D.Conciliation.24. Servitude.632.
— Civ.c.P29.1.406;S30.1.306;J46.481;D.Hyp. lég.91.
— Douai.P30.2.119;S30.2.67;D.Droit civ.73.74.75.78.
17 Bourges.P30 2.80; S30.2.171; J46.586; D.Autoris. de femme.33.Degré de jur.193.Ratificat.14.Tutelle.428.
— Montpellier.A11.201, n.10; P30.2.95; B22.278; S30.2. 176;D.Péremp.238.259.
— Req.P29.1.419; S30.1.321; J46.328; D.Enquête.167. Prescrip.675.Preuve test.21.
— Req.P29.1.417;D.Donation.46.47.Success.328.
18 Req.P29.1.384;S30.1.50;D.Min. pub.20.
— Req P29.1.412;S29.1.404;D.Louage.356.
— Req.P29.1.413;D.Commissionn.21.Société comm.341.
— Civ.r.P29.1.392;J46.392;D.Faillite.562.Juge supp.115.
— Toulouse.P30.2.79;S30.2.171; J47.199; D.Saisie-imm. 1165.
— Bourges.P30.2.139;S30.2.98;D.Forêts.625.
— Ord.P29.3.15.
— Civ.r.P29.1.418; D.Offre.66.Paiement.30.Privil.330.
19 Cr.c.P29.1.397;S30.1.118;D.Autor. mun.504.
— Cr.r.P29.1.414;J46.287;D.Presse.364.
— Cr.c.P29.1.414;D.Autor. mun.431.432.
— Cr.c.P30.1.12;D.Quest. pr.75.
— Cr.c.P30.1.12;D.Peine.227.
— Paris.P30.2.209;S30.2.241;J47.397;D.Interr. sur faits. 92.97.Jugem. par défaut.72.
20 Paris.P30.2.115;S30.2.151;J46.409;D.Elect. lég.40.192. 206.347.
— Nimes.P30.2.133; S30 2.160; D.Faillite.695. Intervention.58.Oblig.821.Preuve litt.924.
— Bordeaux.P30.2.214;J46.356;D.Contr. par corps.572.
— Toulouse.P30.2.289;J48.288; D.Jugem. par déf.230.
21 Grenoble.P31 2.30;D.Acquiesc.312.
— Montpellier. P30.2.156; S30.2.88; D.Nantissement.97. Usure.52.
22 Colmar.P30.2.180;S30.2.141;D.Preuve litt.738.
— Ord. du cons. d'état.D.Forêts.401.
23 Req.P29.1.414;S30.1.16;D.Emigré.193.389.
— Civ.r.P29.1.402;D.Saisie-imm.988.
— Req.P30.1.41; D.Compulsoire.21.Exception.552.Jug. 289.Preuve litt.1213.
— Lyon.P30.2.34;S30.2.104;J47.85;D.Péremp.35.
— Civ.c.P30.1.18;S30.1.113;J47.88;D.Exploit.228.
23 Civ.r.P29.1.402;S29.1.403;J46.294;D.Acquiesc.423.
— Bordeaux. P33.2.152; S30 2.220; J47.50; D.Acquiesc. 17.24.Communauté.203.Désaveu.34.Part. d'asc.71.
— Toulouse.D.Elect. lég.72.
24 Civ.r.P29.1.411;S29.1.407; D.Degré de jurid.376.Jugem.387.Motifs des jugem.125.
— Bordeaux.P30.2.159. et 1.46; S30.2.93; J46.518;D.Surenchère.445.
— Bordeaux.P30.2.174;S30.2.101;D.Comp. civ.432.Exéc. des jug. et actes.61.
— Req.P29.1.398;S30.1.337;J46.278; D.Enreg.609.636.
— Bordeaux.P31.2.174;D.Contr. par corps.463.Faux incident.32.
25 Civ.r.P29.1.410;S30.1.14;D.Féodalité.238.
— Req.P30.1.42;S29.1.402;D.Commissionnaire.22.
— Req.P32.1.328;D Enreg.2112.
— Ord. du cons. d'état.D.Trav. pub.11.
26 Cr.c.P30.1.18;D.Mot. des jug.255.Procès-verb.71.

— Cr.c.P30.1.12;J47.74;D.Chasse.141.
— Cr.r.P30.1.12;S30.1.48;D.Déf.118.
— Cr.r.P30.1.12;S30.1.115;J47.76; D.Cour d'ass.669.Jugement.178.
— Cr.c.P30.1.10;D.Confiscation.33.Douanes.275.
— Paris.P30.2.165;S30.2.120;J46.205;D.Faillite.790.
27 Bordeaux.P30.2.42;S30.2.56; D.Délai.64.Surenchère.76.206.
— Nîmes P30.2.70;S30.2.117;D.Dénonc. calom.64.65.
— Angers.P30.2.131. et 31.2.234; D.Filiat. lég.229.232.
28 Toulouse.P30.2.77;S30.2.94;D.Domm.-int.27.
29 Ord.P29.3.24; D.Contr. direct. Impôt.
30 Req.P29.1.400;S30.1.23;D.Usufruit.299.321.642.
— Req.P30.1.21;S30.1.13;D.Mat. somm.53.Novat.70.
— Civ.c.P30.1.5; S30.1.21; J46.164; D.Cassation.634.Ordre.134.
— Grenoble.P30.2.100;S30.2.151;J51.450; D.Pr. litt.786.

DÉCEMBRE.

1 Req.P29.1.415;D.Douanes.318.
— Req.P29.1.399;S30.1.27;J46.306; D.Enreg.1154.1182.
— Civ.r.P30.1.15;S30.1.24;J47.159;D.Exploit.890.915.
— Nanci.P30.2.49;S30.2.182;J47.356; D.Frais et dépens.287.331.Jugem. par défaut.78.Publ. des jugem.12.
— Bordeaux.P33.2.140;S30.2.66;J46.509;D.Vente.298.
1 Req.P33.1.245;S30.1.28;D.Eff. de comm.468.862.
— Req.P33.1.244;S30.1.20;J47.308;D.Cassat.303.
— Paris.D.Courtier.133.
2 Req.P30.1.24;S30.1.21;D.Preuve.28.
— Civ.c.P30.1.17;S30.1.28; J47.305; D.Action.23.Action possess.37.
— Civ.r.P30.1.16;S30.1.29; J46.141; D.Donat.334.Retrait success.29.
— Lyon.P30.2.71;S30.2.170; D.Comp.comm.369.Compte courant.31.
— Paris.P30.2.78;S30.2.116;J46.185;D.Arbitr.690.691.
— Ord.D.Prises marit.42.
— Ord. du cons. d'état.D.Ventes adm.142.
3 Cr.c.P30.1.15;S30.1.113;J47.98;D.Jour fér.88.
— Cr.c.P30.1.15;D.Contrib. ind.502.
— Cr.r.P30.1.10;S30.1.113;J47.160;D.Cour d'ass.98.Juge suppl.163.
— Pau.P30.2.72; S30.2.107; J47.121; D.Preuve test.46.Serment déc.7.35.
— Toulouse.P31.2.182;S32.2.91;D.Degr. de jurid.209.
— Toulouse.P32.2.13;J51.126;D.Eff. de comm.29.
— Délib. du cons. d'adm.P33.3.26;D.Enreg.2038.
4 Bourges.P30.2.35;S30.2.84;J46.426; D.Acte de comm.26.Eff. de comm.868.
— Bordeaux.P30.2.282;S30.2.163;J46.526;D.Saisie imm.998.
— Ch. corr.P31.2.195;D.Degr. de jur.450.
5 Rouen.P30.2.279;S31.2.74;D.Faux incid.122.127.166.
7 Req.P30.1.58;D.Présompt.97.
— Req.P30.1.24;J47.303; D.Autor. de femme.164.
— Req.P30.1.24;J47.303;D.Expl.69.
— Req.P30.1.67;S30.1.17;D.Commissionn.77.
— Paris.P30.2.73;S30.2.79;J46 36;D.Part.152.Scellé.30.
— Bordeaux.P30.2.117;S30.2.65;J47.115;D.App. civ.188.Donat.386.397.
8 Req.P30.1.43;S30.1.8;J47.12; D.Acquiesc.278.Jugem.522.523.Serm. déc.82.
— Req.P30.1.25;S30.1.17;J47.310;D.Action personn.53.
— Civ.r.P30.1.10;S30.1.18;D.Dom. cong.6.7.Trib.107.
— Bordeaux.P30.2.119;S30.2.66;J47.33;D.Faill.180.
— Agen.P33.2.151;S33.2.255;D.Usage.90.
— Sol. de la rég.P33.3.102;D.Enreg.2037.
9 Douai.P30.2.33;S30.2.142;D.Propr. industr.33.
— Req.P30.1.25; S30.1.8; J46.440; D.Hyp. lég.203.Dem. nouv.45.Ordre.179.180.Tut.627.628.
— Civ.c.P30.1.13;S30.1.6;D.Filiat.lég.110.Légitimat.22.
— Nîmes.P30.2.67;S30.2.107;D.Société comm.26.43.493.
— Bourges.P31.2.176;D.Saisie-imm.1646.
— Douai.P32.2.56;S32.2.647;D.Contr. par corps.356.
9 Req.P32.1.393;S32.1.189;J52.313;D.Don man.22.
— Avis du cons. d'ét.D.Preuve litt.557.
10 Cr.c.P30.1.19;S30.1.109;D.Forêt.1002.
— Cr.c.P30.1.11;D.Quest. pr.76.
— Paris.P30.2.79;S30.2.109;J46.190;D.Acte de comm.61.Compét. comm.176.
11 Cr.c.P30.1.27;D.Motifs des jug.246.
— Cr.c.P30.1.21;J46.282; D.Douan.304.Peine.294.
— Cr.c.P30.1.20;S30.1.117;D.Procès-verb.20.
— Douai.P31.2.200;S32.2.93;D.Récid.86.
— Trib. correct. de Niort.P31.3.39;D.Presse.510.
12 Paris.P30.2.107;S30.2.140;J46.370;D.Comp. comm.70.
— Paris.P30.2.186;S30.2.322;J47.194;D.Mandat.176.
— Lyon.P31.2.118;S31.2.225;D.Preuve litt.1144.
— Dijon.P31.2.201;S32.2.82;D.Exploit.225.
— Grenoble.P32.2.153;S33.2.19;J53.43;D.Acte de comm.77.
14 Nanci.P30.2.37;S30.2.69;J47.416; D.Faill.464.515.526.605.683.Saisie. exéc.103.139.
— Toulouse.P30.2.39;S30.2.221;D.Saisie-imm.523.631.
— Req.P30.1.76;D.Garantie.384.
— Req.P30.1.76;D.Port. dispon.66.
— Bourges.P30.2.284;S20.2.155;J50.84;D. Vente publ.de meubles.15.53.
— Bordeaux.P31.2.176;S30.2.70;D.Chose.38.
— Circul.P32.3.69;D.Enreg.
— Req.P33.1.243;J46.530;D.Chose jugée.88.Pr litt.888.
— Nanci.D.Assur. terrestre.59.
15 Req.P30.1.44;S30.1.130;J47.537;D.Dot.183.Offre.71.
— Req.P30.1.37;S30.1.7; J48.120; D.Cassat.158.Effet de comm.810.Prescript.34.
— Civ.c.P30.1.16;S30.1.24;D.Mat. somm.30.
— Civ.r.P30.1.6;S30.1.62;J47.238; D.App. civ.264.Chose jugée.83.Hypoth. lég. 151.Inscript. hyp.400.454.475.Ordre.308.Purge.178.Transcript.40.
— Poitiers.P30.2.125;S30.2.92;D.Hypoth.293.Hyp. conv.29.Inscript. hyp.171.
— Guadeloupe.P32.1.281;D.Presse.196.197.198.
16 Trib. de la Seine.P32.3.103;D.Patente.100.
— Req.P30.1.28;S30.1.25;J46.379;D Faux inc.47.
— Req.P30.1.27;J47.315;D.Loi.322.Emig.344.543.
— Civ.r.P30.1.8;S30.1.156;J46.135; D.Tutelle.6.275.288.Usufr. lég.51.64.76.
— Poitiers.P30.2.57;S30.2.205;D.Jugem. prov.3.
— Bordeaux.P30.2.259;S30.2.229;J46.62;D.Arbitrage.80.Société. comm.46.
— Trib. de Nanci.P32.3.145;D.Timbre.174.183.
17 Paris.P30.2.17;S30.2.49; J46.366; D.Juge.88.Culte.73.74.
— Cr.r.P30.1.30;D.Faux.71.
— Rennes.P30.2.57.D.Jugem. prép.147.148.
— Toulouse.P30.2.93;S30.2.104;J47.33;D.Exéc. des jug. et actes.68.
— Paris.P30.2.167;S30.2.119;J46.274;D.Pr. litt.672.696.
18 Cr.r.P30.1.34;S30.1.61;D.Quest. pr.61.
— Cr.c.P30.1.32;D.Procès.verb.295.
— Cr.c.P30.1.32;S30.1.109;D.Procès-verb.304.
— Cr.c.P30.1.31;D.Procès-verb.308.
— Délib. du cons. d'adm.P33.3.26;D.Enreg.
19 Toulouse.P30.2.148;D.Dot.247.
— Pau.P30.2.135;S30.2.133;J48.65;D.Testam.877.
— Riom.P30.2.238;S30.2.207;D.Jugem. par déf.383.
21 Req.P30.1.45;D.Garantie.177.Jugem.154.Vente.436.
— Paris.P30.2.42;S30.2.104;J48.367;D.Prescript.914.
— Req.P30.1.28;S30.1.117;J46.152;D.Enreg.2050.
— Req.P30.1.19;S30.1.3;J47.449;D.Success. bénéf.67.
— Riom.P30.2.53;S30.2.73;D.Témoin.29.
— Nîmes.P30.2.102;S30.2.135;D.Garantie.316.
22 Req.P30.1.36; S30.1.55; J47.301; D. Conclusions.21.Motifs des jugem.53.Serment. déc.56.
— Civ.r.P30.1.31;S30.1.54;J46.388; D.Communauté.489.
— Civ.c.P30.1.20;S30.1.60;J47.535; D.Donation.363.Enr.1100.1101.1116.
— Paris.P30.2.59;S30.2.65;J46.38;D.Contr. par c.298.
— Lyon.P30.2.63;D.Condition.93.Usufr. lég.12.94.
23 Civ.r.P30.1.45;J48.16; D.Rente.179.Résol.24.
— Civ.r.P30.1.33;D.Prescript.641.
— Req.P30.1.79;S30.1.150;J47.542;D.Privil.179.
— Ord. du cons. d'ét.Mac.29.495;D.Marché de fourn.25.
24 Cr.r.P30.1.47;D.Peine.276.
— Lyon.P30.2.31;S30.2.97;D.Communauté.
— Cr.c.P30.1.34;S30.1.108;D.Forêt.1017.1019.
— Cr.c.P30.1.34;S30.1.117;D.Forêt.372.
— Cr.r.P30.1.33;S30.1.117;J47.156;D.Sacril.3.
— Cr.r.P30.1.24; S30.1.115; J47.221; D.Cour d'ass.455.1342.1417.Tribunal.175.
— Rennes.P30.2.51;D.Désist.69.99.
— Riom.P30.2.116;S30.2.75;D.Presse.324.615.674.
— Pau.P30.2.97; S30.2.230; D.Compét. crimin.266.Dem. nouv.150.Lois rétr.240.Pêche.91.Expl.933.936.
— Délib. du cons. d'adm.P33.3.26;D.Enreg.414.
26 Cr.c.P30.1.38;S30.1.55;J47.143;D.Corrupt.16.
— Colmar.P33.2.194;S30.2.63;D.Droit. civ.11.82.
28 Req.P30.1.41;S30.1.13;D.Régl. de juges.44.
— Civ.c.P30.1.29;S30.1.39;D.Enreg.825.
— Cr.r.P30.1.76;D.Min. pub.104.Exéc. des arr.8.
— Nanci.P30.2.158;S30.2.87;J48.231; D.Privil.180.
— Toulouse.P31.2.111;S31.2.184;J49.515; D.Saisie-imm.1678.
— Nanci.P31.2.242;S30.2.60;D.Act.91.Faill.1053.1054.
— Req.P30.1.68;J47.223;D.Transact.105.
29 Civ.r.P30.1.48;D.Retrait. succ.38.
— Req.P30.1.39;J47.286;D.Exploit.125.
— Req.P30.1.35;S30.1.107;J47.331;D.Rescis.100.
— Civ.c.P30.1.30;S30.1.305;D.Success.140.
— Grenoble.P30.2.132;J47.367;D.Elect.lég.240.243.249.253.
— Bordeaux.P31.2.80;D Sép. de corps.120.
30 Req.P30.1.42;J47.548;D.Enreg.2697.Vente adm.5.
— Civ.c.P30.1.36;J48.123;D.Prescript.596.
— Bourges.P30.2.64;S30.2.149;J47.44; D.Honor.96.102.
— Req.P30.1.84; S30.1.204; J47.133; D.Cassat.771.Disp. entre-vifs.284.
— Poitiers.P30.2.109;S30.2.153;D.Presse.766.
— Bordeaux.P30.2.123;S30.2.72;D.Jug. par déf.231.
— Toulouse.P30.2.123;S30.2.128;D.Preuve litt.1083.
— Ord.P31.3.38;D.Cons. d'ét.53.
31 Angers.P30.2.15;D.Vente publ. de meubles.14.
— Cr.r.P30.1.41;S30.1.155;D. Défense.35.
— Cr.c.P30.1.47;S30.1.155;D.Compét. crim.284.Régl. de juges.115.
31 Cr.r.P30.1.40;D.Témoin.440.Trib.200.212.
— Caen.P30.2.283;J50.82;D.Courtier.150.Vente pub. de meubles.15.18.19.53.
— Nîmes.P31.2.182;D.Appel civ.350.
— Cr.r.P30.1.40;D.Cour d'ass.1306.

JANVIER.

1 Compag. d'ass. de la Creuse.P31.3.59;D.C. d'ass.437.
2 Cr.r.P30.1.48;S30.1.149;J47.541;D.Procès-verb.39.
— Paris.P30.2.84;S30.2.134;J46.253;D.Paiement.
— Bourges.P31.2.78;S31.2.70; D.Exception.382.
— Riom.P32.2.160;S33.2.41;D.Int. de cap.187.188.Vente.629.630.
4 Civ.c. P30.1.50; S30.1.52; D.Transcrip. des don.29.31.33.
— Nîmes.P30.2.113;S30.2.184;J47.362;D.Pr. litt.1123.
— Bordeaux.P30.2.140;S30.2.118;D.Avocat.180.
— Paris.P30.2.142;S30.2.189;D.Cour d'ass.161.
— Grenoble.P30.2.268; S30.2.305; D.Commune.133.193.197.
5 Civ.c.P30.1.50;S30.1.58;J46.161;D.Ratification.109.
— Req.P30.1.86;S30.1.105; J47.328; D.Faillite.224.Compensation.37.Div.136.Nullité.314.Tierce-opp.204.
— Aix.P31.2.59;D.Office.90.91.
— Trib. de comm. de Marseille.D.Charte.15.18.28.Marin.38.
6 Req.P30.1.58;D.Port. disp.389.
— Civ.r.P30.1.54; S30.1.147; D.Chose jugée.423.424.Pr. litt.603.
— Civ.r.P30.1.35;S30.1.50;J46.497;D.Transcrip. hypoth.13.75.
— Rennes.P30.2.53;S30.2.73;D.Témoin.23.34.
— Req.P30.1.82;S30.1.30;J47.22;D.Compét. civ.243.Ordre.103.113.
— Ord.P33.3.7;D.Manuf.28.Comptabilité.14.
— Ord.P32.3.7;D Manuf.
— Ord.P32.3.6;D.Voirie.229.
— Ord.P32.3.6;D.Aut. mun.230.
— Ord. du cons. d'état.P32.3.8;D.Commune.19.Compét. adm.225.
— Ord.D.Voirie.487.
7 Cr.c.P30.1.40;J47.236;D.Vol.261.
— Cr.c.P30.1.54;S30.1.147; J47.552; D.Motifs des jugem.251.Peine 97.298.
— Cr.c.P30.1.56;J47.543;D.Compét. cr.17.
— Cr.r.P30.1.49;S30.1.146;D.Frais et dép.352.
— Cr.r.P30.1.49;S30.1.146;D.Cour d'ass.481.
— Cr.r.P30.1.49;D.Aut. mun.655.656.
— Montpellier.P30.2.151;S30.2.69; D.Dot.350.
— Poitiers.P30.2.178;S30.2.141;D.Jug. par déf.339.
— Bourges. P31.2.23; S30.2.359; D. Vente pub. de meubles.74.
— Orléans.P31.2.104;J49.362;D.Légitimat.22.
— Ord.P31.3.54;D.Ord. du juge.33.Frais et dép.289.
— Grenoble.P33.2.197. et 30.2.268;D.Commune.198.205.
— Cr.r.P30.1.49;D.Instr. cr.278.
8 Cr.c.P30.1.56;D.Aut. mun.410.Voitures.14.
— Cr.c. P30.1.56; S31.1.323; J52.70; D.Appel correct.10.Peine.299.
— Bordeaux.P30.2.86; S30.2.100; D.Frais et dép.132.Expertise.297.
— Colmar.P30.2.195;S30.2.188;D.Déf.232.Dom.de l'état.116.118.
— Colmar.P30.2.294;S31.2.48;J48.49;D.Deg. de jur.304.Saisie-arrêt.214.250.282.
— Caen.P30.2.288; S31.2.77; D.Avocats.162.174.175.185.206.Deg. de jurid.525.Discipline.116.
— Délib. du cons. d'adm.P33.3.34;D.Enreg.1006.2382.
9 Riom.P32.2.158;D.Appel civ.282.
— Paris.P30.2.61;D.Culte.64.65.66.67.
— Paris.P30.2.152;S30.2.126;J46.272;D.Vérif. d'écr.4.
— Aix.P30.2.264;S30.2.308;D.Courtier.96.97.
11 Req.P30.1.38;S30.1.49; J48.87; D.Cass.805.Port. disp.675.Exploit.274.
— Req.P30.1.59;S30.1.57;J46.401; D.Commune.172.201.Rep. d'inst.26.
— Montpellier.P33.2.225;S33.2.454; D.Success.311.
12 Civ.r.P30.1.59;D.Actes de comm.126.Cassat.823.838.926.Compét.12.Marché de f.194.
— Paris.P30.2.70;S30.2.81;J46.107;D.Péremp.76.
— Montpellier.P30.2.155,S30.2.144; D.Arbitrage.57.941.
— Nîmes.P31.2.107;J51.550;D.Surenchère.314.
— Paris.P32.1.14;J53.156;D.Réc. de juges.78.
— Bruxelles.P33.2.
— Délib. du cons. d'adm.P33.3.28;D.Enreg.1133.
13 Poitiers.P30.2.186;S30.2.210;D.Rente.296.
14 Cr.r.P30.1.52;S30.1.146;D.Faux.85.Instr. cr.528.
— Cr.c.P30.1.67;D.Forêts.1089.Procès-verb.293.
— Cr.c.P30.1.67;S30.1.146;D.Procès-verb.528.
— Cr.c.P30.1.67;S30.1.146; D.Forêt.906.
— Cr.c.P30.1.66;S30.1.154;D.Exploit.871.953.
— Bordeaux.P30.2.89;S30.2.105;D.Frais et dép.133.Mandat.403.
— Bordeaux.P30.2.173;S30.2.115;D.Tierce-opp.
— Paris.P30.2.171; S30.2.172; J45.54; D.Effet de comm.88.91.92.
— Montpellier.P30.2.213;D.Exploit.798.
— Grenoble.P30.2.256;S30.2.303;D.Aut. de femme.193.
— Nanci.P31.2.64;S30.2.80;D.Compét adm.301.
15 Cr.r.P30.1.81;S30.1.203;J47.493;D.Exploit.300.
— Paris.P30.2.82;S30.2.129;J46.256;D.Enq.44.76.83.
— Toulouse.P30.2.286;S30.2.336;J48.287;D.Partage.243.
— Délib. du cons. d'adm.P33.3.34;D.Enreg.843.
— Cr.r.P30.1.76;S30.1.145; J46.562; D.Cassat.855.Culte.75.Presse.122.

16 Cr.r.P30.1.82;J47.504;D.Eau.263.
— Cr.r.P30.1.84;D.Mines.124.
— Cr.r.P30.1.84;D.Cour d'ass.184.
— Cr.r.P30.1.81;D.Presse.103.
— Cr.c. P30.1.87; S31.1.344; D.Compét. cr.284.285. Vol. 104.
— Bruxelles.P33.2.167;S30.2.130;D.Société comm.48.
18 Civ.c.P30.1.57;S30.1.192;D.Contr. ind.590.Publ. des jugem.9.
— Civ.r. P30.1.65; S30.1.145; J48.8; D.Jugement.496.Par déf.278.282.495.
— Req.P30.1.78;D.Commune.308.441.
— Req.P30.1.80;J48.37;D.Deg. de jurid.155.362.Preuve test.209.
— Pau.P30.2.73;S30.2.183;D.Sép. de corps.127.Jugem.3.
— Req.P30.1.403;S30.1.244;J47.452;D.Enreg.149.
— Req.P30.1.83;S30.1.43;J46.522;D.Cassat.804.Lois.204.
— Nîmes.P30.2.128 et 177;S30.2.141;J47.559;D.Aut. de f. 278.Dot.44.147.Publ. des jugem.19.
— Req.P30.1.79;S30.1.142;J48.74;D.Mat. som.53.Rente. 324.
19 Bourges.P30.2.65;S30.2.146;J46.578; D.Retr. suc.119. Transp. de créance.214.
— Req.P30.1.85; S30.1.69; J47.137; D.Dispos. entre-vifs. 115.116.Don. dég.4.Ratification.127.
— Req.P30.1.87;S30.1.75;J47.217;D.Révoc.327.
— Req.P30.1.88;J47.287;D.Caution.205.
— Req.P30.1.92;S30.1.70; J47.227; D.Dispos. entre-vifs. 156.Oblig.505.511.
— Bordeaux.P30.2.90;S30.2.165;D.Serment déc.40.
— Bordeaux.P31.2.88;J50.353;D.Filiat. nat.158.159.162.
— Délib. du cons. d'adm.P33.3.86;D.Enreg.303.
20 Paris.P30.2.43;D.Arbitrage 71.Société comm.71.
— Civ.c.P30.1.60;S30.1.99;J46.297;D.Cassat.763.790.Mariage.662.663.
— Civ.r.P30.1.104;S30.1.75;J47.468;D.Communauté.754.
— Civ.c. P30.1.90; S30.1.74; J47.289; D.Chose jugée.38. Garantie.111.Dem. nouv.82.
— Grenoble.P30.2.100;S30.2.135; J47.276; D.Oblig. sol. 23.Pr. litt.75.434.
— Rouen.P30.2.92;S30.2.170; J49.46; D.Copie de pièces. 14.
— Montpellier.P30.2.124;S30.2.121;D.Dot.105.
— Nanci.P30.2.249;S30.2.225;D.Rapp. à succ.165.
— Caen.P30.2.285;D.Présomp.28.
— Ord.P32.3.8;D.Trav. pub.56.212.
22 Cr.c.P30.1.78;S31.1.327;D.Vol.290.
— Cr.c.P30.1.88;S31.1.353;J52.182;D.Complicité.33.104.
— Cr.r. P30.1.90; S31.1.352; J47.321; D.Acquitt.42.Cour d'ass.99.285.564.Dommages-int.76.Motifs des jugem. 320.Oblig. sol.44.
— Cr.c.P30.1.94;S31.1.341;J48.22;D.Cour d'ass.984.
— Décis. de la ch. des dép.P32.3.62; D.Mandat.45.
— Délib. du cons. d'adm.P33.3.35;D.Enreg.1212.
23 Paris.P30.2.80;S30.2.150;J46.265;D.Voirie.342.
— Bordeaux.P30.2.83;S30.2.125;D.Dot.13.Prescrip.539.
— Riom.P33.2.108. et 141;S33.2.249;D.Rapp. à succ.278. 279.
— Aix.P33.2.133;S30.2.85;D.Compét. comm.52.
25 Req.P30.1.91;S30.1.42;J46.245;D.Elect. lég.150.
— Req.P30.1.92;S30.1.68;J48.19;D.Dot.314.371.
— Req.P30.1.94;S30.1.67;J47.181;D.Forêt.354.
— Montpellier. P30.2.137; S30.2.232; J48.241; D. Surenchère.130.
— Paris.P30.2.169;S30.2.179;J47.40;D.Faillite.1251.
26 Civ.r.P30.1.68;S30.1.47;J46.432;D.Emig.471.
— Civ.r.P30.1.75;S30.1.153;J46.436;D.Emig.471.
— Req.P30.1.93;S30.1.69;J46.276;D.Discip.82.
— Civ.c.P33.1.112;S33.1.196;J33.404;D.Lois.105.
27 Req.P30.1.95;S30.1.72;J47.366;D.Chose jugée.156.
— Civ.c.P30.1.95;S30.1.203;J47.71;D.Société comm.26.
— Civ.c.P30.1.96;S31.1.342;J47.564;D.Tierce-opp.50.
— Bordeaux.P30.2.90;S30.2.165, n.;D.Serment déc.40.
— Toulouse. P30.2.259; S30.2.242; J48.229; D.Donation. 177.276.277.
— Poitiers.P30.2.261;S30.2.239;D.Compét. comm.58.
28 Cr.c.P30.1.100; S30.1.141; J48.15; D.Cour d'ass.1556. 1516.1616.
— Cr.c.P30.1.100;S30.1.141;D.Art de guérir.144.170.
— Cr.c.P30.1.98;S30.1.140;J47.591;D.Réc. de juges.10.
— Bordeaux.P31.2.207;S31.2.299;D.Action civ.42.Art de guérir.128.131.
— Bruxelles.P33.2.39;D.Deg. de jurid.472.
— Cr.c.P30.1.99;S30.1.66; J47.587; D.Attentat à la pud. 41.44.Cour d'ass.1540.Déf.145.146.
29 Cr.r.P30.1.81;S30.1.243; D.Attentat à la pudeur.19.
— Angers.P30.2.114;S30.2.178; D.Prescrip.691.
— Cr.r.P30.1.276;S31.1.156;J48.317;D.Motifs des jugem. 221.270.
— Bordeaux.P30.2.285;S30.2.155;D.Vente pub. de meubles.55.
— Riom.P32.2.158;S33.2.17; D.Saisie-imm.783.833.
— Sol. de la régie.P33.3.37;D.Enreg.1311.
30 Cr.r. P30.1.97; S30.1.139; J47.420; D. Amnistie. 118. Aveu.139.Forêt.879.Respons.413.
— Toulouse.P30.2.139;S30.2.354;J48.107;D.Désist.88.
— Bourges.P30.2.134;D.Société comm.130.

FÉVRIER.

1 Req.P30.1.102;S30.1.65;J47.389;D.Acquiesc.251.Dem. nouv.145.

1830.

— Civ.c.P30.1.101;S30.1.155;J46.553;D.Enreg.962.Succ. bénéf.66.
— Req.P30.1.102;S30.1.42;J46.295;D.Faillite.459.
— Req.P30.1.101;S30.1.157;J48.77;D.Pr. litt.763.
— Req.P30.1.127; S30.1.41; J48.550; D.Acquiesc.388.Pr. litt.758.Saisie-imm.1010.1556.Transact.64.
— Req.P30.1.128;J48.240;D.Respons.401.
— Dijon.P30.2.139;S30.2.97;J48.240;D.Deg. de jur.108.
— Civ.r.P31.1.49;D.Enreg.2064.
2 Civ.r.P30.1.105;S30.1.237;D.Success.418.
— Req. P30.1.110; S31.1.326; J47.307; D.Motifs des jug. 57.Saisie-imm.298.306.308. Mat. somm.8.
— Req.P30.1.100;S30.1.241;D.Péremp.42.69.78.
— Paris.P30.2.84;S30.2.173;D.Aut. de femme.208.Eff. de comm.814.
— Toulouse.P30.2.195;S30.2.177; D.Acte resp.33.
— Nîmes.P30.2.251;S30.2.347;D.Dom. par cont.132.
— Paris.P30.2.216;D.Intervention.11.
— Délib. du cons. d'adm. P33.3.104; S32.2.556; D.Timbre.35.
— Ass. de la Seine.P33.2.200; S30.2.163; J46.372;D.Déf. 135.
3 Civ.c.P30.1.106; S30.1.136; J47.185; D.Communauté. 44.206.
— Lyon.P30.2.95;S30.2.122;J47.261;D.Contr. par corps. 66.
— Lyon.P30.2.145;S30.2.227;J48.289;D.Absence.
— Bordeaux.P30.2.148;D.Alimens.102.106.127.
— Lyon. P31.2.112; S31.2.234; D.Contr. par corps. 125. Désist.142.
— Ord.P32.3.8;D.Commune.718.
— Ord.P32.3.7;D.Manuf.29.
— Ord.P33.3.65;D.Trav. pub.206.207.208.
— Ord.P31.3.54;D.Trav. pub.205.
— Riom.P32.2.495;D.Appel correct.65.
— Ord.P32.3.7;D.Manuf.77.
4 Bordeaux.P30.2.287;S30.2.129;D.Dot.516.Offre.203.
— Cr.c.P30.1.107;S30.1.242;D.Chasse.34.93.
— Cr.c.P30.1.107;S30.1.245;D.Respons.438.
— Cr.c.P30.1.108;S30.1.243;D.Compét. cr.284.
— Cr.r.P30.1.108;D.Cour d'ass.262.286.
— Cr.c.P30.1.108;D.Rebellion.49.
— Bordeaux.P30.2.213;J47.48;D.Appel civ.281.
— Bordeaux.P30.2.250;S30.2.175;J47.32;D.Péremp.189.
— Riom.P32.2.494;S30.2.346;D.Domicile.75.76.Expl.79.
5 Cr.r.P30.1.111. et 112;S30.1.240; D.Instr. cr.292. Dénonc. calomn.95.Tribunal.99.Peine.199.
— Cr.c.P30.1.110;D.Procès-verb.302.
— Bordeaux.P30.2.162;S30.2.138; J47.126; D.Arbitrage. 339.340.Preuve test.258.
— Douai.P31.2.190;S32.2.56; D.Attent. à la pud. 18.22.
6 Cr.r.P30.1.128; D.Appel correct.38.
— Paris.P30.2.170; S30.2.174; J47.35; D.Vente pub. de meubles.65.
— Grenoble.P30.2.223;S30.2.310. et 31.2.186;J48.480;D. Disp. entre-vifs.192.
— Paris.P31.2.23;S30.2.370;J48.243;D.Eff. de comm.156. 382.
— Cr.c.P30.1.117; S30.1.240; J47.311. 22;D.Forêts. 872. Motifs des jug.290.
— Agen.P32.2.189;D.Jug. par déf.344.
— Décis. du cons. de l'ord. des av. de Grenoble. P 31. 3.37;S32.2.96; D.Etranger.38.
8 Req.P30.1.112;S30.1.46;J47.26;D.Cass.720.Emig.487. 488.
— Civ.c.P30.1.110;S30.1.99;J47.517; D.Témoin.108.
— Req.P30.1.113;S30.1.240;D.Autor. de femme.101.
— Bordeaux.P30.2.160; S30.2.104; D.Donat.491. Succes. 50.53.
— Civ.c.P30.1.162;S30.1.94;J48.510; D.Fruit.73.
— Amiens.P31.2.56;S30.2.226;J49.55;D.Eff. de com.847.
— Riom.P33.2.108;S33.2.252; D.Témoin.54.
— Angers.P33.2.166;S30.2.139;J48.188;D.Comp. comm. 22.
— Décis. du min. de la just.D.Vente pub. de meub. 159.
— Lett. min. de la just. D.Preuve litt.537.
9 Civ.c.P30.1.119;S30.1.268;D.Garantie.380.
— Req.P30.1.117;S31.1.330;J47.282; D. Rap. à suc.105. Transact.123.
— Req.P30.1.124;S30.1.235;J47.446;D.Interdit.167.Vérificat. d'écrit.27.
— Lyon.P30.2.144;S30.2.227;J49.479;D.Obl.395.Privil. 175.
— Bourges. P30.2.134; S30.2.189; D. Deg. de jurid. 314. Saisie-exéc.150.
— Poitiers.P30.2.181;S30.2.160;D.Exploit.485.
— Aix.P30.2.232;S30.2.79;D.Assur. marit.129.
10 Civ.c.P30.1.121;S30.1.97;J46.398;D.Null.505.Tutelle. 561.
— Civ.r.P30.1.125;S30.1.45;J47.479; D.Arbitrage. 1005.
— Orléans.P30.2.185;S30.2.156;J46.561; D.Substitution. 127.Testament.428.438.
— Paris.P30.2.258;S30.2.324;J48.44; D.Charte.156.
— Riom.P31.2.1;S30.2.325; J50.250; D.Dot.508. Sép. de biens.196.
— Ord.P30.3.15;D.Cons. d'état.17.284.Eau.415.
— Ord.P31.3.55;D.Trav. pub.29.
— Riom.P33.2.34;S32.2.574; D.Eau.454.Respons.55.
— Ord. du cons. d'état.D.Colonies.130.
— Ord. du cons. d'état.D.Forêts.393.
11 Cr.c.P30.1.123;S30.1.268;J48.81;D.Quest. pr.86.

1830.

— Cr.c.P30.1.124;J47.392;D.Vol.283.
— Cr.r.P30.1.124;S30.1.235;D.Inst. cr.477.
— Caen.P30.2.138;S30.2.125;D.Fonct. pub.397.
— Sol. de la régie.P32.3.110;D.Enreg.1809.
12 Paris.P30.2.147;S30.2.138;J46.412;D.Act. possess.503. Eau.78.
— Civ.c.P30.1.125;S30.1.236; D.Chasse.28.
— Cr.c.P30.1.125; S30.1.239; J48.562; D.Cass.362. Lib. prov.22.Quest. pr.113.
— Cr.c.P30.1.126;D.Forêts.492.
— Montpellier.P30.2.168;S30.2.121; D.Forêt.396.Expertise.306.Prescrip. civ.1023.
— Grenoble.P32.2.181;S32.2.637;J53.136;D.Communauté.481.551.Dem. nouv.127. Dot.24.
— Bruxelles.P33.2.37; D.Faux-incid.140.172.
— Riom.P33.2.99;S30.2.384;J33.29; D.Usufruit.609.
— Bourges.P33.2.194;S30.2.148; D.Deg. de jurid.111.
— Bordeaux.P33.2.184;D.Partage.170.
13 Paris.P30.2.168;S30.2.180;J47.132; D.Privil.194.
— Bourges.P31.2.78;S31.2.69; D.Absence.323.
— Toulouse.P31.2.149;S31.2.314; D.Obl.326.731.Preuve litt.1064.
— Bruxelles.P33.2.167; S30.2.150; D.Soc. com.30.45.50.
— Metz.P34.2.161;D.Action.46.Référé.67.Vente pub. de meubles.56.
14 Ord.D.Enseig.205.
15 Civ.r.P30.1.126;S30.1.87;J46.552; D.Cass.258. Enreg. 1162.
— Req.P30.1.127; S30.1.235; D. Commissionnaire. 23. Mandat.221.
16 Req.P30.1.128;S30.1.251;J47.539; D.Avocat.151.Cass. 741.Jugement.60.299.Tierce-opp. 72.222.
— Req.P30.1.129;D.Faux incid.59. Publ. des jug.44.
— Amiens.P30.2.141;S30.2.113;D.Prescrip.217.
— Bordeaux.P30.2.130;S30.2.212;D.Cont. par corps.334.
— Orléans.P30.2.186;S30.2.219;J47.202;D.Jug. par déf. 452.
— Lyon.P31.2.11;S31.2.292;D.Inscrip. hypoth.466.
17 Civ.r.P30.1.115;S30.1.88;J47.5; D.Récis.134.Lois.413.
— Civ.c.P30.1.129;S31.1.339;J48.196;D.Frais et dépens. 284.
— Req.P30.1.130;J48.195;D.Soc. civ.409. Soc. comm.89.
— Req.P30.1.155;J47.554;D.Société civ.249.334.
— Colmar.P31.2.93;S31.2.86;J28.535; D.Nullité.273.
— Agen.P32.2.170;S32.2.109;J54.201;D.Preuve litt.163. Serment déc.6.Vente.260.
— Ord.P32.3.3;D.Trav. pub.221.
— Ord.P33.3.29;D.Contr. indir.
18 Paris.P30.2.220;S30.2.170; D.Acte de comm.233. Eff. de comm.160.
19 Cr.r.P30.1.150;S30.1.275;D.Interv.80. Motifs des jug. 303.Usure.68.93.
— Paris.P30.2.287;S30.2.301;J47.339;D.Louage.416.
— Agen.P31.2.261;S32.2.58;J53.393; D.Tutelle.200.205. 358.648.653.
20 Cr.c.P30.1.131;S30.1.274;D.Fonct. pub.69.
— Cr.c.P30.1.132;S30.1.275;D.Manuf.149.
— Cr.c.P30.1.132;D.Exéc. des jug. et actes.165.166.
— Cr.c.P30.1.135; D.Exploit.936.947.
— Paris.P31.2.29;S30.2.369;J48.479;D.Eff. de comm.302.
— Riom.P33.2.135;S32.2.570;D.Témoin.53.
22 Req.P30.1.119;S30.1.87;J46.437;D.Elect. lég.398.424. 425.
— Req.P30.1.133;S30.1.86;J46.447; D.Elect. lég.238.
— Req.P30.1.138; D.Servitude.459.
— Civ.c.P30.1.138;D.Mat. som.30.
— Req.P30.1.138; D.Chose jugée.37. Compensation. 41. Compte.118.
— Civ.c.P30.1.137;S30.1.94;J46.450;D.Tierce-opp.7.
23 Req.P30.1.140;S30.1.200;D.Chose jugée.36.Juge supp. 139.145.Exception.354.
— Paris.P30.2.232;S30.2.349;J48.139;D.Eff. de com.642.
24 Req.P30.1.139;S30.1.84;J46.505;D.Hypoth.181.Inscr. hypoth.480.
— Bourges.P31.2.71;S31.2.67;J49.99;D.Prescrip.595.
— Ord. du cons. d'état. D.Eau.520.
25 Cr.c.P30.1.140;S30.1.260;J48.364; D.Acquitt.32.
— Cr.c.P30.1.141;S30.1.237;D.Min. pub.30.Peine.179.
— Cr.r.P30.1.141;D.Presse.534.547.
— Cr.r.P30.1.141;D.Cour d'ass.
— Cr.c.P30.1.142;S30.1.237; D.Vol.182.
— Sol. de la régie.P34.3.48;D.Timbre.
26 Bourges. P30.2.129; S30.2.166; D. Délai. 70. Dist. par cont.142.
— Montpellier.P30.2.233;S30.2.201;D.Rap. à suc.124.
— Bordeaux.P30.2.282; S30.2.158; J48.380; D.Domicile élu.61.
— Pau.P31.2.59;S31.2.67;J49.97; D.Fonct. pub.398.
27 Bruxelles.P31.2.206; D.Ordre.253.
— Colmar.P33.2.77;D.Fabrique.70.135.
29 Rennes.P33.2.158;D.Acquiesc.342.

MARS.

1 Req.P30.1.143;J47.462;D.Cass.809.Dem. nouv.126.
— Req.P30.1.142;S30.1.82;J47.481;D.Cass.741.800.Condition.407.
— Req.P30.1.144;S30.1.83;J47.86; D.Preuve litt.14.Ratification.83.
— Req.P30.1.145;S30.1.253;D.Jugement.64.336.

— Toulouse.P30.2.175;S30.2.186;D.Req. civ.125.
— Riom.P33.2.109;S30.2.345;J37.104;D.Filiat. adult.55. Oblig.475.498.
— Paris.P33.2.135;S30.2.162;D.Propriété litt.96.
2 Civ.r.P30.1.148;S30.1.242;J49.10; D.Conciliation. 36. Garant.490.Hyp.129.205.Prescrip.634.Radiat. hyp.49.
— Req.P30.1.158;S30.1.251 D.Testament.180.
— Paris.P30.2 220;S30.2.244;J47.335; D.Emigré.869.
— Colmar.P31.2.18;S31.2.156;D.Deg. de jurid.411.
— Lyon.P31.2.114; S31.2.268; D.Jug. prép. 63. Péremp. 13.264.
— Délib. du cons. d'adm.P33.3.26;D.Enreg.1362.
— Riom.P33.2.129;S32.2.661;D.Vérif. d'écr.9.
— Trib. de comm. de Marseille. D.Assur. marit.397.
3 Civ.r.P30.1.153;S30.1.228;J48.275; D.Arbitrage. 929. Conciliation.26.Dem. nouv 430. Exception.163.
— Civ.r.P30.1.155;D.Forêt.607.
— Toulouse.P30.2.214; S30.2.322; J48.296; D.Cont. par corps.748 Rescis.193.
— Douai.P30.2.283;S30.2.298;D.Sais.-ar.68.Succ. bén.99.
— Riom.P33.2.41;S33.2.23;D.Réd. des hypoth.7.21.
4 Cr.c.P30.1.158;D.Poids et mesures.35.
— Paris.P30.2.108;S30.2.124;J46.458;D.Jug. par déf.230. Exploit.338.
— Cr.r.P30.1.167;D.Plainte.16.
— Cr.c.P30.1.157;S30.1.230;D.Fausse monnaie.12.16.
— Cr.r.P30.1.159;S30.1.285;J48.90;D.Juge.87.Motifs des jug.265.
— Cr.c.P30.1.168;S31.1.338;D.Vol.206.
— Poitiers.P30.2.282;S30.2.186;D.Autor. de femme.176. Sép. de biens.154.
— Ord. du cons. d'état.P32.3.6;D.Voiture.4.
— Ord.P32.3.6;D.Cons. d'état.319.
— Ord.P32.3.8; D.Commune.641.
— Jug. arb.P32.3.106; D.Assur. marit.332.377.
— Ord. du cons. d'état.D.Pension.37.40.
— Ord. du cons. d'état.D.Prises marit. 125.
— Ord. du cons. d'état.D.Prises marit. 125.
— Ord. du cons. d'état.D.Vente adm. 314.
5 Orléans.P30.2.132;S30.2.212;D.Exploit.645.
— Orléans.P30.2.197;S30.1.339,n.;J47.209;D.Rente.274. 275.
— Pau.P30.2.261;S30.2.240;D.Forêts.942.
— Dijon.P31.2.204;S32.2.87;D.Délai.125.Exploit.738.
— Délib. du cons. d'adm.P33.3.59;D.Enreg.409.
6 Angers.P30.2.114;S30.2.184;D.Louage emphyt.21.
— Toulouse.P30.2.158;S30.2.160;D.Effet de comm.40.
— Nimes.P31.2.75;S31.2.68;J50.273.
— Colmar.P32.2.123;S31.2.133;J48.368;D.Prescript.838.
8 Lyon.P30.2.138;S30.2.228;D.Jugem. par défaut.63.
— Civ.c.P30.1.160; S30.1.132; J47.44; D.Cassation.741. Success.233.291.
— Bourges.P30.2.218;S30.2.398;D.Remplacem.79.
9 Bordeaux.P30.2.145;S30.2.373;J48.419;D.Arbitr.619.
— Poitiers.P30.2.185;S30.1.145; D.Arbitr.912.925.1071.
— Bourges.P30.2.219;S30.2.297;D.Désist.145.
— Bordeaux.P33.2.149. et 195; S30.2.148; J48.418; D. Choses.163.Legs.301.
10 Bourges.P30.2.144;D.Oblig.659.
— Req.P30.1.166;S30.1.93;J46.490;D.Elect. lég.91.
— Req.P30.1.166;S30.1.91;J46.492;D.Emig.475.
— Req.P30.1.167;S30.1.61;J46.548;D.Emig.483.
— Ass. de la Seine.P31.2.191;D.Cour d'ass.1362.
11 Cr.r.P30.1.166;D.Vol.93.
— Cr.r.P30.1.164;S30.1.272;D.Cour d'ass.1536.
— Cr.c.P30.1.164;D.Autor. mun.227.228.
— Cr.c.P30.1.164;S30.1.276;D.Cour d'ass.1013.1032.
— Cr.c.P30.1.165;S30.1.300;D.Cour d'ass.1007.1031.
— Poitiers.P30.2.178;S30.2.143;D.Mariage.106.
— Nîmes.P30.2.294;S30.2.323; J48.110;D.Communauté. 113.Legs.403.405.
— Angers.P31.2.92;S31.2.86;D.Jugem. par défaut.388.
— Agen.P33.2.121;D.Vente.724.
12 Cr.r.P30.1.165;S30.1.272;D.Fonct. pub.425.
— Paris.P30.2.199. et 34.1.249;S30.2.220; J47.246;D.Parenté.20.
— Montpellier.P30.2.253; S30.2.237; J48.114; D.Substit.
13 Douai.P31.2.191;D.Presse.173.
— Lyon.P31.2.193;S31.2.309;J51.538;D.Privilége.846.
— Bourges.P33.2.82;S30.2.350;J47.48;D.Ordre.309.
15 Civ.c.P30.1.156;S30.1.92; J47.381; D.Faillite.153.270. Hypoth. lég.52.
— Req.P30.1.168;S30.1.271;J48.178;D.Servitude.45.
— Grenoble.P30.2.224;S30.2.310; J49.217; D.Contr. par corps.686.
— Riom.P33.2.125;S33.2.574;D.Alimens.135.136.
16 Civ.c.P30.1.145;S30.1.121;J48.206;D.Retour lég.56.
— Civ.c.P30.1.171;J40.108;D.Mat. som.33.
— Req.P30.1.168;S30.1.271;J48.321;D.Servitudes.712.
— Req.P30.1.169;S30.1.124;J47.65;D.Emig.464.
— Sol. de la rég.P33.3.30;D.Enreg.2413.
17 Trib. de comm. de Marseille.P32.3.109; D.Marin.22.
— Civ.c.P30.1.171;D.Mat. som.33.
— Req.P30.1.176; S30.1.434; J48.27; D.Contrat de mariage.83.Dot.345.
— Civ.r.P30.1.171;S30.1.89;J46.537;D.Enreg.616.
— Bourges.P30.2.216;S30.2.174; J47.828; D.Filiat. légit. 155.Mariage.407.568.585.
— Bordeaux.P31.2.240;D.Avaries.92.
— Bordeaux.P31.2.5;S30.2.326;J48.60;D.Privil.255.
— Ass. du Gard.P31.2.187;D.Vol.

18 Bordeaux.P30.2.147. et 2.974; S30.2.371; D.Péremp. 258.261.262.
— Bordeaux.P30.2.152;S30.2.371;D.Désist.160.
— Cr.c.P30.1.175;J48.325;D.Faux.44.Preuve litt.408.
— Cr.r.P30.1.172;S30.1.299;D.Cour d'ass 305.387.
— Colmar.P30.2.234;S30.2.228;D.Domaine engagé.
— Nîmes.P31.2.191;S32.2.61;D.Cont. ind.144.
19 Cr.c.P30.1.175; S30.1.269; J47.10; D.Frais et dépens. 366.Respons.531.
— Cr.c.P30.1.173;D.Liberté du comm.49.
— Cr.c.P30.1.173;S30.1.320;D.Procès-verb.191.
— Cr.r.P30.1.174;S31.1.338;D.Juge supp.171.172.
— Paris.P30.2.177; S30.2.145; J46.518; D.Arbitrage.813. 593 502.769.932.
— Nanci.P30.2.188; S30.2.345; J48.465; D.Prescrip.940. Tutelle.368.
— Bordeaux.P30.2.219;S30.2.168;J37.343;D.Mari.4.
20 Cr.c.P30.1.175;S30.1.270; J48.258; D.Forêts.465.818. 988.1025.Procès-verb.308.
— Bourges.P30.2.188;S30.2.132; D.Arbitrage.1072.Ord. du juge.41.
— Paris.P30.2.216;S30.2.166;J46.567;D.Emig.459.
— Toulouse.P31.2.28;S30.2.348; D.Commiss.64.Effet de comm 221.
— Paris.P31.2.202;S30.2.212;J47.120;D.Imputation.35.
22 Req.P30.1.176;J47.224;D.Prescrip.673.
— Bourges.P30.2.282;S30.2.163;D.Adoption.31.
— Grenoble.P31.2.38;S31.2.249. et 91;D.Révoc.950.
— Lyon.P31.2.160;S31.2.238;J50.544; D.Sais.-arrêt.279. 280.
23 Bourges.P30.2.146;S30.2.163; D.Prescrip.539.Tutelle. 458.Ventes publ.57.104.
— Civ.c.P30.1.177;S30.1.199; J47.170; D.Commune.254. Req. civ.124.
— Req.P30.1.178;D.Servitude.152.
— Nimes.P31.2.241;S31.2.344;D.Effet de comm.902.
24 Req.P30.1.179;D.Société civ.403.
— Req.P30.1.179; S30.1.176; J47.586; D.Motifs des jug. 154.Oblig. personn.25.
— Req. P30.1.180; S30.1.252; J48.128; D.Donation.349. 393.Don. entre époux.42.
— Aix.P30.2.173;S30.2.145;D.Assur. marit.248.
— Nîmes.P30.2.240;S30.2.378;J48.236;D.Lois.368.Mandat.268.269.
— Toulouse.P30.2.240;S30.2.242;J48.251;D.Dot.
— Req.P31.1.28;S30.1.133;J48.155;D.Ventes pub.103.
— Trib. d'Auch.P33.3.105;D.Enreg.2245.
— Trib. de comm. de Marseille.D.Charte.70.
25 Ord.P32.3.7;D.Compét. adm.291.
— Paris.P30.2.168;S30.2.184;J47.45; D.Référé.48.
— Cr.r.P30.1.181;S30.1.272;D.Chose jugée.549.
— Cr.c.P30.1.182;S30.1.275;D.Prescrip. crim.64.
— Cr.c.P30.1.182; S30.1.260; D.Action pub.111.Procès-verbal.98.
— Cr.c.P30.1.185;S30.1.269;D.Forêt.491.
— Cr.c.P30.1.183;S30.1.267;D.Forêt.896.Jugem.416.
— Cr.c.P30.1.184;S30.1.259;D.Autor. mun.526.
— Cr.c.P30.1.184;S30.1.259;D.Autor. mun.618.619.
— Cr.r.P30.1.182; S30.1.277; D.Attentat à la pudeur.55. 56.60.Cour d'ass.1018.
— Grenoble.P31.2.214;S31.2.326;D.Dot.330.
— Riom.P33.2.92;D.Success.304.
— Ord. du cons. d'état.D.Ventes adm.278.436.
26 Cr.c.P30.1.185;S30.1.304;D.Action pub.124.
— Cr.c.P30.1.185;S30.1.304;D.Voirie.633.
— Cr.c.P30.1.184;S30.1.269;D.Forêt.485.945.
— Paris.P30.2.171;S30.2.205;J47.113;D.Faillite.164.
27 Cr.r.P30.1.196;S30.1.282. et 221;D.Cass.363.Compét. crim.314.Exploit.954.Lib. prov.21.Presse.69.72.474.
— Paris.P30.2.182;S30.2.145;D.Appel civ.474.
— Inst. gén.P33.3.55;D.Enreg.
— Inst. gén.P33.3.34;D.Enreg.2124.
— Inst. gén.P33.3.54;D.Enreg.
— Paris.P30.2.185;S30.2.154;J47.271;D.Presse.766.
28 Ord.P31.3.81;D.Marin.14.
29 Req.P30.1.186;S30.1.128;J47.293;D.Purge des priv.23.
— Civ.c.P30.1.187;D.Compét. adm.361.
— Paris.P30.2.268;S30.2.231;J46.520;D.Hypoth. lég.230.
30 Civ.c.P30.1.122;S30.1.238; J47.441; D.Nullité.304.Tutelle.361.
— Civ.r.P30.1.188;S30.1.131; J48.51; D.Honoraires.122. Mandat.411.
— Req.P30.1.190;S30.1.320;D.Action posses.466.594.
— Req.P30.1.153;D.Voitures pub.85.
— Req.P30.1.162. et 2.970; S30.1.258;J47.99;D.Péremp. 19.493.
— Req.P30.1.132;S30.1.122;D.Faillite.370.
— Nimes.P30.2.183;S30.2.185;J47.510;D.Retr. suc.47.
— Bordeaux.P31.2.5;S30.2.325; J48.101; D.Assur. marit. 309.310.
— Poitiers.P31.2.135;D.Compét. comm.415.
— Sol. min.P33.3.81;D.Amnistie.53.
31 Civ.c.P30.1.189;J48.368;D.Compét. adm.362.
— Bourges.P30.2.165;S30.2.187;D.Hypoth. jud.48.
— Angers.P30.2.180;S30.2.140;J48.185;D.Contrat de mariage.25.Donat. entre ép.26.33.
— Poitiers.P30.2.181;S30.2.138;D.Hypoth. lég.177.187.
— Bordeaux.P30.2.291;S31.2.76;J48.58; D.Enq.298.Pr. litt.1176.Vérif. d'écr.2.

AVRIL.

1 Cr.r.P30.1.191;S30.1.319;D.Cour d'ass.745.
— Cr.r.P30.1.191;S30.1.319;D.Témoin.334.
— Cr.r.P30.1.191;S30.1.380;D.Commerçant.51.
— Cr.r.P30.1.192;D.Autor. mun.584.
— Cr.r.P30.1.191;S30.1.319;J47.465;D.Procès-verb.230.
— Paris.P30.2.255;S30.2.225,n.;D.Presse.69.70.
— Paris.P31.2.241;D.Compét. comm.177.
— Rouen.P30.2.164;S30.2.155;J49.122;D.Presse.766.
— Lyon.P32.2.189;D.Frais et dépens.145.302.
— Ord. du cons. d'état.Mac.30.173;D.Marché de fourn. 140.167.
— Ord. du cons. d'état.D.Ventes adm.231.
2 Cr.c.P30.1.193;S30.1.323;J48.309;D.Tapage.21.31.
— Cr.c.P30.1.193;S31.1.337;D.Presse.789.793.
— Cr.c.P30.1.192;S30.1.379;D.Comp. cr.302.Peine.143.
— Poitiers.P30.2.199;S30.2.246;J48.416;D.Comp. comm. 212.
— Nimes.P30.2.267;J47.541;D.Enq.96.Vér. d'éc.59.108.
— Lyon.P31.2.111;D.Exception.125.
— Grenoble.P33.2.74;D.Comp. civ.162.
— Riom.P33.2.172;S33.2.386; J37.221;D.Déf.199. Huiss. 252.
3 Cr.c.P30.1.193;S31.1.414;J52.417;D.Contr. ind.551.
— Cr.c.P30.1.194;J48.331;D.Aut. mun.411.413.414.
— Cr.c.P30.1.195;J48.403;D.Poids et mesures.23.26.
— Cr.c.P30.1.195;D.Procès-verb.192.
— Cr.c.P30.1.195;S30.1.298;D.Aveu.156.Proc.-verb.21.
— Cr.c.P30.1.195;S30.1.303;J48.404; D.Procès-verb.290.
— Cr.c.P30.1.195;S31.1.376;D.Forêt.407.428.
— Bordeaux. P30.2.180; S30.2.203; D.Saisie-gagerie.34. 36.38.39.
— Orléans.P30.2.176;S30.2.137;D.Compét. crim.261.Forêts.201.808.Prescrip. crim.104.
— Bordeaux.P30.2.250;D.Intér. de cap.64.
— Angers.P30.2.290;S30.2.147;J48.186;D.Sais.-arr.285.
— Colmar.P32.2.174;S32.2.626;D.Expertise.58.71.74.
5 Req.P30.1.200;S30.1.298;J48.175; D.Action poss.203.
— Req.P30.1.200;D.Cassation.824.Société comm.259.
— Req.P30.1.199;J36.276;D.Garantie.371.
— Nimes.P33.2.74;D.Exploit.199.
6 Civ.c.P30.1.188;S30.1.422;J47.146;D.Jugem.166.
— Req.P30.1.203;S30.1.412;J48.214; D.Féodalité.79.Intervention.109.110.Preuve litt.1287.
— Civ.r.P30.1.201;J48.218;D.Féodalité.125.
— Civ.c.P30.1.201;S30.1.131;J47.69;D.Saisie-imm.1135.
— Bordeaux.P30.2.179;J48.462;D.Saisie-arrêt.240.
— Paris.P30.2.190;S30.2.232;J47.491; D.Sais.-gag.20.
— Bordeaux.P31.2.63; S30.2.211;J48.525;D.Assur. mar. 510.513.514.
— Trib. de Marseille.P31.2.147; D.Contrat à la grosse. 400.Marin.99.
7 Bourges.P30.2.138;S30.2.146;D.Tutelle.579.
— Req.P30.1.204;S30.1.296;J48.257;D.Cassation.53.Faillite 234.Vente.695.
— Sol. de la rég.P34.3.49;D.Enreg.330.
— Ord. du cons. d'état.D.Recrutement.81.
8 Cr.c.P30.1.216;S30.1.281;D.Poste aux lettres.20.25.
— Cr.c.P30.1.215; S30.1.297; D.Abus de confiance.11. Cour d'ass.249.1077.1190.
— Cr.r.P30.1.256;S30.1.319;D.C. d'ass.1418.1665.1739.
9 Délib. du cons. d'adm.P33.3.28;D.Enreg.1236.
— Délib. du cons. d'adm.P33.3.30;D.Enreg.1313.
10 Cr.c.P30.1.222;D.Autor. mun.543.Manuf.150.
— Cr.c.P30.1.222;D.Autor. mun.543.Jour férié.76.
— Cr.c.P30.1.217;D.Manuf.151.152.
13 Civ.r.P30.1.206;S30.1.174;D.Servitude.93.
— Req.P30.1.206;S30.1.172; J47.174;D.Comp. adm.318. Droit civ.32.
— Civ.c.P30.1.205;S30.1.150;D.Enreg.527.
— Douai.P31.2.190;D.Presse.
14 Req.P30.1.207;S30.1.280;J48.191;D.Garantie.59.91.
— Req.P30.1.208;S30.1.129;J48.78;D.Douanes.183.
— Civ.c.P30.1.208;S30.1.172;J48.85;D.Enreg. Min. pub.
— Req.P30.1.209;S30.1.296 D.Action possess.100.125.
— Civ.c.P30.1.208; S30.1.279; J48.204;D.Juge supp.136. Jugement.22.
15 Cr.r.P30.1.222;S30.1.296;D.Avortement.5.
— Cr.r.P30.1.221;D.Action pub.125.
— Cr.r. P30.1.220; S30.1.251; D.Jugem.437.441.Réc. de juges.52.Vol.249.
— Cr.c.P30.1.256;S30.1.353;D.Compét. crim.284.
— Cr.r.P30.1.220;D.Cour d'ass.164.564.
16 Nimes.P30.2.223;S30.2.312;J48.181;D.Success.510.
— Paris.P31.2.191;D.Presse.62.
— Délib. du cons. d'adm.P33.3.26;D.Enreg.
19 Civ.r.P30.1.211;S30.1.190;D.Deg. de jurid.158.254.
— Civ.c.P30.1.210;S30.1.189;J47.229;D.Péremp.189.
— Civ.c.P30.1.210; S30.1.198; J47.104; D.Acquiesc.93. 176.334.
— Paris.P31.2.79;S31.2.69;J47.393;D.Pr. litt.1149.1161.
— Trib. de comm. de Marseille.D.Assur. marit.519.
20 Civ.r.P30.1.215; S30.1.188; D.Compét. adm.52.Prescrip. civ.1056.
— Civ.c.P30.1.212;S30.1.295;D.Effet de comm.801.
— Req.P30.1.212; S30.1.197; J48.161; D.Avocat.265.Discip.85.204.
— Grenoble.P31.2.17;S30.2.321;D.Servitude.128.

21 Civ.c. P30.1.217; S30.1.171; J48.155; D.Compte.115. Instruc. par écrit.37.Jugement.47.
— Req.P30.1.215;S30.1.279;D.Compét. comm.429.
— Req.P30.1.214;S30.1.169;D.Retrait suc.46.
— Req.P30.1.214;S30.1.171;J47.161;D.Retrait suc.46.
— Req.P30.1.215;S30.1.295;D.Degré de jurid.297.
— Paris.P30.2.196; S30.2.218; J47.207; D.Communauté. 206 209.
— Paris.P30.2.245,S30.2.370;J47.561;D.Partage.291.
— Pau.P31.2.30;D.Prescrip.377.
— Toulouse P32.2.8. et 9; S31.2.329; J52.207; D.Servitudes.526.
— Req.P32.1.70;D.Assur. marit.675.689.
— Trib. de Marseille.D.Capitaine.82.
22 Cr.c.P30.1.223; S30.1.303; D.Acquitt.26.Frais et dépens.415.
— Cr.r.P30.1.220;D.Exception.324.
— Cr.r.P30.1.219;D.Vol.154.
— Cr.c.P30.1.219; S30.1.300; D.Poste aux lettres.12.41. Procès-verb.106.
— Cr.c.P30.1.249;D.Jugem.128.
— Poitiers.P33.2.201;S30.2.210;D.Enquête.184.
23 Cr.c.P30.1.223;S30.1.301;J48.455;D.Assoc. illic.24 40.
— Cr.r.P30.1.231;J48.518; D.Outrage.Presse.
— Grenoble.P30 2.251;S30.2.311;D.Dot.190.Echange.39.
— Bordeaux.P30.2.268;S30.2.302;D.Effet de comm.36.
— Délib. du cons. d'adm.P31.3.38;D.Enreg.390.
— Délib. du cons. d'adm.P33.3.28;D.Enreg.710.
— Sol. de la régie.P33.3.42;D.Enreg.2214.
24 Dijon.P30.2.270;S30.2.218;J47.497;D.Interdit.34.35.
— C. de Bar.P31.2.64;D.Jug. par déf.397.399.
26 Civ.r.P30.1.222;S30.1.467;J47.589;D.Exploit.156.
— Civ.c.P30.1.221;S30.1.168; J48.35; D.Fonct. publ.248. Saisie-imm.501.
— Bourges.P30.2.179; S30.2.159; D. Honor.21.22.32.142. 147.
— Req.P30.1.227;S30.1.183;D.Jugem. prép.70.Douanes. 173.174.349.368.Peine.342.Procès-verb.546.
— Req.P30.1.246;J48.221;D.Motifs des jug.205.Priv.503.
— Paris.P30.2.198;S30.2.217;J47.263; D.Adoption.93.94.
— Paris.P30.2.187; S30.2.235; J47.203; D.Vente publ. de meubles.117.
— Bordeaux.P30 2.252;J48.506;D.Servit.575.733.
— Solut.P31.3.38;D.Enreg.2015.
— Paris.D.Art de guérir.136.
27 Req.P30.1 221;D.Tutelle.364.
— Req P30.1.226;S30.1.166;J47.465;D.Success. irrég.59.
— Cr.r.P30.1.225;S30.1.316; J48.481; D.Cassat.714.Expl. 275.
— Req.P30.1.224;S30.1.186; J47.279; D.Cassat.766.Disp. entre-vifs.240.274.
28 Civ.c.P30.1.230;S31.1.55; J49.21; D.Cassat.924.Contr. par corps.192.Prud'homme.16.
— Civ.r.P30 1.228;S30.1.169;J48.32; D.Enreg.2865.2888.
— Civ.c P30.1.230;S30.1.181;J48.157;D.Enr.2056.2177.
— Bordeaux.P30.2.192;S30.2.335;D.Révoc.68.90.
— Bordeaux.P30.2.233;S30.2.368;D.Vente.119.
— Poitiers.P31.2.240;D.Faillite.289.
— Trib. de comm. de Marseille.P32.3.109;D.Assur. mar. 103.Charte.65.
29 Cr.r.P30.1.257;S30.1.348;D.Inscript. crim.230.
— Cr.r.P30.1.257;J48.320;D.Vol.273.
— Cr.c.P30.1.258;D.Forêts.702.
— Cr.r.P30.1.257; S30.1.347; D. Jugem.144.145.409.421. Serment.89.
— Cr.c.P30.1.257;S30.1.330;D.Dem. nouv.149.Pêche.10.
— Cr.r.P30.1.256;S30.1 336;D.Chasse.140.
— Cr.c.P30.1.299;D.Autor. mun.699.
30 Cr.r.P30.1.258; S30.1.337; D.Min. pub.360.Prescript. crim.88.Forêts.780.
— Cr.r.P30.1.257;D.Cassat.110.
— Lyon.P30.2.243;S30 2.213;D.Instruct.crim.246.
— Bordeaux.P30.2.226,S30.2.236;D.Commune.598.Prescript.117.Expropr. publ.56.
— Cr.r.P30.1.298;S30.1.378;J49.237;D.Vol.337.
— Cr.r.P30.1.296; S30.1.387; D.Capit.180.181. Colon.19. 83.Juge suppl.147;Jugem.129.149.417.Navigat.5.
— Délib. du cons. d'adm.P33.3.30;D.Enreg.1788.
31 Civ.r.P30.1.202;S30.1.175; J48 252; D.Cassat.321.Fil. naturelle.115.Motifs des jug.115.

MAI.

1 Cr.c.P30.1.259;S30.1.320;D.Exploit.952.
— Paris.P30.2.217. et 33.1.507;J51.365;D. Vente.284.
— Cr.c.P30.1.299;S30.1.577;D.Forêt.1020.
— Cr.c.P30.1.299;D.Quest. préj.78.
— Grenoble.P30.2.250;S30 2.310;J49.50;D.Degr. de jur. 331.
— Agen.P30.2.225. et 31.2.98;S30.2.346;J48.248;D.App. civ.219.Communauté.778.Ordre.465.Tierce-opp.116.
3 Req.P30.1.233;S30.1.180;J48.85;D.Mot. des jugem.19. Pêche.28.29.
— Civ.c.P30.1.232;S30.1.165;J47.318;D.Ret. succ.33.78.
— Req P30.1.229,S30.1.178; J48.344; D.Expl.149.Preuve testim.210.
— Angers.P30.2.266;S30.2.229;D.Déf.224.Elect. lég.416.
— Douai.P33.1.205;D.Ordre.437.
4 Civ.c.P30.1.234;S30.1.104;J47.157;D.Arbitr.896.
— Civ.r.P30.1.299;S30.1.369;D.Enreg.2889.

— Civ.r.P30.1.300,n.;D.*Ibid.*
— Agen.P31.2.21;S30.2.369;J48.247;D.Rapp. à succ.122.
— Trib. de comm. de Marseille.P32.3.126;D.Respons.
— Délib. de la rég.P33.3.28;S33.2.224;D.Enreg.2555.
— Délib. du c. d'adm.P33.3.39;S33.2.224;D.Enr.2255.
— Aix.P30.1.290;S30.2.158;D.Elect.
— Cons. royal de l'inst. pub.P33.3.92; S30.2.161; D.Enseign.7.63.138.160.165.
— Trib. de comm. de Marseille. D.Capit.153.
— Trib. de Bordeaux.P31.1.203;D.Respons.163.
5 Req.P30.1.234;S30.1.162;J47.494;D.Privilége.366.367. Substitution.463.
— Bourges.P30.2.215; S30.2.185; D.Chose jugée.71.Sép. de biens.185.189.
— Nimes.P30 2.223;S30.2.376.-319;J48.182;D.Presc.912.
— Bordeaux.P30.2.231;S30.2.348;J47.515;D.Compensat. 39.
— Toulouse.P30.2.258;S30.2.366;J48.370;D.Saisie-imm. 1162.
— Angers.P31.2.93;S31.2.85;J50.314; D.Désist.98.
— Colmar.P31.2.78;D.Ordre.610.
— Décis. min.P33.3.25;D.Timbre.120.
— Ord. du cons. d'ét.D.Vente adm.271.
— Ord. du cons. d'état.D.Pension.145.
6 Cr.r.P30.1.260;D.Gendarmerie.14.
— Cr.c.P30.1.259;S30.1.329;D.Exploit.517.
— Cr.c.P30.1.259;S30.1.161;J47.292;D.Cass.339.For.631.
— Cr.c.P30.1.300;J49.258;D.Publ. des jug.57.
— Agen.P32.2.33;S31.2.310;J50.577;D.Hypoth.283.
7 Cr.c.P30.1.259;S30.1.528;J48.332; D.Forêt.474.
— Cr.c.P30.1.259;D.Forêt.451.
— Cr.c.P30.1.335;S30.1.411;J47.582;D.Procès-verb.508.
— Cr.r.P30.1.257,n.;S30.1.336;D.Pêche.11.
8 Cr.c.P30.1.260;S31.1.391;J49.30;D.Forêt.872.
— Cr.c.P30.1.260;S31.1.376;D.Forêt.412.952.
— Paris.P30.2.193;S30.2.230;J47.253; D.Hosp.41.Prescr. 670.677.
— Bourges.P30.2.219;S30.2.397;D.Exploit.773.
— Toulouse.P31.2.155;J50.259;D.Huiss.282.283.
10 Civ.r.P30.1.235;S30.1.318;D.Eau.459.
11 Civ.r.P30.1.236; J48.200; D.Garantie.565.571.Jugem. par déf.257.
— Req.P30.1.247;S30.1.178;J47.313;D.Faill.785.
— Pau.P31.2.77;S31.2.150; J49.358; D.Jug.475.Enq.221. Serment.124.
— Req.P30.1.247;S30.1.219.J48.125;D.Servit.726.
12 Ord.P32.3.9;D.Prises mar.45.
— Req.P30.1.240;S30.1.326;J48.271;D.Tutelle.232.274.
— Req.P30.1.241;S30.1.219;J48.127;D.Expl.277.
— Civ.r.P30.1.243;S30.1.161;J48.95;D.Respons.527.
— Req.P30.1.246;D.Saisie-arrêt.49.
— Civ.c.P30.1.241;S30.1.177;D.Enreg.207.
— Bourges.P31.2.78;D.Dem. nouv.140.
— Poitiers.P30.2.272;S30.2.212;D.Pérempt.87.
— Agen.P32.2.204,S33 2.140;D.Dem. nouv.72.Oblig.204. Preuve litt.887.
— Req.P30.1.240;D.Donat.423.Tutelle.414.
13 Cr.c.P30.1.260;D.Forêt.575.
— Cr.c.P30.1.300; S30.1.375; D.Autor. mun.632.633.639. 640.
— Cr.c.P30.1.300;J49.29;D.Récid.96.
— Paris.P30.2.252;S30.2.352;J48.140;D.Compensat.42.
14 Cr.c.P30.1.261;S30.1.329;J49.29;D.Manuf.153.
— Cr.c.P30.1.289;S30.1.352;D.Forêt.16.892.
— Pau.P31.2.83; S31.2.281; D.Exécut. des jug. et actes. 178.Echange.31.Transp. de cr.135.Retr. succ.65.
15 Cr.c.P30.1.261;S30.1.328;D.Forêt.683.893.
— Cr.c.P30.1.261;S30.1.328;D.Forêt.1076.
— Cr.c.P30.1.301;S30.1.370;J49.82,D.Contr. ind.566.
17 Req.P30.1.248; J48.198; D. Action.28.Cassat.12.Faux incid.211.Jug par déf.271.
— Pau.P30.2.265;S30.2.243; D.Action.90.Vente.813.814.
— Riom.P34.2.36;S33.2.463;D.Intérêt de cap.59.89.
18 Civ.c.P30.1.242; S30.1.266; D. Action.102.Cassat.372. Prescript.565.567.
— Req.P30.1.247;S30.1.227;J47.325;D.Surench.27.
— Req.P30.1.249;D.Commune.46.Propriété.41.
— Req.P30.1.250; S30.1218; J48.404; D. Dom. engag.51. Prescript.158.
— Riom.P33.2.114;J57.153;D.Jug. par déf.201.
19 Civ.c.P30.1.244;S30.1.326;J47.544;D.Acquiesc.435.
— Civ.r.P30.1.245;S30.1.325;J48.355; D.Donat.288.Droit civ.66.Etrang.127.
— Req.P30.1.249;S30.1.216;D.Filiat lég.189.Trib.96.
— Req.P30.1.248;S30.1.380;D.Exploit.579.
— Paris.P30.2.198;S30.2.292;J47.274;D.Contr. par c.371.
— Paris.P30.2.236;S30.2.348;J47.506;D.Eff. de com.212.
— Grenoble.P30.2.295;S30.2.372;J48.225; D.Port. disp. 261.374.537.
— Nimes.P31.2.58;S31.2.55;J49.91;D.Legs.141.
— Req.P31.1.116;S31.1.71;J51.171;D.Compte.23.Surenchère.407.
22 Cr.r.P30.1.262;S30.1.329;D.Péage.37.38.55.
— Cr.c.P30.1.301;J49.254;D.Compét. crim.240.
— Cr.r.P30.1.290;D.Chasse.105.
— Trib. de la Seine.P33.3.44;D.Office.101.
24 Civ.r.P30.1.238;D.Liquide.29.
— Req.P30.1.252;S30.1.226;J48.347;D.Avoué.105.
— Req.P30.1.250;S30.1.226; J48.358; D.Frais et dépens. 201.Prescrip. civ.1024.1073.
25 Req.P30.1.252;D.Motifs des jug.107.Usage.93.

— Req.P31.1.255;J48.347;D.Emig.428.
— Civ.r.P30.1.255;S30.1.215;D.Colonies.179.
— Req.P30.1.253;S30.1.317;J48.386; D.Cass. 840.Vente. 537.584.
— Req.P30.1.278;S30.1.213;J48.24; D.Faux incid.16.65. Motifs des jug.202.Publ. des jug.3.
— Bordeaux.P30 2 247;S30.2.248;D.Servitude.571.
— Montpellier.P31.2.69;S31.2.51;J49.39; D.Autor. mun. 254.Commune.107.
— Req.A12.879,n.;P30.1.255;D.Garantie.110.
26 Civ.c.P30.1.185;S30.1.225;J47.215; D.Lois.138. Elec. lég.42.
— Ch.civ.P30.1.251;S30.1.304;D.Cassation.535.
— Civ.c.P30.1.254;S30.1.225;D.Jour férié.52.
— Civ.c.P30.1.254;J48.394;D.Enreg.176.
— Req.P30.1.253;S30.1.258;D.Compensation.125.
— Req.P30.1.262;S30.1.327;D.Compét. comm. 292.
— Toulouse.P30.2.256;S30 2.366;J48.371;D.Remplac.79.
— Colmar.P30.2.292;S30.2.353;J48.45; D.Legs. 128. Révoc.260.
— Bordeaux.P31.2.120; S30.2. 248; J48.339;D. Don. par cont.161.
— Req.P30.1.262;D.Douaire.30.
27 Cr.c.P30.1.289;D.Procès-verb.435. Tabac.122.
— Pau.P30.2.266; S31.2.34; J48. 546; D.Cont. par corps. 302.596.Ord. du jug.4.53.
— Montpellier.P30.2.252;S30.2.237;D.Compét. com.128.
— Bordeaux. P31.2.22; S30.2. 376; J48.298; D. Compét. comm 307.
— Toulouse. P31. 2.26; S31.2. 50; J48. 522; D. Hypoth. judic.50.Inscrip hypoth.235.
— Riom.P34.2.46;D.Péremp.286.
28 Bordeaux P30.2.212;D.Elect. lég. 96.97.
— Cr.r.P30.1.290;D.Jour férié. 69.
— Cr.r.P30.1.291;S30.1 351; D.C. d'ass.1343. Incend.17.
— Bordeaux. P31.2.120; S30.2.246; J48.142; D. Dot.448. Purge.172.
— Délib. du cons. d'adm.P33.3.42;D.Enreg.1453.
29 Cr.r.P30.1.293;S30.1.351. et 350;D.Commune.64.Forêt.396.484 608.632.
— Cr.c.P30.1.293;S30.1.351;D.Forêt.483.632.
— Cr.c.P30.1.291;S30.1.351;D.Vol.207.
— Cr.r.P30.1.292;S30.1.352; D.Jug. p. déf.545.Trib.128.
— Bourges.P30.2.260;S30.2.297; D.Rescis.107. Communauté.563.
31 Req.P30.1.263;S30.1.209;D.Commune.12.Féodal.200.
— Riom.P34.2.45;D.Vente pub.63.99.

JUIN.

1 Req P30.1.278;J48.170;D.Jug. prép.43.
— Riom.P33.2.233;S33.2.558;D.Commune.206.
2 Req.P30.1.277;J48.314; D.Appel civ.105. Faux incid. 64.Pub. des jug.49 Servitude.715.
— Req.P30.1.287;S30.1.265;D.Indication de paiement.5. Transport de créance.7.
— Nimes.P31.2.75;S31.2.68;J48.473; D.Tutelle.587.
— Riom.P35.2.243; D.Communauté.690.
3 Cr.c.P30.1.294;S30.1.349;D.Quest. pr.130.
— Cr.c.P30.1.294;D.Procès-verb.73.
— Cr.r.P30.1.294;S30.1.349;D.Cour d'ass.306.
— Cr.c.P30.1.294;J49.227;D.Peine.356.
— Cr.c.P30.1.295; D.Exploit.953.
— Cr.r.P30.1.294;S30.1.349.D.Complicité.115.
— Cr.r.P30.1.293;D.Vol.292.
— Montpellier.P31.2.51;S31.2.131;D.Hypoth. lég.47.52. Nullité.244.
— Ord.P31.3.54;D.Compét. adm.
4 Colmar.P30.2.187;S30.2.334; J48.55; D.Respons. 270. Vente pub.62.
— Cr.r.P30.1.278;S30.1.206;D.Fonct. pub.397.404.
— Cr.r.P30.1.306;D.Cont. ind.137. Procès-verb.598.
— Cr.r.P30.1.317;J49.269;D.Jugem. 58. Serment.80.
— Cr.c.P30.1.295; S30.1.341; D. Frais et dép.350. Sage-femme.3.
— Cr.c.P30.1.295;D.Autor. mun.121.220.
— Cr.c.P30.1.296;S30.1.342;D.Compét. crim.291.
— Cr.c.P30.1.296;D.Procès-verb.547.
— Montpellier.P31.2.59;S31.2.65; D.Ordre. 427.433.439. 469.
5 Cr.r.P30.1.356;S31.1.82;J50.17; D.Forêt.291.292.868. 869.
— Grenoble.P31.2.96;S31.2.104;D.Jug. par déf.180.
6 Ord. du cons. d'état. D.Eau.73.
— Ord. du cons. d'état. D. Eau.287.
— Ord. du cons. d'état. Mac.30.283;D.Marché de fourn. 238.239.
— Ord D.Prisons.7.
7 Nanci.P30.2.201;S30.2.328; D.Elect. lég. 287.353.355.
— Nanci.P30.2.200;S30.2.321;D.Elect. lég.221. 255. 382.
— Req.P30.1.279;S30.1.208;J48.211; D.Vente.440.
— Req.P30.1.279;S30.1.205;J47.484;D.Mines.35. Société civ.558.
— Toulouse.P30.2.229.S30.2.242;D.Acte respect.93.
— Req.P30.1.280;S30.1.294;J48.361;D.Société. comm.67.
— Toulouse.P31.2.75;S31.2.66; D.Nullité. 286.Succ.273.
8 Civ.c.P30.1.353;S30.1.250;J47.474;D.Comp. adm.125. Octroi.35.
— Bordeaux.P31.2.20;S30.2.353;J48.145;D.Deg. de jur. 320.Saisie-imm.1633.

— Inst. gén. P33.3.28; D. Enreg.
9 Nancy. P30.2.204; S30.2.329; D. Elect. lég. 421.432.
— Nancy. P30 2.200; D. Elect. lég. 383.
— Req. P30.1.282; S30.1.264; J48.420; D. Domicile. 71.
— Civ. r. P30.1.281; J48.424; D. Don. entre époux. 89.
— Req. P30.1.366; S30 1.263; J49.228; D. Délai. 75. Dom. élu. 60. Excep. 198. Exploit. 707.
— Req. P30.1.367; S30.1.410; D. Colonies. 184.
— Orléans. P30.2.266; S30.2 229; D. Déf. 226. Elect. lég. 416.
— Ord. P30.3.16; D. Enseig. 183.
— Ord. min. de la guerre. P30.3.16; D. Servitude. 236. 237.238.
— Bordeaux. P31.2.61; J48.63; D. Agent de ch. 113.
— Toulouse. P31.2.93; S31.2.84; D. Rap. à suc. 120.
— Paris. P31.2.152; D. Commissionnaire. 302.303.
— Civ. r. P33.1.320; D. Garantie. 106.
10 Ass. de la Seine. P30.2.194; S30.2.191; D. C. d'ass. 673.
— Cr. c. P30 1.314; D. Acquiesc. 455. Cont. ind. 569. Procès-verbal. 478.479.
— Cr. c. P30.1.315. S30.1.366; D. Peine. 203.
— Cr. r. P30.1.313; D. Cour d'ass. 1351.1367.
— Cr. r. P30.1.318; S30.1.373; D. Attentat à la pudeur. 77. Cour d'ass. 1054.
— Cr. r. P30.1.317; S30.1.373; D. Cour d'ass. 1719. Publ. des jug. 61.
— Cr. r. P30.1.317; D. Cour d'ass. 67.
— Cr. r. P30.1.317; D. Cour d'ass. 1372.1736. Témoin. 362.
— Poitiers. P30.2.272; S30.2.209; D. Rescis. 155.
— Paris. P30.2.258; J48 39; D. Fruit. 54.
— Besançon. P30.2.266; S30.2.230; D. Déf. 227.
— Pau. P31.2.27; S31.2.52; D. Rétr. suc. 92.96.107. Substitution. 158.
— Montpellier. P31.2.186; S31.2.104; D. Autor. de f. 170.
11 Cr. c. P30.1.315; D. Confiscation. 16.
— Cr. r. P30.1.302; D. Liquide. 17.18.
— Cr. r. P30.1.315; D. Cour d'ass. 1222.
— Cr. c. P30.1.314; D. Autor. mun. 619.620.621.
— Cr. c. P30.1.314; S30.1.366; D. Descente sur les lieux. 4.
— Bordeaux. P30 2.201; S30.2.353. et 303; J48.63; D. Faillite. 45.
— Toulouse. P31.2.33; S31.2.103; J50.201; D. Testam. 494.
— Trib. de comm. de Marseille. P31. 2. 175; D. Eff. de comm. 770.
— Toulouse. P31.2.199; S31.2.162; J50.45; D. Dot. 26. 33. 167.
— Bordeaux. P30.2.200, n.1; D. Elect. lég. 235.
12 Paris. P30.2 269; S30.2.243; J47.396; D. Adultère. 101.
— Grenoble. P31 2.202; S32 2.11; D. Brevet d'inv. 7.8.
— Bourges. P30.2.200, n.1; D. Elect. lég. 255.
13 Bordeaux. P30.2.247; S30.2.248; D. Enquête. 91.
14 Bordeaux. P30.2.208; D. Elect. lég. 35.37.150.378.
— Bordeaux. P30.2.207; D. Elect. lég. 301.377.
— Bourges. P30.2.207; D. Elect. lég. 61.200.
— Bourges. P30.2.206; S30.2.330; D. Elect. lég. 60.198.199. 201.208.
— Nancy. P30.2.202; S30.2.328; D. Elect. lég. 211.354.
— Colmar. P30.2.193; S30 2.334; J48.97; D. Respons. 587.
— Bourges. P30.2.209; D. Elect. lég. 277.299.300.
— Civ. c. P30.1.285; S30.1.335. et 257; J48.508; D. Tierce-opp. 166.
— Req. P30.1.285; S30.1.207; D. Arbitrage. 588.
— Req. P30.1.286; S30.1.224; J47.443; D. Exploit. 300.
— Req. P30.1.290; S30.1.207; J47.456; D. Elect. lég. 46.
— Grenoble. P30.2.256; D. Elect. lég. 202.
15 Bordeaux. P30.2.208; D. Elect. lég. 405.
— Bordeaux. P30.2.209; D. Elect. lég. 108. 424.
— Bordeaux. P30.2.210; D. Elect. lég. 246.247.
— Bordeaux. P30.2.210; D. Elect. lég. 95.376.
— Nîmes. P30.2.221. et 33.1. 272; S30.2.312; J48.227; D. Preuve litt. 161.
— Civ. c. P30.1.283; J48.516; D. Frais et dép. 61. Expert. 44.
— Sol. de la régie. P34.3.49; D. Enreg. 330.
16 Nancy. P30.2.205; D. Elect. lég. 208.409.
— Nancy. P30.2.203; S30.2.329; D. Elect. lég. 111.112.402.
— Bordeaux. P30.2.210; D. Elect. lég. 215.
— Bordeaux. P30.2.211; D. Elect. lég. 75.
— Civ. c. P30.1.281; S30.1.335; J48.565; D. Legs. Testam.
— Req. P30.1.343; S30.1.262; J48.453; D. Cassat. 750. Don. par cont. 85. Rapp. à succ. 101.
— Grenoble. P30 2.255; D. Elect. lég. 150.
— Nîmes. P31.2.35; S31.2.102; D. Exéc. des jug. et actes. 121. Min pub. 32.37.38. Saisie-imm. 1684.1693.
— Req. P33.1.245; S30.1.255; D. Elect. légit. 240.244.253. 254.258.
— Ord. du min. de l'intér. D. Trav. publ. 88.
17 Déc. M. P32.3.409; D. Timbre. 57.
— Bordeaux. P30 2.206; D. Elect. lég. 143.144.145.
— Bordeaux. P30 2.206; S30 2.350; D. Elect. lég. 311.313.
— Bordeaux. P30 2.194; S30.2.327; D. Elect. lég. 308.410.
— Bourges. P30.2.212; D. Elect. lég. 36.39.
— Bordeaux. P30.2.211; D. Elect. lég. 312.
— Bourges. P30.2.211; D. Elect. lég. 187.423.
— Req. P30.1.278; S30.1.213; D. Actes de l'ét. civ. 131.
— Cr. c. P30.1.297; D. Vol. 289.292.
— Cr. c. P30.1.302; S30.1.377; D. Poste aux lettres. 21.
— Cr. c. P30.1.302; S30.1.369; D. Récid. 94.
— Cr. c. P30.1.303; D. Voirie. 642.
— Cr. c. P30.1.303; D. Autor. mun. 159.
— Cr. r. P30.1.303; S30.1.377; D. Procès-verb. 199.
— Cr. r. P30.1.302; S30.1.370; D. Cour d'ass. 1725. Déf. 162.
— Bordeaux. P30.2.261; S30.2.303; D. Cont. dir. 201.

— Bordeaux. P30.2.202, n.1; D. Elect. lég. 211.
18 Bordeaux. P30.2.203; S30.2.330; D. Elect. lég. 310.
— Bordeaux. P30.2.203; D. Elect. lég. 71.
— Bordeaux. P30.2.194; S30.2.327; D. Elect. lég. 9 81.174.
— Bourges. P30.2.211; D. Elect. lég. 319.
— Poitiers. P30.2.240; S30.2.217; J48.473; D. Exploit. 204. 671. Respons. 38.
— Cr. r. P30.1.303; S30.1.373; D. Cour d'ass. 1487.1578. 1632.1663. Déf. 164.
— Cr. c. P30.1.304; D. Forêt. 167. Cour d'ass. 1632.
— Cr. c. P30.1.303; D. Quest. pr. 19.
— Toulouse. P31.2.28; S30.2.364; J48.498; D. Hypoth. 119. Inscript. hyp. 449. Surench. 370.
19 Bordeaux. P30 2.205; D. Elect. lég. 368 369.
— Nancy. P30.2 237; S30.2.222; D. Douanes. 86.
— Bordeaux. P30.2.260; S30.2.297; D. Saisie-imm. 1634.
— Grenoble. P30.2.253; D. Elect. lég. 44.
— Grenoble. P30.2.256, D. Elect. lég. 337.
— Lyon. P31.2.164; S31 2.336; D. Saisie-arrêt. 225.229.
— Bordeaux. P31.2.240; D. Faillite. 795.
— Toulouse. P33.2.136; J48.501; D. Testam. 829.
— Sol. de la régie. P34.3.52; D. Enreg. 1309.
21 Civ. r. P30.1.241; D. Cassat. 523. Elect. lég. 468. Expl. 914.
— Nancy. P30.2.204; S30.2.329; D. Elect. lég. 154.158.430. 437.
— Nancy. P30.2.241; S30.2.209; D. Dom. de l'ét. 106.107.108.
22 Bordeaux. P30.2.203; D. Elect. lég. 380.381.
— Bordeaux. P30 2.202; S.30.2.327; D. Elect. lég. 143.144. 246.287.289.336.
— Bordeaux. P30.2.209; D. Elect. lég. 286.289.333.422.
— Civ. c. P30.1.285; S30.1.261; J48.552; D. Autor. mun. 44.
— Civ. c. P30.1.288; S30.1.349; J47.590; D. Prescr. civ. 1003.
— Req. P30.1.367; S30.1.409; J48.131; D. Cassat. 721. Transact. 60. Transp. de cr. 41. Usure. 18.22.
23 Bordeaux. P30.2.202; D. Elect. lég. 414.
— Bordeaux. P30.2.207; D. Elect. lég. 387.
— Bordeaux. P30.2.212; D. Elect. lég. 406 407.
— Bordeaux. P30.2.212; D. Elect. lég. 136.137.219.
— Req. P30.1.307; S30.1.277; J48.388; D. Propriété. 39.
— Civ. r. P30.1.287; S30.1.254; J48.392; D. Commissionn. 56.
— Ord. P32.3.5; D. Patente. 15.
— Grenoble. P32 2.42; S32.2.342; D. Pérempt. 101. Prescr. crim. 54.
— Bordeaux. V. au 22.
— Ord. P31.3.55; D. Péage. 60.
24 Cr. r. P30.1.303; S30.1.374; D. Destruct. 41.
— Cr. r. P30.1.309; S30 1.363; J48.449; D. Révis. 11.
— Décis. min. P33.3.53; D. Enreg. 629.
25 Cr. c. P30.1.308; D. Forêt. 930.
— Cr. r. P30.1.309; S30.1.362; D. Compét. crim. 173.
— Cr. c. P30.1.309; D. Compét. crim. 212.
— Cr. r. P30.1.308; D. App. corr. 10. Cassat. 486.
— Cr. c. P30.1.316; S30.1.367; D. Quest. pr. 42.
— Bordeaux. P30.2.260; S30.2.303; J48.374. D. Vérif. d'éc. 40.
— Delib. du cons. d'adm. P33.3.28; D. Enreg. 760.1158.
— Délib. du cons. d'adm. P33.3.28; D. Enreg.
26 Req. P30.1.270; D. Elect. lég. 329.
— Req. P30.1.270; S30.1.362; D. Elect. lég. 420.
— Req. P30.1.271; S30.1.359; D. Elect. dep. 35.38.
— Req. P30.1.270; D. Motif des jug. 140.
— Bordeaux. P30.2.212, n.; D. Elect. lég. 136.137.
— Bordeaux. P30.2.264; S30.2.304; D. Enquête. 42.
— Solut. P31.3.38; D. Enreg. 451.
— Req. P30.1.271; S30.1.362; D. Elect. lég. 362.375.
28 Req. P30.1.271; D. Elect. lég. 156.157.
— Bordeaux. P30.2.211; D. Elect. lég. 200.203.
— Civ. c. P30.1.311; S30.1.364; D. Enreg. 2738.
— Req. P30.1.367; S30.1.409; D. Action possess. 306.314. Juge suppl. 64.
— Req. P30.1.368; D. Chose jugée. 89. Juge supp. 42.107.
— Caen. P31.261; S31.2.176; D. Acte de comm. 57.
— Sol. de la régie. P33.3.24; D. Enreg. 2603.
29 Req. P30.1.272. et 271; S30.1.361; D. Elect. lég. 418.419.
— Civ. r. P30.1.310; S30.1.253; J48.353; D. Inscrip. hyp. 437.
— Bordeaux. P30.2.265; S30.2.299; J48.338; D. Vente p. 7.
— Grenoble. P30.2.255; D. Elect. lég. 178.
— Bordeaux. P30.2.280; S30.2.364; J48.551; D. Caut. 246.
— Aix. P30.2.244; S30.2.351; D. Culte. 43.
30 Pau. P31.2.93; S31.2.103; J49.307; D. Purge. 186. Sép. de patrim. 95.
— Req. P30.1.272, D. Cassat. 723. Elect. lég. 428.431.
— Trib. de Mâcon. A11.788; B24.310; D. Surenchère. 21.

JUILLET.

1 Civ. c. P30.1.265; S30.1.248; J47.456; D. Elect. lég. 382. 444.445.459.461.
— Cr. r. P30.1.311; S30.1.364; D. Compét. crim. 694.
— Cr. c. P30.1.312; S30.1.365; J49.270; D. Autor. 167.264.
— Cr. c. P30.1.349; S31.1.32; D. Tabacs. 95.
— Cr. c. P30.1.349; S30.1.408; D. Presse. 531.
— Cr. r. P30.1.349; S30.1.408; J49.320; D. C. d'ass. 409.1666.
— Bordeaux. P30.2.280; S31.2.75; J48.574; D. Nullité. 258.
— Grenoble. P31.2.246; D. Dot. 239.
— Agen. P33.2.35; S33.2.108; D. Inscript. Hyp. 135. Jug. par déf. 418.
2 Paris. P30.2 237; S30.2.349; J47.504; D. Comp. civ. 155.
— Paris. P30.2.247; S30.2.349; J47.558; D. Surenc. 161.216.
— Grenoble. P32.2.211; S32.2.623; D. Acte de comm. 53. Forêt. 129.

3 Civ. r. P30.1.267; S30.1.358; D. Elect. lég. 447.448.451. 455.456. Exploit. 303.
— Civ. r. P30.1.267. et 269; S30.1.357.358; D. Elect. lég. 412.445.446.455.
— Agen. P33.2.34; S32 2.575; D. Oblig. 464.
— Req. P30.1.272; S30.1.358; D. Elect. lég. 427.
— Civ. r. P30.1.269; S30.1.358; D. Elect. lég. 446.450.457.
— Req. P30.1.272; D. Elect. lég. 427.
5 Req. P30.1.272; S30.1.359; D. Elect. lég. 208.209.
— Civ. r. P30.1.270; S30.1.358; D. Elect. lég. 450.
— Civ. r. P30.1.268; S30.1.357; D. Elect. lég. 412.445.446. 448.449.
— Civ. r. P30.1.268; S30.1.359; D. Elect. lég. 469.
— Civ. r. P30.1.267; S30.1.357; D. Elect. lég. 465.
— Civ. r. P30.1.267; S30.1.357; D. Elect. lég. 464.
— Civ. r. P30.1.267; S30.1.357; D. Elect. législat.
— Civ. r. P30.1.268; S30.1.357; D. Elect. lég. 451.
— Req. P30.1.273; D. Elect. lég. 189.
— Req. P30.1.273; S30.1.362; D. Elect. lég. 385.
— Civ. r. P30.1.270; D. Elect. lég. 450.
6 Req. P30.1.273; S30.1.362; D. Elect. lég. 26 146.361.394.
— Civ. r. P30.1.268; S30.1.358; D. Elect. lég. 458.
— Civ. r. P30.1.270; S30.1.358; D. El. lég. 412 446.447.454.
— Civ. r. P30.1.268; S30.1.357; D. El. lég. 413.453.466 467.
— Civ. r. P30.1.266; S30.1.358; D. El. lég. 454.460.461.463.
— Req. P30.1.273; D. Elect. lég. 114.
— Req. P30.1.274; S30.1.362; D. Elect. lég. 361.374.
— Paris. P30 2.245; S30.2.350; J47.564; D. Délai. 130. Except. 120.
— Civ. r. P30.1.318; S30.1.374; D. Transp. de cr. 49.
— Montpellier. P33.2.27; S33.2.446; J49.471; D. Legs. 314. Sép. de Patrimoine. 30.
— Riom. P34.2.42; S33.2.647; D. Oblig. div. 116. Prescr. 471.
7 Civ. r. P30.1.235; D. Elect. lég. 459.460.462.
— Civ. r. P30.1.267; S30.1.358; D. Elect. lég. 452.
— Civ. r. P30.1.265; D. Elect. lég. 466.
— Req. P30.1.274; S30.1.360; D. Elect. lég. 160.
— Req. P30.1.373; S31.1.68; J49.385; D. Cass. 820. Dot. 218. 320. Prescript. 566.
— Bordeaux. P30.2.281; S30.2.362; J48.549; D. Compensation. 139.
— Bourges. P31.2.57; S31.2.161; J49.88; D. Appel civ. 12. Ordre 200.
— Angers. P31.2.97. et 32.2.8; S31.2.104; D. Servit. 406.
— Grenoble. P32.2.26; S31.2.320; J51.433; D. Degr. de jur. 323.
— Req. P32.1.395; D. Enreg. 2890.
8 Cr. r. P30.1.311; S30.1.364; J49.253; D. Tém. faux. 35.56.
— Cr. r. P30.1.311; S30.1.363; D. Inst. crim. 512.
— Cr. r. P30.1.348; S30.1.407; D. Cour d'ass. 1096.
— Poitiers. P30.2 263; S30.2.259; D. Mariage. 117.
— Poitiers. P30.2.259; S30.2.228; D. Exception. 592.
— Toulouse. P31.2.67; S31.2.51; J49.104; D. Expr. pub. 202.
9 Cr. c. P30.1.362; S30.1.408; D. Cassat. 542.
— Cr. r. P30.1.362; D. Homicide. 18. C. d'ass. 1152. Jug. 444.
— Cr. r. P30.1.349; S31.1.56; D. Cass. 840. Escroquerie. 34.
— Bordeaux. P30.2.273; S30.2.361; J48.504; D. Stellion. 10.
— Bordeaux. P31 2.29; S30.2.363; D. Jug. par déf. 455.
— Bordeaux. P30.2.272; D. Jug. par déf.
— Agen. P33.2.65; D. Dot. 473.474.
— Sol. de la régie. P33.3.42; D. Enreg. 547.
10 Paris. P30.2.236; S30.2.369; J47.507; D. Vente pub. 53.
— Montpellier. P30 2.263; S30.2.237; D. Comp. comm. 51.
— Bordeaux. V. au 16.
— Bruxelles. P33.2.212; S31.2.61; D. Presse. 269.
12 Req. P30.1.274; D. Elect. lég. 438.
— Req. P30.1.274; D. Elect. lég. 182.
— Req. P30.1.274; S30.1.361; J48.323; D. Elect. lég. 168.
— Req. P30.1.368; S30.1.404; D. Courtier. 50. Vente pub. de meubles. 63.
— Aix. D. Capitaine. 55.
13 Civ. r. P30.1.269; S30.1.359; D. Elect. lég. 458.
— Civ. r. P30.1.269; S30.1.359; D. Elect. lég. 477.379.
— Bordeaux. P30.2.281; S30.2.363; D. Arbitr. 359.363.834.
— Req. P30.1.372; S31.1.54; J49.407; D. App. civ. 155. Cass. 626. Péremp. 277.278.
— Bourges. P31.2.70; S31.2.72; J49.44; D. Exploit. 856.
— Paris. P30.2.233; S30.2.211; J47.518; D. Propr. litt. 64.99.
— Civ. r. P30.1.319; S30.1.373; J48.164; D. Cassat. 783. Faill. 328. Deg. de jurid. 549. Mat. somm. 19. Trib. 148.
— Sol. de la régie. P33.3.35; D. Enreg. 556.
— Req. P30.1.368; D. Emigré. 553.
14 Civ. c. P30.1.318; S30.1.246; J48.261; D. Exéc. des jug. et actes. 122. Mat. somm. 20. Mot. des jug. 126. Prescr. 919.
— Bourges. P30.2.250; S30.2.297; J48.147; D. Arbitrage. 332.359.595.
— Req. P30.1.374; J49.405; D. Legs. 134.
— Req. P30.1.374; D. Enreg. 228.
— Req. P30.1.374; S31.1.51; J49.483; D. Exploit. 421.
— Civ. c. P31.1.15; S30.1 247; J48.422; D. Mat. somm. 30. Trib. 59.
— Ord. D. Compét. adm. 266.
— Ord. du cons. d'état. D. Compét. adm. 363.
— Ord. D. Trav. pub. 88.
— Ord. du cons. d'état. D. Vente adm. 254.
15 Cr. r. P30.1.298; S30.1.293; D. Homicide. 16. C. d'ass. 68.
— Cr. r. P30.1.362; D. Interprète. 11.
— Cr. r. P30.1.361; S30.1.408; D. Aut. mun. 468.
— Cr. c. P30.1.348; S30.1.388; D. Aut. mun. 628.629.630.
— Bourges. P31.2.109; S31.2.51; D. Délit rural. 151. Prescr. crim. 68.

— Toulouse.P31.2.254.D.Commune.722.755.
16 Bordeaux.P30.2 271; S30.2.361; J49.38; D.Intérêts de cap.135.
— Poitiers.P31.2.18;S31.2.135;D Saisie-arrêt.100.
— Toulouse.P31.2.20;D.Faillite.22.
— Délib. du cons. d'adm P33.3.21;D.Enreg.485.
17 Civ.r.P30.1.269;S30.1.361;D.Elect. lég.586.
— Civ.r P30.1.335;D.Elect. lég 250.
— Grenoble.P31.2.86;S31.2.81;D.Féodalité.276.278.Servitude.121.
19 Req.P30.1.336;S31.1.619;J48.536;D.Propriété.49.Servitude.149.168.
— Bordeaux.P31.2.20;S30 2.361;D.Chose jugée.19.
— Bordeaux.P31.2.74;S31.2.76;J49.106;D.Société comm. 314.
— Grenoble.P31.2.82;S31.2.89;J51 138;D.Société civ.60.
— Req.P33.1.274;S30 1.246;J48.409.D.Act. poss.329.375.
20 Civ.r.P30.1.312;S30.1.365,J48.571;D.Brevet d'inv.45.
— Req P30.1.375;S30.1.245;J49.31; D.Garantie.520.Respons.383.
— Req P30.1.375;S31.1.30;J50.234;D.Jug. prép.79.
— Bourges.P31.2.70;S31.2.70;J.49.111;D.Comp. civ.262.
— Sol. de la régie.P32.3.68;D.Transcript. hyp.11.
— Agen.P33.2.121;S32.2.140;J35 86;D.Exéc. prov.15.
21 Trib. de Bourbon-Vendée.P35.3.1; D.Chose jugée. Fonctionnaire.
— Civ.c.P30.1.324; S30.1.291; J48.268; D.Oblig. pers.41.
— Req.P30.1.377;J49.313;D.Prescrip.946.
— Req.P30.1.376;D.Douanes.90.237.
— Req.P30.1.376;D.Expertise.99.Compét. civ.417.
— Req.P30.1.376;D.Rad. hyp.34.
— Bordeaux.P31.2.17;S30.2.376; D.Gar.70.Surench.237.
— Bordeaux.P31.2.197;S31.2.230;J49.284;D.Appel incid. 83.Novat.22.
— Bordeaux.P31.2.241;D.Assur. marit.98.
22 Cr.c.P30.1.327;S30.1.378;D.Complicité.171.
— Cr.c.P.30.1 332;S30.1.406;D.Appel correct.184.228.
— Cr.r.P30.1.335;S30.1.407;D.Renvoi.106.
— Cr.r.P30.1.361;D.Vol.292.
— Douai.P31.2.61;S31.2.172;J50.552; D Actes de comm. 117.
— Grenoble.P31.2.246;J35.107;D.Remploi.123.
— Bruxelles.P33.2.212;S31.2 61;D.Vente pub.42.
— Trib. de comm. de Marseille D.Assur. marit.396.539.
23 Cr.r.P30.1.321;S30.1.290;J48.5;D.Cass.470.Discipline.147.Témoin.262.263.270.272.
— Cr.c.P30.1.328;D Autor. mun.461.462.
— Cr.r.P30.1.364;S31.293;J48.82;D.Propriété litt 40.
— Bordeaux.P30.2.271; S30.2.377; D.Commune.195.196. Exception.383.
— Cr.r.P30.1.379;S31.1.198;J49 157;D.Vol.15.
— Angers.P.31.2.94;S31.2.87;J50.426;D.Faillite.967.
— Grenoble.P33.2.83;S33.2.272;D.Expertise.243.
— Paris.D.Art de guerir.204.
24 Grenoble.P31.2.84;S31.2.95;D.Oblig.134.
25 Acte.P30.3.1;D.Souveraineté.11.
26 Civ.r.P30.1.325;S30.1.372;J48.382;D Enreg.1946.
— Agen.P31.2.110;S31.2.63;J48.544;D.Faux incid.58.
27 Req.P30.1.381;D.Forêts.327.Prescrip.358.
— Protestation des députés.P30.3.1;D.Souveraineté.
— Bordeaux.P31.2.71;S31.2.79;J49.113; D.Séquestre.37.
— Délib. du cons. d'adm.P33.3.40;D Enreg.549.
28 Aix.P31.2 24; S30.2.356; D. Invent.91.127. Scellé.21. 68.71.
— Montpellier.P31.2.87;S31.2 92;J49.215;D.Rescis.69.
— Bruxelles.P33.2.216;S31.2.61;D.Preuve litt.79.523.
— Ord. du cons. d'état.D.Acquiesc.483.
29 Acte de la réun. des dép.P30.3.1;D.Souveraineté.11.
— Acte de députés.P30.3.1;D.Souveraineté.11.
— Poitiers.P31.2.2;S30.2.313;J48.129;D.Révoc.217.
— Bordeaux.P.31.2.74 S31.2.75;D.Deg. de jurid.621.
30 Ordre du jour.P30 3.1;D.Souveraineté.
— Acte de la com. municip. de Paris.P.30.3.1;D.Souveraineté.12.
— Montpellier.P31.2 55; S31.2.70; J49.39; D. Contrainte par corps.257.
— Poitiers.P31.2.90;S31.2.88;D.Privilége.424.
— Paris.P.34.2.22;S33.2.149;D.Effets de comm.392.599.
31 Cr.c.P30.1 363;D.Peine.318.
— Cr.c.P30.1 326;S30.1.370;D.Compét. crim.138.
— Cr.c.P30.1.326;S30.1.371;D.Action pub.99.Appel correct.84.Chasse 83.
— Cr.c P30.1.327;D.Poids et mesures.48.
— Cr.r P30.1 361;D.Témoin.206.
— Cr.c P.30.1.328;D.Autor. mun.25.122.125.
— Acte.P30 3.1;D Souveraineté.
— Proclamation.P30.3.1;D.Souveraineté.
— Arrêté P30.3 2;D.Souveraineté.
— Arrêté de la com. mun.P30.3.2;D Effets de comm.633.
— Proclam. du duc d'Orléans.P30.3.2;D.Souveraineté.
— Proclamation.P30.3.2;D.Souveraineté.
— Proclamation du général Lafayette.P30.3.2;D.*eod.*
— Toulouse.P31.2.101;S31.2.136;J49.218;D.Faillite.721.
— Toulouse.P31.2.124;S31.2.133;J49.201; D.Hyp. conv. 49.Oblig.266.267.Preuve litt.141.
— Grenoble.P32.2.34;D.Arbitrage.676.677.
— Arrêté du trib. de comm. de Paris.P30.2.234;S30.2. 224;D.Effets de comm.633.
— Trib. de comm. de Paris.P30.2.234;D.Effets de comm.

AOUT.

1 Ord.P30.3.3;D Souveraineté.14.
— Ord.P30.3.3;D.*eod.*
— Ord.P30.3.3;D.*eod.*
— Ord.P30.3 3;D.*eod.*
— Ord P30.3.3;D.*eod.*
— Ord.P30.3.3;D.*eod.*
— Ord.P30.3.2;D.Souveraineté 15.
— Ord.P30.3.2;D.*eod.*
— Ord.P30 3.2.D.*eod.*
— Arrêté.P30.3 2;D Souveraineté.14.
2 Ord.P30.3.3;D.Souveraineté.14.
— Acte d'abdicat. de Charles. X.P30.3 3;D Souver.16.
— Ord.P30 3.3;D.Souver.15.
— Agen P32.2 159;S32.2.126; D.Oblig.563.564.
3 Discours.P30.3.3;D.Souver.15.
— Ord P30.3 9;D.Armée.6.
— Aix.P31.2 67; D Assur. mar.437.548.
4 Toulouse. P31.2.118; J49.197; D.Substitution.128.248. 249.
5 Cr.c.P30.1.359;S31.1.24;D.Aut. mun.97.98.100.102.
— Cr.r.P30.1.360;S31.1.32;J49.552;D.C. d'ass.588.410.
— Cr.r.P30.1.355;S30.1 405;D.Publ. des jugem.76.
— Montpellier.P31.2.85;S31.2.96;D.Servitude.559.
— Poitiers. P31.2.241. et 19; S31.2.136; D.Appel civ.15. Jug. par déf.81.
— Nancy.D.Prescrip.56.
6 Ord.P30.3.3;D.Souver.15.
— Ord.P30.3.3;D.*eod.*
7 Acte.P30.3 3;D.Souver.
— Charte.P30 3.3;S30.2.233;D *eod.*
— Procès-verb. de la ch. des pairs et des députés. P30. 3.4;D *eod.*
9 Req.P30.1.381;D.Action poss.378.Prescrip.204.
— Req.P30.1.382;D.Retr. suc.76.109.
— Procès-verb.P30 3.4;D Souver.17.
10 Civ.c.P30.1.326;S30.1.315;J48.529;D.Transcr. hyp.13.
— Civ.c.P30.1.327;S30 1.315;J48.520;D.Enreg.1088.
— Req.P30.1 382;D.Novat.76.
— Montpellier.P31.2.95;S31.2 99;D.Faillite.402.
11 Req.P30.1.543;S30.1.395;J48.484;D.Garantie.129.130.
— Req P30.1.382;S31.1.63;J50.481; D.Partage.207.Privil. 536.
— Req.P30.1.383;D.Cassat.760.Chose jugée.245.Frais et dép.60.Oblig. divis.37.
12 Paris P30.2.251;S30.2.356;J48.108;D.Mandat.394 424.
13 Ord.P30.3 9;S31.2.128;D.Souveraineté.19.
— Ord.P30.3.9;D.Ministère.20.
— Ord P30 3.9;D.Ordres royaux.27.
— Ord.P30.3 9;D.Marine.
— Délib. du cons. d'adm.P33.3.34;D.Enreg.519.
— Inst. gén.P33.3 35;D.Enreg.2612.
14 Cr.r.P30.1.358;D.Amnistie.36.102.
— Cr.c.P30.1.358;D.Aut. mun.143.251.Frais et dép.347.
— Cr.c.P30 1.335;S31.1.32;D.Faux.183.
— Ord.P30 3.10;D.Sceau.2.
— Charte.P30.3.3.
16 Civ.c.P30.1.330;S30.1.313;D.Don. par cont.88.
— Req. P30.1.361; S30.1.289; J48.265; D.Preuve.25. Subrog 83.
— Req P30.1.374;D.Success.287.Success.bénéf.179.
— Ord.P30.3.10;D.Preuve litt.
— Ord.P30.3.9;D.Garde municip.2.
17 Req.P30.1.303;S30.1.285;J51.177,D.Hypoth.273.295.
— Req.P30.1.391; D.Don. entre ép.54.
— Req.P30.1.384;D.Preuve test 201.
— Req.P30.1.385;D.Testament.251.252.
— Ord P30.3 9;D.Monnaie.3.
— Civ.c.P30.1.334;S30.1.312;J49.23;D.Fruits.32.
18 Civ.c, P30.1.344; S30.1.403; J48.451; D.Cassat.25.Serment déc.70.
— Req.P30.1.377;S31.1.174;J51.7;D.Inscr. hyp.445.
— Req.P30.1 386;D.Commune.330.355 Saisie-imm.1430.
— Req.P30.1.385;D.Vente.230.
— Req.P30.1.385;S31.1.75;J50.440; D.Deg. de jurid.123.
— Douai.P31.2 218;S31.2 225;D.Lib. prov.42.
19 Cr.c.P30.1.355;S30.1.405;D Publ. des jugem.3.
— Cr.r.P30.1.349;S30.1.311;J48.441;D.Assoc. illic.4.25.
— Cr.r.P30.1.360;D.Faux.287.
— Cr.r.P30.1.387;S30.1.185;D.Cour d'ass.1068.Récidive. 41.42.
— Grenoble.P31.2 88. et 34.1.89;S31.2.90,D.Exploit.
— Nimes.P32.2.12;S31.2.318;J50.189;D.Disp. entre-vifs.
— Paris.D.Art de guérir.138.157.
— Colmar.D.Assur. terr.129.
— Trib. de Paris.D.Assur. mar.51.
23 Req. P30.1.322; S30.1 376; D.Jug. par déf.79.Enreg. 2758.
— Req.P30.1.353;D.Motifs des jugem.141.
— Req.P30.1.331;S30.1.405; D.Douanes.590.411. Procès-verb.601.
— Civ.r.P30.1.329;S30.1.402;J48.485;D.Transcr.hypoth. 151.
— Req P30.1.347,S30.1.394;J49.75; D.Dot. 551.Remploi. 94.95.
— Ord.P30.3.10;D.Garde nat.8.
24 Civ.r.P30.1.334;S31.1.83;J48.446;D.Colonie.186.
— Civ.c.P30.1.355;S30.1.341;D.Acquiesc.86.291.388.

— Req.P30.1.359;S30.1.288;J48.254;D.Comp. comm.385. Vente.145.
— Bordeaux.P31.2.62;S31.2.77;J49.288;D.Remploi.18.
— Grenoble P31.2.108;S31.2.265; D.Exploit.218.
— Délib. du cons. d'adm.P33.3.21;D.Enreg.2230.
— Poitiers. D.Saisie imm.1132.
25 Civ.r.P30.1.329;S31.1.61;J50.271;D.Prescrip.311.
26 Cr.r.P30.1 360;S31.1.331;D.Cour d'ass.165 1200.1201.
— Cr.c.P30.1.363; D.Autor. mun.603.Compét. crim.225. Peine.345.
— Cr.r.P30.1.362;S30.1 401;D.Chasse.72.
— Orléans. A11.644, n.2; P2.1150, n.1; B24.34; D.Saisie-conservatoire.8.
— Ord.P30.3.10;D.Monuments.3.
— Ord.P30.3 10;D.Amnistie.11.12.
— Bordeaux.P31.2.8;D Excuse.71.
— Bourges P31.2.92;D Presse.541.
— Bourges.P31.2.254;S31 2.265.
— Paris.P33.2.120;J48.333;D.Adultère.75.
27 Montpellier. P31.2.98; S31.2.99; D.Commissionnaire. 300.326.
28 Ord.P30.3.11;D.Min. pub.18.
— Montpellier P31.2.59;S31.2.71;D.Huiss.155.143.158.
30 Civ.c.P30.1.325;S30.1.309;J53.305,n.; D.Emigré.543.
— Loi.P30.3.6;D.Rec. nat.2.
— Req P33.1.246;D.Dot.204.
— Req.P34.1.402;S31.1.42;D.Compét. adm.
— Trib. de comm. de Marseille.D.Charte.74.Marin.102.
31 Civ.r.P30.1 357; S31.1.106; J49.26; D.Dem. nouv.50. Faillite.791.
— Ord.P30.3 11;S31.3.128;D.Purge.156.
— Ord.P30 3.10;D.Serment 41.42.
— Loi.P30.3.6;S30 2.380;D.Serment.35.
— Ord.P32.3.116;D.Pension.67.

SEPTEMBRE.

1 Trib. de comm. de Marseille.D.Charte.77.
— Trib. de Montpellier.P32.1.214;D.Louage.158.144.
2 Cr.c.P30.1.365;S30.1.400;J50.169;D.Cassation.58.Vol. 40.47.
— Cr.r.P30.1.365;D.Cassat.89.Déf.152.166.Tém.334.395.
— Cr.r.P30.1.364;S30.1.401;D.Cour d'ass.434.
— Cr.r.P30 1.364;D.Cour d'ass 1246.
— Cr.c.P30.1.364;S.30.1.401;D.Fonct.pub.41.Forêts.813.
6 Ord.P30.3.11;D.Enseignement.
7 Solut. de la régie.P33.3.4;D.Enregistrement.
8 Loi.P30.3.6;S31.2.108;D.Créd. législat.2.
— Loi.P30.3.6;D.Enreg 9.
— Ord.P32.3.5;D Contr. dir.78.
— Ord.P32 3.5;D.Expertise.416.
— Trib. de comm. de Marseille.D.Charte.19.
— Ord.D.Jugem. par déf 592 Place de guerre.72.
9 Cr.c.P30.1.388;S31.1.186;D.Cour d'ass.1043.1207.
— Cr.r.P30.1.387;S31.1.186;D.Faux.140.
— Cr.c.P30.1.387;S31.1.186;D.Motifs des jugem.241.
10 Cr.r.P30.1.388;D.Cass.176.360.
— Cr.r.P30.1.388;S31.1.187;D.Amnistie.76.
— Décis. de la ch. des députés.P30.3.14;D.Communauté. 47 Oblig.429 Office.59.66.71.72.74.80.111.
— Solut. de la régie.P33.3.28;D.Enreg.1844.
11 Loi.P30.3.6;D.Elect. législ.
— Loi.P30.3.6;S30.2.379;D.Droit civ.
12 Loi.P30.3.6;S31.2.127;D.Elect. lég.572.581.588.
— Inst. gén.P33.3.42;D.Enreg.
— Inst. gén.P33.3.42;D.Enreg.1454.1455.
14 Ord.P30.3.11;D.Chasse.
— Ord.P32.3.20;D.Cons. d'état.269.
— Ord.P32.3.7;D.Théâtre.91.
16 Cr.c.P30.1.380;S31.1.72;D Faux.45.
— Cr.r.P30.1.388;S31.1.18;D.Serment.68.Témoin.339.
— Cr.c.P30.1.387;S31.1.186;D.Récidive.43.
— Cr.c.P30.1.386;S31.1.185;D.Faillite.1332. Cour d'ass. 1377.
17 Décis. min. fin.P33.3.34;D.Enreg.2372.
18 Cr.c.P30.1.380;D Quest. pr.77.
— Cr.c.P30.1.369;S31.1.51;J49.433;D.Dén. calomn.68.
— Cr.r.P30.1.350;S30.1.309;J48.440;D.Assoc. illic.4.
19 Ord.P32 3.116;D.Pension.67.
20 Paris.P30.2.274;S30.2.316;D.Assoc. illic.3.
— Solut. de la régie.P32.3.110;D Enreg.154.
— Trib. de comm. de Marseille.D.Capitaine.173.174.
22 Trib. de comm. de Marseille.D.Assur. marit.14.
23 Paris.P30.2.244;S30.2 377;J48.241;D.Récidive.78.
— Cr.r.P30.1.369;S31.1.51;J50.241; D.Cour d'ass.1067. 1070.
— Cr.r.P30.1.370;D.Serment.24.
24 Cr.r. P30.1.381; S30.1.171; D.Contr. ind.426. Procès-verb.482.
— Cr.r.P30.1.371;S31.1.51;J50.332;D.Forêts.463.
— Cr.c.P30.1.371;S31.1.50;J49.480;D.Pêche.100.
— Cr.c.P30.1.371; S31.1.50; D.Or et arg.47.Procès-verb. 429.473.
— Cr.c.P30.1.372;D.Deg. de jurid.638.
— Cr.c.P30.1.372;D.Forêts.997.
— Cr.c.P30.1.372;D Forêts.783.
— Délib. du cons. d'adm.P31.3.39;D.Enreg.408.
— Délib. du cons. d'adm.P33.3.34;D.Enreg.790.
25 Ord.P31.3.53;D.Trav. pub.45.201.
— Ord. du cons. d'état.P32.3.11;D.Trav. pub.210.
29 Inst. min.P30.3.12;S30 2.533;D.Elect. lég.503.505.507.

508.509.511.520.522.525.530.531.537.539.550.557.558.560.564.
— Ch. des vac.P30.1.370.
30 Ord.P31.3.86;D.Patente.40.91.
— Ord. du cons. d'état.D.Pension.119.

OCTOBRE.

1 Ch. des vac.P31.1.11; S31.1.16; J30.165;D.Cassat.595. Compét. adm 81.Min. pub.530.
— Cr.r.P31.1.9;D.Trib.198.
2 Solut.P31.3.59;D.Enreg.230.
7 Cr.r.P31.1.12;S31.1.368;D.Déf.158.Témoin.215.
— Cr.c.P31.1.12;S31.1.384;D.Contr. ind.514.
8 Loi.P30.3.7;S31.2.105;D.Cour d'ass.
— Délib. du cons. d'adm.P33.3.28;D.Enreg.222.
12 Loi.P30.3.7;S31.2.106;D.Armée.7.
— Loi.P30.3.57;S31.2.106;D.Culte.
14 Bruxelles.P33.2.216;S31.2.60;D.Sép. de corps.42.
15 Cr.c.P31.1.10; J30.332; D.Appel correct.250. Frais et dép.345.
— Cr.c.P31.1.10;S31.1.352;D.Vol.224.
17 Loi.P30.3.7;D.Créd. lég.3.
— Loi.P30.3.7;D.Contr. ind.
18 Bourges.P31.2.90;D.Elect. lég.130.
19 Ord.D.Télégraphe.
20 Loi.P30.3.7;D.Douanes.
— Avis du cons. d'état.P32.3.128;D.Forêts.344.
— Trib. de comm. de Marseille.D.Capitaine.10.11.47.
21 Cr.r.P31.1.14;D.Peine.216.
— Cr.c.P31.1.14;S31.1.367;J30.319; D.Amnistie.106.117.121.Prescrip. cr.66.
22 Ord.P32.3.8;D.Vente adm.308.309.
— Ord. M. de l'int.P32.3.5;D.Contr. dir 54.
— Ord.P31.3.55;D.Marché de fourn.24.Trav. pub.31.
— Ord.D.Compét. adm.269.Louage adm.45.
— Ord.A12.991,n.18;B28.303,n.19;D.Voirie.187.
28 Cr.c.P31.1.11;D.Vol.209.
— Cr.c.P31.1.10; S31.1.352; J31.230; D.Attentat à la pudeur.47.
29 Cr.r.P31.1.11;S31.1.368;J32 454;D.Propriété litt.65.
— Cr.c.P32.1.58;S31.1.368;D.Vol.272.
— Bruxelles.P33.2.213; S31.2.57; J30.265;D.Juge-supp.104.
— Ch. des vac. P30.1.370; S31.1.49; J49.380; D. Deg. de jurid.346.547.Cassat.596.
30 Bruxelles.P33.2.217;S31.2.63;D.Actes de comm.6.

NOVEMBRE.

3 Trib. de comm. de Marseille.D.Assur. mar.136.
4 Cr.c.P31.1.17;D.Cour d'ass.70.
— Cr.c.P31.1.22;S31.1.366;J30.163;D.Cour d'ass.894.899. Expertise.16.Temoin.196.415.Trib.179.
5 Aix.P31.2.239;S31.2.337;D.Compét. comm.146.
8 Req. P30.1.391; D.Chose jugée. 262. Frais et dép.23 Paiement.158.
— Req. P30.1.393; S30.1.384; J49.345; D.Communauté. 485 955.
— Req P30.1.391;D.Société civ.152.
— Civ.c. P30.1.398; S31.1.157; J30 75; D.Cassat.627.Déf. 203.Lett. missive.12.13.Motifs des jugem.41.142.
— Riom.P33.2.214;S33.2.494;D Révoc.75.85.
9 Req.P30.1.392;D.Commune.366.Garantie 73.
— Req.P30.1.392;S30.1.386; D.Dot.492.Usufruit lég.115.
— Nîmes.P31.2.32;S31.2.194;J49.421;D.Prescrip 305.
— Délib. du cons. d'adm.P31.3.39;D.Enreg.757.
— Civ.c.P30.1.398;S31.1.185;D.Sép. de corps.29.31.
10 Req. P31.1.77; S30.1.398. et 64; D.Pr. litt. 1283.1406. 1411.Pr. test.315.
— Limoges.P31.2.218;S31.2.216;D.Office.62.
— Civ.c.P30.1.370;S30.1.383;J49.161;D.Aud. solemn.23.
11 Orléans.P31.2.26;S31.2.49;J49.522; D.Enq.96.
— Cr.c.P31.1.68;D.Cour d'ass.1640.
— Cr.r.P31.1.17;S31.1.366;J30.168;D.C. d'ass.668. Tém. 416.
12 Cr.c.P31.1.18;S30.1.392; J31.331; D.Autor. mun.624. Peine.154.
— Colmar.P31.2.163;S31.2.191;D.Délai.127. Etrang.217.
— Bruxelles.P33.2.223;S31.2.58;J30.268; D.Tutelle.285.
13 Bruxelles.P33.2.200;S31.2.63 ; D.Eff. de comm. 493. Preuve litt.840.
15 Civ.c.P30.1.393;D.Chose jugée.21. Jugem.203.
— Ord.P30.3.11;S31.2.129;D.Pêche.93.115.
— Req.P31.1.21;J30.231;D.Jugem.37.Déf.234.
— Montpellier.P31.2.154;S31.2.318;J30.138; D.Arbitrage.144.Dem. nouv.83.
16 Req.P30.1.390;S31.1.172;J49.394; D.Paiement.
— Civ.r.P30.1.390;S31.1.17;J32.455;D.Colonies.136.
— Bordeaux. P31.2.10; S31.2.141; J49.275, D. Compét. comm.393.
— Toulouse.P31.2.132;D.Exploit.362.
— Bourges.P32.2.11;S31.2.152;D.Servitude.420.433.438.
— Req.P32.1.334;D.Substitution.74.
17 Civ.r.P30.1.389;S31.1.28; J48.397; D.Honoraires.170. 173.176 Mat. som.21.
— Req.P30.1.395;J30.238;D.Faux incid.95.Transact.85.
— Bourges.P31.2.55;S31.2.156; J30.223; D.Expl. 77.278.
— Req.P31.1.330; S31.1.146; J49.238; D. Arbitrage. 884. 890.903.Exception.77.
— Montpellier.P32.2.3;S31.2.298;J31.30;D.Dot.235.Remploi.109.
— Req.P33.1.245;S30.1.405; D.Discipline.172.
18 Cr.c.P31.1.18;S31.1.400; D.Cour d'ass.775.1715.
— Cr.c.P31.1.18;D.Vol.249.
— Cr.r.P31.1.69;D.Cass.457.
— Nîmes.P31.2.141;S31.2.146; D.Hypoth.145.
— Agen.P31.2.254. et 32.2.54;S32.2.57;J31.242; D. Dot. 11.Prescrip.936.937.
19 Ch. des députés. P30. 3. 15; D. Cont. par corps. 137. Privil. parlem.15.
— Ord.P30.3.11;D.Sceau.3.
— Paris.P31.2.78;S31.2.204,J48.365;D.Acte de comm.37.
— Montpellier.P31.2.60;S31.2. 185; J30.122; D. Retour. conv.22.
— Aix.P31.2.147;D.Avaries.75.Cont. à la grosse.107.122.
— Colmar.P31.2.215;S31.2.286; J30.379; D.Louage. 267.
— Délib. de la régie.P33.3.39;D.Enreg.257.
21 Aix.D.Assur. marit.684.
22 Civ.c.P31.1.13;S31.1.337;J30.331;D.Usage.86.
— Civ.c.P31.1.34; S30.1.389; J30 321. et 49.5; D.Eff. de comm.212.
23 Civ.c.P30.1.405;S31.1.153;J49.181;D.Paiement.68.
— Bordeaux.P31.2.7;S31.2.80; J49.274; D.Assur. marit. 314.382.Mandat.219.
— Req.P31.1.20;S30.1.381;J49.387; D.Emig.449.
— Bourges.P31.2.69;S31.2.156;D.Interrog. sur faits.69.
— Metz.P31.2.150;S31.2.188;D.Avoué 142.
24 Req.P30.1.304;J30.224;D.Faux incid.66.Garantie.60. Servitude.14.15.
— Poitiers.P31.2.33;D.Arbitrage.75.
— Cour des pairs.P31.2.13; S30.2.382; D.Compét. crim. 752.Déf.141.Presse. 74.75.135.641.809. Priv. parl.13.
— Civ.c.P31.1.5;S31.1.131;J30.65; D.Filiat. nat.101.106. 107.Success. irrég.29.
— Bourges.P31.2.57; D Servitude.653.
— Trib. de comm. de Marseille. D.Assur. marit.202.
25 Cr.c.P31.1.68;D.Peine.525.
— Cr.r.P31.1.68;S31.1.392; D.Contumace.67.
— Cr.c.P31.1.170;D.Prescrip. crim.65.
— Paris.P31.2.184;S31.2.227;J30.375;D.Faillite.48.
— Toulouse.P31.2.189;S31.2.246; J31.53; D.Tutelle.259.
— Riom.P33.2.215;S33.2.480;J37.515;D.Exécut. des jug. et actes 58. Cont. par corps.577.
— Riom.P33.2.215;S33.2.526;D.Hypoth. conv.97.
26 Poitiers.P31.2.74;S31.2.76; D.Jour férié.40.
— Délib. du cons. d'adm.P33.3.34; D.Enreg.798.
27 Bourges.P31.2.142;S31.2.218;J30.583; D.Faillite. 962. Surenchère.205.
— Paris.D.Art de guérir.150.
29 Civ.r.P30.1.397;S31.1.154;J48.512;D.Prescrip.702.
— Req.P30.1.403;S31.1.27.J30.451;D.Tutelle.471.
— Loi.P30.3.7;S31.2.106;D.Presse.
— Bastia.P31.2.6;S31.2.134;J30.248; D.Partage.144.
— Req.P31.1.7;S31.1.105;J49.7;D.Don. entre époux. 29. Preuve litt.1284.1394.1407.
— Civ.r.P30.1.396;S31.1.110;J49.51;D.Servitude.113.
— Riom.P33.2.212;S34.2.50; D.Surenchère.162.
— Aix.D.Assur. maritim.685.
30 Civ.r.P30.1.407;S31.1.155;J49.471; D.Exception. 399. Servitude.701.
— Bastia.P31.2.6;S31.2.137;D.Deg. de jurid.99.
— Bourges.P31.2.70;S31.2.161;D.Appel civ.161.
— Bourges.P31.2.67;S31.2.164; D.Enquête.168.215. Témoin.65.111.130.
— Agen.P31.2.76;S31.2.272; J32.177; D.Commune. 741. Garantie 275.277.286. Usage.80.
— Poitiers.P32.2.69;S32.2.580;J35.250; D.Succes. bénéf. 149.150.
— Bourges.P33.2.3;S31.2.155;J31.43; D.Usage.
— Lyon.P33.2.68;S32.2.301;D.Jug. par déf. 327.
— Décis. min.P33.3.25;D.Timbre.74.
— Ord. du cons. d'état D.Preuve litt.41.
— Ord. du cons. d'état.D.Vente adm.9.

DÉCEMBRE.

1 Civ.c.P30.1.398; S31.1.36; J30.493; D. Jour férié. 60. Enreg.1498.1524.
— Req.P31.1.21;S31.1.490;J49.132; D.Enreg.1193.1499.
— Civ.c.P31.1.9;D.Preuve litt.936.Dot.543.
— Grenoble.P31.2.200;S31.2.334;J31.384;D.Legs.32.
— Req.P31.1.321;S31.1.597;D.Huiss.44.Douanes.402.
2 Cr.c.P31.1.56;S31.1.17;D.Contumace.80.
— Cr.r.P31.1.53;S31.1.173;D.Cassat.86. Déf.162.
— Civ.c.P31.1.14;J30.179; D.Tabac.85.86.
— Paris.P31.2.35;J49.84; D.Rebellion.6.
— Angers.P31.2.98;S31.2.100;J30.424; D.Communauté. 630.631.
— Bruxelles.P33.2.199.S31.2.65;D.Legs.253.
— Riom.P33.2.212;S33.2.495; D.Interdit.173.
3 Grenoble.P31.2.37;S31.2.91; D.Servitude. 481.
— Cr.r.P31.1.53;J30.290;D.Cassation.151.
— Paris.P31.2.25;J48.457;D.Récidive.33.65.
— Riom.P33.2.225;S34.2.119;D.Servitude.223.
4 Agen.P31.2.154;S32.2.43; D.Compét. adm. 321. Cont. par corps.744.
— Grenoble.P31.2.171;J31.523; D.Caut.206.Conciliat.5.
— Grenoble.P32.2.116;S32.2.166;J31.523; D.Caution.27. Oblig.870.
— Paris.P31.2.119;J48.489;D.Caution. 169.Soc. civ.312.
— Bourges.P31.2.233;J30.219; D.Dem. nouv. 145. Prescrip.294.Servitude.634.
— Trib. de comm. de Marseille. D. Assur. marit. 68. Avaries. 25.31.34.64.
6 Req.P31.1.18;S31.1.35;J49. 231; D.Commissionnaire. 329.332.
— Req.P31.1.16; S31.1.359; J30.166; D.Frais et dépens. 121.Sép. de biens.149.
— Bordeaux.P31.2.61;S31.2.262;D.Assur. marit.277.380. 390.391.
— Bruxelles.P33.2.215;S31.2.58;J30.263;D.Mariage.208.
— Riom.P33.2.251;S33.2.540;D.Deg. de jurid.398.Enreg. 2242.
7 Poitiers.P31.2.33;S31.2.79;J30.312; D.Comp. civ.180.
— Toulouse.P31.2.31;S31.2.165;J30.187;D.Purge.88.
— Req.P31.1.27;D.Compét. adm.323. Garantie.381.
— Req.P31.1.16; D.Dot.15.
— Civ.c.P31.1.13;D.Autor. de femme.165.
— Civ.c.P31.1.188;D.Motifs des jugemens.40.
— Délib. du cons. d'adm.P33.3.25;D.Timbre.73.
— Douai.P31.2.197;D.Cont. par corps. 739.740.
8 Toulouse.P31.2.66;S31.2.161; J30.47; D.Partage. 120.
— Paris.P31.2.68;J49.207;D.Jug. par déf.384.389.Partage.119.
— Angers.P31.2.95; S31.2.86; J30.382; D. Fonct. pub. 9. Renvoi.49.
— Paris.P31.2.140;S31.2.282;J30.244; D.Acte de com.28.
— Paris.P31.2.197;S32.2.94;D.Jugem. par déf.
— Toulouse.P33.2.22;S31.2.150;J30.60;D.Obl. solid.99.
9 Cr.c.P31.1.56;S31.1.180; D.Frais et dépens.333.
— Cr.c.P31.1.56;D.Peine.225.
— Cr.c.P31.1.56;S31.1.165;D.Cour d'ass 825.
— Cr.r.P31.1.34;D.Amnistie.53.54.77.Délit politique.13.
— Bordeaux.P31.2.106;S31.2.263;D.Sépulture.28.
— Cr.r.P31.1.370;D.Procès-verb.624. Responsabil. 119. Témoin 305.Compét. cr.174. Tutelle.265.
— Bourges.P33.2.174;J31.41;D.Deg. de jur.182.Offre.46.
— Bruxelles.P33.2.212;S31.2.57;J30.261;D.Jug. par déf. 45.
— Bruxelles.P33.2.216; S31. 2. 59; D. Compét. civ. 266. Compét. comm.401.
10 Loi.P30.3.8;D.Trib.21.
— Loi.P30.3.7;S31.2.105;D Presse.
— Toulouse.P31.2.29;S31.2.150; D.Faillite.16.
— Req.P31.1.21;J30.233; D.Huiss.44.185.Douane.403.
— Bourges.P31.2.187;S31.2.165;J30.122; D.Compét. civ. 166.Exploit.824.Preuve test. 233.
11 Ord.P30.3.11;D.Inscrip. hypoth.
— Bourges.P31.2.123;S31.2.205;J30.330; D.Louage.140. 141.Motifs des jug.94.
— Paris.P31.2.140;S31.2.282;J30.245; D.Acte de comm. 161.
12 Loi.P30.3.8;D Créd. lég.10.
— Orléans.P33.2.209; D.Jug. par déf.332.
13 Loi.P30.3.8;D.Rec. nat.1.
— Civ.c.P31.1.39;S31.1.383;D.Vente adm.290.
— Req.P31.1.8;S31.1.24,J49.370;D.Cassation.780.Chose jugée.84.Fruit.63.Prescrip.949.954.
— Req.P31.1.8;J49.432; D.Dot.227.
— Req.P31.1.158;D.Cassation 220.629. Prescrip.538.
— Req.P30.1.157;J31.145; D.Propriété.230.
— Toulouse.P31.2.251;J30.538; D.Enr.1362. Transport de créance.105.
— Lyon.P32.2.26;S32.2.348; D.Possession.140.
— Ord.P31.3.11;D.Marine.4.
14 Loi.P30.3.8;S31.2.127;D.Poste aux lettres.46.
— Civ.c.P31.1.33;S31.1.107;J49.36; D. Portion disp.587.
— Agen.P31.2.130,S31.2.291;J30.535; D.Tutelle.32.
— Délib. d'adm.P32.3.17;D.Enreg.319.
— Aix.P33.1.250.
— Poitiers.S31.2.215;D.Dot.447.
15 Paris.P31.2.35;S31.2.85;J49.118; D.Ratification.117.
— Civ.c.P31.1.24;S31.1.33;J30.290; D.Oblig.245.Rescis. 234.
— Civ.r.P31.1.22; S32.1.316; J30.158; D.Appel incid.67. Enq.241.
— Civ.r.P31.1.17;S31.1.16;D.Assur. marit.653.
— Montpellier.P31.2.157; D.Enquête. 211.257.
— Req.P31.1.360;S32.1.613; J49.142; D. Cassation. 823. Chose jugée.31.Commerçant.21. Faillite.136.
— Req.P31.1.401;D.Prescription.
16 Cr.c.P31.1.58;D.Vol.303.
— Cr.c.P31.1.57;S31.1.180;D.Procès-verb.487.
— Avis du cons. d'état.P31.3.27; D.Contr. direct.45.46. 47.Enseig.56.
— Nîmes.P31.2.223;S31.2.271;J31.134;D.Dom. de l'état. 70.71.87.88.
— Ord.P31.3.59;D.Culte.122.
— Ord.P31.3.59,D.Culte.133.
— Ord.P31.3.28;D.Travaux pub.153.165.
— Req.P32.1.334;D.Substitution.74.
— Ord. du cons. d'état.P33.3.21;D.Marché de fourn.276.
— Ord. du cons. d'état.P33.3.21;D.Marché de fourn.241. 242.311.
— Ord. du cons. d'état.P33.3.26;D.Marché de fourn.136.
— Trib. de comm. de Marseille. D.Assur. marit.205.
— Ord. du cons. d'état.D.Vente adm.191.453.
— Ord.D.Voirie.476.
17 Toulouse.P31.2.157;S31.2.237;D.Saisie-arrêt.134.212.
— Lyon.P32.2.22;D.Sép. de biens.194.195.
— Sol. de la rég.P33.3.77;D.Enreg.2220.

18 Paris.P31.2.68;S31.2.224;J49.299;D.Commission.340.
— Poitiers.P31.2 232;S32.2.154; D.Délit rural.123. Destruct.87.
19 Nîmes.P31.2.226;S31.2.196; D.Remploi.104.
20 Civ.r.P34.1.135;J49.542; D.Exception.281.
— Req.P31.1.27; S31.1.12; D.Preuve litt.76.77. Testam. 495.562.
— Req.P31.1 26. et 25; S31.1.41. et 53; J49.83; D.Chose jugée.85.Société comm. 171. 172.
— Req.P31.1.23;J49.317;D.Expertise.261.291.
— Colmar.P31.2.115; S31.2.185; J49.517; D.Preuve litt. 906.Rente.349.
— Limoges.P31.2.227;S31.2.207; D.Legs.61. Révoc. 261.
— Circ. du garde des sc.P31.3.44; S31.2.211; D Jug.376.
21 Civ.c.P31.1.40;D.Procès-verb.592.
— Civ.c.P31.1.40;D Exploit.902. Procès-verb.591.
— Req.P31.1 23; D.Prescrip.397.
— Req.P31.1.159;S31.1.14;J50.333; D.Propriété.326.
— Req.P31 1.325; S31.1.152; J49.163; D.Chose jugée. 9. Communauté.712.
— Colmar.P31.2.190;S32.2.62;J50.40;D.Suc. bénéf.36.
— Bastia.P31.2.203;D.Deg. de jurid. 388. Domm.-int.8. Obl.611.
— Délib. de la rég.P31.3.39;D.Enreg.257.
— C. des pairs.P31.2.39;S31.2.46;D.Compét. cr.748.750. 758.Ministère.27.28.29.30.31.
— Grenoble.P32.2.172;S32.2.607; D.Filiat. légit.29.
— Amiens.P34 2.9;S33.2.476;D.Notaire.46.
22 Toulouse.P31.2.181;S31.2.226;D.Exploit.425.
23 Cr.c.P31.1.58;D.Cour d'ass.1011.
— Cr.c.P31.1.56;S31.1.163; D.Cour d'ass.569.
— Nîmes.P31.2.181; S31.2.225; J50.549; D.Action.56.57. Mandat.115.
— Montpellier.P32.2.9;S31.2.331;J51.86;D.Alimens.152.
— Paris.P32.2.53;S32.2.542; D.Surenchère.24.
— Bruxelles.P33.2.211;S31.2.57;J50.270;D.Puiss.patern. 17.18.
24 Cr.c.P31.1.57; D.Cass.1096.
— Cr.c.P31.1.57;S31.1.180;D Compét. crim.181.
— Cr.c.P31.1.56;D.Tribunal.166.
— Bordeaux.P31.2.68;S31.2.102;D.Louage.708.
— Bordeaux P31.2.97;S31 2.101; D.Surenchère.438.
— Bourges.P31.2.122;J51.67;D.Garantie.269.
— Cr.r.P32.1 259;S32.1.760;J55.520;D.Presse.376.
— Ord.P31,3 9;D.Forêt.
— Trib. de comm. de Marseille. D.Assur. maritim. 279. Avaries.33.
25 Ord.P31.3,12;D.Culte.33.
26 Ord. du cons. d'état.P31.3.28;D.Arbitrage.904.Comp. adm.292.
— Ord. min. de l'int.P31.3.28;D.Commune.
— Ord.P32.3.9;D.Cons. d'état.287.Eau.74.
— Ord.P32.3.9;D.Prise marit.46.
— Ord. du cons. d'état.P33 3.21;D.Cont. direct.40.
— Ord. du cons. d'état.P33.3.21; D.Patente 54.
— Ord. du cons. d'état.P33.3.22;D.Halage.44.
— Ord. du cons. d'état.P33.3.22; D.Théâtre.95.
— Ord. du cons. d'état.P33 3.22;D.Procès-verb.635.
27 Civ.c.P31.1.39;S31.1.27;J49 156;D.Enreg.1598.
— Civ.r.P31.1.29;S31.1.165; D.Servitude.699.709.
— Civ.c.P31.1.25;S31.1.86;J49.167;D.Enreg.2907.
— Req.P31.1.160;S31.1.13;J49.335;D.Cass.626.Remploi. 5.17.
— Req.P31.1.159;J51.559;D.Assur. marit. 670.681.
— Riom.P33.2.241; D.Compét. comm. 251. 253. Deg. de jurid.123.256 Eff. de comm.48.
— Toulouse.P34.2.234;J50.222;D.Oblig.497.
28 Ord.P30.3.14;S31.2.129;D.Trib.22.
— Civ.c.P31.1.44;S31.1.345; D.Audience solennelle. 17.
— Req.P31.1.28;S31.1.11;J30.231;D.Aut. de femme.116.
— Ord.P31.3.11;D.Traitement.42.
— Riom.P34.2.75;S33.2.510;D.Faux incid.80.
29 Poitiers.P31.2.34. et 1.2.264;D.Inscrip. hyp.78. Stellionat.41.
— Paris.P31.2.34;S31.2.85;J49.41;D.Faillite.505.
— Civ.c.P31.1.64;S31.1.390;D.Deg. de jurid.79.Serment déc.45.
— Civ.c.P31.1.30;S31.1 80;J51.13;D.Absent.13 14.17.18. Port. disp.193.
— Orléans.P31.2.105;J49.358; D.Communauté.628. Hypoth. lég.108.
— Req.P31.1.179;S32.1.268; J51.576; D.Action possess. 232. Compét.civ.390.
— Req.P31.1.161;D.Faux incid.59. Jug. 260. Motifs des jug.108.
— Toulouse.P31.2.248;S31.2.200; D.Appel civ.273.
— Lyon.P32.2.10;D.Assur. terrest.141.Novat.63.
30 Cr.c.P31.1 55;S31.1.164;D.Cour d'ass. 875.
— Cr.r.P31.1.55;D.Cour d'ass. 1230.
— Cr.r.P31.1.55;D.Cour d'ass. 497.640 686.Jug.446.
— Paris.P31.2.54;J49.209; D.Prescrip.706.
31 Cr.r.P31.1.54;D.Compét. cr.147.
— Cr.r.P31.1.54;D.Tribunal.200.
— Bourges.P31.2.122;S31.2.263;J51.258; D.Caution.130. Hypoth.209.Novat.111.Prescrip.805.806.817.
— Trib. de comm. de Marseille.D.Assur. marit.278.331.

1831.

JANVIER.

3 Req.P31.1.74;S31.1.10;J49.223;D.Dot.174.Rap. à suc. 288.
— Bourges.P31.2.154;S31.2.311;D.Notaire.398.
— Civ.c.P31.1.260;S31.1.22;J49 72;D.Autor. de f. 166.
— Colmar.P31.2.184;S31.2.256; D.Chose jugée.
— Bourges.P31.2.231;S31.2.315; D.Expl.581.Voirie.540.
— Paris.P32.2.112;S32.2.394; D.Société comm.109.
— Req.P33.1.57;D.Cassation.719. Transact.7.85.100.
— Rennes.P33.2.217;S34.2.44;J57.441;D.Avoué.151.165.
— Trib. de Marseille.A12.73;D.Marin 101.
4 Colmar.P31.2.38;S31.2.253; D.Communauté.574.
— Civ.c.P31.1.62;S31 1.126;J49.127; D.Rad. hypoth. 53.
— Req.P31.1.69;S31.1.9;J49.266; D.Oblig.550.
— Req.P31.1.124;S31.1.79;J51.27;D.Dom. de l'état.81.
— Bourges P31.2.206;S31.2.288;J51.59; D.Interdit.150.
— Bordeaux. V. au 7.
— Req.P32.1.90;S32.1.462;J53.413; D.Acquiesc.144.226.
5 Req P31.1.73;S31.1.8;J50.296;D.C. de Mariage.151.
— Colmar.P31.2.39;D.Chose jugée.365.
— Nîmes.P31.2.96;S31.2.94;D.Hypoth. judic.26.
— Paris.P31.2.102;S31.2.281;J49.408;D.Propr. indiv. 10.
— Lyon.P31.2.111;D.Vente pub.16.
— Ord.P31 3.10;D.Armée. 28.
— Ord.P31 3.10; D.Forêt.24.25.
— Ord.P31 3.10;D.Tabac.7.
— Ord.P31 3.10;D.Douane.12.
— Ord.P31.3.10;D.Postes.
— Ord.P31.3.10;D.Contr. indir.
— Loi.P31.3.10; D.Créd. lég.12.
— Loi.P31.3.10;D.Émigré.
— Solut. de la rég.P33.3 25;D.Enreg.640.
6 Cr.r.P31.1 33;S31.1.160;J50 343; D. Délit polit.10.11.
— Cr.c.P31.1.50;S31.1.180;J50.407;D.Vol.214.
— Cr.c.P31.1.58;S31.1.181;J50.290; D.Colonie.94.
— Cr.r.P31.1.69;D.Vol.208.
— Bordeaux.P31.2.79;J50.246; D.Commune.32.470.
— Cr.r.P31.1.177; D.Cassation.345.
— Grenoble.P32.2.91;S32.2.200;J52.342; D.Hypoth.301. Hypoth. lég.90. Donation.117.
— Ord.P31.3.10;D.Loterie.
— Aix.P32 2.173; S33.2.43; J56.584; D. Compét. comm. 321.Etranger.163.168. Saisie-arrêt.75.
7 Bordeaux.P31.2.117;S31.2 226;J53.44; D.Deg. de jur. 143.
— Bourges.P31.2.122. et 184;S32 2.91; D.Commune.200.
— Dijon P31 2.132.S31.2.270;D.Audience solennelle.22.
— Paris.P31.2.202;S31.2.219;D.Imputation.35.
— Montpellier.P31.2.222;S31.2 214; J51.265; D.Dot.447.
8 Paris.P31.2.55; S31.2.209; D.Deg. de jurid. 603. Rad. hypoth.96.
— Paris.P31.2.100;S31.2.172;J49.353;D.C. par corps.501.
— Cir. min. des finances.P32.3.128;D.Serment 27.
— Ord. du cons.d' état.D.Nom.38.
— Ord. du cons. d'état.D.Théâtre.93.
9 Lyon.P32.2.162;D.Jug. par déf.301.
10 Civ.r.P31.1.71;D.Motifs des jug.219.Usufr.640.
— Civ.r.P31.1.32;S31.1.21;J50.336;D.Louage emph.46.
— Civ.r.P31.1.33;S31.1 20;D Emphytéose.
— Bourges.P31.2.125; S31.2.248; J50.361; D.Témoin.74. 76.77.103.123 131.
— Req.P31.1.305; S32.1.207; J53 21; D.Arbitr.89.Chose jugée.78.Société civ.366 Société comm.347.
11 Req.P31.1.51;S31.1.5;J49.145;D.Dot.254 260.
— Civ.c.P31.1.60;S31.1.18;J49 563;D.Émig.559.Exploit. 863.Success. irrég.100.
— Aix.P31.2.117;S31 2.206.149;J51.54; D.Commissionn. 90.Faillite.1166.1274.
— Grenoble.P31.2 211;S32.2.23;J51.487; D.Remplac.78.
— Toulouse.P31.2.217;S31 2.217;J50.420; D.Saisie-imm. 259.513.Transp. de créance.88.
— Req.P31.1.353;S31.1.67;J51.71;D.Success.231.
— Colmar.P32.2.123; J53.139; D.Acte de l'ét. civ.138. Acte de notor.26.Contrat de mariage.66.Juif.17.Présompt.29.
— Paris.P33.2.65; J52.203; D.Commune.52.Saisie-imm. 1069.
— Bordeaux.P34.2.38;J51.130;D.Comm.52.
— Trib. de comm. de Marseille.D.Assur. marit.328.
12 Civ.r.P31.1.45;S31.1.390.J52.205;D.Mat. som.22.
— Req.P31.1.125;S31.1.76;J49 423; D.Faillite.560.611.
— Req.P31.1.323;S31.1.129;J49.338;D.Prescrip.819.836. 837.838.
— Colmar.P31.2.229;D.Procès-verb.602.
— Ord.P31.3.11;D.Mont-de-Piété.8.9.
— Ord.P31.3.10;D.Enreg.10.
— Paris.D.Art de guérir.203.
13 Cr.c.P31.1 45;S31.1.166;D.Cour d'ass.250.
— Cr.c.P31.1.70;D.Compét. crim.225.
— Colmar.P31.2.56; S31 2.181.180. et 33.2.275;J49.472; D.Tutelle.610.Usufr. lég.59.
— Cr.c.P31.1.55;D.Cour d'ass.287.1591.
— Cr.r.P31.1.84;S31.1.164;D.Cour d'ass.72.
— Rennes.P31.2.107; D.Exécut. des jug.110.Frais et dép.181.Jug. par déf.96.Délai.131.
— Nîmes.P31.2.209;S32 2.92;D.Procès-verb.464.480.
— Montpellier.P32.2.90;J51.269;D.Preuve litt.1176.
14 Cr.r.P31.1.45;S31.1 163;J50.571;D.Cassat.168.
— Paris.P31.2.55.221; S31.2.210; J49.184; D. Communauté.667.668.671.
— Poitiers.P32.2.15. et 60;S31.2.281; D.Désist.128.Faillite.565.
14 Bourges P32.2.120. et 31.2.247; S32.2.151; J52.176;D. Partage.274.
— Ord.P31.3.11;S31.2.131;D.Établiss. pub.35.36.37.44.
— Poitiers.P34.1.35.
15 Paris.P31.2.36; S31.2.198; J49.121; D.Caut.73.Contr. par corps.220.243.
— Paris.V.au 8.
17 Civ.c.P31.1.45;S31.1.97;J49.255;D.Caution.226.
— Civ.c.P31.1.50;S31.1.193;J50.406;D.Trav. publ.171.
— Bordeaux.P31.2.80;S31.2.186;D.Partage.106.253.
— Montpellier.P31.2.132; S31.2.271; J51.267; D.Avoué. 111.Mandat.526.Péremp.171.240.244.254.
— Bourges.P31.2.151;S31.2.304;D.Scellé.35.36.
— Bourges.P31.2.171; S32.2.88; J51.254; D.Saisie-imm. 1242.Servitude.668.
— Ord.P31.3.55;S31.2.349;D.Eau.319.
— Ord.P31.3.53;S31.2.349;D.Prescript.138.
— Ord.P31.3.36;D.Commune.157.
— Trib. de comm. de Marseille.P32.3.109;D.Assur. mar. 664.
— Colmar.P32.2 204;J55.236;D.Honor.164.Resp.399.
— Ord. du cons. d'état.Mac.31.32;D.Marché de f.216.
— Ord. du cons. d'état.D.Ventes adm.10.427.
18 Civ.r.P31.1.49;S31.1.192;J51.15;D.Enq.295.Motifs des jugem.106.Preuve test.47.70.
— Civ.r.P31.1.65;S31.1.88;J49.149; D Enreg.193.1321.
— Poitiers.P31.2.34;S31.2.89; D.Jugem. prep.44 Preuve test.44.
— Ord.P32.3.6;D.Voirie.45.
— Ord.P31.3.11;D.Enseignement.
— Ord. du cons. d'état.Mac.31.45;D.Place de guerre.82.
— Ord. du cons.d'état.D.Ventes adm.277.
19 Civ.r.P31.1.46;S31.1.157;J50.451;D.Honor.54.123.
— Civ.r.P31.1.49;S31.1.193;J50.406;D.Douanes.318.
— Bordeaux.P31.2.90;S31.2.264;D.Douanes.239.
— Paris.P31.2.104;S31.2.176;J49.555;D.Oblig. divis.39.
— Req.P31.1.122;S31.1.66;J49.502; D.Act. possess.275.
— Limoges.P31.2.195;S31.2.253;J52.128; D.Action possess.216.App. incid.86 Prescript.302.Usage.157.
20 Cr.c.P31.1.87;S31.1.287;D.Révis.12.
— Bordeaux.P31.2.91; J50.365; D.Degré de jurid.423 Preuve.26.
— Colmar.P31.2.110;S32.2.558;J49.512. et 52.431;D.Conciliation.5.Saisie-imm.1424.1431.
— Grenoble.P33.2.71;S33.2.538;J53.146;D.Filiat. adult. 43 48.
21 Trib. de Paris.P31.3.40;D.Jour férié.7.29.
22 Cr.c.P31.1.65;D.Vol. 323.
— Cr.c.P31.1.48;D.Procès-verbal.460.
— Cr.r.P31.1.119;J51.480;D.Faill.1335.1337.
— Grenoble.P31.2.232;S32.2.155;D.Enquête.85.
— Ord.P31,3.12;D.Hospice.87.
23 Ord.P31.3.12;D.Traitement.43.
24 Civ.c.P31.1.66;S31.1.83;J50.399;D.Servit.167.
— Toulouse.P31.2.192;D.Jugem. par déf.541.
25 Civ.c.P31.1.71;S31.1.352;D.Chose jugée.211.
— Bordeaux.P31.2.91; S31.2.218; D. Assur. marit.672. Expertise.320.
— Paris.P31.2.119;S31.2.252;J49.563;D.Prescr.390.477.
— Poitiers.P31 2.183;S31.2 218;D.Fonct. publ.217.397.
— Lyon.P32.2.16;S32.2.389;D.Dot.107.
— Ord.P32.3.6;D.Voirie.22.
— Ord.P31.3.56;D.Contr. dir.25.
— Req.P31.1.112; S31.1.81; J49.450; D.Filiat. lég.30.41. 99.Degr. de jurid.563.
— Ord.P31.3.15;D.Minist.9.
— Ord. du cons. d'état.Mac.37.57;D.Péage.24.
— Ord.D.Trav. publ.117.
26 Civ.c.P31.1.47; S31.1.87; J50.435. et 52.79; D.Ventes admin.428.
— Civ.c.P31.1.50;S31.1.65;J49.220; D.Cassat.931.Enreg. 2216.
— Bordeaux.P31.2.89;S31.2.178;J50.515; D.Mandat.335. Paiem.109.Sép. de biens.187.Usure.57.
— Req.P31.1.130; S31.1.93; J50.403; D.Saisie-imm.494. 899 902.
— Toulouse.P31.1 152. et 264;D.Louage.212.
27 Cr.c P31.1.41;S31.1.57;J50.144;D.Colonies.
— Paris.P31.2 69;J49.271;D.Faillite.586.632.
— Cr.r.P31.1.119;J51.176;D.Cassat.127.
— Cr.r.P31.1.117;D.Chose jugée.360.
— Bourges.P31.2 185;D.Aveu.71.
28 Colmar.P31.2.108. et 33.1.145; S31.2 235; D.Compét. adm.381.Except.388.Propriété ecclésiast.
— Nîmes.P31.2.151;S31.2.292;J51.45;D.Parenté.20.Ratificat.169.Testam.722.
— Bourges.P31.2.166;S31.2.300;J51.510;D.Port. dispon. 224.228.
— Toulouse.P32.2.6; S31.2 326; J51.252; D.Acquiesc.61. 142.
— Solut. de la rég P33 3 25;D.Enreg.490.
29 Nancy.P31.2.107; S31.2.270; J51.580; D.Deg.de jurid. 123.Effet de comm.765.Respons.382.389.
— Loi.P31.3.12;S31.2.350;D.Contrib.11.
— Ch. des pairs.P33.3.53;D.Privil. parlement.4.
31 Nîmes.P31.2.177;S31.2 231;J52.210;D.Discipl.179.
— Ass. de la Seine.P31.2.220; S32.2.171; D.Cour d'ass. 843.Déf.101.
— Req.P34.1.126;D.Degr. de jurid.599.

FÉVRIER.

1 Nîmes.P31.2,72. et 261; D.Commune.127.Trav. publ. 154.

— Bourges.P31.2.133;S31.2.254; J50.552; D.Faillite.990. Fruits.17. Hypoth.63.72. Hypoth. conv.11.Oblig.772. Partage.122.Propr. indiv.26.Réd. des hyp.43.Remploi.42 70.71.Tutelle.303.
— Paris.P31.2.204;S32.2.84;J49.461;D.Faill.452.
— Nîmes.P31.2.261;S31.2.297;D.Commune.
— Colmar.P31.2.250;S32.2.26;D.Preuve litt.815.
— Délib. du cons. d'adm.P32.3.104;D.Capit.137.133.139.
— Lyon.P32.2.192;D.Privil.52.
— Bordeaux P33.2.8;S31.2.139;J50.128;D.Comp. civ.57.
— Aix.P34.2.147;S33.2.155;D.Référé.56.
2 Civ.c.P31.1.69;S31.1.351;D.Mat.som.23.Motifs des jug. 174;Pérempt.106.
— Req P31.1.176;S31.1.94;D.Colonie.175 Résolut.4.
— Civ.c.P31.1.94; S31.1.124; J49.247; D. Forêt.422.431. 440,626.
— Ord.P31.3.12;S31.2.136;D.Trib.21.
— Solut. de la rég.P33.3.25;D.Enreg.490.
3 Cr.c.P31.1.88;D.Cour d'ass.1095.
— Cr.r.P31.1.119;J51.206;D.Déf.100.
— Cr.c.P31.1.212;D.Régl. de juges.119.
— Bordeaux.P31.2.222;D.Vol.11.
— Bourges.P31.2.231;D.Mendiant.15.Vagabond.16.
— Colmar.P32.2.24;S31.2.342;J51.121;D.Faux inc.153.
— Bordeaux.P33.2.4;S31.2.141;J50.45;D.Inscr. hyp.66.
4 Cr.c.P31.1.78;D.Autor. mun.340.
— Cr.c.P31.1.78;S31.1.65;D.Cour d'ass.570.
— Cr.c.P31.1.91;S31.1.271;D.Compét. crim.139.
— Cr.c.P31.1.91; S31.1.272; D.Autor. mun.470.473.483. 495.499.
— Bordeaux.P31.2.85;S31.2.138;J50.208;D.Gar.65.144.
5 Ord.P31.3.12;D.Armée.34.
6 Ord P31.3.56;S31.2.549; D.Intér. de cap.58.142.Marché de fourn.139.
— Ord. du cons. d'état.D Eau.280.
— Ord. du cons. d'état.Mac.31.74;D.Pension.35.
7 Civ.r.P31.1.71;S31.1.350;D.Liquide.28.
— Req.P31.1.79;S31.1.77; J51.439; D.Condit.100.Substitution.369.
— Toulouse.P32 2.41;J53.193; D.Sép. de biens.108.409.
8 Civ.r.P31.1.72;D.Acquiesc.424.
— Req.P31.1.90;D.Garantie.393.
— Req.P31.1.89;S31.1.276;J51.342;D.Assur. mar.374.
— Ord.P31.3.56;D Quest. pr.30.
— Ord.P31.3.56;D.Quest. pr.103.
— Délib. du cons. d'adm.P31.3 59;D.Enreg.1016.
— Loi.P31.3.13;D.Traitement.45.
— Ord. du cons. d'état D.Marché de fourn.43.147.175.
— Ord. du cons. d'état.D.Ventes adm.48.
9 Civ r.P31.1.72;S31.1.415;J52.238; D.Etranger.59.
— Paris.P31.2.234;S32.2.168;D.Presse.466.
— Pau.P32.1.390;D.Faillite 788.Mandat.396.Except.55.
— Trib. de la Seine.P32.3.129;D.Privil.518.
10 Paris.P31.2.55;S31.2.99;J49 272;D.Compét. civ.263.
— Paris.P31.2.54;S31.2 223;J49.301;D.Preuve litt.4.
— Cr.r.P31.1.111; S31.1.311; J52.259; D.Instr. crim.404. Escroq.59.40.Trib.146.
— Cr.c.P31.1.91;S31.1 218;D.Contr. ind.113.
— Bordeaux.P31.2.81;S31.2.137;J50.149;D.Rapp. à succ. 206.
— Ord.P31.3.13;D.Ordres royaux.25.
— Ord.P31.3.13;D Garde nation.
12 Colmar.P32.2.3;S31.2.307;J50.520;D.Rente sur l'ét.5.
— Bordeaux.P34.2.80 D.Dem. nouv.156.
— Colmar.P33.2.169;S31.2.304;J50.525;D Usure.19.20.
14 Civ.c.P31 1 56;S31.1.153;J49.263; D.Péremp.249.
— Civ.c.P31.1.73;S31.1.415;J49.321; D.Chose jugée. 77.
— Req.P31.1.129;S31.1.73;J50.161; D.Commune.37.
— Bordeaux.P32.2.92;J53.546; D.Responsabil.89.
15 Civ.c.P31.1.75;S31.1.120;J49.440;D.Enreg.1449.
— Ord.P31 3.13;D.Avocat.264.
16 Req.P31.1.54;S31.1.74;J49.381; D.Obl.595. Offre.104. Privilége.175.
— Civ.c P31.1.92;S31.1.73;J49.549;D.Enreg.1395.
— Civ.c.P31.1.87;S31.1.288; D.Enreg.2705.
— Ord.P31.3.14; D.Sceau.1.
— Req.P33.1.38.S31.1 222;J51.410; D.Emig.454. Substitution.338.Tribunal.158.
17 Cr.c.P31.1.88;S31.1.288; D.Cour d'ass.646.
18 Cr.c.P31.1.104;S31.1.109,D.Cass.479. Instruc. cr.309.
— Cr.r.P32.1.186;D.Garde nat.378.501.961.
— Grenoble.P34.2 53;S33.2.527;J58.59; D.Dr. civ.80.
— Civ.c.D.Société comm 258.
19 Cr.r.P31.1.120;S31.1.82;J49.483; D.Courtier.63.
— Grenoble.P31.2.96;S31.2.96; D.Faux. 271. Quest. pr. 49.
— Limoges.P33.2.90;S33 2 549;J57.23; D.Succ. 265.273.
21 Civ.c.P31.1.59;S31.1.105;D.Enreg.2678.
— Civ.r.P32 1 388;J49.371;D.Chose jugée.12. Offre. 16. Société civ.29.Société comm. 308.
— Bordeaux.P33.2.73;S31.2.140;J50.553;D.Eff. de comm. 109.118.
22 Civ.c.P31.1 88;S31.1.103;J50.442;D.Enreg.1111.1314. 2093,2147.2149.
— Req.P31.1.102;S31.1.107;J49 377;D.Alimens.134.Succession.367.
— Req.P31.1.109;S31.1.273;J49 481; D.Chose jugée.284. Succession.374.
— Req.P31.1.102;S31.1.133;J49.349;D.Prop. indiv.16.
— Req P31.1.101;S31.1.92;J50.386;D.Motifs des jug 204. Responsab.197.
— Lyon.P31.2.123;S31.2.280;J51.247;D.Preuve test.149. 521.
— Paris.P31.2.162;S31.2. 191. et 140; J49.477; D.Ordre. 124.
— Montpellier.P32.2.130;S31.2.145; D Preuve litt. 1422.
23 Civ.r.P31.1.66; S31.1.184; J49.327; D. Garantie. 258. Prescrip.727.
— Civ.r.P31.1.75;S31 1.311;J49.331;D.Prescrip.846.
— Req.P31.1.108; D.Cass.891.Chose jugée. 52. Prescrip. 270.
— Req P31.1.106;S31.1.424;J49.445;D.Emig. 484.Rap. à suc.20.102. Substitution.548.
— Colmar.P31 2.125;S31.2 279;D.Compét. crim.375.
— Bourges.P31.2.159;S31.2.300;D.Vente.501.
— Req.P31 1.322;S31.1.122;J50.463;D.Eff. de comm.183. 632.636.
— Poitiers.P31.2.206;S31.2.269;D.Faillite.1128.
— Req.P31.1.102;D.Alimens.157.
24 Paris.P31.2 104;J49,357; D.Faillite.7.
— Metz.P31.2.235;S31.2.199;D. Preuve littérale.
— Ord.P31.3.14;S31.2.348;D.Colonie.
— Orléans.P33.2.10;S31.2.188;J49.414;D.Testament.
— Metz.P33.2.158;D.Enquête.125.
25 Cr.r.P31.2.88;S31.1.289;J49.392: D.Témoin.459.
— Bordeaux.P31.2.84;S31.2.158;J50.551;D.App. civ.519.
— Paris.P31.2.103;S31.2.184;J49.409; D.Hypoth. lég.30. Douaire.3.
26 Grenoble.P31 2.201;S32.2.83;J51.347;D.Interrog. sur faits.89.
— Grenoble.P33.2.33;D.Commune.600.Prescrip.835.
28 Civ.r.P31.1.55;S31.1.135;J50.289;D.Servitude.453.
— Bordeaux.P31.2.105;S31.2.268;J50.422;D.Legs.106.
— Ord.P32.3.8;D.Contribut. direct.
— Ord.P31.3.14;S31.2.345;D.Garde nationale.
— Ord. du cons. d'état.D.Forêt.4.
— Ord. du cons. d'état. D.Voirie.97.

MARS.

1 Civ.c.P31.1.59;S31.1.182;D.Jug. 386.
— Douai P31.2.73;D.Instr. cr.271.Presse.242.524.528.
— Req.P31.1 80;S31.1.100;J49.396; D.Condition.407.
— Req.P31.1.121;J50.567;D.Faillite.792.
— Req.P31.1.120; S31.1.263; J51.207, D. Motifs des jug. 143.Possess.208.Servitude.750.
— Req.P31.1.119;D.Servitude.534.
— Lyon.P31.2.102; S31.2.220; D.Saisie-imm. 1354. 1374. 1392.1393.
— Nanci.P34.2.206;S31.2.182;D.Testament.521.
— Bourges.P31.2.133. et 2.73;S31.2 250; D.Péremp.189.
— Bordeaux.P31.2.219; S31. 2. 204; D. Saisie-imm. 754. 16.39.
— Ord.P31.3.15;D.Marin.14.
— Bourges.P32.2.187;D.Exploit.618.
— Paris.P33.2.11;S31.2.175;J49.412;D.Exécut. pr.11.49.
— Délib. du cons. d adm.P33.3 28;D.Enreg.712.
— Trib. de comm. de Marseille.D.Assur. marit. 48.
2 Paris.P31.2.97;S31 2.100;J49.363; D.Saisie-arrêt.104.
— Solut.P31.3.39; D.Enreg.3018.
— Trib. de la Seine.P32.3.131;D.Vente pub.
— Trib. de la Seine.P32.3.130;D Enreg.2481.
— Civ.c.P33.1.55;S31.1.179; D.Compte. 147. Intérêts de capitaux.34.
— Bourges.P33.2.58; D.Absence.218. Tierce-opp.172.
— Trib. de comm. de Paris.P33.3 35; D.Obl.162. Oblig. pén.44.
3 Cr.c.P31.1.128;D.Cour d'ass 1431.
— Cr.r.P31.1.124;S31.1 310;J51.176; D.Récidive.33.
— Cr.r.P31.1.124;D.Vol.314.
— Paris.P31.2.99;S31.2.93;J49.489;D.Faillite.11. Société comm.83.
— Grenoble.P31.2.243;S32.2.78;J52.345;D.Surench.331.
— Cr.r.P32.1.65;S31.1.380; D.Compét. crim.586.587.
— Bourges.P32.2.186;D.Forêt.384.386. Usage.148.
— Paris.P33.2.17; S33.2.186; J49.464; D. Commiss. 246. 263.291.
4 Colmar.P33 2.174;D.Enquête.242.
— Pau.P31.2.250;S32.2.149;J50.507; D.Acquiesc.95.
— Bourges.P31.2 107;D.Hypoth. lég.128.
— Cr.r.P31.1.131;S31.1.85;J51.93;D.Inst. cr.438.Presse. 134.Trib.140.
— Bourges.P31.2.167; S32.2. 31; J52.321; D. Dem. nouv. 141.
— Ord.P31.3.17;D.Marché de fourn.12.
— Douai.P31.2.229;D.Poste aux lettres. 26.27.
— Loi.P31.3.16;S31.2.106;D.Traite des nègres.31.
— Loi.P31.3.16;D Cour d'assises.
5 Montpellier.P32.2.156;D.Ordre.472.
— Cr.c P31.1.140;D.Récidive.99.
— Bordeaux.P31.2.101;S31.2.218;D.Acte de comm.80.
— Paris.P31.2.106;S31.2 268; D.Surenchère.180.
— Cr.c.P31.1.176;D.Péage.61.
— Cr.c.P31.1.169;J51.155. et 50.32; D.Poids et mesures. 102.
— Cr.r.P31.1.193;J51.374;D.Voies de fait.28.
— Angers.P31.2.165;S31.2.193;D Féodalité.272.273.
— Bordeaux.P31.2.218;S31.2.224; D.Saisie-exécut. 251.
— Trib. de la Seine P32.3.129;D.Privilége.518.
— Toulouse.P34.2.59;S34.2.111;J58.576; D.Nantiss.407.
7 Civ.r.P31 1.92; S31.1.219; J51.214; D. Motifs des jug. 178.Preuve test.130.
— Req.P31.1.119; S31.1.304; J51.522;D.Déf.182.Discip. 186.
— Bordeaux.P31.2.101;S31.2;J50.434; D.Faux incid.38.
— Bourges.P31.2.158;S31.2.307; D.Caution.136.
— Trib. de Marseille.D.Marin 101.
8 Req.P31.1.139;S31.1.118;J51.22; D.Alimens. 109 110. 196.Louage.266.
— Grenoble.P32.2 60;S32.2.53; D.Vente.293.
— Req.P33.1.96;S31.1.133; D.Pérемp.208.
— Req.P34.1.397;S34.1.861;J50.227;D.Compét. civ.270.
— Civ.r.P31.1.111;D.Cass.19.Interv.52 Mariage.369.
— Trib. de Laon.P31.3.44;D Jour férié.17.
9 Civ.r P31 1.67;D.Enreg 1408 2831.
— Civ.c.P31.1.86;S31.1.220; D.Expertise.101.
— Civ.c.P31.1.83;S31.1.137;D.Colonie.73.74.120.127.
— Loi.P31.3.17;D.Armée.29.
— Nîmes.P32.2.60;S32.2.46;J51.390; D.Dot.300.
— Bourges.P32.2.85;J52.403; D Action civ.46.
— Nîmes.P32 2 167;S31.2 157;D.Hypoth. lég.77. Douaire.10.
— Grenoble P32 2.206;J53.142; D Inscript. hyp. et privil.20.472.Sép. de patrimoine.21.29.
10 Cr.c.P31.1.143;S31.1.91; D.Compét. crim.306.
— Cr.r.P31.1.144;S31.1.381; D.Compét. crim.733.734.
— Cr.c.P31.1.210;D.Cour d'ass.800.
— Ord.P31.3.17;D.Armée.30.
— Ord.P31.3.17;D.Enseig.295.
— Toulouse.P32.2.93;S32.2.635;D.Jug. par déf. 393.
— Ord.P31.3.17;D.Forêt.25.
11 Cr.r.P31.1.131; S31.1.147; D.Lois rétroact.23.Presse. 436.
— Cr.c.P31.1.176;D.Appel correct.218.
— Ord.P31.3.18;D.Enseig.295.
— Bordeaux.P32.2.28.D.Alimens.72.
— Bordeaux.P33.2.158;S33.2.585;D.Exploit.785.
— Bordeaux.P33.2.156;S31.2.317;J50.588;D.Dem. nouv. 119.
12 Cr.r.P31.1.189; J51.420; D.Homicide. 19. Cour d'ass. 788.1198.1256.
— Ord P31.3.17;S31.2.159;D.Enseig.295.
— Ord.P31.3.18;D.Enseig 295.
— Bourges.P31.2.194;S32.2 94;J56.276; D.Garantie.372.
— Colmar.P32.2.61;S33.2.53;D.Dom. de l'état.99.
— Caen.P33.2.209;S33 2.302;J56.25;D.Remploi.98.
— Cr.r.P31.1.189; J51 419;D.Homicide.19.
14 Pau.P31.2.183; S31 2.244; J50.505; D. Commune. 384. Poss.32.187.Servitude.558.699.708.
— Assises de Paris.P31.2.218; D.Lois.350.Presse 522.
— Bordeaux. P31.2 243;S31.2.317; J50.589; D.Conciliat. 32.35.Intervention.72. Dem. nouv.117.
— Paris.P32.2.41;D.Saisie-imm.1738.
— Req P34.1.92;S34.1.718;J49.529; D.Transp. de créance.99.
15 Civ.r.P31.1.109;S31.1.183;D.Filiat. nat.30.Lois. personn.22.Retrait succ.27.
— Req.P31.1.133;S31.1.101;J49.505; D.Commune.73.77. 139.
— Paris.P31.2.112;S31.2.237;J49.522; D.Aut. de femme. 185.Lois personn.31.32 Domicile.66. Dot.284. Etranger.88.Ratification.38.Remploi.100.
— Loi.P31.3.17;D.Dom. de la cour.1.Pension.60.
— Colmar.P33.2.17;S33.2.182;J56.80;D.Tutelle.898.
— Inst. gén. de la rég.P35.3.33; D. Enreg. Notaire.
— Douai.P35.2.69;D Notaire.131.
16 Civ.c.P31.1 85;D.Condition.5.
— Req.P31 1.156;S31.1.96;J50.12; D.Prescript.53.
— Civ.r.P31.1.212;S31.1.141; D.Exploit.900.
— Bordeaux.P32.2.15;S31.2.278; D.Compét. comm.369.
— Bastia.P32.2.198;D.Chose jugée.209.
— Trib. de la Seine.P33.3.128;D.Transcrip. hyp.55.
— Trib. de la Seine.P32.3.127;D.Enreg.2066.Vente.226.
— Req.P34.1.445;S35.1.207;D.Comp. adm.86.Servitude. 373.
17 Cr.c.P31.1.122; S31.1.257; J54.487; D. Faillite. 1332. 1384.1385.1390.1393.
— Lyon.P31 2.102;S31.2 213;J51.140;D.Obl.531.Faillite. 570.
— Cr.r.P31.1.241;S31.1.280;J52.72;D.Contumace.61.
— Ord.P31.3.18;D.Ministère.7.
— Ord.P31.3.18;D.Dom. privé.10.
— Bordeaux.P31.2.210; S31. 2. 282; J51. 246; D. Saisie-exécut.210.211.
— Bourges.P31.2.208;S31.2.299; D.Action. civ.13.Art de guérir.132.
— Paris.P33.2.63;S31.2.142;J37.158; D.Hypoth.341.
— Liége.P33.2.226;S34.2.118;D.Tutelle.281.
18 Civ.c P31.1.145;J51.105;D.Amnistie.78.79.
— Lyon.P31.2.103;S31.2.229;J51.188;D.Compensat.77.
— Cr.c.P31.1.242;D.Peine.227.
— Montpellier. P31.2.181; S31.2.229; J51.195; D.Sép. de biens.102.
— Trib. de comm. de Marseille. D.Marin.95.
19 Cr.c.P31.1.329;D.Aut. mun.470.495.501.
— Cr.c.P31.1.147;S31.1.115;J49.434;D.Incendie.11.Lois. 393.Peine.164.
— Cr.c.P31.1.211;J52.54;D.Cour d'ass.1573.
— Paris.P31.2.142;S31.2.306; J49.411; D.Acte de comm. 61.73.Compét. comm.188.
— Pau. P31.2.137; S31.2.303; J52.145; D.Aut. de femme. 138.Dem. nouv.131.

— Toulouse.P52.2.9;S51.2,520;J52.209; D.Enq.127.Servitude.407.
— Solut.P31.3.59;D.Enreg.295.
— Bourges.P32.2.185;S32.2.35;J51.500;D.Acte de comm. 112.Appel civ.583.
20 Loi.P31.3.18;D.Commune.Prêt.
— Loi.P31.3.18;D.eod.
— Cr.r.P31.1.218;D.Attentat.80.82.Déf.131.
21 Req.P31.1.142;S31.1.467;J50.447;D.Garantie.32.
— Req.P31.1.152;S31.1.425;J31.115;D.Action possess. 128.379.
— Req.P31.1.524;S31.1.139;J51.18;D.Faillite.1270.
— Douai.P31.2.218;D.Mandat d'exéc.30.
— Montpellier.P32.2.21;S51.2.328;J52.155;D.Acte de comm.166.
— Loi.P31.3.1;S31.2.107;D.Maire.2.
— Req.P34.1.161;J49.532;D.Servitude.714.
— Trib. de comm. de Marseille. D.Contrat à la grosse. 135.
22 Civ.r.P31.1.104;S51.1.260. et 258;D.Respons.165.
— Civ.c.P51.1.106;D.Respons.164.
— Civ.c.P31.1.85;S31.1.119;J50.561,D.Autor. de femme. 190.
— Req.P31.1.161;S51.1.121;J50.466;D.Exploit 147.
— Req.P31.1.154;S51.1.113;J49.536;D.Avocat.150.Serment.27.
— Req.P31.1.145;S31.1.350;J52.254;D.Tierce-opp.183.
— Loi.P31.3.2;S31.2.114;D.Garde nat.9.
— Bastia.P32.2.197;S32.2.579;D.Arbitrage.230.231.863. 955.1091.
23 Cr.r.P31.1.105;S51.1.157;D.Chose jugée.141.Int. de cap.55.
— Civ.r.P31.1.87;S51.1.288;J50.305;D.Colonies.176.177. 178.
— Req.P31.1.149;J52.111;D.Acte de comm.167.Mandat. 253.254.255.Entrepôt.12.
— Lyon.P31.2.167;D.Deg. de jur.109.
— Douai.P31.2.161;S31.2.244. et 243;J50.357;D.Exploit. 387.Sép. de biens.50.Tierce-opp.209.
24 Cr.c.P31.1.127;D.Cour d'ass.1648.
— Cr.r.P31.1.194;S32.1.195;J31.573;D.Cour d'ass.1560.
— Bordeaux.P31.2.156;J51.249;D.Appel correct.64.174.
25 Grenoble.P32.2.205;D.Port.disp.484.Ratification.29.
— Cr.c.P31.1.116;J51.74;D.Degré de jurid.653.
— Loi.P31.3.18;D.Dette publ.
— Paris.P31.2.138;S31.2.159;J50.35;D.Tutelle.419.Vente.652.
— Bordeaux.P31.2.155;D.Saisie-arr.226.254.
— Douai.P31.2.128;S31.2.315;J33.76;D.Discip.254.Notaire.144.
— Orléans.P31.2.163;S31.2.279;J50.417;D.Exploit.362.
— Orléans.P31.2.107;S31.2.555;J50.429;D.Surenchère. 62.183.
— Montpellier.P31.2.215;J52.211;D.Success.410.411.
— Bordeaux.P33.2.157;J51.314;D.Saisie-arr.
— Paris.P34.2.184;S31.2.179;J49.308;D.Saisie-arrêt.150. 227.237.
26 Cr.c.P31.1.170;S32.1.195;J51.158;D.Aut. mun.128. 143.567.577.
— Colmar.P31.2.126;S31.2.278;J51.850;D.Servitud.553.
— Loi.P31.3.19;S31.2.350;D.Contr. dir.
— Paris.P31.2.138;S31.2.249;J50.36;D.Int. de cap.168. 169.Prescrip.914.Success. bénéf.53.
— Avis du cons. d'état.P31.3.46;D.Cassation.
— Bordeaux.P33.2.160;D.Dot.537.538.
28 Civ.c.P31.1.86;S31.1.494;J50.15;D.Expertise.377.
— Nanci.P31.2.106;S31.2.158;J51.189;D.Dom. de l'état. 102.
— Bordeaux.P31.2.149;J51.68;D.Appel civ.203.Dem. nouv.118.Désist.105.
— Bourges.P31.2.194;D.Servitude.140.
— Douai.P31.2.225;S31.2.193;J50.526;D.Dr. civ.85.
— Ord.P31.3.45,D.Culte.102.105.123.139.
— Bordeaux.P34.2.88;J51.65;D.Eau.170.Expertise.16. Poss.180.
29 Bourges.P31.2.172;S32.2.82;J51.528;D.Exploit.434. Pr. litt.1006.
— Ord.P32.3.11;S32.2.22;D.Conflit.118.172.176.
— Ord. du cons. d'état.P31.3.56;S31.2.547;D.Emig.422.
— Solut.P31.3.59;D.Enreg.2215.
— Aix.P33.2.66;S33.2.92;J33.587;D.Mariage.631.
30 Bourges.P32.2.183;S33.2.175;J33.155;D.Pr. litt.832. 992.1013.
— Civ.c.P31.1.111;D.Procès verb.519.
— Civ.r.P31.1.112;S31.1.275;D.Aveu.39.Fruits.97.
— Civ.r.P31.1.178;S31.1.345;J50.276;D.Hypoth. lég.84. 468.
— Req.P31.1.156;S31.1.423;J51.349;D.Compét.adm.190. Privilége.203.204.
— Loi.P31.3.20;S31.2.120;D.Organ. adm.5.Pension.62.
— Loi.P31.3.20;D.Expropr. pour util. publ.
— Loi.P31.3.20;D.Organ. adm.
— Bordeaux.P32.2.6;J51.244;D.Action pub.59.
31 Cr.c.P31.1.213;D.Lois.270.273.Trib.40.
— Cr.r.P31.1.190;D.Faux.451.Instruc. crim.152.Cour d'ass.1292.Jugem.115.481.Publ. des jugem.93.
— Cr.c.P33.1.37;D.Chasse.97.118.
— Instr. min.P32.3.86;D.Garde nat.63.80.107.125.252. 259.297.602.783.796.

AVRIL.

2 Cr.r.P31.1.481;S31.1.491;J32.52;D.Témoin.476.
— Cr.c.P31.1.174;J51.287;D.Cassat.134.Embauch.27.
— Cr.c.P31.1.189;J51.469;D.Faux.288.Cour d'ass.1010.
— Ord.P31.3.21;D.Ministère.12.
— Ord.P31.3.24;D.Enseign.532.
— Cr.r.P31.1.224;S51.1.365;J52.84;D.Faux.444.C. d'ass. 1284.1285.Expertise.110.
— Ord.P31.3.21;D.Hospice.
4 Req.P31.1.162;J51.144;D.Cassat.755.Jugem.125.
— Req.P31.1.155;S31.1.425;J31.361;D.Respons.316.317.
5 Civ.r.P31.1.141;D.Faillite.1243.1248.
— Civ.c.P31.1.127;S31.1.275;J51.353;D.Chose jugée.114. 121.Ordre.225.
— Grenoble.P31.2.176;S32.2.80;D.Mandat d'exéc.54.
— Req.P31.1.515;D.Instr. par écrit.43.Enreg.2171.
— Circul. min.P32.3.71;D.Garde nat.415.
6 Req.P31.1.157;S51.1.472;J50.5. et 54.239;D.Action. 51.55.59.Assur. marit.298.Mandat.114.118.Prises marit.29.
— Civ.r.P31.1.130;S31.1.274;D.Jugement.521.
— Civ.r.P31.1.128;S31.1.278;J50.563;D.Commune.451. 452.458.
— Req.P51.1.117;S31.1.173;J51.88;D.Jugem.100.Mand. 448.Motifs des jug.144.
— Civ.c.P31.1.115;S31.1.415;J50.26;D.Action poss.374.
— Req.P51.1.114;S31.1.274;J51.150;D.Remplac.48.
— Bruxelles.P32.2.64;D.Exploit.16.
— Circul. min.P32.3.72;D.Garde nat.
— Req.P32.1.309;S32.1.851;D.Chose jugée.155.
— Ord.P31.3.21;D.Monument.4.
7 Cr.r.P31.1.176;J51.286;D.Enfans enlevés.4.5.
— Cr.c.P31.1.169;S31.1.170;J51.146;D.Destruct.98.99.
— Trib. de comm. de Marseille.D.Ass. marit.142.
8 Cr.c.P31.1.171;S31.1.175;J31.166;D.Chasse.43.Lois. 93.
— Loi.P31.3.21;S31.2.128;D.Affiches.23.
— Loi.P31.3.21;S31.2.105;D.Presse.
— Ord.P31.3.56;S31.2.347;D.Patente.66.
— Ord.P31.3.56.S31.2.347;D.Cons. d'état.275.
9 Paris.P31.2.127. et 209,S31.2.202;J50.191;D.Société comm.328.329.
10 Loi.P31.3.21;S31.2.121;D.Attroupement.
11 Civ.c.P31.1.140;S31.1.169;J50.172;D.Deg. de jurid. 100.
— Civ.c.P31.1.140;S31.1.320;D.Douanes.418.
— Civ.c.P31.1.125;S31.1.196;J50.406;D.Incendie.46.
— Civ.c.P31.1.115;S31.1.272;D.Motifs des jug.84.
— Loi.P31.3.22;D.Pension.138.
— Paris.P31.3.25;D.Armée.36.
— Req.P33.1.278;S31.1.289;D.Oblig.468.469.Pr. test. 154.186.
— Trib. de comm. de Marseille.D.Ass. marit.111.
12 Civ.c.P31.1.134;S51.1.319;J50.67;D.Frais et dép.204.
— Req.P32.1.127;S32.1.859;D.Partage.178.D'asc.52.65.
— Ord.P32.3.72;D.Garde nat.
— Circul. min.P32.3.72;D.Garde nat.330.
13 Civ.c.P31.1.140;S31.1.166;D.Expl.179.Preuve litt.54.
— Civ.c.P31.1.158;S31.1.360;D.Saisie-arr.247.
— Ord.P31.3.24;D.Prêt.
— Bordeaux.P31.2.142;S31.2.328;J51.270;D.Enq.104.
— Grenoble.P34.2.214;S32.2.24;D.Remplacem.78.
— Toulouse.P31.2.251;S31.2.330;J51.193;D.Nullité.277. 325.Partage.306.
— Avis du cons. d'ét.P32.3.83;D.Garde nat.247.
14 Cr.c.P31.1.157;S51.1.150;J51.305;D.Fonct. publ.65. 212.Discipl.25.Presse.644.645.
— Cr.c.P31.1.191;J52.228;D.Vol.269.
— Cr.c.P31.1.189;D.Trib.166.
— Bastia.P31.2.182;S32.2.91;D.Fonct. publ.597.
— Cir.c.min.P32.3.73;D.Garde nat.598.
— Paris.P33.2.5;S31.2.149;D.Faillite.436.
— Paris.P34.2.235;J50.215;D.Colonie.160.182.
— Ord. du cons. d'ét.D.Ventes adm.152.
— Ord. du cons. d'état.D.Ventes adm.292.
15 Paris.P31.2.119;S31.2.228;J50.561;D.Eff. de com.596.
— Cr.c.P31.1.214;S31.1.380;D.Lois.271.272.
— Cr.c.P31.1.214,n.;S31.1.380,n.;D.Lois.271.272.
— Limoges.P31.2.152;S31.2.174;D.Success. bénéf.125.
— Bordeaux.P31.2.145;S31.2.177;D.Retour lég.36.
— Solut. min.P32.3.76;D.Garde nat.37.
— Instr. min.P32.3.76;D.Garde nat.507.
— Circul. min.P32.3.75;D.Récomp. nation.
16 Cr.r.P31.1.175;S32.1.848;J51.461;D.Acquiesc.461.
— Cr.r.P31.1.175;J51.219;D.Cour d'ass.1247.1371.1667.
— Cr.c.P31.1.214,n.;S31.1.380,n.;D.Lois.271.272.
— Cr.c.P31.1.191;S31.1.304;D.Compét. crim.8.
— Paris.P31.2.141;S31.2.309;J50.114;D.Compét.comm.
— Instr. de la rég.P32.3.91;D.Garde nation.
17 Circ. min.P32.3.73;D.Garde nationale.99.101.197.
— Délib. du cons. d'adm.P33.3.4;D.Timbre.247.
18 Civ.c.P31.1.136;S31.1.178;J50.449.et 28;D.Enreg.431. Oblig.259.
— Civ.r.P31.1.195;S31.1.283;J51.101;D.Commiss.225. 295.
— Loi.P31.3.23;D.Enreg.11.Contrib.11.
— Loi.P31.3.24;D.Pension.
— Paris.P34.2.140;S31.2.316;J50.309;D.Pérempt.296.
— Ord.P31.3.27;D.Enseign.293.
— Grenoble.P31.2.215;D.Paraphernalité.28.

— Grenoble.P32.2.88;J32.363;D.Expert.304.Resc.169.
— Ord.P31.3.27;D.Enseignem.
— Req.P31.1.397;D.Louage d'ouvr. et d'industr.31.Témoin.113.
— Décis. arbit.P32.1.359;D.Société comm.76.
19 Civ.c.P31.1.143;J50.107;D.Louage.450.Pérempt.35.
— Civ.c.P31.1.176;S33.1.288;D.Jugem.356.
— Req.P31.1.165;S31.1.432;J32.335;D.Subr.57.58.59.60.
— Ord.P31.3.25;D.Elect. comm.229.
— Req.P31.1.254;S31.1.168;J51.209;D.Rente.168.
— Nimes.P32.2.64;S32.2.47;J51.302;D.Dot.300.
— Grenoble.P32.2.142;S32.2.193;J34.192;D.Alim.135.
— Loi.P31.3.7;S31.2.122;D.El. lég.504.506.508.509.513. 514.516.524.525.538.540.543.563.585.589.603.
— Paris.P33.2.169;S32.2.23;J51.371;D.Prescr.358.670.
20 Civ.c.P31.1.129;S31.1.266;J50.22;D.Enreg.1378.
— Req.P31.1.163;S32.1.77;J52.50;D.Commune.258.270.
— Req.P31.1.161;S31.1.166;J50.85;D.Serm. déc.46.Succ. bénéf.178.183.
— Civ.r.P31.1.195;D.Dot.453.
— Paris.P31.2.157. et 33.1.32;S31.2.288;J50.32;D.Interdit.148.
— Paris.P31.2.139;S31.2.161;J50.113;D.Faill.816.
— Bordeaux.P31.2.144;S31.2.315;J50.575;D.Comp.civ. 258.Partage.23.57.169.
— Bourges.P31.2.248;S31.2.521;J52.122;D.Mines.94.
— Douai.P32.2.4;S31.2.337;J50.266;D.Louage d'ouvr. et d'ind.75.
— Lyon.P32.2.58;S32.2.99;J33.342;D.Communauté.259. Contumace.44.Dot.22.
— Circ. min.D.Elect. lég.87.
21 Loi.P31.3.24;D.Dette publ.
— Cr.c.P31.1.225;D.Faillite.1352.
— Bordeaux.P31.2.178;J50.514;D.Domicile élu.112.
22 Cr.r.P31.1.174;S32.1.197;J31.341;D.Désert.6.
— Cr.c.P31.1.173;D.Autor. mun.403.Chasse.43.Loi.93.
— Cr.c.P31.1.196;D.Garde nat.733.759.Publ. des jug.62.
— Loi.P31.3.24;D.Crédit législ.
— Montpellier.P32.2.91;S32.2.620;J52.374;D.Legs.5.Ratif.170.Substitut.44.Testam.7.
— Délib. du cons. d'adm.P31.3.39;D.Enreg.2316.
— Ord.P31.3.25;D.Garde nat.319.
— Colmar.P32.2.206;J51.551;D.Hypoth.30.Conv.71.
— Ord. du cons. d'ét.P33.3.94;D.Marché de fourn.535.
— Ord. du cons. d'état.S32.2.22;D.Ventes adm.299.
23 Cr.c.P31.1.183;D.Cassat.131.Compét. crim.215.
— Cr.r.P31.1.175;J51.220;D.Garde nation.411.587.869.
— Cr.c.P31.1.170;S51.1.228;J51.152;D.Exploit.951.
— Cr.c.P31.1.214;D.Lois.272.
— Paris.P31.2.141;S31.2.333.162;J50.129;D.Intérêt de cap.174.Paiement.141.
— Bordeaux.P31.2.149;S31.2.328;J50.525;D.Pérempt. 136.Saisie imm.341.219.
— Circ. min.P32.3.73;D.Garde nat.330.
25 Civ.c.P31.1.145;S31.1.348;J31.491;D.Appel civ.363.
— Bordeaux.P31.2.148;S31.2.314;J50.504;D.Partage.14.
— Grenoble.P31.2.201;S32.2.90;D.Etrang.206.Attent. 24.
— Décis. min.P32.3.76;D.Garde nat.65.247.248.
— Circ. min.P32.3.76;D.Amnistie.
— Req.P32.1.54;S32.1.623;J33.150;D.Garantie.259.Dot. 369.Oblig.341.Success.363.Vente.435.659.
— Montpellier.P32.2.36;S32.2.64;J52.591;D.Arbitrage. 59.896.
— Grenoble.P31.2.201;S32.2.41;J51.381;D.Arbitr.215.
— Inst. min.P32.3.86;D.Garde nat.406.
26 Req.P31.1.191;S31.1.198;J50.98;D.Vente.722.
— Civ.c.P31.1.254;S31.1.347;J51.254;D.Transport de créance.101.
— Bourges.P31.2.241;J52.99;D.Tutelle.343.
— Montpellier.P32.2.175;S32.2.86;J52.294;D.Témoin. 140.167.
— Req.P32.1.270;J33.24;D.Compte.132.149.Hospice.88. Min. pub.96.
27 Civ.c.P31.1.246;S31.1.277;J50.101;D.Aveu.41.50. Compensation.113.Preuve litt.1240.
— Bordeaux.P31.2.144;S31.2.208;J50.535;D.Alim.76.
— Poitiers.P31.2.136;S31.2.267.145;D.Offre.47.Rente. 158.300.
— Req.P31.1.271. et 30.2.6;S31.1.194;J52.40;D.Désav. 99.Serment déc.8.64.
— Montpellier.P32.2.23;S32.2.77;J52.334;D.Autor. de femme.321.322.Nullité.294.Tierce-opp.182.
— Bruxelles.P33.2.22;D.Jug. par déf.155.
— Req.P34.1.396;J50.70;D.Honor.135.151.Hoiss.123.
28 Cr.c.P31.1.197;S32.1.197;D.Cassation.967.Cour d'ass. 1371.Loi.274.Tribun.165.
— Cr.c.P31.1.184;D.Instruct. crim.542.Peine.328.547. Témoin.214.
— Paris.P31.2.158;S33.2.31;J50.114;D.Faillite.540.
28 Orléans.P32.1.62;J52.13;D.Jugem. par déf.428.Expl. 297.
— Circ. min.P32.3.75;D.Garde nat.399.
— Nimes.P33.2.76;J53.100;D.Commerç.7.Faill.38.42.
29 Cr.c.P31.1.184;D.Cour d'ass.1245.1615.
— Cr.c.P31.1.182;S31.1.303;J52.21;D.Fonct. publ.40. Garde nation.48.
— Cr.c.P31.1.183;J52.524;D.Amnistie.123.Peine.155.
— Cr.c.P31.1.176;J51.340;D.Autor. mun.452.453.
— Cr.c.P31.1.175;S32.1.198;J31.285;D.Supp. de titres.7.
— Cr.c.P31.1.172;D.Poids et mes.72.

— Poitiers.P31.2.156; J52.147; D.Appel civ.292.293.320. Délai.62.77.Domicile élu.53.Ordre.440.453.
— Ord.P31.3.27;D.Industr.1.
— Ord.P31.3.45;D.Effet publ.14.
— Paris J54.258;D.Assur. marit.264.
30 Ord.P31.3.27;D.Ordres royaux.26.

MAI.

2 Req.P31.1.182;S31.1.161;J30.460;D.Jug par déf.394. Sép. de biens 150.
— Bordeaux.P31.2.169;S31.2.307;D.Saisie-imm.1523.
— Req.P31.1.341;S31.1.244;J30.385;D.Jug. par déf.429 431.
— Bourges.P31.2.225;S32.2.272;J52.171;D.Compét. civ. 253.
3 Cr.c.P31.1.196;D.Saisie-imm.985.1133.
— Grenoble.P31.2 205;D.Culte.135.
— Bruxelles.P32 2.71;D.Jugem.345.
4 Civ.r.P31.1.188;S31.1.199;J51.283;D.Eff.de comm.93. 244.886.
— Req.P31.1.189;S31.1.197;J51.565; D.Preuve litt.1171.
— Req.P31.1.249;S31.1.204; J50.344; D.Louage.685.689. 690.692.
— Nimes.P32.2.188;S31.2.312;D.Saisie-imm.1045.1087.
5 Req.P31.1.182;S31.1.199;J50.89;D.Testam.574.
— Cr r.P31.1.245;S31.1.188; D.Abus de conf.19.Preuve testim.249.
— Bourges.P31.2.198;D.Presse.605.
— Ord.P32.3.14;D.Pension.82.
— Ord.du cons. d'état.P32 3.41;D.Contrib. dir.55.
— Ord.P31.3.37;D.Comptabilité.15.
— Req P33.1.284;S33.1.836;J57.441;D.Servit 512.
— Ord. du cons. d'état.P33.3.9,4DContrib. dir.143.
— Ord. du cons. d'état.P33.3.94;D.Comptabilité.13.Jug. adm. 14.
— Ord. du cons. d'état.D.Pension.145.
— Ord. du cons. d'état.Mac.31.175;D.Marché de f.58.
6 Dijon.P31.2.193;S31.2.206; D.Avoué. Péremption.
— Montpellier.P31.2.214;S31.2.278; J32. 458; D. Rescis. 139.184.
— Bordeaux,P31.2.259;S31.2.315;J51.119; D.Enq.292.
7 Bourges.P31.2.198;D.Appel incid. 83.84. Compét. cr. 293.
— Bourges.P31.2.199;J32.152;D.Compét. adm.199.Compét. civ.98.
— Ord.P31.3.45;D.Ministère 8.
— Grenoble.P32.2.207;D.Ratification.96. Société.177.
— Paris.P33.2.61;J56.434; D.Condition.184.
— Ord.Haras.3.
9 Req.P31.1.244;S31.1.203;J51.498; D.Dépôt 59 103.
— Paris.P31.2.247;S31.2.196; D.Jug. par déf.230.
— Paris.P31.2.236;S31.2.344;D.Legs.42 Parenté.11.
— Pau.P33.2 56; S31.2.210; D.Compte. 251. Société civ. 379.380.381.388.
— Req.P33.1.93;D.Action possess.166 178.
— Sol. de la rég.P33.3.80; D.Enreg.482.
10 Circul. aux préf. P31.3.30; D.Elect. comm. 10. 18.20. 47. 70. 72. 79. 80 83 88.92.93.101.122. et 38.59.99.101. 102.103.
— Délib. de la rég P32 3.147;S33.2.64; D.Timbre.29.
— Civ.r.P31.1.168;J50.358;D Etranger.287.
— Civ.r.P31.1.167;S31.1.207;J50.397; D.Enr.100.1016.
— Civ.r.P31.1.167;J51.420;D.Enreg.95.419.
— Req.P31.1.155; S31.1.188; J50. 281; D. Compét. adm. 205.Navigation 8.
— Paris.P31.2.221;S31.2.155;J50.364; D.Hypoth 22.
— Req.P31.1.250; S31.1.202; J50.389; D.Hypoth. lég. 92. Société comm.124.
— Ord P31.3.46;D.Effet pub.13.
— Ord.P31.3 45;D.Traitement.36.
— Colmar.P33.2.31;D.Servitude.555.
— Cir. min.P34.3.21;D.Elect. municip.
— Délib. du cons. d'adm.P31.3.39;S33.2.64; D. Timbre 282.
11 Civ r P31.1.195;S31.1.261;D.Patente.102.
— Civ.c.P31.1.192;S31.1.243;J51.202; D.Action possess 276.280.
— Civ.c.P31.1.193;S31.1 243;J51.398; D.Exploit.772.
— Toulouse.P32.2.57;S32.2.581; D.Honoraires. 142.146
— Ord.P31.3.46;D.Archives judic.
— Req.P34.1.392;S31.1.489; D.Testam.94.202.222.
— Circ. min.P31.3.32;D.Elect. comm.120.
13 Cr.c P31.1.216;D.Jet.3.
— Cr.c.P31.1.215;J51.558;D.Tapage.30.
— Cr.c.P31.1.243;D.Presse.551.
— Cr.r.P31.1.243;D.Faux.89.
— Toulouse.P31.2.153;S31.2.276;D Servitude.529.
— Cr.c.P31.1.270;D Fonct. pub.32.53. Proc.-verb.22.58
— Montpellier.P31.2.220;S31.2.212;J33.40; D.Rempl.90
— Dijon.P31.2.253;S32.2.168; D.Presse.423.424.452.453. 454.
— Bourges.P32 2 61;S32.2.45;J32.339;D.Intervent.77.
— Grenoble.P32.2.74;S32.2.382;J52.435;D.Dol.
— Ord.P31.3.45;D.Douanes.8.9.
— Ord. du cons. d'état.P33.3.97; D.Forêt.392.
— Ord. du cons. d'état.P33.3.97; D.Forêt.
— Ord.P32.3.100;D.Médaille.3.
14 Cr.c.P31.1.224;S31.1.228;J50.456; D.Forêt.162.904.
— Paris.P31.2.140;S31.2.177;J50.243; D.Exception.39.
— Bordeaux.P31.2.250;J31.194; D.Instr. cr.232.
— Paris.P31.2.234;D Cour d'ass. 56.
— Toulouse.P32.2.13; S31. 2. 302; J51. 127; D. Effet de comm.868.
16 Req P31.1.151;S31.1.214;J51.326: D.Dot.283.
— Civ.r.P31.1.222;S31.1.216; J51.278; D.Cass. 632. Rep. d'inst.39.
— Civ.c P31.1.193;S31.1.206;J51.565;D.Jug.351.
— Pau P31.2.194;S31.2.308;J51.548; D.Partage.104.
— Toulouse.P32.2.57;S32.2.308;J52.209; D.Privilége.33.
— Req.P31.1.199;S31.1.201;J30.396; D.Tutelle. 581.582.
17 Bordeaux.P31.2.120; S31.2. 287; J51.186; D.Poss. 94. Saisie-arrêt.9.12.Sequestre.29.Surenchère.258.
— Bordeaux.P31.2.126;J51.132;D.Expl.374.375 376.627.
— Civ.c.P31.1.195;J51.572; D Jug. supp.99.
— Civ.c.P31.1.239;S31.1.209;J51.115; D.Compensat.122.
— Req.P32.1.193;S31.1.212;D.Don. entre époux.14.
— Lyon.P32.2.169;S33.2.156;J55.182;D.Retr. succ.75.
— Montpellier.P32.2.152; S32.2.289; J33.66; D. Tutelle. 289.290.
— Req.P33.1.119;D.Compét. adm. 200. Frais et dépens. 62.Deg. de jurid. 587.
— Req.P33 1.32;D.Interdit.216.
18 Civ.r.P31.1.177;J51.506; D.Rescis.171. Tribunal.156.
— Toulouse P32.2.13;S31.2.302;J51.128;D.Prescrip.421.
— Grenoble.P32.2.124; S32.2.306; J52.492; D.Legs. 406. Révoc.88.
— Sol. min.P32.3.87;D Garde nat.176.
19 Cr.r.P31.1.220 J51 438;D.Cour d'ass.1227.1252.
— Circ. min.P32.3.84; D.Garde nat.60.228.
— Déc. min.P32.3.78;D.Garde nat. 153.228.353.466.488.
— Déc. min.P32.3.78;D.Garde nat. 60.
— Circ. min.P32.3.76;D.Garde nat.
— Déc. min.P33.3.4;D.Timbre.217.
20 Cr.r.P31.1.218; S32.1.214; J51. 467. et 52. 55; D.Cour d'ass.731.Déf.152.
— Cr.r.P31.1.218;S32.1.213;J51.426; D.Cour d'ass.1065.
— Bordeaux P31.2 157;S31.2.228;D.Désis.106.
— Ass. de Montpellier. P31.2.221; S32.2.156; D.C. d'ass. 438.574.
— Cr.c.P31.1.360; D.Autor. mun.26.27. Peine.156.
— Avis du cons. d'état.P32.3.83;D.Garde nat.43.
— Ord. du cons. d'état.P33.3.96;D.Dette pub.16. Place de guerre.104.
— Ord. du cons. d'état.P33.3.96; D Marais.
— Ord. du cons. d'état. Mac.31.194; D.Marché de f.56.
21 Bordeaux.P31.2.150;S31.2 294;D.Intervention.71.
— Bourges.P31.2.231;S31.2.294;D.Appel civ.311.
— Avis du cons. d'état.P32 3.84; D.Garde nat.161.
— Paris.P32.2 182;S31.2.243; D.Chose jugée.471.
— Lyon.P34.2.194;S32.2.197; D.Success.403.
23 Req.P31.1.341;S31.1.293; J51.519; D.Eau.381. Manuf. 119.141.
— Toulouse.P32.2.67;S32.2.322; D.Usuf.444.447.448.
— Inst. min.P32.3.84;D.Garde nat.
— Req.P33.1.130;D.Condition.137.
24 Req.P31.1.157;S32.1.77;J51.145;D.Saisie-imm.1545.
— Orléans.P31.2.226;S31.2.200;D.Rente.353 Rescis.143. 190.
— Douai.P31.2.242;S32.2.171;D.Presse.509.
25 Req.P31.1.162;S31.1.206;J51.160,D.Comp. adm.84.
— Déc. min.P32.3.83;D.Garde nat.
— Circ. min.P32.3.78. et 81;D.Garde nat.
— Paris.P32.2.22;D Mandat.201.
— Inst. min. P32.3.78; D.Garde nat. 246. 247. 253. 254 263.336.
26 Colmar.P32.2.205;J51.554;D.Prescript.131.Servitude. 129.652.
— Cr.c.P31.1.224;D.Peine 324.
— Cr.r.P31.1.219; J51.363; D. Jugem. 143. 147.408.420. Mines.122.144.
— Cr.c.P31.1.216;S31.1.400; D.Cour d'ass. 767. 774. 958. Publ. des jug.85.
— Cr.c.P31.1.215; J51.584; D.Garde nat. 597. 734 Publ. des jug.61.
— Cr.r.P31.1.240;D.Cassation.149.
— Cr.r.P31.1.240;S31.1.300;D.Témoin.202.
— Orléans.P31.2.160. et 32.1.41;J50.419; D.Garant.442.
— Grenoble.P32.2.88;S32.2.634; J32.347; D.Saisie-imm. 1295.
27 Grenoble.P31.2.254;S32.2.36; D.Oblig.113.489.513.
— Ord.P31 3.43;D Voirie.38.
— Bourges.P33.2.63;J32.300; D.Dem. nouv.139. Saisie-imm.1551.1552.1567.
— Limoges.P33.1.309;D.Oblig.64.
— Ord. du cons. d'état. P33.3 96;D.Contr. directes 193.
— Ord. du cons. d'état.P34.3.64;D. Vente adm 260. Voirie.694.
28 Pau.P32.2.29. et 33.2.123;S31.2.201; D.Vente.500.
— Grenoble.P32.2.63;S32.2.93;J32.337; D.Hypoth. jud. 43.
— Colmar.P32.2.213;S32.2.404;J53.365; D.Remise de la dette.72.
— Grenoble.P33.2.120; D.Saisie-imm.1666.
— Ord. D.Télégraphe.
30 Civ.r.P31.1.198; S31.1.418; D. Douanes. 212. Procès-verbal.588.
— Paris.P31.2.237. et 224;S31.2.198;J51,240;D.Hyp.259.
— Bourges.P31.2.224;S32.2.153; D.Enq.94.172.248.
31 Civ.c.P31.1.207; S31.1.412; J51.462; D. Surench.217. 235.
— Req.P31.1.206;S31.1.249;J51.430;D.Agent de ch.119. Arbitrage.67.Cass.927.Société comm.311.
— Req.P31.1.205; J51.354; D.Preuve test. 214.309. Réc. de juges.19.47.69.
— Req.P31.1.279;S31.1.241;J30.500; D.Notaire.19.
— Ord.P31.3.46;D.Douanes.10.
— Rep. min.P32.3.85; D.Garde nat.218.
— Rep. min.P32 3.86;D.Garde nat.196.290.
— Rep. min.P32.3.86;D.*eod.*
— Rep. min.P32.3.86;D.*eod.*
— Instr. min.P32 3.86 87.88; D.Garde nat.64.157.168.
— Instr. min.P32.3.86;D.Garde nat.297.
— Req.P33.1.40;S31.1.224;J51.500; D.Communauté.684.
— Inst. min.P32.3.88;D.Garde nat.43.44.224.226.
— Inst. min.P32.3.87;D.Garde nat.628.
— Inst. min.P32.3.87;D.Garde nat.53.
— Inst. min.P32.3.87;D.Garde nat.172.308.783.
— Inst. min.P32.3.86;D.Garde nat.
— Inst. min.P32.3.86; D.Garde nat.259.
— Req.P33.1.95; D.Preuve test.183.

JUIN.

1 Civ.c.P31.1.197; S31.1.245; J51.423; D.Transport de créance.224.
— Paris.P31.2.219;S31.2.205;J51.481; D.Jugem.220.
— Bourges.P31.2.231;D.Acte de l'état. civ.142.
— Grenoble.P32.2.40;S32.2.691;J52.577; D.Faillite.110. 112.113.Société.civ.313.515.
— Grenoble.P32.2.54. et 202;S33.2.212;D.Arbitrage.330. 607.626.673.881.Preuve litt.090.
— Instr. min.P32.3.93; D.Garde nat.
— Civ.r.P34.1.579;D.Chose jugée.25.
2 Req.P31.1.208;S31.1.232;J51.546;D.Inscript.hyp.225. Ordre.163.165.
— Cr.c.P31.1.233; S31.1.346; J52.49; D.Acquitt. 25. 52. Frais et dépens.354.
— Paris.P31.2.140;S31.2.193;J50.264;D.Dot.338.
— Cr.r.P31.1.270; D.Cour d'ass.682. Déf. 40. Motifs des jug.238 Tribunal.198.
— Bordeaux.P31.2.186;D.Exécut. des jug. et actes.192. Partage.28.29. Success.378.
— Bourges.P31.2.248;S32.2.120;J52.438; D.Chose jugée. 457.Usure.40.43.55.
— Montpellier.P31.2.253;S31.2.325; J51.196; D. Transcript. des don.42.
— Grenoble.P32.2.86; S32.2.622; J52.450; D. Prescript. 522.523.Saisie-imm.768.
— Lyon.P33.2.53;S33.2.521;J56.394;D.Frais et dép.172.
3 Cr.c.P31.1.244;S31.1.364; D.Compet. crim.284.285.
— Cr.r.P31.1.268;D.Cour d'ass.503.523.
— Pau.P31.2.194;S31.2.254;D.Servitude.98.
— Bordeaux.P31.2.251;S32.2.121; D Deg. de jurid.138.
— Ord.P31.3.56;S31.2.348; D.Marché de fourn.26.
— Solut. de la rég.P33.3.43; D.Greffier.47.
— Ord. du cons. d'état.P33.3.97; D.Conflit.90.
— Ord. du cons. d'état.P33.3.97; S31.2.347; D.Eau. 278. 280.
4 Agen.P31.2.152;S31.2.187;D.Emigré.543.
— Paris.P31.2.220;S31.2.211;J50.427;D.Dot.100.
— Trib. de Paris P33 3.17;D.Etabli. pub.28.
— Paris.P33.2.210;J50.416;D.Référé.47.
5 Ord. du cons. d'état.Mac.31.175; D.Marché de f. 58.
6 Req.P31.1.316;S31.1.246;J51.98;D.Dem. nouv.31.Société comm.70.145.
— Req P31 1.311;S31.1.238; J31.87; D.Faillite. 215.237. Droit.civ.99.
— Paris.P33 2.62;D.Garantie.528.
7 Ch. réun.P31.1.217;S31.1.255;J51.485; D.Tabac.85.
— Ch. réun.P31.1.263;S31.1.400;J52.198;D.Vol.219.220.
— Orléans.P31.2.222;S31.2 221;J52.17;D.Jug.p.déf.345.
— Bourges.P31.2.245,S32.2.81; D.Elect. lég.86.88.
— Montpellier.P33.2.146;S32.2.10; D.Usufruit. 501.502.
8 Ch. réun.P31.1.216;S31.1.242;J51 329; D.Pension.169. Traitement.30.Transport de créance.19.
— Ch. réun P31.1.212; S31.1.225; J30 490; D.Huiss.106.
— Paris.P31.2.222;S31.2.221;J50.508;D.Faillite.712.
— Bourges.P32.2 5;D.Servitude 374.
— Toulouse.P33.2.67;D.Frais et dépens.83.Tutelle. 386.
— Ord. du cons. d'état.P33.3.97;D.Eau.221.Exprop.pub. 241.
— Ord. du cons. d'état. P33.3.97;D.Eau 201.
— Ord. du cons. d'état P33.3 97;D.Confl.1.119.
— Paris.P1.212;D. Vente pub. de récoltes.10.
— Solut. de la rég.P33.3.4;D.Enregistrement.
9 Paris.P31.2.152;S31.2.242;J30.331;D.Copie de pièces. 25.Honoraires.136.
— Cr.r.P31.1.269;D.Cour d'ass.1093.
— Cr.r.P31 1.269;D.Inst. crim.484.Cour d'ass.1274.Serment.107.Témoin.184.Tribunal. 185.201.
10 Agen P31 2.151;S31.2.187;D.Emig.549.551.
— Cr.c.P31.1.223;S31.1.556;J51.361;D.Cour d'ass. 1591.
— Cr.r.P31.1.269; D.Cour d'ass.529.
— Bourges.P31.2.225;J 52.409; D.Enquête.138.182.
— Cr.r.P33.1.40;S31.1.412;J52.364; D.Amnistie.19.
— Poitiers.P33.2.57;S31.2.242;D.Enq 56.
— Bordeaux.P33.2.62;D.Novat.47.
11 Cr.r.P31.1 262;D.Appel correct.45.93.Enq.283.Motifs des jug.49. Procès verb.53.
— Cr.c.P31.1.227;S31.1.234; D.Presse 94.95 326.
— Ass. de la Seine.P.31.2.256;S33.2.74; D.C. d'ass. 672.

— Lyon.P33.2.64;S32.2.125;D.Servitude.661.
13 Req.P31.1.203;S31.1.267; D. Entrepôt. 9.10.Respons. 161.
— Req P31.1.200;J31.394; D.Exception.102. Société civ. 583.595.Société comm.143.151.
— Agen.P31.2.227;S31.2.203;D.Rap. à suc. 108.109.
— Colmar P32.2.12;S31.2.312;J31.123;D Saisie-imm.45.
14 Civ.c.P31.1.211;S31.1 249; D.Arbitrage. 706.893.909. Deg. de jurid.551.
— Req.P31.1.203;S31.1.261;J30 369; D.Tutelle.512.
— Req.P31.1.230;S31.1.357;D.Inscript. hyp.341.407.423. 451.
— Req.P31.1.232;S31.1.219; J31 303; D. Arbitrage. 393. 402.589.
— Pau.P32.2.120;S33.2.153; J33.574; D.Compét. civ. 17. Vente.676.
15 Civ.r.P31.1.215; S31.1. 260; J32.46; D. Compét. adm. 519.Emig.361.
— Civ.c.P31.1.210;S31.1.411;J31.84. et 32. 56; D.Eff. de comm.456.
— Req.P31.1.204;S32.1 214;D.Chose jugée. 35.Don. entre époux.39.
— Colmar.P31.2.163;S31.2.336; J31.261; D.Filiat. légit. 89.90.91.
— Req.P31.1.317;D.Juge.90.
— Bordeaux.P31.2.212;S31 2.275; D.Privilége. 531.537.
— Angers.P31.2.259;S31.2.290;D.Eff. de commerce.
— Av. du comité des fin. du cons. d'état. P34.3. 86; D. Enregistrement.
16 Cr.c.P31.1.242;D.Tribunal.166.
— Cr.r.P31.1.261;S31.1.389;J32.197;D.Témoin.
— Cr.r.P31.1.268;S31.1.240;J31.346; D.Cour d'ass.90.
— Req.P31.1.315;S31.1.241;D.Transport de créance.159.
— Colmar.P31.2.216;D.Filiation.
— Agen P31.2.228;S31.2.324;J31.317; D.Port. disp. 270.
— Ord P32.3.11;D.Respons.180.
— Toulouse.P32.2.106;S32.2.396;D.Nantiss.23.
— Ord. du cons. d'état.P33.3.97; D.Cons. d'état. 15.320.
— Ord. du cons. d'état P33.3.100;D.Trav. pub.107.
17 Cr.c.P31.1.241;J31.358;D.Peine.326.358.
— Cr.c.P31.1.262;D.Cour d'ass 1483.
— Cr.r.P31.1.228;J32.65; D.Vol.318.
— Bordeaux.P31.2.178; D.Exploit.627.
— Cr.r.P31.1.269;S31.1.379;D.Compét. crim. 644.
— Agen.P31.2.211;J32.81;D.Garant.491.Jug. p. déf.390.
— Grenoble.P31.2.245;S32 2.147; J33 62; D.Rescis.153.
— Toulouse.P33.2.89;D.Testament.165.
18 Cr.c.P31.1.235;J32.213.D.Faux.306.
— Cr.r.P31.1.245;S31.1.252;D.Voirie.618.
— Paris P31.2 236;S33.2.55;J31.257; D.Dem. nouv.134. Saisie-arrêt.28.
20 Civ.r.P31.1.224; S31.1.286; J31.273; D.Absence. 420. Militaire.11.
— Req.P32.1.15;S31.1.259;J31.461; D.Jug.70.Rente.375.
21 Civ.c.P31.1.211;S31.1.290; J31.40; D. Arbitrage. 426. 652.952.1088.
— Req.P31.1.201;S31.1.262;J30.467;D.Absence.369.371. Mariage.301.
— Req.P31.1.245; S31. 1. 268; J31.29; D.Communauté. 432.483.
22 Req.P31.1.221;S31.1.255;J31.76; D.Cass. 801. Révoc. 61.76.
— Req.P31.1.188;D.Elect. lég.596.606.
— Req.P31.1.286;D.Compét. adm.
— Toulouse.P31.2.228;S32.2.25;J31.316; D.Dem. nouv. 100.
— Ass. de la Seine.P31.2.256;S32.2.74; D.C. d'ass.674.
— Toulouse.P32 2.7;S31.2.331;D.Témoin.146.
— Grenoble.P32.2.139;S32.2.570; D Saisie-imm.8.
— Colmar.P31 2.236. et 32.1. 278; S32.2.31; J31.444; D. Legs.37.Révoc.18.
— Lyon.P32.2.17;S32.2 345; J34.346; D.Jug. par déf. 6. Délai.121.
— Bordeaux.P32.2.216; D.Charte.43.Privil.144.145.Responsabil. 83.
— Grenoble.P33.2.62;J33.165;D.Saisie-imm.1716.
— Bordeaux.P31.2.258;D.Assur. marit.531.
23 Cr.c.P31.1.248;S21.1.264;J31.301; D.Fonct. pub 21. 210.211.Culte.136.
— Cr.r.P31.1.271;D.Cour d'ass.744.781.
— Cr.r.P31.1.274;D.Cour d'ass.934.1079.1727.
— Lyon.P32.2.14. et 34. 1.424; S32.2.344; D.Séquestre. 42.Vente.749.
24 Cr.c.P31.1.212;S31.1.411;D.Autor. mun.632.635.
— Cr.c.P31.1.239.S31.1.400; D.Cour d'ass.780.
— Cr.c.P31.1.237. et 2.151;S31.1.421; J31 507; D.Cassation.354.Garde nat. 334.383.871.1024.
— Cr.r.P31.1.262;D.Cour d'ass.1656.
— Cr.c.P31.1.278;S31.1.398;D.Autor. mun.375.376.
— Paris.P31.2.254;S31.2.197; D.Presse.541.
— Poitiers.P31.2.244;D.Assur. marit. 313.329.685.
— Poitiers.P32.2. 15; S31.2. 293; D.Appel civ. 158. 263. Autor. de femme.297 Prescript. 943. Purge. 111.112. Communauté.1076.
— Bordeaux.P32.2.71;S32.2.115; J32.43; D.Saisie-imm. 1308.
25 Paris P31.2.129;S31.2.241;J30.478; D.Faillite.1056.
— Cr.r.P31.1.273;J32.121; D.Cass. 960. Fonct. pub. 66. Presse.259.282.378.379.634.
— Toulouse.P31.2.213;S31.2.319; D.Arbitr.339.341.343.

— Paris.P31.2.233;S31.2.261;J30.539;D.Surenchère 163. 277.
— Lyon.P32.2.18;D.Appel civ.283.
— Bourges.P32.2.48,n.1;D.Appel civ.12.
— Bruxelles.P33 2.226;S34.2.114; D.Nantiss.63.
26 Bruxelles.P33.2.232; D.Surenchère.179.
27 Req.P31.1.187;S31.1.256; J31.406; D.Cass. 792. Droit polit 9.10.Elect. lég.598.Naturalis.20.
— Req.P31.1.230;J32 155.
— Civ.r.P31.1.235;S32.1.229;J31.5; D.Testament.11.
— Civ.c.P31.1.233;J31.356; D.Compét. comm.44.
— Req.P31.1.352;S31.1.285;D.Expl.759.Tribunal.156.
— Paris.P31.2.151;S31.2.335; J31.182; D. Lois.123. Enseignement.50.
— Bourges.P32.2 188;S33.2.42; J34.38; D.Désaveu. 102. Présompt.34.
28 Req.P31.1.219;J31.437;D.Etranger.46.
— Req.P31.1.217;S31.1.279; D.Cass.38.982. Rap. à suc. 114.Success. irrég.29.41.62.78.
— Civ.c.P31.1.214;S31.1.291;J30 554;D.Ass. terrest. 37.
— Bordeaux.P31.2. 170; S31 2.334; D. Saisie-imm. 928. 929.Vente.655.
— Bordeaux P31.2.262;S31.2.304;J31.448; D.Révoc.319.
— Sol. de la rég.P32.3 112;S32.2.556;D.Enreg.331.
— Bruxelles.P33 2.21;D.Jugem.124.
— Aix.D.Assur. marit.660.662.663.
29 Req.P31.1.246;S31.1.308;D.Enq.278. Témoin.72.
— Toulouse.P31.2.214;S31.2.327; D.Dom. de l'état.102. Exploit.576.
30 Cr.c.P31.1.235;S31.1.348;D.Faux.509.
— Cr.c.P31.1.227;S31.1.356;J31.592; D.Cour d'ass.1397.
— Cr.c.P31.1.243;S31.1.376;J32.170; D.Serment.91.
— Cr.r.P31.1.269;D.Déf.163.
— Cr.r.P31.1.271; D.Complicité.216.C. d'ass. 1059.1080. 1721.

JUILLET.

1 Poitiers.P31.2.189;S31.2.241;D.Privilége.513.
— Cr.r.P32.1.64;S31.1.431;D.Enf. enlevés. 15.18.
— Poitiers.P32 2 72;S32.2.138; D.Greffier.26. Min. pub. 538.Notaire.237.
— Cr.r.P32.1.159;D.Eau.346.347.
— Ord.P31.3.48;D.Marin 6.
— Ord.P31.3.48;D.Marin.5.
— Ord.P32.3.90;D.Armée.23.
2 Paris.P31.2.149;J30.477;D.Prescript.914.
— Paris.P31 2.252;S32.2.142;J31. 452; D. Propriété.193. Vente.503.
— Grenoble.P32.2.137; S32.2.316; D.Don. entre époux. 43.Port. disp. 340.
— Paris.P32.2.191;S32.2.439;J33 532;D.Compét. comm. 475.
— Colmar.P32.2.208;D.Deg. de jurid.303.
4 Bordeaux.P32 2 21;S31.2.339;D.Arbitrage.88.118.
— Colmar.P32.2.203;S33.2.76; D.Faillite.768. Privil.37.
— Bordeaux.P33.2.62;J31.319;D.Arbitrage.94.
— Trib. de comm. de Marseille D Charte.187.
5 Civ.c.P31.1.259;S31.1.421;J31 352; D.Success.482.
— Inst. min.P32.3.88; D.Garde nat.37.
— Inst. min.P32.3.89;D.Garde nat.
— Inst. min.P32.3.89. et 58.
— Inst. min.P32 3.89. et 73.
— Inst. min.P32.3 89. et 91.
— Agen.P32.2.155;S32 2.672;D.Jug. prép.39.42.
— Inst. min.P32 3.88;D.Garde nat.213.
— Inst. min.P32.3.89;D.Garde nat.281.
— Inst. min.P32 3 89; D.Garde nat.309.
6 Req.P31.1.247;S31.1.375;J31.302; D.Vente.63.
— Req.P31.1.228; S31.1.307; J32.37; D.Hypoth. lég.109. 209.
— Civ.c.P31.1.241;S31.1.336. et 335;J32.255; D.Colonie. 151.Exploit.862.
7 Cr.c.P31.1.278;D.Cour d'ass.1401.
— Cr.r.P31.1.302;D.Homicide.98.99.Cour d'ass. 1317.
— Bordeaux P31.2.228;J31.320;D.Inscript. hyp.119.
— Toulouse.P33.2.24;S32.2.646; D.Preuve litt. 889.910. Stellionat.25.
8 Nimes.P31.2 169;D.Acte respect.68.Domicile.45.
— Ass. de la Seine.P31.2.255;D.Presse.705.
— Cr.r.P32.1.65;S31.1.428;D.Compét. crim.61.
— Solut. de la rég.P32.3.105;D.Patente 108.
9 Grenoble.P32.2.142;S32.2.373;J33.167;D.Soc. comm. 301.
— Cir.c. min P32.3.90;D.Garde nation.295.
— Inst. min.P32.3.91;D.Garde nat.336.
— Bruxelles.P33.2.23;S33 2.431; D.Huiss.178.217.
— Inst. gén. de la rég.P33.3.37;D.Enreg.1897.
10 Cr.r.P34.1.436;D.Appel correct.27.
11 Civ.c.P31.1.240;S31.1.335;D.Rente.142.
— Req.P31.1.225;S31.1.362;J31.216; D.Domicile.93.106. Donation.293.
— Civ.r.P31.1.204;S31.1.294; J31.304; D.Cassat.752.Témoin.61.Vente.402.
12 Nimes.P31.2.216; S31.2.220; J32.461; D.Autoris. de femme.285 Dot.471.
— Bourges.P32.2.71;S32.2.50; D.Communauté.540.Retr. Success.67.
— Sol. de la rég.P33 3.39;D.Enreg.294.
— Req P31.1.247;J31.672;D.Arbit.530.
13 Cr.r.P31.1.242;J31.434;D.Cassat.802.Transp.de cr.68.

— Req.P31.1.255;D.Mandat.22.23.24.
— Bordeaux.P32.2.5.S31.2.332;D.Eff. de comm.185.202.
— Grenoble.P32.2.39;S32.2.299; D.Respons.357.
— Aix P32 2.172; S33.2.43; J36.80; D. Compét. civ.112. Etranger.164.170.
— Déc. min.P32.3.104;D.Timbre.76.
— Lyon.P33.2.222;S32.2.174;D Donat. entre ép 10.
14 Cr.c.P31.1.277;S31.1.431;D.Frais et dép.382.
— Cr c P31.1.278;D.Cour d'ass.1391.
— Cr.c.P31.1.271;S31.1.417;J32.323; D.Cour d'ass.1338.
— Orléans.P31.1.247;D.Amnistie.119.
— Toulouse.P32.2.44;S32.2.291;J33.166;D.Tutelle.398.
— Pau.P32 2.166;S32.2.376;D Fonct. pub.295;Resp.168.
— Ord.P31.3.56;S31.2 346;D.Comm.57.Cons. d'ét.270.
15 Paris P32.2.12;S31.2.319;J30.314;D.Act. de comm.35.
— Bordeaux.P32.2.19; S31.2.338; J31.379; D.Legs.333. 334.
— Inst. de la rég.P32.3.91;D Garde nation.796.
— Sol. de la régie.P33.3.39;D Enreg.676.
16 Paris.P31.2.205;S31.2.260;J31.36;D.Faillite.926.
— Paris.P32.2.81;S33.2.32;J31.455;D.Privil.123.
18 Civ.r.P31.1.259;S31.1.399;J31.406;D.Jug. par déf 16.
— Paris.P31.2.186;S31.2 306;J31.86;D.Révoc.66.
19 Civ.c.P31.1.252; S31.1.418; D.Cassat.13.Procès-verb. 585.
— Civ.c.P31.1.252;S31.1.419;D.Douanes 276.
— Civ.r.P31.1.251;D.Douanes.210.Procès-verb.589.
— Civ.r.P31.1.236;D.Purge.172.
— Paris P31.1.202;J30.573; D.Vente publ.16.
— Bordeaux.P32.2.24; S31.2.341; J31.343; D.Donat par cont.154.
— Bordeaux.P32.2 59;S32.2 59; J31.459; D.Don manuel 39.Retour conv.21.
— Bordeaux.P32 2.17 ; S33.2.46; D.Appel inc 39. Frais et dép.140 Courtier.132.133.
— Bourges P33.2.48;S33.2.384;J32.229;D.Mandat.473.
— Circ. min.P33.3.46;D.Elect. mun.
20 Civ.c.P31.1.275; S31.1.282; J31.337; D.Acquiesc.233. 302.344.459.Douanes.106.274.288.
— Req.P31.1.317;S31.1.281;J31.589;D.Hospices 56.
— Paris.P31.2.258; S32.2.29; D.Faillite.1076.Vente.692. 693.784.
— Bourges.P32.2.48;S32.2.531;J34.203.et 32.360;D.App. civ.12.Ordre.526.553.
— Paris.P32.2 215;J33.412;D.Contr. par corps.212.
— Bourges.P33.2.201;J32.207;D.Témoin.87.
— Douai.P33.2.217;S32.2.44;J31.582;D.Voirie445.
21 Toulouse.P33.2.133;D.Jugem. par déf.210.
— Req P33.1.160;S33.1.813;D Domm. enreg.49.
22 Grenoble.P31.2.235;S32.2.170;J33.185; D.Degrés. de jurid.626.Presse.653.654.656.
— Bordeaux.P32.2.174; D.Exploit.783 Prescript.907.
— Bourges.P33.2.101;S33.2.392;D.Pass.159.
— Cr.r.P31.1.291;S31.1.299;D.Cassat.111.
23 Bordeaux.P31.2.237;S32.2.122;D.Pérempt.21.271.
— Paris.P31.2.242;S31.2.299;J31.39;D.Absence.198.210. Paiement.34.
— Paris.P33.2 108;S33.2.621;D.Rente.157.
24 Bordeaux.P31.262;D.Privil.568.
25 Req.P31.1.251;D.Commune.417.434.435.
— Req P31.1.259;S32.1.611; J33.45; D.Loi rétroact 215. Expertise.87.Usage.137.
— Ch. des députés P31.3.28;D.Elect. lég 457.458.
— Bastia.P31.2.192;D.Appel civ.397.
— Instr. min.P31.3.40;S32.2.229;D.Garde nat.413.
— Ch. des dép P31.3.28;D.Elect. lég.568.
— Ch. des dép.P31.3.28;D.Elect. lég.217.
26 Civ.r.P31.1.258;S31.1.346;D.Servitude.529.
— Req. P31.1.251;D.Purge.172.178.
— Ch. des dép P31.3.29;D.Elect. lég.566.
— Ch. des dép.P31.3.29;D.Elect. lég 569.
— Ch. des dép P31.3.29;D.Elect lég.570.
— Ch. des dép.P31 3.29;D.Elect. lég.541.
— Bruxelles P33.2.21; D.Action.42.Tutelle.202.205.229.
— Ch. des dép.P31.3.29;D.Elect.lég.561.
— Bordeaux.P31 2.255;D.Louage.228.229.230.
— Circ. du garde des sc.P31.3.44;S31.3 285; D Pat 97.
— Civ. c.P32.1 55;S31.1.420;J32.355; D. Mot. des jug.5.
— Bordeaux.P33.2.192;D Enquête.169.
— Bordeaux.P31 2.222; S32.2.195; J33.191; D.Hypoth. 231.Vente 627.
— Ch. des dép P31.3 29; D.Elect. lég.13.14.216 218.
— Ch. des dép.P31.3.29;D.Elect. lég.548.
— Ch. des dép.P31.3.30;D.Elect. lég 559.
28 Ch. des dép P31.3.29;D.Elect. lég.507.
— Ch. des dép.P31.3.29;D.Elect. lég.519.
— Ch. des dép.P31.3 29;D.Elect. lég.535 534.534.
— Ch. des dép.P31.3.29;D.Elect. lég.523.
30 Cr.c.P31.1.277;D.Témoign. faux.36.
— Cr.c.P31.1.271;S31.1.417;D.Excuse 85.
— Cr.c.P31.1.279;S31.1.399;D.Autor. mun.595.597.599.
— Cr.c.P31.1.305;D.Motifs des jug.304.Escroq 52.
— Ord.P32 3.12;D.Contrib. dir.205.
— Colmar.P32.2 135;S32 2.260;J32 180;D.Pr litt.871.
— Cr.c.P31.1.294;S31.1.410;J32.344;D.Frais et dép.330. 332.Témoin.223.
— Ord.du cons. d'état D.Ventes adm.288.
31 Ord.P32.3.92;D.Garde nat.213.
— Ord. du cons. d'état.P33.3.119;D.Patente.92.

AOUT.

1 Civ.c.P31.1.254;S31.1.306;J31.106;D.Enreg.2910.
— Civ.r.P31.1.274;S31.1.329;J31.475;D.Chose.108.
— Bordeaux.P33.2.3;D.Acte de comm.215.Commerçant. 50.Compét. comm.32.Except.92.Usage.115.
— Ord.P32.3.99;D.Armée.22.
2 Civ.c.P31.1.252; S31.1.597; J31.250; D.Compét. civ. 70.71.
— Civ.c.P31.1.254;S32.1.231; D.Frais et dép.
— Req.P32.1.19;S31.1.419;J31.290;D.Succ. irr.137.138.
— Bordeaux. P32.2.88; J32 402; D.Acquiesc.395.Appel civ.373.
— Bordeaux P32.2.118.et 200;S32.2.158;D.Dist.par cont. 66.148.Privil.403.
— Lyon.P33.2.144;S33.2.250;J37.28;D.Honoraires.170.
3 Civ.c.P31.1.255;S31.1.388;J31.414;D.Chos.63.Poss.96.
— Req.P31.1.286; S32.1.219; J31.309; D.Communauté. 766.
— Civ.c.P31.1.266;S31.1.393;J32.322; D.Avoc.Discipl.
— Paris.P31.2.250. et 1.385;J31.191;D.Saisie-imm.1512. 1728.
— Bourges.P32.2.1;S32.2.151;J33.494;D.Servit.608.
— Req.P32.1.133;S32.1.651;J31.521;D Vente.568.
4 Cr.c.P31.1.301;S31.1.282;D.Compét. crim.364.
— Grenoble.P32.2.44;S32.2.400;J32.435,D.Prescr.838.
— Bourges.P32.2.30;S32 2.369;J32.353;D.Arbit 798 922.
— Lyon.P33.2.3;S32.2 475;J34.499;D.Remplac.77.92.
— Lyon.P33.2 39;D.Oblig.504.
— Cr.r.P31.1.293;S32.1.106;D.Prescript. crim.67.
— Cr.c.P31.1,292;S32.1.104;D.Compét. crim.588.
5 Ord.P32.3.7;D.Théâtre.81.94.96.
— Ord.P32.3.14;D.Trav. publ.177.178.
— Poitiers.P32.2.62;S32.2.205;D.Acq.52.App. civ.221.
— Avis du cons. d'ét.P32.3.93;D.Garde nat.404.405.
— Inst. min.P32.3.92;D.Garde nat.62.
— Inst. min.P32 3.92;D.*eod* 69.
— Inst. min.P32.3.92;D.*eod*.81.
— Inst. min.P32.3.92;D.*eod*.120.
— Inst. min.P32.3.92;D.*eod*.157.
— Inst. min.P32.3.92;D.*eod* 656.
— Inst. min.P32.3.92;D.*eod*.863.
— Inst. min.P32.3.92;D.*eod*.871.
— Cr.c.P31.1.291;S32.1.102;D.Cassat.846.Presse.58.
— Cr.r.P31.1.295;S32.1.157; J32.354; D.Fonct. publ.39. Garde nat.19.Presse.219.522.527.
6 Bordeaux.P32.2.102;J32.395; D.Vente.748.
— Colmar.P33.2.173;S33.2.318;D.Forêts.589.
8 Civ.r.P31.1.274;D.Commune.249.Forêts 569.
— Req.P31.1.335;S31.1.356;J31.242;D.Faillite.352.
9 Civ.c.P31.1.261;S31.1.387;D.Chose.96.
— Req.P31.1.304;D.Eff. de comm.847.
— Req.P31.1.318;D.Capitaine.80.81.Juge suppl.120.
— Req.P32.1.32;S31.1.394;J32.384; D.Compét. adm.191. Eau.175.Enquête.139.Oblig. divis.31.Prescript.818.
— Paris.P31.2.209; S31.2.259; D. Société civ.65.Société comm.336
10 Req.P31.1.303;S31.1.371; J31.296; D.Hypoth. conv.2. 157.Oblig.491.
— Req.P31.1.333;S31.1.325;J31.571. et 282;D.Enr.1196.
— Req.P32.1.80;S32 1.677;J33.359;D.Mandat.381.
— Bourges.P32.2.87;J32.425;D.Servitude.662.
— Bordeaux P31.2 257;S32.2.105; J32.217; D.Emig.451. Mariage.45.333.359.
— Bastia.P32.2.198;S33.2 87;D.Compét. comm.84.
— Paris.P32.2.223;S31.2.289;D.Dot.202.Purge.186.
— Sol. de la rég.P33.3.41;D.Enreg.336.
— Bourges.P33.2.101;J32.348;D.Compte.136.
— Req.P31.1.289;D.Frais et dép.333.Honor.137.
— Civ.c.P31.1.311;S31.1.316;D.Motifs des jug.36.
11 Cr.r.P31.1.297;D Vol.216.
— Cr.c.P31.1 301;D.Chose jugée.299.
— Déc. du min. des fin.P32 3.70;D.Timbre.176.
— Inst. min.P31.3.53; D.Elect comm.11.51.60.62.65.66. 129.130.132.133.145.147.151.152.154.155.158.159.161 162.163.164.165.166.174.177.179.180.182.186.189.190. 194.
12 Ord.P32.3.14;D Armée.38.
— Bordeaux.P32.2.133;S33.2 27;J34.332;D.Jug. par déf. 205.220.272.
— Bordeaux.P31.2.256;S32.2.121;D.Deg. de jur.72.138
— Toulouse.P32 2.176; S32.2.586; J32.506; D.Révoc.24 Testament.376.
— Dél. de la rég.P32.3.130;D.Timbre.177.
— Cr.c.P33.1.166. et 31.1.294;S32.1 106;J33.129;D.Mot. des jug.233.
— Cr.c P31.1.290;D.Cassat.142.143.Garde nat.993.
— Cr.r.P31.1.292;D.Frais et dép.383.
— Cr.c.P31.1.291;D.Garde nat.370.
13 Paris.P31.2.159;S31.2.257;J31.61;D.Faillite.318.
— Agen.P31.2 182;S31.2.247; D.Deg. de jurid.245.
— Toulouse.P31.2.214;J32.108;D.Tutelle.617.
— Angers.P32.2.141; S32.2.273; J33.142; D.Jeu-pari.28. 35.
— Paris.P33.2.68;J31.485;D.Eff. de comm.593.624.
16 Civ.r.P31.1.283; S31.1.404; J32.264; D.Cassat.770.Loi rétr.109.Nullité.272.Preuve testim.117.120.
— Civ.r.P31.1.263;S31.1.403;J33 10;D.Deg. de jurid.82.
— Req.P31.1.320;S31.1.305;J32.456; D.Oblig.560.Enreg. 2196.
— Bourges.P33.2.76;S32.2.39;D.Frais et dép.81.Deg. de jurid.132.Dom. de l'ét.74.85.99.100.101.
— Bordeaux.P33.2.46;D.Mandat.380.
— Toulouse.P34.2.89;S34.2.44;J39.116;D.Except.36.
17 Angers.P31.2.175;D.Avoué.175.Enq.162.Expl.828.
— Civ.c.P31.1.275;S31.1.314;J31.109;D.Enreg.3003.
— Civ.c.P31.1.281;S31.1.386;D.Paiement.67.
— Req.P31.1.318;S31.1.319;D.Rep. d'inst.30.
— Req.P31.1.312;S31.1.317;J31.583; D.Donat.435.
— Req.P31.1.328;S32.1.639;D.Emig.545.550 Presc 617.
— Civ.c.P31.1.293;S31.1.401;J31.400;D.Enreg.2089.
— Req.P31.1.330;S31.1.297; J31 555;D.Jug. par déf.135.
— Ass. de Maine et Loire.P31.2.234,S32.2.175;D.Presse. 506.
— Grenoble.P32.2.47; J33.201; D.Autor. de femme.14. Ordre.9.453.Exploit.326.364.
18 Cr.c.P31.1.318;S32.1.711;J33.278;D.Loi.587.388.
— Cr.c P31.1.317;S31.1.329;J32.21;D.Jugem.78.
— Ord P32.3.7;D.Emig.518.
— Ord.P32.3.8;S32.2.34;D.Emig.496.
— Ord.P32 3.6;D.Emig.510.
— Montpellier.P32.2.119;S32.2.157;J33.337;D.Sur.199.
— Loi.P31.3.48;D.Impôt.
— Cr.c.P32 1.260,n.3;D.Compét. crim.551.
19 Cr.c.P31.1.306;S32.1.117;D.Cour d'ass.1392.
— Cr.c.P31.1.306;S32.1.117;D.*eod.*
— Cr.c.P31.1.306,S32.1.117;J33 321; D.Cour d'ass.1397.
— Cr.c.P31.1 306;S32.1.115;D.Cour d'ass.1392.
— Bordeaux.P31.2.239,S32.2.200;J33.148;D.Mand.545.
— Bordeaux.P31.2 239;D.Servit.467.
— Grenoble.P32.2.43;D.Mines.49.
— Lyon P33.2.68;S35.2.208;D.Compét. comm.425.
20 Bordeaux.P33.2.80;J33.104; D.Surenchère.194.201.
22 Req.P31.1 283;S32.1.192;J32.277;D.Vente pub.65.72.
— Req P31.1.302;D.Arbitrage.957.Jugement.507.
— Req.P31.1.331;S31 1.327;J33.103;D.Rescis.141.
— Req.P31.1.336;S31.1.361;J31.134;D.Acte de l'état civ. 135.
— Paris.P31.2.240;S31.2.311;J31.484;D.Notaire.317.
— Bordeaux.P31.2.258;D.Assur. marit.554.
— Circ. P32.3 92; D.Garde nat.215.
— Ord.P32.3.99;D.Armée.23.
— Grenoble.P33.2.112;S33.2.284; D.Ordre.379.
23 Req.P31.1.330;S31.1.328;J32.47; D.Serment.11.
— Req.P31.1 339; S32.1.316; D. Action.40. Cassation.26. Enquête.18.
— Bordeaux.P32.2.18; S32.2.577; J33.111; D.Action civ. 52.94.
— Bourges.V. au 24.
— Lyon.P33.2.69;J36.305; D.Commissionn.27.41 43.144.
24 Civ c P31.1.281;S31.1.315;J31.174;D.Vente.743.
— Req P31 1.278;S31.1.313;J31.204;D.Cop.de pièces.15.
— Civ.c.P31.1 316;D Motifs des jug.109.
— Req.P31.1.327;S31.1.321; J31 513; D.Adoption.68.96. Tutelle officieuse.5 6.
— Lyon.P32 2.2;S32 2 84;D.Interdit.158.
— Bordeaux.P32.2.6;D.Communauté.763.Dot.535.536
— Bordeaux.P32 2.8;S32.2.598; D.Douanes.160.161.360 Exploit.442.
— Bourges.P32.2.85;S32.2.60;D.Partage.67.
— Bordeaux.P32.2 106; D.Frais et dép.182.
— Paris.P32.2.126;S32.2.300;J34.207; D Jug. p. déf.244. Deg. de jurid.428.
— Ord.P31 3.48;D.Théâtre.
— Civ.r.P31.1.293;S31.1 316;D.Compensat.155.Don. par cont.32.121.Mandat 527.Substitution 247.
25 Cr.c P31.1.302;S32.1 121; D.Attentat à la pud.38.
— Cr.r.P31.1.305;S32.1.200; D.Cour d'ass.1583.
— Req P31.1.327;D.Aveu.85.Garantie 313.Pr. test.62.
— Req P31 1.340;S32.1.307; J33 398; D.Jugem.259.Respons.131.243.
— Paris.P32 2.19;S31.2.296;D.Eff. de comm.657.
— Lyon.P32 2.25;S32.2.337;D Mariage.535.
— Lyon.P32.2.27;S32.2.429;J33.265;D.Aliment.174.
— Toulouse P32.2.177; D.Posses.85.
— Aix.P32.2.218; S33.2.162; D. Commissionnaire.68.73. 81.101.102.
— Nanci.P32.2.4;S31.2.343;D.Success. irrég.32.
26 Bordeaux.P31.2.259; D.Poss.87.
— Bordeaux. P31.2.265; S32.2.75; D.Transp. de créance. 102.
— Bourges.P32 2.121;J34.210;D.Aud.22.Saisie-imm.972.
— Ord. du cons. d'état. P33.3.19;D.Dom.pub.33. Ventes adm.11.
— Cr.r.P31.1.287;J31.164;D.Audience.40.41. Juge.82.
— Ord. du cons. d'état.D.Ventes adm.42.229.
27 Cr.r.P31.1.307;S32.1.114;J31.142; D.Presse.322.
— Cr.r.P31.1.307;S32.1.131; D.Cour d'ass.1490.1641.
— Cr.c P31.1.307;S32.1.58; D.Or et argent.24.
— Paris.P31.2.230;S32.2.41;D.Acte de comm.118. Agent de ch.199.
— Bordeaux.P32.2,23;J33.389;D.Vente.435 508.
— Trib. de Castres.P32 3.68;D.Enreg.1225.
— Paris.P33.2.92;S33.2.273; J37.23; D.Vente.318 Vente pub.106.
— Cr.c.P31.1.91;S32 1.107;D.Garde nat.881.
29 Civ.c.P31.1.282;S31.1.410; J32.275; D.Oblig.459.Présomp.61.
— Civ.c.P31.1.297;S31.1.334;D.Aveu.32.
— Req.P31.1.324;S31.1.355;J32.190 D.Action poss.108.
— Solut. de la régie P33.3.35;D.Enreg.295.
— Solut. de la régie.P33.3.38;D.Enreg.2273.
— Req.P33.1.151;S33.1.753; D.Compét. civ.227.
— Solut. de la régie.P33.3.112;D.Enreg.331.
30 Bourges.P33.2.21;S33.2.435;D.Référé.67.
— Req. P31.1.338; J32.464; D.Jugem. 371. Transp. de créance.215.Trib.93.
— Bordeaux.P31.2.252;D.Paiement.
— Colmar.P31.2.250;S32.2.8;J32.136; D.Compét. comm. 448.
— Bordeaux.P32.2.18;D.Jugem. par déf.184.497.Jugem. prép.64.
— Circ.P32.3.21; S32.2.230;D.Garde nat.132.
— Lyon.P32.2.64 S32.2.175;D.Jugem.491.494.
— Bourges P32.2 89; S32.2.111; J32.324; D.Jug. par déf. 470.Pr. lit.158.Ratification.136.
— Grenoble.P32.2.159;S32.2.645;D.Sép. de patrimoine. 31.65.
— Agen.P32.2.219;S32.2.148;D.Donat. entre ép.33 Port. disp.251.
— Bourges.P33.2.46;S32.2.387;D.Usage.121.
— Bordeaux.P33.2.71;J33.42;D.Deg. de jurid.320.
31 Bourges.P33.2.9;D.Vente.553.
— Civ.c.P31.1.297;S31.1.407;J32.267; D.Tierce-opp.155.
— Req.P31.1.326;S32.1.225;J32.443;D.Instr. par écrit.7. Discip.218.Motifs des jug.151.Notaire.409.Exception. 384.
— Req.P31.1.322;J32.422;D.Action possess.307.363.Deg. de jur.40.
— Paris.P31.2.207;S31.2.257;J31.540;D Faillite.23.
— Req.P31.1.338;S32.1.271;D.Pr. test.57.
— Bordeaux. P31.2.264; S32.2.17; J32.396; D.Saisie-arr. 198.
— Bordeaux.P32.2.20;S32.2.19;J33.108;D.Acte de comm. 169.Arbitrage.99. Société comm.103.310.343.
— Paris.P32.2.119;S32.2 153;J32.44;D.Eff. de comm.385.
— Orléans.P32.2.114;S32 2.145;J32.23;D.Legs.129.169.
— Bordeaux.P31.2.259,J32.434;D.Faillite.96.
— Lyon. P32.2.182; J33.218; D.Compét. comm. 361.385. 399. Vente.454.

SEPTEMBRE.

1 Cr.r.P32.1.23; S31.1.353; J31.221; D.Instr. cr.100.101. Lois.91.94.Poudres et salp.37.39.40.
— Circul.P32 3.25;D.Garde nat.
— Ord. du cons. d'état.P33.3.19;D.Emig.465.529.
2 Cr c.P31.1.308;S32.1.61;D.Prescrip. cr.48.
— Cr.r.P31.1.314;D.Cour d'ass.1212.
— Solut. de la régie.P32.3.118;D.Enreg.2438.
— Cr.c.P31.1.308;S32.1.122;D.Faux.278.
3 Cr.r.P31.1.309;D.Frais et dép.418.Témoin.309.
— Cr.c.P31.1.319;D.Aut. mun.286.
— Cr.r.P31.1.337;D.Deg. de jurid.627 Exploit.950.
— Cr.r.P33.1.315;J31.318;D.Adultère.23.Instr.cr.409.
6 Bordeaux.P32 2.12;S32.2.597;D.Frais et dép.86.
7 Ord.P31.3.48;D.Rec. nat.5.
— Ord.P31.3.51;D.Marin.14.
8 Cr.c.P31.1.314;D.Complicité.79.
— Cr.c P31.1.308,S32.1.115;D.Cour d'ass.389.
— Ord.P31.3.49;D.Pension.65.
— Solut. de la régie.P34.3 42;D.Timbre.183.
9 Cr.c.P31.1.310;S32.1.64;D.Procès-verb.410.415.
— Cr.c.P31.1.309;S32.1.63;D.Voitures pub.66.
— Cr.c.P31.1.309;S31.1.353;D.Fonct. pub 21.Culte.153.
— Ord.P31.3.48;S31.2.345;D.Prises marit.233.
— Cr.c.P32.1.292; S32.1.696; J34.376; D.Garde nat.981. Régl. de juges.127.
10 Cr.r.P31.1.315; S32.1.130; D.Cassation.286.288.Garde nat.125.247.438. 459.486.640.768.
— Cr.r.P31.1.314;S32.1.129;D.*eod.*
— Cr.r.P31.1.314;D.*eod.*
— Cr.c.P31.1.319;D.Poids et mesures.77.89.
— Cr.c.P31.1.319;D.Aut. mun.61.69
— Cr.c.P31.1.319;D.Voirie.633.
— Cr.c.P31.1.320;D.Procès-verb.42.
— Cr.r.P31.1.315;D.Chasse 43.136. Exploit.261.
— Cr.r. P31.1.316; S32.1.231; D.Garde nat. 659.660.666. 667.
— Instr. min.P32.3.94;D.Garde nat.174.333.447.
— Instr. min.P32.3.94;D.*eod*.262.
— Instr. min.P32.3.94;D.*eod*.300.
— Instr. min.P32.3.94;D.*eod*.333.
— Instr. min.P32.3.94;D.*eod*.447.
— Cr.r.P31.1.318.
— Instr. min.P32.3.93;D.Garde nat.173.
13 Cr.r.P31.1.209;S32.1.62;D.Attentat à la pudeur.36.92.
— Cr.c. P31.1.310; S32.1.122; J33.406; D.Acquiesc. 471. Tém.475.
— Cr.r.P31.1.314;J32.160;D.Cour d'ass.1269.Jugem 438.
— Instr. min.P32.3.93;D.Garde nat.52.
— Instr. min.P32.3.93;D.Elect. comm.73.
— Instr. min.P32.3.93;D.Garde nat.163.
— Instr. min.P32.3.93;D.*eod*.204.
— Instr. min.P32.3.93;D.*eod*.229.
— Instr. min.P32.3.93;D.*eod*.260.
— Instr. min.P32.3.93;D.*eod*.263.
— Instr. min.P32.3.92;D.*eod*.486.
— Instr. min.P32.3.93;D.*eod*.517.
— Ord. du cons. d'état.P34.2.64;D.Voirie.446.
— Ord. du cons. d'état.P34.3.65;D.Menaces milit.39.

— Ord. du cons. d'état.P34.3.23;D.Recrut.82.83.
— Ord. du cons. d'état.D.Propriété.271.
— Ord. du cons. d'état.D Recrut.82.
16 Cr.r. P31.1.299; J32.242; D.Cour d'ass.658.1302.1863. 1687.1688. Jugem.146.422. Rebellion.53.Serment.102. Témoin.360.450.
— Cr.r.P31.1.354;D.C.d'ass.1378.Fausse monn.19.683.
— Cr.r.P31.1.355;D.Cassat.836.966.Faillite.1353.1365.C. d'ass.684.988.Déf.29.
— Ord.P31.3.49;D.Salubrité publ.12.
18 Loi.P31.3.44; S31.2.274; D.Droit polit.30.31.33.Elect. comm.6.8.
20 Ord.P31.3.49; D.Salubrité publ.5.
— Arr. de la cour des pairs.P31.2.251,n.1;D.Lois.125.
21 Bruxelles.P34.2.20;D.Avoué.96.
— Bruxelles.P34.2.99;J59.512;D.Avoué.93.
22 Cr.c.P31.1.310;S32.1.113; D.Acquiesc.170.Cour d'ass. 889.Témoin.452.
— Cr.c.P31.1.346;J33.325;D.Cour d'ass.1397.
— Cr.r. P31.1.333; D.Fausse monn. 27. Cour d'ass. 991. 1016.1205.
— Cr.r.P31.1.336;D.Complicité.89.
23 Cr.r.P31.1.333; D.Cour d'ass.48.139.1399.
— Cr.c.P33.1.134;S31.1.370; D Serment.28.
24 Cr.r.P31.1.329;D.Presse.425.426.
— Cr.r.P31.1.329;D.Acquitt.27.
— Cr.c.P31.1.329;D.Témoin.310.
— Cr.c.P32.1.74;D.Compét. cr.706.Mariage.13.
— Solut. de la régie.P32.3.118;D.Enreg.2438.
27 Délib. du cons. d'adm.P33.3.82;D.Enreg.2583.
28 Loi.P31.3.50;D.Salubrité pub 14.
— Loi.P31.3.50;D.Organ. adm.5.
29 Cr.r.P31.1.335;D.Appel correct.50.Motifs des jug.259.
— Cr.c.P31.1.330;S32.1.240;D.Evasion.11.
30 Cr.c.P31.1.322;S32.1.347;D.Garde nat.55.441.
— Cr.c.P31.1.330;S32.1.115; D.Cour d'ass.1330.1398.
— Cr.r.P31.1.334;S32.1.240;D.Cour d'ass.17.
— Cr.c.P32.1.103;S31.1.369; J32.155; D.Elect. comm.21. 32.33.34.

OCTOBRE.

1 Bordeaux.P32.2 28;D.Louage.206.207.
5 Loi.P31.3.50;D Créd. lég.4.
— Ass. de la Seine.P33.2.115;S31.2.522;D.Frais et dép. 352.
6 Cr.c.P31.1.336;S32.1.117,n.;D.Cour d'ass.1393.
— Cr.c.P31.1.336;S32.1.117,n.; D.Cour d'ass.1393.
— Cr.c.P31.1.344; D.Motifs des jug.264.
— Cr.c.P31.1.344;D.Fonct. pub.67.
7 Cr.c.P31.1.330;D.Vol 338.
— Cr.c.P32.1.26;D.Voirie.634.
— Cr.c.P32.1.32;D.Cour d'ass.256.579.1264. Greffier.29. Jugem.452.Tém.480.
— Cr.c.P32.1.32;S32.1.287; D.Cour d'ass.1539.
8 Cons. de discip. de Valognes. P32.3.96;D.Garde nat. 202.328.961.
— Solut. de la régie P33 3.82; D Enreg.1470.
11 Délib. du cons. d'adm.P33 3 81;D.Enreg.1843.
13 Cr.c.P31.1.322;S31.1.400;D.Garde nat.733.
— Cr.r.P31.1.344;D.Cour d'ass.708.
— Cr.c.P32.1.31;J33.127;D.Garde nat.562.
14 Cr.c.P31.1.322;D.Garde nat.753.
— Cr.c.P31.1.332;S31.1.393;J32.153; D.C. d'ass.949.
— Cr.c.P31.1.344;S32.1.315;J33.122;D.Faux.314.
— Cr.r.P31.1.344;D.Cour d'ass.1114.
— Ord. du cons. d'ét.P32.3.17;S32.2.14;D.Dom.extraord. 23.Pension.45.
— Solut. de la régie.P33.3.81;D.Enreg.155.
— Ord. du cons. d'état.P33.3.119; D.Expropr. pub.68.
15 Cr.r.P31.1.342;D.Cassat.453.Garde nat.251.
— Cr.c.P31.1.342;S32.1.555;D.Garde nat.551.
— Cr.c.P31.1.343;D.Garde nat.279.
16 Loi.P31.3.50;D.Créd. lég.
20 Paris.P31.2.207;S31.2.327;D.Exception.17.
— Cr.c.P31.1.342;S32.1.347;D.Garde nat.55.441.551.
— Cr.c.P31.1.343;D.Garde nat.55.
— Cr.r.P31.1.347;S32.1.334;D.Garde nat.382.
— Cr.r.P31.1.347;D.Tentative.29.
— Colmar.P31.2.230;S32.2.144;D.Incendie.12.
— Cr.r.P31.1.358; D.Armes.56. Cour d'ass.457.1389.Rebellion.44.
— Cr.c.P32.1.25;S32.1.283;D.Aut. mun.208.458.
21 Cr.c.P31.1.343;S31.1.383. et 32.2.172;J33.224;D.Cass. 851. Presse.73.247.476.
— Cr.r. P31.1.349;D.Cass. 82. Instr. cr.400. Jugem. 420. Vol.336.
— Cr.c.P32.1.14;J33.317; D.Chose jugée.346.347.Désertion.6.58.
— Ord.P31.3.56;S31.2.552;D.Procès-verb.652.
— Ord. du cons. d'état.P33.3 93;D.Marc. de fourn.44.
— Ord. du cons. d'état.P33.3.112;S32.2.102;D.Cons. d'ét. 258.
— Ord. du cons. d'état.P34.3.66;D.Navigation.48.
— Ord. du cons. d'état.P34.3.63;D.Trav. pub.32.
22 Cr.r.P31.1 342; S32.1.348; J33.332; D.Cass.289.Garde nat.54.836.689.822.
— Cr.c.P31.1.343;S32.1.333;J33.401;D.Garde nat.684.
— Cr.r.P31.1.347;D.Presse 527.
— Cr.c.P31.1.354;D.Autor. mun.463. Procès-verb.107.
— Cr.r.P32.1.33;S32.1.336;D.Garde nat.247.459.483.489. 570.613.699.

— Cr.c.P32.1 34;S32.1.282;D.Garde nat.671.
— Cr.c.P32.1.34;S32.1.281;J33.387; D.Garde nat.846.
— Cr.r. P32.1.87; D. Garde nat.341.380.483.706.762.767. Jugem.479.Pr. litt.47.
— Cr.r.P32.1.34;D.Garde nat.482.485.718.724.1015.
25 Instr. min.P31.3.41;D.Garde nat.526.
— Instr. min.P32 3.95. et 96;S32.2.229;D.Garde nat.127. 415.
— Instr.min.P32.3.42;D.Garde nat.584.598.600.623.636. 728.
— Instr. min.P31.3.43;D.Garde nat.771.774.778.782.785. 786.796.
28 Ord.P31.3.56;S31.2.352;D.Cons. d'état.278.Nom.43.
— Délib. du cons. d'adm.P33.3.81;D.Transcr. hyp.178.
— Ord. du cons. d'état.P34.3.67;D.Cons. d'état.301.Eau. 330.Mines.2.
— Ord. du cons. d'état.P34.3 66;D.Voirie.370.
— Ord.P34.3.65;D.Degré de jurid.612.Eau.280.Mines.5.

NOVEMBRE.

2 Req.P32.1.11.
— Lyon.P33.2.40;D.Interdit.149.
3 Cr.c.P31.1.367;S31.1.428;J32.131; D.Chasse.56.90.
— Cr.c.P31.1.354;D.Récidive.96.
— Cr.r.P32.1.58;D.Faillite.1344.Cour d'ass.1412.
— Cr.r.P32.1.58;S32.1.262;D.Presse.475.
— Cr.r.P32.1 59;S32.1.307;D.Culte.97.157.
4 Cr c.P31.1.353;S32.1.353;D.Presse.283.
— Cr.r. P32.1.58; S32.1.274,n.; D.Compét. cr.382.Peine. 118.
— Délib. du cons. d'adm.P32.3.130,S33.2.224;D.Enreg. 1573.
— Ord. du cons. d'état.P33.3.100;DCommune.708.
5 Cr.c.P31.1.353;S31.1.393;J32.64;D.Amende.94.Art de guérir.19.Peine 183.Compét. cr.143.
— Cr.c.P31.1.354;D.Récidive.9.
— Cr.r.P32.1.248;D.Cassat.153.
6 Loi.P31.3.50;D.Créd. lég 5.
7 Circul.P32.3.23;S32.2.230;D.Garde nat.55.
— Paris.P33.2.194;S33.2.95;J32.141; D.Saisie imm.1717.
— Déc. min.P32.3.27;D.Garde nat.128.134.
8 Ch réun.P31.1.345;S31.1.420;J32.124;D.Garantie.367. Huiss.208 Jug. prép 24.Nullité.41.
— Ass. de la Seine.P31.2.260;D.Attroupement.31.
— Douai.P32.2.26;S31.2.341;J32.192; D.Serment déc.41.
— Bastia.P33.2.83;S32.2.424;D.Acquitt.42.
9 Civ.r.P31.1.347;D.Chose jugée.26.27.Faillite.706.
— Req.P32.1.30; S32.1.3;J32.31; D.Absence.198. Fruits. 36.Paiement.35.
— Pau P32.2.29; S32.2.385; J33.267; D.Exéc. des jugem. et actes.195.Huiss.78. Saisie-imm.1062.
— Req.P32.1.11;D.Juge.91.92.Suppl.28.
— Req.P32.1.100;S33.1.352;J33.178; D.Publ. des jug.27.
— Déc. min.P32.3.130;D.Timbre.30.
— Req.P32.1.423;J33.398;D.Caution.70.Pr. litt.775.
10 Cr.c.P31.1.351;S31.1.425; D.Garde nat.508.
— Colmar.P32.2.10;S32.2.343;D.Vagabondage.17.
— Cr.r.P32.1.59;D.Garde nat.484.919.
— Cr.c.P32.1.248;S32.1.281;J34.171;D.Garde nat.450.
— Ord.P31.3.51;D.Rec. nat.4.
11 Orléans.A12.907,n.2;B28.165;D.Vente.859.
— Cr.c.P31.1.354;D.Quest. pr.114.
— Colmar.P32.2.17; S32.2.353; J32.119;D.Absent.73.Invent.52.108.Mandat.231.Ord. du juge.3.
— Colmar.P32.2.10;S32.2.346;D.Vagabondage.18.
— Ord. du cons. d'état.P33.3.100;D.Cons. d'état.54.
— Ord. du cons. d'état.P33.3.99; D.Théâtre.82.
— Ord. du cons. d'état. P33.3.99; D. Eau.279.282.Motifs des jug.209.
— Ord. du cons. d'état.P33.3.98;D.Emigré.257.
— Ord. du cons. d'état.P33.3.98;D.Manuf.58.69.80.81.
12 Bourges.P32.2.191;D.Frais et dépens.139.
13 Paris.P32.2.113;S32.2.126;J32.26;D.Privilége parl.5.
14 Civ.c.P31.1.380; S32.1.388; J32.27;D.Intervention.49. Mari.7.
— Civ.c.P31.1.353;S31.1.429;J32.98;D.Prescr. civ.1025.
— Req.P32.1.131;S32.1.74;D.Présomp.67.
— Loi.P31.3.53;D.Créd. lég.13.
— Req.P32.1.38;S31.1.427;J32.75;D.Disp. entre-vifs.83. 84.87.
15 Civ.c.P31.1.349;S32.1.313;D.Emigré.560.
— Civ.c. P31.1.382; D.Serment déc.116.132. Société civ. 408.Société comm.88.
— Colmar.P32.2.31;D.Oblig.122.Ratification.99.
— Req.P32.1.69;S32.1.14;J33.452. et 32.66;D.Voirie.402. 403.418.
— Toulouse.P32.2.37;S32.2.393;J33.245; D.Frais et dép. 110.521.Honoraires.146.
— Ord.P31.3.55;D.Dette publ.17.Salubrité publ.11.13.
— Nanci.P33.2.210;S33.2.154;D.Désist.27.76.159.
— Ord. du cons. d'état.P33.3.100; D.Dom. eng.81.82.
16 Civ.r.P31.1.350;J32.283;D.Cassat.815. Ordre.201.
— Req.P31.1.356;S32.1.11;J32.478; D.Emigré.568.569.
— Req.P31.1.359;S32.1.13;D.Emig.573.
— Douai.P32.2.36;S32.2.5;D.Success.400.
— Ord.P31.3.53;S32.2.467;D.Dette publ.17.
17 Cr.c.P31.1.384;D.Voirie.613.
— Cr.c.P32.1.19;S32.1.284;D.Voirie.610.632.
— Colmar.P32.2.201;J33.498;D.Société comm.313.
18 Paris.P31.2.239;S32.2.153;J32.19;D.Vente.240.

— Cr.r.P32.1.48;D.Garde nat.530.573.
— Cr.c.P32.1.71;D.Chasse.42.110.
— Cr.r.P32.1.71;S32.1.354;D.Garde nat.367.379.
— Ord. du cons. d'état.P33.3.99;D.Commune.102.
19 Grenoble.P32.2.80;S32.2.557;D.Dot.266.
21 Req.P31.1.360;S32.1.383; J32.552; D.Deg. de jur.365. Oblig.449.
— Req.P31.1.359;S31.1.426;J32.289;D.Colonies.169.
— Bourges.P32.2.28;D.Délai.118.
— Civ.c. P32.1.89; S32.1.19; J32.38; D.Acquiesc.79.147. Dom. de l'ét.121.
— Bourges. P33.2.23; J36.34; D.Dispos. entre-vifs.230. Don manuel.4.5.
22 Req.P31.1.367;S32.1.75;J32.100; D.Motifs des jugem. 62.Vente.708.
— Toulouse.P32.2.34;S32.2.108; D.Oblig.424.Rescis.187.
— Agen.P32.2.26;D.Garde nat.1047.
— Colmar.P32.2.35;S32.2.271;D.Hypoth.188.
— Civ.c.P32.1.64;S32.1.640;D.Emigré.544.
— Instr. min.P32.3.70;D.Garde nat.497.596.
23 Req.P31.1.365;S32.1.21;D.Jug.prép.157.Enq.137.Obl. solid.60.Rente.83.
— Paris.P31.2.238;S32.2.172;D.Peine.286.
— Civ.r. P31.1.373; S32.1.67; D.Absence. 134.Jug. prép. 140.Motifs des jug.53. Prescrip. civ.428.700.
— Bordeaux.P32.2.29;S32.2.200; D.Mandat.366.
— Trib. de la Seine.P32.3.103;D.Patente.100.
— Bordeaux.P32.2.61;D Fonct. pub.289.290.
24 Montpellier. P32.2.155; S32.2.359; J34.343; D.Ordre. 472.Exploit.102.
25 Cr.c.P31.1.384;D.Douanes.420.
— Cr.c.P32.1.38;S32.1.306;D.Culte.137.
— Bordeaux.P32.2.30;S32.2.348;J34.342;D.Voirie.673.
— Ord.P32.3.12;D.Enseignement.545.
— Cr.r.P32.1 73;S32.1.613;D.Peine.352.Presse.477.
— Cr.r.P32.1.57;S32.1.681,J33.265;D.Avoué.60.Compét. crim.374.Motifs des jug.127.286.318.
— Bordeaux. P32.2.126; S32.2.504; J33.186; D.Effet de comm.163.
— Toulouse.P33.2.30;D.Commissionnaire.59.
— Toulouse.P34.2.35;S34.2.524;J33.178;D.Pr. test.137.
— Ord. du cons. d'état.P34.3.64;D.Contr. dir.20.Expertise.398.404.
— Ord. du cons. d'état.P34.3.65;D.Cons. d'état.101.Voirie.359.
— Ord. du cons. d'état.D.Eau.284.
— Ord. du cons. d'état.D.Vente adm.180.
26 Cr.c.P32.1.30;D.Aut. mun.527.Motifs des jugem.258. Peine.153.
— Cr.r.P32.1.60;S32.1.274;J33.308;D.Désist.38.
— Paris.P32.2.73;S32.2.17;J32.393,D.Colonies.151.157.
— Montpellier.P32.2.138;D.Remplac.86.
— Trib. de Caen.P33.3.15;S33.2.431;D.Frais et dép.259.
28 Req. P31.1.364; S32.1.24; D. Prescrip.345. Purge des priv.21.
— Req.P31.1.365;S32.1.26;D.Eff. de comm.848.849.
— Civ.c.P31.1.369;S32.1.22;J32.188;D.Cassat.447.Contr. par corps.204.Deg. de jur.168.224.Motifs des jug.100. Oblig.492.
— Req.P32.1.38;S31.1.429;J32.161;D.Prescrip.476.
— Aix.P32.2.104;S32.2.132;D.Success. bénéf.211.
— Déc. min.P33.3.57;D.Timbre.247.Enreg.2276.
29 Req.P31.1.366;S32.1.34;D.Arbitrage.360.Jugem.505.
— Poitiers. P31.2.243; S32.2.137; D. Interrog. sur faits. 65.71.
— Civ.c.P31.1.370; S32.1.29; J32.96; D.Cassat.1065.1066. Publ. des jug.4.
— Paris.P32.2.83;S32.2.84;J32.5; D.Contr. p. corps.363. Effet de comm.153 Etranger.122.
— Req.P32.1.120;S32.1.37;J33.232;D.Cassat.885.Eff.pub. 119.
— Montpellier.P32.2.160;S32.2.471;D.Remploi.130.
— Ord.P31.3.50;D.Etabl pub.28.
— Req.P32.1.401;S33.1.503 D.Arbitrage.96.
30 Civ.r.P31.1.371;S32.1.134;J32.106;D.Comp.civ.8.Mot. des jug.179.Port. disp.985.
— Bordeaux.P32.2.52;S32.2.632; D.Appel civ.461.Exéc. des jug.111.Jugem.209.214.
— Req.P32.1.124;S32.1.52;J32.201; D.Testament.906.
— Nîmes.P32.2.105; S32.2.139; J32.555; D.Hyp. lég.184. Tutelle.62.
— Avis du cons. d'état.P32.3.84;D.Garde nat.274.
— Bourges.P32.2.188;S33.2.37;D.Servitude.403.
— Circul. min.P33.3.47;D.Elect. comm.193.217.222.223.

DÉCEMBRE.

1 Bordeaux.P32.2.51;S32.2.350;J32.516;D.App. civ.312. Délai.126.Domicile élu.40.41.Exploit.740.
— Solut. de la régie.P32.3.115;D.Enreg.281.1245.1772.
— Paris.P33.2.54; J32.283; D.Compét. comm.150.Contr. par corps.210 Eff. de comm.61.
— Montpellier.P33.2.122;D.Domicile élu.63.
2 Cr.c.P31.1.382;S32.1.319;D Garde nat.684.686.
— Cr.c.P31.1.377;D.Garde nat.741.761. Jug.432.
— Bordeaux.P32.2 58;S33.2.49;J33.176; D.Exécut. prov. 13.Saisie-gag.23.
— Paris.P32.2.56;S32.2.651;J32.83;D.Faillite.600.
— Paris.P32.2.51;J32.92;D.Colonie.
— Cr.r.P32.1.248;D.Garde nat.104.192.1008.

1831.

— Délib. de la rég.P33.3 33;D.Enteg.2241.
5 Cr.c.P31.1.384;D.Garde nat. 906.907.
— Cr.r.P31.1.568;S32 1.348;D.Garde nat.806.
— Cr.c.P32 1.18;J33.329; D.Garde nat.106.
— Paris.P32.2.81;S32.2.278; D.Propriété litt.78.98.
— Aix.P32.2.92;D.Prescrip.428 Sép. de patrimoine. 32.
5 Civ.r.P31.1,382;S32.1,360; D.Chose jugée. 175. Legs. 409.410.
— Req.P32 1.8;S32.1.65;J32.874; D.Serment.43.
— Paris.P32.2.87;J32.338;D.Arbitrage.683.694.
— Colmar.P33 2.69;D.Expertise.333.
— Rouen.P34.2.31;S33.2.434;J33.540; D.Respons.353.
6 Req.P31.1.361;S32,1.46;J32.316; D.Eff. de comm.643. 660.765.Motifs des jug.44.
— Req.P31.1.368;S32.1.210;J32.187;D.Cass.789.Interdit. 9.40.
— Paris.P32.2.39;S32.2.48;J32.293;D.Faillite.114. Eff. de comm.212.
— Loi.P31.3.53;D.Organis. adm.5.
— Loi.P31.3.53;D.Banque.
— Req.P32.1.403;S32.1.31;J32.198; D.Cession de biens. 9.Compét. comm.203.
— Req.P33.1.58;D.Eau.321.
— Délib. de la rég.P33 3.39;D.Enreg.1492.
7 Req.P32,1,22;S32.1;32;J32.186;D.Enquête.225.
— Paris.P32.2.37;S32.2.584;J32.110;D.Faillite.802.
— Paris.P32.2.77;S32.2.129;J32.437;D.Inscrip. hyp.100. 433.435.467.Ordre.56.Prescript.922.Privil.218.
— Bordeaux.P32.2 89;D.Arbitrage.95. Mandat.395.
— Req.P32.1.414; S33.1. 315; D. Présompt. 113. Preuve test.194.196.
— Req.P33.1.144;S32.1.79;D.Enquête.25. Preuve.21.
— Aix.P33.2.223;D.Commissionnaire.38.
8 Civ.c.P32.1.20;S32.1.192;J33.149;D.Enreg.1177.
— Bordeaux.P32.2.58;S32.2.565; J32.507; D.Garant.163.
— Bordeaux.P32,2,56;J33.47;D.Jug.577.Saisie-imm.279. 872.1490.
— Bordeaux.P32.2.85;S32.2.665;J33.333; D.Communauté.784.785.
— Caen.P34.2.44;J33.334;D. Sép. de corps. 65.99.
9 Cr.c.P32.1.28;D.Confiscat.19.Poids et mesures.77.126.
— Cr.c.P32.1.58;D.Attentat à la pudeur.61.
— Cr.r.P32.1.59;D.Faillite.1388.
— Ord.P32.3.16;S32.2.102;D.Souscription.4.
— Bordeaux. D.Prescription.874.
10 Cr.c.P32.1.18;S32.1.36;J33.416;D.C. d'ass.645 Déf.33.
12 Req.P32.1.124;S32.1.38;J33 151;D.Témoin.149.
— Req.P33.1.35;S32.1.275;S32 249;D.Motifs des jug.180. Oblig.814.Privil.317.Transport de créance.93.
— Req P33.1.39; S33.1.314; J36.373; D.Délég.28. Révoc. 253.
13 Req.P31.1.377;S32.1.178; J32.194; D.Exécut. des jug. et actes.17.Emigré.297.
— Req.P31.1.378;D.Société comm.129.
— Req.P32.1.26;J33.86; D.Saisie-imm.1695.
— Bordeaux.P32.2 29;J33 194;D.Mandat.319.
— Bordeaux. P32.2.62; J33.41; D. Compét. comm. 147. Deg. de jurid.68.138.
— Grenoble.P32.2 88;D.Dol.243.
— Civ.r.P32.1.274;S32.1.765;J34 378;D.Chose jugée.115.
— Bourges.P32.2.187;J33.160; D.Commune.56. Servitude.507.508.
— Req.P33 1.178;J32.309;D Cass.171.Enquête.24.Motifs des jug.107.120.
— Toulouse.P33.2.125;S32.2.427; D.Faux incid.194.
14 Req.P32.1.26;S32.1.137;J32.476; D.Contrib. 21. Lois. 405.
— Req.P32.1.39;S32.1.176;J32.327;D.Hypoth.276.277.
— Civ.c.P32.1.17;S32.1.42;D.Commune.63.85.
— Av. du com. des fin.P33.3.19; D.Enreg.1289.
15 Cr.r.P32.1.74;D.Cour d'ass.1077.1115.1658.
— Cr.r.P32.1.73;D.Liberté indiv.55.59.
— Cr.r.P32.1.60;D.Faux.142.530. Exploit.534.
— Colmar.P32.2.136;S32.2 287;J32.481;D.Emig.554.
— Ord. du cons. d'état.P33.3.25;D.Recrutement.85.
— Colmar.D.Assur. terrest.96.
16 Cr.r.P32.1.121;S32.1.640;D.Témoin.422.
— Cr.r.P32.1.156;S32.1.232;D.Frais et dépens.352.
— Aix.P32.2.93;S32.2.529;D Portion dispon.768.
— Loi.P31.3.53;D.Crédit législ.Impôts.
17 Cr.c.P32.1.45;D.Cour d'ass.1402.
— Cr.r.P32.1.72;S32.1.274; D.Faux.247.
— Toulouse.P32.2 31;S32.2.585;J33.37;D.Communauté.
— Cr.r.P32.1 92;S32.1.272;D.Compét. crim.383. Confiscation.26.Douanes.256.
19 Req.P31.1.381;S32.1.143;J33.208; D. Faillite.115.119. 145.
— Civ.c.P32.1.14;S32.1.216;J33.156; D.Cass.636.Réc. de juges.91.
— Req.P32.1.48;S32.1.67;J32.165; D.Action possess.363.
— Req.P32.1.102;S32.1.33; J33.198; D.Renvoi.68.
— Délib. de la rég.P32.3.129;D.Choses.29.
20 Civ.c.P32.1.6;S32.1.151;J32.350;D.Inscrip. hyp. 430. 431.450.
— Req.P32.1.13;S32.1.41;J32.590;D.Révoc.247.Substitution.160.182.
— Bourges.P32.2.102;J33.539;D.Conciliation.8.Jug. par déf.76.
— Bordeaux.P33.2.80;J33.30; D.Action.80. Exécut. des jug. et actes.6.

1831.

21 Req.P32.1.3; S32.1.182; J32.371; D.Enreg.1204.2267. 2264.
— Req.P32.1.27; S32.1.41; J33. 220; D. Imputation. 15. Exploit.621.628.629.
— Civ.c.P32.1.20;S32.1.123;D.Cont. ind.29.31. 157. 188.
— Lyon.P32.2.43;S32 2.274;D.Partage. 297.
— Lyon.P32.2.105;S32.2.398; J33.171;D. Appel civ. 189. Faillite.456.
— Lyon.P32.2.151; S32.2.262; D.Acquiesc.388. Partage. 117.
— Bourges.P32.2.128;S33.2.35;J34.214;D.Servit.544.
— Bordeaux.P33 2.15;S33.2.127;D.Eff. de comm. 726.
— Douai.P33.2.14,S32.2 198; J34.439; D.Commune.393. 420.
— Aix.P33.2.174;S33.2.518;D.Sép. de corps.125.
22 Cr.c P32.1.27;S32.1.318;D.Procès verb.329.
— Cr.c.P32.1.43;D.Forêts. 257.
— Paris.P32.2.187;J32.172; D.Faillite.62.65.
— Circ. min.P32.3 95.
23 Paris.P31.2.249;S32.2.37;J32.163;D.Société comm.47.
— Cr.r.P32.1.45; S32.1.286; J33.323; D. Fruits. 41.Garde nat.65 675.
— Cr.c.P32.1.72; S32.1. 305; J34. 423; D. Appel correct. 239.Culte.138.
— Cr.c.P32.1.60;S32.1.36;J33.383; D.Garde nat. 75.347.
— Lyon.P32.2.42;S32.2.267;D.Acte respect.51.55.109.
— Bordeaux.P32.2.65;D.Chose jugée.289.
— Bordeaux.P32.2.65;S32.2.200;D.Mandat.345. Nantiss. 117.
— Toulouse.P32.2.49;D.Saisie-arrêt. 53.
— Décis. min. des fin.P32.3.68;D.Timbre.135.313.
— Bourges.P32.2.180;J33.540;D.Commerçant. 59.Comp. comm.282.Deg. de jurid.369.
— Délib. de la rég.P33 3.39;D.Enregistrement.1492.
24 Cr.c.P32.1.60;D.Garde nat. 422. 557.670.733.761.767.
— Solut. de la rég.P32.3.68;D.Enreg.2125.
— Av. du cons. d'état P32.3.131; D.Enreg.33.
— Délib. du cons. d'adm.P33.3.57;D.Enreg.784.
— Ord. du cons. d'état. P34. 3. 63; D.Chose jugée. 283. Req. civ.108.
— Paris.D.Art de guérir.197.201.
— Paris.D.Art de guérir.203.
— Paris.D.Art de guérir. 134.
— Paris D.Art de guérir.198.
— Paris D.Art de guérir.199.
26 Civ.c.P32.1.21;S32.1.119;J32.261;D.Enreg.1121.
— Civ.r.P32.1.16;S32.1.121;D.Transcript. hyp.42.78.
27 Req.P32.1.9;S32.1.93;J32.256; D. Motifs des jug. 181. Preuve litt.134.
— Req.P32.1.9; D.Chose jugée.179.
— Req.P32.1.46;J33.24;D Mariage. 428.
— Paris.P32.2.59. et 33. 2.64; S32. 2.49; J32.303; D.Inscript. hyp.411.
— Ord.P31.3.51;D.Garde mun.4.
— Inst. gén. de la rég.P32.3.132;D.Enreg.2517.
— Civ.r.P32.1.46;S32.1.106;J38.458; D.Aud. solenn. 11.
28 Civ.r.P32.1.47;J33.16;D.Expertise.52.53.
— Req.P32.1.41;S32.1.300; D. Don. dég. 25. Rente. 310. Vente 223.
— Req.P32.1.28;S32.1.358; J32.377; D.Cont. de mariage. 158.Lois rétroac.190.Mariage.84.420.Mot. des jug.182.
— Civ.r.P32.1.47;S32.1.627;J33.17;D.Etrang.262.Exception.57.
— Poitiers.P32 2.32;S32.2.636;J33.266; D.Rente.179.
— Sol. de la rég. P32.3.105; S32.2.333. et 33. 1, 202; J36. 499;D.Enreg.2561.
— Orléans.P33 2.70;J36.499; D.Appel civ.14.
— Rouen.P34.2 44;S33 2.376;J33.553;D.Prescrip.86.838.
29 Cr.c.P32.1.48;S32.1.97;J33.526; D.Presse.453.
— Bordeaux.P32.2.87; S32.2.653; D. Communauté. 782. Transport de créance.157.
— Rouen.P32.2.114;S32.2.160; D. Capitaine.102.105.407. 108.149.171.Mariu.94.Cont. à la grosse.52.
— Av. du cons. d'état.P32.3.70;D.Garde nat.230.
— Loi.P31.3.50;S32 2.127;D Pair.
— Sol. de la rég.P32.3.144; D. Vente pub. de meub. 96.
— Req.P33.1.16;S33.1.655; D.Respons.478.
— Req.P34.1.404;D.Assur. marit.
30 Cr.r.P32.1.72;D.Garde nat. 368.986.
— Cr.c.P32.1.73;D.Cassation.268.
— Cr.r.P32.1.70;D.Cass.172.
— Cr.c.P32.1.62;D.Faux.317.
— Cr.c.P32.1.62;D.Cour d'ass.1404.
— Cr.r.P32.1.62;D.Garde nat. 375.564.986.
— Cr.c.P32.1.62;S32.1.396;J33 384; D.C. d'ass. 800.827.
— Délib. du cons. d'adm.P33.3.19; S32.2 119; D.Enreg. 1381.
31 Limoges.P32.2.118;S32.2.159; D.Désist.111.
— Inst. min.P32.3.70;D.Garde nat. 709.
— Inst. min.P32.3.71;S32.2.432; D.Garde nat.129.
— Inst. min.P32.3.71;D.*eod*.240.
— Inst. min.P32.3.71;D.*eod*.269.
— Inst. min.P32.3.71; D.*eod*.443.
— Inst. min.P32.3.95;D.Garde nat.305.
— Inst. min.P32.3.96;D.Garde nat. 865.
— Inst. min.P32.3.96;D.*eod*.931.
— Colmar.P33.2.122;S33.2.91;J36.59; D.Compét. comm. 213.Juge supp.112.Deg. de jurid.324. Faillite.408.
— Ord. du cons. d'état.P34.3.64;D.Jug. par déf. 597.
— Ord. du cons. d'état.P34.3.63; D.Trav. pub.155.

1832.

— Paris.P32.3.96;D.Garde nat.1039.
— Ass. de la Gironde.P32.1.497;D.Responsabil.120.

1832.

JANVIER.

2 Civ.c.P32.1.62;S32.1 319; D.Eau.448 Mandat.296.
— Civ.r.P32.1.63;S32.1.156;J33.321;D.Eau.579.
— Poitiers.P32 2.69;S32.2.629;D.Destr.24.Evasion.2.
3 Civ.c.P32.1.16;S32.1.317;J33.565;D.Loi rétr.39.
— Req.P32.1.11;S32 1.352;J33.119;D.Interr. sur faits 1. Eff. de comm 823.
— Req.P32.1 12;S32.1.674;J33.153;D.Poss.205.
— Poitiers.P32.2 33;J33.364;D.Expert.43.252.
— Bordeaux.P32.2.168;S32.2.204;J33.320; D.Preuve litt. 1106.
— Civ.c.P32.1.64,n.1;S32.1.639;D.Emig.544.
— Req.P33.1 209;S33.1.575;D.Enreg 1400.1403.
— Req P33.1.206;S33.1.798;J32.251;D.Contrib.14.Emig. 286.287.288.
— Lyon. P33.2.123;S32.2.550;J34.587;D.Alimens.
4 Ord.P32.3.1;D.Culte.
— Req P32.1.25;S32.1.259;J33.87;D.Assur. marit.294.
— Civ.r.P32.1.48;S32.1.145;J32.426;D.Filiat. adult.51.
— Bastia.P33.2.115;S32.2.635;J33.370;D.Compét. comm. 152.Eff. de comm.370.
5 Cr.r.P32.1.52;D.Témoin.438.
— Cr.r.P32.1.91; S32.1.511; D.Cour d'ass.591.641.1421. 1685 1728.Publ. des jug.92.
— Cr.c.P32.1.156;S32.1.233;D.Frais et dép.355.
— Bordeaux.P32.2.98;S32.2.374;D.Compét. crim.248.
— Sol. de la rég.P33.3.57;D.Timbre.51.
— Déc. min.P34.3.41;D.Garde nat.788.
— Trib. de Bar-sur-Aube.P34.3.42;D.Transcript.
— Agen.P34.2.140; S34 2.237; D. Appel civ.129.226.Garantie.566.Exploit.328.
6 Cr.r.P32.1.52;S32.1.282;D.Garde nat.767.
— Cr.c.P32.1.64;S32 1.281;D.Garde nat.874.
— Cr.r.P32.1.91;D.Garde nat.577.
— Poitiers.P32.2.69;S32.2.450;J34.605; D.Vente pub. de meubles.54.
— Sol. de la rég.P32.3.68;S32.2 571; D.Timbre.103.
— Cr.c.P32.1.60,n.3;S32.1.593;D.Garde nat.75.
— Cr.c.P32.3.129;D.Garde nat.547.
— Paris.P32.2.120;S32.2.149;J38.489,n.1;D.Cont. par c. 23.69 399.Dépôt 8.
7 Cr.c.P32.1.68;D Quest. pr.38.
— Cr.c.P32.1.64;S32.1.747;D.Garde nat.55.441.
— Cr.c.P32.1.64;S32.1.555;D.Garde nat.554.
— Cr.c.P32.1.66;D.Garde nat.450.
— Cr.c.P32.1.52;S32.1.258;J33.195; D.Respons.151.152.
— Cr.r.P32.1 52;D.Cassat.355.Garde nat.569.
— Cr.r.P32.1.92;D.Garde nat.529.
9 Ord.P32.3.1;D.Prud'homme.6.
— Ord.P32.3 1;D.Enseignement.
— Civ.r.P32.1.66; S32.1.508; D.Acquiesc.211.Don. dég. 23.21.
— Montpellier.P32.2.93;S32.2.295;D.Pérempt.194.
— Bourges.P32.2.129; J33.94; D.Frais et dép.291.311. Jug. par déf.502.Expert.246.
— Bordeaux.P32.2.152;J34.184;D.Arbitrage.15.
— Aix.P32.2.157;S32.2.600;J33.582;D.Partage.108.
— Sol. de la rég.P32.3.117;D.Enreg.282.
— Aix.P32.2.224;D.Pérempt.494.
— Ord. du cons. d'état.P32.3.134;S32.2.256.
— Ord. du cons. d'état.P32.3.154; D.Ventes ad.322.550.
— Ord. du cons. d'état.P32.3.153;D.Voirie.664.
— Ord. du cons. d'état.P32.3.153;D.Nom.43.
— Paris.P33.2.15;J34.326;D.Contr. par corps.632.
— Lyon.P33.2.77;S32.2 551;J34.214;D.Désaveu.15.
— Orléans.P33 2.108; J33.275; D.Art de guérir.18.126. Escroq.20.
— Ord.P32.3.55;D.Culte.
— Ord. du cons. d'état D.Théâtre.93.
— Ord. du cons. d'ét.S32.2.256;D.Ventes adm.186.
10 Req.P32.1.67; S32.1.91; J32.288; D. Dépôt.136.Présompt.35.
— Toulouse.P32 2.145;D.Servit.547.
— Bordeaux.P32.2.166;S32.2.606;D.Capitaine.15.
— Ord. du cons. d'état P32.3.136;D Hospice.39.
— Ord. du cons. d'ét.P32.3.136;D.Eau.234.
— Ord. du cons. d'ét.P32.3.136; D.Ventes adm.187.238.
— Ord. du cons. d'ét.P32.3.135;D.Commune.147.
— Ord. du cons. d'ét.P32.3.135;D.Nom.60.
— Nîmes.P33.2.206;S33 2.320;D.Témoin.35.
11 Civ.r.P32.1.35; S32.1.159; J33.236; D.Appel incid.26. Vente.724.
— Sol. de la rég.P33.3.16;D.Enreg.1156.
— Paris.P33 2.67;J33 113; D.Désist.116.Except.158.
— Bruxelles.P33.2 245;D Exploit.497.
12 Req.P32.1.81; S32.1.81; J32.511; D.Cassat.619.Chose jugée.145;Poss.170 224.Prescript.738.
— Cr.r.P32.1.66;S32.1.272;D.Cour d'ass.686.
— Cr.c.P32.1.52;D.Voies de fait.24.
— Douai.P32.2.55; S32.2.202; J33.185; D.Appel civ.522. Contr. par corps.366.379.Eff. de comm.133.Etranger. 193.Référé.21.
— Montpellier.P32.2.147;S32.2.528;J33.143;D.Exéc. des jug. et actes.18.Usufruit.612.

— Déc. min.P32.3.104;D.Enreg.1789.
— Agen.P34.2.98;D.Prescript.542.614.
13 Cr.c.P32.1.79;S32 1.330;D.Cour d'ass.1403.
— Cr.c.P32.1.79;D.Cour d'ass.1393.
— Cr.r.P32.1.53;S32.1.535;D.Vol.211.
— Cr.r.P32.1.53;S32.1.261;D.Jugem.523.Cassat.283.
— Cr.c P32.1 49;D.Cour d'ass.1400.
— Colmar.P32.2.208; S33.2.105; J33.387; D.Subrog.20. Transp. de créance.29.
— Bordeaux.P33.2.117; J38.287; D. Presse.297.342.613. Renvoi.128.
14 Cr.r.P32.1.44;D.Garde nat.343.921.
— Cr.c.P32.1.36;S32.1.238;J33 480;D.Fonct. pub.403.
— Cr.r.P32.1.53;D.Corruption.18. *bis*.
— Paris.P32.2.45;S32.2.65;J52.281;D.Mariage.217.
— Cr.r.P32.1.126;S32.1.536;D.Pêche.235.
— Bourges.P32.2.181;D.Action civ.13.
— Sol. de la rég.P33.3.20;S33.2.42;D.Preuve litt.258.
— Paris.P32.1.44 et 34.2.9;J36.516;D.Vérif. d'écr.26.
— Lyon.P33.2.176; S33.2.176. et 190; J36.171; D.Saisie-exéc. 142.167.
15 Ord P32.3.10;D.Prud'homme.8.
16 Civ.r.P32.1.75;S32.1.747;J33.233; D.Comp. adm.190. Vente 496
— Grenoble.P32.2.70;D.Hypoth. lég.205.
— Pau.P32.2.93. et 207;D.Success.240.Tr. des don.29.
— Bordeaux.P32.2.149;J33.58;D Legs.
— Bordeaux.P32.2.165;S32.2.337;J33.188.
— Nîmes P32 2.155;S33 2.61;D.Autor. de femme.28.68.
— Bordeaux.P32.2.165;D.Désist.100.
— Ord. du cons. d'ét.Mac.3.34;D.Ventes adm.234.
17 Req.P32.1.30;S32.1.286;D.Transp. de créance.112.
— Civ.r.P32.1.78;S32.1.257; D.Audience solenn.18.
— Civ.c.P32.1.79;S32.1.687;J33.259;D.Contr. par corps. 89.113.Frais et dép.33.103.Domm.-int.82.Mot. des jugem.109.Trib.100.
— Bordeaux.P32.2.142; S32.2.276; J33.155; D. Compét. comm.187.
18 Grenoble.P33.2.150;S33.2.160; J33.172; D.Appel civ. 172.
— Req.P32.1.30; S33.1.74; J36.131; D.Compensat.40.62. Mandat.228.331.Preuve litt.1216.1217.
— Civ.c.P32.1.192;J33 509;D.Action possess.13.Garant. 346.Tierce-opp.156.
— Req.P32.1.353;S32.1 828;D.Acquiesc.87.105.289.Surenchère.297.Vente.592.
— Lyon.P32.2.179;S32.2.563;J34.389;D.Preuve litt.220. 476 533.Respons.234.344.
— Bordeaux.P32.2.194;D.Testament.171.
— Toulouse.P33.2.30;D.Partage 225.
— Bruxelles.P34.2.36;D.Saisie arrêt.84.
19 Req.P32.1.81;S32.679;J33.360;D.Mandat.
— Régl.P32.3.11;D Marin.
— Req.P32.1.320;S32.1.663;J33.149;D.Respons.235.246.
— Req.P32.1.350;S32.1 751;J33 305;D.Emig.543.547.
— Ord. du cons. d'ét.P32.3.136;D.Contrib. dir.98.
— Ord. du cons. d'ét.P32.3.135;S32.2.353;D. Ventes admin.225.227.
— Ord. du cons. d'ét.P32.3.135;D.Eau.17.368.
— Montpellier.P33.2.7;S33.2 38; D.Appel civ.127.Filiat. adult.32.40.Tutelle.305.306.404 608.
— Ord. du cons. d'ét.P33.3.2; D.Cons. d'état.113.114. Huiss.51.
— Ord. du cons. d'ét.P33 3.2;D.Emig 507.512.
— Ord. du cons. d'ét.P33 3.2;D.Cons. d'ét.113.114.
— Colmar.P33.2.200;D.Acquiesc.408.
— Ord.P32.3.11;D.Armée.32.
— Ord. du cons. d'ét.D.Ventes adm.337.
20 Cr.c.P32.1.56;D.Cassat.968.Cour d'ass.1154.1491.
— Cr.c.P32.1.56;D.Rebellion.45.
— Ord.P32.3 29;D.Militaire.25.
— Grenoble.P32.2.79;S32.2.309;J33.390;D.Hyp. lég.61.
— Grenoble.P32.2 96;S32.2.617;J33.441;D.Oblig. à terme.22.Prescript.931.Remploi.88.
— Bordeaux.P32.2.136;S32.2.277;D.Dot.6.
— Cr.r P33.1.57;D.Témoin.433.
— Poitiers.P33.2.119;D.Dem. nouv.32.
— Agen.P33 2.203;J37.410;D.Arbit.46.610.693.723.
21 Riom.P33.2.196; S33.2.80; D. Except.277.283 Saisie-imm.1617.
22 Déc. min.P33.3.42;D.Garde nat.169.
23 Aix.P32.2.74;S32.2.207;D.Assur. marit.13 Not.396.
— Civ.c P32.1.377;S32.1.666; J33.72; D.Nullité.259.278. Oblig.374.Ratif.30.Vente.365.593.
— Req.P33.1.150; V.23 Janv.1833; D. Saisie-imm.1350. 1722.
— Bruxelles.P33.2.225;D.Interv.41.
24 Douai.P32 2.103;S32.2 143;D.Respons.155.
— Poitiers.P32.2.134;S32.2.320;J34.261; D.Acte de com. 283.
— Aix.P32 2.158;J34.483;D.Expert.175.
— Req.P32.1.355;S32.1.112;J33 308;D.Deg.de jurid.350.
— Colmar.P32.2.213;S32.2 657; J34.63; D.Partage.21.22. Saisie-imm.1405.Sép. de biens.197.
— Inst. gén. de la rég.P32.3.130;D.Enreg 2548.
25 Agen.P32.2.149;J34.213;D.Société civ.133.
— Bourges.P32.2.188;S32.2.556;J33.355;D.Action mobil. et immob.7.Interdit.110.221.
— Req.P32.1 356;S32.1.155,J32.368; D.Interv.93.94.
— Req.P32.1.393;S32.1.189; J32.313; D.Don manuel.15. Eff. de comm.430.

— Ord. du cons. d'état.P32.3.134;D.Pension.85.
— Aix.P32.2.192; J33.391; D.Capitaine.183.Contrat à la grosse.136.
— Ord. du cons. d'état.P33.3.41;D.Avocat.283.
— Pau P34.2.81;S34.1.316;J38.234;D.Saisie-imm.181.
26 Cr.c.P32.1.56; S32.1.397; J33.544; D.Jugem.450.Cour d'ass.1702.1732.
— Cr.r.P32.1.106;D.Tribunal.175.
— Req.P32 1.133; S32.1 234; J52.468; D.Confiscat.7.Loi rétroact.191.Motifs des jugem.50.Success.irr.15.
— Montpellier.P32.2.138;S32.2.203;D.Remplac.82.
— Déc. min.P32 3.104;D.Timbre.77.
— Montpellier.P32.2.181, et 33.2 156;S33.2.491; D.Commerçant.63.
— Cr.r.P33.1.57;D.Cour d'ass.393.Jugem.448.
— Bruxelles P34.2.37;D.Scellé.34.
— Poitiers.P34.2.156;S32.2.209;D.Inscript. hyp.38.
27 Cr.c.P32.1.160;S32.1.386; J34.31; D.Autor. mun.368. Fonct. pub.21.
— Délib. du cons. d'adm.P32.3.70;D.Communauté.147. Remploi.8.
— Colmar.J34 57;D.Faux incid.155.
28 Cr.r.P32.1.104;D.Abus de conf.44.
— Cr.c.P32.1.168;D.Cassat.1086.
— Cr.c.P32.1.168; S32.1.397; J33.361; D.Exploit.12.85. Preuve litt.80.
— Cr.c.P32.1 177; S32.1.397; J33.545; D.Action pub.10. Chose jugée.301.Manuf.424.Peine 300.
— Grenoble.P32.2.88; S32.2.614; J33.468; D.Interv.31. Presse.401.
— Paris.P32 2.122;J33.105;D.Comp. ad.386.Référé.66.
30 Poitiers.P32.2.68;S32.2.403;J33.306;D.Inst. crim.273.
— Montpellier.P32.2.142;S32.2.323;D.Usure.63.
31 Loi.P32.3.1;S32.2.230;D.Pension.51.
— Civ.c.P32.1.80;S32.1.160;D.Transcript. hyp.57.
— Poitiers.P32.2.72;D.Servitude.562.
— Délib. de la rég.P32.3.69;S32.2.426.et 33.2.168;D.Enr. 2621.
— Agen.P32.2.154;J36.575;D.Communauté.340.
— Agen.P32.2.201;D.Remploi.58.

FÉVRIER.

1 Req.P32.1.61; S32.1.557; J34.521; D.Frais et dépens. 35.Enreg. 532.2021.
— Civ.r.P32.1.90; S32.1.463; J33.414; D. Acquiesc. 222. Possess.147.
— Bourges.P32.2.159;S32.2.478;J34.418; D.Jug. par déf 323.
— Bourges.P32.2.158;S33 2.56;J34 455;D.Révoc.121.
— Req.P32.1.571;S32.1.139;J34.480;D.Cass.768.769.Présompt 79.
— Req.P32.1.378;S32.1.748;D Expertise.277.278.279.
— Ord.P32.3.30;D.Armée.24.
2 Cr.c.P32.1.119;S32.1.457;J33.412;D Tribunal.180.
— Cr.c.P32.1.104; D.Récidive.44.
— Cr.r.P32.1.119,S32.1,467; D.C. d'ass. 930. Motifs des jug.314.
— Bordeaux.P32.2.94;S32 2.421;J33.442; D.Dot.80 79.
— Paris.P32.2.125;S32.2.301; D. Hypoth 56. Oblig. 858. Tierce-opp.130.
— Aix.P32.2.171; S33.2.29; J33.333; D. Preuve litt. 713. Remplacement.95.96.97.
3 Paris.P32 2.34;J32 306;D.Surenchère.37.212.
— Paris.P32.2.36;J32.307; D Quest. pr.100.
— Cr.c.P32.1,90;S32.1.469;J34.73; D.Loterie.24.
— Cr.c.P32.1.121; D.Presse.672.
— Toulouse. P32.2.65; S32 2.601; J33.340; D. Appel civ. 440.477.481.Désist.68 86.Surenchère.417.Exploit.516.
— Bourges.P32 2.127;S33.2.48;J34 326;D.Exploit.582.
— Grenoble.P32.2.132;S33.2 33; D.Révocation.135.
— Aix.P32.2.174;S33.2 307;J36.72;D.Tutelle.140.223.
— Ord. du cons. d'état.P32.3.144;D.Voirie.104.110.
— Délib. de la rég.P32.3.144; D.Timbre.178.
— Ord. du cons. d'état.P32.3.137; D.Commune.245.
— Ord. du cons. d'état.P32.3.134;S32.2.214;D.C. d'état. 253.
— Ord. du cons. d'état.P33.3.1; D.Quest. pr.106.
— Délib. du cons. d'adm.P33.3.10; D.Enreg.776.2090.
4 Paris.P32.2.38;S32 2.332;J52.307; D.Usufruit lég.65.
— Cr.c.P32.1.153;J34.96; D.Compét. crim.109
— Cr.c P32.1.151; D.Colonie.141.142.Inst. cr.320.321.
— Cr.c.P32.1.156;S32.1.467;D.Liquides.20.21.
— Cr.r.P32.1.137;D.Fonct. p.159.160.Mont-de-piété. 19.
— Cr.r.P32 1.153;S34.1.287;J34 224; D.Compét. cr. 739.
— Cr.c.P32.1.153;D Compét. cr.310.
— Grenoble.P33.2.190;S33.2.89; J34 517; D.Ordre. 438. 469.489.
5 Aix.P32.2.179;D.Eff. de comm.135.Etranger.256.
— Déc. min.D. Amende.23.
6 Cr.c.P32.1 110;S32.1 449; D.Garde nat 138.575.1028.
— Civ r.P32.1.98;J33.298;D.Preuve litt.1501.Vente adm. 474.475.476.
— Cr.r.P32.1.107;D.Inst. cr.329.C. d'ass.900.1293. Tém. 387.
— Cr.r.P32.1.156;D Garde nat.217.853.1014.1017.
— Angers.P32.2.136;S32.2.273;D Garde nat. 1048.
— Sol. de la rég.P32.3.85;S32.2.492;D.Enreg. 635. 1277.
— Sol. de la rég.P32.3.122;D Enreg.
— Montpellier.P33.2.91;S33.2.212; D.Saisie-imm. 1520. 1617.

— Lyon.P33.2.93;S33.2.214;J36.333; D.Adoption.31.105.
7 Loi.P32.3.1;D.Pêche.
— Civ.r.P32.1.86; S32.1.689; J33. 481; D.Appel civ. 188. Appel incid.27.73.Garantie 279.
— Civ.c.P32.1.112;D.Audience solennelle.19.
— Civ.c.P32.1.92;S32.1.368;J33.347; D.Timbre.119.
— Paris.P32.2.164;S32.2.339;D.Legs.192.Preuve.16.
— Nîmes.P32.2.155 S32.2.639;J33.539; D.Appel civ. 392.
— Aix.P32.2 204;D.Compét. comm. 453.
— Paris.P32.2.107;S32.2.237;J33.50;D.Soc. comm.210.
— Toulouse.P33.2.36;S33.2 464;D.Dot.369.
— Req.P32.1.204;J34.126;D.Renvoi.58.
— Grenoble.P33.2.78;S32.2.402; D.Compét. comm. 182.
8 Loi.P32.3.1;D.Recrutement.
— Civ.r.P32.1.87;S32.1.706;J52.545; D.Enreg.2116.
— Req P32.1.100;S32.1.672;J33.63; D.Récusation.
— Req.P32.1.99;S32.1.396;J33.262; D.Cassation.736.Domicile.23.Saisie-imm. 280.433.434.442.
— Nîmes.P32.2.73;S32.2.336;J34.412;D.Saisie-arrêt.282. Success. bénéf.166.Tierce-opp. 118.
— Civ.c.P32.1.253;S32.1.484; D.Imputation.13. Obl.808.
— Bordeaux.P32.2.188;D.Possess. 17.19.Servit. 696.736.
— Ord. du cons. d'état.P33.3.39; D.Douanes.116.
9 Loi.P32.3.1;S32.2.231;D.Douanes.
— Req.P32.1.75;S32.1.217;J33.204;D.Enreg.2317.
— Cr.c.P32.1.120; D.Autor. mun.289.290.
— Cr.c.P32.1.119;S32 1.452;J34.164; D.Récidive.34.
— Cr.c.P32.1.103;S32 1.141;J33 213;D.Assoc. de malfaiteurs.6.7.C. d'ass.1517.Rebellion.54.
— Cr.r.P32.1.168;D.Cassation.210.
— Toulouse.P32.2.68; D.Don. par cont.111. Transp. de créances.20.
— Toulouse.P32 2.144;D.Don. par cont. 203.
— Req P32.1.325;D.Motifs des jug.159. Expert. 271.272. 296.
— Req.P32 1.326;S32.1.844; D.Vente.895.
— Paris.P33.2.15;S32.2.561;J34.590;D.Propriété litt. 74. 75.82.
— Aix.P33.2.38;J36.314;D.Saisie-imm.984. Sur.334.351.
— Sol. de la rég.P34.3.49;D.Timbre.45.
10 Paris.P32.2.60;J52.387; D.Surenchère.426.
— Aix.P32.2.72;S32.2.640;D.Dot.101.
— Cr.c.P32.1.163;S32.1.620;D.C. d'ass.231. Inst. cr.469.
— Cr.r.P32.1.186;S32.1 543;J33.427;D.Abus de confiance.47.76.Dépôt.7.Mandat.154.
— Cr.r.P32.1.183;D.Cass.394.Jug. prép.121.Renvoi.115.
— Caen.P32 2.202;S32.2.394;J33.281; D.Oblig. 684. 685. Transport de créance.102.
— Aix.P32.2.192;S33.2.106;D.Oblig 114.Oblig. solid.20. Tutelle.464.465.
— Montpellier.P33.2.174,S33.2.656; D.Saisie-imm.1581. 1599.
— Bordeaux.P33.2.197;S33.2.80;J33 547; D.Saisie-imm. 291.
11 Ord.P32.3.9;S32 2.238; D.Douanes.
— Cr.c.P32.1.119;D Garde nat.755.
— Cr.c.P32.1.168;D.Récidive. 101.
— Cr.r.P32.1.186;S32.1.666;D Action.108. Act. civ.43.
— Cr.r.P32.1.183;S32.1.540; D.Garde nat.1046.
— Bourges.P32 2.129;S32.2.516; D.Deg. de jurid.461.
— Sol. de la rég.P32 3.136;S33.2.224; D.Enreg. 1615.
— Cr.c.P33.1.347;S32 1.629;D.Forêts.452.
13 Civ.c.P32.1.100;S32.1.681;J33.259;D.Action personn. 43.Cassation.516.Transport de créance. 219.
— Bordeaux.P32.2.126; S32.2. 311; J33.370; D.Mandat. 475.Oblig.822.
— Sol. de la rég.P33.3.33;D.Enreg 2386.
— Colmar.D.Assur. terrest.131.
14 Civ.r.P32.1.101;S32.1.185;D.Enreg.1211.1215.
— Civ.c.P32.1.102;S33.1.581;J33.314;D.C. par corps.403.
— Pau.P32.2.77;S32.2.329;J34.342; D.Servitude.187.189.
— Paris.P32.2.86;S32.2.296;J32 405; D.Dot. 251.252.302.
— Bordeaux.P32.2.119;S32 2.292;J33.376;D.Preuv. test. 125.141.
— Paris.P32.2.123;J33.61;D Société comm. 211.
— Lyon.P32.2.159;S32 2.606;D.Enseig.51.100.
— Req.P32.1.327; S32.1.491; J33.300; D. Action possess. 381.Deg. de jurid. 515.
— Req.P32 1.334;S34.1.70;J33 484; D.Domic.12.Success. irrég. 19.
— Douai.P33.2.15;S33.2.23;J34.447; D.Alimens.193. Papier-mon.70.
— Paris.P33.2.9;S33.2.625;J34.335;D.Oblig. 115.
— Ord.P32.3.3;D.Garde nat.221.
15 Civ.c.P32.1.107;J32.501;D Communauté. 736. Enreg. 1122.
— Req.P32.1.88;S32.1.178;J52.527; D.Eff. de comm.214.
— Req.P32.1.132;D.Dom. de l'état. 11.12.13.
— Civ.c.P32.1.104;S32.1.792;J33.570; D.Cass. 729. Hyp-conv.33.Ratification.104.Subrog.56.Success.496.
— Bordeaux.P32.2.95;S33.2.39;J33.491;D.Inscript. hyp. 367.393.
— Bourges.P32 2.100;S32.2.443;J33 84; D.Témoin.23.
— Aix.P32.2 203;D.Eff. de comm.375.
— Req.P32.1.536;S32.1.376; J33.380; D.Enq. 289. Motifs des jug.183
— Req.P32.1.373;S33.1.122; J36.109; D.Cass. 875. Prescript.674.Fabriques.40.
— Req.P32.1.374;S32 1.750;J33 239;D.Serment déc.9.10.
— Aix.P33.2.56;J36 280;D.Acquiesc. 258. Appel civ.264. 420.Disposit. entre-vifs.91.

— Loi.P32.3.3;D.Pension.61.
— Paris.P33.2.92;J37.24;D.Contumace.42.
— Rapp. au roi.P33.3.49; D.Révision.
— Bruxelles.P33.2.241;D.Exploit.428.430.459.
16 Cr.c.P32.1.85;D.Exploit.598.
— Req.P32.1.100;S32.1.269;J33.468;D.Communauté.512.
— Cr.c.P32.1.183;D.Garde nat.892.
— Cr.r.P32.1.208;D.Armes 54.
— Req.P32.1.366;J33.10;D.Servitude.666.684.
— Req.P32.1.376;S32.1.752;D.Varances.21.
— Ord. du cons. d'état.P32.3.146; D.Emig.492.528.
— Cr.c.P33.1.40;D.Forêts.990.
— Ord. du cons. d'état.P33.3.2; D.Cons. d'état.29.Théâtre.80.87.
— Req.P32.1.381;S33.1.64;J36.129;D.Eau.168.Motifs des jug.184.
— Bordeaux.P33.2.41,n.2; D Jug. prép.158.
— Colmar.P33.2.130;S32.2.612;J35.384;D.Sép. de c.107.
17 Ord.P32.3.10;S32.2.228; D.Armée.10.
— Cr.c.P32.1.120;S32.1.461;J34.375;D.P. aux lettres.13.
— Cr.c.P32.1.106;S32.1.639; D.Garde nat.685.
— Cr.r.P32.1.117;D.Garde nat.375.740.977.
— Cr.c.P32.1.142;S32.1.319;D.Procès-verb.327.
— Cr.r.P32.1.180;D.Garde nat.376.
— Cr.r.P32.1.184;D.Garde nat.994.
— Cr.r.P32.1.225;D.Presse.527.
— Délib. de la rég.P32.3.70;D.Enreg.2079.
— Aix.P32.2.134;S32.2.264;J34.264; D.Interdit. 144.
— Lyon.P32.2.224;D.Honoraires.146.
— Bordeaux.P33.2.111;J34.66; D.Rad. hyp.86.
— Bruxelles.P34.2.36;D.Désist.89.
— Ord. du cons. d'état.P32.3.111;D.Elect. comm.114.
18 Ord.P32.3.10;D.Salubrité publique.13.
— Cr.c.P32.1.117;D.Garde nat.417.
— Cr.r.P32.1.106;D.Garde nat.996.
— Cr.c.P32.1.106;S32.1.451;D.Garde nat. 812.
— Cr.r.P32.1.182;D.Garde nat. 630.632.
— Cr.r.P32.1.182;D.Garde nat.747.Mot. des jug.284.285.
— Cr.r.P32.1.181;D.Garde nat.344.511.765.Jug.431.
— Inst. min.P32.3.98;D.Garde nat. 528.
— Lyon.P33.1.265;D.Lois.366.Preuve litt.998.
20 Toulouse. P32.2.139; S32.2.389; J33.54; D. Contr. par corps.90.123 Sép. de corps.200.
— Paris.P34.2.190;D.Dem. nouv.65.Partage.228.
21 Req.P32.1.110;S32.1 544;J34.318;D Soc. comm.28.
— Req.P32.1.111. et 33.1.165;S32 1.461; J33.505; D. Colonie.152.Deg. de jurid.583.
— Req.P32.1.113;S32.1.506;J33.460; D.Frais et dép. 14. Louage.543.
— Aix.P32.2.133;S32 2.263;J34.257;D.Preuve litt.798.
— Grenoble.P32.2.145;S33.2.28;D.Autor. de femme.81. Paraphernalité.24 Saisie-exécut 245.
— Lyon.P32.2.146;S32.2.566;J33.28; D.Privilége.352.
— Délib. du cons. d'adm.P33.3.103; D.Enreg.1775.
22 Civ.r.P32.1.107;S32.1.186;J32.495;D.Enr. 1824. 2119.
— Bordeaux.P32.2 96;S32.2.378;J34.348;D.Caution.170.
— Civ.c.P32.1.112,n.1;D.Audience solennelle.19.
23 Cr.r.P32.1.190;D.Compét. cr.223.
— Cr.r.P32.1.242;S32.1.664;D.Déf.167. Témoin.394.409.
— Cr.r.P32.1.256;S32.1.622; D.Presse.558.
— Toulouse.P32.2.141;D.Autor. de femme.234.
— Nîmes.P32.2.203;S33.2.104;J33.332; D. Intér. de cap. 131.
— Req.P32.1.178;S32.1.537;J34.327;D Colonie.159.Prescript.585.635.
— Bordeaux.P33.2.178; D. Contumace.17. Jug. par déf. 560.Exploit.217.
24 Ord.P32.3.11; D.Pension.91.
— Ord.P32.3.16;S32.2.229; D.Pension.55.
— Ord.P32.3.17;S32.2.467;D.Conserv. des hypoth.
— Cr.c.P32.1.117;D.Garde nat.553.
— Cr.r.P32.1.190;S32.1.541;D.Presse.247.
— Cr.r.P32.1.180;S32.1.457;D Frais et dépens.352.
— Bourges.P32.2.128;S32.2.559;J34.333; D. Preuve litt. 831.Ratification 44.
— Cr.r.P32.1.190;J33.531;D.Garde nat.499. 500.
— Sol. de la rég.P33.3.20;D.Enreg.64.66.
— Cr.r.P33.1 258;D Garde nat.1007.
25 Paris.P32.2.73;S32.2.299;J33.399;D.Privilége.423.
— Bourges.P34.2.140;D.Garantie.28.
26 Ord. du cons. d'état. P32.3.110; S32.2.211; D. Elect. comm.108.109.220.266.
— Ord. du cons. d'état.P32.3.130;D.Contr. dir.114.
— Ord. du cons. d'état.P32.3.146;D.Forêt.402.
27 Loi.P32.3.11;S32.2.238;D.Entrepôt.4.
— Civ.r. P32.1.115; S32.1.753; J33.461; D.Domicile élu. 90.91.
— Cr.r.P32.1.93;S32.1.461;J32.561; D.Cassat.82.201.Déf. 34.38.138.139.143. Presse. 76.167.172.649.650.Tribunal.207.
— Bruxelles.P33.2.227;D.Saisie-imm.1000.1034.1133.
— Ord. roy.P32.3.9;D.Entrepôt.3.
28 Trib. de Lyon.P33.3.83;D Enreg.946.
— Aix.P33.2.229;S33.2.317;D.Faillite.228.Témoin.43.
— Loi.P32.3.11;D.Créd. lég.14.
— Civ.r.P32.1.119;S32.1.246;J33.34;D.Choses.169.
— Civ.c.P32.1.117;S32.1.264;J32.560;D.Choses. 99.
— Civ.c.P32.1.109;S32.1 369;J33.43;D.Vente. 281.
— Paris.P32.2.111;J32.486;D.Privilége.121.
— Grenoble. P32.2.140; S32.2.472; J33.116; D. Remploi. 127.

— Bourges. P32.2.160; S32.2.444; D. Communauté. 93. Dem. nouv.59.
— Bourges.P33.2.126;S32.2.607;J37.149;D.Expropr.pub. 209.210.
29 Civ.c.P32.1.85;S32.1.564;D.Min. pub.102.103.
— Ord.P32.3.18;D.Garde mun.3.
— Civ.c. P32.1.100; S32.1.221; J33.14; D.Enreg 2184.Expertise.260.
— Req.P32.1.129,S32.1.521;J33.28;D.Dom. pub.22.
— Bordeaux.P32.2.95;D.Acte de com.46.Société civ.67.
— Limoges.P32.2.134;S32.2.282;J34.213;D.Partage d'asc. 32.87.
— Toulouse.P32.2.145.et 34.1.273;J33.42;D.App. inc.60.
— Req.P32.1.374;S32.1.249;D.Contr. de mar.111.112.
— Req.P32.1.375;S32.1.260;J33.94;D.Commune.182.Servitudes.734.
— Paris.P33.2.75;J32.551;D.Huiss.106.Vente pub. de récoltes.16.
— Toulouse.P33.2.121;D.Appel inc.60.

MARS.

1 Req.P32.1.405;D.Propriété.192.
— Req.P32.1.405;S33 1.313; D.Dot.441.
— Req.P32.1.76;S32.1.263;J33.221; D.Motifs des jug.69. Testament.181.182.187.
— Ord.P32.3.18;D Enseignement 538.
— Cr.c.P32.1.147;D.Forêt.876.
— Ord.P32 3.36;D.Armée.21.
— Cr.r.P32.1.197;D.Cassat.251.Jug. prép.132.
— Cr.r.P32.1.191;D.Destruct.40.
— Paris.P32.2 103;S32.2.392;J33 37;D.Commissionnaire. 79.83.Eff. de comm.33.
— Paris.P32.2.111;S32 2 517;J32.504; D.Péremp.307.
— Poitiers.P32.2.123;S32.2.503;J34.209;D.Prescrip. civ. 1077.
— Bordeaux.P33 2.27;J34.50;D.Int. de cap.103.Oblig.71. Prescrip.875.Success. bénéf 23.
— Lyon.P33.2.97;S33.2.543; D.Jugement.200.
2 Loi.P32.3.14;S32 2.189;D.Dom. de la cour.5.
— Cr.c.P32.1.147;D.Art de guérir.117.124.
— Cr.r. P32.1.154; D.Cassat.561. Garde nat.469.509.680. 707.832.
— Cr.c.P32.1.155;S33.1.654;J36.387;D.Forêt.1079.
— Cr.c P32.1.159;S32 1.523;D.Garde nat 968.993.
— Cr.c.P32.1.154;S32 1.639,n.;D.Garde nat.685.
— Bordeaux.P32.2.133;S32.2.283;J34 54;D.Partage d'ascend.87.
— Ord. du cons. d'état.P32.3.114;D.Eau.234.
— Ord. du cons. d'état.P32.3.118; D.Contr. dir.92.
— Trib. de comm. de Paris. P32.3.57; S32.2.176; D.Propriété litt.66.67.
— Montpellier. P33.2.50; S32 2 610; J33.434; D.Actes de l'état civ.119.Filiat. lég.75.
— Bourges.P33.2.120;D.Deg. de jurid.294.
— Poitiers.P33.2.123;S33.2.441; D Prescrip.701.
— Cr.c.P32.1.154;D.Garde nat.487.727.
3 Bourges.P33 2.32; D.Saisie-arr.220.221.231.251.252.
— Solut. de la régie.P33.3.13;D.Amende.43.Enreg.2699.
— Paris.P33.2.81;S33.2.371;J32.563;D.Autor. de femme. 159.160.
— Req.P33.1.147;D.Rapp. à succ.121.
5 Colmar.P33.2.22;S32.2.372;J34 158;D.Mandat.202.
— Rennes.P33.2.70;D.Compét. adm.167.
— Lyon.P33.2.77;J34.161;D.Acte de comm.156.
— Bruxelles. P33.2.230; D Jugem.267.358.Jug. par déf. 152.Délai.115.Exception.300.
6 Req.P32.1.244;D.Propriété.236.
— Nîmes.P33.2.10;S32.2.524; J34.490; D.Oblig. altern.5. Prescrip.335.338.481.
7 Civ.r.P32.1.108;S32.1.241;J32.538;D.Arbitrage.38.58. 1046.
— Req.P32.1.406;D.Motifs des jug 51.Vente.213.
— Req.P32.1.406;S32.1.263; D.Expertise.255.
— Lyon.P33.2.150;S33.2.492;D Vente.523.
8 Ord.P32.3.18;D.Salubrité publ.10.
— Req. P32.1.137; S32.1.256; J33 157; D.Capitaine.12.27. 29.71.Motifs des jug.203.
— Req.P32.1.130;S32.1.333; D Jugem.261.Dot.260.
— Req.P32.1.198; S32.1.445; J34.431; D.Faux incid.128. Transp. de créance.189.
— Cr.r.P32.1.191;S32.1.356;J33.517;D.J. férié.22.27.28.
— Nanci.P32.2 92;D.Sép. de corps.85.115.
— Cr.r.P32.1.209;S32.1.576;D.Faux.157.
— Trib. de Neuchâteau.P32.3.69;D Enreg.864.2530.
— Grenoble P32 2.132;S32.2 416;J34.328;D.Notaire.326.
— Orléans.P33.2.102;D.Ventes publ.
9 Cr.c.P32.1.148;J34.171;D.Garde nat.59.446.449.
— Paris.P32.2.125; S32.2.538; J33.102; D.Effet de comm. 249.
— Nanci.P32.2.165;S33.2.154;J33.181;D.Office.112.
— Ord. du cons. d'état.P32.3.115; D.Commune.94.Frais et dép.480.
— Ord. du cons. d'état.P32 3.111; D.Elect. comm.193.
— Aix.P32.2.205;D. Vente.509.
— Ord. du cons. d'état. P33.3.8; D. Commune. 286.556. Cons. d'état.102.Huiss.70.
— Ord. du cons. d'état. P33.3.8; S32.2.317; D.Compét. adm.260.Cons. d'état.29.
10 Colmar.P32 2.215;S32.2.499;J34.108;D.Legs.191.500.
— Ord.P32.3.18;D.Douanes.14.

— Cr.r.P32.1.148;J33.364;D.Garde nat.39.759.
— Cr.c.P32.1.148;D.Garde nat.856.
— Paris.P32.2.105;S32.2.407; J33.69; D.Hypoth.260.Ordre.498.
— Ord.P32.3.57;D.Invalides.4.
— Metz.P32.2.148;S32.2.374;D.Action civ.95.Instr. crim. 239.
— Cr.c.P32.1.416;D.Enseignement.314.
— Solut. de la régie.P32.3.156; D Transcrip. hyp.70.
— Grenoble.P32.2.78;S32 2.408;J34.507;D.Inscrip. hyp. 436.
11 Lyon.P33.2.196;D.Théâtre.22.23.
12 Lyon.P33.2.226;S33 2.272; J36.560; D.Effet de comm. 231.
— Montpellier.P34.2.145;S33.2.128; J33.59; D.Honor.11. 13.148.
13 Ass. de la Seine.P32.2.99,n.,n.1; S32.2.178; D.Mandat d'exéc.31.
— Ord.P32.3.55;D.Culte.28.
— Paris.P32.2.112,S32.2.330;J32.487;D.Dom. de la cour. 15.Louage.214.
— Bordeaux.P33.2.28;D.Dem.nouv.157.Saisie-imm.435. 441.446.
— Ch. réun. P32.1.113; S32.1.293; D. Lois. 98. Société comm.26.
— Paris.P33.2.120;D.Deg. de jurid.
— Ord. du cons. d'état.D.Militaire.28.
14 Req. P32.1.118; S32.1.604; J33.450; D. Substitution. 80 83.
— Req.P32.1.111;S32.1.297; J33.77; D.Cassat.807.Rescis. 117.
— Req.P32.1.155;S32.1.226;J33.5;D.Lois.110.118.Patente.98.
— Toulouse.P32.2.139;S33.2.48;J33.42; D.Jour férié.54.
— Bordeaux.P33.2.61;S32.2.444;J34.393;D.Partage d'as.
— Bruxelles.P33.2.241;D Acte de comm.241.
— Bordeaux.P34.2.222;D.Preuve litt.168.
15 Cr.r.P32.1.209;S32.1.669;D.Presse.307.319.
— Cr.c.P32.1.209;S32.1 683;J33.266; D.Forêt.913.935.
— Cr.r.P32.1.209;D.Déf.166.
— Req.P33.1.138;D.Saisie-arr.255.
— Orléans.P33.2.131;S32.2.671; J34.199; D.Compét. civ. 179.
16 Cr.r.P32.1.213; D.Garde nat.603.614.727.758.767.974.
— Cr.r.P32.1.212;D.Presse.210
— Bordeaux. P32.2.164; S32.2.650; J33.546; D.Respons. 132 133.
— Bordeaux.P32 2.164;S33.2.59,n.;D.Vente.774.
— Bordeaux P32 2.168; S32.2.473; J33.550; D.Retr. suc. 15 Success. bénéf 188.189.
— Aix.P32.2.154;D.Respons.102.
— Cr.r.P32.1.367;S33.1.252;D.Cassat.330.
— Montpellier.P33.2.21;D.Port. disp.56.
17 Loi.P32.3.18;D.Créd. lég.11.
— Cr.c.P32.1.149;S32.1.451;D.Garde nat.727.742.
— Cr.c.P32.1.149;S32.1.659,n.; D.Cassat.286.Garde nat. 684.
— Cr.r.P32.1.153;D.Garde nat.109.835.834.
— Ord.P32 3.31;D.Marin.15.
— Cr.r.P32.1.155;D Garde nat.437.
— Cr.r.P32.1.188;D.Garde nat.378 661.713.975.
— Paris.P32.2.95;S32.2.295;J32.485;D.Oblig.470.
— Cr.r. P32.1.215; S32 1 684; D.Garde nat.483 490.676. 687.
18 Ord.P32.3.18;D.Tabac.74.
— Ord.P32.3.31;D.Culte.
20 Req.P32.1.131;S33.1.57; J33.97; D.Eff. de comm.305. Oblig.488.
— Req. P32.1.135; S32.1.442; J34.428; D.Oblig. 828.829. Trib.156.
— Req.P33.1.26; S33.1.304; D.Chose jugée.82. Prescrip. 30.31.
— Civ.c.P33.1.168;D.Enreg.2698.
— Rouen.P33.2 209;S33.2.501;J36.25;D.Remploi.85.
21 Loi.P32.3.18;S32 2.220;D.Recrut. de l'armée.14.
— Req.P32.1.145;S32.1.251;J33.115; D.Donat. entre ép. 44 Preuve litt.1177.
— Civ.c.P32.1.200. et 205; S32.1.447.470. et 477; J34.89. et 93;D.Chose jug.59.Forêt.337.342.343.627.Prescrip. 350.416.
— Civ.r.P32.1.204;S32.1.479;J34.95;D.Forêt.343.627.633 Prescrip.416.
— Bordeaux.P32.2.113;S32.2.398; D.Arbitrage.110.
— Toulouse.P32.2.144;S32.2.323; D.Commune.658.
— Aix. P32 2.102;S32.2 435; D. Donat. entre ép. 15. Dot. 163.
22 Req. P32.1.141; S32.1.253; J33.125; D.Contrib.20.Octroi.67.68.100.
— Req.P32.1.160;S32.1.248;J33.91;D.Prescrip.627.
— Req P32.1.132;S32.1.332; D. Vente publ. de meubl.52.
— Paris.P32.2.67;S32.2.431;J33.339; D.Compte-courant. 47.Eff. pub.118.Pr. litt.1212.
— Bordeaux.P32.2.98;S33.2.63;D.Hypoth. conv.72.
— Cr.r.P32.1.263;S32.1.720;D.Pub. des jugem.94.
— Cr.r.P32.1 261;D.Incendie.24.
— Bordeaux. P33.2.13; S32.2.483; J33.294; D.Peine.149. Presse.765.
— Cr.c.P33.1.48;D.Peine.246.
— Grenoble.P33.2.105;S33.2.133;J34.506;D.Testam.633.
23 Cr.c.P32.1.159;D.Autor. mun.285.
— Avis du cons. d'état.P32.3.36;D.Garde nat.460.

— Avis du cons. d'état.P32.3.33;D.Garde nat.84.
— Cr.c.P32.1.171;D.Garde nat.352.521.684.
— Paris.P32.2.98;S32.2.188;D.Mandat d'exéc.31.
— Bordeaux. P32.2.97; S33.2.58; D.Novat.35. Vente.677. 686.
— Bordeaux.P32.2.96;S32.2.579;J33.248; D.Comp. adm. 189.
— Cr.r.P32.1.211;D.Cassat.59.Témoin.503.
— Avis du cons. d'état.P32 3 36;D.Garde nat.277.
— Solut. min.P32.3 35;D Garde nat.866.
— Solut. min.P32.3.35;D Garde nat.258.
— Solut. min.P32 3.35;D.*eod*.905.
— Paris.P34.2.152;S33.2.124;J35.35;D.Louage.56.
— Solut. min.P33.3.34;D.Garde nat.103.
24 Cr.c.P32 1 164.J34.80;D.Voitures pub.77.79.
— Ord.P32.3 31;D.Armée.19.
— Ord.P32.3.30;D.Monnaie.15.
— Ord.P32.3.59;D Cons. d'état.
— Délib. du cons. d'adm.P32 3.121;D.Enreg.2094.
— Ord. du cons. d'état.P33.3.74;D.Cons. d'ét.176.Marché de fourn.72.191.
— Paris.D.Art de guérir.147.
26 Grenoble.P33 2.136;S33.2 152;J33.169;Vente.299.
27 Req.P32.1.144;S32.1.290;J33 417;D.Résolut.7.8.
— Req P32 1.142; S32.1.198; J33.337; D.Action possess. 202.204.Compét. civ.85.Emancip.64.Enq.41.
— Civ.r.P32.1.164;S32.1.650; J34.45; D.Acquiesc.33.129. Lois.505.506.Emig.561.Prescript.459.516.Rente.115.
— Ord.P32.3.52;D.Colonies.46.
— Req.P32.1.108; S32.1.355; J33.363; D.Cassat.14.Commerç.80.82.
— Req.P32.1.243;D.Enreg.1458.
— Bourges.P32.2.159;S32.2.496;D.Enreg.94.
— Faure.P32 3.85;S32.2.480;D.Notaire.96.
— Lyon.P33.2.210; S33.2.282; D.Autor. de femme.530. Inscript. hyp.312.
28 Loi.P32.3.29;D.Organ.adm.5.
— Agen.P32.2.141;S32.2.288; J33.141; D.Remploi.79.81. 82.151.
— Toulouse.P32.2.145;S33.2.88;J34.144;D.Eff. de comm. 349.630.Exception.284.
— Paris.P32.2.152;S32.2.388;D.Exception.52.
— Aix.P33.2.7; S33.2.126; D.Frais et dépens.63. Preuve. 29.30.
— Loi.P32.3 29;D.Organ. adm.5.
— Loi.P32.3.29;D.Organ. adm.5.
— Loi.P32.3.29;D.Organ. adm.5.
— Loi.P32.3.29;D.Organ. adm.5.
29 Ord. du cons. d'ét.P32.3.115;S32.2.519;D.Conflit.104.
— Req. P32.1.139; S32.1.288; D. Arbitrage.801.802.881. 1079.Cassat.951.
— Ord.P32.3.31;D.Enseignement.
— Cr.r. P32.1 257; D. Cour d'ass. 564.590.643.652.1289. 1413.1679.Min. pub.27.59.398.Trib.198.
— Cr.r.P32.1.263;D.Cour d'ass.
— Toulouse.P32.2.144;S32.2.352;D.Success. bénéf.64.
— Paris.P32.2.150,S32.2.293;J33.105;D.Eff. pub.101.102. 121.
— Cr.r.P32.1.323;S32.1.857;D.Témoin.387.
— Grenoble.P33.2.20;S32.2.438;J34.407;D.Respons.84.
— Loi.P32.3.32;D Prêt. Emprunt mun.
— Ord. du cons. d'état.P33.3.74;D.Dom. eng.84.
— Ord. du cons. d'état. P33.3.73; S32.2.318; D.Lois.135. Mont-de-piété.17.
30 Aix.P32.2.179;J33.307;D.Etranger.221.
— Cr.r.P32.1.248;S32.1.676;D.Cour d'ass.1376.
— Cr.c.P32.1.248;S32.1.677;D.Pub. des jug.98.
— Cr.c.P32.1.261;S32.1 656;J34.250;D. Voies de fait.12.
— Délib. du cons. d'adm.P32.3.112;D.Poids et mes.129.
— Instr. min.P33.3.50;D.Recrut. de l'armée.15.
— Solut. de la régie.P33.3.73;D.Enreg.1223.
31 Cr.r. P32.1.365; S32.1.865; J33.513; D.Action pub 60. Appel correct.229.Presse.592.
— Cr.r.P32.1.257;D.Garde nat.509.749.763.
— Cr.c.P32.1.262;D.Amnistie.95.
— Cr.c.P32.1.260;D.Amnistie.92.Compét. cr.176.
— Cr.c.P32.1.261;D.Exploit.192.
— Douai.P32.2.128;S32.2.458;J34.200;D.Notaire.318.
— Paris.P32.2.123;S32.2.541;J33 60;D.Société com.219.
— Ch. des députés.P32.3 69. et 104;D.Enreg.218.
— Toulouse.P32.2.138;S33.2.15;D.Remplac.77.
— Toulouse.P32.2.144;S32.2.540;D Subrog.53.
— Bourges.P32.2.160;S32.2.496;J34.414;D.Servitud.407.
— Cr.c.P32 1.260;D.Amnistie.133.Garde nat.838.
— Cr.c.P32.1.249; S32.1.697; D.Compét. adm.84. Garde nat.790.Réc. de juges.13.
— Ord. du cons. d'état. P32.3.118; D.Amnistie.83.Cons. d'état.18.
— Cr.c.P32.1.260;D.Amnistie.133.Garde nat.838.

AVRIL.

2 Nimes.P32.2.138;S32.2.319;J34.493;D.Oblig.796.
— Bordeaux.P33.2.103;S32.2.327;J34.409;D.Sociétécom. 346.
3 Paris.P32.2.67;D.Vente pub. de réc.8.
— Civ.r.P32.1.171; S32.1.444; J33.475; D.Exploit.315.Surenchère.215.
— Civ.c.P32.1.169;D.Commissionnaire.39.40.
— Ord.P32.3.58;D.Etablissement pub.7.
— Nimes.P32.2.157;S32.2.428;J34.183;D.Sép. de b.34.

— Bordeaux.P33.2.39;S32.2.437;J33.165;D.Pr. litt.70.
4 Civ.c.P32.1.136;S32.1.309;J33.80; D.Succ. bénéf.202.
— Req.P32.1.140; S32.1.302; J33.226; D.Donat. entre ép. 113.
— Délib. du cons. d'adm.P32.3.85;D.Enreg.115.195.1197.
— Req.P32.1 549;S32.1.292;J33.385;D.Eff. de comm.565.
— Metz.P33.2 237;S33.2.424;J36.391; D.Forêt.1078 1080.
5 Req.P32.1.160. et 162; S32.1. 526. et 528; J33.549; D. Chose jugée.24.Communauté.668.671.Dem. nouv.60.
— Cr.c.P32.1.198;S32.1.511;J33.324; D.Compét. cr. 353.
— Ord.P32.3.55;D.Armée.14.Armoiries.12.
— Cr.c.P32.1.247;S32.1.719;D.Destruct.39. Evasion.5.
— Cr.r.P32.1.341;S33.1.153; D.Cour d'ass. 265. 321.745. Témoin.478.
— Cr.r.P32.1.345;S33.1.152; D.Cour d'ass. 321. Témoin. 478.Tribunal.190.
— Aix.P34.2.19;D.Commerçant.138.Mandat.117.
6 Cr.c.P32.1.198;S32.1.344;D.Cour d'ass. 1014.
— Ord.P32 3.46;D.Péage. 40.
— Cr.c.P32.1.237;S32.1.740,n.;D.Compét. crim.380.
— Aix.P32.2.111;S32.2.491;D.Honoraires.89. Not.508.
— Ord.P32.3.60;D.Culte.28.
— Cr.c.P32.1.257;D.Compét. crim.301.
— Trib. de la Seine.P32.3.85;S32.2.272; D.C. par corps. 742.
— Bourges.P33.2.12;S32.2.438;J35.88; D.Louage.407.
— Bordeaux.P33.2.41;J36.285;D. Jug. prép.158. Preuve test.140.194.
7 Cr.c.P32.1.211;S32.1.715;J33.270; D. Cassat.76. 1041. Compét. crim.542.
— Toulouse.P32.2.145. et 33. 2.121; S32.2.335; J34.442; D.Appel incid.60.
— Bourges.P32.2.163;J33.2.79;D.Référé.18.27.39.
— Bordeaux.P32.2.122; D.Compét. civ.57.
— Paris.P32.2.184;S32.2.390;J33.174; D.Colonie.181.
— Bruxelles.P33.2.242;D.Exploit.114.
8 Ord.P32.3.55; D.Prud'homme.7.
10 Ord.P32.3.29;D.Militaire.25.
— Loi.P32.3.32;S32.2.230;D.Souveraineté.
— Ord.P32.3.30; D.Monnaie.15.
— Ord.P32.3.55;D.Salubrité publique.7.
— Bordeaux.P33.2.15;S32.2.341;J34.415; D.Eff. de com. 257.
11 Aix.P32.2.181;J33.180;D.Jug. par déf.81.
— Req.P33.1.34;D.Preuve.40.
— Paris.P34.2.186;J33.205;D.Témoin.
12 Req.P32.1.162;S32.1 458;J33.423; D.Donation.194.
— Solut. de la rég.P32.3.68;D.Enreg.2385.
— Cr.r.P32.1.264;D.Cour d'ass.419.758.Déf.36.Publ. des jug.70.
— Ord. du cons. d'état.P32.3.110;S32.3.567; D. Patente. 18.21.
— Ord. du cons. d'état.P32.3.111; D.Elect. comm.192.
— Ord. du cons. d'état.P32.3.112;S34.2.306;D.Trav. pub. 88.93.
— Ord. du cons. d'état.P32.3.112; D. Voirie.42.44.64.
— Ord. du cons. d'état.P32.3.112; S32.2.463; D.Travaux pub.129.133.
— Ord. du cons. d'état.P32.3.96; D.Commune.876.
— Lyon.P33.2.54;S33.2.428;J60.357;D.Preuve litt. 1400. Remise de la dette.86.87.
— Ord. du cons. d'état.P34.3.68;D.Dom. extraord.4.
— Ord. du cons. d'état.P34.3.67;D.C. d'état.13. Manuf. 50.61.
— Ord. du cons. d'état.P34.3.68; S32.2. 461; D. Intérêts de cap.148. Vente adm.69.
— Ord. du cons. d'état.P34.3.75; D.Marché de f. 80.110.
— Ord. du cons. d'état.P34.3.74; D.Voirie.665.
— Solution.D.Enreg.2245.
13 Cr.c.P32.1 208;D.Frais et dép.355.
— Cr.r.P32.1.251;D.Garde nat 620.703.1000.
— Cr.r.P32.1.264;D.Cour d'ass 863.943.1260.
— Cr.r.P32.1.264;D.Cour d'ass.1361.
— Cr.r.P32.1.345;D.Cour d'ass. 1533.
— Lyon.P33.2.4;S32.2.492;J33.152; D.Hypoth. lég. 135.
— Toulouse.P33.2.23;S32.2.576;J34.598;D.Usage.162.
— Bordeaux.P33.2.60;S32.2.330;J34.205;D.Sais.-exécut. 127.128.
— Lyon.P33.2.168;S33.2.393;J37.233; D.Resp.200.277.
— Lyon.P34.2.85;D.Commune.67.Forêts.404.471.
14 Loi.P32.3.32;S32.2.228; D.Armée.
— Cr.r.P32.1.199;S32.1.698;D.Garde nat.811.820.965.
— Cr.c.P32.1.189;D.Exploit.961.
— Ord.P32 3.55; D.Armée.55.
— Cr.c.P32.1.214; D.Garde nat.849.
15 Loi.P32.3.33;S32.2.240;D.Créd. lég.6.
— Loi.P32.3.33; D.Douanes.15.
— Bruxelles.P33.2.199;D.Enquête.129.
16 Loi.P32.3.33;S32.2.219; D.Mariage.
— Paris.P33.2.6;S32.2.493;J33.279; D.Ordre.203.
— Bourges.P33.2.51;S32.2.659;D.Faux inc.192. Dispos. entre-vifs.14.
17 Ord.P32.3.31;D.Armée.19.
— Ord.P32.3.31;D.Marin.15.
— Ord.P32.3.31;D.Enseignement.
— Civ.r.P32.1.215;D.Cass 20 Hypoth. lég.45.
— Aix.P32.2.112;D.Adoption.27.
— Grenoble.P32.2.151;S32.2.453; D. Attroupement.17. 18.Fonct. pub.250.Liberté indiv.61.
— Bourges.P33.2.1;S32.2.489;J33.60;D.Eff. de com.154.
— Loi.P32.3.33;S32.2.214;D.Cont. par corps.

— Req.P33.1.334;J37.373;D.Min. pub.72.
— Req.P33.1.334;J37.373;D.Min. pub. 71.
— Req.P33.1.333;J37.374;D.Cass.587.Min. pub.70.
— Loi.D Appel civ.81.
18 Req.P32.1.147;S32.1.465;D.Servitude. 694.
— Req.P32.1.173;S32.1.452;J33.471;D.Inscript. hyp.198. 462.Tierce-opp.143.
— Civ.c.P32.1.171;S32.1.387; D.Brevet d'invention. 123.
— Bordeaux.P32.2.148;S33.2.33; D.Compét. comm. 371.
— Civ.r.P32.1.245;S32.1.607;J33.46; D.Fruits. 46.
— Poitiers.P32.2.81;S32.2.379;J34.185; D.Absence. 198. Success. irrég 47.62.
— Req.P33.1.141;S33.1.457;D.Preuve.81.
19 Loi.P32.3.46;S32 2.229;D.Garde nat.1074. et suiv.
— Loi.P32.3.46;D.Ordres royaux.
— Cr.c.P32.1.211;S32.1.332; D.Cassation.119.
— Cr.c.P32.1.257;S32.1.768. et 597;D.Cour d'ass. 827.
— Cr.r.P32.1.313;D.Cour d'ass.305.
20 Loi.P32.3.47;S32.2.229; D.Marin.
— Ord.P32.3.59;D.Etablissement pub.6.
21 Loi.P32.3.47;S32.2.240; D.Elect. municip.
— Ord.P32.3.45;D.Marin.16.
— Cr.r.P32.1.365;S32.2.864;J33.515; D.Act. pub.59.
— Ord.P32.3.36; D.Armée.21.
— Loi.P32.3.47;D.Créd. lég.7.
— Loi.P32.3.47;D.Créd. lég.8.
— Loi.P32.3.47; D.Créd. lég.9.
— Loi.P32.3.47;S32.2.240;D.Etranger.19.
— Loi.P32.3.46;S32.2 234.
— Loi.P32.3.48;S32.2.240;D.Poste aux lettres.46.
— Cr.r.P32.1.248;J33.397;D.Jug.134.Témoin.473.480.
— Cr.c.P32.1.260;S32.1.745;J33.285; D.Compét. cr. 554.
— Cr.r.P32.1 311;D.Garde nat. 125.737.987.
— Lettre min.P33.3.44;D.Garde nat.795.
— Ord. du cons. d'état.P34.3.75;D.Commune. 115. 697.
22 Loi.P32 3.56;D.Pêche.250.
— Loi.P32.3.56;D.*eod*.
— Loi.P32.3.57;D.Trav. pub. Concession.
23 Ord. du cons. d'état. P32.3.111; S32.2. 568; D. Elect. comm.211.213.214.
— Ord. du cons. d'état.P32.3.109;S32.3.567;D.Patente.77.
— Av. du cons. d'état.P32.3.35;D Garde nat.84.
— Ord. du cons. d'état.D Eau.217.
24 Ord.P32.3.59;D.Armée.8.
— Délib. de la rég.P32.3.159;D.Enreg. 2643.
25 Req.P32.1.252;S32.1.378;J33.287; D.Intervention. 81. Oblig.808.Saisie-imm.1724.1725.
— Ord.P32.3.46;D.Sceau.4.
26 Req.P32.1.167;S32.1.348;J33.209; D.Compét. civ.189. Frais et dép.45.Deg. de jurid.547.Dot.226.
— Req.P32.1.184;S32.1.455;J34.33;D.Avaries.129.Etranger.186.202.203.
— Req.P32.1.169;S32.1.342;J33.256; D.Mandat.512.
— Loi.P32.3.46;D.Navigation.48.
— Cr.c.P32.1.214;D.Cour d'ass.148.
— Ord.P32.3.60;D.Traitement.44.
— Cr.r.P32.1.305;D.Cour d'ass.566.
— Loi.P32.3.57;D.Concession.5.
— Paris.P33.2.151;D.Assur. terrest.102.
27 Ord.P32.3.60; D.Mines.17.
— Ord.P32.3.61;D.Pension.32.
— Cr.c.P32.1.214;D.Colonie.128.129.
— Cr.r.P32.1.247;S32.1.862;J36.22;D.Peine.351.
28 Paris.P32.2.117. et 33.1.538;S32.2.266;J38.118;D.Discipline.109.213.214.215.
— Ord.P32.3.58;S32.2.228;D.Recrutement.104.
— Cr.c.P32.1.314;S32.1.772;J34.375; D.Autor. mun.581.
— Circ. min.P32.3.103;S32.2.556; D.Inventaire.147.
— Bourges. P34.2.205; J35.330; D. Commune. 45. Dem. nouv.33.
30 Ord.P32.3.61;D.Pension. 36.

MAI.

1 Req.P32.1.174;S32.1.345;J33.216;D.Faill.1171.Vente. 133.
— Req.P32.1.173;S32.1.447; J33.367; D. Commune. 201. Jug.385.Motifs des jug.8.
— Ord.P32.3.57; D.Armée.
— Ord.P32.3.58;D.Invalides.2.3.
— Ord.P32.3.59;D.Org. adm.7.
— Ord.P32.3.55;D.Armée.14.Armoiries.12.Culte.28.
— Req P33.1.133;D.Choses.159.
— Req.P33.1.135;D.Cass.880.Rap. à succ.292.Ratific.36.
— Lettre du garde des sceaux.P33.3.76;S32.2.316;D.Notaire.93.94.
2 Req.P32.1.174;D.Domicile. 91.
— Trib. de la Seine.P32.3.84;D.Enreg.298.
— Civ.c.P32.1.238;S32.1.448;J33.420; D.Commune. 399.
— Bourges.P33.2.47;J37.213;D.Preuve litt.740.
3 Cr.c.P32.1.216;S32.1.685;D.Action pub.22.
— Cr.r.P32.1.277;D.Attentat à la pud.57.62.C. d'ass.396. 1607.Témoin.196.199.
— Cr.r.P32.1.247;S32.1.695;J34.79; D. Délit politique.8.
— Cr.c.P32.1.247;S32.1.676; D.Cour d'ass.985.
— Bordeaux.P32.2.149;S32.2.401;D.Délégation.13.
— Cr.r.P32.1.314;S32.1.330;D.Vol.104.
— Loi.P32.3.57;D.Concession.5.
4 Cr.c.P32.1.210;D Fonct. pub.426. Forêts.60.
— Cr.c.P32.1.210;D.Garde nat.984.

— Cr.c.P32.1.210;S32.1.668; D.Garde nat.969.
— Cr.c.P32.1.260;S32.1.655;J54.237;D.Presse.784.
— Cr.r.P32.1.256;S32.1.700;D.Garde nat.1047.
— Bordeaux.P32.2.149;S33.2.285;D.Servitude.580.
— Bordeaux.P52.2.148;S52.2.426;J54.578;D.Sur.595.
— Aix.P33.2.6;D.Vente.467.468.
— Inst. min.P33.3.64;D.Recrut. de l'armée. 15.
5 Ord.P32.3.60;D.Impôts.
— Civ.r.P32.2.514;S32.1.550; D.Acquitt.46.Attentat à la pud.50.
— Cr.c.P32.1.567;S32.1.541;J53.569;D.Cour d'ass.519.
— Cr.c.P33.1.25;S33.1.403;J56.154;D.Mandat d'exéc.32. Renvoi.119.120.
— Sol. de la rég.P33.3.22;S33.2.223;D.Enreg.2628.
7 Civ.c.P32.1.181;S32.1.525;J53.409;D.Vente publ. de meubles.66.
— Bordeaux.P32.2.150;J54.445;D.Colonies.155.
— Bordeaux.P32.2.150;D.Assur. mar.531.
— Paris.P33.2.21;S32.2.552;J53.243;D.Action.61.Interv. 12.Oblig.899.
— Metz.P34.2.47;S33.2.426;J56.393;D.Forêts.1075.
8 Civ.r.P32.1.198;S32.1.345; D.Chose jugée.210.Saisie-imm.197.
— Req.P32.1.177;D.Rente.298.299.
— Civ.r.P32.1.482;S32.1.371;D.Contrib. ind.154.
— Req.P32.1.176;S52.1.598; J54.40; D.Domm.-intér.30. Eau.442.Respons.116.Servit.132.
— Req.P32.1.226;S32.1.538;J53.291;D.Prescript.846.
— Ord.P32.3.62;D.Pension 65.Etabliss. publ.9.
— Bordeaux.P32.2.148;S33.2.62;J54.559; D.Saisie imm. 138.139.140.144.537.875.
— Grenoble.P33.2.7;S33.2.151;D.Faux incid.22.Jugem. prép.113.
— Ord. du cons. d'état.D.Halles.44.
9 Civ.c.P32.1.180;S52.1.356;J53.255;D.Enreg.1795.
— Req.P32.1.178;S32.1.367;J53.406;D.Résolut.12.
— Req.P32.1.548;S32.1.370;J53.490;D.Enreg.421.
— Bourges.P33.2.45;J56.297;D.Alimens.102.128.
— Bruxelles.P33.2.199;D.Compét. adm.74.
— Bourges.P34.2.25;D.Oblig.569.Remplac.66.
10 Req.P32.1.414;S33.1.557;J55.225;D.Louage.
— Req.P32.1.227;S32.1.341;J53.465;D.Prescript.846.
— Cr.c.P32.1.214;S32.1.498;D.Cour d'ass.520.
— Cr.r.P52.1.503;D.Cassat.171.
— Cr.r.P52.1.504;D.Cour d'ass.1368.1371.1582.1528.
— Délib. de la rég.P32.3.118; S33.2.556; D.Enreg.1498. 1524.
— Lyon.P33.2.75;D.Contr. par corps.616.
— Délib. du cons. d'adm.P33.3.79;D.Enreg.254.
11 Cr.c.P32.1.189;S33.1.647;D.Autor. mun.505.506.
— Ord.P32.3.62;D.Douanes.11.
— Cr.c.P32.1.259;D.Vol.270.
— Cr.c.P32.1.256;S32.1.700;D.Garde nat.970.
— Cr.r.P52.1.304;D.Garde nat.762.939.
— Cr.c.P52.1.313;D.Autor. mun.632.635.636.
12 Cr.c.P32.1.254;S32.1.701;D.Garde nat.805.
— Cr.c.P32.1.259;D.Forêts.154.
— Cr.c.P32.1.258;D.Garde nat.836.
— Cr.r.P32.1.306;D.Garde nat.159.192.381.585.455.494. 572.714.
— Cr.r.P32.1.507;S32.1.781;D.Cassat.401.405.
— Cr.r.P32.1.307;D.Garde nat.435.456.493.652.767.940.
— Cr.r.P32.1.308;S32.1.781;D.Garde nat.532.858.Motifs des jug.280.
— Cr.r.P32.1.313;D.Cassat.Garde nat.
— Cr.r.P32.1.330; D.Fonct. pub.34.Garde nat.606.725. 938.
— Ord.P32.3.81;D.Armée.25.
— Ord.P32.3.59;D.Etabliss. pub 7.
13 Paris.P33.2.195;S33.2.97;D.Deg. de jurid.307.
14 Paris P32.2.113;S32.2.526;J53.543;D.Cautionnem. de fonctionn.40.Courtier.114.
— Paris.P32.2.122;S32.2.405; J53.531; D.Discip.253.Notaire.226.
— Lyon.P33.2.4;S32.2.505;J55.153;D.Société.
— Bourges.P33.2.51. et 54.1.471; S32.2.507; J55.10; D. Prescript.877.
— Grenoble.P33.2.123;S33.2.358; J57.270; D.Sépar. de biens.184.
15 Req.P32.1.189;S32.1.447;J53.251;D.Faill.866.
— Civ.c.P32.1.212;D.Expert.371.372.
— Req.P32.1.337;S32.1.390;J53.503;D.Forêts.338.Intervent.49.Mari.8.
— Grenoble.P32.2.213; S32.2.568;J55.250;D.Compte.148. Prescript.645.
16 Lyon.P33.2.179;S33.2.625;D.Dot.312.Paraphern.11.
— Civ.c.P32.1.190;D.Motifs des jug.28.
— Civ.c.P32.1.191;S32.1.602;J53.295;D.Transc. hyp.57.
— Civ.c.P32.1.216;S32.1.329;D.Enreg.283.
— Ord.P32.3.61;S32.2.576;D.Pairs.7.
— Bordeaux.P33.2.39;J54.61; D.Chose.149.Usufr.480.
— Ord.P32.3.116;D.Dom. eng.105.
— Bordeaux.P33.2.79; S32.2.432; J54.188; D.Absence. 134.135.
— Trib. de Rouen.P33.3.83;D.Timbre.62.
— Bruxelles.P33.2.235;D.Frais et dép.207.232.
17 Ord.P32.3.61;S32.2.375;D.Traitement.37.
— Cr.c.P32.1.259;S32.1.720;J54.74;D.Déf.160.
— Cr.c.P32.1.254;S32.1.594;D.Garde nat.73.
— Cr.c.P32.1.254;S32.1.594;J54.238;D.Garde nat.70.
— Cr.c.P32.1.305;D.Garde nat.890.891.
— Cr.r.P32.1.296;S32.1.779;J54.373;D.Poste aux lettres. 35.
— Cr.c.P32.1.303;D.Garde nat.990.1049.1050.
— Cr.c.P32.1.303;D.Garde nat.969.990.1049.1050.
— Cr.c.P32.1.313;D.Presse.248.
— Req.P32.1.326;S32.1.349;J55.266;D.Oblig.120.Rescis. 196.Transport de créances.52.
— Ord. du roi.P32.3.57;D.Invalides.2.3.4.
18 Toulouse.P32.2.137;S32.2.470;J54.495;D.Tutelle.101. 258.
— Cr.r.P32.1.312;D.Garde nat.744.935.
— Cr.r.P32.1.318;D.Garde nat.372.458.538.611.958.
— Toulouse.P32.2.199;S32.2.510; D.Legs.93.94.
— Bordeaux.P33.2.40;D.Assur.marit.322.
— Paris.P33.2.78;S32.2.402;J53.199;D.Purge.81.
— Poitiers.P33.2.157;S33.2.491; D.Compét. comm.25.
19 Décret.P32.3.64;D.Douane.11.Pension.52.53.56.
— Cr.r.P32.1.315;D.Garde nat.359.619.976.
— Cr.c.P32.1.318;S32.1.774;J53.284;D.Serment.75.
— Cr.c.P32.1.354;S32.1.359; J54.571; D.Cour d'ass.350. 377.
— Cr.r.P32.1.350;S32.1.845; D.Presse.59.Cass.277.Cour d'ass.90.
— Ord.P32.3.62;D.Pension.63.Etabl.pub.9.
21 Pau.P33.2.65;S32.2.548;D.Référé.27.30.
— Grenoble.P33.2.200;S33.2.169;J56.313;D.Arbit.289.
22 Req.P32.1.228;S32.1.391;D.Compét. adm.80.
— Req.P32.1.258; S32.1.650; J54.20; D.Frais et dép.81. Copie de pièce.21.Motifs des jugem.146.
— Civ.r.P32.1.216; S32.1.609; J55.91; D.Juge suppl.97. Jugem.84.Servitude.549.
— Civ.c.P32.1.208;S32.1.603;J53.388;D.Enreg.2745.
— Civ.c.P32.1.206;S32.1.613;J54.71; D.Elect. comm.121.
— Paris.P32.2.130;S32.2.459;J53.102;D.Respons.266.
— Paris.P32.2.121;D.Abus de conf.81.Cont. par corps.23. 69.399.Dépôt.8.
— Bordeaux.P32.2.143; S32.2.537; J54.151; D.Arbit.152. 204.214.246.355.800.818.
— Inst. de la rég.P32.3.109;D.Enreg.914.945.
— Req.P33.1.65; S32.1.524; J54.405; D.Dom. de l'ét.82. Propriété.22.
— Agen.P33.2.98;J57.135;D.Vente.731
23 Civ.c.P32.1.199;S32.1.593;J53.355;D.Enreg.2883.
— Civ.c.P32.1.200;S32.1.673;D.Enreg.3001.3002.
— Toulouse.P32.2.161;S32.2.412; J54.476; D.Arbitr.520. 522.1089.
— Nîmes.P32.2.208;D.Pérempt.245.Exploit.648.
— Montpellier.P33.2.116;J57.152;D.Resp.134.Test.49.
— Req.P33.1.399;J53.582;D.Forêts.532.571.Deg. de jur. 388.Dem. nouv.87.Loi retr.168.Présompt.62.Preuve testim.48.310.Servitude.683.Usage.110.
— Trib. de la Seine.P33.3.114;D.Enreg.420.
24 Cr.c.P32.1.409;S33.421;D.Deg. de jurid.634.
— Req.P32.1.416;S32.1.439;D.Compét. Prescript.
— Req.P32.1.238;D.Except.121.
— Ord.P32.3.59;D.Traitement.59.
— Ord.P32.3.60;D.Culte.28.
— Ord.P32.3.61;D.Impôt.28.
— Cr.c.P32.1.246;S32.1.685;D.Vol.279.
— Poitiers.P32.2.185;S32.2.362;J54.541; D.App. civ.383.
— Req.P32.1.330;D.Prescript.419.Rente.109.
— Cr.r.P32.1.347;D.Forêts.982.Frais et dép.420.
— Cr.c.P32.1.325;S32.1.617;D.Autor. mun.596.601.
— Cr.c.P32.1.351;S33.1.245;J56.528;D.Inst. crim.550.
— Sol. de la rég.P32.3.115;D.Enreg.2606.
— Sol. de la rég.P32.3.117;D.Enreg.1138.
— Ord.P32.3.81;D.Armée.25.
— Ord.P32.3.60;D.Impôt.27.
25 Cr.r.P32.1.301;D.Cassat.74.Témoign. faux.39.
— Cr.c.P32.1.317;S32.1.777;J54.330; D.Abus de conf.67. 70.
— Trib. de Chin.P32.3.85;D.Jugem. par déf.31.Déf.197.
— Cr.r.P32.1.345;S32.1.512;D.Liberté ind.62.
— Cr.r.P32.1.349;D.Garde nat.527.735.751.767.944.
— Cr.r.P32.1.323;J54.332;D.Chose jugée.505.
— Ord.P32.3.117;D.Eau.205.
— Ord. du cons. d'état.P32.3.105; D.Cons. d'état.228. Ventes adm.30.
— Ord. du cons. d'état.P32.3.112;D.Trav. pub.100.
— Grenoble.P32.2.219;D.Paraphern.5.6.
26 Cr.c.P32.1.260;D.Garde nat.510.
— Cr.r.P32.1.306;S32.1.780;J55.518; D.Procès-verb.356.
— Cr.r.P32.1.306;S32.1.780;J55.518; D.Procès-verb.242. 356.
— Cr.r.P32.1.306; S32.1.780; J55.515; D.Dem. nouv.153. Procès-verb.356.
— Cr.r.P32.1.308;S33.1.68;D.Dén. calomn.58.59.60.
— Cr.r.P32.1.300;D.Garde nat.708.962.
— Ord.P32.3.100;D.Retenue.Pension.
— Sol. de la rég.P32.3.136;D.Enreg.1614.2623.
— Paris.P33.2.233;J56.557; D.Notaire.66.Vente pub. de meubles.47.
28 Bordeaux.P32.2.210; S32.2.626; J53.209; D.Acquiesc. 99.Communauté.759.764.783.Int. de cap.102.Privil.26. Purge.137.
29 Req.P32.1.220; S32.1.439; D.Révoc.61.64.80.Testam. 110.111.150.161.
— Req.P32.1.219;S32.1.456;J53.401; D.Révoc.61.80.209.
— Civ.c.P32.1.214;J53.447;D.Enreg.2946.
— Civ.r.P32.1.210;S32.1.323;J53.587;D.Servit.435.
— Req.P32.1.328;S32.1.399;J53.361;D.Enreg.2113.
— Req.P32.1.332;D.Pérempt.117.
— Paris.P32.2.217; S32.2.516; J54.147; D.Appel civ.300. Preuve.46.
30 Ch. réun.P32.1.382;S33.1.363;J53.407;D.Discip.22.
— Grenoble.P33.2.86;D.Choses.101.Preuve litt.911.
31 Ord.P32.3.118;D.Dom. extr.29.Confiscat.54.

JUIN.

1 Cr.c.P32.1.259;D.Autor. mun.55.
— Cr.c.P32.1.259;S32.1.701;D.Garde nat.57.
— Inst. min.P32.3.98; D.Garde nat.402.Jour férié.30. Etat de siége.5.
— Avis du cons. d'état.P32.3.99;D.Garde nat.249.
— Avis du cons. d'état.P32.3.99;D.*eod*.255.
— Avis du cons. d'état.P32.3.99;D.Garde nat.325.
— Civ.c.P32.1.336;S33.1.128;J56.164; D.Fonct. pub.291.
— Cr.r.P32.1.358;S32.1.783;D.Garde nat.108.475.950.
— Poitiers.P32.2.170; S33.2.75; J55.330; D.Exécut. des jugem. et actes.115.Except.351.
2 Req.P32.1.224;S32.1.433;J54.424; D.Chose jugée.482. Jugem.272.Réc. de juges.68.94.
— Req.P32.1.255;S32.1.435;J53.528;D.Enreg.576.
— Toulouse.P32.2.157;S32.2.484;D.Rente.382.
— Aix.P32.2.151; S32.2.521; J55.310; D.Armée.39.Commune.734.756.Respons.537.
— Cr.c.P32.1.304;S32.1.702.n.;D.Garde nat.56.442.
— Ord. du cons. d'état.P32.3.105;D.Emig.544.
— Cr.r.P32.1.360;S32.1.845;J53.286;D.Cassat.1005.
— Cr.c.P32.1.336;D.Complicité.68.76.
3 Ord.P32.3.98;D.Etat de siége.6.
— Bourges.D.Huissier.101.
4 Civ.c.P32.1.359;D.Cass.1068.Chose jugée.290. Comp. adm.51.Comptabilité.55.Cont. par corps.195.Marché de fourn.195.Quest. pr.116.Respons.187.
— Bordeaux.P32.2.177;J55.157;D.Faill.246.Mandat.545.
5 Grenoble.P32.2.219;D.Dot.14.
— Civ.r.P32.1.243;S32.1.515;J54.519;D.Cassation.246.
— Req.P32.1.255;S32.1.321;J54.306; D.Ass. marit.175.
— Req.P32.1.277;S32.1.760;J53.487; D.Jug.319. Deg. de jurid.543.Exception.122.
— Toulouse.P32.2.163;J55.163;D.Agent de ch.116. Obl. 354.
— Bordeaux.P32.2.175;S32.2.487; J55.100; D. Contr. directes.159.131.265.Saisie-exécut.58.
— Req.P32.1.371;D.Servitude.157.
— Trib. de Lyon.P34.1.240; D.Enreg.56.
6 Bordeaux.P32.2.177;S33.2.72; J55.98; D. Exception. 245.Exploit.970.
— Ord.P32.3.98;D.Garde nat.211.
— Ord.P32.3.98; D.Enseignement.
— Ord.P32.3.98;D.*eod*.
— Toulouse.P32.2.161;S32.2.411;D.Propriété.221.
7 Req.P32.1.258;D.Servitude.716.
— Req.P32.1.278;S32.1.542;J56.267;D.Audience.19.Jug. 122.322.Révoc.18.
— Cr.c.P32.1.305;S32.1.779;J54.385;D.Cour d'ass.285.
— Cr.c.P32.1.306;S32.1.778;D.Vol.271.
— Ord.P32.3.98;S32.2.420;D.Garde nat.211.Enseig.540. Etat de siége. 4.5.6.
— Ord.P32.3.98;D.Enseig. 546.
— Cr.r.P32.1.371;S32.1.843;D.Vol.275.
— Trib. de Clermont.P32.3.115;S32.2.360;D.Resp.59.
— Cr.r.P32.1.397;D.Cass.968.Presse.61.
— Bordeaux.P33.2.29; J55.564; D. Success. bénéf. 124. Vente.276.
— Paris.P32.2.104;S32.1.411,n.; D.Rebellion.
8 Cr.c.P32.1.259;D.Garde nat.1003.
— Ord.P32.3.101;D.Ponts et chaussées. 6.
— Cr.r.P32.1.368;D.Garde nat.156.282.375.726.920.
— Ord.P32.3.117;D.Commune.280.
— Bourges.P33.2.8;S32.2.476;J53.381; D.Vente pub. de meubles.73.
— Cr.r.P32.1.366;S32.1.736;J55.456; D.Courtier.119.
— Bordeaux.P33.2.144;D.Deg. de jurid.320.
— Ord. du cons. d'état.Mac.32.290; D.Marché de f. 123.
9 Cr.c.P32.1.303;S33.1.80;D.Autor. mun.329.330.
— Cr.c.P32.1.307;D.Autor. mun.586.587.890.
— Cr.c.P32.1.317;S32.1.744;J55.528; D. Compét. cr.288. Respons.425.
— Ord.P32.3.99;D.Armée.18.
— Cr.c.P32.1.346;D.Poids et mesures.111.
— Cr.r.P32.1.367;S33.1.128;D.Instr. cr.375.Jugem.171. 424.Compét. cr.158.
— Cr.c.P32.1.366;D.Cassation.332.
— Cr.r.P32.1.401;S33.1.110;D.Abus de confiance. 86. 90.
— Bordeaux. V. au 19.
11 Rouen.P33.1.195;D.Hospices.36.
12 Req.P32.1.223;S32.2.735;J55.292; D.Dispos. ent.-vifs.
— Solut. de la rég.P32.3.139,S32.2.544;D.Enreg.766.
— Nîmes.P33.2.65;S32.2.321;J54.407;D.Don. p.cont.164.
— Solut. P32.3.139;D.Enreg.819.
13 Req.P32.1.251;S32.1.540; D.Arbitrage.84.
— Paris.P33.2.91;S33.2.358;J56.615; D.Invent.140.Preuve litt.586.359.
— Toulouse.P33.2.119;S32.2.623;D.Pérempt. 168.
— Sol.P32.3.68;D.Enreg.2245.
14 Req.P32.1.221;S32.1.757;J55.5; D.Ass. marit.529.537. 564.
— Limoges.P32.2.184;S32.2.471; D.Arbitrage.921.

— Cr.r.P32.1.399;D.Cour d'ass. 222.303.814.873.
— Cr.c.P32.1.288;S32.1.851;D.Cour d'ass.983.
— Req.P32.1.240; S32.1.679; J33.257; D. Commune.193. 195.228.441. Dom. de l'état.89.91.
— Toulouse.P34.2.78;D Succession.
— Colmar.P34.2.150;S33.2.39;J35.251;D.Tutelle.678.
15 Cr.c.P32.1.399;D.Cass.489.Instr. cr.419.
— Cr.r.P32.1.398;D.Garde nat.823.
— Cr.r.P32.1.300;S32.1.702;D.Garde nat. 178. 578.1008.
— Cr.c.P32.1.314;D.Garde nat.551.
— Cr.c.P32.1.314;S32.1.849;D.Garde nat.839 850.
— Cr.c.P32.1.346;D.Autor. mun.274 275.
— Cr.r.P32.1.368;S32.1.847; J33.455; D. Fonct. pub.448.
— Cr.r.P32.1.398;D.Respons.444.
— Grenoble.P33.2.58;S33.2.208; D.Servitude.334.
16 Cr.c.P32.1.289;D.Autor. mun. 322.
— Ord.P32.3.99;S32.2.382; D.Manufactures.
— Cr.r.P32.1.400;S32.1.858; D.Garde nat. 574.581.1011. Quest. pr.150.
— Cr.c.P33.1.86;D.Fonct. pub.33.C. d'ass. 1239. Jugem. 144.409.Presse.533.675.735.
— Pau.P33.2.95;S32.2.571; J33.31; D. Hypoth. lég. 228. Inscript. hyp.284.
— Sol. de la rég.P33.3.86;S33.2.168; D.Timbre.179.
— Bruxelles.P33.2.235; J38.255;D.Déf. 66.72.
— Cr.c.P33.1.86,n.;J35.516;D.Presse. 559.
— Lyon.P34.2.193;S33.2.191;J33.31; D.Domm.-intér.73.
17 Ord.P32.3.400;D.Organ. adm.26.
18 Grenoble.P32.2.217;D.Ordre.441.
— Ass. du Rhône.P33.2.189;S33.2.85;J36.52; D.Déf.140. Presse.60.650.
— Nîmes.P34.2.138;S33.2.299; D.Ordre.264.
19 Req.P32.1.250;S32.1.859; D.Novat.25.26.
— Civ.c.P32.1.249;S33.1.529;J34.30; D.Oblig.533.
— Civ.c.P32.1.293;S32.1.638;D Jug. p. déf.306.Expl 405.
— Req.P32.1.338;S32.1.788;J33.206; D. Chose jugée. 45. Enq 312.314.Serment déc.42.
— Toulouse.P32.2.190;S32.2.509;J34.451; D.Frais et dépens.217.Dom. de l'état.116.117.
— Bordeaux.P33.2.26;D.Exploit.754.Sép. de corps.185.
— Toulouse.P34.2.226;D.Transport de créance. 77.
20 Req.P32.1.240;S32.1.685;J33.65; D.Commune.670.
— Civ.r.P32.1.256;S32.1.347;J34.25;D.Eff. de comm.600.
— Req.P32.1.260;S32.1.694; D.Domicile.22.98.
— Req.P32.1.407;S32.1.594;J34.17;D.Choses.59.
— Bordeaux.P33.2.25;S32.2.468;D.Alimens.65.121.
— Grenoble.P33.2.74;D. Déf.222.
— Bordeaux.P33.2.115;J33.115;D.Frais et dép. 152.
— Sol. de la rég.P33.3.83; D.Enreg.332.
21 Req.P32.1.334;S33.1.344;D.Rente sur l'état.4.
— Req.P32.1.331;S32.1.331;J33.453;D.Enreg.1226.
— Toulouse.P32.2.195;S32.2.494;J34.459; D.Compensation.90 Tutelle.391.
— Cr.c.P32.1.380;S33.1.154;D.Cour d'ass.307. Tém.248.
22 Cr.c.P32.1.394; S33.1. 121; D. Abus de confiance. 45. Quest. pr.118.
— Cr.c.P32.1.397;D.Autor. mun.619.620.621. 622. Jug. prép.122.
— Cr.c.P32.1.401;S33.1.110;D.Complicité. 207. C. d'ass. 1082.
— Cr.r.P32.1.400;D.Compét. cr.644.
23 Cr.c.P32.1.323;S32.1.855; D.Faillite.1332.
— Cr.c.P32.1.522;S32.1.852. et 33.1.128;D.Faux 307 308.
— Cr.r.P32.1.343;S32.1.862; J30.19; D.Cass. 395. Peine. 348.
— Cr.c.P32.1.392;D.Fausse monnaie.22.Cour d'ass.1506. Déf.103.Motifs des jug.305.Témoin.202.
— Colmar.P33.2.80;D.Hypoth.lég.194.Inscript. hypoth. 155 Tutelle. 49.
25 Civ.c.P32.1.246;S32.1.606;J34.362; D. Acquiesc. 207. Cassation.23.Fruits.89.
— Déc. min.P32.3.112;D.Not. 504.
— Paris.P33.2.62;S32.2.559;J34.579;D.Rente sur l'état.3.
26 Civ.c.P32.1.276;S32.1.653;J33.543;D.Adoption. 133.
— Req.P32.1.262;S32.1.518;J33.525; D.Choses.107.
— Req.P32.1.319;J33.176; D.Jug. prép. 118. Port. disp. 593.594.
— Ord.P32.3.100;D.Garde nat. 848.
— Bruxelles.P33.2.231;D.Dem. nouv.155 Min. pub.283. Oblig. divis.113.Saisie-imm.731.
27 Civ.c.P32.1.241;S32.1.852;J34.74; D.Lois.417. Retrait suc.16.60.61.
— Req.P32.1.264;S32.1.763;D.Servitudes.593.
— Req.P32.1.279;S32.1.858;J33.18;D.Respons.534.
— Av. du cons. d'état.P32.3.113; D.Enreg.
— Aix.P33.2.6;D.Presse.434.
— Poitiers.P33.2.50;S32.2.415;J33.161; D.Vente.418.
— Req.P32.1.280;S32.1.774.J33.124; D.Hypoth.136. Ordre.79.
— Bordeaux.P33.2.116;S33.2.560; D.Faillite.399.611.
— Lyon.P33.2.95;S33.2.285;D.Vente.848 849.
— Req.D.Navigation.43.
28 Cr.c.P32.1.305;D.Cour d'ass.322.
— Cr.c.P32.1.317;S32.1.857;D.Cour d'ass. 828.
— Ord.P32.3.100;S32.2.398; D.Frais et dépens.
— Cr.c.P32.1.337;J34.332; D.Homicide.8.C. d'ass. 1827.
— Cr.r.P32.1.354;D.Garde nat.929.
— Cr.r.P32.1.376;D.Cour d'ass.1680.
— Cr.r.P32.1.398;S33.1.245;D.Inst. cr. 823.C. d'ass. 527. 1200.Jugem.453.454.
— Agen.P33.2.98;D.Sép. de biens. 26.

— Montpellier.P33.2.120;S32.2.655; J33.377; D.Péremp. 227.
— Bordeaux.P33.2.178;D.Voitures pub.83.
— Sol. de la rég.P34.3.47;S32.2.556; D.Timbre. 167.168.
29 Ord.P32.3.98;D.Etat de siége. 4.
— Ord.P32.3.117;S32.2.504;D.Elect. comm.185.
— Ord.P32.3.117;D.Traitement. 25.
— Ord. du cons. d'état.P32.3.137; D.Trav. pub.93.
— Ord. du cons. d'état.P32.3.137; D.Mines.128.
— Ord. du cons. d'état P32.3.137;D.Pension.71.
— Ord. du cons. d'état.P32.3.137; D.Marché de f. 151.
— Ord. du cons. d'état.P32.3.138; S32.2.503; D. Voirie. 369.
— Ord. du cons. d'état.P32.3.137;D.Cons. d'état.227.
— Ord. du cons. d'état.P33.3.2; D.Emig.521.
— Ord.P32.3.117;S32.2.504,n.;D.Elect. comm. 185.
— Ord. du cons. d'état. P32.3.117; S32.2.503; D. Elect. comm.206.
30 Cr.c.P32.1.387;S33.1.206; J33.419; D.Action pub. 59. Compét. cr.311.Régl. de juges. 100.
— Cr.c.P32.1.398;D.Garde nat.451.514.
— Cr.c.P32.1.306;S32.1.640;D.Autor. mun.151.167.
— Cr.c.P32.1.265; S32.1.401; J34.3; D.Cass. 93. Compét. crim.534.537.538.539.Etat de siége. 1.2.3.
— Cr.r.P32.1.289;S32.1.653,J34.473; D.Propriété litt.21.
— Cr.r.P32.1.368;D.Témoin. 283.
— Cr.r.P32.1.373;S32.1.577;J34.374;D.Fonct. pub. 31.
— Sol. de la rég.P32.3.133;D.Transcript. hyp. 105.
— Toulouse.P34.2.114;D.Compét. comm.370.

JUILLET.

1 Ord.P32.3.101;D.Pension.54.
— Ord.P32.3.99; D.Armée. 18.22.
— Ord.P32.3.99;D.Organis. adm.26.
2 Ord.P32.3.98;D.Etat de siége.4.
— Bordeaux.P33.2.219;S32.2.663;D.Saisie-imm.513.
— Délib. du cons. d'adm.P34.3.47;D.Enreg.840.
3 Civ.c.P32.1.295;S32.1.498;J34.80;D.Retour lég.54.
— Req.P32.1.360;S32.1.727; D.Cassat.946.Chose jug.215. Legs.276.Exploit.221.Tierce-opp.131.
— Délib. du cons. d'adm.P32.3.114;S32.2.585;D Enreg.
— Paris.P32.2.212;J34.123;D.Contr. par corps.633.
— Aix.P34.2.99;D.Dot.72.
4 Civ.c.P32.1.293;S32.1.648;D.Expl.922.Trav. pub.113.
— Trib. de comm. de Paris.P33.3.140; S32.2.533;D.Effet de comm.582.
— Bordeaux.P33.2.18;D.Expertise.118 191.
— Bordeaux.P33.2.19;S33.2.35;D.Compte-cour.15.19.
— Bordeaux.P33.2.19; S33.2.85; D.Int. de cap.60.Eff. de comm.891.
5 Cr.c.P32.1.409;D.Compét. cr.552.Pr. litt.732.
— Paris.P32.2.193;S32.2.446;J33.536; D.Saisie-imm.745.
— Aix.P32.2.132;J33.478;D Enseig.98.106.
— Poitiers.P32.2.166;S32.2.441;J33.82;D.Etranger.124.
— Req.P32.1.334;S32.1.430;J33.519;D.Substitut.75.312.
— Req. P32.1.331; S33.1.322; J33.199; D. Arbitrage. 321. 788.
— Cr.r.P32.1.360;S32.1.731;D.Témoin.426.Trib.184.
— Bordeaux.P33.2.18;S33.2.60;J36.98;D.Juge.67.
— Trib. de Paris.P28;D.Société civ.78.
6 Cr.c.P32.1.357;D.Cassat.1077.
— Cr.r. P32.1.398; S33.1.251; J33.524; D.Cour d'ass.886. 1122.1093 Trib.173.
— Cr.r.P32.1.399;D.Garde nat.374.
— Limoges.P32.2.209;S32.2.497;J34.166;D.Filiat. nat.69. Légitimat.34.
— Cr.r.P33.1.22; D.Cour d'ass.1122.1201.1651.1703.
— Bordeaux.P33.2.26; S33.2.78; J33.590; D.Mariage.611. 612.
— Bordeaux.P33.2.26;S33.2.54;D.Communauté.762.
7 Agen.P33.2.29;S32.2.434; D. Vente.572.
— Cr.c.P32.1.416;D.Garde nat.675.701.712.
8 Délib. de la régie.P33.2.113.
— Paris.P32.2.222;J34.112;D Référé.53.
9 Civ.r.P32.1.304;S32.1.524; J34.177; D.Dr. polit.30.32. Elect. comm.6.8.
— Bordeaux. P33.2.58; S32.2.652; J33.379; D. Faillite.39. 134.1291.
— Nîmes.P34.2.49;D Poss.05.
10 Toulouse.P32.1.198;S32.2.599;J34.453;D.Péremp.112.
— Ord.P32.3.100;D.Garde nat.
— Req. P32.1.315; S32.1.769; J33.126; D. Appel civ.405. Chose jugée.16.253.
— Req.P32.1.318;S32.1.129;D.Faillite 310.
— Ord. du cons. d'état. P32.3.157; D. Cons. d'état. 103. Dom. eng.104.105.
— Déc. du min. des fin.P32.3.144;D.Timbre.180.
— Ord. du cons. d'état.P32.3.157;D.Traitement 23.
— Ord. du cons. d'état.P32.3.138;D.Contr. dir.175.
— Ord. du cons. d'état.P32.3.137;D.Contr. dir.175.
— Ord. du cons. d'état.P32.3.124;D.Elect. comm.78.
— Ord. du cons. d'état. P32.3.140;D.Emig.510.
— Poitiers.P33.2.6;S32.2.474; J33.480; D.Appel correct. 40.Juge.9.
— Ord. du cons. d'état.P33.3.5;D.Emig.467.
— Ord. du cons. d'état.P33.3.1;D.Emig.511.
— Ord.P32.3.98;D.Enseignement.
— Colmar. P33.2.60; S33.2.20; J34.562; D.Commissionnaire.324.

11 Req.P32.1.292;D.Contr. p. corps.661.
— Bordeaux.P33.2.53;S33.2.542;D.Exéc. prov.53.
— Bordeaux.P33.2.54;S33.2.256;D.Condition.199.Rente. 163.
— Bordeaux.P33.2.59;D.Assur. marit.448.
— Colmar. P32.2.223; S33.2.154; J34.105; D.Art de guérir.15.
— Aix.P33.2.89;D.Douanes.250.Procès-verb.399.
12 Bordeaux.P34.2.77;S33.2.414;J38.186;D.App. inc.59.
— Req.P32.1.319; S33.1.23; J33.202; D.Faillite.319.1247. 1252.1263.
— Ord.P32.3.100;S32.2.420;D.Colonie.
— Req.P32.1.333;S32.1.646;J34.102;D.Enreg.98.404.422.
— Cr.r. P33.1.40; S33.1.126;D.Jour férié.24. Cour d'ass. 874.Déf.164.
— Cr.c. P32.1.423; S32.1.622; D.Instruct. crim.467. Cour d'ass.1084.
— Cr.r.P33.1.80. et 352;D.Instr. crim.480.
— Ord.P32.3.102;S32.2.419; D.Colonie.91.
13 Ord.P32.3.100;D.Pension.59.
— Cr.c.P32.1.367;D.Cour d'ass.521.
— Cr.r.P33.1.21;D.Garde nat.373.
— Cr.r.P33.1.24;S33.1.803;J36.188; D.Cassat.852.Presse. 89.673.
14 Cr.r.P32.1.401;D.Garde nat.82.83.537.980.
— Cr.c.P32.1.401;D.Garde nat.746.Jugem.470.
— Cr.c.P32.1.400;S33.1.154;J36.20; D.Peine.
— Cr.r.P32.1.323;S32.1.850; D.Cassat.290.
— Bordeaux. P32.2.155; S33.2.18; J35.308; D.Nantiss.47. Possess.109.
— Cr.r.P32.1.357;D.Garde nat.472.618.934.Jugem.521.
— Cr.r.P32.1.360;D.Garde nat.595.908.
— Cr.r.P32.1.367;D.Garde nat.820.
— Cr.r.P32.1.372;D.Garde nat.964.1031.Déf.16.
— Déc. du min. des fin.P32.3.114; D.Enreg.
— Cr.r.P33.1.21;D.Preuve litt 82.
— Cr.r.P33.1.21;D.Exploit.957.
— Cr.r.P33.1.21;D.Garde nat.945.
— Cr.c.P32.1.379;D.Garde nat.696.893.
— Cr.r.P32.1.372; D.Garde nat.288.436.629.665.709.718.
— Cr.c.P33.1.62;S33.1.414;J36.166;D.Motifs des jug.262.
— Cr.r.P33.1.390;D.Garde nat.931.
— Cr.r.P33.1.389;D.Garde nat.966.
— Délib. du cons. d'adm.P34.3.52;D.Enreg.1754.
— Grenoble.P34.2.222;S33.2.11;D.Servitude.741.
15 Ord. du cons. d'état.P32.3.138;D.Garde nat.144.270.
— Instr. min.P32.3.125; D.Garde nat.
— Ord. du cons. d'état.P32.3.138;S32.2.614.
— Ord. du cons. d'état. P32.3.148; S32.2.504; D.Emigré. 524.576.
— Ord. du cons. d'état.P32.3.147;D.Emig.467.
— Ord. du cons. d'état.P32.3.147;D.Mont-de-piété.18.
— Ord. du cons. d'état.P32.3.146;S32.2.505;D.Cons. d'ét. 72.Emig.494.
— Ord. du cons. d'état.P32.3.146;D.Forêt.521.
— Paris.P34.2.20;D.Société comm.247.
16 Civ.c.P32.1.294;S32.1.333;J33.557;D.Aud. solennelle. 14.Motifs des jug.18.
— Toulouse.P32.2.191;D Jugem. par déf.190.313.
— Paris P32.2.214;S32.2.518;J34.114; D.Garantie.48.124. Vente 664.
— Civ.r.P32.1.322;S33.1.833;J35.193;D.Hyp. lég.57.98.
17 Req.P32.1.358;S33.1.76;J35.463; D.Compensat.51.149. Retenue.17.
— Inst. de la rég.P32.3.114;D.Enreg.
— Grenoble.P32.2.213;J36.180;D.Exploit.584.
— Ord.P32.3.108;D.Forêts.26.
— Colmar.P33.2.23;S32.2.649;J35.284;D.Arbitrage.582.
18 Civ.c.P32.1.296;S32.1.523; D.Saisie-imm.1694.
— Req. P32.1.359; S33.1.476; J33.7; D. Cass. 418. Société comm.307.348.
— Trib. de la Seine.P32.3.143;D.Enreg.1975.
— Bordeaux.P33.2.56;D.Mandat.565.
— Civ.r.P32.1.281;S32.1.484; J34.268;D.Fonct. pub.415. Prise à partie.14.56.
— Colmar.P33.2.68;D.Compét. comm.426.
— Bourges.P34.2.41;S33.2.628;D.Partage.118.
19 Req. P32.1.296;S32.1.551; D.Choses.91.Hypoth.23.24. Louage emphyt.5.15.23.
— Ord.P32.3.100;D.Salubrité pub.
— Agen.P32.2.153;J36.334;D.Communauté.339.
— Cr.c.P33.1.74;S33.1.450;J36.104;D.Cour d'ass.23.935.
— Cr.r.P33.1.242;J38.54; D.Action civ.8.9.Trib.202.203.
20 Grenoble.P33.2.30;S33.2.384;D Oblig. pers.27.
— Limoges.P32.2.183;S32.2.594;D.App. civ.475.522.Exception.12.25.
— Cr.c.P32.1.528;S33.1.60;J38.323; D.Cassat.1018.Chose jugée.310.311.
— Cr.c.P32.1.364;S33.1.59;D.Exception.514.
— Ord. du cons. d'état.P32.3.143;D.Marché de fourn.45.
— Délib. du cons. d'adm.P32.3.135; D.Enreg.1770.2626.
— Ord. du cons. d'état.P32.3.143;D.Eau.420.
— Ord. du cons. d'état.P32.3.138;D.Garde nat.143.273.
— Ord. du cons. d'état.P32.3.139; D.Place de guerre.15. 49.53.
— Nîmes.P32.2.189;S33.2.69;J34.535;D.Avocat.88.
— Ord. du cons. d'état.P32.3.145;D.Colonie.102.103.
— Cr.c.P33.1.74;S33.1.38;J36.163;D.Peine.334.
— Colmar.P33.2.127;J34.149;D Degré de jurid.481.
— Bourges.P33.2.232;S33.2.217;J36.274;D.Appel civ.15. Vérif. d'écrit.55.

— Ord. du cons. d'état.P32.3.145; D.Voirie. 45.111.175. 651.
— Cr.c.P33.1.22;S33.1.338;D.Garde nat.589.
— Cr.r.P33.1.23;S33.1.60; J56.215; D.Cour d'ass.352.367. 375.
— Cr.r.P33.1 38;S33.1.335;J56.38; D.Presse.138.
— Ord. du cons. d'état.P33.3.2;D.Trav. pub.194.
— Ord. du cons. d'état.P33.3.3; S32 2.618; D.Cons. d'ét. 45.75.Voirie.373.375.
— Ord. du cons. d'état.P33.3.2;D.Emig.408.
— Ord. du cons. d'état.P32.3.145;D.Dette publ.28.37.
— Bourges.P34.2.196; S33.2.626; D.Hypoth.12. Dist. par cont.158. Transp. de créance.45.
— Cr.c.P33 1.74,n.2;D.Cour d'ass.25.
— Montpellier.D.Office.91.
— Ord. du cons. d'état.P33.3.2;D.Exploit.32.
— Ord. du cons. d'état.P33.3.2;D.Amnistie.107.108.Voiture.16.
— Trib. d'Apt.P32.2.189; D.Avocat.81.
21 Cr.r.P32.1.402;S33.1.63; J55.338; D.Cass.351.Compét. crim.94. Juge.85. Motifs des jug.274. Serment.15.Tribunal.27.
— Cr.r.P33.1.23;S33.1.336;J56.192;D.Motifs des jug.260. Presse.377.
— Cr.r.P33.1.36;D.Garde nat.108.198.601.828.
— Bordeaux.P33.2.59;D.Saisie-imm.489.
— Cr.c.P33.1.387;S34.1.370;D.Garde nat.161.548.
23 Civ.c.P32.1.341;S32.1.664;J55.16. et 54; D.Chose jug. 60.Etranger.261.
24 Civ.r.P32.1.311;S32.1.621;D.Mandat.152.
— Req.P32.1.296;S32.1.705;J55.18;D.Cassat.633.Poss.20. Servitude.753.
— Req.P32.1.300;S32.1.503;J54.68;D.Dispos. entre-vifs. 193.196.
— Req.P32.1 347;S32.1.546; J54.356; D.Compét. adm.69. 70.Huiss.299.
— Poitiers.P33.2.5;S32.2.488;J55.144;D.Faillite.805.
24 Ord.P32.3.102;D.Chasse.15.
— Bourges.P34.2.58;D.Référé.67.
25 Civ.r.P32.1.339;S32.1.574;J54.243;D.Substitution.197.
— Délib. de la rég.P32.3.138;D.Enreg.2644.
— Bordeaux.P33.2.20;J55.585;D.Halles.10.11.
— Req.P33.1.68; S33.1.347; J54.350; D. Frais et dép. 73. Interrog. sur faits.142. Jug. par déf. 46. 103. Effet de comm.373.Preuve litt. 788. Transport de créance. 69.
— Poitiers.P33.2.111;S33.2.561;D.Eff. de comm.212.214.
— Grenoble.P33.2 231;J56.84; D.Prescript.842. Servitudes.744.Usage.81.
— Ord. roy.P32.3.100;D.Garde nat.848. Pension.59.
26 Req.P32.1.310;D.Action possess.363.Chose jugée.153.
— Limoges.P32.182;J55.197;D.Acte de l'état civ. 137.
— Req.P32.1.415;S32.1.492; J54.127; D.Frais et dép. 74. Garantie.558.Honoraires. 119; Oblig. 46 Preuve test. 161.Ratification.51.
— Cr.c.P32.1.416;D.Garde nat.617.
— Cr.c.P32.1.405;S33.1.205;D.Contumace.75.
— Cr.c.P33.1.23;D.Garde nat.124.983.
— Cr.r.P33.1.35;S33.1.318; J56.165; D. Faux. 325. Cour d'ass.995.
— Cr.r.P33.1.36;D.Cour d'ass. 456.848.1537.
— Cr.r.P33.1.36;D.Témoin. 482.
— Cr.r.P33.1 36;D.Garde nat. 965.
— Toulouse.P32.2.200; S32.2. 508; J 55. 146; D. Effet de comm.385.
— Cr.c.P32.1.424; D.Garde nat.531.990.
— Déc. min. des fin.D.Timbre. 107.
27 Cr.c.P32.1.302;S32.1.703;J51.420;D.Garde nat.1040.
— Cr.c.P32.2.409;D.Amnistie.101.
— Poitiers.P33.2.6;S32.2.475;D.Serment. 14.
28 Grenoble.P33.2.29;S33.2.76; D.Tutelle.54.
29 Grenoble.P33.2.106;S33.2.572; D.Caution.8.
30 Bordeaux.P33.2 18;S33 2.154;D.Condition.106.
— Lyon.P33.2.66;S33.2.104;J56.69;D.Arbitrage.73.
31 Req.P32.1.335;S32.1.505; D.Communauté. 143. Remploi.10.
— Civ.c.P32.1.340;S32.1.657;J55.70;D.Eff. de comm.197. 642.
— Req.P32.1.321;S32.1.490;J54.132; D.Intér. de cap. 49. Nantiss.74.
— Req.P32.1.363;D.Arbitrage.433.Partage.248.
— Req.P32.1.363;S32.1.785; J55.557; D. Cass.893. Chose jugée.73.75 Commune. 388.
— Civ.c.P32.1 398;S32.1.743;J55.175;D.Act. poss.280.
— Toulouse.P33.2.1;S32.2.596;D.Saisie exécut.189.
— Ord. du cons. d'état.P32.3.143;D.Eau.234.418.
— Ord. du cons. d'état.P32.3.146; D.Emig.490.
— Ord. du cons. d'état.P32.3.147;D.Emig.458.
— Nimes.P33.2.79;S32.2 422;J35.117;D.Deg. de jur. 546.
— Bordeaux.P34.2.43;S33.2.15; D.Remplacem.84.
— Toulouse.P34.2.137;D.Acquiesc.275.400.
— Ord.A9.978,n 21. D.Manuf. 46.

AOUT.

1 Metz.P32.2.147;S32.2.485;J55.314; D.Commune. 748. 749.
— Civ.c.P32.1.342;S32.1.727;J55.151;D.Enq.269.Exception.266.
— Civ.r.P32.1.341;S32.1.797;D.Choses.170. Compte. 61. Frais et dép.124.Monnaie. 27.

1832.

— Sol. min.P32.3.130;D.Garde nat.1078.
— Montpellier.P33.2.14;S33.2.426;D.Déleg.19.22.Ordre. 221.
— Paris.P34.2.50;J55.543; D.Acquiesc.369.Acte de com. 191.
— Trib. de Pont-l'évêque.P33.1.161,n.1; D.Peine.197.
2 Cr.r.P32.1.356;D.Garde nat.895.
— Req.P32.1.357;S33.1.331;J55.74; D.Faillite.652.
— Cr.r.P32.1.397;D.Garde nat. 447.1009.
— Cr.c.P32.1.412;D.Garde nat. 887.
— Paris.P33.2.16; S33.2.50; J54.444; D. Actes de comm. 38.180.
— Cr.r.P33.1.30;D.Garde nat.752.Motif des jug. 306.
— Cr.r.P33.1.37;J56.135;D.Chose jugée.548.
— Cr.r.P33.1.38;S33.1.415;D.Procès-verb. 236.
— Cr.r.P33.1.38;D.Procès-verb.236.
— Grenoble.P33.2.121;S33.2.36;D.Commune.186.
— Paris.D.Art de guérir. 205.
— Ord.P32.3.100;D.Médaille.3.Salubrité. 8.
3 Ord.P32.3 102;S32.2.419;D.Traitement.38.
— Rennes.P33.2.19; S32.2. 547; J55.286; D. Avaries. 93. Capitaine.85.
— Bordeaux.P33.2.61;S33.2.34;D.Dot.205.
— Colmar.P33.2.61;S32.2.52;J54.550; D. Partage.237.
— Nimes.P33.2.60;S32.2.423;J54.569; D.Enquête.35.
— Bordeaux.P34.2.33; J55.600; D. Exploit. 775. Sép. de patrimoine.20.
4 Grenoble.P33.2.27; S33.2.74; J56.164;D. Louage. 147. Privilége.93.
— Cr.r.P32.1.412;D.Garde nat. 283.977.
— Cr.r.P32.1.409;D.Garde nat.380. 936.
— Cr.c.P32.1.403;S33.1.409; J55.360; D. Appél. correct. 26.Cass.1026.
— Montpellier.P33.2.12; S32. 2. 481; J55. 273; D. Dem. nouv.132 Oblig.384.386.
— Sol. de la rég.P32.3.135;D.Enreg. 1850.
— Cr.r.P33.1.30;S33.1.358;D.Garde nat.962.
— Cr.r.P33.1.30;J56.166;D.Garde nat.461.
— Cr.r.P33.1.30;S33.1.252;D.Cass.550. Jug. par déf.550.
— Cr.r.P33.1.30;D.Instruct. cr.403.
— Cr.r.P33.1.30;D.Garde nat.283.427.
— Cr.r.P33.1.37;D.Autor. mun.287.Motifs des jug.282.
— Grenoble.P33.2.102;S33.2.427;J57 304;D. Dot.326.
— Cr.c.P33.1.347;S33.1.872;J58.154; D.Presse. 299. 325. 610.Témoin.308.
5 Paris.P33.2.224;S33.2.19;J56.78;D.Etranger.72.280.
6 Paris.P32.2.146; S32.2.543; J55.55; D.Surenchère. 52. 174.213.259.266.
— Civ.r.P33.1.17;S32.1.488;J54.463; D. Commune. 390. Exploit.289.Servitude.717.
— Lyon.P34.2.55;S33.2.101; D.Faillite.116.
— Décis. de la rég.P34.3 48;D.Timbre.165.
7 Civ.r.P32.1.343;S32.1.791;J55.487;D.Port.dispon.295.
— Déc. du min. des fin.P32.3.144;D.Timbre. 181.
— Paris.P33.2.132;S33.2.52;J57.200;D.Act. de comm.34.
8 Civ.c.P32.1.323; S32.1.182; J54. 148; D. Chose jugée. 278.279.
— Req.P32.1.352;S32.1.741;J55.229; D.Forêts. 328. 467. Intérêts de capit.50.
— Civ.c.P32.1.340;S32.1.787;J55.234; D.Conciliat.133.
— Grenoble.P33.2.29;S33.2.176; D.Oblig.585.
— Toulouse.P33.2.43;S33.2.543;D.Enreg.224.243.Exception.397.
— Bordeaux.P33.2.53;D.Garantie. 203.
— Paris.P33.2.163;S33.2.95;J56.252;D.Inscript. hyp.213.
— Paris.P33.2.163; S33.2.94; J56.251; D. Vente pub. de meubles.16.
9 Req.P32.1.345;S32.1.618; J55.20; D.Enreg. 954. 2792.
— Req.P32.1.352;S32.1.481; J54.226. et 105; D. Inscript. hyp 316.
— Cr.r.P33.1.30;S33.1.317;D.Faux.375.
— Cr.c.P33.1.348;S32 1.495;J54.370; D.Compét. cr. 365.
— Grenoble.P34.2.52;S33.2.43;D.Lois rét. 253.
10 Cr.c.P32.1.405;S32.1.774;J55.537;D.Cont. ind.94.
— Cr.c.P33.1.28;S33.1.240;J56.169;D.Animaux. 16.
— Cr.r.P33.1.28;S33.1.399;J56.170;D.Cass. 1097.
11 Cr.c.P32.1.411;D.Garde nat.360.
— Cr.r.P33.1.27;S32.1.487;J54. 354; D.Cour d'ass. 1131. Peine.241.287.
— Lyon.P33.2.81;S33.2.437;D. Communauté. 746.
— Agen.P33.2.213;D.Dot.458.
12 Ord.P32.3.102;S32 2.418;D.Elect. législat.
13 Civ.c.P32.1.327;J54.172;D.Exploit.853.
— Civ.c.P32.1.351;S32.1.641;D.Communauté.633.
— Déc. du min. des fin.P32.3.155;D.Enreg.2023.
14 Req.P32.1.347;S32.1.733;J56.117;D.Action.23. Action possess.33..52.282.
— Req.P32.1.325;S32.1. 739; J54.321; D. Action civ. 34. Commune.107.108.Except.191.
— Ord.P32.3.102;D.Colonies.91.
— Civ.r.P33.1.26;S33.1.311; J56.172; D. Faux incid. 96. Jug. par déf. 57.
— Bordeaux.P33.2.52. et 396;J56.82; D.Preuve litt.636. 637.Saisie-imm.443.1432.Sép. de biens.190.
— Req.P32.1.380;S32.1.737;J54.316;D.Enreg.1599. Publ. des jug.40.
— Trib. de Rennes.P33.3.32;D.Fonct. pub. 25. Notaire. 410.416.Serment.2223.
16 Paris.P32.2.208;S32.2.367;D.Respons. 267.278.
— Cr.c.P32.1.416;S33.1.155;J56.210;D.Peine. 253.

1832.

— Ord. du cons. d'état.P32.3.145;D.Elect. comm.63.
— Ord. du cons. d'état. P32.3.145; S32.2. 616; D. Elect. comm.199.
— Ord. du cons. d'état.P32.3.146;D.Liquides. 19.
— Ord. du cons. d'état.P32.3 146;D. Conflit.97.
— Cr.c.P33.1.25;J56.219;D.Déf.161.
— Paris.P33.2.35;S32.2.545;J55.355; D.Arbit. 625. 1050.
— Grenoble.P33.2 112;S33.2.559;D.Remploi. 78.
— Ord. du cons. d'état.P33.3.6;D.Emig 491.
— Ord. du cons. d'état. P33.3.5; S33. 2. 219; D. Exprop. pub.76.142.
— Ord. du cons. d'état.P33.3.5;D.Pension.177.
— Ord. du cons. d'état.P33.3.6; D.Place de guerre.69.
— Ord. du cons. d'état.P33.3.6;D.Emig. 409.
— Ord. du cons. d'état.P33.3.6;D.Place de guerre. 71.
— Paris.P34.2.23;S33.2.474;J57.502;D.Choses.41.Condition.191 Success. bénéf.97.Tierce-opp.135.
— Ord. du cons. d'état. P32.3.145; S32. 2. 616; D. Elect. comm.77.83.124.
— Ord. du cons. d'état.P33.3.6;D.Cons. d'état.321.
— Ord. du cons. d'état.P33.3.6;D.Emig.193.555.
— Paris.D.Art de guérir.188.
17 Cr.c.P32.1.410;S33.1.159. et 643;J55. 325; D.C. d'ass. 474.909.Jugem. 480.
— Cr.c.P32.1.404;S33.1.160;D.Cour d'ass. 1122.
— Cr.r.P33.1.28;D.Cour d'ass.1596.
— Cr.r.P33.1.29;S32.1.486;J54.252;D.Plainte. 13.
— Cr.r.P33.1.29;S33.1.248;J56.164; D.Chose jugée. 321. Presse.687.
— Ord.P32.3.108;D.Octroi.26.
— Paris.P33.2.147,n.;S33.2.249,n.;D.Compét. adm.152.
18 Cr.c.P32.1.400;S33.1.160,n.; D.Cour d'ass.910.
— Ord. du cons. d'état.P32.3.120;D.Amnistie. 85.Comp. adm.186.C. d'état.18.Fruits.51.Dom. extr. 29.
— Cr.c.P33.1.31;S33.1.338;D.Garde nat. 371.593.812.
— Cr.c.P32.1.379;D.Garde nat.880.
— Cr.c.P32.1.424;D.Autor. mun.167.509.Lois. 359.
— Ord. du roi.P32.3.102;D.Chasse.15.
19 Ord. du cons. d'état.P33.3.6;D.Garde nat.274.
— Ord. du cons. d'état.P33.3.7;D. Elect. comm.204.
— Ord. du cons. d'état.P33.3.7; D.Elect. comm.204.
— Ord. du cons. d'état.P33.3 15; D.Voirie.579.
— Ord. du cons. d'état.P33.3.13;D.Trav. pub. 215.
— Ord. du cons. d'état.P33.3.7;S34.2.511. et 510;D.Elect. comm.144.203.207.
20 Bordeaux.P33.2.59;S33.2.68;J56.61; D.Appel civ.480.
— Bourges.P34.2.45. et 46;S33.2.641.635;J58.152;D.Sép. de patrimoine.83.102.
21 Trib. de comm. de Paris. P32.3.103; D.Eff. de comm. 746.
— Req.P32.1.356;D.Saisie-imm.1200.1201.1202.
— Req.P32.1.370;S32.1.775;J55.351; D. Juge supp. 133. Partage.53.250.
— Civ.c.P32.1.390;S32 1.644;J54.535; D.Intér. de capit. 6.Oblig.739.Responsabil.121.Transact.10.11.
— Grenoble.P33 2.31;S33.2.67;J56.57;D.Commune.606. 607.
— Req. P32.1.365; S32.1.789; J55. 451; D. Compte. 143. Exploit.622.
— Lyon.P33.2.99;S33.2.118; D.Hypot. lég.45.Emig. 573. 574.Paraphernalité.34.
— Civ.c.P33.3.73;D.Enreg.2108.
22 Grenoble.P33.2.31;D.Saisie-imm.882. 1230.
— Bordeaux.P33.2.59;D.Eff. de comm.857. 850.
— Req.P32.1.380;J54.165; D. Preuv. test. 195. Publ. des jugem.37.
— Req.P32.1.379;D.Arbitrage.43.761.
— Valenciennes.P33.3.12;D.Enreg.2072. 2074.
— Sol. de la rég.P34 3.52;D.Enreg.1106.
23 Req.P32.1.389;S33.1.118;J55.522; D.Cass.881. Dot. 9. 367.Substitution. 244.
— Cr.c.P32.1.412;D.Cour d'ass. 475.
— Cr.r.P33.1.58;D.Garde nat.
24 Cr.r.P32 1.396;S33.1.242;J56.302; D.Jug. p. déf. 379.
— Cr.c.P32.1.412;D.Jug. prép. 123. Motifs des jug. 255. Presse.652.
— Cr.c.P32.1.404;S33.1.149;J55.346; D.Act. civ.99. Jug. prép.131.Presse.461.
— Cr.r.P32.1.410;D.Garde nat. 59.358.621.756.950.
— Cr.r.P32.1.411;D.Garde nat. 479.599.656.702.708.830.
— Cr.r.P32.1.404;J55.361;D.Cass.961.Poudres et salp.35.
— Sol. de la rég.P32.3.136;S33.2.224; D.Enreg. Office.
— Cr.c.P33.1.32;D.Garde nat.
— Ord. du cons. d'état.P33.3.1;S32.2.615; D.Garde nat. 142.145.
— Ord. du cons. d'état.P33.3.4; D.Colonies. 165.
— Ord. du cons. d'état.P33.3.1;S33.3.165; D.Patente.75.
— Ord. du cons. d'état. P34. 3. 63; S34. 2.308; D. Elect. comm.140.175.
— Ord. du cons. d'état. P34. 3. 65; S34. 2. 308; D. Elect. comm.41.154.155.
— Ord. du cons. d'état. D.Ventes adm.559.
25 Cr.r.P32.1.404;J55.320;D.Renvoi.99.
— Cr.c.P32.1.18;S33.1.337; D.Agent diplomat.39.Garde nat.543.
— Grenoble.P33.2.35;S33.2.253;D.Rep. d'inst.14.
— Cr.c.P32.1.380;D.Souveraineté.18.
— Cr.r.P33.1.75;S33.1.429;J56.204;D.Aut. mun.372.
— Paris.P33.2.83;D.Pérempt.154.239.

— Douai.P33.2.125;S33.2.670;D.Contr. par corps.418.
27 Civ.c.P33.1.49;S32.1.561;J34.300;D.Effet de comm. 251.Faillite.891.892.
28 Ch. réun.P33.1.54;S32.1.722;J34.467;D.Voit. pub.60.
— Ch. réun.P33.1.55;J36.134;D.Art de guérir.21.Peine. 185.
— Bordeaux.P33.2.59;D.Preuve test.156.
— Ord.P32.3.116;D.Enseignement.
— Bourges.P34.2.74;S34.2.38;D.Fruits.58.Resp.297.301.
— Délib. de la rég.P34.3.47;D.Enreg.1543.
— Délib. du cons. adm.P34.3.47;D.*eod*.2864.
— Ord.P32.3.29;D.Militaire.25.
29 Req.P32.1.564; S32.1.724; J35.355; D.Effet de comm. 773.Respons.591.
— Req.P32.1.371;D.Chose jugée.10.Jugem. par défaut. 121.Motifs des jug.185.
— Req.P32.1.369; J35.349; D.Chose jug.180.Dem. nouv. 135.Saisie-exéc.20.
— Civ.c.P32.1.396;S32.1.735;J33.238;D.Colonies.151.
— Req.P32.1.585; S32.1.660; J34.309;D.Chose jugée.31. Saisie-imm.1730.
— Civ.c.P32.1.402;S32.1.721;J33.226;D.Dist. p. cont.27.
— Bordeaux.P33.2.55;S33.2.246;D.Partage.109.244.
— Civ.r.P33.1.140;D.Cass.935.
— Bourges.P34.2.120;S34.2.54;D.Don. par cont.87.
30 Req.P32.1.394; J35.170; D.Absence.372.Chose jugée. 11.13.Mariage.402.
— Ord. du cons. d'état.P33.3.7;D.Contr. dir.105.145.
— Grenoble.P33.2.55;S33.2.15;J36.250;D.Ordre.107.
— Cr.r.P32.1.579;S33.1.252;D.Attroupement.65.
— Ord. du cons. d'état.P33.3.15;D.Cons. d'état.30.Possession étrangère.4.Théâtre.174.
— Cr.r.P33.1.70;J46.204;D.Témoin.197.
— Trib. de Saint-Dié.P33.3.20;S33.2.221;D.Monnaie.31.
— Ord. du cons. d'état.D.Ventes adm.502.
31 Douai.P33.2.14; S33.2.123; J34.434; D.Douanes.419. Respons.445.
— Ord. du cons. d'état. P33.3.9; D.Avocats.124.Elect. comm.183.Serment.9.
— Cr.c.P33.1.73;S33.1.241;D.Cassat.264.C. d'ass.1445.
— Grenoble.P33.2.83;D.Commerçant.60.

SEPTEMBRE.

1 Cr.c.P32.1.393; S32.1.569; J34.236; D.Action civ.12.
— Cr.r.P32.1.410;D.Garde nat.59.146.533.579.590.955.
— Cr.c.P32.1.411;S33.1.247;D.Quest. pr.146.
— Cr.c.P32.1.415;D.Garde nat.971.
— Ord. du cons. d'état.P33.3.14;D.Cont. dir.187.
— Cr.r.P33.1.73;S33.1.192;J36.144;D.Preuve test.250.
— Cr.r.P33.1.588;S34.1.370;D.Garde nat.181.
— Cr.r.P33.1.387;D.Garde nat.118.576.
4 Lettre du cons. des États-Unis d'Amérique.P32.3. 144.D.Preuve litt.652.
— Parl. de Paris.D.Inventaire.158.
7 Ord.P32.3.118;D.Marine.7.
— Cr.c. P32.1.417; S32.1.577; D.Cassation.265.344.478. Droit nat.69.70.
— Délib. du cons. adm.P34.3.47;D.Timbre.58.
8 Cr.c.P32.1.407;S32.2.643;J35.268;D.Mines.27.115.
— Sol. de la rég.P33.3.5; D.Enreg.1606.2617.2618.2902.
— Délib. du cons. adm.P34.3.47;D.Enreg.2401.
9 Ord.P32.3.148;D.Douanes.13.
10 Sol. min.P32.3.127;D.Garde nat.286.
— Sol. min.P32.3.127;D.*eod*.310.
— Sol. min.P32.3.127;D.*eod*.1080.
— Sol. min.P32.3.127;D.*eod*.1081.
— Sol. min.P32.3.127;D.*eod*.1084.
— Sol. min.P32.3.127;D.*eod*.1087.
— Sol. min.P32.3.127;D.*eod*.1088.
— Sol. min.P32.3.127;D.*eod*.1093.
— Sol. min.P32.3.127;D.*eod*.1094.
— Sol. min.P32.3.128;D.Garde nat.40.
— Sol. min.P32.3.128;D.*eod*.44.
— Sol. min.P32.3.128;D.*eod*.529.
— Ord.P32.3.147;D.Contributions.11.
— Toulouse.P33.2.49;D.Eau.78.
11 Ord.P32.3.147;S32.2.125;D.Pension.193.
13 Cr.c. P33.1.69; S33.1.191; J36.186; D.Peine.241.288. Presse.750.756.Récidive.85.
— Paris.P33.2.82;J34.217;D.Contr. par corps.665.
— Cr.c.P33.1.349;D.Cass.158.
14 Cr.c.P32.1.412;D.Complicité.212.
— Solut. de la régie.P33.3.3;D.Enreg.2617.2619.
— Cr.c.P33.1.73;S33.1.249;J36.319; D.Appel correct.39. Témoin.297.
— Cr.c.P33.1.71;S33.1.244;J36.30;D.Militaire.34.
15 Ord.P32.3.124;D.Octroi.27.
— Cr.c.P33.1.74;D.Garde nat.81.1025.
— Cr.c.P33.1.392;D.Garde nat.452.
— Cr.c.P33.1.391; S34.1.377; D.Garde nat.386.387.388. 389.
— Cr.r.P33.1.390;D.Garde nat.957.
— Cr.r.P33.1.388;D.Garde nat.562.
16 Solut. de la régie.P33.3.16; S33.2.168; D.Enreg.591. Exprop. publ.165.
18 Ord.P32.3.148;D.Armée.26.Traitement.40.
— Décis. du min. des fin.D.Timbre.38.
19 Cr.c.P32.1.415;D.Vol.240.
— Cr.r.P33.1.70;J36.203;D.Peine.357.Témoin.187.201.
— Cr.c.P33.1.74;S33.1.406;D.Forêts.168.
— Cr.c.P33.1.71;S33.1.406;J37.323;D.Forêts.668.
— Cr.c.P33.1.70;D.Amnistie.120.
— Cr.c.P33.1.71;D.Amnistie.120.
— Sol. de la régie.P33.3.87;D.Enreg.2340.
20 Ord.P32.3.122;D.Enseignement.
— Cr.c.P32.1.403;S33.1.313,n.;D.Cour d'ass.1423.1306.
— Ord.P32.3.129;D.Armée.16.
— Cr.r.P33.1.70;D.Forêts.807.
— Cr.c.P33.1.75;D.Presse.100.
— Cr.r.P33.1.406;D.Cour d'ass.238.
— Paris.P33.2.129; S32.2.654; J34.222; D.Séparation de corps.187.
— Cr.c.P33.1.352;D.Forêts.222.
— Cr.c.P33.1.348;S33.1.247;D.Forêts.477.478.
21 Cr.c.P32.1.403;S33.1.313;J35.321;D.Cour d'ass.1123. 1706.
— Cr.r.P33.1.85;D.Cour d'ass.459.
— Sol. de la régie.P34.3.41;D.Enreg.486.
22 Ord.P32.3.129;D.Colonies.104.
— Cr.c. P33.1.82; S33.1.551; J35.457; D.Presse.180.353. 653.654.660.661.662.Quest. pr.149.Tribunal.129.150.
— Cr.r.P33.1.56;D.Cour d'ass.1414.Témoin.234.
— Cr.r.P33.1.183;D.Garde nat.928.
23 Ord.P32.3.124;D.Enseignement.
27 Cr.c.P33.1.70;S33.1.190;J36.187;D.Peine.240.
— Cr.c P33.1.350;D.Quest. pr.125.
— Cr.r.P33.1.344;D.Contumace.76.Cour d'ass.499.1248. Instruct. crim.548.Témoin.374.
28 Cr.r.P33.1.178;S33.1.793; D.Cons. d'ét.31.Voirie.564.
29 Ord.P32.3.133;D.Enseig.260.
— Grenoble.P33.2.34;D.Vol.144.
— Cr.r.P33.1.120;S33.1.353;D.Jug. par déf.830.
— Cr.c.P33.1.391;S34.1.479;D.Garde nat.1034.
— Cr.r.P33.1.586;D.Garde nat.995.

OCTOBRE.

2 Bordeaux.P33.2.49;D.Élection lég.406.
— Bordeaux.P33.2.50;S33.2.216;D.Preuve litt.755.
3 Lettre du min. des fin.P33.3.7;D.Garde nat.797.
4 Solut. de la régie.P33.3.16;D.Enreg.570.
— Cr.r.P33.1.352;D.Instruct. crim.513.
— Solut.P33.3.16;D.Enreg.469.
5 Délib. du cons. d'adm.P33.3.16;D.Transcr. hyp.126.
— Cr.c.P33.1.84;S32.1.737;J34.401;D.Douanes.98.
— Solut. de la régie.P33.3.23;S33.2.224;D.Enreg.234.
— Solut. de la régie.P33.3.87;D.Enreg.2428.
— Cr.r.P34.1.385;D.Témoin.447.
6 Ord.P32.3.133;S32.2.125;D.Armée.20.
— Ord.P32.3.133;S32.2.525;D.Huits.289.
— Solut. min.P33.3.7;D.Garde nat.267.516.1080.1090.
— Solut. min.P33.3.7;D.*eod*.1086.
— Solut. min.P33.3.7,D.*eod*.1090.
— Cr.c.P33.1.87;D.Autor. mun.452.459.
— Cr.c.P33.1.86;S33.1.333;J36.445;D.Voitures pub.71.
— Cr.r.P33.1.80;S33.1.223;J36.50;D.Affiches.16.
— Cr.c.P33.1.81;D.Autor. mun.334.
— Cr.c.P33.1.81;D.Autor. mun.320.321.
— Cr.c.P33.1.288;D.Délit rural.35.
— Cr.c.P33.1.83;S33.1.296;D.Voirie.627.
— Cr.c.P33.1.85;J36.403;D.Voirie.619.
— Cr.c.P33.1.85;S33.1.334;D.Autor. mun.632.638.
— Cr.c.P33.1.86;S33.1.251;D.Respons.424.
— Sol. de la rég.P33.3.22;D.Enreg.1826.
— Cr.c.P33.1.345;D.Procès-verb.260.
— Cr.c.P33.1.387;D.Garde nat.186.
7 Ord.P32.3.126;D.Exécut. des arr.
8 Délib. du cons. d'adm.P33.3.26;D.Greffe.103.
10 Cr.c.P33.1.76;S33.1.337;D.Garde nat.78.175.185.
— Cr.c.P33.1.177;S33.1.390;J37.589;D.Voirie.644.
— Paris.P33.2.159;J34.562;S32.2.663;D.Brevet d'inv.35. 36.69.
— Cr.c.P33.1.347;S33.1.296;J36.382;D.Cour d'ass.1444.
— Cr.r.P33.1.390;D.Garde nat.959.
— Cr.r.P33.1.387;D.Garde nat.118.576.
— Cr.c.P33.1.387;D.Garde nat.452.
— Cr.c.P33.1.387;D.Garde nat.187.
— Cr.r.P33.1.387;D.Garde nat.571.
— Cr.c.P33.1.386;D.Garde nat.814.
11 Cr.c.P33.1.60;J36.184;D.Presse.688.
— Cr.c.P33.1.76;S33.1.337;D.Garde nat.189.
— Cr.c.P33.1.83;D.Cour d'ass.274.350.566.
— Solut. de la rég.P33.3.105;D.Enreg.578.
— Cr.c.P33.1.364;D.Cour d'ass.223.
— Ord. du cons. d'état.P34.3.22;D.Contrib. dir.144.
12 Ord.P32.3.129;D.Armée.
— Ord.P32.3.129;D.Colonies.
— Sol. de la rég.P33.3.4;S33.2.168;D.Enreg.229.
13 Cr.r.P33.1.8;S32.1.729; J34.313; D.Attentat.10.57.58. 60.C. d'ass.799.1224.1233.1235.1294.Jugem.158.159. Témoin.472.
15 Ord.P32.3.131;D.Armée.57.
— Douai.P33.2.116;S32.2.609;J34.430;D.Dén. calom.63.
— Ord. du cons. d'état.P33.3.44;D.Émig.461.
— Lyon.P33.2.145;S33.2.237;D.Dr. nat.71.
— Ord. du cons. d'état.D.Ventes adm.285.
17 Cr.c.P33.1.76;S33.1.337;D.Garde nat.189.
— Cr.r.P33.1.192;D.Cassat.1104.
— Cr.r.P33.1.208; S33.1.658; D.Cour d'ass.1153.1571. Presse.759.
— Cr.c.P33.1.208;D.Poids et mes.81.107.
— Sol. de la rég.P33.3.87;D.Enreg.2262.
— Cr.r.P33.1.391;D.Cassat.154.
18 Ord. du cons. d'état.P33.3.18;D.Contrib. dir.161.221.
— Solut. de la rég.P33.3.4;D.Enreg.557.
— Solut. de la rég.P33.3.15;D.Enreg.126.
— Ord. du cons. d'état.P33.3.16;D.Expropr. pour util. public.
— Ord. du cons. d'ét.P33.3.15;S33.2.167;D.Conflit.151.
— Ord. du cons. d'état.P33.3.13;S33.2.167,n.;D.Conflit. 151.
— Ord. du cons. d'état.P33.3.13;D.Trav. publ.189.
— Cr.c.P33.1.83;S33.1.319;J36.61;D.Publ. des jug.83.
— Ord. du cons. d'état.P33.3.18;D.Contrib. dir.120.
— Cr.r.P33.1.586;S33.1.338;D.Garde nat.138.1010.
19 Solut. de la rég.P33.3.13;D.Frais et dép.288.
20 Solut. de la rég.P33.3.4;D.Enreg.299.
— Cr.c.P33.1.83;S33.1.354;D.Trib.181.
— Cr.c.P33.1.183;S33.1.653;D.Amnistie.53.Forêts.857. 1090.Quest. préj.80.
— Cr.c.P33.1.231; S33.1.111; D.Cassat.399.Jug. par déf. 582.
— Cr.c.P33.1.225;D.Poids et mes.118.
21 Ord.P32.3.153;D.Invalides.5.
22 Ord.P32.3.140;D.Ministère.21.
24 Ord.P32.3.140,D.Crédit législ.
— Sol. de la rég.P33.3.3;D.Enreg.320.
— Ord. du cons. d'ét.P33.3.20;D.Dom. de l'ét.122.Trav. publ.54.
— Ord. du cons. d'état.P33.3.20;D.Expropr. pub.203.
— Ord. du cons. d'état.P33.3.24;D.Élect. comm.184.201.
26 Ord.P32.3.144;D.Enseign.520.
27 Sol. de la rég.P33.3.3;S33.2.224;D.Enreg.410.411.
— Sol. de la rég.P33.3.3;S33.2.224; D.Enreg.1252.
— Délib. du cons. d'adm.P33.3.82;D.Enreg.1513.
28 Ord.P32.3.131.
30 Ord.P32.3.140; S32.2.608; D.Enseign.546.547.548. et suivans.
— Délib. du cons. d'adm.P33.3.76;D.Enreg.329.
— Solut. min.P34.3.64;D.Garde nat.24.
— Solut. min.P34.3.67;D.Garde nat.317.
31 Ord.P32.3.148;D.Colonies.151.

NOVEMBRE.

2 Ord.P33.3.10;D.Enseign.
— Ord. du cons. d'état.P33.3.17;D.Plan de guerre.36.44.
— Ord. du cons. d'état.P33.3.21;S34.2.540;D.Él. comm. 211.214.215.218.
— Ord. du cons. d'ét.P33.3.21;D.Eau.415.425.
— Ord. du cons. d'état.Mac.32.610;D.Marché de fourn. 189.
3 Cr.c.P33.1.174;S33.1.501;D.Procès-verb.202.
— Cr.c.P33.1.174;S33.1.502;J37.427;D.Forêts.964.
— Cr.c.P33.1.336;D.Forêts.204.
5 Civ.c.P33.1.14;S33.1.552;D.Commune.106.
— Civ.c.P33.1.15;S32.1.810; J35.298; D.Comp. adm.293.
— Civ.c.P33.1.15;D.Hypoth. lég.71.
6 Civ.c.P33.1.16;S32.1.808;J34.523; D.Enreg.2226.Fab. 33.Timbre.32.
— Req.P33.1.31;S32.1.801;J35.52;D.Donat.507.517.Don. dég.35.36.
— Civ.c.P33.1.41;S33.1.66;J34.575;D.Transcrip. hyp.57.
— Req.P33.1.42;S32.1.824;J35.536;D.Chose jugée.104. Intér. de cap.139.Mandat.350.Novat.65.
7 Req.P33.1.52;J36.400;D.Don. par cont. de mar.50.98.
— Req.P33.1.32;J36.147;D.Oblig.519.
— Req.P33.1.43;S33.1.310;J36.368;D.Vente.753.754.
— Civ.r.P33.1.47;S32.1.822;J35.11; D.Domicile.74.Mandat.6.Exploit.78.
— Ord.P33.3.6;D.Navigation.11.
— Ord. du cons. d'ét.P33.3.29;D.Élect. comm.203.
8 OrdP.32.3.148;D.Liberté indiv.10.
— Req.P33.1.33;S33.1.80;D.Cassat.744.Testam.835.
— Req.P33.1.44 et 45;S32.1.804 et 806,n.;J35.371 et 376; D.Capitaine.62.Charte.25.34.47.51.Contr. par c. 223.
— Cr.c.P33.1.343;D.Cour d'ass.639.
— Cr.r.P34.1.373;D.Cour d'ass.1162.
— Ord.P33.3.110;D.Enseign.295.
— Ord.D.Trav. pub.88.
9 Ord.P32.3.148;D.Douanes.
— Sol. min.P33.3.5;D.Garde nat.279.294.
— Sol. min.P33.3.5;D.*eod*.655.
— Sol. min.P33.3.4;D.Garde nat.799.
— Ord. du cons. d'ét.P33.3.17;S33.2.167;D.Dette pub.55.
— Ord. du cons. d'ét.P33.3.19;D.Eau.382.
— Cr.c.P33.1.350;S32.1.741;J35.509;D.Presse.318.
— Cr.r.P33.1.346;D.Cour d'ass.169.
— Sol. min.P33.3.5;D.Garde nat.897.
— Lettre min.P33.3.4;D.Garde nat.
10 Cr.c.P33.1.312;S33.1.409;J37.329;D.Douanes.105.
12 Civ.c.P33.1.41;S33.1.144;J36.42; D.Perempt.167.173.
— Solut. de la rég.P33.3.16;D.Enreg.2260.
— Civ.r.P33.1.66;S33.1.396;J36.520; D.Prescrip. civ.704. 1075.
— Civ.c.P33.1.109;D.Cassat.231.Étrang.200.
13 Ord. du roi.P33.3.8;D.Traitement.41.
— Req.P33.1.166;S33.1.175;D.Expert.152.
— Paris.P33.2.132;J37.290;D.Actes de comm.37.

14 Req.P33.1.5;S32.1.816; J35.446; D.Act. poss.331.332. 333 Commune.132.Motifs des jug.145.
— Civ.r.P33.1.14;S33.1.297;D.Interr.82.
— Req.P33.1.47;S33.1.324;J36.36;D.Nom.85.
— Req.P33.1.48; S33.1.200; J34.570; D.Chose jugée.28. Dom. enreg. et éch.18. Enreg.2760.Peine.333.337.
— Ord.P33.3.10;D.Enseign.528.
— Civ.c.P33.1 77;S33.1.50;J34.682;D.Dom. engag.18.
— Civ.c.P33.1.96;S33.1.253; D.Jugem.156.Motifs de jug. 23.136.
15 Req.P33.1.62;D.Garantie.270.
— Req.P33.1.66;S32.1.821;J35.297; D.Prescript.703.
— Bordeaux.P33.2.178;S33.2.635; D.Motifs des jug.275.
— Cr.r.P33.1.345;S33.1.875;D Cassat.258.
16 Ord. du cons. d'ét.P33.3.43;D.Expert.406.
— Ord. du cons. d'état.P33.3.17; D.Dom. extraordin.22. Majorats.19.
— Ord. du cons. d'ét.P33.3.16; D.Traitement.11.15.16.
— Cr.c.P33.1.148;J36.90;D.Faux.202.206.
— Cr.c.P33.1.177;S33.1.589;J37.390; D.Frais et dép.350. Voirie 644.
— Cr.r.P33.1.224;S33.1.654;D.Cour d'ass.400.
— Délib. du cons. d'adm.P33.3.89;D.Timbre.258.
— Cr.r.P33.1.391;S33.1.496;D.Garde nat.1052.
— Ord. du cons. d'ét.P34.3.17;D.Élect. comm.200.
17 Cr.c.P33.1.46; S32.1.812; D.Cassat.293.Compét. crim. 557.
— Cr.c.P33.1.86;S33.1.406;D.Pêche.226.
— Paris.P33.2.84;S33.2.7;J36.490;D.Loterie.34.55.
19 Civ.c.P33.1.15;S33.1.24;J36.91;D.Autor. de f.98.
— Toulouse.P33.2.29;S33.2.11;J35.591; D.Donation.106. Révoc.97.
— Civ.c.P33.1.16;S33.1.283; J36.399; D.Action possess. 179.Servit.699.
— Solut. min.P33.3.4;D.Garde nat.25.248.
— Solut. min.P33.3.4;D.Enreg.317.
— Solut. de la rég.P33.3.16;D.Enreg.1947.
— Solut. de la rég.P33.3.83;D.Transcript. hyp.56.
— Solut. de la rég.P33.3.90;D.Enreg.317.
20 Req.P33.1.46;S33.1.332;J36.6;D.Cont. par corps.298.
— Req.P33.1.58;S33.1.474; J36.106; D. Brevet d'inv.43. Jugem.176.Domm. int.88.Req. civ.105.106.Resp.115.
— Req P33.1.59; S32.1.810; D. Cassat.723.822.Donat.34. Répétition.28.29.
— Trib. de Troie.P33.3 105;D.Enreg.2373.
21 Req.P33.1.61; S33.1.65; J36.167; D. Arbit.60.361.766. 897.
— Civ.r.P33.1.6;S33.1.93;J35.321;D.Transact.9.53.55.
— Ord. du roi.P33.3.8;D.Garde nat.12.
— Req.P33.1.60;S33.1.13;J35.111;D.Remplac.78.80.
— Civ.r.P33.1.67;S33.1.342;J35.398;D.Enreg.668.
— Bastia.P33.2.57;S33.2.6;J36.66;D.Rapp. à succ.97.98.
— Civ.c.P33.1.97;S33.1.401;J36.548;D.Aut.de femme.70.
— Lyon.P34.2.135;S33.2.455;D.Vente pub. de meubles. 17.35.
22 Req.P33.1.65;D.Forêts.333.488.Usage.107.
— Req.P33.1.61; S33.1.21; D.Chose jugée.259.Deg. de jurid.124.
— Req.P33.1.60;S32.1.819;J35.110;D.Vente.
— Cr.c.P33.1.243;S33.1.703;D.Garde nat.1041.
— Bordeaux.P33.2.158;S33.2.584; D.App. civ.117.Chose jugée.160.Intér. de cap.36.Dot.332.444.
23 Ord. du cons. d'état.P33.3.23;D.Voirie.245.487.499.
— Toulouse.P33.2.80;S33.2.236;J36.610;D.Exploit.924.
— Ord. du cons. d'état.P33.3.33;D.Commune.514.
— Ord. du cons. d'état.P33.3.29;D.Élect. comm.211.212. 213.214.216.
— Ord. du cons. d'état.P33.3.30;D.Élect. comm.100.
— Bordeaux.P33.2.179;D.Presse.631.
— Bordeaux.P33.2.161;S33.2.490;D.Courtier.90.
— Cr.r.P33.1.228;D.Cass.952.
— Délib. du cons. d'adm. P33.3.103; D. Enreg. 564.565. 2252.
24 Cr.c.P33.1.87;S33.1.403;D.Pêche.86.
— Cr.c.P33.1.87;S32.1.814;D.Enseign.113.476.479.
— Toulouse.P33.2.89;S33.2.316;D.Rescis.152.Transp. de créance.78.178.
— Req.P33.1.141;S33.1.232; D.Louage.567.Transact.71. Tutelle.463.
— Req.P33.1.144;D.Degr. de jur.389.Jugem. prép.141.
— Cr.r.P33.1.226;S33.1.595; D.Cour d'ass.1228.1362.Témoin.425.
— Limoges.P33.2.127;S33.2.111;J35.78; D.Arbitr.367.
— Cr.c.P33.1.288;J38.137;D.Pêche.151.152.
— Ord.P33.3.8;D.Garde nat.12.
— Rennes.P33.2.224;D.Office.55.114.
26 Toulouse.P33.2.113;S33.2.373;D.Donat.300.
— Toulouse.P33.2.120;S33.2.572;J37.550;D.Servit.180.
— Ord.P33.3.119;D.Enseign.295.
27 Req.P33.1.82;D.Jugem.
— Délib. du cons. d'adm.P33.3.23;D.Enreg.2274.
— Solut. de la régie.P33.3.73;D.Enreg.2275.
— Lyon.P34.2.34;S33.2.95;J39.76;D.Appl.civ.509.Exéc. prov.75.
28 Civ.r. P33.1.97; S33.1.402; J36.298; D. Domm.-int.19. Mont-de-piété.20.
— Nîmes.P33.2.201;S33.2.198;D.Inscr. hyp.313.363.
29 Toulouse.P33.2.47;S33.2.448;J36.439;D.Ord. du juge. 52.Référé.59.76.
— Req.P33.1.98;S33.1.10;D.Servitude.188.
— Req.P33.1.108;S33.1.16;J35.445;D.Oblig.900.Preuve litt.762.
— Cr.c.P33.1.109;S33.1.358;D.Garde nat.646.
— Cr.r.P33.1.260;D.Garde nat.522.727.
— Bordeaux.P33.2.138;D.Recrut.143.
— Trib. d'Uzès.P33.3.83;D.Enreg.1337.
— Décis. du min. des fin.P33.3.106;D.Timbre.278.
— Cr.c.P33.1.389;D.Garde nat.554.722.
— Cr.c.P33.1.388;D.Garde nat.525.
— Paris.D.Art de guérir.490.
30 Ord. du cons. d'état.P33.3.24;D.Enseign.180.265.
— Ord. du cons. d'état.P33.3.25;D.Élect. comm.221.
— Ord. du cons. d'état.P33.3.28;D.Pension.105.
— Ord. du cons. d'état.P33.3.25;D.Manuf.42.
— Ord. du cons. d'état.P33.3.24;D.Commune.684.
— Ord. du cons. d'état P33.3.24;D.Vente adm.156.
— Ord. du cons. d'état.P33.3.24;D.Expropr. pub.114.
— Ord. du cons. d'état. P33.3.31; D.Place de guerre.50. 54.88.96.
— Circ. min. P33.3.40;D.Enreg. 2700.2701. Poids et mesures.132.134.155.
— Cr.c.P33.1.215;D.Compét. crim.545.
— Cr.c. P33.1.344; S33.1.412; J37.20; D.Instr. crim.425. Lib. prov.27.
— Délib. du cons. d'adm.P34.3.41;D.Enreg.761.

DÉCEMBRE.

1 Cr.c.P33.1.408;J36.99;D.Voirie.36.646.
— Req. P33.1.106;S33.1.508; J35.119; D.Enreg. 779.Tribunal.68.
— Req. P33.1.98; J36.503; D.Cassat.901. Emigré.158.187. Tierce-opp.151.
— Req.P33.1.149;S33.1.238;D.Jugem.356.Saisie-im.497.
— Décis. du min. des fin.P33.3.56;D.Enreg.252.
— Cr.r. P33.1.258; D.Fonct. pub.54. Garde nat. 606.709. 756.763.
— Cr.c.P33.1.244;S33.1.221;D.Aut. mun.39.
— Cr.c.P33.1.244,n.;D.Aut. mun.39.
— Paris.P33.2.196;S34.2.47; D.Alimens.100.197.
— Cr.c.P33.1.387;D.Garde nat.147.565.
— Cr.c.P33.1.387,n.;D.Garde nat.565.
3 Civ.c.P33.1.79;D.Dom. eng.22.
— Civ.r.P33.1.99;S33.1.888; J35.262; D.Oblig.97.Enreg. 1995.
— Montpellier.P33.2.118;D.Péremp.234.Exploit.591.
4 Req.P33.1.100;S33.1.398;D.Cassat.808.
5 Civ.r.P33.1.100;S33.1.46;J36.103;D.Cop. de pièces.17.
— Req.P33.1.101;S33.1.198;J35.142;D.Enreg.285.
— Req.P33.1.100;S33.1.47;J36.115;D.Propriété.32.Servitude.264.313.
— Req.P33.1.146; D.Chose jugée.247.Interrog. sur faits. 34.Exception.285.
— Civ.c. P33.1.146; S33.1.113; J36.73; D.Cassat.213.Hyp. lég.71.
— Paris.P33.2.201. et 211;S33.2.130;J36.296;D.Privilége. 182.185.
— Bourges.P34.2.120;S33.2.634;J38.161; D.Remplac.90. Oblig.251.
6 Req.P33.1.65;S33.1.189;J36.17;D.Compte.95.
— Req.P33.1.110;D.Possess.232.
— Bordeaux.P33.2.152;D.Cassat.373.
— Cr.r.P32.1.332;D.Règl. de juges.122.
— Cr.c.P33.1.345;S33.1.866;J37.384;D.Compét. cr.65.
— Cr.c.P33.1.345;S33.1.867,n.;D.Compét. cr.65.
7 Toulouse. P33.2.44; S33.2.255; D.Preuve litt. 145.Sép. de biens.167.
— Ord. du cons. d'état.P33.3.26;D.Contr. dir.68.
— Ord. du cons. d'état.P33.3.29;D.Place de guerre.90.
— Ord. du cons. d'état.P33.3.34;D.Cons. d'état.276.Traitement.22.
— Toulouse.P33.2.146;S33.2.620;J37.211;D.Respons.467.
— Grenoble. P33.2.176; S33.2.175. et 2.489; J37.403; D. Dot.298.
— Cr.c.P33.1.226;S33.1.560;J37.290; D.Cassat.236.
— Délib. du cons. d'adm.P33.3.87; D.Enreg.1464.
— Aix.P34.2.194. et 33.2.143; S33.2.251; D.Présomp.65. Privilége.212.Vente.744.
8 Ord.P33.3.11;S33.2.64;D.Impôt.
— Ord.P33.3.12;D.Comptab.64.
— Ord.P33.3.12;D.Cautionn. de fonct.
— Req.P33.1.77;S33.1.395;J35.317;D.Communauté.632.
— Req.P33.1.49;S33.1.115;J36.7;D.Serment déc.135.158. 139.157.158.161.
— Cr.c.P33.1.108;S33.1.320;D.Aut. mun.498.
— Req.P33.1.101;D.Commune.259.
— Cr.c.P33.1.133;S33.1.528;D.Adultère.57.Cassat.790.
— Cr.c. P33.1.180; S33.1.511; D. Motifs des jug.253. Tapage.25.
— Cr.r.P33.1.232;S33.1.595;J37.400;D.Aut. mun.444.
— Cr.c.P33.1.291;D.Poids et mesures.77.166.
— Cr.c.P33.1.113;D.Poids et mesures.71.
— Cr.c.P33.1.313;D.Poids et mesures.109.
— Cr.r.P33.1.343;D.Médaille.1.2.3.4.
— Ord.D.Trésor pub.2.
10 Bordeaux.P33.2.171;S33.2.488;J37.315;D.Eff. de com. 616.666.
— Pau.P33.2.104.et 159;S33.2.240;J37.197;D.Communauté.257.Saisie-imm.23.38.
— Bourges.P34.2.31;S33.2.648;D.Usufruit.466.
11 Req.P33.1.103;D.Donat. entre ép.31.
— Civ.c.P33.1.179;S33.1.140;J36.378;D.Oblig.903.
— Lyon.P33.2.194;S33.2.184;D.Deg. de jurid.123.
— Délib. du cons. d'adm.P33.3.105;D.Enreg.2034.
— Grenoble.P34.2.27;D.Ordre.339.
12 Civ.c.P33.1.102;S33.1.5;J35.107;D.Propriété.191.
— Bordeaux.P33.2.173;S33.2.652;D.Testament.183.
— Lyon.P33.2.158;J37.202;D.Faux.98.
— Lyon.P33.2.194;D.Compét. comm.431.
13 Req.P33.1.103;S33.1.29;J35.517;D.Garantie.379.438.
— Req.P33.1.102;S33.1.198;D.Lois.178.
— Décis. du min. des fin.P33.3.85;D.Timbre.178.
— Cr.c.P33.1.348;D.Vol.199.
14 Ord. du cons. d'état. P33.3.25; D.Motifs des jug. 210. Patente.84.
— Ord. du cons. d'état.P33.3.26;D.Emig.469.
— Ord. du cons. d'état.P33.3.28.D.Emig.522.
— Ord. du cons. d'état.P33.3.28;D.523.
— Ord. du cons. d'état.P33.3.30;D.Conflit.151.152.
— Ord. du cons. d'état P33.3.34;D.Pl. de guerre.91.95.
— Ord. du cons. d'état.P33.3.42;D.Garde nat.140.
— Ord. du cons. d'état.P33.3.42;D.Emig.405.
— Grenoble.P33.2.93;S33.2.445;J37.191; D.Deg. de jur. 602.Ordre.473. Exploit.476.615.Respons.378.
— Paris.P33.2.83;S33.2.426;D.Oblig.121.
— Cr.c. P33.1.175; S33.1.568; D.Autor. mun.690.Procès-verb.86.
— Cr.c. P33.1.175; S33.1.510; J37.21; D.Confiscation.48. Jeu-pari.24.
— Aix.P33.2.103;S33.2.245;D.Révoc.321.
— Cr.r.P33.1.252; S33.1.197; J37.417; D.Autor. mun.456. 457.
— Lyon.P33.2.214;S33.2.168; D.Privilége.22.72.
— Cr.c.P33.1.346;D.Douanes.20.
— Lyon.P34.2.10;J37.187;D.Promesse de mariage.24.
— Lyon.P34.2.95;D.Ordre.218.
15 Req.P33.1.120;S33.1.472;J36.303; D.Enreg.1959.1960. Présompt.36.
— Req.P33.1.111;D.Dom. eng.87.
— Req.P33.1.104;S33.1.394;J36.528;D.Rescis.140.
— Req.P33.1.131;S33.1.697;J38.97;D.Emancip.37.Preuve litt.798.
— Toulouse.P33.2.157;D.Rapp. à succ.131.
— Douai.P33.2.195;S33.2.65;J35.204;D.Choses.91.
— Lyon.P34.2.90;D.Usufruit.400.
16 Ord. du roi.P33.3.36;D.Agent diplomatique.
17 Toulouse.P33.2.135; S33.2.263; D.Appel civ.397.Jug par déf.212.Eau.447.
— Bordeaux.P34.2.85;D.Courtier.72.
18 Civ.c.P33.1.63;S33.1.36;J35.562;D.Révoc.320.
— Req.P33.1.112;D.Motifs des jug.52.
— Req.P33.1.105;S33.1.148;J35.411;D.Théâtre.39.
— Toulouse.P33.2.84;S33.2.209;J37.286; D.Usufruit.302.
— Rennes.P34.2.196;D.Capitaine.106.
19 Civ.r.P33.1.64;S33.1.475;J36.33; D.Oblig. div.32.
— Lyon.P33.2.82;D.Jug. par déf.316.
— Sol. de la régie.P33.3.22;D.Enreg.97.
— Req.P33.1.147;D.Partage.198.
— Bordeaux.P33.2.172;S33.2.280;D.Purge.149.
— Paris. P33.2.161; S33.2.472; J37.210; D.Acquiesc.88. Contr. par corps.42.
— Lyon.P33.2.209;S33.2.275;D.Acquiesc.330.
— Civ.c.P33.1.346; D.Motifs des jug.42.
20 Req.P33.1.8;D.Transact.69.
— Ord.P33.3.10;D.Pension.144.
— Req. P33.1.113; S33.1.344; J33.188; D.Oblig.749.Présomp.86.Ratification.67.
— Grenoble.P33.2.174;S33.2.301;D.Remploi.89.
— Bordeaux.P33.2.179;S33.2.279;J37.317; D.Dot.434.
— Décis. du min. des fin.P33.3.56;D.Timbre.136.
— Cr.r.P33.1.293;S34.1.376;D.Garde nat.654.
— Cr.r.P33.1.383;D.Garde nat.149.
— Cr.c.P33.1.349;D.Excuse.47.
— Colmar. P33.2.91; S33.2.185; J37.195; D.Communauté. 752.
21 Orléans.P33.2.42;S33.2.545;J38.48;D.Purge.117.Vente pub.120.
— Ord.P33.3.11;D.Poids et mesures.
— Inst. gén. de la rég.P33.3.25;D.Enreg.2864.
— Ord.P33.3.28;D.Pension.66.
— Bordeaux. P33.2.73; S33.2.202; J36.288; D.Appel civ. 314.373.
— Bordeaux. P33.2.152; S33.2.205; D.Hypoth. conv. 40. Hypoth. judic.80.Vente.400.408.
— Cr.r.P33.1.260;D.Instr. crim.490.
— Cr.r.P33.1.254;S33.1.777;D.Aut. mun.702.703.704.
— Colmar.P33.2.147;S33.2.231;D.Subrog.16.
— Cr.c.P33.1.286;D.Poids et mesures.24.29.30.
— Cr.r.P33.1.358;D.Cour d'ass.264.916. Instr. crim.490. 492.Serment.45.
22 Sol. de la régie.P33.3.24;D.Enreg.3019.
— Cr.c.P33.1.96;S33.1.320; D.Abus de confiance.71.
— Grenoble.P33.2.94;D.Compét. crim.47.Instr. cr.168.
— Paris.P33.2.85;S33.2.348;J36.616;D.Honoraires.108.
— Bordeaux.P33.2.157;S33.2.622;J37.214;D.Oblig.581.
— Pau.P34.2.32;S33.2.486;J37.498; D.Rescis.207.
23 Ord. du roi P33.3.105;S33.2.98;D.Enreg.12.
24 Civ.r.P33.1.89;S33.1.138;J36.321; D.Filiat. adultér.6. 7.12.Success. irrég.125.
— Bordeaux.P33.2.177;S33.2.295;D.Prescrip.812.858.

26 Solut. min.P33.3.14;D.Garde nat.241.
— Solut. min.P33.3.14;D.eod.257.
— Solut. min.P33.3.14;D.eod.498.
— Req.P33.1.104;S33.1.11;J55.255;D.Testam.146.
— Civ.r.P33.1.114;D.Chose jugée.Deg. de jur.
Civ.c.P33.1.104;J55.327;D.Enreg.462.
— Grenoble.P33.2.100;S33.2.233;J56.572;D.Pr. litt.476.478.487.
— Paris.P34.2.82;S33.2.183;J56.398;D.Office.94.
27 Grenoble.P33.2.100;S33.2.447;D.Rapp. à succ.54.
— Cr.c.P33.1.262;D.Attentat à la pudeur.73.
— Cr.c.P33.1.253;J57.489;D.Aut. mun.306.309.311.
— Cr.c.P33.1.288;J58.137;D.Procès-verb.52.139.
— Cr.r.P33.1.348;D.Peine.44.
28 Ord. du cons. d'état.P33.3.26;D.Pension.47.
— Ord. du cons. d'état.P33.3.42;D.Garde nat.139.
— Toulouse.P33.2.171; S33.2.632; J57.288; D.Servitude.318.
— Cr.r.P33.1.262;S33.1.705;D.Garde nat.603.
— Cr.r.P33.1.259;D.Garde nat.542.368.570.639.
— Cr.r.P33.1.257;S33.1.495;D.Garde nat.663.
— Cr.c.P33.1.257;D.Garde nat.647.649.
— Cr.c.P33.1.253;S33.1.702;D.Garde nat.748.
— Cr.r.P33.1.257;D.Garde nat.626.629.692.
— Cr.r.P33.1.257;D.Garde nat.1035.
— Cr.r.P33.1.272;S34.1.370;D.Garde nat.393.
— Cr.r.P33.1.346;S33.1.869;D.Cour d'ass.1316.
— Montpellier.P34.2.36;S33.2.316;J57.87;D.Rente.333.
29 Req.P33.1.64;S33.1.9;J55.156;D.Cassat.1101.
— Cr.r. P33.1.114; D.Garde nation.437.461.630.681.753.1015.
— Req.P33.1.115;S33.1.445;D.Commune.396.
— Cr.r.P33.1.115;S33.1.333;D.Destruct.45.
— Cr.r.P33.1.262;D.Garde nat.192.678.779.
— Cr.r.P33.1.260; D.Garde nat.638.719.729.763.792.
— Cr.r.P33.1.260;S33.1.496;D.Garde nat.607.626.754.
— Cr.c.P33.1.383;J59.209;D.Garde nat.357.920.
— Ord.P33.3.10;D.Pension.144.
30 Orléans.P34.2.62;D.Enreg.2805.
31 Lyon.P33.2.88;S33.2.173;D.Tutelle.589.
— Nimes.P33.2.104;D.Dot.236.262.
— Sol. de la régie.P33.3.103;D.Enreg.613.
— Lyon.P34.2.37; D.Jeu-pari.52.Ratificat.25.Vente.168.

1833.

JANVIER.

1 Ord.P33.3.27;D.Enseignement.
— Ord.P33.3.11;D.Comptabilité. Impôts.
2 Civ.c.P33.1.85;S33.1.155;J56.112;D.Manuf.142.
— Civ.c.P33.1.85;S33.1.132;J56.59;D.Faillite.513.
— Req.P33.1.65;D.Portion disp.500.
— Req.P33.1.63;S33.1.157;J56.387;D.Surenchère.27.
— Paris.P33.2.88;D.Saisie-imm.1714.
— Bordeaux.P33.2.97;S33.2.538;D.Condition.
3 Ord.P33.3.28;D.Enseignement.
— Req.P33.1.130;D.Cassation.896.Prescript.79.
— Sol. de la régie.P33.3.55;D.Enreg.296.
— Cr.r.P33.1.349;S33.1.873;D.Publ. des jugem.65.
— Cr.r.P34.1.454; D.Actes de comm.3.Cour d'ass.832.836.1694.Instruct. crim.522 Témoin.454.
— Solut.P33.3.55,n.;D.Enreg.649.
4 Rapport et ord. du roi.P33.3.29;D.Traitement.9.
— Ord. du roi.P33.3.29;D.Poste aux lettres.50.
— Ord. du cons. d'état.P33.3.63;D.Quest. pr.104.
— Angers.P34.2.117;S34.2.172;J59.255; D.Inscript. hyp.458.Saisie-imm.1704.
5 Req.P33.1.67;J55.607;D.Arbitrage.1046.
— Lettre min.P33.3.43;D.Garde nat.77.
— Bordeaux.P33.2.94;S33.2.188; J56.442; D.Preuve litt.376.Vente.850.
— Cr.c.P33.1.181;S33.1.495;D.Garde nat.480.
— Cr.r.P33.1.384;D.Garde nat.677.
— Cr.c.P33.1.390;D.Garde nat.941.
— Cr.r.P33.1.385;D.Garde nat.767.986.
6 Circ. min.P33.3.43;D.Garde nat.73.
7 Ord. du roi.P33.3.29;S33.2.271;D.Enseignem.230.Entrepôt.5.
— Paris. P33.2.97; S33.2.145; J57.172; D.Etranger.281.282.Exception.286.
— Nimes.P33.2.220;S33.2.366;J57.283;D.Avocats.87.
8 Civ.c.P33.1.50;S33.1.84;J55.526; D.Saisie-imm.1717.
— Bordeaux.P33.2.99;D.Mandat.543.Vente.324.
— Bordeaux.P33.2.98;D.Contr. par corps.233.
— Trib. de Metz.P33.3.85;D.Enreg.550.
— Trib. de comm. de Louviers P33.3.86; S33.2.170; D.Effet de comm.644.
— Nimes.P34.2.195;J56.286;D.Poss.84.
9 Bastia.P33.2.57;S33.2.471;J56.514;D.Partage.145.
— Civ.r. P33.1.92; S33.1.105; D.Huiss.104. Lois.92.111.Vente publ. de meubles.59.
— Req.P33.1.105;S33.1.321; J57.163; D.Action possess.233.Responsabil.62.
— Lyon.P33.2.166;S33.2.381;D.Saisie-imm.25.39.
— Nimes. P33.2.186; S33.2.206; J56.337; D.Mandat.518.Preuve litt.864.
— Nimes.P33.2.202;S33.2.198;J56.293.D.Inscr. hyp.357.
10 Cr.r.P33.1.71;D.Cour d'ass.239.
— Req.P33.1.56;S33.1.129;J55.232;D.Enreg.104.425.
— Req.P33.1.279;S33.1.697;J55.417;D.Caution.222.

1833.

— Grenoble.P33.2.113;S33.2.380;D.Tutelle.675.
— Cr.r.P33.1.352;D.Cour d'ass.429.
— Cr.c.P33.1.369;J56.269;D.Presse.329.
— Cr.r. P34.1.454; D.Cour d'ass.347.348.941. Témoin.355.455.
11 Bordeaux.P33.2.97;S33.2.380;D.Faillite.590.
— Cr.c.P33.1.166;S33.1.496;J57.59;D.Garde nat.648.
— Ord. du cons. d'état.P33.3.62;D.Trav. publ.35.
— Toulouse.P33.2.171;D.Arbitrage.611.631.
— Montpellier. P33.2.172; S33.2.313; D.Mandat.224.Partage d'asc.89.
— Cr.r.P33.1.243;S33.1.704; D.Cassat.356.Exploit.191.
— Cr.r.P33.1.384;D.Garde nat.56.75.192.438.613.
— Cr.r.P33.1.385;S33.1.218;D.Garde nat.947.
— Cr.c.P33.1.385;D.Garde nat.467.
— Cr.c.P33.1.385;S33.1.496. et 34.1.374;D.Garde nation.682.
— Metz.P34.2.154;S34.2.560;D.Arbitrage.399.732.
12 Req.P33.1.80;S33.1.91;J55.495;D.Testament.151.
— Req.P33.1.71;S33.1.339;J56.27;D.Disp. entre-vifs.197.199.202.Juge.89.Motifs des jugem.70.
— Req. P33.1.108; S34.1.798; D.Forêts.551.374.Preuve litt.726.
— Cr.c.P33.1.152;D.Complicité.212.
— Toulouse.P33.2.130;S33.2.309;D.Comp. com.365.
— Cr.c.P33.1.350;S33.1.571; J58.26;D.Réc. de juges.72.
— Cr.r.P34.1.433;D.Cour d'ass.792.Vérif. d'écrit.10.
14 Ch. réun.P33.1.167;S33.1.366;J57.67;D.Déf.91.Discip.11.Publ. des jugem.72.
— Montpellier.P34.2.86;S33.2.441;J58.142;D.Appel incident.40.Min. pub.30 Saisie-imm.85.692.
15 Req.P33.1.84;J55.303;D.Timbre.65.
— Req.P33.1.81;J56.148;D.Cassation.849.Compét. adm.193.201.202.Servitudes.500.
— Req.P33.1.55;S33.1.267;D.Hypoth. lég.165.
— Trib. de Laon.P33.3.46;D.Enreg.487.
— Ord.P33.3.29;D.Trib.23.
— Civ.c.P33.1.145; S33.1.81; J56.98. et 53.498; D.Appel incid.77.Exploit.435.Subrog.95.96.
— Toulouse. P33.2.127; S33.2.515; J57.73; D.Actes de comm.245.Société comm.117.
— Orléans. P34.2.17. et 32; S33.2.570; J57.153.D.Intervention.124.
— Délib. du cons. d'adm.P33.3.103;D.Enreg.762.
16 Req.P33.1.82;S33.1.87;J55.400;D.Saisie-imm.26.
— Civ.r. P33.1.148; S33.1.90; J56.133; D.Douanes.143.Lois.418.
— Bordeaux.P34.2.165;S33.2.180;D.Offre.21.123.
17 Req.P33.1.82;S33.1.131;J55.560;D.Desc. sur les lieux.25.Expertise.34.Motifs des jug.149.
— Req.P33.1.110;S33.1.887;D.Hospices.32.33.
— Cr.c.P33.1.179,n.;D.Cour d'ass.1124.
— Ord. du cons. d'état.P33.3.58;D.Commune.672.680.
— Ord. du cons. d'état.P33.3.62; D.El. comm.201.202.
— Ord. du cons. d'état.P33.3.62; S34.2.512; D.Election comm.83.185.
— Limoges.P33.2.187;J57.444;D.Domm.-int.19.Obl.597.Office.79.
— Ord. du cons. d'état.P33.3.74;S34.2.576;D.Pens.179.
— Paris.P33.2.192;S33.2.156;J56.397;D.Donation.420.
— Cr.r.P33.1.349;S33.1.222;J56.245; D.C. d'ass.207.269.
— Lyon.P34.2.219;S33.2.483;D.Saisie-imm.489.
— Bordeaux.P34.2.85;D.Privil.284.
18 Grenoble.P33.2.85; S33.2.462. et 457; J57.455; D.Acquiesc.307.Ordre.455.Privilége.168.Réd. des hypoth.22.24.25.
— Cr.r.P33.1.349;J58.127;D.Comp. crim.248.Lois 397.
— Cr.c.P33.1.549. J56.300; D.Lib. prov.26.Presse.658.
— Nanci.P34.2.118;S34.2.410; J60.313;D.Appel civ.386.Jour férié.53.Saisie-revendic.14.
— Metz.P34.2.157;S34.2.590;J60.188; D.Compét. comm.178.Effet de comm.62.
19 Solut. min.P33.3.44;D.Garde nat.798.
— Cr.r.P33.1.260;S33.1.496;J57.41;D.Garde nat.794.
— Agen.P33.2.142;S33.2.248;D.Effet de comm.721.
— Trib. de la Seine.P34.3.2;D.Fabriques.226.
— Cr.r.P34.1.439;J57.453;D.Cassation.272.346.Instruct. crim.334.Presse.164.
— Nanci.D.Prescript. crim.213.
21 Ord. du cons. d'état.P33.3.67;D.Majorats.20.40.
— Ord.P33.3.84;D.Prud'homme.9.
22 Req.P33.1.137;S33.1.98;J56.94;D.Compte.150.Désist.121.132.Transact.58.59.
— Civ.r.P33.1.151;S33.1.446;J56.365;D.Privilége.169.
— Solut. min.P33.3.43;D.Garde nat.35. et 439.
— Solut. min.P33.3.43;D.eod.42.
— Solut. min.P33.3.43;D.eod.177.
— Solut. min.P33.3.43;D.eod.183.
— Solut. min.P33.3.43;D.eod.238.239.
— Solut. min.P33.3.43;D.eod.464.
— Solut. min.P33.3.43;D.eod.1043.
— Solut. min.P33.3.43;D.eod.1066.
— Solut. min.P33.3.43;D.eod.1067.
— Montpellier.P33.2.134;J57.285;D.Sép. de biens.27.
— Req. P33.1.216; S33.1.158; D.Mandat.410. Motifs des jugem.176.
— Trib. de Saverne.P33.3.84;D.Enreg.2232.
— Rennes.P33.2.232;D.Renvoi.57.69.
— Metz. P34.2.158. et 35.1.153; D.Preuve litt.451.453.Testament.842.

1833.

— Ord.D.Trav. publ.99.
23 Ord. du roi.P33.3.29;S33.2.271;D.Invalides.
— Req.P33.1.150;S33.1.103;J55.481.
24 Req. P33.1.88; S33.1.268; D.Action.20. Nullité.256.Preuve test.211.Ratification.81.
— Req.P33.1.110; S33.1.209; J56.86; D.Ratification.80.Rescision.151.
— Cr.r.P33.1.179;D.Cour d'ass.1125.
— Cr.c.P33.1.178;D.Cour d'ass.1124.
— Bordeaux.P33.2.153; S33.2.569; J57.449; D.Hypoth. conv.9.
25 Paris.P33.2.87;S33.2.410;J57.18; D.Prescript. civ.964.Rente sur l'état.6.
— Ord. du cons. d'état.P33.3.41;D.Patente.74.
— Ord. du cons. d'état.P33.3.41;D.Halage.19.
— Ord. du cons. d'état.P33.3.41; S34.2.635; D.Contrib. directes.222.
— Sol. de la régie.P33.3.77;D.Enreg.2251.
— Délib. du cons. d'adm.P33.3.83;S33.2.579;D.Poids et mesures.135.
— Délib. du cons. d'adm.P33.3.102;D.Enreg.2843.
— Ord. du cons. d'état.P34.3.76;D.Traitement.12.13.
— Ord. du cons. d'état.P34.3.76;D.Elect. comm.176.
26 Req.P33.1.54;S33.1.100;J56.140;D.Effet de comm.132.385.387.Etranger.185.
— Loi.P33.3.27;S33.2.96;D.Jour férié.6.
— Req.P33.1.130;D.Motifs des jug.21.152.Serment.8.
— Cr.r.P33.1.184;D.Cour d'ass.528.Instruc. crim.480.
— Cr.r.P33.1.277; S33.1.894; J58.129; D.Garde nat.554.556.591.664.716.790.899.
— Paris.P33.2.197;S33.2.197;J56.295;D.Don. p. cont.37.
— Toulouse.P33.2.205;S33.2.486;D.Intér. de cap.70.
— Pau.P34.2.80;S33.2.301;D.Ordre.263.
— Paris.P34.2.142;S33.2.157;D.Respons.268.
28 Civ.c. P33.1.112; S33.1.393; J56.526; D.Huissier.274.Timbre.34.
— Civ.c.P33.1.116;S33.1.223;D.Mines.150.151.165.
— Civ.c.P33.1.112;S33.1.496;J55.404;D.Enreg.874.
— Nimes.P33.2.104;S33.2.285;D.Dem. nouv.99.
— Toulouse.P33.2.118;S33.2.368;J57.151;D.Testam.403.
— Agen.P33.2.195;S33.2.149;D.Désist.67.
— Colmar.P33.2.206;S33.2.336; J57.424; D. Exécut. des jug. et actes.76.
— Nanci.P34.2.222;D.Servitude.554.700.
29 Bastia.P33.2.57;J56.513;D.Compét. comm.179.
— Req.P33.1.160;S33.1.813;D.Acquiesc.88.367.Prescription.212.678.
— Bastia.P33.2.146;S33.2.246;D.Actes de comm.62.
— Bordeaux.P33.2.187;S33.2.318;J57.550;D. Assur. maritim.358.
— Aix.P34.2.94;S34.2.286;J59.420;D.Transact.84.
30 Req.P33.1.55;S33.1.99;J56.127; D.Respons.523.528.
— Toulouse.P33.2.112;S33.2.579;D.Eau.78.Possess.176.
— Trib. civ. de la Seine.P33.3.77;D.Enreg.1221.
— Trib. correct. d'Yvetot.P34.3.41;D.Forêts.995.
31 Loi.P33.3.25;S33.2.111;D.Postes.
— Loi.P33.3.27;D.Impôts.
— Paris.P33.2.88;J57.136;D.Eff. de comm.63.150.
— Req.P33.1.139;S33.1.471;D.Ratification.84.
— Req.P33.1.151;S33.1.660;J55.413;D.Enreg.1948.
— Bordeaux.P34.2.39;S34.2.543;D.Trib.134.
— Aix.P33.2.163;S33.2.485;D.Louage.330.
— Cr.c.P33.1.232;D.Halage.45.Quest. pr.126.
— Cr.c.P33.1.264;D.Confiscation.18. Respons.439.441.
— Cr.r.P33.1.261;S33.1.777;J57.324.
— Cr.c.P33.1.261;J57.358;D.Autor. mun.104.
— Cr.c.P33.1.255;S33.1.255;J56.363;D.Avoué.163.
— Req.P33.1.337;S33.1.215;J55.567; D.Dom. engag.50.
— Cr.c.P33.1.369;S33.1.559;D.Prescipt. cr.83.
— Paris.P34.2.51;S33.2.291;J56.479;D.Arbitrage.101.
— Nanci.P34.2.172; S34.2.603; D. Absence.85.407.413.414.Retour lég.4.

FÉVRIER.

1 Agen.P33.2.118;S33.2.361;D.Tutelle.14.
— Cr.c.P33.1.177;S33.1.588;J57.388; D.Voirie.29.640.
— Cr.c.P33.1.175;S33.1.592;D.Autor. mun.487.
— Cr.c.P33.1.167;S33.1.519;J56.444;D.Peine.311.
— Cr.c.P33.1.161;S33.1.309;J57.33;D.Lois rét.243.Prescript. crim.52.105.
— Ord. du cons. d'état.P33.3.41;D.Eau.364.
— Ord. du cons. d'état.P33.3.41; S34.2.576; D. Pension.122.
— Ord. du cons. d'état. P33.3.41,n.; S34.2.575; D. Pension.122.
— Ord. du cons. d'état.P33.3.41,n.;S34.2.575;D.Pension.122.
— Trib. de Tarascon. P33.3.87; S33.2.174; D. Lois.121.Culte.28.
— Ord. du cons. d'état.P34.3.76;D.Voirie.101.
— Cr.r.P33.1.286;S33.1.593;D.Poids et mesures.82.
2 Req.P33.1.139;D.Commune.229.Compét. adm.130.
— Cr.c.P33.1.146;S33.1.479;J56.317;D.Cour d'ass.578.
— Cr.c.P33.1.200;S33.1.583;J58.33;D.Garde nat.355.
— Cr.c.P33.1.200,n.;D.Garde nat.355.
— Cr.c.P33.1.200,n.;D.Garde nat.355.
— Cr.c.P33.1.182;S33.1.495,n.;D.Garde nat.424.720.
— Cr.c.P33.1.182;S33.1.495;D.Garde nat.424.720.
— Rennes.P34.2.219;S34.2.105;J57.496; D.Mandat.239.

4 Civ.r.P33.1.140;S33.1.440;J56.592 D.Chosejugée.238.
— Paris.P33.2.131;D Saisie-imm. 166.
— Bordeaux.P34.2.38;S34.2.24;J57.396; D. Jeu-pari.53.
5 Douai.P33.2.88;J55.468;D.Procès-verb.593.
— Paris.P33.2.182;S33.2.178;J56.352; D.Exécut. test.38. Testam.750.
6 Req.P33.1.91;S33.1.220;J55.548;D.Filiat. nat.123.
— Lyon.P33.2.104;S33.2.592;J57.216; D.Louage. 331.
— Civ.c.P33.1.170;S33.1.161;J56.576. et 283.D.Poss. 44. 138.Prescript.304 313.Servitude. 787.
— Civ.c.P33.1.157; S33.1.233; D.Compensat.126. Enreg. 2884.Vente pub.125.
— Paris.P33.2.176;D.Société comm.245.246.
— Req.P33.1.253;S33.1.767; J57.219; D. Arbitrage. 394. 772.Motifs des jug.63.Surenchère. 211.
7 Req.P33.1.94;S33.1.202;J55.422;D.Courtier.59.
— Paris.P33.2.105;J57.157;D Partage.44.
— Paris.P33.2.115;S33.2.210;J55.452;D.Dist. p. cont.82.
— Paris.P33.2.203;S33.2.418; D.Privilége. 553.
— Aix.P33.2.219;D.Vente. 455.
— Cr.c.P33.1.351;S33.1.254; J55.453; D.Instr. crim.283. Presse.217.
— Cr.r.P33.1.350;D.Presse. 632.
8 Ord. du cons. d'état. P33.3. 33; S34. 2. 508; D. Elect. comm.141.
— Ord. du cons. d'état. P33. 3. 39; S34.2. 510; D. Elect. comm.142.
— Ord. du cons. d'état. P33. 3. 39; S34.2. 511; D. Elect. comm.135.
— Ord. du cons. d'état. P33.3.39. et 41. D. Avocat. 283. Contr. directes.41.160.162.
— Paris.P32.3.120;S33.2 420;D.Choses.53.
— Ord. du cons. d'état.P33.3.41;S34.2.634; D.Contr. directes.280.
— Cr.r P33.1.294;S33.1.368;J56.612;D.Excuse.59.
— Délib. du cons. d'adm.P33.3.84.D.Enreg.1316.1317.
— Cr.r.P33.1.390;D Garde nat.420.847.888.910.
— Cr.c.P33.1.389;D.Garde nat.748.
— Ord. du cons. d'état.P34.3.24;D.Garde nat. 48.
— Nanci.P34.2.218;D.Procès-verb.219.
— Cr.c.P33.1.387;D Garde nat.339.
— Nanci.D.Vente.285.
9 Cr.c.P33.1.180;S33.1.487;J57.37; D.Autor. mun. 219.
— Cr.c.P33.1.173;D.Autor. mun.477.
— Cr.c.P33.1.165;S33.1.295;J57.44;D.Octroi.65. Procès-verb.484.
— Paris.P33.2.170;S33.2.119;J56.196;D.Frais et dép.187.
— Copie de pièces.24. Intervention. 8.
— Cr.r.P33.1.262;D.Garde nat. 59.85.134.171.193.
— Paris.P34.2.33;J58.310;D.Honoraires.145. Prescr.444.
11 Civ.c.P33.1 137;S33.1.183;D.Action possess. 137.
— Civ.c.P33.1.143;S33.1.193;D.Eff. de comm.453.
— Nanci.P34.1.198,n.;D.Forêts. 317.
— Nanci.Troplong 127.D.Prescript. 92.
12 Req.P33.1.129;S33.1.193;J56.550; D.Acte respect. 15. Mariage.373.378.379.
— Nîmes.P33.2.173;S33.2.178;J56.422;D.Saisie-imm.220. 302.340.
— Bastia.P33.2.140; S33.2.262; J56. 561; D. Exécut. des jug. et actes 27.
— Pau.P33.2.199;S33.2.347;J57.273;D.Honoraires.84.86.
— Paris.P33.2.192; S33. 2. 606; J57. 446; D. Expropriat. pour util. publique.
— Nîmes.P34.2.130;S34.2 176;J59.67;D.Purge.186.
13 Civ.c.P33.1.149;S33.1.624;D.Dem. nouv.61.Legs.271.
— Motifs des jug.138. Retenue.5. Success.405. Success. bénéf.56.
— Bastia.P33.2.136;D. Etranger.
— Aix.P33.2.176;S33.2.175. et 643;D. Huiss.92.94. Mandat.232.
— Paris.P33.2.202;S34.2.121;J57.408;D.Preuve litt. 923.
— Poitiers.P33.2.238.D.Jug. prép. 83.
— Nîmes.P33.2.239;D.Partage. 249.
— Grenoble.P34.2.73;S34.2.352,D.Louage emphit.48.63.
14 Req P33.1.138;S33.1.418;J56.518;D.Eau.259.303.
— Cr.c P33 1.182;S33.1.586;J57.462;D.Autor. mun. 516. Manufacture.102.
— Cr.c.P33.1.292;D.Poids et mesures. 91.
— Req.P33.1.283;S33.1.844;J57.323;D.Eff. de comm.823.
— Cr.c.P33.1.312;S33.1.586;D.Autor. mun.70.
— Nanci.P34.2.232;D.Sép. de patrimoine. 17.
15 Bordeaux.P33.2.109;D.Pêche.40.
— Bordeaux.P33.2.172;S33.2.308;D.Surenchère. 218.
— Cr.r.P33.1.285;S33.1.585;D.Garde nat. 193.
— Cr.c.P34.1.35;D.Forêts.808.Présomp.56.Procès-verb. 247.
— Nanci.P34.2.218;D.Forêts.937.
16 Req.P33.1.133;S33.1.228;J55.426;D.Serment.25.
— Req.P33.1.134;S33.1.231;J56.246;D.Juge supp. 54.
— Cr.c.P33.1.183;D. Autor. mun. 262.
— Cr.c.P33.1.182;S33.1.318;J56.447;D.Autor. mun.156. 258.259.Jugem.388.
— Cr.c.P33.1.128;D.Garde nat.900.
— Cr.r.P33.1.262;S33.1.776;D.Autor. mun. 143.152.370.
— Limoges.P33 2.207;S33.2.277;J57.60; D.Comp. comm. 90.159.
— Cr.c.P33.1.352;D.Jug. par déf 520.
— Cr.c.P33.1.388;D.Garde nat.558.
17 Lyon.P33.2.221; S33. 2. 366; D. Actes de comm. 234. Compét. comm.434.

— Ord. du roi.P33.3.29;D.Æntrepôt.6.
18 Civ.c.P33.1.159;S33.1.292;D.Enreg.304.377.392.3027.
19 Civ.c.P33.1 150;J56.359;D.Acquiesc. 409.
— Civ.c.P33.1.154;S33.1.471;J57.39;D.Prud'homme.11. 12.
— Bruxelles.P34.2.62;D.Enreg.299.
20 Civ.r.P33.1.197;D.Arbitrage.111.Jugem.352.353.
— Civ.c.P33.1.150;S33.1.392;J57.90;D.Cass.443.Exploit. 693.
— Paris.P34.2.113;S34.2.80;D.Choses.85.
21 Bordeaux.P33.1.109; D.Presse.676.
— Req.P33.1.121;S33.1.168;J55.500;D.Mariage.218.
— Cr.r.P33.1.216;S33.1.702;J57.416;D.Garde nat.923.
— Cr.r.P33.1.278;S33.1.583;J57.489;D.Garde nat.989.
— Cr.c.P33.1.288;D.Quest. pr. 136.
— Cr.r.P33.1.283;J57.479;D.Garde nat.629.657.808.829. 1018.
— Cr.r.P33.1.283;D.Garde nat. 698.704.
— Cr.r.P33.1.350;S33.1.891;D.Garde nat.182.835.
— Cr.r.P33.1.350;D.Cour d'ass.439.
— Cr.r.P33.1.361;D.Garde nat.925.
22 Douai.P33.2.89; J55.462; D.Forêts.426.
— Ord. du cons. d'état.P33.3 85; D.Comptabilité.19.
— Ord. du cons. d'état.P34.3.34;D.Postes.8.
23 Ord. du roi.P33.3.30;D.Militaire. 2.
— Paris.P33.2.119; S33.2.503; D. Arbitrage. 102. Société comm.214.
— Cr.c.P33.1.176;D.Procès-verb.252.
— Cr.c.P33.1.176;D.Garde nat. 938.
— Cr.r.P33.1.331;S33.1.338;J57.490;D.Peine.393.410.
— Bruxelles.P34.2 14;D. Rébellion.36.
— Paris.P34.2.43;J56.423;D.Faillite.802.
— Rennes.P34.2.221;S34.2.110;J57.496;D.Office.115.
24 Ord. du roi.P33.3.35;D.Militaire.25.
— Délib. du cons. d'adm P33.3.104;D.Caution.66.67.
25 Ord. du roi P33.3.36;D.Retenue. Traitement.
— Civ.r.P33.1.183;S33.1.766;J57.30; D.Elect. comm.29.
— Civ.r.P33.1.153;S33.1.490;J57.54; D.Elect. comm.74.
26 Civ.c.P33.1.144;S33.1.391;D.Action possess.278. Voirie.417.
— Délib. du cons. d'adm.P33.3.55; D. Enreg.630.
— Paris.P33.2.126;S33.2.574;J57.466;D.Faillite.525.
— Paris.P33.2.144;S33.2.230; J57.70; D. Dot. 423. Remploi.57.Vente. 633.
— Colmar.P34.2.160;J57.181;D.Faillite. 305.435.
— Douai.P34.2.192;D.Exception. 85.
— Bordeaux.P34.2.136;D.Hypoth. lég.58.Imputat. 58.
27 Req.P33.1.136;S33.1.289;J56.208; D.Privilège.72.405.
28 Grenoble.P33 2.91;S33 2.229;D.Saisie-imm. 1616.
— Req.P33.1.136;J55 575;D.Sép. de biens. 136.
— Bordeaux.P33.2.109; J57. 324; D.Procès-verb. 25 96. 110.
— Cr.c.P33.1.177;S33.1.503;J57.74;D.Cour d'ass.1420.
— Cr.c.P33.1.294;S33.1.414;J57.43;D.Cour d'ass. 663.
— Cr.r.P33.1.350;D.Cour d'ass.397.1445.1608.
— Cr.c.P33.1.304;D.Procès-verb. 202.

MARS.

1 Ord. du roi.P33.3.36;D.Pension.97.
— Cr.c.P33.1.178;S33.1.503;D.Presse.209.521.
— Délib. du cons. d'adm P33.3.80; D Enreg.1278.1280.
— Délib. du cons. d'adm.P33.3.79;D Enreg. 504.Transcript. hyp.11.
— Délib. du cons. d'adm.P33.3.79; D.Enreg.
— Délib. du cons. d'adm.P33.3.106; D.Timbre.
— Ord. du cons. d'étatP34.3.24;D Commune.671.
2 Aix.P33.2.129;S33.2.368;J57.201; D.Honoraires. 181.
— Cr.c.P33.1.232;S33.1.184;D.Peine.289.
— Bordeaux.P33.2.192;J57.393; D.Dot.256.
— Lyon.P33.2.194;D.Deg. de jurid.241.
— Paris.P33.2.203;S33.2.416; D.Hypoth.172.
— Cr.c.P33.1.292;D.Garde nat.427.433.434.
— Décis. min. des fin.P33.3.83;D.Enreg. 415.
— Cr.r.P33.1.325;D.Action civ.85.Exploit.447.
— Ord.P34.3.53;D.Garde nat.
4 Civ.c.P33.1.155;S33.1.486;J58.5; D.Commune.248.
— Civ.c.P33.1.124;S33.1.421;J56.409; D.Hypoth.283.
— Décis. min.P33.3.84;D.Enreg.2414.
5 Régl.P33.3.57;D.Enseig.520.
— Civ.c.P33.1.141;S33.1.269;J56.384;D.Cass.862. Oblig. 570.Remplac.65.
— Civ.c.P33.1.158;S33.1.479;D.Eau.383.
— Req.P33.1.156;S33.1.485;J56.12; D.Enreg.2054.
— Pau.P33.2.208;S33.2.423;D. Inventaire. 128. Dot. 265. Min. pub 126.Success. bénéf.156.
— Toulouse.P33.2.206;S33.2.316;D.Obl.546.Ratific. 181.
— Délib. du cons. d'adm.P33.3.84;D.Transcrip. hyp.47.
— Req.P33.1 331;S33.1.266;D Paiement. 164.
— Metz.P34.2.189;D.Success. bénéf.54.
6 Ord. du roi.P33.3.36;D Naturalis.27.
— Ord. du roi.P33 3.37;D.Naturalis. 27.
— Req.P33.1.131; S33.1. 182; J 56.405; D. Commissionnaire 79.Eff. de comm.33.
— Req.P33.1.152;S33.1.438;J56.408;D.Comp. comm.428.
— Bastia.P33.2.141;S33 2.228;D.Preuve test. 197.
— Douai.P34.2.16;D.Testament. 415.583.
— Bordeaux.P34.2.84;D.Deg. de jurid.460.
— Metz.P34.2.193;D.Exprop. pub. 278 à 280.
7 Req.P33.1.139;S33.1.181;J55.534;D.Enreg. 2157.

— Req.P33.1.145;S33.1.584;J56.217; D.Action. 41. Cass. 15.Motifs des jug.186.Exploit.84.
— Décis. min. P33.3.57;D.Enreg.2276.
— Cr.c.P33.1.302;S33.1.877;D.Cassation. 471.
— Metz.P33.2.228; S33.2.581; J56.259;D. Commune.764. 765.
8 Délib. du cons. d'adm.P33.3.56;D.Enreg. 501.
— Poitiers.P33.2.111;S33.2.533; D.Obl.622.Sais.-imm.7.
— Cr.c.P33.1.207;S33.1.111;J57.22;D.Peine.68.275.
— Nanci.P33.2.183;S33.2.177.Frais et dép.394.
— Orléans.P33.2.162; S33.2.470; J56.161; D.Huiss.106. Ventes pub.Récoltes.47.
— Cr.r.P33.1.298;J57.477;D Peine.237.
— Ord. du cons. d'ét.P34.3.24;D.Garde nat.26.
— Bordeaux.P34.2.84. et 1.103;D.Forêts.797.Excep.522. Procès-verb.197.
— Cr.r.P34.1.459;S33.1.365;J57.417;D.Peine.319.
9 P33.3.36;D.Récompenses nation.
— Cr.c.P33.1.162;S33.1.525;J56.255;D.Colonies.92.
— Metz.P34.2.218;D.Communauté.633.Preuve test.150.
11 Civ.r.P33.1.146;S33.1.309;D.Condition.200.
— Paris.P33.2.140; S33.2.227; D. Actes de comm.193. Echange.12.
— Paris.P33.2.146;S33.2.248;D.Compét. adm.132.
12 Req.P33.1.138;S33.1.302;D.Mandat.430.
— Req.P33.1.180;S34.1.191; J56.31; D Surench.371.392. Ventes publ.3.
— Civ.c.P33.1.153;S33.1.302;J55.566; D.Emig.362.Prescript.912.
— Civ.c.P33.1.153.n.;S33.1.299;D.Prescript.912.
— Montpellier.P33.2.215;S34.2.42;D.Tutelle.679.
— Nîmes.P33.2.239;S33.2.553;D.Garantie.249.
— Délib. du cons. d'adm.P33.3.102;D.Enreg.2250.
— Metz.P34.2.240; D.Commune767.795.Deg. de jur.350.
— Ord.P33.3.35;D.Militaire.123.
13 Req.P33.1.147;S33.1.470; J56.613; D.Faillite.423.440. 452.453.458.Respons.99.
— Civ.c.P33.1.145;S33.1.502;J56.336; D.Aud. solenn.20.
— Civ.c.P33.1.192;S33.1.631;D.Chose jugée.
— Bordeaux.P33.2.243;D. Appel civ.257.Dem. nouv.142. Ordre.317.
— Bordeaux.P34.2.88; S34.2.282; D. Lois rétroact.219. Rep. d'inst.40.41.
— Liége.P34.2.241.S34.2.350;J60.361.
— Cr.c.P33.1.280;D.Jugem. par déf.
14 Lyon.P33.2 104;S33.2.276;J57.102;D.Legs.30.
— Agen.P33.2.116; S33.2.576; D.Jugem.472.Paraphern. 7.Propriété.528.
— Req.P33.1.190;D.Action personn.27.Deg. de jurid.25. Fabriques.160.
— Cr.c.P33.1.177;S33.1.488; D.Aut. mun.241.Peine.304.
— Cr.c.P33.1.348;S33.1.587;D.Témoin.364.
— Bruxelles.P34.2.139; J60.143; D.Exploit.194.Saisie-Brandon.8.9.
15 Cr.c.P33.1.182;S33.1.885;D.Enseign.107.
— Bordeaux.P33.2.166; S33.2.364; J57.275; D.Hyp. lég. 62.Stellionat.7.
— Bordeaux.P33.2.165;S34.2.22;J57.419;D.Partage.284. Surench.376.
— Cr.c.P33.1.206;S33.1.655;D.Forêts.168.
— Amiens.P33.2.225;S33.2.420;J57.367;D.Interv.28.
— Cr.c.P33.1.372;D.Forêts.946.
— Délib. du cons. d'adm.P33.3.102;D.Enreg.194.
— Ord. du cons. d'ét.P34.3.66;D.Elect. comm.187.
— Ord. du cons. d'ét.P34.3.66;D.Elect. comm.146.
— Lyon.D Prescript.951.
16 Cr.c P33.1.181;J55.478;D.Garde nat.812.1028.
— Paris.P33 2.175;S33.2.175. et 652;D.Agent de ch.139. Eff. pub.24.25.
— Cr.c.P33.1.208;S33.1.636;J57.401;D.Forêts.201.202.
— Cr.c.P33.1.206;S33.1.636;D.Forêts.957.
— Toulouse.P33.2.214;S33.2.521; J57.486; D.Vente.319. 353.Vente pub.108.
— Cr.c.P33.1.369;S33.1.637;D.Forêts.943.
— Cr.r.P33.1.388;D.Garde nat.727.
— Cr.r. P33.1.387; S33 1.844; J58.33; D.Garde nat.682. 875.
18 Civ.c.P33.1.175;S33.1.277;J56.277;D.Garant.361.370.
— Paris.P33.2.146;S33.2.245;D.Faillite.528.
— Paris.P34.2 50;D.Arbit.103.
— Décis. min.D.Garde nat.851.
19 Civ.c.P33.1.149;S33.1.288;J56.420;D.Jugem.556.
— Civ.c.P33.1.198;S33.1.198;S33.1.275;J56.544; D.Dom. eng.49.
— Civ.c.P33.1.176,n.;S33.1.278;D.Garantie.361.370.
— Toulouse.P33.2.204;S33.2.346;D.Autor. de femme.17.
— Délib. du cons. d'adm.P33.3.89; D.Enreg.478.
20 Req.P33.1.151;S33.1.307;J56.541;D.Testam.233.
— Loi.P33.3.38;D.Impôt.
— Toulouse.P33.2.113;S33.2.484; D.Honor.142.Dot.384.
— Civ.c.P33.1.190;S33.1.306;J56.542;D Enr.1142.1183.
— Req.P33.1.128;S33.1.634;J56.407; D.Contr. par c.793.
— Lyon.P33.2.149;S33.2.659;J56.477;D.Fr. et dép.262.
— Douai.P33.2.188;S33.2.190;J56.238;D.Usuf.482.
— Agen.P33.2.191;J57.463;D.Saisie-imm.632.
— Ass. de la Seine.P33.3.77;D.Presse.490.
— Aix.P33.2.222;S33.2.362;J57.267;D.Legs.103.
21 Req.P33.1.152;S33.1.504;D.Usage.145.
— Cr.c.P33.1.184;D.Destruct.100.
— Cr.r.P33.1.208;D.Instruct. crim.334.
— Cr.c.P33.1.207;S33.1.634;D.Quest. pr.142.

— Lyon.P33.2.105;S33.2.339;J58.160; D.Remplacem.91.
— Sol. de la rég.P33.3.77;D Enreg.2059.
— Grenoble.P34.2.16;S33.2.380;D.Nullité.288.
— Cr.c.P33.1.385;D.Garde nat.877.
22 Ord. du roi.P33 3.44;S33.2.270;D.Entrepôt.7.
— Cr.c.P33.1.185; S33.1.891; J57.415; D.Garde nat.150 566.749.
— Cr.c.P33.1.182;S33.1.495;D.Garde nat.424.720.
— Cr.c.P33.1.180;D.Garde nat 654.
— Cr.c P33 1.192;D.Garde nat.862.
— Délib. de la rég P33 3.58;D.Timbre.78.
— Cr.r.P33.1.327;S34.1.377;D.Garde nat.898.
— Cr.c.P33.1.380;D.Garde nat.651.
— Cr.c.P33.1.388;D.Garde nat.586.
— Cr.c.P33.1.387;S34.1.375;D.Garde nat.641.
— Cr.c.P33.1.386;D.Garde nat.997.
— Lyon.P34.2.121;S34.2.625;J59.568;D.Trav. publ.157.
— Ord. du cons. d'ét.P34.3.66;D.Manuf.51.
— Ord. du cons. d'ét.P.34.3.65; D.Place de guerre.46.
— Ord. du cons. d'ét.P34.3.63.
— Ord. du roi.P33.3.36;D.Pension.57.
— Annexe.P34.3.10;D.Traite des nègres.35.
— Ord.P34.3.90;D.Traite des nègres.36.
23 Bordeaux.P33.2.127;D.Testam.650.
— Bordeaux.P33.2.136;D.Ordre.140.Expl.819.
— Ord. du cons. d'ét.P35.3.46;S35.2.220;D.Voit.pub.43.
— Paris.P33.2.202;S34.2.121;J57.409;D.Preuve litt.923.
— Poitiers.P34.2.15;S33.2.515;J57.300;D.Fonc.pub.401.
— Colmar.P34.2.36;D.Servit.528.
— Bruxelles.P34.2.140; S34.2.539; D. Autor. de femme. 305.Frais et dép.15.
25 Civ.c.P33.1.145;J56.538;D.Aud. solenn.21.
— Toulouse.P33.2.213;S33.2.483;D.Prescript.276.
— Bastia.P34.2.3;S34.2.317; D.Lois personn.81.Rapp. à success.14.
26 Req.P33.1.194;S33.1.287; D.Émig.314.Port. disp.522.
— Civ.r.P33.1.174;S33.1.265;J56.206;D.Enr.1210.2739.
— Civ.r.P33.1.169;D.Tutelle.141.142.
— Req.P33.1.222;S33.1.273;J56.92;D.Sép. de bien.166.
— Délib. du cons. d'adm.P33.3.79;D.Enreg.1430.
— Colmar.P34.2.57;S34.2.556;J57.61;D.Legs.56.
— Limoges.P34.2.48;S33.2.278;J56.234, et 59.25;D.Port. disp.249.
27 Req.P33.1.172; S33.1.262; J56.300; D.Etrang.119.Except.192.
— Civ.r.P33.1.260;S33.1.816;D.Féodalité.115.Oblig.personn.42.
— Bordeaux.P33.2.192;D.Nullité.326.
— Bordeaux.P33.2.191;S34.2.25;D.Sais.imm.1074.1081.
— Nimes.P33.2.214;S34.2.31;D.Pérempt.158.
— Nimes.P33.2.239;S33.2.243;J56.608; D.Presc.crim.50.
— Cour de cass.P34.2.100;S34.2.111;J59.514;D.Don.73.
— Nimes.P34.2.98;S33.2.245;J58.668;D.Presc. crim.51.
28 Req.P33.1.167;S33.1.284;D.Success. irr 53.
— Angers.P33.2.158;D.Contumace.42.45.
— Bordeaux.P33.2.221;S33.2.375;D.Offre.163.177.
— Angers P33.2.182;S33.2.179;J56.339;D.Mand.153.293.
— Cr.r.P33.1.327;D.Cour d'ass.1126.
— Cr.r.P33.1.327;D.Cour d'ass.904.
— Bordeaux.P34.2.86;D.Exploit.263.305.
— Metz.P3.42.215; D.Caution.71.Oblig.412.Preuve litt. 1151.1178.
— Metz.P34.2.203;D.Forêts.318.
— Nanci.P34.1.198.n.2;D.Dom. de l'ét.8.9.
29 Cr.c.P33.1.227;S33.1.410;J57.365;D.Rébellion.41.
— Lyon.P33.2.201;S34.2.29;D.Novat.45.
— Délib. du cons. d'adm P33.3.79;D.Enreg.297.
— Délib. du cons. d'adm.P33.3.81;D.Enreg.291.
— Cr.c.P33.1.327;S33.1.876;J57.371;D.Ordres roy.50.
— Bordeaux.P34.2.74;S33.2.469;D Commune.589.603.
— Ord. du cons. d'ét.P34.3.68;D.Pension.107.
— Ord. du cons. d'ét.P34.3.66;D.Pension.34.
— Ord. du cons. d'ét.P34.3.67; S34.2.502; D.Commune.
30 Cr.c.P33.1.184;S33.1.886;D.Enseignem.111.
— Cr.r.P33.1.184;S33.1.502;J57.415;D.Cassat.963.
— Lyon.P33.2.145;S33.2.587;D.Dol.333.
— Décis. min.P33.3.80;D.Garde nat.240.406.851.
— Rép. min.P33.3.80;D.Garde nat.854.
— Rép. min.P33.3.80;D.Garde nat.859.
— Paris.P33.2.222;S33.2.345;J57.451;D.Faillite.144.
— Solut. min.P33.3.81;D.Amnistie.96.
— Solut. min.P33.3.81;D.Amnistie.98.
— Douai.P34.2.72;S33.2.336;J57.315;D.Louage d'ouv. et d'ind.89.
— Rennes.P34.2.100;S34.2.112;J57.516;D.Alimens.135.
— Metz.P34.2.201; D.Cession de biens.105.107.Faillite. 158.1030.Jugem. par déf.424. Prescript.769. Respons 271.272.
— Pau.P34.2.238;S33.2.551;J58.52;D.Chose jug.275.276.
31 Loi.P33.3.41;S33.2.222;D.Société comm.25.

AVRIL.

1 Civ.c.P33.1.169;S33.1.578;J56.144;D.Appel civ.332.
2 Req.P33.1.193;S33.1.185;J56.485;D.Intérêt de cap.71.
— Civ.r.P33.1.192;S33.1.261;J56.345;D.Féodalité.68.
— Req.P33.1.250; S33.1.435; J56.178; D.Motifs des jug. 119.Etrang.156.157.158.166.
— Bordeaux.P33.2.210;J57.425; D.Contr. par corps.512.
— Bordeaux P33.2.238;D.Interdit.79.

— Colmar.P34.2.107;S34.2.124;J57.528;D.Domm. int.11. Etab. pub.59.60.
3 Civ.c.P33.1.171;S33.1.582; J56.372; D.Possess.44.138. Prescr.515.Servitudes.787.
— Civ.c.P33.1.171; S33.1.579; J56.379; D.Prescript.512. Servit.787.
— Montpellier.P34.2.40;S34.2.685;D.Donat.332.
4 Cr.c.P33.1.225;D.Serment.115.
— Cr.c.P33.1.208;S33.1.411;J57.36;D.Cour d'ass.1019.
— Cr.c.P33.1.376;D.Compét. crim.389.
— Déc. min.P33.3.102;D.Enreg.194.393.
5 Délib. du cons. d'adm.P33.3.102;D.Enreg.2562.
— Gand.P34.2.156;S34.2.671;J60.144;D.Preuve litt.370. 371.
— Ord. du cons. d'ét.P34.3.66;D.Expropr. pub.165.
— Ord. du cons. d'ét.P34.3.66;D.Commune 69.
— Ord. du cons. d'ét.Mac.33.196;D.Marché de fourn.97.
6 Cr.c.P33.1.176;S33.1.640;D.Inst. crim.91.
— Loi.P33.3.57;D.Etrang.19.
— Cr.c.P33.1.287;S33.1.713;D.Autor. mun.543.
— Cr.c.P33.1.287,n.;D.Autor. mun.543.
— Cr.c.P33.1.286;S33.1.714;D.Poids et mes.65.75.
— Cr.r.P33.1.367;S34.1.375; D.Garde nat.659.697.927.
— Cr.r.P33.1.365;D.Frais et dép.412.Cour d'ass.405.
— Cr.c P34.1.56;D.Garde nat.587.
— Cr.c.P34.1.56;D.Garde nat.882.
8 Solut. de la régie.P33.3.77;D.Enreg.1034.
9 Req.P33.1.199;S33.1.648;J57.75;D.Charte.115.Expertise.254.
10 Req.P33.1.187;S33.1.271;J58.177;D.Remplacem.81.
— Req P33.1.173;S33.1.583;J56.524;D.Motifs des jugem. 128.Remise de la dette.71.
— Req.P33.1.202;S33.1.281;J57.3;D.Tr. hyp.12.95.96.
11 Req.P33.1.187;D.Hypoth. conv.70.Saisie-imm.407.
— Req.P33.1.175;S33.1.478;D.Exception.387.
— Cr.r.P33.1.372;D.Cour d'ass.1680.
12 Cr.r.P33.1.224;S33.1.718; D.Attentat.74.Destr.35.36.
— Cr.c.P33.1.374;S33.1.719;D.Vol.235.
— Cr.r.P33.1.372;D.Faux.279.
13 Paris.P33.2.131;S33.2.227;D.Alimens.58.59.
— Cr.c.P33.1.224;S33.1.618;D.Autor. mun.505.
— Cr.c.P33.1.206;S33.1.718;J57.359;D.Chasse.33.
— Cr.c.P33.1.205;S33.1.717;J58.135;D.Autor. mun.122 124.131.495.500.
— Cr.c.P33.1.375;S33.1.716;D.Forêts.875.
— Cr.r.P33.1.371;S33.1.713;D.Autor. mun.682.683.684.
— Cr.r.P33.1.371;S33.1.718;D.Poste aux lettres.34.
— Cr.c.P33.1.380;D.Forêts.576.
14 Bordeaux.P34.2.89;D.Presse.275.
15 Douai.P33.2.139;S33.2.242;J59.116;D.Exception.38.
— Civ.c.P33.1.275; S33.1.278; D.Action possessoire.384. Chose jugée.81.Commune.202.229.Frais et dépens. 58.Garantie.492.Servitudes.731.
— Paris.P33.2.201;S33.2.393;J56.312;D.Ag. de ch.170.
— Aix.P34.2.22;S34.2.304;D.Compét. civ.59.
— Gand.P35.2.25;D.Testament.613.
16 Req.P33.1.185;S33.1.387;J56.150;D.Jug. prép.110.
— Req.P33.1.175;D.Action possess.11.12.
— Req. P33.1.200; J57.15; D.Agent de change.183.188. Cassation.884.Effet publ.112.114.
— Req. P33.1.203; S33.1.371; D.Cassation.759.Communauté.177.
— Délib. du cons. d'adm.P33.3.106;D.Enreg.1754.2031.
— Paris.P34.2.88;S33.2.391;D.Référé.61.
— Civ.c.P34.1.105;D.Motifs des jugem.29.
— Ord. du cons. d'état.D.Ventes adm.317.
17 Civ.c.P33.1.195;S33.1.585;J56.419;D.Enreg.2584.
— Civ.c.P33.1.186;S33.1.385;J56.490;D.Enreg.2866.
— Civ.c.P33.1.185;S33.1.468;J58.168;D.Appel incid.68.
— Civ.c.P33.1.176;S33.1.367.J56.574;D.Jug. par défaut. 424.Prescrip. civ.1057.
— Re. P33.1.351; S33.1.386; J56.402; D.Contrainte par corps.245.
— Alger.P34.2.16;S33.2.620;D.Honor.66.Resp.292.294.
— Cour de cass. de Belgique.P34.2.140; D.Jugem.369. Péremp.319.
— Trib. de Saint-Quentin.P33.34.
18 Arrêt du cons. de l'ord. des av.P33.3.45;D.Avoc.178.
— Req.P33.1.193;S33.1.372;J56.262;D.Chose jugée.280.
— Paris.P33.2.133;S33.2.226;D.Arbitrage.56.641.
— Douai.P33.2.135;S33.2.223;D.Douanes.375.
— Cr.c.P33.1.224;D.Octroi.169.
— Paris.P33.2.187;D.Effet de comm.216.217.
— Aix.P34.2.15,S33.2.468;D.Legs.339.
— Cr.r.P33.1.366;D.Cour d'ass.864.1704.Tribunal.464.
— Cr.r.P33.1.362;D.Cassat.821.C.d'ass.1249.Vol.250.
— Bordeaux.P34.2.22; S33.2.462; D.Cautionn. de fonct. 38.Tierce-opp.227.
— Bordeaux.P34.2.89;S34.2.599;D.Dot.443.
— Ord. du cons. d'état.P34.3.67;D.Emigré.258.
19 Cr.c.P33.1.227;D.Confiscation.25.
— Délib. du cons. d'adm.P33.3.83;D.Enreg.2574.
— Limoges.P33.2.228;S33.2.390;J57.312;D.Discip.23.58.
— Cr.c.P33.1.371;S33.1.712;D.Appel correct.118.
— Cr.c.P33.1.371;J57.432;D.Forêts.1007.
— Cr.r.P33.1.364;D.Garde nat.967.
— Bordeaux.P34.2.21;D.Contr. par corps.669.
— Bordeaux.P34.2.22;S34.2.318;D.Comp. comm.117.
— Paris.P34.2.57;S33.2.290;J57.302;D.Soc. comm.524.
20 Cr.c.P33.1.213;S33.1.652;J59.387;D.Amnistie.24.94.

— Cr.c.P33.1.202;S33.1.697;D.Garde nat.1040.
— Loi.P33.3.55;D.Pêche.231.
— Loi.P33.3.55;D.Crédit législat.Pêche.
22 Civ.c.P33.1.168;S33.1.645;J57.125;D.Mariage.339.
— Paris.P33.2.135;S33.2.226;J56.556;D.Fil. nat.67.68.
— Montpellier.P33.2.240;J57.562;D.Serment déc.74.102.
— Rennes.P34.2.79;S33.2.408;J58.18;D.Enreg.2225.
23 Civ.c.P33.1.196; S33.1.625; J57.45; D.Except.225.Exploit.695.
— Req.P33.1.186;S33.1.637;J56.540;D.Remploi.66.
— Civ.r.P33.1.201;S33.1.632;D.Choses.125.Enreg.1785.
— Délib. du cons. d'adm P33.3.78;D.Enreg.1761.
— Nimes.P34.2.10;J57.122;D.Appel civ.395.
— Délib. du cons. d'adm.P33.3.103;D.Enreg.1340.
— Ord. du cons. d'état.Mac.3.300;D.Mont-de-Piété.16.
24 Req.P33.1.191; S33.1.695; J56.525; D.Commune.264. 547.Jugement.50.
— Civ.c.P33.1.213;J56.371;D.Enreg.963.
— Civ.c P33.1.205;S33.1.442;J56.352, et 27; D.Acquiesc. 27.334.
— Civ.c.P33.1.204; S33.1.415; J56.481; D.Huissiers.281. Respons.554.
— Loi.P33.3.59;S33.2.269;D.Comptabilité.
— Loi.P33.3.57;S33.2.268;D.Colonies.
— Loi.P33.3.57;S33.2.266;D.Colonies.
— Paris.P33.2.148;D.Condition.161.
— Ord. du cons. d'état.P33.3.75;D.Prises marit.43.
— Trib. de la Seine.P33.3.78;D.Enreg.225.
— Trib. de la Seine.P33.3.87;D.Enreg.1789.
— Ord.P33.3.59;D.Trésor pub.3.
25 Ord. du cons. d'état.P33.3.67;D.Voirie.178.
— Ord. du cons. d'état.P33.3.58;S34.2.512;D.Voirie.405.
— Cr.c.P33.1.226;S33.1.588;J57.454;D.Fr. et dép.417.
— Cr.c.P33.1.225;S33.1.594;J57.392;D.Cour d'ass.266.
— Req.P33.1.209;S33.1.469,J56.260;D.Enreg.1318.1404.
— Req.P33.1.280; D.Jugem.308.Min. publ.261.262.264. Oblig.321.
— Req.P33.1.277;D.Commune.185.
— Ord. du cons. d'état.P33.3.78;D.Pension.120.
— Cr.c.P33.1.374;D.Compét. crim.97.
— Cr.c.P33.1.562;D.Autor. mun.212.
— Bordeaux.P34.2.21; S33.2.463;D.Cautionn. de fonct. 38.Tierce opp.227.
— Bordeaux.P34.2.87;D.Legs.402.
— Orléans.P34.2.97;S33.2.322;D.Légitimat.5.
— Nanci.P34.2.211;D.Oblig.461.Preuve test.295.
26 Douai.P33.2.132;S33.2.225;J56.67;D.Douanes.109.
— Paris.P33.2.151;S33.2.585;D.Ass. terr.102.
— Ord. du roi.P33.3.60;D.Pêche.231.
— Loi.P33.3.59;D.Pension.64.
— Loi.P33.3.59;D.Voirie.18.
— Loi.P33.3.58;D.Douanes.
— Cr.c.P33.1.260;D.Garde nat.990.
— Loi.P33.3.64;D.Douanes.
— Ord.P33.3.63;D.Pêche.
— Paris.P33.2.207;S33.2.286;J5..52; D.Interdit.207.Mariage.275.
— Délib. du cons. d'adm P33.3.106;D.Enreg.234.
— Paris.P34.2.1;S33.2.421;J57.471;D.Disposition entre-vifs.258.
27 Cr.c.P33.1.226;J47.291;D.Garde nat.311.918.
— Cr.r.P33.1.225; S33.1.701; J57.553; D.Garde nat.53. 114.512.
— Cr.c.P33.1.225;S33.1.705;D.Garde nat.1029.1030.
— Cr.c.P33.1.260;D.Garde nat.990.
— Cr.c.P33.1.258;D.Garde nat.1025.
— Cr.c.P33.1.332;D.Forêts.164.
— Cr.c.P33.1.375;D.Forêts.490.
— Paris.P34.2.37;S33.2.289;J57.58; D.Appel correct.34. Instr. crim.169.
29 Civ.c.P33.1.204;S33.1.431,J57.116; D.Commission.56.
— Toulouse.P33.2.215; S34.2.32; J57.424; D.Commune. 114.
— Décis. min.P33.3.80;D.Garde nat.155.Traitem.6.
— Décis. min.P33.3.80.
— Décis. min.P33.3.80;D.*eod.*225.
— Décis. min.P33.3.80;D.*eod.*242.
— Décis. min.P33.3.82;D.Garde nat.326.
— Décis. min.P33.3.82;D.*eod.*793.
— Décis. min.P33.3.82;D.*eod.*
— Circ. min.P33.3.81;D.Garde nat.72.74.
— Civ.c.P33.1.370;S33.1.488;J56.460;D.Action personn. 35.Forêts.341.
30 Civ.c.P33.1.197;S33.1.570;J56.529;D.Enreg.2302.
— Req.P33.1.221;S33.1.466; J57.47; D.Legs.107.Portion disp.554.Usufr. lég.58.
— Req.P33.1.264;D.Règl. de juges.51.
— Lyon.P33.2.151;S33.2.576;J57.185;D.Jug. p. déf.503.
— Ord.P33.3.61;S33.2.268;D.Colonies.38.
— Metz.P33.2.217;S33.2.549; J56.232; D.Responsab.351. Testam.656.
— Délib. du cons. d'adm.P33.3.99;D.Timbre.40.
— Bordeaux.P34.2.86;S33.2.360;J57.272;D.Exéc. pr.49.
31 Metz.D.Jour férié.37.

MAI.

1 Loi.P33.3.59;D.Pension.64.Voirie.18.
2 Cr.c.P33.1.252;S33.1.792;D.Forêts.1010.
— Cr.c.P33.1.247;S33.1.660;D.Faux.161.

— Bordeaux.P33.2.179;S33.2.631;J58.155; D.Presse.302.
— Req.P33.1.369;S33.1.443;J56.553;D.Voirie.752.753.
— Cr.c.P33.1.293;D.Cour d'ass.1140.
3 Ord. du cons. d'état.P33.3.62; S34.2.312; D.Election comm.108.209.210.
— Ord. du cons. d'état.P33.3.65;D.Commune.148.
— Bordeaux.P33.2.188;S33.2.509;D.Partage.110.128.
— Arrêté du préf. de police.P33.3.59;D.Culte.17.
— Délib. du cons. d'adm.P33.3.80;D.Enreg.578.
— Cr.c.P33.1.375;S34.1.531;J58.481;D.Douanes.414.
— Cr.c.P34.1.52. et 48; J58.139; D.Appel correct.101. Autorité mun.170.339.
— Rennes.P34.2.63;S34.2.597;D.Révoc.92.
4 Ch. réun.P33.1.190;S33.1.465;J56.448;D.Voirie.36.
— Ch. réun.P33.1.189; S33.1.564; J56.696;D.Contr. ind. 507.
— Ch. réun.P33.1.188;S33.1.453;J56.229;D.Frais et dépens.384.
— Ord.P33.3.61;D.Enseignement.
— Bordeaux.P33.2.181;S33.2.507;J57.126;D.Suc.119.
— Délib. du cons. d'adm.P33.3.80;D.Enreg.2191.
— Cr.c.P33.1.377;J58.313;D.Douanes.111.Pr.-verb.490.
5 Ord.P33.3.61;S33.2.271;D.Peine.574.
7 Paris.P33.2.104;S33.2.274;J57.194; D.Fonci. pub.296.
— Req.P33.1.189;J57.57;D.Pr. litt.57.
— Req.P33.1.217;J57.118;D.Arbitrage.362.Cass.929.
— Req.P33.1.217;S33.1.512;J57.29;D.Enreg.2931.2932.
— Délib. du cons. d'adm. P33.3.106; D.Transcrip. hyp. 149.
— Solut. de la régie.P33.3.120;D.Timbre.226.
8 Civ.r.P33.1.212;S33.1.576;J57.517; D.Comp. adm.327. Paiement.46.
— Paris.P33.2.180;S33.2.514;J58.149; D.Compét. comm. 225.Rapp. à succ.147.
— Délib. du cons. d'adm.P33.3.79;D.Enreg.2026.
— Rennes.P34.2.63;D.Success.531.
— Req.P34.1.175;D.Arbitrage.431.529.884.
— Bastia.P33.2.136;D.Recrut.19.20.
9 Grenoble. P34.2.14; S33.2.506; J57.479; D.Preuve litt. 885.920.
— Cr.c.P33.1.245;S33.1.778;D.Cassat.94.
— Req.P33.1.238;S33.1.527;J57.100;D.Testam.184.
— Bastia.P33.2.137;D.Success.56.
— Bordeaux.P33.2.181;D.Jugement.160.
— Paris.P33.2.205;S34.2.201; D.Arbitrage.1051.1053.
— Pau.P33.2.209;S33.2.512;D.Contr. ind.295.
— Req.P33.1.301;J56.440; D.Commerçant.6.
— Trib. de Versailles.P33.3.82;D.Enreg.1733.
— Cr.r.P33.1.378;D.Serment.114.
10 Bordeaux.P33.2.183;J57.504;D.Serment déc.54.
— Poitiers.P33.2.206;S33.2.273;J57.32; D.Vente.321.
— Délib. du cons. d'adm.P33.3.90;D.Enreg.2110.
11 Cr.c.P33.1.227;S33.1.357;J56.463;D.Cass.400.473.Jug. supp.164.Lois.348.Presse.487.488.493.648.Trib.206.
— Bordeaux.P33.2.186;D.Succes.272.277.454.
— Bordeaux.P34.2.17;D.Aut. de femme.300.
— Agen.P34.2.47;D.Poss.67.Success.306.
— Agen.P34.2.47;J59.22;D.Dot.386.Saisie-arr.81.
12 Déc. min. fin.P33.3.103;D.Timbre.227.
13 Civ.r. P33.1.249; S33.1.693; J58.432; D. Acquiesc.293. Saisie-imm.1093.
— Civ.c.P33.1.247;S33.1.668;J57.257;D.Oblig.604.902.
— Bordeaux.P33.2.182;D.Exception.129.
— Trib. de la Seine.P33.3.103;D.Enreg.481.
— Colmar.P34.2.105;S34.2.117; J57.353; D.Commissionnaire.288.
— Aix.P34.2.184;J59.23; D.Arbitrage.455.564.1041.Lois.345.
14 Civ.c.P33.1.211; S33.1.381; D.Condition.188.Partage.273.287.Rente.292.
— Req. P33.1.248; S33.1.383; J56.307; D.Capitaine. 170. Compét. comm.459.
— Lyon.P33.2.149;D.Preuve litt.1130.1179.
— Metz.P34.2.180;D.Faillite.1337.Instr. cr.162.
— Ord.P33.3.61;D.Colonie.88.
15 Req.P33.1.218;S33.1.363;J56.523;D.Féodalité.274.
— Civ.r.P33.1.212. et 30.2.65;S33.1.369;J56.483;D.Retr. succ.62.118.
— Civ.c.P33.1.205;J57.115;D.Elect. comm.37.
— Bastia.P33.2.110;S33.2.373;J57.182;D.Chose jug.467.
— Bordeaux.P33.2.182;D.Partage.283.
— Agen.P33.2.248;S33.2.564;J57.560; D.Don manuel.12.
16 Délib. du cons. d'adm. P33.3.80;S33.2.564; D.Enreg. 2614.
17 Cr.c. P33.1.261; S33.1.807; D.Forêt.780. Procès-verb. 274.
— Bordeaux.P33.2.184;S33.2.503;J57.492;D.Saisie-imm. 941.1011.
— Douai.P33.2.180;S33.2.602;J56.290; D.Voitures publ. 49.54.65.66.
— Cr.c.P33.1.372; D.Autor. mun.632.633.635.637.
— Déc. min.P33.3.99;D.Timbre.40.
— Cr.c.P33.1.386;D.Forêt.179.
— Lyon. P34.2.6; S33.2.412; J58.154; D.Arbitrage.1025. Compét. civ.91.Oblig.552.
— Bordeaux.P34.2.66; D.Preuve litt.263.485.Testament. 301.512.
— Ord. du cons. d'ét.P34.3.63;S34.2.503;D.Enreg.2244. Procès-verb.185.
18 Cr.r.P33.1.298;J57.478;D.Peine.290.
— Cr.c.P33.1.292;S33.1.807;J57.402;D.Lois rétr.247.

— Riom.P34.2.11;S33.2.382;D.Compét. adm.300.Notaire. 229.242.245.
20 Délib. du cons. d'adm.P33.3.77;D.Enreg. 1258.
— Bordeaux.P33.2.230;S34.2.144;J57.551; D.Assur. maritim.669.
— Limoges.P34.2.34;S33.2.548; D. Exécut. des jug. et actes.192.
— Paris.P34.2.87;D.Compét. adm. 187.
21 Civ.r.P33.1.220;S33.1.734;J57.167; D. Action.44. Action possess.35.Jug. supp.101.Deg. de jurid.585.
— Req.P33.1.214;S33.1.591;D.Emig. 450.470.
— Req.P33.1.213;S33.1.765; D.Remplacement.77.
— Civ.c.P33.1.239;S33.1.525;J56.453; D.Testam.90.
22 Paris.P33.2.161;S33.2.406; D.Surenchère.366.
— Civ.c.P33.1.223; S33.1.552; J56.553; D. Enreg. 1203. 2574.2576.2577.
— Civ.c.P33.1.220;S33.1.659; J57.155; D. Eff. de comm. 654.Répétition.46.
— Req.P33.1.219;S33.1.517;J58.132; D.Enreg.1319.
— Civ.r.P33.1.218;S33.1.553;J57.461; D.Action possess. 101.306.
— Req.P33.1.214;S33.1.550;D.Rap. à success.86.96.
— Civ.c.P33.1.212;S33.1.464;J57.400;D.Deg. de jur.322.
23 Req.P33.1.215;S33.1.574;D.Caution.9.225.
— Cr.c.P33.1.293;S33.1.815;D.Forêts.1021.
— Cr.c.P33.1.372;J58.465;D.Faux.279.
— Cr.c.P34.1.20;S34.1.267;J60.28; D.Cass. 544. Frais et dépens.567.
24 Cr.c.P33.1.256;S33.1.776;J58.40; D.Témoin.313.
— Cr.c.P33.1.255;S33.1.791;J57.399;D.Action civ. 77.
— Cr.c.P33.1.374;J58.495;D.Octroi.79.
— Cr.c.P33.1.231; D.Cass.400.473.Jug. supp.164. Lois. 348.Presse.487.493.648.Tribunal. 206.
— Pau.P34.3.92;D.Dot.41.209.
— Gand.P34.2.143;S34.2.561;J60.146; D.Choses.43. Privilége.170.181.
— Nanci.P34.2.170;S34.2.623; J60. 447; D. Exploit. 287. Respons.381.
25 Cr.r.P33.1.222;S33.1.481;J57.330;D.Privil. parlem.7.
— Paris.P33.2.187;S33.2.407;J56.430; D.Référé.57.
— Paris.P33.2.203;S33.2.336;J57.65;D.Prescript.925.
— Paris.P33.2.229;S33.2.257;J57.271; D.Soc. comm.286.
26 Colmar.P34.2.65;S34.2.53;J57.474;D.Arbitrage.1060. 1062.
27 Bordeaux.P33.2.190;D.Saisie-imm.498.507.
— Colmar.P34.2.195;J57.497;D.Appel. civ.453.
28 Req.P33.1.263;S33.1.656;J57.179;D.Faillite.320.
— Nanci.P34.2.211;D.Procès-verb.201. Serment.17.
— Nanci.P34.2.209; D. Assur. terrest.7. Usage. 111.112. 131.
— Nanci.P34.2.229;D.Arbitrage.816.877.881.
— Solution.D.Enreg.229.
29 Req.P33.1.252;S33.1.322;J56.493;D.Etranger.138.155.
— Trib. de Cherbourg.P34.3.3;D.Transcript. hyp. 17.
— Grenoble.P34.2.95;J60.238;D.Action.106.
— Cr.r.P34.1.401;D.Presse. 800.
30 Cr.c.P33.1.374;S34.1.336;J58.506;D.Frais et dép.452.
— Cr.c.P33.1.370;D.Compét. cr.80. Motifs des jug. 257.
— Cr.c.P33.1.385;D.Garde nat.432.
— Toulouse.P34.2.5;S34.2.328;J58.284; D.Hypoth.227.
— Cr.r.P34.1.56;S34.1.370;D.Garde nat.348. 922.
— Cr.r.P34.1.55;S34.1.376;D.Garde nat. 478.922.
31 Cr.c.P33.1.261;S33.1.812; D.Procès-verb.263.
— Cr.c.P33.1.240;S33.1.713;J57.527; D.Appel corr. 1 19
— Ord. du préf. de police P33.3.63;D.Autor. mun.514. 519.
— Ord.P33.3.62;D.Manuf. et atel.12.
— Lyon.P33.2.197;D.Exprop. pub. 65.
— Cr.c.P33.1.293;D.Pêche.116.
— Cr.c.P33.1.370;J58.485;D.Forêts.230.
— Cr.c.P33.1.389;D.Garde nat.1001.
— Cr.c.P33.1.388;D.Garde nat.1022.
— Aix.P34.2.40;S34.2.201; D.Arbitrage.66.1049.
— Cr.c.P34.1.55;D.Appel correct.119.
— Nanci.D.Prescript.282.
— Ord.D.Trav. pub.57.

JUIN.

1 Cr.c.P33.1.382;S33.1.528;D.Deg. de jurid.626.
— Cr.c.P33.1.382;S33.1.378;J57.476;D.Mendiant. 12.
— Metz.P34.2.185;D.Action.46.Référé.67.Vente pub. de meubles.56.
3 Civ.c.P33.1.225;S33.1.631; J57.38; D. Dom. de l'état. 28.29.
— Montpellier.P33.2.240;S34.2.107;J58.352; D. Testam. 367.396.
— Angers.P34.2.1;D.Action pub. 122.
4 Civ.r.P33.1.261;D.Féodalité.116.Dem. nouv. 49.
— Civ.r.P33.1.275;S33.1.686; J56.562; D. Jug.38. Motifs des jug.136.Oblig.280.Réc. de juges. 48
— Req.P33.1.284;S33.1.772;D.Forêts.355.Obl. person.5.
— Toulouse.P34.2.15;S33.2.481;J57.541;D.Emigré.99.
— Lyon.P34.2.88;D.Exploit.216.Saisie-imm. 714.
— Cour de cass. de Bruxelles. P34. 2. 145; S 34. 2. 679; D.Poss.92.98.
— Metz.P34.2.496;D.Appel civ.18.Huiss.26.
5 Req.P33.1.274;D.Jug. prép.11.154. Serment déc.141.
— Délib. du cons. d'adm P33.3.79;D.Enreg.2418.
— Req.P33.1.515.S33.1.644; J56.621; D. Condition. 138. Hypoth. judic.72.

6 Bordeaux.P33.2.226;J58.14;D.Discip. 251. 255.
— Agen.P34.2.75;S34.2.318;D.Ratification. 102.
— Req.P34.1.443;D Substitution.183.323.
7 Cr.c.P33.1.279;S33.1.512;J57.292; D.Poudres et salp. 56.
— Cr.c.P33.1.304;S33.1.778;J58.45; D.Art de guérir. 18. 20.120.
— Cr.c.P33.1.381;S33.1.805;D.Cont. ind.23 Tabacs.125.
— Délib. du cons. d'adm.P33.3.118;S33.2.579;D Enreg. 416.
— Toulouse.P34.2.39;J57.566;D.Ordre.496.
8 Cr.c.P33.1.289;D.Pêche.102.
— Cr.r.P33.1.281;D.Garde nat. 811.814.
— Cr.c.P33.1.281;S33.1.892;J58.277;D Garde nat.491.
10 Civ.c.P33.1.234;S33.1.794;J56.568; D. Actes de l'état civ.411.Compulsoire.25.Filiat. lég.179.
— Ord.P33.3.62;D.Etat de siége.7.
— Loi.P33.3.62;S33.2.351; D.Caisse d'amortissem. Dette publique.
— Paris.P33.2.161;S33.2.342;J57.451;D.Faillite.126.
— Paris.P33.2.184;S33.2.431;J56.507;D.Hypoth.231.309.
— Bordeaux.P33.2.238;S33.2.504;D.Legs.45.
— Aix.P34.2.34;S33.2.643; D.Cont. par corps. 221. Effet de comm.125 Mandat.177.
— Rouen.P33.2.97;D.Novat.16.
— Trib. de la Flèche.P34.3.87;D Mandat. Notaire.
11 Civ.r.P33.1.244;D.Cass.512.Exploit.887.916.
— Req.P33.1.274; S33.1.763; D.Forêts. 314. Preuve litt. 1493.
— Paris.P33.2.206;S33.2.391;J57.58;D.Lois. 88.
— Req.P33.1.271;D.Servitudes.682.
— Délib. du cons. d'adm.P33.3.81;D.Enreg.2647.Transcrip. hyp.125.
— Ord. du cons. d'état.P33.3.94;D.Marais.
— Délib. du cons. d'adm.P33.3.100;D.Timbre.89.
— Délib. de la rég.P33.3.2;D.Enreg.
— Lyon.P34.2.143;S33.2.654; D. Autor. de femme. 236. Communauté. 234.
12 Civ.c.P33.1.237;S33.1.604; J56.425; D.Expropr. pub. 45.46.47.
— Paris.P33.2.162;S33.2.372;J56.565;D.Dot.262.
— Req.P33.1.300;S33.1.623;D.Exploit.623.
— Orléans.P34.2.12;S33.2.530;J57.113;D.Enreg. 1512.
13 Req.P33.1.274;D.Emig.570.
— Cr.c.P33.1.289;S33.1.775;D.Pêche. 119.
— Cr.c.P33.1.285;D.Garde nat.1053.
— Bordeaux.P33.2.234;D.Comp. civ.99.Preuve test.224.
— Rennes.P34.2.103; S34. 2. 122; J57. 544; D. Actes de comm.48.
— Agen.P34.2.137;D.Tierce-opp. 105.
— Cr.c.P34.1.174;S33.1.806;J58.116;D.Cour d'ass. 1352.
14 Ord.P33.3.62;D Manuf.12.
— Loi.P33.3.62;D.Etat de siége.7.
— Paris.P33.2.207;S33.2.556;J57.51;D.Faillite. 947.
— Délib. du cons. d'adm P33.3.78;D.Enreg.1592.
— Cr.c.P33.1.314;S33.1.791;J57.475;D.Presse.800.811.
— Délib. du cons. d'adm.P33.3.86;D.Enreg. 838.
— Cr.r.P33.1.378;S34.1.717;D.Audience.28.30.
— Bordeaux.P34.2.49;S34.2.602;D.Exploit.401.
— Nîmes.P34.2.7;S33.2.481;J57.501; D.Servitudes. 418.
— Nanci.P34.2.222;D.Act. pub.55.64. App. incid. 89.87.
15 Ch. réun.P33.1.252;S33.1.515;D.Forêts. 193.
— Ch. réun.P33.1.241;S33.1.458; J57.467; D. Action.62. Action civ.12.Art de guérir.131.208.
— Paris.P33.2.233;S33.2.339;J56.537;D.Notaire.60. Vente pub. de meubles.47.
— Toulouse.P34.2.39;D.Substitution.198.
— Bordeaux.P34.2.48;D.Instruct. par écrit.67.
17 Civ.c.P33.1.278;S33.1.519;D.Prescript.671.
— Délib. de la rég.P33.3.4; D.Enreg.
18 Civ.c.P33.1.233;S33.1.750; J57. 276; D.Sép. de patrimoine.5.94.Success. bénéf.73.
— Toulouse.P33.1.294;J57.129; D.Hypoth. lég.97. Rescision.75.
— Req.P33.1.281;S33.1.705;J56.474;D.Commiss.239.263. 264.267.268.
— Agen.P34.2.58;D.Don. entre époux.32.Vente.658.
— Délib. du cons. d'adm.P34.3.25;D.Enreg.83.
— Nanci.D.Transport de créance. 105.
19 Civ.c.P33.1.240;S33.1.641; J56.335; D.Hypoth. judic. 51.Inscript. hyp.159.242.
— Bastia.P33.2.169; S33.2.620; D.Contr. par corps.295. 296.
20 Cr.c.P33.1.256;S33.1.463;D.Attentat.44.45.Cour d'ass. 653.1215.
— Paris.P33.2.181;S33.1.649;J57.431; D.Ventes pub.78.
— Orléans.P34.2.22;S33.2.445; J57.142; D.Huissier.107. Vente publ. de meubles.65.
— Grenoble.P34.2.95;D Chose jugée.117.
21 Paris.P33.2.183;S33.2.646;D.Oblig.558.
— Ord.P33.3.73;S33.2.570;D.Garde nat.
— Paris.P33.2.198;S33.2.523;J56.456;D.Cassat.380.
— Cr.c.P33.1.294;S33.1.775;D.Cour d'ass.482.
— Cr.c.P33.1.323;S33.1.804;J57.450;D.Actes de l'ét. civ. 54.
— Délib. du cons. d'adm.P33.3.86;D.Enreg.379.
— Ord. du cons. d'état.P33.3.96;D.Elect. comm.137.167. 168.170.172.
— Ord. du cons. d'état.P33.3.94;D.Elect. comm.115.
— Ord. du cons. d'état.P33.3.93;D.Garde nat.137.

— Ord. du cons. d'ét.P33.3.93;D.Garde nat.201.
— Ord. du cons. d'état.P33.3.93;D.Trav. pub.211.213.
— Ord. du cons. d'état. P33.3.93; S34.2.511; D.Election comm.106.107.171.
— Ord. du cons. d'état.P33.3.93;D.Elect. comm.76.133. 176.
— Ord. du cons. d'état.P33.3.93; S34.2.505; D.Théâtre. 107.109.110.
— Ord. du cons. d'état.P33.3.93; D.Cons. d'ét.229.
— Bordeaux.P34.2.48;D.Jugem. par déf.139
— Ord. du cons. d'état.D. Ventes adm.223.
— Ord. du cons. d'état.D. Ventes adm.455.
22 Ch. réun.P33.1.234;S33.1.449;J56.386;D.Hypoth.343. Purge.173.
— Loi.P33.3.68;S33.2.325;D.Arg. adm.12.
— Paris.P33.2.184;S33.2.337;D.Révoc.322.
— Bordeaux P34 2.48; S33.2.347; J57.545; D. Actes de comm.49 Prêt.174.
— Pau.P34.2.26;S33.2.603;J59.18;D.Jour férié.38.
— Metz.P34.2.193;D.Témoin.118.
— Paris.D.Art de guérir.127.
23 Cour de cass.D.Jugem.303 335.
24 Civ.c.P33.1 258;S33.1 692;D.Commissaire-pris.28.
— Bastia.P33.2.188;S33.2.604;D.Part.66.Preuve litt.907. 916.
— Ord.P33.3.76;S33.2.371;D.Prises mar.48.
— Bordeaux.P34.2.49. et 186;S33.2.331; J59.73; D.Jug. par déf.144.
— Ord.P33.3.84;S33.2.371;D.Traite des nègres.18.
25 Ord.P33.3.84;S33.2.371;D.Colonies.
— Pau.P34.2.40;S33.2.644;J58.31;D.Surench.132.
— Ord. du cons. d'état.P34.3.76; V. 25 janv.; D.Elect. comm.176.
— Metz.D.Ventes.667.
26 Req.P33.1.256;S33.1.603;J57.333; D.Arbit.747.903.
— Civ.c.P33.1.287;S33.1.760;D.Prescript.708.
— Req.P33.1.282;S33.1.622;D.Propr.193.Transact.76.
— Solut. de la rég.P33.3.120;D.Enreg.380.
— Nancy.S33.2.420;D.Prescript.498.
27 Loi.P33.3.74;D.Trav. pub.
— Cr.c.P33.1.294;D.Cour d'ass.15.
— Req.P33.1.285;S33.1.548;D.Oblig.540.
— Req.P33.1.283;S33.1.691;D.Testam.
— Cr.c.P33.1.322;S33.1.771;D.Récidive.56.
— Cr.r.P33.1.381;D.Cour d'ass.524.1127.Publ. des jug. 88.89 Témoin.383.
— Cr.r.P33.1.378;D.Cour d'ass.308.750.
— Lyon.P34.2.125;S34.2.349;D.Filiat. lég.187.
— Loi.P33.3.119;D.Voirie.19.
28 Loi.P33.3.69;S33.2 331;D.Enseignem.
— Ord.P33.3.70;S33 2.369;D.Hospices.84.
— Délib. du cons. d'adm.P33.3.77;D.Enreg.394.
— Loi.P33.3.74;D.Liste civ.Pension.
— Paris.P33.2.220;S33.2.389;J57.308;D.Forêts.499.
— Délib. du cons. d'adm.P33.3.83;D.Transcript.58.
— Toulouse.P33.2.238;S33.2.567;D.Faillite.122.
— Cr.c.P33.1 376;J58.117;D.Cour d'ass.1334.1335.
— Lyon.P34.2.208;D.Servit.710.
— Grenoble.P34.2.96;D.Servit.548.
— Circ. min.P33.3.104; D.Elect. dép.15.16.17.19.90.95. 98. et suiv.118.
— Ord.P33.3.73;D.Garde nat.20.
29 Bordeaux.P33.2.235; S33.2.503; J58.388; D.Communauté.122.
— Cr.c.P33.1.382.S33.1.789;J58.89;D.Contumace.10.
— Rennes.P34.2.41;S33.2.619;D.Office.117.
— Agen.P34 2.67;J59.79;D.Emigré.565.
30 Inst. gén.P34.3.23;D.Enreg.2065.

JUILLET.

1 Bordeaux.P34.2.47;S33.2.531;J57.247; D.Sais.-ex.185.
— Civ.c.P34.1.295;S33.1.625; D.Cassat.516.Exprop.pub. 126.146.
— Loi.P33.3.74;D.Secours.
2 Req.P33.1.260;S33.1.546;J56.491;D.Rente.281.
— Req.P33.1.299;S33.1.863; D.Jugem.Homolog.2.Dom. de l'ét.90.Pass.70.
— Civ.c.P33.1.295;S33.1.540;J58.23.D.Dom. de la cour. 15.Domm. enreg.23.Dom. de l'ét 52 57.
— Req.P33.1.313;D.Except.114.Société comm.313.
— Montpellier.P34.2.124;J58 366;D.Saisie-imm.1667.
3 Civ.c.P33.1.302;S33.1.546;J57.123;D.Colonies.158.
— Paris.P33.2.223;S33.2.400; J57.239; D.Droit polit.27. Emig.157.Naturalis.4.
— Trib. de la Seine.P33.3.98;D.Amende.35.
— Bordeaux.P34.2 49;D Prescript.
— Pau.P34 2.66;S34.2.34;J58.402; D.Arbitr.572.1090.
4 Req.P33.1.265;S33.1.787;D.Mines.31.37.Mot. des jug. 148 Preuve litt.833.993.Ratif.404.
— Cr.c.P33.1 320;D.Presse.170.
5 Lett. min.P33.3.113;D.Garde nat.608.609.694.789.794.
— Paris.P33.2.163;S33.2.364J57.485;D.Art de guérir.55.
— Délib. du cons. d'adm.P34.3.4. et 28;D.Amende.37.
— Cr.c.P33.1.293;S33.1 569;J58.29;D.Amnistie.13.
— Cr.c.P33.1.324;S33.1.863;J58.276;D. Voirie.607.
— Cr.c.P33.1 325;D.Action civ.39.
— Bordeaux.P33.2.227;D.Servit.94.
— Bordeaux.P33.2.232; S33.2.466; J57.517; D.Faillite. 618.653.
— Toulouse.P34.2.10;D.Promesse de mar.44.

— Bordeaux.P33.2.235; S33.2.467; J57.500; D.Compét. civ.215.
— Lettre min.P33.3.113;D.Garde nat.
— Agen. P34.2.66; S34.2.46;D.Commerç.40.Mandat.437. Prescript. civ.1018.1050.
— Aix.P34.2.79. et 24; S34 2.143; J58.199;D.Etrang.199. Assur. mar.84.
6 Grenoble.P33.2.180. et 34.2.4; S33.2.628; J58.57; D. Contrib.22.Théâtre.19.46.48.
— Cr.c.P33.1.324; D.Autor. mun.128.133.222.223.Voir. 604.
— Cr.c.P33.1.392;S34.1.372;D.Garde nat.713.
— Cr.c.P33.1.390; S34.1.378. et 377; D.Garde nat.687. 884.901.
— Cr.c.P33.1.389;S33.1.892;J58.127;D.Garde nat.745.
— Cr.c.P33.1.389;D.Garde nat.741.
— Cr.c.P33.1.389;D.Garde nat.740.889.
— Cr.c.P33.1.388;D.Garde nat.296.524.
— Cr.c.P33.1.387;S33.1.894;D.Garde nat.396.688.
— Paris.P34.2.13;D.Privil.277.
— Bordeaux.P34.2.81;D.Faux incid.196.
— Toulouse.P34.2.95;S34.2.598;J58.268; D.Saisie-imm. 764.
— Gand.P34.2.152;S34.2.171;J59.81; D.Legs.18.Loi.373.
— Bruxelles.P34.2.254;D.Prescript.653.
— Paris.D.Art de guérir.146.
7 Loi.P33.3.70;S33.2.349;D.Voirie.12.
8 Angers.P33.2.182;D.Garde nat.1060.
— Paris.P34.2.98, S33.2.455; J57.493; D.Communauté. 128.Poss.68.
— Paris.P34.2.216; D.Art de guérir.255.Saisie imm.407.
9 Req.P33.1.259;S33.1.538;J56.542;D.Société comm.64.
— Ord. du roi.P33.3.76;D.Forêts.
— Civ.c.P33.1.300;S33.1.545; J57.428; D.Dom. de l'ét.7. Prescript.846.
— Montpellier.P33.2.218;S34.2.30;J58.371; D.Rapport à succ.45.
— Bordeaux.P33.2.233;D.Présompt.37.
— Lyon.P34.2.41; S34.2.113; D.Faillite.321.Saisie-imm 1672.
10 Paris.P34.2.24;S33.2.472;J57.503.
— Ord. du cons. d'ét P34.3.5;S34.2.568;D.Quest. pr.105.
— Ord. du cons. d'état.P34.3.5;D.Place de guerre.61.
— Ord. du cons. d'état.P34.3.5;D.Pension.160.
— Ord. du cons. d'ét.P34.3.5,n.1;D.Frais et dép.452.
— Agen.P34.2.80;J58.269;D.Arbit.327.620.703.
— Colmar.P34.2.105;S33 2 5. et 34.2.127;J57.563;D.Mariage.636.
— Liége.P34 2.129;S34 2.172;D.Prescript.941.947.
— Agen.P34.2.206;S34.2.533;D.Dot.368.373.408.419.
— Paris.P34.2.24;D.Choses.42.Condition.192.
— Orléans.P33 2.183;S33.2.562; J58.58; D.Lois.399.Voirie.56.
— Ord.P33.3.77;D.Trésor pub.4.
— Req.P33 1.285;S33.1.545;J56.550;D.Retour lég.40.
— Ord.P33.3.84;S33.2.371;D.Comptab.
11 Req.P33.1.316. S33.1.872; D.Cassat.902.913.940.941. 944.945.Dem. nouv.48.
— Cr.c.P33.1.385;S33.1.860;D.Cour d'ass.1557.
— Grenoble.P34.2.85D.Prescript. crim.55.
— Colmar.P34 2.164;J60.145; D.Expertise.194.
— Bordeaux.P34 2.149;D.Deg. de jur.189.394.
— Trib. de la Seine.P34.2.4;D.Privil.178.
— Ord.D.Haras.3.
12 Poitiers.P33.2.235;S34.2.258;J58.392; D.Compét. civ. 37.Propriété industrielle.11.
— Grenoble.P34.2 30;S34.2.36;J58.233;D.Ordre.84.85.
— Grenoble P34.2.30;D.Lois personn.78.
— Ord.P34.3.4;D.Condit.
— Paris P34.2.64;D.Voirie.442.
13 Cr.c.P33.1.320;D.Presse.657.
— Toulouse.P34.2.73;J59.479;D.Arbit.40,896.
— Metz.P34.2.217;D.Portion dispon.596.
— Ord.P33.3.76;D.Hospices.84.Prises marit.48.
14 Ord.P33.3.78;D.Tabacs.77.
15 Civ.r.P33.1.280; S33.1.596; J57.293; D.Legs.321.Dot. 77.Emig.22.472.Retour conv.4.
— Colmar.P34.2.138;S33.2.664;D.Enquête.148.170.
16 Ord.P33.3.78;S33.2.385;D.Enseignem.303.304.306.
— Délib. du cons. d'adm P33.3.83;D.Enreg.2625.
— Civ.c.P33.1.316;S33.1.561;J57.137; D.Preuve litt.414.
— Délib. du cons. d'adm.P33.3.86;D.Enreg.2636.
— Nanci.P34.2.135;D.Appel civ.397.
— Ord.P33 3.76;D.Forêts.46.
17 Douai.P33.2.198;S33 2.502; J56.600; D.Transport. de créances.48.
— Civ.r.P33.1.303;S33.1.663;J57.93; D.Lois personn.30. 33 34.
— Req.P33.1.330; S33.1.561; D.Acquiesc.59.Exécut. des jug. et actes.207.
— Bordeaux.P34.2.49;S34.2.83;J59.24; D.Expl.454.Sép. de biens.158.151.
— Bruxelles.P34.2.207;D.C. des hypoth.46.
18 Cr.r.P33.1.289;S33.1.595;D.Inst. crim.242.
— Cr.c.P33.1.339;S33.1.876; J58.138; D.Presse.772.774. 811.
— Cr.c. P33.1.348;S33.1.876;J58.401;D.Vagabondage.27.
— Cr.c.P33.1.383;S33.1 860; D.Cour d'ass.1204.
— Ord. du cons. d'ét.P33.3.119;D.Contrib. dir.97.225.

— Req.P34.1.69;S33.1.628;J57.554;D.Huiss.216.Deg. de jurid.386.Enq.46.66.Except.72.
— Toulouse.P34.2.59;S34.2.42;J58.522;D.Colon.185.
— Amiens.P34.2.84;S34.2.88;J59.154;D.Prescript.912.
— Bordeaux.P34 2.193;D.Faillite.171.
— Douai.P34.2.140;S33.2.565;D.Compét. civ.258.
— Agen.P34.2.176;S34.2.397;J60.482;D.Référé.64.
19 Cr.c.P33.1.335;S33.1.890;J58.473;D.Enseignem.82.
— Cr.c.P33.1.342;S33.1.896;D.Autor. mun.128.133.134. 306.310.311.
— Cr.c.P33.1.340;J58.36;D.Poids pub.7.
— Cr.c.P33.1.340;S33.1.871;J58.124;D.Voit.pub.27.115. 124.138.
— Cr.c.P33.1.339;S33.1.870;J58.140;D.Autor. mun.474.
— Paris P33.2.227;S33.2.398;J57.305; D.Port. disp.383. 476.Rapp. à succ.124.
— Ord. du cons. d'ét.P33.3.113;D.Pension.141.142.143.
— Ord. du cons. d'ét.P33.3.119;D.Commune.269.
— Ord. du cons. d'ét.P33.3.118; D.Chose jug.51.Cons. d'état.16.
— Ord. du cons. d'ét.P33.3.118; D.Frais et dépens.452. Louage.569.
— Ord. du cons. d'ét.P34.3.5;D.Trav. pub.22 28.
— Délib. du cons. d'adm.P34.3.40; D.Enreg.816.952.
— Cr.c.P33.1.376;D.Quest. pr.31.
20 Cr.c.P33.1.317;S33.1.536; J58.47; D.Art de guérir.11. 12.Lois.398.
— Cr.c.P33.1.335; S33.1.886; D.Enseig.475.480.501.Renvoi.128.
— Cr.c.P33.1.339.*bis*;D.Voirie.30.621.
— Paris.P34.2.29;S33.2.395;J57.257; D.Hypoth. lég.183. Ordre.397.
— Lyon.P33.2.49;D.Mines.
22 Civ.r.P33.1.269;S33.1.676;J57.204;D.Emig.302.
— Déc. min.P33.3.114;D.Garde nat.315.
— Solut. min. P33.3.115; D.Garde nat.327.1073. Obligation.434.
— Solut.min.P33.3.115;D.*eod.*721.
— Solut. min.P33.3.115;D.*eod.*261.
— Déc. min P33.3.113;D.*eod.*1075.
— Bordeaux.P34.2.45;S34.2.21;J58 88;D.Surench.44.
— Lyon.P34.2.122;D.Louage.434.
— Nîmes.P34.2.159;S34.2.203;J58.93;D.Arbitrage.1075.
23 Civ.c. P33.1.297; S33.1.677; J57.342; D. Domm. eng. 30.31.
— Civ.c.P33.1.268;S33.1.593;J57.349; D.Enreg.2630.
— Req.P33.1.268;S33.1.535;J57.338;D.Oblig.450.
— Req.P33.1.265;S33.1.621; J57.535;D.Saisie-imm.1352. Success. bénéf.117.119.
— Req.P33.1.314;S33.1.877; J58.18;D.Arbitrage.385.458. 600 Contr. par corps.244.
— Req. P33.1.323; S33.1.679; J57.434. et 42; D.Faillite. 1228.
— Délib. du cons. d'adm.P33.3.100; D.Enreg.1032.
— Amiens.P34.2.144;D.Enseign.112.
— Paris.P34.2.1;S34.2.95;J58.350; D.Privil.231.
24 Civ.c.P33.1.271;S33.1.089; J57.391; D.Dom. de l'état. 100.111.112.
— Civ.r.P33.1.270;S33.1.534;J57.119;D.Enreg.
— Nîmes.P34.2.8;D.Servitude.586.
— Amiens.P34.2.83;S34.2.88;D.Huiss.253.Déf.200.
— Nanci.P34.2.204;D.Faux incid.229.Pr. litt.735. Testament.327.
25 Req.P33.1.321;S33.1.616;D.Expertise.53.298.300.Vér. d'écr.107.
— Ord.P33.3.87;S33 2.502;D.Traite des nègres.19.
— Nanci.P34 2.11;S33.2.552;J57.143; D.Avoué.166.
— Cr.c.P33.1.376;J57.25;D.Faillite.1364.C. d'ass.1404.
— Cr.c.P33.1.376;D.Cour d'ass.522.
— Ord.P34.3.9;D.Traite des nègres.37.
— Bordeaux.P34.2.46;S34.2.139;J58.409;D.Ordre.348.
— Aix.P34.2.75;J58.75;D.Sép. de corps.195.
26 Paris.P33.2.183;S33.2.630;D.Action civ.14.
— Montpellier.P33.2.219;S34.2.29; D.Nantiss.111.Vente. 117.
— Ord.P33.3.87;S33.2.502;D.Colonie.
— Cr.r.P33.1.373;D.Jugem. prép.12.Quest. pr.117.
— Cr.c.P33.1.384;S34.1.381. et 380;D.Garde nat.856.862.
— Cr.c.P33.1.385;S34.1.374;D.Garde nat.
— Ord.P34.3.11;S33.2.502;D.Navigation.47.
— Colmar. P34.2.141; S34.2.168; J59.77; D. Saisie-imm. 1717.
30 Civ.c.P33.1.330; S33.1.861; D.Contr. par corps.87.89. Enquête.280.Serment.31.
— Req.P33.1.347;S33.1.535;J57.92;D.Réc.de juges.19.
— Civ.c.P33.1.400;S33.1.803;D.Motifs des jug.24.
— Bordeaux. P34.2.33; S34.2.36; D.Remploi.152.Sép. de biens.105.139.
— Paris P34.2.86;D.Dom. de la cour.13.
— Civ.r.P34.1.173;D.Purge.174.
31 Civ.c.P33.1.317;S33.1.800;J57.82;D.Enreg.1434.
— Req.P33.1.324;S33.1.840;J57.436;D.Pr. litt.717.
— Req.P33.1.322;S33.1.788; D.Saisie-im.1083.1351.1391.
— Req.P33.1.308;S33.1.756;J58.43; D.Eff. de comm.430. 431.
— Paris.P34.2.13;D.Hypoth. judic.4.
— Ord. du cons. d'état.P33.3.112;D.Contr. dir.86.
— Ord. du cons. d'état.P33.3.118;D.Patente.25.
— Ord. du cons. d'état.P34.3.5;D.Vente adm.185.
— Ord. du cons. d'état.P34.3.5;D.Patente.55.

— Ord. du cons. d'état.P34.3.3;D.Patente.14.
— Bordeaux.P34.2.62;S34.2.35;J58.115;D.Capitaine.84.
— Toulouse.P34.2.147;S34.2.284;D.Dot.56.
— Ord. du cons. d'état.D.Vente adm.228.

AOUT.

1 Req.P33.1.331;S33.1.746;D.Compét. civ.163.
— Cr.r. P33.1.528; S33.1.531; J57.521; D. Voitures publ. 17.18.
— Paris.P33.2.225;S33.2.430;J57.526;D.Jug. p. déf.548.
— Grenoble.P34.2.98;S34.2.19;D.Prescrip.373.
— Metz.P34.2.199;D.Poste aux lettres.57.
2 Paris.P33.2.204;S33.2.479;J57.497;D.Huiss.6.9.
— Délib. du cons. d'adm.P33.3.82;D.Enreg.658.
— Cr.r.P33.1.318;S33.1.529;J57.12;D.Peine.328.411.
— Cr.c.P33.1.339;D.Voirie.621.
— Délib. du cons. d'adm.P33.3.80;D.Enreg.1493.
— Paris.P33.2.228;D.Appel correct.183.
— Toulouse.P34.2.39;D.Hypoth. conv.91.Success.499.
— Bordeaux.P34.2.64;D.Mandat.159.
— Bordeaux. P34.2.65; D. Acquiesc. 265.399. Expertise. 121.212.222.
3 Cr.c.P33.1.341;S33.1.875;J58.278;D.Appel correct.92.
— Cr.c.P33.1.376;S34.1.60;J58.456;D.Compét. cr.340.
— Lyon.P34.2.200;D.Paiement.154.
— Cr.c.P34.1.403; S33.1.883; J58.265; D.Garde forestier. Vol.
4 Ord.P33.3.87;S33.2.502;D.Colonies.
5 Civ.r.P33.1.326;D.Commune.391.486.487.546.
— Civ.c.P33.1.322;S33.1.619;J57.78;D.Enreg.389.
— Cour d'ass. de la Meurthe. P34.2.28. et 51; D. Cassat. 1094.Cour d'ass.1034.1130.
— Toulouse.P34.2.194;J54.255;D.Success.334.
6 Civ.r. P33.1.272; S33.1.625; J57.384; D.Cassat.624.Pr. litt.164.
— Délib. du cons. d'adm.P33.3.98;D.Enreg.1923.
— Paris.P33.2.237;S33.2.438;D.Servitude.495.
— Toulouse.P34.2.72;D.Prescript.904.
— Colmar.P34.2.84; S34.2.157; J57.584; D.Propriété litt. 39.41.42.
7 Civ.c.P33.1.319;S33.1.837;J58.162;D.Appel civ.61.
— Civ.c.P33.1.323;S33.1.747;J57.438;D.Action poss.215. Deg. de jur.571.Jug. prép.46.
— Civ.c.P33.1.325,n.;D.Action poss.215.Deg. de jur.571. Jug. prép.46.
— Req.P33.1.355;S33.1.726;J57.515;D.Forêts.347.350. 378.
— Req.P33.1.331;S33.1.721;D.Forêt.370.375.Prescript. 695.
— Paris.P33.2.238;S33.2.513;J58.143;D.Arbitrage.119.
— Toulouse.P34.2.9;S34.2.587;D.Remploi.80.
— Req. P34.1.55; S33.1.699; J57.247; D.Rapp. à succ.85. 123.
— Bordeaux.P34.2.54;D.Privil.101.118.
— Poitiers.P34.2.155;S34.2.166;D.Success.317.
— Poitiers.P34.2.179;D.Partage d'asc.107.Success.116. 126.
8 Cr.c.P33.1.339;J58.144;D.Voirie.30.621.
— Paris.P33.2.226;S33.2.478;D.Eff. de comm.38.
— Req.P33.1.373;S33.1.736;J57.230;D.Enreg.100.
— Bordeaux.P34.2.118;D.Tierce-opp.132.
— Lyon.P34.2.197. et 35.1.60;D.Chose jugée.206.Jugem. d'expéd.3.Oblig. sol.89.Tierce opp.107.
9 Cr.c.P33.1.340;S33.1.847;J58.57;D.Vol.46.
— Paris.P33.2.229;S33.2.438;D.Jug. prép.50.
— Paris.P34.2.15;S33.2.465;J57.518;D.Saisie-arr.79.141.
— Lyon.P34.2.18;D.Donat. entre ép.28.
— Toulouse.P34.2.154;S34.2.272;J58.270;D. Arbitrage. 615.
10 Cr.r.P33.1.333;D.Forêts.1009.1011.Quest pr.81.
— Cr.c.P33.1.340,n.;S33.1.871;D.Aut. mun.474.
— Cr.c.P33.1.336;D.Aut mun.342.344.348.
— Paris.P33.2.229;J58.364;D.Brevet d'inv.136.137.
— Cr.c. P33.1.377; J58.278; D.Douanes 352.432. Procès-verb.328.
— Décis.D.Enseign.482.
12 Civ.r.P33.1.328;D.Choses.30.
13 Req.P33.1.336;S33.1.615;J57.240;D.Jugem.165.
— Civ.r.P33.1.334;S33.1.754;J57.261;D.Enreg.2236.
— Délib. du cons. d'adm.P33.3.99;D.Enreg.1227.1249.
— Décis.P33.3.98;D.Enreg.2505.
— Req.P33.1.361;S33.1.614;D.Frais et dép.205.236.Jug. 313.Exception.333.Preuve 52.53.
— Toulouse.P34.2.76;S34.2.20;J59.482;D.Lois rétr.160. Prescrip.401.
14 Req.P33.1.311;S33.1.609;J57.223;D.Surench.276.
— Civ.r. P33.1.308; S33.1.787; J58.30; D.Dom. de l'état. 74.75.
— Req.P33.1.380;D.Fruits.37.
— Req.P33.1.380;S33.1.780;J57.309;D.Choses.133.Frais et dép.237.Lois.333.
— Poitiers.P33.2.236;S34.2.234;J58.389;D.Rescis.222.
— Req.P33.1.398;S33.1.769;J57.250;D.Jug. prép.114. Rapp. à succ.145.150.185.
— Bordeaux.P34.2.139;D.Délai.90.Péremp.72.
— Bruxelles.P34.2.143;J60.139;D.Faillite.177.
— Bruxelles.P34.2.156;D.Aliment.104.
16 Cr.c.P33.1.321;S33.1.875;D.Outrage.
— Délib. du cons. d'adm.P33.3.99;D.Enreg.1112.
— Délib. du cons. d'adm.P33.3.97;D.Enreg.552.
— Cr.c.P33.1.377;D.Cassat.486.Motifs des jug.254.
— Ord. du cons. d'état.P33.3.120;D.Octroi.172.
— Poitiers.P34.2.17;S34.2.245;D.Fonct. pub.225.Quest. préj.96.
— Ord. du cons. d'état.P34.3.9;D.Contr. dir.117.
— Ord. du cons. d'état.P34.3.2;S34.2.574;D.Trav. pub. 193.
— Paris.P34.2.103;S34.2.136;J57.607;D.Compét. civ.53.
— Nîmes.P34.2.104;S34.2.117;D.Dispos. entre-vifs et Testam.
— Nîmes.P34.2.104;J58.591;D.Dispos. entre-vifs.176.
— Ord. du cons. d'état.P34.3.2;D.Contr. dir.85.
— Ord. du cons. d'état.P34.3.9;D.Contr. dir.115.
— Ord. du cons. d'état.Mac.33.471;D.Marché de f.152.
— Délib. du cons. d'adm.P33.3.98;D.Enreg.2631.
17 Cr.c.P33.1.343;D.Aut. mun.117.119.
— Cr.c.P33.1.312;J49.61;D.Aut. mun.70.
— Cr.r.P33.1.376;D.Forêt.236.
— Cr.c.P33.1.371;D.Forêt.283.
— Cr.c.P33.1.384;S34.1.376;D.Garde nat.860.942.1051.
— Cr.c.P33.1.385;D.Garde nat.949.
— Cr.c.P33.1.368;D.Garde nat.1004.
— Cr.c.P33.1.367;D.Garde nat.41.559.
18 Ord. du cons. d'état.P33.3.120;D.Patente.73.
— Ord. du cons. d'état.P34.3.9;D.Contr. dir.34.
— Ord. du cons. d'état.P34.3.5;D.Ventes adm.200.327.
— Ord. du cons. d'état.P34.3.2;D.Contr. dir.176.224.
— Ord. du cons. d'état.P34.3.20;D.Marais.69.70.
— Ord. du cons. d'état.P34.3.21;D.Péage.68.
— Ord. du cons. d'état.P34.3.21;D.Patente.62.
— Ord.P34.3.33;D.Agens diplomatiques.
— Rapport.P34.3.33;D.*eod.*
19 Civ.c.P33.1.396;S33.1.739;J58.412;D.Cassat.28.29.30. Partage d'asc.6.
20 Civ.c.P33.1.343;S33.1.745;D.Condition.179.Cont. par corps.242.Mandat.256.
— Req.P33.1.341;S33.1.788;J57.360;D.Commune.104. 252.Forêt.475.Deg. de jurid.564.Dom. de l'état.92. Pr. litt.1228.
— Ord.P33.3.88;D.Agens diplomatiques.
— Ord.P33.3.94;D.Elect. dép.81.
— Délib. du cons d'adm.P33.3.100;D.Timbre.323.
— Délib. du cons. d'adm.P33.3.99;D.Enreg.533.
— Aix.P34.2.61;S34.2.248;J59.364;D.Saisie-imm.1035. 1127.
— Bordeaux.P34.2.158;S34.2.204;D.Conciliation.42.Obl. 323.Oblig. div.117.
— Civ.r.P33.1.312;S33.1.681;D.Lois.115.Patente.97.101.
21 Civ.r.P33.1.305;S33.1.612;J57.226;D.Inscrip. hypth. 425.Purge.154.171.
— Toulouse.P34.2.47;S34.2.123;J58.259;D.Partage d'asc.97.
— Toulouse.P34.2.74;S33.2.649;D.Remploi.84.
— Bordeaux.P34.2.202;D.Dispos. entre-vifs.119.Preuve litt.1058.
— Décis. min.P33.3.98;D.Amende.110.
22 Req.P34.1.20;J58.393;D.Compét. comm.283.Jugem. 32.33.Mandat.288.
— Montpellier.P34.2.91;S34.2.313;J59.446;D.Avoué. 67.68.
— Bordeaux.P34.2.130;S34.2.173;D.Oblig. solid.100. Péremp.175.Exploit.249.
— Décis.P33.3.98;D.Enreg.2305.
23 Cr.c.P33.1.328;S33.1.869;J57.366;D.Compét. cr.657.
— Cr.r.P33.1.336;J58.162;D.Cour d'ass.98.
— Ord.P33.3.88;D.Prud'homme.4.
— Ord.P33.3.88;D.Agens diplomat. Comptabilité.
— Délib. du cons. d'adm.P33.3.97;D.Enreg.381.
24 Cr.c.P33.1.327;S33.1.786;J57.368;D.Instr. cr.413.
— Ord.P33.3.90;D.Télégraphe.
— Ord.P33.3.89;D.Agens diplomat.
— Ord.P33.3.94;D.Traitement.35.
— Cr.c.P33.1.372;D.Quest. pr.70.
— Paris.P33.2.244;S33.2.513. et 510;D.Société comm. 215.216.
26 Civ.c.P33.1.307;S33.1.737;J58.8;D.Poss.103.Succ.315.
— Douai.P34.2.34;S33.2.642;J57.382;D.Forêts.194.209.
— Inst. de la rég.P34.3.6;D.Enreg.
— Paris.P34.2.61;S34.2.616;J59.91;D.Fr. et dépens.512.
— Bordeaux.P34.2.120;J58.515;D.Chose jugée.208.Commune.15.361.692.
27 Civ.c.P33.1.309;S33.1.673;J57.374;D.Exploit.881. Oblig.60.Preuve litt.192.193.
— Délib. du cons. d'adm.P33.3.99;D.Enreg.488.
— Délib. du cons. d'adm.P33.3.99;D.Enreg.441.
— Lyon.P34.2.45;S34.2.106;D.Acquiesc.266.399.Comp. adm.501.Manufact.121.Responsabil.55.
— Ord. du cons. d'état.P34.3.20;D.Pension.146.
— Ord. du cons. d'état.P34.3.20;D.Trav. publ.209.
— Ord. du cons. d'état.P34.3.21;D.Trav. publ.91.
— Bordeaux.P34.2.114;S34.2.596;D.Intér. de cap.116.
— Bordeaux.P34.2.114;D.Action.121.Degré de juridict. 246.320.
— Civ.r.P34.1.174;S33.1.742;J57.578;D.Purge.174.
— Toulouse.P34.2.169;S34.2.596. et 97;J59.242;D.Nullité.245.240.Obl.384.
— Req.P34.1.444;S33.1.858;J57.404;D.Dom. de l'état.66. Vente.269.270.Ventes adm.161.
28 Civ.c.P33.1.342;S33.1.802;J57.254;D.Louage.688.
— Civ.r.P33.1.307;S33.1.744;D.Contr. de mariage.29. Sép. de biens.165.
— Montpellier.P34.2.56;S34.2.557;D.Actes de comm.50.
29 Cr.r.P33.1.392;S33.1.891;D.Garde nat.394.395.
— Cr.c.P33.1.389;D.Garde nat.745.972.
— Cr.r.P33.1.367;J58.275;D.Cassation.156.157.
— Cr.r.P33.1.361;D.Garde nat.923.
— Trib. de Château-Thierry.P34.3.4;D.Timbre.208.
— Grenoble.P34.2.125;S34.2.622;J58.207;D.Commissionnaire.262.
— Cr.r.P33.1.361;D.Garde nat.492.
30 Cr.r.P33.1.308;S33.1.874;J58.15;D.Aut. mun.469.
— Cr.c.P33.1.383;S34.1.493;J59.208;D.Aut. mun.252.253.
— Cr.c.P33.1.379;S34.1.63;J59.499;D.Quest. préj.127.
— Cr.c.P33.1.377;D.Cour d'ass.1433.
— Grenoble.P34.2.3;S34.2.529;J60.509;D.Prescrip.931.
— Req.P34.1.402;D.Compét. adm.
31 Pau.P34.2.89;S34.2.228;J58.253;D.Lois rétroact.205. Success.401.402.
— Metz.P34.2.221;D.Excuse.122.Formalités.20.Presse. 771.776.784.786.

SEPTEMBRE.

2 Paris.P34.2.18;D.Faillite.1317.1319.
3 Délib. du cons. d'adm.P33.3.100;D.Enreg.382.
4 Grenoble.P34.2.96;D.Vol.41.
5 Cr.c.P33.1.363;D.Peine.132.
— Cr.r.P34.1.445;D.Témoin.
— Cr.r.P34.1.404;S34.1.109;J59.319;D.Peine.59.
— Cr.r.P34.1.401;D.Cour d'assises.
— Cr.r.P34.1.401;S34.1.108;J59.159;D.Faux.154.235.
6 Cr.c.P33.1.383;S34.1.96;J59.54;D.Lib. prov.27.
— Cr.c.P33.1.392;S34.1.378;D.Garde nat.948.
— Cr.c.P33.1.385;D.Garde nat.885.
— Cr.c.P33.1.362;S34.1.373. et 374;D.Garde nat.473. Renonciation présumée.
— Cr.r.P34.1.188;D.Garde nat.1016.
— Cr.r.P34.1.380;D.Garde nat.361.
— Cr.r.P34.1.385;D.Evasion.33.38.
7 Cr.r.P33.1.310;J33.1.779;S58.54;D.Poids et mes.47.
— Cr.c.P33.1.388;D.Garde nat.71.
— Cr.c.P33.1.362;D.Forêts.1025.
— Cr.c.P33.1.362;S33.1.882;D.Chasse.39.Délai.29.
— Rép. min.P34.3.4;D.Garde nat.810.
— Civ.r.P34.1.380;D.Garde nat.614.616.693.930.
10 Délib. du cons. d'adm.P33.3.118;D.Enreg.407.
11 Rép. min.P34.3.4;D.Garde nat.1065.
— Ord.P33.3.88;D.Prud'homme.4.
12 Cr.c.P33.1.365;S34.1.108;J58.272;D.Cour d'ass.654. 1158.Fausse-monnaie.21.
— Cr.c.P34.1.406;D.Cour d'assises. Faillite.
13 Cr.c.P33.1.388;S33.1.750;D.Tabacs.10.
— Cr.c.P33.1.388,n.;D.Tabac.10.
14 Cr.c.P33.1.391;D.Garde nat.902.
— Cr.c.P33.1.386;D.Garde nat.653.
— Cr.c.P33.1.385;S33.1.894;D.Garde nat.1024.
— Cr.c.P33.1.363;D.Cour d'ass.1668.
— Cr.r.P34.1.381;D.Garde nat.937.
15 Circ. min.P33.3.108;D.Elect. dép.26.27.73.120.124. 132.134.137.144.149.151.155.158.161.163.167.170.182. 184.189.
16 Décis. de la rég.P34.3.80;D.Enreg.2084.
18 Ord.P33.3.94;S33.2.497;D.Expropr. pour utilité publ. Frais et dépens.
— Paris.P34.2.26;D.Etranger.230.251.Lois personn.41.
— Ord. du cons. d'état.P34.3.22;D.Trav. publ.57.
— Ord. du cons. d'état.P34.3.22;S34.2.369;D.Compét. adm.328.
— Ord. du cons. d'état.P34.3.22;D.Contr. dir.254.
19 Cr.c.P33.1.372;J58.506;D.Serment.105.
— Cr.r.P34.1.145;J60.82;D.Complicité.49.177.Cour d'assises.1060.1078.1428.
— Cr.r.P34.1.135;J59.392;D.Cour d'ass.759.
— Cr.r.P34.1.400;D.Cassation.155.
20 Cr.c.P33.1.392;S34.1.375;D.Garde nat.690.
— Cr.c.P33.1.392;D.Garde nat.513.
— Cr.c.P33.1.363;D.Fonct. pub.47.Proc.-verb.127.
— Cr.c.P33.1.365;J58.101;D.Garde nat.672.
— Cr.r.P34.1.435;D.Cour d'ass.1738.
— Cr.r.P34.1.403;D.Cour d'assises.
— Cr.r.P34.1.403;S34.1.859;D.Garde nationale.
21 Cr.c.P33.1.382;D.Mendians.12.
— Ch. des vac.P33.1.386;S34.1.380;D.Garde nat.864.
— Cr.c.P33.1.367;D.Garde nat.1005.
— Cr.c.P33.1.366;D.Tapage.13.51.
— Cr.c.P33.1.362;D.Voirie.634.638.
— Cr.r.P34.1.116;S33.1.880;J58.478;D.Voitures.15.
— Cr.c.P34.1.50;D.Exploit.938.
26 Cr.c.P33.1.364;J58.469;D.Procès-verb.509.
— Cr.c.P33.1.364;D.Autorité mun.84.
— Cr.c.P33.1.365;J58.274;D.Forêts.283.284.285.286.
— Cr.c.D.Procès-verb.294.
— Cr.c.D.Procès-verbal.314.
27 Cr.c.P33.1.362;S33.1.893;D.Motifs des jug.279.
— Cr.c.P33.1.362;S34.1.407;D.Poids et mesures.127.
— Cr.c.P34.1.57;D.Voirie.583.659.
— Cr.c.P34.1.72;S34.1.376;D.Garde nat.519.
— Délib. du cons. d'adm.P34.3.32;D.Enreg.1482.
— Délib. du cons. d'adm.P34.3.44;D.Enreg.799.

1833.

5 Req.P34.1.7;S34.1.153;J58.475;D.Retrait suc.23.
— Req.P34.1.65;S34.1.500;D.Rente.167.
— Cr.c.P34.1.65;D.Autor. mun,566.427.Procès-verb.50.
— Req P34.1.64;S34.1.565;J59.92;D.Preuve test.308.
— Cr.c.P34.1.64;D.Forêts.205.
— Cr.c.P34 1.50;D.Forêts.874. Prescrip. crim.95.
— Cr.c.P34.1.50;S34.1.187;J59.510; D.Poids et mesures. 49. 50.
— Ord. du cons. d'état.P34.3.30;D.Cons. d'état. 55,
— Ord. du cons. d'état.P34.3.30;D.Pension, 159.
— Ord. du cons. d'état.P34.3.30;D.Mines.168.
— Ord. du cons. d'état. P34.3.29;S34.2 656;D.Patente.15.
— Trib. de Corbeil.P34 3.51;D Enreg.12.30.
— Paris.P34.1.513;D.Avocat.190.192.194.228.
— Cr.c.P34.1.64;D.Autor. mun. 156.652.657.
6 Cr.c.P34.1.66;D.Voirie.647.
— Cr.c.P34.1.66;D.Autor. mun. 510.
— Cr.c.P34.1.66;D.Autor. mun.510.
— Cr.c.P34.1.66;D.Autor. mun. 510.
— Cr.c.P34.1.59;D.Eau.416.482.
— Délib. du cons. d'adm.P34.3.28;D.Enreg.459.460.
— Bordeaux P34.2.124;S34.2.243; J59.94; D.Rap. à suc. 61.227.
— Délib. du cons. d'adm.P34.3.28;D.Enreg. 226.
— Trib. d'Epernay.P34.3.59;D.Enreg. 1400.
— Cr.c.P34.1.443;D.Autor. mun.201.
— Cr.r.P34.1.426;D.Compét. crim. 585.
— Délib. du cons. d'adm P34.3.40;D.Enreg.660.
— Solution.D Enreg.229.
7 Cr.c.P34.1.67;D.Procès-verb 55.
— Cr.c.P34.1.67;S34.1 480;J59.581;D.Vol.215.
— Cr.c.P34.1.139;S34.1.57;J59.150;D.Deg. de jurid.635. Dénonciat. calomn. 20.21.26.33.61. 69. Min. pub. 63. Peine.52.Presse 263.
— Cr.c.P34.1 448;D.Faux.150.
— Cr.c.P34.1 422;S34.1.48;D.Appel correct.100.
8 Paris.P34 2.111;D.Propriété litt.68.
9 Ord.P33.3.120;D.Enseig.231.
— Civ.r.P34.1 6;S34.1.282; D.Action possess. 194. Juge supp.58.Servitudes.720.
— Toulouse.P34.2.159. et 208; S34.2. 347; J60.514. 140 D.Paraphernalité.25.54.Prescrip.905. Usufr. 610.611.
— Paris.P34.2 161;S34 2.191;J59.89; D.Hypoth.174. Saisie-imm.842.
10 Ord.P33.3.120; D.Haras.5.
— Req.P34.1.32;S34.1.328;J58.504; D.Emig.556. Ordre. 46.
— Toulouse.P34.2.58;D.Don. par contr.145.
— Trib. de Valence.P34.3.82;D.Enreg.859.
11 Délib. du cons. d'adm.P33.3.77;D.Transcr. hyp.152.
— Req.P34.1.67;J58.347; D.Aveu. 102. Jug. 367. Eff. de comm.376.
— Cr.c.P34.1.52;D.Cass.863.Colonies.154.
— Civ.c.P34.1.51;J59.551;D.Cass.863.Colonies.154.
— Grenoble P34 2.72;D.Lois rét.247.Peine.76.77.
— Civ.r.P34 1.555;D.Dem. nouv.56.57 Prescrip. 355.
12 Req.P34.1.40;S34.1.204;J58.419; D.Remploi.83.
— Lyon.P34 2.48;S34 2.124;D.Remplacement.8.
— Paris.P34.2.2;S34 2.403;D Hypoth. judic.20.
— Lyon.P34.2.25;S34.2.541;D.Sépulture.6.24.
— Colmar.P34.2.82; S34.2.228; J58. 229; D. Etabl. pub. 53.54.
— Cr.r.P34.1.408;D.Cour d'ass.
13 Ord. du cons. d'état.P34.3.31;D.Dette pub. 30.
— Toulouse P34 2.112;S34 2.249;J59.296; D. Arbit. 559.
— Délib. de la rég.P34.3.47; S34.2.205; D.Enreg. 1612. 2622.
— Délib. du cons. d'adm.P34.3 67;D.Timbre. 58,
— Cr.r.P34.1.433;S34.1.374;D.Garde nat.626.816.909.
— Cr.c,P34.1.401
14 Cr.c.P34.1.66;S34.1.185; D.Fausse monnaie. 18. Cour d'ass.1157.
— Cr.c.P34.1.66;D.Chose jugée.341. Jugem.127.
— Grenoble.P34.2.70; J59 287; D. Effet de comm. 496. Preuve litt.1082.1093.1180.
— Bordeaux.P34.2.114;S34.2.429;J60.516;D.Propriété.
— Cr.c.P34.1.126;S34.1.43; D. exécut. des jug. et actes. 227.Cass.393.Presse.502.504.
16 Civ.c.P34.1.6;S34.1.125;J58.165; D.Aveu.111.
— Civ.c.P34.1.49;S34.1.61;J59.382;D.Douanes. 417.
— Bourges.P34.2.99;D.Retrait succ.71.100.106.
— Paris.P34.2.135;S34.2.184;J59.167; D.Filiat. nat. 150. Success. irrég.106.
— Nimes.P33 2.69;D.Substitution.
— Cr.c.P34.1.401;D Forêts.
17 Paris P34.2.50;D.Arbitrage.100.
— Req.P34.1.1;S34.1.14;J58.193;D.Faillite. 784.786.787.
— Civ.c.P34.1.68;D.Jugem.331.
— Civ.c.P34.1 46;S34.1.5;J58.172;D.Surenchère. 446.
— Paris.P34.2.183;S34.2.49;J58.523;D.Amende. 49.
— Délib. du cons. d'adm.P34.3.55;D.Enreg.1359.
18 Paris.P34.2.82;S34.2.102;J58.240; D.Saisie-imm.1117.
— Ch. réun P34.1.68;S34.1.182; J58.483; D.Enseig. 108.
19 Cr.c.P34 1.68;S34.1.262;D Autor. mun. 156.209.
— Cr.c.P34.1.68;D.Garde nat.998.
— Cr.c.P34.1.59;D.Cour d'ass.1687.
— Req.P34.1.79;S34.1.35; D. Compét. adm.73 Juge. 18. Supp.55.
— Paris.P34.2.65;S34.2.384;J59.80;D.Alimens.33.Etranger.145.

1834.

— Bordeaux.P34.2.146;D.Faillite.97.
— Cr.r.P34.1.395.D.Jug. par déf.568 Expertise.128.280.
— Nanci.P36.2;D.Prescrip.213.
20 Cr.c.P34.1.68;S34.1.380;J59.145;D.Cass 403.
— Ord. du cons. d'état.P34.3.30;D.Discip.194.Huiss.24.
— Bordeaux. P34.2.148; J60.539; D.Saisie-imm.309.449. 460.461.483.514.554.624.647.
— Nanci.P34.2.234;D.Vente pub. de meubles.58.
— Cr.c.P34.1.104;S34.1.111;D.Presse.215 657.
21 Ch. réun.P34.1 68;S34.1.50;J58.105;D.Voitures publ. 77.80.
— Bordeaux.P34.2.151;S34.2.271;D.Caut.55.Mand.382.
22 Lyon.P34.2 99;J59.501;D.Poste aux lettres.25.50.
23 Civ.r. P34.1.50; S34.1.503; D.Acquiesc.292,Tribunal. 122.126.
24 Req.P34.1.57;S34.1.205;J58.421;D.Brev. d'inv.11.
— Req.P34.1.70;S34.1.350;J59.565;D.Deg. de jurid.514. Exception.72.
— Bordeaux.P34.2.71; D.Lois.190.Obl.661,Pension.191. 192.
— Bordeaux.P34.2.70;D.Louage.208.209.
— Req. P34.1.164; S34.1.54; J58.230; D.Exploit.302.Surenchère.92.
— Colmar.P35.2.22;S34.2.649;D.Expertise.
26 Req.P34.1.72;S34.1.720;D.Domaines engagés.59.Motifs des jug.158.Propriété.20.
— Cr.c.P34.1.70;S34.1.189;J59.589;D.Cour d'ass.77.220. 319.384.1133.
— Paris.P34.2.77;J58.282;D.Lois.110.Propr. industr.21.
— Paris.P34.2.147;S34.2.15;D.Presse.458.459.
— Trib. de la Seine.D.Timbre.524.
27 Grenoble.P34.2 72;D.Pêche.117.
— Grenoble.P34.2.83;S34.2.299;J59.101;D.Hyp. lég.63.
— Toulouse.P34.2.125;S34.2.265;D.Poss.45.
— Ord. du cons. d'état.P34.3.31;D.Quest. pr.32.
— Cr.r. P34.1.180; S34.1.591; J60.371;D.Presse.763.764. Recel.154.
— Délib. de la régie.P34.3.44;D.Enreg.1265.
28 Grenoble P34.2.74;S34.2.397;D.Hypoth. lég.78.
— Paris.P34.2.191;D.Filiat. nat.185.195.
— Cr.r.P34.1.433;S34.1.224;J59.212;D.Cassation.91.
30 Cr.c.P34.1.66;D.Autor. mun.510.
— Trib. de comm. de Paris.P34.3.27; D.Exception.147. Lois personn.27.
— Civ.c.P34.1.406;S34.1.218; J59.470; D.Expropr. pour utilité publique.
31 Req.P34.1 54;S34.1.724;D.Douanes.113.
— Sol. min.P34.3.26;D.Garde nat.222.
— Sol. min.P34.3.26;D.*eod*.231.
— Sol. min.P34.3.26;D.*eod*.408.
— Sol. min.P34 3.26;D.*eod*.410.
— Sol. min.P34.3.29;D.Garde nat.409
— Civ.r.P34.1.140; S34.1.104; J58.221; D.Action.21.Cassation.814.Compte.13.Dem. nouv.146.Nullité.285.Ratificat 25.Usure.25
— Civ.c.P34.1 135;S34.1.171;D.Féodalité.117.
— Délib. du cons. d'adm.P34.3.44;D.Enreg.
— Grenoble P34 2.174;D.Transp. de créance.148.
— Req P34.1.333;S34 1.852;D.Privilége.94.

1834.

JANVIER.

2 Paris.P34.2.44;D.Exéc. des jugem. et actes.38.Saisie-imm.167.1615.
— Cr.c. P34.1.71; S34.1.188; J59.390; D.Cassation.126. Cour d'ass.651.1134.
— Req P34.1.74;S34.1.727;D.Exploit.288.Sais.-imm.495.
— Req.P34.1.74;S34.1.284;D.Desc. sur les lieux.56.Jug. 334.Rap. de jug.1.
— Cr.r.P34.1.169;S34.1.674;D.Exploit.183.
— Grenoble.P34.2.177;S34.2.586;D.Poste aux lettres.33.
— Rennes.P34.2.171;S34.2.899;D.Req. civ.35.71.76.
— Cr.c.P34.1.201;D.Presse.211.637.
— Montpellier.P34.2.190;D.Servitude.377.
— Agen.P34.2.251;S34.2.428;J60.284;D.Compét. admin. 254.Pêche.44.66.
— Cr.r.P34.1.169,n.;D.Exploit.183.
3 Cr.c. P34 1.73; S34.1.371; D.Garde nat.343.340.384. 412.861.873.Loi 349.
— Cr.c.P34.1.73;S34 1.234; J59.189; D.Autor. mun.523. 524.
— Ord. du cons. d'état.P34 3.36;D Trav. pub.106.
— Ord. du cons. d'état.P34.3.36;D.Contr. dir.165.
— Ord. du cons. d'état P34 3 55;D.Patente.82.
— Ord. du cons. d'état.P34.3.35; D.Conseil d'état.503. Voirie.683.684.685.
— Cr.r. P34.1.181; S34.1.375. et 372; D.Garde nat.502. 763.780.
— Cr.c. P34.1.169; S34.1.379. et 378; D.Garde nat.815. 1019.
— Cr.r. P34.1.169; S34 1.284; J60.27; D.Action publ.74. Cassation.546.
4 Cr.c.P34.1.70;J58.535;D.Enreg.167.
— Cr.c.P34.1.169;D.Témoign. faux.13.
— Cr.r.P34.1.231;S34.1.686;D Faux.30.
— Lyon.P34 2.199;S34 2.269;D.Trav. pub.142.
5 Grenoble.P34.2.203;D.Actes de comm.249.
— Trib. de Bourges.P34.3.64;D Elect. dép.76.77.
6 Civ.r.P34.1.49;S34.1.90;J58.183;D.Enreg.1244.
— Paris.P34.2.107;S34.2.131;J59.20;D.Filiat. lég.19.
— Bordeaux.P34.2.146;D.Office.102.103.Rap. à suc.291.
— Rennes.P34.2.209;D.Fonct. pub.102.
7 Civ.c.P34.1.77;S34 1.194;J58.573;D.Honor.158.159.
— Req.P34.1.76;S34.1.121;J58.203;D.Poids et mes 131.
— Ord.P34.3.29;D.Enseignement.
— Poitiers.P34.2.134;S34.2.165;J60.588;D.Servit.419.
— Bordeaux.P34.2.146;J60.351;D.Elect. dép 38.75.
— Toulouse.P34.2.147;S34.2.364;J59 286;D.Servit.274.
8 Civ.c.P34.1.75;S34.1.169;J58.284;D.Servitude.47.
— Req.P34.1.75;S34.1.12;D.Port. disp.351.
— Req.P34.1.43;D.Motifs des jugem.187.Saisie-immob. 1705.Surenchère.13.133.211.
— Paris.P34.2.101;S34.2.269;D.Domaines.
— Civ.c.P34 1.112;S34 1.281;J59.155; D.Jug.94.Trib.52.
— Rennes.P34.2.174;S34.2.616;D.Respons.551.
— Montpellier.P34.2.228;S34.2.528;D.Fabriques.176.
— Pau.P34.2.244;S34.2.546;J60.516;D.Exploit.
9 Paris.P34.2.52;S34.2.502;D.Arbitrage.651.708.709.
— Cr.r.P34.1.169;S34.1.715;D Cassation.545.
— Cr.c.P34.1.78;S34.1 256;D.Peine.234.
— Cass.S34.1.191;D.Surenchère.591.
10 Bordeaux.P34.2.102;D Faux incid 220.
— Ord. du cons. d'état.P34.3.35; D.Cont. ind.433.Frais et dépens.434.
— Ord. du cons. d'état.P34.3.34; S34.2.497; D.Frais et dépens.435.
— Trib. de comm. de Paris.P34.3.41;D.Remplacem.71. Société civ.260.
— Cr.r.P34.1.178;S34.1.660; D.Acquiesc.465,Cour d'ass. 573.Témoin 399.
— Cr.c.P34.1.169;S34.1.264;D.Autorité mun.106.
— Cr.c.P34.1.264;S34.1.666;D.Cour d'ass.1086.
11 Paris.P34 2.65;S34.2.95;D.Huiss.248.
— Bordeaux. P34.2 103; S34.2.512; J59.496; D.Absence. 121.Exploit.303.504.
— Bordeaux.P34.2.105;J59.490;D.Saisie-imm.1294.
— Colmar.P34.2.149;S34.2.195;J60.171;D.Presse.488.500.
— Cr.c.P34.1.181;S34.1.268;J59.564;D.Autor. mun.521. 522.
— Cr.c.P34.1.170;S34.1 265;D.C. d'ass.1044.Vol.174.
12 Ord.P34.3.29;D.Serment.10.
— Paris.P34.2 131;S34.2.477;J59.67;D.Purge.186.
— Bordeaux.P35.2.75;D.Assur. marit.
13 Bastia.P34.2 67;D.Elect. lég.390.
— Nimes.P34.2.111;D.arbitrage.435.
— Paris.P34.2.131;S34.2 181;J59.73;D.Hypoth.
— Paris.P34.2.144;S34.2.91;J58.291;D.Possession.
14 Paris.P34.2.22;J58.570;D.Contr. p. c.401.422.428.789.
— Paris.P34.2.27; J57.268; D.Compét. admin.302.Dom. publ.27.Exprop. publ.216.Respons.167.
— Bordeaux.P34.2.104;S34.2.554,n.; D.Servitude.633.
— Délib. du cons. adm.P34.3.48;D.Transcrip. hyp.6.
— Paris.D.Presse.168.
— Paris.D.Presse.505.
— Paris.D.Presse.601.
15 Paris.P34.2.43;D.Respons.390.
— Civ.r.P34.1.78;D.Transcrip. hyp.79.
— Civ.r.P34.1.46;D.Trib.123.132.
— Civ.r.P34.1.45; S34.1.9; J58.458; D.Audience solennelle.12.Trib.123.132.
— Req.P34.1.41;S34.1.491;J59.199; D.Liberté du comm. 23.Servitudes.757.771.
— Bordeaux.P34.2.105;S34.2.311;J60.233;D.Faillite.748. 749.750.751.
— Douai.P34.2 127;S34.2.193. et 115;J58.290;D.Exécut. testam.36.Preuve litt.136.
— Toulouse.P34.2.189;S34.2.298;J59.248;D.Nullité.275. Obl.815.
— Req.P34.1.98;S34.1.173;J58.295;D.Test.122.125.126.
16 Req.P34.1.55;S34.1.118; J59.35; D.Cass.683.Req. civ. 63.Transact.79.
— Cr.c.P34.1.78;S34.1.256;D.Peine.235.
— Poitiers.P34.2.98.S34.2.85;J58.552;D.Trib.132.
— Trib. de comm.P34.3 38; D.Propr. industr.28.Propr. littér.70.
— Cr.r.P34.1.178;S34.1.688; D.Cassation.103.Exéc. des jugem. et actes.220.
— Cr.c.P34.1.170;S34.1.581;D.Garde nat.913.
— Cr.c.P34.1.170;D.Cour d'ass.1507.
— Req P34.1.221;S34.1.120; J58.584;D.Deg. de jur.590. Success. bénéf.148.
— Grenoble.P34 2.163;J60.255;D.Disp. entre-vifs.203.
16 Lyon.P35.2.2;J60.393;D.Autor. de femme.301.
— Cr.c.P34.1 404;D.Presse.242 637.
17 Lyon.P34.2.150;S34.2.241;J58.581;D.Louage.363.364. 365.366.
— Ord. du cons. d'état.P34.3.35;D.Contr. dir.109.
— Ord. du cons. d'état.P34.3.35;D.Dette pub.53.
— Ord. du cons. d'état. P34.3.35; S34.2.498; D.Halle. Foire.7.Marché.7.
— Ord. du cons. d'état.P34.3 34;D.Postes.8.
— Ord P34.3 29;D.Enseignem.230.Tabac.75.
— Nanci.P34.2.106;S34.2.150;J59.327.
— Cr.r.P34.1.160;S34.1.415;D.Cassation.291.
— Cr.c.P34.1.170;D.Garde nat.608.
— Cr.c. P34.1.215; S34.1.764; D.Action pub.103.Réglement d'eau.2.
— Cr.r.P34.1.342;S34.1.861;D.Garde nat.924.
18 Cr.c.P34.1.72; D.Instr. cr.205 Mot. des jug.273.

— Paris.P34.2.63;S34.2.93;J58.356;D.Notaire.206.
— Paris.P34.2.100;S34.2 92;J59.592;D Soc. comm.325.
— Cr.c.P34.1.181;D.Garde nat.933.
— Cr.c.P34.1.213;D Garde nat.431.
— Rennes.P34.2.171;J60.446;D.Trib.32.
— Rennes.P34.2.167;S34 2.559;D.Commune.738.
— Cr.c.P34.1.117;S34.1 295;D.Aut. mun.143 661.
20 Grenoble.P34.2.176; S34 2.617; J60.476; D.Lois rétr. 252.Prescrip. civ.1073.
21 Req.P34.1.8;S34.1.297;D.Preuve test.49.
— Civ.r.P34.1.83;S34.1.112;J58.369;D.Motifs des jugem. 132.Prescrip.432.685
— Req.P34.1.84;D.Chose jugée.142 Intér. de cap.42.
— Aix.P34.2.81;S34.2 356;J59 137;D.Fr. et dép.213.
— Délib. de la rég.P34.3.40;D.Enreg.258.
— Délib. de la rég.P34.3.40;D.Enreg.
— Pau.P34.2 188;S34.2.555;D.Exploit.256.Jug. par déf. 396.Rad. hyp 76.97.
— Civ.r.P34.1.102;D.Douanes.75.148.
22 Civ.r.P34.1.104;D.Cassation.887.Contr. p. corps.187.
— Req.P34.1.142;D.Compét. adm.188.
— Trib. de 1re inst. de Rennes.P34.3.51; D.Enreg.489. 2403.2473.Notaire.276.
— Grenoble.P34.2.164;S34.2.383; D. Jug. par déf.351.
23 Aix.P34.2.81;S34.2.476;D.Poids et mesures.130.
— Paris.P34.2.94,n ;D.Respons.237.393.396.
— Paris.P34.2.93;D.Responsabilité.237.393.
— Cr.r.P34.1.342;D Cour d'ass.1129.
24 Lyon.P34.2.126;J59.571; D.Jug.532.Saisie-imm.1162. 1168.1418.
— Ord.P34.3.39;D.Eau.326.302.
— Ord.du cons. d'état.P34.3.39;S34.2.505; D.Resp.157.
— Cr.c.P34.1.182;J60.340;D.Voirie.648.
— Cr.c.P34.1.182;S34.1.263;J60.538;D.Evasion.31.
— Cr.r.P34.1.181; S34.1.672. et 264;J60.581; D.Compét. crim.175.503.Théâtre.26.27.
— Délib. du cons. adm.P34.3.50;D.Enreg.
— Trib. de comm. de Paris.P34.3.46;D.Actes de comm. 185.186.
— Délib. du cons. adm.P34.3.46;D.Enreg.877.
— Grenoble.P34.2.166;D.Don manuel.24.
— Cr.c.P34.1.182,n.;D.Voirie.648.
— Cr.c.P34.1.103;D.Art de guérir.18 22.
— Cr.c.P34.1.118;D.Autorité mun.213.502.503.
25 Cr.r.P34.1.90; S34.1.84; J58.565; D.Avocats.118.213. 214.221.Discip.200.
27 Civ.r.P34.1.88;S34.1.89;J54.178; D.Compét. adm.264. Octroi.101.
— Rennes.P34.2.211;D.Jugement 346.
28 Civ.c P34.1.48;S34.1.206;J59.109; D.Cassat.906.Expl. 240.Expropr. pub.148.240.
— Req.P34.1.133;D.Frais et dép 313.
— Req.P34.1.122; S34.1.115; J58.334; D.Effet de comm. 385.386.
— Délib. du cons. d'adm.P34.3.40;D.Enreg.253.1765.
— Délib. du cons. d'adm.P34.3.42;D.Enreg.395.
— Trib. de comm. de Paris.P34.3.52;D.Privil.13.
— Req P34.1.449;S33.1.206;D.Preuve litt.895.
— Cassat.D.Voirie.253.
29 Req.P34.1.81;S34.1.129; J58.457; D.Exécut. des jug. et actes.9.Cassat.888.Faill.803.Emig.154.Oblig.728. Oblig. solid.87.
— Civ.c.P34.1.105;S34.1.100;D.Colon.186.
— Bastia.P34.2.67;J59.71;D.Elect. lég.314.315.389.
— Bordeaux.P34.2 240;D.Assur. marit.466.467.
— Trib. corr.P34.3.41;D.Forêts.1063.
— Paris.P34.2.124;S34.2.174;D.Prescript.698.Reten.34.
— Civ.c.P34.1.98. et 97; S34.1.102; J59.502; D.Douanes. 198 199.
— Civ.c.P34.1.97;D.Douanes.76.
— Nanci.D.Prescript.141.
30 Trib. de comm. de Paris.P34.3.32;D.Propr. indust.
— Req.P34.1.136; D.Choses.120.Hypoth.86.Séparat. de patrimoine.22.38.
— Rennes.P34.2.214; D Acquiesc.117.347.App. civ.196. Dem. nouv.69 Ratif.68.
— Cr.r.P34.1.235;S34.1.715; D.Jug. par déf.564.Prescr. 939 Exploit 939.
— Solut. de la rég P34.3.34;D.Transcript. hyp.14.
— Cr.c.P34.1.103;J60.469;D.Forêts.798.Proc-verb.243.
31 Paris.P34.2.58;S58.357;D.Servit.642.
— Cr.c.P34.1.117;J59 391; D Contrib. ind.566.Expl.735.
— Cr.r.P34 1.182,S34.1.490;J60.455;D.Maud. d'exèc.52. Peine.67 74.78.
— Grenoble.P34.2.175;S34 2.345,J60 472;D.Dol.182.
— Pau.P34.2 191;D.Actes de comm.162.Commerç.25.
— Délib.P34.3.48;D.Enreg.1109.

FÉVRIER.

1 Cr.c.P34.1.132;S34 1.564;D.Poste aux lettres.28 29.
— Cr.r.P34.1.125;S34.1.81; D.Cassat.104.105.Coalitions. 12.13.14.Commissionn.201.
— Cr.c.P34.1.183;S34.1.416;J60.359; D.Forêts.1008.
— Cr.r.P34.1.183;S34.1.266;J59.512;D.Menaces.6.
— Nanci.P34.2.152;D Forêts.916.917.
— Rennes.P34.2 209;S34 2.579;J60.560;D.Office.95.
— Cr.c.P34.1.384;D Faux incid.88.
3 Paris.P34.2 61;D.Tierce-opp 117.
— Civ.r.P34.1.106;S34.1.98;J58.462;D.Sép. de biens.121 Cassat.762.
— Trib. de Valence.P34.3.51;D.Enreg.1233.

1834.
— Déc. du min. des fin.P34.3.48;D.Enreg.2248.
— Rennes P34.2.203;D.Compét. comm.423.
4 Req.P34.1.80;S34.1.349;D Tribun.97.
— Civ.r.P34.1.87,n.;D.Enr.29.34.195.1390.Etat pub.10.
— Civ.r.P34.1.87,n ;D.*ibid.*
— Civ.r.P34.1.87,n.;J58.341;D *Ibid.*
— Civ.r.P34 1.86.et103;S34.1.97;J58 338;D.Jug.368.Enr. 29.34.195.1390.Etablissem. pub.10.
— Civ.c.P34.1.85;S34.1.98; D.Enreg.29.34.195.1390.Etabliss. pub.10.
— Req.P34.1.105;S34.1.91; D.Huiss.26.27.Deg. de jurid. 429.
— Civ.r.P34.1.180;D.Deg. de jurid.548.Exécut. prov.35 Saisie-arrêt.153.
— Délib.D.Timbre.324.
5 Civ.c P34.1.146;S34.1.326;D.Prescript 672.
— Poitiers.P34.2.134;S34.2.164;J59.82;D. Vérif.d'éc.125.
— Paris.P34.2.126;J59.414;D.Oblig.545.
— Toulouse.P34.2.176;D.Ventes.325.
— Lyon.P34.2.153;S34.2.224;J59.332;D.Servit.349.
6 Cr.c.P34.1.118;S34.1.362;D.Cour d'ass.543.544.
— Ord.P34.3 34;D.Majorat.
— Cr.r.P34.1.356;D.Cour d'ass.257.308.Inst. crim.852. motifs des jug.341.
— Cr.c.P34.1.120;D.Cour d'ass.243.
7 Cr.c.P34.1.92;D.Fonct. pub.419.
— Lyon.P34.2.128;S34.2.337; D.Appel civ.435.Délai.34. Exception.381.
— Ord. du cons. d'état. P34.3,39; D.Compét. adm.267. Péage.32.
— Ord. du cons. d'état. P34 3.38;D.Respons.142.
— Ord. du cons. d'état.P34.3.38;D.Mandat.228.Place de guerre.114.
— Ord. du cons. d'état.P34.3.38;D.Contrib. dir.94.
— Cr.r.P34.1.183; S34.1.360; D.Cour d'ass.78.160.187. 580.1394.Inst. crim.473.474.482.483.
— Cr.c.P34.1.182;D.Complicité.221.
— Délib. de la rég.P34.3.55;D.Enreg.785.
— Cr.c.P34.1.380,D.Régl. de juges.401.
8 Paris.P34.2.119;S34.2.87;J58.452;D.Privil.176.
— Paris.P34 2.123;S34.2.380;J58.579;D.Huiss.244.Preuve.18 Subrog.50.
— Cr.c.P34.1.184;S34.1.299;J59.583;D.Vol.
— Cr.r.P34.1.172;S34.1.156;D.Presse.503.
10 Civ.r.P34.1.47;S34.1.87;J58.344;D.Enreg.2246.
11 Req.P34.1.87; S34.1.713; J59.181; D.Mandat.257.393. 421.469.
— Req.P34.1.112;S34.1.115;D.Assur. terrest.133.Cassat. 816.Louage.367.
— Civ.r.P34.1.108;S34 1.280;J59.472;D.Propr.222.224.
— Paris.P34.2.135;S34.2.167;J59.368;D.Colonies.172.
— Délib. de la rég.P34.3.42;D.Enreg.1827.
— Req.P34.1.216; D.Compét. comm.273.366 Jugem.138. Deg. de jurid.865.
— Délib. de la rég.P34.3.48; D.Enreg.369.465.466.2018.
— Délib. de la rég P34.3.60;D Enreg.1134.
— Délib. de la rég.P34 3.59;D.Enreg.1405.
— Délib. de la rég.P34.3.59;D.Enreg.2478.
12 Civ.r.P34.1.111; S34.1.199; J58.416; D Enreg.1406. 1407 2476.2872.
— Req.P34.1.153;S34.1.190;J59.145; D.Action poss.284. Commune.31.
13 Req.P34.1.120;J59 138; D.Action.8.Jugem.508.Motifs des jug.110.Preuve.41 Propr.19.
— Req.P34 1.118; S34.1.205; J59.131; D.Action.8.Action possess.25.Jugem.508.Motifs des jug.110.Propr.19.
— Req.P34 1.94;J59.528;D.Commune.425.
— Cr.c.P34.1.151;D.Forêts.703.Procès-verb.263.
— Cr.c.P34.1.171;S34.1.665; J59 582; D.Affiches.15.Aut. mun.528.
— Cr.c.P34.1.170.S34.1.554; D.Autor. mun.341.345.346.
14 Paris.P34 2.50;S34.2 651;J59 518; D.Preuve test.111. Retr. succ.18.103.105.
— Cr.c.P34.1.184;S34.1.360;D.Voirie.732.
— Cr.r.P34.1.189;D.Garde nat.946.
— Cr.r.P34.1.217; S34.1.664; J60.336; D.Cass.1088.Jug. par déf.528.Deg. de jurid.619.Délai.12.Tém.260.261.
— Délib. du cons. d'adm.P34.3.51; D Choses.52.Enreg. 1784.
— Délib. de la rég.P34.3.55;D.Enreg.1195.1198.
— Délib. de la rég. P34.3.59; D.Enreg.2258.Transcript. hyp.108.
15 Paris.P34.2.53;D.Propriété litt 66.69.
— Paris.P34.2.153;S34 2.145;J59.257; D.Assur. terr.111.
— Grenoble.P34.2.170;J60.450;D.Assur. terr.132.
— Cr.r.P34.1.289; S34.1.79; J59.34; D. Presse. 462.468. 535.606.
— Cr.c.P34.1.453;S34.1.122; J59.147; D.Cour d'ass.1341. 1437.
— Ord. du cons. d'état.P34.3.24;D.Trav. pub.25.66.
16 Loi.P34.3.29;S34.2 144;D.Presse.
17 Civ.c.P34.1 106;D.Inscript. hyp.474.
— Poitiers.P34.2.179;D.Privil.138.
18 Riom.P34.2 59;S34.2.260; D Jugem.12.Deg. de jurid. 66.Propr. indust.7.8.9.15.16.
— Ord.P34.3.55;S34.2.328;D.Expropr. publ.78.
— Loi.P34.3.29;D.Pension.68.
— Civ.c.P34.1.126;S34.1.168;J59.149;D.Deg. de jur.899.
— Délib. de la rég.P34.3.58;D Enreg.2419.2420.
— Nîmes.P34.2.230;S34.2.276;J59.566;D.Dot.216.

1834.
— Loi.P34.3.29;D.Pension.68.69.
19 Bourges.P34.2.99;S34.2.602;D.Appel incid.48.
— Req.P34.1.129;S34.1.748;D.Avaries.76 Mandat.187.
— Paris.P34.2.183;D.Jugem. par déf.273.
— Req.P34.1.103;J59.124;D.Compte.155.
20 Paris.P34.2.54;S34.2 92;D.Faillite.225.
— Req.P34.1.146;S34.1.166;D Emig.513 351.
— Paris.P34.2.132;S34.2.160;D.Privil.519.
— Cr.c.P34.1.184;S34.1.383;J60.159;D Art de guérir.62.
— Req.P34.1.218;S34.1.178;D.Régl. de juges.8.
— Cr.r.P34.1.217;S34.1.716;J60.337;D.Serment.118.
— Montpellier.P34.2.180;D.Inscript. hyp.243.
— Cr.c.P34.1.185,n.;D.Art. de guérir.62.
21 Req.P34.1.147;S34.1.212;J59.353;D.Compét. adm.402. Eau.435.436.Motifs des jug.162.Expert.10.Propr.56.
— Trib. de la Seine.P34.3.46;D.Brevet d'inv.54.125.
— Rennes P34 2.161; D.Chose jugée.171.Partarge.215. Port. disp.597.672.717.
— Loi.P34.3.29;D.Pension.68.69.
22 Paris.P34.2.60;D.Action pers.34.
— Cr.c.P34.1.132;S34.1.382;D.Forêts.757.
— Cr.c.P34.1.152;S34.1.110;D.Délit polit.9.Presse.638.
— Cr.r.P34.1.210;D.Voitures pub.155.156.
— Cr.c.P34.1.282;D.Cassat.850.Presse.101.136.
— Cr.r.P34.1.342;D.Chose jugée.408.Motifs des jug.283. Voit. pub.155.
23 Loi.P34.3 29;D.Gendarmerie.
24 Montpellier.P34.2.76;S34.2.378;J60.562;D.Jour férié. 40.
— Civ.c.P34.1.107;S34.1.78;J58.466;D.Fruits.74.Prescr. 766.
25 Paris.P34.2.56;S34.2.86,J58 542;D.Rente.120.
— Montpellier.P34.2.78;D.Success.
— Bourges.P34.2.78. et 100;D.Except.232.
— Req.P34.1.117;D.Disposit. ent. vifs 45.
— Bastia.P34.2.109;J60.259;D.Appel civ.397.
— Req.P34.1.193;S34.1.196; J58.377;D.Frais et dép.270. 277.278.279.Honor.140.
— Req.P34.1.192;J59.434;D.Frais et dép.82.Hypoth.lég. 136.Respons.372.
— Délib. de la rég P34.3.59;D.Enreg.1400.
— Lyon.P35.2.159;D.Pérempt.75.
26 Bastia.P34.2.108;S34.2.608;D.Pérempt.105.124.
— Req P34.1.122;S34.1.176;J58.586; D.Dot.235.253.
— Nîmes.P34 2.101;J59.323;D.Hypoth. lég.80.
— Civ.r.P34.1.164;S34.1.314; D.Acquiesc.11.491.Arbitr. 1012.Compét. adm.203.Dom. de l'ét.47.120.
— Req.P34.1.177,S35.1.222; D.Faillite.300.1418.Jugem. par déf.424.426.Saisie-arr.164.
— Lyon.P34.2.199;S35.2.159;D.Remplac.83.85.
— Toulouse.P35.2 175;D.Pérempt.288.
27 Cr.c.P34.1.211;J60.98; D.Cour d'ass.790 997.Jug. par déf.583.Presse.703.Serment.116.
— Cr.c.P34.1.210;S35.1.306;D Forêts.418.
— Grenoble.P34.2.168;S34.2.367;D.Assur. terr.38.Caut. 171.Oblig.826.
— Douai.P34.2.177;S34.2 593;D.Success. irrég.99.
— Req.P34 1.542; D.Domicile.9.23.77.Exploit.463.Sais-imm.1544.
28 Req.P34.1.93; S34.1.211. et 208; J59.464; D.Dot.376. 387.
— Paris P34.2.121; D.Ordre.128.551.
— Req.P34.1.130; S34.1.268; J59.422; D.Capitaine.152. 185 Douanes.114.115.
— Poitiers.P34.2.155;S34.2.167;D.Autor. de femme.286. Communauté.342.
— Cr.c.P34.1.211;S34.1.763;D.Jug.prép.127.Voirie.609.
— Cr.c.P34.1.248;D.Procès-verb.209.
— Cr.c.P34.1.360;S34.1.418;D.Frais et dép.384.

MARS.

1 Cr.r.P34.1.113;S34.1.65; J58.583; D.Cassat.837.Chose jugée.350.Lois.323.Propr. litt.22.23.105.
— Cr.c.P34 1.188;D.Garde nat.121.369.
— Cr.c.P34.1.186;S34.1.379;D.Cass 402.
— Toulouse.P34 2.154;D.Arbitr.616.
— Cr.r.P34.1.343;D.Garde nat.757.
— Cr.c.P34.1.188;S34.1.382;J59.550;D.Art de guérir.15. Sépulture.23.
— Cr.c.P34.1.188.n.;D.Garde nat.121.369.
2 Paris.P34.2.185;Saisie-imm.1713.1737.
— Ord.P34.3.33;D.Garde nat.
3 Paris.P34.2.96;S34.2.85;J58.580;D.Resp.529.
— Civ.c.P34.1.125;S34.1.220;J59.13; D.Cass.1061.Eff. de comm.537.760.
— Colmar.P35.2.9;S34.2.677;J59.547; D.Sép. de patrim. 74.88.
4 Civ.c.P34.1.96;S34.1.980;J59.126; D.Compét. adm.82.
— Req.P34.1.150;S34 1.752;D.Cassat.775.Preuve litt.30.
— Paris.P34.2.115;S34.2.221. et 209;J59.340;D.Cautionn. de fonctionn.41.52.
— Req.P34.1.226;S34.1.756; D.Hypoth. jud.24.Inscript. hypoth.58.
— Req.P34.1.187;D.Action.74 Appel incid 50.
— Bordeaux.P34 2.175;J60 512;D.Commissionn.67.Faillite.1153.1172.
— Délib. de la rég.P34 3.58;D.Amende.30.
— Civ.r.P34.1.287;D.Lois personn.67.69.Dot.276.Preuve litt.937.Remploi 93.
5 Civ.c.P34.1.152;D.Jugem.45.

— Req.P34.1.156; J58.536; D.Compte courant.9.Preuve test.339.
— Civ.c.P34.1.155;S34.1.597;J59.441;D.Intér. de cap,20. Motifs des jug.85.86.
— Paris.P34.2.218;S34.2.178;J59.83; D.Inscrip. hyp.369.
6 Req.P34.1.144;J59.8;D.Enreg.1926.1974.2882.
— Cr.c.P34.1.144;D.Forêt.799.
— Req.P34.1.157;S34.1.182;J59.271; D.Action.75.Cassat. 811.Référé.21. Sequestre.50.
— Cr.c.P34.1.190;S34.1.416;J59 515;D.Procès-verb.186.
— Cr.r.P54.1.189;S34.1.445; D.Autor. mun.88.89.90.118. 211.
— Bordeaux.P34.2.169; J60.451; D.Saisie-imm.9.Surenchère.131.
— Paris.P34.2.166;S34.2.308; J59.202; D.Hypoth.49.Privilége.271.
— Cr.r.P34.1.350;D.Garde nat.824.
— Cr.r.P34.1.343;D.Forêt.149.
— Trib. de Compiègne.P34.3.81; D.Hypoth.
— Cr.c.P34.1.189;S34.1.579;D.Garde nat.644.
7 Req.P34.1.187; S34.1.216; J58.425; D.Cassat.723.Jour férié.61.Preuve test.33.Vente.841.
— Cr.c.P34.1.223;D.Enseign.109.
— Grenoble.P34.2.164;J60.287;D.Voit. publ.171.
— Cr.r.P34.1.298;S34.1.763;D.Voirie.749.
— Cr.r.P34.1.350;S34.1.374;D.Garde nat.604.
8 Ch. réun.P34.1.96;S34.1.858; D.Garde nat.904.
— Ch. réun.P34.1.89;S34.1.161; J60.216; D.Fonct. pub. 52.Nullité.76.Exploit.279.284.
— Riom.P54.2.151;S34.2.177;J59.68;D.Purge.186.
— Ch. réun.P54.1.186;S34 1.214;J59.587;D.Forêt.1025.
— Toulouse.P34.2.176;S54.2.378;J60.562;D.Jour fér.45.
— Paris.P34.2.185;J59.65;D.Commune.642.
9 Aix.P34.2.182;D.Nullité.260.
10 Bourges.P34.2.77;S34.2.307;J60.392; D.Testam.239.
— Civ.r. P34.1.171; S34.1.800; D.Prescrip.406.409.871. 878.
— Toulouse. P34.2.200; S35.2.174; D. Frais et dép. 377. Destruct.30.Propriété.13.Trav. pub.79.199.
11 Paris.P34.2.102;S34.2.552;J59.65;D.Comp. comm.56.
— Civ.r.P34.1.148;S34.1.489; D.Chose jug.16.Commune. 250.Délai.93.
— Req. P34.1.153; S34.1.345; D.Cassat. 720. Hypoth.88. Hyp. conv.4 Domm. int.75.Tierce-opp.88.
— Civ.c. P34.1.185; S34.1.154; J49.5; D.Cassat.860.Port. disp.54.57.Révoc.251.
— Délib. de la rég.P34.3.55; D.Enreg.257.469.
— Req.P34.1.270;S34.1.178; J59.24; D.Don. par cont.38. Rapp. à succ.115.
— Paris.P54.2.150;S34.2.180;J59.97; D.Louage.251.Respons.404.
12 Civ.c.P34.1.135;S34.1.251;J59.451;D.Jugem.92.
— Trib. de la Seine.P34.3.45;D.Oblig.292.
— Req.P34.1.222; S54.1.260; J60.334; D.Action.92.Emig. 435.
— Rennes.P34.2.205;D.Trib.132.
— Aix. P34.2.189; S34.2.377; D.Avocat.144. Honoraires. 24.33.
— Bordeaux. P54.2.185; D.Intér. de cap.181. Port. disp. 568.
— Req. P34.1.344; D.Chose jugée.292. Commerçant.140. Compét. comm.53 Louage d'ouvrage et d'ind.49.Ouvrier.2.Expertise.18.Prescrip. civ.1051.
13 Bourges. P54.2.140; S34.2.069; J60.240; D.Avocat.166. 167.168.
— Ord.P34.3.33.
— Grenoble.P34.2.165;D.Aveu.97.212.
— Grenoble.P34.2.197;D.Respons.440.550.
— Req.P34.1.248;D.Motifs des jug.192.
— Cr.r.P34.1.350;D.Garde nat.646.
— Cr.c.P34.1.345; D.Motifs des jug.263.
— Cr.r.P34.1.389;D.Aut. mun.175.208.592.593.Lois.396. Motifs des jug.102.Peine.155.Quest. pr 90.
14 Req.P54.1.142;S34.1.257; J59.42; D.Cassat.767.Novat. 781.
— Paris.P54.2.143;S34.2.159;D.Mariage.640.
— Cr.c.P34.1.190;D.Min. pub.355.
— Cr.r.P34.1.215; D.Garde nat.781. Instr. crim.429. Exploit.268.
— Cr.c.P34.1.210;D.Garde nat.499.
— Bordeaux.P34.2.160;D.Condition.211.
— Délib. de la rég.P34.3.55;D.Enreg.2070.
— Délib. de la rég.P34.3.60;D.Enreg.2249.
— Ord. du cons. d'état.P34.3.58;D.Cons. d'état.261.
— Cr.r.P34.1.347;D.Garde nat.978.
— Cr.c.P34.1.347; D.Garde nat.817.826.
— Cr.c.P54.1.377;D.Forêt.697.
— Cr.c. P34.1.394; S34.1.378; D.Garde nat.876.Compét. cr.242.
— Cr.c.P34.1.394;S34.1.440;D.Militaire.88.
— Cr.r.P34.1.347;D.Garde nat.827.840.
15 Cr.c.P34.1.171;J59.495;D.Cour d'ass.1585.
— Trib. de comm. de Paris.P34.3.46;D.Théâtre.208.220.
— Bordeaux.P34.2.165;D.Dem. nouv.90.Louage d'ouvr. et d'ind 61.
— Rouen.P35.1.304;D.Success.396.
— Toulouse. P35.1.173; S34.2.537; J60.501; D.Success. irrég.65.
17 Ass. de la Seine.P34.2.122;S34.2.343; J59.565;D.Cour d'ass.111.

1834.

— Civ.r.P34.1.155;S34.1.257;D.Société com.116.
— Paris.P34.2.121;S34.2.640;D.Hypoth. lég.157.
— Pau.P34.2.171;S34.2.596;D.Louage.522.
— Paris.P34.2.157;S34.2.194;D.Nantiss.118.
— Ord.P34.3.53.
18 Civ.c.P34.1.171;D.Colonie.155.
— Req.P34.1.222;J60.39;D.Motifs des jug.101.Nom.86.
— Req.P34.1.227;S34.1.830;J60.84; D.Emig.511.Success. 298.Success. vac.4.
19 Civ.c.P34.1.223;D.Motifs des jug.45.87.
— Req.P34.1.209,S34.1.797;D.Avaries.94.
— Bordeaux.P34.2.167;S54.2.390;J60.557; D.Commune. 725.745.
— Rennes.P34.2.162;D.Servitude.305.775.
— Civ.r.P34.1.340;S34.1.838;J60.494;D.Action poss.196. 197.218.222.
— Rennes.P34.2.214;D.Réc. de juges.56.
— Req. P34.1.339; D.Cassat.719. Caution.10. Motifs des jug.155.Oblig.262.
— Pau.P34.2.231. et 35.2.58;S54.2.441;D.Droit civ.50.
— Trib. de Compiègne.P34.3.79;D.Enreg.457.
20 Paris.P34.2.152;S34 2.159;D.Etranger.111.
— Bordeaux. P34.2.194; S34.2.375; D.Fruits.28. Rapp. à succ.218.219.
— Cr.c.P34.1.347;D.Complicité.42.
— Cr.c.P34.1.347;D.Vol.256.
21 Sol. min.P34.1.51;D.Garde nat.270.
— Paris.P35.1.279.
— Sol. min.P34.3.51;D.Garde nat.
— Ord. du cons. d'état.P34.3.58; D.Patente.79.
— Ord. du cons. d'état.P34.3.58;D.Contr. dir.127.
— Ord. du cons. d'état. P34.3.57; D.Contr. dir.122.174. 226.
— Ord. du cons. d'état.P34 3.57;D.Pension.41.
— Ord. du cons. d'état.P34.3.57;D Pension.44.
— Cr.r.P34.1.348;S34.1 442; D.Faux.284.
— Cr.c.P34.1.348;S34.1.370; D.Garde nat.162.
— Cr.r.P34.1.348;S34.1.381;D.Voies de fait.34.35.
— Cr.r.P34.1.380;D.Aut. mun.322.Jugement.418.
— Ord.P34.3.54;D.Bourses de comm.31.
22 Paris. P34 2.129; S34.2.190; J59.171; D.Communauté.52.
— Cr.c.P34.1.216;S34.1.373; D.Garde nat.515.640.641.
— Bordeaux.P34.2.159;S34.2.460; D.Partage.285.Surenchère.427.
— Cr.c.P34.1.280;S34.1,278;D.Octroi.190.
— Pau.P35.2.36;S34 2.432;J60.516;D.Appel. Exécut. des jugem.
24 Paris. P34.2.122; S34.2.860; J59.111; D.Partage. 107. Tierce-opp.145.
25 Paris.P34.2.110;D.Compét. adm.90.
— Ord.P34.3 36;D.Organ. adm.16.
— Req.P34.1.141;J58.577;D.Enreg.2451.
— Req.P34.1.137;S34.1.272;J59.487;D.Communauté.232. 1096.Hypoth. lég.154.
— Civ.c.P34.1.157;J59.48;D.Port. disp.444.
— Req.P34.1.222;D.Saisie-imm.1668.1669.
— Trib. civ. de Paris.P34.3.49;D.Purge.195.
— Paris.P34.2.157;S34.2.197;D.Dr. civ.74.76.
26 Req.P34.1.149;D Instr. par écrit.18.
— Civ.c.P34.1.155;S34.1.324;J59.429;D.Cassat.322.Conflit.140.
— Req.P34.1.162;S34 1.249;J59.485;D.Exploit.283.
— Req.P54.1.220;S34.1.762;J60.261;D.Avoué.34.Jug. p. déf.258.Désaveu.70.179.Mandat.207.
— Ass. de la Seine.P34.2.182;S34.2.276; J59.47;D.Complicité.118.
— Bordeaux. P34.2.186; S34.2.373; J60.478; D. Faillite. 271. Dem. nouv.35.Privilége.269.272.
— Civ.c.P34 1 548;S34.1.525;J60.205;D.Frais et dép.25. Intervention.50.
— Req.P34.1.250;S34.1.760; D.Preuve litt.5.Mandat.207.
27 Trib. de comm. de Paris.P34.3 43;D.Avocat.153.154.
— Cr.c.P34.1.349;S34.1.451;D.Vol.346.
— Cr.r.P34.1.348;D.Interprète.7.
— Cr.c.P34.1.347;S34.1.452;D.Complicité.42.
30 Loi.P54.3.36;S34.2 323;D.Organ. adm.16.
— Pau.P54.2.238;D.Louage à culture perpét.13.Réal.9.
— Ord.P34.3.56;D.Monnaie.36.

AVRIL.

1 Civ.c.P34.1 138;S34.1 248,J59.230;D.Enreg.3032.
— Req.P34.1.194;S34.1.794;D.Compét.adm.168.Mandat. 180.Société comm.241.242.
— Loi.P34.3.36;D.Monnaie.36.
2 Inst. de la rég.P54.3.52;S34 2.373;D.Inscrip. hypoth. 141.
— Civ.c. P34.1.552; S34.1.666; J59.263; D.Lois rétr.197. Port. disp.128.
3 Paris.P34.2.101;D.Saisie-imm.796.
— Ord. du cons. d'état.P34.3.59;D.Pension.117.
— Ord. du cons. d'état.P34 3.58;D.Patente.57.
4 Cr.c.P34.1.172; S34.1.157;J59.138;D.Cass.855.Presse. 428.429.430.
— Délib. de la rég.P34.3 55;S34.2.372; D.Enreg.442.
— Cr.r.P34.1.264;D.Compét. cr.721.
5 Aix.D.Révoc.24.
6 Ord.P34.3 37;D.Ministère.10.
7 Civ.r.P34.1.224; S54.1.252; J59.311; D.Cassation.867. Port. disp.296.

1834.

— Toulouse.P34.2.243;S34 2.341;J60.555;D.Partage.
8 Loi.P34.3.53;D.Liste civ.
— Civ.r. P34.1.163; S34.1.225; J59.192; D.Eff. de comm. 645.
— Civ.c.P34.1.176;S34.1.662;J59.378;D.Pl. de guerre.57.
— Req.P34.1.256;D.Chose jugée.177.Hypoth.84.
— Req.P34.1.235;D.Cassat.892.Tutelle.537.
— Bastia.P34.2.182;S34.2.584; D.Société civ.64.
— Délib. de la rég.P34.3.81;D.Enreg.2012.
— Paris.P34 2.190;S34.2.307;J59.175; D.Ass. terrest.39. Privilége.164.
— Req.P34.1.224;D.Compét. civ.101.Date.37.38.
9 Ass. de la Seine.P34.2.109;D.Déf.128.
— Civ.c.P34.1.152;S34.1.428;J59.467;D.Fonct. pub. 24. Dom. de l'état. 51.55.
— Req.P34.1.121;S34.1.231;J59.45; D.Faillite. 987. Lois rétroact.102.
— Civ.r.P34.1.164;S34.1.247;J59.360;D.Frais et dépens. 90.Dom. de l'état.86.
— Trib. de Saint-Quentin.P34.3.58; D. Elect. dép. 121. 122.123.
10 Paris.P34.2.114;S34.2.923;J59.251; D.Choses.86.
— Loi.P54.3.38;S34.2.207;D.Associations.
11 Req.P34.1.225;S34.1.241;J59.362; D.Port. dispon.46.
— Req.P34.1.195;S34.1.245; J59.111; D.Saisie-imm.633. 634.
— Paris.P34.2.156;D.Référé.51.
— Instr. de la rég.P34.3.55;D.Enreg.35.1291.
— Ord. du cons. d'état.P54.3.60;D.Armée. 12.
— Ord. du cons. d'état.P34.3.59;D.Naturalis.18.
— Ord. du cons. d'état.P34.3.59; D.Patente.120.
— Paris.P34.2.225;S34.2.389; J59.460; D. Eff. de comm. 540.
12 Cr.c.P34.1.168;S34.1.289;D.Compét. crim.729.730.
— Cr.c.P34.1.213;S34.1.288; J59.378; D. Action civ. 18. Action pub.6.Autor. mun. 128.135.181.650.
— Paris.P34.2.156;S34.2.616;D.Actes de comm.36.
— Cr.r.P54.1.237;J60.483;D.Cass.872.Courtier. 120.121. Motifs des jug.151.287.Nullité 5.Exception.317.
— Paris.P34.2.190;D.Acquiesc.407.Dem. nouv.66.
— Cr.c.P34.1.324;D.Autor. mun.612.
14 Civ.r.P34.1.190;S34.1.270;J59.185;D.Enreg.179.
— Bastia.P34.2.182;S34.2.594; J60.578; D. Caution. 28. Lois rétroact.194.Nullité.279.Propriété.166.Succ.360.
15 Paris.P34 2.113;S34 2.414;D.Actes de comm.129.
— Req.P34.1 227;D.Cassation.857.
— Civ.c.P34.1.195;S34.1.650;D.Acquiesc.202.Arbitrage. 492.Cass.22.Mines.36.Société civ. 49.
— Req.P34.1. 234; D. Mandat. 227. Motifs des jug. 189. Oblig.68.
— Toulouse.P54.2.228;D.Filiat. nat.129.
— Req.P54.1.345.D Preuve litt. 83.
— Délib. de la rég.P54.3.81;D.Enreg 288.
— Solut. de la rég.P35.3.7;D.Enreg. 1571.
16 Req.P34.1.167;S34.1.246;J59.50; D.Notaire.165.
— Civ.c.P34.1.217;S34.1.343;J59.253; D.Emig.456.Prescrip.668.
— Civ.c.P34.1.209;S34.1.399;J59.535; D.Commune.135. Jug.167.
— Douai.P34.1.349;D.Lois rétroact.199.
17 Sol. min.P34.3 52;D Garde nat 268.
— Req.P34.1.230;S34.1.759;D.Port. dispon.127.
— Req.P34.1.228;S54.1.233;J59 108;D.Capitaine.30.
— Ord. du cons. d'état. P34.3.60; D. Frais et dép. 454. Sel. 24.
— Ord. du cons. d'état.P54.3.65; D.Traitement.5.
— Ord. du cons. d'état.P34.3.62; D.Cons. d'état.40.
— Ord. du cons. d'état.P34.3.60; D.Contr. directes.178.
— Cr.r.P34.1.350;S34.1.556;D.Motifs des jug. 255. Publ. des jug 77.Voies de fait. 41.
— Req.P34.1.546;S34.1.276; D.Arbitrage. 75. Cass. 765. Présomp.72.Société comm.87.
18 Cr.r.P34.1.353;S34.1.528;D.Tribunal. 1174.
— Cr.c.P34.1.351;S34.1.558;D.C. d'ass. 1400. Peine. 165. Tentative. 28.
— Req.P34.1.211;S54.1.269;J59.210;D.Enreg.1280.
19 Paris.P34 2.112; S34.2.297; J59.302; D.Actes de l'état civ.154.
— Cr.r.P34.1.383;D.Autor. mun. 578.
— Cr.c.P34.1.384;S34.1.523;D.Autor. mun.141.172.651. Liberté du comm. etc.11.
21 Rennes.P34 2.146;S54 2.388;D.Théâtre. 49.
— Civ.r.P34.1.214;D.Action.8.Action possess.26.42.343. Jugem.137.
22 Paris.P34.2.102;S34.2.278;J59.254; D.Hospices.57.
— Req.P34.1.228;J60.271; D.Action.76. Contrat de mariage.64.Mandat. 208.
— Req.P34.1.353;D.Nantiss.80.Vente.7.
23 Req.P54.1.178;S34.1.230;J59.406;D.Faillite.696.
— Req.P34.1.238;S34.1.746;J59.544;D.Oblig.620.Société civ.153.
— Req.P34.1.255;S34.1.255;D.Exploit.102.
— Riom.P34.2.177;S34.2.410;D.Partage.199.
— Nanci.P35.2.184;S35.2.458;D.Poss.126.
24 Req P34 1.219;S54.1.274;D.Legs. 27.28.
— Req.P34.1.209;J59.536; D.Arbitrage.34.543. Compét. civ.57. 85.
— Paris.P34.2.129; S34.2.445; J59.252; D.Appel correct.
— Paris.P34.2.129;S34.2.262;J59.206;D.Propriété industrielle.51.

— Req.P34.1.251;S34.1.288;J59.419;D Jug..159.265.342.
— Paris P34.2.181; S34.2.218; J59. 553; D. Cautionn. de fonctionn.55.
— Cr.c.P34 1.558. et 583; D.Autor. mun. 122. 129. 375. Quest. pr. 92.
— Cr.c P34.1.352;D.Autor. mun.369. Inscrip. hyp. 355.
— Cr.r.P34.1.352;D Appel correct.11.
— Cr.c.P34.1.352;S34.1.555;D.Action pub. 13.17. Autor. mun.545.347.Instruct.cr.376.Jug.pr.128.Min. pub.75.
— Cr.c.P34.1.351;D Assoc. de malfaiteurs.10.
— Bordeaux.P36.2.21;S34.2.461;D.Succ. irrég. 103. 104.
— Cr.r.P34 1.396;D.Cour d'ass. 44.
25 Sol. min.P34.3.52;D.Garde nat.23.
— Ord. du cons. d'état.P34.3.62;D.Voirie. 702.703.
— Ord. du cons. d'état.P34.3.62;S34.1.509;D.Elect dép. 185.
— Aveyron.P34 3 62.n.;D.Elect. dép 185.
— Ord. cons. d'état P34.3 61;D.Contr. directes.223.
— Ord. du cons. d'état.P34.3.61;D Patente.63.
— Ord. du cons. d'état.P34.3.61;D. Poids et mes. 52 53.
— Cr c.P34.1.327;S34.1.558;D.Tapage.22.Témoin.299.
— Cr.c.P34.1.327;S34.1.550;D. Délit rural.124.
— Cr.c.P34.1.377;D.Juge supp.170.Juri. 4.
— Ord.D.Compét. adm 269.
— Cr c P34.1.354. et 377;D Fonct. pub.420.
— Cr.r.P34.1.354;S34.1.835;D Serment.110.
26 Cr.c.P34.1 219;J60 348;D.Agent diplom.37.38.
— Cr.c.P34.1.354;S34.1.553;D.Autor. mun.250.
— Cr.c.P34.1.355;D.Renvoi.93.
29 Req.P34.1.170; S34. 1. 293; J59. 298; D. Transport de créance.190.220.221.
— Civ.r.P34.1.231;S34.1.351;J60.14; D.Dot.281.
30 Req.P34.1.174;D.Purge. 174.
— Req.P34.1.174;D.Purge.174.
— Civ.c.P34.1 212;S34.1.342; D.Enreg. 2067.
— Civ.r.P34.1.212;S34.1.341;J60 138;D.Req. civ.137.
— Req.P34.1.210;S34.1.670;J59 556;D.Compét. adm 63.
— Civ.r.P34.1 264;J60.79;D.Mot. des jug 188.Enr.2733.
— Nîmes.P34.2.239;S34.2.551; D.Sép. de corps.51.
— Req.P34.1.340,S34.1 444; J59.338; D. Cassation.815. Tutelle.147.148.173.253.265.
— Nanci.D.Prescrip.55.

MAI.

1 Loi.P34.3.45;S34.2.373;D.Etranger.19.
2 Paris.P34.2.202;D.Dem. nouv.143.Etranger. 87.
— Ord. du cons. d'état.P34.3.62;S34 2.512;D.Elect. dép. 116.
— Ord. du cons. d'état.P34.3.62;D.Req. civ.109.
— Ord. du cons. d'état P34.3.61;D.Expertise. 399.
— Cr r.P34.1.435;D.Déf.137.Presse.190. Tém.323.324.
— Toulouse.P35.2.16;S34.2.425;D.Propriété. 261.
3 Loi.P34.3.49; D.Domaine.
— Cr.c.P34.1.223;S34.1.374; J60.584; D.Attroupement. 11.25.Destruct.28.Presse. 90.91.
— Paris.P34.2.170; S34.2. 505, J59.291; D. Droit civ. 40. Exception.61.
— Cr.c.P34.1.312;S34.1.587;D.Aut. mun.105. Chasse. 35.
— Cr.c.P34.1.356;D.Exploit.945.
— Cr.c.P34 1.555;S34.1.577;D.Chasse.43.
— Cr.c.P34.1 358;D.Réc. de juges. 26.66.
— Cr.c.P34.1.355;D.Réc. de juges.13.26.66.
— Cr.r.P34.1.434;S35.1.779;D.Cour d'ass. 575.577. 582. 835.846.849.1263.1353.
5 Civ.r.P34.1.212;S34.1.543;J59.321; D Dom. cong. 28.
— Civ.c.P34.1.233;S34.1.403; J60.543; D. Prescript. 392. 500.Exploit 245. 892.
— Grenoble.P34.2.226;S34.2.491;J60.540; D Servit. 114.
6 Civ.r.P34.1.239;S34.1.786;D.Serment déc.13.47.
— Req.P34.1.327;J59 258;D.Enreg. 2891.
— Req.P34.1.304;D.Expertise.176.234.
7 Req.P34.1.198;D.Forêts.9 316. Dom. de l'état 6.8.
— Civ.r.P34.1.240;S34.1.339;J59.504;D.Enreg 405.
— Civ.c P34.1.261;S34.1.543;J60. 406; D. Compét. adm. 322.Voirie.750.
— Civ.r.P34.1 339;D.Acquiesc 321.Cass.939.Dem. nouv. 67.Ordre 508.Exprop. pub. 57.
— Délib. de la rég.P34.3.80;D.Enreg.
9 Req.P34.1.242;J60.65;D.Aven.17. Lois. 109. Trib.89. 126.
— Req.P34.1.241;S34.1.323;J60.45;D.Faillite.322 Motifs des jug.154. 198.
— Trib. comm. de Paris P34.3.59;D.Propriété litt. 90.
— Ord. du cons. d'état P34.3.65;D.Eau.271.
— Ord. du cons. d'état. P34.3.62; S34. 2. 511; D. Elect. dép.180.
— Ord. du cons. d'état.P34.3.62;S34.2.512;D.Elect. dép. 178.
— Grenoble.P34.2.207;D.Presse.214.365.
— Ord. du cons. d'état.P34.3.71;D.Pension. 49.
— Grenoble.P34.2.208;S34.2.488;J60.384; D.Forêts.705.
— Cr.r.P34.1.357;D.Complicité.12.Cour d'ass.382.1354.
— Cr.c.P34.1.357;D.Cour d'ass. 1160.
— Cr.c.P34.1.356;S34 1.858;D.Autor. mun.416.
— Cr.r.P34.1.356; D.Cass. 1106.
— Req.P34.1.446;J59.161;D.Partage.262.
— Cr.c.P34.1.436;S34.1.598; D.Poids et mesures. 33. 46.
— Délib. de la rég.P34.3.86; D.Expropriat. pour utilité publique.
— Paris.P34.2.240; D.Acquiesc.8.
10 Paris P34.2.155;S34.2.275;J59.475; D.Sur.469.470.

— Ch. réun.P34.1.269;S34.1.337; J60.102; D. Lois. 177. voirie.649.
— Ch. réun.P34.1.266;S34.1.414;J60.92;D.Voirie.632.
— Ch. réun.P34.1.265;S34.1.407; J60.88; D. Voirie. 614. 622.
12 Civ.c.P34.1.245;S34.1.489;J59.350; D.Choses.112.
— Civ.c.P34.1.243;S34 1.589;D.Domm. eng. 21.
— Civ.c.P34.1.242;S34.1.487;J59.454; D Enreg. 726.750. 2958.Procès verb. 289.
— Civ.c.P34.1.357;S34.1.353;D.Port. disp.778.Prescript 520.
13 Ord.P34.3.49;D.Salubrité publ.9.
— Req.P34.1.197;S34.1.321;J59 335;D.Révoc 33.
— Req.P34.1.244,S34.1.166. et 167;D.Usage.158.
— Bordeaux.P34.2.232;S34.2.403;D.Effets de comm.
14 Req.P34.1.247;D.Legs.340.Preuve test.293.
— Civ.r.P34.1.245;S34.1.847;J60.71;D.Actes de l'état civ. 144.Compét. civ.115.Déni de just.7.Droit civil.55.67. Etranger.146.153.Exception.58.
— Req.P34.1.245;S34.1.838;D.Société comm.116.
— Req.P34.1.244;S34.1.810;J60.68;D.Prescr.35.44.291.
— Req.P34.1.450;S35.1.637;J59.219;D.Assur. marit.535. 538.Capitaine.92.93.
15 Req.P34.1.247;J59.570;D.Enreg.1112.1169.
— Cr.c.P34.1.265;S34.1.575;J60.5;D.Prêt.19.Pr. test.244.
— Cr.c.P34.1.358;D.Cour d'ass.1156.
16 Req P34.1.248;D.Exéc. des jugem. et actes.187.
— Ord. du cons. d'état.P34.3.70;D.Patente.58.91.119.
— Ord. du cons. d'état.P34.3.70;D.Elect. dép.176.
— Ord. du cons. d'état.P34.3.69;D.Péage.39.
— Cr.c.P34.1.359;D.Forêts.961.
— Cr.c.P34.1.359;D Quest. pr.20.
— Cr.c.P34.1.378;D.Lois.117.Poids publ.8.
— Req.P34.1.387;D.Don. par cont.199.
— Délib. de la rég.P34.3.81;D.Enreg.289.
— Nanci D.Prescrip.453.
17 Loi.P34.3.60;S34.1.324;D.Banque.
— Paris.P34 2.153;S34.2.280;J59.378;D.Autor. de f.158.
— Cr.r.P34.1.272;S34.1.589;D.Garde nat.349.943.
— Cr.r.P34.1.272;D.*ibid.*
— Cr.r. P34.1.360; S34.1.588. et 863; D.Garde nat.182. 1023.Peine.12.
— Cr.c.P34.1.559;S34.1.575;D.Chasse.96.Compét. crim. 298.Délit rural.83.
— Cr.c.P34.1.359,n.;D *ibid.*
— Cr.c.P34.1.359;D.Garde nat.812.
— Cr.c.P34.1.447;D.Forêts 86.156.
— Cr.c. P34.1.147; S34.1.583; D.Action publ.25.Forêts. 991.992.
19 Loi.P34.3.45;S34 1.324;D.Armée.11.
— Civ.c.P34.1.248;S34.1.564;D.Douanes.144.
— Civ.r.P34.1.251;S34.1.488;J60 41;D.Enreg.2071.
20 Civ.c.P34.1.248;D.Publ. des jugem.10.
— Civ.c.P34.1.254;S34.1 372;D.Dom. eng.25.
— Délib. de la rég.P34 3.85;D.Enreg.1104 1200.
21 Civ.c.P34.1.206;S34.1.673;D.Société comm.248.
— Civ.r.P34.1.254;S34.1.842,D. Ventes adm.340.544.
— Civ.c P34.1.254;S34.1.598;J59 430;D.Enreg.2884.
— Req.P34.1.233;S34.1.427; D.Jugem.351.Elect. comm. 97.113.Motifs des jug.147.
— Civ.c.P34 1.252;S34.1.579;J60.6;D.Jug. par déf.386.
22 Req.P34.1.207;S34.1.305;J59.293; D.Copie de pièces. 18.19.22.23.Instance.5.
— Req.P34.1.254; D.Acquiesc.371.Cassation.758.Preuve litt.1025.Vente.690.
— Grenoble.P34.2.208;D.Contr. par corps.568.
— Req.P34.1.364;S34.1.426;D.Tribunal 98.
— Cr.r.P34.1.361;S34.1.566;J60.467;D.Respons.462.
— Cr.r. P34.1.360; S34.1.588; D.Cour d'ass.530.565.Témoin.236.
23 Loi.P34.3.54;D.Navigation.49.
— Loi.P34.3.54;D.Colonies.
— Loi.P34.3.53;D.Impôts.
— Lettre de naturalis.P34.3.53;D.Naturalisation.27.
— Ch. réun. P34.1.282; S34.1.385; D.Cassat.850.Presse. 101.156.
— Ord. du cons. d'état.P34.3.71;D.Contr. dir.43.
— Ord. du cons. d'état.P34.3.71;D Patente.87.
— Ord. du cons. d'état.P34.3.71;D.Cont. ind.435.
— Ord. du cons. d'état.P34.3.70;D.Contr. dir.159.
— Ord. du cons. d'état.P34.3.71;D.El. dép.175.177.186.
— Ord. du cons. d'état.P34.3.69;D.Elect. dép.147.
24 Loi.P34.3.56;S34.2.351;D.Impôts.
— Cr.c.P34.1.345;D.Aut. mun.85.Forêts.371.
— Cr.c.P34.1.383;S34.1.716;D.Forêts.198.
— Loi.P34.3.50;S34 2.327;D Armes.28.
25 Ord.P34.3.49;D.Salubrité publique.9.
26 Civ.c.P34.1.255;S34.1.448;J60.276;D.Enreg.483.
— Bastia. P34.2.243; D.Action.48.Degré de jurid.451. Oblig.798.
— Civ.r.P34.1.337;S34.1.437;D.Choses.118.Enreg.1829.
27 Req.P34.1.257;D.Servitude.600.
— Civ.r.P34.1.257;S34.1.402;J60.507;D.Exploit.891.
— Civ.c.P34.1 256;S34.1.443;D.Action possess.102.
— Civ.r.P34.1 255;S34.1.425;J59.455;D.Enreg.2121.
— Civ.c. P34.1.250; S34.1.580; J60.59; D.Cass.604.Instance.6.Ordre 450.
— Req.P34.1.266;S34.1.425;D.Prescript.945.Vente.189.
28 Req.P34.1.258;S34.1.511;D.Délai.66.
— Req.P34.1.257;S35.1.235;D.Jug.342.Rap. à suc.65.

29 Trib. de comm. de Paris.P34.3.55;D.Propr. ind.34.
— Cr.c.P34.1.262;S34 1.746;D.Tribunal.182.
— Req. P34.1 259; S34.1.446; J60.118; D.Appel civ.319. Saisie-imm.994.1096.1174.
— Cr.c.P34.1.286;S34.1.398;D.Cassation.850.Presse.79.
— Cr.c.P34.1.312;D.Aut. mun.582.591.602.
— Poitiers.P34.2.239;S34.2.354;D.Prom. de mar.29.30.
— Limoges.J60.347;D.Saisie-imm.832.
30 Req.P34.1.272;S34.1.439,n.;D.Natural.38.
— Cr.c P34.1.312;D.Manuf.25.
— Cr.c.P34.1.312;D.Autor. mun.582 591.602.
— Ord. du cons. d'état. P34.3.72; S34.2.566; D.Conflit. 126.Trav. publ.94.
— Ord. du cons. d'état.P34.3.72;D Pension.38.39.50.
— Ord. du cons. d'état.P34 3.72;D.Interdit.104.
— Ord. du cons. d'état. P34.3.71; D.Arg. adm.9.Elect. comm.123.Jour férié 31.Rec. de juges.41.
— Ord. du cons. d'état.P34.3.71;D Contr. dir.39.
— Ord. du cons. d'état. P34.3.71; S34.3.632; D.Patente. 18.19.
— Req.P34.1.346,n.;D.Elect. comm.26.
— Ord. du cons. d'état.P34.3.72;D.Voirie.360.361.
— Trib. de Péronne.P34.3.82;D.Enreg.
31 Cr.r. P34.1 267; S34.1.562; D.Cass.404.Exéc. des jug. et actes 221.
— Loi.V. au 6 juin.

JUIN.

2 Paris.P34.2.155; S34.2.353; J59.384;D.Dom. de l'état. 102.
— Civ.r.P34.1.202;S34.1.603; J60.190;D.Soc. comm.327.
— Civ.c.P34.1.260;S34.1.585;J59.516;D.Faux incid.61.
— Civ.c.P34.1.267;J60.22; D.Dom. engagé et éch.18.20. Prescript.846.
— Nanci.P34.2.219;S34.2.519;J60.575;D.Discip.245.
— Ord.P34.3.68;D.Douanes.8.
— Civ.c.P34.1.361;S34.1.635;J60.457;D.Péremp.128.
— Instr. de la rég.P34.3.79;D.Effets de comm. Enreg.
3 Civ.c.P34.1.203;S34.1.434;J59.492;D.Jugem. d'homologation.3.Réd. des hyp.42.
4 Req.P34.1.263;J35 1669;D.Eau 401.402.
— Civ.r.P34.1.262; S34.1.484; J60 93; D.Capitaine.21.22. 23.Dem. nouv.129.
— Civ.r.P34.1.273;D.Chose jugée 287.
— Req.P34.1.272; S34.1.312; D.Retrait suc.45.Transport de créance 197.
— Civ.c.P34.1.456;S34.1.402;J59.320;D.Ventes publ. de récoltes.11.
5 Req.P34.1.268;S34.1.401;D.Elect.lég.225.235.393.429.
— Bordeaux.P34.2.228;S34.2.438; J60.520;D.Témoin.84.
— Bordeaux.P34.2.207;S34.2 437;J60.514;D.Pér.185.
— Ord.P34.3.68;D Douanes.8.
— Lyon.P35.2.112;D Presse.244.680.
— Agen.D.Acquiesc.426.
6 Req.P34.1.303;J60.577;D.Partage d'asc.62.70.97.Rap. à suc.184.
— Cr.c.P34.1.361;S34.1.683;D.Quest. pr.79.
— Ord. du cons. d'état.P34.3.73;D.Elect. dép.179.193.
— Ord. du cons. d'état.P34.3.73;D.Elect. dep.37.39.
— Ord. du cons. d'état.P34.3.73;D.Patente.93.
— Ord. du cons. d'état.P34.3.73; D.Contr. dir.42.Patente.17.
— Ord. du cons. d'état.P34.3.73;D.Contr. dir.53.
— Délib. de la rég.P34.3.78;S34.2.494,n.;D.Enreg.1291.
— Loi.P34.3.88;D.Pension.
— Loi.P34.3.88;D.Monumens.
— Loi.P34.3.88;D.Crédit législatif.
— Cr.r.D.Presse.492.
7 Paris.P34.2.174;D.Rec. de juges.23.92.100.
— Cr.c.P34.1.362;D.Garde nat.912.
— Cr.r.P34.1.388;D.Enfant aband.14.15.
9 Civ.r.P34.1.328;S34.1.741;D.Exprop. publ.58.124.
— Paris.P34 2 240;S34.2.383;J60 534;D Succ. irrég.81.
— Bastia.P34.2.214;D.Commune.96.Dom. de l'état.66.86.
— Civ.r. P34.1.337; D.Expertise.388.Exprop. publ.170. 174.175 183.
10 Ch. réun.P34.1.202;S34.1.417;D.Presse.640.
— Bruxelles.P34 2.243;S34.2.402;D.Exéc. des jugem.
11 Req.P34.1 274;S34.1.309;J59.457;D.Pér.316.323.324.
— Paris P34 2.227;D Effet publ.109.
— Req.P34.1.345;S34.1.437;D.App. civ.452.Elect. comm. 26.116.Louage 134.
— Pau.P35.2.83;D.Servitudes.672.
12 Cr.c.P34.1.292;D.Procès verb.244.245.246.
— Cr.c.P34.1.362;D.Oblig. solid.45.
— Cr.c.P34.1.362; S34.1.664; J60.375; D.Fonct. publ.72. Instr. crim.79.
13 Cr.r.P34.1.208;S34.1.482;J60.211;D.Déf.129.
— Req P34.1.290; S34.1.421; J60.586; D.Deg. de jur.516. Enq 275.Exception.265.
— Req.P34.1.362;S35.1.298;D.Cassation.897 Imput.23.
14 Cr.c.P34.1.365;S34.1.512;J60.402;D.Pr.-verb.390.403.
— Cr.r.P34.1.389,D.Presse.671.678.
— Délib. du cons. d'adm.P34.3.78;D.Enreg.837.
— Paris.P35.2.37;S34.2.447;J59.440.
— Douai.P35.2.21;S34.2.415;J59 443.
16 Civ.r.P34.1.250;S34.1.733;D.Parenté.20.
— Civ.c.P34.1.249;S34.1.729;D.Parenté.20.
17 Req.P34.1.275;S34.1.481;J60.153;D.Donat. par contr de mar.

9 Ord.P34.3.80;D.Enreg.2099.Organ. adm.16.
10 Angers.D.Huiss.101.
12 Ord.P34.3.78;D.Poss. étrang.9.
13 Cr.c.P34.1.448;D.Cour d'ass.522.
17 Cr.c.P34.1.427;D.Témoin.412.
— Ord.P34.3.80;D.Enreg.2099.
— Ord.P34.3.80;D.Organ. adm.16.
— Ord.P34.3.80; D.Prud'homme.5.
18 Cr.c.P34.1.426;D.Chose jugée.316.
19 Cr.c.P34.1.446;S34 1.832;D.Appel correct.102.
20 Cr.c.P34.1.426;D.Compét. cr.23.
24 Cr.c.P34.1.448;D.Cour d'ass 331.
26 Ch. des vac.P35.1.112;S35.1.174;D.Expropr pub.176.

OCTOBRE.

1 Cr.c.P34.1.447;S34.1.767;J60.294;D.Attentat à la pudeur.29.30.
2 Cr.r.P34.1.427;S35 1.218;D.Art de guérir.120.156.Désist.50.
— Cr.c.D.Action civ.33.
8 Cr.r.P34.1.427;S35.1.229;D Cour d'ass.430.1326.
— Paris.P35 2.12;S34.2.615;D.Contr. par corps.
9 Cr.r.P34.1.428;D.Cour d'ass.1369.
15 Cr.r.P34.1.427;D.Exploit.940.
— Cr.r.P34.1.427;D.Exploit.521.
— Bastia.P35.2.70;D.Servitudes.483.
23 Paris.P35.2.22;S34.2.641;D.Acte de comm.

NOVEMBRE.

5 Req.P35.1.12;D.Mont-de-piété.18.
6 Cr.r.P35.1.31;S35.1.303;D.Témoin.254.
7 Cr.r.P35.1.179;D.Presse.460.
— Cr.r.P35.1.178;D.Presse 398.394
11 Civ.r.P35.1.441;D.Sépar. de biens.167.
— Civ c.P35.1.18; S34.1.769; D.Don. ent. ép.135.Port. disp.383.
— Civ.r.P35 1.17;D.Louage adm.9.
— Civ.c.P35.1.16;D.Prescript. civ.629.
12 Req.P35.1.25,S34.1.803;D.Poids et mes.
13 Req.P35.1.26;D.Pérempt.251.287.
— Cr.c.P35.1.26;S35.1.191;D.Témoin.284.
17 Civ.c.P34.1.416;D.Commune.750.
— Civ.c.P35.1.27;S34.1.815;D.Enreg.Prêt.
— Civ.c.P35.1.10;D.Contr. par corps.20.
— Trib. de Saverne.P35.3.34;D.Enreg.2224.
— Civ.c.P35.1.15;D.Enreg.
19 Civ.r.P35.1.56;S35.1.758.
— Civ.c.P35.1.15.
— Civ.r.P35.1.34;D Amende 21.22.
22 Paris.P35.2.77;D.Société comm.328.
24 Civ.r.P35.1.36;D.Domm. eng..35.
26 Rennes.P35.2.32;D.Quest. pr.99.
28 Cr.r.P34.1.409;S34.1.822; D.Attent.11.23.Dr. nat.120.

DÉCEMBRE.

5 Sol. de la rég.P35.3.63;D.Timbre.163.

— Civ.r.P35.1.61;S35.1.216;D.Louage d'ouvr. et d'ind. 101.
— Req.P35.1.61;S35.1.367;D.Nantiss.57.
— Req.P35.1.43;D.Success. bénéf.120.
5 Grenoble.P35.2.14;D.Success.343.
6 Cr.c.P35.1.157;D.Désist.148.
— Cr.c.P35.1.156;D.Tabacs.11.
9 Aix.P35.2.3.S35.2.165;D.Expertise.129.
10 Civ.c.P35.1.65;D.Prescript.849.Servitudes.743.
— Req.P35.1.57;D.Eff. de comm.851.
11 Cr.r.P36.1.350;D.Témoignage faux.39.
12 Cr.c.P35.1.111;D.Désist.138.
— Pau.P35.2.109;D.Servitudes.520.
15 Civ.c.P34.1.414;D.Avocats. 80.
16 Req.P35.1.183;D.Testament.779 782.842.873.
17 Civ.r.P35.1.115;S35.1.651;D.Société comm. 318.
— Nîmes.P35.2.102;D.Exploit.277.
18 Trib. de l'Orient.P35.3 53;D.Huiss.101.
20 Paris.P35.2.144;D.Subrog.112.
21 Ord.P34.3.90; D.Compt. d'escompte. Domaine. Prud-homme. Quarantaine.
22 Civ.c.P35.1.70;S35.1.293;D.Timbre. 89.
— Civ.r.P35.1.112;S35.1.173;D.Exprop. pub.81.107.125.
— Toulouse.P35.2.86;D.Stellionat.32.
23 Req.P35.1.71;D.Interd.163.
27 Bastia.P35.2.2;S35.2.186 ;D.Presse.370.392.
31 Req.P35.1.82;D.Mandat.351.
— Req.P35.1.62;D.Rente.293.
— Civ.c.P35.1.5;D.Filiat. légit.105.

Nota. La plupart des arrêts de la Cour de Cassation pendant les quatre derniers mois de 1834 n'ont été, suivant l'usage, imprimés que dans le volume de l'année suivante : on les trouvera donc ainsi que plusieurs autres décisions des Cours royales et des Administrations, dans le vol. 1835 et suivans. — Au reste le Dictionnaire Général mentionne un grand nombre d'arrêts importans qui n'ont été rendus qu'en 1835 et même en 1836 ; on en trouve l'indication dans les tables de ces volumes. — On a fait quelquefois cette indication dans le Dictionnaire général pour quelques arrêts de 1834, qui y ont été cités quoiqu'ils n'aient été recueillis qu'en 1835 ; mais on ne l'a fait que pour cette année 1835 ; on a dû éviter les doubles emplois.

FIN DE LA TABLE CHRONOLOGIQUE DES DATES JUSQU'A 1834, INCLUSIVEMENT.

TABLE DES ARTICLES

DES CODES ET LOIS PRINCIPALES,

CITÉS DANS LE DICTIONNAIRE GÉNÉRAL ET RAISONNÉ, AVEC RENVOI AUX VOLUME, PAGE ET NUMÉRO DANS LESQUELS CES ARTICLES SONT APPLIQUÉS.

EXPLICATION DES ABRÉVIATIONS.

Le premier chiffre indique l'*article du code*, le deuxième indique le *volume*, le troisième la *page*, le quatrième le *numéro*, et *suivant*.
Exemple emprunté à la table du code civil : 1 1 114 94 —, *signifie*, article premier du code civil, cité au tome Ier du Dictionnaire général, page 114, numéro 94 du code du mot ou du texte analytique qui est contenu dans cette page.
Dans les lois et ordonnances, etc., le premier chiffre indique l'*année*, le second la *date du mois*, le troisième l'*article*, le quatrième le *tome*, le cinquième la *page*, le sixième le *numéro d'ordre*.

CHARTE.

Charte.			
1	3	361	213
—	4	229	116
2	1	697	3
4	2	38	4
—	3	244	3
5	1	268	544
—	1	801	23 s.
—	1	—	48
—	3	175	17 s.
—	3	361	213
6	1	268	544
—	1	801	23
—	1	—	43
—	3	223	9
7	1	801	23
—	3	361	213
—	3	700	39
8	3	700	24
—	4	522	72
9	2	553	2
—	2	554	35 s.
—	3	503	13
—	4	667	117 s.
—	4	—	128
—	4	—	141
—	4	—	154
—	4	—	171
—	4	703	231
—	4	—	255
10	1	113	79
—	2	554	35 s.
—	2	559	230 s.
—	3	386	94
—	4	667	153
10	4	—	271
11	3	485	558
—	3	702	66
12	2	69	9
—	3	390	22
—	4	159	11
13	1	524	116
—	2	212	120
—	2	477	55
14	1	309	70 s.
—	4	184	62
—	4	—	73
15	1	697	5
16	3	251	27
18	3	251	27
19	2	111	4
—	3	251	27
21	3	555	8
22	3	251	27
—	3	555	8
23	3	555	6
24	3	555	3
—	3	—	10
25	2	69	1
—	3	555	9
26	3	555	10
27	3	555	11
28	1	196	49 s.
—	3	390	24
—	3	555	12
29	1	665	184
—	3	334	22
—	3	404	430
—	3	555	12 s.
29	4	79	2 s.
32	2	287	12
—	2	306	601
33	1	581	348
—	2	283	138
34	2	286	3
—	3	245	35
35	2	306	608
36	2	303	545
40	1	697	4
41	1	698	23
43	1	666	137
—	4	79	8
44	3	334	22
—	4	79	9
47	3	390	23
—	3	555	12
48	2	507	49
—	3	78	5
49	3	179	12 s.
—	3	185	129
—	3	391	4
50	4	576	15
51	4	576	15
—	4	—	23
52	3	179	12
—	3	245	35
—	4	576	15
53	1	588	534
—	1	594	729
54	1	183	46
—	1	588	534
—	1	594	729
—	1	666	136
58	4	576	18
55	1	239	12
—	1	524	116
—	3	35	732
—	3	423	241
—	4	116	50
—	4	—	74
56	1	524	116
—	1	588	534
—	1	594	729
—	3	390	27 s.
—	4	576	15
57	1	639	3
—	3	196	374
58	1	112	8
—	4	576	19
—	4	583	242
59	1	388	534
—	3	181	83
—	3	334	22
—	4	583	242
61	2	79	10
—	4	577	30
62	1	587	524
—	1	591	654
—	1	592	657
—	4	166	76
63	1	183	46
—	1	569	5
—	1	587	522
—	1	—	524
—	1	591	655
—	1	592	657
—	2	70	49
63	4	576	18
64	1	411	11
—	1	761	763
—	1	—	772
—	2	454	165
66	1	732	46
—	3	648	727
67	1	90	120
67	1	115	130
—	2	429	246 s.
68	2	669	305
—	4	18	630
—	4	316	1682
69	1	195	49
—	1	264	416
—	2	39	2
—	3	260	348
69	3	601	135
—	3	700	40
—	3	715	487
—	3	720	650
—	4	159	13
70	3	196	376
—	3	260	346
71	1	184	14
—	4	37	1313
73	2	288	49
—	3	254	139
74	3	547	19

CODE CIVIL.

Code civil.			
1	1	114	94
—	2	212	120
—	3	256	232
—	3	257	249 s.
2	1	86	132
—	1	123	233
—	1	127	67
—	1	145	68
—	1	152	183
—	1	357	87 s.
—	1	258	211
—	1	400	266
—	1	451	405
—	1	454	458
—	1	533	388
—	1	684	777
—	1	—	795
—	2	98	251
—	2	106	80
—	2	108	94
—	2	164	124
—	2	—	127
—	2	176	280
—	2	—	283 s.
—	2	—	292
—	2	205	22
—	2	205	71
—	2	213	8
—	2	214	22
—	2	258	799
—	2	342	23
—	2	—	29
—	2	—	33
—	2	388	7
—	2	479	119
—	2	517	87
—	2	523	289
—	2	597	585
—	2	647	12
—	2	683	356
—	3	94	72
—	3	148	13
—	3	158	143 s.
—	3	213	421
—	3	262	412
—	3	265	7
—	3	269	108
—	3	270	132
—	3	—	158 s.
—	3	271	184
—	3	—	190
—	3	272	194
2	3	—	199
—	3	—	208
—	3	273	236
—	3	—	243
—	3	—	247
—	3	—	252
—	3	299	757 s.
—	3	466	248
—	3	590	167
—	3	603	20 s.
—	3	—	27
—	3	624	59
—	3	633	309
—	3	691	1053
—	3	699	100
—	3	784	215
—	4	46	119
—	4	67	206
—	4	169	65
—	4	194	140
—	4	196	237
—	4	254	62
—	4	283	146
—	4	372	698
—	4	419	839
—	4	438	860
—	4	454	90
—	4	494	22
—	4	499	190
—	4	556	28
—	4	615	240
—	4	627	713
—	4	628	11 s.
—	4	661	836
—	4	663	5
3	1	246	183
—	1	256	138
—	1	540	191
—	1	570	25
—	2	163	97
—	2	175	267
—	2	176	280
—	2	—	283 s.
—	2	372	889
—	2	475	1
—	2	—	7
—	2	477	64
—	2	479	140
—	2	480	157 s.
—	2	481	196
—	2	482	205
—	2	—	216
3	2	—	230
—	3	93	60
—	3	95	7
—	3	258	277 s.
—	3	—	288
—	3	259	329
—	3	262	2
—	3	—	6
—	3	263	22
—	3	—	27 s.
—	3	264	51
—	3	265	78 s.
—	3	—	92
—	3	323	247
—	3	565	170
4	2	51	2
—	3	159	1
—	3	255	188
—	3	261	390
5	1	47	5
—	1	100	10
—	1	523	59
—	1	573	109
—	2	685	420
—	3	30	519
—	3	255	198
—	3	261	390 s.
—	4	572	133
6	1	19	48
—	1	—	54
—	1	—	58
—	1	150	231
—	1	177	1056
—	1	178	1091
—	1	203	173
—	1	205	211
—	1	208	311
—	1	507	647
—	1	529	260
—	1	537	91
—	1	630	45
—	2	93	118
—	2	—	131
—	2	107	42
—	2	162	64
—	2	227	401
—	2	265	111
—	2	568	52
—	2	692	680
—	3	53	9
—	3	226	18
—	3	258	286
6	3	259	309 s.
—	3	367	428
—	3	368	477
—	3	480	381
—	3	485	552
—	3	—	559
—	3	—	362
—	3	487	603 s.
—	3	—	617
—	4	148	22
—	4	549	56 s.
7	2	204	2
—	2	—	10
—	2	205	12
—	2	207	78
—	2	—	101
—	2	213	2 s.
—	2	214	26
—	2	480	152
—	4	513	691
8	2	204	3
—	2	—	10
—	4	428	50
—	4	513	691
9	2	204	7
—	2	205	11
—	2	206	67
—	2	207	82 s.
—	2	478	91
—	3	431	27 s.
—	4	159	17
—	4	513	691
10	2	204	7
10	2	205	12
—	3	431	27
—	3	—	37 s.
11	1	83	25 s.
—	1	369	50
—	2	94	159
—	2	204	8
—	2	475	3
—	2	—	10 s.
—	2	476	23
—	2	—	30 s.
—	2	477	52
—	3	68	128
—	3	263	34
12	2	205	40
—	2	475	5
—	3	114	105
—	3	—	119
—	3	431	27
12	3	—	47
—	3	474	160
13	1	83	27
—	1	100	37
—	1	369	50
—	1	511	748 s.
—	1	694	107
—	2	123	61
—	2	204	7
—	2	203	14 s.
—	2	475	4
—	2	477	67
—	2	—	76 s.
—	2	—	80
—	2	478	86
—	2	—	89
—	2	480	166 s.
—	2	—	177
—	2	487	22
—	3	20	45
—	4	513	696
14	1	198	54
—	1	544	285
—	1	545	287
—	1	672	362
—	2	214	26
—	2	477	78
—	2	478	92 s.
—	2	—	102 s.
—	2	—	108 s.
—	2	479	116
—	2	—	119 s.
—	2	—	124
—	2	480	179
—	2	481	184
—	2	—	189 s.
—	2	—	196
—	2	—	199
—	2	483	250
—	2	488	61
—	2	609	1356
—	3	378	100
15	2	478	110
—	2	479	125
—	2	480	149
—	2	481	190
16	2	479	125
—	2	486	6
—	2	487	9
—	2	—	12
—	2	—	23
—	2	—	27
16	2	—	32 s.
—	2	488	44
—	3	616	12
17	2	205	26 s.
—	2	—	31
—	2	—	35
—	2	—	40 s.
—	2	206	50
—	2	—	60
—	2	214	28
—	2	267	5
—	3	431	33 s.
18	2	205	28
—	2	480	152
—	3	431	33 s.
—	3	—	51
19	2	205	26
—	2	206	65 s.
—	3	432	51 s.
—	3	598	35
20	1	19	54
—	2	206	50
—	3	431	37
21	1	230	3
—	2	205	26
—	2	535	326
—	3	432	51
—	3	598	35
22	1	88	28
—	2	310	14
—	2	478	90
—	3	412	5
23	1	116	158
24	3	412	5
25	1	87	24
—	1	103	87 s.
—	1	149	200
—	1	308	48
—	1	732	40
—	1	—	44
—	1	—	48
—	2	94	154
—	2	149	487
—	2	—	494
—	2	205	26
—	2	206	48
—	2	316	156
—	2	312	57
—	2	—	76
—	2	535	325
—	3	319	96
—	3	359	142
25	3	374	665 s.
—	3	396	186
—	3	398	254
—	3	412	5
—	3	414	39 s.
—	3	—	55
—	3	415	71 s.
—	3	416	114
—	3	479	316
—	3	550	39
—	4	245	19
—	4	246	21
—	4	258	182
—	4	379	107
—	4	584	183
—	4	513	690
—	4	587	80
—	4	610	68
—	4	622	650
26	2	34	28
—	2	56	20 s.
—	2	207	98
—	3	168	32
—	3	374	665
—	3	413	16 s.
—	3	414	52
—	3	416	96
—	4	626	647
27	1	149	199
—	1	—	202
—	1	732	40
—	3	359	148
—	3	374	866
—	3	413	19
—	3	414	33
—	3	416	114
—	4	626	647
28	1	149	299
—	3	358	101
—	3	359	143
—	3	414	33
—	4	117	13
—	4	587	80
—	4	679	2
29	3	359	144
—	3	414	52
—	3	415	85
—	4	429	80
30	1	116	162
—	1	732	40
—	1	733	70
—	2	315	147
30	3	359	146
—	3	414	33
—	3	415	85 s.
—	3	416	114 s.
—	3	417	114 s.
31	1	42	4
—	3	359	145
—	3	416	110
—	4	429	80
32	3	369	505
—	3	693	10
33	1	149	200
—	1	390	184
—	3	414	50
—	3	—	55
—	3	415	70
34	1	42	4
—	3	440	10
36	1	43	42
—	3	323	244
—	1	42	7
37	3	370	535
—	3	—	550
—	3	409	553
—	4	162	115
38	1	42	7
39	3	365	353
—	3	370	554
40	1	42	4
41	1	42	6
—	1	545	313
42	1	42	4
—	1	—	9
43	1	—	6
—	3	51	35
44	1	42	6
—	3	51	35
45	1	43	25 s.
—	1	44	79
—	1	545	313
—	1	617	18
—	3	224	13
—	4	431	147
46	1	6	150
—	1	13	449
—	1	44	103
—	1	—	105
—	1	—	107
—	1	—	123
—	1	—	135
—	1	44	68
—	1	—	81
46	1	45	137
—	1	47	20
—	1	345	776 s.
—	2	652	143
—	2	653	187
—	2	657	112
—	3	366	393
—	3	—	399
—	3	395	151
—	3	431	25
—	3	697	29
—	4	431	147
47	1	43	28
—	1	—	36
—	1	153	313
—	3	225	10
—	3	365	346
—	3	—	366
48	1	42	22
—	1	43	28
—	1	—	36
—	3	365	362
49	1	42	3
—	1	46	167
—	3	395	140
—	3	396	193
50	3	365	352
—	3	395	142 s.
51	1	45	124
—	3	367	413
52	1	42	4
—	1	43	30
—	2	657	111
53	1	545	318
—	3	395	141 s.
54	1	46	162
—	1	399	222
55	1	42	45 s.
—	1	—	54
56	1	42	10
—	1	43	42
—	1	—	48
—	1	—	60
—	1	—	53 s.
—	1	44	86
—	1	—	96
—	1	256	469
—	2	653	184
57	1	43	54 s.
—	1	44	84
—	3	440	10
58	1	42	10
58	1	—	22
—	1	44	63
—	2	331	18
59	1	42	22
—	1	317	99
60	1	44	65
61	1	—	65
62	1	42	3
—	1	44	64
63	1	19	54
63	1	42	3
—	3	361	226
—	3	362	233
—	3	363	357
—	3	—	368
—	3	440	10
64	3	361	226
66	2	64	95
—	2	542	589
—	3	323	244
—	3	363	282
—	3	—	305
67	2	73	74
—	3	363	286 s.
68	3	363	286 s.
—	3	395	146
69	3	364	324
70	1	47	7
—	1	—	9
—	1	—	22
—	1	545	318
—	1	550	453
—	3	364	324
71	1	47	7
—	1	—	9
—	1	—	23 s.
—	1	49	12
—	1	545	318
—	1	550	453
—	3	364	324
—	3	440	10
72	1	47	9
—	1	—	22 s.
—	1	545	318
—	3	395	152
73	3	364	324
74	3	364	325
—	3	370	533 s.
—	3	—	539
75	3	364	331 s.
—	3	—	338 s.
—	3	370	533 s.

—	3	—	540 s.
—	3	371	559
—	3	389	35
—	3	444	23
—	4	453	42
76	1	42	17
—	3	364	326
—	3	370	533
—	3	371	559
—	3	389	35
—	3	440	10
77	1	44	68
—	4	340	18
—	4	427	7
78	1	42	10
—	1	44	68
79	1	44	69
—	3	440	10
80	4	513	691
81	3	132	141
—	4	341	20
82	3	132	141
83	1	44	69
—	2	84	410
—	3	405	456
84	1	44	69
85	1	45	69
86	1	44	78
87	3	172	179
88	3	365	383
89	1	42	22
—	1	44	78
—	3	366	381 s.
90	1	44	78
92	1	44	78
94	3	361	226
97	1	42	22
—	1	44	78
—	1	13	447
99	1	46	146
—	1	—	149
—	1	—	160 s.
—	3	395	141
—	3	—	152
100	1	46	160
—	1	—	164 s.
—	1	—	169
—	1	309	222
—	2	664	212
101	2	124	82
102	2	122	2
—	2	—	18
—	2	—	20 s.
—	2	123	61
—	2	293	221
—	4	9	246
103	2	122	23
—	2	123	53
—	2	—	67 s.
—	2	294	239
—	3	448	225
104	1	504	563
—	2	122	23
—	2	124	72
—	2	—	78 s.
—	2	—	86 s.
—	2	—	95
—	2	125	106
—	2	545	749
—	4	278	6
105	2	122	23
—	2	124	72
106	1	124	92
—	1	—	96
—	2	294	248
107	2	124	92 s.
108	2	122	27
—	2	123	35
—	2	—	42
—	2	—	50
—	2	531	150
—	3	388	13
—	3	389	14
—	3	674	465
—	4	589	169
—	4	593	633
—	4	598	515
109	2	124	92
110	1	6	172
—	1	541	218
—	2	478	89
111	1	37	410
—	1	108	772
—	1	537	88
—	1	540	191
—	1	550	449
—	1	563	953
—	2	127	65
—	2	—	70
—	2	—	88 s.
—	2	—	93
—	2	536	639
—	3	395	154
—	3	485	53
—	3	525	377
—	4	134	95
112	1	1	3
—	1	2	24 s.
—	1	—	28
—	1	—	36
—	1	—	39
—	1	3	49 s.
—	1	—	53
—	1	—	55 s.
—	1	4	87
—	1	5	131
—	1	6	153
—	1	11	879
—	1	—	384
—	1	42	393
—	1	—	403
—	4	545	304
—	1	732	50
—	2	535	324
—	3	95	6
—	3	152	189
—	3	395	154
113	1	2	24
—	1	—	36
—	1	3	46
—	1	—	50
—	1	—	53
—	1	—	58 s.
—	1	—	72
—	1	5	130 s.
—	1	—	135 s.
—	1	12	410
—	1	150	216
—	1	610	8
—	3	170	102
—	3	444	45
—	3	362	84
—	4	437	315
114	1	2	24
—	1	—	36
—	1	—	39
—	1	4	112
—	1	7	182
—	1	11	678
—	1	12	404
—	1	148	166
—	3	395	154
—	3	—	157
—	4	321	2
115	1	3	77
—	1	—	79
—	1	—	84
—	1	4	88
—	1	—	106
—	1	6	162
—	1	9	301
—	1	83	39
—	2	367	713
—	2	—	722
116	1	4	88
—	1	—	92
—	1	6	162
—	1	—	172
—	1	13	448
—	1	545	318
—	2	367	722
—	3	356	34
—	3	395	154
—	3	396	166
117	1	3	79
—	1	—	83
—	1	4	88
—	1	—	96
—	1	—	104
—	1	—	107
—	1	6	162
118	1	4	102
—	1	—	105
—	1	—	108
—	1	6	162
—	1	13	446
—	1	545	318
—	3	366	164
119	1	4	105 s.
—	2	367	722
—	3	332	532
120	1	3	84
—	1	6	151
—	1	—	155
—	1	—	157 s.
—	1	—	162
—	1	7	178
—	1	8	221
—	2	535	324
—	3	332	532
—	3	395	154
—	3	396	167
121	1	3	49
—	1	4	106
—	1	6	468
—	1	13	453
—	3	332	532
—	3	396	167
—	4	593	635
122	1	3	49
—	1	—	78
—	1	15	453
123	1	3	45
—	1	—	84 s.
—	1	6	163
—	1	—	166
—	1	—	170
—	1	7	177 s.
—	1	—	216
—	1	545	318
—	3	395	154
—	3	396	167
124	1	10	302 s.
—	1	11	347
—	1	473	976
—	3	373	636
—	3	396	167
—	3	362	88
—	4	626	646
125	1	8	234
—	1	10	313
—	1	—	318
—	1	—	322
—	1	121	335
—	1	609	4
—	3	95	6
126	1	7	185
—	1	—	187
—	1	—	189
—	1	—	193
—	1	—	201
—	1	8	240
—	1	545	318
—	1	550	453
—	2	315	7
—	3	168	15
—	3	169	54
—	3	170	90
—	3	396	168
—	4	688	84
—	4	—	89
127	1	8	230 s.
—	1	—	237
—	1	9	265
—	1	10	313
—	1	—	318
—	1	11	345
—	2	173	186
128	1	7	190 s.
—	1	—	196
—	1	—	198
—	1	10	322
—	1	148	167
—	1	150	216
129	1	8	242 s.
—	1	—	247 s.
—	1	9	272
—	1	10	308
—	1	—	338 s.
—	1	—	344
—	1	36	43
—	2	535	324
—	2	652	157
—	4	626	646
130	1	9	272
—	1	10	334
—	1	—	342
—	3	668	253
131	1	4	110
—	1	8	228
132	1	5	138
—	1	6	149
—	1	8	255 s.
—	1	—	259 s.
—	1	9	266
—	3	247	39
—	4	549	38
—	4	617	696
133	1	9	271 s.
134	1	7	210
—	1	8	255
—	1	9	272
—	1	121	135
—	4	610	8
—	3	396	471
—	3	435	34
135	1	4	115
—	1	—	117
—	1	—	120
—	1	5	127
—	1	—	130
—	1	—	135
—	1	—	137 s.
—	2	367	732
—	3	629	188
—	4	258	203
—	4	656	151
136	1	4	118
—	1	5	127
—	1	—	130 s.
—	1	—	135
—	1	—	137 s.
—	1	—	143
—	1	—	145
—	1	7	216
—	1	8	223
—	1	10	324
—	1	11	359
—	1	12	410 s.
—	1	—	415
—	1	—	420
—	1	—	425
—	1	13	428
—	1	48	54
—	1	472	865
—	2	289	76
—	2	367	732
—	3	170	87
—	3	369	601
—	3	562	82
—	3	629	188
—	3	630	199
—	4	433	209
—	4	437	315
—	4	656	649
137	1	5	124
—	3	395	161
—	4	437	315
—	4	656	650
138	1	5	142
—	1	85	94
—	2	173	194
—	2	749	29
—	2	—	37
—	3	421	157
—	4	457	163
139	1	11	362
—	1	—	367
—	1	—	369
—	1	—	372
—	3	369	497
—	3	—	501
—	3	396	172
140	1	10	304
—	2	535	324
141	1	9	297
—	4	445	261
—	3	150	106
—	4	117	13
—	4	238	886
142	1	11	375
—	1	—	381
—	3	102	188
—	3	395	162
143	1	11	381
144	1	545	318
—	3	356	33
—	3	363	275
—	3	369	507 s.
145	2	551	931
—	3	356	33
146	3	356	40
—	3	357	49
—	3	—	55
—	3	—	62
—	3	358	86
—	4	99	42
147	1	545	318
—	3	359	150 s.
—	3	363	275
—	3	369	497
—	3	396	172
148	1	49	1 s.
—	1	692	44
—	2	537	386
—	3	358	91 s.
—	3	—	117
—	3	358	473
—	3	369	497
—	3	—	520
—	4	99	49
149	1	445	261
—	1	692	44
—	2	537	389
—	3	358	98 s.
—	4	593	321
150	1	46	167
—	1	49	14
—	1	692	44
—	2	106	12
—	3	358	114 s.
—	3	362	241
—	3	369	520
151	1	49	1
—	1	—	5
—	1	—	11
—	1	51	59
—	2	537	386
—	3	358	117
—	3	369	127
—	4	480	21
152	1	49	2 s.
—	1	51	55
—	4	52	411 s.
—	4	—	415
—	4	423	451
153	1	49	3 s.
154	1	49	17
—	1	—	31
—	1	—	35
—	1	51	66
—	1	—	92
—	1	62	94
—	2	537	386
—	3	359	127
—	3	444	23
155	1	47	27
—	1	49	11
—	1	83	39
—	1	550	453
—	3	358	108
—	3	364	324
156	1	43	33
—	1	109	55
—	1	545	318
—	2	172	182
—	3	359	130 s.
—	3	396	190
157	1	49	15 s.
—	3	358	93
—	3	396	190
158	1	47	28
—	1	49	6
—	3	359	123
159	3	359	124
—	4	603	687
160	1	602	44
—	3	358	98
—	3	—	106
—	3	359	122
—	3	362	352
—	3	369	520
—	3	369	35
161	1	545	318
—	3	359	163 s.
—	3	363	275
—	3	369	502
162	1	545	318
—	3	180	57
—	3	359	20
—	3	360	172 s.
—	3	—	188
—	3	363	275
—	3	369	502
163	1	545	318
—	3	360	183 s.
—	3	363	275
—	3	369	502
164	3	360	184 s.
165	1	245	132
—	3	364	331 s.
—	3	366	384
—	3	369	507
—	3	370	533
—	3	—	639
—	3	—	543 s.
—	3	371	563 s.
—	3	396	188
166	3	361	226
—	3	362	233
167	1	550	318
—	3	361	226 s.
168	2	479	138
—	3	362	229
170	1	43	28
—	2	479	138
—	3	365	362
—	3	—	369 s.
—	3	368	387
171	3	96	51 s.
—	3	365	375 s.
172	1	85	104
—	3	362	236
—	3	363	267
—	3	366	387
173	3	362	289 s.
—	3	363	267 s.
174	3	148	46
—	3	151	136
—	3	358	98
—	3	362	252 s.
—	3	363	267 s.
—	3	—	278
—	3	—	300
175	3	362	265
—	3	363	247 s.
—	3	389	35
176	2	125	5
—	3	363	276 s.
—	3	—	281
—	3	—	295
177	1	85	104
—	1	640	186
—	1	622	56
—	3	148	46
—	3	362	256
—	3	363	297
—	3	—	301 s.
178	1	85	104
—	1	622	56
—	3	148	46
—	3	362	256
—	3	—	305 s.
179	3	364	305
180	2	96	209
—	3	357	49 s.
—	3	—	59
—	3	358	81
—	3	367	432 s.
—	3	472	100
181	3	367	440
—	3	665	135
182	2	315	146
—	3	358	93
—	3	367	446
—	3	—	458
—	3	368	460 s.
183	1	565	318
—	1	697	159
—	2	315	146
—	2	332	19
—	3	365	373
—	3	357	353
—	3	368	461 s.
—	3	—	475
—	3	665	135
—	3	682	731
184	1	545	318
—	3	358	84
—	3	360	190
—	3	368	479
—	3	—	488
—	3	369	495
—	3	—	497
—	3	—	502
—	3	—	508
—	3	—	521
—	3	371	569 s.
—	3	374	678
—	3	396	172
—	3	—	181
185	1	545	318
—	1	697	159
—	2	315	146
—	3	369	509 s.
—	3	396	182
—	3	665	185
—	3	682	731
186	3	369	516 s.
—	3	—	524
187	1	11	373
—	1	53	23
—	3	358	80
—	3	368	487
—	3	—	686
—	3	369	495
—	3	—	502
189	1	281	103
—	1	305	14
—	3	368	483
—	4	128	46
190	3	368	486
—	3	369	502
—	3	—	515
—	3	371	569 s.
—	3	396	181
191	1	53	123
—	3	364	339
—	3	366	384
—	3	369	495
—	3	—	521
—	3	370	533 s.
—	3	—	548
—	3	371	565 s.
—	3	—	569 s.
—	3	374	678
—	3	396	188 s.
192	1	545	318
—	3	359	133
—	3	370	527
—	3	371	566
—	3	396	188 s.
193	3	362	233
—	3	366	332
—	3	370	526
—	3	—	566 s.
—	3	371	563 s.
—	3	396	188 s.
194	1	45	155 s.
—	3	366	393
—	3	—	309
195	3	366	394
196	3	315	146
—	3	—	149
—	3	365	373
—	3	366	398
—	3	370	558
197	1	41	365
—	1	45	110
—	2	652	144
—	2	—	148
—	2	—	153 s.
—	3	366	401 s.
—	3	665	135
198	1	46	145
—	2	654	212
—	3	367	415
—	3	395	148
199	1	545	318
—	3	367	417
200	1	444	218
—	1	545	318
—	3	367	418 s.
—	3	395	149
201	1	44	374
—	1	697	137
—	2	149	493
—	2	449	14
—	3	225	11
—	3	360	167
—	3	371	575 s.
—	3	372	598 s.
202	1	11	374
—	1	101	3
—	1	697	137
—	2	149	493
—	2	652	141
—	2	—	159
—	3	225	11
—	3	365	359
—	3	371	575 s.
—	3	372	600
—	3	415	69
—	3	466	234
203	1	101	44
—	1	102	38
—	1	—	49
—	1	—	58 s.
—	1	103	72
—	1	—	76
—	1	—	78
—	1	104	182
—	1	106	174
—	1	—	179
—	1	—	188 s.
—	1	—	192
—	1	107	193
—	1	—	199
—	2	178	339
—	2	—	341
—	2	331	8
—	3	372	608
—	3	587	54
—	3	646	668
—	4	181	157
—	4	629	60
204	1	107	199
—	1	446	270
—	3	372	609 s.
205	1	61	2
—	1	104	7
—	1	—	34
—	1	—	46
—	1	103	67
—	1	—	79
—	1	—	87
—	1	—	89
—	1	104	98
—	1	—	127 s.
—	1	105	185
—	1	—	137
—	1	106	183
—	1	—	185
—	1	445	262
—	2	178	339
—	2	—	341
—	2	659	209
—	3	587	54
—	4	559	43
206	1	101	25
—	1	102	53
—	1	103	74
—	1	—	79
—	1	—	89
—	1	—	93
—	1	—	95
—	1	104	96
—	1	105	145
—	1	445	252
—	2	178	339
—	3	—	341
—	2	379	1112
—	3	148	38
—	3	587	34
—	4	430	197
—	4	514	722
207	1	101	7 s.
—	1	—	23
—	1	103	74
—	2	331	8
—	3	559	20
—	3	587	64
208	1	102	60
—	1	103	79
—	1	104	100
—	1	—	103
—	1	—	109
—	1	106	183
—	1	107	196
—	2	659	212
—	3	491	768
209	1	104	96 s.
—	1	—	103 s.
—	1	—	107
—	1	—	109
—	1	106	160
—	1	—	183
—	1	107	196
210	1	104	111
—	1	—	115
—	1	108	183
211	1	104	112
—	1	—	123
212	1	106	163
—	1	—	185
—	1	—	188
—	2	96	204
—	3	372	614
—	3	378	646
—	3	—	661
—	4	329	193
213	3	372	617
—	3	373	648
—	3	—	651
214	1	8	64
—	1	101	6
—	1	102	32
—	1	103	76
—	1	105	132
—	4	244	411
—	1	344	790
—	2	206	64
—	3	372	622 s.
—	3	373	630 s.
—	3	—	638 s.
—	3	—	646 s.
—	4	330	209
—	4	332	56
—	4	547	28
215	1	10	322
—	1	147	140
—	1	242	4
—	1	—	6
—	1	—	16
—	1	243	70
—	1	251	380
—	1	420	108
—	2	71	18
—	2	535	327 s.
—	2	536	333
—	2	537	381
—	3	168	26
—	3	179	335
—	4	170	15
—	4	158	33
—	4	282	120
—	4	329	193
216	1	243	48
—	1	—	51
—	3	148	26
217	1	147	139
—	1	149	193
—	1	242	17
—	1	443	202 s.
—	1	—	206
—	1	244	88 s.
—	1	—	94
—	1	—	98
—	1	—	111
—	1	245	122
—	1	—	124
—	1	—	148
—	1	246	186
—	1	—	194
—	1	247	223
—	1	248	263
—	1	249	283
—	1	—	288
—	1	357	36
—	1	419	33
—	1	446	285
—	1	478	1126
—	2	94	149
—	2	—	153
—	2	140	167 s.
—	2	—	175
—	2	152	42
—	2	177	311
—	2	706	14
—	3	78	157
—	3	321	176
—	3	322	222
—	3	558	17
—	3	562	98
—	4	68	285
—	4	132	23 s.
—	4	179	31
—	4	282	117
—	4	461	62
—	4	464	194
—	4	633	95
218	1	243	70
—	1	244	90
—	1	247	230
—	1	—	284
—	1	249	288
—	4	282	120
219	1	83	20
—	1	248	260
—	1	—	265
—	1	—	275
—	1	478	1126
—	2	71	48
—	2	140	167 s.
—	2	—	175
220	1	147	140
—	1	242	6
—	1	246	182
—	1	419	33
—	1	—	90
—	1	420	97
—	1	444	214
—	1	—	223
—	1	477	1007
—	1	669	264
—	2	574	244
221	1	107	218
—	1	248	245
—	1	—	247
—	1	—	266
—	1	249	301
—	1	545	318
222	1	10	321 s.
—	1	248	235
—	1	—	237
—	1	—	263
—	1	249	301
—	1	446	263
—	1	545	318
223	1	148	141
—	1	247	213
—	1	—	216
—	1	420	95
—	1	445	258
—	1	479	1136
—	1	891	8
—	3	267	59
224	1	248	239
—	1	249	301
—	1	545	318
—	3	232	210
225	1	243	70
—	1	245	138
—	1	250	314
—	1	251	361
—	1	347	922
—	1	446	268
—	2	140	175
—	2	535	329
—	3	148	26
—	3	492	799
—	4	283	293
—	4	586	59
226	1	145	139
227	2	312	57
—	3	374	664 s.
—	3	415	71 s.
228	3	374	671
—	3	396	190
229	1	83	57
—	2	106	13
—	4	331	35
230	1	87	15
—	1	—	25
—	1	89	117
—	2	106	13
—	4	331	23
—	4	—	37 s.
—	4	333	107
231	1	89	117
—	1	344	797
—	2	106	13
—	2	—	28
—	4	331	9 s.
232	2	106	13
—	2	—	30
—	4	332	49 s.
235	1	407	446
—	1	537	65
—	2	109	120
—	4	334	119
236	2	107	46
—	2	—	65 s.
—	2	108	73
—	2	109	129
—	4	333	140
—	4	334	115
238	2	108	73
241	2	107	71
244	1	88	76
—	2	108	102
—	4	444	11
245	2	108	76
246	2	108	106
247	2	108	105 s.
—	2	109	128
249	2	108	89
250	2	108	107
251	2	108	94
—	4	334	166 s.
252	2	108	100
—	2	—	107
255	1	375	69
—	2	108	92
258	2	108	76
—	2	109	140
259	4	334	143
260	2	106	140
261	4	332	61
262	2	109	121
263	4	331	368
—	3	364	313
267	3	378	638
—	3	388	43
—	4	335	149
268	1	101	3
—	1	107	208 s.
—	4	338	86 s.
—	4	335	164
269	3	378	689
—	4	325	44 s.
—	4	335	86 s.
270	3	168	19
—	4	326	63
—	4	335	152 s.
271	4	335	149
—	4	—	168
272	1	87	45
—	1	88	67
—	2	107	88
—	2	315	152
—	4	332	73
273	2	108	79
274	1	88	80
277	2	106	81
—	4	335	99
278	1	88	57
—	2	106	12
279	2	106	11
280	1	101	3
—	2	106	11
281	1	103	38
283	2	106	11
—	3	360	175
295	2	109	137
—	3	267	67
—	3	360	192
298	1	90	125
—	3	103	230
—	3	360	189
299	1	475	1038
—	2	109	143
—	4	336	194
—	4	—	201
301	1	103	36
—	1	—	40
—	1	—	42
—	1	—	67
—	1	—	77
—	1	108	187
—	1	107	210
—	2	108	85
302	1	101	3
—	3	388	13
—	4	117	11
—	4	118	28 s.
—	4	336	174
—	4	—	185
303	3	388	13
305	3	102	187
—	4	141	154
306	1	89	116
—	1	344	797
—	1	407	447
—	2	109	143
—	4	330	4 s.
307	1	103	75
—	1	125	310
—	1	344	797
—	1	395	64
—	2	71	12
—	2	109	122
—	3	161	31
—	3	378	652
—	4	329	194
—	4	331	12
—	4	332	65
—	4	333	86
—	4	—	96
—	4	—	107
—	4	549	45
308	1	87	34
—	1	88	57
—	1	90	125
—	3	396	192
—	4	336	201 s.
309	1	88	60
310	1	88	60
—	2	109	143
—	3	267	66 s.
311	1	88	60
—	4	336	208
312	1	3	71
—	1	48	60
—	1	83	17
—	1	89	87
—	2	648	3
—	2	—	6
—	2	—	12
—	2	653	193 s.
—	2	658	131
—	2	659	194
—	3	357	53 s.
—	3	431	42
—	3	696	11
—	4	429	62
—	4	579	135
313	1	3	71
—	2	648	5
—	2	649	27
—	2	—	40 s.
—	2	652	162
—	3	357	35
—	3	696	41
314	2	549	41 s.
—	2	647	17
—	4	428	53
—	4	429	82
315	1	83	17
—	2	149	492
—	2	647	17
—	2	648	6
—	2	—	10 s.
—	2	650	69
—	2	659	195
316	1	88	53
—	2	651	93
—	2	653	193
—	2	659	195
—	3	665	135
317	1	7	215
—	2	651	93 s.
—	2	—	109
—	2	—	112
—	2	653	193
—	4	429	62
318	1	107	217
—	2	651	95
—	2	—	100 s.
—	4	603	677 s.
319	1	44	84
—	2	650	89
—	2	651	105
—	2	—	117
320	2	651	123
321	2	651	124 s.
322	2	650	75
—	2	652	140
—	2	—	164 s.
323	1	44	81
—	1	343	765
—	2	651	114 s.
—	2	652	169
—	2	653	176 s.
—	2	—	185
—	2	654	218
—	2	657	118
—	4	48	212
324	2	663	180
325	1	606	453
—	2	653	193
—	1	653	197
326	1	582	387
—	2	332	6
—	2	654	212
—	2	—	216
—	3	395	148
327	1	406	422
—	1	—	433
—	2	332	5 s.
—	2	654	217
—	2	—	221 s.
—	2	—	230 s.
—	3	395	148
—	4	128	46 s.
328	2	653	199
—	2	—	202
329	1	46	153
—	2	653	203 s.
—	3	665	135
330	2	653	203 s.
—	2	654	208
—	3	605	100
—	3	665	135
331	1	90	125
—	2	315	150
—	2	647	13
—	3	225	14 s.
—	3	263	21
333	1	83	18
—	3	629	187
334	1	42	17
—	2	656	61 s.
—	2	—	67 s.
—	2	—	78
—	2	657	113 s.
—	2	660	216
—	2	—	221
—	2	—	231
—	3	225	27
—	3	272	199
335	1	83	61
—	1	83	35
—	1	86	133
—	2	98	264
—	2	647	7
—	2	—	11
—	2	—	14 s.
—	2	—	19
—	2	—	28 s.
—	2	648	48
—	2	657	129
—	3	55	51
—	4	456	122 s.
336	2	658	156
337	2	655	20
—	2	—	35
—	2	—	39
—	2	657	107
—	2	660	227
—	2	—	231
338	2	121	23
—	2	659	201
—	2	660	228
339	1	84	87
—	2	659	196
340	1	83	30
—	2	121	33
—	2	647	7
—	2	—	31
—	2	657	113 s.
—	2	—	122 s.
—	2	658	131
—	2	—	134
—	2	—	137
—	2	660	221
—	3	35	51
—	3	161	46
—	3	360	180
341	1	43	60
—	2	648	42
—	2	654	6
—	2	655	26
—	2	658	138
—	2	—	150 s.
342	1	83	33
—	2	647	7
—	2	—	15
—	2	—	20
—	3	483	475
343	1	83	14 s.
344	1	83	47
345	1	82	5 s.
—	1	83	9
—	1	85	96
346	1	83	37 s.
347	1	84	34
—	1	—	65
—	3	441	30
—	4	431	155
348	1	49	7
—	1	84	48
—	1	—	56 s.
—	1	—	68
—	1	231	30
—	3	360	170
—	3	360	502
—	4	431	155
349	1	84	59
—	1	101	3

—	4	431	147
—	4	—	155
350	1	83	18
—	1	84	60 s.
—	1	—	68
—	1	—	71
—	1	—	79 s.
—	1	101	20
—	2	119	22
—	3	629	187
—	4	420	366
—	4	431	155
—	4	595	387
351	1	84	65
—	1	—	76 s.
—	1	—	82
—	2	371	825
—	3	660	208
—	4	431	155
352	1	84	47
—	1	84	83
—	2	371	825
353	1	85	97
—	1	550	453
354	1	85	98
—	1	—	103
—	3	396	193
355	1	83	21
—	1	—	44
—	1	85	101
356	1	85	90
—	1	—	103
—	2	660	228
—	3	396	193
357	1	85	103
358	1	85	91
—	1	—	106
359	1	42	3
—	1	85	107 s.
360	1	83	17
—	1	85	111
—	1	—	113
—	3	396	193
363	1	550	453
364	1	101	3
—	1	—	21
366	1	83	13
—	1	—	19
—	1	—	37
—	1	85	114
367	1	101	3
—	1	—	21
368	3	102	189
369	3	102	189
370	3	102	189
—	4	598	496
371	1	105	128
—	2	331	8
—	2	650	75
—	4	118	20
—	4	—	51
—	4	591	275
372	2	331	9
—	4	118	19 s.
—	4	—	43 s.
373	2	177	319
—	2	307	8
—	3	363	290
—	3	373	636
—	3	389	38
—	4	117	15
—	4	—	20
—	4	118	51
374	1	106	179
—	3	388	13
—	4	118	20
—	4	—	51 s.
—	4	162	103
—	4	185	101
375	4	119	58
376	4	117	15
—	4	119	58
377	3	396	194
—	4	117	15
—	4	119	58
378	4	117	15
—	4	119	57 s.
379	4	117	15
—	4	119	58
380	3	396	194
—	4	118	20 s.
—	4	119	58
381	1	9	299
—	3	396	194
—	4	117	10
—	4	—	20
—	4	119	60
382	1	546	341
—	1	—	343
—	3	396	194
—	4	118	20
—	4	119	58
383	2	141	202
—	2	318	216
—	4	117	15
—	4	—	19 s.
—	4	601	627
—	4	628	17
384	1	104	97
—	1	452	416
—	2	290	126
—	3	268	85
—	4	119	66
—	4	609	5
—	4	628	1 s.
—	4	—	79 s.
385	1	9	300
—	1	102	51
—	1	107	201
—	4	599	531
—	4	629	52
—	4	—	65
386	1	104	97
—	1	107	195
—	1	632	92
—	2	290	124
—	4	586	51 s.
—	4	598	496
—	4	628	11 s.
—	4	—	86 s.
387	2	171	145
—	3	315	32
—	4	118	24
—	4	629	39 s.
388	3	268	89 s.
—	3	388	6
—	4	604	610
389	1	609	4
—	3	102	177
—	3	388	10
—	4	118	23 s.
—	4	585	6
—	4	628	3
—	4	—	58
—	4	—	64
390	1	445	261
—	3	102	177
—	3	103	206
—	3	388	8
—	4	585	10 s.
—	4	—	35
—	4	602	649
391	4	585	28 s.
392	4	587	88
—	4	592	292
393	1	609	4
—	3	102	183
—	3	398	254
—	4	586	45
—	4	—	71 s.
394	4	585	22
—	4	590	233
—	4	598	496
395	1	632	92
—	1	665	94
—	1	—	96
—	3	102	181 s.
—	3	103	210
—	3	633	307
—	4	686	49 s.
—	4	—	59 s.
—	4	688	135
—	4	590	199
—	4	591	277
—	4	597	489
—	4	598	496
396	1	665	96
—	2	95	174
—	3	103	181 s.
—	3	103	210
—	4	586	54
397	1	187	75
—	3	150	96
—	4	587	78
398	4	587	88
399	2	2	48
—	3	662	27
—	4	587	92
400	4	468	40
—	4	587	92
401	4	587	78
402	3	103	206
—	4	587	95 s.
403	4	587	95
404	4	587	95
405	3	150	96
—	4	587	100
—	4	—	105
406	2	207	95
—	3	397	195
—	4	589	163
—	4	—	173 s.
—	4	590	200
—	4	—	216
407	3	49	55
—	3	149	57
—	3	150	99
—	3	370	531
—	4	168	24
—	4	169	45
—	4	430	97
—	4	588	122
—	4	—	133
—	4	—	147 s.
—	4	—	187
—	4	598	615
—	4	603	679
408	3	149	57
—	4	430	97
—	4	588	183
409	3	359	125
—	4	168	24
—	4	422	430
—	4	588	124 s.
410	4	588	133
411	3	370	531
—	4	589	186
412	1	692	33
—	3	324	190
—	4	589	178 s.
413	4	589	185
—	4	589	184
—	4	—	189
416	1	545	314
—	4	589	193
417	1	139	218
—	4	587	112
—	4	604	632
418	4	587	117 s.
—	4	590	199
—	4	—	203
—	4	594	372
419	1	54	47
—	3	15	437
—	3	332	556
—	4	585	2
—	4	597	491
—	4	598	496
—	1	140	181
420	3	151	157
—	4	118	51
—	4	169	43
—	4	333	407
—	4	588	140
—	4	592	287 s.
—	4	—	303
—	4	—	312
—	4	601	610 s.
—	4	602	675 s.
421	4	592	291
—	4	—	315
—	4	602	678
422	4	588	140
—	4	592	294
423	4	592	296 s.
424	4	592	302
425	4	592	300
—	4	595	317
—	4	595	391
427	3	398	89
—	4	590	233
428	1	99	8
—	1	185	4
—	4	590	233
429	1	99	8
—	4	590	233
430	4	590	233
431	4	590	233
432	4	591	237
—	4	592	296
433	4	591	236
434	1	187	75
—	4	590	233
435	3	560	27
—	4	591	236
436	4	591	236
438	4	591	241
439	4	591	241
440	3	103	207
—	4	591	241
441	4	591	241
—	4	—	282
442	3	149	57
—	3	150	99
—	4	585	16
—	4	587	78
—	4	588	134
—	4	—	139
—	4	—	144
—	4	590	233
—	4	591	243 s.
443	3	493	843
—	4	688	143
—	4	591	246 s.
—	4	639	764
444	1	121	127
—	2	572	176
—	3	149	73
—	3	493	843
—	4	118	23
—	4	586	134
—	4	—	143
—	4	591	251 s.
—	4	629	64
445	4	587	79
—	4	588	144
—	4	591	269
446	3	493	843
—	4	118	51
—	4	591	270 s.
—	4	592	288
—	4	—	302
447	4	335	183
—	4	590	199
—	4	591	236
—	4	—	276 s.
448	4	590	199
—	4	—	207 s.
—	4	—	224
—	4	592	281 s.
—	4	597	468
—	4	—	489
449	1	101	20
—	4	594	272
—	4	592	283 s.
450	1	121	124
—	2	535	325
—	3	389	27
—	3	—	65
—	3	456	3
—	3	477	251
—	3	479	325
—	3	550	39
—	3	552	63
—	3	726	835
—	4	118	24
—	4	—	47
—	4	185	89
—	4	585	35
—	4	586	54
—	4	589	160
—	4	591	259
—	4	592	302
—	4	—	312
—	4	593	20
—	4	—	339
—	4	594	374 s.
—	4	595	407
—	4	596	428
—	4	—	454
—	4	597	477 s.
—	4	600	598 s.
—	4	601	624
—	4	—	633 s.
451	1	452	419
—	2	307	14
—	3	168	5
—	3	169	39
—	3	170	98 s.
—	3	171	136
—	3	—	162 s.
—	4	252	273
—	4	325	71
—	4	593	387 s.
452	3	149	22
—	3	437	69
—	4	593	344 s.
—	4	598	525
—	4	684	25
—	4	686	81 s.
453	1	422	16
—	1	457	593
—	2	515	7
—	3	169	49
—	3	—	55
—	4	422	444
—	4	592	302
—	4	593	345
—	4	598	525
—	4	616	297
—	4	617	326
—	4	629	35
454	1	625	80
—	4	586	51 s.
—	4	594	354 s.
455	3	457	122
—	4	586	54
—	4	594	361
—	4	601	647
456	4	594	361 s.
—	4	598	525
457	1	449	76
—	1	545	318
—	2	448	452
—	2	809	56
—	3	87	20
—	3	150	111 s.
—	3	151	128
—	4	590	207
—	4	592	290
—	4	595	396
—	4	596	436
—	4	—	447 s.
—	4	597	471
—	4	679	2
—	4	—	31
—	4	681	57
458	1	545	318
—	2	309	56
—	3	397	195
—	4	590	207
—	4	—	218
—	4	592	290
—	4	595	409
—	4	596	450
—	4	679	2
—	4	—	31
—	4	681	57
459	1	559	226
—	2	592	848
—	3	78	144 s.
—	3	444	45
—	3	567	259
—	3	651	63
—	4	679	2
—	4	—	15 s.
—	4	—	31
—	4	681	58
—	4	—	93
460	3	164	14
—	3	567	259
—	4	596	419
—	4	—	439
—	4	599	516
—	4	680	15
—	4	682	77
—	4	—	93
461	1	452	422
—	1	453	430
—	2	309	52
—	3	114	115
—	3	169	5
—	4	436	268
—	4	445	23
—	4	—	45
—	4	448	137
—	4	450	192 s.
—	4	595	408 s.
462	4	596	410
463	2	140	178
—	2	141	186
—	2	—	191
—	2	—	203
—	2	142	244
464	1	17	2
—	1	—	8
—	1	73	267
—	1	121	124 s.
—	1	243	58
—	2	71	28
—	2	73	62
—	2	659	188
—	3	479	823
—	4	170	15
—	4	595	403
—	4	596	415 s.
—	4	597	464
—	4	649	424
465	3	561	70
—	3	—	75
—	4	595	402
—	4	596	439
466	2	142	244
—	2	515	7
466	3	565	175
—	3	—	184
—	3	—	193
—	3	567	269
467	1	18	8
—	1	148	155
—	1	287	106
—	1	—	108
—	1	368	11
—	1	545	318
—	1	610	22
—	3	150	111
—	3	151	157
—	3	397	195
—	3	467	288
—	3	567	242
—	4	168	36
—	4	430	186
—	4	590	207
—	4	596	431
—	4	597	460 s.
468	1	545	314
—	3	396	194
—	4	119	61
—	4	593	320
469	1	609	4
—	4	596	428
—	4	598	496
470	1	461	713
—	3	449	267
—	4	586	51 s.
—	4	592	302
—	4	595	379
—	4	597	494
471	1	53	23
—	2	360	524
—	4	598	507
—	4	—	527
—	4	599	534 s.
472	1	612	83
—	2	90	39
—	2	95	182
—	3	103	214
—	3	388	11
—	3	476	225
—	3	697	46
—	4	579	105
—	4	597	483
—	4	698	500
—	4	599	557
—	4	—	547
—	4	—	563 s.
473	3	467	284
—	3	468	305
—	4	598	508
—	4	599	535
474	1	615	124
—	1	64	22
—	3	155	55
—	3	157	127
—	3	326	356
—	3	500	32
—	4	595	394
—	4	599	539 s.
475	2	308	37
—	3	467	281 s.
—	3	668	250
—	4	595	386
—	4	599	545 s.
—	4	691	628
476	1	248	260
—	1	419	64
—	2	149	174
—	2	308	23
—	3	268	91
—	3	367	436
477	1	550	453
—	3	307	3 s.
—	3	149	68
—	3	268	94
—	3	444	33
—	4	593	321
—	4	629	33
478	2	307	4
—	2	308	21
480	1	248	240
—	2	308	40
—	4	598	501
—	4	—	511
481	1	147	130
—	1	478	1123
—	2	308	32
—	2	—	36
—	3	101	169
—	3	277	74
—	3	548	33
—	3	550	41
—	3	562	77
482	1	127	355
—	1	609	4
—	2	104	25
—	2	169	108
—	2	183	460
—	2	308	40 s.
—	2	535	625
—	3	101	169
—	3	320	135
—	3	367	436
—	3	398	254
—	3	562	78
—	3	676	519
—	4	170	15
—	4	325	58
—	4	646	310 s.
483	1	247	229
—	1	444	215
—	1	545	318
—	3	397	195
—	3	676	519
484	1	127	355
—	1	478	1127
—	2	308	37 s.
—	2	309	56
—	3	477	251
—	3	562	78
—	3	676	519
—	4	185	90
—	4	646	310
487	1	147	136
—	1	476	1035
—	1	419	64
—	1	—	75
—	3	153	213
488	1	697	169
—	3	268	89
489	3	147	8
—	3	148	47 s.
—	3	152	176
—	3	153	220
490	3	148	22
—	3	—	38 s.
—	3	150	92 s.
—	3	151	136
—	3	562	266
491	1	545	318
—	3	148	49
—	3	—	28
—	3	149	63
—	3	152	193
—	3	397	202
492	3	148	64
—	3	397	202
493	3	148	45 s.
—	3	362	254 s.
494	3	148	51 s.
—	3	152	171
—	3	302	260
—	4	588	124
495	3	149	55 s.
—	3	150	92
—	4	538	161 s.
496	3	49	166
—	3	148	36
—	3	149	61 s.
—	3	—	81
—	3	152	171
497	1	609	4
—	3	149	69 s.
—	3	397	201
498	3	148	36
—	3	152	171
499	1	248	243
—	2	91	45
—	3	78	156
—	3	148	13 s.
—	3	147	11
—	3	152	181 s.
—	3	332	540
—	3	397	204
—	4	132	13
—	4	433	205
500	3	149	81
501	3	149	85
—	3	—	89
—	3	151	133
—	3	152	174
—	3	—	150
—	3	—	197 s.
—	3	153	208 s.
—	3	450	279 s.
—	4	540	194
—	4	680	13
502	1	355	32
—	2	34	28
—	2	90	88
—	2	99	298
—	3	151	180 s.
—	3	—	160 s.
—	3	153	214 s.
—	3	276	43
—	3	357	79
—	3	718	46
503	2	90	36
—	3	150	94
—	3	151	139 s.
—	3	—	145
—	3	—	151 s.
—	3	153	215
—	3	357	79
504	2	89	6 s.
—	2	90	10
—	2	—	14
—	3	151	136
—	3	—	140
—	3	—	154
—	3	—	159 s.
505	2	207	95
—	3	149	87 s.
—	3	150	94 s.
—	4	589	161
—	4	592	287
506	3	103	206
—	3	150	94 s.
—	3	—	119
507	1	445	261
—	3	150	98 s.
—	3	—	116 s.
508	3	150	101
509	1	127	354
—	1	177	137
—	2	535	325
—	3	150	93 s.
—	3	—	102
—	3	—	111 s.
—	3	151	157
—	3	158	16
—	3	169	89
—	3	550	39
—	3	552	83
—	3	726	833
—	4	213	112
—	4	333	107
—	4	445	45
—	4	590	207
—	4	592	299 s.
—	4	594	374
510	3	150	102
511	1	41	380
—	1	445	261
—	1	545	318
—	1	692	45
—	2	207	97
—	3	150	121 s.
—	3	153	206
—	3	397	205
—	4	590	207
512	1	490	282
—	3	152	167
—	3	—	171 s.
—	3	268	94
—	3	397	205
513	1	96	149
—	1	147	168
—	1	152	176 s.
—	1	—	189
—	1	—	196
—	1	610	15
—	2	91	45
—	2	141	204
—	2	535	325
—	3	78	156
—	3	149	17
—	3	153	201
—	3	—	206 s.
—	3	—	218 s.
—	3	268	93 s.
—	3	332	540
—	3	358	85
—	3	550	43
—	3	676	519
—	4	132	13
—	4	433	205
—	4	449	165
—	4	548	13
—	4	706	319
514	3	152	192 s.
—	3	153	222
—	3	397	203 s.
—	4	588	124
515	2	406	1829
—	3	149	83
—	3	152	177
—	3	—	188
—	3	397	200
517	1	440	115
518	1	35	31
—	1	384	6
—	3	74	31
—	4	688	8 s.
519	1	384	10
—	1	387	112
520	1	35	32
—	1	384	13
—	1	385	25
—	2	143	279
—	3	297	694
—	4	65	75
—	4	688	8 s.
521	1	35	32
—	1	62	16
—	1	384	15
—	1	385	44
—	1	—	47
—	1	426	17
—	2	143	285
—	3	305	75
523	1	384	7
524	1	384	36
—	1	—	41
—	1	—	47
—	1	386	52
—	1	—	56 s.
—	1	—	62
—	1	—	69
—	1	388	128
—	1	440	115
—	1	635	191
—	2	164	127
—	2	220	171
—	3	69	70
—	3	296	607
—	3	384	39
—	4	66	169
—	4	242	612
—	4	288	407
—	4	422	461
—	4	612	150
—	4	616	279
525	1	385	40 s.
—	1	386	81
—	1	—	83 s.
—	1	635	191
526	1	387	87
—	1	436	18
—	2	387	1329
—	2	553	13
—	3	355	8
—	4	554	6
—	4	610	38
—	4	—	60
—	4	612	126
528	1	62	16
—	1	387	110
—	4	288	407
529	1	68	135
—	1	245	147
—	1	388	116 s.
—	1	—	121
—	1	—	133 s.
—	1	436	18
—	1	437	31
—	1	—	33
—	1	—	37
—	1	—	41
—	1	539	153
—	2	144	321
—	2	262	12
—	2	378	919
—	2	386	1311 s.
—	2	389	1401
—	3	73	6
—	3	75	74 s.
—	3	157	114
—	3	238	424
—	3	384	39
—	4	66	172
—	4	191	31
—	4	198	318
—	4	398	265
530	1	68	130
—	1	—	165
—	1	388	117
—	1	—	140
—	2	144	321
—	3	288	424
—	3	606	9
—	3	—	15
—	3	307	19
—	4	191	40
—	4	192	65
—	4	193	116 s.
—	4	—	150
—	4	197	255
—	4	198	286 s.
—	4	443	503
531	1	387	111 s.
—	1	699	28
—	4	353	82
—	4	687	2
532	1	35	31
—	1	387	118 s.
—	3	85	366
—	3	89	70
—	4	688	15
533	1	389	147 s.
—	1	—	151
—	1	—	163
—	3	652	97
—	4	62	19
—	4	353	57
534	1	389	157
535	1	389	147
—	1	—	158
—	1	—	161
—	1	—	168
—	1	440	277
—	3	233	405
536	1	378	150
—	1	389	163 s.
—	4	616	278
537	1	390	189
—	4	100	36
—	4	—	41
—	4	356	159
538	1	389	175
—	1	548	398
—	2	113	51
—	2	121	17
—	2	173	189
—	2	216	9 s.
—	2	218	114
—	2	226	365
—	3	483	478
—	3	579	15
—	3	665	147 s.
—	3	666	154 s.
—	4	100	38 s.
—	4	—	45
—	4	101	56
—	4	697	71 s.
—	4	702	193
—	4	708	399
—	4	—	405
539	1	390	181
—	2	115	3
—	4	102	111
540	1	389	175
—	3	667	196
—	4	100	40
541	1	389	176
—	2	115	4
—	3	667	196
542	1	390	187
—	1	491	256 s.
—	1	501	479
—	4	702	193
543	4	100	36
544	1	259	243
—	1	264	634
—	1	382	94
—	2	218	114
—	2	554	34 s.
—	2	691	625
—	4	99	1
—	4	100	19
—	4	—	41
—	4	225	51
—	4	356	159
—	4	369	611
545	1	28	866
—	1	619	83
—	2	219	125
—	2	—	159
—	2	222	228
—	2	553	2 s.
—	2	554	35 s.
—	2	—	58 s.
—	2	555	65
—	2	559	280 s.
—	2	683	354
—	3	316	41
—	3	366	94
—	4	100	29 s.
—	4	110	33
—	4	111	19
—	4	356	159
—	4	360	815
546	1	440	116
—	2	217	78
—	3	88	58
—	4	100	19
—	4	356	161
547	2	718	8
—	2	719	9 s.
548	1	501	475
—	2	719	18
—	4	65	138
549	1	5	142
—	1	64	5
—	1	603	530
—	1	609	4
—	2	719	24
—	2	—	28
—	2	—	32
—	2	—	37 s.
—	2	720	50
—	2	—	74
—	2	—	77
—	3	150	112
—	3	465	220
—	3	466	235
—	3	476	243
—	3	642	578
—	3	648	754
—	4	143	218
—	4	236	408
—	4	423	480
—	4	457	163
—	4	605	59
550	1	5	142
—	1	343	780
—	1	349	989
—	1	702	83
—	2	142	241
—	2	154	88
—	2	719	24
—	2	—	28
—	2	—	38
—	2	720	50
—	2	—	59
—	2	—	64
—	2	—	74
—	3	150	112
—	3	465	220
—	3	466	235
—	3	648	754
—	4	143	218
551	1	440	116
—	4	104	195
—	4	720	702
552	1	490	247
—	2	231	32
—	3	385	9
—	3	566	233
—	3	696	15
—	4	100	19
—	4	103	138
—	4	104	185
—	4	699	117
553	2	217	78
—	3	696	15
—	4	103	147 s.
—	4	104	185
—	4	620	410
—	4	698	87
—	4	710	441
554	2	172	172
—	3	240	471
—	4	103	151 s.
—	4	104	176
555	1	384	38
—	2	721	80
—	3	14	476
—	3	150	112
—	3	285	268 s.
—	3	642	578
—	4	103	156
—	4	104	272
—	4	208	74
—	4	620	210 s.
—	4	623	536
—	4	624	592
—	4	698	87
—	3	53	40
—	4	88	1388
556	4	104	171
—	4	—	180 s.
—	4	105	232 s.
—	4	651	503
557	3	53	40
—	3	75	51
—	4	105	201 s.
—	4	—	232 s.
558	1	71	199
—	2	220	169
—	2	—	175
—	4	105	215 s.
559	3	682	731
—	4	105	225 s.
560	2	217	55
—	2	218	114
—	3	665	149
—	4	105	234
—	4	651	503
561	2	218	115
—	4	108	241
562	4	103	139
—	4	105	230
—	4	106	256
563	1	440	116
—	2	218	114
—	3	85	369
—	3	685	149
—	4	105	233
—	4	106	258
564	2	219	157
—	4	242	612
565	4	106	274
566	4	107	290
567	4	107	292
568	4	107	288
569	4	107	299
571	1	550	454
—	4	207	280 s.
572	4	107	282
573	4	107	289
—	4	—	306
574	4	107	288
575	4	107	304
576	4	107	284
577	4	107	301
578	4	604	16
—	4	609	1
—	4	622	480
—	4	—	505
—	4	628	32
579	4	608	172
—	4	609	3
—	4	—	11
—	4	610	58
580	4	604	18
—	4	611	86
581	4	549	40
—	4	612	108
582	3	648	757
—	4	614	218 s.
—	4	628	26
583	1	457	604
—	2	169	115
—	2	719	6
—	3	666	163
—	4	614	230
—	4	617	329
584	1	457	604
—	2	169	115
—	2	719	15
—	4	614	230
—	4	617	316
—	4	620	435
585	1	384	14
—	1	438	77 s.
—	2	136	48
—	2	170	127
—	4	614	200
—	4	—	226
—	4	—	231
—	4	—	241 s.
—	4	618	349 s.
—	4	621	469
586	1	458	609
—	2	169	115 s.
—	2	719	15
—	4	615	235
—	4	617	316 s.
—	4	620	435
587	1	477	1075
—	1	448	827
—	4	601	617
—	4	612	120
—	4	616	287
—	4	—	294 s.
—	4	617	302 s.
—	4	629	36
588	2	150	308
—	2	184	499
—	3	637	419
—	4	612	109
—	4	617	315
—	4	628	29
589	2	144	303
—	4	146	278
—	4	612	119
—	4	616	295
—	4	617	318
590	1	384	15 s.
—	4	614	200
—	4	617	335 s.
—	4	—	348 s.
—	4	—	379
591	1	550	454
—	4	618	356 s.
592	1	385	44
—	1	386	51
—	4	618	340
—	4	—	360
—	4	622	495
593	1	47	6
—	1	384	16
—	4	614	219
—	4	618	340
—	4	—	365 s.
594	4	619	377
—	4	627	702
595	1	446	317
—	2	159	109
—	3	269	124
—	3	276	37
—	3	—	41
—	3	277	48
—	3	278	79
—	3	290	478 s.
—	3	—	490
—	3	299	757
—	4	423	467
—	4	562	16
—	4	609	20
—	4	613	191 s.
—	4	—	248
596	3	285	280
—	4	612	149
—	4	614	214
597	2	289	77
—	4	613	132
—	4	—	175
—	4	614	215 s.
598	1	438	81
—	2	170	126
—	3	75	54
—	3	384	42
—	4	613	159 s.
—	4	619	381 s.
599	2	171	155
—	2	184	482
—	3	284	266
—	4	104	176
—	4	613	174

— 4 619 386
— 4 — 396 s.
— 4 620 416 s.
— 4 623 535
— 4 — 539
600 1 451 385
— 1 463 754
— 1 477 1077
— 1 — 1080
— 2 180 462
— 3 168 18
— 3 169 40
— 4 616 295
— 4 617 307
— 4 — 401
— 4 620 433 s.
— 4 622 488
— 4 629 53
601 2 164 127
— 2 171 152
— 3 231 158
— 3 269 122
— 4 601 617
— 4 608 191
— 4 621 443
— 4 — 456
— 4 — 471 s.
— 4 — 502 s.
— 4 625 514
— 4 628 3
— 4 — 53 s.
602 4 143 201
— 4 621 459 s.
— 4 684 27
603 4 621 465
— 4 684 27
604 3 233 252
— 4 615 232
— 4 621 469
605 3 293 567
— 4 145 246
— 4 622 497 s.
— 4 — 559
606 1 451 381
— 4 622 515 s.
607 4 622 518 s.
608 2 289 77
— 4 623 547
— 4 624 573
609 1 451 387
— 2 171 157
— 2 370 807
— 2 431 2527
— 3 283 258
— 4 65 136
— 4 624 558
— 4 — 575
— 4 — 586 s.
610 3 230 135
— 3 232 195
— 3 646 668
— 4 624 565 s.
— 4 — 608
611 3 232 193
— 4 624 570
— 4 — 601
612 2 370 807
— 2 431 2538
— 3 232 193
— 4 624 559
— 4 625 605
613 3 14 456
— 4 625 595
614 1 74 254
— 4 613 169
— 4 — 177
— 4 617 310
— 4 622 624
615 2 144 303
— 4 447 103
— 4 612 150
— 4 625 631
616 2 144 303
— 4 625 632 s.
617 1 54 47
— 3 414 44
— 3 415 78
— 4 259 238
— 4 607 153
— 4 610 43
— 4 614 204
— 4 626 643 s.
— 4 — 655
— 4 — 664 s.
— 4 630 104
618 3 428 104
— 4 425 540 s.
— 4 558 75
— 4 621 477
— 4 622 503
— 4 626 639
— 4 — 697 s.
619 4 605 70
— 4 609 18
— 4 626 660
620 1 387 111
— 4 611 89
— 4 626 658
— 4 630 106
621 2 553 14
— 4 361 329
— 4 447 103
— 4 609 20
— 4 627 685
622 3 492 803
— 3 493 857
— 3 — 843
— 4 558 75
623 4 605 69
— 4 627 677
624 2 557 161
— 4 612 133

— 4 616 270
— 4 620 426
— 4 626 675 s.
625 4 604 16
— 4 608 172
— 4 — 190
— 4 — 197 s.
626 3 168 18
— 4 605 60
627 4 605 60
628 4 604 36
629 4 606 107
— 4 608 173
630 4 604 2
— 4 — 37
— 4 606 107
631 3 74 38
— 3 276 36
— 3 492 790
— 3 503 5
— 3 504 26
— 4 280 17
— 4 604 13
— 4 — 30
— 4 — 53
632 2 185 519
634 3 276 36
— 3 284 284
— 3 492 790
— 3 504 26
— 4 280 17
635 2 683 327
— 4 372 704
— 4 605 66
— 4 606 123
636 2 683 341
— 2 693 625
— 3 503 5
— 3 655 189 s.
— 4 606 107
637 1 387 101
— 4 26 911
— 4 351 3
— 4 — 6
— 4 352 39
— 4 369 611
638 4 351 3
640 2 220 165 s.
— 4 100 24
— 4 352 49 s.
— 4 353 63
— 4 354 98
— 4 355 129
— 4 367 539
641 1 71 203
— 2 227 395
— 4 353 70 s.
— 4 354 108
— 4 356 152
642 1 71 203
— 4 353 84 s.
— 4 354 102 s.
— 4 355 146
— 4 373 750
643 2 227 395
— 3 667 188
— 4 353 75
— 4 354 111 s.
— 4 356 153
— 4 447 105
644 1 76 357
— 1 548 398 s.
— 2 216 14
— 2 220 168
— 2 222 228
— 2 223 250 s.
— 2 227 395
— 2 — 412
— 3 483 478
— 4 225 53
— 4 355 124
— 4 — 135 s.
— 4 356 163 s.
— 4 — 174 s.
— 4 673 338
645 1 47 6
— 1 76 357
— 2 220 166
— 2 — 168
— 2 222 238
— 2 227 394
— 3 490 723
— 4 354 95
— 4 356 151
— 4 — 165 s.
— 4 719 749
646 1 62 36
— 1 65 46
— 4 457 198 s.
647 4 358 215 s.
— 4 369 597
— 4 372 716
648 4 358 215 s.
649 4 358 229
650 2 220 186
— 4 358 231
— 4 705 293
— 4 718 551
651 4 624 578
652 4 351 5
653 4 359 241 s.
— 4 368 407
654 3 696 15
— 4 359 248 s.
655 4 359 262 s.
— 4 447 105
656 2 220 183
— 4 359 269 s.
— 4 — 273 s.
— 4 362 369
657 2 656 78
— 4 355 133

— 4 360 280
— 4 — 302 s.
658 4 360 282 s.
— 4 366 524
659 4 360 389
660 4 50 282
— 4 361 318
661 2 555 66
— 4 360 279
— 4 — 314 s.
662 4 360 301 s.
— 4 361 336
— 4 363 413
663 4 359 272 s.
— 4 361 352 s.
— 4 364 441
— 4 606 115
664 4 361 333 s.
— 4 — 349
665 4 50 282
— 4 360 312
666 4 362 372 s.
— 4 365 459
— 4 699 117
— 4 711 465
667 1 62 34
— 4 362 378 s.
— 4 711 465
668 4 352 44
— 4 360 292
— 4 362 373
— 4 363 397 s.
669 4 362 370
— 4 363 387 s.
— 4 519 887
— 4 711 465 s.
670 1 68 124
— 4 362 377
— 4 363 399 s.
— 4 710 447
— 4 — 453 s.
671 1 47 6
— 2 693 718
— 3 255 189
— 3 653 131
— 3 667 187
— 4 100 24
— 4 363 414
— 4 — 417 s.
— 4 710 447
672 2 693 716 s.
— 3 653 131 s.
— 4 100 24
— 4 364 427 s.
— 4 372 712
673 4 363 413
— 4 — 422
— 4 365 456 s.
— 4 710 447
674 1 575 156
— 2 220 179
— 3 255 189
— 3 664 115
— 3 665 142
— 4 225 52
— 4 360 280
— 4 365 466 s.
675 4 360 281
— 4 — 296
— 4 365 477 s.
676 4 664 116
— 4 360 296
— 4 365 485
— 4 366 498
— 4 373 728
677 4 365 486 s.
— 4 366 498
— 4 373 728
678 4 362 360
— 4 366 494 s.
— 4 372 719
679 4 366 497
— 4 — 510 s.
680 4 366 500 s.
681 1 259 243
— 3 666 165
— 4 100 24
— 4 367 535 s.
682 1 70 181
— 4 358 215 s.
— 4 — 228
— 4 367 545 s.
— 4 370 633
— 4 372 706 s.
— 4 373 726
683 4 367 547
— 4 368 564
— 4 372 698
— 4 — 709
685 4 368 567
— 4 369 588 s.
— 4 372 711
— 4 373 726
686 4 369 611 s.
— 4 374 761
— 4 612 118
687 4 351 14
— 4 369 607
688 1 69 160
— 3 655 188 s.
— 4 341 18
— 4 354 87
— 4 637 48
689 3 80 230
— 4 354 100
— 4 371 651
— 4 — 674
690 3 579 28
— 3 682 731
— 3 686 849
— 4 353 57
— 4 356 159

— 4 367 534 s.
— 4 371 671
— 4 373 728
— 4 — 746
— 4 375 796
— 4 610 60
691 1 69 160
— 1 71 205
— 1 504 564
— 2 682 318
— 3 199 508
— 3 273 251
— 3 655 188 s.
— 3 666 182
— 3 682 731
— 3 686 850
— 4 2 51
— 4 364 446
— 4 367 549
— 4 368 573
— 4 369 593
— 4 — 607
— 4 371 666
— 4 — 676 s.
— 4 372 703 s.
— 4 606 86 s.
— 4 677 475
— 4 370 638
— 4 — 646 s.
693 4 363 396
— 4 370 638 s.
694 4 370 648 s.
— 4 374 781
695 3 667 187
— 4 370 631 s.
696 4 374 763
697 4 374 763
698 4 352 82
— 4 374 765
699 4 353 56
— 4 374 764
700 4 374 768
— 4 606 113 s.
701 4 366 524
— 4 368 580 s.
— 4 369 606
— 4 372 710
— 4 374 772 s.
702 4 353 81
— 4 368 571
— 4 — 577
— 4 374 768 s.
703 4 354 99
— 4 374 778
704 3 85 367
— 4 374 778
705 4 374 780
706 3 686 841
— 4 353 65
— 4 355 121
— 4 374 773
— 4 — 784 s.
— 4 637 48
707 4 353 65
— 4 375 786
— 4 — 793
— 4 637 48
708 4 374 756 s.
— 4 — 778
709 4 375 792
— 4 607 156
710 3 572 104
— 4 220 159
— 4 375 792
— 4 449 171
711 1 467 848
— 1 468 879
— 2 162 49
— 2 648 9
— 3 550 21
— 3 661 9
— 4 101 69
— 4 386 331
— 4 640 98
712 4 101 69
— 4 108 329
713 4 456 140
714 2 222 239
— 3 481 421
— 4 100 34
— 4 717 680
715 1 380 11
— 4 101 74
716 1 390 181
— 1 439 83
— 4 101 75 s.
— 4 613 160
— 4 629 41
717 4 101 78
— 4 102 98
— 4 — 111
— 4 — 118
718 4 312 76
— 2 321 301
— 4 427 5
720 1 6 162
— 1 472 965
— 3 413 18
— 3 696 11
— 4 258 204
— 4 427 17 s.
721 3 696 11
— 4 427 12 s.
722 2 291 132
— 3 696 11
— 4 258 204
— 4 427 12 s.
723 4 417 265
— 4 428 27
— 4 453 44
— 4 456 140
724 1 8 221

— 1 54 24
— 1 441 156
— 2 147 392
— 2 162 49
— 3 241 495
— 3 568 274
— 4 209 38
— 4 338 41
— 4 428 28
— 4 — 39 s.
— 4 442 488
— 4 453 43
— 4 457 156
725 1 5 128
— 2 98 258
— 2 149 491
— 2 317 188
— 2 331 6
— 2 648 7
— 3 225 27
— 4 428 45 s.
726 2 264 60
— 2 475 2
— 2 — 10 s.
— 2 476 23
— 2 — 30 s.
— 2 — 43
— 4 429 67
727 1 84 78
— 1 647 24
— 2 147 411
— 2 375 974
— 3 110 1
— 3 629 186
— 4 258 178
— 4 429 72 s.
— 4 — 81 s.
— 4 456 133 s.
728 3 148 38
— 4 429 72
— 4 430 95 s.
— 4 456 133
729 4 427 8
— 4 430 105 s.
730 2 309 52
— 3 629 185
— 4 430 114 s.
— 4 432 164 s.
731 4 430 116
732 3 272 192
— 4 430 118
— 4 431 123
— 4 442 479
733 4 430 122 s.
734 4 430 122 s.
735 3 359 158
— 4 431 142
736 3 359 159
— 3 559 7
— 4 431 143
737 3 359 160
— 3 559 7
— 3 627 144
— 4 431 144
738 3 359 161
— 3 559 7
— 4 431 145
739 1 84 62
— 4 431 153
— 4 432 160 s.
740 1 84 65
— 4 431 154 s.
741 4 431 156
742 4 432 158
743 4 432 159
744 3 629 179
— 3 — 185
— 4 430 114
— 4 432 160 s.
— 4 454 85
745 1 4 118
— 3 272 192
— 4 431 123
— 4 432 169
746 3 630 220
— 4 432 184
— 4 433 194
747 1 3 84
— 1 84 78
— 1 — 82
— 1 440 129
— 2 164 128
— 2 370 822
— 2 371 823 s.
— 3 572 88 s.
— 4 244 2
— 4 246 2
— 4 — 19 s.
— 4 403 3
748 4 433 192 s.
749 4 432 184
750 4 433 192 s.
751 4 433 194
752 4 431 135
753 3 226 22
— 3 630 206 s.
— 3 — 220
— 4 433 195
754 3 630 207
— 3 — 223 s.
— 4 435 195 s.
— 4 453 42
— 4 630 106
755 2 719 37
— 4 248 17
— 4 433 197
— 4 453 43
756 1 49 6
— 2 141 202
— 2 154 73
— 2 647 12
— 2 658 205

— 2 — 209
— 3 230 149
— 4 452 28
— 4 454 82 s.
— 4 456 125
757 1 9 268
— 3 230 146
— 3 637 416
— 4 5 89
— 4 249 27
— 4 452 23
— 4 — 31 s.
— 4 456 146
758 3 637 416
— 4 452 31
— 4 453 57
— 4 454 88
759 2 366 693
— 4 454 82 s.
760 4 454 76
— 4 455 100
761 4 453 55
— 4 — 61
— 4 454 76
— 4 — 91 s.
762 1 86 133
— 1 101 3
— 2 94 185
— 2 647 11
— 2 — 16
— 2 648 48
— 2 — 51
— 2 658 131
— 2 719 32
— 3 483 475
— 4 455 118 s.
— 4 624 568
763 4 456 121 s.
— 4 — 139
764 4 103 147
— 4 455 118 s.
765 2 655 26
— 4 428 41
— 4 455 101
— 4 602 647
766 2 371 825
— 4 403 3
— 4 428 41
— 4 455 105 s.
767 3 372 598
— 3 397 212
— 4 456 135 s.
768 4 455 109
— 4 456 139
769 3 168 6
— 3 169 33
— 4 428 41
— 4 454 79
770 1 48 64
— 1 545 318
— 4 456 142 s.
— 4 457 158
771 4 457 150
— 4 — 164
772 4 457 158
773 1 545 318
— 3 168 6
— 3 169 33
— 4 428 41
774 4 433 198
775 2 377 1043
— 4 433 202
— 4 — 210
— 4 437 338
— 4 438 341
776 2 94 153
— 2 309 52
— 4 433 200 s.
— 4 435 247
— 4 445 23
— 4 519 887
777 1 442 176
— 4 338 49
— 4 436 275
— 4 — 294
778 1 41 2
— 1 453 452
— 2 145 345
— 3 171 145
— 4 433 214 s.
— 4 435 251
— 4 — 271 s.
— 4 440 415
— 4 449 142
— 4 — 154
— 4 450 179
— 4 — 187 s.
779 2 496 335
— 3 169 37
— 4 428 37
— 4 435 249 s.
— 4 — 262 s.
780 1 458 441
— 2 377 1033
— 2 378 1075
— 2 414 2043
— 3 472 93
— 3 629 183
— 4 435 244
— 4 440 418 s.
— 4 441 454
— 4 449 157
781 1 5 143
— 1 84 63
— 4 246 28
782 4 435 200
783 1 453 462
— 1 647 28
— 2 145 345
— 2 321 310
— 3 645 686
— 4 215 9

— 4 433 213
— 4 434 237
— 4 436 297
— 4 — 299 s.
— 4 338 44
— 4 440 422
— 4 441 459
784 1 148 160 s.
— 1 541 220
— 2 376 1024
— 3 696 11
— 4 437 316 s.
— 4 445 36
785 2 327 482 s.
— 3 637 442
— 4 136 46
— 4 141 151
— 4 249 28
— 4 250 86
— 4 433 210
— 4 437 319
— 4 438 362
— 4 439 381
— 4 440 417
— 4 446 59
— 4 458 6
786 4 438 362
— 4 439 383
787 4 439 391
788 1 485 514
— 2 142 246
— 3 492 778
— 3 — 802
— 4 138 76
— 4 338 43 s.
— 4 425 537
— 4 430 101
— 4 433 205
— 4 440 428 s.
789 1 389 149
— 1 454 495
— 3 467 279
— 4 437 319
— 4 438 339 s.
— 4 439 403
— 1 55 86
790 3 644 639 s.
— 4 438 341
— 4 — 362
— 4 439 370
— 4 — 395 s.
791 1 87 40
— 1 355 28
— 1 447 300
— 1 682 109
— 1 691 16
— 2 167 55
— 3 90 104
— 3 272 194
— 3 480 366
— 3 — 373 s.
— 3 645 648
— 4 104 166
— 4 421 400
— 4 425 558
— 4 433 208
— 4 438 344
— 4 — 358 s.
792 1 401 284
— 1 459 670 s.
— 2 145 345
— 3 171 131
— 3 640 518
— 4 143 204
— 4 338 41
— 4 439 368 s.
— 4 449 144 s.
— 4 728 65
793 1 54 50
— 1 541 220
— 1 545 310
— 2 145 344
— 4 246 17
— 4 444 6
— 4 446 67
794 1 452 422
— 1 545 310
— 2 327 481
— 3 168 3
— 4 444 6
— 4 — 16
— 4 449 142
795 1 452 422
— 1 454 497
— 2 496 335
— 4 445 21
— 4 — 36 s.
796 4 435 258 s.
797 2 496 333
— 4 445 21
— 4 — 26 s.
— 4 — 35
— 4 448 122
798 2 496 335
— 4 445 21
— 4 — 33 s.
799 4 445 35
800 1 397 172
— 1 — 185
— 2 18 218 s.
— 2 377 1061
— 2 496 335
— 4 435 252
— 4 444 10
— 4 445 37 s.
— 4 450 178 s.
801 1 455 310
— 2 145 345
— 2 180 377
— 3 171 131
— 3 645 655
— 4 143 204

— 4 439 372
— 4 444 15
— 4 448 137 s.
— 4 449 144 s.
— 4 450 192
802 1 647 20
— 2 180 376
— 2 377 1064
— 3 271 176
— 3 649 770
— 4 138 77
— 4 445 47
— 4 446 58
— 4 — 67 s.
— 4 449 167
— 4 450 204
— 4 555 58
— 4 595 408
803 1 148 160 s.
— 1 416 176
— 1 609 4
— 2 507 50
— 3 232 215
— 4 445 78
— 4 447 82 s.
— 4 448 116
— 4 — 128
— 4 449 156
— 4 — 167
— 4 450 184 s.
— 4 — 194 s.
— 4 — 203
804 1 622 49
— 3 644 611
— 4 447 90 s.
— 4 451 206
805 2 92 83
— 2 145 345
— 3 437 69
— 4 447 103 s.
— 4 449 154 s.
806 2 145 345
— 3 397 210
— 3 444 45
— 4 449 170 s.
— 4 680 36
807 1 357 108
— 1 416 176
— 4 448 117
— 4 451 207
— 4 — 211
808 1 461 713
— 3 158 165
— 4 448 116
— 4 450 177
— 4 — 197 s.
809 3 682 731
— 4 219 143
— 4 449 161 s.
810 3 172 187
— 3 — 194
— 4 62 11
— 4 458 9
811 3 731 157
— 4 458 1 s.
812 1 545 318
— 3 397 211
— 4 458 7
813 1 609 4
— 4 285 246
814 1 609 4
— 4 458 9
— 4 — 27
815 1 456 536
— 2 179 361
— 2 390 1425
— 2 540 510
— 2 675 21
— 3 280 154
— 3 559 8 s.
— 3 560 37
— 3 — 39 s.
— 3 561 47 s.
— 3 — 67
— 4 104 185
— 4 109 15
— 4 — 28
— 4 351 9
— 4 381 157
— 4 441 447
— 4 605 51
816 3 559 14 s.
— 3 560 23
— 3 561 62
— 3 — 66
— 3 564 144 s.
— 3 691 1071
817 1 7 196
— 3 561 69
— 3 562 79 s.
818 1 9 278
— 1 — 281
— 1 — 287
— 1 477 1088
— 2 168 88
— 2 — 91
— 3 560 22
— 3 562 88 s.
— 3 — 95 s.
— 4 433 206
— 4 613 174
819 1 545 318
— 2 504 63
— 3 397 206 s.
— 3 562 81
— 3 564 143 s.
— 3 565 177
— 4 321 2
— 4 598 519
— 4 600 590
820 3 563 104
— 3 564 138

— 3 — 149
— 3 565 205
— 4 192 81
821 3 564 138
— 3 — 153
822 1 541 216
— 1 — 239
— 1 610 31
— 1 623 86
— 3 564 160 s.
823 2 721 95
— 3 565 171 s.
824 1 344 806
— 2 515 7
— 2 684 371
— 3 721 95
— 3 563 104
— 3 565 174 s.
— 3 566 221
— 3 — 224
— 3 567 250 s.
— 3 643 591
825 3 565 186
826 1 446 273
— 1 459 657
— 1 545 310
— 2 172 182
— 3 493 841
— 3 531 40
— 3 565 188
— 3 — 192
— 3 566 221
— 3 567 247
— 3 571 63 s.
— 4 679 2
— 4 684 26
— 4 — 81
827 1 344 806
— 3 444 45
— 3 566 221
— 3 567 245 s.
— 4 682 103 s.
828 1 609 4
— 1 610 22
— 1 — 31
— 2 490 125
— 3 444 45 s.
— 3 565 193 s.
— 3 566 225
— 3 567 259
— 4 598 519
829 2 352 278
— 2 370 811
— 2 — 814
— 3 566 207
— 3 — 214
— 3 567 259
— 4 135 7
— 4 141 150
— 4 142 189
— 4 144 221 s.
830 3 566 214
— 3 571 63
— 3 638 442
— 3 647 720
831 3 444 45
— 3 566 231
832 1 440 125
— 3 566 236
— 3 567 244
— 3 571 63 s.
— 3 — 70 s.
833 1 440 125
— 2 684 380
— 3 566 217
— 3 567 251
834 2 515 7
— 3 566 222 s.
— 3 — 230 s.
— 3 — 236
— 3 567 243
835 2 412 1975
837 3 566 226 s.
838 1 456 544
— 2 308 43
— 3 564 142
— 3 565 193
— 4 144 223
— 4 602 675
— 4 603 686
— 4 679 2
839 3 567 256
— 4 683 107
840 1 1 2
— 1 5 137
— 1 7 197
— 1 456 545
— 1 610 22
— 2 309 63
— 3 561 69
— 3 — 74
— 3 562 77 s.
— 3 564 142
— 4 217 82
841 1 440 126
— 1 458 618
— 2 388 1356
— 2 555 66
— 3 492 790
— 4 142 173
— 4 150 115
— 4 248 2 s.
— 4 385 285
842 3 444 45
— 3 567 263 s.
843 1 457 574
— 2 139 125
— 2 370 811
— 2 396 1574
— 3 559 11
— 3 626 117
— 3 637 432

— 3 638 446
— 3 639 464 s.
— 3 — 478
— 3 — 495
— 3 641 541
— 3 — 548 s.
— 4 135 3
— 4 136 25
— 4 — 45
— 4 137 49 s.
— 4 — 65
— 4 138 79 s.
— 4 139 116 s.
— 4 141 150 s.
— 4 — 163
— 4 142 182
— 4 — 189
— 4 146 288 s.
— 4 248 17
— 4 325 40
— 4 433 201
— 4 434 237
— 4 440 414
844 4 140 121
845 3 637 427
— 3 — 441
— 3 638 444 s.
— 4 135 7
— 4 136 44 s.
— 4 146 288
— 4 440 417
846 3 637 427
— 4 137 50
847 4 135 3
— 4 137 52
— 4 139 112 s.
848 4 137 52 s.
— 4 454 85
849 1 440 133
— 4 135 3
— 4 137 52 s.
— 4 139 112 s.
850 4 137 69
— 4 143 213
851 4 142 175
— 4 — 186
— 4 — 192
— 4 143 201 s.
852 1 106 192
— 2 149 474
— 3 642 555
— 4 141 156 s.
— 4 — 170
— 4 142 175
— 4 — 180 s.
— 4 143 210
853 2 325 410
— 3 642 548 s.
— 4 139 116 s.
— 4 141 143
854 4 28 813
— 4 139 116 s.
— 4 379 88
855 3 642 555
— 4 143 204
— 4 144 234
— 4 — 239 s.
— 4 145 270
856 2 99 277
— 2 168 66
— 2 721 80
— 3 157 124
— 3 565 205
— 3 642 556
— 4 104 175
— 4 138 97
— 4 140 133
— 4 143 205
— 4 — 211 s.
— 4 145 246
— 4 146 291
— 4 455 100
857 2 136 41
— 3 492 785
— 3 635 350 s.
— 3 637 432
— 3 638 446
— 3 640 527 s.
— 3 641 530
— 3 — 541
— 4 135 6
— 4 136 43
— 4 137 64 s.
— 4 339 72
— 4 445 50
— 4 454 76 s.
858 4 148 288
859 3 271 163
— 3 638 442
— 3 640 505
— 3 647 717
— 3 — 720
— 3 648 741
— 4 140 126
— 4 144 226 s.
— 4 145 260
— 4 455 111
860 3 642 569
— 3 647 719
— 3 648 741
— 4 144 229
— 4 — 245
— 4 145 263 s.
— 4 146 288
— 4 656 659
861 3 566 233
— 3 640 500
— 3 642 572
— 3 648 726
— 4 104 165
— 4 — 175
— 4 145 245 s.

862	2	721	80
—	3	566	233
—	3	640	500
—	3	648	728
—	4	104	165
—	4	145	245 s.
863	1	248	267
—	3	642	572
—	4	145	253 s.
864	1	248	267
—	4	144	236
—	4	145	258
—	4	325	56
865	3	493	841
—	3	564	138
—	4	145	257 s.
—	4	325	55
866	1	441	142
—	3	571	70
—	3	638	442
—	3	640	504 s.
—	3	646	680
—	3	647	717 s.
—	4	140	126
—	4	144	231 s.
—	4	146	278
867	3	80	213
—	3	648	726
—	4	104	179
—	4	145	255
868	1	457	574
—	2	155	135
—	3	643	585 s.
—	4	143	214
—	4	144	224
—	4	146	274 s.
869	1	630	39
—	2	370	820
—	4	146	282
—	4	—	288
870	1	395	122
—	2	105	11
—	2	145	347
—	2	307	473
—	3	15	490
—	3	241	495
—	3	500	26 s.
—	3	566	208
—	3	567	268
—	4	120	37
—	4	441	467 s.
—	4	442	496
—	4	555	57
871	2	144	321
—	2	—	323
—	3	80	202
—	3	232	195
—	3	233	229
—	3	234	287
—	4	442	488 s.
—	4	625	600
872	1	458	622
—	4	443	506 s.
873	1	58	32
—	1	460	688
—	1	622	60
—	2	105	12
—	2	180	376
—	3	14	472
—	3	15	490
—	3	272	202
—	3	505	21
—	3	509	141
—	3	566	208
—	4	193	123
—	4	340	102
—	4	441	452
—	4	—	471 s.
—	4	442	488 s.
—	4	446	53
—	4	458	11 s.
—	4	555	57
874	3	81	241
—	3	238	421
—	4	443	525 s.
—	4	625	600
875	1	471	928
—	3	14	472
—	3	81	243
—	3	238	463
—	3	508	114
—	4	440	414
—	4	442	485
—	4	—	496
—	4	443	517 s.
—	4	—	526
876	3	502	95
—	4	443	523
877	1	7	213
—	1	58	22
—	1	443	188
—	2	506	23
—	2	—	25
—	2	507	28
—	3	273	234
—	3	679	627
—	4	283	135 s.
—	4	337	14
—	4	441	460 s.
—	4	443	505
—	4	624	563
—	4	679	2
878	1	41	2
—	2	506	22
—	3	235	315
—	3	456	33
—	4	78	563
—	4	337	4 s.
—	4	338	64
—	4	339	75 s.
—	4	—	110
—	4	446	73 s.
879	3	502	88
—	4	337	22
—	4	—	32 s.
—	4	339	69
—	4	340	102
880	3	568	292
—	4	78	556 s.
—	4	337	29
—	4	338	46 s.
—	4	—	58
—	4	339	70
—	4	—	87
881	4	338	43 s.
882	1	456	554 s.
—	1	541	218
—	2	144	302
—	3	164	34
—	3	493	841
—	3	563	105 s.
—	3	—	114 s.
—	3	564	138 s.
—	4	259	235
—	4	280	22
883	1	438	60 s.
—	1	440	122
—	1	441	152
—	1	456	557
—	1	—	559
—	1	468	879
—	1	635	148
—	2	41	11
—	2	292	182
—	2	—	187
—	2	352	278
—	2	354	335
—	2	370	814
—	2	389	1399
—	2	412	1974 s.
—	2	433	2582
—	2	435	2633
—	3	98	92
—	3	239	450
—	3	567	243
—	3	—	262
—	3	568	271 s.
—	3	—	289 s.
—	3	—	294 s.
—	3	677	539
—	4	104	185
—	4	187	60
—	4	218	99 s.
—	4	219	146
—	4	223	12
—	4	389	413
—	4	441	445
—	4	469	387
—	4	557	43 s.
—	4	659	766
884	3	13	447
—	3	—	450 s.
—	3	14	457
—	3	—	461 s.
—	3	571	72
—	4	217	74
—	4	218	100
885	3	14	451
—	3	—	471 s.
—	4	145	259
—	4	218	100
886	3	14	479
—	3	15	182 s.
—	3	571	72
—	3	682	731
—	4	218	100
887	1	53	10
—	3	14	457
—	3	465	200
—	3	571	74
—	3	572	105
—	4	216	58 s.
—	4	217	69 s.
—	4	218	100
—	4	—	107
—	4	219	136
—	4	220	173
—	4	565	147
888	1	456	564
—	3	568	295
—	3	—	300
—	4	217	71
—	4	218	107 s.
—	4	221	193
—	4	557	51 s.
—	4	565	144 s.
889	4	219	131 s.
—	4	221	192
—	4	565	144 s.
890	3	362	260
—	4	217	67
—	4	220	171
891	3	572	97
—	4	220	162 s.
—	4	338	41
892	4	219	148 s.
893	2	133	7
—	2	134	1
—	2	—	22
—	2	142	242
—	2	151	9 s.
—	2	159	7
—	2	160	26
—	2	161	41
—	2	412	1975
—	3	229	102
—	3	498	850
—	3	570	26
—	4	442	495
—	4	493	1
—	4	494	23
—	4	495	40
—	4	—	54 s.
894	2	134	1
—	2	135	40
—	2	—	14
—	2	—	21
—	2	136	57 s.
—	2	137	66
—	2	—	73
—	2	138	95
—	2	—	103
—	2	—	113
—	2	152	31
—	2	161	34
—	2	—	44
—	2	326	449
—	2	380	1141
—	2	386	1305
—	4	496	94
895	2	91	43
—	3	225	22
—	3	227	59
—	3	228	63
—	4	253	18
—	4	494	6
—	4	495	34
—	4	—	54 s.
—	4	496	94
—	4	497	104 s.
896	1	632	100
—	2	119	3
—	2	146	367
—	2	151	4
—	2	153	48
—	2	474	39
—	2	505	122
—	3	315	6
—	4	254	34
—	4	409	11
—	4	—	18
—	4	—	21 s.
—	4	410	51
—	4	—	62 s.
—	4	412	131 s.
—	4	414	181
—	4	415	198 s.
—	4	416	236 s.
—	4	—	261
—	4	417	272 s.
—	4	419	336
—	4	—	346
—	4	420	363 s.
—	4	496	88
897	4	409	18
898	4	260	252
—	4	408	5
—	4	409	11
—	4	—	30
—	4	413	160
—	4	415	198
899	4	414	194
900	1	630	34 s.
—	1	—	45
—	1	—	47 s.
—	1	—	52
—	1	631	62
—	1	—	65 s.
—	1	—	84
—	1	—	88
—	1	—	91
—	1	632	93
—	1	—	99 s.
—	1	—	106 s.
—	1	—	111
—	2	93	190
—	2	146	367
—	2	153	51
—	2	166	40
—	2	167	44
—	2	—	55
—	2	503	25
—	3	231	154
—	3	239	435
—	3	241	517
—	3	—	520
—	3	484	515
—	3	560	45
—	3	572	108
—	4	118	24
—	4	259	218
—	4	411	99
—	4	414	181
—	4	417	267
—	4	—	273
—	4	—	290
—	4	497	126
—	4	621	449
901	1	697	158
—	2	89	4
—	2	—	7
—	2	90	11
—	2	—	14
—	2	91	52
—	2	92	76
—	2	—	109
—	2	93	119
—	2	98	275
—	2	99	284
—	3	449	257
—	4	496	76
902	2	89	3
—	2	92	83
—	2	—	102
—	2	93	118 s.
—	2	—	130
—	2	—	136
—	2	94	156
—	2	95	186
—	2	97	240
—	3	227	54
—	3	—	59
—	3	271	185
—	3	483	473
—	3	484	502
—	4	428	50
903	2	93	137
—	2	164	129 s.
—	3	630	212
904	1	692	40
—	2	93	137
—	2	—	141
—	2	94	143
—	2	—	145 s.
—	2	152	41
—	2	164	130 s.
—	2	308	38
—	3	230	146
—	3	389	37
—	3	630	212 s.
—	3	—	219 s.
—	4	179	11
905	1	7	207
—	1	245	138
—	1	478	1126
—	2	94	149 s.
—	2	152	42
—	2	183	454
—	4	179	11
—	4	408	7
906	2	99	300
—	2	138	105
—	2	331	6
—	3	271	187
—	3	570	35
—	4	412	122 s.
—	4	420	377
—	4	426	563
—	4	611	81
907	2	95	170
—	2	—	172 s.
—	2	—	177 s.
—	2	—	184
—	2	98	275
—	2	99	278
—	4	597	483
—	4	600	572 s.
—	4	610	68
908	2	94	185
—	2	98	259 s.
—	2	99	278
—	2	154	73
—	2	658	131
—	3	230	146
—	4	452	35
—	4	454	87 s.
—	4	610	68
909	1	188	99
—	2	95	186
—	2	—	193
—	2	96	197 s.
—	2	—	209
—	2	—	212
—	2	—	216 s.
—	2	99	278
—	2	135	31
—	4	179	22
—	4	379	106
—	4	610	68
—	4	679	2
910	1	632	105
—	2	94	163 s.
—	2	97	228
—	2	—	230
—	2	133	3
—	2	141	209
—	2	142	228
—	2	474	32
—	2	—	49
—	3	227	54
—	4	611	83
911	1	444	231
—	2	59	65
—	2	96	203
—	2	97	223
—	2	—	240
—	2	—	245
—	2	98	247
—	2	—	249 s.
—	2	—	255 s.
—	2	—	271
—	2	—	275
—	2	154	82
—	2	159	1
—	2	—	6
—	2	574	265
—	3	316	5
—	3	483	473
—	3	584	502
—	3	—	511
—	3	696	13
—	4	139	115
—	4	531	148
—	4	554	89
—	4	556	126
—	4	647	332 s.
912	2	94	159
—	2	95	179
—	2	264	60
—	2	475	10 s.
—	2	476	30 s.
—	2	—	48
—	4	379	104
—	4	429	67
913	1	84	67
—	1	652	107
—	2	160	41
—	2	416	2093
—	3	265	80
—	3	272	194
—	3	627	124
—	3	629	176 s.
—	3	—	182
—	3	630	210
—	3	—	213
—	3	—	219
—	3	631	230
—	3	—	243
—	3	—	249 s.
—	3	632	269 s.
—	3	633	309
—	3	634	321 s.
—	3	635	370 s.
—	3	638	451
—	3	641	530
—	3	642	554
—	4	136	30
—	4	260	260
—	4	426	569
—	4	438	360
—	4	452	23
—	4	453	58 s.
914	3	227	41
—	3	629	190
—	3	633	314
—	4	420	358
915	1	84	66
—	2	161	46
—	3	265	80
—	3	627	143
—	3	628	160
—	3	629	191 s.
—	3	630	201 s.
—	3	—	210
—	3	—	213
—	3	—	219 s.
—	3	632	280
—	3	637	432
—	3	638	446
—	4	426	569
916	2	92	102
—	3	632	280
—	4	426	569
—	4	453	58
917	2	416	2094
—	3	631	231
—	3	—	241
—	3	635	355
—	3	—	369
—	3	636	400 s.
—	3	637	415 s.
—	3	648	761
918	1	441	140
—	2	134	3
—	2	135	8
—	2	356	390
—	3	624	67
—	3	638	455
—	3	639	460 s.
—	3	—	484 s.
—	3	640	499 s.
—	3	642	557
—	4	139	114 s.
—	4	140	123 s.
—	4	141	144
—	4	424	504
—	4	454	78
—	4	645	264
919	2	139	125
—	3	637	424
—	3	638	448
—	4	136	45
—	4	139	116
—	4	141	146
920	2	92	102
—	2	370	812
—	3	484	511
—	3	626	117
—	3	—	124
—	3	628	159
—	3	642	554
—	3	643	588
—	3	644	619
—	3	645	659
—	3	646	669
—	3	—	677
—	4	136	30
921	1	476	1050
—	3	632	259
—	3	635	353
—	3	—	362
—	3	—	374
—	3	640	527
—	3	644	621
—	3	—	630 s.
—	3	—	638
—	3	645	659
—	3	646	686
922	3	635	351 s.
—	3	638	445
—	3	640	509 s.
—	3	—	519 s.
—	3	641	530
—	3	—	541
—	3	—	548
—	3	642	569 s.
—	3	643	583 s.
—	3	—	595 s.
—	3	644	606 s.
—	3	645	658 s.
923	2	416	2093
—	3	642	561
—	3	646	690
—	3	—	695
—	3	647	703
—	3	—	706
—	3	648	743
—	4	140	121
924	3	571	70
—	3	638	442
—	3	—	452
—	3	645	659
—	3	647	715 s.
925	3	645	660
926	3	230	116
—	3	235	322
—	3	626	117
—	3	645	661
—	3	646	674
—	3	—	685
—	3	—	688
—	3	647	711
927	3	235	322 s.
—	3	637	437
—	3	645	666
—	3	646	670 s.
928	2	719	29
—	3	157	124
—	3	642	556
—	3	—	578
—	3	647	715
—	3	648	748
—	3	—	754
—	4	143	218
929	3	648	758
—	4	375	803
930	2	89	3
—	3	427	58
—	3	635	367
—	3	642	561 s.
—	3	647	715
—	3	648	728
—	3	—	733 s.
—	3	649	774
—	4	145	866
931	1	84	80
—	1	342	725
—	1	693	79
—	1	695	117
—	2	133	1 s.
—	2	—	7
—	2	134	24
—	2	—	29
—	2	135	21
—	2	—	33 s.
—	2	138	113
—	2	139	150
—	2	140	175
—	2	141	188
—	2	142	242
—	2	—	274
—	2	143	251
—	2	—	255
—	2	159	7
—	2	160	21
—	2	162	49
—	2	207	101
—	2	326	449
—	3	170	402 s.
—	3	414	56
—	3	444	29
—	4	151	138
—	4	180	68
—	4	640	80
932	1	250	338
—	2	99	291 s.
—	2	—	295
—	2	135	16
—	2	138	102
—	2	—	104
—	2	—	117
—	2	139	123
—	2	—	129 s.
—	2	—	134
—	2	140	159
—	2	142	227
—	2	—	238
—	2	342	33
—	2	380	1124
—	2	575	276
—	2	584	578
—	3	170	99
—	3	472	82
—	3	570	36 s.
—	4	261	297
933	2	134	23
—	2	139	130 s.
—	2	—	148 s.
—	2	142	227
—	3	88	57
—	3	321	181
—	3	—	193
—	3	323	244
934	2	94	149
—	2	140	167 s.
—	2	—	175
935	1	245	146
—	2	139	135
—	2	140	171
—	2	141	189 s.
—	2	—	196
—	2	—	199
—	2	—	201
—	2	134	25
—	4	179	25
—	4	556	62
—	4	596	412
936	1	140	178
—	1	—	181
—	2	91	55
—	2	141	206
937	1	18	16
—	2	133	3
—	2	135	16
—	2	138	122
—	2	141	207
—	2	—	209
—	2	142	225
—	2	564	158
—	2	565	174
938	2	99	291
—	2	136	36
—	2	—	53
—	2	143	288
—	2	380	1141
—	4	554	14 s.
—	4	601	629
939	2	148	456
—	2	151	5
—	2	161	24 s.
—	3	570	43
—	4	554	2
—	4	—	14
—	4	555	32
940	1	245	144
—	2	137	73
—	4	555	47 s.
941	2	161	26
—	4	421	419 s.
—	4	554	24 s.
—	4	556	5
942	2	142	231
—	3	102	203
—	3	170	102
—	4	555	60 s.
—	4	601	627
943	1	454	489
—	2	136	43
—	2	—	50
—	2	—	53
—	2	137	67
—	2	146	367
—	2	155	122
—	2	—	124
—	2	156	141
—	2	326	449
—	3	570	34
—	4	438	365
944	2	136	53
—	2	137	71 s.
—	2	138	91
—	2	—	94
—	2	—	101
—	2	152	11
—	2	157	171
—	2	346	107
—	3	471	73
—	3	571	48
—	4	138	89
—	4	179	31
945	2	134	3
—	2	137	84 s.
—	2	138	93 s.
—	2	144	290
—	2	—	318 s.
—	2	—	323
—	2	145	341
—	2	—	346
—	2	—	348
—	3	571	48 s.
—	4	429	74
—	4	447	103
946	2	138	91 s.
—	2	—	97 s.
—	2	—	101
—	2	144	297
—	2	—	299
—	2	—	301
—	2	145	337
—	2	146	367
—	2	152	11
—	2	157	174
—	2	—	191 s.
—	3	571	48
—	3	647	704
—	4	260	266
947	2	152	11
—	2	—	19
—	2	157	171 s.
—	2	160	4
—	2	163	85
948	2	133	1
—	2	143	269 s.
—	2	—	279
—	2	—	285
—	2	151	5
—	2	155	110
—	2	—	135
—	2	—	138
—	2	161	24
—	2	163	80
—	2	385	1266
—	3	414	56
—	3	570	42
—	4	146	280
949	2	136	39
—	2	144	294
—	2	—	299
—	2	146	361
—	2	161	20
—	3	570	46
950	2	144	303
—	4	422	446
—	4	616	297
—	4	617	326
951	2	134	24
—	2	142	242
—	2	153	64
—	2	161	20
—	2	370	822
—	2	371	825
—	2	380	1142
—	2	474	39
—	3	504	23
—	3	572	89
—	4	244	1 s.
—	4	416	232 s.
—	4	445	51
—	4	529	62
952	2	142	242
—	2	147	399
—	2	153	64
—	2	155	120
—	2	161	20
—	2	371	825
—	3	99	104
—	4	245	30 s.
—	4	529	62
953	1	89	112
—	2	134	3
—	2	135	8
—	2	146	364
—	2	147	404
—	2	148	434
—	4	336	203
—	4	375	803
954	1	636	203
—	2	146	372
—	2	147	398
—	2	381	1145
—	4	257	165
—	4	529	62
—	4	559	107
955	1	101	3
—	2	94	147
—	2	147	408
—	2	—	418
—	2	148	452
—	4	257	165
—	4	—	172 s.
—	4	447	108
—	4	596	414
956	1	635	187
—	2	148	438
—	2	381	1145
—	2	—	1148
—	3	146	385
—	3	—	387
957	1	54	47
—	1	88	53
—	2	147	410
—	2	148	439 s.
—	3	492	792
—	4	257	170 s.
958	2	148	454
—	2	—	456 s.
—	2	381	1146
—	3	86	373
—	3	87	12
—	4	430	112
—	4	531	147
—	4	624	578
—	4	627	696
959	1	101	3
—	1	473	973
—	2	148	436
—	2	—	460
—	2	152	9
—	2	—	19
—	2	155	111
—	2	158	215
—	2	162	56
—	4	336	194 s.
960	1	84	74
—	1	149	469
—	1	—	472 s.
—	1	—	482 s.
—	1	—	492
—	1	—	497
—	2	135	26
—	2	137	80 s.
—	2	143	263
—	2	146	387
—	2	147	402
—	2	148	434
—	2	—	465
—	2	150	500
—	2	—	517
—	2	152	10
—	2	158	215
—	2	161	36
—	2	—	45
—	3	225	29
—	4	139	105
—	4	245	17
—	4	336	198
—	4	454	66
962	1	84	74
—	2	149	491
—	2	150	501
—	2	—	507
—	2	—	509
—	2	—	517
—	2	380	1144
—	2	400	1678
—	3	156	79
—	4	245	41
963	2	147	399
—	2	150	502 s.
—	4	529	62
964	2	150	504
—	2	—	517 s.
—	4	420	361
965	2	150	500
—	2	—	503
—	4	375	803
—	4	447	108
966	2	150	514 s.
—	3	649	772
—	3	679	610
—	4	447	108
967	2	151	11
—	3	226	18
—	3	—	26
—	3	227	57 s.
—	3	261	373
—	3	570	30
—	4	248	20
—	4	494	7
—	4	497	104 s.
968	2	143	265
—	3	571	59
—	4	496	80 s.
969	2	412	1975
—	3	151	45
—	4	418	303
—	4	495	45
—	4	—	54
—	4	497	103
970	3	238	413
—	3	264	75 s.
—	4	494	30
—	4	496	84
—	4	—	90 s.
—	4	497	101 s.
—	4	498	151 s.
—	4	518	879
—	4	519	903
—	4	6	134
971	4	503	312
—	4	505	405
—	4	507	470
—	4	511	614
972	2	139	125
—	4	447	108
—	4	498	164
—	4	502	292
—	4	503	309
—	4	—	323 s.
—	4	512	641
—	4	—	658
—	4	517	849
973	4	14	429
—	4	—	447
—	4	234	341
—	4	503	323
—	4	505	366
—	4	508	517 s.
—	4	509	546 s.
—	4	512	641
—	4	513	700
—	4	519	899
974	2	720	60
—	4	509	532
—	4	511	622 s.
—	4	518	877 s.
975	3	559	20
—	3	682	731
—	4	503	312 s.
—	4	510	576
—	4	512	656
—	4	513	702 s.
—	4	518	868
976	4	10	262
—	4	515	761
—	4	516	783 s.
977	4	502	298
—	4	516	791
—	4	518	871 s.
978	4	515	755
—	4	—	766 s.
979	4	15	477
—	4	200	389
—	4	498	139
—	4	502	294
—	4	515	756 s.
—	4	516	787
—	4	519	883
980	1	42	9
—	2	205	22
—	2	477	47
—	4	512	652 s.
—	4	513	672
—	4	—	682 s.
—	4	514	726
—	4	515	748 s.
981	1	188	101
—	4	519	901
982	1	188	101
983	4	519	901
984	4	253	5
985	1	550	453
986	4	146	286
987	4	253	5
—	4	447	108
988	4	446	71
—	4	449	152 s.
989	4	146	286
—	4	447	105
992	4	246	5
993	1	188	101
994	4	519	904
996	4	447	79 s.
997	2	99	278
998	4	456	126
999	2	476	26
—	3	264	76
—	4	519	903 s.
1000	2	372	885
—	2	375	986
—	3	168	7
1001	3	227	57
—	3	229	102
—	4	494	12
—	4	495	61
—	4	496	76
—	4	498	146
—	4	—	160 s.
—	4	503	308 s.
—	4	504	346 s.
—	4	505	375 s.
—	4	—	407 s.
—	4	507	473
—	4	508	514
—	4	510	587
—	4	511	632
—	4	516	802 s.
—	4	517	840 s.
1002	3	226	11
—	3	—	18
—	3	230	117
—	3	261	379
—	4	158	69
—	4	458	9
1003	2	145	324
—	3	228	68
—	3	229	110
—	3	230	121
—	3	—	127 s.
—	3	—	136
—	3	232	197
—	4	254	65
—	4	255	90
—	4	260	261
—	4	454	81
1004	1	106	162
—	1	151	241
—	1	—	243
—	1	—	246
—	1	—	248
—	1	—	251 s.
—	1	463	754
—	1	506	15
—	2	94	146
—	2	658	155
—	3	230	145
—	3	—	149
—	3	231	166
—	3	233	245
—	4	501	257
—	4	613	162
1005	3	231	155
—	2	—	166
—	3	233	223 s.
—	3	234	259
—	4	425	549
—	4	614	226
1006	1	41	3
—	2	94	146
—	2	378	1083
—	2	506	15
—	3	230	118 s.
—	3	—	145
—	3	—	149
—	3	231	158
—	3	233	245
—	4	428	31
—	4	442	489
—	4	453	47
—	4	454	81
—	4	500	228 s.
—	4	501	263 s.
1007	1	545	312
—	3	58	78
—	3	171	158
—	4	495	51
—	4	500	227 s.
—	4	502	271 s.
—	4	516	801
—	4	517	835
—	4	519	894
1008	1	545	312
—	3	231	169
—	4	424	496
—	4	500	231 s.
—	4	501	263 s.
1009	2	145	324
—	2	327	473
—	3	229	114
—	3	231	179
—	3	233	232
—	3	235	321 s.
—	3	646	685
—	3	—	688
—	4	255	75
—	4	260	259
—	4	441	453
—	4	442	488
1010	2	145	324
—	2	—	330
—	2	474	34
—	3	230	121
—	3	—	128
—	3	—	138
—	3	232	193 s.
—	3	—	197
—	3	—	204 s.
—	4	256	112
1011	3	230	119 s.
—	3	232	215
—	3	233	265
—	4	255	74
—	4	613	162
1012	2	145	324
—	2	—	330
—	3	233	225
—	3	235	321
—	3	646	685
—	4	255	74
—	4	260	271
—	4	441	453
—	4	442	488
1013	3	232	193
—	3	233	235
—	3	235	321
—	4	260	271
1014	1	8	234
—	1	388	131
—	3	233	243 s.
—	3	235	316
—	3	236	352
—	3	238	506 s.
—	4	157	125
—	4	450	203
—	4	611	87
—	4	613	162
—	4	614	226
—	4	621	469
—	4	625	613
1015	2	371	847
—	3	157	125
—	3	233	247 s.
—	3	—	256
—	3	646	668
—	4	614	226
—	4	621	469
1016	2	375	987
—	2	706	31 s.
—	3	235	298 s.
—	3	644	610 s.
1017	3	95	12
—	3	234	284 s.
—	3	235	306 s.
—	3	241	295
—	4	441	464 s.
—	4	448	114
—	4	613	163
1018	1	225	48
—	3	236	340
—	3	—	359

—	3 237	386
—	4 370	626
—	4 612	150
1019	3 75	52
—	3 232	210
—	3 237	378
—	3 239	450
1020	3 238	419
—	3 —	421
—	3 —	432
—	3 241	296
—	4 443	525
—	4 624	570
1021	1 632	107
—	3 238	425 s.
—	3 239	439
—	3 —	445 s.
—	3 481	400
—	4 259	235
—	4 420	384 s.
1022	1 149	183
—	3 236	339
—	3 239	456
1023	3 240	472 s.
1024	2 145	324
—	3 80	205
—	3 232	195
—	3 240	485 s.
—	3 241	493
—	4 448	114
1025	2 502	3 s.
—	2 503	16
—	2 —	29
1026	1 5	140
—	2 503	42
—	2 —	48
—	2 504	56
—	2 505	124
—	3 234	268
1027	2 502	6
—	2 503	45
—	2 504	64
—	2 —	77
1028	2 503	17
—	2 —	32 s.
1029	2 503	18
1031	1 609	4
—	2 503	34
—	2 504	62 s.
—	2 —	71
—	2 —	83
—	2 —	85
—	2 505	87 s.
—	3 168	7
—	3 169	43
—	3 —	65
—	3 230	134
—	3 239	435
1032	1 34	47
—	1 488	180
—	2 505	149
—	2 —	121
1033	1 609	4
—	2 502	3
—	2 505	97
—	3 604	77 s.
1034	2 505	103
—	2 —	108
1035	3 237	402
—	3 570	41
—	4 7	166
—	4 253	10 s.
—	4 256	135 s.
—	4 258	184 s.
—	4 418	307
—	4 495	68
—	4 —	51
—	4 505	403
—	4 519	892
—	4 587	94
1036	3 237	401
—	4 254	66
—	4 255	76
—	4 —	90 s.
—	4 256	185 s.
—	4 507	469
—	4 508	515
1037	3 330	485 s.
—	4 258	187 s.
1038	2 163	92
—	3 235	320
—	3 239	448
—	4 253	11
—	4 256	109 s.
—	4 259	235
—	4 260	261
1039	1 4	118
—	1 633	131
—	2 162	73
—	2 505	121
—	3 572	87
—	4 258	185
—	4 418	298
1040	1 4	115
—	1 437	24
—	1 629	4
—	1 630	43
—	3 231	157
—	3 241	518
—	4 258	180
—	4 —	195
—	4 —	206 s.
—	4 415	200 s.
—	4 417	273
—	4 418	298
1041	2 99	302
—	3 241	518
—	3 255	198
—	3 266	36
—	3 273	237
—	4 258	195
—	4 416	229
—	4 453	206
—	4 425	111
—	4 611	93
1042	3 237	386
—	4 258	195
—	4 259	227 s.
—	4 260	253
1043	4 258	198
—	4 260	267 s.
—	4 454	81
1044	2 140	460
—	4 261	300 s.
—	4 417	262
1045	2 140	160
—	4 256	100
—	4 261	299 s.
1046	4 257	165
—	4 —	172
—	4 258	179
—	4 412	135
—	4 429	74
1047	4 257	167 s.
—	4 258	129 s.
1048	1 682	100
—	1 681	12
—	2 138	105
—	2 153	59
—	2 381	1174
—	4 415	221
—	4 420	355
—	4 —	358 s.
—	4 421	402
—	4 426	586
1049	2 138	105
—	2 153	59
—	4 412	135
—	4 420	355
—	4 —	358 s.
—	4 421	402
—	4 426	586
1050	2 153	63
—	4 417	275
—	4 426	586
1051	4 420	374
—	4 426	569
—	4 —	584
1052	2 142	243
—	4 417	285
—	4 420	383 s.
—	4 421	401
—	4 425	537
1053	1 632	100
—	3 415	78
—	4 424	521 s.
1054	3 99	105
—	4 245	31
—	4 423	471
—	4 424	512 s.
1055	2 138	105
—	3 102	190
—	3 493	843
—	4 422	429 s.
—	4 503	682 s.
1056	4 422	429
—	4 423	469
—	4 603	682
1057	1 545	318
—	3 169	70
—	3 397	214
—	4 422	431 s.
—	4 425	540 s.
1058	3 168	42
—	3 397	213
—	4 422	435
1059	3 169	33
—	3 —	70
—	3 170	88
—	3 397	213
—	4 422	435 s.
—	4 686	89
1060	3 169	33
—	3 —	70
—	3 170	88
1061	1 545	318
—	3 169	70
—	3 170	88
—	3 397	207
—	3 —	213
—	4 422	435
1062	4 686	84
1063	4 420	380
—	4 422	441
—	4 423	452 s.
1064	3 236	361
—	4 422	441
—	4 —	446
—	4 612	150
1065	1 7	204
—	1 665	88
—	4 423	455
1066	1 7	204
—	4 403	3
—	4 422	453
—	4 423	453 s.
—	4 —	465
1067	4 403	3
—	4 423	456
—	4 594	369
1068	4 423	452
—	4 —	458
1069	3 397	213
—	4 403	3
—	4 421	407
1070	4 421	419
—	4 423	473
—	4 555	25 s.
1071	4 422	424
—	4 554	18
—	4 555	34 s.
1073	3 102	190
—	3 —	195
—	3 572	92
—	4 422	450
1074	4 426	569
1075	2 382	1184 s.
—	2 —	1191
—	2 —	1196
—	2 383	1204 s.
—	2 —	1210
—	2 —	1222
—	3 570	15 s.
—	3 —	30 s.
—	3 571	59
—	3 —	64
—	3 572	107
1076	2 382	1184
—	2 —	1191
—	2 383	1204 s.
—	2 —	1210
—	2 —	1222
—	3 569	12
—	3 570	16 s.
—	3 —	33 s.
—	3 571	57
—	3 646	693
—	4 325	40
1077	3 571	74 s.
—	3 572	88
1078	2 179	368
—	2 383	1222
—	3 570	30
—	3 571	63 s.
—	3 572	78
1079	3 570	30 s.
—	3 571	70
—	3 572	87 s.
—	3 —	109
—	4 217	77
1080	3 572	109
1081	2 151	2
—	2 152	11
—	2 155	124
—	2 156	141
—	2 —	165
—	2 157	171
—	4 151	137
1082	1 601	12
—	2 144	322
—	2 151	6
—	2 152	19 s.
—	2 —	31
—	2 153	46
—	2 —	56
—	2 —	65 s.
—	2 154	70
—	2 —	104
—	2 155	124
—	2 —	162
—	2 156	169
—	2 312	69
—	2 380	1142
—	2 382	1180
—	3 480	366
—	4 138	86
—	4 245	27
—	4 247	57
—	4 412	123
—	4 420	858
—	4 442	492
1083	2 138	59
—	2 152	22 s.
—	2 154	83
—	2 156	157
—	2 161	34
—	2 380	1135
—	3 229	90
—	3 —	102
—	3 647	700
—	3 664	101
1084	2 142	243
—	2 153	46
—	2 155	122
—	2 —	124
—	2 —	126 s.
—	2 —	138
—	2 —	140
—	2 156	141
—	2 —	151
—	2 —	154
—	2 —	163 s.
—	2 —	169
—	2 380	1142
—	2 382	1179
—	3 647	701
—	4 151	137
1085	2 144	322
—	2 155	124
—	2 156	163 s.
—	2 382	1179
1086	2 144	301
—	2 152	12 s.
—	2 153	66
—	2 155	124
—	2 156	170
—	2 157	171 s.
—	2 —	191
—	2 —	195
—	2 161	27
—	2 162	73
—	2 163	85
—	2 345	83
—	2 380	1132
—	3 627	180
—	3 628	162
—	3 647	704
—	4 260	266
1087	2 138	105
—	2 140	186
—	2 151	8
—	2 152	19
—	2 158	215
—	2 163	79
1088	1 631	64
—	1 633	131
—	2 152	14
—	2 —	19
—	2 153	54
—	2 158	215
—	2 161	36
—	2 380	1123
—	3 472	98
1089	1 161	10
—	1 —	28
—	1 —	31
—	2 151	7
—	2 152	12
—	2 —	19
—	2 155	113
—	2 —	115
—	2 —	124 s.
—	2 —	140
—	2 156	141
—	2 —	154 s.
—	2 —	157
—	2 157	178
—	2 —	183
—	2 162	73
—	4 247	57 s.
—	4 442	492
1090	1 695	130
—	2 161	46
—	3 644	623
1091	2 136	59
—	2 160	2
—	2 161	18
—	2 —	34
—	2 —	45
—	2 162	56
—	2 164	134
—	2 380	1122
—	3 634	320
1092	2 136	59
—	2 160	3
—	2 161	24
—	2 —	36
—	2 —	46
—	2 162	55
—	2 —	73
—	3 238	431
1093	2 136	59
—	2 161	18
—	2 —	27 s.
—	2 —	34 s.
—	2 —	46
—	2 162	55
—	2 —	73
—	3 634	342
—	4 442	492
1894	1 84	73
—	1 695	115 s.
—	2 447	307
—	2 149	472
—	2 161	46
—	2 164	131 s.
—	3 627	145
—	3 634	234
—	3 —	243 s.
—	3 632	269
—	3 —	280 s.
—	3 634	317 s.
—	3 635	351
—	3 —	372 s.
—	3 —	380
—	4 612	125
—	4 622	482
1095	1 692	30
—	1 —	34
—	1 —	40
—	1 697	159
—	2 93	137
—	2 156	165
—	2 164	129 s.
—	2 —	133
—	3 479	332
—	3 630	212
1096	1 695	115 s.
—	2 149	472
—	2 152	61
—	2 154	117
—	2 —	135
—	2 172	163
—	2 174	215
—	2 368	748
—	2 596	957
—	3 647	709
—	4 179	22
—	4 235	96
—	4 645	288
1097	2 143	263
—	2 163	98
—	2 —	100
—	2 164	124
—	2 —	128
—	3 269	106
1098	1 472	962
—	1 473	981
—	1 474	1015
—	2 165	32
—	2 172	162
—	3 633	310 s.
—	3 634	318
—	3 —	321 s.
—	3 —	333
—	3 —	342 s.
—	3 635	350 s.
—	3 —	364
—	3 —	369 s.
—	3 —	378 s.
—	4 137	68
1099	1 695	117
—	2 164	125
—	3 634	324
—	3 635	379
—	3 636	382 s.
—	3 696	13
1100	1 447	307
—	2 164	135
—	3 473	122
—	3 636	392 s.
—	4 376	3
1101	1 619	46
—	3 470	13
1102	1 174	977
—	1 619	47
—	3 470	26
1103	3 470	29
—	3 475	176
—	4 68	216
1104	2 280	2
—	3 470	31 s.
—	4 191	46
1105	1 688	63
—	2 138	103
—	3 470	34
1106	1 342	725
—	1 619	47
—	2 138	103
—	2 419	2160
—	2 420	2189
—	3 470	36
1107	2 135	4
—	3 471	48
—	4 329	94
1108	1 27	357
—	1 152	218
—	1 171	871
—	1 346	880
—	1 506	610
—	2 135	34
—	2 235	100
—	3 88	49
—	3 268	96
—	3 318	85
—	3 473	115
—	3 477	266
—	4 6	141 s.
—	4 333	97
1109	1 153	308
—	1 173	956
—	2 92	76
—	2 249	354
—	2 308	87
—	3 14	457
—	3 240	479 s.
—	3 356	38
—	3 357	69 s.
—	3 472	94
—	3 473	109
—	3 —	119 s.
—	3 —	129
—	3 —	133 s.
—	3 474	156
—	3 520	101
—	4 21	719
—	4 49	268
—	4 201	402
—	4 206	23
—	4 436	206
—	4 639	65
1110	1 153	308
—	2 57	17
—	3 4	106
—	3 227	45
—	3 285	333
—	3 290	466
—	3 357	50
—	3 472	100
—	3 473	109 s.
—	3 —	119
—	3 —	133
—	3 474	136
—	4 217	77 s.
—	4 609	23
1111	3 357	76
—	4 436	206
—	3 474	166
—	3 —	177
1112	3 357	66
—	3 474	162
—	3 —	174
—	3 475	177
1113	1 168	331
—	2 147	424
—	3 357	77
—	3 474	157
—	4 333	97
—	4 551	101
—	4 660	814
1114	3 357	68
—	3 474	169 s.
1115	3 475	188
1116	1 153	309
—	1 205	219
—	1 444	232
—	2 92	76
—	3 106	12
—	3 223	19
—	3 357	49
—	3 475	194
—	3 476	208
—	3 —	214
—	3 —	223
—	3 484	511
—	3 698	79
—	4 1	12
—	4 51	328
—	4 211	28
—	4 227	109
—	4 551	101
—	4 667	118
1117	2 344	55
—	3 474	152
—	3 —	156
—	3 —	162
—	3 476	232
—	4 49	268
—	4 376	2
1118	3 470	240
1119	1 734	23
—	2 134	23
—	2 162	63
—	2 235	101
—	3 111	81
—	3 317	13 s.
—	3 327	368
—	3 476	245
—	3 477	256
—	3 —	261
—	4 35	1250
—	4 147	8
—	4 597	472
—	4 614	196
1120	1 150	208
—	1 154	343
—	1 442	179
—	2 720	45
—	3 471	60
—	3 477	272
—	4 6	141 s.
—	4 24	831
—	4 551	105
—	4 649	405
—	4 681	47
1121	1 212	404
—	1 505	602
—	2 37	17
—	2 —	29
—	2 138	105
—	2 —	107
—	2 144	297 s.
—	2 153	47
—	2 357	439
—	3 109	2
—	3 241	503
—	3 291	492
—	3 292	515
—	3 317	13
—	3 —	26
—	3 477	268 s.
—	3 —	272 s.
—	3 478	287
—	3 494	759
—	4 147	2
—	4 370	624
—	4 418	293
—	4 661	47
1122	1 357	80
—	3 290	476
—	3 478	290 s.
—	3 493	814
—	3 494	891
—	3 503	8 s.
—	3 504	25 s.
—	4 530	121
—	4 609	21
—	4 611	82
—	4 681	47
1123	1 357	87
—	1 —	90
—	1 —	107
—	2 174	217
—	2 583	570
—	3 322	200
—	3 478	301
—	4 132	23
—	4 148	38
—	4 428	50
—	4 562	13
1124	1 39	186
—	1 147	150
—	1 306	610
—	1 528	14
—	2 340	175
—	3 322	200
—	3 479	316
—	3 —	327
—	4 132	23
—	4 548	16
1125	1 149	204 s.
—	1 150	216 s.
—	1 —	219
—	1 179	1104
—	1 490	228
—	1 —	230
—	1 224	26
—	1 243	70
—	1 250	332
—	1 357	87
—	1 595	600 s.
—	1 692	47
—	2 140	175
—	3 64	105
—	3 131	138
—	3 358	80
—	3 389	43
—	3 456	2
—	3 479	317 s.
—	3 —	338 s.
—	3 728	35
—	3 —	46
—	3 731	144
—	4 148	39
—	4 217	88 s.
—	4 233	293
—	4 348	61
—	4 376	2
—	4 548	14
—	4 645	286
—	4 649	406
—	4 682	94
1126	1 346	880
—	1 632	110
—	3 479	347
1127	1 632	110
—	3 479	347
1128	1 150	232
—	3 484	421
—	3 486	584
—	3 487	596
—	4 549	39
1129	3 481	406 s.
1130	1 335	39
—	1 691	16 s.
—	2 136	46
—	2 137	67
—	2 162	63
—	3 466	244
—	3 480	366
—	3 —	374 s.
—	3 645	648
—	3 662	22
—	4 438	365
1131	1 22	150
—	1 151	255
—	1 164	656
—	1 203	182
—	1 208	341
—	1 630	36
—	2 93	118
—	2 —	131
—	2 146	375
—	2 235	100
—	2 606	1270
—	2 648	51
—	3 174	42
—	3 —	53
—	3 318	85
—	3 473	133
—	3 482	437
—	3 —	444 s.
—	3 483	458
—	3 —	464 s.
—	3 —	484 s.
—	3 484	491 s.
—	3 —	495
—	3 —	505
—	3 —	514 s.
—	3 485	528
—	3 —	540
—	3 —	558
—	3 486	572
—	3 —	579 s.
—	3 487	597
—	3 —	611 s.
—	3 503	11
—	3 698	80
—	4 51	331
—	4 99	42
—	4 184	65
—	4 437	307
—	4 568	231
—	4 660	814
—	4 689	34
1132	1 280	51
—	3 273	19
—	3 482	451
—	3 483	461 s.
—	3 —	473
—	3 —	484 s.
—	3 484	496
—	3 697	37
—	4 99	40
—	4 546	24
1133	1 208	341
—	2 93	148
—	2 —	151
—	2 265	111
—	2 583	570
—	3 269	126
—	3 480	384
—	3 482	449
—	3 483	487
—	3 484	514
—	3 485	528
—	3 —	550 s.
—	3 —	569
—	3 486	522
—	3 487	596
—	3 —	604
—	3 —	611 s.
—	3 503	11
—	4 99	40 s.
—	4 184	65 s.
—	4 546	24
—	4 660	7
1134	1 20	98
—	1 155	368
—	1 —	377
—	1 159	492
—	1 160	542 s.
—	1 164	656
—	1 175	1016
—	1 176	1037
—	1 177	1054
—	1 221	659
—	1 315	65
—	1 340	689
—	1 341	698
—	1 —	700
—	1 342	718
—	1 343	751
—	1 356	70
—	1 371	412
—	1 375	84
—	1 501	484
—	1 506	604
—	1 537	91
—	2 129	10
—	2 132	75
—	2 648	52
—	2 659	214
—	2 660	221
—	3 14	451
—	3 53	9
—	3 83	298
—	3 88	49
—	3 90	111
—	3 159	174
—	3 238	407
—	3 256	207
—	3 265	300
—	3 267	383
—	3 288	415
—	3 290	464
—	3 —	476
—	3 292	529
—	3 471	30
—	3 477	266
—	3 482	452
—	3 483	458
—	3 —	473
—	3 —	467
—	3 485	552
—	3 486	595
—	3 487	605
—	3 —	622 s.
—	3 —	629
—	3 488	656 s.
—	3 490	706
—	3 493	814
—	3 494	880
—	3 519	94
—	3 521	46
—	3 584	164
—	3 698	67
—	3 —	80
—	3 —	98
—	3 727	4
—	4 1	7
—	4 39	1420
—	4 48	228
—	4 141	150
—	4 169	57
—	4 183	37
—	4 —	41
—	4 228	6
—	4 —	36
—	4 361	546
—	4 550	62 s.
—	4 —	69
—	4 606	144
—	4 624	578
—	4 626	640
—	4 683	126
1135	1 22	153
—	1 52	147
—	1 343	760
—	2 129	40
—	2 132	75
—	2 478	101
—	3 83	298
—	3 238	407
—	3 288	424
—	3 485	533
—	3 488	648
—	3 493	814
—	4 138	86
—	4 550	69
—	4 614	208
1136	2 247	473
—	3 489	667
—	4 396	214
—	4 440	439
1137	2 129	30
—	3 381	13
—	3 489	670 s.
—	4 651	489
1138	1 373	37
—	1 633	137
—	2 129	26
—	2 261	908
—	2 600	1082
—	3 470	39
—	3 489	672
—	3 —	675
—	3 —	680 s.
—	3 550	21
—	4 381	162
—	4 386	331
—	4 640	98
1139	1 388	121
—	1 635	180
—	1 —	185
—	1 636	196
—	2 130	32 s.
—	2 —	40
—	2 681	266
—	3 159	64
—	3 —	86
—	3 288	415
—	3 326	356
—	3 465	207
—	3 489	679
—	3 498	43
—	4 194	133
1140	3 589	682
1141	1 378	14
—	1 390	192
—	2 136	38
—	3 303	32
—	3 489	683 s.
—	3 652	90
—	3 731	138
—	4 404	36
—	4 526	218
—	4 564	102
—	4 640	98
1142	1 310	74
—	1 612	85
—	1 632	120
—	2 129	4
—	2 —	11
—	2 —	19
—	2 132	75
—	3 311	77
—	3 350	475
—	3 373	636
—	3 489	689 s.
—	3 690	700
—	3 504	22
—	3 733	191
—	3 —	197
—	4 98	10 s.
1143	3 311	78
—	3 490	702
1144	1 338	121
—	1 638	230
—	2 374	362
—	3 314	135
—	3 480	694 s.
—	4 650	445
1145	2 130	31
—	3 490	702
—	3 498	43
1146	1 [illegible]	121
—	2 129	28
—	2 —	30
—	2 130	38
—	3 186	86
—	3 498	43
—	3 733	197
—	4 647	350
1147	1 634	148
—	2 129	2
—	2 —	45
—	2 —	48
—	2 —	20
—	2 —	23
—	3 281	178
—	3 282	242
—	3 312	70
—	3 324	288
—	3 489	674
—	4 183	40
1148	2 129	48
—	2 —	24
—	3 3	58
—	3 282	214
—	3 488	641
—	3 489	691
—	4 625	170
1149	1 372	11
—	1 376	101
—	2 129	19
—	2 130	50
—	2 —	55
—	2 131	57
—	3 81	242
—	3 292	529
—	3 325	306
—	3 —	342
—	3 733	196 s.
—	4 227	110
—	4 650	203
1150	1 372	11
—	2 131	58 s.
—	3 281	176
—	4 651	482
1151	1 177	1060
—	1 361	216
—	1 372	11
—	1 373	17
—	2 131	58 s.
—	3 —	64
—	3 281	171
—	3 477	73
1152	1 187	432
—	1 378	29
—	1 432	278
—	1 433	300
—	1 472	958
—	1 615	21
—	2 131	72 s.
—	3 154	12
—	3 497	7 s.
—	3 —	16
—	3 —	33
—	3 498	48
1153	1 53	9
—	1 216	514
—	1 231	658
—	1 371	946
—	1 616	21 s.
—	1 —	24
—	1 688	64
—	2 34	28
—	2 130	50
—	2 506	16
—	2 976	314
—	3 58	79
—	3 60	122
—	3 154	7
—	3 —	28 s.
—	3 155	40 s.
—	3 156	93 s.
—	3 157	111 s.
—	3 158	141
—	3 159	181
—	3 326	652
—	3 —	356
—	3 387	128
—	3 448	208
—	3 487	603
—	3 497	16
—	3 558	34
—	3 733	194 s.
—	4 384	171
—	4 430	407
—	4 450	203 s.
—	4 586	69
—	4 595	394
—	4 599	539
—	4 617	321
—	4 631	6
1154	1 53	9
—	1 618	24
—	3 156	96
—	3 157	103
—	3 —	111
—	3 —	118 s.
—	3 158	147 s.
—	3 648	752
—	4 454	205
1155	1 359	154
—	3 158	159 s.
—	4 191	36
—	4 193	106
1156	1 161	559
—	1 389	164
—	2 177	325
—	2 212	118
—	2 231	32
—	3 159	2
—	3 321	163
—	3 490	705 s.
—	3 —	718 s.
—	3 648	752
—	4 100	22
—	4 183	41
—	4 219	142
—	4 683	129
1157	1 161	559
—	1 658	239
—	3 229	105 s.
—	3 490	708
—	3 —	720
—	4 418	310
—	4 496	99
—	4 497	101
—	4 —	126
—	4 506	425
1158	1 161	559
—	1 475	1032
—	3 490	708
—	3 —	721
—	4 143	215
1159	1 161	559
—	1 202	162
—	2 33	25
—	3 255	169
—	3 264	48
—	3 —	54
—	3 490	722
—	3 627	147
1160	2 605	1248
—	3 255	169
—	3 490	723
—	3 627	147
—	4 223	18
1161	3 490	708
—	3 —	724
1162	1 309	75
—	1 636	199
—	3 490	715
—	3 —	732
—	3 491	756
—	4 193	94
—	4 649	439
—	4 683	129
1163	1 176	1037
—	2 321	316
—	2 659	212
—	3 101	152
—	3 284	284
—	3 321	163
—	3 491	757 s.
—	4 150	123
—	4 183	40
—	4 562	41
1164	3 491	741
1165	1 149	182
—	1 150	212
—	1 171	870
—	1 354	10
—	1 506	608
—	2 161	42
—	2 357	438
—	2 396	1568
—	3 123	404
—	3 317	14
—	3 327	381
—	3 467	275
—	3 479	280
—	3 491	751
—	3 —	757
—	4 35	1250
—	4 192	76
—	4 530	121
—	4 725	85
1166	1 4	90
—	1 5	138
—	1 6	104
—	1 41	2
—	1 44	157
—	1 106	183
—	1 121	454
—	1 122	188 s.
—	1 147	416
—	1 149	187
—	1 173	949
—	1 250	318
—	1 349	994
—	1 368	7
—	1 391	18
—	1 680	648
—	1 695	126
—	2 75	149
—	2 —	155
—	2 100	15
—	2 127	81
—	2 171	144
—	2 579	481
—	2 —	436
—	2 590	799
—	2 594	916
—	3 5	143 s.
—	3 100	142
—	3 101	153
—	3 111	52
—	3 164	34
—	3 167	149
—	3 223	37
—	3 291	511
—	3 293	551
—	3 312	86
—	3 327	365
—	3 329	459
—	3 333	566

— 3 346 57
— 3 479 319
— 3 487 819
— 3 491 751
— 3 — 765 s.
— 3 492 786 s.
— 3 — 796
— 3 493 814
— 3 526 219
— 3 534 403
— 3 541 393
— 3 543 474
— 3 545 593
— 3 546 605
— 3 563 322
— 3 603 37
— 3 644 630 s.
— 3 649 771
— 3 674 466
— 3 684 776
— 4 64 312
— 4 109 16
— 4 125 194
— 4 138 76
— 4 220 374
— 4 264 18
— 4 275 52
— 4 297 813
— 4 309 1371
— 4 385 294
— 4 — 307
— 4 426 361
— 4 448 128
— 4 530 108
— 4 562 26
— 4 614 208
— 4 656 677
1167 1 146 100
— 1 250 318
— 1 426 100
— 1 455 314
— 2 104 149
— 2 142 246
— 2 145 349
— 2 178 347
— 2 610 1414
— 3 107 43
— 3 290 469
— 3 457 275
— 3 491 751
— 3 — 772
— 3 492 808
— 3 493 815 s.
— 3 — 820 s.
— 3 — 834 s.
— 3 — 850
— 3 494 858 s.
— 3 563 122 s.
— 3 644 632
— 4 25 888
— 4 28 924
— 4 27 929
— 4 297 813
— 4 — 831
— 4 328 158
— 4 338 44
— 4 396 217
— 4 530 122 s.
— 4 535 52
— 4 614 205
— 4 654 392
— 4 698 740
— 4 640 88
1168 1 628 2
— 1 620 3
— 1 — 8
— 1 633 488
— 1 635 179
— 2 101 89
— 2 346 118
— 4 194 166
1169 1 632 115
— 2 346 103
1170 1 632 114
— 1 — 120
— 4 643 186
1171 1 633 127
— 1 — 139
— 4 641 125
1172 1 629 21
— 1 — 24
— 1 630 36
— 1 632 105
— 2 346 116
— 3 481 399
— 3 483 468
— 4 148 26
— 4 380 118
1173 1 629 21
— 1 630 64
— 3 481 393
1174 1 632 115 s.
— 1 — 119 s.
— 1 — 122
— 2 137 71
— 2 346 107
— 3 91 134
— 3 — 158
— 3 228 73
— 4 179 31
— 4 643 186 s.
1175 1 636 214
— 1 638 239
— 1 668 129
1176 1 637 231
— 1 638 239
— 2 434 2615
1177 1 633 159
— 1 638 256 s.
— 1 — 289
1178 1 637 231
— 3 521 20

— 4 661 861
1179 1 4 215
— 1 183 17
— 1 427 23
— 1 629 4
— 1 632 319
— 1 634 155
— 1 637 215
— 2 151 19
— 3 633 306
— 4 256 206
— 4 579 62
— 4 554 10
1180 1 2 36
— 1 41 4
— 1 633 141
— 1 — 144
— 1 247 397
— 2 161 19
— 2 384 697
— 3 85 343
— 3 94 72
— 3 165 47
— 3 635 565
— 4 245 40
— 4 424 518
— 4 534 10
1181 1 179 1122
— 1 629 6
— 1 — 8
— 1 633 137 s.
— 1 635 179
— 2 346 118
— 2 357 423
— 2 452 2571
— 2 455 2650
— 3 288 409
— 3 471 68
— 4 269 247
— 4 397 259
— 4 529 62
1182 1 633 146
— 1 634 149
— 2 357 423
— 3 42 393
— 3 612 29 s.
1183 1 635 478
— 1 — 489
— 1 636 206
— 2 380 1139
— 2 424 2616
— 3 289 450
— 3 290 485
— 3 489 157
— 4 180 83
— 4 220 178
— 4 233 29
— 4 375 803
— 4 415 300 s.
— 4 488 349
— 4 529 62
— 4 554 10
— 4 659 750 s.
— 4 — 829
— 4 683 124
1184 1 55 82
— 1 89 112
— 1 210 353
— 1 213 434
— 1 228 148
— 1 235 88
— 1 418 175
— 1 633 131
— 1 634 162
— 1 635 174
— 1 — 174
— 1 — 177
— 1 636 200
— 1 — 206
— 1 — 208
— 2 72 83
— 2 93 136
— 2 142 243
— 2 146 387
— 2 147 397
— 2 231 41
— 2 432 2571
— 2 574 262
— 2 588 733
— 2 600 1106
— 3 270 158 s.
— 3 284 291
— 3 — 298
— 3 285 300
— 3 288 413
— 3 304 46
— 3 308 55
— 3 — 59
— 3 — 65
— 3 314 165
— 3 324 288
— 3 480 701
— 3 519 94
— 3 568 290
— 3 577 34
— 4 67 164
— 4 198 298
— 4 200 383
— 4 218 99 s.
— 4 223 4 s.
— 4 246 86
— 4 375 803
— 4 387 331
— 4 530 37
— 4 650 468
— 4 657 863 s.
— 4 — 706
— 4 — 709
— 4 669 750 s.
— 4 — 774
— 4 — 808

— 4 723 85
1185 1 633 137
— 2 508 95
— 3 489 377
— 3 589 15
— 4 223 29
— 4 413 353
1186 1 344 808
— 3 509 15 s.
— 3 510 23
1187 3 191 196
— 3 509 9
1188 2 253 665
— 2 254 683
— 2 435 2650
— 2 503 95
— 2 574 247
— 2 — 257
— 2 391 282 s.
— 3 76 89
— 3 99 108
— 3 — 115 s.
— 3 91 125
— 3 94 73
— 3 123 383
— 3 191 180
— 3 270 472
— 3 427 70
— 3 530 26 s.
— 3 554 154
— 3 681 8
— 3 782 169 s.
— 4 264 41 s.
— 4 651 478
1189 1 634 163
— 3 496 4 s.
1190 1 472 961
— 2 172 170
— 3 239 457
— 3 496 4 s.
— 3 651 240
— 4 608 181
1191 3 496 4 s.
1192 3 494 8
1193 3 496 16
— 3 612 13
— 4 145 271
1194 3 496 17 s.
1195 3 496 20
— 3 612 13
1196 3 496 24
1197 3 506 61 s.
— 3 507 76
1198 1 149 185
— 4 516 89
— 1 646 10
— 3 507 69 s.
— 4 179 15
— 4 551 87
1199 1 129 441
— 2 556 568
— 3 507 73 s.
1200 1 398 207
— 2 132 79
— 3 505 20
— 3 506 30
— 3 507 77 s.
— 4 240 528
— 4 508 30
1201 3 506 30
1202 1 105 135
— 3 — 157
— 4 149 182
— 1 169 819
— 2 132 78
— 2 — 80 s.
— 2 505 101
— 2 708 94
— 3 61 180 s.
— 3 235 840
— 3 289 441
— 3 329 432
— 3 340 122
— 3 500 30
— 3 505 8
— 3 508 35 s.
— 3 — 51
— 3 — 53
— 3 508 116
— 3 567 268
— 4 225 31
— 4 — 49
— 4 227 126 s.
— 4 442 483
1203 1 358 123
— 1 — 138
— 2 593 875
— 3 505 40
— 3 507 85 s.
1204 4 371 115
— 2 105 10
— 3 507 35
1205 3 507 91
1206 1 122 158
— 2 288 828
— 2 536 368
— 3 210 337
— 3 507 95 s.
— 3 674 445
1207 1 356 66
— 2 538 368
— 3 135 61 s.
— 3 507 92
1208 1 398 205
— 2 132 34
— 3 507 102
1209 3 508 104
1210 2 593 874
— 3 508 124 s.
— 4 181 79 s.
— 4 551 88 s.
1211 2 20 235

— 2 593 865
— 3 101 156
— 3 508 124 s.
— 3 — 131 s.
— 3 674 447
1212 3 503 17
— 3 506 136
1213 4 359 156
— 2 132 84
— 2 593 876
— 3 508 106
1214 4 359 136
— 1 444 252
— 1 581 288
— 2 595 885
— 2 594 904
— 3 500 30
— 3 506 107 s.
1215 3 508 127 s.
— 4 184 80
1216 2 594 890
— 2 — 904
— 3 508 108
— 4 181 83
1217 1 22 153
— 1 53 12
— 1 150 219
— 1 158 476
— 2 75 154
— 2 580 455
— 2 590 796
— 3 518 457
— 3 349 122
— 3 465 195
— 3 — 200
— 3 499 3
— 3 — 18
— 3 500 30 s.
— 4 228 136
— 4 585 147
1218 1 105 137
— 2 132 81
— 2 580 455
— 2 590 796
— 3 340 122
— 3 427 64
— 3 499 4 s.
— 3 — 14
— 3 500 28
— 3 — 33 s.
— 3 501 77
— 4 606 97
1219 3 499 17
— 3 349 119
1220 1 357 181
— 3 499 2
— 3 500 35
— 3 — 38 s.
— 3 — 42
— 3 502 93
— 3 509 141
— 3 550 132 s.
— 4 193 123
— 4 442 388
— 4 559 767
1221 3 272 203
— 3 280 172
— 3 499 45
— 3 501 55 s.
— 3 — 84
— 3 502 90
— 4 193 90 s.
— 4 — 123
— 4 442 484
— 4 443 521
— 4 606 96
1222 1 105 135
— 1 — 139
— 4 122 178
— 2 580 455
— 2 590 796
— 3 51 181
— 3 329 432
— 3 427 64
— 3 499 21 s.
— 3 500 32
— 3 502 98
— 4 607 133
1223 3 3 129
— 3 499 48
— 3 502 103
— 4 606 97
— 4 659 766
— 4 99 48
1224 3 499 58
— 3 506 105
— 3 550 37
— 4 179 15
— 4 606 96
1225 2 231 23
— 2 327 484
— 2 564 143
— 3 499 18
— 3 502 99
1226 3 497 1
1227 1 203 182
— 2 129 7
— 3 497 20
— 3 — 31
— 4 99 40 s.
1228 2 142 243
— 3 497 32
— 4 606 97
1229 4 157 432
— 1 472 938
— 2 348 143
— 3 498 56
1230 1 373 29
— 3 498 43
— 4 595 897
— 4 608 100
1231 1 94 100
— 1 401 287
— 3 154 12
— 3 498 49 s.

— 4 200 375
1232 3 498 62
1233 3 498 66 s.
— 4 207 29
1234 1 96 168
— 1 106 168
— 1 646 4
— 2 67 9
— 2 159 98
— 2 518 99
— 2 588 710
— 2 590 803
— 3 494 895
— 3 508 104
— 3 661 10
— 3 698 67
— 4 179 2
1235 1 55 69
— 1 186 195
— 1 280 57
— 2 230 42
— 2 249 352
— 2 — 354
— 2 253 654
— 3 474 147
— 3 503 2
— 3 — 14 s.
— 3 554 164
— 3 734 223
— 4 206 3
— 4 — 22
— 4 207 37
— 4 — 46 s.
— 4 244 82
— 4 564 105
— 4 597 465
— 4 688 171
1236 2 251 506
— 3 213 406
— 3 477 270
— 3 507 78
— 3 549 6 s.
— 3 648 239
— 4 403 14
— 4 404 32
1237 2 147 394
— 3 549 16
1238 1 349 993 s.
— 2 144 312
— 3 550 20 s.
— 3 731 137
— 4 395 398
1239 1 3 52
— 1 436 559
— 1 245 406
— 3 323 230
— 3 522 77
— 3 530 31
— 3 — 35
— 3 531 58
— 3 — 66
— 3 — 71
— 3 552 83
1240 4 11 362
— 1 122 173
— 3 398 196
— 3 466 232
— 3 550 35
— 3 552 68
— 4 617 310
1241 1 250 340
— 3 550 39
1242 2 101 40
— 3 489 673
— 3 550 47 s.
— 3 675 469
— 4 265 60
— 4 267 164
— 4 269 157
1243 2 167 58
— 2 — 303
— 3 552 94
1244 2 185 511
— 2 250 583
— 2 308 102
— 2 568 30
— 3 721 91
— 3 90 117
— 3 191 178 s.
— 3 — 184 s.
— 3 498 49
— 3 499 2
— 3 553 119 s.
— 3 — 129 s.
— 3 554 149
— 3 732 172
— 4 22 755
— 4 193 122
— 4 195 179
— 4 198 298
— 4 641 119
1245 1 401 287
— 3 553 144
1246 3 553 117
1247 1 554 333
— 3 565 480
— 3 635 185
— 3 59 74
— 3 130 36
— 3 287 390
— 3 523 83
— 3 554 160
— 3 — 165 s.
— 3 733 186 s.
— 4 193 94
— 4 654 608
1248 2 169 142
— 3 523 118
— 3 554 172
— 4 29 1035
— 4 154 188
1249 1 561 288

— 3 317 18
— 4 269 247
— 4 406 320
1250 1 342 751
— 2 251 500
— 2 255 726
— 2 358 451
— 3 82 276
— 3 100 126 s.
— 3 426 8
— 3 349 11
— 4 68 235 s.
— 4 180 62
— 4 403 13 s.
— 4 — 22
— 4 404 38 s.
— 4 — 52 s.
— 4 405 80
— 4 406 96
1251 1 54 124
— 1 129 441
— 1 227 423
— 1 381 216
— 1 425 760
— 1 428 153
— 1 — 155
— 1 461 721
— 1 561 288
— 1 668 245
— 2 253 736
— 2 266 120
— 2 358 441
— 2 — 458
— 2 588 715
— 3 14 472
— 3 76 101
— 3 79 183
— 3 81 241
— 3 82 278
— 3 83 284 s.
— 3 84 309
— 3 494 898
— 3 503 110
— 4 67 203
— 4 68 246
— 4 194 144
— 4 230 245
— 4 405 70 s.
— 4 — 84 s.
— 4 597 480
— 4 624 564
— 4 662 874
1252 1 228 162
— 1 359 164
— 2 594 896
— 4 67 212
— 4 68 249
— 4 75 412
— 4 407 123
— 4 — 130
— 4 — 137
— 4 658 744
1253 3 105 2 s.
— 3 106 24
— 4 180 62
1254 1 515 40
— 1 615 7
— 1 — 13
— 3 105 6 s.
— 3 106 28
— 3 — 35
— 3 734 229
— 4 193 100
— 4 406 93
1255 3 106 12
— 4 655 880
1256 4 28 360
— 3 670 295
— 3 105 2
— 3 106 15
— 3 — 24 s.
— 3 — 37 s.
— 3 107 43
— 4 195 100
1257 3 521 2 s.
— 3 — 20
— 3 522 46
— 3 524 162 s.
— 3 525 201 s.
— 4 124 149
1258 2 128 114
— 3 521 34
— 3 — 26 s.
— 3 — 36
— 3 522 43
— 3 — 54 s.
— 3 — 74 s.
— 3 — 80
— 3 523 69
— 3 — 99 s.
— 3 525 168
— 4 25 876
— 4 306 1231
1259 3 521 8
— 3 — 20
— 3 — 29
— 3 523 93
— 3 524 157
— 3 — 163 s.
— 3 525 171
— 3 — 178
— 3 — 185 s.
— 3 — 192
— 3 — 204
— 3 545 582
— 4 306 1231
— 4 662 893
1260 3 524 128
1261 3 521 5
— 3 526 208
— 3 — 216
— 4 186 26

1262 3 526 211
— 4 551 193
1263 3 526 215 s.
1264 3 523 92
— 3 524 125
— 4 659 780
1265 1 368 2
— 1 — 9
— 1 — 12
— 3 371 104 s.
1266 1 368 4
1267 1 368 5
— 1 — 21
— 1 — 25
— 2 597 1001
— 3 126 488
1268 1 368 27
— 1 369 46
— 1 370 63
— 1 371 118
— 1 778 126
— 2 597 1003
— 4 276 199
1269 1 371 106
— 3 114 112
— 3 126 488
— 4 328 146
— 4 679 2
1270 1 369 29 s.
— 3 371 95
— 1 — 112
1271 1 400 175
— 4 518 122
— 2 37 9
— 2 — 29
— 3 174 45
— 3 504 42
— 4 67 181
— 4 — 208
— 4 270 286
— 4 337 22 s.
— 4 563 72
— 4 614 209
1272 1 566 428
— 3 456 2
1273 1 566 428
— 2 37 28
— 2 254 679
— 2 — 688
— 2 588 724
— 2 600 1094
— 3 297 688
— 3 456 14
— 4 270 286 s.
— 4 337 26
— 4 654 592
— 4 657 686
1275 2 37 13 s.
— 2 — 18
— 2 — 23
— 2 — 25
— 2 — 29
— 2 506 21
— 3 110 5
— 3 328 398
— 3 480 353
— 4 67 181
— 4 270 287
— 4 562 7
— 4 — 24
1276 2 37 31
1277 1 346 880
— 2 37 7
— 2 604 1218
— 3 110 8
— 3 328 398
— 3 455 33
— 4 270 286
1278 3 91 128
— 3 504 42
— 4 405 79
1281 1 171 871
— 4 361 280
— 2 254 679
— 2 — 688
— 3 456 12
— 3 507 81
1282 1 133 9
— 2 134 25
— 2 250 570
— 2 587 709
— 3 697 51
— 3 698 71
— 4 1 25
— 4 178 32
— 4 188 47 s.
1283 2 135 9
— 3 523 250
— 3 551 66
— 3 696 47
— 3 697 49 s.
— 4 48 1382
— 4 180 60 s.
— 4 — 68
1284 4 38 1383
— 4 184 78
1285 1 398 207
— 2 132 84
— 2 247 482
— 2 587 709 s.
— 3 240 482
— 4 181 78 s.
— 4 551 89
1286 1 360 204
— 4 180 46
— 4 181 90
1287 1 171 871
— 1 368 24
— 2 587 709
— 2 588 711
— 3 240 484

— 4 181 84 s.
— 4 551 90
1288 3 550 22
— 4 181 92 s.
1289 1 514 2
— 1 — 4
— 1 — 7
— 4 515 40 s.
— 4 516 70
— 1 — 72
— 1 — 90
— 1 517 97
— 1 — 99
— 1 516 43
— 1 647 25
— 2 575 310
— 3 126 486
— 3 325 310
— 4 11 323
— 4 154 88
— 4 269 246
— 4 565 121
1290 1 54 24
— 1 514 9
— 1 — 18
— 1 515 30
— 1 516 70
— 1 517 97
— 1 — 99
— 1 518 130
— 1 — 135
— 2 575 310
— 3 154 22
— 4 565 121
1291 1 514 8
— 1 — 10
— 1 — 22
— 1 — 26
— 1 — 29
— 1 515 34
— 1 — 37 s.
— 1 — 41 s.
— 1 — 49
— 1 — 51
— 1 — 53
— 1 — 57
— 1 — 60
— 1 516 70
— 1 518 125
— 2 594 911
— 3 495 900 s.
— 4 71 323
1292 1 515 60
1293 1 105 153
— 1 349 994
— 1 358 128
— 1 517 113
— 1 — 118
— 1 518 122
— 2 58 46
— 3 494 889
— 3 729 81
1294 1 360 201
— 1 398 205
— 1 515 81 s.
— 1 — 87
— 3 507 80
1295 1 516 92
— 1 519 148
— 2 131 70
— 4 562 30
— 4 565 119
1296 1 515 82
— 3 554 161
— 3 610 292
1297 1 518 145
— 4 670 286
1298 1 517 97 s.
— 1 — 109
— 1 518 142
— 3 126 484
— 3 550 49
— 4 71 323
— 4 565 121
1299 1 516 71
— 1 518 136
— 1 — 158
— 1 519 148
1300 1 647 25
— 1 — 27
— 1 — 29
— 3 126 482
— 3 495 902 s.
— 3 643 599
— 4 134 88
1301 1 360 192
— 1 647 15
1302 1 75 345
— 1 431 246
— 2 58 39
— 2 129 25
— 2 145 303
— 3 298 697
— 3 489 674 s.
— 3 496 20 s.
— 3 507 91
— 3 611 1 s.
— 3 612 17 s.
— 3 730 91
— 4 57 167
— 4 144 234
— 4 — 239
— 4 145 272
— 4 207 61
— 4 — 70
— 4 642 142
1303 3 486 254
— 3 493 826
— 3 612 34
— 4 223 8
1304 1 250 345 s.
— 1 424 43

— 1 455 318
— 1 644 153
— 1 696 152
— 2 135 15
— 2 147 395
— 2 152 44
— 2 180 400
— 2 482 429
— 2 400 1672
— 2 587 686
— 3 669 195
— 3 58 55
— 3 151 138
— 3 — 244
— 3 379 458
— 3 358 82
— 3 428 107
— 3 466 249 s.
— 3 — 255 s.
— 3 467 265 s.
— 3 — 270 s.
— 3 — 285 s.
— 3 468 299 s.
— 3 — 326
— 3 476 288
— 3 479 325
— 3 494 860
— 3 560 30
— 3 572 85
— 3 — 99 s.
— 3 681 692
— 3 — 699
— 3 684 792
— 3 686 854
— 4 150 112
— 4 199 360
— 4 215 4
— 4 217 84
— 4 220 158
— 4 257 170
— 4 328 161
— 4 438 361
— 4 376 2
— 4 552 122
— 4 595 386
— 4 599 547
— 4 — 553 s.
— 4 632 55 s.
— 4 647 352
— 4 — 426
1305 1 14 2
— 1 224 26
— 1 647 14
— 1 692 47
— 1 697 159
— 2 308 37
— 2 400 1670
— 3 276 42
— 3 389 43 s.
— 3 479 325
— 4 144 241
— 4 215 12
— 4 216 31
— 4 212 213
1306 4 216 20
1307 4 246 128
— 3 368 460
— 3 479 425
— 4 216 25
1308 4 216 28
1309 1 692 54
— 2 308 37
— 3 389 65
— 4 216 30
1310 1 419 72
— 2 148 451
— 3 484 505
— 4 216 22
1311 3 479 325
1312 1 246 174
— 1 249 269
— 1 250 340
— 1 282 127
— 3 389 41
— 4 142 196
— 4 216 31 s.
— 4 684 25
1313 4 215 8
1314 2 146 452
— 3 389 53
— 4 216 19
— 4 — 31
— 4 — 39
— 4 219 145
— 4 220 158
1315 1 4 120
— 1 221 659
— 1 431 264
— 1 456 653
— 1 484 37
— 2 318 99
— 5 59 113
— 3 292 545
— 3 612 21
— 3 698 70
— 3 — 107 s.
— 4 1 7 s.
— 4 — 15 s.
— 4 2 39 s.
— 4 38 1371
— 4 44 72
— 4 47 183
— 4 144 289
— 4 183 54
— 4 — 59
— 4 206 7
— 4 515 783
— 4 626 640
— 4 — 645
1316 4 499 135
— 4 593 843
1317 1 169 824

— 1 170 842
— 1 — 845
— 1 341 711
— 1 624 122
— 2 493 245
— 2 533 251
— 2 618 344
— 3 201 16
— 3 471 60
— 4 1 15
— 4 4 38
— 4 — 48
— 4 — 54 s.
— 4 5 70
— 4 6 87
— 4 — 100 s.
— 4 6 112
— 4 272 13
— 4 518 861
1318 1 170 845
— 1 179 1120
— 3 694 80
— 3 87 31
— 3 88 41
— 3 452 367
— 3 465 207
— 4 4 48
— 4 39 662 s.
— 4 20 672
— 4 — 679
— 4 — 692
— 4 47 162
— 4 148 40
— 4 503 309
1319 1 158 460
— 1 161 574
— 1 169 830
— 1 341 711
— 2 1 45
— 2 98 259
— 2 291 357
— 2 508 95
— 2 513 65
— 2 630 39 s.
— 2 651 100 s.
— 3 98 84
— 3 231 171 s.
— 4 4 32
— 4 5 70
— 4 20 700 s.
— 4 21 711 s.
— 4 — 717 s.
— 4 22 752 s.
— 4 38 1371
— 4 45 102
— 4 341 25
— 4 502 292
— 4 583 328
— 4 597 471
1320 1 343 775
— 2 656 87
— 4 5 27 s.
— 4 21 717
— 4 — 723
— 4 44 72
— 4 47 171
— 4 349 119
— 4 518 861
1321 1 280 40
— 2 421 2229
— 3 329 439
— 3 438 115
— 4 23 795 s.
— 4 67 207
— 4 364 109
— 4 565 124
1322 1 169 106
— 2 268 29
— 3 291 157
— 2 344 64
— 2 430 2494
— 2 627 443
— 3 287 402
— 3 288 403
— 4 4 7
— 4 22 783
— 4 23 786 s.
— 4 24 831
— 4 — 846
— 4 — 857 s.
— 4 26 903 s.
— 4 — 911 s.
— 4 27 937
— 4 29 1038
— 4 199 347 s.
— 4 639 43
— 4 641 106
— 4 689 28
1323 2 411 1964
— 2 430 2494
— 2 632 149 s.
— 4 24 852
— 4 67 162
— 4 296 7
— 4 500 225
— 4 501 240
— 4 582 28
— 4 592 118 s.
1324 2 411 1964
— 2 430 2494
— 4 24 862
— 4 689 26 s.
— 4 692 323
1325 1 154 329
— 1 — 334
— 1 179 1113
— 1 — 1116
— 3 268 104
— 3 279 122
— 3 323 243
— 3 726 48
— 4 20 671

— 4 23 816
— 4 27 939 s.
— 4 33 1186
— 4 148 47 s.
— 4 192 55
— 4 379 90
— 4 387 364
— 4 594 376
— 4 638 24
1326 1 417 6
— 1 458 633
— 1 709 36
— 2 60 107
— 2 233 24
— 2 236 126
— 2 242 307
— 2 248 504
— 3 728 48
— 4 20 671
— 4 23 816
— 4 24 853
— 4 27 928
— 4 30 1054 s.
— 4 47 164
— 4 192 56
— 4 689 6
1327 2 234 51
— 4 27 945
— 4 32 1152 s.
1328 1 154 351
— 1 163 623
— 1 169 824
— 1 — 830
— 1 — 832
— 1 — 834
— 1 442 182
— 1 — 184
— 1 458 628
— 1 694 83
— 2 2 46
— 2 169 106
— 2 174 224
— 2 178 343
— 2 233 85
— 2 238 181
— 2 243 357
— 2 293 231
— 2 415 2072
— 2 446 3001
— 2 577 339 s.
— 2 — 344 s.
— 2 594 915
— 3 88 43
— 3 101 148
— 3 103 290
— 3 123 404
— 3 153 214 s.
— 3 211 353
— 3 286 403
— 3 290 489
— 3 291 492
— 3 302 12
— 3 435 27
— 3 563 132
— 4 24 860
— 4 25 873 s.
— 4 26 907
— 4 — 920 s.
— 4 27 934
— 4 46 134
— 4 47 163
— 4 64 111
— 4 65 125
— 4 199 347 s.
— 4 499 192 s.
— 4 503 316
— 4 565 124
— 2 575 333
— 4 582 229
— 4 597 471
1329 1 421 131
— 2 238 182
— 4 34 1229
— 4 46 145
— 4 62 11
— 4 312 1491
1330 1 421 131
— 1 612 84
— 4 34 1201
1331 1 94 83
— 1 280 50
— 1 282 111
— 1 348 977
— 1 797 76
— 2 60 106
— 2 617 126
— 3 60 144
— 3 232 192
— 3 259 317
— 3 673 417
— 4 34 226 s.
— 4 35 1240 s.
1332 1 94 83
— 1 797 76
— 2 2 49
— 4 35 1247
— 4 — 1250
— 4 180 44 s.
1333 3 259 317
— 4 35 1257
1334 1 44 79
— 1 617 35
— 3 194 293
— 4 35 1262
— 4 37 1332
— 4 38 1387
— 4 225 49
1335 1 374 51
— 2 118 124
— 2 682 313
— 4 1 30
— 4 36 1281
— 4 37 1335 s.
— 4 38 1392 s.
— 4 46 146
— 4 265 49
1336 1 154 350
— 4 39 1420
— 4 40 1477 s.
— 4 41 1484 s.
— 4 46 146
1337 2 581 496
— 2 639 56
— 2 643 185
— 3 672 396
— 3 681 698
— 4 41 1488 s.
— 4 47 109
— 4 192 72
— 4 244 34
— 4 501 257
1338 1 17 3
— 1 56 92
— 1 162 595
— 1 171 887
— 1 179 1109 s.
— 1 203 173
— 1 250 318
— 1 251 351
— 1 — 362
— 1 355 37
— 1 519 149
— 1 546 338
— 2 99 296
— 2 139 124
— 2 — 143
— 2 158 221
— 2 161 44
— 2 182 451 s.
— 2 257 773
— 2 309 57
— 2 344 66
— 2 494 271
— 2 584 601
— 2 587 688
— 2 — 696
— 3 72 283
— 3 87 21 s.
— 3 103 290
— 3 228 63
— 3 321 180
— 3 330 468
— 3 389 48
— 3 467 275
— 3 480 374
— 3 485 540
— 3 624 66
— 3 639 489
— 3 672 896
— 4 8 185
— 4 25 897
— 4 147 1 s.
— 4 148 57 s.
— 4 149 76 s.
— 4 150 107 s.
— 4 — 122 s.
— 4 151 158 s.
— 4 216 42
— 4 219 151 s.
— 4 233 293
— 4 325 38
— 4 376 2
— 4 456 125
— 4 495 42
— 4 — 59 s.
— 4 501 254
— 4 548 8
— 4 549 34
— 4 — 56
— 4 551 105
— 4 600 590
— 4 638 26
— 4 643 181
— 4 649 406
— 4 658 724
— 4 — 733
1339 2 134 40
— 2 139 124
— 2 — 143
— 2 — 152
— 2 143 268
— 3 467 270
— 4 150 120
— 4 151 131 s.
— 4 495 42
1340 2 135 24
— 2 139 143
— 2 160 28
— 3 639 468
— 4 148 43
— 4 150 121 s.
— 4 152 166
— 4 495 58 s.
— 4 551 107 s.
— 4 — 139
— 4 — 151
1341 1 153 320
— 1 246 192
— 1 252 35
— 1 281 97
— 1 452 412
— 1 554 81
— 1 626 28
— 1 627 30
— 2 90 25
— 2 91 52
— 2 98 274
— 2 231 82
— 2 246 410
— 2 341 307
— 2 418 2142
— 2 580 473
— 2 581 476
— 2 629 6
— 2 690 607
— 3 106 17
— 3 161 45
— 3 163 141
— 3 174 38 s.
— 3 269 108
— 3 279 129
— 3 — 134
— 3 — 138 s.
— 3 280 146
— 3 282 230 s.
— 3 295 634
— 3 302 12
— 3 323 249 s.
— 3 375 21
— 3 426 8
— 3 476 223
— 3 484 505
— 3 490 728
— 3 566 221
— 3 655 194
— 3 681 698
— 3 698 63
— 3 — 70 s.
— 3 — 78 s.
— 3 — 91 s.
— 3 699 111
— 3 728 49
— 4 1 25
— 4 4 32
— 4 28 992
— 4 38 1371
— 4 42 1 s.
— 4 43 27 s.
— 4 — 38 s.
— 4 — 49 s.
— 4 45 95 s.
— 4 46 133
— 4 47 183
— 4 48 219 s.
— 4 49 241
— 4 — 249
— 4 — 260 s.
— 4 50 272
— 4 — 282 s.
— 4 51 324
— 4 — 327 s.
— 4 101 84
— 4 179 34
— 4 244 34
— 4 251 103
— 4 418 303
— 4 439 380
— 4 459 20
— 4 — 27
— 4 726 21
1342 4 44 71
— 4 — 76
1343 2 15 102
1344 4 44 82 s.
1345 1 547 369
— 4 1 27
— 4 45 86 s.
1346 2 14 75
— 4 45 86
1347 1 154 350
— 2 60 96
— 2 — 102
— 2 90 25
— 2 394 1511
— 2 577 345
— 3 163 141
— 3 295 634
— 3 560 22
— 3 564 144
— 3 698 69
— 3 — 107
— 3 728 49
— 4 28 1003
— 4 32 1130
— 4 33 1166 s.
— 4 41 1484
— 4 43 21
— 4 44 64
— 4 45 102
— 4 — 112
— 4 — 114 s.
— 4 46 133 s.
— 4 — 151 s.
— 4 47 173
— 4 — 183
— 4 — 196
— 4 48 206
— 4 — 229
— 4 50 286 s.
— 4 — 308
— 4 51 332
— 4 379 94
— 4 503 309
— 4 510 572
— 4 562 35
— 4 593 343
1348 1 443 187
— 2 60 96
— 2 — 121
— 2 98 274
— 2 180 469
— 2 394 1511
— 2 506 2
— 2 720 70
— 3 560 22
— 3 698 75 s.
— 3 728 49
— 4 35 1254
— 4 43 33
— 4 45 102
— 4 48 217 s.
— 4 — 227 s.
— 4 49 244 s.
— 4 50 272
— 4 — 288
— 4 — 296 s.
— 4 101 84 s.
— 4 103 149
— 4 216 55
— 4 226 99
— 4 251 103
— 4 379 98
— 4 439 379
— 4 495 43 s.
1349 2 143 266
— 2 541 542
— 3 696 1
1350 1 27 323
— 1 28 360
— 1 29 426
— 1 163 618
— 1 173 930
— 1 246 186
— 1 348 949
— 1 349 996
— 1 — 1009
— 1 352 1086
— 1 394 83
— 1 — 94
— 1 398 192
— 1 399 246
— 1 401 296
— 1 404 365
— 1 406 440
— 2 175 266
— 3 232 192
— 3 292 545
— 3 369 498
— 3 472 93
— 3 539 308 s.
— 3 696 9 s.
— 3 697 29
— 4 194 134
— 4 529 83
— 4 633 95
1351 1 6 162
— 1 17 3
— 1 18 16
— 1 21 140
— 1 46 164
— 1 77 390
— 1 85 91
— 1 — 93 s.
— 1 — 105
— 1 121 106
— 1 122 159
— 1 123 225
— 1 130 463
— 1 141 55
— 1 144 33
— 1 163 174
— 1 170 849 s.
— 1 — 852
— 1 — 857
— 1 173 931
— 1 — 951
— 1 178 1083
— 1 221 651
— 1 253 35
— 1 333 442
— 1 340 674
— 1 349 984
— 1 351 1061 s.
— 1 391 412 s.
— 1 392 25
— 1 — 28
— 1 — 37
— 1 393 61
— 1 394 83 s.
— 1 395 112 s.
— 1 396 141
— 1 397 171 s.
— 1 — 177
— 1 399 247
— 1 400 256
— 1 — 270
— 1 — 275
— 1 401 284
— 1 — 287
— 1 — 292
— 1 — 296
— 1 402 317
— 1 — 324
— 1 404 370
— 1 405 410
— 1 406 440
— 1 407 442
— 1 — 461 s.
— 1 408 467
— 1 — 470
— 1 441 146
— 1 485 75
— 1 501 487
— 1 532 362
— 1 613 140
— 1 — 142
— 1 619 33
— 1 627 30
— 2 18 218 s.
— 2 73 100
— 2 — 136
— 2 88 245
— 2 90 11
— 2 91 49
— 2 113 50
— 2 272 116 s.
— 2 418 2003
— 2 497 402
— 2 521 234
— 2 522 254
— 2 564 158
— 2 572 171
— 2 587 687
— 2 — 690
— 2 589 738
— 2 — 766
— 2 707 46
— 3 17 563
— 3 82 277
— 3 167 144 s.
— 3 192 202
— 3 200 528
— 3 209 202
— 3 282 209
— 3 — 232
— 3 340 123
— 3 500 32
— 3 539 308 s.
— 3 543 471
— 4 100 22
— 4 269 245
— 4 317 1722
— 4 349 101
— 4 442 482
— 4 445 40
— 4 469 375
— 4 528 18
— 4 — 34
— 4 529 83 s.
— 4 532 187
— 4 622 506
1352 1 206 253
— 1 246 186
— 1 349 1009
— 1 394 91
— 2 98 250
— 2 — 261
— 2 410 1929
— 3 151 135
— 3 282 232
— 3 331 510
— 3 639 477
— 3 652 81
— 3 697 39 s.
— 3 — 54
— 3 734 231
— 4 206 6
— 4 227 107
— 4 498 151
— 4 633 95
1353 1 154 350
— 1 246 190
— 1 343 764
— 1 344 784
— 1 393 75
— 1 407 456
— 1 554 81
— 1 695 130
— 2 60 103
— 2 92 98
— 2 98 273 s.
— 2 231 32
— 2 541 542
— 2 580 474
— 2 630 42
— 3 89 113
— 3 174 38
— 3 256 232
— 3 476 223
— 3 609 263
— 3 697 58 s.
— 3 698 67
— 3 — 70 s.
— 3 — 97 s.
— 4 21 712
— 4 — 717
— 4 35 1254
— 4 38 1371
— 4 43 48 s.
— 4 44 57 s.
— 4 45 101 s.
— 4 47 183
— 4 — 195 s.
— 4 48 211
— 4 — 225
— 4 49 266 s.
— 4 50 286
— 4 — 293
— 4 51 340
— 4 181 73
— 4 183 54
— 4 195 107
— 4 206 27
— 4 218 125
— 4 251 103
— 4 336 199
— 4 418 302
— 4 439 380
— 4 480 10
— 4 626 640
— 4 631 19
— 4 650 812 s.
1354 2 175 266
— 3 283 233
1355 1 280 46
— 1 — 48
— 3 292 192
— 3 697 25
1356 1 11 368
— 1 243 45
— 1 279 6
— 1 — 9
— 1 280 32
— 1 281 81 s.
— 1 282 111
— 1 — 119 s.
— 1 283 139
— 1 318 127
— 1 346 891
— 1 536 113
— 2 51 7
— 2 60 103
— 2 74 121
— 2 581 492
— 3 161 53
— 3 163 142
— 3 283 238
— 3 471 70
— 3 473 180
— 3 474 141
— 3 697 29 s.
— 3 698 63
— 3 — 97
— 4 38 1371
— 4 48 210
— 4 50 286
— 4 344 63
1357 1 280 67
— 1 479 1145
— 4 344 63 s.
— 4 346 6
1358 1 170 858
— 1 179 1120
— 1 298 99
— 1 624 110
— 3 310 43
— 3 316 6
— 4 346 9 s.
— 4 349 106 s.
— 4 379 87
— 4 549 24 s.
1359 3 199 499
— 4 346 11
— 4 — 18
— 4 347 43 s.
— 4 350 138
1360 1 120 85
— 1 170 858
— 3 310 43
— 4 251 106
— 4 346 9 s.
— 4 349 106
— 4 379 87
— 4 549 25
1361 1 25 278
— 1 624 113
— 4 344 55 s.
— 4 348 68 s.
— 4 — 78
— 4 349 106
— 4 379 87
— 4 691 95
1362 4 347 48
1363 4 163 147
— 4 211 38
— 4 344 63
— 4 348 84
1364 1 120 85
— 4 348 74
1365 1 149 183
— 1 171 871
— 1 360 207
— 1 646 10
— 4 344 63
— 4 346 138
— 4 348 88 s.
— 4 479 65
1366 1 281 96
— 3 160 1
— 3 698 70
— 4 99 47
— 4 347 45
— 4 349 100
— 4 350 135
— 4 — 141 s.
1367 1 311 116
— 4 24 859
— 4 28 1007
— 4 34 1197
— 4 46 145
— 4 99 47
— 4 346 7
— 4 347 35
— 4 349 97
— 4 — 101
— 4 — 157 s.
— 3 698 70
1368 4 349 97
1369 1 431 259
— 4 347 53
— 4 350 148
— 4 — 158 s.
1370 3 317 34
— 4 224 2
— 4 226 62
— 4 286 402
1371 4 184 79
— 4 226 62
1372 1 3 71
— 1 276 93
— 1 349 1008
— 1 609 4
— 2 328 495
— 3 317 17
— 3 — 25
— 3 — 35 s.
— 3 — 46
— 3 318 61
— 3 — 76
— 3 323 257
— 4 48 233
— 4 239 517
1373 3 318 51
1374 3 318 52
1375 1 106 171
— 1 148 165
— 3 284 267
— 3 317 34
— 3 — 46
— 3 318 72
— 3 — 76 s.
— 3 323 257
— 3 331 502
— 3 477 251
— 4 165 89
— 4 — 93
1376 1 61 2
— 1 400 270
— 1 518 134 s.
— 2 129 11
— 2 183 458
— 2 253 654
— 2 327 484
— 2 434 2608
— 3 474 147
— 3 574 54
— 4 206 3
— 4 — 22 s.
— 4 207 46
1377 1 400 270
— 2 249 554
— 2 434 2608
— 3 6 193
— 3 474 143
— 4 206 4 s.
— 4 — 23
— 4 207 47
— 4 244 32
1378 1 349 989
— 3 155 52
— 3 486 362
— 4 207 60 s.
— 4 — 69
1379 2 129 11
— 4 207 53
— 4 — 62
— 4 — 70
1380 4 208 63 s.
1381 2 719 19
— 4 208 72
1382 1 33 43
— 1 43 59
— 1 47 19
— 1 53 25
— 1 54 46
— 1 57 12
— 1 61 2
— 1 89 113
— 1 — 115
— 1 93 72
— 1 94 94
— 1 117 5
— 1 — 16
— 1 — 22
— 1 153 300
— 1 187 97
— 1 197 34
— 1 208 313
— 1 218 388
— 1 263 400
— 1 286 96
— 1 294 280
— 1 303 1
— 1 314 23
— 1 — 27
— 1 — 29
— 1 361 216
— 1 380 24
— 1 431 246 s.
— 1 — 263
— 1 432 289
— 1 433 301
— 1 424 38
— 1 — 40
— 1 429 197
— 1 449 350
— 1 510 743 s.
— 1 530 301
— 1 680 632
— 2 54 41
— 2 — 47
— 2 58 38
— 2 78 69
— 2 121 27
— 2 129 18 s.
— 2 — 27
— 2 — 29
— 2 132 79
— 2 181 414
— 2 200 340
— 2 215 13
— 2 253 654
— 2 — 657
— 2 257 772
— 2 260 894
— 2 498 13
— 2 554 40 s.
— 2 559 216
— 2 580 449 s.
— 2 — 453
— 2 648 42
— 2 692 682
— 3 72 284
— 3 108 32
— 3 109 55 s.
— 3 147 97
— 3 155 50
— 3 282 212
— 3 286 356
— 3 312 80
— 3 324 292
— 3 330 476
— 3 340 119 s.
— 3 — 123
— 3 359 129
— 3 378 104
— 3 427 71
— 3 485 528
— 3 544 548
— 3 650 14
— 3 708 269
— 3 709 329
— 4 60 14
— 4 98 22
— 4 102 116
— 4 105 205
— 4 132 9
— 4 145 253
— 4 207 46
— 4 224 3
— 4 225 33 s.
— 4 233 292 s.
— 4 236 402 s.
— 4 — 407
— 4 237 433
— 4 — 443
— 4 239 521
— 4 240 547 s.
— 4 263 73
— 4 357 187
— 4 376 3
— 4 382 198
— 4 403 50
— 4 449 144
— 4 466 249
— 4 495 52
— 4 564 105
— 4 593 337
— 4 601 629
— 4 — 637
— 4 647 350
— 4 — 364
— 4 679 528
— 4 685 63
— 4 707 366
1383 1 117 24
— 1 187 97
— 1 263 400
— 1 294 280
— 1 314 27
— 1 — 29
— 1 361 224
— 1 380 24
— 1 430 242
— 1 431 244
— 1 432 269
— 2 61 139
— 2 129 18
— 2 — 29
— 2 180 376
— 2 257 772
— 2 260 894
— 2 580 449 s.
— 3 5 158
— 3 72 282
— 3 109 55
— 3 268 83
— 3 325 306
— 4 99 42
— 4 145 253
— 4 225 33 s.
— 4 233 312 s.
— 4 235 363
— 4 240 547
— 4 242 612
— 4 592 309
1384 1 58 39
— 1 73 269
— 1 117 20
— 1 — 22
— 1 208 294
— 1 319 170
— 1 380 24
— 1 430 215
— 1 — 242
— 1 431 250
— 1 576 181
— 2 61 139
— 2 72 284
— 2 702 1041
— 3 108 35
— 3 109 55
— 3 399 272
— 3 583 187 s.
— 3 658 18
— 4 143 203
— 4 144 239
— 4 211 36
— 4 227 106 s.
— 4 379 94
— 4 592 309
1385 1 117 24
— 4 241 594 s.
1386 3 313 113
— 4 242 619
1387 1 437 45
— 1 462 732
— 1 466 831
— 1 475 1045
— 1 691 4 s.
— 2 162 64
— 2 176 292
— 4 189 97
1388 1 246 186
— 1 446 263
— 1 462 732
— 1 475 1045
— 1 632 102
— 1 691 4
— 1 — 7
— 1 — 10
— 1 — 15
— 2 162 63
— 3 267 59
— 3 269 121
— 4 633 93
1389 1 462 732
— 1 475 1045
— 1 691 4
— 1 — 11
— 1 — 14
— 4 187 44
1390 1 462 732
— 1 475 1045
— 1 480 1170 s.
— 1 692 22 s.
— 1 — 29
— 2 152 41
— 2 189 48
— 3 226 16 s.
— 3 261 373
1391 1 441 143
— 1 694 89
— 2 166 36
— 4 186 10
1392 1 694 90
— 2 165 7
— 2 166 28
1393 1 694 90
— 1 — 97
— 2 291 159
— 3 683 761
1394 1 693 56
— 1 — 75 s.
— 1 694 81 s.
— 1 695 125
— 1 — 118 s.
— 2 158 216
— 2 166 39
— 3 269 97
— 3 444 29
— 4 8 185
— 4 19 685
1395 1 479 1141
— 1 691 3
— 1 694 81
— 1 695 113
— 1 — 115
— 1 — 122
— 1 — 127 s.
— 2 161 44
— 3 491 772
— 3 563 122
— 4 255 98
— 4 324 2
— 4 646 297
1396 1 439 106
— 1 692 30
— 1 695 131
— 1 — 133 s.
— 1 696 140
— 1 — 149 s.
— 2 154 103
— 3 444 29
1397 1 691 3
— 1 695 131
— 1 696 144
— 1 — 153
— 2 154 103 s.
— 3 444 29
— 4 37 1362
1498 1 462 732 s.
— 1 — 733
— 1 — 738
— 1 466 829 s.
— 1 692 84 s.
— 1 — 41
— 1 697 159
— 2 177 309
— 3 150 124
— 3 358 98
— 3 389 35
— 3 479 332
— 4 167 8 s.
— 4 216 30
— 4 600 569
1399 1 436 7
— 1 — 9
— 1 691 16
— 1 694 91
— 3 261 278
— 4 34 1197
1400 1 436 15
— 4 600 6
1401 1 10 317
— 1 384 54
— 1 632 99
— 1 436 16 s.
— 1 — 21
— 1 437 37
— 1 — 41
— 1 438 65
— 1 — 69
— 1 — 71
— 1 439 85
— 1 — 92
— 1 440 132
— 1 441 152
— 1 445 259
— 1 448 320
— 1 460 700
— 1 475 1030
— 1 694 92
— 3 73 6
— 2 135 5
— 3 335 7
— 4 102 96
— 1 439 89 s.
— 1 — 97
1402 1 440 133
— 2 291 159 s.
— 3 696 15
— 4 380 121
1403 1 384 151 s.
— 1 438 79
— 1 — 81
— 1 450 359
— 1 — 379
— 2 170 126
1404 1 439 88
— 1 — 94
— 1 — 103
— 1 440 121
— 1 470 911
— 1 478 1124
— 3 98 79
— 4 310 1405
— 4 329 197
1405 1 440 131 s.
— 1 450 359
— 1 632 99
— 3 639 493
1406 1 440 136 s.
— 1 441 141
— 1 450 374
— 1 475 1029
— 2 175 190
1407 1 441 141
— 1 — 143
— 2 231 26
— 4 186 10 s.
— 4 247 39 s.
— 4 — 50
— 4 403 3
1408 1 440 122
— 1 441 152
— 1 — 155 s.
— 1 — 163
— 1 445 254
— 2 168 92
— 2 179 357 s.
— 3 492 797
— 4 223 12
— 4 426 563
— 4 357 47
1409 1 101 3
— 1 — 6
— 1 104 97
— 1 244 111
— 1 438 62
— 1 441 164 s.
— 1 442 176
— 1 443 189
— 1 — 206
— 1 445 241
— 1 — 250 s.
— 1 458 615
— 4 426 563
— 4 624 559
1410 1 249 289
— 1 442 182 s.
— 1 — 185
— 1 443 188
— 1 694 83
— 3 505 29
— 4 27 932
1411 1 442 173
— 1 444 235
— 1 445 249
— 2 503 21
1412 1 444 237 s.
1413 1 445 238 s.
— 2 174 224
— 2 503 19 s.
1414 1 442 165
— 1 445 240
— 3 168 9
— 3 645 654
1415 1 445 242
— 1 452 409
— 1 — 412 s.
— 1 477 1077
— 2 180 462
— 2 596 964
— 3 168 23
— 3 560 22
— 3 645 654
— 4 43 26
— 4 439 378
1416 1 445 247
1417 1 444 236
— 1 445 248
1418 1 445 249
— 1 475 1030
— 4 594 378
1419 1 245 120
— 1 249 289 s.
— 1 443 187
— 1 444 217
— 1 — 280 s.
— 1 445 239
— 1 477 1095
— 2 503 21 s.
1420 1 444 214
— 1 — 229
— 1 452 419
— 1 458 615
— 1 694 92
1421 1 9 294
— 1 10 332
— 1 — 334
— 1 — 339
— 1 443 197
— 1 244 116
— 1 445 253
— 1 — 257
— 1 — 260
— 1 246 186
— 1 249 289
— 1 436 5
— 1 447 310
— 1 461 717
— 1 694 92
— 1 — 105
— 1 732 42
— 3 98 83
— 3 150 115 s.
— 4 369 613
— 4 433 206
— 4 462 106
— 4 633 95
1422 1 9 275
— 1 436 7
— 1 446 268 s.
— 1 447 306
— 1 466 844
— 4 151 128
1423 1 9 275
— 1 446 279
— 3 238 432
— 3 239 445 s.
— 4 369 613
1424 1 443 195
— 1 445 260
— 1 450 375
— 1 457 575 s.
— 1 732 42
— 2 180 388
— 4 239 495 s.
1425 1 443 193

— 1 457 575
1426 1 249 289
— 1 — 303
— 1 — 305
— 1 442 182
— 1 443 198
— 1 — 204
— 1 — 206
— 1 444 223
— 1 — 236 s.
1427 1 10 322 s.
— 1 244 116
— 1 245 122 s.
— 1 249 289
— 1 442 182
— 1 443 197
— 1 444 215
1428 1 9 277
— 1 — 279
— 1 — 294
— 1 10 312
— 1 18 17
— 1 73 267
— 1 107 201
— 1 443 197
— 1 — 203
— 1 447 309 s.
— 1 448 313 s.
— 1 — 319 s.
— 1 — 324
— 1 — 336
— 1 460 700
— 1 624 100
— 1 694 92
— 2 166 81
— 2 — 88
— 2 352 276
— 2 356 392
— 3 169 75
— 3 355 7 s.
— 3 562 92
— 4 435 247
1429 1 448 317
— 1 — 331
— 1 476 1064
— 2 406 1841
— 3 270 147
— 3 277 48
— 3 — 59 s.
— 3 — 66
— 3 — 71
— 3 — 77 s.
— 3 290 478 s.
— 3 — 490
— 3 299 757
— 4 423 467
— 4 594 373
— 4 613 192
1430 1 448 317
— 1 — 331
— 1 — 334
— 1 476 1064
— 3 270 147
— 3 277 64 s.
— 3 — 75 s.
— 3 290 479
— 3 — 490
— 4 423 467
— 4 594 373
— 4 613 193
1431 1 245 120
— 1 — 122
— 1 444 232
— 1 — 234
— 1 459 647
— 3 97 57
— 3 — 72
— 3 99 115
— 3 100 130
— 3 101 153 s.
— 4 132 23
— 4 329 185
— 4 424 513
1433 1 437 25
— 1 440 112
— 1 441 144
— 1 — 149 s.
— 1 449 352
— 1 — 356
— 1 — 358
— 1 458 632
— 2 352 276
— 2 356 292
— 3 97 72
— 4 185 2
1434 2 292 169
— 4 185 2
— 4 186 12 s.
— 4 — 24 s.
— 4 403 3
— 4 594 369
1435 1 441 144
— 1 457 583
— 1 478 1109
— 2 292 169
— 3 101 156
— 4 186 18
— 4 — 21 s.
— 4 188 63
— 4 — 80
— 4 403 3
1436 1 437 25
— 1 441 148
— 1 449 353
— 2 246 442
— 2 376 1009
1437 1 438 78
— 1 442 166
— 1 — 176 s.
— 1 444 215
— 1 450 362
— 1 451 397

— 1 457 577
— 1 — 579 s.
— 1 — 605
— 4 104 167
— 4 618 340
1438 1 9 282
— 1 445 252
— 1 447 292
— 1 — 296
— 4 137 60
1439 1 443 252
— 1 446 281 s.
— 1 — 284
— 1 457 585
— 1 — 605
— 2 167 51
1440 1 447 308
— 2 144 313
— 2 167 63
— 2 168 74
— 3 157 121
1411 1 436 7
— 1 445 260
— 1 451 399
— 1 691 16
— 1 692 20
— 1 732 42
— 1 — 44
— 4 310 1405
— 4 329 175
— 4 — 197
— 3 416 114
— 3 561 61
1442 1 451 403 s.
— 1 452 409
— 1 — 412 s.
— 1 609 4
— 2 334 59
— 3 155 50
— 3 168 24 s.
— 3 171 131
— 3 — 136
— 4 379 99
— 4 439 378
— 4 592 302
— 4 629 54
— 4 — 101 s.
1443 1 19 51
— 1 150 235
— 1 344 796
— 3 373 652
— 4 324 3 s.
— 4 329 194
— 4 549 45
1444 1 246 176
— 1 456 538
— 4 327 112 s.
— 4 328 165
— 4 461 62
1445 1 444 227
— 1 452 424
— 2 215 151
— 4 326 76 s.
— 4 — 97 s.
— 4 327 98
— 4 — 108 s.
— 4 329 166
— 4 — 175 s.
— 4 335 155
1446 1 41 2
— 2 610 1411
— 3 97 60
— 3 100 142
— 3 492 790
— 3 493 842
— 4 325 47 s.
1447 1 41 2
— 1 391 18
— 3 165 57
— 4 326 90
— 4 328 157 s.
1448 1 73 266
— 1 103 76
— 1 443 209
— 1 479 1140
— 3 372 616
— 3 558 4
— 4 329 183
— 4 330 212 s.
1449 1 9 289
— 1 244 111
— 1 245 147
— 1 — 153
— 1 249 283
— 1 452 424
— 1 457 592
— 1 478 1126 s.
— 2 169 98
— 2 174 235 s.
— 2 185 507
— 3 6 182
— 3 456 4
— 3 362 98
— 3 728 45
— 4 64 93
— 4 132 18
— 4 190 130
— 4 329 192 s.
— 4 548 13
— 4 558 9
1450 1 249 295
— 1 — 299
— 1 449 338 s.
— 1 — 342
— 1 477 1076
— 2 182 438
— 3 97 72
— 3 558 33
— 3 677 557
— 4 186 20
— 4 187 53 s.
— 4 189 111 s.

— 4 330 202 s.
— 4 594 369
— 4 645 273
1451 1 11 363
— 1 452 424
— 2 315 151
— 3 416 114
1452 1 452 429
— 1 473 973 s.
— 1 474 1019
— 1 — 1023
— 1 475 1025
— 2 109 141
— 4 329 198
1453 1 11 348
— 1 123 230
— 1 453 430
— 1 — 465 s.
— 1 454 468
— 1 471 939
— 1 691 16
1454 1 11 348
— 1 453 430
— 1 — 434
— 1 — 443
— 1 609 4
— 2 496 835
— 3 169 37
— 3 171 145
— 3 355 8
1455 1 452 420
— 1 453 430 s.
— 1 454 474
— 1 — 478 s.
— 1 — 489
— 2 496 835
— 3 168 4
— 3 — 25
— 3 169 34
— 3 171 136
— 3 — 168 s.
1457 1 454 492 s.
— 4 437 326
1458 1 101 3
— 1 454 492
— 2 496 835
1459 1 453 430
— 1 454 477
— 1 — 489
— 1 — 495
— 2 496 835
— 3 168 4
— 3 — 25
1460 1 454 477
— 1 — 499 s.
— 1 455 503 s.
— 1 — 507
— 1 460 683
— 3 171 131
— 4 330 205
— 4 449 144
1461 1 454 496
1462 1 453 463
— 1 454 498
1463 1 453 432
— 1 — 464
— 1 454 483
— 1 — 485
— 1 455 513
1464 1 455 514
— 1 — 517
— 3 492 773
— 3 493 843
1465 1 11 350
— 1 455 522
— 1 — 524 s.
— 1 456 530
— 1 471 948
— 4 604 17
— 4 608 174
— 4 — 192
1466 1 453 430
1467 1 694 92
1468 1 107 201
— 4 247 50
1469 1 447 305 s.
— 1 457 584
— 1 — 588
1470 1 11 350
— 1 456 552
— 1 458 623 s.
— 1 — 629 s.
— 1 — 634
— 1 459 653
— 1 — 659
— 1 694 92
— 4 594 369
1471 1 450 360 s.
— 1 458 638 s.
— 1 459 659
— 2 352 282
— 4 247 44 s.
— 4 — 50
1472 1 459 645
— 1 — 648
— 2 183 458
1473 1 451 398
— 1 457 589
— 1 459 649 s.
— 1 — 663
— 1 — 666
— 1 471 946
— 4 329 183
— 4 594 369
— 4 595 394
1474 1 11 350
— 1 459 655
— 1 — 657
— 4 247 44
1475 1 459 661
— 1 470 920
1476 1 446 273

— 1 456 537
— 1 — 542
— 1 — 559
— 1 457 574
— 1 458 610
— 1 460 701
— 1 609 4
— 2 354 333
— 2 376 1009
— 3 13 446
— 3 493 842
— 4 69 257
— 4 218 119
— 4 598 519
1477 1 454 499
— 1 455 502
— 1 — 509
— 1 459 667 s.
— 1 — 674
— 1 — 677 s.
— 1 460 684
— 4 439 371
1478 1 461 713
1479 1 459 650 s.
— 1 471 946
— 1 478 1117
1480 1 464 781
1481 1 456 529
— 1 471 948
— 1 478 1119
— 3 644 607
— 4 62 41
1482 1 444 232
— 1 459 647
— 1 460 686 s.
— 1 — 691
— 1 — 700
— 1 461 712 s.
— 3 172 187
1483 1 453 433
— 1 — 460
— 1 454 489
— 1 455 502
— 1 458 631
— 1 459 654
— 1 460 683
— 1 — 697
— 1 461 706
— 1 — 712
— 1 462 727
— 1 469 899
— 1 474 1005
— 4 137 63
1484 1 460 689
— 1 — 701
— 1 474 1008
1485 1 460 695
— 1 474 1008
— 4 338 54
1486 1 460 694
1487 1 444 230 s.
— 1 — 232
— 1 460 692 s.
— 2 176 292
1488 1 461 714
1489 1 461 715
— 1 — 720
1490 1 461 711
— 1 462 728 s.
1491 1 460 702
— 1 462 731
1492 1 436 7
— 1 455 519
— 1 457 586
— 1 471 948
— 1 475 1043
— 2 597 981
— 3 372 602
1493 1 123 230
— 1 455 520
— 1 465 813
— 2 597 981
— 3 97 72
— 4 310 1405
— 4 329 197
— 4 594 369
1494 1 10 327
1495 1 454 467
— 1 455 520
— 1 — 523
— 3 98 100 s.
1496 1 476 1049
— 1 694 91
— 3 634 331 s.
1497 1 10 303
— 1 462 732
— 1 694 91
— 1 — 95
1498 1 10 312
— 1 428 74
— 1 444 218
— 1 463 750
— 1 — 758
— 1 465 811
— 1 477 1097
— 2 166 30
1499 1 463 765 s.
— 1 — 771 s.
— 2 166 30
— 3 168 11
1500 1 437 45
— 1 — 50
— 1 462 738
— 1 464 788
— 1 — 793
— 1 465 809
— 1 467 865
— 4 189 104
1501 1 437 45
— 1 464 789
— 1 466 847
1502 1 437 45

— 1 441 146
— 1 464 796
— 1 465 798
1503 1 437 45
— 1 465 813
— 3 562 92
— 4 189 104
— 4 426 561
1504 1 458 628
— 1 463 771
— 1 464 773
— 1 — 775
— 1 — 796
— 2 180 462
— 3 168 8
— 3 — 23
— 4 439 378
1505 1 68 114
— 1 465 817
— 2 389 1401
1506 1 466 825
— 1 — 832
— 1 — 834
1507 1 466 833
— 1 — 844
— 2 177 310
— 2 380 1121
1508 1 466 841
— 1 — 846
— 1 467 848
— 2 177 310
1509 1 467 849
— 1 — 856
— 1 475 1043
1510 1 463 771
— 1 468 882 s.
— 1 — 886
— 1 — 889
— 1 — 893
— 1 477 1092
1511 1 464 795
— 1 465 812
— 1 467 864
1512 1 468 881
1513 1 467 867
— 1 468 893 s.
1514 1 11 352
— 1 469 908 s.
— 1 471 937 s.
— 3 372 601
— 3 504 23
1515 1 11 352
— 1 472 951
— 1 — 955
— 1 473 978
— 1 — 980
— 2 352 275
1516 1 472 961
— 2 352 275
— 2 367 709
— 3 634 326
1517 1 472 964
— 1 474 1017
1518 1 472 954
— 1 — 962
— 1 — 965 s.
— 1 473 973
— 1 — 975
— 1 474 1020
— 4 336 201
1519 1 473 980
1520 1 473 984 s.
1521 1 473 992 s.
— 1 691 16
— 4 137 63
1522 1 474 996
1523 1 474 1009
1524 1 474 1001
— 1 — 1006 s.
— 4 66 167
1525 1 444 218
— 1 457 570 s.
— 1 473 991
— 1 474 1011
— 1 — 1014
— 1 — 1016
— 1 695 130
— 2 352 275
— 2 367 712
— 2 369 794
— 2 380 112
1526 1 475 1026
— 1 — 1028
— 4 380 112
1527 1 472 962
— 1 475 1045
— 1 — 1048 s.
— 1 476 1049
— 2 166 32
— 3 624 333 s.
1528 1 10 312
— 1 462 732
— 1 473 991
— 1 475 1043
— 1 476 1054 s.
— 1 478 1119
— 1 694 91
— 3 562 92
1529 1 476 1058
— 1 694 91
— 2 166 27
— 2 720 46
— 4 329 186
1530 1 9 284 s.
— 1 107 202
— 1 384 14
— 1 476 1060
— 1 694 93
— 2 166 27
— 2 597 994
— 4 609 6
1531 1 9 286

— 1 476 1070
— 1 478 1117
— 1 694 93
— 2 597 994
— 3 98 83
— 3 566 93 s.
— 4 247 50
— 4 609 6
1532 1 465 814
— 1 477 1075
— 3 168 10
1533 1 465 814
— 1 477 1077
— 4 609 6
1534 1 476 1061
1525 1 477 1098
— 1 694 91
1536 1 9 289
— 1 107 205
— 1 478 1122
— 1 694 91
— 1 — 94
— 3 98 83
— 3 355 4
— 4 65 133
— 4 324 2
1537 1 10 305
— 1 476 1069
— 1 479 1140 s.
— 3 558 3
1538 1 246 196
— 1 247 216
— 1 420 95
— 1 444 226
— 1 478 1124
— 1 — 1128
— 3 558 9
1539 1 479 1147
— 1 609 4
— 1 694 91
— 1 — 96
1540 1 9 281
— 1 694 91
— 2 165 1
— 4 324 16
1541 2 165 5
— 2 166 35 s.
— 3 98 83
1542 1 475 1027
— 2 165 5
— 2 166 24
— 2 — 36
— 2 — 38
— 3 558 6
— 4 189 100
1543 2 166 40
— 2 179 366
— 3 485 559
1544 2 167 49
— 2 — 51
1545 2 167 52 s.
— 4 329 196
1546 2 167 54
— 3 308 63
1547 2 167 59
— 2 — 63
1548 2 168 73
— 2 — 75
— 3 157 121
1549 1 9 290 s.
— 1 — 294
— 1 107 204
— 1 148 149
— 1 445 257
— 1 448 314 s.
— 1 — 319
— 1 472 965
— 1 477 1086
— 1 610 14
— 1 694 95
— 2 168 68
— 2 — 81
— 2 — 88
— 2 169 95
— 2 — 97 s.
— 2 — 102
— 2 — 106 s.
— 2 — 113
— 2 170 127
— 2 171 147 s.
— 2 173 196
— 2 — 206
— 2 174 243
— 2 175 254
— 2 183 457
— 2 185 508
— 3 98 84
— 3 562 92
— 3 668 244
— 4 168 16
— 4 188 74
— 4 190 123
— 4 — 130
— 4 329 177
— 4 435 247
— 4 532 183
— 4 609 6
— 4 613 164
1550 1 477 1080
— 2 169 98 s.
— 2 171 152
— 4 190 123
1551 1 432 294
— 1 448 327
— 1 476 1072
— 1 540 202
— 4 27 937
— 2 172 165
— 2 173 196
— 2 — 202
— 2 184 496
1552 2 172 173

1553 1 474 1007
— 2 173 190
— 4 187 52
— 4 — 57
— 4 188 65 s.
— 4 189 99
— 4 — 108 s.
— 4 403 3
1554 1 19 66
— 1 148 147
— 1 — 149
— 1 357 88
— 1 694 95 s.
— 2 167 44
— 2 169 111
— 2 173 194 s.
— 2 — 205 s.
— 2 — 210
— 2 174 212
— 2 — 215 s.
— 2 175 262
— 2 176 299
— 2 177 311
— 2 179 364
— 2 180 375 s.
— 2 — 389
— 2 183 454
— 3 479 335
— 3 558 11
— 4 168 16
— 4 369 613
— 4 461 61
1555 1 245 124
— 1 478 1116
— 2 173 196
— 2 176 299
— 2 177 313
— 2 180 375
— 2 264 59
— 3 570 31
1556 1 245 147
— 2 173 196
— 2 177 313
— 2 — 322
— 2 180 375
— 3 562 98
1557 1 148 143
— 1 — 145
— 1 420 97
— 2 173 210
— 2 177 305 s.
— 2 — 311
— 2 — 320
— 2 179 171
— 2 180 375
— 3 558 11
— 4 186 20
— 4 188 83 s.
— 4 189 98
— 4 645 273
1558 1 101 3
— 1 245 148
— 1 248 251
— 1 420 97
— 1 694 83
— 2 18 375
— 2 168 88
— 2 174 224
— 2 — 234 s.
— 2 177 311
— 2 — 328 s.
— 2 178 334 s.
— 2 — 343
— 2 — 349 s.
— 2 — 354
— 2 179 359
— 2 — 363 s.
— 2 181 412
— 2 400 1673
— 3 78 157
— 4 187 52
— 4 — 59 s.
— 4 189 94
— 4 190 124
— 4 594 369
— 4 679 2
— 4 — 26
1559 1 248 251
— 2 168 88
— 2 173 196
— 2 179 163
— 2 — 366
— 2 231 22
— 2 — 26
— 2 292 169
— 2 315 7
— 4 187 52
— 4 247 39
— 4 — 50
— 4 403 3
— 4 594 369
1560 2 175 262
— 2 177 321
— 2 180 406
— 2 181 410 s.
— 2 — 414
— 2 — 419
— 2 — 425
— 2 182 444
— 2 — 448
— 2 231 23
— 3 3 86
— 3 492 796
— 4 648 387
1561 2 174 230
— 2 177 308
— 2 180 396
— 2 — 399
— 2 — 403
— 2 182 429
— 2 183 456
— 2 467 265

— 3 678 564 s.
— 4 330 205
1562 1 107 204
— 1 451 384 s.
— 2 169 118
— 2 171 152
— 2 — 157 s.
— 2 180 462
— 2 184 482
— 2 — 493
— 3 668 244
— 3 677 540
— 4 613 164
1563 2 183 456 s.
— 4 324 14
1564 1 478 1117
— 2 144 303
— 2 183 456
— 2 — 471
— 2 185 501
— 2 — 504
— 4 247 50
— 4 609 6
1565 1 457 602
— 1 478 1117
— 1 — 1119
— 2 185 501
— 2 — 504
— 2 — 509 s.
1566 2 173 196
— 2 184 488
— 2 — 490
1567 1 477 1073
— 2 172 169
— 2 184 491
— 4 146 286
1568 2 150 508
— 2 169 113
— 2 174 243
— 2 184 487
— 4 612 115
1569 1 465 798
— 2 180 472
— 2 — 474
— 2 — 477
— 4 648 387
1579 1 459 650
— 1 471 946
— 1 478 1118
— 2 184 499 s.
— 2 185 513
— 2 — 517 s.
— 2 186 526
— 3 558 25
— 3 644 607
— 4 247 50
— 4 608 177
— 4 — 192
1571 1 107 204
— 1 384 14
— 1 457 605
— 1 476 1062
— 2 168 79
— 2 169 114
— 2 — 119 s.
— 2 170 129
— 2 — 131 s.
— 2 174 243
— 2 184 500 s.
— 2 186 527
1572 2 183 456
— 2 186 529
— 3 95 16
1573 2 186 529 s.
— 4 332 53
1574 2 166 35 s.
— 3 98 83
— 3 558 2
— 3 — 24
— 4 190 132
1575 1 694 96
— 2 166 35
— 3 558 3
1576 1 107 205
— 1 242 16
— 1 244 99
— 1 246 179
— 1 691 8
— 1 694 95
— 2 140 168
— 2 171 147
— 3 6 182
— 3 355 8
— 3 558 2
— 3 — 10 s.
— 3 — 22
— 3 668 246
— 3 677 541
— 4 132 13
— 4 187 48
— 4 — 54
— 4 190 132
— 4 424 513
1577 1 479 1148
— 1 609 4
— 3 97 70
— 3 558 19
1578 1 380 10
— 1 609 4
— 3 558 7
— 3 — 23 s.
1579 1 479 1151
— 3 97 70
— 3 558 23 s.
1580 3 558 27
1581 1 10 303
— 1 463 756
— 1 694 91
— 1 — 96
— 2 166 30
— 2 172 162
1582 2 231 17

— 2 386 1305
— 3 564 144
— 4 25 889
— 4 638 14 s.
— 4 643 212
— 4 — 260
1583 1 388 117
— 1 564 384
— 1 565 399
— 2 265 102
— 2 386 1305
— 2 390 1415
— 2 393 1479
— 2 600 1083
— 3 489 682 s.
— 4 386 331
— 4 553 22 s.
— 4 554 21
— 4 566 178 s.
— 4 638 14
— 4 — 62
— 4 640 93
— 4 645 289
— 4 650 436
— 4 — 454
— 4 682 103
— 4 — 124
1584 1 632 119
— 2 390 1415
— 3 500 37
— 4 641 113
1585 1 564 384
— 1 565 399
— 2 600 1083
— 4 641 130 s.
— 4 650 454
1586 4 642 143
1587 4 641 130
— 4 — 149 s.
1588 1 632 118
— 1 633 131
— 4 641 130
— 4 — 160
1589 2 390 1415
— 2 393 1477
— 2 — 1479
— 4 641 125
— 4 — 174 s.
— 4 — 182 s.
1590 2 393 1477
— 3 279 118
— 4 29 1019
— 4 640 96
— 4 641 130
— 4 — 197
1591 3 278 103
— 4 122 111
— 4 643 213
— 4 — 227
— 4 — 260
1592 1 143 19
— 1 144 21
— 1 632 113
— 2 230 14 s.
— 2 393 1482
— 2 432 2568
— 2 434 2628
— 3 278 103
— 4 639 61 s.
— 4 644 227 s.
1593 2 231 18
— 2 430 2496
— 3 7 202
— 4 648 389
— 4 654 593 s.
1594 2 677 94
— 4 305 1183
— 4 562 12
— 4 645 262
1595 1 84 87
— 1 478 1109
— 2 359 486
— 2 637 8
— 3 571 61
— 4 186 11
— 4 190 1
— 4 327 107
— 4 329 169
— 4 562 18
— 4 645 288 s.
1596 1 427 136
— 3 697 46
— 4 305 1186
— 4 449 170
— 4 568 233
— 4 597 477 s.
— 4 646 307
— 4 — 312
— 4 — 321 s.
— 4 682 106
1597 1 289 154
— 1 299 132
— 2 81 24
— 2 316 38
— 3 51 50
— 3 71 257
— 3 182 123
— 3 393 87
— 3 452 379
— 3 684 775
— 3 697 46
— 4 567 229 s.
— 4 646 324
— 4 — 338
1598 3 480 363
— 3 486 579 s.
— 4 562 15
— 4 568 242
— 4 649 413
1599 1 7 198
— 1 448 322
— 1 541 210

— 2 144 309
— 2 161 42
— 2 181 421
— 2 231 19 s.
— 2 — 23
— 2 — 33
— 3 4 97
— 3 7 230
— 3 86 6
— 3 239 435
— 3 467 286
— 3 481 390
— 3 — 400
— 3 497 26 s.
— 3 567 243
— 4 26 911
— 4 148 82
— 4 437 311
— 4 601 637
— 4 647 365
— 4 — 386
— 4 — 394 s.
1600 2 136 67
— 3 90 104
— 3 466 244
— 3 480 366
— 3 — 373
— 3 — 380 s.
— 4 438 364 s.
1601 4 647 346 s.
1602 2 231 31 s.
— 3 89 72
— 3 155 42
— 4 566 157
— 4 649 429 s.
— 4 683 129
1603 3 2 29
— 4 683 129
1604 3 3 75
— 4 650 435
1605 3 489 667
— 4 650 435 s.
1606 3 312 98
— 3 489 667
— 4 641 133
— 4 650 439 s.
1607 2 133 10
— 3 426 6 s.
— 4 404 36
— 4 562 16
— 4 650 446
1608 1 565 402
— 3 280 163
— 4 650 447
1609 3 554 166
— 4 650 451 s.
1610 1 55 95
— 2 129 10
— 4 650 456 s.
1611 1 463 754
— 2 129 10
— 4 651 481
1612 2 600 1082
— 4 641 133
— 4 650 470 s.
1613 2 574 257
— 2 600 1082
— 3 290 472
— 4 207 35
— 4 641 133
1614 4 652 509
1615 1 225 48
— 2 231 32
— 3 279 137
— 2 434 5
1616 2 231 30
— 4 652 510
1617 2 220 172
— 3 4 103
— 3 295 650
— 4 652 521 s.
— 4 — 539 s.
— 4 — 573
1618 3 4 103
— 4 652 524 s.
— 4 — 539
1619 2 220 172
— 2 231 30
— 3 295 651
— 4 306 1237
— 4 307 1256
— 4 652 534 s.
— 4 — 549 s.
— 4 — 572 s.
— 4 — 583
— 4 683 128
1620 3 396 654
— 4 653 539 s.
1621 4 653 542
— 4 659 751
1622 1 385 21
— 3 11 369
— 3 296 655
— 3 682 731
— 4 647 352
— 4 653 564 s.
— 4 679 527
1623 3 295 650 s.
— 4 653 546 s.
— 4 656 649
1624 1 442 179
1625 3 2 30 s.
— 3 3 58
— 3 4 91
— 3 5 149
— 3 9 286
1626 2 574 264
— 3 2 28
— 3 — 32 s.
— 3 — 36
— 3 — 50 s.
— 3 3 64 s.

—	3	—	75
—	3	—	82 s.
—	3	4	91
—	3	5	144
—	3	—	151
—	3	6	176
—	3	9	276
—	3	271	176
—	4	683	129
1627	3	3	85
—	3	4	109 s.
1628	2	181	417
—	3	4	111 s.
—	3	—	117
—	3	12	401
—	3	15	439
1629	2	181	417
—	3	2	46 s.
—	3	4	117
—	3	—	120
—	3	—	123 s.
—	3	6	187
—	3	8	240
—	3	9	274
—	4	565	188
1630	2	559	205
—	2	705	72
—	3	2	52
—	3	4	91
—	3	5	155
—	3	6	175 s.
—	3	—	191
—	3	7	233
—	3	8	240
—	3	—	246
—	3	—	249
—	3	79	182
1631	3	7	214 s.
—	3	8	238
—	4	207	62
1632	3	7	218
—	3	495	902
1633	2	131	61
—	2	559	205
—	3	6	176
—	3	7	220
—	3	14	474
—	2	131	61
1634	3	7	223
—	3	14	474
—	4	104	165
1635	2	131	61
—	3	7	228
—	3	570	24
1636	3	7	233
—	3	8	246
—	3	—	269
—	4	307	1251
—	4	648	390
1637	3	7	234
—	3	8	237 s.
—	3	—	246
—	4	665	51
1638	1	55	87
—	3	8	266
—	3	—	269
—	3	9	276 s.
—	3	—	284 s.
—	3	—	298
1639	3	7	211
1640	3	8	247
—	2	—	252
—	3	5	152
—	3	14	461
—	3	11	376
—	3	283	244
—	4	530	104
1641	3	9	287
—	3	—	291 s.
—	3	—	304
—	3	10	313
—	3	—	318
—	3	—	325
1642	3	10	311 s.
—	3	—	318
—	3	478	122
1643	3	9	276
—	3	—	292
—	3	10	311
—	3	—	314
—	3	—	330
1644	1	55	87 s.
—	1	396	187
—	3	9	291 s.
—	3	10	337
—	3	11	369
1645	3	10	339
—	3	281	202
1646	3	10	343
—	3	281	202
1647	3	11	346 s.
1648	1	47	6
—	3	2	19
—	3	10	325
—	3	11	366
—	3	—	371
—	3	255	189
—	3	304	55
—	3	499	728
—	3	682	731
1649	3	9	284
—	3	—	296 s.
1650	3	554	168
—	4	654	601
—	4	—	608
1651	1	565	402
—	1	566	409
—	1	—	411
—	1	—	413
—	1	—	416 s.
—	3	554	169
—	4	654	608

1652	3	455	55
—	3	457	109 s.
—	3	458	162
—	3	271	175
—	3	326	356
—	4	198	285
—	4	460	275
—	4	655	613 s.
—	4	665	67
—	4	683	125
1653	1	556	57
—	2	37	12
—	2	237	154
—	3	554	158
—	4	132	8
—	4	306	1128
—	4	655	629
—	4	—	634 s.
—	4	—	651 s.
1654	1	55	82
—	1	634	161
—	1	635	188
—	1	—	193 s.
—	1	636	200
—	1	—	206 s.
—	1	—	211
—	2	401	1698
—	2	574	263
—	2	600	1106
—	3	270	160
—	3	537	222
—	3	568	290
—	4	67	184
—	4	198	294
—	4	188	78
—	4	—	84
—	4	218	99
—	4	220	172
—	4	223	5
—	4	376	803
—	4	656	671 s.
—	4	—	681 s.
—	4	—	704 s.
—	4	658	725
—	4	—	742 s.
—	4	—	772 s.
—	4	—	793
1655	1	55	82
—	2	574	257
—	2	—	263
—	3	191	183
—	3	270	160
—	3	290	472
—	4	657	696
—	4	—	793
1656	1	56	98
—	1	634	163
—	1	635	180 s.
—	1	636	196
—	2	401	1694
—	3	191	183
—	3	270	160
—	3	288	417
—	4	200	383
—	4	657	699
—	4	658	730
1657	2	600	1106
—	3	191	183
—	4	659	776 s.
1658	4	132	7
—	4	223	2
—	4	562	32
1659	4	661	829 s.
1660	3	561	48
—	4	650	845
—	4	—	855
—	4	—	849
1661	3	191	183
—	4	661	841
—	4	—	849
1662	3	682	731
—	4	661	842
—	4	—	861
1663	3	676	521
—	4	601	631
1664	1	387	102
—	1	636	203
—	1	—	208
—	4	220	172
—	4	661	829
1666	4	661	832
1667	3	272	210
—	4	662	868
1668	4	662	874
1670	4	221	217
—	4	659	766
1673	1	636	193
—	1	—	203
—	3	80	218
—	3	99	109
—	3	277	48
—	3	290	478
—	3	—	482 s.
—	4	104	179
—	4	529	62
—	4	551	93
—	4	661	829 s.
—	4	—	886
—	4	—	904 s.
1674	1	416	169
—	1	440	112 s.
—	1	636	203
—	2	160	23 s.
—	2	303	1748
—	3	14	467
—	3	151	142
—	3	508	15
—	4	140	68
—	4	218	126
—	4	219	148
—	4	220	178 s.
—	4	221	213

—	4	—	219 s.
—	4	222	247
—	4	565	144
—	4	634	222
—	4	659	766
—	4	668	171
1675	4	222	234
—	4	—	247
—	4	662	899
1676	2	177	308
—	3	488	311
—	3	676	521
—	3	682	731
—	4	217	69
—	4	220	182
—	4	221	208
—	4	222	240
—	4	—	248
1678	2	515	7
—	2	525	301
—	3	272	210
—	4	217	68
—	4	222	340 s.
1679	3	272	210
—	4	222	240 s.
1680	2	515	7
—	3	272	210
—	4	217	68
—	4	222	240
—	4	404	36
—	4	690	41
1681	1	440	112 s.
—	2	508	111
—	4	222	251 s.
—	4	624	891
1682	4	219	143
—	4	222	250
—	4	—	260
1683	4	220	178
—	4	221	211
1684	4	219	147
—	4	221	203 s.
1685	4	221	215
1686	3	5	149
—	3	568	295
1689	2	133	40
—	2	244	882
—	2	261	908
—	3	112	42
—	3	426	30
—	3	489	667
—	3	—	685
—	4	530	92
—	4	562	8
—	4	—	46
—	4	—	58
—	4	564	93
—	4	—	102
—	4	565	128
—	4	566	177 s.
1690	1	344	802
—	1	517	97
—	1	688	78
—	2	127	78
—	2	136	38
—	2	139	141
—	2	143	282 s.
—	2	239	215
—	2	243	357
—	2	330	569
—	2	509	144
—	2	587	690
—	3	84	306
—	3	110	5
—	3	112	42
—	3	165	45
—	3	312	87
—	3	426	8
—	4	272	5
—	4	385	296
—	4	407	127
—	4	540	199
—	4	562	7
—	4	—	47
—	4	—	54 s.
—	4	566	174 s.
—	4	617	312
1691	1	423	25
—	1	424	47
—	3	112	42
—	4	563	62 s.
—	4	564	100
—	4	—	108
—	4	566	177
1692	3	549	11 s.
—	4	63	76
—	4	68	234
—	4	562	36
—	4	—	41 s.
—	4	656	677
—	4	659	774
1693	2	244	395
—	2	249	555
—	2	253	651 s.
—	3	4	111
—	3	11	375 s.
—	3	12	393
—	3	13	434
—	4	207	126
—	4	663	80
1694	2	244	395
—	3	12	394
—	3	—	405
—	3	13	428
—	3	—	434
—	3	15	484
—	3	236	340
—	3	407	126
1695	2	244	395
—	3	12	403
—	3	13	434
—	3	15	485

—	4	407	126
1696	2	321	316
—	3	13	486 s.
—	4	219	143
—	4	224	193
—	4	437	313
1697	4	566	155
—	4	—	163 s.
—	4	568	249
1698	3	270	152
—	4	566	172
1699	1	488	179
—	2	269	843
—	3	316	6
—	4	248	3
—	4	251	106 s.
—	4	566	187 s.
1700	4	248	3
—	4	566	189
—	4	567	212 s.
1701	4	567	199 s.
1702	2	230	6
1703	2	230	11
1704	2	231	83 s.
1705	2	231	37 s.
—	2	606	1269
—	4	150	98
1706	2	231	46
—	2	—	48
—	4	221	214
1707	2	230	5
—	2	231	17
—	2	—	31
—	3	2	28
—	4	68	225
1708	3	275	2
1709	1	387	89
—	3	275	3
—	4	610	43
1710	3	275	7
—	3	308	1
1711	3	275	9
—	3	311	55
1712	3	276	11
—	3	300	2
1713	3	276	25
1714	3	279	124 s.
—	3	—	134
—	3	302	9
—	4	29	1019
1715	2	515	7
—	3	161	42
—	3	279	128
—	3	280	145 s.
—	3	289	445
—	3	294	607
—	3	302	12
—	4	29	1019
—	4	43	36
—	4	44	73
—	4	52	346
—	4	651	499
1716	1	296	239
—	2	515	7
—	3	279	128
—	3	—	134
—	3	—	141 s.
—	3	280	147 s.
—	3	289	445
—	4	347	37
1717	3	271	176
—	3	284	288 s.
—	3	—	295 s.
—	3	285	310
1718	3	277	48
—	3	—	72 s.
—	3	290	478 s.
—	4	471	460
1719	3	280	160
—	3	281	179
—	3	282	208
—	3	—	212
—	3	—	225
—	3	—	231
—	3	283	234
—	3	—	252
—	4	109	16
1720	2	220	184
—	3	280	161
—	3	281	182
—	3	282	212
—	3	293	567 s.
1721	1	676	113 s.
—	3	281	192
—	3	—	200
—	3	282	231
—	3	283	235
1722	2	557	150
—	3	281	203 s.
—	3	282	219
—	3	283	234
—	3	—	248
—	3	—	251
—	3	298	709
—	4	238	404
1723	3	284	266
1724	3	281	189 s.
—	3	282	230
—	4	350	291
1725	1	75	323
—	3	14	456
—	3	282	216
—	3	283	236
—	3	—	251
—	3	650	14
—	4	236	404 s.
1726	3	265	78
—	3	283	239
—	3	—	246
—	3	286	358
—	3	290	488
1727	1	75	270

—	3	283	241
—	3	286	358
—	3	290	488
—	3	650	14
1728	3	285	322 s.
—	3	—	333
—	3	286	340
—	3	287	383
—	3	288	407 s.
—	3	290	466
—	4	171	53
1729	3	289	322
—	3	—	330
—	3	286	355
1730	1	348	404
—	3	287	370
—	3	—	376
1731	3	280	146
—	3	287	370
1732	3	286	356 s.
—	3	287	375
1733	1	208	294
—	1	226	74
—	1	227	103
—	1	—	124
—	1	228	128
—	3	—	132 s.
—	1	344	816
—	3	108	36 s.
—	3	282	226
—	3	286	363
—	3	293	581
—	3	506	53
—	3	696	11
—	4	144	239
—	4	227	106 s.
—	4	406	108
1734	1	228	74
—	1	227	103
—	1	228	128
—	3	108	36 s.
—	3	506	53
—	4	227	106
1735	3	286	356
—	3	—	361
1736	1	47	6
—	3	255	189
—	3	288	425 s.
—	3	289	443
—	3	291	496
—	3	293	580
—	3	294	590 s.
—	3	295	626
—	3	298	719
—	3	499	723
1737	3	288	425
—	3	290	464
—	3	294	582 s.
—	3	299	755
1738	2	406	1835
—	2	407	1869
—	3	278	95
—	3	289	427 s.
—	3	—	440 s.
—	3	295	628
—	3	668	235
—	4	65	125
1739	3	279	187
—	3	289	437
—	3	299	726 s.
—	3	304	45
1740	1	356	62
—	3	289	446
1741	3	284	203 s.
—	3	283	234
—	3	284	298 s.
—	3	288	409
—	3	293	548
—	3	298	709
—	3	611	4
1742	3	290	476
—	3	295	646
1743	3	76	94
—	3	269	126
—	3	291	491 s.
—	3	—	498 s.
—	3	299	759
—	3	303	30
—	3	504	38
—	4	26	912
—	4	428	407
—	4	471	460
1744	3	291	513
—	3	292	520
—	3	—	531
1745	3	292	521
—	3	490	723
1746	3	291	496
—	3	292	512
—	3	301	83
1747	1	618	14
—	3	292	523 s.
1748	3	289	454
—	3	291	493 s.
—	3	292	519
—	3	294	585
1749	3	80	213
—	3	292	527 s.
—	4	105	179
1750	2	182	460
—	3	291	496
—	3	—	500
1751	1	549	410
—	3	292	530 s.
1752	1	674	59
—	3	286	320
—	3	292	537
—	3	—	544 s.
—	4	65	129
—	4	171	53
1753	3	293	547 s.
—	3	492	780

—	3	—	802
—	4	65	120
—	4	385	294
1754	1	348	402
—	3	293	554 s.
—	3	—	567 s.
—	3	345	45
—	3	490	723
1755	3	293	558
—	3	—	567 s.
1756	2	220	184
—	3	293	568 s.
—	3	—	576
1757	1	47	6
—	3	293	574
1758	2	406	1834
—	3	293	575
1759	3	289	432
—	3	—	440
—	3	295	627 s.
—	3	490	723
1760	3	295	630
1761	3	290	477
—	3	295	635
1762	3	295	638
1763	3	271	176
—	3	291	496
—	3	295	643
1764	3	295	645
1765	3	295	649
—	3	296	653 s.
1766	3	284	298
—	3	285	320
—	3	286	349
—	3	—	355
—	3	290	475
—	3	296	656 s.
—	4	171	53
1767	3	296	659
1768	1	73	270
—	3	285	240
—	3	—	244
—	3	286	358
—	3	296	660
1769	1	225	52
—	3	282	218
—	3	296	661 s.
—	3	297	673 s.
—	3	298	709
1770	1	225	52
—	3	296	661 s.
—	3	297	683
—	3	298	696
—	4	610	43
1771	1	384	14
—	3	296	664
—	3	297	693 s.
1772	1	225	52
—	3	285	251
—	3	297	673
—	3	—	693
—	3	298	703
—	4	236	404 s.
—	4	414	186
1773	3	283	251
—	3	297	673 s.
—	3	—	693
—	3	298	707
—	4	236	404
1774	3	288	426
—	3	289	432
—	3	—	445
—	3	298	711 s.
—	3	—	722
—	3	299	737 s.
1775	3	288	426
—	3	298	718
—	3	—	722
1776	2	406	1835
—	2	407	1869
—	3	289	432
—	3	—	439 s.
—	3	298	721 s.
—	3	299	736 s.
—	3	480	369
1777	3	299	745
1778	3	286	344
—	3	299	746 s.
1779	1	428	172
—	3	309	4
—	3	—	6
1780	1	630	51
—	2	406	1845
—	3	309	16 s.
—	3	310	31
—	3	—	52
—	4	381	157
1781	2	310	41 s.
—	3	375	21
—	4	62	11
—	4	350	155
1782	1	428	171
—	1	429	206
—	1	430	215
—	1	431	247
—	1	—	252
—	1	—	255
—	4	50	301
—	4	257	455
1783	1	430	213
—	1	431	255
—	1	433	313
1784	1	430	213
—	1	—	217
—	1	—	239 s.
—	1	431	252
—	1	432	269
—	1	433	298
1785	1	431	247
—	1	—	250 s.
—	3	244	52
—	4	237	455

1786	3	328	399
1787	1	556	125
—	3	311	56
—	3	312	91
1788	3	312	91
—	3	—	98
1789	3	103	48
—	3	312	94
—	4	226	101
—	4	436	298
1790	3	312	94
—	3	—	98
1791	3	311	61 s.
—	3	312	98
—	3	314	187
—	4	626	656
1792	3	312	100 s.
—	3	313	108
—	4	227	100 s.
—	4	242	629
—	4	700	142
1793	3	311	66 s.
—	3	697	52
1794	1	618	14
—	3	311	61
—	3	318	116 s.
—	3	—	128
—	3	376	31
—	4	236	414
1795	2	574	262
—	3	313	122
—	3	314	185
—	3	504	22
1796	3	311	61
—	3	313	127
—	3	733	182
1797	3	312	83
—	3	733	182
—	4	236	418
1798	3	312	86
—	3	—	89
—	3	434	18
—	3	438	98
—	3	492	780
—	4	70	297 s.
1799	3	312	84
—	4	236	413
1800	3	302	1
1801	3	302	2
1802	3	302	4
—	4	412	110
1803	3	302	5
1804	3	302	6
—	3	304	50
1805	3	303	31
1806	3	302	15
1807	3	302	16
—	3	304	50
1808	3	302	16
1809	3	302	17
1810	3	303	18
—	3	305	76
1811	3	303	19 s.
—	3	306	80
1812	1	609	4
—	3	303	28
1813	3	303	35 s.
1814	3	304	40
1815	3	304	41
1816	3	304	46
1817	3	304	47 s.
1818	3	304	51
1819	3	304	51
—	3	—	59
1820	3	304	57
1821	3	304	58
1823	3	304	62
—	3	304	63 s.
1824	3	286	344 s.
—	3	305	68
1825	3	304	62 s.
1826	3	304	62
—	3	305	66
—	3	—	70
1827	3	305	76
1828	1	360	204
—	3	305	77 s.
—	4	181	85
—	4	228	136
1829	3	305	74
1830	3	305	76 s.
—	3	—	82
—	3	728	88
1831	3	305	83
1832	4	376	1
1833	4	377	17
—	4	—	32 s.
1834	4	379	84
—	4	—	92
—	4	390	15
1835	4	379	101
—	4	383	231
1836	4	379	101
1837	1	475	1031
—	4	380	109 s.
1838	4	380	128 s.
1839	4	361	336
—	4	379	102
1840	3	5	154
—	4	379	103
—	4	—	107 s.
1841	4	380	142
—	4	567	44
1842	3	487	603
—	4	381	148
1843	4	381	149
1844	1	393	78
—	4	381	154
—	4	387	367
1845	3	98	92
—	3	304	55
—	4	381	158

1846	1	469	905
—	4	381	171 s.
—	4	383	215
1847	1	373	27
—	4	382	180
1848	4	382	183 s.
—	4	392	79
—	4	386	205
1849	3	566	208
—	4	382	192
—	4	396	205
1850	3	325	310
—	4	382	197
—	4	392	80
1851	4	382	205 s.
—	4	385	288
1852	3	328	415
—	4	383	214
1853	4	380	127
—	4	—	141
—	4	383	228
—	4	—	247
—	3	682	731
1854	4	383	243 s.
1855	1	474	1016
—	4	383	226
—	4	—	232
—	4	392	82
1856	4	384	265
—	4	548	16
—	4	384	269
—	4	392	77
1858	4	384	276
—	4	392	77
1859	3	384	36
—	3	437	72
—	4	360	305
—	4	385	277 s.
—	4	392	90 s.
1860	3	289	445
—	4	385	282
1861	1	147	147
—	4	396	210
1862	1	122	169
—	3	289	441
—	4	386	292
—	4	—	308
1863	4	385	300
—	4	—	309 s.
1864	4	385	301
1865	2	610	1410
—	4	386	317
—	4	393	125 s.
1866	4	379	94
—	4	386	321
1867	4	381	162
—	4	388	326 s.
1868	1	147	117
—	4	387	341
1869	4	387	356
—	4	393	139
1870	3	559	14
—	4	381	157
—	4	387	360 s.
1871	3	561	61
—	4	381	157
—	4	387	357
—	4	—	368 s.
—	4	393	139
1872	1	610	31
—	2	292	167
—	3	48	446
—	3	98	92
—	3	559	5
—	3	566	221
—	3	567	262
—	3	569	309
—	4	104	165
—	4	284	39
—	4	381	457
—	4	389	412
—	4	394	163
—	4	398	297
—	4	557	43 s.
1873	1	358	623
—	4	394	163
1874	3	727	1
1875	3	727	2
1876	3	727	10
1877	3	730	88
1878	3	728	23
1879	3	729	69
1880	3	728	52
—	3	730	92
1881	2	130	37
—	3	730	88 s.
1882	3	730	94
1883	3	730	100 s.
1884	1	249	303
—	2	573	312
—	3	729	78
—	3	730	92
—	3	—	104
1885	1	517	118
—	3	729	81
1886	3	731	114
1888	3	509	6
—	3	729	61
—	3	730	111
1889	3	729	62 s.
—	3	730	111
—	3	732	168
1890	3	728	48
—	3	729	80
—	3	731	115
1891	2	730	108
—	3	732	162
1892	3	731	120
—	3	732	156
—	3	—	153
1893	3	731	133
—	3	—	144

—	3	732	158
1894	3	732	155
1895	3	733	177 s.
—	4	192	70
1896	3	553	116
1897	2	348	147
—	3	553	116
—	3	733	183
1898	3	732	162
1899	3	727	21
—	3	732	167
1900	1	638	239
—	3	191	183
—	3	609	6
—	3	732	167
—	3	—	171
—	3	733	198
—	4	191	25
1901	1	632	123
—	3	509	6
—	3	731	167
—	3	733	173 s.
—	3	734	199
1902	1	698	63
—	3	733	176
—	3	—	196
1903	3	733	189 s.
—	3	—	195 s.
—	4	616	293 s.
1904	3	158	141
—	3	733	192 s.
1905	3	156	96
—	3	734	206
—	4	634	4
1906	1	616	21
—	3	159	182
—	3	734	223
—	4	634	7
1907	3	164	9
—	3	734	208 s.
—	4	634	6
1908	2	414	2041
—	3	159	179
—	3	325	301
—	3	734	229
—	4	30	1051
1908	4	194	134
1909	4	191	24
1911	4	198	116 s.
—	4	197	245
—	4	443	508
1912	1	366	61
—	1	635	186
—	2	319	235
—	3	90	114
—	3	—	116
—	3	420	320
—	3	270	136
—	3	—	153
—	3	308	59
—	3	510	32
—	4	191	23
—	4	192	60
—	4	194	138 s.
—	4	—	153 s.
—	4	195	187 s.
—	4	198	295 s.
—	4	402	19
—	4	595	388
—	4	618	180
—	4	624	564
—	4	—	538
—	4	657	684
1913	1	356	61
—	2	610	1410
—	3	510	32
—	4	193	116
—	4	195	174
—	4	198	295
1915	1	347	904
—	2	57	1
—	2	—	3
—	3	727	19
1917	2	57	12
1918	2	58	22
1919	2	57	18
1920	2	57	18
1921	4	22	767
—	4	—	775 s.
—	4	—	785 s.
1922	2	58	21
1923	2	60	95
—	2	—	115
—	4	49	250
—	4	52	346
—	4	469	20
1924	2	59	65
—	2	60	95
—	2	61	137
—	4	29	1014
1925	2	58	25
1926	2	58	25
—	2	—	28
—	2	60	109
1927	2	58	31 s.
—	2	—	38
—	3	427	55
—	4	232	269
—	4	239	527
1928	2	58	33
—	3	427	55
—	4	239	527
1929	2	58	34
1930	2	58	40
1931	1	58	48
—	2	61	132
1932	2	58	49
—	3	553	116
—	4	239	527
1933	2	58	49
1934	2	58	49
1935	2	58	49

—	4	4	35
1936	2	59	49
—	3	155	48
—	3	156	77
—	3	448	205
—	3	524	124
1937	1	433	317
—	1	609	4
—	2	59	57
—	1	—	66
—	2	59	57
—	2	—	62
1938	3	728	32
1939	2	59	66
—	2	154	30
—	3	417	65
1940	2	59	70
1941	2	59	72
1942	2	59	73
—	4	237	450
1943	2	59	74
1944	2	59	76 s.
—	4	239	527
1945	1	7	207
—	1	15	48
—	1	369	59
—	4	276	199
1946	2	59	81
1947	2	59	82
—	3	328	415
1948	2	60	94
—	3	729	80
—	4	104	179
1949	2	60	117 s.
1950	2	60	119
1951	2	60	119
1952	1	431	255
—	2	60	123
1953	1	431	246
—	1	—	252
1953	2	60	125
1954	2	61	133
1956	1	609	4
—	4	341	3 s.
1957	4	341	7
1959	4	341	6
1960	3	326	330
—	4	341	8
1961	1	63	54
—	1	75	331
—	1	—	334
—	1	—	336
—	4	143	201
—	4	326	79
—	4	344	17
—	4	—	27 s.
—	4	501	286
1962	1	609	4
—	3	521	14
—	4	240	549 s.
—	4	342	36
1963	1	75	336
—	4	342	43
1964	3	174	53
—	4	219	140
—	4	220	184
—	4	631	30
—	4	644	225
1965	1	53	69
—	1	196	5
—	1	517	114
—	1	797	106
—	2	265	93
—	3	—	104
—	2	266	148
—	2	—	120
—	3	173	27
—	3	174	36
—	3	—	50 s.
—	3	274	19
—	3	697	47
1966	2	265	102
—	2	266	117
—	3	156	77
—	3	173	27
1967	1	65	69
—	2	244	383
—	3	265	111
—	2	266	118
—	3	174	82 s.
—	3	—	44
—	3	—	50
—	3	503	12
—	4	266	100
1967	4	665	148
1968	2	149	482
—	4	198	317
—	4	220	187
—	4	644	225
1969	4	151	138
—	4	198	319
—	4	199	333
1970	4	198	319
—	4	199	325
1971	1	5	125
—	4	199	321
1792	4	199	321 s.
—	4	—	842
1973	2	158	108
—	2	355	381
—	4	199	325
1974	3	472	98
—	4	199	331
1975	1	179	1117
—	2	33	22
—	2	138	105
—	2	—	107
—	2	432	2572
—	3	472	98
—	4	199	332
—	4	—	347 s.
1976	4	198	310

— 4 199 353 s.
— 4 220 137
— 4 644 222 s.
1977 3 122 367
— 3 667 208
— 3 727 8
— 3 782 170
— 4 123 135
— 4 899 361 s.
1978 3 61 252 s.
— 3 91 128
— 3 270 137
— 3 545 535
— 4 200 379 s.
— 4 265 971
— 4 657 679 s.
1979 3 61 252 s.
— 4 123 135
— 4 443 511
1980 1 54 47
— 4 198 314
1981 4 199 326 s.
— 4 619 10
1982 1 101 3
— 1 103 87
— 3 415 77
— 4 201 408
— 4 245 19
— 4 626 649
1983 1 5 124
— 1 866 1
— 4 201 407
— 4 265 971
— 4 626 645
1984 1 406 171
— 1 506 608
— 1 734 23
— 2 246 442
— 2 247 473
— 2 503 11
— 3 58 94
— 3 316 1
— 3 324 278
— 3 327 381
— 3 328 398
1985 1 117 81
— 1 298 82
— 2 64 80
— 3 — 87
— 2 296 324
— 3 88 57
— 4 101 409
— 4 235 363
— 3 321 214
— 3 323 234
— 3 — 241 s.
— 3 — 249
— 3 324 278 s.
1986 1 91 3
— 1 97 183
— 1 153 253
— 2 503 9
— 2 580 456
— 3 61 168 s.
— 3 275 8
— 3 320 143
1987 1 101 11
— 1 247 216
— 3 320 156
1988 1 3 48
— 1 149 185
— 1 247 223
— 1 356 52
— 1 446 285
— 2 236 125
— 3 88 57
— 3 321 160 s.
— 3 — 190
— 3 322 222
— 3 330 489
— 3 684 798
— 4 384 267
— 4 437 329
— 4 548 17
1989 1 149 181
— 1 — 191 s.
— 1 424 47
— 2 61 2
— 2 63 70
— 2 67 179
— 2 177 310
— 3 321 179
— 3 — 190
— 3 322 201
— 3 — 206 s.
— 4 384 267
— 4 450 184
— 4 528 51
1990 1 73 266
— 1 868 11
— 2 169 108
— 2 503 17
— 2 579 406
— 3 318 66
— 3 320 136 s.
1991 1 95 140
— 1 198 59
— 1 432 288
— 1 798 138
— 2 505 96
— 2 574 262
— 3 314 155
— 3 324 287
— 3 325 312
— 3 332 531
— 3 699 113
— 4 235 363
— 4 698 285
1992 1 7 207
— 1 198 59
— 1 424 58
— 1 — 41

— 1 427 144
— 1 433 317
— 1 609 4
— 2 240 271
— 2 377 365
— 2 580 455
— 2 587 707
— 3 324 290 s.
— 3 325 306
— 3 699 115
— 4 232 264
— 4 235 362 s.
— 4 236 390
— 4 240 550
1993 1 5 125
— 1 298 97
— 1 349 1008
— 2 587 705
— 3 325 322
— 3 326 330
— 3 352 276
1994 1 429 198
— 3 325 325
— 3 326 358
— 3 327 383 s.
— 3 330 478
— 3 492 780
— 4 240 549 s.
1995 2 385 97
— 2 580 455
— 2 590 796
— 3 318 67
— 3 327 370
1996 1 216 514
— 1 517 111
— 2 505 115
— 3 155 48
— 3 157 129
— 3 159 181
— 3 318 61
— 3 326 643
— 3 — 356
— 3 352 276
— 4 594 368
1997 1 199 62
— 1 315 65
— 1 319 165
— 1 423 22
— 1 797 111
— 2 309 53
— 2 505 96
— 3 327 377
— 3 330 473
1998 1 3 71
— 1 — 74
— 1 318 12
— 1 315 62
— 1 425 28
— 1 430 217
— 1 606 608
— 1 797 311
— 2 61 2
— 3 321 180
— 3 329 433
— 3 — 463
— 3 330 469
— 4 147 2 s.
1999 1 93 72
— 1 97 183
— 1 298 87
— 1 318 131
— 2 121 193
— 2 503 880
— 2 595 943
— 3 60 116
— 3 — 121
— 3 — 141
— 3 317 46
— 3 318 75
— 3 327 888
— 3 328 393 s.
— 3 — 397 s.
— 3 — 417
— 3 330 472
— 3 — 476
— 3 331 502
— 4 447 90
2000 2 593 881
— 3 328 414 s.
— 3 331 502
2001 1 299 143
— 1 359 153
— 1 464 782
— 1 615 17
— 1 — 22
— 2 585 115
— 2 712 256
— 3 58 79
— 3 60 122
— 3 157 129
— 3 326 339
— 3 328 405
— 3 — 411 s.
— 3 508 112
— 4 383 215
— 4 595 394
2002 1 424 52
— 2 590 797
— 2 708 110
— 3 60 116
— 3 — 121
— 3 — 145
— 3 61 172
— 3 318 81
— 3 324 426
— 3 329 432
2003 1 153 293
— 1 315 8
— 1 — 42
— 1 424 44
— 2 427 85
— 2 602 5

— 2 505 118
— 2 610 1410
— 3 324 288
— 3 326 630
— 3 330 473 s.
— 3 331 513
— 3 — 518
— 3 332 538
— 3 — 543
— 3 — 546
— 3 333 563 s.
— 3 588 7
— 3 728 833
2004 2 589 759
— 3 328 399
— 3 330 474 s.
— 3 — 478
— 3 — 498
— 3 331 504
— 4 448 117
2005 1 149 186
— 3 322 217
— 3 331 503 s.
— 3 351 62
2006 3 330 481 s.
— 3 — 493
2007 2 503 12
— 3 324 288
— 3 330 481
— 3 332 540 s.
2008 1 149 186
— 1 298 112
— 1 676 603
— 3 330 482
— 3 331 525 s.
— 3 332 542
— 4 74 439
— 4 387 346
2009 1 149 186
— 3 330 482
— 3 331 520
2010 1 424 44
— 3 332 555
2011 1 354 4 s.
— 1 — 8 s.
— 1 355 21
— 2 356 414
— 2 358 441
— 3 481 386
2012 1 250 357
— 1 355 22
— 1 — 26 s.
— 1 — 33
— 1 — 37 s.
— 3 479 319
— 3 481 386
— 3 483 487
— 3 694 774
— 3 402 798
— 4 185 91
— 4 216 34
2013 1 355 27
— 1 — 43
— 2 574 263
2014 1 357 82
— 1 — 84
— 2 347 120
2015 1 354 5
— 1 355 18
— 1 356 51 s.
— 1 — 57
— 1 — 59 s.
— 1 — 68 s.
— 1 — 74 s.
— 1 361 220
— 1 423 22
2016 1 356 59 s.
2017 1 357 80 s.
2018 1 7 182
— 1 11 361
— 1 357 98
— 1 — 102 s.
— 1 — 108
— 1 361 241
— 1 362 246
— 3 396 167
— 4 69 276
— 4 464 192
— 4 465 199 s.
— 4 621 459
2019 1 11 361
— 1 357 103 s.
— 1 — 107 s.
— 1 361 240
— 1 362 245
— 2 514 84
— 3 396 167
— 4 451 210
— 4 465 206 s.
— 4 621 459
2021 1 358 115
— 1 — 120 s.
— 1 — 123 s.
— 1 — 138
— 1 360 201
— 1 516 81
— 2 167 57
— 2 247 482
— 2 594 902
— 3 13 484
2022 1 358 121
— 1 — 124 s.
— 2 495 326
— 3 80 205 s.
2023 1 358 124 s.
— 1 — 185
— 1 360 212
— 2 482 219
— 3 60 206
— 3 648 735
— 4 245 35
2025 1 359 142

— 2 594 901
— 3 5 128
— 3 352 286
— 4 463 149
2026 1 358 137
— 1 359 142
— 1 — 148
— 2 495 326
— 2 594 901
— 3 5 128
— 3 352 286
2028 1 359 150
— 1 — 154
— 2 594 904
— 3 159 170
— 3 508 112
2029 1 122 170
— 1 359 161 s.
— 1 361 216
— 1 561 288
— 2 594 904
— 3 270 134
— 4 67 203
2030 1 359 155
2031 1 122 170
— 1 359 157 s.
2032 1 354 7 s.
— 1 359 168
— 1 — 170
— 1 360 179
— 1 — 182
— 1 — 184 s.
— 3 5 152
— 3 97 57
— 3 493 826
— 3 507 78
— 4 329 185
— 4 386 312
2033 1 360 183
— 1 561 288
— 2 593 887
2034 1 171 871
— 1 355 28
— 1 360 187
— 1 — 191
2035 1 360 196
— 1 361 227
— 4 337 9
2036 1 122 171
— 1 358 115
— 1 360 197 s.
— 1 — 201
— 1 — 205
— 1 516 81 s.
— 4 216 34
— 4 531 153
— 4 551 90
2037 1 354 4 s.
— 1 360 208
— 1 — 210
— 1 — 212
— 1 361 217
— 1 — 220
— 1 — 224 s.
— 1 — 235
— 2 247 483
— 2 469 11
— 3 2 52
— 3 82 278
— 3 352 286
— 4 407 129
— 3 503 418
— 3 510 34
— 4 245 32
— 4 405 104
2038 1 361 225
— 1 — 229
— 1 — 235
2039 1 361 231
— 1 — 235
— 4 337 27
2040 1 11 361
— 1 361 240 s.
— 1 362 245
— 3 92 22
— 4 451 211
— 4 465 212
— 4 — 225
— 4 549 52
— 4 621 459
2041 1 7 182
— 1 361 238
— 1 362 245
— 4 451 209
— 4 464 180 s.
— 4 465 210 s.
2042 1 361 247
2043 1 362 248
2044 1 612 83
— 2 344 73
— 3 161 41
— 4 44 59
— 4 548 2 s.
— 4 — 23 s.
— 4 552 118
2045 1 287 108
— 1 368 11
— 1 507 663
— 1 621 40
— 2 177 310
— 2 474 55
— 3 64 71
— 3 467 288
— 2 90 59
— 4 148 86 s.
— 4 347 20
— 4 — 60
— 4 548 12 s.
— 4 349 37
— 4 — 41 s.
— 4 597 460
— 4 600 573

— 4 — 581 s.
— 4 606 108
— 4 649 424
2046 1 88 61
— 3 456 22
— 4 549 58 s.
— 4 551 112
2047 3 498 39
— 4 548 8
— 4 550 65
2048 2 327 480
— 4 190 123
— 3 551 103
— 4 548 8
— 4 550 68 s.
2049 2 327 480
— 4 548 9
— 4 550 68
— 4 — 76 s.
2050 3 471 68
— 4 550 73
— 4 551 94
— 4 654 592
2051 4 436 307
— 4 550 82
2052 1 20 74
— 1 26 604
— 1 154 546
— 1 177 1054
— 1 478 1063
— 1 612 83
— 2 180 474
— 2 343 77
— 3 210 116
— 3 474 141
— 4 51 331
— 4 215 10
— 4 217 77
— 4 218 125
— 4 308 1310
— 4 548 8
— 4 550 62 s.
— 4 — 82
— 4 551 100 s.
— 4 552 120
2053 1 418 56
— 2 587 691
— 3 472 100
— 3 473 107
— 4 550 60
— 4 551 98 s.
2054 4 150 121
— 4 548 3
— 4 551 102 s.
2055 3 472 98
— 4 551 111 s.
— 4 552 120
2056 1 160 544
— 3 472 98
— 4 349 30
— 4 552 115 s.
2057 3 472 98
— 4 548 8
— 4 550 81
— 4 551 113 s.
2058 1 614 150
— 3 473 125
— 4 217 77
— 4 552 127
2059 1 369 54
— 1 663 45 s.
— 4 401 4 s.
2060 1 49 54
— 1 34 6
— 1 60 62
— 1 75 347
— 1 99 23
— 1 299 127
— 1 300 179
— 1 357 77
— 1 361 242 s.
— 1 609 4
— 1 663 45
— 1 664 54
— 1 — 65 s.
— 1 — 71 s.
— 1 665 100
— 1 — 112 s.
— 1 668 233
— 1 — 241 s.
— 1 669 274
— 1 670 305
— 1 684 779
— 2 12 27
— 3 71 258
— 3 448 207
— 3 454 487
— 4 276 197
— 4 687 115
2061 1 369 59
— 1 663 45
— 1 664 76
— 1 669 287
— 3 17 553
— 3 270 142
— 4 402 43
2062 1 664 77 s.
— 1 665 100
— 1 — 104 s.
— 1 606 146
— 3 287 375
2063 1 19 56
— 1 — 58
— 1 157 436
— 1 — 439
— 1 357 77
— 1 369 59
— 1 862 10
— 1 663 18 s.
— 1 — 23
— 1 — 33
— 1 — 41

— 1 664 50 s.
— 1 667 192
— 1 668 221
— 1 — 224
— 1 — 235
— 1 — 238
— 1 — 242
— 1 — 245
— 1 669 260
— 1 — 282
— 1 682 701
— 2 688 729
— 3 373 636
— 3 452 676
— 4 60 22
— 4 687 111
2064 1 665 107 s.
— 4 275 181
2065 1 663 29
— 1 665 93
— 1 — 107
— 3 61 178
— 4 275 194
— 4 297 608
2066 1 362 244
— 1 665 107
— 1 — 110 s.
— 1 — 115 s.
— 1 — 119
— 1 671 322
— 3 589 139
— 4 275 181
— 4 401 6
2067 1 157 438 s.
— 1 663 28
— 1 669 286
— 1 — 288
— 1 673 405
— 2 677 113
— 4 630 74
2069 2 506 5
— 4 263 2
2070 1 662 10
— 1 — 13
— 1 669 277
— 1 670 299
— 1 674 432
2071 2 606 1170
— 3 425 1
2072 1 416 174
— 3 425 2
— 4 422 420
2073 1 664 87
— 3 426 23
— 3 — 30
— 3 427 49
— 3 — 68
— 3 — 73 s.
— 4 424 497
— 4 661 6
2074 1 93 66 s.
— 1 426 99
— 2 244 397
— 2 266 121
— 3 426 8 s.
— 3 — 26
— 3 427 40
— 4 49 251
— 4 542 282
2075 2 266 123
— 3 426 6 s.
2076 1 426 104
— 3 71 259
— 3 426 5 s.
— 3 — 23
— 3 427 69
— 4 766 153
2077 3 425 1
— 3 429 122
2078 1 93 69
— 1 427 112
— 1 — 117 s.
— 2 265 124
— 3 5 152
— 3 77 127 s.
— 3 427 42
— 3 — 63
— 3 — 75
— 3 428 105
— 3 — 112 s.
— 3 429 118
— 4 104 183
2079 1 609 4
— 3 427 54
— 3 — 74
2080 3 427 56
— 3 — 61
2081 1 609 4
— 3 426 8
— 3 427 51
— 3 428 87
2082 3 426 34 s.
— 3 427 59 s.
— 3 428 76
— 3 — 104 s.
— 3 729 80
— 4 104 179
— 4 276 110
2083 3 427 60
— 3 429 122
2084 3 412 20
— 3 425 3
— 3 426 24
— 4 66 154
2085 1 368 24
— 1 416 174
— 1 609 4
— 3 428 82
— 3 — 87 s.
— 3 — 99
— 4 610 42
2086 1 609 4

— 3 428 100
2087 3 428 87
— 3 — 101 s.
2088 2 389 1392 s.
— 3 428 106 s.
— 3 429 118
— 3 467 266
— 4 641 116 s.
2089 3 428 96 s.
— 4 191 46
— 4 682 52
2090 3 427 64
— 3 429 122
2091 3 76 95
— 3 — 101
— 3 428 66
— 3 429 123
2092 1 96 162
— 1 863 37
— 2 175 264
— 2 574 239
— 3 303 30
— 3 427 74
— 3 488 630
— 3 493 833
— 4 441 452
2093 1 226 36
— 1 363 37
— 1 368 7
— 2 100 2
— 3 156 157
— 3 73 6
— 3 103 290
— 3 427 75
— 3 493 833
— 3 534 84
— 3 545 576
— 4 270 283
— 4 282 87
— 4 336 2
— 4 389 403
— 4 427 18
— 4 647 27
2094 2 96 204
— 2 100 2
— 3 73 6
— 3 534 84
— 3 545 575
— 4 270 283
2095 1 335 43
— 3 561 49
— 4 61 4 s.
— 4 66 170
2096 4 61 5
— 4 74 447
2097 2 103 98
— 4 61 5
— 4 73 401
2098 2 98 271
— 3 592 354 s.
— 2 599 1060
— 3 438 108
— 4 62 29
— 4 64 105
— 4 71 352 s.
— 4 72 272
— 4 — 390
— 4 74 434
— 4 79 571
— 4 447 81
2099 4 81 9
2100 4 61 9
2101 2 595 932
— 2 — 941
— 3 60 131
— 3 113 67
— 3 — 96
— 3 172 194
— 3 316 24
— 3 537 217
— 4 1 18
— 4 61 9
— 4 62 11 s.
— 4 — 41 s.
— 4 69 275
— 4 70 285 s.
— 4 72 382
— 4 — 389
— 4 73 399 s.
— 4 — 411
— 4 — 419 s.
— 4 74 435 s.
— 4 — 448 s.
— 4 120 25
— 4 404 50
2102 1 38 147
— 1 96 162
— 1 — 175
— 1 300 168
— 1 318 130
— 1 885 43
— 1 426 99
— 1 435 266
— 1 — 368
— 1 798 113
— 2 60 93
— 2 102 67
— 2 599 1048 s.
— 2 880 466
— 2 709 161
— 2 719 21
— 3 68 127
— 3 128 390
— 3 285 303
— 3 — 321
— 3 292 544
— 3 293 549 s.
— 3 296 659
— 3 303 55
— 3 377 66
— 3 426 28
— 3 427 72

— 3 520 104
— 3 537 222
— 3 698 73
— 4 26 923
— 4 62 69
— 4 63 74 s.
— 4 65 137 s.
— 4 70 304
— 4 71 385
— 4 — 349
— 4 72 369
— 4 73 402 s.
— 4 — 419 s.
— 4 74 436 s.
— 4 276 110
— 4 279 13
— 4 320 1
— 4 565 150
— 4 615 247
— 4 650 444
— 4 657 695
2103 1 456 562
— 1 633 211
— 3 80 218
— 3 315 23
— 3 385 60
— 3 537 217
— 3 566 206
— 4 66 149
— 4 67 189
— 4 — 210
— 4 68 215
— 4 — 231
— 4 — 238 s.
— 4 72 382
— 4 73 411 s.
— 4 74 436 s.
— 4 75 483
— 4 77 528 s.
— 4 144 221
— 4 149 97
— 4 218 99 s.
— 4 404 42
— 4 — 49
— 4 — 64
— 4 658 744
2104 3 427 73
— 4 61 9
— 4 62 11
— 4 69 255
— 4 72 382
— 4 — 389
2105 2 595 932
— 3 537 217
— 4 62 19 s.
— 4 72 382
— 4 — 389
— 4 73 411
— 4 — 419 s.
— 4 74 436
2106 3 248 33
— 4 68 215 s.
— 4 74 446 s.
— 4 76 493
— 4 78 547
2107 3 60 131
— 3 113 67
— 4 62 11
— 4 74 448
— 4 120 25
2108 1 636 211
— 3 124 430
— 3 568 291
— 4 68 215 s.
— 4 75 473 s.
— 4 76 486 s.
— 4 — 510
— 4 77 517
— 4 560 143
2109 3 566 206 s.
— 3 — 220
— 3 569 291
— 3 571 73
— 4 69 257 s.
— 4 77 522 s.
— 4 144 221
2110 4 69 272 s.
— 4 78 541 s.
— 4 121 47
— 4 563 31
2111 2 504 76
— 3 235 313
— 4 73 418
— 4 78 548 s.
— 4 281 80
— 4 337 6
— 4 — 14 s.
— 4 338 49
— 4 339 73 s.
— 4 446 71 s.
2112 2 37 22
— 3 91 138
— 4 68 234
— 4 69 252
— 4 — 265
— 4 76 486
2113 3 95 10
— 3 112 64
— 4 69 272
— 4 74 447
— 4 — 451 s.
— 4 78 560
2114 3 73 1
— 3 74 10 s.
— 3 76 84
— 3 77 116
— 3 82 278 s.
— 3 85 285
— 3 — 292
— 3 86 2
— 3 90 116
— 3 92 19

— 3 101 156
— 3 478 280
— 4 562 43
— 4 626 600
2115 1 225 36
2117 2 710 174
— 3 86 4
— 3 87 27 s.
— 3 91 187
— 3 92 1
— 3 95 1
— 3 98 93
2118 1 225 36
— 1 — 38
— 1 687 91
— 3 74 20 s.
— 3 — 31
— 3 75 67
— 3 — 73
— 4 610 69
— 4 — 62
— 4 612 127
— 4 — 204
2119 1 225 38
— 3 75 67 s.
— 3 — 73
2120 3 76 81
2121 2 156 157
— 2 182 448
— 2 808 23
— 2 451 54
— 2 474 62
— 3 95 5 s.
— 3 — 10 s.
— 3 — 18
— 3 96 52
— 3 97 54
— 3 — 64 s.
— 3 98 84
— 3 — 96
— 3 99 103
— 3 100 129 s.
— 3 101 158 s.
— 3 — 165
— 3 — 169 s.
— 3 102 177
— 3 — 185
— 3 103 208
— 3 — 215
— 3 — 223 s.
— 3 264 65
— 4 188 86
— 4 553 34
— 4 592 302
— 4 629 58
2122 3 95 2
— 3 102 197
2123 1 7 214
— 1 171 868
— 1 — 872
— 1 173 930 s.
— 2 480 150
— 2 — 175
— 2 483 242 s.
— 2 — 250 s.
— 2 — 262
— 2 — 265 s.
— 2 484 278
— 2 487 28
— 2 508 92
— 2 596 989
— 3 87 28
— 3 92 1 s.
— 3 — 19
— 3 — 25 s.
— 3 93 34
— 3 — 43 s.
— 3 — 50 s.
— 3 — 59
— 3 94 64
— 3 — 67
— 3 — 72
— 3 — 81 s.
— 3 95 7
— 3 199 514
— 4 265 69 s.
— 4 553 34
2124 3 87 10
— 4 — 16 s.
— 3 — 29
— 3 488 664
— 4 297 828
— 4 649 408
2125 1 349 998
— 1 457 586
— 1 634 157
— 1 636 208
— 1 — 211
— 3 74 40
— 3 87 12
— 3 89 76
— 3 474 150
— 3 494 858
— 3 648 758
— 4 216 49
— 4 220 173
— 4 375 803
— 4 554 8
— 4 559 107
— 4 627 694
— 4 661 829 s.
2126 1 7 197 s.
— 3 87 16 s.
2127 2 37 17
— 2 140 175
— 3 87 28 s.
— 3 88 40
— 3 — 48 s.
— 3 — 57
— 3 444 29
— 3 477 266
— 4 192 54

— 4 553 85
2128 2 480 175
— 1 482 223
— 2 483 243 s.
— 2 — 254
— 2 — 266
— 2 484 287
— 2 608 92
— 3 88 58 s.
— 3 96 62
— 4 553 84
2129 3 87 9
— 3 88 47
— 3 — 63
— 3 89 70 s.
— 3 — 76 s.
— 3 — 85 s.
— 3 — 95 s.
— 3 568 292
2130 3 80 207
— 3 89 93 s.
— 3 94 62
— 3 421 324
— 3 480 352
2131 2 852 289
— 2 859 469
— 3 76 69
— 3 90 107 s.
— 3 — 115
— 3 91 123
— 3 397 216
— 3 493 826
— 3 510 80
— 4 168 86
2132 3 91 125 s.
— 3 92 12
— 3 — 21
— 3 94 72
— 2 95 7
— 3 119 288 s.
— 4 159 124
2133 1 385 41
— 1 635 191
— 3 75 48 s.
— 3 89 71
2134 1 406 440
— 3 79 190
— 3 81 247
— 3 82 276
— 3 83 283 s.
— 3 — 202
— 3 92 19
— 3 95 18
— 3 101 146
— 3 102 193
— 3 112 69 s.
— 3 537 229
— 3 545 575
— 3 568 292
— 3 699 113
— 4 77 513
— 4 133 59
2135 1 160 10
— 1 189 62
— 1 461 716
— 1 471 935
— 1 475 971
— 2 156 137
— 2 182 446
— 2 — 448
— 2 308 23
— 2 356 392
— 2 596 971
— 3 95 4
— 3 — 18 s.
— 3 96 30 s.
— 3 — 45
— 3 97 54 s.
— 3 — 68 s.
— 3 98 77 s.
— 3 — 93
— 3 — 110
— 3 99 113
— 3 101 146
— 3 — 151 s.
— 3 — 159 s.
— 3 — 166
— 3 102 173
— 3 — 183 s.
— 3 — 194 s.
— 3 103 205
— 3 — 211
— 3 112 60
— 3 113 67
— 3 124 422 s.
— 3 399 514
— 3 264 65
— 4 68 248
— 4 125 174 s.
— 4 134 104 s.
— 4 186 20
— 4 553 23
— 4 645 273
— 4 646 389
— 4 649 423
2136 3 113 70 s.
— 4 401 1 s.
2137 3 113 79 s.
— 4 592 302
2138 1 2 41
— 1 545 318
— 3 113 83
— 4 542 267
2139 1 245 145
— 3 113 83 s.
2140 3 97 72
— 3 100 129
— 3 389 36
— 4 132 22
— 4 167 6 s.
— 4 168 30 s.
— 4 169 46

2141	4	168	39
—	4	169	46
—	3	397	217
2143	4	168	16
—	4	—	41 s.
—	4	169	47 s.
—	4	592	302
2144	3	100	129 s.
—	3	—	135 s.
—	5	397	217
—	4	132	16
—	4	—	22 s.
—	4	167	7
—	4	—	11 s.
—	4	168	17 s.
—	4	—	30 s.
—	3	100	132 s.
—	3	—	135 s.
—	3	397	216 s.
—	4	132	16
—	4	—	23 s.
—	4	168	14
—	4	—	20
—	4	—	32
—	4	—	42
—	4	169	43
—	4	592	303
2146	2	575	271
—	2	610	1415
—	3	93	57
—	3	113	87 s.
—	3	114	105 s.
—	3	—	113 s.
—	3	124	435
—	4	74	458
—	4	76	499
—	4	402	41
—	4	446	71
—	4	451	206
2147	3	81	247
—	3	112	64
—	3	113	65 s.
—	3	647	712 s.
—	4	564	94
—	4	—	103
2148	1	41	5
—	1	542	239
—	2	125	5
—	2	126	49 s.
—	3	81	259 s.
—	3	89	83 s.
—	3	92	21
—	3	93	47
—	3	94	82
—	3	111	30
—	3	114	120
—	3	115	133 s.
—	3	—	155
—	3	116	166 s.
—	3	—	178 s.
—	3	—	188 s.
—	3	117	190 s.
—	3	—	211 s.
—	3	118	228 s.
—	3	—	257 s.
—	3	119	271 s.
—	3	—	183 s.
—	3	120	298 s.
—	3	—	306 s.
—	3	—	316 s.
—	3	121	322 s.
—	3	—	350 s.
—	3	123	392 s.
—	3	—	408 s.
—	3	409	550
—	3	440	11
—	4	77	536
—	4	134	95
—	4	167	7
—	4	559	123
—	4	565	122
2149	3	93	57
—	3	116	173
—	3	—	181
2150	3	116	159
2151	3	103	231
—	3	119	275 s.
—	3	122	355 s.
—	3	—	362 s.
—	3	—	369 s.
—	3	123	380 s.
—	3	537	230 s.
—	4	68	215
—	4	69	254
—	4	200	378
—	4	559	120
2152	3	117	206
—	3	—	217
—	3	—	221 s.
2153	3	92	21
—	3	103	231
—	3	115	140

—	3	117	197 s.
—	3	—	211 s.
—	3	118	240
—	3	119	278
—	3	—	283 s.
—	3	122	372
—	4	167	7
—	4	560	139
2154	2	322	339
—	3	79	181
—	3	102	194
—	4	115	140
—	3	123	195
—	3	—	401
—	3	124	411
—	3	—	420 s.
—	3	—	433
—	3	125	443
—	3	—	450 s.
—	3	—	462
—	3	126	471 s.
—	3	—	482 s.
—	4	77	514
—	4	554	40
2155	1	245	145
—	3	98	87
—	3	116	161
—	3	123	392
—	3	337	215
—	4	560	158 s.
—	4	654	597
2156	2	126	49
—	3	117	217
—	3	533	72
—	3	535	161
—	3	542	453
—	4	134	95 s.
—	4	—	109 s.
2157	1	361	216
—	3	93	54
—	4	132	12
—	4	—	27 s.
—	4	133	50 s.
—	4	—	70 s.
—	4	134	103
—	4	216	49
—	4	560	163
2158	3	444	29
—	3	545	586
—	4	132	37 s.
—	4	133	50
—	4	134	83
—	4	—	93
2159	1	540	199
—	1	541	205
—	3	191	158
—	4	134	109 s.
2160	2	190	68
—	4	133	77
—	4	—	80
—	4	134	86
—	4	—	90
2161	1	472	958
—	3	82	264
—	3	90	116
—	4	134	90
—	4	168	14
—	4	169	48 s.
—	4	—	61
—	4	—	65 s.
2162	4	169	48
—	4	—	55
2163	3	119	287
2164	4	168	36
—	4	169	52
—	4	223	24
2165	4	169	52 s.
—	4	281	68
2166	3	76	82
—	3	76	101
—	3	77	119
—	3	78	145
—	3	79	188
—	3	—	198
—	3	83	292
—	3	—	299
—	3	112	59
—	3	123	399
—	3	429	124
—	3	545	575
—	4	61	7
—	4	74	446
—	4	282	85
—	4	448	122
—	4	469	370
—	4	554	24
—	4	656	669
2167	3	76	83 s.
—	3	—	88
—	3	77	125
—	3	79	172
—	3	123	399

—	3	504	41
—	3	522	59
—	4	121	81
—	4	123	115
—	4	283	151
—	4	461	50
2168	3	76	88
—	3	78	149
—	3	79	174 s.
—	3	522	59
—	4	223	24
2169	1	540	202
—	3	77	122 s.
—	3	—	129
—	3	—	134 s.
—	3	78	144
—	3	—	148
—	5	—	165
—	3	79	177
—	3	85	347
—	3	504	40
—	3	606	136
—	3	671	343
—	4	121	81 s.
—	4	123	115
—	4	223	24
—	4	283	151
—	3	286	331 s.
—	4	313	1552
—	4	443	505
—	4	461	50
2170	1	358	130
—	3	79	192
—	3	—	197 s.
—	3	473	114
—	3	505	20
—	4	283	145 s.
—	4	443	501
2171	3	79	192
—	3	—	198
—	3	80	204 s.
2172	3	78	151
—	3	—	160 s.
—	3	79	176
—	3	—	187
2173	3	78	148 s.
—	3	79	179 s.
—	3	112	55
—	3	126	480
2174	1	609	4
—	3	78	164
—	4	104	175
—	4	284	221
2175	3	78	149
—	3	80	212 s.
—	3	—	218
—	3	—	223 s.
—	3	491	768
—	4	69	276 s.
2176	3	80	228 s.
—	3	157	117
—	3	429	125
—	3	606	138
—	3	671	344
—	4	104	175
2177	1	647	25
2177	3	79	185
—	3	126	482
2178	3	2	39
—	3	79	182
2180	1	647	25
—	3	78	145
—	3	84	312
—	3	—	328 s.
—	3	—	331 s.
—	3	85	339 s.
—	3	—	352
—	3	—	361
—	3	100	129
—	3	435	29
—	3	564	97
—	3	682	731
—	3	685	812
—	4	72	381
—	4	121	46
—	4	124	180
—	4	133	49 s.
—	4	134	88
2181	2	557	133
—	3	85	339 s.
—	3	—	350
—	3	240	489
—	4	120	25 s.
—	4	121	49 s.
—	4	—	73
—	4	124	160
—	4	149	97
—	4	554	43
—	4	—	21 s.
—	4	556	21
—	4	559	118
—	4	657	704 s.

2182	1	534	157
—	1	535	190
—	3	465	218
—	3	474	150
—	3	489	682
—	4	26	911
—	4	120	27
—	4	121	51 s.
—	4	216	49
—	4	555	25
2183	1	299	151
—	1	460	698
—	2	64	95
—	2	371	837
—	3	70	219
—	3	76	88
—	3	77	134
—	3	79	174
—	3	90	118
—	3	—	122
—	3	117	218
—	3	121	341
—	3	125	458
—	3	—	467 s.
—	3	126	486
—	3	191	162
—	3	533	72
—	3	—	78
—	4	72	379
—	4	78	561
—	4	120	33 s.
—	4	121	52
—	4	—	78 s.
—	4	122	92
—	4	—	100 s.
—	4	—	111 s.
—	4	123	120 s.
—	4	—	137 s.
—	4	124	170
—	4	287	334
—	4	460	3
—	4	461	49
—	4	462	92
—	4	465	217
—	4	554	43
—	4	555	27
—	4	640	87
2184	3	77	134
—	3	90	116 s.
—	3	119	290
—	3	123	383
—	3	125	467
—	3	191	162
—	4	123	124 s.
—	4	124	170
—	4	195	177
—	4	461	49 s.
—	4	640	87
2185	1	371	113
—	2	34	64 s.
—	2	168	84
—	2	497	396
—	2	540	516
—	2	542	589
—	2	573	235
—	3	117	217
—	3	316	6
—	3	465	218
—	3	535	74
—	3	—	78 s.
—	4	124	146
—	4	133	79
—	4	406	107
—	4	457	151
—	4	460	3
—	4	—	13
—	4	461	33
—	4	—	61
—	4	—	72 s.
—	4	462	86 s.
—	4	—	116 s.
—	4	465	199 s.
—	4	—	235 s.
—	4	471	470
—	4	561	98
—	4	640	88
—	4	658	740
—	4	683	124
2186	1	460	701
—	4	124	147 s.
—	4	464	163
—	4	465	233
—	4	640	89
—	4	656	669
—	4	—	707
2187	4	461	73
—	4	463	121
—	4	466	255
2188	1	541	215
—	2	463	128 s.
—	4	466	273 s.
—	4	655	620

2189	4	468	348
—	4	558	92
2190	4	466	244 s.
—	4	683	124
2191	4	68	223 s.
2192	3	75	56
—	3	—	66
—	3	532	6
—	4	123	115 s.
—	4	462	112
—	4	683	120
2193	1	545	318
—	3	75	66
—	3	97	71 s.
—	4	124	153
—	4	—	171
—	4	125	183
—	4	—	189
—	4	—	194
—	4	307	1262
2194	1	245	145
—	2	178	349
—	2	189	62 s.
—	3	48	96
—	3	97	71
—	3	98	79
—	3	102	177
—	3	103	206
—	1	113	71
—	4	124	158 s.
—	4	—	172 s.
—	3	397	218
—	3	533	74
—	3	—	78 s.
2195	3	82	271 s.
—	3	97	54
—	3	—	71 s.
—	3	98	79
—	3	101	151
—	3	397	218
—	3	545	555
—	4	124	172 s.
—	4	168	16
—	1	617	18
2196	1	660	36
—	1	—	50
—	1	—	60
—	3	86	375 s.
—	4	125	186
2197	1	660	57
—	4	122	96
—	4	229	189
—	4	230	207 s.
2198	3	101	151
—	3	533	43
—	3	535	138
—	4	73	391
—	4	121	42
—	4	122	93
—	4	230	193 s.
2199	3	115	156 s.
2200	1	660	42
—	4	121	76
—	4	230	207
—	4	556	12
2201	1	560	41
—	1	—	45
2202	1	660	44
—	1	—	46
—	1	—	54
—	1	—	58
—	4	230	207
2203	1	660	56
—	1	—	58
—	4	556	12
2804	1	61	10
—	3	428	106
—	3	561	49
—	4	279	5
—	4	280	10
—	4	282	87
2205	1	124	278
—	3	539	317
—	3	563	108
—	3	564	138
—	4	104	185
—	4	109	6
—	4	280	22 s.
—	4	282	125
—	4	319	11
—	4	385	297
2206	2	89	5
—	3	79	198
—	4	281	46 s.
2207	1	13	439
—	2	89	5
—	4	281	51 s.
—	4	596	423
2208	1	248	242
—	1	609	4
—	2	169	95
—	4	282	120

—	4	603	685
2209	2	89	5
—	4	281	66
2210	1	540	195
—	1	541	206
—	1	542	289
—	1	543	245
—	2	89	5
—	2	393	868
—	3	534	105
—	4	281	77
—	4	292	560
—	4	309	1344
—	4	448	116
—	4	462	114
2211	2	89	5
—	4	288	414
—	4	290	481
—	4	292	560
2212	2	89	5
—	4	22	756
—	4	281	72 s.
—	2	307	34
2213	2	—	38
—	2	—	68
—	3	101	156
—	4	5	102
—	4	283	153 s.
—	4	—	177 s.
2214	2	509	144
—	3	112	42
—	4	272	5
—	4	282	89
—	4	283	181
—	4	448	122
2215	2	424	2310
—	4	284	195 s.
—	4	312	1502
2211	2	492	201
—	4	263	5
—	4	271	9
2217	3	504	45
—	4	284	216
—	4	285	256
—	4	287	340
2219	1	426	93
—	3	560	21
—	3	661	1
—	3	—	4 s.
—	5	682	708
—	4	108	329
—	4	283	176
—	4	354	95
—	4	610	60
2220	1	87	40
—	2	259	861
—	3	213	429
—	3	603	40
—	3	662	20 s.
—	4	606	91
2221	3	662	28
—	3	—	34 s.
—	3	663	82 s.
2222	3	663	59
2223	1	129	428 s.
—	2	259	859
—	3	663	71 s.
—	4	108	329
2224	1	222	688
—	1	346	893
—	2	255	721
—	2	497	376
—	2	—	394
—	3	663	82 s.
—	4	108	329
2225	1	360	191
2225	2	142	246
—	3	603	37
—	3	664	95
—	3	—	99 s.
—	4	530	122
2226	2	121	6
—	2	217	55
—	3	664	106 s.
—	3	666	159
—	3	667	219
—	4	351	17
—	4	352	36
—	4	362	384
—	4	423	474
—	4	697	73
2227	1	389	176
—	2	121	6
—	2	473	26
—	2	474	63
—	3	467	290
—	3	666	179
—	3	667	188
—	3	—	209
—	3	—	218 s.
—	4	72	380
—	4	101	68

—	4	213	129
—	4	369	594
2228	1	72	230
—	3	560	21
—	3	650	1 s.
—	4	610	63
—	4	613	190
2229	1	69	154
—	3	653	122
—	3	668	233
—	3	669	271
—	4	103	150
—	4	367	534
—	4	372	711
—	4	373	748
—	4	607	155
2230	1	71	208
—	3	654	163
2231	1	71	208
—	3	654	164
—	3	668	249
—	3	729	84
2232	1	70	195
—	2	217	78
—	3	313	109
—	3	654	171
—	4	362	383
—	4	363	410
—	4	372	711
—	4	373	748
—	4	606	86
2233	1	70	188 s.
—	3	654	154
—	3	655	195 s.
2234	3	653	134 s.
—	3	669	283
—	4	607	157
2235	1	72	225
—	3	656	209 s.
—	3	683	753
—	5	684	804
2236	1	8	255
—	1	9	272
—	2	58	44
—	3	429	127
—	3	668	233 s.
—	3	—	245
—	3	—	249
—	3	669	264 s.
—	3	729	84
—	4	609	29
—	4	610	64
—	4	613	187
2237	3	668	245
—	3	—	249
—	3	669	259 s.
—	3	729	84
—	4	613	187
2238	1	70	170
—	1	71	208
—	2	720	61
—	3	668	249
—	3	669	268 s.
2239	3	669	260
—	4	610	63
—	4	613	188
2240	3	429	127
—	3	669	279 s.
—	4	606	91
2241	3	670	290 s.
—	3	681	698
—	4	244	34
2242	1	72	240
—	3	649	773
—	3	670	296
2243	3	655	204
—	3	656	224 s.
—	3	670	297
2244	1	53	9
—	2	258	826
—	2	323	349
—	2	447	3025
—	2	—	3032
—	3	85	348
—	3	—	352 s.
—	3	670	316
—	3	671	342
—	3	—	349 s.
—	4	263	9
—	4	283	310
—	4	296	768
2245	1	636	211
—	2	190	68
—	3	85	354
—	3	672	360 s.
2246	1	53	9
—	2	272	113
—	3	156	82
—	3	607	173 s.
—	3	672	375 s.
—	3	681	702
—	4	76	501

2247	2	447	3038
—	3	156	82
—	3	199	316
—	3	607	167
—	3	656	252
—	3	672	378 s.
2248	1	281	103
—	2	258	834
—	2	259	841
—	2	—	847
—	2	447	3025 s.
—	3	558	22
—	3	672	395
—	3	673	405
—	3	681	698
—	4	244	34
2249	1	122	178
—	1	398	207
—	2	258	828
—	2	259	837
—	2	533	249
—	3	74	13
—	3	499	18
—	3	502	102
—	3	507	75
—	3	—	100
—	3	674	442 s.
2250	1	360	191
2251	1	228	132
—	3	674	451 s.
—	3	676	508
—	3	—	519
—	3	677	535
—	3	678	574
2252	1	6	148
—	1	9	271
—	1	72	235
—	1	346	896
—	2	258	817
—	3	85	357
—	3	676	509
—	3	—	518 s.
—	4	423	475
—	4	462	85
2253	1	346	896
—	1	469	905
—	2	172	171
—	3	676	529
2254	1	448	329
—	1	—	336
—	1	477	1103
—	3	85	360
—	3	677	534
2255	1	346	896
—	3	273	252
—	3	677	536
—	3	—	564
—	4	597	483
2256	2	180	402
—	3	85	359
—	3	677	547 s.
—	3	—	563 s.
2257	2	147	397
—	3	2	19 s.
—	3	14	478
—	3	85	345
—	3	313	109
—	3	668	253
—	3	679	598 s.
—	3	686	840
—	4	245	40
—	4	423	474
—	4	—	481
2258	3	468	318
—	3	562	101
—	3	604	57 s.
—	3	676	521
—	3	679	620 s.
2259	1	896	152
—	3	649	773
—	3	679	625
—	4	428	38
2260	1	681	667
—	3	604	73
—	3	680	650
2261	3	126	492
—	3	604	74
—	3	680	651 s.
2262	1	129	439
—	1	509	719
—	1	549	410
—	1	700	50
—	2	182	429
—	2	323	353
—	2	329	543
—	2	440	2833
—	2	441	2873
—	2	446	2991
—	3	60	130
—	3	84	330
—	3	147	98
—	3	161	43
—	3	378	104

—	3	465	191
—	3	467	288
—	3	649	772
—	3	681	679
—	3	—	696
—	3	682	710
—	3	689	992
—	3	690	1020
—	4	102	103
—	4	—	116
—	4	245	37
—	4	258	183
—	4	276	204
—	4	375	787 s.
—	4	430	104
—	4	607	153
—	4	647	352
2263	3	455	191
—	3	667	206
—	3	682	722 s.
2264	3	682	731
—	3	691	1055
—	4	373	743 s.
—	4	375	796
2265	1	509	151
—	2	34	32
—	2	113	42
—	2	181	429
—	2	719	39
—	3	84	330 s.
—	3	85	361
—	3	466	230
—	3	—	246
—	3	649	772
—	3	677	539
—	3	681	682
—	3	682	732
—	3	683	739
—	3	685	821 s.
—	3	686	840 s.
—	4	423	479
—	4	453	47
—	4	533	209
—	4	610	62
—	4	657	705
2266	3	685	822
2267	3	465	191
—	3	468	312
—	3	684	772 s.
2268	1	64	5
—	2	720	74
—	3	84	331
—	3	331	510
—	3	685	807
2269	3	656	213
—	3	669	283
—	4	684	803 s.
2270	3	312	100 s.
—	3	313	106
—	3	686	852
—	4	227	101
2271	1	91	7
—	1	418	40
—	3	310	49 s.
—	3	674	465
—	3	687	910
—	3	690	1014
—	3	—	1031 s.
—	3	691	1046 s.
—	4	348	14
2272	1	91	7
—	1	418	40 s.
—	1	515	48
—	3	62	185
—	3	68	129
—	3	310	50
—	3	687	910
—	3	690	989 s.
—	3	—	1030 s.
—	3	691	1047 s.
—	4	62	11
—	4	68	59
3228	1	91	7
—	1	300	168
—	3	57	35
—	3	60	149
—	3	689	968 s.
—	3	—	996
2274	1	300	171
—	3	689	983
—	3	690	1020
2275	1	300	171
—	3	378	103
—	3	689	984 s.
—	3	690	1020
—	4	347	43
2276	1	299	127
—	3	147	98
—	3	689	955 s.
—	3	—	991 s.
—	1	463	761
2277	1	229	159
—	1	463	761

—	1	549	410
—	2	110	22
—	2	119	14
—	2	562	52
—	3	155	46
—	3	270	143 s.
—	3	288	408
—	3	429	118
—	3	686	856
—	3	—	868 s.
—	3	687	879
—	3	—	912 s.
—	3	689	962 s.
—	3	690	1011
—	3	—	1017
—	3	—	1030
—	3	691	1045
—	4	193	110
—	4	198	316
—	4	220	160
—	4	534	244
—	4	655	632
2278	3	676	509
—	3	681	705
—	3	686	855
—	4	601	631
2279	1	41	3
—	1	68	113
—	1	69	146
—	1	96	161
—	1	390	192
—	1	426	93
—	1	547	359
—	1	635	191
—	2	133	1
—	2	—	6
—	2	—	10
—	2	134	36
—	2	249	544
—	2	472	103
—	2	603	1187
—	3	235	316
—	3	303	32 s.
—	3	319	112
—	3	344	4
—	3	427	71
—	3	—	73
—	3	475	185
—	3	489	683
—	3	550	27
—	3	560	37
—	3	652	74 s.
—	3	690	1008
—	3	696	15
—	4	731	138 s.
—	4	63	78
—	4	71	349
—	4	102	115
—	4	107	306
—	4	108	328
—	4	110	33
—	4	277	253
—	4	320	1
—	4	322	35
—	4	526	218
—	3	645	284
—	4	650	444
2280	1	68	113
—	1	96	147
—	1	—	150
—	1	547	359
—	2	249	544
—	2	603	1187
—	3	427	71
—	3	475	185
—	3	653	113 s.
—	4	102	115
—	4	107	307
—	4	626	668
2271	1	498	422
—	2	258	799
—	2	326	456
—	2	440	2836 s.
—	3	213	421
—	3	270	143 s.
—	3	—	159
—	3	273	251 s.
—	3	466	246
—	3	468	311
—	3	603	20 s.
—	3	685	833
—	3	691	1053
—	4	107	307
—	4	193	111
—	4	196	237
—	4	355	128
—	4	436	298
—	4	599	551

CODE DE PROCÉDURE CIVILE.

1	1	623	93
—	2	532	187
—	2	548	836
—	2	—	849
—	3	71	223
—	3	215	515
2	1	547	360 s.
—	1	550	447 s.

—	1	—	452
3	1	64	19
—	1	67	101
—	1	69	145
—	1	73	272
—	1	536	52
—	1	548	248
—	1	549	418

—	1	550	450
—	3	650	11
—	4	362	381
4	1	545	307
—	2	548	849
—	3	67	81
—	3	69	163
—	3	—	172 s.

—	3	70	215
—	3	71	229
5	2	548	838
—	2	—	849
—	3	202	32
—	3	207	226
—	4	288	414
6	1	74	300

—	2	548	840
7	1	26	304
—	1	155	370
—	1	176	1025
—	1	292	234
—	1	535	21
—	1	536	43
—	1	—	47

—	1	537	69
—	1	—	73 s.
—	1	—	81
—	1	—	83
—	1	—	92
—	3	444	55
—	4	171	26
3	1	239	3

—	4	115	1
9	1	651	106
—	2	9	192
—	2	—	195 s.
—	3	202	31
10	2	9	196
11	3	715	496
13	1	148	147

—	3	205	151
14	1	538	110
—	2	637	291
15	1	119	60
—	2	518	141
—	3	610	314 s.
—	3	—	323
—	4	60	22

16	1	135	88
17	2	513	56
18	3	51	36
19	3	202	29 s.
—	3	205	151
20	1	60	97
—	2	515	7
—	3	69	163

—	3	—	17
—	3	70	215
—	3	207	204
—	3	208	248
—	3	209	283 s.
21	3	209	289 s.
22	3	204	93
—	2	—	114

23 1 65 59
— 1 — 62
— 2 71 213
— 2 — 218
— 2 — 223
— 1 72 230 s.
— 1 — 237
— 1 396 150
— 1 682 711
— 2 79 101
— 4 367 549
— 4 372 712
— 4 373 739
— 4 606 95
24 1 74 304 s.
— 1 — 309
— 1 406 436
— 1 682 711
25 1 76 352 s.
— 1 — 374
— 1 — 380
25 1 56 105
— 1 66 84
— 1 76 382
27 1 77 396 s.
— 1 75 342
— 1 119 61
— 2 495 331
28 2 511 204
29 3 415 60
30 2 516 68
— 3 51 36
31 3 610 316
— 3 — 323
32 3 15 511
33 3 15 511
34 2 309 64
— 2 334 41
35 2 341 310
— 2 — 313
36 2 341 315 s.
37 2 341 318
38 1 148 145
— 2 334 53
— 2 341 318
39 2 341 318
— 3 51 36
40 2 341 320
41 2 67 4
— 2 — 7
— 2 67 8
42 2 — 7
— 2 515 7
— 2 524 337
— 2 — 341
— 2 525 388
— 3 51 36
— 4 484 183
43 2 67 7
— 2 68 13
— 2 524 339
— 2 — 341
44 2 708 92
— 4 164 7
— 4 — 14
— 4 167 122
— 4 229 173
— 4 590 197
45 1 160 597
46 4 166 104
47 3 49 175
— 3 399 275
— 4 166 103 s.
48 1 56 120
— 1 561 270
— 1 620 2
— 1 — 5
— 1 621 7
— 1 — 38
— 1 622 44
— 1 623 67
— 1 — 76
— 1 — 90
— 3 109 5
— 3 149 76
— 4 450 189
— 3 672 360
49 1 300 168
— 1 621 40
— 1 622 45
— 1 — 65
— 1 623 73
— 2 31 604
— 2 65 127
— 2 117 93
— 2 565 179
— 3 166 102
— 3 380 57
— 3 521 24
— 4 175 69
— 4 268 186
— 4 325 59
— 4 603 599
50 1 540 194
— 1 610 30 s.
— 1 623 83
— 1 — 85
— 1 — 87
51 1 623 91
52 1 625 92
— 3 69 173 s.
53 1 623 95
— 2 9 193
54 1 154 340
— 1 179 1120
— 1 279 9
— 1 624 105
— 1 — 117
— 1 — 122
— 2 349 180
— 3 88 40
— 92 10

— 4 4 52
— 4 344 56
— 4 549 23
55 1 279 11
— 1 624 110
— 1 — 112
— 3 243 13
— 4 344 53 s.
56 1 108 5
1 624 98
— 1 625 128
— 1 — 130
— 3 210 336
— 3 397 220
57 1 623 143
— 1 — 146
— 2 130 47
— 3 155 55 s.
— 3 156 86
— 3 661 8
— 3 672 360
58 1 625 127
59 1 55 74
— 1 61 4
— 1 62 16
— 1 63 54 s.
— 1 221 652
— 1 300 165
— 1 534 14
— 1 538 102
— 1 539 149
— 1 — 156
— 1 — 159 s.
— 1 540 171
— 1 — 181
— 1 — 193
— 1 — 198
— 1 — 202
— 1 541 207 s.
— 1 — 216 s.
— 1 542 222
— 1 — 226
— 1 — 239
— 1 543 246
— 1 — 251
— 1 — 259 s.
— 1 544 262
— 1 — 269
— 1 — 273
— 1 — 275
— 1 561 284
— 1 562 328
— 1 563 336
— 1 — 352
— 1 565 402
— 1 566 428
— 1 623 83
— 2 122 6
— 2 127 77
— 2 — 80
— 2 478 89
— 2 — 100
— 3 488 61
— 2 494 289
— 2 505 114
— 2 506 10
— 2 534 274
— 1 546 754
— 2 547 796
— 2 581 478
— 2 606 1277
— 3 234 290
— 3 363 295 s.
— 3 534 112 s.
— 3 564 160 s.
— 4 169 62
— 4 171 24
— 4 430 102
— 4 447 94
— 4 552 124
— 4 608 171
— 4 689 20
60 1 300 164
— 1 540 174
— 1 — 177 s.
— 1 562 293
— 2 714 334 s.
— 3 60 118
— 3 61 175
— 3 435 40
61 1 53 8
— 1 60 92
— 1 64 25
— 1 138 189 s.
— 1 322 27
— 1 327 227
— 1 328 266
— 1 330 309
— 2 336 131
— 1 678 585
— 1 679 600
— 1 748 349
— 2 132 17
— 2 124 94
— 2 — 96
— 2 125 5
— 2 128 108
— 2 — 129
— 2 337 136
— 2 438 2759
— 2 492 212
— 2 528 42
— 2 — 50
— 2 529 64
— 2 — 67 s.
— 2 — 74 s.
— 2 — 84 s.
— 2 — 97 s.
— 2 530 114
— 2 — 122
— 2 — 127
— 2 — 133 s.

— 2 531 143 s.
— 2 — 154 s.
— 2 — 160 s.
— 2 — 173 s.
— 2 532 183 s.
— 2 533 224 s.
— 2 534 289
— 2 536 338
— 2 — 362 s.
— 2 — 368
— 2 537 377
— 2 — 406
— 2 538 433 s.
— 2 — 439 s.
— 2 — 454
— 2 539 459 s.
— 2 — 475 s.
— 2 540 507
— 2 541 545
— 2 542 593
— 2 543 614 s.
— 2 — 633
— 2 544 665
— 2 — 671 s.
— 2 — 685
— 2 — 691 s.
— 2 545 695
— 2 — 703
— 2 — 728
— 2 — 734
— 2 546 748
— 2 — 756 s.
— 2 — 772 s.
— 2 547 783
— 2 — 811
— 2 — 814 s.
— 2 548 821 s.
— 2 — 852
— 2 549 870
— 2 — 873
— 2 — 892
— 2 550 912
— 2 551 963
— 3 71 223
— 3 202 38
— 3 207 198
— 3 502 110
— 3 542 421
— 3 582 154
— 3 607 171
— 3 609 251 s.
— 4 286 298
— 4 288 392
62 2 535 321
— 2 538 453
63 1 125 285
— 3 176 38
— 3 — 54
— 3 191 199
64 1 61 4
— 2 546 758
— 2 547 788 s.
— 2 — 797 s.
— 4 285 236
— 4 310 1416
65 1 60 92
— 2 547 800 s.
— 2 714 324
— 3 207 226
66 3 67 77 s.
— 3 71 229
67 2 540 513
— 3 71 244
— 3 121 347
68 1 51 88
— 1 60 92
— 1 87 29
— 1 126 326
— 1 675 450
— 1 729 607
— 1 731 10
— 2 124 86
— 2 — 90
— 2 126 45
— 2 128 109
— 2 256 754
— 2 — 758
— 2 482 212
— 2 493 226
— 2 — 245
— 2 528 42
— 2 532 201
— 2 — 218
— 2 533 251
— 2 — 265
— 2 534 279 s.
— 2 535 302
— 2 536 333
— 2 537 372 s.
— 2 — 386 s.
— 2 538 414
— 2 — 426 s.
— 2 — 439 s.
— 2 — 447 s.
— 2 — 451 s.
— 2 — 457 s.
— 2 539 462
— 2 — 480 s.
— 2 540 500
— 2 542 579 s.
— 2 545 703
— 2 547 814
— 2 549 891
— 2 551 938 s.
— 2 — 963
— 3 66 8
— 3 140 429
— 3 167 130
— 3 335 57 s.
— 3 435 40
— 3 523 86
— 3 — 93

69 1 3 76
— 1 87 29
— 1 545 318
— 1 563 353
— 1 651 106
— 1 728 570
— 1 731 8
— 1 — 10
— 2 111 9
— 2 120 9
— 2 121 28
— 2 124 74
— 2 — 86
— 2 — 90 s.
— 2 126 33
— 2 256 764
— 2 477 73
— 2 482 210 s.
— 3 — 214 s.
— 2 530 107
— 2 531 171
— 2 533 265
— 2 534 270
— 2 — 272 s.
— 2 — 285 s.
— 2 — 294 s.
— 2 535 317
— 2 541 558
— 2 — 563 s.
— 2 — 568 s.
— 2 542 574 s.
— 2 549 899 s.
— 2 551 941
— 3 395 155
— 3 397 221 s.
— 3 399 277 s.
— 3 435 39
— 3 453 413
— 3 523 93
— 4 270 273
— 4 277 257
— 4 285 248
— 4 363 85
70 1 651 106
— 1 729 607
— 1 731 10
— 2 69 41
— 2 124 74
— 2 493 226
— 2 532 218
— 2 533 225
— 2 534 272
— 2 537 374 s.
— 3 538 414
— 2 — 426 s.
— 2 — 448
— 2 539 483
— 2 — 495
— 2 541 563
— 2 — 568 s.
— 2 542 574 s.
— 2 551 940
— 3 145 31
71 2 253 658
— 2 257 772
— 2 339 251
— 2 542 603
— 2 544 682
— 2 710 183
— 4 235 378 s.
72 1 60 92
— 1 545 295
— 1 622 52
— 2 36 116
— 2 — 121
— 2 — 127
— 2 — 129
— 2 437 2726
— 2 527 18
— 2 544 685 s.
— 2 — 691
— 2 545 595
— 2 — 728 s.
— 2 — 758 s.
— 2 548 856
— 2 551 963
— 3 70 214
— 3 363 294
— 4 276 214
73 1 652 125
— 2 34 65
— 2 35 71
— 2 127 63
— 2 535 301
— 2 544 684
— 2 545 704
— 2 — 711 s.
— 2 547 792
— 2 581 498
— 4 268 200
74 2 545 704
75 1 298 104 s.
— 2 543 648
— 3 609 245
— 4 314 1589
76 1 298 96
— 1 299 133
— 4 312 1493
77 1 167 745
— 1 421 141
— 2 10 212
— 3 201 7
— 3 206 159
78 2 10 212
79 3 201 7
— 3 546 606
80 2 515 42
81 2 10 212
82 2 548 833
83 1 148 166
— 1 149 200
— 1 150 214

— 1 151 244
— 1 — 248
— 1 458 446
— 1 621 38
— 2 168 88
— 2 177 310
— 2 474 61
— 2 475 3
— 2 564 142
— 2 654 212
— 2 695 768
— 3 190 140
— 3 351 248
— 3 380 58
— 3 393 152
— 3 396 181
— 3 397 195
— 3 — 200
— 3 — 204
— 3 — 209 s.
— 3 398 230 s.
— 3 — 257 s.
— 3 399 286
— 3 409 549
— 3 479 340
— 4 171 33
— 4 175 69
— 4 423 471
— 4 600 600
84 3 391 23
— 3 392 32 s.
— 3 395 139
85 1 296 42
— 1 682 696
— 2 9 187 s.
— 2 10 202 s.
— 2 — 216
— 2 9 188
— 2 — 191
86 3 182 119 s.
— 3 393 83
87 1 239 4
— 1 — 8
— 1 — 10
— 1 761 763
— 2 108 76
— 4 115 1 s.
88 1 46 162
— 1 240 23
— 2 — 32
89 1 240 24
— 1 — 29
— 1 — 31
— 2 85 148
90 1 240 31
— 2 85 148
— 2 513 42
91 1 240 34
— 1 291 222
— 1 538 117
— 3 381 7
— 3 705 173
92 1 538 124
93 3 144 4 s.
94 3 144 10
94 3 145 30 s.
— 3 — 38
95 2 101 49
— 3 144 10
— 3 145 45
— 3 — 51
96 2 102 56
— 3 145 49
— 4 — 54 s.
97 2 85 80
— 2 132 92 s.
— 3 146 62 s.
— 3 — 69
— 3 — 73
98 2 132 92 s.
— 3 146 68 s.
— 3 — 73
100 3 146 73
101 3 146 69
102 3 146 77
103 3 146 80
104 3 146 57 s.
— 3 — 81
105 2 515 7
— 3 146 61
106 3 146 82
107 1 296 50
— 1 299 133
— 1 612 107
— 2 132 93
— 2 497 372
— 3 51 36
— 3 146 86 s.
— 3 689 958
109 1 158 443
— 3 146 90
110 3 145 35
111 1 414 107
— 1 613 115
— 1 626 20
— 2 10 227 s.
— 3 145 36 s.
— 3 — 44
— 3 394 126
— 3 536 198
— 3 540 346 s.
— 4 147 1
112 2 439 2772
— 3 195 330
113 2 440 2822
— 3 147 102
— 3 540 366 s.
115 3 51 36
— 3 147 101
116 1 165 668
— 1 414 107
— 1 415 134

— 2 86 172
— 3 144 3 s.
— 3 188 59
— 3 — 71
— 3 190 118 s.
117 1 131 504
— 1 165 668
— 1 166 697
118 1 156 697
— 1 289 147
— 2 85 145
— 2 634 208
— 3 182 5
— 3 183 45
— 3 184 91
— 3 — 97
— 3 189 82 s.
— 3 540 367
— 4 578 92
119 1 624 108
— 3 160 1
— 3 162 109
120 4 346 132
121 1 25 272
— 4 346 128
— 4 — 136
122 2 335 95
— 3 191 186 s.
— 3 — 197 s.
— 3 553 136
123 1 161 571
— 1 173 928
— 1 611 48
— 2 35 90
— 2 — 111
— 2 335 95
— 3 192 206 s.
124 1 683 753
— 1 732 47
— 3 191 180
— 3 510 36
— 3 553 130
— 3 554 148
125 3 192 215
— 3 554 149
126 1 157 436
— 1 — 439 s.
— 1 311 118
— 1 663 29
— 1 664 50
— 1 — 82
— 1 — 86 s.
— 1 665 89
— 1 — 91
— 1 — 93 s.
— 1 — 115 s.
— 1 668 233
— 1 — 238
— 2 130 51
— 2 132 81
— 2 568 60
— 2 578 390
— 2 580 459
— 3 74 35
— 3 395 146
— 4 297 808
— 4 599 543
127 1 678 568
128 2 132 85 s.
— 3 196 379
129 1 369 58
— 1 532 364 s.
— 2 721 93
— 2 — 96
— 4 193 101
130 1 158 462
— 1 249 303
— 1 349 991
— 1 396 156
— 2 118 117
— 2 540 529
— 2 705 2
— 2 — 8
— 2 706 14
— 2 — 25
— 2 — 36
— 1 — 43
— 2 707 76
— 2 — 54 s.
— 2 — 75 s.
— 2 708 82
— 2 — 89 s.
— 2 — 99
— 2 717 440
— 3 167 147
— 3 230 144
— 3 235 300 s.
— 3 421 174
— 3 506 40
— 3 544 548
— 4 167 122
— 4 229 273
— 4 231 234
— 4 232 268
— 4 235 372
— 4 599 535
— 4 601 626
— 4 663 907
— 3 692 123
131 1 158 462
— 2 705 3
— 2 708 114
— 2 — 121
— 2 709 155
— 3 572 110
132 1 683 753
— 2 85 151
— 2 495 309
— 2 505 103
— 2 564 157
— 2 580 446
— 2 707 79

— 2 708 85 s.
— 3 71 228
— 3 421 174
— 3 644 611
— 4 25 876
— 4 447 84
— 4 591 262 s.
133 1 300 161
— 2 709 142 s.
— 2 — 155 s.
— 2 — 164
— 2 710 174
— 4 180 63
134 4 590 232
135 1 130 480
— 1 — 488
— 1 173 933
— 1 682 717
— 2 131 69
— 2 492 191
— 2 509 143
— 2 512 1 s.
— 2 — 10 s.
— 2 — 21
— 2 513 27 s.
— 2 — 33 s.
— 2 — 39
— 2 — 43
— 2 — 53
— 3 215 481 s.
— 3 379 34
— 3 465 188 s.
— 3 545 579
— 4 22 762
— 4 310 1392
— 4 691 103
136 2 513 28
— 2 — 47
— 2 — 52
— 3 215 481
137 1 30 435
— 1 130 466
— 2 513 37
— 2 705 5
138 1 172 922
— 1 415 134
— 2 436 2676
— 3 51 32
— 3 — 36
— 3 190 140
— 3 192 238
— 3 — 137
— 3 193 248
— 3 194 309
— 3 398 227
— 4 143 218
— 4 166 76
139 3 51 32
— 3 — 43
— 3 193 262
— 3 398 227
140 3 193 263
— 3 398 227
— 4 328 137
141 1 126 340
— 1 168 793
— 1 — 795
— 1 169 798
— 1 — 800
— 1 — 803
— 1 178 1075
— 1 339 652
— 1 348 943
— 1 — 950
— 1 415 133 s.
— 1 679 605
— 2 439 2784
— 2 522 271
— 2 523 298
— 3 35 751
— 3 — 759
— 3 190 140
— 4 192 137
— 3 194 296 s.
— 3 — 309
— 3 195 326
— 3 — 337
— 3 — 346 s.
— 3 196 394
— 3 264 51
— 3 395 137
— 3 417 2 s.
— 3 422 206 s.
— 3 484 518
— 3 521 16
— 4 310 1412
— 4 350 158
142 1 126 324
— 3 193 264 s.
— 3 — 274 s.
— 4 171 36
143 3 193 265
— 3 — 281
144 1 126 324
— 3 194 282 s.
— 3 604 55
145 3 194 286
— 4 285 259
146 2 507 49
— 2 508 78
— 3 196 374
— 4 18 625
— 4 172 70
147 1 27 330
— 1 127 359
— 1 — 361
— 1 130 472
— 1 296 33
— 2 336 110
— 2 339 243
— 2 508 109
— 2 509 114

— 2 — 118
— 2 — 125 s.
— 2 713 279
— 3 149 63
— 3 215 478
— 3 398 227
— 3 610 316
— 4 134 95
— 4 171 36
— 4 300 941
— 4 301 984
— 4 303 1086
— 4 310 1391 s.
— 4 314 1594
— 6 316 1646
148 2 509 134 s.
149 3 201 9
— 3 202 36
150 1 75 326
— 2 494 308
— 3 15 490
— 3 144 8
— 3 145 49
— 3 201 8
— 3 202 15 s.
— 4 1 10
— 4 689 14
151 2 35 88
— 3 205 122 s.
152 3 205 124 s.
153 1 122 195
— 2 497 402
— 3 17 569
— 3 147 102
— 3 205 129
— 3 — 132 s.
— 3 — 142 s.
— 3 206 160
— 3 — 171 s.
— 3 215 492
— 3 541 371
— 4 210 55
— 4 346 139
— 4 689 17
154 1 120 76
— 2 545 726
— 3 202 38
— 3 205 127 s.
155 1 127 380
— 1 296 33
— 1 391 10
— 2 336 104
— 2 509 143
— 2 — 151
— 2 512 1
— 3 93 52
— 3 214 473
— 3 215 478
— 3 — 482 s.
— 4 304 1119
— 4 310 1392
— 4 316 1646
— 4 328 142
— 4 689 18
— 1 128 388
— 1 173 944
— 1 305 27
156 1 545 307
— 1 674 442
— 1 675 448
— 1 676 478
— 2 398 1621
— 2 508 93
— 3 70 216
— 3 93 52
— 3 206 185 s.
— 3 210 304
— 3 211 341
— 3 — 355
— 3 — 358
— 3 212 367 s.
— 3 — 377 s.
— 3 — 397
— 3 218 411 s.
— 3 — 423 s.
— 3 215 492
— 3 507 98 s.
— 3 610 292
— 3 — 306
— 3 674 445
— 4 134 95
— 4 304 1118
157 1 19 51
— 1 124 242
— 1 127 373
— 1 128 386
— 1 — 391 s.
— 1 — 395 s.
— 1 179 1100
— 1 296 34
— 1 392 37
— 2 34 44
— 2 35 80
— 2 118 110
— 2 509 151
— 2 529 69
— 2 544 677
— 2 671 156
— 2 711 235
— 2 713 302
— 3 176 53
— 3 208 258 s.
— 3 — 265
— 3 209 271 s.
— 3 210 303 s.
— 3 211 361
— 3 540 357
— 4 599 539
158 1 124 242
— 1 127 380
— 1 128 399
— 1 179 1101

— 2 314 109
— 2 440 2824 s.
— 2 509 151
— 2 551 939
— 3 210 304
— 3 — 322
— 3 213 435
— 4 133 73
— 4 301 998
159 1 28 360
— 1 29 418
— 1 30 486
— 1 127 380
— 1 428 399
— 1 156 406
— 1 173 935 s.
— 1 179 1101
— 1 674 442
— 1 678 564
— 2 66 148 s.
— 2 — 153
— 2 509 151
— 3 93 52
— 3 163 134
— 3 210 304
— 3 — 316
— 3 — 322 s.
— 3 211 342
— 3 212 369 s.
— 3 — 381
— 3 — 387 s.
— 3 213 422
— 3 — 437
— 3 — 441 s.
— 3 215 484
— 3 217 581
— 4 133 74
160 1 127 373
— 1 296 33
— 2 118 11
— 3 206 188
— 3 207 191
— 3 — 198 s.
— 3 208 231 s.
161 2 337 166
— 2 532 215
— 3 206 188
— 3 207 190
— 3 — 202 s.
— 3 — 218 s.
162 1 179 1098
— 1 678 564
— 3 206 188
— 3 207 190
— 3 — 228 s.
— 3 208 231
— 3 — 243 s.
— 3 — 864
— 3 210 317 s.
— 3 — 330 s.
163 2 509 147
— 2 510 153
— 2 — 156
— 4 49 136
165 3 204 93 s.
166 2 479 125
— 2 486 6
— 2 487 32 s.
— 2 488 44
167 2 487 42
168 1 146 108
— 1 561 292
— 1 488 57
— 2 — 77
— 2 492 195
— 3 379 3
169 1 172 905
— 1 539 146
— 1 596 793
— 2 488 62
— 2 — 77
— 2 489 94
— 2 492 195
— 2 493 246
170 1 146 89
— 1 — 108
— 1 176 1024
— 1 536 53
— 1 — 58
— 1 539 146
— 1 561 292
— 1 643 106
— 2 12 14
— 2 489 104
— 2 — 110
— 3 398 238
171 2 74 137
— 2 253 658
— 2 436 2673
— 2 489 118
— 2 490 136
— 2 — 139
— 2 — 145
— 2 491 158
— 3 134 110
— 4 173 20
— 4 281 43
172 1 119 63
— 2 491 180
— 2 — 184
— 2 492 195 s.
— 2 710 191
173 1 17 8
— 1 125 314
— 1 129 429
— 1 — 431
— 1 241 24 s.
— 1 — 51
— 1 250 342
— 1 172 909
— 1 — 912
— 1 — 923

— 1 173 929
— 1 620 5
— 2 28 516
— 2 29 549
— 2 117 77
— 2 272 119
— 2 299 410
— 2 337 164
— 2 489 117
— 2 492 205 s.
— 2 — 212 s.
— 2 493 226
— 2 — 243 s.
— 2 — 262 s.
— 2 494 277 s.
— 2 — 288
— 2 — 295 s.
— 2 — 306 s.
— 2 495 320
— 2 — 331
— 2 497 394
— 2 — 402
— 2 507 28
— 2 529 93
— 2 531 170
— 2 532 215
— 2 537 372
— 2 — 383 s.
— 2 542 601
— 2 543 633 s.
— 2 650 83
— 3 32 616
— 3 205 155
— 3 539 291
— 3 543 498
— 3 695 104
— 4 286 316
— 4 327 106 s.
174 1 397 172
— 1 453 464
— 1 455 513
— 2 496 335 s.
— 3 168 29
— 3 169 55 s.
— 3 379 3
— 4 329 174
175 2 35 80
— 2 489 94
— 2 707 70
— 3 15 497 s.
— 3 17 559
176 2 713 293
— 3 15 502
177 2 537 385
— 3 15 504 s.
178 3 15 498
— 3 — 506
179 2 489 116
— 3 15 507
— 3 379 3
180 3 15 509
— 3 379 3
181 1 97 201
— 1 322 41
— 1 535 23
— 2 538 102
— 1 539 159
— 1 561 287
— 1 563 344
— 2 31 604
— 2 254 685
— 3 15 513
— 3 16 514
— 3 — 532
182 1 122 192
— 3 16 534 s.
— 3 165 60
183 3 16 541
184 1 122 195
— 3 16 542
— 3 — 549
— 3 17 569
185 3 17 552
— 3 — 556
— 3 165 60
186 1 489 202
— 2 495 327 s.
188 1 167 745
— 1 421 141
— 2 496 337
— 2 — 340
— 2 — 343
— 2 — 355
— 2 — 358
189 2 496 360
190 2 496 369
191 1 157 440
— 1 299 133
— 2 497 370 s.
192 1 299 133
— 2 497 373
— 3 379 3
— 4 601 625
193 2 35 115
— 4 689 9 s.
194 2 512 23
— 4 62 39
— 4 689 15
195 4 44 64
— 4 501 246 s.
— 4 689 24 s.
— 4 691 103
— 4 — 112 s.
196 1 296 33
— 2 515 7
— 4 689 38 s.
197 3 610 289
— 4 690 44
198 1 296 33
— 4 690 46 s.
199 1 545 307
— 3 164 26

—	4	690	50 s.
200	4	690	65 s.
201	3	450	340
—	4	690	72
—	1	645	298
—	3	399	275
—	4	690	75
—	1	545	398
—	4	36	1273 s.
—	4	691	77 s.
—	4	—	69 s.
204	2	515	7
—	4	691	61 s.
205	3	51	66
—	3	452	369
—	4	691	89
206	2	627	450
—	4	691	92
207	2	617	109
—	4	691	96
208	2	515	7
—	4	691	96 s.
209	1	153	298
—	2	515	7
—	2	524	328
—	4	691	100
210	2	515	7
—	4	691	96
211	4	44	64
—	4	691	106 s.
212	4	691	109 s.
213	1	108	6
—	1	665	97 s.
—	4	206	7
—	4	692	117 s.
214	1	343	771
—	1	344	784
—	1	406	435 s.
—	1	408	479
—	2	629	18
—	2	630	39 s.
—	2	—	46
—	2	—	52
—	2	—	61
—	2	—	64
—	4	4	48
—	4	18	602
—	4	21	726
—	4	30	293
215	2	631	99
—	2	632	114
—	2	—	133
216	2	64	95
—	2	632	118
—	2	—	121 s.
—	2	—	126 s.
—	2	696	828
217	2	518	145
—	2	632	130
—	2	—	133
—	2	633	171
—	2	636	180
—	2	—	188
—	3	164	26
218	2	64	95
—	2	633	137 s.
—	2	—	148
—	2	—	151
—	3	51	36
219	2	631	99
—	2	633	163 s.
—	3	—	169 s.
220	2	68	38
—	2	521	248
—	2	633	171 s.
—	2	634	188
221	2	634	176
—	3	164	26
—	3	454	687
222	2	634	177 s.
223	2	634	179
224	2	634	179 s.
226	2	634	186
227	2	634	182
—	3	398	257
228	2	634	183
229	2	634	184
—	2	—	188 s.
—	2	—	196
—	2	—	199 s.
—	2	636	279
230	2	634	198 s.
231	2	634	202
—	2	—	205 s.
232	2	515	7
—	2	634	210 s.
233	2	634	210 s.
—	2	635	227
234	2	634	217 s.
—	2	635	222
—	4	691	107
235	2	635	221 s.
236	2	515	7
—	2	635	225 s.
—	4	690	53
237	2	633	141
238	2	635	228
239	1	545	315
—	2	629	8
—	2	687	294
—	3	137	320
—	4	4	32
240	3	405	412
—	2	107	72
—	2	629	3
—	2	—	7
—	4	4	32
—	4	312	1491
241	1	331	373
—	2	635	231
—	2	—	233
—	2	—	238
—	1	631	375
—	2	108	108
—	2	635	236
243	2	635	238
244	1	408	18
—	2	635	241
245	2	635	240 s.
—	3	48	132
246	1	408	18
—	2	634	194
—	2	635	242
247	1	408	7
—	2	75	166
—	2	635	242
—	2	—	246
—	2	—	249
248	2	635	247
249	1	645	318
—	1	621	58
—	1	631	90
—	2	632	107
—	3	398	257
—	4	651	112
250	2	629	4
—	2	631	90
—	2	—	104 s.
—	4	312	1491
251	2	633	156
—	3	398	257
—	4	482	113
252	1	88	50
—	1	396	136
—	1	406	423 s.
—	2	333	18
—	2	—	20
—	2	334	29
—	2	—	62
—	2	650	88
—	3	656	205
—	4	43	44
253	1	406	423
—	2	333	25
—	2	334	28
—	2	519	166
—	3	493	821
—	3	656	205
—	4	2	51
—	4	334	124
—	4	512	862
254	1	154	338
—	2	334	31
—	2	—	34 s.
—	3	286	360
255	1	406	423
—	1	550	454
—	2	334	38 s.
—	2	—	51
—	2	—	54
—	2	—	56
—	2	519	166
—	2	524	334
—	4	334	134
256	1	124	259
—	1	396	136
—	2	334	29
—	2	—	58 s.
—	2	—	63
—	2	335	100
—	2	339	241
—	2	340	286
—	4	334	125
257	1	130	471
—	2	35	107
—	2	334	65 s.
—	2	335	74 s.
—	2	—	81
—	2	—	87 s.
—	2	—	96
—	2	—	101
—	2	336	104
—	2	—	110
—	2	—	125
—	2	339	224
—	2	627	16
—	2	538	444
—	4	691	108
—	4	692	113
258	2	335	83
—	2	—	90
—	2	—	94 s.
—	4	334	125
—	4	691	108
259	1	130	471
—	2	336	107
—	2	—	110 s.
—	2	—	115
—	2	519	166
260	2	334	39 s.
—	2	—	62
—	2	336	111
—	2	—	116
—	2	712	253
—	2	334	134
—	4	483	161
261	1	396	33
—	2	10	207
—	2	336	116
—	2	—	122 s.
—	2	—	127 s.
—	2	337	136
—	2	—	141
—	2	—	150
—	2	—	154 s.
—	2	—	160 s.
—	2	—	169 s.
—	2	338	176
—	2	340	281 s.
—	2	336	343
—	2	337	375 s.
—	2	545	706
—	2	547	818
—	4	482	137
—	4	483	162
262	2	10	207
—	2	338	180 s.
—	2	340	259
—	4	483	170
263	1	408	6
—	1	167	739
—	2	513	42
—	2	—	66
—	3	531	51
—	4	483	171
264	1	408	6
—	1	167	739
—	4	484	178
266	2	334	47
268	4	430	97
—	4	480	17 s.
269	2	108	69
—	2	338	184 s.
—	2	—	200
—	4	483	161
270	2	10	207
—	2	337	148
—	4	480	27 s.
—	4	483	139
271	2	338	196
—	2	536	342
—	4	483	167 s.
—	4	484	182
273	2	337	148
—	2	—	166
—	2	—	170 s.
—	2	513	56
—	3	51	36
—	4	483	165 s.
275	2	108	69
—	2	337	139
—	2	338	189
—	2	—	191 s.
—	2	—	202
—	4	483	162
—	4	484	182
—	2	513	42
276	3	531	51
277	3	197	442
278	2	335	89
—	2	—	100
—	2	338	206 s.
—	2	339	224
279	2	335	89
—	2	339	215 s.
—	2	—	226 s.
—	2	—	242
—	2	340	287
280	2	339	227
—	2	—	230
—	2	—	233
—	2	—	238
—	2	—	242
281	2	713	285
282	2	338	177
283	1	528	25
—	2	340	261
—	2	518	127
—	2	526	405
283	3	180	57
—	4	21	737
—	4	430	97
—	4	480	16 s.
—	4	483	148
—	4	486	261
—	4	514	722
284	2	340	278
—	2	341	294
—	4	480	16
—	4	483	149 s.
285	4	480	16
286	2	339	244
287	3	379	3
288	2	340	266
289	4	483	146
290	4	481	53
291	2	340	264
—	2	—	266
—	2	—	278
—	2	341	294
—	4	483	148 s.
292	1	370	63
—	2	340	255 s.
—	2	—	260 s.
293	1	4	103
—	1	406	423
—	2	333	14
—	2	—	19
—	2	334	32 s.
—	2	339	248
—	2	—	251
—	2	340	253
—	2	—	260
—	2	341	296
294	2	339	212
295	1	167	734
—	2	67	7
—	2	68	9 s.
—	2	—	17
—	2	—	26
—	2	334	53
—	3	51	36
296	1	406	423
—	2	67	7
—	2	68	17
—	2	—	21
—	2	—	24
—	4	147	1
297	1	68	29
—	2	67	7
—	2	69	44
298	2	67	7
299	2	67	7
300	2	67	7
—	2	68	36
—	3	394	122
301	2	67	7
—	2	68	29
—	2	—	34
—	2	621	241
—	3	479	22
302	1	467	78
—	2	66	40
—	2	74	115
—	2	515	7 s.
—	2	517	82
—	2	—	89
—	2	524	338
303	2	516	39 s.
—	2	—	45
—	2	—	49
—	2	—	64
—	2	517	66
—	2	525	375
—	3	387	130
304	2	516	39
—	2	—	64
—	2	516	403
305	1	156	402
—	1	550	454
—	2	516	39
—	2	—	52
—	2	—	62
—	2	—	65
—	2	—	71
—	2	517	77 s.
—	2	—	94
—	2	524	321 s.
—	2	526	404
—	2	48	109
—	3	607	198
306	2	517	81
307	2	547	77
—	2	—	95 s.
—	2	524	321
—	3	604	84
308	2	518	111
—	4	690	45
309	2	64	95
—	2	518	113
—	2	—	121
310	1	628	25
—	2	518	123
—	2	—	127
—	2	526	405
311	2	518	137
—	3	379	2
—	3	399	275
312	2	513	42
—	2	516	38
—	2	518	136
313	2	518	133 s.
314	2	518	140
315	2	518	144
—	2	519	147 s.
—	2	524	332
316	2	519	155
—	2	521	229
—	2	—	242
317	2	519	148
—	2	—	160
—	2	—	177 s.
—	2	520	185 s.
—	2	—	195 s.
—	2	—	200 s.
—	2	—	206
—	2	521	289
—	3	451	334
318	2	520	213
—	2	521	217
319	1	545	311
—	2	521	226
—	3	—	239
—	2	—	244
—	2	—	247
—	2	711	235
—	3	61	180 s.
320	2	521	226 s.
—	3	379	2
—	4	484	180
321	2	521	226 s.
—	2	—	240
322	2	517	76
—	2	521	249
—	2	522	254 s.
—	2	—	262 s.
—	2	—	275 s.
—	2	523	294
—	2	525	375
323	1	376	102
—	2	515	7
—	2	522	254 s.
—	2	—	261
—	2	—	283
—	2	523	289 s.
—	2	—	295
—	2	—	299 s.
—	2	—	304
—	2	524	348
—	2	525	368
—	2	—	387
—	2	558	197
—	3	387	130
324	1	68	50
—	2	333	201
—	3	160	1 s.
—	3	161	32 s.
—	3	—	43 s.
—	3	—	60 s.
—	3	163	121
—	3	279	131
325	1	46	161
—	3	160	4 s.
—	3	161	64
—	3	162	79 s.
—	3	163	118
—	3	—	127
—	3	531	10
326	1	545	305
—	1	550	454
—	3	462	106
327	3	462	104
—	3	462	113 s.
329	1	545	307
—	3	462	102
—	3	—	107
330	1	68	80
—	3	162	109
—	3	165	136 s.
—	4	48	200
331	3	207	226
332	3	162	113 s.
333	1	297	62
—	3	162	103
—	3	163	146
—	3	—	123 s.
334	3	162	103
—	3	163	127 s.
335	3	145	48
—	3	161	54
—	3	165	149
336	2	562	35
—	3	160	40
—	3	162	112
—	3	163	124 s.
337	1	55	76
—	1	60	92
—	1	142	70
—	2	533	359
—	3	109	11
338	3	109	11 s.
—	3	167	135
—	4	214	165
—	4	—	189
339	1	60	92
—	2	592	842
—	3	164	26 s.
—	3	165	45
—	3	166	82
—	3	—	86
—	3	—	104
—	3	167	113
—	3	317	13
—	4	317	1714
340	1	120	104
—	3	145	29
—	3	164	26
—	3	167	118 s.
—	3	—	143 s.
341	3	167	137
342	1	242	19
—	3	208	264
—	4	208	4
343	4	242	19
—	1	331	375
—	1	535	28
—	2	711	199
—	3	145	29
—	3	167	123
—	3	203	49 s.
—	3	—	57
—	4	208	6
—	4	312	1497
344	3	331	526
—	3	608	238 s.
—	4	209	16 s.
—	4	312	1497
—	4	469	406
345	1	242	19
—	3	603	49
—	4	209	22 s.
346	4	209	42 s.
347	4	209	46
348	3	379	3
—	4	210	48
349	4	165	48
—	4	210	52
350	1	545	307
—	3	215	423
—	4	210	53
351	4	210	56
—	4	283	168
352	1	18	24
—	1	30	441
—	1	279	25
—	1	298	99
—	1	—	102
—	2	62	19
—	2	—	28
—	2	—	38
—	2	63	51
—	2	—	70 s.
—	2	64	89
—	2	—	95 s.
—	2	66	160
—	2	67	179
—	2	72	61
—	3	71	260
—	3	321	190
—	3	324	266
—	4	348	64
—	2	62	13
353	2	63	41
—	2	64	95
—	2	65	108
—	2	—	112
354	2	61	6
—	2	65	117 s.
—	2	—	118
—	2	—	128
—	2	—	132
355	2	61	6
—	2	65	117 s.
—	4	115	14
356	1	540	167
—	2	61	9
—	2	65	116
—	2	—	132
—	2	66	138
—	2	—	142
—	2	—	145
357	2	66	156
—	2	—	161
—	2	—	163
—	2	67	169
358	1	540	167
—	2	65	131
—	2	66	138
—	3	425	315
359	2	61	9
—	2	65	127
—	2	66	142
—	3	399	275
360	2	67	171 s.
—	2	—	174
—	2	—	177
361	2	67	178
362	2	66	148
—	2	—	150 s.
363	1	331	380
—	1	539	132
—	2	488	79
—	3	535	118
—	4	173	3 s.
—	4	174	39 s.
—	4	203	42
—	4	204	69
364	3	535	118
—	4	165	56
—	4	175	70
—	4	204	69
365	4	175	77
366	4	175	81
367	4	175	83
368	2	28	505
—	4	202	4 s.
369	4	166	81
—	4	203	21 s.
370	2	64	95
—	4	203	25
371	4	203	27
—	4	—	32
372	3	198	448
—	3	—	454
—	4	203	29
373	4	203	33
374	1	108	374
—	1	—	9
—	1	—	18
—	4	203	34
—	4	464	183
475	4	203	38
376	4	203	35 s.
378	1	152	282
—	1	160	517
—	3	33	659
—	3	—	663 s.
—	3	180	57
—	3	182	121
—	3	187	19
—	3	360	175
—	3	395	87
—	4	164	7
—	4	—	14 s.
—	4	202	7
—	4	430	97
—	4	482	86 s.
379	3	694	61
—	4	481	55
380	3	187	49
—	3	694	61
—	4	164	17 s.
381	3	394	108
—	3	395	139
—	4	164	17 s.
382	1	160	516
—	4	166	75 s.
—	4	203	23
—	4	214	165
—	4	—	189
383	4	166	85 s.
384	1	160	519
—	3	48	97
—	2	64	95
—	2	65	108
385	3	399	275
—	4	166	89
387	1	160	530
—	4	166	95
—	4	—	99
388	2	495	328
—	4	166	96
389	4	166	98
390	1	108	10
—	4	166	113
391	1	160	530
—	3	606	158
—	4	167	115
—	4	363	404
392	4	203	35
394	2	10	228
—	3	399	275
397	1	167	758
—	3	438	107
—	3	602	8 s.
—	3	603	22 s.
—	3	—	43
—	3	604	69
—	3	605	95 s.
—	3	—	108 s.
—	3	—	121
—	3	606	127 s.
—	3	—	155
—	3	607	182
—	3	608	207
—	3	—	221
—	3	—	243 s.
398	3	389	34
—	3	603	47 s.
—	3	604	83 s.
—	3	676	521
—	3	681	705
—	4	600	601
399	2	437	2727
—	2	533	249
—	3	607	160
—	3	603	16
—	3	—	35
—	3	—	60
—	3	605	115
—	3	606	137
—	3	—	145
—	3	—	153
—	2	607	167
—	3	—	175
—	1	—	194
—	3	608	225 s.
—	3	609	259 s.
—	3	610	306
400	3	605	104
—	3	607	190
—	3	608	230
—	3	609	249
401	3	604	69
—	3	605	115
—	3	606	127
—	3	—	159
—	3	609	265 s.
—	3	—	274
—	3	610	304
—	4	484	183
402	1	21	180
—	1	614	150
—	2	64	95
—	3	71	2
—	2	—	12
—	2	—	17
—	2	72	61
—	2	—	68
—	2	—	70 s.
—	2	73	76
—	2	—	79
—	2	—	84
—	2	—	89
—	2	—	119
—	2	—	124
—	2	75	158
—	3	603	44
—	4	681	46
403	1	53	12
—	1	120	91
—	1	545	311
—	2	73	79
—	2	—	89
—	2	—	97
—	2	—	100
—	2	—	122
—	2	—	124
—	2	—	127
—	2	75	154
—	2	—	156
—	2	—	163
—	2	436	2694
—	3	531	51
—	3	603	44
404	1	135	89
—	1	158	193
—	2	710	189 s.
—	2	—	192
—	2	711	210 s.
—	2	—	236 s.
—	3	46	43 s.
—	3	379	2
—	3	—	33
—	3	380	59 s.
405	1	60	92
—	1	135	89
—	2	9	195
—	3	145	47
—	3	167	133
—	3	207	204
—	3	380	59
—	4	346	138
—	4	484	183
406	1	142	70
—	1	626	9
—	2	548	824
—	3	167	114
—	3	—	130
—	3	380	59
407	1	347	925
—	2	340	267
—	2	—	273
—	2	—	281
—	2	—	286
—	2	341	298
—	2	403	265
—	3	380	61
—	4	483	151
—	4	484	183
—	2	74	129
408	2	524	343
409	2	340	284
—	2	—	287
410	2	340	280
—	2	—	288 s.
—	4	484	183
411	2	341	292
—	3	425	8
412	2	340	274
—	4	305	1174
413	1	77	385
—	2	340	268
—	2	—	275 s.
—	2	—	281 s.
—	2	341	294
—	2	524	334
—	2	712	253
414	1	297	51
—	1	299	130
—	2	10	198
—	2	63	41
—	4	540	221
415	2	548	851
—	3	605	104
416	2	548	851
417	1	28	370
—	1	568	467
—	2	340	288
—	2	548	851
—	4	172	59
—	4	271	2 s.
—	2	123	58
418	2	648	852
419	2	128	59
—	2	536	354
420	1	168	772
—	1	534	16
—	1	563	359
—	1	569	244
—	1	562	328
—	1	563	353
—	1	564	361 s.
—	1	—	365 s.
—	1	—	471
—	1	565	385
—	1	—	396
—	1	—	402 s.
—	1	566	407 s.
—	1	—	420
—	1	—	428
—	1	567	433
—	1	—	437
—	1	—	440 s.
—	1	—	447 s.
—	1	—	450 s.
—	1	568	454
—	1	—	457
—	1	610	33
—	1	—	35
—	1	616	30
—	2	123	41
—	2	480	180 s.
—	2	481	188 s.
—	2	—	195 s.
—	2	606	1277
—	3	327	367
421	1	299	130
—	2	9	195
—	2	63	41
—	3	260	368
—	3	324	268
422	1	127	366 s.
—	1	—	368
—	2	125	5
—	2	126	61 s.
—	3	167	130
424	1	336	58
—	1	561	270
—	1	562	293
425	1	119	56
—	1	126	315
—	1	131	511
—	2	49	224
—	2	332	292
—	2	489	100
—	2	492	187
—	4	174	89
426	1	560	237
—	1	—	238
—	1	—	242
—	1	—	244
—	1	—	246
427	1	338	110
—	2	237	295
—	2	631	93
428	3	162	109
—	3	699	109
429	1	143	13
—	1	144	22
—	1	153	293
—	1	155	362
—	1	—	382
—	1	—	385
—	1	156	399
—	1	347	928
—	1	797	77
—	2	514	3
—	2	515	7
—	2	424	332
—	2	—	334
—	2	—	343
—	3	61	177 s.
—	2	524	328 s.
431	1	347	928
—	2	524	332
—	2	—	336
432	2	341	299 s.
—	3	61	36
—	3	605	104
—	4	483	151
433	3	51	36
—	3	605	102
434	3	202	15
435	1	545	307
—	1	675	472
—	1	—	474 s.
—	1	676	478
—	2	125	5
—	3	206	168
—	3	215	492 s.
436	3	209	293 s.
—	3	210	304
437	3	207	204
—	3	208	248
438	1	678	564
—	3	210	326 s.
439	1	131	501 s.
—	1	158	451
—	1	178	934
—	2	614	72 s.
—	2	514	79
—	3	215	486
440	1	674	440
—	2	514	84
441	3	51	36
442	1	539	127
—	1	559	208
—	1	562	296
—	1	—	304
—	1	575	472
—	1	682	699
—	2	511	195
—	2	—	207
—	2	595	946
—	4	271	7 s.
443	1	17	8
—	1	21	126
—	1	22	175 s.
—	1	—	163
—	1	23	214
—	1	26	291
—	1	27	330
—	1	—	334 s.
—	1	28	375
—	1	29	408 s.
—	1	—	416
—	1	30	435
—	1	—	442
—	1	46	162
—	1	119	23
—	1	120	76
—	1	—	95
—	1	—	105
—	1	121	143
—	1	122	158 s.
—	1	123	225
—	1	—	233
—	1	124	239 s.
—	1	125	278 s.
—	1	126	315 s.
—	1	127	350
—	1	—	359 s.
—	1	128	386 s.
—	1	129	420 s.
—	1	130	462 s.
—	1	—	472 s.
—	1	—	480
—	1	132	531
—	1	136	119
—	1	138	208
—	1	140	5 s.
—	1	141	36 s.
—	1	142	67 s.
—	1	174	977
—	1	175	1019
—	1	178	1071
—	1	327	227
—	1	391	7
—	1	—	19
—	1	397	159
—	1	—	178
—	1	611	63
—	1	612	103
—	1	651	95 s.
—	2	74	141
—	2	103	110
—	2	104	136 s.
—	2	126	62
—	2	335	75
—	2	531	146
—	2	537	372 s.
—	2	—	381
—	2	—	401
—	2	539	460
—	2	544	677
—	2	571	162
—	2	585	632
—	2	587	684
—	3	17	569
—	3	162	97
—	3	176	54
—	3	543	495 s.
—	3	661	8
—	3	681	705
—	4	135	73
—	4	215	188
—	4	301	1010 s.
—	4	303	1085
—	4	304	1138
—	4	307	1290 s.
—	4	312	1508
—	4	318	1787
—	4	468	382
—	4	470	437 s.
—	4	683	107
444	1	124	250 s.
—	1	126	315
—	1	—	348 s.
—	1	127	352 s.
—	1	129	438
—	1	—	443
—	1	142	75
—	1	175	1019
—	1	250	346
—	3	389	54
—	3	676	521
—	4	302	1034
—	4	311	1474
—	4	313	1518
—	4	592	802
—	4	601	606 s.
—	4	—	631
—	4	603	678
446	1	125	289
447	1	126	326
—	1	322	27
—	2	333	260
—	4	315	1624
—	4	669	200
448	1	125	294
—	1	—	300
449	1	118	20
—	1	423	216 s.
—	1	125	301 s.
—	1	427	376
—	1	—	379
—	2	492	189 s.
—	3	149	68
—	3	542	416
—	4	235	377
—	4	304	1137
—	4	315	1609
—	4	468	333
450	1	125	305
—	2	335	68
—	2	492	189
—	2	509	140
—	2	512	1
—	2	545	700 s.
—	3	149	88
451	4	310	1392
—	1	24	249
—	1	25	258
—	1	120	82
—	1	128	402
—	1	—	406
—	1	—	408
—	1	—	413 s.
—	1	129	420 s.
—	1	—	424
—	1	134	29
—	1	136	122
—	1	333	426
—	2	335	75
—	2	698	809
—	3	162	99
—	3	222	152
—	3	—	161 s.
—	4	472	78
452	4	210	14
—	1	128	402
—	3	218	1 s.
—	3	220	99 s.
—	3	—	161 s.
—	3	604	69
453	4	222	249
—	1	119	89 s.
—	1	—	58
—	1	147	127
—	1	334	487
—	2	438	2755
—	2	543	613
454	1	22	175
—	1	119	54
—	1	—	56 s.
—	1	—	62 s.
—	1	157	442
—	1	176	1030
—	1	177	1044
—	1	333	416
—	1	—	437
—	1	538	174
—	1	642	66
—	2	19	227
455	1	118	11
—	1	120	76 s.
—	1	123	256
—	1	127	375 s.
—	1	—	379
—	1	—	381
—	1	—	384
—	1	128	390
—	1	680	628
456	1	118	20
—	1	121	143
—	1	123	204 s.
—	1	127	383 s.
—	1	135	90
—	1	140	10
—	1	—	23
—	1	—	26
—	1	—	28
—	1	—	80
—	1	142	70 s.
—	1	341	711
—	1	678	592
—	1	729	609
—	2	125	14
—	2	126	24
—	2	—	45
—	2	127	68
—	2	128	103
—	2	—	111
—	2	—	129
—	2	529	67
—	2	—	74
—	2	—	97 s.
—	2	530	133 s.
—	2	531	144 s.
—	2	—	170
—	2	533	244
—	2	535	300 s.
—	2	—	317
—	2	—	321
—	2	536	362 s.
—	2	—	368
—	2	537	372
—	2	—	402
—	2	538	455
—	2	539	475
—	2	540	532
—	2	542	593
—	2	543	613 s.
—	2	—	618
—	2	—	622 s.
—	2	—	633
—	2	544	657
—	2	—	665
—	2	—	670 s.
—	2	—	685 s.
—	2	—	691 s.
—	2	545	695
—	2	—	704
—	2	—	729
—	2	546	773 s.
—	2	—	778
—	2	547	781 s.
—	2	548	825
—	2	552	970

— 3 167 141
— 3 399 277
— 3 542 421
— 3 — 440 s.
— 3 — 453
— 4 172 82
— 4 270 273
— 4 301 1021
— 4 — 1024
— 4 304 1154
— 4 305 1198
— 4 315 1680 s.
457 1 22 175 s.
— 1 129 440
— 1 130 460
— 1 — 456 s.
— 1 131 495
— 1 — 502 s.
— 2 335 76
— 2 — 79
— 2 442 2592
— 2 492 191
— 3 87 13
— 3 153 201
— 3 379 2
— 4 303 1083
458 1 131 496
— 1 — 499 s.
— 3 87 13
— 3 379 2
459 1 130 485
— 1 — 487
— 1 131 494 s.
— 1 — 512 s.
— 1 160 530
— 2 512 1
— 2 513 27
— 2 — 58
— 2 — 69
— 3 379 2
— 4 134 82
460 1 131 495
— 1 683 736
— 2 513 60
— 3 545 579
— 3 634 147
461 1 248 276
— 4 116 19
462 1 131 519
— 1 626 28
— 2 546 775
— 2 — 778
— 2 712 261
463 1 131 517
— 1 — 520
— 3 195 353
464 1 120 101
— 1 121 106
— 1 131 523
— 1 188 208
— 1 146 110
— 1 175 1009
— 1 178 1083
— 1 319 167
— 1 396 136
— 1 — 148
— 1 397 184
— 1 412 72
— 1 535 31
— 1 626 16
— 2 46 3
— 2 — 8 s.
— 2 — 20
— 2 47 52
— 2 — 60
— 2 48 91
— 2 49 120
— 2 109 122
— 2 132 100
— 2 290 420
— 2 — 425
— 2 333 17
— 2 473 16
— 2 513 54
— 2 648 52
— 3 61 175
— 3 78 155
— 3 165 65
— 3 541 383
— 3 543 498
— 4 282 104
— 4 308 1311
— 4 309 1377
— 4 318 1738
— 4 334 119 s.
— 4 403 51
— 4 470 428
— 4 496 77
— 4 630 99
— 4 660 803
465 1 132 525
— 1 626 9
— 1 — 17
466 1 120 105
— 1 173 968
— 1 178 1083
— 1 511 769
— 2 123 40
— 2 568 69
— 2 572 167
— 2 592 859
— 3 16 521
— 3 164 9 s.
— 3 — 27
— 3 — 34
— 3 165 41
— 3 — 53 s.
— 3 166 82
— 3 — 86
— 3 — 93 s.
— 3 167 146
— 3 515 156

— 3 541 388
— 3 542 423
— 3 635 365
— 4 531 156
467 3 188 74
468 1 289 147
— 3 185 138
— 3 189 95 s.
— 3 — 106
— 4 578 90 s.
469 3 609 271
— 3 610 295 s.
470 1 124 242
— 1 131 316
— 1 248 275
— 1 676 478
— 2 31 604
— 2 493 247
— 2 551 951
— 3 510 153
— 2 521 232
— 2 543 613
— 2 — 644
— 2 546 752
— 2 — 774
— 3 495 348
— 3 399 275
471 1 108 11
— 1 176 1033
472 1 23 196
— 1 332 390
— 1 400 251
— 1 540 173
— 1 546 320
— 1 682 700
— 2 506 10
— 2 510 176
— 2 — 176
— 2 — 184 s.
— 2 541 195 s.
— 2 517 86
— 4 205 123
— 4 533 224
473 1 130 459
— 1 147 113
— 1 177 1056
— 1 292 227
— 1 — 234
— 1 351 1059 s.
— 1 586 49
— 1 640 38
— 1 649 29
— 2 3 9
— 2 28 505
— 2 — 507
— 2 — 514 s.
— 2 29 512
— 2 — 526
— 2 — 537 s.
— 2 30 552
— 2 — 567 s.
— 2 — 572
— 2 — 575
— 2 31 586 s.
— 2 82 617
— 2 — 639
— 2 92 97
— 2 364 643
— 2 488 76
— 2 492 193
— 3 222 146
— 4 502 278
474 1 4 112
— 1 27 323
— 1 55 74
— 1 120 97
— 1 — 105
— 1 122 171
— 1 250 322
— 1 288 134
— 1 353 1107
— 1 360 139
— 1 370 76
— 1 397 176
— 1 398 197
— 1 — 215
— 1 511 769
— 2 104 149
— 2 146 389
— 2 273 121
— 2 571 150
— 2 — 157
— 2 579 435
— 2 589 766
— 3 152 171
— 3 164 14 s.
— 3 165 41
— 3 — 55 s.
— 3 — 64
— 3 — 70
— 3 166 82
— 3 — 93 s.
— 3 395 129
— 3 399 277
— 3 515 156
— 3 535 144
— 3 541 369 s.
— 3 544 538
— 3 686 854
— 4 276 211
— 4 316 1678
— 4 317 1714
— 4 328 164
— 4 527 2 s.
— 4 529 72 s.
— 4 530 104 s.
— 4 566 179
— 4 [illegible] 303
— 4 607 133
475 1 174 968
— 1 175 1008
— 1 540 188

— 1 546 322
— 2 66 139
— 2 571 150
— 2 650 85
— 3 166 95
— 4 169 43
— 4 328 163
— 4 531 138 s.
— 4 533 199
— 4 — 215
476 2 66 139
— 4 533 215 s.
477 2 508 104
— 2 513 35
— 4 533 229
478 4 532 193
— 4 533 229
479 1 108 14
— 1 — 18
— 1 110 84
— 4 529 229
480 1 125 300
— 1 177 1058
— 1 — 1066 s.
— 1 — 1075
— 1 339 635 s.
— 1 340 663
— 1 — 674 s.
— 1 — 680
— 1 — 687
— 1 347 914
— 1 385 132
— 1 672 382
— 2 102 64
— 3 399 264 s.
— 3 498 296
— 3 540 336
— 4 210 3 s.
— 4 211 24 s.
— 4 423 471
481 3 663 62
— 4 213 110
482 4 211 22
483 1 140 26
— 3 399 277
— 3 686 854
— 4 213 126
484 3 663 62
— 4 213 130
— 4 310 1426
485 1 125 289
— 4 213 134
486 4 216 134
487 3 379 2
— 4 218 134
488 1 125 298
— 3 468 296
— 3 680 854
— 4 213 135
— 4 257 170
489 4 213 135
490 1 540 188
— 4 214 140
491 1 182 640
— 4 214 141
492 3 332 551
— 4 210 7
— 4 214 146
493 4 214 150
494 1 108 15
— 1 620 5
— 3 399 277
— 4 214 151 s.
— 4 — 173
495 1 287 108
— 3 399 277
— 4 214 152 s.
— 4 — 165
496 3 209 281
— 3 332 551
— 4 210 7
— 4 214 149
497 2 512 1
— 4 214 170 s.
498 3 399 275
— 4 210 7
— 4 214 166
499 4 214 164
— 4 — 187
500 4 214 173
501 4 214 175 s.
— 4 — 187
502 4 215 184 s.
503 1 299 133
— 4 215 188 s.
504 1 340 664
— 1 — 667
— 1 — 671
— 1 351 1062
— 1 398 212
— 4 212 77
505 1 153 298
— 2 51 19
— 3 279 32
— 4 60 8 s.
— 4 229 174
506 1 677 544
— 2 51 1 s.
— 2 — 5
— 3 607 198
507 2 51 25
— 3 71 229
— 3 607 198
— 4 60 36
508 2 51 25
509 1 546 320
— 4 60 46
— 4 278 294
— 4 590 225
510 1 299 123
— 4 60 30
— 4 590 225

511 2 64 95
— 2 65 108
— 4 60 30 s.
512 2 71 17
— 2 85 150
— 4 60 30
513 1 108 18
— 4 61 55
514 4 60 34 s.
— 4 61 53 s.
515 4 60 40 s.
516 1 108 18
— 5 61 55
517 1 351 239 s.
518 1 7 182
— 1 358 109
— 1 362 245
— 4 451 208
— 4 463 151
— 4 464 168
— 4 465 199 s.
519 1 7 182
— 1 361 242
— 1 663 24
— 2 487 42
— 3 92 2
— 3 — 22
520 1 7 182
— 4 270 1
521 1 7 182
— 3 379 2
522 1 7 182
— 1 361 240
523 2 132 86 s.
— 2 — 91
524 2 132 88
— 2 — 92 s.
— 4 274 143 s.
525 2 132 88
— 2 — 99
526 2 721 85 s.
— 2 — 95 s.
— 3 146 66
— 3 428 99
— 4 280 21
527 1 540 165 s.
— 1 542 231
— 1 610 23
— 1 — 28
— 1 — 33
— 2 505 114
— 4 319 6
— 4 598 515 s.
528 4 274 142
529 1 610 37
— 3 146 66
530 1 301 191
— 1 611 41 s.
— 1 — 48
— 4 319 6
531 1 611 69
532 1 611 57
— 1 — 59
— 1 — 62
— 2 580 458
533 1 611 71
— 2 721 95
— 4 320 4
— 4 598 517
534 1 611 50 s.
— 1 612 90 s.
— 1 — 99
— 1 — 111
— 1 664 79
— 2 581 488
535 1 118 9
— 1 612 100
— 1 — 102 s.
— 1 613 120
— 3 361 530
— 4 599 536
536 1 299 133
— 1 612 107
— 1 — 110
— 4 268 219
537 2 351 243
— 2 360 522
— 2 361 531
538 1 612 112
— 1 613 114
— 2 721 95
539 1 613 114
540 1 613 116
— 1 — 118
— 1 — 143
— 2 721 94 s.
541 1 19 64
— 1 169 817
— 1 170 850
— 1 — 855 s.
— 1 174 968
— 1 394 94
— 1 540 165
— 1 544 274
— 1 613 122 s.
— 1 614 146 s.
— 1 — 160
— 2 328 525
— 3 467 271
— 3 493 125
— 3 574 54
— 4 548 8
— 4 598 520
542 1 613 114
— 1 — 121
— 4 599 538
543 1 158 463
— 2 710 186
— 2 — 193 s.
— 2 714 208 s.
— 2 — 210 s.
— 2 — 236

544 2 710 186
545 2 507 49
— 2 — 64
— 2 508 76 s.
— 3 201 16
— 3 435 31
— 4 19 632
— 4 37 1352
546 1 175 932
— 2 480 156
— 2 — 175
— 2 482 219 s.
— 2 — 223
— 2 483 242 s.
— 2 — 250
— 2 — 266
— 2 484 286
— 2 503 92
— 4 18 625
— 4 265 70
547 1 534 3
— 2 483 262
548 2 105 181
— 2 506 10
— 2 509 146
— 2 — 150
— 2 510 156
— 2 — 159
— 2 — 161
— 3 545 582
— 4 133 71 s.
— 4 134 94 s.
549 2 509 147
— 2 510 154 s.
— 2 533 244
— 3 49 136
550 2 510 158 s.
551 1 130 467
— 1 359 170
— 2 507 34 s.
— 3 311 61
— 3 427 74
— 3 435 31
— 4 87 1352
— 4 271 2
— 4 272 13
— 4 — 43
— 4 319 3
552 2 507 36
— 1 539 127
— 2 201 358
543 2 511 205 s.
— 2 692 857
554 1 544 284
— 2 511 199
— 2 — 201
— 4 171 24
555 2 510 164
— 2 — 167
556 1 672 380
— 1 676 495
— 1 — 498
— 1 — 501 s.
— 2 64 98
— 2 364 616
— 2 510 163
— 3 67 90
— 3 68 94 s.
— 3 322 201
— 3 324 274
— 4 287 344 s.
— 4 403 16
557 1 363 35
— 1 — 37
— 2 587 690
— 3 311 61
— 3 319 63
— 4 124 140
— 4 264 16 s.
— 4 265 70 s.
— 4 267 164
— 4 447 99 s.
— 4 564 112
558 1 540 182
— 2 535 305
— 3 203 83
— 4 265 62
559 2 21 293
— 2 — 295
— 2 125 5
— 2 484 286
— 3 311 61
— 4 264 46
— 4 265 63 s.
— 4 266 116 s.
— 4 269 261
560 2 477 73
— 3 399 269
— 4 266 121 s.
561 1 365 4
— 1 545 318
— 4 266 103
— 4 — 129 s.
— 4 268 208
562 1 676 503
— 4 266 136
563 1 393 66
— 1 671 342
— 2 34 39
— 2 438 2759
— 2 545 733
— 4 267 150
— 4 — 167 s.
— 4 268 199
564 4 268 199
565 3 272 217
— 3 675 469
— 4 267 171
— 4 268 202
566 1 628 67
— 4 267 153
— 4 — 178

567 1 562 316
— 2 436 2669
— 4 267 179
— 4 268 188
— 4 269 204
568 4 7 143
— 4 268 205
— 4 270 283
569 1 364 4
— 2 125 5
— 4 266 103
— 4 — 135
— 4 268 208
— 4 269 242
570 1 562 316
— 4 268 207
— 4 269 256
571 4 464 168
— 4 268 210
— 4 — 220 s.
— 4 270 280
572 4 268 210
— 4 — 220
573 4 268 220
— 4 269 232 s.
— 4 — 246 s.
— 4 290 487
574 4 268 213
— 4 — 220 s.
— 4 269 255
575 2 100 13
— 4 267 164
— 4 269 238
— 4 290 487
576 4 268 222
577 4 268 223 s.
— 4 269 240 s.
578 4 268 218
580 4 265 89
581 1 101 3
— 1 105 141
— 1 — 147
— 1 — 153
— 1 — 157
— 1 108 162
— 1 368 12
— 1 677 546
— 2 584 916
— 4 266 108 s.
582 1 101 3
— 1 105 143
— 1 — 146 s.
— 1 — 150
— 1 — 152
— 4 266 107
583 2 126 28
— 2 437 2704
— 2 508 108
— 2 551 964
— 2 552 969
— 3 435 32
— 4 270 273
— 4 272 21 s.
— 4 286 313
584 2 125 5 s.
— 2 — 15 s.
— 2 — 20
— 2 126 24
— 2 — 28 s.
— 2 — 37
— 2 — 42 s.
— 2 — 47
— 2 — 56
— 2 127 63
— 2 — 80
— 2 128 129
— 2 437 2705
— 2 535 301
— 2 536 341
— 2 — 369
— 2 541 559
— 2 545 700 s.
— 2 551 984
— 2 552 965 s.
— 3 214 475
— 3 523 88 s.
— 4 269 261
— 4 270 273
— 4 272 44 s.
585 1 678 510
— 1 679 598
— 2 542 594
— 3 435 35
— 4 59 4
— 4 273 57 s.
— 4 — 105
— 4 274 127
586 2 531 180
— 2 539 480
— 3 435 35
— 4 273 61 s.
— 4 — 101
— 4 274 128
587 1 550 454
— 3 66 8
— 3 399 268
— 4 273 74 s.
— 4 274 123
— 4 320 10
588 4 274 109
— 4 — 115
589 4 274 116
590 3 524 181
— 4 274 118
— 4 — 144
591 1 550 454
— 4 273 82
— 4 274 128
— 4 321 12
592 1 368 12
— 1 385 43
— 2 589 770 s.

— 3 382 16
— 4 66 170
— 4 274 113
— 4 — 143 s.
— 4 — 151 s.
593 1 385 43
— 4 62 44
— 4 66 170
— 4 275 151
— 4 — 172
— 4 404 47
594 1 550 454
— 4 170 19
— 4 270 3
595 4 274 124
— 4 279 34
596 1 664 53
— 4 240 550
— 4 275 180 s.
597 3 72 284
— 4 240 550 s.
— 4 276 180 s.
— 4 276 212
598 1 665 112
— 4 240 551
— 4 271 17
— 4 275 183 s.
599 4 274 124 s.
600 4 275 191
601 2 538 479 s.
— 4 273 64
— 4 274 131 s.
602 3 563 131
— 4 274 129 s.
603 1 664 53
— 4 275 194
— 4 342 40
604 2 102 75
— 4 342 41
605 4 276 204
— 4 279 32
606 1 540 183
— 1 559 233
— 3 203 79
— 4 170 6
— 4 276 204
— 4 277 254
— 4 312 1043
607 4 170 6
— 4 273 97
608 1 466 770
— 1 540 188
— 3 393 34
— 3 — 35
— 3 304 39
— 4 268 198
— 4 271 7
— 4 273 51
— 4 276 231 s.
— 4 278 13
— 4 279 42
609 4 64 100
— 4 275 99
— 4 278 290 s.
610 4 278 303 s.
611 4 273 85 s.
612 4 273 92
613 4 277 254
614 4 277 257
615 4 277 258
616 4 278 94
— 4 277 259
617 4 277 264 s.
— 4 284 222
— 4 303 1043
— 4 686 86 s.
619 4 681 84
— 4 688 3
620 4 277 268
— 4 456 145
— 4 688 3
621 4 277 270 s.
622 4 277 274
— — 295
623 4 277 279
624 1 422 19
— 4 277 281
— 4 687 109
625 1 422 19
— 1 627 22
— 4 277 279 s.
— 4 686 94
— 4 — 118 s.
626 1 384 14
— 3 170 120
— 4 271 10
— 4 279 36
— 4 688 9 s.
627 4 271 13
628 1 541 206
— 4 271 17
629 4 271 20
630 4 272 20
632 4 285 366
— 4 271 22
633 4 271 22
634 2 125 5
— 2 508 108
— 4 271 7
— 4 — 24
635 4 63 75
636 2 508 108
— 4 319 2 s.
637 2 125 5
— 4 319 4
— 4 — 14 s.
— 4 686 87
638 4 319 21 s.
640 4 319 24
641 1 545 296
— 4 319 26
642 4 319 28 s.

643 3 280 159
— 4 319 21
— 4 — 32 s.
644 3 51 36
— 4 320 38
645 4 320 39 s.
646 4 320 39
647 4 320 41
648 2 128 113
— 4 320 44 s.
649 4 320 50 s.
650 4 320 41
— 4 — 47
652 4 320 52
— 4 — 57
— 4 460 30
653 3 51 36
— 4 319 30
654 4 320 58
655 2 100 16
— 4 320 56
656 1 797 85
— 2 101 20
— 2 — 22
— 2 — 27
— 2 102 55
— 3 68 114 s.
— 3 524 124
— 3 534 84
657 1 422 19
— 1 797 85
— 2 101 20
— 2 — 34
— 2 — 36
— 2 — 41
— 2 102 55
— 3 68 114
— 3 399 270
— 4 62 25
— 4 74 426
— 4 — 334
— 4 687 125
658 1 545 306
— 2 101 44
— 2 — 52
659 2 102 55 s.
— 3 536 167
660 2 102 62
— 3 — 70 s.
— 2 103 91
— 3 428 76
661 2 102 64 s.
— 4 64 109
— 4 73 421
— 4 74 432
— 4 170 6
— 4 — 19
662 1 300 158
— 2 103 100
— 3 427 75
— 4 62 11
— 4 — 26
— 4 64 105 s.
— 4 69 275
— 4 73 421
— 4 74 426
— 4 — 432 s.
— 4 278 305
663 1 545 318
— 2 102 78
— 2 — 82
— 2 103 93
— 2 — 103
— 2 — 116
664 2 102 76
— 2 103 105
— 2 — 109
— 2 581 506
665 2 104 100 s.
— 3 51 36
666 2 103 115
— 2 — 121
— 2 595 921
— 3 51 36
— 3 379 2
— 3 399 270
— 2 103 122
— 2 — 126
— 2 104 147
— 3 546 610
668 2 103 130
— 3 399 270
669 1 27 334
— 1 126 319
— 1 296 38
— 2 35 70
— 2 104 135 s.
— 2 711 211
— 3 379 2
— 3 538 59
— 3 542 439 s.
— 3 543 501
— 3 546 610
670 2 104 161
— 2 105 175 s.
671 3 545 567
672 2 105 183
— 2 595 923
673 2 125 5
— 2 — 9
— 2 508 108
— 2 531 153
— 2 542 582
— 2 551 964
— 3 523 89
— 3 428 106
— 4 272 50
— 4 282 130
— 4 284 221
— 4 285 237 s.
— 4 — 254 s.
— 4 287 385

— 4 — 370
— 4 302 1034
— 4 315 1627 s.
674 3 78 187
— 3 605 136
— 3 671 331
— 4 280 296 s.
675 2 668 248
— 4 288 401 s.
— 4 — 418 s.
— 4 310 1408
676 1 541 206
— 2 540 504 s.
— 2 541 564
— 3 51 68
— 4 269 461
— 4 291 521 s.
— 4 343 15
677 1 660 63
— 3 125 445
— 4 292 557 s.
— 4 — 587
678 4 282 565
679 1 660 63
— 4 292 557 s.
680 2 34 27
— 2 125 445
— 4 292 564
— 4 — 574 s.
— 4 — 587
— 4 293 612
681 1 660 63
— 3 125 445
— 3 674 457
— 4 292 579 s.
682 1 248 268
— 4 289 443
— 4 — 462
— 4 293 612 s.
— 4 — 648
— 4 294 668 s.
— 4 296 757
— 4 469 399
— 4 682 72
683 2 581 499
— 2 608 1328
— 3 224 14
— 4 124 161 s.
— 4 293 629 s.
— 4 — 648
— 4 299 923
— 4 326 63 s.
— 4 684 61
684 6 293 648
— 4 294 668 s.
— 4 — 681 s.
— 4 295 724
— 4 299 923
685 4 295 709 s.
— 4 681 54
686 4 294 676
— 4 295 717
687 4 295 718
— 5 — 725 s.
— 4 299 897 s.
688 4 296 785
— 4 297 798
— 4 326 63 s.
689 1 384 14
— 2 100 16
— 3 74 33
— 3 123 381
— 3 — 390
— 3 157 114
— 3 — 117
— 3 532 12
— 3 537 232
— 4 270 1
— 4 271 8
— 4 297 800 s.
— 4 — 818
690 1 664 53
— 3 74 34
— 4 297 806 s.
— 4 307 1264
691 3 76 94 s.
— 3 157 114
— 3 277 53
— 4 271 8
— 4 297 811 s.
692 2 344 65
— 2 432 2553
— 3 277 52
— 3 563 108
— 3 — 114
— 3 572 84
— 4 69 253
— 4 297 824 s.
— 4 645 275
693 2 392 1454
— 4 69 253
— 4 285 238
— 5 287 340
— 4 298 841 s.
— 4 460 48
694 2 392 1458
— 4 287 340
— 4 298 847 s.
695 1 542 239
— 2 75 152
— 3 125 442
— 3 544 544
— 3 674 457
— 4 120 27
— 4 288 408
— 4 295 740 s.
— 4 296 760 s.
— 4 298 866
— 4 308 1310
— 4 317 1717
— 4 469 408
696 1 660 63 s.

— 2 75 152
— 3 125 442
— 3 563 117
— 4 296 772 s.
— 4 308 1310
— 4 313 1526
— 4 317 1716 s.
— 4 681 37
697 4 288 407
— 4 298 855 s.
— 4 299 898 s.
— 4 303 1096
698 4 298 883 s.
— 4 300 961
— 4 302 1062
— 4 681 46
699 4 298 885
— 4 300 975
— 4 307 1274
700 4 299 893
701 4 299 893 s.
702 4 299 903
— 4 — 911
— 4 300 963
703 2 34 40
— 2 712 277
— 4 299 918 s.
— 4 304 1152
704 4 299 937
— 4 300 943
— 4 301 984
— 4 312 1501
— 4 316 1642
705 4 300 943
— 4 301 984
706 4 300 975
— 4 301 1024
— 4 302 1035 s.
— 4 — 1062 s.
— 4 312 1501
707 2 51 20
— 2 394 1521
— 3 257 253
— 4 12 373
— 4 304 1156 s.
— 4 318 1725
— 4 468 347
— 4 470 414
— 4 679 2
— 4 682 81 s.
— 4 — 107
— 4 — 116
708 4 303 1102
— 4 305 1166 s.
— 4 470 414
709 2 394 1515 s.
— 2 — 1520 s.
— 4 305 1176
— 4 470 414
— 4 646 320
710 2 174 220
— 2 424 2313
— 2 592 859 s.
— 4 120 27
— 4 460 39
— 4 463 117
— 4 564 98
— 4 465 209
— 4 457 231 s.
— 4 471 465 s.
— 4 685 118
711 2 424 2313
— 3 70 190
— 3 177 59
— 3 680 659
— 4 460 7
— 4 467 309 s.
712 1 664 73
— 4 306 1230
— 4 457 288
— 4 468 339 s.
713 3 51 50
— 3 182 123
— 3 349 92
— 3 393 87
— 3 399 274 s.
— 3 487 619
— 4 304 1015
— 4 305 1186 s.
— 4 306 1209 s.
— 4 460 28
— 4 467 282
— 4 646 306
— 4 — 320 s.
— 4 — 339 s.
— 4 681 41
714 1 665 53
— 3 218 419
— 4 298 881
— 4 301 994
— 4 303 1092 s.
— 4 304 1149
— 4 — 1188
— 4 682 90
— 4 — 107
715 4 284 214
— 4 304 1142
— 4 306 1220
— 4 — 1238
— 4 468 359
— 4 469 397
— 4 470 428
716 1 300 158
— 4 62 11
— 4 — 26
— 4 — 33
— 4 300 1234
717 3 51 68
— 4 284 224
— 4 287 340
— 4 288 426
— 4 290 477 s.

— 4 — 507 s.
— 4 291 522 s.
— 4 292 577 s.
— 4 — 600 s.
— 4 293 629
— 4 294 668 s.
— 4 295 718
— 4 — 740 s.
— 4 296 761 s.
— 4 298 855 s.
— 4 299 893
— 4 — 903
— 4 — 937
— 4 300 975
— 4 302 1041
— 4 304 1156
— 4 313 1521 s.
— 4 320 61
— 4 343 15
718 1 286 76
— 2 711 213
— 3 379 3
— 4 307 1272 s.
— 4 308 1294
719 4 308 1322 s.
— 4 680 6
720 3 553 78
— 4 308 1331 s.
— 4 309 1362
721 4 307 1290
— 4 308 1311
— 4 309 1345 s.
— 4 310 1388 s.
— 4 469 369
722 4 308 1317
— 4 309 1345 s.
— 4 310 1391
— 4 448 118
723 1 671 342
— 4 301 1010
— 4 307 1289 s.
— 4 310 1386
— 4 318 1737
724 4 310 1394 s.
726 4 312 1513 s.
— 4 601 609
727 4 307 1287
— 4 310 1411 s.
— 4 311 1451 s.
728 1 395 117
— 4 340 1416 s.
729 4 302 1060
— 4 310 1408
— 4 — 1421
— 4 311 1437 s.
730 1 126 349
— 3 257 253
— 4 301 1010
— 4 302 1060
— 4 307 1289 s.
— 4 310 1412
— 4 311 1462 s.
— 4 315 1607
— 4 318 1737
731 1 545 306
— 3 3 84
— 3 428 87
— 3 436 56
— 4 307 1284
— 4 310 1423
732 4 299 911
— 4 300 949 s.
— 4 303 1083
— 3 — 1096
— 4 312 1499 s.
— 4 — 1509
733 1 286 76
— 1 347 920
— 4 282 104
— 4 287 362
— 4 295 739
— 4 301 987 s.
— 4 303 1098
— 4 304 1131
— 4 313 1542 s.
— 4 314 1589 s.
— 4 315 1639
— 4 316 1688 s.
— 4 466 277
— 4 470 426 s.
734 1 126 318
— 1 130 473 s.
— 2 548 823
— 3 204 85
— 4 301 993
— 2 — 1010 s.
— 4 307 1291 s.
— 4 312 1508
— 4 313 1056
— 4 315 1602 s.
— 4 317 1694
— 4 468 332
— 4 470 455 s.
735 1 347 937
— 1 540 198
— 2 102 56
— 3 540 350
— 4 282 104
— 4 301 989
— 4 303 1081 s.
— 4 308 1295
— 4 316 1649 s.
— 1 470 427 s.
736 1 126 318
— 1 130 473
— 4 283 144
— 4 — 163
— 4 301 1010
— 4 302 1056
— 4 303 1087
— 4 304 1136
— 3 308 1295 s.

— 4 312 1506
— 4 313 1532
— 3 314 1567 s.
— 4 315 723
— 4 316 1655 s.
— 4 466 280
— 4 468 331 s.
— 4 470 428
737 2 548 824
— 3 77 119
— 3 568 288 s.
— 4 284 211
— 4 295 739
— 4 306 1230
— 4 468 333 s.
— 4 469 370 s.
— 4 471 460
738 4 284 211
— 4 468 359
— 4 — 367 s.
— 4 469 397
— 4 439 398 s.
740 4 469 405 s.
741 4 469 410
742 4 469 407 s.
743 4 298 853
— 4 470 418 s.
744 1 664 73
— 1 665 114
— 4 470 441 s.
— 4 471 462
— 4 687 111
745 1 126 318
— 4 468 333
— 4 470 425 s.
746 4 680 8
747 1 544 283
— 2 592 863
— 3 429 115 s.
— 3 444 45
— 3 487 622
— 4 301 993
— 4 317 1703 s.
— 4 460 13
— 4 641 118
— 4 680 19
— 4 681 37
— 4 — 43
— 4 — 62
748 4 317 1706
749 1 62 32
— 1 242 17
— 3 332 22 s.
— 3 533 42
— 3 — 48
— 3 — 75
— 3 544 544
— 4 303 1112 s.
— 1 468 367
750 3 332 33
— 3 533 48
— 3 — 75
— 3 534 85 s.
— 3 — 92 s.
— 3 535 126
— 3 538 281
— 3 539 300
— 3 — 327
— 4 303 1112
751 1 542 239
— 1 543 245
— 3 534 87
— 3 — 90
— 3 — 113
752 3 47 85
— 3 535 130
— 3 — 149
— 3 537 242
753 3 535 145
— 3 — 149 s.
— 3 — 161 s.
— 3 536 195
— 3 537 242
754 1 636 207
— 2 102 70
— 3 399 273
— 3 536 168 s.
— 3 — 178
— 3 — 198
— 3 538 272
— 3 540 334
755 1 242 16
— 2 334 336
— 2 592 848
— 2 593 871
— 3 83 301
— 3 533 60
— 3 — 66
— 3 — 77
— 3 536 167
— 3 — 177 s.
— 3 — 198
— 3 537 204
— 3 — 210
— 3 — 238 s.
— 3 538 247 s.
— 3 — 272
— 3 — 280 s.
— 3 539 300
— 3 541 384
— 3 544 524
— 3 — 533 s.
756 1 242 16
— 2 497 395
— 2 593 871
— 3 428 76
— 3 536 177
— 3 — 198
— 3 537 210
— 3 538 249 s.
— 3 — 264 s.
— 3 539 294

— 3 541 383 s.
— 3 544 524
757 2 102 74
— 2 — 76
— 2 581 307
— 3 122 379
— 3 536 177 s.
— 3 538 262
— 3 — 368 s.
— 3 539 324
758 2 103 119
— 3 536 191
— 3 539 322
— 3 540 339
— 3 — 361
— 3 542 430
— 3 544 509
— 3 — 524 s.
759 1 300 158
— 2 72 52
— 3 532 33
— 3 535 160
— 3 536 187 s.
— 3 — 196
— 3 — 200
— 3 537 216
— 3 — 242
— 3 544 509
— 3 — 517 s.
— 3 — 524 s.
— 3 545 562
— 4 62 26
— 4 121 48
— 4 122 97
— 4 134 100 s.
760 3 538 268
761 3 540 341 s.
— 3 — 368
762 3 399 273
— 3 540 345 s.
— 3 — 355 s.
— 3 — 366 s.
— 3 541 402
763 1 123 219
— 1 125 292
— 1 126 319
— 1 — 321
— 1 140 17
— 1 296 33
— 1 671 342
— 2 35 70
— 2 — 77
— 2 104 136 s.
— 2 547 818
— 3 533 59
— 3 540 368
— 3 541 383
— 3 — 400 s.
— 3 — 410
— 3 542 421
— 3 — 430
— 3 — 438 s.
— 3 543 460 s.
— 3 — 471
— 3 — 485
— 3 — 504
— 3 544 507 s.
— 3 546 606
— 4 134 102
764 3 543 478 s.
765 2 545 777
— 3 379 2
— 3 542 423
— 3 543 504 s.
766 1 339 639
— 2 710 192
— 3 543 501
— 3 544 510
767 3 122 379
— 3 157 115 s.
— 3 257 253
— 3 544 515
— 3 — 520 s.
— 3 — 538
— 3 545 553
— 4 122 97
— 4 665 624
768 1 300 158
— 4 62 26
770 3 122 379
771 3 525 192
— 3 545 562
— 3 — 570 s.
— 4 284 212
772 1 245 149
— 3 125 454
— 3 545 586
— 4 121 48
773 3 545 587
— 4 180 63
774 3 545 587
— 4 134 95 s.
— 4 317 1717
775 1 126 319
— 2 100 8
— 3 533 45 s.
— 3 — 50
— 3 — 63 s.
— 3 — 76 s.
— 3 541 405
— 4 134 86
776 3 533 42
— 3 534 80
777 3 534 88
— 3 537 213
— 3 544 550
— 4 62 11
— 4 303 1111 s.
— 4 463 123
— 4 466 273
778 2 101 17
— 3 99 123 s.

— 3 101 148
— 3 111 52
— 3 492 780
— 3 534 103
— 3 545 593
— 4 132 36
779 2 104 156
— 3 534 101
— 3 533 186 s.
— 4 115 16
780 1 545 307
— 1 663 28
— 1 669 286
— 1 672 372
— 1 674 438
— 1 — 443 s.
— 1 675 449 s.
— 1 — 456 s.
— 1 676 479 s.
— 1 — 487
— 1 — 498
— 1 — 504
— 1 678 565
— 1 — 598
— 1 — 592
— 1 680 637
— 2 126 39 s.
— 2 506 15
— 2 508 108
— 2 552 966
— 3 215 494
— 3 — 501
781 1 314 34
— 1 550 454
— 1 675 464
— 1 676 514 s.
— 1 677 525 s.
— 1 — 535 s.
— 1 — 548
— 1 — 554
— 1 679 597
— 1 — 601 s.
— 1 680 634
— 3 176 38
782 1 677 550 s.
— 1 683 739
— 3 399 274
783 1 676 506
— 1 — 512
— 1 678 576
— 1 — 582
— 1 — 584 s.
— 1 679 595
— 1 — 598
— 1 — 600
— 2 125 5
— 2 126 40
— 2 542 594
— 3 19 29
784 1 545 307
— 1 676 487
— 3 19 29
— 4 301 1021
— 4 315 1652
785 1 672 379
— 1 677 536
786 1 678 561
— 1 — 563
— 1 680 641 s.
— 1 682 732
— 3 19 26
— 4 170 6
— 4 171 24
787 1 678 560
— 1 — 563
— 4 171 29
788 1 678 569
— 1 — 772 s.
— 4 300 961
789 1 678 578 s.
— 1 — 581
— 1 679 594
— 1 680 651 s.
— 1 — 655
— 1 681 667
— 2 125 5
— 2 126 40
— 3 19 29
790 1 679 605
— 1 — 618
791 1 680 632
— 1 681 670
— 1 — 672
792 1 679 623
— 1 680 627
— 1 — 633
— 1 682 726
— 1 683 737
793 1 680 635
— 1 — 633
— 1 — 641
— 1 681 672
— 1 682 720
— 1 684 775
— 3 19 29
794 1 540 168 s.
— 1 157 442
— 1 663 38
— 1 674 440
— 1 675 465
— 1 — 467
— 1 678 572
— 1 — 581
— 1 679 605
— 1 — 614 s.
— 1 680 638
— 1 681 691
— 1 682 697
— 1 — 701 s.
— 1 — 730

— 2 36 134
— 2 491 176
— 3 379 3
— 3 399 274
795 1 345 307
— 1 682 706 s.
— 2 36 124
— 3 379 3
— 3 399 274
796 1 679 625
— 1 680 634
— 1 682 718 s.
797 1 680 629
— 1 682 712
— 1 — 714
— 1 — 716
798 1 678 585
— 1 682 710
— 1 — 712
799 1 682 726
— 1 — 728
— 1 — 730
— 1 — 732
800 1 23 182
— 1 666 142
— 1 670 292
— 1 674 432
— 1 681 683
— 1 682 711
— 1 683 737
— 1 — 743
— 1 — 756
801 1 683 746 s.
802 1 545 307
— 1 683 758 s.
803 1 681 673 s.
— 1 — 678 s.
— 1 682 720
— 1 — 722
804 1 681 684
— 1 — 686
805 1 540 168
— 1 681 676
— 1 — 680
— 1 682 707
— 1 684 774
— 1 — 776
— 3 379 2
— 3 399 274
808 1 118 13
— 1 345 294
— 1 — 310
— 2 511 201
— 3 152 174
— 3 203 81
— 4 170 3 s.
— 4 — 20
807 4 170 18
— 4 — 25 s.
808 1 239 3
— 1 545 307
— 2 548 836
— 4 171 28 s.
809 1 120 90 s.
— 1 125 284
— 1 126 322
— 1 545 319
— 1 672 384
— 1 682 717
— 2 17 169
— 2 26 428
— 2 126 48
— 2 577 367
— 3 49 134
— 3 379 2
— 4 170 15
— 4 171 37
— 4 172 68 s.
810 4 171 35
811 2 508 79
— 3 49 134
— 4 171 36
— 4 172 69
812 2 132 96
— 3 523 107
813 3 523 93
— 3 — 111
814 3 523 93
— 3 — 115
— 3 — 122
— 3 545 582
815 1 46 157
— 3 521 21 s.
816 2 510 162
— 3 523 123
— 3 525 204
817 3 526 218
819 1 545 295
— 2 102 67
— 3 292 537
— 4 64 108
— 4 271 5
— 4 278 1 s.
820 3 492 802
— 4 65 120
— 4 — 133
— 4 279 14
— 4 322 35
821 1 664 55
— 4 271 5
822 1 6 172
— 1 540 184
— 1 545 293
— 4 278 1 s.
823 1 664 53
— 4 278 10 s.
824 4 278 13
— 4 279 33 s.
825 4 278 13 s.
— 4 279 42
826 1 545 295
— 4 279 17
— 4 320 5

827 2 606 1276
— 4 320 6
828 4 320 7
829 4 170 6
— 4 320 8
830 1 664 53
— 4 320 13
831 1 540 185
— 2 606 1277
— 4 320 13 s.
832 1 299 151
— 1 545 307
— 3 316 6
— 3 531 7
— 4 120 27
— 4 122 102
— 4 460 3
— 4 462 99 s.
— 4 463 142 s.
— 4 464 168 s.
— 4 465 200
— 4 — 216 s.
833 3 542 445
— 4 464 163
— 4 465 219
— 4 466 244
834 3 79 189 s.
— 3 102 419
— 3 123 399 s.
— 3 124 433
— 3 126 475
— 3 428 92
— 4 68 216
— 4 72 376
— 4 74 446 s.
— 4 76 495
— 4 — 502 s.
— 4 77 517
— 4 — 540
— 4 78 539
— 4 120 25
— 4 121 49 s.
— 4 — 67
— 4 339 74
— 4 466 270
— 4 553 32 s.
835 3 123 399
— 4 74 448
— 4 462 78
— 4 553 32 s.
836 4 466 255
— 4 683 118
837 4 466 255
838 4 466 255
839 1 545 295
— 1 617 24
— 1 — 27 s.
— 3 379 3
— 4 36 1299 s.
— 4 40 1472 s.
840 2 512 1
— 2 513 56
— 3 379 3
— 4 40 1475
841 1 617 26
— 2 428 2431
— 4 39 1440 s.
— 4 170 19
842 4 36 1294
— 4 40 1445
843 4 40 1446 s.
— 4 170 6
844 1 545 298
— 2 508 78
— 2 — 81 s.
— 2 548 828
— 4 36 1310
— 4 39 1435
— 4 40 1453 s.
— 4 — 1466 s.
— 4 272 14
— 4 284 188
845 2 508 81
— 4 40 1460
— 4 170 6
— 4 — 17
846 1 617 4
— 1 — 14
— 1 — 24
— 1 — 28
— 4 691 84
— 4 693 108
847 1 617 28
— 1 — 34 s.
— 3 161 35
848 1 617 37
— 2 512 1
— 2 513 42
— 2 — 56
— 3 161 36
849 1 618 41
— 3 58 73
850 1 545 304
— 1 617 14
— 1 618 43 s.
— 3 60 132
— 4 691 84
851 1 617 32
— 4 36 1311
852 4 545 297
— 1 618 43
— 1 — 53
— 3 58 73
— 3 176 46
— 4 36 1307
— 4 170 6
— 4 — 16 s.
— 4 171 29
853 1 617 18
— 1 — 20
— 4 170 19
854 1 545 297
— 1 617 19

— 2 508 78
— 4 36 1310
— 4 79 570
— 4 170 19
855 1 46 155
— 1 — 159
856 1 44 64
— 1 46 155 s.
— 1 — 159
858 1 46 161
— 1 546 341
— 3 395 142
859 1 2 31
— 1 — 36
— 1 — 44
— 1 6 173 s.
— 1 545 304
— 3 395 158
— 3 396 167
860 1 6 173
— 3 396 167
861 1 248 260
— 1 545 299
— 2 637 6
— 3 396 192
— 4 170 15
862 1 249 305
863 1 419 64
864 1 248 264
865 1 545 300
866 4 326 63 s.
867 3 453 413
— 4 326 63 s.
— 4 — 97
868 4 326 93 s.
869 1 41 3
— 4 326 69 s.
— 4 328 151
— 4 334 120
— 4 650 444
870 4 326 88
871 4 326 90
— 4 329 179
872 1 109 48
— 1 371 89
— 1 568 463
— 2 352 277
— 2 442 2892
— 2 609 1373
— 3 450 292
— 3 — 298
— 3 453 418
— 4 326 65
— 4 — 95 s.
— 4 328 151
— 4 329 169
873 1 678 590
— 4 326 95
— 4 328 180 s.
874 1 454 480
— 4 329 174
875 1 545 301
— 3 187 5
— 4 333 101 s.
— 4 334 127
876 4 334 126
877 1 297 52
— 4 334 126 s.
878 1 88 64
— 1 249 279
— 1 545 301
— 1 623 70 s.
— 4 333 86 s.
— 4 — 103 s.
— 4 335 162
879 2 108 99
881 2 108 76
— 2 — 99
— 4 592 302
882 3 163 206
— 3 165 65
— 4 587 117
883 3 358 119 s.
— 3 379 3
— 4 60 44
— 4 588 119 s.
— 4 590 199 s.
— 4 — 221 s.
— 4 591 277 s.
884 3 379 3
885 1 545 304
— 3 397 195
— 3 399 286
— 4 123 92
887 4 590 214 s.
888 3 152 169
889 4 597 468
— 4 — 483
890 3 149 67
— 3 397 202
— 3 531 11
891 3 148 50
892 3 148 51
— 3 397 202
893 3 149 50 s.
— 3 397 201
894 3 149 78 s.
895 3 149 87
896 3 152 168
897 3 152 180
— 3 — 197
— 3 450 279
898 1 370 67
— 1 — 69
— 1 — 76
— 1 371 97
— 1 — 101
— 1 — 105
— 2 598 1020 s.
899 1 370 70
— 1 — 72
— 1 — 75 s.

— 1 371 96 s.
900 1 370 70 s.
— 1 — 77 s.
— 1 278 568
— 2 598 1029
— 3 397 216
— 3 399 275
901 1 370 70
— 1 — 80 s.
— 1 — 85
— 1 371 97
— 1 559 231 s.
— 3 67 67
902 1 370 83
— 2 598 1029
903 1 370 88
904 1 371 107
— 3 444 45
— 4 328 146
— 4 680 11
— 4 — 26
905 1 358 28
— 1 369 30
— 1 — 48
— 1 — 50
— 1 371 95
— 1 609 104
— 2 477 67
— 4 276 199
— 4 322 32
— 4 402 46
906 1 371 95
— 4 402 44
907 1 450 454
— 1 322 30
908 3 564 158
909 1 41 2
— 1 545 309
— 2 504 64
— 3 169 61 s.
— 3 564 149 s.
— 4 192 81
— 4 321 4 s.
— 4 322 49 s.
— 4 — 58
— 4 434 222
— 4 453 49
910 3 397 206
— 3 564 152
— 4 322 50
911 1 545 318
— 2 504 63
— 3 395 155
— 3 397 205 s.
— 3 564 147
— 4 321 18 s.
912 3 397 208
914 4 322 35
915 3 51 36
916 1 545 312
— 4 257 144
— 4 502 271
918 1 545 312
— 4 502 271
921 4 170 6
— 4 — 16
— 4 — 19
— 4 322 34
922 4 171 29
925 2 505 22
— 3 168 21
— 4 170 16
926 3 51 36
— 3 564 155
— 4 322 42
927 2 125 5
— 3 51 36
— 2 564 155
— 4 322 45
928 1 5 135
— 1 545 302
— 3 169 45
— 3 170 102
— 4 60 22
— 4 322 48
— 4 — 63
929 3 169 77
— 3 397 208
930 1 41 2
— 2 504 64
— 3 169 61 s.
— 3 170 107
— 3 397 208
— 3 564 152
— 4 322 49 s.
931 1 3 61
— 1 — 66
— 1 — 75
— 1 545 303
— 3 170 85
— 3 397 208
— 4 322 61 s.
932 3 170 85
— 3 — 109 s.
— 3 172 192
— 4 322 56
933 3 170 114
— 3 172 192
934 3 170 115
— 3 172 194
935 1 545 303
— 2 315 7
— 3 169 47 s.
— 4 686 73
936 3 169 59
— 3 172 182
937 2 422 2252
— 3 171 154
938 3 171 155
939 3 168 20
— 3 171 126
— 4 321 17

978 4 682 103
981 1 545 318
— 3 397 209
— 3 565 193
— 3 — 199
982 4 590 207
983 3 51 36
— 3 565 199
984 3 566 237
— 4 590 707
— 4 683 107
985 3 565 177
— 4 681 67
986 1 545 310
— 3 397 210
987 1 545 318
— 1 622 49
— 3 397 210
— 3 434 497
— 4 448 120
— 4 — 128
— 4 680 26
— 4 — 36
— 4 681 37
988 1 148 160 s.
— 1 545 318
— 1 622 49
— 3 182 123
— 3 393 87
— 3 444 45
— 4 680 36 s.
989 1 148 160 s.
990 4 682 90
991 4 450 174
992 3 567 257
— 4 451 208
993 1 63 54
994 4 451 208
996 3 604 58
997 1 454 492
998 3 397 211
999 4 458 7
1000 2 564 142
— 3 169 42
— 3 — 71
— 4 458 18
1001 3 444 45
— 4 458 18
— 4 680 26
1002 1 63 54
1003 1 144 41
— 1 147 120
— 1 — 128
— 1 148 155
— 1 — 160 s.
— 1 — 165
— 1 — 172 s.
— 1 149 181
— 1 — 186 s.
— 1 150 212
— 1 — 216
— 1 — 219
— 1 155 309
— 1 157 439
— 1 167 732
— 1 228 156
— 1 507 647
— 3 351 248
1004 1 52 285
— 1 105 154
— 1 — 157
— 1 147 130
— 1 148 143
— 1 — 145
— 1 — 147 s.
— 1 — 155
— 1 149 198
— 1 150 214 s.
— 1 — 223 s.
— 1 — 229 s.
— 1 — 232
— 1 159 493
— 1 507 647
— 1 621 38
— 2 177 310
— 2 564 142
— 2 653 202
— 3 149 76
— 3 351 248
— 3 479 320
— 4 549 49
— 4 597 460
1005 1 153 321 s.
— 1 154 332
— 1 162 581
— 1 167 732
— 1 179 1116
— 1 — 1120 s.
— 3 399 267
1006 1 153 318
— 1 — 320
— 1 154 345
— 1 — 352 s.
— 1 155 366 s.
— 1 — 377
— 1 156 388
— 1 — 390
— 1 — 397
— 1 157 430
— 1 158 463
— 1 178 1079
— 1 161 556
1007 1 161 556 s.
— 1 — 561
— 1 — 570
— 1 — 572
— 1 162 598
— 1 168 764 s.
— 2 434 2628 s.
1008 1 153 321
— 1 156 389
— 1 158 449

— 4 323 66
940 4 323 69
— 4 444 18
941 1 41 2
— 2 504 64
— 3 169 60 s.
942 1 545 303
— 3 169 78
— 3 171 132
— 3 172 192
— 4 444 16
943 1 664 55
— 3 169 46
— 3 171 137
— 3 — 144 s.
— 3 — 156 s.
— 4 444 12 s.
944 3 172 181 s.
— 4 170 6
— 4 — 17
— 4 171 29
945 3 437 69
— 3 564 158
— 3 565 192
— 4 686 80
— 4 — 86
946 4 686 76
947 4 686 89 s.
948 3 531 40
— 4 170 6
— 4 686 92
949 4 686 88
950 4 686 91
951 3 565 192
— 4 686 91
952 3 565 192
— 4 682 93
954 4 460 4
— 4 596 423
— 4 — 439
— 4 680 25
— 4 682 77
955 1 559 226
— 2 515 7
— 2 516 43
— 2 592 863
— 3 78 154 s.
— 3 444 45
— 4 679 2
— 4 — 12 s.
— 4 — 31
— 4 681 57
— 4 — 117
956 3 78 154
— 4 679 2
— 4 — 35
957 1 297 50
— 2 515 7
— 4 317 1702
— 4 679 2
— 4 — 958
— 4 689 23
— 4 — 37
959 4 682 90
960 3 565 173
— 4 538 112
— 4 681 52
961 3 379 2
— 4 538 112
— 4 681 58 s.
962 1 297 50
— 4 300 942
— 4 681 60 s.
963 4 300 942
— 4 681 64 s.
— 4 — 71
964 1 371 108
— 4 679 2
— 4 682 75 s.
965 1 371 108
— 1 559 226
— 2 304 1523
— 3 182 123
— 3 393 87
— 4 460 4
— 4 — 13 s.
— 4 469 387
— 4 683 107
966 3 567 248
967 2 528 45
969 3 220 62
— 3 565 175
— 4 681 37
970 3 444 45
— 3 567 256
— 4 679 2
— 4 — 15
— 4 681 37
971 2 515 7
972 1 626 9
— 3 182 123
— 3 393 87
— 4 460 25
— 4 681 37
— 4 — 44
— 4 — 107
973 3 379 2
— 3 567 257
— 4 318 1730
— 4 681 46
974 3 567 249
— 3 — 254
975 3 565 184
— 3 — 199
— 3 566 233
— 3 — 237
976 3 444 45 s.
977 3 58 73
— 3 60 140
— 4 8 177
— 4 18 607
— 3 566 226 s.

— 1 160 536
— 1 — 540
— 1 — 543 s.
— 1 176 1030
1009 1 144 45
— 1 166 697
— 1 — 721
— 1 — 723
— 1 — 726 s.
— 1 167 757
— 1 168 763
— 1 169 800
— 1 — 815
— 1 170 848
1010 1 144 50 s.
— 1 145 60
— 1 147 123 s.
— 1 151 245
— 1 173 953 s.
— 1 174 977
— 1 176 1021
— 1 177 1059 s.
— 1 178 1087
— 1 — 1093
— 4 214 144
1011 1 166 724
— 1 167 738 s.
— 1 — 746 s.
— 1 168 788
— 1 169 800
— 1 178 1064
1012 1 156 890 s.
— 1 — 405
— 1 157 427
— 1 158 449
— 1 — 478
— 1 159 485
— 1 — 488
— 1 — 495
— 1 — 498 s.
— 1 160 540
— 1 — 542
— 1 161 548
— 1 — 556 s.
— 1 162 579
— 1 — 581

— 1 — 595
— 1 — 599
— 1 163 623
— 1 — 628
— 1 164 644
— 1 167 754
— 1 168 787
— 1 169 817
— 1 632 118
1013 1 147 120 s.
— 1 159 486
— 1 — 493
1014 1 159 499
— 1 — 503
— 1 160 513
— 1 — 521
— 1 — 527
1015 1 158 443
— 1 162 577
— 1 167 749
— 2 637 195
1016 1 158 460
— 1 161 574
— 1 152 289 s.
— 1 163 614
— 1 — 621
— 1 167 747
— 1 — 752 s.
— 1 168 778
— 1 — 783 s.
— 1 — 788
— 1 — 791
— 1 174 958 s.
— 1 — 987
— 1 175 1005
— 1 — 1007
— 1 178 1070
1017 1 156 388
— 1 — 391
— 1 157 427
— 1 159 500
— 1 162 603
— 1 — 608 s.
— 1 163 612 s.
— 1 — 619 s.
— 1 164 638

— 1 — 645 s.
— 1 165 670
— 1 — 672 s.
— 1 — 677
— 1 166 700
— 1 168 785
— 1 545 808
1018 1 157 427
— 1 162 583
— 1 — 591
— 1 — 601
— 1 — 608
— 1 163 613
— 1 — 623
— 1 164 641 s.
— 1 — 650 s.
— 1 165 667
— 1 — 671 s.
— 1 166 700
1019 1 144 37
— 1 — 40
— 1 — 45
— 1 — 51
— 1 147 124
— 1 152 286
— 1 166 724
— 1 167 747
— 1 168 798
— 1 170 853
— 1 — 862
— 1 173 933 s.
— 1 176 1021
— 1 177 1054
— 1 179 1119
1020 1 160 524
— 1 — 526
— 1 163 610
— 1 166 708 s.
— 1 169 809 s.
— 1 — 816
— 1 — 823 s.
— 1 — 830
— 1 — 834
— 1 170 836
— 1 171 868 s.
— 1 — 879 s.

— 1 172 902 s.
— 1 — 905 s.
— 1 — 910 s.
— 1 173 939 s.
— 1 174 988
— 1 176 1027
— 1 179 1118
— 1 545 308
— 2 430 2504
1021 1 157 429
— 1 160 524
— 1 — 526
— 1 170 853
— 1 171 887
— 1 172 900
— 1 — 906
— 1 — 912
— 1 — 923 s.
— 1 174 988
— 1 177 1053
— 1 178 1071
— 1 179 1096
— 1 545 308
— 2 511 208
1022 1 170 846
— 1 171 869
— 1 173 947
— 1 174 961
— 1 — 963
— 1 178 1073
— 1 179 1099
— 2 399 1666
1023 1 147 127
— 1 157 436
— 1 170 847
— 1 171 898
— 1 176 1021
— 1 — 1023 s.
— 2 13 64
1024 1 158 465
— 1 172 924 s.
— 2 512 1
1025 1 176 1023
— 1 — 1033
1026 1 174 963
— 1 — 984

— 1 177 1057
— 1 178 1061
— 1 — 1065 s.
— 1 — 1075
— 4 214 143
1027 1 155 361
— 1 169 800
— 1 176 1021
— 1 177 1044
— 1 — 1057 s.
— 1 178 1065
— 1 — 1068
— 4 211 43 s.
1028 1 146 86
— 1 153 316
— 1 154 351
— 1 157 426
— 1 — 430 s.
— 1 — 442
— 1 158 446
— 1 159 483
— 1 160 521
— 1 — 529
— 1 161 548
— 1 — 564 s.
— 1 162 579
— 1 — 595
— 1 163 603
— 1 — 619
— 1 165 696
— 1 166 727
— 1 167 747
— 1 — 761
— 1 168 764
— 1 — 766
— 1 — 786
— 1 169 798
— 1 — 811
— 1 170 859
— 1 — 862
— 1 171 876
— 1 — 881 s.
— 1 172 924
— 1 173 935 s.
— 1 — 952
— 1 174 960

— 1 — 964 s.
— 1 — 989
— 1 175 1007
— 1 — 1019 s.
— 1 176 1039
— 1 177 1040 s.
— 1 178 1069 s.
— 1 179 1100
— 1 — 1115
— 1 — 1117
— 1 — 1122
— 1 537 82
1029 2 528 50
— 2 529 98
— 4 269 250
1030 1 108 17 s.
— 1 127 361
— 1 132 525
— 1 163 610
— 1 171 876
— 1 — 881
— 1 459 654
— 1 675 468
— 2 85 163
— 2 256 746
— 2 282 117
— 2 340 270
— 2 341 314
— 2 509 133 s.
— 2 528 42
— 2 531 144
— 2 535 303
— 2 541 545
— 2 545 700 s.
— 2 — 729
— 2 — 735 s.
— 2 546 772
— 2 547 814
— 2 552 967
— 2 627 447
— 2 633 169
— 2 708 92
— 3 70 214
— 3 117 210
— 3 176 38 s.
— 3 205 132 s.

— 3 213 432
— 3 398 227
— 3 531 7
— 4 60 37
— 4 167 122
— 4 229 178
— 4 235 368
— 4 278 58
— 4 274 127
— 4 691 97
1031 1 459 654
— 1 675 455
— 1 677 548
— 1 679 603
— 2 85 151
— 2 257 772
— 2 339 251
— 2 537 408
— 2 710 181 s.
— 2 712 252
— 3 72 282
— 4 235 361
— 4 — 368
— 4 — 377 s.
1032 1 486 100
— 2 474 53
— 4 170 15
— 4 267 177
1033 1 52 108
— 1 — 110
— 1 125 278 s.
— 1 218 588
— 1 623 91
— 1 728 597
— 2 34 35
— 2 — 37
— 2 — 40
— 2 — 58 s.
— 2 — 65 s.
— 2 35 70
— 2 36 121
— 2 103 106
— 2 202 404
— 2 337 150
— 2 340 282
— 2 423 2265

— 2 527 18
— 2 546 682
— 2 — 685 s.
— 2 — 691 s.
— 2 545 695
— 2 — 703
— 2 — 706
— 2 — 728
— 2 — 733
— 2 553 6
— 2 632 119
— 3 126 491
— 3 162 112
— 3 209 287
— 3 210 309
— 3 — 330 s.
— 3 214 475 s.
— 3 258 267
— 3 542 421
— 3 435 41
— 3 509 7
— 4 276 241
— 4 286 297
— 4 292 581
— 4 299 897 s.
— 4 — 924
— 4 315 1612 s.
— 3 413 16
— 4 590 215
— 4 661 841
— 4 681 65
1034 2 69 40
— 2 515 7
1035 1 167 746
— 1 535 6
— 1 550 454
— 1 676 478
— 2 68 20
— 2 334 54 s.
— 2 515 7
— 3 126 492
— 3 176 50
— 4 691 76
1036 1 240 32
— 1 311 117
— 1 562 324

— 1 682 727
— 2 67 181
— 2 85 140
— 3 710 355
1037 1 168 770
— 1 677 519
— 1 748 357
— 2 33 11
— 2 34 47
— 2 — 50
— 2 202 395
— 2 282 117
— 2 510 169 s.
— 2 540 523
— 2 — 526
— 2 — 529
— 2 663 69
— 3 66 8
— 3 181 125
— 3 176 32
— 3 — 38
— 3 177 61
— 3 191 199
— 3 449 264
— 4 292 576
— 4 305 1180
— 4 661 841
1038 1 18 22
— 1 121 146
— 1 299 113
— 1 — 119
— 2 63 46
— 3 209 281
— 3 608 227
— 4 274 105
1039 1 160 519
— 2 541 558
— 2 — 566 s.
— 2 542 587
— 3 66 6
— 3 399 276
— 4 291 541
1040 1 172 921
— 1 — 923
— 1 239 2 s.
— 1 618 42

— 1 676 481
— 2 102 62
— 2 107 64
— 2 580 470
— 3 50 24
— 3 — 28
— 3 51 36
— 3 162 105
— 3 190 134
— 3 531 41
— 4 39 1420
— 4 682 90
1041 1 47 5
— 1 67 90
— 1 75 835
— 1 123 256
— 1 132 540
— 1 684 777
— 1 729 607
— 2 333 11
— 2 438 2752
— 2 524 357
— 2 529 88
— 2 531 181
— 2 533 231
— 2 706 39
— 3 257 253
— 3 260 342
— 3 272 216
— 3 541 402
— 3 604 83
— 4 170 5
— 4 174 39
— 4 210 18
— 4 274 148
— 4 480 10
1042 1 648 7
— 2 81 4
— 3 181 90

CODE DE COMMERCE.

1 1 93 49
— 1 224 21
— 1 417 1
— 1 419 77
— 1 — 85
— 1 615 15
— 3 450 294
2 1 419 64
— 1 — 67
— 1 — 69
— 1 — 73
— 1 — 86 s.
— 2 307 13
— 2 308 27
— 2 607 1294
— 3 87 18
— 4 595 398
3 1 419 71
4 1 419 82 s.
— 1 444 228
— 1 669 263
5 1 419 73
— 1 — 83
— 1 — 90
— 1 444 214
— 1 — 223
— 1 669 263 s.
— 2 308 37
— 2 597 993
— 3 87 18
6 1 419 76
— 1 — 83
— 1 420 95
— 3 87 18
— 3 425 8
7 1 420 95
— 1 — 97
— 1 444 226
— 2 176 299
— 3 87 18 s.
— 3 425 8
8 1 420 118
— 1 — 121
— 1 — 124
— 1 612 84
— 2 607 1311
— 4 536 62 s.
9 1 420 118
— 1 — 124
— 1 395 7
— 4 536 62 s.
10 1 420 123
— 2 607 1311
— 4 536 63
— 1 93 78
11 1 94 86
— 1 420 124
— 1 — 127
— 1 797 73
— 1 — 79
— 2 258 607
— 2 607 1311
— 4 536 62 s.
12 1 94 83

— 1 420 128
— 1 421 134
— 1 797 76
— 2 238 182
— 4 34 1202
— 1 421 135
13 2 238 182
— 1 167 745
14 1 421 137 s.
— 1 — 141
— 1 617 8
— 1 — 13 s.
— 4 34 1214
— 4 691 84
15 1 421 140
— 1 — 143
— 1 617 8
— 1 — 13 s.
— 4 2 46
— 4 34 1213 s.
— 4 691 84
16 4 34 1225
17 1 421 147 s.
— 1 658 240
— 4 34 1216 s.
— 4 349 114
18 4 389 2
19 1 224 21
20 1 204 185
— 4 389 3
21 4 378 76
22 1 122 168
— 1 149 182
— 1 205 218
— 2 586 652
— 2 597 993
— 3 506 49
— 3 713 431
— 4 392 102
— 4 654 607
23 2 607 1313
— 4 394 167
— 4 396 210
24 2 607 1313
— 3 713 431
— 4 395 174
25 4 394 168
26 1 146 92
— 4 395 179
— 4 396 210 s.
27 1 95 122
— 1 205 208
— 4 395 183
— 4 — 191
28 1 95 122
— 2 567 10
— 4 395 183
— 4 — 193
29 4 395 170
— 4 397 229
30 4 397 229
31 1 209 337
— 4 398 272
32 1 210 361

— 3 536 194
— 4 398 283
33 3 536 194
— 4 398 263
34 4 397 260
35 4 397 251
— 4 563 74
36 4 396 210
— 4 397 252
37 1 224 21
— 3 244 55
— 4 397 234 s.
38 1 93 48
— 4 396 206 s.
— 4 — 222 s.
39 4 28 989
— 4 390 6
— 4 — 21
— 4 391 58
40 1 207 268
— 3 444 29
— 4 397 234
41 4 45 100
— 4 390 23
42 1 145 81
— 1 546 687
— 2 607 1313
— 3 450 292
— 4 148 55
— 4 390 10
— 4 — 24 s.
— 4 393 130
— 4 394 144 s.
— 4 — 157
— 4 — 163
— 4 399 304
43 4 390 27
— 4 391 59
— 4 394 157
— 4 393 173
44 4 390 29
— 4 391 59
— 4 394 145
— 4 — 167
45 4 397 248
46 1 214 481
— 2 607 1313
— 3 713 431
— 4 391 59 s.
— 4 394 157
47 1 222 678
48 4 398 298
49 4 51 327
— 4 399 317 s.
50 4 399 316 s.
51 1 26 304
— 1 145 64 s.
— 1 146 87
— 1 — 91 s.
— 1 147 113
— 1 — 118
— 1 153 298
— 1 159 488
— 1 160 524

— 1 — 526
— 1 170 853
— 1 — 855
— 1 171 896
— 1 174 968
— 1 177 1056
— 1 536 61
— 1 560 260
— 3 61 170
— 4 377 21
52 1 145 55
— 1 — 80
— 1 147 116
— 1 — 123 s.
— 1 152 286
— 1 159 488
— 1 — 493
— 1 175 1007
— 1 176 1034
— 1 — 1037
— 1 177 1040
— 1 — 1054
— 1 — 1056
— 1 178 1065
— 1 612 95
53 1 156 399
— 1 — 406
54 1 155 383
— 1 156 402
— 1 161 361
— 1 — 573
— 1 162 591
— 1 — 595
— 1 164 648
— 1 568 461
55 1 156 399 s.
— 1 158 480
— 1 160 525
— 1 162 589
— 1 164 639
— 1 568 461
— 3 506 42 s.
56 1 167 730
— 1 — 738
— 1 178 1064
57 1 164 643
— 1 167 754
— 1 — 761
— 1 213 438
— 2 250 582
58 1 161 573
— 1 167 754 s.
59 1 167 754
60 1 155 383 s.
— 1 156 408
— 1 162 583
— 1 — 604
— 1 164 638 s.
— 1 165 672
61 1 169 798
— 1 170 842
— 1 171 868 s.
— 1 172 906
— 1 — 914

— 1 173 938 s.
— 1 176 1027
— 1 177 1053
— 1 508 467
62 1 147 117
— 1 158 471
— 1 159 486
63 1 149 174
— 1 165 377
— 1 159 486
— 1 — 493
— 1 176 1035
64 1 149 181
— 1 160 546
— 3 682 731
— 4 391 67
— 4 394 157 s.
65 1 206 240
— 2 609 1371 s.
— 4 325 55
— 4 326 68
— 4 327 104
66 2 609 1371 s.
— 4 327 104
67 1 100 48
— 1 444 227
— 1 694 84 s.
— 1 — 88
— 2 352 277
— 2 421 2234
— 3 609 1371 s.
— 3 58 73
— 3 450 292
— 3 — 302
— 3 453 418
— 4 327 104
68 2 87 221
— 1 108 33
— 1 109 48
— 1 — 65
— 1 694 86
— 2 32 620
— 2 87 221
— 2 442 2892
— 2 609 1371 s.
— 3 58 73
— 3 450 292
— 3 — 300
— 3 453 413
— 4 327 104
69 1 478 1121
— 2 609 1372 s.
— 4 327 103
70 2 586 656
— 2 609 1372 s.
— 4 327 103
71 1 305 2
72 1 305 1
— 2 263 26
73 1 305 1
74 1 37 118
— 1 92 9
75 1 92 11
— 1 — 32

— 1 795 15
— 1 — 25
76 1 93 46 s.
— 1 305 1
— 2 263 26
77 1 795 9
78 1 686 15
— 1 705 37
— 1 798 116
— 4 639 45
79 1 94 91
— 1 196 12 s.
— 1 197 34
— 1 198 42
— 1 796 55 s.
80 1 796 60 s.
— 1 — 67
81 1 92 12
— 1 795 9
82 1 198 42
— 1 795 12
— 1 796 69
83 1 152 268
— 1 795 19
— 2 572 174
84 1 98 50
— 1 — 78
— 1 196 12
— 1 797 73
— 4 639 45
85 1 92 10
— 1 93 64
— 1 94 108
— 1 — 112 s.
— 1 95 116
— 1 96 170
— 1 364 40
— 1 795 7
— 1 — 20
— 1 796 54
— 1 797 88 s.
— 1 — 111
— 2 610 1397
86 1 92 10
— 1 94 111
— 1 795 7
— 1 797 88
— 1 — 91
87 1 92 26
88 1 92 26
89 1 92 10
— 1 95 138
— 2 58 834
— 2 567 9
— 2 610 1397
90 2 265 85
— 2 — 97
91 1 94 95
— 1 95 142
— 1 121 147
— 1 423 2
— 1 — 22
— 1 795 36
— 2 263 43

— 3 316 2
92 1 423 2
— 1 432 279
— 1 — 287
— 1 615 8
— 2 593 880
— 3 316 2
93 1 199 67
— 1 424 53
— 1 425 57 s.
— 1 426 83 s.
— 1 427 121
— 1 435 369
— 2 238 194
— 2 242 321
— 2 593 893 s.
— 2 602 1148
— 2 — 1174 s.
— 2 603 1178
— 3 426 7
— 3 — 24
— 4 69 283
94 1 424 53
— 1 425 59
— 1 426 94
— 1 — 99
— 1 433
— 1 566 428
— 2 242 321
— 4 69 283
95 1 374 40
— 1 425 72
— 1 426 96
— 1 — 99
— 1 — 102 s.
— 1 435 369
— 2 353 318
— 3 426 8
— 3 — 19
— 4 542 282
96 3 244 53
97 1 432 275
— 1 — 278
— 1 — 280
— 1 — 293
— 1 433 305
— 1 565 399
— 4 650 454
98 1 430 213
— 1 — 216 s.
— 1 — 239
— 1 431 243
— 1 432 288
— 1 433 312 s.
— 1 563 331
99 1 431 243
— 1 432 278
— 1 — 287
— 1 — 293
— 1 433 296 s.
100 1 429 193 s.
— 1 — 197 s.
— 1 430 227
— 1 433 301

— 1 — 315
— 1 565 397
— 1 — 399
— 1 — 402
— 4 70 305
— 4 642 157
— 4 — 454
— 4 — 587
101 1 426 99
— 1 429 179
— 1 — 187
— 1 433 316
— 1 434 344
— 2 243 354
102 1 429 180 s.
— 1 — 183
— 1 — 192
— 1 432 278 s.
— 1 433 300
— 2 34 48
— 2 243 354
— 3 244 53
103 1 376 86
— 1 430 218
— 1 — 220
— 1 — 227
— 1 — 239 s.
— 1 431 247
— 1 — 251
— 1 432 269
— 1 433 298
— 1 563 331
105 1 432 288
— 1 434 335
— 1 — 338
— 1 — 342 s.
— 1 — 346 s.
106 1 374 55 s.
— 1 376 94
— 1 427 118
— 1 — 140
— 1 430 224 s.
— 1 434 339
— 1 — 343
— 1 435 363
— 1 550 455
— 1 568 456
— 1 — 467
— 2 517 102
— 2 524 324
— 2 — 335
— 3 9 294
— 4 170 19
107 1 431 247
— 1 435 370
108 1 433 319 s.
— 1 434 321 s.
— 3 349 186
— 3 682 731
— 3 691 1052
109 1 94 80 s.
— 1 — 89
— 1 — 106
— 1 96 167

— 1 796 58
— 1 — 72
— 1 797 75
— 1 — 83
— 2 247 467
— 2 580 472
— 4 34 1206 s.
— 4 45 102
— 4 51 327 s.
— 4 — 345 s.
— 4 639 45
— 4 650 444
110 1 39 198
— 2 233 28
— 2 234 77
— 2 — 81
— 2 235 84
— 2 — 97
— 2 243 386
— 3 482 453
— 4 52 348
111 2 235 96
112 1 554 76
— 1 557 148
— 1 — 156
— 1 667 201
— 2 235 94
— 2 — 97
— 2 — 99
— 3 465 207
113 1 39 197
— 1 356 74 s.
— 1 557 156
— 1 — 159
— 1 609 259
— 1 — 261
— 2 622 290
— 2 — 294
— 4 31 1091 s.
114 1 39 197
— 1 557 164
— 1 669 267
115 2 239 234
— 2 240 242 s.
116 2 238 189
— 2 — 194
117 2 237 176
— 2 238 205
— 2 239 223
— 3 696 11
118 2 240 251
— 2 — 255
— 2 593 891
119 2 242 310
120 2 240 255 s.
— 2 242 310
— 2 — 326
— 2 248 518
— 2 260 887
121 2 242 315
122 2 241 296
— 2 — 298
— 2 242 313
123 1 567 437

— 2 241 273
— 2 256 753
— 2 481 184
124 2 241 290
— 2 242 309 s.
125 2 240 271
— 2 241 277 s.
129 3 344 5
130 2 243 341
131 2 286 151
132 2 33 13
134 3 680 655
135 2 243 344
— 2 252 620
136 1 374 39
— 1 516 74
— 2 237 154
— 2 243 357
— 2 244 382 s.
— 1 — 190
— 2 245 406
— 2 — 410
— 2 247 467
— 2 594 911
— 3 549 5
— 4 563 74
137 1 374 39
— 1 516 74
— 2 133 13
— 2 243 358
— 2 — 376
— 2 — 190
— 2 244 483
— 2 — 383
— 2 245 406
— 2 — 410
— 2 — 428
— 2 246 442
— 2 — 455
— 2 247 467
— 2 — 474
— 4 70 287
138 1 516 74
— 2 133 13
— 3 — 15
— 2 235 83
— 2 243 368
— 2 244 383
— 2 245 410
— 2 — 419
— 2 — 428
— 2 246 442
— 2 — 463
— 2 247 467
— 2 — 474
139 2 243 350
140 2 234 80
— 2 240 251
— 2 247 475
— 2 — 482
— 2 253 668
— 2 254 683
— 2 255 713
— 2 — 728

— 2 593 891
141 2 240 256
— 4 51 1094
142 1 668 218 s.
— 2 240 256
— 2 248 508
— 2 — 575
— 2 351 257
— 4 540 190
143 2 249 574
144 2 249 450
145 2 250 567
— 2 — 570
146 2 249 550
— 3 509 14
— 3 512 75
149 2 249 534
— 2 250 550
— 3 549 5
— 4 266 106
150 2 249 534
— 3 536 202
151 1 568 467
— 2 249 543
— 3 536 202
152 1 568 467
— 2 249 536
— 2 — 543
— 3 536 202
153 2 249 537 s.
154 2 549 540
155 2 249 543
157 2 235 82
— 2 251 597
— 3 191 186
— 3 553 142
158 2 250 586
— 2 251 593
— 2 — 596 s.
— 3 549 9
— 4 405 102
159 1 356 70
— 1 615 18
— 2 242 329
— 2 244 392
— 2 251 595
— 2 — 600
— 2 253 736
— 3 156 75
— 3 549 9
— 4 405 80
— 4 406 101 s.
160 2 240 265
— 2 242 325
— 2 251 609 s.
— 2 254 694
— 2 258 816
— 2 260 395
161 2 251 604 s.
— 2 252 619
— 2 533 228
162 2 34 50
— 2 243 343
— 2 252 619
— 2 — 629
— 2 253 646
— 2 423 2270
— 2 533 228
— 3 176 56
163 2 233 131
— 2 252 625
— 2 — 629
— 2 253 646
— 2 — 661
— 2 — 665 s.
164 1 563 349
— 2 247 482
— 2 252 632
— 2 254 649
— 2 255 715
— 2 587 695
— 2 594 896
165 1 215 484
— 1 622 53
— 2 34 63
— 2 226 165
— 2 254 695 s.
— 2 — 704
— 2 256 705
— 2 — 709
— 2 — 726
— 2 — 732
— 2 257 791
166 2 264 693 s.
— 2 255 705
— 2 — 726
167 2 254 690
— 2 255 706
— 2 — 726
— 2 — 736
168 2 237 176
— 2 252 625
— 2 258 649
— 2 — 651 s.
— 2 — 657
— 2 — 663
— 2 254 679
— 2 — 688
— 2 — 701
— 2 255 725
— 2 — 729
— 2 257 791
— 2 260 891
— 3 483 469
169 2 252 625
— 2 253 649
— 2 255 721
— 2 — 725
— 2 — 729
170 2 237 176
— 2 238 205
— 2 252 625

— 2 253 649
— 2 255 716
— 2 — 725
— 2 — 729
— 2 568 66
171 2 253 649
— 2 255 729
172 1 28 370
— 1 568 467
— 2 253 729
— 4 271 3
173 2 251 593
— 2 262 624
— 2 256 743 s.
— 2 533 228
— 2 542 594
— 3 464 23
— 3 523 103
— 4 236 390
174 2 533 228
175 2 252 621
— 2 — 624
— 2 253 646
176 2 85 156
— 2 87 221
— 2 257 769 s.
— 3 450 309
— 4 236 390
177 2 257 791
— 3 155 30
178 2 257 778
179 2 257 784
181 1 93 47
— 2 257 792
182 2 257 784
183 2 257 784
184 1 615 18
— 1 — 22
— 2 257 786
— 3 156 73
— 3 157 138
185 2 257 789
187 1 615 18
— 1 622 53
— 2 243 357
— 2 244 382
— 2 — 390
— 2 245 406
— 2 351 257
— 3 155 73 s.
— 3 157 138
— 3 191 186
— 3 450 309
— 3 509 14
— 3 536 202
— 3 553 142
188 2 237 148 s.
— 2 — 158
— 2 243 357
— 2 — 368
— 2 260 877
— 2 261 903
— 3 484 492
189 1 96 189
— 1 688 758
— 2 254 703
— 2 257 796
— 2 258 798 s.
— 2 259 836 s.
— 2 260 873
— 2 — 879
— 2 261 911
— 3 378 103
— 3 675 501 s.
— 3 678 186
— 3 682 731
— 4 349 126
190 1 435 317
— 3 434 6
— 3 437 80
— 3 668 284
191 1 50 218
— 1 212 405
— 1 220 643
— 1 690 131
— 1 — 134
— 3 425 3
— 3 435 33
— 3 436 61
— 3 437 82 s.
— 3 439 158
— 4 70 286 s.
— 4 74 443 s.
192 3 438 120
193 3 435 29
— 3 439 124 s.
— 4 70 292
194 3 439 131 s.
— 4 70 286
195 3 435 24
— 4 538 17
— 4 688 7
196 1 211 396
— 1 668 467
— 3 425 3
— 3 426 7
— 3 439 135 s.
197 3 68 110
— 3 435 31
— 4 688 9
198 3 435 32
199 3 435 33
200 3 435 36
201 3 435 39 s.
202 3 436 42
— 4 683 4
203 3 436 44
204 1 656 186
— 3 436 45
205 3 436 47
206 3 436 47
207 3 436 48

208 1 314 18 s.
209 3 436 51
210 1 375 83
— 3 436 55 s.
— 3 — 62
211 3 436 57
212 3 436 59
213 3 436 60
214 3 436 61
215 3 536 63 s.
— 4 319 2
216 1 220 646
— 1 303 1
— 1 313 12
— 1 315 62
— 1 317 113
— 1 — 119
— 1 318 131
— 1 319 168 s.
— 1 — 171 s.
— 1 — 176
— 1 320 180
— 1 — 187
— 1 678 164
217 1 320 190
218 1 313 8 s.
— 1 314 20
— 1 315 45
— 3 375 21
— 3 376 37
219 1 315 14
— 1 562 329
220 1 313 14
— 1 317 119
— 1 562 329
— 1 588 87
— 3 437 71 s.
— 3 565 190
221 1 209 324
— 1 303 1
— 1 316 23
— 1 315 62
— 1 318 148
222 1 303 1
— 1 315 51
— 1 318 147
223 1 315 45
— 1 319 164
— 1 689 91
224 3 172 179
— 1 315 58
— 1 — 60
225 1 216 521
— 1 315 48 s.
— 1 550 464
226 1 315 52
— 3 668 234
227 1 316 77
228 1 315 48 s.
— 1 — 52
— 1 — 59
— 1 316 75
— 1 — 77
— 1 377 115
229 1 319 154
230 1 208 294
— 1 314 26
— 1 316 75
— 1 318 148
231 1 314 34
— 1 — 36 s.
— 1 669 284
232 1 315 63 s.
— 1 — 66
— 1 — 68
— 1 319 164
— 1 316 72
233 1 319 164
— 1 320 187
— 1 568 467
— 1 689 101
— 3 437 76
234 1 208 309
— 1 221 671
— 1 317 103
— 1 — 109
— 1 — 112 s.
— 1 — 117
— 1 319 169 s.
— 1 378 164
— 1 550 455
— 1 568 462
— 1 658 71
— 1 689 92
— 1 — 110
235 1 317 117
— 1 318 143
236 1 303 14
— 1 317 116
237 1 303 14
— 1 316 92
— 1 317 106
238 1 314 30 s.
— 1 — 33
239 1 319 157
— 1 — 161
240 1 319 157
— 1 — 161
— 3 376 30
241 1 316 89
— 3 377 60
242 1 205 254
— 1 214 460
— 1 215 491
— 1 317 119
— 1 — 121
— 1 318 132
— 1 — 140
— 1 568 467
243 1 215 491
— 1 318 135
— 1 550 455

— 1 668 467
— 3 682 731
244 1 318 140
— 3 682 731
245 1 215 491
— 1 317 199
— 1 318 140
— 1 550 455
— 1 568 467
246 1 214 462
— 1 215 491
— 1 317 121
— 1 318 124
— 1 — 128
— 1 568 246
247 1 314 29
— 1 318 125 s.
— 1 — 126
248 1 303 14
— 1 318 141
249 1 317 118
250 1 208 308
— 3 375 19
251 3 375 29
252 3 376 31 s.
— 3 — 44 s.
— 3 — 53
— 3 378 89
— 3 — 104
— 3 681 691
253 1 314 29
— 3 372 38 s.
254 1 314 29
— 3 376 42 s.
255 3 376 47
256 3 376 35
— 3 — 48 s.
257 1 209 324
— 3 376 54
258 1 203 109
— 1 208 308
— 1 687 32
— 3 376 44
— 3 — 55
— 3 377 57
— 3 — 80
259 1 208 308
— 1 216 508
— 3 377 57 s.
— 3 — 83
261 3 377 64 s.
262 1 275 42
— 3 377 67
— 3 378 104
— 3 681 651
263 3 377 29
264 3 377 71 s.
265 1 687 32
— 3 377 75 s.
266 3 377 80
267 3 377 87
268 3 377 82 s.
269 3 377 81 s.
270 1 313 8 s.
— 3 377 71
— 3 378 87 s.
271 3 378 96
— 3 437 87
— 4 70 308
272 1 275 40
— 1 313 9
— 1 314 44
273 1 372 9
— 1 — 7
— 1 — 9
— 1 — 11
274 1 373 16
275 1 373 21
276 1 204 191
— 1 375 67
277 1 377 116
278 1 377 116
279 1 375 69
280 1 375 79
281 1 373 32
— 1 — 35 s.
— 1 374 51 s.
— 1 425 72
282 1 215 445
— 1 — 449
— 1 374 46 s.
— 1 — 51 s.
283 1 313 444
— 1 — 449
— 1 214 468
— 1 374 49
284 1 374 53
285 1 319 162
— 1 374 55
286 1 373 23
287 1 374 59
288 1 377 117
— 1 — 126
— 1 — 128
— 1 — 134
— 1 — 138
— 1 378 171
289 1 372 11
290 1 372 12
291 1 314 41
— 1 377 117
— 1 — 136
— 1 378 171
292 1 277 114
— 1 373 25
— 1 375 61
293 1 377 140 s.
294 1 376 95
— 1 — 97
295 1 316 75
— 1 376 97
— 1 — 101

— 2 522 254
296 1 376 103
— 1 — 106
— 1 — 108
297 1 315 51
— 1 376 113 s.
298 1 278 121
— 1 347 103
— 1 319 175 s.
— 1 378 102
— 1 — 164
299 1 217 557
— 1 375 68
— 1 377 143
— 1 687 32
300 1 377 120
— 1 — 122
301 1 378 158
302 1 203 170
— 1 375 83
— 1 378 145
— 1 — 157
303 1 378 147
304 1 215 486
— 1 277 112
— 1 378 154 s.
305 1 376 89 s.
306 1 278 141
— 1 376 88
— 1 378 169
307 1 377 138
— 1 — 141
— 1 378 166
— 1 — 168
— 1 379 174
— 4 67 197
— 4 70 311
308 1 378 166
— 1 379 174
— 4 70 311
309 1 375 81
— 1 — 85
310 1 375 82
— 1 — 85 s.
311 1 319 170
— 1 688 66
— 1 — 79
312 1 317 110
— 1 688 68 s.
313 1 568 459
— 1 688 72
314 1 688 72
315 1 686 5 s.
316 1 686 17
— 1 — 19
317 1 686 22 s.
— 1 432 3
318 1 686 25 s.
319 1 687 31
320 1 689 99
— 1 — 103 s.
321 1 319 164
— 1 689 89 s.
322 1 689 92
— 1 — 101
323 1 689 106
— 1 — 110
— 3 438 111
— 4 74 444
324 1 687 58
325 1 689 112 s.
326 1 687 37
327 1 689 115 s.
328 1 204 188
— 1 214 380 s.
— 1 — 386
— 1 687 54 s.
329 1 690 128
330 1 690 123
331 1 210 353
— 1 220 643
— 1 690 117
— 1 — 131 s.
— 3 438 114
— 4 74 445
332 1 196 8 s.
— 1 197 19
— 1 — 25
— 1 — 34
— 1 — 36
— 1 200 99
— 1 205 238
— 1 216 610
— 1 221 655
— 1 225 29
— 1 428 25
333 1 197 20
334 1 201 138
— 1 208 180
335 1 201 138
— 1 211 385
— 1 — 395
— 4 70 306
336 1 196 6
— 1 200 115
— 1 206 245
— 1 317 110
337 1 196 5
— 1 199 78
— 1 200 102
— 1 768 935
338 1 196 12
— 1 205 245 s.
— 3 411 45
— 3 438 110
339 1 200 98
— 1 205 215
— 1 — 237
— 1 686 15
— 1 — 18
— 1 690 128
340 1 206 240

341 1 200 104
— 1 204 188
— 1 208 303
— 1 211 380 s.
— 1 — 386
342 1 202 157 s.
— 1 204 184
— 1 222 680
— 1 226 57
343 1 212 409
— 1 568 462
344 1 214 452 s.
— 1 — 459
— 1 374 48
345 1 214 455 s.
— 1 374 43
346 1 198 60
— 1 213 431
— 1 — 434
— 1 228 146
— 1 — 148
— 4 225 36
— 4 227 118
347 1 200 108
— 1 202 157
— 1 203 168 s.
— 1 — 171 s.
— 1 208 308
— 1 378 145
— 3 479 348
348 1 200 113
— 1 — 120
— 1 201 123
— 1 — 126
— 1 — 129
— 1 207 267
— 1 214 459
— 3 475 202
349 1 196 5
— 1 200 114
— 1 204 187
— 1 — 189
— 1 — 192
— 1 — 203
— 1 205 230
— 1 213 428
350 1 200 135
— 1 206 274
— 1 208 294
— 1 — 308
— 1 221 659
— 1 687 36
351 1 209 135
— 1 209 341
— 1 213 430
— 1 277 117
— 1 317 119
— 1 690 121
352 1 209 103
— 1 209 333
— 1 216 530
353 1 208 294
— 1 — 314
— 1 — 316
— 1 209 324
— 1 215 506
— 1 226 67
— 1 303 2
354 1 209 330
355 1 200 102
356 1 204 205
— 1 205 206
— 1 — 209
— 1 — 211
— 1 218 430
— 1 687 45 s.
— 3 377 57
357 1 205 212
— 1 — 218
— 1 206 247
— 1 214 459
358 1 205 218
— 1 — 223
— 1 206 246 s.
— 1 227 111
359 1 200 114
— 1 205 230
— 1 213 428
— 1 219 604
360 1 203 233
— 2 62 43
— 2 83 76
361 1 210 359
— 1 — 361
362 1 212 401
363 1 211 394
364 1 210 350 s.
— 1 218 430
— 3 376 35
365 1 196 5
— 1 206 252
— 3 479 348
— 3 697 45
366 1 206 253
— 1 — 257
— 1 — 269
— 1 207 270
— 3 697 45
367 1 206 258
— 1 — 261
368 1 207 266 s.
— 1 275 43
369 1 207 288
— 1 208 308
— 1 210 373
— 1 214 477 s.
— 1 215 497
— 1 — 499
— 1 — 506
— 1 216 519
— 1 — 521
— 1 — 530

— 1 217 537
— 1 219 606
— 1 689 113
370 1 208 503
— 1 217 549
371 1 214 477
— 1 220 649
— 1 690 124
372 1 218 580
— 1 — 587
373 1 219 601
— 1 — 606 s.
— 1 — 610
— 1 — 618
— 1 212 680
374 1 207 267
— 1 213 436
— 1 218 588
— 1 219 591
375 1 214 477
— 1 218 567
— 1 — 570 s.
— 1 219 615
376 1 214 477
— 1 218 574
— 1 687 50
377 1 218 577
— 1 — 579
— 3 434 15
378 1 214 475
— 1 219 591
379 1 205 221
— 1 219 592 s.
— 1 — 601
380 1 219 599
— 1 — 603
381 1 208 308
— 1 215 491
— 1 — 495
— 1 216 508
— 1 — 510
— 1 — 513 s.
— 3 320 129
382 1 220 631 s.
383 1 196 5
— 1 213 437
— 1 214 468
— 1 374 46
384 1 201 135
— 1 214 468
— 1 — 471
— 1 215 491
— 1 216 514
385 1 208 308
— 1 214 475
— 1 — 481
— 1 218 569
— 1 220 625
— 1 — 631
— 1 — 646
386 1 208 808
— 1 220 633
— 1 — 636 s.
— 1 687 30
387 1 219 612
— 1 — 614
— 1 303 15
388 1 217 552
— 1 219 614
389 1 209 324
— 1 210 373
— 1 215 499
— 1 216 520
390 1 215 499
— 1 216 519
— 1 — 532
391 1 215 498 s.
— 1 217 540
— 1 219 612
— 1 376 108
392 1 210 373
— 1 215 498
— 1 217 543
393 1 210 373
— 1 217 543 s.
— 1 376 110
394 1 217 540
— 1 — 542
— 1 219 612
395 1 215 483
396 1 214 481
— 1 215 484 s.
397 1 207 277
— 1 222 673
— 1 273 1
398 1 273 2
399 1 274 3
400 1 274 4
— 1 — 6
— 1 — 14
— 1 — 26
— 1 — 31
— 1 275 40
— 1 276 76
— 1 278 139
— 1 375 22
— 1 377 122
401 1 221 665
— 1 275 70
— 1 278 137
402 1 275 70
403 1 207 277
— 1 222 673
— 1 276 73
— 1 — 76
— 1 375 22
— 1 377 122
404 1 276 77 s.
405 1 276 79
406 1 276 80
407 1 276 82 s.
— 1 316 76

— 1 556 133
408 1 222 676
409 1 210 372 s.
— 1 214 479
— 1 218 562
— 1 689 113
410 1 274 15 s.
411 1 274 18
412 1 274 20
413 1 274 23 s.
414 1 221 652
— 1 — 671
— 1 278 122
— 1 — 127 s.
— 1 550 455
— 1 568 462
— 2 477 66
— 2 515 7
— 3 606 13
415 1 278 128
— 1 — 130
416 1 278 128
— 1 — 137
— 2 515 7
— 1 568 462
417 1 277 102
— 1 278 135
— 3 531 21
— 3 — 30
418 1 278 131
— 1 — 134
419 1 277 111 s.
— 1 278 139
420 1 274 19
— 1 277 114
— 1 540 164
421 1 274 19
— 1 277 118 s.
422 2 531 161
— 3 209 299
— 4 — 804
423 1 277 96
424 1 277 97
— 1 278 133
425 1 277 108 s.
426 1 274 14
427 1 277 103
— 1 — 105 s.
428 1 278 139 s.
— 4 70 311
429 1 278 138
— 2 528 313
430 3 668 284
431 1 220 620
432 1 222 679
— 1 229 158
— 1 — 160
— 1 689 96
— 3 438 111
433 1 375 78
— 1 378 170
— 3 378 103 s.
— 3 435 20 s.
— 3 437 88
— 3 438 105
— 3 — 116
— 3 681 691
— 3 690 1022
— 4 70 295
434 1 222 679
— 1 375 78
— 1 378 170
— 1 689 96
— 3 378 103
— 3 435 20
— 3 437 88
— 3 438 106
435 1 222 682
— 1 — 684 s.
— 1 276 89
— 1 — 92 s.
— 1 278 143
— 1 318 85
— 4 639 66
436 1 222 682 s.
— 1 276 89
— 1 — 92 s.
— 1 278 143
— 1 316 85
— 2 571 137
— 3 680 650
— 4 639 66
437 2 253 686
— 2 566 1
— 2 567 4
— 2 568 52
— 2 560 738
— 2 608 1331
438 2 566 1
— 2 607 1295
440 1 371 105
— 2 568 53 s.
— 2 570 132
— 2 607 1304
— 3 114 108
441 1 559 202
— 2 567 25
— 2 — 38
— 2 568 43 s.
— 2 — 63 s.
— 2 569 80 s.
— 2 577 856
— 2 608 1290
442 1 124 134
— 1 244 94
— 1 343 782
— 1 368 9
— 2 562 564
— 2 422 2252
— 2 568 52
— 2 572 171
— 2 — 177

— 2 — 182
— 2 573 208
— 2 — 217 s.
— 2 574 240 s.
— 2 575 324
— 2 579 418
— 2 — 453
— 2 583 563 s.
— 2 — 574
— 2 587 696
— 2 588 721
— 2 591 803
— 2 — 816
— 2 592 850
— 2 595 920
— 2 603 1251
— 3 483 469
443 1 424 68
— 2 573 223
— 2 574 241
— 2 575 269 s.
— 2 — 290
— 2 — 331 s.
— 2 610 1415
— 3 113 87
— 3 — 93 s.
— 3 114 103 s.
— 3 — 112
— 3 426 22
— 4 74 450 s.
— 4 76 499
444 2 139 139
— 2 396 1574
— 2 575 272 s.
— 2 — 278
— 2 — 321
— 2 — 331
— 2 583 574
— 2 610 1415
— 3 493 827
— 3 697 46
— 4 297 631
445 1 543 782
— 1 543 260
— 2 572 201
— 2 575 280
— 2 — 321
— 2 609 1366
446 1 543 260
— 2 575 285
— 2 — 331
— 3 509 19
447 1 40 208
— 1 343 782
— 2 572 182
— 2 574 265
— 2 575 272
— 2 — 281
— 2 — 287
— 2 — 306
— 2 — 321
— 2 588 730
— 4 27 929
448 2 237 148
— 2 263 605 s.
— 2 — 670
— 2 254 683
— 2 574 245 s.
— 2 — 254
— 2 591 823
— 3 114 108
— 3 510 39
449 1 550 455
— 1 559 204
— 1 — 208
— 2 568 71
— 2 570 132
— 2 578 370
— 2 591 805
— 4 72 867
— 4 170 19
— 4 324 2
450 1 550 455
— 2 578 370
451 1 208 312
453 2 568 67
454 1 559 204
— 2 360 521
— 2 362 564
— 2 422 2252
— 2 568 67
— 2 — 71
— 2 — 79
— 2 570 125
— 2 577 349
— 2 — 360
— 2 579 439
— 2 582 514
455 1 559 204
— 2 572 178 s.
— 2 — 195
— 2 — 200 s.
— 2 573 206
— 2 597 997
— 3 18 13
— 3 400 291
456 1 550 455
— 2 577 361
— 2 578 369
— 2 579 404
— 2 582 515
457 1 125 303
— 4 531 140
— 2 568 69
— 2 570 127 s.
— 2 — 132 s.
— 2 571 137 s.
— 2 — 147
— 2 — 150 s.
— 2 — 159
— 2 — 164
— 2 575 295

— 2 578 384
— 2 579 413
— 2 581 503
— 2 592 837
458 1 543 269
— 1 544 268
— 1 559 205
— 2 577 351
— 2 579 439
— 2 587 707
459 2 362 564
— 2 422 2252
— 2 578 306 s.
— 2 580 456
— 4 328 145
460 1 559 205
— 2 577 362
— 2 579 411
461 2 577 865
462 2 578 370
463 1 93 49
— 2 578 375
— 2 579 419
— 2 — 423
— 4 322 47
464 1 559 206
— 2 578 378
— 4 72 867
465 3 155 48
466 1 550 206
— 2 572 186 s.
— 2 — 197
— 2 — 201 s.
— 2 573 206
— 2 — 213
— 2 — 233
— 2 577 354
467 1 559 206
— 2 572 186
— 2 — 200 s.
— 2 573 213
469 2 578 373
470 2 578 372 s.
471 2 578 373 s.
472 2 578 373
473 2 578 372
474 2 573 233
— 2 577 355
475 2 578 374
476 2 578 391
— 2 581 503
— 2 582 515
477 2 578 391
478 2 577 352
— 2 578 391
479 2 578 396 s.
— 2 609 1382
480 1 559 207
— 2 362 564
— 2 422 2252
— 2 578 392
— 2 — 399 s.
— 2 579 404
— 2 585 627
481 2 578 388
— 2 579 405
— 2 592 837
482 2 579 638
— 2 591 805
483 2 577 363
— 2 580 457
— 2 589 758
485 2 577 363
— 2 589 758
486 1 550 455
— 2 362 564
— 2 422 2252
— 2 571 159
— 2 579 415
— 3 168 16
— 3 160 41
— 3 — 46
— 4 317 1710
487 2 568 58
— 2 579 415
— 4 142 196
— 4 686 89
488 1 645 318
— 2 579 436
489 1 545 318
— 2 579 415
— 3 399 287
490 3 399 287 s.
491 1 16 42
— 2 579 425
492 1 795 38
— 1 796 45 s.
— 1 797 103
— 1 798 129
— 2 578 379 s.
— 2 579 417
— 2 — 419
— 2 — 435
— 2 — 438
— 2 589 767
— 2 591 809
— 3 437 69
— 4 170 19
— 4 171 48
— 4 685 58
— 4 686 84
494 1 121 131
— 1 149 178
— 1 534 14
— 2 256 752
— 2 572 171
— 2 — 182
— 2 573 205
— 2 575 324
— 2 578 383
— 2 579 428
— 2 — 435

—	2	587	703
—	2	588	729
—	2	589	764
—	2	591	811 s.
—	2	—	815
—	4	328	464
495	1	426	90
—	2	573	205
—	2	579	411
—	2	—	433
—	4	171	48
496	2	579	425
—	3	135	48
497	2	579	425
498	2	579	430
499	2	578	387
—	2	579	437 s.
—	3	111	32
—	3	—	35
500	2	578	386
—	2	586	675
—	2	591	807 s.
—	3	95	14
—	3	115	140
—	3	123	403
—	4	76	493
—	4	689	18
501	1	559	210
—	2	580	460
—	2	—	468
—	4	65	123
502	2	580	461 s.
—	2	—	466
—	2	581	503
—	2	582	510
—	2	588	724
—	4	63	423
503	2	360	521
—	2	577	232
—	2	580	468 s.
—	2	581	486
—	2	—	492
—	2	582	510
—	2	—	515
—	4	691	84
504	2	579	433
—	2	581	490
505	1	617	8
—	1	—	13 s.
—	2	581	475
—	2	—	481
—	4	691	84
506	2	595	922
—	2	581	479
—	2	—	493
—	2	—	496
507	2	360	521
—	2	571	441
—	2	580	453
—	2	581	505
—	2	582	510
508	1	559	209
—	2	581	475
—	2	—	480
—	2	—	484
509	2	580	472
—	2	—	475
—	2	581	476
510	2	588	51
—	2	581	498
—	2	582	515
511	1	559	209
—	2	571	438
—	2	579	435
—	2	581	498
—	2	582	510

—	2	—	515
—	2	583	657
512	2	579	435
—	2	581	499 s.
—	2	582	510
—	2	590	781
513	2	580	452
—	2	581	485 s.
—	2	—	501 s.
—	2	590	782
—	2	592	862
514	2	581	500
—	2	582	509 s.
—	2	—	515
—	2	588	658
—	2	589	750
515	2	577	352
—	2	582	509
—	2	583	658
—	2	689	750
516	2	568	52
—	2	582	509
517	2	362	564
—	2	422	2252
—	2	580	457
—	2	582	511
—	2	589	745
518	2	582	511
—	2	584	579
519	2	579	418
—	2	582	512 s.
—	2	583	543
—	2	—	548
—	2	—	552
—	2	—	557
—	2	—	569
—	2	—	574
—	2	585	643
—	2	—	645
—	2	586	668
—	2	589	750
—	2	590	786
—	3	491	752
520	2	582	513
—	2	—	518
—	2	—	521
—	2	—	529 s.
—	2	583	552
—	2	589	745
—	2	—	766
—	2	594	918
—	3	182	4
—	3	112	60
521	2	584	583 s.
—	2	—	587
—	2	585	625
—	2	586	649
—	2	—	659
—	2	—	663
—	2	607	1318
522	1	368	7
—	2	583	547
—	2	—	575 s.
523	2	582	514
—	2	584	602
—	2	—	606
—	2	—	612
—	2	585	626 s.
—	2	—	634
—	2	586	672
—	2	—	677 s.
—	2	587	686
—	2	—	690
—	2	608	1313
524	1	356	68
—	2	573	222

—	2	577	348
—	2	583	541
—	2	584	612
—	2	585	632 s.
—	2	586	675
—	2	—	678
—	2	587	690
—	2	588	720
—	2	593	881
—	4	559	125 s.
525	2	580	456
—	2	585	637
—	2	586	673
—	2	587	693
—	2	—	696
—	2	—	698
—	2	—	708
—	2	588	734
—	2	590	791
526	1	498	471
—	2	584	587
—	2	—	612
—	2	585	643 s.
—	2	586	649
—	2	—	652
—	2	—	657
—	2	—	664
—	2	—	668
—	2	587	698
527	2	579	405
—	2	588	736
—	2	589	750 s.
—	2	590	786
528	1	148	173
—	2	574	247
—	2	579	430
—	2	—	435
—	2	581	493
—	2	589	764
—	2	—	765
—	2	590	778 s.
—	2	—	780
—	2	—	802
—	2	591	805
—	2	—	813
—	3	78	158
529	2	573	227
—	2	589	769 s.
—	2	596	975
—	2	597	982
530	1	370	66
—	1	371	114
—	2	573	227
—	2	589	772 s.
—	3	113	96
531	2	577	354
—	2	589	752
532	2	574	247
—	2	579	435
—	2	589	706
—	2	590	776
—	2	591	810
—	2	—	815
—	2	—	822 s.
—	2	592	845
533	1	436	90
—	1	559	221
—	2	579	425
—	2	580	466
—	2	595	933 s.
—	2	596	947
—	4	74	432
534	2	244	290
—	2	588	718 s.
—	2	593	872 s.
—	2	—	876

—	2	—	889 s.
—	2	—	893
—	2	594	903
—	2	—	911
—	2	595	931
—	3	507	87
535	1	689	110
—	2	594	906
—	2	—	918
—	3	425	3
—	3	426	19
—	4	66	154
—	4	—	161
—	4	—	172
537	2	594	918
538	2	580	452
—	2	594	895
539	2	100	12
—	2	587	697
—	2	595	928
—	2	—	931
540	2	100	12
—	2	590	795
—	2	595	925
541	2	100	12
—	2	587	697
—	2	590	794
—	2	595	927
542	2	587	697
—	2	592	840
—	2	595	928
543	2	595	924
544	2	597	981
545	2	596	950
546	2	596	930
—	2	—	979
547	2	596	951
—	2	—	959
548	2	596	952 s.
549	2	596	955
—	2	—	958
—	2	—	973
—	2	597	989
550	2	596	959
551	1	694	87
—	2	596	958 s.
—	2	—	970
—	2	—	975
—	2	597	987
—	3	97	59
—	3	269	102
552	2	596	972 s.
553	1	97	180
—	2	598	973
—	3	97	59
554	1	479	1153
—	2	596	975 s.
—	2	—	979
—	2	597	988
555	2	609	1382
—	2	610	1387
556	2	609	1382
557	2	597	983
558	2	575	324
—	2	590	780
—	2	594	919
—	2	595	941
—	3	113	95
—	4	162	26
—	4	—	37
—	4	70	185
—	4	74	432
559	2	577	253
—	2	590	780
—	2	595	921
561	2	593	872

—	2	595	922
562	2	589	763
—	2	590	793
—	2	591	805
563	1	559	222
—	2	590	783 s.
564	1	371	113
—	1	559	226
—	2	591	847 s.
—	2	—	858
—	2	—	860
—	2	598	1039
—	3	464	45
—	4	400	6
—	4	679	2
—	4	—	26
—	4	681	37
565	1	371	113
—	2	593	859 s.
—	4	460	6
—	4	—	19
566	1	368	9
—	1	371	105
—	2	597	1011
567	2	597	1001
568	2	578	210
—	2	590	801
—	2	598	1039
569	1	371	97
—	2	598	1021 s.
—	2	—	1037
570	1	370	77
—	2	598	1028
—	2	—	1037
571	1	371	96 s.
—	2	598	1019
—	2	—	1032
—	2	—	1035 s.
573	2	598	1034 s.
574	2	597	1004
—	2	598	1039
—	4	328	146
—	4	679	2
—	4	—	26
575	1	798	125
—	2	477	67
—	2	584	584
—	2	597	1000
—	2	598	1016
—	4	66	179
—	4	402	44
576	1	426	93
—	1	428	452 s.
—	2	598	1047
—	2	599	1056
—	2	—	1076
—	2	—	1080
—	2	600	1105 s.
—	2	603	1207
—	2	606	1274
—	3	438	104
—	4	66	179 s.
577	1	426	91
—	1	—	93
—	1	428	453
—	2	599	1070
—	2	601	1109 s.
—	2	—	1136
—	4	67	181
578	1	426	93
—	2	601	1139
—	2	602	1149
—	2	603	1178
579	1	426	93 s.
—	2	242	321
—	2	602	1173

—	2	604	1229
580	1	426	90
—	2	602	1151
—	2	—	1157
—	2	—	1165
—	4	67	186
581	1	616	41
—	1	—	44
—	2	573	218
—	2	600	1033
—	2	602	1157
—	2	605	1184
—	2	—	1194
—	2	—	1202
—	2	—	1207
—	2	604	1214 s.
—	3	425	3
582	2	605	1182
—	4	67	185
583	2	244	391
—	2	245	431
—	2	579	435
—	2	604	1233
—	2	605	1237
—	2	—	1243
—	2	—	1247
—	2	—	1251 s.
—	2	606	1265
—	2	—	1269
584	1	616	45 s.
—	2	600	1104
—	2	604	1233
—	2	605	1260 s.
—	2	606	1265
—	2	—	1270
585	1	426	90
—	1	559	228
—	2	608	1271
—	2	—	1276 s.
586	2	586	657
—	2	607	1295
—	2	—	1303 s.
—	2	—	1315
—	2	608	1331
—	2	—	1343
587	1	425	67
—	2	586	664
—	2	607	1304 s.
—	2	—	1311 s.
588	2	607	1617
—	3	400	288
589	2	608	1325
590	2	608	1325
592	2	608	1329
593	1	768	989
—	1	772	1095
—	2	578	395
—	2	608	1331
—	2	—	1341 s.
—	2	—	1350 s.
—	2	609	1368
—	3	336	353
594	1	421	186
—	2	572	487
—	2	608	1342
—	2	—	1347
—	2	609	1359
—	2	—	1364
595	1	546	343
—	2	579	438
—	2	610	1400
—	3	400	288
597	1	601	403 s.
—	2	578	398
—	2	609	1368
—	2	—	1380 s.

598	1	582	376
—	1	—	379 s.
—	2	607	1319
—	2	610	1399
600	1	58	35
—	1	582	376
—	2	579	438
—	2	607	1298
—	2	610	1407
—	4	680	26
—	4	686	84
601	2	607	1298
602	2	607	1298
603	2	607	1298
604	1	371	117
—	1	546	320
—	2	589	758
—	2	606	1284
605	2	568	52
—	2	593	882
—	2	605	1281
606	1	546	343
—	1	568	467
—	2	606	1284
—	3	400	292
607	1	568	467
—	2	606	1284
608	2	606	1282
609	1	568	467
—	2	606	1284
—	2	—	1289
610	1	546	343
612	2	606	1284 s.
—	4	402	44
613	2	584	584
—	2	—	597
—	2	606	1288
614	1	152	268
—	1	386	18
—	2	572	473
615	1	648	7
—	4	576	23
—	4	582	217
616	4	576	23
617	1	648	7
—	4	576	23
618	4	582	221
—	4	—	226
619	3	185	120
—	4	582	227
620	1	181	259
—	3	179	27
—	3	—	31
—	4	582	221 s.
621	3	161	178
623	3	165	128
624	2	10	198
—	3	70	193
625	2	85	137
—	3	118	2
626	3	185	111 s.
—	3	—	117
627	3	100	7
—	1	101	12 s.
—	1	297	51
—	1	299	130
—	1	562	203
—	2	63	41
—	3	324	268
629	3	49	144
—	3	180	77
630	4	582	217
631	1	134	2
—	1	40	220 s.
—	1	—	236
—	1	41	244

—	1	—	249
—	1	146	96
—	1	160	525
—	1	424	34
—	1	551	9
—	1	552	13
—	1	—	23
—	1	—	27
—	1	—	29
—	1	—	35
—	1	553	39
—	1	554	80
—	1	—	85
—	1	—	86
—	1	558	196
—	1	559	198
—	1	561	268 s.
—	1	—	271
—	1	562	293
—	1	—	316
—	1	615	15
—	1	666	168
632	1	34	1
—	1	—	3
—	1	—	6
—	1	—	11 s.
—	1	—	15
—	1	35	31
—	1	—	51
—	1	—	58
—	1	36	62
—	1	—	98 s.
—	1	—	119 s.
—	1	38	131
—	1	—	149
—	1	—	157
—	1	39	174
—	1	—	179
—	1	—	188
—	1	—	192 s.
—	1	40	204
—	1	—	212
—	1	—	218
—	1	91	2
—	1	92	10
—	1	230	219
—	1	419	71
—	1	423	8
—	1	424	34
—	1	525	134
—	1	552	35
—	1	553	39
—	1	—	66
—	1	555	100 s.
—	1	—	105
—	1	—	113
—	1	556	117
—	1	—	119
—	1	—	137 s.
—	1	558	196
—	1	559	198
—	1	561	280
—	1	562	316
—	1	615	14
—	1	667	209
—	1	668	219
—	1	—	222
—	1	—	225
—	1	669	282
—	1	767	974
—	1	768	983
—	1	785	7
—	2	233	28
—	2	—	30 s.
—	2	259	868
—	2	622	290

—	3	61	178
—	3	575	97
—	3	736	827
—	4	378	46
—	4	—	64
—	4	520	15 s.
633	1	34	1
—	1	—	3
—	1	37	110
—	1	—	125
—	1	38	145
—	1	40	213
—	1	—	218
—	1	226	21
—	1	519	71
—	1	550	442
—	1	552	35
—	1	554	86
—	1	556	125
—	1	—	129
—	1	—	134
—	1	—	138
—	1	562	314
—	3	434	19
—	4	378	64
634	1	41	233
—	1	—	258
—	1	418	37
—	1	553	45
—	1	—	69
—	1	554	70
—	1	—	74 s.
—	1	606	5
—	1	670	307 s.
—	3	223	33
635	1	177	1053
—	1	370	70
—	1	371	99
—	1	559	209 s.
—	2	581	477
—	2	585	619 s.
—	2	—	640
—	2	596	947
—	2	598	1018
636	1	36	62
—	1	356	74 s.
—	1	557	148
—	1	558	171
—	1	—	182
—	1	—	197
—	1	561	292
—	1	622	53
—	1	668	245
—	1	—	219
—	1	669	261 s.
—	1	767	975
—	1	768	985
—	2	236	121
—	2	—	124
—	2	237	161
637	1	34	6
—	1	657	97
—	1	653	42
—	1	557	149
—	1	—	162
—	1	578	180
—	1	—	182
—	1	—	189 s.
—	1	—	197
—	1	622	53
—	1	667	210 s.
—	1	668	214 s.
—	1	—	219
—	2	237	149
—	2	—	158
—	2	248	527

—	3	280	368
638	1	38	83
—	1	—	120
—	1	40	230
—	1	—	232
—	1	41	233
—	1	418	46
—	1	419	77
—	1	420	107
—	1	444	223
—	1	—	225
—	1	551	12
—	1	552	23
—	1	—	26
—	1	—	29
—	1	—	33 s.
—	1	554	74
—	1	—	76
—	1	555	103
—	1	556	113
—	1	558	194
—	1	—	197
—	1	667	178
—	1	670	307 s.
—	2	261	149
—	3	483	466
—	3	575	97
—	3	696	11
639	1	128	165
—	1	537	77
—	1	554	76
—	2	14	20
—	2	—	33
640	1	178	939
—	1	297	51
—	1	539	133
—	1	568	460
—	2	587	697
642	1	297	51
—	1	556	136
—	2	524	332
—	3	205	146
—	3	605	104
643	1	127	381
—	1	—	384
—	1	173	944
—	2	570	136
—	3	209	298
—	3	210	304
—	3	213	411
—	3	215	484 s.
—	3	205	146
644	1	645	319
645	1	120	95
—	1	125	308
—	1	127	367
—	1	—	379 s.
—	1	—	383
—	3	273	225
647	1	131	490
—	1	—	505
—	1	—	512 s.
—	3	436	58
—	3	531	27
—	3	554	147
648	1	127	367
—	1	131	521
—	2	710	193 s.
—	2	711	200
—	3	195	353
—	3	379	2
—	3	—	15

CODE D'INSTRUCTION CRIMINELLE.

1	1	187	4
—	1	—	12
—	1	58	39
—	1	78	4
—	1	—	12
—	1	—	47
—	1	179	43
—	1	180	81
—	1	187	23
—	1	—	36
—	1	188	73
—	1	314	110
—	1	312	56
—	1	401	330
—	1	576	181
—	2	579	288
—	2	43	84
—	2	607	1317
—	3	—	1321
—	3	369	493
—	3	400	295
—	4	217	542 s.
—	4	224	19
—	1	600	598
2	1	157	30
—	1	188	26
—	1	—	31
—	1	62	125
—	1	549	978
—	1	550	1452
—	1	602	146
—	1	—	130
—	2	732	31
—	3	188	13
—	3	588	87
—	3	595	344

—	3	694	62
—	4	224	20
3	1	145	134
—	1	157	12
—	1	158	33 s.
—	1	—	39
—	1	—	42
—	1	—	47 s.
—	1	159	49 s.
—	1	—	67
—	1	174	287
—	1	178	17
—	1	180	81
—	1	187	36
—	1	304	13
—	1	—	15
—	1	—	23
—	1	305	25
—	1	405	412
—	1	406	429
—	1	407	443
—	1	—	446
—	1	—	458
—	1	—	465
—	1	408	467
—	1	—	470
—	1	—	479
—	1	536	64
—	1	539	139
—	1	550	452
—	1	559	224
—	1	579	288
—	1	582	378
—	1	673	400
—	2	585	624
—	2	586	658

—	2	—	661
—	2	629	24
—	3	689	68
—	3	554	147
—	3	708	262
—	4	126	3
—	4	224	20
4	1	81	92
—	1	—	99
—	1	—	117
—	1	188	73
—	1	382	83
—	1	402	331
—	2	695	822
—	2	697	847
—	3	400	303
—	3	456	22
—	3	708	262
5	1	79	29
—	1	570	25
—	1	—	27
—	1	—	31
—	1	—	33
—	2	613	34
—	3	259	299
6	1	570	25
—	1	—	27
—	1	—	31
—	1	—	33
7	2	613	34
—	3	258	299
—	1	81	98
—	1	304	11
—	1	570	25
—	1	—	27
—	1	—	31 s.

—	3	616	13
8	3	127	5
—	3	130	91
—	3	430	122
—	4	81	63
9	1	98	44
—	1	538	149
—	2	572	420
—	2	676	56
—	2	697	840
—	3	65	44
—	3	129	42
—	3	693	28
—	4	82	91
10	3	429	45 s.
—	3	244	4
—	3	693	28
—	4	82	64
—	4	483	108
11	1	328	244
—	2	45	76
—	2	52	43 s.
—	3	428	10
—	3	429	52 s.
—	3	400	31 s.
—	3	402	376
—	3	617	23
—	4	81	62
—	4	82	78 s.
—	4	83	129
—	4	84	155
—	4	85	189
12	2	51	43
13	1	881	71
—	1	576	181
—	2	52	13

14	2	52	13
15	3	429	59
—	4	89	336
16	2	53	77
—	2	52	44
—	2	676	56
—	2	697	840
—	3	18	2
—	3	—	18
—	3	429	57 s.
—	3	—	60 s.
—	3	430	98
—	3	—	132
—	3	400	312
—	3	617	23
—	4	85	117
—	4	—	122
—	4	—	134
—	4	84	154 s.
—	4	—	161 s.
—	4	452	4
17	2	672	421
—	2	690	593
—	3	18	48
—	3	408	522
—	2	676	56
18	3	408	523
—	4	89	336
20	3	18	49
—	3	400	314
—	3	408	523
—	4	89	336
—	4	152	4
22	1	87	86 s.
—	3	429	69 s.
—	3	430	91

—	3	708	262
—	3	725	806
23	1	79	27 s.
—	1	570	41
—	1	—	47
—	1	571	57
—	2	486	39
—	3	429	73
—	3	401	316
24	1	570	42
—	3	429	74 s.
25	2	697	849
—	3	430	76
26	3	430	80
27	3	430	92 s.
—	3	400	300
—	3	401	318
—	3	406	455
28	3	430	94
—	3	401	333
29	1	78	20
—	1	405	418
—	2	53	9
—	3	430	82 s.
—	3	—	91
—	3	401	324
—	3	706	108
30	1	157	94
—	1	755	683
—	2	51	3
—	2	52	9
—	3	430	82
—	3	—	85 s.
31	2	52	22 s.
—	2	53	18
—	2	—	25

—	3	321	190
—	3	400	310
—	3	617	17
32	1	573	107
—	3	430	97 s.
—	3	431	108
—	3	—	111 s.
—	3	—	122
—	3	401	321
33	3	431	116
34	1	134	40
—	3	429	54
—	3	431	118
—	3	433	179
—	3	436	265
35	1	784	1461
36	1	617	8
—	3	431	120 s.
37	1	365	201
—	1	379	1294
—	3	430	91
—	3	431	128
38	3	431	128
39	3	431	129
40	3	429	50
—	3	430	96
—	3	431	131 s.
—	3	433	179
—	3	434	18
41	1	89	89 s.
—	2	500	49
—	3	538	105
42	1	339	642
—	3	132	185
—	3	—	157
43	1	187	82

—	3	515	7
—	2	626	435
—	3	132	186 s.
44	1	186	64
—	1	187	74
—	1	—	82
—	2	515	7
—	2	517	106
—	2	—	110
—	3	482	140 s.
—	4	81	65
—	4	345	118
—	4	494	459
45	1	575	159
—	3	131	134
46	3	129	50
—	3	130	96
—	3	131	106 s.
—	3	—	116
—	3	—	122
—	3	132	156
—	3	401	323
47	1	76	9
—	1	352	1075
—	3	130	96
—	3	401	319
48	1	88	80 s.
—	1	89	81
—	2	52	42
—	3	132	143
—	3	408	523
49	2	52	45
—	3	432	157
—	3	401	524
50	2	52	42
—	2	—	45

—	3	401	324
51	3	401	324
52	1	539	139
—	3	401	324
53	2	52	15
—	2	331	5
—	3	402	359
—	3	408	523
54	3	430	96
—	3	401	319
—	3	402	359
55	2	52	12
—	4	84	155
—	4	577	62
56	1	134	40
—	3	179	9
58	4	577	62
59	3	432	154 s.
61	1	139	239
—	3	132	158 s.
—	3	140	440
—	3	401	328
—	4	477	31
62	3	401	328
63	1	57	12
—	1	79	27
—	1	570	12
—	1	—	17
—	1	571	57
—	2	52	11
—	2	482	205
—	2	486	39
—	3	401	317
—	3	616	3
—	3	617	22
—	3	717	548

64	1	81	110
—	1	82	129
—	2	52	11
—	3	130	88
—	3	138	336
—	3	400	296
—	3	401	319
—	3	617	27 s.
—	3	695	76
65	1	81	110
—	3	401	317
—	3	617	37 s.
66	1	58	44
—	1	60	118
—	1	—	123
—	1	405	418
—	2	55	75
—	2	75	163
—	4	727	119
67	1	59	25
—	1	—	77 s.
68	1	59	75
—	1	136	98
69	1	570	20
—	1	571	57
70	1	79	27
—	1	570	12
71	1	88	73
—	3	130	96
—	3	401	319
—	3	—	329
—	4	486	285 s.
72	3	401	319
—	4	486	289
74	4	487	293
97	4	60	18

78 1 781 1585
— 1 793 1737
— 4 86 229
79 4 345 105 s.
80 1 134 39
— 1 288 139
— 1 334 470
— 1 675 393
— 3 130 265
— 3 334 20
— 3 401 331
— 4 486 272
— 4 487 294 s.
— 4 489 390
83 3 133 178
— 3 401 329
84 3 133 178
86 1 187 76
— 3 334 29
— 3 723 740
87 1 88 73
— 3 135 171
88 1 187 75
— 3 133 172
90 3 133 175 s.
— 3 336 72
— 4 488 327
91 1 134 34
— 3 131 132
— 3 334 14 s.
— 3 — 22
— 3 — 30
92 3 334 20
— 3 401 331
— 4 484 178
— 4 487 294
93 3 334 23 s.
94 1 571 53
— 3 334 35 s.
95 3 335 41 s.
96 3 136 274
— 3 335 41 s.
97 3 136 274
— 3 335 51
— 3 — 56
98 3 335 64 s.
99 3 130 77
— 3 335 67 s.
100 1 570 14
— 3 336 72
— 3 401 332
101 1 271 643
— 3 401 332
102 3 336 72
105 2 551 941
— 3 335 56
106 3 244 4
— 3 336 73 s.
108 3 130 77
— 3 335 68 s.
109 2 551 941
— 3 67 61
— 4 477 31
112 3 335 48
— 3 336 70
— 3 401 333
— 4 60 18
113 3 246 2
114 1 361 236
— 3 132 138
— 3 134 207
— 3 137 326
— 3 246 3
— 3 247 7
— 3 — 13
— 3 — 27
— 3 248 34
— 3 401 334
115 3 247 15
— 3 — 23
117 3 248 40
— 3 401 334
118 3 247 30
— 3 248 40
119 3 247 24 s.
— 3 — 28
— 3 248 40 s.
120 1 675 393
— 3 247 30
— 3 248 34
— 3 — 40
121 3 248 33
— 3 — 40 s.
— 3 401 334
122 3 137 326
— 3 247 24
— 3 248 38
— 3 — 40
— 3 — 43
— 3 401 334
123 3 247 24
— 3 248 47 s.
125 3 137 326
— 3 248 48 s.
— 3 — 49
126 3 248 41
— 3 — 49
127 1 139 239
— 1 570 53
— 1 — 57
— 3 133 191 s.
— 3 187 9
— 3 617 28
— 4 577 63
128 1 402 322
— 3 134 204
— 3 135 238
— 3 — 251
— 3 401 336
129 3 134 205
— 3 135 238
— 3 — 251
— 3 138 336
— 3 334 30
— 3 401 336
130 1 571 65
— 1 572 76
— 1 579 279
— 3 135 251
— 3 138 336
— 3 722 725
131 3 134 210 s.
— 3 135 238
— 3 — 251
— 3 334 30
132 1 572 72
— 3 134 224
— 3 135 243
133 1 572 72
— 3 134 217
— 3 — 225
— 3 135 253
— 3 136 265
134 3 134 217
— 3 — 222
— 3 383 44
135 1 80 81
— 1 — 85 s.
— 1 — 90
— 1 402 318 s.
— 1 — 320
— 1 572 72 s.
— 1 — 75
— 1 578 268
— 3 135 243
— 3 — 248 s.
— 3 — 251
— 3 136 265
— 3 402 375
136 1 60 118
— 1 573 104
— 2 54 89
— 3 135 257
137 1 573 120
— 1 574 123
— 1 — 129
— 1 576 202
— 1 577 224
— 2 44 100
— 3 707 240
— 4 714 570
138 1 573 120
— 2 44 100
— 4 714 570
139 1 258 202
— 1 — 225
— 1 550 452
— 1 573 120
— 2 697 842
— 3 408 524
— 3 718 588
— 4 577 33
140 1 573 120
141 2 550 928
— 3 69 181
— 4 577 33
142 4 577 33
143 4 577 33
144 1 575 164
— 2 43 81
— 2 662 36
— 3 138 339
— 3 392 39 s.
145 1 259 252
— 1 576 181
— 1 579 288
— 2 495 918
— 2 532 191
— 2 550 928 s.
— 3 69 177
— 3 138 336
— 3 — 339 s.
— 3 400 296
146 1 259 252
— 2 3 2
— 2 33 12
— 2 495 312
— 2 550 928 s.
— 2 551 959
— 3 216 526
147 2 495 318
— 2 551 962
— 3 138 336
— 3 — 340
— 3 215 504
148 1 187 82
149 1 323 59
— 3 215 505
150 1 134 22
— 3 216 529
151 2 33 12
— 3 216 521 s.
— 4 90 370
— 4 490 419
152 2 3 2
— 2 5 77
— 2 65 106
— 3 215 510
153 2 3 9
— 2 9 177
— 2 454 165
— 3 138 342 s.
— 3 — 365
— 3 139 371
— 3 — 378
— 3 190 126
— 3 718 589
— 116 50
— 4 478 47
154 1 88 73
— 1 138 194
— 1 272 701
— 1 282 136 s.
— 1 328 244
— 1 381 67
— 1 — 70 s.
— 1 — 75
— 1 401 299
— 1 403 341
— 2 423 2288
— 2 517 106
— 2 551 938
— 2 — 955
— 2 696 805
— 3 138 352
— 3 139 378
— 3 140 412
— 3 575 101
— 3 724 789
— 4 80 17 s.
— 4 81 30
— 4 — 42
— 4 82 68 s.
— 4 — 84
— 4 — 89
— 4 83 108 s.
— 4 — 130
— 4 84 149 s.
— 4 — 160
— 4 86 227
— 4 88 311 s.
— 4 89 325
— 4 — 334
— 4 93 479
— 4 — 493
— 4 97 619
— 4 — 624
— 4 476 5
— 4 708 381
155 1 88 78
— 2 517 106
— 3 34 684
— 4 81 56
— 4 344 72 s.
— 4 362 566
— 4 487 298
— 4 — 301
156 1 88 73
— 4 430 97
— 4 487 299
— 4 — 313
157 1 673 393
— 3 334 20
— 3 401 348
— 4 487 307
— 4 488 325
158 4 488 332
159 1 32 1
— 1 256 126
— 1 258 202
— 1 — 225
— 1 262 349
— 1 263 398
— 1 403 341
— 1 575 178
— 1 — 180
— 1 579 293
— 3 578 61
— 3 718 586
161 1 78 17
— 1 254 69 s.
— 1 257 189
— 1 258 202
— 1 — 225
— 1 262 365
— 1 266 487
— 1 575 175
— 1 — 175 s.
— 2 44 98
— 2 76 148
— 3 341 149
— 3 620 106
— 3 718 589
— 4 82 76
— 4 224 20
— 4 521 26
— 4 716 633
162 2 44 98
— 2 714 343
— 2 — 346
— 2 715 369
— 2 717 417
163 3 35 729 s.
— 3 196 397
— 3 — 400
— 3 197 418
— 3 422 222
— 3 424 287
164 3 197 427
— 4 60 18
165 1 110 104
— 2 511 412
— 3 402 359
— 3 408 519
166 1 578 120
— 1 574 123
— 3 67 49
— 3 71 255
— 3 718 588
— 4 577 35
167 3 138 339
— 3 392 44
168 4 577 35
169 2 532 191
— 3 67 49
— 3 136 340
— 3 215 507
— 4 577 36
170 3 67 49
— 3 401 348
171 3 215 505
— 3 — 510
172 1 133 14 s.
— 1 — 4 s.
— 1 — 13
— 4 134 45
— 1 — 47 s.
— 1 135 88
— 1 139 220
— 1 258 202
— 1 — 225
— 1 334 482
— 1 574 121
— 2 32 615 s.
— 2 202 383
— 2 663 74
— 3 402 362
174 1 110 83
— 1 134 22
— 1 135 86 s.
— 1 — 90 s.
— 1 136 101
— 1 138 193
— 1 577 233
— 2 32 617
— 2 551 959
— 2 — 963
175 1 135 69
— 1 138 194
— 1 — 202
— 1 — 205
— 1 352 1079
176 1 135 89
177 1 323 73
— 1 328 243
— 1 — 247
— 1 330 331
— 1 332 398
178 1 135 89
— 3 406 465
179 1 135 89
— 1 577 229
— 1 — 233
— 2 39 28
— 2 608 1326
— 3 581 93
180 4 577 64
181 1 334 487
— 1 538 122
— 3 705 172
— 3 720 650
182 1 80 85
— 1 82 129
— 1 135 76
— 1 403 418
— 1 571 49
— 1 579 275 s.
— 2 3 2
— 2 203 426 s.
— 2 533 261
— 2 536 355
— 2 541 570 s.
— 2 550 928
— 2 — 935 s.
— 2 551 948
— 2 607 1317
— 2 672 400
— 2 697 851
— 3 138 336
— 3 139 336
— 3 400 296
— 3 404 421
— 3 693 76
183 1 136 98
— 2 203 420
— 2 541 571
— 2 550 928
— 2 — 935
— 2 551 950
— 2 — 953
— 2 — 957 s.
— 2 695 795
— 3 715 494
184 1 749 375 s.
— 2 203 424 s.
— 2 495 312
— 2 541 570 s.
— 2 550 928
— 2 — 935
— 2 551 960 s.
— 3 216 531 s.
185 1 54 36
— 1 136 107
— 1 297 55
— 2 5 64
— 2 6 92
— 2 — 94
— 2 9 175
— 2 65 105
— 3 180 197 s.
— 3 — 390
— 3 216 535 s.
— 3 583 172
186 2 65 105
— 3 139 330
— 3 — 395 s.
— 3 216 535
— 3 — 547
187 1 60 97
— 1 324 118
— 1 766 603
— 2 203 414
— 2 714 350
— 2 717 414
— 3 217 557 s.
— 3 — 568
— 4 90 370
188 3 217 567 s.
189 1 88 73
— 1 138 194
— 1 283 139
— 1 381 71
— 1 — 75
— 1 401 299
— 1 575 175
— 1 580 301
— 2 50 152
— 2 696 805
— 3 139 405
— 3 575 101
— 3 724 789
— 4 81 54
— 4 88 311
— 4 89 334
— 4 92 459
— 4 487 198
— 4 — 313
— 4 521 26
190 1 64 36
— 1 762 780
— 2 8 2
— 2 9 174 s.
— 2 — 177
— 3 34 693
— 3 138 369
— 3 139 391
— 3 — 393 s.
— 3 140 413
— 3 190 126
— 3 216 539
— 3 582 157
— 3 723 737
— 4 116 50
— 4 488 323
191 1 32 1
— 1 575 180
— 3 722 527
192 1 133 1
— 1 134 24
— 1 — 26
— 1 577 240
— 1 578 249
— 3 402 367
— 3 722 725
193 3 334 29
— 3 722 725
— 4 49 259
194 1 138 194
— 2 608 1324 s.
— 2 710 199
— 2 714 343
— 2 715 369
— 2 717 417
— 4 237 439
— 4 — 444
— 4 240 559
195 1 89 83
— 1 — 93
— 1 — 96
— 1 582 385
— 3 35 758
— 3 140 427 s.
— 3 190 143
— 3 196 389
— 3 — 393
— 3 — 397
— 3 197 408
— 3 422 224
196 3 35 766
— 3 197 428
197 1 110 104
— 1 — 107
— 2 438 2747 s.
— 2 446 3017
— 2 511 212
— 3 408 519
— 3 693 15
198 3 133 198
— 3 406 465
199 1 79 52
— 1 133 16
— 1 134 28 s.
— 1 328 252
— 1 577 229
— 1 578 268
— 2 32 620
— 3 140 431
200 1 580 312
— 3 402 367
— 3 719 623
— 4 578 69
201 1 381 75
— 3 402 367
— 3 719 623
— 4 578 69
— 4 580 142
202 1 80 55
— 1 — 58 s.
— 1 — 62
— 1 81 91
— 1 134 36 s.
— 1 — 51
— 1 135 64
— 1 — 76 s.
— 1 — 81
— 1 136 108
— 1 137 162 s.
— 1 142 80
— 1 — 88
— 1 322 48
— 1 405 402
— 1 578 268
— 3 393 68
— 3 402 365
— 3 406 465
— 3 582 138
— 3 — 169
— 3 693 20
— 4 205 131
203 1 80 58
— 1 — 62
— 1 128 410
— 1 134 22
— 1 135 58 s.
— 1 — 61
— 1 — 90
— 1 136 103 s.
— 1 137 135 s.
— 1 142 80
— 1 — 84
— 1 405 402
— 1 728 596
— 2 1 9
— 2 203 425
— 2 495 323
— 3 176 51
— 3 402 368
204 1 135 58 s.
— 1 — 61
— 1 137 145 s.
— 1 — 149 s.
— 1 — 155
— 1 138 175
— 1 322 48
— 2 1 9
— 2 6 94
— 2 203 434
205 1 79 47
— 1 80 58 s.
— 1 — 62
— 1 134 36
— 1 136 108
— 1 137 164 s.
— 1 — 169 s.
— 1 — 172
— 1 138 176
— 1 — 179 s.
— 1 — 188
— 1 142 84
— 1 — 89
— 1 405 402
— 1 578 268
— 2 1 9
— 3 402 368
— 3 693 20
206 2 1 9
207 1 137 137
— 3 402 373
208 1 60 97
— 1 138 211
— 3 723 740
209 1 136 129
— 1 138 211
210 1 138 198
211 1 138 194
— 1 — 204 s.
— 1 352 1079
— 2 717 414
— 4 92 439
212 1 575 180
— 1 579 293
— 3 140 434
— 4 228 151
213 1 32 1
— 1 139 214
— 1 580 307
— 3 140 434
— 3 710 339
214 1 139 214
— 1 351 1071
— 1 405 403
— 3 140 434
215 1 139 214
— 2 32 617
— 2 — 623
— 2 — 625
— 2 — 131 s.
— 3 406 487
216 1 332 390
— 1 — 398
— 3 408 522
217 1 81 91
— 1 292 234
— 1 572 76
— 2 6 98
— 3 135 244
— 3 136 268 s.
— 3 402 375
— 4 580 139
218 3 136 267
219 3 136 276
220 3 134 226
— 3 136 279
— 3 407 488
221 1 402 323
— 1 571 58
— 1 573 97
— 1 775 1199
— 3 136 280
— 3 273 245
222 3 136 275
— 3 402 380
223 3 135 260
— 3 136 275
224 3 142 505
— 3 402 380
225 3 136 276
226 1 573 114
— 1 595 766
— 1 — 782
— 1 596 804
— 1 772 1099
— 2 608 1327
— 3 137 310
— 3 — 318
227 1 593 768
— 1 — 781
— 2 485 23
— 2 495 316
— 4 537 90
228 1 402 323
— 1 572 87
— 1 581 358
— 3 137 322
— 3 410 309
229 1 572 87
— 1 573 97
— 3 136 284
— 3 137 318
— 3 273 245
— 3 424 274
— 4 478 38
230 1 81 91
— 1 571 66
— 3 136 287 s.
— 3 137 318
— 3 247 37
— 3 273 245
231 1 81 91
— 1 402 328
— 1 570 58
— 1 573 97
— 1 581 350
— 1 — 358
— 1 604 209
— 1 770 1038
— 1 775 1199
— 3 136 291 s.
— 3 137 306
— 3 273 245
— 4 177 121
232 3 137 306
233 1 78 19
— 1 581 358
— 3 134 222
— 3 137 308
— 3 335 44
234 3 142 504
— 3 189 77
— 3 197 433
235 1 78 18
— 1 292 238
— 1 415 142
— 1 578 105 s.
— 3 135 248
— 3 — 252 s.
— 3 136 265
— 3 — 278
— 3 137 317 s.
— 3 — 326
— 3 400 309
— 3 401 341
236 1 415 142
— 3 137 319
— 3 — 323
237 3 137 323
238 3 137 325
— 3 402 376
239 3 137 326
240 1 408 479
— 3 137 326
241 1 233 63
— 1 770 1038
— 1 775 1208
— 1 776 1236
— 1 777 1247
— 2 486 32
— 3 141 442 s.
242 2 6 95
— 2 483 32
— 3 134 222
— 3 142 479 s.
— 3 403 383
— 3 407 514
243 3 142 485
— 3 403 383
245 3 403 383
246 1 32 5 s.
— 1 402 320
— 1 571 58
— 1 581 335
— 3 137 314
— 3 — 322
— 3 403 384
— 3 406 487
247 1 402 320
— 1 571 57
— 1 581 335
— 3 403 384
248 1 58 335
— 3 137 322
— 3 334 29
— 3 403 384
249 3 406 465
250 3 135 248
— 3 — 252
— 3 136 265
— 3 401 341
— 3 402 377
251 1 582 364
— 3 408 487
252 3 185 135
— 3 403 388
— 3 407 488
— 4 580 160
253 1 792 1704
— 3 186 153
— 3 403 388
— 4 580 161
— 4 581 198
256 3 407 488
257 1 339 641
— 4 485 236
— 4 577 66
— 4 580 166 s.
— 4 581 174 s.
258 4 582 208
259 4 582 208
260 1 579 279
— 1 786 604
261 3 143 539 s.
— 3 403 393
— 3 406 487
263 3 181 105
— 3 407 488
264 3 184 76
— 3 186 159
— 3 — 164
— 3 — 170
— 3 407 488
— 4 581 196
265 1 116 161
— 4 580 161
266 1 751 481
267 1 762 799
— 1 778 1284
— 2 7 110
— 2 8 168
268 1 761 748
— 1 762 790
— 1 — 795
— 1 — 800
— 1 — 802 s.
— 1 763 817
— 1 — 826
— 1 765 893
— 1 766 941
— 1 778 1284
— 2 7 111
— 4 345 116
— 4 484 201
— 4 485 234
— 4 489 362
— 4 490 413
— 4 — 431
269 1 762 790
— 1 — 802
— 1 — 807
— 1 763 813
— 1 — 815 s.
— 1 765 894
— 2 517 110
— 3 403 396
— 3 406 487
— 4 488 334
— 4 — 338
— 4 489 387
— 4 — 403
— 4 490 413
— 4 491 859 s.
— 4 — 478
270 1 762 797
— 1 — 799
— 4 490 413
— 4 — 422
271 1 233 74
— 1 581 358
— 1 — 360
— 1 770 1035
— 1 — 1038
— 1 771 1082
— 2 486 32
— 3 403 393
— 3 405 485
— 4 60 18
— 4 580 161
272 3 403 395
273 1 763 829
— 3 407 488
— 3 135 265
274 3 400 309
275 2 7 115 s.
— 2 52 17
276 1 763 817
— 1 — 830
— 1 787 1534
— 3 136 265
277 1 763 831 s.
— 3 198 433
278 1 302 15
— 1 573 117
— 1 763 883
— 1 787 1534
279 2 82 62
— 3 129 42
— 3 392 55
— 3 400 309
280 1 334 468
— 2 82 62
— 3 400 309
281 1 334 468
— 2 82 62
— 3 400 309
282 7 82 62
— 3 400 309
284 3 403 388
— 4 580 161
289 3 392 55
290 3 406 165
291 3 142 486
— 3 403 383
292 3 142 486
— 3 403 383
293 2 516 36
— 3 142 487
— 3 — 493
— 3 406 480
— 4 581 184
294 1 742 148
— 1 755 587
— 2 3 1
— 2 4 21
— 2 — 26
— 2 — 33
— 2 5 57
— 3 406 480
— 3 — 487
295 1 285 64
— 1 286 90
— 1 296 80
— 1 297 54
— 2 4 43
— 2 — 46
— 2 — 50
— 2 5 55
— 2 — 57
— 2 — 69
— 2 — 72
— 2 6 94
296 1 323 74
— 1 324 90
— 1 328 249
— 1 — 271
— 1 — 274
— 1 329 276
— 1 — 278
— 1 332 397
— 1 573 114
— 1 581 350
— 1 — 357
— 1 — 359
— 1 582 364
— 1 738 656
— 3 133 181
— 3 142 496 s.
— 3 — 513
— 3 143 540
— 3 403 395
— 3 406 480
— 3 721 695
297 3 142 496 s.
— 3 405 480
298 1 324 90
— 1 328 249
— 1 — 274
— 3 142 496
— 3 406 480
299 1 304 8
— 1 328 271
— 1 329 278
— 1 331 351
— 1 334 476 s.
— 1 340 657
— 1 350 1037
— 1 573 114
— 1 581 350
— 1 — 359
— 1 718 656
— 3 133 181
— 3 142 497
— 3 — 509 s.
— 3 406 479
300 3 406 481 s.
301 1 332 397
— 1 758 655 s.
— 3 142 509
— 3 406 484
302 1 405 423
— 1 617 11
— 1 755 567
— 2 4 40
— 2 5 58
— 2 — 60 s.
— 2 6 97 s.
— 3 136 274
— 3 142 514
303 1 136 91
— 2 516 36
— 3 142 509
— 3 403 396
— 3 406 484
304 1 774 1171
— 2 516 36
— 3 142 509
— 4 487 295
305 1 31 464
— 1 406 423
— 2 6 95
— 3 143 514
— 3 — 521 s.
— 3 403 395
— 4 488 341
306 1 406 423
— 1 758 657
— 1 — 659
— 1 — 679
— 1 759 691
— 3 143 537
— 3 403 393
307 1 331 367
— 1 595 767
— 3 143 541
— 3 403 394
— 4 488 536
308 3 143 545
— 3 403 394
309 1 751 432
— 1 — 461
— 1 755 587
— 1 761 773
310 1 581 355
— 1 763 838
— 1 — 841
311 1 581 355
— 2 4 33
— 3 217 580
312 1 581 355
— 1 752 623 s.
— 1 758 673
— 1 761 759
— 1 778 1303
— 1 779 1317
— 1 792 1700
— 1 — 1709
— 3 406 487
— 4 346 131
313 1 761 770
— 1 763 842
— 1 764 876
— 1 765 891
— 1 — 893
— 2 6 101 s.
— 3 403 397
314 1 763 843
— 3 403 397
315 1 749 381
— 1 759 683
— 1 763 825
— 1 — 834
— 1 — 837
— 3 34 692
— 3 403 396 s.
— 4 486 281
— 4 487 298
— 4 488 334 s.
— 4 489 263 s.
— 4 490 412
— 4 492 481
316 4 345 101
— 4 490 406 s.
317 1 758 673
— 1 763 825
— 1 793 1715
— 1 — 1635 s.
— 2 517 109
— 3 406 487
— 4 344 72
— 4 345 101 s.
— 4 — 122 s.
— 4 477 16
— 4 485 252
— 4 489 364
— 4 — 381
— 4 — 396 s.
— 4 490 415
— 4 — 423 s.
— 4 — 441 s.
318 1 763 837
— 1 765 886
— 1 792 1699
— 1 793 1737
— 3 403 400
— 4 491 462 s.
319 1 582 373
— 1 757 649
— 1 763 837
— 1 792 1686
— 2 7 108
— 2 — 110 s.
— 2 — 116
— 3 403 400
— 3 717 399
— 4 345 101
— 4 — 115
— 4 490 436 s.
320 4 490 418
321 4 485 214
322 1 17 3
— 1 31 463
— 1 — 469
— 1 763 822
— 1 765 895
— 3 143 544
— 3 406 487
— 4 345 115 s.
— 4 430 97
— 4 434 185 s.
— 4 485 320
— 4 — 232 s.
— 4 491 472
— 4 — 482
323 4 485 224 s.
— 4 486 255
— 4 489 368
324 4 492 482
325 4 491 449
326 3 403 400
— 1 572 95
— 1 763 837
327 1 305 38
— 1 764 850 s.
— 1 766 941
— 2 7 119
— 4 490 436
— 4 591 433
— 4 — 469
328 1 757 650
— 1 763 837
329 1 764 868
— 1 — 870 s.
— 1 — 875
329 3 403 400
330 1 758 659
— 1 — 666
— 1 762 788
— 1 763 837
— 1 771 1093
— 3 403 400 s.
— 4 478 42 s.
331 1 758 666 s.
— 1 763 837 s.
— 3 403 401
332 1 187 82
— 1 754 537
— 1 764 853
— 1 765 903
— 1 — 905
— 1 — 914
— 1 766 918
— 3 160 4 s.
— 3 403 487
333 1 187 82
— 1 765 911
— 3 160 6 s.
— 3 406 487 s.
— 4 481 40
— 4 485 219
334 1 764 845
— 1 — 847
335 1 59 85
— 1 758 673
— 1 763 837
— 1 766 937
— 2 3 2
— 2 — 9
— 2 8 140
— 2 — 148
— 3 403 404 s.
— 3 701 60 s.
— 4 116 85
336 1 766 937
— 1 — 943
— 1 776 1213
— 1 777 1257
— 1 — 1261
— 1 798 1717
— 4 116 85 s.
337 1 233 63
— 1 234 23
— 1 403 334

— 1 604 212
— 1 767 954
— 1 — 966
— 1 768 989
— 1 — 992
— 1 — 998
— 1 — 1001
— 1 769 1026
— 1 — 1032
— 1 770 1038
— 1 — 1046
— 1 — 1050 s.
— 1 771 1074
— 1 — 1083
— 1 772 1098
— 1 — 1100 s.
— 1 — 1115
— 1 773 1136
— 1 — 1147
— 1 774 1186
— 1 — 1189 s.
— 1 — 1198
— 1 — 1204 s.
— 1 776 1213
— 1 — 1219 s.
— 1 777 1247
— 1 783 1419
— 1 — 1426
— 1 786 1507
— 1 783 1566
— 1 789 1594
— 3 141 444
— 3 — 471
338 1 233 80
— 1 573 117
— 1 768 992
— 1 769 1026
— 1 770 1038
— 1 — 1046
— 1 — 1050
— 1 — 1065
— 1 771 1067
— 1 — 1074
— 1 472 1100
— 1 — 1112
— 1 — 1118
— 1 774 1159
— 1 775 1189
— 1 — 1196
— 1 — 1205
— 1 776 1213
— 1 778 1275
339 1 233 87
— 1 572 95
— 1 768 992
— 1 169 1020
— 1 — 1032
— 1 771 1091
— 1 772 1136
— 1 — 1146 s.
— 1 — 1153
— 1 774 1155
— 1 — 1157 s.
— 1 776 1213
— 1 777 1260
— 1 778 1269
— 2 499 48
— 2 501 95
— 4 694 57
340 1 33 25
— 1 771 1088
— 2 500 72
341 1 325 126
— 1 352 1094
— 1 762 800
— 1 764 875
— 1 765 885
— 1 767 1034
— 1 772 1121
— 1 — 1123
— 1 773 1128
— 1 — 1131
— 1 778 1272
— 1 — 1276 s.
— 1 — 1282
— 1 — 1290 s.
— 1 781 1388
— 1 782 1396
— 1 784 1450
— 1 — 1455
— 1 787 1543
— 3 140 452
— 3 542 237
— 4 156 48
342 1 325 126
— 1 740 79
— 1 752 494
— 1 — 497
— 1 753 500 s.
— 1 773 1142
— 1 778 1300 s.
— 1 780 1354
— 1 781 1378
— 1 787 1540
— 2 8 134
— 2 558 181
— 4 480 10
343 1 752 497
— 1 761 757
— 1 778 1303
— 1 — 1306
— 1 779 1308 s.
— 1 784 1453
— 3 403 408
344 1 335 126
— 1 604 212
— 1 768 998
— 1 778 1300 s.
— 1 786 1507
— 1 788 1565 s.
345 1 325 126
— 1 599 51

— 1 767 965
— 1 368 998
— 1 769 1032
— 1 773 1127
— 1 775 1196
— 1 778 1300 s.
— 1 782 1405 s.
— 1 783 1419
— 1 — 1426
— 1 786 1515
— 1 — 1520 s.
— 1 787 1546
— 1 788 1586
— 1 789 1589
— 1 — 1595
— 1 — 1600
— 1 790 1624
— 1 791 1659
— 3 140 436
— 3 694 44
— 4 733 205
346 1 778 1300
— 3 140 436
— 4 489 379
347 1 32 2
— 1 325 126
— 1 773 1127 s.
— 1 780 1331
— 1 — 1339
— 1 — 1350
— 1 — 1355
— 1 781 1371
— 1 782 1391
— 1 — 1394 s.
— 1 — 1404
— 1 784 1463
— 3 34 722
— 3 140 436
— 3 406 487
— 4 582 214
348 1 325 126
— 1 766 942
— 1 779 1310
— 1 780 1536
— 1 — 1546
— 1 781 1362 s.
— 1 — 1375
— 1 782 1413
— 1 783 1425
— 1 786 1516
— 1 787 1529
— 1 — 1546
349 1 325 126
— 1 780 1346
— 1 781 1375 s.
— 1 — 1384
— 1 787 1529
350 1 325 126
— 1 767 1196
— 1 773 1130
— 1 781 1375
— 1 782 1390
— 1 783 1424 s.
— 1 — 1437
— 1 784 1454
— 1 785 1481
— 1 — 1489
— 1 786 1520
— 1 787 1529
— 1 789 1596
— 1 790 1640
— 1 691 1652
351 1 50 67
— 1 235 40
— 1 602 147
— 1 767 971
— 1 772 1099
— 1 779 1312
— 1 780 1358 s.
— 1 781 1388
— 1 783 1425
— 1 784 1446 s.
— 1 — 1451
— 1 — 1454 s.
— 1 — 1459 s.
— 1 785 1468
— 1 — 1479
— 1 — 1480
352 1 759 705 s.
— 1 — 709 s.
— 1 760 710 s.
— 1 — 724
— 1 783 1425
— 1 785 1481
— 1 — 1486
— 1 786 1515
— 3 140 436
353 1 758 662
— 1 — 664
— 1 — 669
— 1 760 735 s.
— 1 — 740
— 1 — 743
— 1 — 745
— 1 761 748
— 1 — 750
— 1 — 753 s.
— 1 — 762
— 1 766 942
— 1 790 1642
— 2 7 115 s.
— 3 176 21 s.
— 4 491 448
— 1 758 759
— 1 — 567 s.
— 1 — 678 s.
354 1 759 682 s.
— 1 — 689
— 1 — 691
— 1 — 694
— 1 761 769
— 1 764 854

— 3 403 399
355 1 288 439
— 1 673 393
— 1 759 701 s.
— 4 489 390
— 4 490 417
356 1 583 403
— 4 490 419
357 1 767 962
— 1 781 1363
— 1 787 1529
— 1 — 1543
358 1 33 29
— 1 — 35
— 1 — 42
— 1 — 44 s.
— 1 408 477
— 1 579 297
— 1 581 343
— 1 582 366
— 1 — 376
— 1 770 1040
— 1 772 1099
— 1 790 1624
— 1 791 1669
— 1 — 1678
— 2 53 27
— 2 54 36
— 2 — 41
— 2 55 73
— 3 150 84
— 3 198 458
— 3 404 410
— 3 407 488
— 3 706 198
— 4 430 88
359 1 33 45
— 1 58 44
— 1 59 84 s.
— 1 582 366
— 1 — 376
— 1 — 386
— 1 583 403
— 1 407 455
— 3 164 21
— 3 407 488
360 1 32 5
— 1 — 8 s.
— 1 33 35
— 1 401 296
— 1 402 319
— 1 403 340 s.
— 1 404 365
— 1 — 374
— 3 406 487
— 1 604 209
— 1 733 72
— 4 430 88
361 1 33 36 s.
— 1 404 363
— 1 — 374
— 1 570 21
— 1 770 1040
— 1 — 1046
— 3 403 402
— 3 — 409
362 1 60 111
— 1 772 1099
— 1 783 1419
— 1 787 1534
— 1 788 1584
— 1 791 1670
— 1 793 1723
363 1 788 1584
— 1 791 1670
— 1 793 1723 s.
— 2 8 159 s.
— 2 9 165
— 3 389 69
364 1 33 29
— 1 78 2
— 1 581 343
— 1 587 521
— 1 598 48
— 1 772 1099 s.
— 1 788 1562
— 1 — 1584
— 1 789 1596
— 1 790 1649
— 1 791 1652
— 1 — 1672 s.
— 3 54 8
— 3 389 69
365 1 33 33
— 1 110 86
— 1 183 45
— 1 323 65
— 1 — 80
— 1 383 111
— 1 573 114
— 1 581 343
— 1 598 18
— 1 602 120
— 1 767 962
— 1 772 1099
— 1 787 1536
— 1 788 1584
— 1 791 1672
— 2 485 3
— 3 389 65
— 3 588 88
— 3 595 335 s.
— 4 633 107
— 4 723 84
366 1 33 42
— 1 — 45 s.
— 1 60 111
— 1 575 180
— 1 582 366
— 1 — 376
— 1 — 380
— 3 529 104

367 1 572 95
— 1 791 1675
368 1 334 469
— 1 766 925
— 2 608 1324 s.
— 2 714 343
— 2 715 369 s.
— 2 716 387 s.
369 1 726 918
— 1 791 1676
— 3 189 77
— 3 190 144
— 3 196 397
— 3 197 409
— 3 — 435
370 1 791 1677 s.
— 3 189 77
— 3 197 436 s.
— 4 60 18
371 1 328 258
— 1 791 1681
372 1 755 586
— 1 — 683
— 1 761 773
— 1 778 1275
— 1 792 1603 s.
— 1 — 1680
— 1 — 1695 s.
— 1 — 1709 s.
— 1 — 1713
— 1 793 1721
— 1 — 1729
— 1 — 1732
— 1 — 1735 s.
— 3 33 654
— 4 491 457
373 1 60 101
— 1 302 15
— 1 324 119
— 1 328 243 s.
— 1 — 246 s.
— 1 — 256
— 1 — 275
— 1 329 277 s.
— 1 332 381
— 1 — 388
— 1 — 396 s.
— 2 1 9
— 2 511 220
— 3 142 497
— 3 407 494
— 3 597 408
— 4 488 342
374 1 60 102
— 1 328 267
— 1 — 270
— 1 332 385
— 2 1 9
— 3 407 494
— 3 — 501
375 1 729 619
— 2 511 221
— 3 405 459
— 3 596 368
376 3 597 408
378 3 413 26
379 1 116 161
— 1 570 21
— 1 — 31
— 3 404 418
— 3 405 459
— 3 595 345
381 1 737 13 s.
— 1 738 19
— 1 — 22 s.
— 1 — 25
— 1 — 30
— 1 — 36 s.
— 1 739 47
— 1 — 51
— 1 — 53
— 1 — 64
— 1 741 124
— 1 750 317
— 3 406 487
382 1 188 100
— 1 738 39 s.
— 1 — 43 s.
— 1 739 50 s.
— 1 — 60
— 1 740 78
— 1 — 98
— 1 742 147
— 1 743 176
— 1 744 209
— 1 749 396
— 3 224 4
383 1 749 90
— 1 — 95
— 1 — 97
— 1 741 111 s.
— 1 — 119 s.
— 1 — 123 s.
— 1 — 131
— 1 342 139 s.
— 1 — 150
— 2 281 90
— 2 — 94
— 2 282 102
384 1 740 97 s.
— 1 741 104 s.
— 1 — 113
— 1 — 119 s.
— 1 — 126
— 1 — 129 s.
— 1 — 135
— 1 741 357
— 1 743 177
— 1 751 432
— 1 772 1110
385 1 742 150
— 1 743 179

— 2 608 1327
— 3 224 4
387 1 740 78
— 1 743 180 s.
— 1 — 200
— 1 744 223
— 1 745 250
— 1 752 466
388 1 743 182
— 1 744 223
— 1 745 239
— 1 746 283
— 1 747 319
— 4 581 173
389 1 742 185
— 1 746 270
— 1 756 592
— 1 — 594
— 1 — 596
— 2 296 297
— 2 299 412
— 2 532 183
— 3 67 54
— 3 143 548
390 1 740 77
— 1 — 79
— 1 743 186 s.
— 1 — 202
— 4 581 173
391 1 744 205
— 1 — 207 s.
393 1 738 22 s.
— 1 — 25
— 1 740 79
— 1 — 81
— 1 741 115
— 1 742 143
— 1 — 160
— 5 744 207
— 1 — 210
— 1 — 217
— 1 — 223
— 1 — 229
— 1 745 238 s.
— 1 — 257
— 1 — 264
— 1 746 266
— 1 747 308
— 1 — 321
— 1 749 390
— 1 751 449
— 1 752 466
— 1 — 472
— 1 753 510
— 1 — 512
— 1 754 537
394 1 743 200
— 1 745 237
— 1 746 276
— 1 — 287
— 1 — 300
— 1 747 306
— 1 — 314 s.
— 1 748 332
— 1 — 339 s.
— 1 749 368 s.
— 1 — 376 s.
— 1 — 396
— 1 750 411
— 1 — 413
— 1 — 417
— 1 751 449
— 1 752 466
— 1 753 515
— 1 — 518
— 1 755 567
— 2 3 2
— 2 542 598
— 3 186 164
— 3 403 392
— 3 406 487
395 1 741 104
— 1 — 131
— 1 742 139
— 1 — 144 s.
— 1 744 409 s.
— 1 745 235 s.
— 1 746 300
— 1 747 315 s.
— 1 748 347
— 1 — 353
— 1 — 366 s.
— 1 749 375
— 1 — 381
— 1 — 390
— 1 751 449
— 1 — 461
— 1 752 462
396 1 756 598
— 1 — 603
— 1 757 621
— 1 780 1352
— 3 403 390
397 1 756 607 s.
— 1 — 615
— 1 — 618
— 1 757 620
— 3 403 390
398 1 756 599
— 1 — 601
— 1 — 603
— 1 — 615
399 1 744 223
— 1 745 258
— 1 749 376
— 1 750 422
— 1 — 425
— 1 — 428 s.
— 1 751 439
— 1 — 442
— 1 — 460 s.
— 1 752 469

— 1 753 510
— 1 754 531 s.
— 1 755 567
— 1 — 572
— 1 — 588
— 1 763 821
— 2 542 598
— 3 403 392
400 1 753 510
— 1 — 512
— 1 754 537
— 1 — 555
401 1 323 87
— 1 753 512
— 1 754 537
— 1 — 555
402 1 755 574
403 1 755 576
404 1 755 581
405 1 383 141
— 1 751 561
— 1 755 567
— 1 — 583
— 1 760 728
— 1 — 760
— 1 763 838
— 2 500 84
406 1 323 68
— 1 758 665
— 1 — 667 s.
— 1 759 687
— 1 — 702
— 1 761 749
— 3 406 487
407 1 334 485
408 1 82 121
— 1 322 57
— 1 323 65
— 1 — 68
— 1 — 78
— 1 324 103
— 1 334 476
— 1 — 479
— 1 339 642
— 1 539 139
— 1 577 236
— 1 585 461
— 1 738 22
— 1 753 512
— 1 754 537
— 1 755 561
— 1 762 802
— 1 763 817
— 1 — 826
— 1 764 856
— 1 — 869
— 1 771 1034
— 1 773 1145
— 1 777 1253
— 1 — 1257
— 1 778 1278
— 1 770 1325
— 1 786 1515
— 1 793 1729
— 2 7 116
— 2 9 168
— 2 193 111
— 2 202 383
— 2 627 442
— 3 142 510
— 3 406 487
— 3 407 488 s.
— 3 — 493
— 4 83 130
— 4 94 528
— 3 394 101
— 3 403 405
— 4 489 398
409 1 32 10
— 1 323 60
— 1 — 65 s.
— 1 324 115
— 1 — 124
— 1 325 126
— 1 328 270
— 1 332 385
— 1 588 546
— 1 748 362
— 1 779 1325
— 3 407 489
— 3 — 501
410 1 325 126
— 1 588 546
— 1 603 232
— 1 767 968
— 1 785 1486
— 1 788 1585 s.
— 1 789 1600
— 1 790 1642
— 3 406 487
— 3 407 487
— 3 407 491 s.
411 1 339 656
— 3 197 424
— 3 407 492
412 1 60 102
— 1 80 81
— 1 81 91
— 1 324 108
413 1 58 80
— 1 82 121
— 1 324 105 s.
— 1 340 685
— 1 352 1086
— 2 193 111
— 2 202 383
— 3 407 493
— 3 582 169
— 4 83 130
415 1 793 1735
— 2 542 598
— 3 407 497

416 1 184 20
— 1 302 15
— 1 323 78
— 1 324 105
— 1 328 272
— 1 332 381
— 1 — 392 s.
— 1 333 426
— 1 334 476
— 1 767 969
— 3 221 124
— 3 222 170
— 3 406 477 s.
— 4 582 206
417 1 322 46
— 1 330 826 s.
— 1 — 835
— 1 — 837 s.
— 1 331 813
— 1 729 621
— 2 6 94
— 2 550 920
— 3 36 772
— 3 407 495
418 1 328 259
— 1 — 266
— 1 330 842 s.
— 3 407 495
— 3 — 510
— 1 325 138
— 3 406 481
420 1 325 138 s.
— 1 — 145
— 1 — 151
— 1 — 159
— 1 — 161
— 1 326 167
— 1 327 199
— 1 — 208
— 1 — 211 s.
— 1 331 362
— 1 673 414
— 2 717 428
— 3 401 445
— 3 583 197
421 1 331 358 s.
— 1 332 388
— 1 — 396
— 1 349 1003
— 1 590 319
— 2 664 129
— 3 407 497
422 1 331 347
— 1 332 398
— 3 407 496
423 1 331 347
— 3 407 496 s.
424 1 330 331
— 1 331 347
— 2 6 86
— 3 407 496 s.
425 1 336 537
— 3 407 497
426 1 336 838
427 1 350 1035
428 1 783 1419
— 3 405 452
429 1 350 1037 s.
— 1 351 1071
— 1 352 1076
— 1 582 386
— 1 599 60
— 1 605 213
— 1 785 1419
— 3 54 8
— 3 128 19
430 1 350 1033
431 1 351 1071
— 1 352 1076
— 1 — 1089
— 4 177 122
432 1 351 1071
— 1 352 1076
— 1 — 1690
433 1 352 1085
— 3 407 498
434 1 349 983
— 1 350 1017
— 1 352 1091
436 1 336 539
— 1 — 542
— 4 228 151
438 1 336 547
— 1 — 549
— 1 352 1099
439 1 336 552
— 1 769 1031
— 3 405 459
440 1 351 1051
441 1 324 115
— 1 — 123
— 1 333 452
— 1 334 454
— 1 — 461 s.
— 1 — 471
— 1 337 583
— 1 — 87
— 2 83 84
— 2 663 74
— 3 407 502 s.
442 1 324 115
— 1 — 123 s.
— 1 325 126
— 1 334 482
— 1 337 583
— 1 — 587
— 1 349 985
— 2 663 74
— 3 407 502
— 3 506 45
— 4 83 128
443 1 340 670

— 3 405 459
— 3 407 506
— 4 252 5 s.
444 1 115 138
— 3 405 459
— 3 407 507
— 4 252 16
445 3 405 459
— 3 407 508
— 4 252 17
447 3 407 507
448 2 626 414
— 2 — 417
— 3 404 416
449 2 626 418
— 3 404 416
— 4 35 1275
450 2 626 420 s.
— 2 — 425 s.
— 3 404 416
451 2 627 456
452 1 673 393
— 2 626 430 s.
— 3 404 410
— 4 18 802
453 2 626 437
— 2 627 442
— 3 404 416
454 2 626 430
— 2 — 441
— 3 404 416
— 3 450 310
455 3 58 73
— 4 36 1277 s.
456 1 136 93
— 1 — 96
— 1 673 393
— 1 752 780
— 1 778 1284
— 2 7 115 s.
— 2 626 440 s.
457 2 627 446
— 3 404 416
458 2 696 828
459 2 637 289
— 2 696 828
460 2 629 3
— 2 637 294
— 3 401 414
— 4 4 32
461 2 627 450
— 3 137 320
462 3 404 414
463 1 407 443
— 1 582 379
464 2 614 57
— 2 625 408
— 2 626 410
— 3 132 152
— 3 133 175
— 3 404 417
465 1 248 248
— 1 445 260
— 1 731 4
— 1 — 7
— 1 — 9
— 1 732 36
— 1 — 42
— 1 — 52
— 2 3 2
— 2 610 1408
— 3 67 61
— 3 332 539
— 3 358 101
— 3 404 418
— 3 414 31
— 3 416 111
466 1 731 5
— 1 — 9
— 2 551 941
— 2 — 944
— 3 67 61
— 3 404 418
467 1 731 11
— 1 — 13
— 1 733 80
468 1 731 14
— 1 — 16 s.
— 2 6 94
469 1 731 18
— 1 — 22
470 1 352 1096
— 1 731 10
— 1 — 24
— 1 732 27
— 2 551 941
— 2 — 944
— 3 404 418
471 1 136 97
— 1 732 37
— 1 — 41
— 1 — 51
— 2 535 324
— 2 610 1408
— 3 332 539
— 3 414 36
— 3 416 111
— 3 550 44
472 1 732 28
— 1 — 38
— 1 — 41
— 3 404 418
— 3 405 455
473 1 60 103
— 1 323 71
— 1 324 90 s.
474 1 732 35
475 1 323 87
— 1 446 264
— 1 732 32
— 1 — 55
— 2 207 97

476 1 304 8 s.
— 1 731 10
— 1 732 57
— 1 733 60 s.
— 1 — 65
— 1 — 70 s.
— 3 415 89 s.
— 3 416 96
477 1 733 73 s.
— 4 487 298
— 4 490 428 s.
478 1 733 79 s.
— 3 416 100
479 1 136 97
— 1 577 241
— 1 596 798
— 2 432 92
— 2 673 56
— 2 — 60
— 2 667 233
— 2 671 388
— 2 672 390 s.
— 2 — 416
— 2 — 422 s.
— 2 673 424 s.
— 3 404 420
— 3 — 428 s.
— 3 — 436
— 3 414 31
— 3 617 24
— 3 720 644 s.
— 4 176 99
480 1 352 1101
— 2 672 392
— 2 — 406 s.
— 3 404 423
— 3 — 427
— 3 — 432
— 3 407 489
481 2 672 411 s.
— 3 182 125
— 3 404 426
482 2 672 412 s.
— 3 182 125
— 3 404 424 s.
483 1 577 241
— 2 667 233
— 2 672 416 s.
— 2 — 422 s.
— 2 673 424 s.
— 2 676 56
— 3 404 432
— 3 720 644 s.
484 2 667 234
— 2 673 430 s.
— 3 404 432 s.
485 1 337 585
— 1 756 597
— 2 673 434
— 3 404 434 s.
486 2 673 434
— 3 334 29
— 3 404 434 s.
490 1 352 1101
— 3 404 435
491 3 404 435
492 3 404 435
493 1 336 561
— 2 664 129
— 3 404 436
494 1 336 551
— 1 337 586
— 2 644 129
— 3 404 436
498 2 714 350
499 3 404 425
500 3 404 435
501 1 596 797
503 1 756 597
504 1 81 93
— 1 240 25
— 1 — 29
— 1 — 44
— 1 538 118 s.
— 3 405 438
— 3 715 496
— 3 720 650
505 1 240 36
— 1 538 117 s.
— 3 705 173
— 3 707 230
— 3 715 496
— 3 720 650
506 1 240 42
— 1 538 122
— 1 — 124
— 3 715 498
507 1 240 43
— 1 538 122
— 3 705 172
508 1 240 43
— 1 538 117
— 3 703 172
509 1 240 44
— 1 538 119
— 3 715 496
510 1 756 597
— 3 405 439
— 4 487 298
— 4 490 434
511 1 756 597
— 3 162 115
512 1 756 509
513 1 756 597
— 4 490 434
514 1 756 597
— 3 405 440
516 3 405 440
518 1 302 10
— 1 — 14
— 1 571 63
— 1 731 21

— 2 485 27
— 2 486 32
— 2 — 35 s.
— 2 — 39
— 3 403 449
519 1 50 111 s.
— 1 302 11
— 1 — 14
— 1 731 21
— 1 772 1099
— 2 5 61
— 2 485 27
— 2 486 32
— 2 — 35
— 2 — 39
520 1 302 14
— 2 485 27
— 3 405 447
521 3 198 465
— 3 405 450
522 3 196 383
— 3 405 450
523 3 405 430
— 3 407 599
524 3 196 383
— 3 405 450
525 4 176 94 s.
— 4 177 141
526 1 580 313
— 3 187 9
— 4 176 95
— 4 — 109
— 4 177 132 s.
527 1 402 315
— 4 177 132 s.
528 3 407 312
— 4 177 143
532 3 407 509
533 3 407 511
534 3 407 511
535 3 407 510
537 1 782 1410
539 1 134 34
— 1 — 88
— 1 139 139
— 1 580 312
— 3 136 265
— 4 176 102
540 3 407 313 s.
— 4 177 132
— 4 — 145
541 3 407 313
— 4 176 94
— 4 177 144
542 1 337 572
— 4 106 72
— 4 204 76 s.
— 4 — 97 s.
543 4 205 102
544 3 407 516
— 4 204 97 s.
545 1 782 1411
— 3 407 517
— 4 205 112 s.
546 4 205 114 s.
547 4 205 120
552 3 408 518
— 4 205 113
553 4 154 5
— 4 639 20
554 1 183 46
— 1 585 464
— 1 — 469
— 2 613 40
— 2 614 58
555 1 596 804
— 1 — 809
558 4 205 106
560 1 582 371
567 1 570 31
581 1 581 343
583 1 32 2
— 3 582 214
585 1 583 403
587 1 581 343
593 4 60 18
595 1 580 304
— 4 163 147
596 1 115 145
600 3 406 475
601 4 158 104
609 3 132 138
— 3 334 27
613 2 5 60
615 3 245 27
— 3 406 464
616 3 245 28
617 3 245 28
618 3 245 33
619 1 116 157
— 4 178 9 s.
622 3 406 463
624 3 406 463
625 3 406 463
626 3 405 463
627 4 178 13
629 3 406 463
633 4 738 36
— 3 267 53
— 4 480 37
— 4 591 247
634 3 406 463
— 4 178 9
635 1 732 27
— 2 717 431
— 3 217 366
— 3 587 61
— 3 693 6 s.
— 3 — 26
686 1 109 62
— 1 111 116
— 1 733 67

— 2 446 2991
— 2 717 431
— 3 693 14 s.
— 3 694 51
637 1 88 53
— 1 90 126
— 1 111 115

— 1 305 36 s.
— 1 363 139
— 2 45 128
— 2 — 133
— 2 446 3007
— 2 539 499
— 2 551 960

— 2 631 90 s.
— 2 697 870 s.
— 2 698 876
— 3 368 485
— 3 369 493
— 3 604 66
— 3 694 33 s.

— 3 — 55
— 3 — 72
— 3 695 75
— 3 — 82 s.
— 3 — 103
— 3 696 113
— 4 633 100

638 1 88 53
— 1 90 126
— 2 45 128
— 2 78 76
— 2 — 89
— 2 539 499
— 2 551 960

— 2 697 868 s.
— 2 698 876
— 3 604 66
— 3 681 692
— 3 694 47 s.
— 3 — 61
— 3 695 74

— 3 — 82
— 3 — 104
— 4 102 113 s.
— 4 556 11
— 4 633 100
639 1 109 62
— 1 111 115

— 2 717 431
— 3 693 29 s.
640 1 258 101
— 2 45 128
— 3 37 852
— 3 694 62 s.
— 3 695 72 s.

— 3 — 89
— 4 545 11
641 3 693 18
— 3 — 23
642 2 446 2991
— 2 717 431
— 3 693 25

643 3 624 70

CODE PÉNAL.

1 1 254 71
— 2 38 4 s.
— 2 — 17
— 3 246 57
— 4 156 54
2 1 14 16
— 1 147 413
— 1 230 6
— 1 232 40
— 1 236 77 s.
— 1 237 87
— 1 — 91 s.
— 1 295 5 s.
— 1 303 6
— 1 305 34
— 1 735 24
— 1 767 964
— 1 775 1199
— 1 776 1218
— 1 790 1642
— 1 791 1655
— 2 215 41
— 2 609 1374
— 2 624 874
— 3 246 57
— 3 261 397
— 4 163 155
— 4 — 162
— 4 492 3 s.
— 4 736 320
3 1 14 5
— 1 — 16
— 2 609 1874
— 2 692 691
— 4 492 6
— 4 493 40
4 1 206 460
— 1 587 521
— 2 38 4
— 2 215 5
— 3 261 398
— 3 273 239
— 3 590 181
— 3 — 187
— 3 591 202
5 4 156 44
— 4 736 348
6 1 108 32
— 2 38 17
7 1 639 3
— 2 55 14
8 1 301 3
9 1 109 68
— 1 576 181
— 1 579 288
— 2 207 85
— 2 214 28
— 2 267 5
— 3 583 188
— 3 588 81
— 4 634 1
10 3 589 111
11 1 661 271
— 1 639 9
— 2 38 17
— 2 700 998
— 3 588 81
— 3 — 305
— 3 — 409
— 3 595 338
12 3 586 363
13 4 603 357
— 3 55 58
— 3 586 24
13 3 596 363
14 3 596 364
15 3 696 371
16 3 596 373
17 2 55 3
— 2 — 11 s.
— 2 56 16 s.
— 3 140 436
18 2 56 20 s.
— 3 412 5
— 3 587 47
— 3 — 50
19 1 304 3
— 1 — 22
— 3 586 29
20 1 116 100
— 3 586 35
— 3 596 373
21 3 586 31
— 3 596 371 s.
22 2 54 28
— 2 56 19
— 2 615 32
— 3 413 20
— 3 587 42
— 3 589 139
23 3 587 47
— 3 596 375
24 3 587 47
— 3 596 383 s.
25 1 445 260
— 1 732 42
— 3 596 368

— 4 484 211
24 3 596 369
27 1 61 115
— 1 304 8
— 3 137 297
— 3 405 159
— 3 596 305
28 1 114 104
— 1 182 18
— 1 248 246
— 1 445 260
— 1 732 42
— 1 738 36
— 2 207 85
— 2 — 98
— 2 515 27
— 3 413 20
— 3 586 37
— 3 587 48
— 4 178 10
— 4 484 183
— 4 — 207 s.
— 4 513 690 s.
— 4 588 143
— 4 591 248
29 1 248 246
— 1 628 15 s.
— 2 94 155
— 2 123 52
— 2 207 95
— 2 535 325
— 3 100 110
— 3 277 76
— 3 332 338
— 3 358 100
— 3 550 44
— 3 587 48
— 3 — 53 s.
— 4 117 13
— 4 287 48
— 4 484 207
— 4 679 2
30 3 587 53
— 4 679 2
31 2 207 97
— 3 587 53
32 1 248 247
— 1 301 3
— 3 586 35
— 4 588 143
33 1 302 8 s.
— 1 — 12
— 1 — 14
34 3 586 37 s.
— 4 484 383
— 4 — 207
— 4 588 143
— 4 591 249
35 3 586 37 s.
36 1 301 5
— 2 56 20
— 3 100 145
— 3 197 421
— 3 405 453
— 3 596 372
38 1 78 2
— 3 648 727
40 1 137 870
— 2 33 18
— 2 428 2457
— 3 586 31
— 3 596 373
— 3 — 391
41 1 648 7
— 3 596 371
42 1 181 10
— 1 — 18
— 1 233 64
— 1 238 38
— 1 628 18
— 1 738 36
— 2 207 85
— 2 214 28
— 2 515 7
— 2 — 27
— 2 267 5
— 2 438 309
— 3 587 51
— 3 704 128
— 3 — 148
— 4 159 23
— 4 480 16
— 4 484 207
— 4 588 143
43 2 207 85
— 2 214 28
— 2 315 7
— 2 267 5
— 4 484 207
44 1 302 21
— 3 587 59
— 3 — 68
— 3 588 75
— 3 591 200
— 3 693 42
45 1 533 388
— 3 273 247

— 3 588 78
— 3 591 200
— 3 693 12
— 4 157 71
46 1 673 393
47 3 197 422
— 3 381 7
— 3 587 64
— 3 588 73
— 4 155 53
48 1 301 5
— 2 207 85
— 3 587 64
— 3 588 73
49 3 587 64
— 3 588 73
50 3 587 64
51 1 324 106
— 1 573 403
— 2 701 987
— 3 583 195
— 3 589 114 s.
— 4 107 303
52 1 111 111
— 1 663 43
— 1 664 69
— 1 668 238
— 1 673 393 s.
— 1 674 432
— 3 597 396
— 4 725 471
— 4 734 282
53 1 111 113
— 1 673 401
— 1 — 412
— 1 674 422
— 2 717 427 s.
— 3 275 26
— 3 405 452
— 3 583 195
54 1 640 50
55 1 600 69
— 2 132 76 s.
— 2 — 79 s.
— 2 702 1047
— 2 746 295
— 2 — 403
— 2 — 406
— 3 327 871
— 3 488 96 s.
— 4 224 27 s.
— 4 225 31
— 4 227 126 s.
— 4 725 171
56 1 603 171
— 1 605 234
— 2 55 4
— 2 458 314
— 3 723 753 s.
— 4 155 7
— 4 — 27 s.
— 4 156 54 s.
— 4 157 73
57 2 55 4
— 3 723 753 s.
— 4 155 7
— 4 156 53 s.
58 1 596 787
— 3 588 76
— 3 593 275
— 3 714 473
— 3 723 753 s.
— 4 155 7
— 4 156 56 s.
— 4 157 42 s.
— 4 — 92
59 1 15 29
— 1 233 65
— 1 598 11
— 1 — 17
— 1 601 111
— 1 602 114
— 1 — 123
— 1 603 154 s.
— 1 604 206
— 1 605 224
— 1 — 232
— 1 776 1220
— 2 471 40
— 2 499 47
— 2 610 1398
— 2 620 227
— 2 623 334
— 3 246 67
— 4 476 15
— 4 732 228
60 1 14 10
— 1 89 97
— 1 236 70
— 1 303 16
— 1 598 2 s.
— 1 599 35
— 1 — 44 s.
— 1 600 62 s.
— 1 601 91 s.
— 1 602 123
— 1 603 156

— 1 — 166
— 1 603 234
— 1 776 1220
— 1 782 1409
— 1 783 1435
— 2 613 28
— 2 614 54
— 2 702 1037
— 3 735 407
— 4 476 15 s.
61 1 598 2
— 1 600 71
— 1 604 181 s.
62 1 598 2
— 1 604 211
— 1 605 216
— 1 — 222 s.
— 1 — 231 s.
— 1 639 25
— 1 789 1589
63 1 598 2
— 1 602 138
— 1 605 224
— 1 — 229 s.
— 1 — 234 s.
— 1 606 236
— 1 745 1489
64 1 572 88
— 1 601 98
— 1 771 1091
— 1 — 1094
— 2 147 412
— 2 498 3
— 2 499 16 s.
— 2 — 20 s.
— 3 152 165
— 4 429 76
65 1 254 69
— 1 266 487
— 1 270 622
— 1 603 174
— 1 772 1119
— 2 499 38
— 2 678 145
— 2 702 1037
— 3 620 106
— 3 725 799
— 4 477 33
66 1 33 23
— 1 87 18
— 1 383 120
— 1 601 98
— 1 603 174
— 2 500 67 s.
— 2 — 63
— 2 745 355
— 3 389 63
— 3 583 189
67 2 300 64
— 2 — 68
— 3 389 63
69 1 87 18
— 2 500 71
— 4 734 282
70 2 55 11
— 2 500 75
— 3 589 132
71 2 55 11
— 3 389 133
72 3 589 334
— 3 566 373
74 3 583 488
— 4 237 429
— 4 — 438 s.
75 1 230 3
— 2 39 6
76 1 330 5
— 1 231 10
— 4 492 13
77 1 231 7 s.
78 1 231 11
— 3 589 139
79 1 231 11
— 1 — 13
80 1 231 16
— 2 663 85 s.
81 1 231 19 s.
— 2 663 86 s.
— 1 231 21
— 2 55 10
83 1 231 22
84 1 231 23 s.
— 1 — 26
— 1 570 31
— 2 55 10
85 1 231 24 s.
— 1 233 64
— 1 570 31
86 1 183 35
— 1 231 28 s.
— 1 232 48
— 1 — 54
— 1 233 64
— 1 — 67
— 1 — 81
— 1 239 55
— 1 — 58

— 1 785 1491
— 3 592 231
— 3 701 51
87 1 231 30
— 1 232 35
— 1 — 44
— 1 — 48
— 1 — 58
— 1 233 64
— 1 — 81
— 1 — 58
— 1 239 55
— 1 — 58
— 1 403 848
— 1 785 1491
— 3 701 54
— 3 702 89
88 1 182 25
— 1 282 36
— 1 — 39 s.
— 1 — 41
— 1 — 44
— 1 238 74
— 1 236 78
89 1 182 25
— 1 232 47
— 1 — 57
— 1 238 64
— 1 — 70
— 1 776 1235
— 3 702 80
90 1 233 67
91 1 232 58
— 1 235 69
— 1 — 72 s.
— 1 239 55
— 1 — 58
— 1 403 348
— 1 578 255
— 1 765 1491
92 4 163 154
— 4 — 162
93 2 661 12
— 2 663 90 s.
— 2 665 172
— 4 168 156
94 2 55 10
— 2 663 93
— 4 163 157
95 2 76 14
96 1 183 46
— 1 238 51 s.
— 1 403 348
— 2 76 14
— 2 661 12
— 3 592 231
— 4 634 1
— 4 733 245
97 1 183 25
— 1 239 55
— 3 592 231
98 1 239 58
— 1 785 1491
— 2 55 10
— 4 154 41
99 1 239 59
— 3 246 54
100 1 183 38
— 1 196 5 s.
— 1 239 62 s.
— 1 598 6
— 1 773 1140 s.
101 1 183 42 s.
— 1 — 51
— 1 184 54 s.
— 1 — 58
— 4 154 42 s.
— 4 729 97
102 1 598 5
— 1 599 59
— 1 767 968
— 3 702 80 s.
103 1 233 76
— 1 — 79
— 1 — 82
— 1 598 5
— 1 601 103
— 2 52 4
— 2 — 9
— 4 486 274
104 1 95 138
— 1 598 5
— 1 233 76
— 2 52 4
— 2 — 9
105 1 233 76
— 1 — 82
— 1 598 5
— 2 52 4
— 2 — 9
106 1 233 76
— 1 598 5
— 2 — 4
— 2 — 9
107 1 233 76
— 1 598 5 s.
— 2 52 4

— 2 — 9
108 1 233 84
— 1 598 6
— 2 52 4
— 2 — 9
109 2 39 48
— 2 214 28
— 2 — 86
— 2 215 45
— 2 267 5
110 2 214 40
111 2 215 42
113 2 215 46
114 1 598 6
— 2 202 384
— 2 300 472
— 2 664 106
— 3 66 10
— 3 129 50
— 3 244 12 s.
— 3 246 52
— 3 — 62 s.
— 3 334 27
115 3 244 21
116 1 598 6
— 3 245 24
117 2 202 384
— 3 245 25
— 4 60 22
118 3 245 26
119 3 245 27 s.
— 3 406 464
120 3 245 31
— 3 — 34
121 2 664 131
— 3 245 35 s.
— 3 334 22
— 3 336 74
— 3 406 464
122 1 678 369
— 3 245 39
— 3 334 27
— 3 403 393
— 3 406 464
123 2 214 28
— 2 267 5
— 2 280 64
— 2 663 97
— 2 668 97
— 2 — 101
124 2 65 10
— 2 663 100 s.
125 2 664 104
126 2 51 18
— 2 664 105
— 2 — 131
127 1 522 54 s.
— 2 664 131
— 2 666 187
— 2 669 305
— 2 670 631
128 1 522 57
— 1 645 164
— 1 — 174
129 1 522 58
— 2 666 187
— 2 669 605
— 2 670 631
130 1 522 54 s.
— 2 682 313
— 4 226 81
131 1 522 57
— 2 39 6
132 1 639 6
— 1 774 1156 s.
— 2 612 6 s.
— 2 — 12 s.
— 2 613 26 s.
— 2 — 45
— 2 614 51
— 3 586 23
— 3 588 104
133 2 613 25
— 2 — 33
— 2 — 45
— 2 614 51
134 2 613 36
— 2 — 41 s.
— 2 — 45
135 1 774 1156 s.
— 2 613 18
— 2 — 45
— 2 — 49
136 1 598 5
— 2 624 9
— 2 53 23
— 2 614 52
137 1 598 5
— 2 52 4
— 2 — 9
— 2 614 52
138 1 598 6
— 2 52 4
— 2 — 9
— 2 614 51 s.
— 2 — 9
139 2 614 8 s.

— 3 586 23
140 2 614 18 s.
— 2 — 23
— 2 615 28
— 3 529 100 s.
141 2 615 25 s.
— 3 529 100
142 2 615 33 s.
— 2 — 37 s.
— 3 175 20
— 4 109 4 s.
143 3 175 20
— 4 109 5
144 1 601 90
— 2 614 17
— 2 615 34
145 1 43 30
— 1 603 156
— 1 759 713
— 2 619 179 s.
— 2 — 186
— 2 — 190 s.
— 2 — 198
— 2 620 223
— 2 — 231
— 2 621 234
— 2 664 108
— 2 665 156
146 1 43 30
— 1 303 16
— 1 603 170
— 1 759 713
— 2 616 77
— 2 617 96
— 2 619 180 s.
— 2 — 186 s.
— 2 — 198
— 2 620 223
— 2 — 236
— 2 — 231
— 2 664 108
— 2 665 156
— 4 4 82
147 1 14 11
— 1 43 30
— 1 303 16
— 1 603 170 s.
— 1 767 975
— 1 768 983
— 1 769 1008
— 1 — 998
— 1 — 1012
— 1 — 1032
— 1 722 1096
— 1 776 1222
— 2 615 31
— 2 — 44
— 2 — 50 s.
— 2 — 56 s.
— 2 619 176
— 2 — 181
— 2 — 186
— 2 — 197
— 2 620 223
— 2 — 226
— 2 — 230
— 2 — 237
— 2 621 241
— 2 — 255 s.
— 2 622 277
— 2 — 280
— 2 — 283 s.
— 2 — 292
— 2 623 304 s.
— 2 — 322 s.
— 2 — 328
— 2 625 391
— 3 38 866
148 1 768 983
— 2 615 31
— 2 625 391
— 2 — 397
150 1 769 1008
— 1 — 1012
— 1 772 1096
— 2 613 43
— 2 618 140
— 2 619 176
— 2 623 322 s.
— 2 — 328
— 2 — 339
— 2 624 353
— 3 708 281
151 2 625 391
153 2 624 363
— 2 625 388
154 2 623 324
— 2 624 363
— 2 — 366
155 2 624 363
— 2 625 407
— 2 664 409
156 2 624 370 s.
— 2 — 375
— 2 625 388
157 2 624 370
158 2 624 370

159 2 619 176
— 2 625 580
160 1 756 608
— 2 619 176
— 2 625 580
161 1 788 1586
— 2 619 176
— 2 625 580 s.
— 2 — 588
162 1 788 1585
— 2 625 580
— 2 — 588 s.
163 1 768 1241
— 2 612 7
— 2 625 594
164 2 612 6
— 2 613 21
— 2 624 353
— 2 625 599
— 3 588 95
165 2 612 5
— 2 624 353
— 2 625 407
166 2 664 124
— 3 175 20
— 3 179 18
167 2 664 130
168 2 664 125 s.
169 1 15 40
— 2 664 141
— 2 665 142 s.
— 3 68 116
170 2 664 139
— 2 665 145 s.
— 3 68 116
171 2 664 140
— 2 665 149
172 2 665 148
173 1 15 40
— 2 665 151 s.
— 3 367 413
— 3 — 414
— 3 659 63
— 1 110 97
— 1 253 35
— 1 627 1
— 1 — 19 s.
— 1 — 28
— 1 735 4
— 2 665 155 s.
— 3 58 47
175 2 665 157 s.
— 3 54 54
— 3 179 18
— 3 448 209
— 3 580 69
— 3 719 612
— 4 683 115
176 1 272 691
— 1 639 10
— 2 665 164
— 3 45 6
— 4 645 282
177 1 187 76
— 1 735 2 s.
— 2 661 27
— 3 182 121
— 3 393 87
— 3 485 525
178 1 735 19 s.
— 3 182 121
179 1 735 23
— 1 — 25 s.
— 1 — 35 s.
— 3 381 7
— 3 595 360
— 4 493 42
180 1 639 10
— 1 735 30 s.
— 1 736 45
— 1 772 1099
181 1 135 34 s.
182 1 735 41 s.
183 1 736 46 s.
— 2 551 946
— 2 664 131
184 2 665 166
— 3 66 8
— 3 245 42 s.
185 2 51 2
— 2 — 17
— 2 — 21
— 2 — 24
— 2 214 28
— 2 267 5
— 2 665 166
— 4 60 45
186 2 665 166
— 3 245 44
— 3 — 47
187 2 214 28
— 2 665 166
— 3 242 11
— 3 659 62
188 2 665 167 s.
189 2 55 10
— 2 665 167 s.

190 1 598 6
— 2 665 168
191 2 665 170
192 1 43 30
— 3 367 414
193 3 339 180
194 3 396 190
195 3 359 180
196 2 625 588
— 2 665 171
— 2 666 176
— 3 66 16
197 1 640 49
— 2 81 7
— 2 665 172
— 3 147 4
— 3 454 469
198 2 653 76 s.
— 3 245 26
— 3 246 56
199 1 803 112
200 1 803 112
— 2 55 10
— 4 157 71
201 2 39 6
202 1 598 5
— 1 803 115
203 1 598 5
— 2 803 115
204 1 803 116
205 1 803 116
206 1 598 5
— 1 603 116
207 1 803 117 s.
— 2 39 6
208 1 804 129
— 2 39 6
209 2 197 222
— 2 203 420
— 2 663 71
— 4 152 1 s.
— 4 153 6 s.
— 4 154 48
210 1 183 46
— 1 184 56
— 4 153 37 s.
211 1 184 56
— 2 77 39
— 2 203 420
— 3 583 195
— 4 153 37
— 4 154 45
— 4 — 53
212 1 184 53
— 1 — 59
— 2 77 89
— 4 153 36 s.
— 4 154 48
213 1 183 38
— 1 196 5
— 1 239 65
— 1 598 6
— 1 773 1140
— 4 154 39
214 4 154 40 s.
215 4 154 46
216 4 154 47
217 1 598 5
— 3 202 84
— 4 154 55
219 3 52 21
— 4 153 38
220 4 153 88
221 2 8 143
— 3 720 649
— 4 154 52 s.
222 1 240 35
— 2 662 36
— 2 — 62 s.
— 2 663 74
— 3 203 108
— 3 705 159
— 3 — 165 s.
— 3 — 174
— 3 706 200 s.
— 3 707 223
— 3 718 576
— 3 719 608
— 3 722 723
— 4 694 72
223 1 240 34
— 2 662 37
— 2 663 74
— 3 704 156
— 3 705 159
224 1 589 569
— 2 551 946
— 2 661 35
— 2 662 36 s.
— 2 — 62
— 2 663 69
— 3 — 71 s.
— 3 66 9
— 3 130 79
— 3 704 157
— 2 705 160
— 3 707 240

— 3 — 249 s.
— 3 719 614
— 3 722 723
225 1 589 569
— 3 705 158 s.
— 3 707 243
226 3 703 159
— 3 — 174 s.
— 3 709 332
227 1 87 18
— 3 703 108
— 3 705 160
— 3 — 174 s.
— 3 709 332
228 3 41 981
— 3 18 24
— 3 705 164
— 4 154 49
— 4 694 72 s.
229 3 705 164
— 4 695 78 s.
230 2 663 67
— 3 18 24
— 3 41 981
— 4 154 48 s.
— 4 694 68
— 4 — 72 s.
231 3 54 30
— 3 705 164
— 4 154 48 s.
— 4 694 68 s.
232 3 705 164
— 4 694 72 s.
233 3 55 46
— 3 703 164
— 4 694 72
— 4 — 83
234 2 664 110 s.
— 2 — 114
— 3 42 1055
236 3 402 349
— 4 488 333
237 1 604 182
— 2 485 14 s.
— 2 — 18 s.
— 2 664 115
238 1 598 614
— 1 598 5
239 1 598 5
240 1 598 5
241 1 598 5
245 2 485 1 s.
— 2 — 26
— 3 595 358 s.
— 4 137 71 s.
248 2 485 14
— 2 — 19
— 4 154 2
249 1 604 182
— 2 664 116
250 2 664 116
251 2 664 116
252 2 664 116
— 4 323 65
253 2 215 45
254 1 14 21
— 1 15 40
— 1 16 68 s.
— 1 17 95
— 2 664 119
— 2 — 135
— 4 727 60
255 1 14 21
— 1 16 63 s.
— 1 — 71
— 2 664 117 s.
— 2 — 135
— 4 727 60
— 4 736 340
256 1 14 21
— 1 16 63
— 2 664 116
257 2 76 1
— 2 — 14 s.
— 3 703 123
— 4 263 2
— 4 736 343
258 2 280 56 s.
— 2 802 521
— 2 631 10 s.
— 3 42 1055
— 4 634 1 s.
259 2 661 18 s.
— 3 440 26
— 3 547 29
— 4 634 5 s.
260 1 802 56
261 1 802 56 s.
— 1 — 64
262 1 802 61 s.
— 3 707 238
263 1 802 69
— 3 707 239
265 1 196 1 s.
266 1 196 3
267 1 196 4
— 1 — 10

268	1	196	4 s.
—	1	600	70 s.
—	4	480	16
269	1	772	1099
—	4	635	4
270	1	772	1099
—	2	696	784
—	3	247	23
—	4	635	4
271	1	791	1674
—	3	588	80
—	3	591	200
—	4	635	4
—	4	—	27
272	1	571	64 s.
—	3	258	287
—	4	635	4
—	4	—	28
273	2	52	24
274	3	381	11 s.
275	3	381	13
—	4	635	4
276	3	381	14 s.
277	4	635	4
278	4	635	5
279	3	381	19 s.
—	4	635	4
280	1	787	973
—	4	635	4
—	4	—	24
—	4	782	217 s.
281	4	635	4
282	4	635	4
283	1	91	25
—	3	726	842 s.
284	1	598	6
—	3	726	839
285	1	598	5 s.
286	1	639	10
287	1	639	10
—	3	482	431
—	3	703	117
288	1	598	6
289	3	703	118
290	1	91	25
291	1	193	2 s.
—	1	—	8
—	1	—	10
—	1	194	10
—	1	—	21 s.
—	1	—	26
—	1	195	39
—	1	—	49
—	2	39	6
—	2	295	274
—	2	478	15
—	3	344	6
292	1	194	29 s.
—	3	54	19
293	1	193	9
—	1	598	5
294	1	195	37 s.
—	1	—	45
295	1	602	133
—	2	215	5
—	3	54	13
—	3	—	22
—	3	55	72
296	1	602	133
—	1	—	146
297	1	602	133
—	3	55	75
298	1	602	133
—	3	55	76
299	3	55	47
300	3	55	60 s.
301	4	407	2
302	1	602	133
—	1	603	157
—	3	55	66
—	3	—	74
—	3	591	217
—	4	407	3
303	3	56	87
—	4	694	54 s.
304	1	383	121
—	1	602	133
—	1	604	208
—	1	605	231
—	2	76	13
—	2	215	5
—	3	54	19
—	3	—	29
—	3	—	35
—	3	55	37 s.
—	4	728	84
305	3	108	30
—	3	380	1
—	3	—	7
306	3	108	30
—	3	380	2
307	3	108	30
—	3	380	3 s.
308	3	381	7
309	1	775	1204
—	3	54	19
—	3	—	22
—	3	591	218
—	4	119	63
—	4	693	19
310	1	775	1204
—	3	591	218
—	4	693	20
—	4	694	59
311	1	574	148
—	1	595	794
—	4	157	79 s.
—	4	693	12 s.
—	4	—	23 s.
312	3	591	218
—	4	693	23
—	4	—	60
314	1	182	8
—	1	—	20
—	1	639	40
—	3	55	36
—	3	482	431
315	3	694	45
316	3	54	30
—	4	694	53
317	1	295	2
—	1	—	5
—	1	—	7
—	3	403	11 s.
318	1	272	691
—	1	639	10
—	4	408	16
319	1	186	55
—	1	187	97
—	1	238	17 s.
—	1	789	1596
—	2	215	11
—	3	54	3 s.
—	3	387	141
—	4	429	77
—	4	693	10
320	1	186	55
—	1	187	97
—	1	239	17 s.
—	3	173	2
—	3	387	141
—	4	693	7 s.
321	1	773	1142
—	2	500	76
—	2	—	83 s.
—	2	501	87
—	4	429	78
—	4	694	57
322	4	429	78
323	2	501	90 s.
—	4	408	20
324	2	499	48
—	2	500	49 s.
—	4	429	78
325	2	500	53
326	2	499	44 s.
—	3	54	10 s.
—	4	694	57
327	2	54	64
—	2	499	24
—	3	55	72
—	4	429	76
328	2	3	2
—	2	147	412
—	2	499	24
—	4	225	46
—	4	429	76
329	1	773	1136
—	2	499	28 s.
—	2	501	88
—	4	429	76
330	1	88	58
—	1	234	3 s.
—	1	—	6 s.
331	1	234	6
—	1	235	28 s.
—	1	—	46
—	1	—	53
—	1	236	66
—	1	—	72
—	1	237	90
—	1	—	93
—	1	770	1053
—	3	21	89
332	1	235	28
—	1	—	34
—	1	—	37
—	1	—	51
—	1	—	58
—	1	236	66
333	1	236	55 s.
—	1	—	64 s.
—	1	—	69 s.
—	1	—	72
—	1	769	1018 s.
—	2	664	122
334	1	86	6
—	1	234	11 s.
—	1	—	19 s.
—	1	—	26 s.
—	1	345	839
—	1	603	153
—	3	21	89
—	4	736	346
335	1	234	27
—	4	157	13
—	4	591	249
336	1	87	20 s.
—	1	—	31
—	1	—	38
—	1	—	40
—	1	—	44
—	1	88	57
—	1	—	68
—	1	89	100
—	1	—	102 s.
—	1	—	108
—	2	332	18
—	2	499	48
—	3	396	192
—	4	258	177
337	1	87	38
—	1	—	44
—	1	88	60
—	1	—	74
—	1	89	100
—	1	—	103
—	1	—	108
—	1	603	234
—	1	791	1674
—	2	332	18
338	1	88	73
—	1	—	75
—	1	89	90 s.
—	1	—	111
—	1	598	7
—	2	332	48
—	3	246	68
339	1	87	15
—	1	—	25
—	1	88	77
—	1	89	108
—	1	—	111
—	1	90	123
—	1	773	1140
—	3	246	68
340	1	304	3
—	1	—	8
—	1	—	10
—	1	598	5
—	3	359	151
341	3	245	49 s.
342	3	246	58
—	3	—	64
—	3	—	68
343	3	246	60 s.
344	1	183	29
—	2	661	12
—	3	246	63 s.
—	3	381	7
—	4	634	1
345	2	332	1 s.
—	2	—	8
—	2	654	232 s.
346	1	43	42
—	1	—	51 s.
—	2	332	8
347	1	44	63
—	2	331	18 s.
348	2	331	20
349	2	331	2 s.
—	2	—	11
350	2	331	8
351	2	331	9 s.
352	2	331	2
—	2	—	11 s.
—	2	—	16
353	2	331	16
354	2	332	9
—	2	—	11 s.
—	3	389	68
355	1	602	118
—	2	332	10
—	2	—	14
356	2	332	16 s.
—	3	389	69
357	1	81	98
—	2	332	19
358	4	341	20 s.
359	1	604	208
—	3	55	37
—	4	341	20
—	4	—	25
360	4	341	27
—	4	348	86
—	4	726	23
361	1	187	77
—	4	477	8 s.
362	4	477	8 s.
363	1	187	77
—	1	303	16
—	1	602	129
—	4	477	8
—	4	—	18
364	1	187	77
—	1	689	10
365	1	270	603
—	1	602	121
—	2	55	10
—	3	594	316 s.
—	4	477	8 s.
366	1	87	25
—	4	478	41
367	2	53	6
—	2	—	12
—	3	703	108
—	3	708	263 s.
—	3	—	280
—	3	709	309
—	3	710	361
—	3	718	578
—	3	722	728
368	2	187	415
—	3	708	263
—	3	—	280
369	3	706	198
—	3	708	263
—	3	722	723
370	3	708	263
—	3	—	280
—	3	722	723
371	3	708	263
—	3	—	270 s.
—	3	718	578
—	4	429	88
372	2	54	48
—	2	490	123
—	3	706	195
—	3	708	263
—	3	722	715
—	3	—	723 s.
373	1	579	297
—	2	53	2
—	2	—	11
—	2	—	14 s.
—	2	60	50
—	2	—	54
—	2	—	57
—	2	661	23
—	3	192	227
—	3	708	270
—	3	—	279
—	3	719	602
—	4	429	88
374	1	627	30
—	2	53	33
—	3	708	263
—	3	587	52
—	4	429	88
—	4	591	249
375	3	708	263
—	3	710	240
—	3	718	579 s.
—	3	722	723
376	3	707	222
—	3	710	339 s.
—	3	718	581 s.
377	3	703	108
—	3	708	263
—	3	710	347 s.
378	1	94	94
—	1	187	93
—	1	266	469
—	1	288	134
—	1	—	137
—	1	—	139
—	4	486	262 s.
379	1	118	35
—	1	604	209
—	2	43	54
—	3	594	317
—	4	726	6
380	1	455	507
—	1	598	5
—	1	602	118
—	1	604	206
—	2	331	8
—	2	616	71
—	3	107	6
—	4	727	65
—	4	—	75 s.
—	4	736	229
381	1	183	43
—	1	603	233
—	1	788	1571
—	3	586	23
—	3	591	219
—	3	592	222
—	4	728	95
—	4	730	162
—	4	—	172 s.
—	4	—	185
—	4	736	346
382	4	728	95
—	4	731	182
383	3	591	219
—	4	730	144
—	4	—	190 s.
384	1	605	233
—	1	788	1571
—	2	43	55
—	2	499	47
—	3	107	12
—	3	591	220
—	4	729	108
—	4	—	138
—	4	731	202 s.
385	4	728	95
—	4	731	180 s.
—	4	—	229
—	4	735	319
386	1	46	88
—	1	303	15
—	1	602	142
—	1	—	145
—	1	603	153 s.
—	1	605	215
—	1	—	225
—	2	43	57
—	3	592	244
—	3	699	64
—	4	728	95
—	4	729	115 s.
—	4	—	202 s.
—	4	—	234 s.
—	4	736	345
387	4	734	294
388	2	42	45 s.
—	2	43	56
—	2	—	60
—	2	699	921
—	3	592	245
—	4	731	202 s.
—	4	—	235
—	4	—	297
—	4	—	304 s.
389	2	78	94
—	4	736	324
390	1	381	55
—	1	677	530
—	1	—	533
—	4	729	99
—	4	—	120
391	4	637	44
—	4	729	121 s.
392	4	729	124
393	4	729	125
394	4	729	131
395	4	729	134
—	4	—	144
396	4	729	119
—	4	—	144
397	4	630	143 s.
398	4	730	164
399	4	730	169
400	1	15	26 s.
—	4	459	14 s.
—	4	727	59
—	4	736	327 s.
401	1	15	26
—	1	—	31
—	1	—	43
—	1	118	35
—	1	605	225
—	2	42	49
—	2	43	54
—	2	—	58
—	2	214	28
—	2	267	5
—	2	621	235
—	3	591	203
—	3	—	218 s.
—	3	592	227 s.
—	3	—	243 s.
—	4	156	53
—	4	157	78
—	4	493	42
—	4	591	249
—	4	727	45 s.
—	4	—	73
—	4	729	118
—	4	732	215
—	4	—	240
—	4	—	282 s.
—	4	—	302 s.
—	4	—	332 s.
402	2	609	1364
—	2	610	1397
403	1	88	59
—	3	529	88
404	2	610	1397
405	1	303	13
—	1	735	12
—	2	214	28
—	2	267	5
—	2	469	6
—	2	470	14 s.
—	2	624	353
—	3	107	12
—	4	459	13
—	4	493	42
—	4	591	249
—	4	634	108
—	4	736	339
406	1	14	2
—	1	—	4
—	1	—	20
—	1	15	28
—	1	—	42
—	2	214	28
—	2	267	5
—	2	471	51
—	2	579	416
—	4	591	249
—	4	727	59
407	1	14	6
—	1	—	9
—	1	—	11
—	1	—	13
—	2	610	67
—	2	623	328
—	2	—	333
—	2	—	337 s.
—	3	695	58
—	4	591	249
408	1	14	20 s.
—	1	15	22 s.
—	1	16	63
—	1	—	72 s.
—	1	318	141
—	1	578	262
—	1	673	397 s.
—	2	424	2298
—	2	579	416
—	3	42	1037 s.
—	3	303	33
—	3	320	154
—	3	326	352 s.
—	3	327	371
—	3	448	205
—	4	727	62
—	4	733	257
—	4	—	270 s.
—	4	—	283
409	1	17	94
—	1	167	760
—	2	496	367
410	1	267	510
—	1	639	10
—	2	214	28
—	2	267	5
—	3	173	13 s.
—	3	274	22 s.
—	3	275	34
—	4	157	79
—	4	521	25 s.
—	4	591	249
411	1	40	212
—	3	244	54
—	3	412	18 s.
—	3	426	17
—	3	429	147 s.
—	4	457	79
412	2	677	98
—	3	487	616
—	3	—	620
—	3	580	73
—	4	202	1067
—	4	466	248
—	4	667	118
—	4	682	87
413	1	639	10
414	1	409	1 s.
—	1	410	7
—	3	243	7
—	4	493	42
—	4	525	182
415	1	409	1 s.
—	1	410	7
—	3	243	7
—	4	493	42
—	4	525	182
416	1	409	1 s.
—	1	410	7
—	3	243	7
419	1	410	9 s.
—	1	—	12 s.
—	1	429	201
—	3	243	8 s.
—	4	725	171
420	1	410	10
—	3	45	5
—	3	243	8
421	1	95	133 s.
—	2	265	98
422	1	95	133
—	2	129	10
—	2	265	97 s.
—	2	266	117
—	3	481	403
423	1	639	10 s.
—	1	—	16
—	2	471	56
—	3	473	117
—	3	619	60
—	3	620	85
—	3	621	113
—	3	—	117 s.
—	4	727	48
424	3	619	60
—	3	620	84
425	1	561	271
—	4	110	15
—	4	111	40 s.
—	4	112	82
—	4	113	92 s.
426	4	110	15
—	4	113	92
427	1	639	10
—	4	110	13
—	4	116	128
428	1	639	10
—	4	112	86
429	4	110	15
—	4	112	86
430	1	81	98
—	3	344	13
431	3	344	13
432	2	664	128
—	3	344	13
433	3	344	13
434	2	76	2
—	2	—	14
—	3	107	3 s.
—	3	108	25 s.
435	3	103	30
—	3	381	7
437	2	76	3 s.
—	2	614	24
—	3	107	3
—	4	129	84
—	4	714	565 s.
438	2	76	25 s.
—	4	129	84
439	2	615	29
—	4	459	2 s.
440	2	76	32 s.
—	2	77	38 s.
—	2	—	46
—	2	—	49
—	1	604	186 s.
441	1	598	6
—	2	77	49 s.
442	2	77	56
—	2	—	48 s.
443	2	77	52 s.
—	2	—	57
444	1	66	81
—	2	77	58 s.
—	2	78	75
—	2	—	78
—	2	699	925
445	2	77	61 s.
—	2	78	70 s.
—	4	698	100 s.
—	4	714	565 s.
—	4	731	202
446	2	77	61 s.
—	2	78	74 s.
—	2	—	78
—	4	698	103
—	4	714	565 s.
447	2	77	61 s.
—	2	78	77 s.
—	4	714	565 s.
448	2	77	61
—	2	699	925
—	4	698	100
—	4	714	565
449	2	77	59
—	2	78	78 s.
450	2	77	59
—	2	78	78
451	2	78	81
—	2	—	84
452	1	118	40
—	3	581	96
453	1	118	41
454	1	118	40
456	2	44	112
—	2	78	85 s.
—	2	—	95 s.
—	2	—	100 s.
—	2	485	12
—	2	693	710
—	3	606	165
—	4	129	84
—	4	387	196
—	4	736	326
457	2	43	63 s.
—	2	219	162
—	2	220	176
—	2	228	203
—	3	387	143
—	3	665	139
458	3	108	31 s.
459	1	264	434
461	1	256	153
462	2	76	2
463	1	90	124
—	1	91	24
—	1	110	101 s.
—	1	194	28
—	1	—	32
—	1	195	44
—	1	306	8
—	1	640	48
—	1	674	427
—	1	775	1131
—	2	44	99
—	2	214	39
—	2	230	59
—	2	499	45 s.
—	2	678	145
—	2	702	1036
—	3	42	1037
—	3	54	12
—	3	131	119
—	3	173	14
—	3	—	21
—	3	529	85
—	3	588	68
—	3	592	253
—	3	—	237 s.
—	3	—	250 s.
—	3	594	309 s.
—	3	723	749 s.
—	4	156	56 s.
—	4	157	74 s.
—	4	521	26
—	4	525	171
—	4	636	27
—	4	735	307
464	1	109	68
—	1	268	531
—	1	573	120
—	1	574	129
—	1	639	9
—	2	38	17
—	3	197	403
—	3	261	398
—	3	588	81
—	3	—	109
—	4	693	12
465	1	238	27
—	3	37	846
—	4	693	12
466	1	238	27
—	3	36	796
—	4	693	12
467	1	673	393
—	1	—	412
—	3	583	195
469	1	673	393 s.
—	1	—	412
—	3	583	195
—	4	237	436
470	1	639	9
—	1	—	18
—	1	640	47
—	3	388	109
471	1	117	6
—	1	254	62 s.
—	1	—	70
—	1	255	103 s.
—	1	257	184
—	1	—	188
—	1	258	199
—	1	—	209
—	1	—	211 s.
—	1	259	245 s.
—	1	260	267 s.
—	1	261	315
—	1	—	322
—	1	—	328
—	1	—	336
—	1	262	365
—	1	263	381
—	1	—	394
—	1	264	416
—	1	—	428
—	1	265	459
—	1	266	464
—	1	—	487
—	1	267	503
—	1	—	509 s.
—	1	—	510
—	1	—	522
—	1	380	35
—	1	401	301
—	1	533	375
—	2	42	28
—	2	—	36 s.
—	2	—	42
—	2	—	43 s.
—	2	45	124
—	2	78	79
—	2	223	263
—	2	232	2
—	2	463	479
—	2	530	454
—	2	39	23 s.
—	3	110	1
—	3	340	124
—	3	382	38
—	3	520	165
—	3	594	313
—	3	618	24 s.
—	3	619	46
—	3	620	82
—	3	621	118
—	3	705	469
—	3	708	218
—	3	710	341 s.
—	3	—	361
—	4	82	70
—	4	158	98 s.
—	4	236	424
—	4	242	622
—	4	676	13
—	4	—	26
—	4	693	10
—	4	694	66
—	4	697	58
—	4	701	180
—	4	718	522
—	4	—	565 s.
—	4	—	592
—	4	715	606 s.
—	4	716	649 s.
—	4	719	729 s.
—	4	721	12
—	4	724	150
473	2	42	36
474	1	254	84
—	1	262	336
—	1	266	404
—	1	328	247
—	3	589	118
—	3	621	114
—	3	710	341
—	4	158	97 s.
—	4	543	328
475	1	117	7
—	1	—	10 s.
—	1	—	14 s.
—	1	—	23
—	1	265	87
—	1	—	90 s.
—	1	—	101
—	1	263	381
—	1	—	389
—	1	—	393
—	1	264	404
—	1	265	442
—	1	—	444
—	1	—	446
—	1	—	452 s.
—	1	—	457
—	1	266	462 s.
—	1	267	510
—	1	272	693
—	1	—	705
—	1	345	837
—	1	640	48
—	2	41	15
—	2	42	23
—	2	—	28 s.
—	2	78	99 s.
—	2	499	42
—	2	693	708
—	2	—	715
—	3	173	1 s.
—	3	—	19 s.
—	3	244	[illegible]
—	3	249	[illegible] s.
—	3	275	28 s.
—	3	423	256
—	3	575	77
—	3	590	160
—	3	594	307
—	3	596	370
—	3	695	72
—	4	236	422
—	4	238	462
—	4	263	3
—	4	408	17
—	4	—	22
—	4	702	191
—	4	724	152
—	4	—	150
—	4	736	321
476	1	117	7
—	3	249	3 s.
477	1	639	10
—	1	640	48
—	3	173	19 s.
—	3	249	3 s.
—	3	228	36
—	3	482	431
—	4	408	17
—	4	694	16
478	4	158	97 s.
479	1	90	16 s.
—	1	117	8
—	1	—	19
—	1	118	35
—	1	—	40 s.
—	1	268	555
—	1	344	827
—	1	639	25
—	2	76	2
—	2	77	60
—	2	485	12
—	2	615	57
—	3	108	24
—	3	367	413
—	3	594	306
—	3	618	26 s.
—	3	619	49
—	3	—	60
—	3	—	64 s.
—	3	620	76 s.
—	3	—	87 s.
—	3	—	98
—	3	—	107
—	3	621	113 s.
—	4	476	2 s.
—	4	712	503
—	4	715	522
—	4	—	564
—	4	727	61
480	1	117	8
—	1	118	42
—	3	594	306
—	3	619	60
—	4	476	2 s.
481	1	639	10
—	1	—	18
—	1	—	25
—	1	640	45
—	3	619	60
—	3	—	73
—	3	620	79
482	4	158	97
483	1	328	247
—	3	594	309 s.
—	4	158	95
484	1	258	197
—	1	263	393
—	1	268	531
—	1	306	5
—	1	574	129
—	1	577	224
—	1	—	234
—	1	803	118
—	2	44	90
—	3	197	405
—	3	260	337 s.
—	3	480	363
—	3	529	86
—	3	583	189
—	3	593	292
—	4	153	7 s.
—	4	184	72
—	4	476	24
—	4	513	691
—	4	698	103

CODE FORESTIER.

1	2	674	8
—	2	692	697
2	2	675	22
—	2	690	592
—	2	691	640
3	2	675	35
—	2	687	474
4	2	675	40
5	2	675	42
—	2	695	773
—	4	343	17
6	2	668	274
—	2	673	426 s.
—	2	676	59 s.
—	2	686	466
8	2	676	64
9	2	676	67
10	2	676	70
—	4	542	266
11	2	676	71
12	2	676	72
13	2	676	72 s.
14	2	676	75 s.
15	2	676	80
16	2	676	81
17	2	676	87 s.
—	2	687	499
18	2	676	87
19	2	676	89
20	2	678	137
—	3	580	67
21	2	677	95
—	2	688	533
—	3	393	87
22	2	677	98
—	2	678	129
—	3	580	74
23	2	677	106
24	2	677	121
—	2	678	139
25	2	178	125
—	2	—	129 s.
—	3	71	243
26	2	678	140
—	3	580	80
27	2	536	355
—	2	677	117 s.
—	2	678	136
28	2	677	112 s.
—	2	697	873
29	2	678	143 s.
30	2	679	178 s.
31	2	680	216
—	2	—	232
—	2	686	466
32	2	679	183
33	2	678	150
—	2	—	154 s.
—	2	679	163 s.
34	2	678	165 s.
—	2	679	161 s.
—	2	698	897
—	4	88	305
35	2	679	184
36	2	679	186
37	1	114	92
—	2	679	166 s.
—	2	—	191 s.
—	2	680	209
—	2	690	601
38	2	679	195
—	2	—	198
—	2	680	201 s.
39	2	680	203 s.
40	2	681	241
—	2	690	601
41	2	680	206
—	2	—	209 s.
—	2	681	253
42	2	680	201
—	2	—	210
45	2	689	205
—	2	—	230 s.
—	2	686	466
—	3	588	106
46	2	680	230
—	2	681	239
—	2	697	873
—	2	698	897
—	2	702	1043
47	2	681	257 s.
48	2	681	272
50	2	681	279
—	2	—	282 s.
—	4	85	186
52	2	681	261
53	2	682	293
54	2	682	297
55	2	682	297
56	2	682	297
57	2	682	298
58	2	682	311 s.
—	2	—	323
—	2	708	89
59	2	682	324
60	2	683	325
61	2	683	330
—	2	—	337
—	2	—	344
—	2	685	395
62	2	683	329
—	2	687	506
63	2	683	352
—	2	—	355 s.
—		684	366
—	2	689	576
—	4	607	143 s.
64	2	683	331
—	2	684	384 s.
—	2	—	388 s.
—	2	691	637
65	2	684	389 s.
—	2	685	404
—	2	690	621
—	4	607	147
—	4	—	152
66	2	685	432
—	2	690	624
67	2	676	80
—	2	684	392
—	2	685	406
—	2	—	418
—	2	—	426 s.
—	2	689	564
—	2	690	612
—	4	129	74
—	4	607	138
68	2	676	80
—	2	686	429
69	2	676	80
—	2	686	429
70	2	676	80
—	2	686	433
—	2	690	624
—	2	700	941
71	2	686	434
—	2	693	710
72	2	676	80
—	2	686	439
—	2	690	624
73	2	686	441
—	2	690	624
—	4	129	74
74	2	686	441
75	2	686	441
—	2	690	624
—	4	129	74
76	2	686	442
—	2	690	624
—	2	700	952
77	2	686	443
78	2	685	402
—	2	686	444
—	2	—	452
—	2	689	567
—	2	—	575
—	2	690	624
—	2	700	941
—	2	—	934 s.
—	2	701	1005
—	4	129	79
79	2	686	454 s.
—	2	690	624
—	2	691	629 s.
—	3	655	189
—	4	607	135
80	2	679	167
—	2	687	489
—	2	690	624
81	2	686	458 s.
—	2	701	997
82	2	680	230
—	2	686	461
—	2	—	465 s.
—	2	697	873
83	2	676	91
—	2	687	472
—	2	—	477
—	2	690	624
—	2	693	728
84	2	687	476 s.
85	2	687	481
—	2	690	624
86	2	687	493
87	2	687	494 s.
—	3	408	522
88	2	687	492
89	2	687	500
—	2	—	503
—	2	—	506 s.
90	2	675	10
—	2	—	18
—	2	688	509
—	2	—	524 s.
—	2	692	697
—	2	694	751
—	2	698	892
—	4	542	266
91	2	688	515
92	2	688	514
—	2	—	523
93	2	688	530
94	2	688	516
95	2	688	516
96	2	688	516
97	2	688	516
98	2	688	516
99	2	688	517
100	2	688	532
101	2	688	538
103	2	688	546
105	1	504	570
—	2	688	547
106	2	688	519 s.
107	2	688	519
—	2	—	523
—	4	537	103
108	2	688	519
109	2	688	519
110	1	254	85
—	2	689	567
—	2	—	571 s.
—	2	—	575
—	2	700	941
—	2	—	953 s.
—	2	—	957
111	2	689	576
—	4	607	143
112	2	688	513
—	2	689	564
—	2	—	578
—	2	693	728
—	2	701	1005
—	4	607	147
113	2	689	584
114	2	689	585
115	2	689	586
117	2	690	597
118	2	683	355
—	2	691	630
—	4	607	143
119	2	690	615
—	2	—	619
—	3	655	189
120	2	683	351
—	2	690	612
—	2	—	621
—	2	—	624
—	2	691	629 s.
—	2	—	637
—	2	700	941
—	3	655	189
—	4	607	135
—	4	—	152
121	2	684	389
—	2	690	618
122	2	691	642
123	2	691	643 s.
124	2	691	648
—	2	702	1019
125	2	691	650
—	2	—	656
126	2	691	660 s.
127	2	523	306
—	2	691	644
—	2	—	647
128	2	692	667
129	2	692	670
—	2	700	957
130	2	692	671
131	2	692	672
132	2	691	657
133	2	691	663
—	2	692	673
134	2	692	674
—	4	86	252
135	2	691	638
136	2	692	676
137	2	692	678
141	2	692	679
—	2	—	681
144	2	687	481
—	2	692	689 s.
—	2	—	694
—	2	—	697
—	2	693	722
—	2	699	918
—	3	588	95
—	4	573	185
145	2	692	696
—	4	573	185
146	2	692	698 s.
—	2	693	710
—	2	699	919 s.
—	2	—	936
147	2	679	189
—	2	680	204
—	2	692	682
—	2	693	700 s.
—	2	—	703 s.
—	2	698	874
—	2	700	941
—	2	701	990
148	2	692	683
—	2	693	711
—	2	698	896
—	3	337	28
149	2	693	715
150	2	687	495
—	2	693	716
—	2	—	719
—	3	337	28
—	4	364	435
—	4	—	444
151	2	694	732
—	2	—	749
—	2	702	1020
152	2	694	733
—	2	—	749
—	2	—	755
153	2	694	734
—	2	—	745
—	2	—	749
154	2	694	746
155	2	694	748
156	2	694	754 s.
157	2	694	750
158	2	694	748
—	2	—	752
—	4	88	301
159	2	694	758
—	2	695	766
—	3	408	522
160	2	695	772
—	2	—	775
—	4	84	155
—	4	—	161 s.
161	1	550	456
—	2	695	777 s.
—	2	696	808
—	2	697	837 s.
—	3	408	522
—	3	582	145
—	4	84	165 s.
—	4	87	257
162	2	697	838
163	2	695	783
—	2	697	839
164	2	695	785
—	2	696	808
165	2	696	808
—	4	85	190 s.
—	4	86	219
—	4	—	231
—	4	—	236
—	4	89	333
—	4	—	339
166	4	85	206 s.
—	4	89	339
167	2	695	778
—	4	89	333
168	1	550	456
—	4	84	172
—	4	89	333
169	1	550	456
—	4	84	174
—	4	89	333
170	2	422	2244
—	2	695	798
—	4	81	34
—	4	—	40
—	4	86	233 s.
—	4	—	243
—	4	89	333
171	2	695	787
—	2	697	841
—	3	408	523
172	2	50	158
—	2	540	517
—	2	—	521
—	2	551	952
—	2	695	794 s.
—	2	697	850 s.
—	3	582	158
—	4	86	241 s.
173	2	676	70
—	2	695	792
—	3	67	42
—	3	—	57.
—	3	382	156
—	4	89	338
174	2	696	804
—	3	582	157
175	2	696	805
—	2	697	850
176	2	700	950
—	2	703	1089
—	4	86	249
—	4	87	257
—	4	—	260 s.
—	4	—	268 s.
—	4	88	295 s.
177	2	690	615
—	4	88	303
—	4	—	313
—	4	90	367
178	4	85	184
—	4	86	248
—	4	89	326 s.
179	2	696	827
180	2	696	827
181	4	86	251
—	4	90	371
182	2	696	829
—	2	—	835 s.
—	4	126	6 s.
183	2	696	810
—	2	—	813
184	2	696	817
—	3	408	528
—	3	582	169
185	1	111	115
—	2	697	850
—	2	—	852
—	2	—	864
—	2	—	868
—	2	—	872 s.
—	3	408	527
186	2	697	864
—	2	—	867
187	2	696	821
—	2	697	850
—	2	—	872
—	2	698	876
—	4	218	151
188	3	400	522
—	4	89	331
—	4	—	334
189	2	697	837 s.
—	2	—	850
—	4	89	333
190	2	697	841
—	4	85	186
191	3	408	524
—	4	89	336
192	2	679	161 s.
—	2	687	482
—	2	—	491
—	2	693	713
—	2	698	895 s.
—	2	—	900
—	2	—	902 s.
—	2	699	930
—	2	—	934 s.
—	2	701	1002
—	4	88	304
193	2	678	155
—	2	698	902 s.
—	2	—	906 s.
—	4	88	305
194	2	692	699
—	2	699	910
—	2	—	912 s.
—	2	—	921 s.
—	4	88	304
195	2	699	927
196	2	687	491
—	2	693	719
—	2	699	928 s.
—	4	364	444
197	2	687	491
—	2	699	933 s.
—	2	—	937
—	4	88	302
198	2	679	162
—	2	699	934 s.
—	2	700	973
—	2	701	982
—	2	—	986
—	2	—	993
199	2	679	190
—	2	685	428
—	2	686	443
—	2	689	567
—	2	—	575
—	2	690	615
—	2	693	700
—	2	699	941
—	2	700	942 s.
—	2	—	950 s.
—	2	—	961 s.
—	2	701	986
—	2	—	990
—	2	—	1006 s.
—	2	—	1016
200	2	701	990
—	2	—	999
—	4	157	93
201	2	700	942
—	2	701	990
—	2	—	1000 s.
—	2	—	1006 s.
202	2	680	205
—	2	692	682
—	2	703	954
—	2	701	989 s.
—	2	—	1016
203	2	678	145
—	2	701	1010
—	2	702	1036
204	2	690	605
—	2	700	967
205	2	701	985
206	2	700	954 s.
—	2	—	962
—	2	702	1041
—	2	703	1063
—	3	588	86
—	4	238	472
207	2	678	143
—	2	681	261
—	2	700	968
208	2	698	894
—	2	702	1037
—	2	—	1047
209	2	702	1050
210	2	702	1051
211	1	673	393
—	2	703	1056
212	1	673	414
—	2	703	1058
213	1	673	414
—	2	703	1058
—	3	408	525
214	2	703	1062
215	2	703	1066 s.
216	2	703	1057
217	1	673	393
—	2	703	1067
218	2	674	3 s.
—	2	677	124
—	2	682	315
—	2	683	341
—	2	684	384
—	2	—	392
—	2	690	598
—	2	691	639
—	2	693	727
219	2	703	1070
—	2	—	1074 s.
—	2	—	1089
220	2	703	1081
221	2	703	1084
222	2	703	1085
—	2	—	1089
223	2	703	1086
—	2	—	1089 s.
224	2	703	1092
225	2	674	7

FIN DE LA TABLE DES ARTICLES DES CODES.